新疆经济普查年鉴

Xinjiang Economic Census Yearbook

2008

综 | 合 | 卷

新疆维吾尔自治区人民政府
第二次全国经济普查领导小组办公室 编
新疆维吾尔自治区统计局

中国统计出版社
China Statistics Press

（京）新登字 041 号

图书在版编目（CIP）数据

新疆经济普查年鉴. 2008/ 新疆维吾尔自治区人民政府第二次全国经济普查领导小组办公室，新疆维吾尔自治区统计局编
—北京：中国统计出版社，2010.8

ISBN 978-7-5037-5946-8

Ⅰ. ①新… Ⅱ. ①新… ②新… Ⅲ. ①经济－普查－新疆－2008－年鉴 Ⅳ. ①F127.45-54

中国版本图书馆 CIP 数据核字（2010）第 092604 号

新疆经济普查年鉴— 2008（综合卷）

作　　者/新疆维吾尔自治区人民政府第二次全国经济普查领导小组办公室
　　　　　新疆维吾尔自治区统计局
责任编辑/马　平
装帧设计/黄俊杰　李雪燕
出版发行/中国统计出版社
通信地址/北京市西城区月坛南街57号
邮政编码/100826
办公地址/北京市丰台区西三环南路甲6号
网　　址/www.stats.gov.cn/tjshujia
电　　话/邮购（010）63376907　书店（010）68783172
印　　刷/河北天普润印刷厂
经　　销/新华书店
开　　本/880×1230毫米　1/16
字　　数/1630千字
印　　张/51.75
版　　别/2010年8月第1版
版　　次/2010年8月第1次印刷
书　　号/ISBN 978-7-5037-5946-8/F・2914
定　　价/650.00元　（全二册　附光盘）

《新疆经济普查年鉴—2008》编辑机构名单

编辑说明

第二次全国经济普查是国务院统一部署的一项重大的国情国力调查。普查的主要目的是全面调查了解我国第二产业和第三产业的发展规模及布局；了解我国产业组织、产业结构、产业技术的现状以及各生产要素的构成；摸清我国各类企业和单位能源消耗的基本情况；建立健全覆盖国民经济各行业的基本单位名录库、基础信息数据库和统计电子地理信息系统。

第二次全国经济普查的标准时点为2008年12月31日24时，时期资料为2008年度。

新疆维吾尔自治区经济普查对象包括全区辖区内从事第二产业和第三产业的全部法人单位、产业活动单位和个体经营户。普查具体范围包括：采矿业，制造业，电力、燃气及水的生产和供应业，建筑业，交通运输、仓储和邮政业，信息传输、计算机服务和软件业，批发和零售业，住宿和餐饮业，金融业，房地产业，租赁和商务服务业，科学研究、技术服务和地质勘查业，水利、环境和公共设施管理业，居民服务和其他服务业，教育，卫生、社会保障和社会福利业，文化、体育和娱乐业，以及公共管理与社会组织等国民经济行业。

《新疆经济普查年鉴——2008》是根据新疆第二次全国经济普查结果汇编成的一部大型资料集，按照现行的国家统计分类标准对基础数据进行加工汇总而成。全书分为综合卷、第二产业卷和第三产业卷。与第一次经济普查年鉴相比，综合卷增加了信息化情况表式。本书通过大量的数据，诠释了新疆维吾尔自治区社会发展、经济增长和科技进步的本来面貌，内容全面，资料丰富，是各级党政领导、行政管理人员以及科研机构和社会各界全面了解和认识新疆的重要参考资料。同时，为新疆宏观经济政策制定和经济社会发展规划编制提供科学依据，为社会各方面应用提供翔实数据，服务于现代化建设。

为方便读者能够更好地使用本资料，现就有关情况做如下说明：

1. 本资料中地区分组数据均按法人单位实际所在行政区的原则进行汇总。

2. 本资料中部分分组数据相加与总计有差异，原因是分组所列项目不全，或分组所列项目只限定部分调查对象填写。

3. 本资料各表种中所列出的“单位数”存在差异，是由于经济普查对不同的表种限定了不同的填报范围，因此各表种的“单位数”均显示为实际填报该表种的单位数量。

4. 本资料中使用的符号：“空格”表示该项指标无数据；“#”表示主要项中的其中部分项目，“…”表示数据不足该表最小单位数。

恳请广大读者对本书提出宝贵意见!

综合卷 目录

第一篇 综合篇

第二篇 企业篇

第三篇　财务状况篇

第四篇　信息化篇

第五篇　部门篇

附　录

第 1 篇

综 合 篇

1-1　按登记注册类型分组的法人单位数、产业活动单位数及从业人员数

登记注册类型	法人单位					产业活动单位				
	单位数（个）	单产业法人单位	多产业法人单位	从业人员数（人）	女性	单位数（个）	多产业法人所属的产业活动单位	从业人员数（人）	单产业法人单位所属的产业活动单位	多产业法人单位所属的产业活动单位
总　　计	**88115**	**82100**	**6015**	**3143501**	**1205018**	**139686**	**57586**	**2812685**	**1763092**	**1049593**
内资企业	87830	81834	5996	3110255	1190497	139102	57268	2776835	1737060	1039775
国有企业	24456	20665	3791	1745618	730311	46557	25892	1409537	772386	637151
集体企业	1253	1026	227	38721	13311	3180	2154	41891	24549	17342
股份合作企业	161	148	13	4500	1738	315	167	6290	2594	3696
联营企业	119	116	3	5055	1761	228	112	7129	4894	2235
国有联营企业	33	31	2	991	362	40	9	1001	837	164
集体联营企业	42	41	1	1502	474	57	16	2817	1495	1322
国有与集体联营企业	19	19		1762	564	27	8	1835	1762	73
其他联营企业	25	25		800	361	104	79	1476	800	676
有限责任公司	7278	6632	646	480383	153553	10609	3977	477567	317064	160503
国有独资公司	312	257	55	72078	21524	537	280	66210	36431	29779
其他有限责任公司	6966	6375	591	408305	132029	10072	3697	411357	280633	130724
股份有限公司	547	355	192	251195	95298	3099	2744	184720	82466	102254
私营企业	34290	33336	954	444820	153005	37189	3853	456499	397695	58804
私营独资企业	6030	5927	103	60226	19976	6424	497	61776	58744	3032
私营合伙企业	936	921	15	11723	4013	996	75	11941	11532	409
私营有限责任公司	26856	26033	823	357532	124001	29230	3197	366980	312489	54491
私营股份有限公司	468	455	13	15339	5015	539	84	15802	14930	872
其他企业	19726	19556	170	139963	41520	37189	3853	456499	397695	58804
港、澳、台商投资企业	112	106	6	15409	6496	230	124	16924	14325	2599
合资经营企业(港或澳、台资)	49	48	1	8743	3160	59	11	8742	8565	177
合作经营企业(港或澳、台资)	5	5		152	63	6	1	1189	152	1037
港、澳、台商独资经营企业	43	42	1	4569	2264	48	6	4570	4343	227
港、澳、台商投资股份有限公司	15	11	4	1945	1009	117	106	2423	1265	1158
外商投资企业	173	160	13	17837	8025	354	194	18926	11707	7219
中外合资经营企业	85	83	2	8444	3017	91	8	8716	7780	936
中外合作经营企业	11	10	1	359	78	14	4	366	127	239
外资企业	66	58	8	7722	4338	216	158	7826	2670	5156
外商投资股份有限公司	11	9	2	1312	592	33	24	2018	1130	888

1-2 按行业(门类、大类、中类、小类）分组的

行　　业	法人单位		
	单位数（个）	单产业法人	多产业法人
总　　计	**88115**	**82100**	**6015**
农、林、牧、渔业	203		203
农业	157		157
谷物及其他作物的种植	138		138
谷物的种植	33		33
油料的种植	6		6
豆类的种植	1		1
棉花的种植	94		94
糖料的种植	1		1
其他作物的种植	3		3
蔬菜、园艺作物的种植	10		10
蔬菜的种植	9		9
花卉的种植			
其他园艺作物的种植	1		1
水果、坚果、饮料和香料作物的种植	9		9
水果、坚果的种植	7		7
茶及其他饮料作物的种植	1		1
香料作物的种植	1		1
林业	6		6
林木的培育和种植	3		3
育种和育苗			
造林	1		1
林木的抚育和管理	2		2
木材和竹材的采运	3		3
木材的采运	3		3
畜牧业	19		19
牲畜的饲养	18		18
猪的饲养	1		1
家禽的饲养			
狩猎和捕捉动物			
渔业	2		2
内陆渔业	2		2
内陆养殖	2		2
内陆捕捞			
农、林、牧、渔服务业	19		19
农业服务业	16		16
灌溉服务	1		1
农产品初加工服务	4		4
其他农业服务	11		11
林业服务业	2		2
畜牧服务业	1		1
兽医服务			
其他畜牧服务	1		1
渔业服务业			

法人单位数、产业活动单位数及从业人员数

		产业活动单位				
从业人员数（人）	女性	单位数（个）	多产业法人所属的产业活动单位	从业人员数（人）	单产业法人单位所属的产业活动单位	多产业法人单位所属的产业活动单位
3143501	**1205018**	**139686**	**57586**	**2812685**	**1763092**	**1049593**
517814	232821	1308	1308	16452		16452
499238	225144	104	104	4103		4103
450858	201635	89	89	3381		3381
74500	32327	12	12	106		106
12156	5587					
4462	1545					
353521	159317	68	68	3200		3200
2941	1435					
3278	1424	9	9	75		75
28361	13922	4	4	19		19
26023	12826	1	1	8		8
		1	1	3		3
2338	1096	2	2	8		8
20019	9587	11	11	703		703
15666	7289	11	11	703		703
2290	938					
2063	1360					
795	195	63	63	372		372
379	82	62	62	370		370
		12	12	57		57
245	49	3	3	21		21
134	33	47	47	292		292
416	113	1	1	2		2
416	113	1	1	2		2
16852	7255	26	26	287		287
16843	7250	21	21	228		228
9	5	3	3	53		53
		1	1	3		3
		1	1	3		3
51	7	8	8	170		170
51	7	8	8	170		170
51	7	5	5	72		72
		3	3	98		98
878	220	1107	1107	11520		11520
704	206	555	555	7168		7168
158	30	76	76	1205		1205
427	122	127	127	3521		3521
119	54	352	352	2442		2442
164	10	269	269	1742		1742
10	4	281	281	2603		2603
		262	262	2465		2465
10	4	19	19	138		138
		2	2	7		7

1-2 续表 1

行　　业	法人单位		
	单位数(个)	单产业法人	多产业法人
采矿业	1625	1579	46
煤炭开采和洗选业	332	309	23
烟煤和无烟煤的开采洗选	330	307	23
褐煤的开采洗选	1	1	
其他煤炭采选	1	1	
石油和天然气开采业	66	62	4
天然原油和天然气开采	8	7	1
与石油和天然气开采有关的服务活动	58	55	3
黑色金属矿采选业	581	572	9
铁矿采选	553	544	9
其他黑色金属矿采选	28	28	
有色金属矿采选业	279	275	4
常用有色金属矿采选	196	192	4
铜矿采选	106	104	2
铅锌矿采选	50	50	
镍钴矿采选	17	15	2
铝矿采选	1	1	
镁矿采选			
其他常用有色金属矿采选	22	22	
贵金属矿采选	68	68	
金矿采选	67	67	
银矿采选			
其他贵金属矿采选	1	1	
稀有稀土金属矿采选	15	15	
钨钼矿采选	8	8	
稀土金属矿采选	1	1	
其他稀有金属矿采选	6	6	
非金属矿采选业	340	334	6
土砂石开采	240	236	4
石灰石、石膏开采	58	58	
建筑装饰用石开采	50	48	2
耐火土石开采	5	5	
粘土及其他土砂石开采	127	125	2
化学矿采选	8	7	1
化学矿采选	8	7	1
采盐	10	9	1
采盐	10	9	1
石棉及其他非金属矿采选	82	82	
石棉、云母矿采选	13	13	
石墨、滑石采选	5	5	
宝石、玉石开采	36	36	
其他非金属矿采选	28	28	
其他采矿业	27	27	
其他采矿业	27	27	
制造业	7353	7198	155
农副食品加工业	809	785	24

		产业活动单位				
从业人员数（人）	女性	单位数（个）	多产业法人所属的产业活动单位	从业人员数（人）	单产业法人单位所属的产业活动单位	多产业法人单位所属的产业活动单位
214842	52371	1792	213	174855	89936	84919
58994	10416	373	64	57597	32239	25358
58865	10413	371	64	57468	32110	25358
120		1		120	120	
9	3	1		9	9	
122936	35881	102	40	82751	27591	55160
95354	32245	21	14	47688	23013	24675
27582	3636	81	26	35063	4578	30485
12454	2220	603	31	12488	10259	2229
11786	2107	575	31	11820	9591	2229
668	113	28		668	668	
12344	2035	293	18	13226	12227	999
7824	1179	207	15	8250	7707	543
4489	783	112	8	4835	4471	364
2158	204	52	2	2207	2158	49
964	160	19	4	974	865	109
5	3	1		5	5	
		1	1	21		21
208	29	22		208	208	
3315	607	70	2	3361	3315	46
3300	601	68	1	3302	3300	2
		1	1	44		44
15	6	1		15	15	
1205	249	16	1	1615	1205	410
90	8	8		90	90	
25	2	1		25	25	
1090	239	7	1	1500	1090	410
8000	1796	394	60	8679	7506	1173
3292	550	289	53	3959	3146	813
868	120	70	12	1194	868	326
569	67	62	14	684	493	191
69	8	7	2	93	69	24
1786	355	150	25	1988	1716	272
633	86	8	1	633	473	160
633	86	8	1	633	473	160
1462	534	11	2	1377	1274	103
1462	534	11	2	1377	1274	103
2613	626	86	4	2710	2613	97
1092	409	13		1092	1092	
88	19	5		88	88	
596	38	36		596	596	
837	160	32	4	934	837	97
114	23	27		114	114	
114	23	27		114	114	
422359	139359	8356	1158	454848	352102	102746
32959	9692	1009	224	43317	29864	13453

1-2 续表 2

行　业	法人单位		
	单位数（个）	单产业法人	多产业法人
谷物磨制	198	190	8
饲料加工	67	65	2
植物油加工	221	212	9
食用植物油加工	214	205	9
非食用植物油加工	7	7	
制糖	15	14	1
屠宰及肉类加工	139	136	3
畜禽屠宰	78	75	3
肉制品及副产品加工	61	61	
水产品加工	7	7	
水产品冷冻加工	4	4	
鱼糜制品及水产品干腌制加工	2	2	
水产饲料制造	1	1	
蔬菜、水果和坚果加工	99	99	
其他农副食品加工	63	62	1
淀粉及淀粉制品的制造	27	27	
豆制品制造	8	8	
蛋品加工	1	1	
其他未列明的农副食品加工	27	26	1
食品制造业	340	331	9
焙烤食品制造	55	50	5
糕点、面包制造	44	40	4
饼干及其他焙烤食品制造	11	10	1
糖果、巧克力及蜜饯制造	15	15	
糖果、巧克力制造	6	6	
蜜饯制作	9	9	
方便食品制造	23	23	
米、面制品制造	9	9	
速冻食品制造	4	4	
方便面及其他方便食品制造	10	10	
液体乳及乳制品制造	70	67	3
罐头制造	71	70	1
肉、禽类罐头制造	3	3	
蔬菜、水果罐头制造	65	64	1
其他罐头食品制造	3	3	
调味品、发酵制品制造	32	32	
味精制造	4	4	
酱油、食醋及类似制品的制造	19	19	
其他调味品、发酵制品制造	9	9	
其他食品制造	74	74	
营养、保健食品制造	26	26	
冷冻饮品及食用冰制造	11	11	
盐加工	13	13	
食品及饲料添加剂制造	19	19	
其他未列明的食品制造	5	5	

		产业活动单位				
从业人员数（人）	女性	单位数（个）	多产业法人所属的产业活动单位	从业人员数（人）	单产业法人单位所属的产业活动单位	多产业法人单位所属的产业活动单位
3948	1360	246	56	5754	3129	2625
3038	731	86	21	2818	2156	662
9125	2114	305	93	16607	8330	8277
8995	2077	297	92	16427	8200	8227
130	37	8	1	180	130	50
8739	2581	16	2	8708	8221	487
4109	1517	158	22	4633	4066	567
2390	736	91	16	2736	2347	389
1719	781	67	6	1897	1719	178
105	57	8	1	112	105	7
77	40	5	1	84	77	7
24	14	2		24	24	
4	3	1		4	4	
2219	912	114	15	2675	2219	456
1676	420	76	14	2010	1638	372
1009	197	30	3	1121	1009	112
153	42	8		153	153	
5	3	2	1	30	5	25
509	178	36	10	706	471	235
17962	7160	391	60	19492	16128	3364
1558	855	59	9	1721	1395	326
962	493	48	8	1131	842	289
596	362	11	1	590	553	37
609	223	17	2	640	609	31
293	152	7	1	319	293	26
316	71	10	1	321	316	5
2445	1158	26	3	2510	2445	65
81	35	11	2	133	81	52
134	91	4		134	134	
2230	1032	11	1	2243	2230	13
4138	1668	78	11	4338	3266	1072
3998	1304	94	24	4606	3199	1407
77	25	3		77	77	
3907	1274	88	24	4515	3108	1407
14	5	3		14	14	
2253	877	40	8	2534	2253	281
828	380	4		828	828	
748	234	26	7	1023	748	275
677	263	10	1	683	677	6
2961	1075	77	3	3143	2961	182
446	212	26		446	446	
871	397	11		871	871	
574	169	14	1	662	574	88
894	257	19		894	894	
176	40	7	2	270	176	94

1-2 续表 3

行业	法人单位		
	单位数(个)	单产业法人	多产业法人
饮料制造业	309	299	10
酒精制造	5	5	
酒的制造	159	151	8
白酒制造	99	92	7
啤酒制造	17	17	
葡萄酒制造	32	31	1
其他酒制造	11	11	
软饮料制造	134	133	1
碳酸饮料制造	11	11	
瓶(罐)装饮用水制造	62	61	1
果菜汁及果菜汁饮料制造	42	42	
含乳饮料和植物蛋白饮料制造	8	8	
固体饮料制造	2	2	
茶饮料及其他软饮料制造	9	9	
精制茶加工	11	10	1
烟草制品业	1	1	
卷烟制造	1	1	
纺织业	259	248	11
棉、化纤纺织及印染精加工	141	134	7
棉、化纤纺织加工	137	130	7
棉、化纤印染精加工	4	4	
毛纺织和染整精加工	20	20	
毛条加工	9	9	
毛纺织	11	11	
麻纺织	11	10	1
丝绢纺织及精加工	3	3	
缫丝加工	1	1	
绢纺和丝织加工	2	2	
纺织制成品制造	46	46	
棉及化纤制品制造	22	22	
毛制品制造	4	4	
麻制品制造	1	1	
丝制品制造	1	1	
绳、索、缆的制造	3	3	
纺织带和帘子布制造	2	2	
无纺布制造	5	5	
其他纺织制成品制造	8	8	
针织品、编织品及其制品制造	38	35	3
棉、化纤针织品及编织品制造	20	19	1
毛针织品及编织品制造	15	13	2
丝针织品及编织品制造	2	2	
其他针织品及编织品制造	1	1	
纺织服装、鞋、帽制造业	122	119	3
纺织服装制造	118	115	3
纺织面料鞋的制造	3	3	
制帽	1	1	

		产业活动单位				
从业人员数(人)	女性	单位数(个)	多产业法人所属的产业活动单位	从业人员数(人)	单产业法人单位所属的产业活动单位	多产业法人单位所属的产业活动单位
12333	4892	355	56	12487	9471	3016
304	58	7	2	428	304	124
8880	3574	182	31	8716	6055	2661
4666	1860	116	24	4413	1858	2555
2911	1185	19	2	2961	2911	50
1168	464	36	5	1207	1151	56
135	65	11		135	135	
2847	1047	155	22	3043	2838	205
66	21	12	1	82	66	16
956	451	77	16	1082	947	135
1086	376	44	2	1102	1086	16
238	84	9	1	244	238	6
32	2	3	1	62	32	30
469	113	10	1	471	469	2
302	213	11	1	300	274	26
518	165	1		518	518	
518	165	1		518	518	
84676	34322	296	48	88095	78451	9644
75806	28315	170	36	78787	72518	6269
75649	28236	166	36	78630	72361	6269
157	79	4		157	157	
2304	1579	21	1	2322	2304	18
309	171	10	1	327	309	18
1995	1408	11		1995	1995	
2101	1362	16	6	2550	1640	910
127	87	3		127	127	
5		1		5	5	
122	87	2		122	122	
731	388	48	2	757	731	26
249	132	24	2	275	249	26
103	57	4		103	103	
150	90	1		150	150	
8	8	1		8	8	
10	5	3		10	10	
49	35	2		49	49	
77	33	5		77	77	
85	28	8		85	85	
3607	2591	38	3	3552	1131	2421
1693	1221	20	1	1664	769	895
1877	1338	15	2	1851	325	1526
22	21	2		22	22	
15	11	1		15	15	
2893	2018	136	17	3097	2830	267
2642	1829	132	17	2846	2579	267
211	157	3		211	211	
40	32	1		40	40	

1-2 续表 4

行　业	法人单位		
	单位数（个）	单产业法人	多产业法人
皮革、毛皮、羽毛(绒)及其制品业	36	35	1
皮革鞣制加工	14	14	
皮革制品制造	14	13	1
皮鞋制造	7	7	
皮革服装制造	4	3	1
皮箱、包(袋)制造	1	1	
其他皮革制品制造	2	2	
毛皮鞣制及制品加工	4	4	
毛皮鞣制加工	2	2	
毛皮服装加工	1	1	
其他毛皮制品加工	1	1	
羽毛(绒)加工及制品制造	4	4	
羽毛(绒)加工	1	1	
羽毛(绒)制品加工	3	3	
木材加工及木、竹、藤、棕、草制品业	178	175	3
锯材、木片加工	58	56	2
锯材加工	32	31	1
木片加工	26	25	1
人造板制造	74	73	1
胶合板制造	31	30	1
纤维板制造	17	17	
刨花板制造	13	13	
其他人造板、材制造	13	13	
木制品制造	43	43	
建筑用木料及木材组件加工	28	28	
木容器制造	3	3	
软木制品及其他木制品制造	12	12	
竹、藤、棕、草制品制造	3	3	
家具制造业	147	147	
木质家具制造	116	116	
金属家具制造	20	20	
塑料家具制造	3	3	
其他家具制造	8	8	
造纸及纸制品业	195	192	3
纸浆制造	7	7	
造纸	58	56	2
机制纸及纸板制造	45	43	2
手工纸制造			
加工纸制造	13	13	
纸制品制造	130	129	1
纸和纸板容器的制造	96	95	1
其他纸制品制造	34	34	
印刷业和记录媒介的复制	330	324	6
印刷	300	295	5

		产业活动单位				
从业人员数(人)	女性	单位数(个)	多产业法人所属的产业活动单位	从业人员数(人)	单产业法人单位所属的产业活动单位	多产业法人单位所属的产业活动单位
796	281	39	4	826	792	34
471	101	16	2	490	471	19
197	127	14	1	196	193	3
175	122	7		175	175	
11	3	4	1	10	7	3
3		1		3	3	
8	2	2		8	8	
100	40	5	1	112	100	12
61	12	3	1	73	61	12
38	28	1		38	38	
1		1		1	1	
28	13	4		28	28	
1		1		1	1	
27	13	3		27	27	
3857	1177	196	21	3996	3765	231
683	194	65	9	687	599	88
270	48	36	5	272	251	21
413	146	29	4	415	348	67
2347	664	81	8	2458	2339	119
605	236	35	5	678	597	81
1231	348	18	1	1238	1231	7
238	35	14	1	264	238	26
273	45	14	1	278	273	5
762	294	47	4	786	762	24
216	49	32	4	240	216	24
162	91	3		162	162	
384	154	12		384	384	
65	25	3		65	65	
4787	1458	158	11	4915	4787	128
4021	1292	127	11	4149	4021	128
723	155	20		723	723	
25	6	3		25	25	
18	5	8		18	18	
8531	3143	215	23	8949	7484	1465
1755	754	7		1755	1755	
3353	1056	63	7	3441	2392	1049
3238	1034	49	6	3316	2277	1039
		1	1	10		10
115	22	13		115	115	
3423	1333	145	16	3753	3337	416
2943	1111	104	9	3078	2857	221
480	222	41	7	675	480	195
6497	2969	354	30	6892	6366	526
6126	2777	321	26	6502	6000	502

1-2 续表 5

行业	法人单位		
	单位数(个)	单产业法人	多产业法人
书、报、刊印刷	146	143	3
本册印制	70	69	1
包装装潢及其他印刷	84	83	1
装订及其他印刷服务活动	30	29	1
文教体育用品制造业	18	18	
文化用品制造	8	8	
文具制造	2	2	
笔的制造	2	2	
教学用模型及教具制造	3	3	
墨水、墨汁制造	1	1	
体育用品制造	9	9	
体育器材及配件制造	2	2	
训练健身器材制造	5	5	
运动防护用具制造	2	2	
游艺器材及娱乐用品制造	1	1	
露天游乐场所游乐设备制造	1	1	
石油加工、炼焦及核燃料加工业	185	179	6
精炼石油产品的制造	102	97	5
原油加工及石油制品制造	102	97	5
炼焦	83	82	1
化学原料及化学制品制造业	639	622	17
基础化学原料制造	123	118	5
无机酸制造	10	10	
无机碱制造	6	6	
无机盐制造	42	41	1
有机化学原料制造	23	22	1
其他基础化学原料制造	42	39	3
肥料制造	153	152	1
氮肥制造	4	4	
磷肥制造	2	2	
钾肥制造	7	7	
复混肥料制造	61	60	1
有机肥料及微生物肥料制造	56	56	
其他肥料制造	23	23	
农药制造	10	10	
化学农药制造	5	5	
生物化学农药及微生物农药制造	5	5	
涂料、油墨、颜料及类似产品制造	90	87	3
涂料制造	76	73	3
油墨及类似产品制造	8	8	
密封用填料及类似品制造	6	6	
合成材料制造	22	21	1
初级形态的塑料及合成树脂制造	12	11	1
合成橡胶制造	1	1	
合成纤维单(聚合)体的制造	1	1	
其他合成材料制造	8	8	

		产业活动单位				
从业人员数（人）		单位数（个）		从业人员数（人）		
	女性		多产业法人所属的产业活动单位		单产业法人单位所属的产业活动单位	多产业法人单位所属的产业活动单位
4081	1888	152	9	4086	3975	111
738	336	76	7	773	725	48
1307	553	93	10	1643	1300	343
371	192	33	4	390	366	24
275	130	19	1	288	275	13
137	65	9	1	150	137	13
21	2	2		21	21	
100	60	2		100	100	
14	3	3		14	14	
2		2	1	15	2	13
120	63	9		120	120	
31	5	2		31	31	
27	9	5		27	27	
62	49	2		62	62	
18	2	1		18	18	
18	2	1		18	18	
32551	11822	195	16	33179	18036	15143
26442	10574	108	11	26275	12108	14167
26442	10574	108	11	26275	12108	14167
6109	1248	87	5	6904	5928	976
51379	15738	710	88	52430	41099	11331
22055	6864	131	13	22134	16047	6087
605	187	10		605	605	
4393	1449	7	1	4578	4393	185
6547	1657	45	4	7275	6497	778
9350	3203	24	2	8798	3731	5067
1160	368	45	6	878	821	57
6710	1754	188	36	7388	6707	681
2238	778	4		2238	2238	
190	54	3	1	435	190	245
1945	324	8	1	1988	1945	43
1271	292	71	11	1472	1268	204
875	248	78	22	1060	875	185
191	58	24	1	195	191	4
71	16	13	3	180	71	109
44	8	7	2	83	44	39
27	8	6	1	97	27	70
981	310	93	6	965	905	60
866	278	78	5	839	790	49
27	10	8		27	27	
88	22	7	1	99	88	11
12134	3975	23	2	12160	9742	2418
11726	3885	13	2	11752	9334	2418
3	1	1		3	3	
206	48	1		206	206	
199	41	8		199	199	

1-2 续表 6

行业	法人单位		
	单位数(个)	单产业法人	多产业法人
专用化学产品制造	201	194	7
化学试剂和助剂制造	97	91	6
专项化学用品制造	75	74	1
林产化学产品制造	1	1	
炸药及火工产品制造	8	8	
信息化学品制造	1	1	
动物胶制造	8	8	
其他专用化学产品制造	11	11	
日用化学产品制造	40	40	
肥皂及合成洗涤剂制造	18	18	
化妆品制造	11	11	
香料、香精制造	4	4	
其他日用化学产品制造	7	7	
医药制造业	94	93	1
化学药品原药制造	10	10	
化学药品制剂制造	8	8	
中药饮片加工	20	19	1
中成药制造	25	25	
兽用药品制造	5	5	
生物、生化制品的制造	16	16	
卫生材料及医药用品制造	10	10	
化学纤维制造业	19	18	1
纤维素纤维原料及纤维制造	18	17	1
化纤浆粕制造	8	7	1
人造纤维(纤维素纤维)制造	10	10	
合成纤维制造	1	1	
涤纶纤维制造	1	1	
橡胶制品业	46	45	1
轮胎制造	9	8	1
车辆、飞机及工程机械轮胎制造	2	2	
轮胎翻新加工	7	6	1
橡胶板、管、带的制造	17	17	
橡胶零件制造	13	13	
再生橡胶制造	3	3	
日用及医用橡胶制品制造	1	1	
橡胶靴鞋制造	1	1	
其他橡胶制品制造	2	2	
塑料制品业	663	656	7
塑料薄膜制造	100	98	2
塑料板、管、型材的制造	242	240	2
塑料丝、绳及编织品的制造	84	83	1
泡沫塑料制造	57	57	
塑料人造革、合成革制造	1	1	
塑料包装箱及容器制造	38	38	

		产业活动单位				
从业人员数（人）	女性	单位数（个）	多产业法人所属的产业活动单位	从业人员数（人）	单产业法人单位所属的产业活动单位	多产业法人单位所属的产业活动单位
8637	2446	218	24	8558	6836	1722
3379	903	100	9	2975	2370	605
2785	651	87	13	3037	1993	1044
10		1		10	10	
2094	818	10	2	2167	2094	73
112	19	1		112	112	
215	47	8		215	215	
42	8	11		42	42	
791	373	44	4	1045	791	254
548	269	20	2	597	548	49
149	68	11		149	149	
35	19	6	2	240	35	205
59	17	7		59	59	
4074	1608	102	9	4626	3877	749
349	86	10		349	349	
1093	500	8		1093	1093	
1055	389	19		858	858	
908	391	33	8	1337	908	429
130	48	6	1	450	130	320
461	144	16		461	461	
78	50	10		78	78	
8547	2984	22	4	7925	6797	1128
8545	2983	21	4	7923	6795	1128
4153	1911	11	4	3531	2403	1128
4392	1072	10		4392	4392	
2	1	1		2	2	
2	1	1		2	2	
2038	863	47	2	2047	2033	14
1316	576	9	1	1314	1311	3
1280	571	2		1280	1280	
36	5	7	1	34	31	3
320	109	18	1	331	320	11
141	61	13		141	141	
115	39	3		115	115	
125	74	1		125	125	
1		1		1	1	
20	4	2		20	20	
15425	5147	753	97	18442	15033	3409
2199	585	125	27	3409	1908	1501
6890	1937	282	42	8066	6872	1194
2646	1392	93	10	2798	2631	167
531	153	59	2	563	531	32
1		1		1	1	
846	415	42	4	1002	846	156

1-2 续表 7

行　业	法人单位		
	单位数(个)	单产业法人	多产业法人
塑料零件制造	6	6	
日用塑料制造	51	49	2
塑料鞋制造	1	1	
日用塑料杂品制造	50	48	2
其他塑料制品制造	84	84	
非金属矿物制品业	1282	1259	23
水泥、石灰和石膏的制造	119	110	9
水泥制造	81	72	9
石灰和石膏制造	38	38	
水泥及石膏制品制造	258	256	2
水泥制品制造	140	138	2
砼结构构件制造	60	60	
石棉水泥制品制造	4	4	
轻质建筑材料制造	36	36	
其他水泥制品制造	18	18	
砖瓦、石材及其他建筑材料制造	771	761	10
粘土砖瓦及建筑砌块制造	505	498	7
建筑陶瓷制品制造	33	33	
建筑用石加工	67	66	1
防水建筑材料制造	35	35	
隔热和隔音材料制造	85	85	
其他建筑材料制造	46	44	2
玻璃及玻璃制品制造	67	66	1
平板玻璃制造	16	15	1
技术玻璃制品制造	9	9	
日用玻璃制品及玻璃包装容器制造	12	12	
玻璃保温容器制造	2	2	
玻璃纤维及制品制造	5	5	
玻璃纤维增强塑料制品制造	20	20	
其他玻璃制品制造	3	3	
陶瓷制品制造	7	7	
卫生陶瓷制品制造	3	3	
特种陶瓷制品制造	2	2	
日用陶瓷制品制造	1	1	
园林、陈设艺术及其他陶瓷制品制造	1	1	
耐火材料制品制造	23	23	
石棉制品制造	3	3	
云母制品制造	1	1	
耐火陶瓷制品及其他耐火材料制造	19	19	
石墨及其他非金属矿物制品制造	37	36	1
石墨及碳素制品制造	10	9	1
其他非金属矿物制品制造	27	27	
黑色金属冶炼及压延加工业	91	89	2
炼铁	32	30	2
炼钢	4	4	
钢压延加工	41	41	
铁合金冶炼	14	14	

		产业活动单位				
从业人员数（人）	女性	单位数（个）	多产业法人所属的产业活动单位	从业人员数（人）	单产业法人单位所属的产业活动单位	多产业法人单位所属的产业活动单位
75	8	8	2	110	75	35
510	180	53	4	616	442	174
1		1		1	1	
509	180	52	4	615	441	174
1727	477	90	6	1877	1727	150
53168	13529	1512	253	59798	42589	17209
22371	6644	147	37	23016	14353	8663
20955	6393	106	34	21214	12937	8277
1416	251	41	3	1802	1416	386
8342	1599	328	72	10085	6672	3413
6579	1228	168	30	7642	4909	2733
916	170	95	35	1516	916	600
81	30	4		81	81	
530	123	41	5	594	530	64
236	48	20	2	252	236	16
15327	3197	890	129	19041	14969	4072
10628	2023	611	113	14207	10342	3865
1808	562	36	3	1830	1808	22
976	174	68	2	977	972	5
375	77	35		375	375	
927	226	94	9	1053	927	126
613	135	46	2	599	545	54
3696	1270	75	9	4213	3686	527
624	205	17	2	702	614	88
276	55	9		276	276	
1180	553	16	4	1605	1180	425
357	121	2		357	357	
540	123	5		540	540	
695	209	23	3	709	695	14
24	4	3		24	24	
209	43	7		209	209	
160	32	3		160	160	
33	7	2		33	33	
5	2	1		5	5	
11	2	1		11	11	
687	277	25	2	694	687	7
21	2	4	1	24	21	3
7	1	1		7	7	
659	274	20	1	663	659	4
2536	499	40	4	2540	2013	527
1372	332	13	4	1376	849	527
1164	167	27		1164	1164	
28421	7498	94	5	28839	18036	10803
15314	4263	33	3	15334	4929	10405
244	27	4		244	244	
11411	2946	41		11411	11411	
1452	262	16	2	1850	1452	398

1-2 续表 8

行　业	法人单位		
	单位数(个)	单产业法人	多产业法人
有色金属冶炼及压延加工业	68	65	3
常用有色金属冶炼	27	25	2
铜冶炼	12	11	1
铅锌冶炼	3	3	
镍钴冶炼	2	2	
铝冶炼	6	5	1
镁冶炼	2	2	
其他常用有色金属冶炼	2	2	
贵金属冶炼	25	24	1
金冶炼	25	24	1
有色金属合金制造	3	3	
有色金属压延加工	13	13	
常用有色金属压延加工	12	12	
贵金属压延加工	1	1	
金属制品业	475	469	6
结构性金属制品制造	298	294	4
金属结构制造	169	167	2
金属门窗制造	129	127	2
金属工具制造	14	14	
切削工具制造			
农用及园林用金属工具制造	8	8	
刀剪及类似日用金属工具制造	2	2	
其他金属工具制造	4	4	
集装箱及金属包装容器制造	32	31	1
集装箱制造	4	4	
金属压力容器制造	4	4	
金属包装容器制造	24	23	1
金属丝绳及其制品的制造	24	24	
建筑、安全用金属制品制造	44	44	
建筑、家具用金属配件制造	9	9	
建筑装饰及水暖管道零件制造	25	25	
安全、消防用金属制品制造	5	5	
其他建筑、安全用金属制品制造	5	5	
金属表面处理及热处理加工	15	15	
不锈钢及类似日用金属制品制造	17	17	
金属制厨房调理及卫生器具制造	8	8	
金属制厨用器皿及餐具制造	5	5	
其他日用金属制品制造	4	4	
其他金属制品制造	31	30	1
其他未列明的金属制品制造	31	30	1
通用设备制造业	325	322	3
锅炉及原动机制造	52	52	
锅炉及辅助设备制造	50	50	
内燃机及配件制造	1	1	
其他原动机制造	1	1	

		产业活动单位				
从业人员数（人）	女性	单位数（个）	多产业法人所属的产业活动单位	从业人员数（人）	单产业法人单位所属的产业活动单位	多产业法人单位所属的产业活动单位
7169	1765	72	7	6023	5252	771
4391	1143	31	6	3259	2501	758
605	78	13	2	455	275	180
168	25	3		168	168	
1338	415	2		1338	1338	
1968	564	9	4	986	408	578
79	2	2		79	79	
233	59	2		233	233	
2097	427	25	1	2083	2070	13
2097	427	25	1	2083	2070	13
70	6	3		70	70	
611	189	13		611	611	
608	189	12		608	608	
3		1		3	3	
11229	2519	516	47	12605	9565	3040
5903	1043	324	30	6673	5115	1558
4531	742	180	13	5133	3773	1360
1372	301	144	17	1540	1342	198
265	31	16	2	291	265	26
		1	1	14		14
150	20	9	1	162	150	12
77		2		77	77	
38	11	4		38	38	
1775	630	37	6	1845	1086	759
15	3	4		15	15	
205	28	6	2	308	205	103
1555	599	27	4	1522	866	656
551	169	26	2	628	551	77
861	220	45	1	898	861	37
110	34	9		110	110	
570	119	26	1	607	570	37
113	44	5		113	113	
68	23	5		68	68	
703	49	17	2	1021	703	318
175	50	17		175	175	
78	19	8		78	78	
85	29	5		85	85	
12	2	4		12	12	
996	327	34	4	1074	809	265
996	327	34	4	1074	809	265
6869	1608	348	26	7494	6674	820
852	233	54	2	859	852	7
817	202	52	2	824	817	7
31	28	1		31	31	
4	3	1		4	4	

1-2 续表 9

行　业	法人单位		
	单位数（个）	单产业法人	多产业法人
金属加工机械制造	24	24	
金属切削机床制造	3	3	
金属成形机床制造	2	2	
铸造机械制造	6	6	
金属切割及焊接设备制造	2	2	
机床附件制造	1	1	
其他金属加工机械制造	10	10	
起重运输设备制造	13	13	
泵、阀门、压缩机及类似机械的制造	9	8	1
泵及真空设备制造	6	5	1
阀门和旋塞的制造	1	1	
液压和气压动力机械及元件制造	2	2	
轴承、齿轮、传动和驱动部件的制造	4	4	
轴承制造	2	2	
齿轮、传动和驱动部件制造	2	2	
风机、衡器、包装设备等通用设备制造	39	39	
风机、风扇制造	15	15	
气体、液体分离及纯净设备制造	2	2	
制冷、空调设备制造	7	7	
喷枪及类似器具制造	2	2	
包装专用设备制造	1	1	
衡器制造	8	8	
其他通用设备制造	4	4	
通用零部件制造及机械修理	118	117	1
金属密封件制造	5	5	
紧固件、弹簧制造	10	10	
机械零部件加工及设备修理	91	90	1
其他通用零部件制造	12	12	
金属铸、锻加工	66	65	1
钢铁铸件制造	60	59	1
锻件及粉末冶金制品制造	6	6	
专用设备制造业	246	239	7
矿山、冶金、建筑专用设备制造	69	69	
采矿、采石设备制造	30	30	
石油钻采专用设备制造	15	15	
建筑工程用机械制造	12	12	
建筑材料生产专用机械制造	12	12	
化工、木材、非金属加工专用设备制造	18	18	
炼油、化工生产专用设备制造	3	3	
塑料加工专用设备制造	4	4	
木材加工机械制造	1	1	
模具制造	8	8	
其他非金属加工专用设备制造	2	2	

		产业活动单位				
从业人员数（人）	女性	单位数（个）	多产业法人所属的产业活动单位	从业人员数（人）	单产业法人单位所属的产业活动单位	多产业法人单位所属的产业活动单位
184	35	27	3	329	184	145
22	7	3		22	22	
15	3	2		15	15	
24	4	7	1	140	24	116
9	1	2		9	9	
4	3	1		4	4	
110	17	12	2	139	110	29
512	113	13		512	512	
295	73	9	1	292	277	15
282	71	6	1	279	264	15
1		1		1	1	
12	2	2		12	12	
324	118	5	1	340	324	16
287	104	2		287	287	
37	14	3	1	53	37	16
668	139	40	1	696	668	28
230	54	15		230	230	
25	12	2		25	25	
194	29	7		194	194	
26	6	2		26	26	
7	2	1		7	7	
121	26	8		121	121	
65	10	5	1	93	65	28
2839	624	130	13	3143	2672	471
229	86	5		229	229	
307	26	10		307	307	
2172	490	101	11	2406	2005	401
131	22	14	2	201	131	70
1195	273	70	5	1323	1185	138
1050	247	64	5	1178	1040	138
145	26	6		145	145	
7357	1877	286	47	9923	6748	3175
2479	526	74	5	4195	2479	1716
971	200	32	2	1234	971	263
997	187	17	2	2365	997	1368
385	111	13	1	470	385	85
126	28	12		126	126	
125	29	18		125	125	
36	10	3		36	36	
36	7	4		36	36	
2		1		2	2	
48	12	8		48	48	
3		2		3	3	

1-2 续表 10

行业	法人单位		
	单位数(个)	单产业法人	多产业法人
食品、饮料、烟草及饲料生产专用设备制造	8	8	
食品、饮料、烟草工业专用设备制造	3	3	
农副食品加工专用设备制造	4	4	
饲料生产专用设备制造	1	1	
印刷、制药、日化生产专用设备制造	5	5	
印刷专用设备制造	2	2	
照明器具生产专用设备制造	1	1	
其他日用品生产专用设备制造	2	2	
纺织、服装和皮革工业专用设备制造	9	8	1
纺织专用设备制造	8	7	1
其他服装加工专用设备制造	1	1	
电子和电工机械专用设备制造	7	7	
电工机械专用设备制造	5	5	
电子工业专用设备制造	2	2	
农、林、牧、渔专用机械制造	95	90	5
拖拉机制造	4	4	
机械化农业及园艺机具制造	58	56	2
畜牧机械制造	4	3	1
农林牧渔机械配件制造	7	6	1
其他农林牧渔业机械制造及机械修理	22	21	1
医疗仪器设备及器械制造	12	12	
医疗诊断、监护及治疗设备制造	1	1	
医疗、外科及兽医用器械制造	1	1	
假肢、人工器官及植(介)入器械制造	7	7	
其他医疗设备及器械制造	3	3	
环保、社会公共安全及其他专用设备制造	23	22	1
环境污染防治专用设备制造	8	8	
商业、饮食、服务业专用设备制造	1	1	
社会公共安全设备及器材制造	1	1	
交通安全及管制专用设备制造	1	1	
水资源专用机械制造	4	4	
其他专用设备制造	8	7	1
交通运输设备制造业	147	143	4
铁路运输设备制造	5	5	
铁路机车车辆配件制造	2	2	
铁路专用设备及器材、配件制造	1	1	
其他铁路设备制造及设备修理	2	2	
汽车制造	128	125	3
汽车整车制造	2	2	
改装汽车制造	4	4	
汽车车身、挂车的制造	7	7	
汽车零部件及配件制造	11	11	
汽车修理	104	101	3
摩托车制造	1	1	
摩托车整车制造	1	1	

		产业活动单位				
从业人员数（人）	女性	单位数（个）	多产业法人所属的产业活动单位	从业人员数（人）	单产业法人单位所属的产业活动单位	多产业法人单位所属的产业活动单位
107	35	8		107	107	
40	6	3		40	40	
55	26	4		55	55	
12	3	1		12	12	
65	16	5		65	65	
19	7	2		19	19	
5	2	1		5	5	
41	7	2		41	41	
246	39	9	1	241	195	46
230	34	8	1	225	179	46
16	5	1		16	16	
102	25	7		102	102	
92	24	5		92	92	
10	1	2		10	10	
3744	1062	127	37	4562	3271	1291
87	20	4		87	87	
2752	697	73	17	3149	2592	557
236	102	4	1	232	208	24
33	9	11	5	125	31	94
636	234	35	14	969	353	616
111	41	13	1	146	111	35
1		1		1	1	
6	3	1		6	6	
43	19	8	1	78	43	35
61	19	3		61	61	
378	104	25	3	380	293	87
101	21	9	1	102	101	1
10	3	1		10	10	
8	2	1		8	8	
5	2	1		5	5	
145	46	4		145	145	
109	30	9	2	110	24	86
4312	1104	189	46	4859	4206	653
330	80	5		330	330	
136	38	2		136	136	
43	5	1		43	43	
151	37	2		151	151	
3789	942	169	44	4333	3689	644
963	293	2		963	963	
406	125	4		406	406	
305	105	8	1	429	305	124
250	60	11		250	250	
1865	359	144	43	2285	1765	520
5	2	1		5	5	
5	2	1		5	5	

1-2 续表 11

行业	法人单位		
	单位数（个）	单产业法人	多产业法人
自行车制造	5	5	
脚踏自行车及残疾人座车制造	2	2	
助动自行车制造	3	3	
交通器材及其他交通运输设备制造	8	7	1
交通管理用金属标志及设施制造	6	6	
其他交通运输设备制造	2	1	1
电气机械及器材制造业	222	218	4
电机制造	5	5	
发电机及发电机组制造	4	4	
电动机制造	1	1	
输配电及控制设备制造	129	125	4
变压器、整流器和电感器制造	20	19	1
电容器及其配套设备制造	6	6	
配电开关控制设备制造	83	80	3
电力电子元器件制造	2	2	
其他输配电及控制设备制造	18	18	
电线、电缆、光缆及电工器材制造	46	46	
电线电缆制造	40	40	
绝缘制品制造	4	4	
其他电工器材制造	2	2	
电池制造	2	2	
家用电力器具制造	9	9	
家用制冷电器具制造	2	2	
家用通风电器具制造	1	1	
家用厨房电器具制造	2	2	
家用清洁卫生电器具制造	1	1	
其他家用电力器具制造	3	3	
非电力家用器具制造	11	11	
燃气、太阳能及类似能源的器具制造	11	11	
照明器具制造	14	14	
照明灯具制造	13	13	
灯用电器附件及其他照明器具制造	1	1	
其他电气机械及器材制造	6	6	
车辆专用照明及电气信号设备装置制造	1	1	
其他未列明的电气机械制造	5	5	
通信设备、计算机及其他电子设备制造业	12	12	
通信设备制造	2	2	
通信传输设备制造	1	1	
移动通信及终端设备制造	1	1	
广播电视设备制造	2	2	
广播电视接收设备及器材制造	2	2	
电子器件制造	1	1	
光电子器件及其他电子器件制造	1	1	
电子元件制造	4	4	
电子元件及组件制造	4	4	

		产业活动单位				
从业人员数（人）	女性	单位数（个）	多产业法人所属的产业活动单位	从业人员数（人）	单产业法人单位所属的产业活动单位	多产业法人单位所属的产业活动单位
34	9	5		34	34	
9	2	2		9	9	
25	7	3		25	25	
154	71	9	2	157	148	9
141	67	6		141	141	
13	4	3	2	16	7	9
7973	2198	228	10	7920	5663	2257
1247	433	5		1247	1247	
1239	431	4		1239	1239	
8	2	1		8	8	
5195	1361	133	8	4515	2885	1630
2641	689	20	1	1857	791	1066
71	20	6		71	71	
2156	562	86	6	2224	1696	528
12	6	2		12	12	
315	84	19	1	351	315	36
1202	322	47	1	1804	1202	602
872	239	41	1	1474	872	602
318	82	4		318	318	
12	1	2		12	12	
7	4	2		7	7	
34	9	9		34	34	
7	2	2		7	7	
3	1	1		3	3	
6		2		6	6	
5		1		5	5	
13	6	3		13	13	
151	29	12	1	176	151	25
151	29	12	1	176	151	25
80	28	14		80	80	
78	28	13		78	78	
2		1		2	2	
57	12	6		57	57	
11	2	1		11	11	
46	10	5		46	46	
3182	753	12		3182	3182	
66	49	2		66	66	
2	1	1		2	2	
64	48	1		64	64	
173	33	2		173	173	
173	33	2		173	173	
3		1		3	3	
3		1		3	3	
2869	650	4		2869	2869	
2869	650	4		2869	2869	

1-2 续表 12

行 业	法人单位		
	单位数（个）	单产业法人	多产业法人
家用视听设备制造	2	2	
家用影视设备制造	2	2	
其他电子设备制造	1	1	
仪器仪表及文化、办公用机械制造业	21	21	
通用仪器仪表制造	8	8	
工业自动控制系统装置制造	2	2	
电工仪器仪表制造	2	2	
供应用仪表及其他通用仪器制造	4	4	
专用仪器仪表制造	6	6	
地质勘探和地震专用仪器制造	2	2	
电子测量仪器制造	1	1	
其他专用仪器制造	3	3	
光学仪器及眼镜制造	1	1	
眼镜制造	1	1	
文化、办公用机械制造	2	2	
计算器及货币专用设备制造	1	1	
其他文化、办公用机械制造	1	1	
其他仪器仪表的制造及修理	4	4	
工艺品及其他制造业	49	49	
工艺美术品制造	33	33	
雕塑工艺品制造	4	4	
金属工艺品制造	4	4	
天然植物纤维编织工艺品制造	3	3	
地毯、挂毯制造	14	14	
珠宝首饰及有关物品的制造	4	4	
其他工艺美术品制造	4	4	
日用杂品制造	4	4	
制镜及类似品加工	2	2	
其他日用杂品制造	2	2	
煤制品制造	7	7	
其他未列明的制造业	5	5	
废弃资源和废旧材料回收加工业	25	25	
金属废料和碎屑的加工处理	11	11	
非金属废料和碎屑的加工处理	14	14	
电力、燃气及水的生产和供应业	535	487	48
电力、热力的生产和供应业	367	337	30
电力生产	157	148	9
火力发电	35	31	4
水力发电	100	95	5
其他能源发电	22	22	
电力供应	25	14	11
热力生产和供应	185	175	10
燃气生产和供应业	44	40	4
燃气生产和供应业	44	40	4

		产业活动单位				
从业人员数（人）	女性	单位数（个）	多产业法人所属的产业活动单位	从业人员数（人）	单产业法人单位所属的产业活动单位	多产业法人单位所属的产业活动单位
70	21	2		70	70	
70	21	2		70	70	
1		1		1	1	
367	144	23	2	383	367	16
189	86	10	2	205	189	16
47	14	2		47	47	
16	6	4	2	32	16	16
126	66	4		126	126	
101	31	6		101	101	
74	23	2		74	74	
2	1	1		2	2	
25	7	3		25	25	
5	1	1		5	5	
5	1	1		5	5	
31	4	2		31	31	
6	2	1		6	6	
25	2	1		25	25	
41	22	4		41	41	
2003	739	51	2	2036	2003	33
770	522	35	2	803	770	33
13	3	4		13	13	
25	10	4		25	25	
38	11	3		38	38	
647	483	15	1	677	647	30
24	11	5	1	27	24	3
23	4	4		23	23	
61	17	4		61	61	
48	13	2		48	48	
13	4	2		13	13	
1133	188	7		1133	1133	
39	12	5		39	39	
211	56	27	2	265	211	54
109	24	11		109	109	
102	32	16	2	156	102	54
60106	18573	889	402	68409	37197	31212
50666	15000	634	297	57383	29142	28241
19553	5896	223	75	24826	16781	8045
14281	4481	55	24	17452	12610	4842
4719	1318	146	51	6821	3618	3203
553	97	22		553	553	
20575	6223	164	150	17647	3735	13912
10538	2881	247	72	14910	8626	6284
2391	864	55	15	2294	2031	263
2391	864	55	15	2294	2031	263

1-2 续表 13

行　　业	法人单位		
	单位数(个)	单产业法人	多产业法人
水的生产和供应业	124	110	14
自来水的生产和供应	113	100	13
污水处理及其再生利用	11	10	1
建筑业	1763	1568	195
房屋和土木工程建筑业	794	631	163
房屋工程建筑	417	297	120
土木工程建筑	377	334	43
铁路、道路、隧道和桥梁工程建筑	121	103	18
水利和港口工程建筑	70	56	14
工矿工程建筑	32	27	5
架线和管道工程建筑	57	51	6
其他土木工程建筑	97	97	
建筑安装业	362	342	20
建筑装饰业	406	400	6
其他建筑业	201	195	6
工程准备	89	86	3
提供施工设备服务	26	25	1
其他未列明的建筑活动	86	84	2
交通运输、仓储和邮政业	2123	1952	171
铁路运输业	15	15	
铁路旅客运输	1	1	
铁路货物运输	13	13	
铁路运输辅助活动	1	1	
货运火车站	1	1	
道路运输业	1077	959	118
公路旅客运输	172	140	32
道路货物运输	693	648	45
道路运输辅助活动	212	171	41
客运汽车站	63	41	22
公路管理与养护	121	103	18
其他道路运输辅助活动	28	27	1
城市公共交通业	145	134	11
公共电汽车客运	54	46	8
轨道交通	1	1	
出租车客运	80	78	2
其他城市公共交通	10	9	1
航空运输业	21	19	2
航空客货运输	5	5	
航空货物运输	5	5	
通用航空服务	6	6	
航空运输辅助活动	10	8	2
机场	2	1	1
空中交通管理	2	1	1
其他航空运输辅助活动	6	6	
管道运输业	5	4	1
装卸搬运和其他运输服务业	627	609	18

		产业活动单位				
从业人员数（人）	女性	单位数（个）	多产业法人所属的产业活动单位	从业人员数（人）	单产业法人单位所属的产业活动单位	多产业法人单位所属的产业活动单位
7049	2709	200	90	8732	6024	2708
6489	2494	184	84	7975	5588	2387
560	215	16	6	757	436	321
207268	36334	2596	1028	217684	105944	111740
175842	30104	1517	886	182617	81500	101117
123294	21479	976	679	125802	52350	73452
52548	8625	541	207	56815	29150	27665
31555	3943	190	87	32940	18096	14844
10713	2666	124	68	11105	3842	7263
3507	584	47	20	5216	1996	3220
5197	1098	72	21	5627	3640	1987
1576	334	108	11	1927	1576	351
22772	4571	423	81	24813	16098	8715
4944	900	427	27	5229	4714	515
3710	759	229	34	5025	3632	1393
2278	476	93	7	2327	2248	79
363	64	36	11	765	336	429
1069	219	100	16	1933	1048	885
110904	30757	3616	1664	117793	54022	63771
115	32	15		115	115	
48	13	1		48	48	
65	18	13		65	65	
2	1	1		2	2	
2	1	1		2	2	
62127	14713	1454	495	61586	23857	37729
6954	2081	249	109	11024	4005	7019
37829	6726	783	135	33520	8972	24548
17344	5906	422	251	17042	10880	6162
3672	1521	175	134	3203	1146	2057
13442	4316	210	107	13420	9527	3893
230	69	37	10	419	207	212
17142	5849	178	44	16708	14023	2685
14361	5251	77	31	13754	11664	2090
76	16	1		76	76	
2560	536	88	10	2705	2220	485
145	46	12	3	173	63	110
4447	1507	33	14	4455	486	3969
27	6	5		27	27	
27	6	5		27	27	
268	45	6		268	268	
4152	1456	22	14	4160	191	3969
3268	1127	12	11	3268	10	3258
830	317	4	3	838	127	711
54	12	6		54	54	
911	119	8	4	1944	542	1402
10179	2174	672	63	12123	8985	3138

1-2 续表 14

行 业	法人单位 单位数（个）	单产业法人	多产业法人
装卸搬运	96	92	4
运输代理服务	531	517	14
仓储业	193	189	4
谷物、棉花等农产品仓储	61	59	2
其他仓储	132	130	2
邮政业	40	23	17
国家邮政	21	4	17
其他寄递服务	19	19	
信息传输、计算机服务和软件业	1979	1886	93
电信和其他信息传输服务业	464	386	78
电信	128	65	63
固定电信服务	40	14	26
移动电信服务	57	24	33
其他电信服务	31	27	4
互联网信息服务	254	247	7
广播电视传输服务	80	72	8
有线广播电视传输服务	47	41	6
无线广播电视传输服务	33	31	2
卫星传输服务	2	2	
计算机服务业	1352	1338	14
计算机系统服务	154	153	1
数据处理	11	11	
计算机维修	45	45	
其他计算机服务	1142	1129	13
软件业	163	162	1
公共软件服务	109	108	1
基础软件服务	47	46	1
应用软件服务	62	62	
其他软件服务	54	54	
批发和零售业	18546	17513	1033
批发业	12634	12000	634
农畜产品批发	979	856	123
谷物、豆及薯类批发	102	75	27
种子、饲料批发	403	356	47
棉、麻批发	322	278	44
牲畜批发	7	6	1
其他农畜产品批发	145	141	4
食品、饮料及烟草制品批发	796	735	61
米、面制品及食用油批发	131	114	17
糕点、糖果及糖批发	46	45	1
果品、蔬菜批发	96	88	8
肉、禽、蛋及水产品批发	41	38	3
盐及调味品批发	67	61	6
饮料及茶叶批发	228	218	10
烟草制品批发	42	28	14

		产业活动单位				
从业人员数（人）	女性	单位数（个）	多产业法人所属的产业活动单位	从业人员数（人）	单产业法人单位所属的产业活动单位	多产业法人单位所属的产业活动单位
5366	641	100	8	6847	4442	2405
4813	1533	572	55	5276	4543	733
3909	1154	303	114	6406	3671	2735
1613	525	158	99	2294	1526	768
2296	629	145	15	4112	2145	1967
12074	5209	953	930	14456	2343	12113
10637	4640	889	885	12630	906	11724
1437	569	64	45	1826	1437	389
29938	12485	2943	1057	32635	13069	19566
21900	9800	1398	1012	25016	5813	19203
17814	8356	870	805	20165	2617	17548
8975	3304	401	387	10967	790	10177
8469	4906	396	372	8717	1520	7197
370	146	73	46	481	307	174
1535	454	332	85	1597	963	634
2532	983	194	122	3235	2214	1021
1498	571	142	101	2124	1271	853
1034	412	52	21	1111	943	168
19	7	2		19	19	
5527	1794	1381	43	5616	5346	270
1381	462	172	19	1478	1323	155
92	42	12	1	93	92	1
279	95	46	1	280	279	1
3775	1195	1151	22	3765	3652	113
2511	891	164	2	2003	1910	93
1827	636	109	1	1237	1226	11
960	296	47	1	370	359	11
867	340	62		867	867	
684	255	55	1	766	684	82
186697	80820	25138	7625	192377	130307	62070
120808	45552	17070	5070	123323	86447	36876
22119	7068	1471	615	19844	11027	8817
4242	1309	229	154	3778	1658	2120
4302	1409	652	296	4764	2372	2392
12447	3973	418	140	10167	6036	4131
111	43	11	5	113	30	83
1017	334	161	20	1022	931	91
11404	4724	976	241	11015	7046	3969
2181	802	195	81	2034	1439	595
298	110	47	2	293	288	5
1533	740	104	16	1406	969	437
521	237	46	8	409	319	90
732	290	81	20	779	669	110
2169	936	244	26	2244	1951	293
2771	1019	107	79	2641	249	2392

1-2 续表 15

行　业	法人单位		
	单位数（个）	单产业法人	多产业法人
其他食品批发	145	143	2
纺织、服装及日用品批发	617	606	11
纺织品、针织品及原料批发	143	139	4
服装批发	145	143	2
鞋帽批发	17	17	
厨房、卫生间用具及日用杂货批发	62	61	1
化妆品及卫生用品批发	111	109	2
其他日用品批发	139	137	2
文化、体育用品及器材批发	267	261	6
文具用品批发	122	120	2
体育用品批发	27	26	1
图书批发	36	34	2
报刊批发	1	1	
音像制品及电子出版物批发	4	3	1
首饰、工艺品及收藏品批发	29	29	
其他文化用品批发	48	48	
医药及医疗器材批发	361	344	17
西药批发	62	51	11
中药材及中成药批发	34	30	4
医疗用品及器材批发	265	263	2
矿产品、建材及化工产品批发	4334	4028	306
煤炭及制品批发	100	97	3
石油及制品批发	507	469	38
非金属矿及制品批发	78	78	
金属及金属矿批发	1255	1239	16
建材批发	977	948	29
化肥批发	650	454	196
农药批发	132	116	16
农用薄膜批发	32	30	2
其他化工产品批发	603	597	6
机械设备、五金交电及电子产品批发	4662	4572	90
农业机械批发	304	295	9
汽车、摩托车及零配件批发	572	549	23
五金、交电批发	1110	1089	21
家用电器批发	128	121	7
计算机、软件及辅助设备批发	336	333	3
通讯及广播电视设备批发	149	144	5
其他机械设备及电子产品批发	2063	2041	22
贸易经纪与代理	182	180	2
其他批发	436	418	18
再生物资回收与批发	173	165	8
其他未列明的批发	263	253	10
零售业	5912	5513	399
综合零售	479	427	52
百货零售	262	240	22

		产业活动单位				
从业人员数(人)	女性	单位数(个)	多产业法人所属的产业活动单位	从业人员数(人)	单产业法人单位所属的产业活动单位	多产业法人单位所属的产业活动单位
1199	590	152	9	1209	1162	47
4646	2490	633	27	4638	4514	124
1001	443	146	7	1001	966	35
1069	617	148	5	1071	1038	33
120	52	17		120	120	
378	178	65	4	380	370	10
1126	692	115	6	1129	1112	17
952	508	142	5	937	908	29
2163	1079	274	13	2171	1486	685
626	301	123	3	625	608	17
107	52	28	2	107	101	6
683	410	39	5	683	211	472
4	4	1		4	4	
203	69	4	1	107	22	85
133	77	30	1	224	133	91
407	166	49	1	421	407	14
4754	2048	378	34	4474	4000	474
2561	1068	74	23	2382	2067	315
535	274	37	7	458	313	145
1658	706	267	4	1634	1620	14
40655	15330	7829	3801	44502	25811	18691
1513	441	113	16	1751	939	812
13034	5772	1089	620	14052	4561	9491
291	81	78		291	291	
8095	3146	1276	37	8009	7510	499
5099	1953	1029	81	5555	4911	644
8133	2300	3334	2880	10099	3415	6684
683	249	239	123	780	460	320
166	56	54	24	240	156	84
3641	1332	617	20	3725	3568	157
30402	11189	4793	221	31753	28391	3362
2007	631	318	23	1963	1809	154
4658	1683	612	63	5993	4071	1922
5542	2111	1131	42	5572	5346	226
1330	510	133	12	1322	1125	197
2556	981	339	6	2583	2455	128
1243	600	157	13	1262	1182	80
13066	4673	2103	62	13058	12403	655
1472	556	194	14	1575	1405	170
3193	1068	522	104	3351	2767	584
1264	418	228	63	1460	1180	280
1929	650	294	41	1891	1587	304
65889	35268	8068	2555	69054	43860	25194
16201	10987	695	268	16737	9785	6952
7682	5313	371	131	8011	4869	3142

1-2 续表 16

行业	法人单位		
	单位数(个)	单产业法人	多产业法人
超级市场零售	95	82	13
其他综合零售	122	105	17
食品、饮料及烟草制品专门零售	384	361	23
粮油零售	67	59	8
糕点、面包零售	20	18	2
果品、蔬菜零售	26	24	2
肉、禽、蛋及水产品零售	29	28	1
饮料及茶叶零售	104	100	4
烟草制品零售	49	44	5
其他食品零售	89	88	1
纺织、服装及日用品专门零售	464	428	36
纺织品及针织品零售	90	83	7
服装零售	173	160	13
鞋帽零售	17	16	1
钟表、眼镜零售	29	22	7
化妆品及卫生用品零售	48	43	5
其他日用品零售	107	104	3
文化、体育用品及器材专门零售	399	358	41
文具用品零售	100	94	6
体育用品零售	44	38	6
图书零售	61	42	19
报刊零售	2	2	
音像制品及电子出版物零售	12	12	
珠宝首饰零售	77	69	8
工艺美术品及收藏品零售	41	39	2
照相器材零售	20	20	
其他文化用品零售	42	42	
医药及医疗器材专门零售	328	272	56
药品零售	184	131	53
医疗用品及器材零售	144	141	3
汽车、摩托车、燃料及零配件专门零售	1096	1013	83
汽车零售	292	274	18
汽车零配件零售	406	386	20
摩托车及零配件零售	123	107	16
机动车燃料零售	275	246	29
家用电器及电子产品专门零售	1322	1268	54
家用电器零售	242	222	20
计算机、软件及辅助设备零售	695	679	16
通信设备零售	194	178	16
其他电子产品零售	191	189	2
五金、家具及室内装修材料专门零售	968	928	40
五金零售	510	497	13
家具零售	170	153	17
涂料零售	16	16	
其他室内装修材料零售	272	262	10

		产业活动单位				
从业人员数（人）	女性	单位数（个）	多产业法人所属的产业活动单位	从业人员数（人）	单产业法人单位所属的产业活动单位	多产业法人单位所属的产业活动单位
7552	5215	123	41	7688	4392	3296
967	459	201	96	1038	524	514
2407	1152	504	143	2598	1954	644
626	291	103	44	612	436	176
133	79	40	22	199	108	91
151	57	30	6	137	105	32
205	68	51	23	256	132	124
467	225	114	14	484	432	52
241	119	73	29	322	169	153
584	313	93	5	588	572	16
5851	4068	548	120	5928	5448	480
434	247	111	28	466	381	85
4158	3115	203	43	4173	3955	218
100	70	19	3	121	94	27
294	202	49	27	310	205	105
253	150	54	11	245	216	29
612	284	112	8	613	597	16
4343	2380	587	229	4488	2027	2461
405	194	108	14	416	361	55
357	214	46	8	332	299	33
2047	1083	184	142	2192	213	1979
6	2	34	32	104	6	98
69	23	12		69	69	
853	573	95	26	764	488	276
282	155	45	6	284	267	17
124	64	20		124	124	
200	72	43	1	203	200	3
5481	3682	1011	739	5649	2210	3439
4601	3324	864	733	4781	1364	3417
880	358	147	6	868	846	22
13833	5163	1577	564	14221	9375	4846
5984	2008	311	37	5933	5406	527
2028	705	432	46	2136	1877	259
756	220	175	68	792	543	249
5065	2230	659	413	5360	1549	3811
9594	4316	1473	205	9953	6532	3421
3112	1630	297	75	3417	1536	1881
3510	1266	720	41	3578	3254	324
2203	1117	266	88	2205	991	1214
769	303	190	1	753	751	2
5157	2473	1081	153	5305	3795	1510
2077	799	550	53	2163	1987	176
1988	1216	221	68	1996	755	1241
71	29	19	3	85	71	14
1021	429	291	29	1061	982	79

1-2 续表 17

行业	法人单位		
	单位数（个）	单产业法人	多产业法人
无店铺及其他零售	472	458	14
流动货摊零售	4	4	
邮购及电子销售	1	1	
生活用燃料零售	107	99	8
花卉零售	21	21	
旧货零售	3	3	
其他未列明的零售	336	330	6
住宿和餐饮业	1047	978	69
住宿业	745	694	51
旅游饭店	338	307	31
一般旅馆	385	366	19
其他住宿服务	22	21	1
餐饮业	302	284	18
正餐服务	257	246	11
快餐服务	33	27	6
饮料及冷饮服务	3	3	
其他餐饮服务	9	8	1
金融业	606	316	290
银行业	243	55	188
中央银行	26	12	14
商业银行	180	25	155
其他银行	37	18	19
证券业	5	4	1
证券市场管理			
证券经纪与交易	3	2	1
证券投资	2	2	
保险业	169	77	92
人寿保险	60	18	42
非人寿保险	90	40	50
保险辅助服务	19	19	
其他金融活动	189	180	9
金融信托与管理	16	16	
金融租赁	3	3	
财务公司	13	13	
邮政储蓄	7	1	6
典当	71	69	2
其他未列明的金融活动	79	78	1
房地产业	2631	2495	136
房地产业	2631	2495	136
房地产开发经营	1130	1070	60
物业管理	717	688	29
房地产中介服务	348	330	18
其他房地产活动	436	407	29
租赁和商务服务业	4494	4348	146
租赁业	326	320	6

从业人员数（人）	女性	产业活动单位 单位数（个）	多产业法人所属的产业活动单位	从业人员数（人）	单产业法人单位所属的产业活动单位	多产业法人单位所属的产业活动单位
3022	1047	592	134	4175	2734	1441
17	6	4		17	17	
10		1		10	10	
1197	362	197	98	2325	1032	1293
86	52	22	1	87	86	1
12	4	3		12	12	
1700	623	365	35	1724	1577	147
50498	28301	1407	429	58840	45347	13493
37932	21587	978	284	44872	34904	9968
30629	17059	405	98	34444	27954	6490
6888	4263	534	168	9550	6584	2966
415	265	39	18	878	366	512
12566	6714	429	145	13968	10443	3525
10773	5752	345	99	12143	9937	2206
1663	897	66	39	1675	394	1281
16	9	5	2	26	16	10
114	56	13	5	124	96	28
75048	38775	4056	3740	92048	7978	84070
43867	20712	2496	2441	55042	3016	52026
3459	1305	76	64	3369	966	2403
37593	18180	2259	2234	48745	1789	46956
2815	1227	161	143	2928	261	2667
600	271	26	22	612	64	548
		1	1	1		1
575	258	21	19	580	39	541
25	13	4	2	31	25	6
28406	16721	1268	1191	34230	3453	30777
20585	12848	278	260	21668	1555	20113
7678	3816	970	930	12418	1755	10663
143	57	20	1	144	143	1
2175	1071	266	86	2164	1445	719
164	65	19	3	188	164	24
73	28	3		73	73	
62	28	13		62	62	
681	445	56	55	542	12	530
598	252	74	5	599	572	27
597	253	101	23	700	562	138
56991	22761	2981	486	88139	50458	37681
56991	22761	2981	486	88139	50458	37681
20402	8402	1210	140	20040	17928	2112
27909	11016	820	132	59318	24992	34326
2768	1194	452	122	2861	2466	395
5912	2149	499	92	5920	5072	848
93808	32895	5432	1084	104819	70689	34130
2614	701	362	42	3619	2194	1425

1-2 续表 18

行　　业	法人单位		
	单位数（个）	单产业法人	多产业法人
机械设备租赁	315	309	6
汽车租赁	98	96	2
农业机械租赁	3	3	
建筑工程机械与设备租赁	131	129	2
计算机及通讯设备租赁	5	5	
其他机械与设备租赁	78	76	2
文化及日用品出租	11	11	
图书及音像制品出租	1	1	
其他文化及日用品出租	10	10	
商务服务业	4168	4028	140
企业管理服务	734	683	51
企业管理机构	222	192	30
投资与资产管理	346	338	8
其他企业管理服务	166	153	13
法律服务	293	293	
律师及相关的法律服务	251	251	
公证服务	27	27	
其他法律服务	15	15	
咨询与调查	924	900	24
会计、审计及税务服务	282	266	16
市场调查	24	24	
社会经济咨询	207	204	3
其他专业咨询	411	406	5
广告业	806	792	14
知识产权服务	30	30	
职业中介服务	339	333	6
市场管理	196	180	16
旅行社	318	301	17
其他商务服务	528	516	12
会议及展览服务	57	56	1
包装服务	5	5	
保安服务	78	71	7
办公服务	78	78	
其他未列明的商务服务	310	306	4
科学研究、技术服务和地质勘查业	3038	2915	123
研究与试验发展	202	193	9
自然科学研究与试验发展	27	25	2
工程和技术研究与试验发展	39	38	1
农业科学研究与试验发展	103	99	4
医学研究与试验发展	20	19	1
社会人文科学研究与试验发展	13	12	1
专业技术服务业	1602	1544	58
气象服务	145	135	10
地震服务	26	26	

从业人员数（人）		产业活动单位				
	女性	单位数（个）	多产业法人所属的产业活动单位	从业人员数（人）	单产业法人单位所属的产业活动单位	多产业法人单位所属的产业活动单位
2453	615	349	40	3399	2033	1366
586	148	109	13	849	551	298
12	1	4	1	15	12	3
783	224	152	23	1583	721	862
42	12	5		42	42	
1030	230	79	3	910	707	203
161	86	13	2	220	161	59
1		1		1	1	
160	86	12	2	219	160	59
91194	32194	5070	1042	101200	68495	32705
24306	9239	1132	449	29301	11823	17478
15215	6111	372	180	17432	5662	11770
4449	1437	355	17	3371	3168	203
4642	1691	405	252	8498	2993	5505
2888	1005	460	167	3280	2888	392
2510	827	381	130	2796	2510	286
257	144	46	19	312	257	55
121	34	33	18	172	121	51
7854	3596	1022	122	8718	7053	1665
3186	1805	362	96	3522	2487	1035
133	55	26	2	142	133	9
1415	617	211	7	1407	1376	31
3120	1119	423	17	3647	3057	590
5757	2473	843	51	5929	5554	375
154	52	36	6	171	154	17
28295	9490	391	58	29069	25262	3807
5420	2200	254	74	5313	2498	2815
3029	1648	377	76	3617	2119	1498
13491	2491	555	39	15802	11144	4658
465	214	58	2	665	459	206
23	8	5		23	23	
8567	710	86	15	10537	6933	3604
595	310	80	2	608	595	13
3841	1249	326	20	3969	3134	835
65480	20501	4109	1194	74989	56152	18837
7012	2505	236	43	6986	6132	854
1670	644	30	5	1688	1443	245
1021	270	42	4	956	930	26
3452	1169	127	28	3481	3191	290
407	208	20	1	355	345	10
462	214	17	5	506	223	283
34675	10432	1898	354	39270	29930	9340
3010	1143	174	39	3171	2563	608
591	54	30	4	602	591	11

1-2 续表 19

行　业	法人单位		
	单位数(个)	单产业法人	多产业法人
测绘服务	65	63	2
技术检测	360	352	8
环境监测	55	55	
工程技术与规划管理	673	642	31
工程管理服务	384	366	18
工程勘察设计	247	235	12
规划管理	42	41	1
其他专业技术服务	278	271	7
科技交流和推广服务业	854	806	48
技术推广服务	704	658	46
科技中介服务	67	65	2
其他科技服务	83	83	
地质勘查业	380	372	8
矿产地质勘查	177	173	4
能源矿产地质勘查	64	61	3
固体矿产地质勘查	90	89	1
其他矿产地质勘查	23	23	
基础地质勘查	28	27	1
地质勘查技术服务	175	172	3
水利、环境和公共设施管理业	857	754	103
水利管理业	317	241	76
防洪管理	21	16	5
水资源管理	250	185	65
调水、引水管理	112	72	40
其他水资源管理	93	86	7
其他水利管理	46	40	6
环境管理业	231	218	13
自然保护	105	97	8
自然保护区管理	63	58	5
野生动植物保护	14	13	1
其他自然保护	28	26	2
环境治理	126	121	5
城市市容管理	15	14	1
城市环境卫生管理	83	80	3
水污染治理	7	7	
危险废物治理	4	4	
其他环境治理	17	16	1
公共设施管理业	309	295	14
市政公共设施管理	71	69	2
市政公共设施管理	71	69	2
城市绿化管理	132	126	6
游览景区管理	106	100	6
风景名胜区管理	32	28	4
公园管理	19	18	1

		产业活动单位				
从业人员数(人)	女性	单位数(个)	多产业法人所属的产业活动单位	从业人员数(人)	单产业法人单位所属的产业活动单位	多产业法人单位所属的产业活动单位
1606	493	86	23	1658	1596	62
6738	2201	455	103	8594	6570	2024
834	319	82	27	1037	834	203
18661	5234	776	134	20567	14646	5921
8933	2167	440	74	9822	7345	2477
9055	2815	273	38	9931	6645	3286
673	252	63	22	814	656	158
3235	988	295	24	3641	3130	511
11777	4623	1587	781	15513	9329	6184
9872	3928	1392	734	13290	7468	5822
923	379	76	11	1001	879	122
982	316	119	36	1222	982	240
12016	2941	388	16	13220	10761	2459
5811	1371	179	6	6763	4734	2029
2835	637	65	4	4094	2098	1996
2490	509	91	2	2183	2150	33
486	225	23		486	486	
3382	894	32	5	3637	3305	332
2823	676	177	5	2820	2722	98
48686	19532	1819	1065	50881	27216	23665
22485	7690	1055	814	22085	6035	16050
1195	489	31	15	667	468	199
19917	6838	903	718	19704	4917	14787
10450	3709	536	464	12032	2397	9635
2494	742	195	109	3259	1996	1263
1373	363	121	81	1714	650	1064
12196	5784	366	148	13932	9346	4586
2460	746	193	96	2710	1995	715
1346	430	98	40	1458	1134	324
525	161	36	23	539	374	165
589	155	59	33	713	487	226
9736	5038	173	52	11222	7351	3871
1715	1075	32	18	1837	377	1460
7557	3796	103	23	8854	6545	2309
165	60	7		165	165	
35	3	4		35	35	
264	104	27	11	331	229	102
14005	6058	398	103	14864	11835	3029
2788	1093	108	39	3526	2384	1142
2788	1093	108	39	3526	2384	1142
7892	3645	160	34	8230	6902	1328
3325	1320	130	30	3108	2549	559
1018	384	46	18	834	393	441
1282	574	23	5	1177	1137	40

1-2 续表 20

行业	法人单位		
	单位数（个）	单产业法人	多产业法人
其他游览景区管理	55	54	1
居民服务和其他服务业	1246	1209	37
居民服务业	484	467	17
家庭服务	45	44	1
托儿所	32	32	
洗染服务	10	10	
理发及美容保健服务	47	41	6
洗浴服务	50	49	1
婚姻服务	28	28	
殡葬服务	44	42	2
摄影扩印服务	43	38	5
其他居民服务	185	183	2
其他服务业	762	742	20
修理与维护	510	495	15
汽车、摩托车维护与保养	403	389	14
办公设备维修	26	26	
家用电器修理	55	54	1
其他日用品修理	26	26	
清洁服务	81	79	2
建筑物清洁服务	12	12	
其他清洁服务	69	67	2
其他未列明的服务	171	168	3
教育	5221	4809	412
教育	5221	4809	412
学前教育	733	726	7
初等教育	1935	1638	297
中等教育	1488	1408	80
初中教育	1083	1017	66
高中教育	203	194	9
中等专业教育	76	75	1
职业中学教育	42	40	2
技工学校教育	38	36	2
其他中等教育	46	46	
高等教育	94	85	9
普通高等教育	36	29	7
成人高等教育	58	56	2
其他教育	971	952	19
职业技能培训	597	580	17
特殊教育	18	18	
其他未列明的教育	356	354	2
卫生、社会保障和社会福利业	2610	2434	176
卫生	2220	2056	164
医院	622	576	46
综合医院	451	418	33

		产业活动单位				
从业人员数（人）	女性	单位数（个）	多产业法人所属的产业活动单位	从业人员数（人）	单产业法人单位所属的产业活动单位	多产业法人单位所属的产业活动单位
1025	362	61	7	1097	1019	78
15569	6330	1535	326	22036	13772	8264
6556	3083	686	219	12663	5973	6690
460	245	46	2	461	457	4
841	436	37	5	902	841	61
123	57	15	5	143	123	20
573	357	57	16	591	477	114
1454	620	59	10	1571	1429	142
94	59	31	3	101	94	7
920	318	60	18	963	736	227
522	307	56	18	714	308	406
1569	684	325	142	7217	1508	5709
9013	3247	849	107	9373	7799	1574
4828	1255	568	73	5752	4444	1308
4143	1032	450	61	5039	3795	1244
187	65	27	1	197	187	10
349	101	65	11	367	313	54
149	57	26		149	149	
2233	1404	86	7	1557	1510	47
84	59	12		84	84	
2149	1345	74	7	1473	1426	47
1952	588	195	27	2064	1845	219
336332	195236	8279	3470	358272	265335	92937
336332	195236	8279	3470	358272	265335	92937
14592	12412	908	182	16770	13907	2863
123345	75622	4456	2818	140653	81463	59190
155986	87526	1616	208	156067	139994	16073
108384	62487	1175	158	107548	95735	11813
32851	17999	207	13	33128	30519	2609
7996	3833	77	2	7960	7791	169
1986	898	59	19	2148	1806	342
3535	1632	41	5	3947	2909	1038
1234	677	57	11	1336	1234	102
27554	13098	117	32	28486	15945	12541
24102	11286	41	12	24420	13396	11024
3452	1812	76	20	4066	2549	1517
14855	6578	1182	230	16296	14026	2270
9454	4106	682	102	10295	8716	1579
498	322	20	2	533	498	35
4903	2150	480	126	5468	4812	656
126144	82349	4369	1935	136850	103304	33546
121296	79774	3665	1609	131045	98688	32357
83369	55688	718	142	87763	67957	19806
69664	46822	537	119	73959	56029	17930

1-2 续表 21

行业	法人单位		
	单位数(个)	单产业法人	多产业法人
中医医院	34	30	4
中西医结合医院	18	16	2
民族医院	39	37	2
专科医院	64	61	3
疗养院	16	14	2
卫生院及社区医疗活动	898	813	85
门诊部医疗活动	110	101	9
计划生育技术服务活动	260	246	14
妇幼保健活动	89	89	
专科疾病防治活动	23	22	1
疾病预防控制及防疫活动	145	137	8
其他卫生活动	73	72	1
社会保障业	146	139	7
社会福利业	244	239	5
提供住宿的社会福利	159	158	1
干部休养所	59	58	1
收养收容服务	100	100	
不提供住宿的社会福利	85	81	4
文化、体育和娱乐业	1102	1053	49
新闻出版业	116	113	3
新闻业	11	10	1
出版业	105	103	2
图书出版	19	19	
报纸出版	50	48	2
期刊出版	24	24	
音像制品出版	2	2	
其他出版	10	10	
广播、电视、电影和音像业	290	261	29
广播	114	101	13
电视	68	57	11
电影	90	85	5
电影制作与发行	13	11	2
电影放映	77	74	3
音像制作	18	18	
文化艺术业	486	475	11
文艺创作与表演	95	95	
艺术表演场馆	24	24	
图书馆与档案馆	119	117	2
图书馆	57	57	
档案馆	62	60	2
文物及文化保护	36	35	1
博物馆	21	21	
烈士陵园、纪念馆	6	6	
群众文化活动	152	144	8

		产业活动单位				
从业人员数（人）	女性	单位数（个）	多产业法人所属的产业活动单位	从业人员数（人）	单产业法人单位所属的产业活动单位	多产业法人单位所属的产业活动单位
5600	3566	37	7	5590	5071	519
1064	735	18	2	1062	932	130
2932	1793	42	5	3015	2766	249
3519	2456	66	5	3548	2690	858
590	316	18	4	589	469	120
20489	13201	1247	434	22016	16929	5087
2165	1258	572	471	3171	1784	1387
3193	2241	694	448	5460	2299	3161
3326	2656	91	2	3350	3326	24
2067	1395	32	10	2103	685	1418
5564	2735	201	64	5826	4603	1223
1123	600	110	38	1356	1105	251
1772	872	333	194	2303	1617	686
3076	1703	371	132	3502	2999	503
2436	1329	256	98	2780	2425	355
684	259	66	8	707	673	34
1752	1070	190	90	2073	1752	321
640	374	115	34	722	574	148
26271	11412	2076	1023	30332	23716	6616
5547	2452	126	13	5941	5318	623
276	121	14	4	425	186	239
5271	2331	112	9	5516	5132	384
995	429	19		995	995	
3836	1716	52	4	4061	3697	364
289	118	26	2	301	289	12
58	27	2		58	58	
93	41	13	3	101	93	8
9305	3829	751	490	11175	7550	3625
3326	1401	486	385	4719	2593	2126
4401	1823	141	84	4800	3688	1112
1465	557	105	20	1541	1156	385
516	198	14	3	460	291	169
949	359	91	17	1081	865	216
113	48	19	1	115	113	2
8469	4107	932	457	9627	8025	1602
3575	1503	107	12	3788	3575	213
720	331	25	1	725	720	5
1365	962	144	27	1489	1340	149
676	515	76	19	783	676	107
689	447	68	8	706	664	42
530	213	60	25	510	382	128
488	229	24	3	512	488	24
100	54	8	2	103	100	3
1524	743	501	357	2249	1253	996

1-2 续表 22

行业	法人单位		
	单位数(个)	单产业法人	多产业法人
文化艺术经纪代理	12	12	
其他文化艺术	21	21	
体育	74	72	2
体育组织	35	34	1
体育场馆	19	18	1
其他体育	20	20	
娱乐业	136	132	4
室内娱乐活动	72	70	2
游乐园	7	7	
休闲健身娱乐活动	35	34	1
其他娱乐活动	22	21	1
公共管理和社会组织	31136	28606	2530
中国共产党机关	1022	918	104
国家机构	9957	7727	2230
国家权力机构	239	220	19
国家行政机构	9342	7179	2163
综合事务管理机构	2755	1948	807
对外事务管理机构	54	53	1
公共安全管理机构	411	266	145
社会事务管理机构	1927	1484	443
经济事务管理机构	2451	1917	534
政府事务管理机构	818	675	143
行政监督检查机构	926	836	90
人民法院和人民检察院	279	236	43
人民法院	140	106	34
人民检察院	139	130	9
其他国家机构	97	92	5
人民政协和民主党派	132	130	2
人民政协	104	103	1
民主党派	28	27	1
群众团体、社会团体和宗教组织	9610	9551	59
群众团体	617	569	48
工会	148	141	7
妇联	113	103	10
共青团	126	110	16
其他群众团体	230	215	15
社会团体	2865	2856	9
专业性团体	1075	1070	5
行业性团体	1390	1389	1
其他社会团体	400	397	3
宗教组织	6128	6126	2
基层群众自治组织	10415	10280	135
社区自治组织	1576	1568	8
村民自治组织	8839	8712	127

		产业活动单位				
从业人员数（人）	女性	单位数（个）	多产业法人所属的产业活动单位	从业人员数（人）	单产业法人单位所属的产业活动单位	多产业法人单位所属的产业活动单位
57	27	12		57	57	
110	45	51	30	194	110	84
1410	453	104	32	1561	1376	185
968	325	45	11	1014	958	56
232	85	27	9	270	208	62
210	43	32	12	277	210	67
1540	571	163	31	2028	1447	581
844	326	82	12	913	814	99
61	28	12	5	206	61	145
286	111	46	12	570	244	326
349	106	23	2	339	328	11
498746	143406	56985	28379	520426	316548	203878
17936	3815	1140	222	15554	13570	1984
352364	107125	17437	9710	329999	177134	152865
7477	2221	262	42	7453	6694	759
325680	98815	16655	9476	302662	154281	148381
100143	36175	4172	2224	104854	52218	52636
699	220	62	9	710	683	27
50475	7150	1898	1632	57224	18507	38717
68563	20935	3268	1784	38321	22672	15649
63091	21403	4622	2705	60153	33612	26541
22610	6313	1181	506	18276	11324	6952
20099	6619	1452	616	23124	15265	7859
15181	4773	371	135	15234	12270	2964
9321	3036	222	116	9387	6766	2621
5860	1737	149	19	5847	5504	343
4026	1316	149	57	4650	3889	761
2484	547	133	3	2392	2376	16
2258	490	106	3	2259	2243	16
226	57	27		133	133	
50499	8676	27726	18175	92276	49580	42696
4306	1964	712	143	5030	3842	1188
1391	560	182	41	2038	1198	840
719	612	129	26	732	653	79
664	280	142	32	670	592	78
1532	512	259	44	1590	1399	191
23413	6514	3029	173	23938	23265	673
11391	2979	1130	60	11489	11307	182
9509	3014	1478	89	9833	9460	373
2513	521	421	24	2616	2498	118
22780	198	23985	17859	63308	22473	40835
75463	23243	10549	269	80205	73888	6317
16671	10811	1615	47	16889	16488	401
58792	12432	8934	222	63316	57400	5916

1-3 按地、州、市、县(市)分组的法人单位数、

地　　区	法人单位		
	单位数(个)	单产业法人单位	多产业法人单位
总　　计	**88115**	**82100**	**6015**
乌鲁木齐市	24814	24190	624
天山区	5531	5306	225
沙依巴克区	5482	5422	60
新市区	7537	7378	159
水磨沟区	3696	3611	85
头屯河区	643	617	26
达坂城区	280	269	11
米东区	1354	1329	25
乌鲁木齐县	291	258	33
克拉玛依市	2483	2234	249
独山子区	401	378	23
克拉玛依区	1779	1571	208
白碱滩区	232	222	10
乌尔禾区	71	63	8
吐鲁番地区	2824	2636	188
吐鲁番市	1257	1180	77
鄯善县	1040	978	62
托克逊县	527	478	49
哈密地区	3809	3483	326
哈密市	3010	2776	234
巴里坤哈萨克自治县	571	522	49
伊吾县	228	185	43
昌吉回族自治州	6497	5904	593
昌吉市	2710	2586	124
阜康市	873	822	51
呼图壁县	729	680	49
玛纳斯县	698	655	43
奇台县	588	354	234
吉木萨尔县	516	475	41
木垒哈萨克自治县	383	332	51
伊犁哈萨克自治州	13779	12652	1127
伊犁州直属县(市)	6544	6058	486
伊宁市	1876	1746	130
奎屯市	1270	1198	72
伊宁县	458	390	68
察布查尔锡伯自治县	386	369	17
霍城县	555	496	59

产业活动单位数及从业人员数

从业人员数(人)		产业活动单位				
	女性	单位数(个)	多产业法人所属的产业活动单位	从业人员数(人)	单产业法人单位所属的产业活动单位	多产业法人单位所属的产业活动单位
3143501	**1205018**	**139686**	**57586**	**2812685**	**1763092**	**1049593**
753099	279284	28742	4552	767895	546939	220956
161989	72581	6690	1384	170543	109921	60622
169327	55173	5955	533	170503	144438	26065
214487	74766	8381	1003	218073	147207	70866
76848	31035	4626	1015	81303	56815	24488
53505	19864	734	117	49249	33540	15709
10042	3389	315	46	10584	6280	4304
61044	20564	1536	207	61238	44560	16678
5857	1912	505	247	6402	4178	2224
221502	78635	3345	1111	225335	66296	159039
31513	12054	456	78	31480	11567	19913
172310	60323	2499	928	176206	48030	128176
12416	3129	294	72	15671	5603	10068
5263	3129	96	33	1978	1096	882
71541	24848	3823	1187	70273	54735	15538
32597	12678	1751	571	31105	22777	8328
26455	8016	1335	357	26597	21968	4629
12489	4154	737	259	12571	9990	2581
112689	44472	5310	1827	96049	54210	41839
94482	37968	4098	1322	81017	43508	37509
12799	4540	733	211	10146	7526	2620
5408	1964	479	294	4886	3176	1710
246057	98916	9134	3230	182537	121657	60880
79683	32345	3409	823	76210	52983	23227
29805	9482	1046	224	23682	16031	7651
35609	15165	961	281	22619	14384	8235
54866	23203	893	238	25511	19146	6365
25081	10179	1517	1163	17498	6525	10973
14745	6049	683	208	10709	8291	2418
6268	2493	625	293	6308	4297	2011
594083	247490	21007	8355	464489	301740	162749
296902	126893	10608	4550	248378	160828	87550
83291	37732	2703	957	87854	55898	31956
39460	16491	1577	379	38786	25614	13172
26123	10304	1303	913	23994	11553	12441
24674	10950	553	184	15408	13059	2349
44684	20574	1310	814	22444	11887	10557

1-3 续表 1

地　区	法人单位		
	单位数(个)	单产业法人单位	多产业法人单位
巩留县	314	282	32
新源县	580	562	18
昭苏县	352	326	26
特克斯县	510	494	16
尼勒克县	243	195	48
塔城地区	3521	3239	282
塔城市	585	547	38
乌苏市	669	618	51
额敏县	648	592	56
沙湾县	818	771	47
托里县	311	266	45
裕民县	227	213	14
和布克赛尔蒙古自治县	263	232	31
阿勒泰地区	3714	3355	359
阿勒泰市	1311	1190	121
布尔津县	447	385	62
富蕴县	465	434	31
福海县	397	349	48
哈巴河县	428	406	22
青河县	404	379	25
吉木乃县	262	212	50
博尔塔拉蒙古自治州	2266	2057	209
博乐市	1491	1373	118
精河县	525	466	59
温泉县	250	218	32
巴音郭楞蒙古自治州	6794	6106	688
库尔勒市	3863	3602	261
轮台县	491	464	27
尉犁县	433	356	77
若羌县	178	137	41
且末县	329	284	45
焉耆回族自治县	455	430	25
和静县	511	432	79
和硕县	285	225	60
博湖县	249	176	73
阿克苏地区	6154	5541	613
阿克苏市	1796	1645	151
温宿县	529	483	46
库车县	1122	1043	79

从业人员数（人）	女性	产业活动单位 单位数（个）	多产业法人所属的产业活动单位	从业人员数（人）	单产业法人单位所属的产业活动单位	多产业法人单位所属的产业活动单位
9479	3547	557	275	8551	6600	1951
30608	11954	836	274	23252	15342	7910
19320	7946	533	207	9645	7420	2225
9193	3678	581	87	8428	7313	1115
10070	3717	655	460	10016	6142	3874
205293	82504	5062	1823	135686	85868	49818
24429	10979	806	259	22440	13708	8732
46780	19218	990	372	28302	16042	12260
27600	9874	986	394	17562	12056	5506
74380	31244	1165	394	37768	25354	12414
12165	3612	482	216	12303	6640	5663
6847	2729	259	46	5313	4433	880
13092	4848	374	142	11998	7635	4363
91888	38093	5337	1982	80425	55044	25381
36883	16586	2044	854	32240	20005	12235
7992	3484	648	263	8035	4786	3249
12831	3940	597	163	13242	11936	1306
15048	6683	604	255	8520	5225	3295
8872	3543	494	88	8570	6563	2007
5248	1768	498	119	5309	4027	1282
5014	2089	452	240	4509	2502	2007
89336	37673	3400	1343	64300	40280	24020
62855	26978	2146	773	46670	28723	17947
18489	7423	882	416	11884	8053	3831
7992	3272	372	154	5746	3504	2242
220064	89111	9908	3802	187142	128091	59051
118114	47464	5049	1447	110385	75818	34567
13177	3737	836	372	14392	10538	3854
19315	9238	723	367	10554	5329	5225
7496	2551	341	204	6469	4972	1497
6301	2536	560	276	6695	4503	2192
11929	5358	551	121	9911	8094	1817
25358	10059	912	480	16522	11421	5101
10913	4903	457	232	5791	3907	1884
7461	3265	479	303	6423	3509	2914
202811	70349	13519	7978	200549	114553	85996
75526	26825	3753	2108	76882	42215	34667
21088	8327	1136	653	16081	10012	6069
33597	10720	2433	1390	34023	21774	12249

1-3 续表 2

地　区	法人单位		
	单位数(个)	单产业法人单位	多产业法人单位
沙雅县	642	597	45
新和县	504	464	40
拜城县	625	545	80
乌什县	323	266	57
阿瓦提县	427	354	73
柯坪县	186	144	42
克孜勒苏柯尔克孜自治州	1628	1471	157
阿图什市	826	745	81
阿克陶县	399	374	25
阿合奇县	148	126	22
乌恰县	255	226	29
喀什地区	6906	6269	637
喀什市	1465	1371	94
疏附县	367	331	36
疏勒县	459	437	22
英吉沙县	307	274	33
泽普县	457	437	20
莎车县	1035	933	102
叶城县	681	614	67
麦盖提县	453	394	59
岳普湖县	277	217	60
伽师县	655	593	62
巴楚县	593	521	72
塔什库尔干塔吉克自治县	157	147	10
和田地区	7340	6861	479
和田市	1585	1432	153
和田县	1031	1007	24
墨玉县	1692	1621	71
皮山县	1001	958	43
洛浦县	480	433	47
策勒县	664	620	44
于田县	612	544	68
民丰县	275	246	29
自治区直辖县级市	2821	2696	125
石河子市	2301	2227	74
阿拉尔市	134	114	20
图木舒克市	117	106	11
五家渠市	269	249	20

从业人员数（人）	女性	产业活动单位 单位数（个）	多产业法人所属的产业活动单位	从业人员数（人）	单产业法人单位所属的产业活动单位	多产业法人单位所属的产业活动单位
12998	4504	1248	651	14701	10319	4382
10327	3142	957	493	10707	6795	3912
17413	4963	1309	764	20749	11557	9192
10055	3688	1072	806	9153	4001	5152
17767	6696	1196	842	14292	5893	8399
4040	1484	415	271	3961	1987	1974
46628	17436	3643	2172	46109	26326	19783
25329	10593	1740	995	24552	14248	10304
10806	3533	1151	777	11315	6428	4887
3747	1336	307	181	3773	2004	1769
6746	1974	445	219	6469	3646	2823
226455	83523	22209	15940	235545	128629	106916
70120	26286	3243	1872	73285	42295	30990
11982	4753	1937	1606	12139	6582	5557
15421	5409	1740	1303	16101	10138	5963
9463	3524	1370	1096	9634	2697	6937
9616	3402	1019	582	10870	8337	2533
27376	10158	3910	2977	35600	18103	17497
19627	6713	2161	1547	19626	11443	8183
17653	6671	1314	920	11570	4608	6962
11512	4403	1083	866	11056	5737	5319
14280	5653	2287	1694	14836	7540	7296
16882	6545	1851	1330	18305	8984	9321
2523	6	294	147	2523	2165	358
122474	36380	11732	4871	120359	72133	48226
40280	12357	2861	1429	44239	23429	20810
9188	2093	1194	187	9188	7106	2082
24370	6893	2323	702	21434	13729	7705
14407	4612	1224	266	10958	6806	4152
10573	2930	1264	831	10667	7122	3545
8964	2647	886	266	8563	5398	3165
11394	3723	1595	1051	11505	6203	5302
3298	1125	385	139	3805	2340	1465
236762	96901	3914	1218	152103	107503	44600
115521	43720	2804	577	106843	81086	25757
50026	22260	290	176	19690	9698	9992
48649	20829	310	204	9151	5195	3956
22566	10092	510	261	16419	11524	4895

1-4 按机构类型和地、州、市、县(市)分组的法人单位数及从业人员数

项　　目	法人单位数(个)	从业人员数(人)
总　　计	**88115**	**3143501**
按机构类型分组		
企业	45713	1638642
事业单位	12887	635893
机关	7682	304834
社会团体	3827	29191
民办非企业单位	1291	17871
基金会	14	77
居委会	1581	16786
村委会	8846	58864
其他	6274	441343
按地、州、市、县(市)分组		
乌鲁木齐市	24814	753099
天山区	5531	161989
沙依巴克区	5482	169327
新市区	7537	214487
水磨沟区	3696	76848
头屯河区	643	53505
达坂城区	280	10042
米东区	1354	61044
乌鲁木齐县	291	5857
克拉玛依市	2483	221502
独山子区	401	31513
克拉玛依区	1779	172310
白碱滩区	232	12416
乌尔禾区	71	5263
吐鲁番地区	2824	71541
吐鲁番市	1257	32597
鄯善县	1040	26455
托克逊县	527	12489
哈密地区	3809	112689
哈密市	3010	94482
巴里坤哈萨克自治县	571	12799
伊吾县	228	5408
昌吉回族自治州	6497	246057
昌吉市	2710	79683
阜康市	873	29805
呼图壁县	729	35609
玛纳斯县	698	54866
奇台县	588	25081
吉木萨尔县	516	14745
木垒哈萨克自治县	383	6268
伊犁哈萨克自治州	13779	594083
伊犁州直属县(市)	6544	296902

1-4 续表 1

项目	法人单位数(个)	从业人员数(人)
伊宁市	1876	83291
奎屯市	1270	39460
伊宁县	458	26123
察布查尔锡伯自治县	386	24674
霍城县	555	44684
巩留县	314	9479
新源县	580	30608
昭苏县	352	19320
特克斯县	510	9193
尼勒克县	243	10070
塔城地区	3521	205293
塔城市	585	24429
乌苏市	669	46780
额敏县	648	27600
沙湾县	818	74380
托里县	311	12165
裕民县	227	6847
和布克赛尔蒙古自治县	263	13092
阿勒泰地区	3714	91888
阿勒泰市	1311	36883
布尔津县	447	7992
富蕴县	465	12831
福海县	397	15048
哈巴河县	428	8872
青河县	404	5248
吉木乃县	262	5014
博尔塔拉蒙古自治州	2266	89336
博乐市	1491	62855
精河县	525	18489
温泉县	250	7992
巴音郭楞蒙古自治州	6794	220064
库尔勒市	3863	118114
轮台县	491	13177
尉犁县	433	19315
若羌县	178	7496
且末县	329	6301
焉耆回族自治县	455	11929
和静县	511	25358
和硕县	285	10913
博湖县	249	7461

1-4 续表 2

项　　目	法人单位数（个）	从业人员数（人）
阿克苏地区	6154	202811
阿克苏市	1796	75526
温宿县	529	21088
库车县	1122	33597
沙雅县	642	12998
新和县	504	10327
拜城县	625	17413
乌什县	323	10055
阿瓦提县	427	17767
柯坪县	186	4040
克孜勒苏柯尔克孜自治州	1628	46628
阿图什市	826	25329
阿克陶县	399	10806
阿合奇县	148	3747
乌恰县	255	6746
喀什地区	6906	226455
喀什市	1465	70120
疏附县	367	11982
疏勒县	459	15421
英吉沙县	307	9463
泽普县	457	9616
莎车县	1035	27376
叶城县	681	19627
麦盖提县	453	17653
岳普湖县	277	11512
伽师县	655	14280
巴楚县	593	16882
塔什库尔干塔吉克自治县	157	2523
和田地区	7340	122474
和田市	1585	40280
和田县	1031	9188
墨玉县	1692	24370
皮山县	1001	14407
洛浦县	480	10573
策勒县	664	8964
于田县	612	11394
民丰县	275	3298
自治区直辖县级市	2821	236762
石河子市	2301	115521
阿拉尔市	134	50026
图木舒克市	117	48649
五家渠市	269	22566

1-5 按机构类型、人员组距、开业(成立)时间分组的法人单位数、产业活动单位数及从业人员数

项目	法人单位					产业活动单位		
	单位数(个)	单产业法人	多产业法人	从业人员数(人)	女性	单位数(个)	多产业法人单位所属的产业活动单位	从业人员数(人)
总计	**88115**	**82100**	**6015**	**3143501**	**1205018**	**139686**	**57586**	**2812685**
按机构类型分组								
企业法人	45713	43190	2523	1638642	550668	61932	18742	1642628
事业法人	12887	11725	1162	635893	334516	25759	14034	700095
机关法人	7682	5681	2001	304834	87082	11095	5414	260470
社会法人	3827	3769	58	29191	8528	5049	1280	33549
民办非企业单位	1291	1286	5	17871	11805	1286		17508
基金会	14	14		77	17	15	1	82
居委会	1581	1572	9	16786	10866	1638	66	17128
村委会	8846	8719	127	58864	12454	8957	238	63484
其他组织机构	6274	6144	130	441343	189082	23955	17811	77741
按从业人员分组								
7人及以下	50832	50164	668	198469	61369	90710	40546	304222
8-19人	17604	16500	1104	207568	77780	25356	8856	299079
20-49人	10290	8832	1458	317476	122843	13745	4913	418899
50-99人	4784	3644	1140	332511	137482	5389	1745	372264
100-299人	3397	2370	1027	550251	231167	3484	1114	556392
300-499人	510	320	190	191272	76261	506	186	189995
500-999人	346	176	170	240133	88536	310	134	215901
1000-4999人	313	90	223	689030	270487	173	83	323533
5000-9999人	30	2	28	197687	79623	10	8	63935
10000人及以上	9	2	7	219104	59470	3	1	68465
按开业(成立)年份分组								
1949年以前	1596	1472	124	89013	43131	8844	7372	100275
1950-1977年	12426	10867	1559	1099393	469272	19839	8972	591622
1978-1991年	15836	14202	1634	456247	164690	29967	15765	497214
1992-1995年	3354	3038	316	134795	51202	6203	3165	154308
1996年	1046	961	85	36534	14590	2219	1258	40921
1997年	1103	1004	99	35239	14104	1963	959	45048
1998年	1936	1776	160	64811	24136	3298	1522	73841
1999年	2011	1836	175	89361	31518	3163	1327	92311
2000年	2716	2525	191	168593	61137	3780	1255	109014
2001年	3314	3107	207	112057	35522	4535	1428	122289
2002年	4412	4050	362	134881	47865	6142	2092	144072
2003年	4414	4176	238	118807	48400	6091	1915	134942
2004年	5177	4949	228	130661	49628	6930	1981	141228
2005年	5640	5459	181	110023	39529	7468	2009	129089
2006年	7607	7411	196	159264	44991	9882	2471	200177
2007年	7961	7792	169	125572	38544	10135	2343	130938
2008年	7233	7144	89	75447	26067	8878	1734	102361
其他(不详)	333	331	2	2803	692	349		3035

1-6 按行业(门类、大类、中类、小类)、

行　　业	法　人单位数(个)	1949年以前	1950-1977年	1978-1991年	1992-1995年	1996年	1997年	1998年
总　　计	**88115**	**1596**	**12426**	**15836**	**3354**	**1046**	**1103**	**1936**
农、林、牧、渔业	203	2	167	9	3			1
农业	157		147	2	1			
谷物及其他作物的种植	138		130	2	1			
谷物的种植	33		31	1				
油料的种植	6		6					
豆类的种植	1		1					
棉花的种植	94		88	1	1			
糖料的种植	1		1					
其他作物的种植	3		3					
蔬菜、园艺作物的种植	10		9					
蔬菜的种植	9		8					
其他园艺作物的种植	1		1					
水果、坚果、饮料和香料作物的种植	9		8					
水果、坚果的种植	7		6					
茶及其他饮料作物的种植	1		1					
香料作物的种植	1		1					
林业	6		6					
林木的培育和种植	3		3					
造林	1		1					
林木的抚育和管理	2		2					
木材和竹材的采运	3		3					
木材的采运	3		3					
畜牧业	19	2	10		1			
牲畜的饲养	18	2	10		1			
猪的饲养	1							
渔业	2				1			
内陆渔业	2				1			
农、林、牧、渔服务业	19		4	7				1
农业服务业	16		2	7				1
灌溉服务	1			1				
农产品初加工服务	4							1
其他农业服务	11		2	6				
林业服务业	2		2					
畜牧服务业	1							
兽医服务								
其他畜牧服务	1							
采矿业	1625		23	80	39	10	9	29
煤炭开采和洗选业	332		13	21	21	6	6	5
烟煤和无烟煤的开采洗选	330		13	21	21	6	6	5
褐煤的开采洗选	1							
其他煤炭采选	1							
石油和天然气开采业	66		1	1	1			6
天然原油和天然气开采	8		1	1				
与石油和天然气开采有关的服务活动	58				1			6

开业(成立)时间分组的法人单位数

1999年	2000年	2001年	2002年	2003年	2004年	2005年	2006年	2007年	2008年	其他(不详)
2011	**2716**	**3314**	**4412**	**4414**	**5177**	**5640**	**7607**	**7961**	**7233**	**333**
3	1	6	2	3	4	1		1		
1		1	1	2	1			1		
1		1	1	1				1		
			1							
1		1		1				1		
				1						
				1						
					1					
					1					
1		2	1	1	1					
		2	1	1	1					
1										
					1					
					1					
1	1	3			1	1				
1	1	2			1	1				
1		1				1				
	1	1			1					
		1								
		1								
26	50	47	84	64	100	140	224	241	418	41
10	17	17	36	19	25	28	47	19	25	17
10	17	17	36	19	25	28	46	18	25	17
							1			
								1		
2	2	4	1	8	5	4	11	9	10	1
1	1			1				1	1	1
1	1	4	1	7	5	4	11	8	9	

1-6 续表 1

行　　业	法　人 单位数 (个)	1949年 以前	1950– 1977年	1978– 1991年	1992– 1995年	1996年	1997年	1998年
黑色金属矿采选业	581		1	31	7	2	1	4
铁矿采选	553		1	29	6	2	1	3
其他黑色金属矿采选	28			2	1			1
有色金属矿采选业	279			12	3			
常用有色金属矿采选	196			9	1			
铜矿采选	106			9	1			
铅锌矿采选	50							
镍钴矿采选	17							
铝矿采选	1							
其他常用有色金属矿采选	22							
贵金属矿采选	68			3	2			
金矿采选	67			3	2			
其他贵金属矿采选	1							
稀有稀土金属矿采选	15							
钨钼矿采选	8							
稀土金属矿采选	1							
其他稀有金属矿采选	6							
非金属矿采选业	340		8	15	7	2	2	14
土砂石开采	240		4	9	7	1	2	12
石灰石、石膏开采	58		1	4	1			1
建筑装饰用石开采	50				2		1	1
耐火土石开采	5			2				1
粘土及其他土砂石开采	127		3	3	4	1	1	9
化学矿采选	8					1		
采盐	10			5				1
石棉及其他非金属矿采选	82		4	1				1
石棉、云母矿采选	13		3					
石墨、滑石采选	5							
宝石、玉石开采	36		1	1				
其他非金属矿采选	28							1
其他采矿业	27							
制造业	7353	4	108	287	283	105	136	186
农副食品加工业	809		7	25	20	9	13	14
谷物磨制	198		4	8	12	3	6	5
饲料加工	67			3	2	2	1	3
植物油加工	221		2	7	2	1	2	2
食用植物油加工	214		2	7	2	1	1	2
非食用植物油加工	7						1	
制糖	15			4				1
屠宰及肉类加工	139		1	2	2	2	2	1
畜禽屠宰	78		1		1	1		
肉制品及副产品加工	61			2	1	1	2	1
水产品加工	7							
水产品冷冻加工	4							
鱼糜制品及水产品干腌制加工	2							

1999年	2000年	2001年	2002年	2003年	2004年	2005年	2006年	2007年	2008年	其他(不详)
4	6	10	13	12	27	48	79	101	231	4
4	5	9	12	11	26	43	76	93	228	4
	1	1	1	1	1	5	3	8	3	
4	6	8	15	12	21	27	42	58	64	7
3	4	4	7	6	15	20	29	47	45	6
1	2	1	2	3	9	12	18	24	24	
	2		1	2	5	4	8	15	11	2
2		3	3	1	1	1	1	3	2	
							1			
			1			3	1	5	8	4
1	2	2	8	4	6	6	8	9	16	1
1	2	2	8	4	6	6	8	9	15	1
									1	
		2		2		1	5	2	3	
		2					5		1	
									1	
				2		1		2	1	
6	18	8	19	13	22	31	43	48	73	11
4	12	7	16	7	19	26	30	34	43	7
1	3		4		5	9	8	11	8	2
	3	2	5	1	2	7	2	9	15	
			1					1		
3	6	5	6	6	12	10	20	13	20	5
				2			2		2	1
	2			1				1		
2	4	1	3	3	3	5	11	13	28	3
1			1	1	1	1	2		3	
1	1	1							1	1
	3		1	1	1	1	4	8	15	
			1	1	1	3	5	5	9	2
	1					2	2	6	15	1
262	376	427	474	559	606	764	915	927	834	100
21	40	45	54	76	80	79	118	114	87	7
7	9	17	16	22	22	16	18	18	14	1
4	5	8	5	6	3	7	8	5	5	
7	13	12	12	26	29	25	23	32	23	3
7	13	11	12	26	29	25	22	29	22	3
		1					1	3	1	
	2	3	2	2			1			
	6	3	12	13	11	11	37	23	13	
	2	1	6	8	7	9	24	12	6	
	4	2	6	5	4	2	13	11	7	
1			1			2	3			
			1			1	2			
						1	1			

1-6 续表 2

行业	法人单位数(个)	1949年以前	1950–1977年	1978–1991年	1992–1995年	1996年	1997年	1998年
水产饲料制造	1							
蔬菜、水果和坚果加工	99			1		1	2	2
其他农副食品加工	63				2			
淀粉及淀粉制品的制造	27							
豆制品制造	8							
蛋品加工	1							
其他未列明的农副食品加工	27				2			
食品制造业	340		5	14	15	6	6	4
焙烤食品制造	55			3	5	2	1	1
糕点、面包制造	44			2	5	1	1	1
饼干及其他焙烤食品制造	11			1		1		
糖果、巧克力及蜜饯制造	15			1			1	
糖果、巧克力制造	6						1	
蜜饯制作	9			1				
方便食品制造	23				2	1		
米、面制品制造	9				1	1		
速冻食品制造	4							
方便面及其他方便食品制造	10				1			
液体乳及乳制品制造	70			3	3	2	1	
罐头制造	71			4	4			
肉、禽类罐头制造	3							
蔬菜、水果罐头制造	65			3	4			
其他罐头食品制造	3			1				
调味品、发酵制品制造	32		3				1	2
味精制造	4							1
酱油、食醋及类似制品的制造	19		2				1	1
其他调味品、发酵制品制造	9		1					
其他食品制造	74		2	3	1	1	2	1
营养、保健食品制造	26			1			1	
冷冻饮品及食用冰制造	11							
盐加工	13		2	1	1	1		1
食品及饲料添加剂制造	19			1			1	
其他未列明的食品制造	5							
饮料制造业	309		7	6	9	4	4	6
酒精制造	5							
酒的制造	159		7	5	5		2	3
白酒制造	99		6	3	5			
啤酒制造	17			2			1	
葡萄酒制造	32		1				1	3
其他酒制造	11							
软饮料制造	134			1	4	4	2	3
碳酸饮料制造	11							
瓶(罐)装饮用水制造	62			1	4	3	2	3
果菜汁及果菜汁饮料制造	42					1		
含乳饮料和植物蛋白饮料制造	8							

1999年	2000年	2001年	2002年	2003年	2004年	2005年	2006年	2007年	2008年	其他(不详)
1										
1	4		2	4	7	14	18	22	19	2
1	1	2	4	3	8	4	10	14	13	1
			2	1	4	3	2	7	8	
1				1	1		2	1	2	
								1		
	1	2	2	1	3	1	6	5	3	1
15	18	18	33	27	34	32	35	38	37	3
3		3	5	4	4	4	4	9	7	
3		3	5	4	1	1	3	7	7	
					3	3	1	2		
1	2	1	2	1	1	1	2	2		
	1		1			1		2		
1	1	1	1	1	1		2			
3	2		4	1		6	2	1	1	
			1	1		5				
2			1						1	
1	2		2			1	2	1		
	2	7	8	6	10	11	6	6	2	3
5	5		7	2	3	4	9	9	19	
	1		1						1	
5	4		6	2	3	4	8	8	18	
							1	1		
2	1	4	2	5	5	2	2	2	1	
				2			1			
2	1	3	2	2	2	2	1			
		1		1	3			2	1	
1	6	3	5	8	11	4	10	9	7	
1	3	2	1	2	3	2	3	3	4	
	1		2	1	2		2	3		
		1		2	3		1			
	2		2	2	3	2	3	1	2	
				1			1	2	1	
15	22	25	34	24	23	30	32	37	30	1
1					1	1	2			
9	12	15	21	13	11	18	11	16	10	1
7	10	11	11	9	10	9	4	9	5	
	1		4	2			1	4	2	
2		3	5	1	1	5	5	2	3	
	1	1	1	1		4	1	1		1
4	8	8	13	11	8	11	17	20	20	
1	1		2	1	1			2	3	
1	4	5	2	4	5	3	10	10	5	
2	2	3	6	4		6	5	4	9	
	1			1	2	1		3		

1-6 续表 3

行　　业	法人单位数(个)	1949年以前	1950-1977年	1978-1991年	1992-1995年	1996年	1997年	1998年
固体饮料制造	2							
茶饮料及其他软饮料制造	9							
精制茶加工	11							
烟草制品业	1		1					
卷烟制造	1		1					
纺织业	259		5	10	9	3	1	5
棉、化纤纺织及印染精加工	141		3	7	5	2		1
棉、化纤纺织加工	137		3	7	5	2		1
棉、化纤印染精加工	4							
毛纺织和染整精加工	20			1	1			1
毛条加工	9							
毛纺织	11			1	1			1
麻纺织	11							
丝绢纺织及精加工	3							
缫丝加工	1							
绢纺和丝织加工	2							
纺织制成品制造	46		1	1	3			3
棉及化纤制品制造	22		1	1	2			
毛制品制造	4							1
麻制品制造	1							
丝制品制造	1							
绳、索、缆的制造	3							
纺织带和帘子布制造	2				1			
无纺布制造	5							1
其他纺织制成品制造	8							1
针织品、编织品及其制品制造	38		1	1		1	1	
棉、化纤针织品及编织品制造	20					1	1	
毛针织品及编织品制造	15		1	1				
丝针织品及编织品制造	2							
其他针织品及编织品制造	1							
纺织服装、鞋、帽制造业	122		9	18	5	3	1	3
纺织服装制造	118		8	17	5	3	1	3
纺织面料鞋的制造	3			1				
制帽	1		1					
皮革、毛皮、羽毛(绒)及其制品业	36		1	6	2	3		1
皮革鞣制加工	14		1	1		1		
皮革制品制造	14			3	1	1		1
皮鞋制造	7			1				1
皮革服装制造	4			1	1	1		
皮箱、包(袋)制造	1							
其他皮革制品制造	2			1				
毛皮鞣制及制品加工	4			1		1		
毛皮鞣制加工	2					1		
毛皮服装加工	1							
其他毛皮制品加工	1			1				

1999年	2000年	2001年	2002年	2003年	2004年	2005年	2006年	2007年	2008年	其他(不详)
				1			1			
			3			1	1	1	3	
1	2	2			3		2	1		
9	9	15	15	22	25	40	40	27	24	
3	5	6	12	11	18	25	24	11	8	
3	4	6	10	11	18	25	24	10	8	
	1		2					1		
1				4		3	4	3	2	
1						1	3	2	2	
				4		2	1	1		
		2	1	2	4	1		1		
								1	2	
								1		
									2	
4	2	4		1	2	6	5	7	7	
1	1	4				2	2	4	4	
2						1				
						1				
				1						
1								1	1	
					1					
	1				1	1		1		
						1	3	1	2	
1	2	3	2	4	1	5	7	4	5	
1	2	1	1	2	1	2	2	3	3	
		2		2		2	5	1	1	
			1			1				
									1	
3	5	10	5	2	11	10	12	10	15	
3	5	10	5	2	11	10	12	9	14	
								1	1	
1	1	1	2	4	2	5	2	2	3	
			1	3	2	4	1			
1	1		1	1		1		1	2	
1	1			1					2	
			1							
								1		
						1				
							1		1	
							1			
									1	

1-6 续表 4

行业	法人单位数(个)	1949年以前	1950–1977年	1978–1991年	1992–1995年	1996年	1997年	1998年
羽毛(绒)加工及制品制造	4			1	1			
羽毛(绒)加工	1							
羽毛(绒)制品加工	3			1	1			
木材加工及木、竹、藤、棕、草制品业	178		2	1	3	1	1	1
锯材、木片加工	58				1			1
锯材加工	32							1
木片加工	26				1			
人造板制造	74				2		1	
胶合板制造	31				1			
纤维板制造	17				1		1	
刨花板制造	13							
其他人造板、材制造	13							
木制品制造	43		1			1		
建筑用木料及木材组件加工	28		1			1		
木容器制造	3							
软木制品及其他木制品制造	12							
竹、藤、棕、草制品制造	3		1	1				
家具制造业	147			5	6	2	4	3
木质家具制造	116			4	4	2	3	3
金属家具制造	20			1	2		1	
塑料家具制造	3							
其他家具制造	8							
造纸及纸制品业	195		2	7	7	1	3	5
纸浆制造	7			1				
造纸	58		1	3	2		3	1
机制纸及纸板制造	45		1	3	2		2	
加工纸制造	13						1	1
纸制品制造	130		1	3	5	1		4
纸和纸板容器的制造	96		1	2	5	1		2
其他纸制品制造	34			1				2
印刷业和记录媒介的复制	330	2	20	34	18	10	6	11
印刷	300	2	19	31	18	10	6	11
书、报、刊印刷	146	2	17	22	8	6	3	4
本册印制	70		1	9	9	3	2	3
包装装潢及其他印刷	84		1		1	1	1	4
装订及其他印刷服务活动	30		1	3				
文教体育用品制造业	18							1
文化用品制造	8							
文具制造	2							
笔的制造	2							
教学用模型及教具制造	3							
墨水、墨汁制造	1							
体育用品制造	9							1
体育器材及配件制造	2							

1999年	2000年	2001年	2002年	2003年	2004年	2005年	2006年	2007年	2008年	其他(不详)
		1						1		
		1								
								1		
2	5	12	12	20	13	20	19	29	37	
1	1	3	4	3	5	6	8	11	14	
1		3	1	1	2	5	6	8	4	
	1		3	2	3	1	2	3	10	
1	2	7	3	13	8	8	7	10	12	
1	1	4	1	6	3	4	4	4	2	
	1	1	1	4	2	1	2	1	2	
		1		2	1	2		3	4	
		1	1	1	2	1	1	2	4	
	2	2	5	4		6	4	8	10	
	1	1	3	3		3	2	5	8	
						1	1	1		
	1	1	2	1		2	1	2	2	
									1	
5	8	2	12	10	7	23	19	14	27	
4	5	2	10	8	4	17	15	12	23	
1	1		1	1	1	4	2	2	3	
	1					2				
	1		1	1	2		2		1	
13	9	14	9	18	18	20	31	26	11	1
2		1		1		1		1		
2	4	3	2	4	4	5	14	7	3	
2	3	2	1	3	3	4	12	5	2	
	1	1	1	1	1	1	2	2	1	
9	5	10	7	13	14	14	17	18	8	1
5	5	8	6	9	13	7	12	14	6	
4		2	1	4	1	7	5	4	2	1
17	17	19	21	23	19	31	34	28	20	
17	17	18	16	19	19	27	31	23	16	
11	7	9	6	8	8	7	11	13	4	
1	7	6		3	5	7	7	3	4	
5	3	3	10	8	6	13	13	7	8	
		1	5	4		4	3	5	4	
			2	1	1	2	3	4	4	
					1	1	1	3	2	
						1		1		
							1		1	
					1			2		
									1	
			2			1	2	1	2	
			2							

1-6 续表 5

行　业	法人单位数(个)	1949年以前	1950-1977年	1978-1991年	1992-1995年	1996年	1997年	1998年
训练健身器材制造	5							
运动防护用具制造	2							1
游艺器材及娱乐用品制造	1							
露天游乐场所游乐设备制造	1							
石油加工、炼焦及核燃料加工业	185	1	1	1	6	2	4	3
精炼石油产品的制造	102	1	1		6	2	4	3
原油加工及石油制品制造	102	1	1		6	2	4	3
炼焦	83			1				
化学原料及化学制品制造业	639		4	18	34	8	19	26
基础化学原料制造	123		2	7	10	4	4	3
无机酸制造	10		1					
无机碱制造	6					2		1
无机盐制造	42			5	2	1	2	2
有机化学原料制造	23		1	1	2			
其他基础化学原料制造	42			1	6	1	2	
肥料制造	153			3	3	2	2	9
氮肥制造	4			1				
磷肥制造	2							
钾肥制造	7					1		2
复混肥料制造	61			2	3	1	1	6
有机肥料及微生物肥料制造	56						1	1
其他肥料制造	23							
农药制造	10							
化学农药制造	5							
生物化学农药及微生物农药制造	5							
涂料、油墨、颜料及类似产品制造	90			4	3	1	1	
涂料制造	76			4	2	1	1	
油墨及类似产品制造	8							
密封用填料及类似品制造	6				1			
合成材料制造	22			1	1			1
初级形态的塑料及合成树脂制造	12			1	1			1
合成橡胶制造	1							
合成纤维单(聚合)体的制造	1							
其他合成材料制造	8							
专用化学产品制造	201		2	3	17	1	10	13
化学试剂和助剂制造	97				8	1	6	9
专项化学用品制造	75			1	6		3	4
林产化学产品制造	1							
炸药及火工产品制造	8		2	2	1			
信息化学品制造	1							
动物胶制造	8							
其他专用化学产品制造	11				2		1	
日用化学产品制造	40						2	
肥皂及合成洗涤剂制造	18							

	1999年	2000年	2001年	2002年	2003年	2004年	2005年	2006年	2007年	2008年	其他(不详)
							1	1	1	2	
								1			
					1						
					1						
	5	2	13	14	8	15	27	23	22	31	7
	5	2	12	10	6	9	6	10	13	10	2
	5	2	12	10	6	9	6	10	13	10	2
			1	4	2	6	21	13	9	21	5
	28	33	27	34	49	52	54	82	83	75	13
	4	7	7	7	9	9	11	17	10	8	4
		1	1		1	1	1		1	2	1
		1	1							1	
		2	1	2	1	5	5	9	4	1	
	2	1	1	2	1	2	1	3	4	1	1
	2	2	3	3	6	1	4	5	1	3	2
	6	5	6	3	11	15	9	21	36	18	4
							1		2		
	1	1									
		1						1	2		
	2	1	3	2	7	3	4	6	14	5	1
	2	1	3	1	4	8	2	10	12	8	3
	1	1				4	2	4	6	5	
	1				1		1	1	2	3	1
							1		1	2	1
	1				1			1	1	1	
	6	7	5	4	10	10	5	3	15	15	1
	5	5	5	3	9	10	2	2	14	13	
	1			1	1		2	1		2	
		2					1		1		1
	1				2	1	4	2	2	7	
	1				2	1	2			3	
										1	
										1	
							2	2	2	2	
	7	13	8	13	13	13	21	28	16	20	3
	3	4	3	9	5	7	8	14	8	9	3
	4	8	4	2	8	5	9	9	7	5	
		1									
								1	1	1	
										1	
			1	1			3	2		1	
				1		1	1	2		3	
	3	1	1	7	3	4	3	10	2	4	
	3			4		1	3	3	1	3	

1-6 续表 6

行业	法人单位数(个)	1949年以前	1950-1977年	1978-1991年	1992-1995年	1996年	1997年	1998年
化妆品制造	11						2	
香料、香精制造	4							
其他日用化学产品制造	7							
医药制造业	94			5	8	1	4	3
化学药品原药制造	10					1		1
化学药品制剂制造	8			1	2		1	
中药饮片加工	20			2			1	
中成药制造	25			2	1		1	1
兽用药品制造	5						1	1
生物、生化制品的制造	16				3			
卫生材料及医药用品制造	10				2			
化学纤维制造业	19							
纤维素纤维原料及纤维制造	18							
化纤浆粕制造	8							
人造纤维(纤维素纤维)制造	10							
合成纤维制造	1							
涤纶纤维制造	1							
橡胶制品业	46		1	2	2	1	1	3
轮胎制造	9		1					
车辆、飞机及工程机械轮胎制造	2		1					
轮胎翻新加工	7							
橡胶板、管、带的制造	17			1	1			1
橡胶零件制造	13			1		1		2
再生橡胶制造	3				1			
日用及医用橡胶制品制造	1							
橡胶靴鞋制造	1						1	
其他橡胶制品制造	2							
塑料制品业	663		2	10	13	5	12	20
塑料薄膜制造	100			3	2		4	4
塑料板、管、型材的制造	242			2	2	1	2	7
塑料丝、绳及编织品的制造	84			1	3	3	2	2
泡沫塑料制造	57			1	1		1	2
塑料人造革、合成革制造	1							
塑料包装箱及容器制造	38		1			1	2	
塑料零件制造	6							1
日用塑料制造	51			1	3		1	3
塑料鞋制造	1							
日用塑料杂品制造	50			1	3		1	3
其他塑料制品制造	84		1	2	2			1
非金属矿物制品业	1282		14	78	54	19	20	31
水泥、石灰和石膏的制造	119		7	8	2	3		3
水泥制造	81		7	7	1	2		3
石灰和石膏制造	38			1	1	1		
水泥及石膏制品制造	258		1	13	11	4	4	6

1999年	2000年	2001年	2002年	2003年	2004年	2005年	2006年	2007年	2008年	其他（不详）
	1	1	1	2	1		2	1		
			1		1		2			
			1	1	1		3		1	
5	3	7	10	7	6	7	11	10	6	1
1	1			1				2	3	
1		1	1			1				
1			4	2	1	3	3	2	1	
1	1	6	3	1	1	2	2	2	1	
1					1		1			
			2	2	2	1	3	3		
	1			1	1		2	1	1	1
2		1	1		2	2	2	4	4	1
2			1		2	2	2	4	4	1
1			1		1	1		2	1	1
1					1	1	2	2	3	
		1								
		1								
2	3	2	4	1		3	5	10	6	
			2			1	1	3	1	
			1							
			1			1	1	3	1	
1	1		1				1	5	5	
1	2	1				1	2	2		
		1					1			
			1							
				1		1				
17	35	38	34	45	55	80	85	113	96	3
1	5	8	7	4	9	20	11	17	5	
6	15	12	9	11	18	26	33	46	50	2
2	2	5	5	10	10	9	11	8	10	1
2	5	2	1	3	3	6	7	16	7	
						1				
2	1	1	4	3	6	3	6	4	4	
				1	1	1	1	1		
1	1	8	5	6	5	5	3	5	4	
				1						
1	1	8	5	5	5	5	3	5	4	
3	6	2	3	7	3	9	13	16	16	
46	72	76	77	96	105	123	155	148	136	32
5	10	15	7	8	6	5	12	13	13	2
5	10	13	5	5	2	2	5	8	5	1
		2	2	3	4	3	7	5	8	1
9	15	16	13	20	29	21	26	25	38	7

1-6 续表 7

行　　业	法人单位数（个）	1949年以前	1950–1977年	1978–1991年	1992–1995年	1996年	1997年	1998年
水泥制品制造	140		1	4	3	3	4	3
砼结构构件制造	60			6	4			2
石棉水泥制品制造	4							
轻质建筑材料制造	36			2	4	1		
其他水泥制品制造	18			1				1
砖瓦、石材及其他建筑材料制造	771		1	54	34	10	14	19
粘土砖瓦及建筑砌块制造	505		1	51	28	9	12	14
建筑陶瓷制品制造	33							2
建筑用石加工	67			1	1			
防水建筑材料制造	35					1	1	
隔热和隔音材料制造	85				2			2
其他建筑材料制造	46			2	3		1	1
玻璃及玻璃制品制造	67		3	1	6	1		
平板玻璃制造	16				2			
技术玻璃制品制造	9		1		1			
日用玻璃制品及玻璃包装容器制造	12		2		1	1		
玻璃保温容器制造	2							
玻璃纤维及制品制造	5							
玻璃纤维增强塑料制品制造	20			1	2			
其他玻璃制品制造	3							
陶瓷制品制造	7							
卫生陶瓷制品制造	3							
特种陶瓷制品制造	2							
日用陶瓷制品制造	1							
园林、陈设艺术及其他陶瓷制品制造	1							
耐火材料制品制造	23		2	2			1	2
石棉制品制造	3							1
云母制品制造	1							
耐火陶瓷制品及其他耐火材料制造	19		2	2			1	1
石墨及其他非金属矿物制品制造	37				1	1	1	1
石墨及碳素制品制造	10				1	1	1	
其他非金属矿物制品制造	27							1
黑色金属冶炼及压延加工业	91		2	4	2	1	2	2
炼铁	32		1	1	1	1		
炼钢	4							
钢压延加工	41		1	3			2	2
铁合金冶炼	14				1			
有色金属冶炼及压延加工业	68			1	6	1		2
常用有色金属冶炼	27			1		1		1
铜冶炼	12					1		
铅锌冶炼	3							
镍钴冶炼	2							
铝冶炼	6			1				1
镁冶炼	2							

1999年	2000年	2001年	2002年	2003年	2004年	2005年	2006年	2007年	2008年	其他(不详)
5	7	6	8	12	15	16	14	15	20	4
2	2	7	2	3	7	3	9	3	10	
1	2			1						
	2	1	3	3	4	2	2	5	5	2
1	2	2		1	3		1	2	3	1
30	46	35	50	56	57	84	103	90	68	20
16	30	24	30	43	33	63	63	53	29	6
2		2	3	4	6	1	5	4	4	
4	4	1	2	2	6	8	6	12	9	11
4	9	1	2	2	1	2	4	3	4	1
4	2	6	9	2	6	8	22	13	7	2
	1	1	4	3	5	2	3	5	15	
	1	5	4	8	5	3	9	12	7	2
		2		3	1	1	3	1	1	2
	1		1	1	1		2	1		
		1	2	1	1		1	2		
				1					1	
		1	1		1		1		1	
		1		2	1	2	2	7	2	
								1	2	
1			1					2	3	
1									2	
								1	1	
								1		
			1							
		3	2	2	3	3	1		2	
									2	
		1								
		2	2	2	3	3	1			
1		2		2	5	7	4	6	5	1
		1			2	1	1		1	1
1		1		2	3	6	3	6	4	
4	4	3	2	14	5	13	8	15	10	
1	1	1		4	2	5	2	6	6	
				3					1	
1	3	2	2	5	2	5	4	6	3	
2				2	1	3	2	3		
	2	1	5	6	2	7	10	6	11	8
				2	1	4	5	3	5	4
					1		2	2	3	3
				1		1	1			
						1	1			
						2		1	1	
									1	1

1-6 续表 8

行业	法人单位数（个）	1949年以前	1950–1977年	1978–1991年	1992–1995年	1996年	1997年	1998年
其他常用有色金属冶炼	2							
贵金属冶炼	25				5			
金冶炼	25				5			
有色金属合金制造	3							
有色金属压延加工	13				1			1
常用有色金属压延加工	12				1			1
贵金属压延加工	1							
金属制品业	475		4	9	13	6	5	6
结构性金属制品制造	298		1	6	9	2	4	2
金属结构制造	169			3	3		3	
金属门窗制造	129		1	3	6	2	1	2
金属工具制造	14		2					
农用及园林用金属工具制造	8		2					
刀剪及类似日用金属工具制造	2							
其他金属工具制造	4							
集装箱及金属包装容器制造	32		1		1			1
集装箱制造	4							
金属压力容器制造	4							
金属包装容器制造	24		1		1			1
金属丝绳及其制品的制造	24			1	1	2		
建筑、安全用金属制品制造	44			2	1			1
建筑、家具用金属配件制造	9							
建筑装饰及水暖管道零件制造	25							1
安全、消防用金属制品制造	5			1				
其他建筑、安全用金属制品制造	5			1	1			
金属表面处理及热处理加工	15				1	1	1	
不锈钢及类似日用金属制品制造	17							1
金属制厨房调理及卫生器具制造	8							
金属制厨用器皿及餐具制造	5							1
其他日用金属制品制造	4							
其他金属制品制造	31					1		1
其他未列明的金属制品制造	31					1		1
通用设备制造业	325		6	12	14	9	10	17
锅炉及原动机制造	52		1	2	2	2	1	5
锅炉及辅助设备制造	50		1	2	2	2	1	5
内燃机及配件制造	1							
其他原动机制造	1							
金属加工机械制造	24						1	1
金属切削机床制造	3							1
金属成形机床制造	2							
铸造机械制造	6							
金属切割及焊接设备制造	2						1	
机床附件制造	1							
其他金属加工机械制造	10							

1999年	2000年	2001年	2002年	2003年	2004年	2005年	2006年	2007年	2008年	其他(不详)
				1			1			
	1		5	3	1	1	2	2	2	3
	1		5	3	1	1	2	2	2	3
				1					2	
	1	1				2	3	1	2	1
	1					2	3	1	2	1
		1								
18	33	26	36	42	41	54	62	56	56	8
8	24	17	21	28	24	31	35	39	39	8
3	13	7	15	16	16	15	22	24	22	7
5	11	10	6	12	8	16	13	15	17	1
		2	2		2	4	1	1		
		1			1	2	1	1		
			2							
		1			1	2				
5	2		2	3	3	5	3	1	5	
					1	2	1			
	1			1	1	1				
5	1		2	2	1	2	2	1	5	
		1	3	4	5	3	1	3		
3	2		7	3	3	5	7	4	6	
	1		2	1		1	2	1	1	
1	1		4	2	3	2	4	3	4	
2			1						1	
						2	1			
		2	1	1	2	2	3		1	
	3	3				1	3	3	3	
		1				1	2	1	3	
	2	2								
	1						1	2		
2	2	1		3	2	3	9	5	2	
2	2	1		3	2	3	9	5	2	
14	21	22	15	16	27	38	34	40	26	4
4	6	2	3	1	5	4	7	4	3	
4	6	2	3		5	3	7	4	3	
						1				
				1						
1			2		6	4	1	2	6	
						2				
								1	1	
			1			1			4	
					1					
					1					
1			1		4	1	1	1	1	

1-6 续表 9

行业	法人单位数（个）	1949年以前	1950–1977年	1978–1991年	1992–1995年	1996年	1997年	1998年
起重运输设备制造	13		1		1	1	1	1
泵、阀门、压缩机及类似机械的制造	9		1			1		
泵及真空设备制造	6		1			1		
阀门和旋塞的制造	1							
液压和气压动力机械及元件制造	2							
轴承、齿轮、传动和驱动部件的制造	4							
轴承制造	2							
齿轮、传动和驱动部件制造	2							
风机、衡器、包装设备等通用设备制造	39			2	2	1		4
风机、风扇制造	15			2				1
气体、液体分离及纯净设备制造	2					1		1
制冷、空调设备制造	7				1			2
喷枪及类似器具制造	2							
包装专用设备制造	1							
衡器制造	8				1			
其他通用设备制造	4							
通用零部件制造及机械修理	118		2	2	5	3	5	5
金属密封件制造	5					1	1	
紧固件、弹簧制造	10		2	1	1			
机械零部件加工及设备修理	91				3	2	4	5
其他通用零部件制造	12			1	1			
金属铸、锻加工	66		1	6	4	1	2	1
钢铁铸件制造	60		1	5	3	1	1	1
锻件及粉末冶金制品制造	6			1	1		1	
专用设备制造业	246		5	5	11	2	4	4
矿山、冶金、建筑专用设备制造	69		2	2	2	2		
采矿、采石设备制造	30					1		
石油钻采专用设备制造	15		1	1	2			
建筑工程用机械制造	12		1					
建筑材料生产专用机械制造	12			1		1		
化工、木材、非金属加工专用设备制造	18							1
炼油、化工生产专用设备制造	3							
塑料加工专用设备制造	4							1
木材加工机械制造	1							
模具制造	8							
其他非金属加工专用设备制造	2							
食品、饮料、烟草及饲料生产专用设备制造	8				1			
食品、饮料、烟草工业专用设备制造	3							
农副食品加工专用设备制造	4				1			
饲料生产专用设备制造	1							
印刷、制药、日化生产专用设备制造	5							
印刷专用设备制造	2							
照明器具生产专用设备制造	1							
其他日用品生产专用设备制造	2							

1999年	2000年	2001年	2002年	2003年	2004年	2005年	2006年	2007年	2008年	其他(不详)
1		1	2			1	2	1		
	1					1		2	3	
	1							2	1	
						1				
									2	
1			2	1						
1			1							
			1	1						
1	4	2			1	5	7	7	2	1
1	3					1	2	3	1	1
						1	1	1	1	
							1	1		
						1				
	1	1			1	2	1	1		
		1					2	1		
3	5	12	4	9	9	15	10	16	11	2
						1	1	1		
			1	2	2			1		
3	4	10	3	7	5	14	8	12	11	
	1	2			2		1	2		2
3	5	5	2	5	6	8	7	8	1	1
2	5	5	2	5	6	7	7	8	1	
1						1				1
5	15	15	13	10	23	25	39	37	29	4
1	1	2	3	3	7	5	9	21	7	2
	1	1	1		3	3	5	12	2	1
			1	1	1	1	1	4	2	
		1		1	2	1	2	3		1
1			1	1	1		1	2	3	
	2	1		1	1	4	2	2	3	1
	1				1	1				
	1					1	1			
										1
		1		1		2	1	2	1	
									2	
		1	1	1	1		2	1		
				1	1			1		
		1					2			
			1							
			2				1	1	1	
			1				1			
									1	
			1					1		

1-6 续表 10

行　业	法人单位数（个）	1949年以前	1950–1977年	1978–1991年	1992–1995年	1996年	1997年	1998年
纺织、服装和皮革工业专用设备制造	9				2			1
纺织专用设备制造	8				2			1
其他服装加工专用设备制造	1							
电子和电工机械专用设备制造	7							
电工机械专用设备制造	5							
电子工业专用设备制造	2							
农、林、牧、渔专用机械制造	95		3	3	6		3	2
拖拉机制造	4							
机械化农业及园艺机具制造	58		2	1	3		3	1
畜牧机械制造	4				1			
农林牧渔机械配件制造	7							1
其他农林牧渔业机械制造及机械修理	22		1	2	2			
医疗仪器设备及器械制造	12							
医疗诊断、监护及治疗设备制造	1							
医疗、外科及兽医用器械制造	1							
假肢、人工器官及植(介)入器械制造	7							
其他医疗设备及器械制造	3							
环保、社会公共安全及其他专用设备制造	23						1	
环境污染防治专用设备制造	8							
商业、饮食、服务业专用设备制造	1							
社会公共安全设备及器材制造	1							
交通安全及管制专用设备制造	1							
水资源专用机械制造	4							
其他专用设备制造	8						1	
交通运输设备制造业	147	1	6	9	5	2	6	6
铁路运输设备制造	5			2	1			
铁路机车车辆配件制造	2			1				
铁路专用设备及器材、配件制造	1				1			
其他铁路设备制造及设备修理	2			1				
汽车制造	128	1	6	5	4	2	5	5
汽车整车制造	2		1					
改装汽车制造	4	1						
汽车车身、挂车的制造	7							
汽车零部件及配件制造	11		2	2				
汽车修理	104		3	3	4	2	5	5
摩托车制造	1							
摩托车整车制造	1							
自行车制造	5							
脚踏自行车及残疾人座车制造	2							
助动自行车制造	3							
交通器材及其他交通运输设备制造	8			2			1	1
交通管理用金属标志及设施制造	6			2			1	
其他交通运输设备制造	2							1
电气机械及器材制造业	222		1	6	14	2	9	6

1999年	2000年	2001年	2002年	2003年	2004年	2005年	2006年	2007年	2008年	其他(不详)
						1	2	1	2	
						1	1	1	2	
							1			
1				1			3		2	
1				1			2		1	
							1		1	
1	10	10	5	2	10	9	12	7	12	
		1			1		1	1		
	6	8	5	2	4	5	8	2	8	
					1				2	
	1				2		1	1	1	
1	3	1			2	4	2	3	1	
2			1		2	3	2	2		
			1							
						1				
1					2	2	1	1		
1							1	1		
	2	1	1	2	2	3	6	2	2	1
	1	1			1	1	1	1	1	1
							1			
						1				
							1			
			1	1	1		1			
	1			1		1	2	1	1	
6	8	10	12	16	7	10	15	12	14	2
			1				1			
			1							
							1			
6	7	10	11	15	7	8	12	11	13	
				1						
1				1			1			
			1		3		1	1	1	
		1					1	1	4	
5	7	9	10	13	4	8	9	9	8	
							1			
							1			
						2	1	1	1	
						1	1			
						1		1	1	
	1			1						2
				1						2
	1									
8	8	19	14	16	20	12	24	28	32	3

1-6 续表 11

行业	法人单位数(个)	1949年以前	1950-1977年	1978-1991年	1992-1995年	1996年	1997年	1998年
电机制造	5			1				
发电机及发电机组制造	4			1				
电动机制造	1							
输配电及控制设备制造	129		1	4	8	1	7	4
变压器、整流器和电感器制造	20			1	3			
电容器及其配套设备制造	6						1	
配电开关控制设备制造	83		1	2	5	1	6	4
电力电子元器件制造	2							
其他输配电及控制设备制造	18			1				
电线、电缆、光缆及电工器材制造	46				5		1	
电线电缆制造	40				4			
绝缘制品制造	4				1		1	
其他电工器材制造	2							
电池制造	2							1
家用电力器具制造	9							
家用制冷电器具制造	2							
家用通风电器具制造	1							
家用厨房电器具制造	2							
家用清洁卫生电器具制造	1							
其他家用电力器具制造	3							
非电力家用器具制造	11				1			
燃气、太阳能及类似能源的器具制造	11				1			
照明器具制造	14			1		1	1	
照明灯具制造	13			1		1	1	
灯用电器附件及其他照明器具制造	1							
其他电气机械及器材制造	6							1
车辆专用照明及电气信号设备装置制造	1							
其他未列明的电气机械制造	5							1
通信设备、计算机及其他电子设备制造业	12				1	1		
通信设备制造	2							
通信传输设备制造	1							
移动通信及终端设备制造	1							
广播电视设备制造	2							
广播电视接收设备及器材制造	2							
电子器件制造	1							
光电子器件及其他电子器件制造	1							
电子元件制造	4					1		
电子元件及组件制造	4					1		
家用视听设备制造	2							
家用影视设备制造	2							
其他电子设备制造	1				1			
仪器仪表及文化、办公用机械制造业	21				4	1	1	1
通用仪器仪表制造	8				2	1	1	
工业自动控制系统装置制造	2							

1999年	2000年	2001年	2002年	2003年	2004年	2005年	2006年	2007年	2008年	其他(不详)
	1	1			1					1
	1	1								1
					1					
6	3	11	9	12	14	5	14	17	13	
2		4	1	1	1	1	3	2	1	
				1	1		2		1	
4	3	3	6	9	11	4	4	13	7	
		1		1						
		3	2		1		5	2	4	
2	4	3	4	3	2	4	5	6	7	
2	3	2	4	3	2	4	4	6	6	
	1	1								
							1		1	
								1		
							2		7	
									2	
									1	
									2	
									1	
							2		1	
		4			1			2	2	1
		4			1			2	2	1
			1	1	2	2	1	2	1	1
			1	1	2	2	1	2	1	
										1
						1	2		2	
						1				
							2		2	
			1		1	5	1	2		
						1		1		
								1		
						1				
						2				
						2				
					1					
					1					
			1			1	1			
			1			1	1			
						1		1		
						1		1		
1		1	2	2	2	2	2	1		1
		1	1	2						
				2						

1-6 续表 12

行业	法人单位数(个)	1949年以前	1950–1977年	1978–1991年	1992–1995年	1996年	1997年	1998年
电工仪器仪表制造	2				1			
供应用仪表及其他通用仪器制造	4				1	1	1	
专用仪器仪表制造	6				1			
地质勘探和地震专用仪器制造	2				1			
电子测量仪器制造	1							
其他专用仪器制造	3							
光学仪器及眼镜制造	1							
眼镜制造	1							
文化、办公用机械制造	2							
计算器及货币专用设备制造	1							
其他文化、办公用机械制造	1							
其他仪器仪表的制造及修理	4				1			1
工艺品及其他制造业	49		3		2	2		2
工艺美术品制造	33		3			2		1
雕塑工艺品制造	4							
金属工艺品制造	4		1					
天然植物纤维编织工艺品制造	3							
地毯、挂毯制造	14		2			2		
珠宝首饰及有关物品的制造	4							1
其他工艺美术品制造	4							
日用杂品制造	4				1			1
制镜及类似品加工	2				1			1
其他日用杂品制造	2							
煤制品制造	7				1			
其他未列明的制造业	5							
废弃资源和废旧材料回收加工业	25			1				
金属废料和碎屑的加工处理	11			1				
非金属废料和碎屑的加工处理	14							
电力、燃气及水的生产和供应业	535		22	81	26	11	6	14
电力、热力的生产和供应业	367		10	31	14	6	4	13
电力生产	157		10	15	6	4	2	5
火力发电	35		5		1	1	1	2
水力发电	100		5	14	5	2		3
其他能源发电	22			1		1	1	
电力供应	25			4	1	1	1	3
热力生产和供应	185			12	7	1	1	5
燃气生产和供应业	44							
燃气生产和供应业	44							
水的生产和供应业	124		12	50	12	5	2	1
自来水的生产和供应	113		12	50	11	4	2	
污水处理及其再生利用	11				1	1		1
建筑业	1763		44	94	102	23	26	55
房屋和土木工程建筑业	794		40	73	51	7	12	26
房屋工程建筑	417		25	39	30	4	3	13

1999年	2000年	2001年	2002年	2003年	2004年	2005年	2006年	2007年	2008年	其他(不详)
		1								
			1							
			1		1		1	1		1
										1
								1		
			1		1		1			
1										
1										
					1	1				
					1					
						1				
						1	1			
	1	3		2	7	2	10	11	4	
	1	2		1	4	1	6	9	3	
	1						2	1		
					1			2		
							1	2		
		1		1	2	1	2	3		
		1							2	
					1		1	1	1	
		1			1					
		1			1					
						1	2	2	1	
				1	2		2			
	2	2	1	2	3	8	2		3	1
	1	1		1	1	4	1		1	
	1	1	1	1	2	4	1		2	1
29	40	32	23	36	36	48	39	40	44	8
27	34	22	16	28	29	37	27	31	32	6
10	12	4	5	10	10	15	15	12	17	5
2	2	2	1	2	1	4	4		3	4
8	9	2	4	8	8	8	9	8	7	
	1				1	3	2	4	7	1
6	2		1	1		2	1	1	1	
11	20	18	10	17	19	20	11	18	14	1
2	1	5	3	4	5	4	7	6	6	1
2	1	5	3	4	5	4	7	6	6	1
	5	5	4	4	2	7	5	3	6	1
	4	4	4	4	2	6	3	3	3	1
	1	1				1	2		3	
67	85	132	233	141	133	108	165	195	153	7
37	53	77	117	61	52	32	46	56	51	3
18	29	52	67	28	22	15	23	25	23	1

1-6 续表 13

行　业	法人单位数(个)	1949年以前	1950-1977年	1978-1991年	1992-1995年	1996年	1997年	1998年
土木工程建筑	377		15	34	21	3	9	13
铁路、道路、隧道和桥梁工程建筑	121		8	10	2		2	4
水利和港口工程建筑	70		4	7	8	1	1	2
工矿工程建筑	32		2	4	2			1
架线和管道工程建筑	57			6	4		4	2
其他土木工程建筑	97		1	7	5	2	2	4
建筑安装业	362		3	13	21	7	6	18
建筑安装业	362		3	13	21	7	6	18
建筑装饰业	406			4	20	7	5	7
建筑装饰业	406			4	20	7	5	7
其他建筑业	201		1	4	10	2	3	4
工程准备	89			3	4	1	1	3
提供施工设备服务	26		1	1	1			
其他未列明的建筑活动	86				5	1	2	1
交通运输、仓储和邮政业	2123	4	94	89	56	26	31	52
铁路运输业	15				1	1		
铁路旅客运输	1							
铁路货物运输	13				1	1		
铁路运输辅助活动	1							
货运火车站	1							
道路运输业	1077	3	81	64	30	16	19	24
公路旅客运输	172		14	6	4	2	3	8
道路货物运输	693	1	9	8	13	12	13	11
道路运输辅助活动	212	2	58	50	13	2	3	5
客运汽车站	63		11	14	6	1	1	2
公路管理与养护	121	2	46	29	7	1	2	3
其他道路运输辅助活动	28		1	7				
城市公共交通业	145		5	5	3	2	4	6
公共电汽车客运	54		4	2	1		3	1
轨道交通	1					1		
出租车客运	80		1	2	1	1	1	5
其他城市公共交通	10			1	1			
航空运输业	21				3			
航空客货运输	5							
通用航空服务	6				1			
航空运输辅助活动	10				2			
机场	2							
空中交通管理	2							
其他航空运输辅助活动	6				2			
管道运输业	5				1			
管道运输业	5				1			
装卸搬运和其他运输服务业	627			7	4	5	3	9
装卸搬运	96			6		2		3
运输代理服务	531			1	4	3	3	6

1999年	2000年	2001年	2002年	2003年	2004年	2005年	2006年	2007年	2008年	其他(不详)
19	24	25	50	33	30	17	23	31	28	2
6	7	8	16	5	8	9	11	11	14	
3	6	6	11	8	5		2	6		
3	2	3	1	3		2	1	4	4	
2	2	2	4	9	7	4	3	5	3	
5	7	6	18	8	10	2	6	5	7	2
12	24	32	46	34	27	30	29	36	23	1
12	24	32	46	34	27	30	29	36	23	1
14	6	17	47	28	35	32	49	74	59	2
14	6	17	47	28	35	32	49	74	59	2
4	2	6	23	18	19	14	41	29	20	1
2		2	11	7	4	5	18	14	14	
		3	2	4	5	4	1	3	1	
2	2	1	10	7	10	5	22	12	5	1
59	86	118	139	141	184	210	259	301	265	9
			1		1	2	1	6	2	
						1				
			1		1	1	1	5	2	
								1		
								1		
29	48	75	74	91	92	106	110	101	114	
6	12	19	16	26	14	19	10	7	6	
18	31	48	47	55	70	80	92	85	100	
5	5	8	11	10	8	7	8	9	8	
3	3	7	3	4	4	1	1	1	1	
1	2		2	3	3	5	5	5	5	
1		1	6	3	1	1	2	3	2	
5	11	13	13	10	16	15	17	15	5	
2	8	5	4	3	3	5	6	6	1	
3	3	8	7	4	13	10	10	8	3	
			2	3			1	1	1	
	1		1	1	2	3	1	6	3	
	1					2		2		
			1			1	1	1	1	
				1	2			3	2	
					1				1	
					1			1		
				1				2	1	
	1				2	1				
	1				2	1				
8	17	17	36	25	58	65	101	155	111	6
3	4	2	5	4	6	11	10	31	9	
5	13	15	31	21	52	54	91	124	102	6

1-6 续表 14

行业	法人单位数(个)	1949年以前	1950-1977年	1978-1991年	1992-1995年	1996年	1997年	1998年
仓储业	193		5	11	12	2	4	6
谷物、棉花等农产品仓储	61		4	4	6	1	1	2
其他仓储	132		1	7	6	1	3	4
邮政业	40	1	3	2	2		1	7
国家邮政	21	1	3	2	2		1	7
其他寄递服务	19							
信息传输、计算机服务和软件业	1979	1	19	25	14	10	6	23
电信和其他信息传输服务业	464	1	19	21	7	6	2	9
电信	128	1	2	1	1			5
固定电信服务	40	1		1				2
移动电信服务	57				1			3
其他电信服务	31		2					
互联网信息服务	254			1		2	2	2
广播电视传输服务	80		17	18	6	4		2
有线广播电视传输服务	47		9	7	4			1
无线广播电视传输服务	33		8	11	2	4		1
卫星传输服务	2			1				
计算机服务业	1352			2	4	4	3	9
计算机系统服务	154			1	1	2		4
数据处理	11				1		1	1
计算机维修	45				1	1	1	
其他计算机服务	1142			1	1	1	1	4
软件业	163			2	3		1	5
公共软件服务	109			2	2			3
基础软件服务	47				1			1
应用软件服务	62			2	1			2
其他软件服务	54				1		1	2
批发和零售业	18546	1	204	245	376	143	216	485
批发业	12634	1	146	184	249	92	136	342
农畜产品批发	979		25	46	29	4	11	29
谷物、豆及薯类批发	102		12	8	1		3	8
种子、饲料批发	403		5	15	10	1	6	12
棉、麻批发	322		7	20	12	2		6
牲畜批发	7				1			
其他农畜产品批发	145		1	3	5	1	2	3
食品、饮料及烟草制品批发	796	1	8	28	21	8	9	30
米、面制品及食用油批发	131	1	3	9	4	3	1	9
糕点、糖果及糖批发	46			1		1		3
果品、蔬菜批发	96			4	2		1	2
肉、禽、蛋及水产品批发	41		1	2	2			2
盐及调味品批发	67		2	3	6	1	2	4
饮料及茶叶批发	228			5	3		3	7
烟草制品批发	42		1	3	1	2	1	
其他食品批发	145		1	1	3	1	1	3

1999年	2000年	2001年	2002年	2003年	2004年	2005年	2006年	2007年	2008年	其他(不详)
13	8	12	13	13	12	15	27	13	24	3
7	4	7	3	2	6	3	7	1	3	
6	4	5	10	11	6	12	20	12	21	3
4		1	1	1	1	3	2	5	6	
4									1	
		1	1	1	1	3	2	5	5	
31	61	83	113	161	209	238	357	332	290	6
13	20	28	22	27	54	52	74	66	43	
11	9	11	7	9	26	10	12	16	7	
		5	4	3	14	4	2	4		
10	9	5		3	9		5	6	6	
1		1	3	3	3	6	5	6	1	
1	8	14	8	11	25	41	60	48	31	
1	3	3	6	7	3	1	2	2	5	
1	2	3	5	4	2	1	1	2	5	
	1		1	3	1		1			
			1							
16	37	47	83	123	141	167	254	239	217	6
7	7	7	8	6	11	24	28	15	29	4
	1	1	2		1	1		1	1	
2	1	1		3	4	7	10	10	4	
7	28	38	73	114	125	135	216	213	183	2
2	4	8	8	11	14	19	29	27	30	
2	3	6	5	7	9	11	19	20	20	
	3	2	2	3	2	6	10	8	9	
2		4	3	4	7	5	9	12	11	
	1	2	3	4	5	8	10	7	10	
601	717	874	1096	1348	1612	1958	2958	3000	2628	84
409	493	576	726	914	1097	1347	2022	2045	1800	55
46	39	44	64	83	97	87	123	120	128	4
14	5	3	10	6		1	7	13	11	
16	21	18	27	20	42	35	61	54	58	2
10	9	13	22	43	46	38	36	27	30	1
		1		1		1	2	1		
6	4	9	5	13	9	12	17	25	29	1
32	41	38	53	52	51	70	125	125	102	2
10	6	5	7	10	9	12	13	18	11	
	5	3	1	4	1	3	9	11	4	
1	3	4	3	8	10	9	13	20	16	
2	1	1	1	1		4	9	11	4	
4	9	6	4	5	3	1	6	6	5	
4	6	10	18	16	14	23	50	36	32	1
2	6	4	5		2	4	3	6	2	
9	5	5	14	8	12	14	22	17	28	1

1-6 续表 15

行　　业	法人单位数(个)	1949年以前	1950–1977年	1978–1991年	1992–1995年	1996年	1997年	1998年
纺织、服装及日用品批发	617			6	13	2	5	14
纺织品、针织品及原料批发	143			2	4		2	3
服装批发	145				2		2	5
鞋帽批发	17			1				
厨房、卫生间用具及日用杂货批发	62			1	3		1	1
化妆品及卫生用品批发	111				3	1		2
其他日用品批发	139			2	1	1		3
文化、体育用品及器材批发	267		1	5	4	6	4	5
文具用品批发	122			1	1	2	2	3
体育用品批发	27				1			
图书批发	36		1	1		2		1
报刊批发	1							
音像制品及电子出版物批发	4			1		1		
首饰、工艺品及收藏品批发	29			1	1	1		
其他文化用品批发	48			1	1		2	1
医药及医疗器材批发	361		15	5	5	2	3	1
西药批发	62		12	4	4	1	1	
中药材及中成药批发	34		1			1	1	
医疗用品及器材批发	265		2	1	1		1	1
矿产品、建材及化工产品批发	4334		90	63	66	33	39	98
煤炭及制品批发	100			1	1			1
石油及制品批发	507		5	4	13	6	6	12
非金属矿及制品批发	78			2		1		1
金属及金属矿批发	1255			5	12	7	11	31
建材批发	977			6	13	8	12	27
化肥批发	650		84	38	7	5		1
农药批发	132		1	1	4	1		1
农用薄膜批发	32			2	3			
其他化工产品批发	603			4	13	5	10	24
机械设备、五金交电及电子产品批发	4662		3	23	97	32	57	146
农业机械批发	304			4	7	2	3	12
汽车、摩托车及零配件批发	572		2	5	17	8	6	34
五金、交电批发	1110			5	22	7	14	27
家用电器批发	128				3		3	1
计算机、软件及辅助设备批发	336			1	8	3	4	13
通讯及广播电视设备批发	149			2	3	2	5	5
其他机械设备及电子产品批发	2063		1	6	37	10	22	54
贸易经纪与代理	182		2	2	3	2	2	2
其他批发	436		2	6	11	3	6	17
再生物资回收与批发	173			3	5		2	5
其他未列明的批发	263		2	3	6	3	4	12
零售业	5912		58	61	127	51	80	143
综合零售	479		15	20	9	5	3	11
百货零售	262		3	10	3	1	2	7

1999年	2000年	2001年	2002年	2003年	2004年	2005年	2006年	2007年	2008年	其他(不详)
13	19	34	36	34	52	66	107	119	90	7
4	4	10	9	6	8	21	18	30	22	
2	6	5	7	5	18	15	21	23	28	6
			2	1	2	4	4	3		
2	2	2	2	5	5	5	13	13	7	
2	3	9	8	9	10	8	21	24	10	1
3	4	8	8	8	9	13	30	26	23	
13	8	16	17	25	32	24	43	36	26	2
5	3	9	8	10	12	11	20	17	18	
1				3	5	3	7	4	2	1
2	2		2	6	6	7	2	3		1
							1			
			1						1	
1		2	1	4	3	1	6	5	3	
4	3	5	5	2	6	2	7	7	2	
7	8	13	14	25	34	42	61	58	65	3
2	1	4	1	6	1	7	6	7	4	1
1	2	1	2	1	5	2	4	4	8	1
4	5	8	11	18	28	33	51	47	53	1
128	161	181	255	300	373	469	698	699	662	19
4	5	3	5	6	8	3	13	31	18	1
14	23	31	48	41	53	58	61	71	59	2
1	2	3	2	1	2	8	13	18	22	2
39	51	55	66	115	109	142	239	195	175	3
26	27	35	49	61	87	123	156	180	162	5
9	14	20	32	32	36	50	92	99	130	1
4	5	1	10	6	11	24	22	21	20	
	1	1	1		2	3	6	6	7	
31	33	32	42	38	65	58	96	78	69	5
153	193	214	256	353	415	521	766	782	640	11
9	21	20	15	25	30	35	48	50	23	
29	24	20	38	49	60	47	87	96	50	
24	40	46	48	79	90	120	193	191	202	2
6	5	5	7	8	14	15	21	22	18	
11	11	14	20	31	24	43	58	50	43	2
4	7	9	5	8	17	15	24	24	17	2
70	85	100	123	153	180	246	335	349	287	5
3	8	11	12	12	17	20	35	31	16	4
14	16	25	19	30	26	48	64	75	71	3
5	4	8	9	16	17	22	29	22	26	
9	12	17	10	14	9	26	35	53	45	3
192	224	298	370	434	515	611	936	955	828	29
18	16	24	34	42	35	47	55	75	68	2
15	8	18	16	22	13	26	29	46	41	2

1-6 续表 16

行业	法人单位数(个)	1949年以前	1950-1977年	1978-1991年	1992-1995年	1996年	1997年	1998年
超级市场零售	95				1			2
其他综合零售	122		12	10	5	4	1	2
食品、饮料及烟草制品专门零售	384		1	5	8		5	12
粮油零售	67		1	1	3		3	7
糕点、面包零售	20							3
果品、蔬菜零售	26			1	1			
肉、禽、蛋及水产品零售	29							
饮料及茶叶零售	104			2	3		1	1
烟草制品零售	49			1	1			1
其他食品零售	89						1	
纺织、服装及日用品专门零售	464		1	4	10	4	7	13
纺织品及针织品零售	90				3	1		1
服装零售	173				3	2	1	6
鞋帽零售	17							2
钟表、眼镜零售	29			1	1		1	3
化妆品及卫生用品零售	48						2	
其他日用品零售	107		1	3	3	1	3	1
文化、体育用品及器材专门零售	399		15	8	20	3	6	15
文具用品零售	100			4		1	3	1
体育用品零售	44				2		2	2
图书零售	61		15	4	6		1	1
报刊零售	2							
音像制品及电子出版物零售	12							1
珠宝首饰零售	77				7	2		6
工艺美术品及收藏品零售	41				1			1
照相器材零售	20				1			2
其他文化用品零售	42				3			1
医药及医疗器材专门零售	328		21	4	6	3	4	8
药品零售	184		21	4	4		3	7
医疗用品及器材零售	144				2	3	1	1
汽车、摩托车、燃料及零配件专门零售	1096		2	4	28	14	16	32
汽车零售	292		1		4	4	7	7
汽车零配件零售	406		1	1	6	7	5	11
摩托车及零配件零售	123				1			5
机动车燃料零售	275			3	17	3	4	9
家用电器及电子产品专门零售	1322			5	24	9	17	28
家用电器零售	242			1	6	3	2	10
计算机、软件及辅助设备零售	695			2	14	5	8	12
通信设备零售	194				2		6	3
其他电子产品零售	191			2	2	1	1	3
五金、家具及室内装修材料专门零售	968		1	3	7	6	13	14
五金零售	510			3	3	5	9	12
家具零售	170		1		1			
涂料零售	16							

1999年	2000年	2001年	2002年	2003年	2004年	2005年	2006年	2007年	2008年	其他(不详)
1	2	2	13	9	14	13	15	15	8	
2	6	4	5	11	8	8	11	14	19	
10	14	13	15	21	27	33	61	90	67	2
6	5	1	3	4	3	4	3	14	9	
	1			1	6	2	1	4	1	1
			3			3	6	4	8	
1	1		1	5	1	1	7	7	5	
	2	4	3	6	8	13	18	22	21	
	4	4	2	3	1	2	10	12	8	
3	1	4	3	2	8	8	16	27	15	1
7	21	19	32	41	40	57	66	67	69	6
	3	5	8	9	11	9	10	16	12	2
2	7	9	14	16	13	25	25	24	22	4
1		1		3	1	2	3	1	3	
2	3	1	2	5	1	3	2	1	3	
	4	1	3	3	3	6	5	12	9	
2	4	2	5	5	11	12	21	13	20	
13	10	22	26	27	35	34	57	52	52	4
3	4	6	2	5	15	10	18	13	13	2
2		4	1	3		5	8	6	9	
2	1	3	4	5	2	4	4	5	4	
				1					1	
		2				2		5	2	
2	2	5	8	2	5	3	10	11	13	1
3	1		2	4	6	5	9	6	2	1
	1	1	1	5	1	1	2	3	2	
1	1	1	8	2	6	4	6	3	6	
2	4	9	19	21	27	51	51	55	42	1
2	4	8	11	13	20	17	26	23	21	
		1	8	8	7	34	25	32	21	1
50	59	57	93	94	103	110	155	142	134	3
10	15	15	25	31	34	26	41	25	45	2
19	26	18	26	33	44	37	52	61	59	
8	4	6	8	5	8	17	27	18	16	
13	14	18	34	25	17	30	35	38	14	1
41	51	73	70	97	113	138	270	212	169	5
11	6	16	11	18	28	23	35	37	35	
21	32	42	49	55	56	75	159	90	73	2
5	3	11	5	13	12	18	44	44	26	2
4	10	4	5	11	17	22	32	41	35	1
39	28	55	52	61	95	103	168	178	142	3
18	14	28	18	31	52	56	79	100	81	1
5	4	5	16	10	14	23	35	33	23	
1		2		1		3	2	4	3	

1-6 续表 17

行业	法人单位数(个)	1949年以前	1950–1977年	1978–1991年	1992–1995年	1996年	1997年	1998年
其他室内装修材料零售	272				3	1	4	2
无店铺及其他零售	472		2	8	15	7	9	10
流动货摊零售	4							
邮购及电子销售	1							
生活用燃料零售	107			4	5	2	5	4
花卉零售	21						1	
旧货零售	3							
其他未列明的零售	336		2	4	10	5	3	6
住宿和餐饮业	1047		31	68	64	23	18	33
住宿业	745		30	64	54	19	15	28
旅游饭店	338		18	27	30	9	7	9
一般旅馆	385		11	36	24	9	7	19
其他住宿服务	22		1	1		1	1	
餐饮业	302		1	4	10	4	3	5
正餐服务	257		1	3	9	4	2	5
快餐服务	33			1	1		1	
饮料及冷饮服务	3							
其他餐饮服务	9							
金融业	606	1	42	122	28	30	25	9
银行业	243	1	42	98	21	9	20	5
中央银行	26		5	15				
商业银行	180	1	25	81	20	5	7	4
其他银行	37		12	2	1	4	13	1
证券业	5			1	2			
证券经纪与交易	3				2			
证券投资	2			1				
保险业	169			21	2	18	5	3
人寿保险	60			2	1	13	2	2
非人寿保险	90			18	1	5	3	1
保险辅助服务	19			1				
其他金融活动	189			2	3	3		1
金融信托与管理	16			1	1			
金融租赁	3							
财务公司	13							
邮政储蓄	7							
典当	71				1	3		
其他未列明的金融活动	79			1	1			1
房地产业	2631		9	60	98	23	31	75
房地产开发经营	1130			9	45	12	12	28
物业管理	717			2	9	7	8	15
房地产中介服务	348		1	6	7		4	10
其他房地产活动	436		8	43	37	4	7	22
租赁和商务服务业	4494		60	177	160	74	75	91
租赁业	326		2	3	10	5	2	2

1999年	2000年	2001年	2002年	2003年	2004年	2005年	2006年	2007年	2008年	其他(不详)
15	10	20	18	19	29	21	52	41	35	2
12	21	26	29	30	40	38	53	84	85	3
		1						1	2	
					1					
2	8	10	8	6	11	8	7	16	11	
		2	2		2		2	7	4	1
				1		1			1	
10	13	13	19	23	26	29	44	60	67	2
29	42	59	58	70	105	104	124	125	92	2
17	28	38	40	51	67	62	79	82	71	
6	15	18	17	26	24	36	38	38	20	
11	11	19	21	23	40	25	38	41	50	
	2	1	2	2	3	1	3	3	1	
12	14	21	18	19	38	42	45	43	21	2
10	12	17	13	16	34	34	43	35	18	1
1	2	4	3	2	3	6	1	6	2	
							1	1	1	
1			2	1	1	2		1		1
9	10	15	21	41	38	30	49	57	79	
4	2	2	2	1	7	6	10	2	11	
2					4					
1	2	2	2	1	2	5	10	2	10	
1					1	1			1	
							1		1	
									1	
							1			
	3	3	6	26	18	8	12	15	29	
	2		2	10	9	1	1	4	11	
		3	4	13	7	5	4	9	17	
	1			3	2	2	7	2	1	
5	5	10	13	14	13	16	26	40	38	
			1		2		3	5	3	
		1	1						1	
		1	1	2		1	1	2	5	
									7	
3	1	5	6	5	1	7	11	18	10	
2	4	3	4	7	10	8	11	15	12	
79	172	176	227	221	269	254	316	313	287	21
41	92	66	96	94	113	118	143	145	100	16
15	54	65	71	75	78	84	87	67	78	2
6	7	22	28	24	42	28	46	68	48	1
17	19	23	32	28	36	24	40	33	61	2
146	203	208	241	291	340	429	631	694	648	26
6	20	14	14	21	25	41	46	59	54	2

1-6 续表 18

行业	法人单位数(个)	1949年以前	1950-1977年	1978-1991年	1992-1995年	1996年	1997年	1998年
机械设备租赁	315		2	3	9	5	2	2
汽车租赁	98		2	2	1		1	
农业机械租赁	3							
建筑工程机械与设备租赁	131				3	4	1	1
计算机及通讯设备租赁	5							
其他机械与设备租赁	78			1	5	1		1
文化及日用品出租	11				1			
图书及音像制品出租	1							
其他文化及日用品出租	10				1			
商务服务业	4168		58	174	150	69	73	89
企业管理服务	734		53	67	45	20	17	21
企业管理机构	222		39	17	17	8	8	10
投资与资产管理	346			6	11	2	4	4
其他企业管理服务	166		14	44	17	10	5	7
法律服务	293			35	22	13	20	19
律师及相关的法律服务	251			27	17	13	20	19
公证服务	27			7	4			
其他法律服务	15			1	1			
咨询与调查	924		1	19	11	5	6	4
会计、审计及税务服务	282			4			1	
市场调查	24			5	1		1	
社会经济咨询	207			6	5	2	2	2
其他专业咨询	411		1	4	5	3	2	2
广告业	806			2	20	6	9	17
知识产权服务	30				1			1
职业中介服务	339			11	13	10	5	3
市场管理	196		1	15	6	8	8	11
旅行社	318			5	7	3	2	4
其他商务服务	528		3	20	25	4	6	9
会议及展览服务	57		1	2				
包装服务	5							
保安服务	78			8	12	1	1	
办公服务	78		2	5	4	3	3	
其他未列明的商务服务	310			5	9		2	9
科学研究、技术服务和地质勘查业	3038	2	367	538	151	36	41	38
研究与试验发展	202		34	61	8	4	7	2
自然科学研究与试验发展	27		3	7		1	1	1
工程和技术研究与试验发展	39		2	8	2		2	
农业科学研究与试验发展	103		26	34	4	2	3	1
医学研究与试验发展	20		2	2	2		1	
社会人文科学研究与试验发展	13		1	10		1		
专业技术服务业	1602	1	159	187	81	20	23	22
气象服务	145		77	14	7	1	6	2
地震服务	26		11	6			1	2

1999年	2000年	2001年	2002年	2003年	2004年	2005年	2006年	2007年	2008年	其他（不详）
6	20	13	12	21	24	38	45	58	53	2
1	2	3	1	4	5	12	12	23	28	1
						1	1	1		
2	10	6	7	12	11	14	22	20	18	
	1		1			2	1			
3	7	4	3	5	8	9	9	14	7	1
		1	2		1	3	1	1	1	
						1				
		1	2		1	2	1	1	1	
140	183	194	227	270	315	388	585	635	594	24
27	26	21	29	40	30	50	62	98	119	9
13	11	7	9	13	11	14	15	12	17	1
5	8	9	13	24	12	29	40	81	91	7
9	7	5	7	3	7	7	7	5	11	1
20	15	27	20	15	13	23	24	12	15	
20	15	27	19	11	12	12	17	8	14	
			1	3	1	5	3	3		
				1		6	4	1	1	
27	54	42	37	54	75	89	167	181	148	4
13	35	22	16	18	21	32	46	47	27	
3		1			2	1	3	2	5	
4	8	7	8	8	19	11	36	42	47	
7	11	12	13	28	33	45	82	90	69	4
22	30	33	50	55	72	88	129	145	123	5
1	1	1	2	8	5	2	5	1	2	
2	10	3	21	20	30	30	58	65	56	2
20	9	12	18	10	23	18	12	10	15	
5	23	34	17	30	37	37	45	35	34	
16	15	21	33	38	30	51	83	88	82	4
1	1	1	5	2	2	7	12	11	11	1
							1	3	1	
5	1	2	8	12	3	7	7	8	3	
2	2	3	5	1	5	6	11	13	13	
8	11	15	15	23	20	31	52	53	54	3
51	91	111	150	153	173	194	269	307	351	15
3	3	6	11	4	9	12	15	15	8	
1		2	2		2	3	3	1		
	1		3	2	2	2	7	7	1	
1	2	3	6	2	2	5	3	3	6	
1		1			2	2	2	4	1	
					1					
39	68	79	103	114	119	127	162	147	146	5
5	5	4	2	1	5	3	7	2	4	
1	1		1	1		1	1			

1-6 续表 19

行业	法人单位数(个)	1949年以前	1950-1977年	1978-1991年	1992-1995年	1996年	1997年	1998年
测绘服务	65		3	3	3			
技术检测	360		34	62	29	8	2	3
环境监测	55		5	16	4	1	4	
工程技术与规划管理	673	1	23	74	33	8	8	13
工程管理服务	384	1	3	33	23	7	7	10
工程勘察设计	247		17	33	6	1	1	1
规划管理	42		3	8	4			2
其他专业技术服务	278		6	12	5	2	2	2
科技交流和推广服务业	854		146	274	52	10	11	14
技术推广服务	704		129	253	43	9	7	10
科技中介服务	67		3	3	4		3	2
其他科技服务	83		14	18	5	1	1	2
地质勘查业	380	1	28	16	10	2		
矿产地质勘查	177		12	3	3			
能源矿产地质勘查	64		4	1	2			
固体矿产地质勘查	90		8	2	1			
其他矿产地质勘查	23							
基础地质勘查	28		12	5	3	1		
地质勘查技术服务	175	1	4	8	4	1		
水利、环境和公共设施管理业	857	1	103	227	68	13	28	25
水利管理业	317	1	71	104	22	6	14	13
防洪管理	21	1	4	3	1	1	1	2
水资源管理	250		60	84	18	4	12	9
水库管理	45		14	10	2		5	2
调水、引水管理	112		25	39	11	2	4	6
其他水资源管理	93		21	35	5	2	3	1
其他水利管理	46		7	17	3	1	1	2
环境管理业	231		17	78	21	3	5	5
自然保护	105		14	48	8	2	1	
自然保护区管理	63		9	30	3	1	1	
野生动植物保护	14			7	1			
其他自然保护	28		5	11	4	1		
环境治理	126		3	30	13	1	4	5
城市市容管理	15		1	5	2		2	
城市环境卫生管理	83		2	24	8	1	2	5
水污染治理	7							
危险废物治理	4							
其他环境治理	17			1	3			
公共设施管理业	309		15	45	25	4	9	7
市政公共设施管理	71		4	13	14		3	2
城市绿化管理	132		9	20	2	4	4	3
游览景区管理	106		2	12	9		2	2
风景名胜区管理	32			3	2			
公园管理	19		2	9	2			1

1999年	2000年	2001年	2002年	2003年	2004年	2005年	2006年	2007年	2008年	其他(不详)
	2	5	10	8	6	9	5	3	8	
14	5	13	10	28	25	25	41	33	27	1
1	2				5	4	5	2	5	1
14	42	42	61	57	51	58	63	66	57	2
10	31	27	33	37	37	29	39	39	16	2
4	6	15	24	18	14	27	21	22	37	
	5		4	2		2	3	5	4	
4	11	15	19	19	27	27	40	41	45	1
7	15	18	29	26	28	26	52	65	76	5
6	14	13	20	17	17	15	36	48	65	2
1	1	5	6	4	5	6	9	8	6	1
			3	5	6	5	7	9	5	2
2	5	8	7	9	17	29	40	80	121	5
2	3	2	2	6	7	16	18	39	62	2
1	1	2	1	2	3	9	7	14	16	1
	1		1	3	1	5	8	20	40	
1	1			1	3	2	3	5	6	1
		1			1		3		2	
	2	5	5	3	9	13	19	41	57	3
23	27	34	40	49	47	40	49	47	36	
6	9	7	8	12	5	7	18	7	7	
	2	1					3	2		
6	7	4	6	11	3	5	11	5	5	
	1	1		3		2		2	3	
3	1	3	3	2	2	3	5	2	1	
3	5		3	6	1		6	1	1	
		2	2	1	2	2	4		2	
5	6	14	14	12	10	11	8	10	12	
2	3	5	5	1	5	2	3	2	4	
1	2	2	3		4	1	3	1	2	
	1	1	1	1	1				1	
1		2	1			1		1	1	
3	3	9	9	11	5	9	5	8	8	
	1			1		1	1	1		
2	2	6	8	7	3	5	3	1	4	
		2	1	1		1	1		1	
						1		1	2	
1		1		2	2	1		5	1	
12	12	13	18	25	32	22	23	30	17	
4	1	2	2	2	10	4	2	5	3	
6	8	5	10	11	13	10	11	8	8	
2	3	6	6	12	9	8	10	17	6	
		1	2	5	2	4	4	7	2	
1		1	1	1			1			

1-6 续表 20

行业	法人单位数(个)	1949年以前	1950-1977年	1978-1991年	1992-1995年	1996年	1997年	1998年
其他游览景区管理	55				5		2	1
居民服务和其他服务业	1246		12	38	35	13	19	23
居民服务业	484		10	23	18	6	12	11
家庭服务	45				2			
托儿所	32		5	4	1			2
洗染服务	10							
理发及美容保健服务	47			1	1		2	1
洗浴服务	50			1	1	1	2	1
婚姻服务	28						1	2
殡葬服务	44		4	8	3	2	1	
摄影扩印服务	43			1	1	1	2	2
其他居民服务	185		1	8	9	2	4	3
其他服务业	762		2	15	17	7	7	12
修理与维护	510		2	7	12	5	6	10
汽车、摩托车维护与保养	403		1	6	7	5	4	7
办公设备维修	26				1		1	1
家用电器修理	55			1	1		1	2
其他日用品修理	26		1		3			
清洁服务	81			2				
建筑物清洁服务	12							
其他清洁服务	69			2				
其他未列明的服务	171			6	5	2	1	2
教育	5221	375	1762	1031	195	58	48	92
教育	5221	375	1762	1031	195	58	48	92
学前教育	733	2	79	81	44	9	15	29
初等教育	1935	318	842	398	62	17	23	17
中等教育	1488	51	731	381	55	9	8	24
初中教育	1083	35	594	252	31	8	6	21
高中教育	203	12	96	31	9		2	1
中等专业教育	76	4	23	32	4	1		1
职业中学教育	42		5	23	5			
技工学校教育	38		5	19	4			
其他中等教育	46		8	24	2			1
高等教育	94	3	18	49	2	2		1
普通高等教育	36	3	9	13				1
成人高等教育	58		9	36	2	2		
其他教育	971	1	92	122	32	21	2	21
职业技能培训	597		14	56	21	16	1	13
特殊教育	18			6	2	3		1
其他未列明的教育	356	1	78	60	9	2	1	7
卫生、社会保障和社会福利业	2610	32	878	641	104	32	26	37
卫生	2220	28	855	527	73	26	20	28
医院	622	22	273	74	11	3	3	6
综合医院	451	21	255	27	7	2	1	2

1999年	2000年	2001年	2002年	2003年	2004年	2005年	2006年	2007年	2008年	其他(不详)
1	3	4	3	6	7	4	5	10	4	
28	49	51	73	97	108	127	190	201	177	5
11	17	18	30	43	47	39	71	65	59	4
1	2	2	1	6	7	4	4	5	10	1
	1				3	1	5	7	3	
	1	1	3	1	1	1	1	1		
1	1	3	3	4	2	4	10	8	6	
	1		7	4	7	4	11	5	5	
1	1	1	1	1	1	2	5	7	4	1
1	1	2	1	4	2	4	2	4	5	
3	2	2	2	7	5	4	4	2	5	
4	7	7	12	16	19	15	29	26	21	2
17	32	33	43	54	61	88	119	136	118	1
13	24	22	30	38	41	62	79	84	75	
12	18	15	26	30	28	54	61	68	61	
1	1	4	1	1	2		4	6	3	
	4	2	2	4	8	6	12	4	8	
	1	1	1	3	3	2	2	6	3	
1	4	2	8	7	8	7	12	15	15	
		1	1		1	1	2	3	3	
1	4	1	7	7	7	6	10	12	12	
3	4	9	5	9	12	19	28	37	28	1
88	147	109	146	179	227	233	235	177	118	1
88	147	109	146	179	227	233	235	177	118	1
17	42	33	47	55	65	62	70	52	31	
20	41	18	29	35	37	20	27	19	12	
22	24	19	16	21	36	42	21	20	8	
12	17	12	4	15	16	28	15	11	6	
3	4	5	9	3	11	8	3	6		
2	1		2	1	3	1	1			
2				1	1	3			2	
	2	1	1	1	2	1	1	1		
3		1			3	1	1	2		
2	1	4	1	3	4	1	2	1		
	1	2	1	2	2	1	1			
2		2		1	2		1	1		
27	39	35	53	65	85	108	115	85	67	1
20	25	27	47	42	67	66	73	61	47	1
					1	2	1	1	1	
7	14	8	6	23	17	40	41	23	19	
38	47	61	76	116	104	128	100	89	100	1
31	39	53	49	84	91	100	87	60	68	1
5	14	12	12	38	33	36	33	25	21	1
3	9	6	5	21	19	22	23	15	12	1

1-6 续表 21

行业	法人单位数(个)	1949年以前	1950-1977年	1978-1991年	1992-1995年	1996年	1997年	1998年
中医医院	34		3	14			1	
中西医结合医院	18		1	2			1	
民族医院	39		5	22	4	1		
专科医院	64	1	3	3				3
疗养院	16		6	6				1
卫生院及社区医疗活动	898	6	480	180	26	8	5	4
门诊部医疗活动	110		20	8	1	1	1	1
计划生育技术服务活动	260		8	156	22	7	6	8
妇幼保健活动	89		5	51	7	4	3	2
专科疾病防治活动	23		5	7		1		
疾病预防控制及防疫活动	145		57	36	1			3
其他卫生活动	73		7	15	5	2	2	4
社会保障业	146			42	7	3	2	1
社会福利业	244	4	23	72	24	3	4	8
提供住宿的社会福利	159	4	21	52	14	1	3	5
干部休养所	59	1	4	35	5	1	1	
收养收容服务	100	3	17	17	9		2	5
不提供住宿的社会福利	85		2	20	10	2	1	3
文化、体育和娱乐业	1102	13	229	347	58	10	8	16
新闻出版业	116	4	21	40	7	2	2	1
新闻业	11		2		2			
出版业	105	4	19	40	5	2	2	1
图书出版	19		5	5	1			1
报纸出版	50	4	13	17	3	2	1	
期刊出版	24		1	12	1		1	
音像制品出版	2			2				
其他出版	10			4				
广播、电视、电影和音像业	290	1	71	101	15	5	3	5
广播	114	1	27	50	4	1		2
电视	68		7	28	7	3		1
电影	90		37	23	4	1	3	2
电影制作与发行	13		7	1			1	
电影放映	77		30	22	4	1	2	2
音像制作	18							
文化艺术业	486	8	129	185	23	1	2	5
文艺创作与表演	95	5	33	26	3			
艺术表演场馆	24		8	9				
图书馆与档案馆	119	2	31	59	6			3
图书馆	57	2	11	29	4			2
档案馆	62		20	30	2			1
文物及文化保护	36		4	17	5	1		
博物馆	21		2	7	3			
烈士陵园、纪念馆	6		3	1			1	
群众文化活动	152	1	48	58	4		1	2

1999年	2000年	2001年	2002年	2003年	2004年	2005年	2006年	2007年	2008年	其他(不详)
	1	4		1	4	2	1	2	1	
	2		2	1	4	1			4	
1	1		1	1		1			2	
1	1	2	4	13	5	9	9	8	2	
				1	1	1				
9	11	20	13	15	30	21	24	16	30	
1	5	3	8	10	4	14	17	8	8	
11	6	13	2	6	3	9	1	1	1	
1	2	1	1	1		7		3	1	
	1		2	2	1		2	2		
1		1	3	7	14	10	4	3	5	
3		3	8	5	6	3	6	2	2	
3	3	3	11	17	8	13	4	13	16	
4	5	5	16	15	5	15	9	16	16	
2	4	3	3	10	2	8	5	10	12	
		1	1	2	2	2			4	
2	4	2	2	8		6	5	10	8	
2	1	2	13	5	3	7	4	6	4	
18	23	27	25	52	43	50	62	61	56	4
3	5	5	2	7	1	6	3	3	4	
	1	1	2		1	1			1	
3	4	4		7		5	3	3	3	
				3		2		1	1	
2	2	3		2		1				
1	1	1				2	2	1	1	
	1			2			1	1	1	
4	5	6	12	12	14	10	4	10	10	2
2	3	2	7	3	4	4	1	3		
		1	3	4	6	3	1	3		1
	1	3	2	5	2	1			6	
		1		1					2	
	1	2	2	4	2	1			4	
2	1				2	2	2	4	4	1
9	5	8	8	12	12	12	30	23	13	1
1		1	1	3	4		5	6	7	
		1				1	3	1	1	
3	1	1	4	1	3	3	2			
1	1	1	1	1	1	2	1			
2			3		2	1	1			
1			1	1	1	1	1	2	1	
	1						4	3		1
							1			
4	2	4	2	3	2	2	11	5	3	

1-6 续表 22

行　　业	法　人 单位数 (个)	1949年 以前	1950– 1977年	1978– 1991年	1992– 1995年	1996年	1997年	1998年
文化艺术经纪代理	12			1	2			
其他文化艺术	21			7				
体育	74		7	13	7		1	5
体育组织	35		3	4	3			3
体育场馆	19			2	4		1	1
其他体育	20		4	7				1
娱乐业	136		1	8	6	2		
室内娱乐活动	72			5	2			
游乐园	7							
休闲健身娱乐活动	35		1		2			
其他娱乐活动	22			3	2	2		
公共管理和社会组织	31136	1160	8252	11677	1494	406	354	652
中国共产党机关	1022	8	426	377	52	7	4	23
国家机构	9957	52	1898	3879	721	132	114	224
国家权力机构	239		63	121	12	3		2
国家行政机构	9342	47	1702	3577	700	127	113	216
综合事务管理机构	2755	16	696	1028	261	33	36	45
对外事务管理机构	54		5	20	4	3		3
公共安全管理机构	411	7	123	157	17	1	9	9
社会事务管理机构	1927	13	332	814	119	28	17	48
经济事务管理机构	2451	6	361	1005	181	29	25	77
政府事务管理机构	818	3	122	283	43	8	8	14
行政监督检查机构	926	2	63	270	75	25	18	20
人民法院和人民检察院	279	4	111	147	4			1
人民法院	140	4	84	41	4			1
人民检察院	139		27	106				
其他国家机构	97	1	22	34	5	2	1	5
人民政协和民主党派	132	6	59	47	9	2	1	3
人民政协	104	6	57	32	3			1
民主党派	28		2	15	6	2	1	2
群众团体、社会团体和宗教组织	9610	1026	1592	3554	474	155	78	199
群众团体	617	3	242	186	34	8	9	17
工会	148	3	65	53	5	1	1	2
妇联	113		81	17	5		1	
共青团	126		82	30	4	1	1	
其他群众团体	230		14	86	20	6	6	15
社会团体	2865	2	63	422	156	39	26	113
专业性团体	1075	2	27	213	80	12	12	60
行业性团体	1390		25	149	47	20	10	38
其他社会团体	400		11	60	29	7	4	15
宗教组织	6128	1021	1287	2946	284	108	43	69
基层群众自治组织	10415	68	4277	3820	238	110	157	203
社区自治组织	1576		58	214	78	23	95	48
村民自治组织	8839	68	4219	3606	160	87	62	155

1999年	2000年	2001年	2002年	2003年	2004年	2005年	2006年	2007年	2008年	其他(不详)
		1			1	3	1	2	1	
	1			4	1	2	2	4		
	3	3	1	8	5	2	6	6	7	
	3	2		4	2	2	3	2	4	
		1			3		3	2	2	
			1	4				2	1	
2	5	5	2	13	11	20	19	19	22	1
2	2	4		6	6	11	12	7	14	1
	2			1				1	3	
	1			6	3	5	7	6	4	
		1	2		2	4		5	1	
424	489	744	1191	692	839	584	665	853	657	3
10	11	6	36	21	15	7	6	9	4	
175	160	201	685	321	342	267	259	338	188	1
4	2	2	7	6	3	2	4	6	2	
170	157	196	670	313	331	259	250	327	186	1
34	30	51	135	73	100	40	46	81	50	
	1		7	3	3	1	2	2		
6	4	7	26	8	10	4	10	7	6	
34	34	41	133	62	53	49	40	80	30	
55	44	49	181	82	87	81	68	74	46	
13	31	27	81	40	34	27	25	42	16	1
28	13	21	107	45	44	57	59	41	38	
			4	1	2		1	4		
			2		1		1	2		
			2	1	1			2		
1	1	3	4	1	6	6	4	1		
			3	1	1					
			3	1	1					
159	183	134	210	208	278	259	333	451	316	1
17	16	6	17	9	17	9	8	13	6	
2	2		3	1	2	3	4	1		
2	1			1		1		2	2	
1			2		1	1		2	1	
12	13	6	12	7	14	4	4	8	3	
96	125	87	145	153	199	213	305	423	297	1
41	47	32	73	58	80	75	101	94	67	1
44	74	44	47	80	91	88	151	290	192	
11	4	11	25	15	28	50	53	39	38	
46	42	41	48	46	62	37	20	15	13	
80	135	403	257	141	203	51	67	55	149	1
53	85	337	222	98	90	31	44	33	67	
27	50	66	35	43	113	20	23	22	82	1

1-7 按登记注册类型、学历分组的法人单位数及从业人员数

登记注册类型	法人单位数(个)	从业人员数(人)	具有研究生及以上学历人员	具有大学本科学历人员	具有大专学历人员	具有高中学历人员	具有初中及以下学历人员
总计	**88115**	**3143501**	**34778**	**500952**	**814984**	**895968**	**896819**
内资企业	87830	3110255	34556	496337	806342	886539	886481
国有企业	24456	1745618	23465	340538	477779	435310	468526
集体企业	1253	38721	224	3541	9758	13171	12027
股份合作企业	161	4500	16	456	1162	1458	1408
联营企业	119	5055	21	323	951	1599	2161
国有联营企业	33	991		64	280	281	366
集体联营企业	42	1502	14	96	259	487	646
国有与集体联营企业	19	1762	5	111	335	485	826
其他联营企业	25	800	2	52	77	346	323
有限责任公司	7278	480383	2930	44041	108455	161764	163193
国有独资公司	312	72078	229	6214	15747	22299	27589
其他有限责任公司	6966	408305	2701	37827	92708	139465	135604
股份有限公司	547	251195	2290	48931	66587	79735	53652
私营企业	34290	444820	4849	47400	116257	152340	123974
私营独资企业	6030	60226	301	4101	11248	20238	24338
私营合伙企业	936	11723	179	2148	2739	3271	3386
私营有限责任公司	26856	357532	4227	39340	99106	124282	90577
私营股份有限公司	468	15339	142	1811	3164	4549	5673
其他企业	19726	139963	761	11107	25393	41162	61540
港、澳、台商投资企业	112	15409	58	1234	2877	4368	6872
合资经营企业(港或澳、台资)	49	8743	19	452	1299	2330	4643
合作经营企业(港或澳、台资)	5	152	3	23	22	53	51
港、澳、台商独资经营企业	43	4569	18	406	991	1494	1660
港、澳、台商投资股份有限公司	15	1945	18	353	565	491	518
外商投资企业	173	17837	164	3381	5765	5061	3466
中外合资经营企业	85	8444	71	1398	2302	2433	2240
中外合作经营企业	11	359	14	110	131	87	17
外资企业	66	7722	76	1725	3076	2256	589
外商投资股份有限公司	11	1312	3	148	256	285	620

1-8 按行业(门类、大类、中类、小类)、学历分组的法人单位数及从业人员数

行业	法人单位数(个)	从业人员数(人)	具有研究生及以上学历人员	具有大学本科学历人员	具有大专学历人员	具有高中学历人员	具有初中及以下学历人员
总计	**88115**	**3143501**	**34778**	**500952**	**814984**	**895968**	**896819**
农、林、牧、渔业	203	517814	244	17856	42084	149472	308158
农业	157	499238	234	17284	39832	143412	298476
谷物及其他作物的种植	138	450858	183	15463	36860	128053	270299
谷物的种植	33	74500	17	1855	6118	23417	43093
油料的种植	6	12156	4	666	1808	2291	7387
豆类的种植	1	4462		112	214	929	3207
棉花的种植	94	353521	162	12174	28227	99664	213294
糖料的种植	1	2941		532	275	1320	814
其他作物的种植	3	3278		124	218	432	2504
蔬菜、园艺作物的种植	10	28361	49	1516	1879	8452	16465
蔬菜的种植	9	26023	48	1392	1803	7231	15549
其他园艺作物的种植	1	2338	1	124	76	1221	916
水果、坚果、饮料和香料作物的种植	9	20019	2	305	1093	6907	11712
水果、坚果的种植	7	15666		282	841	4683	9860
茶及其他饮料作物的种植	1	2290		13	104	426	1747
香料作物的种植	1	2063	2	10	148	1798	105
林业	6	795	2	65	179	372	177
林木的培育和种植	3	379	2	35	92	180	70
造林	1	245	1	31	67	146	
林木的抚育和管理	2	134	1	4	25	34	70
木材和竹材的采运	3	416		30	87	192	107
木材的采运	3	416		30	87	192	107
畜牧业	19	16852	8	437	1843	5390	9174
牲畜的饲养	18	16843	8	437	1843	5385	9170
猪的饲养	1	9				5	4
渔业	2	51		5	6	9	31
内陆渔业	2	51		5	6	9	31
内陆养殖	2	51		5	6	9	31
农、林、牧、渔服务业	19	878		65	224	289	300
农业服务业	16	704		48	191	221	244
灌溉服务	1	158		6	71	53	28
农产品初加工服务	4	427		28	49	138	212
其他农业服务	11	119		14	71	30	4
林业服务业	2	164		17	30	63	54
畜牧服务业	1	10			3	5	2
其他畜牧服务	1	10			3	5	2
采矿业	1625	214842	1382	28841	37803	71499	75317
煤炭开采和洗选业	332	58994	118	2088	6538	16196	34054
烟煤和无烟煤的开采洗选	330	58865	118	2088	6528	16177	33954
褐煤的开采洗选	1	120			5	15	100
其他煤炭采选	1	9			5	4	
石油和天然气开采业	66	122936	1091	24687	25562	43868	27728
天然原油和天然气开采	8	95354	966	21745	20392	31654	20597
与石油和天然气开采有关的服务活动	58	27582	125	2942	5170	12214	7131

1-8 续表 1

行业	法人单位数（个）	从业人员数（人）	具有研究生及以上学历人员	具有大学本科学历人员	具有大专学历人员	具有高中学历人员	具有初中及以下学历人员
黑色金属矿采选业	581	12454	53	870	2409	4717	4405
铁矿采选	553	11786	52	826	2300	4453	4155
其他黑色金属矿采选	28	668	1	44	109	264	250
有色金属矿采选业	279	12344	77	807	1954	3966	5540
常用有色金属矿采选	196	7824	70	638	1349	2696	3071
铜矿采选	106	4489	51	375	703	1300	2060
铅锌矿采选	50	2158	11	139	334	856	818
镍钴矿采选	17	964	8	107	228	445	176
铝矿采选	1	5			5		
其他常用有色金属矿采选	22	208		17	79	95	17
贵金属矿采选	68	3315	6	127	457	1173	1552
金矿采选	67	3300	6	122	447	1173	1552
其他贵金属矿采选	1	15		5	10		
稀有稀土金属矿采选	15	1205	1	42	148	97	917
钨钼矿采选	8	90		9	34	33	14
稀土金属矿采选	1	25	1	5		17	2
其他稀有金属矿采选	6	1090		28	114	47	901
非金属矿采选业	340	8000	38	376	1298	2706	3582
土砂石开采	240	3292	28	168	501	1090	1505
石灰石、石膏开采	58	868	4	29	106	233	496
建筑装饰用石开采	50	569	7	38	128	220	176
耐火土石开采	5	69			6	13	50
粘土及其他土砂石开采	127	1786	17	101	261	624	783
化学矿采选	8	633		13	38	177	405
采盐	10	1462	1	43	254	599	565
石棉及其他非金属矿采选	82	2613	9	152	505	840	1107
石棉、云母矿采选	13	1092		23	257	268	544
石墨、滑石采选	5	88		6	18	32	32
宝石、玉石开采	36	596		41	93	218	244
其他非金属矿采选	28	837	9	82	137	322	287
其他采矿业	27	114	5	13	42	46	8
制造业	7353	422359	1940	33930	73707	172882	139900
农副食品加工业	809	32959	239	1963	5549	12861	12347
谷物磨制	198	3948	22	154	638	1607	1527
饲料加工	67	3038	77	544	824	771	822
植物油加工	221	9125	33	447	1595	3464	3586
食用植物油加工	214	8995	31	440	1551	3430	3543
非食用植物油加工	7	130	2	7	44	34	43
制糖	15	8739	1	146	1004	4203	3385
屠宰及肉类加工	139	4109	33	372	745	1419	1540
畜禽屠宰	78	2390	16	227	474	748	925
肉制品及副产品加工	61	1719	17	145	271	671	615
水产品加工	7	105			26	33	46
水产品冷冻加工	4	77			16	25	36
鱼糜制品及水产品干腌制加工	2	24			7	7	10

1-8　续表 2

行　　业	法　人 单位数 (个)	从　业 人员数 (人)					
			具有研究生及以上学历人员	具有大学本科学历人员	具有大专学历人员	具有高中学历人员	具有初中及以下学历人员
水产饲料制造	1	4			3	1	
蔬菜、水果和坚果加工	99	2219	3	158	462	745	851
其他农副食品加工	63	1676	70	142	255	619	590
淀粉及淀粉制品的制造	27	1009	11	62	108	449	379
豆制品制造	8	153	1	14	23	49	66
蛋品加工	1	5					5
其他未列明的农副食品加工	27	509	58	66	124	121	140
食品制造业	340	17962	143	2142	4277	6091	5309
焙烤食品制造	55	1558	1	100	301	468	688
糕点、面包制造	44	962	1	52	215	320	374
饼干及其他焙烤食品制造	11	596		48	86	148	314
糖果、巧克力及蜜饯制造	15	609	1	89	233	158	128
糖果、巧克力制造	6	293		47	103	67	76
蜜饯制作	9	316	1	42	130	91	52
方便食品制造	23	2445	1	534	647	769	494
米、面制品制造	9	81		2	9	42	28
速冻食品制造	4	134		8	55	24	47
方便面及其他方便食品制造	10	2230	1	524	583	703	419
液体乳及乳制品制造	70	4138	20	361	688	1639	1430
罐头制造	71	3998	75	387	1097	1632	807
肉、禽类罐头制造	3	77		2	7	31	37
蔬菜、水果罐头制造	65	3907	75	385	1090	1595	762
其他罐头食品制造	3	14				6	8
调味品、发酵制品制造	32	2253	16	175	574	699	789
味精制造	4	828	3	37	60	243	485
酱油、食醋及类似制品的制造	19	748	2	56	234	268	188
其他调味品、发酵制品制造	9	677	11	82	280	188	116
其他食品制造	74	2961	29	496	737	726	973
营养、保健食品制造	26	446	3	37	94	187	125
冷冻饮品及食用冰制造	11	871	10	78	263	171	349
盐加工	13	574	1	30	82	195	266
食品及饲料添加剂制造	19	894	13	342	283	103	153
其他未列明的食品制造	5	176	2	9	15	70	80
饮料制造业	309	12333	50	967	2872	3843	4601
酒精制造	5	304		4	23	107	170
酒的制造	159	8880	29	654	1984	2673	3540
白酒制造	99	4666	18	173	684	1573	2218
啤酒制造	17	2911	1	341	894	604	1071
葡萄酒制造	32	1168	10	131	370	441	216
其他酒制造	11	135		9	36	55	35
软饮料制造	134	2847	18	296	815	984	734
碳酸饮料制造	11	66		8	19	33	6
瓶(罐)装饮用水制造	62	956	9	53	184	416	294
果菜汁及果菜汁饮料制造	42	1086	6	164	303	400	213
含乳饮料和植物蛋白饮料制造	8	238		2	29	66	141

1-8 续表 3

行业	法人单位数(个)	从业人员数(人)	具有研究生及以上学历人员	具有大学本科学历人员	具有大专学历人员	具有高中学历人员	具有初中及以下学历人员
固体饮料制造	2	32			1	7	24
茶饮料及其他软饮料制造	9	469	3	69	279	62	56
精制茶加工	11	302	3	13	50	79	157
烟草制品业	1	518	4	124	232	136	22
卷烟制造	1	518	4	124	232	136	22
纺织业	259	84676	79	3106	4864	51886	24741
棉、化纤纺织及印染精加工	141	75806	46	2424	3733	49328	20275
棉、化纤纺织加工	137	75649	46	2405	3702	49240	20256
棉、化纤印染精加工	4	157		19	31	88	19
毛纺织和染整精加工	20	2304	8	475	511	787	523
毛条加工	9	309	7	43	69	159	31
毛纺织	11	1995	1	432	442	628	492
麻纺织	11	2101	2	25	120	680	1274
丝绢纺织及精加工	3	127		3	11	48	65
缫丝加工	1	5				1	4
绢纺和丝织加工	2	122		3	11	47	61
纺织制成品制造	46	731		28	100	258	345
棉及化纤制品制造	22	249		19	59	112	59
毛制品制造	4	103			15	41	47
麻制品制造	1	150				30	120
丝制品制造	1	8			6	2	
绳、索、缆的制造	3	10			2	2	6
纺织带和帘子布制造	2	49		2	2	10	35
无纺布制造	5	77		3	7	17	50
其他纺织制成品制造	8	85		4	9	44	28
针织品、编织品及其制品制造	38	3607	23	151	389	785	2259
棉、化纤针织品及编织品制造	20	1693	2	42	188	363	1098
毛针织品及编织品制造	15	1877	21	107	194	412	1143
丝针织品及编织品制造	2	22		2	4		16
其他针织品及编织品制造	1	15			3	10	2
纺织服装、鞋、帽制造业	122	2893		70	359	1209	1255
纺织服装制造	118	2642		69	357	1115	1101
纺织面料鞋的制造	3	211			1	86	124
制帽	1	40		1	1	8	30
皮革、毛皮、羽毛(绒)及其制品业	36	796	3	26	122	245	400
皮革鞣制加工	14	471	2	21	79	126	243
皮革制品制造	14	197		1	18	61	117
皮鞋制造	7	175			14	48	113
皮革服装制造	4	11			3	7	1
皮箱、包(袋)制造	1	3		1	1	1	
其他皮革制品制造	2	8				5	3
毛皮鞣制及制品加工	4	100	1	3	20	36	40
毛皮鞣制加工	2	61	1		14	20	26
毛皮服装加工	1	38		3	5	16	14
其他毛皮制品加工	1	1			1		

1-8　续表 4

行　　业	法　人单位数(个)	从　业人员数(人)	具有研究生及以上学历人员	具有大学本科学历人员	具有大专学历人员	具有高中学历人员	具有初中及以下学历人员
羽毛(绒)加工及制品制造	4	28		1	5	22	
羽毛(绒)加工	1	1				1	
羽毛(绒)制品加工	3	27		1	5	21	
木材加工及木、竹、藤、棕、草制品业	178	3857	9	102	372	1350	2024
锯材、木片加工	58	683	1	19	66	237	360
锯材加工	32	270		10	32	112	116
木片加工	26	413	1	9	34	125	244
人造板制造	74	2347	8	56	212	842	1229
胶合板制造	31	605		7	43	171	384
纤维板制造	17	1231	3	28	111	450	639
刨花板制造	13	238	5	10	37	103	83
其他人造板、材制造	13	273		11	21	118	123
木制品制造	43	762		26	94	253	389
建筑用木料及木材组件加工	28	216		21	52	57	86
木容器制造	3	162			24	13	125
软木制品及其他木制品制造	12	384		5	18	183	178
竹、藤、棕、草制品制造	3	65		1		18	46
家具制造业	147	4787	22	400	721	1556	2088
木质家具制造	116	4021	7	334	627	1260	1793
金属家具制造	20	723	15	63	88	273	284
塑料家具制造	3	25			5	11	9
其他家具制造	8	18		3	1	12	2
造纸及纸制品业	195	8531	14	566	1281	2973	3697
纸浆制造	7	1755	2	112	381	506	754
造纸	58	3353	4	149	450	1150	1600
机制纸及纸板制造	45	3238	4	138	438	1095	1563
加工纸制造	13	115		11	12	55	37
纸制品制造	130	3423	8	305	450	1317	1343
纸和纸板容器的制造	96	2943	2	289	373	1141	1138
其他纸制品制造	34	480	6	16	77	176	205
印刷业和记录媒介的复制	330	6497	39	372	1363	2884	1839
印刷	300	6126	39	352	1307	2704	1724
书、报、刊印刷	146	4081	17	215	859	1735	1255
本册印制	70	738	4	49	152	362	171
包装装潢及其他印刷	84	1307	18	88	296	607	298
装订及其他印刷服务活动	30	371		20	56	180	115
文教体育用品制造业	18	275		18	31	90	136
文化用品制造	8	137		2	9	24	102
文具制造	2	21			2	3	16
笔的制造	2	100		1	6	15	78
教学用模型及教具制造	3	14		1	1	4	8
墨水、墨汁制造	1	2				2	
体育用品制造	9	120		10	18	58	34
体育器材及配件制造	2	31		5	3	4	19
训练健身器材制造	5	27		3	7	9	8

1-8 续表 5

行　业	法人单位数(个)	从业人员数(人)	具有研究生及以上学历人员	具有大学本科学历人员	具有大专学历人员	具有高中学历人员	具有初中及以下学历人员
运动防护用具制造	2	62		2	8	45	7
游艺器材及娱乐用品制造	1	18		6	4	8	
露天游乐场所游乐设备制造	1	18		6	4	8	
石油加工、炼焦及核燃料加工业	185	32551	277	6651	8901	10400	6322
精炼石油产品的制造	102	26442	263	6355	8030	8236	3558
原油加工及石油制品制造	102	26442	263	6355	8030	8236	3558
炼焦	83	6109	14	296	871	2164	2764
化学原料及化学制品制造业	639	51379	276	6036	15404	16978	12685
基础化学原料制造	123	22055	75	1872	5544	7445	7119
无机酸制造	10	605		7	75	289	234
无机碱制造	6	4393	34	452	2164	1354	389
无机盐制造	42	6547	14	386	997	2521	2629
有机化学原料制造	23	9350	27	936	2121	2856	3410
其他基础化学原料制造	42	1160		91	187	425	457
肥料制造	153	6710	30	460	1479	3197	1544
氮肥制造	4	2238	1	86	636	1102	413
磷肥制造	2	190			46	112	32
钾肥制造	7	1945	5	209	377	1155	199
复混肥料制造	61	1271	15	83	213	457	503
有机肥料及微生物肥料制造	56	875	8	60	139	313	355
其他肥料制造	23	191	1	22	68	58	42
农药制造	10	71	3	10	14	17	27
化学农药制造	5	44	2	6	10	13	13
生物化学农药及微生物农药制造	5	27	1	4	4	4	14
涂料、油墨、颜料及类似产品制造	90	981	7	102	228	402	242
涂料制造	76	866	7	95	205	332	227
油墨及类似产品制造	8	27		6	9	10	2
密封用填料及类似品制造	6	88		1	14	60	13
合成材料制造	22	12134	100	2741	5967	2696	630
初级形态的塑料及合成树脂制造	12	11726	94	2652	5857	2498	625
合成橡胶制造	1	3			1	1	1
合成纤维单(聚合)体的制造	1	206	2	25	48	131	
其他合成材料制造	8	199	4	64	61	66	4
专用化学产品制造	201	8637	56	759	2028	2984	2810
化学试剂和助剂制造	97	3379	35	357	823	1172	992
专项化学用品制造	75	2785	11	240	785	790	959
林产化学产品制造	1	10			1	2	7
炸药及火工产品制造	8	2094	4	94	353	937	706
信息化学品制造	1	112	6	59	25	13	9
动物胶制造	8	215		6	31	49	129
其他专用化学产品制造	11	42		3	10	21	8
日用化学产品制造	40	791	5	92	144	237	313
肥皂及合成洗涤剂制造	18	548	1	66	68	150	263
化妆品制造	11	149	4	23	56	51	15
香料、香精制造	4	35		1	8	15	11

1-8 续表 6

行 业	法 人单位数(个)	从 业人员数(人)	具有研究生及以上学历人员	具有大学本科学历人员	具有大专学历人员	具有高中学历人员	具有初中及以下学历人员
其他日用化学产品制造	7	59		2	12	21	24
医药制造业	94	4074	56	491	1141	1459	927
化学药品原药制造	10	349		8	45	198	98
化学药品制剂制造	8	1093	14	144	353	480	102
中药饮片加工	20	1055	3	88	247	343	374
中成药制造	25	908	23	139	232	260	254
兽用药品制造	5	130	4	11	29	21	65
生物、生化制品的制造	16	461	11	95	214	115	26
卫生材料及医药用品制造	10	78	1	6	21	42	8
化学纤维制造业	19	8547	14	383	1159	3469	3522
纤维素纤维原料及纤维制造	18	8545	14	382	1158	3469	3522
化纤浆粕制造	8	4153	6	162	473	1444	2068
人造纤维(纤维素纤维)制造	10	4392	8	220	685	2025	1454
合成纤维制造	1	2		1	1		
涤纶纤维制造	1	2		1	1		
橡胶制品业	46	2038	3	48	215	965	807
轮胎制造	9	1316	2	20	106	712	476
车辆、飞机及工程机械轮胎制造	2	1280	2	19	99	698	462
轮胎翻新加工	7	36		1	7	14	14
橡胶板、管、带的制造	17	320	1	12	50	168	89
橡胶零件制造	13	141		4	37	40	60
再生橡胶制造	3	115		2	8	31	74
日用及医用橡胶制品制造	1	125		8	11	14	92
橡胶靴鞋制造	1	1			1		
其他橡胶制品制造	2	20		2	2		16
塑料制品业	663	15425	66	1753	2615	5064	5927
塑料薄膜制造	100	2199	12	92	355	630	1110
塑料板、管、型材的制造	242	6890	39	1332	1275	2482	1762
塑料丝、绳及编织品的制造	84	2646	5	79	290	727	1545
泡沫塑料制造	57	531		29	109	208	185
塑料人造革、合成革制造	1	1					1
塑料包装箱及容器制造	38	846	4	113	185	273	271
塑料零件制造	6	75		1	20	38	16
日用塑料制造	51	510	1	38	102	180	189
塑料鞋制造	1	1				1	
日用塑料杂品制造	50	509	1	38	102	179	189
其他塑料制品制造	84	1727	5	69	279	526	848
非金属矿物制品业	1282	53168	150	2351	7290	17731	25646
水泥、石灰和石膏的制造	119	22371	30	1133	3596	7168	10444
水泥制造	81	20955	25	914	3295	6843	9878
石灰和石膏制造	38	1416	5	219	301	325	566
水泥及石膏制品制造	258	8342	53	502	1534	3586	2667
水泥制品制造	140	6579	42	366	1153	2915	2103
砼结构构件制造	60	916	10	98	231	316	261
石棉水泥制品制造	4	81		5	10	36	30

1-8 续表 7

行　　业	法人单位数(个)	从业人员数(人)	具有研究生及以上学历人员	具有大学本科学历人员	具有大专学历人员	具有高中学历人员	具有初中及以下学历人员
轻质建筑材料制造	36	530	1	24	105	230	170
其他水泥制品制造	18	236		9	35	89	103
砖瓦、石材及其他建筑材料制造	771	15327	50	396	1389	4530	8962
粘土砖瓦及建筑砌块制造	505	10628	20	143	590	3016	6859
建筑陶瓷制品制造	33	1808	3	61	226	379	1139
建筑用石加工	67	976	7	51	177	425	316
防水建筑材料制造	35	375	1	19	67	153	135
隔热和隔音材料制造	85	927	15	92	226	314	280
其他建筑材料制造	46	613	4	30	103	243	233
玻璃及玻璃制品制造	67	3696	5	118	332	1184	2057
平板玻璃制造	16	624		26	60	182	356
技术玻璃制品制造	9	276		11	73	102	90
日用玻璃制品及玻璃包装容器制造	12	1180		13	64	273	830
玻璃保温容器制造	2	357		4	26	43	284
玻璃纤维及制品制造	5	540	2	41	46	290	161
玻璃纤维增强塑料制品制造	20	695	3	23	58	287	324
其他玻璃制品制造	3	24			5	7	12
陶瓷制品制造	7	209		3	28	41	137
卫生陶瓷制品制造	3	160		3	21	24	112
特种陶瓷制品制造	2	33			4	10	19
日用陶瓷制品制造	1	5			2	1	2
园林、陈设艺术及其他陶瓷制品制造	1	11			1	6	4
耐火材料制品制造	23	687	2	15	127	365	178
石棉制品制造	3	21		1	2	11	7
云母制品制造	1	7		1	2	4	
耐火陶瓷制品及其他耐火材料制造	19	659	2	13	123	350	171
石墨及其他非金属矿物制品制造	37	2536	10	184	284	857	1201
石墨及碳素制品制造	10	1372	2	145	160	423	642
其他非金属矿物制品制造	27	1164	8	39	124	434	559
黑色金属冶炼及压延加工业	91	28421	117	1794	4894	12698	8918
炼铁	32	15314	82	1023	2491	7269	4449
炼钢	4	244		5	10	156	73
钢压延加工	41	11411	35	713	2273	4690	3700
铁合金冶炼	14	1452		53	120	583	696
有色金属冶炼及压延加工业	68	7169	6	434	993	3047	2689
常用有色金属冶炼	27	4391	3	293	577	1708	1810
铜冶炼	12	605	1	18	30	293	263
铅锌冶炼	3	168		4	16	70	78
镍钴冶炼	2	1338		83	267	590	398
铝冶炼	6	1968	1	170	238	639	920
镁冶炼	2	79	1	2	3	50	23
其他常用有色金属冶炼	2	233		16	23	66	128
贵金属冶炼	25	2097	3	107	303	1115	569
金冶炼	25	2097	3	107	303	1115	569
有色金属合金制造	3	70		3	13	41	13

1-8　续表 8

行　业	法　人 单位数 (个)	从　业 人员数 (人)	具有研究生及以上学历人员	具有大学本科学历人员	具有大专学历人员	具有高中学历人员	具有初中及以下学历人员
有色金属压延加工	13	611		31	100	183	297
常用有色金属压延加工	12	608		31	99	182	296
贵金属压延加工	1	3			1	1	1
金属制品业	475	11229	45	602	1841	4098	4643
结构性金属制品制造	298	5903	36	340	989	1944	2594
金属结构制造	169	4531	30	278	780	1361	2082
金属门窗制造	129	1372	6	62	209	583	512
金属工具制造	14	265		2	21	113	129
农用及园林用金属工具制造	8	150		2	16	80	52
刀剪及类似日用金属工具制造	2	77			1	30	46
其他金属工具制造	4	38			4	3	31
集装箱及金属包装容器制造	32	1775	4	132	327	647	665
集装箱制造	4	15		1	6	5	3
金属压力容器制造	4	205	1	13	47	90	54
金属包装容器制造	24	1555	3	118	274	552	608
金属丝绳及其制品的制造	24	551	3	51	111	164	222
金属丝绳及其制品的制造	24	551	3	51	111	164	222
建筑、安全用金属制品制造	44	861		25	180	372	284
建筑、家具用金属配件制造	9	110		3	18	69	20
建筑装饰及水暖管道零件制造	25	570		15	125	199	231
安全、消防用金属制品制造	5	113		4	23	53	33
其他建筑、安全用金属制品制造	5	68		3	14	51	
金属表面处理及热处理加工	15	703		18	86	480	119
金属表面处理及热处理加工	15	703		18	86	480	119
不锈钢及类似日用金属制品制造	17	175	2	6	36	76	55
金属制厨房调理及卫生器具制造	8	78	2	4	25	39	8
金属制厨用器皿及餐具制造	5	85		1	10	33	41
其他日用金属制品制造	4	12		1	1	4	6
其他金属制品制造	31	996		28	91	302	575
其他未列明的金属制品制造	31	996		28	91	302	575
通用设备制造业	325	6869	49	430	1401	2740	2249
锅炉及原动机制造	52	852	2	55	198	281	316
锅炉及辅助设备制造	50	817	2	55	194	250	316
内燃机及配件制造	1	31			1	30	
其他原动机制造	1	4			3	1	
金属加工机械制造	24	184	2	22	67	73	20
金属切削机床制造	3	22	1	5	7	6	3
金属成形机床制造	2	15			9	2	4
铸造机械制造	6	24		6	9	9	
金属切割及焊接设备制造	2	9			2	7	
机床附件制造	1	4			2	2	
其他金属加工机械制造	10	110	1	11	38	47	13
起重运输设备制造	13	512	1	31	137	260	83
泵、阀门、压缩机及类似机械的制造	9	295		25	76	73	121

1-8 续表 9

行　业	法人单位数(个)	从业人员数(人)	具有研究生及以上学历人员	具有大学本科学历人员	具有大专学历人员	具有高中学历人员	具有初中及以下学历人员
泵及真空设备制造	6	282		24	74	65	119
阀门和旋塞的制造	1	1					1
液压和气压动力机械及元件制造	2	12		1	2	8	1
轴承、齿轮、传动和驱动部件的制造	4	324	2	11	64	97	150
轴承制造	2	287	2	10	60	85	130
齿轮、传动和驱动部件制造	2	37		1	4	12	20
风机、衡器、包装设备等通用设备制造	39	668	13	56	149	346	104
风机、风扇制造	15	230		12	41	131	46
气体、液体分离及纯净设备制造	2	25			4	18	3
制冷、空调设备制造	7	194	5	28	56	91	14
喷枪及类似器具制造	2	26		4	5	12	5
包装专用设备制造	1	7			1	6	
衡器制造	8	121	8	10	30	60	13
其他通用设备制造	4	65		2	12	28	23
通用零部件制造及机械修理	118	2839	18	164	502	1188	967
金属密封件制造	5	229	2	9	76	93	49
紧固件、弹簧制造	10	307	1	8	57	80	161
机械零部件加工及设备修理	91	2172	14	129	346	967	716
其他通用零部件制造	12	131	1	18	23	48	41
金属铸、锻加工	66	1195	11	66	208	422	488
钢铁铸件制造	60	1050	6	52	172	390	430
锻件及粉末冶金制品制造	6	145	5	14	36	32	58
专用设备制造业	246	7357	37	643	1541	2425	2711
矿山、冶金、建筑专用设备制造	69	2479	17	336	574	753	799
采矿、采石设备制造	30	971	2	110	202	382	275
石油钻采专用设备制造	15	997	15	203	258	207	314
建筑工程用机械制造	12	385		14	55	137	179
建筑材料生产专用机械制造	12	126		9	59	27	31
化工、木材、非金属加工专用设备制造	18	125		11	36	48	30
炼油、化工生产专用设备制造	3	36		1	9	20	6
塑料加工专用设备制造	4	36		3	5	10	18
木材加工机械制造	1	2			2		
模具制造	8	48		7	18	17	6
其他非金属加工专用设备制造	2	3			2	1	
食品、饮料、烟草及饲料生产专用设备制造	8	107	3	14	25	46	19
食品、饮料、烟草工业专用设备制造	3	40		10	11	11	8
农副食品加工专用设备制造	4	55	3	4	12	31	5
饲料生产专用设备制造	1	12			2	4	6
印刷、制药、日化生产专用设备制造	5	65		1	10	34	20
印刷专用设备制造	2	19			7	12	
照明器具生产专用设备制造	1	5			1	2	2
其他日用品生产专用设备制造	2	41		1	2	20	18
纺织、服装和皮革工业专用设备制造	9	246		8	33	120	85
纺织专用设备制造	8	230		7	32	111	80

1-8　续表 10

行　业	法人单位数（个）	从业人员数（人）	具有研究生及以上学历人员	具有大学本科学历人员	具有大专学历人员	具有高中学历人员	具有初中及以下学历人员
其他服装加工专用设备制造	1	16		1	1	9	5
电子和电工机械专用设备制造	7	102	10	7	33	33	19
电工机械专用设备制造	5	92	10	4	30	31	17
电子工业专用设备制造	2	10		3	3	2	2
农、林、牧、渔专用机械制造	95	3744	6	215	665	1190	1668
拖拉机制造	4	87		20	23	38	6
机械化农业及园艺机具制造	58	2752	4	155	480	828	1285
畜牧机械制造	4	236		10	38	61	127
农林牧渔机械配件制造	7	33		1	5	13	14
其他农林牧渔业机械制造及机械修理	22	636	2	29	119	250	236
医疗仪器设备及器械制造	12	111		11	29	54	17
医疗诊断、监护及治疗设备制造	1	1		1			
医疗、外科及兽医用器械制造	1	6			1	2	3
假肢、人工器官及植(介)入器械制造	7	43		6	17	15	5
其他医疗设备及器械制造	3	61		4	11	37	9
环保、社会公共安全及其他专用设备制造	23	378	1	40	136	147	54
环境污染防治专用设备制造	8	101		4	22	61	14
商业、饮食、服务业专用设备制造	1	10		1	1	2	6
社会公共安全设备及器材制造	1	8		2	6		
交通安全及管制专用设备制造	1	5			2	3	
水资源专用机械制造	4	145		27	71	47	
其他专用设备制造	8	109	1	6	34	34	34
交通运输设备制造业	147	4312	40	249	777	2041	1205
铁路运输设备制造	5	330		8	91	176	55
铁路机车车辆配件制造	2	136		5	17	83	31
铁路专用设备及器材、配件制造	1	43		3	13	27	
其他铁路设备制造及设备修理	2	151			61	66	24
汽车制造	128	3789	40	227	645	1766	1111
汽车整车制造	2	963	12	108	232	611	
改装汽车制造	4	406		21	83	170	132
汽车车身、挂车的制造	7	305	6	21	44	114	120
汽车零部件及配件制造	11	250	4	17	47	105	77
汽车修理	104	1865	18	60	239	766	782
摩托车制造	1	5			2	3	
摩托车整车制造	1	5			2	3	
自行车制造	5	34		4	7	18	5
脚踏自行车及残疾人座车制造	2	9		1	3	5	
助动自行车制造	3	25		3	4	13	5
交通器材及其他交通运输设备制造	8	154		10	32	78	34
交通管理用金属标志及设施制造	6	141		9	24	75	33
其他交通运输设备制造	2	13		1	8	3	1
电气机械及器材制造业	222	7973	167	1728	2410	2724	944
电机制造	5	1247	73	595	388	139	52
发电机及发电机组制造	4	1239	73	594	387	133	52

1-8 续表 11

行　业	法人单位数（个）	从业人员数（人）	具有研究生及以上学历人员	具有大学本科学历人员	具有大专学历人员	具有高中学历人员	具有初中及以下学历人员
电动机制造	1	8		1	1	6	
输配电及控制设备制造	129	5195	66	962	1586	2013	568
变压器、整流器和电感器制造	20	2641	37	673	850	860	221
电容器及其配套设备制造	6	71	1	13	9	35	13
配电开关控制设备制造	83	2156	22	243	635	986	270
电力电子元器件制造	2	12		1	3	3	5
其他输配电及控制设备制造	18	315	6	32	89	129	59
电线、电缆、光缆及电工器材制造	46	1202	18	94	319	495	276
电线电缆制造	40	872	17	52	233	328	242
绝缘制品制造	4	318	1	41	84	160	32
其他电工器材制造	2	12		1	2	7	2
电池制造	2	7		1	2	2	2
家用电力器具制造	9	34	2	12	10	10	
家用制冷电器具制造	2	7		2	2	3	
家用通风电器具制造	1	3		3			
家用厨房电器具制造	2	6	1		5		
家用清洁卫生电器具制造	1	5		3		2	
其他家用电力器具制造	3	13	1	4	3	5	
非电力家用器具制造	11	151	4	40	55	26	26
燃气、太阳能及类似能源的器具制造	11	151	4	40	55	26	26
照明器具制造	14	80	4	19	31	18	8
照明灯具制造	13	78	4	18	30	18	8
灯用电器附件及其他照明器具制造	1	2		1	1		
其他电气机械及器材制造	6	57		5	19	21	12
车辆专用照明及电气信号设备装置制造	1	11		2	9		
其他未列明的电气机械制造	5	46		3	10	21	12
通信设备、计算机及其他电子设备制造业	12	3182	17	253	591	1035	1286
通信设备制造	2	66		11	40	15	
通信传输设备制造	1	2			1	1	
移动通信及终端设备制造	1	64		11	39	14	
广播电视设备制造	2	173		6	15	63	89
广播电视接收设备及器材制造	2	173		6	15	63	89
电子器件制造	1	3			1		2
光电子器件及其他电子器件制造	1	3			1		2
电子元件制造	4	2869	17	234	511	920	1187
电子元件及组件制造	4	2869	17	234	511	920	1187
家用视听设备制造	2	70		2	24	36	8
家用影视设备制造	2	70		2	24	36	8
其他电子设备制造	1	1				1	
仪器仪表及文化、办公用机械制造业	21	367	8	94	115	126	24
通用仪器仪表制造	8	189	5	65	60	53	6
工业自动控制系统装置制造	2	47	1	30	12	4	
电工仪器仪表制造	2	16	1	4	6	5	
供应用仪表及其他通用仪器制造	4	126	3	31	42	44	6

1-8 续表 12

行业	法人单位数(个)	从业人员数(人)	具有研究生及以上学历人员	具有大学本科学历人员	具有大专学历人员	具有高中学历人员	具有初中及以下学历人员
专用仪器仪表制造	6	101	3	26	47	22	3
地质勘探和地震专用仪器制造	2	74	1	16	41	15	1
电子测量仪器制造	1	2					2
其他专用仪器制造	3	25	2	10	6	7	
光学仪器及眼镜制造	1	5				5	
眼镜制造	1	5				5	
文化、办公用机械制造	2	31			2	19	10
计算器及货币专用设备制造	1	6			2	4	
其他文化、办公用机械制造	1	25				15	10
其他仪器仪表的制造及修理	4	41		3	6	27	5
工艺品及其他制造业	49	2003	8	125	322	665	883
工艺美术品制造	33	770	4	41	99	175	451
雕塑工艺品制造	4	13		1	4	5	3
金属工艺品制造	4	25		3	4	18	
天然植物纤维编织工艺品制造	3	38		9	22	7	
地毯、挂毯制造	14	647	4	18	55	122	448
珠宝首饰及有关物品的制造	4	24		4	6	14	
其他工艺美术品制造	4	23		6	8	9	
日用杂品制造	4	61		1	18	34	8
制镜及类似品加工	2	48		1	13	29	5
其他日用杂品制造	2	13			5	5	3
煤制品制造	7	1133	4	81	191	439	418
其他未列明的制造业	5	39		2	14	17	6
废弃资源和废旧材料回收加工业	25	211	2	9	54	93	53
金属废料和碎屑的加工处理	11	109	2	7	37	42	21
非金属废料和碎屑的加工处理	14	102		2	17	51	32
电力、燃气及水的生产和供应业	535	60106	525	6111	17706	21325	14439
电力、热力的生产和供应业	367	50666	501	5344	14953	17474	12394
电力生产	157	19553	86	3014	5707	6217	4529
火力发电	35	14281	50	2471	4194	4367	3199
水力发电	100	4719	28	409	1331	1674	1277
其他能源发电	22	553	8	134	182	176	53
电力供应	25	20575	389	1761	6584	6824	5017
热力生产和供应	185	10538	26	569	2662	4433	2848
燃气生产和供应业	44	2391	15	259	642	1041	434
水的生产和供应业	124	7049	9	508	2111	2810	1611
自来水的生产和供应	113	6489	7	465	1884	2606	1527
污水处理及其再生利用	11	560	2	43	227	204	84
建筑业	1763	207268	630	18904	47015	60355	80364
房屋和土木工程建筑业	794	175842	398	15228	38675	49885	71656
房屋工程建筑	417	123294	199	9108	24814	37162	52011
土木工程建筑	377	52548	199	6120	13861	12723	19645
铁路、道路、隧道和桥梁工程建筑	121	31555	63	3574	8593	7070	12255
水利和港口工程建筑	70	10713	19	1298	2524	2518	4354

1-8 续表 13

行业	法人单位数(个)	从业人员数(人)	具有研究生及以上学历人员	具有大学本科学历人员	具有大专学历人员	具有高中学历人员	具有初中及以下学历人员
工矿工程建筑	32	3507	6	201	579	870	1851
架线和管道工程建筑	57	5197	43	816	1677	1778	883
其他土木工程建筑	97	1576	68	231	488	487	302
建筑安装业	362	22772	169	2598	5684	7354	6967
建筑装饰业	406	4944	28	525	1587	1919	885
其他建筑业	201	3710	35	553	1069	1197	856
工程准备	89	2278	31	455	668	708	416
提供施工设备服务	26	363		22	64	140	137
其他未列明的建筑活动	86	1069	4	76	337	349	303
交通运输、仓储和邮政业	2123	110904	407	10947	21326	42879	35345
铁路运输业	15	115	3	9	37	47	19
铁路旅客运输	1	48			13	25	10
铁路货物运输	13	65	3	8	23	22	9
铁路运输辅助活动	1	2		1	1		
货运火车站	1	2		1	1		
道路运输业	1077	62127	236	5668	11099	23030	22094
公路旅客运输	172	6954	19	328	1234	3601	1772
道路货物运输	693	37829	90	3047	5474	14302	14916
道路运输辅助活动	212	17344	127	2293	4391	5127	5406
客运汽车站	63	3672	47	143	680	1333	1469
公路管理与养护	121	13442	78	2113	3641	3713	3897
其他道路运输辅助活动	28	230	2	37	70	81	40
城市公共交通业	145	17142	15	284	1591	9201	6051
公共电汽车客运	54	14361	13	205	1230	8015	4898
轨道交通	1	76		5	18	53	
出租车客运	80	2560	2	68	322	1055	1113
其他城市公共交通	10	145		6	21	78	40
航空运输业	21	4447	42	2472	1351	539	43
航空客货运输	5	27		4	11	4	8
通用航空服务	6	268		102	77	65	24
航空运输辅助活动	10	4152	42	2366	1263	470	11
机场	2	3268	5	1956	954	349	4
空中交通管理	2	830	37	399	281	106	7
其他航空运输辅助活动	6	54		11	28	15	
管道运输业	5	911	21	397	192	176	125
管道运输业	5	911	21	397	192	176	125
装卸搬运和其他运输服务业	627	10179	54	890	2507	2657	4071
装卸搬运	96	5366	4	100	568	1171	3523
运输代理服务	531	4813	50	790	1939	1486	548
仓储业	193	3909	19	382	1175	1350	983
谷物、棉花等农产品仓储	61	1613	8	185	587	514	319
其他仓储	132	2296	11	197	588	836	664
邮政业	40	12074	17	845	3374	5879	1959
国家邮政	21	10637	6	766	3136	5277	1452

1-8 续表 14

行 业	法人单位数(个)	从业人员数(人)	具有研究生及以上学历人员	具有大学本科学历人员	具有大专学历人员	具有高中学历人员	具有初中及以下学历人员
其他寄递服务	19	1437	11	79	238	602	507
信息传输、计算机服务和软件业	1979	29938	410	7737	11872	8050	1869
电信和其他信息传输服务业	464	21900	234	5555	9169	5746	1196
电信	128	17814	193	4621	7577	4507	916
固定电信服务	40	8975	145	2403	3675	2042	710
移动电信服务	57	8469	48	2157	3739	2365	160
其他电信服务	31	370		61	163	100	46
互联网信息服务	254	1535	3	240	602	579	111
广播电视传输服务	80	2532	38	690	984	651	169
有线广播电视传输服务	47	1498	31	437	582	337	111
无线广播电视传输服务	33	1034	7	253	402	314	58
卫星传输服务	2	19		4	6	9	
计算机服务业	1352	5527	83	1003	1861	2005	575
计算机系统服务	154	1381	48	444	619	209	61
数据处理	11	92	4	32	37	7	12
计算机维修	45	279	3	83	145	38	10
其他计算机服务	1142	3775	28	444	1060	1751	492
软件业	163	2511	93	1179	842	299	98
公共软件服务	109	1827	77	866	573	229	82
基础软件服务	47	960	34	425	303	130	68
应用软件服务	62	867	43	441	270	99	14
其他软件服务	54	684	16	313	269	70	16
批发和零售业	18546	186697	1860	24259	67033	65222	28323
批发业	12634	120808	1442	16860	43545	40200	18761
农畜产品批发	979	22119	191	2188	6323	7626	5791
谷物、豆及薯类批发	102	4242	10	197	1362	1735	938
种子、饲料批发	403	4302	89	740	1305	972	1196
棉、麻批发	322	12447	74	1123	3280	4540	3430
牲畜批发	7	111	1	6	15	24	65
其他农畜产品批发	145	1017	17	122	361	355	162
食品、饮料及烟草制品批发	796	11404	127	1586	4097	4131	1463
米、面制品及食用油批发	131	2181	14	183	770	834	380
糕点、糖果及糖批发	46	298		38	103	122	35
果品、蔬菜批发	96	1533	31	154	354	631	363
肉、禽、蛋及水产品批发	41	521	4	56	155	219	87
盐及调味品批发	67	732	11	80	291	299	51
饮料及茶叶批发	228	2169	18	380	812	743	216
烟草制品批发	42	2771	30	493	1126	902	220
其他食品批发	145	1199	19	202	486	381	111
纺织、服装及日用品批发	617	4646	28	630	1956	1601	431
纺织品、针织品及原料批发	143	1001	3	99	340	392	167
服装批发	145	1069	9	175	407	380	98
鞋帽批发	17	120	1	21	45	40	13
厨房、卫生间用具及日用杂货批发	62	378	3	59	151	128	37

1-8 续表 15

行　业	法　人单位数(个)	从　业人员数(人)	具有研究生及以上学历人员	具有大学本科学历人员	具有大专学历人员	具有高中学历人员	具有初中及以下学历人员
化妆品及卫生用品批发	111	1126	8	148	545	362	63
其他日用品批发	139	952	4	128	468	299	53
文化、体育用品及器材批发	267	2163	49	360	1027	540	187
文具用品批发	122	626	20	96	271	210	29
体育用品批发	27	107	1	20	59	23	4
图书批发	36	683	15	137	299	131	101
报刊批发	1	4			2	2	
音像制品及电子出版物批发	4	203	3	41	131	21	7
首饰、工艺品及收藏品批发	29	133	1	25	59	32	16
其他文化用品批发	48	407	9	41	206	121	30
医药及医疗器材批发	361	4754	50	1068	1965	1185	486
西药批发	62	2561	11	625	962	668	295
中药材及中成药批发	34	535	8	77	157	148	145
医疗用品及器材批发	265	1658	31	366	846	369	46
矿产品、建材及化工产品批发	4334	40655	439	5100	13839	14047	7230
煤炭及制品批发	100	1513	12	197	430	499	375
石油及制品批发	507	13034	82	1300	3801	5132	2719
非金属矿及制品批发	78	291	3	67	139	52	30
金属及金属矿批发	1255	8095	107	1184	3292	2576	936
建材批发	977	5099	96	817	2140	1546	500
化肥批发	650	8133	48	613	2273	2880	2319
农药批发	132	683	13	144	243	187	96
农用薄膜批发	32	166	1	22	58	57	28
其他化工产品批发	603	3641	77	756	1463	1118	227
机械设备、五金交电及电子产品批发	4662	30402	478	5154	12628	9666	2476
农业机械批发	304	2007	15	268	659	788	277
汽车、摩托车及零配件批发	572	4658	37	555	1681	1791	594
五金、交电批发	1110	5542	69	757	2174	2007	535
家用电器批发	128	1330	6	184	611	457	72
计算机、软件及辅助设备批发	336	2556	96	723	1308	390	39
通讯及广播电视设备批发	149	1243	22	252	591	345	33
其他机械设备及电子产品批发	2063	13066	233	2415	5604	3888	926
贸易经纪与代理	182	1472	41	421	627	285	98
其他批发	436	3193	39	353	1083	1119	599
再生物资回收与批发	173	1264	5	87	371	426	375
其他未列明的批发	263	1929	34	266	712	693	224
零售业	5912	65889	418	7399	23488	25022	9562
综合零售	479	16201	36	1482	4778	7027	2878
百货零售	262	7682	27	852	2256	3423	1124
超级市场零售	95	7552	6	544	2260	3172	1570
其他综合零售	122	967	3	86	262	432	184
食品、饮料及烟草制品专门零售	384	2407	10	217	741	1039	400
粮油零售	67	626		46	179	297	104
糕点、面包零售	20	133		9	31	68	25

1-8　续表 16

行　业	法　人单位数(个)	从　业人员数(人)	具有研究生及以上学历人员	具有大学本科学历人员	具有大专学历人员	具有高中学历人员	具有初中及以下学历人员
果品、蔬菜零售	26	151		9	59	57	26
肉、禽、蛋及水产品零售	29	205		13	43	114	35
饮料及茶叶零售	104	467	2	52	129	214	70
烟草制品零售	49	241	4	22	68	111	36
其他食品零售	89	584	4	66	232	178	104
纺织、服装及日用品专门零售	464	5851	32	468	1868	2618	865
纺织品及针织品零售	90	434	1	62	144	181	46
服装零售	173	4158	17	259	1265	1928	689
鞋帽零售	17	100	1	4	35	41	19
钟表、眼镜零售	29	294	2	28	96	161	7
化妆品及卫生用品零售	48	253	4	40	110	82	17
其他日用品零售	107	612	7	75	218	225	87
文化、体育用品及器材专门零售	399	4343	69	551	1768	1529	426
文具用品零售	100	405	5	66	148	137	49
体育用品零售	44	357	4	39	133	173	8
图书零售	61	2047	51	244	884	666	202
报刊零售	2	6			5	1	
音像制品及电子出版物零售	12	69	2	21	25	19	2
珠宝首饰零售	77	853	2	85	352	310	104
工艺美术品及收藏品零售	41	282	2	47	89	109	35
照相器材零售	20	124	1	17	54	43	9
其他文化用品零售	42	200	2	32	78	71	17
医药及医疗器材专门零售	328	5481	32	764	2033	2129	523
药品零售	184	4601	19	568	1664	1872	478
医疗用品及器材零售	144	880	13	196	369	257	45
汽车、摩托车、燃料及零配件专门零售	1096	13833	57	1281	5282	4473	2740
汽车零售	292	5984	41	758	2280	2145	760
汽车零配件零售	406	2028	11	190	619	902	306
摩托车及零配件零售	123	756	1	48	150	394	163
机动车燃料零售	275	5065	4	285	2233	1032	1511
家用电器及电子产品专门零售	1322	9594	131	1523	4292	3139	509
家用电器零售	242	3112	17	386	1237	1238	234
计算机、软件及辅助设备零售	695	3510	71	655	1812	845	127
通信设备零售	194	2203	20	299	909	850	125
其他电子产品零售	191	769	23	183	334	206	23
五金、家具及室内装修材料专门零售	968	5157	30	778	1761	1877	711
五金零售	510	2077	11	204	613	959	290
家具零售	170	1988	10	420	730	503	325
涂料零售	16	71		17	32	16	6
其他室内装修材料零售	272	1021	9	137	386	399	90
无店铺及其他零售	472	3022	21	335	965	1191	510
流动货摊零售	4	17		2	8	6	1
邮购及电子销售	1	10		6	4		
生活用燃料零售	107	1197	3	61	250	553	330

1-8 续表 17

行业	法人单位数(个)	从业人员数(人)	具有研究生及以上学历人员	具有大学本科学历人员	具有大专学历人员	具有高中学历人员	具有初中及以下学历人员
花卉零售	21	86	1	11	20	40	14
旧货零售	3	12			5	1	6
其他未列明的零售	336	1700	17	255	678	591	159
住宿和餐饮业	1047	50498	115	2960	9121	19624	18678
住宿业	745	37932	84	1942	7066	14868	13972
旅游饭店	338	30629	47	1608	5793	11749	11432
一般旅馆	385	6888	36	306	1195	2928	2423
其他住宿服务	22	415	1	28	78	191	117
餐饮业	302	12566	31	1018	2055	4756	4706
正餐服务	257	10773	24	335	1612	4324	4478
快餐服务	33	1663	7	667	412	369	208
饮料及冷饮服务	3	16			2	6	8
其他餐饮服务	9	114		16	29	57	12
金融业	606	75048	1135	19889	33768	17096	3160
银行业	243	43867	779	14240	19493	7687	1668
中央银行	26	3459	163	1489	1276	418	113
商业银行	180	37593	568	11850	17024	6739	1412
其他银行	37	2815	48	901	1193	530	143
证券业	5	600	6	347	204	38	5
证券经纪与交易	3	575	4	336	194	36	5
证券投资	2	25	2	11	10	2	
保险业	169	28406	254	4710	13111	8899	1432
人寿保险	60	20585	88	3000	9828	6930	739
非人寿保险	90	7678	133	1663	3231	1958	693
保险辅助服务	19	143	33	47	52	11	
其他金融活动	189	2175	96	592	960	472	55
金融信托与管理	16	164	28	67	46	20	3
金融租赁	3	73	8	39	16	9	1
财务公司	13	62	3	15	26	18	
邮政储蓄	7	681	3	102	333	215	28
典当	71	598	27	190	257	108	16
其他未列明的金融活动	79	597	27	179	282	102	7
房地产业	2631	56991	616	6747	17992	19679	11957
房地产业	2631	56991	616	6747	17992	19679	11957
房地产开发经营	1130	20402	252	4082	9125	5160	1783
物业管理	717	27909	275	1602	5629	11712	8691
房地产中介服务	348	2768	39	482	1320	713	214
其他房地产活动	436	5912	50	581	1918	2094	1269
租赁和商务服务业	4494	93808	2147	13437	23355	29591	25278
租赁业	326	2614	22	310	934	835	513
机械设备租赁	315	2453	22	302	896	784	449
汽车租赁	98	586	2	76	207	237	64
农业机械租赁	3	12		3	8	1	
建筑工程机械与设备租赁	131	783	5	71	244	308	155

1-8　续表 18

行　业	法　人 单位数 (个)	从　业 人员数 (人)	具有研究生及以上学历人员	具有大学本科学历人员	具有大专学历人员	具有高中学历人员	具有初中及以下学历人员
计算机及通讯设备租赁	5	42	3	16	22	1	
其他机械与设备租赁	78	1030	12	136	415	237	230
文化及日用品出租	11	161		8	38	51	64
图书及音像制品出租	1	1			1		
其他文化及日用品出租	10	160		8	37	51	64
商务服务业	4168	91194	2125	13127	22421	28756	24765
企业管理服务	734	24306	400	3661	5814	7107	7324
企业管理机构	222	15215	212	1941	3147	4341	5574
投资与资产管理	346	4449	135	1104	1429	1302	479
其他企业管理服务	166	4642	53	616	1238	1464	1271
法律服务	293	2888	263	1842	663	108	12
律师及相关的法律服务	251	2510	243	1641	534	80	12
公证服务	27	257	13	143	87	14	
其他法律服务	15	121	7	58	42	14	
咨询与调查	924	7854	348	2587	3645	998	276
会计、审计及税务服务	282	3186	128	1018	1710	293	37
市场调查	24	133	18	38	63	11	3
社会经济咨询	207	1415	57	493	592	243	30
其他专业咨询	411	3120	145	1038	1280	451	206
广告业	806	5757	83	1343	2535	1490	306
知识产权服务	30	154	11	65	63	15	
职业中介服务	339	28295	754	1142	3798	11648	10953
市场管理	196	5420	34	767	1566	2082	971
旅行社	318	3029	163	661	1545	527	133
其他商务服务	528	13491	69	1059	2792	4781	4790
会议及展览服务	57	465	7	151	184	95	28
包装服务	5	23		4	15	3	1
保安服务	78	8567	6	170	1103	3296	3992
办公服务	78	595	11	88	226	219	51
其他未列明的商务服务	310	3841	45	646	1264	1168	718
科学研究、技术服务和地质勘查业	3038	65480	2591	23711	21924	11771	5483
研究与试验发展	202	7012	883	3064	1647	894	524
自然科学研究与试验发展	27	1670	375	580	410	201	104
工程和技术研究与试验发展	39	1021	48	573	254	122	24
农业科学研究与试验发展	103	3452	328	1500	798	498	328
医学研究与试验发展	20	407	39	173	90	52	53
社会人文科学研究与试验发展	13	462	93	238	95	21	15
专业技术服务业	1602	34675	1058	14166	12447	5126	1878
气象服务	145	3010	62	806	1238	718	186
地震服务	26	591	42	198	201	76	74
测绘服务	65	1606	22	493	627	266	198
技术检测	360	6738	264	2205	2537	1261	471
环境监测	55	834	59	419	241	90	25
工程技术与规划管理	673	18661	495	8960	6480	2061	665

1-8 续表 19

行　业	法　人单位数(个)	从　业人员数(人)	具有研究生及以上学历人员	具有大学本科学历人员	具有大专学历人员	具有高中学历人员	具有初中及以下学历人员
工程管理服务	384	8933	237	3282	3941	1170	303
工程勘察设计	247	9055	244	5407	2261	800	343
规划管理	42	673	14	271	278	91	19
其他专业技术服务	278	3235	114	1085	1123	654	259
科技交流和推广服务业	854	11777	257	3351	4439	2616	1114
技术推广服务	704	9872	192	2739	3718	2243	980
科技中介服务	67	923	43	325	327	154	74
其他科技服务	83	982	22	287	394	219	60
地质勘查业	380	12016	393	3130	3391	3135	1967
矿产地质勘查	177	5811	143	1356	1615	1704	993
能源矿产地质勘查	64	2835	105	744	651	748	587
固体矿产地质勘查	90	2490	32	556	701	874	327
其他矿产地质勘查	23	486	6	56	263	82	79
基础地质勘查	28	3382	154	940	932	759	597
地质勘查技术服务	175	2823	96	834	844	672	377
水利、环境和公共设施管理业	857	48686	377	5194	11450	14507	17158
水利管理业	317	22485	143	2636	6066	6161	7479
防洪管理	21	1195	10	231	366	328	260
水资源管理	250	19917	78	2193	5339	5469	6838
水库管理	45	6973	41	722	1254	1269	3687
调水、引水管理	112	10450	31	1131	3324	3360	2604
其他水资源管理	93	2494	6	340	761	840	547
其他水利管理	46	1373	55	212	361	364	381
环境管理业	231	12196	139	954	2054	3800	5249
自然保护	105	2460	35	401	738	787	499
自然保护区管理	63	1346	12	225	487	339	283
野生动植物保护	14	525	10	72	97	215	131
其他自然保护	28	589	13	104	154	233	85
环境治理	126	9736	104	553	1316	3013	4750
城市市容管理	15	1715		68	182	197	1268
城市环境卫生管理	83	7557	94	379	975	2690	3419
水污染治理	7	165		18	48	74	25
危险废物治理	4	35	2	11	13	1	8
其他环境治理	17	264	8	77	98	51	30
公共设施管理业	309	14005	95	1604	3330	4546	4430
市政公共设施管理	71	2788	38	460	814	753	723
城市绿化管理	132	7892	26	793	1553	2791	2729
游览景区管理	106	3325	31	351	963	1002	978
风景名胜区管理	32	1018	10	142	302	229	335
公园管理	19	1282	13	110	258	456	445
其他游览景区管理	55	1025	8	99	403	317	198
居民服务和其他服务业	1246	15569	101	1424	4312	5903	3829
居民服务业	484	6556	38	587	1979	2513	1439
家庭服务	45	460	4	39	100	186	131

1-8　续表 20

行　　业	法　人单位数(个)	从　业人员数(人)	具有研究生及以上学历人员	具有大学本科学历人员	具有大专学历人员	具有高中学历人员	具有初中及以下学历人员
托儿所	32	841	1	85	489	192	74
洗染服务	10	123		16	17	47	43
理发及美容保健服务	47	573	3	58	146	198	168
洗浴服务	50	1454	6	62	277	713	396
婚姻服务	28	94		8	59	21	6
殡葬服务	44	920	5	96	272	337	210
摄影扩印服务	43	522	7	36	202	228	49
其他居民服务	185	1569	12	187	417	591	362
其他服务业	762	9013	63	837	2333	3390	2390
修理与维护	510	4828	39	385	1276	2034	1094
汽车、摩托车维护与保养	403	4143	32	304	1006	1812	989
办公设备维修	26	187	4	20	56	66	41
家用电器修理	55	349	3	45	147	106	48
其他日用品修理	26	149		16	67	50	16
清洁服务	81	2233	11	237	572	645	768
建筑物清洁服务	12	84	4	46	22	6	6
其他清洁服务	69	2149	7	191	550	639	762
其他未列明的服务	171	1952	13	215	485	711	528
教育	5221	336332	8572	123548	142630	49270	12312
教育	5221	336332	8572	123548	142630	49270	12312
学前教育	733	14592	117	1941	6946	4487	1101
初等教育	1935	123345	872	27432	65279	26340	3422
中等教育	1488	155986	2054	74367	61311	13499	4755
初中教育	1083	108384	1061	44234	50222	9945	2922
高中教育	203	32851	617	22140	7170	1951	973
中等专业教育	76	7996	260	4449	1929	807	551
职业中学教育	42	1986	19	1055	594	240	78
技工学校教育	38	3535	75	1765	1053	470	172
其他中等教育	46	1234	22	724	343	86	59
高等教育	94	27554	4973	14223	4157	2006	2195
普通高等教育	36	24102	4822	12132	3417	1706	2025
成人高等教育	58	3452	151	2091	740	300	170
其他教育	971	14855	556	5585	4937	2938	839
职业技能培训	597	9454	287	2962	3287	2284	634
特殊教育	18	498	4	153	224	93	24
其他未列明的教育	356	4903	265	2470	1426	561	181
卫生、社会保障和社会福利业	2610	126144	2626	25586	49588	35748	12596
卫生	2220	121296	2571	24514	47393	34744	12074
医院	622	83369	2127	18897	31624	22209	8512
综合医院	451	69664	1823	15578	26386	18715	7162
中医医院	34	5600	196	1579	1777	1457	591
中西医结合医院	18	1064	19	234	350	260	201
民族医院	39	2932	9	473	1566	632	252
专科医院	64	3519	70	939	1343	954	213

1-8 续表 21

行业	法人单位数(个)	从业人员数(人)	具有研究生及以上学历人员	具有大学本科学历人员	具有大专学历人员	具有高中学历人员	具有初中及以下学历人员
疗养院	16	590	10	94	202	191	93
卫生院及社区医疗活动	898	20489	127	2243	8159	8209	1751
门诊部医疗活动	110	2165	25	407	803	753	177
计划生育技术服务活动	260	3193	10	499	1705	924	55
计划生育技术服务活动	260	3193	10	499	1705	924	55
妇幼保健活动	89	3326	30	566	1655	777	298
专科疾病防治活动	23	2067	99	329	539	211	889
疾病预防控制及防疫活动	145	5564	122	1290	2408	1461	283
其他卫生活动	73	1123	31	283	500	200	109
社会保障业	146	1772	17	547	1002	177	29
社会保障业	146	1772	17	547	1002	177	29
社会福利业	244	3076	38	525	1193	827	493
提供住宿的社会福利	159	2436	27	377	911	692	429
干部休养所	59	684	16	123	297	172	76
收养收容服务	100	1752	11	254	614	520	353
不提供住宿的社会福利	85	640	11	148	282	135	64
文化、体育和娱乐业	1102	26271	443	7650	9328	6551	2299
新闻出版业	116	5547	159	2455	2061	624	248
新闻业	11	276	9	141	101	20	5
出版业	105	5271	150	2314	1960	604	243
图书出版	19	995	49	441	360	92	53
报纸出版	50	3836	81	1644	1457	476	178
期刊出版	24	289	8	171	85	21	4
音像制品出版	2	58	2	23	21	5	7
其他出版	10	93	10	35	37	10	1
广播、电视、电影和音像业	290	9305	109	2919	3584	1945	748
广播	114	3326	41	1085	1298	737	165
电视	68	4401	48	1652	1804	627	270
电影	90	1465	18	137	434	564	312
电影制作与发行	13	516	16	70	163	170	97
电影放映	77	949	2	67	271	394	215
音像制作	18	113	2	45	48	17	1
文化艺术业	486	8469	133	1833	2822	2986	695
文艺创作与表演	95	3575	56	440	958	1764	357
艺术表演场馆	24	720	3	123	189	291	114
图书馆与档案馆	119	1365	29	568	542	197	29
图书馆	57	676	18	275	234	127	22
档案馆	62	689	11	293	308	70	7
文物及文化保护	36	530	15	189	228	67	31
博物馆	21	488	12	147	159	136	34
博物馆	21	488	12	147	159	136	34
烈士陵园、纪念馆	6	100		31	33	19	17
群众文化活动	152	1524	16	276	643	479	110
文化艺术经纪代理	12	57	1	23	17	14	2

1-8 续表 22

行业	法人单位数(个)	从业人员数(人)	具有研究生及以上学历人员	具有大学本科学历人员	具有大专学历人员	具有高中学历人员	具有初中及以下学历人员
其他文化艺术	21	110	1	36	53	19	1
体育	74	1410	33	308	491	299	279
体育组织	35	968	13	208	305	204	238
体育场馆	19	232	2	41	99	77	13
其他体育	20	210	18	59	87	18	28
娱乐业	136	1540	9	135	370	697	329
室内娱乐活动	72	844	2	64	208	367	203
游乐园	7	61		6	11	32	12
休闲健身娱乐活动	35	286	7	40	95	98	46
其他娱乐活动	22	349		25	56	200	68
公共管理和社会组织	31136	498746	8657	122221	172970	94544	100354
中国共产党机关	1022	17936	606	6768	6298	1922	2342
国家机构	9957	352364	7214	104529	144662	57994	37965
国家权力机构	239	7477	318	2670	3063	1144	282
国家行政机构	9342	325680	6069	90930	135737	55552	37392
综合事务管理机构	2755	100143	1595	27917	44061	18623	7947
对外事务管理机构	54	699	52	358	227	58	4
公共安全管理机构	411	50475	870	15204	25622	6774	2005
社会事务管理机构	1927	68563	1079	13888	21920	12028	19648
经济事务管理机构	2451	63091	1472	20163	27316	10639	3501
政府事务管理机构	818	22610	507	5948	7656	4940	3559
行政监督检查机构	926	20099	494	7452	8935	2490	728
人民法院和人民检察院	279	15181	558	9228	4452	786	157
人民法院	140	9321	417	5480	2848	506	70
人民检察院	139	5860	141	3748	1604	280	87
其他国家机构	97	4026	269	1701	1410	512	134
其他国家机构	97	4026	269	1701	1410	512	134
人民政协和民主党派	132	2484	126	673	1041	351	293
人民政协	104	2258	115	603	989	344	207
民主党派	28	226	11	70	52	7	86
群众团体、社会团体和宗教组织	9610	50499	542	6077	7507	9637	26736
群众团体	617	4306	163	1633	1846	572	92
工会	148	1391	38	437	641	239	36
妇联	113	719	30	326	302	53	8
共青团	126	664	40	388	205	26	5
其他群众团体	230	1532	55	482	698	254	43
社会团体	2865	23413	371	4312	5236	5952	7542
专业性团体	1075	11391	218	2675	2771	2056	3671
行业性团体	1390	9509	125	1285	1936	3264	2899
其他社会团体	400	2513	28	352	529	632	972
宗教组织	6128	22780	8	132	425	3113	19102
基层群众自治组织	10415	75463	169	4174	13462	24640	33018
社区自治组织	1576	16671	144	3275	7302	4842	1108
村民自治组织	8839	58792	25	899	6160	19798	31910

1-9 按地、州、市、县(市)和学历分组的法人单位数及从业人员数

地区	法人单位数(个)	从业人员数(人)	具有研究生及以上学历人员	具有大学本科学历人员	具有大专学历人员	具有高中学历人员	具有初中及以下学历人员
总计	**88115**	**3143501**	**34778**	**500952**	**814984**	**895968**	**896819**
乌鲁木齐市	24814	753099	17611	160460	203158	221813	150057
天山区	5531	161989	5940	50163	50936	32427	22523
沙依巴克区	5482	169327	3576	31649	38302	71714	24086
新市区	7537	214487	5471	44756	57221	55102	51937
水磨沟区	3696	76848	1592	17024	24188	21335	12709
头屯河区	643	53505	315	6267	12985	17491	16447
达坂城区	280	10042	57	792	1440	4110	3643
米东区	1354	61044	574	8961	16239	17980	17290
乌鲁木齐县	291	5857	86	848	1847	1654	1422
克拉玛依市	2483	221502	1257	38501	48934	75626	57184
独山子区	401	31513	129	6532	8849	10905	5098
克拉玛依区	1779	172310	1077	30224	37381	57586	46042
白碱滩区	232	12416	48	1530	2325	4796	3717
乌尔禾区	71	5263	3	215	379	2339	2327
吐鲁番地区	2824	71541	618	12700	19683	18777	19763
吐鲁番市	1257	32597	407	6112	8925	9221	7932
鄯善县	1040	26455	159	4493	7243	5877	8683
托克逊县	527	12489	52	2095	3515	3679	3148
哈密地区	3809	112689	555	14391	27805	36884	33054
哈密市	3010	94482	490	12547	23023	31243	27179
巴里坤哈萨克自治县	571	12799	44	1195	3306	3747	4507
伊吾县	228	5408	21	649	1476	1894	1368
昌吉回族自治州	6497	246057	1685	33945	59007	70139	81281
昌吉市	2710	79683	1060	15473	25412	20962	16776
阜康市	873	29805	97	3374	5754	8424	12156
呼图壁县	729	35609	89	3630	6077	9300	16513
玛纳斯县	698	54866	134	5501	10967	17616	20648
奇台县	588	25081	106	2740	4898	6848	10489
吉木萨尔县	516	14745	178	2053	3360	5252	3902
木垒哈萨克自治县	383	6268	21	1174	2539	1737	797
伊犁哈萨克自治州	13779	594083	3485	79098	157279	169587	184634
伊犁州直属县(市)	6544	296902	1502	42004	82474	91344	79578
伊宁市	1876	83291	793	16532	28063	24215	13688
奎屯市	1270	39460	243	6933	11199	13048	8037
伊宁县	458	26123	64	2970	7744	8070	7275
察布查尔锡伯自治县	386	24674	36	1671	4636	9261	9070
霍城县	555	44684	69	4072	7804	14431	18308

1-9　续表 1

地　区	法人单位数(个)	从业人员数(人)	具有研究生及以上学历人员	具有大学本科学历人员	具有大专学历人员	具有高中学历人员	具有初中及以下学历人员
巩留县	314	9479	49	1372	3616	2784	1658
新源县	580	30608	71	2797	6713	9611	11416
昭苏县	352	19320	57	2510	5533	5075	6145
特克斯县	510	9193	21	1653	3689	2588	1242
尼勒克县	243	10070	99	1494	3477	2261	2739
塔城地区	3521	205293	1370	21509	44499	54905	83010
塔城市	585	24429	602	4815	7456	5682	5874
乌苏市	669	46780	182	5101	10867	12049	18581
额敏县	648	27600	187	2629	6819	7341	10624
沙湾县	818	74380	223	5602	10915	20868	36772
托里县	311	12165	98	1218	2752	3259	4838
裕民县	227	6847	16	879	2180	1643	2129
和布克赛尔蒙古自治县	263	13092	62	1265	3510	4063	4192
阿勒泰地区	3714	91888	613	15585	30306	23338	22046
阿勒泰市	1311	36883	437	7801	12886	9762	5997
布尔津县	447	7992	32	1290	2938	2341	1391
富蕴县	465	12831	38	1717	3713	3594	3769
福海县	397	15048	16	1939	3752	2922	6419
哈巴河县	428	8872	26	1141	2869	2341	2495
青河县	404	5248	31	781	2153	1384	899
吉木乃县	262	5014	33	916	1995	994	1076
博尔塔拉蒙古自治州	2266	89336	494	13368	22779	24436	28259
博乐市	1491	62855	463	10048	15604	16894	19846
精河县	525	18489	22	2257	4439	5034	6737
温泉县	250	7992	9	1063	2736	2508	1676
巴音郭楞蒙古自治州	6794	220064	2383	32320	57480	66816	61065
库尔勒市	3863	118114	1835	20150	32555	36810	26764
轮台县	491	13177	79	1736	3967	4093	3302
尉犁县	433	19315	78	1872	3685	7091	6589
若羌县	178	7496	30	807	2028	2648	1983
且末县	329	6301	89	1341	2550	1434	887
焉耆回族自治县	455	11929	56	2010	3359	2782	3722
和静县	511	25358	91	2185	4936	6873	11273
和硕县	285	10913	25	1157	2135	2934	4662
博湖县	249	7461	100	1062	2265	2151	1883
阿克苏地区	6154	202811	1346	27374	58606	53904	61581
阿克苏市	1796	75526	607	11829	21522	21364	20204
温宿县	529	21088	49	2551	5241	5406	7841
库车县	1122	33597	161	4438	10091	8732	10175

1-9 续表 2

地　区	法人单位数(个)	从业人员数(人)	具有研究生及以上学历人员	具有大学本科学历人员	具有大专学历人员	具有高中学历人员	具有初中及以下学历人员
沙雅县	642	12998	350	1656	4000	3375	3617
新和县	504	10327	56	1055	3177	2737	3302
拜城县	625	17413	59	2048	4453	5454	5399
乌什县	323	10055	8	1057	3308	2447	3235
阿瓦提县	427	17767	54	1984	5101	3434	7194
柯坪县	186	4040	2	756	1713	955	614
克孜勒苏柯尔克孜自治州	1628	46628	305	8152	17182	11041	9948
阿图什市	826	25329	222	5503	9211	5744	4649
阿克陶县	399	10806	34	1331	3625	2176	3640
阿合奇县	148	3747	2	522	2048	914	261
乌恰县	255	6746	47	796	2298	2207	1398
喀什地区	6906	226455	1684	35519	64471	62630	62151
喀什市	1465	70120	961	13601	18927	18858	17773
疏附县	367	11982	49	1696	3871	3704	2662
疏勒县	459	15421	86	2809	3627	3635	5264
英吉沙县	307	9463	22	1139	3284	2805	2213
泽普县	457	9616	98	1524	2557	3260	2177
莎车县	1035	27376	189	4455	8746	7852	6134
叶城县	681	19627	66	2201	5583	5724	6053
麦盖提县	453	17653	41	2073	3448	4974	7117
岳普湖县	277	11512	33	1092	3209	2846	4332
伽师县	655	14280	59	1988	4972	2841	4420
巴楚县	593	16882	80	2093	5260	5693	3756
塔什库尔干塔吉克自治县	157	2523		848	987	438	250
和田地区	7340	122474	881	13744	35109	27687	45053
和田市	1585	40280	649	6589	12452	9127	11463
和田县	1031	9188	8	641	2258	1799	4482
墨玉县	1692	24370	74	1827	5380	5181	11908
皮山县	1001	14407	26	1285	3934	3424	5738
洛浦县	480	10573	22	1022	3278	2492	3759
策勒县	664	8964	55	802	2883	2504	2720
于田县	612	11394	34	1096	3605	2024	4635
民丰县	275	3298	13	482	1319	1136	348
自治区直辖县级市	2821	236762	2474	31380	43491	56628	102789
石河子市	2301	115521	1848	21282	28916	32666	30809
阿拉尔市	134	50026	387	3798	5381	9548	30912
图木舒克市	117	48649	21	2442	4569	8665	32952
五家渠市	269	22566	218	3858	4625	5749	8116

1-10　按登记注册类型、专业技术职称分组的法人单位数及从业人员数

登记注册类型	法人单位数(个)	从业人员数(人)	#具有高级技术职称人员	#具有中级技术职称人员	#具有初级技术职称人员
总　计	**88115**	**3143501**	**82819**	**264750**	**373892**
内资企业	87830	3110255	82576	263610	372167
国有企业	24456	1745618	59627	179706	252427
集体企业	1253	38721	556	1772	3819
股份合作企业	161	4500	84	141	363
联营企业	119	5055	73	191	346
国有联营企业	33	991	11	34	150
集体联营企业	42	1502	1	26	46
国有与集体联营企业	19	1762	34	86	134
其他联营企业	25	800	27	45	16
有限责任公司	7278	480383	7331	31117	45908
国有独资公司	312	72078	1087	4754	6665
其他有限责任公司	6966	408305	6244	26363	39243
股份有限公司	547	251195	5492	20977	30116
私营企业	34290	444820	8038	26250	33933
私营独资企业	6030	60226	1025	2153	3107
私营合伙企业	936	11723	243	509	729
私营有限责任公司	26856	357532	6583	22884	29371
私营股份有限公司	468	15339	187	704	726
其他企业	19726	139963	1375	3456	5255
港、澳、台商投资企业	112	15409	73	397	627
合资经营企业(港或澳、台资)	49	8743	25	97	206
合作经营企业(港或澳、台资)	5	152	16	5	8
港、澳、台商独资经营企业	43	4569	20	152	314
港、澳、台商投资股份有限公司	15	1945	12	143	99
外商投资企业	173	17837	170	743	1098
中外合资经营企业	85	8444	121	575	760
中外合作经营企业	11	359	12	50	133
外资企业	66	7722	25	101	157
外商投资股份有限公司	11	1312	12	17	48

1-11 按行业(门类、大类、中类、小类)、专业技术职称分组的法人单位数及从业人员数

行业	法人单位数(个)	从业人员数(人)	#具有高级技术职称人员	#具有中级技术职称人员	#具有初级技术职称人员
总计	**88115**	**3143501**	**82819**	**264750**	**373892**
农、林、牧、渔业	203	517814	4540	16045	36082
农业	157	499238	4484	15724	35251
谷物及其他作物的种植	138	450858	4307	14414	33122
谷物的种植	33	74500	270	1880	4655
油料的种植	6	12156	38	368	857
豆类的种植	1	4462	17	88	154
棉花的种植	94	353521	3947	11990	26619
糖料的种植	1	2941	28	22	678
其他作物的种植	3	3278	7	66	159
蔬菜、园艺作物的种植	10	28361	117	829	1357
蔬菜的种植	9	26023	105	765	1234
其他园艺作物的种植	1	2338	12	64	123
水果、坚果、饮料和香料作物的种植	9	20019	60	481	772
水果、坚果的种植	7	15666	35	268	534
茶及其他饮料作物的种植	1	2290	15	36	112
香料作物的种植	1	2063	10	177	126
林业	6	795	15	68	73
林木的培育和种植	3	379	11	42	42
造林	1	245	9	26	38
林木的抚育和管理	2	134	2	16	4
木材和竹材的采运	3	416	4	26	31
木材的采运	3	416	4	26	31
畜牧业	19	16852	33	186	644
牲畜的饲养	18	16843	33	186	644
猪的饲养	1	9			
渔业	2	51			
内陆渔业	2	51			
农、林、牧、渔服务业	19	878	8	67	114
农业服务业	16	704	6	44	74
灌溉服务	1	158		3	41
农产品初加工服务	4	427	1	7	1
其他农业服务	11	119	5	34	32
林业服务业	2	164	2	20	40
畜牧服务业	1	10		3	
其他畜牧服务	1	10		3	
采矿业	1625	214842	4718	14826	19417
煤炭开采和洗选业	332	58994	587	2320	3150
烟煤和无烟煤的开采洗选	330	58865	587	2320	3150
褐煤的开采洗选	1	120			
其他煤炭采选	1	9			
石油和天然气开采业	66	122936	3685	11254	14513
天然原油和天然气开采	8	95354	3261	9605	11572
与石油和天然气开采有关的服务活动	58	27582	424	1649	2941

1-11　续表 1

行　　业	法人单位数(个)	从业人员数(人)	#具有高级技术职称人员	#具有中级技术职称人员	#具有初级技术职称人员
黑色金属矿采选业	581	12454	209	532	732
铁矿采选	553	11786	205	507	702
其他黑色金属矿采选	28	668	4	25	30
有色金属矿采选业	279	12344	206	570	767
常用有色金属矿采选	196	7824	157	404	497
铜矿采选	106	4489	81	224	280
铅锌矿采选	50	2158	37	59	76
镍钴矿采选	17	964	39	118	139
铝矿采选	1	5			2
其他常用有色金属矿采选	22	208		3	
贵金属矿采选	68	3315	42	104	182
金矿采选	67	3300	40	99	174
其他贵金属矿采选	1	15	2	5	8
稀有稀土金属矿采选	15	1205	7	62	88
钨钼矿采选	8	90	2	2	1
稀土金属矿采选	1	25			
其他稀有金属矿采选	6	1090	5	60	87
非金属矿采选业	340	8000	31	149	255
土砂石开采	240	3292	10	67	91
石灰石、石膏开采	58	868	1	5	18
建筑装饰用石开采	50	569	3	14	17
耐火土石开采	5	69			1
粘土及其他土砂石开采	127	1786	6	48	55
化学矿采选	8	633	2	9	6
采盐	10	1462	2	45	82
石棉及其他非金属矿采选	82	2613	17	28	76
石棉、云母矿采选	13	1092	3	6	41
石墨、滑石采选	5	88			6
宝石、玉石开采	36	596	4	6	1
其他非金属矿采选	28	837	10	16	28
其他采矿业	27	114		1	
其他采矿业	27	114		1	
制造业	7353	422359	4763	20351	24487
农副食品加工业	809	32959	293	1295	2151
谷物磨制	198	3948	37	157	170
饲料加工	67	3038	66	239	380
植物油加工	221	9125	61	378	650
食用植物油加工	214	8995	45	365	629
非食用植物油加工	7	130	16	13	21
制糖	15	8739	18	239	591
屠宰及肉类加工	139	4109	31	94	122
畜禽屠宰	78	2390	8	44	71
肉制品及副产品加工	61	1719	23	50	51
水产品加工	7	105		2	3
水产品冷冻加工	4	77		1	3
鱼糜制品及水产品干腌制加工	2	24		1	
水产饲料制造	1	4			

1-11 续表 2

行　业	法人单位数(个)	从业人员数(人)	#具有高级技术职称人员	#具有中级技术职称人员	#具有初级技术职称人员
蔬菜、水果和坚果加工	99	2219	31	94	131
其他农副食品加工	63	1676	49	92	104
淀粉及淀粉制品的制造	27	1009	13	47	71
豆制品制造	8	153		5	7
蛋品加工	1	5			
其他未列明的农副食品加工	27	509	36	40	26
食品制造业	340	17962	186	921	1417
焙烤食品制造	55	1558	16	49	54
糕点、面包制造	44	962	5	31	28
饼干及其他焙烤食品制造	11	596	11	18	26
糖果、巧克力及蜜饯制造	15	609	1	8	7
糖果、巧克力制造	6	293		4	1
蜜饯制作	9	316	1	4	6
方便食品制造	23	2445	9	75	189
米、面制品制造	9	81	1		2
速冻食品制造	4	134		8	4
方便面及其他方便食品制造	10	2230	8	67	183
液体乳及乳制品制造	70	4138	65	210	446
罐头制造	71	3998	23	172	250
肉、禽类罐头制造	3	77	4	4	15
蔬菜、水果罐头制造	65	3907	19	168	235
其他罐头食品制造	3	14			
调味品、发酵制品制造	32	2253	33	103	162
味精制造	4	828	14	27	16
酱油、食醋及类似制品的制造	19	748	9	26	6
其他调味品、发酵制品制造	9	677	10	50	140
其他食品制造	74	2961	39	304	309
营养、保健食品制造	26	446	11	18	15
冷冻饮品及食用冰制造	11	871	12	66	139
盐加工	13	574		5	9
食品及饲料添加剂制造	19	894	16	215	146
其他未列明的食品制造	5	176			
饮料制造业	309	12333	155	634	765
酒精制造	5	304		7	12
酒的制造	159	8880	129	489	604
白酒制造	99	4666	51	176	363
啤酒制造	17	2911	38	223	145
葡萄酒制造	32	1168	23	80	91
其他酒制造	11	135	17	10	5
软饮料制造	134	2847	21	120	146
碳酸饮料制造	11	66	3	3	3
瓶(罐)装饮用水制造	62	956	5	53	31
果菜汁及果菜汁饮料制造	42	1086	9	60	94

1-11　续表 3

行　业	法人单位数(个)	从业人员数(人)			
			#具有高级技术职称人员	#具有中级技术职称人员	#具有初级技术职称人员
含乳饮料和植物蛋白饮料制造	8	238	1	1	1
固体饮料制造	2	32			1
茶饮料及其他软饮料制造	9	469	3	3	16
精制茶加工	11	302	5	18	3
烟草制品业	1	518	1	42	105
卷烟制造	1	518	1	42	105
纺织业	259	84676	168	2748	1801
棉、化纤纺织及印染精加工	141	75806	112	2256	1301
棉、化纤纺织加工	137	75649	100	2216	1263
棉、化纤印染精加工	4	157	12	40	38
毛纺织和染整精加工	20	2304	27	302	184
毛条加工	9	309	10	29	32
毛纺织	11	1995	17	273	152
麻纺织	11	2101	5	36	43
丝绢纺织及精加工	3	127		4	11
缫丝加工	1	5			
绢纺和丝织加工	2	122		4	11
纺织制成品制造	46	731	13	59	44
棉及化纤制品制造	22	249		7	6
毛制品制造	4	103	6	12	17
麻制品制造	1	150			10
丝制品制造	1	8			
绳、索、缆的制造	3	10			
纺织带和帘子布制造	2	49			3
无纺布制造	5	77	6	36	6
其他纺织制成品制造	8	85	1	4	2
针织品、编织品及其制品制造	38	3607	11	91	218
棉、化纤针织品及编织品制造	20	1693	4	32	106
毛针织品及编织品制造	15	1877	7	59	112
丝针织品及编织品制造	2	22			
其他针织品及编织品制造	1	15			
纺织服装、鞋、帽制造业	122	2893	114	144	179
纺织服装制造	118	2642	14	73	149
纺织面料鞋的制造	3	211	100	71	30
制帽	1	40			
皮革、毛皮、羽毛(绒)及其制品业	36	796	3	9	36
皮革鞣制加工	14	471	3	6	17
皮革制品制造	14	197		3	1
皮鞋制造	7	175		3	1
皮革服装制造	4	11			
皮箱、包(袋)制造	1	3			
其他皮革制品制造	2	8			
毛皮鞣制及制品加工	4	100			17
毛皮鞣制加工	2	61			17
毛皮服装加工	1	38			
其他毛皮制品加工	1	1			

1-11 续表 4

行业	法人单位数(个)	从业人员数(人)	#具有高级技术职称人员	#具有中级技术职称人员	#具有初级技术职称人员
羽毛(绒)加工及制品制造	4	28			1
羽毛(绒)加工	1	1			
羽毛(绒)制品加工	3	27			1
木材加工及木、竹、藤、棕、草制品业	178	3857	17	61	110
锯材、木片加工	58	683	4	10	17
锯材加工	32	270		1	3
木片加工	26	413	4	9	14
人造板制造	74	2347	12	37	62
胶合板制造	31	605	2	5	19
纤维板制造	17	1231	10	28	41
刨花板制造	13	238		2	1
其他人造板、材制造	13	273		2	1
木制品制造	43	762	1	14	31
建筑用木料及木材组件加工	28	216	1	7	15
木容器制造	3	162		5	13
软木制品及其他木制品制造	12	384		2	3
竹、藤、棕、草制品制造	3	65			
家具制造业	147	4787	13	76	113
木质家具制造	116	4021	13	69	74
金属家具制造	20	723		7	38
塑料家具制造	3	25			
其他家具制造	8	18			1
造纸及纸制品业	195	8531	55	366	364
纸浆制造	7	1755	27	112	107
造纸	58	3353	18	83	139
机制纸及纸板制造	45	3238	18	81	135
加工纸制造	13	115		2	4
纸制品制造	130	3423	10	171	118
纸和纸板容器的制造	96	2943	7	158	111
其他纸制品制造	34	480	3	13	7
印刷业和记录媒介的复制	330	6497	47	231	327
印刷	300	6126	45	216	310
书、报、刊印刷	146	4081	21	127	230
本册印制	70	738	6	34	29
包装装潢及其他印刷	84	1307	18	55	51
装订及其他印刷服务活动	30	371	2	15	17
文教体育用品制造业	18	275	3	7	70
文化用品制造	8	137	2	6	65
文具制造	2	21		1	
笔的制造	2	100		5	65
教学用模型及教具制造	3	14	2		
墨水、墨汁制造	1	2			
体育用品制造	9	120	1	1	5
体育器材及配件制造	2	31	1	1	
训练健身器材制造	5	27			
运动防护用具制造	2	62			5

1-11 续表 5

行 业	法人单位数(个)	从业人员数(人)	#具有高级技术职称人员	#具有中级技术职称人员	#具有初级技术职称人员
游艺器材及娱乐用品制造	1	18			
露天游乐场所游乐设备制造	1	18			
石油加工、炼焦及核燃料加工业	185	32551	943	3299	2992
精炼石油产品的制造	102	26442	916	3134	2800
原油加工及石油制品制造	102	26442	916	3134	2800
炼焦	83	6109	27	165	192
化学原料及化学制品制造业	639	51379	629	3477	3835
基础化学原料制造	123	22055	257	1079	1855
无机酸制造	10	605	6	23	26
无机碱制造	6	4393	31	177	331
无机盐制造	42	6547	61	165	286
有机化学原料制造	23	9350	154	679	1149
其他基础化学原料制造	42	1160	5	35	63
肥料制造	153	6710	93	389	458
氮肥制造	4	2238	34	181	225
磷肥制造	2	190			
钾肥制造	7	1945	21	90	95
复混肥料制造	61	1271	22	73	70
有机肥料及微生物肥料制造	56	875	11	27	36
其他肥料制造	23	191	5	18	32
农药制造	10	71	1	3	3
化学农药制造	5	44	1	3	3
生物化学农药及微生物农药制造	5	27			
涂料、油墨、颜料及类似产品制造	90	981	38	56	69
涂料制造	76	866	21	43	59
油墨及类似产品制造	8	27		2	1
密封用填料及类似品制造	6	88	17	11	9
合成材料制造	22	12134	76	1437	887
初级形态的塑料及合成树脂制造	12	11726	62	1393	842
合成橡胶制造	1	3			1
合成纤维单(聚合)体的制造	1	206	10	25	40
其他合成材料制造	8	199	4	19	4
专用化学产品制造	201	8637	145	485	512
化学试剂和助剂制造	97	3379	102	300	311
专项化学用品制造	75	2785	21	92	109
林产化学产品制造	1	10			
炸药及火工产品制造	8	2094	17	74	81
信息化学品制造	1	112	1	14	9
动物胶制造	8	215	4	3	2
其他专用化学产品制造	11	42		2	
日用化学产品制造	40	791	19	28	51
肥皂及合成洗涤剂制造	18	548	10	12	22
化妆品制造	11	149	9	15	21
香料、香精制造	4	35		1	2
其他日用化学产品制造	7	59			6

1-11 续表 6

行 业	法人单位数(个)	从业人员数(人)	#具有高级技术职称人员	#具有中级技术职称人员	#具有初级技术职称人员
医药制造业	94	4074	75	247	299
化学药品原药制造	10	349		2	2
化学药品制剂制造	8	1093	28	115	133
中药饮片加工	20	1055	13	52	98
中成药制造	25	908	18	62	35
兽用药品制造	5	130	3	3	6
生物、生化制品的制造	16	461	11	11	19
卫生材料及医药用品制造	10	78	2	2	6
化学纤维制造业	19	8547	33	166	183
纤维素纤维原料及纤维制造	18	8545	33	164	183
化纤浆粕制造	8	4153	9	95	110
人造纤维(纤维素纤维)制造	10	4392	24	69	73
合成纤维制造	1	2		2	
涤纶纤维制造	1	2		2	
橡胶制品业	46	2038	16	43	131
轮胎制造	9	1316	15	32	101
车辆、飞机及工程机械轮胎制造	2	1280	15	32	99
轮胎翻新加工	7	36			2
橡胶板、管、带的制造	17	320		3	10
橡胶零件制造	13	141		1	2
再生橡胶制造	3	115	1	6	13
日用及医用橡胶制品制造	1	125			5
橡胶靴鞋制造	1	1			
其他橡胶制品制造	2	20		1	
塑料制品业	663	15425	134	1238	901
塑料薄膜制造	100	2199	19	53	73
塑料板、管、型材的制造	242	6890	96	1016	569
塑料丝、绳及编织品的制造	84	2646	3	60	77
泡沫塑料制造	57	531	6	23	52
塑料人造革、合成革制造	1	1			
塑料包装箱及容器制造	38	846	1	42	17
塑料零件制造	6	75			1
日用塑料制造	51	510	1	15	29
塑料鞋制造	1	1			
日用塑料杂品制造	50	509	1	15	29
其他塑料制品制造	84	1727	8	29	83
非金属矿物制品业	1282	53168	557	1444	2794
水泥、石灰和石膏的制造	119	22371	159	650	1373
水泥制造	81	20955	156	630	1351
石灰和石膏制造	38	1416	3	20	22
水泥及石膏制品制造	258	8342	92	343	607
水泥制品制造	140	6579	76	255	464
砼结构构件制造	60	916	8	49	85

1-11　续表 7

行　业	法人单位数(个)	从业人员数(人)	#具有高级技术职称人员	#具有中级技术职称人员	#具有初级技术职称人员
石棉水泥制品制造	4	81	1	5	4
轻质建筑材料制造	36	530	7	30	48
其他水泥制品制造	18	236		4	6
砖瓦、石材及其他建筑材料制造	771	15327	125	280	495
粘土砖瓦及建筑砌块制造	505	10628	46	105	255
建筑陶瓷制品制造	33	1808	27	77	108
建筑用石加工	67	976	18	32	31
防水建筑材料制造	35	375	2	13	25
隔热和隔音材料制造	85	927	28	32	31
其他建筑材料制造	46	613	4	21	45
玻璃及玻璃制品制造	67	3696	165	113	176
平板玻璃制造	16	624	7	20	48
技术玻璃制品制造	9	276	4	26	50
日用玻璃制品及玻璃包装容器制造	12	1180	1	43	31
玻璃保温容器制造	2	357			6
玻璃纤维及制品制造	5	540	143	2	18
玻璃纤维增强塑料制品制造	20	695	10	22	23
其他玻璃制品制造	3	24			
陶瓷制品制造	7	209		1	2
卫生陶瓷制品制造	3	160			
特种陶瓷制品制造	2	33		1	1
日用陶瓷制品制造	1	5			
园林、陈设艺术及其他陶瓷制品制造	1	11			1
耐火材料制品制造	23	687	6	5	14
石棉制品制造	3	21		1	2
云母制品制造	1	7			
耐火陶瓷制品及其他耐火材料制造	19	659	6	4	12
石墨及其他非金属矿物制品制造	37	2536	10	52	127
石墨及碳素制品制造	10	1372	7	43	89
其他非金属矿物制品制造	27	1164	3	9	38
黑色金属冶炼及压延加工业	91	28421	368	997	1833
炼铁	32	15314	282	690	1322
炼钢	4	244		1	2
钢压延加工	41	11411	81	285	468
铁合金冶炼	14	1452	5	21	41
有色金属冶炼及压延加工业	68	7169	122	327	420
常用有色金属冶炼	27	4391	55	149	247
铜冶炼	12	605	9	10	22
铅锌冶炼	3	168		27	60
镍钴冶炼	2	1338	30	49	63
铝冶炼	6	1968	14	40	82
镁冶炼	2	79	1	2	15
其他常用有色金属冶炼	2	233	1	21	5
贵金属冶炼	25	2097	57	137	147
金冶炼	25	2097	57	137	147

1-11 续表 8

行业	法人单位数(个)	从业人员数(人)	#具有高级技术职称人员	#具有中级技术职称人员	#具有初级技术职称人员
有色金属合金制造	3	70			5
有色金属压延加工	13	611	10	41	21
常用有色金属压延加工	12	608	10	41	21
贵金属压延加工	1	3			
金属制品业	475	11229	126	500	793
结构性金属制品制造	298	5903	95	282	447
金属结构制造	169	4531	82	257	386
金属门窗制造	129	1372	13	25	61
金属工具制造	14	265	1	10	8
农用及园林用金属工具制造	8	150	1	6	8
刀剪及类似日用金属工具制造	2	77			
其他金属工具制造	4	38		4	
集装箱及金属包装容器制造	32	1775	10	96	158
集装箱制造	4	15		1	
金属压力容器制造	4	205		15	37
金属包装容器制造	24	1555	10	80	121
金属丝绳及其制品的制造	24	551	5	40	48
建筑、安全用金属制品制造	44	861	5	32	49
建筑、家具用金属配件制造	9	110		6	3
建筑装饰及水暖管道零件制造	25	570	4	13	24
安全、消防用金属制品制造	5	113	1	10	18
其他建筑、安全用金属制品制造	5	68		3	4
金属表面处理及热处理加工	15	703	4	9	9
不锈钢及类似日用金属制品制造	17	175	1	5	8
金属制厨房调理及卫生器具制造	8	78	1	2	
金属制厨用器皿及餐具制造	5	85		3	8
其他日用金属制品制造	4	12			
其他金属制品制造	31	996	5	26	66
其他未列明的金属制品制造	31	996	5	26	66
通用设备制造业	325	6869	95	366	494
锅炉及原动机制造	52	852	12	46	46
锅炉及辅助设备制造	50	817	12	45	46
内燃机及配件制造	1	31		1	
其他原动机制造	1	4			
金属加工机械制造	24	184	4	16	18
金属切削机床制造	3	22	2	4	5
金属成形机床制造	2	15	2		
铸造机械制造	6	24		1	1
金属切割及焊接设备制造	2	9		1	
机床附件制造	1	4			
其他金属加工机械制造	10	110		10	12
起重运输设备制造	13	512	9	36	25
泵、阀门、压缩机及类似机械的制造	9	295	3	9	20
泵及真空设备制造	6	282	3	9	20
阀门和旋塞的制造	1	1			
液压和气压动力机械及元件制造	2	12			

1-11 续表 9

行业	法人单位数(个)	从业人员数(人)	#具有高级技术职称人员	#具有中级技术职称人员	#具有初级技术职称人员
轴承、齿轮、传动和驱动部件的制造	4	324	3	1	1
轴承制造	2	287	2		
齿轮、传动和驱动部件制造	2	37	1	1	1
风机、衡器、包装设备等通用设备制造	39	668	18	55	47
风机、风扇制造	15	230	2	7	7
气体、液体分离及纯净设备制造	2	25	1	2	
制冷、空调设备制造	7	194	3	21	30
喷枪及类似器具制造	2	26	2	2	1
包装专用设备制造	1	7			
衡器制造	8	121	9	20	5
其他通用设备制造	4	65	1	3	4
通用零部件制造及机械修理	118	2839	37	149	250
金属密封件制造	5	229	2	14	78
紧固件、弹簧制造	10	307	5	35	26
机械零部件加工及设备修理	91	2172	19	98	133
其他通用零部件制造	12	131	11	2	13
金属铸、锻加工	66	1195	9	54	87
钢铁铸件制造	60	1050	7	37	43
锻件及粉末冶金制品制造	6	145	2	17	44
专用设备制造业	246	7357	188	470	540
矿山、冶金、建筑专用设备制造	69	2479	57	192	186
采矿、采石设备制造	30	971	22	44	71
石油钻采专用设备制造	15	997	24	126	87
建筑工程用机械制造	12	385	5	17	24
建筑材料生产专用机械制造	12	126	6	5	4
化工、木材、非金属加工专用设备制造	18	125	2	3	8
炼油、化工生产专用设备制造	3	36		1	7
塑料加工专用设备制造	4	36			
木材加工机械制造	1	2		1	
模具制造	8	48	2	1	1
其他非金属加工专用设备制造	2	3			
食品、饮料、烟草及饲料生产专用设备制造	8	107	8	14	8
食品、饮料、烟草工业专用设备制造	3	40	5	9	4
农副食品加工专用设备制造	4	55	3	4	3
饲料生产专用设备制造	1	12		1	1
印刷、制药、日化生产专用设备制造	5	65		1	4
印刷专用设备制造	2	19			
照明器具生产专用设备制造	1	5			
其他日用品生产专用设备制造	2	41		1	4
纺织、服装和皮革工业专用设备制造	9	246	1	3	2
纺织专用设备制造	8	230	1	3	2
其他服装加工专用设备制造	1	16			

1-11 续表 10

行　　业	法人单位数(个)	从业人员数(人)	#具有高级技术职称人员	#具有中级技术职称人员	#具有初级技术职称人员
电子和电工机械专用设备制造	7	102	2	3	12
电工机械专用设备制造	5	92	2	3	12
电子工业专用设备制造	2	10			
农、林、牧、渔专用机械制造	95	3744	108	223	295
拖拉机制造	4	87	1		
机械化农业及园艺机具制造	58	2752	93	186	241
畜牧机械制造	4	236			3
农林牧渔机械配件制造	7	33			
其他农林牧渔业机械制造及机械修理	22	636	14	37	51
医疗仪器设备及器械制造	12	111	6	9	5
医疗诊断、监护及治疗设备制造	1	1			
医疗、外科及兽医用器械制造	1	6			
假肢、人工器官及植(介)入器械制造	7	43	4	8	
其他医疗设备及器械制造	3	61	2	1	5
环保、社会公共安全及其他专用设备制造	23	378	4	22	20
环境污染防治专用设备制造	8	101	3	9	
商业、饮食、服务业专用设备制造	1	10	1	1	6
社会公共安全设备及器材制造	1	8			
交通安全及管制专用设备制造	1	5		3	2
水资源专用机械制造	4	145		3	7
其他专用设备制造	8	109		6	5
交通运输设备制造业	147	4312	110	305	335
铁路运输设备制造	5	330	3	23	29
铁路机车车辆配件制造	2	136		2	9
铁路专用设备及器材、配件制造	1	43		3	
其他铁路设备制造及设备修理	2	151	3	18	20
汽车制造	128	3789	106	272	297
汽车整车制造	2	963	37	71	63
改装汽车制造	4	406	5	36	29
汽车车身、挂车的制造	7	305	4	17	30
汽车零部件及配件制造	11	250		9	10
汽车修理	104	1865	60	139	165
摩托车制造	1	5			
摩托车整车制造	1	5			
自行车制造	5	34			2
脚踏自行车及残疾人座车制造	2	9			
助动自行车制造	3	25			2
交通器材及其他交通运输设备制造	8	154	1	10	7
交通管理用金属标志及设施制造	6	141	1	8	7
其他交通运输设备制造	2	13		2	
电气机械及器材制造业	222	7973	239	712	1106
电机制造	5	1247	34	113	110
发电机及发电机组制造	4	1239	34	113	110
电动机制造	1	8			

1-11 续表 11

行 业	法人单位数(个)	从业人员数(人)	#具有高级技术职称人员	#具有中级技术职称人员	#具有初级技术职称人员
输配电及控制设备制造	129	5195	128	482	853
变压器、整流器和电感器制造	20	2641	65	278	516
电容器及其配套设备制造	6	71	3	8	18
配电开关控制设备制造	83	2156	45	163	279
电力电子元器件制造	2	12	1	3	1
其他输配电及控制设备制造	18	315	14	30	39
电线、电缆、光缆及电工器材制造	46	1202	65	80	121
电线电缆制造	40	872	53	73	66
绝缘制品制造	4	318	12	7	55
其他电工器材制造	2	12			
电池制造	2	7	1	2	
家用电力器具制造	9	34	1		
家用制冷电器具制造	2	7			
家用通风电器具制造	1	3			
家用厨房电器具制造	2	6			
家用清洁卫生电器具制造	1	5			
其他家用电力器具制造	3	13	1		
非电力家用器具制造	11	151	7	13	19
燃气、太阳能及类似能源的器具制造	11	151	7	13	19
照明器具制造	14	80	2	14	3
照明灯具制造	13	78	2	14	3
灯用电器附件及其他照明器具制造	1	2			
其他电气机械及器材制造	6	57	1	8	
车辆专用照明及电气信号设备装置制造	1	11			
其他未列明的电气机械制造	5	46	1	8	
通信设备、计算机及其他电子设备制造业	12	3182	25	79	217
通信设备制造	2	66			
通信传输设备制造	1	2			
移动通信及终端设备制造	1	64			
广播电视设备制造	2	173		6	18
广播电视接收设备及器材制造	2	173		6	18
电子器件制造	1	3			
光电子器件及其他电子器件制造	1	3			
电子元件制造	4	2869	25	69	195
电子元件及组件制造	4	2869	25	69	195
家用视听设备制造	2	70		4	4
家用影视设备制造	2	70		4	4
其他电子设备制造	1	1			
仪器仪表及文化、办公用机械制造业	21	367	18	48	65
通用仪器仪表制造	8	189	14	32	44
工业自动控制系统装置制造	2	47	2	4	7
电工仪器仪表制造	2	16	1	5	7
供应用仪表及其他通用仪器制造	4	126	11	23	30

1-11 续表 12

行 业	法人单位数(个)	从业人员数(人)	#具有高级技术职称人员	#具有中级技术职称人员	#具有初级技术职称人员
专用仪器仪表制造	6	101	3	14	16
地质勘探和地震专用仪器制造	2	74		8	16
电子测量仪器制造	1	2			
其他专用仪器制造	3	25	3	6	
光学仪器及眼镜制造	1	5			
眼镜制造	1	5			
文化、办公用机械制造	2	31			
计算器及货币专用设备制造	1	6			
其他文化、办公用机械制造	1	25			
其他仪器仪表的制造及修理	4	41	1	2	5
工艺品及其他制造业	49	2003	29	85	89
工艺美术品制造	33	770	3	15	33
雕塑工艺品制造	4	13			1
金属工艺品制造	4	25		1	1
天然植物纤维编织工艺品制造	3	38			
地毯、挂毯制造	14	647	3	14	31
珠宝首饰及有关物品的制造	4	24			
其他工艺美术品制造	4	23			
日用杂品制造	4	61		5	2
制镜及类似品加工	2	48		3	1
其他日用杂品制造	2	13		2	1
煤制品制造	7	1133	22	59	52
其他未列明的制造业	5	39	4	6	2
废弃资源和废旧材料回收加工业	25	211	1	14	22
金属废料和碎屑的加工处理	11	109		12	18
非金属废料和碎屑的加工处理	14	102	1	2	4
电力、燃气及水的生产和供应业	535	60106	817	3307	7593
电力、热力的生产和供应业	367	50666	727	2748	6538
电力生产	157	19553	380	1343	2896
火力发电	35	14281	268	927	2283
水力发电	100	4719	93	356	569
其他能源发电	22	553	19	60	44
电力供应	25	20575	213	913	2842
热力生产和供应	185	10538	134	492	800
热力生产和供应	185	10538	134	492	800
燃气生产和供应业	44	2391	36	155	182
燃气生产和供应业	44	2391	36	155	182
水的生产和供应业	124	7049	54	404	873
自来水的生产和供应	113	6489	51	366	770
污水处理及其再生利用	11	560	3	38	103
建筑业	1763	207268	4126	21269	37382
房屋和土木工程建筑业	794	175842	3303	18388	33432
房屋工程建筑	417	123294	2094	12641	22673
土木工程建筑	377	52548	1209	5747	10759
铁路、道路、隧道和桥梁工程建筑	121	31555	680	3433	7887

1-11　续表 13

行　业	法人单位数(个)	从业人员数(人)	#具有高级技术职称人员	#具有中级技术职称人员	#具有初级技术职称人员
水利和港口工程建筑	70	10713	274	1396	1529
工矿工程建筑	32	3507	52	207	337
架线和管道工程建筑	57	5197	156	467	827
其他土木工程建筑	97	1576	47	244	179
建筑安装业	362	22772	501	1864	2795
建筑装饰业	406	4944	124	545	579
其他建筑业	201	3710	198	472	576
工程准备	89	2278	179	337	406
提供施工设备服务	26	363	1	21	23
其他未列明的建筑活动	86	1069	18	114	147
交通运输、仓储和邮政业	2123	110904	1159	3970	6608
铁路运输业	15	115	1	4	2
铁路旅客运输	1	48			
铁路货物运输	13	65	1	3	1
铁路运输辅助活动	1	2		1	1
货运火车站	1	2		1	1
道路运输业	1077	62127	661	1916	4203
公路旅客运输	172	6954	176	326	629
道路货物运输	693	37829	191	702	1950
道路运输辅助活动	212	17344	294	888	1624
客运汽车站	63	3672	12	83	170
公路管理与养护	121	13442	277	776	1420
其他道路运输辅助活动	28	230	5	29	34
城市公共交通业	145	17142	125	342	387
公共电汽车客运	54	14361	114	282	340
轨道交通	1	76	2	19	5
出租车客运	80	2560	9	29	20
其他城市公共交通	10	145		12	22
航空运输业	21	4447	62	691	505
航空客货运输	5	27			
通用航空服务	6	268			
航空运输辅助活动	10	4152	62	691	505
机场	2	3268	24	418	250
空中交通管理	2	830	38	270	255
其他航空运输辅助活动	6	54		3	
管道运输业	5	911	70	194	64
管道运输业	5	911	70	194	64
装卸搬运和其他运输服务业	627	10179	34	305	330
装卸搬运	96	5366	14	124	148
运输代理服务	531	4813	20	181	182
仓储业	193	3909	30	222	443
谷物、棉花等农产品仓储	61	1613	18	103	287
其他仓储	132	2296	12	119	156

1-11 续表 14

行业	法人单位数(个)	从业人员数(人)	#具有高级技术职称人员	#具有中级技术职称人员	#具有初级技术职称人员
邮政业	40	12074	176	296	674
国家邮政	21	10637	173	291	658
其他寄递服务	19	1437	3	5	16
信息传输、计算机服务和软件业	1979	29938	512	2255	4428
电信和其他信息传输服务业	464	21900	326	1707	3794
电信	128	17814	245	1294	3126
固定电信服务	40	8975	206	886	2280
移动电信服务	57	8469	33	379	734
其他电信服务	31	370	6	29	112
互联网信息服务	254	1535	16	97	192
广播电视传输服务	80	2532	65	312	474
有线广播电视传输服务	47	1498	38	178	268
无线广播电视传输服务	33	1034	27	134	206
卫星传输服务	2	19		4	2
计算机服务业	1352	5527	133	278	333
计算机系统服务	154	1381	55	143	162
数据处理	11	92	8	5	1
计算机维修	45	279	8	31	32
其他计算机服务	1142	3775	62	99	138
软件业	163	2511	53	270	301
公共软件服务	109	1827	36	157	148
基础软件服务	47	960	14	47	39
应用软件服务	62	867	22	110	109
其他软件服务	54	684	17	113	153
其他软件服务	54	684	17	113	153
批发和零售业	18546	186697	2192	9184	12622
批发业	12634	120808	1620	6785	8997
农畜产品批发	979	22119	359	1356	2259
谷物、豆及薯类批发	102	4242	33	242	504
种子、饲料批发	403	4302	164	399	550
棉、麻批发	322	12447	147	668	1111
牲畜批发	7	111	2	1	1
其他农畜产品批发	145	1017	13	46	93
食品、饮料及烟草制品批发	796	11404	107	600	834
米、面制品及食用油批发	131	2181	32	136	199
糕点、糖果及糖批发	46	298		11	23
果品、蔬菜批发	96	1533	21	101	115
肉、禽、蛋及水产品批发	41	521	6	24	30
盐及调味品批发	67	732	12	51	103
饮料及茶叶批发	228	2169	20	79	109
烟草制品批发	42	2771	11	135	192
其他食品批发	145	1199	5	63	63
纺织、服装及日用品批发	617	4646	48	196	297
纺织品、针织品及原料批发	143	1001	19	56	93
服装批发	145	1069	9	47	75

1-11　续表 15

行　　业	法人单位数（个）	从业人员数（人）	#具有高级技术职称人员	#具有中级技术职称人员	#具有初级技术职称人员
鞋帽批发	17	120		8	7
厨房、卫生间用具及日用杂货批发	62	378	8	19	22
化妆品及卫生用品批发	111	1126	6	28	44
其他日用品批发	139	952	6	38	56
文化、体育用品及器材批发	267	2163	21	178	105
文具用品批发	122	626	5	35	45
体育用品批发	27	107	3	13	8
图书批发	36	683	8	89	20
报刊批发	1	4			
音像制品及电子出版物批发	4	203	2	3	4
首饰、工艺品及收藏品批发	29	133	1	5	2
其他文化用品批发	48	407	2	33	26
医药及医疗器材批发	361	4754	52	338	605
西药批发	62	2561	22	181	450
中药材及中成药批发	34	535	9	58	62
医疗用品及器材批发	265	1658	21	99	93
矿产品、建材及化工产品批发	4334	40655	484	2077	3054
煤炭及制品批发	100	1513	19	61	69
石油及制品批发	507	13034	88	641	1224
非金属矿及制品批发	78	291	3	23	15
金属及金属矿批发	1255	8095	84	434	458
建材批发	977	5099	67	258	249
化肥批发	650	8133	109	296	656
农药批发	132	683	19	42	50
农用薄膜批发	32	166	7	12	16
其他化工产品批发	603	3641	88	310	317
机械设备、五金交电及电子产品批发	4662	30402	476	1787	1637
农业机械批发	304	2007	26	121	152
汽车、摩托车及零配件批发	572	4658	44	237	232
五金、交电批发	1110	5542	71	303	350
家用电器批发	128	1330	6	46	50
计算机、软件及辅助设备批发	336	2556	67	180	163
通讯及广播电视设备批发	149	1243	28	70	55
其他机械设备及电子产品批发	2063	13066	234	830	635
贸易经纪与代理	182	1472	27	82	51
其他批发	436	3193	46	171	155
再生物资回收与批发	173	1264	14	61	67
其他未列明的批发	263	1929	32	110	88
零售业	5912	65889	572	2399	3625
综合零售	479	16201	31	250	650
百货零售	262	7682	15	132	369
超级市场零售	95	7552	11	96	239
其他综合零售	122	967	5	22	42

1-11 续表 16

行业	法人单位数(个)	从业人员数(人)	#具有高级技术职称人员	#具有中级技术职称人员	#具有初级技术职称人员
食品、饮料及烟草制品专门零售	384	2407	17	59	149
粮油零售	67	626	1	25	71
糕点、面包零售	20	133		1	3
果品、蔬菜零售	26	151		7	7
肉、禽、蛋及水产品零售	29	205	8	1	8
饮料及茶叶零售	104	467	2	10	26
烟草制品零售	49	241	1	7	20
其他食品零售	89	584	5	8	14
纺织、服装及日用品专门零售	464	5851	80	224	227
纺织品及针织品零售	90	434	2	14	10
服装零售	173	4158	43	111	132
鞋帽零售	17	100	1	1	3
钟表、眼镜零售	29	294	32	71	29
化妆品及卫生用品零售	48	253	2	9	21
其他日用品零售	107	612		18	32
文化、体育用品及器材专门零售	399	4343	69	168	278
文具用品零售	100	405	8	9	17
体育用品零售	44	357	3	11	23
图书零售	61	2047	39	72	162
报刊零售	2	6			
音像制品及电子出版物零售	12	69	2	8	7
珠宝首饰零售	77	853	7	27	27
工艺美术品及收藏品零售	41	282	2	13	3
照相器材零售	20	124	5	9	16
其他文化用品零售	42	200	3	19	23
医药及医疗器材专门零售	328	5481	54	372	709
药品零售	184	4601	38	267	674
医疗用品及器材零售	144	880	16	105	35
汽车、摩托车、燃料及零配件专门零售	1096	13833	153	638	869
汽车零售	292	5984	110	402	334
汽车零配件零售	406	2028	26	115	145
摩托车及零配件零售	123	756	4	11	21
机动车燃料零售	275	5065	13	110	369
家用电器及电子产品专门零售	1322	9594	104	390	431
家用电器零售	242	3112	11	98	124
计算机、软件及辅助设备零售	695	3510	58	175	204
通信设备零售	194	2203	8	54	64
其他电子产品零售	191	769	27	63	39
五金、家具及室内装修材料专门零售	968	5157	28	153	160
五金零售	510	2077	15	80	87
家具零售	170	1988	5	21	25
涂料零售	16	71	2	4	2
其他室内装修材料零售	272	1021	6	48	46
无店铺及其他零售	472	3022	36	145	152
流动货摊零售	4	17		2	4

1-11　续表 17

行　业	法人单位数（个）	从业人员数（人）	#具有高级技术职称人员	#具有中级技术职称人员	#具有初级技术职称人员
邮购及电子销售	1	10			
生活用燃料零售	107	1197	10	36	52
花卉零售	21	86	3	6	2
旧货零售	3	12		1	1
其他未列明的零售	336	1700	23	100	93
住宿和餐饮业	1047	50498	361	1372	2006
住宿业	745	37932	279	1029	1500
旅游饭店	338	30629	253	863	1031
一般旅馆	385	6888	24	154	439
其他住宿服务	22	415	2	12	30
餐饮业	302	12566	82	343	506
正餐服务	257	10773	82	329	482
快餐服务	33	1663		12	20
饮料及冷饮服务	3	16			
其他餐饮服务	9	114		2	4
金融业	606	75048	640	6441	16165
银行业	243	43867	402	5554	14993
中央银行	26	3459	49	744	938
商业银行	180	37593	329	4491	13027
其他银行	37	2815	24	319	1028
证券业	5	600	9	114	59
证券经纪与交易	3	575	6	114	59
证券投资	2	25	3		
保险业	169	28406	146	579	967
人寿保险	60	20585	48	183	214
非人寿保险	90	7678	93	385	745
保险辅助服务	19	143	5	11	8
其他金融活动	189	2175	83	194	146
金融信托与管理	16	164	21	44	10
金融租赁	3	73	10	28	6
财务公司	13	62		6	
邮政储蓄	7	681	7	10	37
典当	71	598	14	54	52
其他未列明的金融活动	79	597	31	52	41
房地产业	2631	56991	1326	5468	5199
房地产业	2631	56991	1326	5468	5199
房地产开发经营	1130	20402	770	3389	2916
物业管理	717	27909	282	1300	1551
房地产中介服务	348	2768	74	374	197
其他房地产活动	436	5912	200	405	535
租赁和商务服务业	4494	93808	2283	5312	5061
租赁业	326	2614	28	104	187
机械设备租赁	315	2453	27	98	182
汽车租赁	98	586	5	22	25

1-11 续表 18

行　　业	法人单位数(个)	从业人员数(人)	#具有高级技术职称人员	#具有中级技术职称人员	#具有初级技术职称人员
农业机械租赁	3	12			
建筑工程机械与设备租赁	131	783	9	43	72
计算机及通讯设备租赁	5	42	2	3	
其他机械与设备租赁	78	1030	11	30	85
文化及日用品出租	11	161	1	6	5
图书及音像制品出租	1	1			
其他文化及日用品出租	10	160	1	6	5
商务服务业	4168	91194	2255	5208	4874
企业管理服务	734	24306	739	1727	1609
企业管理机构	222	15215	419	965	1033
投资与资产管理	346	4449	186	491	246
其他企业管理服务	166	4642	134	271	330
法律服务	293	2888	76	126	206
律师及相关的法律服务	251	2510	53	81	166
公证服务	27	257	11	21	38
其他法律服务	15	121	12	24	2
咨询与调查	924	7854	709	1573	697
会计、审计及税务服务	282	3186	316	825	318
市场调查	24	133	4	5	14
社会经济咨询	207	1415	98	226	68
其他专业咨询	411	3120	291	517	297
广告业	806	5757	132	323	325
知识产权服务	30	154	2	5	3
职业中介服务	339	28295	98	338	524
市场管理	196	5420	247	507	717
旅行社	318	3029	25	207	352
其他商务服务	528	13491	227	402	441
会议及展览服务	57	465	13	22	20
包装服务	5	23			
保安服务	78	8567	117	79	78
办公服务	78	595	15	17	45
其他未列明的商务服务	310	3841	82	284	298
科学研究、技术服务和地质勘查业	3038	65480	6978	13514	11988
研究与试验发展	202	7012	1289	1580	1024
自然科学研究与试验发展	27	1670	366	455	198
工程和技术研究与试验发展	39	1021	145	203	134
农业科学研究与试验发展	103	3452	587	726	579
医学研究与试验发展	20	407	37	65	53
社会人文科学研究与试验发展	13	462	154	131	60
专业技术服务业	1602	34675	3906	8526	6532
气象服务	145	3010	186	1013	873
地震服务	26	591	64	150	95
测绘服务	65	1606	103	239	225
技术检测	360	6738	545	1620	991

1-11　续表 19

行　　业	法人单位数（个）	从业人员数（人）	#具有高级技术职称人员	#具有中级技术职称人员	#具有初级技术职称人员
环境监测	55	834	95	183	117
工程技术与规划管理	673	18661	2600	4858	3824
工程管理服务	384	8933	987	2607	1806
工程勘察设计	247	9055	1563	2102	1909
规划管理	42	673	50	149	109
其他专业技术服务	278	3235	313	463	407
科技交流和推广服务业	854	11777	719	2056	2758
技术推广服务	704	9872	548	1753	2461
科技中介服务	67	923	67	118	107
其他科技服务	83	982	104	185	190
地质勘查业	380	12016	1064	1352	1674
矿产地质勘查	177	5811	488	544	739
能源矿产地质勘查	64	2835	274	333	439
固体矿产地质勘查	90	2490	203	204	296
其他矿产地质勘查	23	486	11	7	4
基础地质勘查	28	3382	331	440	612
地质勘查技术服务	175	2823	245	368	323
水利、环境和公共设施管理业	857	48686	946	3022	5123
水利管理业	317	22485	545	1945	3403
防洪管理	21	1195	51	130	243
水资源管理	250	19917	430	1723	2883
水库管理	45	6973	131	483	770
调水、引水管理	112	10450	222	997	1789
其他水资源管理	93	2494	77	243	324
其他水利管理	46	1373	64	92	277
环境管理业	231	12196	178	373	684
自然保护	105	2460	63	198	303
自然保护区管理	63	1346	38	142	221
野生动植物保护	14	525	12	16	27
其他自然保护	28	589	13	40	55
环境治理	126	9736	115	175	381
城市市容管理	15	1715	53	35	114
城市环境卫生管理	83	7557	44	109	234
水污染治理	7	165	2	6	14
危险废物治理	4	35	10	6	6
其他环境治理	17	264	6	19	13
公共设施管理业	309	14005	223	704	1036
市政公共设施管理	71	2788	94	233	329
城市绿化管理	132	7892	98	374	562
游览景区管理	106	3325	31	97	145
风景名胜区管理	32	1018	11	33	50
公园管理	19	1282	15	41	67
其他游览景区管理	55	1025	5	23	28

1-11 续表 20

行　　业	法人单位数(个)	从业人员数(人)	#具有高级技术职称人员	#具有中级技术职称人员	#具有初级技术职称人员
居民服务和其他服务业	1246	15569	254	815	1065
居民服务业	484	6556	58	279	470
家庭服务	45	460	1	8	22
托儿所	32	841	5	57	60
洗染服务	10	123		4	3
理发及美容保健服务	47	573	9	19	37
洗浴服务	50	1454	1	50	197
婚姻服务	28	94			3
殡葬服务	44	920	12	50	46
摄影扩印服务	43	522	12	20	33
其他居民服务	185	1569	18	71	69
其他服务业	762	9013	196	536	595
修理与维护	510	4828	165	420	391
汽车、摩托车维护与保养	403	4143	150	354	329
办公设备维修	26	187	3	16	22
家用电器修理	55	349	9	44	31
其他日用品修理	26	149	3	6	9
清洁服务	81	2233	12	31	67
建筑物清洁服务	12	84		1	8
其他清洁服务	69	2149	12	30	59
其他未列明的服务	171	1952	19	85	137
教育	5221	336332	33004	92947	98615
教育	5221	336332	33004	92947	98615
学前教育	733	14592	357	2255	2243
初等教育	1935	123345	7655	36585	39794
中等教育	1488	155986	17854	43089	50090
初中教育	1083	108384	9776	30350	37229
高中教育	203	32851	6098	9059	9855
中等专业教育	76	7996	1079	1872	1490
职业中学教育	42	1986	339	531	469
技工学校教育	38	3535	368	937	842
其他中等教育	46	1234	194	340	205
高等教育	94	27554	5934	8536	4606
普通高等教育	36	24102	5460	7521	4025
成人高等教育	58	3452	474	1015	581
其他教育	971	14855	1204	2482	1882
职业技能培训	597	9454	618	1472	1245
特殊教育	18	498	44	104	136
其他未列明的教育	356	4903	542	906	501
卫生、社会保障和社会福利业	2610	126144	7179	23954	46467
卫生	2220	121296	7113	23616	45884
医院	622	83369	5501	17993	30461
综合医院	451	69664	4570	15599	25454
中医医院	34	5600	481	1027	2383
中西医结合医院	18	1064	69	216	317

1-11 续表 21

行业	法人单位数（个）	从业人员数（人）	#具有高级技术职称人员	#具有中级技术职称人员	#具有初级技术职称人员
民族医院	39	2932	124	413	992
专科医院	64	3519	223	650	1217
疗养院	16	590	34	88	98
卫生院及社区医疗活动	898	20489	503	2431	8779
门诊部医疗活动	110	2165	139	393	660
计划生育技术服务活动	260	3193	59	337	908
妇幼保健活动	89	3326	227	618	1766
专科疾病防治活动	23	2067	138	270	1198
疾病预防控制及防疫活动	145	5564	493	1379	1852
其他卫生活动	73	1123	53	195	260
社会保障业	146	1772	23	181	297
社会保障业	146	1772	23	181	297
社会福利业	244	3076	43	157	286
提供住宿的社会福利	159	2436	43	139	257
干部休养所	59	684	14	31	39
收养收容服务	100	1752	29	108	218
不提供住宿的社会福利	85	640		18	29
文化、体育和娱乐业	1102	26271	1879	4434	4980
新闻出版业	116	5547	632	1099	958
新闻业	11	276	19	23	46
出版业	105	5271	613	1076	912
图书出版	19	995	217	281	109
报纸出版	50	3836	347	719	740
期刊出版	24	289	41	53	49
音像制品出版	2	58	6	11	5
其他出版	10	93	2	12	9
广播、电视、电影和音像业	290	9305	534	1598	2215
广播	114	3326	170	525	927
电视	68	4401	311	933	1085
电影	90	1465	48	133	198
电影制作与发行	13	516	28	79	109
电影放映	77	949	20	54	89
音像制作	18	113	5	7	5
文化艺术业	486	8469	638	1553	1634
文艺创作与表演	95	3575	380	796	716
艺术表演场馆	24	720	71	124	119
图书馆与档案馆	119	1365	63	282	263
图书馆	57	676	32	202	213
档案馆	62	689	31	80	50
文物及文化保护	36	530	31	39	97
博物馆	21	488	38	74	50
烈士陵园、纪念馆	6	100	1	4	8
群众文化活动	152	1524	51	222	355
文化艺术经纪代理	12	57	2	5	14
其他文化艺术	21	110	1	7	12

1-11 续表 22

行业	法人单位数(个)	从业人员数(人)	#具有高级技术职称人员	#具有中级技术职称人员	#具有初级技术职称人员
体育	74	1410	61	160	126
体育组织	35	968	46	90	61
体育场馆	19	232	1	18	17
其他体育	20	210	14	52	48
娱乐业	136	1540	14	24	47
室内娱乐活动	72	844	5	8	17
游乐园	7	61			
休闲健身娱乐活动	35	286	6	10	9
其他娱乐活动	22	349	3	6	21
公共管理和社会组织	31136	498746	5142	16264	28604
中国共产党机关	1022	17936	102	194	252
国家机构	9957	352364	4492	14619	25689
国家权力机构	239	7477	34	103	254
国家行政机构	9342	325680	4324	14137	25214
综合事务管理机构	2755	100143	866	3415	7577
对外事务管理机构	54	699	6	29	4
公共安全管理机构	411	50475	196	442	919
社会事务管理机构	1927	68563	1477	5057	7685
经济事务管理机构	2451	63091	1089	3315	6168
政府事务管理机构	818	22610	246	644	1489
行政监督检查机构	926	20099	444	1235	1372
人民法院和人民检察院	279	15181	47	120	97
人民法院	140	9321	24	42	46
人民检察院	139	5860	23	78	51
其他国家机构	97	4026	87	259	124
人民政协和民主党派	132	2484	27	29	21
人民政协	104	2258	11	15	13
民主党派	28	226	16	14	8
群众团体、社会团体和宗教组织	9610	50499	409	1028	1724
群众团体	617	4306	28	77	118
工会	148	1391	15	33	59
妇联	113	719	3	11	10
共青团	126	664	2	6	9
其他群众团体	230	1532	8	27	40
社会团体	2865	23413	365	939	1593
专业性团体	1075	11391	265	760	1296
行业性团体	1390	9509	91	116	213
其他社会团体	400	2513	9	63	84
宗教组织	6128	22780	16	12	13
基层群众自治组织	10415	75463	112	394	918
社区自治组织	1576	16671	36	175	226
村民自治组织	8839	58792	76	219	692

1-12　按地、州、市、县(市)和专业技术职称分组的法人单位数及从业人员数

地　区	法人单位数(个)	从业人员数(人)	#具有高级技术职称人员	#具有中级技术职称人员	#具有初级技术职称人员
总　计	**88115**	**3143501**	**82819**	**264750**	**373892**
乌鲁木齐市	24814	753099	28542	67632	76017
天山区	5531	161989	8619	19104	19559
沙依巴克区	5482	169327	7158	12872	16936
新市区	7537	214487	7695	19761	20887
水磨沟区	3696	76848	1768	5421	6533
头屯河区	643	53505	971	3158	4308
达坂城区	280	10042	124	573	631
米东区	1354	61044	2105	6122	6480
乌鲁木齐县	291	5857	102	621	683
克拉玛依市	2483	221502	5218	17747	22685
独山子区	401	31513	788	2892	2987
克拉玛依区	1779	172310	4169	13734	18188
白碱滩区	232	12416	243	970	1364
乌尔禾区	71	5263	18	151	146
吐鲁番地区	2824	71541	1459	6011	12390
吐鲁番市	1257	32597	705	2698	5388
鄯善县	1040	26455	544	2181	4616
托克逊县	527	12489	210	1132	2386
哈密地区	3809	112689	1474	6583	9411
哈密市	3010	94482	1108	5022	7264
巴里坤哈萨克自治县	571	12799	281	1179	1531
伊吾县	228	5408	85	382	616
昌吉回族自治州	6497	246057	9059	24315	28238
昌吉市	2710	79683	2776	7641	9953
阜康市	873	29805	589	2289	2846
呼图壁县	729	35609	972	2727	3235
玛纳斯县	698	54866	3182	5981	7592
奇台县	588	25081	810	2778	2489
吉木萨尔县	516	14745	462	1800	1313
木垒哈萨克自治县	383	6268	268	1099	810
伊犁哈萨克自治州	13779	594083	11395	46275	75535
伊犁州直属县(市)	6544	296902	5620	23897	38875
伊宁市	1876	83291	2501	7756	11208
奎屯市	1270	39460	1003	4355	5900
伊宁县	458	26123	432	1649	3946
察布查尔锡伯自治县	386	24674	323	1867	2627
霍城县	555	44684	467	2866	5542

1-12 续表 1

地 区	法人单位数(个)	从业人员数(人)	#具有高级技术职称人员	#具有中级技术职称人员	#具有初级技术职称人员
巩留县	314	9479	145	916	1888
新源县	580	30608	181	1506	2617
昭苏县	352	19320	134	1011	2284
特克斯县	510	9193	170	826	1046
尼勒克县	243	10070	264	1145	1817
塔城地区	3521	205293	3523	13582	22782
塔城市	585	24429	644	2439	3975
乌苏市	669	46780	789	3206	6732
额敏县	648	27600	595	2288	2709
沙湾县	818	74380	1058	4139	7052
托里县	311	12165	127	296	552
裕民县	227	6847	157	528	767
和布克赛尔蒙古自治县	263	13092	153	686	995
阿勒泰地区	3714	91888	2252	8796	13878
阿勒泰市	1311	36883	1154	4178	6060
布尔津县	447	7992	201	840	1176
富蕴县	465	12831	217	795	1168
福海县	397	15048	242	1227	2029
哈巴河县	428	8872	192	845	1595
青河县	404	5248	153	492	911
吉木乃县	262	5014	93	419	939
博尔塔拉蒙古自治州	2266	89336	1754	8011	10348
博乐市	1491	62855	1279	5228	6484
精河县	525	18489	360	1847	2401
温泉县	250	7992	115	936	1463
巴音郭楞蒙古自治州	6794	220064	5999	21530	27193
库尔勒市	3863	118114	3770	12758	16786
轮台县	491	13177	265	1039	1371
尉犁县	433	19315	286	1757	2265
若羌县	178	7496	98	448	633
且末县	329	6301	113	332	237
焉耆回族自治县	455	11929	481	1378	1514
和静县	511	25358	505	2070	2306
和硕县	285	10913	333	719	860
博湖县	249	7461	148	1029	1221
阿克苏地区	6154	202811	3315	14841	29001
阿克苏市	1796	75526	1481	6145	10004
温宿县	529	21088	202	1293	2568
库车县	1122	33597	583	2425	5080

1-12 续表 2

地　区	法人单位数(个)	从业人员数(人)	#具有高级技术职称人员	#具有中级技术职称人员	#具有初级技术职称人员
沙雅县	642	12998	180	1019	1989
新和县	504	10327	117	683	1920
拜城县	625	17413	302	1149	1942
乌什县	323	10055	236	771	1819
阿瓦提县	427	17767	124	998	3029
柯坪县	186	4040	90	358	650
克孜勒苏柯尔克孜自治州	1628	46628	1145	4568	7831
阿图什市	826	25329	692	2804	4965
阿克陶县	399	10806	268	715	1727
阿合奇县	148	3747	88	552	356
乌恰县	255	6746	97	497	783
喀什地区	6906	226455	5016	16303	37113
喀什市	1465	70120	1730	5253	10034
疏附县	367	11982	223	1142	3057
疏勒县	459	15421	197	698	1400
英吉沙县	307	9463	106	622	1225
泽普县	457	9616	211	717	1443
莎车县	1035	27376	1185	2697	8362
叶城县	681	19627	385	1445	3079
麦盖提县	453	17653	285	1551	2826
岳普湖县	277	11512	120	294	1144
伽师县	655	14280	238	661	1901
巴楚县	593	16882	296	1129	2459
塔什库尔干塔吉克自治县	157	2523	40	94	183
和田地区	7340	122474	3073	9444	13298
和田市	1585	40280	1000	2559	4287
和田县	1031	9188	71	383	839
墨玉县	1692	24370	738	2164	2239
皮山县	1001	14407	362	1033	1378
洛浦县	480	10573	314	1175	1413
策勒县	664	8964	211	788	1370
于田县	612	11394	340	1129	1295
民丰县	275	3298	37	213	477
自治区直辖县级市	2821	236762	5370	21490	24832
石河子市	2301	115521	4069	15033	15542
阿拉尔市	134	50026	392	3028	4265
图木舒克市	117	48649	303	1521	2717
五家渠市	269	22566	606	1908	2308

1-13 按登记注册类型、技术等级分组的法人单位数及从业人员数

登记注册类型	法人单位数(个)	从业人员数(人)	#高级技师	#技师	#高级工	#中级工
总　计	**88115**	**3143501**	**47899**	**29636**	**163393**	**187401**
内资企业	87830	3110255	47809	29346	162743	185838
国有企业	24456	1745618	39734	12557	100026	108416
集体企业	1253	38721	123	207	514	865
股份合作企业	161	4500	9	21	92	92
联营企业	119	5055	24	46	738	166
国有联营企业	33	991	3	25	182	47
集体联营企业	42	1502	1	4	30	32
国有与集体联营企业	19	1762	20	15	508	80
其他联营企业	25	800		2	18	7
有限责任公司	7278	480383	2799	7568	25171	37523
国有独资公司	312	72078	1355	2605	7468	5911
其他有限责任公司	6966	408305	1444	4963	17703	31612
股份有限公司	547	251195	2457	4348	28917	25038
私营企业	34290	444820	2037	4150	6144	13006
私营独资企业	6030	60226	215	625	565	1444
私营合伙企业	936	11723	58	65	86	184
私营有限责任公司	26856	357532	1702	3394	5383	11117
私营股份有限公司	468	15339	62	66	110	261
其他企业	19726	139963	626	449	1141	732
港、澳、台商投资企业	112	15409	19	99	455	1129
合资经营企业(港或澳、台资)	49	8743	16	26	377	938
合作经营企业(港或澳、台资)	5	152		5	19	8
港、澳、台商独资经营企业	43	4569	3	63	29	160
港、澳、台商投资股份有限公司	15	1945		5	30	23
外商投资企业	173	17837	71	191	195	434
中外合资经营企业	85	8444	55	142	155	393
中外合作经营企业	11	359	6			
外资企业	66	7722	4	30	40	41
外商投资股份有限公司	11	1312	6	19		

1-14 按行业大类、技术等级分组的法人单位数及从业人员数

行 业	法人单位数(个)	从业人员数(人)	#高级技师	#技师	#高级工	#中级工
总 计	**88115**	**3143501**	**47899**	**29636**	**163393**	**187401**
农、林、牧、渔业	203	517814	759	3155	49891	62530
农业	157	499238	758	2972	49659	62342
林业	6	795	1	177	120	32
畜牧业	19	16852			7	91
渔业	2	51		3	2	
农、林、牧、渔服务业	19	878		3	103	65
采矿业	1625	214842	1305	3398	22782	22779
煤炭开采和洗选业	332	58994	1055	1556	2683	3695
石油和天然气开采业	66	122936	183	1515	19045	17088
黑色金属矿采选业	581	12454	25	97	519	559
有色金属矿采选业	279	12344	36	188	510	1360
非金属矿采选业	340	8000	6	41	25	74
其他采矿业	27	114		1		3
制造业	7353	422359	35701	5330	24176	27520
农副食品加工业	809	32959	125	246	980	1967
食品制造业	340	17962	76	201	367	652
饮料制造业	309	12333	96	163	232	448
烟草制品业	1	518	19	39	138	93
纺织业	259	84676	34310	387	949	1847
纺织服装、鞋、帽制造业	122	2893	9	49	196	254
皮革、毛皮、羽毛(绒)及其制品业	36	796	4	3	5	6
木材加工及木、竹、藤、棕、草制品业	178	3857	6	23	38	117
家具制造业	147	4787	3	49	26	75
造纸及纸制品业	195	8531	72	251	477	789
印刷业和记录媒介的复制	330	6497	46	74	413	675
文教体育用品制造业	18	275		5	15	96
石油加工、炼焦及核燃料加工业	185	32551	57	417	6469	4413
化学原料及化学制品制造业	639	51379	283	721	5190	6280
医药制造业	94	4074	11	19	354	155
化学纤维制造业	19	8547	6	56	108	601
橡胶制品业	46	2038	1		2	340
塑料制品业	663	15425	45	142	326	679
非金属矿物制品业	1282	53168	126	646	1488	2250
黑色金属冶炼及压延加工业	91	28421	82	841	4200	2018
有色金属冶炼及压延加工业	68	7169	2	185	391	393
金属制品业	475	11229	60	121	388	665

1-14 续表 1

行　业	法人单位数（个）	从业人员数（人）	#高级技师	#技师	#高级工	#中级工
通用设备制造业	325	6869	40	100	205	640
专用设备制造业	246	7357	27	101	384	865
交通运输设备制造业	147	4312	26	168	277	443
电气机械及器材制造业	222	7973	111	79	225	555
通信设备、计算机及其他电子设备制造业	12	3182	16	108	200	163
仪器仪表及文化、办公用机械制造业	21	367	5	26	18	11
工艺品及其他制造业	49	2003	34	109	114	25
废弃资源和废旧材料回收加工业	25	211	3	1	1	5
电力、燃气及水的生产和供应业	535	60106	460	2521	7629	7483
电力、热力的生产和供应业	367	50666	428	2455	7224	6991
燃气生产和供应业	44	2391	2	6	71	58
水的生产和供应业	124	7049	30	60	334	434
建筑业	1763	207268	2786	3911	10052	19451
房屋和土木工程建筑业	794	175842	2523	3123	8173	16611
建筑安装业	362	22772	245	679	1609	2435
建筑装饰业	406	4944	10	38	74	137
其他建筑业	201	3710	8	71	196	268
交通运输、仓储和邮政业	2123	110904	640	851	11158	9229
铁路运输业	15	115				
道路运输业	1077	62127	237	709	8020	5696
城市公共交通业	145	17142	386	27	1366	2020
航空运输业	21	4447				
管道运输业	5	911	1	5		
装卸搬运和其他运输服务业	627	10179		15	57	133
仓储业	193	3909	15	43	125	133
邮政业	40	12074	1	52	1590	1247
信息传输、计算机服务和软件业	1979	29938	57	298	397	853
电信和其他信息传输服务业	464	21900	29	227	322	781
计算机服务业	1352	5527	16	64	50	61
软件业	163	2511	12	7	25	11
批发和零售业	18546	186697	636	1485	2242	5315
批发业	12634	120808	409	1005	1465	3615
零售业	5912	65889	227	480	777	1700
住宿和餐饮业	1047	50498	222	396	1006	1937
住宿业	745	37932	201	311	922	1723
餐饮业	302	12566	21	85	84	214
金融业	606	75048	72	327	812	317
银行业	243	43867	58	288	605	172

1-14　续表 2

行　　业	法人单位数（个）	从业人员数（人）	#高级技师	#技师	#高级工	#中级工
证券业	5	600	2	6	5	1
保险业	169	28406	3	15	12	26
其他金融活动	189	2175	9	18	190	118
房地产业	2631	56991	271	386	870	1909
租赁和商务服务业	4494	93808	286	779	1994	2828
租赁业	326	2614	16	16	63	35
商务服务业	4168	91194	270	763	1931	2793
科学研究、技术服务和地质勘查业	3038	65480	482	725	3400	2606
研究与试验发展	202	7012	29	60	479	279
专业技术服务业	1602	34675	178	275	1046	936
科技交流和推广服务业	854	11777	87	145	361	421
地质勘查业	380	12016	188	245	1514	970
水利、环境和公共设施管理业	857	48686	265	587	5704	4780
水利管理业	317	22485	169	365	3660	3148
环境管理业	231	12196	38	70	645	536
公共设施管理业	309	14005	58	152	1399	1096
居民服务和其他服务业	1246	15569	116	373	456	907
居民服务业	484	6556	34	159	169	191
其他服务业	762	9013	82	214	287	716
教育	5221	336332	2199	1570	7546	6270
卫生、社会保障和社会福利业	2610	126144	395	853	3225	2852
卫生	2220	121296	374	784	2970	2728
社会保障业	146	1772		5	25	12
社会福利业	244	3076	21	64	230	112
文化、体育和娱乐业	1102	26271	194	185	955	735
新闻出版业	116	5547	11	19	151	116
广播、电视、电影和音像业	290	9305	92	84	513	396
文化艺术业	486	8469	82	54	228	184
体育	74	1410	4	15	48	21
娱乐业	136	1540	5	13	15	18
公共管理和社会组织	31136	498746	1053	2506	9098	7100
中国共产党机关	1022	17936	40	180	505	287
国家机构	9957	352364	766	1921	8171	6435
人民政协和民主党派	132	2484	24	45	158	71
群众团体、社会团体和宗教组织	9610	50499	53	148	200	130
基层群众自治组织	10415	75463	170	212	64	177

1-15 按地、州、市、县(市)和技术等级分组的法人单位数及从业人员数

地 区	法人单位数(个)	从业人员数(人)				
			#高级技师	#技师	#高级工	#中级工
总 计	**88115**	**3143501**	**47899**	**29636**	**163393**	**187401**
乌鲁木齐市	24814	753099	37870	8927	36334	31496
天山区	5531	161989	721	1990	6114	4113
沙依巴克区	5482	169327	35539	1568	6534	5578
新市区	7537	214487	1032	2865	8853	9989
水磨沟区	3696	76848	283	834	2320	2207
头屯河区	643	53505	101	834	4977	3343
达坂城区	280	10042	16	45	1310	647
米东区	1354	61044	157	748	6136	5508
乌鲁木齐县	291	5857	21	43	90	111
克拉玛依市	2483	221502	417	2059	23765	27661
独山子区	401	31513	67	259	3970	3067
克拉玛依区	1779	172310	316	1720	19071	22614
白碱滩区	232	12416	34	73	687	1869
乌尔禾区	71	5263		7	37	111
吐鲁番地区	2824	71541	274	439	2624	2510
吐鲁番市	1257	32597	108	187	963	1207
鄯善县	1040	26455	53	194	1474	984
托克逊县	527	12489	113	58	187	319
哈密地区	3809	112689	1231	1813	4599	6122
哈密市	3010	94482	1202	1742	4367	5663
巴里坤哈萨克自治县	571	12799	8	17	98	237
伊吾县	228	5408	21	54	134	222
昌吉回族自治州	6497	246057	583	1944	7662	16662
昌吉市	2710	79683	222	516	2055	3302
阜康市	873	29805	40	184	854	1600
呼图壁县	729	35609	41	181	1163	4121
玛纳斯县	698	54866	175	621	2578	4934
奇台县	588	25081	35	261	511	1898
吉木萨尔县	516	14745	66	137	351	647
木垒哈萨克自治县	383	6268	4	44	150	160
伊犁哈萨克自治州	13779	594083	1466	4312	42693	39528
伊犁州直属县(市)	6544	296902	707	2234	31322	18278
伊宁市	1876	83291	99	687	3481	2767
奎屯市	1270	39460	146	464	2279	2462
伊宁县	458	26123	94	189	1950	1739
察布查尔锡伯自治县	386	24674	169	74	2083	1115

1-15　续表 1

地　　区	法人单位数（个）	从业人员数（人）	#高级技师	#技师	#高级工	#中级工
霍城县	555	44684	60	286	11781	6373
巩留县	314	9479	10	6	907	333
新源县	580	30608	73	195	3914	1700
昭苏县	352	19320	7	125	3531	1152
特克斯县	510	9193	19	171	774	219
尼勒克县	243	10070	30	37	622	418
塔城地区	3521	205293	629	1399	8138	15209
塔城市	585	24429	92	281	952	1443
乌苏市	669	46780	380	492	2751	4552
额敏县	648	27600	18	102	1269	1278
沙湾县	818	74380	51	364	2719	7423
托里县	311	12165	3	72	147	189
裕民县	227	6847	61	61	100	105
和布克赛尔蒙古自治县	263	13092	24	27	200	219
阿勒泰地区	3714	91888	130	679	3233	6041
阿勒泰市	1311	36883	51	303	1789	1842
布尔津县	447	7992	43	57	187	213
富蕴县	465	12831	23	123	520	1579
福海县	397	15048	5	24	202	1214
哈巴河县	428	8872	6	69	244	803
青河县	404	5248	2	7	102	134
吉木乃县	262	5014		96	189	256
博尔塔拉蒙古自治州	2266	89336	218	742	5211	6321
博乐市	1491	62855	125	648	3494	4547
精河县	525	18489	72	64	670	902
温泉县	250	7992	21	30	1047	872
巴音郭楞蒙古自治州	6794	220064	851	2065	12543	14929
库尔勒市	3863	118114	421	1371	7649	8137
轮台县	491	13177	78	73	336	292
尉犁县	433	19315	16	114	1456	1992
若羌县	178	7496	7	53	516	827
且末县	329	6301	8	7	23	49
焉耆回族自治县	455	11929	85	22	696	807
和静县	511	25358	204	114	833	1249
和硕县	285	10913	12	254	591	825
博湖县	249	7461	20	57	443	751
阿克苏地区	6154	202811	645	1747	7702	10979
阿克苏市	1796	75526	322	941	4013	6050
温宿县	529	21088	45	128	1008	1012

1-15 续表 2

地 区	法人单位数(个)	从业人员数(人)	#高级技师	#技师	#高级工	#中级工
库车县	1122	33597	105	381	1011	1399
沙雅县	642	12998	34	47	231	356
新和县	504	10327	70	20	168	225
拜城县	625	17413	32	133	357	407
乌什县	323	10055	9	19	590	733
阿瓦提县	427	17767	23	64	235	709
柯坪县	186	4040	5	14	89	88
克孜勒苏柯尔克孜自治州	1628	46628	207	265	698	1435
阿图什市	826	25329	125	218	481	1004
阿克陶县	399	10806	60	18	100	282
阿合奇县	148	3747	10	9	54	84
乌恰县	255	6746	12	20	63	65
喀什地区	6906	226455	1252	1279	3404	5116
喀什市	1465	70120	101	354	1194	1708
疏附县	367	11982	70	40	161	143
疏勒县	459	15421	35	42	154	396
英吉沙县	307	9463	2	21	208	167
泽普县	457	9616	57	35	236	211
莎车县	1035	27376	865	431	771	1050
叶城县	681	19627	55	193	288	510
麦盖提县	453	17653		13	149	461
岳普湖县	277	11512	15	45	20	94
伽师县	655	14280	13	16	49	78
巴楚县	593	16882	38	87	173	298
塔什库尔干塔吉克自治县	157	2523	1	2	1	
和田地区	7340	122474	363	869	2063	3454
和田市	1585	40280	79	271	962	1207
和田县	1031	9188		20	67	136
墨玉县	1692	24370	106	211	361	826
皮山县	1001	14407	50	208	194	328
洛浦县	480	10573	72	41	107	302
策勒县	664	8964	19	18	143	206
于田县	612	11394	36	77	158	305
民丰县	275	3298	1	23	71	144
自治区直辖县级市	2821	236762	2522	3175	14095	21188
石河子市	2301	115521	2459	2466	6016	11826
阿拉尔市	134	50026	6	329	6720	6447
图木舒克市	117	48649	11	77	591	626
五家渠市	269	22566	46	303	768	2289

1-16　按行业大类、经营性质分组的多产业法人单位下属的产业活动单位数及从业人员数

行　业	多产业法人单位下属的产业活动单位(个)	#经营性单位	#非经营性单位	从业人员数(人)	#经营性单位	#非经营性单位
总　计	**57586**	**3195**	**1**	**1049593**	**280249**	**33**
农、林、牧、渔业	1308	42		16452	810	
农业	104	7		4103	103	
林业	63			372		
畜牧业	26	1		287	2	
渔业	8			170		
农、林、牧、渔服务业	1107	34		11520	705	
采矿业	213	69		84919	75488	
煤炭开采和洗选业	64	19		25358	18470	
石油和天然气开采业	40	37		55160	55081	
黑色金属矿采选业	31	4		2229	1727	
有色金属矿采选业	18	1		999	150	
非金属矿采选业	60	8		1173	60	
制造业	1158	222		102746	53549	
农副食品加工业	224	18		13453	1225	
食品制造业	60	5		3364	602	
饮料制造业	56	9		3016	123	
纺织业	48	7		9644	3497	
纺织服装、鞋、帽制造业	17	3		267	112	
皮革、毛皮、羽毛(绒)及其制品业	4	1		34	12	
木材加工及木、竹、藤、棕、草制品业	21	1		231	2	
家具制造业	11			128		
造纸及纸制品业	23	1		1465	6	
印刷业和记录媒介的复制	30	7		526	120	
文教体育用品制造业	1			13		
石油加工、炼焦及核燃料加工业	16	9		15143	14162	
化学原料及化学制品制造业	88	25		11331	9288	
医药制造业	9			749		
化学纤维制造业	4	2		1128	633	
橡胶制品业	2			14		
塑料制品业	97	7		3409	137	
非金属矿物制品业	253	63		17209	8351	
黑色金属冶炼及压延加工业	5	3		10803	8254	
有色金属冶炼及压延加工业	7	2		771	180	
金属制品业	47	16		3040	1844	
通用设备制造业	26	16		820	655	

1-16 续表 1

行业	多产业法人单位下属的产业活动单位(个)	#经营性单位	#非经营性单位	从业人员数(人)	#经营性单位	#非经营性单位
专用设备制造业	47	7		3175	1832	
交通运输设备制造业	46	12		653	274	
电气机械及器材制造业	10	6		2257	2213	
仪器仪表及文化、办公用机械制造业	2	1		16	15	
工艺品及其他制造业	2			33		
废弃资源和废旧材料回收加工业	2	1		54	12	
电力、燃气及水的生产和供应业	402	95		31212	13508	
电力、热力的生产和供应业	297	82		28241	12319	
燃气生产和供应业	15	9		263	162	
水的生产和供应业	90	4		2708	1027	
建筑业	1028	542		111740	55541	
房屋和土木工程建筑业	886	460		101117	47223	
建筑安装业	81	51		8715	7214	
建筑装饰业	27	16		515	259	
其他建筑业	34	15		1393	845	
交通运输、仓储和邮政业	1664	23		63771	5197	
道路运输业	495	16		37729	2366	
城市公共交通业	44			2685		
航空运输业	14			3969		
管道运输业	4	1		1402	1033	
装卸搬运和其他运输服务业	63	2		3138	61	
仓储业	114	4		2735	1737	
邮政业	930			12113		
信息传输、计算机服务和软件业	1057	30		19566	1197	
电信和其他信息传输服务业	1012	29		19203	1115	
计算机服务业	43			270		
软件业	2	1		93	82	
批发和零售业	7625	1754		62070	25948	
批发业	5070	899		36876	10423	
零售业	2555	855		25194	15525	
住宿和餐饮业	429	72		13493	5286	
住宿业	284	31		9968	3483	
餐饮业	145	41		3525	1803	
金融业	3740	3	1	84070	201	33
银行业	2441	1	1	52026	5	33
证券业	22			548		
保险业	1191	2		30777	196	

1-16 续表 2

行 业	多产业法人单位下属的产业活动单位（个）	#经营性单 位	#非经营性单位	从 业人员数（人）	#经营性单 位	#非经营性单位
其他金融活动	86			719		
房地产业	486	124		37681	28509	
租赁和商务服务业	1084	63		34130	8067	
租赁业	42	8		1425	235	
商务服务业	1042	55		32705	7832	
科学研究、技术服务和地质勘查业	1194	17		18837	3696	
研究与试验发展	43	1		854	5	
专业技术服务业	354	13		9340	2409	
科技交流和推广服务业	781	2		6184	19	
地质勘查业	16	1		2459	1263	
水利、环境和公共设施管理业	1065			23665		
水利管理业	814			16050		
环境管理业	148			4586		
公共设施管理业	103			3029		
居民服务和其他服务业	326	18		8264	291	
居民服务业	219	5		6690	57	
其他服务业	107	13		1574	234	
教育	3470	9		92937	1214	
卫生、社会保障和社会福利业	1935	5		33546	955	
卫生	1609	5		32357	955	
社会保障业	194			686		
社会福利业	132			503		
文化、体育和娱乐业	1023	11		6616	614	
新闻出版业	13	3		623	357	
广播、电视、电影和音像业	490	1		3625	6	
文化艺术业	457			1602		
体育	32	1		185	15	
娱乐业	31	6		581	236	
公共管理和社会组织	28379	96		203878	178	
中国共产党机关	222			1984		
国家机构	9710			152865		
人民政协和民主党派	3			16		
群众团体、社会团体和宗教组织	18175	96		42696	178	
基层群众自治组织	269			6317		

1-17 按行业大类、地区分组的个体经营户基本情况

指标名称	个体经营户数（个）	#已办理工商登记户数	#已办理税务登记户数	期末从业人员数（人）	#已办理工商登记户数	#已办理税务登记户数
总　计	**671092**	**518954**	**445053**	**1187631**	**947743**	**837678**
采矿业	559	459	442	3000	2791	2552
煤炭开采和洗选业	7	3	3	73	57	57
黑色金属矿采选业	1	1	1	1	1	1
有色金属矿采选业	3	3	3	26	26	26
非金属矿采选业	280	258	245	2204	2121	1904
其他采矿业	268	194	190	696	586	564
制造业	34075	22411	19193	90122	67855	60664
农副食品加工业	5753	3808	3243	13343	10041	8862
食品制造业	4713	2527	2126	9108	5967	5109
饮料制造业	169	131	117	742	624	560
纺织业	1889	1320	1143	3660	2627	2336
纺织服装、鞋、帽制造业	6097	4274	3656	11170	8144	6982
皮革、毛皮、羽毛(绒)及其制品业	427	280	247	872	607	531
木材加工及木、竹、藤、棕、草制品业	3302	1643	1378	8573	5504	4916
家具制造业	887	592	514	3410	2591	2235
造纸及纸制品业	147	121	118	1106	972	965
印刷业和记录媒介的复制	373	343	332	964	913	876
文教体育用品制造业	30	28	27	126	111	109
石油加工、炼焦及核燃料加工业	4	3	3	18	16	16
化学原料及化学制品制造业	89	76	66	411	357	320
医药制造业	6	6	6	7	7	7
化学纤维制造业	14	11	11	64	55	55
橡胶制品业	97	85	76	343	314	298
塑料制品业	784	600	507	3822	3152	2829
非金属矿物制品业	1310	1143	1073	14537	13343	12915
黑色金属冶炼及延加工业	3			5		
有色金属冶炼及压延加工业	1			1		
金属制品业	4489	3010	2480	9396	7041	6008
专用设备制造业	643	507	448	1644	1346	1198
交通运输设备制造业	2			5		
电气机械及器材制造业	89	69	65	195	158	152
仪器仪表及文化、办公用机械制造业	47	42	40	191	185	181
工艺品及其他制造业	2059	1383	1154	4813	2763	2307
废弃资源和废旧材料回收加工业	651	409	363	1596	1017	897

1-17 续表 1

指标名称	个体经营户数(个)	#已办理工商登记户数	#已办理税务登记户数	期末从业人员数(人)	#已办理工商登记户数	#已办理税务登记户数
电力、燃气及水的生产和供应业	18	18	16	36	36	34
燃气生产和供应业	18	18	16	36	36	34
建筑业	5791	1286	813	27198	5938	3947
房屋和土木工程建筑业	3931	529	323	21042	3178	2267
建筑安装业	60	40	35	392	280	274
建筑装饰业	807	398	371	2295	805	759
其他建筑业	993	319	84	3469	1675	647
交通运输、仓储和邮政业	144781	116216	92443	195294	160291	135772
铁路运输业	4	4	3	20	20	18
道路运输业	113377	90049	69813	146276	117842	97154
城市公共交通业	30555	25588	22204	46522	40812	37329
装卸搬运和其他运输服务业	657	483	351	1791	1269	983
仓储业	157	63	48	591	256	209
邮政业	31	29	24	94	92	79
信息传输、计算机服务和软件业	6716	5698	4805	11418	9982	8609
电信和其他信息传输服务业	4988	4146	3357	7822	6684	5521
计算机服务业	1513	1385	1291	3043	2828	2635
软件业	215	167	157	553	470	453
批发和零售业	317393	252546	224526	489182	399858	359794
批发业	18582	15453	14106	35959	30037	27591
零售业	298811	237093	210420	453223	369821	332203
住宿和餐饮业	63898	50545	43760	196937	166907	149792
住宿业	5296	4582	4103	14660	13222	12171
餐饮业	58602	45963	39657	182277	153685	137621
金融业	1	1	1	4	4	4
其他金融活动	1	1	1	4	4	4
房地产业	7172	717	191	8814	994	444
租赁和商务服务业	5446	4077	3628	9574	7653	6982
租赁业	2229	1220	1035	3210	1929	1661
商务服务业	3217	2857	2593	6364	5724	5321
科学研究、技术服务和地质勘查业	160	130	118	326	273	255
专业技术服务业	148	122	111	302	254	238
科技交流和推广服务业	12	8	7	24	19	17
水利、环境和公共设施管理业	115	32	29	199	67	64
环境管理业	69	12	10	83	17	15

1-17 续表 2

指标名称	个体经营户数(个)	#已办理工商登记户数	#已办理税务登记户数	期末从业人员数(人)	#已办理工商登记户数	#已办理税务登记户数
公共设施管理业	46	20	19	116	50	49
居民服务和其他服务业	70167	53304	45270	124304	99490	86161
居民服务业	41366	31596	26276	74577	60521	51527
其他服务业	28801	21708	18994	49727	38969	34634
教育	690	399	336	2797	1765	1545
卫生、社会保障和社会福利业	6360	5519	4816	13720	12313	11000
卫生	6292	5477	4779	13536	12175	10880
社会福利业	68	42	37	184	138	120
文化、体育和娱乐业	7750	5596	4666	14706	11526	10059
广播、电视、电影和音像业	95	79	71	161	131	122
文化艺术业	96	80	74	219	199	191
体育	71	31	21	112	65	49
娱乐业	7488	5406	4500	14214	11131	9697
按地区分组						
乌鲁木齐市	101491	77771	61249	220134	180050	148365
克拉玛依市	17402	15281	12839	36113	32484	29284
吐鲁番地区	15570	13709	13233	26624	23825	23090
哈密地区	20673	17553	15708	35521	29614	26900
昌吉回族自治州	76092	59637	41095	131517	104741	83366
伊犁哈萨克自治州	140904	107636	101596	223838	176192	168531
伊犁州直属县(市)	78306	59728	56000	132199	103638	99039
塔城地区	37794	28204	26802	57188	44603	42647
阿勒泰地区	24804	19704	18794	34451	27951	26845
博尔塔拉蒙古自治州	18392	15819	14214	28456	25031	23204
巴音郭楞蒙古自治州	56824	47809	42659	103742	90033	82775
阿克苏地区	67137	41951	36254	124965	79020	68770
克孜勒苏柯尔克孜自治州	10014	7555	6740	13781	10603	9532
喀什地区	68700	59195	51855	113382	100282	89765
和田地区	38116	25997	20176	63097	44169	35383
自治区直辖县级市	39777	29041	27435	66461	51699	48713
石河子市	27083	21060	19843	43984	35418	33165
阿拉尔市	4581	3811	3546	8964	7391	6990
图木舒克市	2205	1601	1581	3774	2999	2980
五家渠市	5908	2569	2465	9739	5891	5578

第2篇

企业篇

2-1　按登记注册类型、营业状态分组的企业法人单位数

登记注册类型	企业法人单位数(个)	营业状态					
		营业	停业(歇业)	筹建	当年关闭	当年破产	其它
总　计	**45713**	**37785**	**4220**	**2719**	**613**	**122**	**254**
内资企业	45430	37561	4196	2688	611	122	252
国有企业	2326	2043	167	41	14	11	50
集体企业	1010	858	109	9	16	5	13
股份合作企业	150	106	29	13	1		1
联营企业	93	74	15	3	1		
国有联营企业	29	21	7	1			
集体联营企业	34	25	7	1	1		
国有与集体联营企业	13	12	1				
其他联营企业	17	16		1			
有限责任公司	7249	5993	523	554	114	19	46
国有独资公司	311	284	12	9	1	1	4
其他有限责任公司	6938	5709	511	545	113	18	42
股份有限公司	539	492	16	23	2	4	2
私营企业	33686	27700	3288	2029	456	81	132
私营独资企业	5647	4693	541	264	96	20	33
私营合伙企业	827	680	75	46	17	5	4
私营有限责任公司	26750	21952	2635	1680	336	56	91
私营股份有限公司	462	375	37	39	7		4
其他企业	377	295	49	16	7	2	8
港、澳、台商投资企业	111	89	5	15	1		1
合资经营企业(港或澳、台资)	49	40	2	6	1		
合作经营企业(港或澳、台资)	4	3		1			
港、澳、台商独资经营企业	43	32	2	8			1
港、澳、台商投资股份有限公司	15	14	1				
外商投资企业	172	135	19	16	1		1
中外合资经营企业	85	72	10	1	1		1
中外合作经营企业	11	5	5	1			
外资企业	65	49	4	12			
外商投资股份有限公司	11	9		2			

2-2 按行业(门类、大类、中类、小类)、营业状态分组的企业法人单位数

行业	企业法人单位数(个)	营业状态					
		营业	停业(歇业)	筹建	当年关闭	当年破产	其它
总计	**45713**	**37785**	**4220**	**2719**	**613**	**122**	**254**
农、林、牧、渔业	69	68	1				
农业	39	39					
谷物及其他作物的种植	35	35					
谷物的种植	10	10					
棉花的种植	23	23					
糖料的种植	1	1					
其他作物的种植	1	1					
蔬菜、园艺作物的种植	3	3					
蔬菜的种植	3	3					
水果、坚果、饮料和香料作物的种植	1	1					
水果、坚果的种植	1	1					
林业	6	6					
林木的培育和种植	3	3					
造林	1	1					
林木的抚育和管理	2	2					
木材和竹材的采运	3	3					
木材的采运	3	3					
畜牧业	15	14	1				
牲畜的饲养	14	13	1				
猪的饲养	1	1					
渔业	2	2					
内陆渔业	2	2					
农、林、牧、渔服务业	7	7					
农业服务业	5	5					
农产品初加工服务	4	4					
其他农业服务	1	1					
林业服务业	1	1					
畜牧服务业	1	1					
采矿业	1625	714	157	705	39	6	4
煤炭开采和洗选业	332	230	26	59	15		2
烟煤和无烟煤的开采洗选	330	228	26	59	15		2
褐煤的开采洗选	1	1					
其他煤炭采选	1	1					
石油和天然气开采业	66	54	4	7	1		
天然原油和天然气开采	8	6		2			
与石油和天然气开采有关的服务活动	58	48	4	5	1		
黑色金属矿采选业	581	152	24	394	8	2	1
铁矿采选	553	138	20	384	8	2	1
其他黑色金属矿采选	28	14	4	10			
有色金属矿采选业	279	92	42	136	4	4	1
常用有色金属矿采选	196	65	25	100	2	3	1
铜矿采选	106	35	10	60		1	
铅锌矿采选	50	19	10	20	1		
镍钴矿采选	17	9	2	5			1
铝矿采选	1			1			
其他常用有色金属矿采选	22	2	3	14	1	2	

2-2　续表 1

行　业	企业法人单位数(个)	营业状态					
		营业	停业(歇业)	筹建	当年关闭	当年破产	其它
贵金属矿采选	68	22	17	28		1	
金矿采选	67	22	17	27		1	
其他贵金属矿采选	1			1			
稀有稀土金属矿采选	15	5		8	2		
钨钼矿采选	8	3		5			
稀土金属矿采选	1			1			
其他稀有金属矿采选	6	2		2	2		
非金属矿采选业	340	185	52	93	10		
土砂石开采	240	145	37	52	6		
石灰石、石膏开采	58	34	13	10	1		
建筑装饰用石开采	50	19	5	23	3		
耐火土石开采	5	2	1	2			
粘土及其他土砂石开采	127	90	18	17	2		
化学矿采选	8	3	1	4			
采盐	10	8	1	1			
石棉及其他非金属矿采选	82	29	13	36	4		
石棉、云母矿采选	13	3	6	4			
石墨、滑石采选	5	3		1	1		
宝石、玉石开采	36	11	3	21	1		
其他非金属矿采选	28	12	4	10	2		
其他采矿业	27	1	9	16	1		
其他采矿业	27	1	9	16	1		
制造业	7353	5717	784	591	179	55	27
农副食品加工业	809	625	85	69	14	11	5
谷物磨制	198	158	19	9	6	4	2
饲料加工	67	56	6	3	1		1
植物油加工	221	166	31	18	4	2	
食用植物油加工	214	161	30	17	4	2	
非食用植物油加工	7	5	1	1			
制糖	15	14				1	
屠宰及肉类加工	139	112	11	14		1	1
畜禽屠宰	78	64	5	8			1
肉制品及副产品加工	61	48	6	6		1	
水产品加工	7	6	1				
水产品冷冻加工	4	4					
鱼糜制品及水产品干腌制加工	2	2					
水产饲料制造	1		1				
蔬菜、水果和坚果加工	99	69	10	16	3		1
其他农副食品加工	63	44	7	9		3	
淀粉及淀粉制品的制造	27	20	3	4			
豆制品制造	8	6	1	1			
蛋品加工	1	1					
其他未列明的农副食品加工	27	17	3	4		3	

2-2 续表 2

行　业	企业法人单位数(个)	营业状态					
		营业	停业(歇业)	筹建	当年关闭	当年破产	其它
食品制造业	340	269	37	23	3	6	2
焙烤食品制造	55	42	8	3		2	
糕点、面包制造	44	33	7	2		2	
饼干及其他焙烤食品制造	11	9	1	1			
糖果、巧克力及蜜饯制造	15	13	1		1		
糖果、巧克力制造	6	5			1		
蜜饯制作	9	8	1				
方便食品制造	23	19	1	2	1		
米、面制品制造	9	9					
速冻食品制造	4	3		1			
方便面及其他方便食品制造	10	7	1	1	1		
液体乳及乳制品制造	70	54	7	6	1		2
罐头制造	71	64	6	1			
肉、禽类罐头制造	3	3					
蔬菜、水果罐头制造	65	60	4	1			
其他罐头食品制造	3	1	2				
调味品、发酵制品制造	32	25	5	2			
味精制造	4	4					
酱油、食醋及类似制品的制造	19	16	3				
其他调味品、发酵制品制造	9	5	2	2			
其他食品制造	74	52	9	9		4	
营养、保健食品制造	26	14	4	7		1	
冷冻饮品及食用冰制造	11	10				1	
盐加工	13	11	1			1	
食品及饲料添加剂制造	19	14	2	2		1	
其他未列明的食品制造	5	3	2				
饮料制造业	309	239	37	23	6	1	3
酒精制造	5	3		1	1		
酒的制造	159	127	21	8	2		1
白酒制造	99	83	12	4			
啤酒制造	17	13	2	1	1		
葡萄酒制造	32	26	2	2	1		1
其他酒制造	11	5	5	1			
软饮料制造	134	99	15	14	3	1	2
碳酸饮料制造	11	6	2	3			
瓶(罐)装饮用水制造	62	53	6	3			
果菜汁及果菜汁饮料制造	42	29	6	5	1	1	
含乳饮料和植物蛋白饮料制造	8	5		1	1		1
固体饮料制造	2		1		1		
茶饮料及其他软饮料制造	9	6		2			1
精制茶加工	11	10	1				
烟草制品业	1	1					
卷烟制造	1	1					
纺织业	259	213	26	11	3	5	1
棉、化纤纺织及印染精加工	141	120	11	6	1	3	
棉、化纤纺织加工	137	116	11	6	1	3	
棉、化纤印染精加工	4	4					

2-2　续表 3

行　业	企业法人单位数(个)	营业状态					
		营业	停业(歇业)	筹建	当年关闭	当年破产	其它
毛纺织和染整精加工	20	13	6		1		
毛条加工	9	6	2		1		
毛纺织	11	7	4				
麻纺织	11	11					
丝绢纺织及精加工	3	2				1	
缫丝加工	1					1	
绢纺和丝织加工	2	2					
纺织制成品制造	46	36	8		1	1	
棉及化纤制品制造	22	18	4				
毛制品制造	4	2	2				
麻制品制造	1	1					
丝制品制造	1	1					
绳、索、缆的制造	3	3					
纺织带和帘子布制造	2	2					
无纺布制造	5	4	1				
其他纺织制成品制造	8	5	1		1	1	
针织品、编织品及其制品制造	38	31	1	5			1
棉、化纤针织品及编织品制造	20	18		1			1
毛针织品及编织品制造	15	11	1	3			
丝针织品及编织品制造	2	2					
其他针织品及编织品制造	1			1			
纺织服装、鞋、帽制造业	122	94	17	4	5	1	1
纺织服装制造	118	91	17	3	5	1	1
纺织面料鞋的制造	3	2		1			
制帽	1	1					
皮革、毛皮、羽毛(绒)及其制品业	36	22	5	4	3	2	
皮革鞣制加工	14	11	1	1	1		
皮革制品制造	14	7	3	3		1	
皮鞋制造	7	4	1	2			
皮革服装制造	4	1	2			1	
皮箱、包(袋)制造	1			1			
其他皮革制品制造	2	2					
毛皮鞣制及制品加工	4	2			1	1	
毛皮鞣制加工	2	1			1		
毛皮服装加工	1	1					
其他毛皮制品加工	1					1	
羽毛(绒)加工及制品制造	4	2	1		1		
羽毛(绒)加工	1				1		
羽毛(绒)制品加工	3	2	1				
木材加工及木、竹、藤、棕、草制品业	178	127	31	16	4		
锯材、木片加工	58	37	12	7	2		
锯材加工	32	19	9	4			
木片加工	26	18	3	3	2		
人造板制造	74	59	9	5	1		
胶合板制造	31	25	4	1	1		
纤维板制造	17	14	1	2			
刨花板制造	13	9	3	1			
其他人造板、材制造	13	11	1	1			

2-2 续表 4

行业	企业法人单位数（个）	营业状态					
		营业	停业(歇业)	筹建	当年关闭	当年破产	其它
木制品制造	43	29	10	3	1		
建筑用木料及木材组件加工	28	16	9	3			
木容器制造	3	3					
软木制品及其他木制品制造	12	10	1		1		
竹、藤、棕、草制品制造	3	2		1			
家具制造业	147	108	24	10	4		1
木质家具制造	116	86	20	7	2		1
金属家具制造	20	17	1	1	1		
塑料家具制造	3	1	2				
其他家具制造	8	4	1	2	1		
造纸及纸制品业	195	155	22	10	7		1
纸浆制造	7	3	2	2			
造纸	58	42	9	3	3		1
机制纸及纸板制造	45	34	6	3	1		1
加工纸制造	13	8	3		2		
纸制品制造	130	110	11	5	4		
纸和纸板容器的制造	96	79	10	3	4		
其他纸制品制造	34	31	1	2			
印刷业和记录媒介的复制	330	299	23	1	3	3	1
印刷	300	271	21	1	3	3	1
书、报、刊印刷	146	130	13		2	1	
本册印制	70	63	4		1	2	
包装装潢及其他印刷	84	78	4	1			1
装订及其他印刷服务活动	30	28	2				
文教体育用品制造业	18	13	4	1			
文化用品制造	8	6	1	1			
文具制造	2	2					
笔的制造	2	1		1			
教学用模型及教具制造	3	2	1				
墨水、墨汁制造	1	1					
体育用品制造	9	6	3				
体育器材及配件制造	2	1	1				
训练健身器材制造	5	4	1				
运动防护用具制造	2	1	1				
游艺器材及娱乐用品制造	1	1					
露天游乐场所游乐设备制造	1	1					
石油加工、炼焦及核燃料加工业	185	136	23	23	3		
精炼石油产品的制造	102	73	19	8	2		
原油加工及石油制品制造	102	73	19	8	2		
炼焦	83	63	4	15	1		
化学原料及化学制品制造业	639	479	78	69	11	1	1
基础化学原料制造	123	92	14	13	4		
无机酸制造	10	6	3	1			
无机碱制造	6	5		1			

2-2　续表 5

行　业	企业法人单位数(个)	营业状态					
		营业	停业(歇业)	筹建	当年关闭	当年破产	其它
无机盐制造	42	37	4	1			
有机化学原料制造	23	16	1	4	2		
其他基础化学原料制造	42	28	6	6	2		
肥料制造	153	98	27	25	1	1	1
氮肥制造	4	2		2			
磷肥制造	2	1	1				
钾肥制造	7	6		1			
复混肥料制造	61	44	10	6			1
有机肥料及微生物肥料制造	56	33	9	12	1	1	
其他肥料制造	23	12	7	4			
农药制造	10	4	2	2	2		
化学农药制造	5	3		2			
生物化学农药及微生物农药制造	5	1	2		2		
涂料、油墨、颜料及类似产品制造	90	74	10	4	2		
涂料制造	76	64	9	3			
油墨及类似产品制造	8	5	1		2		
密封用填料及类似品制造	6	5		1			
合成材料制造	22	16		6			
初级形态的塑料及合成树脂制造	12	11		1			
合成橡胶制造	1			1			
合成纤维单(聚合)体的制造	1	1					
其他合成材料制造	8	4		4			
专用化学产品制造	201	165	20	14	2		
化学试剂和助剂制造	97	85	5	7			
专项化学用品制造	75	59	12	3	1		
林产化学产品制造	1	1					
炸药及火工产品制造	8	8					
信息化学品制造	1			1			
动物胶制造	8	7		1			
其他专用化学产品制造	11	5	3	2	1		
日用化学产品制造	40	30	5	5			
肥皂及合成洗涤剂制造	18	13	2	3			
化妆品制造	11	8	2	1			
香料、香精制造	4	4					
其他日用化学产品制造	7	5	1	1			
医药制造业	94	65	16	11	1		1
化学药品原药制造	10	6	1	2			1
化学药品制剂制造	8	6	2				
中药饮片加工	20	15	2	3			
中成药制造	25	18	5	1	1		
兽用药品制造	5	4	1				
生物、生化制品的制造	16	10	3	3			
卫生材料及医药用品制造	10	6	2	2			
化学纤维制造业	19	14		3		1	1
纤维素纤维原料及纤维制造	18	14		3		1	
化纤浆粕制造	8	7		1			
人造纤维(纤维素纤维)制造	10	7		2		1	

2-2 续表 6

行业	企业法人单位数(个)	营业状态					
		营业	停业(歇业)	筹建	当年关闭	当年破产	其它
合成纤维制造	1						1
涤纶纤维制造	1						1
橡胶制品业	46	39	2	3	1		1
轮胎制造	9	8		1			
车辆、飞机及工程机械轮胎制造	2	1		1			
轮胎翻新加工	7	7					
橡胶板、管、带的制造	17	14		1	1		1
橡胶零件制造	13	10	2	1			
再生橡胶制造	3	3					
日用及医用橡胶制品制造	1	1					
橡胶靴鞋制造	1	1					
其他橡胶制品制造	2	2					
塑料制品业	663	504	67	66	19	6	1
塑料薄膜制造	100	79	10	8	3		
塑料板、管、型材的制造	242	193	17	26	6		
塑料丝、绳及编织品的制造	84	65	6	6	5	1	1
泡沫塑料制造	57	45	6	4	1	1	
塑料人造革、合成革制造	1				1		
塑料包装箱及容器制造	38	35	2	1			
塑料零件制造	6	3		2		1	
日用塑料制造	51	37	7	3	2	2	
塑料鞋制造	1					1	
日用塑料杂品制造	50	37	7	3	2	1	
其他塑料制品制造	84	47	19	16	1	1	
非金属矿物制品业	1282	1019	116	95	41	7	4
水泥、石灰和石膏的制造	119	99	9	8	3		
水泥制造	81	70	4	4	3		
石灰和石膏制造	38	29	5	4			
水泥及石膏制品制造	258	201	31	15	7	2	2
水泥制品制造	140	115	14	7	3	1	
砼结构构件制造	60	46	9	2	2	1	
石棉水泥制品制造	4	3	1				
轻质建筑材料制造	36	24	6	3	2		1
其他水泥制品制造	18	13	1	3			1
砖瓦、石材及其他建筑材料制造	771	619	64	52	29	5	2
粘土砖瓦及建筑砌块制造	505	442	26	17	20		
建筑陶瓷制品制造	33	26	4	3			
建筑用石加工	67	40	9	16	1	1	
防水建筑材料制造	35	21	10	3	1		
隔热和隔音材料制造	85	59	10	6	6	3	1
其他建筑材料制造	46	31	5	7	1	1	1
玻璃及玻璃制品制造	67	55	5	6	1		
平板玻璃制造	16	9	2	5			
技术玻璃制品制造	9	9					
日用玻璃制品及玻璃包装容器制造	12	11		1			

2-2 续表 7

行业	企业法人单位数(个)	营业状态					
		营业	停业(歇业)	筹建	当年关闭	当年破产	其它
玻璃保温容器制造	2	2					
玻璃纤维及制品制造	5	4	1				
玻璃纤维增强塑料制品制造	20	17	2		1		
其他玻璃制品制造	3	3					
陶瓷制品制造	7	6		1			
卫生陶瓷制品制造	3	2		1			
特种陶瓷制品制造	2	2					
日用陶瓷制品制造	1	1					
园林、陈设艺术及其他陶瓷制品制造	1	1					
耐火材料制品制造	23	16	4	2	1		
石棉制品制造	3	1	1	1			
云母制品制造	1	1					
耐火陶瓷制品及其他耐火材料制造	19	14	3	1	1		
石墨及其他非金属矿物制品制造	37	23	3	11			
石墨及碳素制品制造	10	8		2			
其他非金属矿物制品制造	27	15	3	9			
黑色金属冶炼及压延加工业	91	71	10	7	2	1	
炼铁	32	24	3	5			
炼钢	4	3			1		
钢压延加工	41	34	5	1		1	
铁合金冶炼	14	10	2	1	1		
有色金属冶炼及压延加工业	68	38	5	23	2		
常用有色金属冶炼	27	14		12	1		
铜冶炼	12	3		9			
铅锌冶炼	3	2		1			
镍钴冶炼	2	2					
铝冶炼	6	4		1	1		
镁冶炼	2	1		1			
其他常用有色金属冶炼	2	2					
贵金属冶炼	25	15	3	6	1		
金冶炼	25	15	3	6	1		
有色金属合金制造	3	1		2			
有色金属压延加工	13	8	2	3			
常用有色金属压延加工	12	8	1	3			
贵金属压延加工	1		1				
金属制品业	475	374	53	29	15	4	
结构性金属制品制造	298	232	32	21	11	2	
金属结构制造	169	131	17	13	8		
金属门窗制造	129	101	15	8	3	2	
金属工具制造	14	10	3		1		
农用及园林用金属工具制造	8	5	3				
刀剪及类似日用金属工具制造	2	2					
其他金属工具制造	4	3			1		
集装箱及金属包装容器制造	32	26	3	3			
集装箱制造	4	4					
金属压力容器制造	4	3		1			
金属包装容器制造	24	19	3	2			

2-2 续表 8

行业	企业法人单位数（个）	营业状态					
		营业	停业(歇业)	筹建	当年关闭	当年破产	其它
金属丝绳及其制品的制造	24	18	4		1	1	
建筑、安全用金属制品制造	44	33	8	1	2		
建筑、家具用金属配件制造	9	5	2		2		
建筑装饰及水暖管道零件制造	25	19	6				
安全、消防用金属制品制造	5	4		1			
其他建筑、安全用金属制品制造	5	5					
金属表面处理及热处理加工	15	13	2				
不锈钢及类似日用金属制品制造	17	14		3			
金属制厨房调理及卫生器具制造	8	5		3			
金属制厨用器皿及餐具制造	5	5					
其他日用金属制品制造	4	4					
其他金属制品制造	31	28	1	1		1	
其他未列明的金属制品制造	31	28	1	1		1	
通用设备制造业	325	260	37	18	9	1	
锅炉及原动机制造	52	42	5	2	2	1	
锅炉及辅助设备制造	50	40	5	2	2	1	
内燃机及配件制造	1	1					
其他原动机制造	1	1					
金属加工机械制造	24	14	5	4	1		
金属切削机床制造	3	2	1				
金属成形机床制造	2	2					
铸造机械制造	6	2	1	3			
金属切割及焊接设备制造	2	2					
机床附件制造	1		1				
其他金属加工机械制造	10	6	2	1	1		
起重运输设备制造	13	11		1	1		
泵、阀门、压缩机及类似机械的制造	9	6	1	1	1		
泵及真空设备制造	6	5	1				
阀门和旋塞的制造	1				1		
液压和气压动力机械及元件制造	2	1		1			
轴承、齿轮、传动和驱动部件的制造	4	4					
轴承制造	2	2					
齿轮、传动和驱动部件制造	2	2					
风机、衡器、包装设备等通用设备制造	39	30	6	3			
风机、风扇制造	15	9	5	1			
气体、液体分离及纯净设备制造	2	2					
制冷、空调设备制造	7	4	1	2			
喷枪及类似器具制造	2	2					
包装专用设备制造	1	1					
衡器制造	8	8					
其他通用设备制造	4	4					
通用零部件制造及机械修理	118	102	11	5			
金属密封件制造	5	5					
紧固件、弹簧制造	10	10					
机械零部件加工及设备修理	91	78	10	3			
其他通用零部件制造	12	9	1	2			

2-2 续表 9

行业	企业法人单位数(个)	营业状态					
		营业	停业(歇业)	筹建	当年关闭	当年破产	其它
金属铸、锻加工	66	51	9	2	4		
钢铁铸件制造	60	47	8	1	4		
锻件及粉末冶金制品制造	6	4	1	1			
专用设备制造业	246	184	24	29	7	1	1
矿山、冶金、建筑专用设备制造	69	49	4	14	2		
采矿、采石设备制造	30	23	1	6			
石油钻采专用设备制造	15	11		4			
建筑工程用机械制造	12	7	2	2	1		
建筑材料生产专用机械制造	12	8	1	2	1		
化工、木材、非金属加工专用设备制造	18	10	3	4			1
炼油、化工生产专用设备制造	3	3					
塑料加工专用设备制造	4	2	2				
木材加工机械制造	1			1			
模具制造	8	5		3			
其他非金属加工专用设备制造	2		1				1
食品、饮料、烟草及饲料生产专用设备制造	8	5	2		1		
食品、饮料、烟草工业专用设备制造	3	2	1				
农副食品加工专用设备制造	4	2	1		1		
饲料生产专用设备制造	1	1					
印刷、制药、日化生产专用设备制造	5	5					
印刷专用设备制造	2	2					
照明器具生产专用设备制造	1	1					
其他日用品生产专用设备制造	2	2					
纺织、服装和皮革工业专用设备制造	9	7	1	1			
纺织专用设备制造	8	6	1	1			
其他服装加工专用设备制造	1	1					
电子和电工机械专用设备制造	7	4		3			
电工机械专用设备制造	5	4		1			
电子工业专用设备制造	2			2			
农、林、牧、渔专用机械制造	95	82	8	4	1		
拖拉机制造	4	3	1				
机械化农业及园艺机具制造	58	52	2	4			
畜牧机械制造	4	4					
农林牧渔机械配件制造	7	5	1		1		
其他农林牧渔业机械制造及机械修理	22	18	4				
医疗仪器设备及器械制造	12	10	1		1		
医疗诊断、监护及治疗设备制造	1				1		
医疗、外科及兽医用器械制造	1	1					
假肢、人工器官及植(介)入器械制造	7	6	1				
其他医疗设备及器械制造	3	3					
环保、社会公共安全及其他专用设备制造	23	12	5	3	2	1	
环境污染防治专用设备制造	8	3	2	3			
商业、饮食、服务业专用设备制造	1	1					
社会公共安全设备及器材制造	1				1		
交通安全及管制专用设备制造	1					1	
水资源专用机械制造	4	3			1		
其他专用设备制造	8	5	3				

2-2 续表 10

行　　业	企业法人单位数(个)	营业状态					
		营业	停业(歇业)	筹建	当年关闭	当年破产	其它
交通运输设备制造业	147	129	11	5	1		1
铁路运输设备制造	5	4			1		
铁路机车车辆配件制造	2	1			1		
铁路专用设备及器材、配件制造	1	1					
其他铁路设备制造及设备修理	2	2					
汽车制造	128	115	9	3			1
汽车整车制造	2	2					
改装汽车制造	4	4					
汽车车身、挂车的制造	7	5	1	1			
汽车零部件及配件制造	11	8	1	2			
汽车修理	104	96	7				1
摩托车制造	1	1					
摩托车整车制造	1	1					
自行车制造	5	4	1				
脚踏自行车及残疾人座车制造	2	1	1				
助动自行车制造	3	3					
交通器材及其他交通运输设备制造	8	5	1	2			
交通管理用金属标志及设施制造	6	4		2			
其他交通运输设备制造	2	1	1				
电气机械及器材制造业	222	164	18	29	8	3	
电机制造	5	3		1		1	
发电机及发电机组制造	4	2		1		1	
电动机制造	1	1					
输配电及控制设备制造	129	104	10	11	3	1	
变压器、整流器和电感器制造	20	16	2		2		
电容器及其配套设备制造	6	4	1	1			
配电开关控制设备制造	83	68	6	7	1	1	
电力电子元器件制造	2	1	1				
其他输配电及控制设备制造	18	15		3			
电线、电缆、光缆及电工器材制造	46	33	5	5	3		
电线电缆制造	40	28	5	4	3		
绝缘制品制造	4	4					
其他电工器材制造	2	1		1			
电池制造	2	1		1			
家用电力器具制造	9	3		6			
家用制冷电器具制造	2			2			
家用通风电器具制造	1			1			
家用厨房电器具制造	2			2			
家用清洁卫生电器具制造	1			1			
其他家用电力器具制造	3	3					
非电力家用器具制造	11	6	2	2	1		
燃气、太阳能及类似能源的器具制造	11	6	2	2	1		
照明器具制造	14	9	1	2	1	1	
照明灯具制造	13	9	1	1	1	1	
灯用电器附件及其他照明器具制造	1			1			

2-2 续表 11

行业	企业法人单位数(个)	营业状态					
		营业	停业(歇业)	筹建	当年关闭	当年破产	其它
其他电气机械及器材制造	6	5		1			
车辆专用照明及电气信号设备装置制造	1	1					
其他未列明的电气机械制造	5	4		1			
通信设备、计算机及其他电子设备制造业	12	10		1	1		
通信设备制造	2	1		1			
通信传输设备制造	1			1			
移动通信及终端设备制造	1	1					
广播电视设备制造	2	2					
广播电视接收设备及器材制造	2	2					
电子器件制造	1	1					
光电子器件及其他电子器件制造	1	1					
电子元件制造	4	4					
电子元件及组件制造	4	4					
家用视听设备制造	2	2					
家用影视设备制造	2	2					
其他电子设备制造	1				1		
仪器仪表及文化、办公用机械制造业	21	19		1	1		
通用仪器仪表制造	8	8					
工业自动控制系统装置制造	2	2					
电工仪器仪表制造	2	2					
供应用仪表及其他通用仪器制造	4	4					
专用仪器仪表制造	6	5		1			
地质勘探和地震专用仪器制造	2	1		1			
电子测量仪器制造	1	1					
其他专用仪器制造	3	3					
光学仪器及眼镜制造	1	1					
眼镜制造	1	1					
文化、办公用机械制造	2	2					
计算器及货币专用设备制造	1	1					
其他文化、办公用机械制造	1	1					
其他仪器仪表的制造及修理	4	3			1		
其他仪器仪表的制造及修理	4	3			1		
工艺品及其他制造业	49	36	8	4	1		
工艺美术品制造	33	25	4	3	1		
雕塑工艺品制造	4	3			1		
金属工艺品制造	4	4					
天然植物纤维编织工艺品制造	3	3					
地毯、挂毯制造	14	10	4				
珠宝首饰及有关物品的制造	4	2		2			
其他工艺美术品制造	4	3		1			
日用杂品制造	4	3	1				
制镜及类似品加工	2	2					
其他日用杂品制造	2	1	1				
煤制品制造	7	5	1	1			
其他未列明的制造业	5	3	2				
其他未列明的制造业	5	3	2				

2-2 续表 12

行业	企业法人单位数(个)	营业状态					
		营业	停业(歇业)	筹建	当年关闭	当年破产	其它
废弃资源和废旧材料回收加工业	25	11	5	3	4	1	1
金属废料和碎屑的加工处理	11	6	1	1	2	1	
非金属废料和碎屑的加工处理	14	5	4	2	2		1
电力、燃气及水的生产和供应业	522	460	11	45	5	1	
电力、热力的生产和供应业	363	318	7	34	4		
电力生产	157	124	5	27	1		
火力发电	35	26	1	7	1		
水力发电	100	85	4	11			
其他能源发电	22	13		9			
电力供应	25	23		2			
热力生产和供应	181	171	2	5	3		
燃气生产和供应业	44	33	3	7		1	
燃气生产和供应业	44	33	3	7		1	
水的生产和供应业	115	109	1	4	1		
自来水的生产和供应	104	101		3			
污水处理及其再生利用	11	8	1	1	1		
建筑业	1762	1462	203	46	43	5	3
房屋和土木工程建筑业	793	696	52	22	18	4	1
房屋工程建筑	417	367	26	11	10	2	1
房屋工程建筑	417	367	26	11	10	2	1
土木工程建筑	376	329	26	11	8	2	
铁路、道路、隧道和桥梁工程建筑	120	106	5	7	2		
水利和港口工程建筑	70	61	3		5	1	
工矿工程建筑	32	31	1				
架线和管道工程建筑	57	49	5	1	1	1	
其他土木工程建筑	97	82	12	3			
建筑安装业	362	304	45	10	3		
建筑装饰业	406	316	66	8	15	1	
其他建筑业	201	146	40	6	7		2
工程准备	89	64	18	2	4		1
提供施工设备服务	26	20	5	1			
其他未列明的建筑活动	86	62	17	3	3		1
交通运输、仓储和邮政业	1979	1686	164	91	24	6	8
铁路运输业	15	13	1	1			
铁路旅客运输	1	1					
铁路货物运输	13	12	1				
铁路运输辅助活动	1			1			
货运火车站	1			1			
道路运输业	957	821	78	34	16	5	3
公路旅客运输	171	161	4	1	2	3	
道路货物运输	689	578	67	30	9	2	3
道路运输辅助活动	97	82	7	3	5		
客运汽车站	61	56	1	1	3		
公路管理与养护	18	13	4		1		
其他道路运输辅助活动	18	13	2	2	1		

2-2　续表 13

行　　业	企业法人单位数(个)	营业状态					
		营业	停业(歇业)	筹建	当年关闭	当年破产	其它
城市公共交通业	142	129	9		3		1
公共电汽车客运	54	51	1		1		1
轨道交通	1	1					
出租车客运	79	71	7		1		
其他城市公共交通	8	6	1		1		
航空运输业	18	15	1	1			1
航空客货运输	5	4	1				
通用航空服务	6	6					
航空运输辅助活动	7	5		1			1
机场	2	1		1			
其他航空运输辅助活动	5	4					1
管道运输业	5	4		1			
管道运输业	5	4		1			
装卸搬运和其他运输服务业	625	520	62	37	5		1
装卸搬运	96	90	5	1			
运输代理服务	529	430	57	36	5		1
仓储业	179	148	12	16		1	2
谷物、棉花等农产品仓储	51	47	2	1			1
其他仓储	128	101	10	15		1	1
邮政业	38	36	1	1			
国家邮政	20	19	1				
其他寄递服务	18	17		1			
信息传输、计算机服务和软件业	1853	1707	88	33	15	2	8
电信和其他信息传输服务业	385	342	29	6	4	1	3
电信	122	116	3		1	1	1
固定电信服务	39	38					1
移动电信服务	56	52	3		1		
其他电信服务	27	26				1	
互联网信息服务	240	205	25	5	3		2
广播电视传输服务	22	20	1	1			
有线广播电视传输服务	19	17	1	1			
无线广播电视传输服务	3	3					
卫星传输服务	1	1					
计算机服务业	1307	1236	37	20	9	1	4
计算机系统服务	150	128	13	7	1		1
数据处理	9	8	1				
计算机维修	44	40	1	1	1		1
其他计算机服务	1104	1060	22	12	7	1	2
软件业	161	129	22	7	2		1
公共软件服务	108	90	11	6	1		
基础软件服务	47	43	2	1	1		
应用软件服务	61	47	9	5			
其他软件服务	53	39	11	1	1		1
批发和零售业	18545	15951	1698	597	179	25	95
批发业	12634	10759	1229	444	112	20	70
农畜产品批发	979	777	127	48	13	9	5

2-2 续表 14

行 业	企业法人单位数(个)	营业状态					
		营业	停业(歇业)	筹建	当年关闭	当年破产	其它
谷物、豆及薯类批发	102	84	10	6		1	1
种子、饲料批发	403	327	40	24	6	3	3
棉、麻批发	322	275	34	9	3	1	
牲畜批发	7	5	1	1			
其他农畜产品批发	145	86	42	8	4	4	1
食品、饮料及烟草制品批发	796	682	67	31	9	2	5
米、面制品及食用油批发	131	116	9	3	2		1
糕点、糖果及糖批发	46	41	4	1			
果品、蔬菜批发	96	68	12	10	2	1	3
肉、禽、蛋及水产品批发	41	33	3	3	2		
盐及调味品批发	67	63		3			1
饮料及茶叶批发	228	202	21	4	1		
烟草制品批发	42	38	2	1		1	
其他食品批发	145	121	16	6	2		
纺织、服装及日用品批发	617	509	76	20	5	1	6
纺织品、针织品及原料批发	143	110	22	6			5
服装批发	145	118	16	10	1		
鞋帽批发	17	15	2				
厨房、卫生间用具及日用杂货批发	62	59	2		1		
化妆品及卫生用品批发	111	92	14	3	2		
其他日用品批发	139	115	20	1	1	1	1
文化、体育用品及器材批发	267	238	23	4	1		1
文具用品批发	122	119	3				
体育用品批发	27	21	4	1			1
图书批发	36	31	4	1			
报刊批发	1	1					
音像制品及电子出版物批发	4	1	3				
首饰、工艺品及收藏品批发	29	21	6	2			
其他文化用品批发	48	44	3		1		
医药及医疗器材批发	361	324	19	16			2
西药批发	62	59	1	2			
中药材及中成药批发	34	22	7	5			
医疗用品及器材批发	265	243	11	9			2
矿产品、建材及化工产品批发	4334	3627	443	192	39	4	29
煤炭及制品批发	100	79	9	12			
石油及制品批发	507	435	44	16	10		2
非金属矿及制品批发	78	27	25	26			
金属及金属矿批发	1255	1074	127	38	4	1	11
建材批发	977	824	105	35	10		3
化肥批发	650	534	59	36	11	3	7
农药批发	132	112	13	3	2		2
农用薄膜批发	32	23	7	2			
其他化工产品批发	603	519	54	24	2		4
机械设备、五金交电及电子产品批发	4662	4145	356	106	35	2	18
农业机械批发	304	275	20	5	3		1
汽车、摩托车及零配件批发	572	531	22	14	3		2

2-2　续表 15

行　　业	企业法人单位数(个)	营业状态					
		营业	停业(歇业)	筹建	当年关闭	当年破产	其它
五金、交电批发	1110	964	89	35	13	2	7
家用电器批发	128	115	11	1	1		
计算机、软件及辅助设备批发	336	292	38	5	1		
通讯及广播电视设备批发	149	128	14	4			3
其他机械设备及电子产品批发	2063	1840	162	42	14		5
贸易经纪与代理	182	126	45	6	4		1
其他批发	436	331	73	21	6	2	3
再生物资回收与批发	173	124	29	13	5	1	1
其他未列明的批发	263	207	44	8	1	1	2
零售业	5911	5192	469	153	67	5	25
综合零售	479	393	55	21	3	2	5
百货零售	262	206	35	14	2	2	3
超级市场零售	95	88	5	1			1
其他综合零售	122	99	15	6	1		1
食品、饮料及烟草制品专门零售	383	319	33	15	10	2	4
粮油零售	66	53	5	4	2		2
糕点、面包零售	20	15	4	1			
果品、蔬菜零售	26	14	5	3	2	2	
肉、禽、蛋及水产品零售	29	22	4	2	1		
饮料及茶叶零售	104	95	5	1	3		
烟草制品零售	49	45	2				2
其他食品零售	89	75	8	4	2		
纺织、服装及日用品专门零售	464	411	34	14	5		
纺织品及针织品零售	90	81	7	2			
服装零售	173	154	10	6	3		
鞋帽零售	17	16		1			
钟表、眼镜零售	29	28	1				
化妆品及卫生用品零售	48	44	3	1			
其他日用品零售	107	88	13	4	2		
文化、体育用品及器材专门零售	399	353	34	6	3		3
文具用品零售	100	87	7	3	2		1
体育用品零售	44	42	2				
图书零售	61	58	3				
报刊零售	2	1	1				
音像制品及电子出版物零售	12	8	4				
珠宝首饰零售	77	69	7	1			
工艺美术品及收藏品零售	41	32	5	1	1		2
照相器材零售	20	19	1				
其他文化用品零售	42	37	4	1			
医药及医疗器材专门零售	328	291	20	10	5		2
药品零售	184	163	9	8	3		1
医疗用品及器材零售	144	128	11	2	2		1
汽车、摩托车、燃料及零配件专门零售	1096	984	72	24	9	1	6
汽车零售	292	261	15	10	4	1	1
汽车零配件零售	406	378	17	8	2		1
摩托车及零配件零售	123	117	4	1	1		
机动车燃料零售	275	228	36	5	2		4

2-2 续表 16

行业	企业法人单位数(个)	营业状态					
		营业	停业(歇业)	筹建	当年关闭	当年破产	其它
家用电器及电子产品专门零售	1322	1165	114	23	19		1
家用电器零售	242	224	11	4	3		
计算机、软件及辅助设备零售	695	613	62	11	8		1
通信设备零售	194	167	21	3	3		
其他电子产品零售	191	161	20	5	5		
五金、家具及室内装修材料专门零售	968	882	57	16	10		3
五金零售	510	454	37	11	8		
家具零售	170	160	7	1	1		1
涂料零售	16	15	1				
其他室内装修材料零售	272	253	12	4	1		2
无店铺及其他零售	472	394	50	24	3		1
流动货摊零售	4	3		1			
邮购及电子销售	1	1					
生活用燃料零售	107	94	9	3			1
花卉零售	21	16	3	2			
旧货零售	3	3					
其他未列明的零售	336	277	38	18	3		
住宿和餐饮业	1011	908	64	24	9	4	2
住宿业	716	653	40	16	4	1	2
旅游饭店	327	300	14	10	1	1	1
一般旅馆	370	334	26	6	3		1
其他住宿服务	19	19					
餐饮业	295	255	24	8	5	3	
正餐服务	250	222	17	5	4	2	
快餐服务	33	26	5		1	1	
饮料及冷饮服务	3	2		1			
其他餐饮服务	9	5	2	2			
金融业	571	525	22	17			7
银行业	213	213					
中央银行	2	2					
商业银行	178	178					
其他银行	33	33					
证券业	5	5					
证券经纪与交易	3	3					
证券投资	2	2					
保险业	169	164	1	3			1
人寿保险	60	58		2			
非人寿保险	90	89		1			
保险辅助服务	19	17	1				1
其他金融活动	184	143	21	14			6
金融信托与管理	16	8	5	3			
金融租赁	2	2					
财务公司	13	11	2				
邮政储蓄	7	7					
典当	70	68	2				
其他未列明的金融活动	76	47	12	11			6

2-2 续表 17

行业	企业法人单位数(个)	营业状态					
		营业	停业(歇业)	筹建	当年关闭	当年破产	其它
房地产业	2610	2275	203	94	23	3	12
房地产业	2610	2275	203	94	23	3	12
房地产开发经营	1130	1040	57	23	3	2	5
物业管理	713	652	32	18	8		3
房地产中介服务	344	266	55	17	5	1	
其他房地产活动	423	317	59	36	7		4
租赁和商务服务业	4042	3238	473	207	61	9	54
租赁业	324	256	43	12	6	4	3
机械设备租赁	313	245	43	12	6	4	3
汽车租赁	97	80	10	4	2	1	
农业机械租赁	3	2	1				
建筑工程机械与设备租赁	130	91	27	4	4	2	2
计算机及通讯设备租赁	5	5					
其他机械与设备租赁	78	67	5	4		1	1
文化及日用品出租	11	11					
图书及音像制品出租	1	1					
其他文化及日用品出租	10	10					
商务服务业	3718	2982	430	195	55	5	51
企业管理服务	594	385	101	77	5	3	23
企业管理机构	191	146	21	9	1	2	12
投资与资产管理	333	191	62	64	4	1	11
其他企业管理服务	70	48	18	4			
法律服务	177	173	4				
律师及相关的法律服务	158	154	4				
公证服务	10	10					
其他法律服务	9	9					
咨询与调查	864	662	124	54	15		9
会计、审计及税务服务	263	234	18	4	5		2
市场调查	11	8	3				
社会经济咨询	190	154	25	11			
其他专业咨询	400	266	78	39	10		7
广告业	801	700	64	22	11		4
知识产权服务	28	24	3		1		
职业中介服务	287	210	47	15	9	2	4
市场管理	152	145	3	2	2		
旅行社	316	269	31	7	7		2
其他商务服务	499	414	53	18	5		9
会议及展览服务	50	39	8	1	1		1
包装服务	5	4					1
保安服务	75	71	2				2
办公服务	69	64	1	3	1		
其他未列明的商务服务	300	236	42	14	3		5
科学研究、技术服务和地质勘查业	1640	1205	199	200	13	3	20
研究与试验发展	73	51	10	10			2
自然科学研究与试验发展	10	6	2	1			1

2-2 续表 18

行业	企业法人单位数(个)	营业状态					
		营业	停业(歇业)	筹建	当年关闭	当年破产	其它
工程和技术研究与试验发展	25	19	3	3			
农业科学研究与试验发展	26	18	4	3			1
医学研究与试验发展	12	8	1	3			
专业技术服务业	1006	855	83	49	8	3	8
气象服务	15	15					
测绘服务	52	50	1		1		
技术检测	185	166	7	9	1	1	1
环境监测	14	10	1	3			
工程技术与规划管理	502	438	34	22	4		4
工程管理服务	287	259	19	7	1		1
工程勘察设计	203	170	14	14	3		2
规划管理	12	9	1	1			1
其他专业技术服务	238	176	40	15	2	2	3
科技交流和推广服务业	235	163	47	20	3		2
技术推广服务	141	98	30	11	1		1
科技中介服务	51	33	11	5	1		1
其他科技服务	43	32	6	4	1		
地质勘查业	326	136	59	121	2		8
矿产地质勘查	159	43	30	80	1		5
能源矿产地质勘查	56	18	16	20	1		1
固体矿产地质勘查	80	17	9	51			3
其他矿产地质勘查	23	8	5	9			1
基础地质勘查	6	4		1			1
地质勘查技术服务	161	89	29	40	1		2
水利、环境和公共设施管理业	240	191	30	11	3		5
水利管理业	35	30	5				
防洪管理	4	4					
水资源管理	24	20	4				
水库管理	2	2					
调水、引水管理	9	7	2				
其他水资源管理	13	11	2				
其他水利管理	7	6	1				
环境管理业	47	34	4	7			2
自然保护	10	8		2			
自然保护区管理	7	6		1			
野生动植物保护	1	1					
其他自然保护	2	1		1			
环境治理	37	26	4	5			2
城市市容管理	3	1		1			1
城市环境卫生管理	19	15		3			1
水污染治理	2	2					
危险废物治理	4	2	1	1			
其他环境治理	9	6	3				
公共设施管理业	158	127	21	4	3		3
市政公共设施管理	18	17	1				
城市绿化管理	71	58	8	3	1		1

2-2 续表 19

行 业	企业法人单位数(个)	营业状态					
		营业	停业(歇业)	筹建	当年关闭	当年破产	其它
游览景区管理	69	52	12	1	2		2
风景名胜区管理	21	15	4		1		1
公园管理	4	3	1				
其他游览景区管理	44	34	7	1	1		1
居民服务和其他服务业	1103	978	74	37	10		4
居民服务业	358	313	31	10	3		1
家庭服务	39	33	3	3			
托儿所	6	6					
洗染服务	9	9					
理发及美容保健服务	46	40	5		1		
洗浴服务	50	48	1		1		
婚姻服务	15	13	1	1			
殡葬服务	16	14	1	1			
摄影扩印服务	41	37	2		1		1
其他居民服务	136	113	18	5			
其他服务业	745	665	43	27	7		3
修理与维护	509	470	25	12	2		
汽车、摩托车维护与保养	402	377	15	9	1		
办公设备维修	26	21	5				
家用电器修理	55	47	4	3	1		
其他日用品修理	26	25	1				
清洁服务	78	66	5	4	2		1
建筑物清洁服务	10	5	2		2		1
其他清洁服务	68	61	3	4			
其他未列明的服务	158	129	13	11	3		2
教育	287	250	24	6	4	1	2
教育	287	250	24	6	4	1	2
学前教育	31	28	2	1			
初等教育	2	2					
中等教育	9	7	1	1			
初中教育	3	2		1			
高中教育	1	1					
技工学校教育	4	4					
其他中等教育	1		1				
高等教育	1	1					
成人高等教育	1	1					
其他教育	244	212	21	4	4	1	2
职业技能培训	219	195	14	4	4		2
特殊教育	1	1					
其他未列明的教育	24	16	7			1	
卫生、社会保障和社会福利业	251	240	6	2	1	2	
卫生	238	229	5	2	1	1	
医院	146	143		2		1	
综合医院	90	87		2		1	
中医医院	7	7					
中西医结合医院	7	7					
民族医院	3	3					
专科医院	39	39					

2-2 续表 20

行业	企业法人单位数(个)	营业状态					
		营业	停业(歇业)	筹建	当年关闭	当年破产	其它
卫生院及社区医疗活动	41	40	1				
门诊部医疗活动	41	38	2		1		
妇幼保健活动	1		1				
专科疾病防治活动	4	3	1				
其他卫生活动	5	5					
社会保障业	2	2					
社会保障业	2	2					
社会福利业	11	9	1			1	
提供住宿的社会福利	6	6					
收养收容服务	6	6					
不提供住宿的社会福利	5	3	1			1	
文化、体育和娱乐业	250	210	19	13	5		3
新闻出版业	19	18	1				
新闻业	2	2					
出版业	17	16	1				
图书出版	5	5					
报纸出版	5	5					
期刊出版	6	5	1				
其他出版	1	1					
广播、电视、电影和音像业	69	57	7	3	1		1
广播	4	4					
电视	7	6		1			
电影	41	36	3	1			1
电影制作与发行	6	5					1
电影放映	35	31	3	1			
音像制作	17	11	4	1	1		
文化艺术业	42	34	5	2	1		
文艺创作与表演	13	12	1				
艺术表演场馆	4	3	1				
博物馆	4	2	1	1			
群众文化活动	5	4		1			
文化艺术经纪代理	10	8	2				
其他文化艺术	6	5			1		
体育	9	6	3				
体育组织	5	3	2				
体育场馆	3	2	1				
其他体育	1	1					
娱乐业	111	95	3	8	3		2
室内娱乐活动	66	61	1	2	1		1
游乐园	7	6			1		
休闲健身娱乐活动	23	18	1	2	1		1
其他娱乐活动	15	10	1	4			

2-3　按地、州、市、县(市)和营业状态分组的企业法人单位数

地　　区	企业法人单位数(个)	营业状态					
		营业	停业(歇业)	筹建	当年关闭	当年破产	其它
总　　计	**45713**	**37785**	**4220**	**2719**	**613**	**122**	**254**
乌鲁木齐市	20734	17178	2377	886	167	15	111
天山区	4385	3450	673	144	92	5	21
沙依巴克区	4776	4200	459	71	2	1	43
新市区	6914	5653	807	401	24	4	25
水磨沟区	3112	2662	296	132	13	1	8
头屯河区	448	356	28	37	18	2	7
达坂城区	95	64	14	14			3
米东区	878	708	80	71	13	2	4
乌鲁木齐县	126	85	20	16	5		
克拉玛依市	1752	1602	96	19	33		2
独山子区	296	267	21	3	4		1
克拉玛依区	1307	1212	58	8	29		
白碱滩区	125	105	13	7			
乌尔禾区	24	18	4	1			1
吐鲁番地区	842	712	47	80	3		
吐鲁番市	320	281	24	14	1		
鄯善县	389	331	16	41	1		
托克逊县	133	100	7	25	1		
哈密地区	1819	1210	134	408	35	1	31
哈密市	1659	1113	120	364	33	1	28
巴里坤哈萨克自治县	116	76	14	26			
伊吾县	44	21		18	2		3
昌吉回族自治州	2943	2306	277	170	122	52	16
昌吉市	1563	1160	182	51	112	52	6
阜康市	362	280	34	44	1		3
呼图壁县	281	254	15	7	4		1
玛纳斯县	271	230	24	13	1		3
奇台县	197	165	6	23	1		2
吉木萨尔县	156	133	5	15	3		
木垒哈萨克自治县	113	84	11	17			1
伊犁哈萨克自治州	5055	4241	328	398	67	4	17
伊犁州直属县(市)	2964	2595	163	132	58	3	13
伊宁市	1131	1065	42	18	4		2
奎屯市	845	703	59	44	33		6
伊宁县	170	137	16	10	5	2	
察布查尔锡伯自治县	99	82	6	7	3		1
霍城县	234	197	20	11	5		1
巩留县	77	65	1	10	1		

2-3 续表 1

地　区	企业法人单位数(个)	营业状态					
		营业	停业(歇业)	筹建	当年关闭	当年破产	其它
新源县	241	219	9	6	6	1	
昭苏县	43	35	3	5			
特克斯县	57	40	1	13			3
尼勒克县	67	52	6	8	1		
塔城地区	888	796	71	15	3		3
塔城市	144	128	12	2	2		
乌苏市	167	133	34				
额敏县	84	81	2	1			
沙湾县	291	286	2	1	1		1
托里县	99	78	15	6			
裕民县	51	41	6	2			2
和布克赛尔蒙古自治县	52	49		3			
阿勒泰地区	1203	850	94	251	6	1	1
阿勒泰市	423	351	28	39	4	1	
布尔津县	169	117	29	23			
富蕴县	191	135	21	33	1		1
福海县	81	65	4	12			
哈巴河县	92	83	2	7			
青河县	182	50	6	125	1		
吉木乃县	65	49	4	12			
博尔塔拉蒙古自治州	999	774	148	54	6		17
博乐市	762	581	139	25	6		11
精河县	179	141	8	27			3
温泉县	58	52	1	2			3
巴音郭楞蒙古自治州	4015	3488	202	268	36	7	14
库尔勒市	2896	2675	96	91	28	2	4
轮台县	254	206	14	33			1
尉犁县	152	116	10	22	1		3
若羌县	65	26	6	29	1	3	
且末县	111	67	27	8	4	2	3
焉耆回族自治县	142	117	14	9	2		
和静县	213	138	17	58			
和硕县	113	86	10	17			
博湖县	69	57	8	1			3
阿克苏地区	2394	1951	195	156	67	4	21
阿克苏市	1090	914	89	47	23	3	14
温宿县	155	119	12	22	1		1
库车县	525	427	41	33	22	1	1

2-3　续表 2

地　　区	企业法人单位数（个）	营业状态					
		营业	停业(歇业)	筹建	当年关闭	当年破产	其它
沙雅县	163	119	19	9	15		1
新和县	88	78	3	7			
拜城县	153	124	5	16	5		3
乌什县	64	49	3	12			
阿瓦提县	127	99	18	8	1		1
柯坪县	29	22	5	2			
克孜勒苏柯尔克孜自治州	429	269	116	36	5	2	1
阿图什市	316	176	104	30	3	2	1
阿克陶县	66	61	4	1			
阿合奇县	19	13	4		2		
乌恰县	28	19	4	5			
喀什地区	1964	1684	119	78	34	25	24
喀什市	741	691	24	16	3		7
疏附县	58	52	1	4		1	
疏勒县	86	85		1			
英吉沙县	26	24	1			1	
泽普县	150	118	19	7	2	3	1
莎车县	272	208	29	21	7	6	1
叶城县	150	116	8	18	6	2	
麦盖提县	95	82	2	8	3		
岳普湖县	49	46	2			1	
伽师县	140	77	23	2	12	11	15
巴楚县	173	164	7	1	1		
塔什库尔干塔吉克自治县	24	21	3				
和田地区	802	580	101	88	25	8	
和田市	423	303	54	38	20	8	
和田县	63	36	6	19	2		
墨玉县	54	48	5	1			
皮山县	62	50	9	1	2		
洛浦县	58	51		7			
策勒县	55	38	10	7			
于田县	59	38	5	15	1		
民丰县	28	16	12				
自治区直辖县级市	1965	1790	80	78	13	4	
石河子市	1773	1614	78	78	3		
阿拉尔市	51	50	1				
图木舒克市	19	19					
五家渠市	122	107	1		10	4	

2-4 按登记注册类型、营业状态分组的企业法人单位从业人员数

登记注册类型	从业人员数(人)	营业状态					
		营业	停业(歇业)	筹建	当年关闭	当年破产	其它
总计	**1638642**	**1583705**	**21084**	**22361**	**2700**	**2555**	**6237**
内资企业	1605421	1551052	20855	22031	2696	2555	6232
国有企业	393034	388675	2125	801	59	791	583
集体企业	35229	33568	989	333	119	63	157
股份合作企业	4411	3966	123	304	17		1
联营企业	3531	3361	81	12	80		
国有联营企业	807	769	34	4			
集体联营企业	1160	1031	46	3	80		
国有与集体联营企业	844	843	1				
其他联营企业	720	718		2			
有限责任公司	479853	466276	3374	7612	706	1381	504
国有独资公司	72077	71334	126	442	60	9	106
其他有限责任公司	407776	394942	3248	7170	646	1372	398
股份有限公司	243916	243428	85	351	33	17	2
私营企业	437236	408424	13725	12508	1658	301	620
私营独资企业	55585	50505	2249	2001	550	111	169
私营合伙企业	10053	8838	285	717	147	34	32
私营有限责任公司	356411	334659	10998	9292	900	156	406
私营股份有限公司	15187	14422	193	498	61		13
其他企业	8211	3354	353	113	24	2	4365
港、澳、台商投资企业	15404	15129	34	237	1		3
合资经营企业（港或澳、台资）	8743	8567	10	165	1		
合作经营企业（港或澳、台资）	147	120		27			
港、澳、台商独资经营企业	4569	4517	4	45			3
港、澳、台商投资股份有限公司	1945	1925	20				
外商投资企业	17817	17524	195	93	3		2
中外合资经营	8444	8335	103	1	3		2
中外合作经营	359	251	75	33			
外资企业	7702	7639	17	46			
外商投资股份有限公司	1312	1299		13			

2-5　按行业(门类、大类、中类、小类)、营业状态分组的企业法人单位从业人员数

行　　业	从业人员数(人)	营业状态					
		营业	停业(歇业)	筹建	当年关闭	当年破产	其它
总　　计	**1638642**	**1583705**	**21084**	**22361**	**2700**	**2555**	**6237**
农、林、牧、渔业	103006	102984	22				
农业	86836	86836					
谷物及其他作物的种植	76771	76771					
谷物的种植	10545	10545					
棉花的种植	63116	63116					
糖料的种植	2941	2941					
其他作物的种植	169	169					
蔬菜、园艺作物的种植	9039	9039					
蔬菜的种植	9039	9039					
水果、坚果、饮料和香料作物的种植	1026	1026					
水果、坚果的种植	1026	1026					
林业	795	795					
林木的培育和种植	379	379					
造林	245	245					
林木的抚育和管理	134	134					
木材和竹材的采运	416	416					
木材的采运	416	416					
畜牧业	14751	14729	22				
牲畜的饲养	14742	14720	22				
猪的饲养	9	9					
渔业	51	51					
内陆渔业	51	51					
内陆养殖	51	51					
农、林、牧、渔服务业	573	573					
农业服务业	434	434					
农产品初加工服务	427	427					
其他农业服务	7	7					
林业服务业	129	129					
林业服务业	129	129					
畜牧服务业	10	10					
其他畜牧服务	10	10					
采矿业	214842	204799	2196	7395	317	15	120
煤炭开采和洗选业	58994	54953	967	2695	272		107
烟煤和无烟煤的开采洗选	58865	54824	967	2695	272		107
褐煤的开采洗选	120	120					
其他煤炭采选	9	9					
石油和天然气开采业	122936	122883	7	41	5		
天然原油和天然气开采	95354	95325		29			
与石油和天然气开采有关的服务活动	27582	27558	7	12	5		
黑色金属矿采选业	12454	9817	472	2144	13	5	3
铁矿采选	11786	9210	464	2091	13	5	3
其他黑色金属矿采选	668	607	8	53			

2-5 续表 1

行业	从业人员数(人)	营业状态					
		营业	停业(歇业)	筹建	当年关闭	当年破产	其它
有色金属矿采选业	12344	10308	393	1616	7	10	10
常用有色金属矿采选	7824	6436	161	1205	3	9	10
铜矿采选	4489	3582	55	847		5	
铅锌矿采选	2158	1873	73	210	2		
镍钴矿采选	964	915	6	33			10
铝矿采选	5			5			
其他常用有色金属矿采选	208	66	27	110	1	4	
贵金属矿采选	3315	2745	232	337		1	
金矿采选	3300	2745	232	322		1	
其他贵金属矿采选	15			15			
稀有稀土金属矿采选	1205	1127		74	4		
钨钼矿采选	90	47		43			
稀土金属矿采选	25			25			
其他稀有金属矿采选	1090	1080		6	4		
非金属矿采选业	8000	6826	333	824	17		
土砂石开采	3292	2804	234	243	11		
石灰石、石膏开采	868	752	49	65	2		
建筑装饰用石开采	569	468	10	84	7		
耐火土石开采	69	56	5	8			
粘土及其他土砂石开采	1786	1528	170	86	2		
化学矿采选	633	604	3	26			
采盐	1462	1439	12	11			
石棉及其他非金属矿采选	2613	1979	84	544	6		
石棉、云母矿采选	1092	763	39	290			
石墨、滑石采选	88	81		6	1		
宝石、玉石开采	596	380	27	186	3		
其他非金属矿采选	837	755	18	62	2		
其他采矿业	114	12	24	75	3		
制造业	422359	406962	5323	7602	755	1499	218
农副食品加工业	32959	31545	550	747	49	46	22
谷物磨制	3948	3710	71	115	8	30	14
饲料加工	3038	3007	15	13	1		2
植物油加工	9125	8680	317	113	4	11	
食用植物油加工	8995	8564	309	107	4	11	
非食用植物油加工	130	116	8	6			
制糖	8739	8738				1	
屠宰及肉类加工	4109	3945	75	83		1	5
畜禽屠宰	2390	2303	40	42			5
肉制品及副产品加工	1719	1642	35	41		1	
水产品加工	105	101	4				
水产品冷冻加工	77	77					
鱼糜制品及水产品干腌制加工	24	24					
水产饲料制造	4		4				

2-5　续表 2

行　　业	从业人员数(人)	营业状态					
		营业	停业(歇业)	筹建	当年关闭	当年破产	其它
蔬菜、水果和坚果加工	2219	2019	44	119	36		1
其他农副食品加工	1676	1345	24	304		3	
淀粉及淀粉制品的制造	1009	793	8	208			
豆制品制造	153	111	4	38			
蛋品加工	5	5					
其他未列明的农副食品加工	509	436	12	58		3	
食品制造业	17962	17575	221	119	3	19	25
焙烤食品制造	1558	1523	12	11		12	
糕点、面包制造	962	929	11	10		12	
饼干及其他焙烤食品制造	596	594	1	1			
糖果、巧克力及蜜饯制造	609	601	7		1		
糖果、巧克力制造	293	292			1		
蜜饯制作	316	309	7				
方便食品制造	2445	2424	9	11	1		
米、面制品制造	81	81					
速冻食品制造	134	126		8			
方便面及其他方便食品制造	2230	2217	9	3	1		
液体乳及乳制品制造	4138	4007	74	31	1		25
罐头制造	3998	3959	19	20			
肉、禽类罐头制造	77	77					
蔬菜、水果罐头制造	3907	3870	17	20			
其他罐头食品制造	14	12	2				
调味品、发酵制品制造	2253	2164	73	16			
味精制造	828	828					
酱油、食醋及类似制品的制造	748	729	19				
其他调味品、发酵制品制造	677	607	54	16			
其他食品制造	2961	2897	27	30		7	
营养、保健食品制造	446	405	13	27		1	
冷冻饮品及食用冰制造	871	870				1	
盐加工	574	568	3			3	
食品及饲料添加剂制造	894	883	6	3		2	
其他未列明的食品制造	176	171	5				
饮料制造业	12333	11488	180	594	57	1	13
酒精制造	304	302		1	1		
酒的制造	8880	8238	136	478	24		4
白酒制造	4666	4569	31	66			
啤酒制造	2911	2523	12	369	7		
葡萄酒制造	1168	1053	58	36	17		4
其他酒制造	135	93	35	7			
软饮料制造	2847	2651	39	115	32	1	9
碳酸饮料制造	66	47	5	14			
瓶(罐)装饮用水制造	956	927	19	10			
果菜汁及果菜汁饮料制造	1086	1055	13	16	1	1	
含乳饮料和植物蛋白饮料制造	238	223		6	1		8
固体饮料制造	32		2		30		
茶饮料及其他软饮料制造	469	399		69			1

2-5 续表 3

行业	从业人员数(人)	营业状态					
		营业	停业(歇业)	筹建	当年关闭	当年破产	其它
精制茶加工	302	297	5				
烟草制品业	518	518					
卷烟制造	518	518					
纺织业	84676	82430	846	70	12	1314	4
棉、化纤纺织及印染精加工	75806	73735	731	31	1	1308	
棉、化纤纺织加工	75649	73578	731	31	1	1308	
棉、化纤印染精加工	157	157					
毛纺织和染整精加工	2304	2218	85		1		
毛条加工	309	287	21		1		
毛纺织	1995	1931	64				
麻纺织	2101	2101					
丝绢纺织及精加工	127	122				5	
缫丝加工	5					5	
绢纺和丝织加工	122	122					
纺织制成品制造	731	700	20		10	1	
棉及化纤制品制造	249	244	5				
毛制品制造	103	90	13				
麻制品制造	150	150					
丝制品制造	8	8					
绳、索、缆的制造	10	10					
纺织带和帘子布制造	49	49					
无纺布制造	77	76	1				
其他纺织制成品制造	85	73	1		10	1	
针织品、编织品及其制品制造	3607	3554	10	39			4
棉、化纤针织品及编织品制造	1693	1686		3			4
毛针织品及编织品制造	1877	1846	10	21			
丝针织品及编织品制造	22	22					
其他针织品及编织品制造	15			15			
纺织服装、鞋、帽制造业	2893	2795	59	9	28	1	1
纺织服装制造	2642	2545	59	8	28	1	1
纺织面料鞋的制造	211	210		1			
制帽	40	40					
皮革、毛皮、羽毛(绒)及其制品业	796	720	24	28	22	2	
皮革鞣制加工	471	428	13	10	20		
皮革制品制造	197	169	9	18		1	
皮鞋制造	175	157	3	15			
皮革服装制造	11	4	6			1	
皮箱、包(袋)制造	3			3			
其他皮革制品制造	8	8					
毛皮鞣制及制品加工	100	98			1	1	
毛皮鞣制加工	61	60			1		
毛皮服装加工	38	38					
其他毛皮制品加工	1					1	

2-5　续表 4

行　　业	从　业人员数（人）	营业状态					
		营业	停业(歇业)	筹建	当年关闭	当年破产	其它
羽毛(绒)加工及制品制造	28	25	2		1		
羽毛(绒)加工	1				1		
羽毛(绒)制品加工	27	25	2				
木材加工及木、竹、藤、棕、草制品业	3857	3590	113	123	31		
锯材、木片加工	683	592	33	38	20		
锯材加工	270	215	30	25			
木片加工	413	377	3	13	20		
人造板制造	2347	2253	23	61	10		
胶合板制造	605	544	11	40	10		
纤维板制造	1231	1220	1	10			
刨花板制造	238	220	10	8			
其他人造板、材制造	273	269	1	3			
木制品制造	762	695	57	9	1		
建筑用木料及木材组件加工	216	151	56	9			
木容器制造	162	162					
软木制品及其他木制品制造	384	382	1		1		
竹、藤、棕、草制品制造	65	50		15			
家具制造业	4787	4554	147	70	15		1
木质家具制造	4021	3814	128	64	14		1
金属家具制造	723	715	5	2	1		
塑料家具制造	25	12	13				
其他家具制造	18	13	1	4			
造纸及纸制品业	8531	8177	170	170	9		5
纸浆制造	1755	1674	72	9			
造纸	3353	3264	47	32	5		5
机制纸及纸板制造	3238	3160	40	32	1		5
加工纸制造	115	104	7		4		
纸制品制造	3423	3239	51	129	4		
纸和纸板容器的制造	2943	2773	50	116	4		
其他纸制品制造	480	466	1	13			
印刷业和记录媒介的复制	6497	6293	104	20	48	27	5
印刷	6126	5930	96	20	48	27	5
书、报、刊印刷	4081	3966	69		45	1	
本册印制	738	695	14		3	26	
包装装潢及其他印刷	1307	1269	13	20			5
装订及其他印刷服务活动	371	363	8				
装订及其他印刷服务活动	371	363	8				
文教体育用品制造业	275	178	27	70			
文化用品制造	137	63	4	70			
文具制造	21	21					
笔的制造	100	30		70			
教学用模型及教具制造	14	10	4				
墨水、墨汁制造	2	2					

2-5 续表 5

行业	从业人员数(人)	营业状态					
		营业	停业(歇业)	筹建	当年关闭	当年破产	其它
体育用品制造	120	97	23				
体育器材及配件制造	31	11	20				
训练健身器材制造	27	25	2				
运动防护用具制造	62	61	1				
游艺器材及娱乐用品制造	18	18					
露天游乐场所游乐设备制造	18	18					
石油加工、炼焦及核燃料加工业	32551	32010	131	399	11		
精炼石油产品的制造	26442	26197	110	127	8		
原油加工及石油制品制造	26442	26197	110	127	8		
炼焦	6109	5813	21	272	3		
化学原料及化学制品制造业	51379	49546	397	1399	27	1	9
基础化学原料制造	22055	21537	85	413	20		
无机酸制造	605	557	47	1			
无机碱制造	4393	4387		6			
无机盐制造	6547	6534	9	4			
有机化学原料制造	9350	9016	5	318	11		
其他基础化学原料制造	1160	1043	24	84	9		
肥料制造	6710	6169	140	390	1	1	9
氮肥制造	2238	2210		28			
磷肥制造	190	131	59				
钾肥制造	1945	1943		2			
复混肥料制造	1271	986	33	243			9
有机肥料及微生物肥料制造	875	754	32	87	1	1	
其他肥料制造	191	145	16	30			
农药制造	71	40	21	8	2		
化学农药制造	44	36		8			
生物化学农药及微生物农药制造	27	4	21		2		
涂料、油墨、颜料及类似产品制造	981	942	21	16	2		
涂料制造	866	831	20	15			
油墨及类似产品制造	27	24	1		2		
密封用填料及类似品制造	88	87		1			
合成材料制造	12134	11973		161			
初级形态的塑料及合成树脂制造	11726	11723		3			
合成橡胶制造	3			3			
合成纤维单(聚合)体的制造	206	206					
其他合成材料制造	199	44		155			
专用化学产品制造	8637	8162	107	366	2		
化学试剂和助剂制造	3379	3242	28	109			
专项化学用品制造	2785	2571	74	139	1		
林产化学产品制造	10	10					
炸药及火工产品制造	2094	2094					
信息化学品制造	112			112			
动物胶制造	215	214		1			
其他专用化学产品制造	42	31	5	5	1		

2-5　续表 6

行　　业	从　业 人员数 (人)	营业状态					
		营业	停业(歇业)	筹建	当年关闭	当年破产	其它
日用化学产品制造	791	723	23	45			
肥皂及合成洗涤剂制造	548	510	5	33			
化妆品制造	149	126	17	6			
香料、香精制造	35	35					
其他日用化学产品制造	59	52	1	6			
医药制造业	4074	3835	180	57	1		1
化学药品原药制造	349	342	2	4			1
化学药品制剂制造	1093	1089	4				
中药饮片加工	1055	916	113	26			
中成药制造	908	876	29	2	1		
兽用药品制造	130	110	20				
生物、生化制品的制造	461	432	7	22			
卫生材料及医药用品制造	78	70	5	3			
化学纤维制造业	8547	7413		1122		10	2
纤维素纤维原料及纤维制造	8545	7413		1122		10	
化纤浆粕制造	4153	3924		229			
人造纤维(纤维素纤维)制造	4392	3489		893		10	
合成纤维制造	2						2
涤纶纤维制造	2						2
橡胶制品业	2038	1984	16	32	5		1
轮胎制造	1316	1291		25			
车辆、飞机及工程机械轮胎制造	1280	1255		25			
轮胎翻新加工	36	36					
橡胶板、管、带的制造	320	313		1	5		1
橡胶零件制造	141	119	16	6			
再生橡胶制造	115	115					
日用及医用橡胶制品制造	125	125					
橡胶靴鞋制造	1	1					
其他橡胶制品制造	20	20					
塑料制品业	15425	14411	460	369	63	18	104
塑料薄膜制造	2199	2087	60	40	12		
塑料板、管、型材的制造	6890	6498	211	160	21		
塑料丝、绳及编织品的制造	2646	2440	29	40	21	12	104
泡沫塑料制造	531	492	20	17	1	1	
塑料人造革、合成革制造	1				1		
塑料包装箱及容器制造	846	828	2	16			
塑料零件制造	75	69		5		1	
日用塑料制造	510	474	21	11	2	2	
塑料鞋制造	1					1	
日用塑料杂品制造	509	474	21	11	2	1	
其他塑料制品制造	1727	1523	117	80	5	2	
非金属矿物制品业	53168	51349	754	804	215	39	7
水泥、石灰和石膏的制造	22371	22200	36	112	23		
水泥制造	20955	20868	20	44	23		
石灰和石膏制造	1416	1332	16	68			

2-5 续表 7

行　业	从业人员数（人）	营业状态					
		营业	停业(歇业)	筹建	当年关闭	当年破产	其它
水泥及石膏制品制造	8342	7964	168	113	66	29	2
水泥制品制造	6579	6325	76	88	62	28	
砼结构构件制造	916	858	53	2	2	1	
石棉水泥制品制造	81	78	3				
轻质建筑材料制造	530	472	35	20	2		1
其他水泥制品制造	236	231	1	3			1
砖瓦、石材及其他建筑材料制造	15327	14447	473	270	122	10	5
粘土砖瓦及建筑砌块制造	10628	10186	237	95	110		
建筑陶瓷制品制造	1808	1758	39	11			
建筑用石加工	976	845	30	94	1	6	
防水建筑材料制造	375	301	60	12	2		
隔热和隔音材料制造	927	804	88	20	8	3	4
其他建筑材料制造	613	553	19	38	1	1	1
玻璃及玻璃制品制造	3696	3444	62	189	1		
平板玻璃制造	624	379	58	187			
技术玻璃制品制造	276	276					
日用玻璃制品及玻璃包装容器制造	1180	1178		2			
玻璃保温容器制造	357	357					
玻璃纤维及制品制造	540	539	1				
玻璃纤维增强塑料制品制造	695	691	3		1		
其他玻璃制品制造	24	24					
陶瓷制品制造	209	206		3			
卫生陶瓷制品制造	160	157		3			
特种陶瓷制品制造	33	33					
日用陶瓷制品制造	5	5					
园林、陈设艺术及其他陶瓷制品制造	11	11					
耐火材料制品制造	687	665	5	14	3		
石棉制品制造	21	18	1	2			
云母制品制造	7	7					
耐火陶瓷制品及其他耐火材料制造	659	640	4	12	3		
石墨及其他非金属矿物制品制造	2536	2423	10	103			
石墨及碳素制品制造	1372	1350		22			
其他非金属矿物制品制造	1164	1073	10	81			
黑色金属冶炼及压延加工业	28421	28266	27	125	2	1	
炼铁	15314	15196	5	113			
炼钢	244	243			1		
钢压延加工	11411	11384	17	9		1	
铁合金冶炼	1452	1443	5	3	1		
有色金属冶炼及压延加工业	7169	6694	61	386	28		
常用有色金属冶炼	4391	4121		269	1		
铜冶炼	605	371		234			
铅锌冶炼	168	135		33			
镍钴冶炼	1338	1338					
铝冶炼	1968	1966		1	1		
镁冶炼	79	78		1			
其他常用有色金属冶炼	233	233					

2-5　续表 8

行　　业	从业人员数（人）	营业状态					
		营业	停业(歇业)	筹建	当年关闭	当年破产	其它
贵金属冶炼	2097	2001	21	48	27		
金冶炼	2097	2001	21	48	27		
有色金属合金制造	70	20		50			
有色金属压延加工	611	552	40	19			
常用有色金属压延加工	608	552	37	19			
贵金属压延加工	3		3				
金属制品业	11229	10669	271	239	46	4	
结构性金属制品制造	5903	5600	114	150	37	2	
金属结构制造	4531	4324	45	127	35		
金属门窗制造	1372	1276	69	23	2	2	
金属工具制造	265	235	29		1		
农用及园林用金属工具制造	150	121	29				
刀剪及类似日用金属工具制造	77	77					
其他金属工具制造	38	37			1		
集装箱及金属包装容器制造	1775	1700	9	66			
集装箱制造	15	15					
金属压力容器制造	205	153		52			
金属包装容器制造	1555	1532	9	14			
金属丝绳及其制品的制造	551	540	9		1	1	
建筑、安全用金属制品制造	861	758	90	6	7		
建筑、家具用金属配件制造	110	96	7		7		
建筑装饰及水暖管道零件制造	570	487	83				
安全、消防用金属制品制造	113	107		6			
其他建筑、安全用金属制品制造	68	68					
金属表面处理及热处理加工	703	684	19				
不锈钢及类似日用金属制品制造	175	164		11			
金属制厨房调理及卫生器具制造	78	67		11			
金属制厨用器皿及餐具制造	85	85					
其他日用金属制品制造	12	12					
其他金属制品制造	996	988	1	6		1	
通用设备制造业	6869	6475	231	144	18	1	
锅炉及原动机制造	852	818	18	9	6	1	
锅炉及辅助设备制造	817	783	18	9	6	1	
内燃机及配件制造	31	31					
其他原动机制造	4	4					
金属加工机械制造	184	144	27	10	3		
金属切削机床制造	22	19	3				
金属成形机床制造	15	15					
铸造机械制造	24	15	1	8			
金属切割及焊接设备制造	9	9					
机床附件制造	4		4				
其他金属加工机械制造	110	86	19	2	3		

2-5 续表 9

行业	从业人员数(人)	营业状态					
		营业	停业(歇业)	筹建	当年关闭	当年破产	其它
起重运输设备制造	512	492		17	3		
泵、阀门、压缩机及类似机械的制造	295	281	3	10	1		
泵及真空设备制造	282	279	3				
阀门和旋塞的制造	1				1		
液压和气压动力机械及元件制造	12	2		10			
轴承、齿轮、传动和驱动部件的制造	324	324					
轴承制造	287	287					
齿轮、传动和驱动部件制造	37	37					
风机、衡器、包装设备等通用设备制造	668	582	26	60			
风机、风扇制造	230	204	25	1			
气体、液体分离及纯净设备制造	25	25					
制冷、空调设备制造	194	134	1	59			
喷枪及类似器具制造	26	26					
包装专用设备制造	7	7					
衡器制造	121	121					
其他通用设备制造	65	65					
通用零部件制造及机械修理	2839	2791	29	19			
金属密封件制造	229	229					
紧固件、弹簧制造	307	307					
机械零部件加工及设备修理	2172	2136	27	9			
其他通用零部件制造	131	119	2	10			
金属铸、锻加工	1195	1043	128	19	5		
钢铁铸件制造	1050	900	127	18	5		
锻件及粉末冶金制品制造	145	143	1	1			
专用设备制造业	7357	7004	86	241	20	5	1
矿山、冶金、建筑专用设备制造	2479	2361	23	88	7		
采矿、采石设备制造	971	918	10	43			
石油钻采专用设备制造	997	968		29			
建筑工程用机械制造	385	366	9	9	1		
建筑材料生产专用机械制造	126	109	4	7	6		
化工、木材、非金属加工专用设备制造	125	102	10	12			1
炼油、化工生产专用设备制造	36	36					
塑料加工专用设备制造	36	28	8				
木材加工机械制造	2			2			
模具制造	48	38		10			
其他非金属加工专用设备制造	3		2				1
食品、饮料、烟草及饲料生产专用设备制造	107	103	3		1		
食品、饮料、烟草工业专用设备制造	40	38	2				
农副食品加工专用设备制造	55	53	1		1		
饲料生产专用设备制造	12	12					
印刷、制药、日化生产专用设备制造	65	65					
印刷专用设备制造	19	19					
照明器具生产专用设备制造	5	5					
其他日用品生产专用设备制造	41	41					

2-5　续表 10

行　业	从　业 人员数 (人)	营业状态					
		营业	停业(歇业)	筹建	当年关闭	当年破产	其它
纺织、服装和皮革工业专用设备制造	246	225	6	15			
纺织专用设备制造	230	209	6	15			
其他服装加工专用设备制造	16	16					
电子和电工机械专用设备制造	102	44		58			
电工机械专用设备制造	92	44		48			
电子工业专用设备制造	10			10			
农、林、牧、渔专用机械制造	3744	3664	27	51	2		
拖拉机制造	87	86	1				
机械化农业及园艺机具制造	2752	2693	8	51			
畜牧机械制造	236	236					
农林牧渔机械配件制造	33	25	6		2		
其他农林牧渔业机械制造及机械修理	636	624	12				
医疗仪器设备及器械制造	111	108	2		1		
医疗诊断、监护及治疗设备制造	1				1		
医疗、外科及兽医用器械制造	6	6					
假肢、人工器官及植(介)入器械制造	43	41	2				
其他医疗设备及器械制造	61	61					
环保、社会公共安全及其他专用设备制造	378	332	15	17	9	5	
环境污染防治专用设备制造	101	73	11	17			
商业、饮食、服务业专用设备制造	10	10					
社会公共安全设备及器材制造	8				8		
交通安全及管制专用设备制造	5					5	
水资源专用机械制造	145	144			1		
其他专用设备制造	109	105	4				
交通运输设备制造业	4312	4177	65	46	9		15
铁路运输设备制造	330	321			9		
铁路机车车辆配件制造	136	127			9		
铁路专用设备及器材、配件制造	43	43					
其他铁路设备制造及设备修理	151	151					
汽车制造	3789	3689	56	29			15
汽车整车制造	963	963					
改装汽车制造	406	406					
汽车车身、挂车的制造	305	284	1	20			
汽车零部件及配件制造	250	223	18	9			
汽车修理	1865	1813	37				15
摩托车制造	5	5					
摩托车整车制造	5	5					
自行车制造	34	32	2				
脚踏自行车及残疾人座车制造	9	7	2				
助动自行车制造	25	25					
交通器材及其他交通运输设备制造	154	130	7	17			
交通管理用金属标志及设施制造	141	124		17			
其他交通运输设备制造	13	6	7				

2-5 续表 11

行　业	从业人员数(人)	营业状态					
		营业	停业(歇业)	筹建	当年关闭	当年破产	其它
电气机械及器材制造业	7973	7634	135	187	8	9	
电机制造	1247	1206		40		1	
发电机及发电机组制造	1239	1198		40		1	
电动机制造	8	8					
输配电及控制设备制造	5195	5092	25	68	3	7	
变压器、整流器和电感器制造	2641	2633	6		2		
电容器及其配套设备制造	71	37	1	33			
配电开关控制设备制造	2156	2106	16	26	1	7	
电力电子元器件制造	12	10	2				
其他输配电及控制设备制造	315	306		9			
电线、电缆、光缆及电工器材制造	1202	1088	88	23	3		
电线电缆制造	872	760	88	21	3		
绝缘制品制造	318	318					
其他电工器材制造	12	10		2			
电池制造	7	2		5			
家用电力器具制造	34	13		21			
家用制冷电器具制造	7			7			
家用通风电器具制造	3			3			
家用厨房电器具制造	6			6			
家用清洁卫生电器具制造	5			5			
其他家用电力器具制造	13	13					
非电力家用器具制造	151	131	9	10	1		
燃气、太阳能及类似能源的器具制造	151	131	9	10	1		
照明器具制造	80	47	13	18	1	1	
照明灯具制造	78	47	13	16	1	1	
灯用电器附件及其他照明器具制造	2			2			
其他电气机械及器材制造	57	55		2			
车辆专用照明及电气信号设备装置制造	11	11					
其他未列明的电气机械制造	46	44		2			
通信设备、计算机及其他电子设备制造业	3182	3179		2	1		
通信设备制造	66	64		2			
通信传输设备制造	2			2			
移动通信及终端设备制造	64	64					
广播电视设备制造	173	173					
广播电视接收设备及器材制造	173	173					
电子器件制造	3	3					
光电子器件及其他电子器件制造	3	3					
电子元件制造	2869	2869					
电子元件及组件制造	2869	2869					
家用视听设备制造	70	70					
家用影视设备制造	70	70					
其他电子设备制造	1				1		
仪器仪表及文化、办公用机械制造业	367	364		2	1		
通用仪器仪表制造	189	189					
工业自动控制系统装置制造	47	47					
电工仪器仪表制造	16	16					
供应用仪表及其他通用仪器制造	126	126					

2-5　续表 12

行　　业	从　业人员数（人）	营业状态					
		营业	停业(歇业)	筹建	当年关闭	当年破产	其它
专用仪器仪表制造	101	99		2			
地质勘探和地震专用仪器制造	74	72		2			
电子测量仪器制造	2	2					
其他专用仪器制造	25	25					
光学仪器及眼镜制造	5	5					
眼镜制造	5	5					
文化、办公用机械制造	31	31					
计算器及货币专用设备制造	6	6					
其他文化、办公用机械制造	25	25					
其他仪器仪表的制造及修理	41	40			1		
工艺品及其他制造业	2003	1947	43	12	1		
工艺美术品制造	770	727	31	11	1		
雕塑工艺品制造	13	12			1		
金属工艺品制造	25	25					
天然植物纤维编织工艺品制造	38	38					
地毯、挂毯制造	647	616	31				
珠宝首饰及有关物品的制造	24	15		9			
其他工艺美术品制造	23	21		2			
日用杂品制造	61	58	3				
制镜及类似品加工	48	48					
其他日用杂品制造	13	10	3				
煤制品制造	1133	1131	1	1			
其他未列明的制造业	39	31	8				
废弃资源和废旧材料回收加工业	211	142	25	16	25	1	2
金属废料和碎屑的加工处理	109	91	1	4	12	1	
非金属废料和碎屑的加工处理	102	51	24	12	13		2
电力、燃气及水的生产和供应业	59376	58456	82	813	24	1	
电力、热力的生产和供应业	50470	49728	41	678	23		
电力生产	19553	18911	29	593	20		
火力发电	14281	13861	2	398	20		
水力发电	4719	4539	27	153			
其他能源发电	553	511		42			
电力供应	20575	20563		12			
热力生产和供应	10342	10254	12	73	3		
燃气生产和供应业	2391	2254	39	97		1	
燃气生产和供应业	2391	2254	39	97		1	
水的生产和供应业	6515	6474	2	38	1		
自来水的生产和供应	5955	5920		35			
污水处理及其再生利用	560	554	2	3	1		
建筑业	206812	204636	748	408	410	602	8
房屋和土木工程建筑业	175386	174055	206	240	283	601	1
房屋工程建筑	123294	122986	115	119	27	46	1

2-5 续表 13

行业	从业人员数（人）	营业状态					
		营业	停业(歇业)	筹建	当年关闭	当年破产	其它
土木工程建筑	52092	51069	91	121	256	555	
铁路、道路、隧道和桥梁工程建筑	31099	30758	29	109	203		
水利和港口工程建筑	10713	10150	4		5	554	
工矿工程建筑	3507	3504	3				
架线和管道工程建筑	5197	5134	9	5	48	1	
其他土木工程建筑	1576	1523	46	7			
建筑安装业	22772	22518	140	111	3		
建筑装饰业	4944	4635	199	18	91	1	
其他建筑业	3710	3428	203	39	33		7
工程准备	2278	2146	105	17	9		1
提供施工设备服务	363	311	40	12			
其他未列明的建筑活动	1069	971	58	10	24		6
交通运输、仓储和邮政业	96228	90241	664	540	202	192	4389
铁路运输业	115	108	5	2			
铁路旅客运输	48	48					
铁路货物运输	65	60	5				
铁路运输辅助活动	2			2			
货运火车站	2			2			
道路运输业	48601	47644	296	276	187	190	8
公路旅客运输	6945	6638	43	45	29	190	
道路货物运输	37775	37267	224	226	50		8
道路运输辅助活动	3881	3739	29	5	108		
客运汽车站	3336	3315	2	3	16		
公路管理与养护	424	320	24		80		
其他道路运输辅助活动	121	104	3	2	12		
城市公共交通业	17088	12640	117		7		4324
公共电汽车客运	14361	9997	35		5		4324
轨道交通	76	76					
出租车客运	2533	2452	80		1		
其他城市公共交通	118	115	2		1		
航空运输业	3604	3586	2	10			6
航空客货运输	27	25	2				
通用航空服务	268	268					
航空运输辅助活动	3309	3293		10			6
机场	3268	3258		10			
其他航空运输辅助活动	41	35					6
管道运输业	911	909		2			
管道运输业	911	909		2			
装卸搬运和其他运输服务业	10170	9825	171	164	8		2
装卸搬运	5366	5340	16	10			
运输代理服务	4804	4485	155	154	8		2
仓储业	3672	3469	72	80		2	49
谷物、棉花等农产品仓储	1442	1376	19	10			37
其他仓储	2230	2093	53	70		2	12

2-5 续表 14

行业	从业人员数(人)	营业状态					
		营业	停业(歇业)	筹建	当年关闭	当年破产	其它
邮政业	12067	12060	1	6			
国家邮政	10635	10634	1				
其他寄递服务	1432	1426		6			
信息传输、计算机服务和软件业	27951	27408	324	132	24	8	55
电信和其他信息传输服务业	20177	20031	77	23	6	7	33
电信	17775	17716	24		1	7	27
固定电信服务	8957	8930					27
移动电信服务	8467	8442	24		1		
其他电信服务	351	344				7	
互联网信息服务	1441	1359	51	20	5		6
广播电视传输服务	950	945	2	3			
有线广播电视传输服务	872	867	2	3			
无线广播电视传输服务	78	78					
卫星传输服务	11	11					
计算机服务业	5315	5128	97	63	16	1	10
计算机系统服务	1370	1311	36	17	4		2
数据处理	58	56	2				
计算机维修	275	265	2	3	1		4
其他计算机服务	3612	3496	57	43	11	1	4
软件业	2459	2249	150	46	2		12
公共软件服务	1801	1637	120	43	1		
基础软件服务	960	935	17	7	1		
应用软件服务	841	702	103	36			
其他软件服务	658	612	30	3	1		12
批发和零售业	186693	176788	6395	2432	507	78	493
批发业	120808	113658	4657	1755	344	69	325
农畜产品批发	22119	21238	576	208	53	17	27
谷物、豆及薯类批发	4242	4116	34	77		5	10
种子、饲料批发	4302	4053	127	86	16	5	15
棉、麻批发	12447	12212	185	21	27	2	
牲畜批发	111	104	5	2			
其他农畜产品批发	1017	753	225	22	10	5	2
食品、饮料及烟草制品批发	11404	10838	387	112	41	2	24
米、面制品及食用油批发	2181	2138	24	10	6		3
糕点、糖果及糖批发	298	266	31	1			
果品、蔬菜批发	1533	1416	48	52	2	1	14
肉、禽、蛋及水产品批发	521	478	9	7	27		
盐及调味品批发	732	716		9			7
饮料及茶叶批发	2169	2067	93	9			
烟草制品批发	2771	2760	8	2		1	
其他食品批发	1199	997	174	22	6		
纺织、服装及日用品批发	4646	4181	302	136	10	8	9
纺织品、针织品及原料批发	1001	774	124	95			8
服装批发	1069	985	51	30	3		

2-5 续表 15

行业	从业人员数（人）	营业状态					
		营业	停业(歇业)	筹建	当年关闭	当年破产	其它
鞋帽批发	120	104	16				
厨房、卫生间用具及日用杂货批发	378	372	5		1		
化妆品及卫生用品批发	1126	1073	40	10	3		
其他日用品批发	952	873	66	1	3	8	1
文化、体育用品及器材批发	2163	2067	79	13	1		3
文具用品批发	626	620	6				
体育用品批发	107	88	14	2			3
图书批发	683	665	17	1			
报刊批发	4	4					
音像制品及电子出版物批发	203	181	22				
首饰、工艺品及收藏品批发	133	108	15	10			
其他文化用品批发	407	401	5		1		
医药及医疗器材批发	4754	4632	51	63			8
西药批发	2561	2553	2	6			
中药材及中成药批发	535	495	23	17			
医疗用品及器材批发	1658	1584	26	40			8
矿产品、建材及化工产品批发	40655	38007	1599	718	132	36	163
煤炭及制品批发	1513	1372	29	112			
石油及制品批发	13034	12778	168	62	22		4
非金属矿及制品批发	291	110	103	78			
金属及金属矿批发	8095	7490	442	124	6	1	32
建材批发	5099	4562	382	113	37		5
化肥批发	8133	7541	267	126	59	35	105
农药批发	683	633	31	10	3		6
农用薄膜批发	166	128	25	13			
其他化工产品批发	3641	3393	152	80	5		11
机械设备、五金交电及电子产品批发	30402	28638	1233	369	83	2	77
农业机械批发	2007	1912	70	20	4		1
汽车、摩托车及零配件批发	4658	4450	136	62	6		4
五金、交电批发	5542	5112	260	112	20	2	36
家用电器批发	1330	1280	40	2	8		
计算机、软件及辅助设备批发	2556	2422	106	26	2		
通讯及广播电视设备批发	1243	1124	93	15			11
其他机械设备及电子产品批发	13066	12338	528	132	43		25
贸易经纪与代理	1472	1220	205	33	7		7
其他批发	3193	2837	225	103	17	4	7
再生物资回收与批发	1264	1112	80	50	16	2	4
其他未列明的批发	1929	1725	145	53	1	2	3
零售业	65885	63130	1738	677	163	9	168
综合零售	16201	15829	252	85	5	4	26
百货零售	7682	7471	139	49	3	4	16
超级市场零售	7552	7490	43	14			5
其他综合零售	967	868	70	22	2		5

2-5　续表 16

行　业	从业人员数（人）	营业状态					
		营业	停业(歇业)	筹建	当年关闭	当年破产	其它
食品、饮料及烟草制品专门零售	2403	2207	116	47	23	4	6
粮油零售	622	573	33	12	2		2
糕点、面包零售	133	117	13	3			
果品、蔬菜零售	151	109	15	11	12	4	
肉、禽、蛋及水产品零售	205	188	10	6	1		
饮料及茶叶零售	467	448	10	3	6		
烟草制品零售	241	230	7				4
其他食品零售	584	542	28	12	2		
纺织、服装及日用品专门零售	5851	5522	186	126	17		
纺织品及针织品零售	434	406	23	5			
服装零售	4158	4009	38	102	9		
鞋帽零售	100	97		3			
钟表、眼镜零售	294	290	4				
化妆品及卫生用品零售	253	236	16	1			
其他日用品零售	612	484	105	15	8		
文化、体育用品及器材专门零售	4343	4164	127	37	3		12
文具用品零售	405	370	23	7	2		3
体育用品零售	357	346	11				
图书零售	2047	2035	12				
报刊零售	6	3	3				
音像制品及电子出版物零售	69	57	12				
珠宝首饰零售	853	808	20	25			
工艺美术品及收藏品零售	282	234	34	4	1		9
照相器材零售	124	122	2				
其他文化用品零售	200	189	10	1			
医药及医疗器材专门零售	5481	5294	118	55	7		7
药品零售	4601	4465	82	50	3		1
医疗用品及器材零售	880	829	36	5	4		6
汽车、摩托车、燃料及零配件专门零售	13833	13418	280	94	29	1	11
汽车零售	5984	5828	103	37	13	1	2
汽车零配件零售	2028	1943	52	28	4		1
摩托车及零配件零售	756	728	20	2	6		
机动车燃料零售	5065	4919	105	27	6		8
家用电器及电子产品专门零售	9594	9123	316	97	51		7
家用电器零售	3112	3031	51	17	13		
计算机、软件及辅助设备零售	3510	3267	173	46	17		7
通信设备零售	2203	2152	39	6	6		
其他电子产品零售	769	673	53	28	15		
五金、家具及室内装修材料专门零售	5157	4870	200	52	24		11
五金零售	2077	1887	137	31	22		
家具零售	1988	1961	15	8	1		3
涂料零售	71	67	4				
其他室内装修材料零售	1021	955	44	13	1		8
无店铺及其他零售	3022	2703	143	84	4		88
流动货摊零售	17	13		4			

2-5 续表 17

行业	从业人员数(人)	营业状态					
		营业	停业(歇业)	筹建	当年关闭	当年破产	其它
邮购及电子销售	10	10					
生活用燃料零售	1197	1056	33	20			88
花卉零售	86	79	3	4			
旧货零售	12	12					
其他未列明的零售	1700	1533	107	56	4		
住宿和餐饮业	45618	44514	620	301	78	95	10
住宿业	33826	33299	321	125	19	52	10
旅游饭店	27005	26693	161	88	2	52	9
一般旅馆	6489	6274	160	37	17		1
其他住宿服务	332	332					
餐饮业	11792	11215	299	176	59	43	
正餐服务	9999	9506	230	162	58	43	
快餐服务	1663	1607	55		1		
饮料及冷饮服务	16	10		6			
其他餐饮服务	114	92	14	8			
金融业	71795	71556	123	94			22
银行业	40642	40642					
中央银行	333	333					
商业银行	37578	37578					
其他银行	2731	2731					
证券业	600	600					
证券经纪与交易	575	575					
证券投资	25	25					
保险业	28406	28372	1	29			4
人寿保险	20585	20571		14			
非人寿保险	7678	7663		15			
保险辅助服务	143	138	1				4
其他金融活动	2147	1942	122	65			18
金融信托与管理	164	116	22	26			
金融租赁	69	69					
财务公司	62	46	16				
邮政储蓄	681	681					
典当	590	571	19				
其他未列明的金融活动	581	459	65	39			18
房地产业	56643	55090	904	445	106	7	91
房地产业	56643	55090	904	445	106	7	91
房地产开发经营	20402	19933	271	124	23	2	49
物业管理	27823	27459	209	65	59		31
房地产中介服务	2702	2417	198	69	13	5	
其他房地产活动	5716	5281	226	187	11		11
租赁和商务服务业	86264	82593	2128	801	136	19	587
租赁业	2531	2360	109	36	7	7	12
机械设备租赁	2370	2199	109	36	7	7	12
汽车租赁	517	479	23	10	2	3	

2-5 续表 18

行业	从业人员数(人)	营业状态					
		营业	停业(歇业)	筹建	当年关闭	当年破产	其它
农业机械租赁	12	9	3				
建筑工程机械与设备租赁	769	680	70	10	5		4
计算机及通讯设备租赁	42	42					
其他机械与设备租赁	1030	989	13	16		4	8
文化及日用品出租	161	161					
图书及音像制品出租	1	1					
其他文化及日用品出租	160	160					
商务服务业	83733	80233	2019	765	129	12	575
企业管理服务	20576	19374	710	333	15	11	133
企业管理机构	14225	13828	265	34	7	10	81
投资与资产管理	4266	3593	325	287	8	1	52
其他企业管理服务	2085	1953	120	12			
法律服务	2041	2031	10				
律师及相关的法律服务	1868	1858	10				
公证服务	94	94					
其他法律服务	79	79					
咨询与调查	7252	6542	487	161	28		34
会计、审计及税务服务	2957	2808	112	20	7		10
市场调查	60	54	6				
社会经济咨询	1186	1076	78	32			
其他专业咨询	3049	2604	291	109	21		24
广告业	5655	5330	181	98	31		15
知识产权服务	136	129	3		4		
职业中介服务	27839	27447	325	46	12	1	8
市场管理	4636	4617	4	13	2		
旅行社	3000	2828	98	46	12		16
其他商务服务	12598	11935	201	68	25		369
会议及展览服务	224	180	18	3	20		3
包装服务	23	19					4
保安服务	8478	8073	77				328
办公服务	444	428	3	12	1		
其他未列明的商务服务	3429	3235	103	53	4		34
科学研究、技术服务和地质勘查业	26324	24360	853	937	40	36	98
研究与试验发展	746	683	23	38			2
自然科学研究与试验发展	93	84	6	2			1
工程和技术研究与试验发展	314	295	5	14			
农业科学研究与试验发展	212	195	10	6			1
医学研究与试验发展	127	109	2	16			
专业技术服务业	19240	18510	330	268	35	36	61
气象服务	220	220					
测绘服务	700	696	1		3		
技术检测	3281	3148	18	93	3	13	6
环境监测	85	68	2	15			
工程技术与规划管理	12605	12269	160	111	24		41

2-5 续表 19

行业	从业人员数(人)	营业状态					
		营业	停业(歇业)	筹建	当年关闭	当年破产	其它
工程管理服务	7308	7133	81	46	15		33
工程勘察设计	5154	5002	75	61	9		7
规划管理	143	134	4	4			1
其他专业技术服务	2349	2109	149	49	5	23	14
科技交流和推广服务业	2149	1873	192	78	2		4
技术推广服务	1059	913	98	47			1
科技中介服务	647	553	77	13	1		3
其他科技服务	443	407	17	18	1		
地质勘查业	4189	3294	308	553	3		31
矿产地质勘查	2326	1817	127	363	1		18
能源矿产地质勘查	1336	1152	84	97	1		2
固体矿产地质勘查	504	228	30	235			11
其他矿产地质勘查	486	437	13	31			5
基础地质勘查	156	150		1			5
地质勘查技术服务	1707	1327	181	189	2		8
水利、环境和公共设施管理业	6824	6500	169	58	9		88
水利管理业	1044	1011	33				
防洪管理	26	26					
水资源管理	823	811	12				
水库管理	421	421					
调水、引水管理	261	254	7				
其他水资源管理	141	136	5				
其他水利管理	195	174	21				
环境管理业	1561	1475	29	45			12
自然保护	607	599		8			
自然保护区管理	408	402		6			
野生动植物保护	188	188					
其他自然保护	11	9		2			
环境治理	954	876	29	37			12
城市市容管理	7	3		2			2
城市环境卫生管理	823	782		31			10
水污染治理	38	38					
危险废物治理	35	6	25	4			
其他环境治理	51	47	4				
公共设施管理业	4219	4014	107	13	9		76
市政公共设施管理	370	368	2				
城市绿化管理	2440	2391	34	9	2		4
游览景区管理	1409	1255	71	4	7		72
风景名胜区管理	258	175	9		7		67
公园管理	191	188	3				
其他游览景区管理	960	892	59	4			5
居民服务和其他服务业	13211	12750	222	181	42		16
居民服务业	4538	4403	84	43	5		3
家庭服务	436	423	3	10			

2-5　续表 20

行　业	从业人员数(人)	营业状态					
		营业	停业(歇业)	筹建	当年关闭	当年破产	其它
托儿所	50	50					
洗染服务	113	113					
理发及美容保健服务	567	551	15		1		
洗浴服务	1454	1448	5		1		
婚姻服务	51	46	3	2			
殡葬服务	381	363	8	10			
摄影扩印服务	500	490	4		3		3
其他居民服务	986	919	46	21			
其他服务业	8673	8347	138	138	37		13
修理与维护	4813	4621	87	97	8		
汽车、摩托车维护与保养	4128	3996	56	74	2		
办公设备维修	187	174	13				
家用电器修理	349	307	13	23	6		
其他日用品修理	149	144	5				
清洁服务	2183	2151	15	10	5		2
建筑物清洁服务	40	25	8		5		2
其他清洁服务	2143	2126	7	10			
其他未列明的服务	1677	1575	36	31	24		11
教育	3943	3727	108	48	29	1	30
教育	3943	3727	108	48	29	1	30
学前教育	488	462	11	15			
初等教育	37	37					
中等教育	374	371	2	1			
初中教育	308	307		1			
高中教育	2	2					
技工学校教育	62	62					
其他中等教育	2		2				
高等教育	18	18					
成人高等教育	18	18					
其他教育	3026	2839	95	32	29	1	30
职业技能培训	2909	2743	75	32	29		30
特殊教育	23	23					
其他未列明的教育	94	73	20			1	
卫生、社会保障和社会福利业	6925	6864	16	36	7	2	
卫生	6764	6705	15	36	7	1	
医院	5308	5271		36		1	
综合医院	3492	3455		36		1	
中医医院	200	200					
中西医结合医院	152	152					
民族医院	81	81					
专科医院	1383	1383					
卫生院及社区医疗活动	665	663	2				
门诊部医疗活动	732	716	9		7		

2-5 续表 21

行业	从业人员数(人)	营业状态					
		营业	停业(歇业)	筹建	当年关闭	当年破产	其它
妇幼保健活动	2		2				
专科疾病防治活动	32	30	2				
其他卫生活动	25	25					
社会保障业	35	35					
社会保障业	35	35					
社会福利业	126	124	1			1	
提供住宿的社会福利	81	81					
收养收容服务	81	81					
不提供住宿的社会福利	45	43	1			1	
文化、体育和娱乐业	3828	3477	187	138	14		12
新闻出版业	1277	1275	2				
新闻业	14	14					
出版业	1263	1261	2				
图书出版	53	53					
报纸出版	1148	1148					
期刊出版	58	56	2				
其他出版	4	4					
广播、电视、电影和音像业	834	785	22	22	2		3
广播	56	56					
电视	87	70		17			
电影	640	621	13	3			3
电影制作与发行	271	268					3
电影放映	369	353	13	3			
音像制作	51	38	9	2	2		
文化艺术业	290	223	21	45	1		
文艺创作与表演	73	69	4				
艺术表演场馆	52	47	5				
博物馆	58	13	5	40			
群众文化活动	31	26		5			
文化艺术经纪代理	53	46	7				
其他文化艺术	23	22			1		
体育	66	56	10				
体育组织	47	39	8				
体育场馆	17	15	2				
其他体育	2	2					
娱乐业	1361	1138	132	71	11		9
室内娱乐活动	790	669	110	4	1		6
游乐园	61	56			5		
休闲健身娱乐活动	230	186	2	34	5		3
其他娱乐活动	280	227	20	33			

2-6　按地、州、市、县(市)和营业状态分组的企业法人单位从业人员数

地　　区	从　业人员数(人)	营业状态					
		营业	停业(歇业)	筹建	当年关闭	当年破产	其它
总　　计	**1638642**	**1583705**	**21084**	**22361**	**2700**	**2555**	**6237**
乌鲁木齐市	561553	540385	9552	5505	811	186	5114
天山区	100345	96648	2572	660	309	110	46
沙依巴克区	127940	120858	2221	327	4	4	4526
新市区	177767	171645	3352	2334	344	15	77
水磨沟区	55767	54129	811	686	25	7	109
头屯河区	40764	40254	73	328	82	3	24
达坂城区	7613	7138	52	408			15
米东区	48777	47527	351	513	22	47	317
乌鲁木齐县	2580	2186	120	249	25		
克拉玛依市	196665	195893	584	72	95		21
独山子区	28762	28648	56	10	36		12
克拉玛依区	153505	153070	336	40	59		
白碱滩区	9743	9546	177	20			
乌尔禾区	4655	4629	15	2			9
吐鲁番地区	34849	33738	386	690	35		
吐鲁番市	14190	13912	115	156	7		
鄯善县	14999	14347	229	396	27		
托克逊县	5660	5479	42	138	1		
哈密地区	51430	48153	508	2541	96	1	131
哈密市	46322	43583	438	2089	91	1	120
巴里坤哈萨克自治县	3851	3623	70	158			
伊吾县	1257	947		294	5		11
昌吉回族自治州	96201	91829	1469	2204	509	61	129
昌吉市	47989	46515	707	181	483	61	42
阜康市	15204	14400	95	656	7		46
呼图壁县	10308	10125	44	115	12		12
玛纳斯县	12375	11217	386	763	1		8
奇台县	4974	4650	37	264	3		20
吉木萨尔县	4050	3720	173	154	3		
木垒哈萨克自治县	1301	1202	27	71			1
伊犁哈萨克自治州	228139	221911	1991	3931	184	12	110
伊犁州直属县(市)	115893	112833	909	1925	140	7	79
伊宁市	42840	42460	258	95	13		14
奎屯市	26005	25399	223	300	55		28
伊宁县	9657	9329	98	216	7	7	
察布查尔锡伯自治县	7430	6999	30	372	5		24
霍城县	6675	6406	175	46	46		2
巩留县	1786	1537	6	237	6		

2-6 续表 1

地　　区	从　业人员数（人）	营业状态					
		营业	停业(歇业)	筹建	当年关闭	当年破产	其它
新源县	12311	12113	95	98	5		
昭苏县	4944	4874	3	67			
特克斯县	1327	1237	5	74			11
尼勒克县	2918	2479	16	420	3		
塔城地区	79322	78493	539	248	17		25
塔城市	7427	7294	82	40	11		
乌苏市	34318	33985	333				
额敏县	8205	8181	10	14			
沙湾县	14638	14608	4	3	6		17
托里县	7754	7606	95	53			
裕民县	1198	1147	15	28			8
和布克赛尔蒙古自治县	5782	5672		110			
阿勒泰地区	32924	30585	543	1758	27	5	6
阿勒泰市	15351	14800	205	323	18	5	
布尔津县	3187	2914	142	131			
富蕴县	7847	7321	110	408	2		6
福海县	1599	1552	7	40			
哈巴河县	2586	2152	34	400			
青河县	1281	903	26	345	7		
吉木乃县	1073	943	19	111			
博尔塔拉蒙古自治州	58588	57460	647	279	118		84
博乐市	43686	42816	617	96	118		39
精河县	11179	10967	25	174			13
温泉县	3723	3677	5	9			32
巴音郭楞蒙古自治州	119343	115108	1318	2759	78	28	52
库尔勒市	76732	75135	470	1055	55	13	4
轮台县	7636	6902	49	683			2
尉犁县	7809	7616	24	151	2		16
若羌县	3686	3108	454	116	1	7	
且末县	2108	1623	122	327	16	8	12
焉耆回族自治县	2822	2719	55	44	4		
和静县	12634	12250	78	306			
和硕县	4451	4341	40	70			
博湖县	1465	1414	26	7			18
阿克苏地区	82651	78912	1004	1452	320	581	382
阿克苏市	40024	38918	414	253	189	27	223
温宿县	7211	6946	74	185	5		1
库车县	15118	13837	228	367	76	554	56

2-6 续表 2

地 区	从 业 人员数 (人)	营业状态					
		营业	停业(歇业)	筹建	当年关闭	当年破产	其它
沙雅县	4320	4172	69	62	15		2
新和县	2973	2892	10	71			
拜城县	7402	6892	49	333	34		94
乌什县	1328	1182	6	140			
阿瓦提县	3744	3603	108	26	1		6
柯坪县	531	470	46	15			
克孜勒苏柯尔克孜自治州	11837	10066	1138	575	19	2	37
阿图什市	6210	5250	620	291	10	2	37
阿克陶县	2658	2477	31	150			
阿合奇县	561	467	85		9		
乌恰县	2408	1872	402	134			
喀什地区	71258	68664	1195	799	225	198	177
喀什市	37563	37065	194	153	13		138
疏附县	1717	1688	2	24		3	
疏勒县	4668	4665		3			
英吉沙县	1320	1281	8			31	
泽普县	3402	3204	112	56	13	14	3
莎车县	6129	5352	436	229	42	69	1
叶城县	4667	4183	239	171	52	22	
麦盖提县	2636	2471	6	145	14		
岳普湖县	1498	1451	19			28	
伽师县	2377	2159	77	7	68	31	35
巴楚县	4502	4380	88	11	23		
塔什库尔干塔吉克自治县	779	765	14				
和田地区	29124	27779	775	481	80	9	
和田市	18632	17881	500	204	38	9	
和田县	1641	1409	46	146	40		
墨玉县	2088	2054	30	4			
皮山县	1547	1507	38	1	1		
洛浦县	2842	2806		36			
策勒县	929	878	21	30			
于田县	1033	963	9	60	1		
民丰县	412	281	131				
自治区直辖县级市	97004	93807	517	1073	130	1477	
石河子市	80392	78825	482	1073	12		
阿拉尔市	6495	6490	5				
图木舒克市	2670	2670					
五家渠市	7447	5822	30		118	1477	

2-7 按行业(门类、大类、中类、小类)、

行业	企业法人单位数(个)	内资企业	国有企业	集体企业
总计	**45713**	**45430**	**2326**	**1010**
农、林、牧、渔业	69	69	52	
农业	39	39	34	
谷物及其他作物的种植	35	35	31	
谷物的种植	10	10	10	
棉花的种植	23	23	19	
糖料的种植	1	1	1	
其他作物的种植	1	1	1	
蔬菜、园艺作物的种植	3	3	2	
蔬菜的种植	3	3	2	
水果、坚果、饮料和香料作物的种植	1	1	1	
水果、坚果的种植	1	1	1	
林业	6	6	6	
林木的培育和种植	3	3	3	
造林	1	1	1	
林木的抚育和管理	2	2	2	
木材和竹材的采运	3	3	3	
木材的采运	3	3	3	
畜牧业	15	15	10	
牲畜的饲养	14	14	10	
猪的饲养	1	1		
渔业	2	2	1	
内陆渔业	2	2	1	
农、林、牧、渔服务业	7	7	1	
农业服务业	5	5		
农产品初加工服务	4	4		
其他农业服务	1	1		
林业服务业	1	1	1	
畜牧服务业	1	1		
采矿业	1625	1610	43	41
煤炭开采和洗选业	332	328	17	24
烟煤和无烟煤的开采洗选	330	326	17	24
烟煤和无烟煤的开采洗选	330	326	17	24
褐煤的开采洗选	1	1		
褐煤的开采洗选	1	1		
其他煤炭采选	1	1		
石油和天然气开采业	66	65	2	
天然原油和天然气开采	8	7		
与石油和天然气开采有关的服务活动	58	58	2	
黑色金属矿采选业	581	576	9	2
铁矿采选	553	548	9	2
其他黑色金属矿采选	28	28		

登记注册类型分组的企业法人单位数

股份合作企业	联营企业	有限责任公司	股份有限公司	私营企业	其他企业	港、澳、台商投资企业	外商投资企业
150	**93**	**7249**	**539**	**33686**	**377**	**111**	**172**
		10		7			
		5					
		4					
		4					
		1					
		1					
		1		4			
		1		3			
				1			
		1					
		1					
		3		3			
		2		3			
		1		3			
		1					
		1					
13	4	394	18	1092	5	7	8
4	1	74	3	203	2	2	2
4	1	73	3	202	2	2	2
4	1	73	3	202	2	2	2
				1			
				1			
		1					
		20	5	37	1	1	
		3	4			1	
		17	1	37	1		
3	2	157	3	400		3	2
3	2	144	3	385		3	2
		13		15			

2-7 续表 1

行　业	企业法人单位数(个)	内资企业	国有企业	集体企业
有色金属矿采选业	279	276	6	2
常用有色金属矿采选	196	193	1	
铜矿采选	106	106		
铅锌矿采选	50	49		
镍钴矿采选	17	15	1	
铝矿采选	1	1		
其他常用有色金属矿采选	22	22		
贵金属矿采选	68	68	5	2
金矿采选	67	67	5	2
其他贵金属矿采选	1	1		
稀有稀土金属矿采选	15	15		
钨钼矿采选	8	8		
稀土金属矿采选	1	1		
其他稀有金属矿采选	6	6		
非金属矿采选业	340	338	9	13
土砂石开采	240	240	4	10
石灰石、石膏开采	58	58	1	3
建筑装饰用石开采	50	50		1
耐火土石开采	5	5		
粘土及其他土砂石开采	127	127	3	6
化学矿采选	8	8	1	
采盐	10	10	2	2
石棉及其他非金属矿采选	82	80	2	1
石棉、云母矿采选	13	13	1	
石墨、滑石采选	5	5		1
宝石、玉石开采	36	36	1	
其他非金属矿采选	28	26		
其他采矿业	27	27		
其他采矿业	27	27		
制造业	7353	7234	180	198
农副食品加工业	809	792	19	13
谷物磨制	198	198	9	6
饲料加工	67	64	3	
植物油加工	221	218	2	4
食用植物油加工	214	211	2	4
非食用植物油加工	7	7		
制糖	15	15	3	
屠宰及肉类加工	139	133		1
畜禽屠宰	78	76		
肉制品及副产品加工	61	57		1
水产品加工	7	6		
水产品冷冻加工	4	4		
鱼糜制品及水产品干腌制加工	2	2		
水产饲料制造	1			

股份合作企业	联营企业	有限责任公司	股份有限公司	私营企业	其他企业	港、澳、台商投资企业	外商投资企业
5	1	77	7	177	1	1	2
3	1	57	7	123	1	1	2
1	1	35	4	64	1		
2		9	3	35		1	
		7		7			2
				1			
		6		16			
2		13		46			
2		13		45			
				1			
		7		8			
		4		4			
		1					
		2		4			
1		58		256	1		2
1		39		185	1		
1		5		48			
		14		35			
				5			
		20		97	1		
		2		5			
		4		2			
		13		64			2
		4		8			
				4			
		2		33			
		7		19			2
		8		19			
		8		19			
39	33	1313	90	5329	52	41	78
2	2	210	11	523	12	3	14
1		39	3	140			
1	1	25	1	33			3
	1	76	1	129	5		3
	1	74	1	124	5		3
		2		5			
		7	4	1			
		29		102	1	2	4
		20		55	1	1	1
		9		47		1	3
		2		4			1
		1		3			
		1		1			
							1

2-7 续表 2

行业	企业法人单位数(个)	内资企业	国有企业	集体企业
蔬菜、水果和坚果加工	99	96	2	
其他农副食品加工	63	62		2
淀粉及淀粉制品的制造	27	27		1
豆制品制造	8	8		
蛋品加工	1	1		
其他未列明的农副食品加工	27	26		1
食品制造业	340	326	11	3
焙烤食品制造	55	51	2	1
糕点、面包制造	44	44	1	1
饼干及其他焙烤食品制造	11	7	1	
糖果、巧克力及蜜饯制造	15	14		
糖果、巧克力制造	6	5		
蜜饯制作	9	9		
方便食品制造	23	20		
米、面制品制造	9	9		
速冻食品制造	4	4		
方便面及其他方便食品制造	10	7		
液体乳及乳制品制造	70	68	3	
罐头制造	71	70		
肉、禽类罐头制造	3	3		
蔬菜、水果罐头制造	65	64		
其他罐头食品制造	3	3		
调味品、发酵制品制造	32	31	2	1
味精制造	4	4		
酱油、食醋及类似制品的制造	19	19		1
其他调味品、发酵制品制造	9	8	2	
其他食品制造	74	72	4	1
营养、保健食品制造	26	26	1	
冷冻饮品及食用冰制造	11	10		
盐加工	13	13	2	1
食品及饲料添加剂制造	19	18	1	
其他未列明的食品制造	5	5		
饮料制造业	309	284	4	9
酒精制造	5	4		
酒的制造	159	148	2	4
白酒制造	99	99		4
啤酒制造	17	8	1	
葡萄酒制造	32	30	1	
其他酒制造	11	11		
软饮料制造	134	123	2	4
碳酸饮料制造	11	9		1
瓶(罐)装饮用水制造	62	60	2	3
果菜汁及果菜汁饮料制造	42	37		
含乳饮料和植物蛋白饮料制造	8	7		
固体饮料制造	2	2		
茶饮料及其他软饮料制造	9	8		

股份合作企业	联营企业	有限责任公司	股份有限公司	私营企业	其他企业	港、澳、台商投资企业	外商投资企业
		22	1	69	2	1	2
		10	1	45	4		1
		4		22			
				7	1		
				1			
		6	1	15	3		1
5		79	12	215	1	2	12
		6		42			4
		6		36			
				6			4
1		1		12			1
		1		4			1
1				8			
		4		16		1	2
		1		8			
				4			
		3		4		1	2
3		25	1	36			2
		12	10	47	1		1
			1	2			
		12	9	42	1		1
				3			
		6		22			1
		3		1			
		1		17			
		2		4			1
1		25	1	40		1	1
1		5		19			
		4		6			1
		8		2			
		5	1	11		1	
		3		2			
2		67	1	198	3	7	18
		1		3			1
2		34	1	103	2		11
2		18	1	72	2		
		4		3			9
		9		20			2
		3		8			
		30		86	1	6	5
		2		6		2	
		11		43	1	2	
		14		23		2	3
		1		6			1
				2			
		2		6			1

2-7 续表 3

行业	企业法人单位数(个)	内资企业	国有企业	集体企业
精制茶加工	11	9		1
烟草制品业	1	1	1	
卷烟制造	1	1	1	
纺织业	259	248	10	8
棉、化纤纺织及印染精加工	141	132	8	3
棉、化纤纺织加工	137	128	8	3
棉、化纤印染精加工	4	4		
毛纺织和染整精加工	20	19	1	1
毛条加工	9	9		
毛纺织	11	10	1	1
麻纺织	11	11		
丝绢纺织及精加工	3	3		
缫丝加工	1	1		
绢纺和丝织加工	2	2		
纺织制成品制造	46	46		3
棉及化纤制品制造	22	22		1
毛制品制造	4	4		
麻制品制造	1	1		
丝制品制造	1	1		1
绳、索、缆的制造	3	3		
纺织带和帘子布制造	2	2		1
无纺布制造	5	5		
其他纺织制成品制造	8	8		
针织品、编织品及其制品制造	38	37	1	1
棉、化纤针织品及编织品制造	20	20	1	
毛针织品及编织品制造	15	14		1
丝针织品及编织品制造	2	2		
其他针织品及编织品制造	1	1		
纺织服装、鞋、帽制造业	122	122	8	14
纺织服装制造	118	118	8	13
纺织面料鞋的制造	3	3		
制帽	1	1		1
皮革、毛皮、羽毛(绒)及其制品业	36	36	1	2
皮革鞣制加工	14	14		1
皮革制品制造	14	14	1	1
皮鞋制造	7	7		1
皮革服装制造	4	4	1	
皮箱、包(袋)制造	1	1		
其他皮革制品制造	2	2		
毛皮鞣制及制品加工	4	4		
毛皮鞣制加工	2	2		
毛皮服装加工	1	1		
其他毛皮制品加工	1	1		

股份合作企业	联营企业	有限责任公司	股份有限公司	私营企业	其他企业	港、澳、台商投资企业	外商投资企业
		2		6		1	1
2	1	64	3	158	2	10	1
	1	41	1	78		8	1
	1	40	1	75		8	1
		1		3			
2		3		12		1	
1		1		7			
1		2		5		1	
		4	1	6			
		1		2			
				1			
		1		1			
		5		37	1		
		1		20			
		1		3			
		1					
				3			
				1			
				5			
		2		5	1		
		10	1	23	1	1	
		6		12	1		
		4	1	8		1	
				2			
				1			
3	2	12		82	1		
2	2	12		80	1		
1				2			
1		7		25			
1		4		8			
		1		11			
		1		5			
				3			
				1			
				2			
		2		2			
		1		1			
				1			
		1					

2-7 续表 4

行业	企业法人单位数(个)	内资企业	国有企业	集体企业
羽毛(绒)加工及制品制造	4	4		
羽毛(绒)加工	1	1		
羽毛(绒)制品加工	3	3		
木材加工及木、竹、藤、棕、草制品业	178	174	1	3
锯材、木片加工	58	57		
锯材加工	32	31		
木片加工	26	26		
人造板制造	74	72	1	1
胶合板制造	31	31		
纤维板制造	17	16	1	
刨花板制造	13	13		1
其他人造板、材制造	13	12		
木制品制造	43	42		
建筑用木料及木材组件加工	28	28		
木容器制造	3	3		
软木制品及其他木制品制造	12	11		
竹、藤、棕、草制品制造	3	3		2
家具制造业	147	145	3	3
木质家具制造	116	114	3	2
金属家具制造	20	20		1
塑料家具制造	3	3		
其他家具制造	8	8		
造纸及纸制品业	195	193	1	3
纸浆制造	7	7		
造纸	58	57		1
机制纸及纸板制造	45	44		1
加工纸制造	13	13		
纸制品制造	130	129	1	2
纸和纸板容器的制造	96	95	1	
其他纸制品制造	34	34		2
印刷业和记录媒介的复制	330	328	32	16
印刷	300	298	31	16
书、报、刊印刷	146	146	25	9
本册印制	70	70	6	6
包装装潢及其他印刷	84	82		1
装订及其他印刷服务活动	30	30	1	
文教体育用品制造业	18	18		
文化用品制造	8	8		
文具制造	2	2		
笔的制造	2	2		
教学用模型及教具制造	3	3		
墨水、墨汁制造	1	1		
体育用品制造	9	9		
体育器材及配件制造	2	2		
训练健身器材制造	5	5		
运动防护用具制造	2	2		

股份合作企业	联营企业	有限责任公司	股份有限公司	私营企业	其他企业	港、澳、 台商投资企业	外商投资企业
				4			
				1			
				3			
3	1	24	1	140	1		4
2		8	1	45	1		1
2		4		24	1		1
		4	1	21			
1		9		60			2
1		4		26			
		4		11			1
				12			
		1		11			1
	1	6		35			1
	1	5		22			
				3			
		1		10			1
		1					
1	1	11		124	2	1	1
1		11		97		1	1
	1			17	1		
				2	1		
				8			
1		31	3	153	1	1	1
		3	1	3			
		10	1	45		1	
		9	1	33		1	
		1		12			
1		18	1	105	1		1
1		17	1	74	1		1
		1		31			
8	8	31	2	230	1		2
6	8	27	2	207	1		2
2	8	19		83			
1		4	2	51			
3		4		73	1		2
2		4		23			
				18			
				8			
				2			
				2			
				3			
				1			
				9			
				2			
				5			
				2			

2-7 续表 5

行业	企业法人单位数(个)	内资企业	国有企业	集体企业
游艺器材及娱乐用品制造	1	1		
露天游乐场所游乐设备制造	1	1		
石油加工、炼焦及核燃料加工业	185	184	2	2
精炼石油产品的制造	102	102	2	2
原油加工及石油制品制造	102	102	2	2
炼焦	83	82		
化学原料及化学制品制造业	639	630	9	13
基础化学原料制造	123	122	3	4
无机酸制造	10	10		
无机碱制造	6	6		
无机盐制造	42	41	1	2
有机化学原料制造	23	23	1	
其他基础化学原料制造	42	42	1	2
肥料制造	153	152	3	3
氮肥制造	4	4		
磷肥制造	2	2		
钾肥制造	7	7	1	
复混肥料制造	61	60	2	2
有机肥料及微生物肥料制造	56	56		1
其他肥料制造	23	23		
农药制造	10	10		
化学农药制造	5	5		
生物化学农药及微生物农药制造	5	5		
涂料、油墨、颜料及类似产品制造	90	90	3	1
涂料制造	76	76	3	
油墨及类似产品制造	8	8		1
密封用填料及类似品制造	6	6		
合成材料制造	22	22		
初级形态的塑料及合成树脂制造	12	12		
合成橡胶制造	1	1		
合成纤维单(聚合)体的制造	1	1		
其他合成材料制造	8	8		
专用化学产品制造	201	196		5
化学试剂和助剂制造	97	95		2
专项化学用品制造	75	73		3
林产化学产品制造	1	1		
炸药及火工产品制造	8	8		
信息化学品制造	1	1		
动物胶制造	8	8		
其他专用化学产品制造	11	10		
日用化学产品制造	40	38		
肥皂及合成洗涤剂制造	18	18		

股份合作企业	联营企业	有限责任公司	股份有限公司	私营企业	其他企业	港、澳、台商投资企业	外商投资企业
				1			
				1			
		48	6	126			1
		21	6	71			
		21	6	71			
		27		55			1
	4	140	13	449	2	6	3
	2	34	4	74	1		1
		4	2	4			
		3	2	1			
	1	10		27			1
	1	6		15			
		11		27	1		
	1	30		115			1
		4					
		2					
		1		5			
	1	11		44			1
		9		46			
		3		20			
		3		7			
		2		3			
		1		4			
		6		80			
		5		68			
		1		6			
				6			
		8	4	10			
		6	3	3			
				1			
		1					
		1	1	6			
	1	52	4	133	1	5	
		27	3	63		2	
	1	14		55		2	
		1					
		5		2	1		
		1					
		2	1	5			
		2		8		1	
		7	1	30		1	1
		3	1	14			

2-7 续表 6

行　业	企业法人单位数(个)	内资企业	国有企业	集体企业
化妆品制造	11	9		
香料、香精制造	4	4		
其他日用化学产品制造	7	7		
医药制造业	94	90	3	
化学药品原药制造	10	9		
化学药品制剂制造	8	7	1	
中药饮片加工	20	19	1	
中成药制造	25	25		
兽用药品制造	5	5		
生物、生化制品的制造	16	15	1	
卫生材料及医药用品制造	10	10		
化学纤维制造业	19	19		
纤维素纤维原料及纤维制造	18	18		
化纤浆粕制造	8	8		
人造纤维(纤维素纤维)制造	10	10		
合成纤维制造	1	1		
涤纶纤维制造	1	1		
橡胶制品业	46	45	2	1
轮胎制造	9	9	1	
车辆、飞机及工程机械轮胎制造	2	2	1	
轮胎翻新加工	7	7		
橡胶板、管、带的制造	17	17	1	
橡胶零件制造	13	12		1
再生橡胶制造	3	3		
日用及医用橡胶制品制造	1	1		
橡胶靴鞋制造	1	1		
其他橡胶制品制造	2	2		
塑料制品业	663	659	8	9
塑料薄膜制造	100	100	3	5
塑料板、管、型材的制造	242	241	3	
塑料丝、绳及编织品的制造	84	83		1
泡沫塑料制造	57	55		
塑料人造革、合成革制造	1	1		
塑料包装箱及容器制造	38	38		1
塑料零件制造	6	6		
日用塑料制造	51	51	1	1
塑料鞋制造	1	1		
日用塑料杂品制造	50	50	1	1
其他塑料制品制造	84	84	1	1
非金属矿物制品业	1282	1278	25	52
水泥、石灰和石膏的制造	119	119	9	4
水泥制造	81	81	8	4
石灰和石膏制造	38	38	1	

						港、澳、台商投资企业	外商投资企业
股份合作企业	联营企业	有限责任公司	股份有限公司	私营企业	其他企业		
		1		8		1	1
		2		2			
		1		6			
	1	27		57	2	1	3
		4		5		1	
		4		2			1
		5		13			1
		8		16	1		
		2		3			
	1	3		10			1
		1		8	1		
		10	1	8			
		9	1	8			
		5		3			
		4	1	5			
		1					
		1					
		4	1	37			1
			1	7			
			1				
				7			
		3		13			
				11			1
		1		2			
				1			
				1			
				2			
4	3	83	3	543	6	2	2
1	1	16	2	69	3		
2		32	1	202	1	1	
1	1	17		63			1
		4		50	1	1	1
				1			
		2		35			
				6			
		6		43			
				1			
		6		42			
	1	6		74	1		
1	8	203	12	967	10		4
		48	7	51			
		40	6	23			
		8	1	28			

2-7 续表 7

行业	企业法人单位数（个）	内资企业	国有企业	集体企业
水泥及石膏制品制造	258	258	10	9
水泥制品制造	140	140	5	3
砼结构构件制造	60	60	4	4
石棉水泥制品制造	4	4		
轻质建筑材料制造	36	36	1	1
其他水泥制品制造	18	18		1
砖瓦、石材及其他建筑材料制造	771	770	3	36
粘土砖瓦及建筑砌块制造	505	505	2	36
建筑陶瓷制品制造	33	33		
建筑用石加工	67	67		
防水建筑材料制造	35	35		
隔热和隔音材料制造	85	85		
其他建筑材料制造	46	45	1	
玻璃及玻璃制品制造	67	65		1
平板玻璃制造	16	16		
技术玻璃制品制造	9	9		
日用玻璃制品及玻璃包装容器制造	12	12		1
玻璃保温容器制造	2	2		
玻璃纤维及制品制造	5	4		
玻璃纤维增强塑料制品制造	20	19		
其他玻璃制品制造	3	3		
陶瓷制品制造	7	7		
卫生陶瓷制品制造	3	3		
特种陶瓷制品制造	2	2		
日用陶瓷制品制造	1	1		
园林、陈设艺术及其他陶瓷制品制造	1	1		
耐火材料制品制造	23	23	1	2
石棉制品制造	3	3		
云母制品制造	1	1	1	
耐火陶瓷制品及其他耐火材料制造	19	19		2
石墨及其他非金属矿物制品制造	37	36	2	
石墨及碳素制品制造	10	10	2	
其他非金属矿物制品制造	27	26		
黑色金属冶炼及压延加工业	91	90	1	3
炼铁	32	32	1	
炼钢	4	4		
钢压延加工	41	41		3
铁合金冶炼	14	13		
有色金属冶炼及压延加工业	68	67	3	3
常用有色金属冶炼	27	27	1	
铜冶炼	12	12		
铅锌冶炼	3	3		
镍钴冶炼	2	2		
铝冶炼	6	6	1	
镁冶炼	2	2		
其他常用有色金属冶炼	2	2		

股份合作企业	联营企业	有限责任公司	股份有限公司	私营企业	其他企业	港、澳、台商投资企业	外商投资企业
		50	2	186	1		
		25	1	106			
		12	1	38	1		
		1		3			
		7		27			
		5		12			
	8	73	2	641	7		1
	8	32	2	420	5		
		9		24			
		14		52	1		
		3		32			
		9		75	1		
		6		38			1
1		15	1	47			2
		3		13			
		2		7			
1		2	1	7			
				2			
		1		3			1
		6		13			1
		1		2			
		3		4			
		1		2			
		1		1			
		1					
				1			
		3		17			
		1		2			
		2		15			
		11		21	2		1
		2		5	1		
		9		16	1		1
1		24	2	58	1		1
1		9	1	19	1		
		1		3			
		10	1	27			
		4		9			1
		22	2	37		1	
		8	2	16			
		6		6			
				3			
		1	1				
			1	4			
				2			
		1		1			

2-7 续表 8

行业	企业法人单位数(个)	内资企业	国有企业	集体企业
贵金属冶炼	25	24	2	3
金冶炼	25	24	2	3
有色金属合金制造	3	3		
有色金属压延加工	13	13		
常用有色金属压延加工	12	12		
贵金属压延加工	1	1		
金属制品业	475	471	6	11
结构性金属制品制造	298	295	3	5
金属结构制造	169	167	1	2
金属门窗制造	129	128	2	3
金属工具制造	14	14	1	2
农用及园林用金属工具制造	8	8	1	2
刀剪及类似日用金属工具制造	2	2		
其他金属工具制造	4	4		
集装箱及金属包装容器制造	32	31		1
集装箱制造	4	4		
金属压力容器制造	4	4		
金属包装容器制造	24	23		1
金属丝绳及其制品的制造	24	24		1
建筑、安全用金属制品制造	44	44	1	2
建筑、家具用金属配件制造	9	9		
建筑装饰及水暖管道零件制造	25	25		
安全、消防用金属制品制造	5	5		1
其他建筑、安全用金属制品制造	5	5	1	1
金属表面处理及热处理加工	15	15		
不锈钢及类似日用金属制品制造	17	17		
金属制厨房调理及卫生器具制造	8	8		
金属制厨用器皿及餐具制造	5	5		
其他日用金属制品制造	4	4		
其他金属制品制造	31	31	1	
通用设备制造业	325	322	4	11
锅炉及原动机制造	52	52		2
锅炉及辅助设备制造	50	50		2
内燃机及配件制造	1	1		
其他原动机制造	1	1		
金属加工机械制造	24	24		
金属切削机床制造	3	3		
金属成形机床制造	2	2		
铸造机械制造	6	6		
金属切割及焊接设备制造	2	2		
机床附件制造	1	1		
其他金属加工机械制造	10	10		

股份合作企业	联营企业	有限责任公司	股份有限公司	私营企业	其他企业	港、澳、台商投资企业	外商投资企业
		8		11		1	
		8		11		1	
		2		1			
		4		9			
		4		8			
				1			
		68	6	376	4	2	2
		41	4	239	3	1	2
		20	4	140			2
		21		99	3	1	
		2		9			
		1		4			
		1		1			
				4			
		9		20	1	1	
				4			
		3		1			
		6		15	1	1	
		7		16			
		5		36			
				9			
		3		22			
		1		3			
		1		2			
			1	14			
		1	1	15			
			1	7			
		1		4			
				4			
		3		27			
1	1	40	1	264		2	1
		5		45			
		4		44			
				1			
		1					
		3		21			
		1		2			
				2			
				6			
				2			
				1			
		2		8			

2-7 续表 9

行业	企业法人单位数(个)	内资企业	国有企业	集体企业
起重运输设备制造	13	13		
泵、阀门、压缩机及类似机械的制造	9	9	1	
泵及真空设备制造	6	6	1	
阀门和旋塞的制造	1	1		
液压和气压动力机械及元件制造	2	2		
轴承、齿轮、传动和驱动部件的制造	4	4		
轴承制造	2	2		
齿轮、传动和驱动部件制造	2	2		
风机、衡器、包装设备等通用设备制造	39	37		2
风机、风扇制造	15	15		1
气体、液体分离及纯净设备制造	2	2		
制冷、空调设备制造	7	7		1
喷枪及类似器具制造	2	1		
包装专用设备制造	1	1		
衡器制造	8	7		
其他通用设备制造	4	4		
通用零部件制造及机械修理	118	117	2	3
金属密封件制造	5	5		
紧固件、弹簧制造	10	10		1
机械零部件加工及设备修理	91	90	1	2
其他通用零部件制造	12	12	1	
金属铸、锻加工	66	66	1	4
钢铁铸件制造	60	60	1	3
锻件及粉末冶金制品制造	6	6		1
专用设备制造业	246	242	11	2
矿山、冶金、建筑专用设备制造	69	66	3	1
采矿、采石设备制造	30	29	1	1
石油钻采专用设备制造	15	13	1	
建筑工程用机械制造	12	12	1	
建筑材料生产专用机械制造	12	12		
化工、木材、非金属加工专用设备制造	18	18		
炼油、化工生产专用设备制造	3	3		
塑料加工专用设备制造	4	4		
木材加工机械制造	1	1		
模具制造	8	8		
其他非金属加工专用设备制造	2	2		
食品、饮料、烟草及饲料生产专用设备制造	8	8		1
食品、饮料、烟草工业专用设备制造	3	3		
农副食品加工专用设备制造	4	4		1
饲料生产专用设备制造	1	1		
印刷、制药、日化生产专用设备制造	5	5		
印刷专用设备制造	2	2		
照明器具生产专用设备制造	1	1		
其他日用品生产专用设备制造	2	2		

股份合作企业	联营企业	有限责任公司	股份有限公司	私营企业	其他企业	港、澳、台商投资企业	外商投资企业
		2		11			
		5	1	2			
		4	1				
				1			
		1		1			
		1		3			
		1		1			
				2			
	1	2		32		1	1
	1			13			
				2			
		2		4			
				1		1	
				1			
				7			1
				4			
		17		95		1	
		1		4			
				9			
		16		71		1	
				11			
1		5		55			
1		5		50			
				5			
		23	4	202		1	3
		9		53		1	2
		4		23			1
		2		10		1	1
		3		8			
				12			
			2	16			
				3			
				4			
				1			
			1	7			
			1	1			
				7			
				3			
				3			
				1			
				5			
				2			
				1			
				2			

2-7 续表 10

行业	企业法人单位数(个)	内资企业	国有企业	集体企业
纺织、服装和皮革工业专用设备制造	9	9		
纺织专用设备制造	8	8		
其他服装加工专用设备制造	1	1		
电子和电工机械专用设备制造	7	7		
电工机械专用设备制造	5	5		
电子工业专用设备制造	2	2		
农、林、牧、渔专用机械制造	95	94	8	
拖拉机制造	4	4		
机械化农业及园艺机具制造	58	58	3	
畜牧机械制造	4	3		
农林牧渔机械配件制造	7	7		
其他农林牧渔业机械制造及机械修理	22	22	5	
医疗仪器设备及器械制造	12	12		
医疗诊断、监护及治疗设备制造	1	1		
医疗、外科及兽医用器械制造	1	1		
假肢、人工器官及植(介)入器械制造	7	7		
其他医疗设备及器械制造	3	3		
环保、社会公共安全及其他专用设备制造	23	23		
环境污染防治专用设备制造	8	8		
商业、饮食、服务业专用设备制造	1	1		
社会公共安全设备及器材制造	1	1		
交通安全及管制专用设备制造	1	1		
水资源专用机械制造	4	4		
其他专用设备制造	8	8		
交通运输设备制造业	147	147	7	8
铁路运输设备制造	5	5	1	3
铁路机车车辆配件制造	2	2	1	1
铁路专用设备及器材、配件制造	1	1		
其他铁路设备制造及设备修理	2	2		2
汽车制造	128	128	6	3
汽车整车制造	2	2		
改装汽车制造	4	4	1	
汽车车身、挂车的制造	7	7	1	
汽车零部件及配件制造	11	11	1	1
汽车修理	104	104	3	2
摩托车制造	1	1		
摩托车整车制造	1	1		
自行车制造	5	5		
脚踏自行车及残疾人座车制造	2	2		
助动自行车制造	3	3		
交通器材及其他交通运输设备制造	8	8		2
交通管理用金属标志及设施制造	6	6		2
其他交通运输设备制造	2	2		
电气机械及器材制造业	222	222	4	4
电机制造	5	5		
发电机及发电机组制造	4	4		
电动机制造	1	1		

股份合作企业	联营企业	有限责任公司	股份有限公司	私营企业	其他企业	港、澳、台商投资企业	外商投资企业
		1		8			
		1		7			
				1			
		1		6			
		1		4			
				2			
		10	1	75			1
		1		3			
		6	1	48			
		1		2			1
				7			
		2		15			
		1		11			
				1			
				1			
				7			
		1		2			
		1	1	21			
				8			
				1			
				1			
			1				
		1		3			
				8			
4	1	25	2	99	1		
		1					
		1					
3	1	22	2	90	1		
		2					
		2		1			
		2		4			
1		2		6			
2	1	14	2	79	1		
				1			
				1			
1				4			
1				1			
				3			
		2		4			
		1		3			
		1		1			
		36	3	174	1		
		2		3			
		2		2			
				1			

2-7 续表 11

行　　业	企业法人单位数(个)	内资企业	国有企业	集体企业
输配电及控制设备制造	129	129	1	3
变压器、整流器和电感器制造	20	20		2
电容器及其配套设备制造	6	6	1	
配电开关控制设备制造	83	83		1
电力电子元器件制造	2	2		
其他输配电及控制设备制造	18	18		
电线、电缆、光缆及电工器材制造	46	46	2	1
电线电缆制造	40	40	2	1
绝缘制品制造	4	4		
其他电工器材制造	2	2		
电池制造	2	2		
家用电力器具制造	9	9		
家用制冷电器具制造	2	2		
家用通风电器具制造	1	1		
家用厨房电器具制造	2	2		
家用清洁卫生电器具制造	1	1		
其他家用电力器具制造	3	3		
非电力家用器具制造	11	11	1	
燃气、太阳能及类似能源的器具制造	11	11	1	
照明器具制造	14	14		
照明灯具制造	13	13		
灯用电器附件及其他照明器具制造	1	1		
其他电气机械及器材制造	6	6		
车辆专用照明及电气信号设备装置制造	1	1		
其他未列明的电气机械制造	5	5		
通信设备、计算机及其他电子设备制造业	12	9	1	
通信设备制造	2	1		
通信传输设备制造	1	1		
移动通信及终端设备制造	1			
广播电视设备制造	2	1		
广播电视接收设备及器材制造	2	1		
电子器件制造	1	1		
光电子器件及其他电子器件制造	1	1		
电子元件制造	4	3		
电子元件及组件制造	4	3		
家用视听设备制造	2	2		
家用影视设备制造	2	2		
其他电子设备制造	1	1	1	
仪器仪表及文化、办公用机械制造业	21	20		1
通用仪器仪表制造	8	7		
工业自动控制系统装置制造	2	2		
电工仪器仪表制造	2	1		
供应用仪表及其他通用仪器制造	4	4		

股份合作企业	联营企业	有限责任公司	股份有限公司	私营企业	其他企业	港、澳、台商投资企业	外商投资企业
		24	2	98	1		
		5	1	12			
		1		3	1		
		15		67			
				2			
		3	1	14			
		5	1	37			
		1	1	35			
		4					
				2			
				2			
				9			
				2			
				1			
				2			
				1			
				3			
		3		7			
		3		7			
		1		13			
		1		12			
				1			
		1		5			
		1					
				5			
		3	1	4		2	1
				1			1
				1			
							1
				1		1	
				1		1	
		1					
		1					
		1	1	1		1	
		1	1	1		1	
		1		1			
		1		1			
		5		14			1
		3		4			1
		1		1			
		1					1
		1		3			

2-7 续表 12

行　　业	企业法人单位数(个)	内资企业	国有企业	集体企业
专用仪器仪表制造	6	6		
地质勘探和地震专用仪器制造	2	2		
电子测量仪器制造	1	1		
其他专用仪器制造	3	3		
光学仪器及眼镜制造	1	1		
眼镜制造	1	1		
文化、办公用机械制造	2	2		
计算器及货币专用设备制造	1	1		
其他文化、办公用机械制造	1	1		
其他仪器仪表的制造及修理	4	4		1
其他仪器仪表的制造及修理	4	4		1
工艺品及其他制造业	49	47	2	4
工艺美术品制造	33	31	1	3
雕塑工艺品制造	4	4		
金属工艺品制造	4	4		1
天然植物纤维编织工艺品制造	3	3		
地毯、挂毯制造	14	12	1	2
珠宝首饰及有关物品的制造	4	4		
其他工艺美术品制造	4	4		
日用杂品制造	4	4		
制镜及类似品加工	2	2		
其他日用杂品制造	2	2		
煤制品制造	7	7		1
其他未列明的制造业	5	5	1	
废弃资源和废旧材料回收加工业	25	25	1	
金属废料和碎屑的加工处理	11	11		
非金属废料和碎屑的加工处理	14	14	1	
电力、燃气及水的生产和供应业	522	520	142	15
电力、热力的生产和供应业	363	362	71	11
电力生产	157	156	34	10
火力发电	35	34	10	1
水力发电	100	100	21	9
其他能源发电	22	22	3	
电力供应	25	25	11	
热力生产和供应	181	181	26	1
燃气生产和供应业	44	44	1	
燃气生产和供应业	44	44	1	
水的生产和供应业	115	114	70	4
自来水的生产和供应	104	104	65	4
污水处理及其再生利用	11	10	5	
建筑业	1762	1759	101	51
房屋和土木工程建筑业	793	793	75	31
房屋工程建筑	417	417	29	10

股份合作企业	联营企业	有限责任公司	股份有限公司	私营企业	其他企业	港、澳、台商投资企业	外商投资企业
		2		4			
		2					
				1			
				3			
				1			
				1			
				2			
				1			
				1			
				3			
				3			
		9		32			2
		5		22			2
				4			
				3			
		1		2			
		3		6			2
		1		3			
				4			
				4			
				2			
				2			
		1		5			
		3		1			
		7		16	1		
		3		7	1		
		4		9			
4		194	10	152	3		2
3		142	9	125	1		1
3		59	8	42			1
		16	2	5			1
3		32	5	30			
		11	1	7			
		13		1			
		70	1	82	1		
1		24		17	1		
1		24		17	1		
		28	1	10	1		1
		25	1	8	1		
		3		2			1
2	1	476	18	1101	9	3	
1		305	13	362	6		
1		203	7	165	2		

2-7 续表 13

行业	企业法人单位数(个)	内资企业	国有企业	集体企业
土木工程建筑	376	376	46	21
铁路、道路、隧道和桥梁工程建筑	120	120	17	8
水利和港口工程建筑	70	70	12	2
工矿工程建筑	32	32	3	2
架线和管道工程建筑	57	57	6	3
其他土木工程建筑	97	97	8	6
建筑安装业	362	361	14	12
建筑装饰业	406	404	3	2
其他建筑业	201	201	9	6
工程准备	89	89	5	4
提供施工设备服务	26	26	1	2
其他未列明的建筑活动	86	86	3	
交通运输、仓储和邮政业	1979	1972	166	29
铁路运输业	15	15	1	
铁路旅客运输	1	1		
铁路货物运输	13	13	1	
铁路运输辅助活动	1	1		
货运火车站	1	1		
道路运输业	957	957	82	15
公路旅客运输	171	171	23	
道路货物运输	689	689	19	12
道路运输辅助活动	97	97	40	3
客运汽车站	61	61	36	1
公路管理与养护	18	18	4	2
其他道路运输辅助活动	18	18		
城市公共交通业	142	141	8	2
公共电汽车客运	54	53	6	1
轨道交通	1	1		
出租车客运	79	79	2	1
其他城市公共交通	8	8		
航空运输业	18	18	2	
航空客货运输	5	5		
通用航空服务	6	6		
航空运输辅助活动	7	7	2	
机场	2	2	2	
其他航空运输辅助活动	5	5		
管道运输业	5	2	1	
管道运输业	5	2	1	
装卸搬运和其他运输服务业	625	622	9	10
装卸搬运	96	96	1	8
运输代理服务	529	526	8	2
仓储业	179	179	43	2
谷物、棉花等农产品仓储	51	51	28	1
其他仓储	128	128	15	1

股份合作企业	联营企业	有限责任公司	股份有限公司	私营企业	其他企业	港、澳、台商投资企业	外商投资企业
		102	6	197	4		
		31	3	61			
		30	2	20	4		
		11		16			
		22	1	25			
		8		75			
	1	77	2	254	1	1	
		56	2	341		2	
1		38	1	144	2		
1		24		54	1		
		2		21			
		12	1	69	1		
10	7	452	16	1276	16	2	5
		4		8	2		
		1					
		3		7	2		
				1			
				1			
7	4	253	9	580	7		
1	2	74	5	66			
6	1	159	3	483	6		
	1	20	1	31	1		
		11		12	1		
	1	3	1	7			
		6		12			
1	1	65	2	60	2	1	
		30	1	14	1	1	
		1					
1	1	29	1	43	1		
		5		3			
		7		9			
		2		3			
		3		3			
		2		3			
		2		3			
				1		1	2
				1		1	2
1	1	79	4	516	2		3
		20	1	66			
1	1	59	3	450	2		3
1	1	42	1	87	2		
1		8		13			
	1	34	1	74	2		

2-7 续表 14

行业	企业法人单位数(个)	内资企业	国有企业	集体企业
邮政业	38	38	20	
国家邮政	20	20	20	
其他寄递服务	18	18		
信息传输、计算机服务和软件业	1853	1835	48	4
电信和其他信息传输服务业	385	370	43	2
电信	122	107	33	
固定电信服务	39	38	18	
移动电信服务	56	42	11	
其他电信服务	27	27	4	
互联网信息服务	240	240	3	
广播电视传输服务	22	22	6	2
有线广播电视传输服务	19	19	5	2
无线广播电视传输服务	3	3	1	
卫星传输服务	1	1	1	
计算机服务业	1307	1305	1	1
计算机系统服务	150	149	1	
数据处理	9	8		1
计算机维修	44	44		
其他计算机服务	1104	1104		
软件业	161	160	4	1
公共软件服务	108	107	3	1
基础软件服务	47	46	1	
应用软件服务	61	61	2	1
其他软件服务	53	53	1	
批发和零售业	18545	18497	601	301
批发业	12634	12595	457	236
农畜产品批发	979	976	148	37
谷物、豆及薯类批发	102	101	55	3
种子、饲料批发	403	402	59	4
棉、麻批发	322	321	26	28
牲畜批发	7	7		
其他农畜产品批发	145	145	8	2
食品、饮料及烟草制品批发	796	788	77	18
米、面制品及食用油批发	131	130	32	1
糕点、糖果及糖批发	46	46		
果品、蔬菜批发	96	93	6	5
肉、禽、蛋及水产品批发	41	41	3	
盐及调味品批发	67	66	15	7
饮料及茶叶批发	228	225	5	4
烟草制品批发	42	42	11	
其他食品批发	145	145	5	1
纺织、服装及日用品批发	617	615	8	4
纺织品、针织品及原料批发	143	143	5	1
服装批发	145	143	1	1

股份合作企业	联营企业	有限责任公司	股份有限公司	私营企业	其他企业	港、澳、台商投资企业	外商投资企业
		2		15	1		
		2		15	1		
4	2	96	25	1594	62	9	9
	1	38	21	259	6	7	8
	1	23	18	31	1	7	8
		8	9	3		1	
	1	6	8	15	1	6	8
		9	1	13			
		8	2	222	5		
		7	1	6			
		6	1	5			
		1		1			
2	1	33	2	1210	55	1	1
1		15		132		1	
		1		6			1
		6		38			
1	1	11	2	1034	55		
2		25	2	125	1	1	
2		19	2	79	1	1	
1		5	1	37	1	1	
1		14	1	42			
		6		46			
38	22	1783	101	15570	81	16	32
24	12	1139	72	10603	52	12	27
4	1	195	17	556	18	1	2
		15		19	9		1
3	1	58	7	267	3		1
		108	8	150	1	1	
		1	1	5			
1		13	1	115	5		
	1	111	4	570	7	5	3
		21		76		1	
		4		42			
		23	1	57	1	2	1
		6		31	1		
	1	20	1	21	1		1
		21	1	191	3	2	1
		7	1	23			
		9		129	1		
1		33		568	1		2
1		11		124	1		
		3		138			2

2-7 续表 15

行业	企业法人单位数(个)	内资企业	国有企业	集体企业
鞋帽批发	17	17		
厨房、卫生间用具及日用杂货批发	62	62	1	1
化妆品及卫生用品批发	111	111		
其他日用品批发	139	139	1	1
文化、体育用品及器材批发	267	267	9	3
文具用品批发	122	122	2	
体育用品批发	27	27		2
图书批发	36	36	5	
报刊批发	1	1		
音像制品及电子出版物批发	4	4		
首饰、工艺品及收藏品批发	29	29		
其他文化用品批发	48	48	2	1
医药及医疗器材批发	361	361	22	2
西药批发	62	62	19	1
中药材及中成药批发	34	34	1	
医疗用品及器材批发	265	265	2	1
矿产品、建材及化工产品批发	4334	4323	117	136
煤炭及制品批发	100	100	5	
石油及制品批发	507	506	25	3
非金属矿及制品批发	78	76	3	
金属及金属矿批发	1255	1253	15	2
建材批发	977	974	9	6
化肥批发	650	650	38	117
农药批发	132	132	12	3
农用薄膜批发	32	32	1	5
其他化工产品批发	603	600	9	
机械设备、五金交电及电子产品批发	4662	4651	56	25
农业机械批发	304	304	9	3
汽车、摩托车及零配件批发	572	570	12	2
五金、交电批发	1110	1110	11	9
家用电器批发	128	127		
计算机、软件及辅助设备批发	336	335	2	
通讯及广播电视设备批发	149	149	3	
其他机械设备及电子产品批发	2063	2056	19	11
贸易经纪与代理	182	180	6	
其他批发	436	434	14	11
再生物资回收与批发	173	173	4	3
其他未列明的批发	263	261	10	8
零售业	5911	5902	144	65
综合零售	479	476	11	27
百货零售	262	260	5	8
超级市场零售	95	94	2	
其他综合零售	122	122	4	19

股份合作企业	联营企业	有限责任公司	股份有限公司	私营企业	其他企业	港、澳、台商投资企业	外商投资企业
		2		15			
		3		57			
		2		109			
		12		125			
1		8		244	2		
		1		119			
		1		24			
		2		29			
				1			
		1		3			
				27	2		
1		3		41			
		29	3	305			
		9	1	32			
		7		26			
		13	2	247			
12	3	409	36	3600	10	1	10
1		17	2	74	1		
1		60	9	408			1
1		10		62			2
1		75	2	1157	1	1	1
2		62	6	886	3		3
3	3	114	14	357	4		
		18	1	97	1		
		6		20			
3		47	2	539			3
5	6	268	9	4271	11	4	7
1		65	3	218	5		
1		39	2	513	1	2	
3	4	74	2	1004	3		
		13		114		1	
		9		324		1	
		5		141			
	2	63	2	1957	2		7
	1	20		151	2		2
1		66	3	338	1	1	1
		37	1	128			
1		29	2	210	1	1	1
14	10	644	29	4967	29	4	5
2	3	60	3	362	8	1	2
2	2	35	3	202	3	1	1
		19		72	1		1
	1	6		88	4		

2-7 续表 16

行业	企业法人单位数(个)	内资企业	国有企业	集体企业
食品、饮料及烟草制品专门零售	383	382	21	3
粮油零售	66	66	17	1
糕点、面包零售	20	20	1	
果品、蔬菜零售	26	26	1	
肉、禽、蛋及水产品零售	29	28	1	
饮料及茶叶零售	104	104		2
烟草制品零售	49	49	1	
其他食品零售	89	89		
纺织、服装及日用品专门零售	464	462	5	4
纺织品及针织品零售	90	90		1
服装零售	173	171	1	1
鞋帽零售	17	17		
钟表、眼镜零售	29	29	1	1
化妆品及卫生用品零售	48	48		
其他日用品零售	107	107	3	1
文化、体育用品及器材专门零售	399	399	32	5
文具用品零售	100	100	2	1
体育用品零售	44	44		
图书零售	61	61	25	1
报刊零售	2	2		
音像制品及电子出版物零售	12	12	1	
珠宝首饰零售	77	77	2	1
工艺美术品及收藏品零售	41	41		
照相器材零售	20	20	1	
其他文化用品零售	42	42	1	2
医药及医疗器材专门零售	328	328	32	1
药品零售	184	184	29	1
医疗用品及器材零售	144	144	3	
汽车、摩托车、燃料及零配件专门零售	1096	1095	19	7
汽车零售	292	291	1	2
汽车零配件零售	406	406	4	
摩托车及零配件零售	123	123	1	1
机动车燃料零售	275	275	13	4
家用电器及电子产品专门零售	1322	1322	7	5
家用电器零售	242	242	2	2
计算机、软件及辅助设备零售	695	695	2	
通信设备零售	194	194	3	2
其他电子产品零售	191	191		1
五金、家具及室内装修材料专门零售	968	967	2	5
五金零售	510	509	1	
家具零售	170	170		3
涂料零售	16	16		
其他室内装修材料零售	272	272	1	2
无店铺及其他零售	472	471	15	8
流动货摊零售	4	4		

股份合作企业	联营企业	有限责任公司	股份有限公司	私营企业	其他企业	港、澳、台商投资企业	外商投资企业
	2	41	4	308	3		1
	1	8	1	36	2		
				19			
		4	1	19	1		
		4		23			1
	1	4	2	95			
		9		39			
		12		77			
	2	22		429		1	1
		4		85			
		13		156		1	1
				17			
		2		25			
				48			
	2	3		98			
1		27		332	2		
1		6		90			
		2		42			
		3		32			
				2			
		2		9			
		8		64	2		
		2		39			
		1		18			
		3		36			
1		36	3	251	4		
1		26	3	120	4		
		10		131			
2	1	159	2	901	4		1
1		70	1	215	1		1
		32		369	1		
1		22		98			
	1	35	1	219	2		
1	1	138	3	1162	5		
		37	2	198	1		
1		66		624	2		
		24		164	1		
	1	11	1	176	1		
2		78	5	874	1	1	
1		52	3	451	1	1	
1		10	1	155			
				16			
		16	1	252			
5	1	83	9	348	2	1	
		1		3			

2-7 续表 17

行业	企业法人单位数(个)	内资企业	国有企业	集体企业
邮购及电子销售	1	1		
生活用燃料零售	107	107	7	
花卉零售	21	21		
旧货零售	3	3		
其他未列明的零售	336	335	8	8
住宿和餐饮业	1011	995	163	25
住宿业	716	708	153	22
旅游饭店	327	321	89	9
一般旅馆	370	368	63	13
其他住宿服务	19	19	1	
餐饮业	295	287	10	3
正餐服务	250	243	8	3
快餐服务	33	32	2	
饮料及冷饮服务	3	3		
其他餐饮服务	9	9		
金融业	571	569	84	90
银行业	213	212	60	90
中央银行	2	2	2	
商业银行	178	177	43	75
其他银行	33	33	15	15
证券业	5	5	1	
证券经纪与交易	3	3		
证券投资	2	2	1	
保险业	169	168	8	
人寿保险	60	59	3	
非人寿保险	90	90	5	
保险辅助服务	19	19		
其他金融活动	184	184	15	
金融信托与管理	16	16	2	
金融租赁	2	2		
财务公司	13	13		
邮政储蓄	7	7	2	
典当	70	70	1	
其他未列明的金融活动	76	76	10	
房地产业	2610	2597	148	67
房地产业	2610	2597	148	67
房地产开发经营	1130	1122	33	1
物业管理	713	711	59	19
房地产中介服务	344	343	14	5
其他房地产活动	423	421	42	42
租赁和商务服务业	4042	4020	247	121
租赁业	324	322	11	5
机械设备租赁	313	311	10	5
汽车租赁	97	97	1	2

股份合作企业	联营企业	有限责任公司	股份有限公司	私营企业	其他企业	港、澳、台商投资企业	外商投资企业
				1			
		33	1	66			
		3		17	1		
		1		2			
5	1	45	8	259	1	1	
2	5	184	11	595	10	9	7
	5	148	10	365	5	8	
	2	84	6	130	1	6	
	3	63	3	219	4	2	
		1	1	16			
2		36	1	230	5	1	7
2		30		196	4	1	6
		5	1	23	1		1
				3			
		1		8			
11	1	77	182	119	5	1	1
6	1	1	53		1	1	
5	1	1	51		1	1	
1			2				
		1	2	1			
		1	2				
				1			
5		11	126	17	1		1
2		2	52				1
3		5	73	4			
		4	1	13	1		
		64	1	101	3		
		6		8			
		1		1			
		1		12			
		5					
		27		41	1		
		24	1	39	2		
2	2	811	16	1544	7	9	4
2	2	811	16	1544	7	9	4
	1	401	8	676	2	5	3
1		242	4	384	2	1	1
		54	2	267	1	1	
1	1	114	2	217	2	2	
9	8	803	26	2752	54	4	18
1	1	56	1	246	1	1	1
1	1	54	1	238	1	1	1
		16		78			

2-7 续表 18

行业	企业法人单位数(个)	内资企业	国有企业	集体企业
农业机械租赁	3	3		
建筑工程机械与设备租赁	130	130	1	2
计算机及通讯设备租赁	5	5		
其他机械与设备租赁	78	76	8	1
文化及日用品出租	11	11	1	
图书及音像制品出租	1	1		
其他文化及日用品出租	10	10	1	
商务服务业	3718	3698	236	116
企业管理服务	594	588	87	41
企业管理机构	191	189	40	24
投资与资产管理	333	329	33	4
其他企业管理服务	70	70	14	13
法律服务	177	177	12	1
律师及相关的法律服务	158	158	8	1
公证服务	10	10	3	
其他法律服务	9	9	1	
咨询与调查	864	855	15	12
会计、审计及税务服务	263	263	2	
市场调查	11	11		
社会经济咨询	190	188	4	4
其他专业咨询	400	393	9	8
广告业	801	800	18	5
知识产权服务	28	28		1
职业中介服务	287	287	14	9
市场管理	152	151	13	13
旅行社	316	315	28	7
其他商务服务	499	497	49	27
会议及展览服务	50	49	3	
包装服务	5	5		
保安服务	75	75	22	18
办公服务	69	68	5	4
其他未列明的商务服务	300	300	19	5
科学研究、技术服务和地质勘查业	1640	1627	191	22
研究与试验发展	73	71	12	1
自然科学研究与试验发展	10	10	1	
工程和技术研究与试验发展	25	25	3	
农业科学研究与试验发展	26	24	8	
医学研究与试验发展	12	12		1
专业技术服务业	1006	1004	135	16
气象服务	15	15	7	1
测绘服务	52	52	7	1
技术检测	185	184	31	6
环境监测	14	14	3	

股份合作企业	联营企业	有限责任公司	股份有限公司	私营企业	其他企业	港、澳、台商投资企业	外商投资企业
		1		2			
		22	1	103	1		
		2		3			
1	1	13		52		1	1
		2		8			
				1			
		2		7			
8	7	747	25	2506	53	3	17
	1	153	11	290	5	1	5
		39	7	77	2		2
		100	4	187	1	1	3
	1	14		26	2		
2	1	13	1	135	12		
2	1	9	1	126	10		
		3		3	1		
		1		6	1		
1		155	3	662	7	1	8
		55	1	201	4		
		1		10			
		42		136	2		2
1		57	2	315	1	1	6
2		134	2	634	5		1
		5		22			
		72		185	7		
1	3	33	2	82	4	1	
		76	3	200	1		1
2	2	106	3	296	12		2
		7		37	2		1
		1		4			
		19		15	1		
1		7		49	2		1
1	2	72	3	191	7		
7	2	367	7	1014	17	6	7
1		13		44		1	1
1		2		6			
		4		18			
		3		13		1	1
		4		7			
3	2	240	5	593	10	2	
		7					
		11		33			
		56		90	1	1	
		3		8			

2-7 续表 19

行　　业	企业法人单位数(个)	内资企业	国有企业	集体企业
工程技术与规划管理	502	502	74	4
工程管理服务	287	287	36	3
工程勘察设计	203	203	34	1
规划管理	12	12	4	
其他专业技术服务	238	237	13	4
科技交流和推广服务业	235	235	29	5
技术推广服务	141	141	14	2
科技中介服务	51	51	5	1
其他科技服务	43	43	10	2
地质勘查业	326	317	15	
矿产地质勘查	159	154	9	
能源矿产地质勘查	56	51	3	
固体矿产地质勘查	80	80	4	
其他矿产地质勘查	23	23	2	
基础地质勘查	6	6		
地质勘查技术服务	161	157	6	
水利、环境和公共设施管理业	240	238	33	9
水利管理业	35	35	14	1
防洪管理	4	4	2	
水资源管理	24	24	9	1
水库管理	2	2	1	
调水、引水管理	9	9	1	
其他水资源管理	13	13	7	1
其他水利管理	7	7	3	
环境管理业	47	46	6	
自然保护	10	10	3	
自然保护区管理	7	7	3	
野生动植物保护	1	1		
其他自然保护	2	2		
环境治理	37	36	3	
城市市容管理	3	3		
城市环境卫生管理	19	18	3	
水污染治理	2	2		
危险废物治理	4	4		
其他环境治理	9	9		
公共设施管理业	158	157	13	8
市政公共设施管理	18	18	6	1
城市绿化管理	71	71	3	2
游览景区管理	69	68	4	5
风景名胜区管理	21	21	1	2
公园管理	4	4	1	
其他游览景区管理	44	43	2	3

股份合作企业	联营企业	有限责任公司	股份有限公司	私营企业	其他企业	港、澳、台商投资企业	外商投资企业
3	2	123	5	284	7		
3	2	72	3	165	3		
		44	2	118	4		
		7		1			
		40		178	2	1	
2		33	2	160	4		
1		17	2	101	4		
1		6		38			
		10		21			
1		81		217	3	3	6
1		47		96	1	2	3
		12		35	1	2	3
1		26		49			
		9		12			
		2		4			
		32		117	2	1	3
1	3	67	6	118	1	2	
1		6	1	11	1		
			1	1			
		5		8	1		
		1					
		2		6			
		2		2	1		
1		1		2			
	1	15		24		1	
		3		4			
		2		2			
		1					
				2			
	1	12		20		1	
				3			
		8		7		1	
		1		1			
		2		2			
	1	1		7			
	2	46	5	83		1	
	1	5	1	4			
		17	1	48			
	1	24	3	31		1	
	1	9		8			
		1		2			
		14	3	21		1	

2-7 续表 20

行业	企业法人单位数(个)	内资企业	国有企业	集体企业
居民服务和其他服务业	1103	1101	41	23
居民服务业	358	358	14	11
家庭服务	39	39		
托儿所	6	6		
洗染服务	9	9		
理发及美容保健服务	46	46	1	
洗浴服务	50	50	1	2
婚姻服务	15	15	1	
殡葬服务	16	16	3	1
摄影扩印服务	41	41	1	1
其他居民服务	136	136	7	7
其他服务业	745	743	27	12
修理与维护	509	508	14	7
汽车、摩托车维护与保养	402	401	12	4
办公设备维修	26	26	1	
家用电器修理	55	55	1	
其他日用品修理	26	26		3
清洁服务	78	78	3	3
建筑物清洁服务	10	10		
其他清洁服务	68	68	3	3
其他未列明的服务	158	157	10	2
教育	287	286	24	9
教育	287	286	24	9
学前教育	31	31	1	
初等教育	2	2		
中等教育	9	9		
初中教育	3	3		
高中教育	1	1		
技工学校教育	4	4		
其他中等教育	1	1		
高等教育	1	1		
成人高等教育	1	1		
其他教育	244	243	23	9
职业技能培训	219	218	21	9
特殊教育	1	1		
其他未列明的教育	24	24	2	
卫生、社会保障和社会福利业	251	251	13	3
卫生	238	238	11	2
医院	146	146	6	
综合医院	90	90	6	
中医医院	7	7		
中西医结合医院	7	7		
民族医院	3	3		
专科医院	39	39		

股份合作企业	联营企业	有限责任公司	股份有限公司	私营企业	其他企业	港、澳、台商投资企业	外商投资企业
6	1	137	10	858	25	1	1
		43	5	270	15		
		4		33	2		
				4	2		
			1	8			
		1		44			
		7	2	35	3		
		1		12	1		
		4	1	6	1		
		4	1	33	1		
		22		95	5		
6	1	94	5	588	10	1	1
3		59	2	417	6	1	
3		47	1	330	4	1	
		2	1	22			
		7		46	1		
		3		19	1		
1		10	2	59			
1		1		8			
		9	2	51			
2	1	25	1	112	4		1
1	1	31	3	204	13	1	
1	1	31	3	204	13	1	
				28	2		
				2			
		1		8			
				3			
				1			
		1		3			
				1			
					1		
					1		
1	1	30	3	166	10	1	
1	1	27	3	148	8	1	
				1			
		3		17	2		
1		19		207	8		
1		17		199	8		
		13		126	1		
		8		76			
		2		5			
				7			
				3			
		3		35	1		

2-7 续表 21

行业	企业法人单位数(个)	内资企业	国有企业	集体企业
卫生院及社区医疗活动	41	41	2	1
门诊部医疗活动	41	41	1	1
妇幼保健活动	1	1		
专科疾病防治活动	4	4		
其他卫生活动	5	5	2	
社会保障业	2	2	1	
社会保障业	2	2	1	
社会福利业	11	11	1	1
提供住宿的社会福利	6	6		
收养收容服务	6	6		
不提供住宿的社会福利	5	5	1	1
文化、体育和娱乐业	250	250	49	2
新闻出版业	19	19	7	
新闻业	2	2		
出版业	17	17	7	
图书出版	5	5	2	
报纸出版	5	5	3	
期刊出版	6	6	2	
其他出版	1	1		
广播、电视、电影和音像业	69	69	39	1
广播	4	4	1	
电视	7	7	6	
电影	41	41	32	1
电影制作与发行	6	6	3	
电影放映	35	35	29	1
音像制作	17	17		
文化艺术业	42	42	1	
文艺创作与表演	13	13		
艺术表演场馆	4	4		
博物馆	4	4		
群众文化活动	5	5	1	
文化艺术经纪代理	10	10		
其他文化艺术	6	6		
体育	9	9		
体育组织	5	5		
体育场馆	3	3		
其他体育	1	1		
娱乐业	111	111	2	1
室内娱乐活动	66	66		1
游乐园	7	7		
休闲健身娱乐活动	23	23		
其他娱乐活动	15	15	2	

股份合作企业	联营企业	有限责任公司	股份有限公司	私营企业	其他企业	港、澳、台商投资企业	外商投资企业
1		3		31	3		
				36	3		
					1		
		1		3			
				3			
		1					
		1					
		1		8			
				6			
				6			
		1		2			
	1	35		154	9		
		8		4			
		1		1			
		7		3			
		1		2			
		2					
		3		1			
		1					
		10		18	1		
		2		1			
		1					
		3		4	1		
		1		2			
		2		2	1		
		4		13			
		6		33	2		
		2		11			
		1		3			
				4			
		1		3			
		1		7	2		
		1		5			
				8	1		
				5			
				3			
					1		
	1	11		91	5		
		4		57	4		
				7			
	1	4		17	1		
		3		10			

2-8 按行业(门类、大类、中类、小类)、

行业	企业法人单位数(个)	1949年以前	1950-1977年	1978-1991年	1992-1995年	1996年
总　计	**45713**	**12**	**631**	**1211**	**1298**	**471**
农、林、牧、渔业	69	2	44	2	3	
农业	39		31	2	1	
谷物及其他作物的种植	35		28	2	1	
谷物的种植	10		8	1		
棉花的种植	23		18	1	1	
糖料的种植	1		1			
其他作物的种植	1		1			
蔬菜、园艺作物的种植	3		2			
蔬菜的种植	3		2			
水果、坚果、饮料和香料作物的种植	1		1			
水果、坚果的种植	1		1			
林业	6		6			
林木的培育和种植	3		3			
造林	1		1			
林木的抚育和管理	2		2			
木材和竹材的采运	3		3			
木材的采运	3		3			
畜牧业	15	2	6		1	
牲畜的饲养	14	2	6		1	
猪的饲养	1					
渔业	2				1	
内陆渔业	2				1	
农、林、牧、渔服务业	7		1			
农业服务业	5					
农产品初加工服务	4					
其他农业服务	1					
林业服务业	1		1			
畜牧服务业	1					
采矿业	1625		23	80	39	10
煤炭开采和洗选业	332		13	21	21	6
烟煤和无烟煤的开采洗选	330		13	21	21	6
褐煤的开采洗选	1					
其他煤炭采选	1					
石油和天然气开采业	66		1	1	1	
天然原油和天然气开采	8		1	1		
与石油和天然气开采有关的服务活动	58				1	
黑色金属矿采选业	581		1	31	7	2
铁矿采选	553		1	29	6	2
其他黑色金属矿采选	28			2	1	
有色金属矿采选业	279			12	3	
常用有色金属矿采选	196			9	1	
铜矿采选	106			9	1	

开业(成立)时间分组的企业法人单位数

1997年	1998年	1999年	2000年	2001年	2002年	2003年	2004年	2005年	2006年	2007年	2008年	其他
581	**1080**	**1377**	**1962**	**2331**	**2903**	**3352**	**3955**	**4658**	**6532**	**6778**	**6251**	**330**
	1	2		5	2	3	3	1		1		
				1	1	2				1		
				1	1	1				1		
					1							
				1		1				1		
						1						
						1						
		1		2	1	1	1					
				2	1	1	1					
		1										
							1					
							1					
	1	1		2			1	1				
	1	1		1			1	1				
	1	1		1				1				
							1					
				1								
9	29	26	50	47	84	64	100	140	224	241	418	41
6	5	10	17	17	36	19	25	28	47	19	25	17
6	5	10	17	17	36	19	25	28	46	18	25	17
									1			
										1		
	6	2	2	4	1	8	5	4	11	9	10	1
		1	1			1				1	1	1
	6	1	1	4	1	7	5	4	11	8	9	
1	4	4	6	10	13	12	27	48	79	101	231	4
1	3	4	5	9	12	11	26	43	76	93	228	4
	1		1	1	1	1	1	5	3	8	3	
		4	6	8	15	12	21	27	42	58	64	7
		3	4	4	7	6	15	20	29	47	45	6
		1	2	1	2	3	9	12	18	24	24	

2-8 续表 1

行业	企业法人单位数(个)	1949年以前	1950-1977年	1978-1991年	1992-1995年	1996年
铅锌矿采选	50					
镍钴矿采选	17					
铝矿采选	1					
其他常用有色金属矿采选	22					
贵金属矿采选	68			3	2	
金矿采选	67			3	2	
其他贵金属矿采选	1					
稀有稀土金属矿采选	15					
钨钼矿采选	8					
稀土金属矿采选	1					
其他稀有金属矿采选	6					
非金属矿采选业	340		8	15	7	2
土砂石开采	240		4	9	7	1
石灰石、石膏开采	58		1	4	1	
建筑装饰用石开采	50				2	
耐火土石开采	5			2		
粘土及其他土砂石开采	127		3	3	4	1
化学矿采选	8					1
采盐	10			5		
石棉及其他非金属矿采选	82		4	1		
石棉、云母矿采选	13		3			
石墨、滑石采选	5					
宝石、玉石开采	36		1	1		
其他非金属矿采选	28					
其他采矿业	27					
其他采矿业	27					
制造业	7353	4	108	287	283	105
农副食品加工业	809		7	25	20	9
谷物磨制	198		4	8	12	3
饲料加工	67			3	2	2
植物油加工	221		2	7	2	1
食用植物油加工	214		2	7	2	1
非食用植物油加工	7					
制糖	15			4		
屠宰及肉类加工	139		1	2	2	2
畜禽屠宰	78		1		1	1
肉制品及副产品加工	61			2	1	1
水产品加工	7					
水产品冷冻加工	4					
鱼糜制品及水产品干腌制加工	2					
水产饲料制造	1					
蔬菜、水果和坚果加工	99			1		1
蔬菜、水果和坚果加工	99			1		1

1997年	1998年	1999年	2000年	2001年	2002年	2003年	2004年	2005年	2006年	2007年	2008年	其他
			2		1	2	5	4	8	15	11	2
		2		3	3	1	1	1	1	3	2	
									1			
					1			3	1	5	8	4
		1	2	2	8	4	6	6	8	9	16	1
		1	2	2	8	4	6	6	8	9	15	1
											1	
				2		2		1	5	2	3	
				2					5		1	
											1	
						2		1		2	1	
2	14	6	18	8	19	13	22	31	43	48	73	11
2	12	4	12	7	16	7	19	26	30	34	43	7
	1	1	3		4		5	9	8	11	8	2
1	1		3	2	5	1	2	7	2	9	15	
	1				1					1		
1	9	3	6	5	6	6	12	10	20	13	20	5
						2			2		2	1
	1		2			1				1		
	1	2	4	1	3	3	3	5	11	13	28	3
		1			1	1	1	1	2		3	
		1	1	1							1	1
			3		1	1	1	1	4	8	15	
	1				1	1	1	3	5	5	9	2
			1					2	2	6	15	1
			1					2	2	6	15	1
136	186	262	376	427	474	559	606	764	915	927	834	100
13	14	21	40	45	54	76	80	79	118	114	87	7
6	5	7	9	17	16	22	22	16	18	18	14	1
1	3	4	5	8	5	6	3	7	8	5	5	
2	2	7	13	12	12	26	29	25	23	32	23	3
1	2	7	13	11	12	26	29	25	22	29	22	3
1				1					1	3	1	
	1		2	3	2	2			1			
2	1		6	3	12	13	11	11	37	23	13	
			2	1	6	8	7	9	24	12	6	
2	1		4	2	6	5	4	2	13	11	7	
		1			1			2	3			
					1			1	2			
								1	1			
		1										
2	2	1	4		2	4	7	14	18	22	19	2
2	2	1	4		2	4	7	14	18	22	19	2

2-8 续表 2

行业	企业法人单位数(个)	1949年以前	1950-1977年	1978-1991年	1992-1995年	1996年
其他农副食品加工	63				2	
淀粉及淀粉制品的制造	27					
豆制品制造	8					
蛋品加工	1					
其他未列明的农副食品加工	27				2	
食品制造业	340		5	14	15	6
焙烤食品制造	55			3	5	2
糕点、面包制造	44			2	5	1
饼干及其他焙烤食品制造	11			1		1
糖果、巧克力及蜜饯制造	15			1		
糖果、巧克力制造	6					
蜜饯制作	9			1		
方便食品制造	23				2	1
米、面制品制造	9				1	1
速冻食品制造	4					
方便面及其他方便食品制造	10				1	
液体乳及乳制品制造	70			3	3	2
罐头制造	71			4	4	
肉、禽类罐头制造	3					
蔬菜、水果罐头制造	65			3	4	
其他罐头食品制造	3			1		
调味品、发酵制品制造	32		3			
味精制造	4					
酱油、食醋及类似制品的制造	19		2			
其他调味品、发酵制品制造	9		1			
其他食品制造	74		2	3	1	1
营养、保健食品制造	26			1		
冷冻饮品及食用冰制造	11					
盐加工	13		2	1	1	1
食品及饲料添加剂制造	19			1		
其他未列明的食品制造	5					
饮料制造业	309		7	6	9	4
酒精制造	5					
酒的制造	159		7	5	5	
白酒制造	99		6	3	5	
啤酒制造	17			2		
葡萄酒制造	32		1			
其他酒制造	11					
软饮料制造	134			1	4	4
碳酸饮料制造	11					
瓶(罐)装饮用水制造	62			1	4	3
果菜汁及果菜汁饮料制造	42					1
含乳饮料和植物蛋白饮料制造	8					
固体饮料制造	2					
茶饮料及其他软饮料制造	9					

1997年	1998年	1999年	2000年	2001年	2002年	2003年	2004年	2005年	2006年	2007年	2008年	其他
		1	1	2	4	3	8	4	10	14	13	1
					2	1	4	3	2	7	8	
		1				1	1		2	1	2	
										1		
			1	2	2	1	3	1	6	5	3	1
6	4	15	18	18	33	27	34	32	35	38	37	3
1	1	3		3	5	4	4	4	4	9	7	
1	1	3		3	5	4	1	1	3	7	7	
							3	3	1	2		
1		1	2	1	2	1	1	1	2	2		
1			1		1			1		2		
		1	1	1	1	1	1		2			
		3	2		4	1		6	2	1	1	
					1	1		5				
		2			1						1	
		1	2		2			1	2	1		
1			2	7	8	6	10	11	6	6	2	3
		5	5		7	2	3	4	9	9	19	
			1		1						1	
		5	4		6	2	3	4	8	8	18	
									1	1		
1	2	2	1	4	2	5	5	2	2	2	1	
	1					2			1			
1	1	2	1	3	2	2	2	2	1			
				1		1	3			2	1	
2	1	1	6	3	5	8	11	4	10	9	7	
1		1	3	2	1	2	3	2	3	3	4	
			1		2	1	2		2	3		
	1			1		2	3		1			
1			2		2	2	3	2	3	1	2	
						1			1	2	1	
4	6	15	22	25	34	24	23	30	32	37	30	1
		1					1	1	2			
2	3	9	12	15	21	13	11	18	11	16	10	1
		7	10	11	11	9	10	9	4	9	5	
1			1		4	2			1	4	2	
1	3	2		3	5	1	1	5	5	2	3	
			1	1	1	1		4	1	1		1
2	3	4	8	8	13	11	8	11	17	20	20	
		1	1		2	1	1			2	3	
2	3	1	4	5	2	4	5	3	10	10	5	
		2	2	3	6	4		6	5	4	9	
			1			1	2	1		3		
						1			1			
					3			1	1	1	3	

2-8 续表 3

行　业	企业法人单位数(个)	1949年以前	1950-1977年	1978-1991年	1992-1995年	1996年
精制茶加工	11					
烟草制品业	1		1			
卷烟制造	1		1			
纺织业	259		5	10	9	3
棉、化纤纺织及印染精加工	141		3	7	5	2
棉、化纤纺织加工	137		3	7	5	2
棉、化纤印染精加工	4					
毛纺织和染整精加工	20			1	1	
毛条加工	9					
毛纺织	11			1	1	
麻纺织	11					
丝绢纺织及精加工	3					
缫丝加工	1					
绢纺和丝织加工	2					
纺织制成品制造	46		1	1	3	
棉及化纤制品制造	22		1	1	2	
毛制品制造	4					
麻制品制造	1					
丝制品制造	1					
绳、索、缆的制造	3					
纺织带和帘子布制造	2				1	
无纺布制造	5					
其他纺织制成品制造	8					
针织品、编织品及其制品制造	38		1	1		1
棉、化纤针织品及编织品制造	20					1
毛针织品及编织品制造	15		1	1		
丝针织品及编织品制造	2					
其他针织品及编织品制造	1					
纺织服装、鞋、帽制造业	122		9	18	5	3
纺织服装制造	118		8	17	5	3
纺织面料鞋的制造	3			1		
制帽	1		1			
皮革、毛皮、羽毛(绒)及其制品业	36		1	6	2	3
皮革鞣制加工	14		1	1		1
皮革制品制造	14			3	1	1
皮鞋制造	7			1		
皮革服装制造	4			1	1	1
皮箱、包(袋)制造	1					
其他皮革制品制造	2			1		
毛皮鞣制及制品加工	4			1		1
毛皮鞣制加工	2					1
毛皮服装加工	1					
其他毛皮制品加工	1			1		

1997年	1998年	1999年	2000年	2001年	2002年	2003年	2004年	2005年	2006年	2007年	2008年	其他
		1	2	2			3		2	1		
1	5	9	9	15	15	22	25	40	40	27	24	
	1	3	5	6	12	11	18	25	24	11	8	
	1	3	4	6	10	11	18	25	24	10	8	
			1		2					1		
	1	1				4		3	4	3	2	
		1						1	3	2	2	
	1					4		2	1	1		
				2	1	2	4	1		1		
										1	2	
										1		
											2	
	3	4	2	4		1	2	6	5	7	7	
		1	1	4				2	2	4	4	
	1	2						1				
								1				
						1						
		1								1	1	
							1					
	1		1				1	1		1		
	1							1	3	1	2	
1		1	2	3	2	4	1	5	7	4	5	
1		1	2	1	1	2	1	2	2	3	3	
				2		2		2	5	1	1	
					1			1				
											1	
1	3	3	5	10	5	2	11	10	12	10	15	
1	3	3	5	10	5	2	11	10	12	9	14	
										1	1	
	1	1	1	1	2	4	2	5	2	2	3	
					1	3	2	4	1			
	1	1	1		1	1		1		1	2	
	1	1	1			1					2	
					1							
										1		
								1				
									1		1	
									1			
											1	

2-8 续表 4

行 业	企业法人单位数（个）	1949年以前	1950–1977年	1978–1991年	1992–1995年	1996年
羽毛(绒)加工及制品制造	4			1	1	
羽毛(绒)加工	1					
羽毛(绒)制品加工	3			1	1	
木材加工及木、竹、藤、棕、草制品业	178		2	1	3	1
锯材、木片加工	58				1	
锯材加工	32					
木片加工	26				1	
人造板制造	74				2	
胶合板制造	31				1	
纤维板制造	17				1	
刨花板制造	13					
其他人造板、材制造	13					
木制品制造	43		1			1
建筑用木料及木材组件加工	28		1			1
木容器制造	3					
软木制品及其他木制品制造	12					
竹、藤、棕、草制品制造	3		1	1		
家具制造业	147			5	6	2
木质家具制造	116			4	4	2
金属家具制造	20			1	2	
塑料家具制造	3					
其他家具制造	8					
造纸及纸制品业	195		2	7	7	1
纸浆制造	7			1		
造纸	58		1	3	2	
机制纸及纸板制造	45		1	3	2	
加工纸制造	13					
纸制品制造	130		1	3	5	1
纸和纸板容器的制造	96		1	2	5	1
其他纸制品制造	34			1		
印刷业和记录媒介的复制	330	2	20	34	18	10
印刷	300	2	19	31	18	10
书、报、刊印刷	146	2	17	22	8	6
本册印制	70		1	9	9	3
包装装潢及其他印刷	84		1		1	1
装订及其他印刷服务活动	30		1	3		
装订及其他印刷服务活动	30		1	3		
文教体育用品制造业	18					
文化用品制造	8					
文具制造	2					
笔的制造	2					
教学用模型及教具制造	3					
墨水、墨汁制造	1					
体育用品制造	9					
体育器材及配件制造	2					
训练健身器材制造	5					
运动防护用具制造	2					

1997年	1998年	1999年	2000年	2001年	2002年	2003年	2004年	2005年	2006年	2007年	2008年	其他
				1						1		
				1								
										1		
1	1	2	5	12	12	20	13	20	19	29	37	
	1	1	1	3	4	3	5	6	8	11	14	
	1	1		3	1	1	2	5	6	8	4	
			1		3	2	3	1	2	3	10	
1		1	2	7	3	13	8	8	7	10	12	
		1	1	4	1	6	3	4	4	4	2	
1			1	1	1	4	2	1	2	1	2	
				1		2	1	2		3	4	
				1	1	1	2	1	1	2	4	
			2	2	5	4		6	4	8	10	
			1	1	3	3		3	2	5	8	
								1	1	1		
			1	1	2	1		2	1	2	2	
											1	
4	3	5	8	2	12	10	7	23	19	14	27	
3	3	4	5	2	10	8	4	17	15	12	23	
1		1	1		1	1	1	4	2	2	3	
			1					2				
			1		1	1	2		2		1	
3	5	13	9	14	9	18	18	20	31	26	11	1
		2		1		1		1		1		
3	1	2	4	3	2	4	4	5	14	7	3	
2		2	3	2	1	3	3	4	12	5	2	
1	1		1	1	1	1	1	1	2	2	1	
	4	9	5	10	7	13	14	14	17	18	8	1
	2	5	5	8	6	9	13	7	12	14	6	
	2	4		2	1	4	1	7	5	4	2	1
6	11	17	17	19	21	23	19	31	34	28	20	
6	11	17	17	18	16	19	19	27	31	23	16	
3	4	11	7	9	6	8	8	7	11	13	4	
2	3	1	7	6		3	5	7	7	3	4	
1	4	5	3	3	10	8	6	13	13	7	8	
				1	5	4		4	3	5	4	
				1	5	4		4	3	5	4	
	1				2	1	1	2	3	4	4	
							1	1	1	3	2	
								1		1		
									1		1	
							1			2		
											1	
	1				2			1	2	1	2	
					2							
								1	1	1	2	
	1								1			

2-8 续表 5

行业	企业法人单位数(个)	1949年以前	1950-1977年	1978-1991年	1992-1995年	1996年
游艺器材及娱乐用品制造	1					
露天游乐场所游乐设备制造	1					
石油加工、炼焦及核燃料加工业	185	1	1	1	6	2
精炼石油产品的制造	102	1	1		6	2
原油加工及石油制品制造	102	1	1		6	2
炼焦	83			1		
化学原料及化学制品制造业	639		4	18	34	8
基础化学原料制造	123		2	7	10	4
无机酸制造	10		1			
无机碱制造	6					2
无机盐制造	42			5	2	1
有机化学原料制造	23		1	1	2	
其他基础化学原料制造	42			1	6	1
肥料制造	153			3	3	2
氮肥制造	4			1		
磷肥制造	2					
钾肥制造	7					1
复混肥料制造	61			2	3	1
有机肥料及微生物肥料制造	56					
其他肥料制造	23					
农药制造	10					
化学农药制造	5					
生物化学农药及微生物农药制造	5					
涂料、油墨、颜料及类似产品制造	90			4	3	1
涂料制造	76			4	2	1
油墨及类似产品制造	8					
密封用填料及类似品制造	6				1	
合成材料制造	22			1	1	
初级形态的塑料及合成树脂制造	12			1	1	
合成橡胶制造	1					
合成纤维单(聚合)体的制造	1					
其他合成材料制造	8					
专用化学产品制造	201		2	3	17	1
化学试剂和助剂制造	97				8	1
专项化学用品制造	75			1	6	
林产化学产品制造	1					
炸药及火工产品制造	8		2	2	1	
信息化学品制造	1					
动物胶制造	8					
其他专用化学产品制造	11				2	
日用化学产品制造	40					
肥皂及合成洗涤剂制造	18					

1997年	1998年	1999年	2000年	2001年	2002年	2003年	2004年	2005年	2006年	2007年	2008年	其他
						1						
						1						
4	3	5	2	13	14	8	15	27	23	22	31	7
4	3	5	2	12	10	6	9	6	10	13	10	2
4	3	5	2	12	10	6	9	6	10	13	10	2
				1	4	2	6	21	13	9	21	5
19	26	28	33	27	34	49	52	54	82	83	75	13
4	3	4	7	7	7	9	9	11	17	10	8	4
			1	1		1	1	1		1	2	1
	1		1	1							1	
2	2		2	1	2	1	5	5	9	4	1	
		2	1	1	2	1	2	1	3	4	1	1
2		2	2	3	3	6	1	4	5	1	3	2
2	9	6	5	6	3	11	15	9	21	36	18	4
								1		2		
		1	1									
	2		1						1	2		
1	6	2	1	3	2	7	3	4	6	14	5	1
1	1	2	1	3	1	4	8	2	10	12	8	3
		1	1				4	2	4	6	5	
		1				1		1	1	2	3	1
								1		1	2	1
		1				1			1	1	1	
1		6	7	5	4	10	10	5	3	15	15	1
1		5	5	5	3	9	10	2	2	14	13	
		1			1	1		2	1		2	
			2					1		1		1
	1	1				2	1	4	2	2	7	
	1	1				2	1	2			3	
											1	
											1	
								2	2	2	2	
10	13	7	13	8	13	13	13	21	28	16	20	3
6	9	3	4	3	9	5	7	8	14	8	9	3
3	4	4	8	4	2	8	5	9	9	7	5	
			1									
									1	1	1	
											1	
				1	1			3	2		1	
1					1		1	1	2		3	
2		3	1	1	7	3	4	3	10	2	4	
		3			4		1	3	3	1	3	

2-8 续表 6

行业	企业法人单位数(个)	1949年以前	1950–1977年	1978–1991年	1992–1995年	1996年
化妆品制造	11					
香料、香精制造	4					
其他日用化学产品制造	7					
医药制造业	94			5	8	1
化学药品原药制造	10					1
化学药品制剂制造	8			1	2	
中药饮片加工	20			2		
中成药制造	25			2	1	
兽用药品制造	5					
生物、生化制品的制造	16				3	
卫生材料及医药用品制造	10				2	
化学纤维制造业	19					
纤维素纤维原料及纤维制造	18					
化纤浆粕制造	8					
人造纤维(纤维素纤维)制造	10					
合成纤维制造	1					
涤纶纤维制造	1					
橡胶制品业	46		1	2	2	1
轮胎制造	9		1			
车辆、飞机及工程机械轮胎制造	2		1			
轮胎翻新加工	7					
橡胶板、管、带的制造	17			1	1	
橡胶零件制造	13			1		1
再生橡胶制造	3				1	
日用及医用橡胶制品制造	1					
橡胶靴鞋制造	1					
其他橡胶制品制造	2					
塑料制品业	663		2	10	13	5
塑料薄膜制造	100			3	2	
塑料板、管、型材的制造	242			2	2	1
塑料丝、绳及编织品的制造	84			1	3	3
泡沫塑料制造	57			1	1	
塑料人造革、合成革制造	1					
塑料包装箱及容器制造	38		1			1
塑料零件制造	6					
日用塑料制造	51			1	3	
塑料鞋制造	1					
日用塑料杂品制造	50			1	3	
其他塑料制品制造	84		1	2	2	
非金属矿物制品业	1282		14	78	54	19
水泥、石灰和石膏的制造	119		7	8	2	3
水泥制造	81		7	7	1	2
石灰和石膏制造	38			1	1	1

1997年	1998年	1999年	2000年	2001年	2002年	2003年	2004年	2005年	2006年	2007年	2008年	其他
2			1	1	1	2	1		2	1		
					1		1		2			
					1	1	1		3		1	
4	3	5	3	7	10	7	6	7	11	10	6	1
	1	1	1			1				2	3	
1		1		1	1			1				
1		1			4	2	1	3	3	2	1	
1	1	1	1	6	3	1	1	2	2	2	1	
1	1	1					1		1			
					2	2	2	1	3	3		
			1			1	1		2	1	1	1
		2		1	1		2	2	2	4	4	1
		2			1		2	2	2	4	4	1
		1			1		1	1		2	1	1
		1					1	1	2	2	3	
				1								
				1								
1	3	2	3	2	4	1		3	5	10	6	
					2			1	1	3	1	
					1							
					1			1	1	3	1	
	1	1	1		1				1	5	5	
	2	1	2	1				1	2	2		
				1					1			
					1							
1												
						1		1				
12	20	17	35	38	34	45	55	80	85	113	96	3
4	4	1	5	8	7	4	9	20	11	17	5	
2	7	6	15	12	9	11	18	26	33	46	50	2
2	2	2	2	5	5	10	10	9	11	8	10	1
1	2	2	5	2	1	3	3	6	7	16	7	
								1				
2		2	1	1	4	3	6	3	6	4	4	
	1					1	1	1	1	1		
1	3	1	1	8	5	6	5	5	3	5	4	
						1						
1	3	1	1	8	5	5	5	5	3	5	4	
	1	3	6	2	3	7	3	9	13	16	16	
20	31	46	72	76	77	96	105	123	155	148	136	32
	3	5	10	15	7	8	6	5	12	13	13	2
	3	5	10	13	5	5	2	2	5	8	5	1
				2	2	3	4	3	7	5	8	1

2-8 续表 7

行业	企业法人单位数(个)	1949年以前	1950–1977年	1978–1991年	1992–1995年	1996年
水泥及石膏制品制造	258		1	13	11	4
水泥制品制造	140		1	4	3	3
砼结构构件制造	60			6	4	
石棉水泥制品制造	4					
轻质建筑材料制造	36			2	4	1
其他水泥制品制造	18			1		
砖瓦、石材及其他建筑材料制造	771		1	54	34	10
粘土砖瓦及建筑砌块制造	505		1	51	28	9
建筑陶瓷制品制造	33					
建筑用石加工	67			1	1	
防水建筑材料制造	35					1
隔热和隔音材料制造	85				2	
其他建筑材料制造	46			2	3	
玻璃及玻璃制品制造	67		3	1	6	1
平板玻璃制造	16				2	
技术玻璃制品制造	9		1		1	
日用玻璃制品及玻璃包装容器制造	12		2		1	1
玻璃保温容器制造	2					
玻璃纤维及制品制造	5					
玻璃纤维增强塑料制品制造	20			1	2	
其他玻璃制品制造	3					
陶瓷制品制造	7					
卫生陶瓷制品制造	3					
特种陶瓷制品制造	2					
日用陶瓷制品制造	1					
园林、陈设艺术及其他陶瓷制品制造	1					
耐火材料制品制造	23		2	2		
石棉制品制造	3					
云母制品制造	1					
耐火陶瓷制品及其他耐火材料制造	19		2	2		
石墨及其他非金属矿物制品制造	37				1	1
石墨及碳素制品制造	10				1	1
其他非金属矿物制品制造	27					
黑色金属冶炼及压延加工业	91		2	4	2	1
炼铁	32		1	1	1	1
炼钢	4					
钢压延加工	41		1	3		
铁合金冶炼	14				1	
有色金属冶炼及压延加工业	68			1	6	1
常用有色金属冶炼	27			1		1
铜冶炼	12					1
铅锌冶炼	3					
镍钴冶炼	2					
铝冶炼	6			1		
镁冶炼	2					
其他常用有色金属冶炼	2					

1997年	1998年	1999年	2000年	2001年	2002年	2003年	2004年	2005年	2006年	2007年	2008年	其他
4	6	9	15	16	13	20	29	21	26	25	38	7
4	3	5	7	6	8	12	15	16	14	15	20	4
	2	2	2	7	2	3	7	3	9	3	10	
		1	2			1						
			2	1	3	3	4	2	2	5	5	2
	1	1	2	2		1	3		1	2	3	1
14	19	30	46	35	50	56	57	84	103	90	68	20
12	14	16	30	24	30	43	33	63	63	53	29	6
	2	2		2	3	4	6	1	5	4	4	
		4	4	1	2	2	6	8	6	12	9	11
1		4	9	1	2	2	1	2	4	3	4	1
	2	4	2	6	9	2	6	8	22	13	7	2
1	1		1	1	4	3	5	2	3	5	15	
			1	5	4	8	5	3	9	12	7	2
				2		3	1	1	3	1	1	2
			1		1	1	1		2	1		
				1	2	1	1		1	2		
						1					1	
				1	1		1		1		1	
				1		2	1	2	2	7	2	
										1	2	
		1			1					2	3	
		1									2	
										1	1	
										1		
					1							
1	2			3	2	2	3	3	1		2	
	1										2	
				1								
1	1			2	2	2	3	3	1			
1	1	1		2		2	5	7	4	6	5	1
1				1			2	1	1		1	1
	1	1		1		2	3	6	3	6	4	
2	2	4	4	3	2	14	5	13	8	15	10	
		1	1	1		4	2	5	2	6	6	
						3					1	
2	2	1	3	2	2	5	2	5	4	6	3	
		2				2	1	3	2	3		
	2		2	1	5	6	2	7	10	6	11	8
	1					2	1	4	5	3	5	4
							1		2	2	3	3
						1		1	1			
								1	1			
	1							2		1	1	
											1	1
						1			1			

2-8 续表 8

行业	企业法人单位数(个)	1949年以前	1950-1977年	1978-1991年	1992-1995年	1996年
贵金属冶炼	25				5	
金冶炼	25				5	
有色金属合金制造	3					
有色金属压延加工	13				1	
常用有色金属压延加工	12				1	
贵金属压延加工	1					
金属制品业	475		4	9	13	6
结构性金属制品制造	298		1	6	9	2
金属结构制造	169			3	3	
金属门窗制造	129		1	3	6	2
金属工具制造	14		2			
农用及园林用金属工具制造	8		2			
刀剪及类似日用金属工具制造	2					
其他金属工具制造	4					
集装箱及金属包装容器制造	32		1		1	
集装箱制造	4					
金属压力容器制造	4					
金属包装容器制造	24		1		1	
金属丝绳及其制品的制造	24			1	1	2
建筑、安全用金属制品制造	44			2	1	
建筑、家具用金属配件制造	9					
建筑装饰及水暖管道零件制造	25					
安全、消防用金属制品制造	5			1		
其他建筑、安全用金属制品制造	5			1	1	
金属表面处理及热处理加工	15				1	1
不锈钢及类似日用金属制品制造	17					
金属制厨房调理及卫生器具制造	8					
金属制厨用器皿及餐具制造	5					
其他日用金属制品制造	4					
其他金属制品制造	31					1
通用设备制造业	325		6	12	14	9
锅炉及原动机制造	52		1	2	2	2
锅炉及辅助设备制造	50		1	2	2	2
内燃机及配件制造	1					
其他原动机制造	1					
金属加工机械制造	24					
金属切削机床制造	3					
金属成形机床制造	2					
铸造机械制造	6					
金属切割及焊接设备制造	2					
机床附件制造	1					
其他金属加工机械制造	10					

1997年	1998年	1999年	2000年	2001年	2002年	2003年	2004年	2005年	2006年	2007年	2008年	其他
			1		5	3	1	1	2	2	2	3
			1		5	3	1	1	2	2	2	3
						1					2	
	1		1	1				2	3	1	2	1
	1		1					2	3	1	2	1
				1								
5	6	18	33	26	36	42	41	54	62	56	56	8
4	2	8	24	17	21	28	24	31	35	39	39	8
3		3	13	7	15	16	16	15	22	24	22	7
1	2	5	11	10	6	12	8	16	13	15	17	1
				2	2		2	4	1	1		
				1			1	2	1	1		
					2							
				1			1	2				
	1	5	2		2	3	3	5	3	1	5	
							1	2	1			
			1			1	1	1				
	1	5	1		2	2	1	2	2	1	5	
				1	3	4	5	3	1	3		
	1	3	2		7	3	3	5	7	4	6	
			1		2	1		1	2	1	1	
	1	1	1		4	2	3	2	4	3	4	
		2			1						1	
								2	1			
1				2	1	1	2	2	3		1	
	1		3	3				1	3	3	3	
				1				1	2	1	3	
	1		2	2								
			1						1	2		
	1	2	2	1		3	2	3	9	5	2	
10	17	14	21	22	15	16	27	38	34	40	26	4
1	5	4	6	2	3	1	5	4	7	4	3	
1	5	4	6	2	3		5	3	7	4	3	
								1				
						1						
1	1	1			2		6	4	1	2	6	
	1							2				
										1	1	
					1			1			4	
1							1					
							1					
		1			1		4	1	1	1	1	

2-8　续表 9

行　业	企业法人单位数(个)	1949年以前	1950－1977年	1978－1991年	1992－1995年	1996年
起重运输设备制造	13		1		1	1
泵、阀门、压缩机及类似机械的制造	9		1			1
泵及真空设备制造	6		1			1
阀门和旋塞的制造	1					
液压和气压动力机械及元件制造	2					
轴承、齿轮、传动和驱动部件的制造	4					
轴承制造	2					
齿轮、传动和驱动部件制造	2					
风机、衡器、包装设备等通用设备制造	39			2	2	1
风机、风扇制造	15			2		
气体、液体分离及纯净设备制造	2					1
制冷、空调设备制造	7				1	
喷枪及类似器具制造	2					
包装专用设备制造	1					
衡器制造	8				1	
其他通用设备制造	4					
通用零部件制造及机械修理	118		2	2	5	3
金属密封件制造	5					1
紧固件、弹簧制造	10		2	1	1	
机械零部件加工及设备修理	91				3	2
其他通用零部件制造	12			1	1	
金属铸、锻加工	66		1	6	4	1
钢铁铸件制造	60		1	5	3	1
锻件及粉末冶金制品制造	6			1	1	
专用设备制造业	246		5	5	11	2
矿山、冶金、建筑专用设备制造	69		2	2	2	2
采矿、采石设备制造	30					1
石油钻采专用设备制造	15		1	1	2	
建筑工程用机械制造	12		1			
建筑材料生产专用机械制造	12			1		1
化工、木材、非金属加工专用设备制造	18					
炼油、化工生产专用设备制造	3					
塑料加工专用设备制造	4					
木材加工机械制造	1					
模具制造	8					
其他非金属加工专用设备制造	2					
食品、饮料、烟草及饲料生产专用设备制造	8				1	
食品、饮料、烟草工业专用设备制造	3					
农副食品加工专用设备制造	4				1	
饲料生产专用设备制造	1					
印刷、制药、日化生产专用设备制造	5					
印刷专用设备制造	2					
照明器具生产专用设备制造	1					
其他日用品生产专用设备制造	2					

1997年	1998年	1999年	2000年	2001年	2002年	2003年	2004年	2005年	2006年	2007年	2008年	其他
1	1	1		1	2			1	2	1		
			1					1		2	3	
			1							2	1	
								1				
											2	
		1			2	1						
		1			1							
					1	1						
	4	1	4	2			1	5	7	7	2	1
	1	1	3					1	2	3	1	1
	1											
	2							1	1	1	1	
									1	1		
								1				
			1	1			1	2	1	1		
				1					2	1		
5	5	3	5	12	4	9	9	15	10	16	11	2
1								1	1	1		
					1	2	2			1		
4	5	3	4	10	3	7	5	14	8	12	11	
			1	2			2		1	2		2
2	1	3	5	5	2	5	6	8	7	8	1	1
1	1	2	5	5	2	5	6	7	7	8	1	
1		1						1				1
4	4	5	15	15	13	10	23	25	39	37	29	4
		1	1	2	3	3	7	5	9	21	7	2
			1	1	1		3	3	5	12	2	1
					1	1	1	1	1	4	2	
				1		1	2	1	2	3		1
		1			1	1	1		1	2	3	
	1		2	1		1	1	4	2	2	3	1
			1				1	1				
	1		1					1	1			
												1
				1		1		2	1	2	1	
											2	
				1	1	1	1		2	1		
						1	1			1		
				1					2			
					1							
					2				1	1	1	
					1				1			
											1	
					1					1		

2-8 续表 10

行业	企业法人单位数(个)	1949年以前	1950-1977年	1978-1991年	1992-1995年	1996年
纺织、服装和皮革工业专用设备制造	9				2	
纺织专用设备制造	8				2	
其他服装加工专用设备制造	1					
电子和电工机械专用设备制造	7					
电工机械专用设备制造	5					
电子工业专用设备制造	2					
农、林、牧、渔专用机械制造	95		3	3	6	
拖拉机制造	4					
机械化农业及园艺机具制造	58		2	1	3	
畜牧机械制造	4				1	
农林牧渔机械配件制造	7					
其他农林牧渔业机械制造及机械修理	22		1	2	2	
医疗仪器设备及器械制造	12					
医疗诊断、监护及治疗设备制造	1					
医疗、外科及兽医用器械制造	1					
假肢、人工器官及植(介)入器械制造	7					
其他医疗设备及器械制造	3					
环保、社会公共安全及其他专用设备制造	23					
环境污染防治专用设备制造	8					
商业、饮食、服务业专用设备制造	1					
社会公共安全设备及器材制造	1					
交通安全及管制专用设备制造	1					
水资源专用机械制造	4					
其他专用设备制造	8					
交通运输设备制造业	147	1	6	9	5	2
铁路运输设备制造	5			2	1	
铁路机车车辆配件制造	2			1		
铁路专用设备及器材、配件制造	1				1	
其他铁路设备制造及设备修理	2			1		
汽车制造	128	1	6	5	4	2
汽车整车制造	2		1			
改装汽车制造	4	1				
汽车车身、挂车的制造	7					
汽车零部件及配件制造	11		2	2		
汽车修理	104		3	3	4	2
摩托车制造	1					
摩托车整车制造	1					
自行车制造	5					
脚踏自行车及残疾人座车制造	2					
助动自行车制造	3					
交通器材及其他交通运输设备制造	8			2		
交通管理用金属标志及设施制造	6			2		
其他交通运输设备制造	2					
电气机械及器材制造业	222		1	6	14	2
电机制造	5			1		
发电机及发电机组制造	4			1		
电动机制造	1					

1997年	1998年	1999年	2000年	2001年	2002年	2003年	2004年	2005年	2006年	2007年	2008年	其他
	1							1	2	1	2	
	1							1	1	1	2	
									1			
		1				1			3		2	
		1				1			2		1	
									1		1	
3	2	1	10	10	5	2	10	9	12	7	12	
				1			1		1	1		
3	1		6	8	5	2	4	5	8	2	8	
							1				2	
	1		1				2		1	1	1	
		1	3	1			2	4	2	3	1	
		2			1		2	3	2	2		
					1							
								1				
		1					2	2	1	1		
		1							1	1		
1			2	1	1	2	2	3	6	2	2	1
			1	1			1	1	1	1	1	1
									1			
								1				
									1			
					1	1	1		1			
1			1			1		1	2	1	1	
6	6	6	8	10	12	16	7	10	15	12	14	2
					1				1			
					1							
									1			
5	5	6	7	10	11	15	7	8	12	11	13	
						1						
		1				1			1			
					1		3		1	1	1	
				1					1	1	4	
5	5	5	7	9	10	13	4	8	9	9	8	
									1			
									1			
								2	1	1	1	
								1	1			
								1		1	1	
1	1		1			1						2
1						1						2
	1		1									
9	6	8	8	19	14	16	20	12	24	28	32	3
			1	1			1					1
			1	1								1
							1					

2-8 续表 11

行　业	企业法人单位数(个)	1949年以前	1950-1977年	1978-1991年	1992-1995年	1996年
输配电及控制设备制造	129		1	4	8	1
变压器、整流器和电感器制造	20			1	3	
电容器及其配套设备制造	6					
配电开关控制设备制造	83		1	2	5	1
电力电子元器件制造	2					
其他输配电及控制设备制造	18			1		
电线、电缆、光缆及电工器材制造	46				5	
电线电缆制造	40				4	
绝缘制品制造	4				1	
其他电工器材制造	2					
电池制造	2					
家用电力器具制造	9					
家用制冷电器具制造	2					
家用通风电器具制造	1					
家用厨房电器具制造	2					
家用清洁卫生电器具制造	1					
其他家用电力器具制造	3					
非电力家用器具制造	11				1	
燃气、太阳能及类似能源的器具制造	11				1	
照明器具制造	14			1		1
照明灯具制造	13			1		1
灯用电器附件及其他照明器具制造	1					
其他电气机械及器材制造	6					
车辆专用照明及电气信号设备装置制造	1					
其他未列明的电气机械制造	5					
通信设备、计算机及其他电子设备制造业	12				1	1
通信设备制造	2					
通信传输设备制造	1					
移动通信及终端设备制造	1					
广播电视设备制造	2					
广播电视接收设备及器材制造	2					
电子器件制造	1					
光电子器件及其他电子器件制造	1					
电子元件制造	4					1
电子元件及组件制造	4					1
家用视听设备制造	2					
家用影视设备制造	2					
其他电子设备制造	1				1	
仪器仪表及文化、办公用机械制造业	21				4	1
通用仪器仪表制造	8				2	1
工业自动控制系统装置制造	2					
电工仪器仪表制造	2				1	
供应用仪表及其他通用仪器制造	4				1	1

1997年	1998年	1999年	2000年	2001年	2002年	2003年	2004年	2005年	2006年	2007年	2008年	其他
7	4	6	3	11	9	12	14	5	14	17	13	
		2		4	1	1	1	1	3	2	1	
1						1	1		2		1	
6	4	4	3	3	6	9	11	4	4	13	7	
				1		1						
				3	2		1		5	2	4	
1		2	4	3	4	3	2	4	5	6	7	
		2	3	2	4	3	2	4	4	6	6	
1			1	1								
									1		1	
	1									1		
									2		7	
											2	
											1	
											2	
											1	
									2		1	
				4			1			2	2	1
				4			1			2	2	1
1					1	1	2	2	1	2	1	1
1					1	1	2	2	1	2	1	
												1
	1							1	2		2	
								1				
	1								2		2	
					1		1	5	1	2		
								1		1		
										1		
								1				
								2				
								2				
							1					
							1					
					1			1	1			
					1			1	1			
								1		1		
								1		1		
1	1	1		1	2	2	2	2	2	1		1
1				1	1	2						
						2						
				1								
1					1							

2-8 续表 12

行　　业	企业法人单位数(个)	1949年以前	1950-1977年	1978-1991年	1992-1995年	1996年
专用仪器仪表制造	6				1	
地质勘探和地震专用仪器制造	2				1	
电子测量仪器制造	1					
其他专用仪器制造	3					
光学仪器及眼镜制造	1					
眼镜制造	1					
文化、办公用机械制造	2					
计算器及货币专用设备制造	1					
其他文化、办公用机械制造	1					
其他仪器仪表的制造及修理	4				1	
其他仪器仪表的制造及修理	4				1	
工艺品及其他制造业	49		3		2	2
工艺美术品制造	33		3			2
雕塑工艺品制造	4					
金属工艺品制造	4		1			
天然植物纤维编织工艺品制造	3					
地毯、挂毯制造	14		2			2
珠宝首饰及有关物品的制造	4					
其他工艺美术品制造	4					
日用杂品制造	4				1	
制镜及类似品加工	2				1	
其他日用杂品制造	2					
煤制品制造	7				1	
其他未列明的制造业	5					
废弃资源和废旧材料回收加工业	25			1		
金属废料和碎屑的加工处理	11			1		
非金属废料和碎屑的加工处理	14					
电力、燃气及水的生产和供应业	522		20	77	26	10
电力、热力的生产和供应业	363		10	30	14	6
电力生产	157		10	15	6	4
火力发电	35		5		1	1
水力发电	100		5	14	5	2
其他能源发电	22			1		1
电力供应	25			4	1	1
热力生产和供应	181			11	7	1
燃气生产和供应业	44					
燃气生产和供应业	44					
水的生产和供应业	115		10	47	12	4
自来水的生产和供应	104		10	47	11	3
污水处理及其再生利用	11				1	1
建筑业	1762		44	94	102	23
房屋和土木工程建筑业	793		40	73	51	7
房屋工程建筑	417		25	39	30	4

1997年	1998年	1999年	2000年	2001年	2002年	2003年	2004年	2005年	2006年	2007年	2008年	其他
					1		1		1	1		1
												1
										1		
					1		1		1			
		1										
		1										
							1	1				
							1					
								1				
	1							1	1			
	1							1	1			
	2		1	3		2	7	2	10	11	4	
	1		1	2		1	4	1	6	9	3	
			1						2	1		
							1			2		
									1	2		
				1		1	2	1	2	3		
	1			1							2	
							1		1	1	1	
	1			1			1					
	1											
				1			1					
								1	2	2	1	
						1	2		2			
			2	2	1	2	3	8	2		3	1
			1	1		1	1	4	1		1	
			1	1	1	1	2	4	1		2	1
5	14	28	40	30	22	35	36	48	39	40	44	8
4	13	26	34	21	15	28	29	37	27	31	32	6
2	5	10	12	4	5	10	10	15	15	12	17	5
1	2	2	2	2	1	2	1	4	4		3	4
	3	8	9	2	4	8	8	8	9	8	7	
1			1				1	3	2	4	7	1
1	3	6	2		1	1		2	1	1	1	
1	5	10	20	17	9	17	19	20	11	18	14	1
		2	1	5	3	4	5	4	7	6	6	1
		2	1	5	3	4	5	4	7	6	6	1
1	1		5	4	4	3	2	7	5	3	6	1
1			4	3	4	3	2	6	3	3	3	1
	1		1	1				1	2		3	
26	55	67	85	132	233	141	133	108	165	194	153	7
12	26	37	53	77	117	61	52	32	46	55	51	3
3	13	18	29	52	67	28	22	15	23	25	23	1

2-8 续表 13

行业	企业法人单位数（个）	1949年以前	1950—1977年	1978—1991年	1992—1995年	1996年
土木工程建筑	376		15	34	21	3
铁路、道路、隧道和桥梁工程建筑	120		8	10	2	
水利和港口工程建筑	70		4	7	8	1
工矿工程建筑	32		2	4	2	
架线和管道工程建筑	57			6	4	
其他土木工程建筑	97		1	7	5	2
建筑安装业	362		3	13	21	7
建筑装饰业	406			4	20	7
其他建筑业	201		1	4	10	2
工程准备	89			3	4	1
提供施工设备服务	26		1	1	1	
其他未列明的建筑活动	86				5	1
交通运输、仓储和邮政业	1979	2	45	48	48	25
铁路运输业	15				1	1
铁路旅客运输	1					
铁路货物运输	13				1	1
铁路运输辅助活动	1					
货运火车站	1					
道路运输业	957	1	35	27	24	15
公路旅客运输	171		14	6	4	2
道路货物运输	689	1	9	7	13	12
道路运输辅助活动	97		12	14	7	1
客运汽车站	61		11	13	6	1
公路管理与养护	18		1	1	1	
其他道路运输辅助活动	18					
城市公共交通业	142		5	3	2	2
公共电汽车客运	54		4	2	1	
轨道交通	1					1
出租车客运	79		1	1	1	1
其他城市公共交通	8					
航空运输业	18				3	
航空客货运输	5					
通用航空服务	6				1	
航空运输辅助活动	7				2	
机场	2					
其他航空运输辅助活动	5				2	
管道运输业	5				1	
管道运输业	5				1	
装卸搬运和其他运输服务业	625			7	4	5
装卸搬运	96			6		2
运输代理服务	529			1	4	3
仓储业	179		3	9	11	2
谷物、棉花等农产品仓储	51		2	3	5	1
其他仓储	128		1	6	6	1

1997年	1998年	1999年	2000年	2001年	2002年	2003年	2004年	2005年	2006年	2007年	2008年	其他
9	13	19	24	25	50	33	30	17	23	30	28	2
2	4	6	7	8	16	5	8	9	11	10	14	
1	2	3	6	6	11	8	5		2	6		
	1	3	2	3	1	3		2	1	4	4	
4	2	2	2	2	4	9	7	4	3	5	3	
2	4	5	7	6	18	8	10	2	6	5	7	2
6	18	12	24	32	46	34	27	30	29	36	23	1
5	7	14	6	17	47	28	35	32	49	74	59	2
3	4	4	2	6	23	18	19	14	41	29	20	1
1	3	2		2	11	7	4	5	18	14	14	
				3	2	4	5	4	1	3	1	
2	1	2	2	1	10	7	10	5	22	12	5	1
28	48	57	83	116	137	137	180	204	254	296	262	9
					1		1	2	1	6	2	
								1				
					1		1	1	1	5	2	
										1		
										1		
17	22	28	46	74	72	87	90	102	107	98	112	
3	8	6	12	18	16	26	14	19	10	7	6	
13	11	18	30	48	47	55	70	79	92	85	99	
1	3	4	4	8	9	6	6	4	5	6	7	
1	2	3	3	7	3	3	4	1	1	1	1	
	1		1		1		1	2	2	3	4	
		1		1	5	3	1	1	2	2	2	
4	6	5	11	13	13	10	16	15	17	15	5	
3	1	2	8	5	4	3	3	5	6	6	1	
1	5	3	3	8	7	4	13	10	10	8	3	
					2	3			1	1	1	
			1		1	1	1	3	1	4	3	
			1					2		2		
					1			1	1	1	1	
						1	1			1	2	
							1				1	
						1				1	1	
			1				2	1				
			1				2	1				
3	9	8	17	16	36	25	58	64	101	155	111	6
	3	3	4	2	5	4	6	11	10	31	9	
3	6	5	13	14	31	21	52	53	91	124	102	6
3	4	12	7	12	13	13	11	14	26	13	23	3
	1	6	3	7	3	2	5	2	7	1	3	
3	3	6	4	5	10	11	6	12	19	12	20	3

2-8 续表 14

行业	企业法人单位数(个)	1949年以前	1950-1977年	1978-1991年	1992-1995年	1996年
邮政业	38	1	2	2	2	
国家邮政	20	1	2	2	2	
其他寄递服务	18					
信息传输、计算机服务和软件业	1853	1	2	2	9	6
电信和其他信息传输服务业	385	1	2		3	2
电信	122	1	2		1	
固定电信服务	39	1				
移动电信服务	56				1	
其他电信服务	27		2			
互联网信息服务	240					1
广播电视传输服务	22				2	1
有线广播电视传输服务	19				2	
无线广播电视传输服务	3					1
卫星传输服务	1					
计算机服务业	1307			1	3	4
计算机系统服务	150			1	1	2
数据处理	9				1	
计算机维修	44					1
其他计算机服务	1104				1	1
软件业	161			1	3	
公共软件服务	108			1	2	
基础软件服务	47				1	
应用软件服务	61			1	1	
其他软件服务	53				1	
批发和零售业	18545	1	204	245	376	143
批发业	12634	1	146	184	249	92
农畜产品批发	979		25	46	29	4
谷物、豆及薯类批发	102		12	8	1	
种子、饲料批发	403		5	15	10	1
棉、麻批发	322		7	20	12	2
牲畜批发	7				1	
其他农畜产品批发	145		1	3	5	1
食品、饮料及烟草制品批发	796	1	8	28	21	8
米、面制品及食用油批发	131	1	3	9	4	3
糕点、糖果及糖批发	46			1		1
果品、蔬菜批发	96			4	2	
肉、禽、蛋及水产品批发	41		1	2	2	
盐及调味品批发	67		2	3	6	1
饮料及茶叶批发	228			5	3	
烟草制品批发	42		1	3	1	2
其他食品批发	145		1	1	3	1
纺织、服装及日用品批发	617			6	13	2
纺织品、针织品及原料批发	143			2	4	
服装批发	145				2	

1997年	1998年	1999年	2000年	2001年	2002年	2003年	2004年	2005年	2006年	2007年	2008年	其他
1	7	4		1	1	1	1	3	1	5	6	
1	7	4									1	
				1	1	1	1	3	1	5	5	
5	22	31	57	78	108	156	201	230	345	316	278	6
2	8	13	17	25	19	24	50	50	70	60	39	
	5	11	9	11	7	8	24	10	11	15	7	
	2			5	4	3	14	4	2	4		
	3	10	9	5		2	9		5	6	6	
		1		1	3	3	1	6	4	5	1	
2	2	1	7	13	8	11	24	39	58	44	30	
	1	1	1	1	3	5	2	1	1	1	2	
	1	1	1	1	3	4	2	1		1	2	
						1			1			
					1							
2	9	16	36	45	81	121	137	162	246	229	209	6
	4	7	7	7	8	6	10	24	26	14	29	4
	1		1		2		1	1		1	1	
1		2	1	1		3	4	7	10	10	4	
1	4	7	27	37	71	112	122	130	210	204	175	2
1	5	2	4	8	8	11	14	18	29	27	30	
	3	2	3	6	5	7	9	11	19	20	20	
	1		3	2	2	3	2	6	10	8	9	
	2	2		4	3	4	7	5	9	12	11	
1	2		1	2	3	4	5	7	10	7	10	
216	485	601	716	874	1096	1348	1612	1958	2958	3000	2628	84
136	342	409	493	576	726	914	1097	1347	2022	2045	1800	55
11	29	46	39	44	64	83	97	87	123	120	128	4
3	8	14	5	3	10	6		1	7	13	11	
6	12	16	21	18	27	20	42	35	61	54	58	2
	6	10	9	13	22	43	46	38	36	27	30	1
				1		1		1	2	1		
2	3	6	4	9	5	13	9	12	17	25	29	1
9	30	32	41	38	53	52	51	70	125	125	102	2
1	9	10	6	5	7	10	9	12	13	18	11	
	3		5	3	1	4	1	3	9	11	4	
1	2	1	3	4	3	8	10	9	13	20	16	
	2	2	1	1	1	1		4	9	11	4	
2	4	4	9	6	4	5	3	1	6	6	5	
3	7	4	6	10	18	16	14	23	50	36	32	1
1		2	6	4	5		2	4	3	6	2	
1	3	9	5	5	14	8	12	14	22	17	28	1
5	14	13	19	34	36	34	52	66	107	119	90	7
2	3	4	4	10	9	6	8	21	18	30	22	
2	5	2	6	5	7	5	18	15	21	23	28	6

2-8 续表 15

行业	企业法人单位数(个)	1949年以前	1950–1977年	1978–1991年	1992–1995年	1996年
鞋帽批发	17			1		
厨房、卫生间用具及日用杂货批发	62			1	3	
化妆品及卫生用品批发	111				3	1
其他日用品批发	139			2	1	1
文化、体育用品及器材批发	267		1	5	4	6
文具用品批发	122			1	1	2
体育用品批发	27				1	
图书批发	36		1	1		2
报刊批发	1					
音像制品及电子出版物批发	4			1		1
首饰、工艺品及收藏品批发	29			1	1	1
其他文化用品批发	48			1	1	
医药及医疗器材批发	361		15	5	5	2
西药批发	62		12	4	4	1
中药材及中成药批发	34		1			1
医疗用品及器材批发	265		2	1	1	
矿产品、建材及化工产品批发	4334		90	63	66	33
煤炭及制品批发	100			1	1	
石油及制品批发	507		5	4	13	6
非金属矿及制品批发	78			2		1
金属及金属矿批发	1255			5	12	7
建材批发	977			6	13	8
化肥批发	650		84	38	7	5
农药批发	132		1	1	4	1
农用薄膜批发	32			2	3	
其他化工产品批发	603			4	13	5
机械设备、五金交电及电子产品批发	4662		3	23	97	32
农业机械批发	304			4	7	2
汽车、摩托车及零配件批发	572		2	5	17	8
五金、交电批发	1110			5	22	7
家用电器批发	128				3	
计算机、软件及辅助设备批发	336			1	8	3
通讯及广播电视设备批发	149			2	3	2
其他机械设备及电子产品批发	2063		1	6	37	10
贸易经纪与代理	182		2	2	3	2
其他批发	436		2	6	11	3
再生物资回收与批发	173			3	5	
其他未列明的批发	263		2	3	6	3
零售业	5911		58	61	127	51
综合零售	479		15	20	9	5
百货零售	262		3	10	3	1
超级市场零售	95				1	
其他综合零售	122		12	10	5	4

1997年	1998年	1999年	2000年	2001年	2002年	2003年	2004年	2005年	2006年	2007年	2008年	其他
					2	1	2	4	4	3		
1	1	2	2	2	2	5	5	5	13	13	7	
	2	2	3	9	8	9	10	8	21	24	10	1
	3	3	4	8	8	8	9	13	30	26	23	
4	5	13	8	16	17	25	32	24	43	36	26	2
2	3	5	3	9	8	10	12	11	20	17	18	
		1				3	5	3	7	4	2	1
	1	2	2		2	6	6	7	2	3		1
									1			
					1						1	
		1		2	1	4	3	1	6	5	3	
2	1	4	3	5	5	2	6	2	7	7	2	
3	1	7	8	13	14	25	34	42	61	58	65	3
1		2	1	4	1	6	1	7	6	7	4	1
1		1	2	1	2	1	5	2	4	4	8	1
1	1	4	5	8	11	18	28	33	51	47	53	1
39	98	128	161	181	255	300	373	469	698	699	662	19
	1	4	5	3	5	6	8	3	13	31	18	1
6	12	14	23	31	48	41	53	58	61	71	59	2
	1	1	2	3	2	1	2	8	13	18	22	2
11	31	39	51	55	66	115	109	142	239	195	175	3
12	27	26	27	35	49	61	87	123	156	180	162	5
	1	9	14	20	32	32	36	50	92	99	130	1
	1	4	5	1	10	6	11	24	22	21	20	
			1	1	1		2	3	6	6	7	
10	24	31	33	32	42	38	65	58	96	78	69	5
57	146	153	193	214	256	353	415	521	766	782	640	11
3	12	9	21	20	15	25	30	35	48	50	23	
6	34	29	24	20	38	49	60	47	87	96	50	
14	27	24	40	46	48	79	90	120	193	191	202	2
3	1	6	5	5	7	8	14	15	21	22	18	
4	13	11	11	14	20	31	24	43	58	50	43	2
5	5	4	7	9	5	8	17	15	24	24	17	2
22	54	70	85	100	123	153	180	246	335	349	287	5
2	2	3	8	11	12	12	17	20	35	31	16	4
6	17	14	16	25	19	30	26	48	64	75	71	3
2	5	5	4	8	9	16	17	22	29	22	26	
4	12	9	12	17	10	14	9	26	35	53	45	3
80	143	192	223	298	370	434	515	611	936	955	828	29
3	11	18	16	24	34	42	35	47	55	75	68	2
2	7	15	8	18	16	22	13	26	29	46	41	2
	2	1	2	2	13	9	14	13	15	15	8	
1	2	2	6	4	5	11	8	8	11	14	19	

2-8 续表 16

行 业	企业法人单位数(个)	1949年以前	1950-1977年	1978-1991年	1992-1995年	1996年
食品、饮料及烟草制品专门零售	383		1	5	8	
粮油零售	66		1	1	3	
糕点、面包零售	20					
果品、蔬菜零售	26			1	1	
肉、禽、蛋及水产品零售	29					
饮料及茶叶零售	104			2	3	
烟草制品零售	49			1	1	
其他食品零售	89					
纺织、服装及日用品专门零售	464		1	4	10	4
纺织品及针织品零售	90				3	1
服装零售	173				3	2
鞋帽零售	17					
钟表、眼镜零售	29			1	1	
化妆品及卫生用品零售	48					
其他日用品零售	107		1	3	3	1
文化、体育用品及器材专门零售	399		15	8	20	3
文具用品零售	100			4		1
体育用品零售	44				2	
图书零售	61		15	4	6	
报刊零售	2					
音像制品及电子出版物零售	12					
珠宝首饰零售	77				7	2
工艺美术品及收藏品零售	41				1	
照相器材零售	20				1	
其他文化用品零售	42				3	
医药及医疗器材专门零售	328		21	4	6	3
药品零售	184		21	4	4	
医疗用品及器材零售	144				2	3
汽车、摩托车、燃料及零配件专门零售	1096		2	4	28	14
汽车零售	292		1		4	4
汽车零配件零售	406		1	1	6	7
摩托车及零配件零售	123				1	
机动车燃料零售	275			3	17	3
家用电器及电子产品专门零售	1322			5	24	9
家用电器零售	242			1	6	3
计算机、软件及辅助设备零售	695			2	14	5
通信设备零售	194				2	
其他电子产品零售	191			2	2	1
五金、家具及室内装修材料专门零售	968		1	3	7	6
五金零售	510			3	3	5
家具零售	170		1		1	
涂料零售	16					
其他室内装修材料零售	272				3	1
无店铺及其他零售	472		2	8	15	7
流动货摊零售	4					

1997年	1998年	1999年	2000年	2001年	2002年	2003年	2004年	2005年	2006年	2007年	2008年	其他
5	12	10	13	13	15	21	27	33	61	90	67	2
3	7	6	4	1	3	4	3	4	3	14	9	
	3		1			1	6	2	1	4	1	1
					3			3	6	4	8	
		1	1		1	5	1	1	7	7	5	
1	1		2	4	3	6	8	13	18	22	21	
	1		4	4	2	3	1	2	10	12	8	
1		3	1	4	3	2	8	8	16	27	15	1
7	13	7	21	19	32	41	40	57	66	67	69	6
	1		3	5	8	9	11	9	10	16	12	2
1	6	2	7	9	14	16	13	25	25	24	22	4
	2	1		1		3	1	2	3	1	3	
1	3	2	3	1	2	5	1	3	2	1	3	
2			4	1	3	3	3	6	5	12	9	
3	1	2	4	2	5	5	11	12	21	13	20	
6	15	13	10	22	26	27	35	34	57	52	52	4
3	1	3	4	6	2	5	15	10	18	13	13	2
2	2	2		4	1	3		5	8	6	9	
1	1	2	1	3	4	5	2	4	4	5	4	
						1					1	
	1			2				2		5	2	
	6	2	2	5	8	2	5	3	10	11	13	1
	1	3	1		2	4	6	5	9	6	2	1
	2		1	1	1	5	1	1	2	3	2	
	1	1	1	1	8	2	6	4	6	3	6	
4	8	2	4	9	19	21	27	51	51	55	42	1
3	7	2	4	8	11	13	20	17	26	23	21	
1	1			1	8	8	7	34	25	32	21	1
16	32	50	59	57	93	94	103	110	155	142	134	3
7	7	10	15	15	25	31	34	26	41	25	45	2
5	11	19	26	18	26	33	44	37	52	61	59	
	5	8	4	6	8	5	8	17	27	18	16	
4	9	13	14	18	34	25	17	30	35	38	14	1
17	28	41	51	73	70	97	113	138	270	212	169	5
2	10	11	6	16	11	18	28	23	35	37	35	
8	12	21	32	42	49	55	56	75	159	90	73	2
6	3	5	3	11	5	13	12	18	44	44	26	2
1	3	4	10	4	5	11	17	22	32	41	35	1
13	14	39	28	55	52	61	95	103	168	178	142	3
9	12	18	14	28	18	31	52	56	79	100	81	1
		5	4	5	16	10	14	23	35	33	23	
		1		2		1		3	2	4	3	
4	2	15	10	20	18	19	29	21	52	41	35	2
9	10	12	21	26	29	30	40	38	53	84	85	3
				1						1	2	

2-8 续表 17

行业	企业法人单位数(个)	1949年以前	1950-1977年	1978-1991年	1992-1995年	1996年
邮购及电子销售	1					
生活用燃料零售	107			4	5	2
花卉零售	21					
旧货零售	3					
其他未列明的零售	336		2	4	10	5
住宿和餐饮业	1011		22	60	61	23
住宿业	716		22	56	51	19
旅游饭店	327		14	24	28	9
一般旅馆	370		8	31	23	9
其他住宿服务	19			1		1
餐饮业	295			4	10	4
正餐服务	250			3	9	4
快餐服务	33			1	1	
饮料及冷饮服务	3					
其他餐饮服务	9					
金融业	571	1	38	107	28	28
银行业	213	1	38	84	21	7
中央银行	2		1	1		
商业银行	178	1	25	81	20	5
其他银行	33		12	2	1	2
证券业	5			1	2	
证券经纪与交易	3				2	
证券投资	2			1		
保险业	169			21	2	18
人寿保险	60			2	1	13
非人寿保险	90			18	1	5
保险辅助服务	19			1		
其他金融活动	184			1	3	3
金融信托与管理	16			1	1	
金融租赁	2					
财务公司	13					
邮政储蓄	7					
典当	70				1	3
其他未列明的金融活动	76				1	
房地产业	2610		8	57	94	23
房地产业	2610		8	57	94	23
房地产开发经营	1130			9	45	12
物业管理	713			2	9	7
房地产中介服务	344			4	6	
其他房地产活动	423		8	42	34	4
租赁和商务服务业	4042		31	84	118	40
租赁业	324		1	3	9	5
机械设备租赁	313		1	3	8	5
汽车租赁	97		1	2	1	

1997年	1998年	1999年	2000年	2001年	2002年	2003年	2004年	2005年	2006年	2007年	2008年	其他
							1					
5	4	2	8	10	8	6	11	8	7	16	11	
1				2	2		2		2	7	4	1
						1		1			1	
3	6	10	13	13	19	23	26	29	44	60	67	2
18	33	27	41	57	57	66	105	102	124	123	90	2
15	28	16	28	37	39	49	67	60	79	81	69	
7	9	6	15	17	17	26	24	35	38	38	20	
7	19	10	11	19	21	21	40	24	38	41	48	
1			2	1	1	2	3	1	3	2	1	
3	5	11	13	20	18	17	38	42	45	42	21	2
2	5	9	11	16	13	14	34	34	43	34	18	1
1		1	2	4	3	2	3	6	1	6	2	
									1	1	1	
		1			2	1	1	2		1		1
24	9	7	9	15	20	40	33	30	48	57	77	
19	5	2	1	2	2	1	2	6	10	2	10	
7	4	1	1	2	2	1	2	5	10	2	9	
12	1	1						1			1	
									1		1	
											1	
									1			
5	3		3	3	6	26	18	8	12	15	29	
2	2		2		2	10	9	1	1	4	11	
3	1			3	4	13	7	5	4	9	17	
			1			3	2	2	7	2	1	
	1	5	5	10	12	13	13	16	25	40	37	
					1		2		3	5	3	
				1							1	
				1	1	2		1	1	2	5	
											7	
		3	1	5	6	5	1	7	10	18	10	
	1	2	4	3	4	6	10	8	11	15	11	
30	75	78	171	176	226	219	269	253	313	312	285	21
30	75	78	171	176	226	219	269	253	313	312	285	21
12	28	41	92	66	96	94	113	118	143	145	100	16
7	15	15	53	65	71	75	78	83	86	67	78	2
4	10	6	7	22	28	24	42	28	46	68	48	1
7	22	16	19	23	31	26	36	24	38	32	59	2
47	72	119	187	190	213	275	327	403	613	671	626	26
2	2	6	20	14	14	21	25	41	46	59	54	2
2	2	6	20	13	12	21	24	38	45	58	53	2
1		1	2	3	1	4	5	12	12	23	28	1

2-8 续表 18

行业	企业法人单位数(个)	1949年以前	1950-1977年	1978-1991年	1992-1995年	1996年
农业机械租赁	3					
建筑工程机械与设备租赁	130				2	4
计算机及通讯设备租赁	5					
其他机械与设备租赁	78			1	5	1
文化及日用品出租	11				1	
图书及音像制品出租	1					
其他文化及日用品出租	10				1	
商务服务业	3718		30	81	109	35
企业管理服务	594		30	27	34	9
企业管理机构	191		24	14	15	7
投资与资产管理	333			3	11	2
其他企业管理服务	70		6	10	8	
法律服务	177			12	8	6
律师及相关的法律服务	158			10	8	6
公证服务	10			2		
其他法律服务	9					
咨询与调查	864			5	9	4
会计、审计及税务服务	263			1		
市场调查	11					
社会经济咨询	190			1	4	1
其他专业咨询	400			3	5	3
广告业	801				20	6
知识产权服务	28					
职业中介服务	287			5	2	2
市场管理	152			9	5	2
旅行社	316			5	7	3
其他商务服务	499			18	24	3
会议及展览服务	50			1		
包装服务	5					
保安服务	75			8	12	
办公服务	69			4	3	3
其他未列明的商务服务	300			5	9	
科学研究、技术服务和地质勘查业	1640		7	27	56	12
研究与试验发展	73			1	6	
自然科学研究与试验发展	10					
工程和技术研究与试验发展	25				2	
农业科学研究与试验发展	26			1	3	
医学研究与试验发展	12				1	
专业技术服务业	1006		5	21	28	11
气象服务	15				1	
测绘服务	52					
技术检测	185			2	10	4
环境监测	14				1	

1997年	1998年	1999年	2000年	2001年	2002年	2003年	2004年	2005年	2006年	2007年	2008年	其他
								1	1	1		
1	1	2	10	6	7	12	11	14	22	20	18	
			1		1			2	1			
	1	3	7	4	3	5	8	9	9	14	7	1
				1	2		1	3	1	1	1	
								1				
				1	2		1	2	1	1	1	
45	70	113	167	176	199	254	302	362	567	612	572	24
8	14	21	21	17	23	39	28	43	61	93	117	9
7	7	12	11	6	9	13	11	12	14	11	17	1
1	4	5	8	9	12	24	12	26	40	78	91	7
	3	4	2	2	2	2	5	5	7	4	9	1
13	12	14	10	19	15	10	7	17	16	8	10	
13	12	14	10	19	15	8	7	10	12	5	9	
						1		3	2	2		
						1		4	2	1	1	
4	4	25	53	38	34	49	71	83	163	173	145	4
1		12	34	20	14	15	19	29	46	45	27	
		3					1	1	3		3	
1	2	3	8	7	8	7	18	10	34	39	47	
2	2	7	11	11	12	27	33	43	80	89	68	4
9	17	22	30	33	50	53	72	88	128	145	123	5
		1	1	1	2	8	5	2	5	1	2	
1	3	2	6	3	14	19	29	27	58	65	49	2
5	7	8	8	10	15	9	23	16	11	10	14	
2	4	5	23	34	16	30	37	37	44	35	34	
3	9	15	15	21	30	37	30	49	81	82	78	4
		1	1	1	4	2	2	6	12	9	10	1
									1	3	1	
		4	1	2	8	12	3	7	7	8	3	
2		2	2	3	3	1	5	6	10	13	12	
1	9	8	11	15	15	22	20	30	51	49	52	3
11	15	22	59	88	117	123	139	171	227	273	278	15
2		2	3	4	8	2	4	10	13	12	6	
1				1	1		1	3	2	1		
			1		3	2	1	1	7	7	1	
1		1	2	2	4			4	2	2	4	
		1		1			2	2	2	2	1	
6	9	19	48	70	88	97	96	112	138	126	127	5
2	1	1	1	2			2	3	1		1	
			1	4	9	8	6	9	5	3	7	
	2	6	3	12	6	22	18	20	33	26	20	1
							3	2	3		4	1

2-8 续表 19

行　　业	企业法人单位数（个）	1949年以前	1950-1977年	1978-1991年	1992-1995年	1996年
工程技术与规划管理	502		5	17	14	6
工程管理服务	287		1	4	11	5
工程勘察设计	203		4	13	3	1
规划管理	12					
其他专业技术服务	238			2	2	1
科技交流和推广服务业	235		1	2	16	1
技术推广服务	141			2	8	
科技中介服务	51				4	
其他科技服务	43		1		4	1
地质勘查业	326		1	3	6	
矿产地质勘查	159		1		3	
能源矿产地质勘查	56		1		2	
固体矿产地质勘查	80				1	
其他矿产地质勘查	23					
基础地质勘查	6					
地质勘查技术服务	161			3	3	
水利、环境和公共设施管理业	240		6	6	10	3
水利管理业	35		2	4	1	2
防洪管理	4				1	
水资源管理	24		1	3		2
水库管理	2		1			
调水、引水管理	9					1
其他水资源管理	13			3		1
其他水利管理	7		1	1		
环境管理业	47		3		2	
自然保护	10		3			
自然保护区管理	7		3			
野生动植物保护	1					
其他自然保护	2					
环境治理	37				2	
城市市容管理	3					
城市环境卫生管理	19				2	
水污染治理	2					
危险废物治理	4					
其他环境治理	9					
公共设施管理业	158		1	2	7	1
市政公共设施管理	18			2	2	
城市绿化管理	71				1	1
游览景区管理	69		1		4	
风景名胜区管理	21				1	
公园管理	4		1			
其他游览景区管理	44				3	

1997年	1998年	1999年	2000年	2001年	2002年	2003年	2004年	2005年	2006年	2007年	2008年	其他
3	5	9	35	38	54	50	42	55	56	60	51	2
2	5	6	27	23	30	32	28	28	35	35	13	2
1		3	6	15	22	17	14	26	20	22	36	
			2		2	1		1	1	3	2	
1	1	3	8	14	19	17	25	23	40	37	44	1
3	6		3	8	15	16	22	21	36	56	24	5
2	3		3	4	8	8	13	12	21	40	15	2
1	1			4	6	4	4	4	9	8	5	1
	2				1	4	5	5	6	8	4	2
		1	5	6	6	8	17	28	40	79	121	5
		1	3	2	2	5	7	15	18	38	62	2
			1	2	1	1	3	8	7	13	16	1
			1		1	3	1	5	8	20	40	
		1	1			1	3	2	3	5	6	1
							1		3		2	
			2	4	4	3	9	13	19	41	57	3
6	4	6	10	13	12	26	31	24	26	34	23	
1	1	1	3	1		3	1	2	8	3	2	
									1	2		
1	1	1	3			2		2	6	1	1	
								1				
	1					1		1	3	1	1	
1		1	3			1			3			
				1		1	1		1		1	
1	1			1	2	6	6	5	3	8	9	
							2	1		2	2	
							1	1		1	1	
							1					
										1	1	
1	1			1	2	6	4	4	3	6	7	
1								1		1		
	1			1	2	4	2	1	2		4	
						1			1			
								1		1	2	
						1	2	1		4	1	
4	2	5	7	11	10	17	24	17	15	23	12	
	1	1		1			7	2		2		
2		3	4	4	4	9	9	10	9	8	7	
2	1	1	3	6	6	8	8	5	6	13	5	
				1	2	4	1	3	3	5	1	
				1	1	1						
2	1	1	3	4	3	3	7	2	3	8	4	

2-8 续表 20

行业	企业法人单位数(个)	1949年以前	1950-1977年	1978-1991年	1992-1995年	1996年
居民服务和其他服务业	1103		2	16	27	10
居民服务业	358			7	11	4
家庭服务	39				1	
托儿所	6					
洗染服务	9					
理发及美容保健服务	46			1	1	
洗浴服务	50			1	1	1
婚姻服务	15					
殡葬服务	16				1	1
摄影扩印服务	41				1	1
其他居民服务	136			5	6	1
其他服务业	745		2	9	16	6
修理与维护	509		2	6	12	5
汽车、摩托车维护与保养	402		1	5	7	5
办公设备维修	26				1	
家用电器修理	55			1	1	
其他日用品修理	26		1		3	
清洁服务	78			2		
建筑物清洁服务	10					
其他清洁服务	68			2		
其他未列明的服务	158			1	4	1
教育	287			4	8	6
教育	287			4	8	6
学前教育	31			2	1	
初等教育	2					
中等教育	9					
初中教育	3					
高中教育	1					
技工学校教育	4					
其他中等教育	1					
高等教育	1					
成人高等教育	1					
其他教育	244			2	7	6
职业技能培训	219			1	7	6
特殊教育	1					
其他未列明的教育	24			1		
卫生、社会保障和社会福利业	251		9	3	1	3
卫生	238		9	3	1	2
医院	146		6			
综合医院	90		6			
中医医院	7					
中西医结合医院	7					
民族医院	3					
专科医院	39					

1997年	1998年	1999年	2000年	2001年	2002年	2003年	2004年	2005年	2006年	2007年	2008年	其他
16	18	25	44	44	64	88	93	118	177	191	165	5
9	6	8	13	12	22	34	32	30	60	56	50	4
		1	1	2	1	5	5	4	4	5	9	1
									2	3	1	
			1	1	3	1		1	1	1		
2	1	1	1	3	3	4	2	4	9	8	6	
2	1		1		7	4	7	4	11	5	5	
1					1	1		2	2	4	3	1
			1			2	2	4		3	2	
2	2	3	2	1	2	7	5	4	4	2	5	
2	2	3	6	5	5	10	11	7	27	25	19	2
7	12	17	31	32	42	54	61	88	117	135	115	1
6	10	13	24	22	30	38	41	62	79	84	75	
4	7	12	18	15	26	30	28	54	61	68	61	
1	1	1	1	4	1	1	2		4	6	3	
1	2		4	2	2	4	8	6	12	4	8	
			1	1	1	3	3	2	2	6	3	
		1	4	1	8	7	8	7	12	14	14	
					1		1	1	2	3	2	
		1	4	1	7	7	7	6	10	11	12	
1	2	3	3	9	4	9	12	19	26	37	26	1
1	8	12	14	17	17	19	40	36	41	35	28	1
1	8	12	14	17	17	19	40	36	41	35	28	1
	3	1		1	3	2	5	5	5	2	1	
			1			1						
		1		1		1	2	1		2	1	
		1					1				1	
								1				
				1		1	1			1		
										1		
							1					
							1					
1	5	10	13	15	14	15	32	30	36	31	26	1
1	4	9	13	15	12	13	27	25	32	30	23	1
							1					
	1	1			2	2	4	5	4	1	3	
2	6	2	12	13	17	30	27	38	30	31	26	1
2	3	2	12	12	16	29	27	36	30	28	25	1
2	3	1	6	7	6	21	22	19	20	16	16	1
1		1	4	4	3	9	13	13	14	12	9	1
				2		1	3				1	
1			1				2				3	
						1		1			1	
	3		1	1	3	10	4	5	6	4	2	

2-8 续表 21

行业	企业法人单位数（个）	1949年以前	1950-1977年	1978-1991年	1992-1995年	1996年
卫生院及社区医疗活动	41		2			
门诊部医疗活动	41		1	3	1	
妇幼保健活动	1					
专科疾病防治活动	4					1
其他卫生活动	5					1
社会保障业	2					
社会保障业	2					
社会福利业	11					1
提供住宿的社会福利	6					
收养收容服务	6					
不提供住宿的社会福利	5					1
文化、体育和娱乐业	250	1	18	12	9	1
新闻出版业	19	1			2	
新闻业	2					
出版业	17	1			2	
图书出版	5				1	
报纸出版	5	1				
期刊出版	6				1	
其他出版	1					
广播、电视、电影和音像业	69		18	9	3	
广播	4					
电视	7					
电影	41		18	9	3	
电影制作与发行	6		3			
电影放映	35		15	9	3	
音像制作	17					
文化艺术业	42			1	2	
文艺创作与表演	13					
艺术表演场馆	4					
博物馆	4					
群众文化活动	5					
文化艺术经纪代理	10			1	2	
其他文化艺术	6					
体育	9					
体育组织	5					
体育场馆	3					
其他体育	1					
娱乐业	111			2	2	1
室内娱乐活动	66			2	1	
游乐园	7					
休闲健身娱乐活动	23				1	
其他娱乐活动	15					1

1997年	1998年	1999年	2000年	2001年	2002年	2003年	2004年	2005年	2006年	2007年	2008年	其他
		1	4	5	4	3	4	6	3	5	4	
			2		4	4	1	9	6	5	5	
										1		
					1				1	1		
					1	1		2				
								1		1		
								1		1		
	3			1	1	1		1		2	1	
	1					1		1		2	1	
	1					1		1		2	1	
	2			1	1							
1		5	8	9	4	23	20	30	33	36	36	4
		1	1	1		3	1	3	2	1	3	
							1				1	
		1	1	1		3		3	2	1	2	
						2		2				
		1	1			1		1				
				1					2	1	1	
											1	
		1	1	2	2	5	5	6	3	4	8	2
						1	1	2				
						2	1	2	1			1
				2	2	2	1				4	
				1		1					1	
				1	2	1	1				3	
		1	1				2	2	2	4	4	1
		1	1	1		4	3	3	11	11	3	1
				1		2	2		3	3	2	
								1	2	1		
			1						2			1
		1							3	1		
							1	2	1	2	1	
						2				4		
1							1			4	3	
							1			2	2	
1										1	1	
										1		
		2	5	5	2	11	10	18	17	16	19	1
		2	2	4		5	6	10	12	7	14	1
			2			1				1	3	
			1			5	2	4	5	4	1	
				1	2		2	4		4	1	

2-9 按行业(门类、大类、中类、小类)、

行业	从业人员数(人)	内资企业	国有企业	集体企业
总计	**1638642**	**1605421**	**393034**	**35229**
农、林、牧、渔业	103006	103006	97329	
农业	86836	86836	84536	
谷物及其他作物的种植	76771	76771	74511	
谷物的种植	10545	10545	10545	
棉花的种植	63116	63116	60856	
糖料的种植	2941	2941	2941	
其他作物的种植	169	169	169	
蔬菜、园艺作物的种植	9039	9039	8999	
蔬菜的种植	9039	9039	8999	
水果、坚果、饮料和香料作物的种植	1026	1026	1026	
水果、坚果的种植	1026	1026	1026	
林业	795	795	795	
林木的培育和种植	379	379	379	
造林	245	245	245	
林木的抚育和管理	134	134	134	
木材和竹材的采运	416	416	416	
木材的采运	416	416	416	
畜牧业	14751	14751	11860	
牲畜的饲养	14742	14742	11860	
猪的饲养	9	9		
渔业	51	51	9	
内陆渔业	51	51	9	
内陆养殖	51	51	9	
农、林、牧、渔服务业	573	573	129	
农业服务业	434	434		
农产品初加工服务	427	427		
其他农业服务	7	7		
林业服务业	129	129	129	
畜牧服务业	10	10		
其他畜牧服务	10	10		
采矿业	214842	213537	32763	1829
煤炭开采和洗选业	58994	58524	6403	1686
烟煤和无烟煤的开采洗选	58865	58395	6403	1686
褐煤的开采洗选	120	120		
其他煤炭采选	9	9		
石油和天然气开采业	122936	122909	23043	
天然原油和天然气开采	95354	95327		
与石油和天然气开采有关的服务活动	27582	27582	23043	
黑色金属矿采选业	12454	12371	643	14
铁矿采选	11786	11703	643	14
其他黑色金属矿采选	668	668		

登记注册类型分组的企业法人单位从业人员数

股份合作企业	联营企业	有限责任公司	股份有限公司	私营企业	其他企业	港、澳、台商投资企业	外商投资企业
4411	**3531**	**479853**	**243916**	**437236**	**8211**	**15404**	**17817**
		4930		747			
		2300					
		2260					
		2260					
		40					
		40					
		2485		406			
		2485		397			
				9			
		42					
		42					
		42					
		103		341			
		93		341			
		86		341			
		7					
		10					
		10					
511	306	44379	104153	29412	184	335	970
307	265	27743	6349	15621	150	227	243
307	265	27734	6349	15501	150	227	243
				120			
		9					
		3279	95677	900	10	27	
		462	94865			27	
		2817	812	900	10		
23	38	6441	36	5176		60	23
23	38	6060	36	4889		60	23
		381		287			

2-9 续表 1

行　　业	从业人员数(人)	内资企业	国有企业	集体企业
有色金属矿采选业	12344	12029	1429	7
常用有色金属矿采选	7824	7509	10	
铜矿采选	4489	4489		
铅锌矿采选	2158	2137		
镍钴矿采选	964	670	10	
铝矿采选	5	5		
其他常用有色金属矿采选	208	208		
贵金属矿采选	3315	3315	1419	7
金矿采选	3300	3300	1419	7
其他贵金属矿采选	15	15		
稀有稀土金属矿采选	1205	1205		
钨钼矿采选	90	90		
稀土金属矿采选	25	25		
其他稀有金属矿采选	1090	1090		
非金属矿采选业	8000	7590	1245	122
土砂石开采	3292	3292	211	86
石灰石、石膏开采	868	868	10	27
建筑装饰用石开采	569	569		11
耐火土石开采	69	69		
粘土及其他土砂石开采	1786	1786	201	48
化学矿采选	633	633	160	
采盐	1462	1462	335	35
石棉及其他非金属矿采选	2613	2203	539	1
石棉、云母矿采选	1092	1092	538	
石墨、滑石采选	88	88		1
宝石、玉石开采	596	596	1	
其他非金属矿采选	837	427		
其他采矿业	114	114		
其他采矿业	114	114		
制造业	422359	406207	65269	6237
农副食品加工业	32959	31715	2425	108
谷物磨制	3948	3948	476	54
饲料加工	3038	2730	66	
植物油加工	9125	8675	205	45
食用植物油加工	8995	8545	205	45
非食用植物油加工	130	130		
制糖	8739	8739	1640	
屠宰及肉类加工	4109	3737		5
畜禽屠宰	2390	2354		
肉制品及副产品加工	1719	1383		5
水产品加工	105	101		
水产品冷冻加工	77	77		
鱼糜制品及水产品干腌制加工	24	24		
水产饲料制造	4			

股份合作企业	联营企业	有限责任公司	股份有限公司	私营企业	其他企业	港、澳、台商投资企业	外商投资企业
177	3	4235	2091	4069	18	21	294
96	3	2197	2091	3094	18	21	294
2	3	1099	1970	1397	18		
94		652	121	1270		21	
		383		277			294
				5			
		63		145			
81		892		916			
81		892		901			
				15			
		1146		59			
		41		49			
		25					
		1080		10			
4		2646		3567	6		410
4		1025		1960	6		
4		243		584			
		358		200			
				69			
		424		1107	6		
		29		444			
		1053		39			
		539		1124			410
		234		320			
				87			
		31		564			
		274		153			410
		35		79			
		35		79			
906	2273	146362	63640	120613	907	6940	9212
53	56	15163	3093	10573	244	99	1145
43		1519	104	1752			
10	35	1343	650	626			308
	21	4963	50	3207	184		450
	21	4907	50	3133	184		450
		56		74			
		4613	2280	206			
		1377		2345	10	49	323
		1038		1306	10	4	32
		339		1039		45	291
		43		58			4
		24		53			
		19		5			
							4

2-9 续表 2

行业	从业人员数(人)	内资企业	国有企业	集体企业
蔬菜、水果和坚果加工	2219	2127	38	
其他农副食品加工	1676	1658		4
淀粉及淀粉制品的制造	1009	1009		2
豆制品制造	153	153		
蛋品加工	5	5		
其他未列明的农副食品加工	509	491		2
食品制造业	17962	15635	1237	27
焙烤食品制造	1558	1157	100	1
糕点、面包制造	962	962	57	1
饼干及其他焙烤食品制造	596	195	43	
糖果、巧克力及蜜饯制造	609	422		
糖果、巧克力制造	293	106		
蜜饯制作	316	316		
方便食品制造	2445	1173		
米、面制品制造	81	81		
速冻食品制造	134	134		
方便面及其他方便食品制造	2230	958		
液体乳及乳制品制造	4138	4000	472	
罐头制造	3998	3958		
肉、禽类罐头制造	77	77		
蔬菜、水果罐头制造	3907	3867		
其他罐头食品制造	14	14		
调味品、发酵制品制造	2253	2152	90	23
味精制造	828	828		
酱油、食醋及类似制品的制造	748	748		23
其他调味品、发酵制品制造	677	576	90	
其他食品制造	2961	2773	575	3
营养、保健食品制造	446	446	23	
冷冻饮品及食用冰制造	871	685		
盐加工	574	574	33	3
食品及饲料添加剂制造	894	892	519	
其他未列明的食品制造	176	176		
饮料制造业	12333	9087	102	159
酒精制造	304	303		
酒的制造	8880	6406	82	114
白酒制造	4666	4666		114
啤酒制造	2911	560	1	
葡萄酒制造	1168	1045	81	
其他酒制造	135	135		
软饮料制造	2847	2091	20	40
碳酸饮料制造	66	58		10
瓶(罐)装饮用水制造	956	914	20	30
果菜汁及果菜汁饮料制造	1086	752		
含乳饮料和植物蛋白饮料制造	238	217		
固体饮料制造	32	32		
茶饮料及其他软饮料制造	469	118		

股份合作企业	联营企业	有限责任公司	股份有限公司	私营企业	其他企业	港、澳、台商投资企业	外商投资企业
		616	1	1446	26	50	42
		689	8	933	24		18
		477		530			
				145	8		
				5			
		212	8	253	16		18
190		6908	1253	5997	23	936	1391
		203		853			401
		203		701			
				152			401
7		3		412			187
		3		103			187
7				309			
		648		525		934	338
		15		66			
				134			
		633		325		934	338
182		1826	136	1384			138
		1697	1054	1184	23		40
			64	13			
		1697	990	1157	23		40
				14			
		1285		754			101
		823		5			
		1		724			
		461		25			101
1		1246	63	885		2	186
1		171		251			
		332		353			186
		501		37			
		117	63	193		2	
		125		51			
52		2950	2118	3686	20	177	3069
		104		199			1
52		2032	2118	2000	8		2474
52		964	2118	1410	8		
		463		96			2351
		563		401			123
		42		93			
		654		1365	12	167	589
		14		34		8	
		104		748	12	42	
		461		291		117	217
		5		212			21
				32			
		70		48			351

2-9 续表 3

行业	从业人员数（人）	内资企业	国有企业	集体企业
精制茶加工	302	287		5
烟草制品业	518	518	518	
卷烟制造	518	518	518	
纺织业	84676	80864	40515	475
棉、化纤纺织及印染精加工	75806	72229	40453	378
棉、化纤纺织加工	75649	72072	40453	378
棉、化纤印染精加工	157	157		
毛纺织和染整精加工	2304	2074	58	1
毛条加工	309	309		
毛纺织	1995	1765	58	1
麻纺织	2101	2101		
丝绢纺织及精加工	127	127		
缫丝加工	5	5		
绢纺和丝织加工	122	122		
纺织制成品制造	731	731		64
棉及化纤制品制造	249	249		47
毛制品制造	103	103		
麻制品制造	150	150		
丝制品制造	8	8		8
绳、索、缆的制造	10	10		
纺织带和帘子布制造	49	49		9
无纺布制造	77	77		
其他纺织制成品制造	85	85		
针织品、编织品及其制品制造	3607	3602	4	32
棉、化纤针织品及编织品制造	1693	1693	4	
毛针织品及编织品制造	1877	1872		32
丝针织品及编织品制造	22	22		
其他针织品及编织品制造	15	15		
纺织服装、鞋、帽制造业	2893	2893	194	317
纺织服装制造	2642	2642	194	277
纺织面料鞋的制造	211	211		
制帽	40	40		40
皮革、毛皮、羽毛(绒)及其制品业	796	796	1	38
皮革鞣制加工	471	471		19
皮革制品制造	197	197	1	19
皮鞋制造	175	175		19
皮革服装制造	11	11	1	
皮箱、包(袋)制造	3	3		
其他皮革制品制造	8	8		
毛皮鞣制及制品加工	100	100		
毛皮鞣制加工	61	61		
毛皮服装加工	38	38		
其他毛皮制品加工	1	1		

股份合作企业	联营企业	有限责任公司	股份有限公司	私营企业	其他企业	港、澳、台商投资企业	外商投资企业
		160		122		10	5
75	350	23416	1563	14427	43	3306	506
	350	18048	36	12964		3071	506
	350	17934	36	12921		3071	506
		114		43			
75		1785		155		230	
8		193		108			
67		1592		47		230	
		1621	50	430			
		115		12			
				5			
		115		7			
		206		455	6		
		21		181			
		3		100			
		150					
				10			
				40			
				77			
		32		47	6		
		1641	1477	411	37	5	
		1418		234	37		
		223	1477	140		5	
				22			
				15			
90	48	1196		1004	44		
80	48	1196		803	44		
10				201			
16		327		414			
16		212		224			
		113		64			
		113		43			
				10			
				3			
				8			
		2		98			
		1		60			
				38			
		1					

2-9 续表 4

行　业	从业人员数(人)	内资企业	国有企业	集体企业
羽毛(绒)加工及制品制造	28	28		
羽毛(绒)加工	1	1		
羽毛(绒)制品加工	27	27		
木材加工及木、竹、藤、棕、草制品业	3857	3704	155	55
锯材、木片加工	683	673		
锯材加工	270	260		
木片加工	413	413		
人造板制造	2347	2205	155	5
胶合板制造	605	605		
纤维板制造	1231	1121	155	
刨花板制造	238	238		5
其他人造板、材制造	273	241		
木制品制造	762	761		
建筑用木料及木材组件加工	216	216		
木容器制造	162	162		
软木制品及其他木制品制造	384	383		
竹、藤、棕、草制品制造	65	65		50
家具制造业	4787	3853	70	32
木质家具制造	4021	3087	70	11
金属家具制造	723	723		21
塑料家具制造	25	25		
其他家具制造	18	18		
造纸及纸制品业	8531	8105	16	144
纸浆制造	1755	1755		
造纸	3353	3079		28
机制纸及纸板制造	3238	2964		28
加工纸制造	115	115		
纸制品制造	3423	3271	16	116
纸和纸板容器的制造	2943	2791	16	
其他纸制品制造	480	480		116
印刷业和记录媒介的复制	6497	6466	2218	242
印刷	6126	6095	2210	242
书、报、刊印刷	4081	4081	2106	160
本册印制	738	738	104	62
包装装潢及其他印刷	1307	1276		20
装订及其他印刷服务活动	371	371	8	
文教体育用品制造业	275	275		
文化用品制造	137	137		
文具制造	21	21		
笔的制造	100	100		
教学用模型及教具制造	14	14		
墨水、墨汁制造	2	2		

股份合作企业	联营企业	有限责任公司	股份有限公司	私营企业	其他企业	港、澳、台商投资企业	外商投资企业
				28			
				1			
				27			
14	22	776	7	2668	7		153
10		125	7	524	7		10
10		35		208	7		10
		90	7	316			
4		339		1702			142
4		149		452			
		174		792			110
				233			
		16		225			32
	22	297		442			1
	22	22		172			
				162			
		275		108			1
		15					
7	20	188		3518	18	929	5
7		188		2811		929	5
	20			676	6		
				13	12		
				18			
116		2243	2822	2731	33	274	152
		84	1592	79			
		1213	890	948		274	
		1210	890	836		274	
		3		112			
116		946	340	1704	33		152
116		923	340	1363	33		152
		23		341			
172	112	978	28	2711	5		31
159	112	921	28	2418	5		31
50	112	705		948			
12		35	28	497			
97		181		973	5		31
13		57		293			
				275			
				137			
				21			
				100			
				14			
				2			

2-9 续表 5

行　业	从业人员数(人)	内资企业	国有企业	集体企业
体育用品制造	120	120		
体育器材及配件制造	31	31		
训练健身器材制造	27	27		
运动防护用具制造	62	62		
游艺器材及娱乐用品制造	18	18		
露天游乐场所游乐设备制造	18	18		
石油加工、炼焦及核燃料加工业	32551	32277	328	21
精炼石油产品的制造	26442	26442	328	21
原油加工及石油制品制造	26442	26442	328	21
炼焦	6109	5835		
化学原料及化学制品制造业	51379	50681	6910	613
基础化学原料制造	22055	22012	6772	328
无机酸制造	605	605		
无机碱制造	4393	4393		
无机盐制造	6547	6504	1151	197
有机化学原料制造	9350	9350	5619	
其他基础化学原料制造	1160	1160	2	131
肥料制造	6710	6692	86	166
氮肥制造	2238	2238		
磷肥制造	190	190		
钾肥制造	1945	1945	37	
复混肥料制造	1271	1253	49	162
有机肥料及微生物肥料制造	875	875		4
其他肥料制造	191	191		
农药制造	71	71		
化学农药制造	44	44		
生物化学农药及微生物农药制造	27	27		
涂料、油墨、颜料及类似产品制造	981	981	52	3
涂料制造	866	866	52	
油墨及类似产品制造	27	27		3
密封用填料及类似品制造	88	88		
合成材料制造	12134	12134		
初级形态的塑料及合成树脂制造	11726	11726		
合成橡胶制造	3	3		
合成纤维单(聚合)体的制造	206	206		
其他合成材料制造	199	199		
专用化学产品制造	8637	8019		116
化学试剂和助剂制造	3379	3204		64
专项化学用品制造	2785	2346		52
林产化学产品制造	10	10		
炸药及火工产品制造	2094	2094		
信息化学品制造	112	112		
动物胶制造	215	215		
其他专用化学产品制造	42	38		

股份合作企业	联营企业	有限责任公司	股份有限公司	私营企业	其他企业	港、澳、台商投资企业	外商投资企业
				120			
				31			
				27			
				62			
				18			
				18			
		7092	21447	3389			274
		3385	21447	1261			
		3385	21447	1261			
		3707		2128			274
	824	24417	9053	8850	14	624	74
	448	6903	4029	3526	6		43
		300	291	14			
		629	3738	26			
	141	2011		3004			43
	307	3217		207			
		746		275	6		
	26	4642		1772			18
		2238					
		190					
		1817		91			
	26	201		815			18
		119		752			
		77		114			
		24		47			
		23		21			
		1		26			
		124		802			
		119		695			
		5		19			
				88			
		7154	4854	126			
		6885	4802	39			
				3			
		206					
		63	52	84			
	350	5104	146	2295	8	618	
		1894	145	1101		175	
	350	1069		875		439	
		10					
		1959		127	8		
		112					
		55	1	159			
		5		33		4	

2-9 续表 6

行业	从业人员数(人)	内资企业	国有企业	集体企业
日用化学产品制造	791	772		
肥皂及合成洗涤剂制造	548	548		
化妆品制造	149	130		
香料、香精制造	35	35		
其他日用化学产品制造	59	59		
医药制造业	4074	3912	727	
化学药品原药制造	349	347		
化学药品制剂制造	1093	1059	514	
中药饮片加工	1055	979	211	
中成药制造	908	908		
兽用药品制造	130	130		
生物、生化制品的制造	461	411	2	
卫生材料及医药用品制造	78	78		
化学纤维制造业	8547	8547		
纤维素纤维原料及纤维制造	8545	8545		
化纤浆粕制造	4153	4153		
人造纤维(纤维素纤维)制造	4392	4392		
合成纤维制造	2	2		
涤纶纤维制造	2	2		
橡胶制品业	2038	2027	90	45
轮胎制造	1316	1316	25	
车辆、飞机及工程机械轮胎制造	1280	1280	25	
轮胎翻新加工	36	36		
橡胶板、管、带的制造	320	320	65	
橡胶零件制造	141	130		45
再生橡胶制造	115	115		
日用及医用橡胶制品制造	125	125		
橡胶靴鞋制造	1	1		
其他橡胶制品制造	20	20		
塑料制品业	15425	15238	393	371
塑料薄膜制造	2199	2199	79	125
塑料板、管、型材的制造	6890	6787	228	
塑料丝、绳及编织品的制造	2646	2625		72
泡沫塑料制造	531	468		
塑料人造革、合成革制造	1	1		
塑料包装箱及容器制造	846	846		41
塑料零件制造	75	75		
日用塑料制造	510	510	52	33
塑料鞋制造	1	1		
日用塑料杂品制造	509	509	52	33
其他塑料制品制造	1727	1727	34	100
非金属矿物制品业	53168	52214	4846	1656
水泥、石灰和石膏的制造	22371	22371	2355	361
水泥制造	20955	20955	1875	361
石灰和石膏制造	1416	1416	480	

股份合作企业	联营企业	有限责任公司	股份有限公司	私营企业	其他企业	港、澳、台商投资企业	外商投资企业
		466	24	282		6	13
		421	24	103			
		13		117		6	13
		8		27			
		24		35			
	3	1336		1808	38	2	160
		136		211		2	
		370		175			34
		371		397			76
		283		595	30		
		67		63			
	3	108		298			50
		1		69	8		
		5645	10	2892			
		5643	10	2892			
		2207		1946			
		3436	10	946			
		2					
		2					
		154	1255	483			11
			1255	36			
			1255				
				36			
		77		178			
				85			11
		77		38			
				125			
				1			
				20			
26	434	4555	1171	8221	67	117	70
10	50	841	76	964	54		
11		2401	1095	3049	3	103	
5	50	658		1840			21
		84		378	6	14	49
				1			
		87		718			
				75			
		119		306			
				1			
		119		305			
	334	365		890	4		
7	380	19176	5288	20626	235		954
		12056	4836	2763			
		11748	4824	2147			
		308	12	616			

2-9 续表 7

行　　业	从业人员数(人)	内资企业	国有企业	集体企业
水泥及石膏制品制造	8342	8342	1811	92
水泥制品制造	6579	6579	1717	33
砼结构构件制造	916	916	90	45
石棉水泥制品制造	81	81		
轻质建筑材料制造	530	530	4	1
其他水泥制品制造	236	236		13
砖瓦、石材及其他建筑材料制造	15327	15312	31	851
粘土砖瓦及建筑砌块制造	10628	10628	23	851
建筑陶瓷制品制造	1808	1808		
建筑用石加工	976	976		
防水建筑材料制造	375	375		
隔热和隔音材料制造	927	927		
其他建筑材料制造	613	598	8	
玻璃及玻璃制品制造	3696	2908		65
平板玻璃制造	624	624		
技术玻璃制品制造	276	276		
日用玻璃制品及玻璃包装容器制造	1180	1180		65
玻璃保温容器制造	357	357		
玻璃纤维及制品制造	540	186		
玻璃纤维增强塑料制品制造	695	261		
其他玻璃制品制造	24	24		
陶瓷制品制造	209	209		
卫生陶瓷制品制造	160	160		
特种陶瓷制品制造	33	33		
日用陶瓷制品制造	5	5		
园林、陈设艺术及其他陶瓷制品制造	11	11		
耐火材料制品制造	687	687	7	287
石棉制品制造	21	21		
云母制品制造	7	7	7	
耐火陶瓷制品及其他耐火材料制造	659	659		287
石墨及其他非金属矿物制品制造	2536	2385	642	
石墨及碳素制品制造	1372	1372	642	
其他非金属矿物制品制造	1164	1013		
黑色金属冶炼及压延加工业	28421	28371	403	559
炼铁	15314	15314	403	
炼钢	244	244		
钢压延加工	11411	11411		559
铁合金冶炼	1452	1402		
有色金属冶炼及压延加工业	7169	7085	1577	86
常用有色金属冶炼	4391	4391	352	
铜冶炼	605	605		
铅锌冶炼	168	168		
镍钴冶炼	1338	1338		
铝冶炼	1968	1968	352	
镁冶炼	79	79		
其他常用有色金属冶炼	233	233		

股份合作企业	联营企业	有限责任公司	股份有限公司	私营企业	其他企业	港、澳、台商投资企业	外商投资企业
		2893	355	3188	3		
		2169	107	2553			
		267	248	263	3		
		3		78			
		334		191			
		120		103			
	380	2420	46	11434	150		15
	380	811	46	8398	119		
		951		857			
		185		776	15		
		134		241			
		146		765	16		
		193		397			15
7		729	51	2056			788
		44		580			
		59		217			
7		440	51	617			
				357			
		1		185			354
		172		89			434
		13		11			
		183		26			
		155		5			
		23		10			
		5					
				11			
		160		233			
		18		3			
		142		230			
		735		926	82		151
		56		662	12		
		679		264	70		151
44		14892	5809	6632	32		50
44		12997	30	1808	32		
		71		173			
		981	5779	4092			
		843		559			50
		1872	2601	949		84	
		1061	2601	377			
		546		59			
				168			
		297	1041				
			1560	56			
				79			
		218		15			

2-9 续表 8

行　业	从业人员数（人）	内资企业	国有企业	集体企业
贵金属冶炼	2097	2013	1225	86
金冶炼	2097	2013	1225	86
有色金属合金制造	70	70		
有色金属压延加工	611	611		
常用有色金属压延加工	608	608		
贵金属压延加工	3	3		
金属制品业	11229	10998	375	222
结构性金属制品制造	5903	5702	89	38
金属结构制造	4531	4333	19	24
金属门窗制造	1372	1369	70	14
金属工具制造	265	265	13	28
农用及园林用金属工具制造	150	150	13	28
刀剪及类似日用金属工具制造	77	77		
其他金属工具制造	38	38		
集装箱及金属包装容器制造	1775	1745		5
集装箱制造	15	15		
金属压力容器制造	205	205		
金属包装容器制造	1555	1525		5
金属丝绳及其制品的制造	551	551		109
建筑、安全用金属制品制造	861	861	29	42
建筑、家具用金属配件制造	110	110		
建筑装饰及水暖管道零件制造	570	570		
安全、消防用金属制品制造	113	113		36
其他建筑、安全用金属制品制造	68	68	29	6
金属表面处理及热处理加工	703	703		
不锈钢及类似日用金属制品制造	175	175		
金属制厨房调理及卫生器具制造	78	78		
金属制厨用器皿及餐具制造	85	85		
其他日用金属制品制造	12	12		
其他金属制品制造	996	996	244	
其他未列明的金属制品制造	996	996	244	
通用设备制造业	6869	6817	207	544
锅炉及原动机制造	852	852		19
锅炉及辅助设备制造	817	817		19
内燃机及配件制造	31	31		
其他原动机制造	4	4		
金属加工机械制造	184	184		
金属切削机床制造	22	22		
金属成形机床制造	15	15		
铸造机械制造	24	24		
金属切割及焊接设备制造	9	9		
机床附件制造	4	4		
其他金属加工机械制造	110	110		

股份合作企业	联营企业	有限责任公司	股份有限公司	私营企业	其他企业	港、澳、台商投资企业	外商投资企业
		509		193		84	
		509		193		84	
		50		20			
		252		359			
		252		356			
				3			
		3884	109	6342	66	33	198
		1714	50	3765	46	3	198
		1289	50	2951			198
		425		814	46	3	
		43		181			
		1		108			
		42		35			
				38			
		1372		348	20	30	
				15			
		153		52			
		1219		281	20	30	
		283		159			
		100		690			
				110			
		41		529			
		39		38			
		20		13			
			19	684			
		12	40	123			
			40	38			
		12		73			
				12			
		360		392			
		360		392			
15	1	1810	80	4160		31	21
		232		601			
		228		570			
				31			
		4					
		45		139			
		6		16			
				15			
				24			
				9			
				4			
		39		71			

2-9 续表 9

行业	从业人员数(人)	内资企业	国有企业	集体企业
起重运输设备制造	512	512		
泵、阀门、压缩机及类似机械的制造	295	295	121	
泵及真空设备制造	282	282	121	
阀门和旋塞的制造	1	1		
液压和气压动力机械及元件制造	12	12		
轴承、齿轮、传动和驱动部件的制造	324	324		
轴承制造	287	287		
齿轮、传动和驱动部件制造	37	37		
风机、衡器、包装设备等通用设备制造	668	632		6
风机、风扇制造	230	230		1
气体、液体分离及纯净设备制造	25	25		
制冷、空调设备制造	194	194		5
喷枪及类似器具制造	26	11		
包装专用设备制造	7	7		
衡器制造	121	100		
其他通用设备制造	65	65		
通用零部件制造及机械修理	2839	2823	76	455
金属密封件制造	229	229		
紧固件、弹簧制造	307	307		17
机械零部件加工及设备修理	2172	2156	74	438
其他通用零部件制造	131	131	2	
金属铸、锻加工	1195	1195	10	64
钢铁铸件制造	1050	1050	10	63
锻件及粉末冶金制品制造	145	145		1
专用设备制造业	7357	6664	1096	15
矿山、冶金、建筑专用设备制造	2479	1957	548	14
采矿、采石设备制造	971	703	10	14
石油钻采专用设备制造	997	743	445	
建筑工程用机械制造	385	385	93	
建筑材料生产专用机械制造	126	126		
化工、木材、非金属加工专用设备制造	125	125		
炼油、化工生产专用设备制造	36	36		
塑料加工专用设备制造	36	36		
木材加工机械制造	2	2		
模具制造	48	48		
其他非金属加工专用设备制造	3	3		
食品、饮料、烟草及饲料生产专用设备制造	107	107		1
食品、饮料、烟草工业专用设备制造	40	40		
农副食品加工专用设备制造	55	55		1
饲料生产专用设备制造	12	12		
印刷、制药、日化生产专用设备制造	65	65		
印刷专用设备制造	19	19		
照明器具生产专用设备制造	5	5		
其他日用品生产专用设备制造	41	41		

股份合作企业	联营企业	有限责任公司	股份有限公司	私营企业	其他企业	港、澳、台商投资企业	外商投资企业
		223		289			
		91	80	3			
		81	80				
				1			
		10		2			
		261		63			
		261		26			
				37			
	1	34		591		15	21
	1			228			
				25			
		34		155			
				11		15	
				7			
				100			21
				65			
		711		1581		16	
		129		100			
				290			
		582		1062		16	
				129			
15		213		893			
15		213		749			
				144			
		1242	1289	3022		209	484
		391		1004		209	313
		200		479			268
		123		175		209	45
		68		224			
				126			
			6	119			
				36			
				36			
				2			
			5	43			
			1	2			
				106			
				40			
				54			
				12			
				65			
				19			
				5			
				41			

2-9 续表 10

行业	从业人员数(人)	内资企业	国有企业	集体企业
纺织、服装和皮革工业专用设备制造	246	246		
纺织专用设备制造	230	230		
其他服装加工专用设备制造	16	16		
电子和电工机械专用设备制造	102	102		
电工机械专用设备制造	92	92		
电子工业专用设备制造	10	10		
农、林、牧、渔专用机械制造	3744	3573	548	
拖拉机制造	87	87		
机械化农业及园艺机具制造	2752	2752	132	
畜牧机械制造	236	65		
农林牧渔机械配件制造	33	33		
其他农林牧渔业机械制造及机械修理	636	636	416	
医疗仪器设备及器械制造	111	111		
医疗诊断、监护及治疗设备制造	1	1		
医疗、外科及兽医用器械制造	6	6		
假肢、人工器官及植(介)入器械制造	43	43		
其他医疗设备及器械制造	61	61		
环保、社会公共安全及其他专用设备制造	378	378		
环境污染防治专用设备制造	101	101		
商业、饮食、服务业专用设备制造	10	10		
社会公共安全设备及器材制造	8	8		
交通安全及管制专用设备制造	5	5		
水资源专用机械制造	145	145		
其他专用设备制造	109	109		
交通运输设备制造业	4312	4312	601	345
铁路运输设备制造	330	330	127	160
铁路机车车辆配件制造	136	136	127	9
铁路专用设备及器材、配件制造	43	43		
其他铁路设备制造及设备修理	151	151		151
汽车制造	3789	3789	474	91
汽车整车制造	963	963		
改装汽车制造	406	406	3	
汽车车身、挂车的制造	305	305	15	
汽车零部件及配件制造	250	250	32	18
汽车修理	1865	1865	424	73
摩托车制造	5	5		
摩托车整车制造	5	5		
自行车制造	34	34		
脚踏自行车及残疾人座车制造	9	9		
助动自行车制造	25	25		
交通器材及其他交通运输设备制造	154	154		94
交通管理用金属标志及设施制造	141	141		94
其他交通运输设备制造	13	13		

股份合作企业	联营企业	有限责任公司	股份有限公司	私营企业	其他企业	港、澳、台商投资企业	外商投资企业
		56		190			
		56		174			
				16			
		48		54			
		48		44			
				10			
		703	1278	1044			171
		48		39			
		580	1278	762			
		11		54			171
				33			
		64		156			
		32		79			
				1			
				6			
				43			
		32		29			
		12	5	361			
				101			
				10			
				8			
			5				
		12		133			
				109			
29	23	2114	14	1170	16		
		43					
		43					
27	23	2041	14	1103	16		
		963					
		390		13			
		274		16			
11		147		42			
16	23	267	14	1032	16		
				5			
				5			
2				32			
2				7			
				25			
		30		30			
		23		24			
		7		6			

2-9 续表 11

行业	从业人员数（人）	内资企业	国有企业	集体企业
电气机械及器材制造业	7973	7973	216	88
电机制造	1247	1247		
发电机及发电机组制造	1239	1239		
电动机制造	8	8		
输配电及控制设备制造	5195	5195	33	66
变压器、整流器和电感器制造	2641	2641		65
电容器及其配套设备制造	71	71	33	
配电开关控制设备制造	2156	2156		1
电力电子元器件制造	12	12		
其他输配电及控制设备制造	315	315		
电线、电缆、光缆及电工器材制造	1202	1202	148	22
电线电缆制造	872	872	148	22
绝缘制品制造	318	318		
其他电工器材制造	12	12		
电池制造	7	7		
家用电力器具制造	34	34		
家用制冷电器具制造	7	7		
家用通风电器具制造	3	3		
家用厨房电器具制造	6	6		
家用清洁卫生电器具制造	5	5		
其他家用电力器具制造	13	13		
非电力家用器具制造	151	151	35	
燃气、太阳能及类似能源的器具制造	151	151	35	
照明器具制造	80	80		
照明灯具制造	78	78		
灯用电器附件及其他照明器具制造	2	2		
其他电气机械及器材制造	57	57		
车辆专用照明及电气信号设备装置制造	11	11		
其他未列明的电气机械制造	46	46		
通信设备、计算机及其他电子设备制造业	3182	2999	1	
通信设备制造	66	2		
通信传输设备制造	2	2		
移动通信及终端设备制造	64			
广播电视设备制造	173	92		
广播电视接收设备及器材制造	173	92		
电子器件制造	3	3		
光电子器件及其他电子器件制造	3	3		
电子元件制造	2869	2831		
电子元件及组件制造	2869	2831		
家用视听设备制造	70	70		
家用影视设备制造	70	70		
其他电子设备制造	1	1	1	
仪器仪表及文化、办公用机械制造业	367	355		7
通用仪器仪表制造	189	177		

股份合作企业	联营企业	有限责任公司	股份有限公司	私营企业	其他企业	港、澳、台商投资企业	外商投资企业
		2458	1880	3330	1		
		460		787			
		460		779			
				8			
		1553	1865	1677	1		
		530	1850	196			
		23		14	1		
		886		1269			
				12			
		114	15	186			
		349	15	668			
		31	15	656			
		318					
				12			
				7			
				34			
				7			
				3			
				6			
				5			
				13			
		84		32			
		84		32			
		1		79			
		1		77			
				2			
		11		46			
		11					
				46			
		114	2750	134		119	64
				2			64
				2			
							64
				92		81	
				92		81	
		3					
		3					
		73	2750	8		38	
		73	2750	8		38	
		38		32			
		38		32			
		179		169			12
		105		72			12

2-9 续表 12

行业	从业人员数(人)	内资企业	国有企业	集体企业
工业自动控制系统装置制造	47	47		
电工仪器仪表制造	16	4		
供应用仪表及其他通用仪器制造	126	126		
专用仪器仪表制造	101	101		
地质勘探和地震专用仪器制造	74	74		
电子测量仪器制造	2	2		
其他专用仪器制造	25	25		
光学仪器及眼镜制造	5	5		
眼镜制造	5	5		
文化、办公用机械制造	31	31		
计算器及货币专用设备制造	6	6		
其他文化、办公用机械制造	25	25		
其他仪器仪表的制造及修理	41	41		7
工艺品及其他制造业	2003	1615	44	68
工艺美术品制造	770	382	38	67
雕塑工艺品制造	13	13		
金属工艺品制造	25	25		12
天然植物纤维编织工艺品制造	38	38		
地毯、挂毯制造	647	259	38	55
珠宝首饰及有关物品的制造	24	24		
其他工艺美术品制造	23	23		
日用杂品制造	61	61		
制镜及类似品加工	48	48		
其他日用杂品制造	13	13		
煤制品制造	1133	1133		1
其他未列明的制造业	39	39	6	
废弃资源和废旧材料回收加工业	211	211	4	
金属废料和碎屑的加工处理	109	109		
非金属废料和碎屑的加工处理	102	102	4	
电力、燃气及水的生产和供应业	59376	58920	15942	419
电力、热力的生产和供应业	50470	50127	11877	326
电力生产	19553	19210	5158	248
火力发电	14281	13938	3049	147
水力发电	4719	4719	2065	101
其他能源发电	553	553	44	
电力供应	20575	20575	4690	
热力生产和供应	10342	10342	2029	78
燃气生产和供应业	2391	2391	14	
燃气生产和供应业	2391	2391	14	
水的生产和供应业	6515	6402	4051	93
自来水的生产和供应	5955	5955	3749	93
污水处理及其再生利用	560	447	302	
建筑业	206812	206801	45202	2774
房屋和土木工程建筑业	175386	175386	40499	1859

股份合作企业	联营企业	有限责任公司	股份有限公司	私营企业	其他企业	港、澳、台商投资企业	外商投资企业
		41		6			
		4					12
		60		66			
		74		27			
		74					
				2			
				25			
				5			
				5			
				31			
				6			
				25			
				34			
		1183		320			388
		106		171			388
				13			
				13			
		15		23			
		88		78			388
		3		21			
				23			
				61			
				48			
				13			
		1058		74			
		19		14			
		94		112	1		
		42		66	1		
		52		46			
154		31896	5044	5381	84		456
141		27853	5037	4864	29		343
141		7336	5034	1293			343
		5269	4732	741			343
141		1683	289	440			
		384	13	112			
		15880		5			
		4637	3	3566	29		
13		1956		383	25		
13		1956		383	25		
		2087	7	134	30		113
		1945	7	131	30		
		142		3			113
569	140	102249	12454	43269	144	11	
568		89796	10862	31664	138		

2-9 续表 13

行　业	从业人员数（人）	内资企业	国有企业	集体企业
房屋工程建筑	123294	123294	21431	640
土木工程建筑	52092	52092	19068	1219
铁路、道路、隧道和桥梁工程建筑	31099	31099	11526	442
水利和港口工程建筑	10713	10713	4785	121
工矿工程建筑	3507	3507	424	40
架线和管道工程建筑	5197	5197	2061	306
其他土木工程建筑	1576	1576	272	310
建筑安装业	22772	22767	3676	805
建筑装饰业	4944	4938	86	2
其他建筑业	3710	3710	941	108
工程准备	2278	2278	895	69
提供施工设备服务	363	363	27	39
其他未列明的建筑活动	1069	1069	19	
交通运输、仓储和邮政业	96228	91859	49703	1327
铁路运输业	115	115	5	
铁路旅客运输	48	48		
铁路货物运输	65	65	5	
铁路运输辅助活动	2	2		
货运火车站	2	2		
道路运输业	48601	48601	31700	419
公路旅客运输	6945	6945	1046	
道路货物运输	37775	37775	27717	379
道路运输辅助活动	3881	3881	2937	40
客运汽车站	3336	3336	2860	15
公路管理与养护	424	424	77	25
其他道路运输辅助活动	121	121		
城市公共交通业	17088	13357	1272	463
公共电汽车客运	14361	10630	1015	462
轨道交通	76	76		
出租车客运	2533	2533	257	1
其他城市公共交通	118	118		
航空运输业	3604	3604	3268	
航空客货运输	27	27		
通用航空服务	268	268		
航空运输辅助活动	3309	3309	3268	
机场	3268	3268	3268	
其他航空运输辅助活动	41	41		
管道运输业	911	371	369	
管道运输业	911	371	369	
装卸搬运和其他运输服务业	10170	10072	535	389
装卸搬运	5366	5366	22	384
运输代理服务	4804	4706	513	5
仓储业	3672	3672	1919	56
谷物、棉花等农产品仓储	1442	1442	1171	18
其他仓储	2230	2230	748	38

股份合作企业	联营企业	有限责任公司	股份有限公司	私营企业	其他企业	港、澳、台商投资企业	外商投资企业
568		74382	5588	20634	51		
		15414	5274	11030	87		
		7561	4432	7138			
		3786	749	1185	87		
		1699		1344			
		2258	93	479			
		110		884			
	140	11374	1564	5206	2	5	
		467	21	4362		6	
1		612	7	2037	4		
1		421		889	3		
		7		290			
		184	7	858	1		
268	142	18559	225	17194	4441	4109	260
		60		39	11		
		48					
		12		37	11		
				2			
				2			
231	121	9977	119	6009	25		
103	37	4284	60	1415			
128	4	5105	47	4372	23		
	80	588	12	222	2		
		355		104	2		
	80	179	12	51			
		54		67			
4	6	4415	39	2831	4327	3731	
		3725	27	1077	4324	3731	
		76					
4	6	514	12	1736	3		
		100		18			
		228		108			
		16		11			
		203		65			
		9		32			
		9		32			
				2		378	162
				2		378	162
1	11	1924	55	7095	62		98
		1045	3	3912			
1	11	879	52	3183	62		98
32	4	745	12	892	12		
32		124		97			
	4	621	12	795	12		

2-9 续表 14

行　业	从业人员数(人)	内资企业	国有企业	集体企业
邮政业	12067	12067	10635	
国家邮政	10635	10635	10635	
其他寄递服务	1432	1432		
信息传输、计算机服务和软件业	27951	23676	5513	137
电信和其他信息传输服务业	20177	15952	5408	5
电信	17775	13550	5081	
固定电信服务	8957	8931	3305	
移动电信服务	8467	4268	1690	
其他电信服务	351	351	86	
互联网信息服务	1441	1441	146	
广播电视传输服务	950	950	170	5
有线广播电视传输服务	872	872	106	5
无线广播电视传输服务	78	78	64	
卫星传输服务	11	11	11	
计算机服务业	5315	5271	4	5
计算机系统服务	1370	1330	4	
数据处理	58	54		5
计算机维修	275	275		
其他计算机服务	3612	3612		
软件业	2459	2453	101	127
公共软件服务	1801	1795	57	127
基础软件服务	960	954	11	
应用软件服务	841	841	46	127
其他软件服务	658	658	44	
批发和零售业	186693	184305	23784	6272
批发业	120808	119992	18490	5369
农畜产品批发	22119	22053	5546	2519
谷物、豆及薯类批发	4242	4226	2667	70
种子、饲料批发	4302	4287	1206	15
棉、麻批发	12447	12412	1517	2428
牲畜批发	111	111		
其他农畜产品批发	1017	1017	156	6
食品、饮料及烟草制品批发	11404	11058	3504	197
米、面制品及食用油批发	2181	2167	1027	37
糕点、糖果及糖批发	298	298		
果品、蔬菜批发	1533	1509	60	34
肉、禽、蛋及水产品批发	521	521	34	
盐及调味品批发	732	728	301	55
饮料及茶叶批发	2169	1865	71	55
烟草制品批发	2771	2771	1916	
其他食品批发	1199	1199	95	16
纺织、服装及日用品批发	4646	4641	17	35
纺织品、针织品及原料批发	1001	1001	5	1
服装批发	1069	1064	3	18

股份合作企业	联营企业	有限责任公司	股份有限公司	私营企业	其他企业	港、澳、台商投资企业	外商投资企业
		1210		218	4		
		1210		218	4		
15	24	4604	6476	6689	218	1156	3119
	20	3011	6417	1071	20	1110	3115
	20	2066	6126	254	3	1110	3115
		1215	4355	56		26	
	20	690	1768	97	3	1084	3115
		161	3	101			
		224	267	787	17		
		721	24	30			
		717	24	20			
		4		10			
7	4	424	48	4620	159	40	4
4		286		1036		40	
		6		43			4
		54		221			
3	4	78	48	3320	159		
8		1169	11	998	39	6	
8		918	11	635	39	6	
1		640	5	258	39	6	
7		278	6	377			
		251		363			
324	197	40452	8771	103898	607	752	1636
146	138	24446	6097	64921	385	486	330
19	10	7787	1415	4574	183	35	31
		1338		93	58		16
16	10	814	729	1455	42		15
		5397	600	2408	62	35	
		4	81	26			
3		234	5	592	21		
	12	2766	124	4366	89	339	7
		570		533		14	
		66		232			
		795	8	605	7	22	2
		174		311	2		
	12	206	4	138	12		4
		250	80	1376	33	303	1
		657	32	166			
		48		1005	35		
14		341		4229	5		5
14		102		874	5		
		36		1007			5

2-9 续表 15

行业	从业人员数(人)	内资企业	国有企业	集体企业
鞋帽批发	120	120		
厨房、卫生间用具及日用杂货批发	378	378	8	8
化妆品及卫生用品批发	1126	1126		
其他日用品批发	952	952	1	8
文化、体育用品及器材批发	2163	2163	613	15
文具用品批发	626	626	19	
体育用品批发	107	107		8
图书批发	683	683	514	
报刊批发	4	4		
音像制品及电子出版物批发	203	203		
首饰、工艺品及收藏品批发	133	133		
其他文化用品批发	407	407	80	7
医药及医疗器材批发	4754	4754	696	17
西药批发	2561	2561	639	11
中药材及中成药批发	535	535	19	
医疗用品及器材批发	1658	1658	38	6
矿产品、建材及化工产品批发	40655	40417	6764	2191
煤炭及制品批发	1513	1513	276	
石油及制品批发	13034	12988	4357	137
非金属矿及制品批发	291	286	15	
金属及金属矿批发	8095	8038	432	15
建材批发	5099	5020	117	49
化肥批发	8133	8133	1312	1942
农药批发	683	683	113	26
农用薄膜批发	166	166	6	22
其他化工产品批发	3641	3590	136	
机械设备、五金交电及电子产品批发	30402	30257	935	280
农业机械批发	2007	2007	172	9
汽车、摩托车及零配件批发	4658	4650	324	43
五金、交电批发	5542	5542	65	124
家用电器批发	1330	1280		
计算机、软件及辅助设备批发	2556	2551	17	
通讯及广播电视设备批发	1243	1243	36	
其他机械设备及电子产品批发	13066	12984	321	104
贸易经纪与代理	1472	1462	135	
其他批发	3193	3187	280	115
再生物资回收与批发	1264	1264	48	7
其他未列明的批发	1929	1923	232	108
零售业	65885	64313	5294	903
综合零售	16201	14941	122	543
百货零售	7682	7422	96	231
超级市场零售	7552	6552	6	
其他综合零售	967	967	20	312

股份合作企　　业	联营企业	有限责任公　　司	股份有限公　　司	私营企业	其他企业	港、澳、台商投资企业	外商投资企　　业
		13		107			
		21		341			
		10		1116			
		159		784			
8		262		1252	13		
		4		603			
		3		96			
		47		122			
				4			
		181		22			
				120	13		
8		27		285			
		1442	77	2522			
		1070	65	776			
		272		244			
		100	12	1502			
67	6	7572	4248	19530	39	45	193
5		613	83	529	7		
7		1617	3662	3208			46
4		46		221			5
9		1620	157	5801	4	45	12
17		550	19	4259	9		79
12	6	2476	277	2094	14		
		107	2	430	5		
		24		114			
13		519	48	2874			51
35	107	3165	199	25492	44	63	82
19		488	16	1287	16		
4		641	167	3469	2	8	
12	94	641	11	4583	12		
		299		981		50	
		187		2347		5	
		104		1103			
	13	805	5	11722	14		82
	3	255		1058	11		10
3		856	34	1898	1	4	2
		449	10	750			
3		407	24	1148	1	4	2
178	59	16006	2674	38977	222	266	1306
120	15	4003	1915	8197	26	255	1005
120	8	2502	1915	2539	11	255	5
		1469		5073	4		1000
	7	32		585	11		

2-9 续表 16

行业	从业人员数(人)	内资企业	国有企业	集体企业
食品、饮料及烟草制品专门零售	2403	2400	262	8
粮油零售	622	622	210	1
糕点、面包零售	133	133	2	
果品、蔬菜零售	151	151	9	
肉、禽、蛋及水产品零售	205	202	17	
饮料及茶叶零售	467	467		7
烟草制品零售	241	241	24	
其他食品零售	584	584		
纺织、服装及日用品专门零售	5851	5724	108	41
纺织品及针织品零售	434	434		7
服装零售	4158	4031	31	13
鞋帽零售	100	100		
钟表、眼镜零售	294	294	15	20
化妆品及卫生用品零售	253	253		
其他日用品零售	612	612	62	1
文化、体育用品及器材专门零售	4343	4343	1942	115
文具用品零售	405	405	7	6
体育用品零售	357	357		
图书零售	2047	2047	1844	7
报刊零售	6	6		
音像制品及电子出版物零售	69	69	14	
珠宝首饰零售	853	853	50	91
工艺美术品及收藏品零售	282	282		
照相器材零售	124	124	21	
其他文化用品零售	200	200	6	11
医药及医疗器材专门零售	5481	5481	582	9
药品零售	4601	4601	556	9
医疗用品及器材零售	880	880	26	
汽车、摩托车、燃料及零配件专门零售	13833	13661	1349	69
汽车零售	5984	5812	15	43
汽车零配件零售	2028	2028	10	
摩托车及零配件零售	756	756	37	6
机动车燃料零售	5065	5065	1287	20
家用电器及电子产品专门零售	9594	9594	719	60
家用电器零售	3112	3112	6	47
计算机、软件及辅助设备零售	3510	3510	66	
通信设备零售	2203	2203	647	9
其他电子产品零售	769	769		4
五金、家具及室内装修材料专门零售	5157	5154	20	12
五金零售	2077	2074	18	
家具零售	1988	1988		8
涂料零售	71	71		
其他室内装修材料零售	1021	1021	2	4
无店铺及其他零售	3022	3015	190	46
流动货摊零售	17	17		

股份合作企业	联营企业	有限责任公司	股份有限公司	私营企业	其他企业	港、澳、台商投资企业	外商投资企业
	18	341	72	1692	7		3
	4	47	54	300	6		
				131			
		42	7	92	1		
		26		159			3
	14	29	11	406			
		83		134			
		114		470			
	14	925		4636		1	126
		23		404			
		879		3108		1	126
				100			
		8		251			
				253			
	14	15		520			
7		368		1901	10		
7		20		365			
		11		346			
		28		168			
				6			
		13		42			
		253		449	10		
		16		266			
		5		98			
		22		161			
2		1651	62	3070	105		
2		1492	62	2375	105		
		159		695			
14	8	4335	498	7346	42		172
7		2163	17	3556	11		172
		222		1774	22		
7		128		578			
	8	1822	481	1438	9		
4	2	2023	34	6735	17		
		886	32	2140	1		
4		562		2870	8		
		529		1011	7		
	2	46	2	714	1		
11		1556	41	3507	7	3	
5		250	13	1781	7	3	
6		1217	26	731			
				71			
		89	2	924			
20	2	804	52	1893	8	7	
		4		13			

2-9 续表 17

行　　业	从业人员数（人）			
		内资企业		
			国有企业	集体企业
邮购及电子销售	10	10		
生活用燃料零售	1197	1197	94	
花卉零售	86	86		
旧货零售	12	12		
其他未列明的零售	1700	1693	96	46
住宿和餐饮业	45618	42874	10778	1239
住宿业	33826	32340	10182	1100
旅游饭店	27005	25605	8568	954
一般旅馆	6489	6403	1565	146
其他住宿服务	332	332	49	
餐饮业	11792	10534	596	139
正餐服务	9999	9860	509	139
快餐服务	1663	544	87	
饮料及冷饮服务	16	16		
其他餐饮服务	114	114		
金融业	71795	71713	15988	7589
银行业	40642	40582	14776	7589
中央银行	333	333	333	
商业银行	37578	37518	12544	7010
其他银行	2731	2731	1899	579
证券业	600	600	6	
证券经纪与交易	575	575		
证券投资	25	25	6	
保险业	28406	28384	1016	
人寿保险	20585	20563	583	
非人寿保险	7678	7678	433	
保险辅助服务	143	143		
其他金融活动	2147	2147	190	
金融信托与管理	164	164	5	
金融租赁	69	69		
财务公司	62	62		
邮政储蓄	681	681	101	
典当	590	590	5	
其他未列明的金融活动	581	581	79	
房地产业	56643	56451	4685	1050
房地产业	56643	56451	4685	1050
房地产开发经营	20402	20281	667	3
物业管理	27823	27789	2997	539
房地产中介服务	2702	2700	91	17
其他房地产活动	5716	5681	930	491
租赁和商务服务业	86264	85436	14170	5030
租赁业	2531	2477	116	55
机械设备租赁	2370	2316	110	55
汽车租赁	517	517	15	6

股份合作企业	联营企业	有限责任公司	股份有限公司	私营企业	其他企业	港、澳、台商投资企业	外商投资企业
				10			
		518	10	575			
		20		63	3		
		3		9			
20	2	259	42	1223	5	7	
42	163	12101	625	17758	168	1492	1252
	163	9574	605	10675	41	1486	
	153	7917	558	7445	10	1400	
	10	1637	34	2980	31	86	
		20	13	250			
42		2527	20	7083	127	6	1252
42		2429		6620	121	6	133
		93	20	338	6		1119
				16			
		5		109			
1276	22	5238	40227	1204	169	60	22
811	22	132	17095		157	60	
671	22	132	16982		157	60	
140			113				
		36	539	19			
		36	539				
				19			
465		3875	22590	434	4		22
381		3536	16063				22
84		313	6495	353			
		26	32	81	4		
		1195	3	751	8		
		111		48			
		51		18			
		1		61			
		580					
		247		336	2		
		205	3	288	6		
29	22	20867	346	29414	38	157	35
29	22	20867	346	29414	38	157	35
	17	7381	138	12060	15	103	18
22		11508	164	12550	9	17	17
		502	10	2074	6	2	
7	5	1476	34	2730	8	35	
54	120	32374	1319	31944	425	55	773
9	13	930	4	1340	10	4	50
9	13	868	4	1247	10	4	50
		123		373			

2-9 续表 18

行业	从业人员数（人）	内资企业	国有企业	集体企业
农业机械租赁	12	12		
建筑工程机械与设备租赁	769	769	14	36
计算机及通讯设备租赁	42	42		
其他机械与设备租赁	1030	976	81	13
文化及日用品出租	161	161	6	
图书及音像制品出租	1	1		
其他文化及日用品出租	160	160	6	
商务服务业	83733	82959	14054	4975
企业管理服务	20576	19916	9479	634
企业管理机构	14225	13587	8846	403
投资与资产管理	4266	4244	383	68
其他企业管理服务	2085	2085	250	163
法律服务	2041	2041	79	5
律师及相关的法律服务	1868	1868	41	5
公证服务	94	94	32	
其他法律服务	79	79	6	
咨询与调查	7252	7195	248	299
会计、审计及税务服务	2957	2957	32	
市场调查	60	60		
社会经济咨询	1186	1179	34	70
其他专业咨询	3049	2999	182	229
广告业	5655	5654	226	21
知识产权服务	136	136		7
职业中介服务	27839	27839	425	71
市场管理	4636	4598	568	115
旅行社	3000	2990	268	47
其他商务服务	12598	12590	2761	3776
会议及展览服务	224	219	13	
包装服务	23	23		
保安服务	8478	8478	2305	3621
办公服务	444	441	52	37
其他未列明的商务服务	3429	3429	391	118
科学研究、技术服务和地质勘查业	26324	26140	6119	264
研究与试验发展	746	729	209	62
自然科学研究与试验发展	93	93	4	
工程和技术研究与试验发展	314	314	116	
农业科学研究与试验发展	212	195	89	
医学研究与试验发展	127	127		62
专业技术服务业	19240	19170	4900	167
气象服务	220	220	131	10
测绘服务	700	700	193	12
技术检测	3281	3252	759	31
环境监测	85	85	20	

股份合作企业	联营企业	有限责任公司	股份有限公司	私营企业	其他企业	港、澳、台商投资企业	外商投资企业
		3		9			
		181	4	524	10		
		21		21			
9	13	540		320		4	50
		62		93			
				1			
		62		92			
45	107	31444	1315	30604	415	51	723
	4	5540	1202	3030	27	6	654
		1561	1153	1606	18		638
		2504	49	1238	2	6	16
	4	1475		186	7		
18	9	165	12	1650	103		
18	9	116	12	1580	87		
		29		25	8		
		20		45	8		
3		1516	17	5074	38	7	50
		676	11	2211	27		
		18		42			
		358		711	6		7
3		464	6	2110	5	7	43
11		1995	10	3321	70		1
		34		95			
		16628		10698	17		
5	62	431	32	3365	20	38	
		1317	21	1332	5		10
8	32	3818	21	2039	135		8
		32		169	5		5
		4		19			
		2033		438	81		
6		83		259	4		3
2	32	1666	21	1154	45		
145	36	9215	288	9875	198	107	77
12		160		286		12	5
12		53		24			
		46		152			
		28		78		12	5
		33		32			
45	36	6997	265	6588	172	70	
		79					
		127		368			
		1626		832	4	29	
		9		56			

2-9 续表 19

行业	从业人员数(人)	内资企业	国有企业	集体企业
工程技术与规划管理	12605	12605	3395	35
工程管理服务	7308	7308	1581	27
工程勘察设计	5154	5154	1792	8
规划管理	143	143	22	
其他专业技术服务	2349	2308	402	79
科技交流和推广服务业	2149	2149	336	35
技术推广服务	1059	1059	87	4
科技中介服务	647	647	65	27
其他科技服务	443	443	184	4
地质勘查业	4189	4092	674	
矿产地质勘查	2326	2275	485	
能源矿产地质勘查	1336	1285	425	
固体矿产地质勘查	504	504	34	
其他矿产地质勘查	486	486	26	
基础地质勘查	156	156		
地质勘查技术服务	1707	1661	189	
水利、环境和公共设施管理业	6824	6764	1055	134
水利管理业	1044	1044	365	12
防洪管理	26	26	13	
水资源管理	823	823	262	12
水库管理	421	421	31	
调水、引水管理	261	261	170	
其他水资源管理	141	141	61	12
其他水利管理	195	195	90	
环境管理业	1561	1539	274	
自然保护	607	607	242	
自然保护区管理	408	408	242	
野生动植物保护	188	188		
其他自然保护	11	11		
环境治理	954	932	32	
城市市容管理	7	7		
城市环境卫生管理	823	801	32	
水污染治理	38	38		
危险废物治理	35	35		
其他环境治理	51	51		
公共设施管理业	4219	4181	416	122
市政公共设施管理	370	370	139	3
城市绿化管理	2440	2440	87	52
游览景区管理	1409	1371	190	67
风景名胜区管理	258	258	15	20
公园管理	191	191	145	
其他游览景区管理	960	922	30	47

股份合作企业	联营企业	有限责任公司	股份有限公司	私营企业	其他企业	港、澳、台商投资企业	外商投资企业
45	36	4661	265	4027	141		
45	36	2731	208	2562	118		
		1813	57	1461	23		
		117		4			
		495		1305	27	41	
6		356	23	1377	16		
3		157	23	769	16		
3		100		452			
		99		156			
82		1702		1624	10	25	72
82		1153		549	6	23	28
		613		241	6	23	28
82		122		266			
		418		42			
		100		56			
		449		1019	4	2	44
62	58	3203	166	2067	19	60	
62		453	8	125	19		
			8	5			
		445		85	19		
		390					
		11		80			
		44		5	19		
62		8		35			
	10	736		519		22	
		338		27			
		150		16			
		188					
				11			
	10	398		492		22	
				7			
		351		418		22	
		18		20			
		28		7			
	10	1		40			
	48	2014	158	1423		38	
	20	115	75	18			
		1446	7	848			
	28	453	76	557		38	
	28	139		56			
		38		8			
		276	76	493		38	

2-9 续表 20

行业	从业人员数(人)	内资企业	国有企业	集体企业
居民服务和其他服务业	13211	13176	1625	649
居民服务业	4538	4538	160	222
家庭服务	436	436		
托儿所	50	50		
洗染服务	113	113		
理发及美容保健服务	567	567	60	
洗浴服务	1454	1454	6	179
婚姻服务	51	51	7	
殡葬服务	381	381	37	2
摄影扩印服务	500	500	3	2
其他居民服务	986	986	47	39
其他服务业	8673	8638	1465	427
修理与维护	4813	4783	449	82
汽车、摩托车维护与保养	4128	4098	427	57
办公设备维修	187	187	5	
家用电器修理	349	349	17	
其他日用品修理	149	149		25
清洁服务	2183	2183	813	330
建筑物清洁服务	40	40		
其他清洁服务	2143	2143	813	330
其他未列明的服务	1677	1672	203	15
教育	3943	3803	294	116
教育	3943	3803	294	116
学前教育	488	488	7	
初等教育	37	37		
中等教育	374	374		
初中教育	308	308		
高中教育	2	2		
技工学校教育	62	62		
其他中等教育	2	2		
高等教育	18	18		
成人高等教育	18	18		
其他教育	3026	2886	287	116
职业技能培训	2909	2769	278	116
特殊教育	23	23		
其他未列明的教育	94	94	9	
卫生、社会保障和社会福利业	6925	6925	1284	33
卫生	6764	6764	1247	9
医院	5308	5308	1106	
综合医院	3492	3492	1106	
中医医院	200	200		
中西医结合医院	152	152		
民族医院	81	81		
专科医院	1383	1383		

股份合作企业	联营企业	有限责任公司	股份有限公司	私营企业	其他企业	港、澳、台商投资企业	外商投资企业
22	12	1682	152	8795	239	30	5
		721	112	3140	183		
		162		261	13		
				39	11		
			18	95			
		6		501			
		145	46	984	94		
		4		37	3		
		174	6	140	22		
		32	42	419	2		
		198		664	38		
22	12	961	40	5655	56	30	5
11		488	23	3690	40	30	
11		412	11	3146	34	30	
		11	12	159			
		52		279	1		
		13		106	5		
6		290	11	733			
6		5		29			
		285	11	704			
5	12	183	6	1232	16		5
16	11	556	30	2679	101	140	
16	11	556	30	2679	101	140	
				455	26		
				37			
		23		351			
				308			
				2			
		23		39			
				2			
					18		
					18		
16	11	533	30	1836	57	140	
16	11	524	30	1743	51	140	
				23			
		9		70	6		
18		443		4944	203		
18		426		4861	203		
		375		3792	35		
		267		2119			
		67		133			
				152			
				81			
		41		1307	35		

2-9 续表 21

行　业	从业人员数（人）			
		内资企业		
			国有企业	集体企业
卫生院及社区医疗活动	665	665	122	4
门诊部医疗活动	732	732	11	5
妇幼保健活动	2	2		
专科疾病防治活动	32	32		
其他卫生活动	25	25	8	
社会保障业	35	35	30	
社会保障业	35	35	30	
社会福利业	126	126	7	24
提供住宿的社会福利	81	81		
收养收容服务	81	81		
不提供住宿的社会福利	45	45	7	24
文化、体育和娱乐业	3828	3828	1531	130
新闻出版业	1277	1277	894	
新闻业	14	14		
出版业	1263	1263	894	
图书出版	53	53	9	
报纸出版	1148	1148	865	
期刊出版	58	58	20	
其他出版	4	4		
广播、电视、电影和音像业	834	834	577	20
广播	56	56	9	
电视	87	87	70	
电影	640	640	498	20
电影制作与发行	271	271	238	
电影放映	369	369	260	20
音像制作	51	51		
文化艺术业	290	290	12	
文艺创作与表演	73	73		
艺术表演场馆	52	52		
博物馆	58	58		
群众文化活动	31	31	12	
文化艺术经纪代理	53	53		
其他文化艺术	23	23		
体育	66	66		
体育组织	47	47		
体育场馆	17	17		
其他体育	2	2		
娱乐业	1361	1361	48	110
室内娱乐活动	790	790		110
游乐园	61	61		
休闲健身娱乐活动	230	230		
其他娱乐活动	280	280	48	

股份合作企业	联营企业	有限责任公司	股份有限公司	私营企业	其他企业	港、澳、台商投资企业	外商投资企业
18		48		463	10		
				560	156		
					2		
		3		29			
				17			
		5					
		5					
		12		83			
				81			
				81			
		12		2			
	5	743		1353	66		
		343		40			
		4		10			
		339		30			
		16		28			
		283					
		36		2			
		4					
		132		90	15		
		44		3			
		17					
		58		49	15		
		22		11			
		36		38	15		
		13		38			
		56		202	20		
		12		61			
		30		22			
				58			
		5		14			
		6		27	20		
		3		20			
				64	2		
				47			
				17			
					2		
	5	212		957	29		
		46		611	23		
				61			
	5	83		136	6		
		83		149			

2-10 按地、州、市、县(市)和

地　　区	全年营业收入(万元)	内资企业	国有企业	集体企业
总　　计	**99540434.2**	**97795528.5**	**15111427.7**	**1084759.6**
乌鲁木齐市	45592534	44831586.5	6677813.4	301289.2
天山区	8201505.1	8159232.2	1647245.2	15830.1
沙依巴克区	5021772.7	4873469.1	1939159.2	52837.8
新市区	20890005	20488950.5	2442370.4	43523.6
水磨沟区	2279795.9	2199901.9	166659.8	36285
头屯河区	4896640.2	4859896.4	371066.7	126730.6
达坂城区	191172	190686.4	1472.7	2905.6
米东区	4071893.9	4019700.8	108399.5	21616.5
乌鲁木齐县	39749.2	39749.2	1439.9	1560
克拉玛依市	15398153.1	15380819.1	1615412.5	97952.3
独山子区	2890185.6	2890185.3	35641.2	33083.7
克拉玛依区	12229068.3	12220045.9	1575363.2	22405.6
白碱滩区	237256.7	237092.9	1769.1	31092
乌尔禾区	41642.5	33495	2639	11371
吐鲁番地区	2559635.1	2531748.3	112408.8	61286.1
吐鲁番市	630465	603915.7	63425.9	53448.8
鄯善县	1750934.7	1750934.7	15494.7	6849.3
托克逊县	178235.4	176897.9	33488.2	988
哈密地区	1757344.4	1694972.6	421501.9	36714.4
哈密市	1675247.8	1612876	395268.4	32093.2
巴里坤哈萨克自治县	57296.1	57296.1	9770.4	3696.8
伊吾县	24800.5	24800.5	16463.1	924.4
昌吉回族自治州	4327498.5	3986065.4	245086.6	70887.2
昌吉市	2663211.1	2377132.2	94737.6	23009.4
阜康市	568279.9	553173.4	71757.7	4915.3
呼图壁县	332015.7	330472.9	42823.2	13710.2
玛纳斯县	476778.9	476775.9	30479	12312.4
奇台县	173257.7	144892.9	2913.7	9471.1
吉木萨尔县	83206.9	83206.9	2327.4	5037.6
木垒哈萨克自治县	30748.3	20411.2	48	2431.2
伊犁哈萨克自治州	8236807.8	8131519.8	2083377.3	101228.4
伊犁州直属县(市)	4661143.7	4609280.5	1298014.6	48182
伊宁市	1547198.3	1529324.7	487469.9	12927.6
奎屯市	1272636.2	1250759.1	690969	7449.6
伊宁县	228145.3	226974.4	43458.7	2354.3
察布查尔锡伯自治县	75609	75609	6358.7	6048.3
霍城县	920134.5	909192.9	26009.3	2910.1
巩留县	59865.5	59865.5	24815.7	3297.1

登记注册类型分组的企业全年营业收入

股份合作企业	联营企业	有限责任公司	股份有限公司	私营企业	其他企业	港、澳、台商投资企业	外商投资企业
102715.1	**64592.5**	**26667133.1**	**38151394.9**	**16522230.6**	**91275**	**654326.3**	**1090579.4**
6126.6	11792.3	11723583.3	16860595.7	9212614.7	37771.3	411996.3	348951.2
	10	1666657.5	3541824	1287665.4		15347	26925.9
79.5	2791.7	736570.7	612610	1492686	36734.2	144121.7	4181.9
5813.4	8303.4	6138723	7303826.7	4545661.1	728.9	246927.3	154127.2
91	12.4	700216	472136.5	824226	275.2	5013.6	74880.4
		1943789.8	2003553.2	414754.1	2		36743.8
	462.8	166849.6		18964.7	31		485.6
142.7	212	351476.4	2926645.3	611208.4		586.7	51606.4
		19300.3		17449			
6579.4	27523.7	1665510.7	11384435.6	583364.9	40	8147.5	9186.5
1880	7344.4	167125.7	2577896.3	67174	40		0.3
4699.4	20179.3	1327103.2	8806530.3	463764.9			9022.4
		152119.5	9	52103.3			163.8
		19162.3		322.7		8147.5	
6531.1	8086.8	507217.4	1479782.5	354513	1922.6	26549.3	1337.5
8.5	692.3	103421	173750.4	209147.6	21.2	26549.3	
4721.8	7394.5	334356.3	1286005.8	94210.9	1901.4		
1800.8		69440.1	20026.3	51154.5			1337.5
115.1	2442.6	757125.4	111019.6	364805.9	1247.7	29841.6	32530.2
115.1	192.4	747160.5	110914.2	325884.5	1247.7	29841.6	32530.2
	2250.2	4803.4	105.4	36669.9			
		5161.5		2251.5			
14974.1	253.2	1502979.9	1225031.7	923376.6	3476.1	41305.7	300127.4
14047.4		891728.2	844187.3	508580.2	842.1	27947.1	258131.8
135.7		99253.2	245188.8	131922.7		1492.7	13613.8
		176798.9	68.1	96357.4	715.1	1542.8	
470	160.5	239630.1	114032.1	79648.1	43.7	3	
25	92.7	68013.7	8209.8	54377.4	1789.5		28364.8
52.7		17523.2	13337.3	44925	3.7		
243.3		10032.6	8.3	7565.8	82	10320.1	17
24384.7	2265.5	3658165.3	876291.5	1371598.3	14208.8	42665.6	62622.4
13942.4	397.3	1867017.6	440786.7	940559.7	380.2	24273.2	27590
968.6	22.3	540588.6	262011.5	225177.3	158.9	7292.9	10580.7
		175273.2	69416.2	307641.1	10	16980.3	4896.8
5557.6		130141.7	1147.8	44313.5	0.8		1170.9
65	80	12766.4		50290.6			
5978.8		631405.9	32604.1	210212.7	72		10941.6
		18181.8		13513.1	57.8		

2-10 续表 1

地　区	全年营业收入（万元）	内资企业	国有企业	集体企业
新源县	356909	356909	10123.2	3123.2
昭苏县	83069	83069	6065.5	3319.4
特克斯县	25740	25740	1781.4	1865.5
尼勒克县	91836.9	91836.9	963.2	4886.9
塔城地区	2363082.6	2323949	527923	32324.6
塔城市	599245.8	583701.5	152592.4	2659.3
乌苏市	633754.2	614828.9	269245.5	9547.2
额敏县	240765.5	236101.5	28332.3	2737.5
沙湾县	627652.1	627652.1	27812.4	12905.1
托里县	121920.5	121920.5	23031	2334.4
裕民县	22764.2	22764.2	7494.8	2110.1
和布克赛尔蒙古自治县	116980.3	116980.3	19414.6	31
阿勒泰地区	1212581.5	1198290.3	257439.7	20721.8
阿勒泰市	447899.6	433938.4	120582.3	2792.2
布尔津县	47786.8	47456.8	4344.2	3385.6
富蕴县	439125.2	439125.2	118714.8	3621.3
福海县	54241	54241	8247.6	2206.7
哈巴河县	181538.3	181538.3	2038.4	3416.1
青河县	27579.6	27579.6	3494.6	2039.6
吉木乃县	14411	14411	17.8	3260.3
博尔塔拉蒙古自治州	2446973.8	2430452	651815.7	46832.8
博乐市	2232344.6	2215822.8	558469.8	2447.8
精河县	172381.4	172381.4	70657.5	44257.4
温泉县	42247.8	42247.8	22688.4	127.6
巴音郭楞蒙古自治州	7765425.8	7741785	782558.8	94978.8
库尔勒市	6757062.8	6753815.1	690171.7	22413.8
轮台县	210620.6	204969.2	2008.4	3953.8
尉犁县	212566.7	205047	35755.7	35232.6
若羌县	60239.1	60239.1	6368.7	3525.1
且末县	29560.4	29560.4	6043.1	513
焉耆回族自治县	66339	59117	4318.2	4826
和静县	322021.7	322021.7	31296.2	12742.7
和硕县	58834.4	58834.4	2741.4	3279.6
博湖县	48181.1	48181.1	3855.4	8492.2
阿克苏地区	4484026.7	4331380.8	755493.6	162033.5
阿克苏市	2284175.5	2163457.2	687668.3	36115.2
温宿县	144417.7	137504.9	5656.9	11059.5
库车县	1237923.2	1228801.5	16653.5	43438.3

股份合作企业	联营企业	有限责任公司	股份有限公司	私营企业	其他企业	港、澳、台商投资企业	外商投资企业
15		236785.5	74183.5	32612.8	65.8		
890.7	295	38810.3	1422.6	32265.5			
		8465.4	1	13611.8	14.9		
466.7		74598.8		10921.3			
9953.7	1868.2	1370716.7	101295.3	267481.9	12385.6	18039.5	21094.1
389		352382.1	51705.4	23967.3	6	13375.5	2168.8
		281962.3	15737	36989	1347.9		18925.3
2804.1	1372.8	165840.9	6125.5	28611	277.4	4664	
6264.4	495.4	457474.6	14880.7	97066	10753.5		
41.5		84431.4	40	12041.4	0.8		
437.7		3505.4	29.2	9187			
17		25120	12777.5	59620.2			
488.6		420431	334209.5	163556.7	1443	352.9	13938.3
488.6		99653.1	128366.7	82051.8	3.7	22.9	13938.3
		32815.3	1933.9	4891.3	86.5	330	
		202780.3	71719.4	42289.4			
		35390.9		8395.8			
		35112.9	131903	7715.1	1352.8		
		9042.3	286.5	12716.6			
		5636.2		5496.7			
2689.7	170	743086.5	477598.2	499650.6	8608.5	15200.1	1321.7
2689.7		703082.7	476160.9	464371	8600.9	15200.1	1321.7
		36687.7	1357.8	19413.4	7.6		
	170	3316.1	79.5	15866.2			
1964.5	364	1179316.8	4230645.8	1450383.1	1573.2	62.7	23578.1
1504	9.8	949806.5	4182328.2	906151.2	1429.9	62.7	3185
459	324.9	29532.5	477	168080.2	133.4		5651.4
		42689.1	0.2	91369.4			7519.7
		48258		2087.3			
1.5	29.3	20386.1	177	2400.5	9.9		
		10995.9	22547.4	16429.5			7222
		63306.1		214676.7			
		4468.3	5712.8	42632.3			
		9874.3	19403.2	6556			
26070.1	1579.7	2402630.6	451781.7	530922.2	869.4	36214.8	116431.1
984.8	287.4	672280	410871.4	354918.2	331.9	11200	109518.3
21620.3	1284.8	43989.3	21119.2	32675.6	99.3		6912.8
235.6		1110328	18218.9	39802.4	124.8	9121.7	

2-10 续表 2

地区	全年营业收入（万元）	内资企业	国有企业	集体企业
沙雅县	265367.9	249754.9	11513.8	2148.7
新和县	143106.1	142826	10089.2	10975.7
拜城县	201491.2	201491.2	18676.6	4968.7
乌什县	29848.1	29848.1	4372.6	4708.2
阿瓦提县	174635.3	174635.3	557.4	48491.6
柯坪县	3061.7	3061.7	305.3	127.6
克孜勒苏柯尔克孜自治州	223124.5	223059.5	21273.2	5906.7
阿图什市	125900.8	125835.8	16277.1	4806.5
阿克陶县	50973.1	50973.1	2057.5	1087
阿合奇县	8633.4	8633.4	434.9	13.2
乌恰县	37617.2	37617.2	2503.7	
喀什地区	2410660.3	2351967	838365.2	78904.7
喀什市	1571177.3	1526740.4	781222.7	5602.3
疏附县	23917.7	23917.7	7315.4	3307.5
疏勒县	52370.7	52370.7	2388.9	3866.2
英吉沙县	46693.6	46693.6	3420.1	21996.8
泽普县	65970.1	65970.1	4140.1	5572.1
莎车县	123427.5	123427.5	10056.1	12157.4
叶城县	71696.3	71527.9	4967.7	4623.7
麦盖提县	104571.5	90483.5	5438.8	3889.4
岳普湖县	20835.9	20835.9	202.6	146.9
伽师县	46999.1	46999.1	432.1	7060.6
巴楚县	255141.2	255141.2	18679.5	10681.8
塔什库尔干塔吉克自治县	27859.4	27859.4	101.2	
和田地区	595712	594878.2	105183.2	25426.2
和田市	422431.7	422040.9	76391.3	14822.6
和田县	45579.6	45579.6	17292.2	
墨玉县	34727.5	34284.5	3271.5	2291.6
皮山县	13226.2	13226.2	1602.2	2263
洛浦县	39453.9	39453.9	2440.6	1997.5
策勒县	15544.3	15544.3	1489.9	2244.9
于田县	23442.3	23442.3	1960.8	1436.6
民丰县	1306.5	1306.5	734.7	370
自治区直辖县级市	3742538.2	3565294.3	801137.5	1319.3
石河子市	3085671.6	2918262.5	587183.9	1319.3
阿拉尔市	216366	206531.2	42551.6	
图木舒克市	60233.5	60233.5	20970.2	
五家渠市	380267.1	380267.1	150431.8	

股份合作企业	联营企业	有限责任公司	股份有限公司	私营企业	其他企业	港、澳、台商投资企业	外商投资企业
		185996.6		50095.8		15613	
		108364.2		13396.9		280.1	
3087.8	7.5	156128.3	1122.2	17440.6	59.5		
31.6		18121.6		2614.1			
		107422.6		17909.8	253.9		
110			450	2068.8			
568	704.1	71019.9	30254.6	78756.2	14576.8		65
148.2	431.1	41966.3	29708.1	32374.3	124.2		65
13.4		14071.1	546.5	18745	14452.6		
406.4		7373.7		405.2			
	273	7608.8		27231.7			
4664.4	9158.2	846566.2	154327.1	413867.8	6113.4	29839.3	28854
578.9	28.4	566153.7	111975.5	58652.2	2526.7	15751.3	28685.6
		5936.8	316.5	7041.5			
		21394.5		24721.1			
		17816.6		3460.1			
68	8715.3	12137.4		35337.2			
		71506.1	1023.9	28629.5	54.5		
61.7		35372	330.5	26172.3			168.4
	414.5	6949.2	35232.5	38555.5	3.6	14088	
3153.6		10086.4	120.5	7108.7	17.2		
782.9		8769.8	3875.9	25612.3	465.5		
19.3		90443.7	1451.8	130819.2	3045.9		
				27758.2			
	56	243174	115063.6	105391.3	583.9	390.8	443
	49.2	163558.7	109363	57272.2	583.9	390.8	
		15616.7		12670.7			
		11547.3	5666.2	11507.9			443
		5397.1	15	3948.9			
		23977	19.4	11019.4			
	6.8	11108.9		693.8			
		11968.3		8076.6			
				201.8			
8047.4	196.4	1366757.1	754567.3	632986	283.3	12112.6	165131.3
8047.4	196.4	1008406.9	729784.5	583124.5	199.6	2277.8	165131.3
		153481.6	9981.8	516.2		9834.8	
		26617.8		12645.5			
		178250.8	14801	36699.8	83.7		

2-11 按行业(门类、大类、中类、小类)、

行业	全年营业收入(万元)	内资企业	国有企业	集体企业
总计	**99540434.2**	**97795528.5**	**15111427.7**	**1084759.6**
农、林、牧、渔业	741744.4	741744.4	653365.4	
农业	671747	671747	628006.3	
谷物及其他作物的种植	641182.4	641182.4	597531.7	
谷物的种植	22923.5	22923.5	22923.5	
棉花的种植	570273	570273	526622.3	
糖料的种植	45253	45253	45253	
其他作物的种植	2732.9	2732.9	2732.9	
蔬菜、园艺作物的种植	29764.2	29764.2	29674.2	
蔬菜的种植	29764.2	29764.2	29674.2	
水果、坚果、饮料和香料作物的种植	800.4	800.4	800.4	
水果、坚果的种植	800.4	800.4	800.4	
林业	2429.8	2429.8	2429.8	
林木的培育和种植	1534.7	1534.7	1534.7	
造林	1296	1296	1296	
林木的抚育和管理	238.7	238.7	238.7	
木材和竹材的采运	895.1	895.1	895.1	
木材的采运	895.1	895.1	895.1	
畜牧业	36969.5	36969.5	22692.8	
牲畜的饲养	36964.5	36964.5	22692.8	
猪的饲养	5	5		
渔业	341.4	341.4	40.4	
内陆渔业	341.4	341.4	40.4	
内陆养殖	341.4	341.4	40.4	
农、林、牧、渔服务业	30256.7	30256.7	196.1	
农业服务业	30048.9	30048.9		
农产品初加工服务	29163.9	29163.9		
其他农业服务	885	885		
林业服务业	196.1	196.1	196.1	
畜牧服务业	11.7	11.7		
其他畜牧服务	11.7	11.7		
采矿业	17315944.1	17247364.1	1139241.1	13277.7
煤炭开采和洗选业	1071051.7	1036738.9	58616.3	11937.7
烟煤和无烟煤的开采洗选	1070386.2	1036073.4	58616.3	11937.7
褐煤的开采洗选	510	510		
其他煤炭采选	155.5	155.5		
石油和天然气开采业	14857871.2	14857871.2	908342.3	
天然原油和天然气开采	13793735.1	13793735.1		
与石油和天然气开采有关的服务活动	1064136.1	1064136.1	908342.3	
黑色金属矿采选业	867853	863111.1	138294.2	243.8
铁矿采选	847347.3	842605.4	138294.2	243.8
其他黑色金属矿采选	20505.7	20505.7		
有色金属矿采选业	416383.7	397959.2	18289.1	
常用有色金属矿采选	356339.3	337914.8	775.2	
铜矿采选	254820.7	254820.7		

登记注册类型分组的企业全年营业收入

股份合作企业	联营企业	有限责任公司	股份有限公司	私营企业	其他企业	港、澳、台商投资企业	外商投资企业
102715.1	**64592.5**	**26667133.1**	**38151394.9**	**16522230.6**	**91275**	**654326.3**	**1090579.4**
		62118.4		26260.6			
		43740.7					
		43650.7					
		43650.7					
		90					
		90					
		1400		12876.7			
		1400		12871.7			
				5			
		301					
		301					
		301					
		16676.7		13383.9			
		16665		13383.9			
		15780		13383.9			
		885					
		11.7					
		11.7					
2444.8	8679.3	1568694.9	14009078.2	504535.3	1412.8	14505	54075
1588.1	1284.8	568334.5	227863.5	166113	1001	11812.8	22500
1588.1	1284.8	568179	227863.5	165603	1001	11812.8	22500
				510			
		155.5					
		346770.3	13576979.2	25501.5	277.9		
		239875.3	13553859.8				
		106895	23119.4	25501.5	277.9		
	7394.5	536284.8	286.5	180607.3		2692.2	2049.7
	7394.5	529092.6	286.5	167293.8		2692.2	2049.7
		7192.2		13313.5			
856.7		83068.7	203949	91711.3	84.4		18424.5
856.7		47074.7	203949	85174.8	84.4		18424.5
		19249.5	203622.4	31864.4	84.4		

2-11 续表 1

行　　业	全年营业收　　入(万元)	内资企业	国有企业	集体企业
铅锌矿采选	39492.3	39492.3		
镍钴矿采选	55636.5	37212	775.2	
其他常用有色金属矿采选	6389.8	6389.8		
贵金属矿采选	46885.6	46885.6	17513.9	
金矿采选	46885.6	46885.6	17513.9	
稀有稀土金属矿采选	13158.8	13158.8		
钨钼矿采选	1158.2	1158.2		
其他稀有金属矿采选	12000.6	12000.6		
非金属矿采选业	102185.4	91084.6	15699.2	1096.2
土砂石开采	45485.8	45485.8	1636.3	800.2
石灰石、石膏开采	10537.6	10537.6	169.4	149.3
建筑装饰用石开采	8808.9	8808.9		88
耐火土石开采	1371.7	1371.7		
粘土及其他土砂石开采	24767.6	24767.6	1466.9	562.9
化学矿采选	6005.2	6005.2	3137.7	
采盐	16480.9	16480.9	5971.6	296
石棉及其他非金属矿采选	34213.5	23112.7	4953.6	
石棉、云母矿采选	7450.8	7450.8	4953.6	
石墨、滑石采选	215.8	215.8		
宝石、玉石开采	7068.6	7068.6		
其他非金属矿采选	19478.3	8377.5		
其他采矿业	599.1	599.1		
制造业	26711258.1	25732831.5	1983510.1	162826.2
农副食品加工业	1927904.2	1617865.2	46646.1	1215.4
谷物磨制	242942	242942	15001.1	163.1
饲料加工	279544.4	240076.2	1274.4	
植物油加工	910579.5	667264.7	6116.8	1052.3
食用植物油加工	905805.2	662490.4	6116.8	1052.3
非食用植物油加工	4774.3	4774.3		
制糖	195086.6	195086.6	23964.3	
屠宰及肉类加工	137835.6	120739.1		
畜禽屠宰	75847.4	74144		
肉制品及副产品加工	61988.2	46595.1		
水产品加工	985.8	985.8		
水产品冷冻加工	889.3	889.3		
鱼糜制品及水产品干腌制加工	96.5	96.5		
蔬菜、水果和坚果加工	93186.8	86721.9	289.5	
其他农副食品加工	67743.5	64048.9		
淀粉及淀粉制品的制造	32613.5	32613.5		
豆制品制造	1479.2	1479.2		
蛋品加工	11.8	11.8		
其他未列明的农副食品加工	33639	29944.4		
食品制造业	774598.2	649497.6	39501.4	75.6
焙烤食品制造	18923.6	14450.4	359	
糕点、面包制造	12365.7	12365.7	333.2	
饼干及其他焙烤食品制造	6557.9	2084.7	25.8	

股份合作企　业	联营企业	有限责任公　司	股份有限公　司	私营企业	其他企业	港、澳、台商投资企业	外商投资企　业
856.7		11731.4	326.6	26577.6			
		16093.8		20343			18424.5
				6389.8			
		23993.4		5378.3			
		23993.4		5378.3			
		12000.6		1158.2			
				1158.2			
		12000.6					
		34236.6		40003.1	49.5		11100.8
		14769.3		28230.5	49.5		
		1101.8		9117.1			
		7472.3		1248.6			
				1371.7			
		6195.2		16493.1	49.5		
		20.9		2846.6			
		10060.8		152.5			
		9385.6		8773.5			11100.8
		2035		462.2			
				215.8			
				7068.6			
		7350.6		1026.9			11100.8
				599.1			
22471.4	42637.1	7667126.7	11657325.3	4183114	13820.7	290164.2	688262.4
2944	1874	975471.9	140504.6	446730	2479.2	8391.1	301647.9
2776.1		134662.1	7549.6	82790			
167.9	747	131053.4	73443.8	33389.7			39468.2
	1127	473212.8	450	183080.5	2225.3		243314.8
	1127	471726.4	450	179792.6	2225.3		243314.8
		1486.4		3287.9			
		110323.7	58940.7	1857.9			
		66180.3		54555.9	2.9	2803.2	14293.3
		55217.4		18923.7	2.9	1260.4	443
		10962.9		35632.2		1542.8	13850.3
		300.2		685.6			
		210.7		678.6			
		89.5		7			
		29800.2		56632.2		5587.9	877
		29939.2	120.5	33738.2	251		3694.6
		20460.1		12153.4			
				1448.2	31		
				11.8			
		9479.1	120.5	20124.8	220		3694.6
6267.4		341152.5	121419.8	141067.7	13.2	48808.6	76292
		4644.2		9447.2			4473.2
		4644.2		7388.3			
				2058.9			4473.2

2-11 续表 2

行业	全年营业收入(万元)	内资企业	国有企业	集体企业
糖果、巧克力及蜜饯制造	16202.2	11781.4		
糖果、巧克力制造	5526.8	1106		
蜜饯制作	10675.4	10675.4		
方便食品制造	92496.6	19345.3		
米、面制品制造	1561.8	1561.8		
速冻食品制造	1588.3	1588.3		
方便面及其他方便食品制造	89346.5	16195.2		
液体乳及乳制品制造	217381.8	190496.8	25695.5	
液体乳及乳制品制造	217381.8	190496.8	25695.5	
罐头制造	295206.7	293490.9		
肉、禽类罐头制造	349.5	349.5		
蔬菜、水果罐头制造	294847.9	293132.1		
其他罐头食品制造	9.3	9.3		
调味品、发酵制品制造	51638.6	44741	382.5	75.6
味精制造	8164.3	8164.3		
酱油、食醋及类似制品的制造	7939.1	7939.1		75.6
其他调味品、发酵制品制造	35535.2	28637.6	382.5	
其他食品制造	82748.7	75191.8	13064.4	
营养、保健食品制造	8128	8128	51.1	
冷冻饮品及食用冰制造	32014.5	24457.6		
盐加工	9758.1	9758.1	119.2	
食品及饲料添加剂制造	28742.9	28742.9	12894.1	
其他未列明的食品制造	4105.2	4105.2		
饮料制造业	376566.3	226353.4	1469	1854.2
酒精制造	6840.2	6840.2		
酒的制造	257376.3	169344.6	1373.1	1282.6
白酒制造	105936.4	105936.4		1282.6
啤酒制造	107276.5	22885.7		
葡萄酒制造	43421.3	39780.4	1373.1	
其他酒制造	742.1	742.1		
软饮料制造	111401	49304	95.9	221.6
碳酸饮料制造	243.9	243.9		6.8
瓶(罐)装饮用水制造	18565.9	18463.5	95.9	214.8
果菜汁及果菜汁饮料制造	61981.9	25070.4		
含乳饮料和植物蛋白饮料制造	5026.6	4961.6		
固体饮料制造	3.7	3.7		
茶饮料及其他软饮料制造	25579	560.9		
精制茶加工	948.8	864.6		350
烟草制品业	171047.2	171047.2	171047.2	
卷烟制造	171047.2	171047.2	171047.2	
纺织业	1959743.1	1843484.5	931538.9	4050.1
棉、化纤纺织及印染精加工	1787270	1675675.4	931496.6	3276.1
棉、化纤纺织加工	1779613.9	1668019.3	931496.6	3276.1
棉、化纤印染精加工	7656.1	7656.1		

股份合作企业	联营企业	有限责任公司	股份有限公司	私营企业	其他企业	港、澳、台商投资企业	外商投资企业
		53		11728.4			4420.8
		53		1053			4420.8
				10675.4			
		9168.4		10176.9		48808.6	24342.7
		185.6		1376.2			
				1588.3			
		8982.8		7212.4		48808.6	24342.7
6267.4		101334.9	4689.9	52509.1			26885
6267.4		101334.9	4689.9	52509.1			26885
		153446.9	110289.7	29741.1	13.2		1715.8
			313.3	36.2			
		153446.9	109976.4	29695.6	13.2		1715.8
				9.3			
		36304		7978.9			6897.6
		8081.7		82.6			
				7863.5			
		28222.3		32.8			6897.6
		36201.1	6440.2	19486.1			7556.9
		3325.6		4751.3			
		14465.4		9992.2			7556.9
		8241.2		1397.7			
		6504.4	6440.2	2904.2			
		3664.5		440.7			
221.1		89204.2	73725.7	58169.2	1710	9992.6	140220.3
		4028.6		2811.6			
221.1		62674.9	73725.7	28367.2	1700		88031.7
221.1		18219.9	73725.7	10787.1	1700		
		15400		7485.7			84390.8
		28393.9		10013.4			3640.9
		661.1		81			
		22466.9		26509.6	10	9969.7	52127.3
		18.6		218.5			
		1083.9		17058.9	10	102.4	
		21327.5		3742.9		9867.3	27044.2
		11		4950.6			65
				3.7			
		25.9		535			25018.1
		33.8		480.8		22.9	61.3
6021.9	5513.9	539583.4	39144.4	317032.4	599.5	107765.6	8493
	5513.9	468477.5		266911.3		103101.6	8493
	5513.9	461448.8		266283.9		103101.6	8493
		7028.7		627.4			

2-11 续表 3

行　　业	全年营业收入(万元)	内资企业	国有企业	集体企业
毛纺织和染整精加工	37121.3	32457.3	26.3	
毛条加工	10943.8	10943.8		
毛纺织	26177.5	21513.5	26.3	
麻纺织	35751.3	35751.3		
丝绢纺织及精加工	213.9	213.9		
纺织制成品制造	9052.4	9052.4		641.7
棉及化纤制品制造	2391.8	2391.8		462.1
毛制品制造	502.5	502.5		
麻制品制造	1255.7	1255.7		
丝制品制造	60	60		60
绳、索、缆的制造	117	117		
纺织带和帘子布制造	609.6	609.6		119.6
无纺布制造	1288.8	1288.8		
其他纺织制成品制造	2827	2827		
针织品、编织品及其制品制造	90334.2	90334.2	16	132.3
棉、化纤针织品及编织品制造	49099.4	49099.4	16	
毛针织品及编织品制造	41216.1	41216.1		132.3
丝针织品及编织品制造	18.7	18.7		
纺织服装、鞋、帽制造业	26620.7	26620.7	2428.5	1401.4
纺织服装制造	26376.8	26376.8	2428.5	1387.7
纺织面料鞋的制造	230.2	230.2		
制帽	13.7	13.7		13.7
皮革、毛皮、羽毛(绒)及其制品业	32027.6	32027.6		207.8
皮革鞣制加工	22255.8	22255.8		53.1
皮革制品制造	1969.4	1969.4		154.7
皮鞋制造	1883	1883		154.7
皮革服装制造	30	30		
其他皮革制品制造	56.4	56.4		
毛皮鞣制及制品加工	7619	7619		
毛皮鞣制加工	7574	7574		
毛皮服装加工	45	45		
羽毛(绒)加工及制品制造	183.4	183.4		
羽毛(绒)制品加工	183.4	183.4		
木材加工及木、竹、藤、棕、草制品业	95109.6	93523.5	3086.1	114
锯材、木片加工	8086.8	8086.8		
锯材加工	4628	4628		
木片加工	3458.8	3458.8		
人造板制造	76988.7	75402.6	3086.1	40
胶合板制造	11662.2	11662.2		
纤维板制造	51874.7	50426.8	3086.1	
刨花板制造	9884.4	9884.4		40
其他人造板、材制造	3567.4	3429.2		

股份合作企业	联营企业	有限责任公司	股份有限公司	私营企业	其他企业	港、澳、台商投资企业	外商投资企业
6021.9		17965.8		8443.3		4664	
110		3789.8		7044			
5911.9		14176		1399.3		4664	
		23831.1	1404.8	10515.4			
		203		10.9			
		1331.4		6954.3	125		
		18		1911.7			
				502.5			
		1255.7					
				117			
				490			
				1288.8			
		57.7		2644.3	125		
		27774.6	37739.6	24197.2	474.5		
		25182.1		23426.8	474.5		
		2592.5	37739.6	751.7			
				18.7			
1564.2	175.8	13071.2		7248.6	731		
1514	175.8	13071.2		7068.6	731		
50.2				180			
406.4		7930.4		23483			
406.4		6829.3		14967			
		1101.1		713.6			
		1101.1		627.2			
				30			
				56.4			
				7619			
				7574			
				45			
				183.4			
				183.4			
182.1		16257.9	48.3	73355.1	480		1586.1
128		1366.2	48.3	6064.3	480		
128		190.1		3829.9	480		
		1176.1	48.3	2234.4			
54.1		12321.2		59901.2			1586.1
54.1		914.8		10693.3			
		11136.4		36204.3			1447.9
				9844.4			
		270		3159.2			138.2

2-11 续表 4

行业	全年营业收入（万元）	内资企业	国有企业	集体企业
木制品制造	9960.1	9960.1		
建筑用木料及木材组件加工	2878.9	2878.9		
木容器制造	3192.7	3192.7		
软木制品及其他木制品制造	3888.5	3888.5		
竹、藤、棕、草制品制造	74	74		74
家具制造业	132637.1	95765	549.8	549.2
木质家具制造	114232.6	77360.5	549.8	16.6
金属家具制造	18272	18272		532.6
塑料家具制造	66	66		
其他家具制造	66.5	66.5		
造纸及纸制品业	205249.6	194083.6	76.3	767
纸浆制造	79637.2	79637.2		
造纸	53187.6	50289.6		241.1
机制纸及纸板制造	51736.9	48838.9		241.1
加工纸制造	1450.7	1450.7		
纸制品制造	72424.8	64156.8	76.3	525.9
纸和纸板容器的制造	65340.2	57072.2	76.3	
其他纸制品制造	7084.6	7084.6		525.9
印刷业和记录媒介的复制	91799	90985.1	25108.4	3364.2
印刷	87348.2	86534.3	25058.9	3364.2
书、报、刊印刷	48462.8	48462.8	23964	1535.1
本册印制	9585.2	9585.2	1094.9	1440.1
包装装潢及其他印刷	29300.2	28486.3		389
装订及其他印刷服务活动	4450.8	4450.8	49.5	
文教体育用品制造业	1861.1	1861.1		
文化用品制造	635.7	635.7		
文具制造	510.6	510.6		
笔的制造	24	24		
教学用模型及教具制造	95.1	95.1		
墨水、墨汁制造	6	6		
体育用品制造	1056.5	1056.5		
体育器材及配件制造	410	410		
训练健身器材制造	172.4	172.4		
运动防护用具制造	474.1	474.1		
游艺器材及娱乐用品制造	168.9	168.9		
露天游乐场所游乐设备制造	168.9	168.9		
石油加工、炼焦及核燃料加工业	9130489.1	9116875.3	452061.2	420.5
精炼石油产品的制造	8793990.6	8793990.6	452061.2	420.5
原油加工及石油制品制造	8793990.6	8793990.6	452061.2	420.5
炼焦	336498.5	322884.7		
化学原料及化学制品制造业	2450666.4	2401605.7	93906	21457.7
基础化学原料制造	1031051.9	1030566.3	81957.6	5225.9
无机酸制造	30907.2	30907.2		
无机碱制造	693417.7	693417.7		
无机盐制造	159418.2	158932.6	29249.8	2702.5
有机化学原料制造	119366.1	119366.1	52707.8	
其他基础化学原料制造	27942.7	27942.7		2523.4

股份合作企业	联营企业	有限责任公司	股份有限公司	私营企业	其他企业	港、澳、台商投资企业	外商投资企业
		2570.5		7389.6			
		110.9		2768			
				3192.7			
		2459.6		1428.9			
5.2	192	1485.2		92737.6	246	36840	32.1
5.2		1485.2		75303.7		36840	32.1
	192			17367.4	180		
					66		
				66.5			
2890.7		58025.8	83399	48670.9	253.9	2898	8268
		16235.8	62157.9	1243.5			
		18177.9	13916.6	17954		2898	
		18177.9	13916.6	16503.3		2898	
				1450.7			
2890.7		23612.1	7324.5	29473.4	253.9		8268
2890.7		21998.8	7324.5	24528	253.9		8268
		1613.3		4945.4			
1612.6	873.3	23630.6	186.7	36172.1	37.2		813.9
1569.2	873.3	21957.4	186.7	33487.4	37.2		813.9
227.8	873.3	9669		12193.6			
61.7		738	186.7	6063.8			
1279.7		11550.4		15230	37.2		813.9
43.4		1673.2		2684.7			
				1861.1			
				635.7			
				510.6			
				24			
				95.1			
				6			
				1056.5			
				410			
				172.4			
				474.1			
				168.9			
				168.9			
		1222174.6	7123083.1	319135.9			13613.8
		1046169.1	7123083.1	172256.7			
		1046169.1	7123083.1	172256.7			
		176005.5		146879.2			13613.8
	29934.2	992098.6	986233.5	277451.7	524	48347	713.7
	9594.6	147672.3	688644.3	97397.6	74		485.6
		13532.4	17354.8	20			
		21685.2	671289.5	443			
	2250.2	38235		86495.1			485.6
	7344.4	51906.6		7407.3			
		22313.1		3032.2	74		

2-11 续表 5

行　业	全年营业收入(万元)	内资企业	国有企业	集体企业
肥料制造	243209.6	242981.5	10301.3	2412.2
氮肥制造	133747	133747		
磷肥制造	2024	2024		
钾肥制造	49275.9	49275.9	1163.9	
复混肥料制造	45852.8	45624.7	9137.4	2408.2
有机肥料及微生物肥料制造	9527.7	9527.7		4
其他肥料制造	2782.2	2782.2		
农药制造	1485.1	1485.1		
化学农药制造	1472.7	1472.7		
生物化学农药及微生物农药制造	12.4	12.4		
涂料、油墨、颜料及类似产品制造	25174.8	25174.8	1647.1	12
涂料制造	22958.7	22958.7	1647.1	
油墨及类似产品制造	240.6	240.6		12
密封用填料及类似品制造	1975.5	1975.5		
合成材料制造	740734.2	740734.2		
初级形态的塑料及合成树脂制造	703271.5	703271.5		
合成纤维单(聚合)体的制造	34910.2	34910.2		
其他合成材料制造	2552.5	2552.5		
专用化学产品制造	389822.1	341482.5		13807.6
化学试剂和助剂制造	186356.5	176648.1		12179.2
专项化学用品制造	138753.5	100315.3		1628.4
林产化学产品制造	10	10		
炸药及火工产品制造	56757.3	56757.3		
动物胶制造	7483.9	7483.9		
其他专用化学产品制造	460.9	267.9		
日用化学产品制造	19188.7	19181.3		
肥皂及合成洗涤剂制造	17333.7	17333.7		
化妆品制造	828.4	821		
香料、香精制造	195.8	195.8		
其他日用化学产品制造	830.8	830.8		
医药制造业	68731.9	65643.6	11179.6	
化学药品原药制造	2665.3	2665.3		
化学药品制剂制造	17339.4	17165.5	8689.6	
中药饮片加工	18928.6	16206.8	2490	
中成药制造	22698.8	22698.8		
兽用药品制造	953.7	953.7		
生物、生化制品的制造	5418.6	5226		
卫生材料及医药用品制造	727.5	727.5		
化学纤维制造业	344516.1	344516.1		
纤维素纤维原料及纤维制造	344516.1	344516.1		
化纤浆粕制造	188114.9	188114.9		
人造纤维(纤维素纤维)制造	156401.2	156401.2		

股份合作企业	联营企业	有限责任公司	股份有限公司	私营企业	其他企业	港、澳、台商投资企业	外商投资企业
	462.8	192522.7		37282.5			228.1
		133747					
		2024					
		44846.2		3265.8			
	462.8	8770.3		24846			228.1
		1090.1		8433.6			
		2045.1		737.1			
		1291		194.1			
		1291		181.7			
				12.4			
		2291.7		21224			
		2258.2		19053.4			
		33.5		195.1			
				1975.5			
		446488.2	288787.2	5458.8			
		411578	288787.2	2906.3			
		34910.2					
				2552.5			
	19876.8	185466.8	8339.8	113541.5	450	48339.6	
		95418.7	8339.8	60710.4		9708.4	
	19876.8	35242.3		43567.8		38438.2	
		10					
		52669.1		3638.2	450		
		2126.7		5357.2			
				267.9		193	
		16365.9	462.2	2353.2		7.4	
		15733.9	462.2	1137.6			
		60.3		760.7		7.4	
		32.7		163.1			
		539		291.8			
		27940.1		26340.9	183		3088.3
		1589.2		1076.1			
		3151.5		5324.4			173.9
		8923.2		4793.6			2721.8
		13188.6		9374.7	135.5		
		554.1		399.6			
		533.5		4692.5			192.6
				680	47.5		
		229445.3		115070.8			
		229445.3		115070.8			
		114110.8		74004.1			
		115334.5		41066.7			

2-11 续表 6

行业	全年营业收入(万元)	内资企业	国有企业	集体企业
橡胶制品业	19060.6	18793.6	5449.2	108.1
轮胎制造	6072.2	6072.2		
车辆、飞机及工程机械轮胎制造	5314.4	5314.4		
轮胎翻新加工	757.8	757.8		
橡胶板、管、带的制造	9047.6	9047.6	5449.2	
橡胶零件制造	1018.5	751.5		108.1
再生橡胶制造	1102.2	1102.2		
日用及医用橡胶制品制造	1707.3	1707.3		
橡胶靴鞋制造	2.1	2.1		
其他橡胶制品制造	110.7	110.7		
塑料制品业	536546.7	528992	12239.8	8916.3
塑料薄膜制造	90343.1	90343.1	6681.3	1874
塑料板、管、型材的制造	285331.5	283176.2	2921	
塑料丝、绳及编织品的制造	60980.7	57025.5		218.4
泡沫塑料制造	16044.4	14600.2		
塑料包装箱及容器制造	37616.1	37616.1		95
塑料零件制造	815.8	815.8		
日用塑料制造	8473.4	8473.4	981.1	2025.5
其他塑料制品制造	36941.7	36941.7	1656.4	4703.4
非金属矿物制品业	1297427.1	1217366	78365	22922.3
水泥、石灰和石膏的制造	606056.6	606056.6	34660.3	4635
水泥制造	564946.7	564946.7	33431.5	4635
石灰和石膏制造	41109.9	41109.9	1228.8	
水泥及石膏制品制造	285273.4	285273.4	24395.2	1050.9
水泥制品制造	246521.2	246521.2	23517.8	633.8
砼结构构件制造	25902.3	25902.3	870.5	354.4
石棉水泥制品制造	839.6	839.6		
轻质建筑材料制造	8812.3	8812.3	6.9	20.7
其他水泥制品制造	3198	3198		42
砖瓦、石材及其他建筑材料制造	191038.9	190721.8	178.1	4691.9
粘土砖瓦及建筑砌块制造	78652.4	78652.4	102.1	4691.9
建筑陶瓷制品制造	60096.5	60096.5		
建筑用石加工	13384.3	13384.3		
防水建筑材料制造	6437.7	6437.7		
隔热和隔音材料制造	19718.9	19718.9		
其他建筑材料制造	12749.1	12432	76	
玻璃及玻璃制品制造	122627.4	44054.3		604.1
平板玻璃制造	3557.5	3557.5		
技术玻璃制品制造	4488.3	4488.3		
日用玻璃制品及玻璃包装容器制造	9796.7	9796.7		604.1
玻璃保温容器制造	11414.8	11414.8		
玻璃纤维及制品制造	34491.9	7521.6		
玻璃纤维增强塑料制品制造	58600.6	6997.8		
其他玻璃制品制造	277.6	277.6		

股份合作企业	联营企业	有限责任公司	股份有限公司	私营企业	其他企业	港、澳、台商投资企业	外商投资企业
		2163.4	5314.4	5758.5			267
			5314.4	757.8			
			5314.4				
				757.8			
		1530.2		2068.2			
				643.4			267
		633.2		469			
				1707.3			
				2.1			
				110.7			
260.2	1737.3	174996.6	75163	253485.3	2193.5	2793.1	4761.6
68	43.3	45437.6	9578.4	25309	1351.5		
142.7		104902.3	65584.6	109435.6	190	2155.3	
49.5	495.4	15068.5		41193.7			3955.2
		1096.5		13503.7		637.8	806.4
		1851.8		35669.3			
				815.8			
		990.6		4476.2			
	1198.6	5649.3		23082	652		
17	2240.1	539379.8	190818	380471.4	3152.4		80061.1
		321024	164959.7	80777.6			
		312671	164940.3	49268.9			
		8353	19.4	31508.7			
		146507.9	24871.1	87998.3	450		
		135551.1	6260.6	80557.9			
		2632.8	18610.5	2984.1	450		
				839.6			
		6534.3		2250.4			
		1789.7		1366.3			
	2240.1	27773.3	600	153011	2227.4		317.1
	2240.1	4267	600	64853.9	1897.4		
		12487.6		47608.9			
		1497.3		11777	110		
		2952.5		3485.2			
		2359.7		17139.2	220		
		4209.2		8146.8			317.1
17		11668.4	387.2	31377.6			78573.1
		304.2		3253.3			
		64.2		4424.1			
17		6286.3	387.2	2502.1			
				11414.8			
				7521.6			26970.3
		4784.3		2213.5			51602.8
		229.4		48.2			

2-11 续表 7

行　业	全年营业收入(万元)	内资企业	国有企业	集体企业
陶瓷制品制造	2527.3	2527.3		
卫生陶瓷制品制造	1365.7	1365.7		
特种陶瓷制品制造	1036.1	1036.1		
日用陶瓷制品制造	52.4	52.4		
园林、陈设艺术及其他陶瓷制品制造	73.1	73.1		
耐火材料制品制造	18216.5	18216.5	132.2	11940.4
石棉制品制造	1517.3	1517.3		
云母制品制造	132.2	132.2	132.2	
耐火陶瓷制品及其他耐火材料制造	16567	16567		11940.4
石墨及其他非金属矿物制品制造	71687	70516.1	18999.2	
石墨及碳素制品制造	37339.2	37339.2	18999.2	
其他非金属矿物制品制造	34347.8	33176.9		
黑色金属冶炼及压延加工业	4184816.2	4183478.7	4166.6	45035.7
炼铁	1527561.3	1527561.3	4166.6	
炼钢	56972.1	56972.1		
钢压延加工	2501599.8	2501599.8		45035.7
铁合金冶炼	98683	97345.5		
有色金属冶炼及压延加工业	476419.4	473155.2	36274.3	5630.6
常用有色金属冶炼	310948.1	310948.1	8646.9	
铜冶炼	34863	34863		
铅锌冶炼	6883	6883		
镍钴冶炼	202926.5	202926.5		
铝冶炼	64740.8	64740.8	8646.9	
镁冶炼	16.5	16.5		
其他常用有色金属冶炼	1518.3	1518.3		
贵金属冶炼	64257.5	60993.3	27627.4	5630.6
金冶炼	64257.5	60993.3	27627.4	5630.6
有色金属合金制造	2000	2000		
有色金属压延加工	99213.8	99213.8		
常用有色金属压延加工	99213.8	99213.8		
金属制品业	478638.6	449321	7921.7	6097.3
结构性金属制品制造	225718.9	200411.3	564.5	321.7
金属结构制造	207432.1	182124.5	315.3	301.9
金属门窗制造	18286.8	18286.8	249.2	19.8
金属工具制造	4275.9	4275.9	34.3	1.1
农用及园林用金属工具制造	1269.6	1269.6	34.3	1.1
刀剪及类似日用金属工具制造	2440	2440		
其他金属工具制造	566.3	566.3		
集装箱及金属包装容器制造	65012	61002		
集装箱制造	415	415		
金属压力容器制造	1546.6	1546.6		
金属包装容器制造	63050.4	59040.4		
金属丝绳及其制品的制造	100811.7	100811.7		5040.7
建筑、安全用金属制品制造	17213.9	17213.9	937.3	733.8

股份合作企业	联营企业	有限责任公司	股份有限公司	私营企业	其他企业	港、澳、台商投资企业	外商投资企业
		1841.9		685.4			
		1364.2		1.5			
		425.3		610.8			
		52.4					
				73.1			
		4727.7		1416.2			
		1517.3					
		3210.4		1416.2			
		25836.6		25205.3	475		1170.9
		616.4		17723.6			
		25220.2		7481.7	475		1170.9
		1722600.5	2004173.2	407502.7			1337.5
		1377968	620	144806.7			
		48639.2		8332.9			
		220990.1	2003553.2	232020.8			
		75003.2		22342.3			1337.5
		153525.3	222069.4	55655.6		3264.2	
		69432.8	222069.4	10799			
		34475.6		387.4			
				6883			
		33528.9	169397.6				
			52671.8	3422.1			
				16.5			
		1428.3		90			
		24063.6		3671.7		3264.2	
		24063.6		3671.7		3264.2	
				2000			
		60028.9		39184.9			
		60028.9		39184.9			
		206877.6	3691.3	223550.4	1182.7	4010	25307.6
		43229.3	2749	152538.5	1008.3		25307.6
		38652.6	2749	140105.7			25307.6
		4576.7		12432.8	1008.3		
		1320		2920.5			
				1234.2			
		1320		1120			
				566.3			
		55628.8		5198.8	174.4	4010	
				415			
		1546.6					
		54082.2		4783.8	174.4	4010	
		93020.8		2750.2			
		672.2		14870.6			

2-11 续表 8

行业	全年营业收入(万元)	内资企业	国有企业	集体企业
建筑、家具用金属配件制造	1988.8	1988.8		
建筑装饰及水暖管道零件制造	12288.5	12288.5		
安全、消防用金属制品制造	1401.4	1401.4		441.3
其他建筑、安全用金属制品制造	1535.2	1535.2	937.3	292.5
金属表面处理及热处理加工	29462.8	29462.8		
不锈钢及类似日用金属制品制造	3317	3317		
金属制厨房调理及卫生器具制造	1078.1	1078.1		
金属制厨用器皿及餐具制造	1506.4	1506.4		
其他日用金属制品制造	732.5	732.5		
其他金属制品制造	32826.4	32826.4	6385.6	
其他未列明的金属制品制造	32826.4	32826.4	6385.6	
通用设备制造业	159994	158382.9	1352	32139
锅炉及原动机制造	11752.8	11752.8		40
锅炉及辅助设备制造	10640.6	10640.6		40
内燃机及配件制造	1109.3	1109.3		
其他原动机制造	2.9	2.9		
金属加工机械制造	1661.4	1661.4		
金属切削机床制造	35.3	35.3		
金属成形机床制造	66.3	66.3		
铸造机械制造	88.8	88.8		
金属切割及焊接设备制造	455.2	455.2		
其他金属加工机械制造	1015.8	1015.8		
起重运输设备制造	13439.1	13439.1		
泵、阀门、压缩机及类似机械的制造	5077.8	5077.8	861.9	
泵及真空设备制造	5067.8	5067.8	861.9	
液压和气压动力机械及元件制造	10	10		
轴承、齿轮、传动和驱动部件的制造	3302.8	3302.8		
轴承制造	2819.3	2819.3		
齿轮、传动和驱动部件制造	483.5	483.5		
风机、衡器、包装设备等通用设备制造	12206.2	10647.9		81
风机、风扇制造	3545.2	3545.2		
气体、液体分离及纯净设备制造	186	186		
制冷、空调设备制造	3212.5	3212.5		81
喷枪及类似器具制造	275.5	120.9		
包装专用设备制造	11.7	11.7		
衡器制造	4165.6	2761.9		
其他通用设备制造	809.7	809.7		
通用零部件制造及机械修理	90532.2	90479.4	452	31421.2
金属密封件制造	5982.4	5982.4		
紧固件、弹簧制造	6780.3	6780.3		153.2
机械零部件加工及设备修理	74825.9	74773.1	445.4	31268
其他通用零部件制造	2943.6	2943.6	6.6	
金属铸、锻加工	22021.7	22021.7	38.1	596.8
钢铁铸件制造	19382.2	19382.2	38.1	596.8
锻件及粉末冶金制品制造	2639.5	2639.5		

股份合作企业	联营企业	有限责任公司	股份有限公司	私营企业	其他企业	港、澳、台商投资企业	外商投资企业
				1988.8			
		25.6		12262.9			
		353.5		606.6			
		293.1		12.3			
			471	28991.8			
		47.7	471.3	2798			
			471.3	606.8			
		47.7		1458.7			
				732.5			
		12958.8		13482			
		12958.8		13482			
		33075.5	1200	90616.4		207.4	1403.7
		2413.9		9298.9			
		2411		8189.6			
				1109.3			
		2.9					
		256.1		1405.3			
		1.3		34			
				66.3			
				88.8			
				455.2			
		254.8		761			
		4222.9		9216.2			
		3005.9	1200	10			
		3005.9	1200				
				10			
		2554.6		748.2			
		2554.6		264.7			
				483.5			
		485.9		10081		154.6	1403.7
				3545.2			
				186			
		485.9		2645.6			
				120.9		154.6	
				11.7			
				2761.9			1403.7
				809.7			
		18476.9		40129.3		52.8	
		4228.7		1753.7			
				6627.1			
		14248.2		28811.5		52.8	
				2937			
		1659.3		19727.5			
		1659.3		17088			
				2639.5			

2-11 续表 9

行　　业	全年营业收入(万元)	内资企业	国有企业	集体企业
专用设备制造业	178831.5	157286.3	42476.7	350
矿山、冶金、建筑专用设备制造	81702.4	61404.9	22376.5	350
采矿、采石设备制造	23044.7	19650.1		350
石油钻采专用设备制造	49817.4	32914.5	22238.7	
建筑工程用机械制造	6304.4	6304.4	137.8	
建筑材料生产专用机械制造	2535.9	2535.9		
化工、木材、非金属加工专用设备制造	1372.5	1372.5		
炼油、化工生产专用设备制造	408.9	408.9		
塑料加工专用设备制造	452.8	452.8		
模具制造	510.8	510.8		
食品、饮料、烟草及饲料生产专用设备制造	1445.9	1445.9		
食品、饮料、烟草工业专用设备制造	532.9	532.9		
农副食品加工专用设备制造	525	525		
饲料生产专用设备制造	388	388		
印刷、制药、日化生产专用设备制造	826.7	826.7		
印刷专用设备制造	430	430		
照明器具生产专用设备制造	19.3	19.3		
其他日用品生产专用设备制造	377.4	377.4		
纺织、服装和皮革工业专用设备制造	7137.2	7137.2		
纺织专用设备制造	6871.9	6871.9		
其他服装加工专用设备制造	265.3	265.3		
电子和电工机械专用设备制造	721.4	721.4		
电工机械专用设备制造	721.4	721.4		
农、林、牧、渔专用机械制造	77496.3	76248.6	20100.2	
拖拉机制造	12687.6	12687.6		
机械化农业及园艺机具制造	46313.4	46313.4	8875.8	
畜牧机械制造	2101.9	854.2		
农林牧渔机械配件制造	482.2	482.2		
其他农林牧渔业机械制造及机械修理	15911.2	15911.2	11224.4	
医疗仪器设备及器械制造	754.4	754.4		
医疗、外科及兽医用器械制造	80.8	80.8		
假肢、人工器官及植(介)入器械制造	100.3	100.3		
其他医疗设备及器械制造	573.3	573.3		
环保、社会公共安全及其他专用设备制造	7374.7	7374.7		
环境污染防治专用设备制造	889	889		
商业、饮食、服务业专用设备制造	88	88		
交通安全及管制专用设备制造	12.5	12.5		
水资源专用机械制造	5165.4	5165.4		
其他专用设备制造	1219.8	1219.8		
交通运输设备制造业	156643.2	156643.2	5522.3	4962.2
铁路运输设备制造	6382.6	6382.6	1826	4020.6
铁路机车车辆配件制造	1826	1826	1826	
铁路专用设备及器材、配件制造	536	536		
其他铁路设备制造及设备修理	4020.6	4020.6		4020.6

股份合作企业	联营企业	有限责任公司	股份有限公司	私营企业	其他企业	港、澳、台商投资企业	外商投资企业
		38105.5	14088	62266.1		8147.5	13397.7
		15290.9		23387.5		8147.5	12150
		9907.1		9393			3394.6
		5220.8		5455		8147.5	8755.4
		163		6003.6			
				2535.9			
			6.1	1366.4			
				408.9			
				452.8			
			6.1	504.7			
				1445.9			
				532.9			
				525			
				388			
				826.7			
				430			
				19.3			
				377.4			
		2081.4		5055.8			
		2081.4		4790.5			
				265.3			
				721.4			
				721.4			
		20070.2	14069.4	22008.8			1247.7
		12252.2		435.4			
		4903.7	14069.4	18464.5			
		491		363.2			1247.7
				482.2			
		2423.3		2263.5			
		383		371.4			
				80.8			
				100.3			
		383		190.3			
		280	12.5	7082.2			
				889			
				88			
			12.5				
		280		4885.4			
				1219.8			
78.6	96.5	133962.9	70	11915.6	35.1		
		536					
		536					

2-11 续表 10

行 业	全年营业收入（万元）	内资企业	国有企业	集体企业
汽车制造	148585.3	148585.3	3696.3	498.3
汽车整车制造	80546.6	80546.6		
改装汽车制造	28058.3	28058.3	3.4	
汽车车身、挂车的制造	7477.5	7477.5	243.8	
汽车零部件及配件制造	16997.2	16997.2	41.9	
汽车修理	15505.7	15505.7	3407.2	498.3
摩托车制造	95	95		
摩托车整车制造	95	95		
自行车制造	518.6	518.6		
脚踏自行车及残疾人座车制造	53.1	53.1		
助动自行车制造	465.5	465.5		
交通器材及其他交通运输设备制造	1061.7	1061.7		443.3
交通管理用金属标志及设施制造	946.7	946.7		443.3
其他交通运输设备制造	115	115		
电气机械及器材制造业	1286979.1	1286979.1	10862.2	1091.3
电机制造	628383.7	628383.7		
发电机及发电机组制造	628158.9	628158.9		
电动机制造	224.8	224.8		
输配电及控制设备制造	587587.3	587587.3		721.8
变压器、整流器和电感器制造	510461.3	510461.3		721.8
电容器及其配套设备制造	648.5	648.5		
配电开关控制设备制造	69258.3	69258.3		
电力电子元器件制造	251.3	251.3		
其他输配电及控制设备制造	6967.9	6967.9		
电线、电缆、光缆及电工器材制造	65792.7	65792.7	10365.6	369.5
电线电缆制造	57701.9	57701.9	10365.6	369.5
绝缘制品制造	7902.8	7902.8		
其他电工器材制造	188	188		
电池制造	7	7		
家用电力器具制造	89	89		
其他家用电力器具制造	89	89		
非电力家用器具制造	2693.2	2693.2	496.6	
燃气、太阳能及类似能源的器具制造	2693.2	2693.2	496.6	
照明器具制造	1699.8	1699.8		
照明灯具制造	1699.8	1699.8		
其他电气机械及器材制造	726.4	726.4		
车辆专用照明及电气信号设备装置制造	83.4	83.4		
其他未列明的电气机械制造	643	643		
通信设备、计算机及其他电子设备制造业	112755	102412.9		
通信设备制造	1643			
移动通信及终端设备制造	1643			
广播电视设备制造	9676.3	2978.8		
广播电视接收设备及器材制造	9676.3	2978.8		

股份合作企业	联营企业	有限责任公司	股份有限公司	私营企业	其他企业	港、澳、台商投资企业	外商投资企业
78.6	96.5	132958.3	70	11152.2	35.1		
		80546.6					
		27556.5		498.4			
		6691.4		542.3			
40.9		16329.8		584.6			
37.7	96.5	1834	70	9526.9	35.1		
				95			
				95			
				518.6			
				53.1			
				465.5			
		468.6		149.8			
		425.9		77.5			
		42.7		72.3			
		109075.8	475911.6	690038.2			
		44393.4		583990.3			
		44393.4		583765.5			
				224.8			
		54671	475454.7	56739.8			
		19352.6	475242.5	15144.4			
		142.5		506			
		31170.8		38087.5			
				251.3			
		4005.1	212.2	2750.6			
		7902.8	456.9	46697.9			
			456.9	46509.9			
		7902.8					
				188			
				7			
				89			
				89			
		2025.2		171.4			
		2025.2		171.4			
				1699.8			
				1699.8			
		83.4		643			
		83.4					
				643			
		1927.7	97081.3	3403.9		8699.1	1643
							1643
							1643
				2978.8		6697.5	
				2978.8		6697.5	

2-11 续表 11

行 业	全年营业收入(万元)	内资企业	国有企业	集体企业
电子器件制造	29.4	29.4		
光电子器件及其他电子器件制造	29.4	29.4		
电子元件制造	99437.7	97436.1		
电子元件及组件制造	99437.7	97436.1		
家用视听设备制造	1968.6	1968.6		
家用影视设备制造	1968.6	1968.6		
仪器仪表及文化、办公用机械制造业	13593.9	13345		30
通用仪器仪表制造	9915.6	9666.7		
工业自动控制系统装置制造	5588.2	5588.2		
电工仪器仪表制造	258.7	9.8		
供应用仪表及其他通用仪器制造	4068.7	4068.7		
专用仪器仪表制造	2668.9	2668.9		
地质勘探和地震专用仪器制造	1700.7	1700.7		
电子测量仪器制造	18	18		
其他专用仪器制造	950.2	950.2		
光学仪器及眼镜制造	42.5	42.5		
眼镜制造	42.5	42.5		
文化、办公用机械制造	422.1	422.1		
计算器及货币专用设备制造	22.1	22.1		
其他文化、办公用机械制造	400	400		
其他仪器仪表的制造及修理	544.8	544.8		30
其他仪器仪表的制造及修理	544.8	544.8		30
工艺品及其他制造业	16011.6	10946.4	281.8	66.3
工艺美术品制造	8770.8	3705.6	261.3	66.3
雕塑工艺品制造	462.6	462.6		
金属工艺品制造	119.9	119.9		52.8
天然植物纤维编织工艺品制造	1111.4	1111.4		
地毯、挂毯制造	6699.9	1634.7	261.3	13.5
珠宝首饰及有关物品的制造	99.4	99.4		
其他工艺美术品制造	277.6	277.6		
日用杂品制造	1773.8	1773.8		
制镜及类似品加工	1761.9	1761.9		
其他日用杂品制造	11.9	11.9		
煤制品制造	5160.6	5160.6		
其他未列明的制造业	306.4	306.4	20.5	
废弃资源和废旧材料回收加工业	3974	3974		
金属废料和碎屑的加工处理	1106.2	1106.2		
非金属废料和碎屑的加工处理	2867.8	2867.8		
电力、燃气及水的生产和供应业	2754144.9	2731384	1276798.7	2066
电力、热力的生产和供应业	2559201.5	2540051.4	1244130.8	1735.1
电力生产	824560.4	805410.3	164939.7	1281.2
火力发电	658005.4	638855.3	118525.7	952.1
水力发电	119794.1	119794.1	43636	329.1
其他能源发电	46760.9	46760.9	2778	

股份合作企业	联营企业	有限责任公司	股份有限公司	私营企业	其他企业	港、澳、台商投资企业	外商投资企业
		29.4					
		29.4					
		276.2	97081.3	78.6		2001.6	
		276.2	97081.3	78.6		2001.6	
		1622.1		346.5			
		1622.1		346.5			
		7907.5		5407.5			248.9
		6206.8		3459.9			248.9
		5331.5		256.7			
		9.8					248.9
		865.5		3203.2			
		1700.7		968.2			
		1700.7					
				18			
				950.2			
				42.5			
				42.5			
				422.1			
				22.1			
				400			
				514.8			
				514.8			
		4523.1		6075.2			5065.2
		1645.1		1732.9			5065.2
				462.6			
				67.1			
		1028.4		83			
		616.7		743.2			5065.2
				99.4			
				277.6			
				1773.8			
				1761.9			
				11.9			
		2689.6		2471			
		188.4		97.5			
		1533.8		2440.2			
		512.9		593.3			
		1020.9		1846.9			
4247.7		1179639.9	195176.1	72272.3	1183.3		22760.9
3788.7		1033772.5	195176.1	61174.9	273.3		19150.1
3788.7		422652.8	195176.1	17571.8			19150.1
		318981.3	185543.4	14852.8			19150.1
3788.7		61273.7	8984.7	1781.9			
		42397.8	648	937.1			

2-11 续表 12

行业	全年营业收入(万元)	内资企业	国有企业	集体企业
电力供应	1522288.7	1522288.7	1016215.4	
热力生产和供应	212352.4	212352.4	62975.7	453.9
燃气生产和供应业	122573.8	122573.8	1641.2	
燃气生产和供应业	122573.8	122573.8	1641.2	
水的生产和供应业	72369.6	68758.8	31026.7	330.9
自来水的生产和供应	65450.4	65450.4	29109.5	330.9
污水处理及其再生利用	6919.2	3308.4	1917.2	
建筑业	6490218.2	6489956.5	1330917.7	88745.4
房屋和土木工程建筑业	5558675.4	5558675.4	1201243.6	68512.7
房屋工程建筑	3777187	3777187	503286.8	38060.2
土木工程建筑	1781488.4	1781488.4	697956.8	30452.5
铁路、道路、隧道和桥梁工程建筑	1254229.2	1254229.2	512458.3	16368.8
水利和港口工程建筑	230531.6	230531.6	95104	1248.3
工矿工程建筑	115245.4	115245.4	3373.8	2836.8
架线和管道工程建筑	148246.8	148246.8	78792.7	8955.6
其他土木工程建筑	33235.4	33235.4	8228	1043
建筑安装业	778948.5	778948.5	99112.9	16066.8
建筑装饰业	66847.1	66585.4	3349.9	
其他建筑业	85747.2	85747.2	27211.3	4165.9
工程准备	50383.4	50383.4	26929.8	3247.6
提供施工设备服务	7730.5	7730.5		918.3
其他未列明的建筑活动	27633.3	27633.3	281.5	
交通运输、仓储和邮政业	2580043.2	2526833.7	1835690.2	16723.5
铁路运输业	1363.9	1363.9	18.5	
铁路旅客运输	980	980		
铁路货物运输	383.9	383.9	18.5	
道路运输业	1519620.6	1519620.6	1143326.2	4514.2
公路旅客运输	128596.8	128596.8	12122.5	
道路货物运输	1344642	1344642	1115101.2	4392.5
道路运输辅助活动	46381.8	46381.8	16102.5	121.7
客运汽车站	19464.2	19464.2	13895.1	22.7
公路管理与养护	25227.4	25227.4	2207.4	99
其他道路运输辅助活动	1690.2	1690.2		
城市公共交通业	106813.8	83374.7	6547.6	2628.7
公共电汽车客运	96231.9	72792.8	5929.3	2625.8
轨道交通	1309.4	1309.4		
出租车客运	8648	8648	618.3	2.9
其他城市公共交通	624.5	624.5		
航空运输业	46005.8	46005.8	42308.1	
航空客货运输	76.2	76.2		
通用航空服务	2926.2	2926.2		
航空运输辅助活动	43003.4	43003.4	42308.1	
机场	42308.1	42308.1	42308.1	
其他航空运输辅助活动	695.3	695.3		

股份合作企业	联营企业	有限责任公司	股份有限公司	私营企业	其他企业	港、澳、台商投资企业	外商投资企业
		506062.9		10.4			
		105056.8		43592.7	273.3		
459		110320.7		9692.9	460		
459		110320.7		9692.9	460		
		35546.7		1404.5	450		3610.8
		34155.5		1404.5	450		
		1391.2					3610.8
15056.5	5399.3	3527791.7	354231.9	1166842.1	971.9	261.7	
15056.5		3045665.2	305359.7	922091.7	746		
15056.5		2405976.7	132396.2	682381.6	29		
		639688.5	172963.5	239710.1	717		
		438299.5	158588.1	128514.5			
		88357.9	14045.1	31059.3	717		
		57303.4		51731.4			
		51480.2	330.3	8688			
		4247.5		19716.9			
	5399.3	452344.5	48010.9	157788.2	225.9		
		6917.1	447.1	55871.3		261.7	
		22864.9	414.2	31090.9			
		10707		9499			
		252.7		6559.5			
		11905.2	414.2	15032.4			
1201.8	405.2	328119.1	5202.9	303116.2	36374.8	45513.7	7695.8
		1174		141.4	30		
		980					
		194		141.4	30		
903	201.7	211713.7	2181.3	156752.9	27.6		
437.7	199.6	90190.9	681.5	24964.6			
465.3	2.1	93259.7	1063	130330.6	27.6		
		28263.1	436.8	1457.7			
		4997.4		549			
		21705	436.8	779.2			
		1560.7		129.5			
13.4	1.2	25433.9	1491	11889.7	35369.2	23439.1	
		20650.2	959	7264.5	35364	23439.1	
		1309.4					
13.4	1.2	2871.7	532	4603.3	5.2		
		602.6		21.9			
		2880.6		817.1			
		39.6		36.6			
		2738.1		188.1			
		102.9		592.4			
		102.9		592.4			

2-11 续表 13

行 业	全年营业收入(万元)	内资企业	国有企业	集体企业
管道运输业	301148.5	272100.8	272100.8	
管道运输业	301148.5	272100.8	272100.8	
装卸搬运和其他运输服务业	264620.7	263898	83449.9	8559.5
装卸搬运	68938.4	68938.4	5281.8	8544.2
运输代理服务	195682.3	194959.6	78168.1	15.3
仓储业	205401.7	205401.7	162276.6	1021.1
谷物、棉花等农产品仓储	145794.3	145794.3	128577.8	159.8
其他仓储	59607.4	59607.4	33698.8	861.3
邮政业	135068.2	135068.2	125662.5	
国家邮政	125662.5	125662.5	125662.5	
其他寄递服务	9405.7	9405.7		
信息传输、计算机服务和软件业	1068541	785739.7	237895.3	551.8
电信和其他信息传输服务业	966724.5	684931.6	235778.7	31
电信	923163.5	641370.6	228491.4	
固定电信服务	389027.8	388637	137691.3	
移动电信服务	528461.7	247059.6	88611.8	
其他电信服务	5674	5674	2188.3	
互联网信息服务	23074.1	23074.1	5234.3	
广播电视传输服务	20254.7	20254.7	1820.8	31
有线广播电视传输服务	18995.7	18995.7	927.4	31
无线广播电视传输服务	1259	1259	893.4	
卫星传输服务	232.2	232.2	232.2	
计算机服务业	59458	58534.5	0.5	49.7
计算机系统服务	25091.9	24269.7	0.5	
数据处理	663.2	561.9		49.7
计算机维修	4780.5	4780.5		
其他计算机服务	28922.4	28922.4		
软件业	42358.5	42273.6	2116.1	471.1
公共软件服务	32870.9	32786	1622.1	471.1
基础软件服务	15464.6	15379.7	31.8	
应用软件服务	17406.3	17406.3	1590.3	471.1
其他软件服务	9487.6	9487.6	494	
批发和零售业	30287454.8	30006864.4	4416820.1	489999.7
批发业	26609020.1	26430245.2	3995644.1	470895
农畜产品批发	3676639.2	3666900.8	1456005	293888.2
谷物、豆及薯类批发	222604.3	222369.7	116067.3	550
种子、饲料批发	199147.9	197983.8	48664.8	29.6
棉、麻批发	3181090.2	3172750.5	1278769.1	293294.3
牲畜批发	3520.1	3520.1		
其他农畜产品批发	70276.7	70276.7	12503.8	14.3
食品、饮料及烟草制品批发	1088256.1	1070884.1	573195	2433.5
米、面制品及食用油批发	162695.4	161803.7	75914.9	356.3
糕点、糖果及糖批发	17939.1	17939.1		
果品、蔬菜批发	85414.6	85154.8	4735.9	74.7

股份合作企业	联营企业	有限责任公司	股份有限公司	私营企业	其他企业	港、澳、台商投资企业	外商投资企业
						22074.6	6973.1
						22074.6	6973.1
	175.3	55725.8	685.6	114393.1	908.8		722.7
		33748.9	218.4	21145.1			
	175.3	21976.9	467.2	93248	908.8		722.7
285.4	27	26394.6	845	14524.8	27.2		
285.4		15978.7		792.6			
	27	10415.9	845	13732.2	27.2		
		4796.5		4597.2	12		
		4796.5		4597.2	12		
196.8	20	113675.3	368055.7	64672.2	672.6	85656.2	197145.1
		79424.9	359310.1	10250.1	136.8	84749.1	197043.8
		59002.8	350331.8	3486.2	58.4	84749.1	197043.8
		30070.3	220449.7	425.7		390.8	
		27520.9	129852.1	1016.4	58.4	84358.3	197043.8
		1411.6	30	2044.1			
		2571	8717	6473.4	78.4		
		17851.1	261.3	290.5			
		17594	261.3	182			
		257.1		108.5			
75	20	8179	8615	41064.9	530.4	822.2	101.3
75		4341.8		19852.4		822.2	
		5.6		506.6			101.3
		2065.1		2715.4			
	20	1766.5	8615	17990.5	530.4		
121.8		26071.4	130.6	13357.2	5.4	84.9	
121.8		21896.3	130.6	8538.7	5.4	84.9	
0.3		12911.3	120	2310.9	5.4	84.9	
121.5		8985	10.6	6227.8			
		4175.1		4818.5			
16520.6	3759.9	10584560.7	6340439.3	8131775.9	22988.2	191692.7	88897.7
10678	2989.5	9279620.5	6122267.5	6527657	20493.6	166816.9	11958
58.1	196.4	1292822.3	117134.1	490487.4	16309.3	8339.7	1398.7
		99955.6		4444	1352.8		234.6
33.1	196.4	76505.2	10492.1	61608.7	453.9		1164.1
		1102139.8	105313.8	378780.9	14452.6	8339.7	
		11.8	1245.2	2263.1			
25		14209.9	83	43390.7	50		
	295	252669.1	2064.3	238632.1	1595.1	17372	
		49301.4		36231.1		891.7	
		6185.4		11753.7			
		26931	900	52513.2		259.8	

2-11 续表 14

行　　业	全年营业收入（万元）	内资企业	国有企业	集体企业
肉、禽、蛋及水产品批发	25464.7	25464.7	899.5	
盐及调味品批发	43386.4	43386.4	27130.3	994
饮料及茶叶批发	104462.5	88242	5075.3	781
烟草制品批发	590944.8	590944.8	438385.7	
其他食品批发	57948.6	57948.6	21053.4	227.5
纺织、服装及日用品批发	237057.3	237023.2	1531.9	201.2
纺织品、针织品及原料批发	71386.4	71386.4		
服装批发	52740.9	52706.8	1496.5	130
鞋帽批发	3042.2	3042.2		
厨房、卫生间用具及日用杂货批发	14249.9	14249.9	35.4	71.2
化妆品及卫生用品批发	41304.5	41304.5		
其他日用品批发	54333.4	54333.4		
文化、体育用品及器材批发	179164.5	179164.5	75228.1	242
文具用品批发	25448.4	25448.4	107.7	
体育用品批发	3712.9	3712.9		
图书批发	73735.8	73735.8	67623.9	
报刊批发	2.8	2.8		
音像制品及电子出版物批发	27678.1	27678.1		
首饰、工艺品及收藏品批发	2049	2049		
其他文化用品批发	46537.5	46537.5	7496.5	242
医药及医疗器材批发	388587.9	388587.9	45884.6	70.5
西药批发	304953.7	304953.7	44750.3	49.8
中药材及中成药批发	26509.2	26509.2	15	
医疗用品及器材批发	57125	57125	1119.3	20.7
矿产品、建材及化工产品批发	17764139.6	17639971	1754019.6	138468.6
煤炭及制品批发	219123.9	219123.9	28506.5	
石油及制品批发	11991612.7	11988427.7	958189.5	24113
非金属矿及制品批发	8512.3	8512.2	3187.2	
金属及金属矿批发	3305702	3186440.5	202135.7	4433.7
建材批发	416207.4	415630.8	8288.9	801.5
化肥批发	1197298.8	1197298.8	537605.3	108720.6
农药批发	26017.5	26017.5	1690.3	271.7
农用薄膜批发	17289.4	17289.4	33.2	128.1
其他化工产品批发	582375.6	581230.2	14383	
机械设备、五金交电及电子产品批发	2590887.7	2563545.6	73718.6	26113.2
农业机械批发	185820.8	185820.8	10992.4	252.7
汽车、摩托车及零配件批发	646874.5	646427	24930.8	1993.1
五金、交电批发	445336.7	445336.7	1593.7	20578.5
家用电器批发	136288	113339.1		
计算机、软件及辅助设备批发	152372	151429.4	139.2	
通讯及广播电视设备批发	62916.2	62916.2	646.8	
其他机械设备及电子产品批发	961279.5	958276.4	35415.7	3288.9
贸易经纪与代理	117195.4	117077.4	5247.4	
其他批发	567092.4	567090.7	10813.9	9477.8
再生物资回收与批发	481985.7	481985.7	1653.6	93.1
其他未列明的批发	85106.7	85105	9160.3	9384.7

股份合作企业	联营企业	有限责任公司	股份有限公司	私营企业	其他企业	港、澳、台商投资企业	外商投资企业
		2836.5		21728.7			
	295	7531.8	35.1	7122.8	277.4		
		12142.3	979.2	67946.5	1317.7	16220.5	
		144158	150	8251.1			
		3582.7		33085			
5181.2		22437		207671.9			34.1
5181.2		9732.8		56472.4			
		9055.4		42024.9			34.1
		530.3		2511.9			
		221.1		13922.2			
		322.6		40981.9			
		2574.8		51758.6			
485.7		49560.9		53644.9	2.9		
		970.7		24370			
		7.7		3705.2			
		1840.3		4271.6			
				2.8			
		27678.1					
				2046.1	2.9		
485.7		19064.1		19249.2			
		217726.6	8331.6	116574.6			
		193767.9	8306.6	58079.1			
		19861.8		6632.4			
		4096.9	25	51863.1			
4143.4	213	6487787.7	5964543.9	3290024.3	770.5	116764.5	7404.1
107		57624.2	46350	86062.8	473.4		
1880		4761091.3	5526154.1	716999.8			3185
		1080.3		4244.7			0.1
		955952.7	362222.5	1661583.9	112	116764.5	2497
176		100539.1	4840.9	300851.8	132.6		576.6
47.7	213	439040.6	4138.4	107482.7	50.5		
		8233.9	2	15817.6	2		
		263		16865.1			
1932.7		163962.6	20836	380115.9			1145.4
809.6	2285.1	500743.1	13531.5	1944659.2	1685.3	24339	3003.1
189.3		37545.6	335	136208.1	297.7		
580		115832.3	12663.8	490403.1	23.9	447.5	
40.3	1482.1	201128.4	428	220039.6	46.1		
		33278.4		80060.7		22948.9	
		12331.9		138958.3		942.6	
		16138		46131.4			
	803	84488.5	104.7	832858	1317.6		3003.1
		17566.2		94133.3	130.5		118
		438307.6	16662.1	91829.3		1.7	
		410680.7	15719.4	53838.9			
		27626.9	942.7	37990.4		1.7	

2-11 续表 15

行业	全年营业收入（万元）	内资企业	国有企业	集体企业
零售业	3678434.7	3576619.2	421176	19104.7
综合零售	589890	521735.4	925.6	5837.2
百货零售	323118.3	298355.9	439.5	3560.6
超级市场零售	256090.8	212698.6	28.1	
其他综合零售	10680.9	10680.9	458	2276.6
食品、饮料及烟草制品专门零售	40069.6	40069.6	5270.6	55.6
粮油零售	9933.6	9933.6	4780.4	
糕点、面包零售	684.4	684.4		
果品、蔬菜零售	4365.8	4365.8		
肉、禽、蛋及水产品零售	3333.5	3333.5	178.3	
饮料及茶叶零售	8412.4	8412.4		55.6
烟草制品零售	7382	7382	311.9	
其他食品零售	5957.9	5957.9		
纺织、服装及日用品专门零售	171229.8	169444	9672.3	499.8
纺织品及针织品零售	5727.2	5727.2		267.5
服装零售	147435.7	145649.9	7424.9	62.7
鞋帽零售	1774.5	1774.5		
钟表、眼镜零售	2589.2	2589.2	1030.1	169.6
化妆品及卫生用品零售	3358.8	3358.8		
其他日用品零售	10344.4	10344.4	1217.3	
文化、体育用品及器材专门零售	143067.4	143067.4	105353.2	837.7
文具用品零售	8330.9	8330.9	13.7	164.8
体育用品零售	7247.1	7247.1		
图书零售	102678.9	102678.9	99321.4	184.3
报刊零售	7.5	7.5		
音像制品及电子出版物零售	527.7	527.7	77	
珠宝首饰零售	13629.2	13629.2	3927.2	361.4
工艺美术品及收藏品零售	1929.5	1929.5		
照相器材零售	5520.8	5520.8	1882.9	
其他文化用品零售	3195.8	3195.8	131	127.2
医药及医疗器材专门零售	292656	292656	8205	49.8
药品零售	278487	278487	8045.8	49.8
医疗用品及器材零售	14169	14169	159.2	
汽车、摩托车、燃料及零配件专门零售	1827739	1795977.3	265240.2	7985.2
汽车零售	1077089.1	1045327.4	146.5	7346.1
汽车零配件零售	40691.7	40691.7	244.1	
摩托车及零配件零售	25537.4	25537.4	1793.6	123
机动车燃料零售	684420.8	684420.8	263056	516.1
家用电器及电子产品专门零售	400070.2	400070.2	21300.4	3031.7
家用电器零售	203625.6	203625.6	385	2646.3
计算机、软件及辅助设备零售	105480	105480	2248.8	
通信设备零售	78445.9	78445.9	18666.6	280.6
其他电子产品零售	12518.7	12518.7		104.8

股份合作企业	联营企业	有限责任公司	股份有限公司	私营企业	其他企业	港、澳、台商投资企业	外商投资企业
5842.6	770.4	1304940.2	218171.8	1604118.9	2494.6	24875.8	76939.7
4275.1	343.5	141496.4	119559.7	249215.6	82.3	24762.4	43392.2
4275.1	289.5	95632.3	119559.7	74584.6	14.6	24762.4	
		45736.4		166869	65.1		43392.2
	54	127.7		7762	2.6		
	142.7	8092.6	90.3	26331.6	86.2		
	92.7	762.7	18.1	4193.5	86.2		
				684.4			
		240.1		4125.7			
		482		2673.2			
	50	1050.2	72.2	7184.4			
		4516.6		2553.5			
		1041		4916.9			
	6.8	22168.1		137097			1785.8
		264.3		5195.4			
		21616.8		116545.5			1785.8
				1774.5			
		122		1267.5			
				3358.8			
	6.8	165		8955.3			
		6960.1		29830.9	85.5		
		392.4		7760			
		100.9		7146.2			
		488.2		2685			
				7.5			
		142		308.7			
		5504.5		3750.6	85.5		
		126.8		1802.7			
		129		3508.9			
		76.3		2861.3			
10		214046.6	1795	67766.5	783.1		
10		212846.5	1795	54956.8	783.1		
		1200.1		12809.7			
288.6	277.4	700380.9	95437.5	725486.8	880.7		31761.7
245.6		423181	5425.4	608485.9	496.9		31761.7
		6171.7		34016.3	259.6		
43		4678.6		18899.2			
	277.4	266349.6	90012.1	64085.4	124.2		
12.4		121710.7	495	253441.5	78.5		
		58320.8	495	141778.2	0.3		
12.4		22694.3		80465.9	58.6		
		39867.2		19613.9	17.6		
		828.4		11583.5	2		

2-11 续表 16

行　业	全年营业收入（万元）	内资企业	国有企业	集体企业
五金、家具及室内装修材料专门零售	147386.3	147383.3	14.5	358.4
五金零售	46750.1	46747.1	14.5	
家具零售	79157.3	79157.3		245
涂料零售	1008	1008		
其他室内装修材料零售	20470.9	20470.9		113.4
无店铺及其他零售	66326.4	66216	5194.2	449.3
流动货摊零售	436.8	436.8		
邮购及电子销售	166.8	166.8		
生活用燃料零售	27142.5	27142.5	2358	
花卉零售	934.9	934.9		
旧货零售	29.1	29.1		
其他未列明的零售	37616.3	37505.9	2836.2	449.3
住宿和餐饮业	358771.6	329020.9	80938.4	7173.1
住宿业	257990.2	244564.4	76084	6658.2
旅游饭店	222553.8	209537.7	68391	5980.9
一般旅馆	34401.3	33991.6	7505.4	677.3
其他住宿服务	1035.1	1035.1	187.6	
餐饮业	100781.4	84456.5	4854.4	514.9
正餐服务	81177.8	80261.4	2774.5	514.9
快餐服务	19439.9	4031.4	2079.9	
饮料及冷饮服务	34.8	34.8		
其他餐饮服务	128.9	128.9		
金融业	6752863	6747116.1	1219988.8	264276.9
银行业	4680818.3	4678888.3	1116719.9	264276.9
中央银行	7422.3	7422.3	7422.3	
商业银行	4109734	4107804	932833.3	248646.2
其他银行	563662	563662	176464.3	15630.7
证券业	42575.9	42575.9	5.5	
证券经纪与交易	41511.4	41511.4		
证券投资	1064.5	1064.5	5.5	
保险业	1965460.4	1961643.5	91459.4	
人寿保险	1407442.2	1403625.3	52466	
非人寿保险	553086.9	553086.9	38993.4	
保险辅助服务	4931.3	4931.3		
其他金融活动	64008.4	64008.4	11804	
金融信托与管理	6287.4	6287.4	7.5	
金融租赁	13044.2	13044.2		
财务公司	907.8	907.8		
邮政储蓄	9005.2	9005.2	1084.4	
典当	9908.8	9908.8	385.4	
其他未列明的金融活动	24855	24855	10326.7	
房地产业	2322681.6	2317643.2	112377.3	11704.3
房地产业	2322681.6	2317643.2	112377.3	11704.3

股份合作企业	联营企业	有限责任公司	股份有限公司	私营企业	其他企业	港、澳、台商投资企业	外商投资企业
534		75112.2	202.1	70708.3	453.8	3	
451		5181.8	144	40502	453.8	3	
83		68230.1	52.6	10546.6			
				1008			
		1700.3	5.5	18651.7			
722.5		14972.6	592.2	44240.7	44.5	110.4	
				436.8			
				166.8			
		7981	122.5	16681			
		275.5		616.4	43		
		8.8		20.3			
722.5		6707.3	469.7	26319.4	1.5	110.4	
76.5	1062	108725.4	4675.2	125978.2	392.1	13429.5	16321.2
	1062	87969.9	4655.2	67987.4	147.7	13425.8	
	1045.2	75862.9	4427.4	53830.3		13016.1	
	16.8	12091.9	127.8	13424.7	147.7	409.7	
		15.1	100	732.4			
76.5		20755.5	20	57990.8	244.4	3.7	16321.2
76.5		20303.5		56359.6	232.4	3.7	912.7
		422	20	1497.5	12		15408.5
				34.8			
		30		98.9			
38696.4	273	62040.5	5126825.2	27457.8	7557.5	1930	3816.9
24539.4	273	1453.2	3264163.4		7462.5	1930	
20788.9	273	1453.2	2896346.9		7462.5	1930	
3750.5			367816.5				
		2278.8	39232.6	1059			
		2278.8	39232.6				
				1059			
14157		23627.4	1823394.7	8999.3	5.7		3816.9
13489.2		11753.2	1325916.9				3816.9
667.8		11677.6	493252.7	8495.4			
		196.6	4225.1	503.9	5.7		
		34681.1	34.5	17399.5	89.3		
		5819.3		460.6			
		11682		1362.2			
		0.8		907			
		7920.8					
		3917.3		5591.2	14.9		
		5340.9	34.5	9078.5	74.4		
21.3	1064.4	812639	35115.8	1344425.6	295.5	2534.2	2504.2
21.3	1064.4	812639	35115.8	1344425.6	295.5	2534.2	2504.2

2-11 续表 17

行业	全年营业收入(万元)	内资企业	国有企业	集体企业
房地产开发经营	2096509.7	2094279	78999.4	129.9
物业管理	132089.2	129692.5	17242.2	3128
房地产中介服务	17344.3	17344.3	718.5	221.4
其他房地产活动	76738.4	76327.4	15417.2	8225
租赁和商务服务业	1396502.8	1386091.9	642277.9	18909.9
租赁业	67978	67893.8	26847.2	252.7
机械设备租赁	67319	67234.8	26824.2	252.7
汽车租赁	4860.2	4860.2	116.8	10.3
农业机械租赁	25	25		
建筑工程机械与设备租赁	8596.1	8596.1	96.8	19
计算机及通讯设备租赁	4343.5	4343.5		
其他机械与设备租赁	49494.2	49410	26610.6	223.4
文化及日用品出租	659	659	23	
图书及音像制品出租	2	2		
其他文化及日用品出租	657	657	23	
商务服务业	1328524.8	1318198.1	615430.7	18657.2
企业管理服务	855596.8	849734.1	561521.1	5498.9
企业管理机构	649538.6	643675.9	543838.9	3428.5
投资与资产管理	178080.7	178080.7	16033.3	231.2
其他企业管理服务	27977.5	27977.5	1648.9	1839.2
法律服务	15663.2	15663.2	354	6.5
律师及相关的法律服务	13534.6	13534.6	132.1	6.5
公证服务	951.4	951.4	207.6	
其他法律服务	1177.2	1177.2	14.3	
咨询与调查	64775	61790.5	1110.3	485.4
会计、审计及税务服务	20444.1	20444.1	101.4	
市场调查	1133.9	1133.9		
社会经济咨询	15572.6	13971.7	109.3	262.8
其他专业咨询	27624.4	26240.8	899.6	222.6
广告业	71092.3	71083	6059.6	375.1
知识产权服务	729.6	729.6		42.2
职业中介服务	124786	124786	13347.8	1134.4
市场管理	31440.8	30095.4	4508	759.4
旅行社	82194.5	82177.5	9459.7	1653.2
其他商务服务	82246.6	82138.8	19070.2	8702.1
会议及展览服务	2192.2	2092.8	171	
包装服务	189.8	189.8		
保安服务	27611	27611	9349.4	7590.8
办公服务	4600.1	4591.7	1284.4	103.6
其他未列明的商务服务	47653.5	47653.5	8265.4	1007.7
科学研究、技术服务和地质勘查业	425579.4	424715.2	104935	3354.8
研究与试验发展	16316.6	16050.3	1598.5	220.3
自然科学研究与试验发展	189.7	189.7		
工程和技术研究与试验发展	14207.4	14207.4	1417.8	
农业科学研究与试验发展	1072.6	806.3	180.7	
医学研究与试验发展	846.9	846.9		220.3

股份合作企业	联营企业	有限责任公司	股份有限公司	私营企业	其他企业	港、澳、台商投资企业	外商投资企业
	1042.1	721606.8	34174.4	1258046.4	280	2066.9	163.8
12.8		61079.6	814.2	47413.5	2.2	56.3	2340.4
		5400.6	22.8	10979.9	1.1		
8.5	22.3	24552	104.4	27985.8	12.2	411	
195.2	634.7	415553.2	42924.3	263568	2028.7	1361.7	9049.2
	32	21892.2	2.1	18788	79.6	16.3	67.9
	32	21610.7	2.1	18433.5	79.6	16.3	67.9
		1192.2		3540.9			
		2.1		22.9			
		1297.8	2.1	7100.8	79.6		
		4024.7		318.8			
	32	15093.9		7450.1		16.3	67.9
		281.5		354.5			
				2			
		281.5		352.5			
195.2	602.7	393661	42922.2	244780	1949.1	1345.4	8981.3
	1.5	206117.2	42203.1	34180.9	211.4		5862.7
		36540.4	42083.8	17584.3	200		5862.7
		148934.8	119.3	12761.7	0.4		
	1.5	20642		3834.9	11		
35	42.7	2115.2	26	12708	375.8		
35	42.7	597.2	26	12361.3	333.8		
		562		181.1	0.7		
		956		165.6	41.3		
15		18232.8	188.3	41697.4	61.3		2984.5
		4718.8	39.8	15533	51.1		
		104.7		1029.2			
		8934		4659.1	6.5		1600.9
15		4475.3	148.5	20476.1	3.7		1383.6
47.2		30466	105	33978.3	51.8		9.3
		137.5		549.9			
		62511		46993.3	799.5		
52	414.7	2424.8	141.5	21691	104	1345.4	
		46348.8	192.3	24520.5	3		17
46	143.8	25307.7	66	28460.7	342.3		107.8
		108.2		1809.7	3.9		99.4
		2.4		187.4			
		9310.6		1256.2	104		
45.9		479.6		2668.2	10		8.4
0.1	143.8	15406.9	66	22539.2	224.4		
770.4	117.7	178960.9	9318.1	126799.2	459.1	831.8	32.4
36.5		1793.9		12401.1		266.3	
36.5		15.2		138			
		1340.1		11449.5			
		80.2		545.4		266.3	
		358.4		268.2			

2-11 续表 18

行业	全年营业收入(万元)	内资企业	国有企业	集体企业
专业技术服务业	322270.1	321704.6	82180.6	2738.5
气象服务	1850.9	1850.9	912.2	115.9
测绘服务	6798.3	6798.3	2616.2	8
技术检测	37744.4	37542.2	6251.5	569.1
环境监测	489.7	489.7	111	
工程技术与规划管理	238811	238811	68291.1	291.8
工程管理服务	109040.8	109040.8	14245.9	281.8
工程勘察设计	127290	127290	53904.6	10
规划管理	2480.2	2480.2	140.6	
其他专业技术服务	36575.8	36212.5	3998.6	1753.7
科技交流和推广服务业	28740	28740	2984.9	396
技术推广服务	17718.6	17718.6	1087.5	2.3
科技中介服务	4443.1	4443.1	65.5	389.2
其他科技服务	6578.3	6578.3	1831.9	4.5
地质勘查业	58252.7	58220.3	18171	
矿产地质勘查	35507.1	35507.1	13617.9	
能源矿产地质勘查	25638.9	25638.9	12425.8	
固体矿产地质勘查	3117.9	3117.9	712.1	
其他矿产地质勘查	6750.3	6750.3	480	
基础地质勘查	2856.8	2856.8		
地质勘查技术服务	19888.8	19856.4	4553.1	
水利、环境和公共设施管理业	86536.4	86206.4	29550.7	599.3
水利管理业	35816.6	35816.6	23938	38.5
防洪管理	168.2	168.2	122.5	
水资源管理	30075.4	30075.4	23051.8	38.5
水库管理	6766	6766	187.1	
调水、引水管理	22919.7	22919.7	22715.8	
其他水资源管理	389.7	389.7	148.9	38.5
其他水利管理	5573	5573	763.7	
环境管理业	6751	6751	1326.9	
自然保护	2386.5	2386.5	1221.5	
自然保护区管理	1541.9	1541.9	1221.5	
野生动植物保护	690.9	690.9		
其他自然保护	153.7	153.7		
环境治理	4364.5	4364.5	105.4	
城市市容管理	3.7	3.7		
城市环境卫生管理	1944.8	1944.8	105.4	
水污染治理	902.7	902.7		
危险废物治理	948.4	948.4		
其他环境治理	564.9	564.9		
公共设施管理业	43968.8	43638.8	4285.8	560.8
市政公共设施管理	6261	6261	2899.3	91

股份合作企业	联营企业	有限责任公司	股份有限公司	私营企业	其他企业	港、澳、台商投资企业	外商投资企业
245.3	117.7	145012.5	9260.1	81720.8	429.1	565.5	
		822.8					
		1421.8		2752.3			
		23049		7672.6		202.2	
		3.6		375.1			
245.3	117.7	114164.5	9260.1	46011.4	429.1		
245.3	117.7	60281	8550.9	24987.4	330.8		
		51548.9	709.2	21019	98.3		
		2334.6		5			
		5550.8		24909.4		363.3	
		8349.2	58	16925.5	26.4		
		4178.3	58	12366.1	26.4		
		209.7		3778.7			
		3961.2		780.7			
488.6		23805.3		15751.8	3.6		32.4
488.6		14109.7		7290.9			
		7873		5340.1			
488.6		346.4		1570.8			
		5890.3		380			
		2017.2		839.6			
		7678.4		7621.3	3.6		32.4
514	490.5	34200.6	1739.1	19086.1	26.1	330	
514		6610.6	32.8	4656.6	26.1		
			32.8	12.9			
		6607.7		351.3	26.1		
		6578.9					
		16.8		187.1			
		12		164.2	26.1		
514		2.9		4292.4			
	10	3635.8		1778.3			
		996.5		168.5			
		305.6		14.8			
		690.9					
				153.7			
	10	2639.3		1609.8			
				3.7			
		1178.7		660.7			
		526.2		376.5			
		934.4		14			
	10			554.9			
	480.5	23954.2	1706.3	12651.2		330	
	310.5	1345.9	1033	581.3			

2-11 续表 19

行业	全年营业收入(万元)	内资企业	国有企业	集体企业
城市绿化管理	31619.7	31619.7	706.7	162.4
游览景区管理	6088.1	5758.1	679.8	307.4
风景名胜区管理	1501.3	1501.3	48.5	80
公园管理	485.8	485.8	398.3	
其他游览景区管理	4101	3771	233	227.4
居民服务和其他服务业	137089	136095.6	5298.9	3776.6
居民服务业	57579	57579	1077.3	362.4
家庭服务	1209.8	1209.8		
托儿所	124.7	124.7		
洗染服务	930.2	930.2		
理发及美容保健服务	1846.4	1846.4	290.2	
洗浴服务	6656.7	6656.7	73.3	243.1
婚姻服务	106.8	106.8	24.9	
殡葬服务	6722	6722	524.6	8
摄影扩印服务	3166.5	3166.5	50.4	2.1
其他居民服务	36815.9	36815.9	113.9	109.2
其他服务业	79510	78516.6	4221.6	3414.2
修理与维护	58163.2	57188.4	2336.8	948.7
汽车、摩托车维护与保养	51910.9	50936.1	2242.5	507.7
办公设备维修	2034.7	2034.7	9.5	
家用电器修理	3401.5	3401.5	84.8	
其他日用品修理	816.1	816.1		441
清洁服务	9471.2	9471.2	492.7	2419.9
建筑物清洁服务	153.2	153.2		
其他清洁服务	9318	9318	492.7	2419.9
其他未列明的服务	11875.6	11857	1392.1	45.6
教育	25622.1	20481.3	4181.5	638.7
教育	25622.1	20481.3	4181.5	638.7
学前教育	1130.5	1130.5	10.9	
初等教育	71.7	71.7		
中等教育	2224	2224		
初中教育	2096.3	2096.3		
高中教育	1.9	1.9		
技工学校教育	125.8	125.8		
高等教育	32	32		
成人高等教育	32	32		
其他教育	22163.9	17023.1	4170.6	638.7
职业技能培训	21649	16508.2	4161.2	638.7
特殊教育	241.8	241.8		
其他未列明的教育	273.1	273.1	9.4	
卫生、社会保障和社会福利业	49394.3	49394.3	17443.8	63.2
卫生	49155.9	49155.9	17391	34.8
医院	42032.1	42032.1	16428.8	
综合医院	26935.3	26935.3	16428.8	

股份合作企业	联营企业	有限责任公司	股份有限公司	私营企业	其他企业	港、澳、台商投资企业	外商投资企业
		20953.3	98.3	9699			
	170	1655	575	2370.9		330	
	170	926.5		276.3			
		86.2		1.3			
		642.3	575	2093.3		330	
108.7	2.8	13014.1	1205.7	111073.4	1615.4	974.8	18.6
		4277.5	1071.5	49356.4	1433.9		
		606.5		588.8	14.5		
				112.1	12.6		
			9.4	920.8			
		12.1		1544.1			
		728.9	167.8	5116.4	327.2		
		2.9		73.6	5.4		
		2358.5	279.3	3189.6	362		
		105.4	615	2393.6			
		463.2		35417.4	712.2		
108.7	2.8	8736.6	134.2	61717	181.5	974.8	18.6
52		3334.4	76.9	50281.3	158.3	974.8	
52		2428.7	40	45522.1	143.1	974.8	
		39.8	36.9	1948.5			
		790		2525.5	1.2		
		75.9		285.2	14		
40		1898.7	38.6	4581.3			
40				113.2			
		1898.7	38.6	4468.1			
16.7	2.8	3503.5	18.7	6854.4	23.2		18.6
109.3	36.6	3008.8	82.1	12262.1	162.2	5140.8	
109.3	36.6	3008.8	82.1	12262.1	162.2	5140.8	
				1087.3	32.3		
				71.7			
		30		2194			
				2096.3			
				1.9			
		30		95.8			
					32		
					32		
109.3	36.6	2978.8	82.1	8909.1	97.9	5140.8	
109.3	36.6	2955.3	82.1	8462.1	62.9	5140.8	
				241.8			
		23.5		205.2	35		
83.7		1596		29102	1105.6		
83.7		1562.5		28978.3	1105.6		
		1504.1		23788.7	310.5		
		848.7		9657.8			

2-11 续表 20

行　业	全年营业收入（万元）	内资企业	国有企业	集体企业
中医医院	915.3	915.3		
中西医结合医院	569.3	569.3		
民族医院	117	117		
专科医院	13495.2	13495.2		
卫生院及社区医疗活动	3113.5	3113.5	851.4	6.8
门诊部医疗活动	3717.5	3717.5	54.3	28
专科疾病防治活动	84	84		
其他卫生活动	208.8	208.8	56.5	
社会保障业	36	36	6	
社会保障业	36	36	6	
社会福利业	202.4	202.4	46.8	28.4
提供住宿的社会福利	123.7	123.7		
收养收容服务	123.7	123.7		
不提供住宿的社会福利	78.7	78.7	46.8	28.4
文化、体育和娱乐业	36045.3	36045.3	20196.8	72.5
新闻出版业	22128.8	22128.8	15693.8	
新闻业	32.2	32.2		
出版业	22096.6	22096.6	15693.8	
图书出版	4015.6	4015.6	29.1	
报纸出版	17636.6	17636.6	15392.5	
期刊出版	444.4	444.4	272.2	
广播、电视、电影和音像业	6029.9	6029.9	4145.8	72.5
广播	891.1	891.1	99	
电视	970.1	970.1	970.1	
电影	3899.1	3899.1	3076.7	72.5
电影制作与发行	2722.1	2722.1	2409	
电影放映	1177	1177	667.7	72.5
音像制作	269.6	269.6		
文化艺术业	1964.1	1964.1	10	
文艺创作与表演	576.4	576.4		
艺术表演场馆	115.9	115.9		
博物馆	89.7	89.7		
群众文化活动	745.2	745.2	10	
文化艺术经纪代理	365.1	365.1		
其他文化艺术	71.8	71.8		
体育	165	165		
体育组织	116.5	116.5		
体育场馆	46.1	46.1		
其他体育	2.4	2.4		
娱乐业	5757.5	5757.5	347.2	
室内娱乐活动	3076.3	3076.3		
游乐园	202.5	202.5		
休闲健身娱乐活动	736.1	736.1		
其他娱乐活动	1742.6	1742.6	347.2	

股份合作企业	联营企业	有限责任公司	股份有限公司	私营企业	其他企业	港、澳、台商投资企业	外商投资企业
		281.3		634			
				569.3			
				117			
		374.1		12810.6	310.5		
83.7		51		2067.4	53.2		
				2893.3	741.9		
		7.4		76.6			
				152.3			
		30					
		30					
		3.5		123.7			
				123.7			
				123.7			
		3.5					
	10	5667.9		9889.6	208.5		
		3044.7		3390.3			
		21		11.2			
		3023.7		3379.1			
		612		3374.5			
		2244.1					
		167.6		4.6			
		1234.3		575.3	2		
		762.1		30			
		372.3		375.6	2		
		209.1		104			
		163.2		271.6	2		
		99.9		169.7			
		853.7		974.3	126.1		
		54.2		522.2			
		69.7		46.2			
				89.7			
		622.6		112.6			
		102.2		136.8	126.1		
		5		66.8			
				162.6	2.4		
				116.5			
				46.1			
					2.4		
	10	535.2		4787.1	78		
		208.7		2811.7	55.9		
				202.5			
	10	73.8		630.2	22.1		
		252.7		1142.7			

2-12 按行业(门类、大类、中类、小类)、

行业	资产总计(万元)	内资企业	国有企业	集体企业
总计	**187459880.7**	**184331740.1**	**40064943.4**	**5603044.5**
农、林、牧、渔业	1155476.7	1155476.7	934008.1	
农业	959712.7	959712.7	859032.3	
谷物及其他作物的种植	889315.7	889315.7	788675.9	
谷物的种植	66257.3	66257.3	66257.3	
棉花的种植	776239.7	776239.7	675599.9	
糖料的种植	39551	39551	39551	
其他作物的种植	7267.7	7267.7	7267.7	
蔬菜、园艺作物的种植	70178.9	70178.9	70138.3	
蔬菜的种植	70178.9	70178.9	70138.3	
水果、坚果、饮料和香料作物的种植	218.1	218.1	218.1	
水果、坚果的种植	218.1	218.1	218.1	
林业	19301.7	19301.7	19301.7	
林木的培育和种植	10390.8	10390.8	10390.8	
造林	8192	8192	8192	
林木的抚育和管理	2198.8	2198.8	2198.8	
木材和竹材的采运	8910.9	8910.9	8910.9	
木材的采运	8910.9	8910.9	8910.9	
畜牧业	130998.5	130998.5	52718.5	
牲畜的饲养	130988.5	130988.5	52718.5	
猪的饲养	10	10		
渔业	1041.5	1041.5	309.5	
内陆渔业	1041.5	1041.5	309.5	
内陆养殖	1041.5	1041.5	309.5	
农、林、牧、渔服务业	44422.3	44422.3	2646.1	
农业服务业	41597.2	41597.2		
农产品初加工服务	40362.2	40362.2		
其他农业服务	1235	1235		
林业服务业	2646.1	2646.1	2646.1	
畜牧服务业	179	179		
其他畜牧服务	179	179		
采矿业	22668750.6	22503252.4	1773490.5	28866.4
煤炭开采和洗选业	2171371.9	2120851.5	209691.9	27057.7
烟煤和无烟煤的开采洗选	2170704.6	2120184.2	209691.9	27057.7
褐煤的开采洗选	100	100		
其他煤炭采选	567.3	567.3		
石油和天然气开采业	18052525.8	18051695.8	1277043	
天然原油和天然气开采	16580545.2	16579715.2		
与石油和天然气开采有关的服务活动	1471980.6	1471980.6	1277043	
黑色金属矿采选业	1414919.3	1368366.1	202369.4	335
铁矿采选	1384389.7	1337836.5	202369.4	335
其他黑色金属矿采选	30529.6	30529.6		

登记注册类型分组的企业资产总额

股份合作企业	联营企业	有限责任公司	股份有限公司	私营企业	其他企业	港、澳、台商投资企业	外商投资企业
460226.2	**92774.3**	**36317059.9**	**79633305.7**	**21852596.2**	**307789.9**	**1529881.4**	**1598259.2**
		127125.7		94342.9			
		100680.4					
		100639.8					
		100639.8					
		40.6					
		40.6					
		6800		71480			
		6800		71470			
				10			
		732					
		732					
		732					
		18913.3		22862.9			
		18734.3		22862.9			
		17499.3		22862.9			
		1235					
		179					
		179					
27706.4	19395	2366346.8	17127542.9	1158411.2	1493.2	58658.4	106839.8
21916.5	8572.2	998840.4	390820.4	462904.4	1048	15909.2	34611.2
21916.5	8572.2	998273.1	390820.4	462804.4	1048	15909.2	34611.2
				100			
		567.3					
		216578.8	16530565.7	27341.4	166.9	830	
		107203.9	16472511.3			830	
		109374.9	58054.4	27341.4	166.9		
148.3	8822.8	786101.5	530.2	370058.9		41919.2	4634
148.3	8822.8	772828	530.2	352802.8		41919.2	4634
		13273.5		17256.1			

2-12 续表 1

行业	资产总计(万元)	内资企业	国有企业	集体企业
有色金属矿采选业	842860.1	797709.5	58213.4	157.6
常用有色金属矿采选	684798	639647.4	15522.7	
铜矿采选	397097	397097		
铅锌矿采选	136370.9	136370.9		
镍钴矿采选	142294.8	97144.2	15522.7	
铝矿采选	200	200		
其他常用有色金属矿采选	8835.3	8835.3		
贵金属矿采选	128017.4	128017.4	42690.7	157.6
金矿采选	128013.9	128013.9	42690.7	157.6
其他贵金属矿采选	3.5	3.5		
稀有稀土金属矿采选	30044.7	30044.7		
钨钼矿采选	8326.9	8326.9		
其他稀有金属矿采选	21717.8	21717.8		
非金属矿采选业	184093.2	161649.2	26172.8	1316.1
土砂石开采	78398.9	78398.9	2452.5	952.8
石灰石、石膏开采	18073.7	18073.7	127.5	168.9
建筑装饰用石开采	27314.3	27314.3		343
耐火土石开采	977.2	977.2		
粘土及其他土砂石开采	32033.7	32033.7	2325	440.9
化学矿采选	16644.3	16644.3	11943.2	
采盐	17208.3	17208.3	5315.1	320.3
石棉及其他非金属矿采选	71841.7	49397.7	6462	43
石棉、云母矿采选	12139.8	12139.8	6462	
石墨、滑石采选	7608	7608		43
宝石、玉石开采	14696.9	14696.9		
其他非金属矿采选	37397	14953		
其他采矿业	2980.3	2980.3		
制造业	29331950.6	28395617.8	2096469.2	162215
农副食品加工业	1797028.1	1665185	64578.9	1771.2
谷物磨制	200877.6	200877.6	17614.5	176.5
饲料加工	178352.1	168147	1671.6	
植物油加工	690392.2	615755.6	7046.6	1094.7
食用植物油加工	685945.2	611308.6	7046.6	1094.7
非食用植物油加工	4447	4447		
制糖	294122.3	294122.3	36894.3	
屠宰及肉类加工	198766.9	163577.5		
畜禽屠宰	116805.1	114902.7		
肉制品及副产品加工	81961.8	48674.8		
水产品加工	3109.3	2187.1		
水产品冷冻加工	2091.8	2091.8		
鱼糜制品及水产品干腌制加工	95.3	95.3		
水产饲料制造	922.2			
蔬菜、水果和坚果加工	134444.9	127619.6	1351.9	
其他农副食品加工	96962.8	92898.3		500

股份合作企业	联营企业	有限责任公司	股份有限公司	私营企业	其他企业	港、澳、台商投资企业	外商投资企业
5614.6	2000	311872.1	205626.6	213997.1	228.1		45150.6
844.4	2000	230443.5	205626.6	184982.1	228.1		45150.6
	2000	94643.2	205027.4	95198.3	228.1		
844.4		93426.2	599.2	41501.1			
		35693.6		45927.9			45150.6
				200			
		6680.5		2154.8			
4770.2		53805.5		26593.4			
4770.2		53805.5		26589.9			
				3.5			
		27623.1		2421.6			
		6055.3		2271.6			
		21567.8		150			
27		52319.6		81763.5	50.2		22444
27		26445.7		48470.7	50.2		
27		3414.4		14335.9			
		15913.9		11057.4			
				977.2			
		7117.4		22100.2	50.2		
		473.1		4228			
		11431.8		141.1			
		13969		28923.7			22444
		4942.6		735.2			
				7565			
		471		14225.9			
		8555.4		6397.6			22444
		634.4		2345.9			
16072.5	41471.7	9615814.5	10809401.3	5634051.7	20121.9	310375.6	625957.2
1515.6	2496.5	889646.5	189297.8	512843.7	3034.8	4311.4	127531.7
1314.9		117513.1	13051.5	51207.1			
200.7	700.2	50202.1	89036.2	26336.2			10205.1
	1796.3	417101.7	1512.4	184841.9	2362		74636.6
	1796.3	415869.3	1512.4	181627.3	2362		74636.6
		1232.4		3214.6			
		165950.5	85397.7	5879.8			
		42784.5		120698.2	94.8	2901.8	32287.6
		35514.5		79293.4	94.8	1349.4	553
		7270		41404.8		1552.4	31734.6
		718.1		1469			922.2
		645.9		1445.9			
		72.2		23.1			
							922.2
		58613		67387.5	267.2	1409.6	5415.7
		36763.5	300	55024	310.8		4064.5

2-12 续表 2

行　业	资产总计(万元)	内资企业	国有企业	集体企业
淀粉及淀粉制品的制造	46925.7	46925.7		
豆制品制造	8321.7	8321.7		
蛋品加工	79.5	79.5		
其他未列明的农副食品加工	41635.9	37571.4		500
食品制造业	1243688.7	1134815.1	40448.6	345.6
焙烤食品制造	28441.6	17454.5	1836.6	45
糕点、面包制造	16014.2	16014.2	1659	45
饼干及其他焙烤食品制造	12427.4	1440.3	177.6	
糖果、巧克力及蜜饯制造	22010.4	16718.4		
糖果、巧克力制造	6446.4	1154.4		
蜜饯制作	15564	15564		
方便食品制造	50619.1	22157.6		
米、面制品制造	1224.3	1224.3		
速冻食品制造	4773.1	4773.1		
方便面及其他方便食品制造	44621.7	16160.2		
液体乳及乳制品制造	248462.5	232565.2	21187.9	
罐头制造	635049.8	629015.7		
肉、禽类罐头制造	875.6	875.6		
蔬菜、水果罐头制造	633075.1	627041		
其他罐头食品制造	1099.1	1099.1		
调味品、发酵制品制造	130005.2	109635.6	131.5	107.6
味精制造	23135.5	23135.5		
酱油、食醋及类似制品的制造	13733.2	13733.2		107.6
其他调味品、发酵制品制造	93136.5	72766.9	131.5	
其他食品制造	129100.1	107268.1	17292.6	193
营养、保健食品制造	25180.2	25180.2	424.4	
冷冻饮品及食用冰制造	46810.8	24979.8		
盐加工	12688.9	12688.9	205.3	193
食品及饲料添加剂制造	36806.2	36805.2	16662.9	
其他未列明的食品制造	7614	7614		
饮料制造业	731258.9	557600.1	2494.9	3761.3
酒精制造	12368.5	8115.5		
酒的制造	582780.5	463588	2293.1	3058
白酒制造	192984.1	192984.1		3058
啤酒制造	149906.8	41944.6	545	
葡萄酒制造	235565.9	224335.6	1748.1	
其他酒制造	4323.7	4323.7		
软饮料制造	130278.3	80838.7	201.8	462.4
碳酸饮料制造	4754.6	706.7		12.3
瓶(罐)装饮用水制造	26703.5	24159.2	201.8	450.1
果菜汁及果菜汁饮料制造	74855	46040.3		
含乳饮料和植物蛋白饮料制造	8884.3	8163.3		
固体饮料制造	99.7	99.7		
茶饮料及其他软饮料制造	14981.2	1669.5		

股份合作企业	联营企业	有限责任公司	股份有限公司	私营企业	其他企业	港、澳、台商投资企业	外商投资企业
		23007.5		23918.2			
				8229.9	91.8		
				79.5			
		13756	300	22796.4	219		4064.5
4285.1		688909.9	180095.9	220710	20	17699.6	91174
		5099.4		10473.5			10987.1
		5099.4		9210.8			
				1262.7			10987.1
162.3		45.4		16510.7			5292
		45.4		1109			5292
162.3				15401.7			
		11113		11044.6		17698.6	10762.9
		360		864.3			
				4773.1			
		10753		5407.2		17698.6	10762.9
3919.8		114184.8	8565.8	84706.9			15897.3
		410827	164846.3	53322.4	20		6034.1
			608.9	266.7			
		410827	164237.4	51956.6	20		6034.1
				1099.1			
		95766.7		13629.8			20369.6
		23069.6		65.9			
		103.1		13522.5			
		72594		41.4			20369.6
203		51873.6	6683.8	31022.1		1	21831
203		12776.6		11776.2			
		16088.3		8891.5			21831
		10867.6		1423			
		4811.7	6683.8	8646.8		1	
		7329.4		284.6			
1637.4		305840.7	123995.5	116176.3	3694	12295.4	161363.4
		2852.7		5262.8			4253
1637.4		261292.5	123995.5	67632.9	3678.6		119192.5
1637.4		26550.5	123995.5	34064.1	3678.6		
		37859.8		3539.8			107962.2
		195456.2		27131.3			11230.3
		1426		2897.7			
		39282.8		40876.3	15.4	11765.5	37674.1
		426.7		267.7		4047.9	
		2021		21470.9	15.4	2544.3	
		35916.5		10123.8		5173.3	23641.4
		56.1		8107.2			721
				99.7			
		862.5		807			13311.7

2-12 续表 3

行业	资产总计(万元)	内资企业	国有企业	集体企业
精制茶加工	5831.6	5057.9		240.9
烟草制品业	146629.1	146629.1	146629.1	
卷烟制造	146629.1	146629.1	146629.1	
纺织业	2267463.3	2078605.3	1004947	36267.5
棉、化纤纺织及印染精加工	2013007.2	1834663.8	1003489.6	3203.1
棉、化纤纺织加工	2004905.2	1826561.8	1003489.6	3203.1
棉、化纤印染精加工	8102	8102		
毛纺织和染整精加工	87199.9	77188.7	1367.6	32578.7
毛条加工	23147.4	23147.4		
毛纺织	64052.5	54041.3	1367.6	32578.7
麻纺织	66179.3	66179.3		
丝绢纺织及精加工	557.6	557.6		
绢纺和丝织加工	557.6	557.6		
纺织制成品制造	11154.9	11154.9		419.7
棉及化纤制品制造	4403.6	4403.6		321.1
毛制品制造	1323	1323		
麻制品制造	1294.7	1294.7		
丝制品制造	18	18		18
绳、索、缆的制造	250.4	250.4		
纺织带和帘子布制造	380.6	380.6		80.6
无纺布制造	1297.2	1297.2		
其他纺织制成品制造	2187.4	2187.4		
针织品、编织品及其制品制造	89364.4	88861	89.8	66
棉、化纤针织品及编织品制造	30032.1	30032.1	89.8	
毛针织品及编织品制造	59247	58743.6		66
丝针织品及编织品制造	55.5	55.5		
其他针织品及编织品制造	29.8	29.8		
纺织服装、鞋、帽制造业	30214.2	30214.2	3941.6	2353.7
纺织服装制造	29606.1	29606.1	3941.6	1853.7
纺织面料鞋的制造	108.1	108.1		
制帽	500	500		500
皮革、毛皮、羽毛(绒)及其制品业	53614	53614		432.2
皮革鞣制加工	45841	45841		75.7
皮革制品制造	3126	3126		356.5
皮鞋制造	2937	2937		356.5
皮革服装制造	46.4	46.4		
皮箱、包(袋)制造	5	5		
其他皮革制品制造	137.6	137.6		
毛皮鞣制及制品加工	4235.4	4235.4		
毛皮鞣制加工	4175.4	4175.4		
毛皮服装加工	60	60		

股份合作企业	联营企业	有限责任公司	股份有限公司	私营企业	其他企业	港、澳、台商投资企业	外商投资企业
		2412.7		2404.3		529.9	243.8
306.7	3355.7	624846.5	60587	347779.9	515	153552.6	35305.4
	3355.7	522008.2	887.8	301719.4		143038	35305.4
	3355.7	514549.8	887.8	301075.8		143038	35305.4
		7458.4		643.6			
306.7		35090.6		7845.1		10011.2	
80		16876.4		6191			
226.7		18214.2		1654.1		10011.2	
		42389.2	3541	20249.1			
		446.8		110.8			
		446.8		110.8			
		1607.8		9114.4	13		
		75.1		4007.4			
				1323			
		1294.7					
				250.4			
				300			
				1297.2			
		238		1936.4	13		
		23303.9	56158.2	8741.1	502	503.4	
		22214.6		7225.7	502		
		1089.3	56158.2	1430.1		503.4	
				55.5			
				29.8			
1570.5	176.9	10465.4		7343.9	4362.2		
1502.4	176.9	10465.4		7303.9	4362.2		
68.1				40			
53.4		12906.4		40222			
53.4		11407.6		34304.3			
		1498.8		1270.7			
		1498.8		1081.7			
				46.4			
				5			
				137.6			
				4235.4			
				4175.4			
				60			

2-12 续表 4

行　业	资产总计(万元)	内资企业	国有企业	集体企业
羽毛(绒)加工及制品制造	411.6	411.6		
羽毛(绒)制品加工	411.6	411.6		
木材加工及木、竹、藤、棕、草制品业	115795.2	109941.2	4352	89
锯材、木片加工	10237.2	9937.2		
锯材加工	7033.6	6733.6		
木片加工	3203.6	3203.6		
人造板制造	91677.1	86786.7	4352	50
胶合板制造	10000.3	10000.3		
纤维板制造	57026.5	54404.6	4352	
刨花板制造	20099.1	20099.1		50
其他人造板、材制造	4551.2	2282.7		
木制品制造	13841.9	13178.3		
建筑用木料及木材组件加工	5672.9	5672.9		
木容器制造	2764.7	2764.7		
软木制品及其他木制品制造	5404.3	4740.7		
竹、藤、棕、草制品制造	39	39		39
家具制造业	307804.4	286310.9	963.9	1031.8
木质家具制造	266859.9	245366.4	963.9	182.9
金属家具制造	40413	40413		848.9
塑料家具制造	366.4	366.4		
其他家具制造	165.1	165.1		
造纸及纸制品业	303993.5	282354.1	88.6	845.9
纸浆制造	80562.5	80562.5		
造纸	141327	124669.3		274.3
机制纸及纸板制造	137874.4	121216.7		274.3
加工纸制造	3452.6	3452.6		
纸制品制造	82104	77122.3	88.6	571.6
纸和纸板容器的制造	69467.1	64485.4	88.6	
其他纸制品制造	12636.9	12636.9		571.6
印刷业和记录媒介的复制	136902.4	135897.1	45282.5	2870.4
印刷	132414.3	131409	45227.3	2870.4
书、报、刊印刷	80584.7	80584.7	44219.5	1335
本册印制	11841.6	11841.6	1007.8	1115.4
包装装潢及其他印刷	39988	38982.7		420
装订及其他印刷服务活动	4488.1	4488.1	55.2	
文教体育用品制造业	3014.6	3014.6		
文化用品制造	599.5	599.5		
文具制造	91.3	91.3		
笔的制造	347.2	347.2		
教学用模型及教具制造	156	156		
墨水、墨汁制造	5	5		
体育用品制造	1814.4	1814.4		
体育器材及配件制造	303.2	303.2		
训练健身器材制造	657.6	657.6		
运动防护用具制造	853.6	853.6		

股份合作企业	联营企业	有限责任公司	股份有限公司	私营企业	其他企业	港、澳、台商投资企业	外商投资企业
				411.6			
				411.6			
78.6	870	16791.9	58	87211.7	490		5854
38.7		1605.6	58	7744.9	490		300
38.7		314.1		5890.8	490		300
		1291.5	58	1854.1			
39.9		10295.3		72049.5			4890.4
39.9		1574.7		8385.7			
		8680.6		41372			2621.9
				20049.1			
		40		2242.7			2268.5
	870	4891		7417.3			663.6
	870	1373.4		3429.5			
				2764.7			
		3517.6		1223.1			663.6
74.9	136.5	18476.8		265064	563	20140.5	1353
74.9		18476.8		225667.9		20140.5	1353
	136.5			39107.6	320		
				123.4	243		
				165.1			
655.9		95844.1	105941.4	78678.2	300	16657.7	4981.7
		18378	60467.4	1717.1			
		53085.3	41823.2	29486.5		16657.7	
		52606.5	41823.2	26512.7		16657.7	
		478.8		2973.8			
655.9		24380.8	3650.8	47474.6	300		4981.7
655.9		23254.6	3650.8	36535.5	300		4981.7
		1126.2		10939.1			
3344	1840	25082.8	312.5	57045.4	119.5		1005.3
3310.2	1840	23808.5	312.5	53920.6	119.5		1005.3
340	1840	13111.8		19738.4			
181.1		513.9	312.5	8710.9			
2789.1		10182.8		25471.3	119.5		1005.3
33.8		1274.3		3124.8			
				3014.6			
				599.5			
				91.3			
				347.2			
				156			
				5			
				1814.4			
				303.2			
				657.6			
				853.6			

2-12 续表 5

行　业	资产总计(万元)	内资企业	国有企业	集体企业
游艺器材及娱乐用品制造	600.7	600.7		
露天游乐场所游乐设备制造	600.7	600.7		
石油加工、炼焦及核燃料加工业	6589440.5	6573501.4	79575.9	563.9
精炼石油产品的制造	6088009.8	6088009.8	79575.9	563.9
原油加工及石油制品制造	6088009.8	6088009.8	79575.9	563.9
炼焦	501430.7	485491.6		
化学原料及化学制品制造业	5013312.2	4956814.1	311998.5	20909.3
基础化学原料制造	1818796.1	1816528.9	303231.9	3788.1
无机酸制造	48609.4	48609.4		
无机碱制造	805045.2	805045.2		
无机盐制造	255698.3	253431.1	60692.9	2652.3
有机化学原料制造	630241.7	630241.7	240789.3	
其他基础化学原料制造	79201.5	79201.5	1749.7	1135.8
肥料制造	846344.1	845769.7	7367.4	2496.1
氮肥制造	300038.1	300038.1		
磷肥制造	2171.9	2171.9		
钾肥制造	430392.2	430392.2	1857.3	
复混肥料制造	76210.9	75636.5	5510.1	2476.1
有机肥料及微生物肥料制造	25880	25880		20
其他肥料制造	11651	11651		
农药制造	3427.3	3427.3		
化学农药制造	2632.4	2632.4		
生物化学农药及微生物农药制造	794.9	794.9		
涂料、油墨、颜料及类似产品制造	44554.1	44554.1	1399.2	26.6
涂料制造	39368.2	39368.2	1399.2	
油墨及类似产品制造	422.8	422.8		26.6
密封用填料及类似品制造	4763.1	4763.1		
合成材料制造	1738036.6	1738036.6		
初级形态的塑料及合成树脂制造	1714145.9	1714145.9		
合成纤维单(聚合)体的制造	18750.7	18750.7		
其他合成材料制造	5140	5140		
专用化学产品制造	540526.6	487226.8		14598.5
化学试剂和助剂制造	177903.1	172503.3		11313.2
专项化学用品制造	159863.2	112154.2		3285.3
林产化学产品制造	381.6	381.6		
炸药及火工产品制造	79007.7	79007.7		
信息化学品制造	117043	117043		
动物胶制造	5477.4	5477.4		
其他专用化学产品制造	850.6	659.6		
日用化学产品制造	21627.4	21270.7		
肥皂及合成洗涤剂制造	9617.2	9617.2		
化妆品制造	10407.8	10051.1		
香料、香精制造	606.7	606.7		
其他日用化学产品制造	995.7	995.7		

股份合作企业	联营企业	有限责任公司	股份有限公司	私营企业	其他企业	港、澳、台商投资企业	外商投资企业
				600.7			
				600.7			
		753033	5448504.7	291823.9			15939.1
		390163.5	5448504.7	169201.8			
		390163.5	5448504.7	169201.8			
		362869.5		122622.1			15939.1
	27709.3	2644242.4	1533765.5	417692	497.1	53436.1	3062
	12997.1	542031.8	811524.7	142943.2	12.1		2267.2
		15902.3	32387.1	320			
		25304.6	779137.6	603			
	1460.4	73366.9		115258.6			2267.2
	11536.7	355938.4		21977.3			
		71519.6		4784.3	12.1		
	885.5	761633		73387.7			574.4
		300038.1					
		2171.9					
		427002.7		1532.2			
	885.5	14950.2		51814.6			574.4
		10082.8		15777.2			
		7387.3		4263.7			
		1734.4		1692.9			
		1734.4		898			
				794.9			
		2505.5		40622.8			
		2455.5		35513.5			
		50		346.2			
				4763.1			
		1036015	698268.3	3753.3			
		1017264.3	694712.9	2168.7			
		18750.7					
			3555.4	1584.6			
	13826.7	291664.9	23456.6	143195.1	485	53299.8	
		79318.3	23456.6	58415.2		5399.8	
	13826.7	21227.6		73814.6		47709	
		381.6					
		70984.1		7538.6	485		
		117043					
		2610.3		2867.1			
		100		559.6		191	
		8657.8	515.9	12097		136.3	220.4
		7489.3	515.9	1612			
		157.9		9893.2		136.3	220.4
		346.3		260.4			
		664.3		331.4			

2-12 续表 6

行业	资产总计(万元)	内资企业	国有企业	集体企业
医药制造业	209225.3	195665	32203.9	
化学药品原药制造	7444.8	7055.7		
化学药品制剂制造	43668.2	42402.1	17352.4	
中药饮片加工	64064.2	56673.8	14824.5	
中成药制造	34926.5	34926.5		
兽用药品制造	17157.5	17157.5		
生物、生化制品的制造	41063	36548.3	27	
卫生材料及医药用品制造	901.1	901.1		
化学纤维制造业	671578.1	671578.1		
纤维素纤维原料及纤维制造	645512.2	645512.2		
化纤浆粕制造	228884.5	228884.5		
人造纤维(纤维素纤维)制造	416627.7	416627.7		
合成纤维制造	26065.9	26065.9		
涤纶纤维制造	26065.9	26065.9		
橡胶制品业	27447.4	27212.4	1979	191.8
轮胎制造	15906.8	15906.8		
车辆、飞机及工程机械轮胎制造	15279	15279		
轮胎翻新加工	627.8	627.8		
橡胶板、管、带的制造	5936.1	5936.1	1979	
橡胶零件制造	1567.6	1332.6		191.8
再生橡胶制造	1168.1	1168.1		
日用及医用橡胶制品制造	2296.6	2296.6		
橡胶靴鞋制造	10	10		
其他橡胶制品制造	562.2	562.2		
塑料制品业	562810.6	554001.7	9886.6	15548.8
塑料薄膜制造	98817.8	98817.8	5162	9932.1
塑料板、管、型材的制造	301979.3	297933.9	3015.6	
塑料丝、绳及编织品的制造	40113.9	37333.8		777.6
泡沫塑料制造	14472.8	12489.4		
塑料包装箱及容器制造	41022.6	41022.6		349.7
塑料零件制造	746.3	746.3		
日用塑料制造	9756.5	9756.5	449.3	1382.7
其他塑料制品制造	55901.4	55901.4	1259.7	3106.7
非金属矿物制品业	2507759.1	2412004.3	197589.8	23960.6
水泥、石灰和石膏的制造	1263214.3	1263214.3	71110	5568.5
水泥制造	1226287.3	1226287.3	69689.1	5568.5
石灰和石膏制造	36927	36927	1420.9	
水泥及石膏制品制造	349939.5	349939.5	25244.6	3264.6
水泥制品制造	256226	256226	23459.3	2517.1
砼结构构件制造	66605.6	66605.6	1748.2	597.4
石棉水泥制品制造	1776	1776		
轻质建筑材料制造	19421.5	19421.5	37.1	115.1
其他水泥制品制造	5910.4	5910.4		35

股份合作企业	联营企业	有限责任公司	股份有限公司	私营企业	其他企业	港、澳、台商投资企业	外商投资企业
	124.7	78716.6		84023.4	596.4	389.1	13171.2
		5137.3		1918.4		389.1	
		16641.9		8407.8			1266.1
		17273.9		24575.4			7390.4
		11178		23234.6	513.9		
		16196.5		961			
	124.7	12259		24137.6			4514.7
		30		788.6	82.5		
		465656.5	7784	198137.6			
		439590.6	7784	198137.6			
		109333.3		119551.2			
		330257.3	7784	78586.4			
		26065.9					
		26065.9					
		2074.9	15279	7687.7			235
			15279	627.8			
			15279				
				627.8			
		1336.8		2620.3			
				1140.8			235
		738.1		430			
				2296.6			
				10			
				562.2			
2392.7	3509.1	159165.6	100211.2	261512.5	1775.2	4376	4432.9
1477.2	74.8	37961.5	11243	31519	1448.2		
711.8		96465.4	88968.2	108565.9	207	4045.4	
203.7	510.5	13750.5		22091.5			2780.1
		1738.7		10750.7		330.6	1652.8
		2568.2		38104.7			
				746.3			
		1912.3		6012.2			
	2923.8	4769		43722.2	120		
35	629.6	782601.6	599151.9	805166.1	2869.7		95754.8
		528059.7	541171.2	117304.9			
		518762.1	541013.4	91254.2			
		9297.6	157.8	26050.7			
		148687.3	55130.7	117134.3	478		
		126210.2	4502.6	99536.8			
		8976.9	50628.1	4177	478		
		84.9		1691.1			
		11787.8		7481.5			
		1627.5		4247.9			

2-12 续表 7

行　业	资产总计(万元)	内资企业	国有企业	集体企业
砖瓦、石材及其他建筑材料制造	554892.5	554424.4	262.2	5048.2
粘土砖瓦及建筑砌块制造	92991.3	92991.3	133	5048.2
建筑陶瓷制品制造	43571.1	43571.1		
建筑用石加工	359949	359949		
防水建筑材料制造	7543.6	7543.6		
隔热和隔音材料制造	35041.3	35041.3		
其他建筑材料制造	15796.2	15328.1	129.2	
玻璃及玻璃制品制造	163310.1	74809		1107.7
平板玻璃制造	32511.8	32511.8		
技术玻璃制品制造	7036.6	7036.6		
日用玻璃制品及玻璃包装容器制造	13738.9	13738.9		1107.7
玻璃保温容器制造	9817.5	9817.5		
玻璃纤维及制品制造	31885	3802.9		
玻璃纤维增强塑料制品制造	68042.6	7623.6		
其他玻璃制品制造	277.7	277.7		
陶瓷制品制造	4946.9	4946.9		
卫生陶瓷制品制造	3903	3903		
特种陶瓷制品制造	867.1	867.1		
日用陶瓷制品制造	66.7	66.7		
园林、陈设艺术及其他陶瓷制品制造	110.1	110.1		
耐火材料制品制造	23971.1	23971.1	1204.3	8971.6
石棉制品制造	1475.6	1475.6		
云母制品制造	1204.3	1204.3	1204.3	
耐火陶瓷制品及其他耐火材料制造	21291.2	21291.2		8971.6
石墨及其他非金属矿物制品制造	147484.7	140699.1	99768.7	
石墨及碳素制品制造	112116.5	112116.5	99768.7	
其他非金属矿物制品制造	35368.2	28582.6		
黑色金属冶炼及压延加工业	2917414.9	2913130.9	8812	18034
炼铁	1240619.8	1240619.8	8812	
炼钢	20073.4	20073.4		
钢压延加工	1554932.9	1554932.9		18034
铁合金冶炼	101788.8	97504.8		
有色金属冶炼及压延加工业	366976.1	361912.2	54031.7	3850.2
常用有色金属冶炼	225202.5	225202.5	6922.3	
铜冶炼	26616.3	26616.3		
铅锌冶炼	5389.3	5389.3		
镍钴冶炼	72215.2	72215.2		
铝冶炼	99878.7	99878.7	6922.3	
镁冶炼	11331.5	11331.5		
其他常用有色金属冶炼	9771.5	9771.5		

股份合作企业	联营企业	有限责任公司	股份有限公司	私营企业	其他企业	港、澳、台商投资企业	外商投资企业
	629.6	59223.9	2450	484918.8	1891.7		468.1
	629.6	9923.3	2450	73203.5	1603.7		
		28032.2		15538.9			
		8717.9		351111.1	120		
		2516.9		5026.7			
		4664.4		30208.9	168		
		5369.2		9829.7			468.1
35		13284	400	59982.3			88501.1
		681.2		31830.6			
		1277.5		5759.1			
35		6997.8	400	5198.4			
				9817.5			
				3802.9			28082.1
		4082.5		3541.1			60419
		245		32.7			
		3703.7		1243.2			
		3486		417			
		151		716.1			
		66.7					
				110.1			
		7243.6		6551.6			
		1460.6		15			
		5783		6536.6			
		22399.4		18031	500		6785.6
		1000		11347.8			
		21399.4		6683.2	500		6785.6
		1277066.9	1216148.7	393069.3			4284
		1137272.9	1758.2	92776.7			
		6887.6		13185.8			
		80011.1	1214390.5	242497.3			
		52895.3		44609.5			4284
		107338	147663.2	49029.1		5063.9	
		47725.2	147663.2	22891.8			
		23963.7		2652.6			
				5389.3			
		14190	58025.2				
			89638	3318.4			
				11331.5			
		9571.5		200			

2-12 续表 8

行业	资产总计(万元)	内资企业	国有企业	集体企业
贵金属冶炼	95334	90270.1	47109.4	3850.2
金冶炼	95334	90270.1	47109.4	3850.2
有色金属合金制造	500	500		
有色金属压延加工	45939.6	45939.6		
常用有色金属压延加工	45933.6	45933.6		
贵金属压延加工	6	6		
金属制品业	416013.7	390471.8	5342.7	2196.4
结构性金属制品制造	201936	179780.5	993.9	528.4
金属结构制造	174721.2	153062.9	314.9	397.2
金属门窗制造	27214.8	26717.6	679	131.2
金属工具制造	1669	1669	101.3	46.2
农用及园林用金属工具制造	858.6	858.6	101.3	46.2
刀剪及类似日用金属工具制造	590	590		
其他金属工具制造	220.4	220.4		
集装箱及金属包装容器制造	59249.7	55863.3		
集装箱制造	390.2	390.2		
金属压力容器制造	13326.5	13326.5		
金属包装容器制造	45533	42146.6		
金属丝绳及其制品的制造	61917.2	61917.2		1119.1
建筑、安全用金属制品制造	23154.8	23154.8	797.6	502.7
建筑、家具用金属配件制造	1572.4	1572.4		
建筑装饰及水暖管道零件制造	18345.7	18345.7		
安全、消防用金属制品制造	2086	2086		417.7
其他建筑、安全用金属制品制造	1150.7	1150.7	797.6	85
金属表面处理及热处理加工	37027	37027		
不锈钢及类似日用金属制品制造	5014.1	5014.1		
金属制厨房调理及卫生器具制造	3108.7	3108.7		
金属制厨用器皿及餐具制造	1616.4	1616.4		
其他日用金属制品制造	289	289		
其他金属制品制造	26045.9	26045.9	3449.9	
通用设备制造业	225661.6	222854.8	5501	19222.5
锅炉及原动机制造	16776.4	16776.4		1551.4
锅炉及辅助设备制造	16503.7	16503.7		1551.4
内燃机及配件制造	253.7	253.7		
其他原动机制造	19	19		
金属加工机械制造	2050.8	2050.8		
金属切削机床制造	601.3	601.3		
金属成形机床制造	74.5	74.5		
铸造机械制造	107.4	107.4		
金属切割及焊接设备制造	225	225		
其他金属加工机械制造	1042.6	1042.6		
起重运输设备制造	20322.5	20322.5		
泵、阀门、压缩机及类似机械的制造	10873.1	10873.1	4040.5	
泵及真空设备制造	8857	8857	4040.5	
阀门和旋塞的制造	0.1	0.1		
液压和气压动力机械及元件制造	2016	2016		

股份合作企业	联营企业	有限责任公司	股份有限公司	私营企业	其他企业	港、澳、台商投资企业	外商投资企业
		33310.2		6000.3		5063.9	
		33310.2		6000.3		5063.9	
				500			
		26302.6		19637			
		26302.6		19631			
				6			
		180705.9	5122.6	195867.2	1237	3883.6	21658.3
		57314.5	2141.5	117765.2	1037	497.2	21658.3
		48000.6	2141.5	102208.7			21658.3
		9313.9		15556.5	1037	497.2	
		390		1131.5			
				711.1			
		390		200			
				220.4			
		49162.1		6501.2	200	3386.4	
				390.2			
		13226.5		100			
		35935.6		6011	200	3386.4	
		58287.1		2511			
		3153.7		18700.8			
				1572.4			
		1808.9		16536.8			
		1131.2		537.1			
		213.6		54.5			
			1128.2	35898.8			
		234.7	1852.9	2926.5			
			1852.9	1255.8			
		234.7		1381.7			
				289			
		12163.8		10432.2			
9.8	500	84390.6	2000	111230.9		1313.7	1493.1
		5190.2		10034.8			
		5171.2		9781.1			
				253.7			
		19					
		374.7		1676.1			
		54.1		547.2			
				74.5			
				107.4			
				225			
		320.6		722			
		7287.6		13034.9			
		4816.5	2000	16.1			
		2816.5	2000				
				0.1			
		2000		16			

2-12 续表 9

行业	资产总计(万元)	内资企业	国有企业	集体企业
轴承、齿轮、传动和驱动部件的制造	6945.3	6945.3		
轴承制造	6583.4	6583.4		
齿轮、传动和驱动部件制造	361.9	361.9		
风机、衡器、包装设备等通用设备制造	17537.2	15916		1770
风机、风扇制造	6581.5	6581.5		1716
气体、液体分离及纯净设备制造	291.6	291.6		
制冷、空调设备制造	5259	5259		54
喷枪及类似器具制造	541	412.9		
包装专用设备制造	60.2	60.2		
衡器制造	4368.4	2875.3		
其他通用设备制造	435.5	435.5		
通用零部件制造及机械修理	99336.5	98150.9	1409.1	15309.7
金属密封件制造	12562.6	12562.6		
紧固件、弹簧制造	7313.5	7313.5		301
机械零部件加工及设备修理	73788.5	72602.9	1384.6	15008.7
其他通用零部件制造	5671.9	5671.9	24.5	
金属铸、锻加工	51819.8	51819.8	51.4	591.4
钢铁铸件制造	43617.7	43617.7	51.4	591.4
锻件及粉末冶金制品制造	8202.1	8202.1		
专用设备制造业	253052.3	219481.5	55448.4	527.6
矿山、冶金、建筑专用设备制造	116518.1	85092	36606.7	500
采矿、采石设备制造	37331.4	24661.3	1000	500
石油钻采专用设备制造	65176	46420	31902.9	
建筑工程用机械制造	12166.7	12166.7	3703.8	
建筑材料生产专用机械制造	1844	1844		
化工、木材、非金属加工专用设备制造	3633.1	3633.1		
炼油、化工生产专用设备制造	1269.5	1269.5		
塑料加工专用设备制造	574.5	574.5		
木材加工机械制造	3	3		
模具制造	1763.1	1763.1		
其他非金属加工专用设备制造	23	23		
食品、饮料、烟草及饲料生产专用设备制造	1938	1938		27.6
食品、饮料、烟草工业专用设备制造	955.8	955.8		
农副食品加工专用设备制造	862.2	862.2		27.6
饲料生产专用设备制造	120	120		
印刷、制药、日化生产专用设备制造	735.2	735.2		
印刷专用设备制造	273	273		
照明器具生产专用设备制造	52.2	52.2		
其他日用品生产专用设备制造	410	410		
纺织、服装和皮革工业专用设备制造	8716.9	8716.9		
纺织专用设备制造	8535.7	8535.7		
其他服装加工专用设备制造	181.2	181.2		

股份合作企业	联营企业	有限责任公司	股份有限公司	私营企业	其他企业	港、澳、台商投资企业	外商投资企业
		5963.8		981.5			
		5963.8		619.6			
				361.9			
	500	512.1		13133.9		128.1	1493.1
	500			4365.5			
				291.6			
		512.1		4692.9			
				412.9		128.1	
				60.2			
				2875.3			1493.1
				435.5			
		35850.9		45581.2		1185.6	
		9002.6		3560			
				7012.5			
		26848.3		29361.3		1185.6	
				5647.4			
9.8		24394.8		26772.4			
9.8		24394.8		18570.3			
				8202.1			
		50713.1	33015.9	79776.5		8254.6	25316.2
		19165.6		28819.7		8254.6	23171.5
		13041.4		10119.9			12670.1
		5240.7		9276.4		8254.6	10501.4
		883.5		7579.4			
				1844			
			55.1	3578			
				1269.5			
				574.5			
				3			
			55.1	1708			
				23			
				1910.4			
				955.8			
				834.6			
				120			
				735.2			
				273			
				52.2			
				410			
		3402.4		5314.5			
		3402.4		5133.3			
				181.2			

2-12 续表 10

行业	资产总计(万元)	内资企业	国有企业	集体企业
电子和电工机械专用设备制造	2392.8	2392.8		
电工机械专用设备制造	1892.8	1892.8		
电子工业专用设备制造	500	500		
农、林、牧、渔专用机械制造	109943.1	107798.4	18841.7	
拖拉机制造	15162	15162		
机械化农业及园艺机具制造	75230.7	75230.7	9084.9	
畜牧机械制造	2671.4	526.7		
农林牧渔机械配件制造	688.4	688.4		
其他农林牧渔业机械制造及机械修理	16190.6	16190.6	9756.8	
医疗仪器设备及器械制造	1260.5	1260.5		
医疗、外科及兽医用器械制造	133.8	133.8		
假肢、人工器官及植(介)入器械制造	541.9	541.9		
其他医疗设备及器械制造	584.8	584.8		
环保、社会公共安全及其他专用设备制造	7914.6	7914.6		
环境污染防治专用设备制造	2064.1	2064.1		
商业、饮食、服务业专用设备制造	14	14		
交通安全及管制专用设备制造	38.5	38.5		
水资源专用机械制造	3328.2	3328.2		
其他专用设备制造	2469.8	2469.8		
交通运输设备制造业	135906.5	135906.5	7836.7	6437
铁路运输设备制造	7923.3	7923.3	3309.5	4113.8
铁路机车车辆配件制造	3339.3	3339.3	3309.5	29.8
铁路专用设备及器材、配件制造	500	500		
其他铁路设备制造及设备修理	4084	4084		4084
汽车制造	120219	120219	4527.2	620.4
汽车整车制造	40438.6	40438.6		
改装汽车制造	27135.3	27135.3	28.2	
汽车车身、挂车的制造	24451	24451	420	
汽车零部件及配件制造	10155.6	10155.6	174	100.1
汽车修理	18038.5	18038.5	3905	520.3
摩托车制造	115.5	115.5		
摩托车整车制造	115.5	115.5		
自行车制造	825.8	825.8		
脚踏自行车及残疾人座车制造	358.9	358.9		
助动自行车制造	466.9	466.9		
交通器材及其他交通运输设备制造	6822.9	6822.9		1702.8
交通管理用金属标志及设施制造	3808.9	3808.9		1702.8
其他交通运输设备制造	3014	3014		
电气机械及器材制造业	1855758.8	1855758.8	10908	701.3
电机制造	856964.3	856964.3		
发电机及发电机组制造	856735.2	856735.2		
电动机制造	229.1	229.1		

股份合作企业	联营企业	有限责任公司	股份有限公司	私营企业	其他企业	港、澳、台商投资企业	外商投资企业
		1200		1192.8			
		1200		692.8			
				500			
		26199.1	32922.3	29835.3			2144.7
		11878.9		3283.1			
		9630.4	32922.3	23593.1			
		403.5		123.2			2144.7
				688.4			
		4286.3		2147.5			
		346		914.5			
				133.8			
				541.9			
		346		238.8			
		400	38.5	7476.1			
				2064.1			
				14			
			38.5				
		400		2928.2			
				2469.8			
112.9	123.4	107063.7	21.5	14273.3	38		
		500					
		500					
112.9	123.4	102055.6	21.5	12720	38		
		40438.6					
		26683.2		423.9			
		22914.4		1116.6			
72.8		9464.4		344.3			
40.1	123.4	2555	21.5	10835.2	38		
				115.5			
				115.5			
				825.8			
				358.9			
				466.9			
		4508.1		612			
		2000		106.1			
		2508.1		505.9			
		149497.4	795129	899513.1	10		
		77598.5		779365.8			
		77598.5		779136.7			
				229.1			

2-12 续表 11

行业	资产总计（万元）	内资企业	国有企业	集体企业
输配电及控制设备制造	924547	924547	2775	632.6
变压器、整流器和电感器制造	830222.1	830222.1		382.6
电容器及其配套设备制造	4236.7	4236.7	2775	
配电开关控制设备制造	80701.9	80701.9		250
电力电子元器件制造	417	417		
其他输配电及控制设备制造	8969.3	8969.3		
电线、电缆、光缆及电工器材制造	67164.4	67164.4	6796.7	68.7
电线电缆制造	56543.5	56543.5	6796.7	68.7
绝缘制品制造	10600.9	10600.9		
其他电工器材制造	20	20		
电池制造	436.7	436.7		
家用电力器具制造	272.9	272.9		
家用制冷电器具制造	50	50		
其他家用电力器具制造	222.9	222.9		
非电力家用器具制造	3474.5	3474.5	1336.3	
燃气、太阳能及类似能源的器具制造	3474.5	3474.5	1336.3	
照明器具制造	1511.3	1511.3		
照明灯具制造	1506.3	1506.3		
灯用电器附件及其他照明器具制造	5	5		
其他电气机械及器材制造	1387.7	1387.7		
车辆专用照明及电气信号设备装置制造	163.3	163.3		
其他未列明的电气机械制造	1224.4	1224.4		
通信设备、计算机及其他电子设备制造业	264630.3	251546.1	1133.6	
通信设备制造	4084	1.2		
通信传输设备制造	1.2	1.2		
移动通信及终端设备制造	4082.8			
广播电视设备制造	2121.6	1343.8		
广播电视接收设备及器材制造	2121.6	1343.8		
电子器件制造	90.3	90.3		
光电子器件及其他电子器件制造	90.3	90.3		
电子元件制造	255157.5	246933.9		
电子元件及组件制造	255157.5	246933.9		
家用视听设备制造	2043.3	2043.3		
家用影视设备制造	2043.3	2043.3		
其他电子设备制造	1133.6	1133.6	1133.6	
仪器仪表及文化、办公用机械制造业	68909.9	67896.2		26.4
通用仪器仪表制造	60489.7	59476		
工业自动控制系统装置制造	6931.7	6931.7		
电工仪器仪表制造	1082.4	68.7		
供应用仪表及其他通用仪器制造	52475.6	52475.6		
专用仪器仪表制造	7458.1	7458.1		
地质勘探和地震专用仪器制造	5184.6	5184.6		
电子测量仪器制造	78.1	78.1		
其他专用仪器制造	2195.4	2195.4		

股份合作企业	联营企业	有限责任公司	股份有限公司	私营企业	其他企业	港、澳、台商投资企业	外商投资企业
		59606.6	794538.7	66984.1	10		
		23551.7	794271.5	12016.3			
		886.7		565	10		
		31108.5		49343.4			
				417			
		4059.7	267.2	4642.4			
		10727.9	590.3	48980.8			
		127	590.3	48960.8			
		10600.9					
				20			
				436.7			
				272.9			
				50			
				222.9			
		1399.1		739.1			
		1399.1		739.1			
		2		1509.3			
		2		1504.3			
				5			
		163.3		1224.4			
		163.3					
				1224.4			
		3603.6	245316	1492.9		9001.4	4082.8
				1.2			4082.8
				1.2			
							4082.8
				1343.8		777.8	
				1343.8		777.8	
		90.3					
		90.3					
		1504	245316	113.9		8223.6	
		1504	245316	113.9		8223.6	
		2009.3		34			
		2009.3		34			
		13253.8		54616			1013.7
		8069.2		51406.8			1013.7
		6727.6		204.1			
		68.7					1013.7
		1272.9		51202.7			
		5184.6		2273.5			
		5184.6					
				78.1			
				2195.4			

2-12 续表 12

行业	资产总计(万元)	内资企业	国有企业	集体企业
光学仪器及眼镜制造	27.1	27.1		
眼镜制造	27.1	27.1		
文化、办公用机械制造	238.7	238.7		
计算器及货币专用设备制造	68.7	68.7		
其他文化、办公用机械制造	170	170		
其他仪器仪表的制造及修理	696.3	696.3		26.4
工艺品及其他制造业	96819.6	89874	294.3	276.6
工艺美术品制造	16359.3	9413.7	246.4	238.6
雕塑工艺品制造	536.6	536.6		
金属工艺品制造	329.9	329.9		216
天然植物纤维编织工艺品制造	1133.7	1133.7		
地毯、挂毯制造	13927.5	6981.9	246.4	22.6
珠宝首饰及有关物品的制造	190.9	190.9		
其他工艺美术品制造	240.7	240.7		
日用杂品制造	1339.7	1339.7		
制镜及类似品加工	1297.6	1297.6		
其他日用杂品制造	42.1	42.1		
煤制品制造	78540.7	78540.7		38
其他未列明的制造业	579.9	579.9	47.9	
废弃资源和废旧材料回收加工业	11827.3	11827.3	200	
金属废料和碎屑的加工处理	8349.7	8349.7		
非金属废料和碎屑的加工处理	3477.6	3477.6	200	
电力、燃气及水的生产和供应业	9051571.3	8908361.5	4034493.1	5498.1
电力、热力的生产和供应业	8175161.1	8066359.7	3859327	4922.2
电力生产	4355595.9	4246794.5	1449909.4	2928.2
火力发电	2456655.5	2347854.1	628544.6	1666
水力发电	1295922.5	1295922.5	746536.4	1262.2
其他能源发电	603017.9	603017.9	74828.4	
电力供应	3072498.9	3072498.9	2202330.1	
热力生产和供应	747066.3	747066.3	207087.5	1994
燃气生产和供应业	318938.5	318938.5	428.1	
燃气生产和供应业	318938.5	318938.5	428.1	
水的生产和供应业	557471.7	523063.3	174738	575.9
自来水的生产和供应	471794.2	471794.2	139450.7	575.9
污水处理及其再生利用	85677.5	51269.1	35287.3	
建筑业	5694620.6	5691565.4	1064312.8	99883.4
房屋和土木工程建筑业	4696127.6	4696127.6	920075.2	71267.3
房屋工程建筑	3144808.3	3144808.3	390107.4	34277.1
土木工程建筑	1551319.3	1551319.3	529967.8	36990.2
铁路、道路、隧道和桥梁工程建筑	999504.5	999504.5	349207.2	19566.9
水利和港口工程建筑	248225.7	248225.7	132755.3	2624.9
工矿工程建筑	102579.3	102579.3	736.2	1185.1
架线和管道工程建筑	145489.3	145489.3	38783.8	12807.2
其他土木工程建筑	55520.5	55520.5	8485.3	806.1

股份合作企业	联营企业	有限责任公司	股份有限公司	私营企业	其他企业	港、澳、台商投资企业	外商投资企业
				27.1			
				27.1			
				238.7			
				68.7			
				170			
				669.9			
		66686.3		22616.8			6945.6
		4254.8		4673.9			6945.6
				536.6			
				113.9			
		967.8		165.9			
		3287		3425.9			6945.6
				190.9			
				240.7			
				1339.7			
				1297.6			
				42.1			
		62177.8		16324.9			
		253.7		278.3			
		1193.6		10433.7			
		318.2		8031.5			
		875.4		2402.2			
9575		3729273.8	866932.2	261328.3	1261		143209.8
8821.1		3096435.4	866932.2	229620.8	301		108801.4
8821.1		1851968.7	866832.2	66334.9			108801.4
		892953.7	791208.3	33481.5			108801.4
8821.1		464654.5	64423.9	10224.4			
		494360.5	11200	22629			
		870144.8		24			
		374321.9	100	163261.9	301		
753.9		292978.8		24297.7	480		
753.9		292978.8		24297.7	480		
		339859.6		7409.8	480		34408.4
		323937.8		7349.8	480		
		15921.8		60			34408.4
5079.4	7862.3	2967382.3	261136.4	1284947.4	961.4	3055.2	
5079.4		2508799.2	222515.9	967709.6	681		
5079.4		1922397.5	108562.5	684354.4	30		
		586401.7	113953.4	283355.2	651		
		392629.6	108722	129378.8			
		63111.1	4745.1	44338.3	651		
		41910.8		58747.2			
		83808.2	486.3	9603.8			
		4942		41287.1			

2-12 续表 13

行业	资产总计(万元)			
		内资企业		
			国有企业	集体企业
建筑安装业	813063.1	810874.2	122291.4	22559.6
建筑装饰业	88846.2	87979.9	1624.6	
其他建筑业	96583.7	96583.7	20321.6	6056.5
工程准备	50128.2	50128.2	19550.2	2943.1
提供施工设备服务	7611.9	7611.9		3113.4
其他未列明的建筑活动	38843.6	38843.6	771.4	
交通运输、仓储和邮政业	3994908.7	3814926.5	2930030.2	18282.8
铁路运输业	6688.7	6688.7	27.9	
铁路旅客运输	4800	4800		
铁路货物运输	1588.9	1588.9	27.9	
铁路运输辅助活动	299.8	299.8		
货运火车站	299.8	299.8		
道路运输业	1125788.2	1125788.2	721462.5	7295.2
公路旅客运输	197296.2	197296.2	23844	
道路货物运输	842986.3	842986.3	638866.9	7116.8
道路运输辅助活动	85505.7	85505.7	58751.6	178.4
客运汽车站	64088.7	64088.7	52667.2	22.3
公路管理与养护	20218.8	20218.8	6084.4	156.1
其他道路运输辅助活动	1198.2	1198.2		
城市公共交通业	177288.7	147721.5	10571.3	2092
公共电汽车客运	140284.4	110717.2	9797.2	2087.1
轨道交通	3887.4	3887.4		
出租车客运	30889.5	30889.5	774.1	4.9
其他城市公共交通	2227.4	2227.4		
航空运输业	340192.2	340192.2	327775	
航空客货运输	381	381		
通用航空服务	11475.3	11475.3		
航空运输辅助活动	328335.9	328335.9	327775	
机场	327775	327775	327775	
其他航空运输辅助活动	560.9	560.9		
管道运输业	1521215.6	1373705.6	1373685.6	
管道运输业	1521215.6	1373705.6	1373685.6	
装卸搬运和其他运输服务业	211168.9	208263.9	35547.2	8203.7
装卸搬运	57287.5	57287.5	2207.6	8194.7
运输代理服务	153881.4	150976.4	33339.6	9
仓储业	468391.2	468391.2	338317.9	691.9
谷物、棉花等农产品仓储	336111.9	336111.9	294463.1	643.4
其他仓储	132279.3	132279.3	43854.8	48.5
邮政业	144175.2	144175.2	122642.8	
国家邮政	122642.8	122642.8	122642.8	
其他寄递服务	21532.4	21532.4		

股份合作企业	联营企业	有限责任公司	股份有限公司	私营企业	其他企业	港、澳、台商投资企业	外商投资企业
	7862.3	415029.5	37595.6	205360.4	175.4	2188.9	
		11787.8	524.7	74042.8		866.3	
		31765.8	500.2	37834.6	105		
		15050.1		12484.8	100		
		409.8		4088.7			
		16305.9	500.2	21261.1	5		
6091.4	1413.5	447016.6	6528	354213	51351	121723.1	58259.1
		5334		811.4	515.4		
		4800					
		534		511.6	515.4		
				299.8			
				299.8			
814.2	258.5	231861.8	2932.3	160922.6	241.1		
603.6	255.3	116444.6	1640.1	54508.6			
210.6	3.2	91809.5	1245.7	103542.5	191.1		
		23607.7	46.5	2871.5	50		
		9411.1		1938.1	50		
		13377.8	46.5	554			
		818.8		379.4			
30	0.2	56882	2441	26967.4	48737.6	29567.2	
		36912.2	2141	11094.7	48685	29567.2	
		3887.4					
30	0.2	13876.1	300	15851.6	52.6		
		2206.3		21.1			
		11563.3		853.9			
		160		221			
		11240.6		234.7			
		162.7		398.2			
		162.7		398.2			
				20		92155.9	55354.1
				20		92155.9	55354.1
200	933.8	50668.4	1044.7	110154.3	1511.8		2905
		26991.4	34.7	19859.1			
200	933.8	23677	1010	90295.2	1511.8		2905
5047.2	221	71044.6	110	52622.5	336.1		
5047.2		26515.8		9442.4			
	221	44528.8	110	43180.1	336.1		
		19662.5		1860.9	9		
		19662.5		1860.9	9		

2-12 续表 14

行业	资产总计(万元)	内资企业	国有企业	集体企业
信息传输、计算机服务和软件业	3099776.6	2539063.8	1044851.8	912.7
电信和其他信息传输服务业	2942566.9	2384232.8	1042977.1	19.4
电信	2791320.7	2232986.6	999071.4	
固定电信服务	1613622.8	1612141.5	710204.1	
移动电信服务	1170043.4	613190.6	284071.4	
其他电信服务	7654.5	7654.5	4795.9	
互联网信息服务	73930.7	73930.7	39473.1	
广播电视传输服务	76007	76007	3124.1	19.4
有线广播电视传输服务	74411.7	74411.7	1637.9	19.4
无线广播电视传输服务	1595.3	1595.3	1486.2	
卫星传输服务	1308.5	1308.5	1308.5	
计算机服务业	80950.1	78695.1	9.7	26.1
计算机系统服务	34008.5	31853.5	9.7	
数据处理	1499.1	1399.1		26.1
计算机维修	4055.9	4055.9		
其他计算机服务	41386.6	41386.6		
软件业	76259.6	76135.9	1865	867.2
公共软件服务	63557.8	63434.1	1013.4	867.2
基础软件服务	15513.3	15389.6	156	
应用软件服务	48044.5	48044.5	857.4	867.2
其他软件服务	12701.8	12701.8	851.6	
批发和零售业	15340985.1	14751972.7	3235222.4	680256.3
批发业	13205255.5	12672683.2	3024340.6	660581.8
农畜产品批发	4277404.7	4258392.1	1817630.6	541589.6
谷物、豆及薯类批发	451912.5	451004.5	262172.6	701
种子、饲料批发	326567.2	316843.1	68436.7	63.3
棉、麻批发	3448445.4	3440064.9	1477374.9	540635.4
牲畜批发	1753.7	1753.7		
其他农畜产品批发	48725.9	48725.9	9646.4	189.9
食品、饮料及烟草制品批发	1046532.4	1040654.9	282869.9	2983.1
米、面制品及食用油批发	323710.5	323687.7	126559.9	301.8
糕点、糖果及糖批发	9809.2	9809.2		
果品、蔬菜批发	120439.1	117637.3	14132.6	159
肉、禽、蛋及水产品批发	18100.4	18100.4	940.4	
盐及调味品批发	48043.4	47984.9	30775	602.9
饮料及茶叶批发	358325.5	355331.1	2531.5	1639.4
烟草制品批发	106656.4	106656.4	75492.4	
其他食品批发	61447.9	61447.9	32438.1	280
纺织、服装及日用品批发	176246.7	176176.7	4767.3	406
纺织品、针织品及原料批发	48099.4	48099.4	2416	
服装批发	48253.8	48183.8	1521.4	300
鞋帽批发	9879.7	9879.7		
厨房、卫生间用具及日用杂货批发	10232.4	10232.4	73.4	106
化妆品及卫生用品批发	15071.7	15071.7		
其他日用品批发	44709.7	44709.7	756.5	

股份合作企业	联营企业	有限责任公司	股份有限公司	私营企业	其他企业	港、澳、台商投资企业	外商投资企业
30.4	30	492797.3	896786.7	101760.2	1894.7	126248.5	434464.3
		435067.6	894828.7	11262.7	77.3	123969.8	434364.3
		356191.8	875822.8	1898.5	2.1	123969.8	434364.3
		260365.2	641339.4	232.8		1481.3	
		94196.4	234479.6	441.1	2.1	122488.5	434364.3
		1630.2	3.8	1224.6			
		7590.6	18499.2	8292.6	75.2		
		71285.2	506.7	1071.6			
		71252.3	506.7	995.4			
		32.9		76.2			
27	30	9931.5	1890.8	65262.3	1517.7	2155	100
27		5964.6		25852.2		2155	
		420.1		952.9			100
		957.4		3098.5			
	30	2589.4	1890.8	35358.7	1517.7		
3.4		47798.2	67.2	25235.2	299.7	123.7	
3.4		45266.4	67.2	15916.8	299.7	123.7	
2		11369.1	51	3511.8	299.7	123.7	
1.4		33897.3	16.2	12405			
		2531.8		9318.4			
15724.8	4229.2	4100190.4	1447656.9	5244643.2	24049.5	509477.8	79534.6
10150.3	2566	3509113.4	1273931	4174962.1	17038	499507.5	33064.8
512.8	634	1247251.7	288844.5	347253.9	14675	8380.5	10632.1
		180609		6991.2	530.7		908
12.8	634	132203.4	25254.5	89782.9	455.5		9724.1
		927251.4	262209.1	219005.3	13588.8	8380.5	
		155	1270.9	327.8			
500		7032.9	110	31146.7	100		
	100.8	184303.9	269903.5	299994.2	499.5	5669	208.5
		78834.5		117991.5		22.8	
		4059.3		5749.9			
		27873.9	50	75421.8		2701.8	100
		3841.5		13318.5			
	100.8	11788.3	38.8	4548.7	130.4		58.5
		24820.2	269764.7	56218	357.3	2944.4	50
		26748.8	50	4365.2			
		6337.4		22380.6	11.8		
4429		33135.9		133388.5	50		70
4429		14682.4		26522	50		
		8117.7		38244.7			70
		450.4		9429.3			
		431		9622			
		249.7		14822			
		9204.7		34748.5			

2-12 续表 15

行业	资产总计(万元)	内资企业	国有企业	集体企业
文化、体育用品及器材批发	142490.1	142490.1	73761.3	130.7
文具用品批发	15204.2	15204.2	205.9	
体育用品批发	4463.5	4463.5		3.2
图书批发	70497.2	70497.2	63556.2	
报刊批发	28.5	28.5		
音像制品及电子出版物批发	8117.3	8117.3		
首饰、工艺品及收藏品批发	2528.8	2528.8		
其他文化用品批发	41650.6	41650.6	9999.2	127.5
医药及医疗器材批发	287350.9	287350.9	30176.8	104.2
西药批发	198186.1	198186.1	28185.5	43
中药材及中成药批发	20402.9	20402.9	94.7	
医疗用品及器材批发	68761.9	68761.9	1896.6	61.2
矿产品、建材及化工产品批发	4975734.3	4538729.8	725058.6	83506.2
煤炭及制品批发	271393.6	271393.6	16333.1	
石油及制品批发	1140187	1133334.1	147920.8	6641.3
非金属矿及制品批发	25418.1	24819.8	11721.7	
金属及金属矿批发	1723724.4	1298228.2	75792	614.2
建材批发	415169.7	411735.7	9351.9	2210.9
化肥批发	1059074.6	1059074.6	450795.2	72327.1
农药批发	19780.7	19780.7	1640.3	628.7
农用薄膜批发	6404.9	6404.9	13.7	1084
其他化工产品批发	314581.3	313958.2	11489.9	
机械设备、五金交电及电子产品批发	2009667.3	1940473.7	56182.5	13102
农业机械批发	168789.4	168789.4	5849.9	202.8
汽车、摩托车及零配件批发	374872.7	373987.6	11488.8	130
五金、交电批发	371799.2	371799.2	6277.9	8853.3
家用电器批发	158513.7	96928.7		
计算机、软件及辅助设备批发	82292	81992	731.2	
通讯及广播电视设备批发	59569.4	59569.4	8211.2	
其他机械设备及电子产品批发	793830.9	787407.4	23623.5	3915.9
贸易经纪与代理	128803.8	127655.9	23528.2	
其他批发	161025.3	160759.1	10365.4	18760
再生物资回收与批发	95885.1	95885.1	4432.6	11618.5
其他未列明的批发	65140.2	64874	5932.8	7141.5
零售业	2135729.6	2079289.5	210881.8	19674.5
综合零售	438401.3	410991.6	2944.9	7918.9
百货零售	282330.2	273192.3	2192.5	2479.9
超级市场零售	126886.2	108614.4	5	
其他综合零售	29184.9	29184.9	747.4	5439
食品、饮料及烟草制品专门零售	50646.7	49802.2	9795.1	107.4
粮油零售	14759.3	14759.3	7829.9	

股份合作企业	联营企业	有限责任公司	股份有限公司	私营企业	其他企业	港、澳、台商投资企业	外商投资企业
344.8		20108.9		48139.4	5		
		741.7		14256.6			
		92.5		4367.8			
		1637		5304			
				28.5			
		7967.3		150			
				2523.8	5		
344.8		9670.4		21508.7			
		114749.1	9455	132865.8			
		96211	9325	64421.6			
		15453.2		4855			
		3084.9	130	63589.2			
3754	217	1482372.6	669643.7	1573773.5	404.2	422682.5	14322
50		55523.8	131467.2	67985.5	34		
1026		330649.6	320975.8	326120.6			6852.9
150		4625.4		8322.7			598.3
		347020.9	207916.1	666803	82	422682.5	2813.7
295.3		212379	1879.6	185452	167		3434
165.6	217	459103	4832.9	71515.8	118		
		4663.3	30	12815.2	3.2		
		321		4986.2			
2067.1		68086.6	2542.1	229772.5			623.1
1059.7	1614.2	342328	34313	1491161.1	713.2	62770.1	6423.5
910.6		31972.9	741	128978.9	133.3		
79.1		62355.7	32768.5	267130.5	35	885.1	
70	1449.6	161772.4	653.5	192402.1	320.4		
		14615.6		82313.1		61585	
		7558.7		73702.1		300	
		5221.1		46137.1			
	164.6	58831.6	150	700497.3	224.5		6423.5
		25821.1		77615.5	691.1		1147.9
50		59042.2	1771.3	70770.2		5.4	260.8
		46170.1	1130.2	32533.7			
50		12872.1	641.1	38236.5		5.4	260.8
5574.5	1663.2	591077	173725.9	1069681.1	7011.5	9970.3	46469.8
3683.8	249.8	77549.9	157085.4	157421.1	4137.8	9137.9	18271.8
3683.8	140	52783	157085.4	54810.7	17	9137.9	
		24254.1		84335.3	20		18271.8
	109.8	512.8		18275.1	4100.8		
	1286.6	11617.7	939.8	25647.3	408.3		844.5
	180.8	1459.6	820.4	4060.3	408.3		

2-12 续表 16

行业	资产总计(万元)	内资企业	国有企业	集体企业
糕点、面包零售	1705.9	1705.9	647.1	
果品、蔬菜零售	2398.1	2398.1	60	
肉、禽、蛋及水产品零售	5218.9	4374.4	293.7	
饮料及茶叶零售	8787.9	8787.9		107.4
烟草制品零售	8375.2	8375.2	964.4	
其他食品零售	9401.4	9401.4		
纺织、服装及日用品专门零售	156549.8	144296.2	8453.1	406.4
纺织品及针织品零售	16678.3	16678.3		120
服装零售	119751.9	107498.3	4258.8	53.7
鞋帽零售	1425.4	1425.4		
钟表、眼镜零售	2893.4	2893.4	1269.9	221.8
化妆品及卫生用品零售	3192.4	3192.4		
其他日用品零售	12608.4	12608.4	2924.4	10.9
文化、体育用品及器材专门零售	161205.9	161205.9	103105.1	5352.1
文具用品零售	9701.8	9701.8	70.4	63.5
体育用品零售	6750	6750		
图书零售	101708.7	101708.7	97042.2	245.4
报刊零售	50	50		
音像制品及电子出版物零售	416	416	50	
珠宝首饰零售	32271.7	32271.7	5431.6	5000
工艺美术品及收藏品零售	3699.6	3699.6		
照相器材零售	2748.3	2748.3	385.9	
其他文化用品零售	3859.8	3859.8	125	43.2
医药及医疗器材专门零售	190210.7	190210.7	8455.7	60
药品零售	168179.2	168179.2	8154.8	60
医疗用品及器材零售	22031.5	22031.5	300.9	
汽车、摩托车、燃料及零配件专门零售	663233.9	648134	44822.2	3134.8
汽车零售	462592.5	447492.6	31.2	2833.7
汽车零配件零售	41324	41324	723.6	
摩托车及零配件零售	21908.7	21908.7	985.4	25.1
机动车燃料零售	137408.7	137408.7	43082	276
家用电器及电子产品专门零售	218796.6	218796.6	27911.7	1944.7
家用电器零售	71752	71752	1069.8	1713.3
计算机、软件及辅助设备零售	72191.6	72191.6	1729.5	
通信设备零售	56461.9	56461.9	25112.4	144.2
其他电子产品零售	18391.1	18391.1		87.2
五金、家具及室内装修材料专门零售	139973.6	139943.6	182	232.1
五金零售	57628.7	57598.7	120	
家具零售	59490.9	59490.9		180
涂料零售	1140.7	1140.7		
其他室内装修材料零售	21713.3	21713.3	62	52.1
无店铺及其他零售	116711.1	115908.7	5212	518.1
流动货摊零售	421.4	421.4		

股份合作企业	联营企业	有限责任公司	股份有限公司	私营企业	其他企业	港、澳、台商投资企业	外商投资企业
				1058.8			
		531		1807.1			
		206.4		3874.3			844.5
	1105.8	749.1	119.4	6706.2			
		5123.3		2287.5			
		3548.3		5853.1			
	89.4	12741.1		122606.2			12253.6
		902.3		15656			
		11502.6		91683.2			12253.6
				1425.4			
		127		1274.7			
				3192.4			
	89.4	209.2		9374.5			
50		15247.9		37344.8	106		
50		305.8		9212.1			
		52.6		6697.4			
		233.6		4187.5			
				50			
		244.3		121.7			
		13468.4		8265.7	106		
		549.7		3149.9			
		81		2281.4			
		312.5		3379.1			
5		115507.2	457.6	64806.4	918.8		
5		114710.6	457.6	43872.4	918.8		
		796.6		20934			
192.4	20.9	233139.5	13649.7	352841.9	332.6		15099.9
150		175002.1	2343.8	266845.3	286.5		15099.9
		6121.6		34448.8	30		
42.4		2201.9		18653.9			
	20.9	49813.9	11305.9	32893.9	16.1		
11.9	10	48284.2	398.5	140136.6	99		
		22696.5	398.5	45859.4	14.5		
11.9		14002.7		56376	71.5		
		10546.9		20657.4	1		
	10	1038.1		17243.8	12		
218.4		51891.5	426	86027.3	966.3	30	
168.4		4463.7	93	51787.3	966.3	30	
50		45559.8	303.9	13397.2			
				1140.7			
		1868	29.1	19702.1			
1413	6.5	25098	768.9	82849.5	42.7	802.4	
		1		420.4			

2-12 续表 17

行业	资产总计(万元)	内资企业	国有企业	集体企业
邮购及电子销售	98	98		
生活用燃料零售	56032.9	56032.9	1834.9	
花卉零售	1272.9	1272.9		
旧货零售	57.3	57.3		
其他未列明的零售	58828.6	58026.2	3377.1	518.1
住宿和餐饮业	1084511.7	1009334.3	264276.7	24031.6
住宿业	954497.8	885387	258755.8	23658.7
旅游饭店	823123.9	755090.6	225774.6	20595.2
一般旅馆	127282.1	126204.6	31731.3	3063.5
其他住宿服务	4091.8	4091.8	1249.9	
餐饮业	130013.9	123947.3	5520.9	372.9
正餐服务	118828.2	118573.6	4835.2	372.9
快餐服务	9826.3	4014.3	685.7	
饮料及冷饮服务	103	103		
其他餐饮服务	1256.4	1256.4		
金融业	74640250.8	74398464.9	20097519.9	4434478.4
银行业	67741194.4	67502915.6	19753933.6	4434478.4
中央银行	220282	220282	220282	
商业银行	58094962.1	57856683.3	16451663.1	4147965.7
其他银行	9425950.3	9425950.3	3081988.5	286512.7
证券业	1540971.2	1540971.2	7985.3	
证券经纪与交易	1376517.4	1376517.4		
证券投资	164453.8	164453.8	7985.3	
保险业	3601892.8	3598385.7	155759.5	
人寿保险	2731476.5	2727969.4	137735.2	
非人寿保险	663946.9	663946.9	18024.3	
保险辅助服务	206469.4	206469.4		
其他金融活动	1756192.4	1756192.4	179841.5	
金融信托与管理	178267.7	178267.7	236.8	
金融租赁	172145.7	172145.7		
财务公司	2592.5	2592.5		
邮政储蓄	918631	918631	78568.7	
典当	75474.1	75474.1	3121.2	
其他未列明的金融活动	409081.4	409081.4	97914.8	
房地产业	8296426.1	8241289.8	387802	40498.6
房地产业	8296426.1	8241289.8	387802	40498.6
房地产开发经营	6996104.6	6946368.7	264778.2	898.2
物业管理	538055.7	537667.1	46756.8	17132.8
房地产中介服务	105471.1	102788.4	12701.7	920
其他房地产活动	656794.7	654465.6	63565.3	21547.6
租赁和商务服务业	9083642.1	8953700.5	1965390.8	94371.2
租赁业	182296	176232.2	35787.9	802.1
机械设备租赁	179969.3	173905.5	35755.9	802.1

股份合作企业	联营企业	有限责任公司	股份有限公司	私营企业	其他企业	港、澳、台商投资企业	外商投资企业
				98			
		15596.2	74.7	38527.1			
		264.4		988.5	20		
		33.3		24			
1413	6.5	9203.1	694.2	42791.5	22.7	802.4	
219.4	6086.5	360034.5	24061.8	329884.6	739.2	69140.8	6036.6
	6086.5	306867.1	24021.8	265552.9	444.2	69110.8	
	5785	272262	23033.6	207620.2	20	68033.3	
	301.5	34549.4	788.2	55346.5	424.2	1077.5	
		55.7	200	2586.2			
219.4		53167.4	40	64331.7	295	30	6036.6
219.4		51321.5		61560.6	264	30	224.6
		1345.9	40	1911.7	31		5812
				103			
		500		756.4			
377477.2	1422.1	1606451.7	47371737.6	422825.5	86552.5	238278.8	3507.1
376006.5	1422.1	245882.6	42604762.9		86429.5	238278.8	
313545.6	1422.1	245882.6	36609774.7		86429.5	238278.8	
62460.9			5994988.2				
		5937.1	1370580.3	156468.5			
		5937.1	1370580.3				
				156468.5			
1470.7		36080.4	3396084.1	8957.7	33.3		3507.1
822.9		22723.3	2566688				3507.1
647.8		11246	626451.6	7577.2			
		2111.1	202944.5	1380.5	33.3		
		1318551.6	310.3	257399.3	89.7		
		169555.4		8475.5			
		137787.1		34358.6			
		200		2392.5			
		840062.3					
		31135		41194.3	23.6		
		139811.8	310.3	170978.4	66.1		
66	5229.2	2879529.2	111573.6	4814317	2274.2	46671.1	8465.2
66	5229.2	2879529.2	111573.6	4814317	2274.2	46671.1	8465.2
	4791.1	2513356	108460.3	4052887.5	1197.4	41573	8162.9
12		112697.5	1313.3	359704.7	50	86.3	302.3
		18810.9	65	70287.8	3	2682.7	
54	438.1	234664.8	1735	331437	1023.8	2329.1	
443.2	4149.5	5083694.7	494403.3	1236739.5	74508.3	18228.9	111712.7
	96.9	81594.5	16.9	57713.9	220	721.5	5342.3
	96.9	80025.8	16.9	56987.9	220	721.5	5342.3

2-12 续表 18

行业	资产总计(万元)	内资企业	国有企业	集体企业
汽车租赁	29859.7	29859.7	440	7.8
农业机械租赁	3822.7	3822.7		
建筑工程机械与设备租赁	29040.1	29040.1	305.6	715.9
计算机及通讯设备租赁	10550.6	10550.6		
其他机械与设备租赁	106696.2	100632.4	35010.3	78.4
文化及日用品出租	2326.7	2326.7	32	
图书及音像制品出租	10	10		
其他文化及日用品出租	2316.7	2316.7	32	
商务服务业	8901346.1	8777468.3	1929602.9	93569.1
企业管理服务	7470619.5	7369296.9	1599532.8	79770.7
企业管理机构	3540828.5	3457782.6	987736.5	60479.4
投资与资产管理	3695905.8	3677629.1	595036.8	12796
其他企业管理服务	233885.2	233885.2	16759.5	6495.3
法律服务	14662.6	14662.6	207	0.3
律师及相关的法律服务	9899.2	9899.2	85.8	0.3
公证服务	1706.3	1706.3	119.6	
其他法律服务	3057.1	3057.1	1.6	
咨询与调查	418827.8	398431.7	4834	414.8
会计、审计及税务服务	36808.3	36808.3	3141.5	
市场调查	1228.4	1228.4		
社会经济咨询	277522.6	262096.5	518.2	74.3
其他专业咨询	103268.5	98298.5	1174.3	340.5
广告业	143358.7	143329.5	2835.4	222.9
知识产权服务	3592.5	3592.5		11.8
职业中介服务	62632.3	62632.3	1458.4	735.2
市场管理	171769.3	169835.7	25793.6	3754.9
旅行社	66638.7	66527	3670.1	1850.6
其他商务服务	549244.7	549160.1	291271.6	6807.9
会议及展览服务	10268.6	10188.3	7805.9	
包装服务	237.2	237.2		
保安服务	34459.1	34459.1	3607.2	5380
办公服务	7429.4	7425.1	3377.1	338.7
其他未列明的商务服务	496850.4	496850.4	276481.4	1089.2
科学研究、技术服务和地质勘查业	1234035.7	1197671.8	120247.8	4367
研究与试验发展	70858.7	69862.3	2661.6	850
自然科学研究与试验发展	5787.4	5787.4	779.3	
工程和技术研究与试验发展	9847.8	9847.8	569.5	
农业科学研究与试验发展	50264.4	49268	1312.8	
医学研究与试验发展	4959.1	4959.1		850
专业技术服务业	563489.5	561954	69115.3	3168.9
气象服务	1514.7	1514.7	365.2	90
测绘服务	5978.5	5978.5	1740.7	7.2
技术检测	47693.7	46497.9	14189.3	506.7

股份合作企业	联营企业	有限责任公司	股份有限公司	私营企业	其他企业	港、澳、台商投资企业	外商投资企业
		16785.8		12626.1			
		40		3782.7			
		2575	16.9	25206.7	220		
		10234.1		316.5			
	96.9	50390.9		15055.9		721.5	5342.3
		1568.7		726			
				10			
		1568.7		716			
443.2	4052.6	5002100.2	494386.4	1179025.6	74288.3	17507.4	106370.4
	4.2	4556777.3	492279	568753.6	72179.3	15368.5	85954.1
		1524316.2	437493.5	375601.5	72155.5		83045.9
		2826035.9	54785.5	188974.1	0.8	15368.5	2908.2
	4.2	206425.2		4178	23		
26.6	91.4	4881.7	9.4	9170.9	275.3		
26.6	91.4	605.3	9.4	8843.8	236.6		
		1431.4		150.3	5		
		2845		176.8	33.7		
57.7		233537.5	97.3	159313.6	176.8	205.3	20190.8
		8359.7	21	25228.4	57.7		
		107.6		1120.8			
		179115.5		82278.8	109.7		15426.1
57.7		45954.7	76.3	50685.6	9.4	205.3	4764.7
60		46875.4	45.9	93134.4	155.5		29.2
		1775		1805.7			
		28924.8		31493.5	20.4		
256.9	3460	23929.8	876.2	111393.7	370.6	1933.6	
		41966.8	115.4	18824.1	100		111.7
42	497	63431.9	963.2	185136.1	1010.4		84.6
		1000		1362.9	19.5		80.3
		5		232.2			
		19568.7		5843.6	59.6		
41.9		413.1		3248.3	6		4.3
0.1	497	42445.1	963.2	174449.1	925.3		
1066.3	101.2	326097.5	191343.5	522311.5	32137	16091.2	20272.7
368.2		9969.2		56013.3		185.4	811
368.2		1254.2		3385.7			
		590.9		8687.4			
		4287		43668.2		185.4	811
		3837.1		272			
123.5	101.2	106164.6	191259.9	160086.1	31934.5	1535.5	
		1059.5					
		1200		3030.6			
		20762.6		11027.7	11.6	1195.8	

2-12 续表 19

行业	资产总计(万元)	内资企业	国有企业	集体企业
环境监测	1670.9	1670.9	174.5	
工程技术与规划管理	377873.2	377873.2	48843.6	229.3
工程管理服务	285177.3	285177.3	14944.4	214.3
工程勘察设计	88311.2	88311.2	33781.4	15
规划管理	4384.7	4384.7	117.8	
其他专业技术服务	128758.5	128418.8	3802	2335.7
科技交流和推广服务业	185825.4	185825.4	5753.8	348.1
技术推广服务	29227.2	29227.2	1834.5	38
科技中介服务	149095.1	149095.1	111.2	297.1
其他科技服务	7503.1	7503.1	3808.1	13
地质勘查业	413862.1	380030.1	42717.1	
矿产地质勘查	180498	171657.8	30268.1	
能源矿产地质勘查	146151.7	137311.5	27721.8	
固体矿产地质勘查	17753.1	17753.1	1770.1	
其他矿产地质勘查	16593.2	16593.2	776.2	
基础地质勘查	1999	1999		
地质勘查技术服务	231365.1	206373.3	12449	
水利、环境和公共设施管理业	2227497.6	2225697.6	37136.1	2658.6
水利管理业	61527.5	61527.5	21668.5	523.4
防洪管理	202	202	147.4	
水资源管理	54400	54400	17249.5	523.4
水库管理	38554.5	38554.5	4186.8	
调水、引水管理	11960	11960	10621.2	
其他水资源管理	3885.5	3885.5	2441.5	523.4
其他水利管理	6925.5	6925.5	4271.6	
环境管理业	38179	38179	6262.7	
自然保护	18146.7	18146.7	2304.4	
自然保护区管理	2752.3	2752.3	2304.4	
野生动植物保护	15077.9	15077.9		
其他自然保护	316.5	316.5		
环境治理	20032.3	20032.3	3958.3	
城市市容管理	300.1	300.1		
城市环境卫生管理	14832.9	14832.9	3958.3	
水污染治理	959.5	959.5		
危险废物治理	1408.7	1408.7		
其他环境治理	2531.1	2531.1		
公共设施管理业	2127791.1	2125991.1	9204.9	2135.2
市政公共设施管理	2009601.5	2009601.5	3528.3	89
城市绿化管理	38077.6	38077.6	578.3	266.9
游览景区管理	80112	78312	5098.3	1779.3
风景名胜区管理	37214	37214	246	200
公园管理	9014.5	9014.5	4336	
其他游览景区管理	33883.5	32083.5	516.3	1579.3

股份合作企业	联营企业	有限责任公司	股份有限公司	私营企业	其他企业	港、澳、台商投资企业	外商投资企业
		540		956.4			
123.5	101.2	74510.3	191259.9	62500.9	304.5		
123.5	101.2	37853.5	190670.6	41029.2	240.6		
		32403.3	589.3	21458.3	63.9		
		4253.5		13.4			
		8092.2		82570.5	31618.4	339.7	
174.6		7960.2	83.6	171407	98.1		
100		4534.7	83.6	22538.3	98.1		
74.6		884.9		147727.3			
		2540.6		1141.4			
400		202003.5		134805.1	104.4	14370.3	19461.7
400		103658.8		37330.9		7527.1	1313.1
		80087.3		29502.4		7527.1	1313.1
400		9513.6		6069.4			
		14057.9		1759.1			
		1494		505			
		96850.7		96969.2	104.4	6843.2	18148.6
247.7	655.9	2116169.2	21727.9	47001	101.2	1800	
247.7		37158.9	33	1794.8	101.2		
			33	21.6			
		36158.9		367	101.2		
		34367.7					
		1118		220.8			
		673.2		146.2	101.2		
247.7		1000		1406.2			
	50	24377.4		7488.9			
		15107.1		735.2			
		29.2		418.7			
		15077.9					
				316.5			
	50	9270.3		6753.7			
				300.1			
		7112.1		3762.5			
		759.5		200			
		1398.7		10			
	50			2481.1			
	605.9	2054632.9	21694.9	37717.3		1800	
	455.9	1991388.7	13415	724.6			
		16875.7	226.5	20130.2			
	150	46368.5	8053.4	16862.5		1800	
	150	29729.4		6888.6			
		4556.2		122.3			
		12082.9	8053.4	9851.6		1800	

2-12 续表 20

行　业	资产总计(万元)	内资企业	国有企业	集体企业
居民服务和其他服务业	344612.2	342132.5	9093.8	4426.4
居民服务业	84722.3	84722.3	1071.2	606.3
家庭服务	1804.9	1804.9		
托儿所	226.5	226.5		
洗染服务	938.8	938.8		
理发及美容保健服务	2239.1	2239.1	137	
洗浴服务	17013.9	17013.9	370.6	314.1
婚姻服务	287.8	287.8	66.2	
殡葬服务	27079.5	27079.5	354.5	4
摄影扩印服务	3393.3	3393.3	58	3
其他居民服务	31738.5	31738.5	84.9	285.2
其他服务业	259889.9	257410.2	8022.6	3820.1
修理与维护	192453.7	189974.1	3867.6	1750.5
汽车、摩托车维护与保养	173214.4	170734.8	3697.5	938.3
办公设备维修	3089.8	3089.8	10.6	
家用电器修理	14523.4	14523.4	159.5	
其他日用品修理	1626.1	1626.1		812.2
清洁服务	8051.1	8051.1	282.3	1877.6
建筑物清洁服务	183	183		
其他清洁服务	7868.1	7868.1	282.3	1877.6
其他未列明的服务	59385.1	59385	3872.7	192
其他未列明的服务	59385.1	59385	3872.7	192
教育	41123.5	33471.1	5563.6	1665.4
教育	41123.5	33471.1	5563.6	1665.4
学前教育	1011.3	1011.3	10.9	
初等教育	67.8	67.8		
中等教育	2800	2800		
初中教育	2577.4	2577.4		
高中教育	2	2		
技工学校教育	217.6	217.6		
其他中等教育	3	3		
高等教育	4.3	4.3		
成人高等教育	4.3	4.3		
其他教育	37240.1	29587.7	5552.7	1665.4
职业技能培训	35819.5	28167.1	5465.7	1665.4
特殊教育	987.2	987.2		
其他未列明的教育	433.4	433.4	87	
卫生、社会保障和社会福利业	70188.6	70188.6	14617.3	10.8
卫生	69346.1	69346.1	14324.3	1.5
医院	60927.1	60927.1	13837.2	
综合医院	27022.9	27022.9	13837.2	
中医医院	615.7	615.7		
中西医结合医院	763.5	763.5		
民族医院	1377.7	1377.7		
专科医院	31147.3	31147.3		

股份合作企业	联营企业	有限责任公司	股份有限公司	私营企业	其他企业	港、澳、台商投资企业	外商投资企业
163.9	495.8	70551.5	2321.5	246704.9	8374.7	2479.6	0.1
		20675.3	1876.3	52355.2	8138		
		1482.9		291.8	30.2		
				199	27.5		
			89.4	849.4			
		11.6		2090.5			
		3113.9	435.3	12719.6	60.4		
		1.8		209.8	10		
		14806.6	923.7	10813.7	177		
		376.9	427.9	2527.5			
		881.6		22653.9	7832.9		
163.9	495.8	49876.2	445.2	194349.7	236.7	2479.6	0.1
140.7		14504.3	98.4	169515.8	96.8	2479.6	
140.7		3468.6	24	162372.4	93.3	2479.6	
		33.6	74.4	2971.2			
		10948.4		3414.3	1.2		
		53.7		757.9	2.3		
20		1288.9	89.1	4493.2			
20				163			
		1288.9	89.1	4330.2			
3.2	495.8	34083	257.7	20340.7	139.9		0.1
3.2	495.8	34083	257.7	20340.7	139.9		0.1
196.2	152.4	4369.3	152.1	21173.4	198.7	7652.4	
196.2	152.4	4369.3	152.1	21173.4	198.7	7652.4	
				968	32.4		
				67.8			
		30		2770			
				2577.4			
				2			
		30		187.6			
				3			
					4.3		
					4.3		
196.2	152.4	4339.3	152.1	17367.6	162	7652.4	
196.2	152.4	4304.3	152.1	16093.3	137.7	7652.4	
				987.2			
		35		287.1	24.3		
66.4		1920		52422.4	1151.7		
66.4		1739.9		52062.3	1151.7		
		1617.9		45161.5	310.5		
		976.6		12209.1			
		188		427.7			
				763.5			
				1377.7			
		453.3		30383.5	310.5		

2-12 续表 21

行　　业	资产总计(万元)			
		内资企业		
			国有企业	集体企业
卫生院及社区医疗活动	2863.3	2863.3	412.3	1
门诊部医疗活动	5104.8	5104.8	48.9	0.5
专科疾病防治活动	238.7	238.7		
其他卫生活动	212.2	212.2	25.9	
社会保障业	133	133	10	
社会保障业	133	133	10	
社会福利业	709.5	709.5	283	9.3
提供住宿的社会福利	268.8	268.8		
收养收容服务	268.8	268.8		
不提供住宿的社会福利	440.7	440.7	283	9.3
文化、体育和娱乐业	99552.2	99552.2	50417.3	621.8
新闻出版业	33181.2	33181.2	30773	
新闻业	51.6	51.6		
出版业	33129.6	33129.6	30773	
图书出版	2107.9	2107.9	287.9	
报纸出版	30601.8	30601.8	30330.2	
期刊出版	319.9	319.9	154.9	
其他出版	100	100		
广播、电视、电影和音像业	28139.3	28139.3	15497.9	621.8
广播	1956.2	1956.2	204.4	
电视	1964.3	1964.3	1964.3	
电影	23538.8	23538.8	13329.2	621.8
电影制作与发行	9176.8	9176.8	7982.9	
电影放映	14362	14362	5346.3	621.8
音像制作	680	680		
文化艺术业	4303	4303	141.4	
文艺创作与表演	1277.4	1277.4		
艺术表演场馆	544.7	544.7		
博物馆	529.1	529.1		
群众文化活动	967.5	967.5	141.4	
文化艺术经纪代理	783.9	783.9		
其他文化艺术	200.4	200.4		
体育	629.3	629.3		
体育组织	96.4	96.4		
体育场馆	482.9	482.9		
其他体育	50	50		
娱乐业	33299.4	33299.4	4005	
室内娱乐活动	5019.2	5019.2		
游乐园	469.3	469.3		
休闲健身娱乐活动	7583.6	7583.6		
其他娱乐活动	20227.3	20227.3	4005	

股份合作企业	联营企业	有限责任公司	股份有限公司	私营企业	其他企业	港、澳、台商投资企业	外商投资企业
66.4		75		2268.4	40.2		
				4254.4	801		
		47		191.7			
				186.3			
		123					
		123					
		57.1		360.1			
				268.8			
				268.8			
		57.1		91.3			
	80	22294.9		25518.5	619.7		
		1024.2		1384			
		17.6		34			
		1006.6		1350			
		500		1320			
		271.6					
		135		30			
		100					
		8856		3104.4	59.2		
		1686.8		65			
		6930		2598.6	59.2		
		429		764.9			
		6501		1833.7	59.2		
		239.2		440.8			
		1263.7		2444	453.9		
		84.1		1193.3			
		503.8		40.9			
				529.1			
		604.8		221.3			
		60		270	453.9		
		11		189.4			
				579.3	50		
				96.4			
				482.9			
					50		
	80	11151		18006.8	56.6		
		144.7		4831.5	43		
				469.3			
	80	1651.1		5838.9	13.6		
		9355.2		6867.1			

2-13 按地、州、市、县(市)和

地　　区	资产总计(万元)			
		内资企业		
			国有企业	集体企业
总　　计	**187459880.7**	**184331740.1**	**40064943.4**	**5603044.5**
乌鲁木齐市	93514644.2	91708255.2	16208306.4	1250040.7
天山区	52718978.5	52378709.9	9355155.8	144972.9
沙依巴克区	8670601.5	8150611.2	2071425.5	297862.6
新市区	17854495.5	17271592.1	3628081	92664.4
水磨沟区	6661927.9	6373530.1	476506	387655.9
头屯河区	3056508.6	3045782.1	312992.9	88656.2
达坂城区	315307.1	313039.9	7630.2	4531.4
米东区	3937270.3	3875435.1	353072.2	230498.6
乌鲁木齐县	299554.8	299554.8	3442.8	3198.7
克拉玛依市	19286736.1	19266129.9	1932865	73353.8
独山子区	4345039.4	4345017.6	139654.8	20135.9
克拉玛依区	14681264.5	14670528.1	1773901.5	28410.7
白碱滩区	212900.1	211306.7	1381.9	15108.2
乌尔禾区	47532.1	39277.5	17926.8	9699
吐鲁番地区	3815584.7	3784548.1	658562	154442.4
吐鲁番市	1470186.6	1443434	532280.4	147041.6
鄯善县	1970779.2	1970779.2	18489.6	5493.8
托克逊县	374618.9	370334.9	107792	1907
哈密地区	4221386.7	4060553.4	978685.3	44839.5
哈密市	4056399.6	3895566.3	910614.8	34767.6
巴里坤哈萨克自治县	108478.2	108478.2	36623.4	3917.8
伊吾县	56508.9	56508.9	31447.1	6154.1
昌吉回族自治州	9002599.1	8752288	1289431.5	707574.9
昌吉市	5670867	5492959.3	853453.6	226821.5
阜康市	1105194.7	1078828.1	323337	68720.6
呼图壁县	487828.1	486275.7	41954.4	15897.8
玛纳斯县	1050907.4	1050877.4	32900	155979.6
奇台县	395104.6	360843.7	17451.7	136969.1
吉木萨尔县	211099.7	211099.7	20301.8	61490
木垒哈萨克自治县	81597.6	71404.1	33	41696.3
伊犁哈萨克自治州	15576925.5	15424062.8	5654565.4	1227873.8
伊犁州直属县(市)	8994887.8	8905899.4	3311331.9	456514.1
伊宁市	4436608.5	4416372.5	1482560.2	191125.5
奎屯市	1850699.9	1823471.9	1058599	7380.6
伊宁县	435298.3	428512.7	87897.2	6074.8
察布查尔锡伯自治县	137740.2	137740.2	15965.8	36951.5
霍城县	388293.9	353555.1	54616.8	56104.6
巩留县	642595.5	642595.5	560286.2	33331.8

登记注册类型分组的企业资产总额

股份合作企业	联营企业	有限责任公司	股份有限公司	私营企业	其他企业	港、澳、台商投资企业	外商投资企业
460226.2	**92774.3**	**36317059.9**	**79633305.7**	**21852596.2**	**307789.9**	**1529881.4**	**1598259.2**
7695.6	24615.4	15953018.3	45724394.9	12455253.2	84930.7	1155940.8	650448.2
	132	4671303.5	35435070.8	2772074.9		291556.2	48712.4
410.6	4575.7	1820400.8	1528251.6	2344393.9	83290.5	466275.4	53714.9
6177.7	18795.2	4654878.1	3582225.5	5287527.5	1242.7	354267	228636.4
475.5	60.5	2864973.5	1700288.6	943265.4	304.7	42641	245756.8
		1132792	1214390.5	296949.5	1		10726.5
	885.5	264649.1	2000	33251.9	91.8		2267.2
631.8	166.5	312976.1	2262167.9	715922		1201.2	60634
		231045.2		61868.1			
3827.5	25803.4	1507670.9	14890247.1	832227.5	134.7	8254.6	12351.6
1026	11536.7	208225.2	3903062.8	61241.5	134.7		21.8
2801.5	14266.7	1135729.7	10987149.3	728268.7			10736.4
		152741.5	35	42040.1			1593.4
		10974.5		677.2		8254.6	
58004.2	11408.4	547088.8	1910130.1	444504.4	407.8	26752.6	4284
254	3147.6	104947	424703.1	230981.5	78.8	26752.6	
9297.6	8260.8	358505.7	1450143.6	120259.1	329		
48452.6		83636.1	35283.4	93263.8			4284
1249.4	3652.4	1166358.8	1125708	666372.8	73687.2	68610.6	92222.7
1249.4	2192	1142737.1	1124243	606075.2	73687.2	68610.6	92222.7
	1460.4	13767.5	1465	51244.1			
		9854.2		9053.5			
3568.2	329.8	2740342.5	2694499.3	1312109.6	4432.2	55666.1	194645
920.6		1504467.4	2151192.9	755031.8	1071.5	38174.5	139733.2
323.3		296232.8	205817.6	184396.8		5827.4	20539.2
		347669.8	185.1	79925.3	643.3	1552.4	
262	149	465878.6	278782.2	116863.1	62.9	30	
500	180.8	93643.6	29594.8	80691.2	1812.5		34260.9
44.8		22896.9	28926	76790.2	650		
1517.5		9553.4	0.7	18411.2	192	10081.8	111.7
94208	2401.2	4018202.7	2832887.2	1571661.5	22263	53219	99643.7
83088	618.9	2261860.9	1775479	1016035.4	971.2	29539.7	59448.7
794.1	438.1	1051846.5	1379073.3	310214.6	320.2	9024.6	11211.4
		208858	238636.9	309982	15.4	20515.1	6712.9
76141.8		198883.8	1392.2	58064.2	58.7		6785.6
29	80	16237		68476.9			
321.3		74716.5	28544.6	138813.9	437.4		34738.8
		21862.7		27031.3	83.5		

2-13 续表 1

地 区	资产总计(万元)	内资企业	国有企业	集体企业
新源县	540568.5	540568.5	19890	28694.8
昭苏县	89659.2	89659.2	16922.2	6792.9
特克斯县	61920.1	61920.1	10473	30417.5
尼勒克县	411503.7	411503.7	4121.5	59640.1
塔城地区	3534717.4	3486769.8	1182041.4	389637.6
塔城市	1237372.8	1217391.2	478726.2	55220.3
乌苏市	745575	727620.2	337786.6	127795.5
额敏县	476615.4	466604.2	209853.6	35007.3
沙湾县	585854.7	585854.7	34172.5	109266.8
托里县	242811.9	242811.9	55050.1	28316.6
裕民县	65942	65942	8835.3	33841.4
和布克赛尔蒙古自治县	180545.6	180545.6	57617.1	189.7
阿勒泰地区	3047320.3	3031393.6	1161192.1	381722.1
阿勒泰市	1700375.3	1686248.6	921833.6	128844.6
布尔津县	186713.9	184913.9	19437.5	39565.5
富蕴县	660321.6	660321.6	147597.3	61341.9
福海县	121576.8	121576.8	40248.5	35746.9
哈巴河县	244534.2	244534.2	21012.6	46783.1
青河县	76779.2	76779.2	5369.6	40516.4
吉木乃县	57019.3	57019.3	5693	28923.7
博尔塔拉蒙古自治州	2715744.2	2693884.5	1131664.2	118912.1
博乐市	2329392.4	2307532.7	980901.6	3016.1
精河县	313812	313812	103898.7	115628
温泉县	72539.8	72539.8	46863.9	268
巴音郭楞蒙古自治州	14020353.6	13914224.6	2715105.1	743741.7
库尔勒市	11445880.8	11435431.8	2531724.5	247747.9
轮台县	442413	380407.3	7207.3	65565.4
尉犁县	294170.5	286161.3	54955.7	35941.7
若羌县	511289.8	511289.8	12619.2	38182.2
且末县	62010.2	62010.2	18587.5	6427.7
焉耆回族自治县	222176.9	196511.8	8469.1	88185.5
和静县	739957.4	739957.4	61318.3	122538.6
和硕县	152033.2	152033.2	11230.2	57883.2
博湖县	150421.8	150421.8	8993.3	81269.5
阿克苏地区	8171945	8002258.1	2801661	423188
阿克苏市	5286102	5159472.6	2585622.3	25447.2
温宿县	280762.4	276216.6	9421.1	12627.1
库车县	1201269.2	1197070.6	25057.4	140822.2

股份合作企业	联营企业	有限责任公司	股份有限公司	私营企业	其他企业	港、澳、台商投资企业	外商投资企业
1.6		354530.4	124072.5	13346.7	32.5		
956.4	100.8	22849	3559.5	38478.4			
		9812.2	200	10993.9	23.5		
4843.8		302264.8		40633.5			
6921	1782.3	1109780.8	457975.7	318135.7	20495.3	21349.4	26598.2
590.2		257189	382242.3	43417.2	6	11338.2	8643.4
203		188407.5	23184.9	42009.1	8233.6		17954.8
1502.9	1271.8	198447.7	6910	13480.5	130.4	10011.2	
3796.9	510.5	273895.4	21656.2	130431.4	12125		
189.4		129129.6	66	30059.9	0.3		
603.6		11226.5	30.4	11404.8			
35		51485.1	23885.9	47332.8			
4199		646561	599432.5	237490.4	796.5	2329.9	13596.8
400		151417.9	388704.6	95038.5	9.4	529.9	13596.8
		76110.4	7180.3	42383.8	236.4	1800	
3670.2		324588.6	92333	30770.6	20		
		25366.3		20215.1			
		52013.6	110684.4	13509.8	530.7		
128.8		2920.3	530.2	27313.9			
		14143.9		8258.7			
2278.2	150	351580	529369.2	471113.1	88817.7	11798.1	10061.6
2278.2		285495.3	528795.7	418238.6	88807.2	11798.1	10061.6
		61047.7	428.5	32798.6	10.5		
	150	5037	145	20075.9			
7148.3	1159	2411771	5886624.9	2147443.3	1231.3	19314	86815
1343.9	502.6	1508519.4	5821374.4	1323668	551.1	3596.1	6852.9
5774.9	423.3	46125.7	1131.2	253805.2	374.3	15717.9	46287.8
	3	44381.8	160	150719.1			8009.2
		441402.4		19086			
2.5	230.1	32074.3	253.5	4425.9	8.7		
		15132.7	37291.5	47433			25665.1
27		285462.6		270313.7	297.2		
		19085.5	5944.3	57890			
		19586.6	20470	20102.4			
115994.9	11022.7	2886541.6	1010094.1	751937.7	1818.1	59911.7	109775.2
5471.8	2445.5	1112307	928949.8	498462.9	766.1	21400	105229.4
102956.7	8572.2	64044.5	44465.4	33886.6	243		4545.8
345.6		918309.3	27230.5	85244.9	60.7	4198.6	

2-13 续表 2

地 区	资产总计（万元）	内资企业	国有企业	集体企业
沙雅县	432212.1	399667.7	137898.9	7149.7
新和县	121353.4	119584.7	14161.9	11869.6
拜城县	399887.2	399887.2	19474.2	70947
乌什县	102773.9	102773.9	7518.6	54616.4
阿瓦提县	340656.6	340656.6	1918.2	99029.5
柯坪县	6928.2	6928.2	588.4	679.3
克孜勒苏柯尔克孜自治州	804500.7	745933.8	295857.1	76603.4
阿图什市	631751.7	573184.8	280070.1	40608.9
阿克陶县	133271.2	133271.2	7746.1	35982.8
阿合奇县	15388.8	15388.8	5900.8	11.7
乌恰县	24089	24089	2140.1	
喀什地区	5902967.4	5841595.7	3389794.4	584225.1
喀什市	4611335.2	4562643.3	3294422.8	120641.8
疏附县	51144.5	51144.5	14146.2	17115.9
疏勒县	175161.7	175161.7	9156.4	106239.8
英吉沙县	50519.2	50519.2	8322.8	28758.5
泽普县	64385.1	64385.1	7295.6	1683.5
莎车县	310338.9	310038.9	20901.2	153030.5
叶城县	173482.2	173249.5	7947.5	73245.3
麦盖提县	104450.8	92303.7	7676.6	5170.5
岳普湖县	17449.9	17449.9	1958.3	285.6
伽师县	121627	121627	407.1	56214.8
巴楚县	201383.3	201383.3	14978.8	21838.9
塔什库尔干塔吉克自治县	21689.6	21689.6	2581.1	
和田地区	1550708.7	1548674.4	376419.6	195625.2
和田市	1045549.7	1044068.4	219927.1	49500.3
和田县	171977.4	171977.4	128382.6	
墨玉县	67766	67213	4510.2	2253.9
皮山县	83313.3	83313.3	4898.4	58556.1
洛浦县	96512.3	96512.3	7878.6	49876.3
策勒县	21446.1	21446.1	5253.2	4409
于田县	57265.2	57265.2	3213.5	30406.8
民丰县	6878.7	6878.7	2356	622.8
自治区直辖县级市	8875784.8	8589331.6	2632026.4	2623.9
石河子市	7525892.2	7269251.7	2025270.7	2623.9
阿拉尔市	440174.2	410361.5	55299.8	
图木舒克市	104183.8	104183.8	55418	
五家渠市	805534.6	805534.6	496037.9	

股份合作企业	联营企业	有限责任公司	股份有限公司	私营企业	其他企业	港、澳、台商投资企业	外商投资企业
		210851.1		43768		32544.4	
		85097		8456.2		1768.7	
7130.5	5	257420.7	7936	36903.8	70		
10.3		33335.1		7293.5			
		205176.9		33853.7	678.3		
80			1512.4	4068.1			
2247.8	2255.5	209209	70334.8	75761.3	13664.9		58566.9
2164.4	833.4	138941.5	69582.7	40907.7	76.1		58566.9
30		57264.2	702.1	17957.2	13588.8		
53.4		8214.7	50	1158.2			
	1422.1	4788.6		15738.2			
6332.6	9244.9	1192019.1	233617.4	415577.4	10784.8	34554	26817.7
1210.6	222	876736.9	175100.4	84778	9530.8	22406.9	26285
		7474.2	2116.9	10291.3			
		29223.5		30542			
		9432.7		4005.2			
1477.2	5645.6	6244.4		42038.8			
		91972.3	2679.2	41405.7	50		300
181.1		67801.7	1059.3	23014.6			232.7
	3377.3	9425.4	35811.1	30842.6	0.2	12147.1	
1615.9		7642	300	5630.8	17.3		
1824.2		5679.6	4124.9	52879.4	497		
23.6		80386.4	12425.6	71040.5	689.5		
				19108.5			
	97.6	345073.9	480782.8	149693	982.3	1481.3	553
	79.2	256682.7	449575	67321.8	982.3	1481.3	
		12156.2		31438.6			
		14347.7	30872.3	15228.9			553
		7954.9	177.7	11726.2			
		33478.1	157.8	5121.5			
	18.4	10417.9		1347.6			
		10036.4		13608.5			
				3899.9			
157671.5	634	2988183.3	2244615.9	558941.4	4635.2	34378.6	252074.6
157671.5	634	2356696.8	2211517.6	510600.3	4236.9	4565.9	252074.6
		329151.7	24855	1055		29812.7	
		34885.8		13880			
		267449	8243.3	33406.1	398.3		

2-14 按登记注册类型、从业人员数

登记注册类型	企业法人单位数(个)	7人及以下	8-19人	20-49人
总　计	**45713**	**27434**	**9277**	**4861**
内资企业	45430	27351	9236	4814
国有企业	2326	616	490	502
集体企业	1010	401	253	158
股份合作企业	150	81	34	10
联营企业	93	38	14	25
国有联营企业	29	11	5	11
集体联营企业	34	16	4	7
国有与集体联营企业	13	4	2	4
其他联营企业	17	7	3	3
有限责任公司	7249	2948	1615	1204
国有独资公司	311	57	50	76
其他有限责任公司	6938	2891	1565	1128
股份有限公司	539	116	87	79
私营企业	33686	22895	6671	2805
私营独资企业	5647	3946	1058	486
私营合伙企业	827	462	229	110
私营有限责任公司	26750	18224	5264	2164
私营股份有限公司	462	263	120	45
其他企业	377	256	72	31
港、澳、台商投资企业	111	31	15	23
合资经营企业(港或澳、台资)	49	13	6	10
合作经营企业(港或澳、台资)	4	1	1	1
港、澳、台商独资经营企业	43	15	7	7
港、澳、台商投资股份有限公司	15	2	1	5
外商投资企业	172	52	26	24
中外合资经营企业	85	17	13	17
中外合作经营企业	11	5	2	3
外资企业	65	28	10	3
外商投资股份有限公司	11	2	1	1

组距分组的企业单位数

50-99人	100-299人	300-499人	500-999人	1000-2999人	3000-4999人	5000人及以上
1925	**1458**	**312**	**256**	**135**	**39**	**16**
1898	1399	299	247	132	38	16
283	247	65	59	36	21	7
102	82	12	2			
12	11	1	1			
9	3	4				
1		1				
5	1	1				
1	1	1				
2	1	1				
628	540	128	121	53	9	3
39	45	12	16	13	2	1
589	495	116	105	40	7	2
61	96	26	34	29	5	6
787	419	63	30	14	2	
102	51	3		1		
19	7					
651	350	58	27	11	1	
15	11	2	3	2	1	
16	1				1	
9	22	5	5		1	
4	11	2	2		1	
	1					
4	6	1	3			
1	4	2				
18	37	8	4	3		
10	21	5	2			
	1					
7	10	2	2	3		
1	5	1				

2-15 按行业(门类、大类、中类、小类)、

行业	企业法人单位数(个)	7人及以下	8-19人	20-49人
总计	**45713**	**27434**	**9277**	**4861**
农、林、牧、渔业	69	3	4	7
农业	39		1	1
谷物及其他作物的种植	35		1	
谷物的种植	10		1	
棉花的种植	23			
糖料的种植	1			
其他作物的种植	1			
蔬菜、园艺作物的种植	3			1
蔬菜的种植	3			1
水果、坚果、饮料和香料作物的种植	1			
水果、坚果的种植	1			
林业	6			1
林木的培育和种植	3			1
造林	1			
林木的抚育和管理	2			1
木材和竹材的采运	3			
木材的采运	3			
畜牧业	15	1	1	4
牲畜的饲养	14	1		4
猪的饲养	1		1	
渔业	2		1	1
内陆渔业	2		1	1
内陆养殖	2		1	1
农、林、牧、渔服务业	7	2	1	
农业服务业	5	2		
农产品初加工服务	4	1		
其他农业服务	1	1		
林业服务业	1			
畜牧服务业	1		1	
其他畜牧服务	1		1	
采矿业	1625	795	250	215
煤炭开采和洗选业	332	51	20	43
烟煤和无烟煤的开采洗选	330	51	19	43
褐煤的开采洗选	1			
其他煤炭采选	1		1	
石油和天然气开采业	66	21	9	9
天然原油和天然气开采	8	1		1
与石油和天然气开采有关的服务活动	58	20	9	8
黑色金属矿采选业	581	382	77	69
铁矿采选	553	369	73	64
其他黑色金属矿采选	28	13	4	5
有色金属矿采选业	279	140	56	42
常用有色金属矿采选	196	96	43	29
铜矿采选	106	55	21	19
铅锌矿采选	50	22	13	4

从业人员数组距分组的企业单位数

50-99人	100-299人	300-499人	500-999人	1000-2999人	3000-4999人	5000人及以上
1925	**1458**	**312**	**256**	**135**	**39**	**16**
6	11	4	3	14	14	3
4	3	2	2	11	12	3
4	3	2	2	10	11	2
3			1	4	1	
1	2	2	1	5	10	2
				1		
	1					
					1	1
					1	1
				1		
				1		
1	4					
1	1					
	1					
1						
	3					
	3					
	1	2	1	3	2	
	1	2	1	3	2	
1	3					
1	2					
1	2					
	1					
155	151	28	14	9	2	6
98	92	11	9	5	1	2
98	91	11	9	5	1	2
	1					
6	9	6	1		1	4
	1	1			1	3
6	8	5	1			1
28	18	6		1		
23	17	6		1		
5	1					
13	20	3	2	3		
9	14	2	2	1		
2	6		2	1		
5	4	2				

2-15 续表 1

行 业	企业法人单位数(个)	7人及以下	8-19人	20-49人
镍钴矿采选	17	6	3	2
铝矿采选	1	1		
其他常用有色金属矿采选	22	12	6	4
贵金属矿采选	68	35	11	10
金矿采选	67	35	10	10
其他贵金属矿采选	1		1	
稀有稀土金属矿采选	15	9	2	3
钨钼矿采选	8	4	2	2
稀土金属矿采选	1			1
其他稀有金属矿采选	6	5		
非金属矿采选业	340	179	83	52
土砂石开采	240	135	61	33
石灰石、石膏开采	58	31	14	11
建筑装饰用石开采	50	36	7	3
耐火土石开采	5	3	1	1
粘土及其他土砂石开采	127	65	39	18
化学矿采选	8	4	2	
采盐	10		3	4
石棉及其他非金属矿采选	82	40	17	15
石棉、云母矿采选	13	5	4	1
石墨、滑石采选	5	3		1
宝石、玉石开采	36	18	8	7
其他非金属矿采选	28	14	5	6
其他采矿业	27	22	5	
制造业	7353	2842	1894	1462
农副食品加工业	809	267	196	195
谷物磨制	198	88	58	35
饲料加工	67	18	17	16
植物油加工	221	53	33	71
食用植物油加工	214	52	29	69
非食用植物油加工	7	1	4	2
制糖	15	1		
屠宰及肉类加工	139	41	46	34
畜禽屠宰	78	23	27	19
肉制品及副产品加工	61	18	19	15
水产品加工	7	3	1	3
水产品冷冻加工	4	1		3
鱼糜制品及水产品干腌制加工	2	1	1	
水产饲料制造	1	1		
蔬菜、水果和坚果加工	99	39	27	19
其他农副食品加工	63	24	14	17
淀粉及淀粉制品的制造	27	8	7	6
豆制品制造	8	2	2	4
蛋品加工	1	1		
其他未列明的农副食品加工	27	13	5	7
食品制造业	340	98	77	69
焙烤食品制造	55	22	13	11
糕点、面包制造	44	19	11	9
饼干及其他焙烤食品制造	11	3	2	2

50-99人	100-299人	300-499人	500-999人	1000-2999人	3000-4999人	5000人及以上
2	4					
4	6	1		1		
4	6	1		1		
				1		
				1		
10	12	2	2			
8	3					
1	1					
4						
3	2					
	1	1				
	1	1	1			
2	7		1			
	2		1			
1						
1	2					
	3					
548	388	88	77	45	4	5
94	38	6	13			
13	3	1				
11	4		1			
47	15	2				
47	15	2				
	1	1	12			
7	10	1				
4	4	1				
3	6					
10	4					
6	1	1				
4	1	1				
2						
49	35	8	4			
6	2	1				
3	2					
3		1				

2-15 续表 2

行业	企业法人单位数(个)	7人及以下	8-19人	20-49人
糖果、巧克力及蜜饯制造	15	5	3	2
糖果、巧克力制造	6	3	1	
蜜饯制作	9	2	2	2
方便食品制造	23	8	4	5
米、面制品制造	9	6	2	1
速冻食品制造	4		1	2
方便面及其他方便食品制造	10	2	1	2
液体乳及乳制品制造	70	17	12	17
罐头制造	71	9	17	21
肉、禽类罐头制造	3	2		
蔬菜、水果罐头制造	65	5	16	21
其他罐头食品制造	3	2	1	
调味品、发酵制品制造	32	9	12	3
味精制造	4	1		
酱油、食醋及类似制品的制造	19	6	10	1
其他调味品、发酵制品制造	9	2	2	2
其他食品制造	74	28	16	10
营养、保健食品制造	26	13	6	3
冷冻饮品及食用冰制造	11	1	2	3
盐加工	13	3	4	2
食品及饲料添加剂制造	19	9	4	1
其他未列明的食品制造	5	2		1
饮料制造业	309	121	84	52
酒精制造	5	2		1
酒的制造	159	46	50	34
白酒制造	99	33	34	21
啤酒制造	17	2	2	1
葡萄酒制造	32	6	12	8
其他酒制造	11	5	2	4
软饮料制造	134	68	31	16
碳酸饮料制造	11	8	3	
瓶(罐)装饮用水制造	62	34	17	5
果菜汁及果菜汁饮料制造	42	17	7	8
含乳饮料和植物蛋白饮料制造	8	4	2	1
固体饮料制造	2	1		1
茶饮料及其他软饮料制造	9	4	2	1
精制茶加工	11	5	3	1
烟草制品业	1			
卷烟制造	1			
纺织业	259	58	41	56
棉、化纤纺织及印染精加工	141	16	14	32
棉、化纤纺织加工	137	15	13	31
棉、化纤印染精加工	4	1	1	1

50-99人	100-299人	300-499人	500-999人	1000-2999人	3000-4999人	5000人及以上
4	1					
1	1					
3						
2		3	1			
1						
1		3	1			
10	12	2				
12	11		1			
1						
11	11		1			
2	3	2	1			
1	1		1			
	1	1				
1	1	1				
13	6		1			
4						
2	3					
1	3					
4			1			
2						
27	18	5	1	1		
	2					
13	10	4	1	1		
6	3	1		1		
2	7	2	1			
5		1				
13	5	1				
4	2					
8	2					
	1					
1		1				
1	1					
			1			
			1			
22	34	15	20	11	1	1
12	25	14	17	9	1	1
12	24	14	17	9	1	1
	1					

2-15 续表 3

行 业	企业法人单位数(个)	7人及以下	8-19人	20-49人
毛纺织和染整精加工	20	6	4	4
毛条加工	9	2	4	2
毛纺织	11	4		2
麻纺织	11		2	3
丝绢纺织及精加工	3	2		
缫丝加工	1	1		
绢纺和丝织加工	2	1		
纺织制成品制造	46	22	11	11
棉及化纤制品制造	22	12	4	6
毛制品制造	4	1	1	1
麻制品制造	1			
丝制品制造	1		1	
绳、索、缆的制造	3	3		
纺织带和帘子布制造	2		1	1
无纺布制造	5	2	2	1
其他纺织制成品制造	8	4	2	2
针织品、编织品及其制品制造	38	12	10	6
棉、化纤针织品及编织品制造	20	7	3	4
毛针织品及编织品制造	15	4	5	2
丝针织品及编织品制造	2	1	1	
其他针织品及编织品制造	1		1	
纺织服装、鞋、帽制造业	122	59	29	27
纺织服装制造	118	58	28	26
纺织面料鞋的制造	3	1	1	
制帽	1			1
皮革、毛皮、羽毛(绒)及其制品业	36	15	13	4
皮革鞣制加工	14	2	7	3
皮革制品制造	14	9	4	
皮鞋制造	7	2	4	
皮革服装制造	4	4		
皮箱、包(袋)制造	1	1		
其他皮革制品制造	2	2		
毛皮鞣制及制品加工	4	2		1
毛皮鞣制加工	2	1		
毛皮服装加工	1			1
其他毛皮制品加工	1	1		
羽毛(绒)加工及制品制造	4	2	2	
羽毛(绒)加工	1	1		
羽毛(绒)制品加工	3	1	2	
木材加工及木、竹、藤、棕、草制品业	178	77	55	29
锯材、木片加工	58	31	21	3
锯材加工	32	16	15	1
木片加工	26	15	6	2
人造板制造	74	23	18	21
胶合板制造	31	10	9	10
纤维板制造	17	4	2	3
刨花板制造	13	4	5	3
其他人造板、材制造	13	5	2	5

50-99人	100-299人	300-499人	500-999人	1000-2999人	3000-4999人	5000人及以上
2	2		2			
	1					
2	1		2			
2	2	1		1		
	1					
	1					
1	1					
1						
	1					
5	3		1	1		
3	2		1			
2	1			1		
5	1		1			
5			1			
	1					
1	3					
	2					
	1					
	1					
1						
1						
7	10					
2	1					
2	1					
5	7					
2						
1	7					
1						
1						

2-15 续表 4

行　业	企业法人单位数（个）	7人及以下	8-19人	20-49人
木制品制造	43	23	14	4
建筑用木料及木材组件加工	28	16	10	2
木容器制造	3	2		
软木制品及其他木制品制造	12	5	4	2
竹、藤、棕、草制品制造	3		2	1
家具制造业	147	78	41	19
木质家具制造	116	58	35	16
金属家具制造	20	11	4	3
塑料家具制造	3	1	2	
其他家具制造	8	8		
造纸及纸制品业	195	63	64	32
纸浆制造	7	2		2
造纸	58	17	15	12
机制纸及纸板制造	45	10	10	11
加工纸制造	13	7	5	1
纸制品制造	130	44	49	18
纸和纸板容器的制造	96	29	36	13
其他纸制品制造	34	15	13	5
印刷业和记录媒介的复制	330	161	87	55
印刷	300	142	79	54
书、报、刊印刷	146	58	33	35
本册印制	70	44	19	6
包装装潢及其他印刷	84	40	27	13
装订及其他印刷服务活动	30	19	8	1
文教体育用品制造业	18	10	4	2
文化用品制造	8	5	1	1
文具制造	2	1	1	
笔的制造	2			1
教学用模型及教具制造	3	3		
墨水、墨汁制造	1	1		
体育用品制造	9	5	2	1
体育器材及配件制造	2		1	1
训练健身器材制造	5	4	1	
运动防护用具制造	2	1		
游艺器材及娱乐用品制造	1		1	
露天游乐场所游乐设备制造	1		1	
石油加工、炼焦及核燃料加工业	185	48	46	49
精炼石油产品的制造	102	35	28	15
原油加工及石油制品制造	102	35	28	15
炼焦	83	13	18	34
化学原料及化学制品制造业	639	257	164	116
基础化学原料制造	123	39	27	15
无机酸制造	10	6		1
无机碱制造	6	1		1

50-99人	100-299人	300-499人	500-999人	1000-2999人	3000-4999人	5000人及以上
	2					
	1					
	1					
4	2	1	1	1		
4	1		1	1		
	1	1				
20	12	1	2	1		
2				1		
9	3		2			
9	3		2			
9	9	1				
9	8	1				
	1					
17	9		1			
15	9		1			
13	6		1			
	1					
2	2					
2						
2						
1						
1						
1						
1						
14	18	3	2	3	1	1
10	7	2	1	2	1	1
10	7	2	1	2	1	1
4	11	1	1	1		
36	35	11	8	10	1	1
12	16	5	3	5		1
	3					
1			1	2		

2-15 续表 5

行　　业	企业法人单位数(个)	7人及以下	8-19人	20-49人
无机盐制造	42	7	6	6
有机化学原料制造	23	9	6	1
其他基础化学原料制造	42	16	15	6
肥料制造	153	70	42	27
氮肥制造	4	1		1
磷肥制造	2			
钾肥制造	7	2		4
复混肥料制造	61	21	21	12
有机肥料及微生物肥料制造	56	32	14	9
其他肥料制造	23	14	7	1
农药制造	10	7	2	1
化学农药制造	5	3	2	
生物化学农药及微生物农药制造	5	4		1
涂料、油墨、颜料及类似产品制造	90	53	20	13
涂料制造	76	42	19	11
油墨及类似产品制造	8	8		
密封用填料及类似品制造	6	3	1	2
合成材料制造	22	6	2	4
初级形态的塑料及合成树脂制造	12	2	1	2
合成橡胶制造	1	1		
合成纤维单(聚合)体的制造	1			
其他合成材料制造	8	3	1	2
专用化学产品制造	201	63	59	49
化学试剂和助剂制造	97	23	32	27
专项化学用品制造	75	29	22	15
林产化学产品制造	1		1	
炸药及火工产品制造	8	1	1	1
信息化学品制造	1			
动物胶制造	8	1	1	6
其他专用化学产品制造	11	9	2	
日用化学产品制造	40	19	12	7
肥皂及合成洗涤剂制造	18	9	5	2
化妆品制造	11	4	4	3
香料、香精制造	4	3		1
其他日用化学产品制造	7	3	3	1
医药制造业	94	29	16	27
化学药品原药制造	10	4	1	2
化学药品制剂制造	8	2		2
中药饮片加工	20	3	5	6
中成药制造	25	9	3	7
兽用药品制造	5		1	4
生物、生化制品的制造	16	6	2	5
卫生材料及医药用品制造	10	5	4	1
化学纤维制造业	19	2	2	2
纤维素纤维原料及纤维制造	18	1	2	2
化纤浆粕制造	8			2
人造纤维(纤维素纤维)制造	10	1	2	

50-99人	100-299人	300-499人	500-999人	1000-2999人	3000-4999人	5000人及以上
9	8	3	1	2		
1	2	1	1	1		1
1	3	1				
7	3	1	1	2		
			1	1		
1	1					
				1		
5	2					
		1				
1						
4						
4						
2	2	1	1	3	1	
	1	1	1	3	1	
	1					
2						
11	12	4	3			
7	7		1			
4	2	2	1			
	2	2	1			
	1					
	2					
	2					
9	12		1			
2	1					
	3		1			
2	4					
3	3					
2	1					
1	4	1	4	3		
1	4	1	4	3		
	3		1	2		
1	1	1	3	1		

2-15 续表 6

行　业	企业法人单位数(个)	7人及以下	8-19人	20-49人
合成纤维制造	1	1		
涤纶纤维制造	1	1		
橡胶制品业	46	22	13	5
轮胎制造	9	6	1	1
车辆、飞机及工程机械轮胎制造	2			1
轮胎翻新加工	7	6	1	
橡胶板、管、带的制造	17	8	4	2
橡胶零件制造	13	7	5	1
再生橡胶制造	3		1	1
日用及医用橡胶制品制造	1			
橡胶靴鞋制造	1	1		
其他橡胶制品制造	2		2	
塑料制品业	663	287	194	112
塑料薄膜制造	100	36	31	23
塑料板、管、型材的制造	242	94	77	42
塑料丝、绳及编织品的制造	84	20	23	23
泡沫塑料制造	57	32	20	4
塑料人造革、合成革制造	1	1		
塑料包装箱及容器制造	38	15	14	7
塑料零件制造	6	4	1	
日用塑料制造	51	33	12	4
塑料鞋制造	1	1		
日用塑料杂品制造	50	32	12	4
其他塑料制品制造	84	52	16	9
非金属矿物制品业	1282	477	295	317
水泥、石灰和石膏的制造	119	22	18	12
水泥制造	81	9	8	5
石灰和石膏制造	38	13	10	7
水泥及石膏制品制造	258	116	55	50
水泥制品制造	140	50	22	39
砼结构构件制造	60	35	15	6
石棉水泥制品制造	4	2	1	
轻质建筑材料制造	36	19	12	3
其他水泥制品制造	18	10	5	2
砖瓦、石材及其他建筑材料制造	771	291	191	235
粘土砖瓦及建筑砌块制造	505	146	124	202
建筑陶瓷制品制造	33	10	8	4
建筑用石加工	67	39	20	5
防水建筑材料制造	35	20	10	4
隔热和隔音材料制造	85	50	20	13
其他建筑材料制造	46	26	9	7
玻璃及玻璃制品制造	67	21	16	11
平板玻璃制造	16	5	4	3
技术玻璃制品制造	9	2	2	4
日用玻璃制品及玻璃包装容器制造	12	2		1

50-99人	100-299人	300-499人	500-999人	1000-2999人	3000-4999人	5000人及以上
4	1			1		
				1		
				1		
3						
1						
	1					
47	18	4		1		
8	2					
17	10	1		1		
14	3	1				
1						
	2					
1						
2						
2						
4	1	2				
101	60	18	8	6		
14	33	9	6	5		
8	32	8	6	5		
6	1	1				
28	7		1	1		
22	5		1	1		
3	1					
1						
1	1					
1						
44	7	3				
28	5					
7	2	2				
2		1				
1						
2						
4						
10	5	4				
2	2					
1						
6	2	1				

2-15 续表 7

行　业	企业法人单位数(个)	7人及以下	8-19人	20-49人
玻璃保温容器制造	2			1
玻璃纤维及制品制造	5	2	1	
玻璃纤维增强塑料制品制造	20	9	7	2
其他玻璃制品制造	3	1	2	
陶瓷制品制造	7	3	2	1
卫生陶瓷制品制造	3	2		
特种陶瓷制品制造	2		1	1
日用陶瓷制品制造	1	1		
园林、陈设艺术及其他陶瓷制品制造	1		1	
耐火材料制品制造	23	11	6	3
石棉制品制造	3	2	1	
云母制品制造	1	1		
耐火陶瓷制品及其他耐火材料制造	19	8	5	3
石墨及其他非金属矿物制品制造	37	13	7	5
石墨及碳素制品制造	10	2	2	2
其他非金属矿物制品制造	27	11	5	3
黑色金属冶炼及压延加工业	91	28	13	13
炼铁	32	8	3	6
炼钢	4	1		1
钢压延加工	41	15	8	6
铁合金冶炼	14	4	2	
有色金属冶炼及压延加工业	68	21	11	15
常用有色金属冶炼	27	10	3	5
铜冶炼	12	7	2	1
铅锌冶炼	3			2
镍钴冶炼	2			
铝冶炼	6	2		2
镁冶炼	2	1		
其他常用有色金属冶炼	2		1	
贵金属冶炼	25	7	5	4
金冶炼	25	7	5	4
有色金属合金制造	3		1	2
有色金属压延加工	13	4	2	4
常用有色金属压延加工	12	3	2	4
贵金属压延加工	1	1		
金属制品业	475	224	132	82
结构性金属制品制造	298	146	92	38
金属结构制造	169	70	57	23
金属门窗制造	129	76	35	15
金属工具制造	14	6	2	5
农用及园林用金属工具制造	8	3	2	2
刀剪及类似日用金属工具制造	2			2
其他金属工具制造	4	3		1
集装箱及金属包装容器制造	32	11	9	6
集装箱制造	4	4		
金属压力容器制造	4		1	1
金属包装容器制造	24	7	8	5

50-99人	100-299人	300-499人	500-999人	1000-2999人	3000-4999人	5000人及以上
		1				
	1	1				
1		1				
	1					
	1					
1	2					
1	2					
4	5	2	1			
	2	1	1			
4	3	1				
10	13	5	5	1	1	2
1	6	2	4	1		1
1	1					
3	5	1	1		1	1
5	1	2				
7	9	2	1	2		
1	4	2		2		
	1	1				
	1					
	1			1		
		1		1		
1						
	1					
5	3		1			
5	3		1			
1	2					
1	2					
16	16	3	2			
11	9	1	1			
10	7	1	1			
1	2					
1						
1						
3	1	1	1			
2						
1	1	1	1			

2-15 续表 8

行业	企业法人单位数(个)	7人及以下	8-19人	20-49人
金属丝绳及其制品的制造	24	11	7	4
建筑、安全用金属制品制造	44	20	8	15
建筑、家具用金属配件制造	9	5	1	3
建筑装饰及水暖管道零件制造	25	12	5	7
安全、消防用金属制品制造	5	1	1	3
其他建筑、安全用金属制品制造	5	2	1	2
金属表面处理及热处理加工	15	6	4	3
不锈钢及类似日用金属制品制造	17	11	3	3
金属制厨房调理及卫生器具制造	8	6	1	1
金属制厨用器皿及餐具制造	5	1	2	2
其他日用金属制品制造	4	4		
其他金属制品制造	31	13	7	8
其他未列明的金属制品制造	31	13	7	8
通用设备制造业	325	134	105	55
锅炉及原动机制造	52	24	16	7
锅炉及辅助设备制造	50	23	16	6
内燃机及配件制造	1			1
其他原动机制造	1	1		
金属加工机械制造	24	14	9	1
金属切削机床制造	3	2	1	
金属成形机床制造	2	1	1	
铸造机械制造	6	5	1	
金属切割及焊接设备制造	2	2		
机床附件制造	1	1		
其他金属加工机械制造	10	3	6	1
起重运输设备制造	13	3	2	4
泵、阀门、压缩机及类似机械的制造	9	3	2	2
泵及真空设备制造	6	1	1	2
阀门和旋塞的制造	1	1		
液压和气压动力机械及元件制造	2	1	1	
轴承、齿轮、传动和驱动部件的制造	4		2	1
轴承制造	2			1
齿轮、传动和驱动部件制造	2		2	
风机、衡器、包装设备等通用设备制造	39	16	12	8
风机、风扇制造	15	8	4	2
气体、液体分离及纯净设备制造	2	1		1
制冷、空调设备制造	7	4		1
喷枪及类似器具制造	2		2	
包装专用设备制造	1	1		
衡器制造	8		6	2
其他通用设备制造	4	2		2

50-99人	100-299人	300-499人	500-999人	1000-2999人	3000-4999人	5000人及以上
	2					
	1					
	1					
1		1				
	3					
	3					
20	10	1				
5						
5						
3	1					
1	1					
1	1					
	1					
	1					
2	1					
	1					
2						

2-15 续表 9

行　业	企业法人单位数(个)	7人及以下	8-19人	20-49人
通用零部件制造及机械修理	118	52	38	16
金属密封件制造	5	1	1	2
紧固件、弹簧制造	10	5	3	1
机械零部件加工及设备修理	91	40	29	13
其他通用零部件制造	12	6	5	
金属铸、锻加工	66	22	24	16
钢铁铸件制造	60	20	23	14
锻件及粉末冶金制品制造	6	2	1	2
专用设备制造业	246	106	69	43
矿山、冶金、建筑专用设备制造	69	25	21	11
采矿、采石设备制造	30	11	10	4
石油钻采专用设备制造	15	2	6	3
建筑工程用机械制造	12	5	2	2
建筑材料生产专用机械制造	12	7	3	2
化工、木材、非金属加工专用设备制造	18	11	7	
炼油、化工生产专用设备制造	3	1	2	
塑料加工专用设备制造	4	2	2	
木材加工机械制造	1	1		
模具制造	8	5	3	
其他非金属加工专用设备制造	2	2		
食品、饮料、烟草及饲料生产专用设备制造	8	4	2	2
食品、饮料、烟草工业专用设备制造	3	1	1	1
农副食品加工专用设备制造	4	3		1
饲料生产专用设备制造	1		1	
印刷、制药、日化生产专用设备制造	5	2	2	1
印刷专用设备制造	2	1	1	
照明器具生产专用设备制造	1	1		
其他日用品生产专用设备制造	2		1	1
纺织、服装和皮革工业专用设备制造	9	2	4	
纺织专用设备制造	8	2	3	
其他服装加工专用设备制造	1		1	
电子和电工机械专用设备制造	7	4	1	2
电工机械专用设备制造	5	2	1	2
电子工业专用设备制造	2	2		
农、林、牧、渔专用机械制造	95	36	26	22
拖拉机制造	4	1	1	2
机械化农业及园艺机具制造	58	17	19	14
畜牧机械制造	4		1	2
农林牧渔机械配件制造	7	6	1	
其他农林牧渔业机械制造及机械修理	22	12	4	4
医疗仪器设备及器械制造	12	8	2	2
医疗诊断、监护及治疗设备制造	1	1		
医疗、外科及兽医用器械制造	1	1		
假肢、人工器官及植(介)入器械制造	7	5	2	
其他医疗设备及器械制造	3	1		2
环保、社会公共安全及其他专用设备制造	23	14	4	3
环境污染防治专用设备制造	8	5	1	2

50-99人	100-299人	300-499人	500-999人	1000-2999人	3000-4999人	5000人及以上
6	5	1				
	1					
	1					
5	3	1				
1						
3	1					
2	1					
1						
15	11	1		1		
6	5	1				
2	3					
2	1	1				
2	1					
3						
3						
4	6			1		
4	3			1		
	1					
	2					
2						

2-15 续表 10

行 业	企业法人单位数(个)	7人及以下	8-19人	20-49人
商业、饮食、服务业专用设备制造	1		1	
社会公共安全设备及器材制造	1		1	
交通安全及管制专用设备制造	1	1		
水资源专用机械制造	4	1	1	1
其他专用设备制造	8	7		
交通运输设备制造业	147	47	62	25
铁路运输设备制造	5		1	2
铁路机车车辆配件制造	2		1	
铁路专用设备及器材、配件制造	1			1
其他铁路设备制造及设备修理	2			1
汽车制造	128	38	58	22
汽车整车制造	2			
改装汽车制造	4	1	1	
汽车车身、挂车的制造	7	4	1	1
汽车零部件及配件制造	11	4	5	1
汽车修理	104	29	51	20
摩托车制造	1	1		
摩托车整车制造	1	1		
自行车制造	5	3	2	
脚踏自行车及残疾人座车制造	2	2		
助动自行车制造	3	1	2	
交通器材及其他交通运输设备制造	8	5	1	1
交通管理用金属标志及设施制造	6	3	1	1
其他交通运输设备制造	2	2		
电气机械及器材制造业	222	100	58	41
电机制造	5	1	1	1
发电机及发电机组制造	4	1		1
电动机制造	1		1	
输配电及控制设备制造	129	53	36	25
变压器、整流器和电感器制造	20	5	9	
电容器及其配套设备制造	6	4		2
配电开关控制设备制造	83	37	21	17
电力电子元器件制造	2	1	1	
其他输配电及控制设备制造	18	6	5	6
电线、电缆、光缆及电工器材制造	46	16	12	13
电线电缆制造	40	15	11	11
绝缘制品制造	4			2
其他电工器材制造	2	1	1	
电池制造	2	2		
家用电力器具制造	9	9		
家用制冷电器具制造	2	2		
家用通风电器具制造	1	1		
家用厨房电器具制造	2	2		
家用清洁卫生电器具制造	1	1		
其他家用电力器具制造	3	3		

50-99人	100-299人	300-499人	500-999人	1000-2999人	3000-4999人	5000人及以上
1						
1						
5	6	1	1			
	2					
	1					
	1					
4	4	1	1			
1			1			
	2					
	1					
	1					
3		1				
1						
1						
8	11	2	1	1		
		1	1			
		1	1			
5	8	1		1		
1	4			1		
3	4	1				
1						
2	3					
1	2					
1	1					

2-15 续表 11

行业	企业法人单位数(个)	7人及以下	8-19人	20-49人
非电力家用器具制造	11	7	2	1
燃气、太阳能及类似能源的器具制造	11	7	2	1
照明器具制造	14	10	4	
照明灯具制造	13	9	4	
灯用电器附件及其他照明器具制造	1	1		
其他电气机械及器材制造	6	2	3	1
车辆专用照明及电气信号设备装置制造	1		1	
其他未列明的电气机械制造	5	2	2	1
通信设备、计算机及其他电子设备制造业	12	3	1	3
通信设备制造	2	1		
通信传输设备制造	1	1		
移动通信及终端设备制造	1			
广播电视设备制造	2			
广播电视接收设备及器材制造	2			
电子器件制造	1	1		
光电子器件及其他电子器件制造	1	1		
电子元件制造	4		1	1
电子元件及组件制造	4		1	1
家用视听设备制造	2			2
家用影视设备制造	2			2
其他电子设备制造	1	1		
仪器仪表及文化、办公用机械制造业	21	11	5	2
通用仪器仪表制造	8	4	1	1
工业自动控制系统装置制造	2	1		1
电工仪器仪表制造	2	1	1	
供应用仪表及其他通用仪器制造	4	2		
专用仪器仪表制造	6	3	2	
地质勘探和地震专用仪器制造	2	1		
电子测量仪器制造	1	1		
其他专用仪器制造	3	1	2	
光学仪器及眼镜制造	1	1		
眼镜制造	1	1		
文化、办公用机械制造	2	1		1
计算器及货币专用设备制造	1	1		
其他文化、办公用机械制造	1			1
其他仪器仪表的制造及修理	4	2	2	
工艺品及其他制造业	49	25	10	11
工艺美术品制造	33	17	6	8
雕塑工艺品制造	4	4		
金属工艺品制造	4	3	1	
天然植物纤维编织工艺品制造	3	1	1	1
地毯、挂毯制造	14	4	1	7
珠宝首饰及有关物品的制造	4	3	1	
其他工艺美术品制造	4	2	2	
日用杂品制造	4	2	1	1
制镜及类似品加工	2	1		1
其他日用杂品制造	2	1	1	

50-99人	100-299人	300-499人	500-999人	1000-2999人	3000-4999人	5000人及以上
1						
1						
4				1		
1						
1						
2						
2						
1				1		
1				1		
3						
2						
2						
1						
1						
	2			1		
	2					
	2					

2-15 续表 12

行业	企业法人单位数(个)	7人及以下	8-19人	20-49人
煤制品制造	7	3	1	2
其他未列明的制造业	5	3	2	
废弃资源和废旧材料回收加工业	25	14	7	4
金属废料和碎屑的加工处理	11	6	2	3
非金属废料和碎屑的加工处理	14	8	5	1
电力、燃气及水的生产和供应业	522	70	97	172
电力、热力的生产和供应业	363	55	70	100
电力生产	157	34	27	36
火力发电	35	2	1	4
水力发电	100	25	19	28
其他能源发电	22	7	7	4
电力供应	25	2	1	1
热力生产和供应	181	19	42	63
燃气生产和供应业	44	6	12	17
燃气生产和供应业	44	6	12	17
水的生产和供应业	115	9	15	55
自来水的生产和供应	104	5	15	53
污水处理及其再生利用	11	4		2
建筑业	1762	688	329	257
房屋和土木工程建筑业	793	171	114	126
房屋工程建筑	417	56	48	59
土木工程建筑	376	115	66	67
铁路、道路、隧道和桥梁工程建筑	120	30	14	19
水利和港口工程建筑	70	13	15	12
工矿工程建筑	32	8	5	8
架线和管道工程建筑	57	15	8	12
其他土木工程建筑	97	49	24	16
建筑安装业	362	145	84	55
建筑装饰业	406	269	82	42
其他建筑业	201	103	49	34
工程准备	89	38	27	15
提供施工设备服务	26	13	6	6
其他未列明的建筑活动	86	52	16	13
交通运输、仓储和邮政业	1979	1211	336	227
铁路运输业	15	13	1	1
铁路旅客运输	1			1
铁路货物运输	13	12	1	
铁路运输辅助活动	1	1		
货运火车站	1	1		
道路运输业	957	566	173	122
公路旅客运输	171	57	39	40
道路货物运输	689	478	106	60
道路运输辅助活动	97	31	28	22
客运汽车站	61	12	17	18
公路管理与养护	18	5	9	2
其他道路运输辅助活动	18	14	2	2

50-99人	100-299人	300-499人	500-999人	1000-2999人	3000-4999人	5000人及以上
				1		
81	68	12	12	8	2	
57	49	12	10	8	2	
23	23	6	5	2	1	
3	13	5	4	2	1	
17	9	1	1			
3	1					
1	6	3	4	6	1	
33	20	3	1			
5	3		1			
5	3		1			
19	16		1			
17	13		1			
2	3					
161	181	53	52	31	9	1
109	145	46	44	28	9	1
68	94	33	32	20	6	1
41	51	13	12	8	3	
16	19	9	6	4	3	
7	16	1	3	3		
3	5	1	2			
8	10	2	1	1		
7	1					
31	32	5	7	3		
10	2		1			
11	2	2				
6	1	2				
1						
4	1					
93	65	21	18	4	3	1
51	34	4	4	2		1
18	15		2			
23	15	3	1	2		1
10	4	1	1			
9	3	1	1			
1	1					

2-15 续表 13

行业	企业法人单位数(个)	7人及以下	8-19人	20-49人
城市公共交通业	142	73	20	18
公共电汽车客运	54	13	8	12
轨道交通	1			
出租车客运	79	55	10	6
其他城市公共交通	8	5	2	
航空运输业	18	11	2	3
航空客货运输	5	4	1	
通用航空服务	6	3		2
航空运输辅助活动	7	4	1	1
机场	2		1	
其他航空运输辅助活动	5	4		1
管道运输业	5	1	1	
管道运输业	5	1	1	
装卸搬运和其他运输服务业	625	448	94	50
装卸搬运	96	43	16	17
运输代理服务	529	405	78	33
仓储业	179	87	42	32
谷物、棉花等农产品仓储	51	10	15	16
谷物、棉花等农产品仓储	51	10	15	16
其他仓储	128	77	27	16
邮政业	38	12	3	1
国家邮政	20	1		1
其他寄递服务	18	11	3	
信息传输、计算机服务和软件业	1853	1553	170	56
电信和其他信息传输服务业	385	258	35	27
电信	122	31	18	16
固定电信服务	39	1	6	9
移动电信服务	56	16	4	3
其他电信服务	27	14	8	4
互联网信息服务	240	218	12	5
广播电视传输服务	22	9	4	6
有线广播电视传输服务	19	8	3	6
无线广播电视传输服务	3	1	1	
卫星传输服务	1		1	
计算机服务业	1307	1193	95	15
计算机系统服务	150	107	31	8
数据处理	9	7	2	
计算机维修	44	36	5	3
其他计算机服务	1104	1043	57	4
软件业	161	102	40	14
公共软件服务	108	66	29	10
基础软件服务	47	28	17	1
应用软件服务	61	38	12	9
其他软件服务	53	36	11	4
批发和零售业	18545	14043	3131	863
批发业	12634	9462	2271	588

50-99人	100-299人	300-499人	500-999人	1000-2999人	3000-4999人	5000人及以上
9	10	4	6		2	
6	6	2	5		2	
1						
1	4	2	1			
1						
	1				1	
	1					
					1	
					1	
	1	2				
	1	2				
18	8	5	1	1		
10	4	4	1	1		
8	4	1				
12	6					
9	1					
9	1					
3	5					
3	5	6	7	1		
1	4	6	6	1		
2	1		1			
18	39	5	10	2		
15	34	5	9	2		
10	32	5	8	2		
3	12	1	6	1		
6	20	4	2	1		
1						
3	2					
2			1			
1			1			
1						
2	2					
2	2					
1	3		1			
	2		1			
			1			
	2					
1	1					
300	160	27	14	7		
191	95	14	11	2		

2-15 续表 14

行　　业	企业法人单位数（个）	7人及以下	8-19人	20-49人
农畜产品批发	979	562	208	111
谷物、豆及薯类批发	102	29	27	19
种子、饲料批发	403	292	74	28
棉、麻批发	322	128	79	55
牲畜批发	7	5	1	
其他农畜产品批发	145	108	27	9
食品、饮料及烟草制品批发	796	505	187	60
米、面制品及食用油批发	131	77	25	13
糕点、糖果及糖批发	46	36	9	1
果品、蔬菜批发	96	54	32	4
肉、禽、蛋及水产品批发	41	24	10	5
盐及调味品批发	67	35	23	8
饮料及茶叶批发	228	156	54	13
烟草制品批发	42	22	2	5
其他食品批发	145	101	32	11
纺织、服装及日用品批发	617	465	116	25
纺织品、针织品及原料批发	143	115	21	4
服装批发	145	99	35	10
鞋帽批发	17	10	7	
厨房、卫生间用具及日用杂货批发	62	48	12	2
化妆品及卫生用品批发	111	77	23	7
其他日用品批发	139	116	18	2
文化、体育用品及器材批发	267	216	40	8
文具用品批发	122	101	20	1
体育用品批发	27	25	2	
图书批发	36	28	3	4
报刊批发	1	1		
音像制品及电子出版物批发	4	2	1	
首饰、工艺品及收藏品批发	29	25	4	
其他文化用品批发	48	34	10	3
医药及医疗器材批发	361	232	83	26
西药批发	62	12	17	16
中药材及中成药批发	34	20	9	2
医疗用品及器材批发	265	200	57	8
矿产品、建材及化工产品批发	4334	3394	692	162
煤炭及制品批发	100	60	28	6
石油及制品批发	507	321	119	37
非金属矿及制品批发	78	73	5	
金属及金属矿批发	1255	1060	161	22
建材批发	977	833	124	16
化肥批发	650	425	140	55
农药批发	132	111	16	5
农用薄膜批发	32	26	5	1
其他化工产品批发	603	485	94	20
机械设备、五金交电及电子产品批发	4662	3634	829	155
农业机械批发	304	230	60	12

50-99人	100-299人	300-499人	500-999人	1000-2999人	3000-4999人	5000人及以上
54	34	8	2			
19	7		1			
5	3		1			
28	24	8				
1						
1						
28	14	1	1			
13	3					
4	1	1				
1	1					
1						
4	1					
4	8		1			
1						
9	2					
3						
1						
3	1					
2	1					
1	1	1				
		1				
	1					
1						
14	5		1			
12	4		1			
2	1					
47	26	4	7	2		
3	3					
9	11	3	5	2		
9	2		1			
4						
18	10	1	1			
4						
34	10					
2						

2-15 续表 15

行业	企业法人单位数（个）	7人及以下	8-19人	20-49人
汽车、摩托车及零配件批发	572	407	118	40
五金、交电批发	1110	954	137	16
家用电器批发	128	81	32	12
计算机、软件及辅助设备批发	336	237	75	18
通讯及广播电视设备批发	149	102	32	13
其他机械设备及电子产品批发	2063	1623	375	44
贸易经纪与代理	182	126	41	14
其他批发	436	328	75	27
再生物资回收与批发	173	130	28	13
其他未列明的批发	263	198	47	14
零售业	5911	4581	860	275
综合零售	479	278	88	44
百货零售	262	169	45	21
超级市场零售	95	19	18	18
其他综合零售	122	90	25	5
食品、饮料及烟草制品专门零售	383	306	61	11
粮油零售	66	46	14	3
糕点、面包零售	20	13	7	
果品、蔬菜零售	26	21	3	2
肉、禽、蛋及水产品零售	29	22	6	
饮料及茶叶零售	104	91	12	1
烟草制品零售	49	44	3	2
其他食品零售	89	69	16	3
纺织、服装及日用品专门零售	464	345	78	21
纺织品及针织品零售	90	76	14	
服装零售	173	113	29	13
鞋帽零售	17	13	4	
钟表、眼镜零售	29	16	8	4
化妆品及卫生用品零售	48	36	11	1
其他日用品零售	107	91	12	3
文化、体育用品及器材专门零售	399	310	53	20
文具用品零售	100	94	6	
体育用品零售	44	32	9	2
图书零售	61	35	8	5
报刊零售	2	2		
音像制品及电子出版物零售	12	8	4	
珠宝首饰零售	77	56	12	7
工艺美术品及收藏品零售	41	31	6	4
照相器材零售	20	15	4	1
其他文化用品零售	42	37	4	1
医药及医疗器材专门零售	328	211	70	31
药品零售	184	90	50	29
医疗用品及器材零售	144	121	20	2
汽车、摩托车、燃料及零配件专门零售	1096	768	199	76
汽车零售	292	139	62	54
汽车零配件零售	406	352	46	7
摩托车及零配件零售	123	96	22	5
机动车燃料零售	275	181	69	10

50-99人	100-299人	300-499人	500-999人	1000-2999人	3000-4999人	5000人及以上
5	2					
3						
1	2					
6						
1	1					
16	5					
1						
3	3					
1	1					
2	2					
109	65	13	3	5		
32	30	4		3		
12	10	4		1		
20	18			2		
	2					
5						
3						
1						
1						
10	6	4				
8	6	4				
1						
1						
9	7					
1						
7	6					
1	1					
5	8	2	1			
5	7	2	1			
	1					
38	13	1		1		
31	6					
1						
6	7	1		1		

2-15 续表 16

行　业	企业法人单位数(个)	7人及以下	8-19人	20-49人
家用电器及电子产品专门零售	1322	1104	166	41
家用电器零售	242	173	53	10
计算机、软件及辅助设备零售	695	606	72	14
通信设备零售	194	151	25	16
其他电子产品零售	191	174	16	1
五金、家具及室内装修材料专门零售	968	887	71	8
五金零售	510	477	29	3
家具零售	170	143	21	5
涂料零售	16	14	2	
其他室内装修材料零售	272	253	19	
无店铺及其他零售	472	372	74	23
流动货摊零售	4	4		
邮购及电子销售	1		1	
生活用燃料零售	107	56	34	15
花卉零售	21	18	3	
旧货零售	3	3		
其他未列明的零售	336	291	36	8
住宿和餐饮业	1011	234	279	259
住宿业	716	167	197	174
旅游饭店	327	31	55	87
一般旅馆	370	132	133	82
其他住宿服务	19	4	9	5
餐饮业	295	67	82	85
正餐服务	250	50	67	75
快餐服务	33	10	12	8
饮料及冷饮服务	3	3		
其他餐饮服务	9	4	3	2
金融业	571	148	98	58
银行业	213	10	13	20
中央银行	2			
商业银行	178	3	8	13
其他银行	33	7	5	7
证券业	5	2	1	1
证券经纪与交易	3	1		1
证券投资	2	1	1	
保险业	169	17	36	29
人寿保险	60	1	4	11
非人寿保险	90	3	27	17
保险辅助服务	19	13	5	1
其他金融活动	184	119	48	8
金融信托与管理	16	12	2	1
金融租赁	2		1	
财务公司	13	11	2	
邮政储蓄	7		1	
典当	70	38	30	2
其他未列明的金融活动	76	58	12	5

50-99人	100-299人	300-499人	500-999人	1000-2999人	3000-4999人	5000人及以上
6	1	2	2			
3	1	1	1			
3						
		1	1			
1				1		
1						
				1		
3						
2						
1						
139	78	16	5	1		
98	61	14	5			
77	58	14	5			
20	3					
1						
41	17	2		1		
39	17	2				
2				1		
81	126	25	27	7	1	
48	91	12	15	4		
	2					
44	80	11	15	4		
4	9	1				
			1			
			1			
26	33	13	11	3	1	
7	12	12	9	3	1	
19	21	1	2			
7	2					
1						
1						
4	2					
1						

2-15 续表 17

行业	企业法人单位数（个）	7人及以下	8-19人	20-49人
房地产业	2610	1004	893	511
房地产业	2610	1004	893	511
房地产开发经营	1130	342	504	233
物业管理	713	171	217	199
房地产中介服务	344	248	66	25
其他房地产活动	423	243	106	54
租赁和商务服务业	4042	2816	746	301
租赁业	324	240	60	18
机械设备租赁	313	233	58	18
汽车租赁	97	82	9	6
农业机械租赁	3	3		
建筑工程机械与设备租赁	130	98	24	8
计算机及通讯设备租赁	5	3	2	
其他机械与设备租赁	78	47	23	4
文化及日用品出租	11	7	2	
图书及音像制品出租	1	1		
其他文化及日用品出租	10	6	2	
商务服务业	3718	2576	686	283
企业管理服务	594	347	124	74
企业管理机构	191	82	39	34
投资与资产管理	333	222	74	31
其他企业管理服务	70	43	11	9
法律服务	177	70	78	29
律师及相关的法律服务	158	61	69	28
公证服务	10	4	6	
其他法律服务	9	5	3	1
咨询与调查	864	621	166	61
会计、审计及税务服务	263	157	63	35
市场调查	11	9	2	
社会经济咨询	190	151	30	6
其他专业咨询	400	304	71	20
广告业	801	655	109	29
知识产权服务	28	23	5	
职业中介服务	287	207	34	14
市场管理	152	79	42	22
旅行社	316	235	53	18
其他商务服务	499	339	75	36
会议及展览服务	50	45	3	2
包装服务	5	5		
保安服务	75	8	11	19
办公服务	69	55	11	1
其他未列明的商务服务	300	226	50	14
科学研究、技术服务和地质勘查业	1640	917	421	199
研究与试验发展	73	45	20	3

50-99人	100-299人	300-499人	500-999人	1000-2999人	3000-4999人	5000人及以上
122	67	8	3	2		
122	67	8	3	2		
31	18	1	1			
73	43	6	2	2		
4	1					
14	5	1				
76	64	16	14	5	4	
4	2					
2	2					
2	2					
2						
2						
72	62	16	14	5	4	
16	21	6	4	1	1	
9	19	4	2	1	1	
2	2	1	1			
5		1	1			
12	4					
6	2					
3						
3	2					
6	1		1			
8	10	2	6	3	3	
6	2			1		
6	4					
18	20	8	3			
12	16	6	3			
2						
4	4	2				
74	22	3	4			
5						

2-15 续表 18

行业	企业法人单位数(个)	7人及以下	8-19人	20-49人
自然科学研究与试验发展	10	7	2	
工程和技术研究与试验发展	25	16	5	2
农业科学研究与试验发展	26	16	8	1
医学研究与试验发展	12	6	5	
专业技术服务业	1006	477	297	153
气象服务	15	6	4	5
测绘服务	52	27	16	7
技术检测	185	89	65	21
环境监测	14	9	5	
工程技术与规划管理	502	188	162	91
工程管理服务	287	84	110	63
工程勘察设计	203	97	48	28
规划管理	12	7	4	
其他专业技术服务	238	158	45	29
科技交流和推广服务业	235	162	48	17
技术推广服务	141	99	31	8
科技中介服务	51	36	9	2
其他科技服务	43	27	8	7
地质勘查业	326	233	56	26
矿产地质勘查	159	121	22	9
能源矿产地质勘查	56	39	8	4
固体矿产地质勘查	80	64	12	3
其他矿产地质勘查	23	18	2	2
基础地质勘查	6	3	1	1
地质勘查技术服务	161	109	33	16
水利、环境和公共设施管理业	240	113	60	37
水利管理业	35	12	13	6
防洪管理	4	2	2	
水资源管理	24	9	9	4
水库管理	2			1
调水、引水管理	9	4	2	2
其他水资源管理	13	5	7	1
其他水利管理	7	1	2	2
环境管理业	47	19	10	8
自然保护	10	3	2	
自然保护区管理	7	2	1	
野生动植物保护	1			
其他自然保护	2	1	1	
环境治理	37	16	8	8
城市市容管理	3	3		
城市环境卫生管理	19	4	4	6
水污染治理	2		1	1
危险废物治理	4	3		1
其他环境治理	9	6	3	
公共设施管理业	158	82	37	23
市政公共设施管理	18	9	1	6

50-99人	100-299人	300-499人	500-999人	1000-2999人	3000-4999人	5000人及以上
1						
2						
1						
1						
56	18	1	4			
1	1					
6	3		1			
44	13	1	3			
21	7	1	1			
22	6		2			
1						
5	1					
7	1					
3						
3	1					
1						
6	3	2				
3	2	2				
2	2	1				
1						
		1				
1						
2	1					
17	9	3	1			
2	1	1				
	1	1				
		1				
	1					
2						
6	4					
3	2					
3	1					
	1					
3	2					
3	2					
9	4	2	1			
2						

2-15 续表 19

行业	企业法人单位数(个)	7人及以下	8-19人	20-49人
城市绿化管理	71	43	12	7
游览景区管理	69	30	24	10
风景名胜区管理	21	9	8	3
公园管理	4	2		1
其他游览景区管理	44	19	16	6
居民服务和其他服务业	1103	678	301	85
居民服务业	358	224	84	31
家庭服务	39	24	11	2
托儿所	6	5		1
洗染服务	9	5	3	
理发及美容保健服务	46	26	14	3
洗浴服务	50	17	13	13
婚姻服务	15	15		
殡葬服务	16	7	3	3
摄影扩印服务	41	21	18	1
其他居民服务	136	104	22	8
其他服务业	745	454	217	54
修理与维护	509	287	180	35
汽车、摩托车维护与保养	402	210	154	31
办公设备维修	26	17	7	2
家用电器修理	55	42	11	2
其他日用品修理	26	18	8	
清洁服务	78	50	11	9
建筑物清洁服务	10	9	1	
其他清洁服务	68	41	10	9
其他未列明的服务	158	117	26	10
教育	287	124	113	40
教育	287	124	113	40
学前教育	31	11	13	6
初等教育	2		1	1
中等教育	9	3	3	1
初中教育	3	1		
高中教育	1	1		
技工学校教育	4		3	1
其他中等教育	1	1		
高等教育	1		1	
成人高等教育	1		1	
其他教育	244	110	95	32
职业技能培训	219	88	93	31
特殊教育	1			1
其他未列明的教育	24	22	2	
卫生、社会保障和社会福利业	251	51	88	83
卫生	238	46	83	80
医院	146	11	48	64
综合医院	90	5	28	40
中医医院	7	1		6

50-99人	100-299人	300-499人	500-999人	1000-2999人	3000-4999人	5000人及以上
4	3	1	1			
3	1	1				
1						
	1					
2		1				
23	15		1			
11	8					
1	1					
1						
2	1					
4	3					
2	1					
	1					
1	1					
12	7		1			
6	1					
6	1					
4	3		1			
4	3		1			
2	3					
7	3					
7	3					
1						
1	1					
1	1					
5	2					
5	2					
20	6	3				
20	6	3				
15	5	3				
10	5	2				

2-15 续表 20

行业	企业法人单位数(个)	7人及以下	8-19人	20-49人
中西医结合医院	7	1	3	2
民族医院	3			3
专科医院	39	4	17	13
卫生院及社区医疗活动	41	15	15	9
门诊部医疗活动	41	12	19	6
妇幼保健活动	1	1		
专科疾病防治活动	4	3		1
其他卫生活动	5	4	1	
社会保障业	2	1		1
社会保障业	2	1		1
社会福利业	11	4	5	2
提供住宿的社会福利	6	1	4	1
收养收容服务	6	1	4	1
不提供住宿的社会福利	5	3	1	1
文化、体育和娱乐业	250	144	67	29
新闻出版业	19	8	7	1
新闻业	2	1	1	
出版业	17	7	6	1
图书出版	5	3	1	1
报纸出版	5	1	1	
期刊出版	6	2	4	
其他出版	1	1		
广播、电视、电影和音像业	69	37	23	7
广播	4	2	1	1
电视	7	3	3	1
电影	41	16	18	5
电影制作与发行	6	1	2	1
电影放映	35	15	16	4
音像制作	17	16	1	
文化艺术业	42	33	7	2
文艺创作与表演	13	11	2	
艺术表演场馆	4	2	1	1
博物馆	4	2	1	1
群众文化活动	5	4	1	
文化艺术经纪代理	10	9	1	
其他文化艺术	6	5	1	
体育	9	7	1	1
体育组织	5	4		1
体育场馆	3	2	1	
其他体育	1	1		
娱乐业	111	59	29	18
室内娱乐活动	66	36	17	10
游乐园	7	5	1	1
休闲健身娱乐活动	23	12	9	2
其他娱乐活动	15	6	2	5

50-99人	100-299人	300-499人	500-999人	1000-2999人	3000-4999人	5000人及以上
1						
4		1				
1	1					
4						
4	5		1			
	2		1			
	2		1			
	2		1			
	2					
	2					
	2					
4	1					
2	1					
2						

2-16 按行业(门类、大类、中类、小类)、

行业	企业法人单位数(个)	100万元及以下	100-200万元
总　计	**45713**	**27196**	**4490**
农、林、牧、渔业	69	10	5
农业	39	2	1
谷物及其他作物的种植	35	1	1
谷物的种植	10	1	1
棉花的种植	23		
糖料的种植	1		
其他作物的种植	1		
蔬菜、园艺作物的种植	3	1	
蔬菜的种植	3	1	
水果、坚果、饮料和香料作物的种植	1		
水果、坚果的种植	1		
林业	6	1	1
林木的培育和种植	3	1	1
造林	1		
林木的抚育和管理	2	1	1
木材和竹材的采运	3		
木材的采运	3		
畜牧业	15	5	2
牲畜的饲养	14	4	2
猪的饲养	1	1	
渔业	2	1	
内陆渔业	2	1	
内陆养殖	2	1	
农、林、牧、渔服务业	7	1	1
农业服务业	5		
农产品初加工服务	4		
其他农业服务	1		
林业服务业	1		1
畜牧服务业	1	1	
其他畜牧服务	1	1	
采矿业	1625	1013	81
煤炭开采和洗选业	332	98	33
烟煤和无烟煤的开采洗选	330	98	32
褐煤的开采洗选	1		
其他煤炭采选	1		1
石油和天然气开采业	66	22	3
天然原油和天然气开采	8	2	
与石油和天然气开采有关的服务活动	58	20	3
黑色金属矿采选业	581	440	8
铁矿采选	553	424	8
其他黑色金属矿采选	28	16	

全年营业收入组距分组的企业单位数

200-500万元	500-1000万元	1000-2000万元	2000-5000万元	5000万元-1亿元	1亿元以上
5752	**2454**	**2037**	**1711**	**914**	**1159**
12	5	3	5	9	20
5	3		4	7	17
5	2		3	7	16
4	1			3	
1	1		2	4	15
					1
			1		
			1		1
			1		1
	1				
	1				
3		1			
		1			
		1			
3					
3					
3		2	1		2
3		2	1		2
1					
1					
1					
	2			2	1
	2			2	1
	1			2	1
	1				
189	83	84	82	37	56
66	32	46	26	15	16
66	31	46	26	15	16
	1				
11	6	1	4	5	14
					6
11	6	1	4	5	8
34	21	25	29	9	15
30	19	21	28	8	15
4	2	4	1	1	

2-16 续表 1

行　业	企业法人单位数(个)	100万元及以下	100-200万元
有色金属矿采选业	279	196	9
常用有色金属矿采选	196	136	4
铜矿采选	106	75	4
铅锌矿采选	50	33	
镍钴矿采选	17	7	
铝矿采选	1	1	
其他常用有色金属矿采选	22	20	
贵金属矿采选	68	50	4
金矿采选	67	49	4
其他贵金属矿采选	1	1	
稀有稀土金属矿采选	15	10	1
钨钼矿采选	8	5	1
稀土金属矿采选	1	1	
其他稀有金属矿采选	6	4	
非金属矿采选业	340	232	28
土砂石开采	240	160	23
石灰石、石膏开采	58	32	9
建筑装饰用石开采	50	39	4
耐火土石开采	5	3	
粘土及其他土砂石开采	127	86	10
化学矿采选	8	6	
采盐	10	3	2
石棉及其他非金属矿采选	82	63	3
石棉、云母矿采选	13	9	1
石墨、滑石采选	5	4	1
宝石、玉石开采	36	29	
其他非金属矿采选	28	21	1
其他采矿业	27	25	
制造业	7353	3714	679
农副食品加工业	809	331	59
谷物磨制	198	91	15
饲料加工	67	19	5
植物油加工	221	65	13
食用植物油加工	214	62	12
非食用植物油加工	7	3	1
制糖	15	1	
屠宰及肉类加工	139	68	11
畜禽屠宰	78	41	6
肉制品及副产品加工	61	27	5
水产品加工	7	4	1
水产品冷冻加工	4	1	1
鱼糜制品及水产品干腌制加工	2	2	
水产饲料制造	1	1	
蔬菜、水果和坚果加工	99	48	7
其他农副食品加工	63	35	7

200-500万元	500-1000万元	1000-2000万元	2000-5000万元	5000万元-1亿元	1亿元以上
23	18	6	12	4	11
16	12	6	11	3	8
9	6	5	2	1	4
6	3	1	6		1
	3		3	1	3
1				1	
5	5		1	1	2
5	5		1	1	2
2	1				1
1	1				
1					1
53	6	6	11	4	
42	5	5	5		
15	1		1		
4	1		2		
1		1			
22	3	4	2		
			2		
2			1	2	
9	1	1	3	2	
1		1	1		
5	1		1		
3			1	2	
2					
1296	350	367	416	253	278
140	45	54	74	57	49
36	9	21	12	8	6
11	6	3	10	6	7
31	15	17	32	28	20
30	15	16	31	28	20
1		1	1		
		1		3	10
28	7	8	10	4	3
16	5	4	2	2	2
12	2	4	8	2	1
2					
2					
23	7	1	5	7	1
9	1	3	5	1	2

2-16 续表 2

行　业	企业法人单位数(个)	100万元及以下	100-200万元
淀粉及淀粉制品的制造	27	15	4
豆制品制造	8	4	
蛋品加工	1	1	
其他未列明的农副食品加工	27	15	3
食品制造业	340	145	27
焙烤食品制造	55	30	6
糕点、面包制造	44	25	5
饼干及其他焙烤食品制造	11	5	1
糖果、巧克力及蜜饯制造	15	8	
糖果、巧克力制造	6	3	
蜜饯制作	9	5	
方便食品制造	23	8	2
米、面制品制造	9	5	2
速冻食品制造	4		
方便面及其他方便食品制造	10	3	
液体乳及乳制品制造	70	24	4
罐头制造	71	18	7
肉、禽类罐头制造	3	2	
蔬菜、水果罐头制造	65	13	7
其他罐头食品制造	3	3	
调味品、发酵制品制造	32	17	5
味精制造	4	1	
酱油、食醋及类似制品的制造	19	11	5
其他调味品、发酵制品制造	9	5	
其他食品制造	74	40	3
营养、保健食品制造	26	18	1
冷冻饮品及食用冰制造	11	3	
盐加工	13	6	1
食品及饲料添加剂制造	19	11	1
其他未列明的食品制造	5	2	
饮料制造业	309	201	25
酒精制造	5	2	
酒的制造	159	98	13
白酒制造	99	69	10
啤酒制造	17	3	
葡萄酒制造	32	17	2
其他酒制造	11	9	1
软饮料制造	134	94	9
碳酸饮料制造	11	10	1
瓶(罐)装饮用水制造	62	44	6
果菜汁及果菜汁饮料制造	42	24	2
含乳饮料和植物蛋白饮料制造	8	7	
固体饮料制造	2	2	
茶饮料及其他软饮料制造	9	7	

200-500万元	500-1000万元	1000-2000万元	2000-5000万元	5000万元-1亿元	1亿元以上
2	1	2	2		1
4					
3		1	3	1	1
44	26	24	33	19	22
11	3	3	2		
9	2	2	1		
2	1	1	1		
4	1		1	1	
1	1		1		
3				1	
6	2	1		2	2
1	1				
3	1				
2		1		2	2
4	5	6	14	7	6
7	11	7	7	3	11
1					
6	11	7	7	3	11
2	1	1	3	2	1
	1	1		1	
1			2		
1			1	1	1
10	3	6	6	4	2
4		1	2		
2	1	1	1	2	1
	1	4	1		
2	1		1	2	1
2			1		
26	12	9	18	11	7
1			2		
14	5	7	10	8	4
9	1	4	4	1	1
1	1	1	2	7	2
3	3	2	4		1
1					
10	7	2	6	3	3
5	6				1
4	1	2	5	3	1
			1		
1					1

2-16 续表 3

行　业	企业法人单位数(个)	100万元及以下	100-200万元
精制茶加工	11	7	3
烟草制品业	1		
卷烟制造	1		
纺织业	259	87	20
棉、化纤纺织及印染精加工	141	31	8
棉、化纤纺织加工	137	30	7
棉、化纤印染精加工	4	1	1
毛纺织和染整精加工	20	9	1
毛条加工	9	4	1
毛纺织	11	5	
麻纺织	11	1	1
丝绢纺织及精加工	3	2	
缫丝加工	1	1	
绢纺和丝织加工	2	1	
纺织制成品制造	46	26	7
棉及化纤制品制造	22	14	3
毛制品制造	4	2	1
麻制品制造	1		
丝制品制造	1	1	
绳、索、缆的制造	3	3	
纺织带和帘子布制造	2		1
无纺布制造	5	1	1
其他纺织制成品制造	8	5	1
针织品、编织品及其制品制造	38	18	3
棉、化纤针织品及编织品制造	20	5	2
毛针织品及编织品制造	15	10	1
丝针织品及编织品制造	2	2	
其他针织品及编织品制造	1	1	
纺织服装、鞋、帽制造业	122	86	13
纺织服装制造	118	83	12
纺织面料鞋的制造	3	2	1
制帽	1	1	
皮革、毛皮、羽毛(绒)及其制品业	36	21	6
皮革鞣制加工	14	5	3
皮革制品制造	14	10	2
皮鞋制造	7	3	2
皮革服装制造	4	4	
皮箱、包(袋)制造	1	1	
其他皮革制品制造	2	2	
毛皮鞣制及制品加工	4	3	
毛皮鞣制加工	2	1	
毛皮服装加工	1	1	
其他毛皮制品加工	1	1	

200-500万元	500-1000万元	1000-2000万元	2000-5000万元	5000万元-1亿元	1亿元以上
1					
					1
					1
34	11	20	30	27	30
15	10	11	21	17	28
14	10	11	21	16	28
1				1	
1		2	4	3	
		1	3		
1		1	1	3	
	1	4		3	1
1					
1					
10		3			
5					
1					
		1			
1					
3					
		2			
7			5	4	1
5			4	4	
2			1		1
16	3	3			1
16	3	3			1
2	1	2		4	
1	1	1		3	
1		1			
1		1			
				1	
				1	

2-16 续表 4

行 业	企业法人单位数(个)	100万元及以下	100-200万元
羽毛(绒)加工及制品制造	4	3	1
羽毛(绒)加工	1	1	
羽毛(绒)制品加工	3	2	1
木材加工及木、竹、藤、棕、草制品业	178	109	11
锯材、木片加工	58	42	4
锯材加工	32	22	4
木片加工	26	20	
人造板制造	74	33	5
胶合板制造	31	14	3
纤维板制造	17	3	
刨花板制造	13	8	1
其他人造板、材制造	13	8	1
木制品制造	43	31	2
建筑用木料及木材组件加工	28	23	2
木容器制造	3	1	
软木制品及其他木制品制造	12	7	
竹、藤、棕、草制品制造	3	3	
家具制造业	147	98	14
木质家具制造	116	78	10
金属家具制造	20	9	4
塑料家具制造	3	3	
其他家具制造	8	8	
造纸及纸制品业	195	95	23
纸浆制造	7	3	
造纸	58	26	6
机制纸及纸板制造	45	18	3
加工纸制造	13	8	3
纸制品制造	130	66	17
纸和纸板容器的制造	96	45	14
其他纸制品制造	34	21	3
印刷业和记录媒介的复制	330	198	46
印刷	300	173	44
书、报、刊印刷	146	76	26
本册印制	70	54	9
包装装潢及其他印刷	84	43	9
装订及其他印刷服务活动	30	25	2
装订及其他印刷服务活动	30	25	2
文教体育用品制造业	18	14	1
文化用品制造	8	7	
文具制造	2	1	
笔的制造	2	2	
教学用模型及教具制造	3	3	
墨水、墨汁制造	1	1	
体育用品制造	9	7	
体育器材及配件制造	2	1	
训练健身器材制造	5	5	
运动防护用具制造	2	1	

200-500万元	500-1000万元	1000-2000万元	2000-5000万元	5000万元-1亿元	1亿元以上
36	2	8	8	2	2
10		2			
5		1			
5		1			
19	2	5	6	2	2
11	1		2		
4		4	3	1	2
2			1	1	
2	1	1			
7		1	2		
2		1			
1			1		
4			1		
20	6	3	1	1	4
18	3	3		1	3
2	3		1		1
33	13	14	9	5	3
1	1				2
12	1	5	6	1	1
10	1	5	6	1	1
2					
20	11	9	3	4	
14	9	7	3	4	
6	2	2			
50	13	16	5	2	
49	13	14	5	2	
21	9	10	3	1	
4		3			
24	4	1	2	1	
1		2			
1		2			
3					
1					
1					
2					
1					
1					

2-16 续表 5

行　业	企业法人单位数(个)	100万元及以下	100-200万元
游艺器材及娱乐用品制造	1		1
露天游乐场所游乐设备制造	1		1
石油加工、炼焦及核燃料加工业	185	62	6
精炼石油产品的制造	102	37	5
原油加工及石油制品制造	102	37	5
炼焦	83	25	1
化学原料及化学制品制造业	639	323	31
基础化学原料制造	123	48	7
无机酸制造	10	7	
无机碱制造	6	1	
无机盐制造	42	9	
有机化学原料制造	23	8	2
其他基础化学原料制造	42	23	5
肥料制造	153	96	5
氮肥制造	4	2	
磷肥制造	2	1	
钾肥制造	7	2	
复混肥料制造	61	33	
有机肥料及微生物肥料制造	56	39	4
其他肥料制造	23	19	1
农药制造	10	8	1
化学农药制造	5	3	1
生物化学农药及微生物农药制造	5	5	
涂料、油墨、颜料及类似产品制造	90	59	3
涂料制造	76	49	2
油墨及类似产品制造	8	7	1
密封用填料及类似品制造	6	3	
合成材料制造	22	8	1
初级形态的塑料及合成树脂制造	12	2	
合成橡胶制造	1	1	
合成纤维单(聚合)体的制造	1		
其他合成材料制造	8	5	1
专用化学产品制造	201	74	12
化学试剂和助剂制造	97	26	5
专项化学用品制造	75	34	5
林产化学产品制造	1	1	
炸药及火工产品制造	8	1	
信息化学品制造	1	1	
动物胶制造	8	2	
其他专用化学产品制造	11	9	2
日用化学产品制造	40	30	2
肥皂及合成洗涤剂制造	18	13	

200-500万元	500-1000万元	1000-2000万元	2000-5000万元	5000万元-1亿元	1亿元以上
30	13	16	22	15	21
16	3	8	11	8	14
16	3	8	11	8	14
14	10	8	11	7	7
117	37	43	35	17	36
24	11	8	7	5	13
			1		2
1		1			3
8	8	6	4	3	4
6	1	1	1	1	3
9	2		1	1	1
26	10	4	5	4	3
					2
			1		
1	1	2			1
15	5	1	3	4	
9	3		1		
1	1	1			
		1			
		1			
19	2	6		1	
17	2	5		1	
2		1			
1	2	1	1		8
	2		1		7
					1
1		1			
42	11	23	21	7	11
23	6	13	15	4	5
16	3	8	3	2	4
1		1	2	1	2
2	2	1	1		
5	1		1		1
3			1		1

2-16 续表 6

行　　业	企业法人单位数(个)	100万元及以下	100-200万元
化妆品制造	11	9	
香料、香精制造	4	3	1
其他日用化学产品制造	7	5	1
医药制造业	94	45	11
化学药品原药制造	10	5	1
化学药品制剂制造	8	3	1
中药饮片加工	20	5	3
中成药制造	25	12	2
兽用药品制造	5	3	
生物、生化制品的制造	16	10	2
卫生材料及医药用品制造	10	7	2
化学纤维制造业	19	6	1
纤维素纤维原料及纤维制造	18	5	1
化纤浆粕制造	8	1	
人造纤维(纤维素纤维)制造	10	4	1
合成纤维制造	1	1	
涤纶纤维制造	1	1	
橡胶制品业	46	28	6
轮胎制造	9	6	
车辆、飞机及工程机械轮胎制造	2	1	
轮胎翻新加工	7	5	
橡胶板、管、带的制造	17	11	1
橡胶零件制造	13	8	4
再生橡胶制造	3		1
日用及医用橡胶制品制造	1		
橡胶靴鞋制造	1	1	
其他橡胶制品制造	2	2	
塑料制品业	663	290	76
塑料薄膜制造	100	34	9
塑料板、管、型材的制造	242	108	27
塑料丝、绳及编织品的制造	84	27	8
泡沫塑料制造	57	25	7
塑料人造革、合成革制造	1	1	
塑料包装箱及容器制造	38	14	6
塑料零件制造	6	3	2
日用塑料制造	51	31	7
塑料鞋制造	1	1	
日用塑料杂品制造	50	30	7
其他塑料制品制造	84	47	10
非金属矿物制品业	1282	719	131
水泥、石灰和石膏的制造	119	31	5
水泥制造	81	12	3
石灰和石膏制造	38	19	2

200-500万元	500-1000万元	1000-2000万元	2000-5000万元	5000万元-1亿元	1亿元以上
2					
	1				
16	5	5	9	3	
2	2				
		2		2	
5	1	1	5		
5	1	1	3	1	
1	1				
2		1	1		
1					
2	1	1	2		6
2	1	1	2		6
1			2		4
1	1	1			2
6	2	2		2	
2				1	
				1	
2					
2	1	1		1	
1					
1	1				
		1			
157	49	31	38	13	9
31	10	5	5	5	1
44	19	11	22	6	5
27	8	7	5	2	
16	6	2	1		
12	2	1	1		2
1					
10	1	1	1		
10	1	1	1		
16	3	4	3		1
235	43	35	58	35	26
16	6	4	25	17	15
8	3	2	22	17	14
8	3	2	3		1

2-16 续表 7

行　　业	企业法人单位数(个)	100万元及以下	100-200万元
水泥及石膏制品制造	258	146	21
水泥制品制造	140	63	11
砼结构构件制造	60	41	5
石棉水泥制品制造	4	3	
轻质建筑材料制造	36	26	3
其他水泥制品制造	18	13	2
砖瓦、石材及其他建筑材料制造	771	468	99
粘土砖瓦及建筑砌块制造	505	303	75
建筑陶瓷制品制造	33	14	1
建筑用石加工	67	50	9
防水建筑材料制造	35	27	2
隔热和隔音材料制造	85	47	7
其他建筑材料制造	46	27	5
玻璃及玻璃制品制造	67	36	3
平板玻璃制造	16	10	1
技术玻璃制品制造	9	4	
日用玻璃制品及玻璃包装容器制造	12	4	
玻璃保温容器制造	2		
玻璃纤维及制品制造	5	2	1
玻璃纤维增强塑料制品制造	20	14	1
其他玻璃制品制造	3	2	
陶瓷制品制造	7	4	
卫生陶瓷制品制造	3	2	
特种陶瓷制品制造	2		
日用陶瓷制品制造	1	1	
园林、陈设艺术及其他陶瓷制品制造	1	1	
耐火材料制品制造	23	16	1
石棉制品制造	3	2	
云母制品制造	1		1
耐火陶瓷制品及其他耐火材料制造	19	14	
石墨及其他非金属矿物制品制造	37	18	2
石墨及碳素制品制造	10	3	
其他非金属矿物制品制造	27	15	2
黑色金属冶炼及压延加工业	91	29	4
炼铁	32	10	1
炼钢	4	1	
钢压延加工	41	13	3
铁合金冶炼	14	5	
有色金属冶炼及压延加工业	68	33	2
常用有色金属冶炼	27	16	
铜冶炼	12	10	
铅锌冶炼	3	1	
镍钴冶炼	2		
铝冶炼	6	2	
镁冶炼	2	2	
其他常用有色金属冶炼	2	1	

200-500万元	500-1000万元	1000-2000万元	2000-5000万元	5000万元-1亿元	1亿元以上
42	10	11	15	7	6
28	5	7	14	7	5
10	3				1
	1				
3	1	2	1		
1		2			
159	19	11	8	7	
114	8	5			
5	1	2	4	6	
5	2			1	
2	2	1	1		
24	4	2	1		
9	2	1	2		
10	6	5	3	1	3
3	1	1			
2	2	1			
3	2	1	2		
	1				1
				1	1
1		2	1		1
1					
1	1	1			
		1			
1	1				
3		1	1		1
		1			
3			1		1
4	1	2	6	3	1
1	1	1	2	1	1
3		1	4	2	
6	5	5	11	5	26
1	2	1	5	1	11
			1	1	1
5	2	2	3	3	10
	1	2	2		4
7	1	3	8	4	10
2		1	3	1	4
1					1
			2		
					2
1			1	1	1
		1			

2-16 续表 8

行 业	企业法人单位数(个)	100万元及以下	100-200万元
贵金属冶炼	25	10	2
金冶炼	25	10	2
有色金属合金制造	3	2	
有色金属压延加工	13	5	
常用有色金属压延加工	12	4	
贵金属压延加工	1	1	
金属制品业	475	250	52
结构性金属制品制造	298	168	27
金属结构制造	169	79	14
金属门窗制造	129	89	13
金属工具制造	14	7	2
农用及园林用金属工具制造	8	4	2
刀剪及类似日用金属工具制造	2		
其他金属工具制造	4	3	
集装箱及金属包装容器制造	32	13	9
集装箱制造	4	1	3
金属压力容器制造	4	2	1
金属包装容器制造	24	10	5
金属丝绳及其制品的制造	24	8	4
建筑、安全用金属制品制造	44	25	4
建筑、家具用金属配件制造	9	6	
建筑装饰及水暖管道零件制造	25	16	3
安全、消防用金属制品制造	5	1	1
其他建筑、安全用金属制品制造	5	2	
金属表面处理及热处理加工	15	5	2
不锈钢及类似日用金属制品制造	17	11	
金属制厨房调理及卫生器具制造	8	5	
金属制厨用器皿及餐具制造	5	3	
其他日用金属制品制造	4	3	
其他金属制品制造	31	13	4
通用设备制造业	325	168	30
锅炉及原动机制造	52	31	4
锅炉及辅助设备制造	50	30	4
内燃机及配件制造	1		
其他原动机制造	1	1	
金属加工机械制造	24	19	2
金属切削机床制造	3	3	
金属成形机床制造	2	2	
铸造机械制造	6	6	
金属切割及焊接设备制造	2	1	
机床附件制造	1	1	
其他金属加工机械制造	10	6	2

200-500万元	500-1000万元	1000-2000万元	2000-5000万元	5000万元-1亿元	1亿元以上
3	1	1	4	2	2
3	1	1	4	2	2
		1			
2			1	1	4
2			1	1	4
92	20	25	16	10	10
57	11	16	8	5	6
35	8	14	8	5	6
22	3	2			
2	1	2			
1	1				
		2			
1					
2	2	1	2	1	2
		1			
2	2		2	1	2
7		1	2	1	1
10	2	2		1	
2		1			
3	1	1		1	
3					
2	1				
5	1	1			1
3	3				
3					
	2				
	1				
6		2	4	2	
76	17	20	10	3	1
13		3	1		
13		2	1		
		1			
3					
1					
2					

2-16 续表 9

行　业	企业法人单位数(个)	100万元及以下	100-200万元
起重运输设备制造	13	4	
泵、阀门、压缩机及类似机械的制造	9	3	
泵及真空设备制造	6		
阀门和旋塞的制造	1	1	
液压和气压动力机械及元件制造	2	2	
轴承、齿轮、传动和驱动部件的制造	4		1
轴承制造	2		
齿轮、传动和驱动部件制造	2		1
风机、衡器、包装设备等通用设备制造	39	19	6
风机、风扇制造	15	9	2
气体、液体分离及纯净设备制造	2	1	1
制冷、空调设备制造	7	5	
喷枪及类似器具制造	2		2
包装专用设备制造	1	1	
衡器制造	8	1	1
其他通用设备制造	4	2	
通用零部件制造及机械修理	118	62	13
金属密封件制造	5	2	
紧固件、弹簧制造	10	5	2
机械零部件加工及设备修理	91	48	10
其他通用零部件制造	12	7	1
金属铸、锻加工	66	30	4
钢铁铸件制造	60	27	4
锻件及粉末冶金制品制造	6	3	
专用设备制造业	246	125	31
矿山、冶金、建筑专用设备制造	69	28	8
采矿、采石设备制造	30	11	4
石油钻采专用设备制造	15	5	
建筑工程用机械制造	12	6	3
建筑材料生产专用机械制造	12	6	1
化工、木材、非金属加工专用设备制造	18	13	3
炼油、化工生产专用设备制造	3	1	2
塑料加工专用设备制造	4	3	
木材加工机械制造	1	1	
模具制造	8	6	1
其他非金属加工专用设备制造	2	2	
食品、饮料、烟草及饲料生产专用设备制造	8	4	1
食品、饮料、烟草工业专用设备制造	3	2	
农副食品加工专用设备制造	4	2	1
饲料生产专用设备制造	1		
印刷、制药、日化生产专用设备制造	5	2	1
印刷专用设备制造	2		1
照明器具生产专用设备制造	1	1	
其他日用品生产专用设备制造	2	1	

200-500万元	500-1000万元	1000-2000万元	2000-5000万元	5000万元-1亿元	1亿元以上
3	3	1	2		
2	2	2			
2	2	2			
2			1		
1			1		
1					
9	1	3	1		
2	1	1			
1			1		
4		2			
2					
22	5	8	4	3	1
1		1	1		
2				1	
16	5	6	3	2	1
3		1			
22	6	3	1		
20	6	2	1		
2		1			
50	12	9	9	7	3
19	2	3	4	4	1
9	1	2	2	1	
4		1	2	2	1
2				1	
4	1				
2					
1					
1					
2	1				
	1				
1					
1					
2					
1					
1					

2-16 续表 10

行　业	企业法人单位数(个)	100万元及以下	100-200万元
纺织、服装和皮革工业专用设备制造	9	4	
纺织专用设备制造	8	4	
其他服装加工专用设备制造	1		
电子和电工机械专用设备制造	7	4	2
电工机械专用设备制造	5	2	2
电子工业专用设备制造	2	2	
农、林、牧、渔专用机械制造	95	45	13
拖拉机制造	4	2	
机械化农业及园艺机具制造	58	28	6
畜牧机械制造	4		1
农林牧渔机械配件制造	7	5	1
其他农林牧渔业机械制造及机械修理	22	10	5
医疗仪器设备及器械制造	12	10	1
医疗诊断、监护及治疗设备制造	1	1	
医疗、外科及兽医用器械制造	1	1	
假肢、人工器官及植(介)入器械制造	7	7	
其他医疗设备及器械制造	3	1	1
环保、社会公共安全及其他专用设备制造	23	15	2
环境污染防治专用设备制造	8	6	
商业、饮食、服务业专用设备制造	1	1	
社会公共安全设备及器材制造	1	1	
交通安全及管制专用设备制造	1	1	
水资源专用机械制造	4	1	
其他专用设备制造	8	5	2
交通运输设备制造业	147	86	24
铁路运输设备制造	5	1	
铁路机车车辆配件制造	2	1	
铁路专用设备及器材、配件制造	1		
其他铁路设备制造及设备修理	2		
汽车制造	128	76	22
汽车整车制造	2		
改装汽车制造	4	1	
汽车车身、挂车的制造	7	3	1
汽车零部件及配件制造	11	8	1
汽车修理	104	64	20
摩托车制造	1	1	
摩托车整车制造	1	1	
自行车制造	5	3	1
脚踏自行车及残疾人座车制造	2	2	
助动自行车制造	3	1	1
交通器材及其他交通运输设备制造	8	5	1
交通管理用金属标志及设施制造	6	3	1
其他交通运输设备制造	2	2	
电气机械及器材制造业	222	103	21
电机制造	5	2	
发电机及发电机组制造	4	2	
电动机制造	1		

200-500万元	500-1000万元	1000-2000万元	2000-5000万元	5000万元-1亿元	1亿元以上
2	1		2		
1	1		2		
1					
1					
1					
18	7	6	1	3	2
1					1
12	5	4		2	1
2		1			
1					
2	2	1	1	1	
1					
1					
3	1		2		
2					
1			2		
	1				
24	3	2	3	2	3
1	1	1	1		
		1			
	1				
1			1		
20	2	1	2	2	3
			1		1
1				1	1
2				1	
1					1
16	2	1	1		
1					
1					
2					
2					
55	7	10	12	7	7
1					2
					2
1					

2-16 续表 11

行　　业	企业法人单位数(个)	100万元及以下	100-200万元
输配电及控制设备制造	129	50	14
变压器、整流器和电感器制造	20	6	1
电容器及其配套设备制造	6	3	2
配电开关控制设备制造	83	32	11
电力电子元器件制造	2	1	
其他输配电及控制设备制造	18	8	
电线、电缆、光缆及电工器材制造	46	18	4
电线电缆制造	40	17	2
绝缘制品制造	4		1
其他电工器材制造	2	1	1
电池制造	2	2	
家用电力器具制造	9	9	
家用制冷电器具制造	2	2	
家用通风电器具制造	1	1	
家用厨房电器具制造	2	2	
家用清洁卫生电器具制造	1	1	
其他家用电力器具制造	3	3	
非电力家用器具制造	11	8	1
燃气、太阳能及类似能源的器具制造	11	8	1
照明器具制造	14	10	1
照明灯具制造	13	9	1
灯用电器附件及其他照明器具制造	1	1	
其他电气机械及器材制造	6	4	1
车辆专用照明及电气信号设备装置制造	1	1	
其他未列明的电气机械制造	5	3	1
通信设备、计算机及其他电子设备制造业	12	4	
通信设备制造	2	1	
通信传输设备制造	1	1	
移动通信及终端设备制造	1		
广播电视设备制造	2		
广播电视接收设备及器材制造	2		
电子器件制造	1	1	
光电子器件及其他电子器件制造	1	1	
电子元件制造	4	1	
电子元件及组件制造	4	1	
家用视听设备制造	2		
家用影视设备制造	2		
其他电子设备制造	1	1	
仪器仪表及文化、办公用机械制造业	21	9	2
通用仪器仪表制造	8	2	1
工业自动控制系统装置制造	2		
电工仪器仪表制造	2	1	
供应用仪表及其他通用仪器制造	4	1	1

200-500万元	500-1000万元	1000-2000万元	2000-5000万元	5000万元-1亿元	1亿元以上
40	4	5	8	5	3
6		1	2	2	2
1					
25	3	3	5	3	1
1					
7	1	1	1		
10	2	4	4	2	2
9	2	3	4	1	2
1		1		1	
1		1			
1		1			
2	1				
2	1				
1					
1					
2		2	2	1	1
		1			
		1			
			1	1	
			1	1	
1			1		1
1			1		1
1		1			
1		1			
5	2	1	1	1	
2	1		1	1	
1				1	
1					
	1		1		

2-16 续表 12

行　　业	企业法人单位数(个)	100万元及以下	100-200万元
专用仪器仪表制造	6	3	
地质勘探和地震专用仪器制造	2	1	
电子测量仪器制造	1	1	
其他专用仪器制造	3	1	
光学仪器及眼镜制造	1	1	
眼镜制造	1	1	
文化、办公用机械制造	2	1	
计算器及货币专用设备制造	1	1	
其他文化、办公用机械制造	1		
其他仪器仪表的制造及修理	4	2	1
工艺品及其他制造业	49	30	6
工艺美术品制造	33	21	5
雕塑工艺品制造	4	2	1
金属工艺品制造	4	4	
天然植物纤维编织工艺品制造	3	2	
地毯、挂毯制造	14	7	2
珠宝首饰及有关物品的制造	4	4	
其他工艺美术品制造	4	2	2
日用杂品制造	4	2	
制镜及类似品加工	2		
其他日用杂品制造	2	2	
煤制品制造	7	3	
其他未列明的制造业	5	4	1
废弃资源和废旧材料回收加工业	25	19	
金属废料和碎屑的加工处理	11	9	
非金属废料和碎屑的加工处理	14	10	
电力、燃气及水的生产和供应业	522	141	73
电力、热力的生产和供应业	363	104	39
电力生产	157	71	12
火力发电	35	9	
水力发电	100	53	11
其他能源发电	22	9	1
电力供应	25	3	
热力生产和供应	181	30	27
燃气生产和供应业	44	14	6
燃气生产和供应业	44	14	6
水的生产和供应业	115	23	28
自来水的生产和供应	104	19	27
污水处理及其再生利用	11	4	1
建筑业	1762	744	146
房屋和土木工程建筑业	793	176	34
房屋工程建筑	417	60	3
土木工程建筑	376	116	31

200-500万元	500-1000万元	1000-2000万元	2000-5000万元	5000万元-1亿元	1亿元以上
1	1	1			
		1			
1	1				
1					
1					
1					
8		3	2		
5		1	1		
1					
		1			
4			1		
1		1			
1		1			
2		1	1		
4	1	1			
2					
2	1	1			
110	51	48	45	12	42
66	34	34	36	10	40
16	11	13	9	5	20
2	2	4	2	2	14
11	6	8	5	2	4
3	3	1	2	1	2
		1	3	1	17
50	23	20	24	4	3
4	6	7	4	2	1
4	6	7	4	2	1
40	11	7	5		1
38	8	7	4		1
2	3		1		
193	98	123	182	132	144
76	49	84	143	106	125
24	18	42	98	80	92
52	31	42	45	26	33

2-16 续表 13

行　业	企业法人单位数(个)	100万元及以下	100-200万元
铁路、道路、隧道和桥梁工程建筑	120	32	2
水利和港口工程建筑	70	19	2
工矿工程建筑	32	8	3
架线和管道工程建筑	57	14	5
其他土木工程建筑	97	43	19
建筑安装业	362	151	42
建筑装饰业	406	301	42
其他建筑业	201	116	28
工程准备	89	52	10
提供施工设备服务	26	14	5
其他未列明的建筑活动	86	50	13
交通运输、仓储和邮政业	1979	1368	151
铁路运输业	15	13	1
铁路旅客运输	1		
铁路货物运输	13	12	1
铁路运输辅助活动	1	1	
货运火车站	1	1	
道路运输业	957	658	79
公路旅客运输	171	96	15
道路货物运输	689	509	46
道路运输辅助活动	97	53	18
客运汽车站	61	28	16
公路管理与养护	18	9	1
其他道路运输辅助活动	18	16	1
城市公共交通业	142	96	10
公共电汽车客运	54	22	7
轨道交通	1		
出租车客运	79	67	3
其他城市公共交通	8	7	
航空运输业	18	14	1
航空客货运输	5	5	
通用航空服务	6	5	
航空运输辅助活动	7	4	1
机场	2	1	
其他航空运输辅助活动	5	3	1
管道运输业	5	1	
管道运输业	5	1	
装卸搬运和其他运输服务业	625	464	43
装卸搬运	96	45	13
运输代理服务	529	419	30
仓储业	179	108	16
谷物、棉花等农产品仓储	51	18	6
其他仓储	128	90	10

200-500万元	500-1000万元	1000-2000万元	2000-5000万元	5000万元-1亿元	1亿元以上
11	6	13	22	15	19
6	10	9	11	7	6
8	2	3	2		6
10	4	12	6	4	2
17	9	5	4		
54	27	20	27	24	17
35	14	9	3	2	
28	8	10	9		2
14	4	2	5		2
2	2	3			
12	2	5	4		
166	97	67	72	31	27
	1				
	1				
83	45	39	31	15	7
15	18	11	12	3	1
56	23	21	17	12	5
12	4	7	2		1
7	3	5	2		
5	1	1			1
		1			
12	11	3	6	2	2
10	5	1	5	2	2
		1			
2	5	1	1		
	1				
1			1		1
			1		
1					1
					1
1					
		1		1	2
		1		1	2
49	32	14	13	4	6
20	11	2	2	2	1
29	21	12	11	2	5
18	6	8	11	5	7
5	1	5	7	4	5
13	5	3	4	1	2

2-16 续表 14

行　　业	企业法人单位数(个)	100万元及以下	100-200万元
邮政业	38	14	1
国家邮政	20	2	
其他寄递服务	18	12	1
信息传输、计算机服务和软件业	1853	1624	66
电信和其他信息传输服务业	385	270	17
电信	122	40	3
固定电信服务	39	2	1
移动电信服务	56	18	1
其他电信服务	27	20	1
互联网信息服务	240	222	8
广播电视传输服务	22	8	6
有线广播电视传输服务	19	8	5
无线广播电视传输服务	3		1
卫星传输服务	1		
计算机服务业	1307	1231	35
计算机系统服务	150	108	18
数据处理	9	7	1
计算机维修	44	32	6
其他计算机服务	1104	1084	10
软件业	161	123	14
公共软件服务	108	82	9
基础软件服务	47	38	5
应用软件服务	61	44	4
其他软件服务	53	41	5
批发和零售业	18545	10232	2156
批发业	12634	6313	1447
农畜产品批发	979	440	98
谷物、豆及薯类批发	102	31	7
种子、饲料批发	403	240	60
棉、麻批发	322	71	17
牲畜批发	7	3	1
其他农畜产品批发	145	95	13
食品、饮料及烟草制品批发	796	387	91
米、面制品及食用油批发	131	45	17
糕点、糖果及糖批发	46	24	6
果品、蔬菜批发	96	52	7
肉、禽、蛋及水产品批发	41	17	2
盐及调味品批发	67	23	13
饮料及茶叶批发	228	128	26
烟草制品批发	42	18	3
其他食品批发	145	80	17
纺织、服装及日用品批发	617	383	60
纺织品、针织品及原料批发	143	96	13
服装批发	145	82	15
鞋帽批发	17	10	

200-500万元	500-1000万元	1000-2000万元	2000-5000万元	5000万元-1亿元	1亿元以上
3	2	2	10	4	2
2	1	1	8	4	2
1	1	1	2		
57	28	18	19	6	35
19	18	9	13	5	34
11	13	6	12	4	33
6	9	2	5	2	12
4	1	2	7	2	21
1	3	2			
3	3	2	1	1	
4	2	1			1
3	1	1			1
1	1				
1					
25	8	5	2	1	
12	7	3	2		
1					
5		1			
7	1	1		1	
13	2	4	4		1
9	2	2	3		1
2	1				1
7	1	2	3		
4		2	1		
2701	1254	990	559	283	370
1872	1162	883	444	214	299
84	71	89	77	48	72
11	13	14	18	5	3
35	31	15	11	8	3
24	22	48	44	30	66
	1	2			
14	4	10	4	5	
119	84	52	27	11	25
19	18	16	10	2	4
9	3	2	1	1	
8	14	6	4	3	2
6	5	9	2		
14	8	4	4		1
34	24	7	5	2	2
5				1	15
24	12	8	1	2	1
77	41	37	5	13	1
11	8	8	1	5	1
19	15	12		2	
5	2				

2-16 续表 15

行业	企业法人单位数（个）	100万元及以下	100-200万元
厨房、卫生间用具及日用杂货批发	62	39	8
化妆品及卫生用品批发	111	71	6
其他日用品批发	139	85	18
文化、体育用品及器材批发	267	159	36
文具用品批发	122	64	22
体育用品批发	27	21	2
图书批发	36	22	5
报刊批发	1	1	
音像制品及电子出版物批发	4	3	
首饰、工艺品及收藏品批发	29	25	1
其他文化用品批发	48	23	6
医药及医疗器材批发	361	182	64
西药批发	62	14	3
中药材及中成药批发	34	23	1
医疗用品及器材批发	265	145	60
矿产品、建材及化工产品批发	4334	1976	465
煤炭及制品批发	100	42	10
石油及制品批发	507	142	57
非金属矿及制品批发	78	59	7
金属及金属矿批发	1255	340	138
建材批发	977	597	102
化肥批发	650	413	64
农药批发	132	101	13
农用薄膜批发	32	25	2
其他化工产品批发	603	257	72
机械设备、五金交电及电子产品批发	4662	2420	575
农业机械批发	304	132	48
汽车、摩托车及零配件批发	572	228	62
五金、交电批发	1110	640	139
家用电器批发	128	58	13
计算机、软件及辅助设备批发	336	182	23
通讯及广播电视设备批发	149	83	18
其他机械设备及电子产品批发	2063	1097	272
贸易经纪与代理	182	106	17
其他批发	436	260	41
再生物资回收与批发	173	97	11
其他未列明的批发	263	163	30
零售业	5911	3919	709
综合零售	479	296	54
百货零售	262	181	27
超级市场零售	95	20	13
其他综合零售	122	95	14
食品、饮料及烟草制品专门零售	383	292	39
粮油零售	66	42	8

200-500万元	500-1000万元	1000-2000万元	2000-5000万元	5000万元-1亿元	1亿元以上
6	3	5	1		
20	6	4	1	3	
16	7	8	2	3	
32	23	10	3	1	3
21	12	3			
2	1	1			
3	3	1	1		1
					1
1	2				
5	5	5	2	1	1
43	20	28	10	8	6
6	5	16	6	7	5
4		2	2	1	1
33	15	10	2		
668	455	355	184	80	151
12	11	10	5	3	7
78	71	60	27	21	51
9	2		1		
275	185	166	68	31	52
111	90	47	19	6	5
59	32	20	29	7	26
11	3	2		2	
2	1	1			1
111	60	49	35	10	9
772	424	271	121	47	32
50	30	30	8	4	2
82	72	54	44	18	12
173	98	47	9		4
15	16	13	7	3	3
49	41	21	15	5	
18	15	12	1	1	1
385	152	94	37	16	10
22	13	13	7	2	2
55	31	28	10	4	7
21	14	16	5	2	7
34	17	12	5	2	
829	92	107	115	69	71
50	5	27	25	13	9
26	2	7	9	4	6
13	3	18	16	9	3
11		2			
43	3	3	3		
13	2		1		

2-16 续表 16

行业	企业法人单位数(个)	100万元及以下	100-200万元
糕点、面包零售	20	18	2
果品、蔬菜零售	26	23	1
肉、禽、蛋及水产品零售	29	23	3
饮料及茶叶零售	104	83	10
烟草制品零售	49	34	4
其他食品零售	89	69	11
纺织、服装及日用品专门零售	464	336	56
纺织品及针织品零售	90	71	14
服装零售	173	114	15
鞋帽零售	17	12	3
钟表、眼镜零售	29	24	3
化妆品及卫生用品零售	48	37	7
其他日用品零售	107	78	14
文化、体育用品及器材专门零售	399	282	56
文具用品零售	100	68	24
体育用品零售	44	31	5
图书零售	61	31	8
报刊零售	2	2	
音像制品及电子出版物零售	12	10	2
珠宝首饰零售	77	64	4
工艺美术品及收藏品零售	41	35	3
照相器材零售	20	11	3
其他文化用品零售	42	30	7
医药及医疗器材专门零售	328	195	54
药品零售	184	105	17
医疗用品及器材零售	144	90	37
汽车、摩托车、燃料及零配件专门零售	1096	513	152
汽车零售	292	81	15
汽车零配件零售	406	279	57
摩托车及零配件零售	123	52	30
机动车燃料零售	275	101	50
家用电器及电子产品专门零售	1322	936	132
家用电器零售	242	143	30
计算机、软件及辅助设备零售	695	509	63
通信设备零售	194	133	19
其他电子产品零售	191	151	20
五金、家具及室内装修材料专门零售	968	755	90
五金零售	510	378	52
家具零售	170	137	19
涂料零售	16	12	3
其他室内装修材料零售	272	228	16
无店铺及其他零售	472	314	76
流动货摊零售	4	2	1
邮购及电子销售	1		1

200-500万元	500-1000万元	1000-2000万元	2000-5000万元	5000万元-1亿元	1亿元以上
1			1		
2		1			
9	1	1			
9		1	1		
9					
47	2	5	8	7	3
5					
22	1	3	8	7	3
2					
1		1			
4					
13	1	1			
38	2	4	9	4	4
7	1				
7			1		
6		2	6	4	4
6	1		2		
3					
4		2			
5					
54	10	6	2	3	4
38	9	6	2	3	4
16	1				
232	29	38	47	39	46
48	12	24	42	37	33
67	2	1			
34	2	5			
83	13	8	5	2	13
187	26	18	16	3	4
44	7	5	10	1	2
93	14	8	6	2	
30	5	5			2
20					
115	4	1	2		1
77	2		1		
12		1			1
1					
25	2		1		
63	11	5	3		
1					

2-16 续表 17

行业	企业法人单位数(个)	100万元及以下	100-200万元
生活用燃料零售	107	55	17
花卉零售	21	18	2
旧货零售	3	3	
其他未列明的零售	336	236	55
住宿和餐饮业	1011	534	178
住宿业	716	364	129
旅游饭店	327	86	57
一般旅馆	370	263	68
其他住宿服务	19	15	4
餐饮业	295	170	49
正餐服务	250	133	45
快餐服务	33	25	4
饮料及冷饮服务	3	3	
其他餐饮服务	9	9	
金融业	571	156	41
银行业	213	7	6
中央银行	2		
商业银行	178	6	6
其他银行	33	1	
证券业	5	1	1
证券经纪与交易	3		1
证券投资	2	1	
保险业	169	25	12
人寿保险	60	4	1
非人寿保险	90	6	9
保险辅助服务	19	15	2
其他金融活动	184	123	22
金融信托与管理	16	13	1
金融租赁	2		
财务公司	13	12	
邮政储蓄	7		1
典当	70	39	13
其他未列明的金融活动	76	59	7
房地产业	2610	1645	197
房地产业	2610	1645	197
房地产开发经营	1130	512	44
物业管理	713	506	84
房地产中介服务	344	305	21
其他房地产活动	423	322	48
租赁和商务服务业	4042	3197	337
租赁业	324	266	20
机械设备租赁	313	257	20
汽车租赁	97	84	4
农业机械租赁	3	3	

200-500万元	500-1000万元	1000-2000万元	2000-5000万元	5000万元-1亿元	1亿元以上
26	5	2	2		
1					
35	6	3	1		
127	94	42	30	3	3
98	70	29	22	2	2
71	59	28	22	2	2
27	11	1			
29	24	13	8	1	1
28	23	12	8	1	
1	1	1			1
56	27	36	88	57	110
19	6	19	58	33	65
	1			1	
9	4	18	48	31	56
10	1	1	10	1	9
		1	1		1
			1		1
		1			
17	14	10	26	22	43
2	1	3	11	15	23
14	13	7	14	7	20
1			1		
20	7	6	3	2	1
1				1	
		1			1
	1				
1	2	2	1		
15	3				
3	1	3	2	1	
225	157	135	138	63	50
225	157	135	138	63	50
113	111	115	129	56	50
74	27	13	5	4	
11	6	1			
27	13	6	4	3	
283	96	57	40	18	14
25	6	2	2	2	1
23	6	2	2	2	1
8	1				

2-16 续表 18

行　业	企业法人单位数(个)	100万元及以下	100-200万元
建筑工程机械与设备租赁	130	110	10
计算机及通讯设备租赁	5	2	
其他机械与设备租赁	78	58	6
文化及日用品出租	11	9	
图书及音像制品出租	1	1	
其他文化及日用品出租	10	8	
商务服务业	3718	2931	317
企业管理服务	594	442	42
企业管理机构	191	128	16
投资与资产管理	333	264	20
其他企业管理服务	70	50	6
法律服务	177	134	24
律师及相关的法律服务	158	118	23
公证服务	10	8	1
其他法律服务	9	8	
咨询与调查	864	724	64
会计、审计及税务服务	263	209	21
市场调查	11	8	2
社会经济咨询	190	165	11
其他专业咨询	400	342	30
广告业	801	669	68
知识产权服务	28	27	1
职业中介服务	287	220	19
市场管理	152	112	14
旅行社	316	215	41
其他商务服务	499	388	44
会议及展览服务	50	44	4
包装服务	5	4	1
保安服务	75	29	17
办公服务	69	62	3
其他未列明的商务服务	300	249	19
科学研究、技术服务和地质勘查业	1640	1157	157
研究与试验发展	73	58	4
自然科学研究与试验发展	10	10	
工程和技术研究与试验发展	25	17	2
农业科学研究与试验发展	26	23	1
医学研究与试验发展	12	8	1
专业技术服务业	1006	644	122
气象服务	15	6	8
测绘服务	52	40	5
技术检测	185	128	18
环境监测	14	12	2
工程技术与规划管理	502	284	67
工程管理服务	287	148	55
工程勘察设计	203	126	11
规划管理	12	10	1

200-500万元	500-1000万元	1000-2000万元	2000-5000万元	5000万元-1亿元	1亿元以上
7	2	1			
1	1		1		
7	2	1	1	2	1
2					
2					
258	90	55	38	16	13
45	22	16	12	9	6
18	7	8	6	4	4
23	10	7	4	3	2
4	5	1	2	2	
13	6				
13	4				
	1				
	1				
52	14	7	3		
28	2	3			
	1				
9	1	2	2		
15	10	2	1		
49	7	5	2		1
15	12	5	7	6	3
17	4	3	1		1
35	8	7	8	1	1
32	17	12	5		1
1	1				
15	6	7	1		
2		2			
14	10	3	4		1
180	70	44	23	2	7
8	1	1			1
3	1	1			1
2					
3					
133	53	32	15	2	5
	1				
3	3	1			
25	6	5	2	1	
79	34	22	10	1	5
53	20	7	1	1	2
26	14	15	8		3
			1		

2-16 续表 19

行　业	企业法人单位数(个)	100万元及以下	100-200万元
其他专业技术服务	238	174	22
科技交流和推广服务业	235	183	20
技术推广服务	141	112	10
科技中介服务	51	41	3
其他科技服务	43	30	7
地质勘查业	326	272	11
矿产地质勘查	159	137	4
能源矿产地质勘查	56	46	2
固体矿产地质勘查	80	73	1
其他矿产地质勘查	23	18	1
基础地质勘查	6	3	1
地质勘查技术服务	161	132	6
水利、环境和公共设施管理业	240	149	36
水利管理业	35	26	3
防洪管理	4	3	1
水资源管理	24	20	2
水库管理	2		1
调水、引水管理	9	8	
其他水资源管理	13	12	1
其他水利管理	7	3	
环境管理业	47	27	8
自然保护	10	4	2
自然保护区管理	7	3	1
野生动植物保护	1		
其他自然保护	2	1	1
环境治理	37	23	6
城市市容管理	3	3	
城市环境卫生管理	19	11	5
水污染治理	2		
危险废物治理	4	2	1
其他环境治理	9	7	
公共设施管理业	158	96	25
市政公共设施管理	18	9	2
城市绿化管理	71	37	11
游览景区管理	69	50	12
风景名胜区管理	21	16	3
公园管理	4	3	
其他游览景区管理	44	31	9
居民服务和其他服务业	1103	898	95
居民服务业	358	301	27
家庭服务	39	37	

200-500万元	500-1000万元	1000-2000万元	2000-5000万元	5000万元-1亿元	1亿元以上
26	9	4	3		
20	6	4	2		
11	4	3	1		
5	1	1			
4	1		1		
19	10	7	6		1
7	3	3	4		1
1	1	2	3		1
4	2				
2		1	1		
	1	1			
12	6	3	2		
31	10	5	6	2	1
1	2		1	1	1
				1	1
				1	
					1
1	2		1		
8	4				
2	2				
2	1				
	1				
6	2				
3					
1	1				
	1				
2					
22	4	5	5	1	
3	2	1	1		
13	2	3	4	1	
6		1			
2					
1					
3		1			
73	20	11	3	2	1
19	5	4	1		1
2					

2-16 续表 20

行　业	企业法人单位数(个)	100万元及以下	100-200万元
托儿所	6	6	
洗染服务	9	6	1
理发及美容保健服务	46	41	2
洗浴服务	50	34	9
婚姻服务	15	15	
殡葬服务	16	8	1
摄影扩印服务	41	32	6
其他居民服务	136	122	8
其他服务业	745	597	68
修理与维护	509	402	51
汽车、摩托车维护与保养	402	310	45
办公设备维修	26	21	2
家用电器修理	55	47	3
其他日用品修理	26	24	1
清洁服务	78	60	7
建筑物清洁服务	10	10	
其他清洁服务	68	50	7
其他未列明的服务	158	135	10
教育	287	233	32
教育	287	233	32
学前教育	31	30	
学前教育	31	30	
初等教育	2	2	
初等教育	2	2	
中等教育	9	7	
初中教育	3	1	
高中教育	1	1	
技工学校教育	4	4	
其他中等教育	1	1	
高等教育	1	1	
成人高等教育	1	1	
其他教育	244	193	32
职业技能培训	219	169	32
特殊教育	1		
其他未列明的教育	24	24	
卫生、社会保障和社会福利业	251	173	38
卫生	238	160	38
医院	146	81	33
综合医院	90	47	24
中医医院	7	3	2
中西医结合医院	7	6	
民族医院	3	3	
专科医院	39	22	7

200-500万元	500-1000万元	1000-2000万元	2000-5000万元	5000万元-1亿元	1亿元以上
2					
3					
5		2			
3	3		1		
2	1				
2	1	2			1
54	15	7	2	2	
41	8	5		2	
33	7	5		2	
3					
4	1				
1					
5	4	1	1		
5	4	1	1		
8	3	1	1		
16	2	3		1	
16	2	3		1	
1					
1					
	1	1			
	1	1			
15	1	2		1	
14	1	2		1	
1					
26	8	3		3	
26	8	3		3	
21	6	2		3	
12	3	2		2	
2					
1					
6	3			1	

2-16 续表 21

行业	企业法人单位数(个)	100万元及以下	100-200万元
卫生院及社区医疗活动	41	34	3
门诊部医疗活动	41	36	1
妇幼保健活动	1	1	
专科疾病防治活动	4	4	
其他卫生活动	5	4	1
社会保障业	2	2	
社会保障业	2	2	
社会福利业	11	11	
提供住宿的社会福利	6	6	
收养收容服务	6	6	
不提供住宿的社会福利	5	5	
文化、体育和娱乐业	250	208	22
新闻出版业	19	11	2
新闻业	2	2	
出版业	17	9	2
图书出版	5	2	1
报纸出版	5	2	
期刊出版	6	4	1
其他出版	1	1	
广播、电视、电影和音像业	69	57	5
广播	4	2	1
电视	7	4	1
电影	41	34	3
电影制作与发行	6	3	
电影放映	35	31	3
音像制作	17	17	
文化艺术业	42	37	3
文艺创作与表演	13	11	1
艺术表演场馆	4	4	
博物馆	4	4	
群众文化活动	5	4	
文化艺术经纪代理	10	8	2
其他文化艺术	6	6	
体育	9	9	
体育组织	5	5	
体育场馆	3	3	
其他体育	1	1	
娱乐业	111	94	12
室内娱乐活动	66	56	7
游乐园	7	7	
休闲健身娱乐活动	23	20	3
其他娱乐活动	15	11	2

200-500万元	500-1000万元	1000-2000万元	2000-5000万元	5000万元-1亿元	1亿元以上
3	1				
2	1	1			
11	4	1	3		1
1	1		3		1
1	1		3		1
	1		1		
			2		1
1					
5	1	1			
	1				
2					
3		1			
2		1			
1					
1	1				
1					
	1				
4	1				
3					
1	1				

2-17 按登记注册类型、全年营业

登记注册类型	企业法人单位数（个）	100万元及以下	100-200万元
总　计	**45713**	**27196**	**4490**
内资企业	45430	27095	4473
国有企业	2326	878	251
集体企业	1010	515	122
股份合作企业	150	101	11
联营企业	93	51	11
国有联营企业	29	16	7
集体联营企业	34	20	1
国有与集体联营企业	13	4	2
其他联营企业	17	11	1
有限责任公司	7249	3465	663
国有独资公司	311	93	18
其他有限责任公司	6938	3372	645
股份有限公司	539	149	32
私营企业	33686	21640	3360
私营独资企业	5647	4474	419
私营合伙企业	827	586	82
私营有限责任公司	26750	16286	2813
私营股份有限公司	462	294	46
其他企业	377	296	23
港、澳、台商投资企业	111	37	8
合资经营企业(港或澳、台资)	49	17	5
合作经营企业(港或澳、台资)	4	2	
港、澳、台商独资经营企业	43	15	3
港、澳、台商投资股份有限公司	15	3	
外商投资企业	172	64	9
中外合资经营企业	85	18	7
中外合作经营企业	11	9	
外资企业	65	33	2
外商投资股份有限公司	11	4	

收入组距分组的企业单位数

200-500万元	500-1000万元	1000-2000万元	2000-5000万元	5000万元-1亿元	1亿元以上
5752	**2454**	**2037**	**1711**	**914**	**1159**
5728	2439	2013	1681	887	1114
325	187	184	176	113	212
152	52	50	71	25	23
14	6	5	6	5	2
18	2	5	1	4	1
3	1	1		1	
9		2		2	
4	1	1			1
2		1	1	1	
827	466	490	544	324	470
39	22	25	32	18	64
788	444	465	512	306	406
50	32	26	44	48	158
4299	1684	1251	839	367	246
516	124	60	33	14	7
90	35	15	14	4	1
3639	1509	1161	774	340	228
54	16	15	18	9	10
43	10	2		1	2
10	8	10	7	11	20
3	3	6	5	5	5
1		1			
3	4	3	2	6	7
3	1				8
14	7	14	23	16	25
10	6	8	15	8	13
1					1
3	1	6	4	6	10
			4	2	1

2-18 按登记注册类型、资产总额

登记注册类型	企业法人单位数(个)	50万元及以下	50-100万元
总　计	**45713**	**17434**	**6589**
内资企业	45430	17402	6581
国有企业	2326	467	156
集体企业	1010	308	130
股份合作企业	150	65	18
联营企业	93	26	14
国有联营企业	29	5	3
集体联营企业	34	12	8
国有与集体联营企业	13	2	1
其他联营企业	17	7	2
有限责任公司	7249	1839	721
国有独资公司	311	30	13
其他有限责任公司	6938	1809	708
股份有限公司	539	102	34
私营企业	33686	14354	5465
私营独资企业	5647	3633	746
私营合伙企业	827	457	111
私营有限责任公司	26750	10085	4542
私营股份有限公司	462	179	66
其他企业	377	241	43
港、澳、台商投资企业	111	12	2
合资经营企业(港或澳、台资)	49	4	
合作经营企业(港或澳、台资)	4	1	
港、澳、台商独资经营企业	43	4	2
港、澳、台商投资股份有限公司	15	3	
外商投资企业	172	20	6
中外合资经营企业	85	2	2
中外合作经营企业	11	1	
外资企业	65	16	4
外商投资股份有限公司	11	1	

组距分组的企业单位数

100-500万元	500-1000万元	1000-5000万元	5000万元-1亿元	1亿元以上
11143	**3335**	**4590**	**1104**	**1518**
11100	3313	4513	1069	1452
545	222	477	156	303
264	79	121	31	77
32	10	15	5	5
28	8	12	3	2
11	6	3	1	
8		4	1	1
5	1	2	1	1
4	1	3		
1576	693	1408	439	573
41	23	80	43	81
1535	670	1328	396	492
79	33	71	36	184
8506	2255	2405	398	303
920	182	138	19	9
175	34	44	3	3
7300	2008	2170	368	277
111	31	53	8	14
70	13	4	1	5
16	8	31	13	29
9	2	16	7	11
	2	1		
6	4	11	6	10
1		3		8
27	14	46	22	37
13	7	27	10	24
3	2	3	1	1
10	4	13	8	10
1	1	3	3	2

2-19 按行业(门类、大类、中类、小类)、

行业	企业法人单位数(个)	50万元及以下	50-100万元
总　计	**45713**	**17434**	**6589**
农、林、牧、渔业	69	3	1
农业	39	1	1
谷物及其他作物的种植	35		1
谷物的种植	10		1
棉花的种植	23		
糖料的种植	1		
其他作物的种植	1		
蔬菜、园艺作物的种植	3	1	
蔬菜的种植	3	1	
水果、坚果、饮料和香料作物的种植	1		
水果、坚果的种植	1		
林业	6		
林木的培育和种植	3		
造林	1		
林木的抚育和管理	2		
木材和竹材的采运	3		
木材的采运	3		
畜牧业	15	2	
牲畜的饲养	14	1	
猪的饲养	1	1	
渔业	2		
内陆渔业	2		
内陆养殖	2		
农、林、牧、渔服务业	7		
农业服务业	5		
农产品初加工服务	4		
其他农业服务	1		
林业服务业	1		
畜牧服务业	1		
其他畜牧服务	1		
采矿业	1625	510	127
煤炭开采和洗选业	332	38	10
烟煤和无烟煤的开采洗选	330	38	9
褐煤的开采洗选	1		1
其他煤炭采选	1		
石油和天然气开采业	66	13	5
天然原油和天然气开采	8		
与石油和天然气开采有关的服务活动	58	13	5
黑色金属矿采选业	581	231	38
铁矿采选	553	224	36
其他黑色金属矿采选	28	7	2
有色金属矿采选业	279	86	26
常用有色金属矿采选	196	60	18
铜矿采选	106	31	5
铅锌矿采选	50	15	9

资产总额组距分组的企业单位数

100-500万元	500-1000万元	1000-5000万元	5000万元-1亿元	1亿元以上
11143	**3335**	**4590**	**1104**	**1518**
11	2	15	10	27
3		6	5	23
2		6	5	21
1		4	1	3
1		2	3	17
				1
			1	
				2
				2
1				
1				
1		4	1	
1		1	1	
			1	
1		1		
		3		
		3		
5		3	3	2
5		3	3	2
1	1			
1	1			
1	1			
1	1	2	1	2
	1	1	1	2
	1		1	2
		1		
		1		
1				
1				
326	166	333	64	99
35	58	128	25	38
35	57	128	25	38
	1			
13	6	11	6	12
	2			6
13	4	11	6	6
93	61	115	18	25
83	60	108	17	25
10	1	7	1	
64	19	54	8	22
44	12	39	7	16
29	7	24	4	6
9	3	9	2	3

2-19 续表 1

行业	企业法人单位数(个)	50万元及以下	50-100万元
镍钴矿采选	17	1	2
铝矿采选	1		
其他常用有色金属矿采选	22	13	2
贵金属矿采选	68	21	7
金矿采选	67	20	7
其他贵金属矿采选	1	1	
稀有稀土金属矿采选	15	5	1
钨钼矿采选	8	1	1
稀土金属矿采选	1	1	
其他稀有金属矿采选	6	3	
非金属矿采选业	340	126	43
土砂石开采	240	77	41
石灰石、石膏开采	58	19	6
建筑装饰用石开采	50	16	6
耐火土石开采	5	2	1
粘土及其他土砂石开采	127	40	28
化学矿采选	8	3	1
采盐	10	2	
石棉及其他非金属矿采选	82	44	1
石棉、云母矿采选	13	8	
石墨、滑石采选	5	2	
宝石、玉石开采	36	21	1
其他非金属矿采选	28	13	
其他采矿业	27	16	5
制造业	7353	2113	936
农副食品加工业	809	175	77
谷物磨制	198	61	33
饲料加工	67	11	3
植物油加工	221	28	9
食用植物油加工	214	27	9
非食用植物油加工	7	1	
制糖	15	1	
屠宰及肉类加工	139	30	24
畜禽屠宰	78	16	10
肉制品及副产品加工	61	14	14
水产品加工	7	1	1
水产品冷冻加工	4		
鱼糜制品及水产品干腌制加工	2	1	1
水产饲料制造	1		
蔬菜、水果和坚果加工	99	26	2
其他农副食品加工	63	17	5
淀粉及淀粉制品的制造	27	6	2
豆制品制造	8	3	1
蛋品加工	1		1
其他未列明的农副食品加工	27	8	1

100-500万元	500-1000万元	1000-5000万元	5000万元-1亿元	1亿元以上
1	2	3	1	7
1				
4		3		
17	6	11	1	5
17	6	11	1	5
3	1	4		1
2	1	3		
1		1		1
117	20	25	7	2
87	18	16	1	
24	6	3		
16	6	5	1	
1	1			
46	5	8		
2		1		1
5		1	2	
23	2	7	4	1
3		1	1	
2			1	
9	1	4		
9	1	2	2	1
4	2			
1985	709	1028	258	324
192	89	190	42	44
46	17	33	5	3
19	13	15	4	2
39	28	78	20	19
37	26	76	20	19
2	2	2		
			2	12
35	18	24	4	4
21	14	13	1	3
14	4	11	3	1
2	3			
2	2			
	1			
34	5	25	5	2
17	5	15	2	2
7	2	9		1
2		1	1	
8	3	5	1	1

2-19 续表 2

行　　业	企业法人单位数(个)	50万元及以下	50-100万元
食品制造业	340	93	20
焙烤食品制造	55	23	8
糕点、面包制造	44	20	7
饼干及其他焙烤食品制造	11	3	1
糖果、巧克力及蜜饯制造	15	3	1
糖果、巧克力制造	6	3	
蜜饯制作	9		1
方便食品制造	23	8	
米、面制品制造	9	6	
速冻食品制造	4		
方便面及其他方便食品制造	10	2	
液体乳及乳制品制造	70	13	2
罐头制造	71	9	1
肉、禽类罐头制造	3	1	
蔬菜、水果罐头制造	65	7	
其他罐头食品制造	3	1	1
调味品、发酵制品制造	32	16	3
味精制造	4		1
酱油、食醋及类似制品的制造	19	11	2
其他调味品、发酵制品制造	9	5	
其他食品制造	74	21	5
营养、保健食品制造	26	10	2
冷冻饮品及食用冰制造	11	1	
盐加工	13	4	1
食品及饲料添加剂制造	19	4	2
其他未列明的食品制造	5	2	
饮料制造业	309	94	36
酒精制造	5	1	
酒的制造	159	31	17
白酒制造	99	22	14
啤酒制造	17		
葡萄酒制造	32	7	2
其他酒制造	11	2	1
软饮料制造	134	60	17
碳酸饮料制造	11	5	4
瓶(罐)装饮用水制造	62	32	7
果菜汁及果菜汁饮料制造	42	14	3
含乳饮料和植物蛋白饮料制造	8	3	2
固体饮料制造	2	1	1
茶饮料及其他软饮料制造	9	5	
精制茶加工	11	2	2
烟草制品业	1		
卷烟制造	1		
纺织业	259	54	21
棉、化纤纺织及印染精加工	141	20	7
棉、化纤纺织加工	137	19	7
棉、化纤印染精加工	4	1	

100-500万元	500-1000万元	1000-5000万元	5000万元-1亿元	1亿元以上
65	45	64	28	25
10	7	7		
8	5	4		
2	2	3		
6	3		1	1
1	1		1	
5	2			1
4	4	4	2	1
2	1			
2	1	1		
	2	3	2	1
12	8	21	9	5
11	14	16	8	12
1	1			
10	12	16	8	12
	1			
4	1	1	4	3
		1	1	1
3	1		2	
1			1	2
18	8	15	4	3
6	2	4	2	
3	3	2		2
2	1	5		
5	2	4	1	1
2			1	
77	29	50	13	10
	1	3		
51	13	33	8	6
34	9	17	2	1
3	1	7	3	3
8	2	8	3	2
6	1	1		
23	13	12	5	4
1		1		
14	5	3		1
7	4	8	4	2
	2		1	
1	2			1
3	2	2		
				1
				1
41	31	55	17	40
15	17	38	12	32
13	17	38	11	32
2			1	

2-19 续表 3

行 业	企业法人单位数(个)	50万元及以下	50-100万元
毛纺织和染整精加工	20	2	1
毛条加工	9	1	1
毛纺织	11	1	
麻纺织	11	1	
丝绢纺织及精加工	3	1	
缫丝加工	1	1	
绢纺和丝织加工	2		
纺织制成品制造	46	18	7
棉及化纤制品制造	22	9	4
毛制品制造	4	2	
麻制品制造	1		
丝制品制造	1	1	
绳、索、缆的制造	3	1	1
纺织带和帘子布制造	2		1
无纺布制造	5		1
其他纺织制成品制造	8	5	
针织品、编织品及其制品制造	38	12	6
棉、化纤针织品及编织品制造	20	4	4
毛针织品及编织品制造	15	5	2
丝针织品及编织品制造	2	2	
其他针织品及编织品制造	1	1	
纺织服装、鞋、帽制造业	122	58	19
纺织服装制造	118	56	18
纺织面料鞋的制造	3	2	1
制帽	1		
皮革、毛皮、羽毛(绒)及其制品业	36	13	5
皮革鞣制加工	14	2	2
皮革制品制造	14	8	1
皮鞋制造	7	2	1
皮革服装制造	4	4	
皮箱、包(袋)制造	1	1	
其他皮革制品制造	2	1	
毛皮鞣制及制品加工	4	2	1
毛皮鞣制加工	2	1	
毛皮服装加工	1		1
其他毛皮制品加工	1	1	
羽毛(绒)加工及制品制造	4	1	1
羽毛(绒)加工	1	1	
羽毛(绒)制品加工	3		1
木材加工及木、竹、藤、棕、草制品业	178	62	28
锯材、木片加工	58	27	10
锯材加工	32	14	3
木片加工	26	13	7
人造板制造	74	15	12
胶合板制造	31	5	8

100-500万元	500-1000万元	1000-5000万元	5000万元-1亿元	1亿元以上
4	4	4	1	4
1	2	3		1
3	2	1	1	3
1		4	3	2
2				
2				
14	3	4		
7		2		
1	1			
		1		
1				
1				
3	1			
1	1	1		
5	7	5	1	2
1	4	5	1	1
4	3			1
36	4	4	1	
35	4	4	1	
1				
7	2	5	3	1
2	1	3	3	1
3	1	1		
2	1	1		
1				
		1		
		1		
2				
2				
54	13	15	4	2
17	3	1		
14		1		
3	3			
24	7	10	4	2
12	4	2		

2-19 续表 4

行业	企业法人单位数(个)	50万元及以下	50-100万元
纤维板制造	17	1	1
刨花板制造	13	4	2
其他人造板、材制造	13	5	1
木制品制造	43	17	6
建筑用木料及木材组件加工	28	13	3
木容器制造	3		1
软木制品及其他木制品制造	12	4	2
竹、藤、棕、草制品制造	3	3	
家具制造业	147	68	19
木质家具制造	116	54	15
金属家具制造	20	7	2
塑料家具制造	3	1	
其他家具制造	8	6	2
造纸及纸制品业	195	48	32
纸浆制造	7	2	1
造纸	58	14	8
机制纸及纸板制造	45	10	6
加工纸制造	13	4	2
纸制品制造	130	32	23
纸和纸板容器的制造	96	21	13
其他纸制品制造	34	11	10
印刷业和记录媒介的复制	330	123	59
印刷	300	104	54
书、报、刊印刷	146	50	23
本册印制	70	33	18
包装装潢及其他印刷	84	21	13
装订及其他印刷服务活动	30	19	5
文教体育用品制造业	18	8	5
文化用品制造	8	3	4
文具制造	2	1	1
笔的制造	2		1
教学用模型及教具制造	3	1	2
墨水、墨汁制造	1	1	
体育用品制造	9	5	1
体育器材及配件制造	2	1	
训练健身器材制造	5	3	1
运动防护用具制造	2	1	
游艺器材及娱乐用品制造	1		
露天游乐场所游乐设备制造	1		
石油加工、炼焦及核燃料加工业	185	25	7
精炼石油产品的制造	102	18	5
原油加工及石油制品制造	102	18	5
炼焦	83	7	2
化学原料及化学制品制造业	639	163	60
基础化学原料制造	123	20	5
无机酸制造	10	3	

100-500万元	500-1000万元	1000-5000万元	5000万元-1亿元	1亿元以上
2	2	7	3	1
5			1	1
5	1	1		
13	3	4		
9	1	2		
1		1		
3	2	1		
40	9	5	2	4
32	6	4	2	3
6	3	1		1
2				
56	17	31	6	5
	1	1		2
15	5	10	3	3
10	3	10	3	3
5	2			
41	11	20	3	
34	7	19	2	
7	4	1	1	
97	21	27	2	1
93	21	25	2	1
43	11	17	1	1
16	1	2		
34	9	6	1	
4		2		
3	2			
1				
1				
2	1			
1				
1				
	1			
	1			
	1			
38	30	48	10	27
20	16	22	5	16
20	16	22	5	16
18	14	26	5	11
170	85	99	19	43
37	19	19	3	20
3		2	1	1

2-19 续表 5

行　业	企业法人单位数(个)	50万元及以下	50-100万元
无机碱制造	6		
无机盐制造	42	2	2
有机化学原料制造	23	3	2
其他基础化学原料制造	42	12	1
肥料制造	153	54	12
氮肥制造	4		
磷肥制造	2		1
钾肥制造	7	2	
复混肥料制造	61	12	5
有机肥料及微生物肥料制造	56	27	5
其他肥料制造	23	13	1
农药制造	10	3	2
化学农药制造	5	1	1
生物化学农药及微生物农药制造	5	2	1
涂料、油墨、颜料及类似产品制造	90	37	12
涂料制造	76	30	8
油墨及类似产品制造	8	5	2
密封用填料及类似品制造	6	2	2
合成材料制造	22	4	1
初级形态的塑料及合成树脂制造	12		1
合成橡胶制造	1	1	
合成纤维单(聚合)体的制造	1		
其他合成材料制造	8	3	
专用化学产品制造	201	30	21
化学试剂和助剂制造	97	7	8
专项化学用品制造	75	16	8
林产化学产品制造	1		
炸药及火工产品制造	8	1	
信息化学品制造	1		
动物胶制造	8	1	1
其他专用化学产品制造	11	5	4
日用化学产品制造	40	15	7
肥皂及合成洗涤剂制造	18	8	3
化妆品制造	11	3	1
香料、香精制造	4	2	
其他日用化学产品制造	7	2	3
医药制造业	94	19	9
化学药品原药制造	10	2	1
化学药品制剂制造	8	2	
中药饮片加工	20	2	1
中成药制造	25	6	2
兽用药品制造	5		1
生物、生化制品的制造	16	4	
卫生材料及医药用品制造	10	3	4
化学纤维制造业	19	1	
纤维素纤维原料及纤维制造	18	1	
化纤浆粕制造	8		
人造纤维(纤维素纤维)制造	10	1	

100-500万元	500-1000万元	1000-5000万元	5000万元-1亿元	1亿元以上
	2	1		3
8	9	12	2	7
7	2	2		7
19	6	2		2
41	16	22	3	5
		1		3
		1		
2	1	1		1
19	12	10	2	1
15	3	5	1	
5		4		
2	2	1		
1	1	1		
1	1			
20	9	11	1	
19	8	10	1	
1				
	1	1		
4	2	3		8
1	1	2		7
				1
3	1	1		
56	32	42	10	10
28	17	28	6	3
23	11	11	2	4
1				
1		2	2	2
				1
1	4	1		
2				
10	5	1	2	
3	2	1	1	
4	2		1	
2				
1	1			
19	9	25	10	3
3	2	2		
		2	3	1
4	1	8	3	1
5	3	7	2	
1	1	1		1
3	2	5	2	
3				
2	1	1	2	12
2	1	1	2	11
	1		1	6
2		1	1	5

2-19 续表 6

行业	企业法人单位数(个)	50万元及以下	50-100万元
合成纤维制造	1		
涤纶纤维制造	1		
橡胶制品业	46	14	8
轮胎制造	9	4	1
车辆、飞机及工程机械轮胎制造	2	1	
轮胎翻新加工	7	3	1
橡胶板、管、带的制造	17	6	3
橡胶零件制造	13	3	3
再生橡胶制造	3		1
日用及医用橡胶制品制造	1		
橡胶靴鞋制造	1	1	
其他橡胶制品制造	2		
塑料制品业	663	175	89
塑料薄膜制造	100	16	8
塑料板、管、型材的制造	242	66	36
塑料丝、绳及编织品的制造	84	16	7
泡沫塑料制造	57	16	10
塑料人造革、合成革制造	1	1	
塑料包装箱及容器制造	38	8	7
塑料零件制造	6	2	1
日用塑料制造	51	17	10
塑料鞋制造	1	1	
日用塑料杂品制造	50	16	10
其他塑料制品制造	84	33	10
非金属矿物制品业	1282	378	239
水泥、石灰和石膏的制造	119	16	4
水泥制造	81	7	1
石灰和石膏制造	38	9	3
水泥及石膏制品制造	258	87	35
水泥制品制造	140	42	10
砼结构构件制造	60	23	13
石棉水泥制品制造	4	2	1
轻质建筑材料制造	36	12	9
其他水泥制品制造	18	8	2
砖瓦、石材及其他建筑材料制造	771	240	187
粘土砖瓦及建筑砌块制造	505	155	151
建筑陶瓷制品制造	33	6	2
建筑用石加工	67	13	9
防水建筑材料制造	35	17	6
隔热和隔音材料制造	85	33	9
其他建筑材料制造	46	16	10
玻璃及玻璃制品制造	67	17	5
平板玻璃制造	16	4	2
技术玻璃制品制造	9	1	1

100-500万元	500-1000万元	1000-5000万元	5000万元-1亿元	1亿元以上
				1
				1
17	3	3		1
3				1
				1
3				
4	2	2		
7				
1	1			
		1		
2				
223	78	79	10	9
40	15	16	3	2
66	27	37	6	4
34	18	9		
22	5	4		
14	4	3		2
3				
19	3	2		
19	3	2		
25	6	8	1	1
369	98	131	33	34
22	7	34	11	25
7	5	26	11	24
15	2	8		1
59	27	38	8	4
35	14	29	7	3
12	7	4		1
		1		
7	5	2	1	
5	1	2		
255	50	32	6	1
170	20	9		
11	6	5	3	
30	7	6	1	1
8	2	2		
25	11	5	2	
11	4	5		
19	6	15	2	3
4	1	3	1	1
3	2	2		

2-19 续表 7

行业	企业法人单位数(个)	50万元及以下	50-100万元
日用玻璃制品及玻璃包装容器制造	12	1	
玻璃保温容器制造	2		
玻璃纤维及制品制造	5	1	
玻璃纤维增强塑料制品制造	20	8	2
其他玻璃制品制造	3	2	
陶瓷制品制造	7		1
卫生陶瓷制品制造	3		
特种陶瓷制品制造	2		
日用陶瓷制品制造	1		1
园林、陈设艺术及其他陶瓷制品制造	1		
耐火材料制品制造	23	7	2
石棉制品制造	3	2	
云母制品制造	1		
耐火陶瓷制品及其他耐火材料制造	19	5	2
石墨及其他非金属矿物制品制造	37	11	5
石墨及碳素制品制造	10	2	
其他非金属矿物制品制造	27	9	5
黑色金属冶炼及压延加工业	91	12	5
炼铁	32	4	1
炼钢	4	1	
钢压延加工	41	5	4
铁合金冶炼	14	2	
有色金属冶炼及压延加工业	68	16	3
常用有色金属冶炼	27	6	
铜冶炼	12	4	
铅锌冶炼	3	1	
镍钴冶炼	2		
铝冶炼	6	1	
镁冶炼	2		
其他常用有色金属冶炼	2		
贵金属冶炼	25	4	2
金冶炼	25	4	2
有色金属合金制造	3	2	
有色金属压延加工	13	4	1
常用有色金属压延加工	12	3	1
贵金属压延加工	1	1	
金属制品业	475	167	59
结构性金属制品制造	298	110	38
金属结构制造	169	47	15
金属门窗制造	129	63	23
金属工具制造	14	6	1
农用及园林用金属工具制造	8	3	1
刀剪及类似日用金属工具制造	2		
其他金属工具制造	4	3	
集装箱及金属包装容器制造	32	10	3
集装箱制造	4	3	
金属压力容器制造	4		1
金属包装容器制造	24	7	2

100-500万元	500-1000万元	1000-5000万元	5000万元-1亿元	1亿元以上
4	1	6		
	1		1	
2		1		1
5	1	3		1
1				
4	1	1		
2		1		
1	1			
1				
6	2	4	2	
		1		
		1		
6	2	2	2	
4	5	7	4	1
1	3	2	1	1
3	2	5	3	
17	9	15	12	21
5	1	8	5	8
1			1	1
9	7	3	4	9
2	1	4	2	3
15	7	11	7	9
7	3	4	2	5
5		2		1
	1	1		
				2
1	1	1	1	1
	1			1
1			1	
6	3	5	3	2
6	3	5	3	2
1				
1	1	2	2	2
1	1	2	2	2
134	46	52	10	7
81	32	28	6	3
49	26	23	6	3
32	6	5		
7				
4				
2				
1				
9	1	5	2	2
1				
1		1		1
7	1	4	2	1

2-19 续表 8

行　业	企业法人单位数(个)	50万元及以下	50-100万元
金属丝绳及其制品的制造	24	7	2
建筑、安全用金属制品制造	44	16	4
建筑、家具用金属配件制造	9	5	1
建筑装饰及水暖管道零件制造	25	8	2
安全、消防用金属制品制造	5	1	
其他建筑、安全用金属制品制造	5	2	1
金属表面处理及热处理加工	15	3	1
不锈钢及类似日用金属制品制造	17	7	2
金属制厨房调理及卫生器具制造	8	4	
金属制厨用器皿及餐具制造	5	2	
其他日用金属制品制造	4	1	2
其他金属制品制造	31	8	8
其他未列明的金属制品制造	31	8	8
通用设备制造业	325	113	38
锅炉及原动机制造	52	20	7
锅炉及辅助设备制造	50	19	7
内燃机及配件制造	1		
其他原动机制造	1	1	
金属加工机械制造	24	13	4
金属切削机床制造	3	1	1
金属成形机床制造	2	1	1
铸造机械制造	6	5	1
金属切割及焊接设备制造	2	1	
机床附件制造	1	1	
其他金属加工机械制造	10	4	1
起重运输设备制造	13	3	1
泵、阀门、压缩机及类似机械的制造	9	2	
泵及真空设备制造	6		
阀门和旋塞的制造	1	1	
液压和气压动力机械及元件制造	2	1	
轴承、齿轮、传动和驱动部件的制造	4		
轴承制造	2		
齿轮、传动和驱动部件制造	2		
风机、衡器、包装设备等通用设备制造	39	11	4
风机、风扇制造	15	5	1
气体、液体分离及纯净设备制造	2		1
制冷、空调设备制造	7	3	1
喷枪及类似器具制造	2		
包装专用设备制造	1		1
衡器制造	8	1	
其他通用设备制造	4	2	
通用零部件制造及机械修理	118	44	16
金属密封件制造	5	1	
紧固件、弹簧制造	10	4	1
机械零部件加工及设备修理	91	33	13
其他通用零部件制造	12	6	2

100-500万元	500-1000万元	1000-5000万元	5000万元-1亿元	1亿元以上
8	3	3		1
13	5	5	1	
1	2			
8	2	4	1	
3		1		
1	1			
7		3		1
4	3	1		
2	1	1		
1	2			
1				
5	2	7	1	
5	2	7	1	
99	29	36	6	4
15	6	4		
14	6	4		
1				
6	1			
	1			
1				
5				
3		4	2	
1	3	3		
1	3	2		
		1		
2	1		1	
	1		1	
2				
15	4	5		
5	2	2		
1				
1	1	1		
2				
4	1	2		
2				
31	8	14	2	3
1	1	1	1	
2	2		1	
26	5	11		3
2		2		

2-19 续表 9

行业	企业法人单位数(个)	50万元及以下	50-100万元
金属铸、锻加工	66	20	6
钢铁铸件制造	60	18	6
锻件及粉末冶金制品制造	6	2	
专用设备制造业	246	79	34
矿山、冶金、建筑专用设备制造	69	17	8
采矿、采石设备制造	30	6	3
石油钻采专用设备制造	15	1	
建筑工程用机械制造	12	3	3
建筑材料生产专用机械制造	12	7	2
化工、木材、非金属加工专用设备制造	18	8	3
炼油、化工生产专用设备制造	3		
塑料加工专用设备制造	4	2	1
木材加工机械制造	1	1	
模具制造	8	3	2
其他非金属加工专用设备制造	2	2	
食品、饮料、烟草及饲料生产专用设备制造	8	3	1
食品、饮料、烟草工业专用设备制造	3	1	
农副食品加工专用设备制造	4	2	1
饲料生产专用设备制造	1		
印刷、制药、日化生产专用设备制造	5		1
印刷专用设备制造	2		
照明器具生产专用设备制造	1		1
其他日用品生产专用设备制造	2		
纺织、服装和皮革工业专用设备制造	9	4	
纺织专用设备制造	8	4	
其他服装加工专用设备制造	1		
电子和电工机械专用设备制造	7	1	1
电工机械专用设备制造	5		1
电子工业专用设备制造	2	1	
农、林、牧、渔专用机械制造	95	29	15
拖拉机制造	4		
机械化农业及园艺机具制造	58	17	9
畜牧机械制造	4	1	1
农林牧渔机械配件制造	7	3	2
其他农林牧渔业机械制造及机械修理	22	8	3
医疗仪器设备及器械制造	12	6	2
医疗诊断、监护及治疗设备制造	1	1	
医疗、外科及兽医用器械制造	1		
假肢、人工器官及植(介)入器械制造	7	4	2
其他医疗设备及器械制造	3	1	
环保、社会公共安全及其他专用设备制造	23	11	3
环境污染防治专用设备制造	8	3	1
商业、饮食、服务业专用设备制造	1	1	
社会公共安全设备及器材制造	1	1	

100-500万元	500-1000万元	1000-5000万元	5000万元-1亿元	1亿元以上
26	6	6	1	1
24	6	5		1
2		1	1	
71	22	28	6	6
21	6	10	3	4
12	4	2	1	2
3	2	6	1	2
4		1	1	
2		1		
4	2	1		
1	2			
1				
2		1		
2	2			
1	1			
	1			
1				
4				
2				
2				
2	1	2		
1	1	2		
1				
4		1		
3		1		
1				
25	10	11	3	2
1	1	1		1
15	7	7	2	1
1		1		
2				
6	2	2	1	
4				
1				
1				
2				
5	1	3		
3	1			

2-19 续表 10

行 业	企业法人单位数(个)	50万元及以下	50-100万元
交通安全及管制专用设备制造	1	1	
水资源专用机械制造	4	1	
其他专用设备制造	8	4	2
交通运输设备制造业	147	50	22
铁路运输设备制造	5	1	
铁路机车车辆配件制造	2	1	
铁路专用设备及器材、配件制造	1		
其他铁路设备制造及设备修理	2		
汽车制造	128	46	21
汽车整车制造	2		
改装汽车制造	4	1	
汽车车身、挂车的制造	7	2	1
汽车零部件及配件制造	11	4	2
汽车修理	104	39	18
摩托车制造	1		
摩托车整车制造	1		
自行车制造	5	1	1
脚踏自行车及残疾人座车制造	2	1	
助动自行车制造	3		1
交通器材及其他交通运输设备制造	8	2	
交通管理用金属标志及设施制造	6	2	
其他交通运输设备制造	2		
电气机械及器材制造业	222	64	31
电机制造	5	2	
发电机及发电机组制造	4	2	
电动机制造	1		
输配电及控制设备制造	129	31	17
变压器、整流器和电感器制造	20	3	1
电容器及其配套设备制造	6	2	
配电开关控制设备制造	83	20	12
电力电子元器件制造	2		
其他输配电及控制设备制造	18	6	4
电线、电缆、光缆及电工器材制造	46	9	6
电线电缆制造	40	7	6
绝缘制品制造	4		
其他电工器材制造	2	2	
电池制造	2	1	
家用电力器具制造	9	7	1
家用制冷电器具制造	2	2	
家用通风电器具制造	1	1	
家用厨房电器具制造	2	2	
家用清洁卫生电器具制造	1	1	
其他家用电力器具制造	3	1	1
非电力家用器具制造	11	5	3
燃气、太阳能及类似能源的器具制造	11	5	3

100-500万元	500-1000万元	1000-5000万元	5000万元-1亿元	1亿元以上
1		2		
1		1		
55	6	8	3	3
1	1	2		
		1		
1				
	1	1		
48	4	3	3	3
		1		1
1			1	1
1	1		1	1
4			1	
42	3	2		
1				
1				
3				
1				
2				
2	1	3		
2		2		
	1	1		
64	16	32	7	8
1				2
				2
1				
45	8	20	3	5
8	1	4	1	2
2	1	1		
30	5	11	2	3
2				
3	1	4		
11	5	10	4	1
10	4	9	3	1
1	1	1	1	
1				
1				
1				
	1	2		
	1	2		

2-19 续表 11

行业	企业法人单位数(个)	50万元及以下	50-100万元
照明器具制造	14	8	3
照明灯具制造	13	7	3
灯用电器附件及其他照明器具制造	1	1	
其他电气机械及器材制造	6	1	1
车辆专用照明及电气信号设备装置制造	1		
其他未列明的电气机械制造	5	1	1
通信设备、计算机及其他电子设备制造业	12	2	1
通信设备制造	2	1	
通信传输设备制造	1	1	
移动通信及终端设备制造	1		
广播电视设备制造	2		
广播电视接收设备及器材制造	2		
电子器件制造	1		1
光电子器件及其他电子器件制造	1		1
电子元件制造	4		
电子元件及组件制造	4		
家用视听设备制造	2	1	
家用影视设备制造	2	1	
其他电子设备制造	1		
仪器仪表及文化、办公用机械制造业	21	5	5
通用仪器仪表制造	8		3
工业自动控制系统装置制造	2		
电工仪器仪表制造	2		1
供应用仪表及其他通用仪器制造	4		2
专用仪器仪表制造	6	2	1
地质勘探和地震专用仪器制造	2	1	
电子测量仪器制造	1		1
其他专用仪器制造	3	1	
光学仪器及眼镜制造	1	1	
眼镜制造	1	1	
文化、办公用机械制造	2		1
计算器及货币专用设备制造	1		1
其他文化、办公用机械制造	1		
其他仪器仪表的制造及修理	4	2	
工艺品及其他制造业	49	23	3
工艺美术品制造	33	17	3
雕塑工艺品制造	4	2	1
金属工艺品制造	4	2	1
天然植物纤维编织工艺品制造	3	1	
地毯、挂毯制造	14	7	
珠宝首饰及有关物品的制造	4	2	1
其他工艺美术品制造	4	3	
日用杂品制造	4	2	
制镜及类似品加工	2		
其他日用杂品制造	2	2	
煤制品制造	7	1	
其他未列明的制造业	5	3	

100-500万元	500-1000万元	1000-5000万元	5000万元-1亿元	1亿元以上
2	1			
2	1			
3	1			
1				
2	1			
1	1	5	1	1
		1		
		1		
	1	1		
	1	1		
1		1	1	1
1		1	1	1
		1		
		1		
		1		
4	1	3	2	1
1		2	1	1
1			1	
		1		
		1		1
1		1	1	
			1	
1		1		
1				
1				
1	1			
12	3	5	1	2
8	1	3	1	
1				
1				
1	1			
3		3	1	
1				
1				
	2			
	2			
2		2		2
2				

2-19 续表 12

行业	企业法人单位数（个）	50万元及以下	50-100万元
废弃资源和废旧材料回收加工业	25	11	2
金属废料和碎屑的加工处理	11	5	2
非金属废料和碎屑的加工处理	14	6	
电力、燃气及水的生产和供应业	522	66	17
电力、热力的生产和供应业	363	45	12
电力生产	157	30	8
火力发电	35		
水力发电	100	26	6
其他能源发电	22	4	2
电力供应	25	3	
热力生产和供应	181	12	4
燃气生产和供应业	44	7	1
水的生产和供应业	115	14	4
自来水的生产和供应	104	11	3
污水处理及其再生利用	11	3	1
建筑业	1762	458	193
房屋和土木工程建筑业	793	93	48
房屋工程建筑	417	40	12
土木工程建筑	376	53	36
铁路、道路、隧道和桥梁工程建筑	120	15	7
水利和港口工程建筑	70	10	8
工矿工程建筑	32	4	4
架线和管道工程建筑	57	8	7
其他土木工程建筑	97	16	10
建筑安装业	362	73	37
建筑装饰业	406	217	82
其他建筑业	201	75	26
工程准备	89	32	10
提供施工设备服务	26	12	1
其他未列明的建筑活动	86	31	15
交通运输、仓储和邮政业	1979	883	222
铁路运输业	15	9	
铁路旅客运输	1		
铁路货物运输	13	9	
铁路运输辅助活动	1		
货运火车站	1		
道路运输业	957	433	110
公路旅客运输	171	44	18
道路货物运输	689	358	81
道路运输辅助活动	97	31	11
客运汽车站	61	11	7
公路管理与养护	18	8	1
其他道路运输辅助活动	18	12	3
城市公共交通业	142	65	16
公共电汽车客运	54	9	8
轨道交通	1		
出租车客运	79	51	7
其他城市公共交通	8	5	1

100-500万元	500-1000万元	1000-5000万元	5000万元-1亿元	1亿元以上
7	3	1	1	
2	1		1	
5	2	1		
94	58	147	50	90
66	34	95	34	77
28	10	32	6	43
1	1	8	2	23
27	6	20	4	11
	3	4		9
			3	19
38	24	63	25	15
9	8	8	6	5
19	16	44	10	8
19	16	43	7	5
		1	3	3
338	177	379	98	119
104	94	280	78	96
13	47	182	58	65
91	47	98	20	31
14	14	40	12	18
9	10	25	3	5
12	5	3		4
17	3	14	4	4
39	15	16	1	
107	42	67	15	21
61	27	17	1	1
66	14	15	4	1
33	5	6	2	1
10	1	2		
23	8	7	2	
480	140	181	32	41
4	1	1		
		1		
3	1			
1				
1				
226	74	94	11	9
49	19	31	6	4
151	38	56	2	3
26	17	7	3	2
19	16	4	3	1
5		3		1
2	1			
26	11	18	2	4
13	6	13	2	3
		1		
13	4	3		1
	1	1		

2-19 续表 13

行业	企业法人单位数(个)	50万元及以下	50-100万元
航空运输业	18	9	1
航空客货运输	5	3	
通用航空服务	6	3	1
航空运输辅助活动	7	3	
机场	2		
其他航空运输辅助活动	5	3	
管道运输业	5	1	
装卸搬运和其他运输服务业	625	300	76
装卸搬运	96	39	13
运输代理服务	529	261	63
仓储业	179	53	17
谷物、棉花等农产品仓储	51	11	2
其他仓储	128	42	15
邮政业	38	13	2
国家邮政	20	1	
其他寄递服务	18	12	2
信息传输、计算机服务和软件业	1853	1390	169
电信和其他信息传输服务业	385	238	29
电信	122	32	11
固定电信服务	39	2	1
移动电信服务	56	18	3
其他电信服务	27	12	7
互联网信息服务	240	202	14
广播电视传输服务	22	4	4
有线广播电视传输服务	19	3	3
无线广播电视传输服务	3	1	1
卫星传输服务	1		
计算机服务业	1307	1078	113
计算机系统服务	150	74	26
数据处理	9	3	2
计算机维修	44	28	4
其他计算机服务	1104	973	81
软件业	161	74	27
公共软件服务	108	47	19
基础软件服务	47	22	8
应用软件服务	61	25	11
其他软件服务	53	27	8
批发和零售业	18545	6861	3404
批发业	12634	3951	2285
农畜产品批发	979	261	103
谷物、豆及薯类批发	102	23	5
种子、饲料批发	403	133	57
棉、麻批发	322	37	20
牲畜批发	7	3	1
其他农畜产品批发	145	65	20

100-500万元	500-1000万元	1000-5000万元	5000万元-1亿元	1亿元以上
5				3
2				
1				1
2				2
				2
2				
			1	3
178	39	24	4	4
25	10	6	2	1
153	29	18	2	3
37	15	37	7	13
5	6	13	3	11
32	9	24	4	2
4		7	7	5
3		5	7	4
1		2		1
163	32	35	13	51
32	9	17	10	50
10	4	9	9	47
5	1	7	5	18
1	1		4	29
4	2	2		
16		5	1	2
6	5	2		1
6	5	1		1
		1		
		1		
91	12	12	1	
36	3	10	1	
3	1			
10	2			
42	6	2		
40	11	6	2	1
29	5	6	1	1
15		1	1	
14	5	5		1
11	6		1	
5404	1219	1182	268	207
4037	1006	956	221	178
229	96	160	53	77
17	6	30	13	8
115	48	38	7	5
55	36	78	32	64
2		1		
40	6	13	1	

2-19 续表 14

行业	企业法人单位数(个)	50万元及以下	50-100万元
食品、饮料及烟草制品批发	796	259	151
米、面制品及食用油批发	131	36	16
糕点、糖果及糖批发	46	16	11
果品、蔬菜批发	96	31	11
肉、禽、蛋及水产品批发	41	13	6
盐及调味品批发	67	21	9
饮料及茶叶批发	228	87	51
烟草制品批发	42	10	6
其他食品批发	145	45	41
纺织、服装及日用品批发	617	249	122
纺织品、针织品及原料批发	143	58	26
服装批发	145	61	29
鞋帽批发	17	6	4
厨房、卫生间用具及日用杂货批发	62	22	15
化妆品及卫生用品批发	111	58	16
其他日用品批发	139	44	32
文化、体育用品及器材批发	267	100	63
文具用品批发	122	45	34
体育用品批发	27	11	7
图书批发	36	17	6
报刊批发	1	1	
音像制品及电子出版物批发	4	2	
首饰、工艺品及收藏品批发	29	13	11
其他文化用品批发	48	11	5
医药及医疗器材批发	361	65	88
西药批发	62	9	3
中药材及中成药批发	34	12	6
医疗用品及器材批发	265	44	79
矿产品、建材及化工产品批发	4334	1327	791
煤炭及制品批发	100	26	11
石油及制品批发	507	94	69
非金属矿及制品批发	78	34	11
金属及金属矿批发	1255	278	233
建材批发	977	389	212
化肥批发	650	265	116
农药批发	132	69	26
农用薄膜批发	32	19	5
其他化工产品批发	603	153	108
机械设备、五金交电及电子产品批发	4662	1456	873
农业机械批发	304	87	51
汽车、摩托车及零配件批发	572	155	101
五金、交电批发	1110	427	193
家用电器批发	128	43	17

100-500万元	500-1000万元	1000-5000万元	5000万元-1亿元	1亿元以上
237	47	62	23	17
34	10	22	5	8
16	1	2		
31	5	9	7	2
12	2	8		
29	4	2	1	1
62	14	9	2	3
8	2	7	7	2
45	9	3	1	1
178	31	33	3	1
40	7	12		
40	5	8	1	1
5		1	1	
18	7			
32	3	2		
43	9	10	1	
80	9	10	4	1
37	6			
8		1		
7	1	4		1
1			1	
5				
22	2	5	3	
134	32	33	6	3
10	13	20	4	3
7	5	3	1	
117	14	10	1	
1374	353	341	87	61
24	14	17	4	4
183	58	56	26	21
26	3	3	1	
478	105	113	29	19
263	61	46	4	2
157	35	45	21	11
29	5	3		
3	2	3		
211	70	55	2	4
1630	376	274	38	15
107	28	28	1	2
180	59	62	13	2
376	68	40	4	2
38	12	13	2	3

2-19 续表 15

行　　业	企业法人单位数（个）	50万元及以下	50-100万元
计算机、软件及辅助设备批发	336	115	63
通讯及广播电视设备批发	149	44	34
其他机械设备及电子产品批发	2063	585	414
贸易经纪与代理	182	61	22
其他批发	436	173	72
再生物资回收与批发	173	77	28
其他未列明的批发	263	96	44
零售业	5911	2910	1119
综合零售	479	185	86
百货零售	262	112	54
超级市场零售	95	17	11
其他综合零售	122	56	21
食品、饮料及烟草制品专门零售	383	203	90
粮油零售	66	29	6
糕点、面包零售	20	11	6
果品、蔬菜零售	26	14	8
肉、禽、蛋及水产品零售	29	16	5
饮料及茶叶零售	104	64	26
烟草制品零售	49	21	17
其他食品零售	89	48	22
纺织、服装及日用品专门零售	464	255	86
纺织品及针织品零售	90	51	22
服装零售	173	84	34
鞋帽零售	17	9	3
钟表、眼镜零售	29	21	2
化妆品及卫生用品零售	48	31	5
其他日用品零售	107	59	20
文化、体育用品及器材专门零售	399	199	82
文具用品零售	100	55	21
体育用品零售	44	19	11
图书零售	61	24	8
报刊零售	2	2	
音像制品及电子出版物零售	12	10	1
珠宝首饰零售	77	39	17
工艺美术品及收藏品零售	41	21	11
照相器材零售	20	8	3
其他文化用品零售	42	21	10
医药及医疗器材专门零售	328	130	72
药品零售	184	88	21
医疗用品及器材零售	144	42	51
汽车、摩托车、燃料及零配件专门零售	1096	419	204
汽车零售	292	52	25
汽车零配件零售	406	202	97
摩托车及零配件零售	123	44	32
机动车燃料零售	275	121	50

100-500万元	500-1000万元	1000-5000万元	5000万元-1亿元	1亿元以上
119	24	15		
47	12	10	2	
763	173	106	16	6
53	18	21	6	1
122	44	22	1	2
35	19	11	1	2
87	25	11		
1367	213	226	47	29
118	36	40	10	4
60	10	18	6	2
29	15	18	3	2
29	11	4	1	
67	16	7		
25	4	2		
2	1			
3		1		
5	2	1		
11	2	1		
8	2	1		
13	5	1		
91	12	12	4	4
15	1		1	
30	8	10	3	4
5				
5		1		
12				
24	3	1		
83	9	18	4	4
22	1	1		
11	2	1		
9	2	12	3	3
1				
13	2	4	1	1
9				
8	1			
10	1			
101	10	10	3	2
52	9	10	2	2
49	1		1	
293	54	94	22	10
75	41	73	18	8
99	4	4		
40	5	1	1	
79	4	16	3	2

2-19 续表 16

行业	企业法人单位数(个)	50万元及以下	50-100万元
家用电器及电子产品专门零售	1322	765	213
家用电器零售	242	107	44
计算机、软件及辅助设备零售	695	443	107
通信设备零售	194	105	30
其他电子产品零售	191	110	32
五金、家具及室内装修材料专门零售	968	534	202
五金零售	510	271	93
家具零售	170	93	40
涂料零售	16	6	7
其他室内装修材料零售	272	164	62
无店铺及其他零售	472	220	84
流动货摊零售	4	1	2
邮购及电子销售	1		1
生活用燃料零售	107	30	18
花卉零售	21	15	3
旧货零售	3	3	
其他未列明的零售	336	171	60
住宿和餐饮业	1011	298	127
住宿业	716	182	74
旅游饭店	327	38	18
一般旅馆	370	137	52
其他住宿服务	19	7	4
餐饮业	295	116	53
正餐服务	250	90	46
快餐服务	33	19	5
饮料及冷饮服务	3	2	1
其他餐饮服务	9	5	1
金融业	571	88	19
银行业	213	16	
中央银行	2		
商业银行	178	8	
其他银行	33	8	
证券业	5		
证券经纪与交易	3		
证券投资	2		
保险业	169	26	12
人寿保险	60	4	1
非人寿保险	90	10	8
保险辅助服务	19	12	3
其他金融活动	184	46	7
金融信托与管理	16	5	
金融租赁	2		
财务公司	13	10	
邮政储蓄	7	1	
典当	70	8	2
其他未列明的金融活动	76	22	5

100-500万元	500-1000万元	1000-5000万元	5000万元-1亿元	1亿元以上
277	44	18	2	3
67	14	8		2
117	20	7	1	
48	7	2	1	1
45	3	1		
208	15	8		1
129	12	5		
33	2	1		1
3				
43	1	2		
129	17	19	2	1
1				
46	3	7	2	1
2	1			
80	13	12		
276	100	167	25	18
202	75	143	23	17
86	39	107	22	17
111	34	35	1	
5	2	1		
74	25	24	2	1
65	23	24	1	1
6	2		1	
3				
61	50	107	25	221
4	3	22	5	163
			1	1
3	2	21	4	140
1	1	1		22
1			2	2
1			1	1
			1	1
29	15	36	13	38
9	6	10	5	25
19	8	25	8	12
1	1	1		1
27	32	49	5	18
5	3		1	2
				2
1	1	1		
				6
7	21	32		
14	7	16	4	8

2-19 续表 17

行 业	企业法人单位数(个)	50万元及以下	50-100万元
房地产业	2610	585	298
房地产开发经营	1130	18	11
物业管理	713	231	198
房地产中介服务	344	206	57
其他房地产活动	423	130	32
租赁和商务服务业	4042	2287	527
租赁业	324	141	65
机械设备租赁	313	135	64
汽车租赁	97	63	14
农业机械租赁	3	1	1
建筑工程机械与设备租赁	130	46	33
计算机及通讯设备租赁	5	1	1
其他机械与设备租赁	78	24	15
文化及日用品出租	11	6	1
图书及音像制品出租	1	1	
其他文化及日用品出租	10	5	1
商务服务业	3718	2146	462
企业管理服务	594	191	45
企业管理机构	191	56	13
投资与资产管理	333	108	23
其他企业管理服务	70	27	9
法律服务	177	130	24
律师及相关的法律服务	158	116	22
公证服务	10	6	2
其他法律服务	9	8	
咨询与调查	864	532	106
会计、审计及税务服务	263	180	23
市场调查	11	4	4
社会经济咨询	190	108	24
其他专业咨询	400	240	55
广告业	801	536	124
知识产权服务	28	21	2
职业中介服务	287	192	36
市场管理	152	50	12
旅行社	316	181	56
其他商务服务	499	313	57
会议及展览服务	50	35	6
包装服务	5	3	2
保安服务	75	34	7
办公服务	69	50	6
其他未列明的商务服务	300	191	36
科学研究、技术服务和地质勘查业	1640	691	237
研究与试验发展	73	27	9
自然科学研究与试验发展	10	1	2

100-500万元	500-1000万元	1000-5000万元	5000万元-1亿元	1亿元以上
436	325	608	175	183
97	211	482	150	161
186	45	39	9	5
45	16	16	2	2
108	53	71	14	15
669	167	232	51	109
76	16	16	5	5
73	16	15	5	5
14	2	2	1	1
		1		
34	12	5		
1		1	1	
24	2	6	3	4
3		1		
3		1		
593	151	216	46	104
91	41	105	36	85
24	7	35	12	44
50	30	63	22	37
17	4	7	2	4
17	4	2		
17	2	1		
	2			
		1		
139	43	33	5	6
43	10	7		
2	1			
29	7	13	4	5
65	25	13	1	1
123	11	5		2
3		2		
32	14	10	2	1
42	16	27		5
59	8	11		1
87	14	21	3	4
7	1		1	
27	3	3		1
11		2		
42	10	16	2	3
464	113	100	21	14
25	6	4	1	1
4	1	2		

2-19 续表 18

行业	企业法人单位数（个）		
		50万元及以下	50-100万元
工程和技术研究与试验发展	25	10	5
农业科学研究与试验发展	26	10	1
医学研究与试验发展	12	6	1
专业技术服务业	1006	416	162
气象服务	15	5	3
测绘服务	52	25	14
技术检测	185	78	33
环境监测	14	9	1
工程技术与规划管理	502	195	70
工程管理服务	287	96	46
工程勘察设计	203	91	24
规划管理	12	8	
其他专业技术服务	238	104	41
科技交流和推广服务业	235	111	37
技术推广服务	141	62	25
科技中介服务	51	26	4
其他科技服务	43	23	8
地质勘查业	326	137	29
矿产地质勘查	159	89	13
能源矿产地质勘查	56	28	2
固体矿产地质勘查	80	49	8
其他矿产地质勘查	23	12	3
基础地质勘查	6	2	1
地质勘查技术服务	161	46	15
水利、环境和公共设施管理业	240	63	28
水利管理业	35	10	3
防洪管理	4	3	
水资源管理	24	6	3
水库管理	2		
调水、引水管理	9	4	1
其他水资源管理	13	2	2
其他水利管理	7	1	
环境管理业	47	16	4
自然保护	10	3	1
自然保护区管理	7	2	1
野生动植物保护	1		
其他自然保护	2	1	
环境治理	37	13	3
城市市容管理	3	2	
城市环境卫生管理	19	5	2
水污染治理	2		
危险废物治理	4	2	
其他环境治理	9	4	1
公共设施管理业	158	37	21
市政公共设施管理	18	1	4

100-500万元	500-1000万元	1000-5000万元	5000万元-1亿元	1亿元以上
9			1	
9	4	1		1
3	1	1		
299	64	55	4	6
7				
10	3			
58	6	8	1	1
3	1			
156	40	35	3	3
107	22	12	2	2
47	18	21	1	1
2		2		
65	14	12		2
61	14	10	1	1
39	10	5		
12	4	3	1	1
10		2		
79	29	31	15	6
24	11	15	5	2
9	3	8	4	2
12	5	6		
3	3	1	1	
2		1		
53	18	15	10	4
90	20	27	5	7
11	6	3		2
1				
7	5	1		2
		1		1
2	1			1
5	4			
3	1	2		
17	3	5	1	1
4		1		1
3		1		
				1
1				
13	3	4	1	
1				
7	1	3	1	
1	1			
1	1			
3		1		
62	11	19	4	4
8	1	1		3

2-19 续表 19

行业	企业法人单位数(个)	50万元及以下	50-100万元
城市绿化管理	71	17	10
游览景区管理	69	19	7
风景名胜区管理	21	4	4
公园管理	4	1	
其他游览景区管理	44	14	3
居民服务和其他服务业	1103	727	149
居民服务业	358	249	43
家庭服务	39	34	2
托儿所	6	5	
洗染服务	9	6	1
理发及美容保健服务	46	36	5
洗浴服务	50	28	6
婚姻服务	15	14	1
殡葬服务	16	7	
摄影扩印服务	41	21	9
其他居民服务	136	98	19
其他服务业	745	478	106
修理与维护	509	328	75
汽车、摩托车维护与保养	402	258	60
办公设备维修	26	11	7
家用电器修理	55	38	6
其他日用品修理	26	21	2
清洁服务	78	55	10
建筑物清洁服务	10	10	
其他清洁服务	68	45	10
其他未列明的服务	158	95	21
教育	287	168	44
教育	287	168	44
学前教育	31	27	2
初等教育	2	1	1
中等教育	9	5	2
初中教育	3	1	
高中教育	1	1	
技工学校教育	4	2	2
其他中等教育	1	1	
高等教育	1	1	
成人高等教育	1	1	
其他教育	244	134	39
职业技能培训	219	113	36
特殊教育	1		
其他未列明的教育	24	21	3
卫生、社会保障和社会福利业	251	107	54
卫生	238	99	52
医院	146	42	40
综合医院	90	27	25

100-500万元	500-1000万元	1000-5000万元	5000万元-1亿元	1亿元以上
30	4	9	1	
24	6	9	3	1
8	2	1	1	1
1		2		
15	4	6	2	
163	29	26	4	5
45	10	7	2	2
1	2			
1				
2				
4	1			
10	2	4		
3	2	2	1	1
11				
13	3	1	1	1
118	19	19	2	3
81	14	8	1	2
64	11	7		2
7	1			
8	1	1	1	
2	1			
10	1	2		
10	1	2		
27	4	9	1	1
60	9	5	1	
60	9	5	1	
2				
1		1		
1		1		
57	9	4	1	
57	8	4	1	
	1			
76	6	6	1	1
73	6	6	1	1
53	4	5	1	1
30	3	4	1	

2-19 续表 20

行　业	企业法人单位数（个）	50万元及以下	50-100万元
中医医院	7	1	5
中西医结合医院	7	3	1
民族医院	3	1	1
专科医院	39	10	8
卫生院及社区医疗活动	41	28	6
门诊部医疗活动	41	23	3
妇幼保健活动	1	1	
专科疾病防治活动	4	2	2
其他卫生活动	5	3	1
社会保障业	2	1	
社会福利业	11	7	2
提供住宿的社会福利	6	5	
收养收容服务	6	5	
不提供住宿的社会福利	5	2	2
文化、体育和娱乐业	250	136	37
新闻出版业	19	7	4
新闻业	2	2	
出版业	17	5	4
图书出版	5		1
报纸出版	5	2	
期刊出版	6	3	2
其他出版	1		1
广播、电视、电影和音像业	69	24	14
广播	4		2
电视	7	2	2
电影	41	10	6
电影制作与发行	6		1
电影放映	35	10	5
音像制作	17	12	4
文化艺术业	42	26	5
文艺创作与表演	13	7	3
艺术表演场馆	4	3	
博物馆	4	3	
群众文化活动	5	2	
文化艺术经纪代理	10	7	1
其他文化艺术	6	4	1
体育	9	7	
体育组织	5	5	
体育场馆	3	1	
其他体育	1	1	
娱乐业	111	72	14
室内娱乐活动	66	46	11
游乐园	7	5	
休闲健身娱乐活动	23	14	3
其他娱乐活动	15	7	

100-500万元	500-1000万元	1000-5000万元	5000万元-1亿元	1亿元以上
1				
3				
		1		
19	1			1
6	1			
13	1	1		
1				
1				
2				
1				
1				
1				
47	13	12	3	2
5		1		2
5		1		2
3		1		
1				2
1				
19	6	4	2	
1		1		
1	2			
16	4	3	2	
3		1	1	
13	4	2	1	
1				
7	4			
2	1			
	1			
	1			
2	1			
2				
1				
2				
2				
14	3	7	1	
7	2			
2				
3	1	2		
2		5	1	

2-20 按登记注册类型、学历分组的企业法人单位从业人员数

登记注册类型	企业法人单位数(个)	从业人员数(人)	具有研究生及以上学历	具有大学本科学历	具有大专学历	具有高中学历	具有初中及以下学历
总　计	**45713**	**1638642**	**11860**	**184951**	**381675**	**568063**	**492093**
内资企业	45430	1605421	11640	180351	373034	558636	481760
国有企业	2326	393034	1439	38341	73101	150164	129989
集体企业	1010	35229	178	2738	8829	12230	11254
股份合作企业	150	4411	16	444	1124	1442	1385
联营企业	93	3531	16	217	540	1193	1565
国有联营企业	29	807	0	56	151	243	357
集体联营企业	34	1160	14	94	239	368	445
国有与集体联营企业	13	844	2	22	100	263	457
其他联营企业	17	720		45	50	319	306
有限责任公司	7249	479853	2913	43956	108359	161471	163154
国有独资公司	311	72077	229	6214	15747	22299	27588
其他有限责任公司	6938	407776	2684	37742	92612	139172	135566
股份有限公司	539	243916	2282	48719	66247	76656	50012
私营企业	33686	437236	4716	45453	113396	150435	123236
私营独资企业	5647	55585	251	3111	9439	18852	23932
私营合伙企业	827	10053	139	1604	2171	2969	3170
私营有限责任公司	26750	356411	4184	38955	98680	124079	90513
私营股份有限公司	462	15187	142	1783	3106	4535	5621
其他企业	377	8211	80	483	1438	5045	1165
港、澳、台商投资企业	111	15404	58	1234	2877	4368	6867
合资经营企业(港或澳、台资)	49	8743	19	452	1299	2330	4643
合作经营企业(港或澳、台资)	4	147	3	23	22	53	46
港、澳、台商独资经营企业	43	4569	18	406	991	1494	1660
港、澳、台商投资股份有限公司	15	1945	18	353	565	491	518
外商投资企业	172	17817	162	3366	5764	5059	3466
中外合资经营企业	85	8444	71	1398	2302	2433	2240
中外合作经营企业	11	359	14	110	131	87	17
外资企业	65	7702	74	1710	3075	2254	589
外商投资股份有限公司	11	1312	3	148	256	285	620

2-21　按行业(门类、大类、中类、小类)、学历分组的企业法人单位从业人员数

行　业	企业法人单位数(个)	从业人员数(人)	具有研究生及以上学历	具有大学本科学历	具有大专学历	具有高中学历	具有初中及以下学历
总　计	**45713**	**1638642**	**11860**	**184951**	**381675**	**568063**	**492093**
农、林、牧、渔业	69	103006	46	3834	10255	32379	56492
农业	39	86836	36	3335	8311	26777	48377
谷物及其他作物的种植	35	76771	33	3218	8017	23689	41814
谷物的种植	10	10545	4	152	1137	2790	6462
棉花的种植	23	63116	29	2530	6596	19566	34395
糖料的种植	1	2941		532	275	1320	814
其他作物的种植	1	169		4	9	13	143
蔬菜、园艺作物的种植	3	9039	3	84	279	3081	5592
蔬菜的种植	3	9039	3	84	279	3081	5592
水果、坚果、饮料和香料作物的种植	1	1026		33	15	7	971
水果、坚果的种植	1	1026		33	15	7	971
林业	6	795	2	65	179	372	177
林木的培育和种植	3	379	2	35	92	180	70
造林	1	245	1	31	67	146	
林木的抚育和管理	2	134	1	4	25	34	70
木材和竹材的采运	3	416		30	87	192	107
木材的采运	3	416		30	87	192	107
畜牧业	15	14751	8	389	1687	5029	7638
牲畜的饲养	14	14742	8	389	1687	5024	7634
猪的饲养	1	9				5	4
渔业	2	51		5	6	9	31
内陆渔业	2	51		5	6	9	31
内陆养殖	2	51		5	6	9	31
农、林、牧、渔服务业	7	573		40	72	192	269
农业服务业	5	434		30	51	139	214
农产品初加工服务	4	427		28	49	138	212
其他农业服务	1	7		2	2	1	2
林业服务业	1	129		10	18	48	53
畜牧服务业	1	10			3	5	2
其他畜牧服务	1	10			3	5	2
采矿业	1625	214842	1382	28841	37803	71499	75317
煤炭开采和洗选业	332	58994	118	2088	6538	16196	34054
烟煤和无烟煤的开采洗选	330	58865	118	2088	6528	16177	33954
褐煤的开采洗选	1	120			5	15	100
其他煤炭采选	1	9			5	4	
石油和天然气开采业	66	122936	1091	24687	25562	43868	27728
天然原油和天然气开采	8	95354	966	21745	20392	31654	20597
与石油和天然气开采有关的服务活动	58	27582	125	2942	5170	12214	7131
黑色金属矿采选业	581	12454	53	870	2409	4717	4405
铁矿采选	553	11786	52	826	2300	4453	4155
其他黑色金属矿采选	28	668	1	44	109	264	250
有色金属矿采选业	279	12344	77	807	1954	3966	5540
常用有色金属矿采选	196	7824	70	638	1349	2696	3071
铜矿采选	106	4489	51	375	703	1300	2060
铅锌矿采选	50	2158	11	139	334	856	818

2-21 续表 1

行业	企业法人单位数(个)	从业人员数(人)					
			具有研究生及以上学历	具有大学本科学历	具有大专学历	具有高中学历	具有初中及以下学历
镍钴矿采选	17	964	8	107	228	445	176
铝矿采选	1	5			5		
其他常用有色金属矿采选	22	208		17	79	95	17
贵金属矿采选	68	3315	6	127	457	1173	1552
金矿采选	67	3300	6	122	447	1173	1552
其他贵金属矿采选	1	15		5	10		
稀有稀土金属矿采选	15	1205	1	42	148	97	917
钨钼矿采选	8	90		9	34	33	14
稀土金属矿采选	1	25	1	5		17	2
其他稀有金属矿采选	6	1090		28	114	47	901
非金属矿采选业	340	8000	38	376	1298	2706	3582
土砂石开采	240	3292	28	168	501	1090	1505
石灰石、石膏开采	58	868	4	29	106	233	496
建筑装饰用石开采	50	569	7	38	128	220	176
耐火土石开采	5	69			6	13	50
粘土及其他土砂石开采	127	1786	17	101	261	624	783
化学矿采选	8	633		13	38	177	405
采盐	10	1462	1	43	254	599	565
石棉及其他非金属矿采选	82	2613	9	152	505	840	1107
石棉、云母矿采选	13	1092		23	257	268	544
石墨、滑石采选	5	88		6	18	32	32
宝石、玉石开采	36	596		41	93	218	244
其他非金属矿采选	28	837	9	82	137	322	287
其他采矿业	27	114	5	13	42	46	8
制造业	7353	422359	1940	33930	73707	172882	139900
农副食品加工业	809	32959	239	1963	5549	12861	12347
谷物磨制	198	3948	22	154	638	1607	1527
饲料加工	67	3038	77	544	824	771	822
植物油加工	221	9125	33	447	1595	3464	3586
食用植物油加工	214	8995	31	440	1551	3430	3543
非食用植物油加工	7	130	2	7	44	34	43
制糖	15	8739	1	146	1004	4203	3385
屠宰及肉类加工	139	4109	33	372	745	1419	1540
畜禽屠宰	78	2390	16	227	474	748	925
肉制品及副产品加工	61	1719	17	145	271	671	615
水产品加工	7	105			26	33	46
水产品冷冻加工	4	77			16	25	36
鱼糜制品及水产品干腌制加工	2	24			7	7	10
水产饲料制造	1	4			3	1	
蔬菜、水果和坚果加工	99	2219	3	158	462	745	851
其他农副食品加工	63	1676	70	142	255	619	590
淀粉及淀粉制品的制造	27	1009	11	62	108	449	379
豆制品制造	8	153	1	14	23	49	66
蛋品加工	1	5					5
其他未列明的农副食品加工	27	509	58	66	124	121	140

2-21　续表 2

行　业	企业法人单位数(个)	从业人员数(人)	具有研究生及以上学历	具有大学本科学历	具有大专学历	具有高中学历	具有初中及以下学历
食品制造业	340	17962	143	2142	4277	6091	5309
焙烤食品制造	55	1558	1	100	301	468	688
糕点、面包制造	44	962	1	52	215	320	374
饼干及其他焙烤食品制造	11	596		48	86	148	314
糖果、巧克力及蜜饯制造	15	609	1	89	233	158	128
糖果、巧克力制造	6	293		47	103	67	76
蜜饯制作	9	316	1	42	130	91	52
方便食品制造	23	2445	1	534	647	769	494
米、面制品制造	9	81		2	9	42	28
速冻食品制造	4	134		8	55	24	47
方便面及其他方便食品制造	10	2230	1	524	583	703	419
液体乳及乳制品制造	70	4138	20	361	688	1639	1430
罐头制造	71	3998	75	387	1097	1632	807
肉、禽类罐头制造	3	77		2	7	31	37
蔬菜、水果罐头制造	65	3907	75	385	1090	1595	762
其他罐头食品制造	3	14				6	8
调味品、发酵制品制造	32	2253	16	175	574	699	789
味精制造	4	828	3	37	60	243	485
酱油、食醋及类似制品的制造	19	748	2	56	234	268	188
其他调味品、发酵制品制造	9	677	11	82	280	188	116
其他食品制造	74	2961	29	496	737	726	973
营养、保健食品制造	26	446	3	37	94	187	125
冷冻饮品及食用冰制造	11	871	10	78	263	171	349
盐加工	13	574	1	30	82	195	266
食品及饲料添加剂制造	19	894	13	342	283	103	153
其他未列明的食品制造	5	176	2	9	15	70	80
饮料制造业	309	12333	50	967	2872	3843	4601
酒精制造	5	304		4	23	107	170
酒的制造	159	8880	29	654	1984	2673	3540
白酒制造	99	4666	18	173	684	1573	2218
啤酒制造	17	2911	1	341	894	604	1071
葡萄酒制造	32	1168	10	131	370	441	216
其他酒制造	11	135		9	36	55	35
软饮料制造	134	2847	18	296	815	984	734
碳酸饮料制造	11	66		8	19	33	6
瓶(罐)装饮用水制造	62	956	9	53	184	416	294
果菜汁及果菜汁饮料制造	42	1086	6	164	303	400	213
含乳饮料和植物蛋白饮料制造	8	238		2	29	66	141
固体饮料制造	2	32			1	7	24
茶饮料及其他软饮料制造	9	469	3	69	279	62	56
精制茶加工	11	302	3	13	50	79	157
烟草制品业	1	518	4	124	232	136	22
卷烟制造	1	518	4	124	232	136	22
纺织业	259	84676	79	3106	4864	51886	24741
棉、化纤纺织及印染精加工	141	75806	46	2424	3733	49328	20275
棉、化纤纺织加工	137	75649	46	2405	3702	49240	20256
棉、化纤印染精加工	4	157		19	31	88	19

2-21 续表 3

行业	企业法人单位数(个)	从业人员数(人)	具有研究生及以上学历	具有大学本科学历	具有大专学历	具有高中学历	具有初中及以下学历
毛纺织和染整精加工	20	2304	8	475	511	787	523
毛条加工	9	309	7	43	69	159	31
毛纺织	11	1995	1	432	442	628	492
麻纺织	11	2101	2	25	120	680	1274
丝绢纺织及精加工	3	127		3	11	48	65
缫丝加工	1	5				1	4
绢纺和丝织加工	2	122		3	11	47	61
纺织制成品制造	46	731		28	100	258	345
棉及化纤制品制造	22	249		19	59	112	59
毛制品制造	4	103			15	41	47
麻制品制造	1	150				30	120
丝制品制造	1	8			6	2	
绳、索、缆的制造	3	10			2	2	6
纺织带和帘子布制造	2	49		2	2	10	35
无纺布制造	5	77		3	7	17	50
其他纺织制成品制造	8	85		4	9	44	28
针织品、编织品及其制品制造	38	3607	23	151	389	785	2259
棉、化纤针织品及编织品制造	20	1693	2	42	188	363	1098
毛针织品及编织品制造	15	1877	21	107	194	412	1143
丝针织品及编织品制造	2	22		2	4		16
其他针织品及编织品制造	1	15			3	10	2
纺织服装、鞋、帽制造业	122	2893		70	359	1209	1255
纺织服装制造	118	2642		69	357	1115	1101
纺织面料鞋的制造	3	211			1	86	124
制帽	1	40		1	1	8	30
皮革、毛皮、羽毛(绒)及其制品业	36	796	3	26	122	245	400
皮革鞣制加工	14	471	2	21	79	126	243
皮革制品制造	14	197		1	18	61	117
皮鞋制造	7	175			14	48	113
皮革服装制造	4	11			3	7	1
皮箱、包(袋)制造	1	3		1	1	1	
其他皮革制品制造	2	8				5	3
毛皮鞣制及制品加工	4	100	1	3	20	36	40
毛皮鞣制加工	2	61	1		14	20	26
毛皮服装加工	1	38		3	5	16	14
其他毛皮制品加工	1	1			1		
羽毛(绒)加工及制品制造	4	28		1	5	22	
羽毛(绒)加工	1	1				1	
羽毛(绒)制品加工	3	27		1	5	21	
木材加工及木、竹、藤、棕、草制品业	178	3857	9	102	372	1350	2024
锯材、木片加工	58	683	1	19	66	237	360
锯材加工	32	270		10	32	112	116
木片加工	26	413	1	9	34	125	244
人造板制造	74	2347	8	56	212	842	1229
胶合板制造	31	605		7	43	171	384
纤维板制造	17	1231	3	28	111	450	639
刨花板制造	13	238	5	10	37	103	83
其他人造板、材制造	13	273		11	21	118	123

2-21　续表 4

行　业	企业法人单位数（个）	从业人员数（人）					
			具有研究生及以上学历	具有大学本科学历	具有大专学历	具有高中学历	具有初中及以下学历
木制品制造	43	762		26	94	253	389
建筑用木料及木材组件加工	28	216		21	52	57	86
木容器制造	3	162			24	13	125
软木制品及其他木制品制造	12	384		5	18	183	178
竹、藤、棕、草制品制造	3	65		1		18	46
家具制造业	147	4787	22	400	721	1556	2088
木质家具制造	116	4021	7	334	627	1260	1793
金属家具制造	20	723	15	63	88	273	284
塑料家具制造	3	25			5	11	9
其他家具制造	8	18		3	1	12	2
造纸及纸制品业	195	8531	14	566	1281	2973	3697
纸浆制造	7	1755	2	112	381	506	754
造纸	58	3353	4	149	450	1150	1600
机制纸及纸板制造	45	3238	4	138	438	1095	1563
加工纸制造	13	115		11	12	55	37
纸制品制造	130	3423	8	305	450	1317	1343
纸和纸板容器的制造	96	2943	2	289	373	1141	1138
其他纸制品制造	34	480	6	16	77	176	205
印刷业和记录媒介的复制	330	6497	39	372	1363	2884	1839
印刷	300	6126	39	352	1307	2704	1724
书、报、刊印刷	146	4081	17	215	859	1735	1255
本册印制	70	738	4	49	152	362	171
包装装潢及其他印刷	84	1307	18	88	296	607	298
装订及其他印刷服务活动	30	371		20	56	180	115
文教体育用品制造业	18	275		18	31	90	136
文化用品制造	8	137		2	9	24	102
文具制造	2	21			2	3	16
笔的制造	2	100		1	6	15	78
教学用模型及教具制造	3	14		1	1	4	8
墨水、墨汁制造	1	2				2	
体育用品制造	9	120		10	18	58	34
体育器材及配件制造	2	31		5	3	4	19
训练健身器材制造	5	27		3	7	9	8
运动防护用具制造	2	62		2	8	45	7
游艺器材及娱乐用品制造	1	18		6	4	8	
露天游乐场所游乐设备制造	1	18		6	4	8	
石油加工、炼焦及核燃料加工业	185	32551	277	6651	8901	10400	6322
精炼石油产品的制造	102	26442	263	6355	8030	8236	3558
原油加工及石油制品制造	102	26442	263	6355	8030	8236	3558
炼焦	83	6109	14	296	871	2164	2764
化学原料及化学制品制造业	639	51379	276	6036	15404	16978	12685
基础化学原料制造	123	22055	75	1872	5544	7445	7119
无机酸制造	10	605		7	75	289	234
无机碱制造	6	4393	34	452	2164	1354	389

2-21 续表 5

行业	企业法人单位数(个)	从业人员数(人)	具有研究生及以上学历	具有大学本科学历	具有大专学历	具有高中学历	具有初中及以下学历
无机盐制造	42	6547	14	386	997	2521	2629
有机化学原料制造	23	9350	27	936	2121	2856	3410
其他基础化学原料制造	42	1160		91	187	425	457
肥料制造	153	6710	30	460	1479	3197	1544
氮肥制造	4	2238	1	86	636	1102	413
磷肥制造	2	190			46	112	32
钾肥制造	7	1945	5	209	377	1155	199
复混肥料制造	61	1271	15	83	213	457	503
有机肥料及微生物肥料制造	56	875	8	60	139	313	355
其他肥料制造	23	191	1	22	68	58	42
农药制造	10	71	3	10	14	17	27
化学农药制造	5	44	2	6	10	13	13
生物化学农药及微生物农药制造	5	27	1	4	4	4	14
涂料、油墨、颜料及类似产品制造	90	981	7	102	228	402	242
涂料制造	76	866	7	95	205	332	227
油墨及类似产品制造	8	27		6	9	10	2
密封用填料及类似品制造	6	88		1	14	60	13
合成材料制造	22	12134	100	2741	5967	2696	630
初级形态的塑料及合成树脂制造	12	11726	94	2652	5857	2498	625
合成橡胶制造	1	3			1	1	1
合成纤维单(聚合)体的制造	1	206	2	25	48	131	
其他合成材料制造	8	199	4	64	61	66	4
专用化学产品制造	201	8637	56	759	2028	2984	2810
化学试剂和助剂制造	97	3379	35	357	823	1172	992
专项化学用品制造	75	2785	11	240	785	790	959
林产化学产品制造	1	10			1	2	7
炸药及火工产品制造	8	2094	4	94	353	937	706
信息化学品制造	1	112	6	59	25	13	9
动物胶制造	8	215		6	31	49	129
其他专用化学产品制造	11	42		3	10	21	8
日用化学产品制造	40	791	5	92	144	237	313
肥皂及合成洗涤剂制造	18	548	1	66	68	150	263
化妆品制造	11	149	4	23	56	51	15
香料、香精制造	4	35		1	8	15	11
其他日用化学产品制造	7	59		2	12	21	24
医药制造业	94	4074	56	491	1141	1459	927
化学药品原药制造	10	349		8	45	198	98
化学药品制剂制造	8	1093	14	144	353	480	102
中药饮片加工	20	1055	3	88	247	343	374
中成药制造	25	908	23	139	232	260	254
兽用药品制造	5	130	4	11	29	21	65
生物、生化制品的制造	16	461	11	95	214	115	26
卫生材料及医药用品制造	10	78	1	6	21	42	8
化学纤维制造业	19	8547	14	383	1159	3469	3522
纤维素纤维原料及纤维制造	18	8545	14	382	1158	3469	3522
化纤浆粕制造	8	4153	6	162	473	1444	2068
人造纤维(纤维素纤维)制造	10	4392	8	220	685	2025	1454

2-21　续表 6

行　业	企业法人单位数（个）	从业人员数（人）	具有研究生及以上学历	具有大学本科学历	具有大专学历	具有高中学历	具有初中及以下学历
合成纤维制造	1	2		1	1		
涤纶纤维制造	1	2		1	1		
橡胶制品业	46	2038	3	48	215	965	807
轮胎制造	9	1316	2	20	106	712	476
车辆、飞机及工程机械轮胎制造	2	1280	2	19	99	698	462
轮胎翻新加工	7	36		1	7	14	14
橡胶板、管、带的制造	17	320	1	12	50	168	89
橡胶零件制造	13	141		4	37	40	60
再生橡胶制造	3	115		2	8	31	74
日用及医用橡胶制品制造	1	125		8	11	14	92
橡胶靴鞋制造	1	1			1		
其他橡胶制品制造	2	20		2	2		16
塑料制品业	663	15425	66	1753	2615	5064	5927
塑料薄膜制造	100	2199	12	92	355	630	1110
塑料板、管、型材的制造	242	6890	39	1332	1275	2482	1762
塑料丝、绳及编织品的制造	84	2646	5	79	290	727	1545
泡沫塑料制造	57	531		29	109	208	185
塑料人造革、合成革制造	1	1					1
塑料包装箱及容器制造	38	846	4	113	185	273	271
塑料零件制造	6	75		1	20	38	16
日用塑料制造	51	510	1	38	102	180	189
塑料鞋制造	1	1				1	
日用塑料杂品制造	50	509	1	38	102	179	189
其他塑料制品制造	84	1727	5	69	279	526	848
非金属矿物制品业	1282	53168	150	2351	7290	17731	25646
水泥、石灰和石膏的制造	119	22371	30	1133	3596	7168	10444
水泥制造	81	20955	25	914	3295	6843	9878
石灰和石膏制造	38	1416	5	219	301	325	566
水泥及石膏制品制造	258	8342	53	502	1534	3586	2667
水泥制品制造	140	6579	42	366	1153	2915	2103
砼结构构件制造	60	916	10	98	231	316	261
石棉水泥制品制造	4	81		5	10	36	30
轻质建筑材料制造	36	530	1	24	105	230	170
其他水泥制品制造	18	236		9	35	89	103
砖瓦、石材及其他建筑材料制造	771	15327	50	396	1389	4530	8962
粘土砖瓦及建筑砌块制造	505	10628	20	143	590	3016	6859
建筑陶瓷制品制造	33	1808	3	61	226	379	1139
建筑用石加工	67	976	7	51	177	425	316
防水建筑材料制造	35	375	1	19	67	153	135
隔热和隔音材料制造	85	927	15	92	226	314	280
其他建筑材料制造	46	613	4	30	103	243	233
玻璃及玻璃制品制造	67	3696	5	118	332	1184	2057
平板玻璃制造	16	624		26	60	182	356
技术玻璃制品制造	9	276		11	73	102	90
日用玻璃制品及玻璃包装容器制造	12	1180		13	64	273	830

2-21 续表 7

行　业	企业法人单位数（个）	从业人员数（人）	具有研究生及以上学历	具有大学本科学历	具有大专学历	具有高中学历	具有初中及以下学历
玻璃保温容器制造	2	357		4	26	43	284
玻璃纤维及制品制造	5	540	2	41	46	290	161
玻璃纤维增强塑料制品制造	20	695	3	23	58	287	324
其他玻璃制品制造	3	24			5	7	12
陶瓷制品制造	7	209		3	28	41	137
卫生陶瓷制品制造	3	160		3	21	24	112
特种陶瓷制品制造	2	33			4	10	19
日用陶瓷制品制造	1	5			2	1	2
园林、陈设艺术及其他陶瓷制品制造	1	11			1	6	4
耐火材料制品制造	23	687	2	15	127	365	178
石棉制品制造	3	21		1	2	11	7
云母制品制造	1	7		1	2	4	
耐火陶瓷制品及其他耐火材料制造	19	659	2	13	123	350	171
石墨及其他非金属矿物制品制造	37	2536	10	184	284	857	1201
石墨及碳素制品制造	10	1372	2	145	160	423	642
其他非金属矿物制品制造	27	1164	8	39	124	434	559
黑色金属冶炼及压延加工业	91	28421	117	1794	4894	12698	8918
炼铁	32	15314	82	1023	2491	7269	4449
炼钢	4	244		5	10	156	73
钢压延加工	41	11411	35	713	2273	4690	3700
铁合金冶炼	14	1452		53	120	583	696
有色金属冶炼及压延加工业	68	7169	6	434	993	3047	2689
常用有色金属冶炼	27	4391	3	293	577	1708	1810
铜冶炼	12	605	1	18	30	293	263
铅锌冶炼	3	168		4	16	70	78
镍钴冶炼	2	1338		83	267	590	398
铝冶炼	6	1968	1	170	238	639	920
镁冶炼	2	79	1	2	3	50	23
其他常用有色金属冶炼	2	233		16	23	66	128
贵金属冶炼	25	2097	3	107	303	1115	569
金冶炼	25	2097	3	107	303	1115	569
有色金属合金制造	3	70		3	13	41	13
有色金属压延加工	13	611		31	100	183	297
常用有色金属压延加工	12	608		31	99	182	296
贵金属压延加工	1	3			1	1	1
金属制品业	475	11229	45	602	1841	4098	4643
结构性金属制品制造	298	5903	36	340	989	1944	2594
金属结构制造	169	4531	30	278	780	1361	2082
金属门窗制造	129	1372	6	62	209	583	512
金属工具制造	14	265		2	21	113	129
农用及园林用金属工具制造	8	150		2	16	80	52
刀剪及类似日用金属工具制造	2	77			1	30	46
其他金属工具制造	4	38			4	3	31
集装箱及金属包装容器制造	32	1775	4	132	327	647	665
集装箱制造	4	15		1	6	5	3
金属压力容器制造	4	205	1	13	47	90	54
金属包装容器制造	24	1555	3	118	274	552	608

2-21　续表 8

行　业	企业法人单位数(个)	从业人员数(人)	具有研究生及以上学历	具有大学本科学历	具有大专学历	具有高中学历	具有初中及以下学历
金属丝绳及其制品的制造	24	551	3	51	111	164	222
建筑、安全用金属制品制造	44	861		25	180	372	284
建筑、家具用金属配件制造	9	110		3	18	69	20
建筑装饰及水暖管道零件制造	25	570		15	125	199	231
安全、消防用金属制品制造	5	113		4	23	53	33
其他建筑、安全用金属制品制造	5	68		3	14	51	
金属表面处理及热处理加工	15	703		18	86	480	119
不锈钢及类似日用金属制品制造	17	175	2	6	36	76	55
金属制厨房调理及卫生器具制造	8	78	2	4	25	39	8
金属制厨用器皿及餐具制造	5	85		1	10	33	41
其他日用金属制品制造	4	12		1	1	4	6
其他金属制品制造	31	996		28	91	302	575
其他未列明的金属制品制造	31	996		28	91	302	575
通用设备制造业	325	6869	49	430	1401	2740	2249
锅炉及原动机制造	52	852	2	55	198	281	316
锅炉及辅助设备制造	50	817	2	55	194	250	316
内燃机及配件制造	1	31			1	30	
其他原动机制造	1	4			3	1	
金属加工机械制造	24	184	2	22	67	73	20
金属切削机床制造	3	22	1	5	7	6	3
金属成形机床制造	2	15			9	2	4
铸造机械制造	6	24		6	9	9	
金属切割及焊接设备制造	2	9			2	7	
机床附件制造	1	4			2	2	
其他金属加工机械制造	10	110	1	11	38	47	13
起重运输设备制造	13	512	1	31	137	260	83
泵、阀门、压缩机及类似机械的制造	9	295		25	76	73	121
泵及真空设备制造	6	282		24	74	65	119
阀门和旋塞的制造	1	1					1
液压和气压动力机械及元件制造	2	12		1	2	8	1
轴承、齿轮、传动和驱动部件的制造	4	324	2	11	64	97	150
轴承制造	2	287	2	10	60	85	130
齿轮、传动和驱动部件制造	2	37		1	4	12	20
风机、衡器、包装设备等通用设备制造	39	668	13	56	149	346	104
风机、风扇制造	15	230		12	41	131	46
气体、液体分离及纯净设备制造	2	25			4	18	3
制冷、空调设备制造	7	194	5	28	56	91	14
喷枪及类似器具制造	2	26		4	5	12	5
包装专用设备制造	1	7			1	6	
衡器制造	8	121	8	10	30	60	13
其他通用设备制造	4	65		2	12	28	23
通用零部件制造及机械修理	118	2839	18	164	502	1188	967
金属密封件制造	5	229	2	9	76	93	49
紧固件、弹簧制造	10	307	1	8	57	80	161
机械零部件加工及设备修理	91	2172	14	129	346	967	716
其他通用零部件制造	12	131	1	18	23	48	41

2-21 续表 9

行业	企业法人单位数（个）	从业人员数（人）	具有研究生及以上学历	具有大学本科学历	具有大专学历	具有高中学历	具有初中及以下学历
金属铸、锻加工	66	1195	11	66	208	422	488
钢铁铸件制造	60	1050	6	52	172	390	430
锻件及粉末冶金制品制造	6	145	5	14	36	32	58
专用设备制造业	246	7357	37	643	1541	2425	2711
矿山、冶金、建筑专用设备制造	69	2479	17	336	574	753	799
采矿、采石设备制造	30	971	2	110	202	382	275
石油钻采专用设备制造	15	997	15	203	258	207	314
建筑工程用机械制造	12	385		14	55	137	179
建筑材料生产专用机械制造	12	126		9	59	27	31
化工、木材、非金属加工专用设备制造	18	125		11	36	48	30
炼油、化工生产专用设备制造	3	36		1	9	20	6
塑料加工专用设备制造	4	36		3	5	10	18
木材加工机械制造	1	2			2		
模具制造	8	48		7	18	17	6
其他非金属加工专用设备制造	2	3			2	1	
食品、饮料、烟草及饲料生产专用设备制造	8	107	3	14	25	46	19
食品、饮料、烟草工业专用设备制造	3	40		10	11	11	8
农副食品加工专用设备制造	4	55	3	4	12	31	5
饲料生产专用设备制造	1	12			2	4	6
印刷、制药、日化生产专用设备制造	5	65		1	10	34	20
印刷专用设备制造	2	19			7	12	
照明器具生产专用设备制造	1	5			1	2	2
其他日用品生产专用设备制造	2	41		1	2	20	18
纺织、服装和皮革工业专用设备制造	9	246		8	33	120	85
纺织专用设备制造	8	230		7	32	111	80
其他服装加工专用设备制造	1	16		1	1	9	5
电子和电工机械专用设备制造	7	102	10	7	33	33	19
电工机械专用设备制造	5	92	10	4	30	31	17
电子工业专用设备制造	2	10		3	3	2	2
农、林、牧、渔专用机械制造	95	3744	6	215	665	1190	1668
拖拉机制造	4	87		20	23	38	6
机械化农业及园艺机具制造	58	2752	4	155	480	828	1285
畜牧机械制造	4	236		10	38	61	127
农林牧渔机械配件制造	7	33		1	5	13	14
其他农林牧渔业机械制造及机械修理	22	636	2	29	119	250	236
医疗仪器设备及器械制造	12	111		11	29	54	17
医疗诊断、监护及治疗设备制造	1	1		1			
医疗、外科及兽医用器械制造	1	6			1	2	3
假肢、人工器官及植(介)入器械制造	7	43		6	17	15	5
其他医疗设备及器械制造	3	61		4	11	37	9
环保、社会公共安全及其他专用设备制造	23	378	1	40	136	147	54
环境污染防治专用设备制造	8	101		4	22	61	14
商业、饮食、服务业专用设备制造	1	10		1	1	2	6
社会公共安全设备及器材制造	1	8		2	6		
交通安全及管制专用设备制造	1	5			2	3	
水资源专用机械制造	4	145		27	71	47	
其他专用设备制造	8	109	1	6	34	34	34

2-21　续表 10

行　　业	企业法人单位数（个）	从业人员数（人）	具有研究生及以上学历	具有大学本科学历	具有大专学历	具有高中学历	具有初中及以下学历
交通运输设备制造业	147	4312	40	249	777	2041	1205
铁路运输设备制造	5	330		8	91	176	55
铁路机车车辆配件制造	2	136		5	17	83	31
铁路专用设备及器材、配件制造	1	43		3	13	27	
其他铁路设备制造及设备修理	2	151			61	66	24
汽车制造	128	3789	40	227	645	1766	1111
汽车整车制造	2	963	12	108	232	611	
改装汽车制造	4	406		21	83	170	132
汽车车身、挂车的制造	7	305	6	21	44	114	120
汽车零部件及配件制造	11	250	4	17	47	105	77
汽车修理	104	1865	18	60	239	766	782
摩托车制造	1	5			2	3	
摩托车整车制造	1	5			2	3	
自行车制造	5	34		4	7	18	5
脚踏自行车及残疾人座车制造	2	9		1	3	5	
助动自行车制造	3	25		3	4	13	5
交通器材及其他交通运输设备制造	8	154		10	32	78	34
交通管理用金属标志及设施制造	6	141		9	24	75	33
其他交通运输设备制造	2	13		1	8	3	1
电气机械及器材制造业	222	7973	167	1728	2410	2724	944
电机制造	5	1247	73	595	388	139	52
发电机及发电机组制造	4	1239	73	594	387	133	52
电动机制造	1	8		1	1	6	
输配电及控制设备制造	129	5195	66	962	1586	2013	568
变压器、整流器和电感器制造	20	2641	37	673	850	860	221
电容器及其配套设备制造	6	71	1	13	9	35	13
配电开关控制设备制造	83	2156	22	243	635	986	270
电力电子元器件制造	2	12		1	3	3	5
其他输配电及控制设备制造	18	315	6	32	89	129	59
电线、电缆、光缆及电工器材制造	46	1202	18	94	319	495	276
电线电缆制造	40	872	17	52	233	328	242
绝缘制品制造	4	318	1	41	84	160	32
其他电工器材制造	2	12		1	2	7	2
电池制造	2	7		1	2	2	2
家用电力器具制造	9	34	2	12	10	10	
家用制冷电器具制造	2	7		2	2	3	
家用通风电器具制造	1	3		3			
家用厨房电器具制造	2	6	1		5		
家用清洁卫生电器具制造	1	5		3		2	
其他家用电力器具制造	3	13	1	4	3	5	
非电力家用器具制造	11	151	4	40	55	26	26
燃气、太阳能及类似能源的器具制造	11	151	4	40	55	26	26
照明器具制造	14	80	4	19	31	18	8
照明灯具制造	13	78	4	18	30	18	8
灯用电器附件及其他照明器具制造	1	2		1	1		

2-21 续表 11

行业	企业法人单位数（个）	从业人员数（人）					
			具有研究生及以上学历	具有大学本科学历	具有大专学历	具有高中学历	具有初中及以下学历
其他电气机械及器材制造	6	57		5	19	21	12
车辆专用照明及电气信号设备装置制造	1	11		2	9		
其他未列明的电气机械制造	5	46		3	10	21	12
通信设备、计算机及其他电子设备制造业	12	3182	17	253	591	1035	1286
通信设备制造	2	66		11	40	15	
通信传输设备制造	1	2			1	1	
移动通信及终端设备制造	1	64		11	39	14	
广播电视设备制造	2	173		6	15	63	89
广播电视接收设备及器材制造	2	173		6	15	63	89
电子器件制造	1	3			1		2
光电子器件及其他电子器件制造	1	3			1		2
电子元件制造	4	2869	17	234	511	920	1187
电子元件及组件制造	4	2869	17	234	511	920	1187
家用视听设备制造	2	70		2	24	36	8
家用影视设备制造	2	70		2	24	36	8
其他电子设备制造	1	1				1	
仪器仪表及文化、办公用机械制造业	21	367	8	94	115	126	24
通用仪器仪表制造	8	189	5	65	60	53	6
工业自动控制系统装置制造	2	47	1	30	12	4	
电工仪器仪表制造	2	16	1	4	6	5	
供应用仪表及其他通用仪器制造	4	126	3	31	42	44	6
专用仪器仪表制造	6	101	3	26	47	22	3
地质勘探和地震专用仪器制造	2	74	1	16	41	15	1
电子测量仪器制造	1	2					2
其他专用仪器制造	3	25	2	10	6	7	
光学仪器及眼镜制造	1	5				5	
眼镜制造	1	5				5	
文化、办公用机械制造	2	31			2	19	10
计算器及货币专用设备制造	1	6			2	4	
其他文化、办公用机械制造	1	25				15	10
其他仪器仪表的制造及修理	4	41		3	6	27	5
工艺品及其他制造业	49	2003	8	125	322	665	883
工艺美术品制造	33	770	4	41	99	175	451
雕塑工艺品制造	4	13		1	4	5	3
金属工艺品制造	4	25		3	4	18	
天然植物纤维编织工艺品制造	3	38		9	22	7	
地毯、挂毯制造	14	647	4	18	55	122	448
珠宝首饰及有关物品的制造	4	24		4	6	14	
其他工艺美术品制造	4	23		6	8	9	
日用杂品制造	4	61		1	18	34	8
制镜及类似品加工	2	48		1	13	29	5
其他日用杂品制造	2	13			5	5	3
煤制品制造	7	1133	4	81	191	439	418
其他未列明的制造业	5	39		2	14	17	6

2-21　续表 12

行　业	企业法人单位数（个）	从业人员数（人）	具有研究生及以上学历	具有大学本科学历	具有大专学历	具有高中学历	具有初中及以下学历
废弃资源和废旧材料回收加工业	25	211	2	9	54	93	53
金属废料和碎屑的加工处理	11	109	2	7	37	42	21
非金属废料和碎屑的加工处理	14	102		2	17	51	32
电力、燃气及水的生产和供应业	522	59376	525	6067	17457	21080	14247
电力、热力的生产和供应业	363	50470	501	5334	14907	17424	12304
电力生产	157	19553	86	3014	5707	6217	4529
火力发电	35	14281	50	2471	4194	4367	3199
水力发电	100	4719	28	409	1331	1674	1277
其他能源发电	22	553	8	134	182	176	53
电力供应	25	20575	389	1761	6584	6824	5017
热力生产和供应	181	10342	26	559	2616	4383	2758
燃气生产和供应业	44	2391	15	259	642	1041	434
水的生产和供应业	115	6515	9	474	1908	2615	1509
自来水的生产和供应	104	5955	7	431	1681	2411	1425
污水处理及其再生利用	11	560	2	43	227	204	84
建筑业	1762	206812	630	18825	46917	60166	80274
房屋和土木工程建筑业	793	175386	398	15149	38577	49696	71566
房屋工程建筑	417	123294	199	9108	24814	37162	52011
土木工程建筑	376	52092	199	6041	13763	12534	19555
铁路、道路、隧道和桥梁工程建筑	120	31099	63	3495	8495	6881	12165
水利和港口工程建筑	70	10713	19	1298	2524	2518	4354
工矿工程建筑	32	3507	6	201	579	870	1851
架线和管道工程建筑	57	5197	43	816	1677	1778	883
其他土木工程建筑	97	1576	68	231	488	487	302
建筑安装业	362	22772	169	2598	5684	7354	6967
建筑装饰业	406	4944	28	525	1587	1919	885
其他建筑业	201	3710	35	553	1069	1197	856
工程准备	89	2278	31	455	668	708	416
提供施工设备服务	26	363		22	64	140	137
其他未列明的建筑活动	86	1069	4	76	337	349	303
交通运输、仓储和邮政业	1979	96228	289	8399	17287	38856	31397
铁路运输业	15	115	3	9	37	47	19
铁路旅客运输	1	48			13	25	10
铁路货物运输	13	65	3	8	23	22	9
铁路运输辅助活动	1	2		1	1		
货运火车站	1	2		1	1		
道路运输业	957	48601	156	3571	7471	19228	18175
公路旅客运输	171	6945	18	323	1231	3601	1772
道路货物运输	689	37775	90	3041	5464	14271	14909
道路运输辅助活动	97	3881	48	207	776	1356	1494
客运汽车站	61	3336	47	128	626	1194	1341
公路管理与养护	18	424		64	121	116	123
其他道路运输辅助活动	18	121	1	15	29	46	30

2-21 续表 13

行业	企业法人单位数(个)	从业人员数(人)	具有研究生及以上学历	具有大学本科学历	具有大专学历	具有高中学历	具有初中及以下学历
城市公共交通业	142	17088	15	278	1555	9189	6051
公共电汽车客运	54	14361	13	205	1230	8015	4898
轨道交通	1	76		5	18	53	
出租车客运	79	2533	2	66	297	1055	1113
其他城市公共交通	8	118		2	10	66	40
航空运输业	18	3604	5	2066	1064	433	36
航空客货运输	5	27		4	11	4	8
通用航空服务	6	268		102	77	65	24
航空运输辅助活动	7	3309	5	1960	976	364	4
机场	2	3268	5	1956	954	349	4
其他航空运输辅助活动	5	41		4	22	15	
管道运输业	5	911	21	397	192	176	125
装卸搬运和其他运输服务业	625	10170	54	887	2504	2654	4071
装卸搬运	96	5366	4	100	568	1171	3523
运输代理服务	529	4804	50	787	1936	1483	548
仓储业	179	3672	18	346	1092	1255	961
谷物、棉花等农产品仓储	51	1442	8	163	525	436	310
其他仓储	128	2230	10	183	567	819	651
邮政业	38	12067	17	845	3372	5874	1959
国家邮政	20	10635	6	766	3134	5277	1452
其他寄递服务	18	1432	11	79	238	597	507
信息传输、计算机服务和软件业	1853	27951	370	7147	11145	7541	1748
电信和其他信息传输服务业	385	20177	197	5058	8518	5297	1107
电信	122	17775	193	4613	7570	4495	904
固定电信服务	39	8957	145	2401	3674	2039	698
移动电信服务	56	8467	48	2157	3739	2363	160
其他电信服务	27	351		55	157	93	46
互联网信息服务	240	1441	2	199	567	565	108
互联网信息服务	240	1441	2	199	567	565	108
广播电视传输服务	22	950	2	246	378	229	95
有线广播电视传输服务	19	872	2	239	333	217	81
无线广播电视传输服务	3	78		7	45	12	14
卫星传输服务	1	11			3	8	
计算机服务业	1307	5315	80	939	1806	1946	544
计算机系统服务	150	1370	48	437	617	208	60
数据处理	9	58	1	15	29	3	10
计算机维修	44	275	3	80	144	38	10
其他计算机服务	1104	3612	28	407	1016	1697	464
软件业	161	2459	93	1150	821	298	97
公共软件服务	108	1801	77	851	564	228	81
基础软件服务	47	960	34	425	303	130	68
应用软件服务	61	841	43	426	261	98	13
其他软件服务	53	658	16	299	257	70	16
其他软件服务	53	658	16	299	257	70	16
批发和零售业	18545	186693	1860	24259	67029	65222	28323
批发业	12634	120808	1442	16860	43545	40200	18761
农畜产品批发	979	22119	191	2188	6323	7626	5791

2-21 续表 14

行业	企业法人单位数(个)	从业人员数(人)	具有研究生及以上学历	具有大学本科学历	具有大专学历	具有高中学历	具有初中及以下学历
谷物、豆及薯类批发	102	4242	10	197	1362	1735	938
种子、饲料批发	403	4302	89	740	1305	972	1196
棉、麻批发	322	12447	74	1123	3280	4540	3430
牲畜批发	7	111	1	6	15	24	65
其他农畜产品批发	145	1017	17	122	361	355	162
食品、饮料及烟草制品批发	796	11404	127	1586	4097	4131	1463
米、面制品及食用油批发	131	2181	14	183	770	834	380
糕点、糖果及糖批发	46	298		38	103	122	35
果品、蔬菜批发	96	1533	31	154	354	631	363
肉、禽、蛋及水产品批发	41	521	4	56	155	219	87
盐及调味品批发	67	732	11	80	291	299	51
饮料及茶叶批发	228	2169	18	380	812	743	216
烟草制品批发	42	2771	30	493	1126	902	220
其他食品批发	145	1199	19	202	486	381	111
纺织、服装及日用品批发	617	4646	28	630	1956	1601	431
纺织品、针织品及原料批发	143	1001	3	99	340	392	167
服装批发	145	1069	9	175	407	380	98
鞋帽批发	17	120	1	21	45	40	13
厨房、卫生间用具及日用杂货批发	62	378	3	59	151	128	37
化妆品及卫生用品批发	111	1126	8	148	545	362	63
其他日用品批发	139	952	4	128	468	299	53
文化、体育用品及器材批发	267	2163	49	360	1027	540	187
文具用品批发	122	626	20	96	271	210	29
体育用品批发	27	107	1	20	59	23	4
图书批发	36	683	15	137	299	131	101
报刊批发	1	4			2	2	
音像制品及电子出版物批发	4	203	3	41	131	21	7
首饰、工艺品及收藏品批发	29	133	1	25	59	32	16
其他文化用品批发	48	407	9	41	206	121	30
医药及医疗器材批发	361	4754	50	1068	1965	1185	486
西药批发	62	2561	11	625	962	668	295
中药材及中成药批发	34	535	8	77	157	148	145
医疗用品及器材批发	265	1658	31	366	846	369	46
矿产品、建材及化工产品批发	4334	40655	439	5100	13839	14047	7230
煤炭及制品批发	100	1513	12	197	430	499	375
石油及制品批发	507	13034	82	1300	3801	5132	2719
非金属矿及制品批发	78	291	3	67	139	52	30
金属及金属矿批发	1255	8095	107	1184	3292	2576	936
建材批发	977	5099	96	817	2140	1546	500
化肥批发	650	8133	48	613	2273	2880	2319
农药批发	132	683	13	144	243	187	96
农用薄膜批发	32	166	1	22	58	57	28
其他化工产品批发	603	3641	77	756	1463	1118	227
机械设备、五金交电及电子产品批发	4662	30402	478	5154	12628	9666	2476
农业机械批发	304	2007	15	268	659	788	277
汽车、摩托车及零配件批发	572	4658	37	555	1681	1791	594

2-21 续表 15

行业	企业法人单位数(个)	从业人员数(人)	具有研究生及以上学历	具有大学本科学历	具有大专学历	具有高中学历	具有初中及以下学历
五金、交电批发	1110	5542	69	757	2174	2007	535
家用电器批发	128	1330	6	184	611	457	72
计算机、软件及辅助设备批发	336	2556	96	723	1308	390	39
通讯及广播电视设备批发	149	1243	22	252	591	345	33
其他机械设备及电子产品批发	2063	13066	233	2415	5604	3888	926
贸易经纪与代理	182	1472	41	421	627	285	98
其他批发	436	3193	39	353	1083	1119	599
再生物资回收与批发	173	1264	5	87	371	426	375
其他未列明的批发	263	1929	34	266	712	693	224
零售业	5911	65885	418	7399	23484	25022	9562
综合零售	479	16201	36	1482	4778	7027	2878
百货零售	262	7682	27	852	2256	3423	1124
超级市场零售	95	7552	6	544	2260	3172	1570
其他综合零售	122	967	3	86	262	432	184
食品、饮料及烟草制品专门零售	383	2403	10	217	737	1039	400
粮油零售	66	622		46	175	297	104
糕点、面包零售	20	133		9	31	68	25
果品、蔬菜零售	26	151		9	59	57	26
肉、禽、蛋及水产品零售	29	205		13	43	114	35
饮料及茶叶零售	104	467	2	52	129	214	70
烟草制品零售	49	241	4	22	68	111	36
其他食品零售	89	584	4	66	232	178	104
纺织、服装及日用品专门零售	464	5851	32	468	1868	2618	865
纺织品及针织品零售	90	434	1	62	144	181	46
服装零售	173	4158	17	259	1265	1928	689
鞋帽零售	17	100	1	4	35	41	19
钟表、眼镜零售	29	294	2	28	96	161	7
化妆品及卫生用品零售	48	253	4	40	110	82	17
其他日用品零售	107	612	7	75	218	225	87
文化、体育用品及器材专门零售	399	4343	69	551	1768	1529	426
文具用品零售	100	405	5	66	148	137	49
体育用品零售	44	357	4	39	133	173	8
图书零售	61	2047	51	244	884	666	202
报刊零售	2	6			5	1	
音像制品及电子出版物零售	12	69	2	21	25	19	2
珠宝首饰零售	77	853	2	85	352	310	104
工艺美术品及收藏品零售	41	282	2	47	89	109	35
照相器材零售	20	124	1	17	54	43	9
其他文化用品零售	42	200	2	32	78	71	17
医药及医疗器材专门零售	328	5481	32	764	2033	2129	523
药品零售	184	4601	19	568	1664	1872	478
医疗用品及器材零售	144	880	13	196	369	257	45
汽车、摩托车、燃料及零配件专门零售	1096	13833	57	1281	5282	4473	2740
汽车零售	292	5984	41	758	2280	2145	760
汽车零配件零售	406	2028	11	190	619	902	306
摩托车及零配件零售	123	756	1	48	150	394	163
机动车燃料零售	275	5065	4	285	2233	1032	1511

2-21　续表 16

行　　业	企业法人单位数(个)	从　业人员数(人)	具有研究生及以上学　历	具有大学本科学历	具有大专学　历	具有高中学　历	具有初中及以下学历
家用电器及电子产品专门零售	1322	9594	131	1523	4292	3139	509
家用电器零售	242	3112	17	386	1237	1238	234
计算机、软件及辅助设备零售	695	3510	71	655	1812	845	127
通信设备零售	194	2203	20	299	909	850	125
其他电子产品零售	191	769	23	183	334	206	23
五金、家具及室内装修材料专门零售	968	5157	30	778	1761	1877	711
五金零售	510	2077	11	204	613	959	290
家具零售	170	1988	10	420	730	503	325
涂料零售	16	71		17	32	16	6
其他室内装修材料零售	272	1021	9	137	386	399	90
无店铺及其他零售	472	3022	21	335	965	1191	510
流动货摊零售	4	17		2	8	6	1
邮购及电子销售	1	10		6	4		
生活用燃料零售	107	1197	3	61	250	553	330
花卉零售	21	86	1	11	20	40	14
旧货零售	3	12			5	1	6
其他未列明的零售	336	1700	17	255	678	591	159
住宿和餐饮业	1011	45618	111	2810	8732	18193	15772
住宿业	716	33826	81	1814	6752	13909	11270
旅游饭店	327	27005	45	1500	5534	10988	8938
一般旅馆	370	6489	35	292	1150	2773	2239
其他住宿服务	19	332	1	22	68	148	93
餐饮业	295	11792	30	996	1980	4284	4502
正餐服务	250	9999	23	313	1537	3852	4274
快餐服务	33	1663	7	667	412	369	208
饮料及冷饮服务	3	16			2	6	8
其他餐饮服务	9	114		16	29	57	12
金融业	571	71795	968	18469	32560	16709	3089
银行业	213	40642	613	12825	18302	7303	1599
中央银行	2	333		122	124	43	44
商业银行	178	37578	568	11845	17014	6739	1412
其他银行	33	2731	45	858	1164	521	143
证券业	5	600	6	347	204	38	5
证券经纪与交易	3	575	4	336	194	36	5
证券投资	2	25	2	11	10	2	
保险业	169	28406	254	4710	13111	8899	1432
人寿保险	60	20585	88	3000	9828	6930	739
非人寿保险	90	7678	133	1663	3231	1958	693
保险辅助服务	19	143	33	47	52	11	
其他金融活动	184	2147	95	587	943	469	53
金融信托与管理	16	164	28	67	46	20	3
金融租赁	2	69	8	37	14	9	1
财务公司	13	62	3	15	26	18	
邮政储蓄	7	681	3	102	333	215	28
典当	70	590	27	188	254	107	14
其他未列明的金融活动	76	581	26	178	270	100	7

2-21 续表 17

行业	企业法人单位数(个)	从业人员数(人)	具有研究生及以上学历	具有大学本科学历	具有大专学历	具有高中学历	具有初中及以下学历
房地产业	2610	56643	610	6705	17840	19554	11934
房地产开发经营	1130	20402	252	4082	9125	5160	1783
物业管理	713	27823	275	1602	5617	11649	8680
房地产中介服务	344	2702	39	477	1298	679	209
其他房地产活动	423	5716	44	544	1800	2066	1262
租赁和商务服务业	4042	86264	1934	11606	21013	27528	24183
租赁业	324	2531	21	298	907	802	503
机械设备租赁	313	2370	21	290	869	751	439
汽车租赁	97	517	2	74	183	204	54
农业机械租赁	3	12		3	8	1	
建筑工程机械与设备租赁	130	769	4	61	241	308	155
计算机及通讯设备租赁	5	42	3	16	22	1	
其他机械与设备租赁	78	1030	12	136	415	237	230
文化及日用品出租	11	161		8	38	51	64
图书及音像制品出租	1	1			1		
其他文化及日用品出租	10	160		8	37	51	64
商务服务业	3718	83733	1913	11308	20106	26726	23680
企业管理服务	594	20576	350	3041	4661	5872	6652
企业管理机构	191	14225	193	1762	2845	3998	5427
投资与资产管理	333	4266	133	1054	1358	1252	469
其他企业管理服务	70	2085	24	225	458	622	756
法律服务	177	2041	188	1313	455	78	7
律师及相关的法律服务	158	1868	174	1233	397	57	7
公证服务	10	94	7	56	23	8	
其他法律服务	9	79	7	24	35	13	
咨询与调查	864	7252	311	2351	3401	923	266
会计、审计及税务服务	263	2957	128	941	1585	266	37
市场调查	11	60	7	24	28	1	
社会经济咨询	190	1186	41	381	534	207	23
其他专业咨询	400	3049	135	1005	1254	449	206
广告业	801	5655	83	1309	2501	1476	286
知识产权服务	28	136	4	55	62	15	
职业中介服务	287	27839	732	1016	3630	11558	10903
市场管理	152	4636	19	637	1281	1801	898
旅行社	316	3000	163	653	1530	523	131
其他商务服务	499	12598	63	933	2585	4480	4537
会议及展览服务	50	224	4	80	105	33	2
包装服务	5	23		4	15	3	1
保安服务	75	8478	5	164	1077	3264	3968
办公服务	69	444	11	71	183	136	43
其他未列明的商务服务	300	3429	43	614	1205	1044	523
科学研究、技术服务和地质勘查业	1640	26324	819	9331	9865	4417	1892
研究与试验发展	73	746	49	290	240	97	70
自然科学研究与试验发展	10	93	17	29	24	11	12

2-21　续表 18

行　　业	企业法人单位数(个)	从业人员数(人)	具有研究生及以上学历	具有大学本科学历	具有大专学历	具有高中学历	具有初中及以下学历
工程和技术研究与试验发展	25	314	9	136	135	24	10
农业科学研究与试验发展	26	212	13	103	57	29	10
医学研究与试验发展	12	127	10	22	24	33	38
专业技术服务业	1006	19240	497	7199	7427	2957	1160
气象服务	15	220	2	36	125	48	9
测绘服务	52	700	5	172	282	151	90
技术检测	185	3281	84	787	1315	721	374
环境监测	14	85	7	25	35	15	3
工程技术与规划管理	502	12605	340	5464	4816	1520	465
工程管理服务	287	7308	191	2592	3299	990	236
工程勘察设计	203	5154	146	2823	1447	511	227
规划管理	12	143	3	49	70	19	2
其他专业技术服务	238	2349	59	715	854	502	219
科技交流和推广服务业	235	2149	87	555	774	511	222
技术推广服务	141	1059	56	246	347	281	129
科技中介服务	51	647	24	180	237	134	72
其他科技服务	43	443	7	129	190	96	21
地质勘查业	326	4189	186	1287	1424	852	440
矿产地质勘查	159	2326	106	638	816	510	256
能源矿产地质勘查	56	1336	91	469	342	268	166
固体矿产地质勘查	80	504	9	113	211	160	11
其他矿产地质勘查	23	486	6	56	263	82	79
基础地质勘查	6	156	9	86	45	10	6
地质勘查技术服务	161	1707	71	563	563	332	178
水利、环境和公共设施管理业	240	6824	84	721	1565	2003	2451
水利管理业	35	1044	42	252	344	250	156
防洪管理	4	26	1	6	9	5	5
水资源管理	24	823	13	199	277	212	122
水库管理	2	421	4	122	130	81	84
调水、引水管理	9	261	4	41	91	107	18
其他水资源管理	13	141	5	36	56	24	20
其他水利管理	7	195	28	47	58	33	29
环境管理业	47	1561	7	88	268	433	765
自然保护	10	607	4	29	159	207	208
自然保护区管理	7	408	1	22	149	102	134
野生动植物保护	1	188		5	4	105	74
其他自然保护	2	11	3	2	6		
环境治理	37	954	3	59	109	226	557
城市市容管理	3	7			5	1	1
城市环境卫生管理	19	823	1	41	64	192	525
水污染治理	2	38		2	10	21	5
危险废物治理	4	35	2	11	13	1	8
其他环境治理	9	51		5	17	11	18
公共设施管理业	158	4219	35	381	953	1320	1530
市政公共设施管理	18	370	17	83	143	104	23

2-21 续表 19

行　　业	企业法人单位数（个）	从业人员数（人）	具有研究生及以上学历	具有大学本科学历	具有大专学历	具有高中学历	具有初中及以下学历
城市绿化管理	71	2440	11	177	338	718	1196
游览景区管理	69	1409	7	121	472	498	311
风景名胜区管理	21	258	2	31	64	96	65
公园管理	4	191	2	6	25	98	60
其他游览景区管理	44	960	3	84	383	304	186
居民服务和其他服务业	1103	13211	83	1078	3352	5155	3543
居民服务业	358	4538	28	337	1149	1854	1170
家庭服务	39	436	4	34	95	174	129
托儿所	6	50		1	30	17	2
洗染服务	9	113		16	17	47	33
理发及美容保健服务	46	567	3	58	143	195	168
洗浴服务	50	1454	6	62	277	713	396
婚姻服务	15	51		3	34	14	
殡葬服务	16	381		55	120	101	105
摄影扩印服务	41	500	5	34	198	221	42
其他居民服务	136	986	10	74	235	372	295
其他服务业	745	8673	55	741	2203	3301	2373
修理与维护	509	4813	39	381	1271	2030	1092
汽车、摩托车维护与保养	402	4128	32	300	1001	1808	987
办公设备维修	26	187	4	20	56	66	41
家用电器修理	55	349	3	45	147	106	48
其他日用品修理	26	149		16	67	50	16
清洁服务	78	2183	8	201	565	641	768
建筑物清洁服务	10	40	1	10	17	6	6
其他清洁服务	68	2143	7	191	548	635	762
其他未列明的服务	158	1677	8	159	367	630	513
教育	287	3943	33	603	1458	1398	451
教育	287	3943	33	603	1458	1398	451
学前教育	31	488	1	43	243	163	38
初等教育	2	37		22	12	1	2
中等教育	9	374	5	108	111	80	70
初中教育	3	308	4	101	94	39	70
高中教育	1	2			1	1	
技工学校教育	4	62		6	16	40	
其他中等教育	1	2	1	1			
高等教育	1	18	1	11	3	2	1
成人高等教育	1	18	1	11	3	2	1
其他教育	244	3026	26	419	1089	1152	340
职业技能培训	219	2909	24	376	1036	1136	337
特殊教育	1	23		5	17	1	
其他未列明的教育	24	94	2	38	36	15	3
卫生、社会保障和社会福利业	251	6925	122	1387	2673	2235	508
卫生	238	6764	122	1383	2636	2169	454
医院	146	5308	106	1147	2113	1646	296
综合医院	90	3492	61	729	1321	1191	190

2-21　续表 20

行　　业	企业法人单位数（个）	从　业人员数（人）	具有研究生及以上学　　历	具有大学本科学历	具有大专学　　历	具有高中学　　历	具有初中及以下学历
中医医院	7	200	11	54	89	40	6
中西医结合医院	7	152	9	41	49	46	7
民族医院	3	81	1	4	55	17	4
专科医院	39	1383	24	319	599	352	89
卫生院及社区医疗活动	41	665		93	211	244	117
门诊部医疗活动	41	732	16	134	277	264	41
妇幼保健活动	1	2			2		
专科疾病防治活动	4	32		6	17	9	
其他卫生活动	5	25		3	16	6	
社会保障业	2	35		1	23	11	
社会福利业	11	126		3	14	55	54
提供住宿的社会福利	6	81		2	9	39	31
收养收容服务	6	81		2	9	39	31
不提供住宿的社会福利	5	45		1	5	16	23
文化、体育和娱乐业	250	3828	54	939	1017	1246	572
新闻出版业	19	1277	24	656	381	164	52
新闻业	2	14		7	6	1	
出版业	17	1263	24	649	375	163	52
图书出版	5	53	3	14	22	10	4
报纸出版	5	1148	20	608	329	143	48
期刊出版	6	58	1	25	23	9	
其他出版	1	4		2	1	1	
广播、电视、电影和音像业	69	834	16	114	261	296	147
广播	4	56	13	14	24	2	3
电视	7	87		35	30	15	7
电影	41	640	2	49	185	267	137
电影制作与发行	6	271	2	22	89	106	52
电影放映	35	369		27	96	161	85
音像制作	17	51	1	16	22	12	
文化艺术业	42	290	5	51	77	124	33
文艺创作与表演	13	73	3	18	22	18	12
艺术表演场馆	4	52			8	30	14
博物馆	4	58	1	5	8	44	
群众文化活动	5	31		1	8	17	5
文化艺术经纪代理	10	53	1	23	15	12	2
其他文化艺术	6	23		4	16	3	
体育	9	66	2	10	13	19	22
体育组织	5	47		8	8	9	22
体育场馆	3	17	2	2	4	9	
其他体育	1	2			1	1	
娱乐业	111	1361	7	108	285	643	318
室内娱乐活动	66	790	2	55	173	361	199
游乐园	7	61		6	11	32	12
休闲健身娱乐活动	23	230	5	29	68	84	44
其他娱乐活动	15	280		18	33	166	63

2-22 按地、州、市、县(市)和学历分组的企业法人单位从业人员数

地区	企业法人单位数(个)	从业人员数(人)	具有研究生及以上学历	具有大学本科学历	具有大专学历	具有高中学历	具有初中及以下学历
总计	**45713**	**1638642**	**11860**	**184951**	**381675**	**568063**	**492093**
乌鲁木齐市	20734	561553	6571	83074	148969	193642	129297
天山区	4385	100345	1922	21851	33637	24789	18146
沙依巴克区	4776	127940	1088	14963	26974	65222	19693
新市区	6914	177767	2277	29001	47221	50607	48661
水磨沟区	3112	55767	822	8273	16872	18381	11419
头屯河区	448	40764	190	4150	11055	14378	10991
达坂城区	95	7613	17	206	917	3287	3186
米东区	878	48777	239	4460	11834	16059	16185
乌鲁木齐县	126	2580	16	170	459	919	1016
克拉玛依市	1752	196665	949	30706	42007	71311	51692
独山子区	296	28762	111	5454	8000	10467	4730
克拉玛依区	1307	153505	805	24732	32369	54228	41371
白碱滩区	125	9743	33	476	1485	4389	3360
乌尔禾区	24	4655		44	153	2227	2231
吐鲁番地区	842	34849	134	3415	6445	10880	13975
吐鲁番市	320	14190	27	1244	2921	4853	5145
鄯善县	389	14999	88	1940	2744	3811	6416
托克逊县	133	5660	19	231	780	2216	2414
哈密地区	1819	51430	131	3706	11546	18826	17221
哈密市	1659	46322	121	3490	10994	16939	14778
巴里坤哈萨克自治县	116	3851	5	141	394	1399	1912
伊吾县	44	1257	5	75	158	488	531
昌吉回族自治州	2943	96201	544	8259	23598	30911	32889
昌吉市	1563	47989	370	5628	14915	15239	11837
阜康市	362	15204	42	902	2632	4623	7005
呼图壁县	281	10308	16	466	1665	2983	5178
玛纳斯县	271	12375	37	680	2464	4296	4898
奇台县	197	4974	57	267	958	1773	1919
吉木萨尔县	156	4050	18	219	687	1507	1619
木垒哈萨克自治县	113	1301	4	97	277	490	433
伊犁哈萨克自治州	5055	228139	983	14194	45503	79174	88285
伊犁州直属县(市)	2964	115893	366	7880	25629	43651	38367
伊宁市	1131	42840	151	3627	12546	16023	10493
奎屯市	845	26005	78	2621	6062	10367	6877
伊宁县	170	9657	30	305	1586	2940	4796
察布查尔锡伯自治县	99	7430	4	114	411	3577	3324
霍城县	234	6675	11	255	1291	2342	2776
巩留县	77	1786	28	162	365	722	509

2-22　续表 1

地　　区	企业法人单位数(个)	从业人员数(人)	具有研究生及以上学历	具有大学本科学历	具有大专学历	具有高中学历	具有初中及以下学历
新源县	241	12311	13	254	1353	4674	6017
昭苏县	43	4944	31	268	1250	1496	1899
特克斯县	57	1327	2	76	261	596	392
尼勒克县	67	2918	18	198	504	914	1284
塔城地区	888	79322	496	3978	12282	23399	39167
塔城市	144	7427	358	840	2451	2107	1671
乌苏市	167	34318	55	1968	5177	9630	17488
额敏县	84	8205	55	240	1472	2295	4143
沙湾县	291	14638	13	507	1507	4478	8133
托里县	99	7754	4	241	847	2077	4585
裕民县	51	1198	3	27	240	483	445
和布克赛尔蒙古自治县	52	5782	8	155	588	2329	2702
阿勒泰地区	1203	32924	121	2336	7592	12124	10751
阿勒泰市	423	15351	86	1300	4211	5724	4030
布尔津县	169	3187	1	155	610	1368	1053
富蕴县	191	7847	16	484	1358	2610	3379
福海县	81	1599	2	102	391	651	453
哈巴河县	92	2586	11	136	539	959	941
青河县	182	1281		60	268	487	466
吉木乃县	65	1073	5	99	215	325	429
博尔塔拉蒙古自治州	999	58588	102	3609	10355	18766	25756
博乐市	762	43686	96	3077	8194	13810	18509
精河县	179	11179	6	390	1363	3487	5933
温泉县	58	3723		142	798	1469	1314
巴音郭楞蒙古自治州	4015	119343	1295	10700	26992	44461	35895
库尔勒市	2896	76732	1208	8601	20146	28090	18687
轮台县	254	7636	23	579	1664	2813	2557
尉犁县	152	7809	20	239	1061	4535	1954
若羌县	65	3686	8	266	612	1927	873
且末县	111	2108		104	562	745	697
焉耆回族自治县	142	2822	7	137	670	1011	997
和静县	213	12634	22	442	1429	3678	7063
和硕县	113	4451	2	235	441	1027	2746
博湖县	69	1465	5	97	407	635	321
阿克苏地区	2394	82651	205	5896	19506	30460	26584
阿克苏市	1090	40024	122	3167	11774	14183	10778
温宿县	155	7211	2	591	1127	2789	2702
库车县	525	15118	73	1186	3161	5589	5109

2-22 续表 2

地　　区	企业法人单位数(个)	从业人员数(人)	具有研究生及以上学历	具有大学本科学历	具有大专学历	具有高中学历	具有初中及以下学历
沙雅县	163	4320		141	743	1197	2239
新和县	88	2973		91	540	1180	1162
拜城县	153	7402	4	320	954	3522	2602
乌什县	64	1328	3	81	231	535	478
阿瓦提县	127	3744	1	286	871	1266	1320
柯坪县	29	531		33	105	199	194
克孜勒苏柯尔克孜自治州	429	11837	57	931	2440	4518	3891
阿图什市	316	6210	7	626	1475	2526	1576
阿克陶县	66	2658	14	69	264	847	1464
阿合奇县	19	561		55	205	195	106
乌恰县	28	2408	36	181	496	950	745
喀什地区	1964	71258	414	5278	14387	25428	25751
喀什市	741	37563	348	4015	9644	11959	11597
疏附县	58	1717	3	45	209	710	750
疏勒县	86	4668	1	171	500	1647	2349
英吉沙县	26	1320		49	203	612	456
泽普县	150	3402		65	432	1575	1330
莎车县	272	6129	13	258	1132	2433	2293
叶城县	150	4667	8	137	451	1734	2337
麦盖提县	95	2636	13	129	380	1190	924
岳普湖县	49	1498		42	191	601	664
伽师县	140	2377	25	104	450	744	1054
巴楚县	173	4502	3	192	643	1888	1776
塔什库尔干塔吉克自治县	24	779		71	152	335	221
和田地区	802	29124	131	1916	5756	8134	13187
和田市	423	18632	111	1388	4084	5129	7920
和田县	63	1641	6	137	343	445	710
墨玉县	54	2088	4	68	348	714	954
皮山县	62	1547		44	144	410	949
洛浦县	58	2842	2	115	273	576	1876
策勒县	55	929	2	64	213	391	259
于田县	59	1033	6	64	260	300	403
民丰县	28	412		36	91	169	116
自治区直辖县级市	1965	97004	344	13267	24171	31552	27670
石河子市	1773	80392	309	12044	21324	26548	20167
阿拉尔市	51	6495	6	389	812	1626	3662
图木舒克市	19	2670	3	175	333	577	1582
五家渠市	122	7447	26	659	1702	2801	2259

2-23　按登记注册类型、专业技术职称分组的企业法人单位从业人员数

登记注册类型	企业法人单位数（个）	从业人员数（人）	#具有高级技术职称	#具有中级技术职称	#具有初级技术职称
总　计	**45713**	**1638642**	**26556**	**101801**	**153199**
内资企业	45430	1605421	26313	100661	151475
国有企业	2326	393034	5195	21200	38846
集体企业	1010	35229	370	1332	2983
股份合作企业	150	4411	83	137	345
联营企业	93	3531	42	86	139
国有联营企业	29	807	10	20	64
集体联营企业	34	1160	1	26	46
国有与集体联营企业	13	844	5	25	25
其他联营企业	17	720	26	15	4
有限责任公司	7249	479853	7317	31077	45879
国有独资公司	311	72077	1087	4754	6665
其他有限责任公司	6938	407776	6230	26323	39214
股份有限公司	539	243916	5460	20847	29772
私营企业	33686	437236	7711	25579	33136
私营独资企业	5647	55585	830	1747	2540
私营合伙企业	827	10053	189	397	620
私营有限责任公司	26750	356411	6505	22732	29254
私营股份有限公司	462	15187	187	703	722
其他企业	377	8211	135	403	375
港、澳、台商投资企业	111	15404	73	397	627
合资经营企业(港或澳、台资)	49	8743	25	97	206
合作经营企业(港或澳、台资)	4	147	16	5	8
港、澳、台商独资经营企业	43	4569	20	152	314
港、澳、台商投资股份有限公司	15	1945	12	143	99
外商投资企业	172	17817	170	743	1097
中外合资经营企业	85	8444	121	575	760
中外合作经营企业	11	359	12	50	133
外资企业	65	7702	25	101	156
外商投资股份有限公司	11	1312	12	17	48

2-24 按行业(门类、大类、中类、小类)、专业技术职称分组的企业法人单位从业人员数

行　业	企业法人单位数(个)	从业人员(人)	#具有高级技术职称	#具有中级技术职称	#具有初级技术职称
总　计	**45713**	**1638642**	**26556**	**101801**	**153199**
农、林、牧、渔业	69	103006	486	2553	8513
农业	39	86836	439	2308	8020
谷物及其他作物的种植	35	76771	431	2148	7754
谷物的种植	10	10545	39	306	545
棉花的种植	23	63116	364	1820	6531
糖料的种植	1	2941	28	22	678
其他作物的种植	1	169			
蔬菜、园艺作物的种植	3	9039	5	142	245
蔬菜的种植	3	9039	5	142	245
水果、坚果、饮料和香料作物的种植	1	1026	3	18	21
水果、坚果的种植	1	1026	3	18	21
林业	6	795	15	68	73
林木的培育和种植	3	379	11	42	42
造林	1	245	9	26	38
林木的抚育和管理	2	134	2	16	4
木材和竹材的采运	3	416	4	26	31
木材的采运	3	416	4	26	31
畜牧业	15	14751	28	148	404
牲畜的饲养	14	14742	28	148	404
猪的饲养	1	9			
渔业	2	51			
内陆渔业	2	51			
内陆养殖	2	51			
农、林、牧、渔服务业	7	573	4	29	16
农业服务业	5	434	2	8	2
农产品初加工服务	4	427	1	7	1
其他农业服务	1	7	1	1	1
林业服务业	1	129	2	18	14
畜牧服务业	1	10		3	
其他畜牧服务	1	10		3	
采矿业	1625	214842	4718	14826	19417
煤炭开采和洗选业	332	58994	587	2320	3150
烟煤和无烟煤的开采洗选	330	58865	587	2320	3150
褐煤的开采洗选	1	120			
其他煤炭采选	1	9			
石油和天然气开采业	66	122936	3685	11254	14513
天然原油和天然气开采	8	95354	3261	9605	11572
与石油和天然气开采有关的服务活动	58	27582	424	1649	2941
黑色金属矿采选业	581	12454	209	532	732
铁矿采选	553	11786	205	507	702
其他黑色金属矿采选	28	668	4	25	30
有色金属矿采选业	279	12344	206	570	767
常用有色金属矿采选	196	7824	157	404	497
铜矿采选	106	4489	81	224	280
铅锌矿采选	50	2158	37	59	76

2-24　续表 1

行　　业	企业法人单位数(个)	从业人员(人)	#具有高级技术职称	#具有中级技术职称	#具有初级技术职称
镍钴矿采选	17	964	39	118	139
铝矿采选	1	5			2
其他常用有色金属矿采选	22	208		3	
贵金属矿采选	68	3315	42	104	182
金矿采选	67	3300	40	99	174
其他贵金属矿采选	1	15	2	5	8
稀有稀土金属矿采选	15	1205	7	62	88
钨钼矿采选	8	90	2	2	1
稀土金属矿采选	1	25			
其他稀有金属矿采选	6	1090	5	60	87
非金属矿采选业	340	8000	31	149	255
土砂石开采	240	3292	10	67	91
石灰石、石膏开采	58	868	1	5	18
建筑装饰用石开采	50	569	3	14	17
耐火土石开采	5	69			1
粘土及其他土砂石开采	127	1786	6	48	55
化学矿采选	8	633	2	9	6
采盐	10	1462	2	45	82
石棉及其他非金属矿采选	82	2613	17	28	76
石棉、云母矿采选	13	1092	3	6	41
石墨、滑石采选	5	88			6
宝石、玉石开采	36	596	4	6	1
其他非金属矿采选	28	837	10	16	28
其他采矿业	27	114		1	
制造业	7353	422359	4763	20351	24487
农副食品加工业	809	32959	293	1295	2151
谷物磨制	198	3948	37	157	170
饲料加工	67	3038	66	239	380
植物油加工	221	9125	61	378	650
食用植物油加工	214	8995	45	365	629
非食用植物油加工	7	130	16	13	21
制糖	15	8739	18	239	591
屠宰及肉类加工	139	4109	31	94	122
畜禽屠宰	78	2390	8	44	71
肉制品及副产品加工	61	1719	23	50	51
水产品加工	7	105		2	3
水产品冷冻加工	4	77		1	3
鱼糜制品及水产品干腌制加工	2	24		1	
水产饲料制造	1	4			
蔬菜、水果和坚果加工	99	2219	31	94	131
其他农副食品加工	63	1676	49	92	104
淀粉及淀粉制品的制造	27	1009	13	47	71
豆制品制造	8	153		5	7
蛋品加工	1	5			
其他未列明的农副食品加工	27	509	36	40	26

2-24 续表 2

行业	企业法人单位数(个)	从业人员(人)	#具有高级技术职称	#具有中级技术职称	#具有初级技术职称
食品制造业	340	17962	186	921	1417
焙烤食品制造	55	1558	16	49	54
糕点、面包制造	44	962	5	31	28
饼干及其他焙烤食品制造	11	596	11	18	26
糖果、巧克力及蜜饯制造	15	609	1	8	7
糖果、巧克力制造	6	293		4	1
蜜饯制作	9	316	1	4	6
方便食品制造	23	2445	9	75	189
米、面制品制造	9	81	1		2
速冻食品制造	4	134		8	4
方便面及其他方便食品制造	10	2230	8	67	183
液体乳及乳制品制造	70	4138	65	210	446
罐头制造	71	3998	23	172	250
肉、禽类罐头制造	3	77	4	4	15
蔬菜、水果罐头制造	65	3907	19	168	235
其他罐头食品制造	3	14			
调味品、发酵制品制造	32	2253	33	103	162
味精制造	4	828	14	27	16
酱油、食醋及类似制品的制造	19	748	9	26	6
其他调味品、发酵制品制造	9	677	10	50	140
其他食品制造	74	2961	39	304	309
营养、保健食品制造	26	446	11	18	15
冷冻饮品及食用冰制造	11	871	12	66	139
盐加工	13	574		5	9
食品及饲料添加剂制造	19	894	16	215	146
其他未列明的食品制造	5	176			
饮料制造业	309	12333	155	634	765
酒精制造	5	304		7	12
酒的制造	159	8880	129	489	604
白酒制造	99	4666	51	176	363
啤酒制造	17	2911	38	223	145
葡萄酒制造	32	1168	23	80	91
其他酒制造	11	135	17	10	5
软饮料制造	134	2847	21	120	146
碳酸饮料制造	11	66	3	3	3
瓶(罐)装饮用水制造	62	956	5	53	31
果菜汁及果菜汁饮料制造	42	1086	9	60	94
含乳饮料和植物蛋白饮料制造	8	238	1	1	1
固体饮料制造	2	32			1
茶饮料及其他软饮料制造	9	469	3	3	16
精制茶加工	11	302	5	18	3
烟草制品业	1	518	1	42	105
卷烟制造	1	518	1	42	105
纺织业	259	84676	168	2748	1801
棉、化纤纺织及印染精加工	141	75806	112	2256	1301
棉、化纤纺织加工	137	75649	100	2216	1263
棉、化纤印染精加工	4	157	12	40	38

2-24　续表 3

行　　业	企业法人单位数(个)	从业人员(人)	#具有高级技术职称	#具有中级技术职称	#具有初级技术职称
毛纺织和染整精加工	20	2304	27	302	184
毛条加工	9	309	10	29	32
毛纺织	11	1995	17	273	152
麻纺织	11	2101	5	36	43
丝绢纺织及精加工	3	127		4	11
缫丝加工	1	5			
绢纺和丝织加工	2	122		4	11
纺织制成品制造	46	731	13	59	44
棉及化纤制品制造	22	249		7	6
毛制品制造	4	103	6	12	17
麻制品制造	1	150			10
丝制品制造	1	8			
绳、索、缆的制造	3	10			
纺织带和帘子布制造	2	49			3
无纺布制造	5	77	6	36	6
其他纺织制成品制造	8	85	1	4	2
针织品、编织品及其制品制造	38	3607	11	91	218
棉、化纤针织品及编织品制造	20	1693	4	32	106
毛针织品及编织品制造	15	1877	7	59	112
丝针织品及编织品制造	2	22			
其他针织品及编织品制造	1	15			
纺织服装、鞋、帽制造业	122	2893	114	144	179
纺织服装制造	118	2642	14	73	149
纺织面料鞋的制造	3	211	100	71	30
制帽	1	40			
皮革、毛皮、羽毛(绒)及其制品业	36	796	3	9	36
皮革鞣制加工	14	471	3	6	17
皮革制品制造	14	197		3	1
皮鞋制造	7	175		3	1
皮革服装制造	4	11			
皮箱、包(袋)制造	1	3			
其他皮革制品制造	2	8			
毛皮鞣制及制品加工	4	100			17
毛皮鞣制加工	2	61			17
毛皮服装加工	1	38			
其他毛皮制品加工	1	1			
羽毛(绒)加工及制品制造	4	28			1
羽毛(绒)加工	1	1			
羽毛(绒)制品加工	3	27			1
木材加工及木、竹、藤、棕、草制品业	178	3857	17	61	110
锯材、木片加工	58	683	4	10	17
锯材加工	32	270		1	3
木片加工	26	413	4	9	14
人造板制造	74	2347	12	37	62
胶合板制造	31	605	2	5	19
纤维板制造	17	1231	10	28	41
刨花板制造	13	238		2	1
其他人造板、材制造	13	273		2	1

2-24 续表 4

行　业	企业法人单位数(个)	从业人员(人)	#具有高级技术职称	#具有中级技术职称	#具有初级技术职称
木制品制造	43	762	1	14	31
建筑用木料及木材组件加工	28	216	1	7	15
木容器制造	3	162		5	13
软木制品及其他木制品制造	12	384		2	3
竹、藤、棕、草制品制造	3	65			
家具制造业	147	4787	13	76	113
木质家具制造	116	4021	13	69	74
金属家具制造	20	723		7	38
塑料家具制造	3	25			
其他家具制造	8	18			1
造纸及纸制品业	195	8531	55	366	364
纸浆制造	7	1755	27	112	107
造纸	58	3353	18	83	139
机制纸及纸板制造	45	3238	18	81	135
加工纸制造	13	115		2	4
纸制品制造	130	3423	10	171	118
纸和纸板容器的制造	96	2943	7	158	111
其他纸制品制造	34	480	3	13	7
印刷业和记录媒介的复制	330	6497	47	231	327
印刷	300	6126	45	216	310
书、报、刊印刷	146	4081	21	127	230
本册印制	70	738	6	34	29
包装装潢及其他印刷	84	1307	18	55	51
装订及其他印刷服务活动	30	371	2	15	17
文教体育用品制造业	18	275	3	7	70
文化用品制造	8	137	2	6	65
文具制造	2	21		1	
笔的制造	2	100		5	65
教学用模型及教具制造	3	14	2		
墨水、墨汁制造	1	2			
体育用品制造	9	120	1	1	5
体育器材及配件制造	2	31	1	1	
训练健身器材制造	5	27			
运动防护用具制造	2	62			5
游艺器材及娱乐用品制造	1	18			
露天游乐场所游乐设备制造	1	18			
石油加工、炼焦及核燃料加工业	185	32551	943	3299	2992
精炼石油产品的制造	102	26442	916	3134	2800
原油加工及石油制品制造	102	26442	916	3134	2800
炼焦	83	6109	27	165	192
化学原料及化学制品制造业	639	51379	629	3477	3835
基础化学原料制造	123	22055	257	1079	1855
无机酸制造	10	605	6	23	26

2-24 续表 5

行业	企业法人单位数(个)	从业人员(人)	#具有高级技术职称	#具有中级技术职称	#具有初级技术职称
无机碱制造	6	4393	31	177	331
无机盐制造	42	6547	61	165	286
有机化学原料制造	23	9350	154	679	1149
其他基础化学原料制造	42	1160	5	35	63
肥料制造	153	6710	93	389	458
氮肥制造	4	2238	34	181	225
磷肥制造	2	190			
钾肥制造	7	1945	21	90	95
复混肥料制造	61	1271	22	73	70
有机肥料及微生物肥料制造	56	875	11	27	36
其他肥料制造	23	191	5	18	32
农药制造	10	71	1	3	3
化学农药制造	5	44	1	3	3
生物化学农药及微生物农药制造	5	27			
涂料、油墨、颜料及类似产品制造	90	981	38	56	69
涂料制造	76	866	21	43	59
油墨及类似产品制造	8	27		2	1
密封用填料及类似品制造	6	88	17	11	9
合成材料制造	22	12134	76	1437	887
初级形态的塑料及合成树脂制造	12	11726	62	1393	842
合成橡胶制造	1	3			1
合成纤维单(聚合)体的制造	1	206	10	25	40
其他合成材料制造	8	199	4	19	4
专用化学产品制造	201	8637	145	485	512
化学试剂和助剂制造	97	3379	102	300	311
专项化学用品制造	75	2785	21	92	109
林产化学产品制造	1	10			
炸药及火工产品制造	8	2094	17	74	81
信息化学品制造	1	112	1	14	9
动物胶制造	8	215	4	3	2
其他专用化学产品制造	11	42		2	
日用化学产品制造	40	791	19	28	51
肥皂及合成洗涤剂制造	18	548	10	12	22
化妆品制造	11	149	9	15	21
香料、香精制造	4	35		1	2
其他日用化学产品制造	7	59			6
医药制造业	94	4074	75	247	299
化学药品原药制造	10	349		2	2
化学药品制剂制造	8	1093	28	115	133
中药饮片加工	20	1055	13	52	98
中成药制造	25	908	18	62	35
兽用药品制造	5	130	3	3	6
生物、生化制品的制造	16	461	11	11	19
卫生材料及医药用品制造	10	78	2	2	6
化学纤维制造业	19	8547	33	166	183
纤维素纤维原料及纤维制造	18	8545	33	164	183
化纤浆粕制造	8	4153	9	95	110
人造纤维(纤维素纤维)制造	10	4392	24	69	73

2-24 续表 6

行　　业	企业法人单位数(个)	从业人员(人)	#具有高级技术职称	#具有中级技术职称	#具有初级技术职称
合成纤维制造	1	2		2	
涤纶纤维制造	1	2		2	
橡胶制品业	46	2038	16	43	131
轮胎制造	9	1316	15	32	101
车辆、飞机及工程机械轮胎制造	2	1280	15	32	99
轮胎翻新加工	7	36			2
橡胶板、管、带的制造	17	320		3	10
橡胶零件制造	13	141		1	2
再生橡胶制造	3	115	1	6	13
日用及医用橡胶制品制造	1	125			5
橡胶靴鞋制造	1	1			
其他橡胶制品制造	2	20		1	
塑料制品业	663	15425	134	1238	901
塑料薄膜制造	100	2199	19	53	73
塑料板、管、型材的制造	242	6890	96	1016	569
塑料丝、绳及编织品的制造	84	2646	3	60	77
泡沫塑料制造	57	531	6	23	52
塑料人造革、合成革制造	1	1			
塑料包装箱及容器制造	38	846	1	42	17
塑料零件制造	6	75			1
日用塑料制造	51	510	1	15	29
塑料鞋制造	1	1			
日用塑料杂品制造	50	509	1	15	29
其他塑料制品制造	84	1727	8	29	83
非金属矿物制品业	1282	53168	557	1444	2794
水泥、石灰和石膏的制造	119	22371	159	650	1373
水泥制造	81	20955	156	630	1351
石灰和石膏制造	38	1416	3	20	22
水泥及石膏制品制造	258	8342	92	343	607
水泥制品制造	140	6579	76	255	464
砼结构构件制造	60	916	8	49	85
石棉水泥制品制造	4	81	1	5	4
轻质建筑材料制造	36	530	7	30	48
其他水泥制品制造	18	236		4	6
砖瓦、石材及其他建筑材料制造	771	15327	125	280	495
粘土砖瓦及建筑砌块制造	505	10628	46	105	255
建筑陶瓷制品制造	33	1808	27	77	108
建筑用石加工	67	976	18	32	31
防水建筑材料制造	35	375	2	13	25
隔热和隔音材料制造	85	927	28	32	31
其他建筑材料制造	46	613	4	21	45
玻璃及玻璃制品制造	67	3696	165	113	176
平板玻璃制造	16	624	7	20	48
技术玻璃制品制造	9	276	4	26	50

2-24 续表 7

行 业	企业法人单位数(个)	从业人员(人)	#具有高级技术职称	#具有中级技术职称	#具有初级技术职称
日用玻璃制品及玻璃包装容器制造	12	1180	1	43	31
玻璃保温容器制造	2	357			6
玻璃纤维及制品制造	5	540	143	2	18
玻璃纤维增强塑料制品制造	20	695	10	22	23
其他玻璃制品制造	3	24			
陶瓷制品制造	7	209		1	2
卫生陶瓷制品制造	3	160			
特种陶瓷制品制造	2	33		1	1
日用陶瓷制品制造	1	5			
园林、陈设艺术及其他陶瓷制品制造	1	11			1
耐火材料制品制造	23	687	6	5	14
石棉制品制造	3	21		1	2
云母制品制造	1	7			
耐火陶瓷制品及其他耐火材料制造	19	659	6	4	12
石墨及其他非金属矿物制品制造	37	2536	10	52	127
石墨及碳素制品制造	10	1372	7	43	89
其他非金属矿物制品制造	27	1164	3	9	38
黑色金属冶炼及压延加工业	91	28421	368	997	1833
炼铁	32	15314	282	690	1322
炼钢	4	244		1	2
钢压延加工	41	11411	81	285	468
铁合金冶炼	14	1452	5	21	41
有色金属冶炼及压延加工业	68	7169	122	327	420
常用有色金属冶炼	27	4391	55	149	247
铜冶炼	12	605	9	10	22
铅锌冶炼	3	168		27	60
镍钴冶炼	2	1338	30	49	63
铝冶炼	6	1968	14	40	82
镁冶炼	2	79	1	2	15
其他常用有色金属冶炼	2	233	1	21	5
贵金属冶炼	25	2097	57	137	147
金冶炼	25	2097	57	137	147
有色金属合金制造	3	70			5
有色金属压延加工	13	611	10	41	21
常用有色金属压延加工	12	608	10	41	21
贵金属压延加工	1	3			
金属制品业	475	11229	126	500	793
结构性金属制品制造	298	5903	95	282	447
金属结构制造	169	4531	82	257	386
金属门窗制造	129	1372	13	25	61
金属工具制造	14	265	1	10	8
农用及园林用金属工具制造	8	150	1	6	8
刀剪及类似日用金属工具制造	2	77			
其他金属工具制造	4	38		4	
集装箱及金属包装容器制造	32	1775	10	96	158
集装箱制造	4	15		1	
金属压力容器制造	4	205		15	37
金属包装容器制造	24	1555	10	80	121

2-24 续表 8

行　　业	企业法人单位数(个)	从业人员(人)	#具有高级技术职称	#具有中级技术职称	#具有初级技术职称
金属丝绳及其制品的制造	24	551	5	40	48
建筑、安全用金属制品制造	44	861	5	32	49
建筑、家具用金属配件制造	9	110		6	3
建筑装饰及水暖管道零件制造	25	570	4	13	24
安全、消防用金属制品制造	5	113	1	10	18
其他建筑、安全用金属制品制造	5	68		3	4
金属表面处理及热处理加工	15	703	4	9	9
不锈钢及类似日用金属制品制造	17	175	1	5	8
金属制厨房调理及卫生器具制造	8	78	1	2	
金属制厨用器皿及餐具制造	5	85		3	8
其他日用金属制品制造	4	12			
其他金属制品制造	31	996	5	26	66
其他未列明的金属制品制造	31	996	5	26	66
通用设备制造业	325	6869	95	366	494
锅炉及原动机制造	52	852	12	46	46
锅炉及辅助设备制造	50	817	12	45	46
内燃机及配件制造	1	31		1	
其他原动机制造	1	4			
金属加工机械制造	24	184	4	16	18
金属切削机床制造	3	22	2	4	5
金属成形机床制造	2	15	2		
铸造机械制造	6	24		1	1
金属切割及焊接设备制造	2	9		1	
机床附件制造	1	4			
其他金属加工机械制造	10	110		10	12
起重运输设备制造	13	512	9	36	25
泵、阀门、压缩机及类似机械的制造	9	295	3	9	20
泵及真空设备制造	6	282	3	9	20
阀门和旋塞的制造	1	1			
液压和气压动力机械及元件制造	2	12			
轴承、齿轮、传动和驱动部件的制造	4	324	3	1	1
轴承制造	2	287	2		
齿轮、传动和驱动部件制造	2	37	1	1	1
风机、衡器、包装设备等通用设备制造	39	668	18	55	47
风机、风扇制造	15	230	2	7	7
气体、液体分离及纯净设备制造	2	25	1	2	
制冷、空调设备制造	7	194	3	21	30
喷枪及类似器具制造	2	26	2	2	1
包装专用设备制造	1	7			
衡器制造	8	121	9	20	5
其他通用设备制造	4	65	1	3	4
通用零部件制造及机械修理	118	2839	37	149	250
金属密封件制造	5	229	2	14	78
紧固件、弹簧制造	10	307	5	35	26
机械零部件加工及设备修理	91	2172	19	98	133
其他通用零部件制造	12	131	11	2	13

2-24　续表 9

行　　业	企业法人单位数(个)	从业人员(人)	#具有高级技术职称	#具有中级技术职称	#具有初级技术职称
金属铸、锻加工	66	1195	9	54	87
钢铁铸件制造	60	1050	7	37	43
锻件及粉末冶金制品制造	6	145	2	17	44
专用设备制造业	246	7357	188	470	540
矿山、冶金、建筑专用设备制造	69	2479	57	192	186
采矿、采石设备制造	30	971	22	44	71
石油钻采专用设备制造	15	997	24	126	87
建筑工程用机械制造	12	385	5	17	24
建筑材料生产专用机械制造	12	126	6	5	4
化工、木材、非金属加工专用设备制造	18	125	2	3	8
炼油、化工生产专用设备制造	3	36		1	7
塑料加工专用设备制造	4	36			
木材加工机械制造	1	2		1	
模具制造	8	48	2	1	1
其他非金属加工专用设备制造	2	3			
食品、饮料、烟草及饲料生产专用设备制造	8	107	8	14	8
食品、饮料、烟草工业专用设备制造	3	40	5	9	4
农副食品加工专用设备制造	4	55	3	4	3
饲料生产专用设备制造	1	12		1	1
印刷、制药、日化生产专用设备制造	5	65		1	4
印刷专用设备制造	2	19			
照明器具生产专用设备制造	1	5			
其他日用品生产专用设备制造	2	41		1	4
纺织、服装和皮革工业专用设备制造	9	246	1	3	2
纺织专用设备制造	8	230	1	3	2
其他服装加工专用设备制造	1	16			
电子和电工机械专用设备制造	7	102	2	3	12
电工机械专用设备制造	5	92	2	3	12
电子工业专用设备制造	2	10			
农、林、牧、渔专用机械制造	95	3744	108	223	295
拖拉机制造	4	87	1		
机械化农业及园艺机具制造	58	2752	93	186	241
畜牧机械制造	4	236			3
农林牧渔机械配件制造	7	33			
其他农林牧渔业机械制造及机械修理	22	636	14	37	51
医疗仪器设备及器械制造	12	111	6	9	5
医疗诊断、监护及治疗设备制造	1	1			
医疗、外科及兽医用器械制造	1	6			
假肢、人工器官及植(介)入器械制造	7	43	4	8	
其他医疗设备及器械制造	3	61	2	1	5
环保、社会公共安全及其他专用设备制造	23	378	4	22	20
环境污染防治专用设备制造	8	101	3	9	
商业、饮食、服务业专用设备制造	1	10	1	1	6
社会公共安全设备及器材制造	1	8			

2-24 续表 10

行 业	企业法人单位数(个)	从业人员(人)	#具有高级技术职称	#具有中级技术职称	#具有初级技术职称
交通安全及管制专用设备制造	1	5		3	2
水资源专用机械制造	4	145		3	7
其他专用设备制造	8	109		6	5
交通运输设备制造业	147	4312	110	305	335
铁路运输设备制造	5	330	3	23	29
铁路机车车辆配件制造	2	136		2	9
铁路专用设备及器材、配件制造	1	43		3	
其他铁路设备制造及设备修理	2	151	3	18	20
汽车制造	128	3789	106	272	297
汽车整车制造	2	963	37	71	63
改装汽车制造	4	406	5	36	29
汽车车身、挂车的制造	7	305	4	17	30
汽车零部件及配件制造	11	250		9	10
汽车修理	104	1865	60	139	165
摩托车制造	1	5			
摩托车整车制造	1	5			
自行车制造	5	34			2
脚踏自行车及残疾人座车制造	2	9			
助动自行车制造	3	25			2
交通器材及其他交通运输设备制造	8	154	1	10	7
交通管理用金属标志及设施制造	6	141	1	8	7
其他交通运输设备制造	2	13		2	
电气机械及器材制造业	222	7973	239	712	1106
电机制造	5	1247	34	113	110
发电机及发电机组制造	4	1239	34	113	110
电动机制造	1	8			
输配电及控制设备制造	129	5195	128	482	853
变压器、整流器和电感器制造	20	2641	65	278	516
电容器及其配套设备制造	6	71	3	8	18
配电开关控制设备制造	83	2156	45	163	279
电力电子元器件制造	2	12	1	3	1
其他输配电及控制设备制造	18	315	14	30	39
电线、电缆、光缆及电工器材制造	46	1202	65	80	121
电线电缆制造	40	872	53	73	66
绝缘制品制造	4	318	12	7	55
其他电工器材制造	2	12			
电池制造	2	7	1	2	
家用电力器具制造	9	34	1		
家用制冷电器具制造	2	7			
家用通风电器具制造	1	3			
家用厨房电器具制造	2	6			
家用清洁卫生电器具制造	1	5			
其他家用电力器具制造	3	13	1		
非电力家用器具制造	11	151	7	13	19
燃气、太阳能及类似能源的器具制造	11	151	7	13	19

2-24 续表 11

行业	企业法人单位数(个)	从业人员(人)	#具有高级技术职称	#具有中级技术职称	#具有初级技术职称
照明器具制造	14	80	2	14	3
照明灯具制造	13	78	2	14	3
灯用电器附件及其他照明器具制造	1	2			
其他电气机械及器材制造	6	57	1	8	
车辆专用照明及电气信号设备装置制造	1	11			
其他未列明的电气机械制造	5	46	1	8	
通信设备、计算机及其他电子设备制造业	12	3182	25	79	217
通信设备制造	2	66			
通信传输设备制造	1	2			
移动通信及终端设备制造	1	64			
广播电视设备制造	2	173		6	18
广播电视接收设备及器材制造	2	173		6	18
电子器件制造	1	3			
光电子器件及其他电子器件制造	1	3			
电子元件制造	4	2869	25	69	195
电子元件及组件制造	4	2869	25	69	195
家用视听设备制造	2	70		4	4
家用影视设备制造	2	70		4	4
其他电子设备制造	1	1			
其他电子设备制造	1	1			
仪器仪表及文化、办公用机械制造业	21	367	18	48	65
通用仪器仪表制造	8	189	14	32	44
工业自动控制系统装置制造	2	47	2	4	7
电工仪器仪表制造	2	16	1	5	7
供应用仪表及其他通用仪器制造	4	126	11	23	30
专用仪器仪表制造	6	101	3	14	16
地质勘探和地震专用仪器制造	2	74		8	16
电子测量仪器制造	1	2			
其他专用仪器制造	3	25	3	6	
光学仪器及眼镜制造	1	5			
眼镜制造	1	5			
文化、办公用机械制造	2	31			
计算器及货币专用设备制造	1	6			
其他文化、办公用机械制造	1	25			
其他仪器仪表的制造及修理	4	41	1	2	5
工艺品及其他制造业	49	2003	29	85	89
工艺美术品制造	33	770	3	15	33
雕塑工艺品制造	4	13			1
金属工艺品制造	4	25		1	1
天然植物纤维编织工艺品制造	3	38			
地毯、挂毯制造	14	647	3	14	31
珠宝首饰及有关物品的制造	4	24			
其他工艺美术品制造	4	23			
日用杂品制造	4	61		5	2
制镜及类似品加工	2	48		3	1
其他日用杂品制造	2	13		2	1

2-24 续表 12

行　　业	企业法人单位数(个)	从业人员(人)	#具有高级技术职称	#具有中级技术职称	#具有初级技术职称
煤制品制造	7	1133	22	59	52
其他未列明的制造业	5	39	4	6	2
废弃资源和废旧材料回收加工业	25	211	1	14	22
金属废料和碎屑的加工处理	11	109		12	18
非金属废料和碎屑的加工处理	14	102	1	2	4
电力、燃气及水的生产和供应业	522	59376	815	3276	7531
电力、热力的生产和供应业	363	50470	726	2730	6525
电力生产	157	19553	380	1343	2896
火力发电	35	14281	268	927	2283
水力发电	100	4719	93	356	569
其他能源发电	22	553	19	60	44
电力供应	25	20575	213	913	2842
热力生产和供应	181	10342	133	474	787
燃气生产和供应业	44	2391	36	155	182
水的生产和供应业	115	6515	53	391	824
自来水的生产和供应	104	5955	50	353	721
污水处理及其再生利用	11	560	3	38	103
建筑业	1762	206812	4120	21216	37302
房屋和土木工程建筑业	793	175386	3297	18335	33352
房屋工程建筑	417	123294	2094	12641	22673
土木工程建筑	376	52092	1203	5694	10679
铁路、道路、隧道和桥梁工程建筑	120	31099	674	3380	7807
水利和港口工程建筑	70	10713	274	1396	1529
工矿工程建筑	32	3507	52	207	337
架线和管道工程建筑	57	5197	156	467	827
其他土木工程建筑	97	1576	47	244	179
建筑安装业	362	22772	501	1864	2795
建筑装饰业	406	4944	124	545	579
其他建筑业	201	3710	198	472	576
工程准备	89	2278	179	337	406
提供施工设备服务	26	363	1	21	23
其他未列明的建筑活动	86	1069	18	114	147
交通运输、仓储和邮政业	1979	96228	841	2913	4961
铁路运输业	15	115	1	4	2
铁路旅客运输	1	48			
铁路货物运输	13	65	1	3	1
铁路运输辅助活动	1	2		1	1
货运火车站	1	2		1	1
道路运输业	957	48601	381	1133	2821
公路旅客运输	171	6945	176	326	629
道路货物运输	689	37775	182	669	1947
道路运输辅助活动	97	3881	23	138	245
客运汽车站	61	3336	12	83	168
公路管理与养护	18	424	11	47	52
其他道路运输辅助活动	18	121		8	25
城市公共交通业	142	17088	125	340	382
公共电汽车客运	54	14361	114	282	340

2-24 续表 13

行业	企业法人单位数(个)	从业人员(人)	#具有高级技术职称	#具有中级技术职称	#具有初级技术职称
轨道交通	1	76	2	19	5
出租车客运	79	2533	9	29	20
其他城市公共交通	8	118		10	17
航空运输业	18	3604	24	421	250
航空客货运输	5	27			
通用航空服务	6	268			
航空运输辅助活动	7	3309	24	421	250
机场	2	3268	24	418	250
其他航空运输辅助活动	5	41		3	
管道运输业	5	911	70	194	64
装卸搬运和其他运输服务业	625	10170	34	305	330
装卸搬运	96	5366	14	124	148
运输代理服务	529	4804	20	181	182
仓储业	179	3672	30	220	438
谷物、棉花等农产品仓储	51	1442	18	102	285
其他仓储	128	2230	12	118	153
邮政业	38	12067	176	296	674
国家邮政	20	10635	173	291	658
其他寄递服务	18	1432	3	5	16
信息传输、计算机服务和软件业	1853	27951	434	1994	4051
电信和其他信息传输服务业	385	20177	270	1472	3451
电信	122	17775	245	1294	3126
固定电信服务	39	8957	206	886	2280
移动电信服务	56	8467	33	379	734
其他电信服务	27	351	6	29	112
互联网信息服务	240	1441	12	86	166
广播电视传输服务	22	950	13	92	159
有线广播电视传输服务	19	872	12	88	151
无线广播电视传输服务	3	78	1	4	8
卫星传输服务	1	11			
计算机服务业	1307	5315	112	258	319
计算机系统服务	150	1370	55	142	162
数据处理	9	58	6	1	
计算机维修	44	275	8	31	32
其他计算机服务	1104	3612	43	84	125
软件业	161	2459	52	264	281
公共软件服务	108	1801	36	156	134
基础软件服务	47	960	14	47	39
应用软件服务	61	841	22	109	95
其他软件服务	53	658	16	108	147
批发和零售业	18545	186693	2192	9184	12622
批发业	12634	120808	1620	6785	8997
农畜产品批发	979	22119	359	1356	2259
谷物、豆及薯类批发	102	4242	33	242	504
种子、饲料批发	403	4302	164	399	550
棉、麻批发	322	12447	147	668	1111
牲畜批发	7	111	2	1	1
其他农畜产品批发	145	1017	13	46	93

2-24 续表 14

行　业	企业法人单位数(个)	从业人员(人)	#具有高级技术职称	#具有中级技术职称	#具有初级技术职称
食品、饮料及烟草制品批发	796	11404	107	600	834
米、面制品及食用油批发	131	2181	32	136	199
糕点、糖果及糖批发	46	298		11	23
果品、蔬菜批发	96	1533	21	101	115
肉、禽、蛋及水产品批发	41	521	6	24	30
盐及调味品批发	67	732	12	51	103
饮料及茶叶批发	228	2169	20	79	109
烟草制品批发	42	2771	11	135	192
其他食品批发	145	1199	5	63	63
纺织、服装及日用品批发	617	4646	48	196	297
纺织品、针织品及原料批发	143	1001	19	56	93
服装批发	145	1069	9	47	75
鞋帽批发	17	120		8	7
厨房、卫生间用具及日用杂货批发	62	378	8	19	22
化妆品及卫生用品批发	111	1126	6	28	44
其他日用品批发	139	952	6	38	56
文化、体育用品及器材批发	267	2163	21	178	105
文具用品批发	122	626	5	35	45
体育用品批发	27	107	3	13	8
图书批发	36	683	8	89	20
报刊批发	1	4			
音像制品及电子出版物批发	4	203	2	3	4
首饰、工艺品及收藏品批发	29	133	1	5	2
其他文化用品批发	48	407	2	33	26
医药及医疗器材批发	361	4754	52	338	605
西药批发	62	2561	22	181	450
中药材及中成药批发	34	535	9	58	62
医疗用品及器材批发	265	1658	21	99	93
矿产品、建材及化工产品批发	4334	40655	484	2077	3054
煤炭及制品批发	100	1513	19	61	69
石油及制品批发	507	13034	88	641	1224
非金属矿及制品批发	78	291	3	23	15
金属及金属矿批发	1255	8095	84	434	458
建材批发	977	5099	67	258	249
化肥批发	650	8133	109	296	656
农药批发	132	683	19	42	50
农用薄膜批发	32	166	7	12	16
其他化工产品批发	603	3641	88	310	317
机械设备、五金交电及电子产品批发	4662	30402	476	1787	1637
农业机械批发	304	2007	26	121	152
汽车、摩托车及零配件批发	572	4658	44	237	232
五金、交电批发	1110	5542	71	303	350
家用电器批发	128	1330	6	46	50
计算机、软件及辅助设备批发	336	2556	67	180	163
通讯及广播电视设备批发	149	1243	28	70	55
其他机械设备及电子产品批发	2063	13066	234	830	635

2-24　续表 15

行　业	企业法人单位数(个)	从业人员(人)	#具有高级技术职称	#具有中级技术职称	#具有初级技术职称
贸易经纪与代理	182	1472	27	82	51
其他批发	436	3193	46	171	155
再生物资回收与批发	173	1264	14	61	67
其他未列明的批发	263	1929	32	110	88
零售业	5911	65885	572	2399	3625
综合零售	479	16201	31	250	650
百货零售	262	7682	15	132	369
超级市场零售	95	7552	11	96	239
其他综合零售	122	967	5	22	42
食品、饮料及烟草制品专门零售	383	2403	17	59	149
粮油零售	66	622	1	25	71
糕点、面包零售	20	133		1	3
果品、蔬菜零售	26	151		7	7
肉、禽、蛋及水产品零售	29	205	8	1	8
饮料及茶叶零售	104	467	2	10	26
烟草制品零售	49	241	1	7	20
其他食品零售	89	584	5	8	14
纺织、服装及日用品专门零售	464	5851	80	224	227
纺织品及针织品零售	90	434	2	14	10
服装零售	173	4158	43	111	132
鞋帽零售	17	100	1	1	3
钟表、眼镜零售	29	294	32	71	29
化妆品及卫生用品零售	48	253	2	9	21
其他日用品零售	107	612		18	32
文化、体育用品及器材专门零售	399	4343	69	168	278
文具用品零售	100	405	8	9	17
体育用品零售	44	357	3	11	23
图书零售	61	2047	39	72	162
报刊零售	2	6			
音像制品及电子出版物零售	12	69	2	8	7
珠宝首饰零售	77	853	7	27	27
工艺美术品及收藏品零售	41	282	2	13	3
照相器材零售	20	124	5	9	16
其他文化用品零售	42	200	3	19	23
医药及医疗器材专门零售	328	5481	54	372	709
药品零售	184	4601	38	267	674
医疗用品及器材零售	144	880	16	105	35
汽车、摩托车、燃料及零配件专门零售	1096	13833	153	638	869
汽车零售	292	5984	110	402	334
汽车零配件零售	406	2028	26	115	145
摩托车及零配件零售	123	756	4	11	21
机动车燃料零售	275	5065	13	110	369

2-24 续表 16

行　业	企业法人单位数(个)	从业人员(人)	#具有高级技术职称	#具有中级技术职称	#具有初级技术职称
家用电器及电子产品专门零售	1322	9594	104	390	431
家用电器零售	242	3112	11	98	124
计算机、软件及辅助设备零售	695	3510	58	175	204
通信设备零售	194	2203	8	54	64
其他电子产品零售	191	769	27	63	39
五金、家具及室内装修材料专门零售	968	5157	28	153	160
五金零售	510	2077	15	80	87
家具零售	170	1988	5	21	25
涂料零售	16	71	2	4	2
其他室内装修材料零售	272	1021	6	48	46
无店铺及其他零售	472	3022	36	145	152
流动货摊零售	4	17		2	4
邮购及电子销售	1	10			
生活用燃料零售	107	1197	10	36	52
花卉零售	21	86	3	6	2
旧货零售	3	12		1	1
其他未列明的零售	336	1700	23	100	93
住宿和餐饮业	1011	45618	359	1306	1910
住宿业	716	33826	277	973	1425
旅游饭店	327	27005	251	824	987
一般旅馆	370	6489	24	137	417
其他住宿服务	19	332	2	12	21
餐饮业	295	11792	82	333	485
正餐服务	250	9999	82	319	461
快餐服务	33	1663		12	20
饮料及冷饮服务	3	16			
其他餐饮服务	9	114		2	4
金融业	571	71795	586	5717	15296
银行业	213	40642	353	4836	14128
中央银行	2	333		26	73
商业银行	178	37578	329	4491	13027
其他银行	33	2731	24	319	1028
证券业	5	600	9	114	59
证券经纪与交易	3	575	6	114	59
证券投资	2	25	3		
保险业	169	28406	146	579	967
人寿保险	60	20585	48	183	214
非人寿保险	90	7678	93	385	745
保险辅助服务	19	143	5	11	8
其他金融活动	184	2147	78	188	142
金融信托与管理	16	164	21	44	10
金融租赁	2	69	10	28	5
财务公司	13	62		6	
邮政储蓄	7	681	7	10	37
典当	70	590	13	51	49
其他未列明的金融活动	76	581	27	49	41

2-24 续表 17

行 业	企业法人单位数(个)	从业人员(人)	#具有高级技术职称	#具有中级技术职称	#具有初级技术职称
房地产业	2610	56643	1316	5430	5106
房地产业	2610	56643	1316	5430	5106
房地产开发经营	1130	20402	770	3389	2916
物业管理	713	27823	281	1299	1547
房地产中介服务	344	2702	74	374	191
其他房地产活动	423	5716	191	368	452
租赁和商务服务业	4042	86264	2074	4866	4382
租赁业	324	2531	27	97	175
机械设备租赁	313	2370	26	91	170
汽车租赁	97	517	5	21	20
农业机械租赁	3	12			
建筑工程机械与设备租赁	130	769	8	37	65
计算机及通讯设备租赁	5	42	2	3	
其他机械与设备租赁	78	1030	11	30	85
文化及日用品出租	11	161	1	6	5
图书及音像制品出租	1	1			
其他文化及日用品出租	10	160	1	6	5
商务服务业	3718	83733	2047	4769	4207
企业管理服务	594	20576	629	1488	1232
企业管理机构	191	14225	394	883	868
投资与资产管理	333	4266	178	475	226
其他企业管理服务	70	2085	57	130	138
法律服务	177	2041	63	101	124
律师及相关的法律服务	158	1868	49	72	114
公证服务	10	94	3	6	8
其他法律服务	9	79	11	23	2
咨询与调查	864	7252	671	1494	622
会计、审计及税务服务	263	2957	310	790	285
市场调查	11	60	3	3	2
社会经济咨询	190	1186	76	195	45
其他专业咨询	400	3049	282	506	290
广告业	801	5655	132	323	324
知识产权服务	28	136	2	5	3
职业中介服务	287	27839	75	290	480
市场管理	152	4636	236	471	639
旅行社	316	3000	25	207	352
其他商务服务	499	12598	214	390	431
会议及展览服务	50	224	10	17	14
包装服务	5	23			
保安服务	75	8478	117	78	77
办公服务	69	444	7	12	42
其他未列明的商务服务	300	3429	80	283	298
科学研究、技术服务和地质勘查业	1640	26324	2645	5272	3831
研究与试验发展	73	746	115	109	66
自然科学研究与试验发展	10	93	20	9	8

2-24 续表 18

行　业	企业法人单位数(个)	从业人员(人)	#具有高级技术职称	#具有中级技术职称	#具有初级技术职称
工程和技术研究与试验发展	25	314	45	61	36
农业科学研究与试验发展	26	212	46	31	19
医学研究与试验发展	12	127	4	8	3
专业技术服务业	1006	19240	2048	4578	3143
气象服务	15	220	7	61	52
测绘服务	52	700	35	83	84
技术检测	185	3281	172	827	291
环境监测	14	85	1	9	1
工程技术与规划管理	502	12605	1646	3331	2511
工程管理服务	287	7308	770	2146	1424
工程勘察设计	203	5154	872	1170	1086
规划管理	12	143	4	15	1
其他专业技术服务	238	2349	187	267	204
科技交流和推广服务业	235	2149	112	192	194
技术推广服务	141	1059	47	73	72
科技中介服务	51	647	24	46	29
其他科技服务	43	443	41	73	93
地质勘查业	326	4189	370	393	428
矿产地质勘查	159	2326	214	177	229
能源矿产地质勘查	56	1336	173	161	225
固体矿产地质勘查	80	504	30	9	
其他矿产地质勘查	23	486	11	7	4
基础地质勘查	6	156	21	44	45
地质勘查技术服务	161	1707	135	172	154
水利、环境和公共设施管理业	240	6824	162	390	405
水利管理业	35	1044	71	123	144
防洪管理	4	26	4	3	5
水资源管理	24	823	54	109	121
水库管理	2	421	26	66	68
调水、引水管理	9	261	13	32	46
其他水资源管理	13	141	15	11	7
其他水利管理	7	195	13	11	18
环境管理业	47	1561	27	71	58
自然保护	10	607	10	43	23
自然保护区管理	7	408	10	43	23
野生动植物保护	1	188			
其他自然保护	2	11			
环境治理	37	954	17	28	35
城市市容管理	3	7		1	
城市环境卫生管理	19	823	4	14	23
水污染治理	2	38	1	4	4
危险废物治理	4	35	10	6	6
其他环境治理	9	51	2	3	2
公共设施管理业	158	4219	64	196	203
市政公共设施管理	18	370	30	59	45

2-24　续表 19

行　　业	企业法人单位数(个)	从业人员(人)	#具有高级技术职称	#具有中级技术职称	#具有初级技术职称
城市绿化管理	71	2440	31	112	125
游览景区管理	69	1409	3	25	33
风景名胜区管理	21	258		1	3
公园管理	4	191		1	2
其他游览景区管理	44	960	3	23	28
居民服务和其他服务业	1103	13211	230	692	877
居民服务业	358	4538	38	173	349
家庭服务	39	436		6	21
托儿所	6	50			4
洗染服务	9	113		4	3
理发及美容保健服务	46	567	9	19	37
洗浴服务	50	1454	1	50	197
婚姻服务	15	51			
殡葬服务	16	381	4	28	16
摄影扩印服务	41	500	10	17	32
其他居民服务	136	986	14	49	39
其他服务业	745	8673	192	519	528
修理与维护	509	4813	165	416	389
汽车、摩托车维护与保养	402	4128	150	350	327
办公设备维修	26	187	3	16	22
家用电器修理	55	349	9	44	31
其他日用品修理	26	149	3	6	9
清洁服务	78	2183	12	30	64
建筑物清洁服务	10	40		1	5
其他清洁服务	68	2143	12	29	59
其他未列明的服务	158	1677	15	73	75
教育	287	3943	211	354	323
教育	287	3943	211	354	323
学前教育	31	488	2	13	33
初等教育	2	37	2		
中等教育	9	374	53	74	36
初中教育	3	308	52	70	31
高中教育	1	2			
技工学校教育	4	62	1	4	5
其他中等教育	1	2			
高等教育	1	18			
成人高等教育	1	18			
其他教育	244	3026	154	267	254
职业技能培训	219	2909	144	258	252
特殊教育	1	23		1	
其他未列明的教育	24	94	10	8	2
卫生、社会保障和社会福利业	251	6925	416	1115	1803
卫生	238	6764	415	1114	1802
医院	146	5308	351	898	1485
综合医院	90	3492	243	687	1028

2-24 续表 20

行业	企业法人单位数(个)	从业人员(人)	#具有高级技术职称	#具有中级技术职称	#具有初级技术职称
中医医院	7	200	20	15	30
中西医结合医院	7	152	11	8	2
民族医院	3	81	4	6	16
专科医院	39	1383	73	182	409
卫生院及社区医疗活动	41	665	18	95	156
门诊部医疗活动	41	732	42	104	155
妇幼保健活动	1	2			
专科疾病防治活动	4	32	2	7	4
其他卫生活动	5	25	2	10	2
社会保障业	2	35			
社会福利业	11	126	1	1	1
提供住宿的社会福利	6	81	1	1	
收养收容服务	6	81	1	1	
不提供住宿的社会福利	5	45			1
文化、体育和娱乐业	250	3828	188	346	382
新闻出版业	19	1277	157	254	243
新闻业	2	14			
出版业	17	1263	157	254	243
图书出版	5	53		1	
报纸出版	5	1148	155	249	235
期刊出版	6	58	2	3	6
其他出版	1	4		1	2
广播、电视、电影和音像业	69	834	13	67	88
广播	4	56		2	7
电视	7	87	5	11	6
电影	41	640	8	51	73
电影制作与发行	6	271	3	40	49
电影放映	35	369	5	11	24
音像制作	17	51		3	2
文化艺术业	42	290	4	7	16
文艺创作与表演	13	73			
艺术表演场馆	4	52			1
博物馆	4	58	2		1
群众文化活动	5	31		2	
文化艺术经纪代理	10	53	2	5	14
其他文化艺术	6	23			
体育	9	66		1	
体育组织	5	47			
体育场馆	3	17			
其他体育	1	2		1	
娱乐业	111	1361	14	17	35
室内娱乐活动	66	790	5	5	16
游乐园	7	61			
休闲健身娱乐活动	23	230	6	9	8
其他娱乐活动	15	280	3	3	11

2-25　按地州、市、县（市）和专业技术职称分组的企业法人单位从业人员数

地　　区	企业法人单位数（个）	从业人员数（人）	#具有高级技术职称	#具有中级技术职称	#具有初级技术职称
总　　计	**45713**	**1638642**	**26556**	**101801**	**153199**
乌鲁木齐市	20734	561553	11750	38013	49274
天山区	4385	100345	2513	9004	11032
沙依巴克区	4776	127940	2635	7100	10710
新市区	6914	177767	4047	12874	15012
水磨沟区	3112	55767	998	3150	4110
头屯河区	448	40764	578	2023	3117
达坂城区	95	7613	65	416	473
米东区	878	48777	901	3400	4779
乌鲁木齐县	126	2580	13	46	41
克拉玛依市	1752	196665	4132	14470	19149
独山子区	296	28762	664	2527	2628
克拉玛依区	1307	153505	3396	11443	15684
白碱滩区	125	9743	66	449	798
乌尔禾区	24	4655	6	51	39
吐鲁番地区	842	34849	614	1693	3137
吐鲁番市	320	14190	163	465	1287
鄯善县	389	14999	373	1117	1539
托克逊县	133	5660	78	111	311
哈密地区	1819	51430	800	3136	4042
哈密市	1659	46322	778	2996	3792
巴里坤哈萨克自治县	116	3851	9	95	198
伊吾县	44	1257	13	45	52
昌吉回族自治州	2943	96201	1631	6042	9959
昌吉市	1563	47989	964	3713	6247
阜康市	362	15204	142	613	1143
呼图壁县	281	10308	238	421	548
玛纳斯县	271	12375	103	542	965
奇台县	197	4974	73	321	556
吉木萨尔县	156	4050	101	348	372
木垒哈萨克自治县	113	1301	10	84	128
伊犁哈萨克自治州	5055	228139	2074	9546	21569
伊犁州直属县(市)	2964	115893	1079	5314	10751
伊宁市	1131	42840	496	2347	4655
奎屯市	845	26005	335	1757	3249
伊宁县	170	9657	63	226	618
察布查尔锡伯自治县	99	7430	31	237	380

2-25 续表 1

地　区	企业法人单位数(个)	从业人员数(人)	#具有高级技术职称	#具有中级技术职称	#具有初级技术职称
霍城县	234	6675	64	323	572
巩留县	77	1786	14	64	118
新源县	241	12311	24	152	516
昭苏县	43	4944	12	61	149
特克斯县	57	1327	12	36	195
尼勒克县	67	2918	28	111	299
塔城地区	888	79322	517	2428	7189
塔城市	144	7427	78	549	1593
乌苏市	167	34318	269	1010	3766
额敏县	84	8205	52	334	583
沙湾县	291	14638	36	239	578
托里县	99	7754	60	175	428
裕民县	51	1198	5	27	14
和布克赛尔蒙古自治县	52	5782	17	94	227
阿勒泰地区	1203	32924	478	1804	3629
阿勒泰市	423	15351	235	996	2009
布尔津县	169	3187	28	79	185
富蕴县	191	7847	102	420	692
福海县	81	1599	35	59	172
哈巴河县	92	2586	33	155	345
青河县	182	1281	40	45	47
吉木乃县	65	1073	5	50	179
博尔塔拉蒙古自治州	999	58588	334	2146	4522
博乐市	762	43686	284	1724	3136
精河县	179	11179	26	232	932
温泉县	58	3723	24	190	454
巴音郭楞蒙古自治州	4015	119343	1909	8342	12767
库尔勒市	2896	76732	1634	6857	10211
轮台县	254	7636	74	255	456
尉犁县	152	7809	61	524	850
若羌县	65	3686	29	122	196
且末县	111	2108	13	76	70
焉耆回族自治县	142	2822	23	109	114
和静县	213	12634	58	259	551
和硕县	113	4451	6	50	196
博湖县	69	1465	11	90	123
阿克苏地区	2394	82651	845	4252	7581
阿克苏市	1090	40024	468	2539	4790
温宿县	155	7211	22	216	435

2-25 续表 2

地区	企业法人单位数(个)	从业人员数(人)	#具有高级技术职称	#具有中级技术职称	#具有初级技术职称
库车县	525	15118	261	849	1079
沙雅县	163	4320	21	194	266
新和县	88	2973	19	129	178
拜城县	153	7402	21	169	303
乌什县	64	1328	25	69	109
阿瓦提县	127	3744	7	82	414
柯坪县	29	531	1	5	7
克孜勒苏柯尔克孜自治州	429	11837	146	594	796
阿图什市	316	6210	112	330	618
阿克陶县	66	2658	26	86	104
阿合奇县	19	561	3	140	35
乌恰县	28	2408	5	38	39
喀什地区	1964	71258	722	2614	6693
喀什市	741	37563	329	1572	4021
疏附县	58	1717	36	148	147
疏勒县	86	4668	15	61	200
英吉沙县	26	1320	2	15	93
泽普县	150	3402	12	41	194
莎车县	272	6129	120	384	1392
叶城县	150	4667	140	215	269
麦盖提县	95	2636	29	60	111
岳普湖县	49	1498	9	43	89
伽师县	140	2377	8	4	21
巴楚县	173	4502	22	67	156
塔什库尔干塔吉克自治县	24	779		4	
和田地区	802	29124	255	1107	2479
和田市	423	18632	120	663	1915
和田县	63	1641	26	37	73
墨玉县	54	2088	44	129	182
皮山县	62	1547	17	67	75
洛浦县	58	2842	18	78	94
策勒县	55	929	7	34	27
于田县	59	1033	23	92	100
民丰县	28	412		7	13
自治区直辖县级市	1965	97004	1344	9846	11231
石河子市	1773	80392	1190	8856	9882
阿拉尔市	51	6495	51	476	513
图木舒克市	19	2670	28	145	203
五家渠市	122	7447	75	369	633

2-26 按登记注册类型、技术等级分组的企业法人单位从业人员数

登记注册类型	企业法人单位数（个）	从业人员数（人）	#高级技师	#技师	#高级工	#中级工
总　计	**45713**	**1638642**	**43153**	**20802**	**84857**	**109413**
内资企业	45430	1605421	43063	20512	84207	107850
国有企业	2326	393034	35295	4561	24003	33038
集体企业	1010	35229	119	170	469	846
股份合作企业	150	4411	9	21	92	92
联营企业	93	3531	4	31	233	91
国有联营企业	29	807	3	25	182	47
集体联营企业	34	1160	1	4	30	32
国有与集体联营企业	13	844			9	12
其他联营企业	17	720		2	12	
有限责任公司	7249	479853	2795	7565	25165	37508
国有独资公司	311	72077	1355	2605	7468	5911
其他有限责任公司	6938	407776	1440	4960	17697	31597
股份有限公司	539	243916	2457	4106	27449	23195
私营企业	33686	437236	1992	4003	6108	12936
私营独资企业	5647	55585	181	492	537	1389
私营合伙企业	827	10053	52	60	83	182
私营有限责任公司	26750	356411	1697	3386	5379	11105
私营股份有限公司	462	15187	62	65	109	260
其他企业	377	8211	392	55	688	144
港、澳、台商投资企业	111	15404	19	99	455	1129
合资经营企业(港或澳、台资)	49	8743	16	26	377	938
合作经营企业(港或澳、台资)	4	147		5	19	8
港、澳、台商独资经营企业	43	4569	3	63	29	160
港、澳、台商投资股份有限公司	15	1945		5	30	23
外商投资企业	172	17817	71	191	195	434
中外合资经营企业	85	8444	55	142	155	393
中外合作经营企业	11	359	6			
外资企业	65	7702	4	30	40	41
外商投资股份有限公司	11	1312	6	19		

2-27 按行业(门类、大类、中类、小类)、技术等级分组的企业法人单位从业人员数

行业	企业法人单位数(个)	从业人员数(人)	#高级技师	#技师	#高级工	#中级工
总计	**45713**	**1638642**	**43153**	**20802**	**84857**	**109413**
农、林、牧、渔业	69	103006	445	935	5568	9997
农业	39	86836	444	753	5387	9861
谷物及其他作物的种植	35	76771	444	753	5247	9446
谷物的种植	10	10545		47	1463	1101
棉花的种植	23	63116	416	641	3747	8153
糖料的种植	1	2941	28	65	35	78
其他作物的种植	1	169			2	114
蔬菜、园艺作物的种植	3	9039			140	415
蔬菜的种植	3	9039			140	415
水果、坚果、饮料和香料作物的种植	1	1026				
水果、坚果的种植	1	1026				
林业	6	795	1	177	120	32
林木的培育和种植	3	379	1	90	49	10
造林	1	245		83	47	8
林木的抚育和管理	2	134	1	7	2	2
木材和竹材的采运	3	416		87	71	22
木材的采运	3	416		87	71	22
畜牧业	15	14751			3	90
牲畜的饲养	14	14742			3	90
猪的饲养	1	9				
渔业	2	51		3	2	
内陆渔业	2	51		3	2	
内陆养殖	2	51		3	2	
农、林、牧、渔服务业	7	573		2	56	14
农业服务业	5	434				
农产品初加工服务	4	427				
其他农业服务	1	7				
林业服务业	1	129		2	56	14
畜牧服务业	1	10				
其他畜牧服务	1	10				
采矿业	1625	214842	1305	3398	22782	22779
煤炭开采和洗选业	332	58994	1055	1556	2683	3695
烟煤和无烟煤的开采洗选	330	58865	1055	1556	2683	3695
褐煤的开采洗选	1	120				
其他煤炭采选	1	9				
石油和天然气开采业	66	122936	183	1515	19045	17088
天然原油和天然气开采	8	95354	129	1235	15207	9606
与石油和天然气开采有关的服务活动	58	27582	54	280	3838	7482
黑色金属矿采选业	581	12454	25	97	519	559
铁矿采选	553	11786	25	95	516	536
其他黑色金属矿采选	28	668		2	3	23
有色金属矿采选业	279	12344	36	188	510	1360
常用有色金属矿采选	196	7824	33	82	243	792
铜矿采选	106	4489	15	39	190	690
铅锌矿采选	50	2158	4	11	16	69

2-27 续表 1

行业	企业法人单位数（个）	从业人员数（人）	#高级技师	#技师	#高级工	#中级工
镍钴矿采选	17	964	14	32	37	33
铝矿采选	1	5				
其他常用有色金属矿采选	22	208				
贵金属矿采选	68	3315	2	75	160	187
金矿采选	67	3300	2	75	160	187
其他贵金属矿采选	1	15				
稀有稀土金属矿采选	15	1205	1	31	107	381
钨钼矿采选	8	90	1			
稀土金属矿采选	1	25				
其他稀有金属矿采选	6	1090		31	107	381
非金属矿采选业	340	8000	6	41	25	74
土砂石开采	240	3292	2	36	10	44
石灰石、石膏开采	58	868		3		13
建筑装饰用石开采	50	569	2	13	7	9
耐火土石开采	5	69				
粘土及其他土砂石开采	127	1786		20	3	22
化学矿采选	8	633				
采盐	10	1462			2	19
石棉及其他非金属矿采选	82	2613	4	5	13	11
石棉、云母矿采选	13	1092		4		4
石墨、滑石采选	5	88			3	7
宝石、玉石开采	36	596		1	3	
其他非金属矿采选	28	837	4		7	
其他采矿业	27	114		1		3
制造业	7353	422359	35701	5330	24176	27520
农副食品加工业	809	32959	125	246	980	1967
谷物磨制	198	3948	5	13	17	74
饲料加工	67	3038	13	16	30	61
植物油加工	221	9125	72	167	505	498
食用植物油加工	214	8995	69	165	504	497
非食用植物油加工	7	130	3	2	1	1
制糖	15	8739	5	15	180	1128
屠宰及肉类加工	139	4109	15	14	214	137
畜禽屠宰	78	2390	13	13	209	125
肉制品及副产品加工	61	1719	2	1	5	12
水产品加工	7	105	4		7	10
水产品冷冻加工	4	77	4		7	10
鱼糜制品及水产品干腌制加工	2	24				
水产饲料制造	1	4				
蔬菜、水果和坚果加工	99	2219	8	7	20	41
其他农副食品加工	63	1676	3	14	7	18
淀粉及淀粉制品的制造	27	1009		2	7	18
豆制品制造	8	153		2		
蛋品加工	1	5		1		
其他未列明的农副食品加工	27	509	3	9		

2-27 续表 2

行 业	企业法人单位数(个)	从业人员数(人)	#高级技师	#技师	#高级工	#中级工
食品制造业	340	17962	76	201	367	652
焙烤食品制造	55	1558	2	5	3	12
糕点、面包制造	44	962	2	5	3	9
饼干及其他焙烤食品制造	11	596				3
糖果、巧克力及蜜饯制造	15	609		8	20	39
糖果、巧克力制造	6	293		6	20	38
蜜饯制作	9	316		2		1
方便食品制造	23	2445	1	29	1	136
米、面制品制造	9	81				
速冻食品制造	4	134	1			
方便面及其他方便食品制造	10	2230		29	1	136
液体乳及乳制品制造	70	4138	15	26	48	151
罐头制造	71	3998	19	39	218	149
肉、禽类罐头制造	3	77	4	2	2	6
蔬菜、水果罐头制造	65	3907	15	37	216	143
其他罐头食品制造	3	14				
调味品、发酵制品制造	32	2253	20	19	43	12
味精制造	4	828	3	6	11	5
酱油、食醋及类似制品的制造	19	748		2	2	2
其他调味品、发酵制品制造	9	677	17	11	30	5
其他食品制造	74	2961	19	75	34	153
营养、保健食品制造	26	446	1	1	2	8
冷冻饮品及食用冰制造	11	871	3	19	21	83
盐加工	13	574			1	3
食品及饲料添加剂制造	19	894	15	55	10	59
其他未列明的食品制造	5	176				
饮料制造业	309	12333	96	163	232	448
酒精制造	5	304				3
酒的制造	159	8880	74	104	206	395
白酒制造	99	4666	43	42	114	291
啤酒制造	17	2911	13	31	43	75
葡萄酒制造	32	1168	4	27	41	26
其他酒制造	11	135	14	4	8	3
软饮料制造	134	2847	17	42	26	49
碳酸饮料制造	11	66	2			
瓶(罐)装饮用水制造	62	956	1	3	7	10
果菜汁及果菜汁饮料制造	42	1086	7	27	15	24
含乳饮料和植物蛋白饮料制造	8	238				
固体饮料制造	2	32				
茶饮料及其他软饮料制造	9	469	7	12	4	15
精制茶加工	11	302	5	17		1
烟草制品业	1	518	19	39	138	93
卷烟制造	1	518	19	39	138	93
纺织业	259	84676	34310	387	949	1847
棉、化纤纺织及印染精加工	141	75806	34303	301	801	1428
棉、化纤纺织加工	137	75649	34301	296	789	1396
棉、化纤印染精加工	4	157	2	5	12	32

2-27 续表 3

行　　业	企业法人单位数（个）	从业人员数（人）	#高级技师	#技师	#高级工	#中级工
毛纺织和染整精加工	20	2304	2	40	26	169
毛条加工	9	309	2	5	26	50
毛纺织	11	1995		35		119
麻纺织	11	2101	2	8	16	30
丝绢纺织及精加工	3	127				
缫丝加工	1	5				
绢纺和丝织加工	2	122				
纺织制成品制造	46	731	2	2	12	24
棉及化纤制品制造	22	249			6	4
毛制品制造	4	103				
麻制品制造	1	150				10
丝制品制造	1	8				
绳、索、缆的制造	3	10				
纺织带和帘子布制造	2	49				
无纺布制造	5	77	2	1	6	10
其他纺织制成品制造	8	85		1		
针织品、编织品及其制品制造	38	3607	1	36	94	196
棉、化纤针织品及编织品制造	20	1693		28	84	170
毛针织品及编织品制造	15	1877		8	10	24
丝针织品及编织品制造	2	22				
其他针织品及编织品制造	1	15	1			2
纺织服装、鞋、帽制造业	122	2893	9	49	196	254
纺织服装制造	118	2642	4	29	146	229
纺织面料鞋的制造	3	211	5	20	50	25
制帽	1	40				
皮革、毛皮、羽毛(绒)及其制品业	36	796	4	3	5	6
皮革鞣制加工	14	471	3	3	1	4
皮革制品制造	14	197	1			
皮鞋制造	7	175	1			
皮革服装制造	4	11				
皮箱、包(袋)制造	1	3				
其他皮革制品制造	2	8				
毛皮鞣制及制品加工	4	100			4	2
毛皮鞣制加工	2	61			4	2
毛皮服装加工	1	38				
其他毛皮制品加工	1	1				
羽毛(绒)加工及制品制造	4	28				
羽毛(绒)加工	1	1				
羽毛(绒)制品加工	3	27				
木材加工及木、竹、藤、棕、草制品业	178	3857	6	23	38	117
锯材、木片加工	58	683		3	5	42
锯材加工	32	270				3
木片加工	26	413		3	5	39
人造板制造	74	2347	5	18	27	45
胶合板制造	31	605		2	1	
纤维板制造	17	1231	5	15	26	42
刨花板制造	13	238		1		1
其他人造板、材制造	13	273				2

2-27 续表 4

行业	企业法人单位数(个)	从业人员数(人)	#高级技师	#技师	#高级工	#中级工
木制品制造	43	762	1	2	6	30
建筑用木料及木材组件加工	28	216	1	2	5	10
木容器制造	3	162				9
软木制品及其他木制品制造	12	384			1	11
竹、藤、棕、草制品制造	3	65				
家具制造业	147	4787	3	49	26	75
木质家具制造	116	4021	3	17	17	54
金属家具制造	20	723		32	9	21
塑料家具制造	3	25				
其他家具制造	8	18				
造纸及纸制品业	195	8531	72	251	477	789
纸浆制造	7	1755	67	222	431	223
造纸	58	3353	1	11	13	401
机制纸及纸板制造	45	3238	1	11	13	401
加工纸制造	13	115				
纸制品制造	130	3423	4	18	33	165
纸和纸板容器的制造	96	2943	1	11	30	143
其他纸制品制造	34	480	3	7	3	22
印刷业和记录媒介的复制	330	6497	46	74	413	675
印刷	300	6126	46	74	413	671
书、报、刊印刷	146	4081	32	43	383	576
本册印制	70	738	1	6	9	28
包装装潢及其他印刷	84	1307	13	25	21	67
装订及其他印刷服务活动	30	371				4
文教体育用品制造业	18	275		5	15	96
文化用品制造	8	137			5	66
文具制造	2	21				1
笔的制造	2	100			5	65
教学用模型及教具制造	3	14				
墨水、墨汁制造	1	2				
体育用品制造	9	120		5	10	30
体育器材及配件制造	2	31				
训练健身器材制造	5	27				
运动防护用具制造	2	62		5	10	30
游艺器材及娱乐用品制造	1	18				
露天游乐场所游乐设备制造	1	18				
石油加工、炼焦及核燃料加工业	185	32551	57	417	6469	4413
精炼石油产品的制造	102	26442	49	379	6412	4329
原油加工及石油制品制造	102	26442	49	379	6412	4329
炼焦	83	6109	8	38	57	84
化学原料及化学制品制造业	639	51379	283	721	5190	6280
基础化学原料制造	123	22055	169	262	2374	3121
无机酸制造	10	605	5	10		
无机碱制造	6	4393	31	91	246	702

2-27 续表 5

行业	企业法人单位数(个)	从业人员数(人)	#高级技师	#技师	#高级工	#中级工
无机盐制造	42	6547	6	38	285	155
有机化学原料制造	23	9350	127	121	1797	2230
其他基础化学原料制造	42	1160		2	46	34
肥料制造	153	6710	6	33	1371	672
氮肥制造	4	2238	1	13	1268	191
磷肥制造	2	190				
钾肥制造	7	1945		4	78	416
复混肥料制造	61	1271	2	8	13	24
有机肥料及微生物肥料制造	56	875	3	6	9	39
其他肥料制造	23	191		2	3	2
农药制造	10	71		2		2
化学农药制造	5	44		2		2
生物化学农药及微生物农药制造	5	27				
涂料、油墨、颜料及类似产品制造	90	981	4	19	6	37
涂料制造	76	866	3	15	3	30
油墨及类似产品制造	8	27		1		1
密封用填料及类似品制造	6	88	1	3	3	6
合成材料制造	22	12134	61	309	748	1599
初级形态的塑料及合成树脂制造	12	11726	55	254	744	1595
合成橡胶制造	1	3				
合成纤维单(聚合)体的制造	1	206	3	48		
其他合成材料制造	8	199	3	7	4	4
专用化学产品制造	201	8637	43	95	687	824
化学试剂和助剂制造	97	3379	36	51	378	348
专项化学用品制造	75	2785	5	11	12	88
林产化学产品制造	1	10				
炸药及火工产品制造	8	2094		24	292	387
信息化学品制造	1	112	2	8	5	1
动物胶制造	8	215				
其他专用化学产品制造	11	42		1		
日用化学产品制造	40	791		1	4	25
肥皂及合成洗涤剂制造	18	548			1	3
化妆品制造	11	149		1	3	5
香料、香精制造	4	35				17
其他日用化学产品制造	7	59				
医药制造业	94	4074	11	19	354	155
化学药品原药制造	10	349				
化学药品制剂制造	8	1093	1	3	317	71
中药饮片加工	20	1055	3	10	27	59
中成药制造	25	908	5	6	6	14
兽用药品制造	5	130	1			
生物、生化制品的制造	16	461	1		4	11
卫生材料及医药用品制造	10	78				
化学纤维制造业	19	8547	6	56	108	601
纤维素纤维原料及纤维制造	18	8545	6	56	108	601
化纤浆粕制造	8	4153		15	99	223
人造纤维(纤维素纤维)制造	10	4392	6	41	9	378

2-27 续表 6

行 业	企业法人单位数（个）	从业人员数（人）	#高级技师	#技师	#高级工	#中级工
合成纤维制造	1	2				
涤纶纤维制造	1	2				
橡胶制品业	46	2038	1		2	340
轮胎制造	9	1316			1	330
车辆、飞机及工程机械轮胎制造	2	1280			1	330
轮胎翻新加工	7	36				
橡胶板、管、带的制造	17	320				5
橡胶零件制造	13	141	1			
再生橡胶制造	3	115				
日用及医用橡胶制品制造	1	125			1	3
橡胶靴鞋制造	1	1				
其他橡胶制品制造	2	20				2
塑料制品业	663	15425	45	142	326	679
塑料薄膜制造	100	2199	3	6	6	25
塑料板、管、型材的制造	242	6890	21	90	136	551
塑料丝、绳及编织品的制造	84	2646	1	6	6	26
泡沫塑料制造	57	531	12	8	5	10
塑料人造革、合成革制造	1	1				
塑料包装箱及容器制造	38	846		2		16
塑料零件制造	6	75				
日用塑料制造	51	510		1		4
塑料鞋制造	1	1				
日用塑料杂品制造	50	509		1		4
其他塑料制品制造	84	1727	8	29	173	47
非金属矿物制品业	1282	53168	126	646	1488	2250
水泥、石灰和石膏的制造	119	22371	35	286	1002	1536
水泥制造	81	20955	32	251	988	1495
石灰和石膏制造	38	1416	3	35	14	41
水泥及石膏制品制造	258	8342	57	178	306	324
水泥制品制造	140	6579	30	146	276	249
砼结构构件制造	60	916	2	11	14	39
石棉水泥制品制造	4	81		2	1	1
轻质建筑材料制造	36	530	25	17	15	33
其他水泥制品制造	18	236		2		2
砖瓦、石材及其他建筑材料制造	771	15327	19	95	73	182
粘土砖瓦及建筑砌块制造	505	10628	16	52	32	119
建筑陶瓷制品制造	33	1808		22	28	22
建筑用石加工	67	976	2	20	1	16
防水建筑材料制造	35	375	1			
隔热和隔音材料制造	85	927			10	18
其他建筑材料制造	46	613		1	2	7
玻璃及玻璃制品制造	67	3696	13	77	38	83
平板玻璃制造	16	624	9	11	16	27
技术玻璃制品制造	9	276	2	40	2	13
日用玻璃制品及玻璃包装容器制造	12	1180	1	17	10	23

2-27 续表 7

行业	企业法人单位数(个)	从业人员数(人)	#高级技师	#技师	#高级工	#中级工
玻璃保温容器制造	2	357		3	8	15
玻璃纤维及制品制造	5	540		1	2	1
玻璃纤维增强塑料制品制造	20	695	1	5		4
其他玻璃制品制造	3	24				
陶瓷制品制造	7	209		2	18	5
卫生陶瓷制品制造	3	160		1	18	5
特种陶瓷制品制造	2	33		1		
日用陶瓷制品制造	1	5				
园林、陈设艺术及其他陶瓷制品制造	1	11				
耐火材料制品制造	23	687			2	
石棉制品制造	3	21				
云母制品制造	1	7				
耐火陶瓷制品及其他耐火材料制造	19	659			2	
石墨及其他非金属矿物制品制造	37	2536	2	8	49	120
石墨及碳素制品制造	10	1372	1	6	47	107
其他非金属矿物制品制造	27	1164	1	2	2	13
黑色金属冶炼及压延加工业	91	28421	82	841	4200	2018
炼铁	32	15314	46	578	2154	1060
炼钢	4	244				
钢压延加工	41	11411	35	247	2046	924
铁合金冶炼	14	1452	1	16		34
有色金属冶炼及压延加工业	68	7169	2	185	391	393
常用有色金属冶炼	27	4391	1	96	292	263
铜冶炼	12	605			4	20
铅锌冶炼	3	168				
镍钴冶炼	2	1338	1	76	286	243
铝冶炼	6	1968		18		
镁冶炼	2	79				
其他常用有色金属冶炼	2	233		2	2	
贵金属冶炼	25	2097		84	81	92
金冶炼	25	2097		84	81	92
有色金属合金制造	3	70				
有色金属合金制造	3	70				
有色金属压延加工	13	611	1	5	18	38
常用有色金属压延加工	12	608	1	5	18	38
贵金属压延加工	1	3				
金属制品业	475	11229	60	121	388	665
结构性金属制品制造	298	5903	47	59	197	279
金属结构制造	169	4531	43	51	183	256
金属门窗制造	129	1372	4	8	14	23
金属工具制造	14	265		4	9	18
农用及园林用金属工具制造	8	150		4	9	18
刀剪及类似日用金属工具制造	2	77				
其他金属工具制造	4	38				
集装箱及金属包装容器制造	32	1775	5	20	108	321
集装箱制造	4	15				
金属压力容器制造	4	205	2	10	6	26
金属包装容器制造	24	1555	3	10	102	295

2-27　续表 8

行　　业	企业法人单位数(个)	从　业人员数(人)	#高级技师	#技师	#高级工	#中级工
金属丝绳及其制品的制造	24	551		6	54	4
建筑、安全用金属制品制造	44	861	7	5	4	10
建筑、家具用金属配件制造	9	110	3			6
建筑装饰及水暖管道零件制造	25	570	4	3	4	4
安全、消防用金属制品制造	5	113		1		
其他建筑、安全用金属制品制造	5	68		1		
金属表面处理及热处理加工	15	703	1	3	4	5
不锈钢及类似日用金属制品制造	17	175		10	5	5
金属制厨房调理及卫生器具制造	8	78		10	5	5
金属制厨用器皿及餐具制造	5	85				
其他日用金属制品制造	4	12				
其他金属制品制造	31	996		14	7	23
其他未列明的金属制品制造	31	996		14	7	23
通用设备制造业	325	6869	40	100	205	640
锅炉及原动机制造	52	852	10	20	17	52
锅炉及辅助设备制造	50	817	10	20	17	52
内燃机及配件制造	1	31				
其他原动机制造	1	4				
金属加工机械制造	24	184	1	2	3	12
金属切削机床制造	3	22	1	2	1	
金属成形机床制造	2	15				
铸造机械制造	6	24				
金属切割及焊接设备制造	2	9				
机床附件制造	1	4				
其他金属加工机械制造	10	110			2	12
起重运输设备制造	13	512	3	12	15	118
泵、阀门、压缩机及类似机械的制造	9	295		2		6
泵及真空设备制造	6	282		1		5
阀门和旋塞的制造	1	1				
液压和气压动力机械及元件制造	2	12		1		1
轴承、齿轮、传动和驱动部件的制造	4	324	6	2		
轴承制造	2	287	6	2		
齿轮、传动和驱动部件制造	2	37				
风机、衡器、包装设备等通用设备制造	39	668	4	13	32	52
风机、风扇制造	15	230				10
气体、液体分离及纯净设备制造	2	25	1			
制冷、空调设备制造	7	194		5	25	20
喷枪及类似器具制造	2	26	2			
包装专用设备制造	1	7	1			
衡器制造	8	121		7	4	13
其他通用设备制造	4	65		1	3	9
通用零部件制造及机械修理	118	2839	12	43	130	365
金属密封件制造	5	229	2	3	6	81
紧固件、弹簧制造	10	307	1	1		20
机械零部件加工及设备修理	91	2172	7	38	119	258
其他通用零部件制造	12	131	2	1	5	6

2-27 续表 9

行业	企业法人单位数(个)	从业人员数(人)	#高级技师	#技师	#高级工	#中级工
金属铸、锻加工	66	1195	4	6	8	35
钢铁铸件制造	60	1050	4	5	6	24
锻件及粉末冶金制品制造	6	145		1	2	11
专用设备制造业	246	7357	27	101	384	865
矿山、冶金、建筑专用设备制造	69	2479	19	34	185	216
采矿、采石设备制造	30	971	2	10	75	41
石油钻采专用设备制造	15	997	2	22	99	135
建筑工程用机械制造	12	385	15	1	9	40
建筑材料生产专用机械制造	12	126		1	2	
化工、木材、非金属加工专用设备制造	18	125		1	2	9
炼油、化工生产专用设备制造	3	36				9
塑料加工专用设备制造	4	36				
木材加工机械制造	1	2				
模具制造	8	48		1	2	
其他非金属加工专用设备制造	2	3				
食品、饮料、烟草及饲料生产专用设备制造	8	107			2	
食品、饮料、烟草工业专用设备制造	3	40				
农副食品加工专用设备制造	4	55				
饲料生产专用设备制造	1	12			2	
印刷、制药、日化生产专用设备制造	5	65				1
印刷专用设备制造	2	19				
照明器具生产专用设备制造	1	5				
其他日用品生产专用设备制造	2	41				1
纺织、服装和皮革工业专用设备制造	9	246		2	4	9
纺织专用设备制造	8	230		2	4	9
其他服装加工专用设备制造	1	16				
电子和电工机械专用设备制造	7	102		1		
电工机械专用设备制造	5	92		1		
电子工业专用设备制造	2	10				
农、林、牧、渔专用机械制造	95	3744	7	48	184	625
拖拉机制造	4	87			2	3
机械化农业及园艺机具制造	58	2752	7	42	167	531
畜牧机械制造	4	236		2		
农林牧渔机械配件制造	7	33				4
其他农林牧渔业机械制造及机械修理	22	636		4	15	87
医疗仪器设备及器械制造	12	111	1	10	3	2
医疗诊断、监护及治疗设备制造	1	1				
医疗、外科及兽医用器械制造	1	6				
假肢、人工器官及植(介)入器械制造	7	43	1	10	3	2
其他医疗设备及器械制造	3	61				
环保、社会公共安全及其他专用设备制造	23	378		5	4	3
环境污染防治专用设备制造	8	101				
商业、饮食、服务业专用设备制造	1	10				
社会公共安全设备及器材制造	1	8				

2-27　续表 10

行　业	企业法人单位数(个)	从　业人员数(人)				
			#高级技师	#技师	#高级工	#中级工
交通安全及管制专用设备制造	1	5				
水资源专用机械制造	4	145			4	2
其他专用设备制造	8	109		5		1
交通运输设备制造业	147	4312	26	168	277	443
铁路运输设备制造	5	330		8		48
铁路机车车辆配件制造	2	136		2		
铁路专用设备及器材、配件制造	1	43				
其他铁路设备制造及设备修理	2	151		6		48
汽车制造	128	3789	25	156	274	390
汽车整车制造	2	963	1	1		14
改装汽车制造	4	406	1	1	5	192
汽车车身、挂车的制造	7	305		2	5	54
汽车零部件及配件制造	11	250	2	12	81	30
汽车修理	104	1865	21	140	183	100
摩托车制造	1	5				
摩托车整车制造	1	5				
自行车制造	5	34				
脚踏自行车及残疾人座车制造	2	9				
助动自行车制造	3	25				
交通器材及其他交通运输设备制造	8	154	1	4	3	5
交通管理用金属标志及设施制造	6	141	1	4	3	5
其他交通运输设备制造	2	13				
电气机械及器材制造业	222	7973	111	79	225	555
电机制造	5	1247		7	13	18
发电机及发电机组制造	4	1239		7	13	18
电动机制造	1	8				
输配电及控制设备制造	129	5195	32	32	162	457
变压器、整流器和电感器制造	20	2641	10	2	2	74
电容器及其配套设备制造	6	71		1	2	34
配电开关控制设备制造	83	2156	18	28	157	341
电力电子元器件制造	2	12				
其他输配电及控制设备制造	18	315	4	1	1	8
电线、电缆、光缆及电工器材制造	46	1202	78	36	44	66
电线电缆制造	40	872	77	31	33	49
绝缘制品制造	4	318	1	5	11	17
其他电工器材制造	2	12				
电池制造	2	7				
家用电力器具制造	9	34				1
家用制冷电器具制造	2	7				
家用通风电器具制造	1	3				
家用厨房电器具制造	2	6				
家用清洁卫生电器具制造	1	5				
其他家用电力器具制造	3	13				1
非电力家用器具制造	11	151	1			
燃气、太阳能及类似能源的器具制造	11	151	1			

2-27 续表 11

行 业	企业法人单位数(个)	从业人员数(人)	#高级技师	#技师	#高级工	#中级工
照明器具制造	14	80		4	5	10
照明灯具制造	13	78		4	5	10
灯用电器附件及其他照明器具制造	1	2				
其他电气机械及器材制造	6	57			1	3
车辆专用照明及电气信号设备装置制造	1	11				
其他未列明的电气机械制造	5	46			1	3
通信设备、计算机及其他电子设备制造业	12	3182	16	108	200	163
通信设备制造	2	66				
通信传输设备制造	1	2				
移动通信及终端设备制造	1	64				
广播电视设备制造	2	173	3	8	36	38
广播电视接收设备及器材制造	2	173	3	8	36	38
电子器件制造	1	3				
光电子器件及其他电子器件制造	1	3				
电子元件制造	4	2869	13	100	164	125
电子元件及组件制造	4	2869	13	100	164	125
家用视听设备制造	2	70				
家用影视设备制造	2	70				
其他电子设备制造	1	1				
其他电子设备制造	1	1				
仪器仪表及文化、办公用机械制造业	21	367	5	26	18	11
通用仪器仪表制造	8	189	5	18	12	10
工业自动控制系统装置制造	2	47		1		1
电工仪器仪表制造	2	16				
供应用仪表及其他通用仪器制造	4	126	5	17	12	9
专用仪器仪表制造	6	101		8	4	
地质勘探和地震专用仪器制造	2	74		8	4	
电子测量仪器制造	1	2				
其他专用仪器制造	3	25				
光学仪器及眼镜制造	1	5				
眼镜制造	1	5				
文化、办公用机械制造	2	31				
计算器及货币专用设备制造	1	6				
其他文化、办公用机械制造	1	25				
其他仪器仪表的制造及修理	4	41			2	1
工艺品及其他制造业	49	2003	34	109	114	25
工艺美术品制造	33	770		6		2
雕塑工艺品制造	4	13				
金属工艺品制造	4	25				
天然植物纤维编织工艺品制造	3	38				
地毯、挂毯制造	14	647		6		2
珠宝首饰及有关物品的制造	4	24				
其他工艺美术品制造	4	23				
日用杂品制造	4	61				1
制镜及类似品加工	2	48				1
其他日用杂品制造	2	13				

2-27　续表 12

行　　业	企业法人单位数(个)	从业人员数(人)	#高级技师	#技师	#高级工	#中级工
煤制品制造	7	1133	34	103	105	22
其他未列明的制造业	5	39			9	
废弃资源和废旧材料回收加工业	25	211	3	1	1	5
金属废料和碎屑的加工处理	11	109	3	1	1	5
非金属废料和碎屑的加工处理	14	102				
电力、燃气及水的生产和供应业	522	59376	460	2519	7615	7455
电力、热力的生产和供应业	363	50470	428	2454	7219	6974
电力生产	157	19553	270	1268	3278	2987
火力发电	35	14281	210	1123	2780	2463
水力发电	100	4719	59	138	488	512
其他能源发电	22	553	1	7	10	12
电力供应	25	20575	71	1033	3414	3311
热力生产和供应	181	10342	87	153	527	676
燃气生产和供应业	44	2391	2	6	71	58
燃气生产和供应业	44	2391	2	6	71	58
水的生产和供应业	115	6515	30	59	325	423
自来水的生产和供应	104	5955	6	53	312	412
污水处理及其再生利用	11	560	24	6	13	11
建筑业	1762	206812	2786	3907	9881	19308
房屋和土木工程建筑业	793	175386	2523	3119	8002	16468
房屋工程建筑	417	123294	2350	2260	5216	12716
土木工程建筑	376	52092	173	859	2786	3752
铁路、道路、隧道和桥梁工程建筑	120	31099	100	264	1069	1226
水利和港口工程建筑	70	10713	14	317	1403	1408
工矿工程建筑	32	3507	7	33	83	590
架线和管道工程建筑	57	5197	45	234	172	457
其他土木工程建筑	97	1576	7	11	59	71
建筑安装业	362	22772	245	679	1609	2435
建筑装饰业	406	4944	10	38	74	137
其他建筑业	201	3710	8	71	196	268
工程准备	89	2278	1	51	176	173
提供施工设备服务	26	363	1	2		5
其他未列明的建筑活动	86	1069	6	18	20	90
交通运输、仓储和邮政业	1979	96228	566	539	7196	7871
铁路运输业	15	115				
铁路旅客运输	1	48				
铁路货物运输	13	65				
铁路运输辅助活动	1	2				
货运火车站	1	2				
道路运输业	957	48601	163	401	4084	4354
公路旅客运输	171	6945	64	101	1123	651
道路货物运输	689	37775	93	280	2032	3502
道路运输辅助活动	97	3881	6	20	929	201
客运汽车站	61	3336	3	18	851	139
公路管理与养护	18	424		2	62	51
其他道路运输辅助活动	18	121	3		16	11

2-27 续表 13

行　　业	企业法人单位数(个)	从业人员数(人)	#高级技师	#技师	#高级工	#中级工
城市公共交通业	142	17088	386	26	1363	2012
公共电汽车客运	54	14361	382	21	1058	1739
轨道交通	1	76		3	1	1
出租车客运	79	2533	4	2	304	272
其他城市公共交通	8	118				
航空运输业	18	3604				
航空客货运输	5	27				
通用航空服务	6	268				
航空运输辅助活动	7	3309				
机场	2	3268				
其他航空运输辅助活动	5	41				
管道运输业	5	911	1	5		
管道运输业	5	911	1	5		
装卸搬运和其他运输服务业	625	10170		15	57	133
装卸搬运	96	5366		6	13	99
运输代理服务	529	4804		9	44	34
仓储业	179	3672	15	40	102	125
谷物、棉花等农产品仓储	51	1442	2	7	53	59
其他仓储	128	2230	13	33	49	66
邮政业	38	12067	1	52	1590	1247
国家邮政	20	10635	1	52	1582	1234
其他寄递服务	18	1432			8	13
信息传输、计算机服务和软件业	1853	27951	53	260	313	793
电信和其他信息传输服务业	385	20177	25	221	240	724
电信	122	17775	13	207	218	654
固定电信服务	39	8957	11	194	180	538
移动电信服务	56	8467	2	13	32	48
其他电信服务	27	351			6	68
互联网信息服务	240	1441	9	13	7	51
广播电视传输服务	22	950	3	1	15	18
有线广播电视传输服务	19	872	3	1	12	18
无线广播电视传输服务	3	78			3	
卫星传输服务	1	11				1
计算机服务业	1307	5315	16	32	48	59
计算机系统服务	150	1370	4	4	17	21
数据处理	9	58	2			
计算机维修	44	275		3	14	3
其他计算机服务	1104	3612	10	25	17	35
软件业	161	2459	12	7	25	10
公共软件服务	108	1801	10	4	24	5
基础软件服务	47	960	3	1	3	3
应用软件服务	61	841	7	3	21	2
其他软件服务	53	658	2	3	1	5
批发和零售业	18545	186693	636	1485	2242	5315
批发业	12634	120808	409	1005	1465	3615
农畜产品批发	979	22119	103	193	261	798
谷物、豆及薯类批发	102	4242	42	86	36	370

2-27　续表 14

行　　业	企业法人单位数(个)	从　业人员数(人)				
			#高级技师	#技师	#高级工	#中级工
种子、饲料批发	403	4302	23	31	63	131
棉、麻批发	322	12447	38	72	154	279
牲畜批发	7	111				
其他农畜产品批发	145	1017		4	8	18
食品、饮料及烟草制品批发	796	11404	21	39	130	306
米、面制品及食用油批发	131	2181	6	5	22	137
糕点、糖果及糖批发	46	298	1	2	1	2
果品、蔬菜批发	96	1533	5	11	17	55
肉、禽、蛋及水产品批发	41	521	3			2
盐及调味品批发	67	732	1	2	3	1
饮料及茶叶批发	228	2169	1	4	23	31
烟草制品批发	42	2771	3	11	62	71
其他食品批发	145	1199	1	4	2	7
纺织、服装及日用品批发	617	4646	8	16	11	21
纺织品、针织品及原料批发	143	1001	3	1	1	9
服装批发	145	1069		3	1	2
鞋帽批发	17	120			6	1
厨房、卫生间用具及日用杂货批发	62	378		8		2
化妆品及卫生用品批发	111	1126	1	2	3	5
其他日用品批发	139	952	4	2		2
文化、体育用品及器材批发	267	2163	9	22	21	23
文具用品批发	122	626	4	1	5	6
体育用品批发	27	107			6	4
图书批发	36	683			2	2
报刊批发	1	4				
音像制品及电子出版物批发	4	203	5	17		
首饰、工艺品及收藏品批发	29	133			2	
其他文化用品批发	48	407		4	6	11
医药及医疗器材批发	361	4754	17	44	134	78
西药批发	62	2561	7	18	92	48
中药材及中成药批发	34	535	3	7	41	7
医疗用品及器材批发	265	1658	7	19	1	23
矿产品、建材及化工产品批发	4334	40655	101	421	610	1878
煤炭及制品批发	100	1513	7	9	70	50
石油及制品批发	507	13034	14	254	363	1415
非金属矿及制品批发	78	291		2	1	8
金属及金属矿批发	1255	8095	14	41	21	50
建材批发	977	5099	9	7	28	79
化肥批发	650	8133	33	88	92	200
农药批发	132	683	3	6	10	18
农用薄膜批发	32	166	1	3	1	11
其他化工产品批发	603	3641	20	11	24	47
机械设备、五金交电及电子产品批发	4662	30402	128	247	276	486
农业机械批发	304	2007	8	17	25	32
汽车、摩托车及零配件批发	572	4658	27	48	73	105
五金、交电批发	1110	5542	14	42	48	81

2-27 续表 15

行业	企业法人单位数（个）	从业人员数（人）	#高级技师	#技师	#高级工	#中级工
家用电器批发	128	1330		4	6	16
计算机、软件及辅助设备批发	336	2556	23	33	9	35
通讯及广播电视设备批发	149	1243	1	6	1	13
其他机械设备及电子产品批发	2063	13066	55	97	114	204
贸易经纪与代理	182	1472	1	13	7	11
其他批发	436	3193	21	10	15	14
再生物资回收与批发	173	1264	7	4	9	5
其他未列明的批发	263	1929	14	6	6	9
零售业	5911	65885	227	480	777	1700
综合零售	479	16201	10	30	30	335
百货零售	262	7682	4	20	6	124
超级市场零售	95	7552	3	10	21	203
其他综合零售	122	967	3		3	8
食品、饮料及烟草制品专门零售	383	2403	2	9	14	19
粮油零售	66	622	2	6	8	8
糕点、面包零售	20	133				
果品、蔬菜零售	26	151			1	5
肉、禽、蛋及水产品零售	29	205		1		
饮料及茶叶零售	104	467		1	4	3
烟草制品零售	49	241				1
其他食品零售	89	584		1	1	2
纺织、服装及日用品专门零售	464	5851	16	42	54	134
纺织品及针织品零售	90	434		3	1	
服装零售	173	4158	9	25	15	113
鞋帽零售	17	100				
钟表、眼镜零售	29	294	5	12	31	10
化妆品及卫生用品零售	48	253	2			
其他日用品零售	107	612		2	7	11
文化、体育用品及器材专门零售	399	4343	3	9	28	133
文具用品零售	100	405				
体育用品零售	44	357				
图书零售	61	2047	1	2	6	106
报刊零售	2	6				
音像制品及电子出版物零售	12	69				3
珠宝首饰零售	77	853		4	5	5
工艺美术品及收藏品零售	41	282			5	16
照相器材零售	20	124			2	3
其他文化用品零售	42	200	2	3	10	
医药及医疗器材专门零售	328	5481	25	99	287	94
药品零售	184	4601	18	69	286	90
医疗用品及器材零售	144	880	7	30	1	4
汽车、摩托车、燃料及零配件专门零售	1096	13833	119	209	308	777
汽车零售	292	5984	108	154	179	355
汽车零配件零售	406	2028	8	22	27	47
摩托车及零配件零售	123	756	1	3	1	6
机动车燃料零售	275	5065	2	30	101	369

2-27　续表 16

行　　业	企业法人单位数（个）	从　业人员数（人）				
			#高级技师	#技师	#高级工	#中级工
家用电器及电子产品专门零售	1322	9594	31	41	28	104
家用电器零售	242	3112	5	13	8	20
计算机、软件及辅助设备零售	695	3510	24	20	15	62
通信设备零售	194	2203	2	5	4	5
其他电子产品零售	191	769		3	1	17
五金、家具及室内装修材料专门零售	968	5157	4	15	5	31
五金零售	510	2077	2	7	3	22
家具零售	170	1988	1	8	2	
涂料零售	16	71				
其他室内装修材料零售	272	1021	1			9
无店铺及其他零售	472	3022	17	26	23	73
流动货摊零售	4	17				
邮购及电子销售	1	10				
生活用燃料零售	107	1197	6	14	11	61
花卉零售	21	86		2	1	
旧货零售	3	12				1
其他未列明的零售	336	1700	11	10	11	11
住宿和餐饮业	1011	45618	222	355	709	1508
住宿业	716	33826	201	270	625	1299
旅游饭店	327	27005	181	223	528	1100
一般旅馆	370	6489	18	45	92	184
其他住宿服务	19	332	2	2	5	15
餐饮业	295	11792	21	85	84	209
正餐服务	250	9999	20	83	68	178
快餐服务	33	1663	1	2	15	26
饮料及冷饮服务	3	16				
其他餐饮服务	9	114			1	5
金融业	571	71795	65	287	774	293
银行业	213	40642	53	250	568	149
中央银行	2	333				
商业银行	178	37578	53	220	545	143
其他银行	33	2731		30	23	6
证券业	5	600	2	6	5	1
证券经纪与交易	3	575	1	6	5	1
证券投资	2	25	1			
保险业	169	28406	3	15	12	26
人寿保险	60	20585	2		2	11
非人寿保险	90	7678	1	14	10	15
保险辅助服务	19	143		1		
其他金融活动	184	2147	7	16	189	117
金融信托与管理	16	164	1	11	1	3
金融租赁	2	69	5		1	
财务公司	13	62	1			
邮政储蓄	7	681			187	114
典当	70	590				
其他未列明的金融活动	76	581		5		

2-27 续表 17

行业	企业法人单位数(个)	从业人员数(人)	#高级技师	#技师	#高级工	#中级工
房地产业	2610	56643	271	384	856	1902
房地产业	2610	56643	271	384	856	1902
房地产开发经营	1130	20402	89	75	170	311
物业管理	713	27823	129	242	518	1426
房地产中介服务	344	2702	6	14	33	37
其他房地产活动	423	5716	47	53	135	128
租赁和商务服务业	4042	86264	260	518	1212	2547
租赁业	324	2531	16	11	31	24
机械设备租赁	313	2370	16	11	31	24
汽车租赁	97	517	4	2	5	6
农业机械租赁	3	12				
建筑工程机械与设备租赁	130	769	10	4	15	6
计算机及通讯设备租赁	5	42		2	1	4
其他机械与设备租赁	78	1030	2	3	10	8
文化及日用品出租	11	161				
图书及音像制品出租	1	1				
其他文化及日用品出租	10	160				
商务服务业	3718	83733	244	507	1181	2523
企业管理服务	594	20576	108	205	366	550
企业管理机构	191	14225	73	171	268	202
投资与资产管理	333	4266	33	22	33	30
其他企业管理服务	70	2085	2	12	65	318
法律服务	177	2041	5	3	4	3
律师及相关的法律服务	158	1868	5	2	4	3
公证服务	10	94		1		
其他法律服务	9	79				
咨询与调查	864	7252	24	30	53	42
会计、审计及税务服务	263	2957	9	7	4	14
市场调查	11	60				
社会经济咨询	190	1186	3	3	18	11
其他专业咨询	400	3049	12	20	31	17
广告业	801	5655	33	48	33	113
知识产权服务	28	136				1
职业中介服务	287	27839	13	19	270	860
市场管理	152	4636	41	178	366	702
旅行社	316	3000	5	1	6	9
其他商务服务	499	12598	15	23	83	243
会议及展览服务	50	224	3	1	1	3
包装服务	5	23		2		
保安服务	75	8478	1		2	21
办公服务	69	444	1	1	5	4
其他未列明的商务服务	300	3429	10	19	75	215
科学研究、技术服务和地质勘查业	1640	26324	173	282	559	674
研究与试验发展	73	746	6	7	2	17
自然科学研究与试验发展	10	93		1	1	1
工程和技术研究与试验发展	25	314	1	4		5
农业科学研究与试验发展	26	212	5	2	1	11
医学研究与试验发展	12	127				

2-27 续表 18

行业	企业法人单位数(个)	从业人员数(人)	#高级技师	#技师	#高级工	#中级工
专业技术服务业	1006	19240	108	183	406	466
气象服务	15	220			1	
测绘服务	52	700	1		11	21
技术检测	185	3281	20	44	90	85
环境监测	14	85				
工程技术与规划管理	502	12605	66	83	188	253
工程管理服务	287	7308	30	26	65	146
工程勘察设计	203	5154	36	57	121	102
规划管理	12	143			2	5
其他专业技术服务	238	2349	21	56	116	107
科技交流和推广服务业	235	2149	15	16	29	50
技术推广服务	141	1059	5	12	12	43
科技中介服务	51	647	3	3	8	5
其他科技服务	43	443	7	1	9	2
地质勘查业	326	4189	44	76	122	141
矿产地质勘查	159	2326	7	7	98	92
能源矿产地质勘查	56	1336	7	6	88	89
固体矿产地质勘查	80	504		1	10	1
其他矿产地质勘查	23	486				2
基础地质勘查	6	156			1	5
地质勘查技术服务	161	1707	37	69	23	44
水利、环境和公共设施管理业	240	6824	47	79	354	300
水利管理业	35	1044	4	39	96	121
防洪管理	4	26	1	2	4	1
水资源管理	24	823	3	37	83	120
水库管理	2	421		27	55	96
调水、引水管理	9	261	1	9	27	18
其他水资源管理	13	141	2	1	1	6
其他水利管理	7	195			9	
环境管理业	47	1561	9	16	119	25
自然保护	10	607			104	14
自然保护区管理	7	408			104	14
野生动植物保护	1	188				
其他自然保护	2	11				
环境治理	37	954	9	16	15	11
城市市容管理	3	7				
城市环境卫生管理	19	823	3	4	9	5
水污染治理	2	38				
危险废物治理	4	35	6	10	5	5
其他环境治理	9	51		2	1	1
公共设施管理业	158	4219	34	24	139	154
市政公共设施管理	18	370		5	15	7
城市绿化管理	71	2440	33	18	118	139
游览景区管理	69	1409	1	1	6	8

2-27 续表 19

行业	企业法人单位数(个)	从业人员数(人)	#高级技师	#技师	#高级工	#中级工
风景名胜区管理	21	258				
公园管理	4	191				
其他游览景区管理	44	960	1	1	6	8
居民服务和其他服务业	1103	13211	99	356	289	792
居民服务业	358	4538	19	154	41	94
家庭服务	39	436		11		1
托儿所	6	50		1		
洗染服务	9	113		4		
理发及美容保健服务	46	567	13	62	19	29
洗浴服务	50	1454	1	72	12	45
婚姻服务	15	51				
殡葬服务	16	381			2	1
摄影扩印服务	41	500			4	1
其他居民服务	136	986	5	4	4	17
其他服务业	745	8673	80	202	248	698
修理与维护	509	4813	76	196	244	675
汽车、摩托车维护与保养	402	4128	69	171	224	651
办公设备维修	26	187			4	3
家用电器修理	55	349	6	24	9	19
其他日用品修理	26	149	1	1	7	2
清洁服务	78	2183				4
建筑物清洁服务	10	40				
其他清洁服务	68	2143				4
其他未列明的服务	158	1677	4	6	4	19
教育	287	3943	19	66	231	194
教育	287	3943	19	66	231	194
学前教育	31	488	1	2		
初等教育	2	37	1			
中等教育	9	374	1		1	5
初中教育	3	308				
高中教育	1	2				
技工学校教育	4	62	1		1	5
其他中等教育	1	2				
高等教育	1	18				
成人高等教育	1	18				
其他教育	244	3026	16	64	230	189
职业技能培训	219	2909	16	64	230	188
特殊教育	1	23				1
其他未列明的教育	24	94				
卫生、社会保障和社会福利业	251	6925	38	77	46	92
卫生	238	6764	36	75	45	90
医院	146	5308	33	54	20	65
综合医院	90	3492	29	44	17	60
中医医院	7	200		6	1	
中西医结合医院	7	152				
民族医院	3	81				
专科医院	39	1383	4	4	2	5

2-27　续表 20

行　　业	企业法人单位数（个）	从　业人员数（人）				
			#高级技师	#技师	#高级工	#中级工
卫生院及社区医疗活动	41	665			2	6
门诊部医疗活动	41	732	3	16	21	17
妇幼保健活动	1	2				
专科疾病防治活动	4	32				
其他卫生活动	5	25		5	2	2
社会保障业	2	35				
社会保障业	2	35				
社会福利业	11	126	2	2	1	2
提供住宿的社会福利	6	81	2	2	1	2
收养收容服务	6	81	2	2	1	2
不提供住宿的社会福利	5	45				
不提供住宿的社会福利	5	45				
文化、体育和娱乐业	250	3828	7	25	54	73
新闻出版业	19	1277		4	31	24
新闻业	2	14				
出版业	17	1263		4	31	24
图书出版	5	53				
报纸出版	5	1148		4	31	24
期刊出版	6	58				
其他出版	1	4				
广播、电视、电影和音像业	69	834	1	8	21	42
广播	4	56		2	5	3
电视	7	87		1	3	5
电影	41	640	1	4	13	34
电影制作与发行	6	271		1	11	25
电影放映	35	369	1	3	2	9
音像制作	17	51		1		
文化艺术业	42	290	1			
文艺创作与表演	13	73				
艺术表演场馆	4	52				
博物馆	4	58	1			
群众文化活动	5	31				
文化艺术经纪代理	10	53				
其他文化艺术	6	23				
体育	9	66				
体育组织	5	47				
体育场馆	3	17				
其他体育	1	2				
娱乐业	111	1361	5	13	2	7
室内娱乐活动	66	790		1	2	5
游乐园	7	61				
休闲健身娱乐活动	23	230	5	2		2
其他娱乐活动	15	280		10		

2-28 按地、州、市、县(市)和技术等级分组的企业法人单位从业人员数

地区	企业法人单位数(个)	从业人员数(人)	#高级技师	#技师	#高级工	#中级工
总计	**45713**	**1638642**	**43153**	**20802**	**84857**	**109413**
乌鲁木齐市	20734	561553	36944	7283	27090	26353
天山区	4385	100345	423	1426	3285	3081
沙依巴克区	4776	127940	35153	942	3765	3997
新市区	6914	177767	867	2675	7086	9377
水磨沟区	3112	55767	250	725	1551	1886
头屯河区	448	40764	94	806	4650	2124
达坂城区	95	7613	14	41	1304	639
米东区	878	48777	129	650	5425	5210
乌鲁木齐县	126	2580	14	18	24	39
克拉玛依市	1752	196665	386	1888	22312	25596
独山子区	296	28762	66	255	3797	2994
克拉玛依区	1307	153505	308	1555	17892	20657
白碱滩区	125	9743	12	72	606	1850
乌尔禾区	24	4655		6	17	95
吐鲁番地区	842	34849	114	305	1614	1348
吐鲁番市	320	14190	19	97	324	366
鄯善县	389	14999	51	172	1271	822
托克逊县	133	5660	44	36	19	160
哈密地区	1819	51430	1182	1733	2899	3018
哈密市	1659	46322	1161	1693	2807	2905
巴里坤哈萨克自治县	116	3851		7	2	29
伊吾县	44	1257	21	33	90	84
昌吉回族自治州	2943	96201	264	984	2440	5926
昌吉市	1563	47989	110	284	974	2558
阜康市	362	15204	24	161	604	1095
呼图壁县	281	10308	30	55	127	431
玛纳斯县	271	12375	22	372	483	999
奇台县	197	4974	18	31	96	262
吉木萨尔县	156	4050	56	70	142	505
木垒哈萨克自治县	113	1301	4	11	14	76
伊犁哈萨克自治州	5055	228139	763	2439	9379	15187
伊犁州直属县(市)	2964	115893	272	1257	4130	5844
伊宁市	1131	42840	35	385	1414	1752
奎屯市	845	26005	137	399	1344	1702
伊宁县	170	9657	5	123	545	586
察布查尔锡伯自治县	99	7430	3	10	13	62
霍城县	234	6675	58	131	407	783
巩留县	77	1786		2	52	162

2-28　续表 1

地　　区	企业法人单位数(个)	从　业人员数(人)	#高级技师	#技师	#高级工	#中级工
新源县	241	12311	21	94	218	466
昭苏县	43	4944	1	11	32	139
特克斯县	57	1327	1	83	47	43
尼勒克县	67	2918	11	19	58	149
塔城地区	888	79322	410	810	3368	6175
塔城市	144	7427	9	148	457	1104
乌苏市	167	34318	368	461	2222	4156
额敏县	84	8205	6	72	323	330
沙湾县	291	14638	9	50	102	300
托里县	99	7754	2	67	142	184
裕民县	51	1198	3	2	11	15
和布克赛尔蒙古自治县	52	5782	13	10	111	86
阿勒泰地区	1203	32924	81	372	1881	3168
阿勒泰市	423	15351	20	162	1248	1330
布尔津县	169	3187	31	30	104	83
富蕴县	191	7847	21	108	372	1447
福海县	81	1599	3	8	20	140
哈巴河县	92	2586	6	58	76	85
青河县	182	1281		3	32	45
吉木乃县	65	1073		3	29	38
博尔塔拉蒙古自治州	999	58588	169	634	3932	5070
博乐市	762	43686	112	563	2736	4022
精河县	179	11179	41	51	346	509
温泉县	58	3723	16	20	850	539
巴音郭楞蒙古自治州	4015	119343	530	1321	6384	6691
库尔勒市	2896	76732	334	1139	5441	5229
轮台县	254	7636	46	62	228	134
尉犁县	152	7809	5	25	187	164
若羌县	65	3686	3	33	89	469
且末县	111	2108		5	3	1
焉耆回族自治县	142	2822	21	5	33	19
和静县	213	12634	110	31	357	606
和硕县	113	4451	5	15	29	12
博湖县	69	1465	6	6	17	57
阿克苏地区	2394	82651	193	978	2178	4588
阿克苏市	1090	40024	110	702	1378	2992
温宿县	155	7211		6	73	170
库车县	525	15118	31	198	557	953

2-28 续表 2

地　　区	企业法人单位数（个）	从业人员数（人）	#高级技师	#技师	#高级工	#中级工
沙雅县	163	4320	23	18	8	102
新和县	88	2973	1	3	5	36
拜城县	153	7402	22	38	126	189
乌什县	64	1328		3	12	28
阿瓦提县	127	3744	3	8	19	118
柯坪县	29	531	3	2		
克孜勒苏柯尔克孜自治州	429	11837	56	60	114	175
阿图什市	316	6210	48	44	69	94
阿克陶县	66	2658	8	16	45	65
阿合奇县	19	561				13
乌恰县	28	2408				3
喀什地区	1964	71258	109	555	1252	2095
喀什市	741	37563	37	303	757	1200
疏附县	58	1717	16	16	63	38
疏勒县	86	4668	16	20	26	26
英吉沙县	26	1320				8
泽普县	150	3402	2	4	139	70
莎车县	272	6129	12	114	135	469
叶城县	150	4667	6	38	81	146
麦盖提县	95	2636			20	42
岳普湖县	49	1498	2	4	7	56
伽师县	140	2377	3	4	2	3
巴楚县	173	4502	14	50	21	37
塔什库尔干塔吉克自治县	24	779	1	2	1	
和田地区	802	29124	40	202	493	967
和田市	423	18632	24	133	383	600
和田县	63	1641		20	57	111
墨玉县	54	2088		14	13	105
皮山县	62	1547		5	14	74
洛浦县	58	2842	3		18	39
策勒县	55	929	3	3	2	9
于田县	59	1033	10	27	5	22
民丰县	28	412			1	7
自治区直辖县级市	1965	97004	2403	2420	4770	12399
石河子市	1773	80392	2358	2216	3926	10854
阿拉尔市	51	6495	5	35	238	629
图木舒克市	19	2670	11	77	541	472
五家渠市	122	7447	29	92	65	444

2-29　按行业(门类、大类、中类、小类)、控股情况分组的企业法人单位数

行　业	法人单位数(个)	国有控股	集体控股	私人控股	港澳台商控股	外商控股	其他
总　计	**45713**	**3961**	**1508**	**37347**	**99**	**152**	**2646**
农、林、牧、渔业	69	53	4	10			2
农业	39	34	3	2			
谷物及其他作物的种植	35	31	3	1			
谷物的种植	10	10					
棉花的种植	23	19	3	1			
糖料的种植	1	1					
其他作物的种植	1	1					
蔬菜、园艺作物的种植	3	2		1			
蔬菜的种植	3	2		1			
水果、坚果、饮料和香料作物的种植	1	1					
水果、坚果的种植	1	1					
林业	6	6					
林木的培育和种植	3	3					
造林	1	1					
林木的抚育和管理	2	2					
木材和竹材的采运	3	3					
木材的采运	3	3					
畜牧业	15	11		3			1
牲畜的饲养	14	11		2			1
猪的饲养	1			1			
渔业	2	1		1			
内陆渔业	2	1		1			
内陆养殖	2	1		1			
农、林、牧、渔服务业	7	1	1	4			1
农业服务业	5		1	3			1
农产品初加工服务	4			3			1
其他农业服务	1		1				
林业服务业	1	1					
畜牧服务业	1			1			
其他畜牧服务	1			1			
采矿业	1625	119	58	1363	6	6	73
煤炭开采和洗选业	332	38	29	246	2	1	16
烟煤和无烟煤的开采洗选	330	38	29	244	2	1	16
褐煤的开采洗选	1			1			
其他煤炭采选	1			1			
石油和天然气开采业	66	7	3	48	1		7
天然原油和天然气开采	8	5		2	1		
与石油和天然气开采有关的服务活动	58	2	3	46			7
黑色金属矿采选业	581	29	4	525	2	2	19
铁矿采选	553	29	4	497	2	2	19
其他黑色金属矿采选	28			28			
有色金属矿采选业	279	24	6	231	1	1	16
常用有色金属矿采选	196	14	1	169	1	1	10
铜矿采选	106	8	1	91			6
铅锌矿采选	50	2		44	1	1	2

2-29 续表 1

行业	法人单位数(个)	国有控股	集体控股	私人控股	港澳台商控股	外商控股	其他
镍钴矿采选	17	4		11			2
铝矿采选	1			1			
其他常用有色金属矿采选	22			22			
贵金属矿采选	68	9	4	50			5
金矿采选	67	9	4	49			5
其他贵金属矿采选	1			1			
稀有稀土金属矿采选	15	1	1	12			1
钨钼矿采选	8			7			1
稀土金属矿采选	1			1			
其他稀有金属矿采选	6	1	1	4			
非金属矿采选业	340	21	15	291		2	11
土砂石开采	240	8	12	211			9
石灰石、石膏开采	58	1	5	52			
建筑装饰用石开采	50	2	1	44			3
耐火土石开采	5			5			
粘土及其他土砂石开采	127	5	6	110			6
化学矿采选	8	1		6			1
采盐	10	5	2	3			
石棉及其他非金属矿采选	82	7	1	71		2	1
石棉、云母矿采选	13	3	1	9			
石墨、滑石采选	5	1		4			
宝石、玉石开采	36	2		34			
其他非金属矿采选	28	1		24		2	1
其他采矿业	27		1	22			4
制造业	7353	522	324	6073	38	69	327
农副食品加工业	809	70	36	654	3	12	34
谷物磨制	198	21	10	160			7
饲料加工	67	9	4	51		2	1
植物油加工	221	16	13	176		3	13
食用植物油加工	214	16	13	169		3	13
非食用植物油加工	7			7			
制糖	15	12	1	2			
屠宰及肉类加工	139	5	4	121	1	3	5
畜禽屠宰	78	4	1	70	1		2
肉制品及副产品加工	61	1	3	51		3	3
水产品加工	7			6		1	
水产品冷冻加工	4			4			
鱼糜制品及水产品干腌制加工	2			2			
水产饲料制造	1					1	
蔬菜、水果和坚果加工	99	5	1	83	2	2	6
其他农副食品加工	63	2	3	55		1	2
淀粉及淀粉制品的制造	27	1	1	25			
豆制品制造	8			8			
蛋品加工	1			1			
其他未列明的农副食品加工	27	1	2	21		1	2

2-29　续表 2

行　　业	法　人单位数(个)	国有控股	集体控股	私人控股	港澳台商控股	外商控股	其他
食品制造业	340	39	10	264	2	11	14
焙烤食品制造	55	2	1	45		4	3
糕点、面包制造	44	1	1	39			3
饼干及其他焙烤食品制造	11	1		6		4	
糖果、巧克力及蜜饯制造	15		2	11		1	1
糖果、巧克力制造	6		1	4		1	
蜜饯制作	9		1	7			1
方便食品制造	23	1		18	1	1	2
米、面制品制造	9			9			
速冻食品制造	4			3			1
方便面及其他方便食品制造	10	1		6	1	1	1
液体乳及乳制品制造	70	9	1	57		2	1
罐头制造	71	14	1	54		1	1
肉、禽类罐头制造	3			3			
蔬菜、水果罐头制造	65	14	1	48		1	1
其他罐头食品制造	3			3			
调味品、发酵制品制造	32	3	1	26		1	1
味精制造	4			4			
酱油、食醋及类似制品的制造	19		1	18			
其他调味品、发酵制品制造	9	3		4		1	1
其他食品制造	74	10	4	53	1	1	5
营养、保健食品制造	26	2	1	22			1
冷冻饮品及食用冰制造	11			8		1	2
盐加工	13	5	2	5			1
食品及饲料添加剂制造	19	3		15	1		
其他未列明的食品制造	5		1	3			1
饮料制造业	309	16	16	247	7	14	9
酒精制造	5			4		1	
酒的制造	159	9	8	130		9	3
白酒制造	99	5	8	85			1
啤酒制造	17	2		6		8	1
葡萄酒制造	32	2		29		1	
其他酒制造	11			10			1
软饮料制造	134	7	7	105	6	3	6
碳酸饮料制造	11		1	8	2		
瓶(罐)装饮用水制造	62	3	4	51	2		2
果菜汁及果菜汁饮料制造	42	3	2	30	1	2	4
含乳饮料和植物蛋白饮料制造	8			7		1	
固体饮料制造	2			2			
茶饮料及其他软饮料制造	9	1		7	1		
精制茶加工	11		1	8	1	1	
烟草制品业	1	1					
卷烟制造	1	1					
纺织业	259	30	16	191	9	2	11
棉、化纤纺织及印染精加工	141	20	9	98	7	1	6
棉、化纤纺织加工	137	20	9	94	7	1	6
棉、化纤印染精加工	4			4			

2-29 续表 3

行业	法人单位数(个)	国有控股	集体控股	私人控股	港澳台商控股	外商控股	其他
毛纺织和染整精加工	20	4	1	14			1
毛条加工	9	1		8			
毛纺织	11	3	1	6			1
麻纺织	11			11			
丝绢纺织及精加工	3	1		2			
缫丝加工	1			1			
绢纺和丝织加工	2	1		1			
纺织制成品制造	46		5	41			
棉及化纤制品制造	22		1	21			
毛制品制造	4			4			
麻制品制造	1			1			
丝制品制造	1		1				
绳、索、缆的制造	3			3			
纺织带和帘子布制造	2		1	1			
无纺布制造	5			5			
其他纺织制成品制造	8		2	6			
针织品、编织品及其制品制造	38	5	1	25	2	1	4
棉、化纤针织品及编织品制造	20	3		15		1	1
毛针织品及编织品制造	15	2	1	8	1		3
丝针织品及编织品制造	2			2			
其他针织品及编织品制造	1				1		
纺织服装、鞋、帽制造业	122	12	17	87			6
纺织服装制造	118	12	16	84			6
纺织面料鞋的制造	3			3			
制帽	1		1				
皮革、毛皮、羽毛(绒)及其制品业	36	1	3	29			3
皮革鞣制加工	14		1	12			1
皮革制品制造	14	1	2	11			
皮鞋制造	7		2	5			
皮革服装制造	4	1		3			
皮箱、包(袋)制造	1			1			
其他皮革制品制造	2			2			
毛皮鞣制及制品加工	4			2			2
毛皮鞣制加工	2			1			1
毛皮服装加工	1			1			
其他毛皮制品加工	1						1
羽毛(绒)加工及制品制造	4			4			
羽毛(绒)加工	1			1			
羽毛(绒)制品加工	3			3			
木材加工及木、竹、藤、棕、草制品业	178	3	3	162	1	2	7
锯材、木片加工	58			52	1		5
锯材加工	32			29	1		2
木片加工	26			23			3
人造板制造	74	1	1	70		1	1
胶合板制造	31			30			1
纤维板制造	17	1		15		1	
刨花板制造	13		1	12			
其他人造板、材制造	13			13			

2-29 续表 4

行　业	法人单位数(个)	国有控股	集体控股	私人控股	港澳台商控股	外商控股	其他
木制品制造	43	2		39		1	1
建筑用木料及木材组件加工	28	2		25			1
木容器制造	3			3			
软木制品及其他木制品制造	12			11		1	
竹、藤、棕、草制品制造	3		2	1			
家具制造业	147	4	3	133		2	5
木质家具制造	116	4	2	104		2	4
金属家具制造	20		1	19			
塑料家具制造	3			2			1
其他家具制造	8			8			
造纸及纸制品业	195	11	5	170		1	8
纸浆制造	7	3		4			
造纸	58	5	1	51			1
机制纸及纸板制造	45	4	1	39			1
加工纸制造	13	1		12			
纸制品制造	130	3	4	115		1	7
纸和纸板容器的制造	96	3	2	85		1	5
其他纸制品制造	34		2	30			2
印刷业和记录媒介的复制	330	50	20	243		2	15
印刷	300	49	19	216		2	14
书、报、刊印刷	146	41	10	91			4
本册印制	70	7	8	51			4
包装装潢及其他印刷	84	1	1	74		2	6
装订及其他印刷服务活动	30	1	1	27			1
文教体育用品制造业	18			18			
文化用品制造	8			8			
文具制造	2			2			
笔的制造	2			2			
教学用模型及教具制造	3			3			
墨水、墨汁制造	1			1			
体育用品制造	9			9			
体育器材及配件制造	2			2			
训练健身器材制造	5			5			
运动防护用具制造	2			2			
游艺器材及娱乐用品制造	1			1			
露天游乐场所游乐设备制造	1			1			
石油加工、炼焦及核燃料加工业	185	12	9	155		1	8
精炼石油产品的制造	102	10	7	82			3
原油加工及石油制品制造	102	10	7	82			3
炼焦	83	2	2	73		1	5
化学原料及化学制品制造业	639	52	29	509	5	3	41
基础化学原料制造	123	14	7	94	1	1	6
无机酸制造	10		1	8			1
无机碱制造	6	4		2			

2-29 续表 5

行业	法人单位数(个)	国有控股	集体控股	私人控股	港澳台商控股	外商控股	其他
无机盐制造	42	3	2	34		1	2
有机化学原料制造	23	3	2	17	1		
其他基础化学原料制造	42	4	2	33			3
肥料制造	153	13	3	127		1	9
氮肥制造	4	3					1
磷肥制造	2			2			
钾肥制造	7	2		5			
复混肥料制造	61	3	2	49		1	6
有机肥料及微生物肥料制造	56	3	1	50			2
其他肥料制造	23	2		21			
农药制造	10	1		8			1
化学农药制造	5	1		4			
生物化学农药及微生物农药制造	5			4			1
涂料、油墨、颜料及类似产品制造	90	4	1	82			3
涂料制造	76	4		69			3
油墨及类似产品制造	8		1	7			
密封用填料及类似品制造	6			6			
合成材料制造	22	7	2	10			3
初级形态的塑料及合成树脂制造	12	6	2	3			1
合成橡胶制造	1						1
合成纤维单(聚合)体的制造	1			1			
其他合成材料制造	8	1		6			1
专用化学产品制造	201	12	16	154	3		16
化学试剂和助剂制造	97	7	7	75	1		7
专项化学用品制造	75		7	59	2		7
林产化学产品制造	1		1				
炸药及火工产品制造	8	4		2			2
信息化学品制造	1		1				
动物胶制造	8			8			
其他专用化学产品制造	11	1		10			
日用化学产品制造	40	1		34	1	1	3
肥皂及合成洗涤剂制造	18			17			1
化妆品制造	11			9	1	1	
香料、香精制造	4			3			1
其他日用化学产品制造	7	1		5			1
医药制造业	94	12	3	70	1	2	6
化学药品原药制造	10	2		7	1		
化学药品制剂制造	8	3		2		1	2
中药饮片加工	20	3	1	15			1
中成药制造	25	1	1	22			1
兽用药品制造	5	1		4			
生物、生化制品的制造	16	2	1	11		1	1
卫生材料及医药用品制造	10			9			1
化学纤维制造业	19	5	1	12	1		
纤维素纤维原料及纤维制造	18	4	1	12	1		
化纤浆粕制造	8	2	1	5			
人造纤维(纤维素纤维)制造	10	2		7	1		

2-29　续表 6

行　业	法　人单位数(个)	国有控股	集体控股	私人控股	港澳台商控股	外商控股	其他
合成纤维制造	1	1					
涤纶纤维制造	1	1					
橡胶制品业	46	3	1	40			2
轮胎制造	9	2		7			
车辆、飞机及工程机械轮胎制造	2	2					
轮胎翻新加工	7			7			
橡胶板、管、带的制造	17	1		15			1
橡胶零件制造	13		1	11			1
再生橡胶制造	3			3			
日用及医用橡胶制品制造	1			1			
橡胶靴鞋制造	1			1			
其他橡胶制品制造	2			2			
塑料制品业	663	28	12	594	2	2	25
塑料薄膜制造	100	5	5	82			8
塑料板、管、型材的制造	242	15	2	218	1		6
塑料丝、绳及编织品的制造	84	1	1	80		1	1
泡沫塑料制造	57	1		53	1	1	1
塑料人造革、合成革制造	1			1			
塑料包装箱及容器制造	38		1	36			1
塑料零件制造	6			5			1
日用塑料制造	51	1	2	46			2
塑料鞋制造	1			1			
日用塑料杂品制造	50	1	2	45			2
其他塑料制品制造	84	5	1	73			5
非金属矿物制品业	1282	69	68	1075		4	66
水泥、石灰和石膏的制造	119	34	8	70			7
水泥制造	81	32	7	36			6
石灰和石膏制造	38	2	1	34			1
水泥及石膏制品制造	258	21	10	214			13
水泥制品制造	140	13	5	114			8
砼结构构件制造	60	5	3	47			5
石棉水泥制品制造	4			4			
轻质建筑材料制造	36	3	1	32			
其他水泥制品制造	18		1	17			
砖瓦、石材及其他建筑材料制造	771	7	47	678		1	38
粘土砖瓦及建筑砌块制造	505	2	43	431			29
建筑陶瓷制品制造	33		2	29			2
建筑用石加工	67	2		61			4
防水建筑材料制造	35			33			2
隔热和隔音材料制造	85	2	1	81			1
其他建筑材料制造	46	1	1	43		1	
玻璃及玻璃制品制造	67	2	1	60		2	2
平板玻璃制造	16			15			1
技术玻璃制品制造	9	1		8			
日用玻璃制品及玻璃包装容器制造	12	1	1	10			

2-29 续表 7

行　　业	法人单位数(个)	国有控股	集体控股	私人控股	港澳台商控股	外商控股	其他
玻璃保温容器制造	2			2			
玻璃纤维及制品制造	5			4		1	
玻璃纤维增强塑料制品制造	20			19		1	
其他玻璃制品制造	3			2			1
陶瓷制品制造	7	1		6			
卫生陶瓷制品制造	3	1		2			
特种陶瓷制品制造	2			2			
日用陶瓷制品制造	1			1			
园林、陈设艺术及其他陶瓷制品制造	1			1			
耐火材料制品制造	23	1	2	19			1
石棉制品制造	3			3			
云母制品制造	1	1					
耐火陶瓷制品及其他耐火材料制造	19		2	16			1
石墨及其他非金属矿物制品制造	37	3		28		1	5
石墨及碳素制品制造	10	2		8			
其他非金属矿物制品制造	27	1		20		1	5
黑色金属冶炼及压延加工业	91	7	3	76		1	4
炼铁	32	2		28			2
炼钢	4			4			
钢压延加工	41	4	3	32			2
铁合金冶炼	14	1		12		1	
有色金属冶炼及压延加工业	68	13	3	45	1		6
常用有色金属冶炼	27	5	2	16			4
铜冶炼	12	1	1	8			2
铅锌冶炼	3			3			
镍钴冶炼	2	2					
铝冶炼	6	1	1	2			2
镁冶炼	2			2			
其他常用有色金属冶炼	2	1		1			
贵金属冶炼	25	7	1	16	1		
金冶炼	25	7	1	16	1		
有色金属合金制造	3			1			2
有色金属压延加工	13	1		12			
常用有色金属压延加工	12	1		11			
贵金属压延加工	1			1			
金属制品业	475	17	18	423	2	2	13
结构性金属制品制造	298	6	8	272	1	2	9
金属结构制造	169	1	6	158		2	2
金属门窗制造	129	5	2	114	1		7
金属工具制造	14	1	2	11			
农用及园林用金属工具制造	8	1	2	5			
刀剪及类似日用金属工具制造	2			2			
其他金属工具制造	4			4			
集装箱及金属包装容器制造	32	2	2	25	1		2
集装箱制造	4			3			1
金属压力容器制造	4			4			
金属包装容器制造	24	2	2	18	1		1

2-29　续表 8

行　　业	法人单位数(个)	国有控股	集体控股	私人控股	港澳台商控股	外商控股	其他
金属丝绳及其制品的制造	24	3	2	18			1
建筑、安全用金属制品制造	44	4	2	38			
建筑、家具用金属配件制造	9			9			
建筑装饰及水暖管道零件制造	25	1		24			
安全、消防用金属制品制造	5	1	1	3			
其他建筑、安全用金属制品制造	5	2	1	2			
金属表面处理及热处理加工	15		1	14			
不锈钢及类似日用金属制品制造	17			17			
金属制厨房调理及卫生器具制造	8			8			
金属制厨用器皿及餐具制造	5			5			
其他日用金属制品制造	4			4			
其他金属制品制造	31	1	1	28			1
其他未列明的金属制品制造	31	1	1	28			1
通用设备制造业	325	10	21	275	2	1	16
锅炉及原动机制造	52		4	44			4
锅炉及辅助设备制造	50		4	42			4
内燃机及配件制造	1			1			
其他原动机制造	1			1			
金属加工机械制造	24		1	21			2
金属切削机床制造	3			3			
金属成形机床制造	2			2			
铸造机械制造	6			6			
金属切割及焊接设备制造	2			2			
机床附件制造	1			1			
其他金属加工机械制造	10		1	7			2
起重运输设备制造	13			13			
泵、阀门、压缩机及类似机械的制造	9	2	1	3			3
泵及真空设备制造	6	1	1	1			3
阀门和旋塞的制造	1			1			
液压和气压动力机械及元件制造	2	1		1			
轴承、齿轮、传动和驱动部件的制造	4		1	3			
轴承制造	2		1	1			
齿轮、传动和驱动部件制造	2			2			
风机、衡器、包装设备等通用设备制造	39	1	1	34	1	1	1
风机、风扇制造	15	1	1	13			
气体、液体分离及纯净设备制造	2			2			
制冷、空调设备制造	7			6			1
喷枪及类似器具制造	2			1	1		
包装专用设备制造	1			1			
衡器制造	8			7		1	
其他通用设备制造	4			4			
通用零部件制造及机械修理	118	6	8	102	1		1
金属密封件制造	5			5			
紧固件、弹簧制造	10		1	9			
机械零部件加工及设备修理	91	5	7	77	1		1
其他通用零部件制造	12	1		11			

2-29 续表 9

行业	法人单位数(个)	国有控股	集体控股	私人控股	港澳台商控股	外商控股	其他
金属铸、锻加工	66	1	5	55			5
钢铁铸件制造	60	1	4	50			5
锻件及粉末冶金制品制造	6		1	5			
专用设备制造业	246	20	3	218		3	2
矿山、冶金、建筑专用设备制造	69	7	1	58		2	1
采矿、采石设备制造	30	2	1	26		1	
石油钻采专用设备制造	15	3		11		1	
建筑工程用机械制造	12	2		10			
建筑材料生产专用机械制造	12			11			1
化工、木材、非金属加工专用设备制造	18			18			
炼油、化工生产专用设备制造	3			3			
塑料加工专用设备制造	4			4			
木材加工机械制造	1			1			
模具制造	8			8			
其他非金属加工专用设备制造	2			2			
食品、饮料、烟草及饲料生产专用设备制造	8		1	7			
食品、饮料、烟草工业专用设备制造	3			3			
农副食品加工专用设备制造	4		1	3			
饲料生产专用设备制造	1			1			
印刷、制药、日化生产专用设备制造	5			5			
印刷专用设备制造	2			2			
照明器具生产专用设备制造	1			1			
其他日用品生产专用设备制造	2			2			
纺织、服装和皮革工业专用设备制造	9			9			
纺织专用设备制造	8			8			
其他服装加工专用设备制造	1			1			
电子和电工机械专用设备制造	7			7			
电工机械专用设备制造	5			5			
电子工业专用设备制造	2			2			
农、林、牧、渔专用机械制造	95	12	1	80		1	1
拖拉机制造	4			4			
机械化农业及园艺机具制造	58	7		51			
畜牧机械制造	4			3		1	
农林牧渔机械配件制造	7			6			1
其他农林牧渔业机械制造及机械修理	22	5	1	16			
医疗仪器设备及器械制造	12			12			
医疗诊断、监护及治疗设备制造	1			1			
医疗、外科及兽医用器械制造	1			1			
假肢、人工器官及植(介)入器械制造	7			7			
其他医疗设备及器械制造	3			3			
环保、社会公共安全及其他专用设备制造	23	1		22			
环境污染防治专用设备制造	8			8			
商业、饮食、服务业专用设备制造	1			1			
社会公共安全设备及器材制造	1			1			
交通安全及管制专用设备制造	1	1					
水资源专用机械制造	4			4			
其他专用设备制造	8			8			

2-29 续表 10

行业	法人单位数(个)	国有控股	集体控股	私人控股	港澳台商控股	外商控股	其他
交通运输设备制造业	147	15	10	111			11
铁路运输设备制造	5	2	3				
铁路机车车辆配件制造	2	1	1				
铁路专用设备及器材、配件制造	1	1					
其他铁路设备制造及设备修理	2		2				
汽车制造	128	12	4	101			11
汽车整车制造	2	1		1			
改装汽车制造	4	2		2			
汽车车身、挂车的制造	7	3		4			
汽车零部件及配件制造	11	2	2	7			
汽车修理	104	4	2	87			11
摩托车制造	1			1			
摩托车整车制造	1			1			
自行车制造	5			5			
脚踏自行车及残疾人座车制造	2			2			
助动自行车制造	3			3			
交通器材及其他交通运输设备制造	8	1	3	4			
交通管理用金属标志及设施制造	6		3	3			
其他交通运输设备制造	2	1		1			
电气机械及器材制造业	222	11	9	191			11
电机制造	5			4			1
发电机及发电机组制造	4			3			1
电动机制造	1			1			
输配电及控制设备制造	129	7	6	109			7
变压器、整流器和电感器制造	20	2	2	14			2
电容器及其配套设备制造	6	1		4			1
配电开关控制设备制造	83	3	4	72			4
电力电子元器件制造	2			2			
其他输配电及控制设备制造	18	1		17			
电线、电缆、光缆及电工器材制造	46	3	3	39			1
电线电缆制造	40	2	2	36			
绝缘制品制造	4	1	1	1			1
其他电工器材制造	2			2			
电池制造	2			2			
家用电力器具制造	9			9			
家用制冷电器具制造	2			2			
家用通风电器具制造	1			1			
家用厨房电器具制造	2			2			
家用清洁卫生电器具制造	1			1			
其他家用电力器具制造	3			3			
非电力家用器具制造	11	1		9			1
燃气、太阳能及类似能源的器具制造	11	1		9			1
照明器具制造	14			14			
照明灯具制造	13			13			
灯用电器附件及其他照明器具制造	1			1			

2-29 续表 11

行业	法人单位数(个)	国有控股	集体控股	私人控股	港澳台商控股	外商控股	其他
其他电气机械及器材制造	6			5			1
车辆专用照明及电气信号设备装置制造	1						1
其他未列明的电气机械制造	5			5			
通信设备、计算机及其他电子设备制造业	12	2		6	2	1	1
通信设备制造	2			1		1	
通信传输设备制造	1			1			
移动通信及终端设备制造	1					1	
广播电视设备制造	2			1	1		
广播电视接收设备及器材制造	2			1	1		
电子器件制造	1						1
光电子器件及其他电子器件制造	1						1
电子元件制造	4	1		2	1		
电子元件及组件制造	4	1		2	1		
家用视听设备制造	2			2			
家用影视设备制造	2			2			
其他电子设备制造	1	1					
仪器仪表及文化、办公用机械制造业	21	2	1	17		1	
通用仪器仪表制造	8	2		5		1	
工业自动控制系统装置制造	2	1		1			
电工仪器仪表制造	2			1		1	
供应用仪表及其他通用仪器制造	4	1		3			
专用仪器仪表制造	6			6			
地质勘探和地震专用仪器制造	2			2			
电子测量仪器制造	1			1			
其他专用仪器制造	3			3			
光学仪器及眼镜制造	1			1			
眼镜制造	1			1			
文化、办公用机械制造	2			2			
计算器及货币专用设备制造	1			1			
其他文化、办公用机械制造	1			1			
其他仪器仪表的制造及修理	4		1	3			
工艺品及其他制造业	49	5	4	37		2	1
工艺美术品制造	33	3	3	25		2	
雕塑工艺品制造	4			4			
金属工艺品制造	4		1	3			
天然植物纤维编织工艺品制造	3			3			
地毯、挂毯制造	14	3	2	7		2	
珠宝首饰及有关物品的制造	4			4			
其他工艺美术品制造	4			4			
日用杂品制造	4			4			
制镜及类似品加工	2			2			
其他日用杂品制造	2			2			
煤制品制造	7	1	1	5			
其他未列明的制造业	5	1		3			1

2-29　续表 12

行　业	法　人 单位数 (个)	国有控股	集体控股	私人控股	港澳台 商控股	外商控股	其他
废弃资源和废旧材料回收加工业	25	2		21			2
金属废料和碎屑的加工处理	11	1		8			2
非金属废料和碎屑的加工处理	14	1		13			
电力、燃气及水的生产和供应业	522	235	31	229	1	1	25
电力、热力的生产和供应业	363	144	22	181	1		15
电力生产	157	72	15	65	1		4
火力发电	35	25		8			2
水力发电	100	39	14	45	1		1
其他能源发电	22	8	1	12			1
电力供应	25	23		2			
热力生产和供应	181	49	7	114			11
燃气生产和供应业	44	3	2	33			6
燃气生产和供应业	44	3	2	33			6
水的生产和供应业	115	88	7	15		1	4
自来水的生产和供应	104	81	7	13			3
污水处理及其再生利用	11	7		2		1	1
建筑业	1762	210	87	1334	3		128
房屋和土木工程建筑业	793	158	61	507			67
房屋工程建筑	417	77	30	277			33
土木工程建筑	376	81	31	230			34
铁路、道路、隧道和桥梁工程建筑	120	34	10	70			6
水利和港口工程建筑	70	19	6	31			14
工矿工程建筑	32	5	3	18			6
架线和管道工程建筑	57	13	6	32			6
其他土木工程建筑	97	10	6	79			2
建筑安装业	362	30	20	287	1		24
建筑装饰业	406	10	1	367	2		26
其他建筑业	201	12	5	173			11
工程准备	89	7	4	69			9
提供施工设备服务	26	2	1	23			
其他未列明的建筑活动	86	3		81			2
交通运输、仓储和邮政业	1979	219	67	1498	1	4	190
铁路运输业	15	2	1	10			2
铁路旅客运输	1			1			
铁路货物运输	13	2	1	8			2
铁路运输辅助活动	1			1			
货运火车站	1			1			
道路运输业	957	103	35	699			120
公路旅客运输	171	32	9	108			22
道路货物运输	689	27	20	554			88
道路运输辅助活动	97	44	6	37			10
客运汽车站	61	39	3	13			6
公路管理与养护	18	5	3	8			2
其他道路运输辅助活动	18			16			2
城市公共交通业	142	12	10	103	1		16
公共电汽车客运	54	9	5	35	1		4
轨道交通	1			1			
出租车客运	79	3	4	60			12
其他城市公共交通	8		1	7			

2-29 续表 13

行业	法人单位数(个)	国有控股	集体控股	私人控股	港澳台商控股	外商控股	其他
航空运输业	18	5		12			1
航空客货运输	5	1		3			1
通用航空服务	6	1		5			
航空运输辅助活动	7	3		4			
机场	2	2					
其他航空运输辅助活动	5	1		4			
管道运输业	5	3		1		1	
管道运输业	5	3		1		1	
装卸搬运和其他运输服务业	625	20	14	552		3	36
装卸搬运	96	4	8	75			9
运输代理服务	529	16	6	477		3	27
仓储业	179	52	7	106			14
谷物、棉花等农产品仓储	51	30	2	18			1
其他仓储	128	22	5	88			13
邮政业	38	22		15			1
国家邮政	20	20					
其他寄递服务	18	2		15			1
信息传输、计算机服务和软件业	1853	100	6	1633	7	6	101
电信和其他信息传输服务业	385	82	2	268	5	5	23
电信	122	64		35	5	5	13
固定电信服务	39	33		4	1		1
移动电信服务	56	26		16	4	5	5
其他电信服务	27	5		15			7
互联网信息服务	240	6		226			8
广播电视传输服务	22	11	2	7			2
有线广播电视传输服务	19	10	2	6			1
无线广播电视传输服务	3	1		1			1
卫星传输服务	1	1					
计算机服务业	1307	8	3	1228	1	1	66
计算机系统服务	150	4	1	139	1		5
数据处理	9		1	6		1	1
计算机维修	44	1		40			3
其他计算机服务	1104	3	1	1043			57
软件业	161	10	1	137	1		12
公共软件服务	108	9	1	87	1		10
基础软件服务	47	2		39	1		5
应用软件服务	61	7	1	48			5
其他软件服务	53	1		50			2
批发和零售业	18545	898	419	16386	15	27	800
批发业	12634	684	321	11078	13	23	515
农畜产品批发	979	210	65	625	2		77
谷物、豆及薯类批发	102	64	3	27			8
种子、饲料批发	403	77	12	283	1		30
棉、麻批发	322	57	45	188	1		31
牲畜批发	7			7			
其他农畜产品批发	145	12	5	120			8

2-29　续表 14

行　业	法　人单位数(个)	国有控股	集体控股	私人控股	港澳台商控股	外商控股	其他
食品、饮料及烟草制品批发	796	111	25	610	5	3	42
米、面制品及食用油批发	131	42	1	80	1		7
糕点、糖果及糖批发	46	1		45			
果品、蔬菜批发	96	8	8	72	2	1	5
肉、禽、蛋及水产品批发	41	5		33			3
盐及调味品批发	67	21	7	28		1	10
饮料及茶叶批发	228	12	6	194	2	1	13
烟草制品批发	42	16		25			1
其他食品批发	145	6	3	133			3
纺织、服装及日用品批发	617	14	5	582		2	14
纺织品、针织品及原料批发	143	9	1	129			4
服装批发	145	1	1	138		2	3
鞋帽批发	17			15			2
厨房、卫生间用具及日用杂货批发	62	1	1	60			
化妆品及卫生用品批发	111			111			
其他日用品批发	139	3	2	129			5
文化、体育用品及器材批发	267	11	3	242			11
文具用品批发	122	2		117			3
体育用品批发	27		2	24			1
图书批发	36	6		30			
报刊批发	1			1			
音像制品及电子出版物批发	4			3			1
首饰、工艺品及收藏品批发	29	1		24			4
其他文化用品批发	48	2	1	43			2
医药及医疗器材批发	361	28	3	319			11
西药批发	62	22	1	34			5
中药材及中成药批发	34	3		29			2
医疗用品及器材批发	265	3	2	256			4
矿产品、建材及化工产品批发	4334	192	161	3772	1	9	199
煤炭及制品批发	100	9	2	79			10
石油及制品批发	507	46	3	417		1	40
非金属矿及制品批发	78	4		72		2	
金属及金属矿批发	1255	25	4	1177	1		48
建材批发	977	15	9	917		3	33
化肥批发	650	52	129	426			43
农药批发	132	16	3	106			7
农用薄膜批发	32	1	5	26			
其他化工产品批发	603	24	6	552		3	18
机械设备、五金交电及电子产品批发	4662	86	43	4410	4	6	113
农业机械批发	304	15	7	255			27
汽车、摩托车及零配件批发	572	16	5	535	2		14
五金、交电批发	1110	15	15	1046			34
家用电器批发	128	1	2	120	1		4
计算机、软件及辅助设备批发	336	3		328	1		4
通讯及广播电视设备批发	149	5	2	141			1
其他机械设备及电子产品批发	2063	31	12	1985		6	29

2-29 续表 15

行　　业	法人单位数(个)	国有控股	集体控股	私人控股	港澳台商控股	外商控股	其他
贸易经纪与代理	182	8	1	165		2	6
其他批发	436	24	15	353	1	1	42
再生物资回收与批发	173	8	5	137			23
其他未列明的批发	263	16	10	216	1	1	19
零售业	5911	214	98	5308	2	4	285
综合零售	479	17	34	380	1	2	45
百货零售	262	10	12	213	1	1	25
超级市场零售	95	2	2	81		1	9
其他综合零售	122	5	20	86			11
食品、饮料及烟草制品专门零售	383	33	6	324		1	19
粮油零售	66	21	1	39			5
糕点、面包零售	20	1		19			
果品、蔬菜零售	26	2		23			1
肉、禽、蛋及水产品零售	29	1	1	24		1	2
饮料及茶叶零售	104	2	2	98			2
烟草制品零售	49	3	1	40			5
其他食品零售	89	3	1	81			4
纺织、服装及日用品专门零售	464	9	7	437	1		10
纺织品及针织品零售	90	1	1	87			1
服装零售	173	3	2	160	1		7
鞋帽零售	17			17			
钟表、眼镜零售	29	1	1	27			
化妆品及卫生用品零售	48			48			
其他日用品零售	107	4	3	98			2
文化、体育用品及器材专门零售	399	34	6	346			13
文具用品零售	100	2	1	94			3
体育用品零售	44		1	42			1
图书零售	61	26	1	32			2
报刊零售	2			2			
音像制品及电子出版物零售	12	1		10			1
珠宝首饰零售	77	3	1	72			1
工艺美术品及收藏品零售	41			40			1
照相器材零售	20	1		19			
其他文化用品零售	42	1	2	35			4
医药及医疗器材专门零售	328	41	1	275			11
药品零售	184	38	1	136			9
医疗用品及器材零售	144	3		139			2
汽车、摩托车、燃料及零配件专门零售	1096	39	12	973		1	71
汽车零售	292	2	5	243		1	41
汽车零配件零售	406	6		383			17
摩托车及零配件零售	123	2	1	113			7
机动车燃料零售	275	29	6	234			6
家用电器及电子产品专门零售	1322	12	10	1256			44
家用电器零售	242	4	3	223			12

2-29　续表 16

行　业	法人单位数(个)	国有控股	集体控股	私人控股	港澳台商控股	外商控股	其他
计算机、软件及辅助设备零售	695	5	2	671			17
通信设备零售	194	3	3	181			7
其他电子产品零售	191		2	181			8
五金、家具及室内装修材料专门零售	968	4	10	911			43
五金零售	510	1	4	477			28
家具零售	170		4	160			6
涂料零售	16			16			
其他室内装修材料零售	272	3	2	258			9
无店铺及其他零售	472	25	12	406			29
流动货摊零售	4			3			1
邮购及电子销售	1			1			
生活用燃料零售	107	13	2	85			7
花卉零售	21			20			1
旧货零售	3			3			
其他未列明的零售	336	12	10	294			20
住宿和餐饮业	1011	199	31	674	5	7	95
住宿业	716	187	28	433	4		64
旅游饭店	327	109	12	160	4		42
一般旅馆	370	77	16	255			22
其他住宿服务	19	1		18			
餐饮业	295	12	3	241	1	7	31
正餐服务	250	9	3	206	1	6	25
快餐服务	33	2		25		1	5
饮料及冷饮服务	3			3			
其他餐饮服务	9	1		7			1
金融业	571	250	98	154	1	2	66
银行业	213	109	86	2	1		15
中央银行	2	2					
商业银行	178	91	71	2	1		13
其他银行	33	16	15				2
证券业	5	4		1			
证券经纪与交易	3	3					
证券投资	2	1		1			
保险业	169	98	11	22		2	36
人寿保险	60	39	5	1		1	14
非人寿保险	90	57	5	6		1	21
保险辅助服务	19	2	1	15			1
其他金融活动	184	39	1	129			15
金融信托与管理	16	4		10			2
金融租赁	2	1		1			
财务公司	13	1		12			
邮政储蓄	7	6					1
典当	70	4	1	60			5
其他未列明的金融活动	76	23		46			7

2-29 续表 17

行业	法人单位数(个)	国有控股	集体控股	私人控股	港澳台商控股	外商控股	其他
房地产业	2610	282	117	2022	9	4	176
房地产业	2610	282	117	2022	9	4	176
房地产开发经营	1130	95	30	965	5	3	32
物业管理	713	110	29	484	1	1	88
房地产中介服务	344	16	4	297	1		26
其他房地产活动	423	61	54	276	2		30
租赁和商务服务业	4042	417	160	3109	4	17	335
租赁业	324	18	8	275	1	1	21
机械设备租赁	313	17	8	266	1	1	20
汽车租赁	97	2	2	85			8
农业机械租赁	3			3			
建筑工程机械与设备租赁	130	2	2	115			11
计算机及通讯设备租赁	5	1		4			
其他机械与设备租赁	78	12	4	59	1	1	1
文化及日用品出租	11	1		9			1
图书及音像制品出租	1			1			
其他文化及日用品出租	10	1		8			1
商务服务业	3718	399	152	2834	3	16	314
企业管理服务	594	161	46	330	1	4	52
企业管理机构	191	60	22	89		1	19
投资与资产管理	333	81	8	210	1	3	30
其他企业管理服务	70	20	16	31			3
法律服务	177	14	4	146			13
律师及相关的法律服务	158	10	3	134			11
公证服务	10	3	1	5			1
其他法律服务	9	1		7			1
咨询与调查	864	31	19	748	1	8	57
会计、审计及税务服务	263	2		235			26
市场调查	11			11			
社会经济咨询	190	13	7	155		2	13
其他专业咨询	400	16	12	347	1	6	18
广告业	801	30	8	708		1	54
知识产权服务	28	1	2	24			1
职业中介服务	287	22	18	195			52
市场管理	152	19	15	107	1		10
旅行社	316	51	11	223		1	30
其他商务服务	499	70	29	353		2	45
会议及展览服务	50	5		41		1	3
包装服务	5			4			1
保安服务	75	28	18	20			9
办公服务	69	6	5	55		1	2
其他未列明的商务服务	300	31	6	233			30
科学研究、技术服务和地质勘查业	1640	255	46	1169	6	8	156
研究与试验发展	73	14	1	50	1	1	6
自然科学研究与试验发展	10	1		8			1
工程和技术研究与试验发展	25	3		21			1
农业科学研究与试验发展	26	10		12	1	1	2
医学研究与试验发展	12		1	9			2

2-29　续表 18

行　　业	法人单位数（个）	国有控股	集体控股	私人控股	港澳台商控股	外商控股	其他
专业技术服务业	1006	177	33	689	2	1	104
气象服务	15	11	1				3
测绘服务	52	7	2	37			6
技术检测	185	43	6	110	1	1	24
环境监测	14	3		11			
工程技术与规划管理	502	97	15	333			57
工程管理服务	287	49	8	192			38
工程勘察设计	203	42	6	137			18
规划管理	12	6	1	4			1
其他专业技术服务	238	16	9	198	1		14
科技交流和推广服务业	235	31	10	174			20
技术推广服务	141	14	5	111			11
科技中介服务	51	6	2	40			3
其他科技服务	43	11	3	23			6
地质勘查业	326	33	2	256	3	6	26
矿产地质勘查	159	17	1	119	2	3	17
能源矿产地质勘查	56	6	1	40	2	3	4
固体矿产地质勘查	80	7		62			11
其他矿产地质勘查	23	4		17			2
基础地质勘查	6	1		5			
地质勘查技术服务	161	15	1	132	1	3	9
水利、环境和公共设施管理业	240	52	11	142	2		33
水利管理业	35	17	1	11			6
防洪管理	4	2		1			1
水资源管理	24	12	1	7			4
水库管理	2	2					
调水、引水管理	9	2		5			2
其他水资源管理	13	8	1	2			2
其他水利管理	7	3		3			1
环境管理业	47	11		32	1		3
自然保护	10	5		5			
自然保护区管理	7	4		3			
野生动植物保护	1	1					
其他自然保护	2			2			
环境治理	37	6		27	1		3
城市市容管理	3			3			
城市环境卫生管理	19	6		11	1		1
水污染治理	2			1			1
危险废物治理	4			4			
其他环境治理	9			8			1
公共设施管理业	158	24	10	99	1		24
市政公共设施管理	18	9	2	7			
城市绿化管理	71	5	2	53			11

2-29 续表 19

行业	法人单位数（个）	国有控股	集体控股	私人控股	港澳台商控股	外商控股	其他
游览景区管理	69	10	6	39	1		13
风景名胜区管理	21	2	2	11			6
公园管理	4	1		2			1
其他游览景区管理	44	7	4	26	1		6
居民服务和其他服务业	1103	52	32	941	1	1	76
居民服务业	358	18	14	301			25
家庭服务	39		1	33			5
托儿所	6			5			1
洗染服务	9			8			1
理发及美容保健服务	46	1		45			
洗浴服务	50	2	2	44			2
婚姻服务	15	1		13			1
殡葬服务	16	3	1	9			3
摄影扩印服务	41	2	1	36			2
其他居民服务	136	9	9	108			10
其他服务业	745	34	18	640	1	1	51
修理与维护	509	18	11	446	1		33
汽车、摩托车维护与保养	402	14	8	351	1		28
办公设备维修	26	1		24			1
家用电器修理	55	3		50			2
其他日用品修理	26		3	21			2
清洁服务	78	3	3	70			2
建筑物清洁服务	10			9			1
其他清洁服务	68	3	3	61			1
其他未列明的服务	158	13	4	124		1	16
教育	287	25	11	219			32
教育	287	25	11	219			32
学前教育	31	1		29			1
初等教育	2			2			
中等教育	9			8			1
初中教育	3			3			
高中教育	1			1			
技工学校教育	4			3			1
其他中等教育	1			1			
高等教育	1						1
成人高等教育	1						1
其他教育	244	24	11	180			29
职业技能培训	219	22	11	157			29
特殊教育	1			1			
其他未列明的教育	24	2		22			
卫生、社会保障和社会福利业	251	14	3	221			13
卫生	238	11	2	213			12
医院	146	6		132			8
综合医院	90	6		81			3
中医医院	7			6			1

2-29　续表 20

行　业	法人单位数(个)	国有控股	集体控股	私人控股	港澳台商控股	外商控股	其他
中西医结合医院	7			6			1
民族医院	3			3			
专科医院	39			36			3
卫生院及社区医疗活动	41	2	2	34			3
门诊部医疗活动	41	1		40			
妇幼保健活动	1			1			
专科疾病防治活动	4			3			1
其他卫生活动	5	2		3			
社会保障业	2	1					1
社会保障业	2	1					1
社会福利业	11	2	1	8			
提供住宿的社会福利	6			6			
收养收容服务	6			6			
不提供住宿的社会福利	5	2	1	2			
文化、体育和娱乐业	250	59	3	170			18
新闻出版业	19	10	1	6			2
新闻业	2		1	1			
出版业	17	10		5			2
图书出版	5	2		2			1
报纸出版	5	4					1
期刊出版	6	4		2			
其他出版	1			1			
广播、电视、电影和音像业	69	44	1	20			4
广播	4	2		2			
电视	7	6		1			
电影	41	36	1	3			1
电影制作与发行	6	4		1			1
电影放映	35	32	1	2			
音像制作	17			14			3
文化艺术业	42	1		39			2
文艺创作与表演	13			13			
艺术表演场馆	4			3			1
博物馆	4			4			
群众文化活动	5	1		4			
文化艺术经纪代理	10			9			1
其他文化艺术	6			6			
体育	9			8			1
体育组织	5			5			
体育场馆	3			3			
其他体育	1						1
娱乐业	111	4	1	97			9
室内娱乐活动	66	1	1	59			5
游乐园	7			7			
休闲健身娱乐活动	23	1		19			3
其他娱乐活动	15	2		12			1

第3篇

财务状况篇

3-1 按登记注册类型分组的

登记注册类型	固定资产原价	主营业务收入	主营业务成本	主营业务税金及附加	营业费用、管理费用、财务费用合计	营业利润
总　计	**57534130.4**	**90399724.9**	**72587174.2**	**1622863.1**	**7072304.3**	**8466745.4**
内资企业	56147004.5	88551675.9	71364836.8	1582839.1	6724963.7	8187810.1
国有企业	10560593.4	13017024.9	11395234.4	207539.8	1186881	235703.4
集体企业	377398	802934.2	700028.7	10253	99275.1	-833.1
股份合作企业	50383.7	61949.1	50944.6	433.6	8617.2	3413.1
联营企业	38231.7	61695.1	47349.4	1075.8	9766.9	5109.5
国有联营企业	10500.4	11501.7	7533.2	353.5	3715.1	890.4
集体联营企业	11458.5	17073.3	14120.9	339.3	1928.9	799.3
国有与集体联营企业	13826.7	23651.5	17765.4	343.1	2673.5	3325.8
其他联营企业	2446.1	9468.6	7929.9	39.9	1449.4	94
有限责任公司	12966383.7	25865146.7	22772063.6	295694.2	2028034.4	818296.7
国有独资公司	3300949.1	6544231.3	5994496.1	53910.3	351840.6	141959.8
其他有限责任公司	9665434.6	19320915.4	16777567.5	241783.9	1676193.8	676336.9
股份有限公司	26882458.6	32481373.6	22416699.4	847346.1	1652349.6	6645654.7
私营企业	5174939.1	16182819.5	13922219.2	218873.2	1723879.8	476056.9
私营独资企业	494149.6	814279.5	647158.8	13662.7	102485.8	82733.7
私营合伙企业	163784.6	297999.4	222187.8	12285.2	34516.4	31305.7
私营有限责任公司	4222062.2	13961129.5	12169751.3	182861.5	1481020.3	233764.7
私营股份有限公司	294942.7	1109411.1	883121.3	10063.8	105857.3	128252.8
其他企业	96616.3	78732.8	60297.5	1623.4	16159.7	4408.9
港、澳、台商投资企业	585374.2	624510.5	488299.1	5362	103418.5	52421.8
合资经营企业(港或澳、台资)	228578.4	173060	135523.2	2176.1	33794.3	2564.4
合作经营企业(港或澳、台资)	4026.8	2260.3	1882.9	12.2	914.9	-381.7
港、澳、台商独资经营企业	132472.1	209510.6	167485.6	687.6	31413.2	13518.6
港、澳、台商投资股份有限公司	220296.9	239679.6	183407.4	2486.1	37296.1	36720.5
外商投资企业	801751.7	1223538.5	734038.3	34662	243922.1	226513.5
中外合资经营企业	494431.9	583923.1	458295.2	5699.2	93492	36910.5
中外合作经营企业	8238.4	31341.6	26120.1		4671.1	-1662.9
外资企业	236902.3	525593.2	181922.5	27420.8	132061.7	189644.3
外商投资股份有限公司	62179.1	82680.6	67700.5	1542	13697.3	1621.6

企业法人单位财务状况

单位：万元

本年应付工资及福利费总额	本年应交增值税	实收资本							全部从业人员年平均人数(人)
			国家资本	集体资本	法人资本	个人资本	港澳台资本	外商资本	
4307413.9	**3089722.5**	**38840830.1**	**12878619.3**	**848120.8**	**17044155.3**	**6806393.6**	**711244.4**	**556352.3**	**1685702**
4227310.8	3054807.8	37337038.5	12782098.6	841220.7	16921974.7	6705157.8	62209.6	27432.7	1652785
908338.8	327954.4	5896709.9	3690952.4	103719.2	2076982.9	24853.6	24	116.7	315796
61506.9	6165.8	209599.3	5885.7	187657.4	8886.5	7169.7			29329
6734.5	1129.1	27181.3	939.5	4280.9	14517	7443		0.9	3546
7842.1	3718.2	31117.5	8955	9386.6	11389.5	1386.4			3435
1348.9	976.6	8759.6	5289.8		3358.1	111.7			709
1956.4	498.9	12362.8	51	5379.2	6292.5	640.1			1273
3599.2	1955	8714.4	3461	3868	1245.4	140			807
937.6	287.7	1280.7	153.2	139.4	493.5	494.6			646
1433188.7	596963.8	10026785.3	4070710.5	381726.6	4134030.5	1433891.3	4127.8	4813.8	595604
283371	135166.4	2844393.3	2250098.7	20132.9	566835.6	7000.3		325.8	80213
1149817.7	461797.4	7182392	1820611.8	361593.7	3567194.9	1426891	4127.8	4488	515391
974980.3	1844950.4	14540246.2	4960931.7	52737.9	9056234.3	437016.3	11273	22053	216640
817237.2	272874.8	6544606.6	25252.5	100286.8	1610085.3	4765207.5	43928.2	447.8	478173
80441.4	20392.2	472110.1	1518.6	5151.7	175369.6	289196.9	919.1	85.7	55066
16938.5	3458.9	210137.7	157.3	6715.7	115289.6	55494.6	32480.5		10296
673392.1	217071.6	5386865	16250.2	81201.4	1079920.3	4201181.9	8426.6	354.6	397207
46465.2	31952.1	475493.8	7326.4	7218	239505.8	219334.1	2102	7.5	15604
17482.3	1051.3	60792.4	18471.3	1425.3	9848.7	28190	2856.6	0.5	10262
37218.5	14915.3	719476.6	47148.9	1062.5	46868.4	5109.3	618892.1	395.4	15490
19020.5	4721.6	90517.7	8433.4	1062.5	41407.2	5095.2	34124	395.4	8920
277.3	0.6	2711.1	920			11.1	1780		131
9132.4	8349.5	135722.8			2138.9		133583.9		4475
8788.3	1843.6	490525	37795.5		3322.3	3	449404.2		1964
42884.6	19999.4	784315	49371.8	5837.6	75312.2	96126.5	30142.7	528524.2	17427
24203.9	14129.8	299995	38237.6	5837.6	61885.2	48626.8	2103	143304.8	8390
1141.7	0.3	31201.5	1000		4898.1			26303.4	323
14425.6	5074.1	414605.8			8028.9	47499.7	28039.7	331037.5	7549
3113.4	795.2	38512.7	10134.2		500			27878.5	1165

3-2 按行业（门类、大类、中类、小类）

行业	固定资产原价	主营业务收入	主营业务成本	主营业务税金及附加	营业费用、管理费用、财务费用合计	营业利润
总计	**57534130.4**	**90399724.9**	**72587174.2**	**1622863.1**	**7072304.3**	**8466745.4**
采矿业	21755938.6	17077628.9	6952369.7	616621.1	981958.9	7558057.7
煤炭开采和洗选业	1125403.5	990990.5	676923.7	12005.8	158418.5	131998.7
烟煤和无烟煤的开采洗选	1124330.6	990325	676411.3	11954.1	158377.5	131938.3
褐煤的开采洗选	1000	510	400	50	20	40
其他煤炭采选	72.9	155.5	112.4	1.7	21	20.4
石油和天然气开采业	19825068.3	14737679.2	5569980.4	587562.3	630879.2	6995091.7
天然原油和天然气开采	19173229.6	13694390.1	4525405.3	580410.3	591763.3	7040320.6
与石油和天然气开采有关的服务活动	651838.7	1043289.1	1044575.1	7152	39115.9	-45228.9
黑色金属矿采选业	419138.9	860815	462786.8	10148.2	111453.8	265696.2
铁矿采选	404228.6	842830	451474.1	9872.1	109036.3	261629.5
其他黑色金属矿采选	14910.3	17985	11312.7	276.1	2417.5	4066.7
有色金属矿采选业	304389.2	397038.6	184373.3	4519.8	56354.3	157543.8
常用有色金属矿采选	232682.6	337839.8	148555.6	4318.4	40097	150101.3
铜矿采选	141431	240087.5	85550	3323.5	27495.7	128970.4
铅锌矿采选	50315.3	38924.4	29125.7	628.5	5353	2734.9
镍钴矿采选	40280.9	52444.9	30553.6	343.2	6936.1	15667.9
其他常用有色金属矿采选	655.4	6383	3326.3	23.2	312.2	2728.1
贵金属矿采选	58056.2	46660	26266	116.1	13654.6	7140.7
金矿采选	58056.2	46660	26266	116.1	13654.6	7140.7
稀有稀土金属矿采选	13650.4	12538.8	9551.7	85.3	2602.7	301.8
钨钼矿采选	2593	1158.2	872.4	25.3	111.7	148.8
其他稀有金属矿采选	11057.4	11380.6	8679.3	60	2491	153
非金属矿采选业	81180	90719.6	58085.5	2369	24571.8	7758.6
土砂石开采	30764.4	37209	27473.7	752.1	6834.9	3575.7
石灰石、石膏开采	6498.1	8944.4	7006.2	205.9	1653.4	302.5
建筑装饰用石开采	9521.6	8775.5	6106.9	143.3	2048.8	529.4
耐火土石开采	268.7	1371.7	582.4	142.6	464.6	195.4
粘土及其他土砂石开采	14476	18117.4	13778.2	260.3	2668.1	2548.4
化学矿采选	3632.1	5989.9	3833.5	84.2	1958.3	118
采盐	14391.3	16420.8	7466.9	885.2	5133.9	2267.2
石棉及其他非金属矿采选	32392.2	31099.9	19311.4	647.5	10644.7	1797.7
石棉、云母矿采选	7780.8	6038.2	6172.3	69.4	1277.2	-280.7
石墨、滑石采选	731.4	211.8	130.9	1.8	114.5	-33.5
宝石、玉石开采	8414.7	5391.9	3322.1	417.9	605.1	1097.7
其他非金属矿采选	15465.3	19458	9686.1	158.4	8647.9	1014.2
其他采矿业	758.7	386	220	16	281.3	-31.3
制造业	13417907.9	25750499.9	23552728.7	393939.2	1930309.7	-70564.8
农副食品加工业	755014.1	1843788.1	1642349.8	5454	173338.3	26652.2
谷物磨制	90598.9	234163.7	211329.7	536.3	17019.2	5746.9
饲料加工	82384.9	272664.2	236950.6	631.4	26041.2	8759.2
植物油加工	212761	858480.8	794540.8	779.9	64240.3	-395.5
食用植物油加工	211107.7	853706.5	790216.2	772.8	64010.4	-608.2
非食用植物油加工	1653.3	4774.3	4324.6	7.1	229.9	212.7
制糖	189966.6	185034.3	149053.6	1333.4	35716.6	1405.3
屠宰及肉类加工	69537.8	143181.7	129315.7	753.2	11203.7	1978.9

分组的企业法人单位财务状况

单位：万元

本年应付工资及福利费总额	本年应交增值税	实收资本							全部从业人员年平均人数（人）
			国家资本	集体资本	法人资本	个人资本	港澳台资本	外商资本	
4307413.9	**3089722.5**	**38840830.1**	**12878619.3**	**848120.8**	**17044155.3**	**6806393.6**	**711244.4**	**556352.3**	**1685702**
969359.2	1728252.9	10513999.8	3569225.4	18961.6	6484101.5	390989.9	18991.2	31730.2	215430
194876.4	90393.6	729614.9	289232.8	9290.8	277034.7	143266.6	8850	1940	58843
194837.6	90384.3	728514.9	289232.8	9290.8	276434.7	142766.6	8850	1940	58733
22		600			600				100
16.8	9.3	500				500			10
691769.4	1533160.5	9034116.2	3177244.9	1272	5829900	25643.1	56.2		122912
541582.3	1496226	8479680.9	3176011.4		5303619.5	50			95652
150187.1	36934.5	554435.3	1233.5	1272	526280.5	25593.1	56.2		27260
35841.9	62438.5	458923.7	78117.6	2637.3	203308.6	163935.2	9825	1100	12806
34408.4	60576.6	451182.9	77867.6	2637.3	200847.6	158905.4	9825	1100	12158
1433.5	1861.9	7740.8	250		2461	5029.8			648
33731.9	35319.5	226661.6	13074.2	4710.6	150728.3	35260.8	155	22732.7	12577
23640.3	34153	188723	11115	4610.6	122056.9	28052.8	155	22732.7	7931
13952	26816.7	64649.6	7065	4610.6	38294	14650	30		4712
5818.5	2354.9	78793.4			68935.6	9857.8			2093
3629.6	4943.9	44170	4050		14297.3	2965	125	22732.7	943
240.2	37.5	1110			530	580			183
7553.5	460.7	31477.2	1959.2	100	24568	4850			3464
7553.5	460.7	31477.2	1959.2	100	24568	4850			3464
2538.1	705.8	6461.4			4103.4	2358			1182
183.4	17.6	4108			1800	2308			97
2354.7	688.2	2353.4			2303.4	50			1085
13010.3	6940.8	62463.7	11555.9	1050.9	22174.9	21619.5	105	5957.5	8091
4919.2	2771	29791.1	5488.3	543.5	11731.9	12012.4	5	10	3494
1188.8	448.4	8432.4		47.2	5213.5	3171.7			631
1179.2	705.8	12399	4163		4381	3855			725
117.8	178.3	78.1			50	28.1			64
2433.4	1438.5	8881.6	1325.3	496.3	2087.4	4957.6	5	10	2074
1041	608.5	3656.5	838.7		240	2577.8			611
2666.4	1685.8	3757.4	797.8	15.8	2263.7	680.1			1485
4383.7	1875.5	25258.7	4431.1	491.6	7939.3	6349.2	100	5947.5	2501
1254.9	329.8	4588.4	4431.1		142.3	15			849
274.1	24.8	684.5		460	174.5	50			144
889.7	101.8	972.3		31.6		840.7	100		696
1965	1419.1	19013.5			7622.5	5443.5		5947.5	812
129.3		2219.7			955	1264.7			201
1000156.9	616311.7	9769150.9	2814201.8	169123.6	4955440.2	1557682	117950.3	157338.6	413948
61276.9	18119.3	456991.9	90718.2	20326.4	170740.1	152733.2	2590.6	19883.4	30657
7209.9	3096.9	57410.1	11612.8	697.1	17379.6	27720.6			3891
7232.3	4382.1	40551.7	517.9	4453.7	19601	11976.6		4002.5	3124
15108.2	-2692.6	139497.4	23327.1	7631.7	46788	50986.8		10763.8	8173
15002.8	-2712.4	138792.4	23327.1	7131.7	46738	50831.8		10763.8	8076
105.4	19.8	705		500	50	155			97
19120.5	10520.7	69384	42913.3	2560	23910.7				7197
6146.1	850.9	65929.3	8712.8	893.4	30614.2	22660.8	1650	1398.1	4212

3-2 续表 1

行 业	固定资产原价	主营业务收入	主营业务成本	主营业务税金及附加	营业费用、管理费用、财务费用合计	营业利润
畜禽屠宰	38736.1	84210.3	76045.5	289.4	7192.3	553.1
肉制品及副产品加工	30801.7	58971.4	53270.2	463.8	4011.4	1425.8
水产品加工	1906.8	985.3	894.6	2.4	260.5	-171.7
水产品冷冻加工	1860.3	888.8	810.2	2	223	-145.9
鱼糜制品及水产品干腌制加工	23.9	96.5	84.4	0.4	29.6	-17.9
水产饲料制造	22.6				7.9	-7.9
蔬菜、水果和坚果加工	71950.2	83867.6	65618.5	1236.7	11103	6398.4
其他农副食品加工	35907.9	65410.5	54646.3	180.7	7753.8	2930.7
淀粉及淀粉制品的制造	19714.9	31256.1	27638.8	128	2515	999
豆制品制造	740.2	1479.2	1322.6	8.7	118.8	100.3
蛋品加工	10	11.8	10.4		3.9	-2.5
其他未列明的农副食品加工	15442.8	32663.4	25674.5	44	5116.1	1833.9
食品制造业	575273.8	759501.7	574683.4	3447.5	114616	71383.7
焙烤食品制造	14343.7	17899.7	14763.5	104.2	3784.5	-463.6
糕点、面包制造	7979.7	11415.5	9395.7	93.6	2910.4	-708.8
饼干及其他焙烤食品制造	6364	6484.2	5367.8	10.6	874.1	245.2
糖果、巧克力及蜜饯制造	8387.3	11756.4	8332.4	25.7	3030.2	1641.4
糖果、巧克力制造	1882.7	1177	780.2	4.5	397.8	1267.6
蜜饯制作	6504.6	10579.4	7552.2	21.2	2632.4	373.8
方便食品制造	36018.1	91475.7	68399.6	126.3	18957	4021.3
米、面制品制造	817.5	901.1	780.3	9.4	210.2	-59.7
速冻食品制造	4160.7	1375.4	936.5	12.5	371	-24.3
方便面及其他方便食品制造	31039.9	89199.2	66682.8	104.4	18375.8	4105.3
液体乳及乳制品制造	106570.8	213967.5	189439.1	509.1	20577.5	3864.1
罐头制造	286868	292724.9	194567.6	1265.6	52323.4	45777.5
肉、禽类罐头制造	813.7	341.5	260.4	0.6	17.1	69.7
蔬菜、水果罐头制造	286018.8	292374.1	194297.3	1265	52299.2	45715.5
其他罐头食品制造	35.5	9.3	9.9		7.1	-7.7
调味品、发酵制品制造	50615.4	51504.9	35766.3	330	4185	12095.2
味精制造	4473.8	8106.7	8258.1	12.8	451.6	-600.6
酱油、食醋及类似制品的制造	8781.3	7896.5	5306.2	58.9	2177	305.3
其他调味品、发酵制品制造	37360.3	35501.7	22202	258.3	1556.4	12390.5
其他食品制造	72470.5	80172.6	63414.9	1086.6	11758.4	4447.8
营养、保健食品制造	8941.5	8039.8	5639.3	32.8	2215.1	266
冷冻饮品及食用冰制造	31952.6	31490.4	27135.1	80.2	4313.3	-189.7
盐加工	6353.3	8982.6	5017.4	755.5	2263.2	1064.7
食品及饲料添加剂制造	24242.9	28504.6	23162.9	207.2	2780.5	2809
其他未列明的食品制造	980.2	3155.2	2460.2	10.9	186.3	497.8
饮料制造业	370269.2	359023.4	231935.6	28575.1	70738.5	37607.4
酒精制造	3917.3	6677.7	6892.3	129.3	653.3	-989.9
酒的制造	266074.6	243569.3	142417.7	28051.5	52067.5	29424.5
白酒制造	77298.4	104225.3	60886.4	15810.3	11242.6	17137.1
啤酒制造	70790.3	96098.3	52098.1	7794.9	25091.9	19921.6
葡萄酒制造	115760.4	42503.6	28990.6	4375.9	15516.8	-7681.7
其他酒制造	2225.5	742.1	442.6	70.4	216.2	47.5

单位：万元

本年应付工资及福利费总额	本年应交增值税	实收资本	国家资本	集体资本	法人资本	个人资本	港澳台资本	外商资本	全部从业人员年平均人数（人）
3682.3	118.4	39408.5	7031	681.5	21088.3	9132.7	1400	75	2452
2463.8	732.5	26520.8	1681.8	211.9	9525.9	13528.1	250	1323.1	1760
186.9	35.8	828			390	385.5		52.5	121
163.4	23.9	660			330	330			92
23.5	5.8	63			60	3			25
	6.1	105				52.5		52.5	4
2843.4	544.2	54520.1	3634.3	50	24323.1	24305.6	940.6	1266.5	2144
3429.6	1381.3	28871.3		4040.5	7733.5	14697.3		2400	1795
2003.7	657.5	12101.7		4040.5	3836	4225.2			990
111.5	19.5	636.6			27.5	609.1			131
2.4		10				10			7
1312	704.3	16123			3870	9853		2400	667
34251.2	18874.1	317559.8	29013.1	6041.2	167599.7	78751.5	10527.2	28127.1	18583
1784	881.2	11952.5	1037.8		1225.3	3579.1		6110.3	1440
1132.3	593.5	4698.4	1037.8		1055.3	2605.3			897
651.7	287.7	7254.1			170	973.8		6110.3	543
729.9	324.5	8340.1		252.3	1820.8	6267			542
312	219.7	5239		90	210	4939			264
417.9	104.8	3101.1		162.3	1610.8	1328			278
5109.6	4365.3	21312.6	510	490	2376.3	6788.2	10527.2	620.9	2304
102.1	38.1	792.3			513.3	279			101
231.8	66.6	1149.6				1149.6			134
4775.7	4260.6	19370.7	510	490	1863	5359.6	10527.2	620.9	2069
8774.8	5013.5	105754.5	13957		53585.7	30345.1		7866.7	4100
8886.4	2763.1	105521.1	9192.7	4557.4	73579.3	17737.5		2954.2	5239
43.9	3.7	312			80	232			72
8833.5	2758.8	105169.1	9192.7	4557.4	73499.3	17465.5		2954.2	5155
9	0.6	40				40			12
3319.9	3136.5	29779.4	51.6	28	19019.8	3277.3		7402.7	1857
1019.9	135.8	7230			7097.7	132.3			635
1281	473.9	4499.2		28	1486.2	2985			727
1019	2526.8	18050.2	51.6		10435.9	160		7402.7	495
5646.6	2390	34899.6	4264	713.5	15992.5	10757.3		3172.3	3101
474.7	46.1	7195.9	2531.3	709	1407	2548.6			378
2099.6	810.1	16080.8			11046.5	1862		3172.3	1058
1258.2	778	2408.9	732.7	4.5	1334	337.7			605
1683.1	741.2	8863	1000		2205	5658			955
131	14.6	351				351			105
28905.4	23154.2	231165.4	30957.2	3691.2	106893.2	57072.1	5902.6	26649.1	12712
260.1	-29.2	6858			150	2838		3870	289
22504.8	19072.4	161341.1	28355.4	2775.2	73390.6	41519.7	2000	13300.2	9036
10788.2	9142.4	67397.7	1727.3	2775.2	28235.4	34659.8			4743
9457.8	7393.6	54655			39796.8	58	1500	13300.2	3096
2163.7	2470	37383.1	26628.1		3725.1	6529.9	500		1040
95.1	66.4	1905.3			1633.3	272			157

3-2 续表 2

行业	固定资产原价	主营业务收入	主营业务成本	主营业务税金及附加	营业费用、管理费用、财务费用合计	营业利润
软饮料制造	92846.1	108195.6	82257.9	390.7	17554.2	9340.3
碳酸饮料制造	624.1	167.9	95.2	17.2	127.5	-34.4
瓶(罐)装饮用水制造	17395.4	18018.2	14273.3	109.8	2248.5	1582.2
果菜汁及果菜汁饮料制造	54413.4	60497	46351.7	214	9441.2	5227.5
含乳饮料和植物蛋白饮料制造	2483.7	5021.2	4391.6	20.4	215.1	393
固体饮料制造	21.3	3.7	8.6	0.1	2.6	-7.6
茶饮料及其他软饮料制造	17908.2	24487.6	17137.5	29.2	5519.3	2179.6
精制茶加工	7431.2	580.8	367.7	3.6	463.5	-167.5
烟草制品业	93864	170800.4	64530.4	69781.9	15165.1	21509.8
卷烟制造	93864	170800.4	64530.4	69781.9	15165.1	21509.8
纺织业	1435872.7	1815886.3	1597715	13935.1	150329	61055
棉、化纤纺织及印染精加工	1304182.3	1649780.5	1445049.9	13414.1	133374.1	62500.4
棉、化纤纺织加工	1301941	1642151.8	1438883.3	13410.8	131865.1	62550.6
棉、化纤印染精加工	2241.3	7628.7	6166.6	3.3	1509	-50.2
毛纺织和染整精加工	32121.6	36613.2	33842.5	236.9	3392.7	-531.2
毛条加工	14627.3	10731.8	10227.9	169	945.8	-339.6
毛纺织	17494.3	25881.4	23614.6	67.9	2446.9	-191.6
麻纺织	46085.8	31691.2	27485.3	143.4	5206.1	-646.5
丝绢纺织及精加工	64.3	198.2	204.6	1.5	51.7	-43.3
绢纺和丝织加工	64.3	198.2	204.6	1.5	51.7	-43.3
纺织制成品制造	4572.4	7832.5	6689.6	66.7	953.1	657.4
棉及化纤制品制造	709.9	2334.1	2009	22.9	312.5	-8.6
毛制品制造	569.4	502.5	329.2	3.6	192.3	-28.4
麻制品制造	812.3	1255.7	1288.2		170.8	212.4
丝制品制造	18	60	28	0.2	35	-3.2
绳、索、缆的制造	53.9	117	113.6	0.5	7.6	-4.7
纺织带和帘子布制造	311.1	609.6	443	11.2	58.5	96.9
无纺布制造	1361.9	1288.8	1188	12.5	68.6	19.7
其他纺织制成品制造	735.9	1664.8	1290.6	15.8	107.8	373.3
针织品、编织品及其制品制造	48846.3	89770.7	84443.1	72.5	7351.3	-881.8
棉、化纤针织品及编织品制造	9330.7	48636.3	47514.8	61.5	1751.2	-335.6
毛针织品及编织品制造	39505.5	41115.7	36918.7	10.4	5593.5	-548.1
丝针织品及编织品制造	10.1	18.7	9.6	0.6	6.6	1.9
纺织服装、鞋、帽制造业	11214.9	26278.2	21699.8	193.8	3564.8	1493.8
纺织服装制造	10659.1	26035	21532	193	3508	1473.9
纺织面料鞋的制造	59.6	230.2	155.8	0.7	52.7	21
制帽	496.2	13	12	0.1	4.1	-1.1
皮革、毛皮、羽毛(绒)及其制品业	23498.5	31835.5	29939.3	181.1	1877.6	12
皮革鞣制加工	21507.9	22096.6	20792	167.4	1404.9	-94.3
皮革制品制造	1019.1	1936.5	1615.4	5.2	318.6	-1.6
皮鞋制造	929.6	1872.6	1572.9	4.9	303.8	-8
皮革服装制造	30	7.5			2.8	4.7
皮箱、包(袋)制造	0.5				0.9	-0.9
其他皮革制品制造	59	56.4	42.5	0.3	11.1	2.6
毛皮鞣制及制品加工	723.7	7619	7375.8	7.2	104.4	131.6

单位：万元

本年应付工资及福利费总额	本年应交增值税	实收资本							全部从业人员年平均人数（人）
			国家资本	集体资本	法人资本	个人资本	港澳台资本	外商资本	
5832.6	4065.8	61230.3	2601.8	846	32582.6	11918.4	3902.6	9378.9	3062
46.6	6.8	277.3		100	30	147.3			48
1583.1	498.9	11642.6	101.8	527.3	4607.7	3130	3100	175.8	1050
2912.6	1810.4	41038.8	2500	218.7	22567.4	7282	802.6	7668.1	1309
352	169.3	3525			2070	955		500	213
2.1	0.2	5			2.5	2.5			5
936.2	1580.2	4741.6			3305	401.6		1035	437
307.9	45.2	1736		70	770	796		100	325
4467.1	20860.3	18741.7	18741.7						521
4467.1	20860.3	18741.7	18741.7						521
140489.1	49993.3	629818.3	167163.9	3761.8	258781	113639.7	74266.5	12205.4	84594
122973.5	46659.3	526165	135723.6	1910.5	217632.7	95447.1	63245.7	12205.4	74421
122449.2	46662.8	525882.2	135723.6	1910.5	217582.7	95214.3	63245.7	12205.4	74235
524.3	-3.5	282.8			50	232.8			186
3986.9	882.9	24203	14129.7		7248.2	1031.4	1793.7		2512
431.8	224.5	8491.3	5957.3		1900	634			409
3555.1	658.4	15711.7	8172.4		5348.2	397.4	1793.7		2103
5887.9	1146.6	28085.8		1500	24328	2257.8			3174
139.5	33	317.1	300		17.1				149
139.5	33	317.1	300		17.1				149
740.8	246.7	2904	27	175.2	816	1885.8			742
297.6	106.5	1354	27	133	50	1144			259
113.9	37.7	361.1				361.1			93
11.8		500			500				150
5		18		18					6
12.3	1.5	54.7				54.7			10
70.5	21.8	34.2		24.2		10			49
91.8	12.3	236			86	150			91
137.9	66.9	346			180	166			84
6760.5	1024.8	48143.4	16983.6	176.1	8739	13017.6	9227.1		3596
3109.9	761	5743.5	1444.6		2870	1374.8	54.1		1726
3644.9	263.6	42365.1	15539	176.1	5869	11608	9173		1854
5.7	0.2	34.8				34.8			16
4259.1	993	9180.4	972	1095.1	4620.1	2624.7			2709
4166.9	989.8	9010.2	972	1028.7	4560.4	2580.6			2459
71.8	2.4	95.9		55.9	40				210
20.4	0.8	74.3		10.5	19.7	44.1			40
2697.7	1179.3	16316.3		874.4	8500.9	6941			908
2279.4	1019.1	14654		55	8176	6423			627
298.2	83.7	1353.7		819.4	268	266.3			179
286	82.2	697.7		399.4	88	210.3			158
2.9									10
0.5		600		420	180				3
8.8	1.5	56				56			8
84.7	64.1	220				220			75

3-2 续表 3

行业	固定资产原价	主营业务收入	主营业务成本	主营业务税金及附加	营业费用、管理费用、财务费用合计	营业利润
毛皮鞣制加工	663.7	7574	7368.5	4.4	95.8	105.3
毛皮服装加工	60	45	7.3	2.8	8.6	26.3
羽毛(绒)加工及制品制造	247.8	183.4	156.1	1.3	49.7	-23.7
羽毛(绒)制品加工	247.8	183.4	156.1	1.3	49.7	-23.7
木材加工及木、竹、藤、棕、草制品业	63795.3	91452.1	81632.8	1043	7143.8	3406.9
锯材、木片加工	4524.5	8430.2	7756.3	78.9	991.8	-328.9
锯材加工	3385.6	4324.7	4087.4	37.7	618.6	-375.9
木片加工	1138.9	4105.5	3668.9	41.2	373.2	47
人造板制造	54679.7	73201.4	64959.5	878.2	5204.1	3816.6
胶合板制造	5865.1	11882.2	9902.4	134	837.8	1022.8
纤维板制造	27681.6	51703.9	47350.1	189.2	3428.6	1002.9
刨花板制造	19415.6	7224.4	5674.2	532.6	612.3	1780.6
其他人造板、材制造	1717.4	2390.9	2032.8	22.4	325.4	10.3
木制品制造	4473.1	9760.1	8886.5	82.9	947.9	-116.2
建筑用木料及木材组件加工	2628.6	2878.9	2726.7	19.2	670.7	-496
木容器制造	235.6	3192.7	3042.3	18.7	85.1	46.1
软木制品及其他木制品制造	1608.9	3688.5	3117.5	45	192.1	333.7
竹、藤、棕、草制品制造	118	60.4	30.5	3		35.4
家具制造业	77078.2	110734.2	95371.3	318.9	12671.8	59.8
木质家具制造	49847.4	92497.7	79488.2	144.4	11250.7	-705.4
金属家具制造	26963.4	18104	15775.8	168.8	1409.7	752.4
塑料家具制造	217.4	66	56	4.7	5.4	4.6
其他家具制造	50	66.5	51.3	1	6	8.2
造纸及纸制品业	175221.4	170859.6	147938.7	1154.3	19019.5	5500.2
纸浆制造	67667.7	49657.2	38340.5	471.7	6867.3	5599.5
造纸	71101.9	51695.9	46002.1	410.6	7252.7	-1383
机制纸及纸板制造	69428.7	50245.2	44634.2	373.4	7070.1	-1315.7
加工纸制造	1673.2	1450.7	1367.9	37.2	182.6	-67.3
纸制品制造	36451.8	69506.5	63596.1	272	4899.5	1283.7
纸和纸板容器的制造	30276.8	62422	57197	240.6	4248.4	1278.9
其他纸制品制造	6175	7084.5	6399.1	31.4	651.1	4.8
印刷业和记录媒介的复制	107124.7	87881	71446.9	693.3	15264.9	2696.6
印刷	103840	83767.3	68235.1	641.6	14714	2361.8
书、报、刊印刷	74907	46214.3	37094.2	355	10386.5	295.1
本册印制	7078.1	9460.2	7634.8	140.5	1261.7	461.5
包装装潢及其他印刷	21854.9	28092.8	23506.1	146.1	3065.8	1605.2
装订及其他印刷服务活动	3284.7	4113.7	3211.8	51.7	550.9	334.8
文教体育用品制造业	769.1	1860.5	1384.9	21.2	324.1	137.6
文化用品制造	136.4	635.7	492.6	8.3	52.4	82.4
文具制造	43.2	510.6	398.9	4.2	23.9	83.6
笔的制造	67.2	24	23	0.3	5	-4.3
教学用模型及教具制造	26	95.1	65.7	3.7	20	5.7
墨水、墨汁制造		6	5	0.1	3.5	-2.6
体育用品制造	632.3	1055.9	762	12.1	240	49.1
体育器材及配件制造	272.5	410	301.5	7.5	43	64.2

单位：万元

本年应付工资及福利费总额	本年应交增值税	实收资本							全部从业人员年平均人数（人）
			国家资本	集体资本	法人资本	个人资本	港澳台资本	外商资本	
71.1	62.5	150				150			60
13.6	1.6	70				70			15
35.4	12.4	88.6			56.9	31.7			27
35.4	12.4	88.6			56.9	31.7			27
5885.4	3206.3	40341.9	461.6	160	13084.5	24203.7		2432.1	3863
630.9	204.8	3845		60	2310.8	1474.2			637
338.3	150.8	2739.7			1982.3	757.4			272
292.6	54	1105.3		60	328.5	716.8			365
4296.2	2689	30764.2	461.6		6399.3	21471.2		2432.1	2378
959.8	291.1	3382.1			489.9	2892.2			652
2823.8	2356.3	14736.2	27.1		5042	7597.1		2070	1312
297.4	-13.1	10095.5			128	9967.5			163
215.2	54.7	2550.4	434.5		739.4	1014.4		362.1	251
931.9	312.5	5621.7			4366.4	1255.3			800
351.8	96	2924.3			2229	695.3			239
206.7	50	150				150			173
373.4	166.5	2547.4			2137.4	410			388
26.4		111		100	8	3			48
10131.7	1060.3	97728.2	344.5	225.4	30535.1	64276.8	2346.4		4771
8925.3	732.7	84820.5	344.5	57.4	30522.1	51550.1	2346.4		3980
1185.2	322	12746.7		168	13	12565.7			753
11.5	3.7	50				50			23
9.7	1.9	111				111			15
16727	9975.1	61042.1	17737.2	1939	20285.8	16929.8	325	3825.3	8436
5528.1	4698.1	14754.2	8534.2		5850	370			1821
5137.8	2831.3	25911.2	8816	48.5	11220.2	5501.5	325		3477
4982	2783.8	24812.6	8416	48.5	11170.2	4852.9	325		3330
155.8	47.5	1098.6	400		50	648.6			147
6061.1	2445.7	20376.7	387	1890.5	3215.6	11058.3		3825.3	3138
5323.9	2174.8	18240.7	387	1712	3074.4	9242		3825.3	2696
737.2	270.9	2136		178.5	141.2	1816.3			442
11683.4	4126.7	52475.9	15103.9	929.4	15924.2	19925.3		593.1	7688
11344.2	3832.1	50141	15056	885.9	14589.5	19016.5		593.1	7337
8247.2	2454.7	29617	14760.6	562.4	5904.8	8389.2			4065
1164.7	465.3	3619.9	295.4	316.4	495.6	2508.5		4	689
1932.3	912.1	16904.1		7.1	8189.1	8118.8		589.1	2583
339.2	294.6	2334.9	47.9	43.5	1334.7	908.8			351
211.8	65.1	1510			360	1150			199
61.7	11.3	425			360	65			46
17	1.4	60			10	50			21
32	7	300			300				13
11.7	2.9	60			50	10			10
1		5				5			2
128.4	53	785				785			129
15.6	9.7	245				245			31

3-2 续表 4

行 业	固定资产原价	主营业务收入	主营业务成本	主营业务税金及附加	营业费用、管理费用、财务费用合计	营业利润
训练健身器材制造	103.3	172.4	154.4	1.4	34.2	-17.6
运动防护用具制造	256.5	473.5	306.1	3.2	162.8	2.5
游艺器材及娱乐用品制造	0.4	168.9	130.3	0.8	31.7	6.1
露天游乐场所游乐设备制造	0.4	168.9	130.3	0.8	31.7	6.1
石油加工、炼焦及核燃料加工业	3444763.6	9034835.3	9285532.7	224142.8	341880.6	-902671.4
精炼石油产品的制造	3281348.9	8701325.3	9030235.2	222521.2	322598.2	-961866
原油加工及石油制品制造	3281348.9	8701325.3	9030235.2	222521.2	322598.2	-961866
炼焦	163414.7	333510	255297.5	1621.6	19282.4	59194.6
化学原料及化学制品制造业	1946645.7	2188900.7	1786251.3	13864.2	254747.1	182162.9
基础化学原料制造	874688.2	793111.5	700741.8	5477.3	116924.4	13203.3
无机酸制造	22167.7	29781.1	20688.4	208.3	3351.2	6137.8
无机碱制造	280706	479727.9	423400.6	1759.4	69459.3	18766.2
无机盐制造	85608.5	152305.7	131744.5	648.1	20369.4	-513.5
有机化学原料制造	432518.2	104096.9	101299.7	2738.8	18170.3	-9452
其他基础化学原料制造	53687.8	27199.9	23608.6	122.7	5574.2	-1735.2
肥料制造	399553	241175.1	149482.1	1469.5	37759.7	53132.9
氮肥制造	203751.1	132359.1	81359.8	107.7	21348.1	29510.7
磷肥制造	1821.7	1874.7	1549.7	14.7	498.7	-39.2
钾肥制造	145321.2	48822	17284.2	1119	7932.3	22639.4
复混肥料制造	32110.2	45791.1	41030	151.6	4814.2	-149.3
有机肥料及微生物肥料制造	13236.2	9599.9	5805.7	73.5	2249.3	1475.5
其他肥料制造	3312.6	2728.3	2452.7	3	917.1	-304.2
农药制造	1700.5	1485.1	885.6	7.7	285.9	306
化学农药制造	1540.6	1472.7	878.6	7.4	255.2	331.6
生物化学农药及微生物农药制造	159.9	12.4	7	0.3	30.7	-25.6
涂料、油墨、颜料及类似产品制造	12485.7	25069	21359.9	129.2	3829.5	-178.5
涂料制造	11404.8	22852.9	19590.4	124.2	3375.4	-166.1
油墨及类似产品制造	129.2	240.6	203.8	0.8	50.5	-14.5
密封用填料及类似品制造	951.7	1975.5	1565.7	4.2	403.6	2.1
合成材料制造	514589.6	733619.1	604066.2	3689.8	45024.6	81191.9
初级形态的塑料及合成树脂制造	505638.9	697362.6	573279.8	3672.9	41882.7	78715
合成纤维单(聚合)体的制造	8675.3	33719.6	28649.8	11.1	2904.4	2305.8
其他合成材料制造	275.4	2536.9	2136.6	5.8	237.5	171.1
专用化学产品制造	136479.1	375681.5	293157.6	2981.9	49027.6	34278.4
化学试剂和助剂制造	58378.5	177929.5	143575.6	1811.3	24426.1	10721.8
专项化学用品制造	44599	134396.4	106255.2	736.3	13877.3	14422.4
林产化学产品制造	24.7	10	30	0.2	12.1	-32.3
炸药及火工产品制造	29389.9	55201.6	35682.2	424.7	10300.3	9058
信息化学品制造	1912				55.5	-55.5
动物胶制造	1854.4	7683.1	7183.5	7.8	292.6	199.5
其他专用化学产品制造	320.6	460.9	431.1	1.6	63.7	-35.5
日用化学产品制造	7149.6	18759.4	16558.1	108.8	1895.4	228.9
肥皂及合成洗涤剂制造	5751.3	16904.4	15240.9	46.1	1084	563.2
化妆品制造	1174.5	828.4	429.6	59.8	563.5	-222.5
香料、香精制造	106.8	195.8	126.2	1.9	67.3	0.4

单位：万元

本年应付工资及福利费总额	本年应交增值税	实收资本							全部从业人员年平均人数（人）
			国家资本	集体资本	法人资本	个人资本	港澳台资本	外商资本	
30.3	10.9	220				220			27
82.5	32.4	320				320			71
21.7	0.8	300				300			24
21.7	0.8	300				300			24
130815.8	77650.4	3873449	1257088.9	4919.2	2517038	92668.7		1734.2	34035
114307.5	56395.1	3708461	1229222.9	4619.2	2417114.2	57504.7			28269
114307.5	56395.1	3708461	1229222.9	4619.2	2417114.2	57504.7			28269
16508.3	21255.3	164988	27866	300	99923.8	35164		1734.2	5766
166661.8	105240.3	1312628.7	337149.6	80597.8	668663.6	217369.7	6144.5	2709.6	44697
68425.5	36731.8	557715.1	294408.7	352.4	146771.1	111742	1952	2488.9	17170
1292.1	2508	16640.7	31.5		188.5	16420.7			671
29265.7	15443.1	110244.3	19299.1		20256	70689.2			4468
15102.2	7724.3	86608.1	350	85.4	75043.4	8640.4		2488.9	6615
19875.8	9910.2	308111	250520.7		42149.2	13489.1	1952		4313
2889.7	1146.2	36111	24207.4	267	9134	2502.6			1103
22795.8	10795.1	162172.9	12353.6	2314.9	126231.6	20948.2	110	214.6	6088
10738.1	5994.1	64649.6	6421.2		58228.4				2231
249.3	147.7	278.1				278.1			189
7993.3	3927.9	55343.3	1133.3		51660	2550			1519
2548.3	487	28315.4	1975.7	2314.9	12383.3	11427.9		213.6	1194
993.3	220.8	9553	70		3410	5962	110	1	798
273.5	17.6	4033.5	2753.4		549.9	730.2			157
92.2	78.9	1886			650	1236			75
80.2	71.5	1341			650	691			62
12	7.4	545				545			13
1757.2	672.9	15402.5	165	8	3791.9	11437.6			988
1615.9	627	13635.6	165	8	3746	9716.6			886
26.9	7.4	300.9			45.9	255			25
114.4	38.5	1466				1466			77
38251.8	37292.3	381754.6	23598	4571.9	316367.4	37217.3			11390
37556.6	37180.1	379034.4	23598	4571.9	314247.2	36617.3			11067
601.6	90.7	2000			2000				206
93.6	21.5	720.2			120.2	600			117
34164.8	19237.7	187053.9	6384.7	73350.6	70952.8	32453.3	3912.5	6.1	8255
14580.2	6698.7	52494.9	508	1668	32538.6	14917.5	2862.8	6.1	3124
10037.9	7749.8	25977.3	50	1357.3	12346.6	11229.7	993.7		2652
10.2		100				100			10
8811	4629.7	36517.6	5742.7		26017.6	4757.3			2112
473.2		70000		70000					112
216.6	141.8	1654.1		325.3	50	1278.8			212
35.7	17.7	310	84			170	56		33
1174.5	431.6	6643.7	239.6		3898.8	2335.3	170		731
924	357.4	2209			1500	709			513
160.9	54	4013.8	239.6		2369	1235.2	170		133
27.1	12.7	230			5	225			38

3-2 续表 5

行业	固定资产原价	主营业务收入	主营业务成本	主营业务税金及附加	营业费用、管理费用、财务费用合计	营业利润
其他日用化学产品制造	117	830.8	761.4	1	180.6	-112.2
医药制造业	91189.1	67964.1	44826.9	507.4	18141.2	5629
化学药品原药制造	4181.3	2633.4	2336.7	5.4	498.4	-181.5
化学药品制剂制造	28630.5	16941.1	8611.5	178.3	8457.3	261.8
中药饮片加工	24865.2	18679.9	16466.1	39.6	2837.4	-154
中成药制造	14458.3	22609.9	13053.8	204.5	3056.4	6329.3
兽用药品制造	1040.9	953.7	771.3	4.9	192	-14.5
生物、生化制品的制造	17706.1	5418.6	3086.5	49	2953.9	-667.1
卫生材料及医药用品制造	306.8	727.5	501	25.7	145.8	55
化学纤维制造业	245665.6	329654.6	301200.5	814	41444.9	-11550.8
纤维素纤维原料及纤维制造	230546.5	329654.6	301200.5	814	41182.7	-11288.6
化纤浆粕制造	100092	180352.7	158839.8	491.4	24208.9	-1480.3
人造纤维(纤维素纤维)制造	130454.5	149301.9	142360.7	322.6	16973.8	-9808.3
合成纤维制造	15119.1				262.2	-262.2
涤纶纤维制造	15119.1				262.2	-262.2
橡胶制品业	35943.5	18868.1	17565.8	143.6	4473.7	-3131.9
轮胎制造	30978.6	5912.4	6004.8	66.3	3148.2	-3146.5
车辆、飞机及工程机械轮胎制造	30628.5	5159.6	5339.5	43.3	3031.4	-3100.2
轮胎翻新加工	350.1	752.8	665.3	23	116.8	-46.3
橡胶板、管、带的制造	2786.4	9017.1	8169.8	53.8	829.8	-15.9
橡胶零件制造	1208.7	1018.5	831.6	11.2	131.6	44.1
再生橡胶制造	396.8	1102.2	1011	3.7	109.6	-22.1
日用及医用橡胶制品制造	464	1705.1	1454.4	8.3	219.7	25
橡胶靴鞋制造	2.9	2.1	1.7		1.6	-1.2
其他橡胶制品制造	106.1	110.7	92.5	0.3	33.2	-15.3
塑料制品业	216180.3	508339	447757.4	2032.1	41245.3	21783.5
塑料薄膜制造	39256.8	88764.5	83038.8	177.9	5696.2	546.4
塑料板、管、型材的制造	102566.4	263573.2	229354.4	1108.1	22282.4	14357.1
塑料丝、绳及编织品的制造	15550.6	58798.8	54735.4	252.2	3202.8	790.1
泡沫塑料制造	6041.6	15271.8	13667.6	81	1623.2	-20.3
塑料包装箱及容器制造	29949.1	37160.1	31463.4	87.3	3509.4	2304.8
塑料零件制造	544.4	709.8	642	4.7	59.5	29
日用塑料制造	4402.3	7408	6208.5	64.1	1355.3	-40
其他塑料制品制造	17869.1	36652.8	28647.3	256.8	3516.5	3816.4
非金属矿物制品业	1262440.5	1265100.4	993831.4	8452.6	176745.7	128012.8
水泥、石灰和石膏的制造	807636.6	597568	446598.8	4643.7	100588.4	58780.3
水泥制造	791470.1	556850.4	415067.5	4255.3	93968.6	56610.8
石灰和石膏制造	16166.5	40717.6	31531.3	388.4	6619.8	2169.5
水泥及石膏制品制造	187031.3	279417.2	233668.3	1131.9	29153.8	17158.4
水泥制品制造	147373.8	243793.9	208940.2	889.8	21446	12999.9
砼结构构件制造	22748.2	23975.1	15694	94.8	5051.1	3945.8
石棉水泥制品制造	1063.5	839.6	635.3	2.9	239.2	-30.5
轻质建筑材料制造	12333	8655	6452.4	48.1	1997.6	188.8
其他水泥制品制造	3512.8	2153.6	1946.4	96.3	419.9	54.4
砖瓦、石材及其他建筑材料制造	134596.6	177986.6	142204.1	2069.4	21735.6	37920.6

单位：万元

本年应付工资及福利费总额	本年应交增值税	实收资本							全部从业人员年平均人数（人）
			国家资本	集体资本	法人资本	个人资本	港澳台资本	外商资本	
62.5	7.5	190.9			24.8	166.1			47
7468	4495.2	71323	19867.3	3318.3	20612.1	23992.2	200	3333.1	3756
339	64	3319	830.3		2408.7	80			273
2453.7	1779.9	17942.6	12673.7		3332	1881.9		55	1087
1983.9	236	18213.4	5896.5	2155.1	3911.9	3299		2950.9	927
1495.4	2052.1	12525.4	260	300	6819.5	5145.9			850
187.1	39.3	1062.7	80	220	540	222.7			108
922.8	303	17884.5	126.8	608.5	3550	13072.7	200	326.5	442
86.1	20.9	375.4		34.7	50	290		0.7	69
12992.7	9625.2	164088.2	49576.8		101507.3	13004.1			8198
12957.3	9625.2	140571.4	26060		101507.3	13004.1			8195
7120.9	6227.5	48571.4	9500		33567.3	5504.1			4371
5836.4	3397.7	92000	16560		67940	7500			3824
35.4		23516.8	23516.8						3
35.4		23516.8	23516.8						3
5314.6	1027.6	17658.3	13586	42	161	3849.3		20	2133
3940.6	573.1	14583	13330			1253			1426
3849	541	13330	13330						1378
91.6	32.1	1253				1253			48
849.6	257.5	1901.7	256		81	1564.7			332
200.1	34	761.6		42	30	669.6		20	121
124.5	61.8	198.4			50	148.4			110
170.3	98.5	50				50			120
1.2	0.1	13.6				13.6			2
28.3	2.6	150				150			22
28741.7	11987.7	192076	13242.2	4963.3	72197.3	77326.4	3466.8	20880	15192
3339.7	1890.7	30047.5	7067	625.7	8512	13842.8			2203
14493.1	4097.3	111604.9	4051	855	44541.1	38690.8	3227	20240	6529
4394.4	1379.4	12861.4	292.8	1230.7	3435.6	7625.3		277	2836
837.5	548.7	5478.2		50	1608.8	3216.6	239.8	363	595
1672.9	2480	12704.7		60.2	6255	6389.5			920
40.2	57.2	230				230			73
947.8	338.1	4358.6	57.2	1519.7	368	2413.7			523
3016.1	1196.3	14790.7	1774.2	622	7476.8	4917.7			1513
105304.9	76468	657827.4	152689.8	8930.1	281540.8	193661.7	2153	18852	53382
52971.7	54753.8	317256.7	121352.8	2928.8	146167.1	46808			22031
49958.3	51050.8	306158.1	119367	2928.8	145597.1	38265.2			20628
3013.4	3703	11098.6	1985.8		570	8542.8			1403
18507.7	9369	97636.2	11154.5	364.3	46180.1	37817.2	2120	0.1	7678
15152.6	7690.2	71428.8	9622.1	317.9	35094.8	26374	20		5886
1709.6	1027.7	16745.9	1523.5	37	6535.2	6550.1	2100	0.1	938
131.4	24.7	774.9	8.9		25	741			77
1097.1	291.6	5304.9			3601.1	1703.8			526
417	334.8	3381.7		9.4	924	2448.3			251
19873.4	5601.6	162588.5	3911.6	5055.6	75849.5	77657.5	33	81.3	16858

3-2 续表 6

行业	固定资产原价	主营业务收入	主营业务成本	主营业务税金及附加	营业费用、管理费用、财务费用合计	营业利润
粘土砖瓦及建筑砌块制造	62315.5	72367.8	51562.2	1489.9	7821.8	11977.5
建筑陶瓷制品制造	25065.7	59889.2	55876.4	149.4	2482.7	1475.2
建筑用石加工	28071.2	12946.2	7422.1	194.7	7193.6	23380.1
防水建筑材料制造	2991.2	6025.6	5034.1	53.1	993.9	28.2
隔热和隔音材料制造	9395.9	19022.9	15770.2	115	2070.5	727.8
其他建筑材料制造	6757.1	7734.9	6539.1	67.3	1173.1	331.8
玻璃及玻璃制品制造	70369.8	120578.5	98566.9	120.7	12746.3	9739.7
平板玻璃制造	20917.9	3512.3	3564.3	15.5	694.8	-727.1
技术玻璃制品制造	3538.8	4204.6	3563.5	12.3	764.1	-134.3
日用玻璃制品及玻璃包装容器制造	6204.2	9753.6	8468	42.8	1399	-138.4
玻璃保温容器制造	6125.5	11414.8	10970.3	15.3	371.3	45.4
玻璃纤维及制品制造	10410.6	34491.9	24916.1	1.1	4991.1	5112
玻璃纤维增强塑料制品制造	23027.7	56923.7	46823.6	31.4	4485.9	5608
其他玻璃制品制造	145.1	277.6	261.1	2.3	40.1	-25.9
陶瓷制品制造	4330.2	1433.3	1216.6	1.9	277.3	-61.9
卫生陶瓷制品制造	4272.1	465.7	406.4	0.3	98.3	-38.8
特种陶瓷制品制造	46.3	842.1	716	1	144.5	-19.4
日用陶瓷制品制造	1.4	52.4	42.8	0.3	19.5	-10.2
园林、陈设艺术及其他陶瓷制品制造	10.4	73.1	51.4	0.3	15	6.5
耐火材料制品制造	8638.1	17116.5	14335.6	256.2	2776.4	880.9
石棉制品制造	181.7	417.3	1389.3	9.8	63.4	72
云母制品制造	1204.3	132.2	107.6	1.3	37.8	-14.5
耐火陶瓷制品及其他耐火材料制造	7252.1	16567	12838.7	245.1	2675.2	823.4
石墨及其他非金属矿物制品制造	49837.9	71000.3	57241.1	228.8	9467.9	3594.8
石墨及碳素制品制造	38634	36666.5	27663.1	167.8	6449.4	2629.5
其他非金属矿物制品制造	11203.9	34333.8	29578	61	3018.5	965.3
黑色金属冶炼及压延加工业	1625299	4138068.8	3798316.6	9124.3	214722.2	110347.6
炼铁	747813.5	1491220.4	1396002.4	2649	42034.7	43897.7
炼钢	1573.4	56972.1	55826.2	531.5	8509.2	-895.4
钢压延加工	848088.1	2493642.3	2261271.5	5557.8	160097.5	60790.2
铁合金冶炼	27824	96234	85216.5	386	4080.8	6555.1
有色金属冶炼及压延加工业	205092.4	413122.6	389139.9	1044.4	25713.1	-1957.9
常用有色金属冶炼	130514.4	248550.9	246403.6	546.7	12021.6	-10951.5
铜冶炼	8705.8	34368.6	33060	99.4	837.8	865.8
铅锌冶炼	1064.7	6768.3	8595.8	22	366.1	-2266.2
镍钴冶炼	39950.4	142116.4	149673.6	98.8	3059.8	-11923.5
铝冶炼	73791.7	63762.8	52634.3	325	7032.1	4001.6
镁冶炼	651.8	16.5	11.8	0.9	128.8	-125
其他常用有色金属冶炼	6350	1518.3	2428.1	0.6	597	-1504.2
贵金属冶炼	67185.6	63400.9	44411.2	211.8	11812.5	8255.9
金冶炼	67185.6	63400.9	44411.2	211.8	11812.5	8255.9
有色金属合金制造	139.4	2000	1989.8	2.1	19.9	-1.1
有色金属压延加工	7253	99170.8	96335.3	283.8	1859.1	738.8
常用有色金属压延加工	7247	99170.8	96335.3	283.8	1859.1	738.8
贵金属压延加工	6					

单位：万元

本年应付工资及福利费总额	本年应交增值税	实收资本	国家资本	集体资本	法人资本	个人资本	港澳台资本	外商资本	全部从业人员年平均人数（人）
12625.6	1831.5	39197.5	165.7	4432.6	13984.9	20581.3	33		12111
2598.9	510	8233	150		2900	5183			1997
2007.8	1289.7	97992.4	3505.9		52644.8	41841.7			967
467.4	413.7	2938.4			159	2779.4			358
1173.5	1261.9	10907.2		215.3	5865	4826.9			826
1000.2	294.8	3320	90	407.7	295.8	2445.2		81.3	599
6275.7	3548	41181.5	920	60.8	4806.6	22570.6		12823.5	3412
741.7	213.2	5964.1			1080	4884.1			518
379.4	112	4916.5	920		735	3261.5			264
1798.7	731.3	2709.3		60.8	1776.9	870.7		0.9	1148
419.7	154.4	3641				3641			331
1497.2	1834.5	4503.3			30	1283.7		3189.6	440
1393.6	488.7	19314.3			1054.7	8626.6		9633	682
45.4	13.9	133			130	3			29
279.2	14.5	625.6	300		50	275.6			225
236.8	0.1	357.2	300			57.2			177
14.6	8.2	110				110			31
10	3.3	50			50				5
17.8	2.9	108.4				108.4			12
2550.3	814.7	6494.5	100	520.6	3967	1906.9			802
38.8	27.9	314			162	152			20
25.3	12	100	100						9
2486.2	774.8	6080.5		520.6	3805	1754.9			773
4846.9	2366.4	32044.4	14950.9		4520.5	6625.9		5947.1	2376
3199.5	1196	18171.4	14950.9		1020.5	2200			1261
1647.4	1170.4	13873			3500	4425.9		5947.1	1115
88411.9	97056.6	688268.4	441003	4001.9	76991	162657.3	2617.7	997.5	26127
42601.9	32495.7	490771.1	429205.8		5459.3	56106			13336
482.3	553.4	2554			600	1954			290
41375.4	59286.9	183652.5	9709.9	4001.9	65871.6	104069.1			11021
3952.3	4720.6	11290.8	2087.3		5060.1	528.2	2617.7	997.5	1480
19991.2	16190.3	111384	25431.1	300	63925.5	21678.4	49		7030
12909.6	14449.8	56137.1	6981.7		35500.5	13654.9			4284
390.3	7015	3600			1600	2000			576
291.6	339.5	894.9				894.9			135
6348.4	3023.7	6981.7	6981.7						1281
5451.5	4065.5	26249.5			25769.5	480			1965
60.6		10180				10180			88
367.2	6.1	8231			8131	100			239
5940.2	991.9	46041.4	18449.4	300	24225	3018	49		2170
5940.2	991.9	46041.4	18449.4	300	24225	3018	49		2170
15.6	20.8	200				200			15
1125.8	727.8	9005.5			4200	4805.5			561
1125.8	727.8	9000.5			4200	4800.5			558
		5				5			3

3-2 续表 7

行业	固定资产原价	主营业务收入	主营业务成本	主营业务税金及附加	营业费用、管理费用、财务费用合计	营业利润
金属制品业	112593	433223.2	391114.8	1671.3	33021.7	11676.6
结构性金属制品制造	52033.8	215103.2	190121.9	981.9	16837.9	8757.9
金属结构制造	40506.3	197560	176030.1	820.3	14628.1	7238.7
金属门窗制造	11527.5	17543.2	14091.8	161.6	2209.8	1519.2
金属工具制造	763.1	2330.8	1974.8	13.8	216.9	125.4
农用及园林用金属工具制造	252.8	1269.5	1034.1	5.1	170.5	59.9
刀剪及类似日用金属工具制造	430	495	415.3	6.4	11.4	61.9
其他金属工具制造	80.3	566.3	525.4	2.3	35	3.6
集装箱及金属包装容器制造	22923.7	34894.7	31549.3	238.4	8089	-1376.8
集装箱制造	86.7	415	352.3	8.6	37.8	16.3
金属压力容器制造	7571.9	1440.9	1429.6	0.2	865.8	-717.4
金属包装容器制造	15265.1	33038.8	29767.4	229.6	7185.4	-675.7
金属丝绳及其制品的制造	12847.9	98986.5	94788.3	163.6	2727.8	276.3
建筑、安全用金属制品制造	9642.2	16740.3	13672.2	77.8	1354.5	1712.8
建筑、家具用金属配件制造	943.3	1988.8	1499.4	3.3	172.7	316.6
建筑装饰及水暖管道零件制造	7885.1	12259.6	10187	53.5	677.1	1371.4
安全、消防用金属制品制造	491	956.7	801.8	7.2	260.2	-68.2
其他建筑、安全用金属制品制造	322.8	1535.2	1184	13.8	244.5	93
金属表面处理及热处理加工	4526.3	29461.1	27203.8	26.8	1534.1	697
不锈钢及类似日用金属制品制造	1455.5	2917	2288.2	21.4	388.1	227
金属制厨房调理及卫生器具制造	548.4	1078.1	886.8	4.7	163.3	31
金属制厨用器皿及餐具制造	726	1106.4	745.4	6	180.1	174.9
其他日用金属制品制造	181.1	732.5	656	10.7	44.7	21.1
其他金属制品制造	8400.5	32789.6	29516.3	147.6	1873.4	1257
其他未列明的金属制品制造	8400.5	32789.6	29516.3	147.6	1873.4	1257
通用设备制造业	68757.9	154244.4	130470.7	1200.3	18862.5	5230.9
锅炉及原动机制造	5371.6	10286.9	8202	92.3	2194.7	20.4
锅炉及辅助设备制造	5220.5	9416.2	7448.7	72.4	2138.7	1.8
内燃机及配件制造	141.1	867.8	751.2	19.7	53.2	20.8
其他原动机制造	10	2.9	2.1	0.2	2.8	-2.2
金属加工机械制造	342.9	1661.4	1384.9	6.4	252.8	20.8
金属切削机床制造	62.2	35.3	19.1	0.2	55.4	-38.7
金属成形机床制造	40.5	66.3	43		34.6	-11.3
铸造机械制造	4	88.8	71.8	0.9	3.4	12.7
金属切割及焊接设备制造	56.6	455.2	404.8	1.8	38.7	12.7
机床附件制造						
其他金属加工机械制造	179.6	1015.8	846.2	3.5	120.7	45.4
起重运输设备制造	5969.5	13189.6	11135.7	45.5	1967.6	188.1
泵、阀门、压缩机及类似机械的制造	2857	4767.8	3354.5	94.2	657.5	685.9
泵及真空设备制造	2856.2	4757.8	3349.3	94.2	655.5	683.1
液压和气压动力机械及元件制造	0.8	10	5.2		2	2.8
轴承、齿轮、传动和驱动部件的制造	3069.7	2976	2338.6	18	737.4	-25.9
轴承制造	2906.3	2492.5	1892.4	16.4	681.4	-5.6
齿轮、传动和驱动部件制造	163.4	483.5	446.2	1.6	56	-20.3
风机、衡器、包装设备等通用设备制造	3488.4	12138.9	9552.5	167	1655.9	660

单位：万元

本年应付工资及福利费总额	本年应交增值税	实收资本							全部从业人员年平均人数（人）
			国家资本	集体资本	法人资本	个人资本	港澳台资本	外商资本	
22918.9	12184.1	148396.7	46558.3	12020.4	34923.8	52631.1	170	2093.1	11620
10101.8	6648.2	56925.9	583.3	6461.4	12796.6	35131.8	170	1782.8	5911
8372.2	6068.9	46124.1	271.1	6399.4	8797.2	28873.6		1782.8	4443
1729.6	579.3	10801.8	312.2	62	3999.4	6258.2	170		1468
265.2	60.8	875.2	30	5.2	16	824			249
149.5	61.1	185.2	30	5.2	16	134			135
46.2		590				590			77
69.5	-0.3	100				100			37
4288.8	1555.8	21407.4		4500.3	14514.3	2082.5		310.3	1858
21.5	2.6	123.7			70	53.7			15
294.1	8.8	9457.5			9188	269.5			177
3973.2	1544.4	11826.2		4500.3	5256.3	1759.3		310.3	1666
3180.9	1692.9	49039.2	45848	372.1	1205.9	1613.2			559
1117.8	668.7	3786.8	97	237.1	570	2882.7			1138
97.2	15.9	377			60	317			72
731.5	535.9	2552.7			510	2042.7			895
144.9	68.6	570.1		152.1		418			109
144.2	48.3	287	97	85		105			62
1571.1	487.2	2570.9			1348.7	1222.2			714
279.4	139.5	6682			149.3	6532.7			181
142.9	80.2	5850.5			144.5	5706			73
110.8	53.5	687.5			4.8	682.7			85
25.7	5.8	144				144			23
2113.9	931	7109.3		444.3	4323	2342			1010
2113.9	931	7109.3		444.3	4323	2342			1010
15493.2	6061.7	79387.5	2636.1	6468.6	34323.1	34642.8	1100.9	216	6830
1347	438.6	7119.9		1846.5	1985.9	3287.5			862
1214.8	361.1	7064.9		1846.5	1985.9	3232.5			827
129.9	75.8	50				50			31
2.3	1.7	5				5			4
224.4	41.7	931.4		130	4	797.4			148
26.2	2.1	375		50		325			22
19.9	0.3	64.5				64.5			15
23.6	4.9	7			4	3			12
14.1		103.5				103.5			9
3.5									4
137.1	34.4	381.4		80		301.4			86
786.7	327.8	9728.4			5730.4	3998			517
403.5	141.7	1822.1	555.8		565	701.3			341
402	141.2	1806.1	555.8		549	701.3			339
1.5	0.5	16			16				2
560.5	149.3	3017.7			2600	417.7			369
494.3	133.1	2900			2600	300			332
66.2	16.2	117.7				117.7			37
1218.6	341.8	6463.8			1132	5014.9	100.9	216	590

3-2 续表 8

行业	固定资产原价	主营业务收入	主营业务成本	主营业务税金及附加	营业费用、管理费用、财务费用合计	营业利润
风机、风扇制造	1130.1	3545.2	2797.7	13.8	523.4	217.8
气体、液体分离及纯净设备制造	48.5	186	144.3	1.4	55.4	-15.1
制冷、空调设备制造	944.5	3212.5	2299.6	130.3	517.8	264.8
喷枪及类似器具制造	218.5	275.5	246	1.7	43.8	-16
包装专用设备制造		11.7	6.5	0.1	10	-4.9
衡器制造	1014.4	4098.3	3384.6	14.9	380	207.3
其他通用设备制造	132.4	809.7	673.8	4.8	125.5	6.1
通用零部件制造及机械修理	34774.1	86703.8	74534.4	654.1	8548.1	3963.9
金属密封件制造	3157.8	5782.9	4921.8	23.5	895.2	120.9
紧固件、弹簧制造	3538.1	4994.1	3734.3	40.2	1133	422.8
机械零部件加工及设备修理	25001.9	73008.2	63374	587.6	6042.2	3606.5
其他通用零部件制造	3076.3	2918.6	2504.3	2.8	477.7	-186.3
金属铸、锻加工	12884.7	22520	19968.1	122.8	2848.5	-282.3
钢铁铸件制造	10187.5	19884.8	17651.8	118.2	2450.8	-198.9
锻件及粉末冶金制品制造	2697.2	2635.2	2316.3	4.6	397.7	-83.4
专用设备制造业	80447.9	170652.6	137681.3	1218.5	22682.1	11467.3
矿山、冶金、建筑专用设备制造	36208.8	75346.6	56570.4	948.6	10551	9152.3
采矿、采石设备制造	12487.2	21274.5	16558.8	794.7	2912.5	2110.8
石油钻采专用设备制造	16889.2	45736.7	32674	134.5	6438.4	7195.4
建筑工程用机械制造	5025.5	5939.5	5140.8	2.6	974.4	-114.2
建筑材料生产专用机械制造	1806.9	2395.9	2196.8	16.8	225.7	-39.7
化工、木材、非金属加工专用设备制造	615.5	1372.5	1012.2	17.9	147.5	194.9
炼油、化工生产专用设备制造	348.4	408.9	345.3	11.9	65.7	-14
塑料加工专用设备制造	5.9	452.8	198.4	2.9	48	203.5
木材加工机械制造	3					
模具制造	258.2	510.8	468.5	3.1	33.8	5.4
其他非金属加工专用设备制造						
食品、饮料、烟草及饲料生产专用设备制	656.3	1445.9	1172.9	3.7	332	-62.7
食品、饮料、烟草工业专用设备制造	316.8	532.9	438.1	1.2	108.9	-15.3
农副食品加工专用设备制造	219.5	525	443.8	0.7	149.2	-68.7
饲料生产专用设备制造	120	388	291	1.8	73.9	21.3
印刷、制药、日化生产专用设备制造	622.6	676.7	517.6	9.8	76.9	72.4
印刷专用设备制造	231	280	183.2	4.7	43.9	48.2
照明器具生产专用设备制造	1.6	19.3	11.4	0.1	9	-1.2
其他日用品生产专用设备制造	390	377.4	323	5	24	25.4
纺织、服装和皮革工业专用设备制造	1733	6870.6	5251.9	19.8	1103.6	586.1
纺织专用设备制造	1709.9	6605.3	5080.2	18	1072.3	525.6
其他服装加工专用设备制造	23.1	265.3	171.7	1.8	31.3	60.5
电子和电工机械专用设备制造	1545.4	721.4	371.6	2.9	102.4	244.5
电工机械专用设备制造	1545.4	721.4	371.6	2.9	102.4	244.5
农、林、牧、渔专用机械制造	36086.7	76158.8	65966.4	166.2	9108.5	1267.7
拖拉机制造	1096	12515.7	12222.6	0.1	326.3	-48.5
机械化农业及园艺机具制造	29155.2	45369	39569.8	124.4	6821.6	-789.6
畜牧机械制造	682.5	2101.9	1441	2.6	434	224.5
农林牧渔机械配件制造	129	478	74.2	2.9	28.7	372.2

单位：万元

本年应付工资及福利费总额	本年应交增值税	实收资本	国家资本	集体资本	法人资本	个人资本	港澳台资本	外商资本	全部从业人员年平均人数（人）
570.6	161.6	2645.4			290	2355.4			211
33.5	13.9	306				306			25
278.9	15.3	1154			251	903			136
42.7	0.2	200.9				100	100.9		24
5.4	0.7	60				60			7
168.5	107.7	1947			541	1190		216	121
119	42.4	150.5			50	100.5			66
8968.8	3676.8	32417.4	2015.3	951.1	20423.8	8027.2	1000		2836
390.3	240.9	1992	134.4	165.6	1212	480			221
669.7	327.7	2528.5		52.5	2050	426			310
7702.1	3080.3	24805.2	1856.4	733	14861.8	6354	1000		2191
206.7	27.9	3091.7	24.5		2300	767.2			114
1983.7	944	17886.8	65	3541	1882	12398.8			1167
1627.1	635.6	15037.4	65	3541	210	11221.4			1020
356.6	308.4	2849.4			1672	1177.4			147
16044.1	4855.7	54796.9	16531.7	470	15845.8	18291.6	90	3567.8	7299
6518.1	3204.5	31673.5	11525.5	340	9066.8	7104.4	90	3546.8	2404
1984.8	267.7	15125.5	2650	110	5665	4150.5		2550	885
3638.9	2702.6	10980.7	6379.7		1391.8	2122.4	90	996.8	987
695.4	174.5	4901.8	2495.8		2010	396			368
199	59.7	665.5		230		435.5			164
123	27.2	715.7			372.7	343			103
42.1	18.2	397.7			307.7	90			34
43.6	0.7	65			40	25			27
		3				3			2
37.3	8.3	250			25	225			36
									4
164.5	37.4	568.2		60	150	358.2			104
78.8	21.5	250			150	100			36
70.1	10.5	293.2		60		233.2			54
15.6	5.4	25				25			14
67.9	15.8	284				284			63
25.2	7.4	200				200			19
7.2	1.2	50				50			3
35.5	7.2	34				34			41
593.1	211	455			59	396			230
544.8	192.9	405			59	346			214
48.3	18.1	50				50			16
52.8	15.4	760			50	710			92
52.8	15.4	760			50	710			92
7753.7	1177.4	16673.5	5006.2	70	4984.3	6592		21	3824
266.9	-562.9	3160			2790	370			103
5841.8	1411.1	9694.8	3875.3		1413	4406.5			2721
406.5	56.5	160		50	49	40		21	236
29.7	30.6	188.4				188.4			25

3-2 续表 9

行　业	固定资产原价	主营业务收入	主营业务成本	主营业务税金及附加	营业费用、管理费用、财务费用合计	营业利润
其他农林牧渔业机械制造及机械修理	5024	15694.2	12658.8	36.2	1497.9	1509.1
医疗仪器设备及器械制造	352	754.4	633.7	6.6	225.2	-65.1
医疗、外科及兽医用器械制造	16.1	80.8	39.6	0.5	19.8	20.9
假肢、人工器官及植(介)入器械制造	153.4	100.3	82.1	1	49	-31.8
其他医疗设备及器械制造	182.5	573.3	512	5.1	156.4	-54.2
环保、社会公共安全及其他专用设备制造	2627.6	7305.7	6184.6	43	1035	77.2
环境污染防治专用设备制造	278.2	889	761.5	10.1	89.1	28.3
商业、饮食、服务业专用设备制造	14	88	70		18	
水资源专用机械制造	1316.5	5165.4	4335.1	28.7	773.3	27.3
其他专用设备制造	1018.9	1163.3	1018	4.2	154.6	21.6
交通运输设备制造业	45598.1	149637.9	132425.6	369.9	16997.3	1480.6
铁路运输设备制造	2679.7	6184.6	4725.9	53.5	1970.4	-565.2
铁路机车车辆配件制造	821.5	1826	1409.3	12.3	439.8	-35.4
铁路专用设备及器材、配件制造	52	338	300	5.8	90.3	-58.1
其他铁路设备制造及设备修理	1806.2	4020.6	3016.6	35.4	1440.3	-471.7
汽车制造	41285.9	141992.6	126619.8	276.5	14717.3	1973.3
汽车整车制造	17085.7	79182.7	69835.5	2	7832.7	1490.3
改装汽车制造	2646.9	25770	25699.5	23.3	1427.9	-851.5
汽车车身、挂车的制造	5667.4	6915.6	6198.1	14.5	715	210.1
汽车零部件及配件制造	3167.4	16783	14771.2	56.8	1361	608.7
汽车修理	12718.5	13341.3	10115.5	179.9	3380.7	515.7
摩托车制造	76.3	95	79	1	5.9	9.1
摩托车整车制造	76.3	95	79	1	5.9	9.1
自行车制造	295	382.9	313.9	1.9	35.7	31.4
脚踏自行车及残疾人座车制造	234.3	53.1	40.1	0.3	25.3	-12.6
助动自行车制造	60.7	329.8	273.8	1.6	10.4	44
交通器材及其他交通运输设备制造	1261.2	982.8	687	37	268	32
交通管理用金属标志及设施制造	1252.6	946.7	654.1	35	214.3	56.7
其他交通运输设备制造	8.6	36.1	32.9	2	53.7	-24.7
电气机械及器材制造业	154202.1	1265715.8	1032606.2	3698.2	113383.1	123312.9
电机制造	39184.3	622834.4	487661.6	1388.9	52921.3	69393.1
发电机及发电机组制造	39073.5	622609.6	487500	1388.4	52887.1	69364.6
电动机制造	110.8	224.8	161.6	0.5	34.2	28.5
输配电及控制设备制造	100171.6	573356.2	481719.3	2087.1	54330.6	53783.8
变压器、整流器和电感器制造	78820.7	499640.5	420488.3	1544.2	45170	50651.2
电容器及其配套设备制造	532.9	648.5	459	17.7	212.3	-40.5
配电开关控制设备制造	18664.9	66067.5	55279.3	446.4	7670.9	2941.7
电力电子元器件制造	57.8	251.3	209.6	0.2	8.8	32.7
其他输配电及控制设备制造	2095.3	6748.4	5283.1	78.6	1268.6	198.7
电线、电缆、光缆及电工器材制造	13510	64410.7	58644.8	197.1	5363.2	407.3
电线电缆制造	10911.3	56566.8	53118.4	145.4	3829.3	-442.4
绝缘制品制造	2578.7	7655.9	5392.9	51.7	1521.9	807.2
其他电工器材制造	20	188	133.5		12	42.5
电池制造	3.8	7	3.1	0.1	2.4	1.4
家用电力器具制造	21.4	89	66.5	0.1	36.6	-14.2

单位：万元

本年应付工资及福利费总额	本年应交增值税	实收资本							全部从业人员年平均人数(人)
			国家资本	集体资本	法人资本	个人资本	港澳台资本	外商资本	
1208.8	242.1	3470.3	1130.9	20	732.3	1587.1			739
186.2	25.2	625			160	465			116
11.7	4.8	80			80				13
64.5	15	265			50	215			43
110	5.4	280			30	250			60
584.8	141.8	3042			1003	2039			363
143.1	21.2	700				700			101
12	2	50				50			10
253.5	79.1	1100				1100			142
176.2	39.5	1192			1003	189			110
9585.8	3481.8	51515.8	16318.2	2225.9	26898.8	6020.9			4315
1170.4	611.4	6805.6		1597.7	5207.9				315
315	187.5	5151.5			5151.5				127
180	22.5	56.4			56.4				43
675.4	401.4	1597.7		1597.7					145
8161.7	2846.6	43745.2	16318.2	348.2	21590.9	5435.9			3820
2532.7	1785	8000			8000				999
944.8	192.7	9348.7	3		9025.2	320.5			429
310.4	68.8	11219	8000		2550	669			335
1127.9	303.2	7275.1	6562.4	104.7	267.1	279.8			240
3245.9	496.9	7902.4	1752.8	243.5	1748.6	4166.6			1817
6		100			100				10
6		100			100				10
41	13.7	380				380			40
14.4	3.2	50				50			14
26.6	10.5	330				330			26
206.7	10.1	485		280		205			130
206.7	9.1	335		280		55			124
	1	150				150			6
32024.3	30507.2	293839.1	10474.2	1504.5	204161.6	77695.8		3	7586
11349.1	12902.2	113210			62219	50991			1119
11338.1	12897.6	113110			62119	50991			1111
11	4.6	100			100				8
18295.8	15996.5	160475.3	6954.2	192.5	137409.1	15916.5		3	5111
10860	12168.5	131685.5	6140	190.5	123705	1650			2654
76.7	94.5	483	130	2	169	182			58
6592.4	3421.2	25756	445.6		13315.1	11995.3			2129
6.8		60				60			10
759.9	312.3	2490.8	238.6		220	2029.2		3	260
1985.3	1423.1	16555	3019.3	1312	3178.5	9045.2			1074
1240	993.5	13957	3019.3	1312	978.5	8647.2			759
734.9	429.6	2548			2200	348			307
10.4		50				50			8
12.1	0.4	313.7				313.7			7
11.3	1.8	205				205			13

3-2 续表 10

行　　业	固定资产原　　价	主营业务收　　入	主营业务成　　本	主营业务税金及附　　加	营业费用、管理费用、财务费用合　　计	营业利润
其他家用电力器具制造	21.4	89	66.5	0.1	36.6	-14.2
非电力家用器具制造	803.4	2651.8	2477.7	6.3	393.1	-297.5
燃气、太阳能及类似能源的器具制造	803.4	2651.8	2477.7	6.3	393.1	-297.5
照明器具制造	296.2	1699	1474.4	16.4	222.8	45.4
照明灯具制造	296.2	1699	1474.4	16.4	222.8	45.4
灯用电器附件及其他照明器具制造						
其他电气机械及器材制造	211.4	667.7	558.8	2.2	113.1	-6.4
车辆专用照明及电气信号设备装置制造	71.7	24.7	23.1		15.8	-14.2
其他未列明的电气机械制造	139.7	643	535.7	2.2	97.3	7.8
通信设备、计算机及其他电子设备制造业	146315.7	110014.4	79440.3	599	14640.6	15544
通信设备制造	4752.2	1643	1622.9		2009.5	-1989.4
移动通信及终端设备制造	4752.2	1643	1622.9		2009.5	-1989.4
广播电视设备制造	474.5	9665.7	9474	0.5	187.2	115.3
广播电视接收设备及器材制造	474.5	9665.7	9474	0.5	187.2	115.3
电子器件制造	45.2	28.5	28.8	0.3	30.1	-29.8
光电子器件及其他电子器件制造	45.2	28.5	28.8	0.3	30.1	-29.8
电子元件制造	140491.2	96708.6	66481.9	598	12149.5	17576.5
电子元件及组件制造	140491.2	96708.6	66481.9	598	12149.5	17576.5
家用视听设备制造	552.6	1968.6	1832.7	0.2	264.3	-128.6
家用影视设备制造	552.6	1968.6	1832.7	0.2	264.3	-128.6
其他电子设备制造						
仪器仪表及文化、办公用机械制造业	2874.8	13571.7	8123.9	73.5	2561.9	2318.7
通用仪器仪表制造	1221.3	9915.6	6448.3	35.6	1666.8	1254.8
工业自动控制系统装置制造	151.6	5588.2	3668.4	14.6	834.4	560.7
电工仪器仪表制造	541.7	258.7	147.2		116.9	-5.4
供应用仪表及其他通用仪器制造	528	4068.7	2632.7	21	715.5	699.5
专用仪器仪表制造	1116.3	2654.3	870.5	33.5	729.1	1031.4
地质勘探和地震专用仪器制造	961.1	1700.7	434.7	23.2	574	668.8
电子测量仪器制造	9.3	18	14.6	1.2	1.6	0.6
其他专用仪器制造	145.9	935.6	421.2	9.1	153.5	362
光学仪器及眼镜制造	14.5	42.5	32.8	0.6	9.1	
眼镜制造	14.5	42.5	32.8	0.6	9.1	
文化、办公用机械制造	96.6	422.1	328.6	2	63.8	27.7
计算器及货币专用设备制造	16.6	22.1	15	0.1	12.7	-5.7
其他文化、办公用机械制造	80	400	313.6	1.9	51.1	33.4
其他仪器仪表的制造及修理	426.1	537.2	443.7	1.8	93.1	4.8
工艺品及其他制造业	42686.4	15626.7	13426.8	170.5	4454.6	-1893.5
工艺美术品制造	7710.4	8742	5513.7	119.5	963.2	2153.4
雕塑工艺品制造	281.4	462.6	341.1	9.9	54.3	57.3
金属工艺品制造	277.1	93.1	64.4	5	30.6	-6.9
天然植物纤维编织工艺品制造	312.5	1109.4	41	7.7	113.6	947.1
地毯、挂毯制造	6598.7	6699.9	4765.3	14.1	657.2	1271.1
珠宝首饰及有关物品的制造	82.6	99.4	64.8	10.2	8.9	15.5
其他工艺美术品制造	158.1	277.6	237.1	72.6	98.6	-130.7
日用杂品制造	477.5	1773.8	1694.7	1.5	367.2	-24.1

单位：万元

本年应付工资及福利费总额	本年应交增值税	实收资本	国家资本	集体资本	法人资本	个人资本	港澳台资本	外商资本	全部从业人员年平均人数（人）
11.3	1.8	205				205			13
178.5	81.5	1331.7	500.7		700	131			134
178.5	81.5	1331.7	500.7		700	131			134
79.7	71.4	793.9			50	743.9			72
79.7	71.4	788.9			50	738.9			70
		5				5			2
112.5	30.3	954.5			605	349.5			56
8.3	3.1	95				95			8
104.2	27.2	859.5			605	254.5			48
11830.9	6069.3	64412.1	1047.4	230	35352.1	14477.4	6000.1	7305.1	3046
468.3		20648.7			13421.6			7227.1	68
468.3		20648.7			13421.6			7227.1	68
363.1	7	600			175	347		78	168
363.1	7	600			175	347		78	168
3.6	1.5	50				50			3
3.6	1.5	50				50			3
10899.3	6060.8	42306	770	230	21705.5	13600.4	6000.1		2707
10899.3	6060.8	42306	770	230	21705.5	13600.4	6000.1		2707
96.6		530			50	480			100
96.6		530			50	480			100
		277.4	277.4						
797.6	758.1	7991.8	89	42	2202.9	5479.2		178.7	881
425.4	391.5	5218.6	89		1729.9	3221		178.7	188
188.7	147	1550			1540	10			45
31.5	42.3	418.6			189.9	50		178.7	16
205.2	202.2	3250	89			3161			127
279.2	327.3	2180		42	25	2113			625
244.6	232.2	1000		42		958			598
1.9	0.2	30				30			2
32.7	94.9	1150			25	1125			25
5.1	2.5	21.2				21.2			5
5.1	2.5	21.2				21.2			5
44.4	20	110			50	60			23
14.4	1.3	50			50				8
30	18.7	60				60			15
43.5	16.8	462			398	64			40
4488.8	850.9	44857.2	39698.9	45.7	782	2597.6		1733	2010
687.9	519.1	5286.1	1350.9	45.7	732	1424.5		1733	698
15.9	23.9	110				110			28
39.7	4.8	102.4	39.4			63			30
42.4	0.2	165			9	156			38
533.2	359.7	4643.2	1311.5	45.7	560	993		1733	550
4.8	5.9	85.5			13	72.5			17
51.9	124.6	180			150	30			35
176.4	4.9	314.6				314.6			84

3-2 续表 11

行　　业	固定资产原　价	主营业务收　入	主营业务成　本	主营业务税金及附　加	营业费用、管理费用、财务费用合　计	营业利润
制镜及类似品加工	476	1761.9	1683.6	1.4	365.5	-23.1
其他日用杂品制造	1.5	11.9	11.1	0.1	1.7	-1
煤制品制造	34188.5	4807.1	6101.7	46.7	2980.3	-4066
其他未列明的制造业	310	303.8	116.7	2.8	143.9	43.2
废弃资源和废旧材料回收加工业	2216.4	3058.6	2388.7	13.4	538.7	158.9
金属废料和碎屑的加工处理	813.3	1106.2	734.4	5	324.7	44.2
非金属废料和碎屑的加工处理	1403.1	1952.4	1654.3	8.4	214	114.7
电力、燃气及水的生产和供应业	7618146.4	2695652	2250438.9	20188.6	368022.2	67496.7
电力、热力的生产和供应业	6902809.3	2511296.7	2123865.5	18303.1	308100.9	64738.8
电力生产	3511524.5	815983.3	590629.6	7148.5	155145.5	71639
火力发电	2097295.5	652925.3	496513.4	6186.4	102929.7	54456.2
水力发电	966275.2	116704.3	73797.9	768.6	36866.7	6526.3
其他能源发电	447953.8	46353.7	20318.3	193.5	15349.1	10656.5
电力供应	2709086.8	1484567.9	1336429.1	10286	120439.7	9407.1
热力生产和供应	682198	210745.5	196806.8	868.6	32515.7	-16307.3
燃气生产和供应业	198115.4	116542.1	70990.4	1417.5	30346.8	16277.7
水的生产和供应业	517221.7	67813.2	55583	468	29574.5	-13519.8
自来水的生产和供应	461237	61461.2	49651.8	442.3	27331.1	-11835.3
污水处理及其再生利用	55984.7	6352	5931.2	25.7	2243.4	-1684.5
建筑业	1487055.5	6341647.9	5714604.4	203267.5	333646.8	119982.7
房屋和土木工程建筑业	1233691.9	5451151.6	4930026.6	177404.9	261208.2	104864.8
房屋工程建筑	614130.3	3686745.5	3350635.7	123988.1	163064.5	63736.4
土木工程建筑	619561.6	1764406.1	1579390.9	53416.8	98143.7	41128.4
铁路、道路、隧道和桥梁工程建筑	360769.4	1255242	1131746.9	37645.6	58757.4	29401.3
水利和港口工程建筑	162601.4	223006	201066.9	7446.5	13875.4	2796.7
工矿工程建筑	30136.4	109395.4	99387.1	3137.5	6213	1794.1
架线和管道工程建筑	56804.9	144452.5	119436	4073.2	14938.5	7569.8
其他土木工程建筑	9249.5	32310.2	27754	1114	4359.4	-433.5
建筑安装业	199407.8	740840.6	655229.4	20394.4	56874.2	14994.5
建筑装饰业	17560.4	65738.3	56438.1	2487.9	7316.4	51.7
其他建筑业	36395.4	83917.4	72910.3	2980.3	8248	71.7
工程准备	22010.8	49477.2	42019.8	1854.3	4601.1	1251.3
提供施工设备服务	5862.5	7718.9	6866.1	272.6	717.4	-136.3
其他未列明的建筑活动	8522.1	26721.3	24024.4	853.4	2929.5	-1043.3
交通运输、仓储和邮政业	3196269.3	2472375.4	2102110.5	56698.1	295061.9	33999.3
铁路运输业	5045.8	1342.9	956.5	23	209.4	153.5
铁路旅客运输	3960	980	820	12.8	108	39.2
铁路货物运输	1085.8	362.9	136.5	10.2	98.3	117.4
铁路运输辅助活动					3.1	-3.1
货运火车站					3.1	-3.1
道路运输业	837654.1	1501375.5	1378122.3	30380.6	82384.2	8494.7
公路旅客运输	124711.1	121243.7	90101.1	3107.2	15129.2	13301.2
道路货物运输	654314.1	1334036.5	1253192.9	25723.3	57913.3	-5868.6
道路运输辅助活动	58628.9	46095.3	34828.3	1550.1	9341.7	1062.1
客运汽车站	45620.5	19322.9	11410.7	1014.7	7825.1	-322.8

单位：万元

本年应付工资及福利费总额	本年应交增值税	实收资本	国家资本	集体资本	法人资本	个人资本	港澳台资本	外商资本	全部从业人员年平均人数（人）
169.4	4.7	309.6				309.6			74
7	0.2	5				5			10
3552.2	289	39008	38333		50	625			1196
72.3	37.9	248.5	15			233.5			32
284.9	194.6	2378.9			988.9	1390			170
192.6	140.4	773.9			523.9	250			90
92.3	54.2	1605			465	1140			80
261992.6	198343.7	1841976.7	1047891.1	17098.3	595603.4	165456.8		16197.1	65127
240839.7	190537.5	1462011.2	762416.1	14903.8	529357.6	148473.6		7130.1	55794
80059.5	87785.8	1013297.2	496453.1	1680.4	429254.1	78779.5		7130.1	19264
64484.2	67664.6	410871.3	86577.5	501.7	253970.3	63041.7		6780.1	14045
13144.4	13807.7	475642.7	400188.5	1178.7	65248.4	8677.1		350	4639
2430.9	6313.5	126783.2	9687.1		110035.4	7060.7			580
141970.6	95305	228686.5	193057.9		34601.8	1026.8			27114
18809.6	7446.7	220027.5	72905.1	13223.4	65501.7	68667.3			9416
6232.2	4412.9	74635.1	15424.7	487.9	45849.1	12873.4			2241
14920.7	3393.3	305330.4	270050.3	1706.6	20396.7	4109.8		9067	7092
13447.6	3368.9	271732.3	248529.2	1706.6	20386.7	1109.8			6551
1473.1	24.4	33598.1	21521.1		10	3000		9067	541
851044.5	293.3	1504202.8	440510.5	92322.8	347837.9	623164.7	366.9		440523
749382.7	45.6	1177044.7	411241.7	62706.2	247722.9	455373.9			390488
578375.4	5.8	710589.2	184800.3	41349.9	138340.1	346098.9			300197
171007.3	39.8	466455.5	226441.4	21356.3	109382.8	109275			90291
107361.5	6.7	250442.1	142969.8	9308.4	52555.8	45608.1			55948
31658.6	18.9	97582.7	56274.4	2537.4	20559.8	18211.1			18344
12147.9	0.9	27751	7960.2	713.3	6235.6	12841.9			6606
17049.4	12.8	56605.2	16331.9	8476.9	21600.3	10196.1			7021
2789.9	0.5	34074.5	2905.1	320.3	8431.3	22417.8			2372
79296	125.5	241979.4	23219.4	27879.6	81825.8	108777.7	276.9		36615
11243.4	45.4	51503.6	1223.4	10	9218.5	40961.7	90		7072
11122.4	76.8	33675.1	4826	1727	9070.7	18051.4			6348
5147.4	1.1	16496.4	4494	620.7	4055.3	7326.4			2702
1050.5	72.6	2686	50	1106.3	567.5	962.2			626
4924.5	3.1	14492.7	282		4447.9	9762.8			3020
246490.4	15795.7	1897252.8	667014.8	11236.3	1023385	159964.3	20282.6	15569.8	88601
129.8	2.5	2853.1	21.6	5	528.5	2298			104
58		1548			48	1500			48
71.8	2.5	1005.1	21.6	5	480.5	498			54
		300				300			2
		300				300			2
122347.4	14849.3	468672	324152.4	6198.6	59221.4	78695.6	404		43409
12774.5	407.6	69279.4	8789	1430.5	23602.9	35457			6116
101779.6	14409.8	362237.7	282987	4624.4	33919.9	40302.4	404		33178
7793.3	31.9	37154.9	32376.4	143.7	1698.6	2936.2			4115
5932.9	27.4	31828.5	29116.4	103.1	1609.7	999.3			3595

3-2 续表 12

行业	固定资产原价	主营业务收入	主营业务成本	主营业务税金及附加	营业费用、管理费用、财务费用合计	营业利润
公路管理与养护	12172.7	25082.2	22079.1	472.9	1333.4	1238.6
其他道路运输辅助活动	835.7	1690.2	1338.5	62.5	183.2	146.3
城市公共交通业	147584.5	96449.3	77098.2	3672.5	18526.1	3184.1
公共电汽车客运	125114.1	86290.8	72333.7	2995	14499.7	2099.6
轨道交通	3215.4	1309.4		55.2	1235.1	19.1
出租车客运	17554.4	8259.1	4525.6	615.1	2549.5	928.8
其他城市公共交通	1700.6	590	238.9	7.2	241.8	136.6
航空运输业	325103.9	44714.8	44517.6	1597.4	15228.8	-18969.9
航空客货运输	225.7	61.8	38.8	3.9	36.8	-10.1
通用航空服务	11434.1	2926.2	10.9	43.5	1065.4	-1121
航空运输辅助活动	313444.1	41726.8	44467.9	1550	14126.6	-17838.8
机场	312775	41031.5	43740.4	1539	13997.9	-17666.9
其他航空运输辅助活动	669.1	695.3	727.5	11	128.7	-171.9
管道运输业	1444731.4	300703.1	194343.9	9898.1	41534.9	57227.8
装卸搬运和其他运输服务业	100982.3	263403.4	172123.4	8905.2	80174.7	6021.1
装卸搬运	45917.6	68626.6	49022.6	2420.8	41824.7	-23974.6
运输代理服务	55064.7	194776.8	123100.8	6484.4	38350	29995.7
仓储业	188315	196421.1	173405.2	1325.1	34351.9	-6635.2
谷物、棉花等农产品仓储	104848.7	140020.8	132232.2	264.2	20867.7	-9523.5
其他仓储	83466.3	56400.3	41173	1060.9	13484.2	2888.3
其他仓储	83466.3	56400.3	41173	1060.9	13484.2	2888.3
邮政业	146852.3	67965.3	61543.4	896.2	22651.9	-15476.8
国家邮政	144076	58552.9	56079.7	673.7	18346.6	-15007.7
其他寄递服务	2776.3	9412.4	5463.7	222.5	4305.3	-469.1
信息传输、计算机服务和软件业	2595776.7	1196428.5	526576.6	46860	347379.6	250475.6
电信和其他信息传输服务业	2542652.6	1097112.8	465592.7	43698.5	324371.8	243999.7
电信	2412500.2	1055473.8	442007.2	42420.4	313103.1	239608.7
固定电信服务	1421771.3	360043.7	234148.6	7523	96167.4	6407.2
移动电信服务	988736.5	691350.9	204631.7	34793.4	215898.8	233567.9
其他电信服务	1992.4	4079.2	3226.9	104	1036.9	-366.4
互联网信息服务	77357.8	21120.8	13217	814.9	5607.7	389.2
广播电视传输服务	51133.6	20286	10314.4	458	5367.8	4122.1
有线广播电视传输服务	50909.6	19027	9431.7	443.3	5113.1	4015.2
无线广播电视传输服务	224	1259	882.7	14.7	254.7	106.9
卫星传输服务	1661	232.2	54.1	5.2	293.2	-120.3
计算机服务业	44123.4	57698.7	31135.6	2184.9	14569.3	3976.3
计算机系统服务	8498.9	24198.4	16964.2	799.7	5962	677.3
数据处理	146.3	311.9	141.5	10.8	147.6	37.9
计算机维修	637.4	4768	3283.1	144.9	1061.7	328.7
其他计算机服务	34840.8	28420.4	10746.8	1229.5	7398	2932.4
软件业	9000.7	41617	29848.3	976.6	8438.5	2499.6
公共软件服务	7187.5	32420.8	23768.9	613.4	6183.7	1959.8
基础软件服务	2091.6	15354	11754.2	269.4	2803.1	596
应用软件服务	5095.9	17066.8	12014.7	344	3380.6	1363.8
其他软件服务	1813.2	9196.2	6079.4	363.2	2254.8	539.8

单位：万元

本年应付工资及福利费总额	本年应交增值税	实收资本							全部从业人员年平均人数（人）
			国家资本	集体资本	法人资本	个人资本	港澳台资本	外商资本	
1525.8	1.4	4479.8	3260	40.6		1179.2			396
334.6	3.1	846.6			88.9	757.7			124
34378.5	118.5	64456.8	21016	1756.5	20964.3	12129.9	8590.1		16522
30291.7	105.7	52432.5	20449.8	1301.5	13342.8	8748.3	8590.1		14113
221.4		1500	450		198	852			102
3737.8	5.5	10031.4	116.2	53.5	7423.5	2438.2			2191
127.6	7.3	492.9		401.5		91.4			116
19507.6		258986.8	258093.4		538	355.4			3548
31.8		405			200	205			25
1163.9		9260.3	9021.9		188	50.4			231
18311.9		249321.5	249071.5		150	100			3292
18275.9		248821.5	248821.5						3264
36		500	250		150	100			28
7323.4	-29.2	856118.3	10672.5		822280.1	20	8768.5	14377.2	1906
25706.5	600.9	100234.6	5158	1242.6	43761.4	46560	2520	1192.6	9725
15231.8	19.9	23206.4		1038.1	16092.5	3555.2	2520	0.6	5328
10474.7	581	77028.2	5158	204.5	27668.9	43004.8		1192	4397
10027.5	250.5	130235.5	37418.6	2033.6	75538.8	15244.5			3440
4828.1	136.1	52171.6	28393.2		20179.3	3599.1			1367
5199.4	114.4	78063.9	9025.4	2033.6	55359.5	11645.4			2073
5199.4	114.4	78063.9	9025.4	2033.6	55359.5	11645.4			2073
27069.7	3.2	15695.7	10482.3		552.5	4660.9			9947
24289	2.5	13773.3	10482.3		39	3252			8526
2780.7	0.7	1922.4			513.5	1408.9			1421
95602.4	6371.8	1601842.4	434010.8	113569.2	688705.6	106460.3	24445.1	234651.4	26874
82429.5	5420.3	1498355.1	431902.8	109157.2	643334.4	55456.2	23922	234582.5	19753
76285.7	5397.6	1445861.1	390105.8	108061.7	639851.8	49337.3	23922	234582.5	17488
48563.3	8.8	807163.6	162679.7	94731.3	548241.7	53		1457.9	8754
26994.4	5380.7	634029.5	226314.1	13330.4	90362.1	46976.3	23922	233124.6	8281
728	8.1	4668	1112		1248	2308			453
3254.4	13.3	28987	20534	1018.1	1405.8	6029.1			1340
2878.8	9.4	23230.1	20986.1	77.4	2076.8	89.8			914
2610.8	9.4	23080.1	20986.1	77.4	1926.8	89.8			836
268		150			150				78
10.6		276.9	276.9						11
7416.8	397.6	48526.2	1242	142	8906.6	37842.7	330	62.9	4991
2593	216.6	19834	792	65	6252	12405	320		1231
62.9	2.1	357.6		15	74.3	223.3		45	45
413.7	105.4	1709.9			392.9	1317			268
4347.2	73.5	26624.7	450	62	2187.4	23897.4	10	17.9	3447
5756.1	553.9	54961.1	866	4270	36464.6	13161.4	193.1	6	2130
4867.1	425.8	48845.8	815	3820	35033.3	8987.5	190		1498
2067.4	204.5	12003.2	735		7888.5	3189.7	190		775
2799.7	221.3	36842.6	80	3820	27144.8	5797.8			723
889	128.1	6115.3	51	450	1431.3	4173.9	3.1	6	632

3-2 续表 13

行 业	固定资产原 价	主营业务收 入	主营业务成 本	主营业务税 金 及附 加	营业费用、管理费用、财务费用合 计	营业利润
批发和零售业	2619010	30020232.1	28056292.8	66291.5	1678207.7	340225.6
批发业	2022796.1	26408747.5	24878207.9	54091.7	1290767.6	274265.3
农畜产品批发	721962.1	3605558	3356435	6886.9	263573.7	-3257.8
谷物、豆及薯类批发	91508.1	217624.4	188659.3	199.6	37705.7	-8299.3
种子、饲料批发	83057	197653.8	162936.6	250.2	30227.9	4110.1
棉、麻批发	539003.1	3116935.5	2938672.2	6386.2	187492.2	2044.5
牲畜批发	614	3520.1	2816.3	2.2	405.8	355.2
其他农畜产品批发	7779.9	69824.2	63350.6	48.7	7742.1	-1468.3
食品、饮料及烟草制品批发	204268.3	1077610.8	959312	2007.1	124891.1	-4105.8
米、面制品及食用油批发	57970.6	160387.8	147166.2	169.4	19489.7	-5475.3
糕点、糖果及糖批发	2003.9	16729.3	15510.9	51.9	1278.4	91.1
果品、蔬菜批发	45697	82581.1	74834.9	107.3	9482.4	-833.6
肉、禽、蛋及水产品批发	5541.2	24868.3	22087.9	80.6	3262.7	-537.6
盐及调味品批发	8524.3	42630.8	34276.2	163.4	7336.2	1544.2
饮料及茶叶批发	14961.7	102807.1	88407.8	236	34962.2	-19811.8
烟草制品批发	60068.7	590264.6	525734.4	1094.2	43059.2	20756.3
其他食品批发	9500.9	57341.8	51293.7	104.3	6020.3	160.9
纺织、服装及日用品批发	21122.6	234392.3	214972.7	659	19557.9	777.9
纺织品、针织品及原料批发	4021.2	71311.4	67411.3	125.4	3292.6	991.3
服装批发	2256.6	51192.5	45868.2	291.4	5171.3	-9.5
鞋帽批发	5267.1	2873.5	2118.6	46.7	814.9	233.5
厨房、卫生间用具及日用杂货批发	1297.8	14244.6	12020.8	21.8	2058.1	142.7
化妆品及卫生用品批发	1950.6	41122.6	38474.7	70.6	3602.3	-820
其他日用品批发	6329.3	53647.7	49079.1	103.1	4618.7	239.9
文化、体育用品及器材批发	39804.7	177493.5	158847.7	673.8	15472.5	3528.9
文具用品批发	2078	25406.3	21508.8	138.4	2301.6	1390.1
体育用品批发	624.8	3712.9	3030.2	4.4	677.3	1
图书批发	32608.6	73087.1	63232.4	450.8	8036.4	1838.8
报刊批发	6.1	2.8	2.1		11.9	-11.2
音像制品及电子出版物批发	485.3	27271.8	26378.6	17.1	1029.8	134.2
首饰、工艺品及收藏品批发	205.2	2049	1573.4	19.8	540.9	-15.1
其他文化用品批发	3796.7	45963.6	43122.2	43.3	2874.6	191.1
医药及医疗器材批发	35880.8	383102.2	340092.6	788.8	29016.7	14803.3
西药批发	26955.2	300534.6	273311.8	398.9	17293.2	10824.4
中药材及中成药批发	4816.3	25458	23142	32.4	1699.5	687.3
医疗用品及器材批发	4109.3	57109.6	43638.8	357.5	10024	3291.6
矿产品、建材及化工产品批发	740884.8	17685335	16876168.1	35505.3	587867.5	229086.3
煤炭及制品批发	20593.9	205096.9	149210.3	8243.6	44669.6	36909.5
石油及制品批发	465023.9	11967301	11540738.2	12797.3	245506.2	131766.9
非金属矿及制品批发	3550.1	8377	5459.8	70	1316.1	1656.1
金属及金属矿批发	100612.5	3296114.1	3151521	7273.6	133591.2	35279.6
建材批发	28367.2	413734.5	373873.6	1213.7	31668.8	9786.2
化肥批发	96358.3	1182012.5	1090648.4	4902.6	85507.1	4510.4
农药批发	2596.1	25953.6	23851	44.2	2580.8	-314.5
农用薄膜批发	1424.8	17289.4	16704.4	6.8	564.3	7.9

单位：万元

本年应付工资及福利费总额	本年应交增值税	实收资本							全部从业人员年平均人数（人）
			国家资本	集体资本	法人资本	个人资本	港澳台资本	外商资本	
370162.4	494624.8	3643819.8	539013.5	147595.9	807505.5	1663498.9	465918.7	20287.3	175012
259822.5	392697.4	2996227.7	467757	124769.4	633708	1299505.6	460510.7	9977	112801
49738.1	4801	501662.7	151599.3	58831.8	136207.3	153116.5	1157.8	750	21077
9158.7	924.5	46704.1	37883.5	481	2266	5823.6		250	4265
7877.2	2613.3	109573.6	30755.4	2828.5	27659.7	47830		500	4012
31338	562.6	327755.7	79983.4	53900.6	103818.4	88895.5	1157.8		11871
161.3	12	793	56.4	40	146.1	550.5			106
1202.9	688.6	16836.3	2920.6	1581.7	2317.1	10016.9			823
38785.9	15400.5	229119.1	100401.1	3645.3	51528.2	73054.5	490		10672
5402.2	430.1	53011	35536.9	328.1	8312.4	8833.6			2345
402.6	114.4	2470.5	65		330	2075.5			267
1943.9	1264.3	27911.7	3189.2	2116.8	8496.3	13859.4	250		990
692.8	254.6	2654.8	16.1		498	2140.7			406
2010.3	946.1	15436.2	10526.8	373.8	822.9	3712.7			727
4201.8	1522.5	68996.8	5191.6	706.6	31119.1	31739.5	240		2091
22671.7	10298.1	42506.7	40547		280	1679.7			2795
1460.6	570.4	16131.4	5328.5	120	1669.5	9013.4			1051
6006.4	2514.7	55018.1	3546.7	3483	10959.8	36968.6		60	4036
1026.3	626.8	16065.7	1233.1	1800	6864.1	6168.5			791
1525.5	681.8	10932.4	50	300	1590	8932.4		60	975
147.8	20.2	2419.6			60	2359.6			101
473.5	206.6	4329.9	30	33	640	3626.9			377
1399.1	405.6	5519.3			679	4840.3			970
1434.2	573.7	15751.2	2233.6	1350	1126.7	11040.9			822
4514.8	2795.6	22758.5	4803.8	67.4	5163.2	12724.1			2158
850.9	322.8	6354.4	80		793.2	5481.2			604
122.9	29.6	1478			150	1328			96
2303.9	1869.1	4839.5	3324.4		305	1210.1			767
1	0.1	11.2				11.2			2
307.1	171.1	1200			1200				181
131.3	38.3	1364.9			400	964.9			111
797.7	364.6	7510.5	1399.4	67.4	2315	3728.7			397
9924.5	6568.2	75185	10102.4	254.9	13557.7	51270			4366
6698.5	3680.9	48559.9	8867.8	203.3	10134.7	29354.1			2400
614.9	245.1	4555.9	794.6		1670	2091.3			413
2611.1	2642.2	22069.2	440	51.6	1753	19824.6			1553
94656	326380.5	1394662.9	162003.1	48023.2	271548.7	484125.6	423666	5296.3	37518
5318.7	11950	53669.9	6088.6	2068.8	18536.9	26975.6			1389
44476.3	257642	233115.8	67722	3829.9	61157.1	94726.8	1680	4000	12621
278.6	307.5	7385.4	2799.8		2040.5	2264.8		280.3	148
16164.3	32921.6	726545.2	45666.9	6719.4	52493.7	199294.2	421936	435	7684
6973.7	5589.6	152267.1	6851.6	1388.6	74293.3	69307		426.6	4623
13036.1	9953.1	126462.8	23576.4	33464.7	42710.9	26710.8			6776
825.8	531.5	7916.4	2072.6	167.2	425.4	5251.2			636
159.7	7.3	1249.9		61.6	330	858.3			125

3-2 续表 14

行业	固定资产原价	主营业务收入	主营业务成本	主营业务税金及附加	营业费用、管理费用、财务费用合计	营业利润
其他化工产品批发	22358	569456	524161.4	953.5	42463.4	9484.2
机械设备、五金交电及电子产品批发	206777.6	2566238.4	2331152.9	6423.3	208841.2	33264.5
农业机械批发	35795.5	183106.5	166912.1	353.4	16894.7	-1388.8
汽车、摩托车及零配件批发	45338	644131.5	603185.8	1074.1	39000.1	2826.6
五金、交电批发	31090.3	438537	404736.4	1020.6	30657.7	5617.5
家用电器批发	9412	135695.8	125226.5	208.1	10942.1	-159
计算机、软件及辅助设备批发	7872.1	150564.9	137839.2	420.2	12443.2	1124.6
通讯及广播电视设备批发	8094.4	62703.9	57352.1	269.2	5516.4	935
其他机械设备及电子产品批发	69175.3	951498.8	835900.8	3077.7	93387	24308.6
贸易经纪与代理	21995.4	115475.2	104517.5	304.7	13131.1	-298.4
其他批发	30099.8	563542.1	536709.4	842.8	28415.9	466.4
再生物资回收与批发	16247	479687	470982.7	519.8	14112.7	-4799.1
其他未列明的批发	13852.8	83855.1	65726.7	323	14303.2	5265.5
零售业	596213.9	3611484.6	3178084.9	12199.8	387440.1	65960.3
综合零售	170501	565648.4	472569.4	4154.2	97312.9	11049.7
百货零售	121539.2	313186.4	254347.1	3033.4	54274.3	8597.3
超级市场零售	42708.3	242288.4	210731	1050.4	41374	1731
其他综合零售	6253.5	10173.6	7491.3	70.4	1664.6	721.4
食品、饮料及烟草制品专门零售	15423	39014	35880.3	371.4	10710.7	1491.2
粮油零售	4227.2	9675	9272	18.8	1825.8	-141.2
糕点、面包零售	242.6	474.3	310.6	3.5	158.5	-8.9
果品、蔬菜零售	867.4	4311.8	5006.4	7.3	4719.4	1419.4
肉、禽、蛋及水产品零售	2041	3299.5	2854.4	7.5	615.4	-50
饮料及茶叶零售	1460.8	8385.5	7837.9	270.6	1220	-54.9
烟草制品零售	3798.1	6930.3	5838.2	34.2	1014.7	194
其他食品零售	2785.9	5937.6	4760.8	29.5	1156.9	132.8
纺织、服装及日用品专门零售	32629.5	167333.3	135530.4	1027.4	33350.1	472.3
纺织品及针织品零售	1361.4	5698.5	4427.2	53.8	1547.5	-130.9
服装零售	28027.4	144647.5	117804.2	862.7	28865.5	34.2
鞋帽零售	197.5	1774.5	1548.2	32.5	288.1	-92.1
钟表、眼镜零售	682.9	2562.6	1623.7	20.9	762.9	83.3
化妆品及卫生用品零售	443.6	3358.8	2834.1	20	556	-49.5
其他日用品零售	1916.7	9291.4	7293	37.5	1330.1	627.3
文化、体育用品及器材专门零售	64842.7	141256	106023	693.2	27699.9	8938.6
文具用品零售	973.1	8066.9	6597.6	38.9	1293.1	147.1
体育用品零售	1064.5	7247.1	5910	30.2	1300.5	-25.3
图书零售	56444.6	101275.2	77903.3	313.5	19103.3	5401.7
报刊零售		7.5	5.6	0.1	4.8	-3
音像制品及电子出版物零售	112.9	527.7	964.2	13.6	180.9	18.3
珠宝首饰零售	4210.6	13563	6382.6	224.2	3948	3068.8
工艺美术品及收藏品零售	1065.8	1929.5	1198.3	26.4	634.8	86.1
照相器材零售	281.5	5519.1	4962.7	13.6	576.8	-32.2
其他文化用品零售	689.7	3120	2098.7	32.7	657.7	277.1
医药及医疗器材专门零售	27468.8	290708.2	258082.1	626.3	23247.4	9214
药品零售	25818.5	276548.9	247286.4	476.6	20345	9133.2

单位：万元

本年应付工资及福利费总额	本年应交增值税	实收资本							全部从业人员年平均人数（人）
			国家资本	集体资本	法人资本	个人资本	港澳台资本	外商资本	
7422.8	7477.9	86050.4	7225.2	323	19560.9	58736.9	50	154.4	3516
48979.6	28640.6	634284.5	17323.5	7810.9	132782.6	437628.6	35136.9	3602	28835
3477.8	2033.1	36345.8	5155.9	152.6	9613.5	21423.8			2001
7420.9	5091.7	106906.5	4075.5	2141	20449.7	80210.3	30		4372
8991.4	4059	94164.2	1246	4050	20489.8	68367	11.4		5255
2347.2	1485.1	73930.4	20	20	3535.5	35561.8	34783.1	10	1274
3667	2196.4	31009.2	345.3	250.8	2302.9	27799.8	310.4		2428
1632	566.4	19294.7	293		3683.1	15318.6			1110
21443.3	13208.9	272633.7	6187.8	1196.5	72708.1	188947.3	2	3592	12395
1978.5	513	43246.5	14435.3	800	5499.4	22243.1		268.7	1216
5238.7	5083.3	40290.4	3541.8	1852.9	6461.1	28374.6	60		2923
2256.2	2885.4	16903.3	1546	1436	1015.6	12895.7	10		1189
2982.5	2197.9	23387.1	1995.8	416.9	5445.5	15478.9	50		1734
110339.9	101927.4	647592.1	71256.5	22826.5	173797.5	363993.3	5408	10310.3	62211
25594.7	12879.2	101897.8	9706.1	11111.7	18097.7	49751.7	5030	8200.6	15570
13505.5	8331.6	63945.4	8927	1769.7	14286.7	33932	5030		7233
10917.3	4410.7	28583.7		6880	2598.5	10904.6		8200.6	7405
1171.9	136.9	9368.7	779.1	2462	1212.5	4915.1			932
3008.7	528	20321.1	3080.4	1126.1	4810.9	11303		0.7	2241
734.5	56	4635.1	2383.3		525.2	1725.9		0.7	573
119.2	9.6	540.5	61.7			478.8			110
260.4	63.6	572	10		40	522			162
257.3	15.5	3066.5		293.7	2051.7	721.1			181
566.4	129.1	4231		737.2	409	3084.8			446
462.3	110	3398.9	538.9	95.2	1336	1428.8			223
608.6	144.2	3877.1	86.5		449	3341.6			546
7950.1	5377.5	47375.4	3459.6	550	5516.4	36349.4		1500	5127
491.9	138	3573.7	400	120	218	2835.7			390
6136.7	4877.3	34493.4	2950	430	4852.1	24761.3		1500	3623
152.9	30.6	757			36	721			98
334	85.7	1037.8	50		32.1	955.7			280
216.9	66.2	1994.1			120	1874.1			230
617.7	179.7	5519.4	59.6		258.2	5201.6			506
10381.5	4627.1	35386.7	4834.6	5535.8	9129.5	15886.8			4133
473.3	163.3	3688.4	3	8.3	888.1	2789			416
399.3	143	2834.3	30		129	2675.3			319
7411	2952	5943.9	3975.7	229.8	511.4	1227			2076
3.1	3	50				50			3
108.9	43.8	259.1			41	218.1			58
1046.1	1154.1	16712.4	726.9	5000	7110	3875.5			750
411.8	28.5	2681.6	5	275.5	202	2199.1			199
176.9	68.7	1617	50		50	1517			123
351.1	70.7	1600	44	22.2	198	1335.8			189
6992.3	4670.4	35331.1	4612.7	226.4	13482.1	16938.9	71		5138
6040.1	4119.9	26914.3	4391.6	126.4	12752.1	9644.2			4336

3-2 续表 15

行　　业	固定资产原价	主营业务收入	主营业务成本	主营业务税金及附加	营业费用、管理费用、财务费用合计	营业利润
医疗用品及器材零售	1650.3	14159.3	10795.7	149.7	2902.4	80.8
汽车、摩托车、燃料及零配件专门零售	180741.5	1822245.2	1708626.2	2088.3	97927.9	18361.6
汽车零售	82382.2	1074087.9	1003396.9	1107.2	56995	15488.6
汽车零配件零售	8025.9	40474.6	34472	200.2	5640	194.1
摩托车及零配件零售	9359.6	25468.1	23687.6	54.2	2112.3	345.8
机动车燃料零售	80973.8	682214.6	647069.7	726.7	33180.6	2333.1
家用电器及电子产品专门零售	36344.5	378202.7	340818.1	1723.2	42985.9	9251.4
家用电器零售	5446.7	195294	176914.4	506.5	18349.8	6081.7
计算机、软件及辅助设备零售	8167.4	103092.3	92456.1	519.8	10846.2	1951.5
通信设备零售	20535.6	67438.1	61987.9	610.7	10878.9	1120.3
其他电子产品零售	2194.8	12378.3	9459.7	86.2	2911	97.9
五金、家具及室内装修材料专门零售	21741.4	143722	69644.6	1055.7	42584.6	5008.4
五金零售	4472.6	43727.3	37155.8	263	5575.4	532.5
家具零售	14169.2	79094.5	15040.5	625.9	33783.4	4314.6
涂料零售	99	1008	875.5	46.9	183.8	-99.3
其他室内装修材料零售	3000.6	19892.2	16572.8	119.9	3042	260.6
无店铺及其他零售	46521.5	63354.8	50910.8	460.1	11620.7	2173.1
流动货摊零售	54.8	436.8	347	2.1	83.1	4.6
邮购及电子销售	0.7	166.8	132.7	1.3	32.8	
生活用燃料零售	31958.3	26656	20470.4	157.3	4899.3	1221.8
花卉零售	91.8	934.9	697.7	5.5	172.6	60.6
旧货零售	4.8	29.1	20.5	0.2	11.5	-3.1
其他未列明的零售	14411.1	35131.2	29242.5	293.7	6421.4	889.2
住宿和餐饮业	969931.2	364520.2	171379.9	22142	212768.7	-31741.9
住宿业	876373.5	262085.1	115540.2	15839.4	167031.9	-29078.1
旅游饭店	769879.4	226412.7	102144.9	13692.3	141383	-25149.2
一般旅馆	102188.3	33838.1	12519.5	2043.5	25075.7	-4019.5
其他住宿服务	4305.8	1834.3	875.8	103.6	573.2	90.6
餐饮业	93557.7	102435.1	55839.7	6302.6	45736.8	-2663.8
正餐服务	83138.2	82831.5	47786.6	5310.3	37058.9	-4492.3
快餐服务	9763.8	19439.9	7977.2	980	8610.4	1820.2
饮料及冷饮服务	2	34.8	21.2	2.6	13.9	-2.9
其他餐饮服务	653.7	128.9	54.7	9.7	53.6	11.2
金融业	15174	20286.7	6636	1015.6	8789.7	27636.3
其他金融活动	15174	20286.7	6636	1015.6	8789.7	27636.3
金融信托与管理	934	477.9	215.2	28.1	243.7	-6.1
金融租赁	147.8	756	36.5	54.2	63.3	1208.2
财务公司	69.9	75.5	0.1	3.9	68.3	1.8
典当	4976.2	9597.7	1110.8	799.8	5099.8	2504.9
其他未列明的金融活动	9046.1	9379.6	5273.4	129.6	3314.6	23927.5
房地产业	1279442.6	2289632	1755793.6	145882.4	334609.1	92795.9
房地产业	1279442.6	2289632	1755793.6	145882.4	334609.1	92795.9
房地产开发经营	734124	2076327.9	1641498.1	133543.3	236439.3	81869.4
物业管理	151938.3	125695	74532.2	7117.9	46421.5	3689.9
房地产中介服务	46181.9	17278.8	7022.5	1040.6	10113.1	-150.9

单位：万元

本年应付工资及福利费总额	本年应交增值税	实收资本							全部从业人员年平均人数（人）
			国家资本	集体资本	法人资本	个人资本	港澳台资本	外商资本	
952.2	550.5	8416.8	221.1	100	730	7294.7	71		802
33276.6	61008.7	213104.2	38061.9	2272.4	65607.7	106294.2	259	609	13221
13329.8	12846.7	138453.3	2944	2195.4	57727	74977.9		609	5733
2656.1	803.1	19219.6	391.1		2273.1	16505.4	50		1940
1006.5	455.4	4176			443.9	3732.1			718
16284.2	46903.5	51255.3	34726.8	77	5163.7	11078.8	209		4830
13076.5	6919.5	88088.5	3373.5	604.8	23548	60524.2	38		9036
4095.3	3540.2	25486.3	114.7	356.5	13028.7	11986.4			2971
4956.9	1660.9	33659	1800.7	9.1	4364	27447.2	38		3235
3127.2	1291.6	17022.8	1458.1	239.2	4398.3	10927.2			2159
897.1	426.8	11920.4			1757	10163.4			671
6131.3	4007.3	64199.8	551.8	399.2	28495.6	34743.2	10		4916
2607.3	1006.7	19314.6	102	154.1	3306.6	15741.9	10		1986
2229.3	1946.9	32597.9		200.1	24371.2	8026.6			1886
94.3	23.8	827.5			50	777.5			67
1200.4	1029.9	11459.8	449.8	45	767.8	10197.2			977
3928.2	1909.7	41887.5	3575.9	1000.1	5109.6	32201.9			2829
15	7.3	200				200			13
18.3	13.1	50				50			10
1543.1	905.2	21425.9	2989.3	603.8	1965.9	15866.9			1165
96.9	26.5	543.9			297.5	246.4			85
11.4	0.6	53			30	23			12
2243.5	957	19614.7	586.6	396.3	2816.2	15815.6			1544
76650.2	305.8	482883.9	265189.1	18397.5	88550.8	99686	10274.4	786.1	47516
59155.9	209.1	407841.2	231296	18142.1	69261.2	78897.5	10244.4		35501
50028	187.8	356161.1	214264.3	14033.3	62060.4	55659.7	10143.4		28663
8650.9	21.3	49540.1	16501.7	4108.8	7048	21780.6	101		6435
477		2140	530		152.8	1457.2			403
17494.3	96.7	75042.7	33893.1	255.4	19289.6	20788.5	30	786.1	12015
15309.6	28.2	73360.3	33759.8	195.4	19209.6	20000.1	30	165.4	10257
2118.2	68.5	1395.4	133.3	60	80	501.4		620.7	1656
9.8		50				50			14
56.7		237				237			88
2018.1	7.9	150763.4	9971.8	6700	67622.7	66462.3		6.6	889
2018.1	7.9	150763.4	9971.8	6700	67622.7	66462.3		6.6	889
121.9		6389	30		2	6357			44
144.2		17000			17000				18
33.4	0.2	621			50	571			34
1274.4	4	68313.6	540.6		34599.9	33166.5		6.6	523
444.2	3.7	58439.8	9401.2	6700	15970.8	26367.8			270
112975.6	953.4	1925075.8	218187.3	56431.8	746720.8	857774.5	45039.5	921.9	57349
112975.6	953.4	1925075.8	218187.3	56431.8	746720.8	857774.5	45039.5	921.9	57349
54415.1		1529016.2	129649.5	31430.1	659837.9	667045.7	40432.1	620.9	21172
44072.2	652	118378.4	41675.2	5927.6	25662.8	44732.8	80	300	28058
4206.1	71.6	52374.4	13089.9	1072.3	10352.4	25298.1	2560.7	1	2653

3-2 续表 16

行业	固定资产原价	主营业务收入	主营业务成本	主营业务税金及附加	营业费用、管理费用、财务费用合计	营业利润
其他房地产活动	347198.4	70330.3	32740.8	4180.6	41635.2	7387.5
租赁和商务服务业	1786862.5	1353507.8	962472.4	24028	347622.9	48158.9
租赁业	96761.2	65500.6	45472.5	1935.6	16358.9	2217
机械设备租赁	94874.8	64939.6	45418.1	1835.8	15863.4	2310.7
汽车租赁	10507.1	4859.6	2252.9	198.9	2622.7	2749.6
农业机械租赁	292.6	25	2.9	1.3	75.4	-54.6
建筑工程机械与设备租赁	20859.5	6940.8	4634.4	253.5	3300.1	-1056.3
计算机及通讯设备租赁	3492	4343.5	2971	210.6	1399.9	-234.3
其他机械与设备租赁	59723.6	48770.7	35556.9	1171.5	8465.3	906.3
文化及日用品出租	1886.4	561	54.4	99.8	495.5	-93.7
图书及音像制品出租	10	2	0.7	0.2	1	0.1
其他文化及日用品出租	1876.4	559	53.7	99.6	494.5	-93.8
商务服务业	1690101.3	1288007.2	916999.9	22092.4	331264	45941.9
企业管理服务	1301868.2	819798.4	621872.1	7150.6	166818.7	46638.1
企业管理机构	623303.3	624315.2	515874.1	3643.6	119758.7	6790.2
投资与资产管理	594794.7	173601	90571.2	2935	38708.4	35748.4
其他企业管理服务	83770.2	21882.2	15426.8	572	8351.6	4099.5
法律服务	6099.5	17157.9	5296.8	789.5	8356.3	2785
律师及相关的法律服务	5559.3	15029.6	4297.3	718.8	7321.8	2769.1
公证服务	365.6	951.4	180	51.4	827.4	-107.4
其他法律服务	174.6	1176.9	819.5	19.3	207.1	123.3
咨询与调查	39029.7	63986.3	32046.7	3871.5	38873.4	-7357.6
会计、审计及税务服务	11164.8	20207.2	10103.2	1216.5	9355.3	-203.4
市场调查	172.4	1133.9	690.9	59.7	197.2	186.1
社会经济咨询	18222.6	15166.8	6737.5	1208.6	18605.9	-11004.6
其他专业咨询	9469.9	27478.4	14515.1	1386.7	10715	3664.3
广告业	37653.4	70783.4	43546.2	3064.8	21715.1	3082.2
知识产权服务	611.8	725.8	188.5	40.4	452.3	58.6
职业中介服务	9041.4	122061.6	104088.1	1207.4	9460.6	7898.1
市场管理	134681.3	30816.2	5446	2187.5	34643.9	-10767.2
旅行社	21973.3	82290.3	73401.8	528.5	9679.2	-1123
其他商务服务	139142.7	80387.3	31113.7	3252.2	41264.5	4727.7
会议及展览服务	7095.1	2198.5	1065.8	116.9	1102.2	-100.1
包装服务	145.5	189.8	79.3	6.4	189.7	-85.6
保安服务	16991.8	26978.5	12943.5	902.1	11839.8	1340.7
办公服务	4517.5	5060.7	3052.3	184.7	1308.4	524.7
其他未列明的商务服务	110392.8	45959.8	13972.8	2042.1	26824.4	3048
科学研究、技术服务和地质勘查业	210725.1	436017.6	266292	17280.9	124526.3	30758.7
研究与试验发展	5370.4	16232.3	12711.6	192.7	3626.2	-194
自然科学研究与试验发展	782.7	189.7	15.2	8.1	229	-60.6
工程和技术研究与试验发展	1809.7	14206.5	11902.3	126.6	876.1	1349.7
农业科学研究与试验发展	1308.1	999.9	267.6	54.4	1969.1	-1245.5
医学研究与试验发展	1469.9	836.2	526.5	3.6	552	-237.6
专业技术服务业	152075.5	334849.2	196393.6	14250.4	95758	27729.2
气象服务	785.3	1772.1	691.4	81.4	1065.6	-24.5

单位：万元

本年应付工资及福利费总额	本年应交增值税	实收资本							全部从业人员年平均人数（人）
			国家资本	集体资本	法人资本	个人资本	港澳台资本	外商资本	
10282.2	229.8	225306.8	33772.7	18001.8	50867.7	120697.9	1966.7		5466
164680	14799.6	4407061.4	2430538	179961.1	874988.3	863778.7	2096	56699.3	83720
4279.6	165	95666	29008.6	1743.8	6138.1	30196.5	700	27879	2499
4033.7	159.1	94135	28998.6	1743.8	4967.1	29846.5	700	27879	2351
788.4	12.1	19425.6	12250	438.4	1002.6	5734.6			506
18		359.9			59.9	300			12
1130.2	38.9	13943.8	201.3	230	2651.1	10861.4			685
102.3	18.6	584	100		90	394			43
1994.8	89.5	59821.7	16447.3	1075.4	1163.5	12556.5	700	27879	1105
245.9	5.9	1531	10		1171	350			148
1		6			6				1
244.9	5.9	1525	10		1165	350			147
160400.4	14634.6	4311395.4	2401529.4	178217.3	868850.2	833582.2	1396	28820.3	81221
45721.6	13521.2	3608217.6	2360827	106068.2	618484.3	520985.7	25	2827.4	15678
31998.2	7506	1365221.9	768333.5	22264.2	179151.8	393739.6		1732.8	9362
8904.6	5726	2056748.8	1582896.4	78762.3	279836.2	115134.3	25	1094.6	3963
4818.8	289.2	186246.9	9597.1	5041.7	159496.3	12111.8			2353
4397	48	5053.1	207.2	106.2	758.5	3981.2			2217
4130.5	29	4001.4	96	106.2	193.5	3605.7			2070
174		865.2	111.2		535	219			86
92.5	19	186.5			30	156.5			61
12823.9	129.1	207708.6	8207.2	11699.3	43845.1	117880.1	1120	24956.9	6649
5228.4	9	9985.9	1294.7	43.5	1075.5	7542.2	30		2814
58.8		769.2			121.1	648.1			53
2507.4	56	142667	6160	11127	15453.6	85453.5		24472.9	1083
5029.3	64.1	54286.5	752.5	528.8	27194.9	24236.3	1090	484	2699
10074	315.3	89559.4	5414.7	51583.5	8703.4	23581.3	225	51.5	5488
171.8	1.1	1859.3	300	10	767	782.3			116
54008.5	222.8	13529.4	1338.1	1444.6	2728.2	8015.5	1	2	30870
6958.2	116.3	86416	12380.3	3625.3	7756.8	62628.6	25		4667
4515.7	11.5	33400.1	3826.6	1036.5	14111	13580.9		845.1	2906
21729.7	269.3	265651.9	9028.3	2643.7	171695.9	82146.6		137.4	12630
345.4	1.1	7451	36.7	100.2	5387.1	1801.5		125.5	191
55.2	5.5	240	100		60	80			26
13462.1	176.8	8931	835.6	1525.1	1198.6	5371.7			8292
698.1	23	3112.4	960.1	307	231.3	1604		10	484
7168.9	62.9	245917.5	7095.9	711.4	164818.9	73289.4		1.9	3637
71697.7	10917.2	422196.2	47502.7	6635.8	189644.5	154085.7	2248	22079.5	26600
1348.5	92.3	55460.1	3932.5	195.4	44972.7	6335.5	24		731
74.2		5260	800		3235	1225			79
668.5	28.8	4177.2	50	112.5	661	3329.7	24		313
433.1	62.2	44462	3082.5	12	40036.7	1330.8			210
172.7	1.3	1560.9		70.9	1040	450			129
59719.3	9582.7	156926.5	30234.3	3910.1	52761.7	69361.8	343.6	315	19845
480	6.6	594	318	15.3	257.4	3.3			196

3-2 续表 17

行　业	固定资产原　价	主营业务收　入	主营业务成　本	主营业务税金及附　加	营业费用、管理费用、财务费用合　计	营业利润
测绘服务	3997.8	7479.3	3808.1	346.1	2513.1	890.5
技术检测	23244.2	37617.8	16457.6	2018	16803.7	-3229.5
环境监测	266.7	489.7	168.5	19.6	289.9	14.3
工程技术与规划管理	115076.7	251065.5	150763.4	10724.7	65578.1	28236.9
工程管理服务	72354.6	110651.2	61325.3	3736.1	32941.3	13366
工程勘察设计	42077.9	137934.1	87836.3	6888	31760.2	14969.7
规划管理	644.2	2480.2	1601.8	100.6	876.6	-98.8
其他专业技术服务	8704.8	36424.8	24504.6	1060.6	9507.6	1841.5
科技交流和推广服务业	11807.2	26858.4	19173.1	569.4	10900	-2531
技术推广服务	5281.1	16740.2	12411.8	353.9	3291.7	1386.3
科技中介服务	5346.3	4389.6	2350.6	103.6	6596.3	-4282.4
其他科技服务	1179.8	5728.6	4410.7	111.9	1012	365.1
地质勘查业	41472	58077.7	38013.7	2268.4	14242.1	5754.5
矿产地质勘查	21663.6	35507.1	21889.7	1330.8	6505.5	6011.8
能源矿产地质勘查	9773.8	25638.9	13392.6	927.7	4267.9	7278.4
固体矿产地质勘查	1797.3	3117.9	2612.8	252.6	1390.8	-1135.3
其他矿产地质勘查	10092.5	6750.3	5884.3	150.5	846.8	-131.3
基础地质勘查	565.2	2855.5	1849.7	114.5	512.5	399.4
地质勘查技术服务	19243.2	19715.1	14274.3	823.1	7224.1	-656.7
水利、环境和公共设施管理业	336981.8	122999	98925.7	1996.3	26314.8	-2298.1
水利管理业	252705	74737.2	64181.2	203.7	12629.6	-1252
防洪管理	9294.8	2431.8	1883.9	12.7	670.9	-108.8
水资源管理	242479.6	66732.4	57513.1	156.2	11383.1	-1321.6
水库管理	132883	31798.2	25687.7	54.1	6212.1	604.7
调水、引水管理	90800.4	34059.1	31209.3	95.7	4802.1	-1864.6
其他水资源管理	18796.2	875.1	616.1	6.4	368.9	-61.7
其他水利管理	930.6	5573	4784.2	34.8	575.6	178.4
环境管理业	15120.2	5998.1	3919.2	170.3	3212.6	-1183.9
自然保护	6331.7	1789.5	920.5	39.2	1828	-984.2
自然保护区管理	2773.6	944.9	659.9	9.1	421.6	-148.3
野生动植物保护	3520.7	690.9	247.2	29.4	1403.2	-972.3
其他自然保护	37.4	153.7	13.4	0.7	3.2	136.4
环境治理	8788.5	4208.6	2998.7	131.1	1384.6	-199.7
城市市容管理	1.2	3.7	295.5	0.1	15.6	-307.5
城市环境卫生管理	7392.7	1944.8	1358.5	58.3	892.8	-360.4
水污染治理	559.9	816.8	563.5	13.5	56.3	238.1
危险废物治理	797.1	948.4	576	48.5	246.9	77
其他环境治理	37.6	494.9	205.2	10.7	173	153.1
公共设施管理业	69156.6	42263.7	30825.3	1622.3	10472.6	137.8
市政公共设施管理	26707.5	6187.2	4018.4	129.7	1379	701.8
城市绿化管理	5467.3	30246.3	23970.2	1264.7	4017.6	1351.4
游览景区管理	36981.8	5830.2	2836.7	227.9	5076	-1915.4
风景名胜区管理	13011.7	1501.3	1024.3	55.1	798.1	-294.5
公园管理	4350.6	176.7	217.4	3.9	513.4	-248.9
其他游览景区管理	19619.5	4152.2	1595	168.9	3764.5	-1372

单位：万元

本年应付工资及福利费总额	本年应交增值税	实收资本	国家资本	集体资本	法人资本	个人资本	港澳台资本	外商资本	全部从业人员年平均人数（人）
1672	120.6	2996.5	994.4	25.5	392.5	1584.1			799
8671.4	512	13004.2	2039.9	717.3	3949.9	5957.1	340		3263
94.8	6.2	779.6	61.6		50	668			71
42592	8035	103160.9	22900.9	2633.9	41954.9	35363.3		307.9	13343
18370.6	2915.2	68159.4	10388.8	1300.2	37723.5	18743.9		3	7388
23914.5	5118.4	33833.5	12497.1	1300.7	4171.4	15559.4		304.9	5819
306.9	1.4	1168	15	33	60	1060			136
6209.1	902.3	36391.3	3919.5	518.1	6157	25786	3.6	7.1	2173
2764.1	237.4	43581.5	1382.7	288.6	27453.5	14419		37.7	1917
1541.3	152.7	13742.6	948.7	168	2099.7	10526.2			912
583	58.2	27218	62.2	30	24613.8	2474.3		37.7	623
639.8	26.5	2620.9	371.8	90.6	740	1418.5			382
7865.8	1004.8	166228.1	11953.2	2241.7	64456.6	63969.4	1880.4	21726.8	4107
3711.3	563.4	58105.1	6714.9	1186	23110	23942	1000	2152.2	2363
2615.6	482.5	40642.9	1582.8	1000	14885	21022.9		2152.2	1256
648.9	20.3	8615.1	970	186	4225	2234.1	1000		683
446.8	60.6	8847.1	4162.1		4000	685			424
435.9		430			230	200			152
3718.6	441.4	107693	5238.3	1055.7	41116.6	39827.4	880.4	19574.6	1592
30371.5	942.8	491262.9	364074.9	6995.6	101301.6	18822.8		68	13602
20485.8	283.1	162260.7	104529.7	1203.2	54775	1684.8		68	8011
833.1		2666.2	2519.9	89.2	10			47.1	341
19268.6	283.1	157096	101953.8	171.5	54765	184.8		20.9	7489
11764.6	92.7	54797.6	54797.6						4855
6983.2	189.9	50383.9	45489.9	3	4765	126			2362
520.8	0.5	51914.5	1666.3	168.5	50000	58.8		20.9	272
384.1		2498.5	56	942.5		1500			181
2508.5	29.9	10551.2	919.3	489.6	4357.7	4784.6			1528
1318.6		3390.8	687.2	338	2010	355.6			605
907.5		1042.8	687.2			355.6			409
384.1		1600			1600				185
27		748		338	410				11
1189.9	29.9	7160.4	232.1	151.6	2347.7	4429			923
37.6		350				350			6
941.4		5435.5	150	151.6	2024.7	3109.2			801
90	19.3	640	82.1		213	344.9			38
38.5		460				460			31
82.4	10.6	274.9			110	164.9			47
7377.2	629.8	318451	258625.9	5302.8	42168.9	12353.4			4063
510.4	437.5	270387.8	257205.8	82	11000	2100			263
4905	188.1	13474.1	562.9	53.4	6517.3	6340.5			2506
1961.8	4.2	34589.1	857.2	5167.4	24651.6	3912.9			1294
571.4		12310.2	162		11978.2	170			252
215.4		300			100	200			188
1175	4.2	21978.9	695.2	5167.4	12573.4	3542.9			854

3-2 续表 18

行　业	固定资产原价	主营业务收入	主营业务成本	主营业务税金及附加	营业费用、管理费用、财务费用合计	营业利润
居民服务和其他服务业	64199.7	133708.5	91547.1	3120.7	36790.5	3995.3
居民服务业	31531.8	56400.9	41125.3	1045.8	16160.9	-1291.3
家庭服务	1289.4	1168.6	854.6	32.1	407.7	-100.6
托儿所	351	217.1	132.5	0.7	23.3	60.6
洗染服务	822.5	945.2	432.9	53.5	350.5	111.6
理发及美容保健服务	690.6	1824.3	639.6	81.7	1211.7	-95
洗浴服务	13136.1	6603.7	1806.9	346.8	4562.7	-257.6
婚姻服务	78.7	122.2	32.8	6	105.3	-17.2
殡葬服务	9690.7	6906	2791.6	28.7	4142.9	-26.6
摄影扩印服务	1775.7	3143.4	1412.5	284.6	1363.7	183.8
其他居民服务	3697.1	35470.4	33021.9	211.7	3993.1	-1150.3
其他服务业	32667.9	77307.6	50421.8	2074.9	20629.6	5286.6
修理与维护	19323.8	56453.6	36743.7	991.6	12059.4	6850.6
汽车、摩托车维护与保养	17491	50276.6	32711	836.1	10264.4	6608.8
办公设备维修	503.1	2034.7	1410.1	63.5	459	102.1
家用电器修理	933.8	3361.1	2046.2	67.8	1094.6	156.4
其他日用品修理	395.9	781.2	576.4	24.2	241.4	-16.7
清洁服务	2660	9205.4	6018.2	461.9	3436.7	-563.1
建筑物清洁服务	25.8	153.1	56.1	7.3	82.5	7.2
其他清洁服务	2634.2	9052.3	5962.1	454.6	3354.2	-570.3
其他未列明的服务	10684.1	11648.6	7659.9	621.4	5133.5	-1000.9
教育	42920.9	31868.5	13678.2	957.6	14333.7	3159.4
教育	42920.9	31868.5	13678.2	957.6	14333.7	3159.4
学前教育	5964	3117.7	1564.7	13.4	1412.1	103.6
初等教育	640.8	325.3	136.3	0.2	111.5	33.3
中等教育	2830.1	3004.7	1992.4	80.9	1083.1	-147.5
初中教育	2125.8	1309	1276.7	72.4	99.8	-131.1
高中教育	416.8	1418.9	607.3	0.1	716.6	94.9
中等专业教育	141	85	56	2.8	101	-74.8
技工学校教育	141.4	153.5	51.9	3.2	134.1	-40.3
其他中等教育	5.1	38.3	0.5	2.4	31.6	3.8
高等教育	591.1	2208.6	568.3	0.2	394.6	1246.6
普通高等教育	565.7	2099.6	456.9		368.7	1274
成人高等教育	25.4	109	111.4	0.2	25.9	-27.4
其他教育	32894.9	23212.2	9416.5	862.9	11332.4	1923.4
职业技能培训	32410.1	22308.6	9001.2	821	10904	1914.3
特殊教育	22	241.8	64.5	13.1	162.3	1.9
其他未列明的教育	462.8	661.8	350.8	28.8	266.1	7.2
卫生、社会保障和社会福利业	78100.3	55958.9	38710.7	1125.1	18039.7	-1488.7
卫生	76804.5	55335.5	38379.4	1119.2	17726.3	-1464.2
医院	70555.8	47645.2	34238.7	885.2	15444.5	-2587.5
综合医院	27733	29858.6	21381.6	497.7	9193.6	-929.4
中医医院	2083.2	2791.8	2050.2	119.8	866.3	-243.6
中西医结合医院	567.7	603.7	340.3	37.1	281.5	-46.2
民族医院	612.7	117	73.1	21.4	62.9	-40.4

单位：万元

本年应付工资及福利费总额	本年应交增值税	实收资本							全部从业人员年平均人数（人）
			国家资本	集体资本	法人资本	个人资本	港澳台资本	外商资本	
19929.5	1502.7	88141.8	6853.7	1658.1	38345.3	38284.7	3000		12778
6703.2	107.8	25572.9	2449.9	367.1	10466.4	12289.5			4466
405.1	3.8	1719.8			707	1012.8			385
103.4		171.4			5	166.4			105
200.5		688.9				688.9			140
706	6.7	1450.5			134	1316.5			524
2125.3	8.6	6227.5	1468.2	38	903	3818.3			1513
102		218	8.7		11	198.3			49
844.3	7.2	9485	541	36.7	7186.5	1720.8			375
668.3	37.9	1490.2	300	12.5	156	1021.7			494
1548.3	43.6	4121.6	132	279.9	1363.9	2345.8			881
13226.3	1394.9	62568.9	4403.8	1291	27878.9	25995.2	3000		8312
7202.4	1325.9	43492.4	1092.2	720	23380.1	15300.1	3000		4540
6114.6	1155.6	37758.1	1092.1	672.6	21489.6	11503.8	3000		3863
294.7	91.3	1411.1	0.1		28	1383			175
542	72.9	3410.9			1636.1	1774.8			336
251.1	6.1	912.3		47.4	226.4	638.5			166
3439.6	12.4	3289.3	41.3	426.2	572.9	2248.9			2148
28.4		220			50	170			23
3411.2	12.4	3069.3	41.3	426.2	522.9	2078.9			2125
2584.3	56.6	15787.2	3270.3	144.8	3925.9	8446.2			1624
9079.2	32.7	19542.8	4103.3	771.7	4255.3	9830.5	580	2	5881
9079.2	32.7	19542.8	4103.3	771.7	4255.3	9830.5	580	2	5881
1584.3	4.7	2173.7	103.8	50	361.6	1656.3	2		1254
163.8		396.8				396.8			164
1746.5	0.4	1196.8			745	451.8			797
665.6		500			500				251
740.9		311.8			10	301.8			449
19		141			141				8
308.4	0.4	194			44	150			79
12.6		50			50				10
194.7		632				632			159
176.6		605				605			137
18.1		27				27			22
5389.9	27.6	15143.5	3999.5	721.7	3148.7	6693.6	578	2	3507
4977.4	26.4	14376.5	3998.5	721	3099.2	5977.8	578	2	3144
52.8	0.2	66.7				66.7			28
359.7	1	700.3	1	0.7	49.5	649.1			335
16063.7	28	32517	4328.2	438.2	10307.6	17385.3	51.7	6	8029
15723.1	28	31392.8	3808	313.5	10215.3	16998.3	51.7	6	7738
13070.6	12.2	26791.1	3518.6	308.5	9454	13458.3	51.7		6112
8899.3	6	13298.6	3518.6	208.5	2356.5	7163.3	51.7		4010
938.1		1387.7		100	104.5	1183.2			394
211.8	1.2	865			150	715			168
110.6		645				645			81

3-2 续表 19

行业	固定资产原价	主营业务收入	主营业务成本	主营业务税金及附加	营业费用、管理费用、财务费用合计	营业利润
专科医院	39559.2	14274.1	10393.5	209.2	5040.2	-1327.9
卫生院及社区医疗活动	2397.6	3448.5	1783.5	61.4	1051	672.9
门诊部医疗活动	3650.2	3810.3	2136.8	138.6	1109.6	372.6
妇幼保健活动						
妇幼保健活动						
专科疾病防治活动	75.2	84	50.6	19.9	31.4	-17.9
疾病预防控制及防疫活动	50	80.2	53	6.7	15	5.5
其他卫生活动	75.7	267.3	116.8	7.4	74.8	90.2
社会保障业	22.4	36	0.2	2	23.6	10.2
社会福利业	1273.4	587.4	331.1	3.9	289.8	-34.7
提供住宿的社会福利	609.9	512.9	304.7	2.7	213.5	-9.1
干部休养所	2.3	93.3	61		52.9	-16.3
收养收容服务	607.6	419.6	243.7	2.7	160.6	7.2
不提供住宿的社会福利	663.5	74.5	26.4	1.2	76.3	-25.6
文化、体育和娱乐业	59687.9	36761	26617	1448.5	13922.1	-3903.2
新闻出版业	12056.6	21885	19219.5	727.4	7080	-4724.7
新闻业	4.2	32.2	26.6	1.7	2.4	1.5
出版业	12052.4	21852.8	19192.9	725.7	7077.6	-4726.2
图书出版	776.4	4038	3284.9	16.1	491.2	446.9
报纸出版	11114.9	17328.2	15708.5	688.9	6333.4	-5186.5
期刊出版	95.6	409.8	177.1	16.9	193.6	22.2
其他出版	65.5	76.8	22.4	3.8	59.4	-8.8
广播、电视、电影和音像业	18613.5	6641.9	3531.7	147.4	3247.5	631.6
广播	1268	891.1	567.7	17.1	239.7	117.2
电视	2043.8	970.1	683.6	28.7	324.7	-15.8
电影	14788.7	3348.5	1445.1	88.9	2146.4	419.2
电影制作与发行	2900.6	2581.1	1188.8	61.3	1246.9	570.4
电影放映	11888.1	767.4	256.3	27.6	899.5	-151.2
音像制作	513	1432.2	835.3	12.7	536.7	111
文化艺术业	3195.8	2185.6	806.6	113.9	721.6	567
文艺创作与表演	341.9	704.3	414.6	50.2	180.9	60.6
艺术表演场馆	462	216.5	75.8	12.6	95.4	32.7
博物馆	801.4	92.7	0.5		117.9	-25.7
群众文化活动	163.8	735.2	89.7	36	191.7	419.2
文化艺术经纪代理	1390	365.1	194.2	12.4	104.1	54.4
其他文化艺术	36.7	71.8	31.8	2.7	31.6	25.8
体育	683.4	274.1	356.4	7.2	258.9	-348.4
体育组织	321.2	188.9	335.2	3.5	184.8	-334.6
体育场馆	352.2	82.8	16.4	3.7	74	-11.3
其他体育	10	2.4	4.8		0.1	-2.5
娱乐业	25138.6	5774.4	2702.8	452.6	2614.1	-28.7
室内娱乐活动	3302.3	3083.5	1263.8	351	1223.3	295.4
游乐园	389	201.8	125.6	16.8	88	-28.6
休闲健身娱乐活动	5880.9	752.8	240.6	49.4	567.8	-192.7
其他娱乐活动	15566.4	1736.3	1072.8	35.4	735	-102.8

单位：万元

本年应付工资及福利费总额	本年应交增值税	实收资本	国家资本	集体资本	法人资本	个人资本	港澳台资本	外商资本	全部从业人员年平均人数（人）
2910.8	5	10594.8			6843	3751.8			1459
1275.6	3.3	1443.3	278.6		154	1010.7			764
1221.1	7.8	2898.6		5	577.3	2310.3		6	734
2									2
2									2
45.4		150			30	120			27
42									42
66.4	4.7	109.8	10.8			99			57
39.2		134.7	10	124.7					35
301.4		989.5	510.2		92.3	387			256
263.1		392.3			92.3	300			208
65		10				10			19
198.1		382.3			92.3	290			189
38.3		597.2	510.2			87			48
9140	238.5	49139.7	16002.4	223.3	19839.3	13066.2		8.5	3823
3991.5	125.7	5298.4	4130.9		253	914		0.5	1330
14.5		84				84			14
3977	125.7	5214.4	4130.9		253	830		0.5	1316
162	25.6	1096.2	236.2		60	800			84
3613.4	87.4	3738.7	3738.7						1153
158.2	12.7	266	156		80	30			53
43.4		113.5			113			0.5	26
2732	73.3	13094.2	10543.1	50	924.5	1576.6			908
203.7	0.4	798.5			738.5	60			56
238.1		668.4	614.4		10	44			85
1569.3	5.1	11213.3	9898.7	50		1264.6			662
1060.9	3.8	2708.5	1908.5			800			302
508.4	1.3	8504.8	7990.2	50		464.6			360
720.9	67.8	414	30		176	208			105
348.2	5.1	2277.7	336.1	111.3	70	1760.3			284
93.4	4.4	834.1	111.1	110	10	603			90
98.2		164.1	77.2		50	36.9			84
22		606.3		1.3		605			17
35.3		256.7	147.8			108.9			25
73.2		302.6				302.6			46
26.1	0.7	113.9			10	103.9			22
204.2	5.1	585.3			117.3	465		3	79
150.6	5.1	365				365			61
51.2		170.3			117.3	50		3	16
2.4		50				50			2
1864.1	29.3	27884.1	992.3	62	18474.5	8350.3		5	1222
815.7	7.1	5145.8	62.3	12	563.5	4503		5	666
68	1.2	289				289			58
442.1		2397		50	1131	1216			230
538.3	21	20052.3	930		16780	2342.3			268

3-3 按地、州、市、县（市）

地　　区	固定资产原　　价	主营业务收　　入	主营业务成　　本	主营业务税金及附　　加	营业费用、管理费用、财务费用合　　计	营业利润
总　　计	**57534130.4**	**90399724.9**	**72587174.2**	**1622863.1**	**7072304.3**	**8466745.4**
乌鲁木齐市	18961396.7	40895864.7	35551331.4	766745.7	3152760.7	1384954.7
天山区	2966031.4	4274472.4	3543406.0	64477.0	552899.4	121552.8
沙依巴克区	2640378.9	4589502.3	3880646.5	68730.0	559600.4	177350.3
新市区	7675811.1	20701437.9	17464291.6	476549.1	1148059.3	1536343.7
水磨沟区	1350816.0	2301251.0	1784549.2	35224.6	394758.6	96071.6
头屯河区	1769073.6	4817369.5	4524385.8	20204.0	262256.1	12216.6
达坂城区	203789.0	181930.6	126640.9	1817.4	22966.5	28303.0
米东区	2134192.7	3990513.1	4202448.6	99253.4	202063.1	-591349.0
乌鲁木齐县	221304.0	39387.9	24962.8	490.2	10157.3	4465.7
克拉玛依市	11961510.7	14909381.0	10917432.6	302289.5	746226.9	2716596.7
独山子区	1530716.3	2877114.2	3008504.4	55075.8	171168.1	-361653.9
克拉玛依区	10359789.1	11773199.7	7683514.2	242094.2	551866.7	3068174.5
白碱滩区	59839.1	221495.3	191389.2	4612.9	21116.4	9335.5
乌尔禾区	11166.2	37571.8	34024.8	506.6	2075.7	740.6
吐鲁番地区	2985736.5	2447742.7	1430822.6	31013.5	183245.4	600607.8
吐鲁番市	378029.9	531648.2	450327.3	3847.1	57237.1	22583.8
鄯善县	2407546.7	1742069.9	871223.1	24685.5	107192.0	547532.8
托克逊县	200159.9	174024.6	109272.2	2480.9	18816.3	30491.2
哈密地区	1136149.6	1507444.2	1214260.2	16141.8	190304.4	81043.2
哈密市	1073023.8	1426684.8	1157924.5	15063.8	172000.5	75527.2
巴里坤哈萨克自治县	47470.5	56613.9	40608.6	550.4	13384.9	2431.7
伊吾县	15655.3	24145.5	15727.1	527.6	4919.0	3084.3
昌吉回族自治州	2733899.1	3886486.9	3292537.4	48235.3	419871.1	158743.3
昌吉市	1136554.6	2363249.1	1978321.4	29654.9	258091.0	127693.0
阜康市	449504.4	492344.3	430372.6	3356.3	42013.9	16093.0
呼图壁县	230616.6	301428.3	273769.6	2584.2	28475.2	-2012.9
玛纳斯县	708493.6	458855.0	396944.2	6085.2	56424.3	-741.8
奇台县	102169.3	163785.9	132115.2	4610.5	16575.5	10972.9
吉木萨尔县	88266.4	78877.4	57959.5	1491.7	14826.4	5338.0
木垒哈萨克自治县	18294.2	27946.9	23054.9	452.5	3464.8	1401.1
伊犁哈萨克自治州	4547779.4	7163041.2	5686744.3	162881.0	744868.8	574525.0
伊犁州直属县(市)	2702266.6	4156512.3	3412782.9	126868.4	418433.3	228757.8
伊宁市	876683.3	1222267.0	1002090.1	22093.6	152449.2	60718.2
奎屯市	688534.5	1140986.9	921979.2	80375.7	118090.9	31973.4
伊宁县	226054.0	220960.4	176331.6	947.0	31351.3	12635.7
察布查尔锡伯自治县	46596.1	72478.1	62542.6	697.6	6559.5	3019.8
霍城县	147049.1	909503.4	872431.8	3646.0	25753.6	9530.3
巩留县	238027.6	56605.1	42877.2	576.7	14741.8	-1200.3

分组的企业法人单位财务状况

单位：万元

本年应付工资及福利费总额	本年应交增值税	实收资本							全部从业人员年平均人数(人)
			国家资本	集体资本	法人资本	个人资本	港澳台资本	外商资本	
4307413.9	**3089722.5**	**38840830.1**	**12878619.3**	**848120.8**	**17044155.3**	**6806393.6**	**711244.4**	**556352.3**	**1685702**
1508307.1	809709.4	17051699.2	5921892.8	397806.6	6305205.7	3452566.3	603352.6	372075.2	608155
274703.6	105686.5	2525918.6	1305888.2	26470.1	512794.4	634435.5	41239.0	6091.4	111566
280879.5	53492.6	2775128.7	786573.8	101490.9	812956.9	585721.6	442094.7	46290.8	132294
519469.6	485343.1	6669945.3	1111568.2	226358.0	3718366.5	1453761.9	113734.1	46356.6	196053
124134.5	24304.4	1945175.2	520243.9	11431.0	731429.4	420974.3	4003.8	257092.8	66885
122412.9	66544.6	853293.4	618586.2	18016.6	71691.3	141467.3		3532.0	40772
30011.5	11520.9	106905.4	10541.1	2429.0	81505.1	9940.7		2489.5	7955
152774.9	60009.6	2081372.3	1567039.0	10850.5	293686.0	197293.7	2281.0	10222.1	50203
3920.6	2807.7	93960.3	1452.4	760.5	82776.1	8971.3			2427
827475.8	808692.1	7709356.3	297143.9	37860.3	7116498.6	256220.8	95.0	1537.7	200468
85824.8	8234.2	2539554.9	61233.0	931.6	2416521.5	60848.8		20.0	33285
707353.0	795992.9	5115743.9	234856.5	22187.9	4684555.3	173117.4	5.0	1021.8	155928
32369.1	3401.3	47827.0	708.4	13144.5	14371.6	19106.6		495.9	9943
1928.9	1063.7	6230.5	346.0	1596.3	1050.2	3148.0	90.0		1312
104877.8	186756.2	1126544.8	795729.2	11380.9	167439.9	133319.9	18663.9	11.0	37464
28246.7	23076.3	189691.1	58652.2	5828.5	77758.5	31404.7	16046.2	1.0	14483
62935.1	152651.1	857200.1	734425.3	4848.2	66514.9	51411.7			16226
13696.0	11028.8	79653.6	2651.7	704.2	23166.5	50503.5	2617.7	10.0	6755
140521.6	75529.1	956691.4	295096.7	16019.8	293466.0	305850.4	14413.4	31845.1	50631
128537.9	69901.6	890075.1	269322.3	14191.0	274066.0	286237.3	14413.4	31845.1	45587
9203.9	3821.6	27500.5	4854.8	699.6	7983.0	13963.1			4164
2779.8	1805.9	39115.8	20919.6	1129.2	11417.0	5650.0			880
252641.8	109989.1	1493994.3	157054.6	34615.6	702579.3	570653.5	9567.6	19523.7	113117
132104.8	55606.2	738081.3	46652.8	13555.8	357084.5	303513.2	2314.6	14960.4	53252
42765.5	21497.3	307879.9	46221.8	776.1	172661.6	82439.1	4000.0	1781.3	17859
22150.4	6134.8	132904.4	4342.6	2970.0	39781.4	85560.4	250.0		11007
33097.4	20245.6	195764.4	51890.7	13990.1	90011.1	39870.5		2.0	17542
13435.3	2689.9	56701.4	4760.6	2334.5	15938.8	31724.5	3.0	1940.0	6747
6884.2	2637.7	41375.8	2280.1	799.7	18317.9	19978.1			4887
2204.2	1177.6	21287.1	906.0	189.4	8784.0	7567.7	3000.0	840.0	1823
406084.4	264589.3	2425573.3	904095.1	171373.0	793266.7	526134.3	4104.7	26599.5	194881
235366.0	157908.6	1533788.8	609377.3	141776.7	424137.9	333978.9	2278.0	22240.0	110455
83827.1	24798.7	514912.3	141537.1	117399.5	163059.9	86785.6	1978.0	4152.2	40553
71093.2	38427.7	328143.6	148364.6	9039.9	68329.9	100421.2	300.0	1688.0	30872
18349.0	8635.2	116116.4	54489.1	1089.8	41450.9	13139.5		5947.1	9226
6384.8	1508.5	28749.5	1953.5	1334.6	16285.1	9176.3			3572
13386.0	41730.3	90165.5	25463.2	818.4	27825.0	25606.2		10452.7	7046
4380.3	4052.6	233948.2	218741.6	225.7	11512.6	3468.3			2564

3-3 续表 1

地　　区	固定资产原　　价	主营业务收　　入	主营业务成　　本	主营业务税金及附　　加	营业费用、管理费用、财务费用合　　计	营业利润
新源县	152721.3	350898.1	204292.8	16428.1	44619.3	85439.6
昭苏县	30278.7	73522.7	61514.5	695.3	5394	6222.4
特克斯县	11214.2	22826	19005	179.8	2552.5	1308.9
尼勒克县	285107.8	86464.6	49718.1	1228.6	16921.2	19109.8
塔城地区	1030898	1907790.4	1616217.7	18520.7	168524	69368.5
塔城市	221362.5	472558.9	430030.2	4732.6	36449.5	539.3
乌苏市	142847.7	351166.7	263574.6	3879	20071.3	14709.6
额敏县	161230.6	214603.1	184786	2554.7	19188.4	10579
沙湾县	283371.5	614466.3	536144.3	4163.5	55881.7	27850.6
托里县	108636.8	116469	89595	784.7	16026	11244.5
裕民县	10245	21207.8	19209.5	333.3	2418	-494.5
和布克赛尔蒙古自治县	103203.9	117318.6	92878.1	2072.9	18489.1	4940
阿勒泰地区	814614.8	1098738.5	657743.7	17491.9	157911.5	276398.7
阿勒泰市	319284.4	370074.1	300441.7	5247.7	47359	18905.9
布尔津县	106991.3	44041.5	29208.1	1421.9	15122.7	-702.4
富蕴县	203776.1	424261.4	192417.4	6182.9	66253.2	161964.7
福海县	53568.1	48350.1	43185	692.6	3507.6	3344.9
哈巴河县	102290	173955.2	60613.6	2969.9	18909.3	94169.1
青河县	17497.5	25587.5	22084.6	628.2	4096.2	-1206.4
吉木乃县	11207.4	12468.7	9793.3	348.7	2663.5	-77.1
博尔塔拉蒙古自治州	506424.4	2093792.2	1923823.3	16783.8	133446.3	30507.6
博乐市	433128.1	1972343.4	1816068.2	12951.3	118742	34926.2
精河县	58801.8	93283.4	82617	3342	11592.4	-3962.9
温泉县	14494.5	28165.4	25138.1	490.5	3111.9	-455.7
巴音郭楞蒙古自治州	8166668.7	7267432.6	3721197.5	133085.4	576399.8	2608520.4
库尔勒市	7164202.6	6358489.4	3002381.9	122660.2	445580.8	2543194.8
轮台县	185554.2	205556.2	167936.9	4113.8	26216.3	14019.6
尉犁县	119414.5	177468.2	155838.9	728	20355.7	-859.9
若羌县	166689	56786.4	24815.4	1191.5	11002.9	21953.9
且末县	26859	26670	24566.7	172.7	6015	-2203.9
焉耆回族自治县	80408	60807.1	43284.7	1176.8	12247.6	5029.6
和静县	332090.6	284698.1	225546.7	2433.5	40400.4	20842.5
和硕县	44465	54897	45613.2	407.3	6288.6	2595.6
博湖县	46985.8	42060.2	31213.1	201.6	8292.5	3948.2
阿克苏地区	2225927.1	4026222.3	3486653	70262.3	325793.6	137957.5
阿克苏市	1081751	1978160.1	1704266	38628.9	183776.6	45137.2
温宿县	88005.9	131073.3	109000.4	2146.4	14545.8	7527.5
库车县	679438.6	1220073.1	1105618	22575.7	73553.3	18805.2

单位：万元

本年应付工资及福利费总额	本年应交增值税	实收资本							全部从业人员年平均人数（人）
			国家资本	集体资本	法人资本	个人资本	港澳台资本	外商资本	
22411.2	27603.9	124004.1	11739.5	3787.5	28295.5	80181.6			10150
6156.8	1342	19902.4	2147.3	179.7	11438.5	6136.9			2033
2465.5	1138.3	5808.2	2212.2	96.6	828.8	2670.6			1056
6912.1	8671.4	72038.6	2729.2	7805	55111.7	6392.7			3383
101479	41391.7	506880.7	216138.5	17074.6	160672.1	106820.4	1826.7	4348.4	52080
15603.6	3621.1	117232.5	85108.1	1546.5	13071.6	17506.3			7057
14986.1	11138.5	59159.2	4846.9	12898.2	24801.4	13579.7	33	3000	7233
9543.5	3327.9	65574.4	37448	520	18771.3	7041.4	1793.7		5877
33354.6	12335.1	151808.4	52027.1	1117.9	51903.8	46409.6		350	17830
13414.4	5364.4	67285.8	18020.3	376.4	38964.2	8927.4		997.5	6786
1459.9	62.8	9952.8	4226.2	257.6	652	4817			1278
13116.9	5541.9	35867.6	14461.9	358	12507.8	8539		0.9	6019
69239.4	65289	384903.8	78579.3	12521.7	208456.7	85335		11.1	32346
27828.3	8249.8	93100.9	37049.3	838.6	19456.7	35750.3		6	12899
6848.6	1695.9	49866.5	10330.5	655	23581.8	15294.1		5.1	3548
20169.6	37330.6	141114.4	9593.7	7406.2	115777.9	8336.6			7621
3700.2	1630	31281.9	17363.4	101	3927.2	9890.3			2066
7238.7	15382.6	50838.1	1996.9	121.1	42408	6312.1			3012
1889.7	741.7	7954.1	1586.2	675.5	388.2	5304.2			1997
1564.3	258.4	10747.9	659.3	2724.3	2916.9	4447.4			1203
54965.1	77547	328812.4	97450.4	13709	68878.3	138687.1	10003.6	84	26739
44589.2	73359.6	274585	85703.2	9251.7	55441.3	114101.2	10003.6	84	20492
7495	4132.2	45727.5	9411.1	3984.9	11766.5	20565			4697
2880.9	55.2	8499.9	2336.1	472.4	1670.5	4020.9			1550
366598.4	526708.3	3823014.8	2830520.7	28370.4	453449.1	483264	3047	24363.6	134281
292430.6	489660.2	3377747.5	2760394.4	10654.9	261706.8	338562.4	2390.8	4038.2	100215
19318.1	5432	90046.9	3445.4	3336.7	33081.9	35749.5	56.2	14377.2	8848
10867.1	4424	47568	3546.5	2097.9	26332.1	14259		1332.5	6650
10021.9	4279.4	66091.1	5485.8	1035.1	53195	6375.2			2684
2058.3	322.6	10283	6654.1	1689.8	466.9	1371.5	100	0.7	1564
4345.9	1398	41784.3	3956.1	2730	20643.1	9340.1	500	4615	2589
20389.6	19321.3	142202	40772.4	2087.5	40800	58542.1			7192
5258.4	1241	27953.7	4784.7	1447.8	9943.4	11777.8			2946
1908.5	629.8	19338.3	1481.3	3290.7	7279.9	7286.4			1593
190394.9	92192.9	1129476.8	341258.8	41211.6	380262.5	351853.7	9396.2	5494	82588
93945.6	51175.2	458196.8	143507.3	16466.3	95178.6	197546	1004.6	4494	41267
13957.5	2600.6	39382	11766.8	2724.7	6854.3	17036.2		1000	6507
38822.1	22895.2	370861.4	146619.4	5954.7	151148.1	64426.4	2712.8		15494

3-3 续表 2

地 区	固定资产原价	主营业务收入	主营业务成本	主营业务税金及附加	营业费用、管理费用、财务费用合计	营业利润
沙雅县	78565	259161.2	238141.2	1058.8	14259.8	6802.8
新和县	37348.3	91663.6	78232.2	738.7	7505.1	6655
拜城县	173668.8	195250.7	119262.5	3365.8	19217.4	48916.1
乌什县	19211.9	26037.3	21398.3	454.4	2884.1	1412.8
阿瓦提县	64625.7	122741.2	108924.3	1266.4	9620.9	1869.1
柯坪县	3311.9	2061.8	1810.1	27.2	430.6	831.8
克孜勒苏柯尔克孜自治州	206293.2	201861.7	157283.5	3897.5	30987.2	9698.5
阿图什市	162261.9	108407.2	87176.8	1786.1	15709.2	4255.6
阿克陶县	29387.5	47911.2	37029.6	799	7007.2	2295.3
阿合奇县	4370	8218.7	7065.6	491.3	758.4	61.3
乌恰县	10273.8	37324.6	26011.5	821.1	7512.4	3086.3
喀什地区	1285174.5	2038733.7	1752621.9	25460.5	193305.7	39527.5
喀什市	828035	1281910.8	1093614.7	16307.4	125466.2	21714.7
疏附县	25487	23499.8	19426.3	341.5	3813.6	-1756.7
疏勒县	37937.7	47887.1	42116.4	340.5	4462.9	1340.4
英吉沙县	22417.4	40267.3	35057.3	318.4	6136.6	-1696.7
泽普县	49679.2	51765.3	40687.4	2195	5417.1	3751.4
莎车县	72646.1	114105.8	102847.1	1253.2	13034.3	1253.6
叶城县	47416.9	76270.3	59383.9	1713.8	9339.6	6850
麦盖提县	39146.2	95790.2	82728.3	793.6	5098.4	1118.6
岳普湖县	9461.9	22464.9	15610.7	115.2	777.2	2008.3
伽师县	35591.5	39847	26511.5	735.6	6429.1	4416.1
巴楚县	97701	222638.8	217927.1	908.2	13328	-4646
塔什库尔干塔吉克自治县	19654.6	22286.4	16711.2	438.1	2.7	5173.8
和田地区	541621	533630.8	461365.1	11223	56248.8	3551.4
和田市	302093.6	372104.6	322570.3	9233	37575.7	-188.9
和田县	136998	45552.9	39145.9	139.5	4961.3	1536.3
墨玉县	41528.5	32495.5	28135.7	443.2	3444.2	416.2
皮山县	13189.2	9640.8	7643.7	157.5	1798.6	437.3
洛浦县	22488.5	37824.6	31908.7	181.1	5111.4	598.4
策勒县	8153.9	13151.2	11436.5	543.2	1404.3	690.4
于田县	11625.9	21980.1	19823.3	513	1643.5	176.1
民丰县	5543.4	881.1	701	12.5	309.8	-114.4
自治区直辖县级市	2275549.5	3428090.9	2991101.4	34843.8	318845.6	120511.8
石河子市	1927524.7	2813511.2	2442682.1	27216.1	275154.3	102517
阿拉尔市	173121.4	225974.3	208327.2	4205.7	16621	-2303.4
图木舒克市	60828.4	56316.9	50174.1	601.5	3479.9	3038.3
五家渠市	114075	332288.5	289918	2820.5	23590.4	17259.9

单位：万元

本年应付工资及福利费总额	本年应交增值税	实收资本	国家资本	集体资本	法人资本	个人资本	港澳台资本	外商资本	全部从业人员年平均人数（人）
8293.3	641.4	74066.4	19458.3	4603.1	19870	24838.8	5296.2		4355
4211.4	723.4	34660.9	11584.1	1705.6	11955.3	9033.3	382.6		3052
24372.3	13057.5	98671.1	4594.5	5042.2	77886.9	11147.5			7660
3065.8	451.6	20760.5	2075.2	1046.2	12238.8	5400.3			1142
3325.9	629.3	29972.3	1237.3	3536.9	4620.5	20577.6			2746
401	18.7	2905.4	415.9	131.9	510	1847.6			365
22541.9	9887.3	156902.2	6609.6	15984.7	60567.9	71782.1		1957.9	13144
11708.3	4871.1	116607.9	5881.9	10901.6	50930.5	46936		1957.9	7415
5405.5	2245.5	31372.2	441.4	2774.1	7406.5	20750.2			2593
1493.9	11.6	3427.5	245.4	11.7	50	3120.4			870
3934.2	2759.1	5494.6	40.9	2297.3	2180.9	975.5			2266
127784.1	35681.7	622022.3	171155.4	50535.7	128555.9	247520.6	27048.2	62.1	73777
86230.8	27115	350562.4	126418.6	13866	65016.9	121326	23933	11	40629
2458.3	276.8	17434.4	7632.1	3535	2295.7	3971.6			1972
5470.7	1781.8	27013	2155.6	1730.6	8515	14611.8			4475
2898.7	535.1	14494.5	6365	971.1	75	7083.4			1547
2796.2	693	39272.2	2286.3	2314.9	9300	25502.5			3202
5659.9	1176.5	51265.6	5748	5254.8	16614.9	23535.1	51.7		5746
6373.6	1398.8	22493.6	1956.9	3583.9	3165.1	13742.7		51.1	5653
4376.8	744.7	28126.1	5661.3	9537.8	4095	8538.5	3063.5		2517
1505.8	291.8	5036.2	543.6	137.2	899	3456.4			1147
2614.5	1361	15290.8	83.7	5199.5	164.4	9843.2			1520
5808.4	306	51025.5	12296.3	4404.9	18414.9	15909.4			4663
1590.4	1.2	8	8						706
53348.9	22366	335267	221036	19625.7	53003.4	41466.9	54	81	26022
39436.7	18078	164934.5	95773.7	16109.9	30692.2	22302.7	50	6	16664
3591.6	1747	115359.1	105326.1		7409.8	2623.2			1392
2083.5	1084.8	20253.5	11785.8	18	5933.9	2440.8		75	1843
2238	642.7	6199.6	1013.9	131.1	3233.6	1821			1334
2935.2	640.4	10147.7	3337.8	2805.6	751	3253.3			2716
1973.5	18	5465.3	1410.6	490.4	591.5	2972.8			963
850.8	141.5	9649.8	1686.3	50	3981.4	3928.1	4		864
239.6	13.6	3257.5	701.8	20.7	410	2125			246
251872.1	70074.1	1681475.3	839576.1	9627.5	520982	227074	11498.2	72717.5	124435
199785.2	60414.1	1410615.1	683638.8	7467.2	444778.7	200892.5	1120.4	72717.5	99005
32710.2	3478.3	105092.1	32549.4	530	55027.1	6607.8	10377.8		15223
5734.6	307.1	20020.3	11468.6		3410.4	5141.3			2282
13642.1	5874.6	145747.8	111919.3	1630.3	17765.8	14432.4			7925

3-4 按行业(门类、大类、中类、小类)

行　　业	固定资产原　　价	本年收入合　　计	经营收入	本年支出合　　计	工资福利支出	商品和服务支出	取暖费
总　　计	**11080568.4**	**9720884.4**	**370982**	**8829610.8**	**3067280.4**	**2821405.6**	**165904.4**
农、林、牧、渔业	329.5	318.6	29.8	306.2	125.5	28.1	3
农、林、牧、渔服务业	329.5	318.6	29.8	306.2	125.5	28.1	3
农业服务业	329.5	318.6	29.8	306.2	125.5	28.1	3
其他农业服务	329.5	318.6	29.8	306.2	125.5	28.1	3
交通运输、仓储和邮政业	438458.4	123694.7	3791.3	116709.5	44233.8	43266	2113.3
道路运输业	393146.4	116947.3	3653.7	96737.3	38487.6	29892	1850.5
道路货物运输	2.7	11		13	11.5	0.9	0.2
道路运输辅助活动	393143.7	116936.3	3653.7	96724.3	38476.1	29891.1	1850.3
客运汽车站	7.9	241.7		218.2	40.5	15	1.8
公路管理与养护	388450.7	115587.2	2988.9	94894.7	37965	29704.4	1808.7
其他道路运输辅助活动	4685.1	1107.4	664.8	1611.4	470.6	171.7	39.8
城市公共交通业	138.4	227.2		229	172.5	50	8.9
出租车客运	50	120		120	100	20	6
其他城市公共交通	88.4	107.2		109	72.5	30	2.9
航空运输业	35035.9	3408.8		17146.6	4589.6	12336.2	65.2
航空运输辅助活动	35035.9	3408.8		17146.6	4589.6	12336.2	65.2
空中交通管理	35035.9	3408.8		17146.6	4589.6	12336.2	65.2
仓储业	10137.7	3111.4	137.6	2596.6	984.1	987.8	188.7
谷物、棉花等农产品仓储	5291.5	1786.6	30.8	1527.8	646.9	377.8	64.3
谷物、棉花等农产品仓储	5291.5	1786.6	30.8	1527.8	646.9	377.8	64.3
其他仓储	4846.2	1324.8	106.8	1068.8	337.2	610	124.4
信息传输、计算机服务和软件业	23618.8	14390.5	2663.6	10462.6	4409.7	3171.4	368.9
电信和其他信息传输服务业	22514	10553.3	128.9	9471.1	4087.5	3015	358.1
电信	273	144.1		149.6	98.9	42.3	2.8
固定电信服务	273	144.1		149.6	98.9	42.3	2.8
互联网信息服务	1262.4	751.4		670.9	243.7	102.2	3.4
广播电视传输服务	19681.9	9576.6	128.9	8565.4	3701.8	2832	349.3
有线广播电视传输服务	3690.2	3662.4		3647.2	1602	1114.5	152.4
无线广播电视传输服务	15991.7	5914.2	128.9	4918.2	2099.8	1717.5	196.9
卫星传输服务	1296.7	81.2		85.2	43.1	38.5	2.6
计算机服务业	596.3	1047.9		666	203	83.3	5.8
计算机系统服务	2	51.8		43.4	35.8	6.6	0.4
数据处理	551.7	913		540.2	91	73.1	5.2
其他计算机服务	42.6	83.1		82.4	76.2	3.6	0.2
软件业	508.5	2789.3	2534.7	325.5	119.2	73.1	5
公共软件服务	235.6	249.6		243.1	40.4	69.5	3.1
应用软件服务	235.6	249.6		243.1	40.4	69.5	3.1
其他软件服务	272.9	2539.7	2534.7	82.4	78.8	3.6	1.9
批发和零售业	163.7	175.7		176	69.9	27	9.9
批发业	157.2	151.6		151.6	55.5	17.1	
农畜产品批发	157.2	151.6		151.6	55.5	17.1	
谷物、豆及薯类批发	157.2	151.6		151.6	55.5	17.1	

分组的行政事业财务状况

单位：万元

差旅费	劳务费	工会经费	福利费	对个人和家庭的补助	抚恤金	生活补助	救济费	助学金	退职(役)费	经营支出	经营税金
125120	**115331**	**33345.8**	**76297.2**	**1147195.4**	**36407.9**	**140417.7**	**45867.9**	**53676.4**	**30601.1**	**302873.5**	**13646.8**
1.2	4.7		3.2	30.8		2.1			5.9	89.1	1.7
1.2	4.7		3.2	30.8		2.1			5.9	89.1	1.7
1.2	4.7		3.2	30.8		2.1			5.9	89.1	1.7
1.2	4.7		3.2	30.8		2.1			5.9	89.1	1.7
2157.1	1579.8	457.3	965.1	15596.9	630.1	353.6	170.1	12.9	42.9	3902.4	378.1
1698.6	1495.1	435.5	899.7	15122.4	621.3	331.8	170.1	12.9	42.9	3764.6	338.5
0.2	0.3			0.6							
1698.4	1494.8	435.5	899.7	15121.8	621.3	331.8	170.1	12.9	42.9	3764.6	338.5
0.1	1.6	0.2	2.7	2.4	0.2	2.2					2.7
1683.5	1483.6	429	856.4	15112.6	619	329.6	170.1	12.9	42.9	3016.2	137.5
14.8	9.6	6.3	40.6	6.8	2.1					748.4	198.3
6.9	3.9	0.4	5.7	4.6		0.4					
6	3		5								
0.9	0.9	0.4	0.7	4.6		0.4					
415.6		12.8		220.8							
415.6		12.8		220.8							
415.6		12.8		220.8							
36	80.8	8.6	59.7	249.1	8.8	21.4				137.8	39.6
27.2	10.8	3.5	26.1	224.9	8.8	21.4				30.8	
27.2	10.8	3.5	26.1	224.9	8.8	21.4				30.8	
8.8	70	5.1	33.6	24.2						107	39.6
231.9	311.6	39.3	151.1	1227.4	41.4	18.8			16.4	2615.2	21.8
225.2	251.5	34.9	143	1200.7	41.4	18.5			16.4	122.4	12.1
3.5		0.3	3.8	8.4	0.2						3.3
3.5		0.3	3.8	8.4	0.2						3.3
21.8	2.3	0.8	22.6	2.9		0.3					
195.7	249.2	33.3	116.1	1185.8	41.2	18.2			16.4	122.4	8.8
53.4	122.7	4.9	16.8	488.1	10.3	10.9			10		1.2
142.3	126.5	28.4	99.3	697.7	30.9	7.3			6.4	122.4	7.6
4.2		0.5	0.5	3.6							
2.8	56.6	3.9	7.2	18.6							
0.6		0.1	0.1	0.7							
0.9	56.6	3.7	6.7	17.4							
1.3		0.1	0.4	0.5							
3.9	3.5	0.5	0.9	8.1		0.3				2492.8	9.7
2.6	3.5	0.1	0.9	8.1		0.3					2.2
2.6	3.5	0.1	0.9	8.1		0.3					2.2
1.3		0.4								2492.8	7.5
2.2	8.4	2.5	4	42.8		31.9			10.9		
2.2	8.4	2.5	4	42.8		31.9			10.9		
2.2	8.4	2.5	4	42.8		31.9			10.9		
2.2	8.4	2.5	4	42.8		31.9			10.9		

3-4 续表 1

行业	固定资产原价	本年收入合计	经营收入	本年支出合计	工资福利支出	商品和服务支出	取暖费
零售业	6.5	24.1		24.4	14.4	9.9	9.9
综合零售	6.5	24.1		24.4	14.4	9.9	9.9
百货零售	6.5	24.1		24.4	14.4	9.9	9.9
住宿和餐饮业	5190.1	1750.8	742.2	1547.2	266.3	332	76.3
住宿业	5190.1	1750.8	742.2	1547.2	266.3	332	76.3
一般旅馆	5152.8	1506.6	742.2	1287.5	231.8	149.2	73.8
其他住宿服务	37.3	244.2		259.7	34.5	182.8	2.5
金融业	39002.3	18886.8	394.9	24108.6	6333	3787	285
银行业	38630.4	18671	385.6	23973.5	6278.2	3717.7	283
中央银行	31672.6	17766.1	385.6	23068.6	5883.9	3292	262.9
其他银行	6957.8	904.9		904.9	394.3	425.7	20.1
其他金融活动	371.9	215.8	9.3	135.1	54.8	69.3	2
金融租赁	150.7	126.9	9.3	47.6	6.3	38.3	0.2
其他未列明的金融活动	221.2	88.9		87.5	48.5	31	1.8
房地产业	2093.9	1440.1		1431	791.2	460.2	13.8
物业管理	18.5	81.7		113.3	89.7	23.6	
房地产中介服务	11.8	14.8		12	2.3	6.9	
其他房地产活动	2063.6	1343.6		1305.7	699.2	429.7	13.8
租赁和商务服务业	113425.4	66028	7606.2	59912.9	17787.9	20296.6	1757.7
租赁业	5523.3	1851	1511	597.2	248.9	80.5	38.7
机械设备租赁	5523.3	1851	1511	597.2	248.9	80.5	38.7
汽车租赁	5197.9	1511	1511	257.2	192.9	56.5	36.7
建筑工程机械与设备租赁	325.4	340		340	56	24	2
商务服务业	107902.1	64177	6095.2	59315.7	17539	20216.1	1719
企业管理服务	66515.4	41785.2	4877.5	37745.5	10477.1	15053.7	1349.4
企业管理机构	7919.6	8788.5	2051.7	7803.5	2249.4	1729.7	209.9
投资与资产管理	1381.2	2389.5	67.4	2281.9	202.4	330.9	12.1
其他企业管理服务	57214.6	30607.2	2758.4	27660.1	8025.3	12993.1	1127.4
法律服务	803.8	1957.3	320.8	1968.4	755.3	818	10.6
律师及相关的法律服务	167.8	526	54	624.8	305.8	133.1	2.8
公证服务	558.2	1366	205.5	1300.3	449.5	641.6	7.8
其他法律服务	77.8	65.3	61.3	43.3		43.3	
咨询与调查	5157	3159.1	114.3	4562.2	1992.1	586.6	90.7
会计、审计及税务服务	977.4	1100.9		2727	910.4	146.1	16.8
市场调查	196.7	249.6		243.6	140.5	79.7	3.8
社会经济咨询	3952.9	1749.1	114.3	1532.1	885.1	357.4	68
其他专业咨询	30	59.5		59.5	56.1	3.4	2.1
广告业	154.1	303.9		289.3	165.3	39.8	0.5
知识产权服务	371.2	426.1		411.7	51.7	203.1	3.4
职业中介服务	4040.8	8379.9	102.9	7332.4	1109.2	1823.6	66.7
市场管理	10202.3	4344.4	506	3471.6	1429.9	610.2	55
旅行社		18.5		18.5	18	0.5	0.5
旅行社		18.5		18.5	18	0.5	0.5
其他商务服务	20657.5	3802.6	173.7	3516.1	1540.4	1080.6	142.2
会议及展览服务	18635.8	2022.2		1651.9	722	518.4	86.3

单位：万元

差旅费	劳务费	工会经费	福利费	对个人和家庭的补助	抚恤金	生活补助	救济费	助学金	退职(役)费	经营支出	经营税金
16.5	7	9.7	13.1	121.7	6.7	3				742.2	1.3
16.5	7	9.7	13.1	121.7	6.7	3				742.2	1.3
16.5		9.7	13.1	79.3	6.7	3				742.2	
	7			42.4							1.3
1149.5	115.5	63.7	870.4	729.9	10.2	3.3				4224	0.7
1145.6	114.7	63.6	870.4	723.4	10.2	3.3				4214.6	0.7
1087.2	104	56.4	823.8	673.8	10.2	3.3				4214.6	0.7
58.4	10.7	7.2	46.6	49.6							
3.9	0.8	0.1		6.5						9.4	
1	0.5	0.1		0.3						9.4	
2.9	0.3			6.2							
26.2	14	6.4	22.3	54.5							22
2.2		1.3	6.5								2.7
0.1											
23.9	14	5.1	15.8	54.5							19.3
1024.7	690.8	179.8	835.2	6606	133.7	74.4	46.2	32.8	786.6	5303.6	817.4
11.9		3.5	17.4	267.8	3.6	2.4			1.8	953	31.5
11.9		3.5	17.4	267.8	3.6	2.4			1.8	953	31.5
7.9		2.5	9.4	7.8	3.6	2.4			1.8	953	31.5
4		1	8	260							
1012.8	690.8	176.3	817.8	6338.2	130.1	72	46.2	32.8	784.8	4350.6	785.9
613.5	258	113.8	548.8	4228.9	97.6	26	45.2	2.5	710.9	2909.9	330.7
99	153.1	12.1	266.4	2084.6	51.6	10.7	10.2		661.8	600.7	68
10	11.9	0.9	1.6	42		0.2	29.5	2.3		66.6	4.2
504.5	93	100.8	280.8	2102.3	46	15.1	5.5	0.2	49.1	2242.6	258.5
91.9	78.4	0.9	53.6	20.7		1.2				126.8	69.7
19.1		0.7	25.1	8.9						30.2	4.1
66.9	47.7	0.2	28.5	11.8		1.2				78.2	62.9
5.9	30.7									18.4	2.7
60.5	45.5	22.8	26.1	132.2	1.6	5.5			7.6	132.9	130
16.4	1.4	7.2	17.6	32.5	0.8	0.3					
15.1	12.1	0.1	1.1	22.3	0.8	5.2					
27.8	32	15.4	7.4	77.4					7.6	132.9	130
1.2		0.1									
3.8			7.8	53.8	3.6	14.7					
16	31.2	0.2	2.3	16.8							
146.9	212.6	10.6	67.3	1227.1	0.1	16.4			64.5	611.6	38.9
36.2	38.6	16.1	93.3	321.4	20.4	2	0.4		1.8	434.9	173.5
44	26.5	11.9	18.6	337.3	6.8	6.2	0.6	30.3		134.5	43.1
24	23.1	4.7	9	206.6	1	1		30.3			34.5

3-4 续表 2

行业	固定资产原价	本年收入合计	经营收入	本年支出合计	工资福利支出	商品和服务支出	取暖费
保安服务	13.3	139.9	14.4	116.7	78.2	35.6	1.3
办公服务	1217.3	773.6		811.3	376.8	292.8	39.7
其他未列明的商务服务	791.1	866.9	159.3	936.2	363.4	233.8	14.9
科学研究、技术服务和地质勘查业	323624.3	498122.7	94336	385822.4	124899.1	123997.9	7764.3
研究与试验发展	88919.9	85773.7	7184.9	83093.7	20889.2	29892.7	1672
自然科学研究与试验发展	37683	26751.3	457.5	25984.3	6770	11415.6	493.6
工程和技术研究与试验发展	6783.2	9282.3	3192.1	9274.2	2444.8	3210	199.7
农业科学研究与试验发展	36047.3	38541.1	2882.3	35819	9382.7	11561.9	783.7
医学研究与试验发展	4288.4	3433.3		3425.2	791	701.9	75.5
社会人文科学研究与试验发展	4118	7765.7	653	8591	1500.7	3003.3	119.5
专业技术服务业	127782.1	188997.7	37584.1	147538.7	49330.1	50595.5	2469
气象服务	24504.5	22755.2	1504.6	20784.9	7272.1	6249.7	732.7
地震服务	7830.9	6644.5		7993	1969.7	2046	176.8
测绘服务	6799.4	8538.6	622.7	7504.5	3542.1	2078	185
技术检测	42134.7	43023.8	4114.6	41308.2	13963.5	13990.6	584.8
环境监测	7372.3	13534	1697.1	8180.3	2316.3	2281.2	144.6
工程技术与规划管理	34263	88028.9	28624.8	56361.6	18581.7	21868.7	546
工程管理服务	10710.9	21461.5	2242.2	20097.4	5281.7	10585.3	195.7
工程勘察设计	20467.5	60964.2	25960.7	31286.4	11259.4	9454.4	288.6
规划管理	3084.6	5603.2	421.9	4977.8	2040.6	1829	61.7
其他专业技术服务	4877.3	6472.7	1020.3	5406.2	1684.7	2081.3	99.1
科技交流和推广服务业	39579.9	62222.3	9257.5	57004.1	25277.1	13968.8	864.1
技术推广服务	35292	57107.5	9131.1	52048.8	22720.1	12659.1	744.4
科技中介服务	2831.3	2069.7	106.7	2127.7	1356.1	462.3	43.6
其他科技服务	1456.6	3045.1	19.7	2827.6	1200.9	847.4	76.1
地质勘查业	67342.4	161129	40309.5	98185.9	29402.7	29540.9	2759.2
矿产地质勘查	24725.7	81147.4	26247.1	38527.2	14598.3	7196.9	766.8
能源矿产地质勘查	13834.3	42742.4	18220.7	12430.5	9261.8	1608.4	314
固体矿产地质勘查	10891.4	38405	8026.4	26096.7	5336.5	5588.5	452.8
基础地质勘查	31556.5	65384.4	10786	50451.1	11260.7	20135.1	1659.2
地质勘查技术服务	11060.2	14597.2	3276.4	9207.6	3543.7	2208.9	333.2
水利、环境和公共设施管理业	1225693.8	325404	67422.2	270029.7	82677.1	82393.7	3618.5
水利管理业	955102.1	160255.9	64595.7	118692.4	35892.5	33052.3	1172.4
防洪管理	47852.4	14953.7	2659.1	10357	3116.5	936.9	100.2
水资源管理	860482.9	136566.6	61910	100404.1	30021.5	30393.9	954.1
水库管理	188852.5	27442	13979.5	29462.4	5939.4	12718.7	231.7
调水、引水管理	512162.7	88920.9	42859.9	54657.1	18558.6	15505.2	522.6
其他水资源管理	159467.7	20203.7	5070.6	16284.6	5523.5	2170	199.8
其他水利管理	46766.8	8735.6	26.6	7931.3	2754.5	1721.5	118.1
环境管理业	83194.7	56412.9	369.5	49573.2	19924	14102.8	1081.5
自然保护	8088.4	17313.2	100.4	15800.6	4389.3	3662.6	181.4
自然保护区管理	4057.4	6418.7	98.4	6234.6	2559.4	2080	125.2
野生动植物保护	1520.2	7732.4		6567.8	679.6	309.4	25
其他自然保护	2510.8	3162.1	2	2998.2	1150.3	1273.2	31.2

单位：万元

差旅费	劳务费	工会经费	福利费	对个人和家庭的补助	抚恤金	生活补助	救济费	助学金	退职(役)费	经营支出	经营税金
		0.4	0.3	2.9						11.4	0.6
3.9	3.1	1.9	3	38	5.8	4.6					
16.1	0.3	4.9	6.3	89.8		0.6	0.6			123.1	8
10498	8078.5	1981.3	6193.6	56256.2	2394	5582.5	307.3	483.9	1746.3	78185.8	5402.3
3395.8	1670.7	376.9	871.2	12578.5	396.5	326.4	33.7	417.9	353.2	5631.9	282.8
1636.7	682.6	58.5	206.6	3519.9	90.1	34.2		413.1		424.7	13.2
409.4	172.3	34.6	284	836.9	23.7	12.1	3.5	4	3.6	2207.1	253.4
1189.6	728.7	257	315.7	6387	253.4	280	30.2	0.8	349.6	2410.3	12.4
48.2	23.6	7.1	29.2	1224.1	8.9						
111.9	63.5	19.7	35.7	610.6	20.4	0.1				589.8	3.8
4195.7	3360.7	678.9	2144.5	13721	403	571.3	42.8	1.3	294.8	28894.6	2881.9
575.8	240.1	95.8	183.7	2779	153.6	169.1	1.8	1.3	160.2	1505.1	82.6
161.6	36.1	18.4	32.7	1143.4	11.6	7.9					
439.4	363.2	39.7	54.6	1521.1	25.8	143.3	1			588.2	19.6
970.2	598.9	199.6	974.2	3071.8	92.9	96.1	35.9		96.4	3245.7	358.5
289.1	201	39	204.7	384.7	17.1	15				1314.4	107.2
1526.7	1319.7	264.9	544.5	3917.7	82	135.6	4.1		32.4	21211.5	2196.6
1043.8	758.6	72	121.8	430	31.8	58.4	4.1			1432.2	347.7
392.4	539.3	176.1	382.6	3339.8	41.5	73.4			32.4	19534.9	1820.2
90.5	21.8	16.8	40.1	147.9	8.7	3.8				244.4	28.7
232.9	601.7	21.5	150.1	903.3	20	4.3			5.8	1029.7	117.4
1117.7	640.4	310.4	878.2	7263.2	253.9	400.4	57.5	43.2	138.7	4871.2	327.9
792	492	156.9	746.2	6644.7	210.6	369.7	57.4	43.2	112.9	4688.7	319.1
45.5	100.3	8	28.7	208.3	38.1	17.7				165.5	8.6
280.2	48.1	145.5	103.3	410.2	5.2	13	0.1		25.8	17	0.2
1788.8	2406.7	615.1	2299.7	22693.5	1340.6	4284.4	173.3	21.5	959.6	38788.1	1909.7
496.7	867.7	158.3	607.6	8933.2	96.7	934.3	7.7		939.8	26561.4	1173.7
174.3	132.3	83.5	278	1432.7	4.1	3.8				17791.4	812.1
322.4	735.4	74.8	329.6	7500.5	92.6	930.5	7.7		939.8	8770	361.6
1120.1	1320.5	393.9	1086.3	10389.7	1045.3	1883.2	149.4	21.5	15.7	8939.7	552
172	218.5	62.9	605.8	3370.6	198.6	1466.9	16.2		4.1	3287	184
3150.7	5687.1	812.5	2553.8	17154.7	830	1355.8	21.5	12.2	1069.2	61608.7	1772.7
1636.4	1086.4	420.7	1508.4	4958.8	378.7	734.2	19.1	3.6	688.6	56485.8	1132.7
197	50.3	21.2	106.5	342.1	10.6	115.9				489	0.1
1315	977.4	374.8	1348.6	4011	340.1	525.2	3.2	3.6	688.6	55972.5	1131.8
441.4	191.3	117.4	276.4	1346.5	75.3	157			289.1	13124.6	159.3
641.4	741.7	206.5	832.7	1913.2	213.2	286.1	2.5	1.7	228.7	37350.9	959.9
232.2	44.4	50.9	239.5	751.3	51.6	82.1	0.7	1.9	170.8	5497	12.6
124.4	58.7	24.7	53.3	605.7	28	93.1	15.9			24.3	0.8
536.8	3087.8	147.7	417	3565.3	119.1	498.1	0.4		110	272.9	34.6
285.9	721	36.8	52.3	984.6	41.4	262.3	0.2		80.2	100.3	3.1
154.1	669.8	17	33.9	416.8	20.3	11	0.2		38.5	98.4	3.1
53.8	23.8	3.7	6.3	305.8	2.5	226.8					
78	27.4	16.1	12.1	262	18.6	24.5			41.7	1.9	

3-4 续表 3

行业	固定资产原价	本年收入合计	经营收入	本年支出合计	工资福利支出	商品和服务支出	取暖费
环境治理	75106.3	39099.7	269.1	33772.6	15534.7	10440.2	900.1
城市市容管理	2898.5	5005.8	34.3	4908.1	2254.9	2008.7	50.9
城市环境卫生管理	45482.2	28916	234.8	24071.4	11952.7	6875.2	753.6
水污染治理	11164	2804.4		2534.5	467.1	262.1	48.3
其他环境治理	15561.6	2373.5		2258.6	860	1294.2	47.3
公共设施管理业	187397	108735.2	2457	101764.1	26860.6	35238.6	1364.6
市政公共设施管理	138760.4	39196.1	1837.9	36908.4	7457.9	13904.1	291.6
城市绿化管理	15221.2	45189	353	43204.6	13825.5	11143.6	856.1
游览景区管理	33415.4	24350.1	266.1	21651.1	5577.2	10190.9	216.9
风景名胜区管理	12819.4	16095	15.2	13506.9	2457.1	7562.8	133.1
公园管理	20441.2	8090.3	250.9	8034.2	3067.1	2580.5	81.6
其他游览景区管理	154.8	164.8		110	53	47.6	2.2
居民服务和其他服务业	20965.2	25485.3	777.7	21098	4711.5	6041.3	254.5
居民服务业	18027.3	20694.3	705.3	16828.8	3851.9	4723	188.4
家庭服务	45	35.8		41.2	10.5	25.1	
托儿所	1097.2	1803.9	19.8	1795.8	939.1	223.1	23.7
婚姻服务	57.4	122.5		102.8	40.6	41.9	2.5
殡葬服务	11230.1	12674.7	668.2	10237.4	2052.7	2710.1	102.5
摄影扩印服务	210.7	68.7		68.7	33.8	14	10.4
其他居民服务	5386.9	5988.7	17.3	4582.9	775.2	1708.8	49.3
其他服务业	2937.9	4791	72.4	4269.2	859.6	1318.3	66.1
修理与维护	792.1	172.9		171.2	86.4	45.3	13.7
汽车、摩托车维护与保养	792.1	172.9		171.2	86.4	45.3	13.7
其他未列明的服务	2145.8	4618.1	72.4	4098	773.2	1273	52.4
教育	2458869.1	2014183.7	18712.8	1926791.3	997461.6	374476.7	55045
学前教育	45526.2	53541.9	308.2	51313.9	27841.5	8360.3	1551.3
初等教育	479169	601234.8	1657.4	590412.4	349315.2	82314.8	14639.1
中等教育	1081595.6	946059.6	4036	903178.2	495892.7	174495.2	27291.8
初中教育	643912.9	583077	1166.9	556994.1	334138.6	94778.5	15724.7
高中教育	278283.9	231577.3	1464.4	220481.6	111904.1	47912.9	7328.1
中等专业教育	90984.3	73368.8	733	67856.7	28556.3	14414.8	2458.4
职业中学教育	16422.1	14617.6	40.3	14371.3	5936.2	4386.1	379.6
技工学校教育	40590.4	33980.7	631.4	32859.6	11565	7975.4	1127.6
其他中等教育	11402	9438.2		10614.9	3792.5	5027.5	273.4
高等教育	709499.9	315938.9	10127	291253.6	96780.2	82859.2	9035
普通高等教育	672257.9	282335.9	9856.9	261199.4	84421	73618.2	7849.8
成人高等教育	37242	33603	270.1	30054.2	12359.2	9241	1185.2
其他教育	143078.4	97408.5	2584.2	90633.2	27632	26447.2	2527.8
职业技能培训	78110.3	48052.9	2313.4	45629.4	12714.5	14345.3	1380.4
特殊教育	5152.3	4231.3	6.3	3303.9	1386.1	612.7	112.2
其他未列明的教育	59815.8	45124.3	264.5	41699.9	13531.4	11489.2	1035.2
卫生、社会保障和社会福利业	1570505.6	1554585.8	112613.9	1479215	414496.1	815936	20709.1
卫生	1526131.6	1486256.2	112229.8	1411100.1	391736.4	806437.7	19650.3
医院	1275107.6	1186008	108807.3	1126945.3	288302.2	673463.5	14178.8

单位：万元

										经营支出	经营税金
差旅费	劳务费	工会经费	福利费	对个人和家庭的补助	抚恤金	生活补助	救济费	助学金	退职(役)费		
250.9	2366.8	110.9	364.7	2580.7	77.7	235.8	0.2		29.8	172.6	31.5
51.4	834.4	14.3	123.2	286.6	3.7	198.8				12.4	10.1
152.6	1526.5	85.5	201.3	2124.2	67.5	36.6	0.2		28.4	160.2	19.3
5	0.8	6.6	9	112.3							2.1
41.9	5.1	4.5	31.2	57.6	6.5	0.4			1.4		
977.5	1512.9	244.1	628.4	8630.6	332.2	123.5	2	8.6	270.6	4850	605.4
150.6	254	98.6	310.1	2752.6	224.2	68.9	1.5	8.3	1.4	4297.2	279.5
631.5	1163.8	99.2	187.1	3487.2	93.6	26.4	0.5		213.2	325	50.3
195.4	95.1	46.3	131.2	2390.8	14.4	28.2		0.3	56	227.8	275.6
155.7	27.1	20.1	81.4	474.6	3.5	10.3				18.7	151.7
35.2	67.7	25.8	49	1907	10.9	17.6		0.3	56	209.1	123.9
4.5	0.3	0.4	0.8	9.2		0.3					
200.6	423.6	39.6	192.1	1548.1	91.9	88	96.4	3.7	58.6	535.9	2.6
137.4	383.1	34.6	148.1	1258.6	61.7	86.1	96.4	3.7	58.6	466.5	2.6
8.9		0.5	0.5	4.8							
6.2	36.4	7.6	12.6	493.8	6.6	69		3	43.6	24.5	
0.7	2.2	3	1.5	4.4	3.2						
79	324.9	14.5	115.7	282.1	0.5	2.3	2		10	429.6	0.1
0.3		0.2		20.9		0.9					
42.3	19.6	8.8	17.8	452.6	51.4	13.9	94.4	0.7	5	12.4	2.5
63.2	40.5	5	44	289.5	30.2	1.9				69.4	
2.5		0.9	0.8	39.5		0.8					
2.5		0.9	0.8	39.5		0.8					
60.7	40.5	4.1	43.2	250	30.2	1.1				69.4	
16149.2	24032.9	9391	16680.9	294422.1	6539.2	14648.1	1314.4	47890.3	8326.7	38418.7	1092
254.7	591.6	219.4	464	7451.1	122.8	340.8	1.2	53	465.3	525.5	0.1
3050.8	4789.4	2752.2	4449.8	100096.9	2668.7	5429	437.5	5056.5	4771.8	1993.4	55.8
6742.6	9709	5407.3	8516.4	123080.4	2542	6339	315.8	21035.6	2650.1	24745.4	413.7
3526.9	5615.1	2760.8	4641.2	71821.5	1593.5	4999.1	271.3	10884.8	2120.9	23088.6	14.6
1713.2	2453.7	2180.1	2533.2	28660.9	424.7	926.6	18.6	2086.5	395.7	929.3	142.4
890.3	972.3	282.7	852.1	12837.2	271.4	219.8	14.2	4768.3	20.2	456.8	248.5
129.7	77.3	37.7	57	2389.4	43.9	90.5		1055.3	24	0.6	2.7
389.4	493.9	115.4	337.4	5962.7	150.9	76.6	11.7	1956.6	12.6	270.1	2.4
93.1	96.7	30.6	95.5	1408.7	57.6	26.4		284.1	76.7		3.1
4739.3	6131.6	733.2	2019	50188.9	862	1163.9	431.7	19852.9	268.4	8198.5	138.8
4317.5	4757.6	627.2	1808.8	45379.9	745.7	962.7	21.5	19035.8	268.4	7940.5	138.4
421.8	1374	106	210.2	4809	116.3	201.2	410.2	817.1		258	0.4
1361.8	2811.3	278.9	1231.7	13604.8	343.7	1375.4	128.2	1892.3	171.1	2955.9	483.6
673.4	1041.2	121.6	380.6	7404.8	122.5	1180.7	51.9	1117	20.1	2819.5	478
36.8	10.8	15.2	31.1	531.7	8.5	54.7	2	137.7		6.3	
651.6	1759.3	142.1	820	5668.3	212.7	140	74.3	637.6	151	130.1	5.6
7583.6	17535.3	3421.8	9739.3	101772.3	2234.6	3665.6	1734.7	297.8	2633.3	45501	264.1
6949.7	17218.8	3302.6	9099.1	75383.5	2071.6	2746.8	1137.5	297.8	2084	45404.5	215.9
3657.3	12817.1	2559.1	6369.8	52870	1440.1	1088.3	723.3	244.1	1046.8	41350.9	145.1

3-4 续表 4

行业	固定资产原价	本年收入合计	经营收入	本年支出合计	工资福利支出	商品和服务支出	取暖费
综合医院	1081715.9	1007559.4	26827.4	969500.6	247467.3	579764.6	12301.1
中医医院	122576.3	109179.2	78436	93592.4	21646.3	63449.5	956.8
中西医结合医院	11526.1	11348.6		11020.4	3131.2	5482.1	101.2
民族医院	29688.3	28910.1	1056.4	25622.4	6797.2	13029	313
专科医院	19195	23800.8	2393.8	22285.3	7706.3	11025.9	365.7
疗养院	10406	5209.9	93.7	4924.2	1553.9	712.4	141
卫生院及社区医疗活动	76206.1	120823.1	2358.6	109670.2	46758.2	42296	2471.1
门诊部医疗活动	7913.3	9691.5	260.8	9331.3	3349.6	4173.4	210.9
计划生育技术服务活动	13673.8	14462.7	13.4	15031.2	7172.5	4572.6	654.1
妇幼保健活动	29496.3	34798.4	644.5	31180.5	11667	13935.6	381.1
专科疾病防治活动	52992.1	55785.1	17.5	50776	11314	37599.3	545.6
疾病预防控制及防疫活动	51970	49610.4	127.7	53597.4	19280.6	24882.3	874.8
其他卫生活动	18772.4	15077		14568.2	3892.3	5515	333.9
社会保障业	11124.8	21678.6		24830.2	11774.1	3128.9	309.5
社会福利业	33249.2	46651	384.1	43284.7	10985.6	6369.4	749.3
提供住宿的社会福利	29026.4	38559.1	76.9	35230.7	9114	5116.4	698.3
干部休养所	14590.7	25452.9	21.9	22906.6	5365.3	2501.7	361.2
收养收容服务	14435.7	13106.2	55	12324.1	3748.7	2614.7	337.1
不提供住宿的社会福利	4222.8	8091.9	307.2	8054	1871.6	1253	51
文化、体育和娱乐业	267339	227274.5	16285	199803.2	73374.9	60460.9	4900.7
新闻出版业	44633	56376.3	7827.9	46721.6	15023.6	12434.7	459.7
新闻业	2683.7	2981.2	81.4	2962.9	1245.1	838.7	48.5
出版业	41949.3	53395.1	7746.5	43758.7	13778.5	11596	411.2
图书出版	2496.1	20220.8	4023.3	14183.1	3008.4	1329.8	79.9
报纸出版	37829.7	29790.6	3594.3	26888.8	9876.4	8815.8	296.9
期刊出版	1118.7	2478.7	95.7	2249.1	712.8	1265.1	27.3
音像制品出版	443.6	555.7		153.9	94.6	39	2.1
其他出版	61.2	349.3	33.2	283.8	86.3	146.3	5
广播、电视、电影和音像业	131009.6	88079.3	6920.2	76228.4	27833.4	22553.7	1168.8
广播	48071.4	31419.7	3397.8	27604.9	11498.5	7466.7	534.4
电视	64010.8	48294.9	1348.6	42644.3	14735.4	13542.7	530.3
电影	18927.4	8364.7	2173.8	5979.2	1599.5	1544.3	104.1
电影制作与发行	3721.4	3267.1		3035.8	459.5	633	1.7
电影放映	15206	5097.6	2173.8	2943.4	1140	911.3	102.4
文化艺术业	79951.5	72205.9	1527.8	66179.9	26698.5	20744.2	2526.4
文艺创作与表演	13274.1	18784.7	13.7	18046.5	10034.9	3346.6	399.2
艺术表演场馆	2445.6	4008.3	144.6	3923.8	2244.8	667.7	83.6
图书馆与档案馆	19288.2	12445.3	279.5	11646.9	5194.7	3422.6	809
图书馆	11834.4	6132.5	1.2	5701	2638.5	1422.2	198.9
档案馆	7453.8	6312.8	278.3	5945.9	2556.2	2000.4	610.1
文物及文化保护	9255.8	18396.8		14928.9	1736.9	8460.1	52.5
博物馆	11542.8	6456.9	613.4	6467	2180.9	2286	873.8
烈士陵园、纪念馆	6494.4	1599.3		1286.9	390.3	192.7	36.3
群众文化活动	17585.7	10212.6	476.5	9575.9	4764.7	2275.3	266.9
其他文化艺术	64.9	302	0.1	304	151.3	93.2	5.1

单位：万元

差旅费	劳务费	工会经费	福利费	对个人和家庭的补助	抚恤金	生活补助	救济费	助学金	退职(役)费	经营支出	经营税金
3028.1	11893.1	2206.4	5320.7	45648.8	1066.9	911	626.2	244.1	769.3	31842.6	142
190.1	141.2	98.9	786.3	2686.5	130.3	28.4	95.9		3.2	7636.8	
47.7	79.6	48.3	14.5	290.1	6.6				149.4		
218.3	601.5	117.5	150.1	1159.5	35.5	41.5	1.2			1179.7	
148.6	83.1	72.5	77.9	2229.9	56	17.3				430.3	
24.5	18.6	15.5	20.3	855.2	144.8	90.1			124.9	261.5	3.1
968	2308.7	258.7	1174.3	9161	286	429.8	80.5	43.8	605.6	3046.5	55.8
32.1	18.9	28.1	143.7	1368.7	40.9	81.9			5.9	302.6	10.7
258.3	186.2	41	82	1551.9	43.7	17.3	2	0.2	42.5	13.9	2.7
416.2	723.8	112.3	263.5	2477.8	21.2	179.7	131.5	2.7	143.7	444.8	
150.4	164	55.8	69.4	917.9	10.9	4			40.2	129.8	
1120.5	629.6	166.9	527.3	5824.6	164.7	555.7	199.5	6.9	156.2	116	1.6
346.9	370.5	80.7	469.1	1211.6	64.1	390.1	0.7	0.1	43.1		
262.7	54.7	42.7	148.2	8476.4	21.5	212.6	1.8		14.3		16.2
371.2	261.8	76.5	492	17912.4	141.5	706.2	595.4		535	96.5	32
289.6	218.5	70	453.5	15816.8	138.4	697.5	485		320.5	49.3	12.7
123.4	126	40.2	191	12941.4	106	124.2			320	29.9	12.7
166.2	92.5	29.8	262.5	2875.4	32.4	573.3	485		0.5	19.4	
81.6	43.3	6.5	38.5	2095.6	3.1	8.7	110.4		214.5	47.2	19.3
4266.2	7673.1	805.8	1855.6	15518.7	490.8	573.3	29	136.2	811.2	13567.9	2721.9
1168.6	1960.7	279	647.9	1760.2	64.9	122	2.9	0.6	207.7	8202	1964.1
121.7	162.3	13.7	29.5	164.9	1.8	21.4				304.1	60.8
1046.9	1798.4	265.3	618.4	1595.3	63.1	100.6	2.9	0.6	207.7	7897.9	1903.3
226	106.8	24.3	194.7	179.5	10	3	2.5	0.6		4698.5	1377
752.7	1550.3	233.6	352.1	1240.2	49.4	74.1			207.7	3102.6	517.5
57.7	127.6	6.4	46.1	121	3.4	4.9	0.4			66.8	6.1
0.8		0.5	25.5	20.2		18.3					
9.7	13.7	0.5		34.4	0.3	0.3				30	2.7
1294.3	3669.7	264.6	736.1	5133.9	114.2	202.2	13.9	8.8	266.9	3704.3	600.4
332.6	630.5	107.1	245.8	1929.4	52.2	55.6	13.7	8.8	90.4	1084.5	294.4
872.6	2747.8	141.1	434.4	2626	50.5	140.3			174.1	1223.1	162.9
89.1	291.4	16.4	55.9	578.5	11.5	6.3	0.2		2.4	1396.7	143.1
35.7	267.3	12.5	11.1	308.2	8.1	1.6					4.2
53.4	24.1	3.9	44.8	270.3	3.4	4.7	0.2		2.4	1396.7	138.9
938.1	1911.4	186.9	370.4	7850.5	300.7	247.1	12.2	13.7	336.6	1657	123.7
310	508.2	80.1	125.3	3559.7	74.4	62.5		10	42.9	28.5	9.9
68.9	40	14.4	28.5	823	16.7	11.6			0.4	22.2	13.9
158.1	161.8	40.7	37.1	1431.5	18.4	61.7	0.3	0.4	95.3	219.5	15.2
55	84.3	17.7	16.4	917.1	12.4	32		0.4	72.9	0.6	
103.1	77.5	23	20.7	514.4	6	29.7	0.3		22.4	218.9	15.2
152.3	134.6	9.9	24.9	341.6	26.1	3	1	2.4	27		
77.4	799.2	11.2	60.1	236.5	121.8	7.3	0.8		1.4	1193.4	34
23.7	2.1	2.6	12.1	63.2	5.4	2.4			49.9		
139.3	263.1	27.3	80.7	1340.9	34.1	98.2	10.1	0.9	117.2	190.4	50.7
8.4	2.4	0.7	1.7	54.1	3.8	0.4			2.5	3	

3-4 续表 5

行业	固定资产原价	本年收入合计	经营收入	本年支出合计	工资福利支出	商品和服务支出	取暖费
体育	10374.8	9781.8	9.1	9943.5	3468.9	4386.2	732.4
体育组织	3254.5	7104.3	4.1	6995.2	2375.9	3572.1	580.6
体育场馆	5714.1	1095.5		1122.5	541.5	462.8	62.7
其他体育	1406.2	1582	5	1825.8	551.5	351.3	89.1
娱乐业	1370.1	831.2		729.8	350.5	342.1	13.4
室内娱乐活动	58	53		45	31.1	5.9	4.8
休闲健身娱乐活动	144	25.6		101.1	88.7	6.3	2.6
其他娱乐活动	1168.1	752.6		583.7	230.7	329.9	6
公共管理和社会组织	4591289.3	4849143.2	45606.4	4332197.2	1295642.8	1286730.8	68984.4
中国共产党机关	133126.9	210456.6		203810.8	55509.4	90212	2655.6
国家机构	4304016.4	4500535.2	26347.1	4003511.1	1206259.5	1158442.2	62200.5
国家权力机构	114430.2	78198	28.8	74671.8	27110.9	23414.3	1103.1
国家行政机构	3914199.6	4158023.7	26078.6	3711734.8	1092480.5	1062322.9	56922
综合事务管理机构	1012334.1	975692.6	2787.1	902057	326664.1	278136.2	15871.7
对外事务管理机构	9216.9	11839.4	2.2	7800.9	2514.7	3251	65.6
公共安全管理机构	639298.2	513260.8	5361.6	493073.6	207965.8	143859.9	7383.6
社会事务管理机构	645689.5	865297.4	1402.8	793611.5	166602.8	209943.4	9345.2
经济事务管理机构	1099563.2	1219752.8	12152.9	1002646.3	226596.6	259234.4	13083.3
政府事务管理机构	251108.7	338865.8	2476.9	303655.6	88770.5	102238.6	6021.2
行政监督检查机构	256989	233314.9	1895.1	208889.9	73366	65659.4	5151.4
人民法院和人民检察院	195907	150837.4	9.7	145387.7	64661.1	43887.4	2572.9
人民法院	128897.1	92270.2	9.7	89025.3	38804.4	27491.3	1533.4
人民检察院	67009.9	58567.2		56362.4	25856.7	16396.1	1039.5
其他国家机构	79479.6	113476.1	230	71716.8	22007	28817.6	1602.5
人民政协和民主党派	34646.2	30834.2		30399.5	9384.5	9572.8	361.7
人民政协	34149.6	29358.8		29036.6	8796	9233.6	336.9
民主党派	496.6	1475.4		1362.9	588.5	339.2	24.8
群众团体、社会团体和宗教组织	45373.7	51638.8	652	54200	15356.8	18482.9	862
群众团体	30128.9	35277.4	79.5	34382.4	9968.1	12297	533.8
工会	11580.4	11638.4	31.2	9700.5	3008.9	2437.6	176.7
妇联	5680.9	5034.4		4827.9	1738	1770.7	91.5
共青团	1749.6	3138.1	3.2	3238	1328	970.3	36.4
其他群众团体	11118	15466.5	45.1	16616	3893.2	7118.4	229.2
社会团体	14870	15614.2	572.5	19178.8	5055.3	6111.4	324.6
专业性团体	6522	10288.6	120.3	9705.3	3542.3	3255.1	118.7
行业性团体	7104.2	2534.9	452.2	6572.4	759	1398.5	98.9
其他社会团体	1243.8	2790.7		2901.1	754	1457.8	107
宗教组织	374.8	747.2		638.8	333.4	74.5	3.6
基层群众自治组织	74126.1	55678.4	18607.3	40275.8	9132.6	10020.9	2904.6
社区自治组织	6351.1	4389	31.6	4628.5	2253.5	1020.3	202
村民自治组织	67775	51289.4	18575.7	35647.3	6879.1	9000.6	2702.6

单位：万元

差旅费	劳务费	工会经费	福利费	对个人和家庭的补助	抚恤金	生活补助	救济费	助学金	退职(役)费	经营支出	经营税金
855.2	113.5	73.5	86.7	752.9	10.8	1.1		113.1		4.6	33.7
806	71.1	64.7	69.6	535.7	10.3	0.6		77.2		0.4	6.4
15.2	4.7	4.2	8.1	70.2	0.3			14			27.3
34	37.7	4.6	9	147	0.2	0.5		21.9		4.2	
10	17.8	1.8	14.5	21.2	0.2	0.9					
0.3			0.6	6							
			3	4.8							
9.7	17.8	1.8	10.9	10.4	0.2	0.9					
78662.8	49168.3	16135.1	36217.5	636113.3	23005.3	114017.3	42148.3	4806.6	15093.1	48179	1148.2
6640.9	4103.2	913.9	1634.1	28631.1	696.3	5577.6	209.2	28.6	707.2		
69216.3	41581.5	14314	31892.4	593960.6	21215.5	106824.7	41382.1	4542.3	13904.9	36482.9	1124.1
2247.8	308.5	505.9	508.5	11511.7	494.4	2716.6	50.1	55.7	262	44	2.7
59781.1	39302	13062	30143.8	559136.6	19942	103421.4	41227.1	4476.3	13404.9	36252.6	1082.5
16157.7	9210.1	4497.7	6206.8	118902.1	5401.2	13400.2	3938.1	993.4	4153.5	1946.5	122.9
238.8	50.2	16.8	27.5	697.9	65.4	204.9	1.3			3.7	
9840.9	3925.9	1247.8	5669.8	48316.3	1735.7	3765.1	569.8	51.2	1109	7235.5	113.6
9070.9	8072.5	3346.1	6242.7	199465.9	8765.4	72223.4	30658.8	3120	5140.3	1803.1	236.4
12916.4	13436.4	2065.3	6992.9	130865.6	2542.2	9455.6	650.5	147.1	1538.3	14590.4	313.8
6522.3	2307.2	918	2186.9	44827.1	917.6	3524.4	5355.7	111.7	1009.2	6313.7	75.3
5034.1	2299.7	970.3	2817.2	16061.7	514.5	847.8	52.9	52.9	454.6	4359.7	220.5
5423	1492.6	559.2	1049.5	15483.2	500.3	633.8	73.2	8.3	237.8	7.9	0.5
3445.9	1101.6	358.1	638.2	8684.3	262.5	213.9	26.3	7.9	158.4	7.9	0.5
1977.1	391	201.1	411.3	6798.9	237.8	419.9	46.9	0.4	79.4		
1764.4	478.4	186.9	190.6	7829.1	278.8	52.9	31.7	2	0.2	178.4	38.4
821.9	91.8	187.5	181.1	5695.5	276.1	595.5	3.6	6	110.5		
789.1	85.7	182	163	5417	271.8	570.2	3.6	6	103.5		
32.8	6.1	5.5	18.1	278.5	4.3	25.3			7		
1318.6	963.4	622.1	1028	5418.5	179.3	514.8	479.6	189.6	230.1	235.6	17.9
731.2	646.1	562	727.2	3212.8	119.6	279	387.9	174.3	106.8	68.8	9.2
228.5	37.3	485.2	98.4	541.8	37.5	25.9	24.5	5.6	56.8	30.6	
128.4	34.4	13.4	74.6	616.8	15.6	3	1.1	2.7	33.7		
128.5	25.9	19.7	47.8	150.1	7	26.3	0.6	37.7		3.2	
245.8	548.5	43.7	506.4	1904.1	59.5	223.8	361.7	128.3	16.3	35	9.2
579.9	310.5	59.3	298.3	2133.7	59.7	177.4	91.7	15.3	123.3	166.8	8.7
206.3	249.9	40.3	75.8	1417.8	35.8	100	8.7	12.7	17.1	97.9	7.2
214	35.2	13.7	209.4	296.2	1	9.8			99.9	68.9	1.5
159.6	25.4	5.3	13.1	419.7	22.9	67.6	83	2.6	6.3		
7.5	6.8	0.8	2.5	72		58.4					
665.1	2428.4	97.6	1481.9	2407.6	638.1	504.7	73.8	40.1	140.4	11460.5	6.2
83.1	51.1	25.4	57	878.8	6.8	220.7	14.5		114	17.1	0.4
582	2377.3	72.2	1424.9	1528.8	631.3	284	59.3	40.1	26.4	11443.4	5.8

3-5 按地、州、市、县(市)分组的

地区	固定资产原价	本年收入合计	财政拨款	事业收入	经营收入	本年支出合计	工资福利费	商品和服务支出	取暖费(降温费)
总计	**11080568.4**	**9720884.4**	**6896717.2**	**1842003.7**	**370982.0**	**8829610.8**	**3067280.4**	**2821405.6**	**165904.4**
乌鲁木齐市	3563808.2	2515452.0	1470952.5	711539.1	200195.6	2201149.6	711682.2	862118.1	45373.7
天山区	1392383.3	951849.0	554718.5	290779.6	46106.7	807469.1	244800.9	334478.7	14649.7
沙依巴克区	822603.3	537440.5	280757.7	109267.5	124061.6	461279.7	138832.4	174945.7	11408.1
新市区	789605.8	544863.3	258950.9	236305.4	21875.1	506445.1	163394.2	226644.7	11354.4
水磨沟区	283144.9	277917.4	214005.3	46446.6	5649.3	243681.1	91923.3	71173.3	4412.2
头屯河区	39722.6	39924.5	30415.0	5896.5	76.7	37976.9	14346.5	13842.7	780.2
达坂城区	16812.2	10609.4	9139.0	378.7	517.9	9489.7	4489.3	2153.6	409.6
米东区	194702.3	120642.4	95112.9	20484.7	1452.1	106116.1	43341.3	32582.1	1847.0
乌鲁木齐县	24833.8	32205.5	27853.2	1980.1	456.2	28691.9	10554.3	6297.3	512.5
克拉玛依市	263215.8	399770.6	339409.2	51811.4	556.1	361753.6	100540.4	124587.1	6557.7
独山子区	61271.6	40868.7	39552.8	1041.8		39397.6	12269.6	13669.0	938.4
克拉玛依区	165134.7	308418.8	256173.0	44757.1	549.2	280504.6	75302.9	98634.5	4721.6
白碱滩区	33483.6	39207.1	32773.8	5673.3		36648.2	10827.8	10614.1	714.4
乌尔禾区	3325.9	11276.0	10909.6	339.2	6.9	5203.2	2140.1	1669.5	183.3
吐鲁番地区	238133.7	257770.5	193657.9	28527.6	6628.4	236994.8	80416.7	79404.8	4157.1
吐鲁番市	121810.9	112035.0	90359.5	15656.5	3032.3	107826.4	37150.2	42164.5	1627.5
鄯善县	92182.2	104050.4	66192.7	8822.6	3586.3	88492.5	27796.1	28196.0	2060.6
托克逊县	24140.6	41685.1	37105.7	4048.5	9.8	40675.9	15470.4	9044.3	469.0
哈密地区	254960.3	266692.6	206252.3	44840.9	1082.2	266884.0	93718.9	80500.5	2944.5
哈密市	210286.0	198363.3	144299.9	42170.2	928.1	201748.7	69955.4	70479.5	2227.4
巴里坤哈萨克自治县	25271.4	36410.3	33044.9	2192.4	152.6	35964.9	15494.0	6817.7	408.8
伊吾县	19402.9	31919.0	28907.5	478.3	1.5	29170.4	8269.5	3203.3	308.3
昌吉回族自治州	774877.2	592075.4	431153.7	115342.5	16546.3	566085.2	214373.4	161676.8	9538.5
昌吉市	372207.6	256735.0	177171.4	65527.6	10899.6	242004.0	86358.3	71051.1	4333.3
阜康市	75082.5	67709.8	49789.4	15413.6	244.9	65272.3	22494.4	20509.4	783.4
呼图壁县	99945.0	60029.9	41292.9	10325.3	646.0	54948.4	22485.9	19428.7	1135.1
玛纳斯县	89521.8	53367.7	38724.5	3739.8	4458.2	53125.6	22884.5	15102.6	1302.7
奇台县	73455.8	60807.3	43507.5	12760.3	278.6	59297.9	26378.4	13677.8	1088.8
吉木萨尔县	36432.1	52655.2	41374.0	6212.0	19.0	51515.1	16895.6	12027.7	536.4
木垒哈萨克自治县	28232.4	40770.5	39294.0	1363.9		39921.9	16876.3	9879.5	358.8
伊犁哈萨克自治州	1852935.1	1853465.6	1395806.0	265002.7	75480.2	1647081.6	604540.0	475473.0	20104.4
伊犁州直属县(市)	923092.2	976024.2	713252.9	152921.5	53970.9	872999.5	314541.4	267109.7	15844.1
伊宁市	342199.1	353556.8	252414.8	75802.2	7923.3	312792.8	108624.1	99986.4	5588.8
奎屯市	182778.8	152964.8	69115.1	31645.0	39110.4	116433.8	31637.4	41278.0	1984.6
伊宁县	59311.9	86183.4	72961.6	8857.0	1190.6	77300.3	32444.4	21515.4	1601.0
察布查尔锡伯自治县	41304.4	43018.2	38799.4	3344.0	426.3	42582.0	15620.0	15183.4	622.8
霍城县	97652.1	81806.6	59585.9	9946.1	3893.1	75897.5	29528.3	22766.2	1003.5
巩留县	50204.6	40554.7	35991.9	3186.3	13.3	39109.9	15010.2	9129.6	753.9

行政事业单位财务状况

单位：万元

劳务费	差旅费	出国费	工会经费	福利费	对个人和家庭补助	抚恤金	生活补助费	救济费	助学金	退职(役)费	经营支出	经营税金
115330.6	**125120.4**	**8896.8**	**33345.8**	**76297.2**	**1147195.4**	**36407.9**	**140417.7**	**45867.9**	**53676.4**	**30601.1**	**302873.5**	**13646.8**
28416.1	35377.6	3366.2	8814.1	18458.5	228020.5	5255.1	7454.0	1605.8	14651.5	2830.7	112386.7	8402.3
14585.9	17321.1	896.5	3165.7	5211.6	85356.7	1973.6	1076.8	176.3	4788.6	1211.7	40030.3	3449.3
5300.5	6731.4	1291.6	1613.6	3454.9	44868.7	1245.2	2107.5	359.1	4076.5	159.8	48645.5	2873.0
5167.5	6545.5	444.6	1515.6	4103.1	49276.7	876.6	1623.1	653.4	5112.7	502.0	15128.6	809.3
1391.5	3345.9	710.3	1781.5	3605.2	31117.2	622.0	1235.2	62.7	216.6	378.6	6278.5	1254.3
818.3	435.8	3.7	309.0	979.2	2730.8	94.7	50.5	30.6	145.8	173.2	42.5	9.3
31.8	59.5		137.9	279.6	1192.6	105.6	217.2	20.0	0.2	2.0	554.4	
954.3	799.0	18.5	248.4	632.7	8451.7	227.9	1066.1	252.1	254.6	387.6	1299.9	1.6
166.3	139.4	1.0	42.4	192.2	5026.1	109.5	77.6	51.6	56.5	15.8	407.0	5.5
5888.8	5333.5	46.5	1519.8	3406.7	21468.1	412.5	2259.4	89.8	821.6	1960.8	900.0	304.5
1894.6	446.3	30.4	167.4	246.3	3157.1	89.2	1669.1	0.4		36.3		
3247.4	4367.1	16.1	1142.3	2740.1	14278.5	306.1	320.8	7.6	495.3	1910.5	894.9	304.5
710.1	413.5		180.7	371.3	3768.6	17.2	266.6	81.8	299.6			
36.7	106.6		29.4	49.0	263.9		2.9		26.7	14.0	5.1	
3381.5	3504.8	30.3	375.6	1566.0	26740.7	1123.9	3085.7	1925.4	538.0	628.3	10054.2	228.9
1290.7	1825.7	29.3	179.3	798.3	11666.9	615.9	362.3	1583.8	245.8	341.2	3076.4	34.4
1700.0	880.6	1.0	169.5	631.7	10266.9	330.5	2437.6	289.4	212.8	263.3	6968.0	193.7
390.8	798.5		26.8	136.0	4806.9	177.5	285.8	52.2	79.4	23.8	9.8	0.8
2908.5	3071.5	29.4	555.6	1810.6	38362.2	771.4	4972.8	578.7	707.8	376.5	858.6	63.8
2594.8	2545.1	21.8	510.4	1562.7	28321.6	648.3	4064.3	346.6	627.4	270.0	758.3	63.8
143.5	315.7	0.4	35.4	177.8	6169.0	81.0	458.2	52.0	70.1	51.6	98.7	
170.2	210.7	7.2	9.8	70.1	3871.6	42.1	450.3	180.1	10.3	54.9	1.6	
4930.4	7167.2	164.2	2167.8	4789.0	64978.9	3317.9	9250.7	1515.4	4673.5	2088.2	14157.3	644.6
2521.3	3953.2	105.5	1294.2	2921.0	27070.1	1943.3	4495.7	547.1	2992.2	556.9	8465.1	312.4
985.4	687.1	0.5	214.6	252.5	6181.0	217.1	469.1	262.6	488.1	212.9	227.5	158.9
554.6	493.6	37.8	162.8	339.6	6254.3	453.6	451.1	23.8	318.4	230.7	1105.3	54.4
236.1	460.6	10.8	195.3	393.8	5997.8	235.3	778.5	167.5	327.3	859.8	3009.8	118.9
235.6	660.4		146.9	562.8	7329.3	181.5	1542.9	401.2	201.0	188.3	1330.6	
301.0	456.2	9.6	99.3	179.4	6193.1	93.2	597.8	40.9	167.9	11.0	19.0	
96.4	456.1		54.7	139.9	5953.3	193.9	915.6	72.3	178.6	28.6		
20133.0	24197.5	1683.0	5201.3	14500.9	236608.6	9606.7	30286.0	9719.5	10153.3	7872.1	68371.1	2108.2
10724.7	13923.3	1093.9	2498.8	7852.9	137551.8	6403.0	18617.6	7447.4	6922.3	2290.8	51035.1	1776.3
2648.8	4279.4	67.7	766.5	1830.6	46767.9	1123.6	2843.9	171.2	3187.0	146.7	8329.5	288.7
978.9	1206.0	22.8	386.9	805.1	10106.4	225.2	1308.2	127.2	399.5	357.3	36060.5	1105.3
637.2	640.9	1.6	79.8	248.9	15297.4	396.3	888.4	583.8	834.0	205.7	1268.3	6.4
281.9	421.5	56.8	107.0	208.0	8134.0	176.0	766.1	187.7	169.9		250.8	6.6
1122.5	731.9	14.2	277.5	526.6	9400.5	193.8	690.3	116.1	621.8	697.4	3685.5	21.5
822.3	438.0	0.4	183.7	297.0	7292.0	376.2	2400.1	397.5	145.4	273.8	24.4	193.1

3-5 续表 1

地区	固定资产原价	本年收入合计	财政拨款	事业收入	经营收入	本年支出合计	工资福利费	商品和服务支出	取暖费(降温费)
新源县	57628.2	69594.0	57965.3	9481.6	95.9	69081.2	30451.5	18646.5	1423.1
昭苏县	34961.1	56017.9	50677.9	3412.0	1294.4	55871.2	19892.5	14521.8	1266.4
特克斯县	32308.3	48561.5	38194.4	3733.8	2.0	43538.6	16535.7	12111.0	946.0
尼勒克县	24743.7	43766.3	37546.6	3513.5	21.6	40392.2	14797.3	11971.4	654.0
塔城地区	524056.1	435987.6	333599.8	63310.5	9331.5	397192.3	159915.3	102247.6	7682.4
塔城市	109115.2	84548.6	70328.4	9055.3	164.7	76555.7	28061.0	22531.1	1471.3
乌苏市	116511.6	63127.9	40237.0	20310.5	557.8	60576.9	25549.2	20210.6	1381.4
额敏县	101147.3	68659.2	51187.1	13611.7	1061.3	66010.5	28806.7	17203.5	1189.5
沙湾县	116552.7	89701.5	65729.5	10402.8	7107.7	85007.0	35369.4	23913.2	1763.6
托里县	24345.3	37254.0	24911.3	2112.4	91.2	28317.2	12749.8	2970.6	758.2
裕民县	19620.9	28003.0	27316.2	329.4	9.5	23588.4	9975.3	6436.2	297.3
和布克赛尔蒙古自治县	36763.1	64693.4	53890.3	7488.4	339.3	57136.6	19403.9	8982.4	821.1
阿勒泰地区	405786.8	441453.8	348953.3	48770.7	12177.8	376889.8	130083.3	106115.7	5577.9
阿勒泰市	152531.1	186500.3	140630.0	29691.2	11687.6	156477.2	57683.1	38417.7	2527.5
布尔津县	48164.6	53173.1	38870.1	3418.5	143.4	43154.1	12553.0	19572.8	390.5
富蕴县	45787.5	57718.4	51257.9	3419.4	163.5	49442.0	12360.6	15180.5	668.5
福海县	63539.2	49438.9	39358.5	5048.4	128.0	40454.7	15702.0	9357.9	574.2
哈巴河县	48840.0	37746.2	32446.0	3576.7	9.5	37027.7	12558.9	10715.9	505.6
青河县	20044.6	29440.8	21514.7	2245.7		27569.4	11090.9	8269.7	487.3
吉木乃县	26879.8	27436.1	24876.1	1370.8	45.8	22764.7	8134.8	4601.2	424.3
博尔塔拉蒙古自治州	213411.1	223909.8	184301.6	25701.2	3883.4	215756.4	77964.2	60076.7	4317.3
博乐市	144365.2	145717.3	116405.3	20456.1	1485.2	140918.6	50469.2	37306.1	3191.7
精河县	49768.8	43859.6	36532.2	3533.5	2388.9	43193.3	15793.8	11438.8	649.8
温泉县	19277.1	34332.9	31364.1	1711.6	9.3	31644.5	11701.2	11331.8	475.8
巴音郭楞蒙古自治州	572683.1	662338.3	492465.8	105660.4	19966.0	628546.2	205591.5	211578.2	10308.1
库尔勒市	314227.2	309319.6	214104.7	67035.9	17878.7	303182.3	96976.7	103055.9	5738.2
轮台县	52294.3	67760.5	56921.0	6031.8	315.7	54069.6	14504.4	25975.7	554.3
尉犁县	36423.6	47500.6	38130.1	5895.7	241.6	43661.7	12615.5	12670.8	557.8
若羌县	16421.6	18646.3	16625.4	925.6	231.8	19194.7	8377.0	4743.7	242.2
且末县	36907.5	65213.2	48808.9	1655.6	126.5	61172.3	17886.7	15920.7	1446.6
焉耆回族自治县	40757.0	51350.3	33314.1	14260.6	185.7	48147.9	17893.3	15167.1	759.4
和静县	37184.7	46573.2	39308.4	5436.5	575.6	42829.7	17674.1	17172.7	558.9
和硕县	16746.6	29710.9	24486.6	1694.4	402.3	28598.3	8662.6	9993.4	223.4
博湖县	21720.6	26263.7	20766.6	2724.3	8.1	27689.7	11001.2	6878.2	227.3
阿克苏地区	1115752.9	890123.1	646370.1	166948.8	24955.3	775066.9	263695.8	240135.5	15794.4
阿克苏市	438021.4	302158.6	169073.1	104604.1	13066.2	250892.5	91709.8	89799.3	5312.7
温宿县	43225.6	59370.7	47408.8	7199.4	619.7	52766.3	20437.7	15312.3	807.3
库车县	207676.6	165613.4	136015.2	21200.2	254.9	140866.0	39194.0	56412.6	2305.3

单位：万元

劳务费	差旅费	出国费	工会经费	福利费	对个人和家庭补助	抚恤金	生活补助费	救济费	助学金	退职(役)费	经营支出	经营税金
3117.1	4784.7	918.6	273.0	3108.7	14103.3	3127.2	5281.9	3744.4	773.8	578.8	97.0	153.1
304.4	413.3	0.8	33.9	75.8	10413.9	242.8	2213.4	89.7	591.3	10.5	1292.0	
431.4	539.8	1.1	221.6	575.3	10636.5	347.2	1694.0	1816.9	86.0		6.0	
380.2	467.8	9.9	168.9	176.9	5399.9	194.7	531.3	212.9	113.6	20.6	21.1	1.6
4844.7	4573.6	246.1	1426.2	3928.3	47185.5	1653.0	4307.5	1776.5	1620.2	4005.2	9381.4	59.7
1611.6	1624.0	74.5	281.9	963.1	12085.9	133.6	961.7	300.1	239.2	586.2	139.9	10.7
692.6	627.6	81.5	273.2	850.0	6275.5	158.3	607.6	29.7	326.5	1276.3	418.1	2.7
872.3	759.4	24.4	157.5	614.4	8500.0	153.8	276.8	26.6	364.0	135.8	1695.3	32.2
1008.0	672.0	21.2	469.3	945.3	8668.5	470.5	1492.0	236.9	227.0	464.7	6645.7	6.6
180.8	243.0		13.3	191.2	3747.1	359.6	407.9	1125.9	142.5	455.1	126.7	4.5
233.4	240.5	41.6	57.1	309.4	3284.6	151.5	432.2	39.0	156.8	539.5	9.5	1.0
246.0	407.1	2.9	173.9	54.9	4623.9	225.7	129.3	18.3	164.2	547.6	346.2	2.0
4563.6	5700.6	343.0	1276.3	2719.7	51871.3	1550.7	7360.9	495.6	1610.8	1576.1	7954.6	272.2
1364.5	2826.6	95.0	694.2	1179.8	22358.9	547.6	3722.6	227.9	559.2	544.7	7483.7	269.6
782.2	739.2		25.1	257.6	4550.1	64.5	444.2	41.5	241.8	30.8	100.6	0.1
600.1	591.7	3.2	68.5	254.5	6779.4	396.6	2162.5	11.6	139.8	404.6	161.1	0.3
620.4	351.5	3.9	267.4	343.1	5303.1	107.1	278.4	66.0	262.1	36.8	111.1	1.7
814.8	353.0		135.4	194.5	4604.1	69.4	239.9	17.0	202.3	386.9	9.5	0.5
196.2	349.2	216.7	34.9	435.9	3472.2	198.6	136.3	48.7	145.5	9.0		
185.4	489.4	24.2	50.8	54.3	4803.5	166.9	377.0	82.9	60.1	163.3	88.6	
1663.0	3251.2	223.8	846.6	1263.5	25711.4	728.4	2450.6	1350.5	993.5	527.3	4353.9	106.5
1088.8	2283.5	214.9	597.9	905.7	14140.0	439.8	1098.6	211.5	565.2	426.2	1599.2	105.9
265.3	577.6	8.9	155.2	205.3	6908.4	213.2	138.0	876.5	343.8	43.3	2746.1	0.3
308.9	390.1		93.5	152.5	4663.0	75.4	1214.0	262.5	84.5	57.8	8.6	0.3
6974.6	7172.4	234.9	4861.4	6782.3	64164.8	2111.7	6875.6	2814.0	3192.3	3267.0	15808.1	404.7
3942.3	3114.2	129.5	1380.4	3624.2	30762.8	984.2	1937.7	53.1	2153.2	417.1	13420.2	237.3
498.0	431.8	0.8	96.4	182.6	4745.2	133.0	433.5	1112.6	88.2	333.8	174.0	2.2
71.8	243.3		59.6	247.4	4209.1	84.4	801.3	104.1	205.8	101.9	181.9	5.3
161.4	297.0		28.8	52.9	3006.0	61.9	807.9	93.0	100.4	210.3	370.8	0.4
601.0	722.1	7.3	463.2	2038.2	6060.6	150.1	1739.2	18.4	59.5	306.3	129.7	0.4
951.2	1138.5	0.4	112.5	175.9	5461.5	287.6	619.1	205.0	84.6	390.8	465.0	104.2
433.7	603.1	96.9	2624.0	274.8	3190.9	106.5	266.7	228.6	364.6	1235.8	614.0	54.9
261.0	295.3		92.1	134.7	3480.5	74.8	138.5	582.6	77.2	111.9	444.4	
54.2	327.1		4.4	51.6	3248.2	229.2	131.7	416.6	58.8	159.1	8.1	
12825.2	10496.2	854.4	3267.9	7178.9	103059.6	3091.8	13698.3	2726.5	4729.1	3103.8	27466.1	625.3
1937.2	4046.6	727.6	2537.3	3855.3	27470.0	860.6	1223.8	120.0	1025.9	822.7	14568.2	438.6
467.7	520.2	1.4	65.7	79.2	7846.3	122.7	549.2	108.5	594.4	194.2	759.3	
3394.0	1476.8	81.9	128.3	2311.3	16949.6	688.5	4341.1	109.2	1060.5	841.2	462.1	

3-5 续表 2

地区	固定资产原价	本年收入合计	财政拨款	事业收入	经营收入	本年支出合计	工资福利费	商品和服务支出	取暖费(降温费)
沙雅县	114247.8	71405.8	54381.2	10547.5	1586.5	64195.2	23428.0	21603.2	852.2
新和县	72349.6	53472.1	44188.1	3166.8	4270.0	44867.1	15138.0	12513.0	866.7
拜城县	82286.6	77398.6	65613.6	8340.7	1824.5	69892.7	23891.0	15441.7	2641.7
乌什县	34765.1	62648.8	55754.2	4625.6	293.3	57575.1	17551.0	10589.1	1125.5
阿瓦提县	102068.6	72254.1	51294.7	6503.2	3040.2	68892.6	23605.5	11415.6	1369.4
柯坪县	21111.6	25801.0	22641.2	761.3		25119.4	8740.8	7048.7	513.6
克孜勒苏柯尔克孜自治州	215030.9	194652.7	171932.7	13973.4	1221.8	187712.2	87937.1	41884.2	2708.8
阿图什市	98664.5	105377.2	90552.1	10311.5	1218.5	99395.8	45588.9	23173.4	1475.3
阿克陶县	22995.9	40926.2	37129.3	1740.9		40239.7	20311.3	7869.7	545.0
阿合奇县	75290.5	21338.1	19640.4	1078.2	3.3	20743.6	10561.3	4011.5	557.7
乌恰县	18080.0	27011.2	24610.9	842.8		27333.1	11475.6	6829.6	130.8
喀什地区	1068203.4	821456.6	639624.6	121295.5	5740.3	767608.6	309701.7	210912.9	17384.3
喀什市	250942.0	238144.3	166559.0	58833.3	3649.6	212346.6	70550.6	67295.6	7406.2
疏附县	45921.3	38997.7	30804.3	4791.3	21.3	36770.9	21024.0	4926.5	765.6
疏勒县	129221.3	30346.3	27275.3	2155.1	6.0	29242.3	14088.5	6592.9	1001.0
英吉沙县	54117.0	47352.3	38326.2	180.0	14.0	42363.2	17969.6	9579.9	569.2
泽普县	47016.3	30253.7	23574.1	4416.0	180.0	35022.6	16576.6	14173.0	476.0
莎车县	177944.3	108822.9	81356.4	20014.2	118.7	107133.1	43386.3	34195.[illegible]	1729.3
叶城县	86457.3	76702.5	59409.0	13149.5	590.5	75993.5	34027.1	17402.6	1963.5
麦盖提县	66303.9	54927.5	50592.5	3664.6	70.9	45813.7	18382.3	17720.0	816.1
岳普湖县	32673.6	47028.9	40990.4	1788.9	364.6	46588.4	14301.4	9021.7	759.5
伽师县	85858.8	66992.9	49511.4	2932.6	574.6	57320.0	25960.2	8551.2	446.4
巴楚县	83157.9	66670.9	56593.6	8985.8	150.1	63879.6	25973.1	18389.8	1122.3
塔什库尔干塔吉克自治县	8589.7	15216.7	14632.4	384.2		15134.7	7462.0	3063.8	329.2
和田地区	420894.2	543854.9	461421.4	54179.6	5091.8	520221.2	181728.2	134411.7	10974.1
和田市	164684.4	164175.2	124865.8	26837.0	4824.4	162289.9	58644.0	53047.6	4666.3
和田县	26282.7	23913.3	17587.1	1100.8	6.3	17723.7	9276.2	3424.6	361.9
墨玉县	32882.7	87489.0	76512.8	8839.1	110.1	85927.9	28271.0	19077.1	1790.0
皮山县	44047.8	62090.5	56726.6	4359.4	0.6	53182.0	23270.6	11109.6	1318.0
洛浦县	45624.5	53717.4	46461.1	4690.2	4.9	52832.3	17406.0	15374.4	847.5
策勒县	46044.5	48964.9	44556.7	2336.1	89.8	45846.3	15544.1	9676.9	779.5
于田县	43364.9	75587.1	69105.4	4445.5	44.0	75625.8	19752.1	15847.5	913.0
民丰县	17962.7	27917.5	25605.9	1571.5	11.7	26793.3	9564.2	6854.0	297.9
自治区直辖县级市	526662.5	499322.3	263369.4	137180.6	9634.6	454750.5	135390.3	138646.1	6741.5
石河子市	325831.1	319374.4	134280.7	111316.7	4939.3	269257.9	81202.2	95713.8	3524.4
阿拉尔市	87566.7	45132.5	31090.6	12536.4	232.4	44941.4	16200.6	17599.9	1381.8
图木舒克市	66709.1	29118.4	20010.3	2965.0	4312.6	33308.0	18733.7	4790.0	608.6
五家渠市	46555.6	105697.0	77987.8	10362.5	150.3	107243.2	19253.8	20542.4	1226.7

单位：万元

劳务费	差旅费	出国费	工会经费	福利费	对个人和家庭补助	抚恤金	生活补助费	救济费	助学金	退职(役)费	经营支出	经营税金
716.9	1055.7	24.2	160.8	124.5	10085.0	163.3	1094.7	238.8	176.1	522.0	1644.4	
683.4	801.5	5.0	36.0	58.4	5895.0	178.9	243.9	147.0	217.2	8.5	5037.9	
1304.3	956.3	12.2	261.9	321.2	6098.7	174.6	973.6	207.3	484.7	281.9	1845.8	68.9
414.1	728.9		36.8	51.6	12303.7	544.9	2049.3	1048.1	550.6	192.4	228.2	1.1
667.6	644.0	2.1	22.9	203.4	11663.5	283.0	2666.8	193.5	497.3	172.3	2920.2	116.7
3240.0	266.2		18.2	174.0	4747.8	75.3	555.9	554.1	122.4	68.6		
2753.9	2620.1	20.8	573.0	1973.3	38407.9	740.1	2050.5	676.2	733.4	602.4	350.8	186.1
1341.9	1604.5	20.0	318.6	814.6	14356.9	334.5	1350.0	307.4	582.1	440.6	350.7	179.9
1184.2	414.2	0.8	66.6	1005.7	11443.8	309.9	480.6	265.4	22.9	161.8		6.2
145.4	262.7		7.2	10.7	5173.1	76.8	158.0	17.3	126.4		0.1	
82.4	338.7		180.6	142.3	7434.1	18.9	61.9	86.1	2.0			
9496.6	10059.2	1890.7	1799.6	4224.0	109411.9	5586.3	31571.9	8239.3	4575.7	2665.5	32836.7	287.2
1280.2	3082.8	45.2	357.6	1178.5	37533.8	1754.1	10590.0	227.2	1797.8	205.9	4570.8	211.4
293.0	410.4		18.5	233.2	3598.2	449.1	158.5	117.7	129.3	7.7	131.7	11.2
428.8	479.5	87.7	175.3	241.9	5279.9	232.9	2661.0	299.3	240.3	275.3	21361.1	12.6
93.3	260.8	4.8	3.9	154.5	4121.7	277.0	341.8	123.9	559.0	35.2	14.0	2.9
524.9	859.8	16.7	79.9	124.1	2491.0	100.0	392.8	125.0	79.7	222.4	1657.6	
2918.4	1419.4	1693.5	112.8	539.9	17583.1	1294.2	9283.7	75.1	426.7	558.2	119.7	20.3
606.9	785.4	18.5	348.3	299.2	4980.7	334.9	401.9	23.0	235.9	196.9	3556.4	16.5
1974.1	837.3	9.1	249.1	386.9	8987.8	262.9	5121.7	255.7	199.2	342.1	382.1	7.2
243.6	515.9	2.3	70.9	102.6	7995.6	183.1	1070.1	1760.3	699.4	1.1	344.4	
701.2	403.0	6.8	41.5	215.4	4572.1	120.5	430.1	2.6	44.6	539.2	420.7	5.1
410.2	680.3	2.0	300.1	680.1	9668.8	531.2	931.8	5222.8	163.3	281.5	278.2	
22.0	324.6	4.1	41.7	67.7	2599.2	46.4	188.5	6.7	0.5			
6658.1	7651.1	24.4	1953.7	5025.5	97880.4	2791.9	24083.8	13230.0	2515.1	3282.3	8137.8	155.5
3343.0	4014.6	13.7	818.7	2272.9	19507.5	1142.5	5620.8	604.8	635.5	621.6	4201.4	148.5
235.7	113.1	2.0	100.6	134.4	3571.0	54.5	147.9	7.0	303.7	0.3	6.3	
794.7	728.3	4.8	249.4	304.2	19315.4	753.3	3569.1	6538.7	319.9	1028.2	3805.6	2.5
555.4	658.0	3.6	50.3	286.8	14889.7	441.4	4314.7	859.7	49.2	10.7	0.6	
752.1	592.3		12.8	43.7	11470.8	19.6	3991.9	1211.5	474.2		3.0	
153.2	465.2		166.0	89.4	10020.9	142.6	2958.7	541.8	480.4	120.0	67.7	1.3
483.9	624.3		311.6	1221.9	13680.8	190.5	2761.1	3366.9	197.1	1044.6	41.0	3.2
340.1	455.3	0.3	244.3	672.2	5424.3	47.5	719.6	99.6	55.1	456.9	12.2	
9300.9	5218.1	328.2	1409.4	5318.0	92380.4	870.2	2378.4	1396.8	5391.6	1396.2	7192.2	129.2
8840.1	3510.2	168.2	922.3	1660.8	34229.3	536.7	1906.6	1200.2	3230.9	951.3	3192.7	117.4
265.2	433.0	152.5	107.7	327.5	5400.3	59.2	80.2	15.3	1298.6	198.1	545.8	
83.9	544.0		104.2	178.9	1470.0	76.0	111.3	0.1	342.3		3215.5	
111.7	730.9	7.5	275.2	3150.8	51280.8	198.3	280.3	181.2	519.8	246.8	238.2	11.8

3-6 按行业(门类、大类、中类、小类)

行业	固定资产原价	本年收入合计	捐赠收入	会费收入	提供服务收入	政府补助收入	本年费用合计
总计	**2052271.5**	**275703.4**	**26022.0**	**14425.1**	**103305.6**	**67105.4**	**209117.0**
信息传输、计算机服务和软件业	1884.4	1431.2			1424.2		1037.5
计算机服务业	1884.4	1431.2			1424.2		1037.5
金融业	57.7	22.3		16.7	5.6		10.5
银行业	17.7	17.3		16.7	0.6		5.7
商业银行	2.0	0.8		0.8			0.8
其他银行	15.7	16.5		15.9	0.6		4.9
其他金融活动	40.0	5.0			5.0		4.8
其他未列明的金融活动	40.0	5.0			5.0		4.8
租赁和商务服务业	4586.9	2081.9	1.0	0.2	1943.7	34.5	1923.5
商务服务业	4586.9	2081.9	1.0	0.2	1943.7	34.5	1923.5
企业管理服务	4131.1	72.2			67.7		63.2
企业管理机构	1275.0	3.0					2.4
投资与资产管理	2852.3	67.7			67.7		60.3
其他企业管理服务	3.8	1.5					0.5
法律服务	291.1	1530.6	1.0		1514.6	15.0	1422.7
律师及相关的法律服务	267.4	1263.7			1248.7	15.0	1181.3
其他法律服务	23.7	266.9	1.0		265.9		241.4
咨询与调查	145.2	415.5			316.0	1.5	379.5
会计、审计及税务服务	45.2	238.3			238.3		229.8
社会经济咨询	91.9	176.8			77.3	1.5	147.8
其他专业咨询	8.1	0.4			0.4		1.9
职业中介服务	1.6	1.2		0.2	1.0		0.9
市场管理	10.9	31.5			13.5	18.0	26.3
其他商务服务	7.0	30.9			30.9		30.9
会议及展览服务	7.0	30.9			30.9		30.9
科学研究、技术服务和地质勘查业	1912.3	1443.1	0.6	5.5	1266.4	101.8	1134.6
研究与试验发展	3.1	5.5	0.6	0.5	1.5	2.9	6.3
工程和技术研究与试验发展	1.0	1.5			1.5		2.4
医学研究与试验发展	2.1	4.0	0.6	0.5		2.9	3.9
专业技术服务业	171.6	289.8			211.4	78.4	202.1
工程技术与规划管理	61.8	209.8			209.8		125.2
工程管理服务	61.8	209.8			209.8		125.2
其他专业技术服务	109.8	80.0			1.6	78.4	76.9
科技交流和推广服务业	1737.6	1147.8		5.0	1053.5	20.5	926.2
技术推广服务	1617.6	1101.8		5.0	1007.5	20.5	880.2
其他科技服务	120.0	46.0			46.0		46.0
水利、环境和公共设施管理业	164.1	294.9		0.1	235.6	31.2	294.9
水利管理业	86.1	238.9		0.1	235.6	3.2	238.9
水资源管理	35.1	3.3		0.1		3.2	3.3
调水、引水管理	35.1	3.3		0.1		3.2	3.3
其他水利管理	51.0	235.6			235.6		235.6
环境管理业	78.0	56.0				28.0	56.0
自然保护	78.0	56.0				28.0	56.0
其他自然保护	78.0	56.0				28.0	56.0
居民服务和其他服务业	3243.6	4456.1	3.0		4416.1	36.5	4307.1
居民服务业	3243.4	4274.8	3.0		4234.8	36.5	4122.4

分组的社会团体及其他单位财务状况

单位：万元

业务活动成本	人员费用	日常费用	固定资产折旧	税费	管理费用	人员费用	日常费用	固定资产折旧	税费	净资产变动额
107690.1	**43344.6**	**36832.3**	**6085.6**	**1505.6**	**61468.0**	**263551.0**	**24704.3**	**3666.7**	**738.1**	**15062.5**
983.6	144.5	521.8	239.3	76.0	53.9	1424.2	29.1	14.6	3.0	27.0
983.6	144.5	521.8	239.3	76.0	53.9	1424.2	29.1	14.6	3.0	27.0
5.6	1.1		4.2	0.3	4.9	5.6	4.9			
0.8	0.6		0.2		4.9	0.6	4.9			
0.8	0.6		0.2							
					4.9	0.6	4.9			
4.8	0.5		4.0	0.3		5.0				
4.8	0.5		4.0	0.3		5.0				
1240.8	634.4	453.5	22.1	101.3	421.2	1943.7	97.1	18.2	7.9	5060.6
1240.8	634.4	453.5	22.1	101.3	421.2	1943.7	97.1	18.2	7.9	5060.6
5.7			0.1	4.1	57.5	67.7	5.7	9.8		5046.4
1.5					0.9					
3.7				3.7	56.6	67.7	5.7	9.8		5046.4
0.5			0.1	0.4						
1023.4	583.5	308.0	12.0	95.1	346.3	1514.6	88.8	8.1	7.0	14.0
993.4	568.9	306.4	8.4	85.7	149.5	1248.7	47.0	3.8	6.9	14.0
30.0	14.6	1.6	3.6	9.4	196.8	265.9	41.8	4.3	0.1	
160.0	23.0	127.9	5.0	1.2	11.1	316.0	2.6	0.2		
20.4	12.8		4.7		1.0	238.3	0.5	0.2		
137.7	8.3	127.9	0.3	1.2	10.1	77.3	2.1			
1.9	1.9					0.4				
0.7	0.1	0.5			0.1	1.0		0.1		0.2
20.1	17.8	2.1			6.2	13.5			0.9	
30.9	10.0	15.0	5.0	0.9		30.9				
30.9	10.0	15.0	5.0	0.9		30.9				
671.7	252.8	100.9	29.3	11.3	443.3	1266.4	175.8	50.2	13.1	2.0
3.7	2.9	0.8			2.6	1.5	1.3		0.1	
					2.4	1.5	1.3		0.1	
3.7	2.9	0.8			0.2					
47.1	13.0	1.0	21.8	11.3	155.0	211.4	11.8	10.3	11.3	1.9
21.6			10.3	11.3	103.6	209.8	11.8	10.3	11.3	1.9
21.6			10.3	11.3	103.6	209.8	11.8	10.3	11.3	1.9
25.5	13.0	1.0	11.5		51.4	1.6				
620.9	236.9	99.1	7.5		285.7	1053.5	162.7	39.9	1.7	0.1
576.3	198.9	92.5	7.5		284.3	1007.5	161.3	39.9	1.7	0.1
44.6	38.0	6.6			1.4	46.0	1.4			
146.9	39.5	55.0			0.3	235.6	0.2			
124.9	31.3	50.3			0.3	235.6	0.2			
1.8	1.3	0.3			0.3		0.2			
1.8	1.3	0.3			0.3		0.2			
123.1	30.0	50.0				235.6				
22.0	8.2	4.7								
22.0	8.2	4.7								
22.0	8.2	4.7								
3508.4	1398.9	136.3	1939.2	10.7	633.7	4416.1	377.8	6.4	102.1	9.4
3414.7	1348.9	117.2	1938.7	9.1	595.6	4234.8	376.1	2.8	100.8	6.2

3-6 续表 1

行业	固定资产原价	本年收入合计	捐赠收入	会费收入	提供服务收入	政府补助收入	本年费用合计
家庭服务	12.7	12.3			12.3		11.6
托儿所	2637.2	3688.4			3688.4		3573.0
理发及美容保健服务		5.0			5.0		5.0
婚姻服务	289.7	53.1			32.9	19.7	52.1
殡葬服务	240.5	170.9			170.9		166.5
其他居民服务	63.3	345.1	3.0		325.3	16.8	314.2
其他服务业	100.2	181.3			181.3		184.7
清洁服务	97.0	180.6			180.6		184.0
建筑物清洁服务	86.7	127.0			127.0		130.4
其他清洁服务	10.3	53.6			53.6		53.6
其他未列明的服务	3.2	0.7			0.7		0.7
教育	51638.5	38276.8	46.8	226.8	34388.0	2970.2	34452.8
教育	51638.5	38276.8	46.8	226.8	34388.0	2970.2	34452.8
学前教育	13439.5	8159.9	7.2	22.1	7599.1	144.3	7392.8
初等教育	8159.2	5740.6	4.0		5501.4	83.9	5622.6
中等教育	20455.2	7589.5	15.1	30.5	7492.8	42.0	6961.4
初中教育	6961.1	3373.9	4.1		3339.6	23.2	2872.0
高中教育	10769.2	2844.3			2843.4		2729.9
中等专业教育	2324.6	621.5			618.5	3.0	667.1
职业中学教育	231.2	409.3	11.0	30.5	359.6	7.0	359.1
其他中等教育	169.1	340.5			331.7	8.8	333.3
高等教育	1248.4	4448.3			4448.3		3558.7
普通高等教育	133.5	110.1			110.1		93.5
成人高等教育	1114.9	4338.2			4338.2		3465.2
其他教育	8336.2	12338.5	20.5	174.2	9346.4	2700.0	10917.3
职业技能培训	7091.4	10670.4	20.5	174.2	7788.2	2617.7	9354.8
特殊教育	87.4	114.1			63.6	46.0	104.7
其他未列明的教育	1157.4	1554.0			1494.6	36.3	1457.8
卫生、社会保障和社会福利业	11522.6	20352.3	50.9	658.9	17710.0	877.6	18665.9
卫生	9296.9	19607.1	19.1	638.1	17410.7	521.1	18060.6
医院	4832.4	11990.2	10.8		11440.1	229.9	11270.9
综合医院	2561.5	9141.5			8728.6	228.1	9182.8
中医医院	249.3	734.9			615.3		669.6
中西医结合医院	290.3	467.0			467.0		285.9
专科医院	1625.7	1489.8	10.8		1474.0		993.3
疗养院	105.6	157.0			155.2	1.8	139.3
卫生院及社区医疗活动	3043.2	6301.6	0.5	1.8	5363.5	282.5	5718.9
门诊部医疗活动	306.3	682.1	5.0	46.3	569.1	8.7	463.0
计划生育技术服务活动		5.2	2.8				2.8
其他卫生活动	1115.0	628.0		590.0	38.0		605.0
社会保障业	450.0	26.1			2.5	15.6	26.1
社会福利业	1775.7	719.1	31.8	20.8	296.8	340.9	579.2
提供住宿的社会福利	1594.9	491.2	4.3	7.3	296.8	182.6	434.6
干部休养所		1.2	0.4	0.6			0.7
收养收容服务	1594.9	490.0	3.9	6.7	296.8	182.6	433.9
不提供住宿的社会福利	180.8	227.9	27.5	13.5		158.3	144.6

单位：万元

业务活动成本	人员费用	日常费用	固定资产折旧	税费	管理费用	人员费用	日常费用	固定资产折旧	税费	净资产变动额
11.5	6.1	5.4			0.1	12.3	0.1			-0.3
3062.0	1116.8	4.2	1934.6	5.6	507.9	3688.4	353.7	0.9	100.0	
5.0	4.7	0.3				5.0				
34.0	17.1	15.8	0.6	0.5	12.4	32.9	7.1		0.8	0.1
133.6	85.6	48.0			24.5	170.9	3.7			
168.6	118.6	43.5	3.5	3.0	50.7	325.3	11.5	1.9		6.4
93.7	50.0	19.1	0.5	1.6	38.1	181.3	1.7	3.6	1.3	3.2
93.7	50.0	19.1	0.5	1.6	37.4	180.6	1.7	3.6	1.3	
77.4	47.0	6.1	0.2	1.6	4.3	127.0	0.9	1.1		
16.3	3.0	13.0	0.3		33.1	53.6	0.8	2.5	1.3	
					0.7	0.7				3.2
23299.3	10145.2	6254.1	659.2	217.9	9805.9	34388.0	3758.1	816.5	508.7	1376.7
23299.3	10145.2	6254.1	659.2	217.9	9805.9	34388.0	3758.1	816.5	508.7	1376.7
5038.6	2557.9	1560.3	268.0	29.6	1956.6	7599.1	489.9	109.7	9.7	292.1
3921.4	2060.3	1731.4	93.8	4.1	1421.9	5501.4	729.4	35.2	7.7	-3.2
3318.3	1747.5	1253.2	39.4	6.4	3136.3	7492.8	1178.8	371.2	326.5	717.2
1300.6	681.6	596.9	21.5	0.6	1317.1	3339.6	828.9	148.5	4.3	619.1
1142.7	766.8	240.3	11.2	0.4	1471.9	2843.4	264.9	201.9	311.6	90.5
343.5	113.4	128.2	0.7	0.5	188.0	618.5	0.4			-0.5
270.8	143.9	123.7	0.5	2.7	86.7	359.6	26.0	15.6	1.8	8.1
260.7	41.8	164.1	5.5	2.2	72.6	331.7	58.6	5.2	8.8	
3117.5	716.0	60.4	95.8	23.2	441.2	4448.3	411.6	18.0	0.2	5.9
24.2	15.3	8.9			69.3	110.1	39.9	18.0		
3093.3	700.7	51.5	95.8	23.2	371.9	4338.2	371.7		0.2	5.9
7903.5	3063.5	1648.8	162.2	154.6	2849.9	9346.4	948.4	282.4	164.6	364.7
6763.1	2542.8	1152.1	127.2	118.8	2445.8	7788.2	730.0	267.5	159.3	272.9
104.7	62.6	30.5	4.2			63.6				
1035.7	458.1	466.2	30.8	35.8	404.1	1494.6	218.4	14.9	5.3	91.8
11550.3	3544.0	5442.4	668.1	108.9	5359.4	17710.0	3482.1	283.7	8.9	1211.3
11237.6	3424.4	5262.2	661.6	108.1	5069.7	17410.7	3390.2	266.8	8.6	1145.4
6851.8	1295.8	4062.2	490.2	63.4	4033.1	11440.1	3066.7	223.1	7.7	946.6
5439.1	631.1	3583.8	336.5	46.4	3618.5	8728.6	2930.6	161.8	2.3	924.1
516.8	228.9	196.2	90.0	1.7	108.8	615.3	50.2	38.2		
208.2	152.3	17.2	27.7	0.8	6.9	467.0			2.4	-4.2
560.1	175.5	248.5	34.5	14.4	287.2	1474.0	84.3	23.1	3.0	24.6
127.6	108.0	16.5	1.5	0.1	11.7	155.2	1.6			2.1
3632.9	1757.2	1045.7	156.3	41.0	964.4	5363.5	293.8	42.1	0.8	87.1
345.9	151.9	143.3	14.1	2.2	69.4	569.1	29.7	1.6	0.1	111.7
					2.8					
407.0	219.5	11.0	1.0	1.5		38.0				
23.6	8.8	13.5	1.3		2.5	2.5	0.5			
289.1	110.8	166.7	5.2	0.8	287.2	296.8	91.4	16.9	0.3	65.9
265.9	101.8	153.5	5.1	0.3	166.2	296.8	56.9	16.4	0.3	38.2
0.7	0.7									
265.2	101.1	153.5	5.1	0.3	166.2	296.8	56.9	16.4	0.3	38.2
23.2	9.0	13.2	0.1	0.5	121.0		34.5	0.5		27.7

3-6 续表 2

行业	固定资产原价	本年收入合计	捐赠收入	会费收入	提供服务收入	政府补助收入	本年费用合计
文化、体育和娱乐业	9248.0	4325.7	0.1	59.1	374.8	115.2	3673.0
新闻出版业	8622.3	3840.1				72.1	3267.9
出版业	8622.3	3840.1				72.1	3267.9
图书出版	8578.0	3800.0				32.0	3227.8
期刊出版	44.3	40.1				40.1	40.1
广播、电视、电影和音像业	90.3	41.0		0.3	27.5	9.4	41.0
电影	90.3	41.0		0.3	27.5	9.4	41.0
电影制作与发行	90.3	41.0		0.3	27.5	9.4	41.0
文化艺术业	483.6	160.9			157.2		109.4
文艺创作与表演	8.1	64.2			64.1		23.1
图书馆与档案馆	16.0	6.5			6.5		3.0
图书馆	16.0	6.5			6.5		3.0
群众文化活动	445.0	39.3			36.5		39.3
文化艺术经纪代理	5.5	3.5			3.5		3.0
其他文化艺术	9.0	47.4			46.6		41.0
体育	34.4	266.1	0.1	53.5	182.8	28.7	238.6
体育组织	22.2	253.5		52.0	182.8	17.7	234.1
体育场馆	4.1	0.1	0.1				3.1
其他体育	8.1	12.5		1.5		11.0	1.4
娱乐业	17.4	17.6		5.3	7.3	5.0	16.1
休闲健身娱乐活动	14.4	16.6		5.3	6.3	5.0	15.1
其他娱乐活动	3.0	1.0			1.0		1.0
公共管理和社会组织	1967913.4	203019.1	25919.6	13457.8	41541.2	62938.4	143617.2
国家机构	4057.8	3468.7	20.0	666.4	1638.5	963.7	1498.1
国家行政机构	4057.8	3468.7	20.0	666.4	1638.5	963.7	1498.1
综合事务管理机构	3381.8	2875.9		281.4	1610.8	826.0	976.3
社会事务管理机构	147.1	206.8	18.0	64.7	1.5	105.4	204.6
经济事务管理机构	165.1	29.7		3.5	26.2		26.2
政府事务管理机构	363.2	354.2	2.0	314.7		32.3	289.3
行政监督检查机构	0.6	2.1		2.1			1.7
人民政协和民主党派	24.3	38.5		38.5			21.0
民主党派	24.3	38.5		38.5			21.0
群众团体、社会团体和宗教组织	1596835.4	54622.0	17128.4	9801.5	8130.3	9786.8	40283.4
群众团体	6373.6	9734.8	125.4	3344.8	395.0	4273.8	8872.5
工会	4468.2	5423.2	5.0	2929.6	78.7	1321.2	5052.5
妇联	200.9	518.1	4.4			473.4	494.1
共青团	196.1	777.1	13.7	8.0		567.2	793.8
其他群众团体	1508.4	3016.4	102.3	407.2	316.3	1912.0	2532.1
社会团体	19383.4	36773.9	12036.3	6405.5	7412.5	3421.7	24902.5
专业性团体	7543.1	14614.6	1471.5	2655.2	3234.7	1360.9	8128.1
行业性团体	10257.2	9792.8	673.0	3363.0	2844.1	1512.8	7294.9
其他社会团体	1583.1	12366.5	9891.8	387.3	1333.7	548.0	9479.5
宗教组织	1571078.4	8113.3	4966.7	51.2	322.8	2091.3	6508.4
基层群众自治组织	366995.9	144889.9	8771.2	2951.4	31772.4	52187.9	101814.7
社区自治组织	11367.1	22051.1	1881.8	2084.4	4989.2	10901.0	19306.1
村民自治组织	355628.8	122838.8	6889.4	867.0	26783.2	41286.9	82508.6

单位：万元

业务活动成本	人员费用	日常费用	固定资产折旧	税费	管理费用	人员费用	日常费用	固定资产折旧	税费	净资产变动额
1711.0	856.8	181.9	8.3	663.0	1939.6	374.8	1093.7	224.5	8.6	13.7
1557.0	758.0	138.0		661.0	1710.9		1068.8	223.0	8.1	11.1
1557.0	758.0	138.0		661.0	1710.9		1068.8	223.0	8.1	11.1
1540.0	758.0	121.0		661.0	1687.8		1058.7	223.0	8.1	0.2
17.0		17.0			23.1		10.1			10.9
19.1	10.6	5.3	2.1	1.1	21.9	27.5	15.1	1.0	0.4	
19.1	10.6	5.3	2.1	1.1	21.9	27.5	15.1	1.0	0.4	
19.1	10.6	5.3	2.1	1.1	21.9	27.5	15.1	1.0	0.4	
64.9	40.7	20.3	2.5	0.4	22.2	157.2	8.2	0.5	0.1	2.1
6.2	5.7	0.2		0.3	16.9	64.1	7.8	0.3	0.1	2.1
3.0	1.4	0.1	1.5			6.5				
3.0	1.4	0.1	1.5			6.5				
35.0	19.7	14.3			4.3	36.5	0.2			
2.0	1.7	0.3			1.0	3.5	0.2	0.2		
18.7	12.2	5.4	1.0	0.1		46.6				
60.9	43.0	14.0	3.4	0.5	177.6	182.8	1.1			0.1
56.7	41.6	14.0	0.6	0.5	177.3	182.8	0.9			
2.8			2.8		0.3		0.2			
1.4	1.4									0.1
9.1	4.5	4.3	0.3		7.0	7.3	0.5			0.4
8.6	4.0	4.3	0.3		6.5	6.3	0.3			0.4
0.5	0.5				0.5	1.0	0.2			
64572.5	26327.4	23686.4	2515.9	316.2	42805.8	41541.2	15685.5	2252.6	85.8	7361.8
724.8	452.0	92.3	87.3	3.5	586.5	1638.5	10.4	51.6		0.4
724.8	452.0	92.3	87.3	3.5	586.5	1638.5	10.4	51.6		0.4
397.0	219.8	29.8	57.7	0.3	397.1	1610.8	3.0	47.2		
113.7	87.5	23.1	3.1		90.5	1.5	7.4	4.4		
14.6	10.5	0.2	0.4	3.2	11.5	26.2				
197.8	134.2	37.5	26.1		87.4					
1.7		1.7								0.4
15.3			5.7		5.7					
15.3			5.7		5.7					
20434.3	6827.1	9204.1	681.6	152.8	9579.0	8130.3	4063.1	385.2	34.9	2558.7
4787.1	1843.7	1927.6	35.0	12.1	1851.9	395.0	769.8	10.9		483.7
2430.7	828.3	1043.6	15.0	2.3	731.3	78.7	336.9			427.5
280.1	135.7	123.8	3.1	4.8	148.9		29.0	0.2		
587.5	139.8	439.8	4.4	1.5	177.4		37.9			
1488.8	739.9	320.4	12.5	3.5	794.3	316.3	366.0	10.7		56.2
11571.2	3183.3	5358.6	588.2	136.6	5823.7	7412.5	2315.2	322.6	34.5	1982.9
5129.4	1646.7	2069.2	81.3	70.7	2369.2	3234.7	753.6	153.3	19.1	955.3
4354.3	1222.2	1599.2	487.9	53.5	2585.7	2844.1	1097.1	152.3	15.3	465.5
2087.5	314.4	1690.2	19.0	12.4	868.8	1333.7	464.5	17.0	0.1	562.1
4076.0	1800.1	1917.9	58.4	4.1	1903.4	322.8	978.1	51.7	0.4	92.1
43398.1	19048.3	14390.0	1741.3	159.9	32634.6	31772.4	11612.0	1815.8	50.9	4802.7
8688.4	5687.2	1762.0	98.4	2.3	4311.0	4989.2	1161.3	105.2		
34709.7	13361.1	12628.0	1642.9	157.6	28323.6	26783.2	10450.7	1710.6	50.9	4802.7

3-7 按地、州、市、县(市)分组的

地区	固定资产原价	本年收入合计	捐赠收入	会费收入	提供服务收入	政府补助收入	本年费用合计
总计	**2052271.5**	**275703.4**	**26022.0**	**14425.1**	**103305.6**	**67105.4**	**209117.0**
乌鲁木齐市	57949.6	66831.8	10020.8	3759.3	38221.2	5130.9	53484.8
天山区	20709.0	35070.6	7857.4	2545.0	15781.0	915.6	25833.1
沙依巴克区	982.1	7948.3	91.8	326.5	7125.2	316.8	7579.3
新市区	14387.2	9182.5	12.3	420.6	5057.4	2936.9	9156.7
水磨沟区	6437.4	10762.9	1558.5	416.2	8438.0	131.3	7839.5
头屯河区	9.5	65.6	7.4	35.3	10.0	3.0	66.9
达坂城区	1629.7	291.3	102.2	1.0	24.0	161.6	245.5
米东区	7694.7	1480.4	391.2	14.7	973.0	58.5	1244.0
乌鲁木齐县	6100.0	2030.2			812.6	607.2	1519.8
克拉玛依市	2205.9	9527.0	992.1	124.5	1688.7	6450.3	8178.2
独山子区	575.9	1779.8	36.0	14.4	268.8	1433.5	1683.0
克拉玛依区	1548.0	5843.6	956.1	109.4	1305.1	3228.7	4745.1
白碱滩区	32.0	1830.6		0.7	114.8	1715.1	1677.8
乌尔禾区	50.0	73.0				73.0	72.3
吐鲁番地区	1531879.2	5318.8	912.8	258.5	867.2	1762.9	4392.5
吐鲁番市	1516874.8	3150.6	562.7	156.2	373.4	1028.9	2298.3
鄯善县	10066.8	1501.0	229.0	14.3	409.0	457.6	1509.8
托克逊县	4937.6	667.2	121.1	88.0	84.8	276.4	584.4
哈密地区	17662.2	7785.8	1151.5	527.2	4097.8	1210.5	6244.7
哈密市	16413.4	6994.2	1014.2	499.0	3867.5	909.0	5609.6
巴里坤哈萨克自治县	777.5	492.4	131.3	7.1	202.8	63.6	427.5
伊吾县	471.3	299.2	6.0	21.1	27.5	237.9	207.6
昌吉回族自治州	99631.2	37640.8	1661.1	748.8	16882.0	4682.1	25708.0
昌吉市	30154.0	15324.9	661.3	253.1	11081.5	916.3	11339.7
阜康市	8397.8	3349.8	53.7	70.8	1889.7	538.7	1826.3
呼图壁县	16264.6	3693.2	363.0	391.1	921.3	462.2	2301.7
玛纳斯县	27741.7	6143.9	223.7	0.1	446.1	340.6	3735.0
奇台县	7873.9	4415.4	204.6	7.2	1255.6	904.7	3332.1
吉木萨尔县	7400.3	3790.0	123.6	1.7	982.9	1140.0	2487.9
木垒哈萨克自治县	1798.9	923.6	31.2	24.8	304.9	379.6	685.3
伊犁哈萨克自治州	74485.0	37024.2	2352.7	3674.5	11554.9	10487.4	31049.8
伊犁州直属县(市)	30210.0	15943.9	976.1	737.1	5593.5	5765.5	13581.4
伊宁市	3760.7	2927.1	53.9	311.0	1645.1	385.1	2611.3
奎屯市	4391.2	1724.7	1.0	144.7	1160.9	196.9	1640.3
伊宁县	5128.7	2269.7	163.8	161.0	965.0	963.7	1557.1
察布查尔锡伯自治县	2736.7	1335.6	7.6	20.5	338.4	562.4	1239.7
霍城县	4038.1	2573.4	249.6	12.9	235.7	923.4	1873.8
巩留县	1793.1	962.0	0.1	12.9	241.1	571.5	923.7

社会团体及其他单位财务状况

单位：万元

业务活动成本					管理费用					净资产变动额
	人员费用	日常费用	固定资产折旧	税费		人员费用	日常费用	固定资产折旧	税费	
107690.1	**43344.6**	**36832.3**	**6085.6**	**1505.6**	**61468.0**	**26355.1**	**24704.3**	**3666.7**	**738.1**	**15062.5**
27560.5	7562.1	10458.8	830.3	1018.7	16796.0	5320.6	8330.6	1075.9	455.6	8122.3
11934.6	3713.4	3548.3	282.8	911.7	6257.6	1897.3	3280.1	511.6	82.9	1782.0
4299.1	246.8	2773.1	269.3	11.3	3272.7	557.4	2458.9	67.4	2.2	388.5
5518.7	1789.1	1013.1	129.7	31.6	2895.3	1401.4	620.4	261.7	332.8	67.2
4579.2	1308.8	2569.0	112.9	55.3	2897.3	839.3	1311.8	186.2	24.3	575.4
40.7	3.1	10.8			6.7		6.7			
131.8	48.6	77.7		0.5	78.8	30.8	46.2	1.8		
763.9	341.6	352.1	26.3	3.9	442.0	143.9	233.2	30.2	0.3	210.1
292.5	110.7	114.7	9.3	4.4	945.6	450.5	373.3	17.0	13.1	5099.1
5940.3	3871.8	1887.6	109.8	17.3	1821.6	889.9	827.5	12.6	1.0	41.3
250.3	28.1	177.4	16.1	0.2	1420.7	566.8	764.5	0.3		-2.8
4302.5	2674.6	1498.6	87.9	17.1	361.4	295.2	52.6	11.1	1.0	25.0
1332.7	1124.1	202.8	5.8		22.0	15.2	6.6	0.2		19.1
54.8	45.0	8.8			17.5	12.7	3.8	1.0		
2398.2	1306.8	835.1	38.7	4.7	1354.5	762.8	464.4	17.8	2.2	9.9
1251.4	736.3	325.6	2.0	0.5	505.3	381.3	108.2	1.4		
1112.3	549.3	500.7	35.3	3.3	327.6	163.6	164.0			
34.5	21.2	8.8	1.4	0.9	521.6	217.9	192.2	16.4	2.2	9.9
3709.3	1593.9	1632.7	311.5	85.5	1381.1	617.5	540.4	53.7	9.4	567.1
3348.3	1459.0	1428.7	297.0	85.5	1243.2	539.3	508.7	51.7	9.1	557.2
244.5	43.0	179.9	14.0		107.9	66.3	23.3	2.0	0.3	7.6
116.5	91.9	24.1	0.5		30.0	11.9	8.4			2.3
16564.9	6121.4	6502.5	641.1	48.8	6775.4	2670.7	2990.7	626.9	106.7	1411.3
8263.0	4036.0	3669.4	247.7	16.8	2829.8	1084.8	1119.2	414.6	89.5	564.7
1136.7	165.1	471.1	7.5	1.3	630.8	237.9	366.6	9.0	1.6	379.8
1736.0	361.3	533.8	298.4	1.1	394.9	84.4	256.8	8.4		31.2
1873.4	454.4	1098.8	31.5		621.7	232.5	262.2	2.0	2.4	220.4
2109.2	619.7	500.5	23.0	16.0	1060.3	523.7	299.5	184.5	11.4	1.9
1046.4	294.9	131.7	12.1	7.2	966.0	387.8	550.6	3.5	0.8	213.3
400.2	190.0	97.2	20.9	6.4	271.9	119.6	135.8	4.9	1.0	
13577.9	6289.4	4507.1	512.9	45.4	7301.7	3324.8	2800.2	350.2	13.2	1130.1
7616.2	3300.3	2988.0	366.0	35.9	4047.3	1634.2	1686.7	271.4	9.6	1068.5
1755.7	1031.8	494.5	70.9	24.2	363.5	115.2	122.8	50.1	2.8	47.7
1038.5	439.9	304.0	59.6	4.6	339.4	85.1	205.4	7.1	2.1	376.0
1533.8	667.0	589.7	37.1	1.0	6.0	3.4	2.3	0.3		
362.4	67.6	232.5	12.3		745.8	322.2	329.5	21.7		4.4
789.5	233.1	373.7	26.1	4.9	550.9	220.6	178.6	5.6	1.1	638.8
413.8	126.5	203.8	73.9		458.6	93.9	241.3	97.6		1.2

3-7 续表 1

地 区	固定资产原 价	本年收入合 计	捐赠收入	会费收入	提供服务收 入	政府补助收 入	本年费用合 计
新源县	4044.9	2390.9	393.5	68.4	817.8	1110.2	2257.3
昭苏县	1268.7	415.1	10.1	2.8	47.1	296.8	328.2
特克斯县	2120.0	941.2	86.2	2.0	46.8	518.4	816.1
尼勒克县	927.9	404.2	10.3	0.9	95.6	237.1	333.9
塔城地区	34757.9	14930.8	1046.0	2302.4	5028.9	1395.2	12680.8
塔城市	609.7	203.2	1.6	20.5	4.4	46.4	182.3
乌苏市	3260.3	228.2	133.1		2.3	26.2	183.4
额敏县	5332.1	1756.6	51.8	123.9	460.7	625.7	1175.7
沙湾县	24406.1	12207.7	846.5	2069.0	4532.6	466.4	10665.7
托里县	128.0	112.0		88.8	13.0		102.1
裕民县	707.3	388.7	13.0		15.9	196.3	337.2
和布克赛尔蒙古自治县	314.4	34.4		0.2		34.2	34.4
阿勒泰地区	9517.1	6149.5	330.6	635.0	932.5	3326.7	4787.6
阿勒泰市	2101.9	1638.9	28.3	250.1	425.4	796.1	1450.1
布尔津县	1298.1	739.5	56.6	7.2	93.1	509.1	481.6
富蕴县	2489.5	1006.9	100.6	276.9	19.3	481.9	862.1
福海县	891.4	925.9	24.1	83.2	36.5	488.0	679.2
哈巴河县	1540.7	962.5	34.5	17.6	157.5	604.2	729.2
青河县	747.1	429.5	63.9		40.9	218.3	224.4
吉木乃县	448.4	446.3	22.6		159.8	229.1	361.0
博尔塔拉蒙古自治州	14333.9	5219.9	66.5	112.0	2438.9	1404.9	3591.9
博乐市	10658.3	2801.1	27.9	20.4	1226.3	809.6	2018.0
精河县	2388.6	1556.7	29.2	35.1	736.8	286.7	925.5
温泉县	1287.0	862.1	9.4	56.5	475.8	308.6	648.4
巴音郭楞蒙古自治州	37923.6	22259.6	5048.0	246.4	10102.5	3633.7	15397.8
库尔勒市	13683.8	10228.0	237.0	82.3	8503.9	1340.9	9877.9
轮台县	2348.6	1249.4	68.9	6.6	327.4	323.4	858.3
尉犁县	3920.1	1093.4	19.4	33.9	68.7	274.6	780.5
若羌县	2460.2	4671.4	4377.9	10.1	54.2	115.3	227.7
且末县	1534.7	645.7	45.3	7.7	241.3	145.9	193.0
焉耆回族自治县	7116.2	962.0	128.5	32.7	303.0	333.7	840.0
和静县	3878.1	2329.9	168.1	63.9	381.1	675.9	1732.8
和硕县	2204.9	591.4		0.3	118.2	221.2	404.1
博湖县	777.0	488.4	2.9	8.9	104.7	202.8	483.5
阿克苏地区	111532.0	35442.7	1130.9	3284.3	7270.8	13035.5	23160.7
阿克苏市	63153.4	11418.6	968.4	3014.4	78.0	3019.8	5315.0
温宿县	7705.9	3282.3	3.5	32.6	646.1	1180.9	2698.0
库车县	9704.3	5075.8	104.8	47.7	1063.4	3754.3	3206.2

单位：万元

业务活动成本	人员费用	日常费用	固定资产折旧	税费	管理费用	人员费用	日常费用	固定资产折旧	税费	净资产变动额
1132.7	418.8	622.2	57.5		1087.8	490.5	503.0	71.3	3.1	
187.5	97.4	42.5	2.0	0.8	81.2	29.8	8.6	1.5	0.5	
267.4	148.0	75.1	21.4	0.4	242.1	210.1	7.1			
134.9	70.2	50.0	5.2		172.0	63.4	88.1	16.2		0.4
3902.3	1921.8	714.1	112.9	6.0	975.2	278.0	341.0	57.1	3.3	2.0
36.5	2.8	9.9			130.8	20.6	110.2			
151.0	83.4	55.6	4.5	0.3	28.2	16.0	8.8	0.2		
536.9	162.1	154.8	77.8	3.1	435.4	151.5	79.0	46.5		2.0
2909.9	1586.0	386.3	18.5		257.2	44.0	66.5	10.4	2.8	
98.8	19.3	69.2	8.5	0.6	2.2	1.7			0.5	
164.7	68.2	33.8	3.6	2.0	91.5	15.6	75.2			
4.5		4.5			29.9	28.6	1.3			
2059.4	1067.3	805.0	34.0	3.5	2279.2	1412.6	772.5	21.7	0.3	59.6
486.0	298.9	171.9	5.3	0.6	848.1	626.2	221.5		0.3	21.1
348.8	183.8	121.5	2.3	2.9	96.3	42.4	53.8			
469.8	162.0	250.6			341.9	253.5	67.9			1.0
515.1	280.1	201.7	0.3		109.2	65.2	30.7	8.2		
88.7	29.0	48.0	1.1		495.2	258.6	208.6			
136.7	106.4	4.3	24.8		50.5	27.5	1.5	10.3		10.3
14.3	7.1	7.0	0.2		338.0	139.2	188.5	3.2		27.2
1433.1	330.2	697.2	31.3		883.4	320.4	328.1	16.0		208.9
613.9	124.2	127.7	4.7		271.1	78.2	50.4	9.2		200.2
330.1	139.7	149.3	24.7		455.9	162.9	202.6	5.8		
489.1	66.3	420.2	1.9		156.4	79.3	75.1	1.0		8.7
9483.7	4597.9	1941.4	2106.8	142.6	4249.3	1323.5	1690.7	278.0	117.7	666.2
7255.7	3821.8	1107.4	2029.4	120.3	1943.9	536.7	683.5	92.2	117.1	42.7
243.4	86.3	39.6	4.4	0.5	469.7	88.3	206.3	9.3	0.2	8.5
150.5	70.6	32.8	6.4	0.1	297.0	87.8	72.3	120.7	0.2	435.3
130.9	38.9	61.9	23.3		36.9	8.4	9.2			
111.9	30.7	61.5	5.5		19.5			4.2		
262.0	129.1	105.5	1.7	1.0	540.5	180.8	349.9	0.7		
930.7	222.3	365.8	31.1	20.7	623.5	277.6	276.9	48.8	0.2	177.1
271.4	169.3	85.1	5.0		78.5	47.5	28.1	2.1		2.6
127.2	28.9	81.8			239.8	96.4	64.5			
9355.2	4419.9	1459.0	1091.5	57.8	9419.0	5599.9	2305.8	758.6	12.5	1422.1
2556.0	1025.0	612.5	109.1	1.0	1359.3	704.2	241.5	18.0	12.5	
2004.9	1041.6	107.9	392.4		376.9	186.0	151.0	0.8		
356.0	297.7	32.0	15.1	0.3	2849.6	1960.6	533.3	343.6		30.9

3-7 续表 2

地区	固定资产原价	本年收入合计					本年费用合计
			捐赠收入	会费收入	提供服务收入	政府补助收入	
沙雅县	6481.2	3448.2	1.9	18.3	1570.3	943.1	2563.6
新和县	4497.8	1964.8	0.6	11.4	1166.3	502.3	1126.7
拜城县	9322.2	5307.9	5.5	82.8	2345.4	1858.9	3947.5
乌什县	3615.8	1320.2	15.1		183.8	437.5	1219.9
阿瓦提县	5313.3	3073.8	25.9	29.9	140.3	1034.2	2574.9
柯坪县	1738.1	551.1	5.2	47.2	77.2	304.5	508.9
克孜勒苏柯尔克孜自治州	5968.3	1539.3	63.1	16.3	236.3	1124.2	1357.6
阿图什市	2608.1	409.2	17.0		16.4	331.6	366.0
阿克陶县	2768.2	641.0	32.0	15.7	219.4	318.7	552.3
阿合奇县	195.8	113.2	14.1	0.6	0.5	98.0	103.1
乌恰县	396.2	375.9				375.9	336.2
喀什地区	55838.9	28128.7	846.1	1079.0	4393.3	12560.2	21181.6
喀什市	10833.7	6076.8	340.8	542.0	1387.0	1146.5	4121.4
疏附县	2852.3	1950.2			246.0	932.3	1595.8
疏勒县	5144.2	1301.9	183.0	148.0	128.4	725.4	1252.3
英吉沙县	3484.1	1024.9	11.6	11.4	99.7	670.0	880.2
泽普县	5197.7	2590.1	184.9	87.9	559.6	1146.2	1700.5
莎车县	11040.7	4365.2	48.1	24.2	201.3	1847.5	2742.2
叶城县	5856.6	3455.9	6.4	217.0	592.5	2598.4	2897.7
麦盖提县	4115.4	2992.2	65.7	27.5	138.1	1065.6	2013.5
岳普湖县							
伽师县	331.4	118.3				102.3	110.5
巴楚县	6981.1	4251.0	5.6	21.0	1040.7	2323.8	3866.1
塔什库尔干塔吉克自治县	1.7	2.2				2.2	1.4
和田地区	40768.6	18194.4	1713.8	237.6	5413.5	5487.1	14622.5
和田市	4057.8	1063.2	411.8	40.1	15.9	157.6	798.8
和田县	5078.5	2757.6	450.2	11.2	881.0	683.3	2179.3
墨玉县	12201.1	3986.7	351.3	38.6	753.3	1464.9	3242.4
皮山县	8796.4	2347.5	64.4		1512.3	655.4	1744.9
洛浦县	3627.8	2333.2	13.9	10.5	835.0	978.2	1858.9
策勒县	2881.8	2551.0	218.9	21.4	254.7	645.5	2329.4
于田县	3990.5	2996.3	176.5	17.2	1161.3	869.8	2337.7
民丰县	134.7	158.9	26.8	98.6		32.4	131.1
自治区直辖县级市	2093.1	790.4	62.6	356.7	138.5	135.7	746.9
石河子市	2082.7	788.8	62.6	355.1	138.5	135.7	746.2
阿拉尔市	10.0	1.5		1.5			0.6
图木舒克市							
五家渠市	0.4	0.1		0.1			0.1

单位：万元

业务活动成本	人员费用	日常费用	固定资产折旧	税费	管理费用	人员费用	日常费用	固定资产折旧	税费	净资产变动额
591.3	152.0	287.6	91.3	33.0	1759.7	861.5	684.4	140.0		1252.0
301.2	30.4	7.4	100.8		773.6	333.4	326.0			
1749.6	911.3	206.0	47.7	0.9	656.6	547.4	38.8	70.4		
714.9	407.6	94.3	57.6	0.5	465.4	185.7	55.1	159.1		
660.5	342.8	60.7	188.6		1147.7	791.7	274.9	26.7		139.2
420.8	211.5	50.6	88.9	22.1	30.2	29.4	0.8			
434.1	372.8	60.2	0.7	0.3	890.1	529.1	346.4	0.4	1.7	
41.3	33.1	7.5	0.3	0.3	320.5	210.5	103.9	0.4		
					531.0	293.2	229.3		1.7	
63.9	56.3	7.2	0.4		38.6	25.4	13.2			
328.9	283.4	45.5								
9548.0	4185.6	2959.9	307.9	60.0	5943.8	2909.1	2368.4	174.6	15.8	1364.7
1394.9	658.1	604.7	44.7	9.1	424.4	263.3	125.0	17.6	5.3	348.3
319.6	131.9	187.7			581.4	292.9	243.3			4.5
1022.4	469.6	305.9	138.3	18.0	121.6	57.3	59.6	4.5		
666.5	490.2	87.2	7.2	0.7	131.9	65.5	54.4	5.6	2.6	391.0
1150.7	321.7	320.1	74.7	18.9	364.0	90.2	197.7	60.7	7.2	86.7
137.5	54.8	73.6	2.6	1.1	2407.3	1329.3	953.8	35.7	0.4	534.2
2286.4	1242.5	646.6			1.1	0.6	0.5			
425.7	193.0	192.0		6.9	677.1	349.6	80.3			
79.9	57.4	19.1	1.9		28.0	22.4	5.6			
2063.1	566.0	522.2	38.5	5.3	1206.9	438.0	648.1	50.5	0.3	
1.3	0.4	0.8			0.1		0.1			
7466.4	2655.5	3779.6	93.7	18.5	4131.6	1952.5	1405.7	280.2	0.9	112.0
358.7	125.1	219.2	2.8	4.4	227.4	136.0	6.8	0.4		-2.2
935.9	305.7	577.7	22.4	5.1	1037.5	531.0	481.0	10.5	0.1	53.5
1836.7	859.3	667.6	32.1	7.4	683.0	311.1	304.2	0.9	0.3	34.2
1670.1	648.3	929.7	5.2		16.9	16.9				
1050.6	372.4	614.8	24.7	1.5	541.6	221.2	208.8	29.0	0.5	
1554.6	332.3	743.0	4.6	0.1	390.8	128.2	36.6	3.4		26.5
32.0	8.5	22.7			1214.8	589.3	368.3	235.2		
27.8	3.9	4.9	1.9		19.6	18.8		0.8		
218.5	37.3	111.2	9.4	6.0	520.5	134.3	305.4	21.8	1.4	6.6
217.8	37.3	110.6	9.4	6.0	520.5	134.3	305.4	21.8	1.4	6.6
0.6		0.6								
0.1										

第 4 篇

信息化篇

4-1　按登记注册类型分组的法人单位信息化状况

登记注册类型	年末在用计算机数（台）	年末拥有网站数（个）	全年电子商务采购金额（万元）	全年电子商务销售金额（万元）
总　　计	**851610**	**4520**	**1907940.2**	**111055.6**
内资企业	843808	4478	1907887.7	104357.2
国有企业	517305	2411	32582.5	62788
集体企业	5996	60	274.7	
股份合作企业	505	4	0.3	
联营企业	622	3		
国有联营企业	120	2		
集体联营企业	100			
国有与集体联营企业	203			
其他联营企业	199	1		
有限责任公司	66757	528	18893.2	17434.6
国有独资公司	11239	30	153.6	
其他有限责任公司	55518	498	18739.6	17434.6
股份有限公司	91214	97	1832801.5	361
私营企业	140502	1203	23128.9	21813.6
私营独资企业	68779	136	128	1281.1
私营合伙企业	4186	37	42.9	39
私营有限责任公司	65016	1011	22844	20471.2
私营股份有限公司	2521	19	114	22.3
其他企业	20907	172	206.6	1960
港、澳、台商投资企业	3298	11	21.6	5766.2
合资经营企业(港或澳、台资)	1338	6	11.3	5766.2
合作经营企业(港或澳、台资)	17			
港、澳、台商独资经营企业	830	2	10.3	
港、澳、台商投资股份有限公司	1113	3		
外商投资企业	4504	31	30.9	932.2
中外合资经营企业	1859	19	23.3	932.2
中外合作经营企业	113			
外资企业	2261	12	7.6	
外商投资股份有限公司	271			

4-2 按行业(门类、大类)分组的法人单位信息化状况

行　业	年末在用计算机数(台)	年末拥有网站数(个)	全年电子商务采购金额(万元)	全年电子商务销售金额(万元)
总　计	**851610**	**4520**	**1907940.2**	**111055.6**
农、林、牧、渔业	13			
农、林、牧、渔服务业	13			
采矿业	49096	63	691583.8	675
煤炭开采和洗选业	4826	33	504	675
石油和天然气开采业	41424	14	691068.4	
黑色金属矿采选业	1475	4	2.8	
有色金属矿采选业	912	6	8.6	
非金属矿采选业	457	6		
其他采矿业	2			
制造业	46025	400	139401	16356.3
农副食品加工业	3126	48	6.6	1.8
食品制造业	2259	36	236.1	318.1
饮料制造业	1707	23	59.7	62
烟草制品业	280	1		
纺织业	1723	29	26.3	112.9
纺织服装、鞋、帽制造业	191	3		
皮革、毛皮、羽毛(绒)及其制品业	53	1		
木材加工及木、竹、藤、棕、草制品业	230	4		
家具制造业	479	4	0.8	
造纸及纸制品业	767	4	0.3	
印刷业和记录媒介的复制	1232	3		
文教体育用品制造业	35			
石油加工、炼焦及核燃料加工业	8783	18	129540.3	474.1
化学原料及化学制品制造业	6879	36	6957.3	7922.6
医药制造业	641	18	9.2	
化学纤维制造业	371	5	1.5	
橡胶制品业	107	3	0.5	
塑料制品业	1267	30	2.4	
非金属矿物制品业	3735	55	570	6
黑色金属冶炼及压延加工业	3866	9	6.2	
有色金属冶炼及压延加工业	503	6	343.4	203.5
金属制品业	1342	15	268.8	
通用设备制造业	1002	16	285.5	306.3
专用设备制造业	1020	10	3.6	6949
交通运输设备制造业	660	2		
电气机械及器材制造业	2789	18	1082.5	
通信设备、计算机及其他电子设备制造业	754	2		
仪器仪表及文化、办公用机械制造业	136	1		
工艺品及其他制造业	59			
废弃资源和废旧材料回收加工业	29			
电力、燃气及水的生产和供应业	17726	57	6799.9	
电力、热力的生产和供应业	16281	53	6792.7	
燃气生产和供应业	442	1	3	
水的生产和供应业	1003	3	4.2	
建筑业	18484	104	16485.8	
房屋和土木工程建筑业	12782	62	1188.4	
建筑安装业	4017	22	15297.2	
建筑装饰业	966	14	0.2	
其他建筑业	719	6		
交通运输、仓储和邮政业	16122	91	585.3	1.8
铁路运输业	22			
道路运输业	7699	32	41.8	
城市公共交通业	641	17	11.1	0.6

4-2　续表

行　业	年末在用计算机数（台）	年末拥有网站数（个）	全年电子商务采购金额（万元）	全年电子商务销售金额（万元）
航空运输业	2079	3		
管道运输业	751	2	505.5	
装卸搬运和其他运输服务业	1557	33	26.3	
仓储业	763	2		
邮政业	2610	2	0.6	1.2
信息传输、计算机服务和软件业	92572	126	7697	2513.6
电信和其他信息传输服务业	29104	37	7621.3	2466.2
计算机服务业	61695	69	68.9	41.3
软件业	1773	20	6.8	6.1
批发和零售业	46865	624	26255.1	88532.6
批发业	31183	421	23854.6	87743.9
零售业	15682	203	2400.5	788.7
住宿和餐饮业	7084	61	57.5	0.1
住宿业	6016	48	54.6	0.1
餐饮业	1068	13	2.9	
金融业	43509	68	1002634.7	361
银行业	27731	45	1001166.3	
证券业	7134	1		
保险业	7902	18	1468.4	361
其他金融活动	742	4		
房地产业	10675	164	158	1.2
房地产业	10675	164	158	1.2
租赁和商务服务业	17894	241	336	0.2
租赁业	484	7		
商务服务业	17410	234	336	0.2
科学研究、技术服务和地质勘查业	28675	173	1366.2	0.7
研究与试验发展	4433	29	274.2	0.1
专业技术服务业	18023	86	1086.3	
科技交流和推广服务业	2507	38	5.7	0.6
地质勘查业	3712	20		
水利、环境和公共设施管理业	5812	37	2589.3	0.2
水利管理业	3133	11	2513.7	
环境管理业	1048	12	2.8	0.2
公共设施管理业	1631	14	72.8	
居民服务和其他服务业	2583	36	4.5	1.6
居民服务业	1226	17	0.3	
其他服务业	1357	19	4.2	1.6
教育	221357	516	1636.4	612.6
教育	221357	516	1636.4	612.6
卫生、社会保障和社会福利业	33278	206	3243.3	2.8
卫生	31013	187	3193.3	2.8
社会保障业	1523	9	37.6	
社会福利业	742	10	12.4	
文化、体育和娱乐业	10336	81	65.8	0.7
新闻出版业	3065	25	10.7	0.7
广播、电视、电影和音像业	3779	12	40.3	
文化艺术业	2392	35	14.6	
体育	440	4	0.2	
娱乐业	660	5		
公共管理和社会组织	183504	1472	7040.6	1995.2
中国共产党机关	8896	74	144.9	1.5
国家机构	160301	1175	6815.7	193.1
人民政协和民主党派	1284	28	27.5	
群众团体、社会团体和宗教组织	4458	78	23.5	0.5
基层群众自治组织	8565	117	29	1800.1

4-3 按地、州、市、县(市)分组的法人单位信息化状况

地　区	年末在用计算机数(台)	年末拥有网站数(个)	全年电子商务采购金额(万元)	全年电子商务销售金额(万元)
总　计	**851610**	**4520**	**1907940.2**	**111055.6**
乌鲁木齐市	284296	1416	74460	14966.9
天山区	101154	311	2209.1	241.4
沙依巴克区	40124	320	9841.1	6559.5
新市区	80593	550	45569.8	8050.6
水磨沟区	28570	146	866	2.5
头屯河区	9514	20	152.1	112.9
达坂城区	1364	10	6.9	
米东区	21501	40	15815	
乌鲁木齐县	1476	19		
克拉玛依市	61405	113	439585.9	13618.6
独山子区	10418	33	109124.8	1148
克拉玛依区	47372	62	330396.9	6644
白碱滩区	3161	14	63.5	60.4
乌尔禾区	454	4	0.7	5766.2
吐鲁番地区	22953	98	52004.5	
吐鲁番市	10392	71	391.4	
鄯善县	10154	15	51524.6	
托克逊县	2407	12	88.5	
哈密地区	25940	212	1342.7	1169.8
哈密市	22240	160	1323.8	1169.8
巴里坤哈萨克自治县	2549	37	17	
伊吾县	1151	15	1.9	
昌吉回族自治州	61697	336	811.9	676.5
昌吉市	28451	151	495.2	675.5
阜康市	8018	17	5.5	
呼图壁县	5982	34	138.1	0.2
玛纳斯县	6803	79	81.9	
奇台县	5966	38	28.1	
吉木萨尔县	3937	8	46.1	0.8
木垒哈萨克自治县	2540	9	17	
伊犁哈萨克自治州	127755	864	15328	11407.9
伊犁州直属县(市)	68903	474	7768.8	1437.9
伊宁市	27874	125	5988.2	297.8
奎屯市	11760	61	323.1	313.1
伊宁县	4450	35	380.2	203.5
察布查尔锡伯自治县	3142	50	35.3	13.4
霍城县	6449	51	25.1	
巩留县	2598	16	900	
新源县	4863	52	4.6	
昭苏县	2831	28	26.3	40.1
特克斯县	2142	29	62	
尼勒克县	2794	27	24	570
塔城地区	29440	313	7471.6	9970
塔城市	6378	31	6683.3	
乌苏市	5733	55	631.4	206.3
额敏县	4447	42	6.6	
沙湾县	8166	138	17.9	9752.5
托里县	753	16	104.4	
裕民县	1462	6		
和布克赛尔蒙古自治县	2501	25	28	11.2
阿勒泰地区	29412	77	87.6	
阿勒泰市	14238	30		
布尔津县	2485	5	0.5	
富蕴县	3325	2	7	
福海县	3175	7		
哈巴河县	2868	3		
青河县	1666			

4-3 续表

地 区	年末在用计算机数(台)	年末拥有网站数(个)	全年电子商务采购金额(万元)	全年电子商务销售金额(万元)
吉木乃县	1655	30	80.1	
博尔塔拉蒙古自治州	23310	108	366.9	208.3
博乐市	17631	99	340.9	207.9
精河县	3658	5	1.5	
温泉县	2021	4	24.5	0.4
巴音郭楞蒙古自治州	60236	379	1316206.5	4436.3
库尔勒市	39397	159	1316021.1	4335.7
轮台县	3647	37	102.4	100.1
尉犁县	2914	25	16.1	
若羌县	2201	54		
且末县	1850	12	6	
焉耆回族自治县	2832	26		
和静县	3539	29	11.7	
和硕县	2092	15	9.8	0.5
博湖县	1764	22	39.4	
阿克苏地区	57432	263	3005.9	44146.2
阿克苏市	25895	142	2771.5	40078.2
温宿县	4039			
库车县	9409	8	138.3	
沙雅县	3946	30		
新和县	3492	3	2.1	2268
拜城县	3081	25	51.9	
乌什县	2122	5	0.6	1800
阿瓦提县	4417	8	41.5	
柯坪县	1031	42		
克孜勒苏柯尔克孜自治州	11635	97	597.7	
阿图什市	7169	68	544	
阿克陶县	2237	26	26.9	
阿合奇县	947	3	1.6	
乌恰县	1282		25.2	
喀什地区	47505	275	1240.9	199.6
喀什市	16703	118	505.4	159.9
疏附县	2036	25	93.2	0.6
疏勒县	2270	6	13.9	
英吉沙县	2101	12	355.3	
泽普县	2153	36	134.7	3.1
莎车县	6282	11	44.9	21.7
叶城县	3504	12	12	
麦盖提县	4503	16	16.4	14.3
岳普湖县	1151	2	35	
伽师县	2072	25	5.3	
巴楚县	4213	12	24.8	
塔什库尔干塔吉克自治县	517			
和田地区	22102	236	2900.4	2520.5
和田市	8745	103	2797	2520.5
和田县	1459	7	0.1	
墨玉县	2450	73	3.7	
皮山县	2471	3	1	
洛浦县	1994	10	65.7	
策勒县	1885	6	30	
于田县	2466	2	1	
民丰县	632	32	1.9	
自治区直辖县级市	45344	123	88.9	17705
石河子市	35689	92	60.1	17705
阿拉尔市	4207	8	1.9	
图木舒克市	1838	5		
五家渠市	3610	18	26.9	

4-4 按登记注册类型分组的非企业法人单位信息化状况

登记注册类型	年末在用计算机数（台）	年末拥有网站数（个）	全年电子商务采购金额（万元）	全年电子商务销售金额（万元）
总　计	**479534**	**2429**	**16125.3**	**2612.3**
内资企业	479526	2429	16125.3	2612.3
国有企业	456336	2231	15858.3	83.2
集体企业	857	6	44.2	
股份合作企业	6	1		
联营企业	185	2		
国有联营企业	27	2		
集体联营企业	20			
国有与集体联营企业	110			
其他联营企业	28			
有限责任公司	218			
其他有限责任公司	218			
股份有限公司	23		0.2	
私营企业	4662	22	17	570.1
私营独资企业	3461	15	0.7	570.1
私营合伙企业	562	4	16.3	
私营有限责任公司	577	3		
私营股份有限公司	62			
其他企业	17239	167	205.6	1959
外商投资企业	8			
外资企业	8			

4-5　按行业(门类、大类)分组的非企业法人单位信息化状况

行　业	年末在用计算机数(台)	年末拥有网站数(个)	全年电子商务采购金额(万元)	全年电子商务销售金额(万元)
总　计	**479534**	**2429**	**16125.3**	**2612.3**
农、林、牧、渔业	13			
农、林、牧、渔服务业	13			
电力、燃气及水的生产和供应业	54	1		
电力、热力的生产和供应业	18	1		
水的生产和供应业	36			
建筑业	39			
房屋和土木工程建筑业	39			
交通运输、仓储和邮政业	3162	11	4.1	
道路运输业	2182	11	4.1	
城市公共交通业	17			
航空运输业	894			
装卸搬运和其他运输服务业	1			
仓储业	66			
邮政业	2			
信息传输、计算机服务和软件业	3283	7		
电信和其他信息传输服务业	945	2		
计算机服务业	2277	5		
软件业	61			
批发和零售业	2			
零售业	2			
住宿和餐饮业	288	2		
住宿业	166	2		
餐饮业	122			
金融业	2366	4	141.3	
银行业	2350	4	141.3	
其他金融活动	16			
房地产业	213	1	44.8	
房地产业	213	1	44.8	
租赁和商务服务业	2179	22	18.8	0.1
租赁业	14			
商务服务业	2165	22	18.8	0.1
科学研究、技术服务和地质勘查业	18413	110	1351	0.7
研究与试验发展	4198	22	274.2	0.1
专业技术服务业	9794	53	1071.1	
科技交流和推广服务业	2015	28	5.7	0.6
地质勘查业	2406	7		
水利、环境和公共设施管理业	5036	28	2585.7	0.2
水利管理业	2880	11	2513.7	
环境管理业	914	12	2.8	0.2
公共设施管理业	1242	5	69.2	
居民服务和其他服务业	604	6		
居民服务业	465	4		
其他服务业	139	2		
教育	219403	506	1636.4	612.6
教育	219403	506	1636.4	612.6
卫生、社会保障和社会福利业	31777	187	3236.8	2.8
卫生	29521	168	3186.8	2.8
社会保障业	1519	9	37.6	
社会福利业	737	10	12.4	
文化、体育和娱乐业	9198	72	65.8	0.7
新闻出版业	2766	24	10.7	0.7
广播、电视、电影和音像业	3619	12	40.3	
文化艺术业	2338	32	14.6	
体育	432	3	0.2	
娱乐业	43	1		
公共管理和社会组织	183504	1472	7040.6	1995.2
中国共产党机关	8896	74	144.9	1.5
国家机构	160301	1175	6815.7	193.1
人民政协和民主党派	1284	28	27.5	
群众团体、社会团体和宗教组织	4458	78	23.5	0.5
基层群众自治组织	8565	117	29	1800.1

4-6 按地、州、市、县(市)分组的非企业法人单位信息化状况

地 区	年末在用计算机数(台)	年末拥有网站数(个)	全年电子商务采购金额(万元)	全年电子商务销售金额(万元)
总 计	**479534**	**2429**	**16125.3**	**2612.3**
乌鲁木齐市	122964	337	6358.5	0.9
天山区	47444	102	542	0.8
沙依巴克区	20844	59	3127.1	0.1
新市区	30119	88	1685.9	
水磨沟区	10967	47	831.1	
头屯河区	4007	10	150.3	
达坂城区	622	5	6.9	
米东区	7752	9	15.2	
乌鲁木齐县	1209	17		
克拉玛依市	16009	52	38.2	
独山子区	2565	16		
克拉玛依区	10733	28		
白碱滩区	2349	4	37.5	
乌尔禾区	362	4	0.7	
吐鲁番地区	13558	85	463.9	
吐鲁番市	7570	65	330.8	
鄯善县	4027	9	44.6	
托克逊县	1961	11	88.5	
哈密地区	15105	149	92.5	
哈密市	11865	112	73.9	
巴里坤哈萨克自治县	2186	23	16.7	
伊吾县	1054	14	1.9	
昌吉回族自治州	38716	213	196.9	1
昌吉市	16083	72	55.7	
阜康市	4444	13	5.5	
呼图壁县	3917	27	71.7	0.2
玛纳斯县	4983	55	21.4	
奇台县	4097	32	6.5	
吉木萨尔县	2882	7	19.7	0.8
木垒哈萨克自治县	2310	7	16.4	
伊犁哈萨克自治州	92705	583	619	644.7
伊犁州直属县(市)	48357	314	452.8	631
伊宁市	17057	78	194.8	
奎屯市	6985	31	40.3	7.5
伊宁县	3311	27	36.5	
察布查尔锡伯自治县	2878	39	33.4	13.4
霍城县	5213	35	24.9	
巩留县	2423	16	15	
新源县	3593	15		
昭苏县	2679	25	25.1	40.1
特克斯县	1775	28	60	
尼勒克县	2443	20	22.8	570
塔城地区	23338	201	144.6	13.7
塔城市	4761	24	59	
乌苏市	5134	45	36.5	
额敏县	3665	41	3.2	
沙湾县	6126	56	17.9	2.5
托里县	139	6		
裕民县	1379	5		
和布克赛尔蒙古自治县	2134	24	28	11.2
阿勒泰地区	21010	68	21.6	
阿勒泰市	9239	26		
布尔津县	1865	5	0.5	
富蕴县	2355			
福海县	2662	7		
哈巴河县	1967	1		
青河县	1435			

4-6　续表

地　　区	年末在用计算机数（台）	年末拥有网站数（个）	全年电子商务采购金额（万元）	全年电子商务销售金额（万元）
吉木乃县	1487	29	21.1	
博尔塔拉蒙古自治州	13922	62	71.9	3.1
博乐市	9580	56	45.9	2.7
精河县	2634	2	1.5	
温泉县	1708	4	24.5	0.4
巴音郭楞蒙古自治州	34182	223	3691.9	0.3
库尔勒市	17414	41	3652.1	0.2
轮台县	2400	27	7.2	0.1
尉犁县	2579	21	16.1	
若羌县	1448	49		
且末县	1736	10	6	
焉耆回族自治县	2400	23		
和静县	2773	20	10.5	
和硕县	1895	12		
博湖县	1537	20		
阿克苏地区	36298	187	2836.7	1803
阿克苏市	14054	88	2741.7	3
温宿县	2973			
库车县	5752			
沙雅县	2735	25		
新和县	2626	2	2.1	
拜城县	2216	23	51.4	
乌什县	1738	5	0.6	1800
阿瓦提县	3209	7	40.9	
柯坪县	995	37		
克孜勒苏柯尔克孜自治州	10544	79	387.3	
阿图什市	6316	57	339.8	
阿克陶县	2087	21	23.3	
阿合奇县	911	1	1.6	
乌恰县	1230		22.6	
喀什地区	38117	180	990.5	159.3
喀什市	11660	62	427.8	158.7
疏附县	1897	24	93.2	0.6
疏勒县	1916	6	13.9	
英吉沙县	2012	12	355.3	
泽普县	1902	34	39.8	
莎车县	4736	6	34.2	
叶城县	3250	6		
麦盖提县	3803	11	2.1	
岳普湖县	941	1		
伽师县	1789	9		
巴楚县	3698	9	24.2	
塔什库尔干塔吉克自治县	513			
和田地区	18883	204	337	
和田市	6581	88	280.4	
和田县	1245	4	0.1	
墨玉县	2298	66	1.5	
皮山县	2412	3	1	
洛浦县	1775	5	48.6	
策勒县	1600	6	3.9	
于田县	2376	1		
民丰县	596	31	1.5	
自治区直辖县级市	28531	75	41	
石河子市	20587	58	14.1	
阿拉尔市	3491	2		
图木舒克市	1562	3		
五家渠市	2891	12	26.9	

第5篇

部门篇

5-1　铁路运输部门资产负债情况

单位：千元

指标名称	年末数
一、资产总计	**31290577**
(一)流动资产合计	3972014
(二)长期投资合计	3501670
(三)固定资产合计	23224762
固定资产原价	33460141
累计折旧	10687662
固定资产净值	22772479
(四)无形及其他资产合计	592131
二、负债和所有者权益总计	**31290577**
(一)流动负债合计	9787737
(二)长期负债合计	11708109
(三)所有者权益合计	9794731
实收资本	15286646
1.国家资本	15286646
2.集体资本	
3.法人资本	
4.个人资本	
5.港澳台资本	
6.外商资本	

5-2　铁路运输部门损益情况

单位：千元

指标名称	本年合计数
(一)营业总收入	9371271
(二)营业总成本	11341676
1. 营业成本	9640205
2. 营业税金及附加	301068
3. 管理费用	1058825
4. 财务费用	341578
利息收入	-39414
利息支出	441777
(三)公允价值变动损益	
(四)投资收益	137447
(五)营业利润	-1832958
营业外收入	62830
营业外支出	329569
(六)利润总额	-2099697
(七)总成本	11671245
1. 工资	2624658
2. 折旧	1134311
3. 职工福利费	1005567
4. 税金	6354
5. 劳动保险费	398093
6. 住房公积金和住房补贴	172935
7. 工会经费	46805
8. 劳动保护费	33125
9. 差旅费	40427

5-3 银行业及其他金融业资产负债和损益表

单位：千元

项　　目	本外币累计数	本币累计数	外币累计数
一、资产负债			
(一) 固定资产原价	11275638	11275638	
(二) 累计折旧	2817588	2817588	
(三)实收资本	6563135	6563135	
1.国家资本	1593988	1593988	
2.集体资本	23650	23650	
3.法人资本	3055918	3055918	
4.个人资本	1789579	1789579	
5.港澳台资本	100000	100000	
6.外商资本			
二、损　　益			
(一)营业收入	48468300	47965471	502830
1.利息收入	45646288	45223600	422689
2.手续费及佣金收入	2174823	2091304	83519
3.租赁收益	80207	80207	
4.投资收益	330387	330354	33
5.公允价值变动收益	-13040	14009	-27048
6.汇兑净收益	26870	6162	20708
7.其他业务收入	222764	219835	2929
(二)营业支出	42319915	41885453	434462
1.利息支出	30347150	29981090	366060
2.手续费及佣金支出	544198	508413	35785
3.业务及管理费	8180522	8175068	5455
其中:(1)职工工资	3262980	3262059	921
(2)福利费	796098	796096	3
(3)业务宣传费	142564	142564	
(4)业务招待费	120049	120048	1
(5)住房公积金和住房补贴	296877	296830	46
(6)工会经费	60431	60431	
(7)税金	61524	61524	
(8)差旅费	188730	188690	40
(9)会议费	77151	77151	
(10)电子设备运转费	252845	252839	7
(11)印刷费	84317	84310	7
(12)公杂费	225039	223923	1115
(13)租赁费	141439	141439	
(14)递延资产摊销			
4.营业税金及附加	1175942	1169788	6154
5.资产减值损失	1080508	1085413	-4906
6.其他业务支出	991595	965681	25914
(三)营业利润	6148384	6080018	68368
加：营业外收入	236500	236419	82
减：营业外支出	127459	127457	2
(四)利润总额	6257426	6188980	68447
减：所得税	837475	837475	
(五)净利润	5419951	5351505	68447
附:截止上年末的累计折旧	**3233196**	**3233196**	
本年折旧	-415608	-415608	

5-4　保险机构资产负债和利润表

单位：千元

项　　目	本期金额	去年同期金额
一、资产负债		
固定资产原价	1,071,668	955,939
本年折旧	70,156	57,518
实收资本		
1.国家资本		
2.集体资本		
3.法人资本		
4.个人资本		
5.港澳台资本		
6.外商资本		
二、利润		
(一)营业收入	14,611,644	9,895,679
已赚保费	14,553,528	9,835,676
保险业务收入	15,250,822	10,550,813
其中：分保费收入	568	
减：分出保费	508,167	477,630
提取未到期责任准备金	189,127	237,506
资产管理费收入		
管理费收入(养老)	38	
投资收益(损失以“—”号填列)	14,488	34,921
其中：对联营企业和合营企业的投资收益		
公允价值变动收益(损失以“—”号填列)		
汇兑收益(损失以“—”号填列)	-187	-154
其他业务收入	43,776	25,236
(二)营业支出	16,249,934	10,824,993
退保金	669,711	797,106
赔付支出	4,446,001	3,753,208
减：摊回赔付支出	292,126	256,556
提取未决赔款准备金	481,884	650,983
减：摊回未决赔款准备金	61,546	32,396
提取寿险责任准备金	7,385,257	3,482,532
减：摊回寿险责任准备金	12,823	-945
提取长期健康险责任准备金	353,542	209,608
减：摊回长期健康险责任准备金	70,859	88
保单红利支出	335,089	133,620
分保费用	170	73
营业税金及附加	188,164	155,752
手续费及佣金支出	1,144,944	799,303
营销费用(养老)		
业务及管理费	1,755,779	1,240,478
减：摊回分保费用	162,233	139,165
其他业务成本	20,178	5,744
资产减值损失	68,802	23,847
(三)营业利润(亏损以“—”号填列)	-1,638,290	-929,314
加：营业外收入	4,406	4,404
减：营业外支出	4,898	5,937
(四)利润总额(亏损总额以“—”号填列)	-1,638,783	-930,848
减：所得税费用	-861	698
(五)净利润(净亏损以“—”填列)	-1,637,922	-931,545

5-5 保险专业中介机构财务状况表

单位：千元

指　标	本年累计数
一、资产负债表	
资产合计	36342
负债合计	7597
固定资产原价	7608
本年折旧	774
实收资本	22793
1.国家资本	7000
2.集体资本	
3.法人资本	6743
4.个人资本	9050
5.港澳台资本	
6.外商资本	
二、损益表	
(一)主营业务收入	24791
其中：代理拥金收入	12458
经纪拥金收入	12306
咨询费收入	26
公估费收入	
减：主营业务成本	13496
主营业务税金及附加	1366
(二)主营业务利润(亏损以“-”号填列)	9929
加：其他业务利润(亏损以“-”号填列)	
减：营业费用	3936
管理费用	3220
财务费用	-223
(三)营业利润(亏损以“-”号填列)	2996
加：投资收益(亏损以“-”号填列)	
营业外收入	
减：营业外支出	394
(四)利润总额(亏损以“-”号填列)	2603
减：所得税	1166
(五)净利润(亏损以“-”号填列)	1436
三、费用支出情况	
支付给业务员的佣金	1138
职工工资及福利费	5001
税金	37
住房公积金和住房补贴	143
工会经费	46
差旅费	1020
劳动、失业保险费	884
职工教育经费	40
取暖降温费	72

附　录

主要指标解释

新疆维吾尔自治区第二次全国经济普查主要数据公报

综合卷主要指标解释

调查对象

一、法人单位

法人单位是指具备以下条件的单位：

(一)依法成立，有自己的名称、组织机构和场所，能够独立承担民事责任；

(二)独立拥有和使用（或授权使用）资产，承担负债，有权与其他单位签订合同；

(三)会计上独立核算，能够编制资产负债表。

法人单位包括企业法人、事业单位法人、机关法人、社会团体法人和其他法人。

二、产业活动单位

产业活动单位是指具备以下条件的单位：

（一）在一个场所从事一种或主要从事一种社会经济活动；

（二）相对独立组织生产经营或业务活动；

（三）能够掌握收入和支出等业务核算资料。

产业活动单位按以下具体办法认定：

（一）经过法定程序批准建立的、不能独立承担民事责任的单位，认定为产业活动单位。包括：由各级工商、编制、民政等登记主管机关核准登记、备案，或依据相关法律法规由各级行政主管部门批准建立的企业法人、机关法人、事业单位法人和社会团体法人的分支机构、派出机构或代表机构等。

（二）未经法定程序批准在法人内部建立的机构，符合本规定第九条的认定为产业活动单位。

法人单位、产业活动划分中的特殊情况处理：

（一）中国电信、中国移动、中国网通、中国联通、中国铁通、中国通信卫星等公司的省级分支机构视同法人单位，地（市）、县（市）级分支机构作为产业活动单位。

（二）中国人民银行、中国保险监督管理委员会、国家邮政局系统的省、地（市）级分支机构视同法人单位，县（市）级及以下分支机构作为产业活动单位。

（三）中国石油天然气集团公司、中国石油天然气股份公司、中国石油化工集团公司、中国石油化工股份公司下属的原为法人企业但重组后不具有法人资格的企业仍视为法人企业。

（四）不具有法人资格的发电厂、省级电力（供电）分公司视同法人单位，地（市）级、县（市）级供电局作为产业活动单位。

（五）不具有法人资格的城镇街道办事处视同法人单位。

三、单产业法人

指法人单位只位于一个场所并主要从事一种社会经济活动，称为单产业法人。单产业法人本身也是一个产业活动单位。

四、多产业法人

指法人单位从事多种经济活动，或者位于多个地点，称为多产业法人。多产业法人由两个或两个以上产业活动单位组成。

五、个体经营户

是指除农户外，生产资料归劳动者个人所有，以个体劳动为基础，劳动成果归劳动者个人占有和支配的一种经营单位。其中包括：

（一）按照《民法通则》和《城乡个体工商户管理暂行条例》规定登记注册的个体工商户和个人合伙企业。个体工商户是指公民在法律允许范围内，依法经核准登记，从事工业、商业、建筑业、运输业、餐饮业、服务业等活动的个体劳动者。个人合伙是依法经核准登记，指两个以上公民按照协议，各自提供资金、实物、技术等，合伙经营，共同劳动的一种经济组织。

（二）依据《民办非企业单位登记管理暂行条例》，经国务院民政部门和县级以上地方各级人民政府民政部门核准登记，领取《民办非企业单位（合伙）登记证书》或《民办非企业单位（个人）登记证书》的民办非企业单位。

（三）没有领取营业执照但从事个体经营活动的城镇、农村个体经营单位。但不包括农民家庭以辅助劳力或利用农闲时间进行的一些兼营性的工业、商业及其它活动。

各类分组

一、按单位类别分组

企业：包括(1)领取《企业法人营业执照》的各类企业；(2)外国公司常驻代表机构、办事机构；(3)个人独资企业、合伙企业；(4)由其他行政主管部门依据有关法律法规审批成立，且具备法人条件的企业；(5)未经有关部门批准、但实际从事生产经营活动的企业。

事业单位：指经机构编制部门批准成立和登记或备案，领取《事业单位法人证书》，取得法人资格的单位；还包括由其他行政主管部门依据有关法律法规审批成立，且具备法人条件的事业单位。

机关：包括国家权力机关、国家行政机关、国家司法机关、政党机关、政协组织、人民解放军、武警部队和其他机关。

社会团体：包括由中央机构编制管理部门直接管理其机关机构编制的群众团体，还包括经各级民政部门核准登记，领取《社会团体法人证书》的各类社会团体。

民办非企业单位：包括经各级民政部门核准登记，领取《民办非企业单位（法人）登记证书》的民办非企业单位。

其他组织机构：指除企业法人、事业单位法人、机关法人、社会团体法人和民办非企业法人以外的其他符合法人条件的单位。

二、按行业类别分组

依据《国民经济行业分类》（GB/T4754-2002）的分类标准划分。

三、按登记注册类型分组

依据《关于划分企业登记注册类型的规定》的分类标准划分，以在工商行政管理机关登记注册的各类企业为划分对象，其他经济组织参照执行。

工商行政管理部门对企业(单位)登记注册的类型分为以下各种：

国有企业：指企业全部资产归国家所有，并按《中华人民共和国企业法人登记管理条例》规定登记注册的非公司制的经济组织。不包括有限责任公司中的国有独资公司。

集体企业：指企业资产归集体所有，并按《中华人民共和国企业法人登记管理条例》规定登记注册的经济组织。

股份合作企业：指以合作制为基础，由企业职工共同出资入股，吸收一定比例的社会资产投资组建，实行自主经营，自负盈亏，共同劳动，民主管理，按劳分配与按股分红相结合的一种集体经济组织。

两个及两个以上相同或不同所有制性质的企业法人或事业单位法人，按自愿、平等、互利的原则，共同投资组成的经济组织称为联营企业。联营企业包括国有联营企业、集体联营企业、国有与集体联营企业和其他联营企业。

国有联营企业：指所有联营单位均为国有。

集体联营企业：指所有联营单位均为集体。

国有与集体联营企业：指联营单位既有国有也有集体。

其他联营企业：指上述三种联营企业之外的其他联营形式的企业。

根据《中华人民共和国公司登记管理条例》规定登记注册，由两个以上，五十个以下的股东共同出资，每个股东以其所认缴的出资额对公司承担有限责任，公司以其全部资产对其债务承担责任的经济组织称为有限责任公司。有限责任公司分为国有独资公司以及其他有限责任公司。

国有独资公司：指国家授权的投资机构或者国家授权的部门单独投资设立的有限责任公司。

其他有限责任公司：是国有独资公司以外的其他有限责任公司。

股份有限公司：指根据《中华人民共和国公司登记管理条例》规定登记注册，其全部注册资本由等额股份构成并通过发行股票筹集资本，股东以其认购的股份对公司承担有限责任，公司以其全部资产对其债务承担责任的经济组织。

由自然人投资设立或由自然人控股，以雇佣劳动为基础的营利性经济组织称为私营企业。包括按照《公司法》、《合伙企业法》、《私营企业暂行条例》以及《个人独资企业法》规定登记注册的私营独资企业、私营有限责任公司、私营股份有限公司、私营合伙企业和个人独资企业。

私营独资企业：指按《私营企业暂行条例》的规定，由一名自然人投资经营，以雇佣劳动为基础，投资者对企业债务承担无限责任的企业。

个人独资企业指按《个人独资企业法》、《个人独资企业登记管理办法》的规定，由一个自然人投资，财产为投资人个人所有，投资人以其个人财产对企业债务承担无限责任的经营实体。个人独资企业填表时归入私营独资企业。

私营合伙企业：指按《合伙企业法》或《私营企业暂行条例》的规定，由两个以上自然人按照协议共同投资、共同经营、共负盈亏，以雇佣劳动为基础，对债务承担无限责任的企业。

私营有限责任公司：指按《公司法》、《私营企业暂行条例》的规定，由两个以上自然人投资或由单个自然人控股的有限责任公司。

私营股份有限公司：指按《公司法》的规定，由五个以上自然人投资，或由单个自然人控股的股份有限公司。

其他企业：指上述第(1)条至第(7)条之外的其他内资经济组织。

合资经营企业(港或澳、台资)：指港澳台地区投资者与内地的企业依照《中华人民共和国中外合资经营企业法》及有关法律的规定，按合同规定的比例投资设立，分享利润和分担风险的企业。

合作经营企业(港或澳、台资)：指港澳台地区投资者与内地企业依照《中华人民共和国中外合作经营企业法》及有关法律的规定，依照合作合同的约定进行投资或提供条件设立，分配利润、分担风险和亏损的企业。

港澳台商独资经营企业：指依照《中华人民共和国外资企业法》及有关法律的规定，在内地设立的由港澳台地区投资者在内地全额投资设立的企业。

港澳台商投资股份有限公司：指根据国家有关规定，经外经贸部批准设立，并且其中港、澳、台商的股本占公司注册资本的比例达25%以上的股份有限公司。凡其中港、澳、台商的股本占公司注册资本的比例小于25%的，属于内资中的股份有限公司。

中外合资经营企业：指外国企业或外国人与中国内地企业依照《中华人民共和国中外合资经营企业法》及有关法律的规定，按合同规定的比例投资设立，分享利润和分担风险的企业。

中外合作经营企业：指外国企业或外国人与中国内地企业依照《中华人民共和国中外合作经营企业法》及有关法律的规定，依照合作合同的约定进行投资或提供条件设立，分配利润、分担风险和亏损的企业。

外资企业：指依照《中华人民共和国外资企业法》及有关法律的规定，在中国内地设立的由外国投资者全额投资设立的企业。

外商投资股份有限公司：指根据国家有关规定，经外经贸部批准设立，并且其中外资的股本占公司注册资本的比例达25%以上的股份有限公司。凡其中外资股本占公司注册资本的比例小于25%的，属于内资中的股份有限公司。

四、按控股情况分组

国有控股：包括（1）在企业的全部实收资本中，国有经济成分的出资人拥有的实收资本（股本）所占企业全部实收资本（股本）的比例大于50%的国有绝对控股；（2）国有经济成分的出资人拥有的实收资本（股本）所占比例虽未大于50%，但相对大于其他任何一方经济成分的出资人所占比例的国有相对控股；或者虽不大于其他经济成分，但根据协议规定拥有企业实际控制权的国有协议控股。

投资双方各占50%，且未明确由谁绝对控股的企业，若其中一方为国有经济成分的，一律按国有控股处理。

集体控股：包括（1）在企业的全部实收资本中，集体经济成分的出资人拥有的实收资本（股本）所占企业全部实收资本（股本）的比例大于50%的集体绝对控股；（2）集体经济成分的出资人拥有的实收资本（股本）所占比例虽未大于50%，但相对大于其他任何一方经济成分的出资人所占比例的集体相对控股；或者虽不大于其他经济成分，但根据协议规定拥有企业实际控制权的集体协议控股。

私人控股：包括（1）在企业的全部实收资本中，私人经济成分的出资人拥有的实收资本（股本）所占企业全部实收资本（股本）的比例大于50%的私人绝对控股；（2）私人经济成分的出资人拥有的实收资本（股本）所占比例虽未大于50%，但相对大于其他任何一方经济成分的出资人所占比例的私人相对控股；或者虽不大于其他经济成分，但根据协议规定拥有企业实际控制权的私人协议控股。

港澳台商控股：包括（1）在企业的全部实收资本中，港澳台商经济成分的出资人拥有的实收资本（股本）所占企业全部实收资本（股本）的比例大于50%的港澳台商绝对控股。（2）港澳台商经济成分的出资人拥有的实收资本（股本）所占比例虽未大于50%，但相对大于其他任何一方经济成分的出资人所占比例的港澳台商相对控股；或者虽不大于其他经济成分，但根据协议规定拥有企业实际控制权的港澳台商协议控股。

外商控股：包括（1）在企业的全部实收资本中，外商经济成分的出资人拥有的实收资本（股本）所占企业全部实收资本（股本）的比例大于50%的外商绝对控股；（2）外商经济成分的出资人拥有的实收资本（股本）所占比例虽未大于50%，但相对大于其他任何一方经济成分的出资人所占比例的外商相对控股；或者虽不大于其他经济成分，但根据协议规定拥有企业实际控制权的外商协议控股。

其他：除上述五类以外的企业控股情况。

五、按隶属关系分组

指本单位隶属于哪一级行政管理单位，按照国家标准《单位隶属关系代码》(GB/T12404-1997)分为：中央、省、市(地区)、县、街道、镇、乡、居民委员会、村民委员和其他。

六、按营业状态分组

营业：指全年正常开业的企业和季节性生产开工三个月以上的企业，包括部分投产的新建企业。临时性停产和季节性停产的企业视为营业。

停业(歇业)：指由于某种原因已处于停产状态，待条件改变后将恢复生产经营的企业。

筹建：一般指企业未经工商部门登记开业，正在进行生产经营前的筹建工作。如研究和论证建设、投产或经营方案，办理征地拆迁，订购设备材料，进行基建等。有些三资企业虽经工商部门登记，但未正常投产开业，仍属于筹建。有些行业的企业，由于行业管理或其他政策性管理的需要必须经过一定时间的试营业才能正式开业，这些处于试营业状态的单位也属于筹建。

当年关闭：指当年因某种原因终止经营的企业，包括关闭、注销、吊销的企业，但不包括破产企业。

当年破产：指当年依照《破产法》或相关法律、法规宣布破产的企业。

其他：指上述以外的其他企业。

七、按学历分组

具有研究生及以上学历人员：指接受的最高一级教育为硕士研究生、博士研究生并取得毕业证书的人员，不包括肄业、在读或辍学人员。

具有大学本科学历人员：指接受的最高一级教育为大学本科并取得毕业证书的人员，不包括肄业、在读或辍学人员。

具有大专学历人员：指接受的最高一级教育为大学专科并取得毕业证书的人员，不包括肄业、在读或辍学人员。

具有高中学历人员：指接受的最高一级教育为普通高中、职业高中、成人高中，并取得毕业证书的人员。包括等同于高中学历的中等专业学校、成人中专的人员。不包括肄业、在读或辍学的人员。

具有初中及以下学历人员：指接受的最高一级教育为初中、技工学校、相当于初中及以下的人员。

八、按专业技术职称分组

具有高级技术职称人员：指具有国家规定的高级专业技术职称资格或受聘高级技术职务的人员。包括高级工程师(含一级飞行员、高级船长)，农业推广研究员、高级农艺师，正副研究员，正副主任医师，正副教授、高级讲师、中学高级教师，高级经济师，高级会计师，高级统计师，正副译审，正副研究馆员，正副编审、高级记者、主任记者、高级编辑、主任编辑，一、二级律师、公证员，播音指导、主任播音员，高级工艺美术师，国家级教练、高级教练，一、二级艺术人员，高级政工师。

具有中级技术职称人员：指具有国家规定的中级专业技术职称资格或受聘中级技术职务的人员。包括工程师(含二级飞行员、船长、大副)，农艺师，助理研究员，主治医师，讲师、中学一级教师、小学高级教师，经济师，会计师，统计师，翻译，馆员，编辑、记者、一级校对，三级律师、公证员，一级播音员，工艺美术师，一级教练，三级艺术人员，政工师。

具有初级技术职称人员：指具有国家规定的初级专业技术职称资格或受聘初级技术职务的人员。包括助理工程师、技术员(含三、四级飞行员、二、三副)，助理农艺师、农业技术员，研究实习员、实验员，医(护)师(士)，助教、中学二、三级教师、小学一、二、三级教师，助理经济师、经济员、助理会计师、会计员，助理统计师、统计员，助理翻译，助理馆员、管理员，助理编辑记者、二、三级校对，四级律师、公证员助理，二、三级播音员，助理工艺美术师、美术员，二、三级教练，四级艺术人员，助理政工师、政工员。

九、按技术等级分组

高级技师：指持有国家劳动保障部门颁发的《职业资格证书》(包括《技术等级证书》、《技师合格证书》、《高级技师合格证书》)职业资格一级(高级技师)证书的人员。

技师：指持有国家劳动保障部门颁发的《职业资格证书》(包括《技术等级证书》、《技师合格证书》、《高级技师合格证书》)职业资格二级(技师)证书的人员。

高级工：指持有国家劳动保障部门颁发的《职业资格证书》(包括《技术等级证书》、《技师合格证书》、《高级技师合格证书》)职业资格三级(高级工)证书的人员。

中级工：指持有国家劳动保障部门颁发的《职业资格证书》(包括《技术等级证书》、《技师合格证书》、《高级技师合格证书》)职业资格四级(中级工)证书的人员。

注：综合卷数据不包含在我区境内的军队、武警和铁路等部门的数据。

新疆维吾尔自治区第二次全国经济普查主要数据公报

（第一号）

新疆维吾尔自治区人民政府第二次全国经济普查领导小组办公室
新疆维吾尔自治区统计局

2010 年 3 月 24 日

为了全面掌握我区第二产业和第三产业[1]的发展规模及布局，了解我区产业组织、产业结构、产业技术的现状以及各生产要素的构成，摸清我区各类企业和单位能源消耗的基本情况，建立健全覆盖国民经济各行业的基本单位名录库、基础信息数据库和统计电子地理信息系统，为加强和改善宏观调控，科学制定中长期发展规划，提供科学准确的统计信息，按照国务院的统一部署，我区于 2008 年进行了自治区第二次全国经济普查。这次普查的标准时点为 2008 年 12 月 31 日，时期资料为 2008 年度。普查对象是在我区境内从事第二产业和第三产业的全部法人单位、产业活动单位和个体经营户[2]。普查主要内容包括单位基本属性、从业人员、财务状况、生产经营情况、生产能力、能源消耗、科技活动情况等。

经过各地区和有关部门及全体普查人员近两年的共同努力，全区经济普查的登记填报及数据审核汇总工作已经完成。报经自治区人民政府第二次全国经济普查领导小组的批准，自治区人民政府第二次全国经济普查领导小组办公室和自治区统计局将陆续向社会发布经济普查公报。现将经济普查主要数据公布如下：

一、单位基本情况

2008 年末，全区共有从事第二、三产业的法人单位 8.81 万个，与 2004 年自治区第一次全国经济普查相比,增加 2.47 万个，增长 38.9%；产业活动单位 13.97 万个，增加 2.72 万个，增长 24.2%；个体经营户 67.11 万户，增加 9.13 万户，增长 15.7%（详见表 1）。

表 1　单位数与个体经营户数

项　　目	单位数（个）	比重（%）
一、法人单位	88115	100
企业法人	45713	51.9
机关、事业法人	20569	23.3
社会团体和其他法人	21833	24.8
二、产业活动单位	139686	100
第二产业	13633	9.8
第三产业	126053	90.2
三、个体经营户	671092	100
第二产业	40447	6.0
第三产业	630645	94.0

与自治区第一次全国经济普查相比，企业法人单位增加 17088 个，增长 59.7%。其中，国有企业 2326 个，减少 335 个，下降 12.6%；集体企业 1010 个，减少 766 个，下降 43.1%；股份合作企业 150 个，减少 44 个，下降 22.7%；股份制企业[3]7788 个，增加 2424 个，增长 45.2%；私营企业 33686 个，增加 15535 个，增长 85.6%；港、澳、台商投资企业和外商投资企业 283 个，增加 67 个，增长 31.0%（详见表 2）。

表 2 按登记注册类型分组的企业法人单位

登记注册类型	单位数（个）	比 2004 年增减（%）	比重（%）
合　计	**45713**	**59.7**	**100**
内资企业	45430	59.9	99.4
国有企业	2326	-12.6	5.1
集体企业	1010	-43.1	2.2
股份合作企业	150	-22.7	0.3
联营企业	93	-6.1	0.2
国有联营企业	29	…	…
集体联营企业	34	…	…
国有与集体联营企业	13	…	…
其他联营企业	17	…	…
有限责任公司	7249	44.6	15.9
国有独资公司	311	17.4	0.7
其他有限责任公司	6938	46.1	15.2
股份有限公司	539	53.6	1.2
私营企业	33686	85.6	73.7
其他企业	377	129.9	0.8
港、澳、台商投资企业	111	38.8	0.2
外商投资企业	172	26.5	0.4

第二、三产业法人单位半数以上集中于北疆地区[4]。北疆地区拥有法人单位 5.24 万个，占 59.5%；南疆地区 3.57 万个，占 40.5%。

第二、三产业法人单位数名列前 6 位的地区依次是：乌鲁木齐市、和田地区、喀什地区、巴音郭楞蒙古自治州、昌吉回族自治州、伊犁哈萨克自治州直属县（市）。

个体经营户较多的前 6 个地区分别是：乌鲁木齐市、伊犁哈萨克自治州直属县（市）、昌吉回族自治州、喀什地区、阿克苏地区、巴音郭楞蒙古自治州。

表 3 单位与个体经营户的地区分布

地　区	法人单位		产业活动单位		个体经营户	
	数量（个）	比重（%）	数量（个）	比重（%）	数量（个）	比重（%）
合　计	**88115**	**100**	**139686**	**100**	**671092**	**100**
乌鲁木齐市	24814	28.2	28742	20.6	101491	15.1
克拉玛依市	2483	2.8	3345	2.4	17402	2.6
吐鲁番地区	2824	3.2	3823	2.7	15570	2.3
哈密地区	3809	4.3	5310	3.8	20673	3.1

续表

地区	法人单位		产业活动单位		个体经营户	
	数量（个）	比重（%）	数量（个）	比重（%）	数量（个）	比重（%）
昌吉回族自治州	6497	7.4	9134	6.5	76092	11.3
伊犁哈萨克自治州	13779	15.6	21007	15.0	140904	21.0
伊犁州直属县（市）	6544	7.4	10608	7.6	78306	11.7
塔城地区	3521	4.0	5062	3.6	37794	5.6
阿勒泰地区	3714	4.2	5337	3.8	24804	3.7
博尔塔拉蒙古自治州	2266	2.6	3400	2.4	18392	2.7
巴音郭楞蒙古自治州	6794	7.7	9908	7.1	56824	8.5
阿克苏地区	6154	7.0	13519	9.7	67137	10.0
克孜勒苏柯尔克孜自治州	1628	1.9	3643	2.6	10014	1.5
喀什地区	6906	7.8	22209	15.9	68700	10.2
和田地区	7340	8.3	11732	8.4	38116	5.7
石河子市	2301	2.6	2804	2.1	27083	4.0
阿拉尔市	134	0.2	290	0.2	4581	0.7
图木舒克市	117	0.1	310	0.2	2205	0.3
五家渠市	269	0.3	510	0.4	5908	1.0

在全部法人单位中，从事制造业的法人单位 0.74 万个，占 8.3%；批发和零售业 1.85 万个，占 21.0%；教育 0.52 万个，占 6.0%；公共管理和社会组织 3.11 万个，占 35.3%。以上四个行业合计占 70.6%（详见表 4）。

表 4　全部法人单位的行业分布

行业	单位数（个）	比重（%）
合　计	**88115**	**100**
农、林、牧、渔业 *	203	0.2
采矿业	1625	1.8
制造业	7353	8.3
电力、燃气及水的生产和供应业	535	0.6
建筑业	1763	2.0
交通运输、仓储和邮政业	2123	2.4
信息传输、计算机服务和软件业	1979	2.3
批发和零售业	18546	21.0
住宿和餐饮业	1047	1.2
金融业	606	0.7
房地产业	2631	3.0
租赁和商务服务业	4493	5.1
科学研究、技术服务和地质勘查业	3039	3.4
水利、环境和公共设施管理业	857	1.0
居民服务和其他服务业	1246	1.4
教　育	5221	6.0
卫生、社会保障和社会福利业	2610	3.0
文化、体育和娱乐业	1102	1.3
公共管理和社会组织	31136	35.3

* 此处的农、林、牧、渔业为下属有第二、三产业活动单位的第一产业法人单位。

在产业活动单位中，从事制造业的单位0.84万个，占6.0%；批发和零售业2.51万个，占18.0%；教育0.83万个，占5.9%；公共管理和社会组织5.70万个，占41.0%。以上四个行业合计占70.9%（详见表5）。

表5 产业活动单位的行业分布

行　　业	单位数（个）	比重（%）
合　　计	**139686**	**100**
农、林、牧、渔业 *	1308	0.9
采矿业	1792	1.3
制造业	8356	6.0
电力、燃气及水的生产和供应业	889	0.6
建筑业	2596	1.9
交通运输、仓储和邮政业	3616	2.6
信息传输、计算机服务和软件业	2943	2.1
批发和零售业	25138	18.0
住宿和餐饮业	1407	1.0
金融业	4056	2.9
房地产业	2981	2.1
租赁和商务服务业	5431	3.9
科学研究、技术服务和地质勘查业	4110	2.9
水利、环境和公共设施管理业	1819	1.3
居民服务和其他服务业	1535	1.1
教　育	8279	5.9
卫生、社会保障和社会福利业	4369	3.1
文化、体育和娱乐业	2076	1.5
公共管理和社会组织	56985	40.9

* 此处的农、林、牧、渔业为第二、三产业法人兼营的第一产业活动单位。

个体经营户较为集中的五个行业是：批发和零售业31.74万户，占47.3%；交通运输业14.48万户，占21.6%；居民服务和其他服务业7.02万户，占10.5%；住宿和餐饮业6.39万户，占9.5%；工业3.47万户，占5.2%（详见表6）。

表6 个体经营户的行业分布

行　　业	个体户数（个）	比重（%）
合　　计	**671092**	**100**
工　业*	34655	5.2
建筑业	5791	0.8
交通运输业	144782	21.6
批发和零售业	317388	47.3
住宿和餐饮业	63898	9.5
房地产业	7172	1.1
租赁和商务服务业	5445	0.8
居民服务和其他服务业	70167	10.5
教　育	690	0.1
卫生和社会福利业	6360	0.9
文化、体育和娱乐业	7750	1.2
其　他	6994	1.0

* 包括采矿业、制造业和电力、燃气及水的生产和供应业。

二、从业人员

2008 年末，全区第二、三产业单位和个体经营户从业人员[5]为 433.11 万人,与自治区第一次全国经济普查相比,增加 60.11 万人,增长 16.1%。其中,第二产业的从业人员为 102.49 万人,减少 24.61 万人,下降 19.4%;第三产业的从业人员为 330.62 万人，增加 84.72 万人,增长 34.5%。在从业人员中，单位从业人员 314.35 万人，占 72.6%；个体经营人员 118.76 万人，占 27.4%。在单位从业人员中，女性 120.50 万人，占 38.3%。

在单位从业人员中，制造业 42.24 万人，占 13.4%；建筑业 20.73 万人，占 6.6%；公共管理和社会组织 49.87 万人，占 15.9%；教育 33.63 万人，占 10.7%；批发和零售业 18.67 万人，占 5.9%（详见表 7）。

表 7 单位从业人员的行业分布

行　业	从业人员（人）	比重（%）
合　计	**3143501**	**100**
农、林、牧、渔业*	517814	16.5
采矿业	214842	6.8
制造业	422359	13.4
电力、燃气及水的生产和供应业	60106	1.9
建筑业	207268	6.6
交通运输、仓储和邮政业	110904	3.5
信息传输、计算机服务和软件业	29938	1.0
批发和零售业	186697	5.9
住宿和餐饮业	50498	1.6
金融业	75048	2.4
房地产业	56991	1.8
租赁和商务服务业	93805	3.0
科学研究、技术服务和地质勘查业	65483	2.1
水利、环境和公共设施管理业	48686	1.6
居民服务和其他服务业	15569	0.5
教　育	336332	10.7
卫生、社会保障和社会福利业	126144	4.0
文化、体育和娱乐业	26271	0.8
公共管理和社会组织	498746	15.9

* 此处的农、林、牧、渔业为下属有第二、三产业活动单位的第一产业法人单位。

在单位从业人员中，具有研究生及以上、大学本科、专科、高中、初中及以下学历的人员分别占 1.1%、16.0%、25.9%、28.5%和 28.5%；具有高级、中级、初级技术职称的人员分别占 2.6%、8.4%和 12.0%；具有高级技师、技师、高级工、中级工资格证书的人员分别占 1.5%、0.9%、5.2%和 6.0%（详见表 8）。

表 8 单位从业人员学历、职称、技术等级情况

行　　业	从业人员（人）	比重（%）
一、从业人员合计	3143501	100.0
具有研究生及以上学历者	34778	1.1
具有大学本科学历者	500952	16.0
具有大专学历者	814984	25.9
具有高中学历者	895968	28.5
具有初中及以下学历者	896819	28.5
二、具有技术职称的人员合计	721461	23.0
具有高级技术职称者	82819	2.6
具有中级技术职称者	264750	8.4
具有初级技术职称者	373892	12.0
三、具有技术等级证书人员合计	428329	13.6
高级技师	47899	1.5
技　　师	29636	0.9
高 级 工	163393	5.2
中 级 工	187401	6.0

三、企业资产总额

2008 年末，全区第二、三产业企业法人单位资产总额为 18745.99 亿元,比自治区第一次全国经济普查增加 8317.19 亿元,增长 79.8%。其中,国有企业资产总额 4006.49 亿元,减少 426.67 亿元,下降 9.6%;集体企业资产总额 560.30 亿元,增加 66.28 亿元,增长 13.4%;股份合作企业资产总额 46.02 亿元,增加 28.13 亿元,增长 157.2%;股份制企业资产总额 11595.04 亿元，增加 7278.39 亿元，增长 168.6%；私营企业资产总额 2185.26 亿元,增加 1270.95 亿元,增长 139.0%;港、澳、台商投资企业资产总额 152.99 亿元,增加 34.47 亿元,增长 29.1%;外商投资企业资产总额 159.83 亿元,增加 42.26 亿元,增长 35.9%（详见表 9）。

表 9 按登记注册类型分组的企业资产总额

登记注册类型	资产总额（亿元）	比重（%）
合　　计	**18745.99**	**100.0**
内资企业	18433.17	98.3
国有企业	4006.49	21.4
集体企业	560.30	3.0
股份合作企业	46.02	0.2
联营企业	9.28	0.04
国有联营企业	2.23	...
集体联营企业	3.13	...
国有与集体联营企业	3.05	...
其他联营企业	0.87	...
有限责任公司	3631.71	19.4
国有独资公司	898.97	4.8

续表

登记注册类型	资产总额（亿元）	比重（%）
其他有限责任公司	2732.74	14.6
股份有限公司	7963.33	42.5
私营企业	2185.26	11.7
其他企业	30.78	0.2
港、澳、台商投资企业	152.99	0.8
外商投资企业	159.83	0.9

四、企业实收资本

2008年末，我区第二、三产业企业法人的实收资本[6]总额为3884.41亿元，比自治区第一次全国经济普查增加1740.41亿元,增长81.2%。在全部企业法人（不含行政事业单位和个体经营户）的实收资本总额中，国家资本1287.93亿元，增加178.73亿元，增长16.1%；集体资本84.81亿元，增加19.11亿元，增长29.1%；法人资本1704.48亿元，增加1124.68亿元，增长194.0%；个人资本680.83亿元，增加354.23亿元，增长108.5%；港澳台资本71.12亿元，增加47.22亿元，增长197.6%；外商资本55.65亿元，增加16.84亿元，增长43.4%。

五、普查数据质量情况

按照国务院第二次全国经济普查领导小组办公室的统一部署和要求，自治区经济普查办公室采取分层随机等距整群抽样方法，对14个地、州、市的数据质量进行了抽查，共抽查30个普查小区的932个法人单位和产业活动单位，个体经营户3728个。抽查汇总结果，数据填报综合差错率为2.6‰，符合国家规定的质量控制要求，并通过国务院第二次全国经济普查领导小组办公室的复查验收，数据质量达到预期目标。

注释：

[1]三次产业的划分：第一产业是指农、林、牧、渔业。

第二产业是指采矿业，制造业，电力、燃气及水的生产和供应业，建筑业。

第三产业是指除第一、二产业以外的其他行业，具体包括：交通运输、仓储和邮政业，信息传输、计算机服务和软件业，批发和零售业，住宿和餐饮业，金融业，房地产业，租赁和商务服务业，科学研究、技术服务和地质勘查业，水利、环境和公共设施管理业，居民服务和其他服务业，教育，卫生、社会保障和社会福利业，文化、体育和娱乐业，公共管理和社会组织，国际组织。本次普查未包括国际组织。

[2]单位的划分：法人单位是指具备以下条件的单位：(1)依法成立，有自己的名称、组织机构和场所，能够独立承担民事责任；(2)独立拥有和使用(或授权使用)资产，承担负债，有权与其他单位签订合同；(3)会计上独立核算，能够编制资产负债表。

法人单位包括企业法人、事业单位法人、机关法人、社会团体法人和其他法人。

产业活动单位是指具备以下条件的单位：(1)在一个场所从事一种或主要从事一种社会经济活动；(2)相对独立组织生产经营或业务活动；(3)能够掌握收入和支出等业务核算资料。

个体经营户是指除农户外，生产资料归劳动者个人所有，以个体劳动为基础，劳动成果归劳动者个人占有和支配的一种经营单位。其中包括：(1)按照《民法通则》和《城乡个体工商户管理暂行条例》规定经各级工商行政管理机关登记注册、领取《营业执照》的个体工商户。具体是指公民在法律允许范围内，依法经核准登记，从事工业、商业、建筑业、运输业、餐饮业、服务业等活动的个体劳动者。(2)依据《民办非企业单位登记管理暂行条例》，经国务院民政部门和县级以上地方各级人民政府民政部门核准登记、领取《民办非企业单位(合伙)登记证书》或《民办非企业单位(个人)登记证书》的民办非企业单位。（3）没有领取营业执照或证书，或按照有关规定免于登记，但有相对固定场所、年内实际从事个体经营活动三个月以上的城镇、农村个体经营户。但不包括农民家庭以辅助劳动力或利用农闲时间进行的一些兼营性的工业、商业及其它活动。

[3]股份制企业包括有限责任公司和股份有限公司。

[4]南疆、北疆地区的划分:

北疆地区包括:乌鲁木齐市、克拉玛依市、昌吉回族自治州、博尔塔拉蒙古自治州、伊犁哈萨克自治州、塔城地区、阿勒泰地区、石河子市、五家渠市。

南疆地区包括:吐鲁番地区、哈密地区、巴音郭楞蒙古自治州、阿克苏地区、克孜勒苏柯尔克孜自治州、喀什地区、和田地区、阿拉尔市、图木舒克市。

[5]从业人员:是指2008年12月31日在第二、三产业单位和个体经营户在岗的从业人员。未包括上述范围之外的从业人员。

单位从业人员是指在本单位工作并取得劳动报酬或收入的年末实有人员数。期末从业人员包括在各单位工作的外方人员和港澳台方工作人员、兼职人员、再就业的离退休人员、借用的外单位人员和第二职业者。但不包括离开本单位仍保留劳动关系的职工。

[6]实收资本:是指投资者按照企业章程,或合同、协议的约定,实际投入企业的资本。企业实收资本按照投资主体划分为国家资本、集体资本、法人资本、个人资本、港澳台资本和外商资本六种。

[7]表中的合计数和部分计算数据因小数取舍而产生的误差,均未作机械调整。

新疆维吾尔自治区第二次全国经济普查主要数据公报

（第二号）

新疆维吾尔自治区人民政府第二次全国经济普查领导小组办公室
新疆维吾尔自治区统计局

2010 年 3 月 24 日

根据自治区第二次全国经济普查结果，现将我区第二产业的主要数据公布如下：

一、工业

（一）企业单位数和从业人员

2008 年末，全区共有工业企业法人单位 9513 个，从业人员 69.73 万人，分别比 2004 年自治区第一次全国经济普查增长 45.2%和 18.9%；工业个体经营户 3.47 万户，增长 15.7%；从业人员 9.32 万人，增长 14.1%。

在工业企业法人单位中，国有企业及国有独资公司 456 个，占 4.8%；集体企业 256 个，占 2.7%；其他有限责任公司 1821 个，占 19.2%；股份有限公司 118 个，占 1.2%；私营企业 6573 个，占 69.1%；港、澳、台商投资企业 48 个，占 0.5%；外商投资企业 88 个，占 0.9%；其余类型企业 153 个，占 1.6%。

在工业企业法人单位从业人员中，国有企业及国有独资公司占 22.5%，集体企业占 1.2%，其他有限责任公司占 25.9%，股份有限公司占 24.8%，私营企业占 22.3%，港、澳、台商投资企业占 1.0%，外商投资企业占 1.5%，其余类型企业占 0.8%（详见表 1）。

表 1　按登记注册类型分组的工业企业法人单位和从业人员

登记注册类型	企业法人（个）	从业人员（人）
合　计	**9513**	**697307**
内资企业	9377	679394
国有企业	376	114632
集体企业	256	8557
股份合作企业	56	1571
联营企业	37	2579
国有联营企业	18	616
集体联营企业	10	690
国有与集体联营企业	4	661
其他联营企业	5	612
有限责任公司	1901	222637
国有独资公司	80	42195
其他有限责任公司	1821	180442
股份有限公司	118	172837
私营企业	6573	155406
其他企业	60	1175
港、澳、台商投资企业	48	7275
外商投资企业	88	10638

在工业企业法人单位中，采矿业 1625 个，制造业 7353 个，电力、燃气及水的生产和供应业 535 个，分别占 17.1%、77.3%和 5.6%。

在工业企业法人单位的从业人员中，采矿业占 30.8%，制造业占 60.6%，电力、燃气及水的生产和供应业占 8.6%。在工业行业大类中，石油和天然气开采业、纺织业、煤炭开采和洗选业从业人员数居前三位，分别占 17.6%、12.1%和 8.5%（详见表 2）。

表 2　工业企业法人单位和从业人员的行业分布

行　　业	企业法人（个）	从业人员（人）	行　　业	企业法人（个）	从业人员（人）
合　　计	**9513**	**697307**	化学原料及化学制品制造业	639	51379
采矿业	1625	214842	医药制造业	94	4074
煤炭开采和洗选业	332	58994	化学纤维制造业	19	8547
石油和天然气开采业	66	122936	橡胶制品业	46	2038
黑色金属矿采选业	581	12454	塑料制品业	663	15425
有色金属矿采选业	279	12344	非金属矿物制品业	1282	53168
非金属矿采选业	340	8000	黑色金属冶炼及压延加工业	91	28421
其他采矿业	27	114	有色金属冶炼及压延加工业	68	7169
制造业	7353	422359	金属制品业	475	11229
农副食品加工业	809	32959	通用设备制造业	325	6869
食品制造业	340	17962	专用设备制造业	246	7357
饮料制造业	309	12333	交通运输设备制造业	147	4312
烟草制品业	1	518	电气机械及器材制造业	222	7973
纺织业	259	84676	通信设备、计算机及其他电子设备制造业	12	3182
纺织服装、鞋、帽制造业	122	2893	仪器仪表及文化、办公用机械制造业	21	367
皮革、毛皮、羽毛(绒)及其制品业	36	796	工艺品及其他制造业	49	2003
木材加工及木、竹、藤、棕、草制品业	178	3857	废弃资源和废旧材料回收加工业	25	211
家具制造业	147	4787	电力、燃气及水的生产和供应业	535	60106
造纸及纸制品业	195	8531	电力、热力的生产和供应业	367	50666
印刷业和记录媒介的复制	330	6497	燃气生产和供应业	44	2391
文教体育用品制造业	18	275	水的生产和供应业	124	7049
石油加工、炼焦及核燃料加工业	185	32551			

（二）主要工业产品产量

2008 年全口径主要工业产品产量*（详见表 3）。

表 3 主要工业产品产量

产品名称	计量单位	产量	产品名称	计量单位	产量
原　煤	万吨	6763.41	合成氨（无水氨）	万吨	147.13
天然气	亿立方米	235.89	化学纤维	万吨	13.29
铁矿石原矿量	万吨	1980.30	水　泥	万吨	1672.77
成品糖	万吨	53.79	平板玻璃	万重量箱	59.75
罐　头	万吨	72.34	焦　炭	万吨	616.36
卷　烟	亿支	120.00	生　铁	万吨	505.70
机制纸及纸板	万吨	30.16	粗　钢	万吨	536.60
汽　油	万吨	280.18	钢　材	万吨	576.62
柴　油	万吨	826.75	原铝（电解铝）	万吨	5.38
硫酸（折 100%）	万吨	20.20	汽　车	辆	2510.00
烧碱（折 100%）	万吨	63.03	其中：载货汽车	辆	2510.00
纯碱（碳酸钠）	万吨	15.87	发电量	亿千瓦小时	489.17
乙　烯	万吨	25.86	其中：火电	亿千瓦小时	404.25

*全口径工业产品产量即全社会生产的工业产品产量。

（三）资产负债和所有者权益

2008 年末，工业企业法人单位资产合计 6104.21 亿元，比自治区第一次全国经济普查增长 1.2 倍；负债合计 3197.71 亿元，增长 1.2 倍；所有者权益合计[1]2906.50 亿元，增长 1.3 倍（详见表 4）。

工业企业法人单位资产负债率为 52.4%。其中，采矿业为 42.9%；制造业为 53.6%；电力、燃气及水的生产和供应业为 72.1%。

表 4 工业企业法人单位资产负债和所有者权益的行业分布

单位：亿元

行　业	资产合计	负债合计	所有者权益合计
合　计	**6104.21**	**3197.71**	**2906.50**
采矿业	2266.88	972.18	1294.70
煤炭开采和洗选业	217.14	108.08	109.06
石油和天然气开采业	1805.25	747.87	1057.38
黑色金属矿采选业	141.49	69.68	71.82
有色金属矿采选业	84.29	35.84	48.44
非金属矿采选业	18.41	10.64	7.77
其他采矿业	0.30	0.08	0.22
制造业	2929.60	1571.04	1358.56
农副食品加工业	177.89	110.94	66.95
食品制造业	124.39	78.24	46.15
饮料制造业	73.17	47.64	25.52

续表　　单位: 亿元

行　业	资产合计	负债合计	所有者权益合计
烟草制品业	14.66	6.10	8.56
纺织业	226.17	146.57	79.60
纺织服装、鞋、帽制造业	3.02	1.97	1.05
皮革、毛皮、羽毛(绒)及其制品业	5.36	2.23	3.13
木材加工及木、竹、藤、棕、草制品业	11.58	5.17	6.41
家具制造业	30.78	11.92	18.86
造纸及纸制品业	30.31	20.39	9.92
印刷业和记录媒介的复制	13.69	6.34	7.35
文教体育用品制造业	0.30	0.13	0.17
石油加工、炼焦及核燃料加工业	658.93	223.06	435.87
化学原料及化学制品制造业	501.26	296.07	205.18
医药制造业	20.92	12.38	8.54
化学纤维制造业	67.16	42.58	24.58
橡胶制品业	2.74	6.22	-3.48
塑料制品业	56.28	29.58	26.70
非金属矿物制品业	250.79	136.14	114.65
黑色金属冶炼及压延加工业	291.74	185.98	105.76
有色金属冶炼及压延加工业	35.60	18.13	17.47
金属制品业	41.60	23.28	18.32
通用设备制造业	22.57	12.67	9.89
专用设备制造业	25.31	18.68	6.63
交通运输设备制造业	13.59	8.66	4.93
电气机械及器材制造业	185.58	101.51	84.06
通信设备、计算机及其他电子设备制造业	26.46	7.12	19.34
仪器仪表及文化、办公用机械制造业	6.89	5.11	1.78
工艺品及其他制造业	9.68	5.28	4.40
废弃资源和废旧材料回收加工业	1.18	0.95	0.24
电力、燃气及水的生产和供应业	907.74	654.49	253.25
电力、热力的生产和供应业	818.27	610.25	208.02
燃气生产和供应业	31.89	20.61	11.28
水的生产和供应业	57.57	23.62	33.94

（四）主营业务收入和利润总额

2008 年，工业企业法人单位主营业务收入 4552.38 亿元，比自治区第一次全国经济普查增长 1.7 倍。其中，采矿业占 37.5%，制造业占 56.6%，电力、燃气及水的生产和供应业占 5.9%。主营业务收入超过百亿元的行业有 9 个，比自治区第一次全国经济普查增加 5 个。

工业企业法人单位利润总额 782.90 亿元，比自治区第一次全国经济普查增长 2.5 倍。其中，采矿业占 97.5%，制造业占 1.3%，电力、燃气及水的生产和供应业占 1.2%。利润总额超过亿元的行业有 19 个，比自治区第一次全国经济普查增加8个（详见表5）。

表5　工业企业法人单位主营业务收入和利润总额的行业分布

单位：亿元

项　目	主营业务收入	利润总额	项　目	主营业务收入	利润总额
合　计	**4552.38**	**782.90**	化学原料及化学制品制造业	218.89	21.40
采矿业	1707.76	763.42	医药制造业	6.80	0.57
煤炭开采和洗选业	99.10	12.28	化学纤维制造业	32.97	-1.13
石油和天然气开采业	1473.77	708.25	橡胶制品业	1.89	-0.32
黑色金属矿采选业	86.08	27.36	塑料制品业	50.83	2.48
有色金属矿采选业	39.70	14.75	非金属矿物制品业	126.51	16.88
非金属矿采选业	9.07	0.78	黑色金属冶炼及压延加工业	413.81	9.29
其他采矿业	0.04	0.00	有色金属冶炼及压延加工业	41.31	0.45
制造业	2575.05	9.91	金属制品业	43.32	1.25
农副食品加工业	184.38	4.09	通用设备制造业	15.42	0.56
食品制造业	75.95	7.66	专用设备制造业	17.07	1.23
饮料制造业	35.90	4.28	交通运输设备制造业	14.96	0.18
烟草制品业	17.08	2.19	电气机械及器材制造业	126.57	12.72
纺织业	181.59	3.13	通信设备、计算机及其他电子设备制造业	11.00	1.63
纺织服装、鞋、帽制造业	2.63	0.13	仪器仪表及文化、办公用机械制造业	1.36	0.26
皮革毛皮羽毛(绒)及制品业	3.18	-0.02	工艺品及其他制造业	1.56	-0.18
木材加工及木竹藤棕草制品业	9.15	0.56	废弃资源和废旧材料回收加工业	0.31	0.02
家具制造业	11.07	0.05	电力、燃气及水的生产和供应业	269.57	9.57
造纸及纸制品业	17.09	0.94	电力、热力的生产和供应业	251.13	8.95
印刷业和记录媒介的复制	8.79	0.39	燃气生产和供应业	11.65	1.53
文教体育用品制造业	0.19	0.01	水的生产和供应业	6.78	-0.91
石油加工、炼焦及核燃料加工业	903.48	-80.81			

2008年，工业企业法人单位主营业务收入占全区比重前五位的地区依次是：乌鲁木齐市（占31.1%）、克拉玛依市（占28.6%）、巴音郭楞蒙古自治州（占11.2%）、昌吉回族自治州（占5.7%）和吐鲁番地区（占4.4%）。工业企业利润总额超过十亿元的地区依次是：克拉玛依市、巴音郭楞蒙古自治州、乌鲁木齐市、吐鲁番地区、阿勒泰地区、伊犁哈萨克自治州直属县（市）、阿克苏地区、昌吉回族自治州和石河子市。

（五）企业科技活动

2008年末，在规模以上工业企业[2]中开展科技活动[3]的企业有142个，占7.6%；开展研究与试验发展（R&D）活动的企业有45个，占2.4%。在大中型企业中，开展科技活动的企业所占比重为21.9%，开展研究与试验发展（R&D）活动的企业所占比重为10.0%。

2008年规模以上工业企业从事科技活动人员1.67万人，2004-2008年间的平均增长速度为13.7%；企业投入的科技活动经费为36.48亿元，四年间的平均增长速度为20.5%。

在企业投入的科技活动经费中，代表企业自主创新能力的研究与试验发展（R&D）经费增长较快，2008年为12.42亿元，2004-2008年间的平均增长速度为36.3%；研究与试验发展（R&D）经费的投入强度[4]为0.23%。2008年大中型工业企业投入研究与试验发展经费11.82亿元，投入强度为0.3%。

分行业看，2008年研究与试验发展经费投入超过千万元的行业有9个：石油和天然气开采业，黑色金属冶炼及压延加工业，食品制造业，塑料制造业，石油加工、炼焦及核燃料加工业，化学原料及化学制品制造业，电力、热力的生产和供应业，纺织业，电气机械和器材制造业。投入强度在0.23%以上的行业有5个：塑料制造业，食品制造业，黑色金属冶炼及压延加工业，仪器仪表及文化、办公用机械制造业，石油和天然气开采业（详见表6）。

表6 规模以上工业企业研究与试验发展经费投入的行业分布

项目	经费投入（万元）	投入强度（%）	项目	经费投入（万元）	投入强度（%）
合计	**124159**	**0.23**			
采矿业	71308	0.25	医药制造业	2	0.01
煤炭开采和洗选业	217	0.02	塑料制品业	8535	2.09
石油和天然气开采业	71078	0.28	非金属矿物制品业	486	0.04
有色金属矿采选业	13	0.01	黑色金属冶炼及压延加工业	20190	0.49
制造业	50048	0.21	有色金属冶炼及压延加工业	8	0.01
农副食品加工业	69	0.01	金属制品业	85	0.02
食品制造业	9094	1.07	通用设备制造业	149	0.13
饮料制造业	319	0.09	电气机械及器材制造业	1022	0.08
纺织业	1230	0.13	仪器仪表及文化、办公用机械制造业	88	0.33
石油加工、炼焦及核燃料加工业	4781	0.05	电力、燃气及水的生产和供应业	2803	0.11
化学原料及化学制品制造业	3991	0.18	电力、热力的生产和供应业	2803	0.11

分地区看，研究与试验发展经费投入超过亿元的地区有3个：克拉玛依市、乌鲁木齐市和巴音郭楞蒙古自治州。

2008年规模以上工业企业实现新产品[5]产值167.03亿元，新产品产值占同口径工业总产值的比重为3.9%。2008年规模以上工业企业专利申请量为459件，其中发明专利申请125件；占27.2%，比2004年增加5.4个百分点。

二、建筑业

（一）企业单位数和从业人员

2008年末，全区共有建筑业法人企业单位1762个，从业人员20.68万人；建筑业个体经营户5791户，从业人员2.72万人。

建筑业企业法人单位中，国有企业及国有独资公司122个，占6.9%；集体企业51个，占2.9%；其他有限责任公司455个，占25.8%；股份有限公司18个，占1.0%；私营企业1101个，占62.5%；港、澳、台商投资企业3个，占0.2%；其它类型企业12个，占0.7%。

建筑业企业法人单位从业人员中，国有企业及国有独资公司占28.0%，集体企业占1.3%，其他有限责任公司占43.3%，股份有限公司占6.0%，私营企业占20.9%，其余类型企业占0.5%（详见表7）。

表 7　按登记注册类型分组的建筑业企业法人单位和从业人员

项　目	企业法人单位（个）	从业人员（人）
合　计	**1762**	**206812**
内资企业	1759	206801
国有企业	101	45202
集体企业	51	2774
股份合作企业	2	569
联营企业	1	140
国有联营企业		
集体联营企业	1	140
国有与集体联营企业		
其他联营企业		
有限责任公司	476	102249
国有独资公司	21	12755
其他有限责任公司	455	89494
股份有限公司	18	12454
私营企业	1101	43269
其他内资企业	9	144
港、澳、台商投资企业	3	11
外商投资企业		

建筑业企业法人单位中，房屋和土木工程建筑业占 45.0%；建筑安装业占 20.5%；建筑装饰业占 23.1%；其他建筑业占 11.4%。

建筑业企业法人单位从业人员中，房屋和土木工程建筑业占 84.8%；建筑安装业占 11.0%；建筑装饰业占 2.4%；其他建筑业占 1.8%（详见表 8）。

表 8　建筑业企业法人单位和从业人员的行业分布

项　目	企业法人合计（个）	从业人员合计（人）	资质内企业		资质外企业	
			企业法人（个）	从业人员（人）	企业法人（个）	从业人员（人）
合　计	**1762**	**206812**	**998**	**198317**	**764**	**8495**
房屋和土木工程建筑业	793	175386	576	171651	217	3735
建筑安装业	362	22772	221	21177	141	1595
建筑装饰业	406	4944	137	3246	269	1698
其他建筑业	201	3710	64	2243	137	1467

（二）建筑业总产值

2008 年，建筑业企业法人单位的建筑业总产值 639.39 亿元。其中，资质内企业[6]629.26 亿元，资质外企业 10.13 亿元。

在建筑业企业法人单位的建筑业总产值中，房屋和土木工程建筑业占 86.2%；建筑安装业占 11.6%；建筑装饰业占 1.0%；其他建筑业占 1.2%（详见表 9）。

表 9 建筑业企业法人单位建筑业总产值的行业分布

单位：亿元

项 目	合计	资质内企业	资质外企业
合 计	**639.39**	**629.26**	**10.13**
房屋和土木工程建筑业	551.40	547.29	4.11
建筑安装业	74.10	71.16	2.94
建筑装饰业	6.58	5.51	1.07
其他建筑业	7.31	5.30	2.01

（三）房屋建筑面积及竣工价值

2008 年，总承包和专业承包建筑业企业[7]房屋建筑施工面积 4234.71 万平方米，房屋建筑竣工面积 2155.97 万平方米，竣工价值 205.48 亿元（详见表 10）。

表 10 总承包和专业承包建筑业企业房屋建筑完成情况

项 目	房屋建筑竣工面积（万平方米）	房屋建筑竣工价值（亿元）
合 计	**2155.97**	**205.48**
厂房、仓库	157.19	20.38
住宅	1424.29	122.02
办公用房	175.62	21.54
批发和零售用房	45.26	4.04
住宿和餐饮用房	40.29	4.42
居民服务业用房	25.89	2.64
教育用房	125.17	12.86
文化、体育用房	35.28	4.74
卫生医疗用房	32.03	3.73
科研用房	10.87	1.66
其他用房	84.08	7.45

（四）资产负债和所有者权益

2008 年末，总承包和专业承包建筑业企业的资产合计为 549.48 亿元，负债合计为 378.69 亿元，企业所有者权益合计为 170.78 亿元，资产负债率为 68.9%（详见表 11）。

表 11 建筑业企业法人单位资产负债和所有者权益行业分布

单位：亿元

项 目	资产合计	负债合计	所有者权益合计
合 计	**549.48**	**378.69**	**170.79**
房屋和土木工程建筑业	462.31	322.03	140.28
建筑安装业	73.71	49.53	24.18
建筑装饰业	7.35	3.49	3.86
其他建筑业	6.11	3.64	2.47

（五）工程结算收入和利润总额

2008年，我区总承包和专业承包建筑业企业法人单位工程结算收入618.61亿元，其中，房屋和土木工程建筑业占87.2%，建筑安装业占11.0%，建筑装饰业占0.9%，其他建筑业占0.9%；利润总额12.09亿元，其中，房屋和土木工程建筑业占85.3%，建筑安装业占13.6%，建筑装饰业占0.02%，其他建筑业占1.1%（详见表12）。

表12　建筑业企业法人单位工程结算收入和利润总额

单位：亿元

项　　目	工程结算收入	利润总额
合　　计	**618.61**	**12.09**
房屋和土木工程建筑业	539.28	10.31
建筑安装业	68.66	1.65
建筑装饰业	5.28	0.002
其他建筑业	5.39	0.13

注释：

[1]所有者权益合计：是指所有者在企业资产中享有的经济利益，即企业资产减去负债后的余额。所有者权益包括实收资本（或股本）、资本公积、盈余公积和未分配利润等。

[2]规模以上工业企业：是指全部年主营业务收入500万元及以上的法人工业企业。

[3]开展科技活动的企业：是指有组织地开展科研和技术开发活动，并有相应经费支出的企业。

[4]研究与试验发展经费投入强度：是指研究与试验发展经费支出与主营业务收入之比。

[5]新产品：是指采用新技术原理、新设计构思研制生产的全新产品，或在结构、材质、工艺等某一方面比原有产品有明显改进，从而显著提高了产品性能或扩大了使用功能的产品。包括经政府有关部门认定并在有效期内的新产品，也包括企业自行开发研制，但尚未经政府有关部门认定、投产一年之内的新产品。

[6]资质内建筑业企业：是指依据建设部《建筑业企业资质管理规定》（中华人民共和国建设部令2007年第157号）及《建筑业企业资质等级标准》（建建[2001]82号），已经领取《建筑业企业资质证书》的企业。资质外建筑业企业指虽然没有领取《建筑业企业资质证书》，但实际从事建筑生产经营活动的建筑业企业。

[7]总承包和专业承包企业：总承包企业是指具有施工总承包资质，可以对工程实行施工总承包或者对主体工程实行施工承包的建筑业企业。专业承包企业是指具有专业承包资质，可以承接总承包企业分包的专业工程或者建设单位按照规定发包的专业工程的建筑业企业。不包括资质以外的建筑业企业和个体经营户。

[8]表中的合计数和部分计算数据因小数取舍而产生的误差，均未作机械调整。

新疆维吾尔自治区第二次全国经济普查主要数据公报

（第三号）

新疆维吾尔自治区人民政府第二次全国经济普查领导小组办公室

新疆维吾尔自治区统计局

2010 年 3 月 24 日

根据自治区第二次全国经济普查结果，现将我区第三产业的主要数据公布如下：

一、交通运输、仓储和邮政业

（一）单位数和从业人员

2008 年末，全区共有交通运输、仓储和邮政业企业法人单位 1979 个，比自治区第一次全国经济普查增加 1003 个；从业人员 9.62 万人，比自治区第一次全国经济普查增加 1.95 万人。交通运输、仓储和邮政业的行政事业法人单位 136 个，比自治区第一次全国经济普查增加 20 个；从业人员 1.46 万人，比自治区第一次全国经济普查减少 241 人。

在交通运输、仓储和邮政业企业法人单位中，交通运输业[1]占 89.1%，仓储业占 9.0%，邮政业占 1.9%；在企业法人单位从业人员中，交通运输业占 83.7%，仓储业占 3.8%，邮政业占 12.5%（详见表 1）。

表 1　交通运输、仓储和邮政业企业法人单位和从业人员

项　　目	企业法人单位（个）	从业人员（人）
合　　计	**1979**	**96228**
道路运输业	957	48601
城市公共交通业	142	17088
航空运输业	18	3604
管道运输业	5	911
装卸搬运和其他运输服务业	640	10285
仓储业	179	3672
邮政业	38	12067

（二）营业收入和营业利润

2008 年末，交通运输、仓储和邮政业企业法人单位营业收入 348.23 亿元。其中，交通运输业、仓储业和邮政业分别占 91.2%、5.8%和 3.0%。

交通运输、仓储和邮政业企业法人单位营业利润 -14.93 亿元。其中，交通运输业-12.72 亿元。

二、批发和零售业

（一）企业单位数和从业人员

2008 年末，全区共有批发和零售业企业法人单位 1.85 万个，从业人员 18.67 万人，分别比自治区第一次全国经济普查增长 56.8%和 14.6%。

在批发和零售业企业法人单位中，批发业 1.26 万个，零售业 0.59 万个，分别占 68.1%和 31.9%。

在批发和零售业企业法人单位从业人员中，批发业占 64.7％，零售业占 35.3%（详见表 2）。

表 2　批发和零售业企业法人单位数和从业人员

项　　目	法人单位（个）	从业人员（人）
合　计	**18545**	**186693**
批发业	12634	120808
农畜产品批发	979	22119
食品、饮料及烟草制品批发	796	11404
纺织、服装及日用品批发	617	4646
文化、体育用品及器材批发	267	2163
医药及医疗器材批发	361	4754
矿产品、建材及化工产品批发	4334	40655
机械设备、五金交电及电子产品批发	4662	30402
贸易经纪与代理	182	1472
其他批发	436	3193
零售业	5911	65885
综合零售	479	16201
食品、饮料及烟草制品专门零售	383	2403
纺织、服装及日用品专门零售	464	5851
文化、体育用品及器材专门零售	399	4343
医药及医疗器材专门零售	328	5481
汽车、摩托车、燃料及零配件专门零售	1096	13833
家用电器及电子产品专门零售	1322	9594
五金、家具及室内装修材料专门零售	968	5157
无店铺及其他零售	472	3022

在批发和零售业企业法人单位中，国有企业 601 个，占 3.2%；集体企业 301 个，占 1.6%；私营企业 1.56 万个，占 84.0%；股份制企业 1884 个，占 10.2%；港、澳、台商投资企业 16 个，占 0.1%；外商投资企业 32 个，占 0.2%。

在批发和零售业企业法人单位从业人员中，国有企业占 12.7%，集体企业占 3.4%，私营企业占 55.7%，股份制企业占 26.4%，港、澳、台商投资企业占 0.4%，外商投资企业占 0.9%（详见表 3）。

表 3 按登记注册类型分组的批发和零售业企业法人单位数和从业人员

项　　目	法人单位（个）	从业人员（人）
合　　计	18545	186693
内资企业	18497	184305
国有企业	601	23784
集体企业	301	6272
股份合作企业	38	324
联营企业	22	197
有限责任公司	1783	40452
股份有限公司	101	8771
私营企业	15570	103898
其他内资企业	81	607
港、澳、台商投资企业	16	752
外商投资企业	32	1636

（二）资产总计

2008年末，批发和零售业企业法人单位资产总计1534.06亿元，比自治区第一次全国经济普查增长39.7%。

表 4 批发和零售业企业法人单位资产总计

项　　目	资产总计（亿元）
合　　计	**1534.06**
批发业	1320.47
农畜产品批发	427.72
食品、饮料及烟草制品批发	104.62
纺织、服装及日用品批发	17.62
文化、体育用品及器材批发	14.25
医药及医疗器材批发	28.74
矿产品、建材及化工产品批发	497.57
机械设备、五金交电及电子产品批发	200.97
贸易经纪与代理	12.88
其他批发	16.10
零售业	213.59
综合零售	43.84
食品、饮料及烟草制品专门零售	5.09
纺织、服装及日用品专门零售	15.65
文化、体育用品及器材专门零售	16.12
医药及医疗器材专门零售	19.02
汽车、摩托车、燃料及零配件专门零售	66.32
家用电器及电子产品专门零售	21.88
五金、家具及室内装修材料专门零售	14.00
无店铺及其他零售	11.67

（三）主营业务收入

2008 年，批发和零售业企业法人单位主营业务收入 3002.01 亿元，比自治区第一次全国经济普查增长 144.2%。其中，批发业 2640.87 亿元，零售业 361.14 亿元，分别增长 156.5%和 80.9%。

表 5 批发和零售业企业法人单位主营业务收入

项目	主营业务收入（亿元）
合计	**3002.01**
批发业	2640.87
农畜产品批发	360.56
食品、饮料及烟草制品批发	107.76
纺织、服装及日用品批发	23.44
文化、体育用品及器材批发	17.75
医药及医疗器材批发	38.31
矿产品、建材及化工产品批发	1768.53
机械设备、五金交电及电子产品批发	256.62
贸易经纪与代理	11.55
其他批发	56.35
零售业	361.14
综合零售	56.56
食品、饮料及烟草制品专门零售	3.90
纺织、服装及日用品专门零售	16.73
文化、体育用品及器材专门零售	14.13
医药及医疗器材专门零售	29.07
汽车、摩托车、燃料及零配件专门零售	182.22
家用电器及电子产品专门零售	37.82
五金、家具及室内装修材料专门零售	14.37
无店铺及其他零售	6.34

三、住宿和餐饮业

（一）企业单位数和从业人员

2008 年末，全区共有住宿和餐饮业企业法人单位 1011 个，从业人员 4.56 万人，分别比自治区第一次全国经济普查增长 8.6 %和 0.3%。

在住宿和餐饮业企业法人单位中，住宿业 716 个，餐饮业 295 个，分别占 71.0%和 29.0%。在住宿和餐饮企业法人单位从业人员中，住宿业占 74.2%，餐饮业占 25.8%（详见表 6）。

表 6 住宿和餐饮业企业法人单位数和从业人员

项目	法人单位（个）	从业人员（人）
合计	**1011**	**45618**
住宿业	716	33826
旅游饭店	327	27005
一般旅馆	370	6489
其他住宿服务	19	332
餐饮业	295	11792
正餐服务	250	9999
快餐服务	33	1663
其他餐饮服务	12	130

在住宿和餐饮业企业法人单位中，国有企业163个，占16.1%；集体企业25个，占2.5%；私营企业595个，占58.9%；股份制企业195个，占19.3%；港、澳、台商投资企业9个，占0.9%；外商投资企业7个，占0.7%。

在住宿和餐饮业企业法人单位从业人员中，国有企业占23.6%，集体企业占2.7%，股份制企业占27.9%，私营企业占38.9%，港、澳、台商投资企业占3.2%，外商投资企业占2.7%（详见表7）。

表7　按登记注册类型分组的住宿和餐饮业企业法人单位数和从业人员

项　　目	法人单位（个）	从业人员（人）
合　　计	**1011**	**45618**
内资企业	995	42874
国有企业	163	10778
集体企业	25	1239
股份合作企业	2	42
联营企业	5	163
有限责任公司	184	12101
股份有限公司	11	625
私营企业	595	17758
其他内资企业	10	168
港、澳、台商投资企业	9	1492
外商投资企业	7	1252

（二）资产总计

2008年末，住宿和餐饮业企业法人单位资产总计为115.58亿元，比自治区第一次全国经济普查增长31.1%。

表8　住宿和餐饮业企业法人单位资产总计

项　　目	资产总计（亿元）
合　　计	**115.58**
住宿业	99.25
旅游饭店	85.85
一般旅馆	12.97
其他住宿服务	0.43
餐饮业	16.33
正餐服务	15.21
快餐服务	0.98
其他餐饮服务	0.14

（三）主营业务收入

2008年，住宿和餐饮业企业法人单位主营业务收入36.43亿元，比自治区第一次全国经济普查增长31.5%。其中，住宿业26.20亿元，餐饮业10.23亿元，分别增长24.3%和54.3%。

表 9　住宿和餐饮业企业法人单位主营业务收入

项　　目	主营业务收入（亿元）
合　　计	**36.43**
住宿业	26.20
旅游饭店	22.64
一般旅馆	3.38
其他住宿服务	0.18
餐饮业	10.23
正餐服务	8.28
快餐服务	1.94
其他餐饮服务	0.01

四、房地产业

（一）企业单位数

2008 年末，全区共有房地产业企业 2610 个，比自治区第一次全国经济普查增加 1028 个。其中，房地产开发业 1130 个，物业管理业 713 个，房地产中介服务业 344 个，其他房地产业 423 个，分别增加 421 个、285 个、170 个和 152 个（详见表 10）。

表 10　房地产业企业单位地区分布

单位：个

地　　区	房地产业企业个数	房地产开　发	物业管理	房地产中介服务	其　他房地产业
总　　计	**2610**	**1130**	**713**	**344**	**423**
乌鲁木齐市	988	348	284	165	191
克拉玛依市	111	38	43	30	
吐鲁番地区	47	19	12	3	13
哈密地区	137	55	33	11	38
昌吉回族自治州	202	99	64	21	18
伊犁哈萨克自治州	350	195	55	50	50
伊犁州直属县（市）	230	120	36	33	41
塔城地区	53	43	4	2	4
阿勒泰地区	67	32	15	15	5
博尔塔拉蒙古自治州	63	41	11	2	9
巴音郭楞蒙古自治州	211	111	54	22	24
阿克苏地区	200	114	66	12	8
克孜勒苏柯尔克孜自治州	20	8	7	1	4
喀什地区	133	46	43	8	36
和田地区	32	1	13	5	13
石河子市	95	40	23	13	19
阿拉尔市	9	6	3		
图木舒克市	2	2			
五家渠市	10	7	2	1	

（二）从业人员

2008 年，全区房地产业企业从业人员 5.66 万人，比自治区第一次全国经济普查增加 1.63 万人。其中，房地产开发业 2.04 万人，物业管理业 2.78 万人，房地产中介服务业 2702 人，其他房地产业 5716 人，分别增加 4968 人、10603 人、395 人和 358 人（详见表 11）。

表 11　房地产业企业单位从业人员地区分布

单位：人

地　　区	房地产业年末从业人　员	房地产开　发	物业管理	房地产中介服务	其　他房地产业
总　　计	**56643**	**20402**	**27823**	**2702**	**5716**
乌鲁木齐市	30263	9526	16609	1272	2856
克拉玛依市	3531	734	2378	419	
吐鲁番地区	902	187	513	26	176
哈密地区	1714	585	509	42	578
昌吉回族自治州	3605	1862	1501	163	79
伊犁哈萨克自治州	4914	2616	1302	317	679
伊犁州直属县（市）	3587	1795	1032	207	553
塔城地区	693	499	98	23	73
阿勒泰地区	634	322	172	87	53
博尔塔拉蒙古自治州	601	358	173	13	57
巴音郭楞蒙古自治州	3147	1394	1236	127	390
阿克苏地区	3374	1570	1686	68	50
克孜勒苏柯尔克孜自治州	230	49	118	3	60
喀什地区	2124	644	850	71	559
和田地区	426	150	118	38	120
石河子市	1554	530	772	140	112
阿拉尔市	115	65	50		
图木舒克市	25	25			
五家渠市	118	107	8	3	

（三）主营业务收入、实收资本和营业利润

2008 年，全区房地产企业的主营业务收入 228.89 亿元，比自治区第一次全国经济普查增加 113.72 亿元。其中，房地产开发业 207.63 亿元，物业管理业 12.57 亿元，其他房地产业 7.01 亿元，分别增加 104.72 亿元、6.96 亿元、4.06 亿元；房地产中介服务业 1.67 亿元，减少 2.02 亿元。实收资本 192.38 亿元，其中，房地产开发业 152.90 亿元，物业管理业 11.84 亿元，房地产中介服务业 5.19 亿元，其他房地产业 22.45 亿元。营业利润 9.25 亿元。其中，房地产开发业 8.19 亿元，物业管理业 0.36 亿元，房地产中介服务业-0.02 亿元，其他房地产业 0.73 亿元（详见表 12）。

表 12 房地产业企业主营业务收入地区分布情况

单位：亿元

地　区	房地产业主营业务收入	房地产开　发	物业管理	中介服务	其他房地产业
总　计	**228.89**	**207.63**	**12.57**	**1.68**	**7.01**
乌鲁木齐市	117.71	103.87	9.16	0.76	3.92
克拉玛依市	9.99	8.76	0.81	0.42	
吐鲁番地区	1.23	1.02	0.13		0.08
哈密地区	4.75	4.04	0.19	0.03	0.49
昌吉州	17.87	17.37	0.41	0.08	0.01
伊犁哈萨克自治州	28.23	27.37	0.28	0.19	0.39
伊犁州直属县（市）	22.03	21.35	0.23	0.13	0.32
塔城地区	4.16	4.05	0.03	0.03	0.05
阿勒泰地区	2.04	1.97	0.02	0.03	0.02
博尔塔拉蒙古自治州	2.24	2.18	0.02	0.01	0.03
巴音郭楞蒙古自治州	17.80	16.75	0.49	0.04	0.52
阿克苏地区	14.68	14.08	0.54	0.04	0.02
克孜勒苏柯尔克孜自治州	0.11	0.07	0.03		0.01
喀什地区	4.78	3.06	0.29	0.02	1.41
和田地区	0.28	0.22	0.02	0.01	0.03
石河子市	6.94	6.56	0.20	0.08	0.10
阿拉尔市	0.68	0.68			
图木舒克市	0.04	0.04			
五家渠市	1.56	1.56			

五、其他第三产业

（一）单位数和从业人员

2008 年末，全区共有从事其他第三产业[2]的法人单位数 5.23 万个，比自治区第一次全国经济普查增加 1.22 万个。从业人员 131.60 万人，比自治区第一次全国经济普查增加 13.17 万人。其中，企业法人单位 1.02 万个，从业人员 24.71 万人，行政事业及其他非企业单位 4.21 万个，从业人员 106.90 万人（详见表 13）。

表 13 其他第三产业法人单位和从业人员

项　目	法人单位(个)		从业人员（人）	
	企　业	行政事业及其他	企　业	行政事业及其他
合　计	**10237**	**42052**	**247065**	**1068957**
信息传输、计算机服务和软件业	1853	126	27951	1987
金融业	571	35	71795	3253
租赁和商务服务业	4041	452	86261	7544
科学研究、技术服务和地质勘查业	1641	1398	26327	39156
水利、环境和公共设施管理业	240	617	6824	41862
居民服务和其他服务业	1103	143	13211	2358
教育	287	4934	3943	332389
卫生、社会保障和社会福利业	251	2359	6925	119219
文化、体育和娱乐业	250	852	3828	22443
公共管理和社会组织	-	31136	-	498746

（二）营业收入和营业利润

2008 年末，其他第三产业企业法人单位营业收入 977.77 亿元，营业利润 80.88 亿元。在营业收入中，金融业、租赁和商务服务业、信息传输及计算机服务和软件业所占比重分别是 64.8%、14.2%和 12.3%，三个行业合计占 91.3%。营业利润中，上述三个行业分别占 59.3%、6.0%和 31.0%，合计占 96.3%（详见表 14）。

表 14 其他第三产业企业法人单位营业收入和营业利润

单位：亿元

项　　目	营业收入	营业利润
合　　计	**977.77**	**80.88**
信息传输、计算机服务和软件业	120.43	25.05
金融业	633.88	47.96
租赁和商务服务业	138.66	4.84
科学研究、技术服务和地质勘查业	44.23	3.08
水利、环境和公共设施管理业	14.25	-0.23
居民服务和其他服务业	13.59	0.40
教　育	3.22	0.32
卫生、社会保障和社会福利业	5.73	-0.15
文化、体育和娱乐业	3.78	-0.39

（三）行政事业和其他非企业法人单位的资产、收入和支出（或费用）

2008 年末，其他第三产业中的行政事业单位和其他非企业法人单位固定资产原价 1225.41 亿元，全年收入合计 963.62 亿元，全年支出（或费用）合计 873.62 亿元（详见表 15）。

表 15 行政事业和其他非企业法人单位固定资产、收入和支出

单位：亿元

项　　目	固定资产原价	本年收入合计	本年支出（或费用）合计
合　　计	**1225.41**	**963.62**	**873.62**
信息传输、计算机服务和软件业	2.50	1.56	1.13
金融业	3.36	1.61	2.12
租赁和商务服务业	11.44	6.58	5.98
科学研究、技术服务和地质勘查业	32.08	48.91	37.74
水利、环境和公共设施管理业	99.41	27.01	24.21
居民服务和其他服务业	2.40	2.97	2.52
教　育	247.40	202.07	193.34
卫生、社会保障和社会福利业	155.42	154.65	147.12
文化、体育和娱乐业	26.54	22.39	19.65
公共管理和社会组织	644.86	495.87	439.81

注释：

[1] 交通运输业：包括铁路运输业、道路运输业、城市公共交通业、水上运输业、航空运输业、管道运输业、装卸搬运和其他运输服务业。

[2] 其他第三产业：包括信息传输、计算机服务和软件业；金融业；租赁和商务服务业；科学研究、技术服务和地质勘查业；水利、环境和公共设施管理业；居民服务和其他服务业；教育；卫生、社会保障和社会福利业；文化、体育和娱乐业；公共管理和社会组织。

[3] 表中的合计数和部分计算数据因小数取舍而产生的误差，均未作机械调整。

新疆经济普查年鉴 2008

Xinjiang Economic Census Yearbook

第二产业卷|第三产业卷

新疆维吾尔自治区人民政府
第二次全国经济普查领导小组办公室 编
新疆维吾尔自治区统计局

中国统计出版社
China Statistics Press

(京)新登字041号

图书在版编目（CIP）数据

新疆经济普查年鉴. 2008/ 新疆维吾尔自治区人民政府第二次全国经济普查领导小组办公室，新疆维吾尔自治区统计局编
—北京：中国统计出版社，2010.8

ISBN 978-7-5037-5946-8

Ⅰ.①新… Ⅱ.①新… ②新… Ⅲ.①经济-普查-新疆-2008-年鉴 Ⅳ.①F127.45-54

中国版本图书馆CIP数据核字（2010）第092604号

新疆经济普查年鉴—2008（第二产业卷/第三产业卷）

作　　者/新疆维吾尔自治区人民政府第二次全国经济普查领导小组办公室
　　　　　新疆维吾尔自治区统计局
责任编辑/马　平
装帧设计/黄俊杰　李雪燕
出版发行/中国统计出版社
通信地址/北京市西城区月坛南街57号
邮政编码/100826
办公地址/北京市丰台区西三环南路甲6号
网　　址/www.stats.gov.cn/tjshujia
电　　话/邮购（010）63376907　书店（010）68783172
印　　刷/河北天普润印刷厂
经　　销/新华书店
开　　本/880×1230毫米　1/16
字　　数/1200千字
印　　张/38.5
版　　别/2010年8月第1版
版　　次/2010年8月第1次印刷
书　　号/ISBN 978-7-5037-5946-8/F·2914
定　　价/650.00元　（全二册 附光盘）

《新疆经济普查年鉴—2008》编辑机构名单

编委会

名誉主任　努尔·白克力

主　　任　杨　刚　戴公兴

副 主 任　蔡毅治　李　成

编　　委　王忠山　阿不拉·玉素甫　邰存峰　曹　萍
王　跃　李仁玮　王彦楼　马木提·托依木利
谢光德　热依汗·玉素甫　雪和莱提·买买提尼牙孜
姚玉珍　徐　岩　李体超　施玉足　成秉勇
潘玉珍　何元超　冯　力

编辑部

主　　编　王忠山

副 主 编　刘莉萍

责任编辑　张　凡　胡晓燕　陈　虹　崔秀芝　陈振军
李庆明　郝俊清

编辑人员　孙兴旺　郭小元　谢建华　古丽娜　李晓江
华建绒　廖　琳　阿不都热西提　董福喜
郑和广　刘　镭　姚昌强　王　焱　孟　凯
储丽君

数据处理　阿不都热西提　董福喜　郑和广　杨雅彬
刘　镭　姚昌强　王　焱　孟　凯　储丽君
古丽娜孜

编　　务　王艳兵　哈丽芒　尹晓茜　翟亚莉
古　丽　雒　钢

编辑说明

第二次全国经济普查是国务院统一部署的一项重大的国情国力调查。普查的主要目的是全面调查了解我国第二产业和第三产业的发展规模及布局；了解我国产业组织、产业结构、产业技术的现状以及各生产要素的构成；摸清我国各类企业和单位能源消耗的基本情况；建立健全覆盖国民经济各行业的基本单位名录库、基础信息数据库和统计电子地理信息系统。

第二次全国经济普查的标准时点为2008年12月31日24时，时期资料为2008年度。

新疆维吾尔自治区经济普查对象包括全区辖区内从事第二产业和第三产业的全部法人单位、产业活动单位和个体经营户。普查具体范围包括：采矿业，制造业，电力、燃气及水的生产和供应业，建筑业，交通运输、仓储和邮政业，信息传输、计算机服务和软件业，批发和零售业，住宿和餐饮业，金融业，房地产业，租赁和商务服务业，科学研究、技术服务和地质勘查业，水利、环境和公共设施管理业，居民服务和其他服务业，教育，卫生、社会保障和社会福利业，文化、体育和娱乐业，以及公共管理与社会组织等国民经济行业。

《新疆经济普查年鉴——2008》是根据新疆第二次全国经济普查结果汇编成的一部大型资料集，按照现行的国家统计分类标准对基础数据进行加工汇总而成。全书分为综合卷、第二产业卷和第三产业卷。与第一次经济普查年鉴相比，综合卷增加了信息化情况表式。本书通过大量的数据，诠释了新疆维吾尔自治区社会发展、经济增长和科技进步的本来面貌，内容全面，资料丰富，是各级党政领导、行政管理人员以及科研机构和社会各界全面了解和认识新疆的重要参考资料。同时，为新疆宏观经济政策制定和经济社会发展规划编制提供科学依据，为社会各方面应用提供翔实数据，服务于现代化建设。

为方便读者能够更好地使用本资料，现就有关情况做如下说明：

1. 本资料中地区分组数据均按法人单位实际所在行政区的原则进行汇总。

2. 本资料中部分分组数据相加与总计有差异，原因是分组所列项目不全，或分组所列项目只限定部分调查对象填写。

3. 本资料各表种中所列出的“单位数”存在差异，是由于经济普查对不同的表种限定了不同的填报范围，因此各表种的“单位数”均显示为实际填报该表种的单位数量。

4. 本资料中使用的符号：“空格”表示该项指标无数据；“#”表示主要项中的其中部分项目，“…”表示数据不足该表最小单位数。

恳请广大读者对本书提出宝贵意见!

第二产业卷　目录

第一篇　工业篇

第二篇　能源消费篇

第三篇　科技篇

第四篇 建筑业篇

第三产业卷　目录

第一篇　其他服务业篇

第二篇　批发和零售业篇

第三篇　住宿和餐饮业篇

第四篇　房地产业篇

附录

第二产业卷

第 1 篇

工 业 篇

1-1 全部工业企业

项　　目	企业单位数（个）	工业总产值（当年价格）	存货	资产总计	固定资产原　价
总　计	**9513**	**44129307.8**	**5385986.9**	**61042088.7**	**42791992.9**
总计中：轻工业	3253	5932498.3	1779500.5	8682863.6	4556300.2
重工业	6260	38196809.5	3606486.4	52359225.1	38235692.7
总计中：大型企业	29	26555127.5	1973465.4	32166948.5	27729955.7
中型企业	244	8817646.9	1606309.5	13793687.2	7555470.7
小型企业	9240	8756533.4	1806212.0	15081453.0	7506566.5
一、按登记注册类型分组					
内资企业	9377	43237548.8	5203064.1	59797047.9	42171582.6
国有企业	376	4168260.8	483218.4	7929412.1	4969480.8
集体企业	256	155532.7	23957.6	196645.7	86388.2
股份合作企业	56	34495.6	5557.6	53353.9	38848.3
联营企业	37	48250.6	6405.7	60866.7	18881.0
国有联营企业	18	8571.7	860.6	16081.8	5818.1
集体联营企业	10	8266.8	1206.7	14166.3	6004.2
国有与集体联营企业	4	21180.1	835.7	23420.9	5190.1
其他联营企业	5	10232.0	3502.7	7197.7	1868.6
有限责任公司	1901	10030763.7	1941286.9	15675484.7	9192553.4
国有独资公司	80	1894315.2	192373.2	2900383.4	2381942.8
其他有限责任公司	1821	8136448.5	1748913.7	12775101.3	6810610.6
股份有限公司	118	23747585.1	1611970.6	28803876.5	25347710.0
私营企业	6573	5036690.1	1128112.3	7054532.2	2495057.7
私营独资企业	1782	426476.4	51550.3	546730.9	318024.8
私营合作企业	230	104335.3	15082.8	108919.6	52520.6
私营有限责任公司	4472	3456483.3	825723.2	4697659.8	1885868.5
私营股份有限公司	89	1049395.1	235756.0	1701221.9	238643.8
其他企业	60	15970.2	2555.0	22876.1	22663.2
港、澳、台商投资企业	48	272644.2	60831.3	369034.0	197564.3
合资经营企业(港或澳、台资)	22	99857.5	20974.2	141693.1	51899.8
合作经营企业(港或澳、台资)	1			830.0	
港澳台商独资经营企业	23	134710.9	27403.8	189463.0	100748.0
港澳台商投资股份有限公司	2	38075.8	12453.3	37047.9	44916.5
外商投资企业	88	619114.8	122091.5	876006.8	422846.0
中外合资经营企业	56	414787.3	80100.5	663861.6	316489.4
中外合作经营企业	2	28882.4	1517.7	11280.4	7427.1
外资企业	22	117028.1	23967.5	142609.0	68871.5
外商投资股份有限公司	8	58417.0	16505.8	58255.8	30058.0
二、按行业大类分组					
采矿业	1625	15848938.5	963132.4	22668750.6	21755938.6
煤炭开采和洗选业	332	995643.5	82809.7	2171371.9	1125403.5
石油和天然气开采业	66	13508051.6	611248.7	18052525.8	19825068.3

主要经济指标

单位：万元

负债合计	所有者权益合计	实收资本	1.国家资本	2.集体资本	3.法人资本	4.个人资本
31977102.6	**29064986.1**	**22125127.4**	**7431318.3**	**205183.5**	**12035145.1**	**2114128.7**
5231917.8	3450945.8	2519280.5	731160.6	46325.2	954550.3	597197.2
26745184.8	25614040.3	19605846.9	6700157.7	158858.3	11080594.8	1516931.5
14605852.5	17561096.0	14155829.3	5189551.0		8707616.4	258661.9
8325482.7	5468204.5	3250630.2	1149150.9	23437.0	1552349.8	396688.7
9045767.4	6035685.6	4718667.9	1092616.4	181746.5	1775178.9	1458778.1
31254803.6	28542244.3	21682737.8	7392161.7	199345.9	11959419.5	2092117.9
5152322.1	2777090.0	2052508.6	1201571.1	1631.3	841226.0	8019.1
126633.5	70012.2	34446.3	666.4	27482.5	1335.7	4961.7
22824.6	30529.3	16711.0	-92.3	926.6	13002.2	2873.6
39192.7	21674.0	15582.0	3109.6	2663.3	8991.4	817.7
13346.3	2735.5	4881.8	2611.8		2270.0	
3882.8	10283.5	8219.1	47.8	2632.2	5111.0	428.1
16167.1	7253.8	1751.5	450.0	31.1	1160.4	110.0
5796.5	1401.2	729.6			450.0	279.6
9930043.7	5745441.0	4323817.8	1510842.6	149290.2	2151387.4	507105.0
1831093.9	1069289.5	828377.3	349009.7	490.0	475770.8	3106.8
8098949.8	4676151.5	3495440.5	1161832.9	148800.2	1675616.6	503998.2
12080035.6	16723840.9	13290401.7	4665285.3	5267.0	8299379.7	288606.7
3899491.9	3155040.3	1946919.0	10519.0	11928.3	642946.6	1278949.9
260416.1	286314.8	215004.9	118.5	1549.5	58986.1	153657.2
59593.5	49326.1	41235.3		270.0	17857.1	23083.2
2754739.9	1942919.9	1332761.5	5994.6	9853.8	394773.2	921585.3
824742.4	876479.5	357917.3	4405.9	255.0	171330.2	180624.2
4259.5	18616.6	2351.4	260.0	156.7	1150.5	784.2
231564.9	137469.1	136261.4	4988.7		11619.3	4921.6
111367.5	30325.6	34784.7	4988.7		11019.3	4921.6
830.0						
104291.4	85171.6	83447.0			600.0	
15076.0	21971.9	18029.7				
490734.1	385272.7	306128.2	34167.9	5837.6	64106.3	17089.2
369363.9	294497.7	225510.4	34167.9	5837.6	52859.4	16284.2
3090.6	8189.8	7298.1			4098.1	
75884.0	66725.0	60113.8			6648.8	805.0
42395.6	15860.2	13205.9			500.0	
9721791.0	12946959.6	10513999.8	3569225.4	18961.6	6484101.5	390989.9
1080762.2	1090609.7	729614.9	289232.8	9290.8	277034.7	143266.6
7478695.4	10573830.4	9034116.2	3177244.9	1272.0	5829900.0	25643.1

1-1 续表 1

项　　目	企业单位数(个)	工业总产值(当年价格)	存货	资产总计	固定资产原　价
黑色金属矿采选业	581	811622.6	180148.7	1414919.3	419138.9
有色金属矿采选业	279	424038.5	60258.3	842860.1	304389.2
非金属矿采选业	340	105982.3	25432.3	184093.2	81180.0
其他采矿业	27	3600.0	3234.7	2980.3	758.7
制造业	7353	25631589.9	4347808.5	29295983.7	13417907.9
农副食品加工业	809	1807572.1	498353.4	1778859.6	755014.1
食品制造业	340	779526.5	221624.9	1243901.7	575273.8
饮料制造业	309	397542.1	191088.6	731658.9	370269.2
烟草制品业	1	171249.4	39513.5	146629.1	93864.0
纺织业	259	1658960.5	521852.6	2261698.4	1435872.7
纺织服装、鞋、帽制造业	122	27765.7	7952.8	30214.2	11214.9
皮革、毛皮、羽毛(绒)及其制品业	36	41883.7	15092.3	53614.0	23498.5
木材加工及木、竹、藤、棕、草制品业	178	102943.6	21728.5	115795.2	63795.3
家具制造业	147	108057.9	29973.2	307804.4	77078.2
造纸及纸制品业	195	166212.0	54249.1	303104.1	175221.4
印刷业和记录媒介的复制	330	85819.2	15054.6	136902.4	107124.7
文教体育用品制造业	18	2006.1	416.5	3014.6	769.1
石油加工、炼焦及核燃料加工业	185	9077575.2	560489.5	6589292.3	3444763.6
化学原料及化学制品制造业	639	2137242.8	302973.3	5012554.8	1946645.7
医药制造业	94	77831.4	40460.5	209225.3	91189.1
化学纤维制造业	19	364544.5	91683.7	671578.1	245665.6
橡胶制品业	46	20625.1	1478.4	27447.4	35943.5
塑料制品业	663	518896.5	156968.1	562810.6	216180.3
非金属矿物制品业	1282	1320277.1	214576.7	2507907.6	1262440.5
黑色金属冶炼及压延加工业	91	4082586.0	796532.2	2917414.9	1625299.0
有色金属冶炼及压延加工业	68	454143.4	56676.8	355976.1	205092.4
金属制品业	475	433101.8	73911.8	416013.7	112593.0
通用设备制造业	325	147167.5	40659.9	225661.6	68757.9
专用设备制造业	246	163539.3	60925.6	253052.3	80447.9
交通运输设备制造业	147	131973.3	26309.4	135906.5	45598.1
电气机械及器材制造业	222	1197833.0	276843.2	1855758.8	154202.1
通信设备、计算机及其他电子设备制造业	12	121893.6	21137.5	264630.3	146315.7
仪器仪表及文化、办公用机械制造业	21	12390.9	1902.8	68909.9	2874.8
工艺品及其他制造业	49	16787.9	5919.0	96819.6	42686.4
废弃资源和废旧材料回收加工业	25	3641.8	1460.1	11827.3	2216.4
电力、燃气及水的生产和供应业	535	2648779.4	75046.0	9077354.4	7618146.4
电力、热力的生产和供应业	367	2467303.0	62094.2	8182748.1	6902809.3
燃气生产和供应业	44	114835.3	8719.3	318938.5	198115.4
水的生产和供应业	124	66641.1	4232.5	575667.8	517221.7

单位：万元

负债合计	所有者权益合计	实收资本				
			1.国家资本	2.集体资本	3.法人资本	4.个人资本
696756.3	718163.0	458923.7	78117.6	2637.3	203308.6	163935.2
358412.2	484447.9	226661.6	13074.2	4710.6	150728.3	35260.8
106393.0	77700.2	62463.7	11555.9	1050.9	22174.9	21619.5
771.9	2208.4	2219.7			955.0	1264.7
15710423.7	13585560.0	9769150.9	2814201.8	169123.6	4955440.2	1557682.0
1109351.2	669508.4	456991.9	90718.2	20326.4	170740.1	152733.2
782411.1	461490.6	317559.8	29013.1	6041.2	167599.7	78751.5
476409.9	255249.0	231165.4	30957.2	3691.2	106893.2	57072.1
61001.4	85627.7	18741.7	18741.7			
1465693.2	796005.2	629818.3	167163.9	3761.8	258781.0	113639.7
19664.8	10549.4	9180.4	972.0	1095.1	4620.1	2624.7
22319.3	31294.7	16316.3		874.4	8500.9	6941.0
51720.0	64075.2	40341.9	461.6	160.0	13084.5	24203.7
119195.2	188609.2	97728.2	344.5	225.4	30535.1	64276.8
203903.5	99200.6	61042.1	17737.2	1939.0	20285.8	16929.8
63395.2	73507.2	52475.9	15103.9	929.4	15924.2	19925.3
1311.2	1703.4	1510.0			360.0	1150.0
2230558.8	4358733.5	3873449.0	1257088.9	4919.2	2517038.0	92668.7
2960725.9	2051828.9	1312628.7	337149.6	80597.8	668663.6	217369.7
123821.4	85403.9	71323.0	19867.3	3318.3	20612.1	23992.2
425752.1	245826.0	164088.2	49576.8		101507.3	13004.1
62198.8	-34751.4	17658.3	13586.0	42.0	161.0	3849.3
295784.1	267026.5	192076.0	13242.2	4963.3	72197.3	77326.4
1361384.4	1146523.2	657827.4	152689.8	8930.1	281540.8	193661.7
1859794.8	1057620.1	688268.4	441003.0	4001.9	76991.0	162657.3
181307.2	174668.9	111384.0	25431.1	300.0	63925.5	21678.4
232838.0	183175.7	148396.7	46558.3	12020.4	34923.8	52631.1
126736.8	98924.8	79387.5	2636.1	6468.6	34323.1	34642.8
186757.4	66294.9	54796.9	16531.7	470.0	15845.8	18291.6
86610.4	49296.1	51515.8	16318.2	2225.9	26898.8	6020.9
1015138.7	840620.1	293839.1	10474.2	1504.5	204161.6	77695.8
71245.6	193384.7	64412.1	1047.4	230.0	35352.1	14477.4
51140.9	17769.0	7991.8	89.0	42.0	2202.9	5479.2
52785.3	44034.3	44857.2	39698.9	45.7	782.0	2597.6
9467.1	2360.2	2378.9			988.9	1390.0
6544887.9	2532466.5	1841976.7	1047891.1	17098.3	595603.4	165456.8
6102504.2	2080243.9	1462011.2	762416.1	14903.8	529357.6	148473.6
206142.4	112796.1	74635.1	15424.7	487.9	45849.1	12873.4
236241.3	339426.5	305330.4	270050.3	1706.6	20396.7	4109.8

1-1 续表 2-1

项　　目	5.港澳台资本	6.外商资本	主营业务收　　入	主营业务成　　本	主营业务税金及附加
总　　计	**136941.5**	**205265.9**	**45523780.8**	**32755537.3**	**1030748.9**
总计中：轻工业	96328.3	96350.4	6014771.9	5024964.7	126506.3
重工业	40613.2	108915.5	39509008.9	27730572.6	904242.6
总计中：大型企业			28013402.8	18485217.1	830178.8
中型企业	69217.9	59785.9	9116067.3	7293506.1	141854.8
小型企业	67723.6	145480.0	8394310.7	6976814.1	58715.3
一、按登记注册类型分组					
内资企业	17855.3	24693.1	44503299.0	31935612.6	1023131.6
国有企业			4324283.2	3715841.0	100611.7
集体企业			173796.5	151039.2	1429.8
股份合作企业		0.9	28584.8	23901.5	174.8
联营企业			48730.8	37503.5	651.3
国有联营企业			10166.3	6065.2	306.7
集体联营企业			8082.1	7452.7	86.3
国有与集体联营企业			21644.7	16413.9	237.6
其他联营企业			8837.7	7571.7	20.7
有限责任公司	3803.2	3904.6	9956628.8	8288562.3	74252.7
国有独资公司			1989353.5	1663866.7	26268.9
其他有限责任公司	3803.2	3904.6	7967275.3	6624695.6	47983.8
股份有限公司	11273.0	20590.0	25347054.6	15835508.3	814233.3
私营企业	2779.1	197.6	4610151.0	3872750.7	31450.6
私营独资企业	808.0	17.1	402082.5	318259.3	6451.9
私营合作企业	25.0		78460.2	71885.3	668.6
私营有限责任公司	644.1	180.5	3213961.1	2765277.0	21360.9
私营股份有限公司	1302.0		915647.2	717329.1	2969.2
其他企业			14069.3	10506.1	327.4
港、澳、台商投资企业	114343.5	388.3	278163.2	231754.5	139.3
合资经营企业(港或澳、台资)	13466.8	388.3	101451.7	87450.1	67.1
合作经营企业(港或澳、台资)					
港澳台商独资经营企业	82847.0		136605.0	111596.3	72.2
港澳台商投资股份有限公司	18029.7		40106.5	32708.1	
外商投资企业	4742.7	180184.5	742318.6	588170.2	7478.0
中外合资经营企业	625.0	115736.3	525337.0	412832.9	4877.5
中外合作经营企业		3200.0	30932.6	25686.3	
外资企业	4117.7	48542.3	109926.7	86867.7	1248.3
外商投资股份有限公司		12705.9	76122.3	62783.3	1352.2
二、按行业大类分组					
采矿业	18991.2	31730.2	17077628.9	6952369.7	616621.1
煤炭开采和洗选业	8850.0	1940.0	990990.5	676923.7	12005.8
石油和天然气开采业	56.2		14737679.2	5569980.4	587562.3

单位：万元

营业费用、管理费用、财务费用合 计	税金	利息支出	营业利润	利润总额	全部从业人员年平均人数(人)
3280281.8	**148175.3**	**482830.9**	**7554989.6**	**7829005.0**	**694505**
686042.8	11901.0	108328.0	214760.0	220172.6	199678
2594239.0	136274.3	374502.9	7340229.6	7608832.4	494827
1325173.0	111511.6	133303.2	6374462.5	6473763.5	249982
998673.4	17735.6	194401.5	722143.9	836517.8	177212
956435.4	18928.1	155126.2	458383.2	518723.7	267311
3143803.4	146668.7	469440.0	7488300.0	7757903.3	676910
379269.4	4173.7	87547.2	130960.1	120972.1	115145
18739.1	312.8	518.3	4373.6	6286.1	8465
3558.8	41.1	23.7	1021.9	987.0	1395
7081.0	41.7	229.6	4077.2	4388.6	2355
2776.8	14.1	82.8	1155.1	1153.7	523
947.1	2.4	49.6	-395.9	-25.9	660
2125.9	16.1	51.9	3262.6	3308.0	604
1231.2	9.1	45.3	55.4	-47.2	568
954585.4	16623.4	222318.3	620054.9	742717.3	216424
192623.3	3535.1	50022.6	94944.1	149932.8	41212
761962.1	13088.3	172295.7	525110.8	592784.5	175212
1313109.3	113327.3	109274.1	6441422.1	6578825.9	173573
465555.6	12090.0	49405.1	284382.1	301718.2	158393
41377.0	2123.5	3669.6	38672.8	37570.7	30271
6902.1	190.6	239.6	-816.3	-755.6	3952
325470.4	8190.9	35947.0	124908.4	140479.1	113828
91806.1	1585.0	9548.9	121617.2	124424.0	10342
1904.8	58.7	123.7	2008.1	2008.1	1160
33786.4	403.1	1692.9	12118.5	12644.5	7220
11263.4	137.5	1269.1	2361.4	2201.9	2768
20787.3	156.3	280.2	7060.6	7683.5	3695
1735.7	109.3	143.6	2696.5	2759.1	757
102692.0	1103.5	11698.0	54571.1	58457.2	10375
74008.6	638.2	8787.1	41609.6	42939.3	6877
3036.0	38.8	2.4	-3.0	-18.7	242
13434.5	352.3	517.3	11193.1	13285.3	2274
12212.9	74.2	2391.2	1771.4	2251.3	982
981958.9	110387.1	33535.8	7558057.7	7634172.0	215430
158418.5	2189.2	9513.6	131998.7	122810.3	58843
630879.2	104222.9	14892.6	6995091.7	7082505.4	122912

1-1 续表 2-2

项 目	5.港澳台资本	6.外商资本	主营业务收 入	主营业务成 本	主营业务税金及附加
黑色金属矿采选业	9825.0	1100.0	860815.0	462786.8	10148.2
有色金属矿采选业	155.0	22732.7	397038.6	184373.3	4519.8
非金属矿采选业	105.0	5957.5	90719.6	58085.5	2369.0
其他采矿业			386.0	220.0	16.0
制造业	117950.3	157338.6	25750499.9	23552728.7	393939.2
农副食品加工业	2590.6	19883.4	1843788.1	1642349.8	5454.0
食品制造业	10527.2	28127.1	759501.7	574683.4	3447.5
饮料制造业	5902.6	26649.1	359023.4	231935.6	28575.1
烟草制品业			170800.4	64530.4	69781.9
纺织业	74266.5	12205.4	1815886.3	1597715.0	13935.1
纺织服装、鞋、帽制造业			26278.2	21699.8	193.8
皮革、毛皮、羽毛(绒)及其制品业			31835.5	29939.3	181.1
木材加工及木、竹、藤、棕、草制品业		2432.1	91452.1	81632.8	1043.0
家具制造业	2346.4		110734.2	95371.3	318.9
造纸及纸制品业	325.0	3825.3	170859.6	147938.7	1154.3
印刷业和记录媒介的复制		593.1	87881.0	71446.9	693.3
文教体育用品制造业			1860.5	1384.9	21.2
石油加工、炼焦及核燃料加工业		1734.2	9034835.3	9285532.7	224142.8
化学原料及化学制品制造业	6144.5	2709.6	2188900.7	1786251.3	13864.2
医药制造业	200.0	3333.1	67964.1	44826.9	507.4
化学纤维制造业			329654.6	301200.5	814.0
橡胶制品业		20.0	18868.1	17565.8	143.6
塑料制品业	3466.8	20880.0	508339.0	447757.4	2032.1
非金属矿物制品业	2153.0	18852.0	1265100.4	993831.4	8452.6
黑色金属冶炼及压延加工业	2617.7	997.5	4138068.8	3798316.6	9124.3
有色金属冶炼及压延加工业	49.0		413122.6	389139.9	1044.4
金属制品业	170.0	2093.1	433223.2	391114.8	1671.3
通用设备制造业	1100.9	216.0	154244.4	130470.7	1200.3
专用设备制造业	90.0	3567.8	170652.6	137681.3	1218.5
交通运输设备制造业			149637.9	132425.6	369.9
电气机械及器材制造业		3.0	1265715.8	1032606.2	3698.2
通信设备、计算机及其他电子设备制造业	6000.1	7305.1	110014.4	79440.3	599.0
仪器仪表及文化、办公用机械制造业		178.7	13571.7	8123.9	73.5
工艺品及其他制造业		1733.0	15626.7	13426.8	170.5
废弃资源和废旧材料回收加工业			3058.6	2388.7	13.4
电力、燃气及水的生产和供应业		16197.1	2695652.0	2250438.9	20188.6
电力、热力的生产和供应业		7130.1	2511296.7	2123865.5	18303.1
燃气生产和供应业			116542.1	70990.4	1417.5
水的生产和供应业		9067.0	67813.2	55583.0	468.0

单位：万元

营业费用、管理费用、财务费用合　计	税金	利息支出	营业利润	利润总额	全部从业人员年平均人数(人)
111453.8	2752.7	7133.2	265696.2	273622.8	12806
56354.3	926.7	1062.4	157543.8	147473.7	12577
24571.8	295.6	933.0	7758.6	7791.1	8091
281.3		1.0	-31.3	-31.3	201
1930300.7	32705.4	261108.9	-70564.8	99117.4	413948
173338.3	2749.0	30448.8	26652.2	40911.6	30657
114616.0	1666.1	22982.2	71383.7	76621.7	18583
70738.5	1270.5	6754.6	37607.4	42794.2	12712
15165.1	548.0	854.8	21509.8	21882.5	521
150329.0	2293.8	25713.7	61055.0	31296.4	84594
3564.8	96.9	29.7	1493.8	1288.6	2709
1877.6	30.4	143.5	12.0	-190.3	908
7143.8	249.7	884.3	3406.9	5618.3	3863
12671.8	700.5	1322.9	59.8	514.8	4771
19019.5	447.6	3774.7	5500.2	9401.7	8436
15264.9	408.7	1178.5	2696.6	3901.8	7688
324.1	38.4	0.1	137.6	137.6	199
341871.6	2327.7	14647.1	-902671.4	-808054.7	34035
254747.1	5356.8	42091.7	182162.9	213977.5	44697
18141.2	247.8	1444.3	5629.0	5737.8	3756
41444.9	272.5	8525.9	-11550.8	-11266.2	8198
4473.7	97.0	36.9	-3131.9	-3158.9	2133
41245.3	1199.8	4179.7	21783.5	24830.9	15192
176745.7	3496.7	32768.1	128012.8	168752.7	53382
214722.2	3106.8	43970.8	110347.6	92920.1	26127
25713.1	212.4	3768.4	-1957.9	4538.2	7030
33021.7	2029.8	2503.3	11676.6	12481.9	11620
18862.5	653.6	1154.7	5230.9	5620.2	6830
22682.1	421.8	758.7	11467.3	12321.4	7299
16997.3	295.9	395.7	1480.6	1801.8	4315
113383.1	1972.2	9391.3	123312.9	127242.4	7586
14640.6	401.6	1383.8	15544.0	16308.4	3046
2561.9	15.6	145.7	2318.7	2565.4	881
4454.6	81.6	-159.0	-1893.5	-1839.3	2010
538.7	16.2	14.0	158.9	158.9	170
368022.2	5082.8	188186.2	67496.7	95715.6	65127
308100.9	4339.5	180046.0	64738.8	89499.6	55794
30346.8	215.7	4437.3	16277.7	15292.6	2241
29574.5	527.6	3702.9	-13519.8	-9076.6	7092

1-2 全部地方工业企业

项　　目	企业单位数(个)	工业总产值(当年价格)	存货	资产总计	固定资产原　　价
总　　计	**9268**	**20704173.7**	**3721312.8**	**31295453.9**	**17057293.4**
总计中：轻工业	3155	4236525.0	1256831.5	6303860.5	3220153.4
重工业	6113	16467648.7	2464481.3	24991593.4	13837140.0
总计中：大型企业	18	6655774.6	881496.8	8384929.5	6149782.8
中型企业	186	5981164.6	1169339.5	9473778.4	4502448.2
小型企业	9064	8067234.5	1670476.5	13436746.0	6405062.4
一、按登记注册类型分组					
内资企业	9135	19858989.2	3542715.1	30069015.0	16455905.7
国有企业	291	739182.4	108215.9	2458022.2	1588795.7
集体企业	255	155532.7	23932.3	196527.1	86308.3
股份合作企业	56	34495.6	5557.6	53353.9	38848.3
联营企业	36	48250.6	6405.7	60849.1	18881.0
国有联营企业	17	8571.7	860.6	16064.2	5818.1
集体联营企业	10	8266.8	1206.7	14166.3	6004.2
国有与集体联营企业	4	21180.1	835.7	23420.9	5190.1
其他联营企业	5	10232.0	3502.7	7197.7	1868.6
有限责任公司	1788	8151702.7	1645995.0	12467621.2	7016930.8
国有独资公司	66	1061476.4	159253.8	2222571.9	1789975.1
其他有限责任公司	1722	7090226.3	1486741.2	10245049.3	5226955.7
股份有限公司	93	5714299.9	640130.8	7803485.6	5208334.9
私营企业	6557	4999555.1	1109922.8	7009728.4	2475143.5
私营独资企业	1782	426476.4	51550.3	546730.9	318024.8
私营合作企业	229	103542.9	14945.7	107485.8	52007.0
私营有限责任公司	4460	3430038.5	808025.2	4666314.5	1873357.1
私营股份有限公司	86	1039497.3	235401.6	1689197.2	231754.6
其他企业	59	15970.2	2555.0	19427.5	22663.2
港、澳、台商投资企业	48	272644.2	60831.3	369034.0	197564.3
合资经营企业(港或澳、台资)	22	99857.5	20974.2	141693.1	51899.8
合作经营企业(港或澳、台资)	1			830.0	
港澳台商独资经营企业	23	134710.9	27403.8	189463.0	100748.0
港澳台商投资股份有限公司	2	38075.8	12453.3	37047.9	44916.5
外商投资企业	85	572540.3	117766.4	857404.9	403823.4
中外合资经营企业	54	397095.2	77293.1	651940.0	304556.2
中外合作经营企业	1			4600.1	337.7
外资企业	22	117028.1	23967.5	142609.0	68871.5
外商投资股份有限公司	8	58417.0	16505.8	58255.8	30058.0
二、按行业大类分组					
采矿业	1600	4374252.7	412284.9	6703863.4	4706861.5
煤炭开采和洗选业	321	742448.3	59841.1	1603488.5	859854.5

主要经济指标

单位：万元

负债合计	所有者权益合计	实收资本	1.国家资本	2.集体资本	3.法人资本	4.个人资本
17420529.8	**13874924.1**	**8802857.2**	**1930149.6**	**204047.0**	**4268174.2**	**2065732.3**
3720307.2	2583553.3	1920652.8	476810.3	46097.5	649434.7	562497.8
13700222.6	11291370.8	6882204.4	1453339.3	157949.5	3618739.5	1503234.5
4121002.0	4263927.5	2443734.8	520717.6		1683855.3	239161.9
5456429.7	4017348.7	2030024.9	491043.5	23437.0	992548.8	393991.8
7843098.1	5593647.9	4329097.5	918388.5	180610.0	1591770.1	1432578.6
16703415.4	13365599.6	8368636.3	1890993.0	198209.4	4192915.6	2046825.5
1535636.1	922386.1	736347.7	593233.1	1631.3	134826.7	6595.5
126485.6	70041.5	34378.5	666.4	27414.7	1335.7	4961.7
22824.6	30529.3	16711.0	-92.3	926.6	13002.2	2873.6
39175.1	21674.0	15582.0	3109.6	2663.3	8991.4	817.7
13328.7	2735.5	4881.8	2611.8		2270.0	
3882.8	10283.5	8219.1	47.8	2632.2	5111.0	428.1
16167.1	7253.8	1751.5	450.0	31.1	1160.4	110.0
5796.5	1401.2	729.6			450.0	279.6
7528959.4	4938661.8	3570813.3	1168811.7	148221.5	1752681.2	495906.3
1367003.4	855568.5	588103.0	211667.8	490.0	372910.1	3035.1
6161956.0	4083093.3	2982710.3	957143.9	147731.5	1379771.1	492871.2
3579912.4	4223573.2	2058331.2	114515.5	5267.0	1638208.9	268476.8
3869611.3	3140117.1	1934121.2	10489.0	11928.3	642719.0	1266409.7
260416.1	286314.8	215004.9	118.5	1549.5	58986.1	153657.2
58274.7	49211.1	41035.3		270.0	17857.1	22883.2
2733401.6	1932912.9	1323233.5	5964.6	9853.8	394545.6	912314.9
817518.9	871678.3	354847.5	4405.9	255.0	171330.2	177554.4
810.9	18616.6	2351.4	260.0	156.7	1150.5	784.2
231564.9	137469.1	136261.4	4988.7		11619.3	4921.6
111367.5	30325.6	34784.7	4988.7		11019.3	4921.6
830.0						
104291.4	85171.6	83447.0			600.0	
15076.0	21971.9	18029.7				
485549.5	371855.4	297959.5	34167.9	5837.6	63639.3	13985.2
366542.9	285397.1	220766.7	34167.9	5837.6	52617.4	13180.2
727.0	3873.1	3873.1			3873.1	
75884.0	66725.0	60113.8			6648.8	805.0
42395.6	15860.2	13205.9			500.0	
2440482.1	4263381.3	2544427.8	164592.0	18961.6	1919195.3	390957.5
822367.0	781121.5	491609.3	68510.7	9290.8	259751.2	143266.6

1-2 续表 1

项　　目	企业单位数(个)	工业总产值(当年价格)	存货	资产总计	固定资产原　　价
石油和天然气开采业	60	2332612.3	92580.7	2728261.6	3074521.8
黑色金属矿采选业	581	811622.6	180148.7	1414919.3	419138.9
有色金属矿采选业	275	395804.0	53213.4	785415.2	279275.4
非金属矿采选业	336	88165.5	23266.3	168798.5	73312.2
其他采矿业	27	3600.0	3234.7	2980.3	758.7
制造业	7172	15044603.2	3252977.1	19434682.8	8062742.2
农副食品加工业	781	1526558.8	418591.3	1492493.5	612922.7
食品制造业	330	613063.8	182468.0	852739.1	446174.6
饮料制造业	297	254995.9	73135.1	369886.7	184374.6
纺织业	242	768325.2	294145.9	1189927.7	729834.2
纺织服装、鞋、帽制造业	118	15355.1	4001.2	20968.5	7405.6
皮革、毛皮、羽毛(绒)及其制品业	36	41883.7	15092.3	53614.0	23498.5
木材加工及木、竹、藤、棕、草制品业	178	102943.6	21728.5	115795.2	63795.3
家具制造业	144	107349.7	29760.4	307121.4	76917.9
造纸及纸制品业	193	153097.1	50276.3	260992.2	150440.0
印刷业和记录媒介的复制	321	82088.1	14721.5	132070.2	102581.9
文教体育用品制造业	18	2006.1	416.5	3014.6	769.1
石油加工、炼焦及核燃料加工业	178	890915.6	130341.3	873979.7	323150.7
化学原料及化学制品制造业	623	1806449.1	255192.7	3866475.9	1362412.3
医药制造业	91	70966.4	33153.4	194186.4	84365.7
化学纤维制造业	18	364544.5	91499.0	645512.2	230546.5
橡胶制品业	46	20625.1	1478.4	27447.4	35943.5
塑料制品业	650	500005.5	147853.6	530637.6	200354.7
非金属矿物制品业	1260	1102013.8	167250.2	2020363.8	986514.2
黑色金属冶炼及压延加工业	87	4052363.6	777099.6	2878563.0	1612669.0
有色金属冶炼及压延加工业	67	454143.4	56676.8	355976.1	205092.4
金属制品业	464	420070.3	72141.2	406059.9	108949.8
通用设备制造业	324	145932.3	37525.7	221621.1	66841.7
专用设备制造业	239	147369.8	57137.4	232865.3	75529.9
交通运输设备制造业	142	49717.4	14078.4	87899.3	23751.4
电气机械及器材制造业	220	1197375.1	276834.6	1852531.3	153908.7
通信设备、计算机及其他电子设备制造业	12	121893.6	21137.5	264630.3	146315.7
仪器仪表及文化、办公用机械制造业	21	12390.9	1902.8	68909.9	2874.8
工艺品及其他制造业	48	16517.9	5877.4	96573.2	42590.4
废弃资源和废旧材料回收加工业	24	3641.8	1460.1	11827.3	2216.4
电力、燃气及水的生产和供应业	496	1285317.8	56050.8	5156907.7	4287689.7
电力、热力的生产和供应业	333	1108223.3	43204.0	4300185.7	3618509.9
燃气生产和供应业	43	113644.6	8719.3	299308.0	173721.7
水的生产和供应业	120	63449.9	4127.5	557414.0	495458.1

单位：万元

负债合计	所有者权益合计	实收资本	1.国家资本	2.集体资本	3.法人资本	4.个人资本
498767.3	2229494.3	1320123.1	333.5	1272.0	1292818.3	25643.1
696756.3	718163.0	458923.7	78117.6	2637.3	203308.6	163935.2
324619.4	460795.8	216148.2	9074.2	4710.6	144214.9	35260.8
97200.2	71598.3	55403.8	8556.0	1050.9	18147.3	21587.1
771.9	2208.4	2219.7			955.0	1264.7
11436850.6	7997832.2	4917597.7	997572.2	167987.1	1973599.0	1510333.8
941127.8	551365.7	375847.5	50301.8	20098.7	137509.4	148663.6
526631.6	326107.5	245171.2	22859.5	6041.2	103044.7	77071.5
206876.3	163010.4	127863.6	3257.0	3691.2	58028.3	31370.1
775402.3	414525.4	355698.2	50025.8	3761.8	104698.5	110740.2
12583.3	8385.2	6884.1	717.2	1095.1	2578.6	2624.7
22319.3	31294.7	16316.3		874.4	8500.9	6941.0
51720.0	64075.2	40341.9	461.6	160.0	13084.5	24203.7
118805.7	188315.7	97640.9	257.2	225.4	30535.1	64276.8
179515.9	81476.3	52940.0	9721.2	1939.0	20285.8	16843.7
62034.6	70035.6	49545.2	13720.1	929.4	14377.3	19925.3
1311.2	1703.4	1510.0			360.0	1150.0
463401.0	410578.7	271876.4	31603.0	4919.2	141251.3	92368.7
2288581.6	1577894.3	813178.9	88409.2	80586.8	421467.0	213867.9
108805.4	85381.0	70999.1	19867.3	3318.3	20288.2	23992.2
418185.1	227327.1	140571.4	26060.0		101507.3	13004.1
62198.8	-34751.4	17658.3	13586.0	42.0	161.0	3849.3
275349.0	255288.6	182724.6	10357.8	4233.3	68046.3	76103.4
1149824.4	870539.4	537730.5	63903.6	8862.3	250775.1	193184.5
1831840.4	1046722.6	678492.1	440282.5	4001.9	74723.2	155869.3
181307.2	174668.9	111384.0	25431.1	300.0	63925.5	21678.4
227930.8	178129.1	143977.6	46243.5	11920.4	31132.7	52417.9
123757.8	97863.3	78831.7	2080.3	6468.6	34323.1	34642.8
167232.5	65632.8	50561.9	12704.5	470.0	15845.8	17883.8
43281.8	44617.5	36776.0	14631.7	2225.9	13845.5	6020.9
1012218.0	840313.3	293532.3	10351.0	1504.5	203978.0	77695.8
71245.6	193384.7	64412.1	1047.4	230.0	35352.1	14477.4
51140.9	17769.0	7991.8	89.0	42.0	2202.9	5479.2
52755.2	43818.0	44761.2	39602.9	45.7	782.0	2597.6
9467.1	2360.2	2378.9			988.9	1390.0
3543197.1	1613710.6	1340831.7	767985.4	17098.3	375379.9	164441.0
3126098.4	1174087.3	973150.1	493356.0	14903.8	310572.4	147457.8
187880.1	111427.9	73535.1	15424.7	487.9	44749.1	12873.4
229218.6	328195.4	294146.5	259204.7	1706.6	20058.4	4109.8

1-2 续表 2-1

项　目	5.港澳台资本	6.外商资本	主营业务收入	主营业务成本	主营业务税金及附加
总　计	**136941.5**	**200668.2**	**20692312.2**	**15816379.9**	**456338.5**
在总计中:轻工业	96328.3	92115.7	4230169.6	3647255.9	28150.9
重工业	40613.2	108552.5	16462142.6	12169124.0	428187.6
在总计中:大型企业			6811531.9	4589318.2	361724.1
中型企业	69217.9	59785.9	6149844.9	4787736.3	38776.0
小型企业	67723.6	140882.3	7730935.4	6439325.4	55838.4
一、按登记注册类型分组					
内资企业	17855.3	24693.1	19722824.9	15036525.6	448721.2
国有企业			716663.3	524321.7	5255.3
集体企业			173796.5	151039.2	1429.8
股份合作企业		0.9	28584.8	23901.5	174.8
联营企业			48730.8	37503.5	651.3
国有联营企业			10166.3	6065.2	306.7
集体联营企业			8082.1	7452.7	86.3
国有与集体联营企业			21644.7	16413.9	237.6
其他联营企业			8837.7	7571.7	20.7
有限责任公司	3803.2	3904.6	8075164.6	6695296.6	47986.0
国有独资公司			1157150.8	851383.1	8205.6
其他有限责任公司	3803.2	3904.6	6918013.8	5843913.5	39780.4
股份有限公司	11273.0	20590.0	6092885.2	3754224.6	361575.6
私营企业	2779.1	197.6	4572930.4	3839732.4	31321.0
私营独资企业	808.0	17.1	402082.5	318259.3	6451.9
私营合作企业	25.0		77813.1	71430.1	666.9
私营有限责任公司	644.1	180.5	3186975.1	2740978.3	21310.0
私营股份有限公司	1302.0		906059.7	709064.7	2892.2
其他企业			14069.3	10506.1	327.4
港、澳、台商投资企业	114343.5	388.3	278163.2	231754.5	139.3
合资经营企业(港或澳、台资)	13466.8	388.3	101451.7	87450.1	67.1
合作经营企业(港或澳、台资)					
港澳台商独资经营企业	82847.0		136605.0	111596.3	72.2
港澳台商投资股份有限公司	18029.7		40106.5	32708.1	
外商投资企业	4742.7	175586.8	691324.1	548099.8	7478.0
中外合资经营企业	625.0	114338.6	505275.1	398448.8	4877.5
中外合作经营企业					
外资企业	4117.7	48542.3	109926.7	86867.7	1248.3
外商投资股份有限公司		12705.9	76122.3	62783.3	1352.2
二、按行业大类分组					
采矿业	18991.2	31730.2	4298891.4	1653313.6	377088.0
煤炭开采和洗选业	8850.0	1940.0	713306.6	457537.2	9068.7

单位：万元

营业费用、管理费用、财务费用合计			营业利润	利润总额	全部从业人员年平均人数(人)
	税金	利息支出			
1998093.6	**57100.9**	**350165.6**	**2392503.1**	**2471914.5**	**449243**
511131.7	9946.3	73588.6	74183.8	96317.5	142112
1486961.9	47154.6	276577.0	2318319.3	2375597.0	307131
402925.8	26046.6	108579.3	1298163.3	1283714.5	65584
726564.9	12925.8	123420.0	671533.0	712551.5	129394
868602.9	18128.5	118166.3	422806.8	475648.5	254265
1867203.6	55646.7	336778.1	2328991.0	2404103.1	432050
125817.7	1966.9	32871.4	62123.3	67977.4	25877
18716.8	312.5	518.3	4384.5	6297.0	8460
3558.8	41.1	23.7	1021.9	987.0	1395
7081.0	41.7	229.6	4077.2	4388.6	2354
2776.8	14.1	82.8	1155.1	1153.7	522
947.1	2.4	49.6	-395.9	-25.9	660
2125.9	16.1	51.9	3262.6	3308.0	604
1231.2	9.1	45.3	55.4	-47.2	568
767995.8	13899.6	144443.6	595114.2	662020.4	189823
145377.1	2493.9	35341.6	140648.6	152182.7	34714
622618.7	11405.7	109102.0	454465.6	509837.7	155109
478718.0	27290.5	109387.3	1377329.2	1360770.3	45412
463410.7	12035.7	49180.5	282932.6	299654.3	157569
41377.0	2123.5	3669.6	38672.8	37570.7	30271
6783.9	190.6	204.5	-788.2	-727.5	3899
323833.8	8136.6	35759.9	123860.8	138817.1	113232
91416.0	1585.0	9546.5	121187.2	123994.0	10167
1904.8	58.7	123.7	2008.1	2008.1	1160
33786.4	403.1	1692.9	12118.5	12644.5	7220
11263.4	137.5	1269.1	2361.4	2201.9	2768
20787.3	156.3	280.2	7060.6	7683.5	3695
1735.7	109.3	143.6	2696.5	2759.1	757
97103.6	1051.1	11694.6	51393.6	55166.9	9973
71126.4	624.6	8786.1	38758.9	39960.1	6694
329.8			-329.8	-329.8	23
13434.5	352.3	517.3	11193.1	13285.3	2274
12212.9	74.2	2391.2	1771.4	2251.3	982
399616.8	26997.0	40811.5	1684496.7	1673372.0	89495
117634.2	1975.8	6898.2	118095.1	108117.0	47515

1-2 续表 2-2

项 目	5.港澳台资本	6.外商资本	主营业务收 入	主营业务成 本	主营业务税金及附加
石油和天然气开采业	56.2		2276598.0	516714.1	351309.5
黑色金属矿采选业	9825.0	1100.0	860815.0	462786.8	10148.2
有色金属矿采选业	155.0	22732.7	370619.6	168325.8	4322.2
非金属矿采选业	105.0	5957.5	77166.2	47729.7	2223.4
其他采矿业			386.0	220.0	16.0
制造业	117950.3	152740.9	15064237.0	13024437.2	70512.0
农副食品加工业	2590.6	16683.4	1555451.4	1389500.2	4936.1
食品制造业	10527.2	28127.1	592372.6	453372.4	2849.7
饮料制造业	5902.6	25614.4	220480.2	146185.3	12763.3
纺织业	74266.5	12205.4	835862.9	776637.4	2480.0
纺织服装、鞋、帽制造业			15250.3	12931.4	187.8
皮革、毛皮、羽毛(绒)及其制品业			31835.5	29939.3	181.1
木材加工及木、竹、藤、棕、草制品业		2432.1	91452.1	81632.8	1043.0
家具制造业	2346.4		110143.1	94933.3	313.8
造纸及纸制品业	325.0	3825.3	156769.0	136531.1	1061.7
印刷业和记录媒介的复制		593.1	83933.6	68324.1	660.3
文教体育用品制造业			1860.5	1384.9	21.2
石油加工、炼焦及核燃料加工业		1734.2	834592.8	719779.7	4851.2
化学原料及化学制品制造业	6144.5	2709.6	1853079.5	1498512.5	9435.8
医药制造业	200.0	3333.1	65474.1	42604.3	482.4
化学纤维制造业			329654.6	301200.5	814.0
橡胶制品业		20.0	18868.1	17565.8	143.6
塑料制品业	3466.8	20517.0	489006.4	432135.9	2000.4
非金属矿物制品业	2153.0	18852.0	1063621.7	840813.4	7276.8
黑色金属冶炼及压延加工业	2617.7	997.5	4102705.6	3765493.5	9043.7
有色金属冶炼及压延加工业	49.0		413122.6	389139.9	1044.4
金属制品业	170.0	2093.1	421056.2	380242.9	1639.4
通用设备制造业	1100.9	216.0	153382.5	129887.8	1197.0
专用设备制造业	90.0	3567.8	149402.4	119617.8	1189.0
交通运输设备制造业			67591.3	60645.2	344.3
电气机械及器材制造业		3.0	1265257.9	1032172.4	3695.6
通信设备、计算机及其他电子设备制造业	6000.1	7305.1	110014.4	79440.3	599.0
仪器仪表及文化、办公用机械制造业		178.7	13571.7	8123.9	73.5
工艺品及其他制造业		1733.0	15365.4	13300.5	170.5
废弃资源和废旧材料回收加工业			3058.6	2388.7	13.4
电力、燃气及水的生产和供应业		16197.1	1329183.8	1138629.1	8738.5
电力、热力的生产和供应业		7130.1	1150682.8	1015866.3	6893.0
燃气生产和供应业			113954.7	69717.7	1398.9
水的生产和供应业		9067.0	64546.3	53045.1	446.6

单位：万元

营业费用、管理费用、财务费用合　计	税金	利息支出	营业利润	利润总额	全部从业人员年平均人数(人)
96575.2	21211.6	24879.0	1142936.5	1144118.9	10563
111453.8	2752.7	7133.2	265696.2	273622.8	12806
52577.8	782.3	1060.8	150910.4	140678.5	11190
21094.5	274.6	839.3	6889.8	6866.1	7220
281.3		1.0	-31.3	-31.3	201
1394375.3	27747.7	213107.0	709261.6	778636.5	314419
143578.3	2386.2	24668.4	20429.3	32691.9	25889
84899.1	1499.4	9079.9	55950.4	60280.6	15737
46429.6	905.5	1923.7	26332.5	28325.0	9165
81231.1	1936.6	17186.1	-23780.9	-28018.0	41942
2270.2	76.5	3.1	456.2	237.8	1742
1877.6	30.4	143.5	12.0	-190.3	908
7143.8	249.7	884.3	3406.9	5618.3	3863
12571.4	693.0	1319.6	54.3	509.3	4700
16609.3	388.2	3032.9	5320.0	7132.8	7585
14442.4	399.2	1179.7	2668.4	3655.2	7310
324.1	38.4	0.1	137.6	137.6	199
49231.3	660.1	9118.2	70179.4	70414.7	9963
233157.1	4650.4	40749.9	154523.3	172432.0	39213
17558.4	232.8	1442.5	5528.0	5631.8	3545
41182.7	272.5	8525.9	-11288.6	-11004.0	8195
4473.7	97.0	36.9	-3131.9	-3158.9	2133
38373.1	1132.7	3568.8	20811.2	23904.3	14368
145225.8	3121.8	27945.4	107865.9	140449.6	44648
213061.0	3062.4	43715.9	109557.3	91688.5	25511
25713.1	212.4	3768.4	-1957.9	4538.2	7030
32097.3	1996.7	2308.4	11302.8	12106.2	11065
18639.2	646.7	1116.0	5178.6	5567.9	6617
20609.9	384.8	437.5	10255.7	10944.7	6614
8218.0	189.7	178.7	85.7	381.1	2850
113295.5	1969.6	9390.9	123338.8	127268.3	7558
14640.6	401.6	1383.8	15544.0	16308.4	3046
2561.9	15.6	145.7	2318.7	2565.4	881
4421.1	81.6	-161.2	-1995.0	-1940.8	1972
538.7	16.2	14.0	158.9	158.9	170
204101.5	2356.2	96247.1	-1255.2	19906.0	45329
146650.7	1653.3	88162.7	-4178.3	13524.7	36471
28677.2	215.7	4425.1	16567.4	15582.3	2135
28773.6	487.2	3659.3	-13644.3	-9201.0	6723

1-3 规模以上工业企业

项目	企业单位数(个)	亏损企业	生产、销售总值		
			工业总产值(当年价格)	工业销售产值(当年价格)	出口交货值
总计	**1859**	**564**	**42759865.7**	**41802384.1**	**713243.3**
一、按登记注册类型分组					
内资企业	1775	533	41878483.4	40914498.1	613760.6
国有企业	148	52	4125635.9	3981927.5	13046.9
中央企业	55	16	3424696.8	3311492.6	7447.9
地方企业	93	36	700939.1	670434.9	5599.0
集体企业	31	7	131214.9	131164.1	13800.2
股份合作企业	7	2	20922.9	20187.7	
联营企业	8	3	44428.8	44331.6	
国有联营企业	2	1	7060.1	7054.8	
集体联营企业	1	1	7296.8	7296.8	
国有与集体联营企业	2		20371.0	21279.3	
其他联营企业	3	1	9700.9	8700.7	
有限责任公司	743	216	9774116.3	9535354.1	217404.9
国有独资公司	55	14	1889717.3	1843100.1	170.7
其他有限责任公司	688	202	7884399.0	7692254.0	217234.2
股份有限公司	70	13	23736468.5	23464291.4	245224.6
私营企业	768	240	4045696.1	3737241.7	124284.0
私营独资企业	54	20	156922.8	152079.2	816.7
私营合作企业	15	6	42057.0	41050.8	0.8
私营有限责任公司	680	209	2818650.0	2642755.6	78555.1
私营股份有限公司	19	5	1028066.3	901356.1	44911.4
港、澳、台商投资企业	27	15	266680.7	260893.1	38472.2
合资经营企业(港或澳、台资)	14	8	99607.0	99420.1	19295.9
港澳台商独资经营企业	11	6	128997.9	127261.6	17531.7
港澳台商投资股份有限公司	2	1	38075.8	34211.4	1644.6
外商投资企业	57	16	614701.6	626992.9	61010.5
中外合资经营企业	34	11	410790.7	408939.8	54858.4
中外合作经营企业	1		28882.4	28695.2	
外资企业	17	4	116676.5	112154.6	6152.1
外商投资股份有限公司	5	1	58352.0	77203.3	
二、按经济组织类型分组					
独资企业	261	89	4659448.0	4504587.0	51347.6
国有企业	148	52	4125635.9	3981927.5	13046.9
集体企业	31	7	131214.9	131164.1	13800.2
私营独资企业	54	20	156922.8	152079.2	816.7
港澳台商独资经营企业	11	6	128997.9	127261.6	17531.7
外资企业	17	4	116676.5	112154.6	6152.1
合作、合伙企业	31	11	136291.1	134265.3	0.8
股份合作企业	7	2	20922.9	20187.7	
国有联营企业	2	1	7060.1	7054.8	

主要经济指标

单位：万元

一、年末资产负债						
资产总计	流动资产合计	应收账款	存货	产成品	流动资产年平均余额	固定资产合计
56524786.8	**18553048.5**	**2600754.3**	**4968926.4**	**1758032.0**	**17516986.9**	**27276535.1**
55388796.3	18007641.9	2484168.8	4789475.1	1672803.8	16974050.1	26788694.1
7531447.8	3046192.8	268267.6	474197.6	152744.0	2658636.4	3784996.3
5446806.6	2447923.2	113009.4	372788.5	96202.7	2071361.3	2406962.2
2084641.2	598269.6	155258.2	101409.1	56541.3	587275.1	1378034.1
94113.1	59747.9	22014.6	12717.8	5706.3	50631.7	22220.6
27453.6	4479.7	1496.7	1332.1	216.7	4233.0	13742.3
51732.6	33937.5	19654.8	5272.8	2339.2	29148.7	9121.3
11184.6	5684.2	3127.2	301.4		5045.0	1768.9
11536.7	8025.8	6631.9	1096.9	653.8	7493.9	3510.9
22398.9	14710.8	9118.4	381.2		11802.9	2757.0
6612.4	5516.7	777.3	3493.3	1685.4	4806.9	1084.5
14016136.6	5122063.7	890728.0	1830954.6	585154.0	4688272.0	6888579.7
2861997.8	853087.8	172583.9	191271.2	48308.3	788379.0	1627869.6
11154138.8	4268975.9	718144.1	1639683.4	536845.7	3899893.0	5260710.1
28751789.4	7126522.4	722222.2	1609227.4	605823.6	7180287.8	14684826.7
4916123.2	2614697.9	559784.9	855772.8	320820.0	2362840.5	1385207.2
135790.8	61676.9	15456.0	15303.9	5706.5	53930.6	65781.2
23998.9	15273.3	3979.7	7142.2	3813.2	15013.6	8075.1
3111751.3	1580974.1	296244.5	607494.0	275466.0	1446286.7	1134384.2
1644582.2	956773.6	244104.7	225832.7	35834.3	847609.6	176966.7
304435.5	185816.3	53213.6	60455.2	27131.3	145668.5	99651.0
119907.2	75796.5	34074.2	20915.1	12528.8	57723.6	34926.9
147480.4	84781.0	8582.5	27086.8	12314.6	62629.2	53595.8
37047.9	25238.8	10556.9	12453.3	2287.9	25315.7	11128.3
831555.0	359590.3	63371.9	118996.1	58096.9	397268.3	388190.0
631705.8	261375.2	43308.8	77204.9	32594.5	295574.9	308160.1
6680.3	4112.9	111.5	1517.7	348.6	4224.7	2177.6
138039.3	62830.1	18354.4	23767.7	12408.8	64421.6	55019.6
55129.6	31272.1	1597.2	16505.8	12745.0	33047.1	22832.7
8046871.4	3315228.7	332675.1	553073.8	188880.2	2890249.5	3981613.5
7531447.8	3046192.8	268267.6	474197.6	152744.0	2658636.4	3784996.3
94113.1	59747.9	22014.6	12717.8	5706.3	50631.7	22220.6
135790.8	61676.9	15456.0	15303.9	5706.5	53930.6	65781.2
147480.4	84781.0	8582.5	27086.8	12314.6	62629.2	53595.8
138039.3	62830.1	18354.4	23767.7	12408.8	64421.6	55019.6
109865.4	57803.4	25242.7	15264.8	6717.7	52620.0	33116.3
27453.6	4479.7	1496.7	1332.1	216.7	4233.0	13742.3
11184.6	5684.2	3127.2	301.4		5045.0	1768.9

1-3 续表 1-1

项目	企业单位数(个)	亏损企业	生产、销售总值		
			工业总产值(当年价格)	工业销售产值(当年价格)	出口交货值
集体联营企业	1	1	7296.8	7296.8	
国有与集体联营企业	2		20371.0	21279.3	
其他联营企业	3	1	9700.9	8700.7	
私营合伙企业	15	6	42057.0	41050.8	0.8
中外合作经营企业	1		28882.4	28695.2	
股份有限公司	96	20	24860962.6	24477062.2	291780.6
股份有限公司(内资)	70	13	23736468.5	23464291.4	245224.6
私营股份有限公司	19	5	1028066.3	901356.1	44911.4
港澳台商投资股份有限公司	2	1	38075.8	34211.4	1644.6
外商投资股份有限公司	5	1	58352.0	77203.3	
有限责任公司	1471	444	13103164.0	12686469.6	370114.3
国有独资公司	55	14	1889717.3	1843100.1	170.7
私营有限责任公司	680	209	2818650.0	2642755.6	78555.1
合资经营企业(港或澳、台资)	14	8	99607.0	99420.1	19295.9
中外合资经营企业	34	11	410790.7	408939.8	54858.4
其他有限责任公司	688	202	7884399.0	7692254.0	217234.2
三、在总计中					
总计中：亏损企业	564	564	11076025.8	10877845.0	96915.9
总计中：国有控股企业	486	138	33530882.2	33075633.1	415767.1
总计中：农村工业	19	3	66651.5	62911.6	
总计中：轻工业	673	234	5446842.8	5223045.8	422239.8
重工业	1186	330	37313022.9	36579338.3	291003.5
总计中：大型企业	29	7	26555127.5	26222025.4	61563.3
中型企业	244	61	8817646.9	8479787.8	408203.1
小型企业	1586	496	7387091.3	7100570.9	243476.9
四、按工业行业小类分组					
采矿业	271	56	15590440.0	15462118.2	8009.9
煤炭开采和洗选业	119	27	935456.5	924688.0	
烟煤和无烟煤的开采洗选	119	27	935456.5	924688.0	
石油和天然气开采业	29	4	13501303.9	13440914.5	2615.0
天然原油和天然气开采	6		12469407.0	12409017.6	2615.0
与石油和天然气开采有关的服务活动	23	4	1031896.9	1031896.9	
黑色金属矿采选业	68	11	719870.2	671524.8	
铁矿采选	64	11	705927.8	659980.2	
其他黑色金属矿采选	4		13942.4	11544.6	
有色金属矿采选业	37	11	369971.4	361112.0	
常用有色金属矿采选	31	11	316963.3	312897.2	
铜矿采选	11	3	227585.5	231272.7	
铅锌矿采选	11	7	34092.9	28264.4	
镍钴矿采选	9	1	55284.9	53360.1	
贵金属矿采选	5		41138.2	37638.1	
金矿采选	5		41138.2	37638.1	

单位：万元

一、年末资产负债						
资产总计	流动资产合计				流动资产年平均余额	固定资产合计
		应收账款	存货			
				产成品		
11536.7	8025.8	6631.9	1096.9	653.8	7493.9	3510.9
22398.9	14710.8	9118.4	381.2		11802.9	2757.0
6612.4	5516.7	777.3	3493.3	1685.4	4806.9	1084.5
23998.9	15273.3	3979.7	7142.2	3813.2	15013.6	8075.1
6680.3	4112.9	111.5	1517.7	348.6	4224.7	2177.6
30488549.1	8139806.9	978481.0	1864019.2	656690.8	8086260.2	14895754.4
28751789.4	7126522.4	722222.2	1609227.4	605823.6	7180287.8	14684826.7
1644582.2	956773.6	244104.7	225832.7	35834.3	847609.6	176966.7
37047.9	25238.8	10556.9	12453.3	2287.9	25315.7	11128.3
55129.6	31272.1	1597.2	16505.8	12745.0	33047.1	22832.7
17879500.9	7040209.5	1264355.5	2536568.6	905743.3	6487857.2	8366050.9
2861997.8	853087.8	172583.9	191271.2	48308.3	788379.0	1627869.6
3111751.3	1580974.1	296244.5	607494.0	275466.0	1446286.7	1134384.2
119907.2	75796.5	34074.2	20915.1	12528.8	57723.6	34926.9
631705.8	261375.2	43308.8	77204.9	32594.5	295574.9	308160.1
11154138.8	4268975.9	718144.1	1639683.4	536845.7	3899893.0	5260710.1
13723268.9	5121628.3	393855.8	1537373.4	481834.5	4743364.2	7799309.9
44855809.2	12683455.5	1492908.3	3166443.8	1034899.3	12160444.0	23490908.3
63589.3	39210.3	6710.0	11507.8	5397.6	31946.2	18652.3
7211433.5	3574234.0	511070.4	1607326.1	698349.4	3351999.2	2943184.6
49313353.3	14978814.5	2089683.9	3361600.3	1059682.6	14164987.7	24333350.5
32166948.5	8948594.3	709694.2	1973465.4	535517.9	8582934.0	16021815.3
13793687.2	5374297.8	1044816.0	1606309.5	552348.6	4923485.9	5939114.7
10564151.1	4230156.4	846244.1	1389151.5	670165.5	4010567.0	5315605.1
21631910.3	5050828.1	873864.4	884366.5	347308.9	4720440.5	10390986.6
1839360.3	588606.8	134719.1	69152.6	17761.9	557376.7	843000.7
1839360.3	588606.8	134719.1	69152.6	17761.9	557376.7	843000.7
18042307.5	3634148.7	538894.4	609796.7	251450.9	3434574.6	8879819.0
16578715.2	2725359.6	492232.8	576868.7	250984.6	2798323.3	8467455.8
1463592.3	908789.1	46661.6	32928.0	466.3	636251.3	412363.2
1023726.3	552171.6	170264.5	147518.4	53025.9	437135.7	334587.8
1008336.8	545258.7	168647.2	146740.1	52520.5	431839.3	326895.6
15389.5	6912.9	1617.3	778.3	505.4	5296.4	7692.2
632445.7	228119.3	19374.2	45248.6	18267.1	245150.8	292737.2
534543.2	196277.6	17899.1	33747.9	14304.3	213482.0	248517.7
275314.2	80761.3	9162.9	15887.7	4698.6	81395.1	145586.1
124352.0	60743.7	5321.1	10955.3	6815.1	62804.0	41268.7
134877.0	54772.6	3415.1	6904.9	2790.6	69282.9	61662.9
78234.7	23415.2	755.2	6672.8	1333.9	24312.7	34272.8
78234.7	23415.2	755.2	6672.8	1333.9	24312.7	34272.8

1-3 续表 1-2

项目	企业单位数(个)	亏损企业	生产、销售总值 工业总产值(当年价格)	工业销售产值(当年价格)	出口交货值
稀有稀土金属矿采选	1		11869.9	10576.7	
其他稀有金属矿采选	1		11869.9	10576.7	
非金属矿采选业	18	3	63838.0	63878.9	5394.9
土砂石开采	8		15147.6	14771.0	232.2
石灰石、石膏开采	1		3129.6	3129.6	
建筑装饰用石开采	3		7147.7	6819.3	232.2
耐火土石开采	1		1115.0	1143.3	
粘土及其他土砂石开采	3		3755.3	3678.8	
化学矿采选	2	1	7316.0	6989.3	
采盐	3		16834.8	16162.8	66.0
石棉及其他非金属矿采选	5	2	24539.6	25955.8	5096.7
石棉、云母矿采选	2	1	9536.0	9974.9	
其他非金属矿采选	3	1	15003.6	15980.9	5096.7
制造业	1404	419	24594648.1	23823990.9	705233.4
农副食品加工业	229	69	1611197.6	1563190.1	36945.7
谷物磨制	50	8	213922.9	209971.8	24.0
饲料加工	28	2	240096.8	241483.9	
植物油加工	100	40	751004.7	743007.6	590.3
食用植物油加工	99	39	747373.7	740324.1	590.3
非食用植物油加工	1	1	3631.0	2683.5	
制糖	14	6	192595.6	172331.1	
屠宰及肉类加工	17	8	93268.5	86706.5	19637.0
畜禽屠宰	8	3	62135.9	57222.1	7741.3
肉制品及副产品加工	9	5	31132.6	29484.4	11895.7
蔬菜、水果和坚果加工	11	2	59977.6	53440.8	10452.6
其他农副食品加工	9	3	60331.5	56248.4	6241.8
淀粉及淀粉制品的制造	5	2	28428.6	27408.3	6241.8
其他未列明的农副食品加工	4	1	31902.9	28840.1	
食品制造业	108	25	728975.4	720776.5	216182.3
焙烤食品制造	6	1	12538.5	12414.4	
糕点、面包制造	3		7010.7	7010.7	
饼干及其他焙烤食品制造	3	1	5527.8	5403.7	
糖果、巧克力及蜜饯制造	1		16053.0	13180.9	
蜜饯制作	1		16053.0	13180.9	
方便食品制造	6	1	67124.5	75175.1	5781.9
速冻食品制造	1		642.4	499.6	
方便面及其他方便食品制造	5	1	66482.1	74675.5	5781.9
液体乳及乳制品制造	38	16	228391.7	207563.4	1044.9
罐头制造	32	2	276713.1	292917.1	189495.2
蔬菜、水果罐头制造	32	2	276713.1	292917.1	189495.2

单位：万元

一、年末资产负债						
资产总计	流动资产合计	应收账款	存货	产成品	流动资产年平均余额	固定资产合计
19667.8	8426.5	719.9	4827.9	2628.9	7356.1	9946.7
19667.8	8426.5	719.9	4827.9	2628.9	7356.1	9946.7
94070.5	47781.7	10612.2	12650.2	6803.1	46202.7	40841.9
20849.7	11683.3	4922.4	3102.1	1751.4	8326.1	6029.3
997.3	662.7	17.5	15.2	7.2	621.0	334.6
12328.4	4780.4	1042.7	2259.1	1588.9	3783.7	4830.1
665.8	510.7	444.7	3.6		349.7	155.1
6858.2	5729.5	3417.5	824.2	155.3	3571.7	709.5
15796.1	11993.6	545.1	236.0	154.6	9782.7	3802.5
15900.7	5474.0	549.5	3359.7	2552.3	5554.6	9400.3
41524.0	18630.8	4595.2	5952.4	2344.8	22539.3	21609.8
11244.6	7078.3	1863.7	1521.4	719.3	7196.9	3483.9
30279.4	11552.5	2731.5	4431.0	1625.5	15342.4	18125.9
26540168.5	11576927.0	1540673.0	4015935.5	1408834.3	10832142.2	11155565.9
1399790.3	848733.4	61725.4	448203.7	246937.4	841378.9	450363.9
165804.9	87020.3	12018.1	39035.8	7536.5	84202.6	51984.3
161937.3	89946.3	5056.5	33861.8	7448.0	89249.2	53216.3
562515.5	384934.6	21296.4	187129.7	90515.0	410138.5	151915.7
561102.5	384257.1	21296.4	187084.9	90515.0	409362.0	151301.7
1413.0	677.5		44.8		776.5	614.0
294122.3	162241.4	5331.7	138216.5	108257.9	142093.9	114138.5
93444.0	55885.4	6977.9	15412.7	11124.1	50772.1	29449.4
41328.6	19499.4	2876.3	8709.4	7711.0	18203.8	18896.0
52115.4	36386.0	4101.6	6703.3	3413.1	32568.3	10553.4
65124.1	29610.6	10031.8	14760.8	12303.8	26694.0	34891.7
56842.2	39094.8	1013.0	19786.4	9752.1	38228.6	14768.0
29124.8	18453.6	801.7	6756.5	3738.9	17720.0	9605.7
27717.4	20641.2	211.3	13029.9	6013.2	20508.6	5162.3
1142626.2	574026.9	186786.5	202744.8	126885.9	449256.2	430656.7
14815.2	5723.9	1127.5	3881.8	132.3	6199.7	7858.9
6785.9	2837.9	654.5	2750.0	6.0	3081.2	3242.7
8029.3	2886.0	473.0	1131.8	126.3	3118.5	4616.2
12937.0	7826.6	495.2	5112.8	4994.2	5826.8	5044.8
12937.0	7826.6	495.2	5112.8	4994.2	5826.8	5044.8
41698.2	22882.7	5046.7	10451.1	5486.3	22906.9	17139.5
641.4	213.0	11.9	45.5	18.1	212.5	428.4
41056.8	22669.7	5034.8	10405.6	5468.2	22694.4	16711.1
239087.9	104964.5	23581.2	34653.3	19048.3	94107.7	88324.6
611958.4	363243.1	147513.9	107918.0	85650.1	261146.1	207999.4
611958.4	363243.1	147513.9	107918.0	85650.1	261146.1	207999.4

1-3 续表 1-3

项 目	企业单位数(个)	亏损企业	生产、销售总值 工业总产值(当年价格)	工业销售产值(当年价格)	出口交货值
调味品、发酵制品制造	8	3	50336.9	48773.1	5385.5
味精制造	3	2	7558.7	7396.4	
酱油、食醋及类似制品的制造	2	1	7112.3	6801.9	
其他调味品、发酵制品制造	3		35665.9	34574.8	5385.5
其他食品制造	17	2	77817.7	70752.5	14474.8
营养、保健食品制造	2		4724.4	5130.0	2999.3
冷冻饮品及食用冰制造	5	1	33236.4	29261.1	
盐加工	6	1	11177.6	10352.6	
食品及饲料添加剂制造	4		28679.3	26008.8	11475.5
饮料制造业	48	13	370711.0	341254.2	9273.4
酒精制造	2	2	6487.0	5909.5	
酒的制造	30	8	258544.2	241585.6	
白酒制造	9	3	101635.1	96875.7	
啤酒制造	13	3	102147.1	99957.1	
葡萄酒制造	8	2	54762.0	44752.8	
软饮料制造	16	3	105679.8	93759.1	9273.4
瓶(罐)装饮用水制造	3		13275.2	12565.3	
果菜汁及果菜汁饮料制造	11	3	60330.1	53928.1	9273.4
含乳饮料和植物蛋白饮料制造	1		4557.0	4843.0	
茶饮料及其他软饮料制造	1		27517.5	22422.7	
烟草制品业	1		171249.4	170800.6	
卷烟制造	1		171249.4	170800.6	
纺织业	108	59	1626605.3	1523787.7	76121.4
棉、化纤纺织及印染精加工	80	48	1471602.1	1368668.7	12227.8
棉、化纤纺织加工	79	47	1462194.5	1361212.3	12227.8
棉、化纤印染精加工	1	1	9407.6	7456.4	
毛纺织和染整精加工	9	6	34210.5	34416.2	4888.6
毛条加工	4	3	9059.9	10064.5	2071.7
毛纺织	5	3	25150.6	24351.7	2816.9
麻纺织	9	1	32911.5	30478.0	
针织品、编织品及其制品制造	10	4	87881.2	90224.8	59005.0
棉、化纤针织品及编织品制造	8	3	46211.6	44821.5	28040.0
毛针织品及编织品制造	2	1	41669.6	45403.3	30965.0
纺织服装、鞋、帽制造业	6	3	16876.4	17813.4	1.5
纺织服装制造	6	3	16876.4	17813.4	1.5
皮革、毛皮、羽毛(绒)及其制品业	7	4	39010.3	32188.9	
皮革鞣制加工	5	3	28174.3	23520.9	
皮革制品制造	1	1	1090.0	1094.0	
皮鞋制造	1	1	1090.0	1094.0	
毛皮鞣制及制品加工	1		9746.0	7574.0	
毛皮鞣制加工	1		9746.0	7574.0	

单位：万元

一、年末资产负债						
资产总计	流动资产合计	应收账款	存货	产成品	流动资产年平均余额	固定资产合计
128391.8	31598.3	3627.0	18270.2	4109.4	30011.5	54439.3
23069.6	6881.9	706.9	2070.1	1046.2	7498.0	14431.1
12358.6	3432.5	226.8	2640.4	817.8	3201.7	8497.3
92963.6	21283.9	2693.3	13559.7	2245.4	19311.8	31510.9
93737.7	37787.8	5395.0	22457.6	7465.3	29057.5	49850.2
11061.5	6905.3	2447.1	2447.6	602.2	5805.1	1478.9
42478.3	11432.9	349.9	10372.3	1495.3	5594.5	28498.1
12199.1	7342.1	1079.1	2329.8	1631.2	6140.6	4065.8
27998.8	12107.5	1518.9	7307.9	3736.6	11517.3	15807.4
620725.5	337030.8	32864.5	172924.7	29401.4	328786.9	209510.5
7722.7	3284.9	134.2	1807.3	1345.2	2694.5	3209.1
512343.9	295687.7	25598.0	155873.9	15356.2	288460.4	152073.8
153231.0	99840.1	2770.4	39361.5	5418.5	93776.4	32692.5
148870.0	59694.0	-2446.1	27724.1	2702.4	67685.9	53647.5
210242.9	136153.6	25273.7	88788.3	7235.3	126998.1	65733.8
100658.9	38058.2	7132.3	15243.5	12700.0	37632.0	54227.6
15698.1	6745.2	1306.4	986.5	585.8	5509.9	7691.7
64340.9	25773.0	4342.1	13069.2	11364.5	25085.9	33271.6
7308.2	2565.0	42.6	322.8	322.8	1925.9	2927.6
13311.7	2975.0	1441.2	865.0	426.9	5110.3	10336.7
146629.1	69326.4	32.7	39513.5		66568.3	58252.5
146629.1	69326.4	32.7	39513.5		66568.3	58252.5
2152960.1	1063018.4	121218.6	505519.9	179158.7	996469.9	976290.3
1952888.8	951764.6	100133.3	440809.1	153268.0	887027.1	910769.7
1945430.4	945988.2	99110.1	439430.2	151889.1	881360.7	909087.7
7458.4	5776.4	1023.2	1378.9	1378.9	5666.4	1682.0
49924.0	26141.1	2202.2	17097.2	7857.5	23752.3	18757.1
20711.3	7171.6	790.1	2207.2	1001.6	6691.8	9791.5
29212.7	18969.5	1412.1	14890.0	6855.9	17060.5	8965.6
65917.3	29788.0	4773.7	16807.8	6012.1	32440.2	29609.9
84230.0	55324.7	14109.4	30805.8	12021.1	53250.3	17153.6
27127.2	21640.4	6257.5	9607.6	6841.0	17198.7	4719.3
57102.8	33684.3	7851.9	21198.2	5180.1	36051.6	12434.3
14280.9	11046.7	2418.8	4327.4	1390.6	9833.3	2838.4
14280.9	11046.7	2418.8	4327.4	1390.6	9833.3	2838.4
47204.0	28896.7	5474.3	13956.2	8951.7	28642.8	17329.6
41529.8	24228.6	4581.5	11476.8	6896.8	24345.6	16355.8
1498.8	1103.9	354.2	491.1	149.0	999.6	362.6
1498.8	1103.9	354.2	491.1	149.0	999.6	362.6
4175.4	3564.2	538.6	1988.3	1905.9	3297.6	611.2
4175.4	3564.2	538.6	1988.3	1905.9	3297.6	611.2

1-3 续表 1-4

项目	企业单位数（个）	亏损企业	生产、销售总值 工业总产值（当年价格）	工业销售产值（当年价格）	出口交货值
木材加工及木、竹、藤、棕、草制品	18	5	78769.6	75090.2	
锯材、木片加工	1	1	1540.8	1378.4	
锯材加工	1	1	1540.8	1378.4	
人造板制造	14	4	71163.3	66863.0	
胶合板制造	2	1	6718.3	6170.4	
纤维板制造	10	3	56888.5	53712.1	
刨花板制造	1		6888.2	6281.0	
其他人造板、材制造	1		668.3	699.5	
木制品制造	3		6065.5	6848.8	
建筑用木料及木材组件加工	1		1615.6	1524.8	
木容器制造	1		2864.7	2864.7	
软木制品及其他木制品制造	1		1585.2	2459.3	
家具制造业	9	2	93073.5	98979.0	76152.3
木质家具制造	6	2	77298.5	83734.7	76152.3
金属家具制造	3		15775.0	15244.3	
造纸及纸制品业	37	16	137524.6	135236.4	
纸浆制造	3	1	48568.2	48351.7	
造纸	14	6	47078.3	46651.4	
机制纸及纸板制造	14	6	47078.3	46651.4	
纸制品制造	20	9	41878.1	40233.3	
纸和纸板容器的制造	17	7	38959.9	37954.2	
其他纸制品制造	3	2	2918.2	2279.1	
印刷业和记录媒介的复制	31	4	55126.6	53459.9	
印刷	29	4	51807.3	50446.4	
书、报、刊印刷	21	2	30875.8	29514.9	
本册印制	3		3848.0	3848.0	
包装装潢及其他印刷	5	2	17083.5	17083.5	
装订及其他印刷服务活动	2		3319.3	3013.5	
石油加工、炼焦及核燃料加工业	74	28	9043414.3	8918217.0	1534.5
精炼石油产品的制造	36	13	8704191.4	8589075.6	
原油加工及石油制品制造	36	13	8704191.4	8589075.6	
炼焦	38	15	339222.9	329141.4	1534.5
化学原料及化学制品制造业	144	39	2064902.2	1993560.3	144069.2
基础化学原料制造	40	19	571840.0	548486.3	59517.2
无机酸制造	3	1	32574.9	31252.8	
无机碱制造	4	1	237707.6	237970.0	59517.2
无机盐制造	23	10	187772.4	172351.1	
有机化学原料制造	6	4	91454.6	84702.1	
其他基础化学原料制造	4	3	22330.5	22210.3	
肥料制造	16	5	227144.1	212331.4	672.6
氮肥制造	2		131210.1	122583.6	
磷肥制造	1	1	2848.9	1970.8	

单位：万元

一、年末资产负债						
资产总计	流动资产合计				流动资产年平均余额	固定资产合计
		应收账款	存货			
				产成品		
76513.5	34863.3	9130.0	17432.4	10306.2	35897.1	29980.9
2736.2	1842.3	1362.1	384.6	296.7	1800.7	850.6
2736.2	1842.3	1362.1	384.6	296.7	1800.7	850.6
66922.9	28569.5	5194.4	15475.8	9444.3	30105.2	28173.1
3303.2	1205.5	2.5	737.0	572.8	1080.5	2097.7
53094.4	26388.0	5186.9	13883.3	8220.5	27923.2	16543.2
10054.0	784.0		782.0	581.0	784.0	9270.0
471.3	192.0	5.0	73.5	70.0	317.5	262.2
6854.4	4451.5	2573.5	1572.0	565.2	3991.2	957.2
1123.2	918.7		793.9	339.0	889.1	204.4
2213.6	2200.5	1592.7	501.2	11.9	1617.3	13.1
3517.6	1332.3	980.8	276.9	214.3	1484.8	739.7
267773.4	121490.0	18153.5	24301.1	13871.5	91965.2	44759.6
230433.3	113991.2	16510.1	21562.2	12130.4	84453.8	27713.3
37340.1	7498.8	1643.4	2738.9	1741.1	7511.4	17046.3
251519.6	118163.0	12875.0	45088.5	27467.8	113198.9	98705.3
79941.5	31065.9	502.0	4782.7	1277.9	30382.5	42427.6
121975.7	57389.4	3835.5	27012.9	19845.9	54594.3	39168.6
121975.7	57389.4	3835.5	27012.9	19845.9	54594.3	39168.6
49602.4	29707.7	8537.5	13292.9	6344.0	28222.1	17109.1
41839.6	24840.8	7555.9	9701.9	4194.9	23751.1	14359.3
7762.8	4866.9	981.6	3591.0	2149.1	4471.0	2749.8
85501.6	35718.0	11092.7	8140.9	1871.3	34945.3	45984.2
82638.1	34760.0	10894.4	7882.1	1819.4	33610.8	44140.4
58824.1	21164.2	5180.5	4685.5	1489.1	20900.1	34923.6
6318.8	3278.2	519.6	472.7	311.8	2700.8	2295.4
17495.2	10317.6	5194.3	2723.9	18.5	10009.9	6921.4
2863.5	958.0	198.3	258.8	51.9	1334.5	1843.8
6490461.1	2215197.0	43135.8	548295.0	238974.2	2139475.7	4013506.8
6048071.8	2028227.0	32411.0	492777.7	221812.5	1996122.8	3823791.7
6048071.8	2028227.0	32411.0	492777.7	221812.5	1996122.8	3823791.7
442389.3	186970.0	10724.8	55517.3	17161.7	143352.9	189715.1
4535000.5	1424396.7	240367.6	273913.6	124860.4	1394208.3	1871895.2
1712073.5	650031.3	74360.9	95070.0	49673.5	632600.7	757138.3
44641.6	19150.1	1563.3	4294.6	2721.0	18741.2	17476.7
799442.2	331254.6	30803.6	34939.5	21433.7	344858.1	237168.4
241871.1	85801.3	7822.3	30112.7	14172.1	93880.2	130872.2
556486.5	194327.0	22738.7	24713.6	11222.0	161751.1	321787.5
69632.1	19498.3	11433.0	1009.6	124.7	13370.1	49833.5
711534.1	164839.9	9329.5	59453.1	14281.6	141242.3	515464.1
238201.8	80416.9	1457.7	16188.5	7255.6	63803.4	157784.9
2071.9	1133.8	23.4	768.7		1074.9	792.0

1-3 续表 1-5

项目	企业单位数(个)	亏损企业	生产、销售总值 工业总产值(当年价格)	工业销售产值(当年价格)	出口交货值
钾肥制造	2	1	50943.8	46752.3	
复混肥料制造	8	2	36065.7	35258.5	
有机肥料及微生物肥料制造	1		4062.3	3703.0	672.6
其他肥料制造	2	1	2013.3	2063.2	
农药制造	1		1400.9	1291.0	
化学农药制造	1		1400.9	1291.0	
涂料、油墨、颜料及类似产品制造	8	4	15173.5	15252.2	2213.4
涂料制造	7	3	13978.5	14017.2	2213.4
密封用填料及类似品制造	1	1	1195.0	1235.0	
合成材料制造	11	1	902001.4	876611.9	81229.4
初级形态的塑料及合成树脂制造	9	1	862005.4	841098.6	81229.4
合成纤维单(聚合)体的制造	1		37890.9	33408.2	
其他合成材料制造	1		2105.1	2105.1	
专用化学产品制造	66	10	330043.2	325995.0	436.6
化学试剂和助剂制造	39	3	154323.2	151071.9	177.0
专项化学用品制造	18	5	117661.5	117718.3	
炸药及火工产品制造	5		52093.1	50502.9	259.6
动物胶制造	4	2	5965.4	6701.9	
日用化学产品制造	2		17299.1	13592.5	
肥皂及合成洗涤剂制造	2		17299.1	13592.5	
医药制造业	21	7	67226.2	60562.9	1664.1
化学药品原药制造	2	2	1707.5	1697.2	
化学药品制剂制造	4	2	18586.6	17567.5	8.8
中药饮片加工	6	2	23738.8	15373.1	1156.1
中成药制造	6	1	15770.8	20405.6	499.2
兽用药品制造	1		666.5	656.4	
生物、生化制品的制造	2		6756.0	4863.1	
化学纤维制造业	8	7	357736.8	337240.2	2072.8
纤维素纤维原料及纤维制造	8	7	357736.8	337240.2	2072.8
化纤浆粕制造	6	5	191556.3	182915.8	2072.8
人造纤维(纤维素纤维)制造	2	2	166180.5	154324.4	
橡胶制品业	6	2	16064.1	12560.0	
轮胎制造	1	1	3802.7	3802.7	
车辆、飞机及工程机械轮胎制造	1	1	3802.7	3802.7	
橡胶板、管、带的制造	3		9536.0	6270.7	
再生橡胶制造	1	1	873.3	781.4	
日用及医用橡胶制品制造	1		1852.1	1705.2	
塑料制品业	112	33	403628.3	383564.0	13889.0
塑料薄膜制造	19	12	67068.5	63148.5	
塑料板、管、型材的制造	51	9	227528.9	212425.6	8740.4
塑料丝、绳及编织品的制造	18	5	40823.6	38146.6	5148.6

单位：万元

一、年末资产负债						
资产总计	流动资产合计	应收账款	存货	产成品	流动资产年平均余额	固定资产合计
427811.6	53052.7	0.3	31382.8	1378.3	46567.9	347407.3
29005.7	23089.7	4024.1	9091.1	4724.0	22776.0	4378.9
7063.0	2014.5	72.3	908.6	635.7	1811.2	2975.7
7380.1	5132.3	3751.7	1113.4	288.0	5208.9	2125.3
1507.3	607.6	343.3	174.9	66.5	532.7	558.4
1507.3	607.6	343.3	174.9	66.5	532.7	558.4
21267.6	11478.9	2467.7	5554.7	3118.7	11196.6	3763.1
17259.1	10058.4	2380.2	4813.7	2790.7	9986.3	2902.2
4008.5	1420.5	87.5	741.0	328.0	1210.3	860.9
1728288.9	382166.4	74647.8	70465.1	40353.3	428174.1	508709.8
1708792.9	375303.4	73163.5	65696.6	37533.2	424492.6	500370.6
18750.7	6224.0	1136.0	4528.4	2820.1	3111.9	8234.1
745.3	639.0	348.3	240.1		569.6	105.1
352839.8	212376.6	79126.9	40795.9	16116.3	178029.0	81952.8
148633.8	98107.8	34767.4	20333.9	8170.0	90461.4	32226.7
128782.1	79841.1	42234.3	12684.6	4818.5	61611.1	34817.8
70984.1	31232.4	1060.5	7287.0	3046.9	23310.3	13764.4
4439.8	3195.3	1064.7	490.4	80.9	2646.2	1143.9
7489.3	2896.0	91.5	2399.9	1250.5	2432.9	4308.7
7489.3	2896.0	91.5	2399.9	1250.5	2432.9	4308.7
119631.6	54206.3	9432.8	31190.2	11975.6	56007.1	49937.1
1144.4	915.1	337.6	532.9	19.1	965.8	183.4
40486.8	12601.1	2720.9	4057.5	1704.1	14489.0	20690.6
41345.2	24981.6	1613.9	18383.4	8284.2	22150.2	14814.7
21859.4	10189.5	3013.8	6116.6	1739.6	12523.3	7979.9
1780.9	977.9	246.0	220.7	111.9	969.9	508.6
13014.9	4541.1	1500.6	1879.1	116.7	4908.9	5759.9
376590.1	179272.0	20083.5	79456.5	32934.0	202093.5	160196.5
376590.1	179272.0	20083.5	79456.5	32934.0	202093.5	160196.5
214499.8	110644.9	10388.9	46675.8	13858.8	121524.0	74827.5
162090.3	68627.1	9694.6	32780.7	19075.2	80569.5	85369.0
22465.9	5220.4	2832.5	703.7	426.6	6123.9	12775.0
15279.0	398.6	1327.9	19.1		1430.8	10917.3
15279.0	398.6	1327.9	19.1		1430.8	10917.3
4152.2	2397.0	765.0	282.0	167.6	2266.5	1266.7
738.1	582.5	172.5	252.1	176.9	586.7	155.6
2296.6	1842.3	567.1	150.5	82.1	1839.9	435.4
424971.5	280119.9	72644.9	129872.3	78059.8	268794.9	120391.2
65843.0	44002.8	6895.7	21475.1	15880.5	39798.4	18248.5
256889.6	174928.9	36480.2	91906.0	52245.3	166986.4	67635.2
18996.3	15249.7	8391.9	4764.1	2848.7	13933.0	2545.7

1-3 续表 1-6

项　目	企业单位数（个）	亏损企业	生产、销售总值		
			工业总产值（当年价格）	工业销售产值（当年价格）	出口交货值
泡沫塑料制造	6	2	7163.0	6670.3	
塑料包装箱及容器制造	6	1	34585.5	33815.2	
日用塑料制造	2	1	2481.0	2482.2	
日用塑料杂品制造	2	1	2481.0	2482.2	
其他塑料制品制造	10	3	23977.8	26875.6	
非金属矿物制品业	167	31	1161941.2	1119944.9	33387.7
水泥、石灰和石膏的制造	66	9	608420.8	593365.9	4623.2
水泥制造	57	7	570072.5	556548.1	4623.2
石灰和石膏制造	9	2	38348.3	36817.8	
水泥及石膏制品制造	43	11	252471.5	250737.1	
水泥制品制造	34	9	225904.7	226803.1	
砼结构构件制造	3		16897.8	15161.0	
石棉水泥制品制造	1	1	1395.0	781.6	
轻质建筑材料制造	4		7245.3	6962.7	
其他水泥制品制造	1	1	1028.7	1028.7	
砖瓦、石材及其他建筑材料制造	27	3	92074.8	83123.6	13.0
粘土砖瓦及建筑砌块制造	3		4741.9	3559.2	
建筑陶瓷制品制造	12	1	59987.8	55195.3	
建筑用石加工	2		9087.4	8533.9	
防水建筑材料制造	3	1	4660.1	4365.4	
隔热和隔音材料制造	5		8066.4	7974.7	13.0
其他建筑材料制造	2	1	5531.2	3495.1	
玻璃及玻璃制品制造	16	6	116865.8	114686.8	23161.3
平板玻璃制造	2	2	1754.5	2018.8	
技术玻璃制品制造	3	1	2922.7	2953.1	68.1
日用玻璃制品及玻璃包装容器制造	5	2	8006.5	8311.6	
玻璃保温容器制造	1		11820.0	11368.5	
玻璃纤维及制品制造	2	1	39957.3	38918.3	
玻璃纤维增强塑料制品制造	3		52404.8	51116.5	23093.2
耐火材料制品制造	2		11096.4	11008.2	
耐火陶瓷制品及其他耐火材料制造	2		11096.4	11008.2	
石墨及其他非金属矿物制品制造	13	2	81011.9	67023.3	5590.2
石墨及碳素制品制造	6		45242.3	33968.3	5590.2
其他非金属矿物制品制造	7	2	35769.6	33055.0	
黑色金属冶炼及压延加工业	45	17	4067096.1	3977664.2	31168.1
炼铁	16	4	1428970.3	1403357.5	
炼钢	2	1	61333.8	53751.7	
钢压延加工	19	9	2465580.3	2423665.4	31168.1
铁合金冶炼	8	3	111211.7	96889.6	
有色金属冶炼及压延加工业	27	11	450403.9	435378.0	0.8
常用有色金属冶炼	10	7	278912.6	273938.0	0.8

单位：万元

一、年末资产负债						
资产总计	流动资产合计	应收账款	存货	产成品	流动资产年平均余额	固定资产合计
5511.3	4236.9	2153.7	981.3	536.1	4088.3	1028.7
35145.1	9865.1	3813.0	5176.4	2788.7	15842.6	23686.5
2043.7	1645.2	942.6	305.1	102.6	1492.6	391.3
2043.7	1645.2	942.6	305.1	102.6	1492.6	391.3
40542.5	30191.3	13967.8	5264.3	3657.9	26653.6	6855.3
2207405.7	833559.6	166677.9	181073.4	59676.6	768081.4	836248.0
1235929.0	403814.9	44089.9	98807.2	18450.4	390135.2	611812.3
1207775.8	390229.8	35987.6	96654.8	17770.1	377727.5	599138.9
28153.2	13585.1	8102.3	2152.4	680.3	12407.7	12673.4
289890.1	155043.8	79117.5	21004.1	6810.7	146908.4	100785.0
221941.1	121293.5	67211.8	15932.0	4868.9	117355.0	84086.8
53575.6	27875.1	10187.3	3353.0	809.4	23885.6	9807.3
1648.1	1508.9	727.1	351.6	118.2	1512.0	139.2
10048.4	3564.7	779.3	1213.4	1014.2	3344.0	5060.7
2676.9	801.6	212.0	154.1		811.8	1691.0
393486.9	122084.3	12535.7	17119.6	8946.6	90296.8	35875.8
5913.5	1495.5	622.4	638.8	171.1	1284.7	4418.0
38107.2	11393.0	1736.6	6310.3	4132.5	8339.1	22819.7
331340.3	96093.9	6334.7	3095.9	559.2	68097.2	5537.9
3972.2	3356.9	1699.2	425.3	114.2	2973.9	615.3
10091.4	7267.0	1918.7	4587.7	3969.6	7541.7	948.7
4062.3	2478.0	224.1	2061.6		2060.2	1536.2
130478.2	75077.2	26374.8	24188.4	12779.1	72140.0	44915.0
11245.7	6511.4	3603.2	1122.7	45.5	6565.4	3185.3
4921.2	2554.0	273.4	1509.8	62.8	2550.2	1788.2
10516.1	7020.1	461.0	5067.7	3654.2	6963.6	2787.1
9204.6	2572.1	120.3	1199.3	685.0	2749.9	4915.3
31462.7	19995.5	9436.3	5233.8	5208.6	20427.4	9735.3
63127.9	36424.1	12480.6	10055.1	3123.0	32883.5	22503.8
14457.4	9810.1	2034.5	2249.3	886.2	10647.2	4369.8
14457.4	9810.1	2034.5	2249.3	886.2	10647.2	4369.8
143164.1	67729.3	2525.5	17704.8	11803.6	57953.8	38490.1
111350.9	47630.0	2086.0	11762.7	8803.4	40114.8	29038.3
31813.2	20099.3	439.5	5942.1	3000.2	17839.0	9451.8
2873697.4	1420501.7	31894.4	789738.0	86826.6	1259789.1	1208176.4
1222409.1	635203.4	10143.9	454503.1	25861.7	433713.7	556063.4
19961.1	14266.3	476.8	10928.9	8219.6	12875.2	5096.3
1544838.7	724844.1	18547.2	291092.7	24309.5	771839.4	611294.3
86488.5	46187.9	2726.5	33213.3	28435.8	41360.8	35722.4
333383.8	145581.1	10005.0	55544.4	12977.3	141319.2	150708.4
209029.5	84222.0	3524.6	28815.9	9049.2	91984.9	106193.7

1-3 续表 1-7

项　　目	企业单位数（个）	亏损企业	生产、销售总值 工业总产值（当年价格）	工业销售产值（当年价格）	出口交货值
铜冶炼	2		34583.0	34265.5	
铅锌冶炼	2	2	8316.1	7138.3	0.8
镍钴冶炼	2	2	165909.4	166739.8	
铝冶炼	3	2	68667.8	64507.8	
其他常用有色金属冶炼	1	1	1436.3	1286.6	
贵金属冶炼	10	1	64578.7	62180.1	
金冶炼	10	1	64578.7	62180.1	
有色金属合金制造	1	1	2092.6	2001.0	
有色金属压延加工	6	2	104820.0	97258.9	
常用有色金属压延加工	6	2	104820.0	97258.9	
金属制品业	62	15	372133.7	369825.5	7270.2
结构性金属制品制造	34	7	182058.6	180667.9	6244.3
金属结构制造	32	7	178062.3	176942.7	6244.3
金属门窗制造	2		3996.3	3725.2	
集装箱及金属包装容器制造	7	3	30853.8	27148.5	
金属压力容器制造	1	1	990.0	1115.5	
金属包装容器制造	6	2	29863.8	26033.0	
金属丝绳及其制品的制造	5	1	93889.4	97107.5	
建筑、安全用金属制品制造	5	1	12737.8	13147.1	58.1
建筑、家具用金属配件制造	1		1184.2	1184.2	
建筑装饰及水暖管道零件制造	3	1	10389.6	10805.9	
其他建筑、安全用金属制品制造	1		1164.0	1157.0	58.1
金属表面处理及热处理加工	2		22969.0	21869.0	
不锈钢及类似日用金属制品制造	1		491.2	472.5	
金属制厨用器皿及餐具制造	1		491.2	472.5	
其他金属制品制造	8	3	29133.9	29413.0	967.8
其他未列明的金属制品制造	8	3	29133.9	29413.0	967.8
通用设备制造业	43	5	103531.4	101815.9	15535.1
锅炉及原动机制造	3	1	4154.2	4676.8	146.0
锅炉及辅助设备制造	2	1	3286.4	3809.0	146.0
内燃机及配件制造	1		867.8	867.8	
起重运输设备制造	5		12589.2	11972.7	1363.0
泵、阀门、压缩机及类似机械的制造	2		2979.2	2907.1	
泵及真空设备制造	2		2979.2	2907.1	
轴承、齿轮、传动和驱动部件的制造	1	1	1924.7	2226.6	225.9
轴承制造	1	1	1924.7	2226.6	225.9
风机、衡器、包装设备等通用设备制造	5		7800.4	9284.1	
风机、风扇制造	2		2542.5	3644.2	
制冷、空调设备制造	1		2565.6	2684.5	
衡器制造	2		2692.3	2955.4	

单位：万元

一、年末资产负债						
资产总计	流动资产合计				流动资产年平均余额	固定资产合计
		应收账款	存货			
				产成品		
23017.4	14252.1	230.3	3241.2	1610.0	13906.3	6472.2
5389.3	4262.6	1224.8	1561.6	513.2	4624.0	1093.7
72215.2	22022.6	235.5	14890.0	2535.5	36839.7	46702.4
98836.1	40060.5	1445.6	6891.5	3095.2	34015.0	45978.1
9571.5	3624.2	388.4	2231.6	1295.3	2599.9	5947.3
90109.0	45046.1	4449.2	23644.5	2630.1	35871.3	36314.7
90109.0	45046.1	4449.2	23644.5	2630.1	35871.3	36314.7
500.0	350.2	247.4	102.8	102.8	490.0	149.8
33745.3	15962.8	1783.8	2981.2	1195.2	12973.0	8050.2
33745.3	15962.8	1783.8	2981.2	1195.2	12973.0	8050.2
321152.1	197228.1	55078.7	56719.3	17790.0	170755.6	60070.8
144122.6	106835.6	41424.2	25259.3	7034.3	95254.4	25826.8
137005.5	102765.6	39148.8	24812.7	6660.2	92680.6	23501.0
7117.1	4070.0	2275.4	446.6	374.1	2573.8	2325.8
51413.5	25717.0	6171.8	10571.7	3758.5	25554.8	12617.8
10254.5	3446.0	892.1	1615.2	842.0	4035.8	3926.4
41159.0	22271.0	5279.7	8956.5	2916.5	21519.0	8691.4
58400.6	14460.9	3244.9	5415.1	2793.8	14047.2	6731.3
12860.1	7256.6	384.1	4308.3	1327.3	6696.2	5355.1
652.0	195.0	17.0	85.0	53.0	46.5	305.7
11410.5	6303.5	367.1	3544.7	895.6	5916.7	5009.9
797.6	758.1		678.6	378.7	733.0	39.5
31815.9	27003.8	210.8	6052.3		14781.1	3893.8
525.0	283.5	33.8	248.5	134.5	294.6	241.5
525.0	283.5	33.8	248.5	134.5	294.6	241.5
22014.4	15670.7	3609.1	4864.1	2741.6	14127.3	5404.5
22014.4	15670.7	3609.1	4864.1	2741.6	14127.3	5404.5
129124.3	91678.4	39543.9	23844.9	11534.0	73600.6	26687.3
5350.2	4371.3	1176.7	1887.9	308.6	3574.8	943.1
5096.5	4173.7	1108.2	1810.4	308.6	3379.1	887.0
253.7	197.6	68.5	77.5		195.7	56.1
17195.1	12283.6	4580.6	2219.3	862.6	11191.8	3418.9
4939.5	4367.5	720.2	3369.4	2226.5	3952.8	563.5
4939.5	4367.5	720.2	3369.4	2226.5	3952.8	563.5
5963.8	4692.0	1001.0	2948.2	1740.4	4692.0	702.1
5963.8	4692.0	1001.0	2948.2	1740.4	4692.0	702.1
9547.6	7609.1	3897.9	1450.1	745.4	6869.7	1169.6
2351.6	1921.5	633.4	959.4	548.4	1782.8	430.1
4570.9	3717.6	1790.0	225.8		3241.9	294.6
2625.1	1970.0	1474.5	264.9	197.0	1845.0	444.9

1-3 续表 1-8

项目	企业单位数(个)	亏损企业	生产、销售总值 工业总产值(当年价格)	工业销售产值(当年价格)	出口交货值
通用零部件制造及机械修理	21	3	63695.3	61050.3	13800.2
金属密封件制造	2		5333.3	5132.2	
紧固件、弹簧制造	1		3770.7	3528.0	
机械零部件加工及设备修理	17	3	52976.9	50783.5	13800.2
其他通用零部件制造	1		1614.4	1606.6	
金属铸、锻加工	6		10388.4	9698.3	
钢铁铸件制造	5		7930.3	7802.2	
锻件及粉末冶金制品制造	1		2458.1	1896.1	
专用设备制造业	32	6	130079.2	125506.9	1247.7
矿山、冶金、建筑专用设备制造	11	2	71672.3	67036.8	
采矿、采石设备制造	5	1	23068.9	18424.0	
石油钻采专用设备制造	5	1	43919.7	43929.1	
建筑工程用机械制造	1		4683.7	4683.7	
食品、饮料、烟草及饲料生产专用设备制造	1		634.0	508.2	
食品、饮料、烟草工业专用设备制造	1		634.0	508.2	
纺织、服装和皮革工业专用设备制造	3	1	7051.8	6932.9	
纺织专用设备制造	3	1	7051.8	6932.9	
农、林、牧、渔专用机械制造	14	2	44786.8	45603.4	1247.7
拖拉机制造	1		2559.3	2729.8	
机械化农业及园艺机具制造	8	2	32498.3	34234.3	
畜牧机械制造	1		1247.7	1247.7	1247.7
其他农林牧渔业机械制造及机械修理	4		8481.5	7391.6	
环保、社会公共安全及其他专用设备制造	3	1	5934.3	5425.6	
水资源专用机械制造	2	1	4885.3	4685.0	
其他专用设备制造	1		1049.0	740.6	
交通运输设备制造业	10	6	116105.1	122658.5	1202.9
铁路运输设备制造	2	2	4746.6	5248.5	
铁路机车车辆配件制造	1	1	1213.4	1715.3	
其他铁路设备制造及设备修理	1	1	3533.2	3533.2	
汽车制造	8	4	111358.5	117410.0	1202.9
汽车整车制造	2	1	79027.6	78436.8	1202.9
改装汽车制造	2	1	12908.3	13812.0	
汽车车身、挂车的制造	1		6234.6	6189.4	
汽车零部件及配件制造	1		10322.1	16105.9	
汽车修理	2	2	2865.9	2865.9	
电气机械及器材制造业	36	8	1168376.6	1002567.0	17019.5
电机制造	2	1	718909.4	606084.5	3322.4
发电机及发电机组制造	2	1	718909.4	606084.5	3322.4
输配电及控制设备制造	20	3	391996.7	336746.8	13697.1
变压器、整流器和电感器制造	7		333306.8	279431.7	13697.1
配电开关控制设备制造	11	3	54996.9	53622.1	
其他输配电及控制设备制造	2		3693.0	3693.0	

单位：万元

一、年末资产负债						
资产总计	流动资产合计	应收账款	存货	产成品	流动资产年平均余额	固定资产合计
78668.4	52489.3	24852.9	10406.3	4707.2	38780.1	18336.4
11222.6	6432.4	2326.6	1208.8	640.4	3406.8	2050.2
5439.7	4343.4	515.8	2474.8	955.0	4226.5	1096.3
60054.8	40332.9	20875.8	6523.8	3086.2	29719.6	14712.8
1951.3	1380.6	1134.7	198.9	25.6	1427.2	477.1
7459.7	5865.6	3314.6	1563.7	943.3	4539.4	1553.7
5101.3	4440.7	3314.6	953.2	381.4	3481.2	620.2
2358.4	1424.9		610.5	561.9	1058.2	933.5
196773.8	139490.9	47841.4	47722.0	21808.0	120603.5	43683.7
94055.1	64566.8	20040.0	24543.7	10607.3	54551.3	26736.5
30711.2	14799.9	1898.1	6868.1	3496.0	12170.7	14314.2
56639.6	46839.6	18141.6	15851.5	7111.3	39956.2	9088.3
6704.3	2927.3	0.3	1824.1		2424.4	3334.0
300.8	30.0	-149.3	177.5		51.9	222.1
300.8	30.0	-149.3	177.5		51.9	222.1
8347.6	6958.7	1597.3	3026.1	1176.1	5527.3	1387.9
8347.6	6958.7	1597.3	3026.1	1176.1	5527.3	1387.9
88995.6	64540.3	25212.8	18108.5	9605.5	57349.4	14161.9
11878.9	10095.7	5266.7	3700.0	477.9	6390.8	866.9
61023.4	42051.4	16430.3	10946.8	7459.0	39189.4	10194.3
2144.7	1520.7	335.5	524.9	170.8	1421.2	571.4
13948.6	10872.5	3180.3	2936.8	1497.8	10348.0	2529.3
5074.7	3395.1	1140.6	1866.2	419.1	3123.6	1175.3
2928.2	1640.3	302.4	949.6	110.7	1468.6	785.8
2146.5	1754.8	838.2	916.6	308.4	1655.0	389.5
100955.9	50750.5	13635.5	23850.9	13748.9	57500.5	15858.9
6683.5	3600.4	1249.0	543.4	241.2	3376.2	1551.8
3309.5	1684.4	807.0	484.4	241.2	1627.8	339.7
3374.0	1916.0	442.0	59.0		1748.4	1212.1
94272.4	47150.1	12386.5	23307.5	13507.7	54124.3	14307.1
40438.6	24667.0	5738.1	11608.3	7841.5	30584.8	7451.7
26683.2	7832.9	1067.0	4130.6	1732.8	8759.6	2264.6
14170.3	6209.3	1276.7	1979.3	288.7	5648.3	518.3
9084.9	7107.7	4295.8	4900.4	3594.7	7822.5	1510.4
3895.4	1333.2	8.9	688.9	50.0	1309.1	2562.1
1803959.9	1108217.6	308806.5	265573.3	38320.2	994421.8	100998.8
856735.1	663222.3	223684.5	160345.2	8357.6	613573.9	32293.0
856735.1	663222.3	223684.5	160345.2	8357.6	613573.9	32293.0
889542.2	402806.9	69910.7	92629.1	22762.1	340759.8	60257.4
827239.0	359297.5	48470.1	82977.1	18753.6	302411.8	48072.0
58527.0	40672.8	20371.4	8820.3	4008.5	35891.7	11453.4
3776.2	2836.6	1069.2	831.7		2456.3	732.0

1-3 续表 1-9

项目	企业单位数(个)	亏损企业	生产、销售总值		
			工业总产值(当年价格)	工业销售产值(当年价格)	出口交货值
电线、电缆、光缆及电工器材制造	12	3	54600.5	56899.3	
电线电缆制造	10	3	48473.2	49800.1	
绝缘制品制造	2		6127.3	7099.2	
非电力家用器具制造	1	1	1890.0	1886.4	
燃气、太阳能及类似能源的器具制造	1	1	1890.0	1886.4	
照明器具制造	1		980.0	950.0	
照明灯具制造	1		980.0	950.0	
通信设备、计算机及其他电子设备	6	3	120688.3	107903.5	20495.2
通信设备制造	1	1	1.7	1301.3	
移动通信及终端设备制造	1	1	1.7	1301.3	
广播电视设备制造	2		9699.2	9716.7	541.8
广播电视接收设备及器材制造	2		9699.2	9716.7	541.8
电子元件制造	2	1	108237.4	95272.6	18340.5
电子元件及组件制造	2	1	108237.4	95272.6	18340.5
家用视听设备制造	1	1	2750.0	1612.9	1612.9
家用影视设备制造	1	1	2750.0	1612.9	1612.9
仪器仪表及文化、办公用机械制造	5		10508.5	11728.0	
通用仪器仪表制造	3		8086.4	9305.9	
工业自动控制系统装置制造	1		3995.4	5331.5	
供应用仪表及其他通用仪器制造	2		4091.0	3974.4	
专用仪器仪表制造	2		2422.1	2422.1	
地质勘探和地震专用仪器制造	1		1700.7	1700.7	
其他专用仪器制造	1		721.4	721.4	
工艺品及其他制造业	4	1	11692.5	10717.2	
工艺美术品制造	1		5448.3	4893.6	
地毯、挂毯制造	1		5448.3	4893.6	
日用杂品制造	1		2145.4	1465.9	
制镜及类似品加工	1		2145.4	1465.9	
煤制品制造	2	1	4098.8	4357.7	
电力、燃气及水的生产和供应业	184	89	2574777.6	2516275.0	
电力、热力的生产和供应业	146	68	2420544.8	2393934.0	
电力生产	54	19	752529.5	748779.7	
火力发电	23	8	595518.9	592050.4	
水力发电	25	10	110059.2	109777.9	
其他能源发电	6	1	46951.4	46951.4	
电力供应	22	8	1493302.7	1471446.3	
热力生产和供应	70	41	174712.6	173708.0	
燃气生产和供应业	18	7	110324.4	79362.2	
水的生产和供应业	20	14	43908.4	42978.8	
自来水的生产和供应	17	11	38797.4	37959.9	
污水处理及其再生利用	3	3	5111.0	5018.9	

单位：万元

一、年末资产负债						
资产总计	流动资产合计				流动资产年平均余额	固定资产合计
		应收账款	存货			
				产成品		
55679.7	41023.3	14673.0	12102.4	6871.1	38828.0	8338.6
46141.9	32527.1	11428.5	9147.2	5178.9	30459.5	7352.0
9537.8	8496.2	3244.5	2955.2	1692.2	8368.5	986.6
1232.9	1123.1	538.3	480.9	313.7	1219.1	109.8
1232.9	1123.1	538.3	480.9	313.7	1219.1	109.8
770.0	42.0		15.7	15.7	41.0	
770.0	42.0		15.7	15.7	41.0	
261753.3	146753.8	8237.2	20774.7	10217.5	141761.9	88031.1
4082.8	497.9	6.1			454.8	3584.9
4082.8	497.9	6.1			454.8	3584.9
2121.6	1803.6	251.2	542.9	222.8	1877.6	318.0
2121.6	1803.6	251.2	542.9	222.8	1877.6	318.0
253539.6	143185.6	7343.8	19736.1	9758.9	138048.8	83703.9
253539.6	143185.6	7343.8	19736.1	9758.9	138048.8	83703.9
2009.3	1266.7	636.1	495.7	235.8	1380.7	424.3
2009.3	1266.7	636.1	495.7	235.8	1380.7	424.3
66102.3	22683.4	7733.2	1599.9	1130.2	17844.1	919.6
59080.4	16521.5	5938.8	1559.5	1130.2	13370.6	367.5
6727.6	6650.2	4180.5	540.2	540.2	5920.3	56.3
52352.8	9871.3	1758.3	1019.3	590.0	7450.3	311.2
7021.9	6161.9	1794.4	40.4		4473.5	552.1
5184.5	4598.0	894.4	40.4		3513.5	486.1
1837.4	1563.9	900.0			960.0	66.0
71215.1	19756.0	950.2	3910.3	1331.9	22818.3	30809.2
6712.9	3986.9	771.1	1361.4	578.6	4044.5	2718.4
6712.9	3986.9	771.1	1361.4	578.6	4044.5	2718.4
749.0	685.6	6.1	592.6	592.6	579.0	63.4
749.0	685.6	6.1	592.6	592.6	579.0	63.4
63753.2	15083.5	173.0	1956.3	160.7	18194.8	28027.4
8352708.0	1925293.4	186216.9	68624.4	1888.8	1964404.2	5729982.6
7622771.8	1789324.5	175493.0	58611.9	1238.0	1828728.0	5204109.8
3911344.1	653899.2	82773.1	28956.7	2.1	727608.6	3016721.8
2141217.7	451115.9	57785.4	25798.4		459517.7	1572126.4
1264664.5	144364.8	15859.3	1803.7	2.1	217579.1	1108683.3
505461.9	58418.5	9128.4	1354.6		50511.8	335912.1
3072474.9	933867.3	60310.4	13552.0	843.6	932191.5	1793040.2
638952.8	201558.0	32409.5	16103.2	392.3	168927.9	394347.8
292761.2	84501.5	6060.6	8153.3	650.8	88749.8	161686.5
437175.0	51467.4	4663.3	1859.2		46926.4	364186.3
380722.3	43833.1	3909.0	1563.3		38282.6	319328.2
56452.7	7634.3	754.3	295.9		8643.8	44858.1

1-3 续表 2-1

项 目	固定资产原　价	累计折旧	固定资产净值年平均余额	负债合计	流动负债合　计	应付账款
总 计	**41110233.5**	**15030770.3**	**19025177.1**	**29350516.3**	**17801891.7**	**6156697.7**
一、按登记注册类型分组						
内资企业	40502167.7	14845351.3	18605409.6	28701322.4	17231785.8	6041727.3
国有企业	4814447.5	1452499.9	3020031.9	4897314.2	2802021.8	945590.8
中央企业	3370027.7	1032956.0	2040992.7	3599603.0	2245413.6	835392.7
地方企业	1444419.8	419543.9	979039.2	1297711.2	556608.2	110198.1
集体企业	44554.8	22948.6	22003.4	50569.7	46528.5	20413.2
股份合作企业	24393.6	10852.8	13646.4	6558.3	6233.9	2606.7
联营企业	15574.9	6459.3	9223.5	35446.4	27704.9	5043.7
国有联营企业	3891.7	2129.0	1810.7	9949.8	9349.7	591.6
集体联营企业	5317.7	1795.7	3702.8	3976.5	3976.5	1128.5
国有与集体联营企业	4783.5	2026.5	2624.1	15423.7	11350.2	2921.5
其他联营企业	1582.0	508.1	1085.9	6096.4	3028.5	402.1
有限责任公司	8680775.6	2665917.5	5552993.7	8917898.9	6052959.4	1693659.7
国有独资公司	2353067.9	832321.7	1378693.1	1807675.0	1445211.1	255096.1
其他有限责任公司	6327707.7	1833595.8	4174300.6	7110223.9	4607748.3	1438563.6
股份有限公司	25329601.7	10285602.1	8839195.0	12056472.0	5865171.8	2818614.4
私营企业	1592819.6	401071.1	1148315.7	2737062.9	2431165.5	555798.8
私营独资企业	65530.5	12609.6	52296.4	84107.9	78063.5	16823.8
私营合作企业	10348.7	2795.6	7104.4	14381.2	12917.1	4574.9
私营有限责任公司	1298146.1	316311.6	965872.7	1851019.0	1594261.2	394325.1
私营股份有限公司	218794.3	69354.3	123042.2	787554.8	745923.7	140075.0
港、澳、台商投资企业	194125.0	98505.4	90935.6	178572.8	166849.5	48517.5
合资经营企业(港或澳、台资)	51697.2	19340.2	30842.3	91359.2	85273.5	19053.6
港澳台商独资经营企业	97511.3	45247.2	48882.2	72137.6	66873.3	22402.2
港澳台商投资股份有限公司	44916.5	33918.0	11211.1	15076.0	14702.7	7061.7
外商投资企业	413940.8	86913.6	328831.9	470621.1	403256.4	66452.9
中外合资经营企业	309028.9	60838.0	258815.7	354990.3	305260.0	49887.6
中外合作经营企业	7089.4	4911.8	2244.0	2363.6	2363.6	676.9
外资企业	68616.9	14029.3	48833.2	72497.8	54863.4	13413.7
外商投资股份有限公司	29205.6	7134.5	18939.0	40769.4	40769.4	2474.7
二、按经济组织类型分组						
独资企业	5090661.0	1547334.6	3192047.1	5176627.2	3048350.5	1018643.7
国有企业	4814447.5	1452499.9	3020031.9	4897314.2	2802021.8	945590.8
集体企业	44554.8	22948.6	22003.4	50569.7	46528.5	20413.2
私营独资企业	65530.5	12609.6	52296.4	84107.9	78063.5	16823.8
港澳台商独资经营企业	97511.3	45247.2	48882.2	72137.6	66873.3	22402.2
外资企业	68616.9	14029.3	48833.2	72497.8	54863.4	13413.7
合作、合伙企业	57406.6	25019.5	32218.3	58749.5	49219.5	12902.2
股份合作企业	24393.6	10852.8	13646.4	6558.3	6233.9	2606.7
国有联营企业	3891.7	2129.0	1810.7	9949.8	9349.7	591.6

单位：万元

一、年末资产负债						
长期负债合计	所有者权益合计					
		实收资本	1.国家资本	2.集体资本	3.法人资本	4.个人资本
10672477.6	**27174270.5**	**20468401.0**	**7245724.4**	**77910.8**	**11508045.6**	**1320831.7**
10599412.8	26687473.9	20065387.4	7207086.3	72681.7	11441535.1	1305069.8
1945134.2	2634133.6	1924637.6	1113953.7	65.9	803156.4	7461.6
1215425.4	1847203.6	1305217.4	600497.6		703296.2	1423.6
729708.8	786930.0	619420.2	513456.1	65.9	99860.2	6038.0
4040.8	43543.4	14518.8	262.3	10881.2	513.7	2861.6
	20895.3	9721.3	-92.3		9305.7	507.9
7549.9	16286.2	10885.1	2115.2		8181.6	588.3
600.0	1234.8	3437.4	1717.4		1720.0	
	7560.2	5497.1	47.8		5101.2	348.1
3885.1	6975.2	1510.4	350.0		1160.4	
3064.8	516.0	440.2			200.0	240.2
2695792.1	5098237.7	3732952.2	1424586.2	58433.1	1920479.5	323603.9
352827.3	1054322.8	814532.2	340678.4	490.0	470292.1	3071.7
2342964.8	4043914.9	2918420.0	1083907.8	57943.1	1450187.4	320532.2
5689388.3	16695317.4	13272866.7	4661735.3	1200.0	8295554.7	282513.7
257507.5	2179060.3	1099805.7	4525.9	2101.5	404343.5	687532.8
6020.3	51682.9	36546.0			8483.5	28062.5
1464.0	9617.7	3848.3			1448.8	2399.5
224309.0	1260732.3	719598.1	1020.0	1846.5	231931.0	484800.6
25714.2	857027.4	339813.3	3505.9	255.0	162480.2	172270.2
11087.6	125862.7	122277.7	4904.7		10359.3	4921.6
5588.3	28548.0	32664.7	4904.7		10359.3	4921.6
5126.0	75342.8	71583.3				
373.3	21971.9	18029.7				
61977.2	360933.9	280735.9	33733.4	5229.1	56151.2	10840.3
44343.0	276715.5	206885.3	33733.4	5229.1	48777.4	10840.3
	4316.7	3425.0			225.0	
17634.2	65541.5	58719.7			6648.8	
	14360.2	11705.9			500.0	
1977955.5	2870244.2	2106005.4	1114216.0	10947.1	818802.4	38385.7
1945134.2	2634133.6	1924637.6	1113953.7	65.9	803156.4	7461.6
4040.8	43543.4	14518.8	262.3	10881.2	513.7	2861.6
6020.3	51682.9	36546.0			8483.5	28062.5
5126.0	75342.8	71583.3				
17634.2	65541.5	58719.7			6648.8	
9013.9	51115.9	27879.7	2022.9		19161.1	3495.7
	20895.3	9721.3	-92.3		9305.7	507.9
600.0	1234.8	3437.4	1717.4		1720.0	

1-3 续表 2-2

项目	固定资产原价	累计折旧	固定资产净值年平均余额	负债合计	流动负债合计	应付账款
集体联营企业	5317.7	1795.7	3702.8	3976.5	3976.5	1128.5
国有与集体联营企业	4783.5	2026.5	2624.1	15423.7	11350.2	2921.5
其他联营企业	1582.0	508.1	1085.9	6096.4	3028.5	402.1
私营合伙企业	10348.7	2795.6	7104.4	14381.2	12917.1	4574.9
中外合作经营企业	7089.4	4911.8	2244.0	2363.6	2363.6	676.9
股份有限公司	25622518.1	10396008.9	8992387.3	12899872.2	6666567.6	2968225.8
股份有限公司(内资)	25329601.7	10285602.1	8839195.0	12056472.0	5865171.8	2818614.4
私营股份有限公司	218794.3	69354.3	123042.2	787554.8	745923.7	140075.0
港澳台商投资股份有限公司	44916.5	33918.0	11211.1	15076.0	14702.7	7061.7
外商投资股份有限公司	29205.6	7134.5	18939.0	40769.4	40769.4	2474.7
有限责任公司	10339647.8	3062407.3	6808524.4	11215267.4	8037754.1	2156926.0
国有独资公司	2353067.9	832321.7	1378693.1	1807675.0	1445211.1	255096.1
私营有限责任公司	1298146.1	316311.6	965872.7	1851019.0	1594261.2	394325.1
合资经营企业(港或澳、台资)	51697.2	19340.2	30842.3	91359.2	85273.5	19053.6
中外合资经营企业	309028.9	60838.0	258815.7	354990.3	305260.0	49887.6
其他有限责任公司	6327707.7	1833595.8	4174300.6	7110223.9	4607748.3	1438563.6
三、在总计中						
总计中：亏损企业	8119495.6	3164058.2	4670862.4	7310471.0	4820012.1	2090553.6
总计中：国有控股企业	36630959.7	13859828.6	15957359.2	22897658.4	12321973.0	4858403.6
总计中：农村工业	25587.2	8007.7	16230.6	24688.8	18227.0	3335.2
总计中：轻工业	3974816.1	1159721.1	2563288.3	4357025.4	3655835.2	646327.5
重工业	37135417.4	13871049.2	16461888.8	24993490.9	14146056.5	5510370.2
总计中：大型企业	27729955.7	11112673.1	10238050.6	14605852.5	7245645.9	3921592.6
中型企业	7555470.7	2564329.6	4622565.4	8325482.7	5959760.8	1138356.5
小型企业	5824807.1	1353767.6	4164561.1	6419181.1	4596485.0	1096748.6
四、按工业行业小类分组						
采矿业	21403425.0	8356806.3	7110810.7	9204592.1	4653248.8	2914348.7
煤炭开采和洗选业	949895.7	255052.3	651557.6	917558.0	741467.3	150279.3
烟煤和无烟煤的开采洗选	949895.7	255052.3	651557.6	917558.0	741467.3	150279.3
石油和天然气开采业	19819200.9	7965029.7	6001443.5	7474785.4	3211481.5	2607491.9
天然原油和天然气开采	19173229.6	7709755.8	5640905.5	6548704.5	2423128.2	1918114.4
与石油和天然气开采有关的服务活动	645971.3	255273.9	360538.0	926080.9	788353.3	689377.5
黑色金属矿采选业	355714.6	69226.2	271477.0	542712.4	460076.7	110581.5
铁矿采选	346091.3	66477.3	265553.9	533484.7	450905.7	107956.9
其他黑色金属矿采选	9623.3	2748.9	5923.1	9227.7	9171.0	2624.6
有色金属矿采选业	233451.8	55121.9	158102.6	216624.4	189033.0	35074.1
常用有色金属矿采选	187210.2	46754.6	130120.1	155373.5	135953.1	29451.4
铜矿采选	102242.7	25215.3	67756.2	73047.0	69929.2	17131.4
铅锌矿采选	45356.1	9227.2	34925.1	33831.7	33231.5	5367.4
镍钴矿采选	39611.4	12312.1	27438.8	48494.8	32792.4	6952.6
贵金属矿采选	35364.2	6827.3	21325.5	46334.8	41406.8	3925.5
金矿采选	35364.2	6827.3	21325.5	46334.8	41406.8	3925.5

单位：万元

一、年末资产负债						
长期负债合　　计	所有者权益合　　计					
		实收资本	1.国家资本	2.集体资本	3.法人资本	4.个人资本
	7560.2	5497.1	47.8		5101.2	348.1
3885.1	6975.2	1510.4	350.0		1160.4	
3064.8	516.0	440.2			200.0	240.2
1464.0	9617.7	3848.3			1448.8	2399.5
	4316.7	3425.0			225.0	
5715475.8	17588676.9	13642415.6	4665241.2	1455.0	8458534.9	454783.9
5689388.3	16695317.4	13272866.7	4661735.3	1200.0	8295554.7	282513.7
25714.2	857027.4	339813.3	3505.9	255.0	162480.2	172270.2
373.3	21971.9	18029.7				
	14360.2	11705.9			500.0	
2970032.4	6664233.5	4692100.3	1464244.3	65508.7	2211547.2	824166.4
352827.3	1054322.8	814532.2	340678.4	490.0	470292.1	3071.7
224309.0	1260732.3	719598.1	1020.0	1846.5	231931.0	484800.6
5588.3	28548.0	32664.7	4904.7		10359.3	4921.6
44343.0	276715.5	206885.3	33733.4	5229.1	48777.4	10840.3
2342964.8	4043914.9	2918420.0	1083907.8	57943.1	1450187.4	320532.2
2253441.3	6412797.9	6706998.3	2775425.6	22418.2	3464034.2	328506.2
9786901.6	21958150.8	17736683.8	7195270.4	12297.0	10195464.7	265460.0
6396.7	38900.5	16016.9		328.7	9315.9	6372.3
641077.8	2854408.1	1994621.1	624715.3	31842.6	797825.7	357854.0
10031399.8	24319862.4	18473779.9	6621009.1	46068.2	10710219.9	962977.7
6853888.2	17561096.0	14155829.3	5189551.0		8707616.4	258661.9
2130178.5	5468204.5	3250630.2	1149150.9	23437.0	1552349.8	396688.7
1688410.9	4144970.0	3061941.5	907022.5	54473.8	1248079.4	665481.1
4423930.1	12427318.2	10043208.4	3543151.3	2485.3	6289609.7	168091.9
164564.2	921802.3	595436.5	287227.0	874.7	222986.0	75408.8
164564.2	921802.3	595436.5	287227.0	874.7	222986.0	75408.8
4161976.7	10567522.1	9027741.0	3177244.9	1000.0	5827642.0	21854.1
4024474.1	10030010.7	8478680.9	3176011.4		5302669.5	
137502.6	537511.4	549060.1	1233.5	1000.0	524972.5	21854.1
81766.4	481013.9	229080.7	63890.4		107899.6	55165.7
81709.7	474852.1	226823.5	63640.4		106704.6	54353.5
56.7	6161.8	2257.2	250.0		1195.0	812.2
14558.5	415821.3	164638.6	9110.0	610.6	120225.3	11835.0
6979.5	379169.7	149735.2	8300.0	610.6	106131.9	11835.0
3117.7	202267.2	34015.6	4300.0	610.6	26420.0	2685.0
	90520.3	76419.6			68569.6	7850.0
3861.8	86382.2	39300.0	4000.0		11142.3	1300.0
4336.0	31899.9	12790.0	810.0		11980.0	
4336.0	31899.9	12790.0	810.0		11980.0	

1-3 续表 2-3

项 目	固定资产原　价	累计折旧	固定资产净值年平均余额	负债合计	流动负债合　计	应付账款
稀有稀土金属矿采选	10877.4	1540.0	6657.0	14916.1	11673.1	1697.2
其他稀有金属矿采选	10877.4	1540.0	6657.0	14916.1	11673.1	1697.2
非金属矿采选业	45162.0	12376.2	28230.0	52911.9	51190.3	10921.9
土砂石开采	7643.5	1787.3	4899.9	13715.8	13367.3	3147.8
石灰石、石膏开采	435.2	100.6	421.5	651.2	648.3	433.4
建筑装饰用石开采	6161.7	1388.0	3713.1	8401.9	8317.8	313.3
耐火土石开采	179.8	24.7	96.3	492.4	492.4	136.0
粘土及其他土砂石开采	866.8	274.0	669.0	4170.3	3908.8	2265.1
化学矿采选	3609.6	691.5	2485.4	11182.7	10723.9	638.4
采盐	13203.6	3898.8	6137.4	6002.2	5642.1	2362.4
石棉及其他非金属矿采选	20705.3	5998.6	14707.3	22011.2	21457.0	4773.3
石棉、云母矿采选	7235.6	3753.3	3483.9	8651.2	8651.2	1780.3
其他非金属矿采选	13469.7	2245.3	11223.4	13360.0	12805.8	2993.0
制造业	12466862.3	4329287.7	7343698.0	14098682.8	10271276.2	2749366.2
农副食品加工业	603927.0	183831.7	386199.1	881235.7	819597.4	106532.9
谷物磨制	72237.9	23030.4	45340.7	91074.6	76666.9	17676.6
饲料加工	73205.3	24072.5	44437.8	59936.0	47989.8	6693.6
植物油加工	182213.6	41992.6	140550.3	408752.1	388490.7	30522.8
食用植物油加工	181560.0	41953.0	140133.0	407654.0	387392.6	30522.8
非食用植物油加工	653.6	39.6	417.3	1098.1	1098.1	
制糖	189966.6	80593.7	89485.5	183059.8	178978.1	39382.5
屠宰及肉类加工	31616.1	5875.7	24935.6	60726.5	51332.6	2856.6
畜禽屠宰	18615.5	2943.8	15395.6	24062.4	17415.0	661.3
肉制品及副产品加工	13000.6	2931.9	9540.0	36664.1	33917.6	2195.3
蔬菜、水果和坚果加工	38450.8	5066.9	29034.4	45547.8	44089.0	8313.1
其他农副食品加工	16236.7	3199.9	12414.8	32138.9	32050.3	1087.7
淀粉及淀粉制品的制造	9455.2	1580.7	7943.0	16513.2	16513.0	875.9
其他未列明的农副食品加工	6781.5	1619.2	4471.8	15625.7	15537.3	211.8
食品制造业	526309.8	153596.1	393030.3	722966.8	636809.6	101802.2
焙烤食品制造	11071.7	3213.0	7510.6	6967.0	6302.0	2263.2
糕点、面包制造	5183.4	1940.7	2762.4	5593.9	4928.9	1653.3
饼干及其他焙烤食品制造	5888.3	1272.3	4748.2	1373.1	1373.1	609.9
糖果、巧克力及蜜饯制造	5167.2	1216.5	3877.5	6964.3	5964.3	129.3
蜜饯制作	5167.2	1216.5	3877.5	6964.3	5964.3	129.3
方便食品制造	31150.3	14036.7	16907.4	18639.0	14758.9	4849.1
速冻食品制造	489.4	61.0	428.4	250.2		
方便面及其他方便食品制造	30660.9	13975.7	16479.0	18388.8	14758.9	4849.1
液体乳及乳制品制造	101840.0	25132.1	73312.0	108714.7	94156.8	40014.5
罐头制造	272892.9	91795.6	207418.8	431451.7	394806.4	31791.9
蔬菜、水果罐头制造	272892.9	91795.6	207418.8	431451.7	394806.4	31791.9

单位：万元

一、年末资产负债						
长期负债合计	所有者权益合计	实收资本	1.国家资本	2.集体资本	3.法人资本	4.个人资本
3243.0	4751.7	2113.4			2113.4	
3243.0	4751.7	2113.4			2113.4	
1064.3	41158.6	26311.6	5679.0		10856.8	3828.3
150.0	7133.9	3087.7			2277.6	810.1
	346.1	60.0			27.6	32.4
84.0	3926.5	1820.0			1200.0	620.0
	173.4	50.0			50.0	
66.0	2687.9	1157.7			1000.0	157.7
	4613.4	3246.5	838.7			2407.8
360.1	9898.5	2396.3	409.2		1376.7	610.4
554.2	19512.8	17581.1	4431.1		7202.5	
	2593.4	4431.1	4431.1			
554.2	16919.4	13150.0			7202.5	
3453280.8	12441485.7	8758299.1	2730353.2	63498.7	4666108.5	1038517.5
56631.4	518554.6	328273.4	82289.5	18079.2	124675.9	80985.9
12795.5	74730.3	42849.6	6764.8	227.7	15520.3	20336.8
12295.6	102001.3	34126.5	431.9	4018.7	15677.0	10100.0
18778.7	153763.4	116814.3	22247.1	7120.4	36971.9	39711.1
18778.7	153448.5	116314.3	22247.1	6620.4	36971.9	39711.1
	314.9	500.0		500.0		
2495.1	111062.5	69384.0	42913.3	2560.0	23910.7	
8733.2	32717.5	28484.2	7939.6	111.9	11059.9	6399.7
6322.3	17266.2	13138.1	6257.8		2992.3	2488.0
2410.9	15451.3	15346.1	1681.8	111.9	8067.6	3911.7
1445.0	19576.3	24031.3	1992.8		18336.1	1495.3
88.3	24703.3	12583.5		4040.5	3200.0	2943.0
	12611.6	6383.5		4040.5	500.0	1843.0
88.3	12091.7	6200.0			2700.0	1100.0
74793.6	419659.4	280015.8	25314.7	2547.4	161088.1	52411.3
665.0	7848.2	6921.6			542.3	269.0
665.0	1192.0	761.3			542.3	219.0
	6656.2	6160.3				50.0
	5972.7	2100.0			1260.0	840.0
	5972.7	2100.0			1260.0	840.0
992.3	23059.2	19199.3	510.0	490.0	1863.0	5188.2
	391.2	78.6				78.6
992.3	22668.0	19120.7	510.0	490.0	1863.0	5109.6
11275.1	130373.2	101064.3	13957.0		51815.2	27425.4
35483.0	180506.7	99891.9	9192.7	2057.4	72649.2	13038.4
35483.0	180506.7	99891.9	9192.7	2057.4	72649.2	13038.4

1-3 续表 2-4

项　　目	固定资产原　　价	累计折旧	固定资产净值年平均余额	负债合计	流动负债合　　计	应付账款
调味品、发酵制品制造	49226.9	12422.0	37528.8	85066.0	60560.4	11160.1
味精制造	4464.9	2410.6	2142.4	15997.1	11147.1	2238.0
酱油、食醋及类似制品的制造	7560.3	3097.7	4462.6	10328.6	10088.1	1039.5
其他调味品、发酵制品制造	37201.7	6913.7	30923.8	58740.3	39325.2	7882.6
其他食品制造	54960.8	5780.2	46475.2	65164.1	60260.8	11594.1
营养、保健食品制造	1524.0	187.9	1158.8	6677.8	4892.2	1063.3
冷冻饮品及食用冰制造	29811.1	1935.8	26511.4	28447.1	26654.6	6999.2
盐加工	6112.8	2050.1	3159.2	7525.0	6288.4	1041.0
食品及饲料添加剂制造	17512.9	1606.4	15645.8	22514.2	22425.6	2490.6
饮料制造业	316190.0	116038.9	191710.6	416553.0	231482.3	49035.5
酒精制造	3564.8	559.0	3056.9	5173.5	4763.7	252.9
酒的制造	236963.4	92081.7	136899.8	369363.9	195727.1	42024.5
白酒制造	56427.9	25080.7	31721.7	43669.7	41372.2	18312.6
啤酒制造	70768.3	18638.9	41709.0	82104.1	78983.6	8755.2
葡萄酒制造	109767.2	48362.1	63469.1	243590.1	75371.3	14956.7
软饮料制造	75661.8	23398.2	51753.9	42015.6	30991.5	6758.1
瓶(罐)装饮用水制造	9350.7	1659.0	7647.1	6154.0	2740.2	377.6
果菜汁及果菜汁饮料制造	48100.2	14774.4	32411.5	26881.6	24159.2	3113.5
含乳饮料和植物蛋白饮料制造	1032.3	122.9	803.6	3924.4	134.4	42.9
茶饮料及其他软饮料制造	17178.6	6841.9	10891.7	5055.6	3957.7	3224.1
烟草制品业	93864.0	35611.5	58024.9	61001.4	61001.4	19642.8
卷烟制造	93864.0	35611.5	58024.9	61001.4	61001.4	19642.8
纺织业	1406208.9	359773.8	823517.8	1383872.1	1217183.5	184945.3
棉、化纤纺织及印染精加工	1282996.2	302964.2	761619.4	1266718.3	1114150.9	166281.6
棉、化纤纺织加工	1281314.2	302964.2	760520.7	1261710.2	1110142.8	163071.9
棉、化纤印染精加工	1682.0		1098.7	5008.1	4008.1	3209.7
毛纺织和染整精加工	29901.3	11423.2	16943.7	29191.0	26634.9	3634.2
毛条加工	12837.5	3111.7	7870.2	8741.9	6790.5	1745.6
毛纺织	17063.8	8311.5	9073.5	20449.1	19844.4	1888.6
麻纺织	45975.8	17056.8	25597.5	47041.3	46684.7	1492.3
针织品、编织品及其制品制造	47335.6	28329.6	19357.2	40921.5	29713.0	13537.2
棉、化纤针织品及编织品制造	8691.2	3498.9	5183.9	30666.6	19503.6	6146.3
毛针织品及编织品制造	38644.4	24830.7	14173.3	10254.9	10209.4	7390.9
纺织服装、鞋、帽制造业	5234.5	2264.1	2862.9	10079.2	9730.8	7399.2
纺织服装制造	5234.5	2264.1	2862.9	10079.2	9730.8	7399.2
皮革、毛皮、羽毛(绒)及其制品业	19886.9	5632.9	14637.1	19244.1	17421.5	5302.1
皮革鞣制加工	18897.6	5368.5	13813.3	15670.2	13847.6	4926.5
皮革制品制造	325.6	211.9	119.8	1218.9	1218.9	286.4
皮鞋制造	325.6	211.9	119.8	1218.9	1218.9	286.4
毛皮鞣制及制品加工	663.7	52.5	704.0	2355.0	2355.0	89.2
毛皮鞣制加工	663.7	52.5	704.0	2355.0	2355.0	89.2

单位：万元

一、年末资产负债						
长期负债合计	所有者权益合计					
		实收资本	1.国家资本	2.集体资本	3.法人资本	4.个人资本
24505.5	43325.8	28859.2			18885.9	2570.6
4850.0	7072.5	7180.0			7097.7	82.3
240.5	2030.0	3779.0			1400.7	2378.3
19415.0	34223.3	17900.2			10387.5	110.0
1872.7	28573.6	21979.5	1655.0		14072.5	3079.7
547.9	4383.7	1400.0			307.0	1093.0
	14031.2	15002.8			10346.5	1484.0
1236.3	4674.1	2276.7	655.0		1319.0	302.7
88.5	5484.6	3300.0	1000.0		2100.0	200.0
184324.7	204172.5	186107.6	29556.4	2468.9	92596.7	37062.3
	2549.2	1933.0			150.0	1783.0
173300.9	142980.0	139817.5	27056.4	2468.9	65114.7	29877.3
1962.1	109561.3	52051.8	428.3	2468.9	24337.9	24816.7
3120.1	66765.9	54597.0			39796.8	
168218.7	-33347.2	33168.7	26628.1		980.0	5060.6
11023.8	58643.3	44357.1	2500.0		27332.0	5402.0
3413.8	9544.1	4400.0			2810.0	1590.0
2722.1	37459.3	33387.1	2500.0		19597.0	3202.0
3790.0	3383.8	2430.0			1820.0	610.0
1097.9	8256.1	4140.0			3105.0	
	85627.7	18741.7	18741.7			
	85627.7	18741.7	18741.7			
154413.8	769088.0	606733.8	166680.3	3370.5	250250.1	100505.5
140790.9	686170.5	514312.1	135721.6	1870.5	216137.7	85621.6
139790.9	683720.2	514212.1	135721.6	1870.5	216137.7	85521.6
1000.0	2450.3	100.0				100.0
2058.0	20733.0	21878.5	14129.7		5242.0	713.1
1950.8	11969.4	6918.5	5957.3		400.0	561.2
107.2	8763.6	14960.0	8172.4		4842.0	151.9
356.4	18876.0	28034.3		1500.0	24326.5	2207.8
11208.5	43308.5	42508.9	16829.0		4543.9	11963.0
11163.0	-3539.4	5162.9	1390.0		2807.9	965.0
45.5	46847.9	37346.0	15439.0		1736.0	10998.0
348.4	4201.7	3221.5	326.9		2744.6	150.0
348.4	4201.7	3221.5	326.9		2744.6	150.0
1822.6	27959.9	12589.8		255.5	8138.0	4196.3
1822.6	25859.6	12136.0			8126.0	4010.0
	279.9	303.8		255.5	12.0	36.3
	279.9	303.8		255.5	12.0	36.3
	1820.4	150.0				150.0
	1820.4	150.0				150.0

1-3 续表 2-5

项目	固定资产原价	累计折旧	固定资产净值年平均余额	负债合计	流动负债合计	应付账款
木材加工及木、竹、藤、棕、草制品	39786.5	10252.2	30067.7	37080.9	26254.8	5000.6
锯材、木片加工	1249.2	398.6	893.9	1781.7	1700.7	320.1
锯材加工	1249.2	398.6	893.9	1781.7	1700.7	320.1
人造板制造	37316.3	9582.4	28209.4	31868.7	21123.6	3517.9
胶合板制造	2423.1	325.4	2071.8	1821.0	1784.0	958.6
纤维板制造	25234.4	9124.0	16607.6	20520.2	13312.1	2178.5
刨花板制造	9335.0	65.0	9270.0	9200.2	5700.2	380.8
其他人造板、材制造	323.8	68.0	260.0	327.3	327.3	
木制品制造	1221.0	271.2	964.4	3430.5	3430.5	1162.6
建筑用木料及木材组件加工	223.1	23.2	206.8	933.5	933.5	
木容器制造	18.8	5.7	14.6	2132.5	2132.5	961.5
软木制品及其他木制品制造	979.1	242.3	743.0	364.5	364.5	201.1
家具制造业	65312.2	21727.7	44718.1	108755.6	92051.7	18163.4
木质家具制造	39401.7	12863.5	27640.0	87941.1	87850.5	16421.9
金属家具制造	25910.5	8864.2	17078.1	20814.5	4201.2	1741.5
造纸及纸制品业	152834.7	58035.0	94392.7	171777.7	146662.5	33426.8
纸浆制造	67147.7	26453.3	41605.4	42285.2	35767.9	12281.6
造纸	61497.5	23270.8	36299.3	94264.6	80064.6	10735.1
机制纸及纸板制造	61497.5	23270.8	36299.3	94264.6	80064.6	10735.1
纸制品制造	24189.5	8310.9	16488.0	35227.9	30830.0	10410.1
纸和纸板容器的制造	20531.1	7398.3	13428.0	27405.0	23077.1	6018.3
其他纸制品制造	3658.4	912.6	3060.0	7822.9	7752.9	4391.8
印刷业和记录媒介的复制	75162.1	30597.0	41555.8	39440.2	32357.5	11658.2
印刷	72760.3	30039.0	39409.5	38636.6	31605.3	11317.1
书、报、刊印刷	59457.6	25905.6	30683.6	25873.8	20015.9	5922.8
本册印制	2991.1	780.6	2193.1	4265.3	3811.9	3112.8
包装装潢及其他印刷	10311.6	3352.8	6532.8	8497.5	7777.5	2281.5
装订及其他印刷服务活动	2401.8	558.0	2146.3	803.6	752.2	341.1
石油加工、炼焦及核燃料加工业	3408395.4	1718393.8	1648397.5	2172315.7	963859.9	418579.8
精炼石油产品的制造	3262923.3	1696125.3	1535572.3	1924371.7	812776.1	398753.4
原油加工及石油制品制造	3262923.3	1696125.3	1535572.3	1924371.7	812776.1	398753.4
炼焦	145472.1	22268.5	112825.2	247944.0	151083.8	19826.4
化学原料及化学制品制造业	1864953.6	375051.8	1190017.1	2683965.4	1471177.8	422119.0
基础化学原料制造	857038.9	154997.0	501017.6	919648.2	713050.9	156561.8
无机酸制造	20655.1	3435.6	15796.9	5386.3	5025.8	773.8
无机碱制造	280138.2	54969.4	137355.5	422482.0	340531.7	79895.2
无机盐制造	77488.2	11371.2	49817.1	147084.9	129946.4	22848.4
有机化学原料制造	428970.2	82603.2	263048.2	300724.7	208531.8	41865.7
其他基础化学原料制造	49787.2	2617.6	34999.9	43970.3	29015.2	11178.7
肥料制造	365495.6	76786.8	190674.0	444082.8	180838.4	51218.6
氮肥制造	203751.1	55467.1	150560.3	73220.8	52653.7	7380.5
磷肥制造	1821.7	1165.1	698.2	2041.5	2018.1	230.0

单位：万元

长期负债合计	所有者权益合计	实收资本	1.国家资本	2.集体资本	3.法人资本	4.个人资本
一、年末资产负债						
10744.9	39432.6	17479.2	27.1		6298.0	9084.1
	954.5	1500.0			1500.0	
	954.5	1500.0			1500.0	
10744.9	35054.2	13761.2	27.1		2630.0	9034.1
37.0	1482.2	450.0				450.0
7207.9	32574.2	12261.2	27.1		2630.0	7534.1
3500.0	853.8	1000.0				1000.0
	144.0	50.0				50.0
	3423.9	2218.0			2168.0	50.0
	189.7	168.0			168.0	
	81.1	50.0				50.0
	3153.1	2000.0			2000.0	
16613.3	159017.8	71567.0			20953.4	48267.2
	142492.2	60137.0			20953.4	36837.2
16613.3	16525.6	11430.0				11430.0
25114.8	79741.9	46258.1	17330.2	1502.0	18320.3	4955.3
6517.2	37656.3	14434.2	8534.2		5850.0	50.0
14199.9	27711.1	21052.3	8416.0		9925.3	2386.0
14199.9	27711.1	21052.3	8416.0		9925.3	2386.0
4397.7	14374.5	10771.6	380.0	1502.0	2545.0	2519.3
4327.7	14434.6	10451.3	380.0	1502.0	2495.0	2249.0
70.0	-60.1	320.3			50.0	270.3
7062.2	46061.4	27086.5	12318.4	443.3	9249.5	5075.3
7010.8	44001.5	25776.5	12318.4	443.3	8009.5	5005.3
5837.6	32950.3	18466.2	12318.4	290.0	4146.0	1711.8
453.2	2053.5	1428.3		153.3		1275.0
720.0	8997.7	5882.0			3863.5	2018.5
51.4	2059.9	1310.0			1240.0	70.0
934023.0	4318145.4	3841066.3	1257088.9	4669.2	2507599.5	69974.5
910687.0	4123700.1	3697998.8	1229222.9	4569.2	2412080.7	52126.0
910687.0	4123700.1	3697998.8	1229222.9	4569.2	2412080.7	52126.0
23336.0	194445.3	143067.5	27866.0	100.0	95518.8	17848.5
1206720.8	1851035.1	1135736.5	334315.6	4269.6	624121.8	167221.0
206205.9	792425.3	519189.0	294250.3	169.0	123533.2	99284.5
360.5	39255.3	15335.7	31.5		22.5	15281.7
81937.2	376960.2	105154.3	19299.1		20166.0	65689.2
16760.3	94786.2	76148.0	350.0	69.0	68854.2	6874.8
92192.9	255761.8	289970.0	250520.7		27079.2	10418.1
14955.0	25661.8	32581.0	24049.0	100.0	7411.3	1020.7
262053.3	267451.3	133557.4	10724.6	1078.8	112284.3	9469.7
20567.1	164981.0	64649.6	6421.2		58228.4	
23.4	30.4	178.1				178.1

1-3 续表 2-6

项　目	固定资产原价	累计折旧	固定资产净值年平均余额	负债合计	流动负债合计	应付账款
钾肥制造	144550.2	12244.8	30727.7	342255.0	102822.7	37849.7
复混肥料制造	10805.7	6451.1	3971.3	19744.4	17422.8	4032.7
有机肥料及微生物肥料制造	1561.5	577.4	2603.0	2188.6	1288.6	363.5
其他肥料制造	3005.4	881.3	2113.5	4632.5	4632.5	1362.2
农药制造	616.8	58.4	432.6	112.0	112.0	48.8
化学农药制造	616.8	58.4	432.6	112.0	112.0	48.8
涂料、油墨、颜料及类似产品制造	6034.7	2550.6	3642.2	13028.6	12407.1	1943.5
涂料制造	5331.4	2444.0	2927.4	10285.6	9694.6	1651.0
密封用填料及类似品制造	703.3	106.6	714.8	2743.0	2712.5	292.5
合成材料制造	513971.6	101313.2	411624.8	1134725.5	398144.1	147793.7
初级形态的塑料及合成树脂制造	505194.0	100831.2	407657.1	1120050.2	392797.3	147137.8
合成纤维单(聚合)体的制造	8675.3	461.1	3886.3	14091.4	4762.9	115.4
其他合成材料制造	102.3	20.9	81.4	583.9	583.9	540.5
专用化学产品制造	116838.9	38696.9	78256.3	168564.2	162821.2	63432.9
化学试剂和助剂制造	54224.3	23583.2	31400.4	66145.0	65621.4	33159.3
专项化学用品制造	39507.5	6416.5	33578.1	72846.7	67947.3	25925.2
炸药及火工产品制造	22154.1	8401.7	12602.5	26665.4	26375.4	2614.3
动物胶制造	953.0	295.5	675.3	2907.1	2877.1	1734.1
日用化学产品制造	4957.1	648.9	4369.6	3804.1	3804.1	1119.7
肥皂及合成洗涤剂制造	4957.1	648.9	4369.6	3804.1	3804.1	1119.7
医药制造业	64267.3	17881.8	46247.1	64904.8	55300.7	7662.3
化学药品原药制造	217.5	34.1	186.0	906.6	906.5	36.3
化学药品制剂制造	27195.4	7950.1	19794.7	16338.9	12816.9	2175.2
中药饮片加工	18333.3	4868.9	13307.2	28177.6	27157.5	1640.8
中成药制造	11292.5	4040.9	7432.7	11734.7	10763.6	3375.5
兽用药品制造	803.0	294.4	508.8	832.0	800.0	142.3
生物、生化制品的制造	6425.6	693.4	5017.7	6915.0	2856.2	292.2
化学纤维制造业	182933.0	53639.2	123720.3	222180.8	182604.7	68835.7
纤维素纤维原料及纤维制造	182933.0	53639.2	123720.3	222180.8	182604.7	68835.7
化纤浆粕制造	99598.2	36037.4	66167.6	143362.8	121146.3	48700.1
人造纤维(纤维素纤维)制造	83334.8	17601.8	57552.7	78818.0	61458.4	20135.6
橡胶制品业	33185.7	18873.7	16055.9	60438.7	48370.1	1869.7
轮胎制造	30628.5	17973.6	14376.8	54342.5	45647.0	956.4
车辆、飞机及工程机械轮胎制造	30628.5	17973.6	14376.8	54342.5	45647.0	956.4
橡胶板、管、带的制造	1895.4	737.7	1179.4	3642.8	669.8	204.5
再生橡胶制造	197.8	42.2	155.8	748.5	748.4	186.3
日用及医用橡胶制品制造	464.0	120.2	343.9	1704.9	1304.9	522.5
塑料制品业	156000.2	44187.6	108070.8	219230.2	191164.3	57279.0
塑料薄膜制造	25287.2	9246.2	16449.8	34701.1	31111.1	10107.0
塑料板、管、型材的制造	83710.8	20727.7	57558.3	128668.1	109750.2	30793.0
塑料丝、绳及编织品的制造	4030.7	1619.1	2519.2	13129.4	12524.1	5172.0

单位：万元

一、年末资产负债						
长期负债合计	所有者权益合计	实收资本	1.国家资本	2.集体资本	3.法人资本	4.个人资本
239432.3	85556.6	54050.0			51560.0	2490.0
1130.5	9261.3	7391.3	1550.0	1078.8	586.0	4176.5
900.0	4874.4	4000.0			1400.0	2600.0
	2747.6	3288.4	2753.4		509.9	25.1
	1395.3	1000.0			650.0	350.0
	1395.3	1000.0			650.0	350.0
590.9	8239.0	6230.0			1655.0	4575.0
590.9	6973.5	5030.0			1655.0	3375.0
	1265.5	1200.0				1200.0
736134.0	593563.4	375984.4	23598.0	571.9	316197.2	35617.3
726805.5	588742.7	373934.4	23598.0	571.9	314197.2	35567.3
9328.5	4659.3	2000.0			2000.0	
	161.4	50.0				50.0
1736.7	184275.6	98275.7	5742.7	2449.9	68302.1	17924.5
521.4	82488.8	43350.1		1333.6	30862.4	8291.3
895.3	55935.4	20589.2		791.0	11372.1	7432.4
290.0	44318.7	32887.3	5742.7		26017.6	1127.0
30.0	1532.7	1449.1		325.3	50.0	1073.8
	3685.2	1500.0			1500.0	
	3685.2	1500.0			1500.0	
9403.7	54726.8	40765.7	17750.2	875.1	16757.6	2431.9
	237.8	236.6			236.6	
3522.0	24147.9	17473.7	12673.7		2968.1	1831.9
820.0	13167.6	12226.4	4996.5	655.1	3623.9	
971.1	10124.7	6689.0			6089.0	600.0
32.0	948.9	840.0	80.0	220.0	540.0	
4058.6	6099.9	3300.0			3300.0	
39575.9	154409.3	73471.4	9500.0		57767.3	6204.1
39575.9	154409.3	73471.4	9500.0		57767.3	6204.1
22216.3	71137.0	43471.4	9500.0		28567.3	5404.1
17359.6	83272.3	30000.0			29200.0	800.0
12068.4	-37972.8	14508.2	13586.0		50.0	872.2
8695.5	-39063.5	13330.0	13330.0			
8695.5	-39063.5	13330.0	13330.0			
2972.9	509.4	1078.2	256.0			822.2
	-10.4	50.0			50.0	
400.0	591.7	50.0				50.0
26974.0	205741.3	137644.6	12850.6	3357.7	59271.1	38058.2
3250.4	31141.9	17087.5	7007.0	486.0	3740.0	5854.5
18694.0	128221.5	94253.8	3776.6	730.0	41547.4	24732.8
605.0	5866.9	3764.7	292.8		1505.7	1689.2

1-3 续表 2-7

项　　目	固定资产原　　价	累计折旧	固定资产净值年平均余额	负债合计	流动负债合　　计	应付账款
泡沫塑料制造	2049.3	1086.3	1038.0	3426.7	3267.0	1279.9
塑料包装箱及容器制造	27563.5	5390.0	23009.7	18630.0	15551.8	4049.9
日用塑料制造	673.7	282.4	385.9	678.4	678.4	371.3
日用塑料杂品制造	673.7	282.4	385.9	678.4	678.4	371.3
其他塑料制品制造	12685.0	5835.9	7109.9	19996.5	18281.7	5505.9
非金属矿物制品业	1097737.5	406928.6	666049.5	1201411.4	894417.6	195675.4
水泥、石灰和石膏的制造	787878.5	308710.9	466597.6	705675.7	469259.8	110293.7
水泥制造	775266.2	305939.3	456462.2	693657.4	458518.6	107318.1
石灰和石膏制造	12612.3	2771.6	10135.4	12018.3	10741.2	2975.6
水泥及石膏制品制造	153940.1	55656.5	88809.7	164641.5	154201.0	55739.1
水泥制品制造	128654.5	46831.9	73839.6	127847.4	120877.1	49940.2
砼结构构件制造	13425.4	3719.2	8045.3	28899.6	26288.5	3816.8
石棉水泥制品制造	845.7	706.5	170.8	1039.2	822.7	216.5
轻质建筑材料制造	8869.4	3944.8	5018.1	5741.4	5098.8	675.5
其他水泥制品制造	2145.1	454.1	1735.9	1113.9	1113.9	1090.1
砖瓦、石材及其他建筑材料制造	52697.0	19124.4	31190.3	158207.0	135450.6	7158.7
粘土砖瓦及建筑砌块制造	4590.9	195.7	3920.8	2331.5	2331.4	718.3
建筑陶瓷制品制造	22652.4	1404.1	18238.1	17956.8	12466.3	2014.9
建筑用石加工	21224.8	16079.3	5972.0	128273.9	112832.6	1799.2
防水建筑材料制造	792.8	403.6	523.3	3546.7	3481.9	976.6
隔热和隔音材料制造	1507.2	611.9	915.5	4326.6	3124.0	1525.8
其他建筑材料制造	1928.9	429.8	1620.6	1771.5	1214.4	123.9
玻璃及玻璃制品制造	50495.3	9417.0	42984.8	81506.0	72183.5	16015.4
平板玻璃制造	3858.0	765.3	2285.0	9803.2	9781.2	2550.1
技术玻璃制品制造	2460.2	772.6	1820.8	2404.0	2403.1	741.1
日用玻璃制品及玻璃包装容器制造	5615.0	2906.9	1942.2	9552.8	9114.7	2228.8
玻璃保温容器制造	6123.0	1207.7	4915.3	5409.1	5409.1	255.2
玻璃纤维及制品制造	10174.9	933.6	8227.5	23812.4	23787.0	9425.6
玻璃纤维增强塑料制品制造	22264.2	2830.9	23794.0	30524.5	21688.4	814.6
耐火材料制品制造	5642.1	1291.8	4374.0	4351.0	4351.0	1874.8
耐火陶瓷制品及其他耐火材料制造	5642.1	1291.8	4374.0	4351.0	4351.0	1874.8
石墨及其他非金属矿物制品制造	47084.5	12728.0	32093.1	87030.2	58971.7	4593.7
石墨及碳素制品制造	38405.0	11235.0	25643.8	69854.1	42355.6	2286.2
其他非金属矿物制品制造	8679.5	1493.0	6449.3	17176.1	16616.1	2307.5
黑色金属冶炼及压延加工业	1615737.6	485893.4	1014860.5	1825473.3	1611411.1	676237.8
炼铁	742305.4	234299.3	425684.1	608572.6	604015.6	432473.3
炼钢	1461.1	226.1	1209.0	19645.8	17209.8	242.6
钢压延加工	844167.2	247948.6	565259.2	1132744.7	927735.7	219561.2
铁合金冶炼	27803.9	3419.4	22708.2	64510.2	62450.0	23960.7
有色金属冶炼及压延加工业	200143.6	82769.9	119905.1	174293.3	144491.0	19494.3
常用有色金属冶炼	128596.3	50809.8	81587.0	122837.1	104099.3	10372.3

单位：万元

一、年末资产负债						
长期负债合计	所有者权益合计	实收资本	1.国家资本	2.集体资本	3.法人资本	4.个人资本
159.7	2084.6	1056.7			242.0	451.7
3078.1	16515.1	10372.0			6202.0	4170.0
	1365.3	1569.7		1519.7		50.0
	1365.3	1569.7		1519.7		50.0
1186.8	20546.0	9540.2	1774.2	622.0	6034.0	1110.0
269861.4	1005994.3	544968.3	149827.7	2936.7	247483.9	123850.3
216048.5	530253.3	309234.4	120352.8	2381.9	144660.3	41839.4
215285.1	514118.4	299825.1	118367.0	2381.9	144400.3	34675.9
763.4	16134.9	9409.3	1985.8		260.0	7163.5
9762.6	125248.6	73579.0	11018.1		36886.7	23574.2
6292.5	94093.7	58312.8	9555.1		30536.9	18220.8
2611.1	24676.0	10056.4	1463.0		3900.0	2593.4
216.5	608.9	600.0				600.0
642.5	4307.0	2579.8			2449.8	130.0
	1563.0	2030.0				2030.0
6927.6	235279.9	97256.3	3505.9	102.0	55039.8	38608.6
	3582.0	2403.0			2400.0	3.0
5490.4	20150.4	6030.0			2000.0	4030.0
	203066.4	86656.1	3505.9		49189.8	33960.4
64.8	425.5	250.0			14.0	236.0
1146.4	5764.8	1784.2		102.0	1406.0	276.2
226.0	2290.8	133.0			30.0	103.0
9321.4	48972.2	30489.4			3071.6	14595.2
22.0	1442.5	2480.0			1080.0	1400.0
	2517.2	2781.5			570.0	2211.5
438.0	963.3	1117.6			476.9	640.7
	3795.5	3591.0				3591.0
25.4	7650.3	4189.6				1000.0
8836.0	32603.4	16329.7			944.7	5752.0
	10106.4	4257.8		452.8	3805.0	
	10106.4	4257.8		452.8	3805.0	
27801.3	56133.9	30151.4	14950.9		4020.5	5232.9
27498.5	41496.8	18071.4	14950.9		1020.5	2100.0
302.8	14637.1	12080.0			3000.0	3132.9
206762.2	1048224.1	678299.3	440903.0	4001.9	72732.6	157046.6
4556.4	613836.5	486207.1	429205.8		2341.3	54660.0
2436.0	315.3	2454.0			600.0	1854.0
199319.8	412094.0	178419.4	9609.9	4001.9	64731.2	100076.4
450.0	21978.3	11218.8	2087.3		5060.1	456.2
28342.0	159090.5	95909.1	25281.7	300.0	63423.5	6854.9
17373.6	86192.4	43557.1	6981.7		35200.5	1374.9

1-3 续表 2-8

项　目	固定资产原　价	累计折旧	固定资产净值年平均余额	负债合计	流动负债合　计	应付账款
铜冶炼	8407.5	1935.3	7526.0	8052.2	7705.9	269.8
铅锌冶炼	1064.7	77.5	1001.5	6990.8	6790.8	1246.1
镍钴冶炼	39950.4	12753.7	27785.7	54008.4	49463.7	2283.3
铝冶炼	72931.7	35564.4	39281.9	50933.7	39386.9	6080.6
其他常用有色金属冶炼	6242.0	478.9	5991.9	2852.0	752.0	492.5
贵金属冶炼	64300.3	31465.7	31651.5	37391.3	27522.7	5425.4
金冶炼	64300.3	31465.7	31651.5	37391.3	27522.7	5425.4
有色金属合金制造	139.4	2.7	136.7	310.8	310.6	253.1
有色金属压延加工	7107.6	491.7	6529.9	13754.1	12558.4	3443.5
常用有色金属压延加工	7107.6	491.7	6529.9	13754.1	12558.4	3443.5
金属制品业	79276.3	27569.4	48623.5	183358.3	171290.7	32877.7
结构性金属制品制造	30981.6	11088.8	19122.2	93759.9	84445.6	21233.7
金属结构制造	28018.7	10217.0	17690.1	90237.9	81853.6	20876.6
金属门窗制造	2962.9	871.8	1432.1	3522.0	2592.0	357.1
集装箱及金属包装容器制造	19073.6	8055.9	10588.2	28005.2	27505.2	3334.0
金属压力容器制造	5272.7	1346.3	3514.5	3293.6	3293.6	139.9
金属包装容器制造	13800.9	6709.6	7073.7	24711.6	24211.6	3194.1
金属丝绳及其制品的制造	11553.0	3994.6	7186.8	11995.9	10387.5	2466.3
建筑、安全用金属制品制造	6945.9	1611.0	5135.4	6958.6	6951.6	843.1
建筑、家具用金属配件制造	680.0	374.3	37.0	6.9		
建筑装饰及水暖管道零件制造	6117.4	1127.7	5071.2	6416.5	6416.4	595.9
其他建筑、安全用金属制品制造	148.5	109.0	27.2	535.2	535.2	247.2
金属表面处理及热处理加工	2639.3	255.0	1318.9	29571.9	29571.9	1354.2
不锈钢及类似日用金属制品制造	468.9	227.4	257.5	171.4	171.4	50.5
金属制厨用器皿及餐具制造	468.9	227.4	257.5	171.4	171.4	50.5
其他金属制品制造	7614.0	2336.7	5014.5	12895.4	12257.5	3595.9
其他未列明的金属制品制造	7614.0	2336.7	5014.5	12895.4	12257.5	3595.9
通用设备制造业	40491.3	17449.4	23506.7	77968.8	69988.8	24772.6
锅炉及原动机制造	765.3	173.2	459.7	3772.0	3502.6	1411.3
锅炉及辅助设备制造	624.2	88.2	400.6	3685.2	3415.8	1360.8
内燃机及配件制造	141.1	85.0	59.1	86.8	86.8	50.5
起重运输设备制造	4593.0	1803.4	3371.7	8959.3	8408.3	2152.9
泵、阀门、压缩机及类似机械的制造	2338.1	1774.6	549.5	3119.7	3119.7	838.4
泵及真空设备制造	2338.1	1774.6	549.5	3119.7	3119.7	838.4
轴承、齿轮、传动和驱动部件的制造	2815.1	2113.0	702.0	3267.2	3222.5	1946.2
轴承制造	2815.1	2113.0	702.0	3267.2	3222.5	1946.2
风机、衡器、包装设备等通用设备制造	2423.8	1354.2	1195.3	4123.8	3234.0	1908.2
风机、风扇制造	827.4	497.3	432.6	940.5	940.4	322.2
制冷、空调设备制造	777.8	483.2	320.2	2627.5	1957.9	1350.0
衡器制造	818.6	373.7	442.5	555.8	335.7	236.0

单位：万元

一、年末资产负债						
长期负债合　计	所有者权益合　计	实收资本	1.国家资本	2.集体资本	3.法人资本	4.个人资本
	14965.2	1300.0			1300.0	
200.0	-1601.5	894.9				894.9
3527.5	18206.8	6981.7	6981.7			
11546.1	47902.4	26249.5			25769.5	480.0
2100.0	6719.5	8131.0			8131.0	
9868.4	52717.7	43372.0	18300.0	300.0	24023.0	700.0
9868.4	52717.7	43372.0	18300.0	300.0	24023.0	700.0
	189.2	200.0				200.0
1100.0	19991.2	8780.0			4200.0	4580.0
1100.0	19991.2	8780.0			4200.0	4580.0
7610.4	137793.8	106078.3	46216.1	10693.1	26930.2	20233.8
5133.0	50362.7	31562.0	271.1	5486.4	8548.7	15561.0
4203.1	46767.6	28610.0	271.1	5486.4	6148.7	15009.0
929.9	3595.1	2952.0			2400.0	552.0
500.0	23408.3	17466.6		4500.3	12156.3	499.7
	6960.9	7000.0			7000.0	
500.0	16447.4	10466.6		4500.3	5156.3	499.7
1339.6	46404.7	47877.3	45848.0	272.1	1060.2	697.0
	5901.5	1480.0	97.0		55.0	1328.0
	645.1	55.0			55.0	
	4994.0	1328.0				1328.0
	262.4	97.0	97.0			
	2244.0	1030.0			810.0	220.0
	353.6	383.2				383.2
	353.6	383.2				383.2
637.8	9119.0	6279.2		434.3	4300.0	1544.9
637.8	9119.0	6279.2		434.3	4300.0	1544.9
2713.6	51155.5	37180.4	818.1	808.0	24419.8	10918.5
269.4	1578.2	1450.0			1300.0	150.0
269.4	1411.3	1400.0			1300.0	100.0
	166.9	50.0				50.0
551.0	8235.8	6960.0			3850.4	3109.6
	1819.8	1005.8	555.8		450.0	
	1819.8	1005.8	555.8		450.0	
	2696.6	2600.0			2600.0	
	2696.6	2600.0			2600.0	
889.7	5423.8	2836.2			384.0	2236.2
	1411.1	836.2				836.2
669.6	1943.4	800.0				800.0
220.1	2069.3	1200.0			384.0	600.0

1-3 续表 2-9

项　目	固定资产原　价	累计折旧	固定资产净值年平均余额	负债合计	流动负债合　计	应付账款
通用零部件制造及机械修理	25522.2	9750.9	15645.4	49292.6	43247.7	14609.2
金属密封件制造	2620.4	570.2	1423.4	7969.3	7377.9	818.4
紧固件、弹簧制造	2976.4	1880.1	1131.8	1755.8	1755.8	164.2
机械零部件加工及设备修理	19386.9	7206.9	12624.4	38183.3	32729.8	13078.2
其他通用零部件制造	538.5	93.7	465.8	1384.2	1384.2	548.4
金属铸、锻加工	2033.8	480.1	1583.1	5434.2	5254.0	1906.4
钢铁铸件制造	954.5	334.3	599.6	4177.7	4177.5	1377.9
锻件及粉末冶金制品制造	1079.3	145.8	983.5	1256.5	1076.5	528.5
专用设备制造业	62331.5	28351.7	34895.6	152255.5	139540.2	47753.4
矿山、冶金、建筑专用设备制造	27494.3	6498.2	19592.0	44518.2	34763.0	13703.5
采矿、采石设备制造	9493.3	170.9	8182.2	18696.7	10156.6	4510.9
石油钻采专用设备制造	14943.4	6232.1	8644.2	21247.4	20532.3	7402.5
建筑工程用机械制造	3057.6	95.2	2765.6	4574.1	4074.1	1790.1
食品、饮料、烟草及饲料生产专用设备制造	234.9	13.8	151.6	53.3	53.3	44.3
食品、饮料、烟草工业专用设备制造	234.9	13.8	151.6	53.3	53.3	44.3
纺织、服装和皮革工业专用设备制造	1459.7	573.4	890.1	4212.2	4212.2	1085.7
纺织专用设备制造	1459.7	573.4	890.1	4212.2	4212.2	1085.7
农、林、牧、渔专用机械制造	31375.8	20674.7	13288.2	100911.2	98421.4	31836.6
拖拉机制造	911.3	44.4	793.3	9179.3	9179.3	6735.8
机械化农业及园艺机具制造	26079.0	19085.9	9689.7	82957.6	81183.9	24473.7
畜牧机械制造	580.4	154.7	413.4	12.5	12.5	22.8
其他农林牧渔业机械制造及机械修理	3805.1	1389.7	2391.8	8761.8	8045.7	604.3
环保、社会公共安全及其他专用设备制造	1766.8	591.6	973.7	2560.6	2090.3	1083.3
水资源专用机械制造	916.5	130.7	593.7	1863.2	1508.2	590.0
其他专用设备制造	850.3	460.9	380.0	697.4	582.1	493.3
交通运输设备制造业	30497.0	14865.4	15528.7	73034.5	71232.5	27235.9
铁路运输设备制造	2570.5	1155.8	1628.2	2259.6	2259.6	1968.0
铁路机车车辆配件制造	821.5	481.8	427.1	2554.6	2554.6	705.0
其他铁路设备制造及设备修理	1749.0	674.0	1201.1	-295.0	-295.0	1263.0
汽车制造	27926.5	13709.6	13900.5	70774.9	68972.9	25267.9
汽车整车制造	17085.7	9782.4	7038.8	35551.5	35549.5	17942.5
改装汽车制造	2623.7	359.1	2723.2	18206.4	17706.4	3751.5
汽车车身、挂车的制造	1428.1	909.8	553.5	11324.9	10024.9	1298.3
汽车零部件及配件制造	2570.8	930.3	1052.3	468.6	468.6	559.9
汽车修理	4218.2	1728.0	2532.7	5223.5	5223.5	1715.7
电气机械及器材制造业	141690.0	44803.2	92519.6	982133.0	849633.0	180468.3
电机制造	39073.5	6780.5	28058.3	468546.6	425452.4	102114.3
发电机及发电机组制造	39073.5	6780.5	28058.3	468546.6	425452.4	102114.3
输配电及控制设备制造	91556.7	34334.8	57475.9	473213.7	384074.0	66806.7
变压器、整流器和电感器制造	78211.0	30323.4	47774.3	436457.4	349706.8	54845.2
配电开关控制设备制造	12080.2	3438.3	9037.0	34268.0	31878.9	10721.2
其他输配电及控制设备制造	1265.5	573.1	664.6	2488.3	2488.3	1240.3

单位：万元

一、年末资产负债						
长期负债合计	所有者权益合计	实收资本	1.国家资本	2.集体资本	3.法人资本	4.个人资本
823.5	29375.8	20417.8	262.3	469.4	15835.4	3850.7
591.0	3253.3	1400.0			1200.0	200.0
	3683.9	2000.0			2000.0	
232.5	21871.5	16517.8	262.3	469.4	12635.4	3150.7
	567.1	500.0				500.0
180.0	2025.5	1910.6		338.6		1572.0
	923.6	882.6		338.6		544.0
180.0	1101.9	1028.0				1028.0
11882.7	44518.3	34983.3	13561.3		11554.8	6209.4
9755.0	49536.9	22391.1	8950.0		7476.8	2327.5
8540.0	12014.5	11008.0	2650.0		4585.0	1223.0
715.0	35392.2	9383.1	6300.0		891.8	1104.5
500.0	2130.2	2000.0			2000.0	
	247.5	150.0			150.0	
	247.5	150.0			150.0	
	4135.4	200.0			39.0	161.0
	4135.4	200.0			39.0	161.0
1812.5	-11915.6	10142.2	4611.3		2889.0	2620.9
	2699.6	2790.0			2790.0	
1096.6	-21934.2	5213.5	3500.4		50.0	1663.1
	2132.2	70.0			49.0	
715.9	5186.8	2068.7	1110.9			957.8
315.2	2514.1	2100.0			1000.0	1100.0
200.0	1065.0	1100.0				1100.0
115.2	1449.1	1000.0			1000.0	
1352.0	27921.4	34414.5	8248.9	1566.6	24578.5	20.5
	4423.9	6718.1		1566.6	5151.5	
	754.9	5151.5			5151.5	
	3669.0	1566.6		1566.6		
1352.0	23497.5	27696.4	8248.9		19427.0	20.5
2.0	4887.1	8000.0			8000.0	
50.0	8476.8	9045.7			9025.2	20.5
1300.0	2845.4	2000.0			2000.0	
	8616.3	6562.4	6562.4			
	-1328.1	2088.3	1686.5		401.8	
126649.4	821826.9	275335.1	9397.9	1312.0	198251.2	66374.0
42284.2	388188.5	113110.0			62119.0	50991.0
42284.2	388188.5	113110.0			62119.0	50991.0
84162.3	416328.5	147009.0	6378.6		132639.2	7991.2
81787.0	390781.6	130925.0	6140.0		123425.0	1360.0
2375.3	24259.0	14845.4			9214.2	5631.2
	1287.9	1238.6	238.6			1000.0

1-3 续表 2-10

项 目	固定资产原 价	累计折旧	固定资产净值年平均余额	负债合计	流动负债合 计	应付账款
电线、电缆、光缆及电工器材制造	10809.2	3547.1	6865.3	39247.2	38981.1	10833.0
电线电缆制造	8988.9	2713.4	5907.7	33657.8	33416.6	8842.7
绝缘制品制造	1820.3	833.7	957.6	5589.4	5564.5	1990.3
非电力家用器具制造	250.6	140.8	120.1	885.5	885.5	474.3
燃气、太阳能及类似能源的器具制造	250.6	140.8	120.1	885.5	885.5	474.3
照明器具制造				240.0	240.0	240.0
照明灯具制造				240.0	240.0	240.0
通信设备、计算机及其他电子设备	145669.6	8154.7	82542.2	70550.9	34294.8	12290.3
通信设备制造	4752.2	1167.3	3786.4	-340.5	-340.5	16.1
移动通信及终端设备制造	4752.2	1167.3	3786.4	-340.5	-340.5	16.1
广播电视设备制造	474.5	171.5	321.0	1430.6	1430.6	601.0
广播电视接收设备及器材制造	474.5	171.5	321.0	1430.6	1430.6	601.0
电子元件制造	139890.3	6687.2	78038.0	68249.1	32433.0	11650.0
电子元件及组件制造	139890.3	6687.2	78038.0	68249.1	32433.0	11650.0
家用视听设备制造	552.6	128.7	396.8	1211.7	771.7	23.2
家用影视设备制造	552.6	128.7	396.8	1211.7	771.7	23.2
仪器仪表及文化、办公用机械制造	1669.2	755.5	1224.2	49718.1	49218.1	4393.3
通用仪器仪表制造	609.6	245.1	664.9	48533.8	48033.8	4339.7
工业自动控制系统装置制造	122.9	66.6	56.3	4116.5	4116.5	3931.6
供应用仪表及其他通用仪器制造	486.7	178.5	608.6	44417.3	43917.3	408.1
专用仪器仪表制造	1059.6	510.4	559.3	1184.3	1184.3	53.6
地质勘探和地震专用仪器制造	961.1	477.9	532.4	998.2	998.2	9.7
其他专用仪器制造	98.5	32.5	26.9	186.1	186.1	43.9
工艺品及其他制造业	37166.9	6357.7	30816.7	33443.4	32727.9	8912.7
工艺美术品制造	3560.3	841.9	2726.0	1532.9	1532.9	64.9
地毯、挂毯制造	3560.3	841.9	2726.0	1532.9	1532.9	64.9
日用杂品制造	74.9	11.5	63.3	658.2	658.2	
制镜及类似品加工	74.9	11.5	63.3	658.2	658.2	
煤制品制造	33531.7	5504.3	28027.4	31252.3	30536.8	8847.8
电力、燃气及水的生产和供应业	7239946.2	2344676.3	4570668.4	6047241.4	2877366.7	492982.8
电力、热力的生产和供应业	6672926.8	2205477.2	4144526.9	5680529.7	2696686.9	468656.7
电力生产	3370825.2	948837.0	2130405.5	2876143.1	1190001.3	203212.0
火力发电	2070301.5	751495.0	1149252.9	1740729.8	761258.0	125437.0
水力发电	926528.2	136633.5	745869.1	811190.0	232191.6	51318.2
其他能源发电	373995.5	60708.5	235283.5	324223.3	196551.7	26456.8
电力供应	2709066.8	1042003.9	1630224.4	2386803.4	1241593.9	175500.7
热力生产和供应	593034.8	214636.3	383897.0	417583.2	265091.7	89944.0
燃气生产和供应业	180803.3	38974.3	139847.9	190847.7	120394.4	11914.3
水的生产和供应业	386216.1	100224.8	286293.6	175864.0	60285.4	12411.8
自来水的生产和供应	359615.6	95172.1	264962.7	147598.0	53223.7	6545.0
污水处理及其再生利用	26600.5	5052.7	21330.9	28266.0	7061.7	5866.8

单位：万元

一、年末资产负债							
长期负债合计	所有者权益合计	实收资本	1.国家资本	2.集体资本	3.法人资本	4.个人资本
202.9	16432.5	14316.1	3019.3	1312.0	2893.0	7091.8
178.0	12484.1	12116.1	3019.3	1312.0	693.0	7091.8
24.9	3948.4	2200.0			2200.0	
	347.4	600.0			600.0	
	347.4	600.0			600.0	
	530.0	300.0				300.0
	530.0	300.0				300.0
36256.1	191202.4	62954.7			35302.1	14347.4
	4423.3	20648.7			13421.6	
	4423.3	20648.7			13421.6	
	691.0	600.0			175.0	347.0
	691.0	600.0			175.0	347.0
35816.1	185290.5	41206.0			21655.5	13550.4
35816.1	185290.5	41206.0			21655.5	13550.4
440.0	797.6	500.0			50.0	450.0
440.0	797.6	500.0			50.0	450.0
500.0	16384.2	6600.0	89.0	42.0	1500.0	4969.0
500.0	10546.6	4600.0	89.0		1500.0	3011.0
	2611.1	1500.0			1500.0	
500.0	7935.5	3100.0	89.0			3011.0
	5837.6	2000.0		42.0		1958.0
	4186.3	1000.0		42.0		958.0
	1651.3	1000.0				1000.0
715.5	37771.7	40309.0	38333.0		50.0	238.0
	5180.0	1688.0				
	5180.0	1688.0				
	90.8	88.0				88.0
	90.8	88.0				88.0
715.5	32500.9	38533.0	38333.0		50.0	150.0
2795266.7	2305466.6	1666893.5	972219.9	11926.8	552327.4	114222.3
2645334.2	1942242.1	1353756.1	736012.1	11701.9	497734.3	101177.7
1479042.4	1035201.0	947492.3	477528.7	501.7	412425.1	49906.7
780714.6	400487.9	375377.4	70454.5	501.7	250870.3	46770.8
570656.2	453474.5	462763.5	397570.7		61706.9	3135.9
127671.6	181238.6	109351.4	9503.5		99847.9	
1020667.8	685671.5	228675.5	193057.9		34601.8	1015.8
145624.0	221369.6	177588.3	65425.5	11200.2	50707.4	50255.2
64925.4	101913.5	63297.3	15411.0	65.9	37876.8	9943.6
85007.1	261311.0	249840.1	220796.8	159.0	16716.3	3101.0
64524.1	233124.3	221776.1	204799.8	159.0	16716.3	101.0
20483.0	28186.7	28064.0	15997.0			3000.0

1-3 续表 3-1

项 目	5.港澳台资本	6.外商资本	主营业务收入	主营业务成本	主营业务税金及附加
总 计	**120973.5**	**194915.0**	**44390975.3**	**31834676.2**	**1014531.1**
一、按登记注册类型分组					
内资企业	14527.0	24487.5	43380819.0	31024227.8	1006917.2
国有企业			4285439.6	3684166.0	100203.0
中央企业			3602931.8	3187757.9	95338.8
地方企业			682507.8	496408.1	4864.2
集体企业			149155.8	132420.3	873.6
股份合作企业			21189.9	18008.4	42.5
联营企业			45078.4	34747.7	561.8
国有联营企业			8593.1	4773.3	298.7
集体联营企业			7196.4	6912.0	43.2
国有与集体联营企业			20989.9	15902.3	200.6
其他联营企业			8299.0	7160.1	19.3
有限责任公司	1952.0	3897.5	9765529.8	8132689.2	71913.4
国有独资公司			1985272.6	1659582.3	26222.1
其他有限责任公司	1952.0	3897.5	7780257.2	6473106.9	45691.3
股份有限公司	11273.0	20590.0	25339237.8	15829682.2	814103.4
私营企业	1302.0		3775187.7	3192514.0	19219.5
私营独资企业			156933.5	137099.8	1311.9
私营合作企业			37618.7	35887.9	226.8
私营有限责任公司			2675742.0	2311189.2	14870.3
私营股份有限公司	1302.0		904893.5	708337.1	2810.5
港、澳、台商投资企业	101703.8	388.3	271991.5	225821.4	139.2
合资经营企业(港或澳、台资)	12090.8	388.3	101198.5	87211.3	67.1
港澳台商独资经营企业	71583.3		130686.5	105902.0	72.1
港澳台商投资股份有限公司	18029.7		40106.5	32708.1	
外商投资企业	4742.7	170039.2	738164.8	584627.0	7474.7
中外合资经营企业	625.0	107680.1	521610.8	409640.9	4875.5
中外合作经营企业		3200.0	30932.6	25686.3	
外资企业	4117.7	47953.2	109564.1	86557.5	1248.2
外商投资股份有限公司		11205.9	76057.3	62742.3	1351.0
二、按经济组织类型分组					
独资企业	75701.0	47953.2	4831779.5	4146145.6	103708.8
国有企业			4285439.6	3684166.0	100203.0
集体企业			149155.8	132420.3	873.6
私营独资企业			156933.5	137099.8	1311.9
港澳台商独资经营企业	71583.3		130686.5	105902.0	72.1
外资企业	4117.7	47953.2	109564.1	86557.5	1248.2
合作、合伙企业		3200.0	134819.6	114330.3	831.1
股份合作企业			21189.9	18008.4	42.5
国有联营企业			8593.1	4773.3	298.7

单位：万元

二、损益及分配					
其他业务收入	其他业务利润	营业费用	管理费用		财务费用
				税金	
1029179.6	**138542.9**	**883913.0**	**1716890.6**	**139122.0**	**484824.9**
986951.8	134998.5	818325.2	1661636.2	137669.2	472501.0
79232.1	19929.4	98151.6	178511.2	3826.7	89145.2
67517.8	16417.7	66972.2	129073.4	2162.2	56355.4
11714.3	3511.7	31179.4	49437.8	1664.5	32789.8
2299.4	352.3	2344.1	10102.2	146.4	480.0
154.4	52.9	232.3	1180.5	18.0	9.0
911.8	15.3	2610.1	3584.8	14.9	170.4
		1584.1	776.9	3.7	82.9
148.0	8.1	438.7	324.0	0.7	47.9
171.7	-24.4	51.0	1909.2	7.0	38.0
592.1	31.6	536.3	574.7	3.5	1.6
383781.7	47179.8	263162.3	423726.6	14563.9	223782.8
100551.8	6272.9	29370.6	112029.7	3494.1	49829.1
283229.9	40906.9	233791.7	311696.9	11069.8	173953.7
451937.7	57974.0	318062.5	880021.8	113223.2	113236.7
68634.7	9494.8	133762.3	164509.1	5876.1	45676.9
3822.5	302.0	5713.0	5790.6	67.1	747.6
367.8	358.7	1474.5	1368.7	28.1	148.3
53269.5	6214.0	88768.4	115512.1	4479.1	34692.3
11174.9	2620.1	37806.4	41837.7	1301.8	10088.7
24128.3	244.4	17148.8	13703.0	388.9	1859.2
19829.4	-534.0	1621.6	7986.0	137.5	1562.8
4012.3	744.4	14903.8	4757.1	142.1	144.0
286.6	34.0	623.4	959.9	109.3	152.4
18099.5	3300.0	48439.0	41551.4	1063.9	10464.7
10673.1	1308.0	40068.9	24025.7	598.6	8103.5
1682.1	19.9	1201.3	1497.4	38.8	7.5
2698.8	527.8	2599.9	10350.4	352.3	387.6
3045.5	1444.3	4568.9	5677.9	74.2	1966.1
92065.1	21855.9	123712.4	209511.5	4534.6	90904.4
79232.1	19929.4	98151.6	178511.2	3826.7	89145.2
2299.4	352.3	2344.1	10102.2	146.4	480.0
3822.5	302.0	5713.0	5790.6	67.1	747.6
4012.3	744.4	14903.8	4757.1	142.1	144.0
2698.8	527.8	2599.9	10350.4	352.3	387.6
3116.1	446.8	5518.2	7631.4	99.8	335.2
154.4	52.9	232.3	1180.5	18.0	9.0
		1584.1	776.9	3.7	82.9

1-3 续表 3-2

项目	5.港澳台资本	6.外商资本	主营业务收入	主营业务成本	主营业务税金及附加
集体联营企业			7196.4	6912.0	43.2
国有与集体联营企业			20989.9	15902.3	200.6
其他联营企业			8299.0	7160.1	19.3
私营合伙企业			37618.7	35887.9	226.8
中外合作经营企业		3200.0	30932.6	25686.3	
股份有限公司	30604.7	31795.9	26360295.1	16633469.7	818264.9
股份有限公司(内资)	11273.0	20590.0	25339237.8	15829682.2	814103.4
私营股份有限公司	1302.0		904893.5	708337.1	2810.5
港澳台商投资股份有限公司	18029.7		40106.5	32708.1	
外商投资股份有限公司		11205.9	76057.3	62742.3	1351.0
有限责任公司	14667.8	111965.9	13064081.1	10940730.6	91726.3
国有独资公司			1985272.6	1659582.3	26222.1
私营有限责任公司			2675742.0	2311189.2	14870.3
合资经营企业(港或澳、台资)	12090.8	388.3	101198.5	87211.3	67.1
中外合资经营企业	625.0	107680.1	521610.8	409640.9	4875.5
其他有限责任公司	1952.0	3897.5	7780257.2	6473106.9	45691.3
三、在总计中					
总计中：亏损企业	54620.2	61993.9	11092886.3	11588257.9	170990.2
总计中：国有控股企业	12588.0	55603.7	35208969.4	24327086.2	957189.4
总计中：农村工业			62318.9	44008.9	178.8
总计中：轻工业	91931.2	90452.3	5617598.0	4698483.8	120383.0
重工业	29042.3	104462.7	38773377.3	27136192.4	894148.1
总计中：大型企业			28013402.8	18485217.1	830178.8
中型企业	69217.9	59785.9	9116067.3	7293506.1	141854.8
小型企业	51755.6	135129.1	7261505.2	6055953.0	42497.5
四、按工业行业小类分组					
采矿业	9150.0	30720.2	16892457.6	6814624.0	613131.1
煤炭开采和洗选业	7000.0	1940.0	939088.1	640498.3	10999.1
烟煤和无烟煤的开采洗选	7000.0	1940.0	939088.1	640498.3	10999.1
石油和天然气开采业			14732559.9	5566168.6	587364.2
天然原油和天然气开采			13694390.1	4525405.3	580410.3
与石油和天然气开采有关的服务活动			1038169.8	1040763.3	6953.9
黑色金属矿采选业	2025.0	100.0	801642.4	416779.5	9281.5
铁矿采选	2025.0	100.0	790059.3	409346.2	9195.6
其他黑色金属矿采选			11583.1	7433.3	85.9
有色金属矿采选业	125.0	22732.7	359584.5	155922.3	4112.0
常用有色金属矿采选	125.0	22732.7	307854.6	126870.7	3965.8
铜矿采选			225783.4	74906.4	3073.0
铅锌矿采选			29999.7	21764.5	573.3
镍钴矿采选	125.0	22732.7	52071.5	30199.8	319.5
贵金属矿采选			40599.3	20502.3	86.3
金矿采选			40599.3	20502.3	86.3

单位：万元

二、损益及分配					
其他业务收入	其他业务利润	营业费用	管理费用	税金	财务费用
148.0	8.1	438.7	324.0	0.7	47.9
171.7	-24.4	51.0	1909.2	7.0	38.0
592.1	31.6	536.3	574.7	3.5	1.6
367.8	358.7	1474.5	1368.7	28.1	148.3
1682.1	19.9	1201.3	1497.4	38.8	7.5
466444.7	62072.4	361061.2	928497.3	114708.5	125443.9
451937.7	57974.0	318062.5	880021.8	113223.2	113236.7
11174.9	2620.1	37806.4	41837.7	1301.8	10088.7
286.6	34.0	623.4	959.9	109.3	152.4
3045.5	1444.3	4568.9	5677.9	74.2	1966.1
467553.7	54167.8	393621.2	571250.4	19779.1	268141.4
100551.8	6272.9	29370.6	112029.7	3494.1	49829.1
53269.5	6214.0	88768.4	115512.1	4479.1	34692.3
19829.4	-534.0	1621.6	7986.0	137.5	1562.8
10673.1	1308.0	40068.9	24025.7	598.6	8103.5
283229.9	40906.9	233791.7	311696.9	11069.8	173953.7
216671.5	24687.5	162571.5	368183.1	7432.4	114578.7
714832.7	92408.3	515174.4	1288880.6	123536.6	360111.6
117.7	77.3	3735.2	3287.2	22.3	479.1
256709.3	27625.6	250382.1	256790.4	9212.8	111107.3
772470.3	110917.3	633530.9	1460100.2	129909.2	373717.6
324852.8	38567.7	269373.3	918201.1	111511.6	137598.6
563707.0	72216.9	363367.1	435126.1	17735.6	200180.2
140619.8	27758.3	251172.6	363563.4	9874.8	147046.1
230226.5	26262.4	171839.1	733139.5	109079.5	35358.1
79826.4	-1918.1	17102.7	115808.2	1674.2	9560.4
79826.4	-1918.1	17102.7	115808.2	1674.2	9560.4
120023.9	18362.9	76897.5	537442.0	104202.6	15636.8
99345.0	16492.0	75979.1	505856.9	103772.6	9927.3
20678.9	1870.9	918.4	31585.1	430.0	5709.5
7364.5	1566.6	59663.9	33286.9	2404.5	8438.0
6792.7	1429.6	59533.3	31834.1	2372.4	8437.6
571.8	137.0	130.6	1452.8	32.1	0.4
18262.7	6683.9	9103.0	37533.3	690.8	1062.2
17422.1	6454.7	8344.5	26780.1	539.6	-458.3
14238.0	5393.5	6353.3	17521.6	181.3	-276.8
127.4	12.2	1281.6	3938.2	271.5	-273.6
3056.7	1049.0	709.6	5320.3	86.8	92.1
220.6	220.6	107.1	8923.0	72.5	1523.1
220.6	220.6	107.1	8923.0	72.5	1523.1

1-3 续表 3-3

项　目	5.港澳台资本	6.外商资本	主营业务收入	主营业务成本	主营业务税金及附加
稀有稀土金属矿采选			11130.6	8549.3	59.9
其他稀有金属矿采选			11130.6	8549.3	59.9
非金属矿采选业		5947.5	59582.7	35255.3	1374.3
土砂石开采			14529.6	10258.9	238.2
石灰石、石膏开采			3129.6	2753.8	4.1
建筑装饰用石开采			6428.1	4254.3	78.9
耐火土石开采			1143.3	428.9	123.9
粘土及其他土砂石开采			3828.6	2821.9	31.3
化学矿采选			5969.0	3822.9	84.1
采盐			15647.3	7030.0	844.7
石棉及其他非金属矿采选		5947.5	23436.8	14143.5	207.3
石棉、云母矿采选			5455.7	5530.1	68.9
其他非金属矿采选		5947.5	17981.1	8613.4	138.4
制造业	111823.5	147997.7	24868308.7	22825452.8	381947.1
农副食品加工业	2590.6	19652.3	1689394.2	1512763.4	2808.4
谷物磨制			212833.0	194719.6	214.3
饲料加工		3898.9	265147.0	230706.7	382.6
植物油加工		10763.8	828782.4	767957.9	559.7
食用植物油加工		10763.8	826098.9	765278.3	559.7
非食用植物油加工			2683.5	2679.6	
制糖			185034.3	149053.6	1333.4
屠宰及肉类加工	1650.0	1323.1	87882.9	81157.1	94.4
畜禽屠宰	1400.0		59210.7	54428.1	51.9
肉制品及副产品加工	250.0	1323.1	28672.2	26729.0	42.5
蔬菜、水果和坚果加工	940.6	1266.5	53906.0	42234.2	67.7
其他农副食品加工		2400.0	55808.6	46934.3	156.3
淀粉及淀粉制品的制造			27717.7	25002.7	120.1
其他未列明的农副食品加工		2400.0	28090.9	21931.6	36.2
食品制造业	10527.2	28127.1	725714.9	546935.5	3188.9
焙烤食品制造		6110.3	12333.4	10144.0	54.5
糕点、面包制造			6930.8	5702.4	46.4
饼干及其他焙烤食品制造		6110.3	5402.6	4441.6	8.1
糖果、巧克力及蜜饯制造			9469.0	6687.2	7.8
蜜饯制作			9469.0	6687.2	7.8
方便食品制造	10527.2	620.9	88884.7	66243.2	105.2
速冻食品制造			596.8	350.4	3.4
方便面及其他方便食品制造	10527.2	620.9	88287.9	65892.8	101.8
液体乳及乳制品制造		7866.7	211348.1	186777.6	499.7
罐头制造		2954.2	282679.7	185945.1	1179.0
蔬菜、水果罐头制造		2954.2	282679.7	185945.1	1179.0

单位：万元

二、损益及分配					
其他业务收 入	其他业务利 润	营业费用	管理费用	税金	财务费用
620.0	8.6	651.4	1830.2	78.7	-2.6
620.0	8.6	651.4	1830.2	78.7	-2.6
4749.0	1567.1	9072.0	9069.1	107.4	660.7
3242.0	910.6	1084.6	1543.3	58.5	27.0
		261.7	48.7	0.3	0.5
	-18.0	239.0	1013.0	58.2	1.1
		320.6	87.4		
3242.0	928.6	263.3	394.2		25.4
15.3	3.8	869.4	984.6	2.4	93.6
60.1	-623.4	1426.3	3332.1	13.6	29.4
1431.6	1276.1	5691.7	3209.1	32.9	510.7
1411.3	1275.1	196.5	887.0	20.7	61.9
20.3	1.0	5495.2	2322.1	12.2	448.8
739602.4	88899.7	679183.0	852635.2	25795.9	264693.5
32515.7	6970.2	64950.4	59993.3	2037.5	30329.5
3866.5	254.0	4597.3	7211.0	321.4	2492.5
3041.2	595.9	9192.0	11645.7	247.0	3359.2
12768.1	1937.3	20905.6	23369.6	560.7	16609.6
12768.1	1937.3	20823.5	23295.8	560.7	16610.9
		82.1	73.8		-1.3
10052.3	2155.2	20442.2	11670.8	727.7	3603.6
482.5	100.5	2313.3	3256.5	116.8	1006.9
360.7	52.7	1835.0	1912.5	66.3	636.1
121.8	47.8	478.3	1344.0	50.5	370.8
587.8	266.2	3433.6	1284.7	58.1	2433.0
1717.3	1661.1	4066.4	1555.0	5.8	824.7
1657.4	1657.4	954.8	574.1	0.7	485.8
59.9	3.7	3111.6	980.9	5.1	338.9
6875.2	964.3	57191.3	26708.2	1483.5	23490.9
148.5	13.3	672.7	1273.5	14.4	334.5
86.8	2.4	592.9	645.3	14.2	332.7
61.7	10.9	79.8	628.2	0.2	1.8
		1368.4	694.4	0.4	266.0
		1368.4	694.4	0.4	266.0
159.1	12.9	15202.8	3056.2	77.7	110.3
12.9	12.2	22.6	101.9	43.8	13.2
146.2	0.7	15180.2	2954.3	33.9	97.1
3452.4	144.0	9368.3	8097.8	237.3	2579.6
1553.7	435.8	23645.3	7660.8	398.2	19281.1
1553.7	435.8	23645.3	7660.8	398.2	19281.1

1-3 续表 3-4

项 目	5.港澳台资本	6.外商资本	主营业务收入	主营业务成本	主营业务税金及附加
调味品、发酵制品制造		7402.7	49907.7	34725.8	297.9
味精制造			8024.1	8176.8	12.7
酱油、食醋及类似制品的制造			6797.2	4507.5	44.6
其他调味品、发酵制品制造		7402.7	35086.4	22041.5	240.6
其他食品制造		3172.3	71092.3	56412.6	1044.8
营养、保健食品制造			5520.4	3662.4	16.7
冷冻饮品及食用冰制造		3172.3	30319.2	26323.0	78.7
盐加工			8709.0	4840.6	749.6
食品及饲料添加剂制造			26543.7	21586.6	199.8
饮料制造业	2420.0	22003.3	338314.5	217215.9	27298.2
酒精制造			6454.9	6688.1	115.1
酒的制造	2000.0	13300.2	232339.2	134802.0	26991.5
白酒制造			96980.0	56052.6	15018.8
啤酒制造	1500.0	13300.2	95796.3	51841.4	7794.9
葡萄酒制造	500.0		39562.9	26908.0	4177.8
软饮料制造	420.0	8703.1	99520.4	75725.8	191.6
瓶(罐)装饮用水制造			12823.2	10425.8	30.0
果菜汁及果菜汁饮料制造	420.0	7668.1	57677.3	44257.5	145.1
含乳饮料和植物蛋白饮料制造			4843.2	4272.6	16.5
茶饮料及其他软饮料制造		1035.0	24176.7	16769.9	
烟草制品业			170800.4	64530.4	69781.9
卷烟制造			170800.4	64530.4	69781.9
纺织业	73722.0	12205.4	1787945.2	1572873.0	13718.3
棉、化纤纺织及印染精加工	62755.3	12205.4	1633729.5	1430308.5	13301.4
棉、化纤纺织加工	62755.3	12205.4	1626700.8	1424583.6	13301.4
棉、化纤印染精加工			7028.7	5724.9	
毛纺织和染整精加工	1793.7		36092.9	33430.5	230.0
毛条加工			10596.9	10115.8	166.9
毛纺织	1793.7		25496.0	23314.7	63.1
麻纺织			31505.2	27318.3	141.4
针织品、编织品及其制品制造	9173.0		86617.6	81815.7	45.5
棉、化纤针织品及编织品制造			46340.5	45586.6	42.5
毛针织品及编织品制造	9173.0		40277.1	36229.1	3.0
纺织服装、鞋、帽制造业			16297.6	13613.6	41.3
纺织服装制造			16297.6	13613.6	41.3
皮革、毛皮、羽毛(绒)及其制品业			29623.7	28001.8	158.1
皮革鞣制加工			20953.5	19695.3	150.3
皮革制品制造			1096.2	938.0	3.4
皮鞋制造			1096.2	938.0	3.4
毛皮鞣制及制品加工			7574.0	7368.5	4.4
毛皮鞣制加工			7574.0	7368.5	4.4

单位：万元

二、损益及分配

其他业务收　入	其他业务利　润	营业费用	管理费用		财务费用
				税金	
93.7	36.5	2504.4	1503.3	62.5	45.7
57.6	15.3	203.4	222.0	18.5	22.7
2.6	2.6	1352.8	654.0	28.5	59.8
33.5	18.6	948.2	627.3	15.5	-36.8
1467.8	321.8	4429.4	4422.2	693.0	873.7
		595.6	277.1	44.0	205.3
454.0	84.0	1829.8	2037.9	538.0	136.0
775.5	118.9	852.0	1309.4	39.8	44.2
238.3	118.9	1152.0	797.8	71.2	488.2
14637.0	2361.9	35618.1	22622.7	872.0	6478.1
162.5	7.5	18.4	380.1	2.1	188.1
12139.0	1748.0	25048.5	17603.6	721.3	5977.7
48.6	6.5	4283.7	4701.9	207.1	243.2
11176.9	1501.6	15731.1	8645.9	254.2	692.8
913.5	239.9	5033.7	4255.8	260.0	5041.7
2335.5	606.4	10551.2	4639.0	148.6	312.3
3.8	3.8		644.8	7.9	109.8
1484.9	428.5	5371.4	3607.0	140.3	162.9
5.4	-1.0	44.4	147.4		1.0
841.4	175.1	5135.4	239.8	0.4	38.6
246.8	186.8	4041.3	10263.7	548.0	860.1
246.8	186.8	4041.3	10263.7	548.0	860.1
126154.8	11371.7	51249.3	67014.9	2212.4	28826.1
121233.7	9916.5	47465.4	57503.7	1900.5	26795.8
121233.7	9916.5	46375.9	57209.6	1898.4	26759.9
		1089.5	294.1	2.1	35.9
508.1	264.6	844.4	2244.3	46.5	97.2
212.0	210.0	62.5	823.3	13.8	19.9
296.1	54.6	781.9	1421.0	32.7	77.3
4060.1	986.9	748.0	3420.9	78.1	1032.2
352.9	203.7	2191.5	3846.0	187.3	900.9
352.9	203.7	547.9	807.2	38.0	87.6
		1643.6	3038.8	149.3	813.3
66.7	62.0	589.2	1159.8	27.2	26.4
66.7	62.0	589.2	1159.8	27.2	26.4
155.8	142.2	595.1	785.7	3.3	145.3
150.9	142.2	572.6	539.1	1.3	138.7
4.9		22.5	155.6	2.0	1.8
4.9		22.5	155.6	2.0	1.8
			91.0		4.8
			91.0		4.8

1-3 续表 3-5

项 目	5.港澳台资本	6.外商资本	主营业务收入	主营业务成本	主营业务税金及附加
木材加工及木、竹、藤、棕、草制品		2070.0	70951.8	65284.7	685.5
锯材、木片加工			1378.4	1799.6	1.8
锯材加工			1378.4	1799.6	1.8
人造板制造		2070.0	62989.0	57378.0	676.0
胶合板制造			6138.5	5638.7	14.8
纤维板制造		2070.0	50004.3	46058.6	178.7
刨花板制造			6105.4	5018.7	480.0
其他人造板、材制造			740.8	662.0	2.5
木制品制造			6584.4	6107.1	7.7
建筑用木料及木材组件加工			1260.1	1213.3	
木容器制造			2864.7	2811.8	3.6
软木制品及其他木制品制造			2459.6	2082.0	4.1
家具制造业	2346.4		96308.8	83324.2	181.2
木质家具制造	2346.4		80777.1	69690.4	63.9
金属家具制造			15531.7	13633.8	117.3
造纸及纸制品业	325.0	3825.3	146177.6	125981.0	975.0
纸浆制造			49197.2	37970.5	471.7
造纸	325.0		45278.0	40376.2	344.8
机制纸及纸板制造	325.0		45278.0	40376.2	344.8
纸制品制造		3825.3	51702.4	47634.3	158.5
纸和纸板容器的制造		3825.3	48475.7	44517.0	152.8
其他纸制品制造			3226.7	3117.3	5.7
印刷业和记录媒介的复制			56902.3	45803.3	324.1
印刷			53888.8	43326.1	300.7
书、报、刊印刷			32947.7	25856.6	247.9
本册印制			4595.1	3665.8	21.7
包装装潢及其他印刷			16346.0	13803.7	31.1
装订及其他印刷服务活动			3013.5	2477.2	23.4
石油加工、炼焦及核燃料加工业		1734.2	9009278.4	9263490.0	223840.6
精炼石油产品的制造			8690402.1	9019777.0	222408.1
原油加工及石油制品制造			8690402.1	9019777.0	222408.1
炼焦		1734.2	318876.3	243713.0	1432.5
化学原料及化学制品制造业	5808.5		2118257.9	1730052.2	13140.6
基础化学原料制造	1952.0		781178.1	690438.8	5351.0
无机酸制造			29730.2	20650.5	203.4
无机碱制造			479284.9	423057.0	1757.2
无机盐制造			148629.7	128418.4	617.9
有机化学原料制造	1952.0		100793.5	97913.3	2696.0
其他基础化学原料制造			22739.8	20399.6	76.5
肥料制造			221620.8	134626.8	1234.6
氮肥制造			132359.1	81359.8	107.7
磷肥制造			1874.7	1549.7	14.7

单位：万元

二、损益及分配					
其他业务收入	其他业务利润	营业费用	管理费用		财务费用
				税金	
474.1	444.4	671.6	3046.1	138.4	854.1
303.3	273.6	14.2	192.2	2.4	48.9
303.3	273.6	14.2	192.2	2.4	48.9
170.8	170.8	632.5	2719.5	135.4	735.0
		89.1	213.6	2.2	39.5
170.8	170.8	468.8	2156.9	69.8	611.1
		64.6	305.0	61.0	84.4
		10.0	44.0	2.4	
		24.9	134.4	0.6	70.2
		2.4	35.1		41.7
		22.5	6.5	0.5	-0.4
			92.8	0.1	28.9
21090.0	-891.7	3089.0	5570.3	533.3	2118.8
21087.8	-884.8	2695.0	5111.8	426.7	1809.0
2.2	-6.9	394.0	458.5	106.6	309.8
32667.1	2747.4	2858.7	9734.1	362.4	3537.4
29980.0	1949.2	1325.1	4134.0	168.6	1352.2
751.8	445.5	831.3	3417.7	125.8	1918.0
751.8	445.5	831.3	3417.7	125.8	1918.0
1935.3	352.7	702.3	2182.4	68.0	267.2
1935.3	352.7	702.3	2033.2	68.0	237.2
			149.2		30.0
2250.1	1179.6	845.9	8179.0	180.0	983.6
2071.3	1154.9	845.9	7841.3	179.1	985.7
1842.4	1134.9	666.6	6595.3	134.4	797.4
		48.5	349.6	5.0	40.6
228.9	20.0	130.8	896.4	39.7	147.7
178.8	24.7		337.7	0.9	-2.1
82555.6	17403.5	85024.1	239963.3	2083.0	13185.6
79770.0	15966.3	81112.4	231625.5	1855.1	7681.1
79770.0	15966.3	81112.4	231625.5	1855.1	7681.1
2785.6	1437.2	3911.7	8337.8	227.9	5504.5
255403.8	25453.2	85376.6	114204.6	4028.2	41422.6
236819.2	19796.5	57173.1	39502.2	1482.4	17370.2
1072.9	463.9	1302.3	1499.7	89.0	239.7
213689.8	15510.5	42232.9	18695.6	1188.6	8483.8
6694.7	1093.6	8792.8	7975.8	167.8	2625.5
14956.3	2728.5	3956.9	9371.2	34.3	4543.2
405.5		888.2	1959.9	2.7	1478.0
2086.5	594.4	6222.4	24010.4	547.7	4251.9
1387.9	266.2	1622.0	16298.9	459.1	3427.2
149.3	149.2	107.4	358.9		32.4

1-3 续表 3-6

项目	5.港澳台资本	6.外商资本	主营业务收入	主营业务成本	主营业务税金及附加
钾肥制造			46387.2	15128.0	1073.7
复混肥料制造			35257.3	32560.6	33.8
有机肥料及微生物肥料制造			3725.3	2156.5	1.7
其他肥料制造			2017.2	1872.2	3.0
农药制造			1291.0	783.8	7.1
化学农药制造			1291.0	783.8	7.1
涂料、油墨、颜料及类似产品制造			15557.9	13685.5	62.9
涂料制造			14322.9	12697.5	60.2
密封用填料及类似品制造			1235.0	988.0	2.7
合成材料制造			732333.1	603174.2	3685.4
初级形态的塑料及合成树脂制造			696630.2	572620.6	3672.9
合成纤维单(聚合)体的制造			33719.6	28649.8	11.1
其他合成材料制造			1983.3	1903.8	1.4
专用化学产品制造	3856.5		350646.0	273061.1	2771.7
化学试剂和助剂制造	2862.8		165482.8	133349.0	1728.0
专项化学用品制造	993.7		127376.7	100536.1	651.4
炸药及火工产品制造			51113.4	32835.6	388.6
动物胶制造			6673.1	6340.4	3.7
日用化学产品制造			15631.0	14282.0	27.9
肥皂及合成洗涤剂制造			15631.0	14282.0	27.9
医药制造业		2950.9	59856.6	38532.8	450.2
化学药品原药制造			1697.2	1767.5	3.0
化学药品制剂制造			16697.2	8474.2	177.7
中药饮片加工		2950.9	16163.3	14278.8	29.9
中成药制造			20408.7	11191.8	193.4
兽用药品制造			554.1	487.0	2.9
生物、生化制品的制造			4336.1	2333.5	43.3
化学纤维制造业			326599.5	298994.0	793.5
纤维素纤维原料及纤维制造			326599.5	298994.0	793.5
化纤浆粕制造			179902.7	158439.8	489.4
人造纤维(纤维素纤维)制造			146696.8	140554.2	304.1
橡胶制品业			15090.2	14226.8	100.2
轮胎制造			5159.6	5339.5	43.3
车辆、飞机及工程机械轮胎制造			5159.6	5339.5	43.3
橡胶板、管、带的制造			7592.3	6844.3	46.9
再生橡胶制造			633.2	588.6	1.7
日用及医用橡胶制品制造			1705.1	1454.4	8.3
塑料制品业	3227.0	20880.0	408096.0	360891.2	1198.7
塑料薄膜制造			69376.5	66057.0	96.5
塑料板、管、型材的制造	3227.0	20240.0	229589.1	201131.2	756.7
塑料丝、绳及编织品的制造		277.0	39315.2	37145.6	97.1

单位：万元

二、损益及分配					
其他业务收　入	其他业务利　润	营业费用	管理费用		财务费用
				税金	
453.9	171.6	2663.5	5121.8	44.4	-78.1
63.4	-0.2	963.5	1518.7	29.4	706.2
4.1	4.1	765.4	430.0	7.6	72.5
27.9	3.5	100.6	282.1	7.2	91.7
		49.2	115.4	4.7	2.8
		49.2	115.4	4.7	2.8
60.0	4.1	622.5	1323.6	58.7	196.4
60.0	4.1	521.1	1181.0	50.7	126.5
		101.4	142.6	8.0	69.9
7115.1	2972.7	6383.3	21325.8	1415.6	17028.3
5908.9	2812.4	5369.8	19374.2	1398.8	17021.3
1190.6	146.2	1005.8	1899.4	16.3	-0.8
15.6	14.1	7.7	52.2	0.5	7.8
9220.1	2072.7	14830.0	27223.6	483.0	2573.8
5448.6	1420.5	10584.4	10866.6	246.8	701.6
2215.0	444.1	3255.3	8428.3	64.3	1062.9
1555.7	207.3	937.8	7769.5	167.5	786.0
0.8	0.8	52.5	159.2	4.4	23.3
102.9	12.8	96.1	703.6	36.1	-0.8
102.9	12.8	96.1	703.6	36.1	-0.8
522.3	324.3	6372.1	6925.8	187.5	1118.7
		13.6	97.0	4.1	0.3
370.6	235.8	4273.0	3739.1	105.8	224.7
92.8	40.7	325.1	1229.9	20.4	516.8
58.9	47.8	1096.3	1120.3	19.9	181.5
		9.3	31.3	2.1	15.8
		654.8	708.2	35.2	179.6
14438.9	570.8	12674.4	18670.8	171.8	8918.2
14438.9	570.8	12674.4	18670.8	171.8	8918.2
7762.2	435.5	3803.8	14086.2	131.4	6268.4
6676.7	135.3	8870.6	4584.6	40.4	2649.8
247.7	189.9	85.9	3852.7	88.9	38.5
154.8	154.3		3029.9	67.6	1.5
154.8	154.3		3029.9	67.6	1.5
90.7	33.4	47.7	605.9	21.0	6.1
		8.1	58.0		0.2
2.2	2.2	30.1	158.9	0.3	30.7
19069.4	2277.8	10604.1	15850.0	474.7	3731.8
755.0	148.1	862.7	2196.4	52.9	491.0
15288.5	1660.2	8310.0	8034.6	310.8	2021.8
1664.3	130.8	424.4	1080.0	10.3	221.8

1-3 续表 3-7

项　　目	5.港澳台资本	6.外商资本	主营业务收　　入	主营业务成　　本	主营业务税金及附加
泡沫塑料制造		363.0	6780.1	6089.7	15.2
塑料包装箱及容器制造			32075.7	26815.0	57.5
日用塑料制造			2482.2	1945.7	17.8
日用塑料杂品制造			2482.2	1945.7	17.8
其他塑料制品制造			28477.2	21707.0	157.9
非金属矿物制品业	2100.0	18769.7	1129328.2	888499.1	6060.7
水泥、石灰和石膏的制造			589461.2	439558.4	4445.7
水泥制造			552326.4	410834.9	4147.4
石灰和石膏制造			37134.8	28723.5	298.3
水泥及石膏制品制造	2100.0		256519.6	215738.7	815.5
水泥制品制造			229495.7	197548.3	718.6
砼结构构件制造	2100.0		18536.0	11562.4	9.5
石棉水泥制品制造			781.6	588.5	2.3
轻质建筑材料制造			6677.6	4874.4	22.9
其他水泥制品制造			1028.7	1165.1	62.2
砖瓦、石材及其他建筑材料制造			84476.7	72414.1	281.5
粘土砖瓦及建筑砌块制造			3656.6	2091.2	14.7
建筑陶瓷制品制造			56620.1	53489.0	77.8
建筑用石加工			8533.9	4306.3	130.1
防水建筑材料制造			4173.6	3472.4	12.9
隔热和隔音材料制造			8202.0	6243.3	32.3
其他建筑材料制造			3290.5	2811.9	13.7
玻璃及玻璃制品制造		12822.6	114865.9	93583.2	83.2
平板玻璃制造			2018.8	2146.3	10.1
技术玻璃制品制造			3370.1	2965.2	7.0
日用玻璃制品及玻璃包装容器制造			8589.8	7481.5	32.2
玻璃保温容器制造			10588.5	10188.0	14.6
玻璃纤维及制品制造		3189.6	34333.3	24763.1	0.4
玻璃纤维增强塑料制品制造		9633.0	55965.4	46039.1	18.9
耐火材料制品制造			15091.2	11550.8	233.5
耐火陶瓷制品及其他耐火材料制造			15091.2	11550.8	233.5
石墨及其他非金属矿物制品制造		5947.1	68913.6	55653.9	201.3
石墨及碳素制品制造			36146.6	27218.3	160.9
其他非金属矿物制品制造		5947.1	32767.0	28435.6	40.4
黑色金属冶炼及压延加工业	2617.7	997.5	4123867.5	3783803.6	9084.1
炼铁			1483674.8	1388187.8	2639.5
炼钢			54191.9	52421.5	530.9
钢压延加工			2490292.6	2258264.2	5543.4
铁合金冶炼	2617.7	997.5	95708.2	84930.1	370.3
有色金属冶炼及压延加工业	49.0		410325.8	386911.3	1023.3
常用有色金属冶炼			247917.4	245934.4	533.2

单位：万元

二、损益及分配					
其他业务收入	其他业务利润	营业费用	管理费用		财务费用
				税金	
303.4	47.7	179.0	471.2	8.8	30.7
425.2	116.5	204.4	1714.5	54.9	784.0
565.4	160.0	425.2	224.8	0.9	-1.4
565.4	160.0	425.2	224.8	0.9	-1.4
67.6	14.5	198.4	2128.5	36.1	183.9
12004.1	2665.8	52896.8	72033.0	2432.3	32545.2
8181.9	2083.7	37769.0	42234.7	1387.1	19676.8
8089.6	2001.5	33162.1	40873.4	1377.5	19431.0
92.3	82.2	4606.9	1361.3	9.6	245.8
2244.9	510.3	7703.7	13661.9	401.6	2974.0
858.9	400.4	5480.9	11097.5	346.0	2169.3
1386.0	113.9	1423.3	1633.9	32.2	623.0
		154.0	60.7		-0.2
	-4.0	645.5	788.3	23.4	181.8
			81.5		0.1
509.6	-88.9	1561.9	3533.2	170.4	5034.6
	-27.7	99.3	235.3	25.4	44.5
22.6	22.6	323.1	772.6	4.4	588.3
179.1		468.1	1535.9	76.6	4226.8
3.3	3.3	234.6	217.1	8.2	96.4
		344.0	424.4	3.3	38.8
304.6	-87.1	92.8	347.9	52.5	39.8
381.0	41.2	1788.6	7431.3	407.7	2583.9
35.2	35.2		271.1	28.0	125.5
270.8	-11.8	135.0	352.0	16.8	-12.0
43.1	17.8	246.7	852.9	21.0	170.7
			187.2	16.8	167.2
		112.8	4430.4	5.9	430.4
31.9		1294.1	1337.7	319.2	1702.1
		196.8	2230.7	12.1	-9.9
		196.8	2230.7	12.1	-9.9
686.7	119.5	3876.8	2941.2	53.4	2285.8
672.7	111.5	2424.7	2069.3	37.3	1889.0
14.0	8.0	1452.1	871.9	16.1	396.8
45793.3	-2421.3	115309.4	54403.2	2989.7	44028.6
36123.1	-3840.1	25990.4	14092.5	574.4	1521.0
		7398.4	362.1		687.3
7221.2	1419.1	80120.2	38181.8	2402.7	41320.7
2449.0	-0.3	1800.4	1766.8	12.6	499.6
3296.8	1917.0	2782.4	17969.1	209.5	4233.3
2397.2	1306.7	2048.9	6676.7	157.0	3107.2

1-3 续表 3-8

项　　目	5.港澳台资本	6.外商资本	主营业务收　　入	主营业务成　　本	主营业务税金及附加
铜冶炼			34268.6	32985.5	98.9
铅锌冶炼			6768.3	8595.8	22.0
镍钴冶炼			142116.4	149673.6	98.8
铝冶炼			63335.8	52335.4	313.1
其他常用有色金属冶炼			1428.3	2344.1	0.4
贵金属冶炼	49.0		61870.6	43217.2	208.2
金冶炼	49.0		61870.6	43217.2	208.2
有色金属合金制造			2000.0	1989.8	2.1
有色金属压延加工			98537.8	95769.9	279.8
常用有色金属压延加工			98537.8	95769.9	279.8
金属制品业		2005.1	378828.6	344871.4	1153.9
结构性金属制品制造		1694.8	181774.0	161704.6	652.2
金属结构制造		1694.8	178048.8	158557.8	635.7
金属门窗制造			3725.2	3146.8	16.5
集装箱及金属包装容器制造		310.3	31849.2	28948.0	203.9
金属压力容器制造			1280.0	1280.7	
金属包装容器制造		310.3	30569.2	27667.3	203.9
金属丝绳及其制品的制造			95837.4	92181.8	149.9
建筑、安全用金属制品制造			12241.9	9912.9	43.3
建筑、家具用金属配件制造			1160.7	756.3	0.6
建筑装饰及水暖管道零件制造			10143.9	8360.2	40.7
其他建筑、安全用金属制品制造			937.3	796.4	2.0
金属表面处理及热处理加工			26647.9	24672.8	17.3
不锈钢及类似日用金属制品制造			521.9	473.6	1.9
金属制厨用器皿及餐具制造			521.9	473.6	1.9
其他金属制品制造			29956.3	26977.7	85.4
其他未列明的金属制品制造			29956.3	26977.7	85.4
通用设备制造业		216.0	113847.8	97514.0	767.5
锅炉及原动机制造			4347.4	3622.8	34.3
锅炉及辅助设备制造			3479.6	2871.6	14.6
内燃机及配件制造			867.8	751.2	19.7
起重运输设备制造			11775.3	9970.2	39.7
泵、阀门、压缩机及类似机械的制造			2608.9	2043.9	10.9
泵及真空设备制造			2608.9	2043.9	10.9
轴承、齿轮、传动和驱动部件的制造			2227.8	1678.0	15.9
轴承制造			2227.8	1678.0	15.9
风机、衡器、包装设备等通用设备制造		216.0	7915.9	6091.4	95.8
风机、风扇制造			2392.7	1722.7	9.1
制冷、空调设备制造			2565.6	1875.8	84.7
衡器制造		216.0	2957.6	2492.9	2.0

单位：万元

二、损益及分配					
其他业务收入	其他业务利润	营业费用	管理费用		财务费用
				税金	
494.4	494.4	271.5	107.0	6.1	450.1
114.7	47.0	104.1	162.3	3.9	99.7
810.1	546.4	611.5	2096.7	19.5	351.6
978.0	218.9	1049.7	3885.2	113.7	2046.4
		12.1	425.5	13.8	159.4
856.6	579.8	281.0	10330.3	29.2	691.5
856.6	579.8	281.0	10330.3	29.2	691.5
			20.0		-0.1
43.0	30.5	452.5	942.1	23.3	434.7
43.0	30.5	452.5	942.1	23.3	434.7
36185.4	5131.7	8410.6	14716.6	1743.6	2380.3
4461.3	909.6	3557.1	7722.8	1484.7	1432.0
4461.3	909.6	3297.8	7375.0	1476.6	1446.9
		259.3	347.8	8.1	-14.9
30003.3	4023.7	3739.9	3330.9	133.5	448.7
46.4	26.9	108.5	416.7	35.8	-0.7
29956.9	3996.8	3631.4	2914.2	97.7	449.4
1655.1	151.3	509.4	1358.7	91.6	419.3
28.9	28.9	138.3	554.2		-0.9
		78.0	18.0		-0.2
28.9	28.9	21.6	463.0		-2.7
		38.7	73.2		2.0
		47.4	602.6	0.3	49.2
		3.0	33.4		1.9
		3.0	33.4		1.9
36.8	18.2	415.5	1114.0	33.5	30.1
36.8	18.2	415.5	1114.0	33.5	30.1
4670.2	1117.5	2829.7	7975.1	325.5	456.9
501.3	22.9	227.6	419.5	2.5	21.9
259.8	45.8	227.6	366.3	0.5	21.9
241.5	-22.9		53.2	2.0	
216.2	78.5	776.8	938.9	16.1	1.7
		76.4	256.5	6.9	38.2
		76.4	256.5	6.9	38.2
326.8	92.1	208.1	406.6	15.9	8.3
326.8	92.1	208.1	406.6	15.9	8.3
34.1	3.8	182.3	773.0	175.2	6.3
		85.1	315.4	160.1	
		48.0	360.6	5.5	-2.1
34.1	3.8	49.2	97.0	9.6	8.4

1-3 续表 3-9

项　　目	5.港澳台资本	6.外商资本	主营业务收　　入	主营业务成　　本	主营业务税金及附加
通用零部件制造及机械修理			75145.3	64937.4	544.3
金属密封件制造			5229.6	4510.2	21.2
紧固件、弹簧制造			3528.0	2537.4	24.0
机械零部件加工及设备修理			64864.5	56633.4	498.1
其他通用零部件制造			1523.2	1256.4	1.0
金属铸、锻加工			9827.2	9170.3	26.6
钢铁铸件制造			7931.0	7517.5	24.4
锻件及粉末冶金制品制造			1896.2	1652.8	2.2
专用设备制造业	90.0	3567.8	141434.2	113792.7	965.7
矿山、冶金、建筑专用设备制造	90.0	3546.8	65344.9	48392.5	872.5
采矿、采石设备制造		2550.0	16975.7	13164.2	756.3
石油钻采专用设备制造	90.0	996.8	43657.1	31160.6	116.2
建筑工程用机械制造			4712.1	4067.7	
食品、饮料、烟草及饲料生产专用设备制造			508.2	424.2	1.0
食品、饮料、烟草工业专用设备制造			508.2	424.2	1.0
纺织、服装和皮革工业专用设备制造			6312.4	4876.1	13.2
纺织专用设备制造			6312.4	4876.1	13.2
农、林、牧、渔专用机械制造		21.0	63642.7	55313.7	60.1
拖拉机制造			12251.4	11906.4	
机械化农业及园艺机具制造			36590.1	31908.3	35.7
畜牧机械制造		21.0	1247.7	677.0	
其他农林牧渔业机械制造及机械修理			13553.5	10822.0	24.4
环保、社会公共安全及其他专用设备制造			5626.0	4786.2	18.9
水资源专用机械制造			4885.4	4146.1	16.7
其他专用设备制造			740.6	640.1	2.2
交通运输设备制造业			135179.9	121394.5	141.0
铁路运输设备制造			5359.2	4000.0	42.3
铁路机车车辆配件制造			1826.0	1409.3	12.3
其他铁路设备制造及设备修理			3533.2	2590.7	30.0
汽车制造			129820.7	117394.5	98.7
汽车整车制造			79182.7	69835.5	2.0
改装汽车制造			25268.2	25210.4	22.1
汽车车身、挂车的制造			6189.5	5645.2	5.6
汽车零部件及配件制造			16105.9	14204.3	55.7
汽车修理			3074.4	2499.1	13.3
电气机械及器材制造业			1238531.4	1010043.1	3370.6
电机制造			622609.6	487500.0	1388.4
发电机及发电机组制造			622609.6	487500.0	1388.4
输配电及控制设备制造			554526.9	466519.4	1809.6
变压器、整流器和电感器制造			497342.7	418918.5	1492.6
配电开关控制设备制造			53211.5	44576.0	296.8
其他输配电及控制设备制造			3972.7	3024.9	20.2

单位：万元

二、损益及分配					
其他业务收入	其他业务利润	营业费用	管理费用	税金	财务费用
3545.1	900.8	1224.7	4817.5	106.2	339.4
199.5	92.6	160.3	472.0	13.3	30.1
1786.2	335.3	407.3	551.7	17.0	-2.9
1559.4	472.9	657.1	3545.0	73.4	312.2
			248.8	2.5	
46.7	19.4	133.8	363.1	2.7	41.1
46.7	19.4	38.6	273.9	2.4	25.6
		95.2	89.2	0.3	15.5
3900.0	1289.2	7364.4	10182.3	187.7	736.3
2760.1	960.0	4874.5	3717.5	93.9	382.7
914.5	257.6	921.0	1022.9	62.1	335.5
1480.7	702.4	3620.9	2418.0	28.7	31.0
364.9		332.6	276.6	3.1	16.2
		20.0	79.0		-1.0
		20.0	79.0		-1.0
266.6	90.8	152.7	793.2	1.4	58.4
266.6	90.8	152.7	793.2	1.4	58.4
816.8	203.3	2017.3	5050.9	90.9	288.8
0.8	0.3	85.5	171.7	0.7	-12.1
805.4	195.3	1719.8	3711.7	65.3	159.5
		123.2	212.9	3.6	-2.4
10.6	7.7	88.8	954.6	21.3	143.8
56.5	35.1	299.9	541.7	1.5	7.4
		299.9	427.3	0.6	6.1
56.5	35.1		114.4	0.9	1.3
4604.6	708.5	6131.1	7229.2	223.0	352.3
		555.7	1273.8	32.1	-1.7
		37.7	402.8	4.6	-0.7
		518.0	871.0	27.5	-1.0
4604.6	708.5	5575.4	5955.4	190.9	354.0
1363.9	-40.1	3792.1	3765.6	107.0	275.0
2288.3	510.0	365.1	1033.0	43.8	-13.0
501.9	208.1	199.2	275.5	12.5	75.2
214.2	24.0	1055.0	218.2	18.0	0.1
236.3	6.5	164.0	663.1	9.6	16.7
16683.8	5357.0	57442.5	40816.4	1834.3	10770.4
5549.3	1312.5	30189.2	18462.2	928.1	4235.7
5549.3	1312.5	30189.2	18462.2	928.1	4235.7
10950.2	3993.5	25368.7	19939.3	785.6	5612.1
10763.8	3952.5	23587.5	15670.4	647.9	5353.5
163.9	18.5	1610.4	3582.3	74.6	259.4
22.5	22.5	170.8	686.6	63.1	-0.8

1-3 续表 3-10

项目	5.港澳台资本	6.外商资本	主营业务收入	主营业务成本	主营业务税金及附加
电线、电缆、光缆及电工器材制造			58560.9	53364.6	162.5
电线电缆制造			51461.7	48402.6	121.2
绝缘制品制造			7099.2	4962.0	41.3
非电力家用器具制造			1884.0	1796.7	4.5
燃气、太阳能及类似能源的器具制造			1884.0	1796.7	4.5
照明器具制造			950.0	862.4	5.6
照明灯具制造			950.0	862.4	5.6
通信设备、计算机及其他电子设备	6000.1	7305.1	109284.6	78887.3	594.5
通信设备制造		7227.1	1643.0	1622.9	
移动通信及终端设备制造		7227.1	1643.0	1622.9	
广播电视设备制造		78.0	9665.7	9474.0	0.5
广播电视接收设备及器材制造		78.0	9665.7	9474.0	0.5
电子元件制造	6000.1		96353.8	66269.7	594.0
电子元件及组件制造	6000.1		96353.8	66269.7	594.0
家用视听设备制造			1622.1	1520.7	
家用影视设备制造			1622.1	1520.7	
仪器仪表及文化、办公用机械制造			11704.1	6655.2	65.3
通用仪器仪表制造			9282.0	5997.6	33.2
工业自动控制系统装置制造			5331.5	3455.4	13.6
供应用仪表及其他通用仪器制造			3950.5	2542.2	19.6
专用仪器仪表制造			2422.1	657.6	32.1
地质勘探和地震专用仪器制造			1700.7	434.7	23.2
其他专用仪器制造			721.4	222.9	8.9
工艺品及其他制造业		1688.0	10367.0	10566.8	35.8
工艺美术品制造		1688.0	4896.8	3621.3	
地毯、挂毯制造		1688.0	4896.8	3621.3	
日用杂品制造			1465.9	1384.6	1.2
制镜及类似品加工			1465.9	1384.6	1.2
煤制品制造			4004.3	5560.9	34.6
电力、燃气及水的生产和供应业		16197.1	2630209.0	2194599.4	19452.9
电力、热力的生产和供应业		7130.1	2470306.6	2086875.3	17836.8
电力生产		7130.1	802320.3	579491.2	7001.3
火力发电		6780.1	649053.3	493000.1	6124.9
水力发电		350.0	109904.1	68380.1	723.0
其他能源发电			43362.9	18111.0	153.4
电力供应			1484557.5	1336421.7	10285.2
热力生产和供应			183428.8	170962.4	550.3
燃气生产和供应业			112476.9	67416.1	1374.9
水的生产和供应业		9067.0	47425.5	40308.0	241.2
自来水的生产和供应			42455.8	36508.0	241.2
污水处理及其再生利用		9067.0	4969.7	3800.0	

单位：万元

二、损益及分配

其他业务收入	其他业务利润	营业费用	管理费用	税金	财务费用
184.3	51.0	1678.4	2201.4	70.0	923.3
32.9	0.4	1179.1	1343.0	61.3	872.0
151.4	50.6	499.3	858.4	8.7	51.3
		157.2	150.5	0.6	-0.7
		157.2	150.5	0.6	-0.7
		49.0	63.0	50.0	
		49.0	63.0	50.0	
2739.7	1129.4	3412.3	7861.7	395.3	3195.2
		638.5	1385.2	1.0	-14.2
		638.5	1385.2	1.0	-14.2
10.6	8.3	43.0	130.3		13.9
10.6	8.3	43.0	130.3		13.9
2729.1	1121.1	2703.2	6218.1	390.3	3095.3
2729.1	1121.1	2703.2	6218.1	390.3	3095.3
		27.6	128.1	4.0	100.2
		27.6	128.1	4.0	100.2
		665.2	1354.2	9.3	139.3
		665.2	647.5	3.3	150.7
		495.8	292.9	2.1	-5.8
		169.4	354.6	1.2	156.5
			706.7	6.0	-11.4
			584.4	4.0	-10.4
			122.3	2.0	-1.0
353.5	246.6	101.5	3549.4	13.6	-210.0
		25.4	138.5	10.5	27.4
		25.4	138.5	10.5	27.4
		40.1	295.0	0.1	
		40.1	295.0	0.1	
353.5	246.6	36.0	3115.9	3.0	-237.4
59350.7	23380.8	32890.9	131115.9	4246.6	184773.3
49804.1	19755.9	7391.8	114448.1	3750.7	177174.1
7024.4	2327.6	3409.6	47405.0	1817.3	100574.5
3883.5	1410.2	3183.0	36750.0	1546.5	61697.2
2855.7	648.0	226.6	7872.3	184.0	27246.2
285.2	269.4		2782.7	86.8	11631.1
37720.5	15008.1	1443.7	53071.8	1533.5	65924.2
5059.2	2420.2	2538.5	13971.3	399.9	10675.4
5955.5	2480.2	17323.4	7305.7	194.8	4484.2
3591.1	1144.7	8175.7	9362.1	301.1	3115.0
3471.2	1063.8	8175.7	8009.8	301.1	2853.9
119.9	80.9		1352.3		261.1

1-3 续表 4-1

项 目	二、损益及分配					
	利息支出	营业利润	投资收益	补贴收入	利润总额	亏损企业亏损额
总 计	**470248.1**	**7521233.6**	**116488.2**	**154238.7**	**7795249.0**	**1286757.1**
一、按登记注册类型分组						
内资企业	456862.0	7455290.2	109930.9	151567.7	7724893.5	1268412.2
国有企业	86975.2	135493.4	5939.1	10863.1	125505.4	107056.1
中央企业	54654.7	68795.1	5610.5	5978.2	52953.0	80994.1
地方企业	32320.5	66698.3	328.6	4884.9	72552.4	26062.0
集体企业	444.7	4312.4	312.7	623.3	6224.9	731.7
股份合作企业	11.3	1598.2	1.4		1563.3	672.1
联营企业	170.2	3848.1	26.5	347.4	4159.5	790.6
国有联营企业	82.9	1077.0			1075.6	355.0
集体联营企业	47.9	-561.3	25.3	347.4	-191.3	191.3
国有与集体联营企业	38.0	3284.1	1.2		3329.5	
其他联营企业	1.4	48.3			-54.3	244.3
有限责任公司	218167.3	620419.7	18533.9	105821.1	743082.1	180131.6
国有独资公司	49962.2	96314.1	10379.8	51331.8	151302.8	32659.3
其他有限责任公司	168205.1	524105.6	8154.1	54489.3	591779.3	147472.3
股份有限公司	109200.4	6440664.8	57394.3	13537.4	6578068.6	937893.9
私营企业	41892.9	248953.6	27723.0	20375.4	266289.7	41136.2
私营独资企业	686.5	5750.5	0.7	82.1	4648.4	3026.0
私营合作企业	148.5	-1575.7		127.6	-1515.0	1979.2
私营有限责任公司	31650.6	123200.7	3981.7	19645.0	138771.4	34032.1
私营股份有限公司	9407.3	121578.1	23740.6	520.7	124384.9	2098.9
港、澳、台商投资企业	1696.2	11019.8	253.2	986.8	11545.8	5023.2
合资经营企业(港或澳、台资)	1269.1	2440.0	188.7	651.8	2280.5	2098.8
港澳台商独资经营企业	283.5	5883.3		335.0	6506.2	2298.4
港澳台商投资股份有限公司	143.6	2696.5	64.5		2759.1	626.0
外商投资企业	11689.9	54923.6	6304.1	1684.2	58809.7	13321.7
中外合资经营企业	8779.0	41612.3	6207.1	891.5	42942.0	7272.1
中外合作经营企业	2.4	326.8			311.1	
外资企业	517.3	11235.9	4.3	601.9	13328.1	355.5
外商投资股份有限公司	2391.2	1748.6	92.7	190.8	2228.5	5694.1
二、按经济组织类型分组						
独资企业	88907.2	162675.5	6256.8	12505.4	156213.0	113467.7
国有企业	86975.2	135493.4	5939.1	10863.1	125505.4	107056.1
集体企业	444.7	4312.4	312.7	623.3	6224.9	731.7
私营独资企业	686.5	5750.5	0.7	82.1	4648.4	3026.0
港澳台商独资经营企业	283.5	5883.3		335.0	6506.2	2298.4
外资企业	517.3	11235.9	4.3	601.9	13328.1	355.5
合作、合伙企业	332.4	4197.4	27.9	475.0	4518.9	3441.9
股份合作企业	11.3	1598.2	1.4		1563.3	672.1
国有联营企业	82.9	1077.0			1075.6	355.0

单位：万元

应交所得税	三、工资、福利费、增值税 本年应付工资总额（贷方累计发生额）	本年应付福利费总额	本年应交增值税	全部从业人员年平均人数（人）
715887.5	**1920749.7**	**161273.3**	**2517129.9**	**578381**
705021.5	1881157.1	158919.7	2481842.9	562122
34348.7	357034.2	24439.0	196859.9	108716
13745.9	296743.0	21071.0	150024.2	88590
20602.8	60291.2	3368.0	46835.7	20126
1866.5	12292.4	1162.2	5471.4	3720
73.4	1859.9	231.8	710.0	579
1078.8	4920.3	406.6	3460.9	1659
224.9	618.7	18.6	856.8	276
	639.4	118.8	417.5	307
784.7	2963.7	234.5	1931.6	563
69.2	698.5	34.7	255.0	513
107063.1	560130.4	40623.6	410785.8	193251
25756.1	165398.2	8924.9	81074.6	40324
81307.0	394732.2	31698.7	329711.2	152927
538668.6	771841.3	79438.5	1728763.5	172697
21922.4	173078.6	12618.0	135791.4	81500
1458.8	14445.3	909.0	9013.3	6169
-1270.5	2811.1	335.9	1274.6	743
19457.1	121020.8	10141.8	94594.7	65366
2277.0	34801.4	1231.3	30908.8	9222
2609.8	14081.0	429.9	13016.1	6778
629.4	6203.4	128.7	4410.5	2737
1479.8	6523.1	226.1	7202.2	3284
500.6	1354.5	75.1	1403.4	757
8256.2	25511.6	1923.7	22270.9	9481
4968.4	17792.0	1408.1	15168.3	6108
56.7	891.4		0.3	219
2517.4	4895.7	380.2	4907.4	2196
713.7	1932.5	135.4	2194.9	958
41671.2	395190.7	27116.5	223454.2	124085
34348.7	357034.2	24439.0	196859.9	108716
1866.5	12292.4	1162.2	5471.4	3720
1458.8	14445.3	909.0	9013.3	6169
1479.8	6523.1	226.1	7202.2	3284
2517.4	4895.7	380.2	4907.4	2196
-61.6	10482.7	974.3	5445.8	3200
73.4	1859.9	231.8	710.0	579
224.9	618.7	18.6	856.8	276

1-3 续表 4-2

项　目	二、损益及分配					
	利息支出	营业利润	投资收益	补贴收入	利润总额	亏损企业亏损额
集体联营企业	47.9	-561.3	25.3	347.4	-191.3	191.3
国有与集体联营企业	38.0	3284.1	1.2		3329.5	
其他联营企业	1.4	48.3			-54.3	244.3
私营合伙企业	148.5	-1575.7		127.6	-1515.0	1979.2
中外合作经营企业	2.4	326.8			311.1	
股份有限公司	121142.5	6566688.0	81292.1	14248.9	6707441.1	946312.9
股份有限公司(内资)	109200.4	6440664.8	57394.3	13537.4	6578068.6	937893.9
私营股份有限公司	9407.3	121578.1	23740.6	520.7	124384.9	2098.9
港澳台商投资股份有限公司	143.6	2696.5	64.5		2759.1	626.0
外商投资股份有限公司	2391.2	1748.6	92.7	190.8	2228.5	5694.1
有限责任公司	259866.0	787672.7	28911.4	127009.4	927076.0	223534.6
国有独资公司	49962.2	96314.1	10379.8	51331.8	151302.8	32659.3
私营有限责任公司	31650.6	123200.7	3981.7	19645.0	138771.4	34032.1
合资经营企业(港或澳、台资)	1269.1	2440.0	188.7	651.8	2280.5	2098.8
中外合资经营企业	8779.0	41612.3	6207.1	891.5	42942.0	7272.1
其他有限责任公司	168205.1	524105.6	8154.1	54489.3	591779.3	147472.3
三、在总计中						
总计中：亏损企业	110859.4	-1411889.5	-9820.3	61346.3	-1286757.1	1286757.1
总计中：国有控股企业	355119.9	6752397.7	64728.0	101544.8	6972553.4	1173265.1
总计中：农村工业	467.0	10861.1		533.9	11165.0	422.3
总计中：轻工业	103584.1	207659.6	1008.3	37380.7	213072.2	126343.6
重工业	366664.0	7313574.0	115479.9	116858.0	7582176.8	1160413.5
总计中：大型企业	133303.2	6374462.5	33918.6	3780.8	6473763.5	1013059.9
中型企业	194401.5	722143.9	77557.9	91213.5	836517.8	136041.5
小型企业	142543.4	424627.2	5011.7	59244.4	484967.7	137655.7
四、按工业行业小类分组						
采矿业	32397.8	7550594.4	13660.7	743.0	7626708.7	79328.2
煤炭开采和洗选业	8802.0	133188.8	116.9	153.9	124000.4	7689.3
烟煤和无烟煤的开采洗选	8802.0	133188.8	116.9	153.9	124000.4	7689.3
石油和天然气开采业	14888.4	6994347.4	-1412.7	145.4	7081761.1	63086.7
天然原油和天然气开采	9891.4	7040320.6	-2609.0		7130552.9	
与石油和天然气开采有关的服务活动	4997.0	-45973.2	1196.3	145.4	-48791.8	63086.7
黑色金属矿采选业	7035.8	260184.4	11796.9	222.6	268111.0	3048.6
铁矿采选	7034.3	257854.3	11927.8	222.6	265592.8	3048.6
其他黑色金属矿采选	1.5	2330.1	-130.9		2518.2	
有色金属矿采选业	1026.1	157324.4	3057.8	114.1	147254.3	4177.7
常用有色金属矿采选	-490.2	147306.8	3062.1	114.1	137184.6	4177.7
铜矿采选	-275.9	129272.0	479.6	30.3	117335.8	284.0
铅锌矿采选	-361.6	1570.1	669.4	60.0	1218.9	3646.5
镍钴矿采选	147.3	16464.7	1913.1	23.8	18629.9	247.2
贵金属矿采选	1520.3	9972.5	18.4		10008.0	
金矿采选	1520.3	9972.5	18.4		10008.0	

单位：万元

	三、工资、福利费、增值税			
应交所得税	本年应付 工资总额 (贷方累计发生额)	本年应付 福利费总额	本年应交 增值税	全部从业人员 年平均人数 (人)
	639.4	118.8	417.5	307
784.7	2963.7	234.5	1931.6	563
69.2	698.5	34.7	255.0	513
-1270.5	2811.1	335.9	1274.6	743
56.7	891.4		0.3	219
542159.9	809929.7	80880.3	1763270.6	183634
538668.6	771841.3	79438.5	1728763.5	172697
2277.0	34801.4	1231.3	30908.8	9222
500.6	1354.5	75.1	1403.4	757
713.7	1932.5	135.4	2194.9	958
132118.0	705146.6	52302.2	524959.3	267462
25756.1	165398.2	8924.9	81074.6	40324
19457.1	121020.8	10141.8	94594.7	65366
629.4	6203.4	128.7	4410.5	2737
4968.4	17792.0	1408.1	15168.3	6108
81307.0	394732.2	31698.7	329711.2	152927
1399.5	463409.4	36033.8	153588.2	151118
612762.2	1485575.2	128199.4	2157084.7	392634
1756.9	3280.1	169.0	3312.1	2061
26929.5	298009.3	21194.2	176338.5	160306
688958.0	1622740.4	140079.1	2340791.4	418075
534645.8	1057460.6	95189.9	1807046.3	249982
107488.5	503099.2	37766.6	431623.5	177212
73753.2	360189.9	28316.8	278460.1	151187
608350.1	849568.3	84304.9	1717653.6	190775
27683.7	165778.5	10076.0	86428.1	47995
27683.7	165778.5	10076.0	86428.1	47995
525647.1	622970.3	67463.1	1532983.3	122531
522582.1	486435.2	55143.5	1496226.0	95650
3065.0	136535.1	12319.6	36757.3	26881
48563.7	26320.9	4321.9	58713.5	8268
47885.5	25466.1	4250.3	57488.8	8010
678.2	854.8	71.6	1224.7	258
5312.6	26734.3	2075.3	34132.5	8145
2816.9	18447.5	1783.0	33173.4	5314
1080.9	10385.2	1284.3	26040.5	2827
345.5	4780.7	316.8	2236.0	1591
1390.5	3281.6	181.9	4896.9	896
2470.4	5945.6	292.3	272.1	1765
2470.4	5945.6	292.3	272.1	1765

1-3 续表 4-3

项　目	二、损益及分配					
	利息支出	营业利润	投资收益	补贴收入	利润总额	亏损企业亏损额
稀有稀土金属矿采选	-4.0	45.1	-22.7		61.7	
其他稀有金属矿采选	-4.0	45.1	-22.7		61.7	
非金属矿采选业	645.5	5549.4	101.8	107.0	5581.9	1325.9
土砂石开采	0.6	2288.3	89.0	58.2	2268.2	
石灰石、石膏开采	0.5	60.8			60.8	
建筑装饰用石开采	0.1	823.9	89.0	58.2	808.9	
耐火土石开采		182.5			182.5	
粘土及其他土砂石开采		1221.1			1216.0	
化学矿采选	94.7	118.3			82.1	139.7
采盐	26.9	2306.4	12.8	3.0	2346.3	
石棉及其他非金属矿采选	523.3	836.4		45.8	885.3	1186.2
石棉、云母矿采选	63.2	-145.6			-183.0	340.9
其他非金属矿采选	460.1	982.0		45.8	1068.3	845.3
制造业	251791.2	-102618.5	96860.9	130822.0	67063.7	1155113.6
农副食品加工业	28509.9	19724.8	-929.7	15893.0	33984.2	21355.2
谷物磨制	2351.3	3806.9	86.3	1295.3	5367.4	981.0
饲料加工	2702.9	8715.3	70.9	1338.9	9433.7	308.8
植物油加工	15271.9	-1081.8	-2141.5	11118.6	7519.7	14434.2
食用植物油加工	15271.9	-931.1	-2141.5	11118.6	7672.9	14281.0
非食用植物油加工		-150.7			-153.2	153.2
制糖	3848.0	1405.3	1054.5	308.7	2072.8	3106.7
屠宰及肉类加工	1090.8	-103.2		1367.2	1884.7	1435.7
畜禽屠宰	806.6	34.1		909.2	1610.7	723.1
肉制品及副产品加工	284.2	-137.3		458.0	274.0	712.6
蔬菜、水果和坚果加工	2679.5	4681.8		178.6	4959.1	847.0
其他农副食品加工	565.5	2300.5	0.1	285.7	2746.8	241.8
淀粉及淀粉制品的制造	237.4	604.9		285.7	879.2	225.9
其他未列明的农副食品加工	328.1	1695.6	0.1		1867.6	15.9
食品制造业	22492.8	70889.6	2716.1	3316.1	76127.6	4606.8
焙烤食品制造	291.0	-132.4		257.4	436.9	142.6
糕点、面包制造	289.6	-386.5		200.0	94.8	
饼干及其他焙烤食品制造	1.4	254.1		57.4	342.1	142.6
糖果、巧克力及蜜饯制造	263.1	445.2	0.3	58.0	490.0	
蜜饯制作	263.1	445.2	0.3	58.0	490.0	
方便食品制造		4148.1		644.2	4803.3	33.1
速冻食品制造	13.0	17.3			17.1	
方便面及其他方便食品制造	-13.0	4130.8		644.2	4786.2	33.1
液体乳及乳制品制造	1983.3	4320.2	6.5	1612.5	5464.4	3197.2
罐头制造	18305.4	46038.2	1805.2	175.7	48450.2	185.0
蔬菜、水果罐头制造	18305.4	46038.2	1805.2	175.7	48450.2	185.0

单位：万元

	三、工资、福利费、增值税			
应交所得税	本年应付 工资总额 （贷方累计发生额）	本年应付 福利费总额	本年应交 增值税	全部从业人员 年平均人数 （人）
25.3	2341.2		687.0	1066
25.3	2341.2		687.0	1066
1143.0	7764.3	368.6	5396.2	3836
313.5	1438.5	89.8	1481.7	475
2.5	131.4	15.2	195.6	73
34.5	725.8	53.8	624.6	193
45.6	112.8	3.0	148.6	36
230.9	468.5	17.8	512.9	173
55.0	1023.0		606.6	593
597.4	2441.4	82.5	1613.1	1378
177.1	2861.4	196.3	1694.8	1390
	1109.2	139.1	323.8	780
177.1	1752.2	57.2	1371.0	610
88736.6	831486.5	68388.3	604013.7	331186
6799.9	46880.8	4508.1	24995.3	22201
443.0	5605.7	324.0	2423.7	2786
2212.7	5856.4	308.0	4030.8	2552
2168.4	11661.8	1461.2	4567.9	6483
2168.4	11634.8	1460.6	4567.9	6451
	27.0	0.6		32
1274.0	17246.8	1873.7	11027.5	7197
19.7	3119.8	381.2	1056.6	1649
12.4	1724.4	217.1	366.1	948
7.3	1395.4	164.1	690.5	701
285.0	878.3	59.2	664.7	586
397.1	2512.0	100.8	1224.1	948
257.3	1751.4	57.3	554.4	601
139.8	760.6	43.5	669.7	347
2621.1	28531.0	1796.4	21133.8	14865
7.6	996.2	21.6	654.2	656
7.6	457.9	21.6	385.5	312
	538.3		268.7	344
	212.4	26.8	73.7	96
	212.4	26.8	73.7	96
653.8	4769.7	35.6	4279.8	2063
3.4	70.7	35.6	34.0	60
650.4	4699.0		4245.8	2003
349.9	8050.2	457.6	5712.2	3808
754.3	7396.7	464.5	5049.6	4292
754.3	7396.7	464.5	5049.6	4292

1-3 续表 4-4

项 目	二、损益及分配					
	利息支出	营业利润	投资收益	补贴收入	利润总额	亏损企业亏损额
调味品、发酵制品制造	859.7	11754.2	881.7	308.7	11860.0	575.4
味精制造	19.9	-598.3		38.2	-520.0	525.1
酱油、食醋及类似制品的制造	59.8	181.4		10.0	294.8	50.3
其他调味品、发酵制品制造	780.0	12171.1	881.7	260.5	12085.2	
其他食品制造	790.3	4316.1	22.4	259.6	4622.8	473.5
营养、保健食品制造	201.3	763.2		123.5	858.0	
冷冻饮品及食用冰制造	135.0	-237.7		91.0	-90.4	424.7
盐加工	71.4	1031.4	22.4		1048.7	48.8
食品及饲料添加剂制造	382.6	2759.2		45.1	2806.5	
饮料制造业	6368.4	38161.5	5748.5	1102.8	43348.3	9564.7
酒精制造	188.8	-927.6	0.2	48.8	-359.3	359.3
酒的制造	6038.6	30064.6	5662.1	665.3	34052.4	8780.2
白酒制造	246.3	17331.1	0.3	113.9	17624.3	260.1
啤酒制造	549.4	19898.4	5687.7		21176.0	1662.9
葡萄酒制造	5242.9	-7164.9	-25.9	551.4	-4747.9	6857.2
软饮料制造	141.0	9024.5	86.2	388.7	9655.2	425.2
瓶(罐)装饮用水制造	105.1	1632.4			1629.4	
果菜汁及果菜汁饮料制造	-2.7	4863.9	85.9	338.7	5332.9	425.2
含乳饮料和植物蛋白饮料制造		360.2	0.3	50.0	409.6	
茶饮料及其他软饮料制造	38.6	2168.0			2283.3	
烟草制品业	854.8	21509.8			21882.5	
卷烟制造	854.8	21509.8			21882.5	
纺织业	25559.5	60500.2	-7600.3	7285.3	30741.6	56256.1
棉、化纤纺织及印染精加工	24095.3	62674.4	-2909.8	6957.4	36243.2	47537.2
棉、化纤纺织加工	24063.3	62790.1	-2909.8	6957.4	36358.9	47421.5
棉、化纤印染精加工	32.0	-115.7			-115.7	115.7
毛纺织和染整精加工	93.4	-512.8		16.0	-370.7	751.9
毛条加工	18.9	-378.6		16.0	-362.6	439.1
毛纺织	74.5	-134.2			-8.1	312.8
麻纺织	992.7	-658.5	-5000.0	141.7	-5044.9	7171.3
针织品、编织品及其制品制造	378.1	-1002.9	309.5	170.2	-86.0	795.7
棉、化纤针织品及编织品制造	46.5	-410.0	270.3	170.2	-223.2	730.9
毛针织品及编织品制造	331.6	-592.9	39.2		137.2	64.8
纺织服装、鞋、帽制造业	26.9	1005.0		30.0	799.8	297.0
纺织服装制造	26.9	1005.0		30.0	799.8	297.0
皮革、毛皮、羽毛(绒)及其制品业	143.0	79.6		54.0	-122.7	553.0
皮革鞣制加工	136.4	-0.6		54.0	-206.8	531.8
皮革制品制造	1.8	-25.1			-21.2	21.2
皮鞋制造	1.8	-25.1			-21.2	21.2
毛皮鞣制及制品加工	4.8	105.3			105.3	
毛皮鞣制加工	4.8	105.3			105.3	

单位：万元

	三、工资、福利费、增值税			
应交所得税	本年应付工资总额（贷方累计发生额）	本年应付福利费总额	本年应交增值税	全部从业人员年平均人数（人）
372.6	2736.2	409.7	3103.7	1654
0.9	891.3	125.6	134.5	630
9.4	967.2	186.9	461.9	579
362.3	877.7	97.2	2507.3	445
482.9	4369.6	380.6	2260.6	2296
	129.4	11.0	42.1	91
14.9	1761.7	196.9	792.6	903
229.1	1017.2	133.3	755.0	542
238.9	1461.3	39.4	670.9	760
6058.5	22886.6	2042.0	23055.0	9272
	217.3	6.8		266
5443.8	18859.0	1695.3	19338.2	7241
3440.6	8721.9	719.1	8613.7	3455
1974.4	8623.4	798.3	7928.2	3073
28.8	1513.7	177.9	2796.3	713
614.7	3810.3	339.9	3716.8	1765
367.9	502.0	28.9	205.3	344
126.6	2458.3	77.6	1767.6	912
	180.0	45.4	164.8	158
120.2	670.0	188.0	1579.1	351
5601.5	4467.1		20860.3	521
5601.5	4467.1		20860.3	521
1550.9	128523.0	8533.6	49792.3	81247
1287.1	113481.6	7489.2	46849.5	72503
1287.1	113100.6	7436.1	46849.5	72389
	381.0	53.1		114
19.0	3478.5	346.2	838.8	2387
	326.9	71.5	223.9	365
19.0	3151.6	274.7	614.9	2022
234.9	5662.6	214.3	1210.7	3160
9.9	5900.3	483.9	893.3	3197
9.9	2838.2	77.2	649.2	1594
	3062.1	406.7	244.1	1603
6.9	2309.7	82.7	565.3	1202
6.9	2309.7	82.7	565.3	1202
0.9	2119.3	318.1	1088.7	680
	1845.1	290.1	984.0	514
0.9	211.8	19.3	42.2	106
0.9	211.8	19.3	42.2	106
	62.4	8.7	62.5	60
	62.4	8.7	62.5	60

1-3 续表 4-5

项　　目	二、损益及分配					
	利息支出	营业利润	投资收益	补贴收入	利润总额	亏损企业亏损额
木材加工及木、竹、藤、棕、草制品	651.2	2121.7	8.9	1301.3	4333.1	987.8
锯材、木片加工		-648.6			-453.7	453.7
锯材加工		-648.6			-453.7	453.7
人造板制造	581.2	2489.2	8.9	1266.3	4472.9	534.1
胶合板制造	39.0	142.8			43.5	68.3
纤维板制造	542.2	797.1	8.9	1266.3	2880.1	465.8
刨花板制造		1527.0			1527.0	
其他人造板、材制造		22.3			22.3	
木制品制造	70.0	281.1		35.0	313.9	
建筑用木料及木材组件加工	41.7	9.3			9.3	
木容器制造	-0.4	20.2			20.2	
软木制品及其他木制品制造	28.7	251.6		35.0	284.4	
家具制造业	1232.9	-285.8	-1316.7	587.5	169.2	546.8
木质家具制造	923.1	-897.1	-1316.7	575.5	-445.1	546.8
金属家具制造	309.8	611.3		12.0	614.3	
造纸及纸制品业	3503.2	5547.5	896.3	2557.5	9449.0	2712.4
纸浆制造	1306.7	5565.5			5337.8	60.9
造纸	1915.0	-1147.5	-62.3	2260.1	1530.9	1737.3
机制纸及纸板制造	1915.0	-1147.5	-62.3	2260.1	1530.9	1737.3
纸制品制造	281.5	1129.5	958.6	297.4	2580.3	914.2
纸和纸板容器的制造	251.5	1205.0	958.6	294.5	2648.3	827.0
其他纸制品制造	30.0	-75.5		2.9	-68.0	87.2
印刷业和记录媒介的复制	970.4	2459.4	63.4	831.6	3664.6	195.9
印刷	972.3	2257.4	63.4	795.6	3433.2	195.9
书、报、刊印刷	784.7	436.5	63.4	656.7	1493.4	172.8
本册印制	40.6	468.6		84.0	466.2	
包装装潢及其他印刷	147.0	1352.3		54.9	1473.6	23.1
装订及其他印刷服务活动	-1.9	202.0		36.0	231.4	
石油加工、炼焦及核燃料加工业	14407.0	-904215.7	1289.2	41036.1	-809599.0	950098.4
精炼石油产品的制造	8411.6	-961795.8	869.4	40981.3	-866438.8	948248.7
原油加工及石油制品制造	8411.6	-961795.8	869.4	40981.3	-866438.8	948248.7
炼焦	5995.4	57580.1	419.8	54.8	56839.8	1849.7
化学原料及化学制品制造业	40945.1	178741.8	27765.5	13410.9	210556.4	18284.7
基础化学原料制造	16976.9	14169.1	19284.9	2187.7	26264.4	17103.4
无机酸制造	156.1	6222.3	9.9	364.3	6363.0	91.7
无机碱制造	8777.0	18704.9	17816.4	10.0	20237.4	11.7
无机盐制造	1969.5	129.9	90.9	1376.0	10197.3	1658.5
有机化学原料制造	4587.7	-9030.5	1367.7	437.4	-8681.7	13434.2
其他基础化学原料制造	1486.6	-1857.5			-1851.6	1907.3
肥料制造	4237.8	51601.0	0.5	9803.3	61528.3	580.2
氮肥制造	3427.2	29510.7	0.3	4014.3	33148.4	
磷肥制造	32.4	-39.2		52.1	-80.3	80.3

单位：万元

	三、工资、福利费、增值税			
应交所得税	本年应付工资总额（贷方累计发生额）	本年应付福利费总额	本年应交增值税	全部从业人员年平均人数（人）
198.6	3748.6	255.8	2605.2	1865
	27.4	12.0	29.5	18
	27.4	12.0	29.5	18
127.5	3161.2	217.9	2387.0	1353
	471.4	5.0	100.1	70
122.0	2508.8	188.6	2261.9	1212
	151.0	21.1		45
5.5	30.0	3.2	25.0	26
71.1	560.0	25.9	188.7	494
	147.7		39.7	57
	180.0	4.7	39.9	150
71.1	232.3	21.2	109.1	287
36.8	8151.8	78.8	610.5	3380
14.4	7277.7	78.8	361.1	2837
22.4	874.1		249.4	543
1703.9	13185.9	1012.6	9170.1	6135
1503.9	5109.0	333.1	4698.1	1779
9.2	3968.0	320.6	2585.5	2635
9.2	3968.0	320.6	2585.5	2635
190.8	4108.9	358.9	1886.5	1721
186.0	3951.7	347.9	1761.3	1661
4.8	157.2	11.0	125.2	60
485.7	7090.6	436.0	2727.6	3204
440.0	6943.0	420.2	2493.4	3096
122.9	5652.2	368.3	1883.9	2493
111.6	459.0	44.1	192.0	203
205.5	831.8	7.8	417.5	400
45.7	147.6	15.8	234.2	108
8298.8	118585.2	10147.9	77605.0	32621
752.3	104055.4	9180.7	56792.7	27672
752.3	104055.4	9180.7	56792.7	27672
7546.5	14529.8	967.2	20812.3	4949
16185.7	143875.6	15260.6	102645.0	39603
4309.5	61570.7	5219.2	36068.7	16053
1596.3	1125.4	36.4	2427.7	598
2193.7	25789.8	3445.9	15421.0	4436
503.6	13735.7	816.9	7547.6	6209
1.8	18717.9	713.4	9811.4	4070
14.1	2201.9	206.6	861.0	740
2728.1	17685.6	3234.3	10406.9	4715
2376.2	9179.6	1557.4	5994.1	2225
0.4	223.2	26.1	147.7	130

1-3 续表 4-6

项　　目	二、损益及分配					
	利息支出	营业利润	投资收益	补贴收入	利润总额	亏损企业亏损额
钾肥制造	-88.3	22631.2		3925.6	27114.7	41.2
复混肥料制造	706.0	-496.7		1503.2	995.9	344.3
有机肥料及微生物肥料制造	67.2	303.3		116.2	419.5	
其他肥料制造	93.3	-308.3	0.2	191.9	-69.9	114.4
农药制造	3.0	332.6			330.4	
化学农药制造	3.0	332.6			330.4	
涂料、油墨、颜料及类似产品制造	194.5	-333.0	0.3	92.1	-259.9	379.8
涂料制造	124.6	-263.4	0.3	92.1	-190.3	310.2
密封用填料及类似品制造	69.9	-69.6			-69.6	69.6
合成材料制造	17021.6	81089.5	5877.0	133.0	87289.9	4.1
初级形态的塑料及合成树脂制造	17015.9	78759.2	5877.0	133.0	84910.2	4.1
合成纤维单(聚合)体的制造	-1.3	2305.8			2355.4	
其他合成材料制造	7.0	24.5			24.3	
专用化学产品制造	2512.1	31347.5	2602.8	983.4	34647.3	217.2
化学试剂和助剂制造	681.9	8719.4	407.3	827.2	10361.3	36.0
专项化学用品制造	1063.8	13886.9	44.7	117.3	13675.3	113.7
炸药及火工产品制造	743.6	8646.9	2150.8		10478.3	
动物胶制造	22.8	94.3		38.9	132.4	67.5
日用化学产品制造	-0.8	535.1		211.4	756.0	
肥皂及合成洗涤剂制造	-0.8	535.1		211.4	756.0	
医药制造业	1114.5	7513.4	278.4	344.1	7622.2	1154.1
化学药品原药制造		-184.3			-184.8	184.8
化学药品制剂制造	224.0	348.6	297.8	161.1	325.6	506.6
中药饮片加工	518.7	265.3	-19.4		235.1	440.0
中成药制造	177.8	6659.5		68.0	6686.5	22.7
兽用药品制造	15.8	7.8			7.3	
生物、生化制品的制造	178.2	416.5		115.0	552.5	
化学纤维制造业	8473.4	-11609.0	-10.1	1297.3	-11324.4	16086.6
纤维素纤维原料及纤维制造	8473.4	-11609.0	-10.1	1297.3	-11324.4	16086.6
化纤浆粕制造	6159.3	-1477.8	-10.1	1297.3	-1027.1	5789.3
人造纤维(纤维素纤维)制造	2314.1	-10131.2			-10297.3	10297.3
橡胶制品业	36.8	-3036.8		36.3	-3063.8	3181.8
轮胎制造	0.2	-3100.2			-3158.4	3158.4
车辆、飞机及工程机械轮胎制造	0.2	-3100.2			-3158.4	3158.4
橡胶板、管、带的制造	5.9	61.8		36.3	98.7	
再生橡胶制造		-23.4			-23.4	23.4
日用及医用橡胶制品制造	30.7	25.0			19.3	
塑料制品业	3428.7	18506.9	329.4	2959.5	21554.3	2716.1
塑料薄膜制造	499.9	-71.4	0.4	1839.7	1641.4	590.6
塑料板、管、型材的制造	1746.2	11670.0	328.5	922.5	13428.8	510.1
塑料丝、绳及编织品的制造	177.9	497.9	0.5	85.3	581.4	606.0

单位：万元

应交所得税	三、工资、福利费、增值税 本年应付工资总额（贷方累计发生额）	本年应付福利费总额	本年应交增值税	全部从业人员年平均人数（人）
3.8	6477.9	1480.4	3818.8	1446
287.5	1170.9	147.6	280.4	557
53.5	479.9		149.2	273
6.7	154.1	22.8	16.7	84
	62.6		71.5	37
	62.6		71.5	37
31.7	870.4	90.5	467.7	413
31.7	814.7	82.7	444.7	372
	55.7	7.8	23.0	41
2913.6	34753.9	3387.4	37283.8	11246
2888.6	34192.8	3313.1	37179.7	11029
25.0	527.5	74.1	90.7	206
	33.6	0.2	13.4	11
6202.0	28196.3	3295.8	18051.6	6742
2003.9	11959.4	1608.7	6061.5	2528
1599.4	8408.3	835.8	7355.1	2135
2595.7	7678.6	845.4	4544.7	1956
3.0	150.0	5.9	90.3	123
0.8	736.1	33.4	294.8	397
0.8	736.1	33.4	294.8	397
491.1	5156.1	468.6	4132.4	2576
	103.3	1.4	38.1	95
236.4	2170.1	165.8	1750.9	1021
45.7	1437.7	231.4	158.7	707
137.4	1041.0	59.7	1968.7	557
2.0	89.6	8.5	18.6	47
69.6	314.4	1.8	197.4	149
	10435.0	970.9	9908.8	6726
	10435.0	970.9	9908.8	6726
	6304.9	688.2	6206.5	4291
	4130.1	282.7	3702.3	2435
7.4	4248.2	546.4	894.0	1768
	3317.1	531.9	541.0	1378
	3317.1	531.9	541.0	1378
2.6	683.9	14.5	215.4	198
	76.9		39.1	72
4.8	170.3		98.5	120
2957.3	19227.1	1278.7	9624.0	8900
308.4	1579.0	126.3	1504.8	1069
1119.6	10955.1	897.9	3430.6	4506
198.7	2446.5	95.9	969.7	1448

1-3 续表 4-7

项目	二、损益及分配					
	利息支出	营业利润	投资收益	补贴收入	利润总额	亏损企业亏损额
泡沫塑料制造	31.1	78.8			78.4	202.6
塑料包装箱及容器制造	791.9	2617.2		112.0	2023.4	280.2
日用塑料制造	-1.4	30.1			29.1	93.8
日用塑料杂品制造	-1.4	30.1			29.1	93.8
其他塑料制品制造	183.1	3684.3			3771.8	432.8
非金属矿物制品业	31346.8	114995.5	47376.7	29348.0	155735.4	6605.2
水泥、石灰和石膏的制造	18893.4	58556.5	22193.1	24879.1	94123.4	1525.2
水泥制造	18568.1	56843.1	22193.1	24644.2	92213.8	1439.2
石灰和石膏制造	325.3	1713.4		234.9	1909.6	86.0
水泥及石膏制品制造	2911.6	15859.0	6.9	3045.1	17750.6	3724.8
水泥制品制造	2151.3	12635.7		2366.9	13840.6	3444.3
砼结构构件制造	571.5	3397.8			3398.7	
石棉水泥制品制造	-0.2	-23.7		23.3	-0.4	0.4
轻质建筑材料制造	189.0	129.3	6.9	654.9	791.8	
其他水泥制品制造		-280.1			-280.1	280.1
砖瓦、石材及其他建筑材料制造	4671.1	26254.8	25175.7	366.1	28239.5	30.8
粘土砖瓦及建筑砌块制造	49.2	1096.0		113.6	1224.5	
建筑陶瓷制品制造	241.3	1393.6		175.3	1571.3	15.0
建筑用石加工	4220.0	23114.4	25174.9		24653.7	
防水建筑材料制造	96.1	143.2	0.8		150.3	7.2
隔热和隔音材料制造	24.7	610.3			610.2	
其他建筑材料制造	39.8	-102.7		77.2	29.5	8.6
玻璃及玻璃制品制造	2607.9	9967.1	1.0	88.0	10212.5	974.7
平板玻璃制造	125.4	-499.0		10.3	-489.8	489.8
技术玻璃制品制造	40.9	-89.0		47.7	-43.1	53.0
日用玻璃制品及玻璃包装容器制造	170.8	-176.5		30.0	2.8	171.9
玻璃保温容器制造	150.4	19.0	1.0		31.5	
玻璃纤维及制品制造	430.4	5118.7			5122.5	260.0
玻璃纤维增强塑料制品制造	1690.0	5593.9			5588.6	
耐火材料制品制造	-9.9	889.3			932.1	
耐火陶瓷制品及其他耐火材料制造	-9.9	889.3			932.1	
石墨及其他非金属矿物制品制造	2272.7	3468.8		969.7	4477.3	349.7
石墨及碳素制品制造	1894.2	2627.7		139.8	2814.8	
其他非金属矿物制品制造	378.5	841.1		829.9	1662.5	349.7
黑色金属冶炼及压延加工业	43786.1	111589.4	6196.4	437.2	94161.9	24389.2
炼铁	1466.2	44584.6	5496.2	179.5	63668.4	22371.3
炼钢	686.0	-208.9			-197.0	217.1
钢压延加工	41138.5	60868.6	665.8	90.9	24104.4	1368.9
铁合金冶炼	495.4	6345.1	34.4	166.8	6586.1	431.9
有色金属冶炼及压延加工业	3763.2	-1788.7	14.5	6000.3	4707.4	15806.8
常用有色金属冶炼	3184.0	-10925.4	-9.9	1825.0	-7662.1	15445.1

单位：万元

	三、工资、福利费、增值税			
应交所得税	本年应付工资总额（贷方累计发生额）	本年应付福利费总额	本年应交增值税	全部从业人员年平均人数（人）
70.0	308.9	30.7	271.8	234
576.1	1288.7	26.0	2266.0	577
30.7	352.3		88.3	58
30.7	352.3		88.3	58
653.8	2296.6	101.9	1092.8	1008
19571.0	77434.4	6392.6	70468.7	33904
13897.1	47420.0	4497.8	54096.8	21078
13848.8	45122.6	4291.4	50773.5	20067
48.3	2297.4	206.4	3323.3	1011
2828.6	14562.4	775.6	8198.9	5178
2553.6	12551.7	617.5	7182.8	4373
209.6	1015.9	93.6	766.4	389
	57.1	57.1	23.4	60
65.4	846.5	5.3	164.6	306
	91.2	2.1	61.7	50
320.9	4635.0	243.9	2005.3	2698
115.1	359.0	0.5	5.5	185
110.1	2299.8	142.3	398.9	1757
32.6	1289.1	9.8	1168.6	377
17.4	250.0	20.4	152.5	169
45.7	229.0	20.1	170.9	120
	208.1	50.8	108.9	90
2287.5	4454.1	427.3	3242.4	2240
	307.9	6.3	103.9	126
1.8	196.6	24.6	69.8	145
31.6	1184.1	172.7	660.5	710
	376.0	12.7	146.9	313
1452.3	1306.6	176.6	1825.6	425
801.8	1082.9	34.4	435.7	521
158.9	2208.7	36.9	707.6	574
158.9	2208.7	36.9	707.6	574
78.0	4154.2	411.1	2217.7	2136
51.9	2820.5	316.3	1132.6	1219
26.1	1333.7	94.8	1085.1	917
-1451.8	82355.9	5243.8	96948.3	25300
1940.7	39296.2	2985.5	32346.2	12915
3.9	357.4	4.0	547.4	140
-3424.2	38947.8	2068.7	59243.1	10785
27.8	3754.5	185.6	4811.6	1460
1450.9	18208.9	1323.3	16105.9	6424
-964.7	11905.7	880.1	14419.2	3943

1-3 续表 4-8

项 目	二、损益及分配					
	利息支出	营业利润	投资收益	补贴收入	利润总额	亏损企业亏损额
铜冶炼	434.4	850.0			1179.7	
铅锌冶炼	99.7	-2266.2			-2276.9	2276.9
镍钴冶炼	442.7	-11923.5			-12019.3	12019.3
铝冶炼	2048.4	3924.3		1825.0	5744.4	858.9
其他常用有色金属冶炼	158.8	-1510.0	-9.9		-290.0	290.0
贵金属冶炼	314.7	8432.8	24.4	4140.3	11688.2	181.8
金冶炼	314.7	8432.8	24.4	4140.3	11688.2	181.8
有色金属合金制造	-0.1	-1.1			-1.1	1.1
有色金属压延加工	264.6	705.0		35.0	682.4	178.8
常用有色金属压延加工	264.6	705.0		35.0	682.4	178.8
金属制品业	2235.3	10835.6	-643.1	300.7	11640.9	3357.9
结构性金属制品制造	1332.2	7863.0	522.3	69.0	8395.2	100.4
金属结构制造	1345.3	7756.4	522.3	69.0	8293.5	100.4
金属门窗制造	-13.1	106.6			101.7	
集装箱及金属包装容器制造	447.1	-1383.5	278.7	51.7	-1098.7	2410.9
金属压力容器制造	-1.1	-549.7			-551.9	551.9
金属包装容器制造	448.2	-833.8	278.7	51.7	-546.8	1859.0
金属丝绳及其制品的制造	419.4	128.3	-1444.1		-55.1	643.8
建筑、安全用金属制品制造	-1.0	1622.8		15.6	1627.5	68.6
建筑、家具用金属配件制造	-0.2	307.8			307.8	
建筑装饰及水暖管道零件制造	-2.7	1289.9		15.6	1294.5	68.6
其他建筑、安全用金属制品制造	1.9	25.1			25.2	
金属表面处理及热处理加工		1258.6			1247.0	
不锈钢及类似日用金属制品制造	1.9	8.1			16.8	
金属制厨用器皿及餐具制造	1.9	8.1			16.8	
其他金属制品制造	35.7	1338.3		164.4	1508.2	134.2
其他未列明的金属制品制造	35.7	1338.3		164.4	1508.2	134.2
通用设备制造业	439.3	5319.0	13.7	250.5	5708.3	19.6
锅炉及原动机制造	21.9	50.6			40.8	6.7
锅炉及辅助设备制造	21.9	29.8			20.3	6.7
内燃机及配件制造		20.8			20.5	
起重运输设备制造	0.9	126.3		3.9	238.5	
泵、阀门、压缩机及类似机械的制造	38.5	182.9			182.9	
泵及真空设备制造	38.5	182.9			182.9	
轴承、齿轮、传动和驱动部件的制造		3.0			-5.8	5.8
轴承制造		3.0			-5.8	5.8
风机、衡器、包装设备等通用设备制造	6.2	648.4		8.0	647.5	
风机、风扇制造		267.9			265.2	
制冷、空调设备制造	-2.1	198.6			196.6	
衡器制造	8.3	181.9		8.0	185.7	

单位：万元

	三、工资、福利费、增值税			
应交所得税	本年应付工资总额（贷方累计发生额）	本年应付福利费总额	本年应交增值税	全部从业人员年平均人数（人）
178.3	345.8	40.0	7009.8	368
-1305.3	281.2	10.4	339.5	135
	5849.2	499.2	3023.7	1281
162.3	5078.3	330.5	4045.5	1935
	351.2		0.7	224
2125.4	5280.9	346.4	985.1	1937
2125.4	5280.9	346.4	985.1	1937
	12.5	3.1	20.8	15
290.2	1009.8	93.7	680.8	529
290.2	1009.8	93.7	680.8	529
1552.4	16208.1	1269.2	10637.1	7338
1371.9	6122.7	597.1	5714.9	3353
1369.3	5799.3	470.4	5571.7	3178
2.6	323.4	126.7	143.2	175
197.5	3836.2	207.7	1463.6	1623
	225.2	43.8	6.1	112
197.5	3611.0	163.9	1457.5	1511
-95.4	2779.4	52.9	1641.3	359
0.4	614.4	26.6	535.1	624
0.4	36.0	3.1	0.8	33
	508.8	13.8	506.3	561
	69.6	9.7	28.0	30
15.2	1215.7	151.3	409.9	554
3.4	52.7		19.3	42
3.4	52.7		19.3	42
59.4	1587.0	233.6	853.0	783
59.4	1587.0	233.6	853.0	783
1355.3	9212.6	1029.9	4266.2	3517
5.1	383.4	70.3	132.8	200
	269.6	54.2	57.0	169
5.1	113.8	16.1	75.8	31
70.0	562.5	92.3	243.1	391
20.6	273.7	13.7	106.0	251
20.6	273.7	13.7	106.0	251
	469.2		128.0	305
	469.2		128.0	305
120.9	505.2	219.0	194.2	262
59.3	277.3	184.8	119.9	128
29.5	148.0	29.0		98
32.1	79.9	5.2	74.3	36

1-3 续表 4-9

项　　目	二、损益及分配					
	利息支出	营业利润	投资收益	补贴收入	利润总额	亏损企业亏损额
通用零部件制造及机械修理	331.0	4182.3	13.7	193.6	4439.2	7.1
金属密封件制造	29.9	128.1		10.0	233.2	
紧固件、弹簧制造	-2.9	345.8			348.3	
机械零部件加工及设备修理	304.0	3691.4	13.7	183.6	3840.7	7.1
其他通用零部件制造		17.0			17.0	
金属铸、锻加工	40.8	125.5		45.0	165.2	
钢铁铸件制造	25.4	84.2		45.0	123.9	
锻件及粉末冶金制品制造	15.4	41.3			41.3	
专用设备制造业	599.2	10549.1	79.9	1701.4	11403.2	1368.5
矿山、冶金、建筑专用设备制造	215.7	8948.8	79.9	15.0	8195.6	446.2
采矿、采石设备制造	169.4	1849.9	2.0	15.0	1860.4	53.5
石油钻采专用设备制造	30.1	7015.8	77.9		6257.8	392.7
建筑工程用机械制造	16.2	83.1			77.4	
食品、饮料、烟草及饲料生产专用设备制造	-1.0	-15.0			7.5	
食品、饮料、烟草工业专用设备制造	-1.0	-15.0			7.5	
纺织、服装和皮革工业专用设备制造	58.7	509.6			507.5	73.5
纺织专用设备制造	58.7	509.6			507.5	73.5
农、林、牧、渔专用机械制造	319.1	1099.7		1686.4	2687.6	825.0
拖拉机制造	-12.3	84.7			84.7	
机械化农业及园艺机具制造	183.5	-749.7		1666.4	806.0	825.0
畜牧机械制造	-2.4	237.0		20.0	256.9	
其他农林牧渔业机械制造及机械修理	150.3	1527.7			1540.0	
环保、社会公共安全及其他专用设备制造	6.7	6.0			5.0	23.8
水资源专用机械制造	5.4	-11.7			-12.6	23.8
其他专用设备制造	1.3	17.7			17.6	
交通运输设备制造业	352.6	660.6	-6.5	74.0	981.8	1843.1
铁路运输设备制造	-1.7	-510.9	-160.1		-670.8	670.8
铁路机车车辆配件制造	-0.7	-35.4	-160.1		-195.3	195.3
其他铁路设备制造及设备修理	-1.0	-475.5			-475.5	475.5
汽车制造	354.3	1171.5	153.6	74.0	1652.6	1172.3
汽车整车制造	280.0	1490.3	153.6	72.0	1690.6	189.3
改装汽车制造	-15.2	-820.2			-618.0	719.1
汽车车身、挂车的制造	72.7	196.9			306.6	
汽车零部件及配件制造	0.1	579.8			537.3	
汽车修理	16.7	-275.3		2.0	-263.9	263.9
电气机械及器材制造业	9238.0	122942.7	14553.7	377.0	126872.2	6668.1
电机制造	3509.4	69364.6			71893.6	6085.2
发电机及发电机组制造	3509.4	69364.6			71893.6	6085.2
输配电及控制设备制造	4833.8	53580.0	14490.0	247.0	54567.2	49.3
变压器、整流器和电感器制造	4578.6	50528.0	14324.3		51149.5	
配电开关控制设备制造	257.0	2930.4	165.7	247.0	3299.1	49.3
其他输配电及控制设备制造	-1.8	121.6			118.6	

单位：万元

	三、工资、福利费、增值税			
应交所得税	本年应付工资总额（贷方累计发生额）	本年应付福利费总额	本年应交增值税	全部从业人员年平均人数（人）
1110.9	6605.0	586.9	2957.6	1895
17.6	246.8	26.2	198.9	159
92.0	395.6	49.2	280.2	232
1001.3	5860.6	511.5	2468.5	1464
	102.0		10.0	40
27.8	413.6	47.7	504.5	213
27.8	259.5	33.9	233.2	162
	154.1	13.8	271.3	51
1186.1	11073.5	1295.2	4426.5	4677
565.1	4600.4	730.0	2654.2	1612
-33.2	1466.5	69.6	140.1	597
598.3	2789.9	606.7	2480.4	866
	344.0	53.7	33.7	149
1.8	53.1	5.8	13.0	25
1.8	53.1	5.8	13.0	25
1.2	460.1	47.1	177.1	187
1.2	460.1	47.1	177.1	187
607.8	5619.4	478.2	1486.2	2643
10.9	167.7	3.2		52
385.7	4306.6	373.9	1303.1	1868
38.5	312.0		3.0	171
172.7	833.1	101.1	180.1	552
10.2	340.5	34.1	96.0	210
6.7	221.9	10.6	72.1	130
3.5	118.6	23.5	23.9	80
400.1	5966.7	182.1	2915.1	2484
32.4	847.0	74.5	534.7	229
	315.0		187.5	127
32.4	532.0	74.5	347.2	102
367.7	5119.7	107.6	2380.4	2255
	2490.6	42.1	1785.0	999
20.7	877.9	21.6	179.9	413
	192.5	26.9	62.4	268
347.0	1004.9	12.0	292.5	155
	553.8	5.0	60.6	420
8254.8	27047.2	2390.2	29564.0	5782
2190.0	10901.2	436.9	12897.6	1111
2190.0	10901.2	436.9	12897.6	1111
5971.0	14541.0	1824.0	15264.7	3807
5356.6	9362.2	1300.8	12113.2	2494
547.2	4746.6	515.6	2947.4	1240
67.2	432.2	7.6	204.1	73

1-3 续表 4-10

项目	二、损益及分配					
	利息支出	营业利润	投资收益	补贴收入	利润总额	亏损企业亏损额
电线、电缆、光缆及电工器材制造	895.5	313.0	63.7	130.0	725.0	190.0
电线电缆制造	844.2	-424.4	61.5	30.0	-100.6	190.0
绝缘制品制造	51.3	737.4	2.2	100.0	825.6	
非电力家用器具制造	-0.7	-344.9			-343.6	343.6
燃气、太阳能及类似能源的器具制造	-0.7	-344.9			-343.6	343.6
照明器具制造		30.0			30.0	
照明灯具制造		30.0			30.0	
通信设备、计算机及其他电子设备	1383.8	15542.2	2.4	47.6	16306.6	2038.5
通信设备制造	-14.2	-1989.4			-1571.2	1571.2
移动通信及终端设备制造	-14.2	-1989.4			-1571.2	1571.2
广播电视设备制造	13.9	115.3			110.3	
广播电视接收设备及器材制造	13.9	115.3			110.3	
电子元件制造	1340.3	17570.8	2.4		17873.9	360.9
电子元件及组件制造	1340.3	17570.8	2.4		17873.9	360.9
家用视听设备制造	43.8	-154.5		47.6	-106.4	106.4
家用影视设备制造	43.8	-154.5		47.6	-106.4	106.4
仪器仪表及文化、办公用机械制造	138.8	2284.8	34.3	165.8	2531.5	
通用仪器仪表制造	150.2	1247.7		35.3	1327.3	
工业自动控制系统装置制造	-6.3	539.5			539.3	
供应用仪表及其他通用仪器制造	156.5	708.2		35.3	788.0	
专用仪器仪表制造	-11.4	1037.1	34.3	130.5	1204.2	
地质勘探和地震专用仪器制造	-10.4	668.8	34.3		703.1	
其他专用仪器制造	-1.0	368.3		130.5	501.1	
工艺品及其他制造业	-210.4	-3162.6		76.2	-3108.4	4419.3
工艺美术品制造	27.0	1084.2		76.2	1168.6	
地毯、挂毯制造	27.0	1084.2		76.2	1168.6	
日用杂品制造		10.5			10.5	
制镜及类似品加工		10.5			10.5	
煤制品制造	-237.4	-4257.3			-4287.5	4419.3
电力、燃气及水的生产和供应业	186059.1	73257.7	5966.6	22673.7	101476.6	52315.3
电力、热力的生产和供应业	178383.4	67535.6	6249.3	18915.2	92296.4	44412.0
电力生产	101908.6	71430.1	876.1	6127.7	80968.7	14074.7
火力发电	62026.5	54089.1	774.8	1956.2	58005.1	8300.6
水力发电	27072.2	6582.6	8.1	671.5	7460.9	5469.8
其他能源发电	12809.9	10758.4	93.2	3500.0	15502.7	304.3
电力供应	65843.3	9404.9	5266.0	1928.8	11567.1	19838.5
热力生产和供应	10631.5	-13299.4	107.2	10858.7	-239.4	10498.8
燃气生产和供应业	4432.0	16925.2	-1443.8	167.0	15940.1	753.4
水的生产和供应业	3243.7	-11203.1	1161.1	3591.5	-6759.9	7149.9
自来水的生产和供应	2982.6	-10840.3	1161.1	3477.2	-6397.2	6787.2
污水处理及其再生利用	261.1	-362.8		114.3	-362.7	362.7

单位：万元

应交所得税	三、工资、福利费、增值税 本年应付工资总额（贷方累计发生额）	本年应付福利费总额	本年应交增值税	全部从业人员年平均人数（人）
93.8	1501.2	128.8	1281.7	784
24.1	856.2	88.0	868.2	523
69.7	645.0	40.8	413.5	261
	82.3	0.5	70.0	67
	82.3	0.5	70.0	67
	21.5		50.0	13
	21.5		50.0	13
2822.5	10201.1	1437.6	6058.5	2926
	392.5	75.8		68
	392.5	75.8		68
6.5	318.5	44.6	7.0	168
6.5	318.5	44.6	7.0	168
2816.0	9419.1	1314.6	6051.5	2622
2816.0	9419.1	1314.6	6051.5	2622
	71.0	2.6		68
	71.0	2.6		68
441.6	601.9	26.8	653.5	769
177.2	339.9	26.8	332.6	159
134.8	148.7	26.8	136.7	39
42.4	191.2		195.9	120
264.4	262.0		320.9	610
175.7	244.6		232.2	598
88.7	17.4		88.7	12
148.7	3754.6	60.4	556.6	1299
146.1	185.4	12.9	299.1	122
146.1	185.4	12.9	299.1	122
2.6	111.2	14.8	3.2	35
2.6	111.2	14.8	3.2	35
	3458.0	32.7	254.3	1142
18800.8	239694.9	8580.1	195462.6	56420
16150.9	226572.0	7556.0	188714.2	51167
9878.4	73134.9	3808.9	86923.3	17170
7003.6	61195.4	2831.6	67297.1	13680
562.0	10093.2	835.9	13437.6	3178
2312.8	1846.3	141.4	6188.6	312
4996.9	139065.6	2900.0	95304.2	27106
1275.6	14371.5	847.1	6486.7	6891
2625.5	5348.0	495.6	4272.0	1922
24.4	7774.9	528.5	2476.4	3331
24.4	6953.8	424.5	2476.4	3045
	821.1	104.0		286

1-4 规模以上地方工业

项目	企业单位数(个)	亏损企业	生产、销售总值		
			工业总产值(当年价格)	工业销售产值(当年价格)	出口交货值
总计	**1693**	**525**	**19351876.3**	**18653049.7**	**609190.4**
一、按登记注册类型分组					
内资企业	1612	495	18517068.5	17810293.7	509707.7
国有企业	93	36	700939.1	670434.9	5599.0
地方企业	93	36	700939.1	670434.9	5599.0
集体企业	31	7	131214.9	131164.1	13800.2
股份合作企业	7	2	20922.9	20187.7	
联营企业	8	3	44428.8	44331.6	
国有联营企业	2	1	7060.1	7054.8	
集体联营企业	1	1	7296.8	7296.8	
国有与集体联营企业	2		20371.0	21279.3	
其他联营企业	3	1	9700.9	8700.7	
有限责任公司	666	199	7904618.2	7705996.4	140230.5
国有独资公司	44	10	1057351.9	1007698.0	169.2
其他有限责任公司	622	189	6847266.3	6698298.4	140061.3
股份有限公司	46	9	5703183.3	5535300.1	225794.0
私营企业	761	239	4011761.3	3702878.9	124284.0
私营独资企业	54	20	156922.8	152079.2	816.7
私营合作企业	14	5	41264.6	40403.7	0.8
私营有限责任公司	676	209	2795405.4	2618937.7	78555.1
私营股份有限公司	17	5	1018168.5	891458.3	44911.4
其他企业					
港、澳、台商投资企业	27	15	266680.7	260893.1	38472.2
合资经营企业(港或澳、台资)	14	8	99607.0	99420.1	19295.9
港澳台商独资经营企业	11	6	128997.9	127261.6	17531.7
港澳台商投资股份有限公司	2	1	38075.8	34211.4	1644.6
外商投资企业	54	15	568127.1	581862.9	61010.5
中外合资经营企业	32	10	393098.6	392505.0	54858.4
外资企业	17	4	116676.5	112154.6	6152.1
外商投资股份有限公司	5	1	58352.0	77203.3	
二、按经济组织类型分组					
独资企业	206	73	1234751.2	1193094.4	43899.7
国有企业	93	36	700939.1	670434.9	5599.0
集体企业	31	7	131214.9	131164.1	13800.2
私营独资企业	54	20	156922.8	152079.2	816.7
港澳台商独资经营企业	11	6	128997.9	127261.6	17531.7
外资企业	17	4	116676.5	112154.6	6152.1
合作、合伙企业	29	10	106616.3	104923.0	0.8
股份合作企业	7	2	20922.9	20187.7	
国有联营企业	2	1	7060.1	7054.8	

企业主要经济指标

单位：万元

一、年末资产负债						
资产总计	流动资产合计				流动资产年平均余额	固定资产合计
		应收账款	存货			
				产成品		
27011952.0	**10451964.7**	**1764241.3**	**3309791.8**	**1129575.8**	**9821650.7**	**12422561.5**
25894563.4	9914457.6	1648170.3	3134665.6	1047277.1	9286813.9	11945025.8
2084641.2	598269.6	155258.2	101409.1	56541.3	587275.1	1378034.1
2084641.2	598269.6	155258.2	101409.1	56541.3	587275.1	1378034.1
94113.1	59747.9	22014.6	12717.8	5706.3	50631.7	22220.6
27453.6	4479.7	1496.7	1332.1	216.7	4233.0	13742.3
51732.6	33937.5	19654.8	5272.8	2339.2	29148.7	9121.3
11184.6	5684.2	3127.2	301.4		5045.0	1768.9
11536.7	8025.8	6631.9	1096.9	653.8	7493.9	3510.9
22398.9	14710.8	9118.4	381.2		11802.9	2757.0
6612.4	5516.7	777.3	3493.3	1685.4	4806.9	1084.5
11011757.4	4322872.5	684707.4	1538221.7	488056.6	3963099.0	4984942.1
2187898.5	739588.7	151712.6	158265.4	41963.3	681400.5	1214161.5
8823858.9	3583283.8	532994.8	1379956.3	446093.3	3281698.5	3770780.6
7751398.5	2306973.3	205913.7	637387.6	177969.3	2314517.1	4166510.2
4873467.0	2588177.1	559124.9	838324.5	316447.7	2337909.3	1370455.2
135790.8	61676.9	15456.0	15303.9	5706.5	53930.6	65781.2
22565.1	14331.0	3668.5	7005.1	3676.1	13691.0	7613.9
3082553.6	1560435.6	295895.7	590537.2	271230.8	1427123.6	1126949.2
1632557.5	951733.6	244104.7	225478.3	35834.3	843164.1	170110.9
304435.5	185816.3	53213.6	60455.2	27131.3	145668.5	99651.0
119907.2	75796.5	34074.2	20915.1	12528.8	57723.6	34926.9
147480.4	84781.0	8582.5	27086.8	12314.6	62629.2	53595.8
37047.9	25238.8	10556.9	12453.3	2287.9	25315.7	11128.3
812953.1	351690.8	62857.4	114671.0	55167.4	389168.3	377884.7
619784.2	257588.6	42905.8	74397.5	30013.6	291699.6	300032.4
138039.3	62830.1	18354.4	23767.7	12408.8	64421.6	55019.6
55129.6	31272.1	1597.2	16505.8	12745.0	33047.1	22832.7
2600064.8	867305.5	219665.7	180285.3	92677.5	818888.2	1574651.3
2084641.2	598269.6	155258.2	101409.1	56541.3	587275.1	1378034.1
94113.1	59747.9	22014.6	12717.8	5706.3	50631.7	22220.6
135790.8	61676.9	15456.0	15303.9	5706.5	53930.6	65781.2
147480.4	84781.0	8582.5	27086.8	12314.6	62629.2	53595.8
138039.3	62830.1	18354.4	23767.7	12408.8	64421.6	55019.6
101751.3	52748.2	24820.0	13610.0	6232.0	47072.7	30477.5
27453.6	4479.7	1496.7	1332.1	216.7	4233.0	13742.3
11184.6	5684.2	3127.2	301.4		5045.0	1768.9

1-4 续表 1-1

项目	企业单位数(个)	亏损企业	工业总产值(当年价格)	工业销售产值(当年价格)	出口交货值
			生产、销售总值		
集体联营企业	1	1	7296.8	7296.8	
国有与集体联营企业	2		20371.0	21279.3	
其他联营企业	3	1	9700.9	8700.7	
私营合伙企业	14	5	41264.6	40403.7	0.8
股份有限公司	70	16	6817779.6	6538173.1	272350.0
股份有限公司(内资)	46	9	5703183.3	5535300.1	225794.0
私营股份有限公司	17	5	1018168.5	891458.3	44911.4
港澳台商投资股份有限公司	2	1	38075.8	34211.4	1644.6
外商投资股份有限公司	5	1	58352.0	77203.3	
有限责任公司	1388	426	11192729.2	10816859.2	292939.9
国有独资公司	44	10	1057351.9	1007698.0	169.2
私营有限责任公司	676	209	2795405.4	2618937.7	78555.1
合资经营企业(港或澳、台资)	14	8	99607.0	99420.1	19295.9
中外合资经营企业	32	10	393098.6	392505.0	54858.4
其他有限责任公司	622	189	6847266.3	6698298.4	140061.3
三、在总计中					
总计中：亏损企业	525	525	3946518.7	3802507.3	96915.9
总计中：国有控股企业	343	104	10261101.6	10057766.2	311714.2
总计中：农村工业	19	3	66651.5	62911.6	
总计中：轻工业	614	221	3756246.5	3654598.8	325731.5
重工业	1079	304	15595629.8	14998450.9	283458.9
总计中：大型企业	18	4	6655774.6	6520334.6	58948.3
中型企业	186	46	5981164.6	5671412.5	329711.6
小型企业	1489	475	6714937.1	6461302.6	220530.5
四、按工业行业小类分组					
采矿业	248	52	4115754.2	3992257.3	5394.9
煤炭开采和洗选业	109	25	682261.3	674390.9	
烟煤和无烟煤的开采洗选	109	25	682261.3	674390.9	
石油和天然气开采业	23	3	2325864.6	2264574.1	
天然原油和天然气开采	2		2179219.4	2117928.9	
与石油和天然气开采有关的服务活动	21	3	146645.2	146645.2	
黑色金属矿采选业	68	11	719870.2	671524.8	
铁矿采选	64	11	705927.8	659980.2	
其他黑色金属矿采选	4		13942.4	11544.6	
有色金属矿采选业	33	11	341736.9	335246.9	
常用有色金属矿采选	28	11	300598.7	297608.8	
铜矿采选	11	3	227585.5	231272.7	
铅锌矿采选	11	7	34092.9	28264.4	
镍钴矿采选	6	1	38920.3	38071.7	
贵金属矿采选	5		41138.2	37638.1	
金矿采选	5		41138.2	37638.1	

单位：万元

一、年末资产负债						
资产总计	流动资产合　计				流动资产年平均余额	固定资产合　计
		应收账款	存货			
				产成品		
11536.7	8025.8	6631.9	1096.9	653.8	7493.9	3510.9
22398.9	14710.8	9118.4	381.2		11802.9	2757.0
6612.4	5516.7	777.3	3493.3	1685.4	4806.9	1084.5
22565.1	14331.0	3668.5	7005.1	3676.1	13691.0	7613.9
9476133.5	3315217.8	462172.5	891825.0	228836.5	3216044.0	4370582.1
7751398.5	2306973.3	205913.7	637387.6	177969.3	2314517.1	4166510.2
1632557.5	951733.6	244104.7	225478.3	35834.3	843164.1	170110.9
37047.9	25238.8	10556.9	12453.3	2287.9	25315.7	11128.3
55129.6	31272.1	1597.2	16505.8	12745.0	33047.1	22832.7
14834002.4	6216693.2	1057583.1	2224071.5	801829.8	5739645.8	6446850.6
2187898.5	739588.7	151712.6	158265.4	41963.3	681400.5	1214161.5
3082553.6	1560435.6	295895.7	590537.2	271230.8	1427123.6	1126949.2
119907.2	75796.5	34074.2	20915.1	12528.8	57723.6	34926.9
619784.2	257588.6	42905.8	74397.5	30013.6	291699.6	300032.4
8823858.9	3583283.8	532994.8	1379956.3	446093.3	3281698.5	3770780.6
6261126.3	2232707.8	313071.5	1014222.3	326989.7	2125553.2	3535650.2
15490969.9	4651818.5	663988.5	1543220.7	423215.9	4532089.1	8704070.3
63589.3	39210.3	6710.0	11507.8	5397.6	31946.2	18652.3
4888945.4	2351997.3	345181.6	1087951.2	541922.3	2291412.4	1970409.7
22123006.6	8099967.4	1419059.7	2221840.6	587653.5	7530238.3	10452151.8
8384929.5	2475741.1	184800.6	881496.8	102537.3	2419867.4	4726000.7
9473778.4	4073984.6	794305.1	1169339.5	425727.1	3710747.7	3360537.5
9153244.1	3902239.0	785135.6	1258955.5	601311.4	3691035.6	4336023.3
5667023.1	1499977.7	367454.5	333519.0	109815.2	1374967.8	3668541.8
1271476.9	449016.6	100262.8	46184.0	11789.9	404569.1	574491.2
1271476.9	449016.6	100262.8	46184.0	11789.9	404569.1	574491.2
2718043.3	243529.6	69501.0	91128.7	25096.2	265521.7	2464473.9
2531494.0	132082.2	27746.9	83497.0	24629.9	167430.8	2399325.3
186549.3	111447.4	41754.1	7631.7	466.3	98090.9	65148.6
1023726.3	552171.6	170264.5	147518.4	53025.9	437135.7	334587.8
1008336.8	545258.7	168647.2	146740.1	52520.5	431839.3	326895.6
15389.5	6912.9	1617.3	778.3	505.4	5296.4	7692.2
575000.8	213393.6	17715.8	38203.7	14456.0	230492.2	262843.9
496766.1	189978.4	16960.6	31530.9	13122.1	206179.5	228571.1
275314.2	80761.3	9162.9	15887.7	4698.6	81395.1	145586.1
124352.0	60743.7	5321.1	10955.3	6815.1	62804.0	41268.7
97099.9	48473.4	2476.6	4687.9	1608.4	61980.4	41716.3
78234.7	23415.2	755.2	6672.8	1333.9	24312.7	34272.8
78234.7	23415.2	755.2	6672.8	1333.9	24312.7	34272.8

1-4 续表 1-2

项目	企业单位数(个)	亏损企业	生产、销售总值		
			工业总产值(当年价格)	工业销售产值(当年价格)	出口交货值
非金属矿采选业	15	2	46021.2	46520.6	5394.9
土砂石开采	7		12018.0	11641.4	232.2
建筑装饰用石开采	3		7147.7	6819.3	232.2
耐火土石开采	1		1115.0	1143.3	
粘土及其他土砂石开采	3		3755.3	3678.8	
化学矿采选	2	1	7316.0	6989.3	
采盐	3		16834.8	16162.8	66.0
石棉及其他非金属矿采选	3	1	9852.4	11727.1	5096.7
石棉、云母矿采选	1		1893.5	2355.8	
其他非金属矿采选	2	1	7958.9	9371.3	5096.7
制造业	1290	392	14021100.6	13482417.1	603795.5
农副食品加工业	206	62	1331137.9	1309114.3	33712.7
谷物磨制	47	6	204217.6	200828.4	24.0
饲料加工	23	2	138974.2	137815.6	
植物油加工	94	36	689220.6	690161.3	590.3
食用植物油加工	93	35	685589.6	687477.8	590.3
非食用植物油加工	1	1	3631.0	2683.5	
制糖	10	6	135183.7	125958.0	
屠宰及肉类加工	14	7	54324.7	51114.8	19637.0
畜禽屠宰	6	2	26676.1	24465.4	7741.3
肉制品及副产品加工	8	5	27648.6	26649.4	11895.7
蔬菜、水果和坚果加工	10	2	52105.6	50207.8	7219.6
其他农副食品加工	8	3	57111.5	53028.4	6241.8
淀粉及淀粉制品的制造	4	2	25208.6	24188.3	6241.8
其他未列明的农副食品加工	4	1	31902.9	28840.1	
食品制造业	99	25	562670.7	555680.3	124176.8
焙烤食品制造	6	1	12538.5	12414.4	
糕点、面包制造	3		7010.7	7010.7	
饼干及其他焙烤食品制造	3	1	5527.8	5403.7	
糖果、巧克力及蜜饯制造	1		16053.0	13180.9	
糖果、巧克力制造					
蜜饯制作	1		16053.0	13180.9	
方便食品制造	6	1	67124.5	75175.1	5781.9
速冻食品制造	1		642.4	499.6	
方便面及其他方便食品制造	5	1	66482.1	74675.5	5781.9
液体乳及乳制品制造	35	16	189357.6	170353.3	1043.8
罐头制造	28	2	166326.9	180357.5	104880.6
蔬菜、水果罐头制造	28	2	166326.9	180357.5	104880.6
调味品、发酵制品制造	7	3	47192.6	45849.6	5385.5
味精制造	3	2	7558.7	7396.4	
酱油、食醋及类似制品的制造	2	1	7112.3	6801.9	
其他调味品、发酵制品制造	2		32521.6	31651.3	5385.5

单位：万元

一、年末资产负债						
资产总计	流动资产合计	应收账款	存货	存货：产成品	流动资产年平均余额	固定资产合计
78775.8	41866.3	9710.4	10484.2	5447.2	37249.1	32145.0
19852.4	11020.6	4904.9	3086.9	1744.2	7705.1	5694.7
12328.4	4780.4	1042.7	2259.1	1588.9	3783.7	4830.1
665.8	510.7	444.7	3.6		349.7	155.1
6858.2	5729.5	3417.5	824.2	155.3	3571.7	709.5
15796.1	11993.6	545.1	236.0	154.6	9782.7	3802.5
15900.7	5474.0	549.5	3359.7	2552.3	5554.6	9400.3
27226.6	13378.1	3710.9	3801.6	996.1	14206.7	13247.5
4782.6	3406.1	1853.6	76.9	76.9	3159.9	1376.5
22444.0	9972.0	1857.3	3724.7	919.2	11046.8	11871.0
16785735.3	7984707.3	1293195.7	2926549.3	1017873.9	7429660.2	5404550.3
1121167.2	691038.8	51138.1	369223.3	199674.6	688622.4	348503.9
154223.6	79115.2	10669.5	34443.2	7459.4	77131.9	48773.8
63206.4	39073.6	3422.6	16174.8	3391.0	34272.3	20332.6
516848.2	356725.4	18927.5	178085.6	85757.1	379124.2	134501.3
515435.2	356047.9	18927.5	178040.8	85757.1	378347.7	133887.3
1413.0	677.5		44.8		776.5	614.0
210798.4	111270.0	4838.3	99093.4	77358.6	98323.1	84993.2
71267.0	44038.2	4784.2	9890.3	6000.4	39420.7	19413.1
21279.4	8883.2	946.5	3648.8	2990.1	7938.8	9756.5
49987.6	35155.0	3837.7	6241.5	3010.3	31481.9	9656.6
52469.5	24146.7	7483.0	12104.0	9956.0	23952.2	27784.9
52354.1	36669.7	1013.0	19432.0	9752.1	36398.0	12705.0
24636.7	16028.5	801.7	6402.1	3738.9	15889.4	7542.7
27717.4	20641.2	211.3	13029.9	6013.2	20508.6	5162.3
751545.5	342135.6	81024.0	163789.9	103924.7	295992.4	306167.9
14815.2	5723.9	1127.5	3881.8	132.3	6199.7	7858.9
6785.9	2837.9	654.5	2750.0	6.0	3081.2	3242.7
8029.3	2886.0	473.0	1131.8	126.3	3118.5	4616.2
12937.0	7826.6	495.2	5112.8	4994.2	5826.8	5044.8
12937.0	7826.6	495.2	5112.8	4994.2	5826.8	5044.8
41698.2	22882.7	5046.7	10451.1	5486.3	22906.9	17139.5
641.4	213.0	11.9	45.5	18.1	212.5	428.4
41056.8	22669.7	5034.8	10405.6	5468.2	22694.4	16711.1
201878.4	92163.3	23072.2	28447.6	15897.9	82308.3	63942.6
280903.4	152673.3	43137.4	79104.0	69057.4	125877.2	122149.4
280903.4	152673.3	43137.4	79104.0	69057.4	125877.2	122149.4
122238.5	27221.9	3002.8	16293.4	2356.3	27475.4	52701.5
23069.6	6881.9	706.9	2070.1	1046.2	7498.0	14431.1
12358.6	3432.5	226.8	2640.4	817.8	3201.7	8497.3
86810.3	16907.5	2069.1	11582.9	492.3	16775.7	29773.1

1-4 续表 1-3

项 目	企业单位数(个)		生产、销售总值		
		亏损企业	工业总产值(当年价格)	工业销售产值(当年价格)	出口交货值
其他食品制造	16	2	64077.6	58349.5	7085.0
营养、保健食品制造	2		4724.4	5130.0	2999.3
冷冻饮品及食用冰制造	5	1	33236.4	29261.1	
盐加工	6	1	11177.6	10352.6	
食品及饲料添加剂制造	3		14939.2	13605.8	4085.7
饮料制造业	40	11	228649.9	205642.6	9273.4
酒精制造	2	2	6487.0	5909.5	
酒的制造	24	6	135440.3	123874.0	
白酒制造	8	3	27754.4	23681.8	
啤酒制造	11	2	88484.4	86135.7	
葡萄酒制造	5	1	19201.5	14056.5	
软饮料制造	14	3	86722.6	75859.1	9273.4
瓶(罐)装饮用水制造	3		13275.2	12565.3	
果菜汁及果菜汁饮料制造	9	3	41372.9	36028.1	9273.4
含乳饮料和植物蛋白饮料制造	1		4557.0	4843.0	
茶饮料及其他软饮料制造	1		27517.5	22422.7	
纺织业	97	55	736186.1	719437.7	74853.1
棉、化纤纺织及印染精加工	72	44	606307.7	587300.1	12227.8
棉、化纤纺织加工	71	43	596900.1	579843.7	12227.8
棉、化纤印染精加工	1	1	9407.6	7456.4	
毛纺织和染整精加工	8	6	26958.2	27189.7	4118.2
毛条加工	4	3	9059.9	10064.5	2071.7
毛纺织	4	3	17898.3	17125.2	2046.5
麻纺织	8	1	26233.7	23800.2	
针织品、编织品及其制品制造	9	4	76686.5	81147.7	58507.1
棉、化纤针织品及编织品制造	7	3	35016.9	35744.4	27542.1
毛针织品及编织品制造	2	1	41669.6	45403.3	30965.0
纺织服装、鞋、帽制造业	5	3	4820.3	4732.4	
纺织服装制造	5	3	4820.3	4732.4	
皮革、毛皮、羽毛(绒)及其制品业	7	4	39010.3	32188.9	
皮革鞣制加工	5	3	28174.3	23520.9	
皮革制品制造	1	1	1090.0	1094.0	
皮鞋制造	1	1	1090.0	1094.0	
毛皮鞣制及制品加工	1		9746.0	7574.0	
毛皮鞣制加工	1		9746.0	7574.0	
木材加工及木、竹、藤、棕、草制品	18	5	78769.6	75090.2	
锯材、木片加工	1	1	1540.8	1378.4	
锯材加工	1	1	1540.8	1378.4	

单位：万元

一、年末资产负债						
资产总计	流动资产合计				流动资产年平均余额	固定资产合计
		应收账款	存货			
				产成品		
77074.8	33643.9	5142.2	20499.2	6000.3	25398.1	37331.2
11061.5	6905.3	2447.1	2447.6	602.2	5805.1	1478.9
42478.3	11432.9	349.9	10372.3	1495.3	5594.5	28498.1
12199.1	7342.1	1079.1	2329.8	1631.2	6140.6	4065.8
11335.9	7963.6	1266.1	5349.5	2271.6	7857.9	3288.4
265269.9	118174.8	6630.1	55337.5	19889.4	125241.8	97242.2
7722.7	3284.9	134.2	1807.3	1345.2	2694.5	3209.1
168788.6	80627.6	-620.1	41249.9	8807.4	88554.8	47908.6
29235.5	15289.3	760.1	10898.2	3118.5	16281.0	8663.5
117137.0	53195.2	-2446.1	22979.8	2583.6	61225.5	29467.9
22416.1	12143.1	1065.9	7371.9	3105.3	11048.3	9777.2
88758.6	34262.3	7116.0	12280.3	9736.8	33992.5	46124.5
15698.1	6745.2	1306.4	986.5	585.8	5509.9	7691.7
52440.6	21977.1	4325.8	10106.0	8401.3	21446.4	25168.5
7308.2	2565.0	42.6	322.8	322.8	1925.9	2927.6
13311.7	2975.0	1441.2	865.0	426.9	5110.3	10336.7
1086909.2	552549.1	100039.2	278185.6	113327.4	546342.2	435972.0
917051.3	462519.3	83118.6	224475.2	94529.7	455192.4	378907.9
909592.9	456742.9	82095.4	223096.3	93150.8	449526.0	377225.9
7458.4	5776.4	1023.2	1378.9	1378.9	5666.4	1682.0
38712.8	17496.3	1959.1	9177.4	3239.7	16880.5	16190.7
20711.3	7171.6	790.1	2207.2	1001.6	6691.8	9791.5
18001.5	10324.7	1169.0	6970.2	2238.1	10188.7	6399.2
58380.7	27173.1	4773.7	16807.8	6012.1	29825.3	24817.1
72764.4	45360.4	10187.8	27725.2	9545.9	44444.0	16056.3
15661.6	11676.1	2335.9	6527.0	4365.8	8392.4	3622.0
57102.8	33684.3	7851.9	21198.2	5180.1	36051.6	12434.3
5707.9	4437.4	2011.2	1250.1	116.3	4646.6	1096.3
5707.9	4437.4	2011.2	1250.1	116.3	4646.6	1096.3
47204.0	28896.7	5474.3	13956.2	8951.7	28642.8	17329.6
41529.8	24228.6	4581.5	11476.8	6896.8	24345.6	16355.8
1498.8	1103.9	354.2	491.1	149.0	999.6	362.6
1498.8	1103.9	354.2	491.1	149.0	999.6	362.6
4175.4	3564.2	538.6	1988.3	1905.9	3297.6	611.2
4175.4	3564.2	538.6	1988.3	1905.9	3297.6	611.2
76513.5	34863.3	9130.0	17432.4	10306.2	35897.1	29980.9
2736.2	1842.3	1362.1	384.6	296.7	1800.7	850.6
2736.2	1842.3	1362.1	384.6	296.7	1800.7	850.6

1-4 续表 1-4

项　目	企业单位数（个）	亏损企业	生产、销售总值		
			工业总产值（当年价格）	工业销售产值（当年价格）	出口交货值
人造板制造	14	4	71163.3	66863.0	
胶合板制造	2	1	6718.3	6170.4	
纤维板制造	10	3	56888.5	53712.1	
刨花板制造	1		6888.2	6281.0	
其他人造板、材制造	1		668.3	699.5	
木制品制造	3		6065.5	6848.8	
建筑用木料及木材组件加工	1		1615.6	1524.8	
木容器制造	1		2864.7	2864.7	
软木制品及其他木制品制造	1		1585.2	2459.3	
家具制造业	9	2	93073.5	98979.0	76152.3
木质家具制造	6	2	77298.5	83734.7	76152.3
金属家具制造	3		15775.0	15244.3	
造纸及纸制品业	36	16	124606.6	121657.1	
纸浆制造	3	1	48568.2	48351.7	
造纸	13	6	34160.3	33072.1	
机制纸及纸板制造	13	6	34160.3	33072.1	
纸制品制造	20	9	41878.1	40233.3	
纸和纸板容器的制造	17	7	38959.9	37954.2	
其他纸制品制造	3	2	2918.2	2279.1	
印刷业和记录媒介的复制	29	4	52049.5	50524.3	
印刷	27	4	48730.2	47510.8	
书、报、刊印刷	19	2	27798.7	26579.3	
本册印制	3		3848.0	3848.0	
包装装潢及其他印刷	5	2	17083.5	17083.5	
装订及其他印刷服务活动	2		3319.3	3013.5	
石油加工、炼焦及核燃料加工业	68	23	856957.2	825415.1	1534.5
精炼石油产品的制造	30	8	517734.3	496273.7	
原油加工及石油制品制造	30	8	517734.3	496273.7	
炼焦	38	15	339222.9	329141.4	1534.5
化学原料及化学制品制造业	134	36	1736318.2	1672445.1	144069.2
基础化学原料制造	36	16	501450.7	478016.3	59517.2
无机酸制造	2		30327.8	28739.7	
无机碱制造	4	1	237707.6	237970.0	59517.2
无机盐制造	22	10	156672.3	141928.7	
有机化学原料制造	5	3	64409.5	57201.3	
其他基础化学原料制造	3	2	12333.5	12176.6	
肥料制造	13	5	167781.8	157497.8	672.6
氮肥制造	2		131210.1	122583.6	
磷肥制造	1	1	2848.9	1970.8	
钾肥制造	1	1	1779.8	1994.9	

单位：万元

一、年末资产负债						
资产总计	流动资产合计	应收账款	存货	产成品	流动资产年平均余额	固定资产合计
66922.9	28569.5	5194.4	15475.8	9444.3	30105.2	28173.1
3303.2	1205.5	2.5	737.0	572.8	1080.5	2097.7
53094.4	26388.0	5186.9	13883.3	8220.5	27923.2	16543.2
10054.0	784.0		782.0	581.0	784.0	9270.0
471.3	192.0	5.0	73.5	70.0	317.5	262.2
6854.4	4451.5	2573.5	1572.0	565.2	3991.2	957.2
1123.2	918.7		793.9	339.0	889.1	204.4
2213.6	2200.5	1592.7	501.2	11.9	1617.3	13.1
3517.6	1332.3	980.8	276.9	214.3	1484.8	739.7
267773.4	121490.0	18153.5	24301.1	13871.5	91965.2	44759.6
230433.3	113991.2	16510.1	21562.2	12130.4	84453.8	27713.3
37340.1	7498.8	1643.4	2738.9	1741.1	7511.4	17046.3
209696.4	105839.3	12425.0	41128.7	25091.8	99460.8	83389.8
79941.5	31065.9	502.0	4782.7	1277.9	30382.5	42427.6
80152.5	45065.7	3385.5	23053.1	17469.9	40856.2	23853.1
80152.5	45065.7	3385.5	23053.1	17469.9	40856.2	23853.1
49602.4	29707.7	8537.5	13292.9	6344.0	28222.1	17109.1
41839.6	24840.8	7555.9	9701.9	4194.9	23751.1	14359.3
7762.8	4866.9	981.6	3591.0	2149.1	4471.0	2749.8
81563.6	33427.2	10716.1	7870.7	1843.6	32914.8	44396.3
78700.1	32469.2	10517.8	7611.9	1791.7	31580.3	42552.5
54886.1	18873.4	4803.9	4415.3	1461.4	18869.6	33335.7
6318.8	3278.2	519.6	472.7	311.8	2700.8	2295.4
17495.2	10317.6	5194.3	2723.9	18.5	10009.9	6921.4
2863.5	958.0	198.3	258.8	51.9	1334.5	1843.8
775464.7	352945.8	28213.0	118329.7	46390.0	295275.9	308859.0
333075.4	165975.8	17488.2	62812.4	29228.3	151923.0	119143.9
333075.4	165975.8	17488.2	62812.4	29228.3	151923.0	119143.9
442389.3	186970.0	10724.8	55517.3	17161.7	143352.9	189715.1
3431255.3	1169259.8	221736.6	226315.2	117319.9	1164699.8	1077184.0
1387911.0	528990.5	62203.8	86624.1	47148.0	531718.8	571277.7
42232.7	17972.8	1329.2	3606.6	2609.0	17305.5	16382.7
799442.2	331254.6	30803.6	34939.5	21433.7	344858.1	237168.4
181935.8	76084.2	7822.3	28603.1	13779.7	88290.5	82402.4
315697.2	91716.1	11384.1	18935.3	9200.9	72236.0	198742.3
48603.1	11962.8	10864.6	539.6	124.7	9028.7	36581.9
275329.8	104929.2	3467.1	27433.3	12849.9	87985.9	167002.4
238201.8	80416.9	1457.7	16188.5	7255.6	63803.4	157784.9
2071.9	1133.8	23.4	768.7		1074.9	792.0
808.9	763.6		608.7	114.0	806.7	45.3

1-4 续表 1-5

项　　目	企业单位数(个)	亏损企业	生产、销售总值 工业总产值(当年价格)	工业销售产值(当年价格)	出口交货值
复混肥料制造	7	2	27465.7	26658.5	
有机肥料及微生物肥料制造	1		4062.3	3703.0	672.6
其他肥料制造	1	1	415.0	587.0	
涂料、油墨、颜料及类似产品制造	8	4	15173.5	15252.2	2213.4
涂料制造	7	3	13978.5	14017.2	2213.4
密封用填料及类似品制造	1	1	1195.0	1235.0	
合成材料制造	10	1	707769.9	685256.3	81229.4
初级形态的塑料及合成树脂制造	8	1	667773.9	649743.0	81229.4
合成纤维单(聚合)体的制造	1		37890.9	33408.2	
其他合成材料制造	1		2105.1	2105.1	
专用化学产品制造	65	10	326843.2	322830.0	436.6
化学试剂和助剂制造	38	3	151123.2	147906.9	177.0
专项化学用品制造	18	5	117661.5	117718.3	
炸药及火工产品制造	5		52093.1	50502.9	259.6
动物胶制造	4	2	5965.4	6701.9	
日用化学产品制造	2		17299.1	13592.5	
肥皂及合成洗涤剂制造	2		17299.1	13592.5	
医药制造业	20	7	60361.2	57649.9	1664.1
化学药品原药制造	2	2	1707.5	1697.2	
化学药品制剂制造	4	2	18586.6	17567.5	8.8
中药饮片加工	5	2	16873.8	12460.1	1156.1
中成药制造	6	1	15770.8	20405.6	499.2
兽用药品制造	1		666.5	656.4	
生物、生化制品的制造	2		6756.0	4863.1	
化学纤维制造业	8	7	357736.8	337240.2	2072.8
纤维素纤维原料及纤维制造	8	7	357736.8	337240.2	2072.8
化纤浆粕制造	6	5	191556.3	182915.8	2072.8
人造纤维(纤维素纤维)制造	2	2	166180.5	154324.4	
橡胶制品业	6	2	16064.1	12560.0	
轮胎制造	1	1	3802.7	3802.7	
车辆、飞机及工程机械轮胎制造	1	1	3802.7	3802.7	
橡胶板、管、带的制造	3		9536.0	6270.7	
再生橡胶制造	1	1	873.3	781.4	
日用及医用橡胶制品制造	1		1852.1	1705.2	
塑料制品业	105	31	386980.0	367610.6	13889.0
塑料薄膜制造	19	12	67068.5	63148.5	
塑料板、管、型材的制造	45	8	211813.8	197100.7	8740.4
塑料丝、绳及编织品的制造	18	5	40823.6	38146.6	5148.6
泡沫塑料制造	5	1	6229.8	6041.8	
塑料包装箱及容器制造	6	1	34585.5	33815.2	
日用塑料制造	2	1	2481.0	2482.2	
日用塑料杂品制造	2	1	2481.0	2482.2	

单位：万元

一、年末资产负债						
资产总计	流动资产合计	应收账款	存货	产成品	流动资产年平均余额	固定资产合计
24663.3	19740.8	1492.7	8645.9	4691.5	19630.1	3787.5
7063.0	2014.5	72.3	908.6	635.7	1811.2	2975.7
2520.9	859.6	421.0	312.9	153.1	859.6	1617.0
21267.6	11478.9	2467.7	5554.7	3118.7	11196.6	3763.1
17259.1	10058.4	2380.2	4813.7	2790.7	9986.3	2902.2
4008.5	1420.5	87.5	741.0	328.0	1210.3	860.9
1387921.5	310007.9	74647.8	64434.3	37471.4	355076.1	248963.6
1368425.5	303144.9	73163.5	59665.8	34651.3	351394.6	240624.4
18750.7	6224.0	1136.0	4528.4	2820.1	3111.9	8234.1
745.3	639.0	348.3	240.1		569.6	105.1
351336.1	210957.3	78858.7	39868.9	15481.4	176289.5	81868.5
147130.1	96688.5	34499.2	19406.9	7535.1	88721.9	32142.4
128782.1	79841.1	42234.3	12684.6	4818.5	61611.1	34817.8
70984.1	31232.4	1060.5	7287.0	3046.9	23310.3	13764.4
4439.8	3195.3	1064.7	490.4	80.9	2646.2	1143.9
7489.3	2896.0	91.5	2399.9	1250.5	2432.9	4308.7
7489.3	2896.0	91.5	2399.9	1250.5	2432.9	4308.7
104807.1	46361.6	9206.3	23883.1	6573.1	49163.1	42967.3
1144.4	915.1	337.6	532.9	19.1	965.8	183.4
40486.8	12601.1	2720.9	4057.5	1704.1	14489.0	20690.6
26520.7	17136.9	1387.4	11076.3	2881.7	15306.2	7844.9
21859.4	10189.5	3013.8	6116.6	1739.6	12523.3	7979.9
1780.9	977.9	246.0	220.7	111.9	969.9	508.6
13014.9	4541.1	1500.6	1879.1	116.7	4908.9	5759.9
376590.1	179272.0	20083.5	79456.5	32934.0	202093.5	160196.5
376590.1	179272.0	20083.5	79456.5	32934.0	202093.5	160196.5
214499.8	110644.9	10388.9	46675.8	13858.8	121524.0	74827.5
162090.3	68627.1	9694.6	32780.7	19075.2	80569.5	85369.0
22465.9	5220.4	2832.5	703.7	426.6	6123.9	12775.0
15279.0	398.6	1327.9	19.1		1430.8	10917.3
15279.0	398.6	1327.9	19.1		1430.8	10917.3
4152.2	2397.0	765.0	282.0	167.6	2266.5	1266.7
738.1	582.5	172.5	252.1	176.9	586.7	155.6
2296.6	1842.3	567.1	150.5	82.1	1839.9	435.4
395266.5	261196.8	66713.0	120874.7	72406.9	250585.5	111403.7
65843.0	44002.8	6895.7	21475.1	15880.5	39798.4	18248.5
228837.4	157154.4	30951.3	83175.9	46633.4	150041.3	59145.9
18996.3	15249.7	8391.9	4764.1	2848.7	13933.0	2545.7
3858.5	3088.3	1750.7	713.8	495.1	2824.0	530.5
35145.1	9865.1	3813.0	5176.4	2788.7	15842.6	23686.5
2043.7	1645.2	942.6	305.1	102.6	1492.6	391.3
2043.7	1645.2	942.6	305.1	102.6	1492.6	391.3

1-4 续表 1-6

项目	企业单位数(个)	亏损企业	生产、销售总值		
			工业总产值(当年价格)	工业销售产值(当年价格)	出口交货值
其他塑料制品制造	10	3	23977.8	26875.6	
非金属矿物制品业	148	30	944158.9	909578.4	29719.1
水泥、石灰和石膏的制造	53	9	422769.0	416045.5	954.6
水泥制造	45	7	387324.7	381713.4	954.6
石灰和石膏制造	8	2	35444.3	34332.1	
水泥及石膏制品制造	39	10	224893.2	222661.1	
水泥制品制造	32	8	200236.0	200711.3	
砼结构构件制造	2		16090.4	14301.9	
石棉水泥制品制造	1	1	1395.0	781.6	
轻质建筑材料制造	3		6143.1	5837.6	
其他水泥制品制造	1	1	1028.7	1028.7	
砖瓦、石材及其他建筑材料制造	26	3	90536.3	81585.1	13.0
粘土砖瓦及建筑砌块制造	2		3203.4	2020.7	
建筑陶瓷制品制造	12	1	59987.8	55195.3	
建筑用石加工	2		9087.4	8533.9	
防水建筑材料制造	3	1	4660.1	4365.4	
隔热和隔音材料制造	5		8066.4	7974.7	13.0
其他建筑材料制造	2	1	5531.2	3495.1	
玻璃及玻璃制品制造	15	6	113852.1	111255.2	23161.3
平板玻璃制造	2	2	1754.5	2018.8	
技术玻璃制品制造	3	1	2922.7	2953.1	68.1
日用玻璃制品及玻璃包装容器制造	4	2	4992.8	4880.0	
玻璃保温容器制造	1		11820.0	11368.5	
玻璃纤维及制品制造	2	1	39957.3	38918.3	
玻璃纤维增强塑料制品制造	3		52404.8	51116.5	23093.2
耐火材料制品制造	2		11096.4	11008.2	
耐火陶瓷制品及其他耐火材料制造	2		11096.4	11008.2	
石墨及其他非金属矿物制品制造	13	2	81011.9	67023.3	5590.2
石墨及碳素制品制造	6		45242.3	33968.3	5590.2
其他非金属矿物制品制造	7	2	35769.6	33055.0	
黑色金属冶炼及压延加工业	42	17	4037250.7	3946554.6	31168.1
炼铁	15	4	1419187.3	1392919.4	
炼钢	2	1	61333.8	53751.7	
钢压延加工	17	9	2445517.9	2402993.9	31168.1
铁合金冶炼	8	3	111211.7	96889.6	
有色金属冶炼及压延加工业	27	11	450403.9	435378.0	0.8
常用有色金属冶炼	10	7	278912.6	273938.0	0.8
铜冶炼	2		34583.0	34265.5	

单位：万元

一、年末资产负债						
资产总计	流动资产合计	应收账款	存货	产成品	流动资产年平均余额	固定资产合计
40542.5	30191.3	13967.8	5264.3	3657.9	26653.6	6855.3
1721302.2	672817.8	143044.1	133869.5	48524.9	592477.8	580191.0
787104.6	270516.1	29850.9	61183.2	13240.4	242376.6	364372.5
760235.8	257773.4	21794.4	59447.8	12585.1	230809.9	352141.1
26868.8	12742.7	8056.5	1735.4	655.3	11566.7	12231.4
259505.2	131473.6	70679.4	13803.7	2648.3	123046.6	94829.0
195001.6	99959.0	59112.4	9144.8	1089.8	95471.1	79149.6
51960.8	26943.1	10049.7	3134.9	607.0	23059.6	9191.1
1648.1	1508.9	727.1	351.6	118.2	1512.0	139.2
8217.8	2261.0	578.2	1018.3	833.3	2192.1	4658.1
2676.9	801.6	212.0	154.1		811.8	1691.0
390676.6	121612.7	12102.2	17119.6	8946.6	89825.2	33537.1
3103.2	1023.9	188.9	638.8	171.1	813.1	2079.3
38107.2	11393.0	1736.6	6310.3	4132.5	8339.1	22819.7
331340.3	96093.9	6334.7	3095.9	559.2	68097.2	5537.9
3972.2	3356.9	1699.2	425.3	114.2	2973.9	615.3
10091.4	7267.0	1918.7	4587.7	3969.6	7541.7	948.7
4062.3	2478.0	224.1	2061.6		2060.2	1536.2
126394.3	71676.0	25851.6	21808.9	10999.8	68628.4	44592.5
11245.7	6511.4	3603.2	1122.7	45.5	6565.4	3185.3
4921.2	2554.0	273.4	1509.8	62.8	2550.2	1788.2
6432.2	3618.9	-62.2	2688.2	1874.9	3452.0	2464.6
9204.6	2572.1	120.3	1199.3	685.0	2749.9	4915.3
31462.7	19995.5	9436.3	5233.8	5208.6	20427.4	9735.3
63127.9	36424.1	12480.6	10055.1	3123.0	32883.5	22503.8
14457.4	9810.1	2034.5	2249.3	886.2	10647.2	4369.8
14457.4	9810.1	2034.5	2249.3	886.2	10647.2	4369.8
143164.1	67729.3	2525.5	17704.8	11803.6	57953.8	38490.1
111350.9	47630.0	2086.0	11762.7	8803.4	40114.8	29038.3
31813.2	20099.3	439.5	5942.1	3000.2	17839.0	9451.8
2835459.5	1392924.4	29248.0	770823.4	80244.9	1232312.7	1198930.5
1216616.3	631266.3	10164.4	451978.2	23457.4	429776.6	554207.8
19961.1	14266.3	476.8	10928.9	8219.6	12875.2	5096.3
1512393.6	701203.9	15880.3	274703.0	20132.1	748300.1	603904.0
86488.5	46187.9	2726.5	33213.3	28435.8	41360.8	35722.4
333383.8	145581.1	10005.0	55544.4	12977.3	141319.2	150708.4
209029.5	84222.0	3524.6	28815.9	9049.2	91984.9	106193.7
23017.4	14252.1	230.3	3241.2	1610.0	13906.3	6472.2

1-4 续表 1-7

项　目	企业单位数(个)	亏损企业	生产、销售总值		
			工业总产值(当年价格)	工业销售产值(当年价格)	出口交货值
铅锌冶炼	2	2	8316.1	7138.3	0.8
镍钴冶炼	2	2	165909.4	166739.8	
铝冶炼	3	2	68667.8	64507.8	
其他常用有色金属冶炼	1	1	1436.3	1286.6	
贵金属冶炼	10	1	64578.7	62180.1	
金冶炼	10	1	64578.7	62180.1	
有色金属合金制造	1	1	2092.6	2001.0	
有色金属压延加工	6	2	104820.0	97258.9	
常用有色金属压延加工	6	2	104820.0	97258.9	
金属制品业	59	15	361227.8	358987.6	7212.1
结构性金属制品制造	34	7	182058.6	180667.9	6244.3
金属结构制造	32	7	178062.3	176942.7	6244.3
金属门窗制造	2		3996.3	3725.2	
集装箱及金属包装容器制造	7	3	30853.8	27148.5	
金属压力容器制造	1	1	990.0	1115.5	
金属包装容器制造	6	2	29863.8	26033.0	
金属丝绳及其制品的制造	4	1	90279.0	93671.4	
建筑、安全用金属制品制造	4	1	11573.8	11990.1	
建筑、家具用金属配件制造	1		1184.2	1184.2	
建筑装饰及水暖管道零件制造	3	1	10389.6	10805.9	
金属表面处理及热处理加工	2		22969.0	21869.0	
不锈钢及类似日用金属制品制造	1		491.2	472.5	
金属制厨用器皿及餐具制造	1		491.2	472.5	
其他金属制品制造	7	3	23002.4	23168.2	967.8
其他未列明的金属制品制造	7	3	23002.4	23168.2	967.8
通用设备制造业	42	5	102296.2	100655.8	15535.1
锅炉及原动机制造	3	1	4154.2	4676.8	146.0
锅炉及辅助设备制造	2	1	3286.4	3809.0	146.0
内燃机及配件制造	1		867.8	867.8	
起重运输设备制造	5		12589.2	11972.7	1363.0
泵、阀门、压缩机及类似机械的制造	1		1744.0	1747.0	
泵及真空设备制造	1		1744.0	1747.0	
轴承、齿轮、传动和驱动部件的制造	1	1	1924.7	2226.6	225.9
轴承制造	1	1	1924.7	2226.6	225.9
风机、衡器、包装设备等通用设备制造	5		7800.4	9284.1	
风机、风扇制造	2		2542.5	3644.2	
制冷、空调设备制造	1		2565.6	2684.5	
衡器制造	2		2692.3	2955.4	
通用零部件制造及机械修理	21	3	63695.3	61050.3	13800.2
金属密封件制造	2		5333.3	5132.2	

单位：万元

一、年末资产负债						
资产总计	流动资产合计	应收账款	存货	产成品	流动资产年平均余额	固定资产合计
5389.3	4262.6	1224.8	1561.6	513.2	4624.0	1093.7
72215.2	22022.6	235.5	14890.0	2535.5	36839.7	46702.4
98836.1	40060.5	1445.6	6891.5	3095.2	34015.0	45978.1
9571.5	3624.2	388.4	2231.6	1295.3	2599.9	5947.3
90109.0	45046.1	4449.2	23644.5	2630.1	35871.3	36314.7
90109.0	45046.1	4449.2	23644.5	2630.1	35871.3	36314.7
500.0	350.2	247.4	102.8	102.8	490.0	149.8
33745.3	15962.8	1783.8	2981.2	1195.2	12973.0	8050.2
33745.3	15962.8	1783.8	2981.2	1195.2	12973.0	8050.2
314791.8	191982.9	53114.7	55625.3	17119.4	166026.1	59022.9
144122.6	106835.6	41424.2	25259.3	7034.3	95254.4	25826.8
137005.5	102765.6	39148.8	24812.7	6660.2	92680.6	23501.0
7117.1	4070.0	2275.4	446.6	374.1	2573.8	2325.8
51413.5	25717.0	6171.8	10571.7	3758.5	25554.8	12617.8
10254.5	3446.0	892.1	1615.2	842.0	4035.8	3926.4
41159.0	22271.0	5279.7	8956.5	2916.5	21519.0	8691.4
56287.8	12818.5	1826.2	5217.1	2620.3	12789.8	6328.1
12062.5	6498.5	384.1	3629.7	948.6	5963.2	5315.6
652.0	195.0	17.0	85.0	53.0	46.5	305.7
11410.5	6303.5	367.1	3544.7	895.6	5916.7	5009.9
31815.9	27003.8	210.8	6052.3		14781.1	3893.8
525.0	283.5	33.8	248.5	134.5	294.6	241.5
525.0	283.5	33.8	248.5	134.5	294.6	241.5
18564.5	12826.0	3063.8	4646.7	2623.2	11388.2	4799.3
18564.5	12826.0	3063.8	4646.7	2623.2	11388.2	4799.3
125083.8	88022.8	39200.9	20710.7	9391.8	70411.7	26309.2
5350.2	4371.3	1176.7	1887.9	308.6	3574.8	943.1
5096.5	4173.7	1108.2	1810.4	308.6	3379.1	887.0
253.7	197.6	68.5	77.5		195.7	56.1
17195.1	12283.6	4580.6	2219.3	862.6	11191.8	3418.9
899.0	711.9	377.2	235.2	84.3	763.9	185.4
899.0	711.9	377.2	235.2	84.3	763.9	185.4
5963.8	4692.0	1001.0	2948.2	1740.4	4692.0	702.1
5963.8	4692.0	1001.0	2948.2	1740.4	4692.0	702.1
9547.6	7609.1	3897.9	1450.1	745.4	6869.7	1169.6
2351.6	1921.5	633.4	959.4	548.4	1782.8	430.1
4570.9	3717.6	1790.0	225.8		3241.9	294.6
2625.1	1970.0	1474.5	264.9	197.0	1845.0	444.9
78668.4	52489.3	24852.9	10406.3	4707.2	38780.1	18336.4
11222.6	6432.4	2326.6	1208.8	640.4	3406.8	2050.2

1-4 续表 1-8

项 目	企业单位数(个)	亏损企业	生产、销售总值 工业总产值(当年价格)	工业销售产值(当年价格)	出口交货值
紧固件、弹簧制造	1		3770.7	3528.0	
机械零部件加工及设备修理	17	3	52976.9	50783.5	13800.2
其他通用零部件制造	1		1614.4	1606.6	
金属铸、锻加工	6		10388.4	9698.3	
钢铁铸件制造	5		7930.3	7802.2	
锻件及粉末冶金制品制造	1		2458.1	1896.1	
专用设备制造业	28	6	115256.1	111273.1	1247.7
矿山、冶金、建筑专用设备制造	11	2	71672.3	67036.8	
采矿、采石设备制造	5	1	23068.9	18424.0	
石油钻采专用设备制造	5	1	43919.7	43929.1	
建筑工程用机械制造	1		4683.7	4683.7	
食品、饮料、烟草及饲料生产专用设备制造	1		634.0	508.2	
食品、饮料、烟草工业专用设备制造	1		634.0	508.2	
纺织、服装和皮革工业专用设备制造	3	1	7051.8	6932.9	
纺织专用设备制造	3	1	7051.8	6932.9	
农、林、牧、渔专用机械制造	10	2	29963.7	31369.6	1247.7
拖拉机制造	1		2559.3	2729.8	
机械化农业及园艺机具制造	6	2	22444.3	24695.3	
畜牧机械制造	1		1247.7	1247.7	1247.7
其他农林牧渔业机械制造及机械修理	2		3712.4	2696.8	
环保、社会公共安全及其他专用设备制造	3	1	5934.3	5425.6	
水资源专用机械制造	2	1	4885.3	4685.0	
其他专用设备制造	1		1049.0	740.6	
交通运输设备制造业	6	3	33849.2	41106.2	
铁路运输设备制造	1	1	3533.2	3533.2	
其他铁路设备制造及设备修理	1	1	3533.2	3533.2	
汽车制造	5	2	30316.0	37573.0	
汽车整车制造	1	1	851.0	1465.7	
改装汽车制造	2	1	12908.3	13812.0	
汽车车身、挂车的制造	1		6234.6	6189.4	
汽车零部件及配件制造	1		10322.1	16105.9	
电气机械及器材制造业	36	8	1168376.6	1002567.0	17019.5
电机制造	2	1	718909.4	606084.5	3322.4
发电机及发电机组制造	2	1	718909.4	606084.5	3322.4
输配电及控制设备制造	20	3	391996.7	336746.8	13697.1
变压器、整流器和电感器制造	7		333306.8	279431.7	13697.1
配电开关控制设备制造	11	3	54996.9	53622.1	
其他输配电及控制设备制造	2		3693.0	3693.0	
电线、电缆、光缆及电工器材制造	12	3	54600.5	56899.3	
电线电缆制造	10	3	48473.2	49800.1	
绝缘制品制造	2		6127.3	7099.2	

单位：万元

一、年末资产负债						
资产总计	流动资产合计	应收账款	存货	产成品	流动资产年平均余额	固定资产合计
5439.7	4343.4	515.8	2474.8	955.0	4226.5	1096.3
60054.8	40332.9	20875.8	6523.8	3086.2	29719.6	14712.8
1951.3	1380.6	1134.7	198.9	25.6	1427.2	477.1
7459.7	5865.6	3314.6	1563.7	943.3	4539.4	1553.7
5101.3	4440.7	3314.6	953.2	381.4	3481.2	620.2
2358.4	1424.9		610.5	561.9	1058.2	933.5
178026.6	124368.2	40186.5	44459.5	19941.0	107209.9	40200.6
94055.1	64566.8	20040.0	24543.7	10607.3	54551.3	26736.5
30711.2	14799.9	1898.1	6868.1	3496.0	12170.7	14314.2
56639.6	46839.6	18141.6	15851.5	7111.3	39956.2	9088.3
6704.3	2927.3	0.3	1824.1		2424.4	3334.0
300.8	30.0	-149.3	177.5		51.9	222.1
300.8	30.0	-149.3	177.5		51.9	222.1
8347.6	6958.7	1597.3	3026.1	1176.1	5527.3	1387.9
8347.6	6958.7	1597.3	3026.1	1176.1	5527.3	1387.9
70248.4	49417.6	17557.9	14846.0	7738.5	43955.8	10678.8
11878.9	10095.7	5266.7	3700.0	477.9	6390.8	866.9
51938.5	34404.2	9957.3	10093.7	6877.1	32609.7	8756.6
2144.7	1520.7	335.5	524.9	170.8	1421.2	571.4
4286.3	3397.0	1998.4	527.4	212.7	3534.1	483.9
5074.7	3395.1	1140.6	1866.2	419.1	3123.6	1175.3
2928.2	1640.3	302.4	949.6	110.7	1468.6	785.8
2146.5	1754.8	838.2	916.6	308.4	1655.0	389.5
55456.8	24490.7	7143.0	11619.9	5627.1	25388.9	6205.0
3374.0	1916.0	442.0	59.0		1748.4	1212.1
3374.0	1916.0	442.0	59.0		1748.4	1212.1
52082.8	22574.7	6701.0	11560.9	5627.1	23640.5	4992.9
2144.4	1424.8	61.5	550.6	10.9	1410.1	699.6
26683.2	7832.9	1067.0	4130.6	1732.8	8759.6	2264.6
14170.3	6209.3	1276.7	1979.3	288.7	5648.3	518.3
9084.9	7107.7	4295.8	4900.4	3594.7	7822.5	1510.4
1803959.9	1108217.6	308806.5	265573.3	38320.2	994421.8	100998.8
856735.1	663222.3	223684.5	160345.2	8357.6	613573.9	32293.0
856735.1	663222.3	223684.5	160345.2	8357.6	613573.9	32293.0
889542.2	402806.9	69910.7	92629.1	22762.1	340759.8	60257.4
827239.0	359297.5	48470.1	82977.1	18753.6	302411.8	48072.0
58527.0	40672.8	20371.4	8820.3	4008.5	35891.7	11453.4
3776.2	2836.6	1069.2	831.7		2456.3	732.0
55679.7	41023.3	14673.0	12102.4	6871.1	38828.0	8338.6
46141.9	32527.1	11428.5	9147.2	5178.9	30459.5	7352.0
9537.8	8496.2	3244.5	2955.2	1692.2	8368.5	986.6

1-4 续表 1-9

项 目	企业单位数（个）	亏损企业	生产、销售总值 工业总产值（当年价格）	工业销售产值（当年价格）	出口交货值
非电力家用器具制造	1	1	1890.0	1886.4	
燃气、太阳能及类似能源的器具制造	1	1	1890.0	1886.4	
照明器具制造	1		980.0	950.0	
照明灯具制造	1		980.0	950.0	
通信设备、计算机及其他电子设备	6	3	120688.3	107903.5	20495.2
通信设备制造	1	1	1.7	1301.3	
移动通信及终端设备制造	1	1	1.7	1301.3	
广播电视设备制造	2		9699.2	9716.7	541.8
广播电视接收设备及器材制造	2		9699.2	9716.7	541.8
电子元件制造	2	1	108237.4	95272.6	18340.5
电子元件及组件制造	2	1	108237.4	95272.6	18340.5
家用视听设备制造	1	1	2750.0	1612.9	1612.9
家用影视设备制造	1	1	2750.0	1612.9	1612.9
仪器仪表及文化、办公用机械制造	5		10508.5	11728.0	
通用仪器仪表制造	3		8086.4	9305.9	
工业自动控制系统装置制造	1		3995.4	5331.5	
供应用仪表及其他通用仪器制造	2		4091.0	3974.4	
专用仪器仪表制造	2		2422.1	2422.1	
地质勘探和地震专用仪器制造	1		1700.7	1700.7	
其他专用仪器制造	1		721.4	721.4	
工艺品及其他制造业	4	1	11692.5	10717.2	
工艺美术品制造	1		5448.3	4893.6	
地毯、挂毯制造	1		5448.3	4893.6	
日用杂品制造	1		2145.4	1465.9	
制镜及类似品加工	1		2145.4	1465.9	
煤制品制造	2	1	4098.8	4357.7	
电力、燃气及水的生产和供应业	155	81	1215021.5	1178375.3	
电力、热力的生产和供应业	119	61	1064551.7	1059797.3	
电力生产	40	17	365541.8	361792.0	
火力发电	18	8	294500.2	291031.7	
水力发电	19	9	47833.3	47552.0	
其他能源发电	3		23208.3	23208.3	
电力供应	12	6	528749.1	528749.1	
热力生产和供应	67	38	170260.8	169256.2	
燃气生产和供应业	17	6	109133.7	78171.5	
水的生产和供应业	19	14	41336.1	40406.5	
自来水的生产和供应	16	11	36225.1	35387.6	
污水处理及其再生利用	3	3	5111.0	5018.9	

单位：万元

一、年末资产负债						
资产总计	流动资产合计	应收账款	存货	产成品	流动资产年平均余额	固定资产合计
1232.9	1123.1	538.3	480.9	313.7	1219.1	109.8
1232.9	1123.1	538.3	480.9	313.7	1219.1	109.8
770.0	42.0		15.7	15.7	41.0	
770.0	42.0		15.7	15.7	41.0	
261753.3	146753.8	8237.2	20774.7	10217.5	141761.9	88031.1
4082.8	497.9	6.1			454.8	3584.9
4082.8	497.9	6.1			454.8	3584.9
2121.6	1803.6	251.2	542.9	222.8	1877.6	318.0
2121.6	1803.6	251.2	542.9	222.8	1877.6	318.0
253539.6	143185.6	7343.8	19736.1	9758.9	138048.8	83703.9
253539.6	143185.6	7343.8	19736.1	9758.9	138048.8	83703.9
2009.3	1266.7	636.1	495.7	235.8	1380.7	424.3
2009.3	1266.7	636.1	495.7	235.8	1380.7	424.3
66102.3	22683.4	7733.2	1599.9	1130.2	17844.1	919.6
59080.4	16521.5	5938.8	1559.5	1130.2	13370.6	367.5
6727.6	6650.2	4180.5	540.2	540.2	5920.3	56.3
52352.8	9871.3	1758.3	1019.3	590.0	7450.3	311.2
7021.9	6161.9	1794.4	40.4		4473.5	552.1
5184.5	4598.0	894.4	40.4		3513.5	486.1
1837.4	1563.9	900.0			960.0	66.0
71215.1	19756.0	950.2	3910.3	1331.9	22818.3	30809.2
6712.9	3986.9	771.1	1361.4	578.6	4044.5	2718.4
6712.9	3986.9	771.1	1361.4	578.6	4044.5	2718.4
749.0	685.6	6.1	592.6	592.6	579.0	63.4
749.0	685.6	6.1	592.6	592.6	579.0	63.4
63753.2	15083.5	173.0	1956.3	160.7	18194.8	28027.4
4559193.6	967279.7	103591.1	49723.5	1886.7	1017022.7	3349469.4
3860294.0	833133.3	92975.8	39721.7	1235.9	884559.6	2852583.2
2413292.8	510754.2	49718.9	15974.8		581496.0	1807993.0
1409748.5	368213.6	32753.9	14029.7		372953.6	1007893.5
770522.0	112853.2	12928.2	1199.2		185480.8	653622.8
233022.3	29687.4	4036.8	745.9		23061.6	146476.7
833821.0	124376.3	11196.3	8098.0	843.6	137456.8	672459.7
613180.2	198002.8	32060.6	15648.9	392.3	165606.8	372130.5
273130.7	84208.4	6060.6	8153.3	650.8	88551.2	142349.1
425768.9	49938.0	4554.7	1848.5		43911.9	354537.1
369316.2	42303.7	3800.4	1552.6		35268.1	309679.0
56452.7	7634.3	754.3	295.9		8643.8	44858.1

1-4 续表 2-1

项　　目	固定资产原　　价	累计折旧	固定资产净值年平均余额	负债合计	流动负债合　　计	应付账款
总　　计	**15433778.4**	**4740260.7**	**9986634.5**	**14988492.9**	**11109849.0**	**3043991.8**
一、按登记注册类型分组						
内资企业	14844735.2	4563562.5	9577283.9	14344483.6	10544927.7	2930015.5
国有企业	1444419.8	419543.9	979039.2	1297711.2	556608.2	110198.1
地方企业	1444419.8	419543.9	979039.2	1297711.2	556608.2	110198.1
集体企业	44554.8	22948.6	22003.4	50569.7	46528.5	20413.2
股份合作企业	24393.6	10852.8	13646.4	6558.3	6233.9	2606.7
联营企业	15574.9	6459.3	9223.5	35446.4	27704.9	5043.7
国有联营企业	3891.7	2129.0	1810.7	9949.8	9349.7	591.6
集体联营企业	5317.7	1795.7	3702.8	3976.5	3976.5	1128.5
国有与集体联营企业	4783.5	2026.5	2624.1	15423.7	11350.2	2921.5
其他联营企业	1582.0	508.1	1085.9	6096.4	3028.5	402.1
有限责任公司	6550142.4	2081375.2	4130090.6	6689828.7	4882587.0	1468755.0
国有独资公司	1762553.5	650107.1	1018031.6	1344053.2	1044721.4	207515.6
其他有限责任公司	4787588.9	1431268.1	3112059.0	5345775.5	3837865.6	1261239.4
股份有限公司	5190226.6	1623957.1	3287745.2	3556348.8	2620526.2	769926.4
私营企业	1575423.1	398425.6	1135535.6	2708020.5	2404739.0	553072.4
私营独资企业	65530.5	12609.6	52296.4	84107.9	78063.5	16823.8
私营合作企业	9835.1	2743.2	6643.2	13062.4	11599.1	4292.3
私营有限责任公司	1288152.4	313751.9	958231.7	1830518.9	1576376.0	391881.3
私营股份有限公司	211905.1	69320.9	118364.3	780331.3	738700.4	140075.0
其他企业						
港、澳、台商投资企业	194125.0	98505.4	90935.6	178572.8	166849.5	48517.5
合资经营企业(港或澳、台资)	51697.2	19340.2	30842.3	91359.2	85273.5	19053.6
港澳台商独资经营企业	97511.3	45247.2	48882.2	72137.6	66873.3	22402.2
港澳台商投资股份有限公司	44916.5	33918.0	11211.1	15076.0	14702.7	7061.7
外商投资企业	394918.2	78192.8	318415.0	465436.5	398071.8	65458.8
中外合资经营企业	297095.7	57029.0	250642.8	352169.3	302439.0	49570.4
外资企业	68616.9	14029.3	48833.2	72497.8	54863.4	13413.7
外商投资股份有限公司	29205.6	7134.5	18939.0	40769.4	40769.4	2474.7
二、按经济组织类型分组						
独资企业	1720633.3	514378.6	1151054.4	1577024.2	802936.9	183251.0
国有企业	1444419.8	419543.9	979039.2	1297711.2	556608.2	110198.1
集体企业	44554.8	22948.6	22003.4	50569.7	46528.5	20413.2
私营独资企业	65530.5	12609.6	52296.4	84107.9	78063.5	16823.8
港澳台商独资经营企业	97511.3	45247.2	48882.2	72137.6	66873.3	22402.2
外资企业	68616.9	14029.3	48833.2	72497.8	54863.4	13413.7
合作、合伙企业	49803.6	20055.3	29513.1	55067.1	45537.9	11942.7
股份合作企业	24393.6	10852.8	13646.4	6558.3	6233.9	2606.7
国有联营企业	3891.7	2129.0	1810.7	9949.8	9349.7	591.6

单位：万元

一、年末资产负债						
长期负债合计	所有者权益合计	实收资本	1.国家资本	2.集体资本	3.法人资本	4.个人资本
3373136.3	**12023459.1**	**7194291.4**	**1782948.6**	**76953.1**	**3749252.0**	**1273846.9**
3300071.5	11550079.8	6799446.5	1744310.5	71724.0	3683208.5	1261189.0
729708.8	786930.0	619420.2	513456.1	65.9	99860.2	6038.0
729708.8	786930.0	619420.2	513456.1	65.9	99860.2	6038.0
4040.8	43543.4	14518.8	262.3	10881.2	513.7	2861.6
	20895.3	9721.3	-92.3		9305.7	507.9
7549.9	16286.2	10885.1	2115.2		8181.6	588.3
600.0	1234.8	3437.4	1717.4		1720.0	
	7560.2	5497.1	47.8		5101.2	348.1
3885.1	6975.2	1510.4	350.0		1160.4	
3064.8	516.0	440.2			200.0	240.2
1663285.1	4321928.7	3015827.0	1113077.8	57475.4	1526847.5	312576.8
289830.3	843845.3	577287.9	203366.5	490.0	370431.4	3000.0
1373454.8	3478083.4	2438539.1	909711.3	56985.4	1156416.1	309576.8
640080.2	4195049.7	2040796.2	110965.5	1200.0	1634383.9	262383.8
255406.7	2165446.5	1088277.9	4525.9	2101.5	404115.9	676232.6
6020.3	51682.9	36546.0			8483.5	28062.5
1463.2	9502.7	3648.3			1448.8	2199.5
222209.0	1252034.7	711340.1	1020.0	1846.5	231703.4	476770.2
25714.2	852226.2	336743.5	3505.9	255.0	162480.2	169200.4
11087.6	125862.7	122277.7	4904.7		10359.3	4921.6
5588.3	28548.0	32664.7	4904.7		10359.3	4921.6
5126.0	75342.8	71583.3				
373.3	21971.9	18029.7				
61977.2	347516.6	272567.2	33733.4	5229.1	55684.2	7736.3
44343.0	267614.9	202141.6	33733.4	5229.1	48535.4	7736.3
17634.2	65541.5	58719.7			6648.8	
	14360.2	11705.9			500.0	
762530.1	1023040.6	800788.0	513718.4	10947.1	115506.2	36962.1
729708.8	786930.0	619420.2	513456.1	65.9	99860.2	6038.0
4040.8	43543.4	14518.8	262.3	10881.2	513.7	2861.6
6020.3	51682.9	36546.0			8483.5	28062.5
5126.0	75342.8	71583.3				
17634.2	65541.5	58719.7			6648.8	
9013.1	46684.2	24254.7	2022.9		18936.1	3295.7
	20895.3	9721.3	-92.3		9305.7	507.9
600.0	1234.8	3437.4	1717.4		1720.0	

1-4 续表 2-2

项目	固定资产原价	累计折旧	固定资产净值年平均余额	负债合计	流动负债合计	应付账款
集体联营企业	5317.7	1795.7	3702.8	3976.5	3976.5	1128.5
国有与集体联营企业	4783.5	2026.5	2624.1	15423.7	11350.2	2921.5
其他联营企业	1582.0	508.1	1085.9	6096.4	3028.5	402.1
私营合伙企业	9835.1	2743.2	6643.2	13062.4	11599.1	4292.3
股份有限公司	5476253.8	1734330.5	3436259.6	4392525.5	3414698.7	919537.8
股份有限公司(内资)	5190226.6	1623957.1	3287745.2	3556348.8	2620526.2	769926.4
私营股份有限公司	211905.1	69320.9	118364.3	780331.3	738700.4	140075.0
港澳台商投资股份有限公司	44916.5	33918.0	11211.1	15076.0	14702.7	7061.7
外商投资股份有限公司	29205.6	7134.5	18939.0	40769.4	40769.4	2474.7
有限责任公司	8187087.7	2471496.3	5369807.4	8963876.1	6846675.5	1929260.3
国有独资公司	1762553.5	650107.1	1018031.6	1344053.2	1044721.4	207515.6
私营有限责任公司	1288152.4	313751.9	958231.7	1830518.9	1576376.0	391881.3
合资经营企业(港或澳、台资)	51697.2	19340.2	30842.3	91359.2	85273.5	19053.6
中外合资经营企业	297095.7	57029.0	250642.8	352169.3	302439.0	49570.4
其他有限责任公司	4787588.9	1431268.1	3112059.0	5345775.5	3837865.6	1261239.4
三、在总计中						
总计中：亏损企业	4265304.4	1333172.1	2738919.6	4177676.3	3168941.1	1025219.6
总计中：国有控股企业	11046403.6	3594450.6	6976372.4	8625824.1	5704183.5	1757125.4
总计中：农村工业	25587.2	8007.7	16230.6	24688.8	18227.0	3335.2
总计中：轻工业	2667900.7	865782.2	1756705.3	2876269.4	2417021.9	523468.4
重工业	12765877.7	3874478.5	8229929.2	12112223.5	8692827.1	2520523.4
总计中：大型企业	6149782.8	1997928.6	3758851.3	4121002.0	2792697.2	1251735.3
中型企业	4502448.2	1538552.6	2856516.9	5456429.7	4289916.0	796705.2
小型企业	4781547.4	1203779.5	3371266.3	5411061.2	4027235.8	995551.3
四、按工业行业小类分组						
采矿业	4354347.9	1303685.0	2879731.5	1923283.2	1560370.1	654008.3
煤炭开采和洗选业	684346.7	215672.1	442102.9	659162.8	530398.5	112761.9
烟煤和无烟煤的开采洗选	684346.7	215672.1	442102.9	659162.8	530398.5	112761.9
石油和天然气开采业	3068654.4	960659.4	2000743.6	494857.3	354820.7	390377.2
天然原油和天然气开采	2982568.8	931866.1	1948648.1	387515.2	253221.6	343097.6
与石油和天然气开采有关的服务活动	86085.6	28793.3	52095.5	107342.1	101599.1	47279.6
黑色金属矿采选业	355714.6	69226.2	271477.0	542712.4	460076.7	110581.5
铁矿采选	346091.3	66477.3	265553.9	533484.7	450905.7	107956.9
其他黑色金属矿采选	9623.3	2748.9	5923.1	9227.7	9171.0	2624.6
有色金属矿采选业	208338.0	49762.8	141506.9	182831.6	172519.6	31654.4
常用有色金属矿采选	172973.8	42935.5	120181.4	136496.8	131112.8	27728.9
铜矿采选	102242.7	25215.3	67756.2	73047.0	69929.2	17131.4
铅锌矿采选	45356.1	9227.2	34925.1	33831.7	33231.5	5367.4
镍钴矿采选	25375.0	8493.0	17500.1	29618.1	27952.1	5230.1
贵金属矿采选	35364.2	6827.3	21325.5	46334.8	41406.8	3925.5
金矿采选	35364.2	6827.3	21325.5	46334.8	41406.8	3925.5

单位：万元

一、年末资产负债						
长期负债合计	所有者权益合计	实收资本	1.国家资本	2.集体资本	3.法人资本	4.个人资本
	7560.2	5497.1	47.8		5101.2	348.1
3885.1	6975.2	1510.4	350.0		1160.4	
3064.8	516.0	440.2			200.0	240.2
1463.2	9502.7	3648.3			1448.8	2199.5
666167.7	5083608.0	2407275.3	114471.4	1455.0	1797364.1	431584.2
640080.2	4195049.7	2040796.2	110965.5	1200.0	1634383.9	262383.8
25714.2	852226.2	336743.5	3505.9	255.0	162480.2	169200.4
373.3	21971.9	18029.7				
	14360.2	11705.9			500.0	
1935425.4	5870126.3	3961973.4	1152735.9	64551.0	1817445.6	802004.9
289830.3	843845.3	577287.9	203366.5	490.0	370431.4	3000.0
222209.0	1252034.7	711340.1	1020.0	1846.5	231703.4	476770.2
5588.3	28548.0	32664.7	4904.7		10359.3	4921.6
44343.0	267614.9	202141.6	33733.4	5229.1	48535.4	7736.3
1373454.8	3478083.4	2438539.1	909711.3	56985.4	1156416.1	309576.8
932101.5	2083450.0	2136054.6	1204448.4	22190.5	466831.1	326333.5
2492796.5	6865145.8	4501318.0	1735471.1	11339.3	2449082.6	237233.3
6396.7	38900.5	16016.9		328.7	9315.9	6372.3
403470.8	2012676.0	1428335.0	401417.6	31614.9	493828.0	323325.7
2969665.5	10010783.1	5765956.4	1381531.0	45338.2	3255424.0	950521.2
1031109.0	4263927.5	2443734.8	520717.6		1683855.3	239161.9
1060032.0	4017348.7	2030024.9	491043.5	23437.0	992548.8	393991.8
1281995.3	3742182.9	2720531.7	771187.5	53516.1	1072847.9	640693.2
258153.9	3743739.9	2073636.4	138517.9	2485.3	1724703.5	168059.5
123239.7	612314.1	357430.9	66504.9	874.7	205702.5	75408.8
123239.7	612314.1	357430.9	66504.9	874.7	205702.5	75408.8
43518.0	2223186.0	1313747.9	333.5	1000.0	1290560.3	21854.1
38000.0	2143978.8	1284357.0			1284357.0	
5518.0	79207.2	29390.9	333.5	1000.0	6203.3	21854.1
81766.4	481013.9	229080.7	63890.4		107899.6	55165.7
81709.7	474852.1	226823.5	63640.4		106704.6	54353.5
56.7	6161.8	2257.2	250.0		1195.0	812.2
9119.7	392169.2	154125.2	5110.0	610.6	113711.9	11835.0
4783.7	360269.3	141335.2	4300.0	610.6	101731.9	11835.0
3117.7	202267.2	34015.6	4300.0	610.6	26420.0	2685.0
	90520.3	76419.6			68569.6	7850.0
1666.0	67481.8	30900.0			6742.3	1300.0
4336.0	31899.9	12790.0	810.0		11980.0	
4336.0	31899.9	12790.0	810.0		11980.0	

1-4 续表 2-3

项目	固定资产原价	累计折旧	固定资产净值年平均余额	负债合计	流动负债合计	应付账款
非金属矿采选业	37294.2	8364.5	23901.1	43719.1	42554.6	8633.3
土砂石开采	7208.3	1686.7	4478.4	13064.6	12719.0	2714.4
建筑装饰用石开采	6161.7	1388.0	3713.1	8401.9	8317.8	313.3
耐火土石开采	179.8	24.7	96.3	492.4	492.4	136.0
粘土及其他土砂石开采	866.8	274.0	669.0	4170.3	3908.8	2265.1
化学矿采选	3609.6	691.5	2485.4	11182.7	10723.9	638.4
采盐	13203.6	3898.8	6137.4	6002.2	5642.1	2362.4
石棉及其他非金属矿采选	13272.7	2087.5	10799.9	13469.6	13469.6	2918.1
石棉、云母矿采选	1878.8	502.3	1376.5	2610.3	2610.3	1377.1
其他非金属矿采选	11393.9	1585.2	9423.4	10859.3	10859.3	1541.0
制造业	7140679.8	2155397.3	4537808.3	9903715.4	7771778.4	2076243.4
农副食品加工业	464268.0	144167.8	296092.3	718698.1	673719.8	92416.8
谷物磨制	67849.3	21704.0	43133.6	81755.7	68546.2	16840.9
饲料加工	26448.7	10199.6	16408.7	27145.7	25704.5	3745.0
植物油加工	160769.0	36043.2	122487.5	369388.1	350634.0	28877.6
食用植物油加工	160115.4	36003.6	122070.2	368290.0	349535.9	28877.6
非食用植物油加工	653.6	39.6	417.3	1098.1	1098.1	
制糖	143192.0	63364.4	63167.6	129684.3	126276.9	32321.4
屠宰及肉类加工	20699.4	4797.9	15062.1	44886.3	38267.5	2482.0
畜禽屠宰	8607.6	2075.1	6221.8	9623.8	5555.7	289.4
肉制品及副产品加工	12091.8	2722.8	8840.3	35262.5	32711.8	2192.6
蔬菜、水果和坚果加工	31135.9	4858.8	25481.0	35255.8	33797.0	7062.2
其他农副食品加工	14173.7	3199.9	10351.8	30582.2	30493.7	1087.7
淀粉及淀粉制品的制造	7392.2	1580.7	5880.0	14956.5	14956.4	875.9
其他未列明的农副食品加工	6781.5	1619.2	4471.8	15625.7	15537.3	211.8
食品制造业	397279.6	117628.7	278305.3	467194.2	402229.7	81389.4
焙烤食品制造	11071.7	3213.0	7510.6	6967.0	6302.0	2263.2
糕点、面包制造	5183.4	1940.7	2762.4	5593.9	4928.9	1653.3
饼干及其他焙烤食品制造	5888.3	1272.3	4748.2	1373.1	1373.1	609.9
糖果、巧克力及蜜饯制造	5167.2	1216.5	3877.5	6964.3	5964.3	129.3
糖果、巧克力制造						
蜜饯制作	5167.2	1216.5	3877.5	6964.3	5964.3	129.3
方便食品制造	31150.3	14036.7	16907.4	18639.0	14758.9	4849.1
速冻食品制造	489.4	61.0	428.4	250.2		
方便面及其他方便食品制造	30660.9	13975.7	16479.0	18388.8	14758.9	4849.1
液体乳及乳制品制造	76127.6	18953.7	58219.2	92320.4	80606.6	34292.2
罐头制造	185102.2	63276.9	121131.6	212993.6	194608.4	20124.4
蔬菜、水果罐头制造	185102.2	63276.9	121131.6	212993.6	194608.4	20124.4
调味品、发酵制品制造	47146.1	12079.0	36458.3	79487.7	54982.1	9107.5
味精制造	4464.9	2410.6	2142.4	15997.1	11147.1	2238.0
酱油、食醋及类似制品的制造	7560.3	3097.7	4462.6	10328.6	10088.1	1039.5
其他调味品、发酵制品制造	35120.9	6570.7	29853.3	53162.0	33746.9	5830.0

单位：万元

一、年末资产负债						
长期负债合计	所有者权益合计	实收资本	1.国家资本	2.集体资本	3.法人资本	4.个人资本
510.1	35056.7	19251.7	2679.1		6829.2	3795.9
150.0	6787.8	3027.7			2250.0	777.7
84.0	3926.5	1820.0			1200.0	620.0
	173.4	50.0			50.0	
66.0	2687.9	1157.7			1000.0	157.7
	4613.4	3246.5	838.7			2407.8
360.1	9898.5	2396.3	409.2		1376.7	610.4
	13757.0	10581.2	1431.2		3202.5	
	2172.3	1431.2	1431.2			
	11584.7	9150.0			3202.5	
1985422.3	6882019.9	3940202.2	942712.2	62541.0	1687144.6	992580.9
40592.8	402469.1	249173.9	43811.3	17851.5	91551.9	76916.3
11756.3	72467.9	38305.7	3833.5		14765.3	19706.9
1790.6	36060.7	17355.5	128.9	4018.7	2523.0	9986.0
17271.5	147460.1	106281.6	14229.0	7120.4	36511.3	37657.1
17271.5	147145.2	105781.6	14229.0	6620.4	36511.3	37657.1
	314.9	500.0		500.0		
1958.0	81114.1	40590.9	20874.6	2560.0	17156.3	
6283.1	26380.7	21225.4	2752.5	111.9	9059.9	6328.0
4068.0	11655.6	6627.4	1747.1		992.3	2488.0
2215.1	14725.1	14598.0	1005.4	111.9	8067.6	3840.0
1445.0	17213.7	14031.3	1992.8		8336.1	1495.3
88.3	21771.9	11383.5		4040.5	3200.0	1743.0
	9680.2	5183.5		4040.5	500.0	643.0
88.3	12091.7	6200.0			2700.0	1100.0
53601.1	284351.3	207702.2	19161.1	2547.4	96608.1	50731.3
665.0	7848.2	6921.6			542.3	269.0
665.0	1192.0	761.3			542.3	219.0
	6656.2	6160.3				50.0
	5972.7	2100.0			1260.0	840.0
	5972.7	2100.0			1260.0	840.0
992.3	23059.2	19199.3	510.0	490.0	1863.0	5188.2
	391.2	78.6				78.6
992.3	22668.0	19120.7	510.0	490.0	1863.0	5109.6
8431.1	109558.0	83277.7	8973.4		39062.2	27375.4
17223.0	67909.8	46739.9	9022.7	2057.4	21187.2	11518.4
17223.0	67909.8	46739.9	9022.7	2057.4	21187.2	11518.4
24505.5	42750.8	28484.2			18620.9	2460.6
4850.0	7072.5	7180.0			7097.7	82.3
240.5	2030.0	3779.0			1400.7	2378.3
19415.0	33648.3	17525.2			10122.5	

1-4 续表 2-4

项　　目	固定资产原　　价	累计折旧	固定资产净值年平均余额	负债合计	流动负债合　　计	应付账款
其他食品制造	41514.5	4852.9	34200.7	49822.2	45007.4	10623.7
营养、保健食品制造	1524.0	187.9	1158.8	6677.8	4892.2	1063.3
冷冻饮品及食用冰制造	29811.1	1935.8	26511.4	28447.1	26654.6	6999.2
盐加工	6112.8	2050.1	3159.2	7525.0	6288.4	1041.0
食品及饲料添加剂制造	4066.6	679.1	3371.3	7172.3	7172.2	1520.2
饮料制造业	133035.7	43869.7	85457.6	152159.6	133946.7	24896.8
酒精制造	3564.8	559.0	3056.9	5173.5	4763.7	252.9
酒的制造	65709.3	23713.1	38765.2	108220.7	101441.6	18192.9
白酒制造	12652.0	5333.8	8008.1	19407.8	17445.7	8661.9
啤酒制造	45929.1	16657.4	25407.4	73679.3	70558.9	6368.7
葡萄酒制造	7128.2	1721.9	5349.7	15133.6	13437.0	3162.3
软饮料制造	63761.6	19597.6	43635.5	38765.4	27741.4	6451.0
瓶(罐)装饮用水制造	9350.7	1659.0	7647.1	6154.0	2740.2	377.6
果菜汁及果菜汁饮料制造	36200.0	10973.8	24293.1	23631.4	20909.1	2806.4
含乳饮料和植物蛋白饮料制造	1032.3	122.9	803.6	3924.4	134.4	42.9
茶饮料及其他软饮料制造	17178.6	6841.9	10891.7	5055.6	3957.7	3224.1
纺织业	700330.6	270004.3	414873.8	698519.0	567912.3	148304.2
棉、化纤纺织及印染精加工	588045.9	215459.4	359635.6	602301.9	485746.0	131843.0
棉、化纤纺织加工	586363.9	215459.4	358536.9	597293.8	481737.9	128633.3
棉、化纤印染精加工	1682.0		1098.7	5008.1	4008.1	3209.7
毛纺织和染整精加工	25439.5	9527.8	14234.3	23234.6	20748.8	2877.4
毛条加工	12837.5	3111.7	7870.2	8741.9	6790.5	1745.6
毛纺织	12602.0	6416.1	6364.1	14492.7	13958.3	1131.8
麻纺织	41149.6	17023.4	22982.6	41374.5	41018.0	1492.3
针织品、编织品及其制品制造	45695.6	27993.7	18021.3	31608.0	20399.5	12091.5
棉、化纤针织品及编织品制造	7051.2	3163.0	3848.0	21353.1	10190.1	4700.6
毛针织品及编织品制造	38644.4	24830.7	14173.3	10254.9	10209.4	7390.9
纺织服装、鞋、帽制造业	1591.9	495.6	932.7	3559.4	3383.5	2288.4
纺织服装制造	1591.9	495.6	932.7	3559.4	3383.5	2288.4
皮革、毛皮、羽毛(绒)及其制品业	19886.9	5632.9	14637.1	19244.1	17421.5	5302.1
皮革鞣制加工	18897.6	5368.5	13813.3	15670.2	13847.6	4926.5
皮革制品制造	325.6	211.9	119.8	1218.9	1218.9	286.4
皮鞋制造	325.6	211.9	119.8	1218.9	1218.9	286.4
毛皮鞣制及制品加工	663.7	52.5	704.0	2355.0	2355.0	89.2
毛皮鞣制加工	663.7	52.5	704.0	2355.0	2355.0	89.2
木材加工及木、竹、藤、棕、草制品	39786.5	10252.2	30067.7	37080.9	26254.8	5000.6
锯材、木片加工	1249.2	398.6	893.9	1781.7	1700.7	320.1
锯材加工	1249.2	398.6	893.9	1781.7	1700.7	320.1

单位：万元

一、年末资产负债						
长期负债合计	所有者权益合计	实收资本	1.国家资本	2.集体资本	3.法人资本	4.个人资本
1784.2	27252.6	20979.5	655.0		14072.5	3079.7
547.9	4383.7	1400.0			307.0	1093.0
	14031.2	15002.8			10346.5	1484.0
1236.3	4674.1	2276.7	655.0		1319.0	302.7
	4163.6	2300.0			2100.0	200.0
17802.6	113110.3	84059.8	3110.2	2468.9	43731.8	11360.3
	2549.2	1933.0			150.0	1783.0
6778.8	60567.9	42109.4	610.2	2468.9	16352.8	7377.3
1962.1	9827.7	7951.8	90.2	2468.9	76.0	5316.7
3120.1	43457.7	30097.0			15296.8	
1696.6	7282.5	4060.6	520.0		980.0	2060.6
11023.8	49993.2	40017.4	2500.0		27229.0	2200.0
3413.8	9544.1	4400.0			2810.0	1590.0
2722.1	28809.2	29047.4	2500.0		19494.0	
3790.0	3383.8	2430.0			1820.0	610.0
1097.9	8256.1	4140.0			3105.0	
121510.1	388390.2	333476.5	49896.8	3370.5	96675.8	97606.0
107957.5	314749.4	249351.5	22298.1	1870.5	65600.6	84621.6
106957.5	312299.1	249251.5	22298.1	1870.5	65600.6	84521.6
1000.0	2450.3	100.0				100.0
1987.7	15478.2	16201.6	10769.7		2954.8	683.4
1950.8	11969.4	6918.5	5957.3		400.0	561.2
36.9	3508.8	9283.1	4812.4		2554.8	122.2
356.4	17006.2	26164.5		1500.0	24326.5	338.0
11208.5	41156.4	41758.9	16829.0		3793.9	11963.0
11163.0	-5691.5	4412.9	1390.0		2057.9	965.0
45.5	46847.9	37346.0	15439.0		1736.0	10998.0
175.9	2148.5	1196.2	326.9		719.3	150.0
175.9	2148.5	1196.2	326.9		719.3	150.0
1822.6	27959.9	12589.8		255.5	8138.0	4196.3
1822.6	25859.6	12136.0			8126.0	4010.0
	279.9	303.8		255.5	12.0	36.3
	279.9	303.8		255.5	12.0	36.3
	1820.4	150.0				150.0
	1820.4	150.0				150.0
10744.9	39432.6	17479.2	27.1		6298.0	9084.1
	954.5	1500.0			1500.0	
	954.5	1500.0			1500.0	

1-4 续表 2-5

项　目	固定资产原　价	累计折旧	固定资产净值年平均余额	负债合计	流动负债合　计	应付账款
人造板制造	37316.3	9582.4	28209.4	31868.7	21123.6	3517.9
胶合板制造	2423.1	325.4	2071.8	1821.0	1784.0	958.6
纤维板制造	25234.4	9124.0	16607.6	20520.2	13312.1	2178.5
刨花板制造	9335.0	65.0	9270.0	9200.2	5700.2	380.8
其他人造板、材制造	323.8	68.0	260.0	327.3	327.3	
木制品制造	1221.0	271.2	964.4	3430.5	3430.5	1162.6
建筑用木料及木材组件加工	223.1	23.2	206.8	933.5	933.5	
木容器制造	18.8	5.7	14.6	2132.5	2132.5	961.5
软木制品及其他木制品制造	979.1	242.3	743.0	364.5	364.5	201.1
家具制造业	65312.2	21727.7	44718.1	108755.6	92051.7	18163.4
木质家具制造	39401.7	12863.5	27640.0	87941.1	87850.5	16421.9
金属家具制造	25910.5	8864.2	17078.1	20814.5	4201.2	1741.5
造纸及纸制品业	128352.2	48868.0	82504.1	147502.9	122474.9	31631.4
纸浆制造	67147.7	26453.3	41605.4	42285.2	35767.9	12281.6
造纸	37015.0	14103.8	24410.7	69989.8	55877.0	8939.7
机制纸及纸板制造	37015.0	14103.8	24410.7	69989.8	55877.0	8939.7
纸制品制造	24189.5	8310.9	16488.0	35227.9	30830.0	10410.1
纸和纸板容器的制造	20531.1	7398.3	13428.0	27405.0	23077.1	6018.3
其他纸制品制造	3658.4	912.6	3060.0	7822.9	7752.9	4391.8
印刷业和记录媒介的复制	71664.5	28682.7	39831.5	38619.1	31570.8	11481.8
印刷	69262.7	28124.7	37685.2	37815.5	30818.6	11140.7
书、报、刊印刷	55960.0	23991.3	28959.3	25052.7	19229.2	5746.4
本册印制	2991.1	780.6	2193.1	4265.3	3811.9	3112.8
包装装潢及其他印刷	10311.6	3352.8	6532.8	8497.5	7777.5	2281.5
装订及其他印刷服务活动	2401.8	558.0	2146.3	803.6	752.2	341.1
石油加工、炼焦及核燃料加工业	288549.1	57239.6	221649.8	405174.1	303275.8	48838.2
精炼石油产品的制造	143077.0	34971.1	108824.6	157230.1	152192.0	29011.8
原油加工及石油制品制造	143077.0	34971.1	108824.6	157230.1	152192.0	29011.8
炼焦	145472.1	22268.5	112825.2	247944.0	151083.8	19826.4
化学原料及化学制品制造业	1281227.6	269499.3	812373.9	2053457.2	1118517.9	318634.6
基础化学原料制造	612831.7	90807.7	322903.8	769197.3	576691.6	132513.6
无机酸制造	18632.0	2506.5	14702.6	3949.1	3588.6	690.7
无机碱制造	280138.2	54969.4	137355.5	422482.0	340531.7	79895.2
无机盐制造	60947.9	10150.4	38512.2	108941.7	101903.2	17722.0
有机化学原料制造	215177.1	21826.8	109184.3	196347.0	108145.6	25551.7
其他基础化学原料制造	37936.5	1354.6	23149.2	37477.5	22522.5	8654.0
肥料制造	219135.9	63785.7	158881.1	96897.1	73085.1	11457.4
氮肥制造	203751.1	55467.1	150560.3	73220.8	52653.7	7380.5
磷肥制造	1821.7	1165.1	698.2	2041.5	2018.1	230.0
钾肥制造	52.1	6.8	46.9	807.0	807.0	-2.6

单位：万元

一、年末资产负债						
长期负债合计	所有者权益合计	实收资本	1.国家资本	2.集体资本	3.法人资本	4.个人资本
10744.9	35054.2	13761.2	27.1		2630.0	9034.1
37.0	1482.2	450.0				450.0
7207.9	32574.2	12261.2	27.1		2630.0	7534.1
3500.0	853.8	1000.0				1000.0
	144.0	50.0				50.0
	3423.9	2218.0			2168.0	50.0
	189.7	168.0			168.0	
	81.1	50.0				50.0
	3153.1	2000.0			2000.0	
16613.3	159017.8	71567.0			20953.4	48267.2
	142492.2	60137.0			20953.4	36837.2
16613.3	16525.6	11430.0				11430.0
25027.6	62193.5	38242.1	9314.2	1502.0	18320.3	4955.3
6517.2	37656.3	14434.2	8534.2		5850.0	50.0
14112.7	10162.7	13036.3	400.0		9925.3	2386.0
14112.7	10162.7	13036.3	400.0		9925.3	2386.0
4397.7	14374.5	10771.6	380.0	1502.0	2545.0	2519.3
4327.7	14434.6	10451.3	380.0	1502.0	2495.0	2249.0
70.0	-60.1	320.3			50.0	270.3
7027.8	42944.5	24572.2	11254.2	443.3	7799.4	5075.3
6976.4	40884.6	23262.2	11254.2	443.3	6559.4	5005.3
5803.2	29833.4	15951.9	11254.2	290.0	2695.9	1711.8
453.2	2053.5	1428.3		153.3		1275.0
720.0	8997.7	5882.0			3863.5	2018.5
51.4	2059.9	1310.0			1240.0	70.0
28266.3	370290.6	239793.7	31603.0	4669.2	131812.8	69974.5
4930.3	175845.3	96726.2	3737.0	4569.2	36294.0	52126.0
4930.3	175845.3	96726.2	3737.0	4569.2	36294.0	52126.0
23336.0	194445.3	143067.5	27866.0	100.0	95518.8	17848.5
928872.7	1377798.1	636859.7	85775.2	4269.6	377132.2	163874.2
192114.4	618713.7	244244.4	46309.9	169.0	97010.7	98802.8
360.5	38283.6	14800.0				14800.0
81937.2	376960.2	105154.3	19299.1		20166.0	65689.2
6660.3	72994.1	49648.0	350.0	69.0	42354.2	6874.8
88201.4	119350.2	58727.1	19277.8		27079.2	10418.1
14955.0	11125.6	15915.0	7383.0	100.0	7411.3	1020.7
22621.0	178432.7	78422.4	10124.6	1078.8	60264.4	6954.6
20567.1	164981.0	64649.6	6421.2		58228.4	
23.4	30.4	178.1				178.1
	1.9	50.0			50.0	

1-4 续表 2-6

项　　目	固定资产原　　价	累计折旧	固定资产净值年平均余额	负债合计	流动负债合　　计	应付账款
复混肥料制造	9577.7	5814.5	3355.7	18293.1	15971.6	3473.0
有机肥料及微生物肥料制造	1561.5	577.4	2603.0	2188.6	1288.6	363.5
其他肥料制造	2371.8	754.8	1617.0	346.1	346.1	13.0
涂料、油墨、颜料及类似产品制造	6034.7	2550.6	3642.2	13028.6	12407.1	1943.5
涂料制造	5331.4	2444.0	2927.4	10285.6	9694.6	1651.0
密封用填料及类似品制造	703.3	106.6	714.8	2743.0	2712.5	292.5
合成材料制造	321706.8	73202.7	244409.1	1003017.1	290760.0	109161.7
初级形态的塑料及合成树脂制造	312929.2	72720.7	240441.4	988341.8	285413.2	108505.8
合成纤维单(聚合)体的制造	8675.3	461.1	3886.3	14091.4	4762.9	115.4
其他合成材料制造	102.3	20.9	81.4	583.9	583.9	540.5
专用化学产品制造	116561.4	38503.7	78168.1	167513.0	161770.0	62438.7
化学试剂和助剂制造	53946.8	23390.0	31312.2	65093.8	64570.2	32165.1
专项化学用品制造	39507.5	6416.5	33578.1	72846.7	67947.3	25925.2
炸药及火工产品制造	22154.1	8401.7	12602.5	26665.4	26375.4	2614.3
动物胶制造	953.0	295.5	675.3	2907.1	2877.1	1734.1
日用化学产品制造	4957.1	648.9	4369.6	3804.1	3804.1	1119.7
肥皂及合成洗涤剂制造	4957.1	648.9	4369.6	3804.1	3804.1	1119.7
医药制造业	57443.9	16886.0	40387.8	50103.2	40699.2	7599.6
化学药品原药制造	217.5	34.1	186.0	906.6	906.5	36.3
化学药品制剂制造	27195.4	7950.1	19794.7	16338.9	12816.9	2175.2
中药饮片加工	11509.9	3873.1	7447.9	13376.0	12556.0	1578.1
中成药制造	11292.5	4040.9	7432.7	11734.7	10763.6	3375.5
兽用药品制造	803.0	294.4	508.8	832.0	800.0	142.3
生物、生化制品的制造	6425.6	693.4	5017.7	6915.0	2856.2	292.2
化学纤维制造业	182933.0	53639.2	123720.3	222180.8	182604.7	68835.7
纤维素纤维原料及纤维制造	182933.0	53639.2	123720.3	222180.8	182604.7	68835.7
化纤浆粕制造	99598.2	36037.4	66167.6	143362.8	121146.3	48700.1
人造纤维(纤维素纤维)制造	83334.8	17601.8	57552.7	78818.0	61458.4	20135.6
橡胶制品业	33185.7	18873.7	16055.9	60438.7	48370.1	1869.7
轮胎制造	30628.5	17973.6	14376.8	54342.5	45647.0	956.4
车辆、飞机及工程机械轮胎制造	30628.5	17973.6	14376.8	54342.5	45647.0	956.4
橡胶板、管、带的制造	1895.4	737.7	1179.4	3642.8	669.8	204.5
再生橡胶制造	197.8	42.2	155.8	748.5	748.4	186.3
日用及医用橡胶制品制造	464.0	120.2	343.9	1704.9	1304.9	522.5
塑料制品业	141760.7	38904.3	99616.7	200154.8	172729.4	54102.3
塑料薄膜制造	25287.2	9246.2	16449.8	34701.1	31111.1	10107.0
塑料板、管、型材的制造	70323.1	15798.0	49651.1	110274.0	91996.6	27798.4
塑料丝、绳及编织品的制造	4030.7	1619.1	2519.2	13129.4	12524.1	5172.0
泡沫塑料制造	1197.5	732.7	491.1	2745.4	2585.7	1097.8
塑料包装箱及容器制造	27563.5	5390.0	23009.7	18630.0	15551.8	4049.9
日用塑料制造	673.7	282.4	385.9	678.4	678.4	371.3
日用塑料杂品制造	673.7	282.4	385.9	678.4	678.4	371.3

单位：万元

一、年末资产负债						
长期负债合计	所有者权益合计	实收资本	1.国家资本	2.集体资本	3.法人资本	4.个人资本
1130.5	6370.2	6791.3	950.0	1078.8	586.0	4176.5
900.0	4874.4	4000.0			1400.0	2600.0
	2174.8	2753.4	2753.4			
590.9	8239.0	6230.0			1655.0	4575.0
590.9	6973.5	5030.0			1655.0	3375.0
	1265.5	1200.0				1200.0
711809.7	384904.4	208287.2	23598.0	571.9	148500.0	35617.3
702481.2	380083.7	206237.2	23598.0	571.9	146500.0	35567.3
9328.5	4659.3	2000.0			2000.0	
	161.4	50.0				50.0
1736.7	183823.1	98175.7	5742.7	2449.9	68202.1	17924.5
521.4	82036.3	43250.1		1333.6	30762.4	8291.3
895.3	55935.4	20589.2		791.0	11372.1	7432.4
290.0	44318.7	32887.3	5742.7		26017.6	1127.0
30.0	1532.7	1449.1		325.3	50.0	1073.8
	3685.2	1500.0			1500.0	
	3685.2	1500.0			1500.0	
9403.7	54703.9	40441.8	17750.2	875.1	16433.7	2431.9
	237.8	236.6			236.6	
3522.0	24147.9	17473.7	12673.7		2968.1	1831.9
820.0	13144.7	11902.5	4996.5	655.1	3300.0	
971.1	10124.7	6689.0			6089.0	600.0
32.0	948.9	840.0	80.0	220.0	540.0	
4058.6	6099.9	3300.0			3300.0	
39575.9	154409.3	73471.4	9500.0		57767.3	6204.1
39575.9	154409.3	73471.4	9500.0		57767.3	6204.1
22216.3	71137.0	43471.4	9500.0		28567.3	5404.1
17359.6	83272.3	30000.0			29200.0	800.0
12068.4	-37972.8	14508.2	13586.0		50.0	872.2
8695.5	-39063.5	13330.0	13330.0			
8695.5	-39063.5	13330.0	13330.0			
2972.9	509.4	1078.2	256.0			822.2
	-10.4	50.0			50.0	
400.0	591.7	50.0				50.0
26333.6	195111.7	129817.6	10240.6	2627.7	55720.1	37485.2
3250.4	31141.9	17087.5	7007.0	486.0	3740.0	5854.5
18053.6	118563.4	87031.8	1166.6		38238.4	24159.8
605.0	5866.9	3764.7	292.8		1505.7	1689.2
159.7	1113.1	451.7				451.7
3078.1	16515.1	10372.0			6202.0	4170.0
	1365.3	1569.7		1519.7		50.0
	1365.3	1569.7		1519.7		50.0

1-4 续表 2-7

项 目	固定资产原 价	累计折旧	固定资产净值年平均余额	负债合计	流动负债合 计	应付账款
其他塑料制品制造	12685.0	5835.9	7109.9	19996.5	18281.7	5505.9
非金属矿物制品业	822821.0	311886.5	495522.2	990268.2	743227.0	152397.1
水泥、石灰和石膏的制造	532036.6	223911.3	304835.1	523229.3	346590.7	74368.0
水泥制造	519927.6	221201.0	295121.2	511723.0	335849.5	71392.4
石灰和石膏制造	12109.0	2710.3	9713.9	11506.3	10741.2	2975.6
水泥及石膏制品制造	139308.5	47195.8	82739.1	140792.9	130527.5	49307.9
水泥制品制造	117163.7	40493.3	68862.0	105421.5	98451.2	43900.2
砼结构构件制造	11448.6	2358.5	7402.5	28343.7	25754.5	3747.1
石棉水泥制品制造	845.7	706.5	170.8	1039.2	822.7	216.5
轻质建筑材料制造	7705.4	3183.4	4567.9	4874.6	4385.2	354.0
其他水泥制品制造	2145.1	454.1	1735.9	1113.9	1113.9	1090.1
砖瓦、石材及其他建筑材料制造	50253.8	19019.9	28851.6	156669.2	133912.9	6858.2
粘土砖瓦及建筑砌块制造	2147.7	91.2	1582.1	793.7	793.7	417.8
建筑陶瓷制品制造	22652.4	1404.1	18238.1	17956.8	12466.3	2014.9
建筑用石加工	21224.8	16079.3	5972.0	128273.9	112832.6	1799.2
防水建筑材料制造	792.8	403.6	523.3	3546.7	3481.9	976.6
隔热和隔音材料制造	1507.2	611.9	915.5	4326.6	3124.0	1525.8
其他建筑材料制造	1928.9	429.8	1620.6	1771.5	1214.4	123.9
玻璃及玻璃制品制造	48495.5	7739.7	42629.3	78195.6	68873.2	15394.5
平板玻璃制造	3858.0	765.3	2285.0	9803.2	9781.2	2550.1
技术玻璃制品制造	2460.2	772.6	1820.8	2404.0	2403.1	741.1
日用玻璃制品及玻璃包装容器制造	3615.2	1229.6	1586.7	6242.4	5804.4	1607.9
玻璃保温容器制造	6123.0	1207.7	4915.3	5409.1	5409.1	255.2
玻璃纤维及制品制造	10174.9	933.6	8227.5	23812.4	23787.0	9425.6
玻璃纤维增强塑料制品制造	22264.2	2830.9	23794.0	30524.5	21688.4	814.6
耐火材料制品制造	5642.1	1291.8	4374.0	4351.0	4351.0	1874.8
耐火陶瓷制品及其他耐火材料制造	5642.1	1291.8	4374.0	4351.0	4351.0	1874.8
石墨及其他非金属矿物制品制造	47084.5	12728.0	32093.1	87030.2	58971.7	4593.7
石墨及碳素制品制造	38405.0	11235.0	25643.8	69854.1	42355.6	2286.2
其他非金属矿物制品制造	8679.5	1493.0	6449.3	17176.1	16616.1	2307.5
黑色金属冶炼及压延加工业	1603148.9	482185.9	1005834.0	1798085.5	1591812.3	673579.4
炼铁	740009.3	233495.1	424192.2	604558.6	600001.6	431776.5
炼钢	1461.1	226.1	1209.0	19645.8	17209.8	242.6
钢压延加工	833874.6	245045.3	557724.6	1109370.9	912150.9	217599.6
铁合金冶炼	27803.9	3419.4	22708.2	64510.2	62450.0	23960.7
有色金属冶炼及压延加工业	200143.6	82769.9	119905.1	174293.3	144491.0	19494.3
常用有色金属冶炼	128596.3	50809.8	81587.0	122837.1	104099.3	10372.3
铜冶炼	8407.5	1935.3	7526.0	8052.2	7705.9	269.8

单位：万元

一、年末资产负债						
长期负债合计	所有者权益合计	实收资本	1.国家资本	2.集体资本	3.法人资本	4.个人资本
1186.8	20546.0	9540.2	1774.2	622.0	6034.0	1110.0
226017.0	731034.0	426029.2	61131.5	2936.7	217718.2	123373.1
172379.2	263875.3	202472.3	41724.7	2381.9	116826.3	41539.4
171615.8	248512.8	193563.0	39738.9	2381.9	116766.3	34675.9
763.4	15362.5	8909.3	1985.8		60.0	6863.5
9587.5	118712.3	62896.1	950.0		36271.9	23574.2
6292.5	89580.1	49707.7	950.0		30536.9	18220.8
2589.2	23617.1	8593.4			3900.0	2593.4
216.5	608.9	600.0				600.0
489.3	3343.2	1965.0			1835.0	130.0
	1563.0	2030.0				2030.0
6927.6	234007.4	96056.3	3505.9	102.0	53839.8	38608.6
	2309.5	1203.0			1200.0	3.0
5490.4	20150.4	6030.0			2000.0	4030.0
	203066.4	86656.1	3505.9		49189.8	33960.4
64.8	425.5	250.0			14.0	236.0
1146.4	5764.8	1784.2		102.0	1406.0	276.2
226.0	2290.8	133.0			30.0	103.0
9321.4	48198.7	30195.3			2954.7	14418.0
22.0	1442.5	2480.0			1080.0	1400.0
	2517.2	2781.5			570.0	2211.5
438.0	189.8	823.5			360.0	463.5
	3795.5	3591.0				3591.0
25.4	7650.3	4189.6				1000.0
8836.0	32603.4	16329.7			944.7	5752.0
	10106.4	4257.8		452.8	3805.0	
	10106.4	4257.8		452.8	3805.0	
27801.3	56133.9	30151.4	14950.9		4020.5	5232.9
27498.5	41496.8	18071.4	14950.9		1020.5	2100.0
302.8	14637.1	12080.0			3000.0	3132.9
204662.2	1037374.0	668573.0	440182.5	4001.9	70464.8	150308.6
4556.4	612057.7	485179.8	428846.3		1673.5	54660.0
2436.0	315.3	2454.0			600.0	1854.0
197219.8	403022.7	169720.4	9248.9	4001.9	63131.2	93338.4
450.0	21978.3	11218.8	2087.3		5060.1	456.2
28342.0	159090.5	95909.1	25281.7	300.0	63423.5	6854.9
17373.6	86192.4	43557.1	6981.7		35200.5	1374.9
	14965.2	1300.0			1300.0	

1-4 续表 2-8

项目	固定资产原价	累计折旧	固定资产净值年平均余额	负债合计	流动负债合计	应付账款
铅锌冶炼	1064.7	77.5	1001.5	6990.8	6790.8	1246.1
镍钴冶炼	39950.4	12753.7	27785.7	54008.4	49463.7	2283.3
铝冶炼	72931.7	35564.4	39281.9	50933.7	39386.9	6080.6
其他常用有色金属冶炼	6242.0	478.9	5991.9	2852.0	752.0	492.5
贵金属冶炼	64300.3	31465.7	31651.5	37391.3	27522.7	5425.4
金冶炼	64300.3	31465.7	31651.5	37391.3	27522.7	5425.4
有色金属合金制造	139.4	2.7	136.7	310.8	310.6	253.1
有色金属压延加工	7107.6	491.7	6529.9	13754.1	12558.4	3443.5
常用有色金属压延加工	7107.6	491.7	6529.9	13754.1	12558.4	3443.5
金属制品业	76841.9	26182.9	47674.9	181248.5	169180.9	32574.5
结构性金属制品制造	30981.6	11088.8	19122.2	93759.9	84445.6	21233.7
金属结构制造	28018.7	10217.0	17690.1	90237.9	81853.6	20876.6
金属门窗制造	2962.9	871.8	1432.1	3522.0	2592.0	357.1
集装箱及金属包装容器制造	19073.6	8055.9	10588.2	28005.2	27505.2	3334.0
金属压力容器制造	5272.7	1346.3	3514.5	3293.6	3293.6	139.9
金属包装容器制造	13800.9	6709.6	7073.7	24711.6	24211.6	3194.1
金属丝绳及其制品的制造	10918.6	3763.4	6761.1	10523.4	8915.0	2443.3
建筑、安全用金属制品制造	6797.4	1502.0	5108.2	6423.4	6416.4	595.9
建筑、家具用金属配件制造	680.0	374.3	37.0	6.9		
建筑装饰及水暖管道零件制造	6117.4	1127.7	5071.2	6416.5	6416.4	595.9
金属表面处理及热处理加工	2639.3	255.0	1318.9	29571.9	29571.9	1354.2
不锈钢及类似日用金属制品制造	468.9	227.4	257.5	171.4	171.4	50.5
金属制厨用器皿及餐具制造	468.9	227.4	257.5	171.4	171.4	50.5
其他金属制品制造	5962.5	1290.4	4518.8	12793.3	12155.4	3562.9
其他未列明的金属制品制造	5962.5	1290.4	4518.8	12793.3	12155.4	3562.9
通用设备制造业	38575.1	15911.3	23108.2	74989.8	67009.8	23987.3
锅炉及原动机制造	765.3	173.2	459.7	3772.0	3502.6	1411.3
锅炉及辅助设备制造	624.2	88.2	400.6	3685.2	3415.8	1360.8
内燃机及配件制造	141.1	85.0	59.1	86.8	86.8	50.5
起重运输设备制造	4593.0	1803.4	3371.7	8959.3	8408.3	2152.9
泵、阀门、压缩机及类似机械的制造	421.9	236.5	151.0	140.7	140.7	53.1
泵及真空设备制造	421.9	236.5	151.0	140.7	140.7	53.1
轴承、齿轮、传动和驱动部件的制造	2815.1	2113.0	702.0	3267.2	3222.5	1946.2
轴承制造	2815.1	2113.0	702.0	3267.2	3222.5	1946.2
风机、衡器、包装设备等通用设备制造	2423.8	1354.2	1195.3	4123.8	3234.0	1908.2
风机、风扇制造	827.4	497.3	432.6	940.5	940.4	322.2
制冷、空调设备制造	777.8	483.2	320.2	2627.5	1957.9	1350.0
衡器制造	818.6	373.7	442.5	555.8	335.7	236.0
通用零部件制造及机械修理	25522.2	9750.9	15645.4	49292.6	43247.7	14609.2
金属密封件制造	2620.4	570.2	1423.4	7969.3	7377.9	818.4

单位：万元

一、年末资产负债						
长期负债合计	所有者权益合计	实收资本	1.国家资本	2.集体资本	3.法人资本	4.个人资本
200.0	-1601.5	894.9				894.9
3527.5	18206.8	6981.7	6981.7			
11546.1	47902.4	26249.5			25769.5	480.0
2100.0	6719.5	8131.0			8131.0	
9868.4	52717.7	43372.0	18300.0	300.0	24023.0	700.0
9868.4	52717.7	43372.0	18300.0	300.0	24023.0	700.0
	189.2	200.0				200.0
1100.0	19991.2	8780.0			4200.0	4580.0
1100.0	19991.2	8780.0			4200.0	4580.0
7610.4	133543.3	102181.3	46119.1	10693.1	23222.9	20141.1
5133.0	50362.7	31562.0	271.1	5486.4	8548.7	15561.0
4203.1	46767.6	28610.0	271.1	5486.4	6148.7	15009.0
929.9	3595.1	2952.0			2400.0	552.0
500.0	23408.3	17466.6		4500.3	12156.3	499.7
	6960.9	7000.0			7000.0	
500.0	16447.4	10466.6		4500.3	5156.3	499.7
1339.6	45764.4	47277.3	45848.0	272.1	552.9	604.3
	5639.1	1383.0			55.0	1328.0
	645.1	55.0			55.0	
	4994.0	1328.0				1328.0
	2244.0	1030.0			810.0	220.0
	353.6	383.2				383.2
	353.6	383.2				383.2
637.8	5771.2	3079.2		434.3	1100.0	1544.9
637.8	5771.2	3079.2		434.3	1100.0	1544.9
2713.6	50094.0	36624.6	262.3	808.0	24419.8	10918.5
269.4	1578.2	1450.0			1300.0	150.0
269.4	1411.3	1400.0			1300.0	100.0
	166.9	50.0				50.0
551.0	8235.8	6960.0			3850.4	3109.6
	758.3	450.0			450.0	
	758.3	450.0			450.0	
	2696.6	2600.0			2600.0	
	2696.6	2600.0			2600.0	
889.7	5423.8	2836.2			384.0	2236.2
	1411.1	836.2				836.2
669.6	1943.4	800.0				800.0
220.1	2069.3	1200.0			384.0	600.0
823.5	29375.8	20417.8	262.3	469.4	15835.4	3850.7
591.0	3253.3	1400.0			1200.0	200.0

1-4 续表 2-9

项　目	固定资产原　价	累计折旧	固定资产净值年平均余额	负债合计	流动负债合　计	应付账款
紧固件、弹簧制造	2976.4	1880.1	1131.8	1755.8	1755.8	164.2
机械零部件加工及设备修理	19386.9	7206.9	12624.4	38183.3	32729.8	13078.2
其他通用零部件制造	538.5	93.7	465.8	1384.2	1384.2	548.4
金属铸、锻加工	2033.8	480.1	1583.1	5434.2	5254.0	1906.4
钢铁铸件制造	954.5	334.3	599.6	4177.7	4177.5	1377.9
锻件及粉末冶金制品制造	1079.3	145.8	983.5	1256.5	1076.5	528.5
专用设备制造业	57695.2	27084.6	31690.5	133929.0	122606.8	40418.7
矿山、冶金、建筑专用设备制造	27494.3	6498.2	19592.0	44518.2	34763.0	13703.5
采矿、采石设备制造	9493.3	170.9	8182.2	18696.7	10156.6	4510.9
石油钻采专用设备制造	14943.4	6232.1	8644.2	21247.4	20532.3	7402.5
建筑工程用机械制造	3057.6	95.2	2765.6	4574.1	4074.1	1790.1
食品、饮料、烟草及饲料生产专用设备制造	234.9	13.8	151.6	53.3	53.3	44.3
食品、饮料、烟草工业专用设备制造	234.9	13.8	151.6	53.3	53.3	44.3
纺织、服装和皮革工业专用设备制造	1459.7	573.4	890.1	4212.2	4212.2	1085.7
纺织专用设备制造	1459.7	573.4	890.1	4212.2	4212.2	1085.7
农、林、牧、渔专用机械制造	26739.5	19407.6	10083.1	82584.7	81488.0	24501.9
拖拉机制造	911.3	44.4	793.3	9179.3	9179.3	6735.8
机械化农业及园艺机具制造	24620.2	19064.8	8377.2	71401.8	70305.1	17697.2
畜牧机械制造	580.4	154.7	413.4	12.5	12.5	22.8
其他农林牧渔业机械制造及机械修理	627.6	143.7	499.2	1991.1	1991.1	46.1
环保、社会公共安全及其他专用设备制造	1766.8	591.6	973.7	2560.6	2090.3	1083.3
水资源专用机械制造	916.5	130.7	593.7	1863.2	1508.2	590.0
其他专用设备制造	850.3	460.9	380.0	697.4	582.1	493.3
交通运输设备制造业	8650.3	2933.4	5746.1	32214.0	30414.0	6972.5
铁路运输设备制造	1749.0	674.0	1201.1	-295.0	-295.0	1263.0
其他铁路设备制造及设备修理	1749.0	674.0	1201.1	-295.0	-295.0	1263.0
汽车制造	6901.3	2259.4	4545.0	32509.0	30709.0	5709.5
汽车整车制造	278.7	60.2	216.0	2509.1	2509.1	99.8
改装汽车制造	2623.7	359.1	2723.2	18206.4	17706.4	3751.5
汽车车身、挂车的制造	1428.1	909.8	553.5	11324.9	10024.9	1298.3
汽车零部件及配件制造	2570.8	930.3	1052.3	468.6	468.6	559.9
电气机械及器材制造业	141690.0	44803.2	92519.6	982133.0	849633.0	180468.3
电机制造	39073.5	6780.5	28058.3	468546.6	425452.4	102114.3
发电机及发电机组制造	39073.5	6780.5	28058.3	468546.6	425452.4	102114.3
输配电及控制设备制造	91556.7	34334.8	57475.9	473213.7	384074.0	66806.7
变压器、整流器和电感器制造	78211.0	30323.4	47774.3	436457.4	349706.8	54845.2
配电开关控制设备制造	12080.2	3438.3	9037.0	34268.0	31878.9	10721.2
其他输配电及控制设备制造	1265.5	573.1	664.6	2488.3	2488.3	1240.3
电线、电缆、光缆及电工器材制造	10809.2	3547.1	6865.3	39247.2	38981.1	10833.0
电线电缆制造	8988.9	2713.4	5907.7	33657.8	33416.6	8842.7
绝缘制品制造	1820.3	833.7	957.6	5589.4	5564.5	1990.3

单位：万元

一、年末资产负债						
长期负债合计	所有者权益合计	实收资本	1.国家资本	2.集体资本	3.法人资本	4.个人资本
	3683.9	2000.0			2000.0	
232.5	21871.5	16517.8	262.3	469.4	12635.4	3150.7
	567.1	500.0				500.0
180.0	2025.5	1910.6		338.6		1572.0
	923.6	882.6		338.6		544.0
180.0	1101.9	1028.0				1028.0
11166.8	44097.6	31060.2	9996.0		11554.8	5851.6
9755.0	49536.9	22391.1	8950.0		7476.8	2327.5
8540.0	12014.5	11008.0	2650.0		4585.0	1223.0
715.0	35392.2	9383.1	6300.0		891.8	1104.5
500.0	2130.2	2000.0			2000.0	
	247.5	150.0			150.0	
	247.5	150.0			150.0	
	4135.4	200.0			39.0	161.0
	4135.4	200.0			39.0	161.0
1096.6	-12336.3	6219.1	1046.0		2889.0	2263.1
	2699.6	2790.0			2790.0	
1096.6	-19463.3	2359.1	646.0		50.0	1663.1
	2132.2	70.0			49.0	
	2295.2	1000.0	400.0			600.0
315.2	2514.1	2100.0			1000.0	1100.0
200.0	1065.0	1100.0				1100.0
115.2	1449.1	1000.0			1000.0	
1350.0	23242.8	19674.7	6562.4	1566.6	11525.2	20.5
	3669.0	1566.6		1566.6		
	3669.0	1566.6		1566.6		
1350.0	19573.8	18108.1	6562.4		11525.2	20.5
	-364.7	500.0			500.0	
50.0	8476.8	9045.7			9025.2	20.5
1300.0	2845.4	2000.0			2000.0	
	8616.3	6562.4	6562.4			
126649.4	821826.9	275335.1	9397.9	1312.0	198251.2	66374.0
42284.2	388188.5	113110.0			62119.0	50991.0
42284.2	388188.5	113110.0			62119.0	50991.0
84162.3	416328.5	147009.0	6378.6		132639.2	7991.2
81787.0	390781.6	130925.0	6140.0		123425.0	1360.0
2375.3	24259.0	14845.4			9214.2	5631.2
	1287.9	1238.6	238.6			1000.0
202.9	16432.5	14316.1	3019.3	1312.0	2893.0	7091.8
178.0	12484.1	12116.1	3019.3	1312.0	693.0	7091.8
24.9	3948.4	2200.0			2200.0	

1-4 续表 2-10

项　　目	固定资产原　　价	累计折旧	固定资产净值年平均余额	负债合计	流动负债合　　计	应付账款
非电力家用器具制造	250.6	140.8	120.1	885.5	885.5	474.3
燃气、太阳能及类似能源的器具制造	250.6	140.8	120.1	885.5	885.5	474.3
照明器具制造				240.0	240.0	240.0
照明灯具制造				240.0	240.0	240.0
通信设备、计算机及其他电子设备	145669.6	8154.7	82542.2	70550.9	34294.8	12290.3
通信设备制造	4752.2	1167.3	3786.4	-340.5	-340.5	16.1
移动通信及终端设备制造	4752.2	1167.3	3786.4	-340.5	-340.5	16.1
广播电视设备制造	474.5	171.5	321.0	1430.6	1430.6	601.0
广播电视接收设备及器材制造	474.5	171.5	321.0	1430.6	1430.6	601.0
电子元件制造	139890.3	6687.2	78038.0	68249.1	32433.0	11650.0
电子元件及组件制造	139890.3	6687.2	78038.0	68249.1	32433.0	11650.0
家用视听设备制造	552.6	128.7	396.8	1211.7	771.7	23.2
家用影视设备制造	552.6	128.7	396.8	1211.7	771.7	23.2
仪器仪表及文化、办公用机械制造	1669.2	755.5	1224.2	49718.1	49218.1	4393.3
通用仪器仪表制造	609.6	245.1	664.9	48533.8	48033.8	4339.7
工业自动控制系统装置制造	122.9	66.6	56.3	4116.5	4116.5	3931.6
供应用仪表及其他通用仪器制造	486.7	178.5	608.6	44417.3	43917.3	408.1
专用仪器仪表制造	1059.6	510.4	559.3	1184.3	1184.3	53.6
地质勘探和地震专用仪器制造	961.1	477.9	532.4	998.2	998.2	9.7
其他专用仪器制造	98.5	32.5	26.9	186.1	186.1	43.9
工艺品及其他制造业	37166.9	6357.7	30816.7	33443.4	32727.9	8912.7
工艺美术品制造	3560.3	841.9	2726.0	1532.9	1532.9	64.9
地毯、挂毯制造	3560.3	841.9	2726.0	1532.9	1532.9	64.9
日用杂品制造	74.9	11.5	63.3	658.2	658.2	
制镜及类似品加工	74.9	11.5	63.3	658.2	658.2	
煤制品制造	33531.7	5504.3	28027.4	31252.3	30536.8	8847.8
电力、燃气及水的生产和供应业	3938750.7	1281178.4	2569094.7	3161494.3	1777700.5	313740.1
电力、热力的生产和供应业	3411008.7	1152270.1	2164312.7	2815015.1	1612101.8	289555.4
电力生产	1747121.7	455287.3	1187320.1	1597477.3	686070.8	117238.3
火力发电	1108917.8	321349.1	729752.8	1060586.8	520840.1	88531.1
水力发电	464456.5	84088.2	374998.0	431154.2	132012.8	20266.5
其他能源发电	173747.4	49850.0	82569.3	105736.3	33217.9	8440.7
电力供应	1096032.0	485635.2	614776.9	820254.3	673686.0	83004.1
热力生产和供应	567855.0	211347.6	362215.7	397283.5	252345.0	89313.0
燃气生产和供应业	156409.6	33918.0	125559.8	172585.4	106627.5	11914.3
水的生产和供应业	371332.4	94990.3	279222.2	173893.8	58971.2	12270.4
自来水的生产和供应	344731.9	89937.6	257891.3	145627.8	51909.5	6403.6
污水处理及其再生利用	26600.5	5052.7	21330.9	28266.0	7061.7	5866.8

单位：万元

一、年末资产负债						
长期负债 合　　计	所有者权益 合　　计					
		实收资本	1.国家资本	2.集体资本	3.法人资本	4.个人资本
	347.4	600.0			600.0	
	347.4	600.0			600.0	
	530.0	300.0				300.0
	530.0	300.0				300.0
36256.1	191202.4	62954.7			35302.1	14347.4
	4423.3	20648.7			13421.6	
	4423.3	20648.7			13421.6	
	691.0	600.0			175.0	347.0
	691.0	600.0			175.0	347.0
35816.1	185290.5	41206.0			21655.5	13550.4
35816.1	185290.5	41206.0			21655.5	13550.4
440.0	797.6	500.0			50.0	450.0
440.0	797.6	500.0			50.0	450.0
500.0	16384.2	6600.0	89.0	42.0	1500.0	4969.0
500.0	10546.6	4600.0	89.0		1500.0	3011.0
	2611.1	1500.0			1500.0	
500.0	7935.5	3100.0	89.0			3011.0
	5837.6	2000.0		42.0		1958.0
	4186.3	1000.0		42.0		958.0
	1651.3	1000.0				1000.0
715.5	37771.7	40309.0	38333.0		50.0	238.0
	5180.0	1688.0				
	5180.0	1688.0				
	90.8	88.0				88.0
	90.8	88.0				88.0
715.5	32500.9	38533.0	38333.0		50.0	150.0
1129560.1	1397699.3	1180452.8	701718.5	11926.8	337403.9	113206.5
980283.6	1045278.9	876068.0	473125.0	11701.9	283949.1	100161.9
704816.8	815815.5	647403.2	389423.3	501.7	200441.4	49906.7
341441.6	349161.7	234949.6	43532.1	501.7	137364.9	46770.8
290856.8	339367.8	353080.8	342387.7		7207.2	3135.9
72518.4	127286.0	59372.8	3503.5		55869.3	
137395.8	13566.7	59622.3	26522.0		33100.3	
138071.0	215896.7	169042.5	57179.7	11200.2	50407.4	50255.2
64925.4	100545.3	62197.3	15411.0	65.9	36776.8	9943.6
84351.1	251875.1	242187.5	213182.5	159.0	16678.0	3101.0
63868.1	223688.4	214123.5	197185.5	159.0	16678.0	101.0
20483.0	28186.7	28064.0	15997.0			3000.0

1-4 续表 3-1

项　目	5.港澳台资本	6.外商资本	主营业务收　入	主营业务成　本	主营业务税金及附加
总　计	**120973.5**	**190317.3**	**19576281.3**	**14909502.5**	**440216.2**
一、按登记注册类型分组					
内资企业	14527.0	24487.5	18617119.5	14139124.5	432602.3
国有企业			682507.8	496408.1	4864.2
地方企业			682507.8	496408.1	4864.2
集体企业			149155.8	132420.3	873.6
股份合作企业			21189.9	18008.4	42.5
联营企业			45078.4	34747.7	561.8
国有联营企业			8593.1	4773.3	298.7
集体联营企业			7196.4	6912.0	43.2
国有与集体联营企业			20989.9	15902.3	200.6
其他联营企业			8299.0	7160.1	19.3
有限责任公司	1952.0	3897.5	7892983.9	6547278.7	45713.6
国有独资公司			1153429.5	847373.3	8160.3
其他有限责任公司	1952.0	3897.5	6739554.4	5699905.4	37553.3
股份有限公司	11273.0	20590.0	6085068.4	3748398.5	361445.7
私营企业	1302.0		3741135.3	3161862.8	19100.9
私营独资企业			156933.5	137099.8	1311.9
私营合作企业			36971.6	35432.7	225.1
私营有限责任公司			2651924.2	2289257.6	14830.4
私营股份有限公司	1302.0		895306.0	700072.7	2733.5
其他企业					
港、澳、台商投资企业	101703.8	388.3	271991.5	225821.4	139.2
合资经营企业(港或澳、台资)	12090.8	388.3	101198.5	87211.3	67.1
港澳台商独资经营企业	71583.3		130686.5	105902.0	72.1
港澳台商投资股份有限公司	18029.7		40106.5	32708.1	
外商投资企业	4742.7	165441.5	687170.3	544556.6	7474.7
中外合资经营企业	625.0	106282.4	501548.9	395256.8	4875.5
外资企业	4117.7	47953.2	109564.1	86557.5	1248.2
外商投资股份有限公司		11205.9	76057.3	62742.3	1351.0
二、按经济组织类型分组					
独资企业	75701.0	47953.2	1228847.7	958387.7	8370.0
国有企业			682507.8	496408.1	4864.2
集体企业			149155.8	132420.3	873.6
私营独资企业			156933.5	137099.8	1311.9
港澳台商独资经营企业	71583.3		130686.5	105902.0	72.1
外资企业	4117.7	47953.2	109564.1	86557.5	1248.2
合作、合伙企业			103239.9	88188.8	829.4
股份合作企业			21189.9	18008.4	42.5
国有联营企业			8593.1	4773.3	298.7

单位：万元

二、损益及分配					
其他业务收　入	其他业务利　润	营业费用	管理费用	税金	财务费用
757757.3	**87625.4**	**645553.9**	**807644.1**	**48189.8**	**353964.2**
717392.1	84129.1	583562.8	754379.7	46789.4	341642.0
11714.3	3511.7	31179.4	49437.8	1664.5	32789.8
11714.3	3511.7	31179.4	49437.8	1664.5	32789.8
2299.4	352.3	2344.1	10102.2	146.4	480.0
154.4	52.9	232.3	1180.5	18.0	9.0
911.8	15.3	2610.1	3584.8	14.9	170.4
		1584.1	776.9	3.7	82.9
148.0	8.1	438.7	324.0	0.7	47.9
171.7	-24.4	51.0	1909.2	7.0	38.0
592.1	31.6	536.3	574.7	3.5	1.6
344404.7	39673.5	224249.7	353268.9	11906.8	149059.4
91517.3	1706.6	24687.8	83718.4	2453.9	35623.2
252887.4	37966.9	199561.9	269550.5	9452.9	113436.2
289330.6	31084.0	189935.7	173271.5	27186.4	113722.5
68576.9	9439.4	133011.5	163534.0	5852.4	45410.9
3822.5	302.0	5713.0	5790.6	67.1	747.6
367.8	358.7	1456.6	1303.5	28.1	113.2
53254.3	6201.2	88187.5	114795.3	4455.4	34506.4
11132.3	2577.5	37654.4	41644.6	1301.8	10043.7
24128.3	244.4	17148.8	13703.0	388.9	1859.2
19829.4	-534.0	1621.6	7986.0	137.5	1562.8
4012.3	744.4	14903.8	4757.1	142.1	144.0
286.6	34.0	623.4	959.9	109.3	152.4
16236.9	3251.9	44842.3	39561.4	1011.5	10463.0
10492.6	1279.8	37673.5	23533.1	585.0	8109.3
2698.8	527.8	2599.9	10350.4	352.3	387.6
3045.5	1444.3	4568.9	5677.9	74.2	1966.1
24547.3	5438.2	56740.2	80438.1	2372.4	34549.0
11714.3	3511.7	31179.4	49437.8	1664.5	32789.8
2299.4	352.3	2344.1	10102.2	146.4	480.0
3822.5	302.0	5713.0	5790.6	67.1	747.6
4012.3	744.4	14903.8	4757.1	142.1	144.0
2698.8	527.8	2599.9	10350.4	352.3	387.6
1434.0	426.9	4299.0	6068.8	61.0	292.6
154.4	52.9	232.3	1180.5	18.0	9.0
		1584.1	776.9	3.7	82.9

1-4 续表 3-2

项目	5.港澳台资本	6.外商资本	主营业务收入	主营业务成本	主营业务税金及附加
集体联营企业			7196.4	6912.0	43.2
国有与集体联营企业			20989.9	15902.3	200.6
其他联营企业			8299.0	7160.1	19.3
私营合伙企业			36971.6	35432.7	225.1
股份有限公司	30604.7	31795.9	7096538.2	4543921.6	365530.2
股份有限公司(内资)	11273.0	20590.0	6085068.4	3748398.5	361445.7
私营股份有限公司	1302.0		895306.0	700072.7	2733.5
港澳台商投资股份有限公司	18029.7		40106.5	32708.1	
外商投资股份有限公司		11205.9	76057.3	62742.3	1351.0
有限责任公司	14667.8	110568.2	11147655.5	9319004.4	65486.6
国有独资公司			1153429.5	847373.3	8160.3
私营有限责任公司			2651924.2	2289257.6	14830.4
合资经营企业(港或澳、台资)	12090.8	388.3	101198.5	87211.3	67.1
中外合资经营企业	625.0	106282.4	501548.9	395256.8	4875.5
其他有限责任公司	1952.0	3897.5	6739554.4	5699905.4	37553.3
三、在总计中					
总计中：亏损企业	54620.2	61630.9	3934416.3	3834099.5	12579.8
总计中：国有控股企业	12588.0	55603.7	10537580.9	7515513.8	383519.0
总计中：农村工业			62318.9	44008.9	178.8
总计中：轻工业	91931.2	86217.6	3838459.8	3325111.8	22072.9
重工业	29042.3	104099.7	15737821.5	11584390.7	418143.3
总计中：大型企业			6811531.9	4589318.2	361724.1
中型企业	69217.9	59785.9	6149844.9	4787736.3	38776.0
小型企业	51755.6	130531.4	6614904.5	5532448.0	39716.1
四、按工业行业小类分组					
采矿业	9150.0	30720.2	4113720.1	1515567.9	373598.0
煤炭开采和洗选业	7000.0	1940.0	661404.2	421111.8	8062.0
烟煤和无烟煤的开采洗选	7000.0	1940.0	661404.2	421111.8	8062.0
石油和天然气开采业			2271478.7	512902.3	351111.4
天然原油和天然气开采			2122288.5	393631.5	347474.1
与石油和天然气开采有关的服务活动			149190.2	119270.8	3637.3
黑色金属矿采选业	2025.0	100.0	801642.4	416779.5	9281.5
铁矿采选	2025.0	100.0	790059.3	409346.2	9195.6
其他黑色金属矿采选			11583.1	7433.3	85.9
有色金属矿采选业	125.0	22732.7	333165.5	139874.8	3914.4
常用有色金属矿采选	125.0	22732.7	292566.2	119372.5	3828.1
铜矿采选			225783.4	74906.4	3073.0
铅锌矿采选			29999.7	21764.5	573.3
镍钴矿采选	125.0	22732.7	36783.1	22701.6	181.8
贵金属矿采选			40599.3	20502.3	86.3
金矿采选			40599.3	20502.3	86.3

单位：万元

二、损益及分配					
其他业务收 入	其他业务利 润	营业费用	管理费用		财务费用
				税金	
148.0	8.1	438.7	324.0	0.7	47.9
171.7	-24.4	51.0	1909.2	7.0	38.0
592.1	31.6	536.3	574.7	3.5	1.6
367.8	358.7	1456.6	1303.5	28.1	113.2
303795.0	35139.8	232782.4	221553.9	28671.7	125884.7
289330.6	31084.0	189935.7	173271.5	27186.4	113722.5
11132.3	2577.5	37654.4	41644.6	1301.8	10043.7
286.6	34.0	623.4	959.9	109.3	152.4
3045.5	1444.3	4568.9	5677.9	74.2	1966.1
427981.0	46620.5	351732.3	499583.3	17084.7	193237.9
91517.3	1706.6	24687.8	83718.4	2453.9	35623.2
53254.3	6201.2	88187.5	114795.3	4455.4	34506.4
19829.4	-534.0	1621.6	7986.0	137.5	1562.8
10492.6	1279.8	37673.5	23533.1	585.0	8109.3
252887.4	37966.9	199561.9	269550.5	9452.9	113436.2
132219.2	9617.2	90404.3	164408.5	5348.2	92825.4
460476.4	42038.7	283800.1	385639.2	32772.8	230611.2
117.7	77.3	3735.2	3287.2	22.3	479.1
218584.7	24692.3	183699.8	184389.6	7331.6	77030.2
539172.6	62933.1	461854.1	623254.5	40858.2	276934.0
123748.5	-940.2	134003.3	157437.5	26046.6	111485.0
518614.2	62389.3	284860.1	311856.0	12925.8	129848.8
115394.6	26176.3	226690.5	338350.6	9217.4	112630.4
107959.8	7020.3	96699.8	219682.0	25689.4	41612.8
78848.6	-2360.4	14177.5	80801.2	1460.8	6708.3
78848.6	-2360.4	14177.5	80801.2	1460.8	6708.3
1316.2	1094.6	7198.0	63643.0	21191.3	24831.3
		6279.6	50744.5	20768.6	23490.0
1316.2	1094.6	918.4	12898.5	422.7	1341.3
7364.5	1566.6	59663.9	33286.9	2404.5	8438.0
6792.7	1429.6	59533.3	31834.1	2372.4	8437.6
571.8	137.0	130.6	1452.8	32.1	0.4
17111.9	6427.5	8307.7	34548.2	546.4	1066.1
16891.3	6206.9	8200.6	25625.2	473.9	-457.0
14238.0	5393.5	6353.3	17521.6	181.3	-276.8
127.4	12.2	1281.6	3938.2	271.5	-273.6
2525.9	801.2	565.7	4165.4	21.1	93.4
220.6	220.6	107.1	8923.0	72.5	1523.1
220.6	220.6	107.1	8923.0	72.5	1523.1

1-4 续表 3-3

项　　目			主营业务收　　入	主营业务成　　本	主营业务税金及附加
	5.港澳台资本	6.外商资本			
非金属矿采选业		5947.5	46029.3	24899.5	1228.7
土砂石开采			11400.0	7505.1	234.1
建筑装饰用石开采			6428.1	4254.3	78.9
耐火土石开采			1143.3	428.9	123.9
粘土及其他土砂石开采			3828.6	2821.9	31.3
化学矿采选			5969.0	3822.9	84.1
采盐			15647.3	7030.0	844.7
石棉及其他非金属矿采选		5947.5	13013.0	6541.5	65.8
石棉、云母矿采选			1913.4	1435.8	10.7
其他非金属矿采选		5947.5	11099.6	5105.7	55.1
制造业	111823.5	143400.0	14195003.5	12307669.6	58580.2
农副食品加工业	2590.6	16452.3	1402124.6	1260756.7	2292.7
谷物磨制			203994.1	186539.0	212.0
饲料加工		698.9	133662.8	122503.5	237.3
植物油加工		10763.8	776497.4	716829.1	530.6
食用植物油加工		10763.8	773813.9	714149.5	530.6
非食用植物油加工			2683.5	2679.6	
制糖			135053.7	105355.4	1061.3
屠宰及肉类加工	1650.0	1323.1	49799.3	44717.0	53.0
畜禽屠宰	1400.0		23922.8	20634.7	22.8
肉制品及副产品加工	250.0	1323.1	25876.5	24082.3	30.2
蔬菜、水果和坚果加工	940.6	1266.5	50528.7	40775.5	67.2
其他农副食品加工		2400.0	52588.6	44037.2	131.3
淀粉及淀粉制品的制造			24497.7	22105.6	95.1
其他未列明的农副食品加工		2400.0	28090.9	21931.6	36.2
食品制造业	10527.2	28127.1	558743.8	425735.1	2591.1
焙烤食品制造		6110.3	12333.4	10144.0	54.5
糕点、面包制造			6930.8	5702.4	46.4
饼干及其他焙烤食品制造		6110.3	5402.6	4441.6	8.1
糖果、巧克力及蜜饯制造			9469.0	6687.2	7.8
糖果、巧克力制造					
蜜饯制作			9469.0	6687.2	7.8
方便食品制造	10527.2	620.9	88884.7	66243.2	105.2
速冻食品制造			596.8	350.4	3.4
方便面及其他方便食品制造	10527.2	620.9	88287.9	65892.8	101.8
液体乳及乳制品制造		7866.7	176151.3	154886.8	416.2
罐头制造		2954.2	166960.5	109656.6	806.8
蔬菜、水果罐头制造		2954.2	166960.5	109656.6	806.8
调味品、发酵制品制造		7402.7	46614.7	31940.2	282.8
味精制造			8024.1	8176.8	12.7
酱油、食醋及类似制品的制造			6797.2	4507.5	44.6
其他调味品、发酵制品制造		7402.7	31793.4	19255.9	225.5

单位：万元

二、损益及分配					
其他业务收入	其他业务利润	营业费用	管理费用		财务费用
				税金	
3318.6	292.0	7352.7	7402.7	86.4	569.1
3242.0	910.6	822.9	1494.6	58.2	26.5
	-18.0	239.0	1013.0	58.2	1.1
		320.6	87.4		
3242.0	928.6	263.3	394.2		25.4
15.3	3.8	869.4	984.6	2.4	93.6
60.1	-623.4	1426.3	3332.1	13.6	29.4
1.2	1.0	4234.1	1591.4	12.2	419.6
		87.0	79.0		11.0
1.2	1.0	4147.1	1512.4	12.2	408.6
619267.6	71204.0	519896.9	525050.9	20923.9	218083.2
22843.4	5814.1	53807.3	46178.1	1675.6	25833.2
3580.7	544.9	4376.9	6747.0	311.4	2212.6
1359.1	576.0	3034.5	3966.0	206.3	1457.8
10159.9	1838.7	19620.3	21557.5	477.8	15355.4
10159.9	1838.7	19538.2	21483.7	477.8	15356.7
		82.1	73.8		-1.3
5579.7	1020.3	18932.7	8915.9	547.6	2920.7
130.6	59.4	818.2	2353.7	77.2	843.3
53.4	52.7	371.1	1169.0	26.7	498.3
77.2	6.7	447.1	1184.7	50.5	345.0
316.1	113.7	3110.3	1105.0	49.5	2221.1
1717.3	1661.1	3914.4	1533.0	5.8	822.3
1657.4	1657.4	802.8	552.1	0.7	483.4
59.9	3.7	3111.6	980.9	5.1	338.9
4130.4	851.4	45341.7	22338.0	1316.8	10033.8
148.5	13.3	672.7	1273.5	14.4	334.5
86.8	2.4	592.9	645.3	14.2	332.7
61.7	10.9	79.8	628.2	0.2	1.8
		1368.4	694.4	0.4	266.0
		1368.4	694.4	0.4	266.0
159.1	12.9	15202.8	3056.2	77.7	110.3
12.9	12.2	22.6	101.9	43.8	13.2
146.2	0.7	15180.2	2954.3	33.9	97.1
937.5	62.2	7681.7	7180.8	199.8	2162.0
1459.1	420.8	14231.1	4804.2	328.9	6468.8
1459.1	420.8	14231.1	4804.2	328.9	6468.8
90.4	33.5	2424.4	1349.3	60.1	7.1
57.6	15.3	203.4	222.0	18.5	22.7
2.6	2.6	1352.8	654.0	28.5	59.8
30.2	15.6	868.2	473.3	13.1	-75.4

1-4 续表 3-4

项　　目	5.港澳台资本	6.外商资本	主营业务收入	主营业务成本	主营业务税金及附加
其他食品制造		3172.3	58330.2	46177.1	917.8
营养、保健食品制造			5520.4	3662.4	16.7
冷冻饮品及食用冰制造		3172.3	30319.2	26323.0	78.7
盐加工			8709.0	4840.6	749.6
食品及饲料添加剂制造			13781.6	11351.1	72.8
饮料制造业	2420.0	20968.6	200195.9	131691.8	11510.4
酒精制造			6454.9	6688.1	115.1
酒的制造	2000.0	13300.2	115906.0	64636.1	11216.9
白酒制造			23267.8	15738.9	3616.5
啤酒制造	1500.0	13300.2	80924.2	41855.6	6881.3
葡萄酒制造	500.0		11714.0	7041.6	719.1
软饮料制造	420.0	7668.4	77835.0	60367.6	178.4
瓶(罐)装饮用水制造			12823.2	10425.8	30.0
果菜汁及果菜汁饮料制造	420.0	6633.4	35991.9	28899.3	131.9
含乳饮料和植物蛋白饮料制造			4843.2	4272.6	16.5
茶饮料及其他软饮料制造		1035.0	24176.7	16769.9	
纺织业	73722.0	12205.4	808151.4	752015.2	2264.1
棉、化纤纺织及印染精加工	62755.3	12205.4	676594.4	629787.7	1924.5
棉、化纤纺织加工	62755.3	12205.4	669565.7	624062.8	1924.5
棉、化纤印染精加工			7028.7	5724.9	
毛纺织和染整精加工	1793.7		28866.4	27017.6	210.3
毛条加工			10596.9	10115.8	166.9
毛纺织	1793.7		18269.5	16901.8	43.4
麻纺织			25137.7	21951.0	89.4
针织品、编织品及其制品制造	9173.0		77552.9	73258.9	39.9
棉、化纤针织品及编织品制造			37275.8	37029.8	36.9
毛针织品及编织品制造	9173.0		40277.1	36229.1	3.0
纺织服装、鞋、帽制造业			5648.2	5128.8	36.7
纺织服装制造			5648.2	5128.8	36.7
皮革、毛皮、羽毛(绒)及其制品业			29623.7	28001.8	158.1
皮革鞣制加工			20953.5	19695.3	150.3
皮革制品制造			1096.2	938.0	3.4
皮鞋制造			1096.2	938.0	3.4
毛皮鞣制及制品加工			7574.0	7368.5	4.4
毛皮鞣制加工			7574.0	7368.5	4.4
木材加工及木、竹、藤、棕、草制品		2070.0	70951.8	65284.7	685.5
锯材、木片加工			1378.4	1799.6	1.8
锯材加工			1378.4	1799.6	1.8

单位：万元

二、损益及分配					
其他业务收　入	其他业务利　润	营业费用	管理费用		财务费用
				税金	
1335.8	308.7	3760.6	3979.6	635.5	685.1
		595.6	277.1	44.0	205.3
454.0	84.0	1829.8	2037.9	538.0	136.0
775.5	118.9	852.0	1309.4	39.8	44.2
106.3	105.8	483.2	355.2	13.7	299.6
13725.5	2137.5	23743.5	15278.4	536.0	1516.8
162.5	7.5	18.4	380.1	2.1	188.1
11230.1	1526.2	15889.8	10871.0	396.4	1034.5
35.1	6.5	1065.9	2371.8	157.4	145.5
11176.9	1501.6	12809.5	7838.8	231.3	628.6
18.1	18.1	2014.4	660.4	7.7	260.4
2332.9	603.8	7835.3	4027.3	137.5	294.2
3.8	3.8		644.8	7.9	109.8
1482.3	425.9	2655.5	2995.3	129.2	144.8
5.4	-1.0	44.4	147.4		1.0
841.4	175.1	5135.4	239.8	0.4	38.6
101738.9	10221.0	24492.1	34355.7	1856.6	19346.6
97026.3	8831.1	21269.6	25753.9	1562.2	17485.4
97026.3	8831.1	20180.1	25459.8	1560.1	17449.5
		1089.5	294.1	2.1	35.9
508.1	264.6	569.0	1733.9	32.6	20.8
212.0	210.0	62.5	823.3	13.8	19.9
296.1	54.6	506.5	910.6	18.8	0.9
4017.5	944.3	748.0	3249.8	78.1	989.6
187.0	181.0	1905.5	3618.1	183.7	850.8
187.0	181.0	261.9	579.3	34.4	37.5
		1643.6	3038.8	149.3	813.3
65.4	61.9	253.8	327.8	6.8	-1.6
65.4	61.9	253.8	327.8	6.8	-1.6
155.8	142.2	595.1	785.7	3.3	145.3
150.9	142.2	572.6	539.1	1.3	138.7
4.9		22.5	155.6	2.0	1.8
4.9		22.5	155.6	2.0	1.8
			91.0		4.8
			91.0		4.8
474.1	444.4	671.6	3046.1	138.4	854.1
303.3	273.6	14.2	192.2	2.4	48.9
303.3	273.6	14.2	192.2	2.4	48.9

1-4 续表 3-5

项　目	5.港澳台资本	6.外商资本	主营业务收　入	主营业务成　本	主营业务税金及附加
人造板制造		2070.0	62989.0	57378.0	676.0
胶合板制造			6138.5	5638.7	14.8
纤维板制造		2070.0	50004.3	46058.6	178.7
刨花板制造			6105.4	5018.7	480.0
其他人造板、材制造			740.8	662.0	2.5
木制品制造			6584.4	6107.1	7.7
建筑用木料及木材组件加工			1260.1	1213.3	
木容器制造			2864.7	2811.8	3.6
软木制品及其他木制品制造			2459.6	2082.0	4.1
家具制造业	2346.4		96308.8	83324.2	181.2
木质家具制造	2346.4		80777.1	69690.4	63.9
金属家具制造			15531.7	13633.8	117.3
造纸及纸制品业	325.0	3825.3	132261.0	114729.0	883.2
纸浆制造			49197.2	37970.5	471.7
造纸	325.0		31361.4	29124.2	253.0
机制纸及纸板制造	325.0		31361.4	29124.2	253.0
纸制品制造		3825.3	51702.4	47634.3	158.5
纸和纸板容器的制造		3825.3	48475.7	44517.0	152.8
其他纸制品制造			3226.7	3117.3	5.7
印刷业和记录媒介的复制			53642.8	43250.1	295.3
印刷			50629.3	40772.9	271.9
书、报、刊印刷			29688.2	23303.4	219.1
本册印制			4595.1	3665.8	21.7
包装装潢及其他印刷			16346.0	13803.7	31.1
装订及其他印刷服务活动			3013.5	2477.2	23.4
石油加工、炼焦及核燃料加工业		1734.2	809111.5	697782.2	4549.0
精炼石油产品的制造			490235.2	454069.2	3116.5
原油加工及石油制品制造			490235.2	454069.2	3116.5
炼焦		1734.2	318876.3	243713.0	1432.5
化学原料及化学制品制造业	5808.5		1784644.8	1444021.5	8712.5
基础化学原料制造	1952.0		696237.4	599711.6	3025.9
无机酸制造			27217.1	18223.7	186.8
无机碱制造			479284.9	423057.0	1757.2
无机盐制造			119441.1	95615.0	605.4
有机化学原料制造	1952.0		56888.5	51498.3	402.9
其他基础化学原料制造			13405.8	11317.6	73.6
肥料制造			167511.3	112508.5	160.5
氮肥制造			132359.1	81359.8	107.7
磷肥制造			1874.7	1549.7	14.7
钾肥制造			1994.9	1920.1	

单位：万元

二、损益及分配					
其他业务收入	其他业务利润	营业费用	管理费用		财务费用
				税金	
170.8	170.8	632.5	2719.5	135.4	735.0
		89.1	213.6	2.2	39.5
170.8	170.8	468.8	2156.9	69.8	611.1
		64.6	305.0	61.0	84.4
		10.0	44.0	2.4	
		24.9	134.4	0.6	70.2
		2.4	35.1		41.7
		22.5	6.5	0.5	-0.4
			92.8	0.1	28.9
21090.0	-891.7	3089.0	5570.3	533.3	2118.8
21087.8	-884.8	2695.0	5111.8	426.7	1809.0
2.2	-6.9	394.0	458.5	106.6	309.8
32667.1	2747.4	2572.2	8387.5	303.0	2793.9
29980.0	1949.2	1325.1	4134.0	168.6	1352.2
751.8	445.5	544.8	2071.1	66.4	1174.5
751.8	445.5	544.8	2071.1	66.4	1174.5
1935.3	352.7	702.3	2182.4	68.0	267.2
1935.3	352.7	702.3	2033.2	68.0	237.2
			149.2		30.0
2191.4	1122.5	745.7	7597.9	173.6	986.4
2012.6	1097.8	745.7	7260.2	172.7	988.5
1783.7	1077.8	566.4	6014.2	128.0	800.2
		48.5	349.6	5.0	40.6
228.9	20.0	130.8	896.4	39.7	147.7
178.8	24.7		337.7	0.9	-2.1
17128.3	4171.1	10700.6	26351.8	415.4	8515.7
14342.7	2733.9	6788.9	18014.0	187.5	3011.2
14342.7	2733.9	6788.9	18014.0	187.5	3011.2
2785.6	1437.2	3911.7	8337.8	227.9	5504.5
244329.3	24442.3	80115.9	99746.5	3322.6	39715.3
227864.4	20196.1	54900.5	36456.6	1482.3	16764.3
987.0	527.0	1271.2	1345.5	89.0	172.9
213689.8	15510.5	42232.9	18695.6	1188.6	8483.8
6633.5	1061.3	8792.8	7330.1	167.8	2267.4
6153.5	3097.3	2313.5	7720.3	34.3	4543.2
400.6		290.1	1365.1	2.6	1297.0
1608.0	420.5	3479.8	18631.4	488.0	4198.5
1387.9	266.2	1622.0	16298.9	459.1	3427.2
149.3	149.2	107.4	358.9		32.4
	-0.3	75.3	40.7	0.4	-0.4

1-4 续表 3-6

项　目	5.港澳台资本	6.外商资本	主营业务收　入	主营业务成　本	主营业务税金及附加
复混肥料制造			27016.3	25052.4	33.8
有机肥料及微生物肥料制造			3725.3	2156.5	1.7
其他肥料制造			541.0	470.0	2.6
涂料、油墨、颜料及类似产品制造			15557.9	13685.5	62.9
涂料制造			14322.9	12697.5	60.2
密封用填料及类似品制造			1235.0	988.0	2.7
合成材料制造			542060.3	433574.7	2677.5
初级形态的塑料及合成树脂制造			506357.4	403021.1	2665.0
合成纤维单(聚合)体的制造			33719.6	28649.8	11.1
其他合成材料制造			1983.3	1903.8	1.4
专用化学产品制造	3856.5		347646.9	270259.2	2757.8
化学试剂和助剂制造	2862.8		162483.7	130547.1	1714.1
专项化学用品制造	993.7		127376.7	100536.1	651.4
炸药及火工产品制造			51113.4	32835.6	388.6
动物胶制造			6673.1	6340.4	3.7
日用化学产品制造			15631.0	14282.0	27.9
肥皂及合成洗涤剂制造			15631.0	14282.0	27.9
医药制造业		2950.9	57366.6	36310.2	425.2
化学药品原药制造			1697.2	1767.5	3.0
化学药品制剂制造			16697.2	8474.2	177.7
中药饮片加工		2950.9	13673.3	12056.2	4.9
中成药制造			20408.7	11191.8	193.4
兽用药品制造			554.1	487.0	2.9
生物、生化制品的制造			4336.1	2333.5	43.3
化学纤维制造业			326599.5	298994.0	793.5
纤维素纤维原料及纤维制造			326599.5	298994.0	793.5
化纤浆粕制造			179902.7	158439.8	489.4
人造纤维(纤维素纤维)制造			146696.8	140554.2	304.1
橡胶制品业			15090.2	14226.8	100.2
轮胎制造			5159.6	5339.5	43.3
车辆、飞机及工程机械轮胎制造			5159.6	5339.5	43.3
橡胶板、管、带的制造			7592.3	6844.3	46.9
再生橡胶制造			633.2	588.6	1.7
日用及医用橡胶制品制造			1705.1	1454.4	8.3
塑料制品业	3227.0	20517.0	390949.0	346991.8	1169.6
塑料薄膜制造			69376.5	66057.0	96.5
塑料板、管、型材的制造	3227.0	20240.0	213070.6	187809.3	727.6
塑料丝、绳及编织品的制造		277.0	39315.2	37145.6	97.1
泡沫塑料制造			6151.6	5512.2	15.2
塑料包装箱及容器制造			32075.7	26815.0	57.5
日用塑料制造			2482.2	1945.7	17.8
日用塑料杂品制造			2482.2	1945.7	17.8

单位：万元

二、损益及分配

其他业务收　入	其他业务利　润	营业费用	管理费用		财务费用
				税金	
59.4	-2.2	837.1	1339.0	19.6	668.5
4.1	4.1	765.4	430.0	7.6	72.5
7.3	3.5	72.6	163.9	1.3	-1.7
60.0	4.1	622.5	1323.6	58.7	196.4
60.0	4.1	521.1	1181.0	50.7	126.5
		101.4	142.6	8.0	69.9
5626.9	1799.3	6218.4	15509.5	774.5	15982.9
4420.7	1639.0	5204.9	13557.9	757.7	15975.9
1190.6	146.2	1005.8	1899.4	16.3	-0.8
15.6	14.1	7.7	52.2	0.5	7.8
9067.1	2009.5	14798.6	27121.8	483.0	2574.0
5295.6	1357.3	10553.0	10764.8	246.8	701.8
2215.0	444.1	3255.3	8428.3	64.3	1062.9
1555.7	207.3	937.8	7769.5	167.5	786.0
0.8	0.8	52.5	159.2	4.4	23.3
102.9	12.8	96.1	703.6	36.1	-0.8
102.9	12.8	96.1	703.6	36.1	-0.8
522.3	324.3	6345.2	6368.9	172.5	1119.7
		13.6	97.0	4.1	0.3
370.6	235.8	4273.0	3739.1	105.8	224.7
92.8	40.7	298.2	673.0	5.4	517.8
58.9	47.8	1096.3	1120.3	19.9	181.5
		9.3	31.3	2.1	15.8
		654.8	708.2	35.2	179.6
14438.9	570.8	12674.4	18670.8	171.8	8918.2
14438.9	570.8	12674.4	18670.8	171.8	8918.2
7762.2	435.5	3803.8	14086.2	131.4	6268.4
6676.7	135.3	8870.6	4584.6	40.4	2649.8
247.7	189.9	85.9	3852.7	88.9	38.5
154.8	154.3		3029.9	67.6	1.5
154.8	154.3		3029.9	67.6	1.5
90.7	33.4	47.7	605.9	21.0	6.1
		8.1	58.0		0.2
2.2	2.2	30.1	158.9	0.3	30.7
18240.3	2036.5	9673.9	14893.0	414.7	2976.2
755.0	148.1	862.7	2196.4	52.9	491.0
14637.3	1444.5	7401.3	7215.4	253.8	1265.9
1664.3	130.8	424.4	1080.0	10.3	221.8
125.5	22.1	157.5	333.4	5.8	31.0
425.2	116.5	204.4	1714.5	54.9	784.0
565.4	160.0	425.2	224.8	0.9	-1.4
565.4	160.0	425.2	224.8	0.9	-1.4

1-4 续表 3-7

项 目	5.港澳台资本	6.外商资本	主营业务收入	主营业务成本	主营业务税金及附加
其他塑料制品制造			28477.2	21707.0	157.9
非金属矿物制品业	2100.0	18769.7	928271.8	735813.7	4886.7
水泥、石灰和石膏的制造			423993.0	318119.1	3434.8
水泥制造			389343.8	291405.9	3140.8
石灰和石膏制造			34649.2	26713.2	294.0
水泥及石膏制品制造	2100.0		225802.5	188658.1	668.9
水泥制品制造			200668.5	171357.7	578.9
砼结构构件制造	2100.0		17771.2	11171.2	9.5
石棉水泥制品制造			781.6	588.5	2.3
轻质建筑材料制造			5552.5	4375.6	16.0
其他水泥制品制造			1028.7	1165.1	62.2
砖瓦、石材及其他建筑材料制造			82938.2	71096.7	272.3
粘土砖瓦及建筑砌块制造			2118.1	773.8	5.5
建筑陶瓷制品制造			56620.1	53489.0	77.8
建筑用石加工			8533.9	4306.3	130.1
防水建筑材料制造			4173.6	3472.4	12.9
隔热和隔音材料制造			8202.0	6243.3	32.3
其他建筑材料制造			3290.5	2811.9	13.7
玻璃及玻璃制品制造		12822.6	111533.3	90735.1	75.9
平板玻璃制造			2018.8	2146.3	10.1
技术玻璃制品制造			3370.1	2965.2	7.0
日用玻璃制品及玻璃包装容器制造			5257.2	4633.4	24.9
玻璃保温容器制造			10588.5	10188.0	14.6
玻璃纤维及制品制造		3189.6	34333.3	24763.1	0.4
玻璃纤维增强塑料制品制造		9633.0	55965.4	46039.1	18.9
耐火材料制品制造			15091.2	11550.8	233.5
耐火陶瓷制品及其他耐火材料制造			15091.2	11550.8	233.5
石墨及其他非金属矿物制品制造		5947.1	68913.6	55653.9	201.3
石墨及碳素制品制造			36146.6	27218.3	160.9
其他非金属矿物制品制造		5947.1	32767.0	28435.6	40.4
黑色金属冶炼及压延加工业	2617.7	997.5	4088978.7	3751419.5	9005.5
炼铁			1473236.7	1378705.8	2628.0
炼钢			54191.9	52421.5	530.9
钢压延加工			2465841.9	2235362.1	5476.3
铁合金冶炼	2617.7	997.5	95708.2	84930.1	370.3
有色金属冶炼及压延加工业	49.0		410325.8	386911.3	1023.3
常用有色金属冶炼			247917.4	245934.4	533.2
铜冶炼			34268.6	32985.5	98.9

单位：万元

二、损益及分配					
其他业务收入	其他业务利润	营业费用	管理费用	税金	财务费用
67.6	14.5	198.4	2128.5	36.1	183.9
8689.5	2433.9	45302.1	52781.8	2058.4	28072.8
5373.1	1955.6	30880.9	26575.3	1096.5	15790.3
5280.8	1871.2	26529.8	25262.7	1087.3	15544.1
92.3	84.4	4351.1	1312.6	9.2	246.2
1776.8	396.9	7107.1	10404.3	323.3	2459.9
390.8	287.0	5177.2	8278.3	285.6	1647.6
1386.0	113.9	1332.5	1356.2	23.4	623.3
		154.0	60.7		-0.2
	-4.0	443.4	627.6	14.3	189.1
			81.5		0.1
509.6	-61.2	1558.1	3495.2	168.0	4989.1
		95.5	197.3	23.0	-1.0
22.6	22.6	323.1	772.6	4.4	588.3
179.1		468.1	1535.9	76.6	4226.8
3.3	3.3	234.6	217.1	8.2	96.4
		344.0	424.4	3.3	38.8
304.6	-87.1	92.8	347.9	52.5	39.8
343.3	23.1	1682.4	7135.1	405.1	2557.6
35.2	35.2		271.1	28.0	125.5
270.8	-11.8	135.0	352.0	16.8	-12.0
5.4	-0.3	140.5	556.7	18.4	144.4
			187.2	16.8	167.2
		112.8	4430.4	5.9	430.4
31.9		1294.1	1337.7	319.2	1702.1
		196.8	2230.7	12.1	-9.9
		196.8	2230.7	12.1	-9.9
686.7	119.5	3876.8	2941.2	53.4	2285.8
672.7	111.5	2424.7	2069.3	37.3	1889.0
14.0	8.0	1452.1	871.9	16.1	396.8
45780.7	-2433.7	114966.5	53382.0	2966.3	43770.5
36123.1	-3840.1	25885.5	13802.8	571.2	1443.9
		7398.4	362.1		687.3
7208.6	1406.7	79882.2	37450.3	2382.5	41139.7
2449.0	-0.3	1800.4	1766.8	12.6	499.6
3296.8	1917.0	2782.4	17969.1	209.5	4233.3
2397.2	1306.7	2048.9	6676.7	157.0	3107.2
494.4	494.4	271.5	107.0	6.1	450.1

1-4 续表 3-8

项 目	5.港澳台资本	6.外商资本	主营业务收入	主营业务成本	主营业务税金及附加
铅锌冶炼			6768.3	8595.8	22.0
镍钴冶炼			142116.4	149673.6	98.8
铝冶炼			63335.8	52335.4	313.1
其他常用有色金属冶炼			1428.3	2344.1	0.4
贵金属冶炼	49.0		61870.6	43217.2	208.2
金冶炼	49.0		61870.6	43217.2	208.2
有色金属合金制造			2000.0	1989.8	2.1
有色金属压延加工			98537.8	95769.9	279.8
常用有色金属压延加工			98537.8	95769.9	279.8
金属制品业		2005.1	368454.9	335612.3	1132.9
结构性金属制品制造		1694.8	181774.0	161704.6	652.2
金属结构制造		1694.8	178048.8	158557.8	635.7
金属门窗制造			3725.2	3146.8	16.5
集装箱及金属包装容器制造		310.3	31849.2	28948.0	203.9
金属压力容器制造			1280.0	1280.7	
金属包装容器制造		310.3	30569.2	27667.3	203.9
金属丝绳及其制品的制造			92751.6	89585.0	148.1
建筑、安全用金属制品制造			11304.6	9116.5	41.3
建筑、家具用金属配件制造			1160.7	756.3	0.6
建筑装饰及水暖管道零件制造			10143.9	8360.2	40.7
金属表面处理及热处理加工			26647.9	24672.8	17.3
不锈钢及类似日用金属制品制造			521.9	473.6	1.9
金属制厨用器皿及餐具制造			521.9	473.6	1.9
其他金属制品制造			23605.7	21111.8	68.2
其他未列明的金属制品制造			23605.7	21111.8	68.2
通用设备制造业		216.0	112985.9	96931.1	764.2
锅炉及原动机制造			4347.4	3622.8	34.3
锅炉及辅助设备制造			3479.6	2871.6	14.6
内燃机及配件制造			867.8	751.2	19.7
起重运输设备制造			11775.3	9970.2	39.7
泵、阀门、压缩机及类似机械的制造			1747.0	1461.0	7.6
泵及真空设备制造			1747.0	1461.0	7.6
轴承、齿轮、传动和驱动部件的制造			2227.8	1678.0	15.9
轴承制造			2227.8	1678.0	15.9
风机、衡器、包装设备等通用设备制造		216.0	7915.9	6091.4	95.8
风机、风扇制造			2392.7	1722.7	9.1
制冷、空调设备制造			2565.6	1875.8	84.7
衡器制造		216.0	2957.6	2492.9	2.0
通用零部件制造及机械修理			75145.3	64937.4	544.3
金属密封件制造			5229.6	4510.2	21.2

单位：万元

二、损益及分配					
其他业务收入	其他业务利润	营业费用	管理费用		财务费用
				税金	
114.7	47.0	104.1	162.3	3.9	99.7
810.1	546.4	611.5	2096.7	19.5	351.6
978.0	218.9	1049.7	3885.2	113.7	2046.4
		12.1	425.5	13.8	159.4
856.6	579.8	281.0	10330.3	29.2	691.5
856.6	579.8	281.0	10330.3	29.2	691.5
			20.0		-0.1
43.0	30.5	452.5	942.1	23.3	434.7
43.0	30.5	452.5	942.1	23.3	434.7
36148.8	5113.1	8264.5	14311.8	1721.6	2185.2
4461.3	909.6	3557.1	7722.8	1484.7	1432.0
4461.3	909.6	3297.8	7375.0	1476.6	1446.9
		259.3	347.8	8.1	-14.9
30003.3	4023.7	3739.9	3330.9	133.5	448.7
46.4	26.9	108.5	416.7	35.8	-0.7
29956.9	3996.8	3631.4	2914.2	97.7	449.4
1653.5	149.8	426.9	1291.7	89.1	224.8
28.9	28.9	99.6	481.0		-2.9
		78.0	18.0		-0.2
28.9	28.9	21.6	463.0		-2.7
		47.4	602.6	0.3	49.2
		3.0	33.4		1.9
		3.0	33.4		1.9
1.8	1.1	390.6	849.4	14.0	31.5
1.8	1.1	390.6	849.4	14.0	31.5
4670.2	1117.5	2771.2	7848.7	318.6	418.5
501.3	22.9	227.6	419.5	2.5	21.9
259.8	45.8	227.6	366.3	0.5	21.9
241.5	-22.9		53.2	2.0	
216.2	78.5	776.8	938.9	16.1	1.7
		17.9	130.1		-0.2
		17.9	130.1		-0.2
326.8	92.1	208.1	406.6	15.9	8.3
326.8	92.1	208.1	406.6	15.9	8.3
34.1	3.8	182.3	773.0	175.2	6.3
		85.1	315.4	160.1	
		48.0	360.6	5.5	-2.1
34.1	3.8	49.2	97.0	9.6	8.4
3545.1	900.8	1224.7	4817.5	106.2	339.4
199.5	92.6	160.3	472.0	13.3	30.1

1-4 续表 3-9

项　目	5.港澳台资本	6.外商资本	主营业务收　入	主营业务成　本	主营业务税金及附加
紧固件、弹簧制造			3528.0	2537.4	24.0
机械零部件加工及设备修理			64864.5	56633.4	498.1
其他通用零部件制造			1523.2	1256.4	1.0
金属铸、锻加工			9827.2	9170.3	26.6
钢铁铸件制造			7931.0	7517.5	24.4
锻件及粉末冶金制品制造			1896.2	1652.8	2.2
专用设备制造业	90.0	3567.8	121552.4	96971.3	937.7
矿山、冶金、建筑专用设备制造	90.0	3546.8	65344.9	48392.5	872.5
采矿、采石设备制造		2550.0	16975.7	13164.2	756.3
石油钻采专用设备制造	90.0	996.8	43657.1	31160.6	116.2
建筑工程用机械制造			4712.1	4067.7	
食品、饮料、烟草及饲料生产专用设备制造			508.2	424.2	1.0
食品、饮料、烟草工业专用设备制造			508.2	424.2	1.0
纺织、服装和皮革工业专用设备制造			6312.4	4876.1	13.2
纺织专用设备制造			6312.4	4876.1	13.2
农、林、牧、渔专用机械制造		21.0	43760.9	38492.3	32.1
拖拉机制造			12251.4	11906.4	
机械化农业及园艺机具制造			27849.1	23822.2	30.6
畜牧机械制造		21.0	1247.7	677.0	
其他农林牧渔业机械制造及机械修理			2412.7	2086.7	1.5
环保、社会公共安全及其他专用设备制造			5626.0	4786.2	18.9
水资源专用机械制造			4885.4	4146.1	16.7
其他专用设备制造			740.6	640.1	2.2
交通运输设备制造业			53133.3	49614.1	115.4
铁路运输设备制造			3533.2	2590.7	30.0
其他铁路设备制造及设备修理			3533.2	2590.7	30.0
汽车制造			49600.1	47023.4	85.4
汽车整车制造			2036.5	1963.5	2.0
改装汽车制造			25268.2	25210.4	22.1
汽车车身、挂车的制造			6189.5	5645.2	5.6
汽车零部件及配件制造			16105.9	14204.3	55.7
电气机械及器材制造业			1238531.4	1010043.1	3370.6
电机制造			622609.6	487500.0	1388.4
发电机及发电机组制造			622609.6	487500.0	1388.4
输配电及控制设备制造			554526.9	466519.4	1809.6
变压器、整流器和电感器制造			497342.7	418918.5	1492.6
配电开关控制设备制造			53211.5	44576.0	296.8
其他输配电及控制设备制造			3972.7	3024.9	20.2
电线、电缆、光缆及电工器材制造			58560.9	53364.6	162.5
电线电缆制造			51461.7	48402.6	121.2
绝缘制品制造			7099.2	4962.0	41.3

单位：万元

二、损益及分配					
其他业务收入	其他业务利润	营业费用	管理费用		财务费用
				税金	
1786.2	335.3	407.3	551.7	17.0	-2.9
1559.4	472.9	657.1	3545.0	73.4	312.2
			248.8	2.5	
46.7	19.4	133.8	363.1	2.7	41.1
46.7	19.4	38.6	273.9	2.4	25.6
		95.2	89.2	0.3	15.5
3765.2	1162.8	7130.9	8778.5	150.9	461.8
2760.1	960.0	4874.5	3717.5	93.9	382.7
914.5	257.6	921.0	1022.9	62.1	335.5
1480.7	702.4	3620.9	2418.0	28.7	31.0
364.9		332.6	276.6	3.1	16.2
		20.0	79.0		-1.0
		20.0	79.0		-1.0
266.6	90.8	152.7	793.2	1.4	58.4
266.6	90.8	152.7	793.2	1.4	58.4
682.0	76.9	1783.8	3647.1	54.1	14.3
0.8	0.3	85.5	171.7	0.7	-12.1
670.6	68.9	1542.0	3137.8	46.4	35.0
		123.2	212.9	3.6	-2.4
10.6	7.7	33.1	124.7	3.4	-6.2
56.5	35.1	299.9	541.7	1.5	7.4
		299.9	427.3	0.6	6.1
56.5	35.1		114.4	0.9	1.3
3150.6	774.8	2149.9	2648.1	116.8	135.3
		518.0	871.0	27.5	-1.0
		518.0	871.0	27.5	-1.0
3150.6	774.8	1631.9	1777.1	89.3	136.3
146.2	32.7	12.6	250.4	15.0	74.0
2288.3	510.0	365.1	1033.0	43.8	-13.0
501.9	208.1	199.2	275.5	12.5	75.2
214.2	24.0	1055.0	218.2	18.0	0.1
16683.8	5357.0	57442.5	40816.4	1834.3	10770.4
5549.3	1312.5	30189.2	18462.2	928.1	4235.7
5549.3	1312.5	30189.2	18462.2	928.1	4235.7
10950.2	3993.5	25368.7	19939.3	785.6	5612.1
10763.8	3952.5	23587.5	15670.4	647.9	5353.5
163.9	18.5	1610.4	3582.3	74.6	259.4
22.5	22.5	170.8	686.6	63.1	-0.8
184.3	51.0	1678.4	2201.4	70.0	923.3
32.9	0.4	1179.1	1343.0	61.3	872.0
151.4	50.6	499.3	858.4	8.7	51.3

1-4 续表 3-10

项目	5.港澳台资本	6.外商资本	主营业务收入	主营业务成本	主营业务税金及附加
非电力家用器具制造			1884.0	1796.7	4.5
燃气、太阳能及类似能源的器具制造			1884.0	1796.7	4.5
照明器具制造			950.0	862.4	5.6
照明灯具制造			950.0	862.4	5.6
通信设备、计算机及其他电子设备	6000.1	7305.1	109284.6	78887.3	594.5
通信设备制造		7227.1	1643.0	1622.9	
移动通信及终端设备制造		7227.1	1643.0	1622.9	
广播电视设备制造		78.0	9665.7	9474.0	0.5
广播电视接收设备及器材制造		78.0	9665.7	9474.0	0.5
电子元件制造	6000.1		96353.8	66269.7	594.0
电子元件及组件制造	6000.1		96353.8	66269.7	594.0
家用视听设备制造			1622.1	1520.7	
家用影视设备制造			1622.1	1520.7	
仪器仪表及文化、办公用机械制造			11704.1	6655.2	65.3
通用仪器仪表制造			9282.0	5997.6	33.2
工业自动控制系统装置制造			5331.5	3455.4	13.6
供应用仪表及其他通用仪器制造			3950.5	2542.2	19.6
专用仪器仪表制造			2422.1	657.6	32.1
地质勘探和地震专用仪器制造			1700.7	434.7	23.2
其他专用仪器制造			721.4	222.9	8.9
工艺品及其他制造业		1688.0	10367.0	10566.8	35.8
工艺美术品制造		1688.0	4896.8	3621.3	
地毯、挂毯制造		1688.0	4896.8	3621.3	
日用杂品制造			1465.9	1384.6	1.2
制镜及类似品加工			1465.9	1384.6	1.2
煤制品制造			4004.3	5560.9	34.6
电力、燃气及水的生产和供应业		16197.1	1267557.7	1086265.0	8038.0
电力、热力的生产和供应业		7130.1	1112779.3	981705.5	6455.7
电力生产		7130.1	419140.3	320574.5	3140.1
火力发电		6780.1	348036.1	278148.2	2823.7
水力发电		350.0	48365.4	33245.1	210.1
其他能源发电			22738.8	9181.2	106.3
电力供应			514281.3	494526.6	2795.7
热力生产和供应			179357.7	166604.4	519.9
燃气生产和供应业			109889.5	66143.4	1356.3
水的生产和供应业		9067.0	44888.9	38416.1	226.0
自来水的生产和供应			39919.2	34616.1	226.0
污水处理及其再生利用		9067.0	4969.7	3800.0	

单位：万元

二、损益及分配					
其他业务收入	其他业务利润	营业费用	管理费用		财务费用
				税金	
		157.2	150.5	0.6	-0.7
		157.2	150.5	0.6	-0.7
		49.0	63.0	50.0	
		49.0	63.0	50.0	
2739.7	1129.4	3412.3	7861.7	395.3	3195.2
		638.5	1385.2	1.0	-14.2
		638.5	1385.2	1.0	-14.2
10.6	8.3	43.0	130.3		13.9
10.6	8.3	43.0	130.3		13.9
2729.1	1121.1	2703.2	6218.1	390.3	3095.3
2729.1	1121.1	2703.2	6218.1	390.3	3095.3
		27.6	128.1	4.0	100.2
		27.6	128.1	4.0	100.2
		665.2	1354.2	9.3	139.3
		665.2	647.5	3.3	150.7
		495.8	292.9	2.1	-5.8
		169.4	354.6	1.2	156.5
			706.7	6.0	-11.4
			584.4	4.0	-10.4
			122.3	2.0	-1.0
353.5	246.6	101.5	3549.4	13.6	-210.0
		25.4	138.5	10.5	27.4
		25.4	138.5	10.5	27.4
		40.1	295.0	0.1	
		40.1	295.0	0.1	
353.5	246.6	36.0	3115.9	3.0	-237.4
30529.9	9401.1	28957.2	62911.2	1576.5	94268.2
21018.9	5803.3	5084.5	46699.5	1089.6	86781.6
2573.9	895.6	1190.8	26745.2	596.8	47848.5
2333.1	689.7	966.9	17777.1	328.3	33830.6
240.8	205.9	223.9	6269.0	181.7	9842.4
			2699.1	86.8	4175.5
13398.1	2487.5	1415.6	6338.4	92.9	28576.7
5046.9	2420.2	2478.1	13615.9	399.9	10356.4
5955.5	2480.2	15858.3	7185.0	194.8	4400.4
3555.5	1117.6	8014.4	9026.7	292.1	3086.2
3435.6	1036.7	8014.4	7674.4	292.1	2825.1
119.9	80.9		1352.3		261.1

1-4 续表 4-1

项　目	二、损益及分配					
	利息支出	营业利润	投资收益	补贴收入	利润总额	亏损企业亏损额
总　计	**338581.2**	**2359153.4**	**109082.4**	**90392.9**	**2438564.8**	**250657.4**
一、按登记注册类型分组						
内资企业	325198.5	2296387.5	102525.1	87852.2	2371499.6	232386.9
国有企业	32320.5	66698.3	328.6	4884.9	72552.4	26062.0
地方企业	32320.5	66698.3	328.6	4884.9	72552.4	26062.0
集体企业	444.7	4312.4	312.7	623.3	6224.9	731.7
股份合作企业	11.3	1598.2	1.4		1563.3	672.1
联营企业	170.2	3848.1	26.5	347.4	4159.5	790.6
国有联营企业	82.9	1077.0			1075.6	355.0
集体联营企业	47.9	-561.3	25.3	347.4	-191.3	191.3
国有与集体联营企业	38.0	3284.1	1.2		3329.5	
其他联营企业	1.4	48.3			-54.3	244.3
有限责任公司	141268.3	595182.4	16720.6	56214.5	662088.6	149987.0
国有独资公司	35280.8	142056.1	10395.8	9835.6	153590.2	16768.3
其他有限责任公司	105987.5	453126.3	6324.8	46378.9	508498.4	133218.7
股份有限公司	109313.6	1376571.9	57412.3	5581.7	1360013.0	13035.4
私营企业	41669.9	248176.2	27723.0	20200.4	264897.9	41108.1
私营独资企业	686.5	5750.5	0.7	82.1	4648.4	3026.0
私营合作企业	113.4	-1547.6		127.6	-1486.9	1951.1
私营有限责任公司	31465.1	122825.2	3981.7	19470.0	137781.5	34032.1
私营股份有限公司	9404.9	121148.1	23740.6	520.7	123954.9	2098.9
其他企业						
港、澳、台商投资企业	1696.2	11019.8	253.2	986.8	11545.8	5023.2
合资经营企业(港或澳、台资)	1269.1	2440.0	188.7	651.8	2280.5	2098.8
港澳台商独资经营企业	283.5	5883.3		335.0	6506.2	2298.4
港澳台商投资股份有限公司	143.6	2696.5	64.5		2759.1	626.0
外商投资企业	11686.5	51746.1	6304.1	1553.9	55519.4	13247.3
中外合资经营企业	8778.0	38761.6	6207.1	761.2	39962.8	7197.7
外资企业	517.3	11235.9	4.3	601.9	13328.1	355.5
外商投资股份有限公司	2391.2	1748.6	92.7	190.8	2228.5	5694.1
二、按经济组织类型分组						
独资企业	34252.5	93880.4	646.3	6527.2	103260.0	32473.6
国有企业	32320.5	66698.3	328.6	4884.9	72552.4	26062.0
集体企业	444.7	4312.4	312.7	623.3	6224.9	731.7
私营独资企业	686.5	5750.5	0.7	82.1	4648.4	3026.0
港澳台商独资经营企业	283.5	5883.3		335.0	6506.2	2298.4
外资企业	517.3	11235.9	4.3	601.9	13328.1	355.5
合作、合伙企业	294.9	3898.7	27.9	475.0	4235.9	3413.8
股份合作企业	11.3	1598.2	1.4		1563.3	672.1
国有联营企业	82.9	1077.0			1075.6	355.0

单位：万元

应交所得税	三、工资、福利费、增值税			
	本年应付工资总额（贷方累计发生额）	本年应付福利费总额	本年应交增值税	全部从业人员年平均人数（人）
332429.9	**931755.8**	**68899.3**	**934488.1**	**334738**
321620.6	893832.2	66545.7	899245.7	318881
20602.8	60291.2	3368.0	46835.7	20126
20602.8	60291.2	3368.0	46835.7	20126
1866.5	12292.4	1162.2	5471.4	3720
73.4	1859.9	231.8	710.0	579
1078.8	4920.3	406.6	3460.9	1659
224.9	618.7	18.6	856.8	276
	639.4	118.8	417.5	307
784.7	2963.7	234.5	1931.6	563
69.2	698.5	34.7	255.0	513
102864.8	485289.4	34140.3	342257.9	167358
25324.6	141823.8	7684.2	69472.5	33873
77540.2	343465.6	26456.1	272785.4	133485
173240.3	159223.4	14640.5	365630.7	44561
21894.0	169955.6	12596.3	134879.1	80878
1458.8	14445.3	909.0	9013.3	6169
-1270.5	2705.1	335.9	1274.6	690
19428.7	120328.8	10126.6	93902.4	64972
2277.0	32476.4	1224.8	30688.8	9047
2609.8	14081.0	429.9	13016.1	6778
629.4	6203.4	128.7	4410.5	2737
1479.8	6523.1	226.1	7202.2	3284
500.6	1354.5	75.1	1403.4	757
8199.5	23842.6	1923.7	22226.3	9079
4968.4	17014.4	1408.1	15124.0	5925
2517.4	4895.7	380.2	4907.4	2196
713.7	1932.5	135.4	2194.9	958
27925.3	98447.7	6045.5	73430.0	35495
20602.8	60291.2	3368.0	46835.7	20126
1866.5	12292.4	1162.2	5471.4	3720
1458.8	14445.3	909.0	9013.3	6169
1479.8	6523.1	226.1	7202.2	3284
2517.4	4895.7	380.2	4907.4	2196
-118.3	9485.3	974.3	5445.5	2928
73.4	1859.9	231.8	710.0	579
224.9	618.7	18.6	856.8	276

1-4 续表 4-2

项 目	二、损益及分配					
	利息支出	营业利润	投资收益	补贴收入	利润总额	亏损企业亏损额
集体联营企业	47.9	-561.3	25.3	347.4	-191.3	191.3
国有与集体联营企业	38.0	3284.1	1.2		3329.5	
其他联营企业	1.4	48.3			-54.3	244.3
私营合伙企业	113.4	-1547.6		127.6	-1486.9	1951.1
股份有限公司	121253.3	1502165.1	81310.1	6293.2	1488955.5	21454.4
股份有限公司(内资)	109313.6	1376571.9	57412.3	5581.7	1360013.0	13035.4
私营股份有限公司	9404.9	121148.1	23740.6	520.7	123954.9	2098.9
港澳台商投资股份有限公司	143.6	2696.5	64.5		2759.1	626.0
外商投资股份有限公司	2391.2	1748.6	92.7	190.8	2228.5	5694.1
有限责任公司	182780.5	759209.2	27098.1	77097.5	842113.4	193315.6
国有独资公司	35280.8	142056.1	10395.8	9835.6	153590.2	16768.3
私营有限责任公司	31465.1	122825.2	3981.7	19470.0	137781.5	34032.1
合资经营企业(港或澳、台资)	1269.1	2440.0	188.7	651.8	2280.5	2098.8
中外合资经营企业	8778.0	38761.6	6207.1	761.2	39962.8	7197.7
其他有限责任公司	105987.5	453126.3	6324.8	46378.9	508498.4	133218.7
三、在总计中						
总计中：亏损企业	88929.7	-274621.4	-10631.8	19379.3	-250657.4	250657.4
总计中：国有控股企业	224713.3	1603795.3	57322.2	38285.2	1630603.9	137822.7
总计中：农村工业	467.0	10861.1		533.9	11165.0	422.3
总计中：轻工业	68863.9	66591.6	-246.3	32056.8	88725.3	111696.4
重工业	269717.3	2292561.8	109328.7	58336.1	2349839.5	138961.0
总计中：大型企业	108579.3	1298163.3	31032.4	3750.6	1283714.5	30500.3
中型企业	123420.0	671533.0	73002.4	32512.2	712551.5	92873.8
小型企业	106581.9	389457.1	5047.6	54130.1	442298.8	127283.3
四、按工业行业小类分组						
采矿业	39673.5	1677033.4	16816.2	722.8	1665908.7	14331.1
煤炭开采和洗选业	6186.6	119285.2	894.0	153.9	109307.1	5819.7
烟煤和无烟煤的开采洗选	6186.6	119285.2	894.0	153.9	109307.1	5819.7
石油和天然气开采业	24874.8	1142192.2	943.0	145.4	1143374.6	300.1
天然原油和天然气开采	23717.1	1130057.4			1130060.3	
与石油和天然气开采有关的服务活动	1157.7	12134.8	943.0	145.4	13314.3	300.1
黑色金属矿采选业	7035.8	260184.4	11796.9	222.6	268111.0	3048.6
铁矿采选	7034.3	257854.3	11927.8	222.6	265592.8	3048.6
其他黑色金属矿采选	1.5	2330.1	-130.9		2518.2	
有色金属矿采选业	1024.5	150691.0	3080.5	93.9	140459.1	4177.7
常用有色金属矿采选	-495.8	140718.5	3062.1	93.9	130451.1	4177.7
铜矿采选	-275.9	129272.0	479.6	30.3	117335.8	284.0
铅锌矿采选	-361.6	1570.1	669.4	60.0	1218.9	3646.5
镍钴矿采选	141.7	9876.4	1913.1	3.6	11896.4	247.2
贵金属矿采选	1520.3	9972.5	18.4		10008.0	
金矿采选	1520.3	9972.5	18.4		10008.0	

单位：万元

应交所得税	三、工资、福利费、增值税 本年应付工资总额（贷方累计发生额）	本年应付福利费总额	本年应交增值税	全部从业人员年平均人数（人）
	639.4	118.8	417.5	307
784.7	2963.7	234.5	1931.6	563
69.2	698.5	34.7	255.0	513
-1270.5	2705.1	335.9	1274.6	690
176731.6	194986.8	16075.8	399917.8	55323
173240.3	159223.4	14640.5	365630.7	44561
2277.0	32476.4	1224.8	30688.8	9047
500.6	1354.5	75.1	1403.4	757
713.7	1932.5	135.4	2194.9	958
127891.3	628836.0	45803.7	455694.8	240992
25324.6	141823.8	7684.2	69472.5	33873
19428.7	120328.8	10126.6	93902.4	64972
629.4	6203.4	128.7	4410.5	2737
4968.4	17014.4	1408.1	15124.0	5925
77540.2	343465.6	26456.1	272785.4	133485
1328.8	238974.6	16139.6	100505.9	95576
230554.7	503902.6	36002.1	577905.0	151317
1756.9	3280.1	169.0	3312.1	2061
15941.2	187648.9	13287.8	110886.9	103598
316488.7	744106.9	55611.5	823601.2	231140
171440.6	242688.0	15364.4	382015.2	65584
92113.5	359007.0	27399.6	300319.1	129394
68875.8	330060.8	26135.3	252153.8	139760
247959.3	220813.9	16310.0	394191.6	64908
24118.7	124771.9	6534.1	60390.9	36717
24118.7	124771.9	6534.1	60390.9	36717
169738.3	40483.1	3228.9	238570.9	10182
167759.0	26464.9	2252.7	233253.8	6126
1979.3	14018.2	976.2	5317.1	4056
48563.7	26320.9	4321.9	58713.5	8268
47885.5	25466.1	4250.3	57488.8	8010
678.2	854.8	71.6	1224.7	258
4398.1	23067.3	2023.2	31900.6	6758
1927.7	17121.7	1730.9	31628.5	4993
1080.9	10385.2	1284.3	26040.5	2827
345.5	4780.7	316.8	2236.0	1591
501.3	1955.8	129.8	3352.0	575
2470.4	5945.6	292.3	272.1	1765
2470.4	5945.6	292.3	272.1	1765

1-4 续表 4-3

项 目	二、损益及分配					
	利息支出	营业利润	投资收益	补贴收入	利润总额	亏损企业亏损额
非金属矿采选业	551.8	4680.6	101.8	107.0	4656.9	985.0
土砂石开采	0.1	2227.5	89.0	58.2	2207.4	
建筑装饰用石开采	0.1	823.9	89.0	58.2	808.9	
耐火土石开采		182.5			182.5	
粘土及其他土砂石开采		1221.1			1216.0	
化学矿采选	94.7	118.3			82.1	139.7
采盐	26.9	2306.4	12.8	3.0	2346.3	
石棉及其他非金属矿采选	430.1	28.4		45.8	21.1	845.3
石棉、云母矿采选	10.2	157.9			157.9	
其他非金属矿采选	419.9	-129.5		45.8	-136.8	845.3
制造业	203812.3	677293.6	91639.5	72203.9	746668.5	186186.6
农副食品加工业	22729.5	13428.5	-2010.1	14797.0	25691.1	18449.0
谷物磨制	2061.3	3813.8	86.3	1295.3	5375.1	398.1
饲料加工	943.5	3953.5	32.4	1338.9	4104.2	308.8
植物油加工	14030.3	660.1	-2128.9	10609.3	8817.7	12761.2
食用植物油加工	14030.3	810.8	-2128.9	10609.3	8970.9	12608.0
非食用植物油加工		-150.7			-153.2	153.2
制糖	3050.9	-1201.2		130.0	-682.8	3106.7
屠宰及肉类加工	756.5	719.6		959.2	1877.6	785.4
畜禽屠宰	498.1	913.4		501.2	1677.0	72.8
肉制品及副产品加工	258.4	-193.8		458.0	200.6	712.6
蔬菜、水果和坚果加工	1323.9	3326.2		178.6	3596.5	847.0
其他农副食品加工	563.1	2156.5	0.1	285.7	2602.8	241.8
淀粉及淀粉制品的制造	235.0	460.9		285.7	735.2	225.9
其他未列明的农副食品加工	328.1	1695.6	0.1		1867.6	15.9
食品制造业	8590.5	55463.7	2700.6	3153.2	59793.9	4606.8
焙烤食品制造	291.0	-132.4		257.4	436.9	142.6
糕点、面包制造	289.6	-386.5		200.0	94.8	
饼干及其他焙烤食品制造	1.4	254.1		57.4	342.1	142.6
糖果、巧克力及蜜饯制造	263.1	445.2	0.3	58.0	490.0	
糖果、巧克力制造						
蜜饯制作	263.1	445.2	0.3	58.0	490.0	
方便食品制造		4148.1		644.2	4803.3	33.1
速冻食品制造	13.0	17.3			17.1	
方便面及其他方便食品制造	-13.0	4130.8		644.2	4786.2	33.1
液体乳及乳制品制造	1563.4	4037.1	6.5	1492.5	4832.1	3197.2
罐头制造	5050.2	32230.5	1789.7	171.5	34113.4	185.0
蔬菜、水果罐头制造	5050.2	32230.5	1789.7	171.5	34113.4	185.0
调味品、发酵制品制造	821.1	11531.7	881.7	308.7	11648.5	575.4
味精制造	19.9	-598.3		38.2	-520.0	525.1
酱油、食醋及类似制品的制造	59.8	181.4		10.0	294.8	50.3
其他调味品、发酵制品制造	741.4	11948.6	881.7	260.5	11873.7	

单位：万元

	三、工资、福利费、增值税			
应交所得税	本年应付工资总额（贷方累计发生额）	本年应付福利费总额	本年应交增值税	全部从业人员年平均人数（人）
1140.5	6170.7	201.9	4615.7	2983
311.0	1307.1	74.6	1286.1	402
34.5	725.8	53.8	624.6	193
45.6	112.8	3.0	148.6	36
230.9	468.5	17.8	512.9	173
55.0	1023.0		606.6	593
597.4	2441.4	82.5	1613.1	1378
177.1	1399.2	44.8	1109.9	610
	243.0	44.8	133.9	200
177.1	1156.2		976.0	410
73005.8	573143.6	47048.3	450536.0	232944
5018.8	36576.4	3385.5	19119.7	17509
443.0	5365.6	320.3	1767.0	2636
481.4	3636.3	308.0	2750.5	1536
2118.6	10242.4	1060.9	4188.2	5622
2118.6	10215.4	1060.3	4188.2	5590
	27.0	0.6		32
1274.0	12703.6	1301.4	8477.1	5106
19.7	2161.7	239.4	488.0	1194
12.4	1122.3	143.0	58.5	587
7.3	1039.4	96.4	429.5	607
285.0	765.8	54.7	296.8	532
397.1	1701.0	100.8	1152.1	883
257.3	940.4	57.3	482.4	536
139.8	760.6	43.5	669.7	347
2252.5	23670.8	1525.7	16175.5	12034
7.6	996.2	21.6	654.2	656
7.6	457.9	21.6	385.5	312
	538.3		268.7	344
	212.4	26.8	73.7	96
	212.4	26.8	73.7	96
653.8	4769.7	35.6	4279.8	2063
3.4	70.7	35.6	34.0	60
650.4	4699.0		4245.8	2003
276.1	7035.3	331.0	4763.4	3264
663.3	4661.2	320.4	1349.1	2553
663.3	4661.2	320.4	1349.1	2553
336.7	2635.7	409.7	2963.7	1621
0.9	891.3	125.6	134.5	630
9.4	967.2	186.9	461.9	579
326.4	777.2	97.2	2367.3	412

1-4 续表 4-4

项目	二、损益及分配					
	利息支出	营业利润	投资收益	补贴收入	利润总额	亏损企业亏损额
其他食品制造	601.7	3203.5	22.4	220.9	3469.7	473.5
营养、保健食品制造	201.3	763.2		123.5	858.0	
冷冻饮品及食用冰制造	135.0	-237.7		91.0	-90.4	424.7
盐加工	71.4	1031.4	22.4		1048.7	48.8
食品及饲料添加剂制造	194.0	1646.6		6.4	1653.4	
饮料制造业	1537.5	26932.8	5689.1	942.3	28925.3	1602.4
酒精制造	188.8	-927.6	0.2	48.8	-359.3	359.3
酒的制造	1233.0	21826.3	5688.6	635.1	22829.4	817.9
白酒制造	148.6	771.6	0.3	83.7	1034.6	260.1
啤酒制造	612.7	20018.5	5687.7		20259.1	344.2
葡萄酒制造	471.7	1036.2	0.6	551.4	1535.7	213.6
软饮料制造	115.7	6034.1	0.3	258.4	6455.2	425.2
瓶(罐)装饮用水制造	105.1	1632.4			1629.4	
果菜汁及果菜汁饮料制造	-28.0	1873.5		208.4	2132.9	425.2
含乳饮料和植物蛋白饮料制造		360.2	0.3	50.0	409.6	
茶饮料及其他软饮料制造	38.6	2168.0			2283.3	
纺织业	17031.9	-24487.3	-7870.6	5896.9	-28724.4	52477.4
棉、化纤纺织及印染精加工	15679.7	-21864.0	-2909.8	5569.0	-22609.8	43758.5
棉、化纤纺织加工	15647.7	-21748.3	-2909.8	5569.0	-22494.1	43642.8
棉、化纤印染精加工	32.0	-115.7			-115.7	115.7
毛纺织和染整精加工	17.0	-444.5		16.0	-438.7	751.9
毛条加工	18.9	-378.6		16.0	-362.6	439.1
毛纺织	-1.9	-65.9			-76.1	312.8
麻纺织	992.7	-944.5	-5000.0	141.7	-5330.9	7171.3
针织品、编织品及其制品制造	342.5	-1234.3	39.2	170.2	-345.0	795.7
棉、化纤针织品及编织品制造	10.9	-641.4		170.2	-482.2	730.9
毛针织品及编织品制造	331.6	-592.9	39.2		137.2	64.8
纺织服装、鞋、帽制造业	0.3	-35.3			-253.7	297.0
纺织服装制造	0.3	-35.3			-253.7	297.0
皮革、毛皮、羽毛(绒)及其制品业	143.0	79.6		54.0	-122.7	553.0
皮革鞣制加工	136.4	-0.6		54.0	-206.8	531.8
皮革制品制造	1.8	-25.1			-21.2	21.2
皮鞋制造	1.8	-25.1			-21.2	21.2
毛皮鞣制及制品加工	4.8	105.3			105.3	
毛皮鞣制加工	4.8	105.3			105.3	
木材加工及木、竹、藤、棕、草制品	651.2	2121.7	8.9	1301.3	4333.1	987.8
锯材、木片加工		-648.6			-453.7	453.7
锯材加工		-648.6			-453.7	453.7

单位：万元

应交所得税	三、工资、福利费、增值税			
	本年应付工资总额(贷方累计发生额)	本年应付福利费总额	本年应交增值税	全部从业人员年平均人数(人)
315.0	3360.3	380.6	2091.6	1781
	129.4	11.0	42.1	91
14.9	1761.7	196.9	792.6	903
229.1	1017.2	133.3	755.0	542
71.0	452.0	39.4	501.9	245
2953.9	13243.1	1325.3	12742.3	5778
	217.3	6.8		266
2339.2	10095.9	978.6	9200.8	3987
375.1	1765.2	252.9	1313.8	1187
1964.1	7981.3	714.7	7702.9	2634
	349.4	11.0	184.1	166
614.7	2929.9	339.9	3541.5	1525
367.9	502.0	28.9	205.3	344
126.6	1577.9	77.6	1592.3	672
	180.0	45.4	164.8	158
120.2	670.0	188.0	1579.1	351
1472.3	52748.3	2989.8	28050.8	38796
1225.9	42335.1	2050.2	25818.0	32027
1225.9	41954.1	1997.1	25818.0	31913
	381.0	53.1		114
1.6	2003.3	267.9	793.8	1465
	326.9	71.5	223.9	365
1.6	1676.4	196.4	569.9	1100
234.9	4148.6	207.8	1062.7	3050
9.9	4261.3	463.9	376.3	2254
9.9	1199.2	57.2	132.2	651
	3062.1	406.7	244.1	1603
6.9	553.9	37.6	519.6	263
6.9	553.9	37.6	519.6	263
0.9	2119.3	318.1	1088.7	680
	1845.1	290.1	984.0	514
0.9	211.8	19.3	42.2	106
0.9	211.8	19.3	42.2	106
	62.4	8.7	62.5	60
	62.4	8.7	62.5	60
198.6	3748.6	255.8	2605.2	1865
	27.4	12.0	29.5	18
	27.4	12.0	29.5	18

1-4 续表 4-5

项　　目	二、损益及分配					
	利息支出	营业利润	投资收益	补贴收入	利润总额	亏损企业亏损额
人造板制造	581.2	2489.2	8.9	1266.3	4472.9	534.1
胶合板制造	39.0	142.8			43.5	68.3
纤维板制造	542.2	797.1	8.9	1266.3	2880.1	465.8
刨花板制造		1527.0			1527.0	
其他人造板、材制造		22.3			22.3	
木制品制造	70.0	281.1		35.0	313.9	
建筑用木料及木材组件加工	41.7	9.3			9.3	
木容器制造	-0.4	20.2			20.2	
软木制品及其他木制品制造	28.7	251.6		35.0	284.4	
家具制造业	1232.9	-285.8	-1316.7	587.5	169.2	546.8
木质家具制造	923.1	-897.1	-1316.7	575.5	-445.1	546.8
金属家具制造	309.8	611.3		12.0	614.3	
造纸及纸制品业	2761.4	5351.3	1067.3	297.8	7164.1	2712.4
纸浆制造	1306.7	5565.5			5337.8	60.9
造纸	1173.2	-1343.7	108.7	0.4	-754.0	1737.3
机制纸及纸板制造	1173.2	-1343.7	108.7	0.4	-754.0	1737.3
纸制品制造	281.5	1129.5	958.6	297.4	2580.3	914.2
纸和纸板容器的制造	251.5	1205.0	958.6	294.5	2648.3	827.0
其他纸制品制造	30.0	-75.5		2.9	-68.0	87.2
印刷业和记录媒介的复制	971.6	2403.3	63.4	605.2	3390.1	195.9
印刷	973.5	2201.3	63.4	569.2	3158.7	195.9
书、报、刊印刷	785.9	380.4	63.4	430.3	1218.9	172.8
本册印制	40.6	468.6		84.0	466.2	
包装装潢及其他印刷	147.0	1352.3		54.9	1473.6	23.1
装订及其他印刷服务活动	-1.9	202.0		36.0	231.4	
石油加工、炼焦及核燃料加工业	8878.1	68630.1	538.5	366.0	68865.4	3602.7
精炼石油产品的制造	2882.7	11050.0	118.7	311.2	12025.6	1753.0
原油加工及石油制品制造	2882.7	11050.0	118.7	311.2	12025.6	1753.0
炼焦	5995.4	57580.1	419.8	54.8	56839.8	1849.7
化学原料及化学制品制造业	39602.0	151438.0	27765.3	9068.3	169346.7	13170.3
基础化学原料制造	16720.4	24047.9	19284.9	2016.6	26752.6	11989.0
无机酸制造	89.3	6467.8	9.9	193.2	6454.7	
无机碱制造	8777.0	18704.9	17816.4	10.0	20237.4	11.7
无机盐制造	1969.5	4757.5	90.9	1376.0	5571.1	1658.5
有机化学原料制造	4587.7	-5150.5	1367.7	437.4	-4801.7	9554.2
其他基础化学原料制造	1296.9	-731.8			-708.9	764.6
肥料制造	4194.6	28683.1	0.3	5685.8	33936.9	580.2
氮肥制造	3427.2	29510.7	0.3	4014.3	33148.4	
磷肥制造	32.4	-39.2		52.1	-80.3	80.3
钾肥制造	-0.5	-41.1			-41.2	41.2

单位：万元

应交所得税	三、工资、福利费、增值税			
	本年应付工资总额（贷方累计发生额）	本年应付福利费总额	本年应交增值税	全部从业人员年平均人数（人）
127.5	3161.2	217.9	2387.0	1353
	471.4	5.0	100.1	70
122.0	2508.8	188.6	2261.9	1212
	151.0	21.1		45
5.5	30.0	3.2	25.0	26
71.1	560.0	25.9	188.7	494
	147.7		39.7	57
	180.0	4.7	39.9	150
71.1	232.3	21.2	109.1	287
36.8	8151.8	78.8	610.5	3380
14.4	7277.7	78.8	361.1	2837
22.4	874.1		249.4	543
1703.9	11873.4	1012.6	8195.5	5331
1503.9	5109.0	333.1	4698.1	1779
9.2	2655.5	320.6	1610.9	1831
9.2	2655.5	320.6	1610.9	1831
190.8	4108.9	358.9	1886.5	1721
186.0	3951.7	347.9	1761.3	1661
4.8	157.2	11.0	125.2	60
475.7	6398.0	426.7	2476.3	2957
430.0	6250.4	410.9	2242.1	2849
112.9	4959.6	359.0	1632.6	2246
111.6	459.0	44.1	192.0	203
205.5	831.8	7.8	417.5	400
45.7	147.6	15.8	234.2	108
9288.7	24911.4	1998.6	31392.7	8561
1742.2	10381.6	1031.4	10580.4	3612
1742.2	10381.6	1031.4	10580.4	3612
7546.5	14529.8	967.2	20812.3	4949
16088.0	118856.4	12348.5	81394.4	34193
4309.5	52220.1	4625.5	28847.6	13944
1596.3	1035.2	36.4	2261.8	486
2193.7	25789.8	3445.9	15421.0	4436
503.6	11710.3	565.0	7210.2	5329
1.8	12105.3	419.6	3424.7	3290
14.1	1579.5	158.6	529.9	403
2663.4	11170.9	1726.0	6706.4	3239
2376.2	9179.6	1557.4	5994.1	2225
0.4	223.2	26.1	147.7	130
3.8	55.3	6.6	121.8	28

1-4 续表 4-6

项 目	二、损益及分配					
	利息支出	营业利润	投资收益	补贴收入	利润总额	亏损企业亏损额
复混肥料制造	668.3	-887.7		1503.2	604.9	344.3
有机肥料及微生物肥料制造	67.2	303.3		116.2	419.5	
其他肥料制造		-162.9			-114.4	114.4
涂料、油墨、颜料及类似产品制造	194.5	-333.0	0.3	92.1	-259.9	379.8
涂料制造	124.6	-263.4	0.3	92.1	-190.3	310.2
密封用填料及类似品制造	69.9	-69.6			-69.6	69.6
合成材料制造	15981.5	67271.0	5877.0	79.0	73620.5	4.1
初级形态的塑料及合成树脂制造	15975.8	64940.7	5877.0	79.0	71240.8	4.1
合成纤维单(聚合)体的制造	-1.3	2305.8			2355.4	
其他合成材料制造	7.0	24.5			24.3	
专用化学产品制造	2511.8	31233.9	2602.8	983.4	34540.6	217.2
化学试剂和助剂制造	681.6	8605.8	407.3	827.2	10254.6	36.0
专项化学用品制造	1063.8	13886.9	44.7	117.3	13675.3	113.7
炸药及火工产品制造	743.6	8646.9	2150.8		10478.3	
动物胶制造	22.8	94.3		38.9	132.4	67.5
日用化学产品制造	-0.8	535.1		211.4	756.0	
肥皂及合成洗涤剂制造	-0.8	535.1		211.4	756.0	
医药制造业	1112.7	7412.4	278.4	344.1	7516.2	1154.1
化学药品原药制造		-184.3			-184.8	184.8
化学药品制剂制造	224.0	348.6	297.8	161.1	325.6	506.6
中药饮片加工	516.9	164.3	-19.4		129.1	440.0
中成药制造	177.8	6659.5		68.0	6686.5	22.7
兽用药品制造	15.8	7.8			7.3	
生物、生化制品的制造	178.2	416.5		115.0	552.5	
化学纤维制造业	8473.4	-11609.0	-10.1	1297.3	-11324.4	16086.6
纤维素纤维原料及纤维制造	8473.4	-11609.0	-10.1	1297.3	-11324.4	16086.6
化纤浆粕制造	6159.3	-1477.8	-10.1	1297.3	-1027.1	5789.3
人造纤维(纤维素纤维)制造	2314.1	-10131.2			-10297.3	10297.3
橡胶制品业	36.8	-3036.8		36.3	-3063.8	3181.8
轮胎制造	0.2	-3100.2			-3158.4	3158.4
车辆、飞机及工程机械轮胎制造	0.2	-3100.2			-3158.4	3158.4
橡胶板、管、带的制造	5.9	61.8		36.3	98.7	
再生橡胶制造		-23.4			-23.4	23.4
日用及医用橡胶制品制造	30.7	25.0			19.3	
塑料制品业	2820.8	17786.5	329.4	2950.2	20879.6	2613.6
塑料薄膜制造	499.9	-71.4	0.4	1839.7	1641.4	590.6
塑料板、管、型材的制造	1138.3	10874.6	328.5	913.2	12679.7	482.0
塑料丝、绳及编织品的制造	177.9	497.9	0.5	85.3	581.4	606.0
泡沫塑料制造	31.1	153.8			152.8	128.2
塑料包装箱及容器制造	791.9	2617.2		112.0	2023.4	280.2
日用塑料制造	-1.4	30.1			29.1	93.8
日用塑料杂品制造	-1.4	30.1			29.1	93.8

单位：万元

应交所得税	三、工资、福利费、增值税 本年应付工资总额（贷方累计发生额）	本年应付福利费总额	本年应交增值税	全部从业人员年平均人数（人）
229.5	1130.4	123.5	280.4	530
53.5	479.9		149.2	273
	102.5	12.4	13.2	53
31.7	870.4	90.5	467.7	413
31.7	814.7	82.7	444.7	372
	55.7	7.8	23.0	41
2913.6	25825.4	2600.1	27139.5	9508
2888.6	25264.3	2525.8	27035.4	9291
25.0	527.5	74.1	90.7	206
	33.6	0.2	13.4	11
6169.0	28033.5	3273.0	17938.4	6692
1970.9	11796.6	1585.9	5948.3	2478
1599.4	8408.3	835.8	7355.1	2135
2595.7	7678.6	845.4	4544.7	1956
3.0	150.0	5.9	90.3	123
0.8	736.1	33.4	294.8	397
0.8	736.1	33.4	294.8	397
491.1	4618.3	463.6	4132.4	2365
	103.3	1.4	38.1	95
236.4	2170.1	165.8	1750.9	1021
45.7	899.9	226.4	158.7	496
137.4	1041.0	59.7	1968.7	557
2.0	89.6	8.5	18.6	47
69.6	314.4	1.8	197.4	149
	10435.0	970.9	9908.8	6726
	10435.0	970.9	9908.8	6726
	6304.9	688.2	6206.5	4291
	4130.1	282.7	3702.3	2435
7.4	4248.2	546.4	894.0	1768
	3317.1	531.9	541.0	1378
	3317.1	531.9	541.0	1378
2.6	683.9	14.5	215.4	198
	76.9		39.1	72
4.8	170.3		98.5	120
2865.9	18000.6	1222.0	9428.3	8166
308.4	1579.0	126.3	1504.8	1069
1028.2	9813.3	841.2	3236.1	3840
198.7	2446.5	95.9	969.7	1448
70.0	224.2	30.7	270.6	166
576.1	1288.7	26.0	2266.0	577
30.7	352.3		88.3	58
30.7	352.3		88.3	58

1-4 续表 4-7

项 目	二、损益及分配					
	利息支出	营业利润	投资收益	补贴收入	利润总额	亏损企业亏损额
其他塑料制品制造	183.1	3684.3			3771.8	432.8
非金属矿物制品业	26524.3	94749.4	44154.3	21240.3	127333.1	4497.2
水泥、石灰和石膏的制造	14672.0	37751.2	18970.8	16843.3	65221.2	1525.2
水泥制造	14346.3	36202.5	18970.8	16608.4	63476.3	1439.2
石灰和石膏制造	325.7	1548.7		234.9	1744.9	86.0
水泥及石膏制品制造	2386.3	16581.6	6.8	2973.2	18417.5	1616.8
水泥制品制造	1626.0	13649.4		2366.9	14869.8	1336.3
砼结构构件制造	571.5	3392.4			3394.1	
石棉水泥制品制造	-0.2	-23.7		23.3	-0.4	0.4
轻质建筑材料制造	189.0	-156.4	6.8	583.0	434.1	
其他水泥制品制造		-280.1			-280.1	280.1
砖瓦、石材及其他建筑材料制造	4621.9	26158.0	25175.7	366.1	28142.7	30.8
粘土砖瓦及建筑砌块制造		999.2		113.6	1127.7	
建筑陶瓷制品制造	241.3	1393.6		175.3	1571.3	15.0
建筑用石加工	4220.0	23114.4	25174.9		24653.7	
防水建筑材料制造	96.1	143.2	0.8		150.3	7.2
隔热和隔音材料制造	24.7	610.3			610.2	
其他建筑材料制造	39.8	-102.7		77.2	29.5	8.6
玻璃及玻璃制品制造	2581.3	9900.5	1.0	88.0	10142.3	974.7
平板玻璃制造	125.4	-499.0		10.3	-489.8	489.8
技术玻璃制品制造	40.9	-89.0		47.7	-43.1	53.0
日用玻璃制品及玻璃包装容器制造	144.2	-243.1		30.0	-67.4	171.9
玻璃保温容器制造	150.4	19.0	1.0		31.5	
玻璃纤维及制品制造	430.4	5118.7			5122.5	260.0
玻璃纤维增强塑料制品制造	1690.0	5593.9			5588.6	
耐火材料制品制造	-9.9	889.3			932.1	
耐火陶瓷制品及其他耐火材料制造	-9.9	889.3			932.1	
石墨及其他非金属矿物制品制造	2272.7	3468.8		969.7	4477.3	349.7
石墨及碳素制品制造	1894.2	2627.7		139.8	2814.8	
其他非金属矿物制品制造	378.5	841.1		829.9	1662.5	349.7
黑色金属冶炼及压延加工业	43531.2	110828.5	6196.4	426.3	92959.7	24389.2
炼铁	1389.1	44105.2	5496.2	179.5	63195.5	22371.3
炼钢	686.0	-208.9			-197.0	217.1
钢压延加工	40960.7	60587.1	665.8	80.0	23375.1	1368.9
铁合金冶炼	495.4	6345.1	34.4	166.8	6586.1	431.9
有色金属冶炼及压延加工业	3763.2	-1788.7	14.5	6000.3	4707.4	15806.8
常用有色金属冶炼	3184.0	-10925.4	-9.9	1825.0	-7662.1	15445.1
铜冶炼	434.4	850.0			1179.7	

单位：万元

应交所得税	三、工资、福利费、增值税 本年应付工资总额（贷方累计发生额）	本年应付福利费总额	本年应交增值税	全部从业人员年平均人数（人）
653.8	2296.6	101.9	1092.8	1008
14310.6	54497.3	4331.4	52942.7	25191
8900.7	29261.0	2628.2	37932.2	14427
8870.2	27088.4	2421.8	34788.0	13494
30.5	2172.6	206.4	3144.2	933
2608.7	10405.8	719.1	7116.9	3481
2383.5	8769.0	561.0	6104.9	2821
205.9	888.4	93.6	766.4	334
	57.1	57.1	23.4	60
19.3	600.1	5.3	160.5	216
	91.2	2.1	61.7	50
296.8	4562.0	243.7	2005.3	2651
91.0	286.0	0.3	5.5	138
110.1	2299.8	142.3	398.9	1757
32.6	1289.1	9.8	1168.6	377
17.4	250.0	20.4	152.5	169
45.7	229.0	20.1	170.9	120
	208.1	50.8	108.9	90
2267.5	3905.6	292.4	2963.0	1922
	307.9	6.3	103.9	126
1.8	196.6	24.6	69.8	145
11.6	635.6	37.8	381.1	392
	376.0	12.7	146.9	313
1452.3	1306.6	176.6	1825.6	425
801.8	1082.9	34.4	435.7	521
158.9	2208.7	36.9	707.6	574
158.9	2208.7	36.9	707.6	574
78.0	4154.2	411.1	2217.7	2136
51.9	2820.5	316.3	1132.6	1219
26.1	1333.7	94.8	1085.1	917
-1603.3	81085.8	5239.5	96261.7	24742
1940.7	38528.8	2981.2	32101.3	12617
3.9	357.4	4.0	547.4	140
-3575.7	38445.1	2068.7	58801.4	10525
27.8	3754.5	185.6	4811.6	1460
1450.9	18208.9	1323.3	16105.9	6424
-964.7	11905.7	880.1	14419.2	3943
178.3	345.8	40.0	7009.8	368

1-4 续表 4-8

项　　目	二、损益及分配					
	利息支出	营业利润	投资收益	补贴收入	利润总额	亏损企业亏损额
铅锌冶炼	99.7	-2266.2			-2276.9	2276.9
镍钴冶炼	442.7	-11923.5			-12019.3	12019.3
铝冶炼	2048.4	3924.3		1825.0	5744.4	858.9
其他常用有色金属冶炼	158.8	-1510.0	-9.9		-290.0	290.0
贵金属冶炼	314.7	8432.8	24.4	4140.3	11688.2	181.8
金冶炼	314.7	8432.8	24.4	4140.3	11688.2	181.8
有色金属合金制造	-0.1	-1.1			-1.1	1.1
有色金属压延加工	264.6	705.0		35.0	682.4	178.8
常用有色金属压延加工	264.6	705.0		35.0	682.4	178.8
金属制品业	2040.0	10469.2	-643.1	300.7	11272.6	3357.9
结构性金属制品制造	1332.2	7863.0	522.3	69.0	8395.2	100.4
金属结构制造	1345.3	7756.4	522.3	69.0	8293.5	100.4
金属门窗制造	-13.1	106.6			101.7	
集装箱及金属包装容器制造	447.1	-1383.5	278.7	51.7	-1098.7	2410.9
金属压力容器制造	-1.1	-549.7			-551.9	551.9
金属包装容器制造	448.2	-833.8	278.7	51.7	-546.8	1859.0
金属丝绳及其制品的制造	224.6	-16.5	-1444.1		-199.6	643.8
建筑、安全用金属制品制造	-2.9	1597.7		15.6	1602.3	68.6
建筑、家具用金属配件制造	-0.2	307.8			307.8	
建筑装饰及水暖管道零件制造	-2.7	1289.9		15.6	1294.5	68.6
金属表面处理及热处理加工		1258.6			1247.0	
不锈钢及类似日用金属制品制造	1.9	8.1			16.8	
金属制厨用器皿及餐具制造	1.9	8.1			16.8	
其他金属制品制造	37.1	1141.8		164.4	1309.6	134.2
其他未列明的金属制品制造	37.1	1141.8		164.4	1309.6	134.2
通用设备制造业	400.6	5266.7	13.7	250.5	5656.0	19.6
锅炉及原动机制造	21.9	50.6			40.8	6.7
锅炉及辅助设备制造	21.9	29.8			20.3	6.7
内燃机及配件制造		20.8			20.5	
起重运输设备制造	0.9	126.3		3.9	238.5	
泵、阀门、压缩机及类似机械的制造	-0.2	130.6			130.6	
泵及真空设备制造	-0.2	130.6			130.6	
轴承、齿轮、传动和驱动部件的制造		3.0			-5.8	5.8
轴承制造		3.0			-5.8	5.8
风机、衡器、包装设备等通用设备制造	6.2	648.4		8.0	647.5	
风机、风扇制造		267.9			265.2	
制冷、空调设备制造	-2.1	198.6			196.6	
衡器制造	8.3	181.9		8.0	185.7	
通用零部件制造及机械修理	331.0	4182.3	13.7	193.6	4439.2	7.1
金属密封件制造	29.9	128.1		10.0	233.2	

单位：万元

	三、工资、福利费、增值税			
应交所得税	本年应付工资总额（贷方累计发生额）	本年应付福利费总额	本年应交增值税	全部从业人员年平均人数（人）
-1305.3	281.2	10.4	339.5	135
	5849.2	499.2	3023.7	1281
162.3	5078.3	330.5	4045.5	1935
	351.2		0.7	224
2125.4	5280.9	346.4	985.1	1937
2125.4	5280.9	346.4	985.1	1937
	12.5	3.1	20.8	15
290.2	1009.8	93.7	680.8	529
290.2	1009.8	93.7	680.8	529
1549.8	15694.6	1221.4	10289.9	7008
1371.9	6122.7	597.1	5714.9	3353
1369.3	5799.3	470.4	5571.7	3178
2.6	323.4	126.7	143.2	175
197.5	3836.2	207.7	1463.6	1623
	225.2	43.8	6.1	112
197.5	3611.0	163.9	1457.5	1511
-98.0	2707.5	43.1	1492.9	324
0.4	544.8	16.9	507.1	594
0.4	36.0	3.1	0.8	33
	508.8	13.8	506.3	561
15.2	1215.7	151.3	409.9	554
3.4	52.7		19.3	42
3.4	52.7		19.3	42
59.4	1215.0	205.3	682.2	518
59.4	1215.0	205.3	682.2	518
1355.3	9053.5	1029.9	4235.7	3304
5.1	383.4	70.3	132.8	200
	269.6	54.2	57.0	169
5.1	113.8	16.1	75.8	31
70.0	562.5	92.3	243.1	391
20.6	114.6	13.7	75.5	38
20.6	114.6	13.7	75.5	38
	469.2		128.0	305
	469.2		128.0	305
120.9	505.2	219.0	194.2	262
59.3	277.3	184.8	119.9	128
29.5	148.0	29.0		98
32.1	79.9	5.2	74.3	36
1110.9	6605.0	586.9	2957.6	1895
17.6	246.8	26.2	198.9	159

1-4 续表 4-9

项目	二、损益及分配					
	利息支出	营业利润	投资收益	补贴收入	利润总额	亏损企业亏损额
紧固件、弹簧制造	-2.9	345.8			348.3	
机械零部件加工及设备修理	304.0	3691.4	13.7	183.6	3840.7	7.1
其他通用零部件制造		17.0			17.0	
金属铸、锻加工	40.8	125.5		45.0	165.2	
钢铁铸件制造	25.4	84.2		45.0	123.9	
锻件及粉末冶金制品制造	15.4	41.3			41.3	
专用设备制造业	293.6	9302.0	79.9	1621.8	9991.0	1368.5
矿山、冶金、建筑专用设备制造	215.7	8948.8	79.9	15.0	8195.6	446.2
采矿、采石设备制造	169.4	1849.9	2.0	15.0	1860.4	53.5
石油钻采专用设备制造	30.1	7015.8	77.9		6257.8	392.7
建筑工程用机械制造	16.2	83.1			77.4	
食品、饮料、烟草及饲料生产专用设备制造	-1.0	-15.0			7.5	
食品、饮料、烟草工业专用设备制造	-1.0	-15.0			7.5	
纺织、服装和皮革工业专用设备制造	58.7	509.6			507.5	73.5
纺织专用设备制造	58.7	509.6			507.5	73.5
农、林、牧、渔专用机械制造	13.5	-147.4		1606.8	1275.4	825.0
拖拉机制造	-12.3	84.7			84.7	
机械化农业及园艺机具制造	34.4	-649.7		1586.8	748.5	825.0
畜牧机械制造	-2.4	237.0		20.0	256.9	
其他农林牧渔业机械制造及机械修理	-6.2	180.6			185.3	
环保、社会公共安全及其他专用设备制造	6.7	6.0			5.0	23.8
水资源专用机械制造	5.4	-11.7			-12.6	23.8
其他专用设备制造	1.3	17.7			17.6	
交通运输设备制造业	135.6	-734.3			-438.9	1383.9
铁路运输设备制造	-1.0	-475.5			-475.5	475.5
其他铁路设备制造及设备修理	-1.0	-475.5			-475.5	475.5
汽车制造	136.6	-258.8			36.6	908.4
汽车整车制造	79.0	-215.3			-189.3	189.3
改装汽车制造	-15.2	-820.2			-618.0	719.1
汽车车身、挂车的制造	72.7	196.9			306.6	
汽车零部件及配件制造	0.1	579.8			537.3	
电气机械及器材制造业	9238.0	122942.7	14553.7	377.0	126872.2	6668.1
电机制造	3509.4	69364.6			71893.6	6085.2
发电机及发电机组制造	3509.4	69364.6			71893.6	6085.2
输配电及控制设备制造	4833.8	53580.0	14490.0	247.0	54567.2	49.3
变压器、整流器和电感器制造	4578.6	50528.0	14324.3		51149.5	
配电开关控制设备制造	257.0	2930.4	165.7	247.0	3299.1	49.3
其他输配电及控制设备制造	-1.8	121.6			118.6	
电线、电缆、光缆及电工器材制造	895.5	313.0	63.7	130.0	725.0	190.0
电线电缆制造	844.2	-424.4	61.5	30.0	-100.6	190.0
绝缘制品制造	51.3	737.4	2.2	100.0	825.6	

单位：万元

	三、工资、福利费、增值税			
应交所得税	本年应付 工资总额 （贷方累计发生额）	本年应付 福利费总额	本年应交 增值税	全部从业人员 年平均人数 （人）
92.0	395.6	49.2	280.2	232
1001.3	5860.6	511.5	2468.5	1464
	102.0		10.0	40
27.8	413.6	47.7	504.5	213
27.8	259.5	33.9	233.2	162
	154.1	13.8	271.3	51
1013.4	10098.1	946.9	4231.9	4108
565.1	4600.4	730.0	2654.2	1612
-33.2	1466.5	69.6	140.1	597
598.3	2789.9	606.7	2480.4	866
	344.0	53.7	33.7	149
1.8	53.1	5.8	13.0	25
1.8	53.1	5.8	13.0	25
1.2	460.1	47.1	177.1	187
1.2	460.1	47.1	177.1	187
435.1	4644.0	129.9	1291.6	2074
10.9	167.7	3.2		52
385.7	4005.4	110.7	1276.1	1736
38.5	312.0		3.0	171
	158.9	16.0	12.5	115
10.2	340.5	34.1	96.0	210
6.7	221.9	10.6	72.1	130
3.5	118.6	23.5	23.9	80
400.1	2747.1	135.0	900.9	1019
32.4	532.0	74.5	347.2	102
32.4	532.0	74.5	347.2	102
367.7	2215.1	60.5	553.7	917
	139.8		18.9	81
20.7	877.9	21.6	179.9	413
	192.5	26.9	62.4	268
347.0	1004.9	12.0	292.5	155
8254.8	27047.2	2390.2	29564.0	5782
2190.0	10901.2	436.9	12897.6	1111
2190.0	10901.2	436.9	12897.6	1111
5971.0	14541.0	1824.0	15264.7	3807
5356.6	9362.2	1300.8	12113.2	2494
547.2	4746.6	515.6	2947.4	1240
67.2	432.2	7.6	204.1	73
93.8	1501.2	128.8	1281.7	784
24.1	856.2	88.0	868.2	523
69.7	645.0	40.8	413.5	261

1-4 续表 4-10

项目	二、损益及分配					
	利息支出	营业利润	投资收益	补贴收入	利润总额	亏损企业亏损额
非电力家用器具制造	-0.7	-344.9			-343.6	343.6
燃气、太阳能及类似能源的器具制造	-0.7	-344.9			-343.6	343.6
照明器具制造		30.0			30.0	
照明灯具制造		30.0			30.0	
通信设备、计算机及其他电子设备	1383.8	15542.2	2.4	47.6	16306.6	2038.5
通信设备制造	-14.2	-1989.4			-1571.2	1571.2
移动通信及终端设备制造	-14.2	-1989.4			-1571.2	1571.2
广播电视设备制造	13.9	115.3			110.3	
广播电视接收设备及器材制造	13.9	115.3			110.3	
电子元件制造	1340.3	17570.8	2.4		17873.9	360.9
电子元件及组件制造	1340.3	17570.8	2.4		17873.9	360.9
家用视听设备制造	43.8	-154.5		47.6	-106.4	106.4
家用影视设备制造	43.8	-154.5		47.6	-106.4	106.4
仪器仪表及文化、办公用机械制造	138.8	2284.8	34.3	165.8	2531.5	
通用仪器仪表制造	150.2	1247.7		35.3	1327.3	
工业自动控制系统装置制造	-6.3	539.5			539.3	
供应用仪表及其他通用仪器制造	156.5	708.2		35.3	788.0	
专用仪器仪表制造	-11.4	1037.1	34.3	130.5	1204.2	
地质勘探和地震专用仪器制造	-10.4	668.8	34.3		703.1	
其他专用仪器制造	-1.0	368.3		130.5	501.1	
工艺品及其他制造业	-210.4	-3162.6		76.2	-3108.4	4419.3
工艺美术品制造	27.0	1084.2		76.2	1168.6	
地毯、挂毯制造	27.0	1084.2		76.2	1168.6	
日用杂品制造		10.5			10.5	
制镜及类似品加工		10.5			10.5	
煤制品制造	-237.4	-4257.3			-4287.5	4419.3
电力、燃气及水的生产和供应业	95095.4	4826.4	626.7	17466.2	25987.6	50139.7
电力、热力的生产和供应业	87460.5	-1025.8	909.4	13707.7	16677.2	42526.1
电力生产	48609.1	25419.9	783.4	2847.6	30640.7	13754.5
火力发电	34134.8	19768.4	690.2	119.4	22060.1	8300.6
水力发电	9681.8	-811.5		21.1	-556.5	5453.9
其他能源发电	4792.5	6463.0	93.2	2707.1	9137.1	
电力供应	28543.1	-14185.8	18.8	1.4	-14576.1	19124.8
热力生产和供应	10308.3	-12259.9	107.2	10858.7	612.6	9646.8
燃气生产和供应业	4419.8	17214.9	-1443.8	167.0	16229.8	463.7
水的生产和供应业	3215.1	-11362.7	1161.1	3591.5	-6919.4	7149.9
自来水的生产和供应	2954.0	-10999.9	1161.1	3477.2	-6556.7	6787.2
污水处理及其再生利用	261.1	-362.8		114.3	-362.7	362.7

单位：万元

应交所得税	三、工资、福利费、增值税			
	本年应付工资总额（贷方累计发生额）	本年应付福利费总额	本年应交增值税	全部从业人员年平均人数（人）
	82.3	0.5	70.0	67
	82.3	0.5	70.0	67
	21.5		50.0	13
	21.5		50.0	13
2822.5	10201.1	1437.6	6058.5	2926
	392.5	75.8		68
	392.5	75.8		68
6.5	318.5	44.6	7.0	168
6.5	318.5	44.6	7.0	168
2816.0	9419.1	1314.6	6051.5	2622
2816.0	9419.1	1314.6	6051.5	2622
	71.0	2.6		68
	71.0	2.6		68
441.6	601.9	26.8	653.5	769
177.2	339.9	26.8	332.6	159
134.8	148.7	26.8	136.7	39
42.4	191.2		195.9	120
264.4	262.0		320.9	610
175.7	244.6		232.2	598
88.7	17.4		88.7	12
148.7	3754.6	60.4	556.6	1299
146.1	185.4	12.9	299.1	122
146.1	185.4	12.9	299.1	122
2.6	111.2	14.8	3.2	35
2.6	111.2	14.8	3.2	35
	3458.0	32.7	254.3	1142
11464.8	137798.3	5541.0	89760.5	36886
8838.8	125363.4	4603.8	83292.2	31939
6552.9	39984.4	2471.9	41068.4	10757
4954.7	32230.1	1805.8	32220.5	8540
192.5	6672.6	556.7	5234.0	2002
1405.7	1081.7	109.4	3613.9	215
1010.3	71364.5	1309.1	35906.9	14463
1275.6	14014.5	822.8	6316.9	6719
2625.5	5123.3	467.0	4144.1	1816
0.5	7311.6	470.2	2324.2	3131
0.5	6490.5	366.2	2324.2	2845
	821.1	104.0		286

1-5 规模以上国有控股工业

项 目	企业单位数(个)	亏损企业	生产、销售总值		
			工业总产值(当年价格)	工业销售产值(当年价格)	出口交货值
总 计	**486**	**138**	**33530882.2**	**33075633.1**	**415767.1**
在总计中：亏损企业	138	138	9149612.6	9080275.8	4577.7
在总计中：中央	143	34	23269780.6	23017866.9	104052.9
地方	343	104	10261101.6	10057766.2	311714.2
在总计中：轻工业	160	54	2392964.2	2266756.5	227987.2
重工业	326	84	31137918.0	30808876.6	187779.9
在总计中：大型企业	24	6	26036095.5	25716422.6	41150.0
中型企业	136	38	5557997.0	5449001.9	270274.0
小型企业	326	94	1936789.7	1910208.6	104343.1
按工业行业小类分组					
采矿业	69	9	14514504.1	14423600.7	2681.0
煤炭开采和洗选业	29	4	553833.1	554543.7	
烟煤和无烟煤的开采洗选	29	4	553833.1	554543.7	
石油和天然气开采业	7	1	13286894.2	13226674.0	2615.0
天然原油和天然气开采	5		12401642.5	12341422.3	2615.0
与石油和天然气开采有关的服务活动	2	1	885251.7	885251.7	
黑色金属矿采选业	13	1	377848.8	347194.7	
铁矿采选	13	1	377848.8	347194.7	
有色金属矿采选业	13	2	259074.2	259329.4	
常用有色金属矿采选	7	2	206066.1	211114.6	
铜矿采选	3	1	184320.1	190908.3	
铅锌矿采选	1	1	3183.6	2243.9	
镍钴矿采选	3		18562.4	17962.4	
贵金属矿采选	5		41138.2	37638.1	
金矿采选	5		41138.2	37638.1	
稀有稀土金属矿采选	1		11869.9	10576.7	
其他稀有金属矿采选	1		11869.9	10576.7	
非金属矿采选业	7	1	36853.8	35858.9	66.0
化学矿采选	1		3438.3	3111.6	
采盐	3		16834.8	16162.8	66.0
石棉及其他非金属矿采选	3	1	16580.7	16584.5	
石棉、云母矿采选	2	1	9536.0	9974.9	
其他非金属矿采选	1		7044.7	6609.6	
制造业	298	74	16578345.5	16271427.4	413086.1
农副食品加工业	47	12	454894.8	420328.5	4633.0
谷物磨制	13	2	59664.7	59159.2	
饲料加工	6	1	76217.6	78673.5	
植物油加工	10	3	91614.4	80863.2	
食用植物油加工	10	3	91614.4	80863.2	
制糖	11	4	171084.2	153309.8	
屠宰及肉类加工	4	1	39721.9	36369.8	
畜禽屠宰	3	1	36237.9	33534.8	
肉制品及副产品加工	1		3484.0	2835.0	

企业主要经济指标

单位：万元

一、年末资产负债						
资产总计	流动资产合计	应收账款	存货		流动资产年平均余额	固定资产合计
				产成品		
44855809.2	**12683455.5**	**1492908.3**	**3166443.8**	**1034899.3**	**12160444.0**	**23490908.3**
10891255.9	3855075.2	157669.0	1073366.1	246365.8	3507485.3	6579590.3
29364839.3	8031637.0	828919.8	1623223.1	611683.4	7628354.9	14786838.0
15490969.9	4651818.5	663988.5	1543220.7	423215.9	4532089.1	8704070.3
3737379.2	1783378.7	256262.6	814032.4	340568.3	1607475.3	1707610.4
41118430.0	10900076.8	1236645.7	2352411.4	694331.0	10552968.7	21783297.9
31366118.8	8510893.0	690909.9	1876661.4	503914.5	8173031.2	15737326.9
8734648.3	2882583.4	533799.3	920644.0	341297.5	2702280.4	4690813.0
4755042.1	1289979.1	268199.1	369138.4	189687.3	1285132.4	3062768.4
20021284.5	4370743.1	738902.0	776882.4	300670.9	4119753.3	9743390.2
1247954.8	396057.3	105261.6	50573.3	11835.2	383082.9	579198.6
1247954.8	396057.3	105261.6	50573.3	11835.2	383082.9	579198.6
17797261.0	3515355.7	496730.6	599455.2	248351.6	3329827.1	8763605.3
16520218.0	2718014.0	491823.1	574158.9	248351.6	2791666.7	8416390.7
1277043.0	797341.7	4907.5	25296.3		538160.4	347214.6
551117.0	323914.8	125913.6	95005.5	28337.6	257225.7	168828.0
551117.0	323914.8	125913.6	95005.5	28337.6	257225.7	168828.0
378027.8	112963.3	7583.1	26074.7	8014.0	126409.2	208995.2
280125.3	81121.6	6108.0	14574.0	4051.2	94740.4	164775.7
203882.7	61223.1	5693.7	10756.8	1459.9	64187.9	123670.0
15569.3	4592.1	414.3	1122.3	721.2	3224.4	4399.7
60673.3	15306.4		2694.9	1870.1	27328.1	36706.0
78234.7	23415.2	755.2	6672.8	1333.9	24312.7	34272.8
78234.7	23415.2	755.2	6672.8	1333.9	24312.7	34272.8
19667.8	8426.5	719.9	4827.9	2628.9	7356.1	9946.7
19667.8	8426.5	719.9	4827.9	2628.9	7356.1	9946.7
46923.9	22452.0	3413.1	5773.7	4132.5	23208.4	22763.1
11943.2	8319.2	125.7	186.3	154.6	6161.3	3624.0
15900.7	5474.0	549.5	3359.7	2552.3	5554.6	9400.3
19080.0	8658.8	2737.9	2227.7	1425.6	11492.5	9738.8
11244.6	7078.3	1863.7	1521.4	719.3	7196.9	3483.9
7835.4	1580.5	874.2	706.3	706.3	4295.6	6254.9
16992142.2	6531859.6	589097.0	2331253.0	732785.6	6205038.8	8337400.8
539380.8	295750.2	17599.9	187402.0	119719.1	276639.3	202248.8
58602.6	31785.3	3709.0	13191.1	1744.0	27933.7	16008.8
97438.8	48213.9	1823.0	17088.4	4531.7	52377.6	34615.1
84670.4	56056.5	2534.2	29303.2	8077.7	61007.7	26790.2
84670.4	56056.5	2534.2	29303.2	8077.7	61007.7	26790.2
251188.9	138763.3	4778.9	118451.9	97094.2	118563.5	99849.2
25345.6	12213.8	2193.7	5550.3	5123.7	11697.4	11652.3
23217.8	10982.8	1929.8	5088.5	4720.9	10611.0	10755.5
2127.8	1231.0	263.9	461.8	402.8	1086.4	896.8

1-5 续表 1-1

项　　目	企业单位数(个)	亏损企业	生产、销售总值 工业总产值(当年价格)	工业销售产值(当年价格)	出口交货值
蔬菜、水果和坚果加工	2	1	13372.0	8733.0	4633.0
其他农副食品加工	1		3220.0	3220.0	
淀粉及淀粉制品的制造	1		3220.0	3220.0	
食品制造业	29	4	330556.1	337062.5	185886.4
方便食品制造	1		1646.1	1646.1	
方便面及其他方便食品制造	1		1646.1	1646.1	
液体乳及乳制品制造	8	3	75232.3	67357.5	1.1
罐头制造	14		225117.6	241338.5	174409.8
蔬菜、水果罐头制造	14		225117.6	241338.5	174409.8
调味品、发酵制品制造	1		3144.3	2923.5	
其他调味品、发酵制品制造	1		3144.3	2923.5	
其他食品制造	5	1	25415.8	23796.9	11475.5
盐加工	3	1	6266.5	5721.8	
食品及饲料添加剂制造	2		19149.3	18075.1	11475.5
饮料制造业	8	3	123402.0	118347.2	
酒的制造	5	3	112846.2	110286.1	
白酒制造	2	1	76750.5	74994.2	
啤酒制造	1	1	7295.2	7453.9	
葡萄酒制造	2	1	28800.5	27838.0	
软饮料制造	3		10555.8	8061.1	
果菜汁及果菜汁饮料制造	3		10555.8	8061.1	
烟草制品业	1		171249.4	170800.6	
卷烟制造	1		171249.4	170800.6	
纺织业	24	16	1067326.8	985650.3	36520.7
棉、化纤纺织及印染精加工	17	13	997826.8	912714.5	
棉、化纤纺织加工	17	13	997826.8	912714.5	
毛纺织和染整精加工	3	1	14631.7	16455.9	4888.6
毛条加工	1	1	1039.7	2553.1	2071.7
毛纺织	2		13592.0	13902.8	2816.9
针织品、编织品及其制品制造	4	2	54868.3	56479.9	31632.1
棉、化纤针织品及编织品制造	2	1	13198.7	11076.6	667.1
毛针织品及编织品制造	2	1	41669.6	45403.3	30965.0
纺织服装、鞋、帽制造业	3	1	13878.4	14844.0	1.5
纺织服装制造	3	1	13878.4	14844.0	1.5
木材加工及木、竹、藤、棕、草制品	1	1	2856.5	3086.1	
人造板制造	1	1	2856.5	3086.1	
纤维板制造	1	1	2856.5	3086.1	
造纸及纸制品业	6	1	73391.1	74288.2	
纸浆制造	2		47661.4	47661.4	
造纸	3	1	24628.9	25526.0	
机制纸及纸板制造	3	1	24628.9	25526.0	

单位：万元

一、年末资产负债						
资产总计	流动资产合　计	应收账款	存货	产成品	流动资产年平均余额	固定资产合　计
17646.4	6292.3	2561.1	3462.7	3147.8	3228.8	11270.2
4488.1	2425.1		354.4		1830.6	2063.0
4488.1	2425.1		354.4		1830.6	2063.0
634044.3	358906.8	146525.2	103667.8	78791.8	255881.4	229065.8
4734.0	4010.5	2090.3	161.7		2901.7	720.2
4734.0	4010.5	2090.3	161.7		2901.7	720.2
72909.2	28521.6	3411.0	9502.9	4573.3	23585.0	37459.1
518114.8	308107.9	139295.5	84587.4	68838.7	214409.1	171580.6
518114.8	308107.9	139295.5	84587.4	68838.7	214409.1	171580.6
6153.3	4376.4	624.2	1976.8	1753.1	2536.1	1737.8
6153.3	4376.4	624.2	1976.8	1753.1	2536.1	1737.8
32133.0	13890.4	1104.2	7439.0	3626.7	12449.5	17568.1
8786.3	5315.0	722.8	1180.9	783.9	4271.2	2803.4
23346.7	8575.4	381.4	6258.1	2842.8	8178.3	14764.7
352274.4	222050.7	26898.9	116895.7	6499.7	206220.6	105921.3
337507.2	213376.4	26214.3	113720.0	3553.2	198885.7	100589.2
127852.8	87543.6	2066.8	30933.3	2300.0	80488.1	24627.3
29108.2	5948.1		4365.9	118.8	5909.7	23160.1
180546.2	119884.7	24147.5	78420.8	1134.4	112487.9	52801.8
14767.2	8674.3	684.6	3175.7	2946.5	7334.9	5332.1
14767.2	8674.3	684.6	3175.7	2946.5	7334.9	5332.1
146629.1	69326.4	32.7	39513.5		66568.3	58252.5
146629.1	69326.4	32.7	39513.5		66568.3	58252.5
1281946.6	625117.3	37524.4	306899.8	108403.6	580992.7	624007.8
1173022.9	561112.4	25033.9	268327.4	92624.6	517690.4	594298.5
1173022.9	561112.4	25033.9	268327.4	92624.6	517690.4	594298.5
35090.6	17822.6	466.7	12659.8	7239.6	16003.8	13644.1
16876.4	4810.2	88.9	1025.0	388.4	4788.7	8618.7
18214.2	13012.4	377.8	11634.8	6851.2	11215.1	5025.4
73833.1	46182.3	12023.8	25912.6	8539.4	47298.5	16065.2
16730.3	12498.0	4171.9	4714.4	3359.3	11246.9	3630.9
57102.8	33684.3	7851.9	21198.2	5180.1	36051.6	12434.3
11490.1	9150.0	1526.3	3869.3	1319.9	7905.0	2118.5
11490.1	9150.0	1526.3	3869.3	1319.9	7905.0	2118.5
4352.0	1812.7	1250.2	333.4	281.8	1770.0	2503.8
4352.0	1812.7	1250.2	333.4	281.8	1770.0	2503.8
4352.0	1812.7	1250.2	333.4	281.8	1770.0	2503.8
161829.2	66811.0	3344.8	15730.3	8664.6	67545.3	66956.2
78844.4	30556.4	927.1	3851.2	416.4	29901.7	42041.1
80707.7	34608.5	2100.3	11515.2	8158.5	35959.2	24748.5
80707.7	34608.5	2100.3	11515.2	8158.5	35959.2	24748.5

1-5 续表 1-2

项　　目	企业单位数（个）	亏损企业	生产、销售总值		
			工业总产值（当年价格）	工业销售产值（当年价格）	出口交货值
纸制品制造	1		1100.8	1100.8	
纸和纸板容器的制造	1		1100.8	1100.8	
印刷业和记录媒介的复制	13	1	30079.1	28733.7	
印刷	13	1	30079.1	28733.7	
书、报、刊印刷	12	1	22543.2	21197.8	
包装装潢及其他印刷	1		7535.9	7535.9	
石油加工、炼焦及核燃料加工业	11	7	8285566.3	8197105.8	1534.5
精炼石油产品的制造	9	6	8221047.8	8130513.1	
原油加工及石油制品制造	9	6	8221047.8	8130513.1	
炼焦	2	1	64518.5	66592.7	1534.5
化学原料及化学制品制造业	32	6	1444162.2	1405436.3	140921.9
基础化学原料制造	10	4	357588.0	354666.0	59517.2
无机碱制造	4	1	237707.6	237970.0	59517.2
无机盐制造	3	1	52675.1	49396.1	
有机化学原料制造	2	1	57208.3	57266.2	
其他基础化学原料制造	1	1	9997.0	10033.7	
肥料制造	6	1	190987.4	178004.2	
氮肥制造	2		131210.1	122583.6	
钾肥制造	1		49164.0	44757.4	
复混肥料制造	1		8600.0	8600.0	
其他肥料制造	2	1	2013.3	2063.2	
农药制造	1		1400.9	1291.0	
化学农药制造	1		1400.9	1291.0	
合成材料制造	6		838489.8	817665.0	81145.1
初级形态的塑料及合成树脂制造	6		838489.8	817665.0	81145.1
专用化学产品制造	9	1	55696.1	53810.1	259.6
化学试剂和助剂制造	5	1	20741.7	20227.0	
炸药及火工产品制造	4		34954.4	33583.1	259.6
医药制造业	6	2	33233.7	30549.6	945.6
化学药品制剂制造	2	1	11400.7	11337.7	8.8
中药饮片加工	3	1	16205.0	9466.9	936.8
中成药制造	1		5628.0	9745.0	
化学纤维制造业	2	2	45457.3	37494.8	
纤维素纤维原料及纤维制造	2	2	45457.3	37494.8	
化纤浆粕制造	2	2	45457.3	37494.8	
橡胶制品业	2	1	11230.9	7930.3	
轮胎制造	1	1	3802.7	3802.7	
车辆、飞机及工程机械轮胎制造	1	1	3802.7	3802.7	
橡胶板、管、带的制造	1		7428.2	4127.6	
塑料制品业	17	1	130304.9	126036.6	
塑料薄膜制造	3		20111.8	21747.0	
塑料板、管、型材的制造	10		101246.5	96157.4	
塑料丝、绳及编织品的制造	1		2667.3	2450.4	
其他塑料制品制造	3	1	6279.3	5681.8	

单位：万元

一、年末资产负债						
资产总计	流动资产合计	应收账款	存货	产成品	流动资产年平均余额	固定资产合计
2277.1	1646.1	317.4	363.9	89.7	1684.4	166.6
2277.1	1646.1	317.4	363.9	89.7	1684.4	166.6
52109.0	19533.0	6629.2	3712.1	1236.0	18453.1	30652.8
52109.0	19533.0	6629.2	3712.1	1236.0	18453.1	30652.8
46240.0	15543.6	3737.1	3213.6	1236.0	15103.7	28800.0
5869.0	3989.4	2892.1	498.5		3349.4	1852.8
5896841.5	1934498.1	25796.5	456420.3	199020.8	1904873.0	3770889.2
5736112.4	1877323.7	19951.9	435588.1	194307.6	1861573.3	3708449.4
5736112.4	1877323.7	19951.9	435588.1	194307.6	1861573.3	3708449.4
160729.1	57174.4	5844.6	20832.2	4713.2	43299.7	62439.8
3676329.9	1036145.2	132378.9	176666.2	78881.9	1042230.4	1485844.7
1225250.5	494921.3	45983.2	51632.1	27882.5	476225.0	465292.8
799442.2	331254.6	30803.6	34939.5	21433.7	344858.1	237168.4
82841.8	20508.9	439.0	8653.5	3873.1	11818.9	56939.4
321937.5	135622.3	14172.2	7569.1	2575.7	115206.6	157933.4
21029.0	7535.5	568.4	470.0		4341.4	13251.6
676927.0	141187.2	7741.1	48521.2	8840.4	117919.4	507863.6
238201.8	80416.9	1457.7	16188.5	7255.6	63803.4	157784.9
427002.7	52289.1	0.3	30774.1	1264.3	45761.2	347362.0
4342.4	3348.9	2531.4	445.2	32.5	3145.9	591.4
7380.1	5132.3	3751.7	1113.4	288.0	5208.9	2125.3
1507.3	607.6	343.3	174.9	66.5	532.7	558.4
1507.3	607.6	343.3	174.9	66.5	532.7	558.4
1686458.7	364016.8	72416.9	65160.2	37429.2	414576.5	490686.6
1686458.7	364016.8	72416.9	65160.2	37429.2	414576.5	490686.6
86186.4	35412.3	5894.4	11177.8	4663.3	32976.8	21443.3
33152.0	18722.9	4833.9	7213.2	3306.5	17847.5	10270.3
53034.4	16689.4	1060.5	3964.6	1356.8	15129.3	11173.0
62832.0	31577.7	5591.1	18549.3	8223.4	33229.2	26096.1
26855.9	8669.9	2240.2	2749.5	1260.2	10224.5	14685.5
32031.8	19730.3	776.4	15364.7	6720.5	17322.0	10752.7
3944.3	3177.5	2574.5	435.1	242.7	5682.7	657.9
47491.6	20608.7	4088.3	10743.5	5284.0	32560.9	17238.9
47491.6	20608.7	4088.3	10743.5	5284.0	32560.9	17238.9
47491.6	20608.7	4088.3	10743.5	5284.0	32560.9	17238.9
17258.0	1768.6	1647.9	19.1		2800.8	11526.3
15279.0	398.6	1327.9	19.1		1430.8	10917.3
15279.0	398.6	1327.9	19.1		1430.8	10917.3
1979.0	1370.0	320.0			1370.0	609.0
177541.8	133018.5	28242.6	72010.5	41690.8	129813.1	41887.2
26669.8	15696.2	3969.6	8790.3	6956.6	14942.6	9755.3
142499.8	111412.6	22285.7	61276.3	33687.1	109319.2	29715.9
1201.6	703.4		561.2	410.9	598.9	468.0
7170.6	5206.3	1987.3	1382.7	636.2	4952.4	1948.0

1-5 续表 1-3

项 目	企业单位数(个)	亏损企业	生产、销售总值		
			工业总产值(当年价格)	工业销售产值(当年价格)	出口交货值
非金属矿物制品业	49	4	620288.8	600114.7	10213.4
水泥、石灰和石膏的制造	32	2	432426.4	424162.6	4623.2
水泥制造	30	1	429301.4	421256.9	4623.2
石灰和石膏制造	2	1	3125.0	2905.7	
水泥及石膏制品制造	12	2	152779.2	151526.8	
水泥制品制造	8	2	131871.5	132294.6	
砼结构构件制造	2		16090.8	14614.3	
轻质建筑材料制造	2		4816.9	4617.9	
砖瓦、石材及其他建筑材料制造	1		1278.3	1278.3	
隔热和隔音材料制造	1		1278.3	1278.3	
玻璃及玻璃制品制造	1		3013.7	3431.6	
日用玻璃制品及玻璃包装容器制造	1		3013.7	3431.6	
石墨及其他非金属矿物制品制造	3		30791.2	19715.4	5590.2
石墨及碳素制品制造	2		28172.8	17097.0	5590.2
其他非金属矿物制品制造	1		2618.4	2618.4	
黑色金属冶炼及压延加工业	7	1	3199495.8	3170432.9	31168.1
炼铁	2	1	1023068.7	1023122.1	
钢压延加工	4		2174553.7	2145455.9	31168.1
铁合金冶炼	1		1873.4	1854.9	
有色金属冶炼及压延加工业	10	4	234191.1	231100.7	
常用有色金属冶炼	4	4	178366.3	176294.7	
镍钴冶炼	2	2	165909.4	166739.8	
铝冶炼	1	1	11020.6	8268.3	
其他常用有色金属冶炼	1	1	1436.3	1286.6	
贵金属冶炼	6		55824.8	54806.0	
金冶炼	6		55824.8	54806.0	
金属制品业	5	2	95937.7	96983.0	58.1
集装箱及金属包装容器制造	1	1	5928.0	3060.2	
金属包装容器制造	1	1	5928.0	3060.2	
金属丝绳及其制品的制造	2	1	82714.2	86521.0	
建筑、安全用金属制品制造	1		1164.0	1157.0	58.1
其他建筑、安全用金属制品制造	1		1164.0	1157.0	58.1
其他金属制品制造	1		6131.5	6244.8	
其他未列明的金属制品制造	1		6131.5	6244.8	
通用设备制造业	2		3463.6	3064.7	
泵、阀门、压缩机及类似机械的制造	1		1235.2	1160.1	
泵及真空设备制造	1		1235.2	1160.1	
通用零部件制造及机械修理	1		2228.4	1904.6	
机械零部件加工及设备修理	1		2228.4	1904.6	

单位：万元

一、年末资产负债						
资产总计	流动资产合计	应收账款	存货	产成品	流动资产年平均余额	固定资产合计
1294654.6	472541.3	80522.7	97283.4	28065.1	455818.6	558498.0
997939.0	321853.8	28751.4	70348.2	12812.1	314385.1	475115.8
992672.2	319381.3	28215.9	69317.4	12168.8	312157.1	472517.4
5266.8	2472.5	535.5	1030.8	643.3	2228.0	2598.4
184497.4	102438.1	48849.0	13794.9	5510.8	98533.6	55175.6
123204.0	72014.2	38308.3	9422.4	3779.1	72208.7	41564.3
52242.9	27691.7	10035.4	3353.0	809.4	23701.6	8658.0
9050.5	2732.2	505.3	1019.5	922.3	2623.3	4953.3
1789.6	1048.1	542.4	320.9	147.2	1369.5	124.9
1789.6	1048.1	542.4	320.9	147.2	1369.5	124.9
4083.9	3401.2	523.2	2379.5	1779.3	3511.6	322.5
4083.9	3401.2	523.2	2379.5	1779.3	3511.6	322.5
106344.7	43800.1	1856.7	10439.9	7815.7	38018.8	27759.2
99768.7	41717.6	1856.7	9215.1	7627.0	35315.6	23477.3
6576.0	2082.5		1224.8	188.7	2703.2	4281.9
2108046.1	973360.2	7122.0	617789.7	4991.7	859443.7	944074.2
826216.5	396471.4	1139.0	391345.7	2275.5	227990.4	429498.9
1277233.0	575747.1	5697.4	226183.1	2589.7	630212.3	513135.1
4596.6	1141.7	285.6	260.9	126.5	1241.0	1440.2
170095.5	69248.9	5915.2	39469.2	7184.5	76214.4	89640.3
88709.0	29623.2	1554.9	18844.0	4554.4	43662.6	55506.9
72215.2	22022.6	235.5	14890.0	2535.5	36839.7	46702.4
6922.3	3976.4	931.0	1722.4	723.6	4223.0	2857.2
9571.5	3624.2	388.4	2231.6	1295.3	2599.9	5947.3
81386.5	39625.7	4360.3	20625.2	2630.1	32551.8	34133.4
81386.5	39625.7	4360.3	20625.2	2630.1	32551.8	34133.4
65557.6	20294.4	4032.9	7029.9	2696.8	19532.9	8232.8
7004.9	5386.5	1777.3	1769.1	223.3	5386.7	1618.3
7004.9	5386.5	1777.3	1769.1	223.3	5386.7	1618.3
54305.2	11305.1	1710.3	4364.8	1976.4	10674.1	5969.8
797.6	758.1		678.6	378.7	733.0	39.5
797.6	758.1		678.6	378.7	733.0	39.5
3449.9	2844.7	545.3	217.4	118.4	2739.1	605.2
3449.9	2844.7	545.3	217.4	118.4	2739.1	605.2
6612.2	5696.7	770.3	4029.1	2945.7	5013.4	908.6
4040.5	3655.6	343.0	3134.2	2142.2	3188.9	378.1
4040.5	3655.6	343.0	3134.2	2142.2	3188.9	378.1
2571.7	2041.1	427.3	894.9	803.5	1824.5	530.5
2571.7	2041.1	427.3	894.9	803.5	1824.5	530.5

1-5 续表 1-4

项目	企业单位数（个）	亏损企业	生产、销售总值		
			工业总产值（当年价格）	工业销售产值（当年价格）	出口交货值
专用设备制造业	8	1	61195.6	57554.3	
矿山、冶金、建筑专用设备制造	3		34594.4	31437.7	
采矿、采石设备制造	1		1959.4	1786.1	
石油钻采专用设备制造	2		32635.0	29651.6	
农、林、牧、渔专用机械制造	5	1	26601.2	26116.6	
机械化农业及园艺机具制造	3	1	21832.1	21421.8	
其他农林牧渔业机械制造及机械修理	2		4769.1	4694.8	
交通运输设备制造业	7	3	108005.9	113016.0	1202.9
铁路运输设备制造	1	1	1213.4	1715.3	
铁路机车车辆配件制造	1	1	1213.4	1715.3	
汽车制造	6	2	106792.5	111300.7	1202.9
汽车整车制造	1		78176.6	76971.1	1202.9
改装汽车制造	1		9193.3	9168.4	
汽车车身、挂车的制造	1		6234.6	6189.4	
汽车零部件及配件制造	1		10322.1	16105.9	
汽车修理	2	2	2865.9	2865.9	
电气机械及器材制造业	5		30601.4	32671.0	
输配电及控制设备制造	3		17117.2	16439.6	
变压器、整流器和电感器制造	2		14477.4	13799.8	
其他输配电及控制设备制造	1		2639.8	2639.8	
电线、电缆、光缆及电工器材制造	2		13484.2	16231.4	
电线电缆制造	1		8193.9	10365.4	
绝缘制品制造	1		5290.3	5866.0	
仪器仪表及文化、办公用机械制造	2		4886.4	6105.9	
通用仪器仪表制造	2		4886.4	6105.9	
工业自动控制系统装置制造	1		3995.4	5331.5	
供应用仪表及其他通用仪器制造	1		891.0	774.4	
工艺品及其他制造业	1	1	2689.7	2689.7	
煤制品制造	1	1	2689.7	2689.7	
电力、燃气及水的生产和供应业	119	55	2438032.6	2380605.0	
电力、热力的生产和供应业	98	42	2321873.3	2296158.8	
电力生产	46	17	728400.2	724650.4	
火力发电	19	6	580073.6	576605.1	
水力发电	22	10	102961.6	102680.3	
其他能源发电	5	1	45365.0	45365.0	
电力供应	22	8	1493302.7	1471446.3	
热力生产和供应	30	17	100170.4	100062.1	
燃气生产和供应业	3	1	77195.5	46233.3	
水的生产和供应业	18	12	38963.8	38212.9	
自来水的生产和供应	16	10	37512.8	36854.0	
污水处理及其再生利用	2	2	1451.0	1358.9	

单位：万元

一、年末资产负债						
资产总计	流动资产合计	应收账款	存货	产成品	流动资产年平均余额	固定资产合计
92775.9	68832.4	25459.2	22897.4	11890.0	59924.8	15265.2
41106.4	33973.8	11373.2	13185.7	5866.1	27673.2	6503.6
948.9	857.4	43.1	578.6	150.7	697.8	91.5
40157.5	33116.4	11330.1	12607.1	5715.4	26975.4	6412.1
51669.5	34858.6	14086.0	9711.7	6023.9	32251.6	8761.6
42007.2	27383.1	12904.1	7302.3	4738.8	25437.7	6716.2
9662.3	7475.5	1181.9	2409.4	1285.1	6813.9	2045.4
86363.9	44182.3	13124.7	21472.8	12975.5	50216.5	12821.9
3309.5	1684.4	807.0	484.4	241.2	1627.8	339.7
3309.5	1684.4	807.0	484.4	241.2	1627.8	339.7
83054.4	42497.9	12317.7	20988.4	12734.3	48588.7	12482.2
38294.2	23242.2	5676.6	11057.7	7830.6	29174.7	6752.1
17609.6	4605.5	1059.7	2362.1	970.3	4634.1	1139.3
14170.3	6209.3	1276.7	1979.3	288.7	5648.3	518.3
9084.9	7107.7	4295.8	4900.4	3594.7	7822.5	1510.4
3895.4	1333.2	8.9	688.9	50.0	1309.1	2562.1
35507.8	29576.8	8603.5	6219.3	3386.7	27166.2	5286.7
21840.6	18117.5	3928.2	2982.1	1241.2	16023.3	3194.3
19685.9	16604.5	3541.7	2399.9	1241.2	14620.2	2552.7
2154.7	1513.0	386.5	582.2		1403.1	641.6
13667.2	11459.3	4675.3	3237.2	2145.5	11142.9	2092.4
5382.7	4173.1	2094.0	471.0	471.0	3874.4	1149.1
8284.5	7286.2	2581.3	2766.2	1674.5	7268.5	943.3
8000.5	7745.7	4383.0	881.2	621.5	6807.9	233.7
8000.5	7745.7	4383.0	881.2	621.5	6807.9	233.7
6727.6	6650.2	4180.5	540.2	540.2	5920.3	56.3
1272.9	1095.5	202.5	341.0	81.3	887.6	177.4
62177.8	14306.0	86.6	1748.2	10.7	17417.3	27229.5
62177.8	14306.0	86.6	1748.2	10.7	17417.3	27229.5
7842382.5	1780852.8	164909.3	58308.4	1442.8	1835651.9	5410117.3
7280005.1	1684573.7	159805.8	49275.7	845.7	1739884.2	5001231.3
3857282.7	637032.1	82326.3	28394.5	2.1	713302.4	2987693.8
2107343.5	436613.2	57537.4	25378.0		447447.2	1559955.2
1248286.6	142858.5	15696.9	1709.6	2.1	215976.7	1094777.7
501652.6	57560.4	9092.0	1306.9		49878.5	332960.9
3072474.9	933867.3	60310.4	13552.0	843.6	932191.5	1793040.2
350247.5	113674.3	17169.1	7329.2		94390.3	220497.3
166413.3	53942.6	965.3	7456.1	597.1	59480.4	74441.5
395964.1	42336.5	4138.2	1576.6		36287.3	334444.5
373919.8	41633.4	3904.7	1538.7		35598.2	315551.7
22044.3	703.1	233.5	37.9		689.1	18892.8

1-5 续表 2-1

项　目	固定资产原　价	累计折旧	固定资产净值年平均余额	负债合计	流动负债合　计	应付账款
总　计	**36630959.7**	**13859828.6**	**15957359.2**	**22897658.4**	**12321973.0**	**4858403.6**
在总计中：亏损企业	6725727.9	2799901.5	3747632.7	5448798.4	3288316.8	1662516.6
在总计中：中央	25584556.1	10265378.0	8980986.8	14271834.3	6617789.5	3101278.2
地方	11046403.6	3594450.6	6976372.4	8625824.1	5704183.5	1757125.4
在总计中：轻工业	2368312.8	680875.3	1470754.5	2274419.0	1845445.3	244807.0
重工业	34262646.9	13178953.3	14486604.7	20623239.4	10476527.7	4613596.6
在总计中：大型企业	27348728.5	11030000.5	10009621.0	14268094.2	6987930.0	3852567.4
中型企业	5979931.2	2081893.1	3630869.1	5603483.3	3675092.5	670204.8
小型企业	3302300.0	747935.0	2316869.1	3026080.9	1658950.5	335631.4
按工业行业小类分组						
采矿业	20695382.2	8205938.6	6581544.3	8399237.4	3975602.3	2736021.0
煤炭开采和洗选业	673928.2	194067.9	446920.9	613331.4	495597.3	91538.6
烟煤和无烟煤的开采洗选	673928.2	194067.9	446920.9	613331.4	495597.3	91538.6
石油和天然气开采业	19666728.5	7920914.6	5896530.2	7317567.7	3060006.9	2558269.0
天然原油和天然气开采	19106842.8	7694434.0	5588087.7	6498828.9	2373252.7	1916171.1
与石油和天然气开采有关的服务活动	559885.7	226480.6	308442.5	818738.8	686754.2	642097.9
黑色金属矿采选业	185034.4	45525.2	130956.1	291157.1	268945.3	62213.1
铁矿采选	185034.4	45525.2	130956.1	291157.1	268945.3	62213.1
有色金属矿采选业	143607.6	36428.1	93270.6	150145.1	125389.8	17767.2
常用有色金属矿采选	97366.0	28060.8	65288.1	88894.2	72309.9	12144.5
铜矿采选	78616.9	22871.5	52969.8	45751.7	42674.0	9591.0
铅锌矿采选	4801.4	401.7	3976.0	16126.2	16126.1	815.0
镍钴矿采选	13947.7	4787.6	8342.3	27016.3	13509.8	1738.5
贵金属矿采选	35364.2	6827.3	21325.5	46334.8	41406.8	3925.5
金矿采选	35364.2	6827.3	21325.5	46334.8	41406.8	3925.5
稀有稀土金属矿采选	10877.4	1540.0	6657.0	14916.1	11673.1	1697.2
其他稀有金属矿采选	10877.4	1540.0	6657.0	14916.1	11673.1	1697.2
非金属矿采选业	26083.5	9002.8	13866.5	27036.1	25663.0	6233.1
化学矿采选	3568.5	690.6	2445.2	9882.0	9423.2	638.4
采盐	13203.6	3898.8	6137.4	6002.2	5642.1	2362.4
石棉及其他非金属矿采选	9311.4	4413.4	5283.9	11151.9	10597.7	3232.3
石棉、云母矿采选	7235.6	3753.3	3483.9	8651.2	8651.2	1780.3
其他非金属矿采选	2075.8	660.1	1800.0	2500.7	1946.5	1452.0
制造业	9086863.8	3428838.0	5078297.5	8779144.7	5695035.8	1707018.7
农副食品加工业	296858.5	100937.8	168516.7	319948.7	290389.7	47382.7
谷物磨制	24689.8	9562.6	13159.5	33584.3	23341.8	7267.8
饲料加工	47319.7	12670.7	29893.8	33600.5	23007.6	2295.8
植物油加工	34471.9	9727.7	27229.4	63093.0	61234.7	4197.1
食用植物油加工	34471.9	9727.7	27229.4	63093.0	61234.7	4197.1
制糖	163421.1	66163.8	77538.8	155203.2	151213.2	31112.5
屠宰及肉类加工	12573.3	1720.1	10877.4	17253.6	14378.5	374.6
畜禽屠宰	11664.5	1511.0	10177.7	15852.0	13172.7	371.9
肉制品及副产品加工	908.8	209.1	699.7	1401.6	1205.8	2.7

单位：万元

一、年末资产负债						
长期负债合计	所有者权益合计	实收资本	1.国家资本	2.集体资本	3.法人资本	4.个人资本
9786901.6	**21958150.8**	**17736683.8**	**7195270.4**	**12297.0**	**10195464.7**	**265460.0**
1943062.6	5442457.5	5909192.7	2751490.0	4210.7	3133509.0	6252.0
7294105.1	15093005.0	13235365.8	5459799.3	957.7	7746382.1	28226.7
2492796.5	6865145.8	4501318.0	1735471.1	11339.3	2449082.6	237233.3
386039.5	1462960.2	1101665.4	601039.6	6848.1	440144.2	37659.6
9400862.1	20495190.6	16635018.4	6594230.8	5448.9	9755320.5	227800.4
6773846.0	17098024.6	13994056.1	5188401.0		8656393.6	149261.5
1719847.9	3131165.0	2258532.0	1135501.4	3439.3	989783.5	93614.7
1293207.7	1728961.2	1484095.7	871368.0	8857.7	549287.6	22583.8
4303450.8	11622047.1	9646073.2	3541767.8		6080088.3	1359.4
111543.6	634623.4	469957.0	287227.0		182241.0	489.0
111543.6	634623.4	469957.0	287227.0		182241.0	489.0
4156458.7	10479693.3	8986350.1	3176911.4		5809438.7	
4024474.1	10021389.1	8466680.9	3176011.4		5290669.5	
131984.6	458304.2	519669.2	900.0		518769.2	
22211.5	259959.9	103596.6	63640.4		39906.2	50.0
22211.5	259959.9	103596.6	63640.4		39906.2	50.0
12322.7	227882.7	74503.4	8310.0		43125.7	210.0
4743.7	191231.1	59600.0	7500.0		29032.3	210.0
3077.7	158131.0	29600.0	4300.0		25090.0	210.0
	-556.9	2000.0			2000.0	
1666.0	33657.0	28000.0	3200.0		1942.3	
4336.0	31899.9	12790.0	810.0		11980.0	
4336.0	31899.9	12790.0	810.0		11980.0	
3243.0	4751.7	2113.4			2113.4	
3243.0	4751.7	2113.4			2113.4	
914.3	19887.8	11666.1	5679.0		5376.7	610.4
	2061.2	838.7	838.7			
360.1	9898.5	2396.3	409.2		1376.7	610.4
554.2	7928.1	8431.1	4431.1		4000.0	
	2593.4	4431.1	4431.1			
554.2	5334.7	4000.0			4000.0	
2783395.2	8212997.5	6559167.4	2688324.6	11570.4	3603213.7	217504.8
26381.6	219432.1	141365.5	79658.0	2074.1	55790.7	3842.7
8885.3	25018.3	17414.0	6764.8	227.7	9169.1	1252.4
10592.9	63838.3	15321.3	431.9	1846.4	12929.0	114.0
1858.2	21577.4	22300.3	20621.0		1481.9	197.4
1858.2	21577.4	22300.3	20621.0		1481.9	197.4
2495.1	95985.7	63124.0	42913.3		20210.7	
2550.1	8092.0	9005.9	6934.2		2000.0	71.7
2354.3	7365.8	8257.8	6257.8		2000.0	
195.8	726.2	748.1	676.4			71.7

1-5 续表 2-2

项　　目	固定资产原　　价	累计折旧	固定资产净值年平均余额	负债合计	流动负债合　　计	应付账款
蔬菜、水果和坚果加工	12319.7	1092.9	7754.8	15657.4	15657.3	2134.9
其他农副食品加工	2063.0		2063.0	1556.7	1556.6	
淀粉及淀粉制品的制造	2063.0		2063.0	1556.7	1556.6	
食品制造业	294442.0	96889.8	218703.5	440578.2	414901.4	40673.0
方便食品制造	870.1	149.9	954.8	1381.2	1381.2	612.2
方便面及其他方便食品制造	870.1	149.9	954.8	1381.2	1381.2	612.2
液体乳及乳制品制造	41650.6	9388.0	27942.1	35746.7	32030.5	17624.0
罐头制造	230056.7	84893.2	172215.2	370849.7	350039.6	18474.3
蔬菜、水果罐头制造	230056.7	84893.2	172215.2	370849.7	350039.6	18474.3
调味品、发酵制品制造	2080.8	343.0	1070.5	5578.3	5578.3	2052.6
其他调味品、发酵制品制造	2080.8	343.0	1070.5	5578.3	5578.3	2052.6
其他食品制造	19783.8	2115.7	16520.9	27022.3	25871.8	1909.9
盐加工	3502.1	698.7	1906.2	6675.8	5613.8	860.0
食品及饲料添加剂制造	16281.7	1417.0	14614.7	20346.5	20258.0	1049.9
饮料制造业	177430.2	72798.0	101330.9	262542.1	95152.9	21855.0
酒的制造	168532.5	69232.2	95944.3	259088.7	91699.6	21565.8
白酒制造	45377.4	20759.3	24432.3	28082.4	27215.5	9687.1
啤酒制造	23749.9	1911.7	15663.0	7300.0	7300.0	1263.6
葡萄酒制造	99405.2	46561.2	55849.0	223706.3	57184.1	10615.1
软饮料制造	8897.7	3565.8	5386.6	3453.4	3453.3	289.2
果菜汁及果菜汁饮料制造	8897.7	3565.8	5386.6	3453.4	3453.3	289.2
烟草制品业	93864.0	35611.5	58024.9	61001.4	61001.4	19642.8
卷烟制造	93864.0	35611.5	58024.9	61001.4	61001.4	19642.8
纺织业	889336.9	189564.1	496540.5	815775.6	737686.5	56970.6
棉、化纤纺织及印染精加工	824446.9	156035.1	465867.2	768110.4	703227.8	46150.2
棉、化纤纺织加工	824446.9	156035.1	465867.2	768110.4	703227.8	46150.2
毛纺织和染整精加工	18826.7	5395.9	12213.8	15124.5	13066.5	1005.4
毛条加工	11661.1	3042.4	7256.3	5732.0	3781.2	
毛纺织	7165.6	2353.5	4957.5	9392.5	9285.3	1005.4
针织品、编织品及其制品制造	46063.3	28133.1	18459.5	32540.7	21392.2	9815.0
棉、化纤针织品及编织品制造	7418.9	3302.4	4286.2	22285.8	11182.8	2424.1
毛针织品及编织品制造	38644.4	24830.7	14173.3	10254.9	10209.4	7390.9
纺织服装、鞋、帽制造业	4252.4	2001.9	2317.4	8226.7	7986.0	6158.4
纺织服装制造	4252.4	2001.9	2317.4	8226.7	7986.0	6158.4
木材加工及木、竹、藤、棕、草制品	5297.4	2793.6	2641.8	7048.3	3345.4	16.0
人造板制造	5297.4	2793.6	2641.8	7048.3	3345.4	16.0
纤维板制造	5297.4	2793.6	2641.8	7048.3	3345.4	16.0
造纸及纸制品业	111711.2	46752.2	63460.6	95542.8	81207.1	19304.3
纸浆制造	67002.6	26404.2	41504.4	41087.9	34570.6	11741.7
造纸	44303.8	20109.8	21790.6	53773.4	45955.0	7540.3
机制纸及纸板制造	44303.8	20109.8	21790.6	53773.4	45955.0	7540.3

单位：万元

一、年末资产负债						
长期负债合计	所有者权益合计	实收资本				
			1.国家资本	2.集体资本	3.法人资本	4.个人资本
	1989.0	13000.0	1992.8		10000.0	1007.2
	2931.4	1200.0				1200.0
	2931.4	1200.0				1200.0
23918.7	193466.1	118675.9	23291.3	2547.4	87916.7	2020.5
	3352.8	1000.0	510.0	490.0		
	3352.8	1000.0	510.0	490.0		
2979.0	37162.5	36636.6	11933.6		21753.0	50.0
19789.3	147265.1	77489.3	9192.7	2057.4	64519.2	1720.0
19789.3	147265.1	77489.3	9192.7	2057.4	64519.2	1720.0
	575.0	375.0			265.0	110.0
	575.0	375.0			265.0	110.0
1150.4	5110.7	3175.0	1655.0		1379.5	140.5
1061.9	2110.5	925.0	655.0		129.5	140.5
88.5	3000.2	2250.0	1000.0		1250.0	
167053.6	89732.3	100541.7	26536.4		54364.9	19640.4
167053.6	78418.5	93340.7	26536.4		47261.9	19542.4
531.5	99770.4	44232.6	428.3		24261.9	19542.4
	21808.2	23000.0			23000.0	
166522.1	-43160.1	26108.1	26108.1			
	11313.8	7201.0			7103.0	98.0
	11313.8	7201.0			7103.0	98.0
	85627.7	18741.7	18741.7			
	85627.7	18741.7	18741.7			
70476.7	466171.0	373442.2	161459.5	1672.5	188350.4	11836.8
57270.2	404912.5	317660.9	135313.2	1672.5	179029.5	695.7
57270.2	404912.5	317660.9	135313.2	1672.5	179029.5	695.7
2058.0	19966.1	14302.4	9317.3		4842.0	143.1
1950.8	11144.4	6018.5	5957.3			61.2
107.2	8821.7	8283.9	3360.0		4842.0	81.9
11148.5	41292.4	41478.9	16829.0		4478.9	10998.0
11103.0	-5555.5	4132.9	1390.0		2742.9	
45.5	46847.9	37346.0	15439.0		1736.0	10998.0
240.7	3263.4	2413.2	326.9		2086.3	
240.7	3263.4	2413.2	326.9		2086.3	
3702.9	-2696.3	27.1	27.1			
3702.9	-2696.3	27.1	27.1			
3702.9	-2696.3	27.1	27.1			
14335.6	66286.4	31036.5	17330.2		13706.3	
6517.2	37756.5	14384.2	8534.2		5850.0	
7818.4	26934.3	16272.3	8416.0		7856.3	
7818.4	26934.3	16272.3	8416.0		7856.3	

1-5 续表 2-3

项 目	固定资产原价	累计折旧	固定资产净值年平均余额	负债合计	流动负债合计	应付账款
纸制品制造	404.8	238.2	165.6	681.5	681.5	22.3
纸和纸板容器的制造	404.8	238.2	165.6	681.5	681.5	22.3
印刷业和记录媒介的复制	52236.1	22189.0	27196.6	22226.6	17080.8	5781.8
印刷	52236.1	22189.0	27196.6	22226.6	17080.8	5781.8
书、报、刊印刷	48593.8	20399.5	25196.8	19015.8	13870.0	4235.4
包装装潢及其他印刷	3642.3	1789.5	1999.8	3210.8	3210.8	1546.4
石油加工、炼焦及核燃料加工业	3187110.0	1669576.9	1475037.8	1904611.9	722254.4	378150.2
精炼石油产品的制造	3125788.2	1663294.5	1430541.1	1779475.2	672917.7	371193.1
原油加工及石油制品制造	3125788.2	1663294.5	1430541.1	1779475.2	672917.7	371193.1
炼焦	61321.8	6282.4	44496.7	125136.7	49336.7	6957.1
化学原料及化学制品制造业	1457102.8	314644.7	946230.9	2193496.5	1105340.8	312902.6
基础化学原料制造	579980.1	138270.8	339644.5	628872.2	528413.9	116780.3
无机碱制造	280138.2	54969.4	137355.5	422482.0	340531.7	79895.2
无机盐制造	25129.4	1681.8	14698.2	55402.5	44252.5	8769.3
有机化学原料制造	262861.8	80356.6	175740.1	144494.9	137137.0	25591.1
其他基础化学原料制造	11850.7	1263.0	11850.7	6492.8	6492.7	2524.7
肥料制造	352482.6	69223.0	183970.2	420752.6	160753.1	47154.7
氮肥制造	203751.1	55467.1	150560.3	73220.8	52653.7	7380.5
钾肥制造	144498.1	12238.0	30680.8	341448.0	102015.7	37852.3
复混肥料制造	1228.0	636.6	615.6	1451.3	1451.2	559.7
其他肥料制造	3005.4	881.3	2113.5	4632.5	4632.5	1362.2
农药制造	616.8	58.4	432.6	112.0	112.0	48.8
化学农药制造	616.8	58.4	432.6	112.0	112.0	48.8
合成材料制造	493283.7	97792.3	400763.7	1117184.6	389931.7	145661.5
初级形态的塑料及合成树脂制造	493283.7	97792.3	400763.7	1117184.6	389931.7	145661.5
专用化学产品制造	30739.6	9300.2	21419.9	26575.1	26130.1	3257.3
化学试剂和助剂制造	14652.9	4382.6	10990.3	9761.0	9606.0	2289.7
炸药及火工产品制造	16086.7	4917.6	10429.6	16814.1	16524.1	967.6
医药制造业	35652.5	10757.7	25186.7	33159.3	30914.0	2397.4
化学药品制剂制造	20578.3	5892.9	14994.6	10549.2	8604.0	1824.6
中药饮片加工	13809.9	4199.4	9526.7	22424.5	22124.4	698.4
中成药制造	1264.3	665.4	665.4	185.6	185.6	-125.6
化学纤维制造业	19150.7	1911.8	17184.8	35071.6	23401.6	8213.3
纤维素纤维原料及纤维制造	19150.7	1911.8	17184.8	35071.6	23401.6	8213.3
化纤浆粕制造	19150.7	1911.8	17184.8	35071.6	23401.6	8213.3
橡胶制品业	31411.0	18147.1	14985.8	57315.5	45647.0	956.4
轮胎制造	30628.5	17973.6	14376.8	54342.5	45647.0	956.4
车辆、飞机及工程机械轮胎制造	30628.5	17973.6	14376.8	54342.5	45647.0	956.4
橡胶板、管、带的制造	782.5	173.5	609.0	2973.0		
塑料制品业	61264.7	20633.8	39011.2	77590.3	75169.8	17516.6
塑料薄膜制造	15088.5	6543.8	8381.1	7813.3	6628.7	1530.8
塑料板、管、型材的制造	41777.2	12092.6	28281.7	62829.3	62780.2	15435.0
塑料丝、绳及编织品的制造	702.8	243.0	475.9	179.7	179.7	
其他塑料制品制造	3696.2	1754.4	1872.5	6768.0	5581.2	550.8

单位：万元

一、年末资产负债						
长期负债合计	所有者权益合计	实收资本	1.国家资本	2.集体资本	3.法人资本	4.个人资本
	1595.6	380.0	380.0			
	1595.6	380.0	380.0			
5145.6	29882.4	15631.2	12318.4	90.0	3080.8	142.0
5145.6	29882.4	15631.2	12318.4	90.0	3080.8	142.0
5145.6	27224.2	14595.2	12318.4	90.0	2044.8	142.0
	2658.2	1036.0			1036.0	
913336.7	3992229.6	3639599.6	1257088.9		2382160.7	350.0
905756.7	3956637.2	3608733.6	1229222.9		2379160.7	350.0
905756.7	3956637.2	3608733.6	1229222.9		2379160.7	350.0
7580.0	35592.4	30866.0	27866.0		3000.0	
1087695.0	1482833.4	947215.7	325903.3	571.9	516718.9	103871.6
100445.1	596378.3	401143.2	286788.0		48666.0	65689.2
81937.2	376960.2	105154.3	19299.1		20166.0	65689.2
11150.0	27439.3	28850.0	350.0		28500.0	
7357.9	177442.6	250472.9	250472.9			
	14536.2	16666.0	16666.0			
259999.4	256174.4	122538.0	9774.6		110248.3	2515.1
20567.1	164981.0	64649.6	6421.2		58228.4	
239432.3	85554.7	54000.0			51510.0	2490.0
	2891.1	600.0	600.0			
	2747.6	3288.4	2753.4		509.9	25.1
	1395.3	1000.0			650.0	350.0
	1395.3	1000.0			650.0	350.0
726805.5	569274.1	371184.4	23598.0	571.9	311697.2	35317.3
726805.5	569274.1	371184.4	23598.0	571.9	311697.2	35317.3
445.0	59611.3	51350.1	5742.7		45457.4	
155.0	23391.0	23462.8			23312.8	
290.0	36220.3	27887.3	5742.7		22144.6	
2045.2	29672.7	20310.1	16470.2	305.1	583.9	
1945.2	16306.7	11473.7	11473.7			
100.0	9607.3	8576.4	4996.5	305.1	323.9	
	3758.7	260.0			260.0	
11670.0	12420.0	17000.0			17000.0	
11670.0	12420.0	17000.0			17000.0	
11670.0	12420.0	17000.0			17000.0	
11668.4	-40057.5	13586.0	13586.0			
8695.5	-39063.5	13330.0	13330.0			
8695.5	-39063.5	13330.0	13330.0			
2972.9	-994.0	256.0	256.0			
2399.4	99951.5	80674.0	12557.8	730.0	34155.5	12990.7
1163.6	18856.5	9748.2	7007.0		1880.0	861.2
49.0	79670.5	67995.6	3526.6	730.0	31609.5	11889.5
	1021.9	490.0	250.0			240.0
1186.8	402.6	2440.2	1774.2		666.0	

1-5 续表 2-4

项　　目	固定资产原　　价	累计折旧	固定资产净值年平均余额	负债合计	流动负债合　　计	应付账款
非金属矿物制品业	745640.3	291414.0	423201.8	735476.0	501575.3	112154.7
水泥、石灰和石膏的制造	616248.5	244212.8	351154.2	562686.8	360479.2	86262.6
水泥制造	612570.8	243133.5	348484.4	559192.2	357748.0	85727.5
石灰和石膏制造	3677.7	1079.3	2669.8	3494.6	2731.2	535.1
水泥及石膏制品制造	88876.7	34509.5	45971.7	101512.9	96076.7	22842.4
水泥制品制造	67970.3	27078.2	34074.8	67991.7	65220.0	18438.8
砼结构构件制造	12264.7	3606.8	6997.3	28224.9	26203.0	3813.6
轻质建筑材料制造	8641.7	3824.5	4899.6	5296.3	4653.7	590.0
砖瓦、石材及其他建筑材料制造	375.6	250.7	126.9	831.8	829.3	364.9
隔热和隔音材料制造	375.6	250.7	126.9	831.8	829.3	364.9
玻璃及玻璃制品制造	1999.8	1677.3	355.5	3310.4	3310.3	620.9
日用玻璃制品及玻璃包装容器制造	1999.8	1677.3	355.5	3310.4	3310.3	620.9
石墨及其他非金属矿物制品制造	38139.7	10763.7	25593.5	67134.1	40879.8	2063.9
石墨及碳素制品制造	33820.0	10358.4	22331.5	65061.0	38806.7	1082.4
其他非金属矿物制品制造	4319.7	405.3	3262.0	2073.1	2073.1	981.5
黑色金属冶炼及压延加工业	1386727.4	428345.9	863399.4	1369119.7	1171553.7	573677.8
炼铁	658932.8	217129.1	362463.8	391768.2	391768.2	389429.3
钢压延加工	725805.2	210647.6	499506.6	975600.3	778444.3	183834.3
铁合金冶炼	1989.4	569.2	1429.0	1751.2	1341.2	414.2
有色金属冶炼及压延加工业	113856.6	47331.8	66615.0	99658.8	74979.4	7888.3
常用有色金属冶炼	52828.8	17027.4	36839.3	68033.1	52862.3	4616.5
镍钴冶炼	39950.4	12753.7	27785.7	54008.4	49463.7	2283.3
铝冶炼	6636.4	3794.8	3061.7	11172.7	2646.6	1840.7
其他常用有色金属冶炼	6242.0	478.9	5991.9	2852.0	752.0	492.5
贵金属冶炼	61027.8	30304.4	29775.7	31625.7	22117.1	3271.8
金冶炼	61027.8	30304.4	29775.7	31625.7	22117.1	3271.8
金属制品业	14319.5	5426.1	8376.1	18489.5	17260.8	2178.6
集装箱及金属包装容器制造	2389.7	937.9	1451.8	8228.2	8228.2	45.7
金属包装容器制造	2389.7	937.9	1451.8	8228.2	8228.2	45.7
金属丝绳及其制品的制造	10129.8	3332.9	6401.4	9624.0	8395.3	1852.7
建筑、安全用金属制品制造	148.5	109.0	27.2	535.2	535.2	247.2
其他建筑、安全用金属制品制造	148.5	109.0	27.2	535.2	535.2	247.2
其他金属制品制造	1651.5	1046.3	495.7	102.1	102.1	33.0
其他未列明的金属制品制造	1651.5	1046.3	495.7	102.1	102.1	33.0
通用设备制造业	3017.7	2116.7	876.8	4901.8	4901.8	1277.2
泵、阀门、压缩机及类似机械的制造	1916.2	1538.1	398.5	2979.0	2979.0	785.3
泵及真空设备制造	1916.2	1538.1	398.5	2979.0	2979.0	785.3
通用零部件制造及机械修理	1101.5	578.6	478.3	1922.8	1922.8	491.9
机械零部件加工及设备修理	1101.5	578.6	478.3	1922.8	1922.8	491.9

单位：万元

一、年末资产负债						
长期负债合　计	所有者权益合　计	实收资本	1.国家资本	2.集体资本	3.法人资本	4.个人资本
217928.5	559178.6	317319.7	145733.8	1211.9	142618.7	25655.3
186487.3	435252.2	257076.9	119764.8	1109.9	112995.7	23206.5
185723.9	433480.0	254486.1	117779.0	1109.9	112995.7	22601.5
763.4	1772.2	2590.8	1985.8			605.0
5184.4	82984.5	41197.8	11018.1		25808.1	2271.6
2520.0	55212.3	29620.0	9555.1		19793.3	271.6
2021.9	24018.0	9463.0	1463.0		3900.0	2000.0
642.5	3754.2	2114.8			2114.8	
2.5	957.8	800.0		102.0	698.0	
2.5	957.8	800.0		102.0	698.0	
	773.5	294.1			116.9	177.2
	773.5	294.1			116.9	177.2
26254.3	39210.6	17950.9	14950.9		3000.0	
26254.3	34707.7	14950.9	14950.9			
	4502.9	3000.0			3000.0	
197556.0	738926.4	521896.8	439032.5	2067.5	44867.4	35929.4
	434448.3	427696.3	427696.3			
197156.0	301632.7	92113.2	9248.9	2067.5	44867.4	35929.4
400.0	2845.4	2087.3	2087.3			
23662.0	70436.7	57666.3	24981.7	300.0	32384.6	
14153.6	20675.9	15458.5	6981.7		8476.8	
3527.5	18206.8	6981.7	6981.7			
8526.1	-4250.4	345.8			345.8	
2100.0	6719.5	8131.0			8131.0	
9508.4	49760.8	42207.8	18000.0	300.0	23907.8	
9508.4	49760.8	42207.8	18000.0	300.0	23907.8	
1228.6	47068.1	51739.5	45945.0		5701.8	92.7
	-1223.3	1994.5			1994.5	
	-1223.3	1994.5			1994.5	
1228.6	44681.2	46448.0	45848.0		507.3	92.7
	262.4	97.0	97.0			
	262.4	97.0	97.0			
	3347.8	3200.0			3200.0	
	3347.8	3200.0			3200.0	
	1710.4	1055.8	555.8		467.6	32.4
	1061.5	555.8	555.8			
	1061.5	555.8	555.8			
	648.9	500.0			467.6	32.4
	648.9	500.0			467.6	32.4

1-5 续表 2-5

项目	固定资产原价	累计折旧	固定资产净值年平均余额	负债合计	流动负债合计	应付账款
专用设备制造业	35390.0	23707.8	14319.8	94913.9	92638.5	28571.8
矿山、冶金、建筑专用设备制造	10982.5	4855.9	6107.4	17061.6	16349.3	5231.2
采矿、采石设备制造	94.6	3.1	47.5	644.4	644.3	12.2
石油钻采专用设备制造	10887.9	4852.8	6059.9	16417.2	15705.0	5219.0
农、林、牧、渔专用机械制造	24407.5	18851.9	8212.4	77852.3	76289.2	23340.6
机械化农业及园艺机具制造	21230.0	17605.9	6319.8	71081.6	70234.6	22782.4
其他农林牧渔业机械制造及机械修理	3177.5	1246.0	1892.6	6770.7	6054.6	558.2
交通运输设备制造业	27150.1	13937.3	12944.6	67076.5	65274.5	24880.8
铁路运输设备制造	821.5	481.8	427.1	2554.6	2554.6	705.0
铁路机车车辆配件制造	821.5	481.8	427.1	2554.6	2554.6	705.0
汽车制造	26328.6	13455.5	12517.5	64521.9	62719.9	24175.8
汽车整车制造	16807.0	9722.2	6822.8	33042.4	33040.4	17842.7
改装汽车制造	1304.5	165.2	1556.2	14462.5	13962.5	2759.2
汽车车身、挂车的制造	1428.1	909.8	553.5	11324.9	10024.9	1298.3
汽车零部件及配件制造	2570.8	930.3	1052.3	468.6	468.6	559.9
汽车修理	4218.2	1728.0	2532.7	5223.5	5223.5	1715.7
电气机械及器材制造业	10805.4	5975.3	4714.5	20916.4	20916.4	5572.2
输配电及控制设备制造	7835.6	4865.3	2926.8	12916.9	12916.9	2154.1
变压器、整流器和电感器制造	6673.6	4305.3	2339.4	10626.4	10626.4	1084.4
其他输配电及控制设备制造	1162.0	560.0	587.4	2290.5	2290.5	1069.7
电线、电缆、光缆及电工器材制造	2969.8	1110.0	1787.7	7999.5	7999.5	3418.1
电线电缆制造	1420.9	504.4	875.5	3366.8	3366.8	2127.2
绝缘制品制造	1548.9	605.6	912.2	4632.7	4632.7	1290.9
仪器仪表及文化、办公用机械制造	371.0	137.3	249.9	4639.8	4639.8	4185.2
通用仪器仪表制造	371.0	137.3	249.9	4639.8	4639.8	4185.2
工业自动控制系统装置制造	122.9	66.6	56.3	4116.5	4116.5	3931.6
供应用仪表及其他通用仪器制造	248.1	70.7	193.6	523.3	523.3	253.6
工艺品及其他制造业	32465.4	5235.9	27229.5	29816.8	29816.8	8711.0
煤制品制造	32465.4	5235.9	27229.5	29816.8	29816.8	8711.0
电力、燃气及水的生产和供应业	6848713.7	2225052.0	4297517.4	5719276.3	2651334.9	415363.9
电力、热力的生产和供应业	6384666.9	2108042.3	3949386.7	5461771.5	2522666.3	402704.1
电力生产	3331185.9	936804.2	2102223.1	2849266.3	1169240.8	201973.9
火力发电	2053760.1	745704.5	1138348.8	1726591.1	748052.5	124562.9
水力发电	906958.7	130969.6	731637.4	798678.3	224862.9	51064.8
其他能源发电	370467.1	60130.1	232236.9	323996.9	196325.4	26346.2
电力供应	2709066.8	1042003.9	1630224.4	2386803.4	1241593.9	175500.7
热力生产和供应	344414.2	129234.2	216939.2	225701.8	111831.6	25229.5
燃气生产和供应业	86533.2	20808.0	66946.1	108289.5	79292.8	4439.2
水的生产和供应业	377513.6	96201.7	281184.6	149215.3	49375.8	8220.6
自来水的生产和供应	355216.9	92793.9	262834.4	140450.8	47015.6	6545.0
污水处理及其再生利用	22296.7	3407.8	18350.2	8764.5	2360.2	1675.6

单位：万元

一、年末资产负债						
长期负债合　　计	所有者权益合　　计					
		实收资本	1.国家资本	2.集体资本	3.法人资本	4.个人资本
1598.0	-2138.0	11520.1	10711.3		210.0	508.8
712.1	24044.8	6800.0	6500.0		210.0	
	304.5	200.0	200.0			
712.1	23740.3	6600.0	6300.0		210.0	
885.9	-26182.8	4720.1	4211.3			508.8
170.0	-29074.4	3651.4	3500.4			151.0
715.9	2891.6	1068.7	710.9			357.8
1352.0	19287.4	25817.9	8248.9		17548.5	20.5
	754.9	5151.5			5151.5	
	754.9	5151.5			5151.5	
1352.0	18532.5	20666.4	8248.9		12397.0	20.5
2.0	5251.8	7500.0			7500.0	
50.0	3147.1	2515.7			2495.2	20.5
1300.0	2845.4	2000.0			2000.0	
	8616.3	6562.4	6562.4			
	-1328.1	2088.3	1686.5		401.8	
	14591.4	11957.9	9397.9		2000.0	560.0
	8923.7	6938.6	6378.6			560.0
	9059.5	6700.0	6140.0			560.0
	-135.8	238.6	238.6			
	5667.7	5019.3	3019.3		2000.0	
	2015.9	3019.3	3019.3			
	3651.8	2000.0			2000.0	
	3360.7	1600.0	89.0		1500.0	11.0
	3360.7	1600.0	89.0		1500.0	11.0
	2611.1	1500.0			1500.0	
	749.6	100.0	89.0			11.0
	32361.0	38333.0	38333.0			
	32361.0	38333.0	38333.0			
2700055.6	2123106.2	1531443.2	965178.0	726.6	512162.7	46595.8
2601790.9	1818233.6	1261770.2	735271.2	501.7	475621.4	43595.8
1473476.8	1008016.4	934287.0	477528.7	501.7	407885.7	41590.8
780332.1	380752.4	365961.1	70454.5	501.7	249170.3	39054.5
565473.2	449608.3	461147.5	397570.7		61040.5	2536.3
127671.5	177655.7	107178.4	9503.5		97674.9	
1020667.8	685671.5	228675.5	193057.9		34601.8	1015.8
107646.3	124545.7	98807.7	64684.6		33133.9	989.2
28996.7	58123.8	35535.9	15410.0	65.9	20060.0	
69268.0	246748.8	234137.1	214496.8	159.0	16481.3	3000.0
63585.0	233469.0	221440.1	204799.8	159.0	16481.3	
5683.0	13279.8	12697.0	9697.0			3000.0

1-5 续表 3-1

项　目	5.港澳台资本	6.外商资本	主营业务收　入	主营业务成　本	主营业务税金及附加
总　计	**12588.0**	**55603.7**	**35208969.4**	**24327086.2**	**957189.4**
在总计中：亏损企业	1100.0	12631.0	9188234.7	9795078.2	163160.5
在总计中：中央			24671388.5	16811572.4	573670.4
地方	12588.0	55603.7	10537580.9	7515513.8	383519.0
在总计中：轻工业	10123.0	5850.9	2504986.2	1972268.8	102844.2
重工业	2465.0	49752.8	32703983.2	22354817.4	854345.2
在总计中：大型企业			27488096.4	18122152.8	827005.6
中型企业	9173.0	27020.1	5769057.7	4622137.3	119976.3
小型企业	3415.0	28583.6	1951815.3	1582796.1	10207.5
按工业行业小类分组					
采矿业	125.0	22732.7	15851594.3	6210584.2	597286.9
煤炭开采和洗选业			598687.4	430439.4	6513.6
烟煤和无烟煤的开采洗选			598687.4	430439.4	6513.6
石油和天然气开采业			14513994.4	5414068.4	583300.1
天然原油和天然气开采			13625014.8	4492575.9	579983.5
与石油和天然气开采有关的服务活动			888979.6	921492.5	3316.6
黑色金属矿采选业			444668.1	250575.3	3511.7
铁矿采选			444668.1	250575.3	3511.7
有色金属矿采选业	125.0	22732.7	263128.2	98372.4	2917.5
常用有色金属矿采选	125.0	22732.7	211398.3	69320.8	2771.3
铜矿采选			190730.6	55606.4	2709.2
铅锌矿采选			3993.9	4138.3	25.6
镍钴矿采选	125.0	22732.7	16673.8	9576.1	36.5
贵金属矿采选			40599.3	20502.3	86.3
金矿采选			40599.3	20502.3	86.3
稀有稀土金属矿采选			11130.6	8549.3	59.9
其他稀有金属矿采选			11130.6	8549.3	59.9
非金属矿采选业			31116.2	17128.7	1044.0
化学矿采选			3131.7	1060.9	47.1
采盐			15647.3	7030.0	844.7
石棉及其他非金属矿采选			12337.2	9037.8	152.2
石棉、云母矿采选			5455.7	5530.1	68.9
其他非金属矿采选			6881.5	3507.7	83.3
制造业	12463.0	26090.9	16868722.8	16030679.7	341247.7
农副食品加工业			482146.0	413086.9	1291.7
谷物磨制			61066.5	55577.8	62.2
饲料加工			104724.6	85676.2	173.8
植物油加工			102110.2	95324.8	49.2
食用植物油加工			102110.2	95324.8	49.2
制糖			163285.7	130964.2	915.8
屠宰及肉类加工			38861.7	36910.7	64.0
畜禽屠宰			36066.0	34264.0	51.7
肉制品及副产品加工			2795.7	2646.7	12.3

单位：万元

二、损益及分配					
其他业务收入	其他业务利润	营业费用	管理费用		财务费用
				税金	
714832.7	**92408.3**	**515174.4**	**1288880.6**	**123536.6**	**360111.6**
137006.2	18063.6	97736.8	263495.9	3587.3	70661.5
254356.3	50369.6	231374.3	903241.4	90763.8	129500.4
460476.4	42038.7	283800.1	385639.2	32772.8	230611.2
78805.5	13042.4	119525.3	129884.5	3908.4	56714.2
636027.2	79365.9	395649.1	1158996.1	119628.2	303397.4
320134.9	36581.7	243382.0	890985.2	110531.0	126498.7
349131.9	44325.7	202498.7	287092.3	10372.5	147016.7
45565.9	11500.9	69293.7	110803.1	2633.1	86596.2
220977.3	22145.1	119797.5	651392.6	106660.0	25307.7
78521.9	-1975.6	8116.2	81551.5	1085.1	7529.2
78521.9	-1975.6	8116.2	81551.5	1085.1	7529.2
118707.7	17268.3	75736.9	523856.4	103779.9	12405.7
99345.0	16492.0	75736.9	505169.8	103772.6	8037.5
19362.7	776.3		18686.6	7.3	4368.2
4950.8	83.2	25990.4	13497.4	1413.9	3824.3
4950.8	83.2	25990.4	13497.4	1413.9	3824.3
17300.4	6111.5	6113.7	26635.9	344.4	1322.3
16459.8	5882.3	5355.2	15882.7	193.2	-198.2
13919.3	5076.2	4838.1	12927.2	161.1	-402.6
14.6	4.3		793.4	2.2	88.7
2525.9	801.8	517.1	2162.1	29.9	115.7
220.6	220.6	107.1	8923.0	72.5	1523.1
220.6	220.6	107.1	8923.0	72.5	1523.1
620.0	8.6	651.4	1830.2	78.7	-2.6
620.0	8.6	651.4	1830.2	78.7	-2.6
1496.5	657.7	3840.3	5851.4	36.7	226.2
6.0	6.0	869.4	822.6	2.4	94.7
60.1	-623.4	1426.3	3332.1	13.6	29.4
1430.4	1275.1	1544.6	1696.7	20.7	102.1
1411.3	1275.1	196.5	887.0	20.7	61.9
19.1		1348.1	809.7		40.2
439406.0	47997.2	371904.9	518903.7	12940.6	158489.4
13406.8	2705.5	29403.0	23925.6	860.6	9543.2
3061.3	108.6	1230.9	3297.4	123.9	784.3
120.6	114.7	5345.3	6923.3	28.4	2052.4
772.7	636.8	1440.8	3054.2	127.8	2043.9
772.7	636.8	1440.8	3054.2	127.8	2043.9
8800.1	1623.3	18939.2	9130.0	501.2	3236.3
380.4	69.6	1507.4	1178.0	40.7	172.9
335.8	28.5	1476.2	1018.7	40.7	147.1
44.6	41.1	31.2	159.3		25.8

1-5 续表 3-2

项　　目	5.港澳台资本	6.外商资本	主营业务收入	主营业务成本	主营业务税金及附加
蔬菜、水果和坚果加工			8877.3	5736.1	1.7
其他农副食品加工			3220.0	2897.1	25.0
淀粉及淀粉制品的制造			3220.0	2897.1	25.0
食品制造业		2900.0	344162.2	243309.3	2157.1
方便食品制造			6621.2	4224.5	74.5
方便面及其他方便食品制造			6621.2	4224.5	74.5
液体乳及乳制品制造		2900.0	66764.3	61411.0	182.4
罐头制造			242736.3	156639.2	1040.6
蔬菜、水果罐头制造			242736.3	156639.2	1040.6
调味品、发酵制品制造			3293.0	2785.6	15.1
其他调味品、发酵制品制造			3293.0	2785.6	15.1
其他食品制造			24747.4	18249.0	844.5
盐加工			5651.4	2971.8	682.5
食品及饲料添加剂制造			19096.0	15277.2	162.0
饮料制造业			116011.0	69374.1	15983.3
酒的制造			108057.1	64326.7	15893.1
白酒制造			75509.4	41447.2	11846.3
啤酒制造			7557.1	5020.0	909.6
葡萄酒制造			24990.6	17859.5	3137.2
软饮料制造			7953.9	5047.4	90.2
果菜汁及果菜汁饮料制造			7953.9	5047.4	90.2
烟草制品业			170800.4	64530.4	69781.9
卷烟制造			170800.4	64530.4	69781.9
纺织业	10123.0		1154785.9	985076.7	12212.7
棉、化纤纺织及印染精加工	950.0		1085472.6	921965.5	12102.3
棉、化纤纺织加工	950.0		1085472.6	921965.5	12102.3
毛纺织和染整精加工			17469.6	15590.1	64.9
毛条加工			3577.8	3440.1	5.8
毛纺织			13891.8	12150.0	59.1
针织品、编织品及其制品制造	9173.0		51843.7	47521.1	45.5
棉、化纤针织品及编织品制造			11566.6	11292.0	42.5
毛针织品及编织品制造	9173.0		40277.1	36229.1	3.0
纺织服装、鞋、帽制造业			12420.4	9964.8	17.8
纺织服装制造			12420.4	9964.8	17.8
木材加工及木、竹、藤、棕、草制品			3086.1	3153.4	18.2
人造板制造			3086.1	3153.4	18.2
纤维板制造			3086.1	3153.4	18.2
造纸及纸制品业			74167.2	59924.8	606.7
纸浆制造			48420.1	37240.8	468.7
造纸			24674.1	21722.3	133.7
机制纸及纸板制造			24674.1	21722.3	133.7

单位：万元

二、损益及分配					
其他业务收入	其他业务利润	营业费用	管理费用		财务费用
				税金	
271.7	152.5	787.4	320.7	38.6	1251.0
		152.0	22.0		2.4
		152.0	22.0		2.4
4255.7	757.4	26129.5	10626.4	561.8	20080.6
		129.8	1117.8		-4.2
		129.8	1117.8		-4.2
2760.1	240.2	3091.7	2600.1	121.7	764.0
1112.6	278.1	21105.8	5286.7	347.9	18777.1
1112.6	278.1	21105.8	5286.7	347.9	18777.1
3.3	3.0	80.0	154.0	2.4	38.6
3.3	3.0	80.0	154.0	2.4	38.6
379.7	236.1	1722.2	1467.8	89.8	505.1
141.4	117.2	570.2	802.5	19.4	45.1
238.3	118.9	1152.0	665.3	70.4	460.0
1670.6	446.0	9822.9	7268.5	331.8	4681.6
723.0	91.3	8898.1	6649.2	327.8	4800.7
14.2	0.7	3302.3	2476.0	54.2	99.1
		2826.7	802.7	22.6	64.2
708.8	90.6	2769.1	3370.5	251.0	4637.4
947.6	354.7	924.8	619.3	4.0	-119.1
947.6	354.7	924.8	619.3	4.0	-119.1
246.8	186.8	4041.3	10263.7	548.0	860.1
246.8	186.8	4041.3	10263.7	548.0	860.1
21670.7	3799.9	35399.8	47115.8	786.8	14182.1
20833.0	3354.9	32713.3	41901.9	582.5	13245.4
20833.0	3354.9	32713.3	41901.9	582.5	13245.4
496.2	252.7	606.7	1625.1	34.7	74.4
212.0	210.0	59.5	696.6	2.0	
284.2	42.7	547.2	928.5	32.7	74.4
341.5	192.3	2079.8	3588.8	169.6	862.3
341.5	192.3	436.2	550.0	20.3	49.0
		1643.6	3038.8	149.3	813.3
16.4	15.1	406.3	1102.0	24.7	28.6
16.4	15.1	406.3	1102.0	24.7	28.6
			221.9	18.0	206.1
			221.9	18.0	206.1
			221.9	18.0	206.1
31395.6	2529.5	2030.4	6826.4	265.7	2792.7
29973.6	1967.7	1325.1	4047.9	166.3	1352.1
470.3	425.7	703.5	2514.5	95.0	1445.3
470.3	425.7	703.5	2514.5	95.0	1445.3

1-5 续表 3-3

项 目	5.港澳台资本	6.外商资本	主营业务收入	主营业务成本	主营业务税金及附加
纸制品制造			1073.0	961.7	4.3
纸和纸板容器的制造			1073.0	961.7	4.3
印刷业和记录媒介的复制			32101.0	25101.4	158.6
印刷			32101.0	25101.4	158.6
书、报、刊印刷			24565.1	18644.1	158.6
包装装潢及其他印刷			7535.9	6457.3	
石油加工、炼焦及核燃料加工业			8304897.8	8653360.1	219494.4
精炼石油产品的制造			8238534.7	8600989.7	219431.1
原油加工及石油制品制造			8238534.7	8600989.7	219431.1
炼焦			66363.1	52370.4	63.3
化学原料及化学制品制造业	150.0		1528360.5	1249118.8	9590.7
基础化学原料制造			612128.4	550859.5	4518.8
无机碱制造			479284.9	423057.0	1757.2
无机盐制造			49253.4	51165.5	107.8
有机化学原料制造			74256.1	67555.0	2650.9
其他基础化学原料制造			9334.0	9082.0	2.9
肥料制造			187009.6	103948.1	1184.4
氮肥制造			132359.1	81359.8	107.7
钾肥制造			44392.3	13207.9	1073.7
复混肥料制造			8241.0	7508.2	
其他肥料制造			2017.2	1872.2	3.0
农药制造			1291.0	783.8	7.1
化学农药制造			1291.0	783.8	7.1
合成材料制造			673640.9	555180.4	3536.6
初级形态的塑料及合成树脂制造			673640.9	555180.4	3536.6
专用化学产品制造	150.0		54290.6	38347.0	343.8
化学试剂和助剂制造	150.0		20097.0	16401.9	67.6
炸药及火工产品制造			34193.6	21945.1	276.2
医药制造业		2950.9	29788.2	17967.1	245.9
化学药品制剂制造			10302.1	6174.3	90.0
中药饮片加工		2950.9	9741.1	8273.8	25.0
中成药制造			9745.0	3519.0	130.9
化学纤维制造业			34154.1	34620.8	98.5
纤维素纤维原料及纤维制造			34154.1	34620.8	98.5
化纤浆粕制造			34154.1	34620.8	98.5
橡胶制品业			10608.8	10662.7	46.3
轮胎制造			5159.6	5339.5	43.3
车辆、飞机及工程机械轮胎制造			5159.6	5339.5	43.3
橡胶板、管、带的制造			5449.2	5323.2	3.0
塑料制品业		20240.0	145629.1	130659.8	192.2
塑料薄膜制造			25444.7	23059.9	37.1
塑料板、管、型材的制造		20240.0	110772.8	99336.1	130.1
塑料丝、绳及编织品的制造			1980.4	1649.5	11.2
其他塑料制品制造			7431.2	6614.3	13.8

单位：万元

二、损益及分配					
其他业务收 入	其他业务利 润	营业费用	管理费用		财务费用
				税金	
951.7	136.1	1.8	264.0	4.4	-4.7
951.7	136.1	1.8	264.0	4.4	-4.7
1959.2	1093.8	434.6	5974.3	119.4	234.9
1959.2	1093.8	434.6	5974.3	119.4	234.9
1731.7	1075.2	434.6	5882.3	119.3	203.4
227.5	18.6		92.0	0.1	31.5
68442.8	13521.7	76523.2	216316.9	1712.2	9242.0
67795.4	13388.0	74996.8	214832.5	1683.1	5487.8
67795.4	13388.0	74996.8	214832.5	1683.1	5487.8
647.4	133.7	1526.4	1484.4	29.1	3754.2
233305.1	19380.7	57354.3	77448.9	3320.4	30553.6
224106.8	15915.5	45319.5	28783.8	1257.0	9135.7
213689.8	15510.5	42232.9	18695.6	1188.6	8483.8
1609.3	773.8	787.6	2505.2	43.0	497.0
8802.8	-368.8	1700.9	6988.2	25.3	-26.1
4.9		598.1	594.8	0.1	181.0
1873.7	443.6	4437.2	21841.8	520.1	3478.9
1387.9	266.2	1622.0	16298.9	459.1	3427.2
453.9	171.9	2588.2	5081.1	44.0	-77.7
4.0	2.0	126.4	179.7	9.8	37.7
27.9	3.5	100.6	282.1	7.2	91.7
		49.2	115.4	4.7	2.8
		49.2	115.4	4.7	2.8
5599.4	2712.2	5346.7	19054.7	1397.1	16991.5
5599.4	2712.2	5346.7	19054.7	1397.1	16991.5
1725.2	309.4	2201.7	7653.2	141.5	944.7
242.0	147.3	1642.8	1674.6	99.2	333.3
1483.2	162.1	558.9	5978.6	42.3	611.4
204.7	70.0	1729.2	3669.7	82.0	544.2
199.8	66.3	1442.8	2505.3	61.5	198.7
3.7	3.7	242.1	946.0	16.5	342.6
1.2		44.3	218.4	4.0	2.9
109.7	109.6	1754.1	1358.1	30.8	1158.7
109.7	109.6	1754.1	1358.1	30.8	1158.7
109.7	109.6	1754.1	1358.1	30.8	1158.7
154.8	154.3	3.0	3111.9	67.6	2.5
154.8	154.3		3029.9	67.6	1.5
154.8	154.3		3029.9	67.6	1.5
		3.0	82.0		1.0
10643.9	1213.4	5460.6	5186.9	113.1	1715.2
428.3	24.8	668.5	1088.4	14.1	248.7
10208.7	1188.3	4712.1	3184.2	93.7	1367.4
		16.5	143.7	2.8	-0.7
6.9	0.3	63.5	770.6	2.5	99.8

1-5 续表 3-4

项　　目	5.港澳台资本	6.外商资本	主营业务收入	主营业务成本	主营业务税金及附加
非金属矿物制品业	2100.0		602906.2	452943.4	3508.4
水泥、石灰和石膏的制造			416061.3	301955.9	3141.6
水泥制造			413175.1	299710.9	3121.2
石灰和石膏制造			2886.2	2245.0	20.4
水泥及石膏制品制造	2100.0		160503.0	130811.8	280.3
水泥制品制造			138088.2	116785.5	270.3
砼结构构件制造	2100.0		17989.3	11101.5	
轻质建筑材料制造			4425.5	2924.8	10.0
砖瓦、石材及其他建筑材料制造			1289.0	945.0	4.8
隔热和隔音材料制造			1289.0	945.0	4.8
玻璃及玻璃制品制造			3332.6	2848.1	7.3
日用玻璃制品及玻璃包装容器制造			3332.6	2848.1	7.3
石墨及其他非金属矿物制品制造			21720.3	16382.6	74.4
石墨及碳素制品制造			18620.6	14293.1	63.3
其他非金属矿物制品制造			3099.7	2089.5	11.1
黑色金属冶炼及压延加工业			3283339.6	3113580.5	4925.3
炼铁			1075652.6	1103930.6	225.7
钢压延加工			2205815.2	2008099.2	4683.3
铁合金冶炼			1871.8	1550.7	16.3
有色金属冶炼及压延加工业			206309.5	197019.2	289.3
常用有色金属冶炼			151813.0	159859.8	106.0
镍钴冶炼			142116.4	149673.6	98.8
铝冶炼			8268.3	7842.1	6.8
其他常用有色金属冶炼			1428.3	2344.1	0.4
贵金属冶炼			54496.5	37159.4	183.3
金冶炼			54496.5	37159.4	183.3
金属制品业			98866.2	95764.3	186.3
集装箱及金属包装容器制造			5407.6	5437.9	42.0
金属包装容器制造			5407.6	5437.9	42.0
金属丝绳及其制品的制造			86170.7	83664.1	125.1
建筑、安全用金属制品制造			937.3	796.4	2.0
其他建筑、安全用金属制品制造			937.3	796.4	2.0
其他金属制品制造			6350.6	5865.9	17.2
其他未列明的金属制品制造			6350.6	5865.9	17.2
通用设备制造业			4649.3	3979.7	21.9
泵、阀门、压缩机及类似机械的制造			861.9	582.9	3.3
泵及真空设备制造			861.9	582.9	3.3
通用零部件制造及机械修理			3787.4	3396.8	18.6
机械零部件加工及设备修理			3787.4	3396.8	18.6

单位：万元

二、损益及分配					
其他业务收　入	其他业务利　润	营业费用	管理费用		财务费用
				税金	
9812.8	2137.2	33121.6	40508.4	1231.3	21182.9
7199.6	1536.3	26176.8	30288.4	982.5	16939.9
7143.1	1487.7	25921.5	29799.6	980.7	16802.2
56.5	48.6	255.3	488.8	1.8	137.7
2182.9	482.1	4604.5	8936.0	208.4	2310.8
796.9	372.2	2593.9	6646.4	153.2	1505.1
1386.0	113.9	1423.3	1622.0	32.2	623.0
	-4.0	587.3	667.6	23.0	182.7
		16.9	152.7	2.9	11.9
		16.9	152.7	2.9	11.9
37.7	18.1	106.2	296.2	2.6	26.3
37.7	18.1	106.2	296.2	2.6	26.3
392.6	100.7	2217.2	835.1	34.9	1894.0
378.6	86.7	1813.7	746.7	33.2	1879.0
14.0	14.0	403.5	88.4	1.7	15.0
32920.7	-2581.7	76072.7	26350.5	2397.2	39369.4
29040.8	-3169.5		4442.5	61.3	-22.0
3879.9	620.4	76021.2	21789.3	2333.1	39361.1
	-32.6	51.5	118.7	2.8	30.3
1838.5	1127.8	1077.5	12789.0	61.1	1139.4
1188.7	754.8	798.8	3470.7	34.5	537.2
810.1	546.4	611.5	2096.7	19.5	351.6
378.6	208.4	175.2	948.5	1.2	26.2
		12.1	425.5	13.8	159.4
649.8	373.0	278.7	9318.3	26.6	602.2
649.8	373.0	278.7	9318.3	26.6	602.2
1750.4	113.3	514.1	2424.9	107.2	261.1
192.3		118.9	1059.2		65.0
192.3		118.9	1059.2		65.0
1523.1	96.2	331.6	1027.9	87.7	195.5
		38.7	73.2		2.0
		38.7	73.2		2.0
35.0	17.1	24.9	264.6	19.5	-1.4
35.0	17.1	24.9	264.6	19.5	-1.4
		104.6	315.9	11.7	64.5
		58.5	126.4	6.9	38.4
		58.5	126.4	6.9	38.4
		46.1	189.5	4.8	26.1
		46.1	189.5	4.8	26.1

1-5 续表 3-5

项目	5.港澳台资本	6.外商资本	主营业务收入	主营业务成本	主营业务税金及附加
专用设备制造业	90.0		64659.4	52278.1	113.9
矿山、冶金、建筑专用设备制造	90.0		31205.2	23526.5	71.7
采矿、采石设备制造			1786.1	1600.1	3.1
石油钻采专用设备制造	90.0		29419.1	21926.4	68.6
农、林、牧、渔专用机械制造			33454.2	28751.6	42.2
机械化农业及园艺机具制造			22313.4	20016.3	19.3
其他农林牧渔业机械制造及机械修理			11140.8	8735.3	22.9
交通运输设备制造业			122610.6	109908.8	103.6
铁路运输设备制造			1826.0	1409.3	12.3
铁路机车车辆配件制造			1826.0	1409.3	12.3
汽车制造			120784.6	108499.5	91.3
汽车整车制造			77146.2	67872.0	
改装汽车制造			18268.6	18278.9	16.7
汽车车身、挂车的制造			6189.5	5645.2	5.6
汽车零部件及配件制造			16105.9	14204.3	55.7
汽车修理			3074.4	2499.1	13.3
电气机械及器材制造业			33730.2	27245.7	149.9
输配电及控制设备制造			17498.8	14320.6	76.5
变压器、整流器和电感器制造			14579.3	11980.3	62.6
其他输配电及控制设备制造			2919.5	2340.3	13.9
电线、电缆、光缆及电工器材制造			16231.4	12925.1	73.4
电线电缆制造			10365.4	8996.3	38.9
绝缘制品制造			5866.0	3928.8	34.5
仪器仪表及文化、办公用机械制造			6197.0	3892.6	18.8
通用仪器仪表制造			6197.0	3892.6	18.8
工业自动控制系统装置制造			5331.5	3455.4	13.6
供应用仪表及其他通用仪器制造			865.5	437.2	5.2
工艺品及其他制造业			2336.1	4156.3	34.3
煤制品制造			2336.1	4156.3	34.3
电力、燃气及水的生产和供应业		6780.1	2488652.3	2085822.3	18654.8
电力、热力的生产和供应业		6780.1	2368882.7	1999764.9	17383.4
电力生产		6780.1	778826.6	565666.1	6796.5
火力发电		6780.1	634243.6	483800.6	5951.5
水力发电			102806.5	64544.5	708.8
其他能源发电			41776.5	17321.0	136.2
电力供应			1484557.5	1336421.7	10285.2
热力生产和供应			105498.6	97677.1	301.7
燃气生产和供应业			77060.8	49306.9	1036.8
水的生产和供应业			42708.8	36750.5	234.6
自来水的生产和供应			41349.9	35693.8	234.6
污水处理及其再生利用			1358.9	1056.7	

单位：万元

二、损益及分配					
其他业务收　　入	其他业务利　　润	营业费用	管理费用		财务费用
				税金	
1598.9	272.7	2722.6	4946.1	48.1	467.8
967.1	245.3	2015.9	1778.8	10.3	174.3
		0.2	34.6	0.1	-1.1
967.1	245.3	2015.7	1744.2	10.2	175.4
631.8	27.4	706.7	3167.3	37.8	293.5
631.8	27.4	651.0	2337.4	19.9	143.5
		55.7	829.9	17.9	150.0
3319.7	578.4	5420.5	5373.2	168.8	304.6
		37.7	402.8	4.6	-0.7
		37.7	402.8	4.6	-0.7
3319.7	578.4	5382.8	4970.4	164.2	305.3
1217.7	-72.8	3779.5	3515.2	92.0	201.0
1149.6	412.6	185.1	298.4	32.1	12.3
501.9	208.1	199.2	275.5	12.5	75.2
214.2	24.0	1055.0	218.2	18.0	0.1
236.3	6.5	164.0	663.1	9.6	16.7
328.7	119.2	1711.3	2358.9	67.3	123.6
328.5	119.0	478.2	1174.9	38.8	10.5
306.0	96.5	335.5	750.6	38.8	9.5
22.5	22.5	142.7	424.3		1.0
0.2	0.2	1233.1	1184.0	28.5	113.1
0.2	0.2	823.5	474.1	20.0	58.2
		409.6	709.9	8.5	54.9
		631.8	423.9	2.1	0.7
		631.8	423.9	2.1	0.7
		495.8	292.9	2.1	-5.8
		136.0	131.0		6.5
353.5	246.6	36.0	2995.9	2.9	-250.7
353.5	246.6	36.0	2995.9	2.9	-250.7
54449.4	22266.0	23472.0	118584.3	3936.0	176314.5
47716.5	18556.9	6089.0	105331.2	3509.8	171804.5
6675.5	2068.6	3388.6	44809.8	1708.7	100021.1
3582.5	1186.5	3162.0	34488.7	1509.8	61740.5
2807.8	612.7	226.6	7583.0	134.9	26648.3
285.2	269.4		2738.1	64.0	11632.3
37720.5	15008.1	1443.7	53071.8	1533.5	65924.2
3320.5	1480.2	1256.7	7449.6	267.6	5859.2
3141.8	2564.4	9214.5	5222.3	137.4	1463.1
3591.1	1144.7	8168.5	8030.8	288.8	3046.9
3471.2	1063.8	8168.5	7691.3	288.8	2732.1
119.9	80.9		339.5		314.8

1-5 续表 4-1

项目	二、损益及分配					
	利息支出	营业利润	投资收益	补贴收入	利润总额	亏损企业亏损额
总计	**355119.9**	**6752397.7**	**64728.0**	**101544.8**	**6972553.4**	**1173265.1**
在总计中：亏损企业	69966.5	-1293697.3	-2579.3	47899.4	-1173265.1	1173265.1
在总计中：中央	130406.6	5148602.4	7405.8	63259.6	5341949.5	1035442.4
地方	224713.3	1603795.3	57322.2	38285.2	1630603.9	137822.7
在总计中：轻工业	53771.3	133813.3	1736.1	9476.3	119582.9	67351.4
重工业	301348.6	6618584.4	62991.9	92068.5	6852970.5	1105913.7
在总计中：大型企业	125017.2	6278738.4	28419.9	257.9	6369683.2	1012816.5
中型企业	144527.9	375254.4	32531.4	78071.5	473658.6	102918.5
小型企业	85574.8	98404.9	3776.7	23215.4	129211.6	57530.1
按工业行业小类分组						
采矿业	22601.4	7278586.4	8863.6	262.0	7357402.4	70724.5
煤炭开采和洗选业	7056.7	62056.6	-818.0	93.9	56376.2	4153.0
烟煤和无烟煤的开采洗选	7056.7	62056.6	-818.0	93.9	56376.2	4153.0
石油和天然气开采业	11606.1	6948919.1	-2355.7		7035119.9	62786.6
天然原油和天然气开采	7766.8	7007027.1	-2609.0		7097226.0	
与石油和天然气开采有关的服务活动	3839.3	-58108.0	253.3		-62106.1	62786.6
黑色金属矿采选业	2485.0	132986.6	9636.1	165.1	141434.0	793.7
铁矿采选	2485.0	132986.6	9636.1	165.1	141434.0	793.7
有色金属矿采选业	1228.6	131108.8	2388.4		120882.1	2650.3
常用有色金属矿采选	-287.7	121091.2	2392.7		110812.4	2650.3
铜矿采选	-405.8	118790.7	479.6		106292.3	5.0
铅锌矿采选		-2767.5			-2645.3	2645.3
镍钴矿采选	118.1	5068.0	1913.1		7165.4	
贵金属矿采选	1520.3	9972.5	18.4		10008.0	
金矿采选	1520.3	9972.5	18.4		10008.0	
稀有稀土金属矿采选	-4.0	45.1	-22.7		61.7	
其他稀有金属矿采选	-4.0	45.1	-22.7		61.7	
非金属矿采选业	225.0	3515.3	12.8	3.0	3590.2	340.9
化学矿采选	94.7	243.0			221.8	
采盐	26.9	2306.4	12.8	3.0	2346.3	
石棉及其他非金属矿采选	103.4	965.9			1022.1	340.9
石棉、云母矿采选	63.2	-145.6			-183.0	340.9
其他非金属矿采选	40.2	1111.5			1205.1	
制造业	154809.3	-597031.8	50577.5	84309.8	-477103.9	1056792.8
农副食品加工业	10323.4	9168.1	1080.8	1768.4	13050.4	5206.7
谷物磨制	793.5	926.5		337.7	1923.0	582.9
饲料加工	1915.3	4246.2	38.5	72.8	4839.6	182.1
植物油加工	2033.3	1673.7	-12.2	751.2	2411.0	1499.6
食用植物油加工	2033.3	1673.7	-12.2	751.2	2411.0	1499.6
制糖	3481.5	2051.1	1054.5	178.7	2715.3	1929.1
屠宰及肉类加工	343.6	-806.2		428.0	17.6	650.3
畜禽屠宰	317.8	-862.7		428.0	-55.8	650.3
肉制品及副产品加工	25.8	56.5			73.4	

单位：万元

三、工资、福利费、增值税				
应交所得税	本年应付 工资总额 （贷方累计发生额）	本年应付 福利费总额	本年应交 增值税	全部从业人员 年平均人数 （人）
612762.2	**1485575.2**	**128199.4**	**2157084.7**	**392634**
1129.3	358938.2	27879.8	111219.1	98786
382207.5	981672.6	92197.3	1579179.7	241317
230554.7	503902.6	36002.1	577905.0	151317
15422.5	173316.5	12669.4	98577.4	88903
597339.7	1312258.7	115530.0	2058507.3	303731
530234.0	1026904.3	93013.5	1771481.7	236739
64056.6	339781.4	26679.4	286862.2	112150
18471.6	118889.5	8506.5	98740.8	43745
560698.9	760269.7	77693.8	1633551.8	160705
11814.3	116319.8	6471.3	56147.3	31287
11814.3	116319.8	6471.3	56147.3	31287
518663.4	608478.2	66486.9	1522330.3	118345
517577.7	485961.3	55143.5	1490890.1	95520
1085.7	122516.9	11343.4	31440.2	22825
26681.3	13293.1	3039.6	26623.8	3268
26681.3	13293.1	3039.6	26623.8	3268
2887.5	17762.7	1417.2	25731.4	5287
391.8	9475.9	1124.9	24772.3	2456
	8011.5	974.9	23129.6	2013
	422.7	43.5		115
391.8	1041.7	106.5	1642.7	328
2470.4	5945.6	292.3	272.1	1765
2470.4	5945.6	292.3	272.1	1765
25.3	2341.2		687.0	1066
25.3	2341.2		687.0	1066
652.4	4415.9	278.8	2719.0	2518
55.0	269.3		387.1	160
597.4	2441.4	82.5	1613.1	1378
	1705.2	196.3	718.8	980
	1109.2	139.1	323.8	780
	596.0	57.2	395.0	200
35020.6	497142.7	43317.6	334523.7	181448
3517.6	24429.0	2395.1	14562.0	10324
271.9	2571.8	94.1	1175.7	1102
1674.6	1972.9	107.9	1564.3	1011
532.7	2419.7	489.6	945.7	1431
532.7	2419.7	489.6	945.7	1431
1026.0	15285.2	1525.4	9820.2	6076
3.1	1180.3	163.0	611.0	543
3.1	824.3	95.3	350.0	449
	356.0	67.7	261.0	94

1-5 续表 4-2

项 目	二、损益及分配					
	利息支出	营业利润	投资收益	补贴收入	利润总额	亏损企业亏损额
蔬菜、水果和坚果加工	1753.8	932.8			999.9	362.7
其他农副食品加工	2.4	144.0			144.0	
淀粉及淀粉制品的制造	2.4	144.0			144.0	
食品制造业	18548.0	42888.5	1827.6	162.9	45713.9	1124.7
方便食品制造	-4.2	1069.4			1048.5	
方便面及其他方便食品制造	-4.2	1069.4			1048.5	
液体乳及乳制品制造	422.8	-1150.3		120.0	-409.9	1075.9
罐头制造	17664.8	40550.5	1805.2	4.2	42646.3	
蔬菜、水果罐头制造	17664.8	40550.5	1805.2	4.2	42646.3	
调味品、发酵制品制造	38.6	222.5			211.5	
其他调味品、发酵制品制造	38.6	222.5			211.5	
其他食品制造	426.0	2196.4	22.4	38.7	2217.5	48.8
盐加工	71.5	695.6	22.4		715.1	48.8
食品及饲料添加剂制造	354.5	1500.8		38.7	1502.4	
饮料制造业	4433.1	7836.8	59.4	30.2	10769.0	7970.8
酒的制造	4663.1	5949.3	-26.5	30.2	8791.5	7970.8
白酒制造	99.1	16548.2		30.2	16581.2	8.5
啤酒制造	-63.3	-2355.7			-1318.7	1318.7
葡萄酒制造	4627.3	-8243.2	-26.5		-6471.0	6643.6
软饮料制造	-230.0	1887.5	85.9		1977.5	
果菜汁及果菜汁饮料制造	-230.0	1887.5	85.9		1977.5	
烟草制品业	854.8	21509.8			21882.5	
卷烟制造	854.8	21509.8			21882.5	
纺织业	12277.1	59735.5	-2700.0	1231.2	27691.1	34989.7
棉、化纤纺织及印染精加工	11836.6	61060.4	-3009.5	1215.2	28113.5	33801.6
棉、化纤纺织加工	11836.6	61060.4	-3009.5	1215.2	28113.5	33801.6
毛纺织和染整精加工	74.4	-239.0		16.0	-93.5	398.2
毛条加工		-414.2		16.0	-398.2	398.2
毛纺织	74.4	175.2			304.7	
针织品、编织品及其制品制造	366.1	-1085.9	309.5		-328.9	789.9
棉、化纤针织品及编织品制造	34.5	-493.0	270.3		-466.1	725.1
毛针织品及编织品制造	331.6	-592.9	39.2		137.2	64.8
纺织服装、鞋、帽制造业	27.2	991.7		30.0	849.0	220.0
纺织服装制造	27.2	991.7		30.0	849.0	220.0
木材加工及木、竹、藤、棕、草制品	206.1	-513.4		234.5	-289.6	289.6
人造板制造	206.1	-513.4		234.5	-289.6	289.6
纤维板制造	206.1	-513.4		234.5	-289.6	289.6
造纸及纸制品业	2745.1	4273.1	28.8	2259.7	6724.0	1065.4
纸浆制造	1306.6	5625.9			5398.7	
造纸	1443.2	-1401.6	-63.0	2259.7	1281.8	1065.4
机制纸及纸板制造	1443.2	-1401.6	-63.0	2259.7	1281.8	1065.4

单位：万元

应交所得税	三、工资、福利费、增值税			
	本年应付工资总额（贷方累计发生额）	本年应付福利费总额	本年应交增值税	全部从业人员年平均人数（人）
9.3	188.1	15.1	373.1	96
	811.0		72.0	65
	811.0		72.0	65
1210.9	11553.4	659.9	7796.2	5898
157.7	1200.0		753.7	452
157.7	1200.0		753.7	452
108.0	2918.9	218.1	1342.1	1252
548.7	5639.6	348.5	4742.8	3325
548.7	5639.6	348.5	4742.8	3325
35.9	100.5		140.0	33
35.9	100.5		140.0	33
360.6	1694.4	93.3	817.6	836
191.0	422.4	80.4	547.5	189
169.6	1272.0	12.9	270.1	647
3094.3	9346.9	775.9	11191.5	3508
3094.3	8768.5	757.0	10285.9	3274
3065.5	7154.8	513.1	7474.9	2398
	549.4	77.0	198.8	369
28.8	1064.3	166.9	2612.2	507
	578.4	18.9	905.6	234
	578.4	18.9	905.6	234
5601.5	4467.1		20860.3	521
5601.5	4467.1		20860.3	521
82.6	92940.3	6799.3	30163.2	55147
65.2	84929.3	5994.4	28678.3	50437
65.2	84929.3	5994.4	28678.3	50437
17.4	2883.2	343.0	591.6	1899
	222.4	71.5	124.0	193
17.4	2660.8	271.5	467.6	1706
	5127.8	461.9	893.3	2811
	2065.7	55.2	649.2	1208
	3062.1	406.7	244.1	1603
	1863.9	45.1	175.9	1009
	1863.9	45.1	175.9	1009
	314.0		227.0	155
	314.0		227.0	155
	314.0		227.0	155
1503.9	8004.6	710.2	6252.1	3502
1503.9	5024.4	275.2	4686.6	1652
	2651.1	277.8	1491.3	1765
	2651.1	277.8	1491.3	1765

1-5 续表 4-3

项目	二、损益及分配					
	利息支出	营业利润	投资收益	补贴收入	利润总额	亏损企业亏损额
纸制品制造	-4.7	48.8	91.8		43.5	
纸和纸板容器的制造	-4.7	48.8	91.8		43.5	
印刷业和记录媒介的复制	222.0	1297.2	63.2	334.9	2086.1	156.6
印刷	222.0	1297.2	63.2	334.9	2086.1	156.6
书、报、刊印刷	190.6	323.5	63.2	334.9	1067.8	156.6
包装装潢及其他印刷	31.4	973.7			1018.3	
石油加工、炼焦及核燃料加工业	10009.6	-965032.0	752.7	40801.0	-870249.6	947240.0
精炼石油产品的制造	6255.4	-972574.8	750.7	40801.0	-878010.2	946608.4
原油加工及石油制品制造	6255.4	-972574.8	750.7	40801.0	-878010.2	946608.4
炼焦	3754.2	7542.8	2.0		7760.6	631.6
化学原料及化学制品制造业	30435.4	144705.6	27152.9	10362.3	173834.4	5310.0
基础化学原料制造	9075.4	13461.5	19254.6	1421.0	25560.9	5194.9
无机碱制造	8777.0	18704.9	17816.4	10.0	20237.4	11.7
无机盐制造	137.2	-5064.7	95.8	1321.0	5600.4	160.5
有机化学原料制造	-28.5	947.0	1342.4	90.0	865.8	3880.0
其他基础化学原料制造	189.7	-1125.7			-1142.7	1142.7
肥料制造	3470.4	52265.7	0.5	8131.8	60625.4	114.4
氮肥制造	3427.2	29510.7	0.3	4014.3	33148.4	
钾肥制造	-87.8	22672.3		3925.6	27155.9	
复混肥料制造	37.7	391.0			391.0	
其他肥料制造	93.3	-308.3	0.2	191.9	-69.9	114.4
农药制造	3.0	332.6			330.4	
化学农药制造	3.0	332.6			330.4	
合成材料制造	16986.2	73618.6	5796.2	133.0	79714.1	
初级形态的塑料及合成树脂制造	16986.2	73618.6	5796.2	133.0	79714.1	
专用化学产品制造	900.4	5027.2	2101.6	676.5	7603.6	0.7
化学试剂和助剂制造	331.4	48.2	1.0	676.5	742.8	0.7
炸药及火工产品制造	569.0	4979.0	2100.6		6860.8	
医药制造业	555.2	6448.8	225.3	181.8	6350.0	445.1
化学药品制剂制造	198.2	261.5	244.7	131.8	149.9	305.7
中药饮片加工	354.1	356.6	-19.4		333.1	139.4
中成药制造	2.9	5830.7		50.0	5867.0	
化学纤维制造业	1049.7	-5155.3	-10.1		-4774.7	4774.7
纤维素纤维原料及纤维制造	1049.7	-5155.3	-10.1		-4774.7	4774.7
化纤浆粕制造	1049.7	-5155.3	-10.1		-4774.7	4774.7
橡胶制品业	1.2	-3076.2			-3134.4	3158.4
轮胎制造	0.2	-3100.2			-3158.4	3158.4
车辆、飞机及工程机械轮胎制造	0.2	-3100.2			-3158.4	3158.4
橡胶板、管、带的制造	1.0	24.0			24.0	
塑料制品业	1562.4	3878.1	315.6	1523.5	5775.2	355.0
塑料薄膜制造	258.3	745.1		1127.1	1801.6	
塑料板、管、型材的制造	1204.4	3153.3	315.6	396.4	3989.9	
塑料丝、绳及编织品的制造		160.2			159.6	
其他塑料制品制造	99.7	-180.5			-175.9	355.0

单位：万元

	三、工资、福利费、增值税			
应交所得税	本年应付 工资总额 (贷方累计发生额)	本年应付 福利费总额	本年应交 增值税	全部从业人员 年平均人数 (人)
	329.1	157.2	74.2	85
	329.1	157.2	74.2	85
228.4	4928.0	249.1	1344.6	2053
228.4	4928.0	249.1	1344.6	2053
95.5	4756.8	249.1	1344.6	1993
132.9	171.2			60
-790.6	97487.6	8592.8	51789.7	25244
-930.9	94182.1	8209.2	47233.8	24215
-930.9	94182.1	8209.2	47233.8	24215
140.3	3305.5	383.6	4555.9	1029
8787.5	101749.6	11085.5	75981.3	26210
2486.4	45216.9	4042.5	26411.2	9714
2193.7	25789.8	3445.9	15421.0	4436
292.7	4628.0	254.8	1291.8	1958
	14176.7	293.8	9367.3	2983
	622.4	48.0	331.1	337
2440.9	15796.8	3078.1	9707.8	3754
2376.2	9179.6	1557.4	5994.1	2225
	6422.6	1473.8	3697.0	1418
58.0	40.5	24.1		27
6.7	154.1	22.8	16.7	84
	62.6		71.5	37
	62.6		71.5	37
2104.4	33435.7	3308.7	35951.8	10838
2104.4	33435.7	3308.7	35951.8	10838
1755.8	7237.6	656.2	3839.0	1867
90.9	1284.4	77.4	699.6	418
1664.9	5953.2	578.8	3139.4	1449
88.2	2809.5	308.8	2307.0	1279
86.3	1561.5	120.7	960.0	725
1.9	1105.7	188.1	38.3	481
	142.3		1308.7	73
	1115.7	90.1	967.4	734
	1115.7	90.1	967.4	734
	1115.7	90.1	967.4	734
	3368.7	531.9	566.0	1443
	3317.1	531.9	541.0	1378
	3317.1	531.9	541.0	1378
	51.6		25.0	65
627.9	8089.3	501.1	2361.0	3274
215.2	649.2	53.1	1028.2	388
362.0	6034.7	367.8	1108.5	2205
	226.5	28.6	159.4	102
50.7	1178.9	51.6	64.9	579

1-5 续表 4-4

项　　目	二、损益及分配					
	利息支出	营业利润	投资收益	补贴收入	利润总额	亏损企业亏损额
非金属矿物制品业	20367.6	63730.5	22200.1	21491.5	95365.7	2697.2
水泥、石灰和石膏的制造	16169.2	48929.7	22193.2	19168.8	78971.6	422.5
水泥制造	16031.5	49189.3	22193.2	18933.9	79029.6	346.1
石灰和石膏制造	137.7	-259.6		234.9	-58.0	76.4
水泥及石膏制品制造	2258.4	14159.0	6.9	2322.7	15504.6	2274.7
水泥制品制造	1496.9	10807.6		1667.8	11496.0	2274.7
砼结构构件制造	571.5	3333.4			3334.2	
轻质建筑材料制造	190.0	18.0	6.9	654.9	674.4	
砖瓦、石材及其他建筑材料制造	11.6	157.7			157.7	
隔热和隔音材料制造	11.6	157.7			157.7	
玻璃及玻璃制品制造	26.6	66.6			70.2	
日用玻璃制品及玻璃包装容器制造	26.6	66.6			70.2	
石墨及其他非金属矿物制品制造	1901.8	417.5			661.6	
石墨及碳素制品制造	1886.8	-88.4			156.7	
其他非金属矿物制品制造	15.0	505.9			504.9	
黑色金属冶炼及压延加工业	39344.5	13106.3	700.1		-9941.2	21162.1
炼铁	-22.0	-36081.1			-20981.0	21162.1
钢压延加工	39336.2	49115.7	665.7		10899.8	
铁合金冶炼	30.3	71.7	34.4		140.0	
有色金属冶炼及压延加工业	859.8	-5917.7	14.5	3657.3	-2064.7	12839.6
常用有色金属冶炼	629.8	-13955.9	-9.9		-12839.6	12839.6
镍钴冶炼	442.7	-11923.5			-12019.3	12019.3
铝冶炼	28.3	-522.4			-530.3	530.3
其他常用有色金属冶炼	158.8	-1510.0	-9.9		-290.0	290.0
贵金属冶炼	230.0	8038.2	24.4	3657.3	10774.9	
金冶炼	230.0	8038.2	24.4	3657.3	10774.9	
金属制品业	261.3	-2116.8	-1268.1		-2127.7	2496.0
集装箱及金属包装容器制造	65.0	-1849.1	6.0		-1852.2	1852.2
金属包装容器制造	65.0	-1849.1	6.0		-1852.2	1852.2
金属丝绳及其制品的制造	195.8	-489.3	-1274.1		-499.3	643.8
建筑、安全用金属制品制造	1.9	25.1			25.2	
其他建筑、安全用金属制品制造	1.9	25.1			25.2	
其他金属制品制造	-1.4	196.5			198.6	
其他未列明的金属制品制造	-1.4	196.5			198.6	
通用设备制造业	56.2	162.4			173.2	
泵、阀门、压缩机及类似机械的制造	38.7	52.3			52.3	
泵及真空设备制造	38.7	52.3			52.3	
通用零部件制造及机械修理	17.5	110.1			120.9	
机械零部件加工及设备修理	17.5	110.1			120.9	

单位：万元

	三、工资、福利费、增值税			
应交所得税	本年应付工资总额（贷方累计发生额）	本年应付福利费总额	本年应交增值税	全部从业人员年平均人数（人）
12112.3	46386.3	4388.3	43557.1	17968
9638.2	33447.3	3510.4	39285.2	13611
9636.8	32044.3	3464.0	39041.9	13066
1.4	1403.0	46.4	243.3	545
2412.3	10221.8	438.9	3700.1	3282
2156.6	8531.0	345.3	2921.8	2700
209.6	967.6	93.6	743.2	343
46.1	723.2		35.1	239
41.8	67.7	5.5	47.7	26
41.8	67.7	5.5	47.7	26
20.0	548.5	134.9	279.4	318
20.0	548.5	134.9	279.4	318
	2101.0	298.6	244.7	731
	1894.2	251.3	0.7	611
	206.8	47.3	244.0	120
-3956.6	47498.0	4040.1	51995.6	11839
-2.0	22515.0	2483.7	6919.0	5655
-3954.6	24838.8	1551.3	44872.7	6118
	144.2	5.1	203.9	66
2130.3	11451.8	777.6	4198.1	3578
162.3	7100.7	499.2	3260.4	1857
	5849.2	499.2	3023.7	1281
162.3	900.3		236.0	352
	351.2		0.7	224
1968.0	4351.1	278.4	937.7	1721
1968.0	4351.1	278.4	937.7	1721
-137.9	3610.6	112.4	1566.2	798
	745.5	64.6		323
	745.5	64.6		323
-137.9	2423.5	9.8	1367.4	180
	69.6	9.7	28.0	30
	69.6	9.7	28.0	30
	372.0	28.3	170.8	265
	372.0	28.3	170.8	265
38.7	456.1	5.4	94.1	306
	159.1		30.5	213
	159.1		30.5	213
38.7	297.0	5.4	63.6	93
38.7	297.0	5.4	63.6	93

1-5 续表 4-5

项目	二、损益及分配					
	利息支出	营业利润	投资收益	补贴收入	利润总额	亏损企业亏损额
专用设备制造业	498.2	4406.7	77.9	79.6	4189.4	412.7
矿山、冶金、建筑专用设备制造	173.6	3886.3	77.9		3189.9	
采矿、采石设备制造	-1.1	149.2			139.4	
石油钻采专用设备制造	174.7	3737.1	77.9		3050.5	
农、林、牧、渔专用机械制造	324.6	520.4		79.6	999.5	412.7
机械化农业及园艺机具制造	168.1	-826.7		79.6	-355.2	412.7
其他农林牧渔业机械制造及机械修理	156.5	1347.1			1354.7	
交通运输设备制造业	301.1	2080.6	-6.5	74.0	2365.7	459.2
铁路运输设备制造	-0.7	-35.4	-160.1		-195.3	195.3
铁路机车车辆配件制造	-0.7	-35.4	-160.1		-195.3	195.3
汽车制造	301.8	2116.0	153.6	74.0	2561.0	263.9
汽车整车制造	201.0	1705.6	153.6	72.0	1879.9	
改装汽车制造	11.3	-91.0			101.1	
汽车车身、挂车的制造	72.7	196.9			306.6	
汽车零部件及配件制造	0.1	579.8			537.3	
汽车修理	16.7	-275.3		2.0	-263.9	263.9
电气机械及器材制造业	120.8	2259.9	63.3	87.0	2388.8	
输配电及控制设备制造	7.7	1557.1	-0.4		1546.9	
变压器、整流器和电感器制造	7.7	1537.3	-0.4		1530.1	
其他输配电及控制设备制造		19.8			16.8	
电线、电缆、光缆及电工器材制造	113.1	702.8	63.7	87.0	841.9	
电线电缆制造	58.2	-25.4	61.5		25.5	
绝缘制品制造	54.9	728.2	2.2	87.0	816.4	
仪器仪表及文化、办公用机械制造	0.2	689.1			688.9	
通用仪器仪表制造	0.2	689.1			688.9	
工业自动控制系统装置制造	-6.3	539.5			539.3	
供应用仪表及其他通用仪器制造	6.5	149.6			149.6	
工艺品及其他制造业	-250.7	-4389.1			-4419.3	4419.3
煤制品制造	-250.7	-4389.1			-4419.3	4419.3
电力、燃气及水的生产和供应业	177709.2	70843.1	5286.9	16973.0	92254.9	45747.8
电力、热力的生产和供应业	173049.7	68621.4	5570.2	13214.5	86508.3	38921.8
电力生产	101369.7	64863.3	208.2	6125.3	73726.7	14028.5
火力发电	62070.5	50667.6	106.9	1953.8	53842.3	8254.4
水力发电	26489.3	4173.1	8.1	671.5	5114.2	5469.8
其他能源发电	12809.9	10022.6	93.2	3500.0	14770.2	304.3
电力供应	65843.3	9404.9	5266.0	1928.8	11567.1	19838.5
热力生产和供应	5836.7	-5646.8	96.0	5160.4	1214.5	5054.8
燃气生产和供应业	1484.6	13170.8	-1444.4	167.0	12154.6	28.0
水的生产和供应业	3174.9	-10949.1	1161.1	3591.5	-6408.0	6798.0
自来水的生产和供应	2860.1	-10677.9	1161.1	3477.2	-6233.4	6623.4
污水处理及其再生利用	314.8	-271.2		114.3	-174.6	174.6

单位：万元

应交所得税	三、工资、福利费、增值税			
	本年应付工资总额（贷方累计发生额）	本年应付福利费总额	本年应交增值税	全部从业人员年平均人数（人）
265.8	4430.0	943.0	2288.6	2551
93.1	1777.3	571.9	1761.8	704
34.8	68.8	4.8	27.8	43
58.3	1708.5	567.1	1734.0	661
172.7	2652.7	371.1	526.8	1847
	1978.5	286.0	359.2	1410
172.7	674.2	85.1	167.6	437
367.7	5000.0	86.0	2504.9	2171
	315.0		187.5	127
	315.0		187.5	127
367.7	4685.0	86.0	2317.4	2044
	2350.8	42.1	1766.1	918
20.7	583.0		135.8	283
	192.5	26.9	62.4	268
347.0	1004.9	12.0	292.5	155
	553.8	5.0	60.6	420
75.9	2179.9	161.8	1382.4	724
4.1	1394.4	123.4	704.4	399
	1009.6	115.8	563.4	364
4.1	384.8	7.6	141.0	35
71.8	785.5	38.4	678.0	325
7.6	246.5	14.0	333.0	114
64.2	539.0	24.4	345.0	211
172.2	263.9	26.8	188.6	99
172.2	263.9	26.8	188.6	99
134.8	148.7	26.8	136.7	39
37.4	115.2		51.9	60
	3398.5	31.4	202.9	1113
	3398.5	31.4	202.9	1113
17042.7	228162.8	7188.0	189009.2	50481
14914.2	217443.4	6546.6	184198.5	46405
9115.7	70686.6	3311.3	84459.4	16054
6620.7	59884.5	2388.0	65354.7	12860
405.4	9003.3	800.4	13077.9	2904
2089.6	1798.8	122.9	6026.8	290
4996.9	139065.6	2900.0	95304.2	27106
801.6	7691.2	335.3	4434.9	3245
2104.1	3680.0	178.7	2400.7	985
24.4	7039.4	462.7	2410.0	3091
24.4	6732.2	418.0	2410.0	2918
	307.2	44.7		173

1-6 规模以上集体工业企业

项目	企业单位数（个）	亏损企业	生产、销售总值		
			工业总产值（当年价格）	工业销售产值（当年价格）	出口交货值
总计	**31**	**7**	**131214.9**	**131164.1**	**13800.2**
在总计中：亏损企业	7	7	12253.1	13078.7	
在总计中：地方	31	7	131214.9	131164.1	13800.2
在总计中：轻工业	7	3	13457.0	13951.6	
重工业	24	4	117757.9	117212.5	13800.2
在总计中：中型企业	3		39595.3	39974.9	13800.2
小型企业	28	7	91619.6	91189.2	
按工业行业小类分组					
采矿业	5	1	7349.7	7048.2	
煤炭开采和洗选业	5	1	7349.7	7048.2	
烟煤和无烟煤的开采洗选	5	1	7349.7	7048.2	
制造业	25	6	123034.7	123285.4	13800.2
饮料制造业	1		1188.6	938.2	
酒的制造	1		1188.6	938.2	
白酒制造	1		1188.6	938.2	
纺织业	1	1	3366.1	4131.4	
棉、化纤纺织及印染精加工	1	1	3366.1	4131.4	
棉、化纤纺织加工	1	1	3366.1	4131.4	
印刷业和记录媒介的复制	2		2095.2	2095.2	
印刷	2		2095.2	2095.2	
书、报、刊印刷	1		1168.5	1168.5	
本册印制	1		926.7	926.7	
化学原料及化学制品制造业	7	1	18720.6	18730.3	
基础化学原料制造	3		3446.7	3391.0	
无机盐制造	2		2674.0	2620.2	
其他基础化学原料制造	1		772.7	770.8	
肥料制造	1		2292.8	2344.7	
复混肥料制造	1		2292.8	2344.7	
专用化学产品制造	3	1	12981.1	12994.6	
化学试剂和助剂制造	2		11828.4	11841.9	
专项化学用品制造	1	1	1152.7	1152.7	

主要经济指标

单位：万元

一、年末资产负债						
资产总计	流动资产合计	应收账款	存货	产成品	流动资产年平均余额	固定资产合计
94113.1	**59747.9**	**22014.6**	**12717.8**	**5706.3**	**50631.7**	**22220.6**
16304.1	9570.2	3141.8	2524.4	1489.8	10521.2	5314.2
94113.1	59747.9	22014.6	12717.8	5706.3	50631.7	22220.6
11249.8	7259.0	2691.8	2657.8	1694.3	8672.3	3690.7
82863.3	52488.9	19322.8	10060.0	4012.0	41959.4	18529.9
29091.1	22490.2	13371.9	3944.1	1170.8	12955.9	4663.6
65022.0	37257.7	8642.7	8773.7	4535.5	37675.8	17557.0
4981.2	1261.6	89.2	127.5	25.0	1347.9	3512.0
4981.2	1261.6	89.2	127.5	25.0	1347.9	3512.0
4981.2	1261.6	89.2	127.5	25.0	1347.9	3512.0
87465.9	57489.7	21248.7	12517.0	5681.3	48261.0	18139.2
1020.2	589.2	342.6	103.0	86.6	537.0	431.0
1020.2	589.2	342.6	103.0	86.6	537.0	431.0
1020.2	589.2	342.6	103.0	86.6	537.0	431.0
3203.1	1043.5	369.7	648.2	228.5	2481.3	1859.6
3203.1	1043.5	369.7	648.2	228.5	2481.3	1859.6
3203.1	1043.5	369.7	648.2	228.5	2481.3	1859.6
1429.4	902.8	208.2	35.9		1022.7	526.6
1429.4	902.8	208.2	35.9		1022.7	526.6
576.9	485.9	207.4	23.9		496.0	91.0
852.5	416.9	0.8	12.0		526.7	435.6
19436.6	10012.6	2967.0	1352.7	737.7	10296.8	2123.2
3638.1	2795.6	1677.9	649.0	534.6	2735.0	827.6
2652.3	2178.9	1130.0	633.6	523.4	2178.9	473.4
985.8	616.7	547.9	15.4	11.2	556.1	354.2
2094.8	1882.0	312.9	321.5	135.3	1748.2	212.8
2094.8	1882.0	312.9	321.5	135.3	1748.2	212.8
13703.7	5335.0	976.2	382.2	67.8	5813.6	1082.8
11313.2	3394.2	97.0	327.3	67.8	4051.3	1007.4
2390.5	1940.8	879.2	54.9		1762.3	75.4

1-6 续表 1-1

项　目	企业单位数(个)		生产、销售总值		
		亏损企业	工业总产值(当年价格)	工业销售产值(当年价格)	出口交货值
塑料制品业	3	2	7501.1	7585.7	
塑料薄膜制造	1	1	1277.0	1359.0	
日用塑料制造	1	1	1468.9	1470.1	
日用塑料杂品制造	1	1	1468.9	1470.1	
其他塑料制品制造	1		4755.2	4756.6	
非金属矿物制品业	4	1	13569.7	13280.6	
水泥、石灰和石膏的制造	2		4150.4	4096.5	
水泥制造	2		4150.4	4096.5	
玻璃及玻璃制品制造	1	1	583.0	560.1	
日用玻璃制品及玻璃包装容器制造	1	1	583.0	560.1	
耐火材料制品制造	1		8836.3	8624.0	
耐火陶瓷制品及其他耐火材料制造	1		8836.3	8624.0	
黑色金属冶炼及压延加工业	2		42907.7	43875.8	
钢压延加工	2		42907.7	43875.8	
有色金属冶炼及压延加工业	2		4028.2	4028.2	
贵金属冶炼	2		4028.2	4028.2	
金冶炼	2		4028.2	4028.2	
金属制品业	1		5441.2	4917.2	
金属丝绳及其制品的制造	1		5441.2	4917.2	
通用设备制造业	1		20683.1	20169.6	13800.2
通用零部件制造及机械修理	1		20683.1	20169.6	13800.2
机械零部件加工及设备修理	1		20683.1	20169.6	13800.2
交通运输设备制造业	1	1	3533.2	3533.2	
铁路运输设备制造	1	1	3533.2	3533.2	
其他铁路设备制造及设备修理	1	1	3533.2	3533.2	
电力、燃气及水的生产和供应业	1		830.5	830.5	
电力、热力的生产和供应业	1		830.5	830.5	
电力生产	1		830.5	830.5	
火力发电	1		830.5	830.5	

单位：万元

一、年末资产负债						
资产总计	流动资产合计				流动资产年平均余额	固定资产合计
		应收账款	存货			
				产成品		
8536.5	6256.6	2306.1	1588.7	661.3	6137.6	1780.5
4047.1	2412.5	605.1	656.3	220.4	2386.6	1135.2
1382.7	1026.0	714.6	147.6	102.6	902.6	356.7
1382.7	1026.0	714.6	147.6	102.6	902.6	356.7
3106.7	2818.1	986.4	784.8	338.3	2848.4	288.6
13571.6	10302.8	1801.4	3016.9	1792.7	11105.8	3139.1
3610.9	2197.6	348.6	596.2	363.0	2192.3	1283.7
3610.9	2197.6	348.6	596.2	363.0	2192.3	1283.7
1107.7	879.4	70.3	938.3	938.3	880.3	228.2
1107.7	879.4	70.3	938.3	938.3	880.3	228.2
8853.0	7225.8	1382.5	1482.4	491.4	8033.2	1627.2
8853.0	7225.8	1382.5	1482.4	491.4	8033.2	1627.2
17051.5	13368.4	2546.5	4065.1	1721.4	10805.3	3522.3
17051.5	13368.4	2546.5	4065.1	1721.4	10805.3	3522.3
3850.2	1254.7	224.8	55.7		1764.3	1171.6
3850.2	1254.7	224.8	55.7		1764.3	1171.6
3850.2	1254.7	224.8	55.7		1764.3	1171.6
1119.1	878.7	498.4	363.2	259.3	1034.4	240.4
1119.1	878.7	498.4	363.2	259.3	1034.4	240.4
14873.7	10964.4	9542.0	1228.6	193.8	1327.4	2132.8
14873.7	10964.4	9542.0	1228.6	193.8	1327.4	2132.8
14873.7	10964.4	9542.0	1228.6	193.8	1327.4	2132.8
3374.0	1916.0	442.0	59.0		1748.4	1212.1
3374.0	1916.0	442.0	59.0		1748.4	1212.1
3374.0	1916.0	442.0	59.0		1748.4	1212.1
1666.0	996.6	676.7	73.3		1022.8	569.4
1666.0	996.6	676.7	73.3		1022.8	569.4
1666.0	996.6	676.7	73.3		1022.8	569.4
1666.0	996.6	676.7	73.3		1022.8	569.4

1-6 续表 2-1

项　目	固定资产原价	累计折旧	固定资产净值年平均余额	负债合计	流动负债合计	应付账款
总　计	**44554.8**	**22948.6**	**22003.4**	**50569.7**	**46528.5**	**20413.2**
在总计中：亏损企业	11032.3	5916.0	5383.7	8618.1	5614.8	3765.2
在总计中：地方	44554.8	22948.6	22003.4	50569.7	46528.5	20413.2
在总计中：轻工业	8498.2	4807.4	3797.3	3781.6	3731.5	2644.9
重工业	36056.6	18141.2	18206.1	46788.1	42797.0	17768.3
在总计中：中型企业	8696.8	4130.7	4733.3	19557.6	19557.6	7527.6
小型企业	35858.0	18817.9	17270.1	31012.1	26970.9	12885.6
按工业行业小类分组						
采矿业	4615.3	1173.4	3257.2	3263.7	1848.9	449.8
煤炭开采和洗选业	4615.3	1173.4	3257.2	3263.7	1848.9	449.8
烟煤和无烟煤的开采洗选	4615.3	1173.4	3257.2	3263.7	1848.9	449.8
制造业	37685.2	20090.3	18171.8	46225.0	43598.6	19511.8
饮料制造业	481.0	50.0	436.5	364.9	314.9	240.0
酒的制造	481.0	50.0	436.5	364.9	314.9	240.0
白酒制造	481.0	50.0	436.5	364.9	314.9	240.0
纺织业	5251.6	3392.0	1928.3	-12.7	-12.7	
棉、化纤纺织及印染精加工	5251.6	3392.0	1928.3	-12.7	-12.7	
棉、化纤纺织加工	5251.6	3392.0	1928.3	-12.7	-12.7	
印刷业和记录媒介的复制	945.5	418.9	539.7	555.1	555.0	243.3
印刷	945.5	418.9	539.7	555.1	555.0	243.3
书、报、刊印刷	294.3	203.3	93.1	302.6	302.6	168.6
本册印制	651.2	215.6	446.6	252.5	252.4	74.7
化学原料及化学制品制造业	6381.6	4258.5	2246.3	5577.1	5356.0	2018.3
基础化学原料制造	1734.7	907.1	829.3	2295.1	2295.1	843.4
无机盐制造	878.1	404.7	473.3	1523.3	1523.3	661.0
其他基础化学原料制造	856.6	502.4	356.0	771.8	771.8	182.4
肥料制造	1128.3	915.6	233.6	287.2	287.2	14.8
复混肥料制造	1128.3	915.6	233.6	287.2	287.2	14.8
专用化学产品制造	3518.6	2435.8	1183.4	2994.8	2773.7	1160.1
化学试剂和助剂制造	3397.7	2390.3	1105.0	1108.6	1108.5	60.8
专项化学用品制造	120.9	45.5	78.4	1886.2	1665.2	1099.3

单位：万元

一、年末资产负债						
长期负债合计	所有者权益合计					
		实收资本				
			1.国家资本	2.集体资本	3.法人资本	4.个人资本
4040.8	**43543.4**	**14518.8**	**262.3**	**10881.2**	**513.7**	**2861.6**
3003.3	7686.0	5453.5		3703.6	420.2	1329.7
4040.8	43543.4	14518.8	262.3	10881.2	513.7	2861.6
50.0	7468.2	4219.7		2555.0	260.0	1404.7
3990.8	36075.2	10299.1	262.3	8326.2	253.7	1456.9
	9533.5	2213.3	262.3	1726.4	43.5	181.1
4040.8	34009.9	12305.5		9154.8	470.2	2680.5
1414.8	1717.5	779.2		454.7	160.2	164.3
1414.8	1717.5	779.2		454.7	160.2	164.3
1414.8	1717.5	779.2		454.7	160.2	164.3
2626.0	41240.9	13237.9	262.3	9924.8	353.5	2697.3
50.0	655.3	135.0		60.0		75.0
50.0	655.3	135.0		60.0		75.0
50.0	655.3	135.0		60.0		75.0
	3215.8	1323.7				1323.7
	3215.8	1323.7				1323.7
	3215.8	1323.7				1323.7
	874.3	353.3		353.3		
	874.3	353.3		353.3		
	274.3	200.0		200.0		
	600.0	153.3		153.3		
221.1	13859.5	2717.4		1964.3		753.1
	1343.0	922.1		169.0		753.1
	1129.0	822.1		69.0		753.1
	214.0	100.0		100.0		
	1807.6	669.0		669.0		
	1807.6	669.0		669.0		
221.1	10708.9	1126.3		1126.3		
0.1	10204.6	995.0		995.0		
221.0	504.3	131.3		131.3		

1-6 续表 2-2

项　　目	固定资产原价	累计折旧	固定资产净值年平均余额	负债合计	流动负债合计	应付账款
塑料制品业	3329.1	1556.1	1758.0	6971.1	4962.6	2312.2
塑料薄膜制造	2087.3	959.6	1116.3	4905.1	2896.6	600.5
日用塑料制造	595.2	238.5	350.9	350.5	350.5	229.6
日用塑料杂品制造	595.2	238.5	350.9	350.5	350.5	229.6
其他塑料制品制造	646.6	358.0	290.8	1715.5	1715.5	1482.1
非金属矿物制品业	5670.3	2833.3	2696.5	7628.0	7489.4	1989.2
水泥、石灰和石膏的制造	2517.1	1535.6	845.6	2972.7	2834.1	46.0
水泥制造	2517.1	1535.6	845.6	2972.7	2834.1	46.0
玻璃及玻璃制品制造	578.3	350.0	251.1	808.3	808.3	449.9
日用玻璃制品及玻璃包装容器制造	578.3	350.0	251.1	808.3	808.3	449.9
耐火材料制品制造	2574.9	947.7	1599.8	3847.0	3847.0	1493.3
耐火陶瓷制品及其他耐火材料制造	2574.9	947.7	1599.8	3847.0	3847.0	1493.3
黑色金属冶炼及压延加工业	6058.4	2536.1	3954.2	10206.4	10206.4	5697.7
钢压延加工	6058.4	2536.1	3954.2	10206.4	10206.4	5697.7
有色金属冶炼及压延加工业	3252.5	2080.9	1130.2	2649.7	2441.6	1083.5
贵金属冶炼	3252.5	2080.9	1130.2	2649.7	2441.6	1083.5
金冶炼	3252.5	2080.9	1130.2	2649.7	2441.6	1083.5
金属制品业	472.9	232.5	245.7	656.6	656.6	494.3
金属丝绳及其制品的制造	472.9	232.5	245.7	656.6	656.6	494.3
通用设备制造业	4093.3	2058.0	2035.3	11923.8	11923.8	4170.3
通用零部件制造及机械修理	4093.3	2058.0	2035.3	11923.8	11923.8	4170.3
机械零部件加工及设备修理	4093.3	2058.0	2035.3	11923.8	11923.8	4170.3
交通运输设备制造业	1749.0	674.0	1201.1	-295.0	-295.0	1263.0
铁路运输设备制造	1749.0	674.0	1201.1	-295.0	-295.0	1263.0
其他铁路设备制造及设备修理	1749.0	674.0	1201.1	-295.0	-295.0	1263.0
电力、燃气及水的生产和供应业	2254.3	1684.9	574.4	1081.0	1081.0	451.6
电力、热力的生产和供应业	2254.3	1684.9	574.4	1081.0	1081.0	451.6
电力生产	2254.3	1684.9	574.4	1081.0	1081.0	451.6
火力发电	2254.3	1684.9	574.4	1081.0	1081.0	451.6

单位：万元

一、年末资产负债						
长期负债合　计	所有者权益合　计	实收资本				
			1.国家资本	2.集体资本	3.法人资本	4.个人资本
2008.5	1565.4	2627.7		2627.7		
2008.5	-858.0	486.0		486.0		
	1032.2	1519.7		1519.7		
	1032.2	1519.7		1519.7		
	1391.2	622.0		622.0		
138.4	5943.6	1127.2		452.8	310.0	364.4
138.4	638.2	408.4			50.0	358.4
138.4	638.2	408.4			50.0	358.4
	299.4	266.0			260.0	6.0
	299.4	266.0			260.0	6.0
	5006.0	452.8		452.8		
	5006.0	452.8		452.8		
	6845.1	1914.4		1914.4		
	6845.1	1914.4		1914.4		
208.0	1200.5	300.0		300.0		
208.0	1200.5	300.0		300.0		
208.0	1200.5	300.0		300.0		
	462.5	272.1		272.1		
	462.5	272.1		272.1		
	2949.9	900.5	262.3	413.6	43.5	181.1
	2949.9	900.5	262.3	413.6	43.5	181.1
	2949.9	900.5	262.3	413.6	43.5	181.1
	3669.0	1566.6		1566.6		
	3669.0	1566.6		1566.6		
	3669.0	1566.6		1566.6		
	585.0	501.7		501.7		
	585.0	501.7		501.7		
	585.0	501.7		501.7		
	585.0	501.7		501.7		

1-6 续表 3-1

项　目	5.港澳台资本	6.外商资本	主营业务收入	主营业务成本	主营业务税金及附加
总　计			**149155.8**	**132420.3**	**873.6**
在总计中：亏损企业			12408.6	10739.5	70.2
在总计中：地方			149155.8	132420.3	873.6
在总计中：轻工业			13313.4	10659.8	86.5
重工业			135842.4	121760.5	787.1
在总计中：中型企业			53548.4	48334.3	344.3
小型企业			95607.4	84086.0	529.3
按工业行业小类分组					
采矿业			7625.0	6124.1	66.8
煤炭开采和洗选业			7625.0	6124.1	66.8
烟煤和无烟煤的开采洗选			7625.0	6124.1	66.8
制造业			140635.1	125535.8	802.3
饮料制造业			938.2	681.0	6.4
酒的制造			938.2	681.0	6.4
白酒制造			938.2	681.0	6.4
纺织业			3245.4	3054.5	12.9
棉、化纤纺织及印染精加工			3245.4	3054.5	12.9
棉、化纤纺织加工			3245.4	3054.5	12.9
印刷业和记录媒介的复制			2352.2	1577.5	21.1
印刷			2352.2	1577.5	21.1
书、报、刊印刷			1168.5	959.8	8.9
本册印制			1183.7	617.7	12.2
化学原料及化学制品制造业			20081.3	17581.5	111.3
基础化学原料制造			4688.7	3431.1	62.9
无机盐制造			2702.5	1893.6	30.8
其他基础化学原料制造			1986.2	1537.5	32.1
肥料制造			2398.0	1686.3	16.1
复混肥料制造			2398.0	1686.3	16.1
专用化学产品制造			12994.6	12464.1	32.3
化学试剂和助剂制造			11841.9	11405.3	27.6
专项化学用品制造			1152.7	1058.8	4.7

单位：万元

二、损益及分配					
其他业务收　入	其他业务利　润	营业费用	管理费用		财务费用
				税金	
2299.4	**352.3**	**2344.1**	**10102.2**	**146.4**	**480.0**
589.2	152.5	1004.7	1695.7	49.5	230.5
2299.4	352.3	2344.1	10102.2	146.4	480.0
586.1	150.0	536.7	1212.6	11.9	188.9
1713.3	202.3	1807.4	8889.6	134.5	291.1
597.6	26.2	142.5	3500.7	44.0	221.3
1701.8	326.1	2201.6	6601.5	102.4	258.7
		194.8	722.0	1.0	16.1
		194.8	722.0	1.0	16.1
		194.8	722.0	1.0	16.1
2243.0	307.8	2138.0	9196.2	139.9	467.7
		67.0	46.0		12.0
		67.0	46.0		12.0
		67.0	46.0		12.0
30.7		95.1	150.6	3.7	182.0
30.7		95.1	150.6	3.7	182.0
30.7		95.1	150.6	3.7	182.0
			261.9	3.9	-3.1
			261.9	3.9	-3.1
			142.1	1.0	-0.3
			119.8	2.9	-2.8
748.1	-22.2	854.9	1264.6	22.5	71.3
400.6		838.5	391.6	16.5	28.0
		548.4	124.6	13.9	19.1
400.6		290.1	267.0	2.6	8.9
10.2	9.7		425.3	5.7	-9.2
10.2	9.7		425.3	5.7	-9.2
337.3	-31.9	16.4	447.7	0.3	52.5
337.3	-31.9	16.4	363.0		2.4
			84.7	0.3	50.1

1-6 续表 3-2

项目	5.港澳台资本	6.外商资本	主营业务收入	主营业务成本	主营业务税金及附加
塑料制品业			7704.4	6485.8	46.2
塑料薄膜制造			1530.9	1679.9	1.4
日用塑料制造			1470.1	1108.9	9.6
日用塑料杂品制造			1470.1	1108.9	9.6
其他塑料制品制造			4703.4	3697.0	35.2
非金属矿物制品业			16836.8	13608.4	244.8
水泥、石灰和石膏的制造			4292.3	3673.3	30.8
水泥制造			4292.3	3673.3	30.8
玻璃及玻璃制品制造			604.1	540.9	1.3
日用玻璃制品及玻璃包装容器制造			604.1	540.9	1.3
耐火材料制品制造			11940.4	9394.2	212.7
耐火陶瓷制品及其他耐火材料制造			11940.4	9394.2	212.7
黑色金属冶炼及压延加工业			45035.7	42108.7	160.2
钢压延加工			45035.7	42108.7	160.2
有色金属冶炼及压延加工业			5564.0	4301.5	95.2
贵金属冶炼			5564.0	4301.5	95.2
金冶炼			5564.0	4301.5	95.2
金属制品业			4917.2	4772.3	8.3
金属丝绳及其制品的制造			4917.2	4772.3	8.3
通用设备制造业			30426.7	28773.9	65.9
通用零部件制造及机械修理			30426.7	28773.9	65.9
机械零部件加工及设备修理			30426.7	28773.9	65.9
交通运输设备制造业			3533.2	2590.7	30.0
铁路运输设备制造			3533.2	2590.7	30.0
其他铁路设备制造及设备修理			3533.2	2590.7	30.0
电力、燃气及水的生产和供应业			895.7	760.4	4.5
电力、热力的生产和供应业			895.7	760.4	4.5
电力生产			895.7	760.4	4.5
火力发电			895.7	760.4	4.5

单位：万元

二、损益及分配					
其他业务收入	其他业务利润	营业费用	管理费用	税金	财务费用
558.5	152.5	384.6	797.2	21.4	-2.6
3.1	2.5	17.0	104.1	17.1	-0.2
555.4	150.0	367.6	224.8	0.9	-0.8
555.4	150.0	367.6	224.8	0.9	-0.8
			468.3	3.4	-1.6
118.0	104.7	31.6	2406.4	10.8	-8.6
118.0	104.7	24.6	348.2	0.6	
118.0	104.7	24.6	348.2	0.6	
		7.0	61.0		0.4
		7.0	61.0		0.4
			1997.2	10.2	-9.0
			1997.2	10.2	-9.0
			2027.9	24.2	5.6
			2027.9	24.2	5.6
66.6			493.7	4.0	-5.0
66.6			493.7	4.0	-5.0
66.6			493.7	4.0	-5.0
123.5	46.6	44.3	112.6		-0.4
123.5	46.6	44.3	112.6		-0.4
597.6	26.2	142.5	764.3	21.9	217.5
597.6	26.2	142.5	764.3	21.9	217.5
597.6	26.2	142.5	764.3	21.9	217.5
		518.0	871.0	27.5	-1.0
		518.0	871.0	27.5	-1.0
		518.0	871.0	27.5	-1.0
56.4	44.5	11.3	184.0	5.5	-3.8
56.4	44.5	11.3	184.0	5.5	-3.8
56.4	44.5	11.3	184.0	5.5	-3.8
56.4	44.5	11.3	184.0	5.5	-3.8

1-6 续表 4-1

项　　目	利息支出	营业利润	投资收益	补贴收入	利润总额	亏损企业亏损额
总　　计	**444.7**	**4312.4**	**312.7**	**623.3**	**6224.9**	**731.7**
在总计中：亏损企业	224.3	-1179.7		433.9	-731.7	731.7
在总计中：地方	444.7	4312.4	312.7	623.3	6224.9	731.7
在总计中：轻工业	182.8	778.6		243.3	1029.1	105.8
重工业	261.9	3533.8	312.7	380.0	5195.8	625.9
在总计中：中型企业	221.3	1031.5			923.7	
小型企业	223.4	3280.9	312.7	623.3	5301.2	731.7
按工业行业小类分组						
采矿业	16.1	509.0			471.4	43.4
煤炭开采和洗选业	16.1	509.0			471.4	43.4
烟煤和无烟煤的开采洗选	16.1	509.0			471.4	43.4
制造业	428.6	3819.5	312.7	578.7	5744.6	688.3
饮料制造业	12.0	125.8			125.8	
酒的制造	12.0	125.8			125.8	
白酒制造	12.0	125.8			125.8	
纺织业	175.9	-249.7		243.3	-5.3	5.3
棉、化纤纺织及印染精加工	175.9	-249.7		243.3	-5.3	5.3
棉、化纤纺织加工	175.9	-249.7		243.3	-5.3	5.3
印刷业和记录媒介的复制	-3.1	494.7			497.9	
印刷	-3.1	494.7			497.9	
书、报、刊印刷	-0.3	58.0			61.1	
本册印制	-2.8	436.7			436.8	
化学原料及化学制品制造业	38.3	429.2	312.7	42.3	1164.8	4.2
基础化学原料制造	19.0	142.5			137.7	
无机盐制造	10.1	86.0			82.0	
其他基础化学原料制造	8.9	56.5			55.7	
肥料制造	-9.2	289.2		17.6	307.0	
复混肥料制造	-9.2	289.2		17.6	307.0	
专用化学产品制造	28.5	-2.5	312.7	24.7	720.1	4.2
化学试剂和助剂制造	-21.5	43.1	312.7		724.3	
专项化学用品制造	50.0	-45.6		24.7	-4.2	4.2

单位：万元

	三、工资、福利费、增值税			
应交所得税	本年应付工资总额（贷方累计发生额）	本年应付福利费总额	本年应交增值税	全部从业人员年平均人数（人）
1866.5	**12292.4**	**1162.2**	**5471.4**	**3720**
69.6	1453.5	148.2	813.6	586
1866.5	12292.4	1162.2	5471.4	3720
198.1	1105.1	48.7	819.0	400
1668.4	11187.3	1113.5	4652.4	3320
612.3	5162.2	373.2	1411.4	1178
1254.2	7130.2	789.0	4060.0	2542
187.6	1319.8	235.9	501.9	432
187.6	1319.8	235.9	501.9	432
187.6	1319.8	235.9	501.9	432
1677.6	10731.7	921.5	4916.7	3143
	33.6		2.8	21
	33.6		2.8	21
	33.6		2.8	21
	135.4		162.0	106
	135.4		162.0	106
	135.4		162.0	106
121.4	269.4	3.1	214.1	72
121.4	269.4	3.1	214.1	72
12.2	127.4		94.4	47
109.2	142.0	3.1	119.7	25
234.8	1730.7	273.2	852.8	548
49.5	693.0	42.9	328.4	303
35.4	366.7		213.4	197
14.1	326.3	42.9	115.0	106
76.7	573.8	80.3	202.3	151
76.7	573.8	80.3	202.3	151
108.6	463.9	150.0	322.1	94
108.6	421.2	147.1	275.6	64
	42.7	2.9	46.5	30

1-6 续表 4-2

项 目	利息支出	营业利润	投资收益	补贴收入	利润总额	亏损企业亏损额
塑料制品业	-2.6	145.7		165.9	314.6	196.6
塑料薄膜制造	-0.2	-268.8		165.9	-102.8	102.8
日用塑料制造	-0.8	-90.0			-93.8	93.8
日用塑料杂品制造	-0.8	-90.0			-93.8	93.8
其他塑料制品制造	-1.6	504.5			511.2	
非金属矿物制品业	-8.6	574.4		127.2	678.6	6.7
水泥、石灰和石膏的制造		235.8		127.2	340.0	
水泥制造		235.8		127.2	340.0	
玻璃及玻璃制品制造	0.4	-6.7			-6.7	6.7
日用玻璃制品及玻璃包装容器制造	0.4	-6.7			-6.7	6.7
耐火材料制品制造	-9.0	345.3			345.3	
耐火陶瓷制品及其他耐火材料制造	-9.0	345.3			345.3	
黑色金属冶炼及压延加工业	5.6	733.3			1382.0	
钢压延加工	5.6	733.3			1382.0	
有色金属冶炼及压延加工业	-5.0	1526.1			1496.7	
贵金属冶炼	-5.0	1526.1			1496.7	
金冶炼	-5.0	1526.1			1496.7	
金属制品业	-0.4	26.7			24.3	
金属丝绳及其制品的制造	-0.4	26.7			24.3	
通用设备制造业	217.5	488.8			540.7	
通用零部件制造及机械修理	217.5	488.8			540.7	
机械零部件加工及设备修理	217.5	488.8			540.7	
交通运输设备制造业	-1.0	-475.5			-475.5	475.5
铁路运输设备制造	-1.0	-475.5			-475.5	475.5
其他铁路设备制造及设备修理	-1.0	-475.5			-475.5	475.5
电力、燃气及水的生产和供应业		-16.1		44.6	8.9	
电力、热力的生产和供应业		-16.1		44.6	8.9	
电力生产		-16.1		44.6	8.9	
火力发电		-16.1		44.6	8.9	

单位：万元

应交所得税	三、工资、福利费、增值税			
	本年应付工资总额（贷方累计发生额）	本年应付福利费总额	本年应交增值税	全部从业人员年平均人数（人）
76.7	565.9	57.2	408.9	226
	79.2	18.7	13.5	90
	188.3		86.4	33
	188.3		86.4	33
76.7	298.4	38.5	309.0	103
159.5	2477.4	44.0	799.2	867
0.6	418.0		255.2	348
0.6	418.0		255.2	348
	180.0	7.1	44.7	65
	180.0	7.1	44.7	65
158.9	1879.4	36.9	499.3	454
158.9	1879.4	36.9	499.3	454
372.7	1772.1	76.5	1444.4	554
372.7	1772.1	76.5	1444.4	554
239.8	544.6	46.9	189.9	127
239.8	544.6	46.9	189.9	127
239.8	544.6	46.9	189.9	127
3.6	233.3	9.8	82.7	109
3.6	233.3	9.8	82.7	109
436.7	2437.3	336.3	412.7	411
436.7	2437.3	336.3	412.7	411
436.7	2437.3	336.3	412.7	411
32.4	532.0	74.5	347.2	102
32.4	532.0	74.5	347.2	102
32.4	532.0	74.5	347.2	102
1.3	240.9	4.8	52.8	145
1.3	240.9	4.8	52.8	145
1.3	240.9	4.8	52.8	145
1.3	240.9	4.8	52.8	145

1-7 规模以上私营工业

项　　目	企业单位数(个)	亏损企业	生产、销售总值		
			工业总产值(当年价格)	工业销售产值(当年价格)	出口交货值
总　　计	**768**	**240**	**4045696.1**	**3737241.7**	**124284.0**
在总计中：大型企业	3	1	283305.3	280316.6	2072.8
中型企业	34	8	1203060.6	1049426.3	45704.1
小型企业	731	231	2559330.2	2407498.8	76507.1
按行业大类分组					
采矿业	111	26	377106.5	361200.3	
煤炭开采和洗选业	57	15	142391.2	136401.0	
石油和天然气开采业	7	1	21536.2	21536.2	
黑色金属矿采选业	29	5	134312.8	128139.7	
有色金属矿采选业	13	4	68272.1	64500.9	
非金属矿采选业	5	1	10594.2	10622.5	
制造业	631	198	3620256.9	3328702.7	124284.0
农副食品加工业	89	28	338245.8	319560.4	9499.2
食品制造业	41	8	131701.2	119000.6	13340.6
饮料制造业	13	4	50704.5	44236.9	
纺织业	47	23	233811.6	222919.5	17905.1
纺织服装、鞋、帽制造业	1	1	1131.2	1131.2	
皮革、毛皮、羽毛(绒)及其制品业	5	3	32248.4	25443.1	
木材加工及木、竹、藤、棕、草制品业	14	4	63114.0	57706.1	
家具制造业	8	1	73777.6	79683.1	56856.4
造纸及纸制品业	17	7	28758.1	27728.6	
印刷业和记录媒介的复制	10	2	15005.3	14699.5	
石油加工、炼焦及核燃料加工业	36	14	329785.8	299063.7	
化学原料及化学制品制造业	63	19	238978.8	222162.3	2970.3
医药制造业	9	2	24609.3	20741.3	
化学纤维制造业	4	4	128801.5	117123.4	2072.8
橡胶制品业	2		2622.7	2511.1	
塑料制品业	64	21	161153.2	157087.5	9162.6
非金属矿物制品业	72	17	269070.2	256564.8	81.1
黑色金属冶炼及压延加工业	22	12	403276.4	370570.6	
有色金属冶炼及压延加工业	10	5	55375.9	52828.9	0.8
金属制品业	39	12	177411.5	174751.5	7167.9
通用设备制造业	28	2	56385.1	55654.2	1363.0
专用设备制造业	12	3	33622.8	31436.5	
电气机械及器材制造业	20	6	760202.1	646074.4	3322.4
通信设备、计算机及其他电子设备制造业	1		2988.0	2968.2	541.8
仪器仪表及文化、办公用机械制造业	2		3921.4	3921.4	
工艺品及其他制造业	2		3554.5	3133.9	
电力、燃气及水的生产和供应业	26	16	48332.7	47338.7	
电力、热力的生产和供应业	21	13	40893.1	39899.1	
燃气生产和供应业	5	3	7439.6	7439.6	

企业主要经济指标

单位：万元

一、年末资产负债						
资产总计	流动资产合计	应收账款	存货	产成品	流动资产年平均余额	固定资产合计
4916123.2	**2614697.9**	**559784.9**	**855772.8**	**320820.0**	**2362840.5**	**1385207.2**
385176.5	180654.6	13129.6	71204.8	19576.7	176934.0	161231.5
1892116.1	1088140.8	270862.0	274895.4	60559.7	947352.8	237924.8
2638830.6	1345902.5	275793.3	509672.6	240683.6	1238553.7	986050.9
581706.8	222112.4	42066.6	34661.3	18887.5	201774.3	261402.8
243028.7	58210.0	12828.8	5956.4	2323.1	54622.1	138259.0
21312.8	9916.5	4579.8	360.5		8601.7	10350.0
180873.1	85758.1	13754.1	18971.4	12266.2	72458.6	72272.6
125565.9	58716.8	6657.7	8758.6	4239.1	58781.0	39428.4
10926.3	9511.0	4246.2	614.4	59.1	7310.9	1092.8
4179792.0	2340136.1	512904.3	817211.8	301571.2	2117484.1	1037462.8
263210.2	173257.6	14263.7	81198.6	39794.6	158393.8	79509.1
161110.6	66812.6	12311.8	33173.4	19111.8	61710.1	56447.3
56375.8	28573.7	2309.0	13495.3	8900.2	25822.6	19818.0
313283.4	161916.7	22232.4	85288.1	28101.7	150570.9	124758.8
623.0	596.9	152.1	274.1		586.9	26.1
36687.6	22316.6	3642.6	12430.3	8696.7	22571.5	13483.6
58635.5	27352.4	5360.9	15275.3	9524.8	28555.5	22035.5
247632.9	106091.1	13887.2	20175.8	9746.2	77491.0	40789.2
43836.7	27203.0	4213.2	18644.7	11582.4	22957.6	13995.3
20764.2	9248.6	2728.7	2286.2	479.1	9170.9	10193.7
213448.6	96883.2	8443.3	57497.4	26986.1	78478.4	90399.8
276564.6	149436.7	26907.3	43287.5	21566.0	157251.1	80530.2
38891.8	13683.9	2835.3	6045.3	1446.5	14405.6	15638.1
169910.8	84916.6	7136.7	39995.1	13760.7	84193.8	67075.8
3221.8	2305.7	716.8	288.8	174.5	2284.4	862.8
155782.9	88770.7	29276.6	31977.9	20835.7	86642.0	53994.7
587625.0	211389.8	44295.3	37444.4	12296.3	170628.5	128021.4
353499.2	198953.4	16106.5	93001.5	36143.6	188882.8	128070.4
29669.8	15002.4	2634.7	5366.5	3191.2	15179.8	6330.3
131344.6	98843.1	19886.6	30745.4	8238.0	79311.3	26201.6
61058.8	45428.0	18646.3	8573.4	3780.3	43078.8	13589.7
35243.4	23705.9	5774.1	7930.6	2943.8	19760.5	9765.0
864785.3	674450.5	246516.5	171096.8	12894.0	609408.9	34715.7
1343.8	1194.2	78.4	240.4	125.7	1268.2	149.6
52917.3	10339.7	2455.8	678.3	508.7	7522.7	199.8
2324.4	1463.1	92.5	800.7	742.6	1356.5	861.3
154624.4	52449.4	4814.0	3899.7	361.3	43582.1	86341.6
135476.5	46954.8	2931.2	3800.5	361.3	36372.5	73272.5
19147.9	5494.6	1882.8	99.2		7209.6	13069.1

1-7 续表 1

项 目	固定资产原 价	累计折旧	固定资产净值年平均余额	负债合计	流动负债合计	应付账款
总 计	**1592819.6**	**401071.1**	**1148315.7**	**2737062.9**	**2431165.5**	**555798.8**
在总计中：大型企业	210799.5	66860.2	132029.4	220617.3	178098.5	51713.0
中型企业	293179.1	83957.3	191035.2	955887.3	859912.2	159857.9
小型企业	1088841.0	250253.6	825251.1	1560558.3	1393154.8	344227.9
按行业大类分组						
采矿业	282794.6	50116.2	222347.9	303828.2	253327.1	75046.5
煤炭开采和洗选业	137933.8	21663.0	117185.3	141652.6	121497.8	39536.2
石油和天然气开采业	15527.1	5183.1	10035.7	13398.1	13398.1	5985.4
黑色金属矿采选业	82302.2	14076.3	62994.7	107960.6	77852.8	20002.7
有色金属矿采选业	45924.3	8964.5	31199.8	34851.0	34810.9	6750.5
非金属矿采选业	1107.2	229.3	932.4	5965.9	5767.5	2771.7
制造业	1188858.6	311077.3	841617.4	2365537.8	2121571.5	464792.0
农副食品加工业	86177.8	19733.7	65912.4	173888.2	161312.0	17448.8
食品制造业	66888.3	15661.1	49690.6	83311.9	69220.8	16316.4
饮料制造业	22829.0	6052.3	17047.5	33361.2	21949.9	5945.6
纺织业	147572.5	23983.1	115865.8	221731.4	181351.2	36739.3
纺织服装、鞋、帽制造业	49.4	23.3	26.0	419.0	419.0	409.0
皮革、毛皮、羽毛(绒)及其制品业	14505.7	3848.8	10915.3	14055.0	13632.4	5010.2
木材加工及木、竹、藤、棕、草制品业	27200.2	5330.4	22151.7	25941.4	18818.2	3791.7
家具制造业	60658.8	21044.7	40406.2	96283.1	79579.2	17218.7
造纸及纸制品业	18096.4	5560.5	13017.5	39260.2	35671.4	8424.4
印刷业和记录媒介的复制	12990.7	3617.8	9304.8	12012.1	10304.7	4774.8
石油加工、炼焦及核燃料加工业	67583.0	11383.9	55824.3	117669.8	111868.8	15255.5
化学原料及化学制品制造业	81881.6	18424.9	64792.7	144606.5	133485.8	30854.5
医药制造业	19060.0	4191.2	14353.6	19817.5	12871.5	1641.7
化学纤维制造业	95538.9	32672.7	55453.9	107747.1	81765.0	46317.9
橡胶制品业	1235.2	464.0	792.9	2028.3	1628.3	625.6
塑料制品业	65168.8	16609.7	50776.8	82107.9	75609.7	24747.7
非金属矿物制品业	170684.4	61366.7	110055.0	267450.3	231320.3	41507.9
黑色金属冶炼及压延加工业	127751.3	36725.2	73115.4	219642.7	213171.5	38540.4
有色金属冶炼及压延加工业	6012.7	699.1	5352.0	20855.9	18849.9	4584.7
金属制品业	28597.4	7240.3	19709.6	97732.8	94252.4	13167.9
通用设备制造业	17523.7	6704.8	11710.6	37726.7	30856.7	12272.3
专用设备制造业	10655.8	1799.1	7548.5	19376.6	17743.1	5556.6
电气机械及器材制造业	38509.1	7444.8	26338.6	481365.4	459958.4	113110.9
通信设备、计算机及其他电子设备制造业	209.6	75.0	152.6	973.0	973.0	194.3
仪器仪表及文化、办公用机械制造业	337.1	140.3	441.9	44080.1	43580.1	198.4
工艺品及其他制造业	1141.2	279.9	861.2	2093.7	1378.2	136.8
电力、燃气及水的生产和供应业	121166.4	39877.6	84350.4	67696.9	56266.9	15960.3
电力、热力的生产和供应业	107804.2	37983.0	72847.9	59286.3	52078.2	13291.2
燃气生产和供应业	13362.2	1894.6	11502.5	8410.6	4188.7	2669.1

单位：万元

一、年末资产负债						
长期负债合计	所有者权益合计	实收资本	1.国家资本	2.集体资本	3.法人资本	4.个人资本
257507.5	**2179060.3**	**1099805.7**	**4525.9**	**2101.5**	**404343.5**	**687532.8**
42518.6	164559.2	86567.3			29567.3	57000.0
78558.6	936228.8	367072.0	3505.9		169441.8	192822.3
136430.3	1078272.3	646166.4	1020.0	2101.5	205334.4	437710.5
45420.0	277878.6	129845.5		255.0	32335.3	97255.2
16140.5	101376.1	76104.2			17267.1	58837.1
	7914.7	3645.0				3645.0
29239.5	72912.5	28486.9			7279.0	21207.9
40.0	90714.9	18041.6		255.0	6711.6	11075.0
	4960.4	3567.8			1077.6	2490.2
202590.8	1814254.2	919919.1	4525.9	1846.5	366774.2	545470.5
11602.2	89322.0	62352.3	20.0	500.0	24130.1	37702.2
9858.5	77798.7	45604.6			7627.4	37977.2
11401.4	23014.6	15665.9			6130.0	9535.9
38037.7	91552.0	64639.2			16197.5	48441.7
	204.0	50.0				50.0
422.6	22632.6	8286.0			8126.0	160.0
7042.0	32694.1	10882.1			1798.0	9084.1
16613.3	151349.8	67386.4			17817.2	48267.2
3588.5	4576.5	4093.1			833.8	3259.3
1687.2	8752.1	6845.0			2619.5	4225.5
2610.5	95778.8	58356.3			23965.0	34391.3
5517.6	131958.1	76755.5	950.0	14.5	41057.2	34733.8
6945.7	19074.3	12607.6			10175.7	2431.9
25982.0	62163.7	26971.4			21567.3	5404.1
400.0	1193.5	450.0				450.0
6216.7	73675.0	37331.8	50.0		15851.5	21430.3
19293.0	320174.7	156446.2	3505.9		73414.2	79526.1
4870.7	133856.5	87724.7		20.0	22761.5	64943.2
1660.0	8813.9	6454.9			300.0	6154.9
3155.0	33611.8	20508.7			4230.5	16278.2
1648.7	23332.1	17371.6			8113.8	9257.8
1478.3	15866.8	6528.0			3200.0	3328.0
21343.7	383419.9	122019.8		1312.0	56655.0	64052.8
	370.8	300.0			153.0	147.0
500.0	8837.2	4000.0				4000.0
715.5	230.7	288.0			50.0	238.0
9496.7	86927.5	50041.1			5234.0	44807.1
6307.0	76190.2	46091.1			3584.0	42507.1
3189.7	10737.3	3950.0			1650.0	2300.0

1-7 续表 2

项 目	5.港澳台资本	6.外商资本	主营业务收入	主营业务成本	主营业务税金及附加
总 计	**1302.0**		**3775187.7**	**3192514.0**	**19219.5**
在总计中:大型企业			291040.0	247357.9	930.5
中型企业	1302.0		1092038.9	867349.4	4295.6
小型企业			2392108.8	2077806.7	13993.4
按行业大类分组					
采矿业			362413.4	244040.4	5322.3
煤炭开采和洗选业			131754.9	99115.5	1617.2
石油和天然气开采业			21536.2	16966.7	674.9
黑色金属矿采选业			140937.2	81177.1	2037.8
有色金属矿采选业			58453.2	38550.4	805.8
非金属矿采选业			9731.9	8230.7	186.6
制造业	1302.0		3362595.7	2910470.4	13553.4
农副食品加工业			308865.7	284812.6	418.8
食品制造业			113518.0	94429.4	355.1
饮料制造业			42555.4	33426.7	1498.3
纺织业			272343.0	260710.9	731.9
纺织服装、鞋、帽制造业			1131.2	980.4	6.3
皮革、毛皮、羽毛(绒)及其制品业			22142.1	21013.0	144.8
木材加工及木、竹、藤、棕、草制品业			53461.9	50259.7	595.0
家具制造业	1302.0		77212.9	66335.6	161.4
造纸及纸制品业			29168.6	27246.7	236.5
印刷业和记录媒介的复制			15114.2	13077.5	101.5
石油加工、炼焦及核燃料加工业			281558.0	257351.6	2001.3
化学原料及化学制品制造业			215375.8	171792.5	953.1
医药制造业			20384.1	11786.0	172.1
化学纤维制造业			111840.6	105732.7	148.1
橡胶制品业			2511.0	2178.0	15.1
塑料制品业			161258.0	139936.9	777.0
非金属矿物制品业			261464.6	224362.4	1397.7
黑色金属冶炼及压延加工业			381915.1	328061.7	1146.5
有色金属冶炼及压延加工业			53783.4	53705.6	284.2
金属制品业			175405.6	159876.8	338.6
通用设备制造业			54738.7	45622.2	483.1
专用设备制造业			31802.1	26850.7	54.0
电气机械及器材制造业			665137.0	522993.1	1507.7
通信设备、计算机及其他电子设备制造业			2968.2	2810.6	0.5
仪器仪表及文化、办公用机械制造业			3806.4	2327.9	23.3
工艺品及其他制造业			3134.1	2789.2	1.5
电力、燃气及水的生产和供应业			50178.6	38003.2	343.8
电力、热力的生产和供应业			42772.8	34623.5	266.8
燃气生产和供应业			7405.8	3379.7	77.0

单位：万元

二、损益及分配						
其他业务收入	其他业务利润	营业费用	管理费用		财务费用	
				税金		利息支出
68634.7	**9494.8**	**133762.3**	**164509.1**	**5876.1**	**45676.9**	**41892.9**
1426.4	855.2	7414.4	15525.3	184.5	7224.4	6167.3
39305.5	5482.2	51134.2	38410.0	1686.4	12723.7	12099.3
27902.8	3157.4	75213.7	110573.8	4005.2	25728.8	23626.3
4512.6	1409.3	15655.3	32159.5	1338.2	2615.4	2511.7
9.6	9.6	3066.5	12695.9	292.4	1203.8	1199.3
50.4	50.4	453.4	1684.8	200.7	121.0	120.9
1202.3	425.4	9660.9	10173.6	812.4	1270.5	1201.0
-0.7	-2.2	1656.4	7117.1	32.4	-5.2	-10.0
3251.0	926.1	818.1	488.1	0.3	25.3	0.5
62568.9	7971.1	115740.2	127051.7	4392.7	41809.7	38154.9
1473.3	297.8	8213.6	8529.0	258.5	5263.8	4786.7
1209.9	-113.3	7885.2	5962.7	135.9	2198.4	2024.0
226.7	36.7	2243.2	2686.5	155.3	601.2	586.8
21615.4	2313.2	6816.7	6942.5	341.7	5863.5	4315.6
29.5	29.5	169.1	9.2		-0.1	-0.1
26.5	17.8	558.6	448.5	1.2	92.1	89.8
324.3	294.6	389.8	1682.3	114.9	616.4	474.7
3345.9	200.4	2783.7	4686.2	472.3	1738.8	1139.8
277.9	200.0	58.7	1430.6	48.0	111.0	109.5
83.0	32.1	263.2	1125.0	42.8	698.0	697.9
4034.9	433.8	5183.0	6125.7	161.9	2106.4	2101.0
6695.3	756.4	12956.9	11488.3	224.5	3242.7	3109.1
218.8	207.7	4545.8	2300.9	77.2	469.2	456.1
299.9	70.2	4397.4	3119.0	58.4	3286.1	3286.0
2.2	2.2	37.6	197.3	0.4	36.3	36.1
2288.5	638.4	2325.7	6692.0	271.9	1493.3	1421.9
1139.9	-20.8	8796.7	11997.9	452.2	5868.9	5847.6
12043.4	-56.0	8520.4	17661.1	139.0	3247.9	3039.6
157.7	77.5	595.4	1054.8	15.9	357.4	350.0
959.1	71.5	3095.9	5310.5	135.0	876.0	750.6
2758.0	647.5	1794.9	4299.4	239.6	122.5	122.1
1180.5	343.7	1985.4	3098.7	49.7	241.4	241.1
2167.7	1481.9	32006.8	19365.7	993.0	3102.0	2992.5
10.6	8.3	43.0	77.0		14.2	14.2
		33.4	345.9	3.2	149.0	149.0
		40.1	415.0	0.2	13.3	13.3
1553.2	114.4	2366.8	5297.9	145.2	1251.8	1226.3
831.6	445.6	770.3	4268.5	109.9	959.0	933.9
721.6	-331.2	1596.5	1029.4	35.3	292.8	292.4

1-7 续表 3

项　　目	营业利润	投资收益	补贴收入	利润总额
总　　计	**248953.6**	**27723.0**	**20375.4**	**266289.7**
在总计中:大型企业	13442.5	0.1	3522.9	17137.8
中型企业	135551.4	24131.4	1307.8	137544.4
小型企业	99959.7	3591.5	15544.7	111607.5
按行业大类分组				
采矿业	66453.1	2225.3	129.4	62379.9
煤炭开采和洗选业	14724.5		60.0	11660.5
石油和天然气开采业	1656.5	116.3		1823.0
黑色金属矿采选业	37827.5	2109.0	57.5	36460.1
有色金属矿采选业	11335.3		11.9	11546.1
非金属矿采选业	909.3			890.2
制造业	179632.7	24829.8	18587.3	198394.3
农副食品加工业	1235.9	8.3	4345.1	5094.5
食品制造业	2803.1	5.1	1195.3	4217.2
饮料制造业	2539.7	0.9	692.0	3546.1
纺织业	-4745.7	307.5	4108.3	-1035.8
纺织服装、鞋、帽制造业	-4.2			-61.5
皮革、毛皮、羽毛(绒)及其制品业	-97.1		10.0	-349.5
木材加工及木、竹、藤、棕、草制品业	1480.9	4.6	896.7	2430.9
家具制造业	150.9	-1461.9	417.9	454.3
造纸及纸制品业	208.6		63.9	209.4
印刷业和记录媒介的复制	386.2		248.4	523.1
石油加工、炼焦及核燃料加工业	12504.9	585.4	140.6	11989.6
化学原料及化学制品制造业	14566.3	8.6	1246.7	15602.4
医药制造业	1317.5	53.1	119.0	1648.5
化学纤维制造业	-4772.6		361.3	-4702.7
橡胶制品业	49.0		36.3	81.2
塑料制品业	10964.8	12.9	470.8	10778.3
非金属矿物制品业	34180.1	25175.8	1639.2	37298.3
黑色金属冶炼及压延加工业	20371.0	0.1	309.5	21075.8
有色金属冶炼及压延加工业	-2224.1			-2241.9
金属制品业	6271.3	0.5	130.9	6369.8
通用设备制造业	2955.2	13.7	250.5	3187.2
专用设备制造业	-21.4	2.0	1462.1	1372.8
电气机械及器材制造业	78412.1	113.2	277.0	79598.4
通信设备、计算机及其他电子设备制造业	31.1			26.1
仪器仪表及文化、办公用机械制造业	926.9		165.8	1139.5
工艺品及其他制造业	142.3			142.3
电力、燃气及水的生产和供应业	2867.8	667.9	1658.7	5515.5
电力、热力的生产和供应业	2168.5	667.9	1658.7	4799.6
燃气生产和供应业	699.3			715.9

单位：万元

		三、工资、福利费、增值税			
亏损企业亏损额	应交所得税	本年应付工资总额（贷方累计发生额）	本年应付福利费总额	本年应交增值税	全部从业人员年平均人数（人）
41136.2	**21922.4**	**173078.6**	**12618.0**	**135791.4**	**81500**
243.4		14475.0	861.8	15582.6	8137
7286.9	6415.8	44101.3	2431.5	33437.8	18023
33605.9	15506.6	114502.3	9324.7	86771.0	55340
3672.4	9525.9	39534.0	2999.2	31703.8	14060
2119.7	2407.2	23979.4	1298.0	13243.6	8490
58.3	312.5	2178.1	283.9	148.0	672
944.1	6291.7	6442.2	832.9	12293.6	2512
410.6	299.9	5549.7	554.6	5063.7	1714
139.7	214.6	1384.6	29.8	954.9	672
35937.1	11909.6	129416.7	8731.5	101119.1	64888
4151.3	1054.9	8061.5	609.1	2435.4	4381
758.9	350.1	6016.4	584.9	3115.2	3499
871.8	526.3	1668.8	143.5	1404.0	1374
9422.1	124.4	14835.8	686.0	5968.0	12446
61.5		107.0		48.0	30
531.8		1654.9	263.5	796.7	391
698.2	127.5	2486.7	151.1	1325.7	1192
261.7	32.3	6515.7	76.4	610.5	2460
778.8	22.8	2161.1	217.4	1288.0	1085
23.1	74.9	1170.6	78.3	612.3	674
1359.2	1573.8	5482.0	303.5	8265.3	2197
2675.5	1059.7	11351.5	889.3	10002.1	5335
177.8	380.7	1515.3	108.6	1473.9	835
4702.7		4743.4	625.4	1752.6	3120
	4.8	264.9	14.5	166.7	195
1194.4	1622.7	6521.1	313.1	4560.5	3415
2116.9	1228.3	12567.5	1016.4	13461.4	7122
2316.9	361.5	17127.6	881.3	19154.9	6562
2788.4	-1204.2	1243.9	109.6	714.4	594
310.0	845.5	5923.3	410.9	5448.8	3449
6.8	758.9	4035.1	497.4	2604.5	1587
490.0	439.5	2036.1	240.5	1276.6	918
239.3	2422.4	11538.3	477.3	14341.0	1804
	6.5	124.1	17.4	5.3	87
	93.7	93.4		232.7	72
	2.6	170.7	16.1	54.6	64
1526.7	486.9	4127.9	887.3	2968.5	2552
1459.5	486.9	3695.2	701.6	2702.9	2321
67.2		432.7	185.7	265.6	231

1-8 规模以上外商投资和港澳台商

项　　目	企业单位数(个)	亏损企业	生产、销售总值		
			工业总产值(当年价格)	工业销售产值(当年价格)	出口交货值
总　　计	**84**	**31**	**881382.3**	**887886.0**	**99482.7**
在总计中：中型企业	13	3	313001.8	309592.8	57670.6
小型企业	71	28	568380.5	578293.2	41812.1
按行业大类分组					
采矿业	9	3	63111.2	63479.3	5096.7
煤炭开采和洗选业	3	1	34326.8	34131.1	
石油和天然气开采业					
黑色金属矿采选业	2	1	2789.7	2789.7	
有色金属矿采选业	2		18035.8	17187.2	
非金属矿采选业	2	1	7958.9	9371.3	5096.7
制造业	73	26	795737.4	801873.0	94386.0
农副食品加工业	12	6	188268.7	215741.0	16694.8
食品制造业	9	1	104700.4	111352.3	11265.4
饮料制造业	15	1	149010.1	137960.9	7266.7
纺织业	9	6	110378.5	93011.8	10586.1
木材加工及木、竹、藤、棕、草制品业	1		1511.7	1443.6	
家具制造业	1	1	19295.9	19295.9	19295.9
造纸及纸制品业	2	1	11571.8	11325.0	
石油加工、炼焦及核燃料加工业	1		12644.1	12613.4	
化学原料及化学制品制造业	3	1	41791.9	45216.0	
医药制造业	1	1	1978.0	2492.5	936.8
塑料制品业	3	3	7569.5	6589.5	3955.2
非金属矿物制品业	3	1	82944.5	79524.9	23093.2
黑色金属冶炼及压延加工业	1	1	3293.7	2636.9	
有色金属冶炼及压延加工业	1		3257.4	3257.4	
金属制品业	2		22526.7	21404.6	44.2
通用设备制造业	1		1076.4	1395.0	
专用设备制造业	4	1	18798.9	21667.3	1247.7
通信设备、计算机及其他电子设备制造业	3	2	9670.9	10051.4	
工艺品及其他制造业	1		5448.3	4893.6	
电力、燃气及水的生产和供应业	2	2	22533.7	22533.7	
电力、热力的生产和供应业	1	1	18873.7	18873.7	
水的生产和供应业	1	1	3660.0	3660.0	

投资工业企业主要经济指标

单位：万元

一、年末资产负债						
资产总计	流动资产合计	应收账款	存货	产成品	流动资产年平均余额	固定资产合计
1135990.5	**545406.6**	**116585.5**	**179451.3**	**85228.2**	**542936.8**	**487841.0**
442477.8	178932.3	51510.2	60136.3	19249.1	168903.4	208506.4
693512.7	366474.3	65075.3	119315.0	65979.1	374033.4	279334.6
122691.2	52687.5	3518.0	7066.5	3000.4	61469.4	54171.0
45920.3	25980.4	1780.5	702.3	610.5	21585.3	9668.1
9176.3	2191.7	-119.8	355.3		2166.7	5588.1
45150.6	14543.4		2284.2	1470.7	26670.6	27043.8
22444.0	9972.0	1857.3	3724.7	919.2	11046.8	11871.0
870089.5	479262.4	112546.7	172126.8	82227.8	467000.5	305428.8
127794.5	76129.0	5472.3	32676.5	30207.4	113200.8	43778.2
97770.5	46247.5	11128.2	23353.5	7894.4	38471.3	48052.9
160947.9	68140.9	3521.7	28823.0	6653.3	72790.2	59340.4
186431.1	96359.8	17218.0	37239.4	10041.7	77461.7	71271.4
2621.9	825.7	58.1	210.1	70.8	973.5	1349.7
20140.5	15398.9	4266.3	4125.3	4125.3	14474.2	3970.4
21639.4	9602.8	2214.6	3687.9	3101.8	9297.9	8738.3
15939.1	12035.7	-146.0	1509.7		10657.5	3894.9
37390.9	30630.4	25061.8	3058.3	2282.5	15969.4	6459.5
7390.4	4364.9	249.5	2178.7	1318.0	4377.2	2094.0
8478.3	5362.4	1845.8	2523.1	1554.4	5233.8	2897.9
95286.7	59003.9	21466.7	14522.8	7843.2	54658.7	30022.4
4284.0	1536.9		1207.2	814.8	1071.9	2654.5
5063.9	3653.2	1.3	2741.8		2787.4	435.3
24049.4	16391.2	6789.3	3166.1	860.3	15190.2	4622.3
1493.1	1195.9	1141.3	22.6	1.7	1248.3	186.9
33570.8	23087.5	9201.0	8777.2	4223.6	20834.5	8810.0
13084.2	5308.9	2285.7	942.2	656.0	4257.5	4131.4
6712.9	3986.9	771.1	1361.4	578.6	4044.5	2718.4
143209.8	13456.7	520.8	258.0		14466.9	128241.2
108801.4	6525.5				6512.2	102275.9
34408.4	6931.2	520.8	258.0		7954.7	25965.3

1-8 续表 1

项　　目	固定资产原　　价	累计折旧	固定资产净值年平均余额	负债合计	流动负债合　　计	应付账款
总　　计	**608065.8**	**185419.0**	**419767.5**	**649193.9**	**570105.9**	**114970.4**
在总计中：中型企业	306975.9	102724.9	216787.4	260289.5	231465.2	45102.3
小型企业	301089.9	82694.1	202980.1	388904.4	338640.7	69868.1
按行业大类分组						
采矿业	41320.5	8455.3	29000.5	52578.6	50749.2	5418.8
煤炭开采和洗选业	11435.7	1767.6	5791.2	21689.4	21689.4	1538.0
石油和天然气开采业						
黑色金属矿采选业	4751.6	390.4	5576.5	4865.6	4702.2	612.8
有色金属矿采选业	13739.3	4712.1	8209.4	15164.3	13498.3	1727.0
非金属矿采选业	11393.9	1585.2	9423.4	10859.3	10859.3	1541.0
制造业	454480.6	169633.8	279974.5	495433.0	437361.4	95406.9
农副食品加工业	58200.8	15974.0	39598.0	93207.8	80854.0	5907.5
食品制造业	63891.9	18804.9	46371.2	50984.9	46330.5	10350.4
饮料制造业	85906.2	30469.6	50706.0	91378.0	87566.0	13615.2
纺织业	151557.9	80862.3	68431.2	103126.7	82244.5	27967.3
木材加工及木、竹、藤、棕、草制品业	2614.8	1543.1	1070.5	1408.5	1408.5	402.4
家具制造业	4653.4	683.0	4311.9	12472.5	12472.5	944.7
造纸及纸制品业	11535.2	2796.9	8772.3	19894.4	15903.7	407.3
石油加工、炼焦及核燃料加工业	5340.3	1741.2	3814.5	1967.7	1967.7	406.6
化学原料及化学制品制造业	9214.5	3514.6	5518.3	28554.7	28554.7	12667.8
医药制造业	4684.1	2590.1	2080.0	1209.2	1209.2	275.9
塑料制品业	2927.7	955.4	2115.6	4762.5	4762.5	2738.8
非金属矿物制品业	30692.5	3760.9	30514.4	51830.6	42995.2	10003.9
黑色金属冶炼及压延加工业	2737.7	150.1	2545.9	1898.3	1898.2	359.9
有色金属冶炼及压延加工业	1208.4	773.1	468.0	2240.3	2240.3	118.9
金属制品业	4643.5	1046.4	3449.8	11023.2	11023.2	2061.0
通用设备制造业	526.1	339.2	199.8	124.1	124.1	98.3
专用设备制造业	5165.9	1499.1	3116.1	15115.1	11572.1	6593.3
通信设备、计算机及其他电子设备制造业	5419.4	1288.0	4165.0	2701.6	2701.6	422.8
工艺品及其他制造业	3560.3	841.9	2726.0	1532.9	1532.9	64.9
电力、燃气及水的生产和供应业	112264.7	7329.9	110792.5	101182.3	81995.3	14144.7
电力、热力的生产和供应业	107960.9	5685.0	107811.8	81680.8	77293.8	9953.5
水的生产和供应业	4303.8	1644.9	2980.7	19501.5	4701.5	4191.2

单位：万元

一、年末资产负债						
长期负债合　计	所有者权益合　计					
		实收资本				
			1.国家资本	2.集体资本	3.法人资本	4.个人资本
73064.8	**486796.6**	**403013.6**	**38638.1**	**5229.1**	**66510.5**	**15761.9**
24298.9	182188.3	136671.5	20340.4		13378.2	7613.6
48765.9	304608.3	266342.1	18297.7	5229.1	53132.3	8148.3
1829.4	70112.6	50750.0			8204.8	2675.0
	24230.9	12000.0			3060.0	
163.4	4310.7	4800.0				2675.0
1666.0	29986.3	24800.0			1942.3	
	11584.7	9150.0			3202.5	
56435.4	374656.5	309776.1	11997.7	5229.1	58305.7	13086.9
12353.8	34586.7	33958.9	1005.4	111.9	9268.7	1330.0
3516.8	46785.6	39786.3			4032.0	
3811.6	69569.9	49659.1	520.0		21611.8	3104.0
20384.1	83304.4	84509.1	4904.7		2850.0	
	1213.4	2070.0				
	7668.0	4180.6			3136.2	
3990.7	1745.0	5125.3			975.0	
	13971.4	2480.5				746.3
	8836.2	6553.1			450.0	2246.6
	6181.2	6102.5	2846.5	305.1		
	3715.8	4202.0			242.0	93.0
8835.4	43456.1	24136.7				5367.0
	2385.7	2617.7				
	2823.6	104.2			55.2	
	13026.2	8019.2	271.1	4812.1	930.9	
	1369.0	600.0			384.0	
3543.0	18455.7	7034.1	2450.0		926.3	
	10382.6	26948.8			13443.6	200.0
	5180.0	1688.0				
14800.0	42027.5	42487.5	26640.4			
	27120.6	27120.5	20340.4			
14800.0	14906.9	15367.0	6300.0			

1-8 续表 2

项 目	5.港澳台资本	6.外商资本	主营业务收入	主营业务成本	主营业务税金及附加
总 计	**106446.5**	**170427.5**	**1010156.3**	**810448.4**	**7613.9**
在总计中：中型企业	56790.9	38548.4	333839.3	252990.4	4030.6
小型企业	49655.6	131879.1	676317.0	557458.0	3583.3
按行业大类分组					
采矿业	9150.0	30720.2	64100.7	39930.8	352.8
煤炭开采和洗选业	7000.0	1940.0	34312.8	23327.6	250.7
石油和天然气开采业					
黑色金属矿采选业	2025.0	100.0	2789.7	2408.3	47.0
有色金属矿采选业	125.0	22732.7	15898.6	9089.2	
非金属矿采选业		5947.5	11099.6	5105.7	55.1
制造业	97296.5	123860.2	923560.2	751700.5	7261.1
农副食品加工业	2590.6	19652.3	306858.0	281640.3	10.9
食品制造业	10527.2	25227.1	119874.7	92493.8	8.1
饮料制造业	2420.0	22003.3	137886.2	83016.9	6958.7
纺织业	64549.0	12205.4	106678.3	94405.5	
木材加工及木、竹、藤、棕、草制品业		2070.0	1443.6	1430.5	
家具制造业	1044.4		19095.9	16988.6	19.8
造纸及纸制品业	325.0	3825.3	11161.3	9217.5	
石油加工、炼焦及核燃料加工业		1734.2	13613.8	8908.8	
化学原料及化学制品制造业	3856.5		46366.4	36478.7	19.7
医药制造业		2950.9	2718.1	2473.2	
塑料制品业	3227.0	640.0	6730.1	6564.4	
非金属矿物制品业		18769.7	79744.0	60440.2	1.2
黑色金属冶炼及压延加工业	2617.7		1305.2	1348.5	
有色金属冶炼及压延加工业	49.0		3257.4	2162.1	15.7
金属制品业		2005.1	29256.9	24262.5	227.0
通用设备制造业		216.0	1397.2	1199.0	
专用设备制造业	90.0	3567.8	20934.2	14686.9	
通信设备、计算机及其他电子设备制造业	6000.1	7305.1	10342.1	10361.8	
工艺品及其他制造业		1688.0	4896.8	3621.3	
电力、燃气及水的生产和供应业		15847.1	22495.4	18817.1	
电力、热力的生产和供应业		6780.1	18884.6	16073.8	
水的生产和供应业		9067.0	3610.8	2743.3	

单位：万元

二、损益及分配						
其他业务收入	其他业务利润	营业费用	管理费用		财务费用	
				税金		利息支出
42227.8	**3544.4**	**65587.8**	**55254.4**	**1452.8**	**12323.9**	**13386.1**
30354.1	1.5	33180.4	14446.9	757.4	6360.5	5969.5
11873.7	3542.9	32407.4	40807.5	695.4	5963.4	7416.6
2527.1	802.8	6226.8	6549.4	61.3	713.4	587.1
		1562.6	2515.1	37.1	174.8	37.2
			500.6		11.9	11.9
2525.9	801.8	517.1	2021.3	12.0	118.1	118.1
1.2	1.0	4147.1	1512.4	12.2	408.6	419.9
39435.2	2741.6	59361.0	47274.0	1391.5	8898.9	10087.4
2320.0	651.7	13128.7	12705.8	254.3	5638.8	5648.2
445.0	44.2	15215.3	3954.8	53.4	-1117.0	-53.3
12053.0	1671.0	21088.3	9885.3	267.6	704.9	874.3
4176.1	803.5	3034.7	4011.3	268.4	304.7	625.4
4.3	4.3	16.8	110.9	2.9	7.7	-53.3
17744.1	-1092.1	305.3	884.1	61.0	380.0	93.1
4.7	0.4	435.7	467.2	9.4	424.8	424.8
		6.9	342.6	7.7	-136.9	-136.9
1780.2	430.7	1291.3	4012.7	19.0	415.3	421.7
3.7	3.7	116.0	241.5		21.5	28.7
186.8	27.4	242.0	363.5	9.9	113.2	113.5
		1161.1	5528.3	325.1	2089.0	2067.6
32.3	32.3	44.0	123.4		-0.1	
6.8	6.8		463.5		44.7	44.7
60.7	8.9	466.1	883.6	66.9	126.9	107.9
6.5	-0.1		55.5	6.4	-0.3	-0.3
611.0	148.9	2129.8	1413.4	22.7	-154.5	-154.5
		653.6	1688.1	6.3	8.8	8.8
		25.4	138.5	10.5	27.4	27.0
265.5			1431.0		2711.6	2711.6
265.5			418.2		2765.3	2765.3
			1012.8		-53.7	-53.7

1-8 续表 3

项　目	营业利润	投资收益	补贴收入	利润总额
总　计	**65943.4**	**6557.3**	**2671.0**	**70355.5**
在总计中：中型企业	28590.0	5850.6	423.6	29878.9
小型企业	37353.4	706.7	2247.4	40476.6
按行业大类分组				
采矿业	11273.2	1913.1	45.8	13186.6
煤炭开采和洗选业	6626.1			6588.2
石油和天然气开采业				
黑色金属矿采选业	-178.1			-317.6
有色金属矿采选业	4954.7	1913.1		7052.8
非金属矿采选业	-129.5		45.8	-136.8
制造业	55134.5	4644.2	2625.2	57729.7
农副食品加工业	-7191.5	-1343.0	499.8	-7937.6
食品制造业	9475.7		649.1	9873.5
饮料制造业	25529.0	5687.7	299.9	26130.8
纺织业	2698.6	64.5	335.0	4159.7
木材加工及木、竹、藤、棕、草制品业	-118.0	4.3	135.1	17.2
家具制造业	-436.7	145.2	169.6	-285.1
造纸及纸制品业	616.4			959.6
石油加工、炼焦及核燃料加工业	4481.3			4501.6
化学原料及化学制品制造业	4601.8	43.5	16.6	4233.2
医药制造业	-130.4			-139.4
塑料制品业	-518.2		0.4	-519.7
非金属矿物制品业	10641.5			10634.3
黑色金属冶炼及压延加工业	-178.3			-163.8
有色金属冶炼及压延加工业	578.2		423.5	1043.0
金属制品业	3118.9	42.0		3075.4
通用设备制造业	142.8			144.1
专用设备制造业	3006.5		20.0	2682.2
通信设备、计算机及其他电子设备制造业	-2267.3			-1847.9
工艺品及其他制造业	1084.2		76.2	1168.6
电力、燃气及水的生产和供应业	-464.3			-560.8
电力、热力的生产和供应业	-372.7			-372.7
水的生产和供应业	-91.6			-188.1

单位：万元

		三、工资、福利费、增值税			
亏损企业亏损额	应交所得税	本年应付工资总额（贷方累计发生额）	本年应付福利费总额	本年应交增值税	全部从业人员年平均人数（人）
18344.9	**10866.0**	**39592.6**	**2353.6**	**35287.0**	**16259**
1488.6	3703.6	18098.0	831.7	16375.8	7646
16856.3	7162.4	21494.6	1521.9	18911.2	8613
1237.7	2217.3	3562.8	137.0	4164.7	1206
5.4	1648.4	1221.1	41.3	1499.3	420
387.0		317.8		157.4	110
	391.8	867.7	95.7	1532.0	266
845.3	177.1	1156.2		976.0	410
16546.4	8648.7	34529.0	2157.3	29459.3	14566
9526.6	204.6	2978.8	212.7	424.0	1038
142.6	906.4	4110.3	75.4	4776.6	1842
126.7	2139.6	9976.8	906.9	9206.2	3331
3355.4	1096.6	6092.5	259.1	5121.6	3581
		157.8	5.4	90.4	110
285.1	4.5	1636.1	2.4		920
267.6	107.6	567.9		439.1	374
	250.8	586.1	44.8	1479.8	268
0.7	811.3	1972.3	45.4	3741.0	542
139.4		185.9	183.1	34.6	73
519.7		264.6	4.8	31.8	192
33.2	2245.1	1929.4	156.9	2169.2	839
163.8		161.4	16.7		50
	156.4	421.9	27.2		84
	265.6	445.8	46.6	403.1	253
	21.7	60.3	2.5	53.5	21
53.5	292.4	2056.3	51.5	1120.7	693
1932.1		739.4	103.0	68.6	233
	146.1	185.4	12.9	299.1	122
560.8		1500.8	59.3	1663.0	487
372.7		986.9		1663.0	374
188.1		513.9	59.3		113

1-9 规模以上大中型工业

项　　目	企业单位数(个)	亏损企业	生产、销售总值		
			工业总产值(当年价格)	工业销售产值(当年价格)	出口交货值
总　　计	**273**	**68**	**35372774.4**	**34701813.2**	**469766.4**
在总计中：亏损企业	68	68	9224944.4	9127226.9	70524.9
在总计中：国有控股企业	160	44	31594092.5	31165424.5	311424.0
在总计中：轻工业	89	32	2784096.9	2672362.8	209614.2
重工业	184	36	32588677.5	32029450.4	260152.2
在总计中：大型企业	29	7	26555127.5	26222025.4	61563.3
中型企业	244	61	8817646.9	8479787.8	408203.1
一、按登记注册类型分组					
内资企业	260	65	35059772.6	34392220.4	412095.8
国有企业	41	11	3646650.2	3524524.9	12988.8
集体企业	3		39595.3	39974.9	13800.2
联营企业	1	1	7296.8	7296.8	
集体联营企业	1	1	7296.8	7296.8	
有限责任公司	139	38	6447223.4	6328482.8	164165.1
国有独资公司	23	6	1742576.2	1686195.5	1.5
其他有限责任公司	116	32	4704647.2	4642287.3	164163.6
股份有限公司	39	6	23432641.0	23162198.1	173364.8
私营企业	37	9	1486365.9	1329742.9	47776.9
私营独资企业	3	1	24949.0	25244.0	792.7
私营有限责任公司	28	6	506350.6	469903.1	2072.8
私营股份有限公司	6	2	955066.3	834595.8	44911.4
港、澳、台商投资企业	6	2	151929.7	159465.5	34577.4
合资经营企业(港或澳、台资)	2	1	52905.9	54483.6	19295.9
港澳台商独资经营企业	3	1	72036.0	78963.4	13636.9
港澳台商投资股份有限公司	1		26987.8	26018.5	1644.6
外商投资企业	7	1	161072.1	150127.3	23093.2
中外合资经营企业	6	1	157021.2	147583.0	23093.2
外资企业	1		4050.9	2544.3	
二、按行业大类分组					
采矿业	50	5	14620267.6	14550438.7	2681.0
煤炭开采和洗选业	22	3	585077.3	587039.5	
石油和天然气开采业	12	1	13355417.8	13295197.6	2615.0

企业主要经济指标

单位：万元

一、年末资产负债						
资产总计	流动资产合计				流动资产年平均余额	固定资产合计
		应收账款	存货			
				产成品		
45960635.7	**14322892.1**	**1754510.2**	**3579774.9**	**1087866.5**	**13506419.9**	**21960930.0**
10292193.2	3915659.7	193169.0	1121329.9	265816.4	3496437.0	5874663.1
40100767.1	11393476.4	1224709.2	2797305.4	845212.0	10875311.6	20428139.9
4333417.2	2081869.6	285094.2	907753.5	328920.0	1921819.0	1756328.9
41627218.5	12241022.5	1469416.0	2672021.4	758946.5	11584600.9	20204601.1
32166948.5	8948594.3	709694.2	1973465.4	535517.9	8582934.0	16021815.3
13793687.2	5374297.8	1044816.0	1606309.5	552348.6	4923485.9	5939114.7
45518157.9	**14143959.8**	**1703000.0**	**3519638.6**	**1068617.4**	**13337516.5**	**21752423.6**
5694698.6	2634555.5	195743.0	407770.3	121509.4	2198389.9	2487139.8
29091.1	22490.2	13371.9	3944.1	1170.8	12955.9	4663.6
11536.7	8025.8	6631.9	1096.9	653.8	7493.9	3510.9
11536.7	8025.8	6631.9	1096.9	653.8	7493.9	3510.9
9222810.0	3276297.5	527562.2	1240345.3	317949.1	2977374.1	4421766.9
2217979.2	732157.4	144055.2	167391.2	40484.7	679415.8	1148881.7
7004830.8	2544140.1	383507.0	1072954.1	277464.4	2297958.3	3272885.2
28282728.9	6933795.4	675699.4	1520381.8	547197.9	7017015.9	14436186.1
2277292.6	1268795.4	283991.6	346100.2	80136.4	1124286.8	399156.3
18512.1	11743.1	3413.8	4301.7	1782.1	8462.0	5983.0
700938.4	331074.0	39731.8	125984.9	47912.8	294930.1	254320.4
1557842.1	925978.3	240846.0	215813.6	30441.5	820894.7	138852.9
141227.8	88931.9	34079.6	36070.7	14643.3	73596.2	46510.2
52131.6	42701.1	27516.4	6312.5	5631.1	26587.6	8395.6
64195.4	29528.1	2941.1	18498.2	6778.5	30718.3	30597.3
24900.8	16702.7	3622.1	11260.0	2233.7	16290.3	7517.3
301250.0	90000.4	17430.6	24065.6	4605.8	95307.2	161996.2
265944.6	83878.0	15537.3	21684.8	3693.7	84918.2	146781.2
35305.4	6122.4	1893.3	2380.8	912.1	10389.0	15215.0
20027396.3	4387355.6	760144.0	776678.1	297046.4	4118211.8	9708134.7
1254084.9	398113.4	109548.7	52065.6	10046.2	388418.5	579018.8
17896364.6	3573569.9	515329.9	601978.4	248351.6	3377066.5	8796647.6

1-9 续表 1

项 目	企业单位数（个）	亏损企业	生产、销售总值		
			工业总产值（当年价格）	工业销售产值（当年价格）	出口交货值
黑色金属矿采选业	7		421087.3	404896.1	
有色金属矿采选业	6		237181.9	242597.6	
非金属矿采选业	3	1	21503.3	20707.9	66.0
制造业	191	52	18752156.8	18205376.3	467085.4
农副食品加工业	17	5	302262.9	283503.7	6118.7
食品制造业	10	1	237975.2	249122.1	94107.5
饮料制造业	6	2	179098.1	170880.9	
烟草制品业	1		171249.4	170800.6	
纺织业	38	16	1379914.4	1294628.0	46420.0
纺织服装、鞋、帽制造业	1		12056.1	13081.0	1.5
家具制造业	3	2	69326.8	75378.7	60884.9
造纸及纸制品业	3	1	54243.1	54913.2	
印刷业和记录媒介的复制	1		6289.5	6328.4	
石油加工、炼焦及核燃料加工业	10	5	8364335.9	8282345.3	1534.5
化学原料及化学制品制造业	28	6	1598751.5	1542424.8	141098.9
医药制造业	1		8513.3	8677.4	8.8
化学纤维制造业	5	4	334778.8	316693.1	2072.8
橡胶制品业	1	1	3802.7	3802.7	
塑料制品业	2		73906.2	67469.1	
非金属矿物制品业	27	3	574507.2	547450.3	33306.6
黑色金属冶炼及压延加工业	15	1	3757800.6	3681394.4	31168.1
有色金属冶炼及压延加工业	5	2	253802.5	250417.2	
金属制品业	7	1	92375.4	91764.9	
通用设备制造业	1		20683.1	20169.6	13800.2
专用设备制造业	3	1	37905.4	34531.8	
交通运输设备制造业	1		78176.6	76971.1	1202.9
电气机械及器材制造业	4	1	1035122.7	869357.0	17019.5
通信设备、计算机及其他电子设备制造业	1		105279.4	93271.0	18340.5
电力、燃气及水的生产和供应业	32	11	2000350.0	1945998.2	
电力、热力的生产和供应业	30	10	1912048.7	1888659.1	
燃气生产和供应业	1		74745.7	43783.5	
水的生产和供应业	1	1	13555.6	13555.6	

单位：万元

一、年末资产负债						
资产总计	流动资产合计	应收账款	存货	产成品	流动资产年平均余额	固定资产合计
569303.2	321286.0	128594.2	97936.3	31349.9	254783.5	159576.1
288945.8	86991.5	6528.0	20604.9	4588.0	90105.7	163294.5
18697.8	7394.8	143.2	4092.9	2710.7	7837.6	9597.7
20860187.9	8545232.9	891236.1	2760513.6	789023.2	8002055.0	9048774.4
455381.8	253578.9	13060.1	167497.9	111125.0	237738.1	157378.2
522621.1	266548.8	112978.8	55182.9	25882.9	189219.3	145057.1
419983.1	247215.6	27359.9	121390.4	4455.5	238599.7	118287.6
146629.1	69326.4	32.7	39513.5		66568.3	58252.5
1788439.2	865394.4	89207.4	411961.3	132680.1	817701.5	828269.1
8573.0	6609.3	407.6	3077.3	1274.3	5186.7	1742.1
251308.7	110290.1	15234.0	18545.6	12212.9	81527.7	40440.8
134579.2	61151.7	2521.1	12638.9	7316.6	61892.5	45970.3
18805.4	2839.9	1034.9	736.0	648.0	4092.6	15365.8
6031786.6	1996116.9	24308.3	448619.6	195106.6	1956689.1	3819577.3
4046352.5	1170679.3	159706.2	204672.6	93459.5	1160560.1	1689983.1
17352.4	5126.5	1202.4	2164.7	769.2	6681.1	11425.6
348228.4	167261.2	19681.4	71158.7	30091.2	191568.5	144531.7
15279.0	398.6	1327.9	19.1		1430.8	10917.3
97466.0	79671.8	11418.7	46585.4	23176.2	81242.2	17794.2
1519717.8	551156.6	67956.4	98507.8	28952.8	506222.9	489146.9
2674780.7	1293848.9	17942.3	722062.2	59733.0	1134037.9	1151299.8
215158.0	86151.3	2651.4	27254.0	5818.1	89351.6	105034.6
114433.9	82381.9	17121.5	20918.0	4506.0	65564.9	17340.3
14873.7	10964.4	9542.0	1228.6	193.8	1327.4	2132.8
71007.4	51209.6	15969.6	18687.8	9746.7	44104.3	11197.7
38294.2	23242.2	5676.6	11057.7	7830.6	29174.7	6752.1
1663820.7	1005084.6	269657.9	237937.2	24844.2	896717.6	77551.7
245316.0	138984.0	5237.0	19096.4	9200.0	134855.5	83325.8
5073051.5	1390303.6	103130.1	42583.2	1796.9	1386153.1	3204020.9
4699086.7	1316263.7	100457.3	34973.8	1207.0	1312336.9	2945428.6
165737.5	53486.4	942.4	7301.9	589.9	59034.7	74222.0
208227.3	20553.5	1730.4	307.5		14781.5	184370.3

1-9 续表 2-1

项 目	固定资产原价	累计折旧	固定资产净值年平均余额	负债合计	流动负债合计	应付账款
总 计	**35285426.4**	**13677002.7**	**14860616.0**	**22931335.2**	**13205406.7**	**5059949.1**
在总计中：亏损企业	6197557.1	2703824.3	3256474.8	4983365.4	3288206.1	1685873.0
在总计中:国有控股企业	33328659.7	13111893.6	13640490.1	19871577.5	10663022.5	4522772.2
在总计中:轻工业	2448199.3	731982.6	1510010.7	2540836.6	2068644.5	326175.8
重工业	32837227.1	12945020.1	13350605.3	20390498.6	11136762.2	4733773.3
在总计中:大型企业	27729955.7	11112673.1	10238050.6	14605852.5	7245645.9	3921592.6
中型企业	7555470.7	2564329.6	4622565.4	8325482.7	5959760.8	1138356.5
一、按登记注册类型分组						
内资企业	34978450.5	13574277.8	14643828.6	22671045.7	12973941.5	5014846.8
国有企业	3596203.5	1168180.6	2143642.5	3690222.4	2327844.8	845007.4
集体企业	8696.8	4130.7	4733.3	19557.6	19557.6	7527.6
联营企业	5317.7	1795.7	3702.8	3976.5	3976.5	1128.5
集体联营企业	5317.7	1795.7	3702.8	3976.5	3976.5	1128.5
有限责任公司	5859627.8	2042553.4	3569172.8	6037653.7	4013573.6	1164003.6
国有独资公司	1787339.6	717604.6	1016419.8	1389605.5	1198521.5	215978.3
其他有限责任公司	4072288.2	1324948.8	2552753.0	4648048.2	2815052.1	948025.3
股份有限公司	25004626.1	10206799.9	8599512.6	11743130.9	5570978.3	2785608.8
私营企业	503978.6	150817.5	323064.6	1176504.6	1038010.7	211570.9
私营独资企业	6850.2	867.2	6384.0	22246.8	21273.0	3487.3
私营有限责任公司	316027.7	83832.3	220541.6	411412.9	309918.3	73932.7
私营股份有限公司	181100.7	66118.0	96139.0	742844.9	706819.4	134150.9
港、澳、台商投资企业	119784.1	74479.4	45187.4	63154.2	62642.6	23782.6
合资经营企业(港或澳、台资)	9666.4	2030.4	7667.6	38767.2	38767.2	12876.8
港澳台商独资经营企业	69131.1	38979.7	29789.9	19041.0	18902.7	7791.7
港澳台商投资股份有限公司	40986.6	33469.3	7729.9	5346.0	4972.7	3114.1
外商投资企业	187191.8	28245.5	171600.0	197135.3	168822.6	21319.7
中外合资经营企业	171755.7	28024.4	156606.1	174411.2	159098.5	21319.7
外资企业	15436.1	221.1	14993.9	22724.1	9724.1	
二、按行业大类分组						
采矿业	20743591.4	8232799.0	6601309.6	8393363.2	3956106.3	2749060.2
煤炭开采和洗选业	696245.7	208826.2	448018.2	597949.0	472530.4	96476.8
石油和天然气开采业	19719668.8	7940812.6	5924932.0	7368194.0	3107583.7	2577423.0

单位：万元

长期负债合计	所有者权益合计	实收资本	1.国家资本	2.集体资本	3.法人资本	4.个人资本
8984066.7	**23029300.5**	**17406459.5**	**6338701.9**	**23437.0**	**10259966.2**	**655350.6**
1521294.5	5308827.8	5471140.3	2192141.1	3161.2	3181911.2	72844.7
8493693.9	20229189.6	16252588.1	6323902.4	3439.3	9646177.1	242876.2
460190.9	1792580.6	1148432.3	425218.8	8590.5	456451.6	169763.9
8523875.8	21236719.9	16258027.2	5913483.1	14846.5	9803514.6	485586.7
6853888.2	17561096.0	14155829.3	5189551.0		8707616.4	258661.9
2130178.5	5468204.5	3250630.2	1149150.9	23437.0	1552349.8	396688.7
8959767.8	22847112.2	17269788.0	6318361.5	23437.0	10246588.0	647737.0
1243519.4	2004476.2	1324202.3	594956.9		723887.4	5358.0
	9533.5	2213.3	262.3	1726.4	43.5	181.1
	7560.2	5497.1	47.8		5101.2	348.1
	7560.2	5497.1	47.8		5101.2	348.1
1923910.6	3185156.3	2327800.6	1090288.1	21710.6	1091091.5	121760.9
183413.8	828373.7	611263.2	268052.7	490.0	342720.5	
1740496.8	2356782.6	1716537.4	822235.4	21220.6	748371.0	121760.9
5671260.6	16539598.0	13156435.4	4629300.5		8227455.3	270266.6
121077.2	1100788.0	453639.3	3505.9		199009.1	249822.3
973.8	-3734.7	378.9				378.9
99519.2	289525.5	126255.7			40156.9	86098.8
20584.2	814997.2	327004.7	3505.9		158852.2	163344.6
373.3	78073.6	62173.7			3136.2	2246.6
	13364.4	7420.9			3136.2	2246.6
	45154.4	39786.6				
373.3	19554.8	14966.2				
23925.6	104114.7	74497.8	20340.4		10242.0	5367.0
10925.6	91533.4	62292.4	20340.4		10242.0	5367.0
13000.0	12581.3	12205.4				
4335527.8	11634033.1	9606837.3	3497151.9	420.0	6076773.2	32492.2
125418.3	656135.9	461378.7	269337.2	420.0	183676.1	7945.4
4159473.7	10528170.6	9001022.5	3177244.9		5811780.8	11996.8

1-9 续表 2-2

项目	固定资产原价	累计折旧	固定资产净值年平均余额	负债合计	流动负债合计	应付账款
黑色金属矿采选业	191840.1	46198.7	143215.2	316589.0	273149.6	57859.6
有色金属矿采选业	119879.0	30576.7	78539.0	99689.8	91961.2	14908.2
非金属矿采选业	15957.8	6384.8	6605.2	10941.4	10881.4	2392.6
制造业	9910718.1	3611511.2	5582511.4	10685849.1	7241381.9	2026199.3
农副食品加工业	243389.4	90364.4	127609.9	254644.0	239420.7	46751.8
食品制造业	173595.0	55025.5	146938.9	326365.8	280133.1	27206.6
饮料制造业	198641.3	81633.4	115963.8	311829.8	143874.3	29301.5
烟草制品业	93864.0	35611.5	58024.9	61001.4	61001.4	19642.8
纺织业	1194068.2	292866.1	693828.4	1099932.5	975210.7	106024.5
纺织服装、鞋、帽制造业	3642.6	1768.5	1930.2	6519.8	6347.3	5110.8
家具制造业	60982.0	20541.2	41489.3	98561.0	82097.7	14386.1
造纸及纸制品业	85544.7	40950.3	41785.1	82832.0	68496.4	9141.4
印刷业和记录媒介的复制	23531.4	8478.4	13163.2	8257.7	4173.4	1066.2
石油加工、炼焦及核燃料加工业	3244300.1	1684801.2	1518535.7	1925458.3	728355.9	381666.2
化学原料及化学制品制造业	1665026.6	329259.0	1055828.6	2419040.7	1246740.8	347929.6
医药制造业	15209.5	3784.0	11734.7	6037.5	5426.2	1278.0
化学纤维制造业	166681.2	51899.8	110476.2	206339.1	166763.0	61830.5
橡胶制品业	30628.5	17973.6	14376.8	54342.5	45647.0	956.4
塑料制品业	21651.2	3857.0	16517.2	33453.1	33453.1	9145.9
非金属矿物制品业	661973.2	271558.3	377060.5	835755.8	583518.9	88997.8
黑色金属冶炼及压延加工业	1552538.5	467102.4	970465.2	1675193.1	1474828.8	647468.0
有色金属冶炼及压延加工业	148797.1	68913.0	82294.6	112547.3	96980.0	7100.5
金属制品业	25431.0	11018.2	13820.6	84909.3	83338.2	12599.6
通用设备制造业	4093.3	2058.0	2035.3	11923.8	11923.8	4170.3
专用设备制造业	30221.0	22600.6	10745.9	76878.2	75280.1	19094.0
交通运输设备制造业	16807.0	9722.2	6822.8	33042.4	33040.4	17842.7
电气机械及器材制造业	110613.3	33061.6	73235.8	895319.4	765482.2	155838.1
通信设备、计算机及其他电子设备制造业	139488.0	6663.0	77827.8	65664.6	29848.5	11650.0
电力、燃气及水的生产和供应业	4631116.9	1832692.5	2676795.0	3852122.9	2007918.5	284689.6
电力、热力的生产和供应业	4363931.8	1765765.8	2468245.3	3674605.7	1902213.6	276915.8
燃气生产和供应业	86257.9	20752.2	66754.4	107720.7	78724.0	4214.3
水的生产和供应业	180927.2	46174.5	141795.3	69796.5	26980.9	3559.5

单位：万元

长期负债合　　计	所有者权益合　　计					
		实收资本	1.国家资本	2.集体资本	3.法人资本	4.个人资本
43439.2	252714.2	104272.5	42976.3		49246.2	12050.0
7136.6	189256.0	34993.4	4300.0		30693.4	
60.0	7756.4	5170.2	3293.5		1376.7	500.0
3125014.3	10174338.8	7087515.6	2414111.4	23017.0	3945365.6	582797.9
13636.6	200737.8	98457.5	52426.3	6600.5	31793.7	7637.0
45243.8	196255.3	104929.7	1510.0	490.0	69552.1	22229.5
167620.0	108153.3	110513.5	26063.6		55640.9	19500.0
	85627.7	18741.7	18741.7			
115632.0	688506.7	503255.2	146906.2	1500.0	216012.0	73233.0
172.5	2053.2	2025.3			2025.3	
16463.3	152747.7	65741.0			20798.4	42596.2
14335.6	51747.2	24295.2	16550.2		7745.0	
4084.3	10547.7	5727.4	5727.4			
926836.6	4106328.3	3706407.7	1253351.9	4233.2	2432358.6	16464.0
1171465.0	1627311.8	1001450.1	321247.7	571.9	555666.6	121018.2
611.3	11314.9	4093.4	4093.4			
39575.9	141889.3	63067.3	9500.0		52767.3	800.0
8695.5	-39063.5	13330.0	13330.0			
	64012.9	55252.0			23839.9	11172.1
223261.5	683962.0	331106.8	107252.3	1105.7	143948.5	69167.3
198763.7	999587.6	627043.6	428846.3	2927.5	63862.9	130409.4
15566.1	102610.7	48772.9	1181.7		47591.2	
1571.0	29524.6	15492.5		5174.6	6620.2	3697.7
	2949.9	900.5	262.3	413.6	43.5	181.1
1597.9	-5870.8	7271.4	7120.4			151.0
2.0	5251.8	7500.0			7500.0	
124063.6	768501.3	236935.0			185944.0	50991.0
35816.1	179651.4	35205.9			21655.5	13550.4
1523524.6	1220928.6	712106.6	427438.6		237827.4	40060.5
1451712.3	1024481.0	533026.6	268358.6		217827.4	40060.5
28996.7	58016.8	35380.0	15380.0		20000.0	
42815.6	138430.8	143700.0	143700.0			

1-9 续表 3-1

项　　目	5.港澳台资本	6.外商资本	主营业务收　　入	主营业务成　　本	主营业务税金及附加
总　　计	**69217.9**	**59785.9**	**37129470.1**	**25778723.2**	**972033.6**
在总计中:亏损企业	14302.0	6780.1	9256028.8	9841359.7	163483.1
在总计中:国有控股企业	9173.0	27020.1	33257154.1	22744290.1	946981.9
在总计中:轻工业	66272.2	22135.3	2957403.8	2368657.1	106479.4
重工业	2945.7	37650.6	34172066.3	23410066.1	865554.2
在总计中:大型企业			28013402.8	18485217.1	830178.8
中型企业	69217.9	59785.9	9116067.3	7293506.1	141854.8
一、按登记注册类型分组					
内资企业	12427.0	21237.5	36795630.8	25525732.8	968003.0
国有企业			3838208.0	3310532.4	97601.0
集体企业			53548.4	48334.3	344.3
联营企业			7196.4	6912.0	43.2
集体联营企业			7196.4	6912.0	43.2
有限责任公司	1952.0	997.5	6484968.7	5458651.6	52101.2
国有独资公司			1825419.6	1542453.5	25018.1
其他有限责任公司	1952.0	997.5	4659549.1	3916198.1	27083.1
股份有限公司	9173.0	20240.0	25028630.4	15586595.2	812687.2
私营企业	1302.0		1383078.9	1114707.3	5226.1
私营独资企业			33555.1	27872.1	405.6
私营有限责任公司			504161.0	426302.0	2614.2
私营股份有限公司	1302.0		845362.8	660533.2	2206.3
港、澳、台商投资企业	56790.9		165222.3	131557.5	39.5
合资经营企业(港或澳、台资)	2038.1		55893.9	46837.1	39.5
港澳台商独资经营企业	39786.6		83309.9	63451.0	
港澳台商投资股份有限公司	14966.2		26018.5	21269.4	
外商投资企业		38548.4	168617.0	121432.9	3991.1
中外合资经营企业		26343.0	160124.0	113153.3	3991.1
外资企业		12205.4	8493.0	8279.6	
二、按行业大类分组					
采矿业			15971334.0	6257172.6	601801.2
煤炭开采和洗选业			627403.7	442777.0	7566.7
石油和天然气开采业			14582507.2	5469203.8	584708.3

单位：万元

二、损益及分配						
其他业务收入	其他业务利润	营业费用	管理费用		财务费用	
				税金		利息支出
888559.8	**110784.6**	**632740.4**	**1353327.2**	**129247.2**	**337778.8**	**327704.7**
179845.3	20886.8	107596.9	260337.6	4372.9	63351.3	61244.5
669266.8	80907.4	445880.7	1178077.5	120903.5	273515.4	269545.1
192446.5	16965.4	150365.8	140448.8	5716.3	66276.4	62312.7
696113.3	93819.2	482374.6	1212878.4	123530.9	271502.4	265392.0
324852.8	38567.7	269373.3	918201.1	111511.6	137598.6	133303.2
563707.0	72216.9	363367.1	435126.1	17735.6	200180.2	194401.5
858205.7	110783.1	599560.0	1338880.3	128489.8	331418.3	321735.2
67110.6	16935.4	85746.7	144059.8	3101.9	61464.8	59456.5
597.6	26.2	142.5	3500.7	44.0	221.3	221.3
148.0	8.1	438.7	324.0	0.7	47.9	47.9
148.0	8.1	438.7	324.0	0.7	47.9	47.9
300686.1	29770.3	153342.2	268411.9	10601.9	146605.5	143141.0
97172.9	5059.6	26716.2	102604.6	3238.3	33862.1	32711.1
203513.2	24710.7	126626.0	165807.3	7363.6	112743.4	110429.9
448931.5	57705.7	301341.3	868648.6	112870.4	103130.7	100601.9
40731.9	6337.4	58548.6	53935.3	1870.9	19948.1	18266.6
3590.6	214.0	3370.8	1157.1	1.0	37.3	56.3
26250.2	3602.3	18529.8	15992.7	570.9	10007.4	8911.0
10891.1	2521.1	36648.0	36785.5	1299.0	9903.4	9299.3
23504.7	87.3	13588.4	7869.5	294.7	1103.5	724.3
19384.3	-661.6	683.9	4382.9	76.8	796.1	508.1
3833.8	714.9	12332.0	2752.2	113.3	153.7	71.1
286.6	34.0	572.5	734.4	104.6	153.7	145.1
6849.4	-85.8	19592.0	6577.4	462.7	5257.0	5245.2
6849.4	-85.8	19526.9	6219.1	425.5	5087.3	5075.5
		65.1	358.3	37.2	169.7	169.7
218732.9	22349.9	127023.0	656011.1	106829.4	26399.2	23543.9
78936.1	-1847.2	8872.5	84537.6	1112.4	7316.4	6647.7
118709.5	17224.2	75736.9	531178.5	103910.4	12964.9	12163.9

1-9 续表 3-2

指标名称	5.港澳台资本	6.外商资本	主营业务收入	主营业务成本	主营业务税金及附加
黑色金属矿采选业			502099.0	249073.0	5611.9
有色金属矿采选业			242694.8	86411.1	3065.4
非金属矿采选业			16629.3	9707.7	848.9
制造业	69217.9	53005.8	19093699.9	17763251.3	353984.6
农副食品加工业			329933.9	270268.7	1570.5
食品制造业	10527.2	620.9	265725.8	184555.5	937.3
饮料制造业		9309.0	170269.6	96792.2	19342.8
烟草制品业			170800.4	64530.4	69781.9
纺织业	53398.6	12205.4	1527087.3	1319481.5	13237.1
纺织服装、鞋、帽制造业			10649.4	8484.8	4.6
家具制造业	2346.4		72580.1	61473.6	144.1
造纸及纸制品业			54868.8	43015.3	538.0
印刷业和记录媒介的复制			6329.2	4786.9	41.2
石油加工、炼焦及核燃料加工业			8395163.5	8705706.7	220780.7
化学原料及化学制品制造业	2945.7		1663115.3	1356507.8	11071.4
医药制造业			8608.5	5411.2	76.2
化学纤维制造业			307266.6	279358.0	700.9
橡胶制品业			5159.6	5339.5	43.3
塑料制品业		20240.0	79969.7	73380.6	84.0
非金属矿物制品业		9633.0	551411.3	421944.8	3135.1
黑色金属冶炼及压延加工业		997.5	3805774.8	3482342.1	7929.9
有色金属冶炼及压延加工业			223249.3	206310.4	463.3
金属制品业			98051.9	87073.8	411.3
通用设备制造业			30426.7	28773.9	65.9
专用设备制造业			42745.1	34516.3	90.5
交通运输设备制造业			77146.2	67872.0	
电气机械及器材制造业			1103014.7	891131.1	2940.6
通信设备、计算机及其他电子设备制造业			94352.2	64194.2	594.0
电力、燃气及水的生产和供应业		6780.1	2064436.2	1758299.3	16247.8
电力、热力的生产和供应业		6780.1	1970327.4	1693498.4	15131.4
燃气生产和供应业			74745.7	47338.0	1033.5
水的生产和供应业			19363.1	17462.9	82.9

单位：万元

二、损益及分配						
其他业务收　入	其他业务利　润	营业费用	管理费用		财务费用	
				税金		利息支出
4859.0	1017.7	34317.2	15341.4	1461.1	4979.2	3604.2
14759.9	5305.4	6585.6	21225.9	319.9	1061.6	1049.5
1468.4	649.8	1510.8	3727.7	25.6	77.1	78.6
625259.2	69547.6	486296.7	602505.9	19056.5	197026.4	189772.5
11629.7	3991.3	25546.8	18961.3	857.6	5926.8	6141.0
720.7	-53.6	28176.5	7663.2	734.2	15540.4	15532.4
7218.4	4.6	23551.1	10906.7	405.4	5429.7	5282.1
246.8	186.8	4041.3	10263.7	548.0	860.1	854.8
106630.4	9601.6	44823.2	55658.5	1938.7	24676.7	21694.6
1.3	0.1	335.4	832.0	20.4	28.0	26.6
20622.0	-921.6	2385.8	5091.2	510.1	1680.7	1035.9
28475.0	2333.5	1749.6	6268.1	247.6	2137.4	2096.5
963.6	540.3	23.6	1908.7	59.7	150.0	149.0
72918.9	15465.6	73229.5	222414.3	1804.5	8909.2	10221.2
249390.9	24073.8	63132.7	88794.7	3573.3	36674.7	36414.1
81.1	49.7	489.2	1749.2	47.1	160.2	160.2
14438.9	620.4	12364.0	17230.7	142.2	8662.0	8331.7
154.8	154.3		3029.9	67.6	1.5	0.2
9630.6	1034.7	3118.7	2025.7	56.4	299.4	298.5
5867.2	1164.8	31238.3	37211.2	1630.6	26496.0	25570.7
41680.3	-439.4	104913.5	47655.2	2867.1	42661.6	42434.5
2238.1	1215.3	1886.9	11272.3	153.7	2544.6	2622.1
30674.7	4247.6	3709.5	6028.5	1370.8	892.8	857.0
597.6	26.2	142.5	764.3	21.9	217.5	217.5
1154.0	52.6	2262.9	3246.7	16.9	313.6	319.4
1217.7	-72.8	3779.5	3515.2	92.0	201.0	201.0
15977.4	5150.7	52708.1	34046.1	1505.7	9490.5	7994.5
2729.1	1121.1	2688.1	5968.5	385.0	3072.0	1317.0
44567.7	18887.1	19420.7	94810.2	3361.3	114353.2	114388.3
40255.8	15939.3	3552.3	86382.0	3039.3	112059.5	112073.0
2931.0	2353.6	9095.3	4996.1	136.1	1462.8	1484.4
1380.9	594.2	6773.1	3432.1	185.9	830.9	830.9

1-9 续表 4-1

项 目				
	营业利润	投资收益	补贴收入	利润总额
总 计	**7096606.4**	**111476.5**	**94994.3**	**7310281.3**
在总计中：亏损企业	-1266537.0	-2772.0	47679.5	-1149101.4
在总计中：国有控股企业	6653992.8	60951.3	78329.4	6843341.8
在总计中：轻工业	145000.3	4111.2	14863.7	132293.8
重工业	6951606.1	107365.3	80130.6	7177987.5
在总计中：大型企业	6374462.5	33918.6	3780.8	6473763.5
中型企业	722143.9	77557.9	91213.5	836517.8
一、按登记注册类型分组				
内资企业	7068016.4	105625.9	94570.7	7280402.4
国有企业	140621.7	5899.7	8148.9	126239.9
集体企业	1031.5			923.7
联营企业	-561.3	25.3	347.4	-191.3
集体联营企业	-561.3	25.3	347.4	-191.3
有限责任公司	362540.9	20656.3	69438.5	450653.8
国有独资公司	82198.4	9518.4	46036.2	130187.0
其他有限责任公司	280342.5	11137.9	23402.3	320466.8
股份有限公司	6415389.7	54913.1	11805.2	6548094.1
私营企业	148993.9	24131.5	4830.7	154682.2
私营独资企业	926.2			147.3
私营有限责任公司	31774.1	391.2	4546.5	35572.5
私营股份有限公司	116293.6	23740.3	284.2	118962.4
港、澳、台商投资企业	11350.6	253.2	256.3	11495.4
合资经营企业(港或澳、台资)	2630.1	188.7	186.2	2343.0
港澳台商独资经营企业	5398.0		70.1	5767.3
港澳台商投资股份有限公司	3322.5	64.5		3385.1
外商投资企业	17239.4	5597.4	167.3	18383.5
中外合资经营企业	17619.0	5597.4	167.3	17795.3
外资企业	-379.6			588.2
二、按行业大类分组				
采矿业	7333182.5	7161.2	233.4	7407771.5
煤炭开采和洗选业	71615.0	-777.1	65.3	65312.3
石油和天然气开采业	6952908.6	-2245.1		7039234.8

单位：万元

		三、工资、福利费、增值税			
亏损企业亏损额	应交所得税	本年应付工资总额（贷方累计发生额）	本年应付福利费总额	本年应交增值税	全部从业人员年平均人数（人）
1149101.4	**642134.3**	**1560559.8**	**132956.5**	**2238669.8**	**427194**
1149101.4	730.3	363968.9	28888.7	105584.7	103678
1115735.0	594290.6	1366685.7	119692.9	2058343.9	348889
61096.6	15612.9	191411.3	13221.4	122719.8	104929
1088004.8	626521.4	1369148.5	119735.1	2115950.0	322265
1013059.9	534645.8	1057460.6	95189.9	1807046.3	249982
136041.5	107488.5	503099.2	37766.6	431623.5	177212
1147612.8	638430.7	1542461.8	132124.8	2222294.0	419548
81601.9	31700.7	315102.0	21859.8	169274.4	92474
	612.3	5162.2	373.2	1411.4	1178
191.3		639.4	118.8	417.5	307
191.3		639.4	118.8	417.5	307
127013.6	63899.1	402242.9	27875.8	283369.8	130784
31182.2	22619.1	152360.9	7963.2	67459.2	36587
95831.4	41280.0	249882.0	19912.6	215910.6	94197
931275.7	535802.8	760739.0	78603.9	1718800.5	168645
7530.3	6415.8	58576.3	3293.3	49020.4	26160
1220.1	539.0	3964.4	214.9	2744.3	1756
5332.4	3655.6	24905.0	2047.7	18772.3	16477
977.8	2221.2	29706.9	1030.7	27503.8	7927
1115.9	1795.8	9260.7	238.2	7472.6	4480
285.1	389.8	3097.0	2.4	2825.6	1336
830.8	905.4	5041.1	180.6	3755.5	2597
	500.6	1122.6	55.2	891.5	547
372.7	1907.8	8837.3	593.5	8903.2	3166
372.7	1760.8	8176.3	593.5	8903.2	2668
	147.0	661.0			498
66231.9	575014.7	773221.1	78269.2	1645534.2	164366
3104.4	14325.1	122541.5	6746.3	59216.7	33201
62786.6	519400.9	616135.3	66859.4	1526726.8	120562

1-9 续表 4-2

项　目	营业利润	投资收益	补贴收入	利润总额
黑色金属矿采选业	178971.1	9695.3	165.1	186361.5
有色金属矿采选业	128335.9	475.3		115504.3
非金属矿采选业	1351.9	12.8	3.0	1358.6
制造业	-299576.4	99994.0	85282.9	-170634.6
农副食品加工业	10222.2	1163.2	685.7	12043.2
食品制造业	28901.9	898.9	599.1	30309.7
饮料制造业	18178.8	5570.9	30.2	21195.7
烟草制品业	21509.8			21882.5
纺织业	78826.4	-2602.1	6147.5	53504.4
纺织服装、鞋、帽制造业	1040.3		30.0	1053.5
家具制造业	-317.1	-1316.7	450.6	-22.1
造纸及纸制品业	3170.6	-63.0	2259.7	5209.8
印刷业和记录媒介的复制	-41.0	63.2	15.8	152.0
石油加工、炼焦及核燃料加工业	-926339.3	-225.1	40670.1	-832579.9
化学原料及化学制品制造业	152085.1	27335.8	9860.3	180068.4
医药制造业	772.2	-16.8		455.6
化学纤维制造业	-8724.7	-10.1	1297.3	-8623.2
橡胶制品业	-3100.2			-3158.4
塑料制品业	2096.0	315.6		2497.8
非金属矿物制品业	66806.1	47324.2	18426.5	99524.6
黑色金属冶炼及压延加工业	109677.7	6162.0	296.3	91083.6
有色金属冶炼及压延加工业	232.7	24.4	4408.4	4908.8
金属制品业	3649.5	758.5	33.4	4414.8
通用设备制造业	488.8			540.7
专用设备制造业	2370.8	77.9		2299.1
交通运输设备制造业	1705.6	153.6	72.0	1879.9
电气机械及器材制造业	119278.5	14377.2		122490.1
通信设备、计算机及其他电子设备制造业	17932.9	2.4		18234.8
电力、燃气及水的生产和供应业	63000.3	4321.3	9478.0	73144.4
电力、热力的生产和供应业	58451.3	5343.0	5963.2	65953.7
燃气生产和供应业	13173.7	-1444.4	167.0	12159.7
水的生产和供应业	-8624.7	422.7	3347.8	-4969.0

单位：万元

		三、工资、福利费、增值税			
亏损企业亏损额	应交所得税	本年应付工资总额（贷方累计发生额）	本年应付福利费总额	本年应交增值税	全部从业人员年平均人数（人）
	39087.0	15214.5	3169.2	32985.6	4044
	1776.3	16599.2	1317.5	25041.1	4789
340.9	425.4	2730.6	176.8	1564.0	1770
1056502.5	53935.2	591045.5	49373.5	442180.0	221708
1953.7	2483.2	19206.8	2195.1	13201.8	8858
424.7	829.4	10171.5	244.5	11503.5	5291
7962.3	4026.0	13753.2	1298.2	15857.2	4620
	5601.5	4467.1		20860.3	521
30789.3	1412.0	111382.6	7703.9	43686.7	69711
		1755.8	45.1	45.7	939
546.8	4.5	7452.4	37.3	321.1	2935
1065.4	1150.0	7247.0	527.9	5497.5	3232
		1614.3		412.1	637
942682.1	4918.1	103136.0	8831.5	60775.9	27554
14149.9	11382.5	117545.9	12752.5	85069.4	30685
	86.3	1140.7	88.8	763.1	518
13385.4		9645.0	933.0	8982.7	6142
3158.4		3317.1	531.9	541.0	1378
	212.1	4404.4	286.7	556.5	1334
2782.9	11186.2	44207.0	3434.2	33058.0	18504
21162.1	-2533.5	74787.1	4850.0	90248.3	21964
8089.4	1230.5	11891.2	931.6	12991.9	4262
1852.2	830.9	5663.2	452.6	3363.3	3378
	436.7	2437.3	336.3	412.7	411
412.7		2968.3	567.8	1223.9	2052
		2350.8	42.1	1766.1	918
6085.2	7862.8	21234.2	1967.9	25056.7	3326
	2816.0	9266.6	1314.6	5984.6	2538
26367.0	13184.4	196293.2	5313.8	150955.6	41120
21398.0	11086.0	190059.7	5147.6	147440.7	39288
	2098.4	3583.1	166.2	2353.1	938
4969.0		2650.4		1161.8	894

1-10 规模以下工业

项　　目	企业单位数(个)	工业总产值(当年价格)	存货	本年折旧
总　　计	**7654**	**1369442.1**	**417060.5**	**93588.1**
采矿业	1354	258498.5	78765.9	14997.1
煤炭开采和洗选业	213	60187.0	13657.1	6200.1
石油和天然气开采业	37	6747.7	1452.0	291.5
黑色金属矿采选业	513	91752.4	32630.3	2660.3
有色金属矿采选业	242	54067.1	15009.7	3086.5
非金属矿采选业	322	42144.3	12782.1	2739.4
其他采矿业	27	3600.0	3234.7	19.3
制造业	5949	1036941.8	331873.0	59943.6
农副食品加工业	580	196374.5	50149.7	7817.4
食品制造业	232	50551.1	18880.1	3206.2
饮料制造业	261	26831.1	18163.9	2322.7
纺织业	151	32355.2	16332.7	1534.9
纺织服装、鞋、帽制造业	116	10889.3	3625.4	535.5
皮革、毛皮、羽毛(绒)及其制品业	29	2873.4	1136.1	205.7
木材加工及木、竹、藤、棕、草制品业	160	24174.0	4296.1	1667.2
家具制造业	138	14984.4	5672.1	702.7
造纸及纸制品业	158	28687.4	9160.6	1698.4
印刷业和记录媒介的复制	299	30692.6	6913.7	2500.3
文教体育用品制造业	18	2006.1	416.5	60.7
石油加工、炼焦及核燃料加工业	111	34160.9	12194.5	2138.1
化学原料及化学制品制造业	495	72340.6	29059.7	6749.8
医药制造业	73	10605.2	9270.3	1618.3
化学纤维制造业	11	6807.7	12227.2	3913.5
橡胶制品业	40	4561.0	774.7	318.7
塑料制品业	551	115268.2	27095.8	4622.2
非金属矿物制品业	1115	158335.9	33503.3	9539.2
黑色金属冶炼及压延加工业	46	15489.9	6794.2	386.6
有色金属冶炼及压延加工业	41	3739.5	1132.4	471.6
金属制品业	413	60968.1	17192.5	2318.2
通用设备制造业	282	43636.1	16815.0	1721.7
专用设备制造业	214	33460.1	13203.6	1061.4
交通运输设备制造业	137	15868.2	2458.5	736.7
电气机械及器材制造业	186	29456.4	11269.9	1158.1
通信设备、计算机及其他电子设备制造业	6	1205.3	362.8	245.6
仪器仪表及文化、办公用机械制造业	16	1882.4	302.9	83.6
工艺品及其他制造业	45	5095.4	2008.7	419.1
废弃资源和废旧材料回收加工业	25	3641.8	1460.1	189.5
电力、燃气及水的生产和供应业	351	74001.8	6421.6	18647.4
电力、热力的生产和供应业	221	46758.2	3482.3	11369.9
燃气生产和供应业	26	4510.9	566.0	1118.9
水的生产和供应业	104	22732.7	2373.3	6158.6

企业主要经济指标

单位：万元

实收资本				
	国家资本	集体资本	法人资本	个人资本
1656726.4	**185593.9**	**127272.7**	**527099.5**	**793297.0**
470791.4	26074.1	16476.3	194491.8	222898.0
134178.4	2005.8	8416.1	54048.7	67857.8
6375.2		272.0	2258.0	3789.0
229843.0	14227.2	2637.3	95409.0	108769.5
62023.0	3964.2	4100.0	30503.0	23425.8
36152.1	5876.9	1050.9	11318.1	17791.2
2219.7			955.0	1264.7
1010851.8	83848.6	105624.9	289331.7	519164.5
128718.5	8428.7	2247.2	46064.2	71747.3
37544.0	3698.4	3493.8	6511.6	26340.2
45057.8	1400.8	1222.3	14296.5	20009.8
23084.5	483.6	391.3	8530.9	13134.2
5958.9	645.1	1095.1	1875.5	2474.7
3726.5		618.9	362.9	2744.7
22862.7	434.5	160.0	6786.5	15119.6
26161.2	344.5	225.4	9581.7	16009.6
14784.0	407.0	437.0	1965.5	11974.5
25389.4	2785.5	486.1	6674.7	14850.0
1510.0			360.0	1150.0
32382.7		250.0	9438.5	22694.2
176892.2	2834.0	76328.2	44541.8	50148.7
30557.3	2117.1	2443.2	3854.5	21560.3
90616.8	40076.8		43740.0	6800.0
3150.1		42.0	111.0	2977.1
54431.4	391.6	1605.6	12926.2	39268.2
112859.1	2862.1	5993.4	34056.9	69811.4
9969.1	100.0		4258.4	5610.7
15474.9	149.4		502.0	14823.5
42318.4	342.2	1327.3	7993.6	32397.3
42207.1	1818.0	5660.6	9903.3	23724.3
19813.6	2970.4	470.0	4291.0	12082.2
17101.3	8069.3	659.3	2320.3	6000.4
18504.0	1076.3	192.5	5910.4	11321.8
1457.4	1047.4	230.0	50.0	130.0
1391.8			702.9	510.2
4548.2	1365.9	45.7	732.0	2359.6
2378.9			988.9	1390.0
175083.2	75671.2	5171.5	43276.0	51234.5
108255.1	26404.0	3201.9	31623.3	47295.9
11337.8	13.7	422.0	7972.3	2929.8
55490.3	49253.5	1547.6	3680.4	1008.8

1-10 续表

项　目	港澳台资本	外商资本	主营业务收入	主营业务成本
总　计	**15968.0**	**10350.9**	**1132805.5**	**920861.1**
采矿业	9841.2	1010.0	185171.3	137745.7
煤炭开采和洗选业	1850.0		51902.4	36425.4
石油和天然气开采业	56.2		5119.3	3811.8
黑色金属矿采选业	7800.0	1000.0	59172.6	46007.3
有色金属矿采选业	30.0		37454.1	28451.0
非金属矿采选业	105.0	10.0	31136.9	22830.2
其他采矿业			386.0	220.0
制造业	6126.8	9340.9	882191.2	727275.9
农副食品加工业		231.1	154393.9	129586.4
食品制造业			33786.8	27747.9
饮料制造业	3482.6	4645.8	20708.9	14719.7
纺织业	544.5		27941.1	24842.0
纺织服装、鞋、帽制造业			9980.6	8086.2
皮革、毛皮、羽毛(绒)及其制品业			2211.8	1937.5
木材加工及木、竹、藤、棕、草制品业		362.1	20500.3	16348.1
家具制造业			14425.4	12047.1
造纸及纸制品业			24682.0	21957.7
印刷业和记录媒介的复制		593.1	30978.7	25643.6
文教体育用品制造业			1860.5	1384.9
石油加工、炼焦及核燃料加工业			25556.9	22042.7
化学原料及化学制品制造业	336.0	2709.6	70642.8	56199.1
医药制造业	200.0	382.2	8107.5	6294.1
化学纤维制造业			3055.1	2206.5
橡胶制品业		20.0	3777.9	3339.0
塑料制品业	239.8		100243.0	86866.2
非金属矿物制品业	53.0	82.3	135772.2	105332.3
黑色金属冶炼及压延加工业			14201.3	14513.0
有色金属冶炼及压延加工业			2796.8	2228.6
金属制品业	170.0	88.0	54394.6	46243.4
通用设备制造业	1100.9		40396.6	32956.7
专用设备制造业			29218.4	23888.6
交通运输设备制造业			14458.0	11031.1
电气机械及器材制造业		3.0	27184.4	22563.1
通信设备、计算机及其他电子设备制造业			729.8	553.0
仪器仪表及文化、办公用机械制造业		178.7	1867.6	1468.7
工艺品及其他制造业		45.0	5259.7	2860.0
废弃资源和废旧材料回收加工业			3058.6	2388.7
电力、燃气及水的生产和供应业			65443.0	55839.5
电力、热力的生产和供应业			40990.1	36990.2
燃气生产和供应业			4065.2	3574.3
水的生产和供应业			20387.7	15275.0

单位：万元

主营业务税金及附加	主营业务利润	营业费用、管理费用、财务费用合　计	营业利润	全部从业人员年平均人数（人）
16217.8	**207159.6**	**194653.3**	**33756.0**	**116124**
3490.0	45044.9	41622.2	7463.3	24655
1006.7	14451.5	15947.2	-1190.1	10848
198.1	1109.6	902.9	744.3	381
866.7	13094.2	10065.0	5511.8	4538
407.8	8633.7	8655.8	219.4	4432
994.7	7505.9	5770.0	2209.2	4255
16.0	250.0	281.3	-31.3	201
11992.1	152759.6	133789.0	32053.7	82762
2645.6	23384.5	18065.1	6927.4	8456
258.6	6003.1	7225.6	494.1	3718
1276.9	5148.1	6019.6	-554.1	3440
216.8	3550.5	3238.7	554.8	3347
152.5	1845.0	1789.4	488.8	1507
23.0	276.9	351.5	-67.6	228
357.5	3820.1	2572.0	1285.2	1998
137.7	2262.7	1893.7	345.6	1391
179.3	2656.6	2889.3	-47.3	2301
369.2	5039.3	5256.4	237.2	4484
21.2	454.4	324.1	137.6	199
302.2	4425.5	3698.6	1544.3	1414
723.6	15023.4	13743.3	3421.1	5094
57.2	1750.0	3724.6	-1884.4	1180
20.5	828.1	1181.5	58.2	1472
43.4	401.5	496.6	-95.1	365
833.4	13926.4	11059.4	3276.6	6292
2391.9	30556.7	19270.7	13017.3	19478
40.2	-322.7	981.0	-1241.8	827
21.1	559.1	728.3	-169.2	606
517.4	7628.1	7514.2	841.0	4282
432.8	7027.7	7600.8	-88.1	3313
252.8	5083.0	4399.1	918.2	2622
228.9	3603.7	3284.7	820.0	1831
327.6	4324.1	4353.8	370.2	1804
4.5	172.3	171.4	1.8	120
8.2	390.7	403.2	33.9	112
134.7	2264.9	1013.7	1269.1	711
13.4	675.9	538.7	158.9	170
735.7	9355.1	19242.1	-5761.0	8707
466.3	3705.9	9086.9	-2796.8	4627
42.6	536.3	1233.5	-647.5	319
226.8	5112.9	8921.7	-2316.7	3761

1-11 各地、州、市、县(市)

地　区	企业单位数(个)	工业总产值(当年价格)	存货	资产总计	固定资产原　价	负债合计
总　计	**9513**	**44129307.8**	**5385986.9**	**61042088.7**	**42791992.9**	**31977102.6**
乌鲁木齐市	2279	14121050.5	1888043.9	17553656.7	11220944.0	8597731.7
天山区	125	1186319.2	44140.2	2602071.0	1846821.4	1834691.5
沙依巴克区	145	1185013.0	225752.6	2153485.2	1169624.9	1182805.0
新市区	806	4217782.6	527347.9	6179405.9	4016770.5	2286474.2
水磨沟区	460	257594.6	47152.8	483547.2	289843.6	306744.0
头屯河区	151	3374789.5	656900.7	2359349.4	1510218.1	1490364.6
达坂城区	55	152107.1	19042.1	281469.0	189421.1	111896.2
米东区	476	3716475.0	364097.3	3260535.0	2014873.8	1209020.8
乌鲁木齐县	61	30969.5	3610.3	233794.0	183370.6	175735.4
克拉玛依市	273	11820186.1	572451.3	14425746.0	11320834.6	6068113.8
独山子区	35	2531600.3	153237.9	4028488.1	1450083.5	1463642.1
克拉玛依区	180	9200723.1	409323.2	10303522.6	9840271.0	4548244.2
白碱滩区	51	69076.2	7859.7	75645.2	23622.3	50309.1
乌尔禾区	7	18786.5	2030.5	18090.1	6857.8	5918.4
吐鲁番地区	315	1942774.2	157555.9	2540967.0	2744941.6	1402756.9
吐鲁番市	80	296224.3	55587.6	410534.4	217806.7	235152.4
鄯善县	155	1425406.8	83361.2	1831389.9	2349057.0	981723.0
托克逊县	80	221143.1	18607.1	299042.7	178077.9	185881.5
哈密地区	613	776015.9	180926.3	1666454.3	774307.8	802261.7
哈密市	536	696152.8	168727.3	1534923.0	722223.2	731490.2
巴里坤哈萨克自治县	62	53233.0	9707.5	88278.6	39653.2	60333.2
伊吾县	15	26630.1	2491.5	43252.7	12431.4	10438.3
昌吉回族自治州	1168	2537582.7	540311.0	4116319.6	2129904.9	2694481.0
昌吉市	515	1191023.6	230371.6	1853535.8	706601.8	1146066.7
阜康市	148	450558.7	45848.1	845376.6	403569.1	468130.0
呼图壁县	145	300075.5	50780.9	321049.1	196370.1	205244.9
玛纳斯县	139	395536.1	160504.2	777837.8	662839.3	660680.2
奇台县	96	105857.9	32284.5	173601.6	74402.3	122763.4
吉木萨尔县	73	71969.7	17024.7	113165.7	70382.4	76948.6
木垒哈萨克自治县	52	22561.2	3497.0	31753.0	15739.9	14647.2
伊犁哈萨克自治州	1719	3489168.0	652996.9	5263557.6	3028116.6	3093539.4
伊犁州直属县(市)	859	1616871.0	394452.3	3048184.2	1735731.8	1839302.6
伊宁市	250	270797.9	47694.6	403346.6	335878.5	293272.1
奎屯市	174	450097.2	109715.9	619347.6	362942.5	383625.9
伊宁县	89	180297.4	41482.9	328338.5	215538.9	174364.2
察布查尔锡伯自治县	68	51428.8	15868.3	65799.0	34747.6	38897.4
霍城县	66	155184.7	50666.5	192315.8	122889.8	105879.2
巩留县	34	44938.7	7979.1	587353.2	233276.8	353513.0

全部工业企业主要经济指标

单位：万元

所有者权益合计	实收资本	1.国家资本	2.集体资本	3.法人资本	4.个人资本
29064986.1	**22125127.4**	**7431318.3**	**205183.5**	**12035145.1**	**2114128.7**
8955925.0	6015760.7	2689485.2	109261.0	2470967.0	628760.4
767379.5	313356.4	130278.9	1654.5	171767.3	9655.7
970680.2	527235.0	310391.8	2321.9	133812.4	80627.6
3892931.7	2265988.4	157156.8	82240.7	1657865.2	270392.0
176803.2	158484.8	24248.2	8694.2	56257.5	68905.8
868984.8	649075.7	510566.9	6763.3	57636.6	70576.9
169572.8	99015.2	7916.2	1833.5	79353.7	7422.9
2051514.2	1948228.0	1547707.9	5524.9	265463.9	117059.2
58058.6	54377.2	1218.5	228.0	48810.4	4120.3
8357632.2	7124739.0	35249.8	11368.8	6984254.3	92754.3
2564846.0	2468522.9	33254.9	121.2	2397576.7	37570.1
5755278.4	4641238.7	1680.9	8265.0	4581021.9	49249.1
25336.1	13511.4	314.0	2022.6	5315.7	5859.1
12171.7	1466.0		960.0	340.0	76.0
1138210.1	1002127.5	750518.3	4438.4	141107.3	88468.6
175382.0	119624.9	26485.6	469.7	59725.2	17977.2
849666.9	813775.9	723379.8	3467.0	59891.6	27037.5
113161.2	68726.7	652.9	501.7	21490.5	43453.9
864192.6	675993.0	188699.1	5745.6	251208.6	185405.2
803432.8	617037.8	165170.0	5624.6	233250.6	168058.1
27945.4	24275.9	3704.8	121.0	7953.0	12497.1
32814.4	34679.3	19824.3		10005.0	4850.0
1421838.6	921501.2	79638.1	8440.5	513203.1	292824.3
707469.1	377422.0	24723.4	2253.4	220306.8	113667.4
377246.6	232212.4	14899.3	354.8	148561.7	62662.4
115804.2	94345.7	2199.9	1110.5	31164.8	59620.5
117157.6	143492.0	34886.6	2656.2	78304.2	27645.0
50838.2	29663.4	1453.9	1900.9	13287.6	11081.0
36217.1	27560.2	610.0	27.3	13997.8	12925.1
17105.8	16805.5	865.0	137.4	7580.2	5222.9
2170018.2	1364431.4	516576.4	21245.5	559859.3	237017.3
1208881.6	811275.2	374507.7	13224.1	245144.4	154841.2
110074.5	99679.6	10337.2	8484.0	49367.8	26020.6
235721.7	115507.9	66773.0	522.7	31950.2	14574.0
153974.3	105456.6	47881.0	982.4	40020.8	10625.3
26901.6	18098.5	220.2	929.0	8907.0	8042.3
86436.6	57485.0	22166.6		15678.2	9187.5
233840.2	228387.9	217291.2	34.7	9534.4	1527.6

1-11 续表 1-1

地　区	企业单位数(个)	工业总产值(当年价格)	存货	资产总计	固定资产原　价	负债合计
新源县	94	296840.4	87955.6	456308.0	132957.0	202486.9
昭苏县	31	74461.1	19887.7	65458.9	27062.0	41898.5
特克斯县	15	16858.0	1503.9	13426.2	7519.7	7956.2
尼勒克县	38	75966.8	11697.8	316490.4	262919.0	237409.2
塔城地区	459	1217223.2	166691.0	1181544.8	758139.4	725718.3
塔城市	38	68108.8	6850.6	99888.7	66480.7	114771.5
乌苏市	88	301580.1	29183.7	230376.3	122682.6	122726.4
额敏县	33	149664.1	44509.2	186599.8	139114.0	127135.6
沙湾县	177	445160.6	32030.3	301304.2	219715.8	129255.2
托里县	64	140137.0	38786.4	197211.2	103759.1	115797.2
裕民县	24	12364.8	1605.0	20486.8	5793.9	15273.9
和布克赛尔蒙古自治县	35	100207.8	13725.8	145677.8	100593.3	100758.5
阿勒泰地区	401	655073.8	91853.6	1033828.6	534245.4	528518.5
阿勒泰市	74	100867.1	9888.4	161368.6	145070.3	122727.0
布尔津县	32	18151.4	2152.1	52250.0	43899.1	30461.8
富蕴县	84	339148.9	55718.4	553800.5	186218.7	247034.8
福海县	32	18124.0	3449.1	55420.7	46396.2	30031.3
哈巴河县	22	149134.7	10900.8	177771.3	94301.3	72046.5
青河县	146	25498.4	8989.2	27946.7	13505.6	22437.4
吉木乃县	11	4149.3	755.6	5270.8	4854.2	3779.7
博尔塔拉蒙古自治州	137	242989.6	75715.6	369844.8	225734.9	253279.3
博乐市	70	202586.8	63754.1	297988.5	192731.0	211780.1
精河县	43	33542.1	8959.0	56860.1	25037.3	31939.9
温泉县	24	6860.7	3002.5	14996.2	7966.6	9559.3
巴音郭楞蒙古自治州	854	5050605.8	567067.1	7433713.1	7084869.5	4118887.4
库尔勒市	406	4310707.9	317516.4	5776816.9	6274796.6	2993701.0
轮台县	81	188950.1	61082.2	259994.7	100709.4	129424.5
尉犁县	51	107175.2	38428.1	179390.7	81829.9	115172.5
若羌县	46	61988.8	33085.0	462314.9	161783.4	367804.0
且末县	31	4484.8	632.0	15920.6	14136.1	13072.8
焉耆回族自治县	43	49516.2	20946.6	103869.2	71453.9	66326.5
和静县	121	262245.8	67550.8	534153.5	317585.2	363594.5
和硕县	50	37677.7	16927.0	56132.1	26729.7	33918.5
博湖县	25	27859.3	10899.0	45120.5	35845.3	35873.1
阿克苏地区	641	1719004.8	248000.5	2280788.9	1401538.5	1299083.9
阿克苏市	190	429667.1	128905.7	873563.2	495055.3	551858.3
温宿县	71	41973.8	9045.5	100881.8	63781.7	64352.9
库车县	171	982128.4	56499.7	806688.8	587017.8	401907.2

单位：万元

所有者权益合计	实收资本				
		1.国家资本	2.集体资本	3.法人资本	4.个人资本
253821.1	109380.9	6847.1	2158.0	27435.3	72940.5
23560.4	16692.1	270.9	59.7	10302.5	6059.0
5470.0	3032.2	428.2		808.0	1796.0
79081.2	57554.5	2292.3	53.6	51140.2	4068.4
455826.5	299149.8	92833.4	6593.6	134211.0	59336.7
-14882.8	13759.7	9394.9	1066.6	786.5	2511.7
107649.9	38301.9	1150.0	4426.5	18713.4	10979.0
59464.2	50022.3	26203.1		18169.6	3855.9
172049.0	96598.3	23246.1	809.9	45349.2	26843.1
81414.0	63059.1	17547.1		38284.5	6230.0
5212.9	6405.8	1687.4	229.8	500.0	3988.6
44919.3	31002.7	13604.8	60.8	12407.8	4928.4
505310.1	254006.4	49235.3	1427.8	180503.9	22839.4
38641.6	37891.1	24098.5	360.9	8287.5	5144.2
21788.2	18611.4	2309.4		14082.1	2219.9
306765.7	124356.3	6014.7	1016.9	112727.5	4597.2
25389.4	23351.2	16208.2		3917.2	3225.8
105724.8	43056.1	121.7		41137.6	1796.8
5509.3	5009.9	482.8		352.0	4175.1
1491.1	1730.4		50.0		1680.4
116565.5	88531.6	27197.8	2260.3	23507.3	25478.6
86208.4	68794.0	26472.9	644.0	16984.2	14605.3
24920.2	17068.7	724.9	1182.4	5166.9	9994.5
5436.9	2668.9		433.9	1356.2	878.8
3314825.7	3026561.5	2571151.3	5510.8	259879.4	181354.3
2783115.9	2678851.4	2520635.7	1823.3	82809.1	71521.3
130570.2	55099.2	558.0	1250.9	30710.3	22523.8
64218.2	33622.0	621.8		21609.4	10058.3
94510.9	63500.8	4696.8	80.0	53195.0	5529.0
2847.8	4263.1	3283.7	1.0	315.9	562.5
37542.7	32709.4	1633.2	2224.0	20129.4	3607.8
170559.0	131903.3	38489.1	86.2	39484.7	53843.3
22213.6	14774.2	1025.0	45.4	6485.9	7217.9
9247.4	11838.1	208.0		5139.7	6490.4
981705.0	631811.7	236881.7	11933.1	278978.9	91290.2
321704.9	157326.3	77978.5	3030.0	39772.2	32051.6
36528.9	21766.6	9611.0	933.4	5443.7	4778.5
404781.6	298550.1	143721.3	2700.7	122696.4	26718.9

1-11 续表 1-2

地 区	企业单位数(个)	工业总产值(当年价格)	存货	资产总计	固定资产原 价	负债合计
沙雅县	35	71560.2	13380.5	102650.6	37325.1	71478.5
新和县	29	23752.5	9663.6	41118.4	17508.5	24408.6
拜城县	77	139504.5	16704.7	282868.2	157511.0	133118.3
乌什县	26	11493.5	4088.7	21244.8	11101.3	14073.0
阿瓦提县	28	15420.2	8853.2	47162.5	30208.4	35365.3
柯坪县	14	3504.6	858.9	4610.6	2029.4	2521.8
克孜勒苏柯尔克孜自治州	140	91136.6	22840.5	167764.4	68593.2	77688.4
阿图什市	72	30806.8	6857.1	75196.4	36900.2	27127.6
阿克陶县	43	40667.2	14001.0	73903.5	24071.3	35421.9
阿合奇县	6	452.3	247.9	1139.8	852.9	326.3
乌恰县	19	19210.3	1734.5	17524.7	6768.8	14812.6
喀什地区	663	716898.5	106918.4	926462.8	754753.8	670320.6
喀什市	112	277487.1	26345.1	481444.4	483219.6	443737.0
疏附县	36	7142.0	1323.5	22009.0	15768.0	13977.9
疏勒县	68	78043.5	13033.5	56985.5	33280.8	32021.1
英吉沙县	11	16652.0	1767.0	18243.8	14524.2	10354.8
泽普县	90	40006.4	4389.3	48600.4	41118.9	14412.6
莎车县	74	27668.9	5194.4	35061.5	20135.3	22584.2
叶城县	94	95437.5	21245.8	63971.3	31177.5	33082.4
麦盖提县	36	39606.5	16605.7	44401.5	16636.7	29974.8
岳普湖县	24	25206.0	2294.4	13915.6	6818.2	8051.2
伽师县	52	43635.1	5193.6	56560.5	27292.6	17214.4
巴楚县	47	43908.5	9526.1	63596.2	45138.9	23237.1
塔什库尔干塔吉克自治县	19	22105.0		21673.1	19643.1	21673.1
和田地区	214	100594.3	37199.7	394017.6	348356.1	227898.6
和田市	82	49915.1	23473.9	162562.3	157230.5	152992.9
和田县	31	19261.3	2844.4	149662.0	131484.6	35562.3
墨玉县	16	11862.5	5933.0	41340.1	33059.9	12255.2
皮山县	25	6167.6	1407.7	12897.4	9030.6	11053.4
洛浦县	20	12074.8	2563.5	16538.0	9538.5	11551.9
策勒县	18	316.5	49.3	1069.8	578.9	740.3
于田县	11	777.6	927.9	6246.6	3619.9	3658.3
民丰县	11	218.9		3701.4	3813.2	84.3
自治区直辖县级市	497	1521300.8	335959.8	3902795.9	1689097.4	2671059.9
石河子市	406	1236559.8	234544.2	3244941.1	1431848.2	2187718.3
阿拉尔市	16	109114.1	40179.9	329711.4	110865.9	248206.7
图木舒克市	14	43887.6	20895.2	79087.4	49017.0	61637.1
五家渠市	61	131739.3	40340.5	249056.0	97366.3	173497.8

单位：万元

所有者权益合计	实收资本	1.国家资本	2.集体资本	3.法人资本	4.个人资本
31172.1	23722.2	1720.0		14824.3	3039.5
16709.8	13648.8	1222.7		4545.2	7498.3
149749.9	89285.2	1514.0	4761.9	76786.4	6222.9
7171.8	14858.1	1008.0	266.7	10121.2	3462.2
11797.2	10615.6		234.5	4279.5	6101.6
2088.8	2038.8	106.2	5.9	510.0	1416.7
90076.0	73441.7	1296.4	1454.1	42361.9	27829.3
48068.8	42405.8	982.8	1454.1	32912.2	6556.7
38481.6	27918.2	237.6		7277.5	20403.1
813.5	124.9	74.9			50.0
2712.1	2992.8	1.1		2172.2	819.5
256142.2	235163.2	41860.8	16901.0	61061.8	115080.6
37707.4	81033.1	21149.0	5914.9	28128.9	25849.4
8031.1	11398.3	6084.3	1230.8	2168.0	1915.2
24964.4	23285.5	1816.1	996.4	8515.0	11958.0
7889.0	10620.3	4573.1		50.0	5997.2
34187.8	34335.0	402.5	1747.5	8071.0	24245.5
12477.3	10678.7	206.0	66.1	1868.6	8476.9
30888.9	13281.0	162.7	726.8	965.3	11381.2
14426.7	10958.8	945.1	2500.0	1710.0	5510.2
5864.4	3041.6	543.6		230.0	2268.0
39346.1	7270.2	10.0	298.5	130.0	6831.7
40359.1	29260.7	5968.4	3420.0	9225.0	10647.3
166119.0	166391.2	130032.5	2175.8	22003.8	12054.1
9569.4	32634.8	15105.8	45.7	11206.1	6227.2
114099.7	111026.5	103106.6		5915.5	2004.4
29084.9	11202.0	8426.6	18.0	2337.4	345.0
1844.0	2509.9	275.2	126.1	1486.6	622.0
4986.1	4783.2	1931.2	1924.1	70.0	857.9
329.5	395.7	163.8	61.9	50.0	120.0
2588.3	2320.3	954.5		588.2	777.6
3617.1	1518.8	68.8		350.0	1100.0
1231736.0	798673.7	162730.9	4448.6	426752.4	135811.5
1057222.8	636823.3	91116.0	3468.6	360681.2	123005.0
81504.7	87156.8	24814.0	490.0	48785.0	2690.0
17450.3	14427.7	8182.7		3410.4	2834.6
75558.2	60265.9	38618.2	490.0	13875.8	7281.9

1-11 续表 2-1

地　　区	5.港澳台资本	6.外商资本	主营业务收　　入	主营业务成　　本	主营业务税金及附加
总　　计	**136941.5**	**205265.9**	**45523780.8**	**32755537.3**	**1030748.9**
乌鲁木齐市	59483.0	57804.1	14150191.3	11558797.5	475844.7
天山区			1170544.3	954016.2	7679.8
沙依巴克区		81.3	1298752.5	1043506.7	14144.0
新市区	56853.9	41479.8	4133499.8	2052010.4	355205.1
水磨沟区	379.1		264539.6	234281.7	1346.9
头屯河区		3532.0	3468983.0	3271838.9	5894.6
达坂城区		2488.9	169720.3	116585.8	1735.3
米东区	2250.0	10222.1	3613952.0	3868836.0	89524.1
乌鲁木齐县			30199.8	17721.8	314.9
克拉玛依市	95.0	1016.8	13034977.9	9273548.0	265137.3
独山子区			2575836.7	2742557.0	51493.1
克拉玛依区	5.0	1016.8	10346601.6	6434477.2	212833.3
白碱滩区			93648.6	79262.9	784.1
乌尔禾区	90.0		18891.0	17250.9	26.8
吐鲁番地区	17583.9	11.0	2016103.2	1052745.4	25221.6
吐鲁番市	14966.2	1.0	270198.4	221680.0	1574.7
鄯善县			1590547.7	738582.7	22142.9
托克逊县	2617.7	10.0	155357.1	92482.7	1504.0
哈密地区	13089.4	31845.1	800352.9	593181.9	6632.9
哈密市	13089.4	31845.1	734473.8	548996.8	5941.2
巴里坤哈萨克自治县			47693.3	33211.9	360.0
伊吾县			18185.8	10973.2	331.7
昌吉回族自治州	9010.6	18384.6	2603452.4	2232188.9	17643.3
昌吉市	1760.6	14710.4	1411956.6	1199156.1	8388.5
阜康市	4000.0	1734.2	408389.8	357157.3	1187.4
呼图壁县	250.0		240278.8	220132.4	1290.2
玛纳斯县			373515.8	325401.9	4576.9
奇台县		1940.0	94530.1	72545.7	1412.1
吉木萨尔县			54684.6	41548.3	562.9
木垒哈萨克自治县	3000.0		20096.7	16247.2	225.3
伊犁哈萨克自治州	3226.7	26506.2	3344846.4	2308222.1	106301.2
伊犁州直属县(市)	1400.0	22157.8	1576272.8	1126347.2	90968.4
伊宁市	1400.0	4070.0	248195.7	205256.2	2401.7
奎屯市		1688.0	447848.1	307533.3	70994.8
伊宁县		5947.1	172333.4	131083.8	540.9
察布查尔锡伯自治县			47297.2	40745.4	201.9
霍城县		10452.7	158447.3	139598.2	343.3
巩留县			42688.6	30873.6	217.3

单位：万元

营业费用、管理费用、财务费用合计	税金	利息支出	营业利润	利润总额	全部从业人员年平均人数（人）
3280281.8	**148175.3**	**482830.9**	**7554989.6**	**7829005.0**	**694505**
1017180.9	35940.1	190382.2	864872.8	907379.7	179315
133778.5	1945.5	58430.1	57758.5	63794.9	16704
160335.7	1671.3	19118.9	102786.3	100156.2	46575
326972.0	25246.2	46491.5	1253212.3	1270173.8	46105
26718.5	865.3	6162.9	4024.4	5066.0	10856
170426.2	2739.4	42081.2	8648.8	-11485.1	17829
19927.8	901.5	808.1	29118.7	33068.4	7061
170995.6	2519.8	10452.2	-595420.7	-559825.8	32595
8026.6	51.1	6837.3	4744.5	6431.3	1590
569098.5	48584.3	5552.0	2677167.5	2799599.0	130561
137215.7	1350.3	10990.9	-362152.1	-325156.4	18437
418023.9	45806.0	-6301.4	3035732.0	3120379.1	108883
12686.4	1428.0	841.3	3085.0	3485.3	2954
1172.5		21.2	502.6	891.0	287
136689.3	1145.6	10711.7	597246.3	600753.5	23533
25041.1	373.9	4553.2	22420.9	21853.9	7355
94501.0	592.4	659.6	543531.3	548082.1	11129
17147.2	179.3	5498.9	31294.1	30817.5	5049
111123.1	1412.3	14993.9	80739.2	78668.2	30374
95169.3	1340.5	14276.5	75331.1	73793.5	26467
11819.9	67.4	762.2	2560.7	2192.9	3372
4133.9	4.4	-44.8	2847.4	2681.8	535
269825.0	4830.0	50462.6	109782.4	114747.2	57800
145435.1	2826.6	25856.7	85188.4	79335.8	21808
32016.9	364.3	5870.4	16380.4	26052.8	12163
21850.2	214.3	4617.4	-1727.3	-960.5	7086
46309.1	803.2	11671.7	-3772.8	-1577.5	10096
12945.4	154.0	957.4	8127.5	8119.3	2700
8344.2	391.4	1447.9	4667.8	2860.4	3126
2924.1	76.2	41.1	918.4	916.9	821
410890.9	7255.8	68639.6	501208.6	505239.0	96202
199532.5	3020.3	42776.8	169560.6	183216.5	49073
30036.2	404.5	7950.5	15202.7	12431.2	11225
46505.7	1408.0	8102.2	25216.2	29593.3	8930
28224.6	71.5	3198.9	12691.2	17824.4	7887
4661.1	81.6	586.7	2011.0	2690.1	2222
15307.4	129.4	2143.1	4128.7	4470.6	4872
12639.0	74.0	8013.6	-740.2	-366.9	1920

1-11 续表 2-2

地　区	5.港澳台资本	6.外商资本	主营业务收　入	主营业务成　本	主营业务税金及附加
新源县			300192.9	160944.8	14836.7
昭苏县			67233.3	56036.8	504.1
特克斯县			15660.1	12623.4	37.9
尼勒克县			76376.2	41651.7	889.8
塔城地区	1826.7	4348.4	1084594.2	870785.0	7333.0
塔城市			53596.0	51137.4	370.9
乌苏市	33.0	3000.0	296395.4	213525.3	2190.3
额敏县	1793.7		129415.2	109232.0	962.4
沙湾县		350.0	421413.7	360843.9	1860.0
托里县		997.5	108937.3	84022.2	643.5
裕民县			9567.9	9255.8	6.5
和布克赛尔蒙古自治县		0.9	65268.7	42768.4	1299.4
阿勒泰地区			683979.4	311089.9	7999.8
阿勒泰市			95440.2	70874.4	464.6
布尔津县			17191.7	11067.9	204.1
富蕴县			382194.9	156951.5	4870.3
福海县			20110.2	16277.5	103.6
哈巴河县			152750.9	41885.8	2195.3
青河县			12598.2	10975.7	138.1
吉木乃县			3693.3	3057.1	23.8
博尔塔拉蒙古自治州	10003.6	84.0	246104.1	226574.8	1456.6
博乐市	10003.6	84.0	209749.8	194064.0	1343.9
精河县			29383.7	26072.2	94.9
温泉县			6970.6	6438.6	17.8
巴音郭楞蒙古自治州	2718.2	5947.5	5079962.9	1845223.9	91746.4
库尔勒市	2062.0		4399666.0	1321115.5	85904.1
轮台县	56.2		146088.1	119179.4	1836.3
尉犁县		1332.5	115674.2	102125.8	248.3
若羌县			53159.6	21842.4	1177.1
且末县	100.0		3283.3	3325.9	47.6
焉耆回族自治县	500.0	4615.0	45204.7	31678.0	763.2
和静县			253536.5	196631.9	1412.9
和硕县			33686.6	27493.6	192.9
博湖县			29663.9	21831.4	164.0
阿克苏地区	7233.8	5494.0	1738289.8	1518557.2	23329.0
阿克苏市		4494.0	450738.3	398911.8	1849.6
温宿县		1000.0	37243.0	25764.1	901.8
库车县	2712.8		994228.6	912134.3	17975.3

单位：万元

营业费用、管理费用、财务费用合　计	税金	利息支出	营业利润	利润总额	全部从业人员年平均人数（人）
40833.1	702.2	2003.7	83979.5	88350.8	8012
4189.6	12.0	728.6	6771.4	7137.6	1644
1247.4	22.0	15.9	1943.8	1987.9	306
15888.4	115.1	10033.6	18356.3	19097.5	2055
109015.8	2216.2	16465.4	59515.1	61727.9	32129
5826.0	132.5	3206.4	-2597.4	-1591.9	2526
17060.3	188.8	1875.5	12684.5	13437.6	4845
11799.8	357.0	1404.2	9707.0	10342.0	3267
42967.4	1181.2	7278.3	24842.9	24049.2	9904
14916.9	185.6	808.2	9870.4	9611.1	6151
1042.6	66.2	37.6	-592.3	-593.3	453
15402.8	104.9	1855.2	5600.0	6473.2	4983
102342.6	2019.3	9397.4	272132.9	260294.6	15000
14480.2	602.9	3044.1	10803.3	10834.8	3490
4756.0	36.9	492.1	1547.7	1817.0	799
60419.8	1276.6	3612.2	162450.7	159808.5	6253
1901.8	9.5	108.1	4092.3	4043.0	846
17300.4	75.6	2035.2	94552.8	85000.3	1863
2684.4	17.6	59.3	-1160.1	-1094.5	1286
800.0	0.2	46.4	-153.8	-114.5	463
23004.3	346.7	4878.0	-2758.6	1053.9	10003
18544.0	272.2	4059.5	-2141.3	1227.5	7993
3679.8	62.1	712.8	-364.1	0.8	1586
780.5	12.4	105.7	-253.2	-174.4	424
344299.9	40419.4	32998.2	2535565.0	2553898.7	49955
251585.1	39165.2	15546.4	2465201.3	2475906.5	30469
14551.1	427.3	2561.9	17304.4	17418.8	3540
13654.9	78.8	3098.8	-258.3	1289.5	3456
9604.4	66.8	-7.1	21881.4	26301.3	2496
850.3	146.7	169.0	-696.8	-706.8	401
8480.3	77.4	1518.3	5101.9	5271.1	1673
37476.0	352.4	8768.0	21403.6	21942.6	5627
3668.1	20.5	390.3	2377.9	2939.9	1456
4429.7	84.3	952.6	3249.6	3535.8	837
139779.4	3117.8	35794.5	66603.1	120733.9	31447
51660.7	1481.1	13247.3	5862.8	14467.7	12950
7358.3	81.8	1485.0	4650.4	4715.2	2750
57091.8	1226.6	15315.5	6286.8	50236.8	6982

1-11 续表 2-3

地 区	5.港澳台资本	6.外商资本	主营业务收入	主营业务成本	主营业务税金及附加
沙雅县	4138.4		55798.2	52954.3	114.7
新和县	382.6		29529.2	25346.0	82.3
拜城县			150318.9	85577.9	2280.0
乌什县			5839.2	3375.9	72.4
阿瓦提县			12969.6	13094.0	33.8
柯坪县			1624.8	1398.9	19.1
克孜勒苏柯尔克孜自治州		500.0	84206.0	59822.4	1411.0
阿图什市		500.0	26006.4	20537.8	279.7
阿克陶县			31077.7	21660.5	642.1
阿合奇县			465.4	492.1	20.3
乌恰县			26656.5	17132.0	468.9
喀什地区	3063.5	51.1	608094.0	526937.8	8389.5
喀什市			262005.3	239618.4	3456.5
疏附县			6222.3	5808.8	113.0
疏勒县			39769.7	34958.8	199.8
英吉沙县			16652.0	13573.5	66.0
泽普县			36243.6	27278.3	1866.7
莎车县			24104.1	20296.6	151.9
叶城县		51.1	54628.4	41167.4	906.9
麦盖提县	3063.5		45608.5	40875.1	338.1
岳普湖县			20384.0	14301.5	77.5
伽师县			30446.4	22322.3	435.7
巴楚县			49804.7	50071.1	343.1
塔什库尔干塔吉克自治县			22225.0	16666.0	434.3
和田地区	50.0	75.0	101555.1	84583.1	729.1
和田市	50.0		52889.7	46936.5	378.8
和田县			21185.0	16053.9	111.4
墨玉县		75.0	9926.1	8491.0	30.4
皮山县			6351.6	5085.8	92.9
洛浦县			8427.1	5886.5	49.6
策勒县			369.2	163.6	12.9
于田县			2182.6	1779.9	52.0
民丰县			223.8	185.9	1.1
自治区直辖县级市	11383.8	57546.5	1715644.8	1475154.3	6906.3
石河子市	1006.0	57546.5	1462287.1	1253129.0	6506.8
阿拉尔市	10377.8		82915.6	81843.6	104.0
图木舒克市			38163.2	33793.2	46.6
五家渠市			132278.9	106388.5	248.9

单位：万元

营业费用、管理费用、财务费用合　计	税金	利息支出	营业利润	利润总额	全部从业人员年平均人数（人）
3426.8	130.0	895.4	-527.9	357.0	1476
2517.4	34.1	555.8	1924.5	2100.1	798
14789.6	117.9	2783.3	47559.1	47662.7	5181
1393.3	18.6	1367.5	1153.2	1160.2	366
1184.7	16.2	139.3	-1003.1	-663.1	670
356.8	11.5	5.4	697.3	697.3	274
14028.5	1052.8	137.5	8447.4	7543.7	4478
3592.0	177.1	114.1	1909.7	1996.3	1820
4860.4	871.8	23.4	2917.9	2720.2	1791
99.9			-7.2	-7.2	50
5476.2	3.9		3627.0	2834.4	817
68987.7	1343.6	19671.7	14204.0	18100.9	28502
34992.4	223.2	17915.9	-7525.7	-4898.4	10264
1066.5	8.3	318.3	-59.6	-63.5	1022
3773.1	94.8	-72.2	1209.7	1819.3	2752
3488.7	56.8	659.0	-361.9	128.6	677
3655.3	4.0	-0.7	3833.5	3732.7	2393
4165.9	38.5	251.3	335.3	308.0	1980
6230.7	692.4	388.3	6525.0	6465.8	4476
1818.1	177.0	12.7	903.9	912.6	1135
646.3	12.7	126.7	1654.4	1650.7	561
5134.7		45.4	3873.7	3916.2	908
4016.0	35.9	27.0	-1379.0	-1065.8	1656
			5194.7	5194.7	678
15805.9	159.1	4110.0	-2934.6	-2619.5	9071
7674.6	106.5	3863.9	-5966.6	-5977.2	4805
3761.7	7.7	0.4	1387.1	1046.2	1002
1077.2	7.3	159.7	304.8	303.7	591
1324.3	11.2	1.4	209.1	372.7	965
1654.3	10.0	73.1	788.1	1292.2	1218
94.5	8.4	11.6	102.9	102.9	240
142.3	4.1	-0.1	280.2	280.2	191
77.0	3.9		-40.2	-40.2	59
159568.4	2567.8	44499.0	104846.5	123906.8	43264
136868.9	2272.5	37813.7	94441.3	111750.0	36001
7496.6	20.1	1483.4	-5971.5	-4581.2	2797
2132.7	51.9	106.6	2959.0	2968.4	1054
13070.2	223.3	5095.3	13417.7	13769.6	3412

1-12 各地、州、市、县(市)

地区	企业单位数(个)	亏损企业	生产、销售总值 工业总产值(当年价格)	工业销售产值(当年价格)	出口交货值
总计	**1859**	**564**	**42759865.7**	**41802384.1**	**713243.3**
乌鲁木齐市	437	130	13894281.6	13515845.0	345736.3
天山区	25	3	1175923.0	1159972.1	65220.0
沙依巴克区	35	5	1168133.3	1054985.4	62437.8
新市区	185	65	4149793.0	3996266.3	147262.8
水磨沟区	35	12	216076.9	217885.8	
头屯河区	46	13	3358262.7	3323308.6	42187.4
达坂城区	9	2	146144.2	141479.6	
米东区	94	29	3653272.8	3594697.3	28628.3
乌鲁木齐县	8	1	26675.7	27249.9	
克拉玛依市	97	14	11790925.5	11701355.2	22182.4
独山子区	12	4	2526766.4	2488997.5	5590.2
克拉玛依区	71	9	9185361.0	9133750.6	2792.0
白碱滩区	12	1	60209.1	59597.5	13800.2
乌尔禾区	2		18589.0	19009.6	
吐鲁番地区	61	19	1864466.9	1836667.2	1644.6
吐鲁番市	21	7	290914.2	267882.2	1644.6
鄯善县	25	5	1386883.1	1391268.4	
托克逊县	15	7	186669.6	177516.6	
哈密地区	101	27	744195.4	701766.7	5486.3
哈密市	79	23	668245.7	639595.4	5486.3
巴里坤哈萨克自治县	19	3	51352.8	46445.6	
伊吾县	3	1	24596.9	15725.7	
昌吉回族自治州	284	89	2382871.1	2250031.5	66008.2
昌吉市	116	21	1118014.5	1049367.0	45402.4
阜康市	40	14	440219.3	432146.7	
呼图壁县	54	26	263826.0	240527.7	210.7
玛纳斯县	34	16	382877.0	367538.7	17062.7
奇台县	18	5	96281.5	86935.5	2052.6
吉木萨尔县	16	5	62767.1	56219.8	1279.8
木垒哈萨克自治县	6	2	18885.7	17296.1	
伊犁哈萨克自治州	333	96	3122838.2	3023387.7	91953.9
伊犁州直属县(市)	186	52	1484773.5	1445780.7	60860.5
伊宁市	34	7	236377.7	223588.2	1479.5
奎屯市	36	12	427537.9	420472.3	9630.9
伊宁县	32	7	171494.9	170237.7	1115.3
察布查尔锡伯自治县	11	4	42940.9	41378.2	7741.3

规模以上工业企业主要经济指标

单位：万元

一、年末资产负债						
资产总计	流动资产合计	应收账款	存货	产成品	流动资产年平均余额	固定资产合计
56524786.8	**18553048.5**	**2600754.3**	**4968926.4**	**1758032.0**	**17516986.9**	**27276535.1**
16412642.0	6442991.8	885279.8	1796573.4	375605.1	5801887.0	7723459.9
2574786.6	1049960.2	156320.2	39155.0	11815.9	944690.4	1088561.7
2096714.9	740595.8	29742.1	218062.7	49921.7	652316.7	879237.3
5671569.3	1863151.6	457684.3	498099.5	140486.5	1755864.9	3074270.9
293033.4	127769.5	34078.8	30671.2	14602.3	126782.1	144821.8
2280568.4	1043157.5	43339.3	648708.4	22804.5	928371.0	996318.0
253456.4	113544.2	50994.7	16508.1	8994.5	89972.6	98732.8
3030613.2	1471536.9	106147.4	342666.5	126061.1	1270120.3	1283534.6
211899.8	33276.1	6973.0	2702.0	918.6	33769.0	157982.8
14382946.6	3823284.8	589023.3	564727.5	159482.8	3772870.1	4767257.8
4020382.6	925345.5	22752.6	151093.7	61944.0	1096158.9	2854616.5
10278744.0	2841268.0	533992.9	406029.8	93839.1	2632673.4	1898739.3
66145.2	49312.1	29305.3	5610.5	2494.8	36457.4	10576.2
17674.8	7359.2	2972.5	1993.5	1204.9	7580.4	3325.8
2317738.1	694115.9	49023.6	136249.8	41641.2	567813.6	1458500.2
388486.3	146545.6	16214.4	53096.6	22545.4	149584.3	168561.6
1715260.1	488204.5	19953.0	70105.9	13883.4	368902.8	1152286.6
213991.7	59365.8	12856.2	13047.3	5212.4	49326.5	137652.0
1259440.3	571422.7	99895.0	168088.6	56836.2	563320.2	580202.1
1164485.5	520746.7	87608.2	157799.3	51875.7	518858.2	536764.3
72429.1	30866.8	5464.8	8619.0	4369.9	25608.1	41562.3
22525.7	19809.2	6822.0	1670.3	590.6	18853.9	1875.5
3607860.9	1370327.2	231585.7	491231.1	193166.5	1284573.9	1559685.5
1697186.4	702966.4	106232.5	218459.0	92740.6	652799.9	477296.6
702871.3	181797.3	19141.4	42739.1	8688.6	166243.2	437766.3
273102.1	119033.0	45730.1	39265.3	22733.1	115114.7	123971.4
711406.1	267854.7	50131.9	145480.7	44756.2	265741.7	416707.2
125975.0	61245.2	3026.0	29774.7	12162.1	53729.8	53699.5
83917.9	28444.3	6645.2	13673.8	10433.3	23576.4	45828.7
13402.1	8986.3	678.6	1838.5	1652.6	7368.2	4415.8
4569198.4	1709275.9	265701.2	561641.6	257126.4	1639493.1	2413166.0
2765212.7	997385.4	88637.4	341392.3	137801.3	1000683.2	1527370.3
342715.7	90929.2	10872.4	41761.1	13462.3	97423.1	177841.8
538651.0	241111.5	31505.5	94633.1	29236.8	233570.8	224957.7
307731.3	108723.6	11656.7	39206.5	18531.3	91370.1	162558.5
46083.2	24101.8	4053.8	13518.9	6403.5	21765.1	20977.2

1-12 续表 1-1

地 区	企业单位数(个)	亏损企业	生产、销售总值 工业总产值(当年价格)	工业销售产值(当年价格)	出口交货值
霍城县	30	10	147634.8	146266.1	40090.0
巩留县	9	4	38874.3	37265.8	
新源县	8	3	267234.9	257449.3	802.4
昭苏县	11	2	64839.9	61151.9	
特克斯县	5	1	16245.5	15115.9	
尼勒克县	10	2	71592.7	72855.3	1.1
塔城地区	91	27	1024258.6	957837.2	31093.4
塔城市	10	4	59410.6	58846.8	271.7
乌苏市	16	5	281353.2	279644.2	18102.0
额敏县	15	3	101760.1	97261.9	
沙湾县	28	8	379036.4	339765.9	12695.7
托里县	9	1	120042.1	104996.8	24.0
裕民县	2	1	6234.0	5438.4	
和布克赛尔蒙古自治县	11	5	76422.2	71883.2	
阿勒泰地区	56	17	613806.1	619769.8	
阿勒泰市	16	5	96441.1	90517.6	
布尔津县	5	1	14223.2	13250.7	
富蕴县	16	4	333273.4	342983.8	
福海县	7	3	16373.1	16776.1	
哈巴河县	6	1	146895.6	150124.6	
青河县	2	1	3266.9	2930.1	
吉木乃县	4	2	3332.8	3186.9	
博尔塔拉蒙古自治州	47	22	220593.4	204248.8	9150.8
博乐市	36	18	193803.6	175398.8	9150.8
精河县	8	3	24146.1	25591.6	
温泉县	3	1	2643.7	3258.4	
巴音郭楞蒙古自治州	139	39	4962372.2	4908941.4	45331.3
库尔勒市	72	20	4279930.6	4264801.6	792.7
轮台县	10	1	166737.2	140246.0	
尉犁县	10	3	101832.3	106968.1	7388.8
若羌县	4	1	59585.6	55617.9	
且末县	2	2	3442.2	3372.9	
焉耆回族自治县	8	1	43448.8	40692.4	11908.6
和静县	20	6	255789.3	243040.3	709.5
和硕县	8	3	27603.8	26359.3	7367.8
博湖县	5	2	24002.4	27842.9	17163.9

单位：万元

一、年末资产负债						
资产总计	流动资产合计	应收账款	存货	产成品	流动资产年平均余额	固定资产合计
175524.0	82854.8	12795.3	47997.3	34241.4	76529.1	83190.0
570716.3	106386.8	9850.7	7058.9	2942.8	181723.5	463260.0
433807.0	275648.3	5321.0	72421.7	27242.0	239806.1	122880.2
52957.1	33614.3	1616.6	12934.0	3245.1	22029.2	17245.4
9789.8	5328.8	-351.1	1393.5	122.2	4528.7	4387.2
287237.3	28686.3	1316.5	10467.3	2373.9	31937.5	250072.3
892136.5	335163.9	49188.9	144757.8	82869.9	320182.6	445422.1
82563.8	23004.0	1016.6	5532.7	2088.2	22588.3	58137.7
198421.6	65390.3	10559.2	23989.7	10192.8	64779.2	52925.5
128661.9	71296.0	10537.5	43322.7	30258.3	67890.1	52404.6
196492.5	86967.2	11971.2	27475.2	15575.7	82851.6	100633.0
149206.1	62196.5	6789.6	35451.5	21904.8	50599.4	78209.1
1808.5	1010.3	45.5	190.2	78.2	1001.3	731.3
134982.1	25299.6	8269.3	8795.8	2771.9	30472.7	102380.9
911849.2	376726.6	127874.9	75491.5	36455.2	318627.3	440373.6
145530.2	43845.5	7468.7	8787.5	3761.2	38233.4	97104.9
27698.1	4026.4	676.5	1035.1	358.4	5202.4	21393.2
504430.7	241720.9	107044.8	51005.0	27778.3	184991.8	215030.5
51869.5	18580.2	5936.2	2825.0	1903.6	16512.1	27977.5
174071.4	62907.4	5813.1	10548.9	2057.1	68920.1	76433.9
5008.8	3023.0	73.9	625.4	418.8	2078.6	1830.1
3240.5	2623.2	861.7	664.6	177.8	2688.9	603.5
313896.6	146826.7	11478.7	69399.7	33127.1	123491.2	145891.1
278424.2	127003.6	10495.6	60903.0	29222.6	105008.2	131599.2
30846.1	17827.3	937.9	7230.4	3697.3	16515.2	12273.7
4626.3	1995.8	45.2	1266.3	207.2	1967.8	2018.2
6877784.7	1369094.3	113298.6	525543.9	355502.7	1348824.9	5296734.9
5463545.4	891846.6	61412.2	303646.2	259201.5	909547.0	4467027.9
196098.8	102636.6	16444.8	50050.4	27178.0	89300.6	61649.6
145774.9	81727.1	6180.2	34305.9	11276.3	82268.0	45518.3
442362.7	59862.9	1896.4	32383.1	1983.6	53298.6	354465.8
8768.5	1140.9	61.3	394.2		1189.7	6094.9
86041.2	32736.4	7482.1	19583.5	11332.0	26589.1	47984.7
470862.7	161952.3	9964.2	63808.8	27456.0	152955.2	289906.9
29819.3	18184.5	2039.0	12519.5	8879.7	17021.0	9732.8
34511.2	19007.0	7818.4	8852.3	8195.6	16655.7	14354.0

1-12 续表 1-2

地 区	企业单位数(个)	亏损企业	生产、销售总值 工业总产值(当年价格)	工业销售产值(当年价格)	出口交货值
阿克苏地区	133	39	1662689.4	1644574.7	5239.7
阿克苏市	44	14	419238.5	429886.6	
温宿县	17	4	37094.5	34897.0	
库车县	31	5	961136.3	963858.0	2006.7
沙雅县	10	3	66336.8	50518.0	
新和县	7	2	20550.7	20443.6	
拜城县	18	7	136551.8	128675.3	
乌什县	2	1	9625.1	4680.5	3233.0
阿瓦提县	4	3	12155.7	11615.7	
克孜勒苏柯尔克孜自治州	24	13	83953.4	71342.6	
阿图什市	9	5	27821.4	25180.4	
阿克陶县	10	6	37842.6	28368.6	
乌恰县	5	2	18289.4	17793.6	
喀什地区	69	35	481144.8	435941.1	5522.7
喀什市	22	13	263628.8	260205.8	4122.7
疏附县	2	1	2300.9	2560.5	
疏勒县	14	7	38716.0	22960.5	
英吉沙县	4	3	12582.0	12582.0	1400.0
泽普县	3	1	11215.0	9665.0	
莎车县	9	5	21531.0	18443.0	
叶城县	2		41125.7	28206.5	
麦盖提县	3	1	25339.4	21283.6	
岳普湖县	4	1	16559.0	16322.4	
伽师县	2		25479.9	21377.5	
巴楚县	4	3	22667.1	22334.3	
和田地区	21	7	86967.3	89913.3	
和田市	10	5	45322.2	49203.1	
和田县	6	1	17660.4	16869.9	
墨玉县	3	1	10480.3	9860.5	
皮山县	1		4049.2	4004.7	
洛浦县	1		9455.2	9975.1	
自治区直辖县级市	113	34	1462566.5	1418368.9	114987.1
石河子市	69	20	1198094.3	1166777.4	110500.6
阿拉尔市	12	7	105559.9	102402.7	
图木舒克市	9	1	41198.9	32366.5	
五家渠市	23	6	117713.4	116822.3	4486.5

单位：万元

一、年末资产负债						
资产总计	流动资产合计	应收账款	存货	产成品	流动资产年平均余额	固定资产合计
2016764.4	707588.4	69367.7	223154.7	79498.7	655364.0	1090278.1
805610.5	284202.4	22597.6	117922.7	36823.8	304520.3	431167.2
75680.5	19954.1	1618.5	6666.9	3127.4	16601.7	47806.9
734391.6	199942.2	27317.5	51994.6	15047.1	166002.2	444856.3
76716.0	52857.6	1340.8	11900.9	4521.0	34674.1	23210.1
29331.7	16820.6	3084.5	9165.2	5883.4	16828.1	9872.6
260802.8	115298.0	10642.4	15851.9	7241.0	101740.8	118843.6
17026.9	8826.4	2548.8	2974.3	2634.6	5381.4	7935.9
17204.4	9687.1	217.6	6678.2	4220.4	9615.4	6585.5
135801.2	66393.6	7763.1	20602.9	9089.0	50331.5	50310.8
58753.1	28950.1	3307.5	6264.6	2621.1	18421.4	28263.6
60860.8	27593.0	1963.3	12831.4	6395.0	24578.4	16551.9
16187.3	9850.5	2492.3	1506.9	72.9	7331.7	5495.3
653485.3	211654.2	49022.5	63628.5	23680.7	198150.3	381831.8
453299.8	123329.1	31394.9	23298.3	10489.5	112564.9	310819.6
6007.6	2274.8	1266.0	717.5	581.7	2118.5	3553.9
28557.5	15933.4	1803.2	5389.5	2460.5	14781.2	11744.1
10783.7	4632.9	576.2	1555.0	814.0	3694.3	6084.8
7506.0	5551.1	18.0	3334.3	1579.9	4840.9	1943.7
27423.6	9727.8	2121.5	4494.9	1152.4	9539.1	14539.1
32495.8	4949.8	1063.4	2781.9	930.3	4868.4	9007.3
28146.5	20273.3	8082.8	10480.8	1116.7	24792.2	7108.2
6527.4	5000.3	111.5	1583.1		5011.8	659.6
35907.6	9010.0	736.7	2918.1	2555.9	6590.9	11134.4
16829.8	10971.7	1848.3	7075.1	1999.8	9348.1	5237.1
325831.1	72350.8	9465.2	28334.3	14620.0	76772.4	250938.1
136434.6	33849.6	5314.3	18275.4	12809.4	40837.4	100477.8
140115.3	21172.5	2615.2	2602.3		17626.6	118621.7
36266.0	8116.8	313.2	5366.2	1381.9	8787.5	28072.5
5583.7	3970.5	885.9	661.3		4279.5	1579.0
7431.5	5241.4	336.6	1429.1	428.7	5241.4	2187.1
3651397.2	1367722.2	219849.9	319750.4	158655.6	1434094.7	1558278.8
3126134.6	1136206.7	185844.8	224080.9	116721.6	1210346.0	1323867.8
210057.0	100508.6	11247.6	35723.4	13403.0	108359.8	97140.0
76809.7	29690.8	2970.1	20819.5	13606.3	30689.2	46900.8
238395.9	101316.1	19787.4	39126.6	14924.7	84699.7	90370.2

1-12 续表 2-1

地　　区	固定资产原　　价	累计折旧	固定资产净值年平均余额	负债合计	流动负债合　　计	应付账款
总　　计	**41110233.5**	**15030770.3**	**19025177.1**	**29350516.3**	**17801891.7**	**6156697.7**
乌鲁木齐市	10960535.4	3821293.5	6617744.8	7885074.9	5668303.9	1792539.1
天山区	1835401.1	780275.1	1076460.0	1817717.3	744816.5	103394.1
沙依巴克区	1148426.3	261344.4	712249.3	1140778.2	935930.2	68178.0
新市区	3937933.5	1245731.6	2481484.4	1986995.8	1600720.3	673357.3
水磨沟区	260077.3	127157.3	134564.0	186886.1	128616.4	25206.2
头屯河区	1480079.2	468672.2	916692.2	1445758.7	1243955.5	613461.4
达坂城区	177456.0	85531.5	87273.6	95151.5	66592.5	32054.0
米东区	1952627.8	841543.7	1088003.5	1050131.3	797259.1	265489.2
乌鲁木齐县	168534.2	11037.7	121017.8	161656.0	150413.4	11398.9
克拉玛依市	11304476.8	4690633.2	2573336.3	6045337.3	2777327.5	1777082.4
独山子区	1447144.8	747075.2	688234.4	1458244.7	465785.5	214906.7
克拉玛依区	9830581.9	3929447.5	1871198.6	4535760.0	2261486.8	1542518.2
白碱滩区	20072.3	10752.8	10708.0	45623.5	44346.3	17114.0
乌尔禾区	6677.8	3357.7	3195.3	5709.1	5708.9	2543.5
吐鲁番地区	2671354.3	1261977.9	837021.9	1282659.4	646147.3	256318.7
吐鲁番市	204428.5	68167.5	135860.1	223440.7	157168.8	25921.7
鄯善县	2308100.5	1171259.2	569715.9	926495.2	389479.6	204474.6
托克逊县	158825.3	22551.2	131445.9	132723.5	99498.9	25922.4
哈密地区	708951.6	245839.6	423957.0	679588.3	526235.2	125915.3
哈密市	671085.2	237496.6	400351.7	628256.5	476619.0	115165.4
巴里坤哈萨克自治县	35611.0	7369.9	22415.2	46651.2	45023.5	9409.9
伊吾县	2255.4	973.1	1190.1	4680.6	4592.7	1340.0
昌吉回族自治州	1873615.6	562236.0	1094771.6	2426642.9	1681466.6	328533.3
昌吉市	610626.3	183701.2	444242.4	1054565.2	762285.6	153988.0
阜康市	360542.8	82713.0	216038.0	415723.0	288908.6	37888.8
呼图壁县	170683.4	54788.6	117047.0	170443.9	155406.2	56572.0
玛纳斯县	612920.6	221945.6	239688.6	629786.8	340654.3	55352.9
奇台县	62556.1	8943.8	34419.1	85792.2	67995.2	13742.9
吉木萨尔县	52025.1	9904.3	39187.2	61370.6	57255.9	10928.4
木垒哈萨克自治县	4261.3	239.5	4149.3	8961.2	8960.8	60.3
伊犁哈萨克自治州	2571128.0	765369.3	1785185.9	2697070.9	1837284.0	344635.7
伊犁州直属县(市)	1585558.3	472228.9	1080862.2	1657684.0	991748.0	189354.9
伊宁市	295630.6	126208.2	170401.9	266760.1	218466.6	30174.4
奎屯市	336815.0	117554.8	208936.9	321417.3	193302.3	49414.2
伊宁县	206059.6	78045.2	124817.0	160025.4	126262.4	23294.0
察布查尔锡伯自治县	21784.8	4338.0	16532.2	31880.7	27693.5	4203.8

单位：万元

一、年末资产负债						
长期负债合计	所有者权益合计					
		实收资本				
			1.国家资本	2.集体资本	3.法人资本	4.个人资本
10672477.6	**27174270.5**	**20468401.0**	**7245724.4**	**77910.8**	**11508045.6**	**1320831.7**
1939441.4	8527567.1	5606610.0	2643021.5	27295.1	2378001.9	450342.3
1072448.4	757069.3	302123.0	127107.4	255.3	171472.3	3288.0
200531.9	955936.7	510342.5	308795.2	35.0	129899.7	71612.6
271595.9	3684573.5	2071565.2	143263.4	10068.3	1617857.9	208111.4
55912.1	106147.3	101477.8	23274.9	5138.9	37778.5	34960.5
201803.1	834809.7	609463.4	487050.1	6375.5	57373.0	55187.8
28559.0	158304.9	85352.7	7816.2	669.0	72932.5	3935.0
97348.4	1980481.9	1880672.0	1544904.3	4753.1	246067.6	73064.0
11242.6	50243.8	45613.4	810.0		44620.4	183.0
3222463.5	8337609.3	7107421.5	35169.2	10386.6	6980625.6	80153.3
992459.2	2562137.9	2466086.1	33254.9		2397110.7	35720.5
2228726.9	5742984.0	4630507.7	1652.0	7679.0	4578774.2	41405.7
1277.2	20521.7	9567.7	262.3	1747.6	4530.7	3027.1
0.2	11965.7	1260.0		960.0	210.0	
629107.8	1035078.7	904995.5	748002.1	801.7	104112.6	34495.2
63792.7	165045.6	110427.8	25882.4		58604.2	10975.0
532090.6	788764.9	756734.9	722029.5	300.0	30538.6	3866.8
33224.5	81268.2	37832.8	90.2	501.7	14969.8	19653.4
139043.7	579852.0	388849.3	154366.9	401.1	150927.7	52479.5
137790.0	536229.0	348167.4	132810.2	332.1	143304.7	41046.3
1165.8	25777.9	21513.9	3138.7	69.0	7623.0	10683.2
87.9	17845.1	19168.0	18418.0			750.0
733589.4	1181218.0	719414.9	68243.5	5960.7	433690.8	184945.4
283940.3	642621.2	322363.9	19986.9	1846.4	206001.2	78879.1
126813.7	287148.3	162323.7	10794.5		117165.7	28629.3
14537.7	102658.2	82983.7	1977.7	321.4	29525.0	50909.6
288968.6	81619.3	111625.4	34074.4	1942.0	61872.4	13736.6
17797.0	40182.8	18588.1	800.0	1850.9	8690.0	5307.2
1532.1	22547.3	17498.5	610.0		10436.5	6452.0
	4440.9	4031.6				1031.6
822757.4	1872127.5	1162616.9	497809.4	10985.0	478397.6	145725.9
647082.5	1107528.7	731245.4	367914.7	4617.7	224183.3	110971.9
46990.3	75955.6	70563.2	9773.0	1732.3	42379.7	11208.2
127114.9	217233.7	105004.3	64679.3	467.7	29898.4	8270.9
18190.8	147705.9	100233.8	47531.6		38581.8	8173.3
4028.0	14202.5	8435.5	159.0	259.7	3218.1	4798.7

1-12 续表 2-2

地　　区	固定资产原　　价	累计折旧	固定资产净值年平均余额	负债合计	流动负债合　　计	应付账款
霍城县	115132.8	37637.4	75713.8	94083.0	78219.5	26929.3
巩留县	219530.5	26278.1	181756.2	342686.6	82680.4	16977.9
新源县	118510.5	47163.6	69950.4	190111.4	187439.0	27959.6
昭苏县	20354.5	3349.1	12762.4	31792.5	30501.7	1618.1
特克斯县	4501.1	512.4	2980.9	6190.2	5678.1	1782.5
尼勒克县	247238.9	31142.1	217010.5	212736.8	41504.5	7001.1
塔城地区	526703.2	181495.4	367039.5	605632.6	500919.7	81107.6
塔城市	58111.5	31788.8	55572.4	102300.0	92127.2	11632.0
乌苏市	87860.2	37729.8	49692.7	105475.8	91454.0	9542.4
额敏县	82497.1	30229.6	52980.3	80566.5	64180.0	8070.2
沙湾县	128211.1	39397.7	92722.1	136357.3	123983.6	17946.7
托里县	77936.4	12440.4	56893.6	83868.7	71505.2	25247.0
裕民县	818.7	87.4	602.3	1424.0	601.0	56.8
和布克赛尔蒙古自治县	91268.2	29821.7	58576.1	95640.3	57068.7	8612.5
阿勒泰地区	458866.5	111645.0	337284.2	433754.3	344616.3	74173.2
阿勒泰市	129006.2	35944.7	83486.2	111049.8	93508.5	20026.8
布尔津县	28188.7	8577.4	18489.3	10475.4	8995.7	1942.6
富蕴县	163259.7	33965.3	134731.6	209978.6	167115.1	42905.1
福海县	42364.5	15546.6	27313.7	27667.3	12474.6	3036.8
哈巴河县	91221.7	15197.9	70723.5	68620.5	57902.9	5841.0
青河县	2360.4	535.5	1875.5	3947.4	2654.7	170.9
吉木乃县	2465.3	1877.6	664.4	2015.3	1964.8	250.0
博尔塔拉蒙古自治州	195300.8	63179.2	129442.1	220862.7	152647.2	31188.5
博乐市	180004.3	60635.3	118237.2	201757.2	135370.3	28836.8
精河县	12849.9	1992.5	9413.1	16760.2	15523.1	2261.1
温泉县	2446.6	551.4	1791.8	2345.3	1753.8	90.6
巴音郭楞蒙古自治州	6955741.0	2627285.0	2900689.3	3685122.8	1712313.2	861507.3
库尔勒市	6230804.9	2465320.6	2496060.9	2721444.4	1142912.9	705622.7
轮台县	74109.8	15311.6	58476.7	93721.8	76248.4	13631.6
尉犁县	70454.9	32760.5	40439.3	95849.7	82647.7	31629.4
若羌县	157105.5	17843.2	37916.1	352273.3	111358.1	39648.5
且末县	10105.0	4433.4	7925.7	8712.1	3734.3	892.0
焉耆回族自治县	60225.4	17376.8	36215.3	56597.7	50848.7	10928.6
和静县	307759.3	52340.6	199327.2	307374.7	203012.4	52485.3
和硕县	15537.9	5835.3	10193.6	18246.2	14860.0	3982.8
博湖县	29638.3	16063.0	14134.5	30902.9	26690.7	2686.4

单位：万元

一、年末资产负债						
长期负债合计	所有者权益合计	实收资本	1.国家资本	2.集体资本	3.法人资本	4.个人资本
15765.6	81441.0	51835.0	21455.9		14243.0	5683.4
260006.1	228029.7	226524.0	217117.0		8979.0	428.0
1952.2	243695.6	99376.5	5844.3	2158.0	25550.5	65823.7
1290.3	21164.6	14642.2			10027.5	4614.7
512.1	3599.6	1300.0	299.0		745.0	256.0
171232.2	74500.5	53330.9	1055.6		50560.3	1715.0
92981.2	286503.9	201038.2	86193.7	5350.4	78912.3	24440.6
9014.3	-19736.2	10850.7	8311.0	900.0	280.0	1359.7
11828.1	92945.8	27392.8		4140.5	15195.3	5057.0
15041.1	48095.4	38521.6	26078.8		9254.8	1394.3
11132.7	60135.2	46780.0	23046.1	309.9	16337.5	6736.5
12363.0	65337.4	48495.0	16250.0		25487.5	5760.0
	384.5	820.0			150.0	670.0
33602.0	39341.8	28178.1	12507.8		12207.2	3463.1
82693.7	478094.9	230333.3	43701.0	1016.9	175302.0	10313.4
11870.7	34480.4	29406.0	20859.2		6731.9	1814.9
1366.0	17222.7	14868.9	2087.3		12781.6	
42863.3	294452.1	120686.3	4740.9	1016.9	110928.5	4000.0
15192.7	24202.2	21369.0	15631.1		3700.0	2037.9
10125.6	105450.9	41903.5			40980.0	923.5
1224.9	1061.4	882.5	382.5		180.0	320.0
50.5	1225.2	1217.1				1217.1
45011.2	93033.9	68936.6	25101.6		16313.9	17517.5
43410.8	76667.0	59890.6	24986.0		12907.0	11994.0
1237.1	14085.9	8638.0	115.6		3106.9	5415.5
363.3	2281.0	408.0			300.0	108.0
1923110.1	3192661.9	2924162.5	2557997.3	486.0	242656.9	114622.8
1544244.0	2742101.0	2646481.0	2514348.2	486.0	79133.1	50561.7
6953.9	102377.0	36429.1			28148.3	8280.8
13201.9	49925.2	19202.6			17436.1	434.0
240915.2	90089.4	58640.1	4640.1		51510.0	2490.0
243.2	56.4	1471.7	1471.7			
5611.5	29443.5	25754.4	520.0		19519.4	600.0
104362.3	163488.0	123606.3	36990.2		38320.3	48295.8
3365.9	11573.1	5601.5			3450.0	2151.5
4212.2	3608.3	6975.8	27.1		5139.7	1809.0

1-12 续表 2-3

地 区	固定资产原价	累计折旧	固定资产净值年平均余额	负债合计	流动负债合计	应付账款
阿克苏地区	1291146.4	370341.1	915808.3	1153637.8	846200.8	136676.2
阿克苏市	477596.5	174911.1	305038.0	505953.4	360570.0	63505.9
温宿县	50807.7	8318.3	37061.9	56345.3	50172.6	3735.8
库车县	563684.9	122294.2	447140.4	370269.8	258555.6	44441.6
沙雅县	27417.8	6110.2	16205.4	52300.7	49210.7	3197.7
新和县	10145.9	1439.5	6864.3	18454.4	17924.4	4846.0
拜城县	142918.0	53178.6	92241.6	123790.2	86275.3	12907.6
乌什县	8515.7	579.8	4443.6	12334.0	12334.0	1406.9
阿瓦提县	10059.9	3509.4	6813.1	14190.0	11158.2	2634.7
克孜勒苏柯尔克孜自治州	47953.3	10106.1	34612.5	64335.6	57141.9	13353.4
阿图什市	22128.3	5160.3	15661.6	22982.6	16520.6	8506.6
阿克陶县	19874.0	4302.9	13642.7	26922.6	26322.4	4395.5
乌恰县	5951.0	642.9	5308.2	14430.4	14298.9	451.3
喀什地区	557821.9	201504.5	326548.5	542680.7	397472.4	120752.6
喀什市	470312.1	180153.1	267061.3	426080.1	294774.7	98970.2
疏附县	6316.5	2762.6	3588.6	6008.1	3862.0	1985.6
疏勒县	17581.6	6121.0	11494.2	17014.4	16036.8	2572.9
英吉沙县	9013.6	3297.2	4723.9	9195.1	8462.0	1029.7
泽普县	2477.4	540.1	1949.3	5336.7	2271.7	271.3
莎车县	16460.5	3653.5	11548.1	18427.1	16738.6	3065.3
叶城县	8630.2	1744.8	6978.2	13707.7	9580.1	2291.9
麦盖提县	7830.5	952.1	6801.6	19527.0	18877.0	5153.7
岳普湖县	1025.1	373.4	626.1	4937.1	4936.7	199.1
伽师县	12106.6	972.2	6977.5	8649.4	8604.8	2182.9
巴楚县	6067.8	934.5	4799.7	13798.0	13328.0	3030.0
和田地区	306894.9	72495.5	239365.6	189734.2	170791.6	16183.6
和田市	141676.4	48461.8	90569.0	140857.1	131122.6	5081.0
和田县	130299.7	20655.9	117249.3	26062.7	17886.1	3089.0
墨玉县	28515.5	583.4	27932.1	11187.2	11185.6	6866.3
皮山县	4117.5	2671.8	1428.1	6098.4	5068.5	1240.9
洛浦县	2285.8	122.6	2187.1	5528.8	5528.8	-93.6
自治区直辖县级市	1665313.5	338509.4	1146693.3	2477768.8	1328560.1	352011.6
石河子市	1416779.4	296350.0	974133.6	2083728.4	1116237.5	290423.7
阿拉尔市	109785.8	17345.5	70145.0	165524.0	92907.0	39519.6
图木舒克市	47996.5	9632.5	38394.9	60624.7	32830.1	6764.4
五家渠市	90751.8	15181.4	64019.8	167891.7	86585.5	15303.9

单位：万元

一、年末资产负债						
长期负债合计	所有者权益合计					
		实收资本				
			1.国家资本	2.集体资本	3.法人资本	4.个人资本
203694.1	863126.6	533665.7	223410.0	5642.3	241360.6	50907.6
46354.5	299657.1	141135.1	77978.5	2980.0	36175.8	19506.8
5770.7	19335.2	8432.1	2040.3	325.3	2409.1	2657.4
111711.8	364121.8	265607.1	142138.5	1917.0	98624.4	20214.4
1620.0	24415.3	19441.9			14204.3	1099.2
530.0	10877.3	7305.0			4045.2	3259.8
35254.2	137012.6	77132.5	1252.7	420.0	74089.8	1370.0
	4692.9	12300.0			10000.0	2300.0
2452.9	3014.4	2312.0			1812.0	500.0
6593.4	71465.6	54867.4	826.0	159.0	31049.9	22832.5
6461.9	35770.5	29800.1	826.0	159.0	24768.1	4047.0
	33938.2	22853.8			4887.8	17966.0
131.5	1756.9	2213.5			1394.0	819.5
129572.6	110804.6	114749.9	25482.3	11212.9	34767.4	40223.8
123462.7	27219.7	73660.7	20944.6	4929.0	25818.8	21968.3
	-0.5	2170.5	988.0	1182.5		
977.6	11543.1	9864.2	588.0	996.4	6123.0	2156.8
331.7	1588.6	4319.9	2762.7		50.0	1507.2
3064.8	2169.3	2344.0			2267.0	77.0
628.0	8996.5	7741.0	199.0		508.6	7033.4
43.2	18788.1	2684.2		500.0		2184.2
550.0	8619.5	7063.6				4000.1
	1590.3	190.0				190.0
44.6	27258.2	550.8		255.0		295.8
470.0	3031.8	4161.0		3350.0		811.0
18941.5	136096.9	143411.5	123828.2	343.0	14224.2	5016.1
9734.5	-4422.5	24081.7	12721.6		8350.0	3010.1
8176.5	114052.6	110151.9	103106.6		5239.3	1806.0
0.8	25078.8	8500.0	8000.0		300.0	200.0
1029.7	-514.7	334.9			334.9	
	1902.7	343.0		343.0		
859151.5	1173628.4	738699.3	142466.4	4237.4	401916.5	121569.8
752924.1	1042406.2	620308.0	89087.9	3257.4	356426.3	113405.0
69709.2	44533.0	50171.8	8254.0	490.0	28545.0	2505.0
24023.4	16185.0	13324.7	7982.7		3310.4	2031.6
12494.8	70504.2	54894.8	37141.8	490.0	13634.8	3628.2

1-12 续表 3-1

地 区	5.港澳台资本	6.外商资本	主营业务收入	主营业务成本	主营业务税金及附加
总 计	**120973.5**	**194915.0**	**44390975.3**	**31834676.2**	**1014531.1**
乌鲁木齐市	54518.2	53431.0	13931672.1	11372415.7	473763.6
天山区			1160116.4	945162.5	7582.5
沙依巴克区			1283407.2	1030549.4	14065.4
新市区	51943.2	40321.0	4066415.9	1995803.8	354514.2
水磨沟区	325.0		222963.8	199455.4	943.6
头屯河区		3477.0	3451915.2	3257035.5	5797.3
达坂城区			164248.2	111889.4	1668.1
米东区	2250.0	9633.0	3556748.4	3818571.1	89001.6
乌鲁木齐县			25857.0	13948.6	190.9
克拉玛依市	90.0	996.8	13008365.2	9249598.4	264783.7
独山子区			2571434.3	2738913.6	51445.1
克拉玛依区		996.8	10331283.2	6421204.7	212627.9
白碱滩区			86948.3	72359.6	690.1
乌尔禾区	90.0		18699.4	17120.5	20.6
吐鲁番地区	17583.9		1944314.0	1003125.4	24517.3
吐鲁番市	14966.2		265103.4	217926.3	1466.2
鄯善县			1555358.5	711333.2	21608.7
托克逊县	2617.7		123852.1	73865.9	1442.4
哈密地区	3699.0	26975.1	768729.8	564749.9	6128.4
哈密市	3699.0	26975.1	705289.3	523046.3	5467.7
巴里坤哈萨克自治县			45872.2	31530.6	329.9
伊吾县			17568.3	10173.0	330.8
昌吉回族自治州	8190.6	18383.9	2477390.9	2130553.4	15198.9
昌吉市	940.6	14709.7	1345251.7	1145384.3	6856.0
阜康市	4000.0	1734.2	399997.8	350748.3	1047.4
呼图壁县	250.0		218918.8	202530.9	906.4
玛纳斯县			360018.7	314344.8	4432.2
奇台县		1940.0	86674.3	66135.9	1334.3
吉木萨尔县			49295.3	37285.9	494.9
木垒哈萨克自治县	3000.0		17234.3	14123.3	127.7
伊犁哈萨克自治州	3193.7	26505.3	3068115.2	2082591.6	103264.4
伊犁州直属县(市)	1400.0	22157.8	1476802.5	1049005.7	89797.1
伊宁市	1400.0	4070.0	216409.5	180369.4	1950.9
奎屯市		1688.0	427272.8	290263.6	70885.3
伊宁县		5947.1	164279.1	125430.3	491.6
察布查尔锡伯自治县			40066.5	34722.0	96.6

单位：万元

二、损益及分配						
其他业务收　入	其他业务利　润	营业费用	管理费用		财务费用	
				税金		利息支出
1029179.6	**138542.9**	**883913.0**	**1716890.6**	**139122.0**	**484824.9**	**470248.1**
423448.5	53612.2	293381.4	485710.5	34069.7	191366.9	187594.4
23890.1	13656.0	9666.5	63297.4	1812.6	58002.3	58372.7
224593.0	20288.1	68427.7	68022.0	1491.0	20110.3	18962.1
53942.6	6977.6	102477.4	158416.9	24692.3	48664.3	45428.3
4458.4	1921.1	4581.3	9728.2	423.9	5903.2	5596.8
40804.8	-1656.9	83271.1	41548.3	2680.6	41963.2	41848.7
8343.5	-2018.3	1446.9	15514.6	711.9	1062.0	792.0
67056.8	14101.1	23453.6	128377.1	2254.4	9419.3	9789.7
359.3	343.5	56.9	806.0	3.0	6242.3	6804.1
185448.0	26056.2	126002.7	432183.6	48441.0	6247.4	5463.1
2904.7	717.4	29510.7	95870.6	1297.2	10971.3	10979.4
178549.3	24673.8	90998.4	329766.1	45726.3	-5550.6	-6342.9
3346.6	603.2	5247.1	5691.2	1417.5	806.5	806.4
647.4	61.8	246.5	855.7		20.2	20.2
20633.7	4403.0	36582.1	79261.8	643.6	10621.7	10403.7
16131.0	3071.1	8743.1	9714.0	345.1	4777.0	4433.6
3085.0	531.1	24545.3	62823.3	182.9	440.4	575.9
1417.7	800.8	3293.7	6724.5	115.6	5404.3	5394.2
93762.7	3296.4	29058.7	57288.2	1205.4	15706.8	14766.0
93402.6	2942.1	21133.1	51211.5	1158.0	14779.4	14053.0
254.9	254.9	5566.1	4766.8	46.9	970.6	757.8
105.2	99.4	2359.5	1309.9	0.5	-43.2	-44.8
42083.7	6179.9	92889.0	103145.8	3529.3	51767.7	47776.5
19747.0	5730.0	57962.8	52776.6	1972.3	26581.9	24303.9
8384.1	-1006.1	3563.0	18475.7	286.5	6055.6	5812.0
3265.5	510.3	6204.2	7355.2	116.8	4762.6	4308.6
9861.3	779.3	15263.4	15914.9	617.5	12034.7	11230.6
571.0	108.9	6437.2	4130.8	123.2	912.1	915.1
254.8	73.0	2602.2	3257.4	375.7	1277.4	1206.3
	-15.5	856.2	1235.2	37.3	143.4	
67202.5	15332.3	135063.3	164802.5	5087.8	66403.7	64452.3
26330.8	5958.7	61194.5	78028.0	2397.3	41447.9	41720.7
6682.4	2761.6	3952.4	13256.7	289.4	7737.5	7511.1
6917.1	953.3	11734.2	22074.7	1264.2	8166.5	7985.7
3349.0	141.3	7381.7	16398.9	46.5	3151.9	3116.6
1453.5	206.1	608.5	1783.6	26.7	573.5	562.7

1-12 续表 3-2

地区	5.港澳台资本	6.外商资本	主营业务收入	主营业务成本	主营业务税金及附加
霍城县		10452.7	153058.6	134544.7	329.4
巩留县			38685.0	27322.9	173.7
新源县			285186.9	151114.2	14595.0
昭苏县			64020.6	53800.8	404.2
特克斯县			15066.9	12176.0	36.4
尼勒克县			72756.6	39261.8	834.0
塔城地区	1793.7	4347.5	934528.2	745768.5	5812.9
塔城市			49974.3	48046.0	185.6
乌苏市		3000.0	279883.9	198738.1	2101.2
额敏县	1793.7		97205.2	79277.3	690.0
沙湾县		350.0	351044.5	307546.7	1108.5
托里县		997.5	96569.4	72397.9	548.3
裕民县			5322.2	5532.7	0.2
和布克赛尔蒙古自治县			54528.7	34229.8	1179.1
阿勒泰地区			656784.5	287817.4	7654.4
阿勒泰市			91269.6	67353.0	443.2
布尔津县			14341.0	8727.1	110.8
富蕴县			376286.4	152139.3	4831.6
福海县			18519.5	14867.6	89.2
哈巴河县			150370.8	39769.5	2163.2
青河县			2906.4	2565.3	8.6
吉木乃县			3090.8	2395.6	7.8
博尔塔拉蒙古自治州	10003.6		233121.8	214911.5	1316.7
博乐市	10003.6		204142.7	189318.0	1234.9
精河县			24626.2	21663.0	79.1
温泉县			4352.9	3930.5	2.7
巴音郭楞蒙古自治州	2452.0	5947.5	5013908.0	1786179.7	90853.9
库尔勒市	1952.0		4370104.0	1295270.4	85687.7
轮台县			136018.0	108680.7	1644.6
尉犁县		1332.5	111567.3	98620.0	209.6
若羌县			50767.5	19498.7	1147.9
且末县			2329.1	2300.1	12.6
焉耆回族自治县	500.0	4615.0	41049.4	27680.8	582.4
和静县			247942.3	191488.7	1318.6
和硕县			26196.7	22242.3	104.5
博湖县			27933.7	20398.0	146.0

单位：万元

二、损益及分配						
其他业务收　　入	其他业务利　　润	营业费用	管理费用	税金	财务费用	利息支出
5157.5	881.9	7643.4	5820.6	84.8	1160.1	2095.0
515.2	246.0	718.8	3444.6	36.9	8000.3	8008.1
1018.6	137.8	27626.5	9258.7	616.5	1744.6	1751.7
254.7	91.8	1055.9	1478.4	8.6	761.0	722.8
16.5	-0.7	67.1	963.2	17.4	8.0	8.0
966.3	539.6	406.0	3548.6	6.3	10144.5	9959.0
22392.4	3027.2	27111.8	48395.5	736.3	15350.0	13579.2
4580.5	17.3	471.2	1003.1	61.8	3073.0	3066.8
5252.3	1659.2	3385.7	9247.6	137.3	1992.5	1789.4
3352.9	897.1	5185.9	4439.2	265.9	1269.0	1390.6
7650.7	363.6	13078.0	14692.0	135.8	6198.3	4729.0
566.0	283.3	1844.0	9802.8	89.9	1099.4	755.1
139.2	18.0	113.6	212.7	42.5	4.6	-0.4
850.8	-211.3	3033.4	8998.1	3.1	1713.2	1848.7
18479.3	6346.4	46757.0	38379.0	1954.2	9605.8	9152.4
2092.1	120.3	3600.5	6473.0	584.4	2963.1	2967.3
373.4	145.7	1580.9	1449.3	19.4	463.7	463.7
11479.6	1812.2	36105.7	18520.6	1267.5	4037.1	3609.1
228.0	69.4	333.7	1084.2	8.6	77.7	77.7
4304.0	4196.8	4817.4	10135.5	74.3	1986.5	1980.3
		66.9	302.9		35.7	35.5
2.2	2.0	251.9	413.5		42.0	18.8
3142.9	572.0	5621.6	10473.0	277.2	4834.6	4794.4
2770.4	602.8	5246.3	8552.9	230.5	3962.8	4038.3
372.5	-30.8	328.7	1701.5	46.4	771.8	657.4
		46.6	218.6	0.3	100.0	98.7
53459.2	11076.9	57045.4	238232.9	39625.2	32730.8	32147.0
45560.0	7228.0	27634.0	202234.1	38933.0	15469.6	15332.9
224.6	196.2	3550.8	5006.8	74.5	2399.3	2264.3
473.8	177.9	6514.8	2880.6	71.6	3027.4	3041.9
1885.0	1463.1	2784.7	6102.0	64.7	-16.9	-24.6
85.0	80.9	1.3	339.5	121.9	86.2	87.8
1351.8	134.4	3912.2	2614.8	67.0	1475.5	1510.2
3697.2	1769.0	9356.9	17500.9	227.0	8853.1	8725.6
115.3	35.6	1148.2	849.4	8.5	306.9	303.8
66.5	-8.2	2142.5	704.8	57.0	1129.7	905.1

1-12 续表 3-3

地　　区	5.港澳台资本	6.外商资本	主营业务收　　入	主营业务成　　本	主营业务税金及附加
阿克苏地区	6851.2	5494.0	1684973.7	1481191.2	22388.7
阿克苏市		4494.0	435805.4	386555.2	1650.3
温宿县		1000.0	32979.1	22674.9	817.7
库车县	2712.8		975451.3	901172.8	17670.2
沙雅县	4138.4		51734.6	49676.6	45.3
新和县			27201.4	24148.5	17.3
拜城县			147308.0	84504.4	2120.8
乌什县			4824.8	2575.8	50.0
阿瓦提县			9669.1	9883.0	17.1
克孜勒苏柯尔克孜自治州			77346.2	53771.8	1227.4
阿图什市			22810.4	17869.8	238.4
阿克陶县			28369.2	19179.1	525.5
乌恰县			26166.6	16722.9	463.5
喀什地区	3063.5		434044.2	391866.5	3853.5
喀什市			249252.9	229424.1	3229.8
疏附县			2193.7	2193.3	10.3
疏勒县			24015.2	21783.0	122.2
英吉沙县			12582.0	10403.0	43.8
泽普县			10752.5	9738.3	54.8
莎车县			19250.5	16970.2	94.4
叶城县			20090.3	15987.1	88.3
麦盖提县	3063.5		38219.7	34651.9	
岳普湖县			11567.0	7396.2	16.5
伽师县			15229.9	9758.9	186.0
巴楚县			30890.5	33560.5	7.4
和田地区			87409.7	73856.4	508.9
和田市			48143.4	43863.0	326.9
和田县			19646.0	14668.6	109.7
墨玉县			8582.9	7207.9	23.0
皮山县			4269.8	3746.0	42.7
洛浦县			6767.6	4370.9	6.6
自治区直辖县级市	11327.8	57181.4	1661584.5	1429864.7	6725.7
石河子市	950.0	57181.4	1424049.0	1219244.1	6344.1
阿拉尔市	10377.8		82734.4	81663.8	103.9
图木舒克市			35474.5	31826.7	46.6
五家渠市			119326.6	97130.1	231.1

单位：万元

二、损益及分配						
其他业务收入	其他业务利润	营业费用	管理费用		财务费用	
				税金		利息支出
36208.5	8254.0	29504.4	67312.6	2641.0	33426.7	35264.2
25480.4	3352.1	15319.8	20971.1	1284.3	12349.6	12879.4
1449.9	273.2	1077.1	3713.5	48.3	1531.5	1444.7
7729.2	4383.4	7807.4	31127.4	1074.0	15098.5	15270.3
63.9	57.4	479.6	1504.4	101.4	873.5	869.2
8.7	8.6	694.3	730.8	22.9	643.2	537.3
1203.5	33.0	3351.8	8514.6	101.5	2591.1	2780.3
271.7	152.5	323.3	519.2	8.6	210.5	1354.2
1.2	-6.2	451.1	231.6		128.8	128.8
605.4	568.0	6079.5	6187.2	882.4	108.2	123.0
261.0	259.2	1399.6	1751.2	61.6	112.4	114.1
344.4	308.8	1193.2	2675.7	820.8	0.4	8.9
		3486.7	1760.3		-4.6	
19194.1	2307.6	11523.0	17842.4	238.5	21106.4	19142.7
17149.3	1932.1	5920.6	8256.0	116.5	18267.2	17870.9
		62.3	210.5	0.5	253.3	254.3
1078.7	296.1	758.2	1154.5	59.7	-136.0	-134.7
		465.8	1497.4	30.0	1213.5	583.0
592.1	31.6	140.2	711.6	3.5	-0.5	-0.7
369.3	47.2	1974.8	1203.4	22.3	379.4	242.4
		1475.5	745.1		235.4	234.6
		223.7	384.1	4.7	317.6	-1.5
4.1		1.2	117.2	1.3	102.3	82.4
0.6	0.6	348.0	3044.8		-9.0	-9.0
		152.7	517.8		483.2	21.0
1693.6	519.3	1114.9	6666.6	71.1	4004.8	3981.2
1163.6	81.4	589.7	1620.9	59.4	3843.1	3830.5
		204.5	3209.4	7.5	8.4	
		153.6	529.7	4.2	157.4	159.7
530.0	530.0	24.0	718.1		4.9	
	-92.1	143.1	588.5		-9.0	-9.0
82296.8	6365.1	60047.0	47783.5	2409.8	46499.2	44339.6
77794.0	5293.5	52535.6	40948.1	2181.5	39184.7	37723.0
817.2	490.0	3682.9	1654.1	19.7	2144.6	1483.4
2936.7	263.0	134.8	1782.0	51.3	72.8	82.5
748.9	318.6	3693.7	3399.3	157.3	5097.1	5050.7

1-12 续表 4-1

地 区	营业利润	投资收益	补贴收入	利润总额
总 计	**7521233.6**	**116488.2**	**154238.7**	**7795249.0**
乌鲁木齐市	875713.4	54529.8	33457.5	918220.3
天山区	58619.3	7346.4	2528.8	64655.7
沙依巴克区	103606.5	16714.2	9133.1	100976.4
新市区	1257120.8	30248.7	9752.2	1274082.3
水磨沟区	3625.8	0.3	999.5	4667.4
头屯河区	9994.0	-310.0	604.2	-10139.9
达坂城区	30118.2	0.3	4524.4	34067.9
米东区	-592525.2	529.9	5122.4	-556930.3
乌鲁木齐县	5154.0		792.9	6840.8
克拉玛依市	2677786.3	4862.8	1097.1	2800217.8
独山子区	-362024.6	5241.6	441.8	-325028.9
克拉玛依区	3036556.2	-1215.6	569.9	3121203.3
白碱滩区	2757.0	524.1	85.4	3157.3
乌尔禾区	497.7	312.7		886.1
吐鲁番地区	585574.3	9288.5	1424.9	589081.5
吐鲁番市	22940.6	156.3	192.8	22373.6
鄯善县	542511.6	9122.3	1177.5	547062.4
托克逊县	20122.1	9.9	54.6	19645.5
哈密地区	84538.5	2546.1	2274.9	82467.5
哈密市	78038.1	2546.1	2153.3	76500.5
巴里坤哈萨克自治县	2963.8		121.6	2596.0
伊吾县	3536.6			3371.0
昌吉回族自治州	107619.2	12064.2	9163.0	112584.0
昌吉市	80738.5	11935.4	3936.2	74885.9
阜康市	18090.1	146.5	2263.8	27762.5
呼图壁县	-1709.0	7.3	1214.0	-942.2
玛纳斯县	-3274.9	-26.2	1382.9	-1079.6
奇台县	8025.4	1.2	108.3	8017.2
吉木萨尔县	4816.1		257.8	3008.7
木垒哈萨克自治县	933.0			931.5
伊犁哈萨克自治州	490777.5	6623.3	18178.8	494807.9
伊犁州直属县(市)	164810.8	2121.0	12946.3	178466.7
伊宁市	13327.1	-4010.3	1641.6	10555.6
奎屯市	25094.5	79.6	4101.1	29471.6
伊宁县	11594.9	548.7	4250.0	16728.1
察布查尔锡伯自治县	2580.0		782.3	3259.1

单位：万元

		三、工资、福利费、增值税			
亏损企业亏损额	应交所得税	本年应付工资总额（贷方累计发生额）	本年应付福利费总额	本年应交增值税	全部从业人员年平均人数（人）
1286757.1	**715887.5**	**1920749.7**	**161273.3**	**2517129.9**	**578381**
658953.0	203285.0	489680.8	34507.7	545062.6	156407
1911.2	6213.9	80946.5	2875.3	77406.7	15531
5349.9	3625.2	94756.8	6657.4	38139.3	44563
22275.1	179841.8	114893.0	8551.8	288992.7	39675
3814.5	1128.9	14405.6	1403.3	9046.6	6613
23231.5	-3329.5	62207.1	4562.3	60784.9	16389
45.7	8624.9	24698.3	1711.9	10893.5	6338
602251.1	6266.0	96730.5	8696.0	57195.2	26843
74.0	913.8	1043.0	49.7	2603.7	455
405210.6	22632.6	577004.8	61755.0	791722.7	128008
334722.3	830.2	54312.5	3785.2	6379.2	18089
70488.2	20624.9	512289.7	56450.5	782001.2	107231
0.1	1044.7	9237.1	1349.3	2294.2	2425
	132.8	1165.5	170.0	1048.1	263
5204.7	106965.3	62306.0	6621.9	180909.5	18063
1177.0	688.2	12620.2	1733.8	21158.4	6629
3178.7	102392.4	42340.9	4372.9	149488.9	8544
849.0	3884.7	7344.9	515.2	10262.2	2890
16385.1	14324.5	87260.7	3797.2	49539.5	25030
15215.7	13007.8	78382.1	3405.3	44048.1	21802
657.4	563.9	7417.1	265.3	3720.7	3055
512.0	752.8	1461.5	126.6	1770.7	173
62078.6	18545.1	114837.9	9222.1	96056.2	44365
25372.4	8719.7	44447.7	4454.2	43167.4	17669
10869.5	5684.8	28558.7	2347.6	20861.9	9795
3980.1	837.0	13580.7	882.2	5021.7	5362
20102.3	775.4	20031.7	888.7	20175.2	7490
700.6	1975.3	4431.3	313.6	2936.8	1908
1026.8	370.2	3492.5	311.7	2851.8	1948
26.9	182.7	295.3	24.1	1041.4	193
31514.5	58344.7	176366.0	11040.1	193642.2	70242
18907.6	20778.4	95282.9	5412.0	97631.1	37845
7966.1	868.6	21679.0	739.2	12155.0	8059
4107.3	6493.9	20416.8	865.6	32745.7	7252
2520.1	3474.8	14199.6	1207.2	7870.2	6823
265.0	20.3	1826.1	198.5	1209.9	872

1-12 续表 4-2

指标名称	营业利润	投资收益	补贴收入	利润总额
霍城县	4445.5	6.8	1023.4	4787.4
巩留县	-689.3		29.7	-316.0
新源县	81240.6	5496.2	288.8	85611.9
昭苏县	6309.1		500.8	6675.3
特克斯县	1949.4		122.3	1993.5
尼勒克县	18959.0		206.3	19700.2
塔城地区	50476.3	1060.9	4133.1	52689.1
塔城市	-2231.8	0.2	211.0	-1226.3
乌苏市	12564.7	0.6	904.3	13317.8
额敏县	8007.1	1036.9	925.5	8642.1
沙湾县	16226.2	4.8	1065.4	15432.5
托里县	11188.1	18.4		10928.8
裕民县	-407.4			-408.4
和布克赛尔蒙古自治县	5129.4		1026.9	6002.6
阿勒泰地区	275490.4	3441.4	1099.4	263652.1
阿勒泰市	11449.7	6.7	196.8	11481.2
布尔津县	2352.9	34.4	427.8	2622.2
富蕴县	162813.4	688.6	293.5	160171.2
福海县	4288.1	2232.1	102.0	4238.8
哈巴河县	94661.8	479.6		85109.3
青河县	-57.4		79.3	8.2
吉木乃县	-18.1			21.2
博尔塔拉蒙古自治州	-2015.0	1.7	3209.5	1797.5
博乐市	-2126.8	1.7	2747.4	1242.0
精河县	51.1		382.1	416.0
温泉县	60.7		80.0	139.5
巴音郭楞蒙古自治州	2540124.3	971.2	15429.5	2558458.0
库尔勒市	2467509.0	682.5	6756.5	2478214.2
轮台县	17431.0	283.9	237.3	17545.4
尉犁县	491.8		1806.6	2039.6
若羌县	22563.5		3925.6	26983.4
且末县	-324.3		53.5	-334.3
焉耆回族自治县	5033.5		318.3	5202.7
和静县	22453.9	4.8	1466.4	22992.9
和硕县	1545.4		614.0	2107.4
博湖县	3420.5		251.3	3706.7

单位：万元

		三、工资、福利费、增值税			
亏损企业亏损额	应交所得税	本年应付工资总额（贷方累计发生额）	本年应付福利费总额	本年应交增值税	全部从业人员年平均人数（人）
1631.7	647.1	8529.1	601.5	4604.2	4291
1786.8	152.3	2723.6	386.0	3842.2	1436
285.4	4855.6	17084.0	877.4	24183.3	6599
184.4	124.3	4210.2	100.6	1801.1	1019
48.3	493.4	673.0	49.2	1100.5	178
112.5	3648.1	3941.5	386.8	8119.0	1316
8426.1	4681.0	51279.1	3543.2	34922.7	22048
1775.3	117.5	5857.5	56.8	2241.1	1910
2578.3	924.9	9412.8	1228.8	10819.2	3755
1148.7	254.2	4933.3	467.9	3272.5	2491
569.9	1284.9	9302.9	549.0	8508.7	5135
1323.9	1730.7	10891.0	542.8	4938.5	4119
416.4	0.7	92.9	7.2	3.0	59
613.6	368.1	10788.7	690.7	5139.7	4579
4180.8	32885.3	29804.0	2084.9	61088.4	10349
846.1	1565.1	7076.2	187.3	6162.1	2471
6.3	489.3	1542.6	83.4	1451.2	429
651.1	29492.8	15250.4	1081.8	36563.3	5171
716.3	277.1	1036.6	46.0	1436.8	556
1892.3	1044.5	4247.9	627.1	15168.5	1275
16.1		212.6	18.5	180.3	174
52.6	16.5	437.7	40.8	126.2	273
6701.9	904.5	16233.1	1384.6	6247.9	8267
5396.7	640.6	14435.1	1317.0	5731.2	7353
1273.9	263.9	1671.0	60.9	516.7	827
31.3		127.0	6.7		87
19175.5	261447.3	173914.1	17447.7	500591.3	40747
15931.0	257456.7	135051.6	13694.5	467374.5	26410
36.9	1328.9	4744.7	368.6	4412.4	1888
385.3	572.6	4951.8	578.4	3046.4	2900
340.9		7825.4	1642.9	4083.9	2289
334.3		388.0	28.6	138.7	194
845.3	40.1	2362.8	152.2	1407.8	1069
555.1	2006.1	16392.4	822.9	19008.8	4797
294.0	34.0	1250.6	115.0	801.1	696
452.7	8.9	946.8	44.6	317.7	504

1-12 续表 4-3

指标名称	营业利润	投资收益	补贴收入	利润总额
阿克苏地区	58808.8	4523.3	54229.3	112939.6
阿克苏市	6153.2	2517.8	8865.9	14758.1
温宿县	4315.5		158.5	4380.3
库车县	1533.2	1615.0	43225.3	45483.2
沙雅县	-720.4	0.6	919.9	164.5
新和县	1166.2		538.8	1341.8
拜城县	46111.7	389.9	189.5	46215.3
乌什县	1298.4			1305.4
阿瓦提县	-1049.0		331.4	-709.0
克孜勒苏柯尔克孜自治州	9182.3		127.0	8278.6
阿图什市	1695.8		44.0	1782.4
阿克陶县	3717.5		82.0	3519.8
乌恰县	3769.0		1.0	2976.4
喀什地区	-5261.5	1.0	3638.7	-1364.6
喀什市	-8453.9	0.3	2520.4	-5826.6
疏附县	-110.5			-114.4
疏勒县	599.3	0.7	560.0	1208.9
英吉沙县	-1041.5		466.4	-551.0
泽普县	413.3			312.5
莎车县	-555.9		40.4	-583.2
叶城县	1818.8			1759.6
麦盖提县	417.7		9.0	426.4
岳普湖县	228.8			225.1
伽师县	2911.2		42.5	2953.7
巴楚县	-1488.8			-1175.6
和田地区	-2607.1	3.3	919.9	-2292.0
和田市	-6290.3	3.3	132.4	-6300.9
和田县	1574.5			1233.6
墨玉县	476.6		82.4	475.5
皮山县	56.7		166.0	220.3
洛浦县	1575.4		539.1	2079.5
自治区直辖县级市	100992.6	21073.0	11088.6	120052.9
石河子市	94067.1	21041.3	8576.9	111375.8
阿拉尔市	-5953.4	-10.1	2119.6	-4563.1
图木舒克市	2379.9	38.0		2389.3
五家渠市	10499.0	3.8	392.1	10850.9

单位：万元

		三、工资、福利费、增值税			
亏损企业亏损额	应交所得税	本年应付工资总额（贷方累计发生额）	本年应付福利费总额	本年应交增值税	全部从业人员年平均人数（人）
27060.0	18601.3	80576.0	5048.5	57112.3	25314
7764.4	4289.1	34045.2	1787.5	17301.6	11863
340.7	811.1	6467.0	135.0	2546.9	1958
16272.3	4798.8	19513.4	2416.7	21392.8	4925
460.0	89.6	1713.9	77.0	1231.2	1257
30.3	205.0	774.7	74.0	1015.7	570
1425.1	8406.8	17212.1	490.9	13053.0	4227
57.2		421.5	47.8	508.5	195
710.0	0.9	428.2	19.6	62.6	319
2282.4	744.1	7247.7	752.8	5790.3	2703
900.3	24.9	2332.4	342.1	1076.8	964
1041.8	324.2	3032.8	186.6	2008.8	1034
340.3	395.0	1882.5	224.1	2704.7	705
21002.9	907.9	35206.3	1496.8	21312.7	14266
13623.9	455.5	25296.3	766.6	14698.1	8538
127.9		502.2	45.2	121.0	434
894.0	102.4	1591.3	236.6	1410.7	1392
888.4	22.5	904.4	89.6	512.0	372
244.3	12.3	649.7	56.5	650.2	507
1775.0	232.4	1509.4	71.4	909.9	1138
		1444.5	54.8	1079.8	663
626.0	10.2	1854.9	64.4	511.9	479
60.2	69.3	214.9	15.5	191.7	147
		717.2	96.2	1227.4	197
2763.2	3.3	521.5			399
14160.7	973.9	15921.4	541.7	6316.4	6188
12643.6	40.1	10843.9	226.0	3666.5	3742
1489.0	291.2	2499.7	166.7	1412.5	884
28.1	122.7	644.0	69.2	259.4	337
		1128.8	52.9	446.7	555
	519.9	805.0	26.9	531.3	670
17027.2	8211.3	84194.9	7657.2	62826.3	38781
10428.9	7777.6	73119.9	6691.1	54161.9	32915
5473.9	54.0	3285.2	185.1	2959.7	2052
6.4	91.5	2083.4	190.7	292.8	953
1118.0	288.2	5706.4	590.3	5411.9	2861

1-13 各地、州、市、县(市)规模以上

地区	企业单位数(个)	亏损企业	生产、销售总值		
			工业总产值(当年价格)	工业销售产值(当年价格)	出口交货值
总计	**486**	**138**	**33530882.2**	**33075633.1**	**415767.1**
乌鲁木齐市	127	28	11577200.0	11329407.4	184514.8
天山区	17	2	1153136.9	1137258.7	65220.0
沙依巴克区	21	1	1127348.1	1014518.0	52208.4
新市区	50	16	2684729.6	2643878.1	35411.6
水磨沟区	7	2	145111.4	146618.7	
头屯河区	11	2	3162276.9	3128931.7	31674.8
达坂城区	3		129562.8	124880.6	
米东区	15	5	3155448.6	3113740.9	
乌鲁木齐县	3		19585.7	19580.7	
克拉玛依市	16	6	11175802.2	11090990.8	8205.2
独山子区	8	3	2515738.9	2477827.0	5590.2
克拉玛依区	7	3	8652336.3	8605016.2	2615.0
乌尔禾区	1		7727.0	8147.6	
吐鲁番地区	19	8	1263696.7	1265752.4	
吐鲁番市	7	5	29023.7	30033.2	
鄯善县	9	2	1201040.9	1203156.6	
托克逊县	3	1	33632.1	32562.6	
哈密地区	33	9	521744.4	487405.5	
哈密市	29	9	491782.6	467466.8	
巴里坤哈萨克自治县	2		6641.7	5489.8	
伊吾县	2		23320.1	14448.9	
昌吉回族自治州	34	14	558514.4	562081.0	42457.2
昌吉市	13	5	149473.0	152349.5	24115.5
阜康市	8	3	204511.2	203989.9	
呼图壁县	5	2	39186.2	36090.5	
玛纳斯县	5	2	144378.6	148108.9	17061.9
奇台县	1	1	5204.2	5821.8	
吉木萨尔县	2	1	15761.2	15720.4	1279.8
伊犁哈萨克自治州	94	23	1636206.9	1594526.2	32427.0
伊犁州直属县(市)	45	9	762998.8	741537.3	7748.0
伊宁市	7	1	98657.2	96091.9	
奎屯市	15	4	351151.6	341962.4	6631.6
伊宁县	8	1	102217.1	98954.7	1115.3
察布查尔锡伯自治县	1		2529.7	2582.1	
霍城县	4		55251.2	54949.1	
巩留县	2	1	20427.3	20427.3	
新源县	3	2	94692.3	89896.4	
昭苏县	1		3220.0	3220.0	
特克斯县	1		3535.4	2872.4	
尼勒克县	3		31317.0	30581.0	1.1
塔城地区	26	6	484627.8	457406.6	24679.0
塔城市	2	1	45431.8	45184.4	
乌苏市	3	1	198875.6	197968.2	11983.3
额敏县	4	1	46597.5	39000.6	
沙湾县	6	1	96694.9	82797.7	12695.7
托里县	4	1	45161.0	42870.7	
和布克赛尔蒙古自治县	7	1	51867.0	49585.0	

国有控股工业企业主要经济指标

单位：万元

一、年末资产负债 资产总计	流动资产合计	应收账款	存货	产成品	流动资产年平均余额	固定资产合计
44855809.2	**12683455.5**	**1492908.3**	**3166443.8**	**1034899.3**	**12160444.0**	**23490908.3**
13248435.1	4650171.3	429605.9	1324374.3	231412.6	4166849.4	7064903.4
2557736.4	1041005.7	152447.9	37531.5	11315.3	936430.6	1081241.1
2043777.2	715813.7	25092.4	206499.8	45909.1	629173.4	855950.5
3262776.9	482717.2	97172.4	189656.2	64719.7	505976.9	2678134.8
180737.0	79375.2	24299.3	11820.4	5123.2	81274.4	92296.7
2154107.3	964117.9	19738.6	624315.2	13083.9	853331.8	959108.0
239648.1	107579.4	49973.0	13542.2	6900.4	85109.7	91893.8
2607230.1	1231112.5	55515.3	240065.8	84229.6	1047917.4	1151297.0
202422.1	28449.7	5367.0	943.2	131.4	27635.2	154981.5
13861885.7	3503924.9	477945.6	524095.5	145318.5	3498498.5	4617130.7
4004077.5	913906.4	14670.6	149299.2	60710.0	1086097.0	2849880.0
9849553.6	2584177.9	460399.5	372958.4	83403.6	2407049.0	1764914.9
8254.6	5840.6	2875.5	1837.9	1204.9	5352.5	2335.8
1806645.4	456274.4	18397.0	55414.6	4237.6	341069.7	1246925.1
136781.3	15224.9	1725.4	4874.3	784.6	14100.2	81449.1
1563701.5	431882.0	13282.1	46088.1	3453.0	317993.2	1069611.5
106162.6	9167.5	3389.5	4452.2		8976.3	95864.5
904360.8	382563.7	70065.9	120778.0	35702.9	390129.0	452665.4
860807.1	353779.9	63301.9	118336.4	34576.1	364482.5	438002.6
22362.6	9533.8	161.1	785.2	536.2	7555.0	12828.8
21191.1	19250.0	6602.9	1656.4	590.6	18091.5	1834.0
1242030.5	356741.2	64867.5	167746.7	46780.7	333810.2	813335.9
292879.8	109032.0	16133.2	37473.0	21247.0	105943.2	164495.8
358298.5	58196.4	6033.1	18538.7	3215.9	60320.3	260370.2
45675.4	12149.2	3451.8	2749.9	1038.3	11412.4	30925.2
475659.0	157423.0	34480.7	94667.0	12977.5	144804.5	310216.7
28035.9	8500.6	8.5	8404.3	2830.6	4442.5	18585.1
41481.9	11440.0	4760.2	5913.8	5471.4	6887.3	28742.9
2911909.1	879560.9	152194.3	277815.3	129911.7	888966.4	1806654.2
1849320.1	538215.8	36092.8	181666.4	76964.1	590071.3	1184794.7
169455.6	30203.0	3082.9	5943.4	2917.0	33610.8	120595.3
440808.9	181104.8	13320.6	75049.8	21346.5	177769.6	195716.1
197381.8	66876.5	6544.4	23800.9	12239.3	54828.6	112575.4
3683.4	3294.5	66.6	3130.3		1748.1	388.9
83890.9	40325.2	1580.0	27035.3	23119.7	37702.9	36768.9
554015.6	96665.0	6980.3	1863.7	188.7	171199.0	456964.9
155500.7	101881.3	3827.2	43191.0	16309.4	93120.2	35455.8
4488.1	2425.1		354.4		1830.6	2063.0
491.2	257.1		7.5		320.0	234.1
239603.9	15183.3	690.8	1290.1	843.5	17941.5	224032.3
468690.1	136472.1	21894.5	58644.1	34781.8	132942.9	273612.9
62703.0	9546.1	542.2	1285.9	77.8	9910.2	52394.0
87680.6	13129.8	3577.2	6446.6	6144.0	12675.4	26430.9
57065.7	33001.7	2032.6	21653.5	17689.4	31070.5	23626.6
77057.9	26057.9	5614.7	10015.9	7592.8	28214.3	50333.8
88734.1	35077.7	3849.3	13516.9	808.3	29642.2	48742.9
95448.8	19658.9	6278.5	5725.3	2469.5	21430.3	72084.7

1-13 续表 1-1

地 区	企业单位数(个)	亏损企业	生产、销售总值		
			工业总产值(当年价格)	工业销售产值(当年价格)	出口交货值
阿勒泰地区	23	8	388580.3	395582.3	
阿勒泰市	8	4	56075.7	55087.7	
布尔津县	4		13205.7	12252.4	
富蕴县	5	1	173182.9	178792.8	
福海县	1	1	1686.6	1686.6	
哈巴河县	4	1	143711.2	147044.6	
青河县	1	1	718.2	718.2	
博尔塔拉蒙古自治州	13	5	101963.4	101651.2	2553.3
博乐市	10	4	96276.5	92923.2	2553.3
精河县	2	1	5137.0	7560.3	
温泉县	1		549.9	1167.7	
巴音郭楞蒙古自治州	44	12	4296654.2	4291366.6	33979.5
库尔勒市	26	7	4133613.0	4127117.3	
尉犁县	1		2175.9	1225.9	
若羌县	4	1	59585.6	55617.9	
且末县	2	2	3442.2	3372.9	
焉耆回族自治县	2		20569.2	21855.0	11667.2
和静县	6	1	54741.0	54579.1	
和硕县	1		4691.0	5175.5	5148.4
博湖县	2	1	17836.3	22423.0	17163.9
阿克苏地区	26	5	1093106.1	1075342.3	3233.0
阿克苏市	11	2	202413.2	191095.5	
温宿县	4		7093.1	7324.9	
库车县	8	2	857729.5	855786.6	
拜城县	2	1	17998.3	17902.3	
乌什县	1		7872.0	3233.0	3233.0
克孜勒苏柯尔克孜自治州	2	1	2744.8	2256.6	
阿图什市	2	1	2744.8	2256.6	
喀什地区	10	6	144467.5	142612.8	1400.0
喀什市	4	3	128864.6	128565.6	
疏附县	2	1	2300.9	2560.5	
疏勒县	1		6433.5	4618.2	
英吉沙县	2	2	6282.0	6282.0	1400.0
莎车县	1		586.5	586.5	
和田地区	13	5	61578.0	64422.3	
和田市	9	4	41875.9	45756.8	
和田县	3	1	12286.8	12020.1	
墨玉县	1		7415.3	6645.4	
自治区直辖县级市	55	16	1097203.6	1067818.0	106997.1
石河子市	34	9	926996.3	906516.1	105462.6
阿拉尔市	8	5	61975.9	57423.3	
图木舒克市	5		30588.1	23403.5	
五家渠市	8	2	77643.3	80475.1	1534.5

单位：万元

一、年末资产负债						
资产总计	流动资产合　　计				流动资产年平均余额	固定资产合　　计
		应收账款	存货			
				产成品		
593898.9	204873.0	94207.0	37504.8	18165.8	165952.2	348246.6
107432.6	15411.6	2488.0	2162.1	1088.5	15240.2	89594.7
26689.3	3645.2	669.9	920.6	262.4	4775.1	20765.6
264889.8	119301.2	83292.3	24692.2	14974.9	71861.2	144096.0
28721.8	8326.6	2092.3			7656.1	20395.1
165611.8	57660.8	5590.6	9722.9	1840.0	66011.0	73380.7
553.6	527.6	73.9	7.0		408.6	14.5
173468.2	66895.6	5883.0	39530.1	19813.9	62339.8	97530.3
162962.8	60590.0	5395.4	35275.6	18650.8	55468.9	93639.6
8103.1	5004.6	481.2	3440.0	1083.4	5578.9	3072.6
2402.3	1301.0	6.4	814.5	79.7	1292.0	818.1
5797034.3	888107.7	43388.2	330138.4	266820.4	903099.9	4829672.4
5026378.0	744795.1	27311.5	257728.5	237135.6	781222.6	4236137.2
2247.3	764.9	100.4	630.6	339.4	764.9	1429.5
442362.7	59862.9	1896.4	32383.1	1983.6	53298.6	354465.8
8768.5	1140.9	61.3	394.2		1189.7	6094.9
37170.0	15500.1	3133.1	11294.6	9582.2	11042.5	19343.1
249341.5	47623.0	3107.2	18592.3	9214.1	39858.5	199989.1
5944.3	3764.3	1346.0	2214.8	2158.2	3223.2	2082.8
24822.0	14656.5	6432.3	6900.3	6407.3	12499.9	10130.0
1177554.2	245704.5	28460.2	56161.6	10102.1	248501.1	776486.4
516111.6	127153.8	9081.9	23604.0	3026.2	147316.8	313882.3
46932.1	4952.2	371.7	281.0		3749.3	35330.4
579704.2	105056.8	15822.2	29575.3	4728.1	91130.5	401121.8
22151.7	3077.8	635.6	44.5		3562.7	19045.1
12654.6	5463.9	2548.8	2656.8	2347.8	2741.8	7106.8
6159.4	1624.0	116.5	761.9	445.8	1351.3	4530.8
6159.4	1624.0	116.5	761.9	445.8	1351.3	4530.8
286997.3	43780.3	15668.7	4398.9	3123.0	41683.7	240894.2
258613.7	33728.4	13530.4	901.0		33331.6	223387.9
6007.6	2274.8	1266.0	717.5	581.7	2118.5	3553.9
10956.6	6441.0	569.0	1922.6	1741.3	5488.2	4152.4
6934.5	1155.4	234.9	805.9	800.0	519.7	5713.2
4484.9	180.7	68.4	51.9		225.7	4086.8
286264.7	53471.8	7335.4	21847.1	13244.0	58359.0	230614.3
134127.2	32817.3	5106.6	17506.4	12809.4	39415.2	99202.7
121315.2	16231.1	2228.8	638.7		14520.4	105059.1
30822.3	4423.4		3702.0	434.6	4423.4	26352.5
3153064.5	1154635.2	178980.1	243381.4	127986.1	1225786.0	1309565.2
2744521.2	986853.7	152824.5	176348.7	96359.9	1061372.2	1121906.4
156496.1	66010.5	9861.8	20434.6	10078.8	77783.2	80097.8
63494.5	22191.3	1363.0	15262.2	8909.1	23880.6	41085.1
188552.7	79579.7	14930.8	31335.9	12638.3	62750.0	66475.9

1-13 续表 2-1

地　　区	固定资产原　　价	累计折旧	固定资产净值年平均余额	负债合计	流动负债合　　计	应付账款
总　　计	**36630959.7**	**13859828.6**	**15957359.2**	**22897658.4**	**12321973.0**	**4858403.6**
乌鲁木齐市	10061562.3	3554743.7	6035287.5	6266734.6	4231170.3	1453503.5
天山区	1826055.2	777972.0	1070292.1	1804990.7	732352.1	95741.2
沙依巴克区	1109938.8	245395.5	688707.5	1107011.3	905176.1	54716.2
新市区	3387152.4	1089200.6	2144122.9	803083.3	555817.4	440116.8
水磨沟区	185931.8	100925.8	85075.9	123346.3	71475.1	14874.6
头屯河区	1427766.4	453167.2	879154.7	1369438.6	1169733.0	578701.2
达坂城区	166665.7	81575.6	80329.1	90827.2	62308.2	30180.1
米东区	1793157.4	796426.2	969438.7	814504.3	589529.7	229392.9
乌鲁木齐县	164894.6	10080.8	118166.6	153532.9	144778.7	9780.5
克拉玛依市	11098857.0	4619273.6	2439255.7	5778731.8	2518156.5	1675798.3
独山子区	1439675.0	744353.0	683222.9	1451705.4	459254.0	212200.9
克拉玛依区	9655871.6	3873940.3	1753923.4	4322221.6	2054097.8	1461114.7
乌尔禾区	3310.4	980.3	2109.4	4804.8	4804.7	2482.7
吐鲁番地区	2409426.1	1185219.6	656373.9	1015311.1	386182.8	206730.9
吐鲁番市	95265.9	21728.1	74067.8	103935.5	42228.2	12967.1
鄯善县	2202086.9	1147273.5	487649.2	821238.0	284548.5	180160.0
托克逊县	112073.3	16218.0	94656.9	90137.6	59406.1	13603.8
哈密地区	584148.0	219025.2	337374.5	499770.1	365996.1	89301.3
哈密市	576542.3	216773.7	332467.4	480582.3	347355.0	86589.7
巴里坤哈萨克自治县	5400.0	1286.7	3759.0	16411.1	15952.3	1510.5
伊吾县	2205.7	964.8	1148.1	2776.7	2688.8	1201.1
昌吉回族自治州	1006271.4	321038.8	490695.3	1110017.3	605548.0	83025.3
昌吉市	223282.6	85395.0	162019.2	254004.7	131576.4	24060.6
阜康市	185456.6	24389.4	107899.0	251683.6	136702.5	11420.0
呼图壁县	36286.3	5819.5	30033.9	34277.6	32815.9	9846.6
玛纳斯县	508463.2	198982.7	164056.6	504257.4	238659.2	28525.8
奇台县	20829.0	2097.2	2777.7	27651.6	27651.6	6320.6
吉木萨尔县	31953.7	4355.0	23908.9	38142.4	38142.4	2851.7
伊犁哈萨克自治州	1902233.4	587877.2	1307854.8	1764009.2	1038835.4	186103.4
伊犁州直属县(市)	1219674.4	374964.3	824242.8	1136509.1	525756.6	118873.6
伊宁市	211143.9	95707.1	116775.1	146229.2	121907.8	17057.7
奎屯市	296155.3	104304.7	181769.3	270610.2	146829.1	38354.3
伊宁县	145506.4	64568.1	79955.9	101998.5	82594.0	14812.2
察布查尔锡伯自治县	388.9	87.2	129.4	3524.4	3365.4	
霍城县	63153.0	26384.1	35796.9	45888.5	32226.4	13631.8
巩留县	209152.1	22157.2	175197.8	338521.9	79205.0	16110.2
新源县	69305.7	33849.9	36156.5	43816.1	43041.1	13732.3
昭苏县	2063.0		2063.0	1556.7	1556.6	
特克斯县	325.8	91.7	243.0	-28.6	-28.6	-30.2
尼勒克县	222480.3	27814.3	196155.9	184392.2	15059.8	5205.3
塔城地区	329901.1	121135.9	232454.9	335401.9	277965.9	22402.1
塔城市	52728.7	31426.5	50542.1	85784.7	76868.7	1360.2
乌苏市	47956.5	21525.6	26981.4	40357.6	40217.2	711.7
额敏县	31211.3	7585.0	23847.4	30750.5	26850.8	1882.2
沙湾县	80328.1	30032.1	53011.2	65308.8	58367.9	6047.1
托里县	46028.2	9614.0	31233.2	50674.1	38367.7	5250.9
和布克赛尔蒙古自治县	71648.3	20952.7	46839.6	62526.2	37293.6	7150.0

单位：万元

长期负债合计	所有者权益合计	实收资本	1.国家资本	2.集体资本	3.法人资本	4.个人资本
9786901.6	**21958150.8**	**17736683.8**	**7195270.4**	**12297.0**	**10195464.7**	**265460.0**
1776635.8	6981700.5	4843908.4	2627161.1	4426.5	2082479.7	115467.2
1072186.4	752745.7	298488.7	127107.4	102.0	171137.3	142.0
197519.1	936765.9	495000.8	308795.2		123465.7	62739.9
150522.3	2459693.6	1532953.2	127483.0	2952.6	1378232.0	12161.7
49948.0	57390.7	56420.8	23274.9		33145.9	
199705.5	784668.7	575381.3	487050.1		51077.5	37253.7
28519.0	148820.9	80853.7	7816.2		72432.5	605.0
69481.3	1792725.8	1760021.3	1544824.3	1371.9	209010.2	2564.9
8754.2	48889.2	44788.6	810.0		43978.6	
3215029.3	8083153.9	7007721.7	34859.1		6937510.2	35262.4
992451.4	2552372.1	2459879.0	33207.1		2391919.5	34752.4
2222577.8	5527332.0	4547542.7	1652.0		4545380.7	510.0
0.1	3449.8	300.0			210.0	
624230.8	791334.3	796859.8	748002.1	801.7	48013.6	42.4
61707.2	32845.8	46882.4	25882.4		21000.0	
531792.1	742463.5	737243.1	722029.5	300.0	14913.6	
30731.5	16025.0	12734.3	90.2	501.7	12100.0	42.4
120444.3	404590.7	293350.2	150960.6		111487.6	5144.3
120356.4	380224.8	272093.5	129703.9		111487.6	5144.3
	5951.5	2838.7	2838.7			
87.9	18414.4	18418.0	18418.0			
504410.5	132013.2	223018.1	67766.2	1912.3	153237.4	102.2
122428.2	38875.1	64814.6	19985.9	1846.4	42880.1	102.2
114981.1	106614.9	77861.0	10461.0		67400.0	
1461.7	11397.8	11905.8	1834.9	65.9	10005.0	
265539.5	-28598.4	61816.7	34074.4		27742.3	
	384.3	1000.0	800.0		200.0	
	3339.5	5620.0	610.0		5010.0	
699208.9	1147899.9	744718.4	480428.5	777.6	239275.3	24237.0
593364.3	712811.0	525693.3	366825.5	467.7	135124.0	23276.1
24321.3	23226.4	25181.9	9773.0		15231.7	177.2
122781.0	170198.7	83849.6	64647.8	467.7	16472.9	2261.2
3992.5	95383.3	74832.8	47531.6		27187.2	114.0
	159.0	159.0	159.0			
13565.5	38002.4	21548.2	21548.2			
259316.9	215493.7	220117.0	217117.0		3000.0	
54.8	111684.6	48479.9	4694.3		24261.9	19523.7
	2931.4	1200.0				1200.0
	519.8	299.0	299.0			
169332.3	55211.7	50025.9	1055.6		48970.3	
54982.0	133288.2	96934.9	71489.0	309.9	24466.0	670.0
8856.0	-23081.7	8311.0	8311.0			
140.2	47323.0	3526.3			3526.3	
3143.9	26315.2	22022.1	21124.1		898.0	
6940.5	11749.1	16109.1	13546.1	309.9	2083.1	170.0
12306.3	38060.0	26000.0	16000.0		10000.0	
23595.1	32922.6	20966.4	12507.8		7958.6	500.0

1-13 续表 2-2

地　　区	固定资产原　　价	累计折旧	固定资产净值年平均余额	负债合计	流动负债合　　计	应付账款
阿勒泰地区	352657.9	91777.0	251157.1	292098.2	235112.9	44827.7
阿勒泰市	118842.0	33133.0	76816.9	97675.4	80450.1	16552.6
布尔津县	27561.1	8534.9	17904.2	10166.3	8790.3	1940.3
富蕴县	87336.7	24794.6	66834.3	100543.8	86508.7	20538.1
福海县	30951.7	10581.9	21074.1	16380.5	2728.8	57.6
哈巴河县	87950.6	14731.3	68513.2	67148.2	56451.0	5591.1
青河县	15.8	1.3	14.4	184.0	184.0	148.0
博尔塔拉蒙古自治州	147964.2	53169.6	94995.7	128096.8	67702.5	16046.7
博乐市	142982.7	51851.6	91459.3	121906.9	63030.7	15548.3
精河县	4062.2	1093.8	2807.7	5031.6	3864.5	448.2
温泉县	919.3	224.2	728.7	1158.3	807.3	50.2
巴音郭楞蒙古自治州	6424009.0	2524964.6	2578173.4	3047330.6	1228701.5	729482.9
库尔勒市	5991146.9	2451412.3	2360599.3	2443355.9	976303.7	659368.6
尉犁县	1981.3	555.6	1425.6	1315.2	1315.2	671.9
若羌县	157105.5	17843.2	37916.1	352273.3	111358.1	39648.5
且末县	10105.0	4433.4	7925.7	8712.1	3734.3	892.0
焉耆回族自治县	31974.4	12231.3	15157.7	28446.7	28309.4	4388.1
和静县	202186.2	21159.5	142283.1	185022.0	83409.6	23432.0
和硕县	4244.3	2161.5	2124.0	3856.7	3856.7	225.7
博湖县	25265.4	15167.8	10741.9	24348.7	20414.5	856.1
阿克苏地区	940446.7	279987.9	659937.8	650775.6	409231.8	62788.9
阿克苏市	342691.2	138454.1	202444.5	293533.4	165480.5	29701.6
温宿县	34086.2	3698.7	27159.1	40963.0	35374.3	600.5
库车县	502458.7	102776.4	406193.8	298825.6	190923.6	30670.0
拜城县	53895.7	34850.6	20587.0	7161.6	7161.4	565.9
乌什县	7314.9	208.1	3553.4	10292.0	10292.0	1250.9
克孜勒苏柯尔克孜自治州	6793.5	2262.7	3723.9	4904.4	1942.5	333.0
阿图什市	6793.5	2262.7	3723.9	4904.4	1942.5	333.0
喀什地区	388642.5	164471.6	204144.4	303092.0	218474.4	58329.5
喀什市	365220.7	156543.2	189578.6	289511.0	207893.0	55367.6
疏附县	6316.5	2762.6	3588.6	6008.1	3862.0	1985.6
疏勒县	5980.0	1827.8	4152.4	227.6	227.6	73.3
英吉沙县	7588.5	2243.7	4328.5	5790.8	5365.3	884.0
莎车县	3536.8	1094.3	2496.3	1554.5	1126.5	19.0
和田地区	286358.6	68603.2	219869.0	159434.8	146259.2	11188.4
和田市	140141.8	48202.3	89272.5	138148.5	128414.0	4284.3
和田县	119560.1	20022.0	104318.7	14670.7	11229.6	935.9
墨玉县	26656.7	378.9	26277.8	6615.6	6615.6	5968.2
自治区直辖县级市	1374247.0	279190.9	929673.3	2169450.1	1103772.0	285771.5
石河子市	1166387.0	247852.5	785001.4	1853254.5	953782.4	243826.4
阿拉尔市	89066.8	12173.0	54973.0	125690.3	59781.4	27988.3
图木舒克市	42031.3	8832.5	34844.4	50645.7	26148.6	1660.9
五家渠市	76761.9	10332.9	54854.5	139859.6	64059.6	12295.9

单位：万元

长期负债合计	所有者权益合计	实收资本	1.国家资本	2.集体资本	3.法人资本	4.个人资本
50862.6	301800.7	122090.2	42114.0		79685.3	290.9
11704.7	9757.2	20273.0	19713.1		269.0	290.9
1366.0	16523.0	14368.9	2087.3		12281.6	
14035.0	164346.0	36454.7	4300.0		32154.7	
13651.7	12341.3	15631.1	15631.1			
10105.2	98463.6	34980.0			34980.0	
	369.6	382.5	382.5			
38256.0	45371.4	34106.0	24801.6		8996.6	307.8
36737.9	41055.9	33122.0	24686.0		8436.0	
1167.1	3071.5	884.0	115.6		460.6	307.8
351.0	1244.0	100.0			100.0	
1782933.9	2749703.7	2684766.9	2550757.3		126247.7	7761.9
1436228.9	2583022.1	2555092.2	2507628.2		42402.1	5061.9
	932.1	921.3			921.3	
240915.2	90089.4	58640.1	4640.1		51510.0	2490.0
243.2	56.4	1471.7	1471.7			
	8723.3	10754.4			10754.4	
101612.4	64319.5	53240.5	36990.2		16040.3	210.0
	2087.6	1450.0			1450.0	
3934.2	473.3	3196.7	27.1		3169.6	
142600.3	526778.6	318541.3	220450.0		97221.4	869.9
29355.7	222578.2	87935.8	77928.5		9137.4	869.9
5342.7	5969.1	2390.3	2040.3		350.0	
107901.9	280878.6	211915.2	139228.5		72686.7	
	14990.1	6300.0	1252.7		5047.3	
	2362.6	10000.0			10000.0	
2961.9	1255.0	1032.0	826.0	159.0		47.0
2961.9	1255.0	1032.0	826.0	159.0		47.0
74535.2	-16094.7	32084.0	24894.3	1182.5	5000.0	1007.2
74083.0	-30897.3	20944.6	20944.6			
	-0.5	2170.5	988.0	1182.5		
	10729.0	5000.0			5000.0	
24.2	1143.7	3769.9	2762.7			1007.2
428.0	2930.4	199.0	199.0			
13175.6	126829.9	134633.3	123828.2		8350.0	2455.1
9734.5	-4021.3	22281.7	12721.6		8350.0	1210.1
3441.1	106644.5	104351.6	103106.6			1245.0
	24206.7	8000.0	8000.0			
792479.1	983614.4	621943.7	140535.4	3037.4	377645.2	72755.6
699631.3	891266.7	532629.0	87756.9	2057.4	343907.3	70937.3
63003.0	30805.8	35994.0	8254.0	490.0	27130.0	120.0
22264.8	12848.8	11823.9	7982.7		2825.4	1015.8
7580.0	48693.1	41496.8	36541.8	490.0	3782.5	682.5

1-13 续表 3-1

地　　区	5.港澳台资本	6.外商资本	主营业务收　　入	主营业务成　　本	主营业务税金及附加
总　　计	**12588.0**	**55603.7**	**35208969.4**	**24327086.2**	**957189.4**
乌鲁木齐市	11423.0	2950.9	11676339.3	9485575.8	464730.5
天山区			1136051.6	923065.6	7455.6
沙依巴克区			1242643.0	993825.1	13925.8
新市区	9173.0	2950.9	2690400.0	910214.5	348520.3
水磨沟区			151935.9	133276.3	749.2
头屯河区			3243343.8	3070252.4	5114.9
达坂城区			146621.5	98309.7	1511.1
米东区	2250.0		3046664.9	3348992.2	87438.4
乌鲁木齐县			18678.6	7640.0	15.2
克拉玛依市	90.0		12363630.0	8694596.6	257607.0
独山子区			2559941.5	2728567.7	51382.4
克拉玛依区			9795851.1	5959655.5	206224.6
乌尔禾区	90.0		7837.4	6373.4	
吐鲁番地区			1422850.7	620931.4	21707.9
吐鲁番市			28142.5	21706.1	509.1
鄯善县			1362083.5	576288.9	20453.4
托克逊县			32624.7	22936.4	745.4
哈密地区	125.0	25632.7	550710.3	417311.5	3671.4
哈密市	125.0	25632.7	528914.9	406599.7	3304.8
巴里坤哈萨克自治县			5503.7	2286.8	62.7
伊吾县			16291.7	8425.0	303.9
昌吉回族自治州			523027.8	443082.9	5656.6
昌吉市			148884.8	117223.1	1256.9
阜康市			178101.6	169230.0	208.0
呼图壁县			31878.8	30234.8	100.4
玛纳斯县			145593.1	113131.6	3988.9
奇台县			5731.4	4670.1	49.6
吉木萨尔县			12838.1	8593.3	52.8
伊犁哈萨克自治州			1604958.5	1002562.4	89858.1
伊犁州直属县(市)			729308.0	483269.3	83638.8
伊宁市			91451.4	78367.0	561.5
奎屯市			331669.4	205537.9	70647.8
伊宁县			93457.4	63505.4	344.8
察布查尔锡伯自治县			2582.1	2033.2	
霍城县			60180.6	48229.3	244.8
巩留县			20911.6	11540.7	130.7
新源县			92223.9	53390.1	11491.7
昭苏县			3220.0	2897.1	25.0
特克斯县			3038.2	2694.1	
尼勒克县			30573.4	15074.5	192.5
塔城地区			462230.5	343435.0	2115.1
塔城市			38668.3	37757.7	160.3
乌苏市			197983.8	136844.1	170.2
额敏县			43869.0	39441.0	231.9
沙湾县			88365.8	70960.9	233.9
托里县			45314.1	29690.0	187.4
和布克赛尔蒙古自治县			48029.5	28741.3	1131.4

单位：万元

二、损益及分配						
其他业务收入	其他业务利润	营业费用	管理费用		财务费用	
				税金		利息支出
714832.7	**92408.3**	**515174.4**	**1288880.6**	**123536.6**	**360111.6**	**355119.9**
354813.9	45156.9	199865.7	375603.3	29521.4	164584.0	164420.7
23610.0	13384.8	9264.5	62532.1	1797.8	57963.3	58333.9
221897.5	19833.6	67204.3	65452.5	1415.9	19625.7	18743.9
10629.6	2798.1	28351.8	86411.5	21458.2	29411.7	29406.2
3553.6	1529.2	3237.6	5795.1	110.7	4946.9	4641.6
34992.7	-2048.6	77692.8	30218.2	2480.7	41251.4	41145.0
8116.3	-2071.9	1239.6	14027.7	690.3	1065.9	795.9
51729.0	11462.3	12865.8	110921.0	1567.8	4126.6	4599.9
285.2	269.4	9.3	245.2		6192.5	6754.3
144508.2	18183.7	110422.0	395764.6	46466.8	3431.5	2647.4
2165.5	608.6	29034.4	95140.0	1294.1	10906.0	10913.8
142032.6	17481.4	81153.7	300024.2	45172.7	-7516.2	-8308.1
310.1	93.7	233.9	600.4		41.7	41.7
3615.4	853.3	24064.2	59424.9	46.0	6565.0	6260.1
1035.0	538.4	973.1	1973.3	-10.6	2607.3	2399.1
2522.8	269.7	22995.3	57121.7	46.6	-1385.1	-1485.6
57.6	45.2	95.8	329.9	10.0	5342.8	5346.6
76831.7	1608.1	18377.1	42966.7	974.2	12219.8	11578.8
76720.7	1502.9	15149.0	40432.0	970.3	12168.1	11528.9
6.0	6.0	869.4	1237.3	3.4	94.7	94.7
105.0	99.2	2358.7	1297.4	0.5	-43.0	-44.8
7090.3	1845.4	17274.1	28439.1	941.5	24492.4	23292.3
1464.3	478.4	8447.4	11160.4	280.0	11905.9	11546.7
1804.2	564.6	867.5	6799.4	43.5	2490.3	2246.4
1380.8	314.6	1320.7	1063.4	4.8	893.2	613.1
2063.2	370.0	4717.0	8173.5	552.7	8312.9	8065.6
138.0	57.6	645.7	365.0	28.0	321.7	321.7
239.8	60.2	1275.8	877.4	32.5	568.4	498.8
40137.4	8645.4	61553.0	96975.6	3389.3	48811.0	46816.3
14300.0	2322.2	30335.7	46206.0	1451.1	32885.4	32838.0
1510.9	835.3	596.8	6298.6	96.4	4981.1	5005.8
5233.2	638.7	9385.8	18219.8	1106.7	6588.6	6410.3
3218.3	41.2	6029.3	12900.6	26.9	1420.2	1411.6
25.3	25.3	18.4	6.2		-0.3	
3808.2	651.4	6506.0	2476.4	29.4	1300.4	1423.1
57.7	54.3	565.1	2465.6	12.8	7831.6	7839.7
306.8		6948.7	3236.1	178.9	889.8	889.8
		152.0	22.0		2.4	2.4
		64.2	103.2			
139.6	76.0	69.4	477.5		9871.6	9855.3
8720.0	974.3	9916.0	23737.5	217.6	9895.1	8349.3
4555.2	-5.6	309.9	105.6	9.7	2917.7	2918.0
78.9		960.7	4124.7	30.0	1210.9	1027.6
2458.5	799.4	1093.3	1818.9	66.2	5.1	227.1
210.6	107.9	4078.7	1464.0	21.1	3110.7	1767.0
566.0	283.9	497.3	8376.3	87.7	1073.9	697.3
850.8	-211.3	2976.1	7848.0	2.9	1576.8	1712.3

1-13 续表 3-2

地区	5.港澳台资本	6.外商资本	主营业务收入	主营业务成本	主营业务税金及附加
阿勒泰地区			413420.0	175858.1	4104.2
阿勒泰市			54917.8	46580.1	327.0
布尔津县			13342.7	7828.2	107.7
富蕴县			194670.7	80800.2	1535.6
福海县			2756.1	2566.6	1.8
哈巴河县			147044.6	37407.8	2130.7
青河县			688.1	675.2	1.4
博尔塔拉蒙古自治州			122449.0	113299.9	427.5
博乐市			112387.9	104716.8	367.0
精河县			7913.0	6724.4	58.0
温泉县			2148.1	1858.7	2.5
巴音郭楞蒙古自治州			4393249.8	1268457.8	86938.5
库尔勒市			4227758.1	1168508.8	84972.6
尉犁县			3371.7	3294.7	
若羌县			50767.5	19498.7	1147.9
且末县			2329.1	2300.1	12.6
焉耆回族自治县			21162.7	14388.5	145.3
和静县			59745.0	41659.6	489.0
和硕县			5692.7	3485.3	33.6
博湖县			22423.0	15322.1	137.5
阿克苏地区			1077449.9	1004768.2	18292.6
阿克苏市			184962.7	162223.4	999.4
温宿县			7099.5	2464.3	53.8
库车县			863986.5	822870.2	17093.8
拜城县			18023.9	15751.6	145.1
乌什县			3377.3	1458.7	0.5
克孜勒苏柯尔克孜自治州			2085.0	1498.2	46.6
阿图什市			2085.0	1498.2	46.6
喀什地区			135153.5	128287.5	2256.0
喀什市			121728.6	118216.4	2161.1
疏附县			2193.7	2193.3	10.3
疏勒县			4349.4	2676.0	76.7
英吉沙县			6282.0	4927.9	5.0
莎车县			599.8	273.9	2.9
和田地区			62678.4	54199.3	417.9
和田市			45083.4	40130.6	318.5
和田县			11931.8	9454.0	78.1
墨玉县			5663.2	4614.7	21.3
自治区直辖县级市	950.0	27020.1	1274387.2	1092514.7	5578.8
石河子市	950.0	27020.1	1120702.5	959326.3	5304.9
阿拉尔市			47945.6	47150.6	86.3
图木舒克市			24963.0	22397.0	46.6
五家渠市			80776.1	63640.8	141.0

单位：万元

二、损益及分配						
其他业务收入	其他业务利润	营业费用	管理费用		财务费用	
				税金		利息支出
17117.4	5348.9	21301.3	27032.1	1720.6	6030.5	5629.0
2069.6	97.8	178.4	4735.2	561.8	2813.0	2813.0
373.4	145.7	1534.0	1406.6	19.4	447.6	447.6
10354.5	892.7	14831.0	10717.9	1065.2	1104.1	706.4
20.6	20.6		251.2		-18.1	-18.1
4299.3	4192.1	4757.9	9886.4	74.2	1669.0	1665.1
			34.8		14.9	15.0
1853.6	323.2	3410.1	5033.2	192.2	3630.9	3751.5
1850.6	321.3	3332.5	4309.9	179.6	3331.7	3452.9
3.0	1.9	56.8	602.9	12.3	226.1	225.7
		20.8	120.4	0.3	73.1	72.9
40306.3	6007.6	33569.4	203938.1	39210.8	16508.6	16199.8
34842.1	3754.5	23293.9	192780.1	38708.0	7923.5	7826.2
55.4	14.4		269.5		-1.3	-1.3
1885.0	1463.1	2784.7	6102.0	64.7	-16.9	-24.6
85.0	80.9	1.3	339.5	121.9	86.2	87.8
1345.7	128.3	1705.1	820.1	66.3	841.0	771.4
2006.7	568.1	3366.9	2910.2	189.9	6550.3	6613.0
20.1	6.7	524.4	198.2	5.1	112.6	110.9
66.3	-8.4	1893.1	518.5	54.9	1013.2	816.4
11739.0	5348.5	4515.4	35875.6	752.2	22899.9	24346.6
4964.8	931.4	2013.5	8754.2	183.0	6924.8	7110.3
19.4	0.2	54.3	1577.7	1.3	1367.0	1367.7
6402.7	4228.2	2124.3	24987.3	559.3	13945.1	14060.1
80.4	36.2		376.7		451.1	452.9
271.7	152.5	323.3	179.7	8.6	211.9	1355.6
136.7	134.9	85.1	556.8	17.9	28.4	30.6
136.7	134.9	85.1	556.8	17.9	28.4	30.6
2311.4	319.4	1092.5	3204.8	38.4	13899.3	13280.8
1605.1		143.0	2149.8		12847.3	12867.9
		62.3	210.5	0.5	253.3	254.3
672.1	354.7	423.1	216.7	3.5	-254.3	-254.3
		464.1	361.8	30.0	1042.6	402.5
34.2	-35.3		266.0	4.4	10.4	10.4
1127.0	81.4	633.7	4583.4	70.9	3753.6	3830.5
1127.0	81.4	377.8	1569.8	59.4	3843.6	3830.5
		120.2	2612.5	7.5	-87.7	
		135.7	401.1	4.0	-2.3	
30361.8	3900.5	40312.1	36514.5	1915.0	39287.2	38664.5
26419.2	3214.7	35243.8	31547.9	1784.4	32888.9	32652.2
318.6	139.6	2639.7	1281.3	13.8	1892.2	1483.4
2936.7	263.0	113.5	1434.6	42.8	50.5	60.2
687.3	283.2	2315.1	2250.7	74.0	4455.6	4468.7

1-13 续表 4-1

地　区	营业利润	投资收益	补贴收入	利润总额	亏损企业亏损额
总　计	**6752397.7**	**64728.0**	**101544.8**	**6972553.4**	**1173265.1**
乌鲁木齐市	723892.5	24277.9	24676.3	750570.2	636192.4
天山区	57947.7	7346.4	2340.8	63935.8	1874.1
沙依巴克区	103481.8	16714.2	8539.9	100280.5	4969.0
新市区	1117557.8	195.7	3938.0	1123216.2	8536.1
水磨沟区	5180.5		163.8	5274.8	2061.2
头屯河区	8144.2	-310.0	130.9	-13132.1	21805.9
达坂城区	27864.6	0.3	4314.5	31651.5	
米东区	-601313.0	331.3	4455.5	-567415.3	596946.1
乌鲁木齐县	5028.9		792.9	6758.8	
克拉玛依市	2642171.6	2860.6		2760848.6	404867.3
独山子区	-361946.5	5216.3		-325401.7	334531.0
克拉玛依区	3003436.4	-2355.7		3085861.4	70336.3
乌尔禾区	681.7			388.9	
吐鲁番地区	500298.3	9130.0	1217.4	502829.8	3739.3
吐鲁番市	911.4	96.7	10.9	206.3	988.4
鄯善县	496166.6	9033.3	1161.9	499412.2	2742.4
托克逊县	3220.3		44.6	3211.3	8.5
哈密地区	42185.2	2538.3	1057.1	40267.7	13745.8
哈密市	37176.6	2538.3	1057.1	35460.2	13745.8
巴里坤哈萨克自治县	959.7			924.5	
伊吾县	4048.9			3883.0	
昌吉回族自治州	4595.8	-128.6	2753.1	8961.8	39807.7
昌吉市	1405.3	-246.0	2403.7	-4950.5	20836.2
阜康市	-1934.5	143.9	28.6	6831.0	8655.6
呼图壁县	-1630.0			-1835.1	1890.4
玛纳斯县	5507.9	-26.5	320.8	7849.7	7093.5
奇台县	-263.0			-372.5	372.5
吉木萨尔县	1510.1			1439.2	959.5
伊犁哈萨克自治州	265414.9	2444.0	8444.5	263653.5	13777.0
伊犁州直属县(市)	55021.7	902.0	6380.9	63613.2	6026.2
伊宁市	1069.3		36.6	1110.4	530.3
奎屯市	21919.4	351.5	2614.6	25301.9	2553.6
伊宁县	9304.6	548.7	3093.0	13427.2	1142.7
察布查尔锡伯自治县	575.2			575.2	
霍城县	2133.9	1.8	359.5	2537.3	
巩留县	-1568.4		21.1	-1185.6	1690.5
新源县	16461.1		30.2	16480.6	109.1
昭苏县	144.0			144.0	
特克斯县	160.6		49.6	259.4	
尼勒克县	4822.0		176.3	4962.8	
塔城地区	25737.0	1053.9	1165.1	26684.9	4847.0
塔城市	-1715.7			-1284.1	1675.0
乌苏市	2731.0			2788.5	1494.0
额敏县	2485.4	1035.5	496.2	2953.6	325.2
沙湾县	10583.6			10058.4	6.4
托里县	5841.5	18.4		5574.8	1323.9
和布克赛尔蒙古自治县	5811.2		668.9	6593.7	22.5

单位：万元

应交所得税	三、工资、福利费、增值税			
	本年应付工资总额（贷方累计发生额）	本年应付福利费总额	本年应交增值税	全部从业人员年平均人数（人）
612762.2	**1485575.2**	**128199.4**	**2157084.7**	**392634**
186516.1	397891.9	28159.2	479851.5	119111
6032.6	80095.3	2798.4	76130.7	15148
3438.8	92636.9	6513.9	36731.2	43363
167982.4	56660.0	4873.6	244542.4	19901
971.2	11192.3	905.2	7499.9	4313
-4268.3	53094.8	4078.0	56011.7	13361
8055.5	23045.8	1475.4	9759.9	5653
3396.8	80580.9	7482.7	46966.1	17247
907.1	585.9	32.0	2209.6	125
15010.5	531288.8	57044.3	773345.1	116750
768.5	53105.5	3598.8	5752.9	17600
14183.7	477417.7	53419.6	766749.9	98941
58.3	765.6	25.9	842.3	209
96456.1	39940.7	4524.0	145518.6	7566
	1480.1	406.6	3694.1	819
96454.8	36528.2	4065.7	137884.9	6220
1.3	1932.4	51.7	3939.6	527
8238.9	70646.9	3002.4	34032.7	18886
7431.1	68281.0	2808.5	31850.1	18177
55.0	1477.5	71.6	561.7	628
752.8	888.4	122.3	1620.9	81
6160.8	42724.4	2947.0	31383.4	14461
1785.4	11277.7	964.5	8313.2	5466
2830.6	13545.5	1320.5	6574.4	4048
6.3	2429.5	329.4	1550.9	988
1538.5	12490.1	224.9	14097.7	2957
	1337.1	88.4	620.3	447
	1644.5	19.3	226.9	555
32763.2	108589.0	6757.8	121382.0	37098
12969.0	55730.0	3294.0	62641.1	18520
374.6	14961.8	390.5	7219.8	3978
6133.9	16301.5	660.8	30059.2	4907
3142.6	8788.0	932.5	5638.8	4026
	21.3	0.1		9
123.3	4336.7	396.0	3137.0	1982
	1477.6	259.6	3211.3	287
3065.5	8331.1	590.7	8282.1	3001
	811.0		72.0	65
14.1	50.5	2.3	229.0	14
115.0	650.5	61.5	4791.9	251
3249.8	32000.8	1955.2	18988.4	12028
97.7	5439.8	5.8	2170.0	1575
	2195.0	320.8	5961.3	731
107.9	2159.1	227.7	1550.9	1029
1131.0	3985.8	258.5	3448.5	1472
1545.1	9237.2	533.8	1355.8	3416
368.1	8983.9	608.6	4501.9	3805

1-13 续表 4-2

地　　区	营业利润	投资收益	补贴收入	利润总额	亏损企业亏损额
阿勒泰地区	184656.2	488.1	898.5	173355.4	2903.8
阿勒泰市	1278.0	6.7	154.4	1526.5	616.9
布尔津县	2359.2	34.4	427.8	2628.5	
富蕴县	86731.0	-32.6	293.5	84497.3	290.0
福海县	-24.8			-88.5	88.5
哈巴河县	94351.2	479.6		84807.7	1892.3
青河县	-38.4		22.8	-16.1	16.1
博尔塔拉蒙古自治州	-1504.9		2878.5	1417.0	3007.3
博乐市	-1824.2		2456.4	687.2	2978.1
精河县	246.7		382.1	617.6	29.2
温泉县	72.6		40.0	112.2	
巴音郭楞蒙古自治州	2507373.1	19.1	11641.6	2520986.1	5968.4
库尔勒市	2470342.8	14.4	5876.2	2479264.1	4998.6
尉犁县	-176.8		178.8	0.2	
若羌县	22563.5		3925.6	26983.4	340.9
且末县	-324.3		53.5	-334.3	334.3
焉耆回族自治县	3502.9			3451.0	
和静县	6576.8	4.7	1373.0	6473.8	5.0
和硕县	1345.3			1346.7	
博湖县	3542.9		234.5	3801.2	289.6
阿克苏地区	-5525.7	3410.9	44305.9	39030.4	16093.2
阿克苏市	8614.0	2675.8	2048.3	10363.4	362.4
温宿县	2026.4			2033.0	
库车县	-18844.6	735.1	42257.6	23998.8	15344.1
拜城县	1322.9			1272.6	386.7
乌什县	1355.6			1362.6	
克孜勒苏柯尔克孜自治州	4.2			0.6	97.8
阿图什市	4.2			0.6	97.8
喀什地区	-8320.6			-7941.8	9763.7
喀什市	-9268.0			-8938.1	9178.5
疏附县	-110.5			-114.4	127.9
疏勒县	1565.9			1566.2	
英吉沙县	-519.4			-457.3	457.3
莎车县	11.4			1.8	
和田地区	-4971.4	3.3	132.4	-5352.1	13224.9
和田市	-5347.1	3.3	132.4	-5393.2	11735.9
和田县	-116.0			-449.5	1489.0
墨玉县	491.7			490.6	
自治区直辖县级市	86784.7	20172.5	4438.0	97281.6	12980.3
石河子市	82574.5	20142.4	3109.7	91531.2	7602.8
阿拉尔市	-5491.8	-10.1	1127.1	-4256.0	4683.1
图木舒克市	1341.9	38.0		1351.3	
五家渠市	8360.1	2.2	201.2	8655.1	694.4

单位：万元

	三、工资、福利费、增值税			
应交所得税	本年应付 工资总额 (贷方累计发生额)	本年应付 福利费总额	本年应交 增值税	全部从业人员 年平均人数 (人)
16544.4	20858.2	1508.6	39752.5	6550
57.1	5655.1	124.8	3505.4	1690
489.3	1512.6	83.4	1410.6	406
15029.7	9518.1	672.1	19863.4	3210
-59.0	128.5	28.1	100.1	42
1027.3	3988.7	592.5	14873.0	1163
	55.2	7.7		39
753.6	10052.0	866.6	4232.9	4373
581.6	9319.9	857.3	3943.8	4106
172.0	708.3	2.6	289.1	249
	23.8	6.7		18
257414.6	138988.1	14851.4	473725.6	26234
256421.9	124177.9	12589.7	461979.3	21671
	139.5	3.6	39.2	109
	7825.4	1642.9	4083.9	2289
	388.0	28.6	138.7	194
	1119.6	119.4	583.3	501
992.7	4343.2	416.0	6625.1	1022
	181.0	12.9	49.1	63
	813.5	38.3	227.0	385
1671.9	42117.3	2336.6	29910.6	10095
1481.2	22430.9	982.3	12432.3	6163
136.0	3316.3	24.5	701.4	658
109.5	13190.4	1234.2	14502.3	2746
-54.8	3067.2	91.1	1906.7	474
	112.5	4.5	367.9	54
24.6	416.5	81.4	167.4	186
24.6	416.5	81.4	167.4	186
131.0	19641.0	216.1	10283.6	4827
108.0	18487.0	120.0	9313.9	4068
	502.2	45.2	121.0	434
	222.2	11.6	773.4	69
22.5	263.6	20.1	39.3	164
0.5	166.0	19.2	36.0	92
454.0	12997.2	447.6	5104.7	4340
40.1	10554.2	226.0	3509.4	3498
291.2	1935.6	160.8	1335.9	612
122.7	507.4	60.8	259.4	230
7166.9	70281.4	6965.0	48146.6	28707
6926.4	62189.5	6269.6	41474.6	24568
54.0	2605.0	137.7	1597.2	1692
91.5	1490.6	166.8	235.3	675
95.0	3996.3	390.9	4839.5	1772

1-14 各地、州、市、县(市)规模

地区	企业单位数(个)	亏损企业	生产、销售总值 工业总产值(当年价格)	工业销售产值(当年价格)	出口交货值	资产总计	流动资产合计
总计	**31**	**7**	**131214.9**	**131164.1**	**13800.2**	**94113.1**	**59747.9**
乌鲁木齐市	12	3	68781.1	69603.0		42561.4	33572.2
天山区	1		926.7	926.7		852.5	416.9
沙依巴克区	1		966.4	979.9		1893.0	1875.6
新市区	1	1	1152.7	1152.7		2390.5	1940.8
头屯河区	8	2	63442.5	64199.0		35330.6	27456.9
达坂城区	1		2292.8	2344.7		2094.8	1882.0
克拉玛依市	2		31545.1	31031.6	13800.2	24293.9	12483.0
白碱滩区	1		20683.1	20169.6	13800.2	14873.7	10964.4
乌尔禾区	1		10862.0	10862.0		9420.2	1518.6
吐鲁番地区	3		4858.7	4858.7		5516.2	2251.3
鄯善县	2		4028.2	4028.2		3850.2	1254.7
托克逊县	1		830.5	830.5		1666.0	996.6
哈密地区	4		9303.8	8475.6		4791.6	3646.8
哈密市	2		6629.8	5855.4		2139.3	1467.9
巴里坤哈萨克自治县	2		2674.0	2620.2		2652.3	2178.9
昌吉回族自治州	1	1	3366.1	4131.4		3203.1	1043.5
呼图壁县	1	1	3366.1	4131.4		3203.1	1043.5
伊犁哈萨克自治州	6	2	8018.1	7831.3		8093.4	3747.7
伊犁州直属县(市)	5	2	5379.8	5303.0		6337.4	3171.6
伊宁市	1		1750.4	1696.5		2606.6	1546.1
伊宁县	2	1	2031.3	2031.3		2073.7	536.8
察布查尔县	2	1	1598.1	1575.2		1657.1	1088.7
塔城地区	1		2638.3	2528.3		1756.0	576.1
沙湾县	1		2638.3	2528.3		1756.0	576.1
巴音郭楞蒙古自治州	1	1	1277.0	1359.0		4047.1	2412.5
库尔勒市	1	1	1277.0	1359.0		4047.1	2412.5
阿克苏地区	1		1665.0	1473.5		602.1	-60.6
库车县	1		1665.0	1473.5		602.1	-60.6
喀什地区	1		2400.0	2400.0		1004.3	651.5
英吉沙县	1		2400.0	2400.0		1004.3	651.5

以上集体工业企业主要经济指标

单位：万元

一、年末资产负债							
应收账款	存货		流动资产年平均余额	固定资产合计	固定资产原价	累计折旧	固定资产净值年平均余额
		产成品					
22014.6	**12717.8**	**5706.3**	**50631.7**	**22220.6**	**44554.8**	**22948.6**	**22003.4**
8020.2	7138.3	2868.0	31250.6	8193.3	14705.7	6649.6	8623.6
0.8	12.0		526.7	435.6	651.2	215.6	446.6
	171.7	67.8	1823.4	17.4	30.3	12.9	19.1
879.2	54.9		1762.3	75.4	120.9	45.5	78.4
6827.3	6578.2	2664.9	25390.0	7452.1	12775.0	5460.0	7845.9
312.9	321.5	135.3	1748.2	212.8	1128.3	915.6	233.6
9639.0	1384.2	193.8	3555.3	3122.8	7460.7	4435.4	3121.2
9542.0	1228.6	193.8	1327.4	2132.8	4093.3	2058.0	2035.3
97.0	155.6		2227.9	990.0	3367.4	2377.4	1085.9
901.5	129.0		2787.1	1741.0	5506.8	3765.8	1704.6
224.8	55.7		1764.3	1171.6	3252.5	2080.9	1130.2
676.7	73.3		1022.8	569.4	2254.3	1684.9	574.4
1971.0	1099.8	869.3	3750.3	1144.8	1832.0	687.2	1155.5
841.0	466.2	345.9	1571.4	671.4	953.9	282.5	682.2
1130.0	633.6	523.4	2178.9	473.4	878.1	404.7	473.3
369.7	648.2	228.5	2481.3	1859.6	5251.6	3392.0	1928.3
369.7	648.2	228.5	2481.3	1859.6	5251.6	3392.0	1928.3
381.5	1566.9	1287.3	3731.6	4144.6	6712.3	2939.9	3487.3
319.7	1566.9	1287.3	3251.6	2964.7	5320.4	2727.9	2507.3
135.6	526.9	349.0	1559.0	931.0	2068.9	1440.1	490.0
86.2	98.6		585.2	1465.4	2211.3	799.3	1514.3
97.9	941.4	938.3	1107.4	568.3	1040.2	488.5	503.0
61.8			480.0	1179.9	1391.9	212.0	980.0
61.8			480.0	1179.9	1391.9	212.0	980.0
605.1	656.3	220.4	2386.6	1135.2	2087.3	959.6	1116.3
605.1	656.3	220.4	2386.6	1135.2	2087.3	959.6	1116.3
-86.4	25.8	25.0	55.6	526.6	550.2	23.6	511.0
-86.4	25.8	25.0	55.6	526.6	550.2	23.6	511.0
213.0	69.3	14.0	633.3	352.7	448.2	95.5	355.6
213.0	69.3	14.0	633.3	352.7	448.2	95.5	355.6

1-14 续表 1

地 区	负债合计	流动负债合计	应付账款	长期负债合计	所有者权益合计	实收资本	1.国家资本
总 计	**50569.7**	**46528.5**	**20413.2**	**4040.8**	**43543.4**	**14518.8**	**262.3**
乌鲁木齐市	19529.0	19307.9	11705.5	221.0	23032.4	7364.1	
天山区	252.5	252.4	74.7		600.0	153.3	
沙依巴克区	204.3	204.3			1688.7	35.0	
新市区	1886.2	1665.2	1099.3	221.0	504.3	131.3	
头屯河区	16898.8	16898.8	10516.7		18431.8	6375.5	
达坂城区	287.2	287.2	14.8		1807.6	669.0	
克拉玛依市	12828.1	12828.0	4231.1	0.1	11465.8	1860.5	262.3
白碱滩区	11923.8	11923.8	4170.3		2949.9	900.5	262.3
乌尔禾区	904.3	904.2	60.8	0.1	8515.9	960.0	
吐鲁番地区	3730.7	3522.6	1535.1	208.0	1785.5	801.7	
鄯善县	2649.7	2441.6	1083.5	208.0	1200.5	300.0	
托克逊县	1081.0	1081.0	451.6		585.0	501.7	
哈密地区	2544.8	2494.8	1395.3	50.0	2246.8	1229.2	
哈密市	1021.5	971.5	734.3	50.0	1117.8	407.1	
巴里坤哈萨克自治县	1523.3	1523.3	661.0		1129.0	822.1	
昌吉回族自治州	-12.7	-12.7			3215.8	1323.7	
呼图壁县	-12.7	-12.7			3215.8	1323.7	
伊犁哈萨克自治州	5678.5	4125.2	745.9	1553.2	2414.9	1208.6	
伊犁州直属县(市)	5158.5	3944.2	671.8	1214.2	1178.9	1177.6	
伊宁市	2003.6	1865.1	11.5	138.4	603.0	358.4	
伊宁县	2036.3	1050.5	164.3	985.8	37.4	293.5	
察布查尔县	1118.6	1028.6	496.0	90.0	538.5	525.7	
塔城地区	520.0	181.0	74.1	339.0	1236.0	31.0	
沙湾县	520.0	181.0	74.1	339.0	1236.0	31.0	
巴音郭楞蒙古自治州	4905.1	2896.6	600.5	2008.5	-858.0	486.0	
库尔勒市	4905.1	2896.6	600.5	2008.5	-858.0	486.0	
阿克苏地区	397.1	397.1	165.3		205.0	195.0	
库车县	397.1	397.1	165.3		205.0	195.0	
喀什地区	969.1	969.0	34.5		35.2	50.0	
英吉沙县	969.1	969.0	34.5		35.2	50.0	

单位：万元

			二、损益及分配				
2.集体资本	3.法人资本	4.个人资本	主营业务收　入	主营业务成　本	主营业务税金及附加	其他业务收　入	其他业务利　润
10881.2	**513.7**	**2861.6**	**149155.8**	**132420.3**	**873.6**	**2299.4**	**352.3**
7364.1			75551.8	65417.8	528.7	966.2	159.7
153.3			1183.7	617.7	12.2		
35.0			979.9	658.2	7.0		
131.3			1152.7	1058.8	4.7		
6375.5			69837.5	61396.8	488.7	956.0	150.0
669.0			2398.0	1686.3	16.1	10.2	9.7
1373.6	43.5	181.1	41288.7	39521.0	86.5	934.9	-5.7
413.6	43.5	181.1	30426.7	28773.9	65.9	597.6	26.2
960.0			10862.0	10747.1	20.6	337.3	-31.9
801.7			6459.7	5061.9	99.7	123.0	44.5
300.0			5564.0	4301.5	95.2	66.6	
501.7			895.7	760.4	4.5	56.4	44.5
401.1		828.1	8557.9	7346.9	45.5	123.5	46.6
332.1		75.0	5855.4	5453.3	14.7	123.5	46.6
69.0		753.1	2702.5	1893.6	30.8		
		1323.7	3245.4	3054.5	12.9	30.7	
		1323.7	3245.4	3054.5	12.9	30.7	
259.7	420.2	528.7	8647.9	7569.3	68.4	118.0	104.7
259.7	420.2	497.7	5116.9	4243.5	47.2	118.0	104.7
		358.4	1892.3	1751.3	12.8	118.0	104.7
	160.2	133.3	2031.3	1440.9	22.0		
259.7	260.0	6.0	1193.3	1051.3	12.4		
		31.0	3531.0	3325.8	21.2		
		31.0	3531.0	3325.8	21.2		
486.0			1530.9	1679.9	1.4	3.1	2.5
486.0			1530.9	1679.9	1.4	3.1	2.5
195.0			1473.5	847.0	12.5		
195.0			1473.5	847.0	12.5		
	50.0		2400.0	1922.0	18.0		
	50.0		2400.0	1922.0	18.0		

1-14 续表 2

地区	营业费用	管理费用	税金	财务费用	利息支出	营业利润	投资收益
总计	**2344.1**	**10102.2**	**146.4**	**480.0**	**444.7**	**4312.4**	**312.7**
乌鲁木齐市	1179.5	6735.8	78.7	63.8	39.8	2039.5	
天山区		119.8	2.9	-2.8	-2.8	436.7	
沙依巴克区	3.8	107.7		23.9		227.1	
新市区		84.7	0.3	50.1	50.0	-45.6	
头屯河区	1175.7	5998.3	69.8	1.8	1.8	1132.1	
达坂城区		425.3	5.7	-9.2	-9.2	289.2	
克拉玛依市	155.1	1019.6	21.9	196.0	196.0	304.8	312.7
白碱滩区	142.5	764.3	21.9	217.5	217.5	488.8	
乌尔禾区	12.6	255.3		-21.5	-21.5	-184.0	312.7
吐鲁番地区	11.3	677.7	9.5	-8.8	-5.0	1510.0	
鄯善县		493.7	4.0	-5.0	-5.0	1526.1	
托克逊县	11.3	184.0	5.5	-3.8		-16.1	
哈密地区	659.7	283.2	13.9	30.7	21.7	238.5	
哈密市	111.3	158.6		11.6	11.6	152.5	
巴里坤哈萨克自治县	548.4	124.6	13.9	19.1	10.1	86.0	
昌吉回族自治州	95.1	150.6	3.7	182.0	175.9	-249.7	
呼图壁县	95.1	150.6	3.7	182.0	175.9	-249.7	
伊犁哈萨克自治州	71.3	860.2	0.6	3.9	4.3	174.5	
伊犁州直属县(市)	42.3	789.0	0.6	1.9	2.3	13.2	
伊宁市	24.6	134.0	0.6	-0.4		-9.6	
伊宁县		544.4		-0.3	-0.3	24.3	
察布查尔县	17.7	110.6		2.6	2.6	-1.5	
塔城地区	29.0	71.2		2.0	2.0	161.3	
沙湾县	29.0	71.2		2.0	2.0	161.3	
巴音郭楞蒙古自治州	17.0	104.1	17.1	-0.2	-0.2	-268.8	
库尔勒市	17.0	104.1	17.1	-0.2	-0.2	-268.8	
阿克苏地区	155.1	56.8	1.0	12.2	12.2	318.2	
库车县	155.1	56.8	1.0	12.2	12.2	318.2	
喀什地区		214.2		0.4		245.4	
英吉沙县		214.2		0.4		245.4	

单位：万元

				三、工资、福利费、增值税			
补贴收入	利润总额	亏损企业亏损额	应交所得税	本年应付工资总额（贷方累计发生额）	本年应付福利费总额	本年应交增值税	全部从业人员年平均人数（人）
623.3	**6224.9**	**731.7**	**1866.5**	**12292.4**	**1162.2**	**5471.4**	**3720**
42.3	2752.7	573.5	887.0	5903.7	358.6	3334.0	1615
	436.8		109.2	142.0	3.1	119.7	25
	227.1		34.1	21.3	3.0	69.8	10
24.7	-4.2	4.2		42.7	2.9	46.5	30
	1786.0	569.3	667.0	5123.9	269.3	2895.7	1399
17.6	307.0		76.7	573.8	80.3	202.3	151
	1037.9		511.2	2837.2	480.4	618.5	465
	540.7		436.7	2437.3	336.3	412.7	411
	497.2		74.5	399.9	144.1	205.8	54
44.6	1505.6		241.1	785.5	51.7	242.7	272
	1496.7		239.8	544.6	46.9	189.9	127
44.6	8.9		1.3	240.9	4.8	52.8	145
	232.1		39.0	633.6	9.8	298.9	327
	150.1		3.6	266.9	9.8	85.5	130
	82.0		35.4	366.7		213.4	197
243.3	-5.3	5.3		135.4		162.0	106
243.3	-5.3	5.3		135.4		162.0	106
	149.1	50.1	108.7	1568.6	120.3	522.6	666
	-12.2	50.1	87.9	1279.5	108.4	474.0	610
	2.6		0.6	312.0		128.0	260
	-13.5	43.4	85.2	694.5	88.3	234.5	225
	-1.3	6.7	2.1	273.0	20.1	111.5	125
	161.3		20.8	289.1	11.9	48.6	56
	161.3		20.8	289.1	11.9	48.6	56
165.9	-102.8	102.8		79.2	18.7	13.5	90
165.9	-102.8	102.8		79.2	18.7	13.5	90
	318.2		79.5	243.2	122.7	152.0	91
	318.2		79.5	243.2	122.7	152.0	91
127.2	337.4			106.0		127.2	88
127.2	337.4			106.0		127.2	88

1-15 各地、州、市、县(市)规模

地区	企业单位数(个)	亏损企业	生产、销售总值 工业总产值(当年价格)	工业销售产值(当年价格)	出口交货值
总计	**768**	**240**	**4045696.1**	**3737241.7**	**124284.0**
乌鲁木齐市	224	69	1590097.4	1464556.2	76056.3
天山区	6	1	20108.5	20119.4	
沙依巴克区	11	2	34479.0	34287.8	10229.4
新市区	90	32	1000973.5	896176.4	53734.4
水磨沟区	23	8	57254.6	57888.7	
头屯河区	21	7	82808.1	81707.7	6557.4
达坂城区	4	2	10149.7	10124.2	
米东区	64	16	377234.0	356582.8	5535.1
乌鲁木齐县	5	1	7090.0	7669.2	
克拉玛依市	35	3	85471.6	84358.4	
独山子区	3		3730.7	3873.7	
克拉玛依区	26	2	61471.8	60699.5	
白碱滩区	6	1	20269.1	19785.2	
吐鲁番地区	21	4	267577.8	241003.5	
吐鲁番市	10		197676.9	174619.6	
鄯善县	5		26852.7	28490.4	
托克逊县	6	4	43048.2	37893.5	
哈密地区	41	12	131523.3	129260.0	
哈密市	28	9	98391.5	96758.2	
巴里坤哈萨克自治县	12	2	31855.0	31225.0	
伊吾县	1	1	1276.8	1276.8	
昌吉州	121	37	554005.6	498940.2	1214.5
昌吉市	47	5	194756.9	184537.0	1003.0
阜康市	13	4	92967.8	88245.3	
呼图壁县	24	13	94672.6	85910.6	210.7
玛纳斯县	10	7	77706.3	62360.9	0.8
奇台县	12	3	51861.6	44361.3	
吉木萨尔县	11	3	36154.8	29229.1	
木垒哈萨克自治县	4	2	5885.6	4296.0	
伊犁哈萨克自治州	109	28	380068.6	363153.7	33486.6
伊犁州直属县(市)	69	15	260706.6	256664.3	33190.9
伊宁市	7		33783.2	32762.5	
奎屯市	13	4	44738.0	47325.4	2999.3
伊宁县	11	1	35569.3	35630.7	
察布查尔锡伯自治县	5	1	28857.5	27548.5	7741.3
霍城县	18	6	62005.6	59932.8	22450.3
巩留县	4	2	6526.7	6522.3	
昭苏县	5		31948.3	29333.8	
特克斯县	2		10212.7	10188.6	
尼勒克县	4	1	7065.3	7419.7	
塔城地区	27	10	74106.1	61733.9	295.7
塔城市	5		5827.6	5531.9	271.7
乌苏市	4	2	12099.8	11309.5	
额敏县	3		3261.6	3164.6	
沙湾县	8	4	36401.9	28622.7	
托里县	2		2676.0	2318.6	24.0
裕民县	2	1	6234.0	5438.4	
和布克赛尔蒙古自治县	3	3	7605.2	5348.2	

以上私营工业企业主要经济指标

单位：万元

一、年末资产负债						
资产总计	流动资产合　　计	应收账款	存货	产成品	流动资产年平均余额	固定资产合　　计
4916123.2	**2614697.9**	**559784.9**	**855772.8**	**320820.0**	**2362840.5**	**1385207.2**
2193972.5	1261861.4	351679.0	334195.6	78278.0	1117443.0	329501.3
15583.4	8058.5	3782.8	1419.6	408.7	7335.5	6807.8
45309.2	18676.9	4481.6	8927.4	2160.0	17267.2	22779.1
1687920.2	989560.8	290514.5	222405.3	33739.5	864272.3	153899.2
76590.7	34572.8	9342.2	11623.0	5278.3	32439.5	33883.0
63066.5	35500.9	12099.0	11060.2	4399.6	34964.8	19189.7
10578.7	3305.1	619.2	2024.8	1339.2	2478.5	6269.1
285446.1	167360.0	29233.7	74976.5	30165.5	152551.4	83672.1
9477.7	4826.4	1606.0	1758.8	787.2	6133.8	3001.3
68900.7	45417.0	17507.3	9222.3	3009.6	40865.0	18281.3
4768.4	3413.3	1450.1	697.6	580.2	2568.0	1225.6
54446.9	34156.5	13897.4	6721.4	1147.2	30841.4	15440.0
9685.4	7847.2	2159.8	1803.3	1282.2	7455.6	1615.7
254709.5	127459.5	17248.7	41144.6	22003.5	124914.3	93205.4
201486.8	98640.8	10404.1	32819.4	17309.9	103769.7	72548.1
25865.5	15416.9	3068.5	5876.9	3416.6	11034.1	8712.7
27357.2	13401.8	3776.1	2448.3	1277.0	10110.5	11944.6
201684.2	116697.6	16798.7	27408.8	10260.7	109083.8	65634.7
167459.8	101722.3	13719.6	22153.4	8275.1	95498.6	47119.5
32889.8	14416.1	2860.0	5241.5	1985.6	12822.8	18473.7
1334.6	559.2	219.1	13.9		762.4	41.5
512238.5	195273.8	30234.2	91207.0	56140.9	182578.6	253823.7
216994.1	70320.0	18926.4	28598.1	17516.3	64464.1	105314.0
80601.5	24402.4	1302.9	13202.0	3432.0	20184.8	54688.6
47570.1	27115.2	3103.3	13457.8	11419.3	26668.2	16362.1
74621.9	32631.4	3581.0	15223.0	11503.1	32293.7	35051.3
51054.4	24679.1	1392.8	13116.0	7133.1	23685.5	25246.5
38403.2	14042.4	1535.1	6508.1	4134.3	13854.2	16251.2
2993.3	2083.3	392.7	1102.0	1002.8	1428.1	910.0
365401.6	196990.7	40479.7	76740.7	32654.8	173490.5	140537.7
248848.1	138570.0	29625.9	54234.8	23191.9	117406.2	94489.8
15630.4	9223.3	1111.5	5948.7	3104.5	9977.0	5643.3
49610.0	31688.4	13356.6	8931.2	3378.1	27432.6	15199.3
39114.8	24445.6	2505.2	11237.7	3694.9	19583.6	12070.4
29888.9	13313.7	3386.9	5695.8	3294.8	12192.3	16274.3
50359.2	24896.4	6629.6	12639.8	7488.8	22999.8	23618.7
6222.7	3190.8	1474.1	882.1	312.6	3004.8	2882.7
33694.0	23323.3	676.9	6542.5	585.1	14456.1	10053.6
7756.6	4586.6	23.4	613.8	34.1	3289.1	3170.0
16571.5	3901.9	461.7	1743.2	1299.0	4470.9	5577.5
72346.8	33095.4	5386.4	15204.7	5789.6	29953.7	31327.6
8094.7	4349.4	259.5	2878.1	1150.1	4176.4	3735.2
12453.1	7980.4	392.3	2572.0	604.7	7536.1	3162.6
3136.9	2184.3	43.2	1654.8	547.0	964.5	952.3
25884.3	12038.1	2657.9	5156.9	2714.3	10756.0	11033.5
1733.3	1006.2	32.4	761.0	652.1	992.7	599.8
1808.5	1010.3	45.5	190.2	78.2	1001.3	731.3
19236.0	4526.7	1955.6	1991.7	43.2	4526.7	11112.9

1-15 续表 1-1

地 区	企业单位数(个)	亏损企业	生产、销售总值 工业总产值(当年价格)	工业销售产值(当年价格)	出口交货值
阿勒泰地区	13	3	45255.9	44755.5	
阿勒泰市	5	1	15455.3	15484.7	
布尔津县	1	1	1017.5	998.3	
富蕴县	1		17889.3	17529.3	
福海县	2	1	3899.3	4240.4	
哈巴河县	1		2564.9	2460.5	
青河县	1		2548.7	2211.9	
吉木乃县	2		1880.9	1830.4	
博尔塔拉蒙古自治州	31	15	99590.2	86199.4	
博乐市	24	12	79770.7	67284.3	
精河县	5	2	17725.7	16824.4	
温泉县	2	1	2093.8	2090.7	
巴音郭楞蒙古自治州	72	22	540763.8	497521.5	5536.6
库尔勒市	37	10	91051.0	88992.5	792.7
轮台县	7	1	145243.7	118750.5	
尉犁县	5	3	70731.8	73878.9	2072.8
焉耆回族自治县	2		7954.0	5254.1	241.4
和静县	13	4	200505.0	187960.8	709.5
和硕县	6	3	19964.5	18239.1	1720.2
博湖县	2	1	5313.8	4445.6	
阿克苏地区	43	16	109655.9	104381.9	
阿克苏市	19	8	54050.0	54995.3	
温宿县	6	1	9457.6	9948.6	
库车县	5	1	9526.2	7841.2	
沙雅县	3	1	14755.8	12259.9	
拜城县	7	3	12943.5	11259.7	
乌什县	1	1	1753.1	1447.5	
阿瓦提县	2	1	7169.7	6629.7	
克孜勒苏柯尔克孜自治州	11	7	46681.8	47180.0	
阿图什市	4	3	13155.1	12366.3	
阿克陶县	3	2	16527.3	18310.1	
乌恰县	4	2	16999.4	16503.6	
喀什地区	26	14	98490.6	81312.0	
喀什市	3	2	14503.4	14789.4	
疏勒县	8	6	20014.9	10381.0	
莎车县	6	4	15804.7	13580.0	
麦盖提县	2		14251.4	13090.7	
岳普湖县	3		6547.0	6347.0	
伽师县	2		25479.9	21377.5	
巴楚县	2	2	1889.3	1746.4	
和田地区	6	2	11884.9	11511.2	
和田市	1	1	3446.3	3446.3	
和田县	3		5373.6	4849.8	
墨玉县	2	1	3065.0	3215.1	
自治区直辖县级市	28	11	129884.6	127863.7	7990.0
石河子市	16	7	102112.1	102577.7	5038.0
图木舒克市	4	1	10610.8	8963.0	
五家渠市	8	3	17161.7	16323.0	2952.0

单位：万元

一、年末资产负债						
资产总计	流动资产合计	应收账款	存货	产成品	流动资产年平均余额	固定资产合计
44206.7	25325.3	5467.4	7301.2	3673.3	26130.6	14720.3
11598.0	7894.4	3038.2	3155.0	421.7	8086.8	3218.0
1008.8	381.2	6.6	114.5	96.0	427.3	627.6
7708.4	4353.6	296.0	1137.3	1137.3	8413.3	3234.2
11943.9	4808.8	1913.8	1362.4	1308.8	4483.8	3897.9
6978.2	5163.6	204.2	826.0	217.1	2698.6	1654.8
4455.2	2495.4		618.4	418.8	1670.0	1815.6
514.2	228.3	8.6	87.6	73.6	350.8	272.2
122212.4	73095.3	3736.1	26378.4	11857.5	54238.5	42819.1
98693.3	60644.1	3293.5	22414.5	9219.5	43479.3	32702.8
21295.1	11756.4	403.8	3512.1	2510.5	10083.4	8916.2
2224.0	694.8	38.8	451.8	127.5	675.8	1200.1
684354.6	349694.7	37645.6	154501.7	75035.5	326864.1	222874.8
156035.0	76197.5	15325.0	26286.1	13525.3	71322.5	35705.5
166936.4	79157.2	4393.7	45270.6	26987.9	67360.2	56216.4
106882.3	58700.8	5192.7	26994.6	8033.3	59641.8	31531.3
13569.9	5560.9	1168.4	3078.5	1584.0	5446.3	5779.3
215542.2	114786.5	9584.3	43506.1	17305.6	108450.5	85430.3
19332.1	11435.8	599.6	7499.2	5811.1	11329.2	6372.8
6056.7	3856.0	1381.9	1866.6	1788.3	3313.6	1839.2
156739.8	90300.5	15476.7	35912.5	14521.4	82663.0	59132.4
72049.2	44934.6	8308.2	22503.3	8509.6	43185.0	23497.2
12294.2	5157.3	535.8	1774.6	649.8	3260.1	5929.6
24299.8	15175.1	3607.3	3468.8	2012.5	12248.3	8864.5
8628.2	6104.5	820.8	1994.1	918.6	5868.1	2502.9
27474.3	10696.0	2010.7	3424.5	610.5	10644.1	14788.2
4372.3	3362.5		317.5	286.8	2639.6	829.1
7621.8	4870.5	193.9	2429.7	1533.6	4817.8	2720.9
38410.0	16379.9	4493.1	3814.6	1795.3	16563.0	19074.6
10069.3	4377.4	1705.6	1468.1	1219.3	5596.0	5283.7
13684.3	3417.1	295.2	839.6	503.1	4900.4	8495.3
14656.4	8585.4	2492.3	1506.9	72.9	6066.6	5295.6
96134.4	43836.6	6149.6	20266.3	5267.6	44591.1	32309.3
9587.5	3859.9	749.2	476.7	410.4	2731.8	3911.9
11126.6	6650.0	737.6	2181.2	227.4	6696.4	3976.2
16618.7	8991.4	2041.3	3975.8	1004.4	8812.7	7201.7
15999.4	11737.2	1148.0	9287.5	1062.5	15766.8	3497.2
1564.2	1258.5	41.9			1274.5	170.4
35907.6	9010.0	736.7	2918.1	2555.9	6590.9	11134.4
5330.4	2329.6	694.9	1427.0	7.0	2718.0	2417.5
26551.2	9667.1	907.3	4396.8	947.3	8892.5	16557.7
2307.4	1032.3	207.7	769.0		1422.2	1275.1
18800.1	4941.4	386.4	1963.6		3106.2	13562.6
5443.7	3693.4	313.2	1664.2	947.3	4364.1	1720.0
194813.8	88023.8	17428.9	30583.5	9047.9	80653.1	91455.2
161768.4	69144.2	13224.7	20198.6	2975.8	61927.2	78587.8
13315.2	7499.5	1607.1	5557.3	4697.2	6808.6	5815.7
19730.2	11380.1	2597.1	4827.6	1374.9	11917.3	7051.7

1-15 续表 2-1

地 区	固定资产原 价	累计折旧	固定资产净值年平均余额	负债合计	流动负债合 计	应付账款
总 计	**1592819.6**	**401071.1**	**1148315.7**	**2737062.9**	**2431165.5**	**555798.8**
乌鲁木齐市	432198.5	132811.6	298522.3	1147661.1	1069756.2	222985.2
天山区	8542.0	2012.0	5636.4	12270.2	12008.1	7528.7
沙依巴克区	37513.1	15482.2	22997.7	28318.6	25305.8	10961.0
新市区	210226.3	69923.1	139521.2	855426.2	802036.3	157971.9
水磨沟区	46104.3	14658.5	31759.5	37105.9	35139.4	7662.3
头屯河区	23284.9	4109.2	19133.7	43481.3	41804.6	14736.8
达坂城区	9157.6	2893.0	6339.8	3410.2	3370.2	1334.9
米东区	93730.7	22776.7	70282.8	159525.6	144457.1	21171.2
乌鲁木齐县	3639.6	956.9	2851.2	8123.1	5634.7	1618.4
克拉玛依市	28006.4	10785.2	17258.7	40485.3	39713.1	18072.3
独山子区	2152.1	926.5	1308.7	2562.8	2555.0	1577.3
克拉玛依区	23128.2	8719.5	14159.8	32320.0	31555.7	14247.3
白碱滩区	2726.1	1139.2	1790.2	5602.5	5602.4	2247.7
吐鲁番地区	83542.2	15626.3	65325.2	135582.5	131482.3	17034.6
吐鲁番市	58548.4	10389.6	46787.3	101592.7	97840.0	8392.1
鄯善县	12266.7	3865.9	8430.5	13895.8	13895.3	4005.3
托克逊县	12727.1	1370.8	10107.4	20094.0	19747.0	4637.2
哈密地区	71826.0	16328.9	52352.5	92077.5	79035.0	24249.4
哈密市	52918.9	11405.5	39069.8	69433.9	57557.3	19246.9
巴里坤哈萨克自治县	18857.4	4915.1	13240.7	20739.7	19573.8	4863.6
伊吾县	49.7	8.3	42.0	1903.9	1903.9	138.9
昌吉州	232994.5	36788.6	190697.2	325606.9	254734.1	74387.1
昌吉市	115539.4	19192.9	100260.6	124430.6	99656.7	39308.2
阜康市	15674.3	2008.6	12791.3	59534.2	57108.3	6069.0
呼图壁县	16782.1	3002.4	14535.5	34342.7	32183.8	4325.5
玛纳斯县	36873.9	3988.0	24081.0	47369.5	27767.5	13370.2
奇台县	28622.3	3375.8	24012.4	37207.8	19410.8	3436.6
吉木萨尔县	18881.5	5115.9	14408.4	20644.6	16529.9	7817.3
木垒哈萨克自治县	621.0	105.0	608.0	2077.5	2077.1	60.3
伊犁哈萨克自治州	165609.0	42851.8	117330.4	219563.8	188595.0	39214.3
伊犁州直属县(市)	105911.6	24171.6	75602.2	147991.8	130757.3	26050.9
伊宁市	6340.5	977.9	4685.8	9765.7	8348.1	1278.4
奎屯市	18753.0	5350.8	12907.1	28625.2	26070.3	8873.9
伊宁县	14904.2	3925.5	11342.1	18285.2	11587.3	837.8
察布查尔锡伯自治县	16382.2	3271.2	12357.2	19986.7	16048.5	3448.7
霍城县	25505.5	6136.5	18790.7	25910.5	24597.0	8572.9
巩留县	5435.1	2583.8	3060.9	2400.4	2200.4	554.9
昭苏县	10483.7	584.7	7112.5	24750.7	23638.3	46.8
特克斯县	3112.2	340.7	1877.0	4826.5	4826.5	1808.3
尼勒克县	4995.2	1000.5	3468.9	13440.9	13440.9	629.2
塔城地区	40593.3	12744.6	28971.7	52853.6	40816.6	9679.9
塔城市	3323.0	101.2	3222.1	5684.0	5035.6	3526.2
乌苏市	2527.0	455.7	2047.3	11537.7	11334.6	655.0
额敏县	1062.4	110.1	865.1	1621.9	1621.9	839.6
沙湾县	14338.7	3305.5	11278.5	14289.9	13266.6	3191.1
托里县	669.6	115.1	562.4	1142.3	1142.1	96.4
裕民县	818.7	87.4	602.3	1424.0	601.0	56.8
和布克赛尔蒙古自治县	17853.9	8569.6	10394.0	17153.8	7814.8	1314.8

单位：万元

长期负债合计	所有者权益合计	实收资本				
			1.国家资本	2.集体资本	3.法人资本	4.个人资本
257507.5	**2179060.3**	**1099805.7**	**4525.9**	**2101.5**	**404343.5**	**687532.8**
61711.9	1046311.4	479287.6	3505.9	1312.0	168433.7	304734.0
262.0	3313.2	3146.0				3146.0
3012.8	16990.6	13670.6			5734.0	7936.6
37345.9	832494.0	331139.9	3505.9	1312.0	147296.4	177723.6
1848.1	39484.8	34170.0			1219.5	32950.5
1676.7	19585.2	17056.6			1160.0	15896.6
40.0	7168.5	3330.0				3330.0
15038.0	125920.5	75949.7			12382.0	63567.7
2488.4	1354.6	824.8			641.8	183.0
772.0	28415.4	12055.0		14.5	2347.2	9693.3
7.8	2205.6	710.0			90.0	620.0
764.1	22126.9	9750.0		14.5	2107.2	7628.3
0.1	4082.9	1595.0			150.0	1445.0
1621.2	119127.0	54591.0			38324.0	16267.0
1274.2	99894.1	47429.2			36454.2	10975.0
	11969.7	1506.0			25.0	1481.0
347.0	7263.2	5655.8			1844.8	3811.0
13042.4	109606.7	46721.2			12316.0	34405.2
11876.6	98025.9	34841.3			10753.0	24088.3
1165.8	12150.1	11129.9			1563.0	9566.9
	-569.3	750.0				750.0
66860.1	186631.6	123997.5		20.0	28233.7	95743.8
23949.4	92563.5	61300.2			3889.1	57411.1
2425.9	21067.3	19254.6			6258.5	12996.1
1658.9	13227.4	10744.8			545.0	10199.8
19496.8	27252.4	16477.1		20.0	10891.1	5566.0
17797.0	13846.6	4607.2			2000.0	2607.2
1532.1	17758.6	10707.0			4650.0	6057.0
	915.8	906.6				906.6
25065.8	145837.8	79912.2	50.0		41975.4	37886.8
17232.7	100856.3	51374.1			23486.9	27887.2
1417.4	5864.7	2500.0			1315.0	1185.0
2554.9	20984.8	11423.0			6095.0	5328.0
6697.8	20829.6	10052.4			2700.0	7352.4
3938.0	9902.2	5793.1			1000.4	4792.7
1312.6	24448.7	12591.9			8796.5	3795.4
200.0	3822.3	1468.0			1080.0	388.0
1112.0	8943.3	5614.7			1000.0	4614.7
	2930.1	676.0			420.0	256.0
	3130.6	1255.0			1080.0	175.0
6457.2	19493.2	14720.5	50.0		5955.1	8715.4
150.0	2410.7	796.7			30.0	766.7
202.8	915.4	1801.0			1100.0	701.0
	1515.0	1070.0	50.0			1020.0
97.5	11594.4	7601.1			3542.5	4058.6
	591.0	300.0			300.0	
	384.5	820.0			150.0	670.0
6006.9	2082.2	2331.7			832.6	1499.1

1-15 续表 2-2

地　区	固定资产原　价	累计折旧	固定资产净值年平均余额	负债合计	流动负债合　计	应付账款
阿勒泰地区	19104.1	5935.6	12756.5	18718.4	17021.1	3483.5
阿勒泰市	4599.5	1387.4	2972.2	5723.2	5472.3	1450.1
布尔津县	627.6	42.5	585.1	309.1	205.4	2.3
富蕴县	3750.3	615.5	3064.5	2419.9	2419.9	1114.2
福海县	5944.0	3180.4	2701.0	5358.2	5308.2	823.3
哈巴河县	1548.5	142.4	1311.5	928.0	928.0	56.8
青河县	2344.6	534.2	1861.1	3763.4	2470.7	22.9
吉木乃县	289.6	33.2	261.1	216.6	216.6	13.9
博尔塔拉蒙古自治州	41672.1	9240.2	30377.7	87335.9	79581.5	13467.6
博乐市	31772.8	8185.2	23003.8	75069.0	67559.1	11677.1
精河县	8372.0	727.8	6310.8	11079.9	11075.9	1750.1
温泉县	1527.3	327.2	1063.1	1187.0	946.5	40.4
巴音郭楞蒙古自治州	288765.1	91472.3	183825.4	372899.4	331917.5	86563.5
库尔勒市	41988.6	11056.8	31218.4	78427.1	70387.0	19062.3
轮台县	67315.7	13945.5	53502.6	76646.9	62472.6	4501.5
尉犁县	60880.3	31219.2	33068.1	75023.1	64476.7	30383.2
焉耆回族自治县	7767.5	2045.8	5457.9	7607.7	3692.6	905.4
和静县	100903.7	30882.1	52636.5	118720.3	117978.5	28970.9
和硕县	8496.7	2154.1	6791.1	11482.9	8096.7	1171.7
博湖县	1412.6	168.8	1150.8	4991.4	4813.4	1568.5
阿克苏地区	66578.2	13966.9	52602.5	101396.6	93006.2	24340.7
阿克苏市	26118.6	4757.7	22040.5	54591.0	51264.5	15066.9
温宿县	7950.3	2279.2	4480.1	5255.3	4802.9	484.3
库车县	10667.8	2259.0	8416.4	13985.2	12193.0	5750.1
沙雅县	3243.4	812.7	2357.4	4793.5	4073.5	208.2
拜城县	13281.2	2056.4	11252.9	14763.8	13248.1	2513.0
乌什县	1200.8	371.7	890.2	2042.0	2042.0	156.0
阿瓦提县	4116.1	1430.2	3165.0	5965.8	5382.2	162.2
克孜勒苏柯尔克孜自治州	22789.2	3859.1	16678.5	21392.4	21160.8	2532.9
阿图什市	6322.1	1108.7	4488.5	2875.8	2775.8	1397.8
阿克陶县	10606.5	2118.3	6961.4	4358.0	4357.9	690.5
乌恰县	5860.6	632.1	5228.6	14158.6	14027.1	444.6
喀什地区	37526.7	7662.8	23867.2	59289.9	53024.0	10312.5
喀什市	3389.9	1496.2	1787.9	5174.9	1354.2	518.4
疏勒县	6428.4	2629.7	3787.1	13187.7	13167.7	1169.7
莎车县	8951.3	1837.4	5801.2	14619.5	13359.2	3039.1
麦盖提县	3900.6	503.4	3320.4	9797.0	9147.0	1206.1
岳普湖县	271.7	108.2	125.2	1046.0	1045.7	199.1
伽师县	12106.6	972.2	6977.5	8649.4	8604.8	2182.9
巴楚县	2478.2	115.7	2067.9	6815.4	6345.4	1997.2
和田地区	14133.0	1097.9	15881.4	18672.2	13935.1	3847.9
和田市	1534.6	259.5	1296.5	2708.6	2708.6	796.7
和田县	10739.6	633.9	12930.6	11392.0	6656.5	2153.1
墨玉县	1858.8	204.5	1654.3	4571.6	4570.0	898.1
自治区直辖县级市	107178.7	18579.5	83596.7	115099.4	75224.7	18790.8
石河子市	92910.5	14359.7	75320.3	95547.0	59033.2	12527.0
图木舒克市	5965.2	800.0	3550.5	9979.0	6681.5	5103.5
五家渠市	8303.0	3419.8	4725.9	9573.4	9510.0	1160.3

单位：万元

长期负债合计	所有者权益合计	实收资本	1.国家资本	2.集体资本	3.法人资本	4.个人资本
1375.9	25488.3	13817.6			12533.4	1284.2
101.0	5874.8	1484.5			1153.4	331.1
	699.7	500.0			500.0	
	5288.5	1000.0			1000.0	
50.0	6585.7	4077.2			3700.0	377.2
	6050.2	6000.0			6000.0	
1224.9	691.8	500.0			180.0	320.0
	297.6	255.9				255.9
6689.2	34876.5	21719.3			7317.3	14402.0
6672.9	23624.3	13765.0			4471.0	9294.0
4.0	10215.2	7646.3			2646.3	5000.0
12.3	1037.0	308.0			200.0	108.0
30276.1	311455.2	165114.8			64422.7	100692.1
7677.7	77607.9	46022.8			1830.0	44192.8
3851.5	90289.5	30105.4			26245.4	3860.0
10546.3	31859.2	12001.3			11567.3	434.0
3914.9	5962.2	3100.0			2500.0	600.0
741.8	96821.9	69865.8			21780.0	48085.8
3365.9	7849.2	2651.5			500.0	2151.5
178.0	1065.3	1368.0				1368.0
7664.9	55343.2	44193.4			19975.5	24217.9
3326.4	17458.2	17635.5			8790.0	8845.5
312.4	7038.9	2283.5			583.5	1700.0
1790.0	10314.6	11082.2			1080.0	10002.2
720.0	3834.7	3040.2			2900.0	140.2
1511.4	12710.5	6040.0			4810.0	1230.0
	2330.3	2300.0				2300.0
4.7	1656.0	1812.0			1812.0	
231.5	17017.6	8240.7			7262.2	978.5
100.0	7193.5	4258.2			4258.2	
	9326.3	1859.0			1700.0	159.0
131.5	497.8	2123.5			1304.0	819.5
5105.3	36844.5	16646.9		755.0	4208.6	11683.3
3820.7	4412.6	4130.0			3020.0	1110.0
20.0	-2061.1	2388.0		500.0	980.0	908.0
200.0	1999.2	4677.0			208.6	4468.4
550.0	6202.4	4000.1				4000.1
	518.2	90.0				90.0
44.6	27258.2	550.8		255.0		295.8
470.0	-1485.0	811.0				811.0
4736.2	7879.0	8100.3			5539.3	2561.0
	-401.2	1800.0				1800.0
4735.4	7408.1	5800.3			5239.3	561.0
0.8	872.1	500.0			300.0	200.0
33730.9	79714.4	39225.8	970.0		3987.9	34267.9
31972.3	66221.4	33085.0	970.0		1582.6	30532.4
1758.6	3336.2	1500.8			485.0	1015.8
	10156.8	4640.0			1920.3	2719.7

1-15 续表 3-1

地 区	5.港澳台资本	6.外商资本	主营业务收入	主营业务成本	主营业务税金及附加
总 计	**1302.0**		**3775187.7**	**3192514.0**	**19219.5**
乌鲁木齐市	1302.0		1484650.4	1253471.3	4123.7
天山区			21208.1	20081.5	103.0
沙依巴克区			34606.3	31161.0	129.6
新市区	1302.0		911325.0	723906.8	2304.0
水磨沟区			58407.3	54909.6	133.6
头屯河区			84159.5	78500.8	125.6
达坂城区			10533.9	7457.6	134.8
米东区			357231.9	331145.4	1017.4
乌鲁木齐县			7178.4	6308.6	175.7
克拉玛依市			84578.1	70036.3	972.5
独山子区			4296.4	3433.9	19.5
克拉玛依区			61057.3	50583.9	891.7
白碱滩区			19224.4	16018.5	61.3
吐鲁番地区			223923.6	175498.9	1227.3
吐鲁番市			173516.4	139076.2	844.7
鄯善县			28406.0	18678.4	249.3
托克逊县			22001.2	17744.3	133.3
哈密地区			131771.5	83761.6	1538.3
哈密市			99586.2	59489.9	1308.0
巴里坤哈萨克自治县			30908.7	22523.7	203.4
伊吾县			1276.6	1748.0	26.9
昌吉州			482417.5	418735.1	3626.2
昌吉市			183533.6	151895.0	2532.7
阜康市			87317.1	74560.9	168.9
呼图壁县			74957.8	71969.0	309.1
玛纳斯县			59669.6	58512.0	45.1
奇台县			44437.4	37242.5	130.1
吉木萨尔县			28267.8	21154.0	431.0
木垒哈萨克自治县			4234.2	3401.7	9.3
伊犁哈萨克自治州			367744.4	327686.5	1461.2
伊犁州直属县(市)			257733.8	228957.4	1013.5
伊宁市			31899.5	28397.2	222.9
奎屯市			49253.9	42668.9	157.5
伊宁县			35201.7	33029.9	61.4
察布查尔锡伯自治县			28029.9	23552.9	79.3
霍城县			62028.5	59947.2	61.5
巩留县			6535.1	6149.8	27.3
昭苏县			27569.7	22745.1	320.6
特克斯县			9898.8	7331.5	33.5
尼勒克县			7316.7	5134.9	49.5
塔城地区			62481.7	57839.9	149.8
塔城市			3175.5	2150.1	5.3
乌苏市			11520.5	11415.0	11.8
额敏县			3682.7	3318.8	53.5
沙湾县			30822.9	28210.7	31.0
托里县			2109.1	1870.9	0.3
裕民县			5322.2	5532.7	0.2
和布克赛尔蒙古自治县			5848.8	5341.7	47.7

单位：万元

二、损益及分配						
其他业务收　入	其他业务利　润	营业费用	管理费用		财务费用	
				税金		利息支出
68634.7	**9494.8**	**133762.3**	**164509.1**	**5876.1**	**45676.9**	**41892.9**
18882.9	4275.2	57095.3	55924.3	2326.7	15688.5	14922.7
280.1	271.2	343.8	546.8	11.8	42.8	42.6
2164.8	406.1	1094.6	2072.6	72.2	431.4	188.9
8339.8	2697.4	44434.1	37131.1	1674.2	11515.1	11077.8
279.2	39.0	1021.2	2635.5	287.6	276.3	277.6
3106.9	169.3	2464.1	2722.0	77.2	600.2	597.2
217.0	43.9	111.2	894.9	14.0	5.9	5.9
4421.0	574.2	7578.7	9360.6	186.7	2767.0	2682.9
74.1	74.1	47.6	560.8	3.0	49.8	49.8
1643.9	593.1	3918.4	5244.2	267.6	310.0	310.4
591.2	100.7	37.6	406.6	2.4	17.4	17.7
949.8	492.4	1722.6	4135.5	222.5	259.8	259.8
102.9		2158.2	702.1	42.7	32.8	32.9
14409.8	2093.1	7569.5	9456.7	274.0	1518.3	1357.3
14310.6	2005.4	6822.9	6566.1	229.8	1450.5	1339.9
43.9	43.9	568.4	2059.1	39.7	-12.9	-13.0
55.3	43.8	178.2	831.5	4.5	80.7	30.4
3615.7	1049.9	7228.7	8523.8	114.7	1876.3	1780.6
3566.6	1000.8	4303.4	5958.1	88.9	1375.5	1318.0
48.9	48.9	2924.5	2553.2	25.8	501.0	462.6
0.2	0.2	0.8	12.5		-0.2	
1448.8	-2560.1	17532.7	18025.4	892.5	5119.2	4803.4
678.1	105.5	7439.2	7870.4	397.9	1401.6	1179.2
2.6	-2739.8	1017.2	2175.8	51.4	774.3	774.2
181.4	24.1	970.5	1882.1	28.0	765.9	681.9
277.5	36.3	2847.8	2404.9	22.1	986.8	986.4
302.0	24.3	3774.4	1314.5	32.8	511.9	511.5
7.2	5.0	1114.9	2092.5	323.0	671.7	670.2
	-15.5	368.7	285.2	37.3	7.0	
2118.3	475.5	7525.0	15724.0	361.1	4046.0	3674.4
1864.8	346.3	4220.4	10601.4	207.3	2892.2	2587.9
163.1	-1.0	454.8	1646.9	39.1	287.7	280.3
1298.8	146.4	1482.2	1995.2	69.3	657.0	655.6
24.4	6.4	587.8	1079.4	19.2	548.7	542.6
195.5	26.9	437.6	1356.9	18.8	403.4	390.8
74.3	59.8	280.0	1884.0	33.3	489.8	424.5
65.9	65.9	80.0	332.2	8.3	28.2	28.2
42.6	42.6	588.6	950.6	1.6	276.0	233.1
		2.5	809.8	16.8	8.0	8.0
0.2	-0.7	306.9	546.4	0.9	193.4	24.8
253.0	128.9	1399.9	2400.7	109.9	662.7	622.6
25.0	22.7	145.0	321.6	49.9	38.8	31.4
		205.5	342.7	12.0	147.8	148.1
88.8	88.8	100.8	91.1		0.2	0.3
		786.5	625.8	5.4	330.7	302.3
	-0.6	17.0	63.4	0.1	7.3	7.6
139.2	18.0	113.6	212.7	42.5	4.6	-0.4
		31.5	743.4		133.3	133.3

1-15 续表 3-2

地区	5.港澳台资本	6.外商资本	主营业务收入	主营业务成本	主营业务税金及附加
阿勒泰地区			47528.9	40889.2	297.9
阿勒泰市			15350.6	13271.3	91.3
布尔津县			998.3	898.9	3.1
富蕴县			19735.7	16530.9	98.4
福海县			4853.4	5063.3	64.7
哈巴河县			2640.2	1794.4	31.0
青河县			2218.3	1890.1	7.2
吉木乃县			1732.4	1440.3	2.2
博尔塔拉蒙古自治州			92526.1	85161.9	876.6
博乐市			74815.0	68687.4	865.0
精河县			15506.3	14402.7	11.4
温泉县			2204.8	2071.8	0.2
巴音郭楞蒙古自治州			496248.1	415862.9	3106.9
库尔勒市			91384.3	77427.9	544.7
轮台县			114522.5	94911.5	1543.0
尉犁县			75528.0	70185.4	153.6
焉耆回族自治县			5111.4	3649.0	19.8
和静县			187696.9	149312.4	781.0
和硕县			17559.3	16066.3	61.1
博湖县			4445.7	4310.4	3.7
阿克苏地区			110618.9	99738.2	526.5
阿克苏市			59538.6	56828.4	166.0
温宿县			9703.5	7371.7	77.5
库车县			9950.8	8498.9	54.3
沙雅县			11718.5	11343.4	8.2
拜城县			11889.0	8233.5	168.5
乌什县			1447.5	1117.1	49.5
阿瓦提县			6371.0	6345.2	2.5
克孜勒苏柯尔克孜自治州			51683.6	36964.5	946.8
阿图什市			8721.3	8116.5	168.3
阿克陶县			18310.7	12345.1	349.7
乌恰县			24651.6	16502.9	428.8
喀什地区			95588.5	90432.6	332.1
喀什市			14640.3	13491.6	34.5
疏勒县			11704.5	11550.6	20.5
莎车县			14587.6	14116.8	75.0
麦盖提县			24131.7	23213.2	
岳普湖县			4868.5	4179.5	16.1
伽师县			15229.9	9758.9	186.0
巴楚县			10426.0	14122.0	
和田地区			13693.9	11540.2	41.7
和田市			3060.0	3732.4	8.4
和田县			7714.2	5214.6	31.6
墨玉县			2919.7	2593.2	1.7
自治区直辖县级市			139743.1	123624.0	439.7
石河子市			111788.6	99707.8	372.9
图木舒克市			10511.5	9429.7	
五家渠市			17443.0	14486.5	66.8

单位：万元

二、损益及分配						
其他业务收入	其他业务利润	营业费用	管理费用		财务费用	
				税金		利息支出
0.5	0.3	1904.7	2721.9	43.9	491.1	463.9
		762.6	887.0	15.9	-8.2	-8.2
		46.9	42.7		16.1	16.1
		843.0	740.7	26.7	100.0	98.5
		36.7	465.5	1.3	27.0	27.0
		59.5	222.7		312.2	310.0
		66.9	268.1		20.8	20.5
0.5	0.3	89.1	95.2		23.2	
1284.7	248.5	1394.3	4047.4	62.3	1138.2	1017.8
915.5	281.5	1124.1	3054.8	28.2	565.1	560.3
369.2	-33.0	244.4	894.4	34.1	546.2	431.7
		25.8	98.2		26.9	25.8
6767.7	1764.9	14679.6	26699.5	364.8	9402.5	9101.1
4461.3	244.6	2498.4	5525.6	199.7	1775.6	1746.2
222.1	194.5	3166.7	4013.5	68.7	2198.1	2246.6
325.9	123.3	1990.5	1346.3	55.3	2605.4	2605.4
		507.0	612.5	0.2	262.8	159.4
1663.0	1173.4	5914.3	14498.5	37.1	2278.7	2089.8
95.2	28.9	585.5	560.4	3.4	165.1	164.7
0.2	0.2	17.2	142.7	0.4	116.8	89.0
17530.5	1424.8	4744.8	6143.0	188.2	1480.8	1402.7
16785.1	1276.2	2566.1	1853.0	102.8	844.5	796.2
		257.5	1198.8	27.8	63.2	63.1
555.3	137.7	1275.1	835.7	26.3	112.4	114.0
4.4		88.9	250.1	16.2	205.0	195.7
184.5	17.1	228.8	1560.4	15.1	132.4	110.4
			339.5		-1.4	-1.4
1.2	-6.2	328.4	105.5		124.7	124.7
-0.8	-0.8	4813.2	3716.9	669.8	3.8	3.1
-0.8	-0.8	228.2	577.2	42.2	-0.8	-0.8
		1098.3	1451.0	627.6	8.7	3.9
		3486.7	1688.7		-4.1	
435.2	-44.5	2381.6	5352.0	82.5	720.7	393.0
5.4	-13.8	44.4	679.6	9.7	29.4	28.1
314.5	-78.3	230.6	566.3	54.1	96.9	97.1
114.7	47.0	1578.8	611.3	17.9	232.4	232.0
		172.8	158.6		318.9	
		1.2	70.1	0.8	23.9	23.8
0.6	0.6	348.0	3044.8		-9.0	-9.0
		5.8	221.3		28.2	21.0
36.6		314.1	776.6	0.2	255.3	159.7
36.6		211.9	51.1		-0.5	
		84.3	596.9		96.1	
		17.9	128.6	0.2	159.7	159.7
461.4	175.2	4565.1	4875.3	271.7	4117.3	2966.7
459.8	173.6	3512.0	3993.3	196.7	3815.9	2665.8
		21.3	347.4	8.5	22.3	22.3
1.6	1.6	1031.8	534.6	66.5	279.1	278.6

1-15 续表 4-1

地　区	营业利润	投资收益	补贴收入	利润总额	亏损企业亏损额
总　计	**248953.6**	**27723.0**	**20375.4**	**266289.7**	**41136.2**
乌鲁木齐市	117412.1	24457.6	5633.7	126054.4	7614.1
天山区	127.5		188.0	167.8	37.1
沙依巴克区	122.8		573.2	678.6	171.1
新市区	109494.8	24454.3	3478.2	115905.6	3006.4
水磨沟区	-897.9	0.3	368.9	-555.5	1382.4
头屯河区	-84.2		472.9	386.5	491.3
达坂城区	1973.7		192.3	2106.1	45.7
米东区	6550.3	3.0	360.2	7283.3	2406.1
乌鲁木齐县	125.1			82.0	74.0
克拉玛依市	4690.9	155.3	502.3	5279.0	128.7
独山子区	483.2		94.4	564.1	
克拉玛依区	3956.2	129.5	328.3	4399.9	128.6
白碱滩区	251.5	25.8	79.6	315.0	0.1
吐鲁番地区	25299.5	-4.9	207.5	24869.7	642.2
吐鲁番市	18154.7	-4.9	181.9	17900.3	
鄯善县	6401.4		15.6	6383.5	
托克逊县	743.4		10.0	585.9	642.2
哈密地区	29891.4	7.8	315.9	28847.4	1356.0
哈密市	28152.1	7.8	253.8	27494.1	648.6
巴里坤哈萨克自治县	2251.6		62.1	1865.3	195.4
伊吾县	-512.3			-512.0	512.0
昌吉州	19545.1	2.0	656.3	17365.6	8650.9
昌吉市	14341.4		35.1	14617.3	180.7
阜康市	5871.2	0.4	35.0	4956.3	1589.3
呼图壁县	-406.4	0.7	387.4	-165.8	1218.4
玛纳斯县	-5149.8			-5177.8	5355.4
奇台县	1490.2	0.9	78.6	1574.0	216.5
吉木萨尔县	3195.9		120.2	1360.5	63.7
木垒哈萨克自治县	202.6			201.1	26.9
伊犁哈萨克自治州	13367.5	2241.8	4466.9	16752.3	4828.6
伊犁州直属县(市)	10372.5	4.9	3804.7	13821.7	2187.1
伊宁市	1116.7	0.6	297.4	1418.1	
奎屯市	2438.8		1102.7	3342.3	392.7
伊宁县	-76.1		940.6	761.4	362.8
察布查尔锡伯自治县	2293.2		595.4	2795.7	31.0
霍城县	-595.9	4.3	583.2	-367.6	1254.8
巩留县	-14.9		8.6	-32.2	94.7
昭苏县	2263.0		218.1	2451.0	
特克斯县	1863.0		28.7	1770.0	
尼勒克县	1084.7		30.0	1683.0	51.1
塔城地区	-977.0	4.8	461.3	-692.8	1822.1
塔城市	159.9			158.1	
乌苏市	-641.6		128.3	-541.0	731.7
额敏县	207.1			207.1	
沙湾县	305.7	4.8		319.9	101.1
托里县	149.1			144.4	
裕民县	-407.4			-408.4	416.4
和布克赛尔蒙古自治县	-749.8		333.0	-572.9	572.9

单位：万元

	三、工资、福利费、增值税			
应交所得税	本年应付工资总额（贷方累计发生额）	本年应付福利费总额	本年应交增值税	全部从业人员年平均人数（人）
21922.4	**173078.6**	**12618.0**	**135791.4**	**81500**
8249.4	45783.1	2871.6	36223.9	19715
53.8	608.4	71.6	1039.2	310
152.3	1909.6	114.9	1308.9	1082
5239.8	26986.2	1208.9	23089.3	8488
141.5	2201.7	466.2	1322.2	1512
213.6	2132.4	197.9	1185.5	1099
491.9	857.4	122.8	854.7	407
1949.8	10630.3	671.6	7030.0	6487
6.7	457.1	17.7	394.1	330
984.2	5478.0	568.9	2486.4	1825
61.7	567.6	67.6	208.8	182
863.7	4148.5	396.1	1806.5	1361
58.8	761.9	105.2	471.1	282
829.2	12315.2	1557.8	12126.5	6433
9.3	9446.6	1213.1	9289.8	4771
819.9	863.0	222.9	1880.1	651
	2005.6	121.8	956.6	1011
4263.9	9220.5	532.6	10355.5	3322
3848.3	4468.3	377.7	7763.4	1601
415.6	4179.1	150.6	2442.3	1629
	573.1	4.3	149.8	92
1833.7	25062.1	1806.5	22689.7	10431
683.7	10556.7	696.2	14786.6	3981
1539.1	3884.0	236.8	2580.9	1289
286.3	5062.5	59.2	718.2	1396
-1179.0	2416.1	385.3	844.8	1577
181.4	1381.6	164.5	1017.7	840
322.1	1594.9	258.4	2502.9	1250
0.1	166.3	6.1	238.6	98
2010.9	19581.5	1148.2	11903.5	9794
1081.2	12634.9	714.4	7164.7	5635
161.7	1327.6	41.8	578.5	534
65.6	1979.3	96.1	1461.0	1076
19.3	1287.0	31.5	841.2	1044
	1298.5	163.1	1036.4	580
140.4	2500.5	127.2	1017.6	1376
18.7	340.0	35.5	265.8	236
63.8	2581.3	23.9	722.8	384
475.3	547.8	43.2	792.5	98
136.4	772.9	152.1	448.9	307
228.8	4393.2	315.3	1693.4	2778
19.8	233.2	38.3	51.8	194
148.7	478.5	92.4	216.2	234
38.5	96.6	6.2	32.3	87
21.1	1799.6	125.9	838.0	1491
	67.2	6.8	1.0	71
0.7	92.9	7.2	3.0	59
	1625.2	38.5	551.1	642

1-15 续表 4-2

地　　区	营业利润	投资收益	补贴收入	利润总额	亏损企业亏损额
阿勒泰地区	3972.0	2232.1	200.9	3623.4	819.4
阿勒泰市	343.4		42.4	196.8	229.2
布尔津县	-6.3			-6.3	6.3
富蕴县	1422.5			1317.6	
福海县	1928.3	2232.1	102.0	1805.8	583.9
哈巴河县	220.4			211.4	
青河县	-19.0		56.5	24.3	
吉木乃县	82.7			73.8	
博尔塔拉蒙古自治州	76.0	1.7	260.9	897.9	2747.8
博乐市	713.9	1.7	220.9	1501.6	1471.8
精河县	-626.0			-631.0	1244.7
温泉县	-11.9		40.0	27.3	31.3
巴音郭楞蒙古自治州	30661.7	952.1	2492.7	34081.3	2902.7
库尔勒市	3753.1	668.1	708.0	5263.9	1690.8
轮台县	11387.6	283.9	237.3	11508.0	36.9
尉犁县	-629.8		555.7	-319.2	385.3
焉耆回族自治县	60.2		298.3	356.0	
和静县	16106.5	0.1	93.4	16736.6	332.6
和硕县	129.0		600.0	681.2	294.0
博湖县	-144.9			-145.2	163.1
阿克苏地区	-594.1	-124.2	1515.4	1012.9	2879.5
阿克苏市	-1434.1	6.1	773.3	-637.3	1326.6
温宿县	1057.4			962.2	51.0
库车县	-1077.4	-130.9		-816.4	889.8
沙雅县	-125.0	0.6	388.8	252.7	13.1
拜城县	1583.9		60.0	1542.8	306.9
乌什县	-57.2			-57.2	57.2
阿瓦提县	-541.7		293.3	-233.9	234.9
克孜勒苏柯尔克孜自治州	4066.2		1.0	3206.5	1051.2
阿图什市	-370.1			-326.1	402.6
阿克陶县	1847.0			1725.4	308.3
乌恰县	2589.3		1.0	1807.2	340.3
喀什地区	903.2	1.0	221.0	215.1	5003.5
喀什市	342.2	0.3	50.0	366.6	43.0
疏勒县	-870.8	0.7	79.1	-732.9	794.4
莎车县	-1201.7		40.4	-1247.4	1703.5
麦盖提县	1043.7		9.0	1052.4	
岳普湖县	287.9			285.3	
伽师县	2911.2		42.5	2953.7	
巴楚县	-1609.3			-2462.6	2462.6
和田地区	732.2		82.4	760.3	935.8
和田市	-943.2			-907.7	907.7
和田县	1690.5			1683.1	
墨玉县	-15.1		82.4	-15.1	28.1
自治区直辖县级市	2901.9	32.8	4019.4	6947.3	2395.2
石河子市	526.2	32.1	4019.4	4606.3	2146.0
图木舒克市	1038.0			1038.0	6.4
五家渠市	1337.7	0.7		1303.0	242.8

单位：万元

	三、工资、福利费、增值税			
应交所得税	本年应付工资总额（贷方累计发生额）	本年应付福利费总额	本年应交增值税	全部从业人员年平均人数（人）
700.9	2553.4	118.5	3045.4	1381
55.5	960.2	62.5	815.1	590
	30.0		40.6	23
329.4	742.4		1225.2	281
287.4	284.2	2.7	478.7	194
12.5	235.0	34.1	278.0	98
	157.4	10.8	180.3	135
16.1	144.2	8.4	27.5	60
86.5	4326.9	394.5	1864.0	2836
59.0	3342.8	342.4	1758.1	2232
27.5	880.9	52.1	105.9	535
	103.2			69
2443.1	25298.3	1813.3	23174.4	11536
852.5	5142.0	625.4	3957.9	3497
496.2	2976.9	139.6	3975.1	1162
8.0	3849.5	541.7	1921.1	2396
40.1	440.2	11.5	286.4	227
1013.4	11907.2	405.5	12357.0	3675
24.0	890.4	83.6	627.5	504
8.9	92.1	6.0	49.4	75
523.8	9709.7	585.0	3271.0	4670
48.2	3404.7	276.5	1113.9	2441
247.7	2171.3	12.0	817.4	739
18.1	404.4	72.1	346.0	231
61.7	223.4	28.1	134.2	147
148.1	3077.8	142.0	708.8	891
	309.0	43.3	140.6	141
	119.1	11.0	10.1	80
357.0	5591.3	609.7	4264.4	1601
	1436.3	225.4	298.6	309
	2308.5	160.2	1437.1	627
357.0	1846.5	224.1	2528.7	665
79.5	5295.6	521.9	2620.9	3399
	888.8	105.0	349.0	988
	709.9	210.8	274.4	705
	1024.5	49.9	579.6	883
10.2	1623.0	44.5		269
69.3	142.4	15.5	190.5	99
	717.2	96.2	1227.4	197
	189.8			258
	990.4	14.3	233.7	623
	289.7		157.1	244
	564.1	5.9	76.6	272
	136.6	8.4		107
261.2	4426.0	193.7	4577.5	5315
139.2	3143.9	77.5	4161.2	4654
	592.8	23.9	57.5	278
122.0	689.3	92.3	358.8	383

1-16 各地、州、市、县(市规模以上外商投资

地区	企业单位数(个)	亏损企业	生产、销售总值		
			工业总产值(当年价格)	工业销售产值(当年价格)	出口交货值
总计	**84**	**31**	**881382.3**	**887886.0**	**99482.7**
乌鲁木齐市	26	12	316871.7	323084.8	67535.6
新市区	21	9	229028.5	239907.2	40487.2
水磨沟区	1	1	3512.8	3061.9	
头屯河区	2	1	33502.1	32650.4	3955.2
米东区	2	1	50828.3	47465.3	23093.2
克拉玛依市	2		13453.2	16866.6	
克拉玛依区	1		5726.2	8719.0	
乌尔禾区	1		7727.0	8147.6	
吐鲁番地区	2	1	30281.5	28655.4	1644.6
吐鲁番市	1		26987.8	26018.5	1644.6
托克逊县	1	1	3293.7	2636.9	
哈密地区	7	1	35763.5	34677.4	5254.1
哈密市	7	1	35763.5	34677.4	5254.1
昌吉州	14	3	184945.3	189715.0	5669.6
昌吉市	8	1	130927.1	135657.2	5669.6
阜康市	2	1	14150.8	13924.4	
呼图壁县	1	1	1561.5	1543.2	
奇台县	2		27985.8	28270.1	
木垒哈萨克自治县	1		10320.1	10320.1	
伊犁哈萨克自治州	10	4	50047.3	47559.5	7684.6
伊犁州直属县(市)	8	3	30033.5	28606.5	7684.6
伊宁市	3	1	12190.3	11431.7	
奎屯市	1		5448.3	4893.6	
伊宁县	1	1	1210.8	1170.9	
霍城县	3	1	11184.1	11110.3	7684.6
塔城地区	2	1	20013.8	18953.0	
乌苏市	1		15395.4	15444.3	
额敏县	1	1	4618.4	3508.7	
博尔塔拉蒙古自治州	1	1	15661.7	13096.6	6597.5
博乐市	1	1	15661.7	13096.6	6597.5
巴音郭楞蒙古自治州	3	1	13313.1	13009.6	5096.7
尉犁县	1		6001.8	7230.2	5096.7
焉耆回族自治县	2	1	7311.3	5779.4	
阿克苏地区	4	2	64291.2	76136.9	
阿克苏市	1	1	33213.8	53457.1	
温宿县	1		6762.5	6614.1	
库车县	1		7532.0	9361.7	
沙雅县	1	1	16782.9	6704.0	
喀什地区	2	1	17611.2	14695.2	
喀什市	1		6523.2	6502.3	
麦盖提县	1	1	11088.0	8192.9	
自治区直辖县级市	13	5	139142.6	130389.0	
石河子市	12	4	127323.6	118697.6	
阿拉尔市	1	1	11819.0	11691.4	

和港澳台商投资工业企业主要经济指标

单位：万元

一、年末资产负债						
资产总计	流动资产合计	应收账款	存货	产成品	流动资产年平均余额	固定资产合计
1135990.5	**545406.6**	**116585.5**	**179451.3**	**85228.2**	**542936.8**	**487841.0**
394559.7	211343.9	65862.0	62503.2	31438.0	191847.6	132387.6
306821.4	161591.2	51330.0	46797.4	23633.3	145898.9	102029.0
16657.7	6987.3	697.3	3128.7	2973.4	6873.2	6437.4
9460.4	6821.9	1217.5	2979.6	1474.6	6938.0	2247.6
61620.2	35943.5	12617.2	9597.5	3356.7	32137.5	21673.6
18756.0	16168.3	8612.6	4471.3	2600.8	15674.7	2500.0
10501.4	10327.7	5737.1	2633.4	1395.9	10322.2	164.2
8254.6	5840.6	2875.5	1837.9	1204.9	5352.5	2335.8
29184.8	18239.6	3622.1	12467.2	3048.5	17362.2	10171.8
24900.8	16702.7	3622.1	11260.0	2233.7	16290.3	7517.3
4284.0	1536.9		1207.2	814.8	1071.9	2654.5
94059.9	43479.1	1862.5	8692.6	2435.3	51317.0	39791.2
94059.9	43479.1	1862.5	8692.6	2435.3	51317.0	39791.2
147434.5	79221.1	4177.1	31340.6	17162.7	103323.2	56625.7
79772.9	37812.4	2318.2	24059.8	15482.5	66929.8	40803.5
21766.5	12598.5	-146.0	1612.4	81.2	11196.1	7110.1
1552.4	835.1	181.1	525.8	230.9	1250.0	642.5
34260.9	21225.9	1554.8	4543.0	838.8	18159.8	4737.0
10081.8	6749.2	269.0	599.6	529.3	5787.5	3332.6
85054.3	42205.8	4550.2	15671.2	2864.0	42450.7	32688.3
57088.3	27789.6	3713.4	8571.9	2602.8	26080.2	26519.4
12560.8	7768.4	217.9	1753.8	70.8	7072.7	3309.2
6712.9	3986.9	771.1	1361.4	578.6	4044.5	2718.4
6785.6	5583.3		755.6	316.8	4968.4	634.4
31029.0	10451.0	2724.4	4701.1	1636.6	9994.6	19857.4
27966.0	14416.2	836.8	7099.3	261.2	16370.5	6168.9
17954.8	9393.9	1.1	4533.1	261.2	11464.3	2278.2
10011.2	5022.3	835.7	2566.2		4906.2	3890.7
11798.1	5507.5	1775.6	2985.7	1352.3	5922.6	4947.0
11798.1	5507.5	1775.6	2985.7	1352.3	5922.6	4947.0
33674.3	14177.4	2363.5	6322.7	995.3	15156.7	18881.3
8009.2	6041.4	752.4	2307.5	829.5	7855.1	1485.2
25665.1	8136.0	1611.1	4015.2	165.8	7301.6	17396.1
64795.7	42807.4	1818.5	14105.3	12669.1	27973.6	21248.6
31887.4	18291.1	194.8	12140.4	12140.4	21160.3	12987.3
4545.8	1169.3	17.2	845.3	23.5	1035.9	3376.5
4198.6	2404.4	1606.5	194.4	100.0	2942.1	1781.7
24163.9	20942.6		925.2	405.2	2835.3	3103.1
17108.3	11136.4	6934.8	2638.6	180.5	11422.7	5476.2
4961.2	2600.3		1445.3	126.3	2397.3	1865.2
12147.1	8536.1	6934.8	1193.3	54.2	9025.4	3611.0
239564.9	61120.1	15006.6	18252.9	10481.7	60485.8	163123.3
209752.2	42633.1	13929.8	13122.6	7157.5	46322.5	151860.7
29812.7	18487.0	1076.8	5130.3	3324.2	14163.3	11262.6

1-16 续表 1

地区	固定资产原价	累计折旧	固定资产净值年平均余额	负债合计	流动负债合计	应付账款
总计	**608065.8**	**185419.0**	**419767.5**	**649193.9**	**570105.9**	**114970.4**
乌鲁木齐市	168913.0	71364.9	102619.1	227920.4	195685.3	49422.4
新市区	131058.8	60805.4	70607.2	173431.0	153431.3	45945.4
水磨沟区	8189.3	1751.9	6399.3	18738.0	15338.0	
头屯河区	7522.3	5314.6	2316.2	5184.4	5184.4	2503.2
米东区	22142.6	3493.0	23296.4	30567.0	21731.6	973.8
克拉玛依市	3818.5	1324.2	2290.8	7337.4	7334.4	4120.0
克拉玛依区	508.1	343.9	181.4	2532.6	2529.7	1637.3
乌尔禾区	3310.4	980.3	2109.4	4804.8	4804.7	2482.7
吐鲁番地区	43724.3	33619.4	10275.8	7244.3	6870.9	3474.0
吐鲁番市	40986.6	33469.3	7729.9	5346.0	4972.7	3114.1
托克逊县	2737.7	150.1	2545.9	1898.3	1898.2	359.9
哈密地区	28026.4	7478.7	16542.8	43227.9	39336.5	2459.7
哈密市	28026.4	7478.7	16542.8	43227.9	39336.5	2459.7
昌吉州	67286.1	13116.6	50938.5	82118.1	68846.8	7341.5
昌吉市	46368.2	7586.0	39329.4	56063.9	42932.6	5215.4
阜康市	8679.3	1865.0	4966.6	3800.4	3800.4	575.7
呼图壁县	1124.3	620.9	538.0	2247.0	2107.0	31.4
奇台县	7672.2	2935.2	2739.1	13230.3	13230.3	1519.0
木垒哈萨克自治县	3442.1	109.5	3365.4	6776.5	6776.5	
伊犁哈萨克自治州	46689.5	15656.6	31669.4	42247.9	41710.2	4664.0
伊犁州直属县(市)	33901.8	9037.8	24675.1	22435.4	22395.2	2868.9
伊宁市	8166.1	5214.0	2977.9	5106.3	5106.3	1027.3
奎屯市	3560.3	841.9	2726.0	1532.9	1532.9	64.9
伊宁县	693.1	125.5	556.6	1134.6	1134.6	
霍城县	21482.3	2856.4	18414.6	14661.6	14621.4	1776.7
塔城地区	12787.7	6618.8	6994.3	19812.5	19315.0	1795.1
乌苏市	2960.3	682.1	2936.5	9804.9	9804.8	1259.8
额敏县	9827.4	5936.7	4057.8	10007.6	9510.2	535.3
博尔塔拉蒙古自治州	4947.0	471.8	3533.2	2683.7	2683.0	588.1
博乐市	4947.0	471.8	3533.2	2683.7	2683.0	588.1
巴音郭楞蒙古自治州	15880.3	2612.4	12391.5	17585.5	15888.9	3832.6
尉犁县	1870.4	520.1	1364.2	1171.4	1171.4	363.2
焉耆回族自治县	14009.9	2092.3	11027.3	16414.1	14717.5	3469.4
阿克苏地区	24779.3	4213.2	14948.2	55537.6	55537.6	3613.4
阿克苏市	12987.3	682.4	10146.6	32359.9	32359.9	956.4
温宿县	4538.9	1162.4	2426.5	2023.3	2023.3	329.2
库车县	3161.9	1380.2	1840.8	1217.8	1217.8	352.9
沙雅县	4091.2	988.2	534.3	19936.6	19936.6	1974.9
喀什地区	6820.8	1474.4	5184.3	11442.4	11442.3	4210.3
喀什市	2890.9	1025.7	1703.1	1712.4	1712.3	262.7
麦盖提县	3929.9	448.7	3481.2	9730.0	9730.0	3947.6
自治区直辖县级市	197180.6	34086.8	169373.9	151848.7	124770.0	31244.4
石河子市	182431.6	30600.4	158434.7	131082.1	109129.4	20063.8
阿拉尔市	14749.0	3486.4	10939.2	20766.6	15640.6	11180.6

单位：万元

长期负债合　计	所有者权益合　计	实收资本				
			1.国家资本	2.集体资本	3.法人资本	4.个人资本
73064.8	**486796.6**	**403013.6**	**38638.1**	**5229.1**	**66510.5**	**15761.9**
32097.5	166639.3	146108.4	11867.6	5229.1	25930.9	7706.6
19862.1	133390.4	125413.4	11867.6	5229.1	24280.9	2246.6
3400.0	-2080.3	1300.0			975.0	
	4276.0	3795.0			225.0	93.0
8835.4	31053.2	15600.0			450.0	5367.0
3.0	11418.6	1964.1			877.3	
2.9	7968.8	1664.1			667.3	
0.1	3449.8	300.0			210.0	
373.3	21940.5	17583.9				
373.3	19554.8	14966.2				
	2385.7	2617.7				
3891.4	50832.0	40209.6	1005.4		8755.1	2675.0
3891.4	50832.0	40209.6	1005.4		8755.1	2675.0
12271.3	65316.4	38360.2			9509.4	2276.3
12131.3	23709.0	19479.7			2299.4	1530.0
	17966.1	6480.5				746.3
140.0	-694.6	1000.0			750.0	
	21030.6	8400.0			6460.0	
	3305.3	3000.0				
40.0	42806.4	38702.7	4904.7		5446.5	
40.0	34652.9	29004.3			5446.5	
	7454.5	5470.0				
	5180.0	1688.0				
	5651.0	5947.1				
40.0	16367.4	15899.2			5446.5	
	8153.5	9698.4	4904.7			
	8149.9	3000.0				
	3.6	6698.4	4904.7			
	9114.4	10003.6				
	9114.4	10003.6				
1696.6	16088.8	11150.0	520.0		4182.5	
	6837.8	2050.0			717.5	
1696.6	9251.0	9100.0	520.0		3465.0	
	9258.1	12845.2			500.0	
	-472.5	4994.0			500.0	
	2522.5	1000.0				
	2980.8	2712.8				
	4227.3	4138.4				
	5665.9	6312.3			3248.8	
	3248.8	3248.8			3248.8	
	2417.1	3063.5				
22691.7	87716.2	79773.6	20340.4		8060.0	3104.0
17565.7	78670.1	69395.8	20340.4		8060.0	3104.0
5126.0	9046.1	10377.8				

1-16 续表 2

地　区	5.港澳台资本	6.外商资本	主营业务收　入	主营业务成　本	主营业务税金及附加
总　计	**106446.5**	**170427.5**	**1010156.3**	**810448.4**	**7613.9**
乌鲁木齐市	41943.2	53431.0	335913.9	258847.5	2688.4
新市区	41468.2	40321.0	245938.6	183985.1	2688.4
水磨沟区	325.0		2898.0	2375.0	
头屯河区		3477.0	34887.8	29612.2	
米东区	150.0	9633.0	52189.5	42875.2	
克拉玛依市	90.0	996.8	16516.8	11486.3	
克拉玛依区		996.8	8679.4	5112.9	
乌尔禾区	90.0		7837.4	6373.4	
吐鲁番地区	17583.9		27323.7	22617.9	
吐鲁番市	14966.2		26018.5	21269.4	
托克逊县	2617.7		1305.2	1348.5	
哈密地区	3699.0	24075.1	33375.2	22172.6	578.3
哈密市	3699.0	24075.1	33375.2	22172.6	578.3
昌吉州	8190.6	18383.9	277548.9	243906.8	467.3
昌吉市	940.6	14709.7	222309.4	205146.6	205.7
阜康市	4000.0	1734.2	15106.5	10243.5	1.0
呼图壁县	250.0		1542.8	1551.8	10.9
奇台县		1940.0	28270.1	18355.8	177.6
木垒哈萨克自治县	3000.0		10320.1	8609.1	72.1
伊犁哈萨克自治州	3193.7	25157.8	47243.6	27847.7	2301.8
伊犁州直属县(市)	1400.0	22157.8	27167.9	17045.4	732.6
伊宁市	1400.0	4070.0	10428.4	5549.8	731.4
奎屯市		1688.0	4896.8	3621.3	
伊宁县		5947.1	1170.9	954.2	1.2
霍城县		10452.7	10671.8	6920.1	
塔城地区	1793.7	3000.0	20075.7	10802.3	1569.2
乌苏市		3000.0	15411.7	6553.6	1569.2
额敏县	1793.7		4664.0	4248.7	
博尔塔拉蒙古自治州	10003.6		15200.1	14535.4	
博乐市	10003.6		15200.1	14535.4	
巴音郭楞蒙古自治州	500.0	5947.5	14737.9	5955.4	424.7
尉犁县		1332.5	7518.5	2366.4	33.8
焉耆回族自治县	500.0	4615.0	7219.4	3589.0	390.9
阿克苏地区	6851.2	5494.0	76374.2	66922.1	619.6
阿克苏市		4494.0	54653.1	50847.0	
温宿县		1000.0	5485.4	2713.1	619.6
库车县	2712.8		8981.7	6186.5	
沙雅县	4138.4		7254.0	7175.5	
喀什地区	3063.5		19456.6	15596.9	533.8
喀什市			5368.6	4158.2	533.8
麦盖提县	3063.5		14088.0	11438.7	
自治区直辖县级市	11327.8	36941.4	146465.4	120559.8	
石河子市	950.0	36941.4	136640.9	110601.8	
阿拉尔市	10377.8		9824.5	9958.0	

单位：万元

二、损益及分配						
其他业务收入	其他业务利润	营业费用	管理费用		财务费用	
				税金		利息支出
42227.8	**3544.4**	**65587.8**	**55254.4**	**1452.8**	**12323.9**	**13386.1**
27404.2	-147.5	25434.1	23584.9	691.0	4165.6	3791.7
25722.1	-167.4	22821.9	20521.8	328.3	1925.5	1559.5
		108.1	256.7		425.8	425.8
1682.1	19.9	1381.4	1538.5	41.4	114.8	109.7
		1122.7	1267.9	321.3	1699.5	1696.7
386.1	136.1	1839.1	653.4	6.6	-150.6	-150.6
76.0	42.4	1605.2	53.0	6.6	-192.3	-192.3
310.1	93.7	233.9	600.4		41.7	41.7
318.9	66.3	616.5	857.8	104.6	153.6	145.1
286.6	34.0	572.5	734.4	104.6	153.7	145.1
32.3	32.3	44.0	123.4		-0.1	
3159.2	838.8	1172.7	3655.8	14.3	426.4	348.5
3159.2	838.8	1172.7	3655.8	14.3	426.4	348.5
666.2	521.8	10144.9	10585.9	333.4	3265.9	3025.8
571.5	483.6	8553.8	7359.2	260.3	3152.3	3046.5
		6.9	483.5	7.7	-128.9	-131.7
		21.6	84.6	3.4	79.1	79.0
94.7	38.2	1264.3	1902.2	62.0	28.6	32.0
		298.3	756.4		134.8	
5164.0	1019.1	2457.0	3263.2	61.4	680.6	117.0
1650.4	1019.1	1363.7	1878.2	34.4	-798.5	2.9
1412.7	1011.7	620.2	643.8	10.4	5.8	-53.9
		25.4	138.5	10.5	27.4	27.0
		76.8	154.9		16.8	-1.8
237.7	7.4	641.3	941.0	13.5	-848.5	31.6
3513.6		1093.3	1385.0	27.0	117.9	114.1
3513.6		932.0	931.3	27.0	114.8	113.8
		161.3	453.7		3.1	0.3
		789.7	707.7	17.8	67.8	25.1
		789.7	707.7	17.8	67.8	25.1
3.8	3.6	5062.3	1840.3	12.4	356.8	579.4
1.2	1.0	3694.9	772.1	11.9	-15.0	
2.6	2.6	1367.4	1068.2	0.5	371.8	579.4
1743.5	444.1	4918.9	5304.2	68.3	2110.8	2543.8
156.8	156.8	3435.0	4341.7	50.4	1939.4	2365.8
1427.4	269.9	540.2	366.4	5.8	0.9	
140.0	0.2	874.3	344.4	1.1	-7.5	
19.3	17.2	69.4	251.7	11.0	178.0	178.0
1639.0	394.4	737.5	622.2	32.6	-0.6	-3.5
1639.0	394.4	686.6	396.7	27.9	0.7	-2.0
		50.9	225.5	4.7	-1.3	-1.5
1742.9	267.7	12415.1	4179.0	110.4	2608.8	2963.8
1732.6	257.4	11502.2	4117.6	104.5	2957.0	2963.8
10.3	10.3	912.9	61.4	5.9	-348.2	

1-16 续表 3

地 区	营业利润	投资收益	补贴收入	利润总额	亏损企业亏损额
总 计	**65943.4**	**6557.3**	**2671.0**	**70355.5**	**18344.9**
乌鲁木齐市	24349.8	5828.1	408.3	25134.9	3812.0
新市区	19365.8	5828.1	407.9	20110.8	3240.0
水磨沟区	-267.6			-267.6	267.6
头屯河区	27.6		0.4	7.4	303.7
米东区	5224.0			5284.3	0.7
克拉玛依市	2824.7			2478.8	
克拉玛依区	2143.0			2089.9	
乌尔禾区	681.7			388.9	
吐鲁番地区	3144.2	64.5		3221.3	163.8
吐鲁番市	3322.5	64.5		3385.1	
托克逊县	-178.3			-163.8	163.8
哈密地区	6198.8	1913.1	693.9	8907.8	387.0
哈密市	6198.8	1913.1	693.9	8907.8	387.0
昌吉州	10932.1	-1345.4	137.3	9745.1	3275.3
昌吉市	-680.1	-1345.4	95.2	-1921.0	3112.8
阜康市	4489.3			4496.2	5.4
呼图壁县	-194.3		42.1	-157.1	157.1
奇台县	6723.6			6733.4	
木垒哈萨克自治县	593.6			593.6	
伊犁哈萨克自治州	13903.9	94.6	276.3	13726.5	452.1
伊犁州直属县(市)	8666.7	94.6	276.3	8643.2	222.3
伊宁市	4623.4	94.6	135.1	4849.3	62.4
奎屯市	1084.2		76.2	1168.6	
伊宁县	-33.0			-33.2	33.2
霍城县	2992.1		65.0	2658.5	126.7
塔城地区	5237.2			5083.3	229.8
乌苏市	5466.7			5313.1	
额敏县	-229.5			-229.8	229.8
博尔塔拉蒙古自治州	-900.5		70.1	-830.8	830.8
博乐市	-900.5		70.1	-830.8	830.8
巴音郭楞蒙古自治州	1100.8		65.8	1071.6	845.3
尉犁县	666.3		45.8	708.5	
焉耆回族自治县	434.5		20.0	363.1	845.3
阿克苏地区	-3213.0	2.4	65.0	-3003.1	6111.3
阿克苏市	-5910.5	2.4	65.0	-5694.1	5694.1
温宿县	1494.2			1502.4	
库车县	1606.8			1605.8	
沙雅县	-403.5			-417.2	417.2
喀什地区	605.6			651.7	626.0
喀什市	1231.6			1277.7	
麦盖提县	-626.0			-626.0	626.0
自治区直辖县级市	6997.0		954.3	9251.7	1841.3
石河子市	7746.4		689.4	9737.2	1355.8
阿拉尔市	-749.4		264.9	-485.5	485.5

单位：万元

应交所得税	三、工资、福利费、增值税			
	本年应付工资总额（贷方累计发生额）	本年应付福利费总额	本年应交增值税	全部从业人员年平均人数（人）
10866.0	**39592.6**	**2353.6**	**35287.0**	**16259**
4220.7	16526.9	893.5	12266.4	6466
3371.2	14333.7	872.7	11819.9	5468
	325.0		69.8	274
56.7	904.6		30.9	240
792.8	963.6	20.8	345.8	484
371.8	1119.3	51.5	1113.4	254
313.5	353.7	25.6	271.1	45
58.3	765.6	25.9	842.3	209
500.6	1284.0	71.9	891.5	597
500.6	1122.6	55.2	891.5	547
	161.4	16.7		50
555.7	2171.5	166.1	2212.6	724
555.7	2171.5	166.1	2212.6	724
2274.7	4483.7	394.1	3342.8	1623
230.5	2289.6	306.6	349.4	735
250.8	684.1	44.8	1504.1	413
	61.5	1.4	14.3	45
1645.0	1362.7	29.3	928.2	365
148.4	85.8	12.0	546.8	65
1118.4	3692.7	301.8	3513.4	1734
690.5	1940.1	155.7	1587.5	1031
185.2	831.0	74.4	1113.4	329
146.1	185.4	12.9	299.1	122
	147.1		28.8	151
359.2	776.6	68.4	146.2	429
427.9	1752.6	146.1	1925.9	706
427.9	1407.6	146.1	1827.2	476
	345.0		98.7	230
	1407.2	94.7		860
	1407.2	94.7		860
177.1	1333.1		1125.3	471
177.1	638.4		700.0	220
	694.7		425.3	251
808.4	1292.0	80.6	2224.1	569
	208.9			139
382.4	511.4	56.0	672.9	244
426.0	383.8	24.6	888.8	76
	187.9		662.4	110
340.2	769.7	108.0	1097.9	450
340.2	537.8	88.1	586.0	240
	231.9	19.9	511.9	210
498.4	5512.5	191.4	7499.6	2508
498.4	5177.0	191.4	6233.9	2325
	335.5		1265.7	183

1-17 各地、州、市、县(市)规模

地　区	企业单位数(个)	亏损企业	生产、销售总值		
			工业总产值(当年价格)	工业销售产值(当年价格)	出口交货值
总　计	**273**	**68**	**35372774.4**	**34701813.2**	**469766.4**
乌鲁木齐市	62	12	12273028.9	11894434.8	293959.4
天山区	6		1097438.2	1079949.6	65220.0
沙依巴克区	7	1	1071342.9	960910.9	52150.3
新市区	22	5	3521615.3	3354874.6	121821.1
水磨沟区	3	1	136683.6	138520.8	
头屯河区	7	1	3047802.2	3002810.4	31674.8
达坂城区	2		127754.8	123291.9	
米东区	15	4	3270391.9	3234076.6	23093.2
克拉玛依市	18	6	11267868.6	11181017.2	22182.4
独山子区	5	3	2415946.2	2375584.9	5590.2
克拉玛依区	11	3	8820758.5	8774396.1	2792.0
白碱滩区	2		31163.9	31036.2	13800.2
吐鲁番地区	13		1499894.2	1478502.4	1644.6
吐鲁番市	7		226958.1	204778.1	1644.6
鄯善县	4		1243481.5	1245729.5	
托克逊县	2		29454.6	27994.8	
哈密地区	10	2	396874.8	370388.1	
哈密市	8	1	384959.9	361150.2	
巴里坤哈萨克自治县	2	1	11914.9	9237.9	
昌吉回族自治州	28	10	1125951.1	1062096.6	32807.0
昌吉市	10	2	479036.2	426754.3	15745.1
阜康市	6	1	273792.9	272965.4	
呼图壁县	3	2	44095.6	42318.3	
玛纳斯县	8	4	323822.2	314236.8	17061.9
奇台县	1	1	5204.2	5821.8	
伊犁哈萨克自治州	55	11	1813365.2	1782871.7	8188.6
伊犁州直属县(市)	26	4	813253.1	794335.9	1115.3
伊宁市	6	1	123377.6	118204.5	
奎屯市	5	1	257702.9	253467.6	
伊宁县	4	1	84217.5	80695.7	1115.3
霍城县	3		51045.8	50763.3	
巩留县	1		5488.4	4693.8	
新源县	4	1	246719.1	240291.3	
昭苏县	1		12504.1	12045.0	
尼勒克县	2		32197.7	34174.7	
塔城地区	20	6	567774.5	539623.1	7073.3
塔城市	1	1	38562.0	38562.0	
乌苏市	5	1	238242.1	237981.2	6118.7

以上大中型工业企业主要经济指标

单位：万元

一、年末资产负债						
资产总计	流动资产合计	应收账款	存货	产成品	流动资产年平均余额	固定资产合计
45960635.7	**14322892.1**	**1754510.2**	**3579774.9**	**1087866.5**	**13506419.9**	**21960930.0**
14070502.3	5469426.9	636879.7	1497046.9	249117.3	4878829.1	6728955.6
2439194.7	992731.7	143752.1	32231.1	9809.9	895482.6	1014626.5
1895218.4	674513.8	13501.3	199905.9	43033.9	590756.7	810997.0
4594352.8	1401426.7	335287.4	378330.8	88530.2	1319650.1	2618678.9
166394.8	74860.1	23136.8	10102.4	4531.3	76605.0	83873.2
2083642.4	944811.4	10600.7	610343.3	6496.9	829398.1	949475.3
235802.2	106049.1	49731.5	12512.9	6258.1	83747.7	89774.0
2655897.0	1275034.1	60869.9	253620.5	90457.0	1083188.9	1161530.7
13988026.9	3583538.9	519963.7	510842.8	139537.3	3568183.7	4650383.7
3966603.5	887078.7	15849.9	129344.2	52553.7	1065803.7	2843158.4
9980169.5	2665306.3	483612.8	378361.9	85862.9	2483167.4	1802571.3
41253.9	31153.9	20501.0	3136.7	1120.7	19212.6	4654.0
1805844.4	574048.8	22501.5	102565.9	25432.9	467847.0	1150568.4
198895.2	118165.7	12451.8	44520.2	19871.3	125565.7	55203.8
1567968.1	442292.7	8501.3	55805.4	4208.4	330000.9	1076271.7
38981.1	13590.4	1548.4	2240.3	1353.2	12280.4	19092.9
687019.7	304733.1	51825.6	105019.5	29369.1	302051.0	311845.7
669549.1	301025.7	51158.8	103344.0	28347.9	299481.2	298082.5
17470.6	3707.4	666.8	1675.5	1021.2	2569.8	13763.2
2310944.6	860582.6	149980.9	273022.2	72162.4	788169.7	904703.7
1163898.5	463846.7	60458.4	106793.8	28493.5	407129.4	238762.8
368150.6	110783.7	11624.1	21237.2	3876.9	103168.3	211141.6
100751.3	42036.3	33023.2	4363.0	200.9	40458.5	38490.2
650108.3	235415.3	44866.7	132223.9	36760.5	232971.0	397724.0
28035.9	8500.6	8.5	8404.3	2830.6	4442.5	18585.1
2345065.2	930943.4	144203.1	334020.9	150010.0	830313.7	1110046.0
1242833.6	542036.0	26635.6	213367.6	82701.1	495834.1	546726.6
213677.4	40932.6	2952.9	21723.8	5337.4	47888.0	116608.1
324941.8	131005.0	10064.5	65353.8	12698.6	127767.7	151278.3
172396.0	55868.4	6009.0	22358.7	12056.8	46144.0	100783.0
80267.0	37306.3	1518.5	24576.7	23119.7	32716.1	36237.4
7885.7	5237.2	1083.9	3538.6	1985.0	5654.7	2305.5
408278.5	258840.6	4033.9	66539.5	25635.5	222893.7	118070.7
5717.0	3749.6	837.1	2094.2	1868.1	3749.6	1868.0
29670.2	9096.3	135.8	7182.3		9020.3	19575.6
513045.1	160724.8	14713.7	76528.6	46592.7	154804.4	260806.4
59791.5	8646.9	533.3	1022.7		9371.7	51144.6
135313.1	34581.9	3752.0	11573.6	2021.7	36781.6	26342.8

1-17 续表 1-1

地 区	企业单位数(个)	亏损企业	生产、销售总值 工业总产值(当年价格)	工业销售产值(当年价格)	出口交货值
额敏县	3	1	40672.7	32714.0	
沙湾县	3	1	116644.8	108035.0	954.6
托里县	3	1	86855.2	79637.1	
和布克赛尔蒙古自治县	5	1	46797.7	42693.8	
阿勒泰地区	9	1	432337.6	448912.7	
阿勒泰市	2	1	41833.4	41833.4	
富蕴县	5		253239.2	265369.2	
哈巴河县	2		137265.0	141710.1	
博尔塔拉蒙古自治州	9	4	127933.8	121144.5	9150.8
博乐市	9	4	127933.8	121144.5	9150.8
巴音郭楞蒙古自治州	19	6	4390826.2	4374265.9	2865.5
库尔勒市	10	4	4040542.1	4034456.4	792.7
轮台县	2		14297.8	13963.9	
尉犁县	1	1	65083.8	67642.9	2072.8
若羌县	2	1	56806.5	52376.5	
焉耆回族自治县	1		10015.5	9818.9	
和静县	3		204080.5	196007.3	
阿克苏地区	18	4	1150421.1	1140595.5	
阿克苏市	9	1	244817.3	234474.4	
库车县	4	1	816467.4	819855.6	
沙雅县	1		11188.7	11390.2	
拜城县	4	2	77947.7	74875.3	
克孜勒苏柯尔克孜自治州	2		22546.1	23532.8	
阿克陶县	1		10628.7	11758.4	
乌恰县	1		11917.4	11774.4	
喀什地区	7	2	211406.6	206588.6	761.4
喀什市	5	1	167247.3	176228.8	761.4
莎车县	1	1	5429.3	4565.8	
叶城县	1		38730.0	25794.0	
和田地区	4	1	46267.3	46476.8	
和田市	1	1	24814.6	24814.6	
和田县	1		7948.3	7682.4	
皮山县	1		4049.2	4004.7	
洛浦县	1		9455.2	9975.1	
自治区直辖县级市	28	10	1046390.5	1019898.3	98206.7
石河子市	25	8	947694.2	926659.0	96672.2
阿拉尔市	2	2	39262.3	32311.7	
五家渠市	1		59434.0	60927.6	1534.5

单位：万元

一、年末资产负债						
资产总计	流动资产 合　　计				流动资产 年平均余额	固定资产 合　　计
		应收账款	存货			
				产成品		
54668.9	29455.3	423.9	25245.8	20633.8	27301.4	23739.2
81888.6	32937.9	2260.1	9603.5	2018.7	32369.7	43283.9
92459.0	35964.4	1910.1	22136.4	20112.1	29202.3	51231.1
88924.0	19138.4	5834.3	6946.6	1806.4	19777.7	65064.8
589186.5	228182.6	102853.8	44124.7	20716.2	179675.2	302513.0
90605.2	10377.3	955.8	556.9	2.1	10256.6	78674.5
359111.7	161887.0	96336.9	34898.5	19642.5	105622.2	173310.5
139469.6	55918.3	5561.1	8669.3	1071.6	63796.4	50528.0
194164.0	85843.5	6431.4	40890.3	17099.8	69171.1	97434.2
194164.0	85843.5	6431.4	40890.3	17099.8	69171.1	97434.2
5878146.3	1000921.3	26023.7	394945.8	277418.9	1014389.0	4735334.0
5050440.8	744755.1	14126.5	261566.0	237933.3	774484.1	4227590.8
41785.0	28171.5	1818.8	17972.0	3542.2	22452.5	10071.2
103758.3	56938.9	4962.6	26116.0	7557.4	57907.0	30539.3
433464.7	55961.3	10.4	32218.6	1906.7	49798.2	349469.4
19190.5	8158.7	29.8	7662.0	6200.9	4860.6	8705.0
229507.0	106935.8	5075.6	49411.2	20278.4	104886.6	108958.3
1225731.2	333758.5	23223.5	96204.6	24801.4	325029.8	723737.8
625389.5	174560.5	12645.5	59203.8	14832.9	192362.9	374863.9
432098.4	90286.7	9416.9	28687.1	6048.3	75829.9	273695.6
23933.6	12975.5	391.0	3389.5	1654.1	12762.1	10958.0
144309.7	55935.8	770.1	4924.2	2266.1	44074.9	64220.3
20651.5	8239.6	2578.6	1637.1	532.4	6248.5	11165.1
11459.6	3038.3	86.4	791.8	532.4	3566.0	7174.5
9191.9	5201.3	2492.2	845.3		2682.5	3990.6
276748.6	59022.0	14635.7	8411.8	1608.3	57881.9	203944.0
251506.6	51760.6	13460.0	3520.9	137.9	50999.6	194441.5
5194.7	3035.0	123.6	2449.5	708.3	2655.9	2017.9
20047.3	4226.4	1052.1	2441.4	762.1	4226.4	7484.6
130688.8	31403.1	2093.7	4623.2	428.7	31448.1	99136.0
93976.8	9704.5	357.5	2087.4		10544.3	84159.8
23696.8	12486.7	513.7	445.4		11382.9	11210.1
5583.7	3970.5	885.9	661.3		4279.5	1579.0
7431.5	5241.4	336.6	1429.1	428.7	5241.4	2187.1
3027102.2	1080430.4	154169.1	210543.9	100348.0	1166857.3	1233675.8
2834542.1	1003212.5	145051.1	177648.8	87718.4	1091044.5	1169082.2
42864.5	22062.5	3743.3	12651.7	8034.7	34230.8	11068.2
149695.6	55155.4	5374.7	20243.4	4594.9	41582.0	53525.4

1-17 续表 2-1

地区	固定资产原价	累计折旧	固定资产净值年平均余额	负债合计	流动负债合计	应付账款
总计	**35285426.4**	**13677002.7**	**14860616.0**	**22931335.2**	**13205406.7**	**5059949.1**
乌鲁木齐市	9690522.7	3444275.3	5804913.8	6518079.2	4559681.5	1522465.6
天山区	1721682.3	739121.3	1002631.4	1714110.4	702093.4	86157.9
沙依巴克区	1037310.1	217317.1	645255.2	1058968.6	869593.3	46658.7
新市区	3393292.8	1077415.2	2149978.6	1354885.1	1110903.3	549486.2
水磨沟区	174838.0	98255.5	76212.3	119584.4	68181.4	13053.2
头屯河区	1388081.1	424071.8	869486.3	1346972.0	1149360.7	572362.3
达坂城区	163630.5	80660.2	78139.1	87933.7	60114.7	29667.4
米东区	1811687.9	807434.2	983210.9	835625.0	599434.7	225079.9
克拉玛依市	11152593.0	4642916.5	2470085.1	5843801.3	2587123.5	1708199.2
独山子区	1426856.3	737684.3	676841.8	1422517.0	430653.8	211977.7
克拉玛依区	9715628.6	3899309.4	1788592.6	4390067.1	2126276.3	1485378.6
白碱滩区	10108.1	5922.8	4650.7	31217.2	30193.4	10842.9
吐鲁番地区	2297760.1	1183385.1	545440.1	914070.5	372783.2	204985.6
吐鲁番市	75567.5	41650.2	33940.0	89527.6	85979.1	10930.7
鄯善县	2200925.4	1139303.4	494400.2	819709.8	283317.0	192431.6
托克逊县	21267.2	2431.5	17099.9	4833.1	3487.1	1623.3
哈密地区	469246.9	188813.4	251816.8	378003.8	277444.2	73392.8
哈密市	454923.8	186956.8	244177.6	367339.7	266871.1	70533.9
巴里坤哈萨克自治县	14323.1	1856.6	7639.2	10664.1	10573.1	2858.9
昌吉回族自治州	1206740.2	429519.3	618773.5	1576173.7	1034951.5	174539.3
昌吉市	338854.6	124605.1	238356.3	709616.6	481857.3	87558.8
阜康市	198439.8	67498.4	117827.4	192935.1	165183.3	22598.7
呼图壁县	56598.4	18750.8	37969.9	52986.9	50233.6	9278.9
玛纳斯县	592018.4	216567.8	221842.2	592983.5	310025.7	48782.3
奇台县	20829.0	2097.2	2777.7	27651.6	27651.6	6320.6
伊犁哈萨克自治州	1360729.6	491389.6	873665.8	1334834.6	1116549.5	200774.1
伊犁州直属县(市)	754938.9	298850.2	446449.6	686407.3	559133.7	107319.1
伊宁市	202233.8	89692.3	114282.0	178289.9	147796.7	19374.6
奎屯市	222822.3	75389.4	139434.3	182598.3	122179.9	33545.1
伊宁县	132341.7	60222.8	71475.9	93679.9	75307.6	13480.9
霍城县	62398.7	26161.3	35245.7	42889.3	29227.2	13605.5
巩留县	3588.2	1282.7	2379.9	91.4	91.4	4.1
新源县	110560.5	43526.8	65218.0	173538.4	171110.7	26292.8
昭苏县	2117.2	283.3	1879.3	1819.5	1819.5	
尼勒克县	18876.5	2291.6	16534.5	13500.6	11600.7	1016.1
塔城地区	320506.0	125046.9	214929.8	346657.9	303990.4	47841.3
塔城市	51144.6	31091.8	49529.5	84566.0	76010.0	1242.5
乌苏市	52009.3	26395.8	26201.2	53379.0	46566.0	2606.4

单位：万元

长期负债合计	所有者权益合计	实收资本				
			1.国家资本	2.集体资本	3.法人资本	4.个人资本
8984066.7	**23029300.5**	**17406459.5**	**6338701.9**	**23437.0**	**10259966.2**	**655350.6**
1684335.3	7552423.1	4828118.6	2428807.3	7603.4	2077825.0	256679.8
1011565.0	725084.3	266165.1	100353.8		165811.3	
186197.3	836249.8	465789.6	296408.9		107454.8	61925.9
130506.8	3239467.7	1689768.6	28971.0	2557.5	1466726.4	143943.6
49903.0	46810.4	47639.4	21394.0		26245.4	
197611.3	736670.4	510497.3	431789.7	1312.8	41465.4	35929.4
27819.0	147868.5	78853.7	6421.2		72432.5	
80732.9	1820272.0	1769404.9	1543468.7	3733.1	197689.2	14880.9
3211334.5	8144225.6	7024382.5	32117.2	6660.2	6931260.7	54344.4
991863.2	2544086.5	2449837.8	31854.9		2382882.4	35100.5
2218447.5	5590102.4	4569154.2		5572.3	4544519.1	19062.8
1023.8	10036.7	5390.5	262.3	1087.9	3859.2	181.1
534503.4	891773.9	795401.4	719859.4		35845.8	24730.0
1573.3	109367.6	49054.4			27488.2	6600.0
531584.1	748258.3	730547.0	719859.4		8357.6	2330.0
1346.0	34148.0	15800.0				15800.0
100546.3	309015.9	223725.4	98788.5		107609.5	17327.4
100455.4	302209.4	217248.8	98788.5		101609.5	16850.8
90.9	6806.5	6476.6			6000.0	476.6
536199.1	734770.9	409313.4	61682.6		284008.3	63622.5
222795.6	454281.9	202476.9	18014.6		164737.6	19724.7
27751.1	175215.5	72170.5	9744.5		52128.4	10297.6
2753.3	47764.4	40300.2			10000.0	30300.2
282899.1	57124.8	93365.8	33123.5		56942.3	3300.0
	384.3	1000.0	800.0		200.0	
202268.5	1010230.6	447619.7	191821.0	5850.4	179184.5	66766.3
112076.8	556426.3	268755.2	119216.3	1500.0	83021.7	65017.2
30493.0	35387.5	27019.8	810.9	1500.0	24531.7	177.2
60418.4	142343.5	54465.0	47373.1		7091.9	
3992.5	78716.1	65433.2	44346.0		21087.2	
13565.5	37377.7	21198.2	21198.2			
	7794.3	4539.0			4539.0	
1707.5	234740.1	93100.0	5488.1		24261.9	63350.0
	3897.5	1000.0			1000.0	
1899.9	16169.6	2000.0			510.0	1490.0
42574.8	166387.2	91510.0	51082.2	4350.4	30330.8	1749.1
8556.0	-24774.5	7431.0	7431.0			
6812.6	81934.1	19166.8		4040.5	12126.3	

1-17 续表 2-2

地　　区	固定资产原　　价	累计折旧	固定资产净值年平均余额	负债合计	流动负债合　　计	应付账款
额敏县	41052.7	17313.5	23826.7	32570.4	32393.5	4262.5
沙湾县	50940.4	15967.6	36441.8	48773.6	46031.4	11816.8
托里县	48886.5	9024.8	34622.8	66950.5	61944.0	22058.4
和布克赛尔蒙古自治县	76472.5	25253.4	44307.8	60418.4	41045.5	5854.7
阿勒泰地区	285284.7	67492.5	212286.4	301769.4	253425.4	45613.7
阿勒泰市	105679.3	30355.9	66132.5	81631.1	73560.9	14346.2
富蕴县	119077.4	27136.6	98853.0	169327.3	130488.3	25934.2
哈巴河县	60528.0	10000.0	47300.9	50811.0	49376.2	5333.3
博尔塔拉蒙古自治州	140675.2	47583.5	91247.7	148498.6	91088.6	16998.0
博乐市	140675.2	47583.5	91247.7	148498.6	91088.6	16998.0
巴音郭楞蒙古自治州	6329175.8	2510017.5	2455412.2	3055439.5	1292033.2	756089.8
库尔勒市	5956054.7	2409088.2	2300442.4	2467378.5	973111.0	654481.0
轮台县	13109.8	3307.8	9661.7	29546.8	22860.8	4903.4
尉犁县	59783.5	31047.4	32236.1	72292.5	61746.1	30102.4
若羌县	149854.9	15489.0	32788.2	347488.9	108056.6	38255.5
焉耆回族自治县	18988.0	9883.0	6732.1	17815.8	17678.6	3570.9
和静县	131384.9	41202.1	73551.7	120917.0	108580.1	24776.6
阿克苏地区	857488.4	278799.1	593817.8	672407.7	479610.6	71274.5
阿克苏市	404485.6	152433.5	256626.9	383834.1	248957.6	44677.9
库车县	354224.4	81776.6	283117.1	213652.3	176780.4	19766.5
沙雅县	12969.2	2998.7	7594.3	12187.9	10717.9	231.5
拜城县	85809.2	41590.3	46479.5	62733.4	43154.7	6598.6
克孜勒苏柯尔克孜自治州	13428.0	2268.6	10154.5	13470.7	13470.7	529.8
阿克陶县	9184.2	2015.4	6163.9	1939.2	1939.2	595.1
乌恰县	4243.8	253.2	3990.6	11531.5	11531.5	-65.3
喀什地区	345091.6	158386.5	169296.4	281116.7	231196.8	59966.8
喀什市	336431.4	157110.9	161989.3	266988.5	217124.9	56886.7
莎车县	2249.6	236.2	1843.0	5118.7	5118.6	1048.4
叶城县	6410.6	1039.4	5464.1	9009.5	8953.3	2031.7
和田地区	135528.0	45366.9	87961.8	146639.1	135168.1	3971.9
和田市	114251.3	36434.6	75143.8	121795.3	114745.3	2824.6
和田县	14873.4	6137.9	9202.8	13216.6	9825.5	
皮山县	4117.5	2671.8	1428.1	6098.4	5068.5	1240.9
洛浦县	2285.8	122.6	2187.1	5528.8	5528.8	-93.6
自治区直辖县级市	1286446.9	254281.4	888030.5	2048799.8	1014305.3	266761.7
石河子市	1215847.7	248275.8	834205.3	1898595.4	954475.6	253856.9
阿拉尔市	11790.1	721.9	11091.0	34250.6	19675.9	7392.0
五家渠市	58809.1	5283.7	42734.2	115953.8	40153.8	5512.8

单位：万元

长期负债合计	所有者权益合计	实收资本	1.国家资本	2.集体资本	3.法人资本	4.个人资本
85.1	22098.5	12807.0	11891.2		915.8	
2742.0	33115.0	22142.5	19332.6	309.9	2500.0	
5006.3	25508.5	10995.0			9997.5	
19372.8	28505.6	18967.7	12427.4		4791.2	1749.1
47616.9	287417.1	87354.5	21522.5		65832.0	
7935.2	8974.1	17222.5	17222.5			
38838.9	189784.4	44152.0	4300.0		39852.0	
842.8	88658.6	25980.0			25980.0	
35271.1	45665.4	39921.8	23828.2		6000.0	90.0
35271.1	45665.4	39921.8	23828.2		6000.0	90.0
1763234.5	2822706.8	2692225.6	2495580.7		124850.0	69842.9
1494267.5	2583062.3	2536186.0	2490513.1		21368.0	22352.9
6651.5	12238.2	4800.0			1800.0	3000.0
10546.3	31465.8	11567.3			11567.3	
239432.3	85975.8	56999.9	2999.9		51510.0	2490.0
	1374.7	6754.4			6754.4	
12336.9	108590.0	75918.0	2067.7		31850.3	42000.0
97350.4	553323.5	336796.1	179007.7	2980.0	151017.3	3791.1
42145.1	241555.4	98434.6	65952.0	2560.0	27258.5	2664.1
36871.8	218446.1	167131.4	111803.0		54201.4	1127.0
	11745.7	9415.5			9415.5	
18333.5	81576.3	61814.6	1252.7	420.0	60141.9	
	7180.8	1800.0			1600.0	200.0
	9520.4	1600.0			1600.0	
	-2339.6	200.0				200.0
42384.7	-4368.1	22102.3	13179.6		5000.0	3922.7
42328.5	-15481.9	19932.3	13179.6		5000.0	1752.7
	76.0	1220.0				1220.0
56.2	11037.8	950.0				950.0
11470.8	-15950.3	10194.1	3486.2	343.0	6364.9	
7050.0	-27818.5	6700.0	670.0		6030.0	
3391.1	10480.2	2816.2	2816.2			
1029.7	-514.7	334.9			334.9	
	1902.7	343.0		343.0		
765168.1	978302.4	574858.6	90543.5		349400.2	94033.5
745918.1	935946.7	532992.6	62677.5		335400.2	94033.5
11670.0	8613.9	14000.0			14000.0	
7580.0	33741.8	27866.0	27866.0			

1-17 续表 3-1

地区	5.港澳台资本	6.外商资本	主营业务收入	主营业务成本	主营业务税金及附加
总计	**69217.9**	**59785.9**	**37129470.1**	**25778723.2**	**972033.6**
乌鲁木齐市	42296.1	14907.0	12255143.2	9902042.3	468532.2
天山区			1082373.5	877203.7	7277.8
沙依巴克区			1183573.3	945398.2	13733.1
新市区	42296.1	5274.0	3402772.9	1432372.2	352333.8
水磨沟区			142731.3	125256.3	691.3
头屯河区			3120000.7	2952320.5	4991.5
达坂城区			144907.6	97039.1	1510.6
米东区		9633.0	3178783.9	3472452.3	87994.1
克拉玛依市			12462878.8	8776176.0	260361.9
独山子区			2458155.1	2635669.9	50963.0
克拉玛依区			9963738.8	6103803.5	209220.1
白碱滩区			40984.9	36702.6	178.8
吐鲁番地区	14966.2		1627123.4	799051.4	21063.2
吐鲁番市	14966.2		205441.9	172028.6	741.2
鄯善县			1399097.6	615222.7	20119.5
托克逊县			22583.9	11800.1	202.5
哈密地区			428809.2	312809.8	2995.0
哈密市			419939.2	306891.4	2946.9
巴里坤哈萨克自治县			8870.0	5918.4	48.1
昌吉回族自治州			1234242.9	1059431.9	7748.4
昌吉市			638831.1	532933.7	2628.5
阜康市			245780.7	219725.4	612.9
呼图壁县			37378.8	35509.1	152.6
玛纳斯县			306520.9	266593.6	4304.8
奇台县			5731.4	4670.1	49.6
伊犁哈萨克自治州		3997.5	1806315.1	1044976.4	95809.2
伊犁州直属县(市)			819714.2	495506.3	85290.9
伊宁市			118244.0	96015.4	790.0
奎屯市			255910.8	139099.3	70161.7
伊宁县			75809.8	51774.5	171.1
霍城县			52835.4	41934.9	244.8
巩留县			4693.8	3698.3	10.7
新源县			265274.5	134092.5	13248.2
昭苏县			12759.3	10431.9	72.8
尼勒克县			34186.6	18459.5	591.6
塔城地区		3997.5	522823.6	384681.1	4462.2
塔城市			32071.9	31988.6	148.8
乌苏市		3000.0	237762.2	163340.8	1969.5

单位：万元

二、损益及分配						
其他业务收　　入	其他业务利　　润	营业费用	管理费用		财务费用	
				税金		利息支出
888559.8	**110784.6**	**632740.4**	**1353327.2**	**129247.2**	**337778.8**	**327704.7**
380735.0	44166.9	244434.9	393083.6	31666.4	163411.9	159101.6
21713.0	12849.8	7370.2	58308.2	1719.2	54919.7	55300.0
219067.1	19351.0	65826.8	59015.4	1258.3	18577.3	17702.2
41648.6	2631.5	77979.3	111686.1	23643.1	38510.9	34781.5
3553.6	1529.2	2977.3	5158.4	89.7	4950.6	4645.3
29287.8	-3097.1	75543.2	29424.2	2327.6	40054.5	40040.0
8116.3	-2071.9	984.9	13811.7	690.3	926.6	656.6
57348.6	12974.4	13753.2	115679.6	1938.2	5472.3	5976.0
176417.5	22576.1	108211.7	405725.1	47860.1	4052.0	3267.9
2078.3	552.6	23907.0	92029.4	1254.3	9977.6	9985.4
171230.2	21542.2	83930.7	310591.4	45238.9	-6617.7	-7409.6
3109.0	481.3	374.0	3104.3	1366.9	692.1	692.1
17661.0	3159.3	29487.5	61488.2	400.9	228.4	121.6
14274.8	2445.7	7033.1	5483.0	285.7	1951.2	1820.6
2114.2	34.6	21098.6	54481.3	20.2	-1716.1	-1716.1
1272.0	679.0	1355.8	1523.9	95.0	-6.7	17.1
72708.6	619.5	11084.9	36566.7	900.9	10193.9	8969.7
72708.6	619.5	10269.3	34967.2	897.1	9873.2	8806.3
		815.6	1599.5	3.8	320.7	163.4
22325.3	5055.7	46941.0	53141.5	1813.6	34794.3	33052.4
11086.4	4030.9	30172.1	25652.4	982.7	17972.1	17132.8
1780.1	544.9	1496.0	13353.4	191.7	3456.6	3189.2
949.8		670.7	827.1	9.7	1750.1	1698.4
8371.0	422.3	13956.5	12943.6	601.5	11293.8	10710.3
138.0	57.6	645.7	365.0	28.0	321.7	321.7
52794.6	11462.4	88940.8	106308.3	3865.4	31922.4	30776.5
14276.2	2754.9	48814.9	44293.6	1733.4	15456.6	15486.8
1432.4	795.7	1278.2	5656.9	63.6	5465.3	5379.5
3884.0	679.0	7961.1	13486.4	1025.6	5845.2	5833.7
3082.7	37.2	5614.3	11665.1	23.5	1265.9	1274.4
3719.6	573.0	6498.3	2367.9	13.3	1055.0	1173.6
391.6	125.8	11.0	252.3	11.6	-1.8	-2.1
939.4	79.9	27392.4	8174.7	591.1	1692.0	1690.2
		59.6	202.0		137.4	140.5
826.5	464.3		2488.3	4.7	-2.4	-3.0
20919.2	2692.2	8751.8	36491.6	394.5	9854.3	9103.4
4545.1	-15.3				2918.0	2918.0
5202.3	1654.5	1675.0	7713.4	49.3	941.5	947.7

1-17 续表 3-2

地　区	5.港澳台资本	6.外商资本	主营业务收入	主营业务成本	主营业务税金及附加
额敏县			36413.1	30298.4	513.6
沙湾县			107429.1	80825.1	374.5
托里县		997.5	68300.5	52234.0	398.5
和布克赛尔蒙古自治县			40846.8	25994.2	1057.3
阿勒泰地区			463777.3	164789.0	6056.1
阿勒泰市			41274.3	33272.4	268.4
富蕴县			280792.9	97837.3	3676.7
哈巴河县			141710.1	33679.3	2111.0
博尔塔拉蒙古自治州	10003.6		147166.5	137892.0	374.8
博乐市	10003.6		147166.5	137892.0	374.8
巴音郭楞蒙古自治州	1952.0		4490282.1	1374998.8	86702.3
库尔勒市	1952.0		4135511.3	1101060.9	84556.6
轮台县			27181.6	23156.4	77.5
尉犁县			69188.9	64057.3	140.2
若羌县			47934.6	17302.2	1131.9
焉耆回族自治县			9126.6	7334.8	55.5
和静县			201339.1	162087.2	740.6
阿克苏地区			1144570.0	1046018.7	19522.0
阿克苏市			235385.9	205018.4	1395.8
库车县			828484.6	793720.2	16758.7
沙雅县			12416.2	11628.3	20.7
拜城县			68283.3	35651.8	1346.8
克孜勒苏柯尔克孜自治州			31354.5	21620.8	600.4
阿克陶县			11759.0	7896.5	250.7
乌恰县			19595.5	13724.3	349.7
喀什地区			191250.9	176814.6	2464.1
喀什市			168590.2	157858.9	2390.3
莎车县			3978.0	4120.2	0.6
叶城县			18682.7	14835.5	73.2
和田地区			43446.1	41510.3	265.1
和田市			24814.6	27826.2	160.7
和田县			7594.1	5567.2	55.1
皮山县			4269.8	3746.0	42.7
洛浦县			6767.6	4370.9	6.6
自治区直辖县级市		40881.4	1266887.4	1085380.2	5595.0
石河子市		40881.4	1179160.1	1012972.7	5492.4
阿拉尔市			26993.2	26280.4	52.5
五家渠市			60734.1	46127.1	50.1

单位：万元

二、损益及分配						
其他业务收　入	其他业务利　润	营业费用	管理费用		财务费用	
				税金		利息支出
2546.0	658.0	2111.2	2298.3	206.6	710.4	709.8
7436.0	322.4	2347.8	11915.0	46.5	3493.7	2610.0
358.8	283.9	981.8	7151.6	89.2	721.9	713.6
831.0	-211.3	1636.0	7413.3	2.9	1068.8	1204.3
17599.2	6015.3	31374.1	25523.1	1737.5	6611.5	6186.3
1951.9	58.2	2.7	4217.1	559.0	2668.9	2668.9
11348.0	1765.0	26613.5	12972.6	1104.3	3153.4	2732.1
4299.3	4192.1	4757.9	8333.4	74.2	789.2	785.3
1821.3	304.7	4050.9	5020.1	182.3	3326.9	3383.4
1821.3	304.7	4050.9	5020.1	182.3	3326.9	3383.4
47529.0	8989.8	34424.9	210135.6	38828.3	14756.1	14706.3
41086.2	6040.8	21513.4	185971.1	38397.1	8347.0	8345.3
28.3	19.5	723.0	1310.8	64.9	859.6	910.0
299.9	119.8	1865.3	1093.8	53.5	2517.8	2517.8
1865.2	1447.0	2697.7	5889.1	64.7	-26.8	-34.8
1273.8	122.6	673.0	632.0	54.5	473.3	473.8
2975.6	1240.1	6952.5	15238.8	193.6	2585.2	2494.2
30565.2	7904.1	11464.9	41076.7	1808.7	19087.8	19588.1
23789.3	3840.2	7475.6	11304.0	1073.5	8202.5	8374.3
6241.1	4046.7	2266.7	25376.8	603.9	8926.6	8983.9
		17.0	416.7	56.9	210.6	210.6
534.8	17.2	1705.6	3979.2	74.4	1748.1	2019.3
		4025.7	1215.3	7.6	-14.3	
		1093.3	384.7	7.6	4.7	
		2932.4	830.6		-19.0	
12767.7	1215.3	4337.6	4760.8	33.7	11946.2	11609.8
12767.7	1215.3	2702.2	4170.1	33.7	11589.4	11253.0
		189.1	97.8		122.2	122.2
		1446.3	492.9		234.6	234.6
1077.4	437.9	287.3	2379.9	7.5	3476.4	3613.2
547.4					3581.7	3622.2
		120.2	1073.3	7.5	-101.2	
530.0	530.0	24.0	718.1		4.9	
	-92.1	143.1	588.5		-9.0	-9.0
72157.2	4892.9	45048.3	32425.4	1871.8	40596.8	39514.2
71910.2	4649.6	41460.0	30529.2	1836.6	35536.0	34710.0
109.7	109.6	2128.1	724.0	6.1	1306.3	1049.7
137.3	133.7	1460.2	1172.2	29.1	3754.5	3754.5

1-17 续表 4-1

地　　区	营业利润	投资收益	补贴收入	利润总额	亏损企业亏损额
总　　计	**7096606.4**	**111476.5**	**94994.3**	**7310281.3**	**1149101.4**
乌鲁木齐市	839172.5	54941.0	15992.3	857165.4	633156.2
天山区	58645.8	7339.6	836.3	61544.1	
沙依巴克区	101451.2	16621.9	6895.6	96245.2	4969.0
新市区	1235678.0	29532.3	539.2	1241672.7	7469.4
水磨沟区	5058.3			5003.9	1785.7
头屯河区	9286.0	919.2		-14299.5	21162.1
达坂城区	28079.0	0.3	4079.6	31633.1	
米东区	-599025.8	527.7	3641.6	-564634.1	597770.0
克拉玛依市	2655882.6	2408.9	355.6	2773881.2	400225.4
独山子区	-358530.5	5241.6	347.4	-321655.6	329950.3
克拉玛依区	3013998.7	-3312.5	2.4	3094496.1	70275.1
白碱滩区	414.4	479.8	5.8	1040.7	
吐鲁番地区	524960.9	9102.8	195.1	527786.9	
吐鲁番市	18050.4	59.6	179.5	18208.3	
鄯善县	500120.3	9033.3	15.6	503044.6	
托克逊县	6790.2	9.9		6534.0	
哈密地区	41339.0	610.6	160.0	36258.2	2570.0
哈密市	41171.3	610.6	160.0	36101.7	2108.0
巴里坤哈萨克自治县	167.7			156.5	462.0
昌吉回族自治州	49759.6	14210.1	7064.8	59004.5	46054.4
昌吉市	49644.7	14050.0	3624.2	45373.3	19296.1
阜康市	6188.3	186.6	1825.0	16380.4	7559.1
呼图壁县	-1530.7		467.3	-1085.3	1435.9
玛纳斯县	-4279.7	-26.5	1148.3	-1291.4	17390.8
奇台县	-263.0			-372.5	372.5
伊犁哈萨克自治州	401669.8	8266.6	9175.8	401220.9	7679.5
伊犁州直属县(市)	133981.0	6697.7	6470.4	146023.0	2209.7
伊宁市	10291.5	881.7	260.5	10627.7	530.3
奎屯市	20108.3	-230.3	2610.4	22848.3	488.4
伊宁县	5362.4	548.7	3093.0	9442.2	1142.7
霍城县	1434.8	1.4	359.5	1833.6	
巩留县	849.1			867.3	
新源县	80956.0	5496.2	30.2	85315.9	48.3
昭苏县	1865.2		116.8	1972.2	
尼勒克县	13113.7			13115.8	
塔城地区	33162.3	1053.9	2697.1	33625.4	5453.9
塔城市	-2126.1			-1675.0	1675.0
乌苏市	10344.7		282.2	10318.0	1494.0

单位：万元

应交所得税	三、工资、福利费、增值税			
	本年应付工资总额（贷方累计发生额）	本年应付福利费总额	本年应交增值税	全部从业人员年平均人数（人）
642134.3	**1560559.8**	**132956.5**	**2238669.8**	**427194**
189440.5	411320.7	28882.9	493001.6	121320
5124.5	76314.4	2632.3	74378.5	13514
2921.2	87815.7	6209.8	35036.9	41618
172350.7	79483.5	6000.2	264843.1	23481
895.3	10291.7	858.0	6917.1	3901
-4544.1	50796.9	3951.0	53262.9	13312
8054.1	22764.8	1475.4	9712.9	5588
4638.8	83853.7	7756.2	48850.2	19906
17086.7	545644.8	58782.6	777723.2	120323
597.7	51635.1	3577.5	4909.9	17404
15963.4	490845.4	54744.5	771662.7	101857
525.6	3164.3	460.6	1150.6	1062
97658.6	47641.2	4905.3	157099.5	12275
688.2	8315.5	860.3	16069.3	4392
95336.9	37123.1	3856.0	138879.2	6910
1633.5	2202.6	189.0	2151.0	973
8811.1	63180.0	2401.0	25668.6	16970
8656.5	61145.2	2401.0	24920.2	16182
154.6	2034.8		748.4	788
10885.7	60099.1	4450.7	54644.9	21189
6209.4	18241.5	1871.2	19781.2	7517
2955.8	19568.4	1663.3	14018.7	6036
182.0	3618.1	305.2	2071.6	1301
1538.5	17334.0	522.6	18153.1	5888
	1337.1	88.4	620.3	447
46580.4	115597.5	7396.4	145649.2	43513
16358.6	59061.1	3078.5	70266.7	21935
419.2	15309.2	473.6	9506.6	4719
5601.5	11765.6	443.3	25365.5	3703
2129.6	7523.1	861.2	4582.0	3691
	4238.6	385.3	3137.0	1927
133.6	782.1	70.8	268.1	830
4678.0	16197.9	662.6	23627.1	5987
	771.1	14.7	911.1	352
3396.7	2473.5	167.0	2869.3	726
3366.4	37895.1	2661.6	28954.5	15836
	5250.0		2055.3	1474
754.9	8098.0	1048.0	9610.4	3089

1-17 续表 4-2

地　　区	营业利润	投资收益	补贴收入	利润总额	亏损企业亏损额
额敏县	2009.5	1035.5	477.0	2108.0	593.7
沙湾县	12281.3		936.0	11812.6	38.5
托里县	6958.0	18.4		6349.4	1323.9
和布克赛尔蒙古自治县	3694.9		1001.9	4712.4	328.8
阿勒泰地区	234526.5	515.0	8.3	221572.5	15.9
阿勒泰市	1717.9	6.7	3.2	1697.1	15.9
富蕴县	137611.0	28.7	5.1	134150.3	
哈巴河县	95197.6	479.6		85725.1	
博尔塔拉蒙古自治州	-1652.3		2507.6	884.5	3745.0
博乐市	-1652.3		2507.6	884.5	3745.0
巴音郭楞蒙古自治州	2492325.3	292.8	5764.4	2502794.7	13767.7
库尔勒市	2452960.7	14.4	86.6	2458227.2	13183.4
轮台县	1073.2	273.6	129.3	1485.9	
尉犁县	-365.6		361.3	-243.4	243.4
若羌县	22368.8		3925.6	26815.0	340.9
焉耆回族自治县	73.4			24.6	
和静县	16214.8	4.8	1261.6	16485.4	
阿克苏地区	13149.9	3135.3	45072.8	58156.5	15706.0
阿克苏市	9062.1	2695.2	4352.7	13293.1	480.5
库车县	-19651.6	50.2	40670.1	20830.9	14463.0
沙雅县	122.8		50.0	182.4	
拜城县	23616.6	389.9		23850.1	762.5
克孜勒苏柯尔克孜自治州	3906.5			3050.5	
阿克陶县	2129.0			2033.7	
乌恰县	1777.5			1016.8	
喀什地区	-3854.0		1164.0	-2590.9	9316.1
喀什市	-4920.0		1164.0	-3596.4	8763.0
莎车县	-551.8			-553.1	553.1
叶城县	1617.8			1558.6	
和田地区	-3502.4		705.1	-3241.3	6266.2
和田市	-6204.0			-6266.2	6266.2
和田县	1069.5			725.1	
皮山县	56.7		166.0	220.3	
洛浦县	1575.4		539.1	2079.5	
自治区直辖县级市	83449.0	18508.4	6836.8	95910.2	10614.9
石河子市	79267.4	18516.5	6836.8	91466.7	6666.2
阿拉尔市	-4093.7	-10.1		-3948.7	3948.7
五家渠市	8275.3	2.0		8392.2	

单位：万元

应交所得税	三、工资、福利费、增值税 本年应付工资总额（贷方累计发生额）	本年应付福利费总额	本年应交增值税	全部从业人员年平均人数（人）
127.4	3046.6	376.6	2489.7	1385
1131.0	4317.6	264.4	6440.1	2546
985.0	8682.7	382.7	4099.6	3434
368.1	8500.2	589.9	4259.4	3908
26855.4	18641.3	1656.3	46428.0	5742
	4343.8	45.0	2812.0	1153
26089.4	10995.7	1035.9	28796.7	3631
766.0	3301.8	575.4	14819.3	958
581.6	11112.4	1050.9	4292.9	5045
581.6	11112.4	1050.9	4292.9	5045
255222.4	148582.6	14924.7	476246.7	30406
254576.8	122815.9	12241.4	455013.7	21071
29.4	946.8	59.3	525.6	757
	3456.7	483.9	1752.4	2190
	7288.8	1568.1	3886.9	1998
	869.4	82.1	583.3	435
616.2	13205.0	489.9	14484.8	3955
8271.6	51810.8	2863.3	33151.4	15040
4008.7	27413.7	1378.4	14941.0	9225
2.4	11831.6	1305.0	9493.9	2485
	841.9	6.2	259.0	709
4260.5	11723.6	173.7	8457.5	2621
357.0	3299.7	299.7	3082.3	711
	2152.2	160.2	1022.4	401
357.0	1147.5	139.5	2059.9	310
112.1	22504.6	292.7	11973.9	6912
112.1	20838.1	234.3	11085.5	5829
	334.0	3.6	7.2	475
	1332.5	54.8	881.2	608
759.1	11514.4	376.0	3642.7	3350
	8517.4	160.0	1886.1	1734
239.2	1063.2	136.2	778.6	391
	1128.8	52.9	446.7	555
519.9	805.0	26.9	531.3	670
6367.5	68252.0	6330.3	52492.9	30140
6365.8	63909.1	5932.9	47776.6	28212
	1507.3	80.8	490.1	1080
1.7	2835.6	316.6	4226.2	848

1-18 各地、州、市、县（市）规模

地　区	企业单位数(个)	工业总产值(当年价格)	存货	本年折旧
总　计	**7654**	**1369442.1**	**417060.5**	**93588.1**
乌鲁木齐市	1842	226768.9	91470.5	17547.4
天山区	100	10396.2	4985.2	1208.2
沙依巴克区	110	16879.7	7689.9	3002.7
新市区	621	67989.6	29248.4	4563.5
水磨沟区	425	41517.7	16481.6	1915.0
头屯河区	105	16526.8	8192.3	1570.7
达坂城区	46	5962.9	2534.0	900.6
米东区	382	63202.2	21430.8	3934.7
乌鲁木齐县	53	4293.8	908.3	452.0
克拉玛依市	176	29260.6	7723.8	1898.0
独山子区	23	4833.9	2144.2	323.9
克拉玛依区	109	15362.1	3293.4	933.1
白碱滩区	39	8867.1	2249.2	628.4
乌尔禾区	5	197.5	37.0	12.6
吐鲁番地区	254	78307.3	21306.1	4452.0
吐鲁番市	59	5310.1	2491.0	894.0
鄯善县	130	38523.7	13255.3	2897.5
托克逊县	65	34473.5	5559.8	660.5
哈密地区	512	31820.5	12837.7	2196.4
哈密市	457	27907.1	10928.0	1859.6
巴里坤哈萨克自治县	43	1880.2	1088.5	229.3
伊吾县	12	2033.2	821.2	107.5
昌吉回族自治州	884	154711.6	49079.9	11345.1
昌吉市	399	73009.1	11912.6	6153.9
阜康市	108	10339.4	3109.0	1115.0
呼图壁县	91	36249.5	11515.6	1162.1
玛纳斯县	105	12659.1	15023.5	1405.1
奇台县	78	9576.4	2509.8	880.4
吉木萨尔县	57	9202.6	3350.9	208.1
木垒哈萨克自治县	46	3675.5	1658.5	420.5
伊犁哈萨克自治州	1386	366329.8	91355.3	26932.4
伊犁州直属县(市)	673	132097.5	53060.0	9571.2
伊宁市	216	34420.2	5933.5	3532.7
奎屯市	138	22559.3	15082.8	1789.4
伊宁县	57	8802.5	2276.4	1033.6
察布查尔锡伯自治县	57	8487.9	2349.4	438.9
霍城县	36	7549.9	2669.2	538.6
巩留县	25	6064.4	920.2	249.3
新源县	86	29605.5	15533.9	1050.5
昭苏县	20	9621.2	6953.7	299.6
特克斯县	10	612.5	110.4	126.2
尼勒克县	28	4374.1	1230.5	512.4
塔城地区	368	192964.6	21933.2	13669.4
塔城市	28	8698.2	1317.9	546.5
乌苏市	72	20226.9	5194.0	1651.2
额敏县	18	47904.0	1186.5	652.2
沙湾县	149	66124.2	4555.1	9037.5
托里县	55	20094.9	3334.9	1130.5
裕民县	22	6130.8	1414.8	275.3
和布克赛尔蒙古自治县	24	23785.6	4930.0	376.2
阿勒泰地区	345	41267.7	16362.1	3691.8
阿勒泰市	58	4426.0	1100.9	979.4
布尔津县	27	3928.2	1117.0	494.6
富蕴县	68	5875.5	4713.4	1003.3
福海县	25	1750.9	624.1	280.1
哈巴河县	16	2239.1	351.9	544.1
青河县	144	22231.5	8363.8	340.3
吉木乃县	7	816.5	91.0	50.0

以下工业企业主要经济指标

单位：万元

实收资本	1.国家资本	2.集体资本	3.法人资本	4.个人资本
1656726.4	**185593.9**	**127272.7**	**527099.5**	**793297.0**
409150.7	46463.7	81965.9	92965.1	178418.1
11233.4	3171.5	1399.2	295.0	6367.7
16892.5	1596.6	2286.9	3912.7	9015.0
194423.2	13893.4	72172.4	40007.3	62280.6
57007.0	973.3	3555.3	18479.0	33945.3
39612.3	23516.8	387.8	263.6	15389.1
13662.5	100.0	1164.5	6421.2	3487.9
67556.0	2803.6	771.8	19396.3	43995.2
8763.8	408.5	228.0	4190.0	3937.3
17317.5	80.6	982.2	3628.7	12601.0
2436.8		121.2	466.0	1849.6
10731.0	28.9	586.0	2247.7	7843.4
3943.7	51.7	275.0	785.0	2832.0
206.0			130.0	76.0
97132.0	2516.2	3636.7	36994.7	53973.4
9197.1	603.2	469.7	1121.0	7002.2
57041.0	1350.3	3167.0	29353.0	23170.7
30893.9	562.7		6520.7	23800.5
287143.7	34332.2	5344.5	100280.9	132925.7
268870.4	32359.8	5292.5	89945.9	127011.8
2762.0	566.1	52.0	330.0	1813.9
15511.3	1406.3		10005.0	4100.0
202086.3	11394.6	2479.8	79512.3	107878.9
55058.1	4736.5	407.0	14305.6	34788.3
69888.7	4104.8	354.8	31396.0	34033.1
11362.0	222.2	789.1	1639.8	8710.9
31866.6	812.2	714.2	16431.8	13908.4
11075.3	653.9	50.0	4597.6	5773.8
10061.7		27.3	3561.3	6473.1
12773.9	865.0	137.4	7580.2	4191.3
201814.5	18767.0	10260.5	81461.7	91291.4
80029.8	6593.0	8606.4	20961.1	43869.3
29116.4	564.2	6751.7	6988.1	14812.4
10503.6	2093.7	55.0	2051.8	6303.1
5222.8	349.4	982.4	1439.0	2452.0
9663.0	61.2	669.3	5688.9	3243.6
5650.0	710.7		1435.2	3504.1
1863.9	174.2	34.7	555.4	1099.6
10004.4	1002.8		1884.8	7116.8
2049.9	270.9	59.7	275.0	1444.3
1732.2	129.2		63.0	1540.0
4223.6	1236.7	53.6	579.9	2353.4
98111.6	6639.7	1243.2	55298.7	34896.1
2909.0	1083.9	166.6	506.5	1152.0
10909.1	1150.0	286.0	3518.1	5922.0
11500.7	124.3		8914.8	2461.6
49818.3	200.0	500.0	29011.7	20106.6
14564.1	1297.1		12797.0	470.0
5585.8	1687.4	229.8	350.0	3318.6
2824.6	1097.0	60.8	200.6	1465.3
23673.1	5534.3	410.9	5201.9	12526.0
8485.1	3239.3	360.9	1555.6	3329.3
3742.5	222.1		1300.5	2219.9
3670.0	1273.8		1799.0	597.2
1982.2	577.1		217.2	1187.9
1152.6	121.7		157.6	873.3
4127.4	100.3		172.0	3855.1
513.3		50.0		463.3

1-18 续表 1

地　　区	企业单位数（个）	工业总产值（当年价格）	存货	本年折旧
博尔塔拉蒙古自治州	90	22396.2	6315.9	1428.7
博乐市	34	8783.2	2851.1	453.0
精河县	35	9396.0	1728.6	799.0
温泉县	21	4217.0	1736.2	176.7
巴音郭楞蒙古自治州	715	88233.6	41523.2	7452.1
库尔勒市	334	30777.3	13870.2	3078.2
轮台县	71	22212.9	11031.8	1614.9
尉犁县	41	5342.9	4122.2	482.4
若羌县	42	2403.2	701.9	171.3
且末县	29	1042.6	237.8	333.8
焉耆回族自治县	35	6067.4	1363.1	605.5
和静县	101	6456.5	3742.0	524.0
和硕县	42	10073.9	4407.5	499.9
博湖县	20	3856.9	2046.7	142.1
阿克苏地区	508	56315.4	24845.8	5427.2
阿克苏市	146	10428.6	10983.0	949.3
温宿县	54	4879.3	2378.6	581.7
库车县	140	20992.1	4505.1	1462.0
沙雅县	25	5223.4	1479.6	689.6
新和县	22	3201.8	498.4	333.8
拜城县	59	2952.7	852.8	557.6
乌什县	24	1868.4	1114.4	192.7
阿瓦提县	24	3264.5	2175.0	564.3
柯坪县	14	3504.6	858.9	96.2
克孜勒苏柯尔克孜自治州	116	7183.2	2237.6	1230.6
阿图什市	63	2985.4	592.5	767.9
阿克陶县	33	2824.6	1169.6	380.4
阿合奇县	6	452.3	247.9	1.5
乌恰县	14	920.9	227.6	80.8
喀什地区	594	235753.7	43289.9	10308.0
喀什市	90	13858.3	3046.8	548.7
疏附县	34	4841.1	606.0	406.5
疏勒县	54	39327.5	7644.0	1186.4
英吉沙县	7	4070.0	212.0	286.1
泽普县	87	28791.4	1055.0	1413.6
莎车县	65	6137.9	699.5	323.0
叶城县	92	54311.8	18463.9	2792.3
麦盖提县	33	14267.1	6124.9	444.5
岳普湖县	20	8647.0	711.3	251.6
伽师县	50	18155.2	2275.5	562.4
巴楚县	43	21241.4	2451.0	1505.8
塔什库尔干塔吉克自治县	19	22105.0		587.1
和田地区	193	13627.0	8865.4	1890.3
和田市	72	4592.9	5198.5	573.6
和田县	25	1600.9	242.1	105.9
墨玉县	13	1382.2	566.8	313.6
皮山县	24	2118.4	746.4	168.8
洛浦县	19	2619.6	1134.4	348.0
策勒县	18	316.5	49.3	30.6
于田县	11	777.6	927.9	195.4
民丰县	11	218.9		154.4
自治区直辖县级市	384	58734.3	16209.4	1479.9
石河子市	337	38465.5	10463.3	1211.9
阿拉尔市	4	3554.2	4456.5	41.4
图木舒克市	5	2688.7	75.7	82.0
五家渠市	38	14025.9	1213.9	144.6

实收资本	1.国家资本	2.集体资本	3.法人资本	4.个人资本
19595.0	2096.2	2260.3	7193.4	7961.1
8903.4	1486.9	644.0	4077.2	2611.3
8430.7	609.3	1182.4	2060.0	4579.0
2260.9		433.9	1056.2	770.8
102399.0	13154.0	5024.8	17222.5	66731.5
32370.4	6287.5	1337.3	3676.0	20959.6
18670.1	558.0	1250.9	2562.0	14243.0
14419.4	621.8		4173.3	9624.3
4860.7	56.7	80.0	1685.0	3039.0
2791.4	1812.0	1.0	315.9	562.5
6955.0	1113.2	2224.0	610.0	3007.8
8297.0	1498.9	86.2	1164.4	5547.5
9172.7	1025.0	45.4	3035.9	5066.4
4862.3	180.9			4681.4
98146.0	13471.7	6290.8	37618.3	40382.6
16191.2		50.0	3596.4	12544.8
13334.5	7570.7	608.1	3034.6	2121.1
32943.0	1582.8	783.7	24072.0	6504.5
4280.3	1720.0		620.0	1940.3
6343.8	1222.7		500.0	4238.5
12152.7	261.3	4341.9	2696.6	4852.9
2558.1	1008.0	266.7	121.2	1162.2
8303.6		234.5	2467.5	5601.6
2038.8	106.2	5.9	510.0	1416.7
18574.3	470.4	1295.1	11312.0	4996.8
12605.7	156.8	1295.1	8144.1	2509.7
5064.4	237.6		2389.7	2437.1
124.9	74.9			50.0
779.3	1.1		778.2	
120413.3	16378.5	5688.1	26294.4	74856.8
7372.4	204.4	985.9	2310.1	3881.1
9227.8	5096.3	48.3	2168.0	1915.2
13421.3	1228.1		2392.0	9801.2
6300.4	1810.4			4490.0
31991.0	402.5	1747.5	5804.0	24168.5
2937.7	7.0	66.1	1360.0	1443.5
10596.8	162.7	226.8	965.3	9197.0
3895.2	945.1	2500.0	1710.0	1510.1
2851.6	543.6		230.0	2078.0
6719.4	10.0	43.5	130.0	6535.9
25099.7	5968.4	70.0	9225.0	9836.3
22979.7	6204.3	1832.8	7779.6	7038.0
8553.1	2384.2	45.7	2856.1	3217.1
874.6			676.2	198.4
2702.0	426.6	18.0	2037.4	145.0
2175.0	275.2	126.1	1151.7	622.0
4440.2	1931.2	1581.1	70.0	857.9
395.7	163.8	61.9	50.0	120.0
2320.3	954.5		588.2	777.6
1518.8	68.8		350.0	1100.0
59974.4	20264.5	211.2	24835.9	14241.7
16515.3	2028.1	211.2	4254.9	9600.0
36985.0	16560.0		20240.0	185.0
1103.0	200.0		100.0	803.0
5371.1	1476.4		241.0	3653.7

1-18 续表 2-1

地　　区	5.港澳台资本	6.外商资本	主营业务收　　入	主营业务成　　本
总　　计	**15968.0**	**10350.9**	**1132805.5**	**920861.1**
乌鲁木齐市	4964.8	4373.1	218519.2	186381.8
天山区			10427.9	8853.7
沙依巴克区		81.3	15345.3	12957.3
新市区	4910.7	1158.8	67083.9	56206.6
水磨沟区	54.1		41575.8	34826.3
头屯河区		55.0	17067.8	14803.4
达坂城区		2488.9	5472.1	4696.4
米东区		589.1	57203.6	50264.9
乌鲁木齐县			4342.8	3773.2
克拉玛依市	5.0	20.0	26612.7	23949.6
独山子区			4402.4	3643.4
克拉玛依区	5.0	20.0	15318.4	13272.5
白碱滩区			6700.3	6903.3
乌尔禾区			191.6	130.4
吐鲁番地区		11.0	71789.2	49620.0
吐鲁番市		1.0	5095.0	3753.7
鄯善县			35189.2	27249.5
托克逊县		10.0	31505.0	18616.8
哈密地区	9390.4	4870.0	31623.1	28432.0
哈密市	9390.4	4870.0	29184.5	25950.5
巴里坤哈萨克自治县			1821.1	1681.3
伊吾县			617.5	800.2
昌吉回族自治州	820.0	0.7	126061.5	101635.5
昌吉市	820.0	0.7	66704.9	53771.8
阜康市			8392.0	6409.0
呼图壁县			21360.0	17601.5
玛纳斯县			13497.1	11057.1
奇台县			7855.8	6409.8
吉木萨尔县			5389.3	4262.4
木垒哈萨克自治县			2862.4	2123.9
伊犁哈萨克自治州	33.0	0.9	276731.2	225630.5
伊犁州直属县(市)			99470.3	77341.5
伊宁市			31786.2	24886.8
奎屯市			20575.3	17269.7
伊宁县			8054.3	5653.5
察布查尔锡伯自治县			7230.7	6023.4
霍城县			5388.7	5053.5
巩留县			4003.6	3550.7
新源县			15006.0	9830.6
昭苏县			3212.7	2236.0
特克斯县			593.2	447.4
尼勒克县			3619.6	2389.9
塔城地区	33.0	0.9	150066.0	125016.5
塔城市			3621.7	3091.4
乌苏市	33.0		16511.5	14787.2
额敏县			32210.0	29954.7
沙湾县			70369.2	53297.2
托里县			12367.9	11624.3
裕民县			4245.7	3723.1
和布克赛尔蒙古自治县		0.9	10740.0	8538.6
阿勒泰地区			27194.9	23272.5
阿勒泰市			4170.6	3521.4
布尔津县			2850.7	2340.8
富蕴县			5908.5	4812.2
福海县			1590.7	1409.9
哈巴河县			2380.1	2116.3
青河县			9691.8	8410.4
吉木乃县			602.5	661.5

单位：万元

主营业务税金及附加	主营业务利润	营业费用、管理费用、财务费用合计	营业利润	全部从业人员年平均人数（人）
16217.8	**207159.6**	**194653.3**	**33756.0**	**116124**
2081.1	30381.1	46722.1	-10840.6	22908
97.3	1476.9	2812.3	-860.8	1173
78.6	2309.4	3775.7	-820.2	2012
690.9	10402.7	17413.4	-3908.5	6430
403.3	6379.5	6505.8	398.6	4243
97.3	2167.1	3643.6	-1345.2	1440
67.2	708.5	1904.3	-999.5	723
522.5	6491.4	9745.6	-2895.5	5752
124.0	445.6	921.4	-409.5	1135
353.6	3739.3	4664.8	-618.8	2553
48.0	693.1	863.1	-127.5	348
205.4	1840.5	2810.0	-824.2	1652
94.0	1150.7	941.6	328.0	529
6.2	55.0	50.1	4.9	24
704.3	21406.6	10223.7	11672.0	5470
108.5	1233.0	1807.0	-519.7	726
534.2	7583.4	6692.0	1019.7	2585
61.6	12590.2	1724.7	11172.0	2159
504.5	2869.5	9069.4	-3799.3	5344
473.5	2939.1	8045.3	-2707.0	4665
30.1	114.0	516.4	-403.1	317
0.9	-183.6	507.7	-689.2	362
2444.4	22066.7	22022.5	2163.2	13435
1532.5	11401.7	8113.8	4449.9	4139
140.0	1847.0	3922.6	-1709.7	2368
383.8	3413.4	3528.2	-18.3	1724
144.7	2301.9	3096.1	-497.9	2606
77.8	1368.2	1465.3	102.1	792
68.0	1058.9	1207.2	-148.3	1178
97.6	675.6	689.3	-14.6	628
3036.8	51237.6	44621.4	10431.1	25960
1171.3	20959.9	18862.1	4749.8	11228
450.8	6450.6	5089.6	1875.6	3166
109.5	3196.5	4530.3	121.7	1678
49.3	2351.5	1292.1	1096.3	1064
105.3	1102.0	1695.5	-569.0	1350
13.9	321.3	683.3	-316.8	581
43.6	409.3	475.3	-50.9	484
241.7	4933.7	2203.3	2738.9	1413
99.9	876.8	894.3	462.3	625
1.5	144.3	209.1	-5.6	128
55.8	1173.9	1789.3	-602.7	739
1520.1	26380.9	18158.5	9038.8	10081
185.3	566.5	1278.7	-365.6	616
89.1	2434.4	2434.5	119.8	1090
272.4	2504.4	905.7	1699.9	776
751.5	17604.6	8999.1	8616.7	4769
95.2	648.4	2170.7	-1317.7	2032
6.3	516.3	711.7	-184.9	394
120.3	2106.3	1658.1	470.6	404
345.4	3896.8	7600.8	-3357.5	4651
21.4	624.6	1443.6	-646.4	1019
93.3	416.6	1262.1	-805.2	370
38.7	1380.6	1756.4	-362.7	1082
14.4	166.4	406.2	-195.8	290
32.1	231.7	361.0	-109.0	588
129.5	1151.9	2278.9	-1102.7	1112
16.0	-75.0	92.6	-135.7	190

1-18 续表 2-2

地　　区	5.港澳台资本	6.外商资本	主营业务收　　入	主营业务成　　本
博尔塔拉蒙古自治州		84.0	12982.3	11663.3
博乐市		84.0	5607.1	4746.0
精河县			4757.5	4409.2
温泉县			2617.7	2508.1
巴音郭楞蒙古自治州	266.2		66054.9	59044.2
库尔勒市	110.0		29562.0	25845.1
轮台县	56.2		10070.1	10498.7
尉犁县			4106.9	3505.8
若羌县			2392.1	2343.7
且末县	100.0		954.2	1025.8
焉耆回族自治县			4155.3	3997.2
和静县			5594.2	5143.2
和硕县			7489.9	5251.3
博湖县			1730.2	1433.4
阿克苏地区	382.6		53316.1	37366.0
阿克苏市			14932.9	12356.6
温宿县			4263.9	3089.2
库车县			18777.3	10961.5
沙雅县			4063.6	3277.7
新和县	382.6		2327.8	1197.5
拜城县			3010.9	1073.5
乌什县			1014.4	800.1
阿瓦提县			3300.5	3211.0
柯坪县			1624.8	1398.9
克孜勒苏柯尔克孜自治州		500.0	6859.8	6050.6
阿图什市		500.0	3196.0	2668.0
阿克陶县			2708.5	2481.4
阿合奇县			465.4	492.1
乌恰县			489.9	409.1
喀什地区		51.1	174049.8	135071.3
喀什市			12752.4	10194.3
疏附县			4028.6	3615.5
疏勒县			15754.5	13175.8
英吉沙县			4070.0	3170.5
泽普县			25491.1	17540.0
莎车县			4853.6	3326.4
叶城县		51.1	34538.1	25180.3
麦盖提县			7388.8	6223.2
岳普湖县			8817.0	6905.3
伽师县			15216.5	12563.4
巴楚县			18914.2	16510.6
塔什库尔干塔吉克自治县			22225.0	16666.0
和田地区	50.0	75.0	14145.4	10726.7
和田市	50.0		4746.3	3073.5
和田县			1539.0	1385.3
墨玉县		75.0	1343.2	1283.1
皮山县			2081.8	1339.8
洛浦县			1659.5	1515.6
策勒县			369.2	163.6
于田县			2182.6	1779.9
民丰县			223.8	185.9
自治区直辖县级市	56.0	365.1	54060.3	45289.6
石河子市	56.0	365.1	38238.1	33884.9
阿拉尔市			181.2	179.8
图木舒克市			2688.7	1966.5
五家渠市			12952.3	9258.4

单位：万元

主营业务税金及附加	主营业务利　润	营业费用、管理费用、财务费用合计	营业利润	全部从业人员年平均人数(人)
139.9	1179.6	2075.1	-743.6	1736
109.0	752.6	782.0	-14.5	640
15.8	332.5	877.8	-415.2	759
15.1	94.5	415.3	-313.9	337
892.5	10242.3	16290.8	-4559.3	9208
216.4	3533.6	6247.4	-2307.7	4059
191.7	2890.7	3594.2	-126.6	1652
38.7	589.2	1232.1	-750.1	556
29.2	75.9	734.6	-682.1	207
35.0	-35.8	423.3	-372.5	207
180.8	408.1	477.8	68.4	604
94.3	353.4	1765.1	-1050.3	830
88.4	2148.4	1363.6	832.5	760
18.0	278.8	452.7	-170.9	333
940.3	16593.2	9535.7	7794.3	6133
199.3	2727.2	3020.2	-290.4	1087
84.1	1213.6	1036.2	334.9	792
305.1	7521.2	3058.5	4753.6	2057
69.4	716.5	569.3	192.5	219
65.0	1065.8	449.1	758.3	228
159.2	1777.9	332.1	1447.4	954
22.4	191.9	340.3	-145.2	171
16.7	419.1	373.2	45.9	351
19.1	960.0	356.8	697.3	274
183.6	745.5	1653.6	-734.9	1775
41.3	505.4	328.8	213.9	856
116.6	187.2	991.1	-799.6	757
20.3	-25.2	99.9	-7.2	50
5.4	78.1	233.8	-142.0	112
4536.0	34655.5	18515.9	19465.5	14236
226.7	2829.6	2548.6	928.2	1726
102.7	547.8	540.4	50.9	588
77.6	2496.4	1996.4	610.4	1360
22.2	878.3	312.0	679.6	305
1811.9	6236.2	2804.0	3420.2	1886
57.5	1469.7	608.3	891.2	842
818.6	6868.3	3774.7	4706.2	3813
338.1	814.0	892.7	486.2	656
61.0	1851.2	425.6	1425.6	414
249.7	2607.3	1750.9	962.5	711
335.7	2891.5	2862.3	109.8	1257
434.3	5165.2		5194.7	678
220.2	3447.0	4019.6	-327.5	2883
51.9	1843.6	1620.9	323.7	1063
1.7	152.0	339.4	-187.4	118
7.4	46.3	236.5	-171.8	254
50.2	700.3	577.3	152.4	410
43.0	101.2	931.7	-787.3	548
12.9	192.7	94.5	102.9	240
52.0	374.1	142.3	280.2	191
1.1	36.8	77.0	-40.2	59
180.6	8595.7	5238.7	3853.9	4483
162.7	4190.5	4200.5	374.2	3086
0.1	6.9	15.0	-18.1	745
	722.2	143.1	579.1	101
17.8	3676.1	880.1	2918.7	551

1-19 各地、州、市

产品名称	计量单位	本年生产量	乌鲁木齐市	克拉玛依市	吐鲁番地区	哈密地区	昌吉回族自治州	伊犁哈萨克自治州
原煤	吨	67358808	24503259	2313929	34264172	26681391	16882561	47078321
洗煤	吨	2752644	1875328	17108	760007	234778	48685	899696
天然原油	吨	27151295	6077432	12414375	2074834	16609	8461	574914
天然气	万立方米	2358932	131807	535707	163879	128032	95471	1699854
液化天然气	吨	303387	74881	194	229995	13935	3334	58189
铁矿石原矿	吨	19754220	5094381	1918721	6743074	5623312	8620774	19359000
锰矿石成品矿	吨	78600	1669	3439	1159757	214119	72474	1112834
铜金属含量	吨	62036	200625	839229	2052392	626904	2133806	3553785
铅金属含量	吨	27862	78085	286506	356396	283302	139400	3002610
锌金属含量	吨	45881	5551	285447	565254	100595	311554	133157
镍金属含量	吨	6197	3057	162153	244169	2820	252216	66207
金金属含量	千克	367	11133	1005	125820	233	568808	29877
钨精矿折合量(折三氧化钨65%)	吨	61	600	1064	23200	14610	1351	2872
石膏	吨	779356	143627	1026	969033	15883	19483	1599922
天然大理石荒料	立方米	8001	77914	6506	115280	25313	203073	171511
天然花岗石荒料	立方米	141478	8140	2509	495010	10394	194617	226256
高岭土(也称瓷土)	吨	13425	125	55	179	5837	13425	8607
硫铁矿石(折含硫35%)	吨	272790	103	1334	272790	3846	1276	20973
原盐	吨	1530120	108167	140608	1796833	673978	582556	899321
石棉	吨	61413	1950	63700	237228	186237	421946	2843
石英砂	吨	162505	93739	35327	426660	10893	626506	922205
小麦粉	吨	940278	1863526	1517855	14834017	23464146	3422454	14039133
大米	吨	76988	148307	34198	768767	68166	44782	1160603
饲料	吨	1104488	4404342	1815988	4953652	8559019	742956	8939300
毛油(初榨植物油)	吨	163073	2941773	674717	2009978	331191	540562	5306943
精制食用植物油	吨	651198	6168124	2227850	8559998	2288232	5749659	21159910
非食用植物油	吨	9050	2260	1334	94950	7230820	5031	12909
成品糖	吨	537739	21171	233749	3588633	150791	58616	3574085
鲜、冷藏肉	吨	84346	475531	469940	2634745	1125707	7846919	7092534
冻肉	吨	1994	1445	1454	245893	8557	36667	1037041
熟肉制品	吨	56572	3340	39080	635145	463867	466789	3777754
冷冻水产品	吨	391	80193	7434	336050	12782	27912	290367
鱼糜(熟肉)制品	吨	128	6993	653	5879	10106	39700	34356
冷冻蔬菜	吨	3191	77268	183041	168491	5962	9795	75594
暂时保藏的蔬菜	吨	4090	2156	122288	2900159	10022	36069	47027
腌渍菜	吨	4523	93968	183365	402124	86376	8805	1664190
焙、炒加工的坚果及果仁	吨	11307	12523	226381	233759	7278807	85592	1291928
淀粉及淀粉制品	吨	32829	20274	232809	456634	270890	14137	1924188

主要工业产品产量

伊犁州直属县（市）	塔城地区	阿勒泰地区	博尔塔拉蒙古自治州	巴音郭楞蒙古自治州	阿克苏地区	克孜勒苏柯尔克孜自治州	喀什地区	和田地区	自治区直辖县级市
7145929	6792882	33139510	2688375	7109807	10833375	17607364	1770755	1989433	2317363
361764	111019	426913	365725	46410	560142	88927	43488	12381	111054
16232	480733	77949	11961	6451613	1377	2444	13694	18307	123289
15660	8040	1676154	11714	1759421	3488	6336	36894	5741	136760
2623	55470	96	2378	3940	723	11561	2374	3699	6100
3448276	1176894	14733830	1826695	1889094	4904554	8857197	1215940	1182026	1449997
55087	38925	1018822	16954	31647	43540	3065	111890	3556	41618
438541	293866	2821378	736132	398724	3655131	2169988	332689	78876	347597
146542	100165	2755903	199943	20628	65786	23854	23865	5744	50264
50066	57986	25105	58889	48647	185444	31110	97681	2853	71301
16257	32209	17741	7314	2150	75691	369851	72572	25227	6206
5341	24169	367	39865	6287	8050	13774	137283	29576	270282
1206	1600	66	141	70	277	1996	61	134	920
1448300	43865	107757	27953	64500	85473	375392	143086	110866	33281
106623	10103	54785	2642	30154	4510	3045	177710	18025	2858
177422	29993	18841	5671	557681	28168	1883	8096	3223	62609
7850	691	66	4578	4	7262	13	137	314	4874
1367	16606	3000	216	2	20000	533	1850	2	21347
148777	495533	255011	75537	124019	100635	1947321	117184	31445	110000
1518	1230	95	169454	61413	713	3210	1792	1827	282686
107733	103596	710876	72981	40996	102648	1759941	74074	50430	24108
3489593	708366	9841174	939371	1090465	3953706	3957183	1574627	619522	495701
170567	144338	845698	200729	145939	79884	750802	3061497	45813	91203
3186917	1297368	4455015	851386	468586	6967915	6287411	806377	598315	348509
1839955	893372	2573616	393567	158007	1586862	2567297	470098	277315	127453
7049978	1880057	12229875	3039928	1179904	6789397	10590321	651487	1533663	1533565
9050	853	3006	150	246	1018	176	173	433	6300
1334529	625336	1614220	66501	405719	265276	385335	255833	57328	63149
2253224	245283	4594027	556161	866515	693686	1262646	145357	385900	217976
35046	3065	998930	186	29200	7225	1084	4924	36	29984
19089	48449	3710216	36776	581399	115319	389630	26686	123189	107578
248715	8270	33382	23128	4024	115523	372141	3888	15225	1857
14717	19600	39	2573	17965	66315	368716	2485	456	7176
15540	21038	39016	2203	4274	21550	1998	7970	14938	9445
4348	33000	9679	2613	25000	939	10651	14497	382	1942
1486079	9244	168867	191307	12442	18831	156118	111984	21951	538280
76962	185088	1029878	84276	53451	29964	376757	21267	3388	18928
127683	42680	1753825	34753	69173	2367308	979918	34840	26489	112600

1-19 续表 1

产品名称	计量单位	本年生产量	乌鲁木齐市	克拉玛依市	吐鲁番地区	哈密地区	昌吉回族自治州	伊犁哈萨克自治州
豆腐及豆制品	吨	1143	8119	7000	77811	314097	187070	3263376
糕点	吨	9184	22335	455113	2476125	7939722	325499	3592856
面包	吨	1239	4009	213670	747720	200286	750724	148342
饼干	吨	1113	32108	181893	135361	7219096	7084	154041
膨化食品	吨	60	1020	7292	242338	957	60	205517
糖果	吨	1279	478	1722	250693	71299	1246489	47479
蜜饯	吨	3400	5506	259666	365916	31496	11851	127063
果冻	吨	44	44	650	159	9948	35950	127611
面制半成品	吨	2274	33184	1482	246389	9398	3768	1094204
米制半成品	吨	47	47	58	25	600		6873
速冻米面食品	吨	1642	3067	196857	177679	151268	89982	88364
方便面	吨	34617	5672447	8996	399648	94337	90566	260013
乳制品	吨	255439	627482	191653	3017572	1422709	3219557	10438218
罐头	吨	688136	732916	379810	10105427	8014861	1202319	17399223
味精(谷氨酸钠)	吨	6907	19697	182589	90786	23736	676	14629
酱油	吨	10286	10429	198151	933430	46913	245644	715508
食醋	吨	26246	14387	192844	330800	37126	251295	1215452
复合调味品	吨	145	15	181525	5720	916	145	4766
蜂蜜营养制品	吨	1909	291392	94	81488	118205	1635	11413
冷冻饮品	吨	45331	44455	202088	597650	286549	123655	2824056
食品添加剂	吨	4443	13707	44212	378512	7693147	446331	1934971
饲料添加剂	吨	3132	3132	159382	15461	5711	26576	23732
发酵酒精(折96度,商品量)	千升	39899	17404	178027	754987	18840	20449	1108882
饮料酒	千升	472798	7451242	1824950	6735550	16029355	1456249	15357003
软饮料	吨	787405	1207112	1322949	6685037	16545705	1128544	19424293
精制茶	吨	1409	2811	63892	75545	58874	172740	207299
卷烟	万支	1200000	10	270	237093	301	8	1200000
纱	吨	385241	799435	1332090	6908803	15980399	1580863	13818752
缝纫线	吨	20	20	15128	400	310000	5950	55756
布	万米	14929	58550	465252	3153286	8103627	304807	6698538
印染布	万米	1127	27	826	6304	12030	51662	1494756
毛条	吨	854	1119	8676	16420	66136	28157	1057995
毛纱	吨	1	230	30070	650100	61250	1	20804
绒线(俗称毛线)	吨	578	768	213043	731552	202526	1587	47007
毛机织物(呢绒)	万米	412	3100	3458	2723	175743	26528	1723079
亚麻纱(含亚麻≥55%)	吨	2462	16729	58	175060	433	546	6185
蚕丝及交织机织物(含蚕丝≥50%)	万米	1934	38	1334	262938	4147	6138	20973

伊犁州直属县（市）	塔城地区	阿勒泰地区	博尔塔拉蒙古自治州	巴音郭楞蒙古自治州	阿克苏地区	克孜勒苏柯尔克孜自治州	喀什地区	和田地区	自治区直辖县级市
12684	30188	3220504	13737	60983	71245	430779	4476	1302	225415
123605	380502	3088749	551246	124410	572888	1973640	793347	275756	174464
13906	76969	57467	184324	20024	122268	1393778	314185	27563	34166
15028	97211	41802	35618	29690	10270	13664	124023	1131	13351
200186	4000	1331	4		718	36	6600	84	9047
2263	23564	21652	2744	639	34959	3437	21610	24865	485
63634	57398	6031	21878	2649	19306	10877	12049	25334	17885
100995	17000	9616	2140	15	603	300	3000	371	3250
65042	6595	1022567	23254	3528	21864	1616	12498	139614	24511
1500	5350	23	1458	10	249012	1337022	528	5029	35
31425	56390	549	18167	1790	4749	13574	6990	3584	31470
219980	11854	28179	4393	14065	7749	3672	203560	48776	34439
333145	603736	9501337	613943	187700	3768310	5603407	681132	378913	1300616
817944	1371228	15210051	407523	1076934	2880695	11777895	590131	1296701	1131315
13568	840	221	574	15806	113746	1000	28306	760	14652
109701	55263	550544	15008	160097	138198	371824	32382	50887	29551
108193	56582	1050677	18438	16093	138093	372845	29658	51615	5801
4000	750	16	433	1200	10	1000	4306	324	270
1909	8250	1254	25531	1311	120556	373213	164288	765	780
98820	74532	2650704	25968	39576	10784	46843	102702	14553	48036
132284	156822	1645865	215879	30894	356717	1478895	17107	243767	352909
1300	22350	82	6123	4313	55	1337522	604	5030	12518
1044643	45367	18872	60856	186063	221230	371167	21752	36168	28527
3592410	840549	10924044	821189	2214322	2576772	6012118	1340007	352191	1228673
1204579	794936	17424778	1151113	993568	2929470	5896078	596524	354298	1340278
137479	58032	11788	229762	13689	191494	18484	205072	2500	31143
1200000			108	29000	1043	96	6000	431	19791
4381826	1169431	8267495	1306163	1024965	903873	1320070	1129239	181959	1507358
2307	165	53284	14	20	437	8785	1400	55	245
384402	790276	5523860	83299	208893	181206	420396	266889	60490	441101
1855	615	1492286	75782	901	3562	955	4707	342	1569
59165	2880	995950	3533	2	27971	367904	11945	109428	177033
666	20000	138	5	107200	400	500	13	490	1
25629	21228	150	3430	107201	1520	809	5019	980	505
4256	105800	1613023	1804	28416	278622	1341391	5560	6535	11928
2462	3611	112	473	2356	48	528	15250	5029	2139
1367	16606	3000	249	29002	1343	176	7933	3	28656

1-19 续表 2

产品名称	计量单位	本年生产量	乌鲁木齐市	克拉玛依市	吐鲁番地区	哈密地区	昌吉回族自治州	伊犁哈萨克自治州
床褥单类	万条	16	264	782	303722	174210	3908	69719
床罩	万个				5636		76	568
棉被	万条	2510	76963	607	315444	17754	89501	1484438
毛巾被	万条	530	530	32	9378	1200	3042	641637
毛巾	万条	45	10	270	237093	301	45	568
毛毯	条	9884	285994	53	5722	12008	9436	14768
纤维纺制的线、绳、索、缆	吨	10	286	489	57600	1650	3468	13641
帘子布	吨	240	85670	58	198	600	282	3341
无纺布(无纺织物)	吨	1885	51481	1404	351245	15616	3481	1169484
棉、化纤针织坯布	吨	788	249390	186701	136147	5354	43422	721710
针织袜	万双	17010	2352	1746	748016	161111	2300	168613
服装	万件	653	1332954	845231	8003857	8912948	3883484	10142494
针织帽	万个	704	14	270	242729	301	84	1135
轻革	平方米	3993221	5414007	193926	106577	129716	510884	3298907
皮革鞋靴	万双	30	4163	30347	3844684	64783	4854	50122
皮革服装	件	765	285880	241	53	12133	180	41593
鞣制毛皮(折羊毛皮)	张	225500	286511	10590	306344	7221108	224601	18313
羽绒被	条	15506	26089	246	187	139157	26686	1624474
锯材	立方米	80341	231639	37611	1130812	221608	85509	2637491
人造板	立方米	669163	6667971	747999	3178351	1857671	2266451	13170182
人造板表面装饰板	平方米	1481107	1475722	141436	172413	518328	1033142	747577
实木制门	扇	13144	93238	189923	213972	72833	3388	1040771
非实木制门	扇	35280	35280	56968	325125	341073	1043686	2049533
木制地板	平方米	5500	10		87019	1	128000	10686
包装用木箱	立方米	26905	30105	182589	118584	4763	314190	26044
草制品	件	58427	73810	159774	454089	11699	29160	156296
家具	件	1595489	6170064	420087	6294301	9534530	4552866	15524113
纸浆(原生浆及废纸浆)	吨	274442	1485648	427525	1453722	461078	35969	730401
机制纸及纸板(外购原纸加工除外)	吨	280502	1535818	573604	2955165	8257415	700534	3891601
加工纸	吨	598	686	138502	56957	5336	5358	1047505
纸制品	吨	175973	814293	798686	5118083	24025362	4807189	20541761
单色印刷品	令	957273	1732507	1354926	9020293	29946333	3600042	16339745
多色印刷品	对开色令	7829616	7593566	1142230	3263277	8172266	555863	5019690
本册	万本	12034	108144	352716	7794651	15183926	1278446	11219799
塑料印刷品	万印	10719	11210	119446	229422	576884	1494174	4427953
金属印刷品	万印	210	210	55	3025	5837	206	830

伊犁州直属县（市）	塔城地区	阿勒泰地　区	博尔塔拉蒙古自治州	巴音郭楞蒙古自治州	阿克苏地　区	克孜勒苏柯尔克孜自 治 州	喀什地区	和田地区	自治区直辖县级市
2907	29946	36866	25659	11200	13022	368999	3297	111954	59438
568									12482
1468271	1523	14644	17741	10570	12511	367267	2513	109207	25227
29	8	641600	2300	1	30000	367254	11	109096	127
568									12482
10447	3150	1171	3686	141	6416	1117	105202	742	416
20	1588	12033	22193	25500	1190	4892	2930	79	10
	240	3101	473	40	296399	528	25	5029	13323
39178	121996	1008310	25164	42812	2561	7609	126051	8312	63180
4496	63251	653963	9547	4002	7618	379105	69583	25970	111
17010	24044	127559	2530	2263	291406	1756409	12594	128504	9817
409603	642295	9090596	1161216	1104495	2648783	5272995	1301732	230971	732228
1135			108	29000	1043	96	700		24964
21734	20934	3256239	959788	542665	170208	2772233	222488	54511	127906
3815	39330	6977	814	20067	66403	378114	15525	1119	34060
35631	4430	1532	3782	657	11780	22693	129454	3159	1949
11236	4583	2494	21760	97132	4595	345	113599	8952	20037
9837	4571	1610066	6262	226	15085	8013	804	3149	9442
188412	129525	2319554	323072	219854	84344	751994	241618	196177	604823
351611	299435	12519136	946424	466571	698454	5594139	713417	496202	700049
27822	52757	666998	193161	68397	2270883	371918	51338	136230	15680
17369	11626	1011776	2381	10495	250181	1338992	111314	20038	4109
57369	11404	1980760	10330	19323	2417589	1478451	43246	352693	4944
4926	5500	260	3	850	1855	2423	65	45	80
4374	18394	3276	577	2060	1223	3503	7939	371	276644
140659	3428	12209	7594	31391	480660	1400	6801	20714	164
717009	1680399	13126705	1201846	609589	3628339	9990344	650178	1232464	1523207
49153	63457	617791	212533	196561	12888	1729320	60460	117663	480187
1643403	186575	2061623	358468	231468	698090	2758646	153008	360238	649159
11202	18932	1017371	94801	3463	3180	1932	17485	621	5079
559799	614236	19367726	1332419	323419	2431568	4632915	836101	765329	518980
3389521	2522165	10428059	1198711	1000707	3305345	10398403	691055	405685	1391030
2062187	377069	2580434	595998	906601	972003	5054948	473724	326444	1515182
1329625	255506	9634668	393394	641931	3114960	2500439	271485	66930	914990
95142	89212	4243599	46787	322653	411342	3067820	86464	16825	335756
14	750	66	4578	20	1220	13	10	56	2

1-19 续表 3

产品名称	计量单位	本年生产量	乌鲁木齐市	克拉玛依市	吐鲁番地区	哈密地区	昌吉回族自治州	伊犁哈萨克自治州
修改类文具	千元	431	381	1328	7027	71380	285	25646
木杆铅笔	万支	14	100	55	3025	5837	500	830
墨水	吨	5855	5951	682	10159	66420	362	651436
体育器材及配件	千元	3140	2263	550	28100	91	3140	330
室内训练健身器材	台	501	501	41780	56236	22555	54719	1686959
原油加工量	吨	17429113	5478101	9796456	359962	376193	150644	68543
汽油	吨	2801795	1343333	1398141	294622	81991	151953	208326
煤油	吨	386459	118686	275673	50608	1976	148770	62422
柴油	吨	8267496	2650512	4814259	359962	376193	150644	68543
润滑油	吨	883940	556861	1105366	1152497	15218228	412399	2045954
燃料油	吨	347664	269402	88426	577261	55621	155531	106415
石脑油	吨	828262	89019	845142	352705	375133	148728	39982
溶剂油	吨	354766	2207373	372330	3420845	26523	172271	118751
润滑脂	吨	2238	170320	1273	74711	75606	3275	50356
液化石油气	吨	803152	300718	370317	601816	4284	172961	107114
石油焦	吨	1045895	198596	482887	287701	2277	148778	62990
石油沥青	吨	1050274	524428	853087	435641	864414	1274823	1160922
焦炭	吨	6107230	2451695	491208	7604057	1898838	5577506	7096068
硫酸(折100%)	吨	201993	131602	2423	438934	78827	22157	1140693
盐酸(氯化氢,含量31%)	吨	189291	162366	183783	435000	374351	4125	19874
过氧化氢(双氧水)	吨	2450	2450	181525	5720	916	1536	34080
烧碱(折100%)	吨	630314	362826	184231	273440	7584471	13665	24154
纯碱(碳酸钠)	吨	158667	197	650	51710	158667	10585	27656
碳化钙(电石,折 300升/千克)	吨	910659	533604	65928	232685	570116	1420739	1277875
轻质碳酸钙	吨	27370	1239	86574	84235	18044	972346	60953
乙烯	吨	258603	94	258603	5720	916	146854	4766
丙烯	吨	30070	60	30070	1537	144	380	23796
粗苯	吨	4289	1510	653	2988305	158741	453	47027
纯苯	吨	102297	28302	79776	286164	2133	148398	39194
对二甲苯	吨	62011	62011	7746	43351	916	1536	33860
精甲醇	吨	230621	2001	211008	3139203	2116	148965	80700
甲醛	吨	42835	3563	163853	167086	307620	52230	1039980
重铬酸钠(红矾钠)	吨	250	250		5636		76	568
合成氨(无水氨)	吨	1471312	6516093	189512	49382	19081	8173	42153
农用氮、磷、钾化学肥料总计(折纯)	吨	1609409	6377294	192355	916570	41917	48552	2667235
合成复合肥料(实物量)	吨	107768	149656	395286	4265634	8434898	1349314	5680804
化学农药原药(折有效成分100%)	吨	28	28	2	63337		2200	13695

伊犁州直属县(市)	塔城地区	阿勒泰地区	博尔塔拉蒙古自治州	巴音郭楞蒙古自治州	阿克苏地区	克孜勒苏柯尔克孜自治州	喀什地区	和田地区	自治区直辖县级市
12299	1341	12006	604	2500	15620	146	13089	139	400
14	750	66	4578		13580	13	100000	56	4874
2747	4089	644600	2516	411	228	367787	4630	109104	192
	300	30		41	144210	500	2580	24101	64587
71577	8000	1607382	15501	341	14406	734521	9035	347427	7421
12714	22590	33239	13172	624051	1932208	3117	18445	25201	136030
19398	23805	165123	176395	173073	135796	2626	14795	2948	137485
8038	21280	33104	3691	1767	4937	1617	10139	776	123062
12714	22590	33239	13172	292255	912173	3117	18445	25201	136030
118847	160565	1766542	207478	129201	2514118	2798518	213444	111044	238406
9801	45949	50665	188065	31013	73803	2417	3054704	2613	167945
5056	1840	33086	9914	37890	70012	1617	10906	24749	135567
9138	41840	67773	29098	51388	582566	380352	3491007	25576	280888
33069	16561	726	1603	7227	2390968	1596	433259	48609	11452
15315	25660	66139	10819	143059	57269	369988	17085	1536	258478
8606	21280	33104	3799	30767	377529	1617	10139	776	135544
125478	98334	937110	647153	186111	397364	393397	103162	140089	43438
3504219	742546	2849303	900825	1077196	2891211	3510147	3270070	305655	1631218
58863	69643	1012187	5957	38787	119262	371606	107709	15666	42696
13332	2210	4332	19941	76547	13996	16564	10268	26177	74777
380	750	32950	3253	1	10	117	4306	324	270
12818	2856	8480	25788	52009	70913	23563	10613	26617	303018
1040	17000	9616	2140	14	603	2841	660	595	5800
127214	57003	1093658	346489	12723	77593	19764	57391	5662	514054
58149	2490	314	49520	681	56968	4973	35360	676	9427
4000	750	16	433	1200	10	1000	4306	324	270
3658	20000	138	5	370	4507	500	3233	128	193
4348	33000	9679	2613	778	939	13192	12157	288	7942
4948	1280	32966	3794	30397	2769	1117	6906	648	135351
380	530	32950	3253	197	420	117	2600	324	122599
8910	38300	33490	4658	75303	106370	12996	447344	6140	135598
4869	25610	1009501	105125	1401	1306	11118	8567	32169	8962
568									12482
6088	1567	34498	10288	292773	337542	1734	118860	25073	133249
178012	444754	2044469	96632	334943	650325	370804	232039	25907	185082
267761	448471	4964572	415079	1010727	432489	1173453	131264	53341	141042
593	1102	12000	518	50	140		5600	56	150

1-19 续表 4

产品名称	计量单位	本年生产量	乌鲁木齐市	克拉玛依市	吐鲁番地区	哈密地区	昌吉回族自治州	伊犁哈萨克自治州
涂料	吨	32365	510351	1105719	2611143	8111162	407287	6007414
油墨	吨	341	341	83967	136006	463584	54314	2501988
颜料	吨	110	110	15128	400	16800	5950	55623
合成粘合剂(胶粘剂)	吨	1379	1379	8525	11953	6854	27385	313416
初级形态的塑料	吨	1288091	471416	529679	3590820	387764	305734	1242453
合成橡胶	吨	31837	126	32253	386672	11615	151487	7237
合成纤维单体	吨	91708	91883	7746	130370	917	129536	39181
合成纤维聚合物	吨	82275	41816	34118	166551	3176	42160	677378
化学试剂	吨	113315	25091	282122	1850492	613126	2814710	1592736
催化剂	吨	459	459	7524	6219	1626	23838	129156
塑料助剂	吨	1933	1933	207897	6347	3176	1728	676796
纺织工业用整理剂、助剂	吨	25	25	15128	46231	16800	86357	19049
建工建材用化学助剂	吨	7636	7706	252776	289774	144922	9298	730073
炭黑(或称炉黑)	吨	30403	455789	2877	93611	70915	615	2421736
硬脂酸	吨	3244	3972	254019	177593	350366	12763	2102509
炸药	吨	65906	68422	584	328616	38005	8821	228301
雷管	万支	3539	3539		5636		76	568
焰火制品	千元	12942	1211	30677	744562	67178	5395	27770
明胶	吨	383	67940	160774	38059	15150	66711	18446
肥(香)皂	吨	84	127	2750	8	133320	50000	1615867
合成洗涤剂	吨	51038	51096	359558	992019	402807	551890	4445298
清洁类化妆品	千元	1479	1479	64148	450657	7254942	298596	105736
护肤用化妆品	千元	3943	26779	86933	171919	14563211	49761	290659
护发用化妆品	千元	1857	1857	148916	94442	7320269	300318	152520
美容、修饰类化妆品	千元	2731	2731	270	69105	7208000		97575
天然香料	吨	1200	1200	2	63337		2200	13695
火柴(折50支标准盒)	件	252008	252008		5636		76	568
化学药品原药	吨	33	121	540	248371	301	236	2270
注射液	万支	25	25		5636		76	568
输液	万瓶	2564	2564		5636		76	568
片剂	万片	92697	92697	270	74741	7208000	76	98143
胶囊剂	万粒	1092	2603	5284	10802	5522	596	18357
颗粒剂	万袋(包)	3	3	270	6627	70180	25	12536
口服液体制剂	万瓶	3681	3197	30340	70642	7208144	380	121371
植物类饮片	千克	258073	244246	955	49921	83860	169291	47435
中成药	吨	8409	8577	79128	2576677	524177	130028	304360

伊犁州直属县（市）	塔城地区	阿勒泰地　区	博尔塔拉蒙古自治州	巴音郭楞蒙古自治州	阿克苏地　区	克孜勒苏柯尔克孜自 治 州	喀什地区	和田地区	自治区直辖县级市
1141345	311096	4554973	754957	218522	3840030	4007229	739388	719816	283901
42469	71305	2388214	4766	5043	92480	1156887	12024	122237	18232
2307	32	53284	14	20	437	44292	1400	55	245
208257	12461	92698	14477	40	1677	109	3067	223	27087
56921	171896	1013636	47015	228445	140993	409376	35401	27426	452500
4020	3051	166	7987	32516	18	7903	4327	333	283
5306	665	33210	3256	1047	2275	2540	2665	369	122679
1710	1118	674550	5553	217	596	367371	5600	109420	122601
71185	96660	1424891	188599	166584	111883	2217118	109261	464227	137639
27306	9330	92520	23492	3822	18352	1781	37094	2861	10468
908	1338	674550	5553	901	186	367371	4341	524	272
13238	29	5782	14923	300	1352	13	1	55	7407
3038	7440	719595	200342	580	81484	368325	66967	111605	123331
118577	17193	2285966	788	13020	16225	736160	83197	242510	130872
26678	360653	1715178	172265	22325	2998	1342219	9707	7498	50114
92776	53480	82045	171305	34080	26631	368569	10626	4298	33074
568									12482
1514	13664	12592	15446	107311	145970	1013	28310	24703	64756
1007	17325	114	6336	17928	617946	2462	7189	24140	71493
1987	3880	1610000	1684	22	131	8000	120	252	84
139439	59168	4246691	221707	53097	4708450	752623	91758	70896	105813
8742	92155	4839	39681	65316	9925	1783	7589	2997	8663
75997	210554	4108	50255	61456	107059	17555	13179	3776	11540
55209	93677	3634	44120	96395	118980	1396	6666	3579	6264
4108	91476	1991	108	29000	1043	96	6000	431	45
593	1102	12000	518	50	140		5600	56	150
568									12482
2270			108	11					49928
568									12482
568									12482
4676	91476	1991	108	29000	1043	96	6000	431	12527
4271	758	13328	6120	91578	730	1000	89415	24102	26976
12291	239	6	86		555	96	350	83	234
7766	111476	2129	113	29370	39765	596	9233	921	238
31837	9040	6558	22772	16080	25326	48989	3067734	22235	26219
117144	141740	45476	34586	173086	189246	404574	499900	152926	424962

1-19 续表 5

产品名称	计量单位	本年生产量	乌鲁木齐市	克拉玛依市	吐鲁番地区	哈密地区	昌吉回族自治州	伊犁哈萨克自治州
兽用化学药品	吨	772	772	183065	1047972	72782	17839	137025
生物化学药品	千克		713	550	26	91	309	4530
血液制品	万支	811	701	1184	9027	151571	835	166264
卫生材料及敷料	筒(卷、包	692530	6156	789923	194580	111190	688037	147449
医用缝合材料及外科用无菌材料	团(盒、瓶	8300	8300	334115	12504	47890	1332	5064
化学纤维用浆粕	吨	318698	21536	72486	1186133	244805	2572747	1836664
化学纤维	吨	132814	24102	11453	266927	124497	137824	1697425
橡胶轮胎外胎	条	855372	453631	800	185720	12008	198	19509
力车橡胶轮胎外胎	条	66541	1667	159324	66541	12	810	4405
橡胶输送带	平方米	42377	38903	10766	251716	1907	1416	209151
橡胶管	万标米	21656	861	14302	1233261	17237	10028	949918
橡胶板(片、带)	吨	239	239	33664	365538	3217	40625	849157
橡胶零件、附件	吨	4239	8266	194033	267843	167287	153791	139757
初级形状的再生橡胶	吨	2874	3241	159594	70405	7208012	810	4496
日用橡胶制品	吨	99	99	191	51	283	64800	29384
胶鞋类	万双				9378	950	1415	2934
塑料制品	吨	550467	11129003	6435040	38729321	61204946	22959595	65954815
水泥熟料	吨	13280707	3330860	1345124	8537891	1036968	3100750	8681037
水泥	吨	16722196	4448756	1679806	8700201	1210834	4074258	9640265
石灰	吨	2176460	6535926	113141	592733	869796	4617432	2860537
商品混凝土	立方米	7401222	9842306	735467	1343813	1081530	571415	13346961
水泥混凝土排水管	千米	574	92203	337642	1113495	14742528	2855407	2378548
水泥混凝土压力管	千米	102	4310	1537	384633	7209409	2232	27035
水泥混凝土电杆	根	212167	398097	233085	1825432	229736	239513	4773290
预应力混凝土桩	米	441270	440890	554	371072	7208601	6187	39098
水泥混凝土预制构件	立方米	373786	366695	892488	3304646	7919204	1811058	5082716
石膏板	平方米	1346	17871	23202	140286	195190	34800	208053
蒸压加气混凝土板	立方米	30337	5713	4107	239320	110807	93881	1647931
砖	万块	489695	9276214	4139587	36618220	55307272	4740707	41487708
瓦	万片	614	74224	4	126674		4400	35501
建筑砌块	立方米	379791	5053876	168281	1803432	338480	869078	7642079
瓷质砖	平方米	4489747	16321	8800	245793	148392	14797	2547384
炻质砖	平方米	1008604	1008604	181525	5720	916	1536	4766
陶质砖	平方米	34130421	31441872	353816	164495	496069	2663250	2118846
陶瓷马赛克	平方米	25	25	1178	6627	70180	25	12536
天然大理石建筑板材	平方米	98767	44722	12505	915162	414549	1037164	450331
天然花岗石建筑板材	平方米	874451	238069	582590	422866	602497	636255	7595893

伊犁州直属县(市)	塔城地区	阿勒泰地　区	博尔塔拉蒙古自治州	巴音郭楞蒙古自治州	阿克苏地　区	克孜勒苏柯尔克孜自 治 州	喀什地区	和田地区	自治区直辖县级市
97658	6379	32988	3342	4321	797263	65999	4658	8343	12884
	4500	30			12140	500	771	24101	14481
12291	40259	113714	94	100	6557	51096	7135	129	66
9109	5943	132397	343737	61303	12833	2115	13352	143405	24610
4150	650	264	169343	743	1193	787	6236	1782	142
52389	134889	1649386	270164	106746	953149	484701	115123	12913	82396
10194	44047	1643184	103839	21459	322187	1349563	17256	6901	186018
11087	2681	5741	3686	855231	6416	1117	173814	324	5905
150	560	3695	6120	1499036	5	500	157	24101	1914
200506	7300	1345	303	43	65385	367290	17	502	9318
214295	41902	693721	13947	64478	9741	382742	88945	110175	46966
201516	4710	642931	2433	20	894	367290	3002	109180	9049
21501	29497	88759	6013	7684	118755	374954	19363	53467	91683
202	593	3701	6129	1499246	151	596	202	24532	1959
25504	3880		529	14	4400	22576	25000	2835	1804
320	2600	14	170	43	64667	367254	15	418	271
9758636	4162830	52033349	5306279	5372259	16903729	36605825	4788748	3031815	3857579
1547780	2084104	5049153	472416	3117515	2821300	3964561	1591787	1105390	1092873
2018478	2391814	5229973	504206	3501187	3497205	4716974	1932330	1159785	1261910
232787	724529	1903221	291127	657770	201026	1957664	140062	260238	463534
571628	119434	12655899	679129	1199000	1913228	7196793	522781	1102900	805539
144806	123904	2109838	242963	16670	227265	1133782	156701	121012	115901
4565	5866	16604	1238	331	64963	368350	140005	905	12898
139625	372953	4260712	219034	174873	254557	2581939	368144	445467	164861
9753	17114	12231	656	29716	81600	692	437053	1242	20753
304560	578258	4199898	941675	207621	1754632	3635820	754498	600791	690772
34197	22422	151434	34543	108137	148159	380976	145207	5262	58388
26533	8031	1613367	1803	52211	10084	27308	33539	19901	36119
7670540	2511548	31305620	3840543	2376976	7728744	23259668	2097670	2122362	2759651
10265	1236	24000	1036	100	280		6400	14556	300
1598378	165579	5878122	156386	205305	1255113	2217759	41617	290180	538959
1381062	33739	1132583	210229	2300	87495	4784	3044960	2061	9396
4000	750	16	3253	1	10	117	4306	324	270
36176	171313	1911357	1135369	98523	860763	1447129	290419	96597	55690
12291	239	6	86		1505	96	120	83	5540
29576	30341	390414	10209	88716	830819	79887	18694	8743	80981
344506	177700	7073687	228938	718323	311762	1786363	376234	146623	183371

1-19 续表 6

产品名称	计量单位	本年生产量	乌鲁木齐市	克拉玛依市	吐鲁番地区	哈密地区	昌吉回族自治州	伊犁哈萨克自治州
沥青和改性沥青防水卷材	平方米	2273647	480742	203591	369324	7372478	399140	1392064
隔热、隔音人造矿物材料及其制品	吨	46016	54890	406605	1062971	868561	1033026	5100778
平板玻璃	重量箱	597368	357863	371844	1794009	149029	151100	449371
钢化玻璃	平方米	206981	557431	8092	129194	54320	34228	156765
夹层玻璃	平方米	45360	45360	560	125662	5473	1277	28981
中空玻璃	平方米	62241	62241	2018	129504	52126	41367	1030687
日用玻璃制品	吨	47240	476828	1601	729743	1676	9769	49578
玻璃包装容器	吨	50546	21116	15645	79324	32223	86230	69504
玻璃保温容器	万个	1079	1079	550	26	5399	785	5967
玻璃纤维纱	吨	7501	198	1178	100	46000	7501	2312
玻璃纤维布	米	3000	3000	800	66541	1	28	360
玻璃纤维工业用玻璃球	吨	250	19446	63430	250	185935	400	316
玻璃纤维增强塑料制品	吨	56804	54669	42911	2139471	145521	232945	5072374
卫生陶瓷制品	件	40521	40521	1995	741774	12858	245154	38782
日用陶瓷制品	万件	6	6	6	2400	81391	2578	117481
耐火材料制品	吨	32739	293275	192937	1179390	107056	157272	799796
石墨及炭素制品	吨	176932	40100	135382	459414	149911	128727	1400791
磨具	吨	788	15	181525	5720	916	788	4766
生铁	吨	5030329	3779335	147830	3893789	555760	479824	1781424
铸铁管	吨	250	20	448	380952	10699	460	2701
粗钢	吨	5365404	4922326	27079	3393416	84381	22570	750236
钢材	吨	5752376	5237930	172086	5130395	8362608	2194005	3412525
铁合金	吨	103503	31393	65393	1148170	153342	17655	741159
十种有色金属	吨	70260	100174	6092	690861	158757	233361	195901
黄金	千克	6070	5399136	388963	1791541	531573	1004304	11063166
白银(银锭)	千克	2156	523	85854	74910	15728	2220	78072
硅	吨	6035	74709	201	120051	357	84308	74330
铜合金	吨	98	16729	58	175060	433	760	3160
铝合金	吨	1542	1633	9	149742	81549	2448376	141435
铜材	吨	9833	147987	30593	78670	633927	1030579	890570
铜盘条(电工用铜线坯)	吨	642	10	270	237093	301	8	568
铝材	吨	31756	25260	3928	1022445	44124	172490	643697
钢结构及其产品	吨	187362	177203	1079343	3985274	15958354	733329	19183654
预制建筑物(活动房屋)	个	1946	1929	85387	839783	166445	205474	134064
金属制门及其框架、门槛	吨	22501	386508	560479	2826115	15207105	183473	5425435
金属制窗及窗框	吨	11790	769724	498326	2593561	7569379	63928	2061016
专用手工具	万把	2	1020	7292	242338	957	1	205517
日常用刀	万把	10	61	550	28100	91	12425	4530

伊犁州直属县(市)	塔城地区	阿勒泰地区	博尔塔拉蒙古自治州	巴音郭楞蒙古自治州	阿克苏地区	克孜勒苏柯尔克孜自治州	喀什地区	和田地区	自治区直辖县级市
29068	158982	1204014	80798	110350	120381	1154372	88172	349797	1614438
1701901	280365	3118512	139290	88178	1282504	1621388	254202	376173	1052857
208401	121308	119662	339044	229871	1090955	68711	467015	11655	30214
19045	40073	97647	208905	10181	10327	11674	113959	55498	36107
2154	21726	5101	39429	3056	7907	10851	66504	53632	27059
2744	22222	1005721	51495	4084	8261	378943	69507	162746	14640
24181	8673	16724	2135	31554	94133	369878	81201	5934	51890
42120	10331	17053	91237	872	22900	25967	181851	3255	293436
450	4500	1017			480	500	771	24101	14481
700	1500	112	9766	450	31290	4713	3000	18	14
30	300	30		41	27924	500	1	24101	216
98	192	26	169343	5625	100	787	232	1782	30
71873	66217	4934284	102748	658026	76368	2468629	144583	224039	176082
5451	19131	14200	436	21	796708	66786	69380	8	32621
112	36	117333	42	1	1400	82047	1276	38	165
354931	62025	382840	401576	99147	929613	29850	178958	60973	45024
190734	472201	737856	9886	9888	80664	737217	107015	9330	39562
4000	750	16	433	1200	10	1000	4306	324	270
767439	115881	898104	768838	169833	221041	463042	246247	145212	1123386
250	2301	150	956	31316	8432	900	1586	56	13
11443	85839	652954	9279	403247	7496	388837	121001	115237	14704
754080	390911	2267534	797845	1106767	317752	429346	418962	197717	150550
213054	270557	257548	366925	66163	159704	1103907	68777	12015	100753
53161	106659	36081	8084	62491	195889	382426	14574	6788	35710
265758	952070	9845338	500331	894570	2715779	4181760	207590	598165	338547
50940	17450	9682	2281	14	29835	2906	7180	643	46
27775	40520	6035	2378	16016	8077	11561	3242	4764	6100
2462	600	98	473	2356	48	528	15250	5029	2139
14348	9740	117347	475	15243	4564	368254	33	2018	12918
41896	18476	830198	24479	11212	51523	389675	46909	533	1897
568			108	642					12482
129596	490646	23455	5678	151	803916	70820	107128	9021	41960
2177524	556538	16449592	851923	1401302	2077725	8022377	977220	788575	569656
52095	53630	28339	60542	1227	256418	383490	16159	49789	96402
375014	448577	4601844	809868	220924	356792	3310157	381893	538249	256731
37173	178301	1845542	438600	153126	283515	1118147	490664	561750	207245
200186	4000	1331	4		718	36	2	84	9047
	4500	30		1000	980	500	10	24101	64587

1-19 续表 7

产品名称	计量单位	本年生产量	乌鲁木齐市	克拉玛依市	吐鲁番地区	哈密地区	昌吉回族自治州	伊犁哈萨克自治州
金属集装箱	立方米	2929	1275	1691	144378	19100	2929	123005
金属压力容器	吨	999	2345	182091	256407	50776	142016	44322
金属包装容器	吨	20769609	937479	205014	200086	248849	21284612	172509
金属丝	吨	185254	179755	67141	247884	375814	443403	1674664
钢丝绳	吨	170	170	1	255	957	2168	4053
钢绞线	吨	32193	20972	1240	403115	7220242	29601	666811
锁具	万把	53	400	85204	23200	76000	320	1782
保险柜	个	4	4		5636		76	568
不锈钢日用制品	吨	1265	4208	4542	95057	113200	120020	2950105
焊条	吨	33808	7341	28270	25802	15300	21073	1742582
金属铸造制品	吨	4523	3444	2011	237289	136233	153966	157367
电站锅炉	蒸发量吨	1	1000		100	1	182	2062
工业锅炉	蒸发量吨	1506	3882	10587	195527	14280	17198	751774
锅炉用辅助设备及装置	台	5732	8033	24207	102566	326576	13690	131678
金属切削机床	台	1	1	41	7667	5	1256	22173
铸造机械	台	1824	100	63	9378	950	36	92413
电焊机	台	20	20	5093	20000	123	91	33514
起重机	台	348	1177	2134	164482	7222611	7460	116028
电梯、自动扶梯及升降机	台	363	1249	139806	160383	7222911	7768	133803
输送机械(输送机和提升机)	台	742	15370	6487	229919	255359	24485	3658793
泵	台	10816	90196	4860	426291	7282834	24147	889990
液压元件	件	60	60	41	57200	55380	3208	531
液压系统及装置	套	7	7	270	69105	7208000		97575
滚动轴承	万套	95	95	270	69105	7208000		97575
轴承零配件	吨	3017	3017	270	237093	301	8	97575
齿轮传动轴	吨	125		1	255	2421	125	5570
齿轮	吨	4510	3810	1001	280	2521	732	1617443
钢铁铰接链(工业链条)	吨	7	7		5636		76	568
炉用燃烧器	台	20	115	316	63181	570	184860	34974
风机	台	5992	5931	614742	604276	160524	2453515	249804
液体真空过滤器	个	10	10	270	69105	7208000		97575
非家用制冷、空调设备	台(套)	191	741	311	126305	7216600	100	123753
灭火器	台	60284	55053	2043	14270	310957	8194	69575
包装专用设备	台	3	255	280	9378	400	35	1020025
衡器(秤)	台	366	10366	139293	218197	187912	71579	193733
金属密封件	万件	94	94	182859	266013	15827	8881	368416

伊犁州直属县(市)	塔城地区	阿勒泰地　区	博尔塔拉蒙古自治州	巴音郭楞蒙古自治州	阿克苏地　区	克孜勒苏柯尔克孜自　治　州	喀什地区	和田地区	自治区直辖县级市
96144	26543	318	21894	1253	4242	66854	86390	88	549466
10618	21501	12203	173122	1170	9310	2437	46088	26281	68402
45105	79223	48181	205601	17167	224463	1111531	307497	274473	405183
15444	30354	1628866	351888	20104	98341	15277	14542	143701	299821
520	3500	33	5946	86	38978	6903	300	7	5424
129217	534416	3178	3469	29580	145254	713	113034	24856	152933
53	1663	66	4578	100	5060	13	9	314	150
568									12482
1420866	24789	1504450	28389	1162	10457	4631	210700	25639	75368
35807	63595	1643180	2514	1446	1406	369326	3470	5381	14290
127247	14839	15281	7376	1095	32581	4602	8062	175	109890
955	1038	69	3	10	510	2423	1560	23	270174
4381	52562	694831	12506	9928	72564	377854	90468	181734	190487
6450	4409	120819	25846	8519	117825	417938	94351	25015	45158
1533	640	20000	21675	260	49473	4842	59618	23	155
213	2600	89600	170	1824	5000	367254	621	832	54400
936	32300	278	3	84848	250	500	4415	1	13
20462	93376	2190	249	29211	2268331	597	13987	24666	13663
22212	109176	2415	270	29667	2348602	1097	21126	24990	1948
123103	908776	2626914	269328	37596	111160	375765	181330	7191	39958
284361	94621	511008	4103	575833	37814	896	16020	837	29916
12	486	33	21675	30	490	4842	199	23	10406
4108	91476	1991	108	29000	1043	96	6000	431	45
4108	91476	1991	108	29000	1043	96	6000	431	45
4108	91476	1991	108	29000	1043	96	6000	431	60382
2037	3500	33	5946	830	62900	6903	300	9	19253
3887	3523	1610033	5946	20427	65133	1343925	8190	5038	49313
568									12482
20	25000	9954	3253	360	1	140	2	324	15
86485	12620	150699	174126	17349	143548	736425	19914	5678	28075
4108	91476	1991	108	29000	1043	96	6000	431	45
4189	117541	2023	21783	29600	3102	631	6920	454	10451
4724	11534	53317	5960	3181	662	15688	12149	62	18151
58125	1900	960000	64	3	174	367254	21	109096	54400
19603	32947	141183	303224	4343	86401	7184	12397	4808	22590
4704	2350	361362	574	1370	410	1001	12292	458	48452

1-19 续表 8

产品名称	计量单位	本年生产量	乌鲁木齐市	克拉玛依市	吐鲁番地区	哈密地区	昌吉回族自治州	伊犁哈萨克自治州
金属紧固件	吨	10407	10407	4569	424366	162528	3394	1906570
弹簧	吨	164	164		11272		152	1135
铸铁件	吨	23003	23438	397458	3389055	495088	165752	5627155
铸钢件	吨	18367	15822	515717	2057239	238420	252405	553372
锻件	吨	2797	41600	3043	174542	159775	55903	1336592
采矿专用设备	台	2340	3670	36903	369716	197936	57335	1354153
石油钻井设备	台(套)	39276	95	39276	5636		76	568
采油设备	台(套)	1491	1491	32	15014	1200	8094	642198
挖掘、铲土运输机械	台	154	154	28436	759881	29570	19169	759422
筑路机械	台	8	8	138736	24737	15180	9043	18058
水泥专用设备	吨	2897	2897	2	63337		2200	13695
混凝土机械	台	516	513	3783	161700	7293907	9774	1631005
塑料加工专用设备	台	69	69	15128	46231	16800	8499	23818
模具	套	448	3595	3208	243337	77355	50148	1741005
酒及饮料加工机械	台	23	23	64230	67141	409243	303374	49611
粮食加工机械	台	23	23	1064	23200	14610	7096	4666
拖拉机	台	4936	4936	162142	170766	310335	1020338	1104830
土壤耕整机械	台	6872	2937	90936	932652	7523178	322776	1948926
播种、种植机械	台	4770	1132	153065	679829	353730	31820	1843943
植保机械	台	920	160	1604	500031	23422	312790	155231
农作物收获机械	台	2614	2338	2800	98517	205296	735015	93971
场上作业机械	台	3385	17661	173420	777567	7315642	313757	271230
畜牧机械	台	461	461	2155	52120	45871	313012	164992
棉花加工机械	台	441	249573	7064	259347	11885	6808	38693
农作物清洁、分选机械	台	679	307	759	622145	11005	1806	122219
环境污染防治专用设备	台(套)	2264	2264	138742	744789	14379	2568	1135510
铁路机车车辆配件及零件	吨	1691	1691	270	74741	7208000	76	98143
汽车	辆	2510	2510		5636		76	568
改装汽车	辆	1532	1532	181774	11389	134836	255110	1627284
汽车车身(包括驾驶室)	辆	603	708	3161	214844	160189	22634	199868
挂车、半挂车	辆	508	608	42495	6747	17133	21875	722357
机动车(汽车)零配件	千元	649	1199	1127	94444	23220	5076	32727
两轮脚踏自行车	辆	1969	1969	650	159	9948	35950	127611
电动自行车	辆	525	525	650	159	9948	39400	17311
发电机组(发电设备)	台	1815	1815	270	69105	7208000		97575
直流电动机	千瓦	246	246	63430	35	185935	170000	2418

伊犁州直属县(市)	塔城地区	阿勒泰地　区	博尔塔拉蒙古自治州	巴音郭楞蒙古自治州	阿克苏地　区	克孜勒苏柯尔克孜自治州	喀什地区	和田地区	自治区直辖县级市
38654	105182	1762734	199183	112280	82383	16279	167789	142857	49975
1135									24964
114995	109463	5402697	71190	1188461	624382	5491011	105111	297558	134098
151644	140894	260834	541697	141315	1066741	452457	167991	19369	25379
131221	102997	1102374	193908	9794	84078	3893	434023	1126	2652
39745	74157	1240251	88292	722575	26473	927609	113057	25296	88752
568									12482
597	1	641600	2300	1	30000	367254	11	109096	12609
98536	19188	641698	2444	90	797151	435036	4564	117166	2922
370	17400	288	162	626	1250	501	8031	458	1687
593	1102	12000	518	50	140		5600	56	150
10111	10658	1610236	15948	20293	3365	10992	18116	6115	42078
13238	4798	5782	14923		14202	13	837	55	7407
25031	100739	1615235	9566	48625	30703	4587	218210	19966	105795
47550	588	1473	45549	5009	665	1287	4003	26611	3778
3000	1600	66	141	664	5060	1996	61	134	920
36517	12934	1055379	6204	3253	752	10123	7180	24174	2204
105656	211437	1631833	9454	69612	23011	427135	52879	135289	92103
60598	136251	1647094	70650	37361	21574	11987	76750	4267	21146
42158	108082	4991	249	29010	1643	176	8797	433	18697
45216	39851	8904	25721	431	6141	4353	240259	399	276751
21403	233758	16069	29665	143302	68369	736016	83123	134587	63297
50548	24862	89582	169917	3731	20811	1089	73777	202	6264
3246	21222	14225	11260	88245	30087	31190	7719	1890	11619
5661	94417	22141	29337	60576	50524	11841	6654	463	169
1096972	38033	505	29	71275	910555	1403808	2690	13613	15760
4676	91476	1991	108	29000	1043	96	6000	431	12527
568									12482
7265	9980	1610039	2120	5710	7883	10233	5501	5605	17355
17294	50500	132074	169385	15161	140427	367263	596	1800	1733
3462	66929	651966	15870	921	57882	368267	71484	9815	7421
16180	5415	11132	205	86	1372	367276	2649	109098	73082
100995	17000	9616	2140	5000	603	300	3000	371	23
286	17000	25	216	17862	1648	1462	2470	38	6905
4108	91476	1991	108	29000	1043	96	6000	431	45
2200	192	26	169343	28	360	787	232	1782	30

1-19 续表 9

产品名称	计量单位	本年生产量	乌鲁木齐市	克拉玛依市	吐鲁番地区	哈密地区	昌吉回族自治州	伊犁哈萨克自治州
变压器	台	4685	4115	16546	35719	234972	10566	722997
其中:电力变压器	台	1824	3606	8606	33986	67152	6448	655733
互感器	台	11568	70	32	9378	1200	11568	641630
电力电容器成套装置	套	10595	80	920	120815	71298	10050	32674
配电或电器控制设备(11万伏以下)	台(套、面	98860	516526	914700	2717404	15447213	334472	6260019
高压开关设备(11万伏以上)	台	779	2156	328	7586	870	7928	43246
安全、自动化监控设备	台(套)	33094	248980	10	120000	74	33094	5244
电线	千米	117930	79863	192895	233217	7210670	1721559	1291671
电力电缆	千米	24578	31278	35178	789518	7311434	1721937	1745759
裸铜线	吨	109	109	800	66541	1	1241000	360
绝缘制品	吨	1708	53891	731	143862	14421399	366	223520
碱性蓄电池	只(自然只)	300	123	3	5720	158	300	2934
家用燃气用具	台	5565	5565	270	69105	7208000		97575
太阳能热水器	台	170	170	26372	627	175	6	645850
灯具及照明装置	套(台、个)	5849	4259	27131	264829	73996	25648	725221
移动通信手持机(手机)	台			1	46135	3000	4575	8363
卫星电视接收转发设备	台	421538	1000		100	1	421538	2062
电子元件	万只	386	386	540	138210	7278180	231	103453
彩色电视机	台	51276	1150	6	89419	81392	2337	6906
工业自动调节仪表与控制系统	台(套)	15001	15001	1090	271820	70572	3173	110441
工业仪表	台(个)	10000	550	10000	144	957	6500	5481
分析仪器及装置	台(套)	42	42	191	6	5399	1420	619
眼镜成镜	副	1800	123	3	5720	158	300	2934
雕塑工艺品	千元	20467	4705	7742	301831	28494	91495	129898
金属工艺品	千元	3439	77541	620	183388	765	24162	140005
抽纱刺绣工艺品	千元	21		448	6428	2421	1172	684
手工地毯、挂毯	平方米	7694	731	3701	613773	93900	3454	154703
机制地毯、挂毯	平方米	2675275	297730	93514	161387	147262	138895	2442318
发电量	万千瓦小时	4890711	5497686	3676840	14008273	16359189	4114759	11729003
售电量	万千瓦小时	3203260	2923455	16369	2009551	271862	180326	2593637
供电量	万千瓦小时	713534	31753	12761	1646838	35951	464567	1350528
供热总量	万吉焦	16644	4847040	2717480	13931337	54331664	4827587	14756984
煤气生产量	万立方米	689178	827846	500	21851	79879	716	146344
天然气供应量	万立方米	42792	442972	554530	1181339	118252	137230	910065
液化石油气供应总量	万吨	2	747	5189	46172	27486	4181	49725
自来水生产量	万立方米	71213	237692	261588	14406963	94102350	581697	3728975

伊犁州直属县(市)	塔城地区	阿勒泰地区	博尔塔拉蒙古自治州	巴音郭楞蒙古自治州	阿克苏地区	克孜勒苏柯尔克孜自治州	喀什地区	和田地区	自治区直辖县级市
128959	57633	536405	180772	86700	155991	10888	590191	17512	32478
115447	41111	499175	180530	86044	73138	9355	81063	2387	31633
29	1	641600	2300	1	30000	367254	11	109096	127
890	22162	9622	2226	412	25330	2937	1010	678	103
141998	424959	5693062	404353	338377	820131	1891290	917421	210012	449383
5234	27833	10179	2021	756	82592	640	425409	648	1534
600	560	4084	694	3056	7427	10351	112	1669	96
88964	108191	1094516	5807	34370	97928	739799	100802	135078	411436
317665	236965	1191129	29623	71666	191373	1396546	250121	55993	515296
30	300	30		41	27924	500	15000	24101	216
22811	183678	17031	216	64730	2566	692	97000	24963	27053
320	2600	14	433	300	64667	367254	15	418	271
4108	91476	1991	108	29000	1043	96	6000	431	45
150	4100	641600	514	1	867	367254	183	112	65
33725	17335	674161	24582	3580	50941	374665	62832	109281	14425
871	730	6762	3	83	591	6000	1300	200	2724
955	1038	69	3	1	510	2423	1560	23	270174
4818	96638	1997	194	29398	1598	192	6350	514	134
5463	883	560	11	12850	7857	53423	51276	83	245
16399	92015	2027	194	29041	145808	692	8930	24615	125203
150	4000	1331	18390	67865	154	36	3100	7766	56
22	222	375	529	6730	43254	500	7500	24101	1670
320	2600	14	433	84	3164	1800	15	418	271
97640	11928	20330	9733	17526	13654	751	107124	8460	21941
104435	19433	16137	2670	598	268719	1347873	3439	30855	15051
20	613	51	2788	255	62900	6903	21	9	106310
18429	4200	132074	170473	60083	2575	367455	13900	7633	41318
2306200	118686	17432	411220	407	43632	2224	37041	4072	3620
1469634	3537538	6721831	1621406	1848489	2530747	8858168	2117533	927339	3036047
171309	605626	1816702	182443	255920	173032	765293	379065	11497	302555
596213	674731	79584	59805	120505	146597	762832	3219310	7450	241252
1297200	2295967	11163817	1939057	2115460	8876337	12499939	2837083	1015616	1922578
12987	141	133216	171643	10200	33841	367274	370	110944	19270
96152	76829	737084	210753	18088	161656	1762485	184230	81064	22773
7966	992	40767	63	6	3530	509	85250	690	2737
357689	2275753	1095533	123402	1554511	1421059	3979414	780725	272096	997701

1-20 全区及各地、州、市全区

产品名称	计量单位	年末生产能力	乌鲁木齐市	克拉玛依市	吐鲁番地区	哈密地区	昌吉回族自治州	伊犁哈萨克自治州
原煤	吨	72202363	24340000		3350000	1453	14690000	7770000
天然原油	吨	27978700	6200000	12893100	2089100	83		570000
卷烟	万支	1500000						
棉纺锭／纺纱量	锭／吨	3324862	562148		50400	73184	237162	
气流纺锭／纺纱量	头／吨	82048	19684		480	1656	22362	7508
棉布织机／布	台／万米	7304	1379				70	366
原油加工能力／原油加工量	吨	21000000	6000000	11000000		109		
焦炭	吨	9043000	2920000		360000	1622	3368000	205000
碳化钙(电石，折 300升／千克)	吨	1625000	100000		45000	444	210000	310000
农用氮、磷、钾化学肥料总计(折纯)	吨	1651749	757249				5000	
化学纤维	吨	130500	19500				110000	1000
水泥熟料	吨	19343712	3210000		1100000	584	1060000	3696000
#窑外分解窑熟料	吨	9825000	2690000		750000	717	270000	2500000
立窑熟料	吨	3140070	80000					150000
预热器窑熟料	吨	3452500	340000					680000
湿法窑熟料	吨	160000						
中空窑熟料	吨	2236141	100000		350000	57	790000	336000
水泥	吨	24760000	5250000		730000	1438	1970000	4955000
平板玻璃	重量箱	1098000	648000					
#平拉玻璃	重量箱	1098000	648000					
生铁	吨	6000000	3855000		578000	1334	100000	1337000
粗钢	吨	6600000	5950000					50000
钢材	吨	7299731	6252731				8000	400000
铁合金	吨	164500	3000		6000	100		198000
原铝(电解铝)	吨	56200	23000				22000	6500
汽车	辆	5000	5000					
移动通信手持机(手机)	台	250000	250000					
彩色电视机	台	150000						
发电设备容量总计／发电量	万千瓦／万千瓦小时	1037.07	253.93	45.80	40.50	0.07	189.16	138.1

规模以上工业主要产品生产能力

伊犁州直属县(市)	塔城地区	阿勒泰地 区	博尔塔拉蒙古自治州	巴音郭楞蒙古自治州	阿克苏地 区	克孜勒苏柯尔克孜自治州	喀什地区	和田地区	自治区直辖县级市
2760000	5010000	80000		1950000	8485000	101000	216363	920000	
	490000			6306500					
1500000									
213928	43000		121980	239760	380300		386456	54400	962144
4488	3020		4530	5792	3072		4532		12432
366			500	577	360		2662	290	1100
				2000000	2000000				
205000				150000	1000000				800000
230000	80000								960000
				350000	532000				
1000									
1980000	1716000	380000	1200000	925000	3125000		1155212	1380000	1770000
1400000	1100000		600000	500000	1600000			915000	
	150000	120000		145000	1065000		1110070	390000	80000
200000	100000	230000	600000	120000					1620000
				160000					
150000	66000	30000			460000		45141	75000	70000
2650000	2075000	955000	500000	1225000	3650000		1475000	1650000	2000000
				450000					
				450000					
382000		100000	200000	630000			85000		
	50000			600000					
100000	300000	2000		600000			12000		25000
18000	80000	5000			15000				
6500		4700							
							150000		
115.99	22.08	11.22	4.13	90.65	52.80		34.84	10.96	130.71

第 2 篇

能源消费篇

2-1 新疆能源

项目	能源合计		煤合计	原煤	洗精煤	其它洗煤
	(发电煤耗计算法)	(电热当量计算法)				
一、可供本地区消费的能源量	7135.28	6894.55	4493.03	4400.62	92.41	
1.一次能源生产量	12669.13	12428.40	5309.28	5309.28		
2.回收能	91.16	91.16				
3.外省(区、市)调入量	194.06	194.06	170.01	84.63	85.38	
4.进 口 量	955.14	955.14	1.68	1.68		
5.我轮.机在外国加油量	1.52	1.52				
6.本省(区、市)调出量(－)	-6448.67	-6448.67	-707.09	-707.09		
7.出 口 量(–)	-99.91	-99.91	-29.14	-29.14		
8.外轮.机在我国加油量(–)	-1.29	-1.29				
9.年初年末库存差额	-225.86	-225.86	-251.71	-258.75	7.03	
二、加工转换投入(–)产出(+)量	-239.79	-1539.17	-2969.68	-2878.68	-91.39	0.39
1.火力发电		-1136.83	-1512.69	-1511.05		-1.64
2.供　　热		-162.54	-643.98	-640.10		-3.89
3. 煤 炭 洗 选	-32.45	-32.45	-32.45	-289.98	251.61	5.91
4.炼　　焦	-117.51	-117.51	-775.26	-432.26	-343.00	
5.炼　　油	-85.67	-85.67				
6.制　　气	-4.17	-4.17	-5.30	-5.30		
#焦炭再投入量(–)						
7.煤制品加工						
三、损 失 量	294.21	184.73				
四、终端消费量	6535.38	5104.76	1523.35	1521.93	1.03	0.39
1.农.林.牧.渔业	397.77	251.24	83.05	83.05		
2.工　　业	4458.67	3495.55	1139.57	1138.16	1.03	0.39
#用作原料.材料						
3.建 筑 业	58.28	47.68	13.74	13.74		
4.交通运输.仓储和邮政业	504.47	486.66	41.61	41.61		
5.批发、零售业和住宿、餐饮业	163.91	123.06	28.46	28.46		
6.其他	199.56	135.62	34.65	34.65		
7.生活消费	752.73	564.96	182.28	182.28		
城　　镇	560.62	409.29	47.10	47.10		
乡　　村	192.10	155.67	135.18	135.18		
五、平衡差额	65.89	65.89				
六、能源消费总量	7069.39	6828.66				

平衡表(标准量)

单位:万吨标准煤

焦炭	焦炉煤气	其它煤气	其它焦化产品	油品合计	原油	汽油	煤油
-155.65		91.16	0.25	1433.93	2772.24	-230.30	-0.74
				3878.83	3878.83		
		91.16					
				24.04			24.04
				953.46	927.30		
				1.52			1.52
-94.52				-3438.60	-2060.76	-231.13	-25.01
-40.39				-30.38		-1.09	
				-1.29			-1.29
-20.73			0.25	46.35	26.86	1.91	0.02
598.72	25.88	1.13	16.98	-114.68	-2494.59	412.24	56.87
	-0.74			-13.84		-0.01	
	-15.43			-15.18			
598.72	42.06		16.98				
				-85.67	-2494.59	412.26	56.87
		1.13					
				129.39	129.39		
443.07	25.88	26.40	17.23	1189.86	148.26	181.94	56.13
				105.52		16.77	0.59
442.98	24.91	26.40	17.23	491.24	148.26	14.27	0.13
				28.84		4.71	0.25
0.10				394.07		88.73	54.07
				59.64		16.19	0.09
				66.00		27.00	0.49
	0.97			44.54		14.27	0.51
	0.97			39.64		13.54	0.07
				4.91		0.74	0.44
		65.89					

2-1 续表

项目	柴油	燃料油	液化石油气
一、可供本地区消费的能源量	-715.89	1.49	-45.19
1.一次能源生产量			
2.回收能			
3.外省(区、市)调入量			
4.进口量		26.16	
5.我轮.机在外国加油量			
6.本省(区、市)调出量(-)	-739.22	-19.41	-45.19
7.出口量(-)	-0.10	-0.34	
8.外轮.机在我国加油量(-)			
9.年初年末库存差额	23.43	-4.92	
二、加工转换投入(-)产出(+)量	1202.25	37.53	88.65
1.火力发电	-2.39	-0.03	
2.供热	-0.01	-0.01	
3.煤炭洗选			
4.炼焦			
5.炼油	1204.66	37.57	88.65
6.制气			
#焦炭再投入量(-)			
7.煤制品加工			
三、损失量			
四、终端消费量	486.37	39.02	43.46
1.农.林.牧.渔业	88.15		
2.工业	59.03	39.02	10.97
#用作原料.材料			
3.建筑业	18.96		0.09
4.交通运输.仓储和邮政业	238.34		3.26
5.批发、零售业和住宿、餐饮业	36.43		6.69
6.其他	35.70		2.57
7.生活消费	9.76		19.89
城镇	7.58		18.34
乡村	2.19		1.54
五、平衡差额			
六、能源消费总量			

炼厂干气	其它石油制品	天然气	热　力	电　力
	-347.68	928.87		102.95
		3137.34		102.95
	-317.88	-2208.47		
	-28.85			
	-0.96			
77.06	505.31	-114.38	530.66	486.19
-11.39	-0.01	-95.76		486.19
-15.15		-18.62	530.66	
103.60	505.32			
		8.51		46.82
77.06	157.63	805.98	530.66	542.32
				62.67
77.06	142.50	702.77	274.51	375.94
	4.84		0.65	4.45
	9.68	42.56	0.82	7.51
	0.25	15.56	2.22	17.18
	0.24	6.65	1.13	27.20
	0.11	38.44	251.35	47.38
	0.11	38.44	251.35	31.79
				15.58

2-2 新疆能源

项目	煤合计(万吨)	原煤(万吨)	洗精煤(万吨)	其它洗煤(万吨)	焦炭(万吨)
一、可供本地区消费的能源量	5708.56	5605.88	102.68		-160.23
1.一次能源生产量	6763.41	6763.41			
2.回收能					
3.外省(区、市)调入量	202.68	107.81	94.87		
4.进口量	2.14	2.14			
5.我轮.机在外国加油量					
6.本省(区、市)调出量(-)	-900.75	-900.75			-97.30
7.出口量(-)	-37.12	-37.12			-41.58
8.外轮.机在我国加油量(-)					
9.年初年末库存差额	-321.80	-329.61	7.81		-21.35
二、加工转换投入(-)产出(+)量	-3766.71	-3667.11	-101.54	1.94	616.35
1.火力发电	-1933.10	-1924.90		-8.20	
2.供热	-834.84	-815.41		-19.43	
3.煤炭洗选	-60.26	-369.40	279.57	29.57	
4.炼焦	-931.76	-550.65	-381.11		616.35
5.炼油					
6.制气	-6.75	-6.75			
#焦炭再投入量(-)					
7.煤制品加工					
三、损失量					
四、终端消费量	1941.85	1938.77	1.14	1.94	456.12
1.农.林.牧.渔业	105.80	105.80			
2.工业	1452.96	1449.88	1.14	1.94	456.02
#用作原料.材料					
3.建筑业	17.50	17.50			
4.交通运输.仓储和邮政业	53.00	53.00			0.10
5.批发、零售业和住宿、餐饮业	36.25	36.25			
6.其他	44.14	44.14			
7.生活消费	232.20	232.20			
城镇	60.00	60.00			
乡村	172.20	172.20			
五、平衡差额					
六、能源消费总量	5708.56	5605.88	382.25	29.57	456.12

平衡表(实物量)

焦炉煤气（亿立方米）	其它煤气（亿立方米）	其它焦化产品(万吨)	油品合计(万吨)	原油(万吨)
	70.89	0.22	979.54	1940.53
			2715.13	2715.13
	70.89			
			16.34	
			667.41	649.10
			1.03	
			-2426.56	-1442.50
			-24.89	
			-0.88	
		0.22	31.96	18.80
4.53	0.88	14.71	-57.63	-1746.18
-0.13			-8.93	
-2.70			-9.66	
7.36		14.71		
			-39.04	-1746.18
	0.88			
			90.57	90.57
4.53	20.53	14.93	831.34	103.78
			72.30	
4.36	20.53	14.93	354.60	103.78
			20.43	
			270.52	
			40.17	
			44.88	
0.17			28.44	
0.17			25.24	
			3.20	
	51.24			
7.36	20.53	14.93	979.54	1940.53

2-2 续表

项目	汽油（万吨）	煤油（万吨）	柴油（万吨）	燃料油（万吨）	液化石油气（万吨）
一、可供本地区消费的能源量	-156.52	-0.50	-491.31	1.04	-26.36
1.一次能源生产量					
2.回收能					
3.外省(区、市)调入量		16.34			
4.进口量				18.31	
5.我轮.机在外国加油量		1.03			
6.本省(区、市)调出量(－)	-157.08	-17.00	-507.32	-13.59	-26.36
7.出口量(-)	-0.74		-0.07	-0.24	
8.外轮.机在我国加油量(-)		-0.88			
9.年初年末库存差额	1.30	0.01	16.08	-3.44	
二、加工转换投入(-)产出(+)量	280.17	38.65	825.10	26.27	51.71
1.火力发电	-0.01		-1.64	-0.02	
2.供热			-0.01	-0.01	
3.煤炭洗选					
4.炼焦					
5.炼油	280.18	38.65	826.75	26.30	51.71
6.制气					
#焦炭再投入量(-)					
7.煤制品加工					
三、损失量					
四、终端消费量	123.65	38.15	333.79	27.31	25.35
1.农.林.牧.渔业	11.40	0.40	60.50		
2.工业	9.70	0.09	40.51	27.31	6.40
#用作原料.材料					
3.建筑业	3.20	0.17	13.01		0.05
4.交通运输.仓储和邮政业	60.30	36.75	163.57		1.90
5.批发、零售业和住宿、餐饮业	11.00	0.06	25.00		3.90
6.其他	18.35	0.33	24.50		1.50
7.生活消费	9.70	0.35	6.70		11.60
城镇	9.20	0.05	5.20		10.70
乡村	0.50	0.30	1.50		0.90
五、平衡差额					
六、能源消费总量	123.66	38.15	335.44	27.34	25.35

炼厂干气（万吨）	其它石油制品（万吨）	天然气（亿立方米）	热力（万百万千焦）	电力（亿千瓦时）
	-287.34	69.84		83.77
		235.89		83.77
	-262.71	-166.05		
	-23.84			
	-0.79			
49.04	417.61	-8.60	15562.00	395.60
-7.25	-0.01	-7.20		395.60
-9.64		-1.40	15562.00	
65.93	417.62			
		0.64		38.10
49.04	130.27	60.60	15562.00	441.27
				50.99
49.04	117.77	52.84	8050.00	305.89
	4.00		19.00	3.62
	8.00	3.20	24.00	6.11
	0.21	1.17	65.00	13.98
	0.20	0.50	33.00	22.13
	0.09	2.89	7371.00	38.55
	0.09	2.89	7371.00	25.87
				12.68
65.93	130.28	69.84	15562.00	479.37

2-3 按行业(大类、门类)分组的

行业	能源合计		煤合计	原煤
	(发电煤耗计算法)	(电热当量计算法)		
总 计	**4458.67**	**3495.55**	**1139.57**	**1138.16**
采矿业	**1037.52**	**900.74**	**109.04**	**108.80**
煤炭开采和洗选业	107.82	89.65	74.43	74.19
石油和天然气开采业	855.40	762.93	6.48	6.48
黑色金属矿采选业	40.34	27.00	16.62	16.62
有色金属矿采选业	23.61	12.00	3.95	3.95
非金属矿采选业	10.35	9.15	7.57	7.57
其他采矿业				
制造业	**2958.95**	**2283.73**	**803.97**	**802.80**
农副食品加工业	118.75	97.54	68.95	68.95
食品制造业	71.06	56.48	32.48	32.48
饮料制造业	19.32	15.10	9.47	9.47
烟草制品业	1.68	1.33	1.17	1.17
纺织业	79.30	39.87	12.79	12.79
纺织服装、鞋、帽制造业	0.29	0.21	0.06	0.06
皮革、毛皮、羽毛(绒)及其制品业	0.77	0.62	0.53	0.53
木材加工及木、竹、藤、棕、草制品业	9.03	6.21	4.76	4.37
家具制造业	2.02	1.24	0.47	0.47
造纸及纸制品业	40.00	27.69	6.78	6.78
印刷业和记录媒介的复制	1.49	0.97	0.24	0.24
文教体育用品制造业				
石油加工、炼焦及核燃料加工业	656.49	570.20	157.93	157.93
化学原料及化学制品制造业	661.34	444.74	102.45	102.45
医药制造业	8.25	7.20	5.02	5.02
化学纤维制造业	66.26	50.45	25.19	25.19
橡胶制品业	4.14	3.27	2.81	2.81
塑料制品业	12.47	6.16	0.70	0.70
非金属矿物制品业	422.54	348.41	297.24	296.59
黑色金属冶炼及压延加工业	676.27	549.40	57.53	57.40
有色金属冶炼及压延加工业	38.53	19.78	7.96	7.96
金属制品业	11.99	8.61	1.64	1.64
通用设备制造业	2.87	2.04	0.73	0.73
专用设备制造业	3.02	2.10	0.90	0.90
交通运输设备制造业	2.00	1.43	0.20	0.20
电气机械及器材制造业	6.97	5.22	0.32	0.32
通信设备、计算机及其他电子设备制造业	40.05	16.06	5.64	5.64
仪器仪表及文化、办公用机械制造业	0.14	0.10		
工艺品及其他制造业	1.90	1.29	0.01	0.01
废弃资源和废旧材料回收加工业				
电力、燃气及水的生产和供应业	**462.20**	**311.08**	**226.55**	**226.55**
电力、热力的生产和供应业	455.09	307.91	226.18	226.18
燃气生产和供应业	1.79	1.02	0.02	0.02
水的生产和供应业	5.31	2.15	0.35	0.35

工业终端能源消费量(标准量)

单位:万吨标准煤

洗精煤	其它洗煤	焦炭	焦炉煤气	其它煤气	其它焦化产品	油品合计
1.03	**0.39**	**442.98**	**24.91**	**26.40**	**17.23**	**491.24**
0.24		**3.91**				**192.79**
0.24		0.62				6.34
						180.91
		1.13				3.56
		2.17				0.92
						1.06
0.78	**0.39**	**439.06**	**24.91**	**26.40**	**17.18**	**289.88**
		3.24				2.25
						0.86
						0.21
						0.01
						0.36
						0.03
						0.03
	0.39					0.07
						0.07
						0.46
						0.12
						256.17
		60.14	0.29		15.19	6.81
						0.09
						0.13
					0.03	0.03
						1.99
0.65		3.48			1.96	11.04
0.13		365.25	24.46	26.40		2.80
		2.89				0.89
		3.67	0.17			0.42
		0.25				0.31
		0.08				0.16
		0.06				0.13
						3.37
						0.10
						0.03
						0.92
					0.05	**8.57**
					0.05	8.25
						0.18
						0.14

2-3 续表

行　业	原油	汽油	煤油	柴油	燃料油
总　计	**148.26**	**14.27**	**0.13**	**59.03**	**39.02**
采矿业	**141.69**	**5.96**		**39.90**	
煤炭开采和洗选业		1.24		4.90	
石油和天然气开采业	141.69	4.33		29.86	
黑色金属矿采选业		0.18		3.38	
有色金属矿采选业		0.16		0.76	
非金属矿采选业		0.06		1.01	
其他采矿业					
制造业	**6.56**	**5.87**	**0.13**	**13.14**	**38.97**
农副食品加工业		0.50	0.01	0.47	
食品制造业		0.32		0.48	
饮料制造业		0.18		0.03	
烟草制品业		0.01			
纺织业		0.24	0.01	0.10	
纺织服装、鞋、帽制造业		0.03			
皮革、毛皮、羽毛(绒)及其制品业		0.01		0.01	
木材加工及木、竹、藤、棕、草制品业		0.01		0.06	
家具制造业		0.04		0.03	
造纸及纸制品业		0.06		0.15	0.24
印刷业和记录媒介的复制		0.10		0.01	
文教体育用品制造业					
石油加工、炼焦及核燃料加工业	6.56	0.90	0.01	0.83	38.67
化学原料及化学制品制造业		0.99	0.09	2.75	
医药制造业		0.06		0.03	
化学纤维制造业		0.07		0.04	
橡胶制品业		0.01		0.01	
塑料制品业		0.19		0.07	
非金属矿物制品业		0.66		4.53	
黑色金属冶炼及压延加工业		0.50		2.27	
有色金属冶炼及压延加工业		0.10		0.73	0.06
金属制品业		0.24		0.17	
通用设备制造业		0.19		0.12	
专用设备制造业		0.12		0.04	
交通运输设备制造业		0.06		0.06	
电气机械及器材制造业		0.18		0.07	
通信设备、计算机及其他电子设备制造业		0.04		0.06	
仪器仪表及文化、办公用机械制造业		0.03			
工艺品及其他制造业		0.01			
废弃资源和废旧材料回收加工业					
电力、燃气及水的生产和供应业	**0.01**	**2.44**		**5.99**	**0.04**
电力、热力的生产和供应业	0.01	2.31		5.84	0.04
燃气生产和供应业		0.03		0.12	
水的生产和供应业		0.10		0.03	

液化石油气	炼厂干气	其它石油制品	天然气	热　力	电　力
10.97	**77.06**	**142.50**	**702.77**	**274.51**	**375.94**
0.15	**4.89**	**0.21**	**518.97**	**20.16**	**55.86**
		0.21		0.57	7.69
0.15	4.89		518.97	19.60	36.98
					5.70
					4.97
					0.52
10.82	**72.17**	**142.21**	**182.61**	**242.74**	**256.97**
		1.27	0.27	15.84	6.99
0.02		0.04	0.40	18.99	3.75
			0.27	3.85	1.30
					0.15
		0.01		11.35	15.37
				0.09	0.02
					0.06
				0.19	1.18
				0.41	0.28
		0.01		17.48	2.97
				0.46	0.16
10.73	72.00	126.47	61.31	66.60	28.18
	0.03	2.95	117.31	57.45	85.11
				1.90	0.20
		0.01		21.14	3.99
				0.02	0.37
		1.73	0.13	0.73	2.61
0.07	0.14	5.64	1.73	1.45	31.51
		0.02	0.53	20.91	51.52
				0.03	8.01
		0.01	0.53	0.83	1.34
				0.46	0.29
				0.65	0.31
		0.01		0.92	0.12
		3.12	0.13	0.74	0.65
				0.07	10.25
				0.06	0.01
		0.91		0.12	0.25
		0.08	**1.20**	**11.60**	**63.11**
		0.04	0.67	11.31	61.46
		0.04	0.40	0.10	0.32
		0.01	0.13	0.19	1.33

2-4 按行业(门类、大类)分组的

行　业	煤合计(万吨)	原煤(万吨)	洗精煤(万吨)	其它洗煤(万吨)
总　计	**1452.96**	**1449.88**	**1.14**	**1.94**
采矿业	**138.87**	**138.60**	**0.27**	
煤炭开采和洗选业	94.78	94.51	0.27	
石油和天然气开采业	8.25	8.25		
黑色金属矿采选业	21.17	21.17		
有色金属矿采选业	5.03	5.03		
非金属矿采选业	9.64	9.64		
其他采矿业				
制造业	**1025.49**	**1022.68**	**0.87**	**1.94**
农副食品加工业	87.83	87.83		
食品制造业	41.38	41.38		
饮料制造业	12.07	12.07		
烟草制品业	1.49	1.49		
纺织业	16.29	16.29		
纺织服装、鞋、帽制造业	0.08	0.08		
皮革、毛皮、羽毛(绒)及其制品业	0.68	0.68		
木材加工及木、竹、藤、棕、草制品业	7.51	5.57		1.94
家具制造业	0.60	0.60		
造纸及纸制品业	8.64	8.64		
印刷业和记录媒介的复制	0.30	0.30		
文教体育用品制造业				
石油加工、炼焦及核燃料加工业	201.18	201.18		
化学原料及化学制品制造业	130.51	130.51		
医药制造业	6.39	6.39		
化学纤维制造业	32.09	32.09		
橡胶制品业	3.58	3.58		
塑料制品业	0.89	0.89		
非金属矿物制品业	378.54	377.82	0.72	
黑色金属冶炼及压延加工业	73.27	73.12	0.15	
有色金属冶炼及压延加工业	10.14	10.14		
金属制品业	2.09	2.09		
通用设备制造业	0.93	0.93		
专用设备制造业	1.15	1.15		
交通运输设备制造业	0.25	0.25		
电气机械及器材制造业	0.41	0.41		
通信设备、计算机及其他电子设备制造业	7.19	7.19		
仪器仪表及文化、办公用机械制造业				
工艺品及其他制造业	0.01	0.01		
废弃资源和废旧材料回收加工业				
电力、燃气及水的生产和供应业	**288.60**	**288.60**		
电力、热力的生产和供应业	288.13	288.13		
燃气生产和供应业	0.02	0.02		
水的生产和供应业	0.45	0.45		

工业终端能源消费量(实物量)

焦炭 (万吨)	焦炉煤气 (亿立方米)	其它煤气 (亿立方米)	其它焦化产品 (万吨)	油品合计 (万吨)	原油 (万吨)
456.02	**4.36**	**20.53**	**14.93**	**354.60**	**103.78**
4.03				**133.98**	**99.18**
0.64				4.37	
				125.81	99.18
1.16				2.44	
2.23				0.63	
				0.73	
451.99	**4.36**	**20.53**	**14.89**	**214.74**	**4.59**
3.34				1.72	
				0.59	
				0.14	
				0.01	
				0.25	
				0.02	
				0.02	
				0.05	
				0.05	
				0.32	
				0.08	
				189.45	4.59
61.91	0.05		13.16	5.08	
				0.06	
				0.09	
			0.03	0.02	
				1.61	
3.58			1.70	8.35	
376.00	4.28	20.53		1.92	
2.98				0.61	
3.78	0.03			0.29	
0.26				0.21	
0.08				0.11	
0.06				0.09	
				2.75	
				0.07	
				0.02	
				0.76	
			0.04	**5.88**	**0.01**
			0.04	5.65	0.01
				0.13	
				0.10	

2-4 续表

行　业	汽油(万吨)	煤油(万吨)	柴油(万吨)	燃料油(万吨)
总　计	**9.70**	**0.09**	**40.51**	**27.31**
采矿业	**4.05**		**27.38**	
煤炭开采和洗选业	0.84		3.36	
石油和天然气开采业	2.94		20.49	
黑色金属矿采选业	0.12		2.32	
有色金属矿采选业	0.11		0.52	
非金属矿采选业	0.04		0.69	
其他采矿业				
制造业	**3.99**	**0.09**	**9.02**	**27.28**
农副食品加工业	0.34	0.01	0.32	
食品制造业	0.22		0.33	
饮料制造业	0.12		0.02	
烟草制品业	0.01			
纺织业	0.16	0.01	0.07	
纺织服装、鞋、帽制造业	0.02			
皮革、毛皮、羽毛(绒)及其制品业	0.01		0.01	
木材加工及木、竹、藤、棕、草制品业	0.01		0.04	
家具制造业	0.03		0.02	
造纸及纸制品业	0.04		0.10	0.17
印刷业和记录媒介的复制	0.07		0.01	
文教体育用品制造业				
石油加工、炼焦及核燃料加工业	0.61	0.01	0.57	27.07
化学原料及化学制品制造业	0.67	0.06	1.89	
医药制造业	0.04		0.02	
化学纤维制造业	0.05		0.03	
橡胶制品业	0.01		0.01	
塑料制品业	0.13		0.05	
非金属矿物制品业	0.45		3.11	
黑色金属冶炼及压延加工业	0.34		1.56	
有色金属冶炼及压延加工业	0.07		0.50	0.04
金属制品业	0.16		0.12	
通用设备制造业	0.13		0.08	
专用设备制造业	0.08		0.03	
交通运输设备制造业	0.04		0.04	
电气机械及器材制造业	0.12		0.05	
通信设备、计算机及其他电子设备制造业	0.03		0.04	
仪器仪表及文化、办公用机械制造业	0.02			
工艺品及其他制造业	0.01			
废弃资源和废旧材料回收加工业				
电力、燃气及水的生产和供应业	**1.66**		**4.11**	**0.03**
电力、热力的生产和供应业	1.57		4.01	0.03
燃气生产和供应业	0.02		0.08	
水的生产和供应业	0.07		0.02	

液化石油气 （万吨）	炼厂干气 （万吨）	其它石油制品 （万吨）	天然气 （亿立方米）	热力 （万百万千焦）	电力 （亿千瓦时）
6.40	**49.04**	**117.77**	**52.84**	**8050.00**	**305.89**
0.09	**3.11**	**0.17**	**39.02**	**591.32**	**45.45**
		0.17		16.68	6.26
0.09	3.11		39.02	574.64	30.09
					4.64
					4.04
					0.42
6.31	**45.93**	**117.53**	**13.73**	**7118.44**	**209.09**
		1.05	0.02	464.57	5.69
0.01		0.03	0.03	556.88	3.05
			0.02	112.83	1.06
					0.12
		0.01		332.76	12.51
				2.64	0.02
					0.05
				5.68	0.96
				11.99	0.23
		0.01		512.53	2.42
				13.51	0.13
6.26	45.82	104.52	4.61	1953.17	22.93
	0.02	2.44	8.82	1684.80	69.25
				55.79	0.16
		0.01		619.84	3.25
				0.69	0.30
		1.43	0.01	21.35	2.12
0.04	0.09	4.66	0.13	42.66	25.64
		0.02	0.04	613.32	41.92
				0.81	6.52
		0.01	0.04	24.32	1.09
				13.45	0.24
				19.06	0.25
		0.01		27.04	0.10
		2.58	0.01	21.67	0.53
				1.96	8.34
				1.67	0.01
		0.75		3.45	0.20
		0.07	**0.09**	**340.24**	**51.35**
		0.03	0.05	331.74	50.01
		0.03	0.03	2.90	0.26
		0.01	0.01	5.60	1.08

2-5 按行业(门类、大类)分组的分

行业	煤合计(万吨)	原煤(万吨)	洗精煤(万吨)	其它洗煤(万吨)
消费总量	**5708.56**	**5605.88**	**382.25**	**29.57**
农、林、牧、渔、水利业	**105.80**	**105.80**		
工业	**5219.67**	**5116.99**	**382.25**	**29.57**
采矿业	**277.94**	**495.86**	**10.12**	**8.20**
煤炭开采和洗选业	176.86	394.78	10.12	8.20
石油和天然气开采业	65.24	65.24		
黑色金属矿采选业	21.17	21.17		
有色金属矿采选业	5.03	5.03		
非金属矿采选业	9.64	9.64		
其他采矿业				
制造业	**2554.73**	**2253.56**	**372.13**	**1.94**
农副食品加工业	123.03	123.03		
食品制造业	59.98	59.98		
饮料制造业	14.32	14.32		
烟草制品业	1.49	1.49		
纺织业	22.86	22.86		
纺织服装、鞋、帽制造业	0.08	0.08		
皮革、毛皮、羽毛(绒)及其制品业	0.68	0.68		
木材加工及木、竹、藤、棕、草制品业	7.51	5.57		1.94
家具制造业	0.60	0.60		
造纸及纸制品业	32.84	32.84		
印刷业和记录媒介的复制	0.30	0.30		
文教体育用品制造业				
石油加工、炼焦及核燃料加工业	954.39	934.91	92.39	
化学原料及化学制品制造业	327.47	327.47		
医药制造业	7.61	7.61		
化学纤维制造业	46.66	46.66		
橡胶制品业	3.58	3.58		
塑料制品业	0.89	0.89		
非金属矿物制品业	403.17	402.45	0.72	
黑色金属冶炼及压延加工业	444.29	165.26	279.03	
有色金属冶炼及压延加工业	42.55	42.55		
金属制品业	2.83	2.83		
通用设备制造业	0.93	0.93		
专用设备制造业	5.49	5.49		
交通运输设备制造业	0.25	0.25		
电气机械及器材制造业	2.19	2.19		
通信设备、计算机及其他电子设备制造业	48.73	48.73		
仪器仪表及文化、办公用机械制造业				
工艺品及其他制造业	0.01	0.01		
废弃资源和废旧材料回收加工业				
电力、燃气及水的生产和供应业	**2387.00**	**2367.57**		**19.43**
电力、热力的生产和供应业	2386.53	2367.10		19.43
燃气生产和供应业	0.02	0.02		
水的生产和供应业	0.45	0.45		
建筑业	**17.50**	**17.50**		
交通运输储运业和邮政业	**53.00**	**53.00**		
批发、零售业和住宿、餐饮业	**36.25**	**36.25**		
其他行业	**44.14**	**44.14**		
生活消费	**232.20**	**232.20**		

品种能源消费总量(包括中间消费和损失量)

焦炭 (万吨)	焦炉煤气 (亿立方米)	其它煤气 (亿立方米)	其它焦化产品 (万吨)	油品合计 (万吨)	原油 (万吨)
456.12	**7.36**	**20.53**	**14.93**	**979.54**	**1940.53**
				72.30	
456.02	**7.19**	**20.53**	**14.93**	**412.23**	**1849.96**
4.03				**138.98**	**144.51**
0.64				4.38	
				130.70	144.51
1.16				2.51	
2.23				0.66	
				0.73	
451.99	**7.19**	**20.53**	**14.89**	**266.87**	**1705.44**
3.34				1.72	
				0.59	
				0.14	
				0.01	
				0.25	
				0.02	
				0.02	
				0.05	
				0.05	
				0.32	
				0.08	
	2.83			240.51	1705.44
61.91	0.05		13.16	6.14	
				0.06	
				0.09	
			0.03	0.02	
				1.61	
3.58			1.70	8.35	
376.00	4.28	20.53		1.92	
2.98				0.61	
3.78	0.03			0.29	
0.26				0.21	
0.08				0.11	
0.06				0.09	
				2.75	
				0.08	
				0.02	
				0.76	
			0.04	**6.38**	**0.01**
			0.04	6.15	0.01
				0.13	
				0.10	
				20.43	
0.10				**361.09**	**90.57**
				40.17	
				44.88	
	0.17			**28.44**	

2-5 续表

行业	汽油(万吨)	煤油(万吨)	柴油(万吨)	燃料油(万吨)
消费总量	**123.66**	**38.15**	**335.44**	**27.34**
农、林、牧、渔、水利业	**11.40**	**0.40**	**60.50**	
工业	**9.71**	**0.09**	**42.16**	**27.34**
采矿业	**4.05**		**27.49**	**0.01**
煤炭开采和洗选业	0.84		3.37	
石油和天然气开采业	2.94		20.49	0.01
黑色金属矿采选业	0.12		2.39	
有色金属矿采选业	0.11		0.55	
非金属矿采选业	0.04		0.69	
其他采矿业				
制造业	**3.99**	**0.09**	**10.09**	**27.29**
农副食品加工业	0.34	0.01	0.32	
食品制造业	0.22		0.33	
饮料制造业	0.12		0.02	
烟草制品业	0.01			
纺织业	0.16	0.01	0.07	
纺织服装、鞋、帽制造业	0.02			
皮革、毛皮、羽毛(绒)及其制品业	0.01		0.01	
木材加工及木、竹、藤、棕、草制品业	0.01		0.04	
家具制造业	0.03		0.02	
造纸及纸制品业	0.04		0.10	0.17
印刷业和记录媒介的复制	0.07		0.01	
文教体育用品制造业				
石油加工、炼焦及核燃料加工业	0.61	0.01	0.57	27.08
化学原料及化学制品制造业	0.67	0.06	2.95	
医药制造业	0.04		0.02	
化学纤维制造业	0.05		0.03	
橡胶制品业	0.01		0.01	
塑料制品业	0.13		0.05	
非金属矿物制品业	0.45		3.11	
黑色金属冶炼及压延加工业	0.34		1.56	
有色金属冶炼及压延加工业	0.07		0.50	0.04
金属制品业	0.16		0.12	
通用设备制造业	0.13		0.08	
专用设备制造业	0.08		0.03	
交通运输设备制造业	0.04		0.04	
电气机械及器材制造业	0.12		0.05	
通信设备、计算机及其他电子设备制造业	0.03		0.05	
仪器仪表及文化、办公用机械制造业	0.02			
工艺品及其他制造业	0.01			
废弃资源和废旧材料回收加工业				
电力、燃气及水的生产和供应业	**1.67**		**4.58**	**0.04**
电力、热力的生产和供应业	1.58		4.48	0.04
燃气生产和供应业	0.02		0.08	
水的生产和供应业	0.07		0.02	
建筑业	**3.20**	**0.17**	**13.01**	
交通运输仓储运业和邮政业	**60.30**	**36.75**	**163.57**	
批发、零售业和住宿、餐饮业	**11.00**	**0.06**	**25.00**	
其他行业	**18.35**	**0.33**	**24.50**	
生活消费	**9.70**	**0.35**	**6.70**	

液化石油气（万吨）	炼厂干气（万吨）	其它石油制品（万吨）	天然气（亿立方米）	热力（万百万千焦）	电力（亿千瓦时）
25.35	**65.93**	**130.28**	**69.84**	**15562.00**	**479.37**
					50.99
6.40	**65.93**	**117.78**	**61.44**	**8050.00**	**343.99**
0.09	**3.11**	**0.17**	**46.60**	**591.32**	**45.45**
		0.17		16.68	6.26
0.09	3.11		46.60	574.64	30.09
					4.64
					4.04
					0.42
6.31	**62.82**	**117.53**	**14.69**	**7118.44**	**209.09**
		1.05	0.02	464.57	5.69
0.01		0.03	0.03	556.88	3.05
			0.02	112.83	1.06
					0.12
		0.01		332.76	12.51
				2.64	0.02
					0.05
				5.68	0.96
				11.99	0.23
		0.01		512.53	2.42
				13.51	0.13
6.26	62.71	104.52	5.57	1953.17	22.93
	0.02	2.44	8.82	1684.80	69.25
				55.79	0.16
		0.01		619.84	3.25
				0.69	0.30
		1.43	0.01	21.35	2.12
0.04	0.09	4.66	0.13	42.66	25.64
		0.02	0.04	613.32	41.92
				0.81	6.52
		0.01	0.04	24.32	1.09
				13.45	0.24
				19.06	0.25
		0.01		27.04	0.10
		2.58	0.01	21.67	0.53
				1.96	8.34
				1.67	0.01
		0.75		3.45	0.20
		0.08	**0.16**	**340.24**	**89.45**
		0.04	0.12	331.74	88.11
		0.03	0.03	2.90	0.26
		0.01	0.01	5.60	1.08
0.05		**4.00**		**19.00**	**3.62**
1.90		**8.00**	**3.84**	**24.00**	**6.11**
3.90		**0.21**	**1.17**	**65.00**	**13.98**
1.50		**0.20**	**0.50**	**33.00**	**22.13**
11.60		**0.09**	**2.89**	**7371.00**	**38.55**

第3篇

科技篇

3-1 规模以上工业企业

项　　目	企业个数(个)	#有科技活　动	#有R&D活　动	#有新产品开发	#有科技机　构	从业人员年平均人数(人)	工　业总产值
总　　计	**1858**	**142**	**45**	**90**	**65**	**569715**	**423760024**
总计中：国有控股企业	538	54	24	37	32	365283	328502670
一、按企业规模分组							
大中型	274	60	27	41	44	411895	348705995
大型企业	29	18	14	12	16	226281	257995872
中型企业	245	42	13	29	28	185614	90710123
小型企业	1584	82	18	49	21	157820	75054029
二、按登记注册类型分组							
内资企业	1773	137	44	88	64	551154	414768574
国有企业	149	13	6	9	5	88226	32949567
集体企业	31					4677	1353820
股份合作企业	7					579	209229
联营企业	8					1659	444288
国有联营企业	2					276	70601
集体联营企业	1					307	72968
国有与集体联营企业	2					563	203710
其他联营企业	3					513	97009
有限责任公司	742	66	21	42	28	212518	97300721
国有独资公司	55	6	2	2	2	41101	18778973
其他有限责任公司	687	60	19	40	26	171417	78521748
股份有限公司	70	23	13	16	20	165899	240799444
私营企业	765	35	4	21	11	77536	41705747
私营独资企业	54	2		1	1	7228	3542531
私营合伙企业	15					655	392292
私营有限责任公司	677	31	3	19	9	59336	27360763
私营股份有限公司	19	2	1	1	1	10317	10410161
其他企业	1					60	5758
港、澳、台商投资企业	26	1				8878	2803407
合资经营企业(港或澳、台资)	14					3031	1020939
港、澳、台商独资经营企业	10	1				3200	1260400
港、澳、台商投资股份有限公司	2					2647	522068
外商投资企业	59	4	1	2	1	9683	6188043
中外合资经营企业	35	4	1	2	1	6132	4133032
中外合作经营企业	1					219	288824
外资企业	17					2196	1166765
外商投资股份有限公司	6					1136	599422

科技基本情况

单位:千元

主营业务收入	主营业务成本	利润总额	年末固定资产原价	生产经营用机器设备原价		资产合计	出口交货值
					微电子控制设备原价		
550108950	**360785999**	**76502566**	**340367733**	**146211762**	**9963740**	**561449325**	**7765315**
456370590	283458038	68309236	291709716	115991320	8906468	436794706	4929163
478208207	300103723	71644253	281636055	114682038	8589228	455199352	5428829
383794993	224316117	63609771	208877732	72005496	6376871	318724730	615633
94413214	75787606	8034482	72758323	42676542	2212357	136474622	4813196
71900743	60682276	4858313	58731678	31529724	1374512	106249973	2336486
539956654	352663122	75771020	334323406	143418733	9936478	549942869	6763762
31724775	27023932	712568	42811816	29042610	947561	74110563	140677
1531500	1361760	63342	478352	297536	32709	1005502	138002
211899	180084	15633	243936	214192	10	274536	
450784	347477	41595	155749	123677	1552	504110	
85931	47733	10756	38917	20917	52	111846	
71964	69120	-1913	53177	53177		115367	
209899	159023	33295	47835	37318	1500	223989	
82990	71601	-543	15820	12265		52908	
96729947	81901207	6945301	86380017	51448883	2557476	135182427	2822823
19768766	16579911	1462095	21929183	14235264	840432	26698191	1707
76961181	65321296	5483206	64450834	37213619	1717044	108484236	2821116
369549924	208580727	65336586	187105103	52194565	6196864	287290148	2452245
39741954	33252879	2660609	17041722	10077270	200306	51427725	1210015
3516333	2691448	81885	831598	262515	2818	2278406	8167
349613	333396	-15229	96420	74292		214458	8
26895295	23224307	1343125	13964294	8573009	166929	32334631	752726
8980713	7003728	1250828	2149410	1451842	30559	16600230	449114
15871	15056	-4614	106711	20000		147858	
2723271	2246461	139220	1885637	1302222	2032	3053445	384722
1035357	881115	42958	465382	292403	548	1290398	192959
1286849	1038265	68671	971090	734897	1484	1392568	175317
401065	327081	27591	449165	274922		370479	16446
7429025	5876416	592326	4158690	1490807	25230	8453011	616831
5251968	4120299	434916	3096443	935179	1340	6431124	555310
309326	256863	3111	70894	29374	19155	66803	
1095641	865579	133281	686169	325174	105	1380393	61521
772090	633675	21018	305184	201080	4630	574691	

3-1 续表 1

项　　目	企业个数(个)	#有科技活动	#有R&D活动	#有新产品开发	#有科技机构	从业人员年平均人数(人)	工业总产值
三、按工业行业大类分组							
采矿业	271	13	9	6	7	191394	158403001
煤炭开采和洗选业	119	3	1	1	2	47854	12031614
石油和天然气开采业	29	8	7	5	5	121816	13478561
黑色金属矿采选业	68					8353	7276546
有色金属矿采选业	37	2	1			9591	3692290
非金属矿采选业	18					3780	620990
制造业	1403	124	34	83	56	320011	239758739
农副食品加工业	229	13	1	7	6	24845	16080332
食品制造业	108	8	3	7	5	16296	8471621
饮料制造业	48	4	1	4	1	9277	3784216
烟草制品业	1					521	1712494
纺织业	107	10	2	6	5	50541	8660014
纺织服装、鞋、帽制造业	6	1		1	1	1202	177530
皮革、毛皮、羽毛(绒)及其制品业	7					680	390103
木材加工及木、竹、藤、棕、草制品业	18					1865	790232
家具制造业	9					3380	930735
造纸及纸制品业	37	1		1		6108	1369023
印刷业和记录媒介的复制	31	1				3504	551266
石油加工、炼焦及核燃料加工业	74	12	5	6	5	24613	90434143
化学原料及化学制品制造业	144	18	8	12	7	54632	20706527
医药制造业	21	5	1	3	2	2990	672262
化学纤维制造业	8	1		1	1	6726	3577368
橡胶制品业	6	1		1	1	1768	160641
塑料制品业	112	9	2	6	3	9083	4036283
非金属矿物制品业	167	9	3	3	5	35870	11515451
黑色金属冶炼及压延加工业	45	2	1	1	2	30763	40689395
有色金属冶炼及压延加工业	27	2	1	2	1	7139	4504039
金属制品业	62	2	1		1	7786	3721337
通用设备制造业	43	5	2	3		3591	1088427

单位:千元

主营业务收入	主营业务成本	利润总额	年末固定资产原价	生产经营用机器设备原价	微电子控制设备原价	资产合计	出口交货值
281231814	115014152	76248791	147733881	18815018	4595581	216101423	80395
11049987	7506753	1245902	9467418	2998316	68572	18757897	296
258002956	101434438	70797755	131942460	12877707	4495688	179868210	26150
8010263	4184839	2660836	3595570	1949617	9098	10432035	
3580543	1540615	1498464	2273956	768194	12732	6151926	
588065	347507	45834	454477	221184	9491	891355	53949
242694507	223871583	-697274	121420911	84440804	3293047	263003785	7684161
16770283	14973510	329177	5978094	3391468	128269	13775542	355457
8492389	6515564	785314	6124653	4089347	94913	15358720	2877047
3446300	2222735	423883	3190007	1925237	18778	6234624	101704
1708004	645304	218825	938640	513277		1466291	
9216182	8617427	-305246	8583517	4834161	596473	12868886	729364
162976	136136	7998	52345	29188	9947	142809	15
296237	280018	-1227	198869	56621		472040	
709518	652847	43353	397865	240303	3223	765405	
963088	833242	1692	653122	538049	1358	2677734	756935
1455794	1254288	93560	1533062	692493	36582	2513148	
603178	488110	36842	777695	555515	108520	900595	
90086189	92551897	-8508911	34319912	29915556	1057212	65320916	15345
21730451	17902007	1627331	18681882	11847514	423548	45586151	1435483
598566	385328	76222	642673	310461	1769	1196316	16641
3265995	2989940	-113245	1829330	853151	36290	3765901	20728
123770	113156	-30629	331857	180538	135515	224659	
4078578	3580774	213841	1573692	1014593	19727	4270037	139045
11173347	8799322	1530352	10945509	5830301	425849	22014557	297191
41267685	37857801	941782	16150247	12158298	26986	28776172	311681
4629452	4641145	66894	2281766	1375472	13415	4024382	8
4122697	3678096	190372	1688022	1385404	8324	4564068	77931
1164655	987941	67714	551737	341248	1272	1401719	155351

3-1 续表 2

项目	企业个数(个)	#有科技活动	#有R&D活动	#有新产品开发	#有科技机构	从业人员年平均人数(人)	工业总产值
专用设备制造业	32	5		5	3	4777	1334936
交通运输设备制造业	10	2		2	1	2513	1175142
电气机械及器材制造业	36	9	2	8	5	5916	11719845
通信设备、计算机及其他电子设备制造业	6	1		1	1	2842	1177303
仪器仪表及文化、办公用机械制造业	5	3	1	3		626	252137
工艺品及其他制造业	4					157	75937
电力、燃气及水的生产和供应业	184	5	2	1	2	58310	25598284
电力、热力的生产和供应业	146	5	2	1	2	53057	24061018
燃气生产和供应业	18					1922	1098182
水的生产和供应业	20					3331	439084
四、按隶属关系分组							
中央	160	30	15	19	23	217030	224800330
省(自治区、直辖市)	116	16	5	9	5	70678	35340727
地(区、市、州、盟)	125	8	3	6	4	51571	18752868
县(区、市、旗)	344	15	3	7	3	68183	25219625
其他	1113	73	19	49	30	162253	119646474
五、按地区分组							
乌鲁木齐市	437	47	7	40	20	122426	131019335
克拉玛依市	97	27	19	12	11	121874	118047472
吐鲁番地区	61	1	1		1	17950	18644669
哈密地区	101	3	2	2	1	24966	7441754
昌吉回族自治州	284	10	4	10	10	43857	24241727
伊犁哈萨克自治州	332	18	3	11	7	73475	33615347
伊犁州直属县(市)	185	15	1	11	7	37943	14846072
塔城地区	91	1	1			25180	12645791
阿勒泰地区	56	2	1			10352	6123484
博尔塔拉蒙古自治州	47	3		3	3	8267	2205934
巴音郭楞蒙古自治州	139	5	4	5	4	53100	50700285
阿克苏地区	133	20		3	5	25314	16627584
克孜勒苏柯尔克孜自治州	24					2703	839534
喀什地区	69	3	3	1		35766	5314313
和田地区	21					6188	869673
自治区直辖县级市	113	5	2	3	3	33829	14192397

单位:千元

主营业务收入	主营业务成本	利润总额	年末固定资产原价	生产经营用机器设备原价	微电子控制设备原价	资产合计	出口交货值
1448944	1422762	113680	715103	298745	2368	2166155	12477
1368481	1227991	11136	315633	209735	74435	1025313	12029
12411197	10108343	1265106	1431319	750113	20504	18133847	170195
1072830	768118	166675	1452673	1038464	46984	2535297	199534
264094	187722	38444	45335	42041	786	747882	
63627	50059	11791	36352	23511		74619	
26182629	21900264	951049	71212941	42955940	2075112	82344117	759
24583604	20823023	859247	65542747	42073029	2062721	75044755	759
1124770	674161	159401	1808033	377958	125	2927612	
474255	403080	-67599	3862161	504953	12266	4371750	
349662696	207091996	52091812	183005951	71316141	7245981	282381844	1128957
36903134	31689416	2093981	38034438	23194790	1274503	53540227	1311088
20491778	16266424	2118005	22707592	9400710	261582	45278863	465861
24960188	19844331	3265540	18624778	10408557	327054	33998155	1328510
118091154	85893832	16933228	77994974	31891564	854620	146250236	3530899
132356345	108164653	9182203	87718751	54617570	1611768	159605424	4086931
130221869	92768540	27425792	64586944	29989472	5332735	143905762	221824
130027884	55976538	5890815	26694885	3369494	108018	23203061	16446
7687308	5647180	824675	7099514	3172976	60631	12439316	54863
25313892	21837774	1037521	18678689	10903923	687220	36034950	675562
33305759	22526762	4933469	28607306	14746117	700867	52659659	941641
14696649	10390703	1770062	15809387	7856472	510299	27653231	608605
12041265	9255674	526891	8189412	4335526	83639	15887936	333036
6567845	2880385	2636516	4608507	2554119	106929	9118492	
2328204	2145372	17975	1953008	1347578	68735	3138966	91508
50210614	17930937	25001385	69561637	9928899	407409	68789109	453313
16849738	14811954	1129379	12911464	7416635	909679	20167644	52397
773462	537718	82606	468924	198055		1358012	
4492079	4034511	-19684	5587556	4601927	5	6698423	55227
874097	738534	-22919	3068949	1358879	22571	3258311	
15667699	13665526	1019349	13430106	4560237	54102	30190688	1115603

3-2 规模以上工业企业

项　　目	科技活动人员合计	人员合计中	
		1.参加科技项目人员	2.科技管理和服务人员
总　　计	**16718**	**11231**	**3336**
总计中：国有控股企业	12563	8858	2818
一、按企业规模分组			
大中型	14849	10102	3147
大型企业	9071	7111	1877
中型企业	5778	2991	1270
小型企业	1869	1129	189
二、按登记注册类型分组			
内资企业	16596	11220	3330
国有企业	1663	1376	205
有限责任公司	4602	2649	492
国有独资公司	262	229	31
其他有限责任公司	4340	2420	461
股份有限公司	9541	6662	2548
私营企业	790	533	85
私营独资企业	84	52	17
私营有限责任公司	616	417	42
私营股份有限公司	90	64	26
港、澳、台商投资企业	105		
港、澳、台商独资经营企业	105		
外商投资企业	17	11	6
中外合资经营企业	17	11	6
三、按工业行业大类分组			
采矿业	6952	5504	1443
煤炭开采和洗选业	350	269	79
石油和天然气开采业	6517	5166	1348
有色金属矿采选业	85	69	16
制造业	9345	5395	1871
农副食品加工业	505	243	35
食品制造业	607	440	56
饮料制造业	348	137	130
纺织业	916	300	30
纺织服装、鞋、帽制造业	55	55	
造纸及纸制品业	42	29	13
印刷业和记录媒介的复制	15	15	
石油加工、炼焦及核燃料加工业	1008	765	237
化学原料及化学制品制造业	2372	1218	122

科技活动人员情况

单位：人

# 女性	人员合计中		# 科学家和工程师		# R&D 人员
	1.全时人员	2.非全时人员		高中级技术职称人员	
4919	**6304**	**10414**	**10208**	**7351**	**6645**
3759	5159	7404	8279	6166	5827
4535	5940	8909	9325	6910	6426
2960	4374	4697	7015	5541	5336
1575	1566	4212	2310	1369	1090
384	364	1505	883	441	219
4839	6304	10292	10197	7347	6643
872	368	1295	1242	946	732
1265	1151	3451	1896	1188	1191
16	50	212	163	121	27
1249	1101	3239	1733	1067	1164
2567	4594	4947	6564	4988	4688
135	191	599	495	225	32
20		84	52	17	
110	144	472	378	154	27
5	47	43	65	54	5
78		105			
78		105			
2		17	11	4	2
2		17	11	4	2
2285	2973	3979	5526	4481	4439
21	142	208	173	142	85
2257	2798	3719	5268	4265	4352
7	33	52	85	74	2
2592	3231	6114	4361	2649	2025
91	105	400	187	123	4
255	227	380	307	116	341
55	232	116	95	42	2
654	225	691	143	83	180
2	9	46	18	18	
8	2	40	23	6	
	8	7	15	8	
335	491	517	751	533	303
353	732	1640	858	498	309

3-2 续表

指标名称	科技活动人员合计	人员合计中	
		1.参加科技项目人员	2.科技管理和服务人员
医药制造业	174	57	8
化学纤维制造业	118	118	
橡胶制品业	35	26	9
塑料制品业	796	514	555
非金属矿物制品业	623	343	90
黑色金属冶炼及压延加工业	224	212	6
有色金属冶炼及压延加工业	81	59	18
金属制品业	40	37	3
通用设备制造业	58	35	23
专用设备制造业	232	114	118
交通运输设备制造业	244	64	180
电气机械及器材制造业	599	403	196
通信设备、计算机及其他电子设备制造业	169	136	33
仪器仪表及文化、办公用机械制造业	84	75	9
电力、燃气及水的生产和供应业	421	332	22
电力、热力的生产和供应业	421	332	22
按隶属关系分组			
中央	10005	6641	2013
省(自治区、直辖市)	1080	913	81
地(区、市、州、盟)	1291	703	558
县(区、市、旗)	1173	197	22
其他	3169	2777	662
按地区分组			
乌鲁木齐市	4150	2950	699
克拉玛依市	5876	4470	1402
吐鲁番地区	897	797	100
哈密地区	134	79	34
昌吉回族自治州	850	645	193
伊犁哈萨克自治州	780	478	186
伊犁州直属县(市)	687	405	166
塔城地区	8	4	4
阿勒泰地区	85	69	16
博尔塔拉蒙古自治州	68	56	12
巴音郭楞蒙古自治州	1540	758	152
阿克苏地区	1252	365	26
喀什地区	185	185	
自治区直辖县级市	986	448	532

单位：人

# 女性	人员合计中		#科学家和工程师		#R&D人员
	1.全时人员	2.非全时人员		高中级技术职称人员	
150	56	36	3		
	118	118			
9	7	7			
189	464	168	371		
424	226	169	92		
196	212	190	212		
78	59	24	7		
38	35	30	15		
55	35	20	12		
229	123	93			
234	64	30			
487	388	267	168		
119	114	48			
69	63	22	6		
321	321	221	181		
321	321	221	181		
5615	6627	5094	4870		
828	603	459	392		
486	499	174	519		
1105	157	77	41		
2380	2322	1547	823		
3025	2435	1755	1286		
2912	4530	3354	2967		
807	724	674	797		
75	64	52	41		
591	452	341	284		
376	374	227	44		
318	285	151	38		
6	4	2	4		
52	85	74	2		
33	29	9			
929	783	599	749		
1212	348	171			
12	52	24	185		
442	417	145	292		

3-3 规模以上工业企业科技活动经费筹集情况

单位：千元

项　目	科技活动经费筹集总额	企业资金	金融机构贷款	政府资金	其他资金
总　计	**4042085**	**3648464**	**203174**	**178158**	**12289**
总计中：国有控股企业	3095258	2866616	125280	93753	9609
一、按企业规模分组					
大中型	3827834	3487447	174430	156348	9609
大型企业	2184932	2133262	2430	45040	4200
中型企业	1642902	1354185	172000	111308	5409
小型企业	214251	161017	28744	21810	2680
二、按登记注册类型分组					
内资企业	4037565	3644244	202874	178158	12289
国有企业	364972	231323	91530	33560	8559
有限责任公司	823990	716229	58954	48607	200
国有独资公司	17286	15986		1300	
其他有限责任公司	806704	700243	58954	47307	200
股份有限公司	2476410	2385770	33550	56040	1050
私营企业	372193	310922	18840	39951	2480
私营独资企业	15430	15430			
私营有限责任公司	102698	71462	17640	11116	2480
私营股份有限公司	254065	224030	1200	28835	
外商投资企业	4520	4220	300		
中外合资经营企业	4520	4220	300		
三、按工业行业大类分组					
采矿业	1591524	1574444		13680	3400
煤炭开采和洗选业	25095	24215		880	
石油和天然气开采业	1560800	1544850		12550	3400
有色金属矿采选业	5629	5379		250	
制造业	2345725	1969184	203174	164478	8889
农副食品加工业	61410	38386	11164	11660	200
食品制造业	135325	132945		2380	
饮料制造业	21412	20612	650	150	
纺织业	214453	90504	89000	30000	4949
纺织服装、鞋、帽制造业	7366	7066		300	
造纸及纸制品业	7200	6450		750	
印刷业和记录媒介的复制	4800	4800			
石油加工、炼焦及核燃料加工业	235505	206385	1000	27320	800
化学原料及化学制品制造业	119546	89676	8490	21380	
医药制造业	5582	3743		1839	

3-3 续表 单位：千元

指标名称	科技活动经费筹集总额	企业资金	金融机构贷款	政府资金	其他资金
化学纤维制造业	110000	70000	34000	6000	
橡胶制品业	10170	9920		250	
塑料制品业	123488	105408	7000	9080	2000
非金属矿物制品业	444646	410013	34070	273	290
黑色金属冶炼及压延加工业	270000	269700		300	
有色金属冶炼及压延加工业	15916	15916			
金属制品业	3197	2257	300	440	200
通用设备制造业	7954	6123	1200	631	
专用设备制造业	13548	11458	300	1340	450
交通运输设备制造业	12594	12444		150	
电气机械及器材制造业	440163	381508	16000	42655	
通信设备、计算机及其他电子设备制造业	71113	66513		4600	
仪器仪表及文化、办公用机械制造业	10337	7357		2980	
电力、燃气及水的生产和供应业	104836	104836			
电力、热力的生产和供应业	104836	104836			
四、按隶属关系分组					
中央	2518374	2313082	125080	70853	9359
省(自治区、直辖市)	400794	384034	300	16460	
地(区、市、州、盟)	162404	145394	5550	11460	
县(区、市、旗)	31845	29675	350	1620	200
其他	928668	776279	71894	77765	2730
五、按地区分组					
乌鲁木齐市	1046636	955223	20110	68764	2539
克拉玛依市	1277660	1220930	11500	41030	4200
吐鲁番地区	52006	52006			
哈密地区	3426	3116	100		210
昌吉回族自治州	325875	270051	39814	16010	
伊犁哈萨克自治州	208530	78540	92750	31900	5340
伊犁州直属县(市)	202211	72761	92750	31360	5340
塔城地区	690	400		290	
阿勒泰地区	5629	5379		250	
博尔塔拉蒙古自治州	4660	4660			
巴音郭楞蒙古自治州	479632	470068		9564	
阿克苏地区	506853	459563	38900	8390	
喀什地区	41490	41490			
自治区直辖县级市	95317	92817		2500	

3-4 规模以上工业企业

项　　目	科技活动经费支出总　　额	1.内部经费支出	经常费支　出	劳务费	原材料费	购买和自制设备支出
总　　计	**4324502**	**3782870**	**3363623**	**646719**	**735478**	**1068376**
总计中：国有控股企业	3336117	2818106	2467849	514977	401414	733035
一、按企业规模分组						
大中型企业	4034839	3497928	3111537	609862	677449	952681
大型企业	2284522	1788505	1734964	454208	215512	313759
中型企业	1750317	1709423	1376573	155654	461937	638922
小型企业	289663	284942	252086	36857	58029	115695
二、按登记注册类型分组						
内资企业	4313968	3772336	3356506	644522	734178	1068076
国有企业	414098	384689	185799	60262	36408	62528
有限责任公司	927024	844462	797676	95157	272964	313549
国有独资公司	18486	15366	12606	1400	5281	1715
其他有限责任公司	908538	829096	785070	93757	267683	311834
股份有限公司	2647016	2222018	2089334	450611	303190	599500
私营企业	325830	321167	283697	38492	121616	92499
私营独资企业	15646	15646	15646	1566	1200	10880
私营有限责任公司	108821	105876	90530	14844	22457	42713
私营股份有限公司	201363	199645	177521	22082	97959	38906
港、澳、台商投资企业	1832	1832	1832	1832		
港、澳、台商独资经营企业	1832	1832	1832	1832		
外商投资企业	8702	8702	5285	365	1300	300
中外合资经营企业	8702	8702	5285	365	1300	300
三、按工业行业大类分组						
采矿业	1669218	1271659	1247397	373959	39784	160619
煤炭开采和洗选业	26769	20391	20391	6926	5300	4492
石油和天然气开采业	1629478	1238297	1221377	363754	34434	153827
有色金属矿采选业	12971	12971	5629	3279	50	2300
制造业	2519542	2388199	2023214	254595	672542	868722
农副食品加工业	135959	127959	108425	16217	15330	64280
食品制造业	142932	125140	111443	12569	29131	51559
饮料制造业	26646	26646	23075	4043	14012	902
纺织业	232242	225740	61667	18787	7551	31988
纺织服装、鞋、帽制造业	9806	9726	6966	431	3625	900
造纸及纸制品业	6225	6125	5100	700	3400	1000
印刷业和记录媒介的复制	5015	5015	5015	115	3147	1753
石油加工、炼焦及核燃料加工业	191700	161755	156302	52089	26408	42307
化学原料及化学制品制造业	135400	124247	116875	18115	14558	56015

科技活动经费支出情况

单位：千元

		内部经费支出中			2.外部经费支出		
其他	科研基建支出	固定资产购建	设备购置	新产品开发经费支出		对研究院所及高等学校支出	对其他企业支出
913050	**419247**	**1487430**	**1140750**	**1368807**	**541632**	**420524**	**113404**
818423	350257	1083292	774526	755421	518011	410935	99827
871545	386391	1338879	1014468	1189617	536911	416941	112371
751485	53541	367300	325250	497583	496017	392291	99986
120060	332850	971579	689218	692034	40894	24650	12385
41505	32856	148551	126282	179190	4721	3583	1033
909730	415830	1483713	1140253	1363587	541632	420524	113404
26601	198890	261418	67528	72896	29409	14848	11561
116006	46786	360335	333845	452492	82562	18958	59005
4210	2760	4475	1863	3177	3120	630	1750
111796	44026	355860	331982	449315	79442	18328	57255
736033	132684	731991	623151	636074	424998	384200	40798
31090	37470	129969	115729	202125	4663	2518	2040
2000		10880	10880	15230			
10516	15346	58059	48733	36607	2945	2370	470
18574	22124	61030	56116	150288	1718	148	1570
3320	3417	3717	497	5220			
3320	3417	3717	497	5220			
673035	24262	184881	160619	379092	397559	363694	33125
3673		4492	4492	300	6378	1336	4302
669362	16920	170747	153827	378792	391181	362358	28823
	7342	9642	2300				
227355	364985	1233514	936096	923299	131343	48550	78829
12598	19534	83814	71230	74336	8000	6000	2000
18184	13697	65256	58856	98770	17792	14203	150
4118	3571	4473	1193	20667			
3341	164073	196061	31988	17353	6502		6502
2010	2760	3660	1048	327	80	80	
	1025	2025	1600	4025	100	80	20
		1753	1753				
35498	5453	47760	47577	31785	29945	15255	14690
28187	7372	63387	59123	51091	11153	8102	3051

3-4 续表

项　　目	科技活动经费支出总　　额	1.内部经费支出	经常费支　出	劳务费	原材料费	购买和自制设备支出
医药制造业	7583	7227	7227	2589	2809	920
化学纤维制造业	113000	113000	110000	1200	35800	70000
橡胶制品业	10225	10225	10170	710	7000	2130
塑料制品业	150185	148063	116199	15884	44381	46067
非金属矿物制品业	561927	561857	481803	29519	94374	331386
黑色金属冶炼及压延加工业	270650	220650	220050	10050	120000	50000
有色金属冶炼及压延加工业	15856	15506	15506	1396	1200	10880
金属制品业	3197	2847	2847	130	1100	210
通用设备制造业	2960	2810	2800	575	661	526
专用设备制造业	13938	13738	12818	3914	6222	1246
交通运输设备制造业	15434	15434	12594	2753	6777	2940
电气机械及器材制造业	390084	386411	360114	54655	212113	62884
通信设备、计算机及其他电子设备制造业	71113	70613	70613	5796	20842	38495
仪器仪表及文化、办公用机械制造业	7465	7465	5605	2358	2101	334
电力、燃气及水的生产和供应业	135742	123012	93012	18165	23152	39035
电力、热力的生产和供应业	135742	123012	93012	18165	23152	39035
四、按隶属关系分组						
中央	2722182	2259901	1956804	473520	166335	578372
省(自治区、直辖市)	377102	325002	312724	25709	149142	86192
地(区、市、州、盟)	186673	178769	145329	21407	47377	61839
县(区、市、旗)	99049	98399	84859	16379	13685	52648
其他	939496	920799	863907	109704	358939	289325
五、按地区分组						
乌鲁木齐市	1037849	917310	838962	108386	367793	248531
克拉玛依市	1348951	1077093	1053112	328135	62362	154043
吐鲁番地区	52006	35453	35453	16553	12000	
哈密地区	3310	2220	2220	376	640	764
昌吉回族自治州	353161	351081	337526	37811	142855	127303
伊犁哈萨克自治州	281125	280755	109361	14773	31901	50965
伊犁州直属县(市)	267464	267094	103042	11344	31851	48665
塔城地区	690	690	690	150		
阿勒泰地区	12971	12971	5629	3279	50	2300
博尔塔拉蒙古自治州	10873	10873	4660	260	30	3160
巴音郭楞蒙古自治州	473656	354688	351413	82500	10295	64804
阿克苏地区	606654	604284	520997	51777	64170	365422
喀什地区	30482	23980	22980	188	5032	17747
自治区直辖县级市	126435	125133	86939	5960	38400	35637

单位：千元

		内部经费支出中					
其他	科研基建支　出	固定资产购　建	设备购置	新产品开发经费支出	2.外部经费支出	对研究院所及高等学校支出	对其他企业支　出
909		920	920	2539	356	163	193
3000	3000	73000	70000	100000			
330	55	2185	2130	8080			
9867	31864	77931	61920	62902	2122	1669	453
26524	80054	411247	334702	5844	70		
40000	600	50600	50570	68000	50000		50000
2030		10880	10880	15306	350	350	
1407		210	210		350		
1038	10	536	536	814	150		150
1436	920	2166	1246	12132	200		200
124	2840	5780	5780	12594			
30462	26297	89181	82145	321480	3673	2148	1420
5480		38495	38495	11867	500	500	
812	1860	2194	2194	3387			
12660	30000	69035	44035	66416	12730	8280	1450
12660	30000	69035	44035	66416	12730	8280	1450
738577	303097	881276	599251	553848	462281	406588	49184
51681	12278	98470	89105	142775	52100	1170	50190
14706	33440	95279	78262	70450	7904	1199	6705
2147	13540	66188	55688	58382	650	550	100
105939	56892	346217	318444	543352	18697	11017	7225
114252	78348	318726	279504	403905	120539	47922	59832
508572	23981	185984	168293	91856	271858	239543	38206
6900					16553	10045	6508
440		764	764	620	1090	350	
29557	13555	140858	132301	316663	2080	2080	
11722	171394	222359	54587	83743	370	200	100
11182	164052	212717	52287	83743	370	200	100
540		9642	2300				
	7342						
1210	6213	9373	3160	4660			
193814	3275	68079	64804	349251	118968	118965	3
39628	83287	448709	368130	67386	2370	300	2070
13	1000	18747	17747	9860	6502		6502
6942	38194	73831	51460	40863	1302	1119	183

3-5 规模以上工业企业研究

项目	R&D人员折合全时当量(人年)	科学家和工程师	全时人员	基础研究
总计	**4490**	**3970**	**3528**	**144**
总计中：国有控股企业	**3828**	**3610**	**2998**	**107**
一、按企业规模分组				
大中型	4340	3900	3401	143
大型企业	3434	3197	2591	98
中型企业	906	703	810	45
小型企业	150	70	127	1
二、按登记注册类型分组				
内资企业	4489	3969	3527	143
国有企业	619	562	538	
有限责任公司	796	506	591	43
国有独资公司	25	17	23	
其他有限责任公司	771	489	568	43
股份有限公司	3059	2887	2390	100
私营企业	15	14	8	
私营有限责任公司	11	11	5	
私营股份有限公司	4	3	3	
外商投资企业	1	1	1	1
中外合资经营企业	1	1	1	1
三、按工业行业大类分组				
采矿业	2854	2629	2131	88
煤炭开采和洗选业	48	20	28	
石油和天然气开采业	2805	2608	2102	88
有色金属矿采选业	1	1	1	
制造业	1521	1232	1321	56
农副食品加工业	3	3	2	
食品制造业	171	130	113	20
饮料制造业	1	1	1	1
纺织业	155	34	150	
石油加工、炼焦及核燃料加工业	253	221	237	
化学原料及化学制品制造业	179	171	118	

与试验发展(R&D)情况

单位：千元

应用研究	试验发展	R&D经费内部支出	1.经常费支出	人员劳务费	经常费支出中 基础研究
1191	**3155**	**1241585**	**1233909**	**281029**	**47260**
1016	**2705**	**1131913**	**1124539**	**265089**	**44620**
1184	3013	1181646	1174266	269562	44359
644	2692	988510	984394	249731	26043
540	321	193136	189872	19831	18316
7	142	59939	59643	11467	2901
1191	3155	1238398	1231008	280991	44359
45	574	111535	107733	41129	
184	569	368151	367402	34717	9271
	25	2270	2270	377	
184	544	365881	365132	34340	9271
962	1997	756559	753720	204804	35088
	15	2153	2153	341	
	11	933	933	292	
	4	1220	1220	49	
		3187	2901	38	2901
		3187	2901	38	2901
615	2151	713077	712061	209806	26043
27	21	2168	2168	958	
587	2130	710779	709763	208718	26043
1		130	130	130	
576	889	500478	496818	57794	21217
	3	690	690	150	
115	36	90941	90260	10253	9271
		3187	2901	38	2901
	155	12303	12303	1135	
	253	47805	47765	17371	
	179	39914	39909	3724	

3-5 续表 1

项 目	R&D人员折合全时当量(人年)			
		科学家和工程师	全时人员	
				基础研究
医药制造业				
塑料制品业	360	299	370	35
非金属矿物制品业	76	58	66	
黑色金属冶炼及压延加工业	127	127	76	
有色金属冶炼及压延加工业	2	2	1	
金属制品业	14	14	12	
通用设备制造业	11	10	10	
电气机械及器材制造业	164	158	161	
仪器仪表及文化、办公用机械制造业	5	4	4	
电力、燃气及水的生产和供应业	115	109	76	
电力、热力的生产和供应业	115	109	76	
四、按隶属关系分组				
中央	3158	2895	2396	127
省(自治区、直辖市)	240	194	154	
地(区、市、州、盟)	489	330	519	16
县(区、市、旗)	21	16	11	
其他	582	535	448	1
五、按地区分组				
乌鲁木齐市	757	647	449	43
克拉玛依市	2354	2143	1909	
吐鲁番地区	60	78	13	19
哈密地区	30	30	23	
昌吉回族自治州	242	166	236	
伊犁哈萨克自治州	42	29	41	
伊犁州直属县(市)	38	25	38	
塔城地区	3	3	2	
阿勒泰地区	1	1	1	
巴音郭楞蒙古自治州	538	538	395	36
喀什地区	175	47	170	
自治区直辖县级市	292	292	292	46

单位：千元

		R&D经费内部支出			
			1.经常费支出		经常费支出中
应用研究	试验发展			人员劳务费	基础研究
		20	20	8	
209	116	85353	82779	13034	9045
66	10	4857	4844	643	
31	96	201896	201841	9175	
	2	76	76	46	
	14	850	850	14	
7	4	1491	1491	215	
148	16	10217	10211	1464	
	5	878	878	524	
	115	28030	25030	13429	
	115	28030	25030	13429	
411	2620	814950	810548	244248	35314
119	121	250344	249951	15296	
210	263	95213	92639	13103	9045
	21	1822	1812	70	
451	130	79256	78959	8312	2901
450	264	349472	345736	36516	9271
36	2318	409086	408025	136842	
35	6	35453	35453	16553	19933
28	2	620	620	176	
148	94	52360	52354	11348	
		3823	3820	783	
38		3003	3000	503	
	3	690	690	150	
1		130	130	130	
238	264	307847	307561	74663	9011
	175	11290	11280	98	
217	29	71634	69060	4050	9045

3-5 续表 2-1

项　　目				
			2.R&D科研基建支出	内部支出中固定资产购建支出
	应用研究	试验发展		
总　　计	**338846**	**847803**	**7676**	**275981**
总计中：国有控股企业	**332197**	**747722**	**7374**	**244262**
一、按企业规模分组				
大中型	338575	791335	7380	252616
大型企业	209565	748786	4116	170412
中型企业	129010	42546	3264	82204
小型企业	271	56471	296	23365
二、按登记注册类型分组				
内资企业	338846	847803	7390	275695
国有企业	1491	106242	3802	25924
有限责任公司	85445	272686	749	117677
国有独资公司		2270		45
其他有限责任公司	85445	270416	749	117632
股份有限公司	251910	466722	2839	131831
私营企业		2153		263
私营有限责任公司		933		107
私营股份有限公司		1220		156
外商投资企业			286	286
中外合资经营企业			286	286
三、按工业行业大类分组				
采矿业	193634	492384	1016	99851
煤炭开采和洗选业	960	1208		43
石油和天然气开采业	192544	491176	1016	99808
有色金属矿采选业	130			
制造业	145212	330389	3660	163585
农副食品加工业		690		
食品制造业	66384	14605	681	41035
饮料制造业			286	286
纺织业		12303		7702
石油加工、炼焦及核燃料加工业		47765	40	10853
化学原料及化学制品制造业		39909	5	19039

单位：千元

设备购置	内部经费支出中 政府资金	企业资金	国外资金	其他资金	R&D经费外部支出
270561	**22493**	**1216474**		**2618**	**322262**
239144	**17300**	**1111995**		**2618**	**311530**
247492	17484	1161544		2618	321133
166892	14469	971613		2428	296329
80600	3015	189931		190	24804
23069	5009	54930			1129
270561	22493	1213287		2618	322262
22622	1405	107676		2454	22621
117357	4925	363226			73001
45	538	1732			215
117312	4387	361494			72786
130319	15509	740886		164	226494
263	654	1499			146
107	563	370			
156	91	1129			146
		3187			
		3187			
98835	8102	702711		2264	230614
43	97	2071			805
98792	8005	700510		2264	229809
		130			
161681	14391	485733		354	78918
	290	400			
40728	538	90403			17407
		3187			
7702		12303			6502
10853	5648	41993		164	4352
19038	4268	35646			3174

3-5 续表 2-2

项　　目	应用研究	试验发展	2.R&D科研基建支出	内部支出中固定资产购建支出
医药制造业		20		2
塑料制品业	53263	20471	2574	36296
非金属矿物制品业	3544	1300	13	1429
黑色金属冶炼及压延加工业	16061	185780	55	45928
有色金属冶炼及压延加工业		76		
金属制品业		850		
通用设备制造业	271	1220		156
电气机械及器材制造业	5689	4522	6	837
仪器仪表及文化、办公用机械制造业		878		22
电力、燃气及水的生产和供应业		25030	3000	12545
电力、热力的生产和供应业		25030	3000	12545
四、按隶属关系分组				
中央	198956	576278	4402	142410
省(自治区、直辖市)	61608	188343	393	67612
地(区、市、州、盟)	53263	30331	2574	43998
县(区、市、旗)		1812	10	1234
其他	25019	51039	297	20727
五、按地区分组				
乌鲁木齐市	101775	234690	3736	99686
克拉玛依市	2755	405270	1061	56894
吐鲁番地区	13820	1700		
哈密地区	544	76		164
昌吉回族自治州	5689	46665	6	21439
伊犁哈萨克自治州	3130	690	3	255
伊犁州直属县(市)	3000		3	255
塔城地区		690		
阿勒泰地区	130			
巴音郭楞蒙古自治州	157599	140951	286	57330
喀什地区		11280	10	8757
自治区直辖县级市	53534	6481	2574	31456

单位：千元

	内部经费支出中				
设备购置	政府资金	企业资金	国外资金	其他资金	R&D经费外部支出
2	8	12			4
35005	2309	83044			853
1419		4667		190	18
45925	224	201672			45873
		76			350
	135	715			161
156	141	1350			146
831	522	9695			78
22	308	570			
10045		28030			12730
10045		28030			12730
138746	13444	798888		2618	265378
67450	224	250120			45873
42707	2309	92904			7355
1224	383	1439			350
20434	6133	73123			3306
96876	323	349149			78392
55877	11571	395087		2428	110957
		35453			16553
164		430		190	350
21433	2039	50321			78
255	290	3533			18
255		3003			18
	290	400			
		130			
57044	6170	301677			108559
8747		11290			6502
30165	2100	69534			853

3-6 规模以上工业企业办科技机构情况

项　　目	企业办科技机构数合计(个)	科技活动人员(人)	博士毕业	硕士毕业	机构科技经费内部支出(千元)	仪器设备(千元)
总　　计	**91**	**6409**	**97**	**749**	**1693103**	**1720211**
总计中：国有控股企业	56	5516	80	666	1165299	1527883
一、按企业规模分组						
大中型	70	6175	84	731	1669916	1690783
大型企业	20	4498	68	571	910319	417714
中型企业	50	1677	16	160	759597	1273069
小型企业	21	234	13	18	23187	29428
二、按登记注册类型分组						
内资企业	90	6406	97	749	1693081	1720206
国有企业	6	637	3	26	130288	739637
有限责任公司	40	1082	26	68	286068	218885
国有独资公司	4	48			7966	2127
其他有限责任公司	36	1034	26	68	278102	216758
股份有限公司	31	4504	67	642	1101072	721494
私营企业	13	183	1	13	175653	40190
私营独资企业	1	53		4	15430	10940
私营有限责任公司	9	74	1	9	9935	12627
私营股份有限公司	3	56			150288	16623
外商投资企业	1	3			22	5
中外合资经营企业	1	3			22	5
三、按工业行业大类分组						
采矿业	11	3756	62	488	753391	220128
煤炭开采和洗选业	3	88		7	2408	6660
石油和天然气开采业	8	3668	62	481	750983	213468
制造业	78	2421	35	256	867896	877036
农副食品加工业	8	134	5	43	41230	31760
食品制造业	6	327	4	29	54355	14144
饮料制造业	1	19		1	6500	1800
纺织业	14	146			8235	14780
纺织服装、鞋、帽制造业	2	25			6966	1897
石油加工、炼焦及核燃料加工业	5	517	4	37	99090	113376
化学原料及化学制品制造业	7	86	1	4	9806	15044

3-6　续表

项　目	企业办科技机构数合计(个)	科技活动人员(人)	博士毕业	硕士毕业	机构科技经费内部支出(千元)	仪器设备(千元)
医药制造业	2	17	1	6	2319	2331
化学纤维制造业	1	118	1	4	110000	70000
橡胶制品业	1	35			10170	1743
塑料制品业	10	68	11	54	89548	98967
非金属矿物制品业	5	145	5	4	51314	319288
黑色金属冶炼及压延加工业	2	34	1	4	1850	33500
有色金属冶炼及压延加工业	1	53		4	15430	10940
金属制品业	1	6		4	550	120
专用设备制造业	3	62		1	756	562
交通运输设备制造业	1	221		12	11894	73366
电气机械及器材制造业	7	316	2	13	304903	40218
通信设备、计算机及其他电子设备制造业	1	92		36	42980	33200
电力、燃气及水的生产和供应业	2	232		5	71816	623047
电力、热力的生产和供应业	2	232		5	71816	623047
四、按隶属关系分组						
中央	30	4679	64	473	1027160	1058306
省(自治区、直辖市)	15	208	1	10	35113	39993
地(区、市、州、盟)	11	131	11	54	118046	100422
县(区、市、旗)	3	48		2	3300	8950
其他	32	1343	21	210	509484	512540
五、按地区分组						
乌鲁木齐市	25	1656	28	279	344716	542863
克拉玛依市	13	2493	25	258	674535	260571
吐鲁番地区	2	895		34	18900	7480
哈密地区	2	23			1000	230
昌吉回族自治州	20	515	13	15	290550	119906
伊犁哈萨克自治州	7	166	4	9	16050	12090
伊犁州直属县（市）	7	166	4	9	16050	12090
博尔塔拉蒙古自治州	3	22			4660	3160
巴音郭楞蒙古自治州	4	392	26	99	158802	51097
阿克苏地区	5	129		1	97222	626797
自治区直辖县级市	10	118	1	54	86668	96017

3-7 规模以上工业企业新产品产出和专利情况

单位：千元

项 目	新产品产值	新产品销售收入	出口	专利申请数（件）	发明专利	拥有发明专利数（件）
总 计	**16702972**	**16007666**	**2244204**	**459**	**125**	**184**
总计中：国有控股企业	6558897	6278407	935309	313	62	125
一、按企业规模分组						
大中型	16265979	15539857	2236492	365	84	142
大型企业	4302328	4112877	330980	294	59	58
中型企业	11963651	11426980	1905512	71	25	84
小型企业	436993	467809	7712	94	41	42
二、按登记注册类型分组						
内资企业	16486617	15788258	2220764	458	124	183
国有企业	459051	440806	2800	86	5	51
集体企业	9664	9664				
有限责任公司	4908062	4880139	621260	122	36	25
国有独资公司	26782					
其他有限责任公司	4881280	4880139	621260	122	36	25
股份有限公司	5180863	4527923	1538791	200	56	70
私营企业	5928977	5929726	57913	50	27	37
私营独资企业	20240	20240				
私营有限责任公司	71841	72590		30	22	29
私营股份有限公司	5836896	5836896	57913	20	5	8
港、澳、台商投资企业	180976	193629	23440			
港、澳、台商独资经营企业	180976	193629	23440			
外商投资企业	35379	25779		1	1	1
中外合资经营企业	35379	25779		1	1	1
三、按工业行业大类分组						
采矿业	378281	279570		181	23	9
煤炭开采和洗选业	226782	200000				
石油和天然气开采业	151499	79570		181	23	9
制造业	16059045	15462450	2244204	256	101	174
农副食品加工业	165792	214601		1	1	8
食品制造业	823416	778046	592729	3	2	5
饮料制造业	158009	48379		18	9	2
纺织业	293649	306253	27330	3	1	
家具制造业	24689	24689	24689			
造纸及纸制品业	13258	13258		8	1	1
石油加工、炼焦及核燃料加工业	100000	100300		33	23	37

3-7　续表　　　　　　　　　　　　　　　　　　　　　　单位：千元

项　目	新产品产　值	新产品销售收入		专利申请　数（件）		拥有发明专利数（件）
			出　口		发明专利	
化学原料及化学制品制造业	104288	105422		27	19	19
医药制造业				17	13	10
化学纤维制造业	817382	817382		4	4	4
橡胶制品业	34800	31500	8400	2	1	1
塑料制品业	185655	172001	13982	28	10	24
非金属矿物制品业	67704	72514	1400	2	2	2
黑色金属冶炼及压延加工业	3531774	3531774	311681	27	3	2
有色金属冶炼及压延加工业	20240	20240				
金属制品业				7	1	1
通用设备制造业	7109	6806		9		7
专用设备制造业	187604	164422		13		42
交通运输设备制造业	858497	834840	12029			
电气机械及器材制造业	8482222	8043421	1232665	36	9	6
通信设备、计算机及其他电子设备制造业	172093	166933	19299	14	2	3
仪器仪表及文化、办公用机械制造业	10864	9669		4		
电力、燃气及水的生产和供应业	265646	265646		22	1	1
电力、热力的生产和供应业	265646	265646		22	1	1
四、按隶属关系分组						
中央	1979491	1765617	235539	248	54	58
省(自治区、直辖市)	2553594	2470914	381819	30	5	46
地(区、市、州、盟)	281400	267746	15072	38	11	24
县(区、市、旗)	17450	15000		13	9	1
其他	11871037	11488389	1611774	130	46	55
五、按地区分组						
乌鲁木齐市	12347954	12290573	1026191	120	31	71
克拉玛依市	285169	223119		198	46	43
吐鲁番地区				8		1
哈密地区	28134	956				
昌吉回族自治州	3250867	2830263	1200853	35	16	35
伊犁哈萨克自治州	266396	154001	1400	24	11	3
伊犁州直属县(市)	266396	154201	1400	201	11	3
博尔塔拉蒙古自治州	792	792				1
巴音郭楞蒙古自治州	54587	51287	8400	37	12	7
阿克苏地区	272646	272446		13		
喀什地区	57810	57810	1090	3	1	
自治区直辖县级市	138617	126419	6270	21	8	23

3-8 规模以上工业

项目	科技项目数(项)	# 新产品开发项目数	# R&D项目数	参加项目人员合计(人)
总计	**1287**	**358**	**646**	**11231**
总计中：国有控股企业	778	174	555	8858
一、按企业规模分组				
大中型	1118	296	618	10102
大型企业	882	161	538	7111
中型企业	236	135	80	2991
小型企业	169	62	28	1129
二、按登记注册类型分组				
内资企业	1285	356	645	11220
国有企业	122	28	79	1376
有限责任公司	340	142	88	2649
国有独资公司	48	2	6	229
其他有限责任公司	292	140	82	2420
股份有限公司	745	138	473	6662
私营企业	78	48	5	533
私营独资企业	14	13		52
私营有限责任公司	59	32	4	417
私营股份有限公司	5	3	1	64
外商投资企业	2	2	1	11
中外合资经营企业	2	2	1	11
三、按工业行业大类分组				
采矿业	559	67	457	5504
煤炭开采和洗选业	11	1	4	269
石油和天然气开采业	538	66	452	5166
有色金属矿采选业	10		1	69
制造业	699	286	167	5395
农副食品加工业	16	13	1	243
食品制造业	50	29	27	440
饮料制造业	7	6	1	137
纺织业	24	19	10	300
纺织服装、鞋、帽制造业	22	2		55
造纸及纸制品业	4	3		29
印刷业和记录媒介的复制	1			15
石油加工、炼焦及核燃料加工业	161	20	45	765
化学原料及化学制品制造业	56	33	20	1218
医药制造业	23	12	4	57
化学纤维制造业	4	3		118
橡胶制品业	27	6		26
塑料制品业	53	19	28	514
非金属矿物制品业	15	6	4	343
黑色金属冶炼及压延加工业	50	15	15	212
有色金属冶炼及压延加工业	15	14	1	59
金属制品业	3		1	37
通用设备制造业	6	3	2	35
专用设备制造业	16	16		114
交通运输设备制造业	58	14		64
电气机械及器材制造业	60	38	7	403
通信设备、计算机及其他电子设备制造业	19	10		136
仪器仪表及文化、办公用机械制造业	9	5	1	75
电力、燃气及水的生产和供应业	29	5	22	332
电力、热力的生产和供应业	29	5	22	332

企业科技项目情况

科学家和工程师	高中级技术职称人员	参加项目人员实际工作时间（人年）	项目经费内部支出（千元）	# R&D项目支出	# 新产品项目支出
8329	**6020**	**7153**	**2336719**	**888130**	**1142394**
6650	4987	5624	1571244	792345	604728
7493	5614	6525	2168507	829298	1032115
5395	4382	4234	887634	657687	381219
2098	1232	2291	1280873	171611	650896
836	406	628	168212	58832	110279
8318	6016	7151	2331818	885229	1137493
939	697	762	170929	80472	72469
1499	921	1583	483666	169276	295470
156	114	62	11496	2270	
1343	807	1521	472170	167006	295470
5397	4178	4497	1429428	633338	570834
483	220	310	247795	2143	198720
52	17	17	15430		15230
368	149	240	80867	933	33202
63	54	52	151498	1210	150288
11	4	2	4901	2901	4901
11	4	2	4901	2901	4901
4359	3672	3179	660486	591663	344787
148	124	152	20131	2168	100
4144	3484	2980	635267	589365	344687
67	64	47	5088	130	
3649	2127	3772	1584127	271437	731191
179	115	94	53986	690	21186
304	113	262	94830	74005	86655
76	25	83	20813	2901	18468
134	74	268	50172	12303	14082
18	18	13	6266		
23	6	2	5100		2300
15	8	15	5015		
479	312	444	106807	32102	10973
701	427	937	81536	39909	48233
54	35	31	4842		2178
72	72	142	110000		95000
7	7	25	7980		7980
464	168	539	103641	70959	45621
192	168	277	456954	1844	2544
74	65	44	23500	23500	1200
59	24	19	15506	76	15306
33	28	31	2847	850	
27	14	22	2019	1210	809
111	83	27	12112		12052
64	30	21	12274		11894
386	265	389	331710	10210	319456
114	48	65	70613		11867
63	22	22	5604	878	3387
321	221	202	92106	25030	66416
321	221	202	92106	25030	66416

3-8 续表

项　　目	科技项目数(项)	# 新产品开发项目数	# R&D项目数	参加项目人员合计(人)
四、按隶属关系分组				
中央	857	194	526	6641
省(自治区、直辖市)	155	29	28	913
地(区、市、州、盟)	48	23	31	703
县(区、市、旗)	17	6	5	197
其他	210	106	56	2777
五、按项目来源分组				
国家科技项目	41	19	12	547
地方科技项目	108	61	39	1563
其他企业委托科技项目	3	2		17
本企业自选科技项目	1090	268	565	8705
来自国外的科技项目	7	5	4	150
其他科技项目	38	3	26	249
六、按项目合作形式分组				
与境外机构合作	15	3	7	94
与国内高校合作	196	33	129	1593
与国内独立研究院所合作	76	23	27	905
与境内注册的外商独资企业合作	7	2	1	60
与境内注册的其他企业合作	130	19	73	1040
以本企业所办科技机构为主完成	358	102	239	3293
由本企业有关部门组成联合攻关小组协作完成	477	164	157	3923
其他	28	12	13	323
七、按项目活动类型分组				
基础研究	97	16	75	590
应用研究	138	32	106	1760
试验发展	551	69	465	4191
研究与试验发展成果应用	501	241		4690
八、按项目技术经济目标分组				
开发全新产品	139	139	57	1470
增加已有产品的功能	44	44	9	352
提高产品性能	102	102	51	1560
提高劳动生产率	383		25	1656
减少能源消耗	31		10	308
节约原材料	15		6	208
减少环境污染	15		5	466
其他	558	73	483	5211
九、按地区分组				
乌鲁木齐市	364	154	86	2950
克拉玛依市	557	48	371	4470
吐鲁番地区	91		91	797
哈密地区	6	3	3	79
昌吉回族自治州	84	53	16	645
伊犁哈萨克自治州	40	19	3	478
伊犁州直属县(市)	29	19	1	405
塔城地区	1		1	4
阿勒泰地区	10		1	69
博尔塔拉蒙古自治州	3	3		56
巴音郭楞蒙古自治州	77	53	46	758
阿克苏地区	25	9		365
喀什地区	5	3	5	185
自治区直辖县级市	35	13	25	448

科学家和工程师	高中级技术职称人员	参加项目人员实际工作时间（人年）	项目经费内部支出（千元）	# R&D项目支出	# 新产品项目支出
5119	4068	3746	1301344	659170	491344
443	320	579	108648	67403	74477
498	173	783	131894	80819	52059
149	69	89	8935	1810	1202
2120	1390	1956	785898	78928	523312
343	192	517	206554	25525	185100
1256	823	1504	461519	248151	411121
16	6	9	931		931
6380	4763	4866	1576782	544056	493889
88	27	100	50460	41210	50460
246	209	157	40473	29188	893
94	49	99	21362	18898	11000
1372	1059	1082	199732	172377	105365
776	550	718	61708	18042	14354
56	37	20	14526	7330	8380
962	803	768	396466	156112	299183
2831	2043	2187	946114	264546	334958
2001	1308	2014	555755	152279	270683
237	171	265	141056	98546	98471
469	398	178	73345	73345	47786
1324	1013	978	284862	284862	219703
3213	2486	2829	516246	529923	215724
3323	2123	3168	1462266		659181
1165	655	1069	480529	140372	480529
253	116	283	140128	20832	140128
1193	821	1287	521737	322009	521737
651	486	481	503363	33158	
281	202	234	105009	4084	
183	132	90	46293	4820	
359	201	513	33914	3192	
4244	3407	3196	505746	359663	
2087	1474	1696	590533	154661	321781
3339	2528	3104	386398	265761	34871
546	546	91	35449	35449	
60	48	47	1960	620	620
405	294	470	334502	51843	305654
321	184	290	48840	820	27863
250	118	240	43062		27863
4	2	3	690	690	
67	64	47	5088	130	
29	9	20	4660		4660
728	598	553	345907	310217	345067
346	171	160	503203		67316
52	24	208	11280	11280	9860
416	144	514	73987	57479	24702

3-9 规模以上工业企业技术改造、技术获取及减免税情况

单位：千元

项 目	技术改造经费支出	引进国外技术经费支出	引进技术消化吸收经费支出	购买国内技术经费支出	享受各级政府对技术开发的减免税
总 计	**3719880**	**143330**	**30724**	**87494**	**35222**
总计中：国有控股企业	2032305	68859	21853	76214	32083
一、按企业规模分组					
大中型	2951317	142631	21944	82654	10389
大型企业	2232672	67210	8000	67100	10289
中型企业	718645	75421	13944	15554	100
小型企业	768563	699	8780	4840	24833
二、按登记注册类型分组					
内资企业	3692019	139730	30724	87494	35132
国有企业	428067	950	19	17127	
集体企业					227
有限责任公司	1531559	70699	19163	58830	32533
国有独资公司	155800		800	510	14537
其他有限责任公司	1375759	70699	18363	58320	17996
股份有限公司	1373778	67210	10491	8707	289
私营企业	358615	871	1051	2830	2083
私营有限责任公司	163643		180	2830	2083
私营股份有限公司	194972	871	871		
港、澳、台商投资企业	2000				90
港、澳、台商独资经营企业	2000				90
外商投资企业	25861	3600			
中外合资经营企业	25861	3600			
三、按工业行业大类分组					
采矿业	1591904	67210		17100	289
煤炭开采和洗选业	490591				289
石油和天然气开采业	1100533	67210		17100	
非金属矿采选业	780				
制造业	1695099	76120	30724	69884	20396
农副食品加工业	173037		4000	5000	40
食品制造业	87737		6200	1200	480
饮料制造业	32768				
纺织业	21006	950	2443		527
纺织服装、鞋、帽制造业	9732				
皮革、毛皮、羽毛(绒)及其制品业	8000				
造纸及纸制品业	3000		100		
印刷业和记录媒介的复制	5000			2830	
石油加工、炼焦及核燃料加工业	94051		180		

3-9　续表　　　　单位：千元

项　　目	技术改造经费支出	引进国外技术经费支　出	引进技术消化吸收经费支出	购买国内技术经费支　出	享受各级政府对技术开发的减免税
化学原料及化学制品制造业	215729			6750	887
医药制造业	3082				
化学纤维制造业	20390	70000			
橡胶制品业	1300				
塑料制品业	32083	699	8461	3507	255
非金属矿物制品业	59955	3600	19	97	7044
黑色金属冶炼及压延加工业	704506		8000	50000	10000
有色金属冶炼及压延加工业	490				
金属制品业	45		20		10
通用设备制造业	16927				
专用设备制造业	20		30		
交通运输设备制造业	2840				
电气机械及器材制造业	114601	871	1271	500	1153
通信设备、计算机及其他电子设备制造业	88800				
电力、燃气及水的生产和供应业	432877			510	14537
电力、热力的生产和供应业	430643			510	14537
燃气生产和供应业	2234				
四、按隶属关系分组					
中央	1419715	68859	2019	22197	
省(自治区、直辖市)	260579		10443	50510	10000
地(区、市、州、盟)	829711		8561	3507	15517
县(区、市、旗)	559257		5400	1200	
其他	650618	74471	4301	10080	9705
五、按地区分组					
乌鲁木齐市	712768	5421	11401	58130	26608
克拉玛依市	1107526	67210	1000	17100	204
哈密地区	15		19	27	
昌吉回族自治州	106627	70000	4443	200	40
伊犁哈萨克自治州	581617		5400	1270	1097
伊犁州直属县(市)	568019		5400	1270	1097
塔城地区	6371				
阿勒泰地区	7227				
博尔塔拉蒙古自治州	58609				
巴音郭楞蒙古自治州	294091				7273
阿克苏地区	786202			7260	
喀什地区	25120				
自治区直辖县级市	47305	699	8461	3507	

第 4 篇

建筑业篇

4-1 按行业、地区分组的全社会建筑业企业个数

单位：个

行业/地区	合 计	总承包和专业承包企业	劳务分包企业	资质以外企业
总 计	**1763**	**873**	**125**	**765**
房屋和土木工程建筑业	794	561	15	218
房屋工程建筑	417	352	5	60
土木工程建筑	377	209	10	158
建筑安装业	361	156	64	141
建筑装饰业	406	121	16	269
其他建筑业	202	35	30	137
按地区分组				
乌鲁木齐市	767	397	88	282
克拉玛依市	90	49	2	39
吐鲁番地区	18	11	2	5
哈密地区	57	23	10	24
昌吉回族自治州	157	60	15	82
伊犁哈萨克自治州	159	102	4	53
伊犁州直属县(市)	102	61	3	38
塔城地区	27	22	1	4
阿勒泰地区	30	19		11
博尔塔拉蒙古自治州	27	22		5
巴音郭楞蒙古自治州	92	44	1	47
阿克苏地区	166	55	3	108
克孜勒苏柯尔克孜自治州	18	10		8
喀什地区	74	39		35
和田地区	46	20		26
自治区直辖县级市	90	41		49
石河子市	77	29		48
阿拉尔市	6	6		
图木舒克市	1	1		
五家渠市	6	5		1

4-2 按行业、地区分组的全社会建筑业企业年末从业人员

单位：人

行业/地区	合计	总承包和专业承包企业	劳务分包企业	资质以外企业
总　计	**206426**	**192432**	**5043**	**8951**
房屋和土木工程建筑业	175396	167909	3296	4191
房屋工程建筑	122555	120622	120	1813
土木工程建筑	52841	47287	3176	2378
建筑安装业	22381	20327	459	1595
建筑装饰业	4936	2402	836	1698
其他建筑业	3713	1794	452	1467
按地区分组				
乌鲁木齐市	81392	74648	4574	2170
克拉玛依市	16490	16259	4	227
吐鲁番地区	2498	2257	93	148
哈密地区	4656	4343	110	203
昌吉回族自治州	6751	5807	75	869
伊犁哈萨克自治州	18001	17067	161	773
伊犁州直属县(市)	9266	8688	76	502
塔城地区	6801	6657	85	59
阿勒泰地区	1934	1722		212
博尔塔拉蒙古自治州	1891	1872		19
巴音郭楞蒙古自治州	12927	12593	8	326
阿克苏地区	15487	13614	18	1855
克孜勒苏柯尔克孜自治州	1095	1022		73
喀什地区	11347	10199		1148
和田地区	8049	7618		431
自治区直辖县级市	25806	25133		673
石河子市	21572	20929		643
阿拉尔市	2274	2274		
图木舒克市	1328	1328		
五家渠市	632	602		30

4-3　按行业、地区分组的全社会建筑业总产值

单位：千元

行业/地区	合　计	总承包和专业承包企业	劳务分包企业	资质以外企业
总　计	**63938767**	**62537465**	**388155**	**1013147**
房屋和土木工程建筑业	55139760	54632423	96363	410974
房屋工程建筑	36638441	36539291	10655	88495
土木工程建筑	18501319	18093132	85708	322479
建筑安装业	7410132	6957522	158632	293978
建筑装饰业	657952	528257	22870	106825
其他建筑业	730923	419263	110290	201370
按地区分组				
乌鲁木齐市	27681277	26945692	347031	388554
克拉玛依市	6731797	6704405	1500	25892
吐鲁番地区	1217270	1189326	2264	25680
哈密地区	1064085	1021509	4398	38178
昌吉回族自治州	3365717	3236228	10463	119026
伊犁哈萨克自治州	5678886	5571605	22069	85212
伊犁州直属县(市)	3358715	3317129	14222	27364
塔城地区	1453266	1433572	7847	11847
阿勒泰地区	866905	820904		46001
博尔塔拉蒙古自治州	628249	627376		873
巴音郭楞蒙古自治州	6324533	6292630	280	31623
阿克苏地区	2980874	2817334	150	163390
克孜勒苏柯尔克孜自治州	332182	314958		17224
喀什地区	2007229	1966460		40769
和田地区	853998	828303		25695
自治区直辖县级市	5072670	5021639		51031
石河子市	3491511	3440480		51031
阿拉尔市	1095395	1095395		
图木舒克市	156830	156830		
五家渠市	328934	328934		

4-4 按行业、地区分组的全社会建筑业企业资产总计

单位：千元

行业/地区	合 计	总承包和专业承包企业	劳务分包企业
总 计	**55279929**	**54947465**	**332464**
房屋和土木工程建筑业	46301767	46230792	70975
房屋工程建筑	30317696	30300391	17305
土木工程建筑	15984071	15930401	53670
建筑安装业	7539593	7370973	168620
建筑装饰业	744344	735175	9169
其他建筑业	694225	610525	83700
按地区分组			
乌鲁木齐市	26648875	26369747	279128
克拉玛依市	8195634	8191331	4303
吐鲁番地区	831390	826527	4863
哈密地区	1080708	1076879	3829
昌吉回族自治州	2594005	2582958	11047
伊犁哈萨克自治州	4305311	4277981	27330
伊犁州直属县(市)	2806814	2780895	25919
塔城地区	855411	854000	1411
阿勒泰地区	643086	643086	
博尔塔拉蒙古自治州	491384	491384	
巴音郭楞蒙古自治州	3022785	3021748	1037
阿克苏地区	2222558	2221631	927
克孜勒苏柯尔克孜自治州	452212	452212	
喀什地区	1778589	1778589	
和田地区	448975	448975	
自治区直辖县级市	3207503	3207503	
石河子市	2147307	2147307	
阿拉尔市	660885	660885	
图木舒克市	146679	146679	
五家渠市	252632	252632	

4-5　按经济类型划分的总承包和专业承包企业主要经济指标

指　　标	计量单位	合　计	内资企业			港澳台商投资企业
				#国 有	#集 体	
企业个数	个	873	870	98	26	3
从业人员	万人	19.24	19.24	6.24	0.21	0.001
自有固定资产原价	亿元	94.99	94.98	23.08	2.34	0.01
自有固定资产净价	亿元	141.83	141.78	35.99	3.37	0.05
自有机械设备年末总台数	万台	10.23	10.23	2.25	0.12	0.0001
自有机械设备年末净值	亿元	39.24	39.24	10.68	0.92	0.0002
自有机械设备年末总功率	万千瓦	229.56	229.55	66.46	3.86	0.01
建筑业总产值	亿元	625.37	625.35	187.94	8.11	0.03
本年固定资产折旧	亿元	91.41	91.40	21.60	1.79	0.01
应付工资	亿元	78.28	78.28	16.92	0.87	0.002
应付福利费	亿元	3.99	3.99	0.57	0.04	0.00007
工程结算税金及附加	亿元	19.75	19.75	1.50	0.27	0.008
管理费用中的税金	亿元	0.96	0.96	0.13	0.01	0.002
营业利润	亿元	10.55	10.55	2.37	0.07	-0.002
房屋建筑施工面积	万平方米	4234.71	4234.71	739.71	30.86	
房屋建筑施工面积	万平方米	4234.71	4234.71	739.71	30.86	
利润总额	亿元	12.09	12.10	2.01	-0.02	-0.002
税金总额	亿元	20.71	20.71	1.63	0.28	0.01
劳动生产率按总产值计算	元/人	154474	154474	182569	169058	145300
技术装备率	元/人	9691.95	9692.38	10374.07	19155.75	1000
动力装备率	千瓦/人	5.67	5.67	6.46	8.05	3
房屋建筑面积竣工率	%	50.91	50.91	42.74	58.08	
产值利润率	%	1.93	1.93	1.07	-0.25	-7.7
产值利税率	%	5.24	5.24	1.94	3.21	26.67

4-6 总承包和专业承包企业主要经济指标完成情况

指　　标	计量单位	2008年	2007年	2008年比2007年增减(%)
建筑业总产值	千元	62537465	45083137	38.72
建筑业增加值	千元	13494294	9473190	42.45
本年提取的固定资产折旧	千元	914059	764974	19.49
应付工资	千元	7828495	5424987	44.30
应付福利费	千元	398628	393186	1.38
工程结算税金及附加	千元	1974611	1439741	37.15
营业利润	千元	1054540	561960	87.65
房屋建筑施工面积	平方米	42347129	35523643	19.21
房屋建筑竣工面积	平方米	21559750	18496350	16.56
年末自有施工机械设备净值	千元	3923710	3743958	4.80
年末自有施工机械设备总功率	千瓦	2295558	2028738	13.15
实收资本	千元	13954766	10846420	28.66
资产合计	千元	54947465	45786079	20.01
#流动资产	千元	40407955	33874572	19.29
固定资产	千元	9499084	7993824	18.83
负债合计	千元	37868919	32194725	17.62
#流动负债	千元	36495139	31293080	16.62
长期负债	千元	1373780	901645	52.36
资产负债率	%	68.92	70.32	-1.99
税金总额	千元	2070809	1521757	36.08
利润总额	千元	1209461	676566	78.76
按建筑业总产值计算的劳动生产率	元/人	152795	128242	19.15
按建筑业增加值计算的劳动生产率	元/人	32767	26349	24.36
房屋建筑面积竣工率	%	50.91	52.07	-2.22
技术装备率	元/人	9691.95	10650	-9.00
动力装备率	千瓦/人	5.67	5.77	-1.73
产值利税率	%	5.24	4.88	7.38
产值利润率	%	3.31	1.5	120.67
人均利税	元/人	5115.10	4328.76	18.17
建筑业企业个数	个	873	826	5.69
计算建筑业劳动生产率的平均人数	人	404842	351546	15.16
劳动、失业保险费	千元	424452	382720	10.90
工程结算利润	千元	3666146	2850377	28.62

4-7　按行业、地区分组的总承包和专业承包企业签订合同情况

单位：千元

行业/地区	合同总额		
		上年结转合同额	本年新签合同额
总　　计	**99078596**	**29069912**	**70008684**
房屋和土木工程建筑业	88372549	27196811	61175738
房屋工程建筑	53122347	13567119	39555228
土木工程建筑	35250202	13629692	21620510
铁路道路隧道桥梁	28268236	12277982	15990254
水利和港口	3066909	649106	2417803
工矿	1233661	193581	1040080
架线和管道	2342045	415169	1926876
其他	339351	93854	245497
建筑安装业	9641762	1778539	7863223
建筑装饰业	574720	37808	536912
其他建筑业	489565	56754	432811
按地区分组			
乌鲁木齐市	49109282	17502905	31606377
克拉玛依市	10351664	2153208	8198456
吐鲁番地区	1432940	389628	1043312
哈密地区	1103896	158175	945721
昌吉回族自治州	4593206	1023363	3569843
伊犁哈萨克自治州	7150771	1224392	5926379
伊犁州直属县(市)	4144280	662676	3481604
塔城地区	1862259	449053	1413206
阿勒泰地区	1144232	112663	1031569
博尔塔拉蒙古自治州	828347	113804	714543
巴音郭楞蒙古自治州	8056285	2449028	5607257
阿克苏地区	3842732	711555	3131177
克孜勒苏柯尔克孜自治州	416803	131536	285267
喀什地区	2930593	670773	2259820
和田地区	1094589	220707	873882
自治区直辖县级市	8167488	2320838	5846650
石河子市	6064792	1834474	4230318
阿拉尔市	1257621	294637	962984
图木舒克市	333070	114590	218480
五家渠市	512005	77137	434868

4-8 按行业、地区分组的总承包和专业承包企业承包工程完成情况

单位：千元

行业/地区	直接从建设单位承揽工程完成的产值	自行完成施工产值	分包出去工程的产值	从建设单位以外承揽工程完成的产值
总　　计	**62709877**	**60894960**	**1814917**	**1642505**
房屋和土木工程建筑业	54586849	53125712	1461137	1506711
房屋工程建筑	37136444	36164194	972250	375097
土木工程建筑	17450405	16961518	488887	1131614
铁路道路隧道桥梁	12720974	12266993	453981	844043
水利和港口	2215307	2215307		6260
工矿	828990	794084	34906	279903
架线和管道	1426416	1426416		1100
其他	258718	258718		308
建筑安装业	7191734	6842479	349255	115043
建筑装饰业	512031	507506	4525	20751
其他建筑业	419263	419263		
按地区分组				
乌鲁木齐市	27085251	26289006	796245	656686
克拉玛依市	7350050	6373928	976122	330477
吐鲁番地区	1189326	1189326		
哈密地区	1020002	1020002		1507
昌吉回族自治州	3236228	3236228		
伊犁哈萨克自治州	5564605	5564605		7000
伊犁州直属县(市)	3317129	3317129		
塔城地区	1426572	1426572		7000
阿勒泰地区	820904	820904		
博尔塔拉蒙古自治州	627376	627376		
巴音郭楞蒙古自治州	6292630	6292630		
阿克苏地区	2600995	2563395	37600	253939
克孜勒苏柯尔克孜自治州	314958	314958		
喀什地区	1956478	1956478		9982
和田地区	828303	828303		
自治区直辖县级市	4643675	4638725	4950	382914
石河子市	3069237	3069237		371243
阿拉尔市	1095395	1095395		
图木舒克市	156830	156830		
五家渠市	322213	317263	4950	11671

4-9　按行业、地区分组的总承包和专业承包企业总产值和竣工产值

单位：千元

行业/地区	建筑业总产值	#装饰装修产值	#在外省完成的产值	按构成分组 建筑工程产值	安装工程产值	其他产值	竣工产值
总　计	**62537465**	**1312028**	**4154500**	**53203132**	**8047190**	**1287143**	**45237780**
房屋和土木工程建筑业	54632423	754245	4063418	50290234	3300047	1042142	38610143
房屋工程建筑	36539291	705046	633098	34362655	1600853	575783	27216087
土木工程建筑	18093132	49199	3430320	15927579	1699194	466359	11394056
铁路道路隧道桥梁	13111036	33251	3271333	12921055	65388	124593	7840647
水利和港口	2221567	2082	5950	2041970	69502	110095	1667678
工矿	1073987	13200		433103	469245	171639	723043
架线和管道	1427516		151931	279354	1094716	53446	999210
其他	259026	666	1106	252097	343	6586	163478
建筑安装业	6957522	78213	91082	2047439	4701725	208358	5768279
建筑装饰业	528257	479570		468287	33824	26146	477316
其他建筑业	419263			397172	11594	10497	382042
按地区分组							
乌鲁木齐市	26945692	524995	3705859	23429784	3277128	238780	17575320
克拉玛依市	6704405	103380	205980	3730435	2615007	358963	5107677
吐鲁番地区	1189326	9320		368717	800949	19660	871732
哈密地区	1021509	1937	7000	1004635	15367	1507	800356
昌吉回族自治州	3236228	305757		2909352	305302	21574	2502140
伊犁哈萨克自治州	5571605	118296	41500	5246638	237083	87884	4277209
伊犁州直属县(市)	3317129	100985	41500	3084000	147915	85214	2489430
塔城地区	1433572	16766		1377281	53621	2670	1082591
阿勒泰地区	820904	545		785357	35547		705188
博尔塔拉蒙古自治州	627376	8642		594333	13283	19760	515041
巴音郭楞蒙古自治州	6292630	60958	26630	5876538	153987	262105	5206414
阿克苏地区	2817334	10803		2498709	164435	154190	2215078
克孜勒苏柯尔克孜自治州	314958	9300		288258	12062	14638	244489
喀什地区	1966460	123373		1774383	154832	37245	1461051
和田地区	828303	6250		782106	39947	6250	615041
自治区直辖县级市	5021639	29017	167531	4699244	257808	64587	3846232
石河子市	3440480	26317	167531	3145982	251908	42590	2431839
阿拉尔市	1095395			1083235	4250	7910	1109342
图木舒克市	156830			156830			35090
五家渠市	328934	2700		313197	1650	14087	269961

4-10 按行业、地区分组的总承包和专业承包企业房屋建筑面积

单位：平方米

行业/地区	房屋建筑施工面积	#本年新开工	#实行投标承包面积	本年新开工	房屋建筑竣工面积	房屋建筑面积竣工率(%)
总　计	**42347129**	**28623073**	**39822416**	**27849155**	**21559750**	**50.91**
房屋和土木工程建筑业	41339379	27762064	38838676	26988146	21025387	50.86
房屋工程建筑	40050650	26735854	37772270	26102276	20318647	50.73
土木工程建筑	1288729	1026210	1066406	885870	706740	54.84
建筑安装业	953651	826315	949046	826315	516822	54.19
建筑装饰业	36558	17153	17153	17153		
其他建筑业	17541	17541	17541	17541	17541	100.00
按地区分组						
乌鲁木齐市	13551205	7434257	12929977	7407066	5823961	42.98
克拉玛依市	1580045	1060462	1500380	997802	566325	35.84
吐鲁番地区	310384	221009	258704	213309	103140	33.23
哈密地区	660409	539430	571040	524082	427203	64.69
昌吉回族自治州	3350081	2363146	3308736	2338508	1910567	57.03
伊犁哈萨克自治州	5148766	4074509	4848042	3943391	3056232	59.36
伊犁州直属县(市)	2884001	2359064	2647545	2232409	1616186	56.04
塔城地区	1323284	1024731	1259016	1020268	882064	66.66
阿勒泰地区	941481	690714	941481	690714	557982	59.27
博尔塔拉蒙古自治州	492860	414304	492860	414304	282265	57.27
巴音郭楞蒙古自治州	6133250	4543152	5529732	4451234	3375276	55.03
阿克苏地区	2647954	2124930	2584565	2058484	1523096	57.52
克孜勒苏柯尔克孜自治州	293964	227328	257628	224266	261071	88.81
喀什地区	3256015	2063477	3040380	1885068	1338925	41.12
和田地区	899571	748530	726066	611111	626102	69.60
自治区直辖县级市	4022625	2808539	3774306	2780530	2265587	56.32
石河子市	3071151	2087061	2924965	2059052	1642092	53.47
阿拉尔市	680458	525477	623207	525477	455928	67.00
五家渠市	271016	196001	226134	196001	167567	61.83

4-11　按行业、地区分组的总承包和专业承包企业机械设备情况

行业/地区	年末自有施工机械设备总台数(台)	年末自有施工机械设备总功率(千瓦)	年末自有施工机械设备净值(万元)	技术装备率(元/人)	动力装备率(千瓦/人)	年末从业人数(人)
总　　计	**102266**	**2295558**	**392371**	**9691.95**	**5.67**	**192432**
房屋和土木工程建筑业	89179	2010081	341789	9381.48	5.52	167909
房屋工程建筑	70859	1235912	177979	6327.65	4.39	120622
土木工程建筑	18320	774169	163810	19723.99	9.32	47287
建筑安装业	10939	238140	37595	11273.60	7.14	20327
建筑装饰业	1244	14254	3318	7155.06	3.07	2402
其他建筑业	904	33083	9669	38157.85	13.06	1794
按地区分组						
乌鲁木齐市	28614	757672	164888	11307.07	5.20	74648
克拉玛依市	7226	267700	45067	16128.91	9.58	16259
吐鲁番地区	1984	47769	3168	7451.89	11.24	2257
哈密地区	2528	87952	13034	17544.08	11.84	4343
昌吉回族自治州	10010	150411	22439	7365.74	4.94	5807
伊犁哈萨克自治州	16292	265463	30368	26307.22	21.77	17067
伊犁州直属县(市)	9534	109603	15719	7914.61	5.52	8688
塔城地区	3262	106065	5414	4463.35	8.74	6657
阿勒泰地区	3496	49795	9235	13929.26	7.51	1722
博尔塔拉蒙古自治州	2630	36846	8702	21275.31	9.01	1872
巴音郭楞蒙古自治州	9626	241702	32713	7553.12	5.58	12593
阿克苏地区	5284	160388	24856	13079.88	8.44	13614
克孜勒苏柯尔克孜自治州	513	13027	2224	6096.22	3.57	1022
喀什地区	6475	95400	14523	7210.62	4.74	10199
和田地区	4714	33392	6851	8688.05	4.23	7618
自治区直辖县级市	6370	137836	23539	4506.80	2.64	25133
石河子市	3371	73462	13826	3411.31	1.81	20929
阿拉尔市	1867	44666	7384	8991.48	5.44	2274
图木舒克市	166	15050	1577	14651.49	13.99	1328
五家渠市	966	4658	753	3120.60	1.93	602

4-12 按行业、地区、主要用途分组的

行业/地区	房屋建筑施工面积	厂房、仓库	住宅	办公用房	批发和零售用房
总　计	**21559750**	**1571875**	**14242940**	**1756161**	**452600**
房屋和土木工程建筑业	21025387	1542322	13827162	1729679	445872
房屋工程建筑	20318647	1439905	13438772	1683439	435583
土木工程建筑	706740	102417	388390	46240	10289
铁路道路隧道桥梁	383839	31784	293134	23102	
水利和港口	291242	69123	78256	18655	10289
工矿	30945	1510	17000	4483	
架线和管道	714				
建筑安装业	516822	24776	415778	26482	6728
其他建筑业	17541	4777			
按地区分组					
乌鲁木齐市	5823961	604075	3881464	486744	186052
克拉玛依市	566325	35018	315353	75470	
吐鲁番地区	103140	3200	26606	15859	
哈密地区	427203	13713	343634	7349	
昌吉回族自治州	1910567	170740	1429769	85802	12967
伊犁哈萨克自治州	3056232	124675	2036847	277498	50126
伊犁州直属县(市)	1616186	76690	1107508	114203	7000
塔城地区	882064	33572	576551	83931	23031
阿勒泰地区	557982	14413	352788	79364	20095
博尔塔拉蒙古自治州	282265	15101	192109	20088	4780
巴音郭楞蒙古自治州	3375276	97618	2380912	386017	89729
阿克苏地区	1523096	153317	863562	53539	2657
克孜勒苏柯尔克孜自治州	261071	793	122963	44127	
喀什地区	1338925	13419	784721	121197	58810
和田地区	626102	23909	299469	82090	1440
自治区直辖县级市	2265587	316297	1565531	100381	46039
石河子市	1642092	254104	1198315	55212	20351
阿拉尔市	455928	56961	238465	33636	25688
五家渠市	167567	5232	128751	11533	

总承包和专业承包企业房屋建筑竣工面积

单位：平方米

住宿和餐饮用　房	居民服务业用　房	教育用房	文化、体育和娱乐用房	卫生医疗用　房	科研用房	其他用房
402941	**258889**	**1251719**	**352848**	**320271**	**108701**	**840805**
401409	250489	1229127	351798	318971	108701	819857
390931	243389	1177285	347952	304148	108701	748542
10478	7100	51842	3846	14823		71315
611		15484		12333		7391
5867	7100	36358	3846	2490		59258
4000						3952
						714
1532	8400	22592	1050	1300		8184
						12764
91906	82449	216195	55439	52219	69392	98026
	10194	57567	25192	1300		46231
2200	6895	31124		11286		5970
1934		10474		6503	1096	42500
13506	3385	63001	22854	17172		91371
89892	36233	200338	45149	32433	8637	154404
26651	16406	124372	17485	18096	6590	101185
25845	10865	52262	18750	8165		49092
37396	8962	23704	8914	6172	2047	4127
		19922		21241		9024
125915	27065	117839	95911	26710	3389	24171
3827	34596	160167	33866	16702	5940	194923
9311	1158	46278	5556	4457		26428
30286	13415	165286	21306	59456	17356	53673
27855	13434	69876	18126	51742		38161
6309	30065	93652	29449	19050	2891	55923
1328	22661	65600	14076	1804		8641
2799	6976	21972	15373	16297	2891	34870
2182	428	6080		949		12412

4-13 按行业、地区、主要用途分组的

行业/地区	房屋建筑竣工价值	厂房、仓库	住宅	办公用房	批发和零售用房
总计	**20547593**	**2038081**	**12202483**	**2153993**	**404107**
房屋和土木工程建筑业	20074326	1998032	11873767	2121270	395361
房屋工程建筑	19403778	1905389	11490991	2074885	384971
土木工程建筑	670548	92643	382776	46385	10390
铁路道路隧道桥梁	394342	22451	297109	31048	
水利和港口	237471	68705	63667	10919	10390
工矿	37453	1487	22000	4418	
架线和管道	1282				
建筑安装业	469195	37769	328716	32723	8746
其他建筑业	4072	2280			
按地区分组					
乌鲁木齐市	6049678	818247	3400964	778053	153103
克拉玛依市	709043	66215	298228	124999	
吐鲁番地区	135955	2980	39530	12698	
哈密地区	357692	10172	297451	7890	
昌吉回族自治州	1584825	172054	1139995	78605	12486
伊犁哈萨克自治州	2695840	137653	1666739	284620	44678
伊犁州直属县(市)	1433219	89430	908667	126681	4880
塔城地区	762019	40348	461423	75044	24608
阿勒泰地区	500602	7875	296649	82895	15190
博尔塔拉蒙古自治州	271972	11029	172333	20956	4800
巴音郭楞蒙古自治州	3568113	102378	2391530	497053	80865
阿克苏地区	1235730	124518	669906	46521	1900
克孜勒苏柯尔克孜自治州	226409	1128	97144	34661	
喀什地区	1034863	16424	571865	95392	53890
和田地区	500450	18672	237601	62532	1224
自治区直辖县级市	2177023	556611	1219197	110013	51161
石河子市	1566723	453136	899712	61128	24720
阿拉尔市	446956	90814	204441	35844	26441
五家渠市	163344	12661	115044	13041	

总承包和专业承包企业房屋建筑竣工价值

单位：千元

住宿和餐饮用房	居民服务业用房	教育用房	文化、体育和娱乐用房	卫生医疗用房	科研用房	其他用房
441574	**263831**	**1285618**	**473700**	**373199**	**165672**	**745335**
439582	250549	1254799	471550	371339	165672	732405
427755	246349	1210023	464900	353634	165672	679209
11827	4200	44776	6650	17705		53196
1160		14670		15710		12194
6667	4200	30106	6650	1995		34172
4000						5548
						1282
1992	13282	30819	2150	1860		11138
						1792
95361	108608	255553	128072	90594	130186	90937
	9330	95955	41279	1860		71177
2400	10110	36867		8111		23259
2079		10990		5090	1190	22830
16745	3078	61086	6982	16958		76836
94429	37504	203841	50487	34843	6939	134107
25178	17637	123895	17618	18870	5235	95128
26594	10567	56735	23223	9823		33654
42657	9300	23211	9646	6150	1704	5325
		17391		37387		8076
170210	25977	115302	125317	31418	4083	23980
3694	16472	160151	30453	23728	5620	152767
6562	1874	47078	4011	6713		27238
17700	10464	124738	28050	54358	14173	47809
25554	12461	63252	13122	38714		27318
6840	27953	93414	45927	23425	3481	39001
1150	18470	67474	23870	2086		14977
2656	8819	20900	22057	20216	3481	11287
3034	664	5040		1123		12737

4-14 按行业、地区分组的总承包和专业承包企业资产构成

单位：千元

行业/地区	资产总计	#流动资产小计	#长期投资	#固定资产小计	#无形及递延资产
总计	**54947465**	**40407955**	**2518077**	**9499084**	**2101206**
房屋和土木工程建筑业	46230792	34003631	5331279	8026096	1945548
房屋工程建筑	30300391	23391945	4257705	4285376	1056397
土木工程建筑	15930401	10611686	1073574	3740720	889151
铁路道路隧道桥梁	10734826	7519005	720815	2038780	803987
水利和港口	2390079	1158250	133145	1137272	17717
工矿	994224	670392	48613	181372	112
架线和管道	1377352	935195	134610	320135	26550
其他	433920	328844	36391	63161	40785
建筑安装业	7370973	5439788	813599	1218956	132923
建筑装饰业	735175	531682	80578	102120	12972
其他建筑业	610525	432854	43154	151912	9763
按地区分组					
乌鲁木齐市	26369747	20489000	761975	3451250	1454083
克拉玛依市	8191331	6488784	666375	896795	63191
吐鲁番地区	826527	581091	22481	189025	33431
哈密地区	1076879	721894	113440	229227	10044
昌吉回族自治州	2582958	1789595	212094	410619	147943
伊犁哈萨克自治州	4277981	2416299	232122	1567903	51156
伊犁州直属县(市)	2780895	1513462	192749	1021352	44168
塔城地区	854000	570541	20034	262145	175
阿勒泰地区	643086	332296	19339	284406	6813
博尔塔拉蒙古自治州	491384	302504	9059	170061	7548
巴音郭楞蒙古自治州	3021748	2032803	101637	826880	52060
阿克苏地区	2221631	1423868	130270	580248	54741
克孜勒苏柯尔克孜自治州	452212	291323	8211	120366	22978
喀什地区	1778589	1112690	174841	327021	156730
和田地区	448975	272465	11242	125879	37384
自治区直辖县级市	3207503	2485639	74330	603810	9917
石河子市	2147307	1785511	25174	309955	6576
阿拉尔市	660885	376438	13760	257785	
图木舒克市	146679	110365	6166	27163	2442
五家渠市	252632	213325	29230	8907	899

4-15 按行业、地区分组的总承包和专业承包企业流动资产、无形及递延资产情况

单位：千元

行业/地区	流动资产	存 货	无形及递延资产	无形资产
总 计	**40407955**	**6268610**	**2101206**	**2101206**
房屋和土木工程建筑业	34003631	5331279	1945548	1945548
房屋工程建筑	23391945	4257705	1056397	1056397
土木工程建筑	10611686	1073574	889151	889151
铁路道路隧道桥梁	7519005	720815	803987	803987
水利和港口	1158250	133145	17717	17717
工矿	670392	48613	112	112
架线和管道	935195	134610	26550	26550
其他	328844	36391	40785	40785
建筑安装业	5439788	813599	132923	132923
建筑装饰业	531682	80578	12972	12972
其他建筑业	432854	43154	9763	9763
按地区分组				
乌鲁木齐市	20489000	3266331	1454083	1454083
克拉玛依市	6488784	715997	63191	63191
吐鲁番地区	581091	129181	33431	33431
哈密地区	721894	62032	10044	10044
昌吉回族自治州	1789595	181681	147943	147943
伊犁哈萨克自治州	2416299	233122	51156	51156
伊犁州直属县(市)	1513462	155130	44168	44168
塔城地区	570541	55731	175	175
阿勒泰地区	332296	22261	6813	6813
博尔塔拉蒙古自治州	302504	49658	7548	7548
巴音郭楞蒙古自治州	2032803	333178	52060	52060
阿克苏地区	1423868	296259	54741	54741
克孜勒苏柯尔克孜自治州	291323	37394	22978	22978
喀什地区	1112690	250323	156730	156730
和田地区	272465	53592	37384	37384
自治区直辖县级市	2485639	659862	9917	9917
石河子市	1785511	599817	6576	6576
阿拉尔市	376438	47663		
图木舒克市	110365	10992	2442	2442
五家渠市	213325	1390	899	899

4-16 按行业、地区分组的总承包和专业承包企业固定资产情况

单位：千元

行业/地区	固定资产合计	固定资产原价	生产经营用	固定资产折旧	本年折旧	在建工程
总　计	**9499084**	**14183107**	**11601743**	**5639868**	**914059**	**680253**
房屋和土木工程建筑业	8026096	11866138	9677935	4595598	759273	535663
房屋工程建筑	4285376	5894564	4661651	2102610	341556	379009
土木工程建筑	3740720	5971574	5016284	2492988	417717	156654
铁路道路隧道桥梁	2038780	3478902	3032198	1576106	293638	78343
水利和港口	1137272	1585955	1212811	533482	62341	39117
工矿	181372	288206	232040	122141	21838	14809
架线和管道	320135	546070	471086	238468	34952	12141
其他	63161	72441	68149	22791	4948	12244
建筑安装业	1218956	1890309	1523656	858077	125118	133864
建筑装饰业	102120	149445	131308	50796	7397	3227
其他建筑业	151912	277215	268844	135397	22271	7499
按地区分组						
乌鲁木齐市	3451250	5777279	5239329	2595304	428429	217986
克拉玛依市	896795	1535780	1320879	726132	101552	83044
吐鲁番地区	189025	292029	284676	134068	17794	29575
哈密地区	229227	362112	336254	141192	28456	8226
昌吉回族自治州	410619	606316	428764	221702	26655	16882
伊犁哈萨克自治州	1567903	2003292	1364381	581975	85318	38617
伊犁州直属县(市)	1021352	1369674	926522	374319	48917	23434
塔城地区	262145	296762	232719	143149	20742	14429
阿勒泰地区	284406	336856	205140	64507	15659	754
博尔塔拉蒙古自治州	170061	187025	157179	49004	8558	31274
巴音郭楞蒙古自治州	826880	1217443	812753	456592	72733	63950
阿克苏地区	580248	686523	408576	258325	69911	86930
克孜勒苏柯尔克孜自治州	120366	113898	57825	22366	10433	19194
喀什地区	327021	389316	339222	111626	19632	39517
和田地区	125879	159748	96475	50207	12140	4101
自治区直辖县级市	603810	852346	755430	291375	32448	40957
石河子市	309955	467611	414112	177686	23090	19979
阿拉尔市	257785	315792	282712	76370	4200	16540
图木舒克市	27163	40943	32394	18133	3550	4345
五家渠市	8907	28000	26212	19186	1608	93

4-17　按行业、地区分组的总承包和专业承包企业负债及所有者权益情况

单位：千元

行业/地区	负债合计	流动负债	长期负债	所有者权益	实收资本
总　计	**37868919**	**36495139**	**1373780**	**17078546**	**13954766**
房屋和土木工程建筑业	32203071	31068213	1134858	14027721	11233854
房屋工程建筑	22001591	21554565	447026	8298800	6806878
土木工程建筑	10201480	9513648	687832	5728921	4426976
铁路道路隧道桥梁	7258341	6729294	529047	3476485	2452762
水利和港口	1222463	1104091	118372	1167616	932285
工矿	743398	743397	1	250826	251414
架线和管道	755208	744273	10935	622144	538509
其他	222070	192593	29477	211850	252006
建筑安装业	4952849	4747752	205097	2418124	2131030
建筑装饰业	349038	338458	10580	386137	395059
其他建筑业	363961	340716	23245	246564	194823
按地区分组					
乌鲁木齐市	19472394	18770698	701696	6897353	6135211
克拉玛依市	6558627	6411880	146747	1632704	1266487
吐鲁番地区	625385	625070	315	201142	172792
哈密地区	681734	664893	16841	395145	297302
昌吉回族自治州	1682406	1625243	57163	900552	763111
伊犁哈萨克自治州	2037442	1972275	65167	2240539	1749572
伊犁州直属县(市)	1285576	1249940	35636	1495319	1084022
塔城地区	461093	439440	21653	392907	305590
阿勒泰地区	290773	282895	7878	352313	359960
博尔塔拉蒙古自治州	232155	206150	26005	259229	240464
巴音郭楞蒙古自治州	1386730	1313517	73213	1635018	962889
阿克苏地区	1131454	1078562	52892	1090177	855496
克孜勒苏柯尔克孜自治州	309149	305169	3980	143063	132743
喀什地区	1140411	1113068	27343	638178	540333
和田地区	229348	222836	6512	219627	216577
自治区直辖县级市	2381684	2185778	195906	825819	621789
石河子市	1629741	1514616	115125	517566	457976
阿拉尔市	432402	357916	74486	228483	91450
图木舒克市	120890	114595	6295	25789	30423
五家渠市	198651	198651		53981	41940

4-18 按行业、地区分组的总承包和专业承包企业实收资本情况

单位：千元

行业/地区	实收资本	国家资本	集体资本	法人资本	个人资本	港澳台资本
总　　计	**13954766**	**4292681**	**871057**	**3250006**	**5537353**	**3669**
房屋和土木工程建筑业	11233854	4009436	619648	2323643	4281127	
房屋工程建筑	6806878	1653881	419342	1367650	3366005	
土木工程建筑	4426976	2355555	200306	955993	915122	
铁路道路隧道桥梁	2452762	1546207	85007	426156	395392	
水利和港口	932285	548828	23074	188491	171892	
工矿	251414	79372	6823	82196	83023	
架线和管道	538509	158319	83612	204427	92151	
其他	252006	22829	1790	54723	172664	
建筑安装业	2131030	230171	238586	764744	894760	2769
建筑装饰业	395059	6734	100	103214	284111	900
其他建筑业	194823	46340	12723	58405	77355	
按地区分组						
乌鲁木齐市	6135211	2225682	289879	1642506	1973475	3669
克拉玛依市	1266487	294325	112817	252983	606362	
吐鲁番地区	172792	51005	1070	42465	78252	
哈密地区	297302	142747	23055	65447	66053	
昌吉回族自治州	763111	42172	47092	173567	500280	
伊犁哈萨克自治州	1749572	674476	214701	302312	558083	
伊犁州直属县(市)	1084022	474146	144559	210042	255275	
塔城地区	305590	124326	38523	21826	120915	
阿勒泰地区	359960	76004	31619	70444	181893	
博尔塔拉蒙古自治州	240464	22333	21670	11571	184890	
巴音郭楞蒙古自治州	962889	232011	4747	243163	482968	
阿克苏地区	855496	90805	43814	239135	481742	
克孜勒苏柯尔克孜自治州	132743		107743		25000	
喀什地区	540333	89437	1176	58659	391061	
和田地区	216577	8919		153102	54556	
自治区直辖县级市	621789	418769	3293	65096	134631	
石河子市	457976	360062	3293	14654	79967	
阿拉尔市	91450	42199		40781	8470	
图木舒克市	30423	11859			18564	
五家渠市	41940	4649		9661	27630	

4-19 按行业、地区分组的总承包和专业承包企业收入情况

单位：千元

行业/地区	工程结算收入	工程结算成本	工程结算税金及附加	工程结算利润	经营费用	其他业务收入	其他业务利润
总计	**61860787**	**55995550**	**1974611**	**3666146**	**224480**	**1574270**	**331865**
房屋和土木工程建筑业	53928399	48950091	1755097	3087811	135400	1177223	243287
房屋工程建筑	36599303	33442774	1234608	1843704	78217	890761	160356
土木工程建筑	17329096	15507317	520489	1244107	57183	286462	82931
铁路道路隧道桥梁	12475632	11222945	372566	848169	31952	110628	28098
水利和港口	2161603	1953415	71799	119324	17065	73067	24211
工矿	1059968	965952	29340	64278	398	58296	10961
架线和管道	1359280	1131751	37598	186103	3828	37536	16538
其他	272613	233254	9186	26233	3940	6935	3123
建筑安装业	6865788	6117524	184365	484588	79311	379198	82828
建筑装饰业	527955	463815	17743	41094	5303	9628	3920
其他建筑业	538645	464120	17406	52653	4466	8221	1830
按地区分组							
乌鲁木齐市	26940733	24395387	826054	1678381	40911	744380	159669
克拉玛依市	7685475	6988160	179807	462662	54846	342894	29704
吐鲁番地区	912765	849388	20458	42864	55	1437	1279
哈密地区	946601	859218	28359	57317	1707	15317	13393
昌吉回族自治州	3309747	2978953	101259	225555	3980	37335	13069
伊犁哈萨克自治州	5288890	4810572	193949	264354	20015	103618	35714
伊犁州直属县(市)	3146736	2870647	106735	154326	15028	72971	32666
塔城地区	1314115	1182686	53101	75442	2886	7645	3501
阿勒泰地区	828039	757239	34113	34586	2101	23002	-453
博尔塔拉蒙古自治州	624052	580506	27846	12826	2874	41203	5711
巴音郭楞蒙古自治州	5317913	4745393	189126	379293	4101	68743	20061
阿克苏地区	2719815	2307767	100054	219840	92154	76898	17174
克孜勒苏柯尔克孜自治州	332591	299938	16023	16613	17	1500	784
喀什地区	1897683	1749487	86430	58548	3218	29679	17600
和田地区	876164	819620	37043	19346	155	8859	5675
自治区直辖县级市	5008358	4611161	168203	228547	447	102407	12032
石河子市	3413509	3154907	112126	146413	63	69377	7148
阿拉尔市	1099643	1006383	36018	56858	384	24102	610
图木舒克市	129639	118289	5401	5949		2588	844
五家渠市	365567	331582	14658	19327		6340	3430

4-20 按行业、地区分组的总承包和专业承包企业费用情况

单位：千元

行业/地区	管理费用	#税金	#财产保险费	#差旅费	#工会经费	财务费用	#利息支出
总　计	**2666467**	**96198**	**21509**	**129429**	**43771**	**271354**	**247399**
房屋和土木工程建筑业	2203523	80617	18597	105106	37886	215877	192100
房屋工程建筑	1385763	69738	10181	61335	25591	126666	118658
土木工程建筑	817760	10879	8416	43771	12295	89211	73442
铁路道路隧道桥梁	493937	6274	6038	29621	8831	71939	55745
水利和港口	104288	1072	872	4421	2068	10773	11431
工矿	59071	813	380	1749	238	-355	17
架线和管道	129525	2439	974	6033	1131	4977	4366
其他	30939	281	152	1947	27	1877	1883
建筑安装业	378261	13570	2408	19720	5134	50462	50442
建筑装饰业	41593	1277	161	2888	108	2549	2521
其他建筑业	43090	734	343	1715	643	2466	2336
按地区分组							
乌鲁木齐市	1258564	21190	12266	61756	26192	151297	132293
克拉玛依市	332101	37760	3246	19597	7202	44817	37852
吐鲁番地区	29881	502	244	1799	212	333	242
哈密地区	68503	695	400	2493	193	2738	2694
昌吉回族自治州	154582	3418	812	5146	1235	11381	11431
伊犁哈萨克自治州	221351	3004	1161	10639	2320	10276	8720
伊犁州直属县(市)	138086	1700	253	4871	1579	7005	6136
塔城地区	52397	684	835	4102	490	1818	1809
阿勒泰地区	30868	620	73	1666	251	1453	775
博尔塔拉蒙古自治州	19767	1137	133	1148	100	808	683
巴音郭楞蒙古自治州	149568	4749	809	5647	1085	8073	8032
阿克苏地区	131908	17548	1318	9470	1346	10163	11986
克孜勒苏柯尔克孜自治州	14931	274	88	227	36	204	7
喀什地区	105788	1656	562	2968	995	17089	16580
和田地区	23958	2194	216	710	85	482	224
自治区直辖县级市	155565	2071	254	7829	2770	13693	16655
石河子市	115339	1929	209	6429	1762	5571	8737
阿拉尔市	20186	43		717	674	8341	7792
图木舒克市	7172	10	30	325	285	-268	19
五家渠市	12868	89	15	358	49	49	107

4-21 按行业、地区分组的总承包和专业承包企业利润及税金情况

单位：千元

行业/地区	利润总额	#应交所得税	税金总额	工程结算税金及附加	管理费用中的税金
总　计	**1209461**	**283174**	**2070809**	**1974611**	**96198**
房屋和土木工程建筑业	1031319	239269	1835714	1755097	80617
房屋工程建筑	575012	182452	1304346	1234608	69738
土木工程建筑	456307	56817	531368	520489	10879
铁路道路隧道桥梁	303239	33748	378840	372566	6274
水利和港口	16814	4363	72871	71799	1072
工矿	73980	4247	30153	29340	813
架线和管道	66022	13997	40037	37598	2439
其他	-3748	462	9467	9186	281
建筑安装业	164504	37374	197935	184365	13570
建筑装饰业	185	1738	19020	17743	1277
其他建筑业	13453	4793	18140	17406	734
按地区分组					
乌鲁木齐市	472861	82028	847244	826054	21190
克拉玛依市	122029	35282	217567	179807	37760
吐鲁番地区	7090	4706	20960	20458	502
哈密地区	60140	1228	29054	28359	695
昌吉回族自治州	85430	12882	104677	101259	3418
伊犁哈萨克自治州	66103	17596	196953	193949	3004
伊犁州直属县(市)	41742	5521	108435	106735	1700
塔城地区	21870	7898	53785	53101	684
阿勒泰地区	2491	4177	34733	34113	620
博尔塔拉蒙古自治州	-1675	1686	28983	27846	1137
巴音郭楞蒙古自治州	230510	75350	193875	189126	4749
阿克苏地区	92360	29725	117602	100054	17548
克孜勒苏柯尔克孜自治州	2203	445	16297	16023	274
喀什地区	3813	8485	88086	86430	1656
和田地区	1587	1110	39237	37043	2194
自治区直辖县级市	67010	12651	170274	168203	2071
石河子市	37807	7840	114055	112126	1929
阿拉尔市	19286	2377	36061	36018	43
图木舒克市	-161	180	5411	5401	10
五家渠市	10078	2254	14747	14658	89

第三产业卷

第 1 篇

其他服务业篇

1-1 按登记注册类型分组的

登记注册类型	企业数(个)	年初存货(万元)	年末存货(万元)	固定资产原价(万元)	本年折旧(万元)	营业收入(万元)
总　计	**11050**	**449713.4**	**692045.2**	**8399453.3**	**752845.1**	**6013505.6**
内资企业	10989	445061.4	687439.3	7774804.8	680014.7	5494204.6
国有企业	816	247228	279998.8	4085556.1	326403.3	2909084.9
集体企业	214	1484.4	1149.1	50439.8	6101	48700.9
股份合作企业	34	186.9	58.9	3919.1	469	2820.5
联营企业	24	3	3.2	5634.8	427.5	1791.3
国有联营企业	3	0.5	0.5	937.9	132.7	408.6
集体联营企业	9			625.8	34	295.8
国有与集体联营企业	4	1.2	1.3	3508.4	138.7	594.5
其他联营企业	8	1.3	1.4	562.7	122.1	492.4
有限责任公司	1912	106164.5	264737.7	1664251.8	161303.9	1099892.7
国有独资公司	107	30322.8	168310.6	516351	59757	179666.6
其他有限责任公司	1805	75841.7	96427.1	1147900.8	101546.9	920226.1
股份有限公司	92	32992.5	70858.8	1085429	94948.9	429679.5
私营企业	7541	56219.1	69646.3	813177.4	82622.1	949185.7
私营独资企业	2103	10411.1	13806.7	98473.5	10066.9	161415.9
私营合伙企业	386	743.3	1008.6	16874.2	1597	29652.6
私营有限责任公司	4877	43965.4	52960.5	672171.7	70125.7	739405.8
私营股份有限公司	175	1099.3	1870.5	25658	832.5	18711.4
其他企业	356	783	986.5	66396.8	7739	53049.1
港、澳、台商投资企业	22	1976.6	2967.4	292157.9	40197.3	139809
合资经营企业(港或澳、台资)	7	650.7	734.4	97000.2	5718.2	41738.1
合作经营企业(港或澳、台资)	1			700		16.3
港、澳、台商独资经营企业	5	366	439	19372.5	1422.1	14765.2
港、澳、台商投资股份有限公司	9	959.9	1794	175085.2	33057	83289.4
外商投资企业	39	2675.4	1638.5	332490.6	32633.1	379492
中外合资经营企业	8	424.3	392.2	150380.4	15620.8	13659.8
中外合作经营企业	7			709.2	79.6	32.4
外资企业	22	2161.9	1204.1	149279.9	14196.6	359146.9
外商投资股份有限公司	2	89.2	42.2	32121.1	2736.1	6652.9

服务业企业财务状况

	营业成本（万元）		营业税金及附加（万元）		主营业务利润（万元）	其他业务利润（万元）	营业费用、管理费用、财务费用合计(万元)
主营业务收入		主营业务成本		主营业务税金及附加			
5867886.2	**4248939.9**	**4137984.8**	**467887.4**	**154734.8**	**1095131.1**	**74921.8**	**1234886**
5350086	4110709.9	4000556.5	437633.6	124489.9	807732.2	72795.4	1081378.3
2830023.1	2409140.7	2380549.6	51249.4	51059.7	265343.5	15387.4	349945.5
46439	27795.2	26258.9	1734	1690.9	14549.2	1174.3	17778.5
2812.7	1511.4	1407	117.5	117.5	790.4	52.5	998.7
1768.2	678.8	590.6	116.9	116.9	392.6	168.2	883.7
386.3	157.6	70	22	22	26.6	150.7	277.9
295.8	92.9	92.9	6.6	6.6	131.1	8	97.2
594.5	172.6	172.6	69.8	69.8	55.8	5.8	306.4
491.6	255.7	255.1	18.5	18.5	179.1	3.7	202.2
1073184.8	791709.3	742262.6	343111.2	30613.2	137996.5	41075.5	298396.4
176894.6	126992.8	110652.1	3387.4	2985.7	35320.2	13449	48626.8
896290.2	664716.5	631610.5	339723.8	27627.5	102676.3	27626.5	249769.6
420696.2	225456.8	219115.3	8496.2	8483.5	111968	795.8	121357.8
931683.3	615924.3	597472.6	31564	31168.8	268660.4	12547.1	280841.1
157257.7	112819.1	111580.7	3880.8	3797.9	58202.2	3009.5	26144.7
27095	12851.9	10576.2	1085.6	1075.6	12805.8	421.9	11981
728805.8	475780.7	461000.7	26241.8	25939.5	194514	8961.2	238242.3
18524.8	14472.6	14315	355.8	355.8	3138.4	154.5	4473.1
43478.7	38493.4	32899.9	1244.4	1239.4	8031.6	1594.6	11176.6
139176.3	72099.9	71586.4	4154.5	4154.5	36477.4	1779	35143.9
41600.6	31153.8	31010.2	1261.6	1261.6	7086.7	1418.8	7714.5
16.3			0.5	0.5	15.8		0.2
14757.5	3758.1	3754.2	430.6	430.6	5673.4	62.8	5500.3
82801.9	37188	36822	2461.8	2461.8	23701.5	297.4	21928.9
378623.9	66130.1	65841.9	26099.3	26090.4	250921.5	347.4	118363.8
13636.7	6727.2	6724.4	547.2	547.2	1011.5	20.1	12238.6
32.4	133.8	133.8			-140.4		1598.9
358396.8	54220.5	54066.5	25362.3	25353.4	250199	363.8	103043.4
6558	5048.6	4917.2	189.8	189.8	-148.6	-36.5	1482.9

1-1 续表

登记注册类型	税金	利息支出	营业利润（万元）	职工工资和福利费（万元）	本年应交增值税（万元）	所有者权益合计（万元）
总　计	**56093.7**	**112535.2**	**391919.6**	**666397.6**	**50653.9**	**13128702.5**
内资企业	47867.3	100887.8	192486.4	639982.2	50604.4	12485275.7
国有企业	26911.6	40519.9	57835.9	247370.5	28489.4	4390814.9
集体企业	369.2	897.8	1876.8	18711.8	262.3	94567.4
股份合作企业	42.4	39.6	219.1	679.2	2	3747.5
联营企业	289.2	135.4	120.6	539.6	16.2	5051.2
国有联营企业	23.6	100	-48.9	136.2	0.1	1047.7
集体联营企业	8.1	0.7	99.1	129.8	5	209.8
国有与集体联营企业	256.6	34.7	51.5	170.1		3229.6
其他联营企业	0.9		18.9	103.5	11.1	564.1
有限责任公司	8857.1	23735.2	13600	169886.8	13742.3	4977535.3
国有独资公司	1694.3	5760.7	12874.5	23474.2	5617.6	2840214.7
其他有限责任公司	7162.8	17974.5	725.5	146412.6	8124.7	2137320.6
股份有限公司	945.4	8549.9	64169	40902.9	1825.6	1318206.3
私营企业	10191.3	26342.4	52313.8	146927.5	6147.5	1621407.9
私营独资企业	1128.6	1978	41193.6	22827.1	546.1	188339.7
私营合伙企业	441	259.3	3905.4	6797.9	177.7	21232.1
私营有限责任公司	8422.7	23676.1	7750.2	114984.6	5308.9	1342552.1
私营股份有限公司	199	429	-535.4	2317.9	114.8	69284
其他企业	261.1	667.6	2351.2	14963.9	119.1	73945.2
港、澳、台商投资企业	652.9	7680.7	31297.6	16778.1	28.1	117258.5
合资经营企业(港或澳、台资)	148.3	35.4	2924	8975.7	6.5	49763.9
合作经营企业(港或澳、台资)		-0.1	15.6	4		721.2
港、澳、台商独资经营企业	2.8	3	5105.4	554.4	50.8	9693.8
港、澳、台商投资股份有限公司	501.8	7642.4	23252.6	7244	-29.2	57079.6
外商投资企业	7573.5	3966.7	168135.6	9637.3	21.4	526168.3
中外合资经营企业	126.9	3945.7	-5854	2518	11.7	69197.8
中外合作经营企业	12.7		-1700.3	170.9	0	21812
外资企业	7430.1	-3	175838.5	6003.3	9.7	409871.7
外商投资股份有限公司	3.8	24	-148.6	945.1		25286.8

实收资本							全部从业人员年平均人数（人）
	国家资本	集体资本	法人资本	个人资本	港澳台资本	外商资本	
9164445.2	**3985399.4**	**328253.2**	**3019363.2**	**1450834.9**	**52703.4**	**329091.1**	**271291**
8631029.7	3931331.9	328253.2	2986671.1	1374190.2	8616.4	2166.9	261538
2908469.4	1714598.4	99067.8	1085531.9	9130.6	24	116.7	79073
48468.8	1436	39551.8	4045.5	3435.5			7617
3543.5	428.4	372.9	316.7	2425.5			494
4335.2	3696.2	278.2	79	281.8			419
1020.8	1020.8						57
207.3	3.2	88.8	3.5	111.8			186
2634	2519	50	35	30			107
473.1	153.2	139.4	40.5	140			69
3349516.8	2002509.8	81428.1	908752.6	356461.2	28.6	336.5	72906
1731430.1	1632453.4	19642.9	75114.5	3893.5		325.8	6884
1618086.7	370056.4	61785.2	833638.1	352567.7	28.6	10.7	66022
902585.9	181705.8	38392.7	637203.8	43820.6		1463	8567
1360183.2	8746	68946.4	342639.6	934093.8	5707.2	250.2	84168
114754.6	654.4	752.7	51146.1	62071.1	61.7	68.6	13882
18391.4	73.2	396.7	2560.9	15356.6	4		4141
1154192.8	5133.4	60897	239776.8	842770	5641.5	174.1	64667
72844.4	2885	6900	49155.8	13896.1		7.5	1478
53926.9	18211.3	215.3	8102	24541.2	2856.6	0.5	8294
86675.1	40413.2		27167.8		19087	7.1	5611
31369.9	2617.7		22906.6		5838.5	7.1	4148
700					700		4
4078.9			938.9		3140		301
50526.3	37795.5		3322.3		9408.5		1158
446740.4	13654.3		5524.3	76644.7	25000	326917.1	4142
54392.7	2520.1		3694.7	30000	1078	17099.9	883
23526.8	1000		800			22726.8	79
343534.1			1029.6	46644.7	23922	271937.8	2998
25286.8	10134.2					15152.6	182

1-2 按行业(门类、大类)分组

行业	企业数(个)	年初存货(万元)	年末存货(万元)	固定资产原价(万元)	本年折旧(万元)	营业收入(万元)
总计	**11050**	**449713.4**	**692045.2**	**8399453.3**	**752845.1**	**6013505.6**
交通运输、仓储和邮政业	1792	235271.1	263733.7	3195626.3	283285.6	2545158.5
铁路运输业	14		27.8	5045.8	83.3	1342.9
道路运输业	875	26953.3	25894.7	837654.1	85219	1517835.8
城市公共交通业	131	1092.1	1092.7	147584.5	23165.6	106746.2
航空运输业	17	1299.8	1382.1	325103.9	16225	46005.8
管道运输业	5	1833.3	6530.1	1444731.4	116540.4	301148.5
装卸搬运和其他运输服务业	554	1803.6	2914.6	100982.3	18363.8	264447.4
仓储业	160	193631.2	215313.1	187672	9021.1	203035.5
邮政业	36	8657.8	10578.6	146852.3	14667.4	104596.4
信息传输、计算机服务和软件业	1765	22198.5	72231.9	2595776.7	292653.3	1204273.9
电信和其他信息传输服务业	377	13578.8	63468.5	2542652.6	286091.3	1103112.1
计算机服务业	1244	4130.4	4374.6	44123.4	4884.7	58803.3
软件业	144	4489.3	4388.8	9000.7	1677.3	42358.5
金融业	132	12513.8	13358.8	16324.6	859.7	28332.5
银行业	3			1071.1	87.3	5580.6
保险业	2	46.4		79.5	40.3	1735.6
其他金融活动	127	12467.4	13358.8	15174	732.1	21016.3
房地产业	15	7.1	7.7	12372.8	192.6	1007.6
房地产业	15	7.1	7.7	12372.8	192.6	1007.6
租赁和商务服务业	3667	123447.8	282178.2	1786104.7	111734.7	1386629.2
租赁业	289	6147.8	5212.3	96761.2	9868.6	67233.1
商务服务业	3378	117300	276965.9	1689343.5	101866.1	1319396.1
科学研究、技术服务和地质勘查业	1432	17807.1	22773.9	210695.5	19987.4	442289.2
研究与试验发展	66	5948.4	5872.8	5370.4	446.7	16316.5
专业技术服务业	929	7173.4	11972.6	152045.9	15223.5	339813
科技交流和推广服务业	191	3465.4	2918.6	11807.2	961.3	27907
地质勘查业	246	1219.9	2009.9	41472	3355.9	58252.7
水利、环境和公共设施管理业	237	15431	10259.6	336981.8	13790.2	142524.9
水利管理业	49	11650.1	4505.2	252705	8921.5	91741.8
环境管理业	41	277.6	359.6	15120.2	1185.7	6751
公共设施管理业	147	3503.3	5394.8	69156.6	3683	44032.1
居民服务和其他服务业	1027	16320.9	19448.8	64197	7037.7	135905
居民服务业	331	9332.6	9648.6	31529.1	3823.1	57048.9
其他服务业	696	6988.3	9800.2	32667.9	3214.6	78856.1
教育	451	803.2	709.8	42920.9	4746.9	32191.9
教育	451	803.2	709.8	42920.9	4746.9	32191.9
卫生、社会保障和社会福利业	290	4507.4	5175.3	78100.3	14531.4	57299.6
卫生	269	4497.3	5164.1	76804.5	14456.4	56662.4
社会保障业	2	8	8	22.4	2.5	36
社会福利业	19	2.1	3.2	1273.4	72.5	601.2
文化、体育和娱乐业	241	1405.3	2167.3	59687.9	4009	37795.3
新闻出版业	23	540.2	830.8	12056.6	492.7	22257.9
广播、电视、电影和音像业	63	495.7	991.5	18613.5	784.6	7255.5
文化艺术业	41	47.8	36.5	3195.8	1085.2	2185.6
体育	9	2.9	1.9	683.4	24.8	274.1
娱乐业	105	318.7	306.6	25138.6	1621.7	5822.2
公共管理和社会组织	1	0.2	0.2	664.8	16.6	98
国家机构	1	0.2	0.2	664.8	16.6	98
其他国家机构	1	0.2	0.2	664.8	16.6	98

的其它服务业企业财务状况

主营业务收入	营业成本(万元)	主营业务成本	营业税金及附加(万元)	主营业务税金及附加	主营业务利润(万元)	其他业务利润(万元)	营业费用、管理费用、财务费用合计(万元)
5867886.2	**4248939.9**	**4137984.8**	**467887.4**	**154734.8**	**1095131.1**	**74921.8**	**1234886**
2472348.2	2133268.2	2102110.5	56887.4	56698.1	168143	17761.2	295061.9
1342.9	957	956.5	23	23	212.4		209.4
1501375.5	1395130.2	1378122.3	30502	30380.6	41093.9	4217.8	82384.2
96449.3	83633.9	77098.2	3672.5	3672.5	11440.9	1951.7	18526.1
44714.8	48142.7	44517.6	1597.4	1597.4	-18695	588.5	15228.8
300703.1	194559.9	194343.9	9898.1	9898.1	86338.3	270.1	41534.9
263403.4	172905.2	172123.4	8914.4	8905.2	44129.8	4035.3	80174.7
196393.9	175614	173405.2	1361.3	1325.1	12259	5222.9	34351.9
67965.3	62325.3	61543.4	918.7	896.2	-8636.3	1474.9	22651.9
1196428.5	533595.7	526576.6	46983.1	46860	438212.4	1608.2	347379.6
1097112.8	470282.2	465592.7	43742.6	43698.5	415205.4	678.9	324371.8
57698.7	32281.8	31135.6	2243.1	2184.9	13693.2	623.5	14569.3
41617	31031.7	29848.3	997.4	976.6	9313.8	305.8	8438.5
27602.9	10814.1	10756.7	1344.9	1273.6	36427.6	229.3	10787.4
5580.6	2912.7	2912.7	161	161	1795.4		1911.8
1735.6	1208	1208	97	97	332.6		85.9
20286.7	6693.4	6636	1086.9	1015.6	34299.6	229.3	8789.7
752.5	554.3	554.3	39	39	321.8	120.2	191.6
752.5	554.3	554.3	39	39	321.8	120.2	191.6
1353398.4	1002398.2	962271.2	336125.5	23938	260936.4	33870.6	347537.2
65500.6	49501.8	45472.5	1948.2	1935.6	13270.5	582.1	16358.9
1287897.8	952896.4	916798.7	334177.3	22002.4	247665.9	33288.5	331178.3
435995.6	279473.7	266274	17341.2	17279.7	114698.4	10161.4	124524.9
16232.3	12759.5	12711.6	192.7	192.7	2897.9	107.2	3626.2
334827.2	208664.9	196375.6	14281.6	14249.2	95919.3	6384.9	95756.6
26858.4	20032	19173.1	596.5	569.4	1077.8	936.1	10900
58077.7	38017.3	38013.7	2270.4	2268.4	14803.4	2733.2	14242.1
122999	112451.2	98925.7	2400.2	1996.3	17148.1	4961.9	26314.8
74737.2	75590.2	64181.2	203.7	203.7	8591.7	4120.2	12629.6
5998.1	4575.3	3919.2	172.5	170.3	1737.1	122.7	3212.6
42263.7	32285.7	30825.3	2024	1622.3	6819.3	719	10472.6
133674.7	94153.1	91509.9	3144	3118.9	27840	2101.4	36790.5
56367.1	42398.2	41088.1	1051.5	1044	8873.8	1035.4	16160.9
77307.6	51754.9	50421.8	2092.5	2074.9	18966.2	1066	20629.6
31868.5	13851.6	13678.2	965.6	957.6	11969.4	562.1	14333.7
31868.5	13851.6	13678.2	965.6	957.6	11969.4	562.1	14333.7
55958.9	41312.6	38710.7	1165.9	1125.1	12620.3	2031.7	18039.7
55335.5	40975	38379.4	1160	1119.2	12404.2	2022.8	17726.3
36	0.2	0.2	2	2	33.8		23.6
587.4	337.4	331.1	3.9	3.9	182.3	8.9	289.8
36761	27039.1	26617	1488.7	1448.5	6809.5	1509.6	13922.1
21885	19333.8	19219.5	727.4	727.4	1129	500.5	7080
6641.9	3736.9	3531.7	184.4	147.4	2333.6	895.7	3247.5
2185.6	806.6	806.6	114.9	113.9	1017.6	28.2	721.6
274.1	356.4	356.4	7.2	7.2	-115.2	10.1	258.9
5774.4	2805.4	2702.8	454.8	452.6	2444.5	75.1	2614.1
98	28.1		1.9		4.2	4.2	2.6
98	28.1		1.9		4.2	4.2	2.6
98	28.1		1.9		4.2	4.2	2.6

1-2 续表

行业			营业利润(万元)	职工工资和福利费(万元)	本年应交增值税(万元)	所有者权益合计(万元)
	税金	利息支出				
总计	**56093.7**	**112535.2**	**391919.6**	**666397.6**	**50653.9**	**13128702.5**
交通运输、仓储和邮政业	28916.1	35484.8	33999.3	246490.4	15795.7	2989361
铁路运输业	40.7	39.2	153.5	129.8	2.5	2713.4
道路运输业	2907.9	1870.1	8494.7	122347.4	14849.3	510513.5
城市公共交通业	439.1	904.1	3184.1	34378.5	118.5	79205.9
航空运输业	3285.7	510.5	-18969.9	19507.6		228809.4
管道运输业	17945.4	27431.9	57227.8	7323.4	-29.2	1854960.7
装卸搬运和其他运输服务业	2453.6	733.5	6021.1	25706.5	600.9	132961.4
仓储业	1099.3	3030.1	-6635.2	10027.5	250.5	124764.6
邮政业	744.4	965.4	-15476.8	27069.7	3.2	55432.1
信息传输、计算机服务和软件业	11117	5432.2	250475.6	95602.4	6371.8	2199783.5
电信和其他信息传输服务业	10224.6	5230.1	243999.7	82429.5	5420.3	2085849.5
计算机服务业	420.4	242.6	3976.3	7416.8	397.6	54640.6
软件业	472	-40.5	2499.6	5756.1	553.9	59293.4
金融业	296.9	1524.4	28564	2909.9	7.9	156776.7
银行业	52.7	912.9	595.1	841.8		4931.6
保险业	83.9	2	332.6	50		
其他金融活动	160.3	609.5	27636.3	2018.1	7.9	151845.1
房地产业	12.7	2.8	262.7	288.2	19.3	1280.4
房地产业	12.7	2.8	262.7	288.2	19.3	1280.4
租赁和商务服务业	10740	59578.2	48426.3	164659	14799.6	5826793.9
租赁业	881.2	1816.7	2217	4279.6	165	115252.9
商务服务业	9858.8	57761.5	46209.3	160379.4	14634.6	5711541
科学研究、技术服务和地质勘查业	2334.2	4752.7	30757.3	71682.7	10917.2	569523.4
研究与试验发展	47.5	839.5	-194	1348.5	92.3	43896.9
专业技术服务业	1686.1	3108.4	27727.8	59704.3	9582.7	229403.1
科技交流和推广服务业	139.6	387.5	-2531	2764.1	237.4	77714
地质勘查业	461	417.3	5754.5	7865.8	1004.8	218509.4
水利、环境和公共设施管理业	467	1420	-2298.1	30371.5	942.8	1037033
水利管理业	129.9	518.8	-1252	20485.8	283.1	237205.2
环境管理业	64.2	10.7	-1183.9	2508.5	29.9	11672.3
公共设施管理业	272.9	890.5	137.8	7377.2	629.8	788155.5
居民服务和其他服务业	1021.1	2291.9	3959.2	19929.5	1500.4	210738.5
居民服务业	376.3	1072.4	-1327.4	6703.2	105.5	25544.1
其他服务业	644.8	1219.5	5286.6	13226.3	1394.9	185194.4
教育	395.8	470.7	3159.4	9079.2	32.7	28969.4
教育	395.8	470.7	3159.4	9079.2	32.7	28969.4
卫生、社会保障和社会福利业	375.3	1356	-1488.7	16063.7	28	41021.5
卫生	368.8	1353.3	-1464.2	15723.1	28	39783.8
社会保障业	1.7		10.2	39.2		134.7
社会福利业	4.8	2.7	-34.7	301.4		1103
文化、体育和娱乐业	417	221.5	-3903.2	9140	238.5	66760.3
新闻出版业	134	1.6	-4724.7	3991.5	125.7	21830.3
广播、电视、电影和音像业	59.2	12.1	631.6	2732	73.3	15900.7
文化艺术业	30.1	24.3	567	348.2	5.1	2912.3
体育	4.5		-348.4	204.2	5.1	575.8
娱乐业	189.2	183.5	-28.7	1864.1	29.3	25541.2
公共管理和社会组织	0.6		5.8	181.1		660.9
国家机构	0.6		5.8	181.1		660.9
其他国家机构	0.6		5.8	181.1		660.9

实收资本							全部从业人员年平均人数（人）
	国家资本	集体资本	法人资本	个人资本	港澳台资本	外商资本	
9164445.2	**3985399.4**	**328253.2**	**3019363.2**	**1450834.9**	**52703.4**	**329091.1**	**271291**
1897094.5	667014.8	11236.3	1023385	159806	20282.6	15569.8	88599
2853.1	21.6	5	528.5	2298			104
468672	324152.4	6198.6	59221.4	78695.6	404		43409
64456.8	21016	1756.5	20964.3	12129.9	8590.1		16522
258986.8	258093.4		538	355.4			3548
856118.3	10672.5		822280.1	20	8768.5	14377.2	1906
100234.6	5158	1242.6	43761.4	46560	2520	1192.6	9725
130077.2	37418.6	2033.6	75538.8	15086.2			3438
15695.7	10482.3		552.5	4660.9			9947
1601842.4	434010.8	113569.2	688705.6	106460.3	24445.1	234651.4	26874
1498355.1	431902.8	109157.2	643334.4	55456.2	23922	234582.5	19753
48526.2	1242	142	8906.6	37842.7	330	62.9	4991
54961.1	866	4270	36464.6	13161.4	193.1	6	2130
154609.6	9971.8	6724.6	68290.7	69615.9		6.6	1197
3846.2		24.6	668	3153.6			258
							50
150763.4	9971.8	6700	67622.7	66462.3		6.6	889
1299.5	337.9	89.3	300	572.3			139
1299.5	337.9	89.3	300	572.3			139
4406206.4	2430538	179911.1	874988.3	862973.7	2096	56699.3	83697
95666	29008.6	1743.8	6138.1	30196.5	700	27879	2499
4310540.4	2401529.4	178167.3	868850.2	832777.2	1396	28820.3	81198
422177.7	47502.7	6635.8	189644.5	154067.2	2248	22079.5	26589
55460.1	3932.5	195.4	44972.7	6335.5	24		731
156908	30234.3	3910.1	52761.7	69343.3	343.6	315	19834
43581.5	1382.7	288.6	27453.5	14419		37.7	1917
166228.1	11953.2	2241.7	64456.6	63969.4	1880.4	21726.8	4107
491262.9	364074.9	6995.6	101301.6	18822.8		68	13602
162260.7	104529.7	1203.2	54775	1684.8		68	8011
10551.2	919.3	489.6	4357.7	4784.6			1528
318451	258625.9	5302.8	42168.9	12353.4			4063
88091.8	6853.7	1658.1	38345.3	38234.7	3000		12778
25522.9	2449.9	367.1	10466.4	12239.5			4466
62568.9	4403.8	1291	27878.9	25995.2	3000		8312
19542.8	4103.3	771.7	4255.3	9830.5	580	2	5881
19542.8	4103.3	771.7	4255.3	9830.5	580	2	5881
32517	4328.2	438.2	10307.6	17385.3	51.7	6	8029
31392.8	3808	313.5	10215.3	16998.3	51.7	6	7738
134.7	10	124.7					35
989.5	510.2		92.3	387			256
49139.7	16002.4	223.3	19839.3	13066.2		8.5	3823
5298.4	4130.9		253	914		0.5	1330
13094.2	10543.1	50	924.5	1576.6			908
2277.7	336.1	111.3	70	1760.3			284
585.3			117.3	465		3	79
27884.1	992.3	62	18474.5	8350.3		5	1222
660.9	660.9						83
660.9	660.9						83
660.9	660.9						83

1-3 按地、州、市、县(市)分组的

地区	企业数(个)	年初存货(万元)	年末存货(万元)	固定资产原价(万元)	本年折旧(万元)	营业收入(万元)
总计	**11050**	**449713.4**	**692045.2**	**8399453.3**	**752845.1**	**6013505.6**
乌鲁木齐市	5005	207810.4	233103.1	4745992	387020.4	3794170.5
天山区	1259	27357.6	26924.6	263049.8	24517.4	296811.7
沙依巴克区	1261	32141.4	46810.6	715119.5	56100.9	870846.9
新市区	1504	63287.9	69180.2	2779195.2	225144	1955502.6
水磨沟区	585	25048.8	13710.9	839842.1	64268.5	499413.9
头屯河区	123	57052.5	72933.8	88706.2	12735.2	145814.9
达坂城区	20	109	115.3	6318.1	676.7	1650.6
米东区	214	2576.1	3123.4	28545.9	2732.9	20213
乌鲁木齐县	39	237.1	304.3	25215.2	844.8	3916.9
克拉玛依市	535	12244.1	10541.2	310295.7	24122.8	323871.2
独山子区	87	1425.2	3234.1	16634.7	1942.6	33552.9
克拉玛依区	413	10309.9	6662.5	278954.1	20428.4	251084
白碱滩区	27	502.5	642.2	13672.8	1675.1	38559.6
乌尔禾区	8	6.5	2.4	1034.1	76.7	674.7
吐鲁番地区	214	3306.8	4287.7	152251	11029	71473.1
吐鲁番市	94	2158.8	1900	113386	8087.2	44492.6
鄯善县	95	598.4	813.6	21385.5	1927.5	24187.3
托克逊县	25	549.6	1574.1	17479.5	1014.3	2793.2
哈密地区	377	1536.4	1673.5	174137.6	13472.7	74843.6
哈密市	345	1502.3	1650.1	173956.3	13455.8	72990.2
巴里坤哈萨克自治县	27	34.1	23.4	130.3	7.3	272.6
伊吾县	5			51	9.6	1580.8
昌吉回族自治州	785	57658.1	55970.2	363171.5	35486.8	206458.3
昌吉市	428	25017	22714.9	270252.9	29807.6	153999.9
阜康市	120	22200.7	22495.1	33394.2	1746.2	23041.1
呼图壁县	61	164.2	241.6	6171.6	464.5	3044.7
玛纳斯县	55	564.1	730.8	30552.4	1358.8	14059
奇台县	55	9539.1	9624.1	14142.4	1362.8	9261.5
吉木萨尔县	33	135	122.4	8155.8	701.8	2709
木垒哈萨克自治县	33	38	41.3	502.2	45.1	343.1
伊犁哈萨克自治州	1253	65248.2	108420.6	789717.9	55896.3	536672.5
伊犁州直属县(市)	747	39720.8	83288.7	467294.4	34719.2	313946.2
伊宁市	335	3845.4	4589.2	326867.3	23858.8	155960.9
奎屯市	170	34911.8	78158	125047.6	9655.6	125767.7
伊宁县	40	615	200.7	1363.2	115.5	1397.7
察布查尔锡伯自治县	22	5.5	5.6	4615.7	280.6	2735.1
霍城县	32	22.9	38.5	1809.3	182	918.1
巩留县	16	50.5	51.5	1048.2	54.5	1611.3
新源县	75	34.1	34.7	3443.7	411.2	22889.2
昭苏县	6			297.9	4.6	236.3
特克斯县	36	48.8	38.5	1085.5	46	448.6
尼勒克县	15	186.8	172	1716	110.4	1981.3
塔城地区	142	5954.9	6087.3	172494	9017.4	131095.9
塔城市	22	710.8	678.5	115134.2	7407.1	69187.5
乌苏市	16	356.8	204.3	9559.2	689.2	22332
额敏县	8	25.3	21.4	5972.1	127.8	3120.6
沙湾县	62	584	269.5	36728.5	307.9	4463.7
托里县	16	10.3	12.5	2093.6	34.1	1110.3
裕民县	15	159	159	2371.8	121.2	931.5
和布克赛尔蒙古自治县	3	4108.7	4742.1	634.6	330.1	29950.3
阿勒泰地区	364	19572.5	19044.6	149929.5	12159.7	91630.4
阿勒泰市	161	19211.9	18677.4	111936.3	9352	55949.5
布尔津县	45	107.2	88	20155.1	1433.5	10069.2

其它服务业企业财务状况

主营业务收入	营业成本(万元)	主营业务成本	营业税金及附加(万元)	主营业务税金及附加	主营业务利润(万元)	其他业务利润(万元)	营业费用、管理费用、财务费用合计(万元)
5867886.2	**4248939.9**	**4137984.8**	**467887.4**	**154734.8**	**1095131.1**	**74921.8**	**1234886**
3746910	2843715.9	2803571.8	81140	80256.9	654071.6	34304.7	723613.8
292084.2	181724.1	177297.4	9674.4	9532.5	92668.9	3407.8	91596.5
849369.4	715991.2	705266.6	11189.6	11068.9	110081.9	8769.7	117648.8
1944039.4	1627790.2	1610088	43599.3	43444.5	171378	11360.3	261436.1
490367.7	180602.9	173914	12872.6	12441.1	250124.5	10318.3	221141.2
145438.2	121769.4	121318.7	2751.9	2719.9	21314.8	-104.5	22609.2
1636.2	849.3	849.3	68.5	68.5	713.2	30.6	1816.6
20058	12554.2	12403.2	829.2	827	6462.5	495.1	5540.9
3916.9	2434.6	2434.6	154.5	154.5	1327.8	27.4	1824.5
311764	250701.1	240723.9	321972.9	9942.7	61097.4	11903.5	52320
33163.9	20635.6	20459.4	1232.7	1231.4	11473.1	532	9693.1
239609.7	195255.3	185574	319791.6	7770.3	46265.4	11284.6	39623.7
38315.9	34259.5	34139.8	915.6	908	3268.1	86.9	2792.3
674.5	550.7	550.7	33	33	90.8	0	210.9
68899.1	49912.5	48016.5	1957.2	1943.1	15686.2	503.9	17793.5
43964.6	27930.1	27755	1278.6	1276.7	12036.4	242.7	14287.5
23247.6	19603.2	18897.7	650.9	639.9	3710	245.3	2719.5
1686.9	2379.2	1363.8	27.7	26.5	-60.2	15.9	786.5
73823.8	43304.4	42768.3	2309.2	2304.3	18671.9	647.3	23319.4
71997.6	41812	41279.2	2243.2	2238.3	18411.8	625.5	23161.9
245.4	96.9	93.6	8	8	132.8	21.8	37.8
1580.8	1395.5	1395.5	58	58	127.3		119.7
203182.8	113382	110718.7	6650.1	6544.3	79527.8	1824	56210.1
152173.6	77049	75459.3	5145.5	5051.8	68229.7	1001.9	41038
22694.2	16047.2	15736.9	578.4	567.3	6390	432.8	6943.9
2376.6	1794.6	1164	49.5	48.8	853.4	23.4	1358.8
13824	11021.7	10952.9	301.3	301	1561.4	119.7	3312
9097.9	6615.4	6551.5	468.5	468.5	517.8	77.5	1527
2673.4	697.6	697.6	98.6	98.6	1797.2	168.7	2022
343.1	156.5	156.5	8.3	8.3	178.3		8.4
495911.9	328716.4	320989.3	12598.4	12570.6	98984.6	2629.4	108421.1
310597	194376.5	189911.2	7605.9	7582.3	79798.5	2114.7	67468.6
154555	75030	74163.3	4495.7	4490.8	53812.2	1563.1	40220.6
123974.3	94155	91383.1	2029.5	2021.4	21029.1	333.1	23455.1
1397.5	956.9	956.9	36	36	395.9	2.1	163.3
2735.1	1529	1529	49.9	49.4	1156.7		490.7
918.1	366.3	336.7	49.8	49.8	55.3	40.9	810.2
1566.7	1284.2	1272.3	65	65	192.4	20	380.5
22824.6	19444	18686.6	769	758.9	2584.1	100.7	1027.8
209.9	88	85.7	12.4	12.4	19.9		132
434.5	103.5	97.8	16.6	16.6	228.1	10.1	270.4
1981.3	1419.6	1399.8	82	82	324.8	44.7	518
96660.4	74953.2	74403.6	1862.7	1860.8	7290.5	236.9	15853.4
35127.6	17342.3	17173.9	1111.8	1111.8	4036.8	96.3	10584.5
22264.9	23168.6	23050.7	350.1	348.2	104.8	36.2	917.5
3120.6	2040.4	2021.8	200.4	200.4	582.9	1.6	452.7
4396.5	2158	2115.2	70.8	70.8	1333.3	46.5	1196.1
1090.8	824.3	730	59.7	59.7	172.5	53.2	208.7
709.7	499.6	440.7	30.9	30.9	100.8	3.1	302
29950.3	28920	28871.3	39	39	959.4		2191.9
88654.5	59386.7	56674.5	3129.8	3127.5	11895.6	277.8	25099.1
54064.3	32364.3	30845.8	1787.6	1785.3	11760.4	169.8	15365.8
9880.9	4882.6	4681	395.1	395.1	-546.4	0.3	5381.3

1-3 续表 1

地　区	企业数（个）	年初存货（万元）	年末存货（万元）	固定资产原价（万元）	本年折旧（万元）	营业收入（万元）
富蕴县	50	194.6	250.1	12362.4	1014.7	21994.6
福海县	22	2.7	2.8	1081.3	123.6	690.7
哈巴河县	41	27.1	10.6	1545.6	135.8	876.1
青河县	21	27.5	6.4	1224.9	50.1	850.7
吉木乃县	24	1.5	9.3	1623.9	50	1199.6
博尔塔拉蒙古自治州	342	1149.9	7994.7	184809.6	12586	139193.7
博乐市	254	575.2	7053	159760.2	11146.1	121717.8
精河县	69	280.3	269.2	20475.3	1134.4	9690.1
温泉县	19	294.4	672.5	4574.1	305.5	7785.8
巴音郭楞蒙古自治州	839	35263.7	30772.5	494181.2	63881.8	298546.2
库尔勒市	601	34523.8	29436.9	404075.4	46690.9	274070
轮台县	69	314.9	288.9	56554.1	15217	17900.9
尉犁县	28	23.9	47.2	17653	386.7	3064.2
若羌县	3		2.8	537.1	13.6	66
且末县	32	69.6	58.8	1892.7	237.8	830.5
焉耆回族自治县	45	176.3	795.9	2118.7	311	1273.6
和静县	33	23.3	21.2	2822.1	133	663.6
和硕县	13	99.4	88.3	7555.7	882.9	603.4
博湖县	15	32.5	32.5	972.4	8.9	74
阿克苏地区	576	8667.7	161298.5	455958.4	80586.7	220982.1
阿克苏市	236	7745.2	160494.5	413880.5	76598.9	178195.2
温宿县	29	16.9	20.1	2646	607.4	661
库车县	141	649.8	577	17576.7	2080.8	20061.6
沙雅县	43	57.5	14.1	8060.3	93.7	3502.9
新和县	26	42.9	42.9	960.6	162.6	12428.1
拜城县	34	87.2	70.6	6008.9	550	3065.1
乌什县	12	28.5	22.2	2036.4	244.5	1083
阿瓦提县	50	39.7	57.1	3779.9	193.6	1829.9
柯坪县	5			1009.1	55.2	155.3
克孜勒苏柯尔克孜自治州	83	1655.2	1451	101105.8	3129.6	21306.2
阿图什市	64	1635.6	1431.4	98678.2	2684.4	17826.1
阿克陶县	9	18.3	19.3	645.6	15.8	557.9
阿合奇县	6			923.3	8.9	309.9
乌恰县	4	1.3	0.3	858.7	420.5	2612.3
喀什地区	359	7106.3	3322.4	210664.5	25721	104584.3
喀什市	173	6382.3	2254.7	187449.3	24332.5	93103.1
疏附县	9	26	51	760.3	61.5	199.9
英吉沙县	3	4.9	5	412	4.2	101.3
泽普县	10	97.8	128.3	1440	81.4	2064.9
莎车县	72	194.8	172.7	7112.4	662.5	3444.3
叶城县	6	12.3	12.3	606.8	24.1	390.1
麦盖提县	19	21	22.1	6154.6	177.8	860.1
岳普湖县	13			833.3	146.6	330.6
伽师县	16	4.2	36.3	2147.2	107.7	1083.3
巴楚县	38	363	640	3748.6	122.7	3006.7
和田地区	161	10711.4	25008.3	109725.1	20910.5	47095.4
和田市	102	3312	17141	95925.5	19166.7	38381.6
和田县	3	6125.2	7543.3	3383.1	503.9	6238.2
墨玉县	7			2305.3	509.2	908.2
皮山县	14	15.1	24.2	1022.7	31.2	502
洛浦县	4	117.4	93.8	397.8	184.3	262.8
策勒县	19	1038.6	104.6	3563.8	72.2	453.2
于田县	9	84.9	88.4	2983.7	441.1	262.7
民丰县	3	18.2	13	143.2	1.9	86.7

主营业务收入	营业成本(万元)	主营业务成本	营业税金及附加(万元)	主营业务税金及附加	主营业务利润(万元)	其他业务利润(万元)	营业费用、管理费用、财务费用合计(万元)
21398.2	19159	18405.7	664.5	664.5	1090	14.5	3133
556.8	557.9	476.3	22.8	22.8	57.7	52.1	213.4
843.9	1267.7	1251.8	35.5	35.5	-443.4	16.3	276.6
828.2	775.6	652.3	27.1	27.1	-70.5	1.6	122.5
1082.2	379.6	361.6	197.2	197.2	47.8	23.2	606.5
133952.8	87148.4	83921.4	2777.1	2777.1	30889.5	351.3	33986.4
118461.2	73801.4	70634.2	2690.8	2690.8	29730.6	191.9	29863.4
9592.3	8107.4	8071.1	47.5	47.5	1157.1	56.7	3238
5899.3	5239.6	5216.1	38.8	38.8	1.8	102.7	885
288336.7	193561.7	185021.9	7879.4	7852.6	61419.9	9020.5	65445
264174.3	177532.5	169531.7	6772.3	6746.9	61663.5	8628.5	55404.4
17691.7	12011.7	11648.9	961.1	961.1	-1262.5	211.7	7178.6
3043.5	2250.5	2225.3	24	23	762	21.8	815.5
52.2	44.4	44.4	3.4	3.4	-39.4	54.3	70.8
779.7	373.5	253	11.5	11.5	263.9	10	170.9
1263.9	458.1	428.5	41.6	41.4	219.1	60.2	571.5
655.9	317.2	316.3	43.9	43.7	-0.7	10	382.6
601.6	536.3	536.3	17.9	17.9	-218.7	5.3	741.8
73.9	37.5	37.5	3.7	3.7	32.7	18.7	108.9
211168.3	120876.5	97338.7	21409.4	21406	39562.9	5035.3	45049.2
168910.2	95846.1	72466.5	20216.7	20216.7	25014.7	4621.1	37091.9
657.3	389.8	381	31.7	31.7	169.3	18.7	286.1
19981.4	11399.1	11399	778.6	778.6	7799.7	74.9	5352
3241	2095.2	2086.9	110.9	110.9	762.3	210	553.1
12383.2	8569.7	8555	59	59	3708.2		257.6
2997.4	1378.1	1366.2	103.7	100.3	670.8	15.8	970.6
1083	809.5	790.8	53.3	53.3	148.5	41.5	169.1
1759.5	338.5	242.8	51.9	51.9	1188.2	53.3	365.6
155.3	50.5	50.5	3.6	3.6	101.2		3.2
20950.9	13608.7	12493	653.1	648.5	522.2	195.4	7009.9
17495.4	11167.9	10235	551.1	546.5	1125.9	194.5	5439.2
545.4	348.6	165.8	1.9	1.9	50.8	12.5	182.2
297.8	188	188	12.2	12.2	41.7		72.1
2612.3	1904.2	1904.2	87.9	87.9	-696.2	-11.6	1316.4
102826.4	65543	64452	2979.8	2965.5	13285.8	5192.1	25835.1
91656.7	57918.6	57141.4	2540.3	2539.9	11410.1	4805.1	23136.7
172.7	92	79.8	5.9	5.9	42.6	6.7	156.4
101.3	59.6	25.4	4.9	4.9	-31		67.9
1986.2	1805.2	1805.2	47.5	47.5	133.5	0	64.7
3291.8	2306.3	2252.3	154.9	141	890.9	234.2	1003.9
344.3	207.7	156.8	17.1	17.1	78	6.2	87.3
860.1	241.9	147.8	109.2	109.2	53.2	0	455.8
330.6	179.1	179.1	7.5	7.5	143.2		13.9
1080.2	436.8	427.9	27.7	27.7	60.2	53.2	562.2
3002.5	2295.8	2236.3	64.8	64.8	505.1	86.7	286.3
46951.5	28444.3	27098.5	1474.6	1469.1	8514.8	494.7	11508.2
38279.9	21324.7	19999.1	1344.4	1341	7726.2	416.7	10306.9
6238.2	5850.7	5846.3	4.8	4.8	239.9		142.8
907.8	558.7	558.7	22.9	22.8	-76.2		405.1
500.7	206.7	195.2	25.8	25.8	274.5	4.2	131.2
262.8	89.5	89.5	8.7	8.7	164.6		227.3
440.7	162.7	162.7	36.2	34.2	244.7	73.8	152.8
262.7	220.9	220.9	29.8	29.8	-59.6	0	88.5
58.7	30.4	26.1	2	2	0.7		53.6

1-3 续表 2

地　　区			营业利润(万元)	职工工资和福利费(万元)	本年应交增值税(万元)	所有者权益合计(万元)
	税金	利息支出				
总　　计	**56093.7**	**112535.2**	**391919.6**	**666397.6**	**50653.9**	**13128702.5**
乌鲁木齐市	33846.8	75756.1	179220.7	348887.5	34793.2	9182719
天山区	1067.8	2377.8	10346.6	44656.5	7651.8	1356586.6
沙依巴克区	1864.1	5413.5	31488.1	63396.4	2126.6	1311522.5
新市区	26123.1	37150.3	56653.4	169617.9	19972.3	4392798.4
水磨沟区	4461.9	28682.1	81918.6	39788.6	4497.6	1969812.7
头屯河区	170.7	1719.2	-1314.2	24936.2	495.2	82538.9
达坂城区	6.6	27.6	-1067.6	1106.1	0.1	4031.9
米东区	137.7	168.2	1665.1	4417.5	48.5	32313.7
乌鲁木齐县	14.9	217.4	-469.3	968.3	1.1	33114.3
克拉玛依市	1850.8	434.6	20680.9	63445.5	3781	398271.9
独山子区	128.2	6	2312	10556.9	60.4	24320.6
克拉玛依区	1485.1	218.5	17926.3	41240	3537.6	358367
白碱滩区	235.7	209.2	562.7	11480.6	181.6	14307.3
乌尔禾区	1.8	0.9	-120.1	168	1.4	1277
吐鲁番地区	517.5	431.4	419.2	8086.7	112	101002
吐鲁番市	329.6	218.3	-259.6	5790.4	30	78747.3
鄯善县	178.2	106.1	1235.8	1607	80.8	18495.5
托克逊县	9.7	107	-557	689.3	1.2	3759.2
哈密地区	236.7	625.9	5116.6	15694.6	150.8	193700.2
哈密市	236.7	625.9	4978.8	15486.9	148.7	193334.2
巴里坤哈萨克自治县			130.2	187.2	2.1	167.5
伊吾县			7.6	20.5		198.5
昌吉回族自治州	1463.2	3796.8	31644	27286.2	461.1	515469.9
昌吉市	1134.9	2310.5	32059.8	18263.4	366	353345.1
阜康市	41.6	1204.5	-121.1	3773.8	51.3	68538.7
呼图壁县	60.5	71.3	-120.1	924.3	6.5	11334.6
玛纳斯县	153.2	136.2	-651.5	2088.2	31.4	65685.1
奇台县	61.1	54.6	269.6	1748.4	0.4	12580.9
吉木萨尔县	8.2	19.7	37.4	379.5	2.3	2530.9
木垒哈萨克自治县	3.7		169.9	108.6	3.2	1454.6
伊犁哈萨克自治州	2559.6	5843.5	54338.7	50655	2211	715928
伊犁州直属县(市)	1227.4	4330.9	46084.2	33330.2	1882.9	476241.3
伊宁市	533.6	3201.5	36249.8	20501.1	253.5	364285.6
奎屯市	620.6	1035.2	7565.3	9569.7	368.5	87625.6
伊宁县	24.1	22	242.4	471	0.2	1626.1
察布查尔锡伯自治县	16.5	10.5	666	251.8	4.1	6252.3
霍城县	16.9	-3.3	-281.3	310.4	0.4	1971
巩留县	1.6	1.3	-131.1	277.8		836.4
新源县	12.1	4.5	1697.7	770.2	1244.7	7613.9
昭苏县			3.9	101.1		180.4
特克斯县		4.2	65.1	743.4	10	2178.1
尼勒克县	2	55	6.4	333.7	1.5	3671.9
塔城地区	771.2	897.7	4125.6	6343.1	18.1	120003.3
塔城市	158.4	29.6	3750.7	2491.5		75013.4
乌苏市	555.4	-4.7	-79.7	1242.7	3.4	10339.5
额敏县	17.4	2.7	428.7	589.8	7	3192.3
沙湾县	19.2	20	1024.9	1558	5.7	28168
托里县	20.5		52.9	125.1	2	1792.8
裕民县		2.9	100	121.4		1077.4
和布克赛尔蒙古自治县	0.3	847.2	-1151.9	214.6		419.9
阿勒泰地区	561	614.9	4128.9	10981.7	310	119683.4
阿勒泰市	422.6	82.2	6373.7	7310.4	37.8	86796.9
布尔津县	7.8	37.4	-589.8	1550.7	13	13426.6

实收资本							全部从业人员年平均人数（人）
	国家资本	集体资本	法人资本	个人资本	港澳台资本	外商资本	
9164445.2	**3985399.4**	**328253.2**	**3019363.2**	**1450834.9**	**52703.4**	**329091.1**	**271291**
6450116.3	2405267.9	166022.3	2580499.5	975789.1	26684.1	297053.4	126048
1166022.5	921398.5	4614.1	58112.7	180015.6	25	2856.6	17865
963843.5	280807.7	66936.1	436461.6	130135.4	5021	44481.7	24499
2898552.6	754235.1	84748.3	1557135	477663.6	21107.1	3863.5	53657
1311005.7	423651.6	584.4	480895.9	159522.8	500	245851	15841
44450.4	20103.8	6929.6	11345.4	6071.6			10672
4008		295.5	1971.1	1740.8		0.6	652
28497.4	4887.3	1393.8	2964.9	19220.4	31		2177
33736.2	183.9	520.5	31612.9	1418.9			685
310253.7	212301.4	7223	58710	32014.3		5	28245
16826	10553	199.1	1983.9	4090			5642
284747.3	201036.4	3993.3	53351.3	26361.3		5	18362
7624.3	366	2976.2	2814.1	1468			4132
1056.1	346	54.4	560.7	95			109
53334.1	30478.1	2476.9	11707.7	8671.4			4553
34690.6	21112.4	1272.3	7804.8	4501.1			3054
15922.5	7573	1144.3	3334.9	3870.3			1141
2721	1792.7	60.3	568	300			358
121001.9	65997.5	3596.9	8700	41592.5	1115		4646
120618.3	65965.5	3581.2	8700	41256.6	1115		4488
163.6	32	15.7		115.9			134
220				220			24
290838.1	66489.2	11740.9	92266.8	119109.1	343	889.1	12090
177216.4	14422.9	2184	65423.2	94846.3	340		7775
56525.6	30327.3	409.5	15541.7	10200		47.1	1741
4150.7	1247.5	774.1	768.9	1360.2			599
36125.3	16005.3	8132.3	8294.8	3690.9		2	668
12027.2	2798.4		1220.6	8005.2	3		886
3338.3	1651.8	240	783.6	662.9			274
1454.6	36	1	234	343.6		840	147
446641.4	211328.5	108157.1	80290.6	46193.9	578	93.3	24720
296935.5	105167.5	96560.5	66933.6	27613.7	578	82.2	16520
238982.5	95617.7	96148	39667.9	6888.7	578	82.2	9918
41290	5530.1	50	18810.2	16899.7			4517
1649	731.8	2	327.1	588.1			392
4775.1	1	123.6	4277.5	373			235
2003	850.5	200.6	253	698.9			202
547.4	249.4		41.8	256.2			180
3286.3	1920.5	5.5	255.8	1104.5			584
215.5	152.3			63.2			82
602.6	101.9	0.8	0.8	499.1			198
3584.1	12.3	30	3299.5	242.3			212
106841.7	97739.1	4749.7	768.6	3584.3			3074
68701.1	68547.6		1.5	152			1051
8301.3	3699.1	4013.2	1	588			532
2758.1	1991	300	117.1	350			297
23876.8	22476.2	258	537	605.6			727
1780.1	112.3			1667.8			116
1067.4	912.9	9	112	33.5			238
356.9		169.5		187.4			113
42864.2	8421.9	6846.9	12588.4	14995.9		11.1	5126
13517.9	1328	205	2642.2	9336.7		6	3019
10838.3	3883	60	6143.2	747		5.1	895

1-3 续表 3

地区			营业利润(万元)	职工工资和福利费(万元)	本年应交增值税(万元)	所有者权益合计(万元)
	税金	利息支出				
富蕴县	34.6	478.3	-798.4	1521.3	216.6	11727.3
福海县	2.8	1.5	-103.6	141.7	2.6	875.5
哈巴河县	10	3.5	-703.7	176.9	3.2	2339.3
青河县	2.4	4.4	-74.5	109.4	2.3	905.9
吉木乃县	80.8	7.6	25.2	171.3	34.5	3611.9
博尔塔拉蒙古自治州	499.9	2636.5	13803	16798.7	151.4	189258.1
博乐市	465.3	2533.1	15646.9	14629	149.9	172593.8
精河县	11.1	63.2	-1700.8	1664.3	1.2	13583.7
温泉县	23.5	40.2	-143.1	505.4	0.3	3080.6
巴音郭楞蒙古自治州	1736.8	7495.6	44715.5	39491.1	7616	562825.3
库尔勒市	1536.3	3523.9	47477.2	33482.2	7414.2	496418.4
轮台县	134	3952.7	-2371	3865.2	111.3	36902
尉犁县	19.1	1.1	1.5	872.8	3.7	16378.5
若羌县	0.1	11.8	-52.6	33.7		5142.5
且末县	1.6		263.9	241.4	62.4	783.5
焉耆回族自治县	28.2	-0.4	202.6	406.2	23.4	1935.7
和静县	10.7		-56.6	313.2	0.3	2790.7
和硕县	5.1		-692	138.8	0.5	1732.4
博湖县	1.7	6.5	-57.5	137.6	0.2	741.6
阿克苏地区	3275.1	10001.7	31160.6	25010.3	211.7	205410.3
阿克苏市	2800	9890.5	22521.9	18834.1	156.4	130308.1
温宿县	51.3	9.9	-22.8	285.2	0.1	1984.4
库车县	278.8	7.2	2526.7	3377.9	26.4	33169.2
沙雅县	37.3	77.5	743.7	770.4	6.8	21795.9
新和县	7.3	0.5	3534	551		8916.6
拜城县	64.3	8.5	624.1	593.7	15.1	4285.1
乌什县	0.9	7.6	51.1	101.2		719.7
阿瓦提县	32		1083.9	455.8	6.9	3843.4
柯坪县	3.2		98	41		387.9
克孜勒苏柯尔克孜自治州	363.8	252	-438	3786.1	6.1	66949.1
阿图什市	339.2	247.7	195.4	2570.9	6.1	65972.3
阿克陶县	21.5	4	25.2	252.5		681.6
阿合奇县	0.5	0.3	37.6	186.9		487.1
乌恰县	2.6		-696.2	775.8		-191.9
喀什地区	8913.7	1606.8	10427.1	16254.7	106.6	130282.3
喀什市	8460.2	1466.7	9637.7	12862.3	54.3	110648.3
疏附县	1.2	7.9	-47.7	121.3	0.2	1.2
英吉沙县	4.9	1.5	-31.1	39.5		200.2
泽普县	3.4		68.8	157.1	5.6	908.2
莎车县	43.9	12.2	128.9	936.5	30.4	10535.1
叶城县	7.4	11.1	78	341.6	3.5	367.3
麦盖提县	350.3	87	53.2	402	2.1	3565
岳普湖县	3.9		130.1	109.1		682.4
伽师县	10.7	20	48.8	804.8	0.4	594.2
巴楚县	27.8	0.4	360.4	480.5	10.1	2780.4
和田地区	222.5	418.8	5829	13112.1	6.7	95898.2
和田市	203.8	406.5	5485.4	12123.9	5.4	85403.6
和田县	9	1	239.9	231.5		2509.7
墨玉县	3.1	0.5	-80.5	159.7		3195.7
皮山县	2.1		152.7	164.6	1	1008.9
洛浦县		3.1	-62.7	73.8		353.5
策勒县	0.4	8.2	170	130.3		832.4
于田县	3.5	1.1	-76.5	134.7		2454.4
民丰县	0.6	-1.6	0.7	93.6	0.3	140

实收资本							全部从业人员年平均人数（人）
	国家资本	集体资本	法人资本	个人资本	港澳台资本	外商资本	
11387.7	2630.4	6348.3	819.9	1589.1			680
822.4	346.5	101	10	364.9			119
2173	212	18	500	1443			152
838.5	16		36.2	786.3			112
3286.4	6	114.6	2436.9	728.9			149
79579.8	29840	382.9	25858.6	23498.3			7335
63597.3	20766.7	334.1	21585.6	20910.9			6091
13588.8	7340.2	48.8	4273	1926.8			950
2393.7	1733.1			660.6			294
351489.1	171270.6	5307.2	118279.4	42216.5		14415.4	18596
316382.4	162203.6	1923.3	116171.8	36045.5		38.2	15350
21643.9	2187.6	1130.6	1173.6	2774.9		14377.2	1633
3677.5	1363.7	1074.8	56	1183			382
205.9	205.9						21
911.5	275.3	319.7	87	229.5			252
2089.9	1210.2	30	341.9	507.8			294
2200.2	1030.5	780	201.1	188.6			166
3626.8	2215.5	10	248	1153.3			112
751	578.3	38.8		133.9			386
170699.2	62506.9	4123.1	12419.4	91646.2	3.6		12976
119580.2	35132.8	1286.7	2866.5	80290.6	3.6		8886
1437.9	606		40.3	791.6			190
14626.4	649.6	993.2	7778.4	5205.2			1998
20530.8	15759	1700	1390.4	1681.4			482
8781.9	8373.6		56.3	352			523
1577.2	817		235	525.2			422
734		100.2	52.5	581.3			94
3042.9	1168.9	17		1857			352
387.9		26		361.9			29
50777.8	3039.3	1704.5	11395.5	33180.6		1457.9	2874
49791.6	2886.2	1692.8	11327.6	32427.1		1457.9	1396
421.2	66.2		17.9	337.1			358
487.1	65	11.7	50	360.4			217
77.9	21.9			56			903
118999.7	70511	2995.1	8994.1	12525.8	23973.7		8726
102177.6	67405.4	88.1	3827.1	6935	23922		6553
249.5	21.5		77.7	150.3			104
200.2	200			0.2			25
405				405			84
9396.1	436.2	2887.5	3793.5	2227.2	51.7		729
269.5			71.6	197.9			227
2919.4	2369	19.5	95.2	435.7			229
563.1			101	462.1			118
268.9	10			258.9			234
2550.4	68.9		1028	1453.5			423
93868.8	70966.1	14106.1	2975.1	5811.5	4	6	3991
84689	68395.6	13020.1	804.9	2462.4		6	3272
2509.7	2219.5		190.2	100			43
1690.3	52.6		1637.7				141
655.3	149.8		32	473.5			150
972.1		881.5		90.6			48
874.7	123.1	204.5	37	510.1			139
2337.7	25.5		213.3	2094.9	4		100
140			60	80			98

第2篇

批发和零售业篇

2-1 按登记注册类型分组的批发和零售业法人单位商品销售情况

登记注册类型	法人单位数(个)	从业人员数(人)	销售总额(万元)		
				批发额	零售额
总　　计	**18546**	**186697**	**33358175.1**	**28656298.9**	**4701876.2**
一、批发业	**12634**	**120808**	**29219996.3**	**28485499.5**	**734496.8**
内资企业	12595	119992	28966067.4	28232626.9	733440.5
国有企业	457	18490	4281082.4	3999897.3	281185.1
集体企业	236	5369	472643.7	472251.6	392.1
股份合作企业	24	146	10669.7	10389.2	280.5
联营企业	12	138	3091.6	3091.6	
国有联营企业	2	22	453.4	453.4	
集体联营企业	5	101	1981.9	1981.9	
国有与集体联营企业	1	6	513.4	513.4	
其他联营企业	4	9	142.9	142.9	
有限责任公司	1139	24446	10022236.0	9920045.5	102190.5
国有独资公司	48	3411	4361827.4	4346648.6	15178.8
其他有限责任公司	1091	21035	5660408.6	5573396.9	87011.7
股份有限公司	72	6097	6957511.1	6674754.8	282756.3
私营企业	10603	64921	7201305.4	7134689.4	66616.0
私营独资企业	658	3380	161113.3	156119.5	4993.8
私营合伙企业	87	567	31532.4	31337.6	194.8
私营有限责任公司	9778	60409	6955648.2	6894279.8	61368.4
私营股份有限公司	80	565	53011.5	52952.5	59.0
其他企业	52	385	17527.5	17507.5	20.0
港、澳、台商投资企业	12	486	240571.0	240492.4	78.6
合资经营企业(港或澳、台资)	3	313	16686.2	16616.4	69.8
合作经营企业(港或澳、台资)	1	12	1999.8	1999.8	
港、澳、台商独资经营企业	7	116	37646.9	37638.1	8.8
港、澳、台商投资股份有限公司	1	45	184238.1	184238.1	
外商投资企业	27	330	13357.9	12380.2	977.7
中外合资经营企业	12	210	11814.7	10837.0	977.7
中外合作经营企业	1	2	440.6	440.6	
外资企业	14	118	1102.6	1102.6	
二、零售业	**5912**	**65889**	**4138178.8**	**170799.4**	**3967379.4**
内资企业	5903	64317	4015145.2	170799.4	3844345.8
国有企业	145	5298	464221.7	5996.1	458225.6
集体企业	65	903	19315.4	372.3	18943.1
股份合作企业	14	178	8368.9	33.0	8335.9
联营企业	10	59	682.7		682.7
国有联营企业	2	16	50.0		50.0
集体联营企业	5	30	322.6		322.6
国有与集体联营企业	3	13	310.1		310.1
有限责任公司	644	16006	1521216.7	94232.3	1426984.4
国有独资公司	13	1343	58768.3	137.8	58630.5
其他有限责任公司	631	14663	1462448.4	94094.5	1368353.9
股份有限公司	29	2674	247032.8	14401.4	232631.4
私营企业	4967	38977	1751736.6	55763.3	1695973.3
私营独资企业	768	3942	73493.6	2627.8	70865.8
私营合伙企业	82	698	17654.5	187.9	17466.6
私营有限责任公司	4079	34111	1654834.0	52745.7	1602088.3
私营股份有限公司	38	226	5754.5	201.9	5552.6
其他企业	29	222	2570.4	1.0	2569.4
港、澳、台商投资企业	4	266	28408.2		28408.2
合资经营企业(港或澳、台资)	1	1			
港、澳、台商独资经营企业	2	262	28405.2		28405.2
港、澳、台商投资股份有限公司	1	3	3.0		3.0
外商投资企业	5	1306	94625.4		94625.4
中外合资经营企业	2	298	47281.4		47281.4
外资企业	3	1008	47344.0		47344.0

2-2　按行业分组的批发和零售业法人单位商品销售情况

登记注册类型	法人单位数（个）	从业人员数（人）	销售总额（万元）	
			批发额	零售额
总　　计	**18546**	**186697**	**33358175.1**	**28656298.9**	**4701876.2**
一、批发业	**12634**	**120808**	**29219996.3**	**28485499.5**	**734496.8**
农畜产品批发	979	22119	3798437.7	3795497.4	2940.3
谷物、豆及薯类批发	102	4242	227819.9	225339.5	2480.4
种子、饲料批发	403	4302	200018.1	199677.1	341.0
棉、麻批发	322	12447	3294769.6	3294655.7	113.9
牲畜批发	7	111	3652.8	3652.8	
其他农畜产品批发	145	1017	72177.3	72172.3	5.0
食品、饮料及烟草制品批发	796	11404	1197833.0	1181896.4	15936.6
米、面制品及食用油批发	131	2181	165611.0	162116.2	3494.8
糕点、糖果及糖批发	46	298	18766.1	17498.6	1267.5
果品、蔬菜批发	96	1533	90274.7	90133.5	141.2
肉、禽、蛋及水产品批发	41	521	27760.6	27708.1	52.5
盐及调味品批发	67	732	46969.1	46438.3	530.8
饮料及茶叶批发	228	2169	114144.8	112513.3	1631.5
烟草制品批发	42	2771	673585.4	665136.4	8449.0
其他食品批发	145	1199	60721.3	60352.0	369.3
纺织、服装及日用品批发	617	4646	255917.5	254566.1	1351.4
纺织品、针织品及原料批发	143	1001	77147.2	76369.9	777.3
服装批发	145	1069	55451.1	55270.9	180.2
鞋帽批发	17	120	3210.0	3190.0	20.0
厨房、卫生间用具及日用杂货批发	62	378	15517.6	15408.9	108.7
化妆品及卫生用品批发	111	1126	46244.0	46194.1	49.9
其他日用品批发	139	952	58347.6	58132.3	215.3
文化、体育用品及器材批发	267	2163	225055.6	212376.8	12678.8
文具用品批发	122	626	28399.5	28152.9	246.6
体育用品批发	27	107	3815.9	3759.9	56.0
图书批发	36	683	106337.5	101216.2	5121.3
报刊批发	1	4	2.9	1.9	1.0
音像制品及电子出版物批发	4	203	31908.0	28495.4	3412.6
首饰、工艺品及收藏品批发	29	133	2307.5	2146.6	160.9
其他文化用品批发	48	407	52284.3	48603.9	3680.4
医药及医疗器材批发	361	4754	430694.0	424176.4	6517.6
西药批发	62	2561	339608.3	333963.8	5644.5
中药材及中成药批发	34	535	28405.9	28078.6	327.3
医疗用品及器材批发	265	1658	62679.8	62134.0	545.8
矿产品、建材及化工产品批发	4334	40655	19719161.1	19102033.1	617128.0
煤炭及制品批发	100	1513	219378.3	216882.7	2495.6
石油及制品批发	507	13034	13468073.3	12858607.8	609465.5
非金属矿及制品批发	78	291	9255.6	9253.3	2.3
金属及金属矿批发	1255	8095	3670064.1	3669807.6	256.5
建材批发	977	5099	455582.1	453623.9	1958.2
化肥批发	650	8133	1214285.0	1212159.6	2125.4
农药批发	132	683	30265.0	30264.5	0.5
农用薄膜批发	32	166	17716.4	17716.3	0.1
其他化工产品批发	603	3641	634541.3	633717.4	823.9
机械设备、五金交电及电子产品批发	4662	30402	2882271.7	2808358.3	73913.4
农业机械批发	304	2007	198591.0	198560.3	30.7
汽车、摩托车及零配件批发	572	4658	731708.8	695061.5	36647.3
五金、交电批发	1110	5542	496055.3	493786.6	2268.7
家用电器批发	128	1330	153193.7	142448.8	10744.9
计算机、软件及辅助设备批发	336	2556	171619.2	152646.7	18972.5
通讯及广播电视设备批发	149	1243	70154.1	69869.1	285.0
其他机械设备及电子产品批发	2063	13066	1060949.6	1055985.3	4964.3
贸易经纪与代理	182	1472	118974.0	116882.8	2091.2
其他批发	436	3193	591651.7	589712.2	1939.5
再生物资回收与批发	173	1264	504340.2	503984.9	355.3
其他未列明的批发	263	1929	87311.5	85727.3	1584.2

2-2 续表

登记注册类型	法人单位数（个）	从业人员数（人）	销售总额（万元）		
				批发额	零售额
二、零售业	**5912**	**65889**	**4138178.8**	**170799.4**	**3967379.4**
综合零售	479	16201	651714.6	3513.0	648201.6
百货零售	262	7682	366019.8	2676.8	363343.0
超级市场零售	95	7552	275019.9	269.1	274750.8
其他综合零售	122	967	10674.9	567.1	10107.8
食品、饮料及烟草制品专门零售	384	2407	41470.1	846.0	40624.1
粮油零售	67	626	10214.9	194.4	10020.5
糕点、面包零售	20	133	522.9	1.3	521.6
果品、蔬菜零售	26	151	4866.7		4866.7
肉、禽、蛋及水产品零售	29	205	3364.6	304.7	3059.9
饮料及茶叶零售	104	467	8734.3	182.3	8552.0
烟草制品零售	49	241	7583.0	117.5	7465.5
其他食品零售	89	584	6183.7	45.8	6137.9
纺织、服装及日用品专门零售	464	5851	208782.6	1922.9	206859.7
纺织品及针织品零售	90	434	5809.1	166.9	5642.2
服装零售	173	4158	184969.9	1367.4	183602.5
鞋帽零售	17	100	1931.2	234.1	1697.1
钟表、眼镜零售	29	294	2684.3		2684.3
化妆品及卫生用品零售	48	253	3449.6	53.1	3396.5
其他日用品零售	107	612	9938.5	101.4	9837.1
文化、体育用品及器材专门零售	399	4343	149610.3	5318.2	144292.1
文具用品零售	100	405	8692.2	165.0	8527.2
体育用品零售	44	357	7875.8	80.7	7795.1
图书零售	61	2047	106190.3	4756.2	101434.1
报刊零售	2	6	7.5		7.5
音像制品及电子出版物零售	12	69	571.1		571.1
珠宝首饰零售	77	853	14679.1	199.3	14479.8
工艺美术品及收藏品零售	41	282	2005.7		2005.7
照相器材零售	20	124	6188.2		6188.2
其他文化用品零售	42	200	3400.4	117.0	3283.4
医药及医疗器材专门零售	328	5481	332912.9	47837.6	285075.3
药品零售	184	4601	317552.1	47791.4	269760.7
医疗用品及器材零售	144	880	15360.8	46.2	15314.6
汽车、摩托车、燃料及零配件专门零售	1096	13833	2054252.4	86318.4	1967934.0
汽车零售	292	5984	1195919.5	52876.1	1143043.4
汽车零配件零售	406	2028	44690.4	297.1	44393.3
摩托车及零配件零售	123	756	26626.8	559.1	26067.7
机动车燃料零售	275	5065	787015.7	32586.1	754429.6
家用电器及电子产品专门零售	1322	9594	415796.3	21397.9	394398.4
家用电器零售	242	3112	211666.2	3237.8	208428.4
计算机、软件及辅助设备零售	695	3510	113512.6	2967.3	110545.3
通信设备零售	194	2203	77330.7	15071.1	62259.6
其他电子产品零售	191	769	13286.8	121.7	13165.1
五金、家具及室内装修材料专门零售	968	5157	220756.0	1946.9	218809.1
五金零售	510	2077	47029.1	733.1	46296.0
家具零售	170	1988	151614.4	333.8	151280.6
涂料零售	16	71	1070.5	62.7	1007.8
其他室内装修材料零售	272	1021	21042.0	817.3	20224.7
无店铺及其他零售	472	3022	62883.6	1698.5	61185.1
流动货摊零售	4	17	472.6		472.6
邮购及电子销售	1	10	195.2	40.0	155.2
生活用燃料零售	107	1197	24887.9	100.1	24787.8
花卉零售	21	86	990.5	10.6	979.9
旧货零售	3	12	29.9		29.9
其他未列明的零售	336	1700	36307.5	1547.8	34759.7

2-3　按地、州、市分组的批发和零售业法人单位商品销售情况

地　区	法人单位数(个)	从业人员数(人)	销售总额(万元)		
				批发额	零售额
总　计	**18546**	**186697**	**33358175.1**	**28656298.9**	**4701876.2**
一、批发业	**12634**	**120808**	**29219996.3**	**28485499.5**	**734496.8**
乌鲁木齐市	7775	56221	17845267.8	17633121.4	212146.4
克拉玛依市	402	4546	566119.6	516172.9	49946.7
吐鲁番地区	113	1374	143985.3	143882.5	102.8
哈密地区	263	2299	374762.1	325589.3	49172.8
昌吉回族自治州	331	4650	562679.0	508883.7	53795.3
伊犁哈萨克自治州	699	9686	1999189.9	1938158.8	61031.1
伊犁州直属县(市)	489	5918	1294233.0	1267030.5	27202.5
塔城地区	97	2015	514254.4	497723.6	16530.8
阿勒泰地区	113	1753	190702.5	173404.7	17297.8
博尔塔拉蒙古自治州	346	3190	1445917.9	1432384.2	13533.7
巴音郭楞蒙古自治州	1097	9158	899246.6	858809.1	40437.5
阿克苏地区	453	8068	1087265.9	967529.0	119736.9
克孜勒苏柯尔克孜自治州	71	1022	54801.2	54626.2	175.0
喀什地区	313	7671	676540.3	584973.0	91567.3
和田地区	114	2693	211216.0	185714.9	25501.1
兵团	657	10230	3353004.7	3335654.5	17350.2
二、零售业	**5912**	**65889**	**4138178.8**	**170799.4**	**3967379.4**
乌鲁木齐市	2769	33808	2677456.9	113518.6	2563938.3
克拉玛依市	277	2674	124752.9	564.4	124188.5
吐鲁番地区	102	1476	130616.9	14822.3	115794.6
哈密地区	240	2162	119287.2	2453.3	116833.9
昌吉回族自治州	169	2215	70249.4	1473.0	68776.4
伊犁哈萨克自治州	519	5456	149152.2	3407.6	145744.6
伊犁州直属县(市)	395	3958	114798.7	2206.4	112592.3
塔城地区	52	868	21834.5	1146.2	20688.3
阿勒泰地区	72	630	12519.0	55.0	12464.0
博尔塔拉蒙古自治州	53	561	11599.9	1043.7	10556.2
巴音郭楞蒙古自治州	764	5248	190616.7	5743.4	184873.3
阿克苏地区	259	2948	117508.4	3329.3	114179.1
克孜勒苏柯尔克孜自治州	52	452	5191.1		5191.1
喀什地区	276	3157	98982.3	3653.4	95328.9
和田地区	130	1151	43362.2	2786.8	40575.4
兵团	302	4581	399402.7	18003.6	381399.1

2-4 按行业(大类、中类)、登记注册类型

行业	内资企业				
	法人单位数(个)	从业人员数(人)	销售总额(万元)		
				批发额	零售额
总计	**18498**	**184309**	**32981212.6**	**28403426.3**	**4577786.3**
一、批发业	**12595**	**119992**	**28966067.4**	**28232626.9**	**733440.5**
农畜产品批发	976	22053	3788464.3	3785524.0	2940.3
食品、饮料及烟草制品批发	788	11058	1178192.9	1162326.1	15866.8
纺织、服装及日用品批发	615	4641	255883.3	254531.9	1351.4
文化、体育用品及器材批发	267	2163	225055.6	212376.8	12678.8
医药及医疗器材批发	361	4754	430694.0	424176.4	6517.6
矿产品、建材及化工产品批发	4323	40417	19526498.8	18910348.5	616150.3
机械设备、五金交电及电子产品批发	4651	30257	2850777.2	2776872.6	73904.6
贸易经纪与代理	180	1462	118851.3	116760.1	2091.2
其他批发	434	3187	591650.0	589710.5	1939.5
二、零售业	**5903**	**64317**	**4015145.2**	**170799.4**	**3844345.8**
综合零售	476	14941	576070.2	3513.0	572557.2
食品、饮料及烟草制品专门零售	383	2404	41470.1	846.0	40624.1
纺织、服装及日用品专门零售	462	5724	192847.9	1922.9	190925.0
文化、体育用品及器材专门零售	399	4343	149610.3	5318.2	144292.1
医药及医疗器材专门零售	328	5481	332912.9	47837.6	285075.3
汽车、摩托车、燃料及零配件专门零售	1095	13661	2022905.7	86318.4	1936587.3
家用电器及电子产品专门零售	1322	9594	415796.3	21397.9	394398.4
五金、家具及室内装修材料专门零售	967	5154	220753.0	1946.9	218806.1
无店铺及其他零售	471	3015	62778.8	1698.5	61080.3

2-4 续表 1

行业		股份合作企业				
		法人单位数(个)	从业人员数(人)	销售总额(万元)		
	零售额				批发额	零售额
总计	**19335.2**	**38**	**324**	**19038.6**	**10422.2**	**8616.4**
一、批发业	**392.1**	**24**	**146**	**10669.7**	**10389.2**	**280.5**
农畜产品批发		4	19	58.1	57.6	0.5
食品、饮料及烟草制品批发	4.0					
纺织、服装及日用品批发		1	14	5181.2	5181.2	
文化、体育用品及器材批发		1	8	485.7	485.7	
医药及医疗器材批发						
矿产品、建材及化工产品批发	388.1	12	67	4141.4	4141.4	
机械设备、五金交电及电子产品批发		5	35	803.3	523.3	280.0
贸易经纪与代理						
其他批发		1	3			
二、零售业	**18943.1**	**14**	**178**	**8368.9**	**33.0**	**8335.9**
综合零售	5550.3	2	120	6801.6		6801.6
食品、饮料及烟草制品专门零售	57.7					
纺织、服装及日用品专门零售	531.4					
文化、体育用品及器材专门零售	647.0	1	7			
医药及医疗器材专门零售	49.8	1	2	10.0		10.0
汽车、摩托车、燃料及零配件专门零售	8072.7	2	14	288.6		288.6
家用电器及电子产品专门零售	3370.0	1	4	12.4		12.4
五金、家具及室内装修材料专门零售	200.3	2	11	534.0	33.0	501.0
无店铺及其他零售	463.9	5	20	722.3		722.3

分组的批发和零售业法人单位商品销售情况

国有企业					集体企业			
法人单位数（个）	从业人员数（人）	销售总额（万元）			法人单位数（个）	从业人员数（人）	销售总额（万元）	
			批发额	零售额				批发额
602	**23788**	**4745304.1**	**4005893.4**	**739410.7**	**301**	**6272**	**491959.1**	**472623.9**
457	**18490**	**4281082.4**	**3999897.3**	**281185.1**	**236**	**5369**	**472643.7**	**472251.6**
148	5546	1517810.0	1517191.9	618.1	37	2519	292633.6	292633.6
77	3504	634394.6	627540.4	6854.2	18	197	2398.7	2394.7
8	17	1584.3	1584.3		4	35	223.1	223.1
9	613	107234.7	99270.7	7964.0	3	15	283.1	283.1
22	696	50942.1	45199.9	5742.2	2	17	58.6	58.6
117	6764	1871894.5	1615758.7	256135.8	136	2191	138769.5	138381.4
56	935	80856.2	76985.4	3870.8	25	280	28863.8	28863.8
6	135	5434.6	5434.6					
14	280	10931.4	10931.4		11	115	9413.3	9413.3
145	**5298**	**464221.7**	**5996.1**	**458225.6**	**65**	**903**	**19315.4**	**372.3**
11	122	1361.2		1361.2	27	543	5731.3	181.0
22	266	5321.1	194.9	5126.2	3	8	57.7	
5	108	9987.8		9987.8	4	41	531.4	
32	1942	109436.4	4582.8	104853.6	5	115	838.3	191.3
32	582	8414.2	303.5	8110.7	1	9	49.8	
19	1349	305590.5	134.3	305456.2	7	69	8072.7	
7	719	18792.5		18792.5	5	60	3370.0	
2	20	14.5		14.5	5	12	200.3	
15	190	5303.5	780.6	4522.9	8	46	463.9	

联营企业					有限责任公司		
法人单位数（个）	从业人员数（人）	销售总额（万元）			法人单位数（个）	从业人员数（人）	销售总额（万元）
			批发额	零售额			
22	**197**	**3774.3**	**3091.6**	**682.7**	**1783**	**40452**	**11543452.7**
12	**138**	**3091.6**	**3091.6**		**1139**	**24446**	**10022236.0**
1	10	196.4	196.4		195	7787	1332914.5
1	12	257.0	257.0		111	2766	279667.0
					33	341	26629.5
					8	262	57232.5
					29	1442	243427.9
3	6	213.0	213.0		409	7572	7056185.3
6	107	2425.2	2425.2		268	3165	553331.9
1	3				20	255	13129.2
					66	856	459718.2
10	**59**	**682.7**		**682.7**	**644**	**16006**	**1521216.7**
3	15	322.6		322.6	60	4003	159733.6
2	18	82.7		82.7	41	341	8085.7
2	14				22	925	23981.4
					27	368	7194.3
					36	1651	246915.6
1	8	277.4		277.4	159	4335	784960.5
1	2				138	2023	127751.9
					78	1556	147478.2
1	2				83	804	15115.5

2-4 续表 2

行业	有限责任公司		股份有限公司			
	批发额	零售额	法人单位数(个)	从业人员数(人)	销售总额(万元)	批发额
总计	**10014277.8**	**1529174.9**	**101**	**8771**	**7204543.9**	**6689156.2**
一、批发业	**9920045.5**	**102190.5**	**72**	**6097**	**6957511.1**	**6674754.8**
农畜产品批发	1331046.5	1868.0	17	1415	114662.1	114662.1
食品、饮料及烟草制品批发	274151.9	5515.1	4	124	1786.3	1786.3
纺织、服装及日用品批发	26487.2	142.3				
文化、体育用品及器材批发	53819.9	3412.6				
医药及医疗器材批发	243312.1	115.8	3	77	9743.7	9743.7
矿产品、建材及化工产品批发	6983129.1	73056.2	36	4248	6799036.6	6516593.2
机械设备、五金交电及电子产品批发	535774.5	17557.4	9	199	15521.6	15208.7
贸易经纪与代理	13089.7	39.5				
其他批发	459234.6	483.6	3	34	16760.8	16760.8
二、零售业	**94232.3**	**1426984.4**	**29**	**2674**	**247032.8**	**14401.4**
综合零售	13.3	159720.3	3	1915	134900.9	
食品、饮料及烟草制品专门零售		8085.7	4	72	93.2	
纺织、服装及日用品专门零售		23981.4				
文化、体育用品及器材专门零售	76.9	7117.4				
医药及医疗器材专门零售	38767.7	208147.9	3	62	1795.0	
汽车、摩托车、燃料及零配件专门零售	38730.9	746229.6	2	498	108987.9	14396.8
家用电器及电子产品专门零售	16497.9	111254.0	3	34	495.0	
五金、家具及室内装修材料专门零售	41.4	147436.8	5	41	158.3	4.6
无店铺及其他零售	104.2	15011.3	9	52	602.5	

2-4 续表 3

行业	其他内资企业			港澳台商		
	销售总额(万元)	批发额	零售额	法人单位数(个)	从业人员数(人)	销售总额(万元)
总计	**20097.9**	**17508.5**	**2589.4**	**16**	**752**	**268979.2**
一、批发业	**17527.5**	**17507.5**	**20.0**	**12**	**486**	**240571.0**
农畜产品批发	13090.0	13090.0		1	35	8337.0
食品、饮料及烟草制品批发	1819.1	1819.1		5	339	19640.1
纺织、服装及日用品批发						
文化、体育用品及器材批发	2.9	2.9				
医药及医疗器材批发						
矿产品、建材及化工产品批发	775.1	775.1		1	45	184238.1
机械设备、五金交电及电子产品批发	1718.3	1698.3	20.0	4	63	28354.1
贸易经纪与代理	122.1	122.1				
其他批发				1	4	1.7
二、零售业	**2570.4**	**1.0**	**2569.4**	**4**	**266**	**28408.2**
综合零售	82.8	1.0	81.8	1	255	28300.4
食品、饮料及烟草制品专门零售	86.2		86.2			
纺织、服装及日用品专门零售				1	1	
文化、体育用品及器材专门零售	85.5		85.5			
医药及医疗器材专门零售	787.3		787.3			
汽车、摩托车、燃料及零配件专门零售	880.7		880.7			
家用电器及电子产品专门零售	69.7		69.7			
五金、家具及室内装修材料专门零售	530.0		530.0	1	3	3.0
无店铺及其他零售	48.2		48.2	1	7	104.8

	私营企业					其他内资企业	
零售额	法人单位数（个）	从业人员数（人）	销售总额（万元）	批发额	零售额	法人单位数（个）	从业人员数（人）
515387.7	**15570**	**103898**	**8953042.0**	**7190452.7**	**1762589.3**	**81**	**607**
282756.3	**10603**	**64921**	**7201305.4**	**7134689.4**	**66616.0**	**52**	**385**
	556	4574	517099.6	516645.9	453.7	18	183
	570	4366	257870.2	254376.7	3493.5	7	89
	568	4229	222265.2	221056.1	1209.1	1	5
	244	1252	59816.7	58514.5	1302.2	2	13
	305	2522	126521.7	125862.1	659.6		
282443.4	3600	19530	3655483.4	3651356.6	4126.8	10	39
312.9	4271	25492	2167256.9	2115393.4	51863.5	11	44
	151	1058	100165.4	98113.7	2051.7	2	11
	338	1898	94826.3	93370.4	1455.9	1	1
232631.4	**4967**	**38977**	**1751736.6**	**55763.3**	**1695973.3**	**29**	**222**
134900.9	362	8197	267136.2	3317.7	263818.5	8	26
93.2	308	1692	27743.5	651.1	27092.4	3	7
	429	4636	158347.3	1922.9	156424.4		
	332	1901	32055.8	467.2	31588.6	2	10
1795.0	251	3070	74941.0	8766.4	66174.6	4	105
94591.1	901	7346	813847.4	33056.4	780791.0	4	42
495.0	1162	6735	265304.8	4900.0	260404.8	5	17
153.7	874	3507	71837.7	1867.9	69969.8	1	7
602.5	348	1893	40522.9	813.7	39709.2	2	8

投资企业		外商投资企业				
批发额	零售额	法人单位数（个）	从业人员数（人）	销售总额（万元）	批发额	零售额
240492.4	**28486.8**	**32**	**1636**	**107983.3**	**12380.2**	**95603.1**
240492.4	**78.6**	**27**	**330**	**13357.9**	**12380.2**	**977.7**
8337.0		2	31	1636.4	1636.4	
19570.3	69.8	3	7			
		2	5	34.2	34.2	
184238.1		10	193	8424.2	7446.5	977.7
28345.3	8.8	7	82	3140.4	3140.4	
		2	10	122.7	122.7	
1.7		1	2			
	28408.2	**5**	**1306**	**94625.4**		**94625.4**
	28300.4	2	1005	47344.0		47344.0
		1	3			
		1	126	15934.7		15934.7
		1	172	31346.7		31346.7
	3.0					
	104.8					

2-5 批发和零售业法人单位商品分类销售情况

单位：万元

指标名称	销售总额	批发额	零售额
总 计	**33358175.1**	**28656298.9**	**4701876.2**
一、批发业	**29219996.3**	**28485499.5**	**734496.8**
1.粮油、食品、饮料、烟酒类	1415470.5	1395513.4	19957.1
(1)粮油、食品类	622174.8	614772.0	7402.8
#粮油类	352468.1	346274.8	6193.3
肉禽蛋类	20580.8	20565.8	15.0
水产品类	2020.3	2020.3	
蔬菜类	29587.0	29285.5	301.5
干鲜果品类	85287.1	85215.7	71.4
(2)饮料类	79993.3	78462.8	1530.5
(3)烟酒类	713302.4	702278.6	11023.8
2.服装、鞋帽、针纺织品类	164391.7	162983.6	1408.1
(1)服装类	58308.6	57667.8	640.8
(2)鞋帽类	5481.1	5409.1	72.0
(3)针纺织品	100602.0	99906.7	695.3
3.化妆品类	48669.6	48616.8	52.8
4.金银珠宝类	1495.9	1275.0	220.9
5.日用品类	68030.9	66982.9	1048.0
#洗涤用品类	22344.3	21782.3	562.0
儿童玩具类	1320.1	1288.0	32.1
6.五金、电料类	116417.9	114756.2	1661.7
7.体育、娱乐用品类	8349.1	8322.1	27.0
8.书报杂志类	7142.4	7139.0	3.4
9.电子出版物及音像制品类	12669.2	12306.3	362.9
10.家用电器和音像器材类	177450.4	166190.8	11259.6
11.中西药品类	386556.0	380254.2	6301.8
#西药	317406.9	313784.9	3622.0
中草药及中成药类	43176.2	40589.7	2586.5
12.文化办公用品类	366281.1	335850.8	30430.3
13.家具类	5830.9	5806.9	24.0
14.通讯器材类	81953.9	81183.7	770.2
15.煤炭及制品类	237159.2	234236.9	2922.3
16.木材及制品类	5640.1	5640.1	
17.石油及制品类	13472204.9	12863390.3	608814.6
18.化工材料及制品类	1798437.4	1798437.4	
#化肥类	1013510.1	1013510.1	
19.金属材料类	3753565.9	3753565.9	
20.建筑及装潢材料类	392085.7	390267.1	1818.6
21.机电产品及设备类	1650504.7	1643414.0	7090.7
#农机类	156335.5	156335.5	
22.汽车类	754476.0	720322.5	34153.5
23.种子饲料类	217752.9	217752.9	
24.棉麻类	3282063.5	3282051.6	11.9
25.其他类	795396.5	789239.1	6157.4

2-5 续表

单位：万元

指标名称	销售总额	批发额	零售额
二、零售业	**4138178.8**	**170799.4**	**3967379.4**
1、粮油、食品、饮料、烟酒类	293193.7	3314.5	289879.2
(1)粮油、食品类	212651.5	1888.8	210762.7
#粮油类	55537.7	253.5	55284.2
肉禽蛋类	38717.8	299.7	38418.1
水产品类	8887.9		8887.9
蔬菜类	9057.5	0.2	9057.3
干鲜果品类	9990.6	7.9	9982.7
(2)饮料类	30949.9	1180.5	29769.4
(3)烟酒类	49592.3	245.2	49347.1
2.服装、鞋帽、针纺织品类	357960.6	1784.2	356176.4
(1)服装类	267824.0	913.6	266910.4
(2)鞋帽类	53280.3	739.2	52541.1
(3)针纺织品	36856.3	131.4	36724.9
3.化妆品类	58567.9	223.4	58344.5
4.金银珠宝类	57843.1	199.3	57643.8
5.日用品类	82257.2	624.7	81632.5
#洗涤用品类	25881.0	382.9	25498.1
儿童玩具类	5251.0	49.4	5201.6
6.五金、电料类	50691.6	729.6	49962.0
7.体育、娱乐用品类	18485.3	38.7	18446.6
8.书报杂志类	93703.0	2315.7	91387.3
9.电子出版物及音像制品类	3690.3		3690.3
10.家用电器和音像器材类	228318.0	3566.6	224751.4
11.中西药品类	335255.3	47784.9	287470.4
#西药	264018.0	38220.2	225797.8
中草药及中成药类	57921.5	9490.5	48431.0
12.文化办公用品类	132038.6	5375.4	126663.2
13.家具类	151626.8	257.1	151369.7
14.通讯器材类	102364.9	15135.8	87229.1
15.煤炭及制品类	3056.4	82.1	2974.3
17.石油及制品类	802818.5	32464.2	770354.3
18.化工材料及制品类	385.0	385.0	
#化肥类	170.0	170.0	
19.金属材料类	3.3	3.3	
20.建筑及装潢材料类	25606.5	706.1	24900.4
21.机电产品及设备类	38239.3	1110.6	37128.7
#农机类	644.4	644.4	
22.汽车类	1237635.3	53304.6	1184330.7
24.棉麻类	380.5		380.5
25.其他类	64057.7	1393.6	62664.1

2-6 按登记注册类型分组的批发和

指标名称	内资企业			国有企业		
	销售总额	批发额	零售额	销售总额	批发额	零售额
总　计	**32981212.6**	**28403426.3**	**4577786.3**	**4745304.1**	**4005893.4**	**739410.7**
1.粮油、食品、饮料、烟酒类	1663656.7	1379257.6	284399.1	746487.0	731787.4	14699.6
(1)粮油、食品类	816273.0	615895.9	200377.1	241224.0	233789.1	7434.9
#粮油类	397860.9	345845.3	52015.6	166628.5	163123.1	3505.4
肉禽蛋类	56478.2	20865.5	35612.7	2663.4	2470.1	193.3
水产品类	9184.5	2020.3	7164.2			
蔬菜类	37093.6	29285.7	7807.9	24.2	19.2	5.0
干鲜果品类	94061.7	85141.7	8920.0	18532.8	18515.4	17.4
(2)饮料类	90506.0	60837.9	29668.1	5621.9	5005.1	616.8
(3)烟酒类	756877.7	702523.8	54353.9	499641.1	492993.2	6647.9
2.服装、鞋帽、针纺织品类	489672.9	164702.4	324970.5	12056.6	3282.2	8774.4
(1)服装类	299989.0	58516.0	241473.0	9714.7	3057.5	6657.2
(2)鞋帽类	54534.5	6148.3	48386.2	1446.8		1446.8
(3)针纺织品	135149.4	100038.1	35111.3	895.1	224.7	670.4
3.化妆品类	99470.1	48840.2	50629.9	99.3		99.3
4.金银珠宝类	54216.7	1474.3	52742.4	4589.2		4589.2
5.日用品类	146878.4	67607.6	79270.8	2182.3	513.9	1668.4
#洗涤用品类	46416.4	22165.2	24251.2	123.7	27.7	96.0
儿童玩具类	5670.6	1337.4	4333.2	47.3		47.3
6.五金、电料类	166842.5	115485.8	51356.7	435.4	398.7	36.7
7.体育、娱乐用品类	26364.4	8360.8	18003.6	2028.2		2028.2
8.书报杂志类	100587.7	9454.7	91133.0	92170.5	4379.4	87791.1
9.电子出版物及音像制品类	16265.7	12306.3	3959.4	345.2		345.2
10.家用电器和音像器材类	375018.6	141926.9	233091.7	1810.1		1810.1
11.中西药品类	721811.3	428039.1	293772.2	59039.3	45162.5	13876.8
#西药	581424.9	352005.1	229419.8	46968.9	37704.5	9264.4
中草药及中成药类	101097.7	50080.2	51017.5	10848.8	7379.6	3469.2
12.文化办公用品类	497841.5	341226.2	156615.3	117811.6	99517.0	18294.6
13.家具类	157454.6	6064.0	151390.6	78.7	78.7	
14.通讯器材类	183933.0	96319.5	87613.5	17576.8	588.6	16988.2
15.煤炭及制品类	240215.6	234319.0	5896.6	33101.3	31119.5	1981.8
16.木材及制品类	5640.1	5640.1		30.3	30.3	
17.石油及制品类	14271274.2	12893187.8	1378086.4	1384976.9	827696.0	557280.9
18.化工材料及制品类	1797626.2	1797626.2		484646.0	484646.0	
#化肥类	1012483.9	1012483.9		406636.0	406636.0	
19.金属材料类	3566216.9	3566216.9		237757.7	237757.7	
20.建筑及装潢材料类	417177.3	390458.3	26719.0	4469.8	4469.8	
21.机电产品及设备类	1685603.6	1641384.2	44219.4	60994.0	58744.1	2249.9
#农机类	156979.9	156979.9		9081.1	9081.1	
22.汽车类	1960195.0	773066.3	1187128.7	34852.8	30827.3	4025.5
23.种子饲料类	217478.5	217478.5		43434.7	43434.7	
24.棉麻类	3274107.0	3273714.6	392.4	1353607.1	1353607.1	
25.其他类	845664.1	789269.0	56395.1	50723.3	47852.5	2870.8

零售业法人单位分类商品销售情况

单位：万元

集体企业			股份合作企业			联营企业			有限责任公司	
销售总额	批发额	零售额	销售总额	批发额	零售额	销售总额	批发额	零售额	销售总额	批发额
491959.1	**472623.9**	**19335.2**	**19038.6**	**10422.2**	**8616.4**	**3774.3**	**3091.6**	**682.7**	**11543452.7**	**10014277.8**
6538.2	3101.8	3436.4	666.0	25.0	641.0	339.7	257.0	82.7	441151.5	365536.8
4697.1	2098.6	2598.5	29.8	25.0	4.8	289.7	257.0	32.7	245326.1	191719.4
1111.3	358.0	753.3	4.8		4.8	32.7		32.7	165665.5	150829.5
216.3		216.3	25.0	25.0					12717.8	2518.7
									2667.7	28.9
112.0	6.1	105.9							3700.1	831.0
708.4	42.5	665.9							28435.3	25593.7
1115.6	733.1	382.5	3.0		3.0	50.0		50.0	8215.9	928.5
725.5	270.1	455.4	633.2		633.2				187609.5	172888.9
642.9		642.9	6740.8	5181.2	1559.6				99047.8	25792.4
121.2		121.2	715.8		715.8				62439.7	11609.0
76.2		76.2	304.9		304.9				14128.7	531.1
445.5		445.5	5720.1	5181.2	538.9				22479.4	13652.3
5.6		5.6	663.9		663.9				11532.9	1605.8
376.2	191.3	184.9	2978.9		2978.9				19453.6	
1925.4	269.6	1655.8	868.7		868.7	268.6		268.6	22975.0	3782.6
1143.5	35.5	1108.0	15.0		15.0				7150.5	220.4
35.5		35.5	0.5		0.5				2183.0	723.1
18487.2	18322.6	164.6	485.4	34.0	451.4	25.0	25.0		16575.9	9929.1
2.5		2.5							1428.1	117.3
184.3		184.3							652.1	381.9
16.7		16.7							1671.4	371.9
3951.8	862.0	3089.8	12.4		12.4				101178.7	40200.3
112.3	37.1	75.2	71.3		71.3				487726.5	279532.1
62.5	37.1	25.4	10.0		10.0				404491.1	237223.8
									76540.2	36759.0
616.7	283.1	333.6	513.5	485.7	27.8				98713.4	68109.4
98.5		98.5	83.0	33.0	50.0				140289.2	55.4
417.1	136.5	280.6							63852.8	33350.8
0.9	0.9		107.0	107.0		43.0		43.0	52006.9	50415.2
			2.3	2.3					1479.5	1479.5
25524.8	24973.1	551.7	1932.7	1932.7		277.4		277.4	5510051.9	5136856.1
106940.8	106940.8		1925.2	1925.2		213.0	213.0		617343.7	617343.7
100685.5	100685.5		13.2	13.2		213.0	213.0		379964.6	379964.6
5603.4	5603.4								1052795.7	1052795.7
857.0	775.0	82.0	20.9	20.9					99582.6	97727.9
7603.7	7321.5	282.2	232.3	189.3	43.0	2400.2	2400.2		373050.9	363320.7
75.0	75.0		189.3	189.3					39583.7	39583.7
9339.2	1993.1	7346.1	978.4	452.8	525.6				597793.3	143475.2
282.7	282.7		33.1	33.1		196.4	196.4		91984.6	91984.6
291498.2	291498.2								1111337.3	1111337.3
10933.0	10031.2	901.8	722.8		722.8	11.0		11.0	529777.4	518776.1

2-6 续表

指标名称		股份有限公司			私营企业		
	零售额	销售总额	批发额	零售额	销售总额	批发额	零售额
总　计	**1529174.9**	**7204543.9**	**6689156.2**	**515387.7**	**8953042.0**	**7190452.7**	**1762589.3**
1.粮油、食品、饮料、烟酒类	75614.7	19777.0	3048.1	16728.9	445379.6	272279.6	173100.0
(1)粮油、食品类	53606.7	12089.5	2196.9	9892.6	310843.8	184129.7	126714.1
#粮油类	14836.0	454.1		454.1	62608.7	30181.9	32426.8
肉禽蛋类	10199.1	2341.5	1245.2	1096.3	38464.2	14556.5	23907.7
水产品类	2638.8	348.9		348.9	6167.9	1991.4	4176.5
蔬菜类	2869.1	106.5	16.6	89.9	33149.2	28412.8	4736.4
干鲜果品类	2841.6	1148.2	900.0	248.2	45237.0	40090.1	5146.9
(2)饮料类	7287.4	1088.3		1088.3	72906.5	52667.4	20239.1
(3)烟酒类	14720.6	6599.2	851.2	5748.0	61629.3	35482.5	26146.8
2.服装、鞋帽、针纺织品类	73255.4	65387.3	400.6	64986.7	305730.4	130046.0	175684.4
(1)服装类	50830.7	51708.4	399.2	51309.2	175288.2	43450.3	131837.9
(2)鞋帽类	13597.6	10164.4		10164.4	28412.5	5617.2	22795.3
(3)针纺织品	8827.1	3514.5	1.4	3513.1	102029.7	80978.5	21051.2
3.化妆品类	9927.1	7097.5		7097.5	80070.9	47234.4	32836.5
4.金银珠宝类	19453.6	16119.9		16119.9	10613.4	1283.0	9330.4
5.日用品类	19192.4	11619.3		11619.3	107036.5	63041.5	43995.0
#洗涤用品类	6930.1	349.4		349.4	37632.7	21881.6	15751.1
儿童玩具类	1459.9	272.2		272.2	3131.1	614.3	2516.8
6.五金、电料类	6646.8	159.4		159.4	130144.2	86776.4	43367.8
7.体育、娱乐用品类	1310.8	2252.8		2252.8	20652.8	8243.5	12409.3
8.书报杂志类	270.2	63.9		63.9	7516.9	4693.4	2823.5
9.电子出版物及音像制品类	1299.5	2.1		2.1	14212.3	11919.6	2292.7
10.家用电器和音像器材类	60978.4	3642.6		3642.6	264367.3	100864.6	163502.7
11.中西药品类	208194.4	13958.2	9718.7	4239.5	160116.4	93588.7	66527.7
#西药	167267.3	10844.5	9107.8	1736.7	118351.8	67931.9	50419.9
中草药及中成药类	39781.2	2517.9	610.9	1907.0	11099.6	5330.7	5768.9
12.文化办公用品类	30604.0	740.9		740.9	279440.4	172830.0	106610.4
13.家具类	140233.8	9.1		9.1	16896.1	5896.9	10999.2
14.通讯器材类	30502.0	553.6		553.6	101523.9	62243.6	39280.3
15.煤炭及制品类	1591.7	49967.4	49967.4		104515.7	102235.6	2280.1
16.木材及制品类					4128.0	4128.0	
17.石油及制品类	373195.8	6459271.0	6087466.3	371804.7	889115.3	814263.6	74851.7
18.化工材料及制品类		24872.5	24872.5		561632.5	561632.5	
#化肥类		4062.7	4062.7		120856.4	120856.4	
19.金属材料类		365099.3	365099.3		1904848.8	1904848.8	
20.建筑及装潢材料类	1854.7	2070.8	2060.1	10.7	310039.0	285267.4	24771.6
21.机电产品及设备类	9730.2	1907.7	1414.8	492.9	1237739.3	1206338.1	31401.2
#农机类		387.0	387.0		107386.1	107386.1	
22.汽车类	454318.1	19263.9	13838.5	5425.4	1297182.4	582451.4	714731.0
23.种子饲料类		20844.1	20844.1		60249.2	60249.2	
24.棉麻类		93517.0	93517.0		412913.9	412521.5	392.4
25.其他类	11001.3	26346.6	16908.8	9437.8	226976.8	195575.4	31401.4

单位：万元

其他内资企业			港澳台商投资企业			外商投资企业		
销售总额	批发额	零售额	销售总额	批发额	零售额	销售总额	批发额	零售额
20097.9	**17508.5**	**2589.4**	**268979.2**	**240492.4**	**28486.8**	**107983.3**	**12380.2**	**95603.1**
3317.7	3221.9	95.8	22003.0	19570.3	2432.7	23004.5		23004.5
1773.0	1680.2	92.8	2078.7	764.9	1313.8	16474.6		16474.6
1355.3	1352.8	2.5	791.1	683.0	108.1	9353.8		9353.8
50.0	50.0		7.6		7.6	2812.8		2812.8
			0.5		0.5	1723.2		1723.2
1.6		1.6				1550.9		1550.9
			182.1	81.9	100.2	1033.9		1033.9
1504.8	1503.8	1.0	18865.5	18805.4	60.1	1571.7		1571.7
39.9	37.9	2.0	1058.8		1058.8	4958.2		4958.2
67.1		67.1	11957.9		11957.9	20721.5	65.4	20656.1
1.0		1.0	9953.0		9953.0	16190.6	65.4	16125.2
1.0		1.0	1329.6		1329.6	2897.3		2897.3
65.1		65.1	675.3		675.3	1633.6		1633.6
			2475.8		2475.8	5291.6		5291.6
85.5		85.5	5122.3		5122.3			
2.6		2.6	1201.1		1201.1	2208.6		2208.6
1.6		1.6	478.7		478.7	1330.2		1330.2
1.0		1.0	22.1		22.1	878.4		878.4
530.0		530.0	3.0		3.0	264.0		264.0
			33.8		33.8	436.2		436.2
						257.7		257.7
18.0	14.8	3.2				93.8		93.8
55.7		55.7	28011.4	27830.5	180.9	2738.4		2738.4
787.3		787.3						
696.1		696.1						
91.2		91.2						
5.0	1.0	4.0	8.2		8.2	470.0		470.0
						3.1		3.1
8.8		8.8				385.8		385.8
473.4	473.4							
124.2		124.2	104.8		104.8	3644.4	2666.7	977.7
52.5	52.5					1196.2	1196.2	
52.5	52.5					1196.2	1196.2	
112.0	112.0		184238.1	184238.1		3114.2	3114.2	
137.2	137.2					514.9	514.9	
1675.5	1655.5	20.0				3140.4	3140.4	
277.7	277.7							
785.0	28.0	757.0	523.6	514.8	8.8	31392.7	46.0	31346.7
453.7	453.7					274.4	274.4	
11233.5	11233.5		8337.0	8337.0				
173.2	125.0	48.2	4959.2	1.7	4957.5	8830.9	1362.0	7468.9

2-7 按登记注册类型分组的限额以上批发和零售业法人单位资产负债状况

单位：万元

登记注册类型	资产总计	负债合计	所有者权益
总　　计	**10489410.2**	**7591970.9**	**2897439.3**
一、批发业	**9000987.6**	**6623848.3**	**2377139.3**
内资企业	8495739.7	6598183.9	1897555.8
国有企业	2699937.8	2325856.9	374080.9
集体企业	570050.8	502764.5	67286.3
股份合作企业	4429.0	3425.8	1003.2
有限责任公司	2929503.1	2124197.0	805306.1
国有独资公司	289216.3	196165.1	93051.2
其他有限责任公司	2640286.8	1928031.9	712254.9
股份有限公司	861439.1	661479.7	199959.4
私营企业	1416791.1	967621.6	449169.5
私营独资企业	21541.7	15320.2	6221.5
私营合伙企业	1272.3	1062.7	209.6
私营有限责任公司	1391727.5	949998.9	441728.6
私营股份有限公司	2249.6	1239.8	1009.8
其他企业	13588.8	12838.4	750.4
港、澳、台商投资企业	495581.3	27281.3	468300.0
合资经营企业(港或澳、台资)	2933.3	3578.1	-644.8
港、澳、台商独资经营企业	69965.5	32749.6	37215.9
港、澳、台商投资股份有限公司	422682.5	-9046.4	431728.9
外商投资企业	9666.6	-1616.9	11283.5
中外合资经营企业	9666.6	-1616.9	11283.5
二、零售业	**1488422.6**	**968122.6**	**520300.0**
内资企业	1433659.4	933751.6	499907.8
国有企业	182449.3	135822.7	46626.6
集体企业	5675.2	4184.5	1490.7
股份合作企业	2926.1	2150.4	775.7
有限责任公司	516229.0	291805.0	224424.0
国有独资公司	24117.0	18997.0	5120.0
其他有限责任公司	492112.0	272808.0	219304.0
股份有限公司	170547.7	82994.9	87552.8
私营企业	555832.1	416794.1	139038.0
私营独资企业	10144.7	7418.5	2726.2
私营合伙企业	1714.6	2482.4	-767.8
私营有限责任公司	543699.8	406587.4	137112.4
私营股份有限公司	273.0	305.8	-32.8
港、澳、台商投资企业	9137.9	4732.4	4405.5
港、澳、台商独资经营企业	9137.9	4732.4	4405.5
外商投资企业	45625.3	29638.6	15986.7
中外合资经营企业	27353.5	18591.5	8762.0
外资企业	18271.8	11047.1	7224.7

2-8 按行业(大类、中类、小类)分组的限额以上批发和零售业法人单位资产负债状况

单位：万元

行 业	资产总计	负债合计	所有者权益
总 计	**10489410.2**	**7591970.9**	**2897439.3**
一、批发业	**9000987.6**	**6623848.3**	**2377139.3**
农畜产品批发	3816135.6	3215030.9	601104.7
谷物、豆及薯类批发	355600.9	346069.5	9531.4
种子、饲料批发	187751.1	98369.3	89381.8
棉、麻批发	3266199.3	2762919.9	503279.4
其他农畜产品批发	6584.3	7672.2	-1087.9
食品、饮料及烟草制品批发	400246.7	236166.1	164080.6
米、面制品及食用油批发	121888.4	91113.6	30774.8
糕点、糖果及糖批发	4602.4	4108.1	494.3
果品、蔬菜批发	70672.3	41666.1	29006.2
肉、禽、蛋及水产品批发	2525.1	2214.0	311.1
盐及调味品批发	31461.7	11869.8	19591.9
饮料及茶叶批发	33296.4	36126.4	-2830.0
烟草制品批发	103258.5	23764.6	79493.9
其他食品批发	32541.9	25303.5	7238.4
纺织、服装及日用品批发	35978.7	29961.3	6017.4
纺织品、针织品及原料批发	14336.3	11101.6	3234.7
服装批发	8635.9	8472.2	163.7
厨房、卫生间用具及日用杂货批发	571.7	446.0	125.7
化妆品及卫生用品批发	4017.7	3227.5	790.2
其他日用品批发	8417.1	6714.0	1703.1
文化、体育用品及器材批发	94041.0	61470.7	32570.3
图书批发	62410.7	34762.4	27648.3
音像制品及电子出版物批发	7967.3	6513.0	1454.3
其他文化用品批发	23663.0	20195.3	3467.7
医药及医疗器材批发	174608.7	123027.1	51581.6
西药批发	160387.2	113309.6	47077.6
中药材及中成药批发	10354.6	7830.3	2524.3
医疗用品及器材批发	3866.9	1887.2	1979.7
矿产品、建材及化工产品批发	3597828.1	2345771.5	1252056.6
煤炭及制品批发	212768.2	69413.0	143355.2
石油及制品批发	944150.4	742466.4	201684.0
非金属矿及制品批发	6617.7	3660.4	2957.3
金属及金属矿批发	1158033.0	509837.5	648195.5
建材批发	201960.1	109780.2	92179.9
化肥批发	931327.7	809099.3	122228.4
农药批发	5962.7	3255.5	2707.2
农用薄膜批发	1681.9	1230.1	451.8
其他化工产品批发	135326.4	97029.1	38297.3
机械设备、五金交电及电子产品批发	788985.9	542840.6	246145.3
农业机械批发	80043.9	46281.6	33762.3
汽车、摩托车及零配件批发	219395.0	162084.4	57310.6
五金、交电批发	128751.5	110767.7	17983.8
家用电器批发	84866.9	45762.9	39104.0
计算机、软件及辅助设备批发	19875.2	15012.3	4862.9
通讯及广播电视设备批发	7785.9	2842.1	4943.8
其他机械设备及电子产品批发	248267.5	160089.6	88177.9

2-8 续表 单位：万元

行　业	资产总计	负债合计	所有者权益
贸易经纪与代理	32002.1	19518.0	12484.1
其他批发	61160.8	50062.1	11098.7
再生物资回收与批发	48142.0	41976.4	6165.6
其他未列明的批发	13018.8	8085.7	4933.1
二、零售业	**1488422.6**	**968122.6**	**520300.0**
综合零售	360091.2	240665.0	119426.2
百货零售	244433.7	147942.1	96491.6
超级市场零售	113715.4	91317.8	22397.6
其他综合零售	1942.1	1405.1	537.0
食品、饮料及烟草制品专门零售	11943.4	9497.3	2446.1
粮油零售	3691.8	5056.2	-1364.4
果品、蔬菜零售	1038.2	1383.9	-345.7
肉、禽、蛋及水产品零售	2150.0	486.8	1663.2
饮料及茶叶零售	1131.2	1202.6	-71.4
烟草制品零售	3932.2	1367.8	2564.4
纺织、服装及日用品专门零售	108332.2	87870.1	20462.1
服装零售	106291.7	85906.1	20385.6
钟表、眼镜零售	1344.9	1313.8	31.1
化妆品及卫生用品零售	201.1	208.1	-7.0
其他日用品零售	494.5	442.1	52.4
文化、体育用品及器材专门零售	114030.6	58352.6	55678.0
文具用品零售	387.0	252.6	134.4
体育用品零售	1575.3	1353.3	222.0
图书零售	93839.7	47493.4	46346.3
珠宝首饰零售	17602.8	8843.7	8759.1
照相器材零售	625.8	409.6	216.2
医药及医疗器材专门零售	150976.8	107361.2	43615.6
药品零售	150976.8	107361.2	43615.6
汽车、摩托车、燃料及零配件专门零售	552628.7	374451.9	178176.8
汽车零售	435113.6	286650.5	148463.1
汽车零配件零售	2312.8	1242.4	1070.4
摩托车及零配件零售	2797.7	1877.0	920.7
机动车燃料零售	112404.6	84682.0	27722.6
家用电器及电子产品专门零售	107199.7	45229.6	61970.1
家用电器零售	46927.3	18856.1	28071.2
计算机、软件及辅助设备零售	25105.2	16529.3	8575.9
通信设备零售	35167.2	9844.2	25323.0
五金、家具及室内装修材料专门零售	48628.7	25986.2	22642.5
五金零售	1116.8	832.4	284.4
家具零售	45245.4	23280.3	21965.1
其他室内装修材料零售	2266.5	1873.5	393.0
无店铺及其他零售	34591.3	18708.7	15882.6
生活用燃料零售	30523.8	16711.7	13812.1
其他未列明的零售	4067.5	1997.0	2070.5

2-9 按地、州、市分组的限额以上批发和零售业法人单位资产负债状况

单位：万元

地 区	资产总计	负债合计	所有者权益
总 计	**10489410.2**	**7591970.9**	**2897439.3**
一、批发业	**9000987.6**	**6623848.3**	**2377139.3**
乌鲁木齐市	3726093.9	2377380.5	1348713.4
克拉玛依市	112863.7	72751.9	40111.8
吐鲁番地区	75499.2	57131.6	18367.6
哈密地区	91931.5	90361.2	1570.3
昌吉回族自治州	244280.3	220388.0	23892.3
伊犁哈萨克自治州	539689.0	463066.6	76622.4
伊犁州直属县(市)	217425.8	188713.0	28712.8
塔城地区	296675.3	245078.3	51597.0
阿勒泰地区	25587.9	29275.3	-3687.4
博尔塔拉蒙古自治州	277982.4	168612.6	109369.8
巴音郭楞蒙古自治州	317034.7	228384.4	88650.3
阿克苏地区	505402.5	382360.4	123042.1
克孜勒苏柯尔克孜自治州	39607.8	34281.0	5326.8
喀什地区	311246.7	252094.8	59151.9
和田地区	54710.8	40582.1	14128.7
兵团	2704645.1	2236453.2	468191.9
二、零售业	**1488422.6**	**968122.6**	**520300.0**
乌鲁木齐市	1065355.9	703891.7	361464.2
克拉玛依市	36140.4	27074.9	9065.5
吐鲁番地区	18695.0	10559.3	8135.7
哈密地区	38055.1	25639.7	12415.4
昌吉回族自治州	34225.3	25776.9	8448.4
伊犁哈萨克自治州	56573.0	34179.9	22393.1
伊犁州直属县(市)	43452.8	27086.0	16366.8
塔城地区	10022.8	5614.5	4408.3
阿勒泰地区	3097.4	1479.4	1618.0
博尔塔拉蒙古自治州	4485.2	2700.1	1785.1
巴音郭楞蒙古自治州	54296.1	42242.1	12054.0
阿克苏地区	37926.1	20980.9	16945.2
克孜勒苏柯尔克孜自治州	2502.2	1236.0	1266.2
喀什地区	39779.9	26937.8	12842.1
和田地区	8430.6	5230.0	3200.6
兵团	91957.8	41673.3	50284.5

2-10 按行业(大类、中类)、登记注册类型分组的

行业	内资企业			国有企业		
	资产总计	负债合计	所有者权益	资产总计	负债合计	所有者权益
总计	**9929399.1**	**7531935.5**	**2397463.6**	**2882387.1**	**2461679.6**	**420707.5**
一、批发业	**8495739.7**	**6598183.9**	**1897555.8**	**2699937.8**	**2325856.9**	**374080.9**
农畜产品批发	3807755.1	3208925.0	598830.1	1669354.1	1516558.9	152795.2
食品、饮料及烟草制品批发	397313.4	232588.0	164725.4	227645.6	125219.2	102426.4
纺织、服装及日用品批发	35978.7	29961.3	6017.4			
文化、体育用品及器材批发	94041.0	61470.7	32570.3	71366.9	41458.2	29908.7
医药及医疗器材批发	174608.7	123027.1	51581.6	17078.6	15086.7	1991.9
矿产品、建材及化工产品批发	3165479.0	2356434.8	809044.2	687405.0	607676.5	79728.5
机械设备、五金交电及电子产品批发	727400.9	516196.9	211204.0	25106.3	18494.6	6611.7
贸易经纪与代理	32002.1	19518.0	12484.1	1981.3	1362.8	618.5
其他批发	61160.8	50062.1	11098.7			
二、零售业	**1433659.4**	**933751.6**	**499907.8**	**182449.3**	**135822.7**	**46626.6**
综合零售	332681.5	224885.5	107796.0			
食品、饮料及烟草制品专门零售	11943.4	9497.3	2446.1	3691.8	5056.2	-1364.4
纺织、服装及日用品专门零售	96078.6	78193.2	17885.4	5528.7	8645.3	-3116.6
文化、体育用品及器材专门零售	114030.6	58352.6	55678.0	99581.9	52233.5	47348.4
医药及医疗器材专门零售	150976.8	107361.2	43615.6	3214.6	2568.5	646.1
汽车、摩托车、燃料及零配件专门零售	537528.8	365537.3	171991.5	43699.9	63938.6	-20238.7
家用电器及电子产品专门零售	107199.7	45229.6	61970.1	26361.2	3305.3	23055.9
五金、家具及室内装修材料专门零售	48628.7	25986.2	22642.5			
无店铺及其他零售	34591.3	18708.7	15882.6	371.2	75.3	295.9

2-10 续表

行业		股份有限公司			私营企业	
	所有者权益	资产总计	负债合计	所有者权益	资产总计	负债合计
总计	**1029730.1**	**1031986.8**	**744474.6**	**287512.2**	**1972623.2**	**1384415.7**
一、批发业	**805306.1**	**861439.1**	**661479.7**	**199959.4**	**1416791.1**	**967621.6**
农畜产品批发	261474.6	284588.1	184048.2	100539.9	161527.4	133451.8
食品、饮料及烟草制品批发	39634.1				71275.8	48610.9
纺织、服装及日用品批发	-167.1				20376.2	15194.9
文化、体育用品及器材批发	2212.3				5816.1	5366.8
医药及医疗器材批发	20558.0	9325.0	6546.6	2778.4	53307.8	27054.5
矿产品、建材及化工产品批发	431241.9	533820.9	447404.8	86416.1	622932.6	419858.1
机械设备、五金交电及电子产品批发	40045.5	32574.9	22581.9	9993.0	452744.6	299497.5
贸易经纪与代理	4632.5				22363.9	15130.8
其他批发	5674.3	1130.2	898.2	232.0	6446.7	3456.3
二、零售业	**224424.0**	**170547.7**	**82994.9**	**87552.8**	**555832.1**	**416794.1**
综合零售	22711.4	156585.4	75860.0	80725.4	98558.1	95132.8
食品、饮料及烟草制品专门零售	2564.4				4319.4	3073.3
纺织、服装及日用品专门零售	-272.6				80972.5	59697.9
文化、体育用品及器材专门零售	7245.8				2907.5	1823.7
医药及医疗器材专门零售	41087.2	312.6	-16.2	328.8	35098.6	33545.1
汽车、摩托车、燃料及零配件专门零售	106425.3	13649.7	7151.1	6498.6	258759.6	180393.4
家用电器及电子产品专门零售	20738.9				41231.4	23409.5
五金、家具及室内装修材料专门零售	22098.9				3156.3	2612.7
无店铺及其他零售	1824.7				30828.7	17105.7

限额以上批发和零售业法人单位资产负债状况

单位：万元

集体企业			股份合作企业			有限责任公司	
资产总计	负债合计	所有者权益	资产总计	负债合计	所有者权益	资产总计	负债合计
575726.0	**506949.0**	**68777.0**	**7355.1**	**5576.2**	**1778.9**	**3445732.1**	**2416002.0**
570050.8	**502764.5**	**67286.3**	**4429.0**	**3425.8**	**1003.2**	**2929503.1**	**2124197.0**
520584.4	465390.0	55194.4				1158112.3	896637.7
						98392.0	58757.9
			4429.0	3425.8	1003.2	11173.5	11340.6
						16858.0	14645.7
						94897.3	74339.3
37205.0	28621.8	8583.2				1284115.5	852873.6
7858.3	6551.6	1306.7				209116.8	169071.3
						7656.9	3024.4
4403.1	2201.1	2202.0				49180.8	43506.5
5675.2	**4184.5**	**1490.7**	**2926.1**	**2150.4**	**775.7**	**516229.0**	**291805.0**
1604.7	1407.5	197.2	2633.1	1896.4	736.7	73300.2	50588.8
						3932.2	1367.8
						9577.4	9850.0
						11541.2	4295.4
						112351.0	71263.8
2757.2	1817.1	940.1				218662.4	112237.1
1313.3	959.9	353.4				38293.8	17554.9
						45472.4	23373.5
			293.0	254.0	39.0	3098.4	1273.7

单位：万元

	其他内资企业			港澳台商投资企业			外商投资企业		
所有者权益	资产总计	负债合计	所有者权益	资产总计	负债合计	所有者权益	资产总计	负债合计	所有者权益
588207.5	**13588.8**	**12838.4**	**750.4**	**504719.2**	**32013.7**	**472705.5**	**55291.9**	**28021.7**	**27270.2**
449169.5	**13588.8**	**12838.4**	**750.4**	**495581.3**	**27281.3**	**468300.0**	**9666.6**	**-1616.9**	**11283.5**
28075.6	13588.8	12838.4	750.4	8380.5	6105.9	2274.6			
22664.9				2933.3	3578.1	-644.8			
5181.3									
449.3									
26253.3									
203074.5				422682.5	-9046.4	431728.9	9666.6	-1616.9	11283.5
153247.1				61585.0	26643.7	34941.3			
7233.1									
2990.4									
139038.0				**9137.9**	**4732.4**	**4405.5**	**45625.3**	**29638.6**	**15986.7**
3425.3				9137.9	4732.4	4405.5	18271.8	11047.1	7224.7
1246.1									
21274.6							12253.6	9676.9	2576.7
1083.8									
1553.5									
78366.2							15099.9	8914.6	6185.3
17821.9									
543.6									
13723.0									

2-11 按登记注册类型分组的批发和零售业法人单位损益状况

单位：万元

登记注册类型	主营业务收入	主营业务成本	主营业务税金及附加	营业利润
总　　计	**30020232.1**	**28056292.8**	**66291.5**	**340225.6**
一、批发业	**26408747.5**	**24878207.9**	**54091.7**	**274265.3**
内资企业	26230063.9	24708723.1	53997.8	263883.9
国有企业	3943887.0	3628574.5	3192.6	13180.2
集体企业	462255.3	420217.4	3203.1	-4391.2
股份合作企业	10674.1	9979.2	18.7	323.6
联营企业	2989.5	2593.4	42.7	111.4
国有联营企业	491.4	375.4		-27.6
集体联营企业	1920.0	1715.1	41.3	110.1
国有与集体联营企业	438.8	399.8	0.7	9.2
其他联营企业	139.3	103.1	0.7	19.7
有限责任公司	9211853.7	8840855.2	20743.9	72008.0
国有独资公司	3786951.9	3706617.8	5938.8	24128.6
其他有限责任公司	5424901.8	5134237.4	14805.1	47879.4
股份有限公司	6106924.8	5835986.2	13627.7	114554.1
私营企业	6474215.2	5955893.4	13148.8	68411.9
私营独资企业	148411.0	133616.7	500.0	1206.5
私营合伙企业	30425.5	27478.4	272.6	722.6
私营有限责任公司	6246946.8	5750058.9	12299.6	66134.4
私营股份有限公司	48431.9	44739.4	76.6	348.4
其他企业	17264.3	14623.8	20.3	-314.1
港、澳、台商投资企业	166725.6	159957.8	31.7	11118.0
合资经营企业(港或澳、台资)	14391.9	12325.4		-405.8
合作经营企业(港或澳、台资)	1999.8	1859.3		
港、澳、台商独资经营企业	33569.4	31900.8	7.7	745.7
港、澳、台商投资股份有限公司	116764.5	113872.3	24.0	10778.1
外商投资企业	11958.0	9527.0	62.2	-736.6
中外合资经营企业	10523.5	8563.7	20.1	-735.8
中外合作经营企业	376.6	300.0		40.4
外资企业	1057.9	663.3	42.1	-41.2
二、零售业	**3611484.6**	**3178084.9**	**12199.8**	**65960.3**
内资企业	3513886.6	3094728.2	11952.1	63301.5
国有企业	411950.0	368252.5	991.9	7168.4
集体企业	18586.1	15604.3	76.7	-480.7
股份合作企业	4927.7	4441.4	10.2	82.0
联营企业	682.7	1604.2	0.6	2.2
国有联营企业	50.0	964.9		
集体联营企业	322.6	300.2	0.6	0.9
国有与集体联营企业	310.1	339.1		1.3
有限责任公司	1288781.2	1119831.6	3153.7	36265.9
国有独资公司	51760.6	44177.3	267.3	-1441.8
其他有限责任公司	1237020.6	1075654.3	2886.4	37707.7
股份有限公司	216610.0	184157.7	1906.3	8289.6
私营企业	1569856.6	1399542.0	5803.3	11721.8
私营独资企业	71039.9	60590.6	438.5	1783.2
私营合伙企业	16262.9	15995.0	129.6	-787.6
私营有限责任公司	1477034.6	1318583.4	5214.3	10225.9
私营股份有限公司	5519.2	4373.0	20.9	500.3
其他企业	2492.3	1294.5	9.4	252.3
港、澳、台商投资企业	24281.0	20021.2	158.4	601.5
港、澳、台商独资经营企业	24278.0	20018.3	158.2	601.5
港、澳、台商投资股份有限公司	3.0	2.9	0.2	
外商投资企业	73317.0	63335.5	89.3	2057.3
中外合资经营企业	32631.3	28824.9	89.3	952.3
外资企业	40685.7	34510.6		1105.0

2-12　按行业(大类、中类、小类)分组的批发和零售业法人单位损益状况

单位：万元

行　　业	主营业务收入	主营业务成本	主营业务税金及附加	营业利润
总　　计	**30020232.1**	**28056292.8**	**66291.5**	**340225.6**
一、批发业	**26408747.5**	**24878207.9**	**54091.7**	**274265.3**
农畜产品批发	3605558.0	3356435.0	6886.9	-3257.8
谷物、豆及薯类批发	217624.4	188659.3	199.6	-8299.3
种子、饲料批发	197653.8	162936.6	250.2	4110.1
棉、麻批发	3116935.5	2938672.2	6386.2	2044.5
牲畜批发	3520.1	2816.3	2.2	355.2
其他农畜产品批发	69824.2	63350.6	48.7	-1468.3
食品、饮料及烟草制品批发	1077610.8	959312.0	2007.1	-4105.8
米、面制品及食用油批发	160387.8	147166.2	169.4	-5475.3
糕点、糖果及糖批发	16729.3	15510.9	51.9	91.1
果品、蔬菜批发	82581.1	74834.9	107.3	-833.6
肉、禽、蛋及水产品批发	24868.3	22087.9	80.6	-537.6
盐及调味品批发	42630.8	34276.2	163.4	1544.2
饮料及茶叶批发	102807.1	88407.8	236.0	-19811.8
烟草制品批发	590264.6	525734.4	1094.2	20756.3
其他食品批发	57341.8	51293.7	104.3	160.9
纺织、服装及日用品批发	234392.3	214972.7	659.0	777.9
纺织品、针织品及原料批发	71311.4	67411.3	125.4	991.3
服装批发	51192.5	45868.2	291.4	-9.5
鞋帽批发	2873.5	2118.6	46.7	233.5
厨房、卫生间用具及日用杂货批发	14244.6	12020.8	21.8	142.7
化妆品及卫生用品批发	41122.6	38474.7	70.6	-820.0
其他日用品批发	53647.7	49079.1	103.1	239.9
文化、体育用品及器材批发	177493.5	158847.7	673.8	3528.9
文具用品批发	25406.3	21508.8	138.4	1390.1
体育用品批发	3712.9	3030.2	4.4	1.0
图书批发	73087.1	63232.4	450.8	1838.8
报刊批发	2.8	2.1		-11.2
音像制品及电子出版物批发	27271.8	26378.6	17.1	134.2
首饰、工艺品及收藏品批发	2049.0	1573.4	19.8	-15.1
其他文化用品批发	45963.6	43122.2	43.3	191.1
医药及医疗器材批发	383102.2	340092.6	788.8	14803.3
西药批发	300534.6	273311.8	398.9	10824.4
中药材及中成药批发	25458.0	23142.0	32.4	687.3
医疗用品及器材批发	57109.6	43638.8	357.5	3291.6
矿产品、建材及化工产品批发	17685335.0	16876168.1	35505.3	229086.3
煤炭及制品批发	205096.9	149210.3	8243.6	36909.5
石油及制品批发	11967301.0	11540738.2	12797.3	131766.9
非金属矿及制品批发	8377.0	5459.8	70.0	1656.1
金属及金属矿批发	3296114.1	3151521.0	7273.6	35279.6
建材批发	413734.5	373873.6	1213.7	9786.2
化肥批发	1182012.5	1090648.4	4902.6	4510.4
农药批发	25953.6	23851.0	44.2	-314.5
农用薄膜批发	17289.4	16704.4	6.8	7.9
其他化工产品批发	569456.0	524161.4	953.5	9484.2
机械设备、五金交电及电子产品批发	2566238.4	2331152.9	6423.3	33264.5
农业机械批发	183106.5	166912.1	353.4	-1388.8
汽车、摩托车及零配件批发	644131.5	603185.8	1074.1	2826.6
五金、交电批发	438537.0	404736.4	1020.6	5617.5
家用电器批发	135695.8	125226.5	208.1	-159.0
计算机、软件及辅助设备批发	150564.9	137839.2	420.2	1124.6
通讯及广播电视设备批发	62703.9	57352.1	269.2	935.0
其他机械设备及电子产品批发	951498.8	835900.8	3077.7	24308.6
贸易经纪与代理	115475.2	104517.5	304.7	-298.4
其他批发	563542.1	536709.4	842.8	466.4
再生物资回收与批发	479687.0	470982.7	519.8	-4799.1
其他未列明的批发	83855.1	65726.7	323.0	5265.5

2-12 续表

单位：万元

行　　业	主营业务收入	主营业务成本	主营业务税金及附加	营业利润
二、零售业	**3611484.6**	**3178084.9**	**12199.8**	**65960.3**
综合零售	565648.4	472569.4	4154.2	11049.7
百货零售	313186.4	254347.1	3033.4	8597.3
超级市场零售	242288.4	210731.0	1050.4	1731.0
其他综合零售	10173.6	7491.3	70.4	721.4
食品、饮料及烟草制品专门零售	39014.0	35880.3	371.4	1491.2
粮油零售	9675.0	9272.0	18.8	-141.2
糕点、面包零售	474.3	310.6	3.5	-8.9
果品、蔬菜零售	4311.8	5006.4	7.3	1419.4
肉、禽、蛋及水产品零售	3299.5	2854.4	7.5	-50.0
饮料及茶叶零售	8385.5	7837.9	270.6	-54.9
烟草制品零售	6930.3	5838.2	34.2	194.0
其他食品零售	5937.6	4760.8	29.5	132.8
纺织、服装及日用品专门零售	167333.3	135530.4	1027.4	472.3
纺织品及针织品零售	5698.5	4427.2	53.8	-130.9
服装零售	144647.5	117804.2	862.7	34.2
鞋帽零售	1774.5	1548.2	32.5	-92.1
钟表、眼镜零售	2562.6	1623.7	20.9	83.3
化妆品及卫生用品零售	3358.8	2834.1	20.0	-49.5
其他日用品零售	9291.4	7293.0	37.5	627.3
文化、体育用品及器材专门零售	141256.0	106023.0	693.2	8938.6
文具用品零售	8066.9	6597.6	38.9	147.1
体育用品零售	7247.1	5910.0	30.2	-25.3
图书零售	101275.2	77903.3	313.5	5401.7
报刊零售	7.5	5.6	0.1	-3.0
音像制品及电子出版物零售	527.7	964.2	13.6	18.3
珠宝首饰零售	13563.0	6382.6	224.2	3068.8
工艺美术品及收藏品零售	1929.5	1198.3	26.4	86.1
照相器材零售	5519.1	4962.7	13.6	-32.2
其他文化用品零售	3120.0	2098.7	32.7	277.1
医药及医疗器材专门零售	290708.2	258082.1	626.3	9214.0
药品零售	276548.9	247286.4	476.6	9133.2
医疗用品及器材零售	14159.3	10795.7	149.7	80.8
汽车、摩托车、燃料及零配件专门零售	1822245.2	1708626.2	2088.3	18361.6
汽车零售	1074087.9	1003396.9	1107.2	15488.6
汽车零配件零售	40474.6	34472.0	200.2	194.1
摩托车及零配件零售	25468.1	23687.6	54.2	345.8
机动车燃料零售	682214.6	647069.7	726.7	2333.1
家用电器及电子产品专门零售	378202.7	340818.1	1723.2	9251.4
家用电器零售	195294.0	176914.4	506.5	6081.7
计算机、软件及辅助设备零售	103092.3	92456.1	519.8	1951.5
通信设备零售	67438.1	61987.9	610.7	1120.3
其他电子产品零售	12378.3	9459.7	86.2	97.9
五金、家具及室内装修材料专门零售	143722.0	69644.6	1055.7	5008.4
五金零售	43727.3	37155.8	263.0	532.5
家具零售	79094.5	15040.5	625.9	4314.6
涂料零售	1008.0	875.5	46.9	-99.3
其他室内装修材料零售	19892.2	16572.8	119.9	260.6
无店铺及其他零售	63354.8	50910.8	460.1	2173.1
流动货摊零售	436.8	347.0	2.1	4.6
邮购及电子销售	166.8	132.7	1.3	
生活用燃料零售	26656.0	20470.4	157.3	1221.8
花卉零售	934.9	697.7	5.5	60.6
旧货零售	29.1	20.5	0.2	-3.1
其他未列明的零售	35131.2	29242.5	293.7	889.2

2-13　按地、州、市分组的批发和零售业法人单位损益状况

单位：万元

地　　区	主营业务收入	主营业务成本	主营业务税金及附加	营业利润
总　　计	**30020232.1**	**28056292.8**	**66291.5**	**340225.6**
一、批发业	**26408747.5**	**24878207.9**	**54091.7**	**274265.3**
乌鲁木齐市	15600633.7	14859697.4	27982.1	205912.5
克拉玛依市	560756.7	504515.5	1294.1	11511.6
吐鲁番地区	137485.7	124176.0	159.1	2641.3
哈密地区	328077.7	303228.7	488.2	3186.7
昌吉回族自治州	488809.5	445411.5	1114.3	1342.4
伊犁哈萨克自治州	1895383.4	1812901.0	3545.9	-2831.6
伊犁州直属县(市)	1233286.0	1195107.5	2503.6	-7107.8
塔城地区	491211.2	464766.6	683.6	543.4
阿勒泰地区	170886.2	153026.9	358.7	3732.8
博尔塔拉蒙古自治州	1438112.3	1354814.8	8026.7	18915.4
巴音郭楞蒙古自治州	790054.9	711406.1	1213.4	4732.1
阿克苏地区	1063402.1	978239.0	1472.1	23662.8
克孜勒苏柯尔克孜自治州	55170.6	48785.7	24.4	1976.2
喀什地区	672986.4	583436.9	484.2	-3478.8
和田地区	207785.2	186972.8	4452.8	606.2
兵团	3170089.3	2964622.5	3834.4	6088.5
二、零售业	**3611484.6**	**3178084.9**	**12199.8**	**65960.3**
乌鲁木齐市	2291643.0	1987904.2	8549.3	48678.2
克拉玛依市	119143.3	105891.4	286.3	898.1
吐鲁番地区	113432.0	105931.2	114.0	1291.1
哈密地区	104313.1	96531.3	300.9	-322.7
昌吉回族自治州	64200.9	55499.0	214.8	-67.3
伊犁哈萨克自治州	134290.1	115931.0	523.7	1651.4
伊犁州直属县(市)	101759.4	88794.2	415.6	957.2
塔城地区	20146.3	16991.2	44.0	411.7
阿勒泰地区	12384.4	10145.6	64.1	282.5
博尔塔拉蒙古自治州	11594.7	9669.3	28.4	586.7
巴音郭楞蒙古自治州	165579.1	148222.1	501.6	1889.4
阿克苏地区	116099.8	99493.5	582.8	5121.1
克孜勒苏柯尔克孜自治州	5211.3	4340.0	17.5	51.3
喀什地区	95717.0	85114.8	344.0	3034.0
和田地区	42169.5	38804.0	350.9	498.1
兵团	348090.8	324753.1	385.6	2650.9

2-14 按行业(大类、中类)、登记注册类型

行业	内资企业			
	主营业务收入	主营业务成本	主营业务税金及附加	营业利润
总计	**29743950.5**	**27803451.3**	**65949.9**	**327185.4**
一、批发业	**26230063.9**	**24708723.1**	**53997.8**	**263883.9**
农畜产品批发	3595822.3	3348095.3	6886.9	-2359.6
食品、饮料及烟草制品批发	1060327.4	944336.2	2007.1	-3679.7
纺织、服装及日用品批发	234358.2	214944.7	658.9	774.4
文化、体育用品及器材批发	177493.5	158847.7	673.8	3528.9
医药及医疗器材批发	383102.2	340092.6	788.8	14803.3
矿产品、建材及化工产品批发	17561166.4	16756383.6	35422.4	217844.4
机械设备、五金交电及电子产品批发	2538896.3	2304898.4	6414.2	32725.8
贸易经纪与代理	115357.2	104416.5	302.9	-226.4
其他批发	563540.4	536708.1	842.8	472.8
二、零售业	**3513886.6**	**3094728.2**	**11952.1**	**63301.5**
综合零售	500774.3	418105.9	3996.5	9311.7
食品、饮料及烟草制品专门零售	39014.0	35880.3	371.4	1491.2
纺织、服装及日用品专门零售	165547.5	135530.4	938.1	933.2
文化、体育用品及器材专门零售	141256.0	106023.0	693.2	8938.6
医药及医疗器材专门零售	290708.2	258082.1	626.3	9214.0
汽车、摩托车、燃料及零配件专门零售	1791399.7	1679801.3	2088.3	16948.4
家用电器及电子产品专门零售	378202.7	340818.1	1723.2	9251.4
五金、家具及室内装修材料专门零售	143719.0	69641.7	1055.5	5008.4
无店铺及其他零售	63265.2	50845.4	459.6	2204.6

2-14 续表 1

行业		股份合作企业			
	营业利润	主营业务收入	主营业务成本	主营业务税金及附加	营业利润
总计	**-4871.9**	**15601.8**	**14420.6**	**28.9**	**405.6**
一、批发业	**-4391.2**	**10674.1**	**9979.2**	**18.7**	**323.6**
农畜产品批发	-9992.4	56.2	40.5	0.4	-3.4
食品、饮料及烟草制品批发	-90.5				
纺织、服装及日用品批发	2.5	5181.2	4932.7	0.8	248.5
文化、体育用品及器材批发	1.9	485.7	436.4	0.7	1.2
医药及医疗器材批发	-1.1				
矿产品、建材及化工产品批发	4851.9	4141.4	3802.8	14.4	63.4
机械设备、五金交电及电子产品批发	473.9	809.6	766.8	2.4	13.9
贸易经纪与代理					
其他批发	362.6				
二、零售业	**-480.7**	**4927.7**	**4441.4**	**10.2**	**82.0**
综合零售	329.1	3360.2	2998.4	5.6	24.0
食品、饮料及烟草制品专门零售	-1.1				
纺织、服装及日用品专门零售	-245.6				
文化、体育用品及器材专门零售	-851.1				
医药及医疗器材专门零售	26.5	10.0	5.0		3.0
汽车、摩托车、燃料及零配件专门零售	241.0	288.6	277.8	0.1	0.1
家用电器及电子产品专门零售	17.6	12.4	8.4		-0.5
五金、家具及室内装修材料专门零售	-4.3	534.0	491.2	2.1	20.7
无店铺及其他零售	7.2	722.5	660.6	2.4	34.7

分组的批发和零售业法人单位损益状况

单位：万元

国有企业				集体企业		
主营业务收入	主营业务成本	主营业务税金及附加	营业利润	主营业务收入	主营业务成本	主营业务税金及附加
4355837.0	**3996827.0**	**4184.5**	**20348.6**	**480841.4**	**435821.7**	**3279.8**
3943887.0	**3628574.5**	**3192.6**	**13180.2**	**462255.3**	**420217.4**	**3203.1**
1419238.5	1335263.9	255.6	-5565.5	288200.7	265352.8	2745.4
571086.1	512044.7	846.6	7520.0	2363.7	1567.0	5.3
1523.4	1466.6	0.2	-60.9	201.0	143.2	0.6
74471.0	65264.2	245.7	1707.9	242.0	212.9	1.3
45346.6	41140.2	69.3	389.5	57.8	47.3	0.3
1743332.4	1593976.7	1356.3	7538.6	136869.4	121915.5	303.2
73065.5	66484.3	346.1	1092.7	24969.1	22727.0	120.4
5196.6	4843.4	43.3	129.1			
10626.9	8090.5	29.5	428.8	9351.6	8251.7	26.6
411950.0	**368252.5**	**991.9**	**7168.4**	**18586.1**	**15604.3**	**76.7**
871.6	295.9	5.7	0.2	5382.1	4051.6	30.0
5300.4	5270.6	1.0	-204.8	55.6	48.5	1.2
8630.3	6825.0	31.6	41.5	499.8	323.3	2.4
103959.1	78544.6	355.1	7140.7	837.0	462.9	9.3
8115.8	6069.1	50.5	244.2	49.8	8.0	0.5
264754.7	249852.4	228.8	-1169.0	7952.5	7425.0	8.1
16127.2	17838.2	284.9	587.3	3002.6	2831.5	7.8
14.5	2.0		0.7	358.4	145.9	15.5
4176.4	3554.7	34.3	527.6	448.3	307.6	1.9

单位：万元

联营企业				有限责任公司	
主营业务收入	主营业务成本	主营业务税金及附加	营业利润	主营业务收入	主营业务成本
3672.2	**4197.6**	**43.3**	**113.6**	**10500634.9**	**9960686.8**
2989.5	**2593.4**	**42.7**	**111.4**	**9211853.7**	**8840855.2**
196.4	142.4		-31.6	1271499.2	1184826.3
295.0	233.0		4.0	250237.8	220382.8
				22384.3	19777.8
				49021.6	46984.7
				213167.3	194831.9
213.0	170.0	0.2	5.0	6458580.5	6274815.2
2285.1	2048.0	42.5	134.0	492668.1	460445.5
				16764.2	15183.5
				437530.7	423607.5
682.7	**1604.2**	**0.6**	**2.2**	**1288781.2**	**1119831.6**
322.6	300.2	0.6	0.9	136470.2	114577.5
82.7	1029.4		0.3	7586.6	7694.9
				20930.2	18262.6
				6911.0	3946.2
				212768.4	192240.3
277.4	274.6		1.0	699741.0	656284.9
				115355.9	103027.0
				75112.2	12254.0
				13905.7	11544.2

2-14 续表 2

行业	有限责任公司		股份有	
	主营业务税金及附加	营业利润	主营业务收入	主营业务成本
总计	**23897.6**	**108273.9**	**6323534.8**	**6020143.9**
一、批发业	**20743.9**	**72008.0**	**6106924.8**	**5835986.2**
农畜产品批发	3581.9	1670.8	116838.8	91496.4
食品、饮料及烟草制品批发	634.7	8514.4	1670.6	1506.8
纺织、服装及日用品批发	25.9	344.4		
文化、体育用品及器材批发	37.6	303.5		
医药及医疗器材批发	269.0	9865.8	8329.6	7464.2
矿产品、建材及化工产品批发	14927.1	43366.1	5949966.6	5708783.4
机械设备、五金交电及电子产品批发	1027.2	6539.9	13458.4	10466.3
贸易经纪与代理	100.1	12.9		
其他批发	140.4	1390.2	16660.8	16269.1
二、零售业	**3153.7**	**36265.9**	**216610.0**	**184157.7**
综合零售	800.8	4460.7	119521.7	92693.5
食品、饮料及烟草制品专门零售	28.1	1841.1	90.3	64.0
纺织、服装及日用品专门零售	137.3	-1045.5		
文化、体育用品及器材专门零售	101.1	1935.8		
医药及医疗器材专门零售	300.0	9594.0	1795.0	1486.6
汽车、摩托车、燃料及零配件专门零售	686.8	10879.8	93940.2	89120.6
家用电器及电子产品专门零售	423.0	2965.6	495.0	402.7
五金、家具及室内装修材料专门零售	605.8	4976.7	175.6	33.2
无店铺及其他零售	70.8	657.7	592.2	357.1

2-14 续表 3

行业	其他内资企业			港澳台商	
	主营业务成本	主营业务税金及附加	营业利润	主营业务收入	主营业务成本
总计	**15918.3**	**29.7**	**-61.8**	**191006.6**	**179979.0**
一、批发业	**14623.8**	**20.3**	**-314.1**	**166725.6**	**159957.8**
农畜产品批发	11456.4		-427.5	8337.0	7427.3
食品、饮料及烟草制品批发	1365.4	3.0	-34.5	17283.4	14975.8
纺织、服装及日用品批发			-4.6		
文化、体育用品及器材批发	0.8		-3.9		
医药及医疗器材批发					
矿产品、建材及化工产品批发	457.4	5.2	106.4	116764.5	113872.3
机械设备、五金交电及电子产品批发	1341.4	5.4	32.0	24339.0	23681.1
贸易经纪与代理	2.4	6.7	18.0		
其他批发				1.7	1.3
二、零售业	**1294.5**	**9.4**	**252.3**	**24281.0**	**20021.2**
综合零售	80.2	0.9	-13.4	24188.4	19952.9
食品、饮料及烟草制品专门零售		0.1	1.1		
纺织、服装及日用品专门零售					
文化、体育用品及器材专门零售	50.0		3.0		
医药及医疗器材专门零售	585.9	5.2	76.7		
汽车、摩托车、燃料及零配件专门零售	117.1	0.1	148.2		
家用电器及电子产品专门零售	45.5	2.3	-4.7		
五金、家具及室内装修材料专门零售	385.2	0.6	36.2	3.0	2.9
无店铺及其他零售	30.6	0.2	5.2	89.6	65.4

单位：万元

限公司		私营企业				其他内资企业
主营业务税金及附加	营业利润	主营业务收入	主营业务成本	主营业务税金及附加	营业利润	主营业务收入
15534.0	**122843.7**	**8044071.8**	**7355435.4**	**18952.1**	**80133.7**	**19756.6**
13627.7	**114554.1**	**6474215.2**	**5955893.4**	**13148.8**	**68411.9**	**17264.3**
61.5	10688.3	486702.5	459516.6	242.1	1301.7	13090.0
61.5	-20502.2	233079.1	207236.5	456.0	909.1	1595.1
		205068.3	188624.4	631.4	244.5	
		53270.3	45948.7	388.5	1518.3	2.9
8.6	86.8	116200.9	96609.0	441.6	4462.3	
13409.0	124922.2	3267292.6	3052462.6	5407.0	36990.8	770.5
83.9	-712.6	1929965.2	1740619.1	4786.3	25152.0	1675.3
		93265.9	84387.2	152.8	-386.4	130.5
3.2	71.6	89370.4	80489.3	643.1	-1780.4	
1906.3	**8289.6**	**1569856.6**	**1399542.0**	**5803.3**	**11721.8**	**2492.3**
1816.5	6434.6	234763.6	203108.6	1336.4	-1924.4	82.3
0.7	39.8	25812.2	21772.9	340.3	-185.2	86.2
		135487.2	110119.5	766.8	2182.8	
		29463.4	23019.3	227.7	710.2	85.5
5.3	114.5	67186.1	57687.2	264.8	-844.9	783.1
71.4	1590.0	723564.6	676448.9	1093.0	5257.3	880.7
5.2	50.3	243131.1	216664.8	1000.0	5635.8	78.5
0.3	13.6	67071.3	56330.2	431.2	-35.2	453.0
6.9	46.8	43377.1	34390.6	343.1	925.4	43.0

单位：万元

投资企业		外商投资企业			
主营业务税金及附加	营业利润	主营业务收入	主营业务成本	主营业务税金及附加	营业利润
190.1	**11719.5**	**85275.0**	**72862.5**	**151.5**	**1320.7**
31.7	**11118.0**	**11958.0**	**9527.0**	**62.2**	**-736.6**
	497.0	1398.7	912.4		-1395.2
	-426.1				
		34.1	28.0	0.1	3.5
24.0	10778.1	7404.1	5912.2	58.9	463.8
7.7	275.4	3003.1	2573.4	1.4	263.3
		118.0	101.0	1.8	-72.0
	-6.4				
158.4	**601.5**	**73317.0**	**63335.5**	**89.3**	**2057.3**
157.7	633.0	40685.7	34510.6		1105.0
		1785.8		89.3	-460.9
		30845.5	28824.9		1413.2
0.2					
0.5	-31.5				

2-15 按登记注册类型分组的其他行业法人单位附属的批发和零售业产业活动单位商品销售情况

登记注册类型	产业活动单位数（个）	从业人员数（人）	销售总额（万元）	批发额	零售额
合　计	**605**	**8203**	**870667.8**	**810080.7**	**60587.1**
一、批发业	**383**	**5649**	**815727.2**	**807916.2**	**7811.0**
内资企业	383	5649	815727.2	807916.2	7811.0
国有企业	199	3937	501246.8	495299.0	5947.8
集体企业	44	100	451.9	451.9	
股份合作企业	4	32	220.9	220.9	
联营企业	3	16	235.9	235.9	
集体联营企业	1	2	20.0	20.0	
其他联营企业	2	14	215.9	215.9	
有限责任公司	52	1292	260731.1	258867.9	1863.2
国有独资公司	5	619	114233.3	114233.3	
其他有限责任公司	47	673	146497.8	144634.6	1863.2
股份有限公司	4	18	529.7	529.7	
私营企业	66	231	51805.5	51805.5	
私营独资企业	29	44	761.3	761.3	
私营合伙企业	13	23	215.1	215.1	
私营有限责任公司	22	147	12829.1	12829.1	
私营股份有限公司	2	17	38000.0	38000.0	
其他企业	11	23	505.4	505.4	
二、零售业	**222**	**2554**	**54940.6**	**2164.5**	**52776.1**
内资企业	222	2554	54940.6	2164.5	52776.1
国有企业	87	1064	27788.1	1527.0	26261.1
集体企业	18	79	1275.8		1275.8
有限责任公司	40	1017	18704.2	433.1	18271.1
国有独资公司	2	5	328.3		328.3
其他有限责任公司	38	1012	18375.9	433.1	17942.8
股份有限公司	4	19	1810.5		1810.5
私营企业	70	331	3492.6	200.0	3292.6
私营独资企业	7	17	128.0		128.0
私营合伙企业	7	40	518.3		518.3
私营有限责任公司	56	274	2846.3	200.0	2646.3
其他企业	3	44	1869.4	4.4	1865.0

2-16　按行业(大类、中类、小类)分组的其他行业法人单位附属的批发和零售业产业活动单位商品销售情况

行　业	产业活动单位数(个)	从业人员数(人)	销售总额(万元)		
				批发额	零售额
合　计	**605**	**8203**	**870667.8**	**810080.7**	**60587.1**
一、批发业	**383**	**5649**	**815727.2**	**807916.2**	**7811.0**
农畜产品批发	93	1091	141346.0	140088.3	1257.7
谷物、豆及薯类批发	9	81	13558.3	13558.3	
种子、饲料批发	64	661	35844.4	35844.4	
棉、麻批发	10	291	86175.3	84917.6	1257.7
牲畜批发	4	10	233.0	233.0	
其他农畜产品批发	6	48	5535.0	5535.0	
食品、饮料及烟草制品批发	12	148	2419.8	2419.8	
米、面制品及食用油批发	1	5	1.0	1.0	
果品、蔬菜批发	3	39	430.5	430.5	
肉、禽、蛋及水产品批发	1	1			
盐及调味品批发	1	5	52.5	52.5	
饮料及茶叶批发	5	89	1871.5	1871.5	
其他食品批发	1	9	64.3	64.3	
纺织、服装及日用品批发	1	1			
其他日用品批发	1	1			
文化、体育用品及器材批发	1	1			
文具用品批发	1	1			
医药及医疗器材批发	1	11	83.6	83.6	
中药材及中成药批发	1	11	83.6	83.6	
矿产品、建材及化工产品批发	240	2631	465159.4	458636.1	6523.3
煤炭及制品批发	5	472	148161.5	148161.5	
石油及制品批发	35	288	19342.3	17479.1	1863.2
金属及金属矿批发	1	21	1605.6	1605.6	
建材批发	11	434	13942.1	13942.1	
化肥批发	153	1177	181739.5	177079.4	4660.1
农药批发	27	104	17190.7	17190.7	
农用薄膜批发	2	43	8435.5	8435.5	
其他化工产品批发	6	92	74742.2	74742.2	
机械设备、五金交电及电子产品批发	23	1530	183564.8	183535.3	29.5
农业机械批发	3	15	734.2	734.2	
汽车、摩托车及零配件批发	9	1387	141946.6	141946.6	
五金、交电批发	2	40	6.0	6.0	
计算机、软件及辅助设备批发	2	48	2269.2	2269.2	
通讯及广播电视设备批发	1	10	59.5	30.0	29.5
其他机械设备及电子产品批发	6	30	38549.3	38549.3	
贸易经纪与代理	4	89	14490.1	14490.1	
其他批发	8	147	8663.5	8663.0	0.5
再生物资回收与批发	5	130	6918.1	6917.6	0.5
其他未列明的批发	3	17	1745.4	1745.4	

2-16 续表

行业	产业活动单位数（个）	从业人员数（人）	销售总额（万元）		
				批发额	零售额
二、零售业	**222**	**2554**	**54940.6**	**2164.5**	**52776.1**
综合零售	37	652	9927.1	430.9	9496.2
百货零售	23	356	8054.7	426.5	7628.2
超级市场零售	5	220	977.1		977.1
其他综合零售	9	76	895.3	4.4	890.9
食品、饮料及烟草制品专门零售	46	153	3973.2	78.0	3895.2
粮油零售	7	26	1510.0	78.0	1432.0
糕点、面包零售	15	60	466.4		466.4
果品、蔬菜零售	1	2	20.0		20.0
肉、禽、蛋及水产品零售	16	45	1297.5		1297.5
饮料及茶叶零售	3	8	329.5		329.5
烟草制品零售	3	7	348.3		348.3
其他食品零售	1	5	1.5		1.5
纺织、服装及日用品专门零售	13	41	2121.6		2121.6
纺织品及针织品零售	5	21	1830.5		1830.5
服装零售	6	15	263.8		263.8
钟表、眼镜零售	1	3	12.1		12.1
其他日用品零售	1	2	15.2		15.2
文化、体育用品及器材专门零售	41	111	1846.6		1846.6
文具用品零售	4	16	281.0		281.0
图书零售	4	11	260.3		260.3
报刊零售	31	76	1268.2		1268.2
珠宝首饰零售	1	7	27.1		27.1
工艺美术品及收藏品零售	1	1	10.0		10.0
医药及医疗器材专门零售	2	5	76.9	3.1	73.8
药品零售	1	1	8.2	3.1	5.1
医疗用品及器材零售	1	4	68.7		68.7
汽车、摩托车、燃料及零配件专门零售	37	321	20710.0	122.0	20588.0
汽车零售	6	30	1999.7		1999.7
汽车零配件零售	9	125	474.3	110.0	364.3
摩托车及零配件零售	1	2	6.0		6.0
机动车燃料零售	21	164	18230.0	12.0	18218.0
家用电器及电子产品专门零售	7	62	1794.5		1794.5
家用电器零售	4	58	1676.2		1676.2
计算机、软件及辅助设备零售	1	2	85.0		85.0
通信设备零售	2	2	33.3		33.3
五金、家具及室内装修材料专门零售	22	106	3289.7	85.6	3204.1
五金零售	13	53	1687.1	48.6	1638.5
涂料零售	3	14	373.5		373.5
其他室内装修材料零售	6	39	1229.1	37.0	1192.1
无店铺及其他零售	17	1103	11201.0	1444.9	9756.1
生活用燃料零售	13	1085	11123.5	1444.9	9678.6
其他未列明的零售	4	18	77.5		77.5

2-17　按地、州、市分组的其他行业法人单位附属的批发和零售业产业活动单位商品销售情况

地　　区	产业活动单位数(个)	从业人员数(人)	销售总额(万元)		
				批发额	零售额
合　　计	**605**	**8203**	**870667.8**	**810080.7**	**60587.1**
一、批发业	**383**	**5649**	**815727.2**	**807916.2**	**7811.0**
乌鲁木齐市	20	1857	272133.1	272103.6	29.5
克拉玛依市	18	231	14244.0	12380.8	1863.2
吐鲁番地区	10	74	6563.3	6563.3	
哈密地区	30	592	107205.0	107205.0	
昌吉回族自治州	73	259	3725.9	3725.9	
伊犁哈萨克自治州	15	51	2351.0	2351.0	
伊犁州直属县(市)	1	5	1202.8	1202.8	
塔城地区	11	40	1136.7	1136.7	
阿勒泰地区	3	6	11.5	11.5	
博尔塔拉蒙古自治州	1	1			
巴音郭楞蒙古自治州	32	99	569.6	569.6	
阿克苏地区	42	380	80650.1	80650.1	
克孜勒苏柯尔克孜自治州	3	7	94.6	94.6	
喀什地区	1	43	39.1	39.1	
和田地区	5	5	0.6	0.6	
兵团	133	2050	328150.9	322232.6	5918.3
二、零售业	**222**	**2554**	**54940.6**	**2164.5**	**52776.1**
乌鲁木齐市	22	102	5963.3		5963.3
克拉玛依市	80	689	16340.6	1088.9	15251.7
吐鲁番地区	3	14	655.2		655.2
哈密地区	11	210	4415.8		4415.8
昌吉回族自治州	35	254	3241.9	81.1	3160.8
伊犁哈萨克自治州	5	54	1883.2		1883.2
伊犁州直属县(市)	4	53	1883.2		1883.2
阿勒泰地区	1	1			
巴音郭楞蒙古自治州	21	85	1452.8	110.0	1342.8
阿克苏地区	6	703	3588.1	409.4	3178.7
克孜勒苏柯尔克孜自治州	1	1	850.0		850.0
喀什地区	4	10	188.3		188.3
和田地区	1	1	7.0		7.0
兵团	33	431	16354.4	475.1	15879.3

2-18 按部门分组的其他部门法人单位附属的批发和零售业产业活动单位商品销售情况

指标名称	产业活动单位数（个）	从业人员数（人）	销售总额（万元）		
				批发额	零售额
合　　计	**605**	**8203**	**870667.8**	**810080.7**	**60587.1**
工业法人	105	2881	253708.1	232627.7	21080.4
建筑业法人	28	238	13961.5	8490.1	5471.4
房地产业法人	24	130	2081.2	863.6	1217.6
住宿和餐饮业法人	8	73	2506.1	750.0	1756.1
服务企业法人	102	420	14474.1	11529.6	2944.5
行政事业单位、社团法人	142	449	5427.2	4150.3	1276.9
农业法人	158	2317	350514.7	333405.5	17109.2
其他法人	38	1695	227994.9	218263.9	9731.0

2-19　其他行业法人单位附属的批发和零售业产业活动单位商品分类销售情况

单位：万元

指标名称	销售总额	批发额	零售额
合　计	**870667.8**	**810080.7**	**60587.1**
1.粮油、食品、饮料、烟酒类	46499.1	37169.0	9330.1
(1)粮油、食品类	41917.6	35284.5	6633.1
#粮油类	32148.3	30054.6	2093.7
肉禽蛋类	1694.3	327.6	1366.7
水产品类	116.8		116.8
蔬菜类	4182.9	3800.0	382.9
干鲜果品类	2409.1	975.0	1434.1
(2)饮料类	1057.4	18.0	1039.4
(3)烟酒类	3524.1	1866.5	1657.6
2.服装、鞋帽、针纺织品类	3520.2	295.8	3224.4
(1)服装类	778.0	106.3	671.7
(2)鞋帽类	215.1	29.9	185.2
(3)针纺织品	2527.1	159.6	2367.5
3.化妆品类	182.0		182.0
4.金银珠宝类	31.6		31.6
5.日用品类	1780.5	184.5	1596.0
#洗涤用品类	347.2		347.2
儿童玩具类	85.0		85.0
6.五金、电料类	2811.0	468.7	2342.3
7.体育、娱乐用品类	145.7		145.7
8.书报杂志类	1204.0		1204.0
9.电子出版物及音像制品类	10.4		10.4
10.家用电器和音像器材类	2249.7		2249.7
11.中西药品类	171.4	11.7	159.7
#西药	50.1		50.1
中草药及中成药类	21.4	8.6	12.8
12.文化办公用品类	2978.2	2292.4	685.8
13.家具类	24.5	0.8	23.7
14.通讯器材类	91.1		91.1
15.煤炭及制品类	153409.0	150449.8	2959.2
16.木材及制品类	30.0	30.0	
17.石油及制品类	81532.9	54154.3	27378.6
18.化工材料及制品类	249841.9	249841.9	
#化肥类	95969.0	95969.0	
19.金属材料类	10710.5	10710.5	
20.建筑及装潢材料类	20233.4	18295.1	1938.3
21.机电产品及设备类	39759.8	38996.5	763.3
#农机类	2116.1	2116.1	
22.汽车类	100186.6	98142.8	2043.8
23.种子饲料类	41122.8	41122.8	
24.棉麻类	58807.6	57549.9	1257.7
25.其他类	53333.9	50364.2	2969.7

第 3 篇

住宿和餐饮业篇

3-1　按登记注册类型、行业分组的住宿和餐饮业法人单位经营情况

登记注册类型	法人单位数（个）	从业人员数（人）	营业额（万元）			
				客房收入	餐费收入	商品销售收入
总　　计	**1047**	**50498**	**368643.1**	**129649.0**	**199157.6**	**13933.0**
一、住宿业	**745**	**37932**	**263518.6**	**123849.4**	**104330.3**	**11521.9**
1.按登记注册类型分组						
内资企业	737	36446	250056.4	118666.1	97991.7	11465.2
国有企业	173	14017	87493.6	44572.6	35259.1	2869.4
集体企业	24	1125	6570.8	2682.3	2681.3	215.4
联营企业	5	163	1060.6	719.5	136.7	
国有联营企业	3	81	385.6	245.5	136.7	
集体联营企业	1	4	13.0	13.0		
国有与集体联营企业	1	78	662.0	461.0		
有限责任公司	148	9574	83363.8	32569.7	33930.3	6825.8
国有独资公司	14	2902	37529.6	8859.9	15493.9	6091.9
其他有限责任公司	134	6672	45834.2	23709.8	18436.4	733.9
股份有限公司	11	611	4661.3	2473.8	1922.0	44.0
私营企业	370	10880	66709.6	35483.4	24056.5	1510.2
私营独资企业	121	2049	10835.2	6658.4	3660.6	224.2
私营合伙企业	14	472	3041.8	1382.4	1222.9	147.3
私营有限责任公司	225	8155	51881.4	26629.7	19040.9	1136.6
私营股份有限公司	10	204	951.2	812.9	132.1	2.1
其他企业	6	76	196.7	164.8	5.8	0.4
港、澳、台商投资企业	8	1486	13462.2	5183.3	6338.6	56.7
合资经营企业(港或澳、台资)	7	1382	13218.1	5041.6	6279.7	56.7
合作经营企业(港或澳、台资)	1	104	244.1	141.7	58.9	
2.按住宿行业小类分组						
旅游饭店	338	30629	226299.9	97408.9	95708.7	10847.3
一般旅馆	385	6888	35495.0	25358.5	8009.5	664.4
其他住宿服务	22	415	1723.7	1082.0	612.1	10.2
二、餐饮业	**302**	**12566**	**105124.5**	**5799.6**	**94827.3**	**2411.1**
1.按登记注册类型分组						
内资企业	294	11308	88799.6	5799.6	78502.4	2411.1
国有企业	12	1072	6736.0	1899.6	4688.5	44.2
集体企业	3	139	515.0	69.3	439.7	6.0
股份合作企业	2	42	71.5	12.0	59.0	0.5
有限责任公司	39	2780	24071.2	2083.4	20056.5	533.0
其他有限责任公司	39	2780	24071.2	2083.4	20056.5	533.0
股份有限公司	1	20	20.0		20.0	
私营企业	232	7128	57141.1	1735.3	53006.3	1815.0
私营独资企业	79	1974	10164.1	332.2	9626.0	169.0
私营合伙企业	7	81	349.4	74.9	259.0	13.3
私营有限责任公司	145	5063	46627.6	1328.2	43121.3	1632.7
私营股份有限公司	1	10				
其他企业	5	127	244.8		232.4	12.4
港、澳、台商投资企业	1	6	3.7		3.7	
港、澳、台商投资股份有限公司	1	6	3.7		3.7	
外商投资企业	7	1252	16321.2		16321.2	
中外合资经营企业	1	84	794.8		794.8	
中外合作经营企业	1	20				
外资企业	4	1147	15526.1		15526.1	
外商投资股份有限公司	1	1	0.3		0.3	
2.按餐饮行业小类分组						
正餐服务	257	10773	85638.1	5741.3	75472.9	2337.5
快餐服务	33	1663	19351.7	57.3	19220.7	73.6
饮料及冷饮服务	3	16	34.8		34.8	
其他餐饮服务	9	114	99.9	1.0	98.9	

3-2 按登记注册类型、行业、星级

指标名称	五星					
	法人单位数(个)	从业人员数(人)	营业额(万元)	客房收入	餐费收入	商品销售收入
一、住宿业	**7**	**4112**	**53062.9**	**12650.4**	**24289.3**	**6902.4**
1.按登记注册类型分组						
内资企业	6	3482	45307.4	10205.8	20315.9	6862.6
国有企业	2	884	9229.7	3227.9	4227.6	996.9
集体企业						
联营企业						
国有联营企业						
集体联营企业						
国有与集体联营企业						
其他联营企业						
有限责任公司	3	2266	33615.5	6046.5	14695.6	5727.6
国有独资公司	2	1690	29168.6	4957.6	11883.0	5727.6
其他有限责任公司	1	576	4446.9	1088.9	2812.6	
股份有限公司						
私营企业	1	332	2462.2	931.4	1392.7	138.1
私营独资企业						
私营合伙企业						
私营有限责任公司	1	332	2462.2	931.4	1392.7	138.1
私营股份有限公司						
其他企业						
港、澳、台商投资企业	1	630	7755.5	2444.6	3973.4	39.8
合资经营企业(港或澳、台资)	1	630	7755.5	2444.6	3973.4	39.8
合作经营企业(港或澳、台资)						
2.按住宿行业小类分组						
旅游饭店	7	4112	53062.9	12650.4	24289.3	6902.4
一般旅馆						
其他住宿服务						

分组的住宿业法人单位经营情况

四星					
法人单位数(个)	从业人员数(人)	营业额(万元)	客房收入	餐费收入	商品销售收入
41	**8218**	**64310.6**	**29151.1**	**27751.2**	**1838.5**
38	7577	59389.7	26934.8	25604.9	1821.6
12	2488	20871.9	11999.2	7702.9	505.4
2	587	3877.6	1302.6	1831.7	209.9
8	1812	12499.1	4939.0	5997.8	626.3
1	427	3215.4	1084.9	1616.4	334.9
7	1385	9283.7	3854.1	4381.4	291.4
16	2690	22141.1	8694.0	10072.5	480.0
1	112	595.8	269.3	322.7	
1	151	844.6	534.3	206.9	89.5
14	2427	20700.7	7890.4	9542.9	390.5
3	641	4920.9	2216.3	2146.3	16.9
3	641	4920.9	2216.3	2146.3	16.9
38	7994	62475.9	28101.2	27091.8	1838.5
3	224	1834.7	1049.9	659.4	

3-2 续表 1

指标名称	三星					
	法人单位数(个)	从业人员数(人)	营业额(万元)			
				客房收入	餐费收入	商品销售收入
一、住宿业	**167**	**14565**	**87045.3**	**43151.0**	**36821.1**	**1524.8**
1.按登记注册类型分组						
内资企业	166	14461	86801.2	43009.3	36762.2	1524.8
国有企业	56	7689	39584.4	18448.3	17725.7	734.4
集体企业	5	326	1877.3	755.5	674.6	
联营企业	2	153	1043.8	702.7	136.7	
国有联营企业	1	75	381.8	241.7	136.7	
集体联营企业						
国有与集体联营企业	1	78	662.0	461.0		
其他联营企业						
有限责任公司	40	2879	20768.7	11328.1	8246.4	204.4
国有独资公司	6	504	3580.1	1922.1	1547.0	2.7
其他有限责任公司	34	2375	17188.6	9406.0	6699.4	201.7
股份有限公司	4	440	3585.4	1769.6	1582.6	42.9
私营企业	59	2974	19941.6	10005.1	8396.2	543.1
私营独资企业	12	660	4997.5	2594.8	2126.1	155.1
私营合伙企业	5	218	1399.8	483.3	777.5	56.7
私营有限责任公司	40	2070	13385.3	6819.5	5443.2	329.2
私营股份有限公司	2	26	159.0	107.5	49.4	2.1
其他企业						
港、澳、台商投资企业	1	104	244.1	141.7	58.9	
合资经营企业(港或澳、台资)						
合作经营企业(港或澳、台资)	1	104	244.1	141.7	58.9	
2.按住宿行业小类分组						
旅游饭店	142	13410	80074.9	39232.6	34032.1	1408.1
一般旅馆	24	1100	6850.4	3868.4	2729.0	106.7
其他住宿服务	1	55	120.0	50.0	60.0	10.0

二　　星					
法人单位数（个）	从业人员数（人）	营业额（万元）			
			客房收入	餐费收入	商品销售收入
74	**2319**	**14833.7**	**8674.1**	**5103.0**	**367.5**
73	2294	14701.7	8542.1	5103.0	367.5
24	1187	7267.3	3959.7	2876.6	241.1
3	60	336.6	174.4	145.5	5.5
18	515	3548.3	2025.2	1246.2	108.4
1	45	141.0	81.0	60.0	
17	470	3407.3	1944.2	1186.2	108.4
3	39	120.9	85.9	33.9	1.1
25	493	3428.6	2296.9	800.8	11.4
7	112	566.0	352.3	201.6	
1	39	592.2	238.3	160.9	
17	342	2270.4	1706.3	438.3	11.4
1	25	132.0	132.0		
1	25	132.0	132.0		
48	1787	12158.7	6847.3	4453.7	346.3
24	475	2457.4	1709.4	554.2	21.2
2	57	217.6	117.4	95.1	

3-2 续表 2

指标名称	一星					
	法人单位数(个)	从业人员数(人)	营业额(万元)			
				客房收入	餐费收入	商品销售收入
一、住宿业	**9**	**167**	**1142.0**	**649.2**	**367.7**	**112.6**
1.按登记注册类型分组						
内资企业	9	167	1142.0	649.2	367.7	112.6
国有企业	1	6				
集体企业	1	10	36.6	36.6		
联营企业						
国有联营企业						
集体联营企业						
国有与集体联营企业						
其他联营企业						
有限责任公司	2	103	789.6	414.4	265.2	97.5
国有独资公司						
其他有限责任公司	2	103	789.6	414.4	265.2	97.5
股份有限公司						
私营企业	5	48	315.8	198.2	102.5	15.1
私营独资企业	3	22	79.4	75.4		4.0
私营合伙企业						
私营有限责任公司	2	26	236.4	122.8	102.5	11.1
私营股份有限公司						
其他企业						
港、澳、台商投资企业						
合资经营企业(港或澳、台资)						
合作经营企业(港或澳、台资)						
2.按住宿行业小类分组						
旅游饭店	4	45	252.0	138.4	102.5	11.1
一般旅馆	4	113	859.6	480.4	265.2	101.5
其他住宿服务	1	9	30.4	30.4		

其他					
法人单位数(个)	从业人员数(人)	营业额(万元)			
			客房收入	餐费收入	商品销售收入
447	**8551**	**43124.1**	**29573.6**	**9998.0**	**776.1**
445	8465	42714.4	29324.9	9838.0	776.1
78	1763	10540.3	6937.5	2726.3	391.6
13	142	442.7	413.2	29.5	
3	10	16.8	16.8		
2	6	3.8	3.8		
1	4	13.0	13.0		
77	1999	12142.6	7816.5	3479.1	61.6
4	236	1424.5	814.3	387.5	26.7
73	1763	10718.1	7002.2	3091.6	34.9
4	132	955.0	618.3	305.5	
264	4343	18420.3	13357.8	3291.8	322.5
98	1143	4596.5	3366.6	1010.2	65.1
7	64	205.2	126.5	77.6	1.1
151	2958	12826.4	9159.3	2121.3	256.3
8	178	792.2	705.4	82.7	
6	76	196.7	164.8	5.8	0.4
2	86	409.7	248.7	160.0	
2	86	409.7	248.7	160.0	
99	3281	18275.5	10439.0	5739.3	340.9
330	4976	23492.9	18250.4	3801.7	435.0
18	294	1355.7	884.2	457.0	0.2

3-3 按行业、登记注册类型分组的

指标名称	内资企业							
	法人单位数（个）	从业人员数（人）	营业额（万元）				法人单位数（个）	从业人员数（人）
				客房收入	餐费收入	商品销售收入		
总　计	**1031**	**47754**	**338856.0**	**124465.7**	**176494.1**	**13876.3**	**185**	**15089**
一、住宿业	**737**	**36446**	**250056.4**	**118666.1**	**97991.7**	**11465.2**	**173**	**14017**
旅游饭店	332	29229	213247.4	92474.3	89530.1	10790.6	99	12167
一般旅馆	383	6802	35085.3	25109.8	7849.5	664.4	71	1773
其他住宿服务	22	415	1723.7	1082.0	612.1	10.2	3	77
二、餐饮业	**294**	**11308**	**88799.6**	**5799.6**	**78502.4**	**2411.1**	**12**	**1072**
正餐服务	250	10634	84721.7	5741.3	74556.5	2337.5	10	985
快餐服务	32	544	3943.2	57.3	3812.2	73.6	2	87
饮料及冷饮服务	3	16	34.8		34.8			
其他餐饮服务	9	114	99.9	1.0	98.9			

3-3 续表 1

指标名称	股份合作企业							
	法人单位数（个）	从业人员数（人）	营业额（万元）				法人单位数（个）	从业人员数（人）
				客房收入	餐费收入	商品销售收入		
总　计	**2**	**42**	**71.5**	**12.0**	**59.0**	**0.5**	**5**	**163**
一、住宿业							**5**	**163**
旅游饭店							2	153
一般旅馆							3	10
其他住宿服务								
二、餐饮业	**2**	**42**	**71.5**	**12.0**	**59.0**	**0.5**		
正餐服务	2	42	71.5	12.0	59.0	0.5		
快餐服务								
饮料及冷饮服务								
其他餐饮服务								

住宿和餐饮业法人单位经营情况

国有企业				集体企业					
营业额（万元）				法人单位数（个）	从业人员数（人）	营业额（万元）			
	客房收入	餐费收入	商品销售收入				客房收入	餐费收入	商品销售收入
94229.6	**46472.2**	**39947.6**	**2913.6**	**27**	**1264**	**7085.8**	**2751.6**	**3121.0**	**221.4**
87493.6	**44572.6**	**35259.1**	**2869.4**	**24**	**1125**	**6570.8**	**2682.3**	**2681.3**	**215.4**
78215.8	38361.3	32750.4	2768.1	9	954	5848.8	2071.2	2583.8	215.4
8400.3	5634.0	2213.6	101.3	15	171	722.0	611.1	97.5	
877.5	577.3	295.1							
6736.0	**1899.6**	**4688.5**	**44.2**	**3**	**139**	**515.0**	**69.3**	**439.7**	**6.0**
4656.1	1899.6	2608.6	44.2	3	139	515.0	69.3	439.7	6.0
2079.9		2079.9							

联营企业				有限责任公司					
营业额（万元）				法人单位数（个）	从业人员数（人）	营业额（万元）			
	客房收入	餐费收入	商品销售收入				客房收入	餐费收入	商品销售收入
1060.6	**719.5**	**136.7**		**187**	**12354**	**107435.0**	**34653.1**	**53986.8**	**7358.8**
1060.6	**719.5**	**136.7**		**148**	**9574**	**83363.8**	**32569.7**	**33930.3**	**6825.8**
1043.8	702.7	136.7		84	7917	71754.4	24934.6	30640.1	6556.6
16.8	16.8			63	1637	11594.3	7620.0	3290.2	269.2
				1	20	15.1	15.1		
				39	**2780**	**24071.2**	**2083.4**	**20056.5**	**533.0**
				33	2682	23739.2	2042.4	19765.5	533.0
				5	93	332.0	41.0	291.0	
				1	5				

3-3 续表 2

指标名称	股份有限公司							
	法人单位数(个)	从业人员数(人)	营业额(万元)				法人单位数(个)	从业人员数(人)
				客房收入	餐费收入	商品销售收入		
总　计	**12**	**631**	**4681.3**	**2473.8**	**1942.0**	**44.0**	**602**	**18008**
一、住宿业	**11**	**611**	**4661.3**	**2473.8**	**1922.0**	**44.0**	**370**	**10880**
旅游饭店	6	558	4427.6	2328.4	1834.8	42.9	131	7470
一般旅馆	4	40	133.7	115.4	17.2	1.1	222	3105
其他住宿服务	1	13	100.0	30.0	70.0		17	305
二、餐饮业	**1**	**20**	**20.0**		**20.0**		**232**	**7128**
正餐服务							198	6665
快餐服务	1	20	20.0		20.0		23	338
饮料及冷饮服务							3	16
其他餐饮服务							8	109

3-3 续表 3

指标名称	港澳台商投资企业					
	法人单位数(个)	从业人员数(人)	营业额(万元)			
				客房收入	餐费收入	商品销售收入
总　计	**9**	**1492**	**13465.9**	**5183.3**	**6342.3**	**56.7**
一、住宿业	**8**	**1486**	**13462.2**	**5183.3**	**6338.6**	**56.7**
旅游饭店	6	1400	13052.5	4934.6	6178.6	56.7
一般旅馆	2	86	409.7	248.7	160.0	
其他住宿服务						
二、餐饮业	**1**	**6**	**3.7**		**3.7**	
正餐服务	1	6	3.7		3.7	
快餐服务						
饮料及冷饮服务						
其他餐饮服务						

私营企业				其他内资企业					
营业额(万元)	客房收入	餐费收入	商品销售收入	法人单位数(个)	从业人员数(人)	营业额(万元)	客房收入	餐费收入	商品销售收入
123850.7	**37218.7**	**77062.8**	**3325.2**	**11**	**203**	**441.5**	**164.8**	**238.2**	**12.8**
66709.6	**35483.4**	**24056.5**	**1510.2**	**6**	**76**	**196.7**	**164.8**	**5.8**	**0.4**
51957.0	24076.1	21584.3	1207.6	1	10				
14021.5	10947.7	2225.2	292.4	5	66	196.7	164.8	5.8	0.4
731.1	459.6	247.0	10.2						
57141.1	**1735.3**	**53006.3**	**1815.0**	**5**	**127**	**244.8**		**232.4**	**12.4**
55507.5	1718.0	51451.3	1753.8	4	121	232.4		232.4	
1498.9	16.3	1421.3	61.2	1	6	12.4			12.4
34.8		34.8							
99.9	1.0	98.9							

外商投资企业					
法人单位数(个)	从业人员数(人)	营业额(万元)	客房收入	餐费收入	商品销售收入
7	**1252**	**16321.2**		**16321.2**	
7	**1252**	**16321.2**		**16321.2**	
6	133	912.7		912.7	
1	1119	15408.5		15408.5	

3-4 按地、州、市分组的住宿和餐饮业法人单位经营情况

指标名称	法人单位数(个)	从业人员数(人)	营业额(万元)			
				客房收入	餐费收入	商品销售收入
总　计	**1047**	**50498**	**368643.1**	**129649.0**	**199157.6**	**13933.0**
一、住宿业	**745**	**37932**	**263518.6**	**123849.4**	**104330.3**	**11521.9**
乌鲁木齐市	196	14997	133529.6	54111.5	53080.0	8719.9
克拉玛依市	12	3120	5861.7	1746.5	3488.5	61.5
吐鲁番地区	30	971	5080.7	2905.0	1992.7	23.8
哈密地区	20	1376	9561.7	4411.8	4562.6	312.7
昌吉回族自治州	42	709	3204.0	1591.5	1427.3	52.8
伊犁哈萨克自治州	168	6169	37240.9	19642.8	14888.7	1221.3
伊犁州直属县(市)	89	3810	24206.0	13118.2	9471.9	401.4
塔城地区	17	694	4137.4	1969.6	1857.3	234.8
阿勒泰地区	62	1665	8897.5	4555.0	3559.5	585.1
博尔塔拉蒙古自治州	15	363	2528.7	1373.5	1032.7	85.5
巴音郭楞蒙古自治州	62	2480	17511.5	8651.4	7484.4	805.8
阿克苏地区	35	1226	7494.2	4814.7	2338.2	58.3
克孜勒苏柯尔克孜自治州	6	280	1346.1	534.9	798.8	
喀什地区	72	1596	10822.6	7094.3	3024.3	68.7
和田地区	24	625	3792.6	2207.7	1450.9	36.4
兵团	63	4020	25544.3	14763.8	8761.2	75.2
二、餐饮业	**302**	**12566**	**105124.5**	**5799.6**	**94827.3**	**2411.1**
乌鲁木齐市	123	7897	76925.5	4142.9	69293.7	1848.6
克拉玛依市	7	463	5029.4	321.9	4494.5	33.2
吐鲁番地区	5	126	516.5	93.3	423.2	
哈密地区	4	153	820.3		719.1	101.2
昌吉回族自治州	21	386	1183.3	125.5	1004.5	53.2
伊犁哈萨克自治州	28	644	2928.6	303.4	2522.2	103.0
伊犁州直属县(市)	10	308	1677.3	75.7	1584.0	17.6
塔城地区	5	112	453.3	23.0	402.9	27.4
阿勒泰地区	13	224	798.0	204.7	535.3	58.0
博尔塔拉蒙古自治州	2	14	133.7		107.6	26.1
巴音郭楞蒙古自治州	46	1261	9327.3	226.6	8734.5	139.6
阿克苏地区	17	403	2732.7	252.5	2395.1	66.5
克孜勒苏柯尔克孜自治州	3	118	194.1	12.2	181.9	
喀什地区	18	498	806.2	264.9	496.3	34.0
和田地区	1	1				
兵团	27	602	4526.9	56.4	4454.7	5.7

3-5 按行业分组的住宿和餐饮业法人单位设施状况

指标名称	客房数(间)	床位数(个)	餐位数(位)
总　计	**55262**	**106127**	**212778**
一、住宿业	**51848**	**99273**	**133186**
旅游饭店	33309	62877	87682
一般旅馆	17676	34574	16236
其他住宿服务	863	1822	29268
二、餐饮业	**3414**	**6854**	**79592**
正餐服务	3322	6635	71251
快餐服务	90	215	7856
饮料及冷饮服务			60
其他餐饮服务	2	4	425

3-6　按登记注册类型、行业分组的限额以上住宿和餐饮业法人单位资产负债状况

单位：万元

指标名称	资产总计	负债合计	所有者权益合　　计
总　　计	**908050.9**	**571835.2**	**336215.7**
一、住宿业	**797910.1**	**506002.5**	**291907.6**
1.按登记注册类型分组			
内资企业	730126.2	440245.4	289880.8
国有企业	263180.1	135195.4	127984.7
集体企业	11161.7	14477.8	-3316.1
联营企业	5785.0	1049.9	4735.1
国有联营企业	2691.7	985.2	1706.5
国有与集体联营企业	3093.3	64.7	3028.6
有限责任公司	264198.8	153002.0	111196.8
国有独资公司	86312.3	12631.8	73680.5
其他有限责任公司	177886.5	140370.2	37516.3
股份有限公司	19625.4	11923.3	7702.1
私营企业	166175.2	124597.0	41578.2
私营独资企业	17235.2	13823.0	3412.2
私营合伙企业	8923.8	6220.9	2702.9
私营有限责任公司	139426.4	104031.4	35395.0
私营股份有限公司	589.8	521.7	68.1
港、澳、台商投资企业	67783.9	65757.1	2026.8
合资经营企业(港或澳、台资)	65932.1	65295.8	636.3
合作经营企业(港或澳、台资)	1851.8	461.3	1390.5
2.按住宿行业小类分组			
旅游饭店	749681.6	478411.2	271270.4
一般旅馆	48138.2	27551.0	20587.2
其他住宿服务	90.3	40.3	50.0
二、餐饮业	**110140.8**	**65832.7**	**44308.1**
1.按登记注册类型分组			
内资企业	104199.7	62654.3	41545.4
国有企业	35367.3	1721.6	33645.7
集体企业	368.7	192.0	176.7
有限责任公司	42810.5	39604.3	3206.2
其他有限责任公司	42810.5	39604.3	3206.2
私营企业	25653.2	21136.4	4516.8
私营独资企业	4796.3	2983.7	1812.6
私营有限责任公司	20856.9	18152.7	2704.2
外商投资企业	5941.1	3178.4	2762.7
中外合资经营企业	129.1	215.8	-86.7
外资企业	5812.0	2962.6	2849.4
2.按餐饮行业小类分组			
正餐服务	102890.8	62470.1	40420.7
快餐服务	7250.0	3362.6	3887.4

3-7 按行业、登记注册类型分组的限额以上

指标名称	内资企业			国有企业		
	资产总计	负债合计	所有者权益	资产总计	负债合计	所有者权益
总　计	**834325.9**	**502899.7**	**331426.2**	**298547.4**	**136917.0**	**161630.4**
一、住宿业	**730126.2**	**440245.4**	**289880.8**	**263180.1**	**135195.4**	**127984.7**
旅游饭店	682678.4	413029.0	269649.4	248608.5	128850.3	119758.2
一般旅馆	47357.5	27176.1	20181.4	14481.3	6304.8	8176.5
其他住宿服务	90.3	40.3	50.0	90.3	40.3	50.0
二、餐饮业	**104199.7**	**62654.3**	**41545.4**	**35367.3**	**1721.6**	**33645.7**
正餐服务	102761.7	62254.3	40507.4	34945.1	1426.3	33518.8
快餐服务	1438.0	400.0	1038.0	422.2	295.3	126.9

3-7 续表

指标名称	股份有限公司			私营企业		
	资产总计	负债合计	所有者权益	资产总计	负债合计	所有者权益
总　计	**19625.4**	**11923.3**	**7702.1**	**191828.4**	**145733.4**	**46095.0**
一、住宿业	**19625.4**	**11923.3**	**7702.1**	**166175.2**	**124597.0**	**41578.2**
旅游饭店	19625.4	11923.3	7702.1	153920.1	117197.5	36722.6
一般旅馆				12255.1	7399.5	4855.6
其他住宿服务						
二、餐饮业				**25653.2**	**21136.4**	**4516.8**
正餐服务				25487.7	21082.9	4404.8
快餐服务				165.5	53.5	112.0

住宿和餐饮业法人单位资产负债状况

单位：万元

集体企业			联营企业			有限责任公司		
资产总计	负债合计	所有者权益	资产总计	负债合计	所有者权益	资产总计	负债合计	所有者权益
11530.4	**14669.8**	**-3139.4**	**5785.0**	**1049.9**	**4735.1**	**307009.3**	**192606.3**	**114403.0**
11161.7	**14477.8**	**-3316.1**	**5785.0**	**1049.9**	**4735.1**	**264198.8**	**153002.0**	**111196.8**
9623.6	14410.7	-4787.1	5785.0	1049.9	4735.1	245115.8	**139597.3**	**105518.5**
1538.1	67.1	1471.0				19083.0	**13404.7**	**5678.3**
368.7	**192.0**	**176.7**				**42810.5**	**39604.3**	**3206.2**
368.7	192.0	176.7				41960.2	**39553.1**	**2407.1**
						850.3	**51.2**	**799.1**

单位：万元

港澳台商投资企业			外商投资企业		
资产总计	负债合计	所有者权益	资产总计	负债合计	所有者权益
67783.9	**65757.1**	**2026.8**	**5941.1**	**3178.4**	**2762.7**
67783.9	**65757.1**	**2026.8**			
67003.2	65382.2	1621.0			
780.7	374.9	405.8			
			5941.1	**3178.4**	**2762.7**
			129.1	215.8	-86.7
			5812.0	2962.6	2849.4

3-8 按地、州、市分组的限额以上住宿和餐饮业法人单位资产负债状况

单位：万元

地　　区	资产总计	负债合计	所有者权益
总　　计	**908050.9**	**571835.2**	**336215.7**
一、住宿业	**797910.1**	**506002.5**	**291907.6**
乌鲁木齐市	340487.1	210807.8	129679.3
克拉玛依市	57484.6	47161.0	10323.6
吐鲁番地区	11078.8	8534.6	2544.2
哈密地区	35734.6	22218.8	13515.8
昌吉回族自治州	9666.3	10545.4	-879.1
伊犁哈萨克自治州	99908.8	47179.1	52729.7
伊犁州直属县(市)	64012.0	30391.6	33620.4
塔城地区	8801.1	5819.3	2981.8
阿勒泰地区	27095.7	10968.2	16127.5
博尔塔拉蒙古自治州	4525.1	989.7	3535.4
巴音郭楞蒙古自治州	55185.9	44356.0	10829.9
阿克苏地区	30123.9	22078.4	8045.5
克孜勒苏柯尔克孜自治州	6287.7	4554.7	1733.0
喀什地区	30125.1	21655.6	8469.5
和田地区	13068.7	4749.5	8319.2
兵团	104233.5	61171.9	43061.6
二、餐饮业	**110140.8**	**65832.7**	**44308.1**
乌鲁木齐市	95712.3	57417.4	38294.9
克拉玛依市	608.9	479.0	129.9
吐鲁番地区	86.7	3.6	83.1
哈密地区	1728.2	1962.8	-234.6
昌吉回族自治州	564.1	417.7	146.4
伊犁哈萨克自治州	1663.4	225.7	1437.7
伊犁州直属县(市)	1663.4	225.7	1437.7
巴音郭楞蒙古自治州	2703.6	2343.4	360.2
阿克苏地区	5447.4	2359.3	3088.1
兵团	1626.2	623.8	1002.4

3-9　按登记注册类型、行业分组的住宿和餐饮业法人单位损益状况

单位：万元

指标名称	主营业务收入	主营业务成本	主营业务税金及附加	营业利润
总　计	**364520.2**	**171379.9**	**22142.0**	**-31741.9**
一、住宿业	**262085.1**	**115540.2**	**15839.4**	**-29078.1**
1.按登记注册类型分组				
内资企业	248711.1	112232.1	15170.1	-26683.3
国有企业	86092.6	39947.5	4834.7	-9772.5
集体企业	6655.2	2000.1	376.8	-2257.9
联营企业	1062.0	498.9	58.7	-134.7
国有联营企业	385.6	57.7	23.7	-147.7
集体联营企业	13.0	1.2		11.8
国有与集体联营企业	663.4	440.0	35.0	1.2
有限责任公司	84292.9	44136.3	5098.4	-5429.6
国有独资公司	37492.5	22376.8	2506.8	1363.9
其他有限责任公司	46800.4	21759.5	2591.6	-6793.5
股份有限公司	4565.2	2382.4	222.6	-549.1
私营企业	65847.1	23201.5	4569.7	-8635.7
私营独资企业	10807.9	4022.5	632.7	-469.8
私营合伙企业	3031.5	1327.3	199.3	-140.9
私营有限责任公司	51058.1	17584.1	3680.4	-7856.3
私营股份有限公司	949.6	267.6	57.3	-168.7
其他企业	196.1	65.4	9.2	96.2
港、澳、台商投资企业	13374.0	3308.1	669.3	-2394.8
合资经营企业(港或澳、台资)	13129.8	3284.5	657.6	-1997.5
合作经营企业(港或澳、台资)	244.2	23.6	11.7	-397.3
2.按住宿行业小类分组				
旅游饭店	226412.7	102144.9	13692.3	-25149.2
一般旅馆	33838.1	12519.5	2043.5	-4019.5
其他住宿服务	1834.3	875.8	103.6	90.6
二、餐饮业	**102435.1**	**55839.7**	**6302.6**	**-2663.8**
1.按登记注册类型分组				
内资企业	86110.2	49658.4	5485.8	-4159.5
国有企业	6596.4	3531.8	417.0	-752.2
集体企业	514.9	311.6	53.0	29.5
股份合作企业	76.5	69.8	1.5	9.5
有限责任公司	21133.5	12073.6	1339.9	-2767.2
其他有限责任公司	21133.5	12073.6	1339.9	-2767.2
股份有限公司	20.0			2.0
私营企业	57524.5	33509.9	3664.6	-664.0
私营独资企业	10134.3	6844.9	707.8	546.2
私营合伙企业	346.9	179.7	12.6	-8.2
私营有限责任公司	47043.3	26485.3	2944.2	-1202.0
其他企业	244.4	161.7	9.8	-17.1
港、澳、台商投资企业	3.7	2.1	0.1	-6.7
港、澳、台商投资股份有限公司	3.7	2.1	0.1	-6.7
外商投资企业	16321.2	6179.2	816.7	1502.4
中外合资经营企业	794.8	364.8	39.7	-45.3
外资企业	15526.1	5814.4	777.0	1548.9
2.按餐饮行业小类分组				
正餐服务	82831.5	47786.6	5310.3	-4492.3
快餐服务	19439.9	7977.2	980.0	1820.2
饮料及冷饮服务	34.8	21.2	2.6	-2.9
其他餐饮服务	128.9	54.7	9.7	11.2

3-10 按行业、登记注册类型分组的

指标名称	内资企业			
	主营业务收入	主营业务成本	主营业务税金及附加	营业利润
总　计	**334821.3**	**161890.5**	**20655.9**	**-30842.8**
一、住宿业	**248711.1**	**112232.1**	**15170.1**	**-26683.3**
旅游饭店	213444.4	98950.1	13052.0	-22762.1
一般旅馆	33432.4	12406.2	2014.5	-4011.8
其他住宿服务	1834.3	875.8	103.6	90.6
二、餐饮业	**86110.2**	**49658.4**	**5485.8**	**-4159.5**
正餐服务	81915.1	47380.1	5263.9	-4419.3
快餐服务	4031.4	2202.4	209.6	251.5
饮料及冷饮服务	34.8	21.2	2.6	-2.9
其他餐饮服务	128.9	54.7	9.7	11.2

3-10 续表 1

指标名称	股份合作企业			
	主营业务收入	主营业务成本	主营业务税金及附加	营业利润
总　计	**76.5**	**69.8**	**1.5**	**9.5**
一、住宿业				
旅游饭店				
一般旅馆				
其他住宿服务				
二、餐饮业	**76.5**	**69.8**	**1.5**	**9.5**
正餐服务	76.5	69.8	1.5	9.5
快餐服务				
饮料及冷饮服务				
其他餐饮服务				

住宿和餐饮业法人单位损益状况

单位：万元

国有企业				集体企业			
主营业务收　入	主营业务成　本	主营业务税金及附加	营业利润	主营业务收　入	主营业务成　本	主营业务税金及附加	营业利润
92689.0	**43479.3**	**5251.7**	**-10524.7**	**7170.1**	**2311.7**	**429.8**	**-2228.4**
86092.6	**39947.5**	**4834.7**	**-9772.5**	**6655.2**	**2000.1**	**376.8**	**-2257.9**
77476.1	36489.7	4315.8	-8257.7	5933.4	1714.6	335.3	-2223.3
7739.0	2994.5	450.0	-1560.0	721.8	285.5	41.5	-34.6
877.5	463.3	68.9	45.2				
6596.4	**3531.8**	**417.0**	**-752.2**	**514.9**	**311.6**	**53.0**	**29.5**
4516.5	2341.1	303.9	-816.4	514.9	311.6	53.0	29.5
2079.9	1190.7	113.1	64.2				

单位：万元

联营企业				有限责任公司			
主营业务收　入	主营业务成　本	主营业务税金及附加	营业利润	主营业务收　入	主营业务成　本	主营业务税金及附加	营业利润
1062.0	**498.9**	**58.7**	**-134.7**	**105426.4**	**56209.9**	**6438.3**	**-8196.8**
1062.0	**498.9**	**58.7**	**-134.7**	**84292.9**	**44136.3**	**5098.4**	**-5429.6**
1045.2	497.7	56.0	-148.9	72707.3	39752.9	4411.7	-4826.2
16.8	1.2	2.7	14.2	11570.5	4366.1	686.7	-587.1
				15.1	17.3		-16.3
				21133.5	**12073.6**	**1339.9**	**-2767.2**
				20681.5	11862.9	1323.1	-2785.7
				422.0	190.7	16.8	11.5
				30.0	20.0		7.0

3-10 续表 2

指标名称	港澳台商投资企业			
	主营业务收入	主营业务成本	主营业务税金及附加	营业利润
总　计	**4585.2**	**2382.4**	**222.6**	**-547.1**
一、住宿业	**4565.2**	**2382.4**	**222.6**	**-549.1**
旅游饭店	4331.5	2366.6	222.1	-706.1
一般旅馆	133.7	15.8	0.5	107.0
其他住宿服务	100.0			50.0
二、餐饮业	**20.0**			**2.0**
正餐服务				
快餐服务	20.0			2.0
饮料及冷饮服务				
其他餐饮服务				

3-10 续表 3

指标名称	港澳台商投资企业			
	主营业务收入	主营业务成本	主营业务税金及附加	营业利润
总　计	**13377.7**	**3310.2**	**669.4**	**-2401.5**
一、住宿业	**13374.0**	**3308.1**	**669.3**	**-2394.8**
旅游饭店	12968.3	3194.8	640.3	-2387.1
一般旅馆	405.7	113.3	29.0	-7.7
其他住宿服务				
二、餐饮业	**3.7**	**2.1**	**0.1**	**-6.7**
正餐服务	3.7	2.1	0.1	-6.7
快餐服务				
饮料及冷饮服务				
其他餐饮服务				

单位：万元

私营企业				其他内资企业			
主营业务收　入	主营业务成　本	主营业务税金及附加	营业利润	主营业务收　入	主营业务成　本	主营业务税金及附加	营业利润
123371.6	**56711.4**	**8234.3**	**-9299.7**	**440.5**	**227.1**	**19.0**	**79.1**
65847.1	**23201.5**	**4569.7**	**-8635.7**	**196.1**	**65.4**	**9.2**	**96.2**
51950.9	18128.6	3711.1	-6599.9				
13054.5	4677.7	823.9	-2047.5	196.1	65.4	9.2	96.2
841.7	395.2	34.7	11.7				
57524.5	**33509.9**	**3664.6**	**-664.0**	**244.4**	**161.7**	**9.8**	**-17.1**
55893.3	32644.0	3572.6	-839.0	232.4	150.7	9.8	-17.2
1497.5	810.0	79.7	173.7	12.0	11.0		0.1
34.8	21.2	2.6	-2.9				
98.9	34.7	9.7	4.2				

单位：万元

外商投资企业			
主营业务收　入	主营业务成　本	主营业务税金及附加	营业利润
16321.2	**6179.2**	**816.7**	**1502.4**
16321.2	**6179.2**	**816.7**	**1502.4**
912.7	404.4	46.3	-66.3
15408.5	5774.8	770.4	1568.7

3-11 按地、州、市分组的住宿和餐饮业法人单位损益状况

单位：万元

地　　区	主营业务收　　入	主营业务成　　本	主营业务税金及附加	营业利润
总　　计	**364520.2**	**171379.9**	**22142.0**	**-31741.9**
一、住宿业	**262085.1**	**115540.2**	**15839.4**	**-29078.1**
乌鲁木齐市	132576.3	53637.4	8360.1	-9041.5
克拉玛依市	7460.5	7294.3	342.1	-2924.2
吐鲁番地区	5022.0	1752.5	321.4	-1091.7
哈密地区	9444.7	6120.9	463.8	-1623.0
昌吉回族自治州	3171.4	1460.5	176.4	-583.8
伊犁哈萨克自治州	36471.7	18748.9	2026.6	-5210.2
伊犁州直属县(市)	23617.1	10827.7	1219.9	-2947.7
塔城地区	4092.3	2690.0	259.1	-335.5
阿勒泰地区	8762.3	5231.1	547.6	-1927.0
博尔塔拉蒙古自治州	2468.3	1422.2	180.6	-228.6
巴音郭楞蒙古自治州	16617.3	6435.8	976.0	-3598.8
阿克苏地区	7448.2	2300.4	413.4	682.8
克孜勒苏柯尔克孜自治州	1248.9	508.9	102.7	-488.1
喀什地区	10506.8	5176.6	691.0	-1519.6
和田地区	3883.3	2169.1	152.9	-505.8
兵团	25765.7	8512.8	1632.4	-2945.6
二、餐饮业	**102435.1**	**55839.7**	**6302.6**	**-2663.8**
乌鲁木齐市	75931.1	39598.0	4568.0	-3558.3
克拉玛依市	3397.2	1998.4	226.4	298.4
吐鲁番地区	516.4	297.9	47.5	15.8
哈密地区	825.5	558.3	50.8	-44.3
昌吉回族自治州	1178.3	597.4	96.0	74.0
伊犁哈萨克自治州	2928.5	1810.7	191.2	-541.8
伊犁州直属县(市)	1682.3	1073.8	109.0	-256.3
塔城地区	453.3	327.8	18.2	29.0
阿勒泰地区	792.9	409.1	64.0	-314.5
博尔塔拉蒙古自治州	110.1	65.5	12.9	-10.5
巴音郭楞蒙古自治州	9322.1	5696.1	643.1	250.4
阿克苏地区	2732.7	1888.3	103.8	571.1
克孜勒苏柯尔克孜自治州	194.1	34.1	14.4	11.9
喀什地区	778.4	726.7	86.1	165.2
兵团	4520.7	2568.3	262.4	104.3

3-12　按登记注册类型分组的其他行业法人单位附属的住宿和餐饮业产业活动单位经营情况

指标名称	产业活动单位数(个)	从业人员数(人)	营业额(万元)	客房收入	餐费收入	商品销售收入
合　计	**255**	**8065**	**648839.0**	**27419.7**	**28808.5**	**807.6**
一、住宿业	**202**	**7138**	**578202.0**	**25803.1**	**23895.6**	**401.0**
内资企业	201	6545	519575.0	23593.1	20930.4	401.0
国有企业	103	2785	261579.0	10593.5	9650.5	270.6
集体企业	12	154	6130.0	487.8	52.8	0.7
联营企业	1	9	210.0	21.0		
国有联营企业	1	9	210.0	21.0		
有限责任公司	45	1371	95947.0	5059.3	3744.7	38.7
国有独资公司	4	76	7879.0	608.2	80.3	
其他有限责任公司	41	1295	88068.0	4451.1	3664.4	38.7
股份有限公司	2	389	57625.0	2662.8	2774.0	
私营企业	32	1497	97293.0	4689.6	4708.4	91.0
私营独资企业	4	16	1687.0	153.2		10.5
私营有限责任公司	27	1463	94544.0	4430.2	4708.4	80.5
私营股份有限公司	1	18	1062.0	106.2		
其他企业	6	340	791.0	79.1		
外商投资企业	1	593	58627.0	2210.0	2965.2	
中外合资经营企业	1	593	58627.0	2210.0	2965.2	
二、餐饮业	**53**	**927**	**70637.0**	**1616.6**	**4912.9**	**406.6**
内资企业	53	927	70637.0	1616.6	4912.9	406.6
国有企业	25	329	21716.0	399.3	1527.5	147.2
集体企业	3	22	6865.0		686.5	
有限责任公司	11	414	33064.0	962.4	2312.0	2.0
国有独资公司	1	5	60.0		6.0	
其他有限责任公司	10	409	33004.0	962.4	2306.0	2.0
股份有限公司	1	30	380.0		38.0	
私营企业	10	110	8262.0	247.9	325.9	252.4
私营独资企业	4	20	282.0		28.2	
私营有限责任公司	6	90	7980.0	247.9	297.7	252.4
其他企业	3	22	350.0	7.0	23.0	5.0

3-13 按行业分组的其他行业法人单位附属的住宿和餐饮业产业活动单位经营情况

指标名称	产业活动单位数（个）	从业人员数（人）	营业额（万元）			
				客房收入	餐费收入	商品销售收入
合　计	**255**	**8065**	**648839.0**	**27419.7**	**28808.5**	**807.6**
一、住宿业	**202**	**7138**	**578202.0**	**25803.1**	**23895.6**	**401.0**
旅游饭店	54	3991	353697.0	15311.8	17582.8	236.3
一般饭店	132	2647	155381.0	9258.7	5388.4	164.7
其他住宿服务	16	500	69124.0	1232.6	924.4	
二、餐饮业	**53**	**927**	**70637.0**	**1616.6**	**4912.9**	**406.6**
正餐服务	49	914	69011.0	1616.6	4752.3	404.6
饮料及冷饮服务	1	5	120.0		12.0	
其他餐饮服务	3	8	1506.0		148.6	2.0

3-14 按部门分组的其行业法人单位附属的住宿和餐饮业产业活动单位经营情况

指标名称	产业活动单位数（个）	从业人员数（人）	营业额（万元）			
				客房收入	餐费收入	商品销售收入
合　计	**255**	**8065**	**648839.0**	**27419.7**	**28808.5**	**807.6**
工业法人	34	2209	168997.0	5918.8	9465.7	179.4
建筑业法人	12	268	14476.0	746.7	599.2	
房地产业法人	27	1171	105655.0	5023.1	5279.3	73.7
批发和零售业法人	32	681	55458.0	3314.7	1928.5	21.6
服务企业法人	33	1677	96781.0	4393.0	4359.1	16.8
行政事业单位、社团法人	30	524	47239.0	3250.9	1449.8	2.3
农业法人	67	974	71775.0	3167.7	3524.2	246.4
其他法人	20	561	88458.0	1604.8	2202.7	267.4

3-15　按地、州、市分组的其他行业法人单位附属的住宿和餐饮业产业活动单位经营情况

指标名称	产业活动单位数(个)	从业人员数(人)	营业额(万元)			
				客房收入	餐费收入	商品销售收入
合　计	**255**	**8065**	**648839.0**	**27419.7**	**28808.5**	**807.6**
一、住宿业	**202**	**7138**	**578202.0**	**25803.1**	**23895.6**	**401.0**
乌鲁木齐市	21	2335	294440.0	11871.6	11450.2	69.6
克拉玛依市	30	1895	138913.0	5718.4	7126.3	179.4
吐鲁番地区	6	25	910.0	81.0	10.0	
哈密地区	11	386	8453.0	661.3	82.7	
昌吉回族自治州	19	255	11776.0	625.7	474.9	2.5
伊犁哈萨克自治州	25	831	18434.0	1365.5	336.6	45.6
伊犁州直属县(市)	10	559	7149.0	583.3	36.5	10.2
塔城地区	4	97	2989.0	210.9	66.8	10.4
阿勒泰地区	11	175	8296.0	571.3	233.3	25.0
博尔塔拉蒙古自治州	1	4	36.0	3.6		
巴音郭楞蒙古自治州	15	113	5099.0	281.9	218.2	1.1
阿克苏地区	8	100	3169.0	289.9	5.0	
克孜勒苏柯尔克孜自治州	3	10	99.0	9.9		
喀什地区	4	45	1371.0	132.6		3.7
和田地区	4	57	856.0	75.8		
兵团	55	1082	94646.0	4685.9	4191.7	99.1
二、餐饮业	**53**	**927**	**70637.0**	**1616.6**	**4912.9**	**406.6**
乌鲁木齐市	4	167	14931.0	266.1	1185.5	0.3
克拉玛依市	8	285	24133.0	666.3	1745.0	2.0
哈密地区	1	5	120.0		12.0	
昌吉回族自治州	16	145	8433.0	164.2	431.7	247.4
伊犁哈萨克自治州	3	26	1846.0	30.0	154.6	
阿勒泰地区	3	26	1846.0	30.0	154.6	
阿克苏地区	1	30	2300.0	100.0	120.0	10.0
克孜勒苏柯尔克孜自治州	1	2	100.0		10.0	
喀什地区	5	47	562.0		56.2	
兵团	14	220	18212.0	390.0	1197.9	146.9

第 4 篇

房地产业篇

4-1 按各种分组的房地产

指标名称	计划总投资（万元）	累计完成投资（万元）	本年完成投资（万元）	住宅投资
总　计	**5482966**	**3767054**	**2286267**	**1937460**
一、按登记注册类型分组				
内资企业	5454301	3746988	2274025	1932735
国有企业	236947	115460	98124	82678
集体企业	380	340	240	230
集体联营企业	3283	3283	1470	1470
国有独资公司	54133	37490	25862	21664
其他有限责任公司	1914428	1352366	782799	672556
股份有限公司	100906	81769	39286	31090
私营独资企业	26136	18541	18541	17860
私营合伙企业	288759	160648	113115	94028
私营有限责任公司	2657369	1861836	1115179	936702
私营股份有限公司	169847	114762	78916	74004
其他企业	2113	493	493	453
港澳台商投资企业	28665	20066	12242	4725
与港澳台商合资经营企业	27000	18401	11942	4458
港澳台商独资经营企业	1665	1665	300	267
外商投资企业				
中外合资经营企业				
二、按控股情况分组				
国有控股	882951	539014	293444	249033
集体控股	57644	54346	34947	29552
私人控股	4366605	3027797	1881052	1593090
港澳台商控股	28665	20066	12242	4725
外商控股	480	480	100	80
其他	146621	125351	64482	60980
三、按资质等级分组				
一级	906469	704012	379681	336317
二级	772349	560785	302630	269265
三级	1646372	1214647	729985	616706
四级	827412	506154	356108	295807
暂定	1268681	750779	495681	405940
其他	61683	30677	22182	13425
四、按隶属关系分组				
中央	496551	259381	137946	110216
省(自治区、直辖市)	77634	67491	45050	38228
地区(州、盟、省辖市)	385759	311555	177253	160838
县(区、市、旗)	704247	479926	296214	251771
其他	3818775	2648701	1629804	1376407
五、按地区分组				
全疆总计	5482966	3767054	2286267	1937460
乌鲁木齐市	2784151	1954002	999631	828447
克拉玛依市	188265	142876	81308	73952
吐鲁番地区	72660	31829	15790	9596
哈密地区	135918	100485	83537	70668
昌吉回族自治州	306346	225614	174168	161164
伊犁哈萨克自治州	687559	454860	332877	284073
伊犁州直属县(市)	513676	310225	220371	193287
塔城地区	103531	90056	76689	62262
阿勒泰地区	70352	54579	35817	28524
博尔塔拉蒙古自治州	34041	27054	22144	16155
巴音郭楞蒙古自治州	493283	312110	280247	246550
阿克苏地区	414882	242874	129294	109989
喀什地区	260875	182906	86746	73471
和田地区	8338	8338	8338	8338
自治区直辖县级市	96648	84106	72187	55057
石河子市	71156	60360	57378	43170
阿拉尔市	3237	3237	3237	1754
图木舒克市	400	391	391	346
五家渠市	21855	20118	11181	9787

开发企业主要指标完成情况

别墅、高档公寓	经济适用房	办公楼	商业营业用房	其他	本年新增固定资产（万元）	本年完成开发土地面积（平方米）	本年购置土地面积（平方米）
94256	**164559**	**56358**	**221418**	**71031**	**1526627**	**7644769**	**7516608**
94256	164559	50856	220777	69657	1524993	7614437	7474507
	8243	530	6999	7917	38732	347569	762880
			10		110		
					3283		
	21208	3933	265		16133	138169	
30912	70295	13044	78076	19123	499214	2564526	2210811
		1372	1366	5458	15492	13686	58271
	700	120	308	253	9915	104663	99227
847		19027	60		39111	194283	
62497	63441	12475	129903	36099	841780	3975062	3818466
	672	355	3750	807	61223	276479	514247
			40				10605
		5502	641	1374	1634	30332	42101
		5502	629	1353		30332	42101
			12	21	1634		
7785	52332	8210	20719	15482	160082	1127776	1083588
2200	5345	884	4511		29102	42371	47474
84271	94159	40726	193513	53723	1257739	6173164	6246634
		5502	641	1374	1634	30332	42101
			20		480		
	12723	1036	2014	452	77590	271126	96811
2530	19014	20332	14691	8341	349614	1269946	320078
10693	24937	1018	20443	11904	170124	1067841	1190732
35378	50044	15984	80086	17209	503206	2343641	2137389
17766	26074	3582	47203	9516	279942	899486	851241
27889	42672	15230	51817	22694	213818	1959267	2953176
	1818	212	7178	1367	9923	104588	63992
7785	18805	2480	15536	9714	75448	556203	369731
11825		3953	1787	1082	22050	283672	331411
	21354	2207	9455	4753	82488	545732	157944
	17136	4606	32997	6840	188663	827384	1302883
74646	107264	43112	161643	48642	1157978	5431778	5354639
94256	164559	56358	221418	71031	1526627	7644769	7516608
38835	46458	38712	77036	55436	668351	2400901	1456048
5460	53360	418	6313	625	56958	270913	24328
	50	2970	2149	1075	10342	142407	59238
500	11158		12726	143	31239	355364	398958
4716	4342	2087	10514	403	97369	971709	677080
190	23294	5970	36732	6102	220389	1255069	2320891
190	9961	3837	21864	1383	145796	1036734	1912354
	3468	770	9018	4639	56567	218335	276951
	9865	1363	5850	80	18026		131586
	2906		5559	430	14075	4857	79644
40806	6141	2480	26554	4663	190176	1191811	1548827
	6219	1689	17394	222	114247	528094	456299
	7974	505	12530	240	42215	58254	63191
3749	2657	1527	13911	1692	81266	465390	432104
50	1494	643	11873	1692	58693	371678	58913
	817		1483		3237	11486	11489
	346		45		391	2030	
3699		884	510		18945	80196	361702

4-1 续表 1

指标名称	本年资金来源（万元）	国内贷款	自筹资金	其他资金来源
总　　计	**2427323**	**253427**	**961343**	**1212553**
一、按登记注册类型分组				
内资企业	2414161	252787	956190	1205184
国有企业	103631	13035	64003	26593
集体企业	240		240	
集体联营企业	981			981
国有独资公司	45961	29000	4321	12640
其他有限责任公司	817650	91415	351495	374740
股份有限公司	44312	325	22549	21438
私营独资企业	14079		10351	3728
私营合伙企业	88460		54170	34290
私营有限责任公司	1199002	105612	423567	669823
私营股份有限公司	99352	13400	25001	60951
其他企业	493		493	
港澳台商投资企业	13162	640	5153	7369
与港澳台商合资经营企业	9502	640	3937	4925
港澳台商独资经营企业	3660		1216	2444
外商投资企业				
中外合资经营企业				
二、按控股情况分组				
国有控股	313673	57835	135247	120591
集体控股	37641	4325	19274	14042
私人控股	1982598	177177	769631	1035790
港澳台商控股	13162	640	5153	7369
外商控股	100		100	
其他	80149	13450	31938	34761
三、按资质等级分组				
一级	426614	50429	99099	277086
二级	339484	57146	104530	177808
三级	752771	78008	285688	389075
四级	359755	20906	176284	162565
暂定	519425	46938	278349	194138
其他	29274		17393	11881
四、按隶属关系分组				
中央	131543	16289	57645	57609
省(自治区、直辖市)	70180	21000	31015	18165
地区(州、盟、省辖市)	188417	30640	56702	101075
县(区、市、旗)	296483	33455	157602	105426
其他	1740700	152043	658379	930278
五、按地区分组				
全疆总计	2427323	253427	961343	1212553
乌鲁木齐市	1118550	125389	357445	635716
克拉玛依市	83601	3289	48196	32116
吐鲁番地区	17399	700	11020	5679
哈密地区	79982	1090	54058	24834
昌吉回族自治州	186043	33020	71723	81300
伊犁哈萨克自治州	376088	48275	172586	155227
伊犁州直属县(市)	267875	44535	100833	122507
塔城地区	77027	1300	55876	19851
阿勒泰地区	31186	2440	15877	12869
博尔塔拉蒙古自治州	22438	600	9828	12010
巴音郭楞蒙古自治州	239513	19754	95979	123780
阿克苏地区	133556	11046	79281	43229
喀什地区	82284	4900	40125	37259
和田地区	8338		8338	
自治区直辖县级市	79531	5364	12764	61403
石河子市	63566	5364	7457	50745
阿拉尔市	2230		1005	1225
图木舒克市	391		391	
五家渠市	13344		3911	9433

施工面积（平方米）	本年新开工面积	竣工面积（平方米）	竣工房屋价值（万元）	商品房销售面积（平方米）	住宅	别墅、高档公寓
26390601	**17038641**	**10492949**	**1368066**	**9543469**	**8863484**	**332094**
26249972	16954401	10477076	1366432	9524689	8845800	332094
917043	655837	351100	36246	239937	226975	
5439	3522	1917	110	1917		
18893		18893	3283	3115	1571	
362222	289500	72722	14049	71478	46768	
9861288	6549567	3836126	453032	3865394	3617089	115758
358151	327706	93666	11884	101861	101046	
173923	170458	70954	7661	47599	44959	
1223400	582715	232620	23462	342377	230639	3260
12283706	7741866	5355265	756618	4515736	4247539	209189
1043201	630524	443813	60087	335275	329214	3887
2706	2706					
140629	84240	15873	1634	17879	16783	
124756	84240			6000	6000	
15873		15873	1634	11879	10783	
				901	901	
				901	901	
3675228	2499768	1285102	139560	1158913	1066094	41180
495938	377821	168925	20100	193090	176397	25647
21239624	13635355	8470206	1130151	7694422	7144106	262369
140629	84240	15873	1634	17879	16783	
5700		5700	480	6601	4801	
833482	441457	547143	76141	472564	455303	2898
3914033	2363059	1987828	288466	1633936	1489148	41408
3973740	2127828	1241758	162061	1057102	1019184	21610
8385626	5666093	3799102	462642	3404588	3175707	178353
4402073	2967625	2016571	257816	1950420	1815776	60900
5397471	3696770	1370254	187177	1338993	1225645	29823
317658	217266	77436	9904	158430	138024	
1693656	918159	612642	62388	524952	470783	41180
400752	308185	94373	16540	64989	46029	8535
2177568	1636161	666639	77483	698327	681138	
3656826	2522462	1465277	170404	1558344	1446248	2672
18461799	11653674	7654018	1041251	6696857	6219286	279707
26390601	17038641	10492949	1368066	9182154	8568692	312151
10439960	5595113	3957085	583862	2748113	2465846	138792
1132408	854924	385001	53582	759241	729850	17442
228722	190939	50164	7616	46022	42621	
883984	723681	275071	31040	216089	193264	
1914810	1585961	660596	96220	929812	876310	18250
4037300	2812101	1604659	201579	1714171	1636234	7490
2746379	2042324	1034193	138628	1195036	1148387	7490
726711	470657	399142	44995	383658	362699	
564210	299120	171324	17956	135477	125148	
240751	196957	109556	11287	103212	91299	
3196994	2366979	1588012	177011	979945	955816	93310
1919354	1256118	955845	113539	758431	716848	
1496949	744033	392241	39220	388110	357168	
45000	45000			9085	7263	
854369	666835	514719	53110	529923	496173	36867
653982	478869	429224	44792	396406	376831	
27755	27755	27755	3237	34015	27840	
4200		4200	391	3050	2600	
168432	160211	53540	4690	96452	88902	36867

4-1 续表 2

指标名称	经济适用房	办公楼	商业营业用房	其他房屋
总　　计	**1340067**	**83591**	**512184**	**84210**
一、按登记注册类型分组				
内资企业	1340067	83591	512184	83114
国有企业	61783	250	12712	
集体企业			1917	
集体联营企业			1544	
国有独资公司	36785	18669	6041	
其他有限责任公司	756014	18017	206204	24084
股份有限公司			768	47
私营独资企业			2640	
私营合伙企业		22446	55851	33441
私营有限责任公司	473382	24209	218446	25542
私营股份有限公司	12103		6061	
其他企业				
港澳台商投资企业				1096
与港澳台商合资经营企业				
港澳台商独资经营企业				1096
外商投资企业				
中外合资经营企业				
二、按控股情况分组				
国有控股	289883	24054	65838	2927
集体控股	53632	3362	13331	
私人控股	803477	56175	417947	76194
港澳台商控股				1096
外商控股			1800	
其他	193075		13268	3993
三、按资质等级分组				
一级	232776	22446	85469	36873
二级	253261	4153	29523	4242
三级	414963	19362	183264	26255
四级	270091	10975	120074	3595
暂定	99359	26655	73608	13085
其他	69617		20246	160
四、按隶属关系分组				
中央	150947	4735	48650	784
省(自治区、直辖市)	717	18919	41	
地区(州、盟、省辖市)	73377		13743	3446
县(区、市、旗)	192000	7539	96079	8478
其他	923026	52398	353671	71502
五、按地区分组				
全疆总计	1222787	72123	466023	75316
乌鲁木齐市	71915	45872	182088	54307
克拉玛依市	621221		26350	3041
吐鲁番地区	2000		2628	773
哈密地区	43881	3537	16332	2956
昌吉回族自治州	58586	2246	47857	3399
伊犁哈萨克自治州	169868	8926	67511	1500
伊犁州直属县(市)	87180	1800	44849	
塔城地区	51416	7126	13833	
阿勒泰地区	31272		8829	1500
博尔塔拉蒙古自治州	22053		11913	
巴音郭楞蒙古自治州	46497		22458	1671
阿克苏地区	61913	400	34585	6598
喀什地区	99683	3438	27504	
和田地区			1822	
自治区直辖县级市	25170	7704	24975	1071
石河子市	9311	4342	14162	1071
阿拉尔市	13259		6175	
图木舒克市	2600		450	
五家渠市		3362	4188	

商品房销售额（万元）	住宅			办公楼	商业营业用房	其他
		别墅高档公寓	经济适用房			
2137859	**1861169**	**122342**	**178631**	**43331**	**212861**	**20498**
2134263	1857762	122342	178631	43331	212861	20309
53804	48007		9583	100	5697	
150					150	
1161	462				699	
19767	7249		6077	11732	786	
777761	689989	51563	96636	3734	78592	5446
22019	21313				676	30
9279	8461				818	
134191	80743	685		18585	25908	8955
1040305	928037	66847	64574	9180	97210	5878
75826	73501	3247	1761		2325	
3344	3155					189
900	900					
2444	2255					189
252	252					
252	252					
253153	211201	17234	41644	13178	26770	2004
40915	31044	6400	7483	750	9121	
1753950	1533571	97641	100937	29403	173477	17499
3344	3155					189
732	540				192	
85765	81658	1067	28567		3301	806
430272	360581	16152	30281	18585	41314	9792
228975	212841	9045	31759	1053	14430	651
762718	669605	70456	56073	6913	79309	6891
363851	313241	17112	31663	3925	46441	244
325005	287407	9577	16005	12855	21872	2871
27038	17494		12850		9495	49
117963	93779	17234	21210	1206	21542	1436
37468	25608	15462	112	11832	28	
154703	148895		11148		5228	580
264638	232167	1444	24020	1150	29572	1749
1563087	1360720	88202	122141	29143	156491	16733
2051485	1798380	112198	157340	37691	198641	16773
900664	756901	61884	13569	31999	98932	12832
118566	104381	5994	77331		13304	881
7662	6162		235		1250	250
40579	34717		5984	1472	4217	173
198992	182431	8105	6145	528	15483	550
300067	272537	3881	23350	1102	26228	200
225201	205191	3881	12054	310	19700	
55427	50492		7023	792	4143	
19439	16854		4273		2385	200
16973	14243		3550		2730	
181744	174504	23989	6210		6906	334
127454	117108		7633	140	8945	1261
57878	46635		10925	800	10443	
1922	1269				653	
98984	87492	8345	2408	1650	9550	292
75983	67749		823	900	7042	292
4161	2838		1325		1323	
305	260		260		45	
18535	16645	8345		750	1140	

4-2 按各种分组的房地产

指标名称	资产总计（万元）	流动资产合计	存货	固定资产原价（万元）
总计	**6976239**	**5467324**	**2668293**	**734124**
一、按登记注册类型分组				
内资企业	6926503	5423008	2650295	731376
国有企业	256757	212636	132604	20487
集体企业	898	775	184	338
集体联营企业	4791	4778	4084	44
国有独资公司	178058	103029	47544	94104
其他有限责任公司	2352775	1965076	940639	205006
股份有限公司	108350	81575	25915	10204
私营独资企业	15482	14237	6729	385
私营合伙企业	556266	282021	207490	76634
私营有限责任公司	3329654	2657528	1231641	320096
私营股份有限公司	123225	101127	53464	4077
其他企业	246	225	1	1
港澳台商投资企业	41573	36727	14412	2693
与港澳台商合资经营企业	35958	31853	12977	2116
港澳台商独资经营企业	5615	4874	1435	577
外商投资企业	8163	7590	3586	56
中外合资经营企业	8163	7590	3586	56
二、按控股情况分组				
国有控股	1056993	867494	457314	152750
集体控股	91013	79159	42482	7830
私人控股	5482943	4215144	2073704	549590
港澳台商控股	41573	36727	14412	2693
外商控股	6500	5896	2486	142
其他	297216	262905	77895	21120
三、按资质等级分组				
一级	1344045	894765	489185	124208
二级	1094281	877515	494512	89136
三级	2083201	1655892	766004	253092
四级	939107	784754	360093	86863
暂定	1274167	1047942	499982	166872
其他	241439	206456	58518	13953
四、按隶属关系分组				
中央	475163	433014	225823	15809
省(自治区、直辖市)	163736	134872	75971	24708
地区(州、盟、省辖市)	562562	419238	194745	122413
县(区、市、旗)	658342	500772	267844	81168
其他	5116434	3979428	1903911	490027
五、按地区分组				
全疆总计	6976239	5467324	2668293	734124
乌鲁木齐市	3923727	3020190	1532309	472369
克拉玛依市	362884	320287	93829	21955
吐鲁番地区	29734	25903	5420	1222
哈密地区	136383	103873	41720	14417
昌吉回族自治州	459335	356092	202245	42790
伊犁哈萨克自治州	656429	488462	240003	74520
伊犁州直属县(市)	541973	399328	192738	62026
塔城地区	66243	50176	28310	7201
阿勒泰地区	48213	38958	18955	5293
博尔塔拉蒙古自治州	38988	37008	12800	1822
巴音郭楞蒙古自治州	547847	445418	184838	40394
阿克苏地区	385889	317029	151317	20706
克孜勒苏柯尔克孜自治州	6583	5708	2847	487
喀什地区	183731	130498	58746	26835
和田地区	12483	10353	8267	30
自治区直辖县级市	232227	206503	133951	16577
石河子市	196838	172725	113412	15253
阿拉尔市	12495	12079	8159	545
图木舒克市	870	859	859	15
五家渠市	22024	20840	11521	764

开发企业财务状况

累计折旧（万元）		负债合计（万元）	实收资本（万元）	主营业务收　入（万元）		
	本年折旧				土地转让收　入	商品房屋销售收入
130895	**30676**	**4811785**	**1529016**	**2076328**	**1555**	**2009187**
129591	30570	4773199	1517127	2074097	1555	2007637
2290	472	174847	45642	77407	833	74600
246	27	697	260	130		130
32	4	3150	940	1041		1041
29803	4129	93116	63430	18148		10865
31711	8439	1701308	489768	702384		688630
2891	616	83884	62812	34005		21942
77	34	6018	6030	9868		9868
8491	1302	260756	126330	141116		140221
53294	15271	2348404	705284	1002467	722	972809
757	277	100699	16704	87531		87531
		320	-73			
1280	105	32882	9489	2067		1386
899	105	28947	7810	2067		1386
382		3935	1679			
23	1	5704	2400	164		164
23	1	5704	2400	164		164
37102	5741	759987	259598	247710	833	234596
1978	548	73091	19220	33892		33119
87451	22854	3741998	1186339	1714232	722	1667536
1280	105	32882	9489	2067		1386
34	11	4639	1802	366		366
3049	1418	199189	52568	78061		72184
17115	3722	863476	260947	417905		413811
15596	3383	763162	188563	277606	650	273627
39344	11216	1558156	396135	722432	320	700392
15775	4842	688779	219621	305814		297730
42104	7300	802504	417415	312729	583	287803
961	213	135708	46335	39842	2	35824
3065	727	361688	89705	93562		91255
3736	703	105167	40529	40704		35284
32452	4905	372274	177765	170615		162934
12637	2901	475601	149387	207706	833	204887
79005	21439	3497054	1071631	1563742	722	1514827
130895	30676	4811785	1529016	2076328	1555	2009187
88935	19047	2616043	876487	1038728	400	981849
3788	1489	308662	45643	87568		85795
331	137	16737	12232	10247		10100
921	260	86115	34308	40418		40158
7444	1328	290711	120648	173720		173375
11933	3594	472120	135222	273648	835	269297
9115	3076	391431	103460	213477	833	209254
1482	333	43194	18204	40541	2	40532
1336	185	37495	13558	19630		19511
256	71	24689	14635	21842		21499
6291	1725	369830	120498	167535	320	165825
4806	1271	297646	73302	140807		139617
83	24	3706	2758	724		721
3036	995	144782	49080	30648		30577
98		11445	1038	2170		2170
2971	734	169302	43166	88273		88206
2477	579	141716	34045	65565		65506
180	39	10518	3830	6784		6776
6	3	420	450	338		338
308	114	16648	4840	15587		15587

4-2 续表

指标名称			主营业务成本（万元）	主营业务税金及附加（万元）
	房屋出租收入	其他收入		
总计	**29115**	**36471**	**1641498**	**133543**
一、按登记注册类型分组				
内资企业	28435	36471	1640157	133355
国有企业	1767	208	61712	4542
集体企业			81	6
集体联营企业			484	57
国有独资公司	6849	434	8398	978
其他有限责任公司	7661	6093	561356	45261
股份有限公司	1494	10569	27042	1288
私营独资企业			8459	911
私营合伙企业	543	352	93974	9875
私营有限责任公司	10122	18815	803726	65531
私营股份有限公司			74926	4905
其他企业				
港澳台商投资企业	681		1223	180
与港澳台商合资经营企业	681		1223	180
港澳台商独资经营企业				
外商投资企业			118	8
中外合资经营企业			118	8
二、按控股情况分组				
国有控股	11572	709	185439	15650
集体控股	294	480	28277	2586
私人控股	13185	32789	1365271	110950
港澳台商控股	681		1223	180
外商控股			229	72
其他	3383	2494	61060	4106
三、按资质等级分组				
一级	3717	377	301379	27627
二级	3231	98	223055	17700
三级	9798	11922	584954	47490
四级	3279	4805	249064	20257
暂定	9088	15255	252353	19456
其他	2	4014	30693	1013
四、按隶属关系分组				
中央	2168	139	69030	6883
省(自治区、直辖市)	5418	1	30095	4037
地区(州、盟、省辖市)	7113	568	128569	10436
县(区、市、旗)	727	1259	169005	13355
其他	13689	34504	1244800	98833
五、按地区分组				
全疆总计	29115	36471	1641498	133543
乌鲁木齐市	23277	33202	793133	65389
克拉玛依市	1767	6	75711	6337
吐鲁番地区		147	9780	623
哈密地区	34	227	36516	2373
昌吉回族自治州	58	288	135089	11756
伊犁哈萨克自治州	2323	1193	215988	17037
伊犁州直属县(市)	2196	1193	164994	12605
塔城地区	7		33152	2751
阿勒泰地区	120		17842	1681
博尔塔拉蒙古自治州	110	232	20142	1402
巴音郭楞蒙古自治州	901	490	141965	10479
阿克苏地区	579	611	117412	10129
克孜勒苏柯尔克孜自治州		3	610	40
喀什地区		71	23932	2258
和田地区			1865	164
自治区直辖县级市	68		69357	5559
石河子市	59		49797	4217
阿拉尔市	8		5893	377
图木舒克市			420	13
五家渠市			13247	952

主营业务利润（万元）	利润总额（万元）	应交所得税（万元）	劳动、失业保险费（万元）	应付工资总额（万元）	应付福利费总额（万元）	全部从业人员年平均人数（人）
243524	**73806**	**33816**	**5208**	**49210**	**5205**	**21172**
242880	74188	33813	5169	48974	5158	21052
9275	3013	659	249	2919	160	616
42	-8			9	1	6
470	367	92	7	43	2	17
3820	1433	597	223	1570	64	331
78161	22285	9157	1342	17389	1933	7767
4226	2640	403	19	289	38	140
395	-176	206	7	145	11	97
33893	27255	6786	783	1064	10	210
106430	13799	14495	2479	24613	2850	11430
6169	3654	1418	60	912	88	428
-1	-73			20		10
607	-377		38	205	45	102
607	-358		34	174	18	89
	-20		4	32	26	13
37	-4	3		31	2	18
37	-4	3		31	2	18
35542	15392	4392	803	8092	886	2113
1828	-1377	396	62	900	91	481
196227	53320	27562	4163	37931	4017	17499
607	-377		38	205	45	102
64	233	29	2	50	4	27
9257	6616	1437	140	2031	162	950
81957	60431	14491	1101	5113	417	1442
29401	9126	3625	746	6694	793	2629
71057	8069	7092	1120	15746	1786	6422
30827	1393	3420	525	9755	914	4901
25416	-6983	4605	1527	10527	1167	4856
4866	1770	582	189	1376	128	922
14971	5191	1579	278	3412	400	913
5585	1840	652	202	1176	79	300
22865	13653	2522	428	4703	388	1498
22158	1125	2980	288	5620	597	2750
177946	51999	26083	4011	34300	3740	15711
243524	73806	33816	5208	49210	5205	21172
141872	58418	22080	3200	25085	2492	9608
3729	-3118	731	82	1806	251	711
-226	-873	123	3	415	36	193
526	-3667	389	46	1077	124	606
22814	9669	2388	336	4428	474	1917
35607	10209	3267	907	6363	704	2895
31039	10642	2900	155	4985	491	2069
4522	1476	291	46	817	139	508
46	-1909	76	706	561	74	318
47	-1308	65	28	689	71	395
13030	3986	1552	318	2693	324	1458
10237	-4714	856	107	3597	578	1683
56	1			37	1	82
3889	-42	592	17	1138	46	652
21	-287		18	50	7	150
11924	5534	1771	146	1834	98	822
10458	5126	1659	141	1307	62	520
256	-26	21		224	10	173
-104	-120			41		25
1313	555	91	5	263	26	104

4-3 按各种分组的房地产

指标名称	在管物业占地面积(平方米)	在管房屋建筑面积(平方米)	住宅	办公用房	商业营业用　房	厂房
总　计	**86344069**	**523072048**	**470312592**	**5255094**	**8241853**	**1673473**
一、按登记注册类型分组						
内资企业	86310571	522946977	470254592	5255094	8174782	1673473
国有企业	8094758	6991225	4904055	1065433	489095	502635
集体企业	4701686	247133542	234807864	71675	373727	174236
股份合作企业	128000	85000	4500		80500	
国有独资公司	703800	1283100	508800	757100	17200	
其他有限责任公司	42193097	230033179	202558867	1448171	3267574	968188
股份有限公司	323676	416020	120000	77076	1700	
私营独资企业	706013	683016	557065	14077	111874	
私营合伙企业	119322	144070	142470	100	1500	
私营有限责任公司	29116436	35633094	26196597	1758441	3810276	28414
私营股份有限公司	215783	528731	438374	63021	21336	
其他企业	8000	16000	16000			
港澳台商投资企业	23200	119000	58000		61000	
港澳台商独资经营企业	23200	119000	58000		61000	
外商投资企业	10298	6071			6071	
中外合资经营企业	10298	6071			6071	
二、按控股情况分组						
国有控股	23392978	16725900	12774738	2269177	710225	711632
集体控股	8313734	435318859	400700253	83562	1938198	174236
私人控股	39397021	47382012	36606074	2237922	4453640	71405
港澳台商控股	23200	119000	58000		61000	
外商控股	10298	6071			6071	
其他	15200172	23514210	20168634	664347	1071702	716200
三、按隶属关系分组						
中央	5051657	2135789	1653174	309779	68734	96400
省(自治区、直辖市)	3728115	4168666	2686150	983050	100590	398875
地区(州、盟、省辖市)	15911785	21731273	19821780	904312	514994	11474
县(区、市、旗)	16762120	444809461	408331976	277564	2390446	824331
街道	994					
镇						
其他	44889398	50226859	37819512	2780389	5167089	342393
四、按地区分组						
全疆总计	86344069	523072048	470312592	5255094	8241853	1673473
乌鲁木齐市	33589250	37808807	26933236	3430825	2933630	838437
克拉玛依市	4686454	3583339	2235007	670719	463292	
吐鲁番地区	586836	1431732	908805	232210	290717	
哈密地区	2605072	2008534	1816413	70636	94640	5245
昌吉回族自治州	5955656	8339588	7172112	102496	243331	717700
伊犁哈萨克自治州	5750686	5351845	4425779	134073	222759	3000
伊犁州直属县(市)	4824017	3635449	3199451	59849	135505	3000
塔城地区	160457	451715	122591	69224	15000	
阿勒泰地区	766212	1264681	1103737	5000	72254	
博尔塔拉蒙古自治州	653397	769372	690548	12215	64209	2400
巴音郭楞蒙古自治州	5532216	6514173	5776138	172402	561133	
阿克苏地区	4985904	5008514	3649829	188438	1059095	105151
克孜勒苏柯尔克孜自治州	134450	105810	71775	1692	5243	
喀什地区	12079466	447022142	412257358	54421	1793178	40
和田地区	272754	413728	345128	31370	37230	
自治区直辖县级市	9511928	4714464	4030464	153597	473396	1500
石河子市	9413156	4628250	3973677	152593	445579	1500
阿拉尔市	94772	76214	46787	1004	27817	
五家渠市	4000	10000	10000			

物业管理主要经济指标

固定资产原价（万元）	本年折旧（万元）	实收资本（万元）	营业收入（万元）		主营业务成本（万元）	主营业务税金及附加（万元）	三项费用合计（万元）	营业利润（万元）	职工工资和福利费（万元）	全部从业人员年平均人数（人）
				主营业务收入						
141236	**10298**	**118378**	**131464**	**125677**	**74365**	**7118**	**46392**	**3614**	**43953**	**28016**
140744	10260	117748	129068	124784	73494	6995	45964	2576	43883	27977
26512	3393	11863	17259	16499	9745	691	6432	325	6202	3126
9683	403	4316	3128	2992	1833	130	1119	190	586	457
12		3	13	13	13		13		10	20
3283	671	3098	5363	5144	3829	5	773	454	1715	796
58023	2751	47863	55376	53321	35108	2717	13920	3023	18108	10415
101	18	200	814	799	522	59	206	24	335	164
190	2	815	245	234	121	14	223	-104	168	150
11	2	150	79	79	8	4	62	4	32	34
42781	3009	49175	45973	45024	21754	3374	23107	-1420	16460	12632
149	11	216	817	678	562	2	103	86	261	178
		50	2	2			7	-5	6	5
144	7	80	56	56	5	6	62	46	18	22
144	7	80	56	56	5	6	62	46	18	22
349	31	550	2340	836	866	117	365	992	52	17
349	31	550	2340	836	866	117	365	992	52	17
63161	5750	47408	48592	47317	33135	1912	12035	1333	15837	6866
10883	453	4795	4243	4106	2656	193	1400	116	1026	783
58381	3548	58229	58311	57155	29763	4093	27710	-2341	21894	16591
144	7	80	56	56	5	6	62	46	18	22
349	31	550	2340	836	866	117	365	992	52	17
8287	509	7301	17905	16191	7917	793	4796	3469	5122	3732
4617	336	1732	6708	6483	4304	333	1790	192	1565	1086
31830	1946	32044	17578	17197	12581	388	4279	-11	7030	2037
22786	3266	13104	15241	14868	8740	833	5907	689	4627	3040
14434	1010	11364	13155	11860	6745	610	4411	71	4289	3352
3		3	13	13			13		11	14
										11
67566	3740	60132	78768	75255	41995	4956	29991	2674	26431	18476
141236	10298	118378	131464	125677	74365	7118	46392	3614	43953	28016
108417	7282	86353	95151	91556	57092	4188	29325	4593	30086	17254
3636	141	3521	9510	8065	4155	392	3581	26	3681	2316
1505	61	1121	1322	1311	998	69	321	-34	634	491
4049	843	3593	1939	1886	1163	73	842	-94	511	433
3749	184	5185	4356	4135	2844	322	1790	-619	2178	1439
2275	131	2552	3105	2853	1185	119	1932	-101	1634	1285
1747	98	1659	2588	2338	955	83	1637	-86	1023	1044
301	10	370	287	287	162	25	118	-23	497	88
227	23	523	230	228	68	11	177	8	114	153
377	11	627	236	235	65	4	154	-36	151	170
8987	534	5172	4990	4874	2316	185	2958	-515	1414	1164
3174	648	3643	5401	5401	2646	1341	2851	450	1867	1636
822	53	172	269	269	112	14	159		127	115
3254	361	4713	2967	2904	911	323	1130	43	723	783
127	3	452	194	193	95	7	102	-12	90	121
865	46	1274	2027	1995	784	83	1247	-86	857	809
861	46	1110	1990	1958	758	82	1228	-77	829	758
2		150	21	21	18	1	18	-14	27	46
2		14	15	15	8		1	6	1	5

4-4 按各种分组的房地产

指标名称	房屋代理销售：成交合同面积（平方米）	房屋代理销售：成交合同数（个）	房屋代理销售：成交合同金额（万元）	房屋代理出租：成交合同面积（平方米）	房屋代理出租：成交合同数（个）	房屋代理出租：成交合同金额（万元）
总　计	**712756**	**3701**	**76496**	**521324**	**2677**	**19603**
一、按登记注册类型分组						
内资企业	712756	3701	76496	521324	2677	19603
国有企业	81600	963	2161	7419	57	95
集体企业				4526	15	54
其他有限责任公司	10683	123	2483	464850	2161	230
股份有限公司	2120	20	382			
私营独资企业	4110	65	513	2000	40	20
私营合伙企业	300	4	75	1860	10	18
私营有限责任公司	605653	2434	68962	40669	394	19185
私营股份有限公司	8290	92	1921			
其他企业						
港澳台商投资企业						
港澳台商独资经营企业						
二、按控股情况分组						
国有控股	81600	963	2161	7367	54	45
集体控股				4526	15	54
私人控股	297402	2548	73656	79379	821	19334
港澳台商控股						
其他	333754	190	679	430000	1784	120
三、按隶属关系分组						
中央	1600	26	360			
地区(州、盟、省辖市)	2000	40	20	9367	94	65
县(区、市、旗)	86729	1013	2372	434002	1791	4173
街道						
乡				3526	13	51
其他	622427	2622	73744	74429	779	15314
四、按地区分组						
全疆总计	712756	3701	76496	521324	2677	19603
乌鲁木齐市	202445	1728	44173	51567	649	147
克拉玛依市	200		2	13495	75	15170
吐鲁番地区				1912	13	68
哈密地区						
昌吉回族自治州	412524	1052	20685	442400	1891	179
伊犁哈萨克自治州	17889	185	2324	2950	2	4000
伊犁州直属县(市)	17889	185	2324			
塔城地区				2950	2	4000
阿勒泰地区						
博尔塔拉蒙古自治州						
巴音郭楞蒙古自治州	37941	377	7687			
阿克苏地区	957	11	3			
克孜勒苏柯尔克孜自治州						
喀什地区	2000	40	20	2000	40	20
和田地区				7000	7	19
自治区直辖县级市	38800	308	1603			
石河子市	38800	308	1603			
五家渠市						

中介服务主要经济指标

固定资产原价（万元）	本年折旧（万元）	实收资本（万元）	营业收入（万元）		主营业务成本（万元）	主营业务税金及附加（万元）	三项费用合计（万元）	营业利润（万元）	职工工资及福利费（万元）	全部从业人员年平均人数（人）
				主营业务收入						
44801	**4738**	**51904**	**17050**	**16747**	**6715**	**1013**	**9989**	**-223**	**4114**	**2597**
44674	4738	49345	17050	16747	6715	1013	9989	-223	4111	2595
4209	80	13158	956	953	684	51	552	-244	232	158
810	43	406	221	221	54	19	127	21	27	18
15817	3348	6174	5329	5329	1822	323	2808	1179	912	494
4		50	23	23	8	1	25	-3	15	10
72	2	1154	67	66	25	3	53	-16	54	52
317		400	166	166	118	13	53	-18	36	32
23210	1246	27821	10087	9788	3964	593	6211	-1134	2736	1783
231	19	180	199	199	40	11	156	-7	98	44
5		3	1	1			4	-3		4
128		2560							3	2
128		2560							3	2
1272	85	10916	1085	1085	542	65	697	-10	258	132
783	24	383	145	145	54	14	67	9	20	16
28506	1767	33540	12965	12665	5344	714	7375	-972	3295	2129
128		2560							3	2
13995	2862	4412	2851	2851	774	220	1844	756	510	306
81	15	70	448	448	197	39	211	125	121	45
4379	85	5703	857	857	420	47	464	7	255	195
4238	252	13610	1975	1971	447	186	1205	31	517	301
		10	1	1			2			2
514	13	250	51	51		9	40	2	10	5
35590	4374	32262	13718	13419	5651	732	8068	-388	3210	2049
44801	4738	51904	17050	16747	6715	1013	9989	-223	4114	2597
11817	303	37202	7560	7558	3727	377	4204	-1239	1780	1155
21915	3884	3934	4507	4210	1952	271	2470	774	605	413
349	1	394	37	36	6	4	31	-5	25	15
298	36	419	331	331	79	18	196	38	68	42
1091	46	1042	794	794	40	42	472	241	356	162
5688	190	4225	1970	1968	474	191	1201	-16	508	355
3505	94	3013	1328	1327	441	67	821	-10	396	262
614	61	515	296	296	2	101	72	-1	42	23
1569	35	697	346	345	31	23	308	-5	70	70
120	6	100	81	81	19		64	13	32	13
401	103	586	407	407		22	389	-4	154	127
2068	76	1885	369	369	10	38	346	-25	122	61
1		10	6	6			6			3
463	45	351	157	156	24	2	176	20	77	68
160	5	297	59	59	21	3	65	-14	62	38
430	44	1461	773	773	365	46	371	-7	325	145
425	44	1455	771	771	364	46	371	-9	319	142
5		6	2	2	1			2	6	3

4-5 按各种分组的其他房地产业

指标名称	固定资产原价（万元）	本年折旧（万元）	实收资本（万元）	营业收入（万元）
总计	**346909**	**18743**	**224477**	**76242**
一、按登记注册类型分组				
内资企业	342877	18581	222411	75831
国有企业	47639	1969	14432	15417
集体企业	14685	1108	8854	8226
股份合作企业	99	2	33	9
国有联营企业	770	20	671	22
其他有限责任公司	106751	5133	76139	24508
股份有限公司	1260	40	85	104
私营独资企业	1114	19	780	67
私营合伙企业	1543	81	6000	148
私营有限责任公司	166681	10109	114587	27240
私营股份有限公司	1800	101	800	77
其他企业	535		30	12
港澳台商投资企业	4031	162	2067	411
与港澳台商合资经营企业	3		100	157
港澳台商独资经营企业	4029	162	1967	254
二、按控股情况分组				
国有控股	106901	4618	51369	22895
集体控股	17226	1227	10087	8886
私人控股	200912	11886	141167	42207
港澳台商控股	4031	162	2067	411
其他	17744	845	19193	1818
三、按隶属关系分组				
中央	4588	455	4245	1237
省(自治区、直辖市)	47814	1654	16949	14231
地区(州、盟、省辖市)	43484	2866	24968	12922
县(区、市、旗)	38105	2058	37607	16226
镇	45		1140	230
乡	259	7	37	118
其他	212613	11702	139531	31279
四、按地区分组				
全疆总计	346909	18743	224477	76242
乌鲁木齐市	165330	10507	130044	44645
吐鲁番地区	5735	702	1454	759
哈密地区	42959	2132	15111	5216
昌吉回族自治州	1199	17	232	119
伊犁哈萨克自治州	24106	1313	29347	4058
伊犁州直属县(市)	20258	1281	25607	3300
塔城地区	3250	7	3022	508
阿勒泰地区	598	25	718	250
博尔塔拉蒙古自治州	2359	72	738	303
巴音郭楞蒙古自治州	66905	1896	24418	5468
阿克苏地区	1835	42	1374	211
克孜勒苏柯尔克孜自治州	3829	566	3056	108
喀什地区	21031	1033	15106	14062
和田地区	2823	116	1282	328
自治区直辖县级市	8798	350	2316	965
石河子市	8798	350	2316	965

企业主要经济指标

主营业务收　入	主营业务成　本（万元）	主营业务税金及附加（万元）	三项费用合　计（万元）	营业利润（万元）	职工工资和福利费（万元）	全部从业人员年平均人数（人）
70128	**32662**	**4169**	**41598**	**7273**	**10205**	**5425**
69726	32450	4154	41408	7279	10156	5390
12330	3403	827	6297	7069	2538	935
8097	6165	509	2806	-74	781	522
9			11	-5	6	7
22		1	62	-41	11	5
24343	10343	1278	11252	664	2161	1342
104	3	19	87	83	18	34
62	26	4	69	-43	33	30
148		8	469	-329	39	28
24523	12511	1493	20201	35	4543	2463
77		15	152	-90	25	21
12			3	9	2	3
402	211	15	190	-6	49	35
157		2	140	15	17	12
244	211	13	51	-21	32	23
19778	3658	1184	11222	7517	3557	1313
8728	6245	538	3055	18	833	549
39441	21833	2339	25644	80	5418	3250
402	211	15	190	-6	49	35
1757	714	94	1466	-317	323	259
1204	473	64	826	2092	388	121
11202	2684	798	5532	5274	2245	730
12716	6483	479	8172	-290	1442	854
16216	9000	959	5953	546	1312	1103
230	147	14	104	-55	13	26
118	45	6	69	-2	7	25
28442	13829	1850	20941	-291	4799	2566
70128	32662	4169	41598	7273	10205	5425
39191	15985	2168	21646	10119	6507	2750
742	55	25	590	-100	239	147
4896	2862	479	4136	-2185	909	569
99	29	8	90	-3	64	52
3998	745	276	4731	-1428	999	661
3249	609	227	4306	-1639	769	551
508	136	45	242	149	147	57
241		4	183	62	83	53
300	41	17	245	-14	54	71
5244	300	328	5146	-256	523	377
211	10	3	196	-29	82	49
108	56	2	1287	-95	27	63
14060	12314	764	2419	1406	529	481
328	125	44	299	-79	51	96
953	141	54	812	-62	222	109
953	141	54	812	-62	222	109

附录

主要指标解释

第二产业卷主要指标解释

一、工业、能源

工业：工业是从事自然资源的开采，对采掘品及农产品进行加工和再加工的物质生产部门。工业生产活动主要包括：

1．对自然资源的开采，如采矿、晒盐等，但不包括禽兽捕猎和水产捕捞；

2．对农副产品的加工、再加工，如粮油加工、食品加工、轧花、纺织等；

3．对采掘品的加工、再加工，如冶金加工、石油加工、化学加工，以及电力、自来水、煤气的生产和供应业；

4．对工业品的修理、翻新，如机器设备的修理、交通运输工具的修理。拆船业也是工业生产活动，它是对废旧船舶的拆解、整理、恢复废旧钢材等的使用价值。但不包括对日用工业品的修理。

规模以上工业：指年主营业务收入500万元及以上的工业法人企业。

规模以下工业：指年主营业务收入500万元以下工业的法人企业。

登记注册类型：以企业在工商行政管理部门登记时（营业执照）上所填列的类型为准，主要划分为国有企业、集体企业、股份合作企业、联营企业、有限责任公司、股份有限公司、私营企业、其他内资企业、与港澳台商合资经营企业、与港澳台商合作经营企业、港澳台商独资经营企业、港澳台商投资股份有限公司、中外合资经营企业、中外合作经营企业、外资企业、外商投资股份有限公司、个体户等。

行业类别：指以产品经济用途、使用原材料、生产工艺性质为标志，对工业生产活动进行分类。现行工业统计执行《国民经济行业类别和代码 GB/T2002》中关于工业行业分类和代码的规定。这个规定把工业行业分为3个门类，40个大类，97个中类，607个小类。其中工业行业小类是整个分类的基础。

重工业：指提供生产资料的工业，是为国民经济各部门提供物资技术基础的工业。按其生产性质和产品用途，可分为三类：一是采掘(伐)工业，是对自然资源的开采，包括石油开采、煤炭开采、金属矿开采、非金属矿开采等工业；二是原材料工业，指向国民经济各部门提供基本材料、动力和燃料的工业，包括金属冶炼及加工、炼焦及焦炭化学、化工原料、水泥、人造板以及电力、石油和煤炭加工等工业；三是加工工业，是指对工业原材料进行再加工制造的工业。包括装备国民经济各部门的机械设备制造工业、金属结构、水泥制品等工业，以及为农业提供的生产资料如化肥、农药等工业。修理业中以重工业产品为修理作业对象的也划为重工业。

轻工业：指提供生活消费品和制作手工工具的工业，是为满足人们吃、穿、用需要的工业。按其所使用的原料不同，可分为两大类：一是以农产品为基本原料的轻工业，是指直接或间接以农产品为原料的轻工业。主要包括食品制造、饮料制造、烟草加工、纺织、缝纫、皮革和毛皮制作、造纸以及印刷等工业。二是以非农产品为原料的轻工业，是指以工业品为原料的轻工业。主要包括文教体育用品、化学药品制造、合成纤维制造、日用化学制品、日用玻璃制品、日用金属制品、手工工具制造、医疗器械制造、文化和办公用机械制造等工业。修理业中以轻工业产品为修理作业对象的也划为轻工业。

轻、重工业的划分，是在工业行业分类的基础上，以工业行业中的细分类为划分对象，而不是把企业作为划分对象的。例如，把行业细分类中“锅炉制造业”全部划为重工业，把“机制纸及纸板制造业”全部划为轻工业。

大型企业：指符合职工人数在2000人及以上、年销售额30000万元及以上、资产总额40000万元及以上三个条件并存的工业法人企业。

中型企业：指符合职工人数在300人及以上、年销售额3000万元及以上、资产总额4000万元及以上三个条件并存，且不符合大型企业划分标准的工业法人企业。

小型企业：指职工人数在300人以下、或者年销售额3000以下、或者资产总额4000以下的工业法人企业。

工业总产值（当年价格）：指工业企业在本年内生产的以货币形式表现的工业最终产品和提供工业劳务活动的总价值量。包括三部分：生产的成品价值、对外加工费收入、自制半成品在制品期末期初差额价值。

1．成品价值：指企业在本年内生产，并在本年内不再进行加工，经检验合格、包装入库的已经销售和准备销售的全部工业成品（包括半成品）价值合计。成品价值中包括企业生产的自制设备及提供给本企业在建工程、其他非工业部门和生活福利部门等单位使用的成品价值，但不包括用订货者来料加工的成品（半成品）价值。

成品价值按成品实物量乘以本年不含应交增值税（销项税额）的产品实际销售平均单价计算。会计核算中按成本价格转帐的自制设备和自产自用的成品，按成本价格计算生产成品价值。

2．对外加工费收入：指企业在报告期内完成的对外承做的工业品加工（包括用订货者来料加工生产）的加工费收入和对外工业品修理作业所收取的加工费收入和对内非工业部门提供的加工修理、设备安装等收入。对外加工费收入按不含应交增值税（销项税额）的价格计算。

3. 自制半成品在制品期末期初差额价值。为了使工业总产值与工业中间投入中的物耗价值一致，以便同口径地计算工业增加值，规定本指标的计算原则是：凡是企业会计产品成本核算中计算半成品、在制品成本，则工业总产值中必须包括自制半成品在制品期末期初差额价值。反之则不包括。

工业销售产值（当年价格）：是以货币形式表现的，工业企业在本年内销售的本企业生产的工业产品或提供工业性劳务价值的总价值量。包括的内容为：

1. 销售成品价值：指企业在报告期内实际销售（包括本期生产和非本期生产）的全部成品、半成品的总价值，即按报告期产品的实际销售数量乘以不含增值税（销项税额）的产品实际销售平均单价计算。销售成品价值中包括企业生产的自制设备及提供给本企业在建工程、其他非工业部门和生活福利部门等单位使用的成品价值，但不包括用订货者来料加工，并且只收取加工费的成品（半成品）价值。

2. 对外加工费收入：指企业在报告期内完成的对外承接的工业品加工（包括用定货者来料加工的产品）的加工费收入；对外工业品修理作业可收取的加工费收入和对内非工业部门提供的加工修理、设备安装等收入。对外加工费收入按不含增值税（销项税额）的价格计算。

出口交货值：指工业企业交给外贸部门或自营（委托）出口（包括销往香港、澳门、台湾），用外汇价格结算的产品价值，以及外商来样、来料加工、来件装配和补偿贸易等生产的产品价值。在计算出口交货值时，要把外汇价格按交易时的汇率折成人民币计算。

存货：指企业在日常生产经营过程中持有以备销售，或者仍然处在生产过程，或者在生产或提供劳务过程中将消耗的材料或物资等，包括各类材料、商品、在产品、半成品、产成品等。

流动资产合计：指企业可以在一年内或者超过一年的一个生产周期内变现或者耗用的资产，包括现金及各种存款、短期投资、应收及预付款项、存货等。

应收账款：指企业因销售商品、产品、提供劳务等，应向购货单位或接受劳务单位收取款项。

产成品：指企业报告期末已经加工生产并完成全部生产过程，可以对外销售的制成产品。

流动资产年平均余额：指企业在报告期内全部流动资产的平均余额。计算公式为：

$$\text{流动资产年平均余额}=\frac{\text{1至12月各月流动资产平均余额之和}}{12}$$

固定资产合计：指企业使用期限超过一年的房屋、建筑物、机器、机械、运输工具以及其他与生产、经营有关的设备、器具、工具等。不属于生产经营主要设备的物品，单位价值在 2000 元以上，并且使用年限超过 2 年的，也应当作为固定资产。

固定资产原价：指企业在购置、自行建造、安装、改建、扩建、技术改造某项固定资产时所支出的全部支出总额。

固定资产折旧：指对固定资产由于磨损和损耗而转移到产品中去的那一部分价值的补偿。一般根据固定资产原价（选用双倍余额递减法计提折旧的企业，为固定资产帐面净值）和确定的折旧率计算。“累计折旧”：指企业在报告期末提取的历年固定资产折旧累计数。

固定资产净值年平均余额：固定资产净值指固定资产原价减去累计折旧后的净额，其平均余额指报告期内余额的平均数。计算公式为：

$$\text{固定资产净值年平均余额}=\frac{\text{1至12月各月固定资产净值平均余额之和}}{12}$$

资产总计：指企业拥有或控制的能以货币计量的经济资源，包括各种财产、债权和其他权利。资产按其流动性（即资产的变现能力和支付能力）划分为：流动资产、长期投资、固定资产、无形资产、递延资产和其他资产。

流动负债合计：指企业在一年内或超过一年的一个营业周期内需要偿还的债务，包括短期借款、应付票据、应付账款、预收账款、应付工资、应交税金、应付利润、预提费用等。

应付账款：指因购买材料、商品或接受劳务供应等而发生的债务。它是买卖双方在购销活动中由于取得物资与支付货款在时间上不一致而产生的负债。

长期负债合计：指企业偿还期在一年以上或者超过一年的一个营业周期以上的债务，包括长期借款、长期应付款、应付债券等。

负债合计：指企业所承担的能以货币计量，将以资产或劳务偿付的债务，偿还形式包括货币、资产或提供劳务。负债一般按偿还期长短分为流动负债和长期负债。

所有者权益合计：所有者权益是指所有者在企业资产中享有的经济利益，它等于企业资产减去负债后的余额。包括实收资本（或股本）、资本公积、盈余公积和未分配利润等。

实收资本：指投资者按照企业章程，或合同、协议的约定，实际投入企业的资本。企业实收资本按照投资主体划分为国家资本、集体资本、法人资本、个人资本、港澳台资本和外商资本六种。

国家资本：指有权代表国家投资的政府部门或机构以国有资产投入企业形成的资本。不论企业的资本是哪个政府部门或机构投入的，只要是以国家资金进行投资的，均作为国家资本。

集体资本：指劳动群众集体所有的资产实际投人企业形成的资本。

法人资本：指我国具有法人资格的单位以其依法可以支配的资产投入企业形成的资本。

个人资本：指我国公民以其合法财产投入企业形成的资本。

港澳台资本：指我国香港、澳门和台湾地区投资者将所有的资产实际投入企业形成的资本。

外商资本：指外国投资者（不包括我国香港、澳门和台湾地区投资者）将所有的资产实际投入企业形成的资本。

营业收入：指企业（单位）在报告期内从事销售商品、

提供劳务及转让资产使用权等日常活动中所形成的总收入，包括主营业务收入和其他业务收入。

主营业务收入：指企业经营主要业务所取得的收入总额。

营业成本：指企业（单位）在报告期内从事销售商品、提供劳务等日常活动发生的各种耗费。

主营业务成本：指企业经营主要业务发生的实际成本。

营业税金及附加：指企业与营业收入有关的，应由各项经营业务负担的税金及附加。

主营业务税金及附加：指企业经营主要业务应负担的营业税、消费税、城市维护建设税、资源税、土地增值税、教育费附加。

主营业务利润：指企业经营主要业务实现的利润。

其他业务收入：是指企业主营业务以外的收入

其他业务利润：指企业经营除主要业务以外的其它业务实现的利润。

营业费用、管理费用和财务费用合计：指企业报告期内营业费用、管理费用、财务费用三项费用的合计。

营业费用：指企业在销售商品过程中发生的各项费用。

管理费用：指企业行政管理部门和企业的董事会为组织和管理企业生产经营活动而发生的各项费用。

财务费用：指企业为筹集生产经营所需资金等发生的费用，包括利息净支出、汇兑净损失（已减汇兑收益）、以及相关的手续费等。

税金：指企业按照规定从管理费用中支付的房产税、印花税、车船使用税和土地使用税。

利息支出：指企业短期借款利息、长期借款利息、应付票据利息、票据贴现利息、应付债券利息、长期应付引进国外设备款利息等利息支出（除资本化的利息外）减去银行存款等的利息收入后的净额。

营业利润：指企业从事生产经营活动所取得的利润，即主营业务收入减主营业务成本和主营业务税金及附加,加上其他业务利润，减去营业费用、管理费用、财务费用后的金额。

投资收益：指企业以各种方式对外投资所取得的收益或发生的损失

补贴收入：指企业实际收到的补贴收入，包括实际收到的先征后返的增值税；企业按销量或工作量等，依据国家规定的补助定额计算并按期给予的定额补贴。

利润总额：指企业在生产经营过程中各种收入扣除各种耗费后的盈余，反映企业在报告期内实现的亏盈总额，包括营业利润、补贴收入、投资净收益和营业外收支净额。

应交所得税：指企业按税法规定，应从生产经营等活动的所得中交纳的税金。

本年应付工资总额：指企业在报告期内支付给本单位职工的全部工资，它反映企业本期累计应付的工资总额。

本年应付福利费总额：指企业在报告期内累计提取的福利费总额，它反映本期应付福利费的全部发生额。

职工工资和福利费：职工工资和福利费包括职工工资总额和职工福利费两部分，是企业为获得职工提供服务而给予的各种形式的报酬以及其他相关支出。

本年应交增值税：指企业按税法规定，从事货物销售或提供加工、修理修配劳务等增加货物价值的活动本期应交纳的税金。指企业在报告期应交增值税额。计算公式为：

本年应交增值税=销项税额-（进项税额-进项税额转出）-出口抵减内销产品应纳税额-减免税款+出口退税

本年进项税额：指工业企业在报告期内购入货物或接受应税劳务而支付的、准予从销项税额中抵扣的增值税额。

本年销项税额：指工业企业在报告期内销售货物或提供应税劳务应收取的增值税额。

资产减值损失：是指企业各项资产发生的减值损失。

公允价值变动收益：指企业应当计入当期损益的资产或负债公允价值变动收益。

全部从业人员年平均人数：指企业单位年内各月平均拥有的人数，其计算公式为：

$$全部从业人员年平均人数=\frac{1月平均人数+2月平均人数+\Lambda+12月平均人数}{12}$$

$$月平均人数=\frac{月初从业人员数+月末从业人员数}{2}$$

工业经济效益综合指数：指现行综合评价工业经济效益总体水平及工业经济运行质量的指数。它是以一组经济效益指标分别除以各项指标的全国标准值，乘以各自的权数，加总后除以总权数求得。其计算公式为：

工业经济效益综合指数＝Σ某项经济效益指标报告期数值该项指标全国标准值×权数总权数

全国选择以下七项指标进行评价考核：总资产贡献率；资本保值增值率；资产负债率；流动资产周转率；成本费用利润率；全员劳动生产率；产品销售率，以综合反映工业企业的经营能力、发展能力、偿债能力、产出效率和产销衔接情况。

年末生产能力：一般指产品的综合生产能力，但也有些产品指其主要设备的能力。

产品年末生产能力：指在一个企业范围内生产某种产品的综合平衡能力，是生产某种产品的全部设备(包括主要生产设备、辅助生产设备、起重运输设备、动力设备及有关的厂房和生产用建筑物等)在原材料、燃料动力供应充分，劳动力配备合理，设备正常运转的条件下，可能达到的年生产量。

设备能力：指某种设备的单位时间内可能生产的产品数量，也就是说，某种设备在单位时间内的工作量，即一般所称的设备效率，或设备生产率，它不考虑与其他设备的平衡问题。如棉纺锭、气流纺锭、棉布织机、发电设备容量等。

能源购进量：指能源使用单位在报告期内外购的、用于企业消费的各种一次能源和二次能源。

能源购进量金额：是指本单位在报告期实际购进的、已办理验收入库手续的各种一次能源和二次能源的金额。其金额以购货发票上的总金额(含增值税)计算。

能源消费量：是指能源使用单位在报告期内实际消费的一次能源或二次能源的数量。

工业企业能源消费量：是指工业企业在生产过程中作为燃料、动力、原料、辅助材料使用的能源以及工艺用能、非生产用能；作为能源加工转换企业，还要包括能源加工转换的投入量。具体包括：

1．用于本企业产品生产、工业性作业和其他生产性活动的能源。

2．用于技术更新改造措施、新技术研究和新产品试制以及科学试验等方面的能源。

3．用于经营维修、建筑及设备大修理、机电设备和交通运输工具等方面的能源。

4．用于劳动保护的能源。

5．其他非生产消费的能源。

工业生产能源消费：是指工业企业为进行工业生产活动所使用的能源。主要包括：

1.用于本企业产品生产、工业性作业的能源，包括用作原料、材料、燃料、动力；作为能源加工转换企业，还包括用作加工转换的能源。

2.产品生产过程中作为辅助材料使用的能源。

3.生产工艺过程使用的能源。

4.新技术研究、新产品试制、科学试验使用的能源。

5.为了工业生产活动而在进行的各种修理过程中使用的能源。

6.生产区内的劳动保护用能等。

非工业生产能源消费：是指在工业企业能源消费中，除“工业生产能源消费”以外的能源消费，即非工业生产用能和工业企业附属的不从事工业生产活动的非独立核算单位用能。

能源库存量：是指能源使用企业用于消费的能源库存，即能源消费企业购进的，在报告期某一时点尚未消费的实际结存的商品库存量。

原材料购进量：工业企业本年外购的、用于企业消费的原材料数量。

原材料库存量：指工业企业用于消费的、在报告期的某时间点(年初或年末)所拥有的原材料数量，不包括本企业的产成品库存。

原材料消费量：指工业企业在报告期内实际消费的原材料数量。

原材料工业生产消费：指工业企业从事工业生产所使用的原材料。

工业取水总量：是指工业企业从各种水源提取的，并用于工业生产活动的水量总和，包括自来水、地下水、地表水、海水、苦咸水、经城市污水处理厂处理后回用于工业的水量，以及企业从市场购得的其他水或水的产品(如纯净水、矿泉水、蒸汽、热水、地热水等)。

二、科技

科技活动：指在自然科学、农业科学、医药科学、工程与技术科学、人文与社会科学领域(简称科学技术领域)中与科技知识的产生、发展、传播和应用密切相关的有组织的活动。为核算科技投入的需要，科技活动可分为科学研究与试验发展(R&D)、科学研究与试验发展成果应用及相关的科技服务三类活动。本报表制度规定，工业企业只统计科学研究与试验发展(R&D)及其成果应用两类活动，即通常讲的技术开发活动。

科学研究与试验发展：指在科学技术领域，为增加知识总量、以及运用这些知识去创造新的应用进行的系统的创造性的活动，包括基础研究、应用研究、试验发展三类活动。在工业企业开展的科学研究与试验发展(R&D)活动中，较为普遍的和大量的活动属于试验发展活动。

科学研究与试验发展成果应用：指为使试验发展阶段产生的新产品、材料和装置，建立的新工艺、系统和服务以及作实质性改进后的上述各项能够投入生产或实际应用，解决所存在的技术问题而进行的系统性的工作。这类活动的成果形式大多是可供生产和实际操作的带有技术和工艺参数的图纸、技术标准和操作规范。

微电子控制机器设备原价：指企业在年末拥有的、利用微电子技术(包括电子计算机、集成电路等)对生产过程进行控制、观察测量、测试等生产机器设备的原价。

科技活动人员：指工业企业在报告年度直接从事(或参与)科技活动、以及专门从事科技活动管理和为科技活动提供直接服务的人员。累计从事科技活动的时间占制度工作时间10%(不含)以下的人员不统计。(1)直接从事(或参与)科技活动的人员包括 工业企业所属的技术开发中心及中试车间(基地)等机构中从事科技活动的研究人员、工程技术人员、技术工人及其它辅助人员；虽不在上述机构工作，但编入科技活动项目组(攻关小组)的人员。(2)专门从事科技活动管理和为科技活动提供直接服务的人员包括 工业企业主管科技工作的负责人，企业科技管理部门(科研管理处、部、科等)的工作人员，直接为科技活动提供资料文献、材料供应、设备维护等服务的人员。不包括保卫、医疗保健、司机、食堂人员、茶炉工、水暖工、清洁工等间接服务人员。

科技活动全时人员：指企业科技活动人员中在报告年度实际从事科技活动的时间占制度工作时间 90%以上(含90%)的人员。在企业科技管理部门(科研管理处、部、科等)专职从事科技管理工作的人员、企业所属常年有开发任务的科技机构中专职从事科技活动及其管理和直接服务的人员，以及上述人员以外在报告年度主要从事科技项目开发的人员可视作科技活动全时人员。

研究与试验发展人员：指企业科技活动人员中从事基础研究、应用研究和试验发展三类活动的人员。包括直接参加上述三类项目活动的人员及这类项目的管理和服务人员。研究与试验发展项目的管理和服务人员，可按研究与试验发展(R&D)项目人员占全部科技项目人员的比重计算。

科技活动经费筹集总额：指企业在报告年度从各种渠道筹集到的计划用于科技活动的经费，包括企业资金、金融机构贷款、政府资金、事业单位资金、国外资金、其他资金等。

科技活动经费支出总额：　指企业在报告年度实际支出的全部科技活动费用，包括列入技术开发的经费支出以及技措技改等资金实际用于科技活动的支出。不包括生产性支出和归还贷款支出。科技活动经费支出总额分为内部支出和外部支出。

科技活动经费内部支出：　指企业在报告年度用于内部开展科技活动实际支出的费用，包括外协加工费。不包括委托研制或合作研制而支付外单位的经费。科技活动经费内部支出按用途分为科技活动人员劳务费、原材料费、购买与自制设备支出、其他支出。

研究与试验发展经费支出：　指报告年度在企业科技活动经费内部支出中用于基础研究、应用研究和试验发展三类项目以及这三类项目的管理和服务费用的支出。不论何种经费来源，只要实际用于上述三类项目的经费支出都应计算在内。具体计算办法 可将企业全部科技项目中确定为基础研究、应用研究和试验发展三类项目的经费支出加总，再加上按上述三类项目支出占全部科技项目经费支出比重计算分摊的科技管理和服务费用取得。上述三类项目经费支出包括的内容与科技活动经费内部支出按用途分组所列的支出项一致。

新产品开发经费支出：　指报告年度内企业用于新产品研究开发的经费支出。包括研究、设计、模型研制、测试、试验等费用支出。新产品的概念见“新产品工程准备和产出情况”中的有关解释。

用于科研的基建经费支出：　指企业在报告年度为改善科研条件，提高研制开发能力，使用基本建设资金、技措技改等资金进行新建、改建、扩建、购置、安装科研用固定资产、以及进行科研设备改造及大修理等的实际支出。科研与生产共用的基建项目，按企业计划和生产使用安排进行分摊。

科研土建工程支出：指企业用于科研的基建经费支出中购置土地、建造科研楼、中试车间和试验场地，或对现有科研用房和固定设施进行更新改造等的经费支出。

新产品：指采用新技术原理、新设计构思研制、生产的全新产品，或在结构、材质、工艺等某一方面比原有产品有明显改进，从而显著提高了产品性能或扩大了使用功能的产品。本报表中的新产品产值、新产品销售收入、新产品销售利润等指标既包括经政府有关部门认定并在有效期内的新产品，也包括企业自行研制开发，未经政府有关部门认定，从投产之日起一年之内的新产品。

新产品工程准备和试生产费用支出：　指企业为生产新产品、应用新工艺发生的建筑物、机器设备、工装模具等固定资产的购买和建造，以及在生产线上进行试生产的费用支出。

为生产新产品和应用新工艺发生的培训费支出：　指企业为生产新产品、应用新工艺而对有关人员进行的设备使用和维护、工艺规程、质量检测、生产组织和系统管理等的培训费用支出。

新产品试销费用：　指报告年度企业为使新产品顺利进入市场而发生的市场调研、试销展销、广告等费用的支出，不包括建立市场销售网络的费用支出。

全部科技项目数：　指企业在报告年度当年立项并开展研制工作、以前年份立项仍继续进行研制的科技项目数，包括当年完成和年内研制工作已告失败的科技项目，但不包括委托外单位进行研制的科技项目。

限额以上科技项目数：　指全部项目中立项经费在10万（大中型）或5万（小型）的项目。

研究与试验发展项目数：　指企业在报告年度进行的全部科技项目中，属于研究与试验发展的项目数。

专利申请数：　指企业在报告年度内向专利行政部门提出专利申请并被受理的件数。

发明专利申请数：　指企业在报告年度内向专利行政部门提出发明专利申请并被受理的件数。

拥有发明专利数：　指企业作为专利权人在报告年度拥有的、经国内外专利行政部门授权且在有效期内的发明专利件数。

三、建筑业

签订的合同额：指建筑业企业在报告期直接同建设单位签订合同的总价款和以前年度同建设单位签订合同的未完工程跨入本年度继续施工工程合同的总价款余额。

上年结转合同额：指以前年度同建设单位签订合同的未完工程跨入本年度继续施工工程合同的总价款余额。

本年新签合同额：指建筑业企业在报告期内同建设单位直接新签订的各种国内工程合同的总价款，不包括与其他建筑业企业新签的分包合同额。

直接从建设单位承揽工程完成的产值：指总承包企业或专业承包企业直接与建设单位(业主)签订的承包合同(包括报告期及以往年度签订的合同，不包括无效合同和中途解除的合同)，在报告期内完成的工程总值。包括企业向其他专业承包企业或劳务分包企业分包出去的工程所完成产值，还包括分包企业缴纳的管理费。

自行完成施工产值：指总承包企业或专业承包企业直接与建设单位(业主)签订的总承包合同或专业承包合同中，自行完成的工程总值。包括总承包企业和专业承包企业自行完成的工作量和分包企业缴纳的管理费。

分包出去工程的产值：指专业承包企业或劳务分包企业与总承包企业或专业承包企业签订的专业承包或劳务分包合同中在报告期所完成的产值。分包企业如果是一个独立核算的经济实体，其完成的产量产值，不包括在总承包企业或专业承包企业自行完成产值中。

在当前建筑市场中，还有一些零散的建筑业包工队(组)以小包工队形式从建筑施工企业分包部分“单位工程”或“分部工程”，这些包工队(组)并不具备填报国家统计报表的条件，其完成的产量产值均应由总承包企业或专业承包企业填报。为了保持相关数据的一致性，包工队(组)参与施工的人数也应统计在总承包企业或专业承包企业的人数内。

从建设单位以外承揽工程完成的产值：指总承包企业或专业承包企业从其他总承包企业或专业承包企业处承揽工程而完成的产值。不包括总承包企业或专业承包企业从建设单位承揽工程中自行完成的产值和分包企业缴纳的管理费。

建筑业总产值：建筑业总产值是以货币表现的建筑业企业在一定时期内生产的建筑业产品和服务的总和。建筑业总产值包括建筑工程产值、安装工程产值和其他产值三部分内容。

建筑工程产值：指列入建筑工程预算内的各种工程价值，包括：

a.各种房屋如厂房、仓库、办公室、住宅、商店、学校、医院、俱乐部、食堂、车库、招待所等房屋建筑，按照当前预算制度规定，列入房屋工程预算内的暖气、卫生、通风、照明、煤气等设备价值及其装饰油漆工程，以及列入建筑工程预算内的各种管道(如蒸汽、压缩空气、石油、给排水等管道)，电力、电讯电缆导线的敷设等工程。

b.设备基础、支柱、操作平台、梯子、烟囱、凉水塔、水池、灰塔等建筑工程、炼焦炉、裂解炉、蒸汽炉等各种窑炉的砌筑工程及金属结构工程。

c.为施工而进行的建筑场地的布置，工程地质勘探，原有建筑物和障碍物的拆除及平整土地，施工临时用水、电、汽、道路工程，以及完工后建筑场地的清理，环境绿化工作等。

d.矿井的开凿、井巷掘进延伸、露天矿的剥离、石油、天然气钻井工程和铁路、公路、港口、桥梁等工程。

e.水利工程，如水库、堤坝、灌渠以及河道整治等工程。

f.防空、地下建筑等特殊工程。

g.装饰装修工程。

安装工程产值：指设备安装工程价值，包括：

a.生产、动力、起重、运输、传动和医疗、实验等各种需要安装设备的装配和安装与设备相连的工作台、梯子、栏杆等装设工程，附属于被安装设备的管线敷设工程，被安装设备的绝缘、防腐、保温、油漆等工作。

b.为测定安装工作质量，对单个设备、系统设备进行单机试运和系统联动无负荷试运工作。在设备安装产值中，不得包括被安装设备本身价值。

其他产值：建筑业总产值中除建筑工程、安装工程以外的产值。包括房屋构筑物修理产值、非标准设备制造产值、总包企业向分包企业收取的管理费以及不能明确划分的施工活动所完成的产值。

房屋构筑物修理产值：指房屋和构筑物的修理所完成的产值，但不包括被修理房屋、构筑物本身价值和生产设备的修理价值。

非标准设备制造产值：指加工制造没有定型的非标准生产设备的加工费和原材料价值(如化工厂、炼油厂用的各种罐、槽，矿井生产统一使用的各种漏斗、三角槽、阀门等)以及附属加工厂为本企业承建工程制作的非标准设备的价值。

装饰装修产值：包括装饰、装修两部分产值。装修装饰指对新旧房屋及建筑物进行的内外装修装饰；对新建房屋及建筑物经过施工后，尚未完全达到使用标准，而进行的二次装修装饰；以及对原有房屋经使用若干年后进行的二次内外装饰。包括抹灰、门窗、玻璃、吊顶、隔断、饰面板(砖)、涂料、裱糊、刷浆、花饰等。

在外省完成的产值：指建筑业企业在其他省份施工所完成的建筑业产值。

竣工产值：一般是以单位工程为对象，当该工程按照设计所规定的工程内容全部完成，达到了设计规定的交工条件，经有关部门检查验收鉴定合格的单位工程价值，即为竣工产值。竣工产值包括范围应是报告期内竣工单位工程从开工到竣工的全部自行完成的价值，如果一个单位工程跨两个年度施工，其竣工价值应当包括上年度完成的价值。有些大型单位工程，如大型厂房、高级宾馆、各种管道、公路、铁路等，能够分跨、分层、分段施工并按合同规定，能够分开交付使用的，可以分开计算竣工产值。竣工产值不包括附属辅助企业或内部核算的其他单位为外单位生产和服务的价值。

房屋建筑面积：指房屋全部平面面积的总和。它从房屋的外墙线算起，包括可供使用的有效面积和墙柱等结构占用面积。多层房屋按各层(包括地下室)面积总合计算。旧房加层或改造，只计算增加的建筑面积；旧房拆除重建，计算其全部面积；临时房屋不计算建筑面积。

(1)房屋建筑面积的计算范围包括：

a.单层建筑物不论其高度如何均按一层计算，其建筑面积按建筑物外墙勒脚以上的外围水平面积计算，单层建筑物内如带有部分楼层者，亦应计算建筑面积。

b.高低联跨的单层建筑物，也需分别计算建筑面积。当高跨为边跨时，其建筑面积按勒脚以上两端山墙外表面的水平长度乘勒脚以上的外墙表面至高跨中柱外边线的水平宽度计算。当高跨为中跨时，其建筑面积按勒脚以上两端山墙外表面的水平长度乘以中柱外边线的水平宽度计算。

c.多层建筑物的建筑面积按各层建筑面积的总和计算，其底层按建筑物外墙勒脚以上的外围水平面积计算，二层及二层以上按外墙外围水平面积计算。

d.地下室、半地下室、地下车间、仓库、商店、地下指挥部等及相应出入口的建筑面积，按其上口外墙(不包括采光井、防潮层及其保护墙)外围的水平面积计算。

e.用深基础做地下架空层加以利用，层高超过 2.2 米的按架空层外围的水平面积的一半计算建筑面积。

f.坡地建筑物利用吊脚做架空层加以利用，且层高超过 2.2 米的，按围护结构外围水平面积计算建筑面积。

g.穿过建筑物的通道、建筑物内的门厅、大厅不论其高度如何，均按一层计算建筑面积。门厅、大厅内回廊部分按其水平投影面积计算建筑面积。

h.图书馆的书库按书架层计算建筑面积。

i.电梯井、提物井、垃圾道、管道井等均按建筑物自然层计算建筑面积。

j.舞台灯光控制室按围护结构外墙水平面积乘以实际层

数计算建筑面积。

k.建筑物的技术层，层高超过 2.2 米的应计算建筑面积。

l.柱雨棚按外围水平面积计算建筑面积，独立柱的雨棚按顶盖的水平投影面积的一半计算建筑面积。

m.有柱的车棚、货棚、站台等按柱外围水平面积计算建筑面积，单排柱、独立柱的车棚、货棚、站台等按顶盖的水平投影面积的一半计算建筑面积。

n.突出屋面的有围护结构的楼梯间、水箱间、电梯机房等按围护结构外围水平面积计算建筑面积。

o.突出墙外的门斗按围护结构外围水平面积计算建筑面积。

p.封闭式阳台、挑廊按其水平投影面积计算建筑面积。凹阳台、挑阳台按其水平投影面积的一半计算建筑面积。

q.建筑物墙外有顶盖和柱的走廊、檐廊按柱的外边线水平面积计算建筑面积，无柱的走廊、檐廊按其投影面积的一半计算建筑面积。

r.两个建筑物间有顶盖的架空通廊，按通廊的投影面积计算建筑面积，无顶盖的架空通廊按其投影面积的一半计算建筑面积。

s.室外楼梯做为主要通道和用于疏散的均按每层水平投影面积计算建筑面积。楼内有楼梯的室外楼梯按水平投影面积的一半计算建筑面积。

t.跨越其他建筑物、构筑物的高架单层建筑物，按水平投影面积计算建筑面积，多层者按多层计算。

(2)不计算建筑面积的范围：

①突出墙面的构件配件和艺术装饰，如柱垛、勒脚、台阶、无柱雨蓬等。

②检修、消防等用的室外爬梯。

③层高在 2.2 米以内的技术层。

④构筑物，如独立烟囱、烟道、油罐、水塔、贮油(水)池、贮仓、圆库、地下人防干、支线等。

⑤建筑物内外的操作平台、上料平台及利用建筑物的空间安置箱罐的平台。

⑥没有围护结构的屋顶水箱，舞台及台后悬挂幕布，布影的天桥、挑台。

⑦单层建筑物内分隔的操作间、控制室、仪表间等单层房间。

⑧层高小于 2.2 米的深基础地下架空层、坡地建筑物吊脚架空层。

房屋建筑面积按房屋设计所规定的用途进行划分，一般分为以下几种：

厂房、仓库：厂房指直接用于生产或为生产配套的各种房屋，包括主要车间、辅助用房及附属设施用房。凡工业、农业、建筑业、交通运输业、商业等单位中的厂房都包括在内。仓库指工业、农业、建筑业、交通运输业、商业、供销、外贸及其他企事业单位建造的成品库、原材料库、货物仓库、物资储备库以及冷藏库、粮油库等。

住宅：指专供居住用的房屋。包括别墅、公寓、各部门的职工家属宿舍和集体宿舍(包括职工单身宿舍和学生宿舍)等供居住的房屋。不包括住宅楼中作为人防工程用的房屋，也不包括不住人的地下室。

办公用房：指企业、事业、机关、团体、学校、医院等单位的办公用房，也包括商务办公楼。

批发和零售用房：指批发和零售企业对外营业的各种批发市场、超级市场、商店、门市部、粮店、书店、供销店等房屋。不包括批发零售企业的厂房和仓库。

住宿和餐饮用房：指住宿餐饮行业对外营业的宾馆、度假村、招待所、各种饭店、酒楼、餐厅、快餐店、酒吧茶馆等房屋。

居民服务业用房：指浴室、理发、洗染、照相以及各种日用品修理等为居民生活服务的用房。

教育用房：指各类学校(包括党校、技校、干校、工读学校、幼儿园在内)的教室、图书馆、试验室、体育馆、展览馆等有关教育用房。不包括学校的教职员工宿舍、学生宿舍、食堂、浴室等非教育用房。

文化、体育和娱乐用房：指各种俱乐部、博物馆、图书馆、影剧院、文化馆、展览馆、宗教寺院等文化用房；各种健身房、体育馆等体育用房；各种娱乐厅、游乐园、夜总会等休闲娱乐用房。不包括各类学校内的文化体育用房。

卫生医疗用房：指各类医疗机构(包括防疫站、防治所)的病房、门诊部、保健站、卫生所、化验室、药房、病案室、太平间等房屋，不包括医护人员的职工宿舍、食堂及独立的办公用房。

科研用房：指独立的科学实验研究机构或企业、事业单位进行科学实验研究工作所用的房屋(包括天文台的科研用房)。

其他用房：指凡不属于上述各项用途的房屋。如各种人防工程、厕所等。

房屋建筑施工面积：指报告期内施过工的全部房屋建筑面积，它包括本期新开工的面积、上期跨入本期继续施工的房屋面积、上期停缓建在本期恢复施工的房屋面积、本期竣工的房屋面积以及本期施工后又停缓建的房屋面积。

房屋新开工面积：指在报告期内新开工的各个房屋单位工程的建筑面积之和。它不包括在上期开工跨入报告期继续施工的房屋建筑面积和上期停缓建而在本期复工的建筑面积。新开工面积用于反映报告期内投入施工的房屋建筑规模，为科学组织施工提供依据。

实行投标承包面积：是指报告期内建筑施工企业经过投标招标而承担的全部房屋建筑面积。

房屋建筑竣工面积：指在报告期内房屋建筑按照设计要求已全部完工，达到了使用条件，经检查验收鉴定合格的房屋建筑面积。计算房屋竣工面积，必须严格执行房屋竣工验收标准。对民用建筑来讲，一般应按设计要求在土建工程和房屋本身附属的水、卫、气、暖等工程已经完工，通风、电梯等设备已安装完毕，做到水通、灯亮、经验收鉴定合格，并正式交付给使用单位后，才能计算竣工面积。对于工业及科研等生产性房屋建筑：一般应按设计要求在土建工程(包括水、暖、电、卫、通风)及属于房屋组成部分的生活间、操作间等已经完成，经验收合格后才计算竣工面积。只差安装工艺设备、管线工程的亦可以计算竣工面积。

竣工房屋价值：指在报告期内按规定已经上报竣工的房屋本身的建造价值。一般按房屋设计和预算规定的内容计算。可按"竣工结算价"或"中标价"填报。

年末自有施工机械设备净值：指本企业(或单位)自有施工机械设备经过使用、磨损后实际存在的价值，即原值减去折旧后的净额。

年末自有施工机械设备总台数：指年末本企业(或单位)自有的直接用于工程施工的各种机械设备的台数。但不包括附属辅助生产机械设备、运输机械设备、生产试验机械设备的台数。

年末自有施工机械设备总功率：指年末本企业(或单位)自有的直接用于工程施工的各种机械设备年末总功率，按设定能力或查定能力计算。包括施工机械本身的动力和为该机械服务的单独动力设备，如电动机等。但不包括附属辅助生产机械设备、运输机械设备、生产试验机械设备的功率。计量单位用千瓦，动力换算可按 1 马力＝0.735 千瓦折合成千瓦数。电焊机、变压器、锅炉不计算动力。

计算建筑业劳动生产率的平均人数：指建筑业企业(或单位)报告期实际拥有的、与建筑施工活动有关的人员的平均人数，包括参加本企业(或单位)建筑施工活动的非本企业(或单位)人员，但不包括企业内部社会服务性机构的人员以及由本企业支付工资但所从事的工作与本企业生产基本无关的人员。

年末从业人员中管理人员：指行政管理人员、工程项目管理人员和工程技术管理人员。

年末从业人员中工程技术人员：指负担工程技术和工程技术管理工作，并具有工程技术工作能力的人员，包括：

(1)取得工程技术职务资格，已被聘或任命工程技术职务，并担任工程技术工作的人员；(2)无工程技术职务，但取得工程技术职务资格或从大、中专理工科系毕业，并担任工程技术工作的人员；(3)未取得工程技术职务资格或无学历，但实际担任工程技术工作的人员；(4)已取得工程技术职务资格或大学、中专理工科系毕业，在企业中担任工程技术管理工作的人员。包括：总工程师、车间主任以及在计划、生产、生产准备、检查、安全技术、设计、工艺、劳动定额、工具设备、动力、基建、环境保护等科室从事工程技术管理工作的人员。工程技术人员中，不包括已取得工程技术职务资格或大学、中专理工科系毕业，但未担任工程技术和工程技术管理工作的人员。

年末从业人员中持有一级资质证书的项目经理：指具有建设部门认证颁发的一级资质证书的项目经理人数。

末从业人员中现场施工工人：指在施工现场从事建筑安装工作和直接服务于施工过程的工人。

持证上岗人员：指经过企业培训或劳动部门培训后，考试(考核)合格，经主管部门批准承认并持有各类证书的人员。

建筑材料消耗量：指报告期内实际耗用于建筑产品生产过程中的全部材料数量，包括建设工程直接耗用的材料，现场临时设施，预制建筑构件，非标准设备制造等所耗用的材料。它是编制和检查材料消耗计划，核算单位产品材料消耗水平，考核消耗定额和反映节约情况的依据。

钢材：包括重轨、轻轨、大型型钢、中型型钢、小型型钢、带钢、线材、特厚钢板、中厚钢板、薄钢板、硅钢片、优质型材、无缝钢管、焊接钢管和其他钢材等品种，以吨为计量单位。不包括钢锭、钢材边角料，已经使用过的旧钢材、铸铁管，以及钢丝绳、铅丝等金属制品。

木材：包括原木、锯材和各种人造板，统一按原木数量计算，以立方米为计量单位。不经过纵锯就直接使用的原木，如桩木、电杆和脚手杆等，可直接计入消耗量。经过纵锯或加工而成的材料、板材和人造板，必须按规定的出材率和换算方法计算出原木数量后，再计如消耗量。计算木材消耗量，不包括小规格材和废旧材料。

水泥：包括普通建筑水泥、装饰水泥和特种水泥(如快硬高强水泥、膨胀水泥、耐酸耐火、防射线水泥等)，以吨为计量单位。不包括无熟料水泥和土水泥。

平板玻璃：建筑用平板玻璃主要指无色的普通平板玻璃和吸热玻璃(即在熔化玻璃液时加入不同的着色剂，可以生产茶、灰、蓝等不同色泽的平板玻璃，俗称彩色玻璃)。

计量单位为重量箱和平方米。"每一重量箱"指厚度为 2 毫米，面积 10 平方米的平板玻璃。其折算公式如下：

$$\text{某种玻璃的重量箱数}=\frac{\text{某种厚玻璃消耗量(平方米)}\times\text{某种玻璃的厚度}/2}{10}$$

"平方米"指不同厚度玻璃的实际表面面积。

铝材：指铝成品材。包括纯铝及铝合金加工的板材、带材、箔材、管材、棒材、线材、型材、压模件、自由锻件等。不包括边角料、裸铝线及电线厂自产自用的铝盘条。

企业总产值：指建筑业企业在报告期内全部经济活动的最终成果的货币表现。在企业总产值中除包括建筑业总产值外,还包括建筑业企业从事其他经济活动所创造的价值(如工业产值、交通运输产值、商业服务业产值、其他产值收入和劳务收入等)。

境外完成的营业额：指建筑业企业报告期内在国外及港、澳、台等区域所有经营活动的货币表现。

年初存货：指企业在生产经营过程中为销售或耗用而储备的各种资产，包括原材料、周转材料、包装物、低值易耗品、在产品、自制半成品、产成品等。根据"资产负债表"中"存货"项的期初数填列。

资产总计：是企业拥有或控制的能以货币计量的经济资源，包括各种财产、债权和其他权利。建筑业企业的资产其按流动性分为：流动资产、长期投资、固定资产、无形资产、递延资产和其他资产。即：

资产总计=流动资产+长期投资+固定资产+无形资产+递延资产+其他资产

流动资产合计：指可以在一年或者超过一年的一个营业周期内变现或者耗用的资产，包括现金及各种存款、短期投资、应收及预付款项、存货等。流动资产的一个重要特点是它在参加生产经营时，其价值一次转移到产品成本或费用中去。流动资产期末合计应根据“资产负债表”(会计报表，下同)的“流动资产合计”项目的期末数填列。

其中：存货：指企业在生产经营过程中为销售或者耗用而储存的各种资产。包括主要材料、其他材料、周转材料、设备、低值易耗品、机械配件、在产品、半成品、产成品、结构件、商品等。根据“资产负债表”中“存货”项的期末数填列。

长期投资：指企业直接向其他单位投资的回收期限在一年以上的现金、实物和无形资产以及购入的不准备在一年内变现的股票和债券。根据会计“资产负债表”中的“长期投资”项的期末数填列。

固定资产合计：指使用期超过一年的房屋及建筑物、机器、机械、运输工具以及其他与生产经营有关的设备、器具、工具等。不属于生产经营主要设备的物品，单位价值在2000元以上，并且使用期限超过两年的，也包括在内。包括企业已有的固定资产和在建的工程以及企业按规定提取的固定资产减值准备等。

固定资产原价：指企业在建造、购置、安装、改建、扩建、技术改造某项固定资产时所支出的全部货币总额。它一般包括买价、包装费、运杂费和安装费等。根据“资产负债表”中“固定资产原价”项目的期末数填列。

生产经营用固定资产：指参加企业生产经营过程或直接服务于企业生产经营过程的各种固定资产。如生产和行政管理用的房屋及建筑物、施工机械、运输设备、生产设备、仪器及试验设备和其他生产用固定资产。根据企业会计“固定资产”科目分析归纳填报。

累计折旧：指企业计提的固定资产折旧，即从固定资产投入使用月份的次月起，按月计提的固定资产折旧累计数。根据“资产负债表”中“累计折旧”项的期末数填列。

本年折旧：反映企业年度内累计提取的折旧。根据“财务状况变动表”中“固定资产折旧”项“金额”栏填报。

在建工程：指建筑业企业在报告期末为自己建造的各项未完工程实际支出和尚未使用的工程物资的实际成本。根据“资产负债表”中“在建工程”项目的期末数填列。

无形资产：无形资产指企业长期使用但没有实物形态的资产，包括专利权、非专利技术、商标权、著作权、土地使用权、商誉等。根据“资产负债表”中“无形资产”项目的期末数填列。

递延资产：递延资产指不能全部计入当年损益、应当在以后各年度内分期摊销的各项费用，包括开办费、融资租入的固定资产的改良支出，摊销期限在一年以上的固定资产修理支出以及其他递延支出等。根据“资产负债表”中“递延资产”项目的期末数填列。

其他资产：指除以上资产以外的其他资产。

负债合计：是企业所承担的能以货币计量、将以资产或劳务偿付的债务。负债一般按其偿还期长短分为流动负债和长期负债。

流动负债合计：指将在一年或者超过一年的一个营业周期内偿还的债务。包括短期借款、应付票据、应付账款、预收账款、应付工资、应交税金、应付利润、其他应付款、预提费用等。根据“资产负债表”中“流动负债合计”项的期末数填列。

长期负债合计：指偿还期在一年或者超过一年的一个营业周期以上的债务。它是除了投资人投入企业的资本以外，企业向债权人筹集，可供企业长期使用的资金。根据“资产负债表”中“长期负债合计”项的期末数填列。

所有者权益合计：是企业投资人对企业净资产的所有权，企业净资产等于企业全部资产减去全部负债后的余额。其中包括实收资本、资本公积、盈余公积和未分配利润四部分。根据“资产负债表”中“所有者权益合计”项的期末数填列。

实收资本：指企业实际收到的投资人投入的资本。按照投资主体划分为国家资本、集体资本、法人资本、个人资本、港澳台资本和外商资本六种。企业在填报实收资本时，根据会计“资产负债表”中“实收资本”项的期末数填列，实收资本中如有外币形式投入的资本，折合成人民币形式填报。

损益及分配：损益及分配表主要反映企业在一定时期内的生产经营成果。通过损益表所反映的财务信息，评价一个企业的经济效益，评估投资的价值和报酬，从而衡量一个企业的经营管理水平，了解投入企业的资本在经营过程中是否保持原始投资的全额完整，反映企业的获利能力状况，预测在未来一定时期内企业的盈利趋势。建筑施工企业采用分步式的损益表结构，主要包括：工程结算收入、工程结算成本、工程结算税金及附加、工程结算利润、其他业务收入、其他业务利润、管理费用、财务费用、营业利润、利润总额。

工程结算收入(主营业务收入)：指本企业承包工程实现的工程价款结算收入以及向发包单位收取的除工程价款以外按规定列作营业收入的各种款项，如临时设施费、劳动保险费、施工机构调迁费等以及向发包单位收取的各种索赔款。根据“损益表”中“工程结算收入”项的本年累计数填列。

工程结算成本(主营业务成本)：指在报告期内与发包单位办理工程价款结算的已完工程实际成本。根据“损益表”中“工程结算成本”项的本年累计数填列。

经营费用：指企业从事施工生产活动过程中发生的各项费用。包括应由企业负担的运输费、装卸费、包装费、保险费、维修费、展览费、差旅费、广告费和其他经费。

根据会计“利润表”中对应指标计算填列。执行2001年《企业会计制度》的企业，用“营业费用”年末数代替。

工程结算税金及附加(业务税金及附加)：指因从事建筑业生产活动，取得工程价款结算收入而按规定应该交纳的营业税、城市维护建设税等以及随同营业税金一并计算交纳的教育费附加等。根据会计“利润表”中对应指标年末累计数填列。

工程结算利润：指已结算工程实现的利润。

其计算公式为：

工程结算利润=工程结算收入-工程结算成本-经营费用-工程结算税金及附加

本项根据“损益表”中“工程结算利润”项的本年累计数填

列(亏损以“-”号表示)。

其他业务收入：指企业除工程结算收入外的其他业务收入，如产品销售收入、机械作业收入、材料销售收入、无形资产转让收入、固定资产出租收入等。根据会计“其他业务收入”科目的本年贷方发生额归纳填报。

营业收入(企业总收入)：指与企业生产经营直接有关的各项收入，包括工程结算收入与其他业务收入。即：

企业总收入=工程结算收入+其他业务收入

其他业务利润：指企业除结算收入外的其他业务收入扣除其他业务支出(包括其他业务成本及应负担的费用、税金)后的净收益(如为净支出应以“-”号表示)。根据“损益表”中“其他业务利润”项的本年累计数填列。

管理费用：指企业行政管理部门为组织和管理生产经营活动而发生的各项费用。包括公司经费、工会经费、职工教育经费、劳动保险费、待业保险费、董事会费、咨询费、审计费、诉讼费、排污费、绿化费、税金、土地使用费、土地损失补偿费、技术转让费、技术开发费、无形资产摊销、开办费摊销、业务招待费、坏帐损失、存货盘亏、毁损和报废(减盘盈)损失，以及其他管理费用。根据“损益表”中“管理费用”项的本年累计数填列。

税金：指企业按照规定支付的房产税、车船使用税、土地使用税、印花税等。根据“管理费用明细表”或“管理费用”科目中有关项目归纳填报。

财产保险费：指企业向保险公司投保所支付的财产保险费用。该指标根据会计“管理费用”科目归纳计算填列。

差旅费：根据会计“管理费用”科目中的对应项目填列。

工会经费:根据会计“管理费用”科目中的对应项目填列。

财务费用：指企业为筹集生产经营所需资金等发生的费用。包括利息支出；汇兑净损失(已减汇兑收益)、调剂外汇手续费、金融机构手续费，以及企业筹资发生的其他费用。根据“损益表”中“财务费用”项目的本年累计数填列。

其中：利息支出：指企业生产经营期间发生的利息净支出(已减利息收入)。根据“财务费用”科目的发生额分析填列。

营业利润：指企业生产经营活动所实现的利润。分为主营业务利润和其他利润。

营业利润=工程结算利润+其他业务利润-管理费用-财务费用

根据“损益表”中“营业利润”项的本年累计数填列。

营业外收入：指企业经营业务以外的收入。根据企业会计“损益表”中“营业外收入”项的年末数填列。

营业外支出：指企业经营业务外的支出。根据企业会计“损益表”中“营业外支出”项的年末数填列。

利润总额：指企业在工程施工生产过程中，取得工程价款收入、机械作业收入等，扣除投入的成本及其他一系列费用，再加减非经营性质的收支及投资收益，即为施工企业全年实现的利润总额（或亏损总额）。亏损以“-”号表示。根据“损益表”中“利润总额”项的本年累计数填列。

应交所得税：指企业按照国家的税法规定应计算交纳的所得税。根据“损益表”中“利润分配表”中“应交所得税”项的本年实际数填列。

应付利润：指企业在报告年度内应付给投资者的利润。

利润总额=营业利润+投资收益+营业外收入-营业外支出

劳动、失业保险费：指企业向社会保障部门和保险公司为本单位职工支付的劳动保险、失业保险的费用。根据会计“管理费用”等相关成本、费用项目归纳计算填列。

住房公积金及住房补贴：根据会计“管理费用”等科目中的相关项目归纳计算填列。

本年应付工资总额：指企业在报告期内支付给本单位职工的全部工资，它反映企业本期累计应付的工资总额，而不是会计“应付工资”科目的余额。根据会计“应付工资”科目的本期贷方累计发生额填列。

主营业务应付工资总额：指报告期内企业应付给与工程施工直接有关的职工的工资。本项根据会计“应付工资”科目中与“工程施工”、“机械作业”、“辅助生产”、“采购保管费”、“管理费用”科目有关的“应付工资”贷方发生额归纳取得，或从“本年应付工资”中扣除与会计“工业生产”、“应付福利费”科目有关的“应付工资”科目贷方发生额后取得。

本年应付福利费总额：指企业报告期内提取的福利费，反映的是报告期的发生额。本项根据会计“应付福利费”科目的本期贷方发生额填列。

主营业务应付福利费总额：指企业在报告期内累计提取的福利费总额，它反映本期应付福利费的全部发生额，而不是会计“应付福利费”科目的余额。根据会计“应付福利费”科目的本期贷方累计发生额填列。

应收工程款：指建筑业企业在报告期末应向发包单位收取而未收取的工程款，取自会计科目“应收账款”中的明细科目“应收工程款”。

竣工工程：指建筑业企业在报告期末已完成施工任务，单位工程已全部竣工后应向发包单位收取而未收取的工程款。

全部从业人员年平均人数：指年内每月平均拥有的人数，其计算公式为：

$$\text{全部从业人员年平均人数}=\frac{\text{1月平均从业人员数}+\text{2月平均从业人员数}+\Lambda+\text{12月平均从业人员数}}{12}$$

$$\text{月平均从业人员数}=\frac{\text{月初从业人员数}+\text{月末从业人员数}}{2}$$

劳务收入：指劳务分包企业与总承包企业或专业承包企业签订劳务分包合同后，按照合同规定应收取的各项收入。

从业人员报酬：指各单位在一定时期内直接支付给本单位全部从业人员的劳动报酬总额。包括在岗职工工资总额和其他从业人员劳动报酬两部分。

第三产业卷主要指标解释

一、交通运输、仓储、邮政业

（一）公路运输业

汽车：指在公路运输管理部门登记注册的从事公路运输的营业性运输汽车。车辆的客位和吨位数为标记客位、吨位。

公路客运量：指公路运输企业及由其组织的其他单位在一定时期内实际运送的旅客人数。计算方法：不论乘车路程远近和票价的多少，以客票为依据，“人”为计量单位；不足购票年龄的免票儿童不计算客运量。

公路旅客周转量：指在报告期内实际运送的旅客人数与其相应的旅客运送距离的乘积。计算公式为：

旅客周转量=Σ(运送的每位旅客×该旅客出发站与到达站间距离)

公路货运量：指在一定时期内由各种公路运输工具实际运送到目的地并卸完的货物重量。包括集装箱的运量(集装箱自重与所运货物重量之和)。

公路货物周转量：指一定时期内由各种公路运输工具实际完成运送过程的货物总运输量。计算公式为：

货物周转量=Σ(每批货物重量×该批货物的运送距离)

（二）水路运输业

机动船：指在交通水上航运管理部门登记注册并从事水上客、货运输活动的营业性船舶(含我国企业拥有的悬挂外国旗的船舶)，包括机动驳和挂桨船。非运输船舶及水上养殖业、渔业生产船舶不填报。

机动船净载重量：也称定额载重量，指船舶用于载运货物的定额吨位数。

净载重量=总载重量-燃物料-淡水等给养-船舶常数

(船舶常数：指船舶在运营中，污水沟残留的污水、压水舱中残留的压舱水和船壳寄生物等。)

机动船载客量：指船舶用于载运旅客的载客定额数。不包括船员自用的铺位。

驳船：指在交通水上航运管理部门登记注册并从事水上客、货运输活动的营业性非机动船舶，不包括非运输船舶和水上养殖业、渔业生产船舶。

水路客运量：指水运企业及由其组织的其他单位在一定时期内实际运送的旅客人数。

水路旅客周转量：指水运企业和由其组织的其他单位在一定时期内实际运送的每位旅客乘以航行里程的旅客总运输量。

水路货运量：指在一定时期内由各种水运工具实际运送的货物数量，包括内河、江海、远洋货运量。其中集装箱的货运量(万吨)为集装箱自重与所运货物重量之和。

国际标准集装箱运量：指将运载的不同箱型规格的国际集装箱(含空箱和重箱)，折合为20英尺的标准箱统计。计量单位：TEU

标准箱的折算系数为：

45英尺箱=2.25TEU

40英尺箱=2TEU

35英尺箱=1.75TEU

45英尺箱=2.25TEU

20英尺箱=1TEU

10英尺箱=0.5TEU

水路货物周转量：指一定时期内由各种水路运输工具实际完成运送过程的货物总运输量。计算公式：

货物周转量=Σ(每批货物重量×该批货物的运送距离)

（三）港口生产业

码头长度：指港口用于靠泊船舶，进行货物装卸和上下旅客地段的长度。包括固定和浮动的各种形式码头的长度。但不包括各种护岸和自然岸坡的长度。

泊位数：设有系靠泊装置，可供靠泊船舶的数量。供停泊一艘船舶所备的位置，称为一个泊位。可分码头泊位和浮筒泊位。

港口货物吞吐量：指经由水路运进、运出港区范围并在码头(浮筒)上经装卸的货物数量。包括邮件及办理托运手续的行李、包裹，以及补给运输船舶的燃、物料和淡水。

（四）装卸业

装卸量：指在报告期内，企业实际完成货物装卸工作的货物总重量。

（五）民航运输生产业

飞机：指在我国登记注册的各商业航空运输飞行企业和通用航空企业报告期末实有的、持有有效适航证书的全部飞机数量。

通用航空飞机：指用于从事经营性收费的通用航空飞行活动的飞机。

运输飞机座位数：指运输用飞机实际安装的座位数。

机场旅客吞吐量：指在报告期内，在民用机场(包括地方和军民合用机场，不含香港、澳门地区机场)进出航空港的旅客人数。其中，成人和儿童各按一人次计算，婴儿不计人次。

机场货邮吞吐量：指报告期内，在民用机场(包括地方和军民合用机场，不含香港、澳门地区机场)货物和邮件的进出航空港数量，以重量为计量单位。其中，货物包括外交信袋和快件。

民航客运量：指运输飞行企业所载运的旅客人数。成人和儿童各按一人计算，婴儿因不占座位不计人数。一个航班的旅客运量表现为飞机沿途各机场旅客的始发运量之和。其中，机场始发运量是指客票确定的以本机场为起点，始发乘机的旅客。统计时，每一特定航班(同一航班)的每一旅客只应计算一次，不能按航段重复计算，唯一例外的是，对既有国内航段、又有国际航段的同一航班上的旅客，应同时统计为一个国内旅客和一个国际旅客。不定期航班运送的旅客则每一特定航班只计算一次，既使是既有国内航段飞行也有国际航段飞行的也只计算一次。

民航旅客周转量：指航空运输企业所完成的旅客运输工作量。计算公式：

旅客周转量(人公里)=Σ[航段旅客运输量(人)×航段距离(公里)]

民航货物(邮件)运量：指运输飞行所载运的货物(邮件)重量，包括外交信袋和快件。统计方法与旅客运量一致。

民航货物(邮件)周转量：指航空运输企业所完成的货物(邮件)运输工作量。计算公式：

货物(邮件)周转量(吨公里)=Σ[航段货邮运输量(吨)×航段距离(公里)]

（六）城市公共交通业

公共汽(电)车：指公交企业(单位)及非公交企业(单位)用于城市公共交通运营业务的全部车辆数。包括：公共汽车、电车、轨道交通(地铁、轻轨、有轨)车辆等，轨道运输车辆每节车厢按一辆统计。不包括出租客运汽车。

出租汽车：指报告期末，企业已经领取出租汽车专业牌照的运营车辆，包括技术完好的、在修的、长期行驶的以及拟报废尚未经上级机关批准的车辆。

城市交通客运量：指报告期内，所有从事公交运营的企业(单位)实际运送乘客的总人次，包括付费乘客和不付费的乘客人次。不包括出租汽车客运人次。付费客运量计算方法：普通乘客依据售出普通客票张数计算人次，单程客票每张计算 1 人次，往返客票每张计算 2 人次；无人售票和可用 IC 卡付费的运营车辆，以实收金额折算乘客人次；团体包车按实际载客人数计算，单程运送每人计算 1 人次，往返运送每人计算 2 人次，如实际载客人数不易计算时，亦可按车辆客位数计算；旅游客票不论到达几个旅游点，一张客票只计算 1 人次，购往返票的按 2 人次计算；月(季)票乘客人次等于月(季)票张数乘以每张月(季)票月(季)乘车次数。每张月(季)票月(季)乘车次数由近期客流调查资料确定。无客流调查资料的城市月票乘车次数按 90 人次计算，季票乘车次数按 270 人次计算。

（七）电信业

局用交换机容量：指安装在本地电信运营企业内用于接续本地固定电话的电话交换机容量，有倍增设备按倍增后的数量计数。包括现用和备用的人工或自动交换机(含远端模块)的全部容量，接入网设备容量。

固定电话用户：指在电信运营商营业网点办理开户登记手续并已接入固定电话网上，按固定电话业务进行经营管理的全部电话用户。包括普通电话用户、公共电话用户、窄带综合业务数字网(N-ISDN)用户、智能网专用接入终端用户等。

住宅电话用户：指私人付费或安装在居民住宅并按照私人或住宅电话用户登记注册和收费的各类电话用户。包括私人付费、单位付费和按规定免费安装的住宅电话用户。

移动交换机容量：指移动电话交换机根据一定话务模型和交换机处理能力计算出来的最大同时服务用户的数量。

移动电话用户：指通过移动电话交换机进入移动电话网，占用移动电话号码的各类电话用户。包括签约用户和智能网预付费用户。一个移动电话号码统计为一户。

增值电信业务服务：指企业在通信行业管理部门登记注册，并且办理了经营许可证，从事的其他电信服务活动。目前主要包括以下的各类服务：1.在线数据处理与交易处理业务；2.国内多方通信服务业务；3.国内因特网虚拟专用网业务；4.因特网数据中心业务；5.存储转发类业务；6.呼叫中心业务；7.因特网接入服务业务；8.信息服务业务；9.其他业务(通信行业主管部门批准的属于此类的其他新业务)。

因特网接入服务：指利用接入服务器和相应的软硬件资源建立业务节点，并利用公用电信基础设施将业务节点与因特网骨干网相连接，为各类用户提供接入因特网的服务。用户可以利用公用电话网或其他接入手段连接到其业务节点，并通过该点接入因特网。

信息服务：指通过信息采集、开发、处理和信息平台的建设，通过固定网、移动网或因特网等公众通信网络直接向终端用户提供语音信息服务(声讯服务)或在线信息和数据检索等信息服务的业务。

（八）主要财务指标

资产总计：指企业拥有或控制的能以货币计量的经济资源，包括各种财产、债权和其他权利。资产按其流动性(即资产的变现能力和支付能力)划分为：流动资产、长期投资、固定资产、无形资产、递延资产和其他资产。

负债合计：指企业所承担的能以货币计量，将以资产或劳务偿付的债务，偿还形式包括货币、资产或提供劳务。

营业收入合计：指企业经营业务所取得的收入总额，包括主营业务收入和其他业务收入。

主营业务收入：指企业主要经营业务方面实现的收入。

主营业务成本：指企业主要经营业务过程所发生的实际成本。

主营业务税金及附加：指企业主要经营业务过程要缴纳的税金及附加。

费用合计(营业费用、管理费用、财务费用)： 指企业主要经营业务过程所发生“营业费用”或“经营费用”、“管理费用”和“财务费用”的合计数。

利润总额：指企业在生产经营过程中各种收入扣除各种耗费后的盈余，反映企业在报告期内实现的亏盈总额，包括营业利润、补贴收入、投资净收益和营业外收支净额。

从业人员劳动报酬：指在报告期内支付给本单位从业人员的全部劳动报酬，包括工资、奖金、津贴及各种福利费补助。

二、批发和零售业

商品销售额：指对本单位以外的单位和个人出售的商品金额（包括售给本单位消费用的商品，含增值税），本指标反映批发和零售业在国内市场上销售商品以及出口商品的总量。

商品销售包括：（1）售给城乡居民和社会集团消费用的商品；（2）售给农业、工业、建筑业、运输邮电业、服务业、公用事业等国民经济各行业用于生产、经营用的商品，包括售予批发和零售业作为转卖或加工后转卖的商品；（3）对国（境）外直接出口的商品。

商品销售不包括：（1）未通过买卖行为付出的商品，如随机构变动移交给其他企业单位的商品、借出的商品、归还受其他单位委托代保管的商品、付出的加工原料和赠送给其他单位的样品等；（2）经本单位介绍，由买卖双方直接结算，本单位只收取手续费的业务；（3）购货退回的商品；（4）商品损耗和损失；（5）出售本单位自用的废旧物资。

批发额：指售给国民经济各行业用于生产、经营用的商品金额。

零售额：指售给城乡居民用于生活消费和社会集团用于公共消费的商品金额。

亿元以上商品交易市场：指年成交额在亿元及以上的商品交易市场。商品交易市场是指经有关部门和组织批准设立，有固定场所、设施，有经营管理部门和监管人员，若干市场经营者入内，常年或实际开业三个月以上，集中、公开、独立地进行生活消费品、生产资料等现货商品交易以及提供相关服务的交易场所，包括各类消费品市场、生产资料市场等。

年末营业面积：指市场经营场地、仓库等营业用建筑面积，不包括为市场经营提供服务的办公室和附设的旅馆、招待所、餐馆、停车场等的面积，按年末实际面积统计。

总摊位数（市场摊位容量）：指市场内设立的摊位总数。

年末出租摊位数：指该市场年末实际出租的摊位数。

成交额：指该市场所有摊位的全年商品交易额之合计。

连锁总店（总部）：负责连锁企业资源（商号、商誉、经营模式、服务标准、管理模式等等）的开发、配置、控制或使用等功能的企业核心管理机构。连锁经营是指经营同类商品或服务，使用统一商号的若干店铺，在同一总店（总部）的管理下，采取统一采购或特许经营等方式，实现规模效益的组织形式，包括直营连锁、特许连锁和自愿连锁三种形式。

直营连锁：是指连锁店铺由连锁公司全资或控股开设，在总部的直接控制下，开展统一经营的连锁经营形式。

三、住宿和餐饮业

营业额：指住宿和餐饮业单位在经营活动中因提供服务或销售商品等取得的全部收入，包括：客房收入、餐费收入、商品销售额（含增值税）和其他收入。不包括法人企业附营的其他行业产业活动单位的餐费收入、商品销售收入等各项收入。

客房收入：指住宿和餐饮业单位在经营活动中因提供住宿服务取得的收入。不包括法人企业附营的其他行业产业活动单位的客房收入。

餐费收入：指住宿和餐饮业单位因为顾客提供就餐服务取得的收入。包括：经烹饪、调制加工后出售的各种食品，如主食、炒菜、凉拌菜等的收入。不包括法人企业附营的其他行业产业活动单位的餐费收入。

商品销售额：指住宿和餐饮业单位出售商品的销售总额（含增值税）。不包括法人企业附营的其他行业产业活动单位的商品销售额。

其他收入：指营业额中除客房收入、餐费收入、商品销售额（含增值税）以外的其他收入。

床位数：指住宿和餐饮业法人企业（产业活动单位）供应旅客使用的床位数，不包括临时加的床位和单位内部工作人员使用的床位。该指标按年内正常情况下的实有数统计。

餐位数：指住宿和餐饮业法人企业（产业活动单位）为顾客提供就餐服务时，正常可同时容纳就餐人员的餐位数量，不包括临时加的餐位。该指标按年内正常情况下的实有数统计。

四、房地产开发

计划总投资：指房地产开发企业(单位)在建的房屋建设工程或正在开发的土地开发工程，按照总体设计规定的内容全部建成计划(或按设计概算或预算)需要的总投资。

自开始建设至本年底累计完成投资：指房地产开发企业(单位)在建的房屋建设工程或正在开发的土地开发工程从开始建设到本期止累计完成的全部投资。其计算范围原则上应与“计划总投资”指标包括的工程内容相一致。

本年完成投资：指从本年 1 月 1 日起至本年最后一天止完成的全部用于房屋建设工程、土地开发工程的投资额以及公益性建筑和土地购置费等的投资。

土地开发投资额：指房地产开发企业完成的前期工程投资，即路通、水通、电通、场地平整等(也称七通一平)所完成的投资。一般指生地开发成熟地的投资。在旧城区(老区拆迁)的开发中，如果有统一的规划，如政府有关部门批准的小区建设的前期工程中，有场地平整，原有建筑物、构筑物拆除，供水供电工程等工作量也可计算。未进行开发工程、只进行单纯的土地交易活动不作为土地开发投资统计。土地开发投资额在房屋用途分组中能分摊的部分就分摊，不能分摊的全部计入其他。

其他费用：指在固定资产建造和购置过程中发生的，除建筑安装工程和设备、工器具购置投资完成额以外的费用，不指经营中财务上的其他费用。包括土地出让金、大市政费、四源费（煤、热、自来水、污水）、不可预见费、旧房屋购置，基本畜禽支出，林木支出，退耕退牧还林还草、土壤改良、城市绿化，办公生活用家具、器具购置，建设单位管理费，土地征用、购置及迁移补偿费，政府收费，勘察设计费，研究实验费，可行性研究费，临时设施费，施工机械转移费，设备检验费，负荷联合试车费，土地占用、使用费，建设期应付利息，包干结余，企业债券发行费，合同公证费及工程质量监测费，国外借款手续费及承诺费，汇兑损益，调整器材调拨价格折价，坏帐损失，固定资产亏损及损失等。

土地购置费：指房地产开发企业通过各种方式取得土地使用权而支付的费用。土地购置费包括：（1）通过划拨方式取得的土地使用权所支付的土地补偿费、附着物和青苗补偿费、安置补偿费及土地征收管理费等；（2）通过出让方式取得土地使用权所支付的出让金；（3）通过“招、拍、挂”方式取得土地使用权所支付的资金。以划拨和“招拍挂”方式取得土地所支付的资金在房地产项目竣工后计入新增固定资产，以出让方式取得土地所有权所支付的出让金不计入新增固定资产。土地购置费按当期实际发生额计入投资。土地购置费为分期付款的，应分期计入房地产开发投资。

本年新增固定资产：指在报告期已经完成建造和开发过程并交付使用的房屋和土地开发面积的价值。指房地产开发公司进行开发经营活动的最终成果，即为社会提供的固定资产，而且是在报告期内新增加的。不是反映房地产开发企业本身固定资产的增加。

本年完成开发土地面积：指报告期内对土地进行开发并已完成“七通一平”等前期开发工程，具备进行房屋建筑物施工或出让条件的土地面积。

本年购置土地面积：指在本年内通过各种方式获得土地使用权的土地面积。

本年土地成交价款：指进行土地使用权交易活动的最终金额。在土地一级市场，是指土地最后的划拨款、“招拍挂”价格和出让价；在土地二级市场是指土地转让、出租、抵押等最后确定的合同价格。土地成交价款与土地购置面积同口径，可以计算土地的平均购置价格。

本年资金来源小计：指房地产开发企业(单位)实际拨入的，用于房地产开发的各种货币资金。包括国内贷款、利用外资、自筹资金和其他资金。

国内贷款：指报告期房地产开发企业(单位)向银行及非银行金融机构借入的用于房地产开发与经营的各种国内借款，包括银行利用自有资金及吸收的存款发放的贷款、上级主管部门拨入的国内贷款、国家专项贷款(包括煤代油贷款、劳改煤矿专项贷款等)，地方财政专项资金安排的贷款、国内储备贷款、周转贷款等。

利用外资：指报告期收到的用于房地产开发与经营的境外资金(包括外国及港澳台地区)，包括外商直接投资、对外借款(外国政府贷款、国际金融组织贷款、出口信贷、外国银行商业贷款、对外发行债券和股票)及外商其他投资(包括补偿贸易和加工装配由外商提供的设备价款、国际租赁)。不包括我国自有外汇资金(包括国家外汇、地方外汇、留成外汇、调剂外汇和中国银行自有资金发行的外汇贷款等)。各类外资按报告期的外汇牌价(中间价)折成人民币“万元”计算。

自有资金：指凡属于房地产企业(单位)所有者权益范围内所包括的资金，是按财务制度规定归企业支配的各种自有资金。包括企业折旧资金、资本金、资本公积金、企业盈余公积金及其他自有资金，也包括通过发行股票筹集的资金。

定金及预收款：定金是为使甲乙双方按约定签订正式经济合同，实现房屋交易，根据有关规定由购房者或单位在报告期交纳的押金。预收款是甲乙双方签订购销房屋合同后，在报告期由购房者或单位交付的首付款及各种手续费(包括其中的外汇)。

房屋施工面积：指报告期内施工的全部房屋（包括地下室、半地下室以及配套房屋）建筑面积。包括本期新开工的面积和上年开工跨入本期继续施工的房屋面积，以及上期已停建在本期恢复施工的房屋面积。本期竣工和本期施工后又停建缓建的房屋面积仍包括在施工面积中，多层建筑应填各层建筑面积之和。

商品房销售面积：指报告期内出售商品房屋的合同总面积(即双方签署的正式买卖合同中所确定的建筑面积)。由现房销售建筑面积和期房销售建筑面积两部分组成。

商品房销售额：指报告期内出售商品房屋的合同总价款(即双方签署的正式买卖合同中所确定的合同总价)。该指标与商品房销售面积同口径，由现房销售额和期房销售额两部分组成。

空置面积：指报告期末已竣工的可供销售或出租的商品房屋建筑面积中，尚未销售或出租的商品房屋建筑面积，包括以前年度竣工和本期竣工的房屋面积，但不包括报告期已竣工的拆迁还建、统建代建、公共配套建筑、房地产公司自用及周转房等不可销售或出租的房屋面积。

资产总计：指企业拥有或控制的能以货币计量的经济资源，包括各种财产、债权和其他权利。资产按其流动性（即资产的变现能力和支付能力）划分为：流动资产、长期投资、固定资产、无形资产、递延资产和其他资产。根据会计“资产负债表”中“资产总计”项的年末数填列。

负债合计：指企业所承担的能以货币计量，将以资产或劳务偿付的债务，偿还形式包括货币、资产或提供劳务。负债一般按偿还期长短分为流动负债和长期负债。根据会计“资产负债表”中“负债合计”的年末数填列。

所有者权益合计：指企业投资人对企业净资产的所有权。所有者权益等于企业总资产减去负债后的余额，一般包括实收资本（或股本）、资本公积、盈余公积和未分配利润等四部分。根据“资产负债表”中的“所有者权益合计”项的年末数填列。

实收资本：指企业实际收到投资者投入的资本(或股本)，包括货币、实物、无形资产等各种形式的投入。企业实收资本按照投资主体可分为国家资本、集体资本、法人资本、个人资本、港澳台资本和外商资本六种。根据会计“资产负债表”中的“实收资本”项填列。实收资本中如有以外币形式投入的资本，需折合成人民币填写。企业实收资本等于国家资本、集体资本、法人资本、个人资本、港澳台资本与外商资本之和。

主营业务收入：指房地产开发企业（单位）从事对外转

让、销售商品房屋、代建工程结算和出租开发产品等日常主要业务活动所得到的收入总额。根据会计“利润表”中对应指标计算填列。执行 2006 年会计准则的企业，如果未设置该项用“营业收入”年末数代替填列。

土地转让收入：指房地产开发企业（单位）按国家规定在报告期转让已经开发的土地和未经开发的土地所得到的收入。根据会计“利润表”和相关核算资料计算填列。

商品房屋销售收入：指房地产开发企业（单位）在报告期售出商品房屋的收入，一次收款的，一次性全部计入销售收入，按合同规定分期收款的，可按合同规定的时间分次计入收入。根据会计“利润表”和相关核算资料计算填列。

房屋出租收入：指房地产开发企业（单位）在报告期内，在不改变现有财产所有权关系的条件下，将企业的全部或部分房屋出租给其他单位或个人使用所得到的租金收入。根据会计“利润表”和相关核算资料计算填列。

其他收入：指房地产开发企业（单位）在报告期内从事除以上收入外的其他业务活动所得到的收入，包括配套设施销售收入、代建工程结算收入等。根据会计“利润表”和相关核算资料计算填列。

主营业务成本：指企业从事主要业务活动发生的实际成本。房地产企业成本主要包括：土地转让成本、商品房销售成本、配套设施销售成本、代建工程结算成本、出租产品经营成本等。根据会计“利润表”中对应指标计算填列。未执行 2001 年《企业会计制度》的企业，用“产品销售费用”代替。执行2006年会计准则的企业，如果未设置该项用“营业成本”年末数代替。

主营业务税金及附加：指企业因从事生产经营活动按税法规定缴纳的应从经营收入中抵扣的税金和附加，包括营业税、消费税、城市维护建设税、教育附加等。根据会计“利润表”中对应指标年末数填列。未执行 2001 年《企业会计制度》的企业，用“产品销售税金及附加” 的年末数代替。

销售费用：指企业在从事主要经营业务过程中所发生的各项销售费用，包括转让、销售、结算和出租开发产品等。根据“利润表”中对应项目的“年末数”填列。未执行 2001 年《企业会计制度》的企业，用“产品销售费用”的年末数代替。

管理费用：指企业行政管理部门为组织和管理企业生产经营活动而发生的各项费用，根据“利润表”中“管理费用”项的年末数填列。

利润总额：指企业在生产经营过程中各种收入扣除各种耗费后的盈余，反映企业在报告期内实现的亏盈总额，包括营业利润、补贴收入、投资净收益和营业外收支净额。根据会计“利润表”中的对应指标的年末数填列。

五、其他服务业

存货：指企业在日常生产经营过程中持有以备销售，或者仍然处在生产过程，或者在生产或提供劳务过程中将消耗的材料或物资等，包括各类材料、商品、在产品、半成品、产成品等。存货根据会计“资产负债表”中“存货”项目填列。其中：“年初存货”根据会计“资产负债表”中“存货”项的年初数填列；“年末存货”根据会计“资产负债表”中“存货”项的期末数填列。

固定资产原价：固定资产指使用期超过一年的房屋及建筑物、机器、机械、运输工具以及其他与生产经营有关的设备、器具、工具等。不属于生产经营主要设备的物品，单位价值在 2000 元以上，并且使用期超过两年的也包括在内。固定资产原价是指企业在购置、自行建造、安装、改建、扩建、技术改造某项固定资产时所支出的全部支出总额。未执行 2006 年《企业会计准则》的企业，根据会计“资产负债表”中“固定资产原价”项目的期末数填列。执行 2006 年《企业会计准则》的企业，根据会计“资产负债表”中“固定资产（净值）”项的期末数加上“累计折旧”和“固定资产减值准备” 期末余额后的金额填列。或根据“资产负债表附表”中的“固定资产原价”项目的期末数填列。

固定资产折旧：指对固定资产由于磨损和损耗而转移到产品中去的那一部分价值的补偿。一般根据固定资产原价（选用双倍余额递减法计提折旧的企业，为固定资产帐面净值）和确定的折旧率计算。 “本年折旧”：指企业在报告期内提取的固定资产折旧合计数。根据会计核算中《资产减值准备、投资及固定资产情况表》内“当年计提的固定资产折旧总额”项本年增加数填列。

所有者权益合计：所有者权益是指所有者在企业资产中享有的经济利益，它等于企业资产减去负债后的余额。包括实收资本（或股本）、资本公积、盈余公积和未分配利润等。根据“资产负债表”中的“所有者权益合计”项的期末数填列。

实收资本：指投资者按照企业章程，或合同、协议的约定，实际投入企业的资本。企业实收资本按照投资主体划分为国家资本、集体资本、法人资本、个人资本、港澳台资本和外商资本六种。根据“资产负债表”中的“实收资本”项的期末数填列。实收资本中如有以外币形式投入的资本，需折合成人民币形式填写。

国家资本：指有权代表国家投资的政府部门或机构以国有资产投入企业形成的资本。不论企业的资本是哪个政府部门或机构投入的，只要是以国家资金进行投资的，均作为国家资本。根据会计“实收资本”科目期末余额计算填列。

集体资本：指劳动群众集体所有的资产实际投人企业形成的资本。根据会计“实收资本”科目期末余额计算填列。

法人资本：指我国具有法人资格的单位以其依法可以支配的资产投入企业形成的资本。可根据会计“实收资本”科目期末余额计算填列。

个人资本：指我国公民以其合法财产投入企业形成的资本。根据会计“实收资本”科目期末余额计算填列。

港澳台资本：指我国香港、澳门和台湾地区投资者将所有的资产实际投入企业形成的资本。根据会计“实收资本”科目期末余额计算填列。

外商资本：指外国投资者（不包括我国香港、澳门和台湾地区投资者）将所有的资产实际投入企业形成的资本。根据会计“实收资本”科目期末余额计算填列。

营业收入：指企业（单位）在报告期内从事销售商品、提供劳务及转让资产使用权等日常活动中所形成的总收入，包括主营业务收入和其他业务收入。根据会计“利润表”中对应指标本年累计数计算填列。

主营业务收入：指企业经营主要业务活动所取得的收入总额。根据会计“利润表”中“主营业务收入”项的本期累计数填报。执行 2006 年《企业会计准则》的企业，此项以营业收入代替填报。

营业成本：指企业（单位）在报告期内从事销售商品、提供劳务等日常活动发生的各种耗费。包括主营业务成本和其他业务成本。根据会计“利润表”中对应指标本年累计数计算填列。

主营业务成本：指企业经营主要业务发生的实际成本。根据会计“利润表”中对应指标计算填列。执行 2006 年《企业会计准则》的企业，该项以营业成本代替填列。

营业税金及附加：指企业与营业收入有关的，应由各项经营业务负担的税金及附加。根据会计“利润表”中“营业税金及附加”的本年累计数填列。

主营业务税金及附加：指企业经营主要业务应负担的营业税、消费税、城市维护建设税、资源税、土地增值税、教育费附加。根据会计“利润表”中对应指标“本年累计数”填列。执行 2006 年《企业会计准则》的企业，此项以营业税金及附加代替填报。

主营业务利润：指企业经营主要业务实现的利润。根据会计“利润表”中对应指标本年累计数填列。计算公式为：

主营业务利润=主营业务收入－主营业务成本－主营业务税金及附加

执行 2006 年《企业会计准则》的企业，该项以营业利润发生额代替填列。

其他业务利润：指企业经营除主要业务以外的其它业务实现的利润。根据会计“利润表”中对应指标的本年累计数填列。执行 2006 年《企业会计准则》的企业，该项填 0。

营业费用、管理费用和财务费用合计：指企业报告期内营业费用、管理费用、财务费用三项费用的合计。

营业费用：指企业在经营主要业务过程中发生的各项费用，根据“利润表”中对应项目的“本年累计数”填列。

管理费用：指企业行政管理部门和企业的董事会为组织和管理企业生产经营活动而发生的各项费用，根据“利润表”中“管理费用”项的“本年累计数”填列。

财务费用：指企业为筹集生产经营所需资金等发生的费用，包括利息净支出、汇兑净损失（已减汇兑收益）、以及相关的手续费等，根据会计“利润表”中“财务费用”项的“本年累计数”填列。

税金：指企业按照规定从管理费用中支付的房产税、印花税、车船使用税和土地使用税。本指标根据“管理费用”科目中相关项目归纳填列。

利息支出：指企业短期借款利息、长期借款利息、应付票据利息、票据贴现利息、应付债券利息、长期应付引进国外设备款利息等利息支出（除资本化的利息外）减去银行存款等的利息收入后的净额。根据会计“财务费用明细资料”中的利息支出项目填列。

营业利润：指企业从事生产经营活动所取得的利润。根据会计“利润表”中对应指标的“本年累计数”填列。未执行 2006 年《企业会计准则》的企业，计算公式为：营业利润=主营业务收入－主营业务成本－主营业务税金及附加＋其他业务利润－营业费用－管理费用－财务费用。执行 2006 年《企业会计准则》的企业，计算公式为：营业利润=营业收入－营业成本－营业税金及附加－营业费用－管理费用－财务费用－资产减值损失＋公允价值变动收益＋投资收益。

职工工资和福利费：职工工资和福利费包括职工工资总额和职工福利费两部分，是企业为获得职工提供服务而给予的各种形式的报酬以及其他相关支出。

工资总额是指企业在报告期内支付给本单位全部职工的劳动报酬，包括工资、奖金、津贴和补贴，反映的是报告期的发生额。根据会计“应付工资”科目的本期贷方累计发生额填报，或根据企业成本 费用明细表中“工资”项本期累计发生额填报。应付工资总额不包括企业用净利润、福利基金支付的工资、奖励、福利等费用。

职工福利费是指企业在报告期内根据国家有关规定开支的各项福利支出，包括企业为职工提存的基本养老保险基金、基本医疗保险费、失业保险费、工伤保险费、生育保险费、住房公积金、补充养老保险费和补充医疗保险费，以及从成本费用中列支的集体福利补贴、职工生活困难补助、房租补贴、上下班交通补贴、冬季取暖费，以及按规定发生的其他职工福利支出，它反映企业在报告期实际发生的各项福利费用。根据企业成本和费用明细表中“福利费”项本期累计发生额填报。职工福利费不包括企业用净利润、福利基金支付的工资、奖励、福利等费用。

本年应交增值税：指企业按税法规定，从事货物销售或提供加工、修理修配劳务等增加货物价值的活动本期应交纳的税金。指企业在报告期应交增值税额。

计算公式为：

本年应交增值税=销项税额－（进项税额－进项税额转出）－出口抵减内销产品应纳税额－减免税款＋出口退税

根据企业会计“应交增值税明细表”计算填列。

全部从业人员年平均人数：指企业单位年内各月平均拥有的人数，

其计算公式为：

$$\text{全部从业人员年平均人数}=\frac{\text{1月平均人数}+\text{2月平均人数}+\Lambda+\text{12月平均人数}}{12}$$

$$\text{月平均人数}=\frac{\text{月初从业人员数}+\text{月末从业人员数}}{2}$$

以下三个指标限执行 2006 年《企业会计准则》企业填写：

资产减值损失：是指企业各项资产发生的减值损失。根据“利润表”中的“资产减值损失”填列。

公允价值变动收益（97）：指企业应当计入当期损益的资产或负债公允价值变动收益。根据“利润表”中的“公允价值变动收益”填列，如为损失以“-”号记。

投资收益：指企业以各种方式对外投资所取得的收益或发生的损失。根据“利润表”中的“投资收益”项填列。若为投资损失，应在本项目金额前加“-”号。

六、行政事业社团及其他

（一）行政事业单位

固定资产原价：指使用年限在一年以上，单位价值在规定标准以上，并在使用过程中基本保持原来物质形态的资产。包括：房屋和建筑物、专用设备、一般设备、文物和陈列品、图书、其他固定资产等。根据“资产负债表”中的“固定资产原值”科目中的年末数填报。

本年收入合计：指行政事业单位从各种渠道获得的收入。包括：财政拨款、行政单位预算外资金收入、上级补助收入、事业收入、事业单位经营收入、附属单位缴款和其他收入。根据行政事业单位“收入支出决算总表”中的“本年收入合计”科目填报。

财政拨款：指单位本年度实际收到的本级财政拨款，含一般预算拨款和基金预算拨款。根据行政事业单位“收入支出决算总表”中的“财政拨款”项目填报。

事业收入：指事业单位开展专业业务活动及辅助活动取得的收入。根据“收入支出总表”中的“事业收入”项目填报。

经营收入：填报行政事业单位在专业业务活动及辅助活动之外开展非独立核算经营活动取得的收入。根据行政事业单位“收入支出决算总表”中的“经营收入”科目填报。

本年支出合计：指行政事业单位在业务活动中发生的各项资产耗费和损失等支出情况。根据行政事业单位“收入支出决算总表”中的“本年支出合计”科目填报。

工资福利支出：指单位支付给在职职工和临时聘用人员的各种劳动报酬，以及为上述人员缴纳的各项社会保险费等。包括：基本工资、津贴补贴、奖金、社会保障缴费及上述科目未包括的人员支出。根据“支出决算明细表”中的“工资福利支出”的对应项填报。

商品和服务支出：指单位在开展业务活动中购买商品和劳务的支出。包括：办公费、印刷费、水电费、邮电费、取暖费、交通费、差旅费、会议费、培训费、招待费、福利费、劳务费、就业补助费、租赁费、物业管理费、维修费、专用材料费、办公设备购置费、专用设备购置费、交通工具购置费、图书资料购置费及上述科目未包括的日常公用支出。根据“支出决算明细表”中的“商品和服务支出”的对应项填报。

取暖费（降温费）：指单位取暖用燃料费、热力费、炉具购置费、锅炉临时工工资、节煤奖以及由单位统一支付的在职职工和离退休人员宿舍取暖费等。根据“支出决算明细表”中的“商品和服务支出”的对应项填报。

劳务费：指支付给单位和个人的劳务费用。包括：翻译费、咨询费和手续费等。根据“支出决算明细表”中的“商品和服务支出”的对应项填报。

差旅费：指单位工作人员出差的住宿费、伙食补助费、杂费、干部及大中专学生调遣费、调干家属旅费补助等。根据“支出决算明细表”中的“商品和服务支出”的对应项填报。

出国费：指单位工作人员出国的住宿费、旅费、伙食补助费、杂费等支出。根据“支出决算明细表”中的“商品和服务支出”的对应项填报。

工会经费：指按职工工资总额（扣除按规定标准发放的住房补贴）的2%计提并拨交给工会使用的经费。根据“支出决算明细表”中的“商品和服务支出”的对应项填报。

福利费：指单位按国家规定提取的福利费。根据“支出决算明细表”中的“商品和服务支出”的对应项填报。

对个人和家庭的补助：指政府对个人和家庭的无偿性补助支出。包括：离休费、退休费、退职（役）费、抚恤和生活补助、医疗费、住房补贴、助学金及上述科目未包括的对个人和家庭的补助支出等。根据“支出决算明细表”中的“对个人和家庭的补助” 的对应项填报。

抚恤金：指按规定支付给烈士家属、牺牲病故人员家属的一次性和定期抚恤金，革命残疾人员的抚恤金，离退休人员等其他人员的各项抚恤金。根据“支出决算明细表”中的“对个人和家庭的补助”的对应项填报。

生活补助：指按规定支付给优抚对象、退伍军人的生活补助费，行政事业单位职工和家属生活补助，因公负伤等住院治疗、住疗养院期间的伙食补助费，长期赡养人员补助费等。根据“支出决算明细表”中的“对个人和家庭的补助”的对应项填报。

救济费：指按规定开支的城乡贫困人员、灾民、归侨、外侨及其他人员的生活救济费。包括：城市居民最低生活保障费，随同资源枯竭矿山破产但未参加养老保险统筹的矿山所属集体企业退休人员按最低生活保障标准发放的生活费，农村五保供养对象、贫困户、麻风病人的生活救济费，精简退职老弱残职工救济费，福利、救助机构发生的收养费以及救助支出等。实物形式的救济也在此科目反映。根据“支出决算明细表”中的“对个人和家庭的补助”的对应项填报。

助学金：指支付给各类学校学生助学金、奖学金、学生贷款贴息、出国留学（实习）人员生活费，青少年业余体校学员伙食补助费和生活费补贴，以及按协议由我方负担或享受我方奖学金的来华留学生、进修生生活费等。根据“支出决算明细表”中的“对个人和家庭的补助”的对应项填报。

退职（役）费：指行政事业单位退职人员的生活补贴，一次性支付给职工或军官、军队无军籍退职职工、运动员的退职补助，一次性支付给军官、文职干部、士官、义务兵的退役费，按月支付给自主择业的军队转业干部的退役金等。根据“支出决算明细表”中的“对个人和家庭的补助”的对应项填报。

经营支出：填报行政事业单位在专业业务活动及辅助活

动之外开展非独立核算经营活动发生的支出。根据行政事业单位“收入支出决算总表”中的“经营支出”项目填报。

经营税金：指事业单位提供劳务或销售产品应负担的税金及附加。包括：营业税、城市维护建设税、资源税和教育费附加。根据实际情况计算填列。

（二）社团及其他单位

固定资产原价：指使用年限在一年以上，单位价值在规定标准以上，并在使用过程中基本保持原来物质形态的资产。包括：房屋和建筑物、专用设备、一般设备、文物和陈列品、图书、其他固定资产等。根据“资产负债表”中的“固定资产原值”年末数填报。

本年收入合计：指民间非营利组织从各种渠道获得的收入。包括：捐赠收入、会费收入、提供服务收入、政府补助收入、商品销售收入、投资收益和其他收入。根据会计“业务活动表”中“收入合计”科目的发生额填报。

捐赠收入：指因接受赠送带来的资金流入。根据会计“业务活动表”中“捐赠收入”科目的发生额填报。

会费收入：指民间非营利组织根据章程等的规定向会员收取的会费收入。根据会计“业务活动表”中“会费收入”科目的发生额填报。

提供服务收入：指民间非营利组织根据章程等的规定向其服务对象提供服务取得的收入总额。根据会计“业务活动表”中“提供服务收入”科目的发生额填报。

政府补助收入：指民间非营利组织接受政府拨款或者政府机构给予的补助而取得的收入总额。根据会计“业务活动表”中“政府补助收入”科目的发生额填报。

本年费用合计：指民间非营利组织为完成各种目标所发生的费用。包括：业务活动成本、管理费用、筹资费用和其他费用。根据会计“业务活动表”中“费用合计”科目的发生额填报。

业务活动成本：指民间非营利组织为了实现其业务活动目标、开展其项目活动或者提供服务所发生的费用。根据会计“费用明细表”中“业务活动成本”科目的发生额填报。

人员费用：根据会计“费用明细表”中“业务活动成本”科目下对应的指标本年累计数填报。

日常费用：根据会计“费用明细表”中“业务活动成本”科目下对应的指标本年累计数填报。

固定资产折旧：根据会计“费用明细表”中“业务活动成本”科目下对应的指标本年累计数填报。

税费：根据会计“费用明细表”中“业务活动成本”科目下对应的指标本年累计数填报。

管理费用：指民间非营利组织为组织和管理其业务活动所发生的各项费用总额。根据“费用明细表”中“管理费用”科目的发生额填报。

人员费用：根据会计“费用明细表”中“管理费用”科目下对应的指标本年累计数填报。

日常费用：根据会计“费用明细表”中“管理费用”科目下对应的指标本年累计数填报。

固定资产折旧：根据会计“费用明细表”中“管理费用”科目下对应的指标本年累计数填报。

税费：根据会计“费用明细表”中“管理费用”科目下对应的指标本年累计数填报。

净资产变动额：根据会计“业务活动表”中“净资产变动额”科目下对应的指标本年累计数填报。